"十二五"国家重点图书出版规划项目

公路隧道设计手册

廖朝华　郭小红　主编

人民交通出版社

内容提要

本书为"十二五"国家重点图书出版规划项目，是公路隧道设计领域第一本系统全面的工具书，内容主要包括：隧道总体设计、隧道建筑限界及净空断面、隧道勘测、隧道地质勘察、隧道围岩分级及其物理力学参数、隧道围岩压力的计算、隧道支护地层—结构分析方法、隧道支护结构的荷载—结构计算方法、洞门与洞口构造物设计、明洞及棚洞设计、衬砌设计、特殊地质隧道设计、隧道抗震设计、辅助施工设计、隧道监控量测、隧道超前地质预报、隧道防水及排水系统设计、隧道内的路基与路面、隧道内附属构造物设计、钻爆法水下隧道设计、盾构隧道设计、沉管隧道设计、隧道通风构造物及辅助通道设计、隧道通风系统设计、隧道照明系统设计、隧道消防与给水系统设计、隧道监控系统设计、隧道供配电系统设计、隧道交通安全设施设计、隧道安全风险评估与管理、隧道改建与扩建、隧道病害整治、隧道建筑材料、附录。

本书主要供公路隧道设计、施工及科研人员使用，也可供高等学校隧道专业师生学习参考。

图书在版编目(CIP)数据

公路隧道设计手册/廖朝华，郭小红主编. --北京：人民交通出版社，2012.5

ISBN 978-7-114-09671-6

I. ①公… II. ①廖…②郭… III. ①公路隧道—隧道工程—设计—技术手册 IV. ①U459.2—62

中国版本图书馆 CIP 数据核字(2012)第 037280 号

"十二五"国家重点图书出版规划项目

书　　名：公路隧道设计手册
著 作 者：廖朝华　郭小红
责任编辑：曲　乐　韩亚楠　李　喆
出版发行：人民交通出版社
地　　址：(100011)北京市朝阳区安定门外外馆斜街 3 号
网　　址：http://www.ccpress.com.cn
销售电话：(010)59757969，59757973
总 经 销：人民交通出版社发行部
经　　销：各地新华书店
印　　刷：北京市密东印刷有限公司
开　　本：787×1092　1/16
印　　张：73.75
字　　数：1710 千
版　　次：2012 年 5 月　第 1 版
印　　次：2012 年 5 月　第 1 次印刷
书　　号：ISBN 978-7-114-09671-6
定　　价：180.0 元
(有印刷、装订质量问题的图书由本社负责调换)

《公路隧道设计手册》

编　委　会

主　编： 廖朝华　郭小红

副主编： 柯晓华　梁　巍　胡彦杰　李玉文　李志厚　张武祥
程崇国　颜静仪　高世军　杨林德　李伟平

撰稿人： 廖朝华　郭小红　柯晓华　梁　巍　程　勇　乔春江
褚以惇　胡彦杰　黄小明　张　涛　李　昕　田元进
宋康林　李东升　刘继国　李鸿博　吕　彬　张武祥
王万平　卢晓玲　曹校勇　仇玉良　姚红志　胡晓勇
杨林德　丁文其　刘学增　王晓形　李玉文　李海清
王　联　林国进　钟　勇　陈贵红　李志厚　雷　华
陈树汪　鲍学俊　赵永辉　颜静仪　盛　刚　杨　峰
杨季军　程崇国　林　志　张　毅　高世军　周　森
尚德明　李伟平　高　翔　郭　霄　胡嘉平　姜　杰
曹学强　拓勇飞　胡云华　魏龙海　舒　恒　贾瑞华

统　稿： 郭小红　梁　巍　胡彦杰

编　写　单　位

主编单位： 中交第二公路勘察设计研究院有限公司

参编单位： 中交第一公路勘察设计研究院有限公司
交通运输部公路科学研究院
四川省交通运输厅公路规划勘察设计研究院
云南省交通规划设计研究院
同济大学
浙江省交通规划设计研究院
招商局重庆交通科研设计院有限公司
贵州省交通规划勘察设计研究院股份有限公司
山西省交通规划勘察设计院

前　言

近二十多年来，我国公路隧道建设迅速发展，隧道建设长度、断面形式和处理方法也日益丰富，从事公路隧道建设的人员也越来越多，国家也相继推出了《公路隧道通风照明设计规范》(JTJ 026.1—1999)、《公路隧道设计规范》(JTG D70—2004)、《公路隧道交通工程设计规范》(JTG/T D71—2004)、《公路隧道设计细则》(JTG/T D70—2010)等行业规范，对推进我国公路隧道建设技术进步，规范和指导其设计行为起到了重要作用。为了更好地理解规范的相关规定和要求，也为了系统总结我国公路隧道建设最新成就，进一步提高公路隧道设计质量，在人民交通出版社的倡议下，决定组织编写《公路隧道设计手册》(以下简称《手册》)，并组成以中交第二公路勘察设计研究院有限公司为主编单位，国内其他 9 家设计、科研单位为参编单位的编写组，共同负责《手册》的编写工作。《手册》有幸入选"十二五"国家重点图书出版规划项目。

公路隧道与其他类型隧道相比有明显的特点，一是跨度较大，双车道隧道开挖跨度达到 12m，三车道隧道跨度达到 16～18m，四车道隧道可达 19～22m；二是隧道形式多样，如低等级公路一般为单洞，一级公路及高速公路为并行双洞或连拱隧道及小净距隧道，近期还出现了分岔隧道等；三是隧道机电工程及交通工程系统复杂，特别是长大公路隧道，对通风、照明、消防、监控以及防灾救援等要求高。通过近些年公路建设技术的发展，公路隧道技术已自成体系，取得了丰硕成果。目前，尽管已全面修订或新编了隧道设计施工规范，但是公路隧道建设技术人员仍感觉在工作中缺少相对系统全面的工具书作参考。本《手册》的编写在一定程度上解决了该方面的需求。

《手册》编写组成员都为长期从事公路隧道建设的人员，其中不少人员还参与了上述规范的起草编制，因此保证了本《手册》各章节内容的编写，不仅是建立在近年来大量的隧道建设实践经验和科研成果的坚实基础之上，同时也较好地符合现行规范的规定和要求，使《手册》具有较好的系统性、全面性、可靠性、实用性和参考性。

《手册》共分为三十四章，涵盖了公路隧道设计的方方面面，在编写内容方面，以公路山岭隧道作为主线，土建方面系统地介绍了隧道总体设计、隧道建筑限界及净空断面、隧道勘测、隧道地质勘察、隧道围岩分级及其物理力学参数、隧道围岩压力的计算、隧道支护地层—结构分析方法、隧道支护结构的荷载—结构计算方法、洞门与洞口构造物设计、明洞及棚洞设计、衬砌设计、特殊地质隧道设计、隧道抗震设计、辅助施工设计、隧道监控量测、隧道超前地质预报、隧道防水及排水系统设计、隧道内的路基与路面、隧道内附属构造物设计、隧道通风构造物及辅助通道设计；机电及交通工程方面系统地介绍了隧道通风系统设计、隧道照明系统设计、隧道消防与给水系统设计、隧道监控系统设计、隧道供配电系统设计、隧道交通安全设施设计。考虑目前公路隧道建设日新月异，不少公路隧道需穿越江河湖泊，《手册》第二十至第二十二章分别介绍了钻爆法水下隧道设计、盾构隧道设计、沉管隧道设计。根据交通运输部的相关规定，《手册》第三十章介绍了隧道安全风险评估与管理。由于目前已建成的公路隧道非常多，不少地段存在隧道的改扩建和病害整治，《手册》第三十一、三十二章对相关内容进行了介绍。此外，《手册》第三十三章还介绍了隧道建设中的一些主要建筑材料，第三十四章附录摘录了隧道设计常用的一些公式、材料重度、地质图例及质量评定验收标准等。

《手册》由廖朝华、郭小红主编，其中第一章、第二章、第八章、第十一章、第十四章、第十六章、第二十至第二十五章、第二十八章及第三十四章由中交第二公路勘察设计研究院有限公司编写；第十七章、第十九章、第三十一章及第三十二章由中交第一公路勘察设计研究院有限公司编写；第五章、第六章及第十三章由四川省交通运输厅公路规划勘察设计研究院编写；第七章、第十五章及第三十章由同济大学编写；第十二章的第一、二节、第十八章及第二十六章由云南省交通规划设计研究院编写；第二十七章及第二十九章由交通运输部公路科学研究院编写；第四章及第十二章的第三、五、六、八、九节由招商局重庆交通科研设计院有限公司编写；第十章由浙江省交通规划设计研究院编写；第九章由贵州省交通规划勘察设计研究院股份有限公司编写；第十二章的第四、七节由山西省交通规划勘察设计院编写。全书由中交第二公路勘察设计研究院有限公司的郭小红、梁巍、胡彦杰三位同志统稿。

本手册从策划到编写完成历时近10年，在此期间正是我国公路隧道建设技术大发展时期。虽然《手册》各章的作者都是公路隧道建设领域内的专家和学者，但由于时间仓促及学术水平有限，疏漏和不足之处在所难免，敬请广大读者不吝指正。

编　者

2012年4月5日

目　录

第一章　隧道总体设计

第一节　隧道总体设计原则

公路隧道既是道路构造物又是地下工程，因此，隧道总体设计不仅要满足公路自身的功能需求，还要着重研究隧道使用者在特定环境下影响行车安全的各种复杂因素。隧道总体设计的内容涵盖了公路自身的功能要素和地下岩土工程的各种特性，设计也就是对这些要素和特性进行综合分析，使其系统化、规范化和有机化的过程。最终使建造的公路隧道既能满足公路自身功能要求，又能与环境相协调，造价合理。

最开始修建公路隧道更多是出于对缩短行车里程、提高交通便捷等方面的考虑。随着科学发展观的确立，修建公路隧道也成为保护环境、防治地质病害、改善行车安全、节约用地等重要手段。隧道总体设计也应紧紧围绕提高行车安全、保护环境这两个主题进行展开。

1.正确处理好隧道与路线走向的关系，合理确定隧道位置

隧道是路线上非常有价值的一种构造形式，隧道轴线方案选择与路线总体设计密不可分。从大的方面讲，隧道轴线方案选择要考虑路线所处区域的人文、自然环境和地形、地质条件等，坚持“地形选线”和“地质选线”的原则；从小的方面讲，隧道轴线方案选择要考虑沿线构造物间的整体协调性，处理好隧道结构形式与路线总体的关系。

地质条件很差时，超长、特长隧道的位置应控制路线走向，以避开不良地质地段。长隧道的位置宜避开不良地质地段，并与路线走向综合考虑。中、短隧道可服从路线走向。

是否采用隧道方案，应综合考虑社会、经济、地质、环保、工程造价等因素进行比选。隧道可大大降低路线高度，改善路线纵面指标，同时也降低了前后路段的路线设计高度，便于工程方案的拟订。当路线总体布线为低线位时，采用隧道方案更有利于设计单元内路线的总体布局。

隧道位置的选择，应在地形、地貌、地质、气象、社会、人文和环境等调查的基础上，综合比选各轴线方案的走向、平纵线形、洞口位置等。

隧道内外的平纵线形应协调，以满足行车安全、舒适的要求。

2.围绕提高行车安全、保护环境主题，进行深路堑和隧道比选论证

隧道尤其是长隧道往往造价较高，后期运营费用也较大。然而，隧道本身具有很好的环保意义和价值，能节约占地，社会效益和环境效益较好，是实现公路可持续发展的重要保证。因此，从全寿面周期成本角度考虑，在确保安全、功能的前提下，隧道设计往往能通过提高技术含量，合理、灵活的设计措施，达到最佳的社会经济效益。

隧道设计应首先置身于路线总体设计的环境中进行多方案比选，根据路线总体走向确定隧道轴线方案；其次，从经济、环保的角度出发，进行隧道与深路堑局部方案比选；再次，结合洞口地形及洞外构造物的布设情况，对隧道结构形式进行技术比选；最后，从隧道施工的便利性

及后期运营的安全性，对隧道施工方案和隧道运营设施布设方案进行比选。

一般当路基中心线处挖深达到25m时，应进行隧道方案与深路堑方案的比选。两者在进行工程造价比较时，除考虑工程本身的造价外，还须重点考虑土地征用费用、防止水土流失费用、弃渣场设置费用和提高工程可靠度的费用（高边坡的处治费用）等，并应充分了解区域生态环境的特点，从保护生态环境、道路景观两方面进行定量或定性的分析论证。

3. 遵循交通规划、环境保护和自然景观的要求，满足公路交通服务功能

公路等级与公路交通服务功能、交通规划、交通量及项目所在地区的综合运输体系、社会经济等多种因素有关。一条公路可分段选用不同的公路等级，同一公路等级可分段选用不同的设计速度。隧道的设计车速、建筑限界、断面净空和主体结构，应服从隧道所在路段的公路等级和技术标准，一次建成；但是对于一级公路以上的超长、特长、长大隧道，当近期交通量不大时可以分期修建；对于洞内设施的分期安装，应设置好预留件和接口，不得对后期的安装造成困难。

隧道本身具有很好的环保意义和价值。它利用地下空间构筑交通线，不造成人工边坡，从而保护了植被，避免了水土流失。但是，隧道建设中的弃渣和污水排放，容易造成环境污染。因此，隧道建设应注意减小对周边生态环境的破坏，降低对居民生产、生活的影响。

4. 贯彻以人为本的交通服务宗旨，坚持安全至上的设计原则

隧道设计，首先应确保隧道主体结构（洞口坡体、洞门、衬砌、路面等）稳定可靠，避免运营期间病害的发生。在设计中应全面比较、重点勘察，尽可能将隧道布置在地质条件较好的稳定地层中，并有利于两端接线及洞外工程布置，尽可能降低运营期间的养护费用。

从隧道结构和施工安全考虑，隧道位置应选择在稳定的地层中，尽量避免穿越工程地质和水文地质较为复杂甚至严重不良的地质地段。如避免选择与地质构造线平行的轴线，避免顺沟进洞，避免选择垭口位置穿越山体，避免岩层陡倾时顺岩层走向布置隧道等。

5. 根据所处地质条件、周边环境等，合理确定隧道断面设置形式及适应于地层特性和环境要求的施工方法

隧道进出口设计，应追求自然，提倡早进洞、晚出洞，应与自然地形坡面平顺衔接；应避免设在滑坡、崩塌、岩堆、危岩、落石、泥石流等不良地质及排水困难的沟谷低洼处或不稳定的悬崖陡壁下。

山区公路控制性重点工程较多，经常遇到桥隧相接、隧道和互通式立体交叉紧邻等情况，特别是当桥梁结构形式（如悬索桥、拱桥等特大跨径桥梁）和交通组织（如隧道内交通分、合流）等影响到隧道结构形式的选择时，应加大隧道方案的研究范围，对洞外构造物与隧道方案整体进行综合比选，必要时可考虑采用分岔式隧道等特殊结构形式。

山区公路桥隧集中、施工组织困难的特殊地段，隧道的布设应结合隧道施工方案和施工期间的交通组织设计，从减小施工难度、降低临时工程造价和有利于环保的角度出发，进行方案综合比选。

第二节　隧道总体设计各阶段工作重点内容

隧道从规划到建成，往往需要很长的过程，其主要阶段有工程可行性研究阶段、初步（技术）设计阶段、施工图设计阶段、招投标阶段和施工阶段等。可行性研究阶段、初步（技术）设计

阶段、施工图设计阶段的隧道总体设计工作重点有所不同。

一、工程可行性研究阶段

工程可行性研究阶段的主要任务是结合路线走廊带的选择，对规划走廊带内可能的隧道方案进行规划和概略设计，确定修建隧道的可行性与必要性、建设规模与技术标准，选择可行的隧址区。

在调查中，需在区域性地质资料分析论证的基础上，结合隧道所在位置的地形、地质、环境等自然条件，论证隧道设置的目的、必要性、使用功能、规模和可行性，同时考虑隧道运营期间的维护管理，总体要求是安全经济。

由于隧道属地下工程，更容易受地质条件的影响，因此在工程可行性研究阶段需高度重视隧址区的地质工作，遵循“地质选址”的原则。通过采取地质遥感、地面调绘、地球物理勘探与地质钻孔等手段，基本掌握隧址区的工程地质与水文地质条件、地应力条件，以确保将隧道设置在稳定的地层中，为下阶段的工作打下良好基础。另外，需要对隧道的各项基本资料，如隧址区的气温、降雨、降雪、气象、资源开发、文物保护、城市规划和已有构造物等进行调查。

隧道位置应结合地形、地质条件以及隧道前后桥梁、路基情况，并考虑隧道施工难易程度、附属设施和环境保护等具体情况加以确定。工程可行性研究阶段设计应完成隧道说明、平纵面图、建筑限界、内轮廓图、设施规模图、工程数量及投资估算等。

二、初步（技术）设计阶段

初步设计阶段是在工程可行性研究阶段已经确定的技术标准的前提下，结合路线方案，通过论证、比选，确定隧道设计原则和设计方案，控制工程投资。

1. 隧道工程地质勘察

隧道工程地质勘察是初步设计调查工作中最重要的环节，初勘地质工作的原则是大范围内普查地质情况，以地表调绘、物探为主，辅以必要的钻孔验证，基本查明隧址区的地质情况，避免在详勘阶段出现重大不良地质情况而调整线位或过大增加工程造价。

2. 隧道工程方案比选

在工程可行性研究阶段的基础上，超长、特长、长隧道应对可行的方案，从隧址区域的自然建设条件、建设规模、施工条件和运营管理技术难度和成本等方面，进行系统的论证和比选，在基本符合路线总体走向的前提下，由隧道控制局部线位。在方案比选过程中，应综合考虑不同隧址的隧道施工总体方案、施工安排和施工工期等对整个工程投资的影响。对于技术复杂的超长隧道，有时还需增加技术设计阶段，加深隧道地质勘探调查及工程方案分析比较，解决初步设计中未解决的技术问题。

中、短隧道，原则上应服从路线布设要求，根据地形条件可进行连拱隧道与小净距隧道方案比较；对于中心挖深大于 25m 的路堑需进行路隧方案比较；对于短隧道群需进行整体式路基连拱隧道方案与分离式路基小净距隧道方案的比选。

3. 隧道方案设计

初步设计阶段隧道设计主要包括以下内容：

(1)比选与隧道工程有关的路线方案。

(2)通过隧址区地质条件调查分析,提出围岩分类。

(3)隧道纵坡设计与隧道洞口位置的确定。

(4)隧道衬砌结构、洞门设计、防排水方案设计。

(5)位于高地震烈度区的隧道,其洞门浅埋地段支护结构应进行抗震验算。

(6)隧道施工方案与施工组织设计。

(7)隧道附属设施设置及运营管理等方案设计。

(8)计算主要工程数量及工程造价等。

三、施工图设计阶段

施工图设计阶段是在初步(技术)设计阶段的基础上,进一步优化隧道位置,补充完善地质资料,进行隧道细部设计。

1.隧道位置的确定

根据初步(技术)设计批复意见进一步优化隧道段平纵面线形,然后进行实地核查,确定隧道轴线,开展补充地形测量与详勘地质工作以及相应专业资料与施工条件调查工作。

2.详细工程地质勘察

在对初勘资料分析的基础上,主要采取工程地质钻探手段,辅以物理探测(弹性坡法、电阻法等)、现场测试和补充调绘等方法,查明隧道所在地区的地形、地质以及在工程中可能出现的不良地质问题,完成围岩类别的划分,进行隧道细部结构及洞门工程施工图设计。

3.隧道设计

隧道施工图设计是在地质详勘工作的基础上,根据围岩物理力学参数完成有关力学分析计算、结构计算,并结合工程类比,在满足建筑的安全性、实用性和经济性要求以及进行充分计算和分析的条件下,完成隧道工程各细部的设计。对于超长、特长、长大隧道与复杂地质条件下的隧道,还应制订详细的隧道施工安全预案。

隧道通风、防灾等与交通量有关的设施,应按隧道的设计通行能力控制设计。但是,当隧道设计交通量小于其设计通行能力一半以上时,可采用隧道设计交通量控制设计,节约投资。

高速公路和具有干线功能的一级公路,所在路段的隧道通风、防灾等与交通量有关设施的设计交通量应按20年预测。但是,当隧道通风、防灾等设施的近期与远期系统配置差异较大时,经充分论证后,可根据交通组成及交通量增长情况等因素,按统筹规划、一次设计、分期实施的原则进行预测。设置斜、竖井等运营通风通道的土建工程不宜分期实施。

隧道不同于地面工程,因其位于地下岩体中,地质条件有许多不可预见的因素,在设计阶段受勘测手段等多种因素的影响,不可能将隧道地质情况完全查明,因此施工期间工程变更不可避免。隧道设计应根据结构类型、施工方法、使用条件和荷载特性,采用与其特点相适宜的设计理念与方法,结合现场监控量测,实现信息化设计和动态设计。

施工图设计阶段隧道设计主要包括以下内容:

(1)根据不同围岩的物理力学指标,完成不同类型隧道结构分析计算,根据计算结构,进行详细的结构设计。

(2)制订详细的隧道施工总体方案和施工工序安排。

(3)提出采用的施工技术规程和质量检验验收标准。

(4)完成机电设施各系统设计图纸。

(5)完成隧道管理区或管理站设计。

(6)完成施工图预算等。

第三节　隧道位置的选择

一、隧道位置选择的总体原则

(1)隧道位置的选择,应满足公路路线的选线要求。拟订隧道位置时,首先应分析采用隧道方案的技术合理性,以及与所在路段自然条件的适应性,还要分析其与路线总体方案的关系,从路线布置的全局着眼,采用动态的思维方式,多视野、多角度地进行分析,由面到带、由带到线,由浅入深反复比较论证。

(2)隧道位置的选择,应根据路线总体规划、交通运输条件及周边环境和地形变化条件确定,选在对环境影响小,利于隧道出渣和隧道施工场地布置,方便设置防灾救援系统和管理养护等设施的路段。

(3)隧道位置的选择,应充分考虑隧道穿越的工程地质和水文地质条件。隧道位置应选择在岩性好,结构稳定的地层中;当条件限制无法绕避不良地质区时,隧道应尽量缩短其通过长度,同时应采取可靠的工程处理措施以确保隧道施工和运营安全。

(4)隧道位置的选择,应严格执行《中华人民共和国水法》、《中华人民共和国土地管理法》、《中华人民共和国森林法》、《中华人民共和国环境保护法》等法律、法规对公路工程建设的相应规定,严格保护耕地,特别是基本农田。

(5)隧道位置的选择,要结合隧道接线端的构造物布设情况,做好路线各控制点的衔接处理,保证隧道内外线形顺畅、协调一致。

(6)隧道洞身和洞门是不可分割的整体,选择隧道位置时,应重视洞口位置的选定,并应考虑辅助通道和运营通风的设置条件和要求。

(7)利用航测、遥感、GPS 全球定位系统和数字技术等新手段,加强工程勘察的广度和深度,避免遗漏有价值的隧道方案。

二、不同地形条件下隧道位置的选择

山区公路一般顺山沿河布设,必要时需横穿山岭。横穿山岭展线往往需设置越岭隧道,顺山沿河展线往往需设置沿河、傍山隧道。

1. 越岭隧道

在越岭路线的选线中,应以路线纵断面为主导,结合水文和地质情况处理好垭口选择、越岭高程和垭口两侧路线展线三者间的关系。

山区高等级公路的越岭路线,应根据地形及工程地质情况,从缩短里程、提高线形指标、避让严重不良地质,减轻或消除高山严重积雪结冰对公路的不良影响,结合施工条件及施工期限等方面考虑,对越岭隧道方案和越岭展线爬坡方案进行详细地技术、经济比较。

垭口的选定是越岭隧道方案的重要控制点。一般以路线顺直、隧道长度最短的垭口作为越岭隧道方案比选的基础，同时应仔细分析垭口的工程地质和水文地质情况，避免隧道在严重不良地质地段通过。

隧道高程是确定越岭隧道建设规模的主要控制因素。隧道高程主要应考虑以下因素：

(1)道路等级。道路等级越高，路线平纵面指标越高，隧道高程越低，隧道越长，工程造价越高，工期越长。

(2)地质和水文地质条件。要尽可能把隧道放在较好的地层中。

(3)冻结深度和积雪深度。隧道高程应设在常年冰冻线和常年积雪线以下，以保证施工和行车安全。

(4)后期运营费用。长大隧道的通风、照明费用较高，隧道长度要考虑运营阶段的管养费用。

(5)远期规划。低等级公路上的隧道，要适当考虑远景发展，在不过多增加工程造价的情况下，尽可能把隧道高程降低一些，进出口线形标准适当提高一些，为今后道路的改扩建留有余地。

2. 沿河、傍山隧道

河谷路线沿河傍山路段，常因地形、地质条件限制而采用隧道方案。沿河、傍山隧道的路线宜向山侧内移。

沿河傍山隧道应特别注意山体的稳定性，避开严重的滑坡、崩塌、错落、岩堆等不良地质，并须考虑河流冲刷的影响，隧道位置一般宜向山侧内移。一般地质情况下隧道拱肩最小覆盖层厚度 t 不得小于表 1-3-1 的数值。

隧道拱肩最小覆盖层厚度表 表 1-3-1

围岩级别(级)	拱肩最小覆盖层厚度 t(m)，山坡坡度				备　注
	1:1	1:1.5	1:2.0	1:2.5	
Ⅲ	5	5	—	—	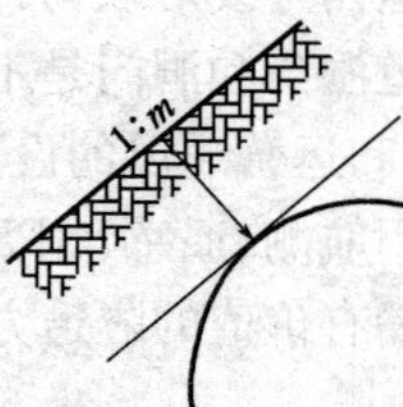
Ⅳ(石质)	8	6	6	—	
Ⅳ(土质)	15	12	9	9	
Ⅴ	27	24	21	18	

注：1. t 值指隧道外侧拱肩至地面的地层最小厚度。

2. 该表所列数值应扣除表面腐殖质覆盖层厚度。

3. 该表所列数值适用于双车道隧道。

4. Ⅵ级围岩的 t 值应通过计算确定。

沿河、傍山隧道，应综合考虑地形、地质、造价、施工、运营效益及安全等条件，对沿河绕行短隧道群方案与裁弯取直的长隧道进行全面综合比较。在条件相似的情况下，宜优先考虑长隧道方案。

对隧道洞顶覆盖层薄，难以用钻爆法修建隧道的地段，受塌方、落石、泥石流或雪害等威胁的洞口地段，公路、铁路、沟渠等必须通过隧道上方，又不宜做暗洞或立交桥的地段，应考虑设置明洞或棚洞。

对傍山路线的高陡边坡半路堑地段，当路基边坡处治较困难时，宜将路线内移采用隧道或明洞方案，但在滑坡地段不宜修建明洞。

3. 城市过江(海)隧道

城市过江(海)隧道多为城市港湾或河川有航运要求时，为沟通水域两岸而修建的隧道。其隧道设置位置及隧道进出口，通常与城市的整体规划、工业布局、交通量、名胜古迹、旅游设施及郊区旅游点分布有直接关系。隧道洞口接线短、洞外展线容易、视距有保障、洞外接线附近有无平交路口、用地少、远离大型居民区及公共场所等，是选择位置时应注意的问题。

三、不同地质条件下隧道位置的选择

隧道位置应选择在地质构造简单，岩性较好的稳固地层中通过。尽量避免通过断层、崩塌、滑坡、流沙、溶洞、陷穴，以及偏压显著、地下水丰富等地质不良地段；当绕避有困难时，应采取必要的工程处治措施。

1. 单斜地质构造隧道位置的选择

隧道穿过水平或缓倾角岩层时宜选择坚硬不透水的厚岩层作为顶板，以防止在薄岩层施工时顶部产生掉块现象。

陡倾角岩层一般有偏压存在，当有软弱夹层或有害节理时，易产生坍塌和顺层滑动。隧道开挖造成临空后，洞壁如有两组以上结构软弱面或节理裂隙为有害组合时，易引起较大的偏压或顺层滑塌，因此隧道应布置于岩性较好的单一岩层中。

隧道通过直立岩层时，隧道轴线宜垂直于岩层的走向穿过。当隧道轴线不可避免与岩层走向平行时，应避免穿过软弱夹层和不同岩层接触地带。

2. 褶皱地质构造隧道位置的选择

隧道通过褶皱构造时，应尽量避免将隧道置于向斜或背斜的轴部，而是将隧道位置调整至翼部。当对隧道通过向斜和背斜轴部进行比较时，背斜略好于向斜；若向斜处于含水层中，洞身开挖所出现涌水和坍塌的程度将比背斜严重。

3. 断裂、接触带构造隧道位置的选择

断裂构造及不同岩层的接触带，其裂隙发育，地下水也较多，当隧道开挖时易发生坍塌涌水。因此隧道穿过断裂及其接触带时，应尽量使隧道轴线以大角度通过，并避开其中严重的破碎地段。

4. 地下水发育地段隧道位置的选择

地下水发育地段，隧道宜选择在地形有利、地下水少、岩性较好、透水性弱的地层中通过。

四、不良地质和特殊地质地段隧道位置的选择

1. 不良地质区隧道位置的选择

隧道洞身应尽量避免从滑坡、错落体内通过；当隧道必须通过时，应使洞身埋置在错落体或滑动面以下一定厚度的稳固地层中。

当陡岸斜坡严重张裂不稳或者山坡有严重崩塌时，隧道位置宜往里靠，将隧道洞身置于稳固地层中；如隧道往里靠较困难时，应选择其范围最小且相对稳定的地段通过，并提出保证施工和洞身安全的有效措施。当崩塌地段短，崩落石块小，情况不严重时，可考虑采用明洞方案

或路堑开挖方案，并将明洞方案与路堑开挖方案路基防护工程进行综合比较。

隧道应避免通过严重不良地质、地下水极为发育的低洼垭口处。

路线经过岩堆地段，若经查明岩堆紧密、稳定时，可以修建隧道，但应避免将隧道洞身置于岩堆与基岩接触面处。如为不稳定的岩堆，隧道应内移置于基岩中，并留有足够的安全厚度。

隧道穿过泥石流沟床下部时，应使洞身置于基岩中或稳定的地层内，并保证拱顶以上有一定的安全覆盖厚度。如采用明洞方案时，明洞基础应置于基岩或牢固可靠的地基上；明洞洞顶回填应考虑河床下切和上涨以及相互转化的不利情况，并保证不小于 0.5m 的安全覆盖厚度。

隧道通过岩溶地区时，宜选择在难溶岩地段和地下水不发育地带。力求避免穿越岩溶严重发育的地下溶蚀大厅、溶洞群及地质构造破碎带等地段，尽量避开易溶岩与难溶岩的接触带。不能避开时，宜选择在较狭窄，影响范围最小的地段，以垂直或大角度穿过。

隧道一般应避开流沙地段。无法避开时，应选择其范围最小且相对稳定的地段以短距离通过，并提出合理可行的工程处理措施，确保隧道施工和洞身安全。

2. 特殊地质区隧道位置的选择

第四纪堆积层通常松软易坍塌，对施工极为不利，隧道一般应避开。当隧道部分洞身无法避开时，应选择影响范围最小的地段，以短距离通过，并按其性质和地下水情况，采取合理的工程措施。

隧道应尽量避开结构松散的冰碛层。必须通过冰碛层时，宜选择结构相对紧密，影响范围最短的地段通过。

隧道宜避免穿越富煤区和瓦斯含量最高的地带。当必须通过煤系地层时，力求隧道有一定厚度的隔层，或以大角度横穿，尽量减少其影响长度。

黄土地区隧道，应尽量避开有地下水活动，陷穴密集、冲沟发育，地层不稳和滑坡、泥石流等地段。宜选择在无地下水活动、密实稳定、远离陷穴群体的地段通过。

多年冻土地区，容易受冻胀、融沉、热融滑塌等多种特殊物理地质现象影响，隧道洞身应避免穿过地下冰及地下水发育的地带，不能避开时，应采取措施综合治理。

水库地区的隧道位置，应避开受水库充水及消水影响易于发生滑塌病害的松散、破碎地带，选择在稳定的基岩或塌岸范围以外的稳固地层内。隧道高程一般均应设于水库设计正常高水位以上规定高程，如因特殊原因需要设于正常高水位以下时，应根据工程地质、水文等情况采取有效的防护措施，并进行必要的经济技术比较。

隧道通过基本烈度在Ⅶ度以上的地震区时，必须避开发震断层带，选择对抗震有利的地段修筑。

五、邻近水库地区的隧道位置的选择

邻近水库地区的隧道，隧道洞口路肩设计高程，应高出水库计算洪水位(含浪高和壅水高)，且不小于 0.5m，同时应注意由于水的长期浸泡造成库壁坍塌对隧道稳定的不利影响，并采取相应的工程措施。

隧道设计洪水频率标准可按照表 1-3-2 取值。当观测洪水频率高于标准值时，应按观测洪水频率设计；当观测洪水频率在高速公路、一级公路超过 1/300，二级公路超过 1/100，三、四级公路超过 1/50 时，则应分别采用 1/300、1/100、1/50 的频率设计。

隧道设计洪水频率标准　　表 1-3-2

隧道类别＼公路等级	高速公路、一级公路	二级公路	三级公路	四级公路
特长隧道	1/100	1/100	1/50	1/50
长隧道	1/100	1/50	1/50	1/25
中、短隧道	1/100	1/50	1/25	1/25

城市过江(过海)隧道设计宜采用 1/100 洪水频率,对特别重要的隧道可提高到 1/300。对隧道洞口高程达不到此标准的,应在洞口周围一定范围内修建防洪堤,并加强洞口排水泵房的抽水能力,提高隧道防洪、防涝的可靠性。

六、隧道洞口位置的选择

隧道洞口位置,应根据地形、地质、水文条件,结合环境、洞外有关工程、施工条件、运营等要求,通过经济、技术比较确定。

1.根据地形条件确定隧道洞口的位置

隧道洞口的中线宜与地形等高线垂直或接近垂直,如不能满足要求时,应尽量以大角度斜交进洞,避免与等高线平行进洞。

(1)在松软地层中,不宜采用斜交洞口。

(2)在设计烈度为Ⅶ度的地震区时,斜交洞门需经验算后方可采用。设计烈度大于Ⅶ度地震区的隧道洞门不宜采用斜交洞门。

(3)当围岩级别为Ⅲ级及以上时,可采用斜交进洞,但其洞门端墙与路线中心线交角不应小于 45°。

(4)当洞口岩石坚硬完整,不易风化时,可随天然地势进洞。

(5)对岩层破碎、整体性差、斜交角度小的地段,应考虑延长隧道修建明洞式洞口。

(6)位于悬岩陡壁下的洞口,一般不宜切削原山坡。当坡面及岩顶稳定,无落石或坍塌可能时,可贴壁进洞。避免在不稳定的悬岩陡壁下进洞,否则应延伸洞口接长明洞。其长度宜延伸到塌落可能影响的范围以外 3～5m,或采取其他措施,保证营运安全。

在缓坡地段选择洞口位置时,应考虑洞外路基填挖方情况、排水条件和有利于快速施工等因素,结合少占农田、填方利用等要求,综合分析确定。当隧道位于城市、风景区附近时,应尽量少采用拉槽进洞,以适当延长隧道为宜。

沟谷和山坳往往是地表水和地下水的汇集之处,地质构造大多较为软弱破碎。当路线沿沟谷、山坳行进时,洞口位置应避开沟谷和山坳的中心,尽量在凸出的山坡附近进洞。当沟底高程较高或上跨其他构造物时,应对地表径流进行妥善处治,并加强洞口段的防水和排水措施。

傍山隧道洞口靠山侧边坡较高时,常有塌方和落石等病害发生,隧道宜提早进洞或加接明洞(或棚洞)。对洞外路堑和洞口浅埋段自然坡体的稳定性要认真调查、分析论证,必要时可采取相应的加固措施。

2.根据地质条件确定隧道洞口的位置

隧道洞口应选择在山坡稳定,地质条件较好的地段,不应设在偏压很大及严重不良地质地段，并避开排水困难的沟谷低洼处。

对于层面不稳定的岩层，开挖后容易引起顺层滑动或坍塌的地段，宜提早进洞；否则，应采取有效的工程措施防止地质病害。

当隧道避开堆积层进洞有困难时，不宜采用清方的办法缩短洞口，宜适当接长明洞或采用洞口大管棚及洞口地表注浆加固等工程措施，以维护山体的稳定和洞口施工的安全。

黄土地区的隧道洞口，应避免设在冲沟、陷穴附近，以免引起洞口坡面产生冲蚀、泥石流或塌陷等病害。在无地下水，密实、稳定的老黄土地层中，除洞外有填方要求经全面研究可适当的挖深进洞外，一般不宜挖深进洞。

严寒地区（包括多年冻土和积雪地区）的隧道洞口，应避开易产生热融滑塌、冰椎、冰丘、第四纪覆盖层及地下水发育的不良地质地段。

地震区的隧道洞口，宜选择在对抗震有利的地貌、地质处，不应设在受震后易于产生崩塌、滑坡、错落等不良地质地段。

当洞口为软岩或软硬岩互层，考虑到开挖后自然风化和地下水的作用，软岩易风化掉块，危及洞口安全，因此在这类地层中选定隧道洞口位置时，应尽量降低边、仰坡高度，减少风化暴露面，同时对坡面施作适当防护。

根据隧道洞口地形、地质条件及排水等要求，需要修建明洞（或棚洞）接长时，洞口应尽量设在山坡无病害的地方，不宜在滑坡、岩堆、泥石流等地段内修建。

隧道应遵循“早进洞、晚出洞”的原则，不得大挖大刷，确保边、仰坡的稳定。

当洞口开挖不可避免时，应确保隧道洞口边、仰坡的稳定。边、仰坡的设计开挖最大高度可按表1-3-3控制。

洞口边、仰坡控制高度 表1-3-3

围岩级别（级）	边、仰坡坡率	控制高度（m）
Ⅱ	贴壁	15
	1∶0.3	20
	1∶0.5	25
Ⅲ	1∶0.5	20
	1∶0.75	25
Ⅳ	1∶0.75	15
	1∶1	18
	1∶1.25	20
Ⅴ	1∶1.25	15
	1∶1.5	18

注：1. 洞口边、仰坡高度指路面设计高程至边、仰坡顶的高度。

2. 对于Ⅱ级及其以上围岩，只要边、仰坡安全能够得到保证，对其边坡高度要求可适当放宽；对于Ⅴ级及其以下的围岩，尽管边、仰坡安全能够基本保证，但在设计过程中也应尽可能降低边坡高度。

3. 隧道洞口位置的选择应与周围自然环境相协调

隧道洞口应尽量避开居民点。当不能避开时，应考虑施工爆破、噪声、水质污染等对环境的危害，必要时需采取一定的环境保护措施。

4. 隧道洞口位置的选择应与周围构造物相协调

隧道洞口位置的选择应考虑与隧道前后构造物的协调性。在桥隧紧接的情况下，应综合考虑洞口与桥跨布局、结构处理的整体性，避免桥隧工程施工相互干扰。

第四节　隧道线形设计

驾驶员在进出隧道或在隧道中运行时，心理、视觉特性、驾驶行为、驾驶环境与一般路段有较大差异，道路线形和设施需要为这种变化提供适应性。当道路线形不能适应驾驶员在隧道中的驾驶特性或者不能为驾驶员提供从一般道路到隧道这种驾驶特性变化过程所需要的过渡时间时，就为道路的安全埋下隐患，导致隧道内事故频发。隧道线形设计包括隧道平面线形设计、隧道纵面线形设计和隧道洞口线形设计。

一、隧道平面线形设计

隧道洞身平面线形设计，应综合考虑地形、地质状况、洞口接线、通风、车辆运行安全和施工条件等因素，与隧道自身建设条件及连接区间的公路整体线形协调一致。当隧道采用曲线时，不宜采用设超高的平曲线，并且不应采用需设加宽的平曲线。隧道不设超高的圆曲线最小半径应符合表1-4-1的规定。受特殊条件限制，隧道平面线形需采用设超高的平曲线时，其超高值不宜大于4%。

超长、特长隧道往往控制路线总体走向，一般宜采用直线。高速公路、一级公路上的长、中隧道以及各等级公路上的短隧道的平面线形宜采用直线或较大半径的曲线，服从路线布设的需要。中、短隧道，其平面线形一般同洞外路线线形，并应尽可能不使隧道内出现过大的超高。过大的超高将使隧道施工变得复杂，路面扭曲严重，影响隧道内行车视角，危及行车安全。

不设超高的圆曲线最小半径(单位:m)　　表1-4-1

设计速度(km/h) 路拱	120	100	80	60	40	30	20
≤2.0%	5 500	4 000	2 500	1 500	600	350	150
>2.0%	7 500	5 250	3 350	1 900	800	450	200

隧道常因造价过高而不设路肩，而作为一个相对封闭的空间，受隧道边墙影响，在曲线隧道内行车驾驶员的视线与一般道路有较大出入。同时，随着运行速度设计新理念的引入，隧道内运行速度与设计速度上的差异也会影响车辆行车的安全性和舒适性。因此，曲线隧道还应结合隧道内运行速度的实际情况进行停车视距与会车视距验算，以保证驾驶员在紧急情况下有充分的时间迅速停车而避免发生交通事故。公路停车距与会车距应符合表1-4-2的规定。

公路停车视距与会车视距　　表1-4-2

公 路 等 级	高速公路、一级公路				二、三、四级公路				
设计速度(km/h)	120	100	80	60	80	60	40	30	20
停车视距(m)	210	160	110	75	110	75	40	30	20
会车视距(m)	—	—	—	—	220	150	80	60	40

隧道内视距的评价将从隧道设计速度和小汽车在隧道内的运行速度两个方面进行。在平曲线半径为 R 时，满足视距 L 的最小平曲线半径按下式计算，计算图示见图 1-4-1。

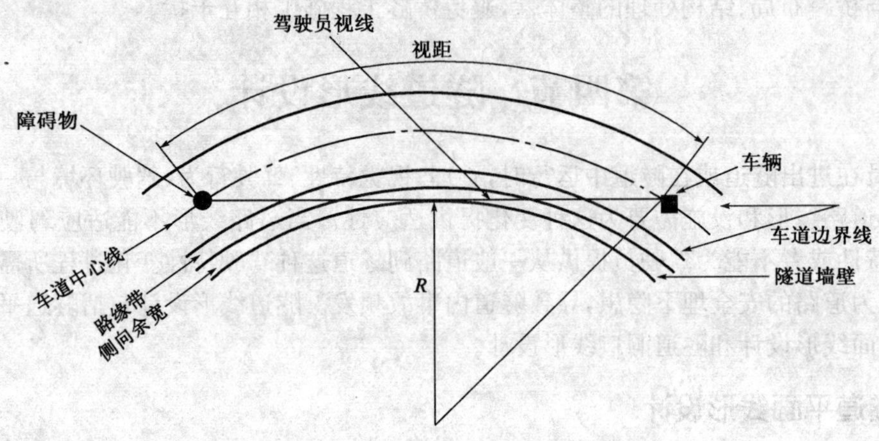

图 1-4-1　隧道内视距计算示意图

$$\frac{L}{2}=(R+A+T+M)\times\alpha \tag{1-4-1}$$

式中：α——按 $\alpha=\arccos\dfrac{R}{R+A+M+T}$ 计算；

R——平曲线半径；

L——停车视距或会车视距；

T——侧向余宽；

A——路缘带宽度；

M——车道中心线到路缘带边缘线的距离。

这种视距验算在设计速度等于或高于 80km/h 时的高速公路设计中显得尤为重要。

为保证隧道内车辆行车的安全性和舒适性，高等级公路隧道当隧道设计速度不低于 80km/h 时，隧道内平曲线最小半径不宜小于 8 倍行车速度；当隧道设计速度不高于 80km/h 时，隧道内平曲线最小半径不宜小于 10 倍行车速度。

受工程造价及隧道横向、竖向净空的限制，隧道内一般不宜设置交通标志。隧道内应避免车辆合流、分流、交织等现象。特殊情况下，因隧道洞口分散设置需在隧道内进行车辆分、合流时，应根据车辆分、合流的运行速度，对停车视距进行验算，并进行行车安全的专题论证。

隧道平面线形宜采用直线或较大半径的曲线，并保持线形的均衡过渡。隧道内不宜采用 S 形曲线，因 S 形曲线超高变化频繁，增加了隧道施工难度。受地形地质条件限制确需设置 S 形曲线时，其两圆曲线半径之比不宜过大，以 $R_1/R_2\leqslant 2$ 为宜（R_1 为大圆曲线半径，R_2 为小圆曲线半径）。

另外，隧道平面线形对隧道通风也有一定影响，直线隧道通风效果好一些，曲线隧道尤其是小半径隧道要差一些。一般认为，当平曲线半径超过 2 500m 时，可基本不考虑曲线对通风的影响。

二、隧道纵面线形设计

隧道纵面线形，应以行车安全、排水、通风、防灾为基础，并根据施工期间的排水、出渣、材料运输等要求确定。从行车舒适性以及后期运营、维修等方面考虑，隧道内应尽量设置缓坡，但纵坡太小，势必增加隧道长度和工程造价。同时隧道纵坡也会影响照明、通风和空气质量。

隧道最小纵坡值，应以隧道投入运营后的边沟、中心水沟的水自然流出为条件确定，最低不小于0.3%。但考虑到工程现场高低不平，为使排水更顺畅，隧道纵坡值以不小于0.5%为宜。

隧道最大纵坡值，应以隧道的使用功能（通行汽车）为依据，从设计速度（爬坡时行驶速度不能降低太多）、地质条件（尽量将隧道置于稳定地层中）、通风（尽可能减少废气量）、交通事故率、火灾时救援、两洞口高差及两端接线、工程投资等方面综合考虑。一般情况下，当长下坡且坡度较大时，容易发生交通事故；同时考虑到超长、特长、长大隧道的通风量一般与隧道纵坡的平方级数成正比，因此从洞内卫生条件分析，超长、特长、长大隧道最大纵坡值最好控制在2.5%以下。根据国外试验和实测，纵坡超过3%时柴油车的烟尘排放将急剧上升，中、短隧道由于车辆单向行驶产生的活塞风和自然风就足以稀释隧道内的有害气体和烟雾，一般不需要机械通风，因此中、短隧道最大纵坡可以适当放宽，一般控制在3%以下。

近年来，在西部重丘区公路建设中，由于受地形、地貌限制，采用不大于3.0%的隧道纵坡布线较为困难，这意味着设计布线时必须增加隧道的长度来满足纵坡的要求。因此，高速公路、一级公路的中、短隧道在条件受限制时，应综合权衡隧道后期运营与工程建设费用，采用一定措施提高隧道行车安全性后，最大纵坡值可适当加大到4%；在特别困难的条件下，经技术经济论证，最大纵坡值还可加大至5%。短于100m的隧道，隧道纵坡与隧道外路线的纵坡要求相同。

隧道内一般宜采用单向坡，地下水发育的特长、长隧道可采用双向人字坡。隧道内纵坡变化处应设置大半径竖曲线平缓过渡，以保证驾驶员有足够的视线。变坡点的凸、凹形竖曲线的最小半径和最小长度应符合表1-4-3的规定。

竖曲线最小半径和最小长度　　表1-4-3

设计速度（km/h）		120	100	80	60	40	30	20
凸形竖曲线半径（m）	一般值	17 000	10 000	4 500	2 000	700	400	200
	极限值	11 000	6 500	3 000	1 400	450	250	100
凹形竖曲线（m）	一般值	6 000	4 500	3 000	1 500	700	400	200
	极限值	4 000	3 000	2 000	1 000	450	250	100
竖曲线长度（m）		100	85	70	50	35	25	20

隧道内一般不宜设置爬坡车道。纵坡大于4%单向两车道的特长、长隧道，经运行速度验算，隧道内行车速度低于路段最低容许速度，且大型车比例较高，严重影响隧道通行能力。调整隧道纵坡较困难时，经过技术经济综合比较，根据实际情况可以在隧道出口端设置爬坡车道，使大型车与小型车分离，保证小型车的运行质量，提高道路通行能力。

隧道纵坡的变化不宜过大、过频，以保证行车的安全视距和舒适性。一般情况下，隧道内的变坡点数不宜多于3个。

三、隧道洞口线形设计

隧道洞口线形设计包括：隧道与洞外接线的平面线形设计，隧道与洞外接线的纵面线形设计，隧道与洞外接线的横断面过渡设计和隧道群的线形设计。

1. 隧道与洞外接线的平面线形设计

隧道洞外接线应与隧道内线形相协调，隧道洞口内外各 3s 设计速度行程长度范围的平面线形应一致。缓和曲线内曲率不断变化，驾驶员需不断调整方向盘来保持车辆的正常行驶，不宜视为线形一致。

但是在下列两种情况下，洞内外接线可采用缓和曲线或缓和曲线与圆曲线组合线形，但应在洞口内外线形诱导和光过渡等方面采取措施，以保证行车安全。一是路线平纵面线形指标较高(平曲线半径大于规范规定的一般平曲线半径最小值的 2 倍，纵面最大纵坡小于 2%)，行车视距大于停车视距规定值 2 倍以上，且调整后工程规模增加较大时；二是隧道群之间每个洞口线形均采用理想线形有困难，在平面指标较高，处于上坡进洞，且行车视距满足要求时。

2. 隧道与洞外接线的纵面线形设计

隧道洞口内外各 3s 设计速度行程范围的纵面线形应一致，有条件时宜取 5s 设计速度行程。竖曲线内由于纵坡不断变化，且视距受到限制，因此也不宜视为线形一致。隧道是一个较小的封闭洞室，凸形竖曲线上的车辆在接近变坡点时，由于前方的视距较小，通过变坡后迅速进洞，故影响行车安全；对于凹形竖曲线，由于洞室内设备的遮挡，驾驶员行驶时距离路面有一定高度，对行车视距影响较大，因而行车速度往往降得很低，并影响洞口安全。

隧道洞口的纵坡，宜设置一定长度的直坡段，以使驾驶人员有较好的行车视距。当条件困难不能满足上述要求时，应采用较大的竖曲线半径，特别是当隧道设计速度大于或等于 60km/h 时，隧道洞口竖曲线半径应符合表 1-4-4 的规定。

洞口视觉所需的最小竖曲线半径 表 1-4-4

设计速度(km/h)		120	100	80	60
竖曲线半径(m)	凸形	20 000	16 000	12 000	9 000
	凹形	12 000	10 000	8 000	6 000

3. 隧道与洞外接线的横断面过渡设计

隧道进出口处，隧道与洞口接线段的横断面(路基或桥梁横断面)存在突变，亮度差别比较大，根据高速公路隧道运营状况的调查，隧道进出口为事故多发段，洞口端墙被撞的概率较高。

当隧道洞门内外宽度变化较大时，隧道洞口外与之相连的路段应设置距洞口不小于 3s 设计速度行程长度，且有不小于 50m 的过渡段，在满足车道行驶轨迹的条件下，保持道路断面过渡顺适。设计速度行程长度应符合表 1-4-5 的规定。

设计速度行程长度 表 1-4-5

设计速度(km/h)		120	100	80	60	40	30	20
行程长度(m)	3s	100	83	67	50	33	25	17
	4s	133	111	89	67	44	33	22
	5s	167	139	111	83	55	42	28

分左、右幅设置的分离式隧道，其分线(或合线)的处理，宜按左、右幅分别进行线形设计(线形分离)。对小净距或连拱隧道，受地形条件限制，宽度变化不大于 1m 时，可采用设置过渡段的方式，按中间带变宽处理。过渡段的长度应与回旋线长度相等(图 1-4-2)，回旋线长度宜按 4s 设计速度行程考虑。

隧道入洞前一定距离内，应设置必要的安全设施和视线诱导标志，保持隧道洞外连接线形均衡过渡。当隧道进洞口段洞外设置较长、较大的下坡时，应避免在洞口设置小半径的平曲线进洞；当隧道出洞口段洞内纵坡较大时，应避免在洞口设置小半径的平曲线出洞。

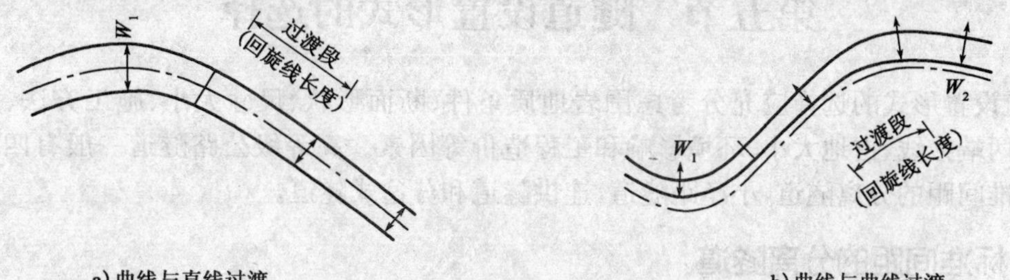

图 1-4-2　中间带宽度的过渡方法

注：W_1、W_2 为中间带宽度。

双洞隧道平面的分线方式应灵活。双洞隧道平面分线应在保证出洞方向线形较顺畅的前提下，灵活选择进洞方向的平面分离点，进洞方向的平面指标不必过高，分离式断面长度不宜过长。

原则上每座分离式的双洞洞口外均应设置转向车道，利于车辆在必要时可通过转向道行驶到反向车道上，方便隧道维修、养护和应急抢险等。超长、特长、长双洞隧道应在洞口外适当位置设置联络通道，联络通道形式可采用交叉"X"形；中、短隧道宜结合路段中央分隔带开口合并设置，联络通道形式可采用简易"II"形，隧道前后 750～1 000m 内设置有中央分隔带开口时，可不设转向车道。

4. 隧道群的线形设计

隧道群是指受地形限制，相邻隧道洞口纵向间距很短而又不宜连成一个整体的两座或多座隧道。

确定按隧道群考虑的因素主要取决于汽车驾驶员对眩光的感受。汽车行经隧道进出洞口时，不论洞内有无照明设备，驾驶员总会受到眩光影响，一般情况下，从明到暗进隧道缓解时间需 3～4s，从暗到明出隧道缓解时间需 2～3s。当两相邻隧道洞口间距所需行驶时间小于缓解时间 6s 时，驾驶员尚未处于明线行车状态。根据调查，驾驶员受眩光影响的缓解时间与驾驶员的注意力集中程度密切相关。因此，当隧道设计车速不高于 60km/h 时，取 2 倍安全系数，以 12s 设计行程时间作为隧道群的界定距离。当隧道设计车速高于 60km/h 时，取 1.5 倍安全系数，以 9s 设计行程时间作为隧道群的界定距离。

两座或两座以上隧道长度小于 250m 的短隧道，相邻隧道洞口纵向间距小于 100m 时，无论隧道设计行车速度大小如何，均应按隧道群考虑。两座或两座以上的超长、特长、长、中隧道和隧道长度大于 250m 的短隧道，根据隧道设计行车速度大小，相邻隧道洞口纵向间距等于或小于表 1-4-6 的规定时，也应按隧道群考虑。

相邻隧道洞口纵向间距　　表 1-4-6

设计速度(km/h)	120	100	80	60	40	30	20
相邻隧道洞口纵向间距(m)	300	250	200	160	140	100	70

隧道群的定义本身包含相邻洞口间一定范围应保持平纵面线形一致的要求，即"本隧道洞内 3s 行程＋两隧道间路基 3s 行程＋下一隧道洞内 3s 行程"范围内平纵面线形应一致。隧道

群宜整体考虑其平纵线形技术指标，并按一座隧道进行平面控制测量、高程测量和贯通误差计算。

第五节　隧道设置形式的选择

隧道设置形式的选择应充分考虑围岩地质条件、断面形状、尺寸大小、施工方法、支护时间、洞口两端接线、占地大小、环境影响和工程造价等因素。高等级公路隧道一般有四种布置方式：标准间距的分离隧道，小净距隧道，连拱隧道和分岔式隧道。

一、标准间距的分离隧道

标准间距的分离隧道两洞室净距离较大，在设计施工过程中基本可以不考虑两洞室之间的相互影响，是一种上下行分离的独立双洞隧道，如图 1-5-1 所示。

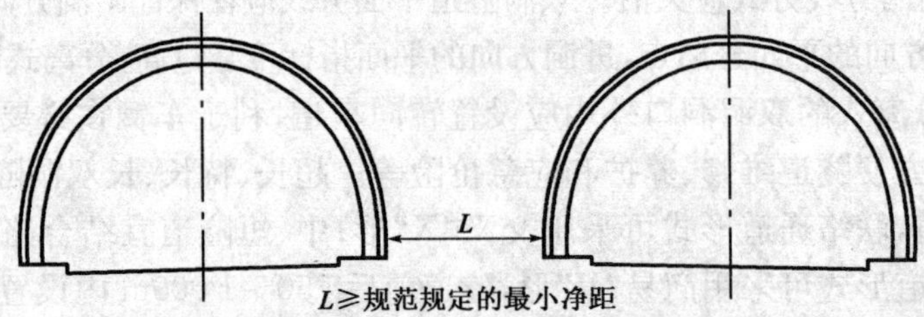

图 1-5-1　标准间距的分离隧道示意图

在同等地质条件下标准间距的分离隧道造价最低，施工速度较快且较安全，一般用于长大隧道，要求进出口地形条件较开阔。高速公路、一级公路的隧道一般应设计为标准间距的分离隧道。但标准间距的分离隧道两端分离式路基较长，往往占地较大。

标准间距的分离隧道最小间距的选定与地质条件及隧道跨度关系较大，应综合考虑隧道围岩稳定、支护结构及运营期通风等因素，以双洞施工彼此不产生不利影响为原则。实际设计中隧道双洞间距的选取可参考表 1-5-1。

长大双洞隧道净距参考表（单位：m）　　表 1-5-1

隧道断面	隧道长度（m）	围岩条件		
		好（Ⅲ级及Ⅲ级以上）	中（Ⅳ级）	差（Ⅴ级及Ⅴ级以下）
两车道隧道	≤200	5～10	8～15	10～20
	200～500	8～14	10～18	16～22
	500～1 000	12～20	18～26	24～32
	≥1 000	20～25	25～35	35～45
三车道隧道	≤200	6～18	9～22	12～24
	200～500	12～18	16～24	22～30
	500～1 000	18～24	22～32	30～38
	≥1 000	25～30	30～40	40～50

对于特长隧道，当埋置深度较大时，双洞间距还应考虑地应力影响。

二、小净距隧道

小净距隧道是指两洞室净距离较小，在设计和施工过程中需采取特殊措施的一种分离式隧道，如图1-5-2所示。

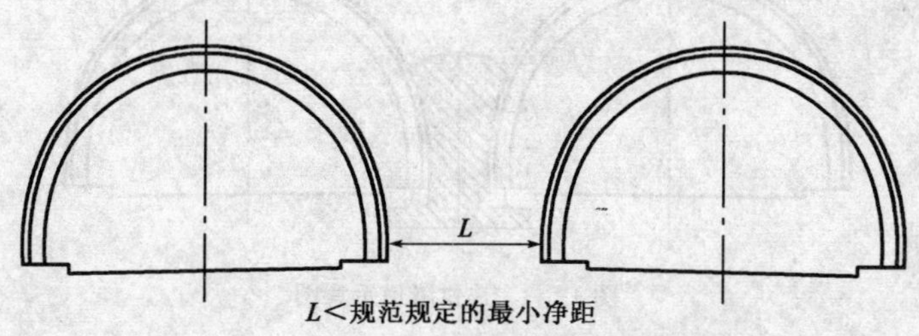

图1-5-2 小净距隧道示意图

标准间距的分离隧道和小净距隧道两洞室净距离的具体界定范围见表1-5-2（大于或等于表中建议值的为标准间距的分离隧道，小于表中建议值的为小净距隧道）。

分离式独立双洞隧道间的最小净距 表1-5-2

围岩级别（级）	Ⅰ	Ⅱ	Ⅲ	Ⅳ	Ⅴ	Ⅵ
最小净距（m）	1.0B	1.5B	2.0B	2.5B	3.5B	4.0B

注：表中B代表隧道跨度。

在地形条件较狭窄的情况下，不能按常规的分离式隧道间距布设，或因隧道的分离式设置而导致隧道两端的桥、路分岔拉宽，增大桥梁施工难度时，可考虑设置小净距隧道。小净距隧道在设计施工过程中必须考虑两洞室之间的相互影响，特别是当地质条件较差时处理较复杂。在同等地质条件下造价稍高，施工速度稍慢。

小净距隧道宜选择在围岩完整，其自稳能力较好的地段。

小净距隧道宜用于洞口地形狭窄或有特殊要求的中、短隧道，也可用于长或特长隧道洞口局部地段。

隧道跨度影响小净距隧道间距的选择，间距过小，两洞室间施工相互影响较大，施工难度增加，造价较高。一定跨度下小净距隧道适应的最大长度、隧道间距可参照表1-5-3。

不同断面形式的小净距隧道的最大长度和隧道净距 表1-5-3

隧道断面	隧道长度（m）		隧道间距（m）
两车道隧道	一般值	750	8～15
	极限值	1 000	≥5
三车道隧道	一般值	500	9～22
	极限值	750	≥5

注：地质条件好时取低值，地质条件差时取高值。

长大公路隧道，为解决洞口占地和洞内间距的矛盾，可采用不平行布线方式，即在隧道洞口采用小净距方式，洞内为逐渐分开到不产生不利影响的标准间距隧道。

三、连拱隧道

连拱隧道是指两洞室无中间岩柱，两洞结构共用中壁墙的一种整体式隧道，如图 1-5-3 所示。

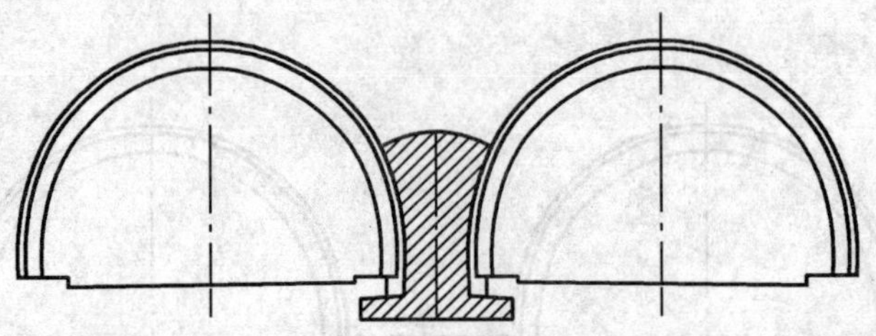

图 1-5-3 连拱隧道示意图

连拱隧道两端接线可采用整体式路基，具有节约土地、接线顺畅、减少工程量等优点，但是连拱隧道因两洞室无中间岩柱，往往施工复杂、造价高。因此，隧道两端接线的平面线形和隧道长度是选择连拱隧道的控制性因素。

连拱隧道适用于洞口地形狭窄，或对两洞间距有特殊要求的中、短隧道。

考虑到中墙渗水问题，连拱隧道一般采用复合式中墙结构形式。

连拱隧道长度可结合地质条件与洞外工程规模综合确定，不同断面形式的连拱隧道经济长度可参照表 1-5-4。

不同断面形式的连拱隧道的最大长度　　表 1-5-4

隧 道 断 面	隧道长度(m)	
四车道隧道	一般值	400
	极限值	750
六车道隧道	一般值	300
	极限值	500

四、分岔式隧道

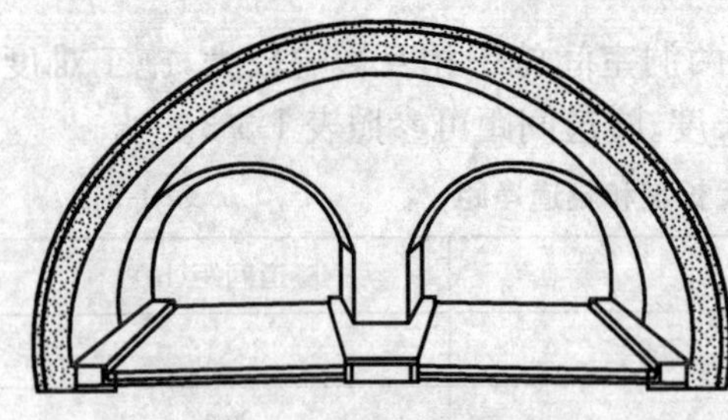

图 1-5-4 分岔式隧道示意图

在地形条件特别复杂的地段，隧道洞口段无法采用分离式双洞而洞身段又必须采用分离双线时，可采用一种特殊的隧道结构形式——分岔式隧道(图 1-5-4)。分岔式隧道是在两洞室外设置大拱衬砌段以适应两洞室净距离的不断变化。其断面形式包含了上述三种隧道的结构衬砌形式，隧道洞口段由整体式路基(隧道)逐渐过渡为分离式隧道。隧道断面逐渐从洞口大拱衬砌段、整体式中隔墙连拱衬砌段、夹心式中隔墙连拱衬砌段、小净距衬砌段，过渡到普通分离式衬砌段。

分岔式隧道大拱衬砌断面跨度较大，各种类型断面过渡施工复杂，因此分岔式隧道的分岔段宜布置在围岩级别好于Ⅳ级的地段。

近年来，随着隧道在城市过江（海）通道中的广泛应用，有些学者基于分岔式隧道的设置形式提出了地下互通的设计概念。虽然地下互通涉及内容更加广泛，技术也更加复杂，但是其结构设计理念是基本一致的，在此不进行展开阐述。

隧道在已有结构物下面设置时，应考虑由于开挖隧道而引起的基础下沉，以及爆破、地下水的变化等影响。

第六节 隧道工程的环境保护

隧道是山区公路特有的一种地下构造物，在环境保护方面，除遵循一般公路设计所确定的“以防为主、治为辅、防治结合”设计原则外，还应针对山区公路自然条件差、生态环境脆弱的特点，结合地质、水文、气象、地震等情况，考虑施工和运营环境，对隧道总体设计进行多方面论证，以主动的姿态保护区域自然环境，追求人与自然的和谐。

一、隧道设计中应考虑施工期的环境影响问题

在不稳定坡体中，隧道洞口施工不宜直接劈坡进洞，宜采用保护山坡先修接长明洞再修洞门，然后采用在明洞内暗洞施工，小型爆破进洞的环保施工。

采取切实可行的措施，降低隧道施工过程中产生的粉尘、噪声和空气振动对人体的危害。

（1）采取处治措施，避免隧道施工过程中排放的废水、注浆加固围岩所漏失的有害浆液等直接排放，污染当地水体。

①施工时，隧道洞内涌水的出水点应采用截水管直接排出洞外并加以利用，避免沿洞内水沟与污水混合后排出；

②利用洞外自然沟壑地形，设置专门的污水处理设施。经处理后的水质，应符合接纳水体的排放标准；

③隧道工程材料的选用应注意避免使用对环境有危害的材料。

（2）采取适当的措施，降低施工噪声。

①隧道施工时在洞内对施工机械，如空气压缩机、混凝土搅拌机、送风机等加设隔音罩、隔音墙等设施；

②在爆破方面规定放炮时间，增设隔音门；

③采取特殊爆破方式，同时进行周密的爆破管理；

④当隧道通过对振动有严格要求的结构物或地区时，用采取低振动的爆破方法，必要时可采取掘进机械施工，以减小振动。

（3）隧道施工开挖容易引起植被破坏，因此施工组织设计中必须采取有效措施予以保护。

①隧道设计和施工人员，应了解当地珍贵物种的分布，便于遇到这类物种时可及时主动采取保护措施；

②施工便道、施工工棚及作业场地，应尽量顺应地形布设，保护植被，少占耕地、果园，多利用荒坡、荒地、滩涂等荒芜土地；

③隧道主洞及辅助坑道洞口，应尽量减少开挖面，对必须开挖的坡面应采用适宜的植被绿化；

④隧道工程竣工后，应修整、恢复受到破坏的植被。

(4)特长、超长隧道需设置竖井、斜井等辅助通道。竖井、斜井施工需开辟专门的施工通道,设置专门的弃渣场。

①施工便道的设置,应避免大填大挖、破坏环境;

②弃渣场应顺应山体填埋,避免设置在平坦开垦的地方,并设置人工支挡结构。弃渣场表面应进行坡面处治,防止水土流失。

二、隧道设计应对隧道施工产生的弃渣进行有效处治

双车道隧道每公里隧道开挖产生的洞渣通常接近 10 万 m^3,除部分洞渣被路线填方合理利用外,大部分需废弃。由于隧道弃渣通常为各种岩石碎块或风化岩类与泥土的混合物,无法当做可耕植土利用,如果随意倾倒会侵占耕地、堵塞河道,引起洪水泛滥和引发新的水土流失现象。

优化路线平纵面线形,尽量做到填挖基本平衡,减少隧道废渣数量。隧道废渣一方面可作为路基填方加以利用;另一方面隧道废渣中的硬质岩石经破碎后,可用作路基或路面材料。当隧道废渣无法利用时,应尽量利用施工便道运至指定地点弃渣。

合理选择弃渣场,在指定地点集中倾倒隧道废渣。弃渣场宜选在荒坡地、凹地,不侵占耕地、河道、沟谷,且不改变弃渣场原有地形、地貌和水文地质状况,以防止破坏耕地、地表植被和阻断地表径流。弃渣体积不得超出弃渣场的设计容量,超出时应另外选择弃渣场。

为防止雨水冲刷造成水土流失,应加强弃渣场排水设计。弃渣场形状应适应地形,自然灵活,当利用荒坡弃渣时,弃渣后形成的高填方边坡的坡度不应大于 1∶1.5,并且应设置坡脚挡土墙,以防地表径流冲刷和减少弃渣场占地面积。弃渣后形成的高填方边坡应进行表面防护,如表面植被等。利用凹地弃渣后形成的坡面应与周围地形协调一致,并进行植被或回填复耕处理。

三、隧道设计时可适当植入景观要素

1.隧道洞门

随着对工程与环境的要求越来越严,隧道设计要求每个工程都要和周围环境相融合。对隧道而言,洞门是隧道唯一的外露部分,隧道洞口设计应注重美学效应,洞门景观应突出标志性,便于记忆,宜采用具有雕塑感的大尺度构件,形成洞门建筑。

洞门景观设计以创造与周围环境协调的视点为原则,使隧道洞口在满足其基本功能的同时,达到与周边环境有机融合,使隧道不仅是车辆的通道,还起到点缀美好环境的作用,把隧道工程建设融于周围自然景观中。在隧道设计中应结合路线自然、社会、人文及工程条件,运用主次分明、重点突出、浓墨重彩与轻描淡写相结合,简易出路与特殊处理(标志性建筑)相结合的手法,进行多方案筛选和优化,不增加或增加少量的工程造价,力争达到美学、力学与经济性的完美统一。在传统隧道建设中,多数洞口采用端(翼)墙式洞门,洞口前路堑刷坡较高。随着人们环保意识的增强,无端墙洞门的应用越来越广泛。它简单实用,符合早进晚出的设计思想,使洞口伸出山体坡面,确保洞口仰坡基本不破坏,有利于保护环境。目前公路隧道越来越多的采用无端墙洞门,该洞门主要适用于洞顶坡面稳定、无落石、地形等高线与路基正交,洞口无路堑或短路堑的隧道。另外,对于洞口地形偏压则宜采用端(翼)墙式洞门,或对坡面进行加固处理后也可采用削竹式洞门。

另外，隧道洞口景观前设计也是不可忽视的。它包括挡墙、小品建筑、边仰坡绿化、路基衔接以及隧道管理区的协调等。洞口绿化应纳入总体规划设计之中，其形式、规模应根据地形、环境、气候和水源等条件选定。目前常用的绿化形式有空心砖防护、浆砌片石网格护坡、三维网绿化、TBS岩石边坡绿化等。

2. 隧道洞身

隧道洞身装饰应力求简洁。长隧道主要考虑行车视觉感受；位于商业区城市的短隧道可在人行道一侧考虑布设灯箱图片，丰富空间色彩。

第二章　隧道建筑限界及净空断面

第一节　公路隧道建筑限界

(1)公路隧道建筑限界是满足隧道使用功能,保证隧道运营安全的基本控制因素。公路隧道的建筑限界不仅应满足汽车行驶的需要,还应充分考虑汽车行驶的安全、快捷舒适和防灾等因素。建筑限界标准应符合《公路工程技术标准》(JTG B01—2003)第 2.0.7 条、第 7.0.3 条的规定。在建筑限界内不得有任何部件(包括通风、照明、安全、监控和内装饰等附属设施)侵入。

(2)各级公路隧道建筑限界如图 2-1-1 所示。各级公路隧道建筑限界基本宽度应按表 2-1-1 执行,并符合以下规定。

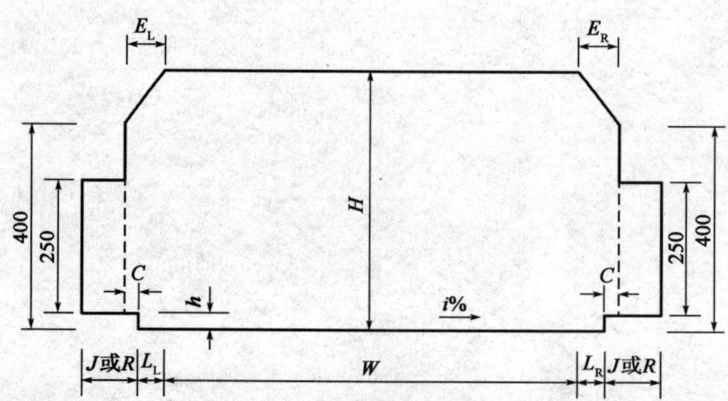

图 2-1-1　公路隧道建筑限界(尺寸单位:cm)

H-建筑限界高度;W-行车道宽度;L_L-左侧向宽度;L_R-右侧向宽度;C-余宽;J-检修道宽度;R-人行道宽度;h-检修道或人行道的高度;E_L-建筑限界左顶角宽度;E_R-建筑限界右顶角宽度,E_R 应包含余宽 C。当 $L_L+C\leqslant 1$m 时,$E_L=L_L+C$;当 $L_L+C>1$m 时,$E_L=1$m;当 $L_R+C\leqslant 1$m 时,$E_R=L_R+C$;当 $L_R+C>1$m 时,$E_R=1$m

公路隧道建筑限界横断面组成最小宽度(单位:m)　　表 2-1-1

公路等级	设计速度(km/h)	车道宽度 W	侧向宽度 L		余宽 C	检修道 J 或人行道 R 宽度		隧道建筑限界净宽
			左侧 L_L	右侧 L_R		左侧	右侧	
高速公路 一级公路	120	3.75×2	0.75	1.25	0.50	1.00	1.00	11.50
	100	3.75×2	0.50	1.00	0.25	0.75	0.75	10.50
	80	3.75×2	0.50	0.75	0.25	0.75	0.75	10.25
	60	3.50×2	0.50	0.75	0.25	0.75	0.75	9.75

续上表

公路等级	设计速度(km/h)	车道宽度 W	侧向宽度 L		余宽 C	检修道 J 或人行道 R 宽度		隧道建筑限界净宽
			左侧 L_L	右侧 L_R		左侧	右侧	
二级公路 三级公路 四级公路	80	3.75×2	0.75	0.75	0.25	1.00	1.00	11.00
	60	3.50×2	0.75	0.75	0.25	1.00	1.00	10.50
	40	3.50×2	0.25	0.25	0.25	0.75	0.75	9.00
	30	3.25×2	0.25	0.25	0.25	0.75	0.75	8.50
	20	3.00×2	0.25	0.25	0.25			7.00

注：1. 三车道、四车道隧道除增加车道数外，其他宽度同表 2-1-1；增加车道的宽度不得小于 3.5m。
2. 连拱隧道行车方向的左侧可不设检修道或人行道，但应设余宽。
3. 货车(大型车)比例大于 50%，或设计速度为 80km/h 和 100km/h 时，右侧 L_R 宜加大到 1.25m。

①建筑限界高度，高速公路、一级公路、二级公路取 5.0m；三、四级公路取 4.5m；

②检修道或人行道高度少于或等于 25cm 时，宜包含余宽；否则，余宽不能包括检修道或人行道；

③隧道路面横坡，当隧道为单向交通时，应取单面坡；当隧道为双向交通时，可取双面坡；横坡坡度宜与洞外路面横坡坡度一致，横坡坡率一般采用 1.5%～2.0%；

④当路面采用单面坡时，建筑限界底边线与路面重合；当采用双面坡时，建筑限界底边线应水平置于路面最高处；

⑤单车道四级公路的隧道应按双车道四级公路标准修建。

(3)高速公路和一级公路的隧道内应设置检修道。其他等级公路隧道，应根据隧道所在地区的行人密度、隧道长度、交通量及交通安全等因素确定人行道的设置。检修道或人行道宜双侧设置，其宽度按表 2-1-1 的规定选取。检修道或人行道的高度可按 25～80cm 取值，并综合考虑以下因素：

①检修人员步行时的安全；

②满足其下放置电缆、排水、给水管等的空间尺寸要求；

③紧急情况时，方便驾乘人员拿取消防设备；

④检修道或人行道路缘石对行车有导向作用，但其高度设置不宜对驾驶员的心理造成障碍。

检修道或人行道高度可按表 2-1-2 取值。

检修道或人行道高度 h　　表 2-1-2

设计速度(km/h)	120	100	80	60	40～20
步道高度 h(cm)	80～35	60～35	40～30	30～25	25

(4)隧道内路侧边沟，应结合检修道、侧向宽度、余宽等，布置于车道两侧，引排隧道渗水、养护清洗水和消防用水。对于特长、长隧道以及地下水较大的中隧道，应在隧道两侧或中央设深埋水沟，与衬砌背后盲沟和路面下盲沟连通，引排地下水。对于短隧道，应视具体情况确定是否设置深埋水沟。

(5)当隧道符合以下条件时，其横断面可设计为与路基同宽。

①长度小于 100m 的短隧道；

②长度小于 500m 的独立短隧道。

隧道横断面宽度设计与路基同宽，可提高行车舒适性和减少交通事故，但工程造价增加较大，不宜大量采用。六车道及其以上公路隧道、长度大于 500m 的公路隧道横断面不宜设置为与路基同宽，若需设置为与路基同宽，应经过专门的技术经济论证。

(6)各级公路隧道两车道最小建筑限界如图 2-1-2～图 2-1-9 所示。

①二、三、四级公路隧道建筑限界图。

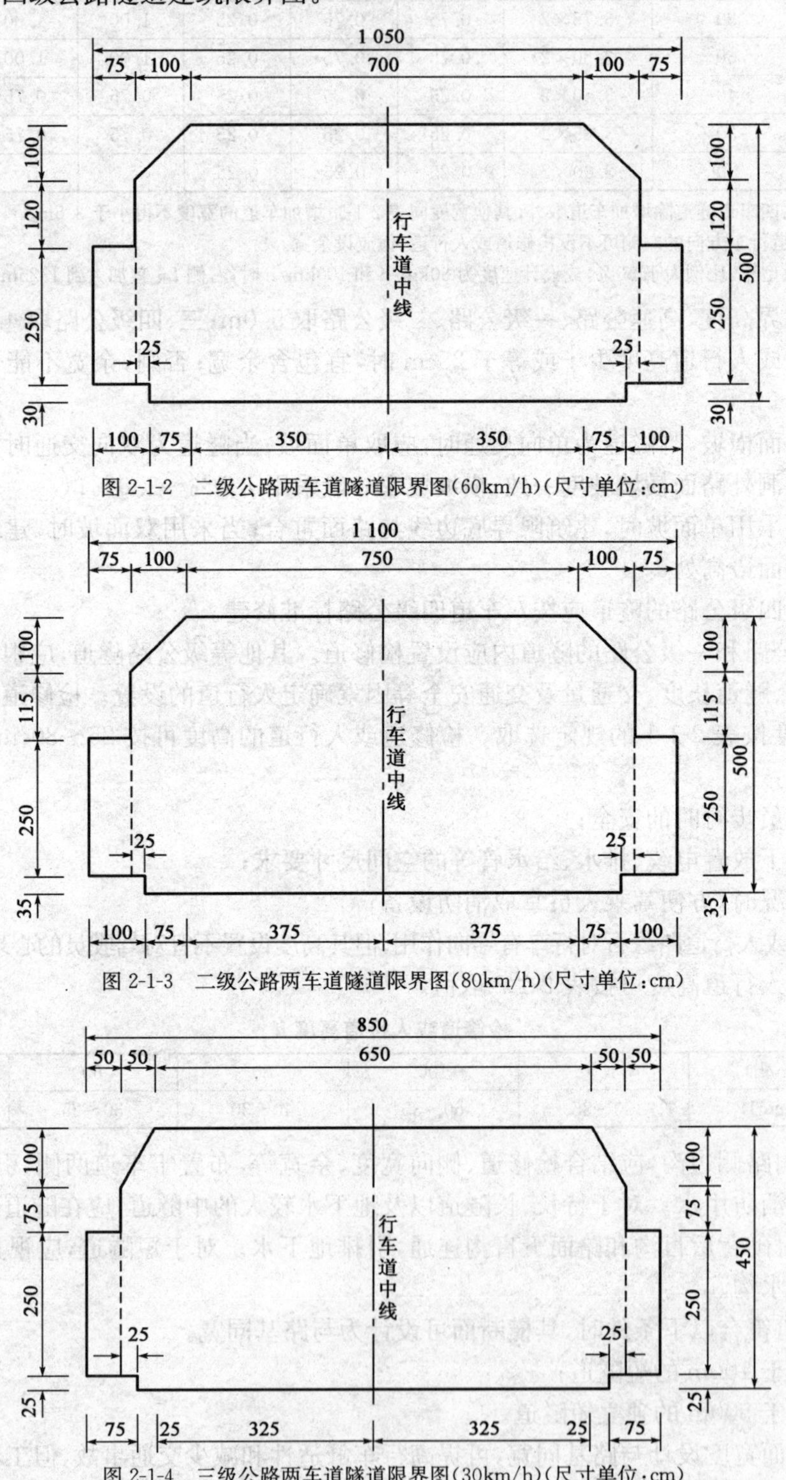

图 2-1-2　二级公路两车道隧道限界图(60km/h)(尺寸单位：cm)

图 2-1-3　二级公路两车道隧道限界图(80km/h)(尺寸单位：cm)

图 2-1-4　三级公路两车道隧道限界图(30km/h)(尺寸单位：cm)

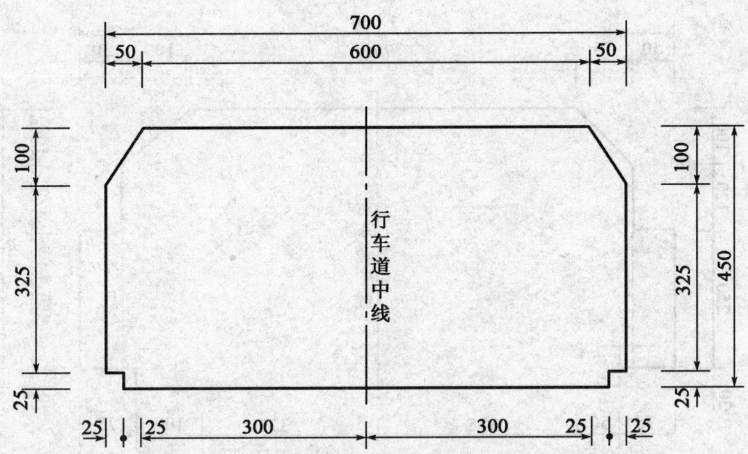

图 2-1-5　四级公路两车道隧道限界图(20km/h)(尺寸单位:cm)

②高速公路、一级公路隧道建筑限界图。

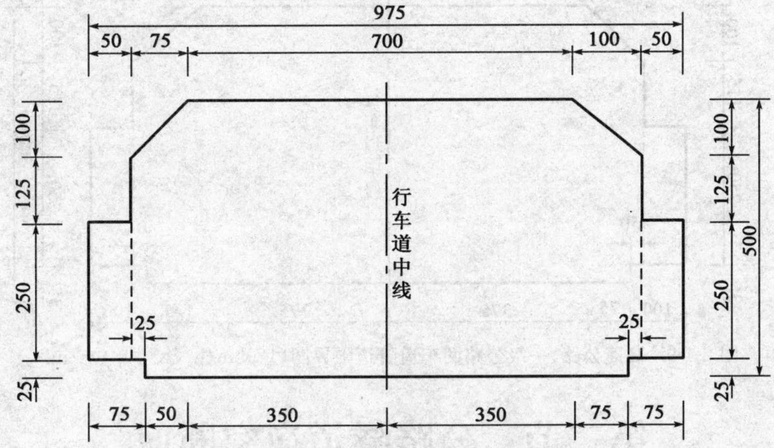

图 2-1-6　高速公路、一级公路两车道隧道限界图(60km/h)(尺寸单位:cm)

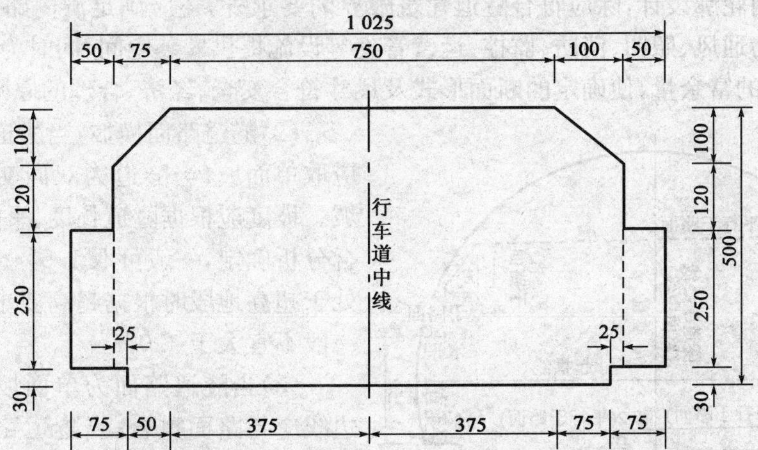

图 2-1-7　高速公路、一级公路两车道隧道限界图(80km/h)(尺寸单位:cm)

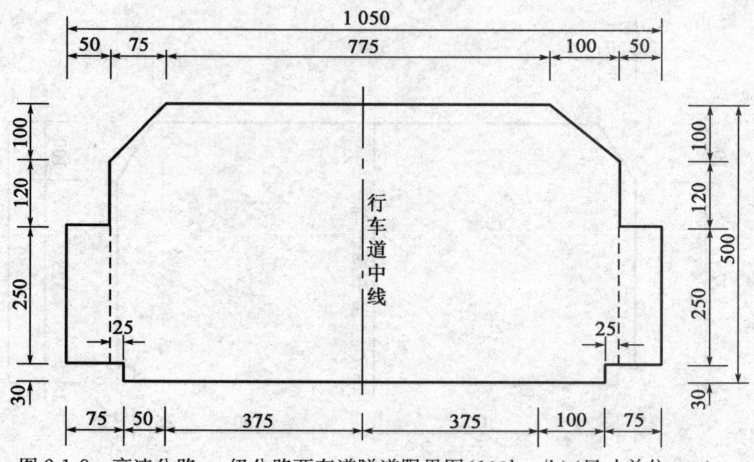

图 2-1-8　高速公路、一级公路两车道隧道限界图(100km/h)(尺寸单位:cm)

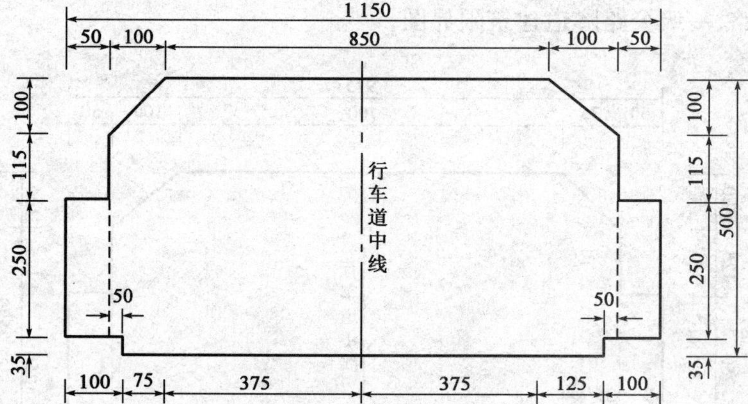

图 2-1-9　高速公路、一级公路两车道隧道限界图(120km/h)(尺寸单位:cm)

第二节　公路隧道净空断面

(1)隧道内轮廓设计,除应符合隧道建筑限界的要求外,还应满足洞内路面、排水设施、装饰的需要,并为通风、照明、消防、监控、运营管理等设施提供安装空间,同时为衬砌变形及施工误差预留适当的富余量,使确定的断面形式及尺寸符合安全、经济、合理的原则。

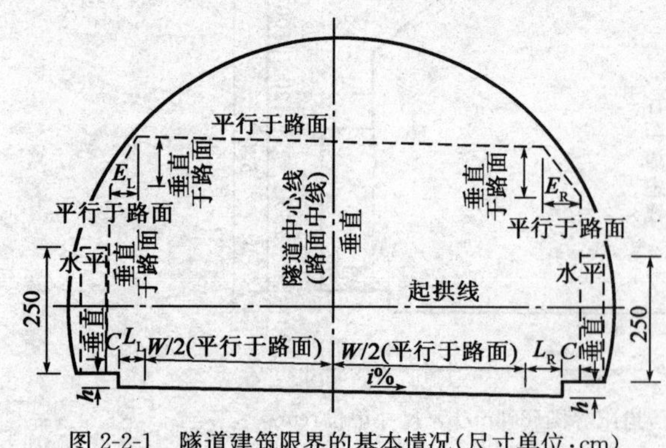

图 2-2-1　隧道建筑限界的基本情况(尺寸单位:cm)

(2)隧道路面横披,当隧道为单向交通时,应取单面坡;当隧道为双向交通时,可取双面坡。坡度应根据隧道长度、平纵线形等因素综合分析确定,一般可取 1.5%~2.0%。当隧道处于超高地段时根据超高要求设置路面横坡,一般不宜大于 4.0%。

(3)当隧道路面为单面坡时,建筑限界底边线应与路面重合;当隧道路面为双面坡时,建筑限界底边线应水平置于路面最高处。建筑限界置于隧道内轮廓的情况,如图 2-2-1

所示。

上述要求可采用下述步骤实现：

①首先以测设点为基点整体旋转建筑限界，使建筑限界底边线与路面重合；

②再以两侧检修道路缘线与路面的交点为基点各自整体旋转两侧检修道路缘线、顶边线、底边线和侧边线，使检修道底边线水平；

③使检修道顶边线与车行道边线自然延伸相交。

(4)隧道内轮廓断面与建筑限界行车限界线最小间距不宜小于 10cm，与人行道或检修道限界线最小间距不宜小于 5cm。

(5)公路等级和设计速度相同的一条高速公路上的隧道断面宜采用相同的内轮廓。但当出现以下几种情况可单独拟订净空断面：

①隧道长度相差较大的项目，如超长、特长隧道因通风方案需要扩大隧道断面；

②隧道平曲线半径较小，不满足视距要求，需要加宽断面；

③隧道因超高原因需扩大隧道断面。

(6)当隧道处于较大超高横坡路段，按正常路段拟订的净空断面侵入建筑限界时，可采取以下方式处理，使所拟订的净空断面满足建筑限界要求。

①以超高旋转点为轴整体旋转隧道内轮廓；

②直接扩大内轮廓断面；

③调整内轮廓中心位置。

(7)隧道平面线形设计，应以避开视距不足为原则。当采用小半径平曲线时，应根据设计速度核查隧道内轮廓断面是否满足停车视距和会车视距要求，若隧道内轮廓断面不满足视距要求，应加宽隧道内轮廓断面，使障碍物后退以满足视距要求。保证视距的临界曲线半径 R 按下式计算：

$$Y = \frac{S^2}{8R} \tag{2-2-1}$$

式中：Y——保证视距宽度(m)；

S——视距(m)；

R——平曲线半径(m)。

保证视距宽度 Y 的计算图式，如图 2-2-2 所示，即：

$$Y = \frac{W}{2} + L + J \tag{2-2-2}$$

式中：W——车道宽度(m)；

L——侧向宽度(m)；

J——检修道宽度(m)。

(8)近 20 年来，我国公路隧道建设规模不断扩大，各地在设计隧道净空断面时标准不统一，隧道轮廓有采用单心圆的，也有采用三心圆的，既有尖拱又有坦拱，曲率不一。甚至，同一条公路上出现几种不同内轮廓的断面，这既影响洞内设施的布置，又不利于施工时衬砌模板的制作。因此，公路隧道净空断面有必

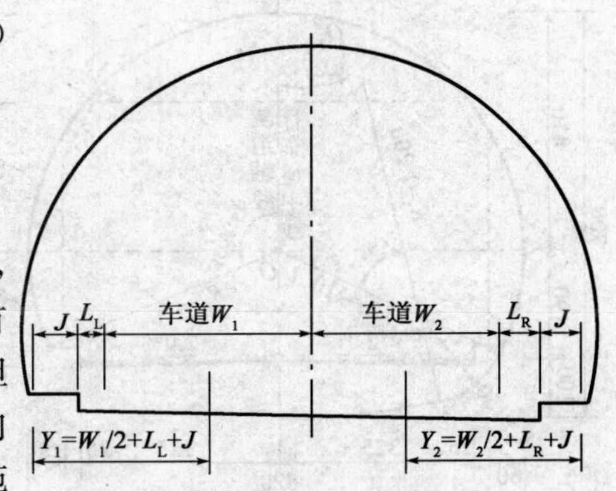

图 2-2-2　保证视距宽度的计算图式

要推动标准化设计。

根据多年的工程实践和内力分析，认为应采用拱部为单心圆或三心圆，侧墙为大半径圆弧，仰拱与侧墙间用小半径圆弧连接形式受力较好，断面空间利用率高。

根据各设计速度相应的建筑限界，各级公路隧道两车道的最小内轮廓断面可参照图 2-2-3～图 2-2-11 拟订，三车道隧道可参考两车道原则进行拟订。

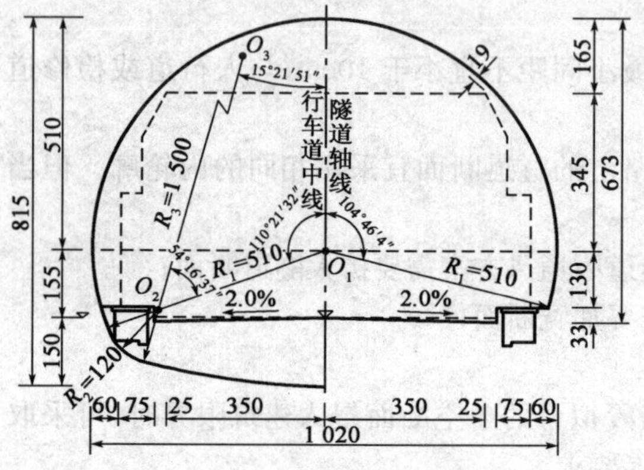

图 2-2-3　二级公路两车道隧道内轮廓图(40km/h)
(尺寸单位:cm)

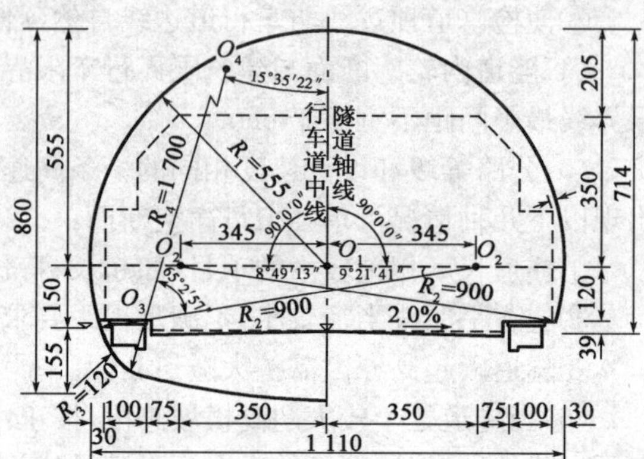

图 2-2-4　二级公路两车道隧道内轮廓图(60km/h)
(尺寸单位:cm)

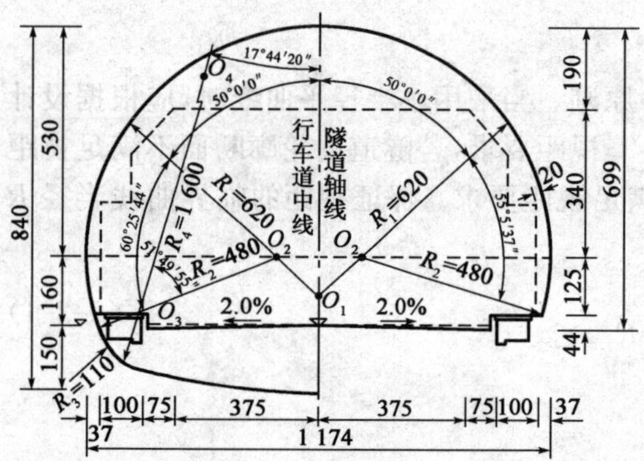

图 2-2-5　二级公路两车道隧道内轮廓图(80km/h)
(尺寸单位:cm)

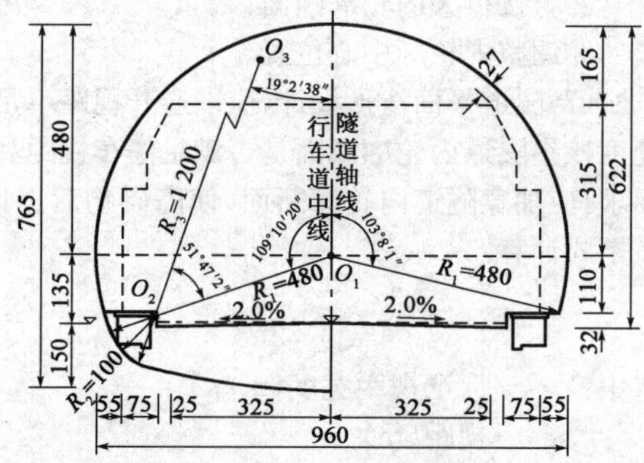

图 2-2-6　三级公路两车道隧道内轮廓图(30km/h)
(尺寸单位:cm)

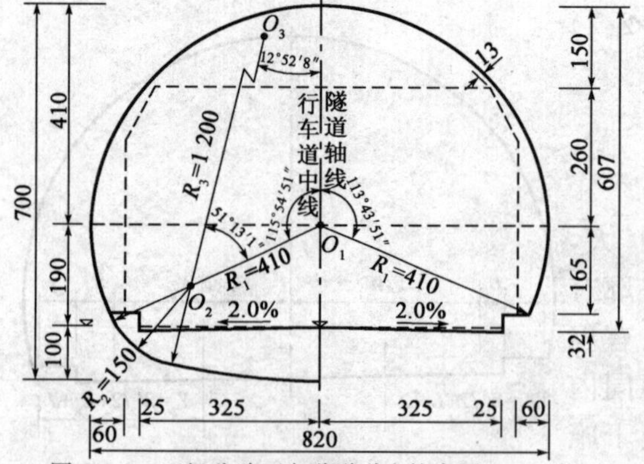

图 2-2-7　四级公路两车道隧道内轮廓图(20km/h)
(尺寸单位:cm)

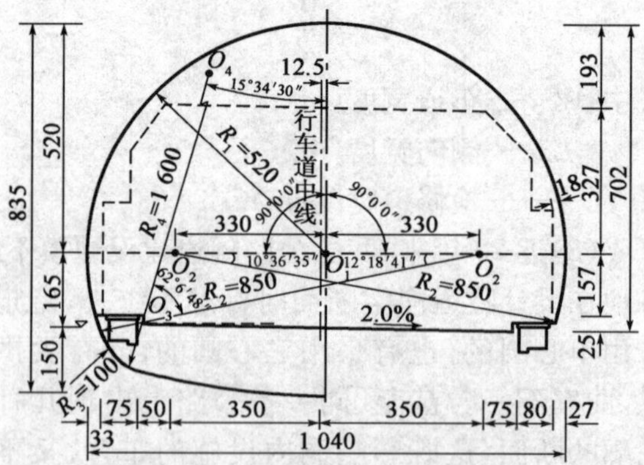

图 2-2-8　高速公路、一级公路两车道隧道内轮廓图(60km/h)
(尺寸单位:cm)

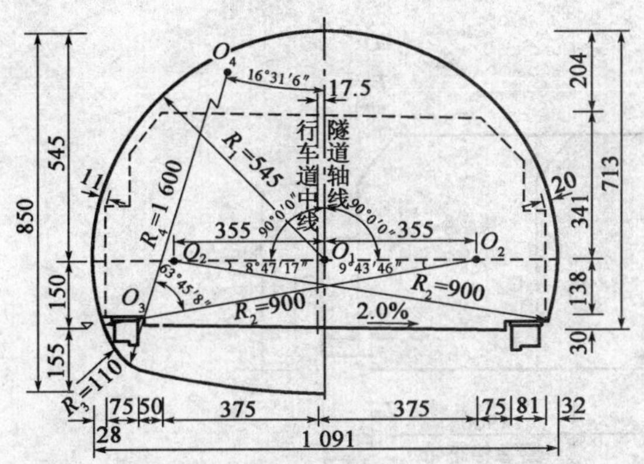

图 2-2-9　高速公路、一级公路两车道隧道内轮廓图(80km/h)(尺寸单位:cm)

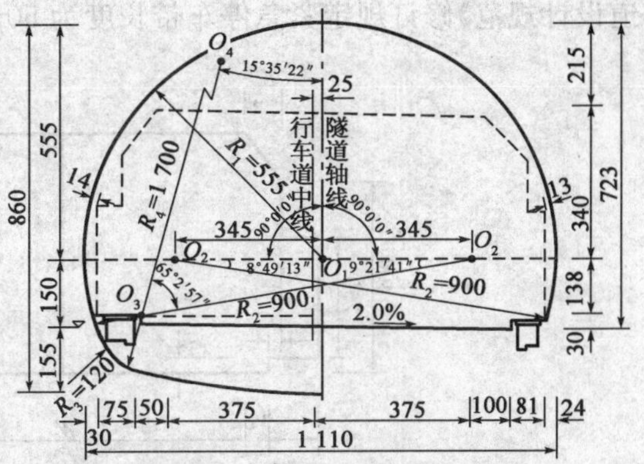

图 2-2-10　高速公路、一级公路两车道隧道内轮廓图(100km/h)(尺寸单位:cm)

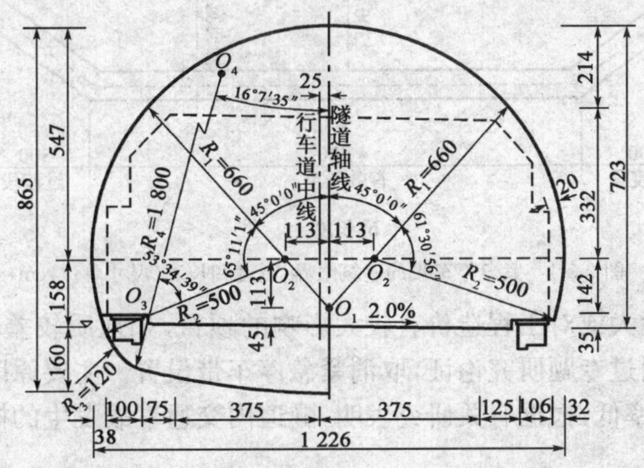

图 2-2-11　高速公路、一级公路两车道隧道内轮廓图(120km/h)(尺寸单位:cm)

第三节　紧急停车带建筑限界及净空断面

(1)紧急停车带的主要功能是用来停放故障车辆、紧急情况下疏散交通及救援车辆和救援小组用以紧急救援活动等,即保证对事故车辆和人员的及时有效施救,并降低因此对正常交通的影响。

(2)特长、长隧道应在行车方向的右侧设置紧急停车带。双向行车隧道,其紧急停车带应双侧交错设置。紧急停车带的设置间距不宜大于 750m。

(3)紧急停车带的宽度是向行车方向右侧加宽不小于 3.0m,长度应不小于 50m,其中有效长度不应不小于 40m。停车带的路面横坡,可取 0.5%~1.0%或水平。紧急停车带建筑限界的构成如图 2-3-1 所示,具体尺寸按上节有关规定执行。

不设检修道、人行道的隧道,可不设紧急停车带,但应按 500m 间距交错设置行人避车洞。

紧急停车带的长度、宽度和设置间距,是根据我国实际交通情况以及车况和大车混入率的国情确定的。《公路隧道设计规范》(JTG D70—2004)参考了世界道路协会(PIARC)隧道工作委员会(C5)的推荐值和日本等国的规范值而推荐紧急停车带长度为 40m。由于近年来我国长车数量越来越多,因此适当增加停车带长度以适应长车停车需要。即将颁布的新《公路隧道设计规范》修订规定紧急停车带长度为 50m。

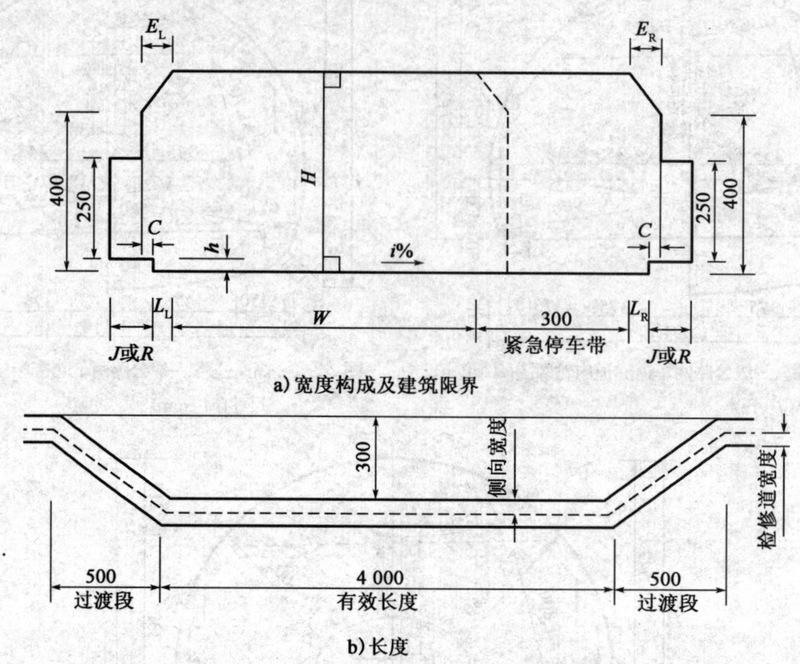

图 2-3-1　紧急停车带的建筑限界、宽度和长度(尺寸单位:cm)

(4)对于施工风险大或对工程造价有较大影响的项目,如地质较差的三车道及以上隧道、水下盾构隧道等,可通过专题研究论证,取消紧急停车带设置。主要原因有以下几点:

①公路隧道事故率低,根据有关研究表明,隧道内交通事故发生的概率不到公路主线的一半甚至更低;

②紧急停车带仅能适应主动停车情况,根据有关研究统计,主动停车造成的交通事故占总交通事故的比例不足 10%,设置紧急停车带对减少交通事故发生的概率作用并不大;

③部分特殊隧道,如过江的盾构隧道,设置紧急停车带将导致断面整体加大,工程投资急剧增加。

第四节　人行、车行横通道建筑限界及净空断面

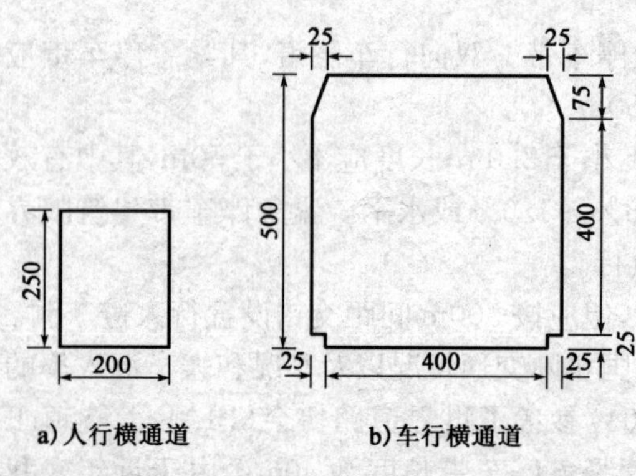

图 2-4-1　横通道的建筑限界(尺寸单位:cm)

(1)上、下行分离的独立双洞公路隧道,为满足紧急情况下救援及逃生需要,需设置人行或车行横通道。横通道的断面建筑限界一般规定如图 2-4-1 所示。车行横通道的限界宽度不得小于 4.5m、限界高度不得小于 5.0m。

(2)车行横通道内轮廓断面,一般有直墙式和曲墙式两种形式。曲墙式断面结构受力更好,但曲墙式断面与主洞相交处施工困难,所以一般情况下,车行横通道内轮廓断面采用直墙式。但在Ⅴ、Ⅵ级软弱围岩地段,车行横通道应按曲边墙形

式进行设计。隧道车行横通道可参考图2-4-2进行设计。

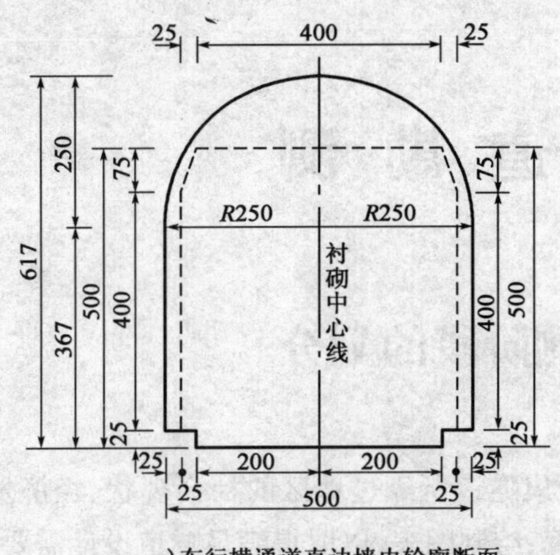

a) 车行横通道直边墙内轮廓断面

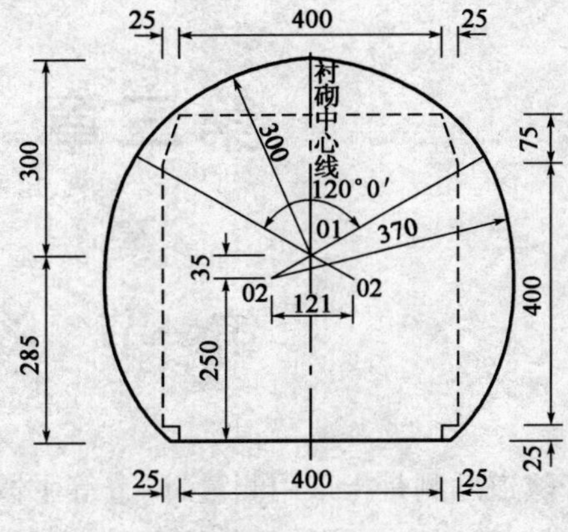

b) 车行横通道曲边墙内轮廓断面

图 2-4-2　车行横通道内轮廓断面设计图例(尺寸单位:cm)

(3)人行横通道内轮廓断面一般采用直边墙形式,可参考图 2-4-3 进行设计。

(4)人行横通道及车行横通道底面横坡可设置为水平,但是必须设置满足排水要求的纵坡。

(5)人行横通道的设置间距可取 250m,且不大于 500m。车行横通道的设置间距可取 750m,且不得大于 1 000m。长 1 000～1 500m 的隧道宜设 1 处车行横通道,中、短隧道可不设。车行横通道路缘高度宜与隧道左侧路缘高度一致。

对于人行横通道和车行横通道的布置,由于各设计人员理解的差异,目前国内有两种做法。

①利用车行横通道兼作人行横通道,这样基本上就是"人行—车行—人行"交错布置;

②不利用车行横通道兼作人行横通道,而是车行和人行横通道分别布置,基本上是"车行—人行—人行—车行"(一车行两人行)的布置方式。

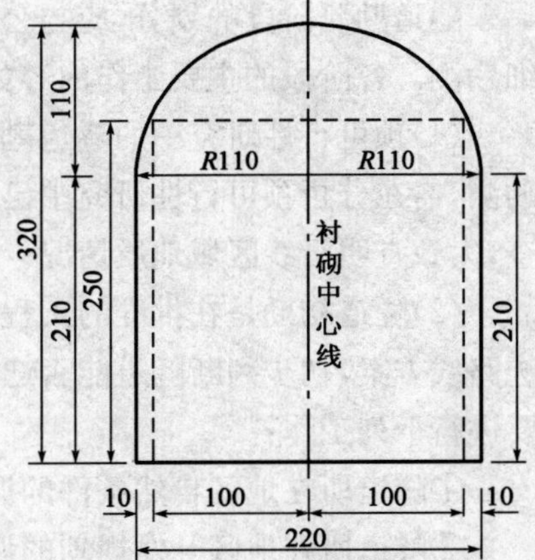

图 2-4-3　人行横通道内轮廓断面设计图例(尺寸单位:cm)

当隧道设置紧急停车带时,车行横通道一般结合紧急停车带位置设置。

第三章 隧道勘测

第一节 隧道勘测阶段的划分

隧道勘测是指采用测量、调查等手段，采集、搜集隧道所经过地区的社会现状、经济发展、人文景观、地形、地质、气象等资料，进行必要的计算、绘制图表，以取得满足隧道设计需要的空间数据、信息，并根据要求提供相应勘测成果的活动。隧道勘测应根据隧道不同设计阶段的任务、目的和要求，针对公路等级、隧道的特点和规模，确定搜集、调查资料的内容和范围，并认真进调查、测绘。

隧道勘测阶段的划分，应与公路设计阶段相适应，一般分为可行性研究勘测、初步勘测、详细勘测。各阶段的主要工作内容如下。

(1)预可行性研究中的隧道勘测主要侧重于搜集已有的文献资料；工可行性研究中的隧道勘测，需在分析预可行性研究中已搜集资料的基础上，通过踏勘，对各个可能方案进行实地调查，大致查明沿线区域地质情况。

(2)隧道初勘是在批准的工程可行性研究报告推荐方案的基础上，根据工程地质条件，优选路线方案，初步判断隧道能否通过或如何通过，并提供编制初步设计所需工程基础资料。主要进行下列工作：

①隧道所在地区自然条件的调查和环境影响的调查；

②隧道所在地区开发规划的调查；

③工程地质及水文地质的调绘；

④地形、高程、导线的测量；

⑤施工方案和概(预)算资料的调查。

(3)隧道详勘是根据已批准的初步设计文件中所确定的隧道修建原则、设计方案、技术指标等资料，在初勘的基础上，进行补充校对，进一步查明核实沿线条件，为隧道施工图设计提供详细的基础资料。主要进行下列工作：

①隧道洞口及洞身浅埋地段的地形及路线定测；

②补充和核对初测地质资料、复杂地质问题，并作出可靠结论；

③洞外控制测量；

④施工组织和预算资料及环境条件的补充调查。

隧道勘测工作应按有关规定对全过程进行质量控制，各设计阶段的勘测工作完成后，应由主管单位或项目主持单位进行验收。

第二节　隧道勘测资料的搜集和调查

隧道勘测资料是隧道工程设计的依据，应根据不同设计阶段的任务、目的和要求，针对隧道工程的特点，确定应搜集资料的内容和范围，并认真地进行调查、测绘，做到搜集资料齐全、准确，满足设计要求。对搜集到的资料应进行仔细分析研究和判断，初步掌握隧道所经地区的工程条件的概况和特点，粗略判定可能遇到的主要工程问题，并了解这些问题的研究现状和工程经验。

1.应全面搜集隧道地区的下列既有资料

(1)地质资料。如地层岩性、地质构造、土质等。

(2)地形、地貌资料。如区域地貌类型及主要特征，不同地貌单元与不同地貌部位的工程地质评价等。

(3)区域水文地质资料。如地下水的类型、分带及分布、埋藏深度、变化规律等。

(4)各种特殊地质地段及不良地质现象的分布情况，发育程度与活动特点等。

(5)地震资料。如沿线及其附近地区的历史地质情况，地震烈度、地震破坏情况及其与地貌、岩性、地质构造的关系等。

(6)气象资料。如气温、降水、蒸发、温度、积雪、冻积深度及风速、风向等。

(7)气候、水文、植被、土壤等与隧道工程有关的资料。

(8)工程经验。区内已有公路、铁路等其他土建工程的工程地质问题及其防治措施等。

(9)政府以及生产、科研、教学等部门所出版的一切有参考价值的地质图、文献、调查报告，以及与工程有关的法令、法规、方针、政策等。

2.应根据隧道设计要求对相关资料进行调查

(1)隧道洞口交通条件的调查。应调查隧道洞口、辅助坑道施工时的交通运输条件以及施工时对交通运输可能造成的影响；对交通困难地区，应初步提出可能采取的相应措施。

(2)隧道弃渣场地的调查。主要调查场地容量及弃渣运输条件、场地的生态环境，以及地下水径流条件、场地附近各种设施情况和应采取的安全措施。

(3)隧道通风设计调查。主要进行交通量调查，包括指车辆类型、数量及其历时变化等，应了解汽车发动机的种类和汽车实载情况。

(4)气象调查。主要指隧道进出口气压、风向、风速、温度、湿度、冻害及相关地区的气象资料，并根据需要进行实地观测。

(5)环境调查。主要指洞口及竖(斜)井口地形、建筑物分布、居民分布等。

(6)隧道照明设计调查。主要应对洞口及竖(斜)井口朝向、洞口附近视野、植被条件进行调查。

(7)隧道供配电设计调查。主要应了解隧址所在地区电网分部情况，索取有关供电电源点及相关技术资料。

(8)对于独立的隧道，应进行相关概预算资料调查。

(9)应评估隧道建设对地表排水、农田灌溉及地下水等环境方面的影响，并确定防治措施。

第三节 隧道测量

隧道测量含地形测量、中桩测量、横断面测量、平面控制测量及高程控制测量。当相邻隧道洞口纵向间距小于表3-3-1的规定时，宜作为一整座隧道进行测量。各勘测阶段地形图比例应满足表3-3-2的要求。

相邻隧道洞口纵向间距 表3-3-1

公路等级	高速、一级公路	二级公路	三级公路	四级公路
相邻隧道洞口纵向间距(m)	250	160	120	80

勘测阶段地形图比例要求 表3-3-2

勘测阶段	预可	工可	初勘	详勘
比例要求	1:10 000～1:50 000	1:5 000～1:10 000	1:2 000～1:5 000	1:1 000～1:2 000 洞口1:500

一、隧道初勘测量

初测阶段可不专门布设隧道平面和高程控制网，但在布设路线控制测量网时应在隧道进出口各布设两个以上平面控制点及2～3个高程控制点，平面控制点间距应大于200m，满足隧道平面和高程控制网加密的需要。同时，布设的控制点应纳入路线控制测量进行施测。

隧道初勘阶段应对初拟各隧道轴线、不同洞口位置及相应连接线进行勘测与调查，要求在实地放出洞口附近的中线，并现场核查和测绘洞口纵、横断面。隧道洞身段还应根据地质勘察及钻探需要现场放桩。

隧道地形图测量用于隧道洞口位置的选定以及隧道辅助工程、排水、弃渣场等设计需要，其测量范围应按方案比选的具体情况而定，若比较方案相互位置过远，可分别测绘，并另绘制小比例尺示意图连成整体。测量范围通常为中线两侧宽度200～400m，如因辅助工程需要或地质情况复杂，可适当加宽；纵向为估计挖方零点以外不小于200m，分离式隧道应测至整体式路基汇合点以外100m。

洞口横断面及中桩测量应按10～20m一处进行测量，其纵向距离应以估计的挖方零点至估计的隧道成洞面外30～50m，横向距离应为中线两侧约50m左右。

二、隧道详勘测量

详勘测量之前，应首先对隧道方案进行核查与落实。主要应注意以下几方面：

(1)对隧道所在位置的地形、工程地质、水文地质、环境等内容，进行核实和补充调查。

(2)隧道轴线、洞口、辅助通道口的布置是否合适，洞内中线及其连接线的技术标准是否符合规定，平、纵、横面是否协调。

(3)隧道排水及附属设施的施工方案是否经济、合理。

(4)检测初测所设的控制点，如有丢失或损坏应补测并联测。

(5)核查地形图是否满足设计要求。

1. 隧道地形图测量

(1)应对初测地形图进行现场核对,地形图的范围应能满足地质调绘和其他设计需要;地形、地物发生变化或地形图范围不足时,应进行修测和补测。

(2)按最终确定的洞口位置测绘洞口地形图,比例尺为 1:500,其范围一般为前、后、左、右各宽 60～100m;当有引桥、改沟(防护)等工程处理措施时,应根据设计需要扩大测绘范围。

2. 隧道洞顶及连接线路线定测

(1)左、右行分离的隧道连接线起讫点,宜测至分离式路基与整体式路基会合处以外 50m;当为较长分离式路基时,则每幅路基测至一个平曲线以外。

(2)洞顶路线中线桩,除公里桩、转点桩、平曲线特征桩、地形、地质外,其他桩可不进行测设。在洞口附近应根据地形、地质情况适当加桩,桩距应小于 10m。

3. 横断面测量

(1)洞身地段,当洞顶或洞身外侧覆盖层较薄或穿越地质不良地段时,应实测横断面。

(2)洞口地段中线上的加桩,均应施测横断面。

(3)连接线横断面测量与路线测量要求相同。

4. 洞外平面控制测量

(1)对于特长、长、中隧道,当路线平面控制测量的精度和控制点分布不能满足隧道设计需要时,应在详勘阶段布设隧道专用平面控制测量网。

(2)隧道平面控制测量可采用以 GPS 测量、三角测量、三边测量、导线测量等方法,其等级和技术要求应根据初设的隧道长度,按表 3-3-3、表 3-3-4 确定。

平面控制测量精度要求　　表 3-3-3

测 量 等 级	最弱相邻点边长相对误差	测 量 等 级	最弱相邻点边长相对误差
二等	1/100 000	一等	1/20 000
三等	1/70 000	二等	1/10 000
四等	1/35 000		

洞外平面控制测量等级要求　　表 3-3-4

隧道贯通长度	测 量 等 级	隧道贯通长度	测 量 等 级
≥6 000m 特长隧道	二等	1 000～3 000m 中隧道	四等
3 000～6 000m 特长隧道	三等	<1 000m 隧道	一级

(3)隧道平面测量控制网采用的坐标系宜与路线控制测量相同,但当路线测量坐标系的长度投影变形对隧道控制测量的精度产生影响时,应采用独立坐标系,其投影面宜采用隧道纵面设计高程的平均高程面。

(4)隧道平面测量控制网应采用自由网的形式,选定基本平行于隧道轴线的一条长边作为基线边与路线控制点联测,作为控制网的起算数据。联测的方法和精度与隧道控制网的要求相同。

(5)各洞口附近应设置两个以上相互通视的平面控制点,点位应便于引测进洞。

(6)控制网的选点,应结合隧道平面线形及施工时放样洞口(包括辅助道口)投点的需要布设;结合地形、地物,力求图形简单、坚强;在确保精度的前提下,充分考虑观测条件、测站稳固、交通方便等因素。

(7)特长、长隧道宜进行控制测量设计。首先在地形图上选点,并估算其洞口投点的误差,选用合理图形,并宜对特长、长隧道横向贯通中误差进行预计,对施工阶段所使用的仪器等级、测量方法作出建议。隧道内相向施工中线的贯通中误差应符合表 3-3-5 的规定。

贯 通 中 误 差 表 3-3-5

测 量 部 位	两开挖洞口间长度(m)			高程中误差(mm)
	<3 000	3 000~6 000	>6 000	
	贯通中误差(mm)			
洞外	≤±45	≤±60	≤±90	≤±25
洞内	≤±60	≤±80	≤±120	≤±25
全部隧道	≤±75	≤±100	≤±150	≤±35

(8)当初测阶段布设路线平面控制测量的精度和控制点分布可以满足设计和施工需要时,应进行检测。检测结果在限差以内时,采用初测成果;当检测成果超出限差时,应复测并重新计算。

(9)隧道轴线与洞外连接线的衔接,应以隧道控制测量为准,对路线控制重新进行平差计算。

5. 隧道高程控制测量

(1)对于特长、长隧道,当路线高程控制测量的等级、精度和控制点分布不能满足设计需要时,应在定测阶段前布设隧道专用高程控制测量网。

(2)隧道专用高程控制测量的等级和技术要求,应根据隧道长度和水准路线长度,按表 3-3-6和表 3-3-7 确定。隧道高程控制测量宜采用独立网。

高程控制测量的技术要求 表 3-3-6

测 量 等 级	每公里高差中数中误差(mm)		附合或环线水准路线长度(km)
	偶然中误差 $M_{\triangle}$	全中误差 M_{w}	隧道
二等	±1	±2	600
三等	±3	±6	60
四等	±5	±10	25
五等	±8	±16	10

高程控制测量等级选用 表 3-3-7

隧道贯通长度	测 量 等 级	隧道贯通长度	测 量 等 级
≥6 000m 特长隧道	二等	<3 000m 隧道	四等
3 000~6 000m 特长隧道	三等		

(3)在隧道洞口附近(包括辅助坑道口)应各设置两个及以上水准点。

(4)当路线高程控制测量的等级、精度和控制点分布满足规范要求时,应对初测施测高程控制网进行检测。其高差不符值在规定限差以内时,采用初测成果;超出限差时必须进行复测并重新计算。

第四节 各阶段勘测应提交的资料

一、预(工)可行性研究阶段

前期研究阶段主要以搜集资料为主,与路线等相关专业人员进行实地踏勘,确定隧道走向、工程规模。需要搜集的资料及提供的资料可参见表3-4-1。

预(工)可行性研究阶段需搜集及提供的资料 表3-4-1

序号	图表、资料名称	内容和要求	备 注
1	勘测前的资料搜集情况	1. 地形地貌资料、图件,主要指搜集或购买的大比例地形图(1:50 000及1:10 000); 2. 区域遥感及遥测资料; 3. 区域中所发生的工程地质及水文地质灾害的种类、性质、规模、危害程度等资料; 4. 区域中的地层、地质构造、岩性、土质等概述情况; 5. 特殊地质地段及不良地质现象的分布情况、发育程度与活动特点等; 6. 地震历史、地震动峰值加速度系数等资料; 7. 气温、降水、蒸发、温度、积雪、冻积深度及风速、风向等气象资料; 8. 交通量调查,重点调查交通量大小及汽油、柴油车组成情况; 9. 区内已有公路、铁路等其他土建工程的工程地质问题及其防治措施等工程经验; 10. 其他与隧道建设有关的法令、法规等	
2	隧道方案	1. 隧道一览表; 2. 隧道平纵断面图; 3. 隧道建筑限界及横断面图	

二、初步设计阶段勘测

1. 应提交的资料

初测外业工作结束后,应在现场进行初步资料的整理,并做好校核工作。文字说明的提纲、图表的底图、勘测及各项调查等原始资料的分析整理,应在工地完成。初步设计阶段应提交的资料可参见表3-4-2。

初步设计阶段需搜集及提供的资料 表3-4-2

序号	图表、资料名称	内容和要求	备 注
一		总体材料	
1	勘测前的资料搜集情况	根据工可阶段资料搜集情况,核实完善;补充搜集国家控制点情况	
2	隧道工程	隧址及进出口地形、地质及水文条件;初拟断面及衬砌方案;预采用的通风、照明、监控、消防、供电的初步设想;施工方案、概算资料及环境调查的资料;拟进行的隧道方案比选	

续上表

序号	图表、资料名称	内容和要求	备　注
二	隧道		
1	隧道一览表	包括隧道起终点、长度、中心桩号等	
2	隧道地形图	满足隧道布设和设计的需要	
3	隧道纵断面图	提出初步方案，可与路线纵断面合并绘制	
4	隧道纵断面测量记录	原始记录	
5	隧道控制测量记录	包括平面及高程控制测量记录	可与路线合并进行
6	隧道断面方案图	初拟断面形式及衬砌方案	
7	隧道复查和自检资料及其他有关资料	复查自检原始记录；测绘的自检资料应附精度评价	

2. 对勘测资料的要求

(1)勘测说明书：概述初测工作简述；沿线隧道概况、特征；工程地质、水文地质和地震烈度情况；有关建筑材料、气象资料和说明；隧道的线路方案比选情况，说明选用方案的经过与理由，并对测量工作、地质工作、各项调查工作及有关单位意见等分类简要叙述，作出评价；沿线隧道弃渣场选择的初步意见及与环境保护相关的说明。重点隧道要着重说明：隧道的方案比选情况；辅助坑道方案比选、施工方法和有关工程处理的意见；运营通风方式选择及机械通风所需气象资料及说明，提出对隧道初步设计的各项建议、下阶段勘测应进行的工作及注意事项。

(2)隧道平面图(比例尺为1:2 000～1:5 000，特长隧道及5 000m以上长隧道的洞顶部分可用1:10 000)。当隧道平面测设范围需要布置改沟、改移公路、改移道路、处理弃渣、排污处理等工程，其比例宜采用1:500或1:2 000。图上应根据初步的地勘成果给出工程地质及水文地质特征。

(3)隧道纵断面图(横向比例尺为1:500～1:5 000，竖向比例尺为1:200～1:1 000)。图上应注明里程、控制点地面高程和设计高程、线路设计坡度、曲线参数等，还应根据初步的地勘成果给出围岩级别、岩层产状等工程地质及水文地质特征。

(4)隧道洞身横断面图(比例尺为1:200或1:500)。当隧道洞身有沟谷可能影响隧道结构，隧道外侧临近陡壁或山体低洼部位使洞壁厚度不够，需要采取工程措施时，应实测本图。图上应根据初步的地勘成果给出覆盖层厚度、地层分界线及其他地质特征。

(5)隧道洞口横断面图(1:200)。本图可从1:500地形图点绘，但地形陡峻时应实测。图上应根据初步的地勘成果给出覆盖层厚度、地层分界线及其他地质特征。

(6)其他辅助通风构造物及辅助通道平纵横断面图。

(7)隧道一览表：包括隧道起终点、长度、中心桩号，拟采用的洞门形式等。

(8)各种调查记录：包括隧道纵横断面测量原始记录，隧道控制测量记录(含平面和高程控制测量记录)。

(9)质量管理记录：包括隧道复查和自检资料及其他ISO有关资料，复查自检原始记录；测绘的自检资料应附精度评价。

三、定测阶段

1. 应提交的资料

施工图定测阶段应在各项野外工作结束后，对原始记录、计算文件、底图等在工地现场认真进行校验，分类整编完毕，并完成定测说明书初稿。室内试验、研究工作，应按规定编制有关图表，作简要说明，要求在定测说明书定稿以前完成。施工定测阶段应提交的资料可参见表 3-4-3。

施工图定测阶段需搜集及提供的资料　　表 3-4-3

序号	图表、资料名称	内容和要求	备　注
一	总体材料		
1	隧道工程	隧道设置位置；进、出口选择情况；隧道地质条件；隧道方案比选情况	
二	隧道		
1	隧道一览表	包括隧道起终点、长度、中心桩号等	
2	隧道地形图	隧道洞口位置前、后、左、右至少各宽 60～100m，并满足设置附属设施的需要	
3	隧道纵断面图	提出初步方案	
4	隧道纵断面测量记录	包括隧道洞顶路线及连接线放线和中桩测量记录、洞顶横断面测量记录	
5	隧道控制测量记录	包括平面、高程及贯通控制测量记录	可与路线合并进行
6	隧道断面方案图	提出初步方案	
7	附属工程方案	初步拟订通风、照明、供电、通信、信号、标志等附属工程方案	
8	隧道初测资料利用情况，隧道复查和自检资料及其他有关资料	复查、自检资料应有精度评定情况，对勘测成果有明确评价	

当工点的地形地质情况或周边环境特殊，隧道的设计施工必须采取特别措施时，应搜集以下必要的图件。

(1)隧道通过矿区时：①矿井分布图、接替采区及规划采区位置图；②采空区范围图（必要时实测）；③有关矿井瓦斯通风和突出的历史资料；④煤和其他矿物开采的顶板或底板管理办法；⑤煤层的主要物理性质和工业成分；⑥钻孔及煤样实测资料（如瓦斯压力、瓦斯散放初速度、煤层坚固系数、煤层类型、破坏类型）；⑦工程地质报告中应有关于煤层、瓦斯、天然气的专门篇章。（上述①～⑦项由地质专业人员提供）

(2)隧道通过溶洞或暗河：当溶洞或暗河较大可进入测量时，应配合地质专业实测洞径大小及走向，绘制洞穴分布图，并记录洞内充填情况及顶板岩层稳定情况。图中应填绘地质资料并显示与线路的平面及立面关系。

(3)隧道邻近文物古迹保护区：当隧道附近有等级较高的文物古迹，需严格限制爆破振动时，应加宽测绘地形图（比例尺为 1∶500～1∶2 000），测出文物位置，调查文物保护管理单位对施工的要求（订立协议）。

(4)隧道洞顶有工业与民用建筑:当隧道顶部有较多房屋或有重要建筑物,隧道施工和隧道排水可能引起地面下沉时,应测绘建筑物平面图。图上注明每幢建筑物的层数、结构、建筑材料、用途、建成年限等资料,供隧道施工采取措施和索赔谈判使用。

(5)隧道洞顶有井泉水库以及大片水田:由于隧道施工可能引起地下水流失、水井失水、井泉干枯,破坏地表生态环境,易产生治理和索赔问题,因此定测时应实测水田和井泉面积和位置,调查田地产值和井泉流量、水库储水量。

2.对勘测资料的要求

(1)全线(段)隧道勘测说明,可参照下列提纲编写:

①概述。勘测范围,初步设计审查及批复意见执行情况,如局部有明显变更时,应阐明原因、理由及解决办法;沿线地形地貌、工程地质、水文地质情况、沿线隧道分布等其他调查资料,提出对设计及施工方案的建议;

②全线隧道方案的选定情况;

③定测中新增补充和修改的隧道线路方案情况说明;

④重点隧道特征及其他特殊问题的处理和措施意见;

⑤有关建筑材料、气象资料及地震烈度资料和说明;

⑥有关施工组织方面的情况及意见;

⑦有关指示、协议和纪要等;

⑧弃渣场地选择情况及特殊环保要求说明;

⑨下阶段施工图设计中应注意事项。

(2)隧道洞外控制测量成果书:平面控制网及路线示意图;平差及坐标计算;对洞内控制测量的建议等,附控制点点之记、测量说明书等。

(3)隧道平面图、隧道纵断面图、隧道洞口横断面、隧道洞身横断面要求同初测内容。

(4)隧道洞口地形图(比例尺为1:500),测绘范围应能满足洞口边仰坡刷坡、排水、洞口工程设计的需要。洞口紧接桥梁时应与桥址地形合并测绘,以保证设计的总体性。洞口设有运营通风洞或与平行导坑洞口相邻时,应根据实际情况加测,尽可能合并在一张平面图上,并且图上应加绘工程地质特征。

(5)弃渣场断面(比例尺为1:200~1:500)及地形(比例尺为1:500~1:2 000)应加绘地质资料。

(6)当隧道设有辅助通风构造物及辅助通道工程时,应作为一独立隧道进行相应的勘测工作,并应绘出与主隧道相互位置关系图。

(7)隧道一览表:包括隧道起终点、长度、中心桩号,采用的洞门形式等。

(8)各种调查记录:包括隧道洞顶路线及连接线放线和中桩测量记录,洞顶横断面测量记录,隧道控制测量记录(含平面和高程控制测量、贯通控制测量记录)。

(9)附属工程方案:初步拟订通风、照明、供电、通信、信号、标志等附属工程方案

(10)质量管理记录:隧道初测资料利用情况,复查和自检资料及其他 ISO 有关资料。复查、自检资料应有精度评定情况,对勘测成果有明确评价。

第四章　隧道地质勘察

公路隧道勘察工作通常包括两项内容：一是隧道方案与位置的选择，二是隧道洞口与洞身的勘察。前者除隧道方案的比较外，有时还包括隧道展线或明挖的比较；后者是对选定的方案进行详细地工程地质勘察。

公路隧道地质勘察分为工可阶段的地质勘察、设计阶段的地质勘察、特殊岩土勘察。隧道设计阶段的勘察，一般都采用两阶段勘察，即初步工程地质勘察（以下简称初勘）和详细工程地质勘察（以下简称详勘）。对地形地质条件简单、隧址方案明确的中、短隧道可进行一阶段工程地质勘察，但勘察工作应按相应要求和深度，提供施工图设计所需的资料；地形地质条件特别复杂的长大隧道或存在多方案比较的隧道应采用多阶段地质勘测。

对重点隧道或工程地质和水文地质条件复杂的隧道，应进行区域性地质调查、测绘，可采用多阶段地质勘测，且原则上应安排超前的工程地质和超前的水文地质工作（不得少于 1 个水文年），其勘察阶段可不受设计阶段限制。当地下水对隧道影响较大时，应进行地下水动态观测，并计算隧道涌水量。

工程地质勘察应重视地质理论的应用，综合利用各种勘察手段，充分利用已有资料和科研成果，用经济、合理的勘察工作量取得必要的、可靠的勘察成果。

工程地质条件复杂、技术难度较大的大型隧道工程项目的工程地质勘察原则如下：

（1）工程地质勘察，应严格按照资料收集、调查测绘、勘探测试、报告编制、成果审定的程序进行。

（2）必须制订周密、细致的勘察方案，合理安排勘察各阶段的时间和周期，严格执行工序管理的要求，以保证勘察质量。

（3）必须采用综合勘探方法，以提高勘探的效率和成果的精度。

（4）设计、施工所需要的各项参数宜通过不同的测试手段综合验证。必要时可依据实际情况进行模型试验和大型原位测试及实体试验，为工程建设提供依据。

（5）当采用新技术、新设备进行勘探测试时，这些新技术、新设备应是经过鉴定，或在多项同类场地勘探中已经应用并证明是成功后，方可采用。

（6）对勘察场地的工程地质条件，应作出定量评价，并依据评价结果，对工程方案提出建议或意见。

公路工程地质勘察，应符合国家和交通运输部颁发的现行有关标准、规范的规定。

工程地质条件分为以下两类：

（1）简单的——地形简单、地貌单元少；地层结构单一，无特殊岩土层，基岩风化不严重，顶面起伏不大；区域地质构造较简单；地下水对工程无不良影响，且其场地稳定。

（2）复杂的——地形复杂，地貌单元多；地层较复杂，有特殊岩土层，基岩风化严重，第四系沉积物丰富，顶面起伏大；区域地质构造较复杂，地下水对工程有影响，且其场地内有不良地质现象。

第一节　一般规定

一、基本要求

1. 勘察要求

公路隧道地质勘察工作，应根据不同的勘察阶段，完成各项勘察任务。各勘察阶段的工作内容和工作深度，应与各设计阶段的要求相适应。

（1）在进行勘察工作时，应区别中、短或特长、长隧道；工程地质条件简单或复杂的工程，采用不同的深度要求。对方案明确的中、短隧道和工程地质条件简单的隧道，要求可以简单化。

（2）对不良地质地段和特殊性岩土地段，应与一般地段不同，分别采取不同的方法和手段及不同的工作深度进行工程地质勘察，并分别作出评价。

（3）应充分收集和注意利用当地已有的有关文献资料，以及与公路隧道相关的地质勘察、设计和施工方面的图件等，进行对比分析与综合论证。

（4）注意运用新技术、新仪具、新设备、新方法，使工程地质勘察技术更简单、更准确。

2. 各勘察阶段的要求

隧道地质勘察前，应广泛收集有关工程地质的勘察报告、航拍照片、卫星照片，熟悉所调查地区的有关地质资料（包括区域地质、工程地质、水文地质、室内试验等成果）并予以充分利用。

（1）可行性研究勘察阶段，应对所收集的地质、环境以及岩土工程资料和有关隧道方案进行初步研究，并到现场实地核对验证。当工程地质与岩土条件复杂，已有资料不能满足评价场地技术要求时，应根据工程方案研究的需要适当地利用简易勘探方法和物探方法，必要时可布置钻探，以了解沿线地质概况，为优选路线方案提供地质依据。

（2）初步工程地质勘察阶段，应配合隧道设计方案（含比较方案）的制订，提供工程地质资料，以供技术经济论证，达到满足方案的优选和初步设计的需要。对不良地质和特殊性岩土地段，在作出初步分析及评价的同时，还应提出处理办法，为满足编制初步设计文件，提供必需的工程地质资料。

（3）对工程地质条件复杂、工程规模大，且缺乏经验的隧道工程项目，或具有影响工程方案的复杂地质条件，应根据初步设计审批意见，在技术设计阶段，根据需要有针对性地进行工程地质勘察工作。

（4）详细工程地质勘察阶段，应在批准的初步设计方案基础上，进行详细的工程地质勘察，以保证施工图设计的需要。对不良地质和特殊性岩土地段，应作出详细分析、评价和具体的处理方案，为施工图设计提供完整的地质资料。

对工程地质条件特别复杂的情况，为进一步查明地质情况，必要时宜在施工期间安排有针对性的工程地质勘察工作。

3. 勘察方法的选择

勘察方法应根据勘察阶段要求的内容和深度、所勘察的道路等级、隧道规模及其工作难易程度的不同而加以选择。

（1）初勘阶段所采用的勘察方法，主要为工程地质调查与测绘及综合勘探。一般情况下，采用物探、钻探、原位测试与室内试验等，以必要的工作量完成本阶段的勘察任务。

(2)详勘阶段的勘察方法，主要是以钻探、原位测试和室内试验为主，必要时进行物探和工程地质测绘工作，以详细查明工程地质条件。

(3)施工时的补充工程地质勘察，是针对出现未探明的恶劣地质现象的隧道，以及对所增加的新项目或有特殊地质内容的工程进行的。

4. 勘察评价准则

公路隧道地质勘察评价，应对路线走廊、隧址等工程地质条件作出论证，并结合工程地质特征，作出总体评价。其评价的内容主要有稳定性、经济性、适宜性等，同时还应注意对环境保护和文物保护的评价。

(1)定性评价是首要且基本的。对下述性质的问题，可作出定性评价：

①隧道选定位置及场地，对修建隧道工程的适宜性；

②场地地质条件的稳定性；

③沿线筑路材料的适用性；

④对环境产生负面影响以及保证环境质量在路线、隧道等工程方面的措施。

(2)对下述性质的问题，宜作出定性或定量评价：

①岩土体的变形性状及其极限值；

②岩土体的强度及其稳定性与极限值，包括斜坡及地基的稳定性；

③岩土体及水体与隧道工程的共同作用；

④岩土体后期变化的预估，对工程耐久性的影响；

⑤其他各种临界状态的判定。

二、公路隧道围岩分级

宜采用多因素、多指标、定性描述与定量评价相结合的原则，引用各类波速、岩层的完整系数、岩石质量指标和岩体的质量指标等参数进行综合分析、研究，最后分段确定围岩级别，具体内容详见本手册第五章。

三、地质调查与测绘

各级公路隧道均应进行地质调查。高速公路、一级公路、二级公路和独立工点，应进行工程地质测绘工作；对三、四级公路的不良地质地段，也可测绘工程地质平面图和纵断面图；工程地质条件简单的公路隧道，可不进行地质测绘。

地质调查与测绘的目的在于查明公路隧道走廊范围内的地貌、地质条件，并结合区域地质资料，对隧道的稳定性、适宜性作出评价，且为地质勘探、测试工作及工点布置提供依据。

地质调查与测绘的内容为：收集当地航空照片、气象、水文、地质、植被、冻深、最高洪水位及其发生季节、淹没范围等资料；了解人类活动对不良地质的影响；调查了解当地公路建设及其相关工程的经验总结。

1. 基本要求

在可行性研究阶段主要是对沿线及重大隧道工程进行工程地质调查，发现并研究关键性的工程地质问题。地质调查与测绘工作，一般是在初勘阶段进行；详勘阶段仅在初勘阶段的基础上，对某些专门性的地质问题作必要的补充调查与测绘。

测绘时的填图底图可采用已有的地形图为底图进行测绘，比例尺的大小视需要而定。测绘工作中，所采用的地质图例及符号，应符合《公路工程地质勘察规范》(JTG C20—2011)附录C的规定。

地质观测点的布置、密度和定位应符合以下要求：

(1)在地质构造线、地层接触线、岩性分界线、标准层位和每个地质单元体应有地质观测点。

(2)地质观测点的密度，应根据场地地貌、地质条件、成图比例尺及工程特点确定。地质观测点应具有代表性和控制性。

(3)地质观测点，应充分利用天然或人工露头。当露头少时，可按实际情况布置勘探点。

(4)地质观测点的定位，应根据精度要求和地质条件的复杂程度选用目测法、半仪器法和仪器法。对一般地质观测点和地质界限，以明显的地形、地物和其他测点作为控制定点。对有特殊意义和对工程有重要影响的地质观测点，应用仪器法定点。

2. 勘查范围

调查项目：一般应包括对隧道工程有影响的工程地质项目。

测绘范围：应包括路线正线及各比较方案的走廊地带。

(1)特长、长大隧道所穿越的全部地段(包括洞口路堑)。

(2)对于不良地质和特殊性岩土的调绘范围，应视具体情况和类别以及处理范围加以确定。

3. 地质调查与测绘的内容

(1)调查研究地形、地貌特征，划分地貌单元，分析各地貌单元的形成过程及其与地层、构造、场地稳定性的因果关系。

(2)查明岩土成因、性质、厚度、时代和分布范围。对岩层应查明风化程度及岩土相互接触关系和软弱夹层特性；对土层应着重分析新近堆积土；对特殊性岩土的类别和工程地质特征应予以查明。

(3)调查岩层产状，确定地质构造类型、软弱结构面的产状及其性质，包括：断层位置、产状、断距、破碎带宽度及充填物的胶结程度。

(4)调查新构造活动的痕迹、特点和与地震活动的关系。必要时可进行地震烈度复核或鉴定。

四、地质勘探

1. 方法和要求

(1)此项工作一般应在地质调查与测绘的基础上，通过采用物探、钻探、简易勘探、原位测试等综合方法进行。各个工点的勘探内容，应根据工程地质条件的复杂程度、岩土特点和满足设计要求来确定。

(2)地质勘探方法的选择以工程地质条件及技术经济合理性为依据。

(3)在勘探工作中，应注意对隧道工程和地质环境的影响。必要时要对钻孔、试坑、探井等进行回填或封孔。

(4)在布置勘探点时，应注意微地貌的变化，尤其是在初勘阶段，每一地貌单元处宜有勘探点控制,在地貌突变或异常处和工程关键部位,宜有勘探点控制。

(5)要充分利用公路场地中原有的地质勘探和岩土、水质试验资料,并加以鉴别和有选择性地予以利用。

2. 钻探

钻探的孔位、数量、深度、孔径等,应达到地质勘探任务书或合同的要求。钻孔的位置一般应以坐标控制。同时还应提高岩芯采取率,尤其是对破碎岩层、软弱夹层、软岩、冻土、软土等地层,更要保证取样质量和岩芯采取率。

钻孔按技术要求,可分为一般性钻孔和技术性钻孔两种。

(1)技术性钻孔:要布置在地貌、地质构造、地层变化大且有代表性的部位。其深度应达到要求的最大深度,并在其中采取原状土样,以便安排岩、土试验。技术性钻孔数量约占一项工程钻孔总数的一半。

(2)一般性钻孔:多是为工程需要而布置的,无论是从深度上还是取样要求方面均低于技术性钻孔。

钻孔深度一般是以隧道埋置深度和其他工程处理深度而定,以满足能评价公路工程地质条件、确定适宜的基础类型和埋深的要求。

钻孔孔径的大小一般应满足岩土试验的要求,尤其是原状岩土样品,要符合试验工作的需要,同时还应满足在钻孔中进行原位测试时对钻孔直径的要求。

取样要注意质量和数量。原状样品要保持其密封和不受扰动,尤其是软土样品在运送时应不受振动、冻土不至融解。如有必要进行水质分析时,应在钻孔中采取水样。

在钻孔中采取原状样品时,一般每层都应有样品,换层时应立即取样。当同一土层厚度大于或等于 5.0m 时,视具体情况可分别在上、中、下部位采取原状土样各一件。

3. 物探

隧道地质勘探工作中常用的物探方法有:电法勘探、地震法勘探、声波探测、测井等。必要时还可采用钻孔电视、浅地层剖面仪、无线电波或其他的有效物探方法。

采用物探时,应注意下列事项:

(1)物探工作的测区,一般不宜超过地质测绘的范围。

(2)在测区内测线的方向、间距及测点的疏密、激发点(或供电电极)与接收点(或测量电极)的距离与布置形式,应按物探方法并结合地形等情况确定,以减少影响地质解释精度的因素。

(3)物探网的最佳布置方案,应沿隧道轴线方向布置测线。

(4)不同地质体或构造,应有 2～3 条物探测线穿过,每条测线上至少有 3 个以上的测点,地质条件复杂时可适当加密。

五、原位测试、室内试验与定位观测

1. 原位测试

原位测试包括:静力触探、动力触探、十字板剪切试验、横压试验、现场荷载试验、现场剪切试验和水文地质测试等内容。

选择原位测试方法时,应考虑岩土条件、设计对某些参数的要求及工作地区的经验和测试方法的成熟程度等。

分析原位测试结果资料,应注意仪器设备、试验条件、试验方法对试验结果的影响,同时应结合地质、地层条件,采用正常的数据,对异常数据进行分析处理。

2. 室内试验

室内试验包括:岩土的物理、力学、水理、化学等试验内容。

室内试验工作内容,应根据岩土类别,考虑工程分析计算要求,提供所需的参数。岩土的试验试样数量、规格、质量要求、试验项目,应按行业标准及相关规程的要求办理。

室内试验一般在中心实验室进行。如工程规模大、试验多,可考虑在现场设置工地实验室,就地进行试验。

3. 定位观测

定位观测包括:对滑坡、泥石流、地基基础、软土、地下水特性等内容的观测。

(1)定位观测的时间安排,应根据观测对象、工程性质或类别以及工作需要情况,安排在施工前、施工期以及使用期进行。

(2)定位观测应针对工程需要进行安排。主要内容如下:

①对不良地质活动情况的观测与监视;

②对隧道围岩和支护衬砌结构在施工期的监测;

③对运营使用期隧道围岩和结构状态的工程监测;

④对环境条件,包括工程地质、水文地质条件及相邻结构、设施等在施工过程中可能发生的变化,进行监测。

(3)评价分析时,应以定位观测的结果,对预期性状的差异进行分析,对原来勘察设计成果进行评价。当此种差异明显时,可按施工所揭示的实际情况,采取相应的技术措施。

(4)有些观测如在设计以前进行,可按观测结果有针对性地进行设计,并在施工中继续观测、监视,作出评价。

(5)原位测试、室内试验及定位观测所取得的各种数据,应相互对比,结合勘探、调查与测绘结果,进行综合分析,以提高地质勘察质量和设计质量。

有关原位测试、室内试验及定位观测等方面所采用的仪具、操作方法、技术要求、资料整理与成果分析等工作,应按有关标准的要求办理。

六、报告编制

1. 报告的内容

(1)隧道地质勘察报告是勘察的主要成果,一般由文字部分和图表资料部分组成,应纳入设计文件的基础资料中。

(2)勘察报告文字部分,应以任务要求、勘察阶段、工程地质条件、工程项目的特点进行编写。其内容应包括:

①前言,即任务依据、目的、要求,所勘察工程对象概况以及地质勘察工作情况(方法、工作量、勘察过程);

②场地地形、地貌特征、地层岩土性质、地质构造、新构造活动、地下水、地震、不良地质及特殊性岩土的描述和评价;

③对所提供的岩土参数的分析与选用；

④对公路隧道各个方案的工程地质条件作出评价，并提出推荐方案；在隧道里程较长或地质条件复杂的路段，应按工程地质分区和分段作出评价；

⑤工作中存在的问题及建议；

⑥对地震基本烈度复核和鉴定的工程项目，应提交所鉴定的内容和结论。

(3)勘察报告的图表资料部分，一般应包括：

①工程地质平面图，比例尺为1:2 000；

②工程地质纵断面图，比例尺为1:2 000；

③工程地质横断面图，比例尺为1:100～1:200；

④钻孔地质柱状图；

⑤物探成果资料；

⑥原位测试成果资料；

⑦岩土、水质试验成果资料；

⑧沿线筑路材料勘察资料；

⑨其他资料、照片等。

如已安排有定位观测工作，可附有关观测资料。

工程地质条件简单的工程或小型工程项目，可提交工程地质说明书，内容可以简化。

2.报告编制的要求

(1)报告编制的基本要求如下：

①报告中的有关图表、资料，应清楚齐全，其格式、术语、图例、符号均应按《公路工程地质勘察规范》(JTG C20—2011)有关章节的要求办理；

②报告内容应简明扼要，针对性强；地质评价应结合实际，合理可行；

③报告的格式按任务书或合同的要求而定。

(2)报告编制所依据的地质调查与测绘、勘探测试、试验、观测所有的原始资料以及收集的有关图表资料，均应整理、检查、分析、鉴定，经认定无误后方可使用。

(3)对各项试验指标要进行数理统计。对不同勘察阶段的试验精度要满足规定要求。

(4)与有关单位所签订的协议或其他单位提供的原始资料，如地震基本烈度应编入成果中。

(5)图件精度与详细程度的要求，应与勘察阶段相适应，做到主题突出、目的明确、图面清晰、字体端正，线条均匀并有主次，图面布置协调美观；应避免图纸间、图纸与文字报告间互相矛盾。

3.报告的审定

(1)地质勘察报告，均须经上一级主管部门审定合格后方可正式形成文件，提供使用。

(2)报告审定应遵守下列程序：

①自检。自检时应按要求的格式、名称、数量、质量等完成各项成果底稿，做到完整、齐全，并按规定完成签署；

②复核。经过复核检查，提出补充、校正、修改意见，进行补充修正并确认无误后，由项目负责人予以签署；

③审查。由单位或部门负责人和技术领导根据任务书要求进行抽查、审定后，签署并加盖

公章，形成正式文件。

(3)承担地质勘察任务的单位，所提交地质勘察报告的数量，应以合同中规定的要求为准，以满足委托方的需要。

4. 报告归档的要求

(1)公路工程地质勘察报告必须归档，归档时应根据交通运输部相关要求进行。

(2)归档时宜按路线名称、工程项目分别编号，并开列详细清单以便查阅时调档。

(3)一般原始记录应装订成册，记录本可分别装在袋内，相片宜整理成影集并附有说明。

(4)对重要的、大型的工程钻孔中的岩芯，可拍成彩色相片和保存少量岩芯，并应选取代表性钻孔中的岩芯装箱保存，直至工程竣工验收。

第二节　前期研究阶段的地质勘察

根据《水运、公路建设项目可行性研究报告编制办法》的要求，可行性研究分为预可行性研究（以下简称预可）和工程可行性研究（以下简称工可）两个阶段进行，工程地质勘察工作仍按此程序进行。一般公路隧道前期研究阶段主要考虑的是公路的可行性研究。

一、一般规定

(1)公路隧道可行性研究的工程地质勘察深度，应根据公路隧道等级、工程地质条件的复杂程度及勘察合同，按不同的要求进行。

(2)公路隧道可行性研究的工程地质勘察工作，应在充分收集已有地质资料的基础上，以调查为主，并进行必要的工程地质勘察。

(3)对不良地质路段、特殊性岩土区，应列为工程地质勘察的重点，研究其影响路线控制点、路线走向和工程方案选择的地质因素及其危害程度。

(4)公路隧道可行性研究阶段工程地质勘察，可按准备工作、调查、重点勘探、资料整理等顺序进行。

(5)工程地质勘察成果，应具有针对性，收集的资料应满足对重要的工程地质条件进行分析论证及其工程地质评价的要求，工程地质成果应符合编制可行性研究报告的需要。

二、预可行性研究勘察

预可行性研究工程地质勘察的目的，是根据国民经济与社会发展规划、公路网规划和公路建设计划等要求，通过对现有资料的分析研究，从工程地质条件论证工程方案的可行性与合理性，为编制预可行性研究报告提供必要的工程地质依据。

预可勘察的主要任务如下：

(1)收集现有工程地质资料，重点研究有关影响拟建工程方案的特殊性岩土、不良地质条件及重点工程（大桥、隧道等）所处的地质环境。

(2)概略了解拟建公路隧道走廊地带内的地形、地貌、地质、水文、气象、地震等自然条件，沿线筑路材料分布状况与采运条件等对工程的影响程度。

(3)进行沿线工程地质分区。

(4)提供编制预可行性研究报告所需的地质资料，以及填绘 1∶100 000～1∶500 000 公路隧道方案示意图的地质要素。

1.技术准备

(1)收集航(卫)片资料,根据拟建隧道走向,在航(卫)片上进行地质判释工作,概略了解隧道通过区域的地形、地貌、地层、岩性及不良地质现象。

(2)收集隧道通过区域的1∶100 000～1∶500 000地质图及相应的说明书;收集路线通过区域内与路线有关的其他地质资料,如铁路、水电、矿山、城建等部门的地质资料。

(3)收集隧道通过区域的水文、气象、地震等资料。

(4)将区域地质资料勾绘一于路线可能通过地段的1∶50 000～1∶500 000地形图中。

(5)研究已有区域地质、地层岩性、地质构造、特殊地质、新构造活动的特征、地震烈度及其他地质背景,水文地质条件及路线可能通过地段的地形、地貌特征,通过航(卫)片的地质判释,初步掌握勘察区的工程地质条件,拟订预可行性研究路线走向方案及其比较方案。

(6)初步判定对隧道有关键性影响的不良地质、特殊性岩土和重点工程地段的地质条件后,制订预可行性研究勘察作业计划。

2.勘察内容

重点研究各工程方案的主要地质环境,其内容要求如下:

(1)勘察公路隧道沿线的地形、地貌、地质、气象等自然条件。

(2)工程所经的特殊性岩土区,应研究其主要特征及绕避的可能性或通过的方案。

(3)工程位于地质构造复杂与高烈度地震区时,应研究地震后可能诱发的次生灾害,如泥石流、大滑坡、堵河成湖地段等。

(4)研究工程场地内不良地质地段的分布范围及其工程地质特征。

3.资料要求

预可阶段工程地质勘察报告的基本内容分为文字及图表资料两部分。

1)文字部分

(1)前言:一般包括研究项目所在地理位置、预可研究时间、依据,完成工程量及工作方法等。

(2)区域地质概况:沿线气候、地形、地貌类型;区域内出露的地层,分析自老至新地层岩性分布及构造概况和新构造活动;沿线水文地质条件特征;沿线地震烈度分布情况、地震历史背景等。

(3)各方案沿线工程地质特征:重点说明影响路线、大桥、隧道方案的主要地质条件,如对地层、地质构造、水文地质条件、不良地质、特殊性岩土及对路线走向有影响的重点工程地质特征均应进行重点说明。

(4)工程方案比较及推荐方案的论述:主要从工程地质条件,分述各方案优缺点并进行综合比较。

2)图表部分

(1)全线工程地质图:比例尺为1∶100 000～1∶500 000,宜与路线方案示意图合编成图。

(2)根据收集资料、调查测试的成果,编制有关技术图表。

(3)文字报告中所描述的某些问题,若有照片、素描图、示意图等应附入相应位置中,以便参阅、对照。

(4)报告中工程地质图的图式,地质分区界线、符号,可按本手册第三十四章附录第四节办理。

三、工程可行性研究勘察

了解勘察项目所在地的工程地质特征,各工程方案的一般地质条件与控制工程方案的主要地质问题,为拟订隧址工程方案的比选及编制可行性研究报告等提供地质资料。

1. 技术准备

(1)熟悉预可阶段工程地质勘察资料。

(2)根据拟订的各工程方案的地质条件及工作量等,编制工可工程地质勘察工作计划。

(3)根据对各工程方案初步掌握的地形、地貌、区域地质、地震、不良地质、特殊性岩土资料,进行进一步深入研究,为工可勘察各工程方案创造条件。

2. 勘察内容

(1)研究区域地形、地貌、岩性、构造、不良地质、水文、气象、地震等条件及其与工程的关系,对工程所经地区的工程地质条件作出初步评价。

(2)对控制路线方案的隧道,了解洞身围岩类别、地应力分布、水文地质条件,洞口稳定条件及对环境的影响等,提出适宜的位置和比选意见。

(3)对控制路线方案的不良地质、特殊性岩土地段,了解其类型、性质、范围及发展情况,评价其对公路工程的影响程度,并提出防治意见。

(4)了解沿线筑路材料的分布、质量、储量、开采和运输条件以及工程用水的水源及水质。

3. 资料要求

(1)工程地质说明书

主要内容包括:

①路线经过地区的自然地理、地层、岩性、地质构造、水文地质、不良地质和特殊性岩土等的基本情况;

②地震基本烈度区划;

③控制路线方案的不良地质、特殊性岩土的类型、分布、规模、发生发展概况;

④控制路线方案的隧道及其他主要构造物的工程地质条件;

⑤各工程方案的工程地质条件的评价和方案比选意见;

⑥对初勘工作的建议。

(2)全线综合工程地质图

①该图以区测地质图为底图,综合分析主要地质资料进行编制,比例尺为1∶50 000～1∶200 000;

②内容包括:综合柱状图、地质纵断面图、公路工程地质条件分区表等项目;

③应标示各路线方案和大型建筑物的位置,主要的地貌界线、地层界线、地质构造线、岩层产状,不良地质、特殊性岩土的范围(可用符号表示),地震基本烈度分区界线,公路工程地质条件分区界线等。

(3)主要工点工程地质断面图

①利用1∶5 000～1∶10 000地形图点绘地形断面;

②地层划分至组,或视需要按工程地质岩组划分;

③根据区域地质资料及调查资料研究隐蔽地质现象,必要时应取得可靠的勘探资料。

(4)应具备的资料

①不良地质地段表;

②沿线材料分布图;

③工程地质勘探、试验及素描、照片等资料。

第三节 初步设计阶段的地质勘察

隧道初勘是在批准的工程可行性研究报告推荐方案的基础上,根据工程地质条件,优选路线方案,在路线走向范围内,对可能作为隧道线位的区间进行初勘,重点查明不良地质地段,初步判断隧道能否通过或如何通过,并提供编制初步设计所需工程地质资料。

隧道初勘工作一般与设计阶段同步,提供不同隧道方案的工程地质、水文地质资料;对于特长隧道、控制路线方案的长隧道、水下隧道,以及水文、工程地质条件极为复杂的隧道,原则上应安排超前的工程地质、水文地质勘察和定位观测,其勘察阶段可不受设计阶段限制。

一、初步地质勘察要求与准备

1. 初勘要求

(1)应在工程可行性研究的基础上检验或复查隧道位置的最佳方案。对于特长、长隧道和地质条件较复杂的中、短隧道,应收集航片、卫片等遥感影相资料,并进行技术处理,结合区域地质资料和可行性研究的资料进行综合判释。通过资料收集和实地调绘、勘察,对隧址区工程地质、水文地质作出正确评价和地质论证。

(2)要求先收集、分析、研究各类有关资料,再进行室外调查、测绘、勘探测试工作,初步查明各隧道方案的工程地质、水文地质条件。

(3)根据对各类勘察资料进行分析、论证,按比选结果推荐隧道最佳方案。

(4)要求分段确定隧道通过地段的围岩级别,为隧道的初步设计提供必要的地质资料。

2. 准备工作

(1)勘察前除应熟悉现有地质、地震资料外,还应了解隧址处交通、气象、水文资料,结合勘察要求、工程技术标准制订出切实可行的勘察计划。

(2)对于地质条件十分复杂的长大隧道,应提前安排工程地质勘察工作和超前水文地质工作(不得少于1个水文年)。

(3)对各类勘察仪器、设备、钻探机具,在出发前应进行检修与校定,为外业勘察做好一切物质准备。

二、调查与测绘

1. 山岭地区隧道的调查与测绘

(1)地形、地貌

了解隧道通过地带的自然地理概况,判断地形、地貌与构造及岩性等地质因素的关系和规律。查明有关控制点的海拔，明确隧道埋深，对深埋隧道应预测升温情况；对岩层坚硬、致密、性脆、构造应力集中的地段，应预测发生岩爆或大变形的可能性；对软弱岩层，应查明分布范围，预测其蠕变变形。

(2)地质构造

地质构造表现的形态有：单斜、褶曲、断层、节理、劈理及其他面状、线状构造等，需查明其组合方式。单斜构造(包括水平、竖直岩层)是常见的最简单的构造，也是修建隧道的理想地层，应查明产状、层厚及层间接触关系(整合或不整合)。当褶曲构造相对较复杂时，应判定背斜或向斜两种基本类型，并查明褶曲构造的范围。岩石断裂变形统称断裂构造，位移变量显著者称为断层，仅有微量位移的称为节理。重点查明断层运动所产生的构造岩的性质、规模及影响范围。

(3)地层岩性

查明隧道通过区域的地层层序、岩性、成因、年代、产状、状态、分布规律及其接触关系、接触面特征，岩层风化破碎程度及抗风能力的强弱。

(4)特殊地质、不良地质

特殊地质、不良地质地区，须查明发生发展的原因、类型、范围，并推断其今后的发展趋势以及对隧道的影响，提出整治意见。岩堆、崩塌、滑坡、泥石流、冰川、雪崩、积雪、多年冻土、软土、黄土、膨胀土地、盐渍土、沙漠、岩溶流沙、含煤地层或其他矿场等地区的初勘按相应规定处理。

(5)地下水

应通过对构造裂隙、地下水露头的调查，判明含水层、透水层、隔水层的范围及其与隧道的关系和影响程度；调查地下水的类型及其与地表水的相互补给关系，地下水的动态变化规律；调查地下水的流量、流向及水质等；调查地下水的侵蚀性。另外，结合隧道水文地质调查与测绘工作，对隧道区的水资源进行普查，并作出评价。

2.不良地质地区的隧道调查与测绘

(1)除按一般隧道地质调绘外，应充分利用卫片、航片等遥感信息资料进行大面积调查。对于工程地质条件复杂而控制路线方案的隧道，应编制工程地质纵断面图、隧道地区地质构造图，分段提供隧道围岩分类，地质调绘范围应比一般隧道的调绘范围适当加宽、加深。

(2)对于傍山偏压隧道，当外侧洞壁较薄时，应预测偏压带来的各种危害。

(3)隧道洞口的路堑地段，应查明边坡稳定性和路堑基底以及设置明洞的工程地质条件。

(4)对于通过不良地质地段的隧道方案，须经过长期观测才能取得必要资料时，应设置观测站以监视和观测不良地质体随时间、气候等的变化规律和发展趋势。

(5)含煤地层应查明地质构造、成层特征、埋藏深度、层位、层数、厚度、覆盖层情况及露头等，查明煤层之下岩层岩性、厚度、裂隙及软弱夹层的特征，查明煤质地层的水文地质条件。

(6)在采空区的隧道，应查明开采规模、采空区的位置、层数、深度、坑道现状，顶板以上岩性、厚度、稳定性以及地面变化情况。

(7)对隧道通过含可燃气体、有害气体、放射性物质等地区，应查明其含量、压力、性质，并判断其对隧道施工、营运的影响。

(8)隧道通过水库地区，应查明水库地区覆盖层及岩层的分布情况、岸坡的稳定性、遇水侵蚀软化岩层及软弱结构面特征、水库的设计水位以及水库引起的不良地质问题。对于水库引起的塌岸、滑坡，应查明其范围，并按垂直水库岸方向布置勘探线，绘出塌岸边界。

(9)对地震调查，应了解隧道区的地震基本烈度，并结合地形、地貌、地层岩性、地质结构特征等因素，提出抗震设计烈度或地震动峰值加速度及处理意见。强震区应进行地震基本烈度或地震动峰值加速度的复核和隧址稳定性的评价。

(10)隧道通过膨胀岩地带，应查明膨胀岩分布范围、岩性特征、黏土矿物成分与含量，进行膨胀力、自由膨胀率、膨胀量的测试，预测隧道围岩在地应力作用下的膨胀力、膨胀量等，对隧道的稳定性作出评价。

(11)当隧道通过岩溶、黄土等地段，其调绘、测试工作可按特殊岩土勘察处理。

三、工程地质勘探

1. 勘探的一般原则

工程地质勘探以收集区域地质资料、调查、测绘、遥感信息法、物理勘探工作为主，辅以少量代表性钻探测试工作。除地质条件简单的短隧道不用钻探可提供地质资料外，一般宜布置少量钻孔进行勘探。

2. 遥感信息法

1)卫星影像片判释

(1)利用 5～7 波段，对隧道区地形、岩性、构造类型、裂隙发育情况、植被、水域进行圈定判释。

(2)用 TM 卫片查明隧道通过区的断裂构造和岩性特征。

(3)有条件时可利用热红外线、空间实验室等图像对隧道的某个目标进行分析、研究、判释，为隧道的方案选择、路线展布提供宏观资料。

2)航空图片判释

(1)利用分辨力高、比例尺较大(1∶10 000～1∶50 000)的航片判释。航片既是卫片判释的补充片，又是卫片判释结果的验证片。通过对重点目标作定性、定位、定量研究，一方面验证并修改了初步建立的构造格架、断裂配套系统和岩性界线，另一方面又补充了若干次一级的目标(如小型构造)。

(2)对于工程地质和水文地质条件复杂的隧道，有条件时应拍摄红外波段航空照片，其航带宽度应大于隧道范围 2～3 倍，沿航线按片间 60%以上侧向重叠拍摄。

(3)地学模型的建立和合理性分析采用遥感影响分析和地面实况调查相结合的方法，逐步恢复并建立起隧道区的地学模型(含构造应力场模型)，通过使用地学模型对判释结果进行合理性分析，以确定各类线性影像的断裂属性，断裂系统的先、后、主、次以及它们之间的力学特征。

(4)现场调绘验证。

①必须对隧道进行实地检验和调绘，以便对隧道的工程地质、水文地质条件进行论证，对隧道方案的可行性、稳定性、合理性作出正确评价；

②根据在现场发现的疑难问题，对物理勘探和钻探应提出指导性意见。

3. 物理勘探

(1)物探的测区一般不超过测绘范围，但对物探解释有参考、对比价值的内容应进行勘测追踪，其范围可不受上述所限。

(2)在测区内，测线的方向、间距及测点的疏密、激发点与接收点的距离及布置形式，应按物探方法并结合地形条件等因素选定。

(3)分离式隧道原则上沿隧道线纵向至少应布置特探测线 2～3 条，两端洞口及浅埋段应布置横测线 2～3 条；测线长度和测点间距应视隧道长度、地质条件而定。整体式隧道可视地质条件适当增加纵、横测线。

(4)不同的地质体或构造类型，要有 2～3 条物探测线穿过，每条测线的测点至少在 3 个以上，地质情况复杂时可适当加密。

(5)根据隧道埋深和下伏岩体特性，合理选用物探手段，对深埋隧道可选用高分辨力反射法。

(6)对煤层、矿体、采空区、溶洞、断裂等特殊构造，可选用磁力、重力测量等多种物探手段进行综合勘探。

4. 钻探

(1)钻孔布置：钻孔的数量和位置应根据遥感信息或区域地质资料分析，以及调绘、物探所发现的疑点、重点、异常点来拟订。对于地质复杂的隧道，钻孔数量不应少于 3 个，特长、长隧道每 500m 应有一个钻孔，但钻孔深度都超过 100m 时，可酌情核减。钻孔布置在隧道边墙衬砌外 1～1.5m，以左右交错布置为宜。

(2)钻孔深度：根据钻探目的和具体情况而定，一般应钻到设计洞底高程以下 2m；遇溶洞、暗河及不良地质时，应根据需要加深，一般应穿过溶洞、暗河等地层 5m；若遇到含油地层、瓦斯地层，钻孔深度以钻到设计洞底 10m 以下为宜。

(3)岩质隧道围岩部位钻探必须采用不小于 75mm 的双层岩芯管、金刚石钻头钻进，求得围岩的 RQD 值。岩芯直径、长度应满足各项试验要求。

(4)对于风化岩层和土质隧道，围岩部位钻探必须保证岩芯采取率，每回次钻进深度一般不得大于 3m。

(5)钻探过程中除做好跟班记录外，当遇到地下水、油气、有害气体和矿物时，应特别做好观测和详细记录，并应探明其位置、厚度、储量，同时取样进行化验分析，作出评价；当判明存在对人身有危害和对混凝土有侵蚀性的物质时，应进行监测工作。

(6)对于水文地质条件十分复杂的隧道，除按一般隧道进行钻探、观测、试验外，还应进行抽水或注水等试验，结合物探方法测定地下水的流向、流速、压力、岩土的渗透性等，并分段预测涌水量，必要时进行水文地质动态观测。

(7)为了测定隧道通过地段岩土的物理力学性质，在设计洞底高程以上相当于 3 倍洞径高度范围内应取样做试验，特殊情况可视需要而定，但应满足岩土分布分类定名和基本特征的要求。岩质隧道围岩部位采取试样不得少于 5 组，土质隧道取样间隔为 2m，变层取样。

(8)对于岩质隧道的围岩在小应变时的动态特性，可利用钻探孔采用下孔法、上孔法、跨水法和地震弹性波法进行测定。

(9)对于隧道通过不良地质地区，钻孔位置、数量、深度视钻探目的而定，并进行相应的项目试验，判定或预测其对隧道的危害性。

四、测试

1. 地应力测试

(1)地应力测试一般采用水压致裂法,其他方法可作为补充。

(2)岩体内部应力状态不尽相同时,宜采用应力试验并结合构造分析和岩组分析的方法来确定主应力方向。

2. 综合测试

配合钻孔进行综合测井,主要包括声波测井和放射性测井等,通过从不同方面测试来获得隧道围岩工程地质、水文地质的各项参数。

(1)对于岩质隧道应利用声波法、地震勘探法等综合物探方法来测得围岩岩体及岩石的纵、横波速,从而求得围岩的弹性模量、静弹性模量、泊松比等物理力学指标。

(2)土质隧道应结合钻探进行动力触探、静力触探来求得土的密实程度和透水性能,作为其他勘探资料的补充。

3. 水文地质测试

对于隧道钻探,一般要求综合考虑工程地质勘探孔与水文地质试验孔,地质勘探孔终孔以后可进行井中测流或作为水文地质试验的观测孔;当钻探孔终孔以后发现孔内有大量的地下水,应考虑布设专门水文地质勘探孔和观测孔进行专门的水文地质勘探工作,以求得各项水文地质参数。

4. 岩土物理力学试验

岩土的物理力学试验项目,除特殊规定外,其一般要求按《公路工程地质勘察规范》(JTG C20—2011)中附录 F 的规定处理。

5. 水质分析试验

水质分析试验,每座隧道应从对隧道有影响的主要含水层内取水样 1～3 组进行水质分析试验。试验项目应满足生活、工程、消防用水的评价。

五、围岩分级

宜遵循多因素、多指标、定性描述与定量评价相结合的原则,引用各类波速、岩层的完整系数、岩石质量指标和岩体的质量指标等参数进行综合分析、研究,最后分段确定围岩级别,具体参照本手册第五章。

六、资料要求

初勘野外工作结束后,应在现场进行初步资料整理,并做好检校工作。文字说明的提纲、图表的底图、勘察及各项调查等原始资料的分析整编应在工地完成。

1. 资料整理

(1)野外工作结束以后,应在现场对各类原始资料进行分类、整理、校验、汇总综合、分析研究、整编,发现资料欠缺时,应进行补勘工作。

(2)对各类原始调绘、记录资料进行编绘。

①对统计的节理、裂隙应作出统计表,计算其频度、密度,绘制节理裂隙玫瑰图等;

②对钻探中岩芯钻探记录，应绘制出岩石质量指标与深度关系图；

③对地壳应力场进行分析，作出构造节理与断层节理玫瑰图；

④绘制水文地质试验的各种图件。

a. 涌水量(Q)与时间(t)关系图（不小于 1 个水文年）；

b. 降水量与预测涌水量关系图（至少一个雨季）；

c. 洪水期地表水与地下水及隧道涌水量关系曲线等。

2. 工程地质评价

(1)方案比选：对各个隧道方案，首先从地质角度进行比较论证，论证隧道的安全性、稳定性、合理性等；其次进行综合论证，从整体式路基、分离式路基、桥梁、洞外接线合理性、经济性等进行综合分析、论证比选。

(2)围岩评价：从围岩的强度、变形性、裂隙发育的情况，岩体完整性、水文地质条件、抗风化情况、弹性波速等方面进行分析与评价，以定性评价为主，以定量评价为辅。

(3)对水文地质条件进行评价：预测隧道分段涌水量大小，论证地下水对隧道的影响程度、方式、大小，随季节的变化规律等。

(4)对环境地质方面作出评价：评价隧道修建对周围地质环境的破坏程度以及带来的环境地质问题；隧道开挖降低地下水后对周围工、农业生产的影响和居民生活的影响等。

(5)对隧道工程、生活、消防用水等的水源、水量、运距、取水方式、水质等作出评价。

(6)得出结论，提出建议。

3. 应提供的资料与图表

(1)隧道工程地质勘察报告。

(2)隧道工程地质平面图：图上应标明物探、钻探、挖探、槽探等勘探点线位置，比例尺视情况而定，一般为 1:1 000～1:2 000。

(3)隧道线路方案工程地质平面图：比例尺为 1:2 000～1:5 000。

(4)隧道工程地质纵剖面图：图中应填绘各种勘探成果，水平比例尺为 1:500～1:2 000，垂直比例尺 1:50～1:200。

(5)隧道洞口工程地质横断面：比例尺视精度而定，一般为 1:200～1:500。

(6)隧道地区水文地质图：比例尺为 1:1 000～1:5 000。

(7)隧道区域构造图（仅限于特长、长隧道，地质构造复杂的隧道，比例尺视精度需要而定）。

(8)洞身地质横断面：穿过不良地质地段时，选择代表性地段绘制，水平比例尺为 1:200～1:2 000，垂直比例尺为 1:200～1:500。

(9)隧道辅助工程横、纵断面图（需要时做）。

(10)钻孔柱状图。

(11)岩土、水质和各项试验资料汇总表。

(12)遥感地质解释图表及说明。

(13)物理勘探资料、图表及说明。

(14)原位测试资料、图表及说明。

(15)各类分析、统计、试验资料及图表说明。

(16)严重影响隧道的特殊地质、不良地质专项资料及说明。

(17)岩芯和工程照片以及岩芯保存手续凭证。

(18)与有关部门签订的协议及其他。

第四节　施工图设计阶段的地质勘察

一、目的和任务

详勘的目的是根据批准的初步设计，对已选定的隧道位置进行详细的工程地质勘察，为编制隧道施工图提供工程地质资料。

详勘的主要任务是对隧道所在区的地形、地貌(包括洞外接线)、工程地质特征及水文地质条件作出正确的评价；根据控制围岩稳定的各种因素及地层弹性纵波的波速，分段确定隧道洞身的围岩级别，并根据地质变化提供相应的施工设计资料及建议。

二、勘察要求和准备

1.详勘要求

在初勘的基础上进一步开展深入细致的工作，着重查明和解决初勘时未能查明解决的地质问题，补充、核对初测时的地质资料。地质勘察工作一般以钻探为主，根据地形、地质条件，采用适当的方法进行综合勘探，相互验证，并加强对初勘地质工作成果的利用，避免重复。

(1)对初勘阶段建议深入调查，对勘探的重大复杂地质问题应作出可靠的结论。

(2)根据地质特征，应着重分析隧道围岩的稳定性及洞口斜坡的稳定性。

(3)正确评价和预测隧道区的工程地质、水文地质条件及其发展趋势，提供设计、施工所需的定量指标，以及设计施工应注意的事项和整治措施意见。

2.准备工作

熟悉隧道初勘文件，补充收集区域地质和工程地质资料。研究分析隧道初勘地质结论与建议，为隧道详勘做好各项准备。

本阶段工程地质勘察工作一般以钻探为主，根据地形、地质条件，采用适当的方法进行综合勘探，相互验证，以期在初勘的基础之上取得更加深入、可靠的地质结论。

三、调查和测绘

地质调查与测绘的范围、测点，物探网的点线范围和布设，物探方法的运用和钻探孔，坑、槽探数量与位置等，应与初勘时未能查明的地质条件相适应。但对隧道有影响的大构造和复杂地质地段，勘探追踪范围可以适当放大，以达到进一步查明的目的。

(1)重点调绘隧道通过的严重不良地质、特殊地质地段；对于地质复杂的特长隧道，应收集地质横、纵断面资料，以确定隧道准确位置的工程地质条件。

(2)实地复核、修改、补充初勘地质资料，对初勘遗漏、隐蔽的工程地质问题，应适当加大调绘范围和工作量。

四、物理勘探

(1)物理勘探在本阶段仍是钻探的补充手段之一，在地形、地质条件适宜的地方，应充分发挥多种物探的作用，进行综合勘探。

(2)由于物探的局限性和资料成果的多解性，应结合隧道钻探、槽探、调绘等地质资料，进行物理力学指标的测定和岩土层次探测论证。

(3)应对初勘时未能查明的地质条件或沿隧道轴线方向有复杂地质问题的地段进行物探，以达到进一步查明、补充、校核的目的。

(4)一般应根据隧道所在地区的地形、地质条件选择适当的物探方法。山区岩质隧道一般应先进行地震勘探，沿隧道轴线至少布置一条地震测线，测点间距以10～20m为宜；若发现有地质构造时，局部应加密。两洞口应布置横测线，测点间距为5m；若洞口或洞身发现有溶洞或其他构造破碎带，应适当加做横测线和加密测点。当高速公路为上下行时，隧道一般应当做两座单独隧道进行勘探，地质条件简单、无构造影响、岩性单一的短隧道可当做一座隧道布置勘探工作。

(5)用声波法测定岩体的弹性纵波波速时，宜同时测定岩体的弹性横波波速，以求得岩体的弹性特征值。除测定岩体弹性波速外，还应测定岩石试件的弹性波速，以求得岩体的完整性系数，判定围岩的破碎程度。

(6)当地震勘探发现有明显的溶洞或大的地质构造时，应进行综合物理勘探，以便相互验证。当采用电探时，一般沿隧道轴线布设一条主测线，在主测线两侧20m各布一条平行测线，测点间距以20～40m为宜。洞口一般应布置横测线，测点间距以10～30m为宜。

五、钻探与洞探

隧道详勘应以钻探为主要手段，但钻孔位置、孔深、孔数、取样和试验，应根据物探资料，不同的地质情况和勘探目的而定。

山岭隧道除地质条件极简单、岩性单一、无构造影响的短隧道外，一般对隧道洞身和洞口应布置钻孔，同时应尽量利用初勘钻孔。地质条件复杂的中隧道，一般钻孔数量不得少于5个，长隧道和特长隧道的勘探，应适当加密钻孔。

钻孔布置原则：洞身孔一般应布置在洞身低凹部位与探明构造破碎带、岩溶等不良地质勘探结合考虑。勘探深度根据勘探目的而定，一般应以钻至隧道底板设计高程以下2m为宜；若需探明不良地质，钻孔深度应超过隧道底板设计高程以下5～10m。洞口钻孔一般宜布置在洞口以上30～50m范围之上的山体内，并能揭露到洞顶以上地层20～30m。洞口钻孔的布置可与洞口高架桥或深路堑钻探相结合考虑；钻孔深度，一般穿过洞口底板设计高程以下2m，遇不良地质时，其钻孔深度应超过底板设计高程以下5m。

隧道钻孔数量、位置、深度的确定，应与钻探目的、水文地质测试、物探测井等结合考虑。一般当遇到如下情况而无钻孔时，应取得委托方的同意后，按需要增补钻孔。

(1)地质构造复杂、岩石破碎且有软弱夹层的地段，为了判明岩层破碎、风化程度、含水情况等，应布置钻孔，宜采用干钻、无泵反循环、双层岩芯管或其他有效钻探方法。

(2)地下水丰富，并有地下水通道，洞顶沟谷中有厚覆盖层，且洞身埋藏较浅，或洞身穿过古河道，应利用钻探、取样、试验来判明地层透水性、粒度分布、粗粒土的含量等，为隧道涌水量预测、施工方案的确定提供工程地质依据。

(3)隧道通过不良地质地段，应布置钻孔，进行特殊项目的勘探和测试，必要时应配合物理勘探、测井，求得各项特殊指标。

(4)当露头不足,无法鉴定隧道通过地段的围岩级别时,宜布置槽探和钻探。

六、取样与试验

一般隧道应从现场露头、探坑(槽)、钻孔内取代表性样品进行试验。取样间隔与数量应根据地质情况和试验目的要求而定,但应以满足正确评价隧道区工程地质、水文地质条件为前提。地表水、地下水的取样应在有代表性的地方,分层次采取水样进行水质分析。

水文地质条件复杂的隧道,应做与水文地质有关项目的试验,求得各含水层、隔水层的水文地质参数。

试验项目与要求:

(1)进行相应的岩土物理、力学、水理、化学试验和水质分析试验。

(2)水文地质条件复杂的隧道,应做钻孔抽水、注水或井中测流试验。

(3)孔内涌水量压测法试验。

(4)与不良地质有关的特殊定量试验。

(5)测定有害气体的含量、压力与性质。

(6)利用钻孔结合物探来补充测定岩土性质。

(7)贯入阻力试验(需要时做)。

七、隧道涌水量预测

山岭隧道涌水量预测是隧道详勘的重要内容之一。对于水文地质条件复杂的隧道应进行涌水量预测,为隧道施工防水、排水提供依据。目前预测方法和计算公式较多,一般宜采用多方法、多手段进行预测,以便相互验证。

八、围岩分级

对影响围岩分类的地质因素在初勘的基础上进行验证、补充、修正,并加强测试力度,详细查明围岩的物理、力学、水理性质。通过本阶段的地质调查、勘探、测试后,对初步设计阶段所定的围岩级别进行修正、调整,为隧道工程设计提供准确可靠的围岩分级地质依据。

九、资料要求

详勘野外工作结束后,原始记录、计算、底图等应在工地认真进行校检、分类整理。

隧道各类勘探资料的整编内容与初步设计阶段基本相同。提供的一切资料应正确反映洞口、洞身的地质条件,其测试数据完整可靠。

除特殊情况外,本阶段一般应提交下列有关资料作为隧道设计和施工方案选定的工程地质依据。

1. 说明

(1)隧道详勘说明书。应根据各种勘探结果,对隧道地区工程地质、水文地质进行正确评价,得出结论,提出对设计和施工方案的建议。隧道详勘说明书应包括补充调查测绘资料,补充遥感判释资料,物探、钻探、测试、试验等资料并应综合各类资料进行综合分析。

(2)分项说明书。对地质条件极其复杂的长隧道,通过特殊不良地质地区的隧道,若有必要可单独编制分项说明书和绘制图表。

2. 图件

(1)隧道地质平面图:如属一次定测且有比较方案时,还应测绘隧道方案平面图。

(2)隧道地质纵断面图:要求隧道每段填绘地层、地质构造、水文地质条件,注明围岩类别;比例尺,水平为1:500～1:2 000,垂直为1:50～1:200。

(3)洞口地质纵断面图:当地质条件复杂时,比例尺为1:50～1:500。

(4)洞口地质横断面图:比例尺为1:50～1:100。

(5)洞身地质横断面图:工程地质、水文地质条件复杂时绘制,比例尺为1:50～1:500。

(6)明洞地质横断面图:比例尺为1:50～1:100,视情况绘制。

(7)其他有关资料及协议。

十、施工阶段超前地质预报

由于岩土工程的不确定性,隧道施工必须重视且采取相应手段进行超前地质预报,为验证和修改(变更)设计及调整施工方案提供依据。其手段通常采用地质跟踪调查推断和物探两类方法。

1. 地质跟踪调查推断法

地质跟踪调查推断法,即通过对已开挖的围岩状况,进行直接观察、地质描述及相关量测,由此推断前方围岩状况,或在掌子面进行钻孔取芯,或通过平行导坑、超前小导坑直接获得前方短距离地质信息。

开挖面的地质观察和素描是隧道施工最重要的基础工作,每次开挖后应由专人进行以下工作:

(1)地层、岩石分布、岩层走向、倾角。

(2)固结程度、风化及变质程度、软硬程度。

(3)裂隙方向及频度、充填物及性质。

(4)断层位置及走向、倾角、破碎程度。

(5)涌水位置及涌水量。

(6)坍塌位置及形态。

施工期间应重视围岩地下水的观察和分析。在开挖过程中,如果出现了涌水现象,应把涌水的位置、初期水量、水量累计、稳定水量等各项内容调查清楚,并分析水量的来源及可能的影响。

2. 物探法

用物探法进行地质预报时,应采用中长距离预报和短距离预报相结合的方式进行,并使用两种以上不同的物性方法进行相互验证和判断,同时与地质调查和钻探资料或其他直接资料相结合进行综合分析研究,以保证其准确性和可靠性。

随着科学技术的突飞猛进,各种各样先进设备的运用,由此产生了更多的探测方法,如TSP方法、陆地声纳法、地质雷达法、瞬变电磁法等。但是由于物探的多解性以及地质情况的复杂性,单一的预报方法缺乏对不同地质对象的适用性研究,因而对地质预报的准确度并不可靠,所以必须开展综合超前预报。

综合超前预报总体来说,要遵守“三结合”的原则,即“洞内与洞外相结合,物探与地质相结合，长与短相结合”，多种方法相互配合。根据具体的现场地质条件，合理采取多种预报手段，扬长避短，相互补充，相互验证，多角度、多参数地对掌子面前方的地质情况进行综合预报。如图4-4-1所示。

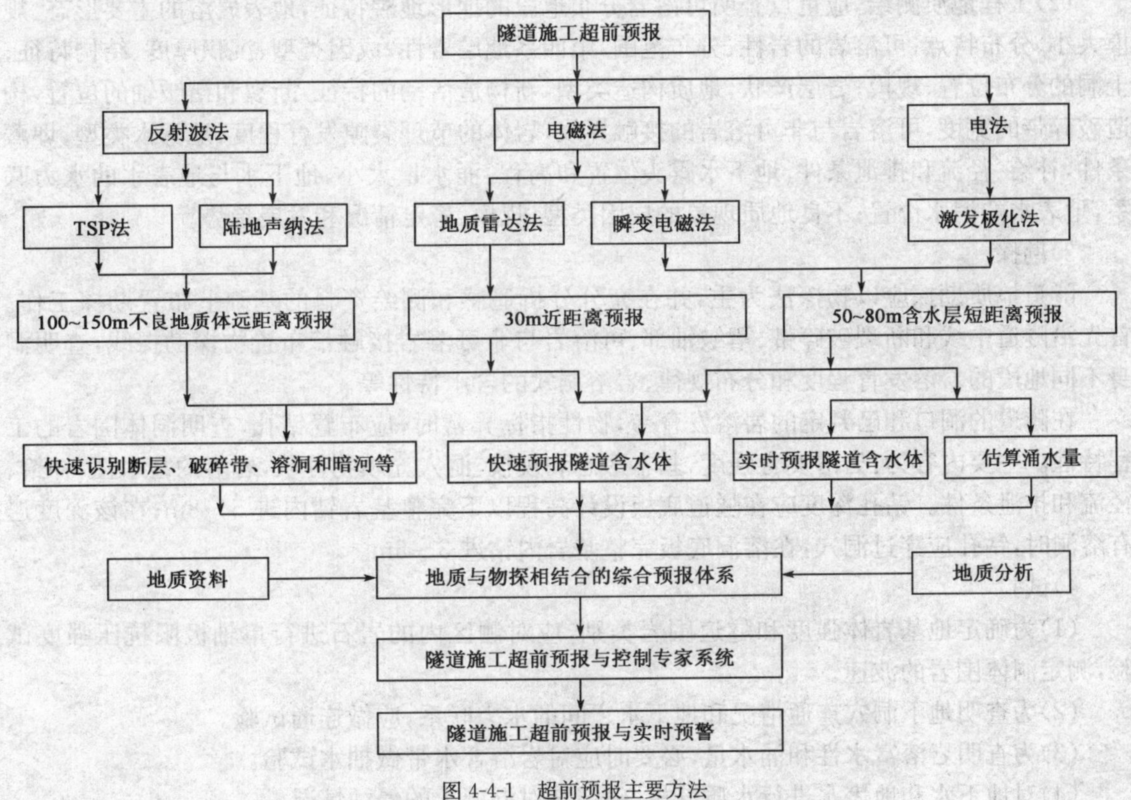

图4-4-1 超前预报主要方法

第五节 不良地质勘察

在工程实践中，常遇到一些特殊岩土，它们具有特殊的工程地质性质。在这些地区进行工程建设时，会产生一些特殊的工程地质问题，因此需要认识它们，了解它们的生成条件，掌握其形成和发展的规律，以便采取相应的措施，改善和克服其不利的一面。

一、岩溶

1. 初勘

1）勘察重点

(1)查明岩溶的发育强度、基本形态、规模大小、分布规律及其与地层岩性、地质构造、地表水及地下水之间的关系。

(2)查明岩溶水的埋藏特点，富水程度，补给、径流、排泄条件，地下水位高程和水位变化特点。

(3)查明不同路段土洞的发育程度、分布规律和规模大小。

2）调查与测绘

(1)工程地质调查和测绘应与航片、卫片的判释同时进行。

调绘范围应以能满足方案选择和查明场地岩溶发育程度为原则,对隧道视地质条件复杂程度确定。测绘比例尺为1∶500～1∶2 000。

(2)工程地质测绘,应重点查明可溶岩分布地段的地形地貌特征,地表岩溶的主要形态、规模大小、分布特点;可溶岩的岩性、分布范围,第四系地层岩性、成因类型、沉积厚度、结构特征;土洞的分布位置、规模;岩层产状,地质构造类型,新构造活动的特征,断裂和褶皱轴的位置,构造破碎带的宽度,可溶岩与非可溶岩的接触界线,岩体的节理裂隙发育程度;地下水类型,埋藏条件,补给、径流和排泄条件,地下水露头位置和高程、涌水量大小,地下水与地表水的水力联系,地表水的消水位置;不良地质现象的成因类型、规模、稳定情况和发展趋势。

3)勘探

隧道地质勘探应以物探法为主,并在充分分析遥感和测绘资料的基础上布置勘探工作。首先沿隧道中线和断裂破碎带、褶皱轴部、可溶岩与非可溶岩接触带布置物探勘探线,查明洞身不同地段的岩溶发育程度和分布规律、岩溶洞穴的含水特性等。

在隧道的洞口和已判定的岩溶发育带,物性指标异常时,应布置钻孔,查明洞体围岩的工程特性。主要内容为:岩溶发育强度,基本形态和规模,洞穴充填物性状,岩溶的富水性,补给、径流和排泄条件。钻孔深度应在隧道底板设计高程以下完整基岩钻内进5～8m;在该深度遇有溶洞时,钻孔应穿过洞穴,在溶洞底板完整基岩内钻进3～5m。

4)试验

(1)为确定地基岩体强度和隧道围岩类别,应对测区内的岩石进行单轴极限抗压强度试验,测定洞体围岩的波速。

(2)为查明地下洞穴连通情况和地下水之间的水力联系,应做连通试验。

(3)为查明岩溶富水性和涌水量,必要时应对岩溶含水带做抽水试验。

(4)对地下水和地表水进行水质分析,确定其对混凝土的侵蚀情况。

5)资料要求

资料整编应在遥感、工程地质测绘、勘探和测试等各种原始资料准确、齐全的条件下进行。应提交的资料及其内容要求如下:

(1)工程地质勘察报告。文字部分应论述场地的工程地质条件和岩溶在水平和垂直方向上的发育强度与分布规律,并结合地形地貌特征、第四系岩性、沉积厚度、物理力学特征,将场地进行工程地质分区,评价各区的稳定性和适宜性;论述隧址区的工程地质条件和岩溶的发育特点、洞穴规模、充填物性状,富水程度;评价隧址区的适宜性和隧道围岩的稳定性。

对影响隧道围岩稳定与衬砌结构安全的各种岩溶洞穴和岩溶水提出整治方案,论证岩溶洞穴用作公路隧道的可能性。

(2)工程地质平面图,应全面反映场地的工程地质条件;重点标示出岩溶发育地段、特殊性岩土地段、岩溶洞穴塌陷等不良地质现象,比例尺为1∶500～1∶2 000。

(3)工程地质纵断面图,水平比例尺为1∶500～1∶2 000,垂直比例尺为1∶50～1∶200。

(4)岩土及水质的试验、分析资料,水文地质试验资料。

(5)钻孔柱状图、物探成果图等。

2. 详勘

1)勘察重点

(1)查明场地内影响隧道围岩稳定与衬砌结构安全的岩溶洞穴和土洞的形态、位置、规模、埋深,洞穴顶板岩体厚度,洞穴充填物性状。

(2)查明岩溶水的埋藏特点、水动力特征、水位高程及其变化幅度,水的补给、径流、排泄条件。

2)调查与测绘

(1)调绘范围的确定,应以能满足工程设计、岩溶的处理和查明场地岩溶发育分布规律为原则,对隧道应根据场地的工程地质条件复杂程度确定。测绘比例尺为1:500～1:2 000。

(2)测绘中主要校核、修改、补充完善初勘资料,重点查明岩溶洞穴、土洞、漏斗和落水洞的位置、形态、规模,洞穴塌陷的地表分布面积、垂直形态,暗河的位置和埋深;地下水涌出和地表水的消水地点;地表水与地下水在不同季度补给、排泄关系的变化规律;第四系的地层岩性、厚度、结构特征;可利用的岩溶洞穴的洞径大小;顶板岩体厚度、完整性,侧壁岩体的稳定性。

3)勘探

除按常规要求进行隧道的工程地质勘探外,在岩溶区还应重点查明岩溶洞穴的分布、基本形态、规模大小,洞内充填物的性状,岩溶地下水的水位高程,富水程度、补给、排泄条件。

除在隧道洞口地段布置钻孔外,在洞身地段构造破碎带、褶皱轴部、可溶岩与非可溶岩接触带和已判定的岩溶发育带布置钻孔,钻孔应在隧道底板设计高程以下完整基岩内钻进5～8m;在该深度内遇有溶洞时,钻孔应穿过溶洞,在洞穴底板完整基岩内钻进3～5m。

4)试验

(1)对地基中的洞穴顶板岩石进行下列试验:饱和单轴抗压强度,岩石的黏聚力、内摩擦角、弹性模量、泊松比、剪切弹性模量等。

(2)对隧道洞体上部2.5倍洞径高度范围内的围岩进行下列试验:天然状态和饱和状态单轴抗压强度、弹性抗力系数、内摩擦角、弹性模量、泊松比、剪切弹性模量,有条件时测定围岩的弹性波波速。

(3)对深路堑和隧道洞身附近的岩溶含水带进行抽水试验,查明含水带的水文地质特征。

(4)对地下水和地表水进行水质分析,判断其对混凝土的侵蚀性。

5)资料要求

(1)工程地质勘察报告。文字部分应论述场地的工程地质条件,详述场地岩溶发育强度和溶洞顶板的稳定性、岩溶水的埋藏条件和水动力特征;评价岩溶发育带路基的安全和稳定性、岩溶水对路基的危害;对危害路基安全和稳定的岩溶洞穴和岩溶水提出整治措施。

详述隧道场地的工程地质条件和岩溶发育程度、分布规律,岩溶含水带的水文地质特征和涌水量大小;分析评价岩溶洞穴的岩溶水对隧道安全和稳定性的影响,以及在施工和营运时产生的危害;对岩溶洞穴和岩溶水提出处理措施。

(2)工程地质平面图,除反映出一般工程地质条件外,重点应标示出与岩溶及岩溶水有关的工程地质内容,比例尺为1:500～1:2 000。

(3)工程地质纵断面图,水平比例尺为1:500～1:2 000,垂直比例尺为1:50～1:200。

(4)岩溶发育带有关断面图。

(5)可利用的溶洞、天生桥等有关资料与图件。

(6)岩土、水质的试验成果。

(7)钻孔柱状图、物探资料成果。

二、采空区

1. 初勘

1)勘察重点

(1)查明采空区的范围、埋藏深度、空间大小、顶板岩层厚度、地质构造特点。

(2)查明采空区地表变形和塌陷的分布规律、发展趋势,及其诱发的其他不良地质现象的类型、位置和规模。

(3)查明采空区顶板的管理办法、塌落情况和采空空间的充填程度。

2)调查与测绘

对路线经过的采空区进行工程地质调绘,应以收集资料为主,重点收集各种地质图,了解采空区的地层构成、岩层产状、地质构造的发育特点,以及采空区内的水文地质条件。收集矿床分布图,了解矿层的分布、层数、层厚、埋藏深度,已有采空区的分布范围、开采时间、开采方法,顶板处理措施及远景开采规划。

收集与地表变形有关的观测和计算资料,以及采空区附近抽水、排水时对采空区变形的影响等。

对由于地下采空而引起的地表移动盆地,应进行工程地质测绘,重点查清地表塌陷的特征、塌陷范围、变形大小、稳定情况与发展趋势;由于地表塌陷而引起的不良地质现象的类型、分布位置和规模等,确定测绘比例尺为1:2 000～1:10 000。

3)勘探

在采空区的有关资料齐全,能充分说明采空区位置、范围、大小及变形的基本特征以及变形的发展趋势和稳定条件时,可不进行勘探;否则应进行必要的物探工作,查明采空区的范围、埋藏深度,采空的空间大小,采空区上部第四系沉积物和岩层厚度以及断裂构造的位置等。

勘探工作一般可平行路线和垂直路线的横断面布设物探测线,并采样进行岩土试验。物探方法的选择应结合地形与采空区埋深及探测分布范围而定,参见表 4-5-1。必要时,可在物探判定的采空区内布置 2～3 个钻孔,验证物探成果,并对初勘阶段勘察方法作出结论。

物探方法参照　　表 4-5-1

地形情况	地形较平坦				地形起伏较大	
空间埋深(m)	0～10	10～40	40～100	100～400	0～40	40～200
平面物探	微重力法		折射法	瞬变电磁法	射气法	瞬变电磁法
剖面物探	地质雷达	瑞利法	高度密电法	高分辨地震	瑞利法	井间 CT 法(电磁波弹性波)

4)定位观测

对主要路线方案所经过的采空区,当有关资料缺乏,采用勘探方法很难查明采空区的基本特征时,可采用定位观测方法,直接查明地表变化特征、变形规律和发展趋势。

(1)观测线宜平行和垂直路线布设,其长度应超过地表移动盆地范围或采空区的范围。

(2)观测点应等间距布置,其间距按表 4-5-2 确定。

(3)观测周期可根据地表变形速度按下式计算:

$$t = \frac{\sqrt{2}Kn}{S} \tag{4-5-1}$$

式中：t——观测周期（月）；

n——水准测量平均误差（mm）；

S——地表变形的月下沉量（mm）；

K——系数（一般为 2～3）。

或根据开采深度按表 4-5-3 确定。

定位点观测间距　　表 4-5-2

开采深度 H(m)	观测周期（日）	开采深度 H(m)	观测周期（日）
＜50	10	250～400	2
50～100	15	400～600	3
150～250	30	＞600	4

定位观测周期表　　表 4-5-3

开采深度 H(m)	观测点间距 L(m)	开采深度 H(m)	观测点间距 L(m)
＜50	5	200～300	20
50～100	10	300～400	25
100～200	15	＞400	30

（4）在观测地表变形值的同时，还应观测地表裂隙、陷坑、台阶的发展情况。

5）资料要求

（1）工程地质勘察报告。文字部分的编写要根据调查、测绘、勘探和定位观测等资料综合论述场地的工程地质条件和采空区基本特征；论证变形发展阶段，预测变形发展趋势，评价场地稳定性和布设路线的适宜性，并根据采空区地表变形特征和变形大小，对场地进行变形分区。

评述由于地表塌陷或变形可能引起的斜坡失稳，山体崩塌等各种不良地质现象给公路隧道工程构造物造成的危害。提出公路通过采空区时采取的工程处治措施。

（2）工程地质平面图。除标示一般规定的内容外，重点应标示出路线的位置、地表塌陷范围、不同路段的变形特征和变形大小，比例尺为 1∶2 000～1∶10 000。

（3）工程地质纵断面图，水平比例尺为 1∶2 000～1∶10 000，垂直比例尺为 1∶200～1∶1 000。

（4）定位观测的曲线、图表。

（5）有关采空区的资料、图件。

（6）物探、钻探、试验的图件和资料。

以上成果资料，均应列入基础资料，按要求整编正式出版。

2. 详勘

1）勘察重点

（1）查明路线经过采空区的稳定条件、变形值的大小、变形发展阶段、稳定与发展趋势。

（2）查明由于地表变形或塌陷引起的各种不良地质现象的类型、位置、规模、发展趋势，对公路构造物的危害程度。

2）调查与测绘

（1）对路线经过的采空区进行工程地质测绘，应以收集采空区有关资料为主。除校核、补充、完善初勘的资料外，重点应收集矿层的开采时间、塌落时间、塌落情况，采空区内充填和积水情况；采空区附近抽水、排水对采空区稳定性的影响情况。路线压矿时，应收集矿体的分布范围、矿层层数、厚度、埋藏深度、矿体产状、上覆地层岩性、总厚度、地质构造的特点、开采计划等资料。

(2)对地表移动盆地应进行工程地质测绘，查明地表变形范围、变形规律；地表陷坑、塌陷台阶，塌陷裂缝的位置、形状、规模、深度、延伸方向、发展趋势；地表变形与采空区区域地质构造、开采边界、工作面推进方向的关系；地表塌陷引起的不良地质现象的类型、分布位置、规模等。测绘比例尺为1:1 000～1:10 000。

3)勘探

当采空区的有关资料收集不全，而又必须查明时，应进行勘探工作。

一般在路基影响范围内，平行路线布设3～5条物探勘探线。在地表移动盆地的中间区和内外边缘分别布设2～3条垂直路基的物探勘探线。主要勘察方法宜采用电探、震探及地质雷达等综合物探，必要时布置少量钻孔，验证物探成果，估算空间采空区体积。同时，采样进行岩土试验。

4)定位观测

详勘时，如能通过收集资料、测绘、勘探查明采空区的基本特征和变形规律，可不进行定位观测；否则应进行定位观测工作。观测线、点的布置原则、观测周期的确定和观测的内容同前所述。

5)资料要求

(1)工程地质勘察报告，文字部分的主要内容如下：论述场地的工程地质条件、采空区的基本特征、变形特点和变形发展阶段，评价采空区不同地段的稳定条件、变形规律及其对公路工程的危害程度。

论证由于采空区地表塌陷引起的斜坡失稳、山体崩塌等不良地质现象对隧道及其他人工构造物的危害，并提出防治措施。

确定公路压矿数量，提出将来开采矿体应采取的工程保护措施，或对已有建筑物应采取的保护措施。

(2)采空区工程地质平面图，除标示规定的内容外，还应标示出地表移动盆地的位置及其分区界边、变形特征、地表塌陷引起的各种不良地质现象，比例尺为1:2 000～1:10 000。

(3)采空区地段路线工程地质纵断面图，水平比例尺为1:2 000～1:10 000，垂直比例尺为1:200～1:1 000。

(4)采空区顶板基岩厚度等值线图。

(5)与物探、钻探、试验有关的图件、资料。如物探、钻探成果一览表、原位测试成果一览表、岩石物理力学性质试验一览表，压水、灌注试验成果报告。

(6)有关采空区和压矿的图件、图表等资料。

三、强震区

1. 初勘

1)勘察重点

本阶段勘察重点是收集区域地质构造、历史地震活动、宏观震害资料，并通过现场勘察，查明与发震有关的活动断裂及地震活动特征，为隧道方案设计提供地质依据。

2)调查与测绘

(1)调查地震时强震区的场地和地基,可能导致的宏观震害或地震效应。勘察时应根据工程的重要性、工程地质条件及工程的要求,对场地抗震稳定性进行评价。对特别重要的隧道、特长隧道等,必要时宜进行地震危险性分析。

(2)调查隧址重点工程地段的断裂类型、地震活动历史、宏观震害及地震基本烈度。

(3)调查重点工程地段的地形、地貌、地层、岩性、地质构造及水文地质条件。

(4)调查区域地质构造、活动断裂,特别注意调查活动断裂的拐弯突出部位和端点,两组以上活动断裂的交汇处或汇而不交部位地层变化和地貌特征、近期发震情况。

(5)调查重点工程附近有无大型水库及蓄水后断层有无活动的情况。

(6)调查重点工程地段的滑坡、崩塌、地裂、泥石流等不良地质现象。

(7)调查软弱土、可液化土层的分布范围、埋藏深度,按《公路桥梁抗震设计细则》(JTG/T B02-01—2008)的要求,判别液化的可能性。

(8)调查地面有无喷水、冒砂、震陷、地面沉陷、岸坡滑移、地基失稳等现象。

(9)调查当地隧道工程的抗震措施、抗震效果和震害情况。

(10)测绘工作以隧道工程地段的初测工点地形图作为底图,根据需要勘察范围可适当扩大。其比例尺同工点图或根据需要确定。

3)勘探

(1)强震区的工程地质勘探应和隧道工程的地质勘探结合进行,主要查明地层岩性,覆盖层厚度及结构组成,断裂带类型、产状和分布范围,地下水埋藏深度等。

(2)勘探一般采用综合物探与钻探相结合的方法进行,勘探线应平行隧道轴线,尽可能垂直断层走向或沿岩层走向布置。

(3)勘探点的位置、数量和钻孔深度,应以查明地层、岩性及断层的产状、性质,以及破碎带的宽度、胶结程度等为前提,尽可能结合围岩类别和基底高程综合考虑。原则上每个地质体或断裂带要有1～2条勘探线穿过,每条勘探线至少有两个以上的勘探点,地质条件复杂时可适当加密。钻孔位置和孔深应根据物探的疑点或异常点及工程的要求确定,孔深应超过构造物基底高程2～4m。

(4)第四系覆盖层、软弱土层、可液化土层,应结合钻孔进行原位测试、波速测定、标准贯入试验或测井,并取原状样。

4)试验

试验项目一般要求:天然密度、天然含水率、相对密度、液限、塑限、颗粒分析、压缩系数及抗剪强度,必要时测剪切波速和剪切模量、阻尼特性、动强度、动变形等。

5)资料要求

(1)工程地质勘察报告,文字部分的主要内容如下:

①地形、地貌、地层岩性、第四系覆盖层厚度及结构组成;

②根据区域地质构造及断裂活动的特征、历史地震的基本烈度及宏观震害,对隧道工程方案进行比选,并对其适宜性及构造物的稳定性作出评价;

③强震时,因强烈的地面运动而使场地、边仰坡失稳,造成路基、隧道的破坏程度;

④对建筑场地类型、不良地质现象及岩土等在地震作用下的稳定性进行评价,并提出抗震设防的建议。

(2)强震区工程地质平面图,比例尺为1∶2 000～1∶10 000。

(3)勘探及试验资料。

2.详勘

1)勘察重点

本阶段勘察重点是核实初勘资料,根据初步设计审查意见,补充调查基岩覆盖层、发震断裂、活动断裂、地震活动频率和宏观震害,完善现场测试及室内试验,对特别重要的长隧道和构造物进行地震危险性分析,为构造物的施工图设计提供地震参数。

2)调查与测绘

(1)根据初勘阶段尚未查明的地质问题,在确定路线线位、隧址具体位置的基础上,根据初步设计审查提出的具体问题,有针对性地补充收集历史地震、区域地质构造、活动断裂、工程地质及水文地质资料。

(2)补充调查隧址地段的地形、地貌、地层、岩性及水文地质条件。

(3)补充调查断裂带、第四系沉积物中反映新构造活动地貌特征和断层近期活动特征,确定断层的性质、规模和分布范围。

(4)补充调查强震时地面有无喷水、冒砂、震陷、地面沉陷、岸边滑移等的震害情况和对重点工程的影响程度。

(5)根据施工图设计需要应补充、加深初勘工程地质图的内容,并进行相应的测绘工作。

3)勘探

(1)熟悉初勘资料,进一步补充查明不稳定地质体、活动断裂、覆盖层厚度、软弱破碎带的范围和活动情况。

(2)勘探宜采用物探(主要为震探、电探)和钻探相结合的方式,勘探线和勘探点在初勘的基础上适当加密,确保提供抗震设计所需的地质参数。

(3)震探或电探应采用多种方法核对初勘资料,根据物探异常点有针对性地布置钻孔,每个断裂带至少有两个以上的钻孔;孔深应达到查明断层要素及软弱夹层,或超过隧道基底2～4m。

(4)可配合钻探对覆盖层进行标准贯入试验、波速测试,并采取原状样品。

4)试验

(1)补充有关岩土物理与力学指标的试验。

(2)必要时对覆盖层测试有效压力、动力特性参数和剪切波速及剪切模量、阻尼特性等。

5)资料要求

(1)强震区工程地质勘察报告,文字部分的主要内容如下:

①在初勘基础上,论述详勘阶段所做的主要工作、解决的主要地质问题及提供的主要资料;

②综合论证重点工程地段的地形、地貌、地层、岩性、第四系覆盖层的厚度及结构组成和建筑场地类型;

③综合评价区域地质构造、活动断裂的特征、历史地震活动的基本频率和烈度、宏观震害、发震断裂,以及可能发生的地震对重点工程的影响,并提出地震设防措施的建议。

(2)强震区工程地质平面图,比例尺为1∶2 000～1∶10 000。

(3)地质勘探和试验资料。

四、有害气体

1. 初测

1)初测阶段有害气体地质调绘要求

(1)查明勘察范围内有害气体的分布、范围、规模、类型。

(2)控制和影响线路方案的有害气体应重点进行地质调绘；查明工程地质、水文地质条件及各种含气的圈闭构造；调查当地居民所见的有害气体情况，既有矿井的有害气体种类、含量、压力等。

2)初测阶段有害气体勘探要求

(1)根据含气构造，结合隧道工程布置代表性地质纵、横断面。

(2)控制矿体空间分布的勘探点不应少于 3 个。

(3)勘探深度应至隧道路肩设计高程以下 10～20m 或必须查清的构造部位。

3)初测阶段有害气体测试内容

(1)现场测定瓦斯含量及压力。

(2)室内分析：

①煤的品质、水分、灰分、挥发分、空隙率、重度，以及坚固性系数、瓦斯放散初速度；

②油页岩的矿化、有机物和沥青含量；

③气的化学成分以及水的侵蚀性。

4)初测阶段有害气体资料编制内容

(1)综合资料包括下列内容：

①工程地质勘察报告，应阐明有害气体类型、分布规律、含量、压力、危害程度及处理原则，对线路各方案的评价和比选意见，存在问题及定测注意事项；

②全线工程地质图，比例尺为 1:10 000～1:200 000，应标明有害气体类型及分布位置；

③详细工程地质图，比例尺为 1:2 000～1:10 000，应标明有害气体类型及分布范围界线；

④工程地质分段说明，应阐明有害气体的类型、特征、分布规模及其对工程材料、施工及人体影响的评价。

(2)工点资料包括下列内容：

①工程地质说明，应阐明有害气体勘探过程与结果、赋存的地质条件、相关设计参数、对工程及人体的危害、处理措施建议等；

②工程地质图，比例尺为 1:2 000～1:10 000，应填绘有害气体类型及分布范围、有关的测试参数；

③工程地质纵、横断面图，比例尺为 1:200～1:2 000，应填绘煤、油页岩、油气层的具体位置，瓦斯风化带分界线，有关的测试参数等；

④地质调绘，勘探、测试等原始资料。

2. 定测

1)定测阶段有害气体地质调绘内容

(1)查明含气地段的工程地质、水文地质条件，含气岩系沉积环境、岩性特征，气体的生成、储藏和保存条件。

(2)查明含气地层的具体位置、层数、厚度及其纵、横方向上的变化特征。

(3)查明地质构造,特别是圈闭构造对有害气体赋存条件的影响。

(4)查明地下水的补给、径流、排泄条件,地下水与有害气体的共存关系。

(5)查明有害气体的类型、物理化学性质及对工程和人体的危害。

2)定测阶段有害气体勘探与测试要求

(1)结合有害气体类型按线路纵、横断面方向布置综合勘探,勘探点数量应满足工程设计需要。勘探孔布置要求。

①煤层地段勘探孔宜布置于工程通过煤层部位;

②油页岩地段勘探孔宜布置于工程通过油页岩部位;

③油气地段勘探孔宜布置于各种含气闭圈构造中最有利出气的部位(如长轴方向的轴线高点、陡翼、转折带等)。

(2)勘探深度应满足工程需要,必要时需揭露有害气体。

(3)结合有害气体类型进行测试,取样与测试要求如下:

①煤层钻孔宜取煤样测定煤的类型、水分、灰分、挥发分、空隙率、容重等;必要时,测定煤的破坏类型、坚固系数、瓦斯放散初速度,现场测试瓦斯压力、含量;

②油页岩钻孔宜取岩样进行有机物、沥青、还原硫、二价铁、三价铁等含量的测定,取水样进水质分析;

③油气层钻孔宜现场测试瓦斯压力、含量,并取气样进行物理化学分析。

3)定测阶段有害气体资料编制内容

(1)综合资料包括下列内容:

①工程地质勘察报告,应阐明隧道工程地质条件及有害气体情况;煤层应包括工程的穿煤情况(通过含煤地层长度、揭煤位置、穿煤长度、煤层与线路交角、煤层厚度与倾角等),煤层顶底板特征,影响瓦斯赋存的地质条件,控制煤与瓦斯突出的地质因素,主要瓦斯参数,涌出量预测,煤与瓦斯突出危险性评价,煤的自燃倾向、煤尘爆炸性等;油气层应包括工程与含气层的关系,气源分析、圈闭构造、储气条件、封盖遮挡条件,裂缝与油气的关系,油气压力及含量,含气段预测;工程措施建议;

②全线工程地质图,比例尺为1:10 000~1:200 000,应补充修改初测成果;

③详细工程地质图,比例尺为1:2 000~1:5 000,应补充修改初测成果;

④详细工程地质纵断面图,水平比例尺为1:10 000,垂直比例尺为1:200~1:1 000,应填绘煤、油页岩、油气层的具体位置,瓦斯风化带分界线,有关的测试参数等。

(2)初测已有的工点应补充、修改既有资料。

(3)新增加工点应符合初测规定。

第六节　特殊岩土地质勘察

一、黄土

1.勘察要点

(1)黄土勘察工作应着重查明地层时代、成因、湿陷性土层的厚度,湿陷性随深度变化、场地湿陷类型和湿陷级别的分布,地下水位变化幅度和其他工程的地质条件。结合工程要求,对场地和地基作出评价和处理措施建议。

(2)采取不扰动土试样,并必须保持天然湿度和结构。探井中取样竖向间距为1m,图样直径不应小于10cm。钻孔中取样,必须注意施工工艺,应严禁向钻孔内加水钻进。

取土勘探点中,应有一定数量的探井,在自重湿陷性黄土场地,探井数量不得少于1/3。

(3)为评价地层均匀性和土的力学性质,勘探点中应有一定数量的静力触探孔,并可采用标贯试验和弯压试验等原位测试手段。

(4)取样勘探点,初步勘探时应按地貌单元和控制性的地段布置,其数量不得少于全部勘探点的1/2;详细勘察时不得少于全部勘探点的2/3;若勘探点的间距较大或数量不多时,全部勘探点可作为取样勘探点。勘探点深度应大于压缩层深度,并有一定数量的取样勘探点穿透湿陷性土层。

2. *初勘*

1)勘察重点

(1)地貌调绘

①路线通过范围的塬、梁、峁、嵝岘、陡砭、冲沟阶地、冲积平原、洪积平原等地貌单元的类型和特征;

②各地貌单元边界上的微地貌变化;

③冲沟发育程度、横断面形状、纵坡坡度及变化点的位置、沟头陡坎高度及形状,溯源侵蚀及侧向侵蚀程度,沟岸稳定状况及发展趋势;

④黄土陷穴的形态类型、形状、深度、分布规律、连通关系、地面坡度;

⑤潜蚀洞穴的形状、大小、长度,有关陷穴出口处的地层特性。

(2)气象、水文、植被的调查

①收集当地气象台(站)的有关气象资料,应侧重对暴雨强度、暴雨持续时间、全年降雨量、冻深等资料的收集;

②坡面植被覆盖程度,耐旱、耐碱植物种群分布;

③片流、线流、沟溪侵蚀等水土流失特征。

(3)地质调查

①黄土地层、地质年代、地层厚度、分布情况、产状、成因类型,黄土的颜色、结构、颗粒、大孔隙、盐类析出分布形状、钙质结核分布等;

②黄土地层下部古地貌形态、地层年代、产状与岩性;

③黄土地层节理、裂隙的发育情况;

④陷穴、潜蚀洞穴、冲沟的分布特征与形成的主要因素;

⑤坍塌、崩塌的分布及形成的条件;

⑥地下水露头、地下水位、地下水埋深及其补给与排泄情况;

⑦湿陷性黄土分布层次及岩性特征。

(4)黄土病害及防治调查

①原有构造物由湿陷引起的破坏及防治湿陷的经验;

②原有公路因黄土湿陷、陷穴、潜蚀洞穴等诱发的病害及其防治经验;

③灌溉、排水诱发的地面湿陷或滑坡等现象;

④原有道路冻胀与翻浆、边坡变形、边沟冲刷、路基沉陷等病害的情况及防治经验;

⑤防止水土流失的有效途径。

2)隧道勘探

(1)黄土隧道工程地质勘探,应结合路线线位布设的平面、纵面要求而定。隧道穿越黄土地层,应在详细分析隧址处微地貌、地层类别、地质构造的基础上,视隧道的长度及地质条件复杂程度布置勘探工作。

(2)勘探方法:对黄土塬区,可采用地震勘探结合挖探、钻探;对于黄土梁、峁区,可采用电法勘探结合挖探、钻探进行。

(3)勘探数量:每一座隧道挖探,钻探、勘探点数量一般不少于3个,挖探、钻探深度应达洞底设计高程以下2m,并应穿透湿陷性黄土层。

(4)钻探孔径不宜小于110mm,原状土取样间距宜为2m。

3)需要做的试验

主要的常规试验:密度、相对密度、颗粒分析、天然含水率、液限、塑限、湿陷系数、黏聚力、内摩擦角等,以及关于隧道工程的常规试验:固结、直接剪切、渗透。

4)资料要求

(1)工程地质勘察报告,文字部分宜针对路线、隧道所处地区的黄土地貌及地层、不良地质进行综合评述。主要内容为:

①黄土地貌、微地貌特征、地形、地质构造以及气候、水文、地震条件;

②黄土地层地质年代、地层厚度、产状、分布情况、成因类型,并对新近堆积黄土、湿陷性黄土进行重点评述;

③黄土地层下部古地貌形态、地层年代、产状、地质构造、岩性;

④黄土区的不良地质现象,按照不同类型,就其形态、分布、发育及对初拟的路线方案与设计的构造物的危害程度,作出评述;

⑤地下水发育程度与不良地质现象的机理关系,提出工程处治措施;

⑥当地已有黄土病害防治、水土保持的经验教训;

⑦提出详勘阶段应注意的事项。

(2)工程地质图

黄土工程地质图可并入路线工程地质图中。工程地质复杂的工点,可单做工点工程地质平面图,比例尺为1:600~1:2 000;工点工程地质纵断面图,水平比例尺为1:500~1:2 000,垂直比例尺为1:70~1:200。

(3)成果资料

调绘记录、勘探成果、试验成果、统计分析及计算资料等,分别按路线分段与工点,纳入全线工程地质资料内,分类编目,整理成册。除各类记录本外,勘察成果均应列入基础资料。

3.详勘

1)勘察重点

针对拟订的隧址,有重点地进行地质勘察工作。

(1)查明与隧址有关的陷穴、潜蚀洞穴、冲沟侵蚀、泥石流、崩坍、滑塌、滑坡等不良地质现象,分析其发生机理和变化规律及对隧道构造物的危害。

(2)查明隧址范围内,黄土地层产状及下卧层地层岩性、地质构造及古地形变化。

(3)查明隧道范围内,湿陷性黄土地层在地貌单元所处的具体部位、分布范围、地质时代及成因类型。

(4)查明隧道范围内地下水发育程度及埋深。

2)隧道勘探

(1)按常规要求布置勘探线，进行黄土隧道的工程地质勘探。并应加强对洞口及辅助坑道的勘探。

(2)勘探方法：机械钻探，宜用干钻，钻孔孔径宜不小于110mm，取样间距为2～3m。钻探深度穿透湿陷性黄土地层。对短隧道，视地形、地质条件，也可采用挖探(探井)。

(3)勘探点数量：视隧道长短，在初勘勘探点的基础上进行补充钻深。洞口横断面应布置勘探点，以达到详勘委托的要求。

3)需要做的试验

同初勘内容一样，此处不再进行赘述。

4)资料要求

(1)工程地质勘察报告，文字部分宜针对隧道所处地区黄土地貌特征、黄土地层工程性质、不良工程地质，分析可能给工程带来的危害，进行综合评述。主要内容为：

①概述黄土地貌特征、黄土地层的地质年代、成因类型，在隧道处的覆盖情况；

②与隧道有关的黄土陷穴、潜蚀洞穴、冲沟侵蚀等不良工程地质现象及其对隧道的危害程度；

③隧址范围内的黄土地层产状及下卧层岩性、地质构造及古地形变化；

④隧址范围内的地下水发育状况、埋深及其可能引起的公路病害；

⑤针对隧道各工点的设计要求，提供黄土物理力学性能设计参数，并论述各参数推荐的合理性；

⑥评述针对黄土特性及不良地质，所采取工程措施的合理性与可靠性；

⑦从工程地质角度提出设计、施工中应注意的事项。

(2)工程地质图

非独立工程，可并入全线工程地质平面图，比例尺为1:2 000～1:10 000。

针对各项工程的工程地质纵断面图，水平比例尺为1:500～1:2 000，垂直比例尺为1:50～1:200。

(3)成果资料

原始记录、勘探资料、试验成果、统计计算综合资料等，分别按路线分段与工点纳入全线工程地质资料内，并分册整理。除原始记录外，成果资料均应列入基础资料。

二、冻土

1. *初勘*

1)勘察重点

冻土的勘察重点是调查地温、冻土在平面、剖面上的变化和分布规律。其主要内容如下：

(1)调查地基土年最大冻结深度和年最大融化深度及其与地形、地貌、地质、地表的关系，查明季节冻土层的冻胀、融沉情况。

对于多年冻土，还应调查多年冻土的上限深度及其与地形、地貌、地质、植被、地表条件的关系；调查多年冻土地分布范围、厚度、类别、土质、含冰量的结构特征、平面连续情况与融区的分布；分析研究多年冻土的发展趋势，必要时进行长期地温观测。

对于季节冻结层深度和垂直衔接情况进行调查。

(2)调查地下水、地表水和井泉的分布规律、矿化程度等水文地质条件。

(3)调查不良地质现象的类型、形态、形成条件、分布范围、发生发展规律及其对工程方案的影响程度。

(4)初步了解公路沿线填料、保温材料、工程用水和生活用水的分布情况。

2)勘探

多年冻土地区的勘探工作，宜在2～4月进行调查，在8～10月进行上限深度的勘探。

勘察点的布置视工程需要而定，应能控制不同的地形、地貌、地质单元。一般情况下，每公里不应小于两个勘探点。在多年冻土边缘地带，应有技术性钻孔钻穿多年冻土层。一般性钻孔的勘探深度，除满足确定地基承载力的要求外，尚需满足如下要求：

(1)季节性冻土的勘探深度必须大于年最大冻结深度。

(2)多年冻土地带隧道的勘探深度必须达到洞底高程以下相当于两倍的天然上限深度。

(3)季节冻土层采取土样的间距不应大于0.5m；多年冻土层应逐层采取土样，取样间距不应大于1m。

3)试验

初勘阶段以室内试验为主，冻土物理性能试验项目有：颗粒分析、天然含水率、含冰量、天然密度及土的液限、塑限等；力学试验项目有季节冻土的冻胀率和多年冻土的融沉系数，冻土在融化状态的固结试验和剪切试验。工程设计需要时，本阶段即可开始长期地温观测。

对无规范标准的试验项目，应说明其试验方法、使用的仪器和试验步骤。

4)资料要求

(1)冻土工程地质勘察报告，文字部分应重点阐明冻土的发育状况和特征、不良地质问题，并进行冻土工程地质评价。本阶段工程地质评价的要点如下：

①对季节性冻土，应着重分析地基土冻结、融化过程中的冻胀、融沉情况和水稳性能；

②对于多年冻土，除了分析评价多年冻土融化沉降与工程建设的互相影响外，还应分析评价多年冻土的发展趋势及其对隧道工程构造物的影响；

③注意评价不良地质现象对公路工程的影响程度。

(2)冻土分区图，应能反映不同类型、类别的冻土分布和冻土不良地质现象的发育程度，比例尺为1∶2 000～1∶10 000。

(3)多年冻土复杂地段和重点工程的工程地质平面图，应标明冻土类型、类别和不良地质、井泉分布位置等内容，比例尺为1∶1 000～1∶5 000。

(4)工程地质剖面图，应能标明最大季节冻结(或融化)深度、多年冻土上限深度和冻土类型、类别。

(5)勘探、试验、气象、地温等成果资料，应分项整理，均应列入基础资料内。

2.详勘

1)勘察重点

详勘阶段的勘察重点主要为：

(1)确定地基上最大季节冻结深度、最大季节融化深度、冻土类型和多年冻土上限深度。

(2)查明第四系地层的成因、类型、地层结构、土质及季节冻结层的含水率变化规律和工程特性，多年冻土层的冻土结构和含冰量变化情况及工程特性。

(3)查明各种冻土不良地质现象的分布范围和发展情况。

(4)查明地下水、地表水类型及其活动规律与不良地质现象的关系。

(5)调查填料、建筑材料、隔热保温材料来源，并确定取土、弃土位置，注意可能形成新的不良地质问题及其对工程的影响。

(6)调查既有工程的使用情况和当地工程建设防治冻害的经验。

2)勘探

勘探工作量以满足工程设计，查明工程地质问题为原则。多年冻土边缘地带应有部分钻孔超过多年冻土下限1～2m。勘探深度，除满足一般地区各类工程的要求外，还应满足下列要求：

(1)季节冻土的勘探深度，应超过年最大冻结深度。

(2)隧道的勘探深度应达到洞底排水构造物以下相当于1.5倍的天然冻土深度。

3)试验

详勘阶段的试验项目，除初勘试验所规定的项目外，还应提交土的热物理参数和地下水分析资料。根据工程需要进行原位测试。原位测试的项目有地温测量、冻结强度测试、冻胀力测试、地基静荷载试验等。

4)资料要求

(1)冻土工程地质勘察报告，文字部分应重点分析评价如下内容：

①地基土在冻结融沉过程中的冻胀、融沉情况和水稳性能；

②地基不均匀沉降问题；

③冻土不良地质现象与工程建设的互相影响及危害程度。

(2)冻土工程地质图的图中应标明不同类型冻土的分界、不良地质现象的位置和规模、地表水体和井泉的位置，比例尺为1:2 000～1:10 000。

(3)工程地质纵断面图的图中应标明最大季节冻结深度、多年冻土上限、冻土类型等，水平比例尺为1:2 000，垂直比例尺为1:200。

(4)分别编制重大工点和重大不良地质的说明书和工程地质图。

(5)勘探、试验、气象、地温等成果资料，分类整理，均应列入基础资料。

三、膨胀性岩土

1.初勘

1)勘察重点

(1)查明膨胀岩土的岩性、成因类型、分布范围、成层特点、岩层产状、裂隙发育情况、膨胀潜势大小和胀缩特性的空间变化规律。

(2)查明膨胀岩土分布区的地形地貌特征、微地貌主要形态、天然斜坡坡度及稳定状况，由于岩土的胀缩变化而形成的各种不良地质现象的类型、规律及分布特点，判定膨胀岩土的膨胀等级。

(3)查明地下水类型、埋藏条件和运动规律；地表水的集聚和排泄条件；人工渠塘分布情况和对膨胀岩土的影响。

(4)查明膨胀岩土分布区地温和含水率随深度的变化情况。

2)调查与测绘

(1)调查与测绘范围,应根据工程场地的地形条件和地质条件复杂程度确定,一般限于中线两侧 150～200m 范围内;当地质条件复杂或地形陡峻、地表坡度变化频繁时,局部地段应适当加宽。测绘比例尺为 1:2 000～1:5 000。

(2)调查收集当地的气象资料:包括年降水量、蒸发量、雨季与旱季的持续时间、气温、地温、大气影响深度等。

(3)工程地质测绘应查明场地的地形地貌特征,微地貌形态,主要地貌单元,地形形态与地表坡度的变化,坡地地表的胀缩剥落、溜塌、地裂的发育强度;由于岩土胀缩引起的不良地质现象的类型、规律和分布特点。

膨胀岩土的岩性、成因、分布范围、沉积厚度、产状、节理、裂隙发育情况、胀缩特性及其空间变化规律。

地表水的积聚情况和排泄条件,地下水的类型、埋藏条件、水位高程及其变化幅度,岩土体含水率随深度的变化规律。

(4)调查收集膨胀岩土场地的建筑经验和当地公路工程处理膨胀岩土病害的对策,分析构造物变形与破坏的原因。

3)勘探

隧道的工程地质勘探应以钻探为主,同时辅以物探。除按一般要求和规定布置钻孔外,在膨胀岩土分布段应布置钻孔,钻孔应钻至隧道底板设计高程以下 5.0m。在洞顶以 2.5 倍隧道高度至钻孔孔底之间采取岩土试样。

4)试验

(1)常规试验:密度、相对密度、含水率,界限含水率:液限、塑限、缩限岩土的矿物成分化学分析,土的黏粒含量测定。

(2)膨胀岩土工程特性指标试验:自由膨胀率及不同应力下的膨胀率、膨胀力、收缩系数试验。

(3)力学强度试验:压缩试验、剪切试验、浸水后剪切试验。

5)资料要求

(1)工程地质勘察报告,文字部分应阐述各方案场地的工程地质条件和膨胀岩土的变形条件与变形特征;分析评价岩土的胀缩工程特性对隧道围岩稳定性的影响。

(2)工程地质图,应全面反映场地工程地质条件,特别是影响胀缩变形的外部条件和地表变化的地形特征,并应详细准确地标示在图上。比例尺为 1:2 000～1:10 000。

(3)工程地质纵断面图,水平比例尺为 1:2 000～1:10 000,垂直比例尺为 1:200～1:1 000。

(4)钻孔柱状图、探井素描图。

(5)岩土试验成果及有关图件与资料,分类整理,均应列入基础资料。

2.详勘

1)勘察重点

(1)查明膨胀岩土的土质结构、粒度成分、物理性能、力学强度指标和与膨胀有关的工程特性及膨胀特性的空间变化规律,判别膨胀潜势大小,确定膨胀岩土地基的胀缩等级。

(2)查明地表水的积聚、排泄情况,地下水的类型、埋藏条件、水位高程及其变化幅度,岩土体含水率的变化规律及植被发育情况等。

(3)场地地表形态、天然斜坡高度、坡度及稳定情况、滑坡、地裂、溜塌、小冲沟等岩土膨胀特性,有关的不良地质现象发育强度和分布特点。

2)调查与测绘

(1)测绘范围限于中线两侧各50～150m宽度内,根据地质条件复杂程度适当调整测绘宽度,比例尺为1:2 000～1:10 000。

(2)详细查明膨胀岩土场地的地形形态、斜坡坡度、胀缩剥落程度,因岩土膨胀引起的不良地质现象的发育强度和分布特点;查明岩层和节理裂隙的产状及其发育情况;调查建筑区内地表水的分布、积聚、排泄情况,岩土层中含水率的变化规律,人工植被的分布及其浇灌方法;调查当地公路隧道施工经验。

3)勘探

隧道的工程地质勘探,应以钻探为主,必须时辅以物探。勘探工作应充分利用初勘资料,在膨胀岩土分布地段布置的钻孔应钻至隧道底板设计高程以下5m。在洞顶以上2.5～3.0倍隧道高度至孔底之间采取岩土试样。

4)试验

(1)常规试验:天然密度、饱水密度、相对密度、含水率、液限、塑限、缩限。

(2)力学性能试验:固结、剪切、浸水后剪切、膨胀力、无侧限抗压强度;必要时,进行不同方向的膨胀率试验和不同方向的膨胀力试验。

(3)胀缩特性试验:自由膨胀率、体膨胀量、不同应力下的膨胀率。

(4)有特殊要求的重要工程,应在工程现场进行下列试验:原位膨胀与收缩试验、浸水荷载试验。

5)资料要求

(1)工程地质勘察报告,文字部分应阐述工程场地地质条件和膨胀岩土的工程特性。根据场地的环境条件和岩土体增水后体积膨胀、强度衰减与失水后体积收缩、强度增大的变化特点,结合附近建筑物变形、破坏的形式和程度,综合评价隧道洞体围岩的强度和变形。

(2)工程地质平面图,比例尺为1:2 000～1:10 000。

(3)工程地质纵断面图,水平比例尺为1:2 000～1:10 000,垂直比例尺为1:200～1:1 000。

(4)钻孔柱状图。

(5)岩土试验与原位测试成果。

(6)各类图件及有关成果资料均应分类整理,列入基础资料。

第五章　隧道围岩分级及其物理力学参数

第一节　一般规定

一、围岩的类型

围岩包括岩质围岩和土质围岩。

土质围岩：晚第三纪以后堆积物中未固结至正常固结的粉质土、黏质土、砂质土、砾(块)石土等围岩，其最重要的特征是强度低且差异大。

黏质土围岩：由塑性指数大于10且粒径大于0.075mm的细粒含量不超过总质量50%的土组成。

砂质土围岩：由粒径大于2mm的颗粒含量不超过总质量50%且粒径大于0.075mm的细粒含量超过总质量50%的土组成。

碎石土围岩：由粒径大于2mm的颗粒含量超过总质量50%的土组成。

二、围岩基本级别和亚级的划分

根据隧道围岩自稳性，将围岩分为Ⅰ～Ⅵ共六个基本级别。

其中Ⅲ级围岩分为$Ⅲ_1$、$Ⅲ_2$两个亚级，Ⅳ级围岩分为$Ⅳ_1$、$Ⅳ_2$、$Ⅳ_3$三个亚级，Ⅴ级围岩分为$Ⅴ_1$、$Ⅴ_2$、两个亚级。

岩质围岩包括Ⅰ～$Ⅴ_2$级，土质围岩包括$Ⅳ_3$～Ⅵ级。

三、围岩分级的阶段

围岩分级包括设计阶段围岩分级和施工阶段围岩分级两个阶段。

(1)设计阶段围岩分级和施工阶段围岩分级采用相同的指标体系。

(2)设计阶段围岩分级和施工阶段围岩分级指标值获取方法、表达方式、精度等可以不同。

(3)设计阶段围岩分级和施工阶段围岩分级可采用相同的分级方法。当指标值为定性值时，可采用定性分级方法；当指标值为定量值时，可采用定量分级方法，也可采用定性和定量相结合的分级方法。

(4)工程可行性研究(工可)阶段和初步勘察设计(初勘)阶段一般不进行围岩亚级划分，在施工图设计(详勘)和施工阶段可对Ⅲ、Ⅳ、Ⅴ级围岩进行亚级划分。

(5)各阶段围岩分级按表5-1-1选用。

公路隧道各阶段围岩分级要求　　表 5-1-1

阶　段	岩质围岩									土质围岩			
工可和初步设计	Ⅰ级	Ⅱ级	Ⅲ级		Ⅳ级			Ⅴ级		Ⅳ级	Ⅴ级		Ⅵ级
施工图设计和施工	Ⅰ级	Ⅱ级	Ⅲ$_1$级	Ⅲ$_2$级	Ⅳ$_1$级	Ⅳ$_2$级	Ⅳ$_3$级	Ⅴ$_1$级	Ⅴ$_2$级	Ⅳ$_3$级	Ⅴ$_1$级	Ⅴ$_2$级	Ⅵ级

四、围岩分级的最小长度要求

围岩基本分级的分段长度不宜小于 20m，亚级的分段长度不宜小于 10m。

五、围岩分级的适用条件

本手册提供的各种围岩分级方法适用于一般围岩条件，对于粉质土（由塑性指数不大于10且粒径大于0.075mm的细粒含量不超过总质量50%的土组成）、黄土、膨胀土、多年冻土等特殊土，需要结合现场条件进行围岩分级的专门研究。

第二节　围岩分级指标

一、围岩分级指标体系

1. 围岩分级指标体系

围岩分级指标体系由基本指标和修正指标组成。

（1）基本指标：围岩所固有的、决定围岩稳定性的最基本属性的指标。

（2）修正指标：对于不同类型的工程，对围岩稳定性影响程度不同的指标。

在进行围岩分级过程中，应对岩质围岩和土质围岩分别采用不同的指标体系进行评定。

2. 岩质围岩分级指标体系

岩质围岩分级指标体系由两个基本指标和三个修正指标组成。

（1）基本指标分别为岩石坚硬程度和岩体完整程度。

（2）修正指标分别为地下水状态、主要软弱结构面产状及初始地应力状态。

3. 土质围岩分级指标体系

根据土性差异，每种土质由一个基本指标组成。

（1）黏质土围岩基本指标为液性指数（稠度状态）。

（2）砂质土围岩基本指标为密实程度。

（3）碎石土围岩基本指标为密实程度。

二、围岩分级指标值表达方式

（1）围岩分级指标体系中的各指标值可用定性值表达，也可用定量值表达。

（2）对于同一个指标定量值可以直接转换为定性值，但由定性值只能获得定量值的范围。

三、岩质围岩的分级指标值

1. 岩质围岩的分级指标值获取方法

设计和施工各阶段岩质围岩的分级指标值获取方法按表 5-2-1 确定。

岩质围岩的分级指标值获取方法 表 5-2-1

<table>
<tr><th colspan="3" rowspan="3">公路隧道围岩的分级指标</th><th colspan="4">指标值的主要获取方法</th></tr>
<tr><th colspan="3">设计阶段</th><th rowspan="2">施工阶段</th></tr>
<tr><th>工可阶段</th><th>初步设计阶段</th><th>施工图阶段</th></tr>
<tr><td rowspan="5">岩石坚硬程度</td><td rowspan="2">定性指标</td><td>岩性</td><td rowspan="2">地质调查和测绘，必要时结合钻探</td><td rowspan="2">地质调查和测绘，结合物探及钻探</td><td rowspan="2">钻探为主，结合地质调查和物探</td><td rowspan="2">掌子面观察并结合锤击破碎难易、回弹程度、手触感觉、吸水反应和色调变化等定性和定量鉴定</td></tr>
<tr><td>风化程度</td></tr>
<tr><td rowspan="3">定量指标</td><td>单轴饱和抗压强度 R_c</td><td colspan="4">单轴抗压强度试验</td></tr>
<tr><td>点荷载强度指数 $I_{S(50)}$</td><td colspan="4">点荷载强度试验</td></tr>
<tr><td>风化系数 K_f</td><td colspan="4">单轴抗压强度试验</td></tr>
<tr><td rowspan="9">岩体完整程度</td><td rowspan="4">定性指标</td><td>结构面发育程度</td><td rowspan="4">地质调查和测绘</td><td rowspan="4">地质调查和测绘，结合钻探及物探</td><td rowspan="4">钻探为主，结合地质调查和物探</td><td rowspan="4">掌子面观察，数码摄像</td></tr>
<tr><td>主要结构面结合程度</td></tr>
<tr><td>主要结构面类型</td></tr>
<tr><td>岩体结构类型</td></tr>
<tr><td rowspan="5">定量指标</td><td>岩体完整性指数 K_V</td><td colspan="4">围岩和岩石的弹性纵波速度</td></tr>
<tr><td>岩体体积节理数 J_V</td><td rowspan="4">地质调查和测绘，必要时结合钻探</td><td rowspan="4">地质调查和测绘，结合钻探</td><td rowspan="4">钻探为主，结合地质调查和测绘</td><td>地质罗盘和倾斜仪、测尺</td></tr>
<tr><td>结构面组数 J_n</td><td rowspan="2">地质罗盘、倾斜仪、数码摄像</td></tr>
<tr><td>结构面平均间距 d_p</td></tr>
<tr><td>结构面张开度</td><td>测尺、裂缝测试仪、数码摄像</td></tr>
<tr><td rowspan="3">主要软弱结构面产状</td><td rowspan="3">定量指标</td><td>走向与洞轴线夹角</td><td rowspan="3">以地质调查为主</td><td rowspan="3">地质调查和测绘，结合钻探</td><td rowspan="3">钻探为主，结合地质调查</td><td rowspan="3">地质罗盘、倾斜仪、数码摄像</td></tr>
<tr><td>结构面倾角</td></tr>
<tr><td>结构面走向</td></tr>
<tr><td rowspan="3">地下水状态</td><td>定性指标</td><td>出水状态</td><td>以大面积地质调查为主</td><td>地质调查和测绘，结合钻探及物探</td><td>钻探为主，结合地质调查和物探</td><td>掌子面观察</td></tr>
<tr><td rowspan="2">定量指标</td><td>水压力(MPa)</td><td rowspan="2">以地质调查为主</td><td rowspan="2">收集区域水文资料进行分析预测计算，必要时结合钻探及水文地质试验</td><td rowspan="2">在钻孔中进行抽、压、注、提水或地下水流速等试验预测</td><td>水压测试</td></tr>
<tr><td>单位涌水量[L/(min·m)]</td><td>抽水试验、巷道或集水坑流量测试</td></tr>
<tr><td rowspan="2">岩体初始应力场</td><td>定性指标</td><td>初始应力状态</td><td>以地质调查为主</td><td>调查并结合少量钻探获取</td><td>调查并结合深孔钻探</td><td>施工观察</td></tr>
<tr><td>定量指标</td><td>强度应力比(R_c/σ_{max})</td><td>—</td><td>深孔地应力测试及岩石强度试验</td><td>深孔地应力测试及岩石强度试验</td><td>超前钻孔及掌子面地应力测试、岩石强度试验</td></tr>
</table>

2.岩石坚硬程度指标值获取方法

(1)岩石坚硬程度定性值

岩石坚硬程度定性值根据表 5-2-2 确定。

岩石坚硬程度的定性值　表 5-2-2

定性值		定性鉴定	代表性岩石及其风化程度
硬质岩	坚硬岩	锤击声清脆,有回弹,振手,难击碎; 浸水后,大多无吸水反应	未风化～微风化的花岗岩、正长岩、闪长岩、辉绿岩、玄武岩、安山岩、片麻岩、石英片岩、硅质板岩、石英岩、硅质胶结的砾岩、石英砂岩、硅质石灰岩等
	较坚硬岩	锤击声较清脆,有轻微回弹,稍振手,较难击碎; 浸水后,有轻微吸水反应	1.中风化的坚硬岩; 2.未风化～微风化的熔结凝灰岩、大理岩、板岩、白云岩、石灰岩、钙质胶结的砂岩等
软质岩	较软岩	锤击声不清脆,无回弹,较易击碎; 浸水后,指甲可刻出印痕	1.中风化～强风化的坚硬岩或较坚硬岩; 2.未风化～微风化的凝灰岩、千枚岩、砂质泥岩、泥灰岩、泥质砂岩、粉砂岩、页岩等
	软岩	锤击声哑,无回弹,有凹痕,易击碎; 浸水后,手可掰开	1.强风化的坚硬岩或较坚硬岩; 2.中风化～强风化的较软岩; 3.未风化～微风化的页岩、泥岩、泥质砂岩等
	极软岩	锤击声哑,无回弹,有较深凹痕,手可捏碎; 浸水后,可捏成团	1.全风化的各种岩石; 2.部分中风化～强风化的泥岩; 3.各种半成岩

注:本表引自《公路隧道设计规范》(JTG D70—2004)并略作修改,该规范中的弱风化已按《岩土工程勘察规范》(GB 50021—2001)的规定修改为中风化。

表 5.2.2 中岩石风化程度按表 5-2-3 确定。

岩石风化程度定性值　表 5-2-3

定性值	野外特征
未风化	岩质新鲜,偶见风化痕迹
微风化	结构基本未变,仅节理面有渲染过略有变色,有少量风化裂隙
中风化	结构部分破坏,沿节理面有次生矿物,风化裂隙发育,岩体被切割成岩块,用稿难挖,岩芯钻方可钻进
强风化	结构大部分破坏,矿物成分显著变化,风化裂隙很发育,岩体破碎,用镐可挖,干钻可钻进
全风化	结构基本破坏,但尚可辨认,有残余结构强度,可用镐挖,干钻可钻进
残积土	组织结构全部破坏,已风化成土状,锹镐易挖掘,干钻易钻进,具可塑性

注:本表引自《公路桥涵地基与基础设计规范》(JTG D63—2007)。

(2)岩石坚硬程度定量值

岩石坚硬程度的定量值采用岩石单轴饱和抗压强度 R_c 表示,其对应关系应根据表 5-2-4 确定。

R_c 与岩石坚硬程度定性值的对应关系　表 5-2-4

R_c(MPa)	>60	60～30	30～15	15～5	<5
定性值	坚硬岩	较坚硬岩	较软岩	软岩	极软岩

注:本表引自《公路隧道设计规范》(JTG D70—2004)。

如无 R_c 实测值时，可按下式进行换算：

$$R_c = 22.82 I_{S(50)}^{0.75} \tag{5-2-1}$$

式中：$I_{S(50)}$——岩石点荷载强度指数(MPa)；

R_c——岩石单轴饱和抗压强度(MPa)。

$I_{S(50)}$ 与岩石坚硬程度定性值的对应关系可按表 5-2-5 确定。

$I_{S(50)}$ 与岩石坚硬程度定性值的对应关系　　表 5-2-5

$I_{S(50)}$(MPa)	＞3.63	3.63～1.44	1.44～0.57	0.57～0.13	＜0.13
定性值	坚硬岩	较坚硬岩	较软岩	软岩	极软岩

注：本表引自《公路隧道设计规范》(JTG D70—2004)。

岩石风化程度定量值可用波速比或风化系数 K_f 表示，可按表 5-2-6 确定。

波速比、K_f 与岩石风化程度定性值的对应关系　　表 5-2-6

波速比	0.9～1.0	0.8～0.9	0.6～0.8	0.4～0.6	＜0.2	—
K_f	0.9～1.0	0.8～0.9	0.4～0.8	＜0.4	—	—
定性值	未风化	微风化	中风化	强风化	全风化	残积土

注：1. 本表引自《岩土工程勘察规范》(GB 50021—2001)。

2. 波速比等于风化岩石与新鲜岩石的弹性波速之比，风化系数 K_f 为风化岩石与新鲜岩石的饱和单轴抗压强度之比。

3. 岩体完整程度指标值获取方法

(1)岩体完整程度定性值

岩体完整程度定性值可根据结构面特征(结构面发育程度、主要结构面的结合程度及主要结构面类型)以及岩体结构类型按表 5-2-7 确定。

岩体完整程度的定性划分　　表 5-2-7

定性值	结构面特征					岩体结构类型
	结构面发育程度			主要结构面的结合程度	主要结构面类型	
	定性描述	结构面组数	平均间距(m)			
完整	不发育	1～2	＞1.0	好或一般	节理、裂隙、层面	整体状或巨厚层状结构
较完整	不发育	1～2	＞1.0	差	节理、裂隙、层面	块状或厚层状结构；块状结构
	不发育	2～3	1.0～0.4	好或一般		
较破碎	不发育	2～3	1.0～0.4	差	节理、裂隙、层面、小断层	裂隙块状或中厚层状结构；镶嵌碎裂结构；中、薄层状结构
	发育	≥3	0.4～0.2	好		
				一般		
破碎	发育	≥3	0.4～0.2	差	各种类型结构面	裂隙块状结构；碎裂状结构
	很发育		0.02～0.2	一般或差		
极破碎	很发育	无序		很差		散体状结构

注：1. 平均间距指各组结构面平均间距的总平均值。

2. 本表引自《公路隧道设计规范》(JTG D70—2004)。

①表 5-2-7 中主要结构面的结合程度可根据主要结构面的特征按表 5-2-8 确定。

主要结构面结合程度确定方法　　表 5-2-8

结合程度	结构面特征
结合好	张开度小于 1mm，胶结良好，无充填；张开度为 1～3mm，硅质或铁质胶结
结合一般	张开度为 1～3mm，钙质胶结；张开度大于 3mm，表面粗糙，钙质胶结
结合差	张开度为 1～3mm，表面平直，无胶结；张开度大于 3mm，岩屑充填或岩屑夹泥质充填
结合很差、结合极差（泥化层）	表面平直光滑，无胶结；泥质充填或泥夹岩屑充填，充填物厚度大于起伏差；分布连续的泥化夹层；未胶结或强风化的小型断层破碎带

注：本表引自《公路路基设计规范》(JTG D30—2004)。

②表 5-2-7 中岩体结构类型可按表 5-2-9 确定。

岩体结构类型　　表 5-2-9

岩体结构类型	状　态	结构面特征			
		间距	性质	张开程度	充填情况
整体结构	巨块状	多数＞1.0m	多为原生型或构造型	多密闭，延展不长	—
块体结构	大块状	多数＞0.4m	构造型为主	多密闭，部分微张	少有充填
镶嵌结构	块(石)状	多数＜0.4m	以构造型或风化型为主	大部分微张，部分张开	部分为黏性土充填
碎裂结构	碎石状	多数＜0.2m	以风化型或构造型为主	微张或张开	部分为黏性土充填
散体结构	角砾碎石状或泥沙角砾状				

③表 5-2-7 中层状岩体类型可按表 5-2-10 确定。

层状岩体类型　　表 5-2-10

类　型	层　厚　(m)	类　型	层　厚　(m)
巨厚层	＞1.0	中厚层	0.1～0.5
厚层	0.5～1.0	薄层	＜0.1

注：本表引自《岩土工程勘察规范》(GB 50021—2001)。

(2)岩体完整程度定量值

岩质围岩完整程度定量值采用岩体完整性系数 K_V 表示，其对应关系可根据表 5-2-11 确定。

K_V 与岩体完整程度定性值的对应关系　　表 5-2-11

K_V	＞0.75	0.75～0.55	0.55～0.35	0.35～0.15	＜0.15
定性值	完整	较完整	较破碎	破碎	极破碎

注：本表引自《公路隧道设计规范》(JTG D70—2004)。

①表 5-2-11 中 K_V 值应针对不同的工程地质岩组或岩性段，选择有代表性的点、段，测定围岩弹性纵波速度，并应在同一围岩段取样测定岩石弹性纵波速度。

K_V 值按下式计算：

$$K_V = (V_{pm}/V_{pr})^2 \tag{5-2-2}$$

式中：V_{pm}——岩体的弹性纵波速度(km/s)；

V_{pr}——岩石的弹性纵波速度(km/s)。

②如 K_V 无实测值，可根据岩体体积节理数 J_V 按表 5-2-12 确定对应的 K_V 值和岩体完整程度定性值。

J_V、K_V 与岩体完整程度定性值的对应关系 表 5-2-12

J_V	<3	3～10	10～20	20～35	>35
K_V	>0.75	0.75～0.55	0.55～0.35	0.35～0.15	<0.15
定性值	完整	较完整	较破碎	破碎	极破碎

注：本表引自《公路隧道设计规范》(JTG D70—2004)。

③岩体体积节理数 J_V，应针对不同的工程地质岩组或岩性段，选择有代表性的露头或开挖壁面进行节理(结构面)统计。除成组节理外，对延伸长度大于 1m 的分散节理亦应予以统计。已为硅质、铁质、钙质充填再胶结的节理不予统计。统计每组结构面数目时，应沿着有关结构面组的垂直方向计数。每一测点的统计面积，不应小于 2m×5m。根据节理统计结果，J_V 值可按下式计算：

$$J_V = \frac{N_1}{L_1} + \frac{N_2}{L_2} + \cdots + \frac{N_n}{L_n} + S_k = \frac{1}{d_1} + \frac{1}{d_2} + \cdots + \frac{1}{d_n} + S_k \tag{5-2-3}$$

式中：J_V——岩体体积节理数(条/m³)；

$N_1, N_2, \cdots, N_n$——同组结构面的数目；

$L_1, L_2, \cdots, L_n$——垂直于结构面的测线长度(m)；

$d_1, d_2, \cdots, d_n$——各结构面组的间距(m)；

S_k——每立方米岩体非成组节理条数。

4. 地下水指标值的获取方法

岩质围岩地下水状态定性值与定量值的对应关系见表 5-2-13。

地下水状态定性值和定量值的对应关系 表 5-2-13

定性值		定量值	
影响级别	状态	水压(MPa)	单位涌水量[L/(min·m)]
Ⅰ	潮湿或点滴状出水	—	—
Ⅱ	水压或水量较小的淋雨状或涌流状出水	≤0.1	≤10
Ⅱ	水压或水量较大的淋雨状或涌流状出水	>0.1	>10

5. 主要软弱结构面产状影响指标值的获取方法

岩质围岩主要软弱结构面产状影响级别按表 5-2-14 确定。

岩质围岩主要软弱结构面产状影响级别 表 5-2-14

影响级别	结构面产状及其与洞轴线的组合关系
Ⅰ	结构面走向与洞轴线夹角>60°，结构面倾角>75°
Ⅱ	其他组合
Ⅲ	结构面走向与洞轴线夹角<30°，结构面倾角为 30°～75°

6.初始地应力状态指标值的获取方法

(1)初始地应力状态定性值

根据岩体钻探和施工开挖过程中出现的高地应力现象，如岩芯饼化或岩爆现象，按表5-2-15确定初始地应力状态定性值。

初始地应力状态定性值　表5-2-15

定性值	隧道开挖状况和位移大致标准
极高应力	1.硬质岩：开挖过程中有岩爆发生，并有岩块弹出，洞壁岩体发生剥离，新生裂缝多，成洞性差； 2.软质岩：岩芯常有饼化现象，开挖过程中洞壁岩体有剥离，位移极为显著，甚至发生大位移，持续时间长，不易成洞
高应力	1.硬质岩：开挖过程中可能出现岩爆，洞壁岩体有剥离和掉块现象，新生裂缝较多，成洞性差； 2.软质岩：岩芯时有饼化现象，开挖过程中洞壁岩体位移显著，持续时间较长，成洞性差

(2)初始地应力状态定量值

初始地应力状态定量值与定性值的对应关系可按表5-2-16确定。

初始地应力状态定量值与定性值的对应关系　表5-2-16

定　性　值	定量值(R_c/σ_{max})	定　性　值	定量值(R_c/σ_{max})
极高应力	<4	高应力	4～7

注：R_c为岩石单轴饱和抗压强度，σ_{max}为垂直洞轴线方向的最大初始应力，单位均为MPa。

四、土质围岩的分级指标值

土质围岩分级是根据土质的差异包含液性指数或密实程度一个基本指标确定的。

(1)黏质土围岩基本指标为液性指数(稠度状态)。

(2)砂质土围岩基本指标为密实程度。

(3)碎石土围岩基本指标为密实程度。

1.黏质土围岩的分级指标值获取方法

(1)黏质土围岩设计阶段和施工阶段分级指标值获取方法见表5-2-17。

黏质土围岩两阶段分级指标值的获取方法　表5-2-17

黏质土围岩分级指标			指标值获取方法	
			设计阶段	施工阶段
液性指数(稠度状态)	定性指标	稠度状态	手捻鉴定	
	定量指标	液性指数	天然含水率试验与液塑限试验	

(2)黏质土围岩液性指数(稠度状态)定量值与定性值的对应关系见表5-2-18。

液性指数(稠度状态)定量值与定性值的对应关系　　表5-2-18

定性值	坚硬	硬塑	可塑	软塑	流塑
定量值(液性指数 I_L)	≤0	0～0.25	0.25～0.75	0.75～1	>1
野外鉴定	扰动能用手捏成饼;边上多裂口	扰动后,两手相压土成饼状,粘于手掌;揭掉后,掌中有湿痕			扰动拍手捏有明显湿痕,并有土粘于手上

2.砂质土围岩的分级指标值获取方法

(1)砂质土围岩设计阶段和施工阶段分级指标值获取方法见表5-2-19。

砂质土围岩两阶段分级指标值获取方法　　表5-2-19

砂质土围岩分级指标			指标值获取方法	
			设计阶段	施工阶段
密实程度	定性指标	密实度	肉眼观察,镐、锹、钻考察	
	定量指标	贯入试验锤击数 N	标准贯入试验	

(2)砂质土围岩密实程度定量值可采用标准贯入试验锤击数 N 确定,N 与密实度定性值的对应关系见表5-2-20。

砂质土围岩密实程度定量值和定性值的对应关系　　表5-2-20

定性值	松散	稍密	中密	密实
标准贯入锤击数 N	≤10	10～15	15～30	>30

注:标准贯入试验锤击数 N 的获取方法详见《岩土工程勘察规范》(GB 50021—2001)。

3.碎石土围岩分级指标值的获取方法

(1)碎石土围岩设计阶段和施工阶段分级指标值获取方法见表5-2-21。

碎石土围岩两阶段分级指标值获取方法　　表5-2-21

碎石土围岩分级指标			指标值获取方法	
			设计阶段	施工阶段
密实程度	定性指标	密实度	肉眼观察,镐、锹、钻考察	
	定量指标	动力触探锤击数 N	动力触探试验	

(2)碎石土围岩密实程度定量值可采用重型或超重型动力触探锤击数 $N_{63.5}$ 或 N_{120} 确定,$N_{63.5}$、N_{120} 与密实程度定性值的对应关系见表5-2-22。

碎石土围岩密实程度定量值和定性值的对应关系　　表5-2-22

定性值		松散	稍密	中密	密实
定量值	重型动力触探锤击数 $N_{63.5}$	≤5	5～10	10～20	>20
	超重型动力触探锤击数 N_{120}	≤3	3～6	6～11	>11

续上表

定性值		松散	稍密	中密	密实
野外鉴定	骨架和充填物	多数骨架颗粒不接触，而被充填物包裹	骨架颗粒疏密不均，部分不连续，孔隙填满		骨架颗粒交错紧贴，孔隙填满
	天然坡和开挖情况	天然坡不能形成陡坎，接近于粗颗粒的安息角。用锹可以挖掘，从坑壁取出大颗粒后，砂类土即塌落	天然坡不易陡立，或陡坎下堆积物较多，但大于粗颗粒的安息角。用镐可挖出，坑壁有掉块现象，从坑壁取出大颗粒处，砂类土不易保持凹面形状		天然陡坡较稳定，陡坎下堆积物较少。用镐挖掘困难，用撬棍方能松动，坑壁稳定，从坑壁取出大颗粒处能保持凹面形状
	钻探情况	钻进较容易，冲击钻探时，钻杆稍有跳动，孔壁易坍塌	钻进较难，冲击钻探时，钻杆、吊锤跳动不剧烈，孔壁有坍塌现象		钻进困难，冲击钻探时，钻杆、吊锤跳动剧烈，孔壁较稳定

注：碎石土重型或超重型动力触探锤击数 $N_{63.5}$、N_{120} 的获取方法详见《岩土工程勘察规范》(GB 50021—2001)。

第三节　围岩分级方法

一、公路隧道围岩分级

根据围岩分级指标的定性值和定量值，岩质围岩按表 5-3-1、土质围岩按表 5-3-2 分别确定围岩级别。

岩质围岩隧道分级　　表 5-3-1

基本级别(级)	亚级(级)	主要定性特征	围岩基本质量指标 BQ 或修正的围岩基本质量指标[BQ]
Ⅰ	—	坚硬岩，岩体完整，整体状或巨厚层状结构	≥551
Ⅱ	—	坚硬岩，岩体较完整，块状或厚层状结构； 较坚硬岩，岩体完整，块状结构或整体状结构	451～550
Ⅲ	$Ⅲ_1$	较软岩，完整，结构面不发育、结合好或一般，整体状或巨厚层状结构； 较坚硬岩或以硬岩为主的软硬岩互层，较完整，结构面不发育、结合差，块状或厚层状结构	391～450
	$Ⅲ_2$	较坚硬岩或以硬岩为主的软硬岩互层，较完整，结构面较发育、结合好或一般，块状结构； 坚硬岩，较破碎，结构面发育、结合好或较发育、结合差，镶嵌碎裂结构、裂隙块状或中厚层状结构	351～390

续上表

基本级别（级）	亚级	主要定性特征	围岩基本质量指标 BQ 或修正的围岩基本质量指标[BQ]
Ⅳ	Ⅳ$_1$	软岩，完整，结构面不发育、结合好或一般，整体状或巨厚层状结构； 较软岩或软岩为主的软硬岩互层，较完整，结构面较发育、结合好或一般，块状结构	311～350
	Ⅳ$_2$	较坚硬岩，较破碎，结构面发育、结合好，镶嵌碎裂结构； 较软岩或以软岩为主的软硬岩互层，较破碎，结构面发育、结合一般，中、薄层状结构	276～310
	Ⅳ$_3$	坚硬岩或较坚硬岩，破碎，结构面极发育、结合一般或差，碎裂状结构； 软岩，较完整，结构面较发育、结合好或一般，块状结构	251～275
Ⅴ	Ⅴ$_1$	软岩，较破碎，结构面较发育、结合差或发育、结合好	211～250
	Ⅴ$_2$	较软岩，破碎，结构面发育或极发育； 软岩，较破碎，结构面发育、结合一般或破碎； 极破碎各类岩体，碎裂状结构或散体状结构	≤210

注：本表引自《公路隧道设计规范》(JTG D70—2004)并细化。

土质围岩隧道分级 表 5-3-2

围岩级别（级）		土质围岩		
		黏质土围岩	砂质土围岩	碎石土围岩
基本级别	亚级	主要定性特征	主要定性特征	主要定性特征
Ⅳ	Ⅳ$_3$	坚硬状，天然密度≥20kN/m^3	密实状，细粒含量≥30%且细粒含水率≤18.75%或细粒含量<10%	密实状，细料含量≥30%且细料含水率≤14%或细料含量<30%
Ⅴ	Ⅴ$_1$	坚硬状，天然密度<20kN/m^3； 硬塑状，天然密度<20kN/m^{3}且塑性指数≤18或天然密度≥20kN/m^3	密实状，细粒含量≥30%且细粒含水率在18.75%～43.29%或细粒含量在10%～30%； 密实～中密状，细粒含量<10%； 密实以下，细粒含量≥30%，细粒含水率≤18.75%	密实状，细料含量≥30%且细料含水率>14%； 中密状，细料含量≥30%且细料含水率<18%或细料含量<30%
	Ⅴ$_2$	硬塑状，天然密度<20kN/m^3，塑性指数>18； 可塑状，天然密度≥16kN/m^3	中密～稍密状，细粒含量<10%； 稍密～密实状，细粒含量在10%～30%； 密实以下，细粒含量≥30%，细粒含水率在18.75%～43.29%	中密状，细料含量≥30%且细料含水率≥18%； 稍密状碎石土
Ⅵ	—	可塑状，天然密度<16kN/m^3； 软塑～流塑状黏质土	稍密以下，细粒含量<30%； 细粒含量≥30%且细粒含水率≥43.29%的砂质土	—

根据表 5-3-1 和表 5-3-2，建立岩质围岩和土质围岩分级方法，包括定性分级方法和定量分级方法。一般先根据基本指标进行基本分级，再根据修正指标进行围岩级别修正，最后得到围岩级别。

二、岩质围岩的分级方法

1. *岩质围岩基本指标的定性分级方法*

根据表 5-3-1 中岩质围岩基本指标的主要定性特征，确定岩质围岩基本级别。

2. *岩质围岩基本指标的定量分级方法*

按下式计算 BQ 值：

$$\mathrm{BQ} = 90 + 3R_c + 250K_V \tag{5-3-1}$$

使用式(5-3-1)时，应遵守下列限制条件：

(1)当 $R_c > 90K_V + 30$ 时，应以 $R_c = 90K_V + 30$ 和 K_V 代入计算 BQ 值。

(2)当 $K_V > 0.04R_c + 0.4$ 时，应以 $K_V = 0.04R_c + 0.4$ 和 R_c 代入计算 BQ 值。

根据 BQ 值，按表 5-3-1 中岩质围岩基本质量指标 BQ 值的定量分级判据确定围岩的基本级别。

3. *岩质围岩修正指标对围岩级别的定性修正规定*

(1)地下水状态对围岩级别的修正按表 5-3-3 确定。

地下水状态影响修正　　表 5-3-3

地下水影响级别	围岩级别								
	Ⅰ	Ⅱ	Ⅲ		Ⅳ			Ⅴ	
			Ⅲ$_1$	Ⅲ$_2$	Ⅳ$_1$	Ⅳ$_2$	Ⅳ$_3$	Ⅴ$_1$	Ⅴ$_2$
Ⅰ	Ⅰ	Ⅱ	Ⅲ$_1$	Ⅲ$_2$	Ⅳ$_1$	Ⅳ$_2$	Ⅳ$_3$	Ⅴ$_1$	Ⅴ$_2$
Ⅱ	Ⅰ	Ⅱ	Ⅲ$_2$	Ⅳ$_1$	Ⅳ$_3$	Ⅴ$_1$	Ⅴ$_2$	Ⅵ	Ⅵ
Ⅲ	Ⅱ	Ⅲ$_1$	Ⅳ$_1$	Ⅳ$_2$	Ⅴ$_1$	Ⅴ$_2$	Ⅵ	Ⅵ	Ⅵ

注：表中部分软弱围岩在发育强烈的地下水作用下实际已软化为土质围岩。

(2)主要软弱结构面产状影响对围岩级别的修正按表 5-3-4 确定。

主要软弱结构面产状影响修正　　表 5-3-4

主要软弱结构面影响级别	围岩级别								
	Ⅰ	Ⅱ	Ⅲ		Ⅳ			Ⅴ	
			Ⅲ$_1$	Ⅲ$_2$	Ⅳ$_1$	Ⅳ$_2$	Ⅳ$_3$	Ⅴ$_1$	Ⅴ$_2$
Ⅰ	Ⅱ	Ⅲ$_1$	Ⅳ$_1$	Ⅳ$_2$	Ⅳ$_3$	Ⅴ$_1$	Ⅴ$_2$	Ⅴ$_2$	Ⅵ
Ⅱ	Ⅱ	Ⅲ$_1$	Ⅲ$_2$	Ⅳ$_1$	Ⅳ$_2$	Ⅳ$_3$	Ⅴ$_1$	Ⅴ$_2$	Ⅵ
Ⅲ	Ⅱ	Ⅲ$_1$	Ⅲ$_2$	Ⅳ$_1$	Ⅳ$_3$	Ⅴ$_1$	Ⅴ$_1$	Ⅴ$_2$	Ⅵ

注：表中部分软弱围岩在结构面非常发育时实际已呈土夹石状。

(3)初始地应力状态对围岩级别的修正按表 5-3-5 确定。

初始地应力状态影响修正　　表 5-3-5

应力状态	围岩级别								
	Ⅰ	Ⅱ	Ⅲ		Ⅳ			Ⅴ	
			Ⅲ$_1$	Ⅲ$_2$	Ⅳ$_1$	Ⅳ$_2$	Ⅳ$_3$	Ⅴ$_1$	Ⅴ$_2$
极高应力	Ⅰ	Ⅱ	Ⅴ$_1$	Ⅴ$_2$	Ⅴ$_2$	Ⅵ	Ⅵ	Ⅵ	Ⅵ
高应力	Ⅰ	Ⅱ	Ⅳ$_1$	Ⅳ$_2$	Ⅴ$_1$	Ⅴ$_2$	Ⅴ$_2$	Ⅵ	Ⅵ

注：表中部分软弱围岩在高应力作用下实际已软化为土质围岩。

4. 岩质围岩修正指标对围岩级别的定量修正

在对岩质围岩分级过程中，如遇下列情况之一，应对岩体基本质量指标 BQ 进行修正，然后根据修正的岩体质量指标[BQ]按表 5-3-1 重新进行围岩分级。

(1)有地下水。

(2)围岩的稳定性受软弱结构面影响，且有一组起控制作用。

(3)存在高初始地应力。

围岩基本质量指标修正值按可按下式计算：

$$[BQ] = BQ - 100(K_1 + K_2 + K_3) \tag{5-3-2}$$

式中：[BQ]——岩质围岩基本质量指标修正值；

BQ——岩质围岩基本质量指标；

K_1——地下水状态影响修正系数，按表 5-3-6 确定；

K_2——主要软弱结构面产状影响修正系数，按表 5-3-7 确定；

K_3——初始地应力状态影响修正系数，按表 5-3-8 确定。

无表中所列情况时，修正系数取零。

[BQ]出现负值时，应按特殊问题处理。

地下水状态影响修正系数 K_1　　表 5-3-6

地下水出水状态	BQ			
	>450	450~351	350~251	≤250
潮湿或点滴状出水	0	0.1	0.2~0.3	0.4~0.6
淋雨状或涌流状出水[水压<0.1MPa 或单位出水量<10L/(min·m)]	0.1	0.2~0.3	0.4~0.6	0.7~0.9
淋雨状或涌流状出水[水压>0.1MPa 或单位出水量>10L/(min·m)]	0.2	0.4~0.6	0.7~0.9	1.0

主要软弱结构面产状影响修正系数 K_2　　表 5-3-7

结构面产状及其与洞轴线的组合关系	结构面走向与洞轴线夹角<30°，结构面倾角为 30°~75°	结构面走向与洞轴线夹角>60°，结构面倾角>75°	其他组合
K_2	0.4~0.6	0~0.2	0.2~0.4

初始地应力状态影响修正系数 K_3　　表 5-3-8

初始地应力状态	BQ				
	＞550	550～451	450～351	350～251	≤250
极高应力区	1.0	1.0	1.0～1.5	1.0～1.5	1.0
高应力区	0.5	0.5	0.5	0.5～1.0	0.5～1.0

5.定性分级方法与定量分级方法所得结果不一致

当根据围岩基本指标的定性分级方法与定量分级方法(BQ 或[BQ])所划分的级别不一致时，应重新审查定性特征和定量指标计算参数的可靠性，通过对定性指标和定量指标的综合分析，确定围岩级别。必要时应重新进行勘察和测试。

三、土质围岩分级方法

1.黏质土围岩分级方法

黏质土围岩基本指标的分级方法见表 5-3-9。

黏质土围岩基本指标定性分级方法　　表 5-3-9

围岩级别(级)	分级指标			围岩状态定性描述
	液性指数(稠度状态)		天然重度 γ(kN/m³)	
	定性描述	定量指标 I_L		
Ⅳ₃	坚硬	＜0	≥20	压密的坚硬黏质土
Ⅴ₁	坚硬	＜0	＜20	一般坚硬黏质土、较大天然密度硬塑状黏质土及一般硬塑状黏质土
	硬塑	0≤I_L＜0.25	≥20	
			＜20	
Ⅴ₂	硬塑	0≤I_L＜0.25	＜20	一般硬塑状黏土及可塑状黏质土
	可塑	0.25≤I_L≤0.5	≥16	
Ⅵ	可塑	0.25≤I_L≤0.5	＜16	软塑～流塑状黏质土或近软塑状及低天然密度可塑状黏质土
	软塑～流塑	≥0.5	—	

注:不适用于黄土、膨胀土、多年冻土等特殊土。

2.砂质土围岩分级方法

砂质土围岩基本指标的定性分级方法见表 5-3-10。

砂质土围岩基本指标分级方法　　表 5-3-10

围岩级别(级)	分级指标		围岩状态定性描述
	密实程度		
	定性描述	定量指标	
		标准贯入锤击数 N	
Ⅳ₃	密实	≥30	压密或成岩作用的砂质土
Ⅴ₁	密实	≥30	压密状态稍湿至潮湿或胶结程度较好的砂质土
	密实～中密	15～30	
	密实以下	＜30	

续上表

围岩级别（级）	分级指标		围岩状态定性描述
	密实程度		
	定性描述	定量指标	
		标准贯入锤击数 N	
V_2	中密～稍密	10～15	密实以下但胶结程度较好的砂质土
	稍密～密实	10～30	
	密实以下	＜30	
Ⅵ	稍密以下	＜10	松散潮湿、呈饱和状态的粉细砂等砂质土

注：细粒指粒径＜0.075mm的土粒。

3. 碎石土围岩分级方法

碎石土围岩基本指标的分级方法见表5-3-11。

碎石土围岩基本指标分级方法 表5-3-11

围岩级别（级）	分级指标		围岩状态定性描述
	密实程度		
	定性描述	定量指标	
		标准贯入锤击数 N	
$Ⅳ_3$	密实	$N_{63.5}>20$ 或 $N_{120}>11$	一般钙质、铁质胶结的碎石土、卵石土、大块石土
V_1	密实	$N_{63.5}>20$ 或 $N_{120}>11$	稍湿至潮湿的碎石土、卵石土、圆砾、角砾土
	中密	$10<N_{63.5}\leqslant 20$ 或 $6<N_{120}\leqslant 11$	
V_2	中密	$10<N_{63.5}\leqslant 20$ 或 $6<N_{120}\leqslant 11$	
	稍密	$N_{63.5}\leqslant 10$ 或 $N_{120}\leqslant 6$	
Ⅵ	稍密以下	$N_{63.5}\leqslant 5$ 或 $N_{120}\leqslant 3$	稍湿至潮湿且较松散的碎石土、卵石土、圆砾、角砾土

注：细料指粒径＜2mm的土粒。

四、围岩自稳能力

各级围岩的自稳能力宜根据围岩变形量测和理论计算分析来评定，也可以按表5-3-12作出评判。

围岩分级标准 表5-3-12

围岩级别（级）		自稳性
基本级别	亚级	
Ⅰ	—	跨度20m，可长期稳定，偶有掉块，无塌方
Ⅱ	—	跨度10～20m，可基本稳定，局部可发生掉块或小塌方； 跨度10m，可长期稳定，偶有掉块

续上表

围岩级别(级)		自　稳　性
基本级别	亚级	
Ⅲ	III_1	跨度＞18m,可发生中～大塌方; 跨度为 10～18m,可暂时稳定,可发生小～中塌方; 跨度 10m,基本稳定
	III_2	跨度＞14m,发生中～大塌方; 跨度为 7～14m,可暂时稳定,可发生小～中塌方; 跨度 7m,基本稳定
Ⅳ	IV_1	跨度＞9m,可发生中～大塌方; 跨度为 7～9m,暂时稳定,可发生小塌方; 跨度＜7m,可基本稳定
	IV_2	跨度＞7m,可发生中～大塌方; 跨度为 6～7m,暂时稳定,可发生小塌方; 跨度＜6m,可稳定
	IV_3	跨度＞5m,可暂时稳定～不稳定,可直接发生中～大塌方; 跨度＜5m,可基本稳定
Ⅴ	V_1	跨度＞6m,完全无自稳性; 跨度为 4～6m,可暂时稳定,可发生中～大塌方; 跨度＜4m,可基本稳定
	V_2	跨度＞4m,完全无自稳性; 跨度为 3～4m,可暂时稳定,可发生中～大塌方; 跨度＜3m,可基本稳定
Ⅵ	—	无自稳性

注:1. 小塌方:塌方高度＜3m,或塌方体积＜30m^3。
2. 中塌方:塌方高度为 3～6m,或塌方体积为 30～100m^3。
3. 大塌方:塌方高度＞6m,或塌方体积＞100m^3。

五、隧道施工开挖揭露地质情况进行围岩分级的方法

在隧道施工开挖作业过程中,根据掌子面及掌子面开挖后的侧壁、仰供等位置揭露的实际地质情况,不间断地记录隧道围岩地层岩性特征、岩体结构类型、构造发育特征、地下水状况、围岩稳定性、不良地质发育情况等,并进行综合工程地质条件分析,预测前方工程地质条件,这是判断围岩级别及处治措施最直接的方式,也是用以推断掌子面前进方向和周边围岩地质状况的主要参照及边界条件,并为后续超前地质预报的方式和方法提供基础资料,同时也是变更设计的依据之一。

施工阶段围岩分级采用与设计阶段相同的分级方法,但受现场条件的限制在指标值的选取上可以灵活多变,尽可能减少对施工的干扰。

隧道施工应填写“施工阶段围岩分级判别卡”,详见表 5-3-13。该表一般每 5～10m 填写一次,原设计衬砌变化处和掌子面地质有变化时应增加填报。

表 5-3-13

施工阶段围岩级别判别卡

××至××段××公路　　施工阶段围岩级别判定卡

承包单位：________　监理单位：________　合同段：第××合同段　　编号：

隧道名称			掌子面桩号		岩石坚硬程度	极硬岩	硬岩	较软岩	软岩	极软岩	埋深(m)		评定
地层岩性		围岩级别	设计		饱和单轴抗压强度 R_c (MPa)	>60	30～60	15～30	5～15	<5	取样编号	试验编号	岩石坚硬程度(极硬岩/…/极软岩)
			实际施工		点荷载强度 $I_S(50)$(MPa)	>3.63	1.44～3.63	0.57～1.44	0.13～0.57	<0.13			

掌子面围岩岩体结构特征									评定
层理	产状		单层厚(m)		与隧轴夹角		层面特征		与隧道的关系(平面示意图)
节理裂隙	组次	产状	间距(m)	长度(m)	缝宽(mm)	充填物	与隧轴夹角		岩体完整程度(完整/较完整/较破碎/破 碎/极破碎)
	1								
	2								
	3								
	4								结构面产状的影响关系(结构面走向与洞轴线夹角<30°，结构面倾角为30°～75°/结构面走向与洞轴线夹角>60°，结构面倾角>75°/其他组合)
断层	产状		破碎带宽度(m)		与隧轴夹角		破碎带特征		纵波速度(m/s)

侧壁围岩岩体结构特征	左侧壁							右侧壁							
层理	产状		单层厚(m)		与隧轴夹角	层面特征		层理	产状	单层厚(m)		与隧轴夹角	层面特征		
节理裂隙	组次	产状	间距(m)	长度(m)	缝宽(mm)	充填物	与隧轴夹角	节理裂隙	组次	产状	间距(m)	长度(m)	缝宽(mm)	充填物	与隧轴夹角
	1								1						
	2								2						
	3								3						
	4								4						
断层	产状		破碎带宽度(m)		与隧轴夹角	破碎带特征		断层	产状	破碎带宽度(m)		与隧轴夹角	破碎带特征		

地下水	涌水位置		涌水量[L/(min·10m)]	无水	滴水	线状	股状	含泥沙情况	侵蚀类型	取水样编号	试验编号	地下水情况(干燥/湿润/偶有渗水/经常渗水)
				<10	10～25	25～125	>125					

稳定性	掌子面	稳定	拱部坍塌	掌子面挤出	开挖后掉块或坍塌的起止时间		洞周	稳定	拱部掉块	边墙掉块	拱部坍塌	边墙坍塌	坍方体积	m^3

掌子面素描图	侧壁素描图		围岩级别判定的主要依据	工程措施主要参数
	左侧壁	右侧壁	根据围岩分级的定性分级方法和定量分级方法，采用[BQ]=BQ−100(K_1+K_2+K_3)确定围岩级别(亚级)	

施工		年　月　日	监理		年　月　日	设计		年　月　日	业主		年　月　日

第四节　围岩物理力学参数

一、围岩物理力学参数的取得原则

(1)各类岩体及土体围岩的物理力学参数,可根据地质勘察、原位测试、类似工程对比分析以及经验公式或理论公式计算等方法分析确定。当缺乏上述数据时,可参照本节选用。

(2)隧道工程的岩土试验项目,按表 5-4-1 进行。

岩土试验项目　　表 5-4-1

岩土名称	天然密度	天然含水率	相对密度	天然孔隙比	孔隙比	饱和度	塑性指数	液性指数	相对密度	渗透系数	休止角	颗粒分析	吸水率	耐冻性	软化性	压缩试验	弹性模量	泊松比	抗压强度		剪切试验	野外荷载试验	野外剪切试验	抗拉强度		屈服前后拉剪强度	
																			干	湿				天然	饱和	天然	饱和
硬质岩石	+		+										+	+	+		+	+	+	+	+	(+)	(+)	+	+	(+)	(+)
软质岩石	+		+										+	+	+		+	+	+	+	+	(+)	(+)	+	+	+	+
碎石类土	+	+	+	(+)	(+)	(+)				(+)		+										(+)	(+)				
砂性土	+	+	+	(+)	(+)	(+)			(+)	(+)	+	+										(+)	(+)				
黏性土	+	+	+	+	+	(+)	+	+		(+)		(+)				+					+	(+)	(+)				

注:1. 表中"+"号为应做项目,"(+)"号为按需要而定。

2. 表中黏性土指一般黏性土,对于特殊土还应做与其有关的特性试验。

二、岩质围岩的物理力学参数

(1)当无实测数据时,各级岩质围岩的物理力学参数可按表 5-4-2、表 5-4-3 选用。

各级岩质围岩的基本物理力学参数　　表 5-4-2

围岩级别(级)		重度 γ(kN/m^3)	弹性抗力系数 k(MPa/m)	变形模量 E(GPa)	泊松比 μ	内摩擦角 φ(°)	黏聚力 c(MPa)
基本级别	亚级						
Ⅰ	—	26~28	1 800~2 800	>33	<0.2	>60	>2.1
Ⅱ	—	25~27	1 200~1 800	20~33	0.2~0.25	50~60	1.5~2.1
Ⅲ	Ⅲ$_1$	24~25	850~1 200	10.7~20	0.25~0.26	44~50	1.1~1.5
	Ⅲ$_2$	23~24	500~850	6~10.7	0.26~0.3	39~44	0.7~1.1
Ⅳ	Ⅳ$_1$	22~23	400~500	3.8~6	0.3~0.31	35~39	0.5~0.7
	Ⅳ$_2$	21~22	300~400	2.4~3.8	0.31~0.33	30~35	0.3~0.5
	Ⅳ$_3$	20~21	200~300	1.3~2.4	0.33~0.35	27~30	0.2~0.3
Ⅴ	Ⅴ$_1$	18~20	150~200	1.3~2	0.35~0.39	22~27	0.12~0.2
	Ⅴ$_2$	17~18	100~150	1~1.3	0.39~0.45	20~22	0.05~0.12

各级岩质围岩的其他物理力学参数 表 5-4-3

围岩级别(级)		计算摩擦角 φ_c (°)	普氏坚固系数 f	圬工与围岩的摩擦系数	弹性波速 V_P(km/s)
基本级别	亚级				
Ⅰ	—	>78	15~20	0.6~0.7	>4.5
Ⅱ	—	70~78	8~15	0.55~0.65	3.5~4.5
Ⅲ	$Ⅲ_1$	65~70	6~8	0.50~0.55	3.2~4.0
	$Ⅲ_2$	60~65	3~6	0.45~0.50	2.5~3.2
Ⅳ	$Ⅳ_1$	57~60	2.3~3	0.42~0.45	2.5~3.0
	$Ⅳ_2$	54~57	1.7~2.3	0.38~0.42	2.0~2.5
	$Ⅳ_3$	50~54	1~1.7	0.35~0.38	1.5~2.0
Ⅴ	$Ⅴ_1$	45~50	1.1~1.5	0.30~0.35	1.4~2.0
	$Ⅴ_2$	40~45	0.8~1.1	0.25~0.30	1.0~1.4

注:表中数字不适用于膨胀性岩体等特殊岩体。

(2)当无实测数据时,各种岩体结构面的有关参数按表 5-4-4~表 5-4-7 选用。

岩石的容许承载力[$\boldsymbol{\sigma}$](kPa) 表 5-4-4

岩 石 名 称	节理发育程度		
	节理不发育	节理发育	节理很发育
坚硬岩、较硬岩(R_c>30MPa)	>3 000	3 000~2 000	2 000~1 500
较软岩(R_c 为 30~15MPa)	3 000~1 500	1 500~1 000	1 000~800
软岩(R_c 为 15~5MPa)	1 200~1 000	1 000~800	800~500
极软岩(R_c<5MPa)	500~400	400~300	300~200

注:1. 一般的岩石地基可根据强度等级、节理按本表确定容许承载力。
2. 对于复杂的岩层(如溶洞、断层、软弱夹层、易溶岩石、软化岩石等)应按各项因素综合确定容许承载力。
3. 节理的发育程度按表 5-2-7 确定。
4. 本表引自《公路桥涵地基与基础设计规范》(JTG D63—2007)。

岩石抗拉强度、抗剪强度及抗弯强度与抗压强度的关系 表 5-4-5

岩 石 名 称	抗 压 强 度	抗 拉 强 度	抗 剪 强 度	抗 弯 强 度
花岗岩	R	0.028R	0.068R~0.09R	0.07R~0.08R
石灰岗	R	0.059R	0.06R~0.15R	0.119R
砂岩	R	0.029R	0.06R~0.078R	0.09R~0.095R
斑岩	R	0.033R	0.06R~0.064R	0.105R
页岩	R	—	—	0.02R~0.2R
混凝土	R	—	0.2R~0.35R	—

注:本表引自《铁路工程地质手册》(2002 年)。

岩体结构面抗剪断峰值强度　　表 5-4-6

序　号	两侧岩体的坚硬程度及结构面的结合程度	内摩擦角 φ(°)	黏聚力 c(MPa)
1	坚硬岩，结合好	＞37	＞0.22
2	坚硬～较坚硬岩，结合一般； 较软岩，结合好	37～29	0.22～0.12
3	坚硬～较坚硬岩，结合差； 较软岩～软岩，结合一般	29～19	0.12～0.08
4	较坚硬岩～较软岩，结合差～结合很差； 软岩，结合差；软质岩的泥化面	19～13	0.08～0.05
5	较坚硬岩及全部软质岩，结合很差； 较软岩泥化层本身	＜13	＜0.05

注：1. 结构面的结合程度划分见表 5-2-8。
2. 本表引自《公路隧道设计规范》(JTG D70—2004)。

各种软弱结构面的计算参数　　表 5-4-7

软弱面的类型	计算摩擦角 φ_k(°)	摩擦系数 f	黏聚力 c(kPa)
各种泥化的软弱面、滑石片岩片理面、云母片岩片理面等	9～20	0.18～0.36	0～50
黏土岩面、泥灰岩层面、凝灰岩层面、夹泥断层、页岩层面、炭质夹层、千枚岩片理面、绿泥石片岩片理面等	20～30	0.36～0.58	50～100
砂岩层面、石灰岩层面、部分页岩层面、构造裂隙等	30～40	0.58～0.64	50～100，有时至 400
各种坚硬岩体的构造裂隙、砾岩层面、部分砂岩层面、部分石灰岩层面等	40～43.5， 有时至 49	0.84～0.94， 有时至 1.14	80～220， 有时至 500

注：本表根据相当数量的现场试验，沿软弱面施加剪力所获得的岩体软弱面峰值抗剪强度资料综合而成。

三、土质围岩的物理力学参数

(1)当无实测数据时，各级土质围岩的物理力学参数可按表 5-4-8、表 5-4-9 选用。

各级土质围岩的基本物理力学参数　　表 5-4-8

围岩级别(级)		土体类别	重度 γ (kN/m³)	弹性抗力系数 k (MPa/m)	变形模量 E(GPa)	泊松比 μ	内摩擦角 φ(°)	黏聚力 c (MPa)
基本级别	亚级							
Ⅳ	$Ⅳ_3$	黏质土	20～23	200～300	0.03～0.045	0.25～0.33	30～45	0.06～0.25
		砂质土	18～19		0.024～0.03	0.29～0.31	33～40	0.012～0.024
		碎石土	22～24		0.050～0.075	0.15～0.3	43～50	0.019～0.030

续上表

围岩级别(级)		土体类别	重度 γ (kN/m^3)	弹性抗力系数 k (MPa/m)	变形模量 E(GPa)	泊松比 μ	内摩擦角 φ(°)	黏聚力 c (MPa)
基本级别	亚级							
Ⅴ	V_1	黏质土	18～20	150～200	0.015～0.03	0.33～0.37	20～30	0.03～0.06
		砂质土	16.5～18		0.009～0.024	0.31～0.33	30～33	0.006～0.012
		碎石土	20～22		0.033～0.05	0.2～0.30	37～43	0.008～0.019
	V_2	黏质土	16～18	100～150	0.005～0.015	0.37～0.43	15～20	0.015～0.03
		砂质土	15～16.5		0.003～0.009	0.33～0.36	25～30	0.003～0.006
		碎石土	17～20		0.01～0.033	0.25～0.35	30～37	<0.008
Ⅵ	—	黏质土	14～16	<100	<0.005	0.43～0.5	<15	<0.015
		砂质土	14～15		0.003～0.0005	0.36～0.42	10～25	<0.003

各级土质围岩的其他物理力学参数 表 5-4-9

围岩级别(级)		计算摩擦角 φ_c(°)	普氏坚固系数 f	圬工与围岩的摩擦系数	弹性波速 V_P(km/s)
基本级别	亚级				
Ⅳ	IV_3	50～54	1～1.7	0.35～0.38	1.5～2.0
Ⅴ	V_1	45～50	1.1～1.5	0.30～0.35	1.4～2.0
	V_2	40～45	0.8～1.1	0.25～0.30	1.0～1.4
Ⅵ	—	30～40	0.3～1.0	≤0.25	<1.0(饱和状态的土<1.5)

注:表中数字不适用于黄土、冻土及软土等特殊土体。

(2)当无实测数据时,各种材料与不同土质的摩擦系数可按表 5-4-10 选用。

各种摩擦系数参考值 表 5-4-10

项目	滑动时的摩擦系数 f	项目		滑动时的摩擦系数 f
片石或混凝土圬工在干燥的黏性土上	0.3	圬工与圬工之间	片石圬工与片石圬工	0.75
片石或混凝土圬工在潮湿的黏性土上	0.2		片石圬工与混凝土圬工	0.7
片石或混凝土圬工在干燥的砂性土上	0.55		料石圬工与混凝土圬工	0.6
片石或混凝土圬工在潮湿的砂性土上	0.45		混凝土圬工与混凝土圬工	0.65
片石或混凝土圬工在干地的卵砾石上	0.5～0.6	同一材料之间	干的黏土之间	0.84～1.0
片石或混凝土圬工在水中的卵砾石上	0.4～0.5		湿的黏土之间	0.36～0.58
片石或混凝土圬工在干地抛石基础上	0.7～0.8		干的砂类土之间	0.58～0.7
片石或混凝土圬工在水中抛石基础上	0.5～0.6		湿的砂类土之间	0.62～0.84
抛石圬工在干地的生植土上	0.5～0.7		饱和的砂类土之间	0.36～0.47
抛石圬工在水中的生植土上	0.4～0.5		干的砾石(或卵石)之间	0.7～0.84
抛石圬工在干地的黏性土上	0.35～0.45		湿的砾石(或卵石)之间	0.58
抛石圬工在水中的黏性土上	0.3～0.38		干的密实的淤泥土之间	0.84～1.2
木材框架(木笼)在干地的砂类土上	0.45		水中抛石(填石)的石料之间	0.7～0.82

续上表

项　目	滑动时的摩擦系数 f	项　目		滑动时的摩擦系数 f
木材框架(木笼)在水中的砂类土上	0.35	不同材料之间	干燥状态的石料与木材	0.6
木材框架(木笼)在干地的生植土上	0.4～0.5		干燥的顺纹木材与木材	0.5
木材框架(木笼)在水中的生植土上	0.3～0.4		润滑的顺纹木材与木材	0.3
木材框架(木笼)在潮湿的砂类土上	0.25		干燥状态的钢材与木材	0.55
木材框架(木笼)在抛石的基础上	0.58～0.6		水中的钢材与木材	0.65

(3)各类土体的地基承载力可按表 5-4-11～表 5-4-21 选用。

一般黏性土的容许承载力[σ_0](单位:kPa)　　表 5-4-11

孔隙比 e	液性指数 I_L												
	0	0.1	0.2	0.3	0.4	0.5	0.6	0.7	0.8	0.9	1.0	1.1	1.2
0.5	450	440	430	420	400	380	350	310	270	240	220	—	—
0.6	420	410	400	380	360	340	310	280	250	220	200	180	—
0.7	400	370	350	330	310	290	270	240	220	190	170	160	150
0.8	380	330	300	280	260	240	230	210	180	160	150	140	130
0.9	320	280	260	240	220	210	190	180	160	140	130	120	100
1.0	250	230	220	210	190	170	160	150	140	120	110	—	—
1.1	—	—	160	150	140	130	120	110	100	90	—	—	—

注:1.一般黏性土是指第四纪全新世(Q_4)(文化期以前)沉积黏性土,一般为正常沉积的黏性土。

2.土中含有粒径大于 2mm 的颗粒质量超过全部质量 30%以上的,[σ_0]可酌量提高。

3.当 $e<0.5$ 时,取 $e=0.5$;$I_L<0$ 时,取 $I_L=0$。此外,超过表列范围的一般黏性土,[σ_0]可按下式计算:

$$\sigma_0 = 57.22E_s^{0.57} \tag{5-4-1}$$

式中:E_s——土的压缩模量(MPa);

[σ_0]——一般黏性土的容许承载力(kPa)。

4.黏性土的状态按液性指数(稠度系数)I_L 划分。

5.本表引自《公路桥涵地基与基础设计规范》(JTG D63—2007)。

砂土的容许承载力[σ_0](单位:kPa)　　表 5-4-12

土　名	湿　度	密实程度			
		密实	中密	稍密	松散
砾砂、粗砂	与湿度无关	550	430	370	200
中砂	与湿度无关	450	370	330	150
细砂	水上	350	270	230	100
	水下	300	210	190	—
粉砂	水上	300	210	190	—
	水下	200	110	90	—

注:本表引自《公路桥涵地基与基础设计规范》(JTG D63—2007)。

碎石土的容许承载力[σ_0](单位:kPa)　　表 5-4-13

土　名	密实程度			
	密　实	中　密	稍　密	松　散
卵石	1 200～1 000	1 000～650	650～500	500～300
碎石	1 000～800	800～550	550～400	400～200
圆砾	800～600	600～400	400～300	300～200
角砾	700～500	500～400	400～300	300～200

注:1. 由硬质岩组成,填充砂土者取高值;由软质岩组成,填充黏性土者取低值。

2. 半胶结的碎石土,可按密实的同类土的[σ_0]值提高 10%～30%。

3. 松散的碎石土在天然河床中很少遇见,需特别注意鉴定。

4. 漂石、块石的[σ_0]值,可参照卵、碎石适当提高。

5. 本表引自《公路桥涵地基与基础设计规范》(JTG D63—2007)。

老黏性土的容许承载力[σ_0](单位:kPa)　　表 5-4-14

E_s(MPa)	10	15	20	25	30	35	40
[σ_0]	380	430	470	510	550	580	620

注:1. 老黏性土是指第四纪晚更新世(Q_3)及其以前沉积的黏性土,一般具有较高的强度和较低的压缩性。

2. 土的压缩模量可按下式计算:

$$E_s=\frac{1+e_1}{a_{1-2}} \tag{5-4-2}$$

式中:e_1——压力为 0.1MPa 时,土样的孔隙比;

a_{1-2}——对应于 0.1～0.2MPa 压力段的压缩系数(1/MPa);

E_s——压缩模量,当黏性土 E_s<10MPa 时,容许承载力[σ_0]按一般黏性土(表 5-4-11)确定。

3. 本表引自《公路桥涵地基与基础设计规范》(JTG D63—2007)。

新近沉积黏性土的容许承载力[σ_0](单位:kPa)　　表 5-4-15

e	I_L		
	≤0.25	0.75	1.25
≤0.8	140	120	100
0.9	130	110	90
1.0	120	100	80
1.1	110	90	—

注:1. 新近沉积的黏性土是指文化期以来沉积的黏性土,一般为欠固结,且强度较低。

2. 本表引自《公路桥涵地基与基础设计规范》(JTG D63—2007)。

残积黏性土的容许承载力[σ_0](单位:kPa)　　表 5-4-16

E_s(MPa)	4	6	8	10	12	14	16	18	20
[σ_0]	190	220	250	270	290	310	320	330	340

注:本表适用于西南地区碳酸盐类岩层的残积红土,其他地区可参照使用。

新近堆积黄土的容许承载力[σ_0](单位:kPa)　　表 5-4-17

W/W_L	0.4	0.5	0.6	0.7	0.8	1.0	1.2
[σ_0]	130	120	110	100	90	80	70

注:表中所列新近堆积黄土为湿陷性黄土地基时,经人工处理后,其承载力按下列系数提高:

1. 人工夯实(用 0.5kN 的普通石夯,落距 50cm,分别夯三遍),提高 1.2。

2. 换土夯实[表层换填卵石 16cm,三七石灰土(体积为三分石灰、七分土)4cm,电动蛙式打夯机夯打 3～4 遍],提高 1.3。

3. 重锤夯实(包括表层 1～1.5m 厚度的夯实和回填夯实),提高 2.0。

4. 打石灰砂桩(基础底面地基加固),提高 4.0。

一般新黄土的容许承载力[σ_0](单位:kPa)　　表 5-4-18

W_L	W								
	≤10	13	16	19	22	25	28	31	34
22	190	180	170	150	130	110	90	70	50
25	200	190	180	160	140	120	100	80	60
28	210	200	190	170	150	130	110	90	70
31	230	210	200	180	160	140	120	100	80
34	250	230	210	190	170	150	130	110	100
37	—	250	230	210	190	170	150	130	110
40	—	—	250	230	210	190	170	150	130
43	—	—	—	250	230	210	190	170	150

老黄土的容许承载力[σ_0](单位:kPa)　　表 5-4-19

W/W_L	e			
	<0.7	0.7～0.8	0.8～0.9	>0.9
<0.8	700	600	500	400
0.6～0.8	500	400	300	250
>0.8	400	300	250	200

多年冻土的容许承载力[σ_0](单位:kPa)　　表 5-4-20

土的名称	基础底面的月平均最高土温(℃)				
	−0.5	−1.0	−1.5	−2.0	−3.5
块石、卵石、碎石	800	950	1 100	1 250	1 650
圆砾、角砾、砾砂、粗砂、中砂	600	750	900	1 050	1 450
细砂、粉砂	450	550	650	750	1 000
亚砂土	400	450	550	650	850
亚黏土、黏土	350	400	450	500	700
饱和冰冻土	250	300	350	400	650

注:1.前5类土为融沉土时,表中所列数值降低20%。
2.含土冰层的容许承载力[σ_0],应实测确定。
3.基础置于强融沉的土层上时,基底应敷设厚度不小于20～30cm的砂垫层。
4.表中所列数值不适于含盐量大于0.5%的冻土。

软土的容许承载力[σ_0](单位:kPa)　　表 5-4-21

天然含水率 w(%)	36	40	45	50	55	65	75
[σ_0]	100	90	80	70	60	50	40

注:1.表中 w 为原状土的天然含水率。
2.本表引自《公路桥涵地基与基础设计规范》(JTG D63—2007)。

第六章　隧道围岩压力的计算

第一节　隧道围岩压力的分类及特点

一、围岩压力的分类

围岩压力是指隧道围岩因松动或形变而作用在支护衬砌结构上的作用荷载。了解围岩压力的性质、大小和分布规律是正确进行隧道支护结构设计和选择施工方法的重要依据。围岩压力按其性质的不同可分为以下两类。

(1)松散压力:松动或塌落的岩体以重力形式直接作用在支护上的压力。

(2)形变压力:围岩变形受到支护约束而产生的压力,形变压力的大小与支护时间及其刚度有关。

松散压力和形变压力经常同时存在,但因地质条件、支护类型和施工方法等不同而以某一种为主。如在松散地层中采用现浇混凝土衬砌而回填不密实时,通常以松散压力为主;及时施工柔性的喷锚支护,则以形变压力为主。

此外,在膨胀地层中,还会产生水和化学作用引起岩土体积膨胀的膨胀压力,这也是形变压力的一种。在脆性岩层中,因坑道开挖,使围岩原先的高压力突然释放引起岩爆而产生的冲击压力,则属松散压力范畴。

二、围岩压力的特点

围岩压力具有如下特点:

(1)围岩压力的性质、大小和分布,主要受围岩岩性、地质构造、埋深、地下水、地应力等因素控制,也受到支护结构的刚度、类型及施工方法、开挖断面形式、支护时机等因素的影响。

(2)在松软破碎的地质条件下,隧道开挖后多呈现暂时稳定,即所谓的"平衡拱"作用。

(3)根据量测变形分析,在多裂隙围岩中压力分布有很大的不均匀性,在土质围岩中分布较为均匀。

(4)对黏性土和某些塑性岩体,围岩压力的时间效应很显著。

(5)施工方法对围岩压力的大小有较大影响。如光面爆破对围岩的扰动较小,围岩的松弛范围也小,因而围岩荷载就小。

三、围岩压力的理论与应用

1. 围岩压力理论的发展

20 世纪 20 年代以前,主要是古典理论阶段。认为作用在支护上的压力是支护结构上方覆盖岩层的全部重力,如海姆和兰金理论。其后,出现了各种散体理论,即认为是围岩塌落拱以内的岩体重力作用于衬砌，如泰尔扎吉和普罗托季亚科诺夫理论。塌落拱的高度和洞室跨度及围岩性质有关。当掘进和支护所需时间较长，支护与围岩又不能紧密贴接，就会使围岩最终有一部分破坏塌落而形成松散压力。50 年代起，弹塑性理论被运用于隧道的计算，如芬纳、卡斯特纳公式等。同时，开始研究围岩压力和变形的时间效应。60 年代末，出现了考虑地下结构与地层相互作用的弹塑性理论。由于将围岩与衬砌视为一个统一的结合整体，围岩压力不再单独进行计算。70 年代以来，将工程地质和数学计算相结合，出现了研究块状和层状岩体的块体力学理论。

现行围岩压力理论包括：

(1)岩土柱理论。开挖坑道以后，由于支护或拱圈向坑道内部移动，引起其顶部上覆岩土柱的下沉，两侧地层对柱体产生与下沉反向的摩擦力，故上覆岩层重力减去岩土柱两侧的摩擦力即为围岩压力。中国铁路部门认为：拱顶土柱的下沉，将带动两侧三棱体下滑，由三角楔体的平衡条件求出与土柱间的摩阻力，土柱重力减去此摩阻力即为土体竖直压力。该理论多用于浅埋隧道，但也可推广用于深埋隧道。当隧道埋置极浅或遇软土层时，土柱两边的摩阻力接近于零，故围岩压力直接为土柱全重。

(2)压力拱理论。对埋深较大的隧道，顶部岩体失去稳定，产生坍塌而形成向地表的局部破裂区。该区内的岩体自重即洞室支护上的荷载。破裂区上部边界线有抛物线、椭圆、半圆和三角形等不同假定，如科默雷尔岩体破碎理论等。我国在 20 世纪 50 年代初期以来，曾广泛采用普氏地压理论。假定岩体为松散体，其压力拱承受上覆土柱的全部均布重力，根据散粒材料不能承受拉应力，即弯矩为零的条件，得到拱形为抛物线，塌落拱岩体重力即为竖直地层压力。

(3)弹塑性理论。利用弹塑性理论可求出沿洞室周边围岩内产生塑性区的范围。设置衬砌后，利用地下结构与围岩的位移协调条件，可求得塑性区半径和围岩压力值。

(4)极限平衡理论。岩体内有各种各样的结构面。开挖坑道后，洞周的围岩出现与整个岩体相脱离的岩块。它的自重对衬砌产生压力。故用地质分析法时，需先查明断层、节理和软弱夹层的分布情况及其组合。自重减去结构面阻力即为地层压力，必要时也可计围岩应力对地压的影响，采用赤平极射投影方法，确定岩石块体的空间位置和形状。当分离体由数组平行节理面组成时，可用裂隙岩石的极限平衡理论计算；当节理呈随机分布时，可用块体力学理论计算。

(5)数值解法。除简单边界条件的圆形洞室有较严格的解析解以外，对其他断面形状的洞室可采用有限元法或其他数值方法计算弹性、弹塑性或黏弹与黏(弹)塑性的围岩压力值。如已给出垂直压力，则侧向压力可视具体情况采用主动、静止和被动抗力等理论进行计算。

2.围岩压力理论的应用

长期以来，人们都想通过量测手段获得可靠的围岩压力大小和分布。如采用压力盒直接量测围岩与支护间的接触压力，或采用量测围岩和支护的变形通过反分析获得围岩压力。通过量测手段获取的围岩压力具有结果可靠的优点，但也有量测周期长、费用高、受量测设备精度和量测人员对仪器掌握的熟练程度影响等缺点。尤其在设计前期阶段，在缺乏相关实测数据的条件下合理预估隧道的围岩压力大小及分布，对选择支护衬砌设计参数和拟订适当的施工方法，是非常重要的。

围岩压力理论发展至今，虽然取得了不少的成果，但仍未臻完善。主要受制于围岩性质千变万化、支护形式多种多样、施工方法各不相同，以及围岩初始应力和围岩参数不易准确测定等因素。目前各种围岩压力理论，实际应用时会受到一定限制。

荷载结构法是目前隧道结构验算最为常用的计算方法，它的概念清楚、方法简明，容易接受和掌握，是目前几种隧道设计模型中最为成熟和广泛使用的模型，但在荷载的确定方面仍有待深入研究。目前采用的围岩压力理论主要建立在对隧道塌方资料统计分析的基础上，分析研究其影响因素，结合经典的围岩压力理论，得出经验公式。围岩压力的计算结果主要用于荷载结构法验算隧道衬砌结构的安全度上。

四、深浅埋隧道与偏压隧道的基本概念

1. 深浅埋隧道

隧道开挖对上覆地层的力学作用能否波及地表与隧道的埋深有关。当隧道的埋深足以使开挖作用局限在地表以下时，开挖后的围岩内部发生应力、应变和能量的自我调整，并最终达到一个新的平衡状态。因围岩中各处变形的不均匀性，隧道周边一定范围内产生了类似于拱结构切向压紧的作用，这种现象称为地层的成拱作用或压力拱效应。

影响压力拱形状和范围的因素有两类：一类为围岩条件，如岩性、构造、地下水发育情况等；另一类为工程因素，包括隧道的埋深、断面形状和尺寸、开挖方法、支护刚度和支护时间及其与围岩的接触状态等。

为了表征隧道的成拱作用程度，便于设计和施工中对支护和开挖方法的选择，按埋深的不同将隧道划分为深埋隧道和浅埋隧道。为偏于安全计，目前通常以压力拱的高度为参照，并兼顾开挖对压力拱以外岩体的影响范围来判别隧道的深浅埋状态。现行《公路隧道设计规范》(JTG D70—2004)采用等效荷载高度值，并结合地质条件、施工方法等因素按式(6-1-1)综合判别隧道的深浅埋状态。

$$H_p = (2.0 \sim 2.5)h_p \tag{6-1-1}$$

式中：H_p——浅埋隧道分界深度(m)；

h_p——荷载等效高度(m)，按式(6-1-2)计算。

$$h_p = \frac{q}{\gamma} \tag{6-1-2}$$

式中：q——用式(6-2-1)计算出的深埋隧道垂直压力(kPa)；

γ——围岩重度(kN/m³)。

在矿山法施工的条件下，Ⅳ～Ⅵ级围岩取 $H_p=2.5h_p$；Ⅰ～Ⅲ级围岩取 $H_p=2.0h_p$。

典型单洞公路隧道的深浅埋分界值可参考表 6-1-1 选用。

典型单洞隧道的深浅埋分界深度建议值(m) 表 6-1-1

围岩级别(级)	Ⅰ	Ⅱ	Ⅲ	Ⅳ	Ⅴ	Ⅵ
双车道隧道	—	3～4	6～7	20～25	30～35	60～70
三车道隧道	2～3	4～5	8～10	18～20	40～45	80～90

注：表中数字不包含拱顶比洞周围岩级别更差的地层。

2. 偏压隧道

偏压隧道是指承受显著不对称荷载的隧道。

1)产生偏压的原因

(1)地形偏压

洞顶覆盖层较薄、地面横坡较陡、围岩地质条件较差时，隧道将承受偏压，如图 6-1-1 所

示。多见于斜交洞口段或傍山浅埋段。

(2)地质偏压

岩体在具有倾斜节理切割(图 6-1-2)、洞身有倾角较陡的软弱结构面或有软弱夹层断裂带(图 6-1-3)时,隧道将受到偏压作用。

(3)其他原因

施工期间造成洞顶一侧塌方时,也会使隧道承受显著的偏压,如图 6-1-4 所示。

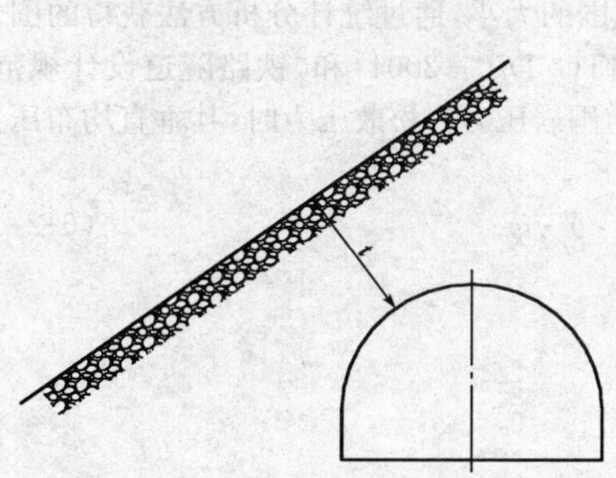

图 6-1-1　地形偏压隧道示意图

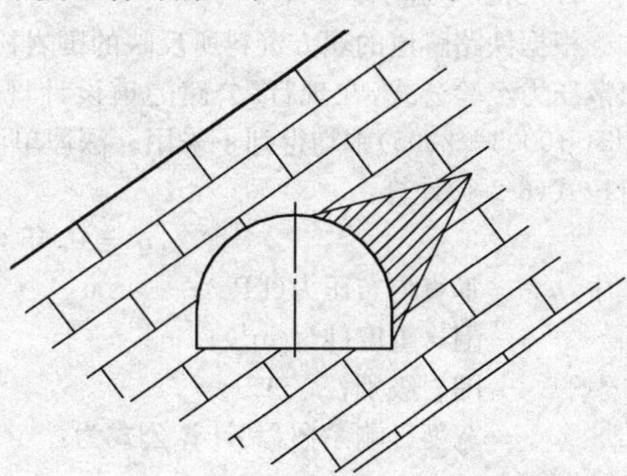

图 6-1-2　倾斜节理切割偏压示意图

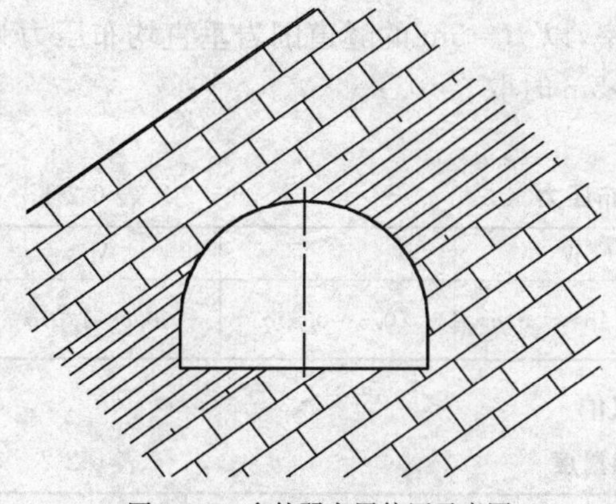

图 6-1-3　含软弱夹层偏压示意图

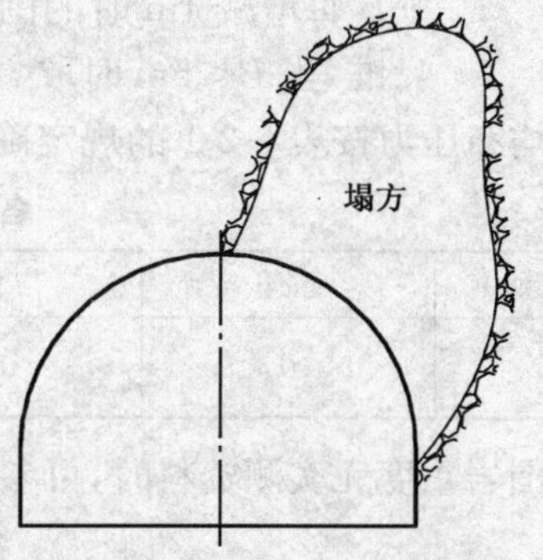

图 6-1-4　塌方引起的偏压示意图

2)偏压隧道的判定方法

偏压隧道应根据其引起偏压的原因分别考虑。由地质原因或其他原因(如隧道塌方)引起的偏压,可根据地质勘察资料并结合实践工程经验予以判定。对单洞双车道公路隧道,由地形引起的偏压可根据地面横坡和拱肩外侧围岩覆盖层厚度 t 值综合确定,见表 6-1-2。

拱肩外侧围岩覆盖层厚度 t 值(m)　　表 6-1-2

围岩级别(级) \ t值	地面横坡(1∶m)					
	1∶0.75	1∶1	1∶1.25	1∶1.5	1∶2	1∶2.5
Ⅲ	7	7		7		
Ⅳ(石质)		12		11	10	
Ⅳ(土质)			18	16	14	13
Ⅴ				30	25	20

第二节　单洞隧道的围岩压力

一、深埋单洞隧道围岩压力的确定

1. 规范推荐的方法

根据铁路隧道的塌方资料所反映的围岩松动范围的大小，通过统计分析方法获得的围岩松散压力经验公式，在现行《公路隧道设计规范》(JTG D70—2004)和《铁路隧道设计规范》(TB 10003—2005)中均得到了采用。深埋单洞隧道围岩压力为松散压力时，其垂直均布压力可按式(6-2-1)计算：

$$q = 0.45 \times 2^{s-1} \cdot \gamma \cdot \omega \tag{6-2-1}$$

式中：q——垂直均布压力(kPa)；

γ——围岩重度(kN/m³)；

s——围岩级别；

ω——宽度影响系数，其计算公式为：

$$\omega = 1 + i(B - 5)$$

其中　B——隧道开挖跨度(m)，

i——B 每增减 1m 时的围岩压力增减率，以 $B=5$m 的隧道围岩垂直均布压力为准，当 $B<5$m 时取 $i=0.2$，当 $B>5$m 时取 $i=0.1$。

水平均布压力按表 6-2-1 的规定确定。

各级围岩水平均布压力　　表 6-2-1

围岩级别(级)	Ⅰ、Ⅱ	Ⅲ	Ⅳ	Ⅴ	Ⅵ
水平均布压力 e (kPa)	0	$<0.15q$	$(0.15\sim0.3)q$	$(0.3\sim0.5)q$	$(0.5\sim1.0)q$

各级围岩重度无实测资料时，可参考表 6-2-2 取值。

各级围岩的天然重度　　表 6-2-2

围岩级别(级)	Ⅰ	Ⅱ	Ⅲ	Ⅳ	Ⅴ	Ⅵ
γ(kN/m³)	26～28	25～27	23～25	19～22	17～20	15～16

应用式(6-2-1)和表 6-2-1 时，应注意适用条件：

(1)适用于钻爆法开挖的隧道。

(2)$H/B<1.7$，H 为隧道开挖高度(m)，B 为隧道开挖宽度(m)。

(3)不产生显著偏压及膨胀力的一般围岩。

(4)隧道开挖跨度小于 15m。

(5)适用于深埋隧道。

事实上围岩压力的分布是很不均匀的，上述计算公式没有反映支护结构特征及施工条件等因素的影响。因此，仅用上述均布荷载来进行结构设计还不全面，还必须考虑荷载的不均布情况，即设计的支护结构应能满足多种荷载分布工况，见图 6-2-1。通常情况下，以垂直均布压力图形为主要荷载分布进行结构设计，用偏压或不均布分布进行校核。

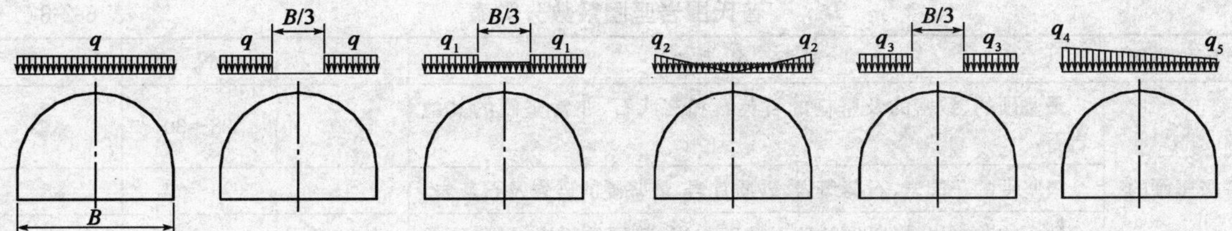

图 6-2-1　深埋隧道校核荷载分布图

2. 普氏理论

普氏理论公式是俄国学者普罗托季亚科诺夫于 1907 年提出的，又称为自然平衡拱理论。它的要点是将围岩视为具有一定黏接力的松散体，洞室开挖后能够在其顶部形成稳定的压力拱(图 6-2-2)，作用在支护上的压力仅为压力拱与支护之间松散岩体的重力。基本假定为：

(1)岩体由于节理的切割，经开挖后形成松散岩体，但仍具有一定的黏结力。

(2)洞室开挖后，洞顶岩体将形成一自然平衡拱。

(3)采用坚固系数来表征岩体的强度。

(4)形成的自然平衡拱的洞顶岩体，只能承受压应力，不能承受拉应力。

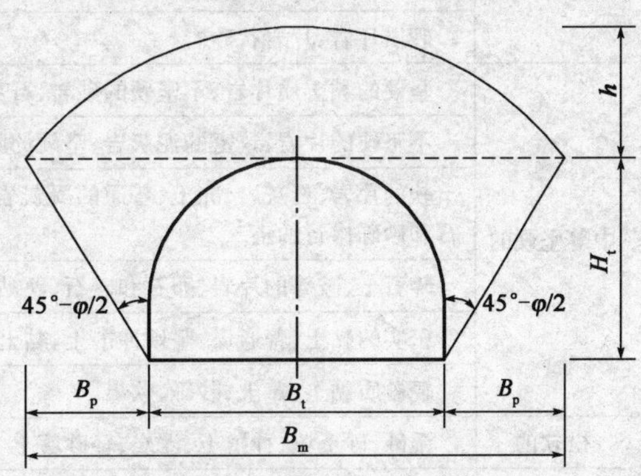

图 6-2-2　隧道周边形成的自然平衡拱示意图

深埋单洞隧道围岩压力按普氏公式[式(6-2-2)]计算：

$$q = \gamma h_q \tag{6-2-2}$$

$$h_q = \frac{1}{2}\frac{B_m}{f_{kp}} \tag{6-2-3}$$

式中：B_m——隧道平衡拱跨度(m)，其计算公式为：

$$B_m = B_t + 2B_p$$

其中　B_p——隧道两侧破裂面在水平面上的投影宽度(m)，计算公式见式(6-2-4)，

B_t——隧道开挖跨度(m)；

f_{kp}——普氏围岩坚固系数(似摩擦系数)，可参考表 6-2-3 或式(6-2-5)取值。

$$B_p = (H_t - H_0)\tan\left(45^\circ - \frac{\varphi_c}{2}\right) \tag{6-2-4}$$

式中：H_t——隧道开挖高度(m)；

H_0——破裂面到边墙基础的距离(m)；

φ_c——围岩计算摩擦角(°)。

$$\left.\begin{array}{ll}\text{坚硬岩石} & f_{kp} \approx \left(\frac{1}{12} \sim \frac{1}{15}\right)R_b \\ \text{较软岩石} & f_{kp} \approx \left(\frac{1}{8} \sim \frac{1}{10}\right)R_b \\ \text{松散土质或极度破碎岩石} & f_{kp} = \tan\varphi \\ \text{黏性土或黄土} & f_{kp} = \frac{c}{R_b} + \tan\varphi\end{array}\right\} \tag{6-2-5}$$

普氏围岩坚固系数分类表 表 6-2-3

围岩类别	岩石名称	f_{kp}	γ(kN/m^3)	φ_c(°)
极坚硬的	最坚硬的、致密的及坚韧的石英石和玄武石，非常坚硬的其他岩石	20	28～30	87
	极坚硬的花岗岩、石英斑岩、砂质片岩，最坚硬的砂岩及石灰岩	15	26～27	85
	致密的花岗岩、极坚硬的砂岩及石灰岩、坚硬的砾岩、极坚硬的铁矿	10	25～26	82.5
坚硬的	坚硬的石灰岩、不坚硬的花岗岩、坚硬的砂岩、大理岩、黄铁矿及白云石	8	25	80
	普通砂岩、铁矿	6	24	75
	砂质片岩、片岩状砂岩	5	25	72.5
中等坚硬的	坚硬的黏土质片岩、不坚硬的砂岩、石灰岩、软的砾岩	4	26	70
	不坚硬的片岩、致密的泥灰岩、坚硬的胶结黏土	3	25	70
	软的片岩、石灰岩、冻土、普通的凝灰岩、破碎带砂岩、胶结的卵石和砂砾掺石的土	2	24	65
	碎石土、破碎的片岩、卵石和碎石、硬黏土、坚硬的煤	1.5	18～20	60
	密实的黏土、普通煤、坚硬冲击土、黏土质土、混有石子的土	1.0	18	45
	轻砂质黏土、黄土、砂砾、软煤	0.8	16	40
松软的	湿砂、砂土壤、种植土、泥炭、轻砂壤土	0.6	15	30
不稳定的	散砂、小砂砾、新堆积土、开采出的煤	0.5	17	27
	流沙、沼泽土、含水的黄土及其他含水的土	0.3	15～18	9

侧压力可按式(6-2-6)计算。

$$e = (q + \gamma h)\tan^2\left(45° - \frac{\varphi_c}{2}\right) \tag{6-2-6}$$

式中：h——由拱顶至计算截面的纵坐标；

其他符号意义同前。

应用普氏理论公式必须同时具备以下条件：

(1)围岩必须能够形成稳定的压力拱，埋深较浅的隧道不能形成稳定压力拱而不太适用。

(2)围岩必须具备一定的强度，一般认为 VI 级围岩不太适用。

(3)围岩必须接近松散体，一般认为 II 级及其以上完整性很好的围岩不太适用。

3. 太沙基理论

太沙基理论把隧道围岩看做松散体，在假定隧道拱顶岩体变形形态的基础上导出的深埋隧道围岩垂直均布压力计算公式为：

$$q = \frac{\gamma\left[\frac{B_t}{2} + H_t\tan\left(45° - \frac{\varphi}{2}\right)\right] - c}{k \cdot \tan\varphi} \tag{6-2-7}$$

式中：$k=1\sim1.5$；

其他符号意义同前。

隧道高度范围内的围岩水平侧压力按线形分布计，在隧顶和隧底的侧压力分别为：

$$e_1 = q \cdot \tan^2\left(45° - \frac{\varphi}{2}\right) \tag{6-2-8}$$

$$e_2 = (q + \gamma H_t) \cdot \tan^2\left(45° - \frac{\varphi}{2}\right) \tag{6-2-9}$$

式中：q——式(6-2-7)计算的垂直均布压力。

以上太沙基理论的隧道围岩压力计算公式仅适用于深埋松散地层隧道。

二、浅埋单洞隧道围岩压力的确定

1. *超浅埋隧道围岩压力*

当埋深 H 小于或等于等效荷载高度 h_q 时，为超浅埋隧道。因隧道上覆土体较薄，将上覆土柱全部重力作为围岩压力，视为均布压力时，垂直压力 q 为：

$$q = \gamma \cdot H \tag{6-2-10}$$

式中：q——垂直均布压力(kPa)；

γ——隧道上覆围岩重度(kN/m^3)；

H——隧道埋深，即隧道拱部至地面的垂直距离(m)。

侧向压力 e 按均布压力考虑时，其值为：

$$e = \gamma\left(H + \frac{H_t}{2}\right)\tan^2\left(45° - \frac{\varphi_c}{2}\right) \tag{6-2-11}$$

式中：e——侧向均布压力(kPa)；

H_t——隧道高度(m)；

φ_c——围岩计算摩擦角(°)。

2. *浅埋隧道围岩压力*

当埋深 H 大于 h_q 而小于等于 H_p 时，为浅埋隧道。为便于计算，假定土体中形成的破裂面是一条与水平成 β 角的斜直线，如图 6-2-3 所示。$EFHG$ 岩土体下沉，带动两侧三棱土体(FDB 和 ECA)下沉，整个土体 $ABDC$ 下沉时，又要受到未扰动岩土体的阻力。斜直线 AC 或 BD 是假定的破裂面，分析时考虑内聚力 c，并采用计算摩擦角 φ。另一滑面 FH 或 EG 则并非破裂面，因此，滑面阻力要小于破裂面的阻力。若该滑面的摩擦角为 θ，则 θ 值应小于 φ 值；无实测资料时，θ 可按表 6-2-4 采用。

各级围岩的 θ 值　　表 6-2-4

围岩级别(级)	Ⅰ、Ⅱ、Ⅲ	Ⅳ	Ⅴ	Ⅵ
θ(°)	0.9φ	$(0.7\sim0.9)\varphi$	$(0.5\sim0.7)\varphi$	$(0.3\sim0.5)\varphi$

由图 6-2-3 可见，隧道上覆岩体 $EFHG$ 的重力为 W，两侧三棱岩体 FDB 或 ECA 的重力为 W_1，未扰动岩体整个滑动土体的阻力为 F。当 $EFHG$ 下沉时，两侧受到阻力 T 或 T'，作用于 HG 面上的垂直压力总值 $Q_{浅}$为：

$$Q_{浅} = W - 2T' = W - 2T\sin\theta \tag{6-2-12}$$

三棱体自重为：

$$W_1 = \frac{1}{2}\gamma h\frac{h}{\tan\beta} \tag{6-2-13}$$

式中：h——坑道底部到地面的距离(m)；

β——破裂面与水平面的夹角(°)。

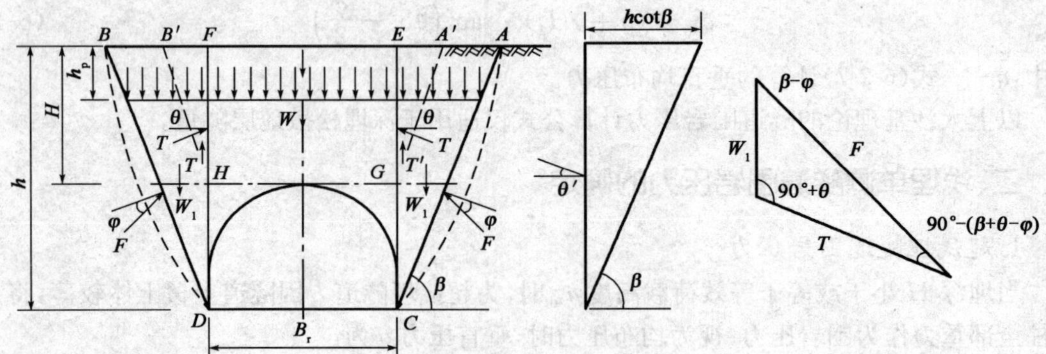

图 6-2-3 浅埋隧道围岩压力计算图示

由图据正弦定理可得：

$$T=\frac{\sin(\beta-\varphi)}{\sin[90^\circ-(\beta-\varphi+\theta)]}W_1 \tag{6-2-14}$$

将式(6-2-13)代入可得：

$$T=\frac{1}{2}\gamma h^2\frac{\lambda}{\cos\theta} \tag{6-2-15}$$

$$\lambda=\frac{\tan\beta-\tan\varphi}{\tan\beta[1+\tan\beta(\tan\varphi-\tan\theta)+\tan\varphi\tan\theta]} \tag{6-2-16}$$

$$\tan\beta=\tan\varphi+\sqrt{\frac{(\tan^2\varphi+1)\tan\varphi}{\tan\varphi-\tan\theta}} \tag{6-2-17}$$

式中：λ——侧压力系数；

其他符号意义同前。

至此，极限最大阻力 T 可求得。得到 T 值后，代入式(6-2-12)可求得作用在 HG 面上的总垂直压力 $Q_{浅}$。

$$Q_{浅}=W-2T\sin\theta=W-\gamma h^2\lambda\tan\theta \tag{6-2-18}$$

由于 CC、HD 与 EG、EF 相比往往较小，而且衬砌与土之间的摩擦角也不同，前面分析时均按 θ 计，当中间土块下滑时，由 FH 及 EG 面传递，考虑压力稍大些对设计的结构也偏于安全，因此，摩阻力不计隧道部分而只计洞顶部分，即在计算中用 H 代替 h，这样式(6-2-18)为：

$$Q_{浅}=W-\gamma H^2\lambda\tan\theta \tag{6-2-19}$$

由于 $W=B_t\gamma H$，故：

$$Q_{浅}=\gamma H(B_t-H\lambda\tan\theta) \tag{6-2-20}$$

式中：B_t——坑道宽度(m)。

将其换算为作用在支护结构上的均布荷载(图 6-2-4)，即：

$$q_{浅}=\gamma H\left(1-\frac{H}{B_t}\lambda\tan\theta\right) \tag{6-2-21}$$

式中：$q_{浅}$——作用在支护结构上的均布荷载(kPa)；

其他符号意义同前。

作用在支护结构两侧的水平侧压力为：

$$\left.\begin{aligned}e_1&=\gamma H\lambda\\ e_2&=\gamma h\lambda\end{aligned}\right\} \tag{6-2-22}$$

侧压力视为均布压力时，有：

$$e=\frac{1}{2}(e_1+e_2) \tag{6-2-23}$$

三、偏压单洞隧道围岩压力的确定

假定偏压分布图形(图 6-2-5)与地面坡一致，则偏压隧道垂直压力为：

$$Q=\frac{\gamma}{2}[(h+h')B-(\lambda h^2+\lambda' h'^2)\tan\theta] \tag{6-2-24}$$

式中：h、h'——内、外侧由拱顶水平至地面的高度(m)；

B——坑道跨度(m)；

γ——围岩重度(kN/m³)；

θ——顶板土柱两侧摩擦角(°)，当无实测资料时，可参考表 6-2-4 选取；

λ、λ'——内、外侧的侧压力系数，由式(6-2-25)～式(6-2-28)计算。

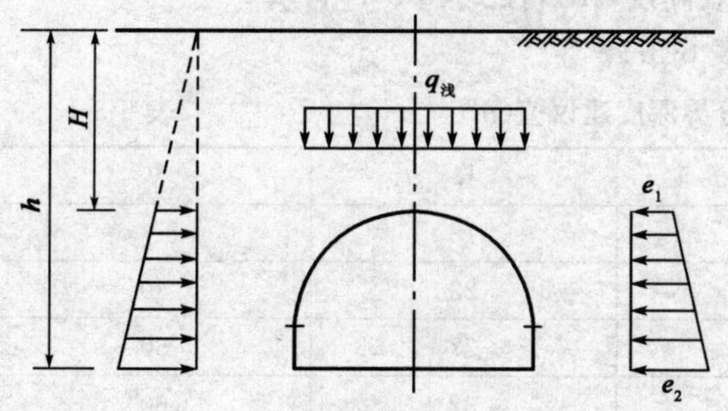

图 6-2-4 浅埋隧道荷载分布示意图

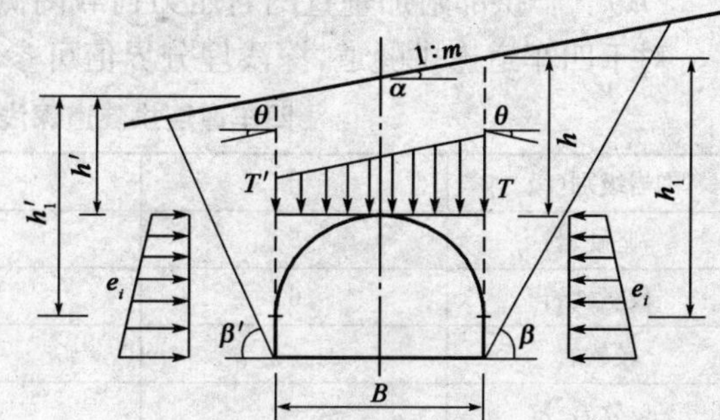

图 6-2-5 偏压隧道围岩压力分布图

$$\lambda=\frac{1}{\tan\beta-\tan\alpha}\times\frac{\tan\beta-\tan\varphi_c}{1+\tan\beta(\tan\varphi_c-\tan\theta)+\tan\varphi_c\tan\theta} \tag{6-2-25}$$

$$\lambda'=\frac{1}{\tan\beta'-\tan\alpha}\times\frac{\tan\beta'-\tan\varphi_c}{1+\tan\beta'(\tan\varphi_c-\tan\theta)+\tan\varphi_c\tan\theta} \tag{6-2-26}$$

$$\tan\beta=\tan\varphi_c+\sqrt{\frac{(\tan^2\varphi_c+1)(\tan\varphi_c-\tan\alpha)}{\tan\varphi_c-\tan\theta}} \tag{6-2-27}$$

$$\tan\beta'=\tan\varphi_c+\sqrt{\frac{(\tan^2\varphi_c+1)(\tan\varphi_c+\tan\alpha)}{\tan\varphi_c-\tan\theta}} \tag{6-2-28}$$

式中：α——地面坡坡角(°)；

φ_c——围岩计算摩擦角(°)；

β、β'——内、外侧产生最大推力时的破裂角(°)。

偏压隧道水平侧向压力的计算为：

$$\left.\begin{aligned}&\text{内侧}\quad e_i=\gamma\cdot h_i\cdot\lambda\\&\text{外侧}\quad e_i'=\gamma\cdot h_i'\cdot\lambda'\end{aligned}\right\} \tag{6-2-29}$$

式中：h_i、h_i'——内、外侧任意一点 i 至地面的距离(m)。

第三节　连拱隧道的围岩压力

一、连拱隧道的深浅埋判定方法

连拱隧道深埋与浅埋一般可根据荷载等效高度值，并结合地质条件、施工方法等因素，按式(6-3-1)综合判定。

$$H_p = (2 \sim 2.5)h_p \tag{6-3-1}$$

$$h_q = h_{q1} + h'_{q2} \tag{6-3-2}$$

式中：H_p——连拱隧道深浅埋隧道分界深度(m)；

h_q——拱部内侧荷载的等效高度(m)；

h_{q1}——拱部基本垂直围岩压力荷载等效高度(m)，按式(6-3-7)计算；

h'_{q2}——拱部附加垂直围岩压力荷载内侧等效高度(m)，按式(6-3-7)计算。

对于四车道连拱隧道，深浅埋分界值可参考表6-3-1。

四车道连拱隧道深浅埋分界深度建议值(m)　　表6-3-1

围岩级别(级)	Ⅱ	Ⅲ	Ⅳ	Ⅴ
坚硬岩	5	8	18	—
较坚硬岩	6	10	22	40
较软岩	—	15	27	50
软岩	—	—	32	60

二、深埋连拱隧道围岩压力的确定

1.深埋连拱隧道围岩压力构成

连拱隧道垂直压力包括以下四个方面。

(1)基本围岩垂直压力 q_1：由单侧洞室形成的稳定承载拱下部的围岩压力，为均布荷载。

(2)外侧附加围岩垂直压力 q_2：左右洞室共同形成的极限承载拱下部松散岩体减去基本松散岩体及中隔墙顶预支撑围岩压力后形成的梯形荷载在外侧的荷载值。

(3)内侧附加围岩垂直压力 q'_2：左右洞室共同形成的极限承载拱下部松散岩体减去基本松散岩体及中隔墙顶预支撑围岩压力后形成的梯形荷载在内侧的荷载值。

(4)中隔墙顶围岩垂直压力 q_3：左右洞拱顶至中隔墙顶之间松散岩体形成的分布荷载。

中隔墙均布土压力荷载 q_z 为中隔墙对上部松散土体的支撑能力，主要取决于三个方面：

①混凝土中隔墙的支撑能力 P_c；

②中隔墙顶岩土体的抗压能力 P_s；

③中隔墙所承受的荷载应小于附加荷载的总重力 G_z，即为图6-3-1中虚线中间部分土体的重力。

q_z 应在这三者之中取最小值，即 $q_z=\min\left(P_c, P_s, \frac{G_z}{B_z}\right)$($B_z$ 为中隔墙能够发挥支撑作用的有效宽度)。由于混凝土中隔墙的支撑能力较大，因此一般不成为控制因素，可不予计算。中隔墙顶岩土体的抗压能力及附加荷载分别按式(6-3-3)及式(6-3-4)计算。

$$P_s = \frac{R_S^B}{K_z} \tag{6-3-3}$$

式中：R_S^B——中隔墙顶岩体的设计抗压强度；

K_z——中隔墙对上部岩体支撑能力的安全系数，一般取 2。

$$G_z = \frac{2}{3}\gamma B_m H_m - 2\times\frac{2}{3}\gamma B_{q1} H_{q1} = \frac{1}{3}\gamma B_m H_m \tag{6-3-4}$$

最终可得中隔墙所承受的均布荷载为：

$$q_z = \min\left(P_s, \frac{G_z}{B_z}\right) = \min\left(\frac{R_S^B}{K_z}, \frac{\gamma B_m H_m}{3B_z}\right) \tag{6-3-5}$$

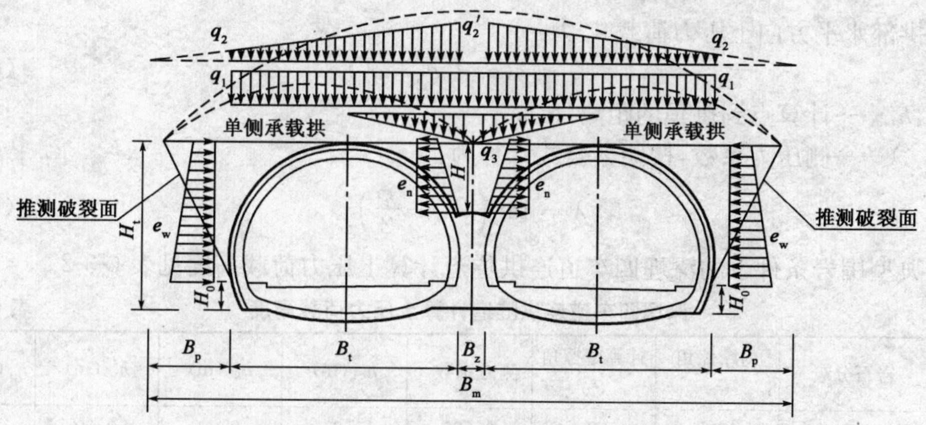

图 6-3-1　深埋连拱隧道荷载分布图

2. 深埋连拱隧道垂直压力计算

$$q = q_1 + q_2 + q_3 = \gamma(h_{q1} + h_{q2} + h_{q3}) \tag{6-3-6}$$

$$\left.\begin{aligned} q_1 &= \gamma\times h_{q1} = \frac{\gamma B_m}{4 f_{kp}} \\ q_2' &= \gamma\times h_{q2}' = \frac{\gamma B_m}{3 f_{kp}} - \frac{2G_z}{B_m} \\ q_2 &= \gamma\times h_{q2} = \frac{2B_p}{B_m} h_{q2}' = \frac{2\gamma B_p}{3 f_{kp}} - \frac{4B_p G_z}{B_m^2} \\ q_3 &= \gamma\times h_i = \gamma(H_t - H) \end{aligned}\right\} \tag{6-3-7}$$

式中：B_m——整个连拱隧道平衡拱跨度(m)，其计算公式为：

$$B_m = 2B_t + 2B_p + B_z$$

其中　B_t——单侧隧道的开挖宽度(m)，

B_z——中隔墙有效宽度(m)；

B_p——侧边破裂面在水平面上的投影宽度(m)，其计算公式为：

$$B_p = (H_t - H_0)\tan\left(45° - \frac{\varphi_c}{2}\right) \tag{6-3-8}$$

其中　H_0——隧道基础至破裂面起始点的高度(m)；

G_z——附加荷载的总重力，其计算公式为：

$$G_z = \frac{\gamma B_m^2}{6 f_{kp}} \tag{6-3-9}$$

其中　γ——拱顶附近岩体的计算重度(kN/m³)；

H_t——隧道高度(m)；

H——隧道中隔墙顶到隧道拱顶之间的距离(m)；

f_{kp}——普氏围岩坚固系数(似摩擦系数)，可按式(6-2-5)计算。

3. 深埋连拱隧道侧向压力计算

作用在衬砌外侧拱部及边墙的侧向压力荷载 e_w 为：

$$\left.\begin{aligned} &\text{破裂面以上} \quad e_{wi} = \lambda(q_1 + q_2 + \gamma h_i) \\ &\text{破裂面以下} \quad e_w = 0 \end{aligned}\right\} \tag{6-3-10}$$

内侧拱部水平方向土压力荷载 e_n 为：

$$e_{ni} = \lambda(q_1 + q_2' + q_3^i) \tag{6-3-11}$$

上两式中：h_i——计算点到拱顶的距离(m)；

λ——侧压力系数，按朗金公式计算为：

$$\lambda = \tan\left(45° - \frac{\varphi}{2}\right) \tag{6-3-12}$$

几种典型围岩条件下的深埋四车道连拱隧道计算土压力荷载高度见表 6-3-2。

深埋四车道连拱隧道计算土压力荷载高度　　表 6-3-2

岩体分级(级)	岩石分级	内摩擦角(°)	计算摩擦角(°)	侧力系数 λ	h_{q1}(m)	h_{q2}(m)	h'_{q2}(m)	G_z(kN)
Ⅱ	坚硬岩	57	76	0.088	1.84	0.00	0.00	942
	较坚硬岩	52	72	0.119	2.47	0.00	0.00	1 247
Ⅲ	坚硬岩	48	68	0.147	3.13	0.00	0.00	1 620
	较坚硬岩	45	65	0.172	3.68	0.00	0.00	1 855
	较软岩	42	62	0.198	4.26	0.38	1.62	1 500
Ⅳ	坚硬岩	38	58	0.238	5.12	0.86	3.40	1 350
	较坚硬岩	35	55	0.271	5.84	1.29	4.85	1 125
	较软岩	32	51	0.307	6.87	1.87	6.74	900
	软岩	29	48	0.347	7.77	2.41	8.29	750
Ⅴ	较坚硬岩	27	45	0.376	8.73	2.98	10.00	600
	较软岩	26	40	0.390	10.46	3.83	12.67	450
	软岩	24	35	0.422	12.69	4.98	16.03	300

三、浅埋连拱隧道围岩压力的确定

1. 超浅埋连拱隧道围岩压力

当连拱隧道埋深 H 小于或等于等效荷载高度 h_p 时，为超浅埋连拱隧道(图 6-3-2)。其垂直压力按式(6-3-13)计算。

$$\left.\begin{aligned} q &= \gamma H \\ q_z &= \gamma(H_1 - H) \end{aligned}\right\} \tag{6-3-13}$$

式中：q——隧道垂直均布压力(kPa)；

q_z——中墙与两侧拱肩所夹三角形块体重(kPa)；

γ——围岩重度(kN/m³)；

H——隧道埋深，指隧道顶部至地面的距离(m)。

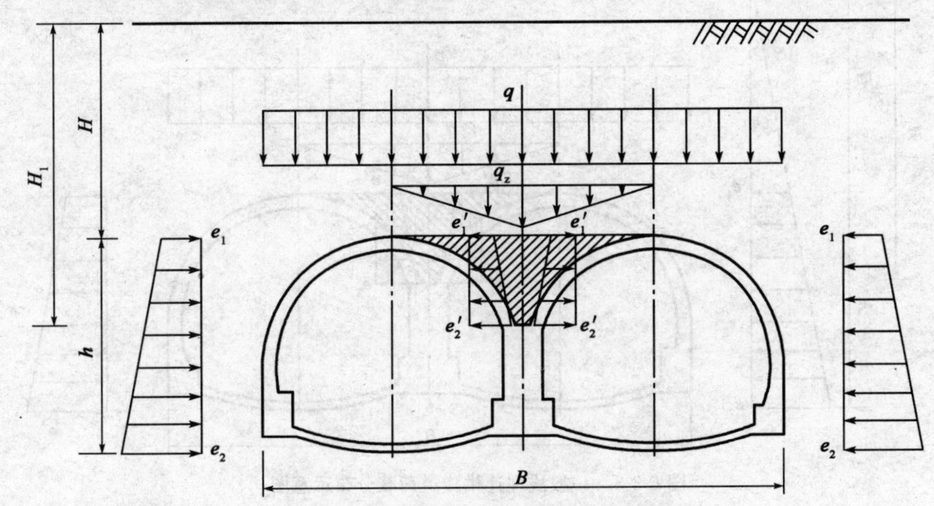

图 6-3-2　超浅埋连拱隧道荷载分布示意图

侧向压力按式(6-3-14)计算。

$$\left.\begin{aligned} e_1 &= \gamma H\tan^2\left(45°-\frac{\varphi_c}{2}\right) \\ e_2 &= \gamma(H+h)\tan^2\left(45°-\frac{\varphi_c}{2}\right) \end{aligned}\right\} \tag{6-3-14}$$

式中：e_1、e_2——隧道拱顶、底部的侧向压力(kPa)；

λ——围岩重度(kN/m³)；

H——隧道埋深，指隧道顶部至地面的距离(m)；

h——隧道开挖高度(m)；

φ_c——围岩计算摩擦角(°)。

作用在中墙两侧衬砌上的水平围岩压力为：

$$\left.\begin{aligned} e_1 &= q\tan^2\left(45°-\frac{\varphi_c}{2}\right) \\ e_2 &= (q+q_z)\tan^2\left(45°-\frac{\varphi_c}{2}\right) \end{aligned}\right\} \tag{6-3-15}$$

2. 浅埋连拱隧道围岩压力

当隧道埋深 H 大于 h_q、小于 H_p 时，为一般浅埋连拱隧道，如图 6-3-3 所示。其垂直压力按式(6-3-16)计算。

$$q = \gamma H\left(1-\frac{H}{B}\lambda\tan\theta\right) \tag{6-3-16}$$

式中：q——隧道垂直压力(kPa)；

γ——坑道上覆围岩重度(kN/m³)；

H——隧道埋深，指坑顶至地面的距离(m)；

B——连拱隧道总宽度(m)；

λ——侧压力系数，同式(6-3-12)；

θ——滑面的摩擦角(°)，按表 6-2-4 确定。

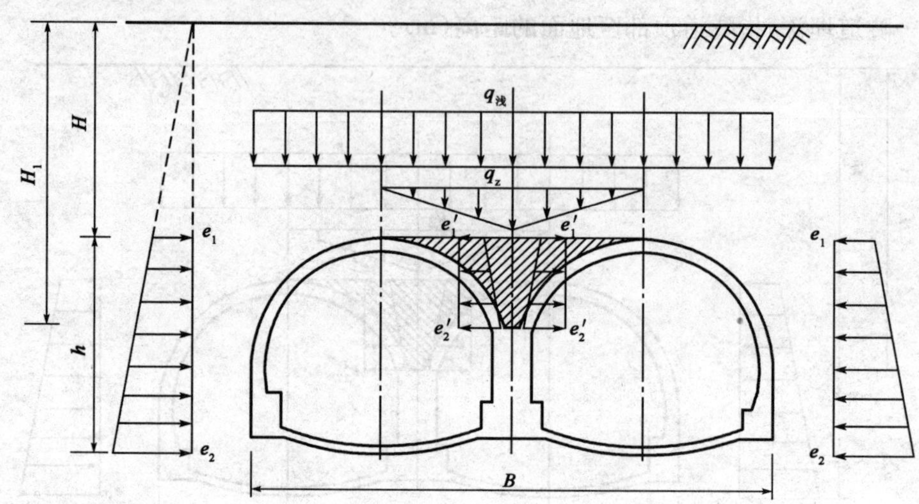

图 6-3-3　一般浅埋连拱隧道荷载分布示意图

中墙顶部三角形块体自重为：

$$q_z = \gamma(H_1 - H) \tag{6-3-17}$$

隧道两侧水平围岩压力为：

$$\left.\begin{aligned} e_1 &= q\tan^2\left(45° - \frac{\varphi_c}{2}\right) \\ e_2 &= (q + \gamma h)\tan^2\left(45° - \frac{\varphi_c}{2}\right) \end{aligned}\right\} \tag{6-3-18}$$

式中：h——隧道开挖高度(m)。

作用在衬砌上的中墙两侧水平围岩压力为：

$$\left.\begin{aligned} e'_1 &= q\tan^2\left(45° - \frac{\varphi_c}{2}\right) \\ e'_2 &= (q + q_z)\tan^2\left(45° - \frac{\varphi_c}{2}\right) \end{aligned}\right\} \tag{6-3-19}$$

四、偏压连拱隧道围岩压力的确定

浅埋偏压连拱隧道(图 6-3-4)围岩压力可按以下方法计算：

$$Q = \frac{\gamma}{2}[(h + h')B - (\lambda h^2 + \lambda' h'^2)\tan\theta] \tag{6-3-20}$$

式中：h、h'——内、外侧由拱顶水平至地面的高度(m)；

B——连拱隧道坑道整体宽度(m)；

γ——坑道上覆围岩重度(kN/m³)；

θ——顶板土柱两侧摩擦角(°)，可按表 6-2-4 确定；

λ、λ'——内、外侧的侧压力系数，同式(6-2-25)和式(6-2-26)。

偏压隧道水平侧压力为：

$$内侧\quad e_i = \gamma h_i \lambda \tag{6-3-21}$$

$$外侧\quad e_i = \gamma h'_i \lambda' \tag{6-3-22}$$

式中：h_i、h'_i——内、外侧任一点 i 至地面的距离。

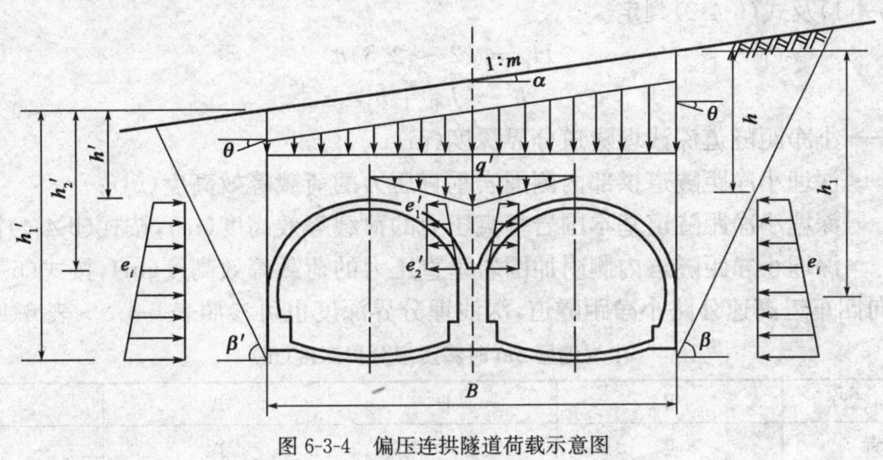

图 6-3-4　偏压连拱隧道荷载示意图

第四节　小净距隧道的围岩压力

一、小净距隧道的分类方法

按小净距隧道双洞间相互影响程度的不同，以严重影响、中等影响和轻微影响三个层次，将小净距隧道分为 A、B、C 三个类别，见表 6-4-1。

小净距隧道分类表　　表 6-4-1

围岩级别（级）	小净距隧道分类			分离式单洞
	A 类（严重影响）	B 类（中等影响）	C 类（轻微影响）	
Ⅲ	≤0.375B	(0.375～0.75)B	(0.75～2.0)B	≥2.0B
Ⅳ	≤0.5B	(0.5～1.0)B	(1.0～2.5)B	≥2.5B
Ⅴ	≤0.75B	(0.75～1.5)B	(1.5～3.5)B	≥3.5B

注：表中 B 表示隧道开挖断面宽度。

一般双车道小净距隧道可参照表 6-4-2 分类。

一般双车道小净距隧道分类表（m）　　表 6-4-2

围岩级别（级）	小净距隧道分类			分离式单洞
	A 类（严重影响）	B 类（中等影响）	C 类（轻微影响）	
Ⅲ	≤4.5	4.5～9.0	9.0～24	≥24
Ⅳ	≤6.0	6.0～12	12～30	≥30
Ⅴ	≤9.0	9～18	18～42	≥42

A 类和 B 类小净距隧道围岩压力可按本节介绍的方法计算，C 类小净距隧道可按普通分离式隧道的围岩压力计算方法计算。

二、小净距隧道的深浅埋判定方法

小净距隧道深埋与浅埋的判定可根据荷载等效高度值，并结合地质条件、施工方法等因素，按式(6-4-1)及式(6-4-2)判定。

$$H_p = (2 \sim 2.5)h_q \tag{6-4-1}$$

$$h_q = h_{q1} + h'_{q2} \tag{6-4-2}$$

式中：H_p——小净距隧道深浅埋隧道分界深度(m)；

h_q——深埋小净距隧道拱部内侧围岩垂直压力的荷载等效高度(m)；

h_{q1}——深埋小净距隧道基本围岩垂直压力的荷载等效高度(m)，按式(6-4-4)计算；

h'_{q2}——深埋小净距隧道内侧附加围岩垂直压力的荷载等效高度(m)，按式(6-4-4)计算。

对双向四车道高速公路小净距隧道，深浅埋分界深度也可参照表 6-4-3～表 6-4-5 确定。

中岩墙厚 5m 时深浅埋分界深度(m) 表 6-4-3

围岩级别(级)	Ⅱ	Ⅲ	Ⅳ	Ⅴ
坚硬岩	9	15	25	—
较坚硬岩	12	18	30	50
较软岩	—	21	35	60
软岩	—	—	45	70

中岩墙厚 10m 时深浅埋分界深度(m) 表 6-4-4

围岩级别(级)	Ⅱ	Ⅲ	Ⅳ	Ⅴ
坚硬岩	5	8	25	—
较坚硬岩	6	9	30	50
较软岩	—	12	35	60
软岩	—	—	45	70

中岩墙厚 15m 时深浅埋分界深度(m) 表 6-4-5

围岩级别(级)	Ⅱ	Ⅲ	Ⅳ	Ⅴ
坚硬岩	5	8	14	—
较坚硬岩	6	9	16	45
较软岩	—	10	25	60
软岩	—	—	35	70

注：不包含表层比洞身围岩级别低的岩体。

三、深埋小净距隧道围岩压力的确定

深埋小净距隧道(图 6-4-1)的围岩压力由以下几部分组成。

(1)基本松散压力 q_1：单侧洞室形成的稳定平衡拱下部的围岩压力，假定其为均布荷载。

(2)附加松散压力 q_2：左右洞室共同形成的极限平衡拱下部围岩松散压力减去基本松散压力及中岩墙体承担的上部围岩压力后的荷载，假定其为梯形分布荷载。

小净距隧道荷载计算示意图见图 6-4-2、图 6-4-3。

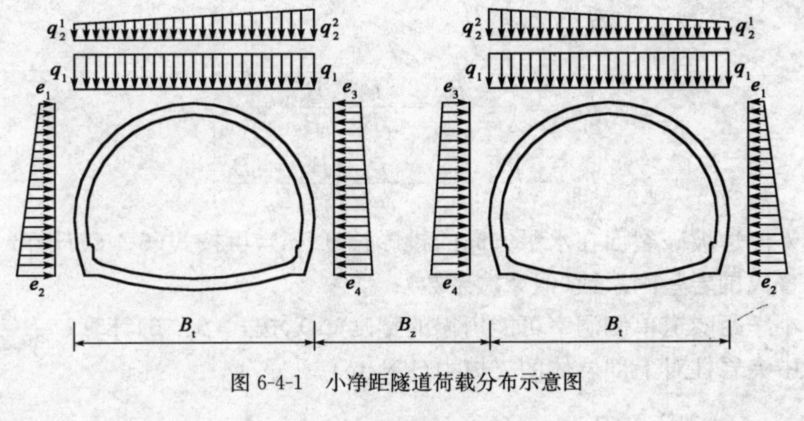

图 6-4-1　小净距隧道荷载分布示意图

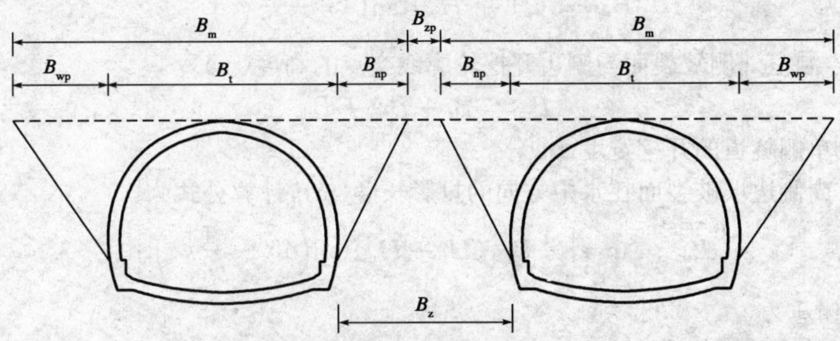

图 6-4-2　小净距隧道荷载计算示意图($B_{zp}>0$)

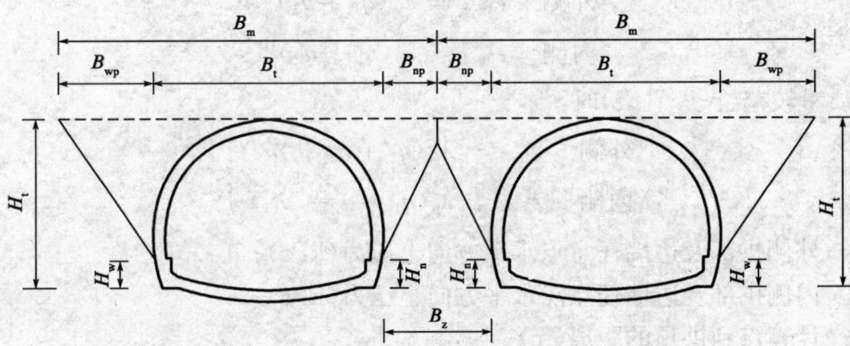

图 6-4-3　小净距隧道荷载计算示意图($B_{zp}=0$)

1. 垂直压力

垂直压力由基本松散压力 q_1 和附加松散压力 q_2 组成。

$$\left.\begin{aligned} \text{外侧}\quad q_{外} &= q_1 + q_2 = \gamma(h_{q1} + h_{q2}) \\ \text{内侧}\quad q_{内} &= q_1 + q_2 = \gamma(h_{q1} + h'_{q2}) \end{aligned}\right\} \tag{6-4-3}$$

式中：q_1——小净距隧道的基本垂直压力荷载(kPa)；

q_2——小净距隧道的附加垂直压力荷载(kPa)。

式(6-4-3)中的 h_{q2}、h'_{q2} 有如下性质：当 $h_{q2}\leqslant 0$ 时，$h_{q2}=0$；当 $h'_{q2}\leqslant 0$ 时，$h'_{q2}=0$。

$$\left.\begin{aligned} h_{q1} &= \frac{1}{2}\frac{B_m}{f_{kp}} \\ h_{q2} &= \left(\frac{2}{3}\frac{B_m}{f_{kp}} - \frac{P_z}{\gamma B_m}\right)\frac{B_{wp}}{B_m} \\ h'_{q2} &= \left(\frac{2}{3}\frac{B_m}{f_{kp}} - \frac{P_z}{\gamma B_m}\right)\frac{B_{wp}+B_t}{B_m} \end{aligned}\right\} \tag{6-4-4}$$

式中：B_{wp}——外侧边坡破裂面在水平方向的投影长度(m)，可按式(6-4-5)计算；

f_{kp}——普氏围岩坚固系数(似摩擦系数)；

B_m——小净距隧道单侧洞室可能坍塌的宽度(m)，按式(6-4-6)计算；

P_z——中夹岩柱对上部岩体的支撑力(kN/m)。

$$B_{wp} = (H_t - H_w)\tan\left(45° - \frac{1}{2}\varphi_c\right) \tag{6-4-5}$$

式中：H_w——洞室外侧破裂面与侧边开挖轮廓线交点的高度(m)。

$$B_m = B_t + B_{wp} + B_{np} \tag{6-4-6}$$

式中：B_t——单侧隧道的开挖宽度(m)；

B_{np}——内侧边坡破裂面在水中方向的投影长度(m)，计算公式为：

$$B_{np} = \max\left[\frac{1}{2}B_2, (H_t - H_n)\tan\left(45° - \frac{1}{2}\varphi_c\right)\right]$$

2. 水平侧压力

当围岩质量较好(Ⅰ～Ⅲ级)时，

$$\left.\begin{aligned} &\text{外侧}\quad e^i_{1\sim2} = \lambda_w(q_1 + q_2) \\ &\text{内侧}\quad e^i_{3\sim4} = \lambda_n(q_1 + q'_2) \end{aligned}\right\} \tag{6-4-7}$$

当围岩质量较差(Ⅳ～Ⅵ级)时，

$$\left.\begin{aligned} &\text{外侧}\quad e^i_{1\sim2} = \lambda_w(q_1 + q_2 + \gamma h_i) \\ &\text{内侧}\quad e^i_{3\sim4} = \lambda_n(q_1 + q'_2 + \gamma h_i) \end{aligned}\right\} \tag{6-4-8}$$

式中：$e^i_{1\sim2}$——外侧拱部及边墙任意点水平方向土压力(kPa)；

$e^i_{3\sim4}$——内侧拱部及边墙任意点水平方向土压力(kPa)；

h_i——计算点到拱顶的距离(m)；

λ_w、λ_n——侧压力系数。

几种典型围岩条件下的深埋四车道小净距隧道土压力荷载高度见表 6-4-6～表 6-4-8。

小净距隧道的设计土压力荷载高度(一)　　表 6-4-6

岩体分级(级)	岩石分级	内摩擦角(°)	计算摩擦角(°)	侧压力系数 λ	中岩墙宽 3m		
					h_{q1}(m)	h_{q2}(m)	h'_{q2}(m)
Ⅱ	坚硬岩	57	76	0.088	1.93	0.38	2.33
	较坚硬岩	52	72	0.119	2.59	0.57	3.13
Ⅲ	坚硬岩	48	68	0.147	3.29	0.80	3.98
	较坚硬岩	45	65	0.172	3.85	1.00	4.67
	较软岩	42	62	0.198	4.46	1.22	5.42

续上表

岩体分级（级）	岩石分级	内摩擦角（°）	计算摩擦角（°）	侧压力系数 λ	中岩墙宽 3m		
					h_{q1}(m)	h_{q2}(m)	h'_{q2}(m)
Ⅳ	坚硬岩	38	58	0.238	5.36	1.58	6.52
	较坚硬岩	35	55	0.271	6.10	1.89	7.43
	较软岩	32	51	0.307	7.17	2.33	8.75
	软岩	29	48	0.347	8.11	2.76	9.91
Ⅴ	较坚硬岩	27	45	0.376	9.10	3.19	11.14
	较软岩	26	40	0.390	10.91	3.87	13.36
	软岩	24	35	0.422	13.22	4.83	16.20

小净距隧道的设计土压力荷载高度（二）　表 6-4-7

岩体分级（级）	岩石分级	中岩墙宽 5m			中岩墙宽 7m			中岩墙宽 10m		
		h_{q1}(m)	h_{q2}(m)	h'_{q2}(m)	h_{q1}(m)	h_{q2}(m)	h'_{q2}(m)	h_{q1}(m)	h_{q2}(m)	h'_{q2}(m)
Ⅱ	坚硬岩	2.06	0.36	2.33	2.06	0	0	2.06	0	0
	较坚硬岩	2.75	0.54	3.13	2.82	0	0	2.82	0	0
Ⅲ	坚硬岩	3.49	0.75	3.98	3.64	0.49	2.68	3.64	0	0
	较坚硬岩	4.09	0.94	4.67	4.32	0.89	4.67	4.32	0	0
	较软岩	4.73	1.15	5.42	4.99	1.09	5.42	5.07	0.19	0.97
Ⅳ	坚硬岩	5.67	1.49	6.52	5.98	1.41	6.52	6.18	0.83	3.96
	较坚硬岩	6.45	1.79	7.43	6.80	1.69	7.43	7.12	1.30	5.99
	较软岩	7.58	2.20	8.75	7.98	2.09	8.75	8.47	1.84	8.17
	软岩	8.56	2.61	9.91	9.01	2.48	9.91	9.68	2.31	9.91
Ⅴ	较坚硬岩	9.60	3.02	11.14	10.10	2.87	11.14	10.85	2.67	11.14
	较软岩	11.51	3.67	13.36	12.10	3.49	13.36	13.00	3.25	13.36
	软岩	13.94	4.58	16.20	14.65	4.36	16.20	15.72	4.06	16.20

小净距隧道的设计土压力荷载高度（三）　表 6-4-8

岩体分级（级）	岩石分级	中岩墙宽 15m			中岩墙宽 20m			中岩墙宽 25m		
		h_{q1}(m)	h_{q2}(m)	h'_{q2}(m)	h_{q1}(m)	h_{q2}(m)	h'_{q2}(m)	h_{q1}(m)	h_{q2}(m)	h'_{q2}(m)
Ⅱ	坚硬岩	2.06	0	0	2.06	0	0	2.06	0	0
	较坚硬岩	2.82	0	0	2.82	0	0	2.82	0	0
Ⅲ	坚硬岩	3.64	0	0	3.64	0	0	3.64	0	0
	较坚硬岩	4.32	0	0	4.32	0	0	4.32	0	0
	较软岩	5.07	0	0	5.07	0	0	5.07	0	0
Ⅳ	坚硬岩	6.18	0	0	6.18	0	0	6.18	0	0
	较坚硬岩	7.12	0	0	7.12	0	0	7.12	0	0
	较软岩	8.47	0.70	3.12	8.47	0	0	8.47	0	0
	软岩	9.69	1.32	5.67	9.69	0.33	1.43	9.69	0	0

续上表

岩体分级（级）	岩石分级	中岩墙宽 15m			中岩墙宽 20m			中岩墙宽 25m		
		h_{q1}（m）	h_{q2}（m）	h'_{q2}（m）	h_{q1}（m）	h_{q2}（m）	h'_{q2}（m）	h_{q1}（m）	h_{q2}（m）	h'_{q2}（m）
V	较坚硬岩	10.96	1.93	8.10	10.96	1.14	4.79	10.96	0	0
	较软岩	13.18	2.67	11.10	13.18	2.05	8.53	13.18	0.81	3.37
	软岩	16.10	3.63	14.81	16.10	3.19	13.05	16.10	2.33	9.52

四、浅埋小净距隧道围岩压力的确定

(1)当小净距处于以下两种状态时，作用于隧道均布垂直压力及侧向围岩压力与单洞隧道计算方法一致：

①隧道埋深 H 小于 h_q 时；

②隧道埋深 H 大于 h_q、小于等于 H_p 时，但破裂面交点位于地表及以上。

(2)当小净距隧道埋深 H 大于 h_q、小于等于 H_p，且地表面接近水平，破裂面交点位于地表以下时(图 6-4-4)，有如下内容。

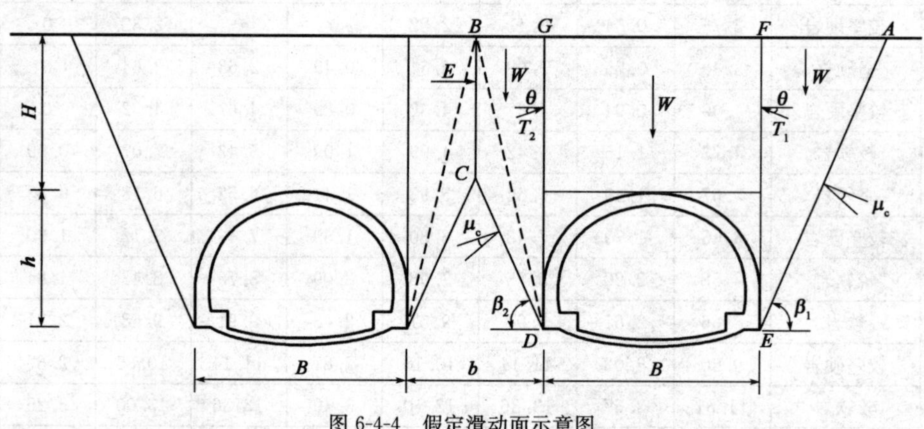

图 6-4-4　假定滑动面示意图

①垂直压力

$$\text{外侧}\quad q_1 = \gamma h\left(1 - \frac{\lambda_1 H\tan\theta}{B}\right) \tag{6-4-9}$$

$$\text{内侧}\quad q_2 = \gamma h\left(1 - \frac{\lambda_2 H\tan\theta}{B}\right) \tag{6-4-10}$$

$$\lambda_1 = \frac{\tan\beta_1 - \tan\varphi_c}{\tan\beta_1[1 + \tan\beta_1(\tan\varphi_c - \tan\theta) + \tan\varphi_c\tan\theta]} \tag{6-4-11}$$

$$\lambda_2 = \frac{b}{2}\,\frac{\gamma(2H - 0.5b\tan\beta_2)\sin(\beta_2 - \varphi_c)\cos\theta}{H^2\cos(\theta + \beta_2 - \varphi_c)} \tag{6-4-12}$$

$$\tan\beta = \tan\varphi_c + \sqrt{\frac{(\tan^2\varphi_c + 1)\tan\varphi_c}{\tan\varphi_c - \tan\theta}} \tag{6-4-13}$$

式中：B——隧道宽度(m)；

θ——顶板土柱两侧摩擦角(°)，无资料时可按表 7-2-3 采用；

β——侧边产生最大推力时的破裂角(°)；

φ_c——围岩计算摩擦角(°)；

λ_1、λ_2——外、内侧压力系数。

②水平压力

当围岩质量较好(Ⅰ～Ⅲ级)时，

$$\left.\begin{aligned}\text{外侧}\quad e_{1i}&=\lambda_1 q_1\\ \text{内侧}\quad e_{2i}&=\lambda_2 q_2\end{aligned}\right\}\tag{6-4-14}$$

当围岩质量较差(Ⅳ～Ⅵ级)时，

$$\left.\begin{aligned}\text{外侧}\quad e_{1i}&=\lambda_1(q_1+\gamma h_i)\\ \text{内侧}\quad e_{2i}&=\lambda_2(q_2+\gamma h_i)\end{aligned}\right\}\tag{6-4-15}$$

式中：h_i——计算点到拱顶的垂直距离(m)。

五、偏压小净距隧道围岩压力的确定

浅埋偏压小净距隧道(图 6-4-5)围岩压力可按以下方法计算。

(1)地面横坡偏斜，当隧道埋深 H 小于 h_q 或大于 h_q、小于等于 H_p，且破裂面交点位于地表及以上时，其垂直压力及两侧水平压力同单洞隧道一致。

(2)地面横坡偏斜，当隧道埋深 H 大于 h_q、小于等于 H_p，且破裂面交点位于地表以下时，有如下内容。

①垂直压力

$$q_i=\gamma h_i-\frac{\gamma(\lambda_1 h_1^2+\lambda_2 h_2^2)\tan\theta}{2B}\quad(i=1,2)\tag{6-4-16}$$

$$q_i=\gamma h_i-\frac{\gamma(\lambda_3 h_3^2+\lambda_4 h_4^2)\tan\theta}{2B}\quad(i=3,4)\tag{6-4-17}$$

式中：q_i——计算点围岩垂直压力强度(kPa)；

h_i——计算点深度(m)；

$$\lambda_1=\frac{1}{\tan\beta_1+\tan\alpha}\times\frac{\tan\beta_1-\tan\varphi_c}{1+\tan\beta_1(\tan\varphi_c-\tan\theta)+\tan\varphi_c\tan\theta}$$

$$\lambda_2=\frac{1}{\tan\beta_2-\tan\alpha}\times\frac{\tan\beta_2-\tan\varphi_c}{1+\tan\beta_2(\tan\varphi_c-\tan\theta)+\tan\varphi_c\tan\theta}$$

$$\lambda_3=\frac{1}{\tan\beta_3+\tan\alpha}\times\frac{\tan\beta_3-\tan\varphi_c}{1+\tan\beta_3(\tan\varphi_c-\tan\theta)+\tan\varphi_c\tan\theta}$$

$$\lambda_4=\frac{1}{\tan\beta_4-\tan\alpha}\times\frac{\tan\beta_4-\tan\varphi_c}{1+\tan\beta_4(\tan\varphi_c-\tan\theta)+\tan\varphi_c\tan\theta}$$

其中

$$\tan\beta_1=\tan\varphi_c+\sqrt{\frac{(\tan^2\varphi_c+1)(\tan\varphi_c+\tan\alpha)}{\tan\varphi_c-\tan\theta}}$$

$$\tan\beta_4=\tan\varphi_c+\sqrt{\frac{(\tan^2\varphi_c+1)(\tan\varphi_c-\tan\alpha)}{\tan\varphi_c-\tan\theta}}$$

$$\tan\beta_2=\tan\beta_3=\frac{h_2'+h_3'}{D}$$

β_i——破裂面与水平面夹角(°);

α——坡面与水平面夹角(°)。

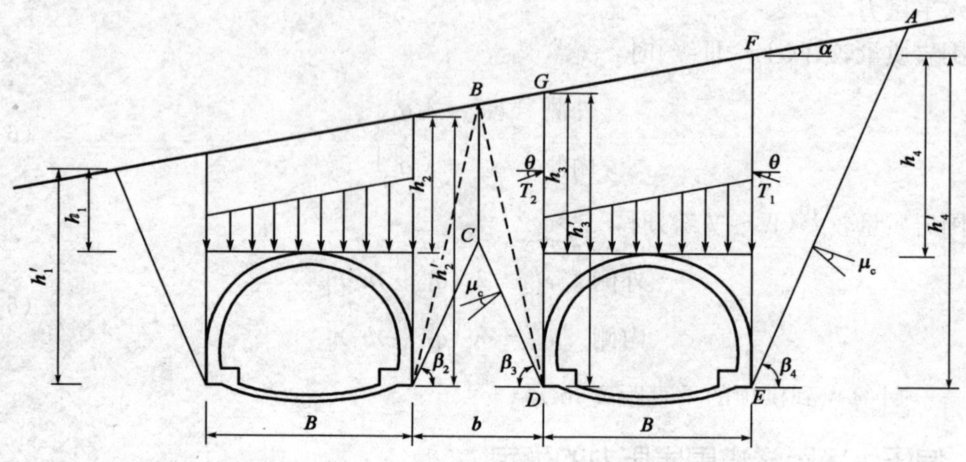

图 6-4-5　偏压小净距隧道荷载计算简图

②水平分布压力

$$e_i = \lambda_i \gamma h_i \quad (i = 1,2,3,4) \tag{6-4-18}$$

$$e'_i = \lambda_i \gamma h'_i \quad (i = 1,2,3,4) \tag{6-4-19}$$

式中:e_i——计算点围岩水平压力强度(kPa);

h_i、h'_i——计算点深度(m);

其他符号同前。

有关小净距隧道围岩压力的计算方法,主要参考西部交通建设科技项目《分岔隧道设计与施工关键技术研究》(20040462004125)中的子报告《分岔隧道设计施工指南》。

小净距隧道围岩压力与隧道断面形式、断面尺寸、围岩类别、隧道埋深、中岩墙厚度、开挖方式、支护形式和参数选取等众多因素有关,特别是隧道的开挖方式和中岩墙的加固措施及加固效果对小净距隧道平衡拱的形成及围岩压力的影响较大。

小净距隧道形成的平衡拱一般介于以下两种极限状态之间:

①加固后的中岩墙体形成了一个承载能力很高的柱体,阻止了岩柱体上方松散土体的下沉,减小了平衡拱的形成范围,仅在单侧洞室上方各自形成稳定的平衡拱,左右洞室的平衡拱无影响;

②隧道开挖方式不当,或中岩墙体加固措施不合理,中岩墙承载能力较小,左右洞室的平衡拱范围逐渐扩大,最后在左右洞室的上方形成一个共同的平衡拱。

对于小净距隧道的中岩墙,应考虑隧道支护结构(如预应力对拉锚杆)的主动支护力对岩体抗压强度的提高效应。根据摩尔—库仑强度理论,其换算强度计算如下:

$$R_S^T = P_i \frac{1+\sin\varphi_0}{1-\sin\varphi_0} + R_S^B \tag{6-4-20}$$

式中:R_S^T——中岩墙岩体的换算强度(kPa);

P_i——支护结构对中岩墙的等效主动支护压力(kPa);

φ_0——岩体内摩擦角(°);

R_S^B——岩体单轴抗压设计强度(kPa)。

因此，中岩墙对上部岩体的支撑力为：

$$P_z = \frac{R_S^T B_{zp}}{K_z} \tag{6-4-21}$$

式中：K_z——中岩墙支撑能力的安全系数，一般 $K_z=2$；

B_{zp}——中岩墙有效承载宽度(m)，且有：

$$\text{当}\frac{1}{2}B_z \leqslant B_{np}\text{时}, B_{zp}=0$$

$$\text{当}\frac{1}{2}B_z > B_{np}\text{时}, B_{zp}=B_z-2B_{np}$$

其中　B_z——中岩墙能够发挥支撑作用的宽度(m)，应扣除超挖值，

B_{np}——中岩墙单侧破裂面水平宽度(m)，其计算公式为：

$$B_{np} = (H_t - H_n)\tan\left(45^\circ - \frac{1}{2}\varphi_0\right) \tag{6-4-22}$$

第七章　隧道支护地层—结构分析方法

第一节　概　　述

与地层—结构分析方法相应的隧道设计模型是地层—结构模型。其设计理念，是认为围岩具有自支承能力，支护（含衬砌结构，下同）的作用是加固围岩，并与围岩联合组成共同受力的整体，共同承受荷载的作用。

采用地层—结构分析方法进行设计计算时，计算区范围应同时包含支护和围岩地层，应同时考虑开挖施工步骤的影响。初步设计阶段可按常规施工方法选定开挖施工步骤，施工图设计阶段应改按施工组织设计制订的技术方案确定。

采用地层—结构分析方法设计隧道时，应同时检验围岩的稳定性和支护结构的受力变形状态是否满足强度条件及按使用要求确定的变形量限制条件。内衬结构的工作状态一般为弹性受力状态，或经论证认为仍可保持稳定的弹塑性受力状态；初期支护（含开挖阶段增设的喷射混凝土层）和围岩的工作状态可认为处于弹塑性受力状态。

地层—结构分析方法的基础理念是认为围岩具有自支承能力，并可由其与支护结构共同组成承载体系。这类方法常用于在具有一定自支承能力的围岩中建造隧道支护结构的计算。Ⅴ级及Ⅴ级以上的围岩都具有一定的自支承能力，因而都可采用地层—结构分析方法进行设计计算。Ⅲ级及Ⅲ级以上的围岩自支承能力强，对在这些级别的围岩中建造的隧道，经验表明对支护结构根据经验选定设计参数时已可使围岩保持稳定，因而规范规定一般不要求进行计算。

Ⅳ级、Ⅴ级围岩中建造的隧道一般采用复合式支护，对其宜采用地层—结构分析方法进行设计计算。但对在Ⅴ级围岩中建造的浅埋隧道，围岩承载能力较低时宜采用荷载—结构分析方法计算。

采用地层—结构分析方法进行设计计算时，宜通过控制荷载释放过程，隧道内衬结构经受的荷载相对较小，围岩的自支承能力可适度充分发挥。

Ⅵ级围岩的自支承能力差，宜采用荷载—结构分析方法对支护结构进行设计计算。

地层—结构分析方法的计算方法可分为解析解和数值法两类。其中解析解一般只适用于均匀介质中的圆形隧道，且只能计算若干典型工况。对公路隧道的设计，可供采用的计算方法通常是数值法。

地层—结构分析方法的数值法可分为有限单元法（FEM）、特征单元法（DDA）、边界单元法（BEM）和有限差分法（FDM）等。

有限单元法因既可模拟各级围岩的性态特征，又能反映断层、节理等地质构造的影响，并能对开挖施工过程实行动态追踪等，因而适用于各级围岩（硬岩或软岩）中的公路隧道设计的计算。同时由于目前已有多种包括前、后处理在内的功能强大的程序、软件可供采用，这类方法是如今最常采用的一类算法。

特征单元法可较好模拟块体结构的性态，因而适用于围岩地层为块体状结构的硬岩地层中的公路隧道设计。然因查明块体结构分布的几何特征及合理确定结构面性状的参数均需开展较多的地质调查工作，公路隧道设计很难满足这一要求，因而这类方法一般仅在规模较大的大跨度地下结构的设计研究中采用。

边界单元法用于均匀介质中的弹性、黏弹性问题的计算时才比有限单元法简捷，一般仅适用于围岩介质的性态可用弹性、黏弹性模型近似模拟时的公路隧道的设计计算。

有限差分法因控制方程离散为差分方程，具有少占内存等优点，目前已为 FLAC 等程序吸收，可供各级围岩（硬岩或软岩）中的公路隧道设计计算采用。

采用地层—结构分析方法设计公路隧道时，作用在隧道结构上的荷载可按《公路隧道设计规范》（JTG D70—2004）表 6.1.1 分类，并按规范提出的方法计算。但其中的围岩压力应为释放荷载。对在隧道结构上可能同时出现的荷载，应按规范规定的原则进行组合，并按最不利组合进行计算和设计。

地层—结构分析方法，对初期支护和二次衬砌的计算都适用，但在进行具体计算时，对不同阶段的计算应根据实际情况取用不同的荷载组合。

释放荷载与初始地应力、围岩材料的性态、开挖施工步骤及结构施作时机等有关。工程设计中，释放荷载的计算需按当前地应力（不一定是初始地应力）计算。各类因素的影响，则可由根据开挖施工步骤和支护施作时机等设定相应的荷载释放过程体现。

对初期支护的设计计算，级别相对较高的围岩可取用较大的释放荷载分担比，使初期支护和围岩承受较大的荷载；级别相对较低的围岩则相反。

鉴于围岩材料的变形常随时间而增长，由数层喷射混凝土层和内衬结构联合组成复合式支护时，各层支护结构经受围岩压力作用的程度将有差异。这类力学现象也可通过控制荷载释放过程模拟，将与初期支护（含开挖阶段增设的喷射混凝土层）和围岩相应的释放荷载分担比，按支护层数（不含内衬结构）合理分配。

第二节　初始地应力与开挖效应

一、初始地应力

初始地应力是指天然状态下存在于岩体或土体介质内部的应力。未经扰动的岩层，岩体内部存在的应力即为初始地应力，相应的应力状态可称为初始应力状态。

在先期经受过开挖扰动影响的岩层中开挖隧道时，岩体内部存在的应力并不是初始地应力，而是包含先期开挖扰动影响的合应力，但相应的应力状态仍可称为初始应力状态。

初始地应力由初始自重应力及构造应力组成，表达式可写为：

$$\sigma = \sigma_g + \sigma_t \tag{7-2-1}$$

式中：σ——初始地应力；

σ_g——自重应力分量；

σ_t——构造应力分量。

初始地应力的确定方法，有水压致裂法、钻孔应力法、位移反分析法和回归分析法。前两种方法属于直接测量法，后两种方法属于反分析法。其中直接测量法通常有需要经费较多、花费时间较长的显著弱点，回归分析法需在工程所在地区的数个点上测得地应力值后才能采用，因而通常都仅适用于水电站工程等的设计研究。对公路隧道，这些方法一般仅在长度特长、地质条件特复杂的场合才考虑采用。

水压致裂法通过测量垂直钻孔的孔壁开始出现张裂缝时的破裂水压力和在水泵停开后使水压裂缝保持张开状态所必需的封井压力，进而得出地应力值。水压致裂法在测量深层岩体的地应力时，测得的地应力即为测点的初始地应力，适用于初始地应力的一个主应力为垂直应力的情况。

钻孔应力法通过量测套芯应力解除前后钻孔孔径的变化确定地应力。钻孔深度超过扰动影响区时测得的地应力即为测点的初始地应力，适用于测点范围内岩性均匀，且岩芯无大的裂隙通过的情况。

1. 位移反分析法

位移反分析法利用在工程现场测得的，由开挖扰动引起的位移量确定初始地应力。按算法特点可分为正反分析法和逆反分析法两类。后者由正分析计算的逆解过程确定初始地应力，因对非线性问题的分析难于得到解析式，以及需要针对各类具体情况分别编制专用程序而很少采用；前者则通过正分析计算的优化逆解逼近过程确定初始地应力，因主要采用常用正算程序计算而显得简便。目前采用的方法一般都是正反分析法。

采用正反分析法确定初始地应力时，常用的算法有单纯形法、阻尼最小二乘法、遗传算法、遗传模拟退火算法以及混合遗传算法等，用于约束优化过程的目标函数可统一表示为：

$$J = \min\sum_{j=1}^{N}\left(1-\frac{\overline{u}_{\mathrm{j}}}{u_{\mathrm{j}}}\right)^2 \tag{7-2-2}$$

式中：J——目标函数；

$\overline{u}_{\mathrm{j}}$——位移量实测值；

u_{j}——位移量真值；

N——位移量测值个数。

采用正反分析法确定初始地应力时，需先对初始地应力场的分布规律作假设。通常认为在工程活动涉及的岩层内，自重应力自上而下呈线性规律分布（地表为零），构造应力可假设为均布应力，或沿深度分段均布的应力，或沿深度呈线性规律分布的应力（地表不一定为零）。目标未知数宜选为沿计算区域的边界分布的应力。求得边界应力后，即可由数值分析的正演方法算得计算区域内各点的初始地应力。

按计算区域的几何特征，正反分析法一般可分为二维平面应变问题和三维空间问题的两类反分析方法。前者采用的目标未知数为沿边界线均布或线性分布的线荷载（应力），后者则为沿边界面均布或线性分布的面荷载（应力）。对计算区域的边界需设定边界条件时，采用的方法宜与数值分析的正演分析法相同。

根据上述原则建立的正反分析法可有许多种，下文列出的正算逆解逼近法为其中之一，适用于可简化为平面应变问题计算的情况，可供参考。

鉴于围岩位移量的量测值与初始地应力及工程岩体的弹性参数值（尤其是弹性模量值或变形模量值）都关系密切，采用位移反分析法确定初始地应力时，应同时确定弹性参数值。

2. 回归分析法

回归分析法类属应力反分析法，特点为利用散布在工程所在区域内的数个地点的初始地应力实测值，借助根据数理统计原理建立的优化过程反演确定区域范围内初始地应力场的分布规律，从而得出工程建设地点的初始地应力的估计值。

用于约束优化过程的目标函数可表示为：

$$J = \min\sum_{k=1}^{N}\sum_{i,j=1}^{6}(w_k\bar{\sigma}_{ij}^k - \sigma_{ij}^k)^2 \tag{7-2-3}$$

式中：$\bar{\sigma}_{ij}^k$——应力分量的量测值；

σ_{ij}^k——应力分量的真值；

N——测点数；

w_k——加权系数，一般可令 $w_k=1$。

采用回归分析法确定初始地应力时，需先对初始地应力场的分布规律作假设，其原则可与位移反分析法相同。计算方法均属三维空间问题的反分析法，目标未知数常选为边界面力。求得边界面力后，再由数值分析的正演分析方法算得工程所在部位的初始地应力。当需对计算区域的边界设定边界条件时，采用的方法宜与数值分析的正演分析法相同。

在丘陵地带建造公路隧道时，围岩的初始地应力场通常为自重应力场，其分布规律可借助正演分析的数值方法通过计算确定，也可将垂直应力取为上覆地层重力之和，并按给定水平侧压力系数法确定侧压力。后者的计算公式可参见《公路隧道设计规范》(JTG D70—2004)中的附录J，或有关文献。

3. 二维平面应变问题反分析计算的正算逆解逼近法

1)线弹性问题的反分析方法

(1)基本假设

①隧道围岩的工作状态为线弹性受力状态；

②横断面上隧道围岩的受力变形状态符合平面应变假设；

③某一地点横断面上隧道围岩的初始地应力由线性分布的自重应力和均布构造应力组成。

(2)基本方程

对二维平面应变问题，在满足最小二乘原理的条件下，线弹性问题位移反分析计算的基本方程为：

$$\sum_{k=1}^{N}\left[D^k - \left(d^g + \sum_{i,j=1}^{2}\sigma_{ij}^t d_{ij}^0\right)^k\right](d_{ij}^0)^k = 0 \quad (i \leqslant j) \tag{7-2-4}$$

式中：N——位移量测值的总数；

D^k——第 k 个位移量的实测值；

d^g——由自重应力引起的，测点在量测方向上的位移量(指由与自重应力相应的释放荷载引起的位移)；

σ_{ij}^t——均布构造应力分量的量值；

d_{ij}^0——由单位均布构造应力 $\sigma_{ij}^0=1$ 引起的，测点在量测方向上的位移量(指由与 $\sigma_{ij}^0=1$ 相应的释放荷载引起的位移)。

式(7-2-4)中 D^k 为实测值，d^g 和 d_{ij}^0 可取为由数值分析的正演方法得出的已知值，因 d^g、d_{ij}^0

的量值包含围岩材料弹性性态参数的影响，反分析计算的目标未知数需同时包括隧道计算断面上的均布构造应力分量及围岩材料的弹性模量 E、泊松比 μ。对具体工程的分析，可在根据地质条件选定 E、μ 的基础上，仅将均布构造应力分量作为反分析计算的目标未知数。

采用这一方法计算时，初始地应力分量的计算式为：

$$P_{ij}=\sigma_{ij}^{g}+\sigma_{ij}^{t}\quad(i,j=1,2;i\leqslant j)\tag{7-2-5}$$

式中：P_{ij}——横断面上隧道围岩中的初始地应力分量。

(3)计算方法

采用这一方法进行计算时，可先算得 d^{g}、d_{ij}^{0}，将其连同 D^{k} 代入式(7-2-4)，得到关于 σ_{ij}^{t} 的三元一次线性代数方程组，由其解得 σ_{ij}^{t}，然后由式(7-2-5)确定初始地应力 P_{ij}。

d^{g}、d_{ij}^{0} 可采用数值分析的正演方法计算，如有限元方法。采用这一方法进行计算时，围岩地层的弹性参数需同时确定。通常可先根据地质条件选定 E、μ，通过反分析计算确定 P_{ij}，然后根据 P_{ij} 算得与量测位移相应的位移量。如果两者相差较大，则调整 E 值后重新进行反分析计算，直到两者相差较小为止。计算过程中，用于约束优化过程的目标函数为式(7-2-2)。

2)弹塑性问题的反分析方法

(1)基本假设

除假设隧道围岩的工作状态可为弹塑性受力状态外，其余假设均与线弹性问题的反分析方法相同。

(2)基本方程

对二维平面应变问题，在满足最小二乘原理的条件下，弹塑性问题位移反分析计算的基本方程可选为：

$$\sum_{k=1}^{N}[D^{k}-(d^{g}+\sum_{i,j=1}^{2}\sigma_{ij}^{t}d_{ij}^{ep})^{k}](d_{ij}^{ep})^{k}=0\quad(i\leqslant j)\tag{7-2-6}$$

式中：d_{ij}^{ep}——弹塑性受力状态下，由单位均布构造应力 $\sigma_{ij}^{0}=1$ 引起的，测点在量测方向上的位移量(指由与 $\sigma_{ij}^{0}=1$ 相应的释放荷载引起的位移)；

其他符号的含义均与式(7-2-4)相同。

式(7-2-6)中 D^{k} 仍为实测值，d^{g}、d_{ij}^{ep} 仍为可由数值分析的正演方法得出的已知值，但因 d^{g}、d_{ij}^{ep} 的量值包含围岩材料弹塑性性态参数的影响，反分析计算的目标未知数需同时包括隧道计算断面上的均布构造应力分量及围岩材料的弹性模量 E、泊松比 μ、黏聚力 c、内摩擦角 φ，这类问题属于高度非线性问题。对具体工程的分析，仍可在根据地质条件选定 E、μ、c、φ 的基础上，仅将均布构造应力作为反分析计算的基本未知数。

采用这一方法计算时，理论上初始地应力的计算式仍为式(7-2-5)，然因弹塑性问题分析的计算方法多为增量迭代法，初始地应力的计算也将包含迭代修正过程。

(3)计算方法

与弹性问题的反分析方法相比，采用这一方法计算时，仍可先算得 d^{g}、d_{ij}^{ep}，后由式(7-2-6)解得 σ_{ij}^{t}，再由式(7-2-5)确定初始地应力 P_{ij}，区别是这时 d^{g}、d_{ij}^{ep} 的计算包含围岩材料弹塑性性态的影响，使 d_{ij}^{ep}、σ_{ij}^{t} 及 P_{ij} 的取值均需经过迭代修正，才能最终确定。

与弹性问题的反分析相比较，d^{g}、d_{ij}^{ep} 仍可采用数值分析的正演方法计算，两者的荷载也仍分别为与自重应力及 $\sigma_{ij}^{0}=1$ 相应的释放荷载，区别是计算过程需考虑围岩地层材料进入弹塑性状态后对变形的影响，尤应注意计算 d_{ij}^{ep} 时围岩地层的应力水平应高于自重应力。具体计算方法可有多种，用于工程问题的分析时，可根据采用的计算程序选用。

采用以上方法计算时，如根据由反分析计算确定的 P_{ij} 算得的位移量的计算值与实测值相比误差较大，可重新选定 E、μ、c、φ 后再进行反分析计算。

二、开挖效应

隧道开挖后，地层的初始应力平衡状态被破坏，洞周围岩将在沿隧道周边分布的，与初始应力大小相等、方向相反的不平衡力作用下发生变形，由此产生附加应力场与位移场。这类由隧道开挖引起的沿隧道洞周作用的不平衡力一般称为释放荷载，在释放荷载作用下围岩产生附加应力场与位移场的现象称为开挖效应。

开挖效应可通过在洞周边界上设置释放荷载进行计算，常用的计算方法为有限单元法。释放荷载是与隧道洞周上的初始围岩应力大小相等、方向相反的分布应力。在未经扰动的岩体中开挖隧道时，初始围岩应力即为初始地应力；在已扰动过的岩体中开挖隧道时，应为围岩当前的初始应力。

释放荷载可采用单元应力法、绕节点平均法或 Mana 法计算确定。Mana 法在建立具体算法时对边界节点间围岩应力场变化规律的假设与有限单元法相同，并由此易于编制程序，因而宜优先采用。

1. 单元应力法

采用单元应力法计算时，需先根据初始地应力或与前一步开挖相应的应力场，算得预计开挖边界上各节点的应力，并假定各节点间的应力呈线性分布，然后反转开挖边界上各节点应力的方向(即改变其符号)，得到释放荷载。将开挖边界上呈线性分布的释放荷载转化为等效节点力的计算式为：

$$P_x^i = \frac{1}{6}\left[2\sigma_x^i(b_1+b_2)+\sigma_x^{i+1}b_2+\sigma_x^{i-1}b_1+2\tau_{xz}^i(a_1+a_2)+\tau_{xz}^{i+1}a_2+\tau_{xy}^{i-1}a_1\right] \quad (7\text{-}2\text{-}7)$$

$$P_z^i = \frac{1}{6}\left[2\sigma_z^i(a_1+a_2)+\sigma_z^{i+1}a_2+\sigma_z^{i-1}a_1+2\tau_{xz}^i(b_1+b_2)+\tau_{xz}^{i+1}b_2+\tau_{xy}^{i-1}b_1\right] \quad (7\text{-}2\text{-}8)$$

$$a_1 = x_{i-1}-x_i$$
$$a_2 = x_i - x_{i+1}$$

$$b_1 = z_i - z_{i-1}$$
$$b_2 = z_{i+1} - z_i$$

式中：σ_x^i、σ_z^i、τ_{xz}^i——分别为节点 i 上与初始地应力或与前一步开挖相应的正应力和剪应力分量(图 7-2-1)；

P_x^i、P_z^i——分别为节点 i 在 x 及 z 轴方向上的等效节点力；

x_i、z_i——分别为节点 i 在 x 及 z 轴方向上的坐标值。

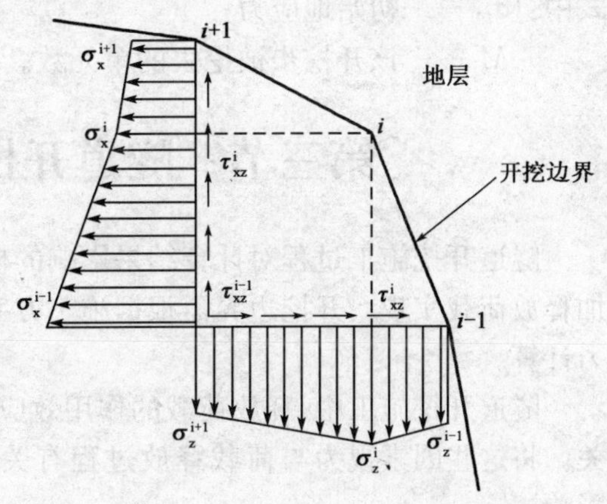

图 7-2-1　等效节点力示意图

2. 绕节点平均法

绕节点平均法是将围绕该节点的各单元应力的平均值作为该节点的应力值，并假设各节点间的应力呈线性分布，然后反转开挖边界上各点应力的方向，将其作为释放荷载。节点应力值的计算式为：

$$\sigma_i = \frac{1}{m}\sum_{e=1}^{m}\sigma_i^e \tag{7-2-9}$$

式中：σ_i——节点 i 的平均应力值；

m——围绕该节点的全部单元的总数。

计算节点应力的平均值时，也可引入面积加权系数，即可将式(7-2-9)改写为：

$$\sigma_i = \frac{\frac{1}{m}\left(\sum_{e=1}^{m}\sigma_i^e A_e\right)}{\sum_{e=1}^{m}A_e} \tag{7-2-10}$$

式中：A_e——任意单元 e 的面积；

其他符号的含义同式(7-2-9)。

采用绕节点平均法计算时，等效节点力的计算式仍为式(7-2-7)及式(7-2-8)。

3. Mana 法

Mana 法通过单元应变矩阵将所有被挖除单元高斯点处的应力等效到节点上，进而求得等效节点力。

初始地应力场含重力场时，第 j 步开挖时的释放荷载$\{P\}_j$的计算表达式为：

$$\{P\}_j = \sum_{i=1}^{M_j}\int_{V_i}[B]^T\{\sigma\}_{j-1}dV - \sum_{i=1}^{M_j}\int_{V_i}[N]^T\{\gamma\}dV \tag{7-2-11}$$

式中：M_j——第 j 步开挖被挖去的单元的总数；

$[B]$——单元应变矩阵；

$\{\sigma\}_j$——第 $j-1$ 步开挖后的单元应力；

$[N]$——单元位移形函数矩阵；

$\{\gamma\}$——该步开挖被挖去的单元的体力。

第一步开挖时的释放荷载为：

$$\{P\}_1 = \sum_{i=1}^{M_1}\int_{V_i}[B]^T\{\sigma\}_0 dV - \sum_{i=1}^{M_1}\int_{V_i}[N]^T\{\gamma\}dV \tag{7-2-12}$$

式中：$\{\sigma\}_0$——初始地应力；

M_1——该开挖步被挖去的单元数。

第三节　隧道开挖施工过程的计算方法

隧道开挖施工过程对计算结果影响的模拟，可通过按开挖施工步骤在开挖边界上逐步施加释放荷载实现。开挖边界需根据施工方案确定，释放荷载应根据前一开挖步完成时的地应力计算。

隧道开挖施工中，释放荷载的作用效应与计算断面的位置、支护施作时机及完工时间等有关。将这些因素视为与荷载释放过程有关的参数，则开挖效应的计算应能体现这些参数的影响。

荷载释放过程的确定需综合考虑围岩材料的性态、开挖施工方法、开挖面进尺及衬砌结构的施工方法等因素的影响，并应注意使围岩和支护结构的受力状态满足对释放荷载分担比预定的设计要求。围岩最终应力和支护结构的内力均可由叠加原理求得，其中围岩应力尚应叠加初始应力。

一、荷载释放过程的模拟方法

隧道开挖施工中，洞周初始应力的释放过程，可通过设置空间效应释放系数和荷载释放系数模拟。

空间效应释放系数是指计算断面上围岩的变形量，与在距开挖面足够远处（在开挖面影响范围之外）的横断面上相应的围岩变形量之间的比值，用于反映计算断面受开挖面空间约束效应影响的程度。其表达式为：

$$\lambda(z)=\frac{u_1(z)}{u_1(\infty)} \tag{7-3-1}$$

式中：z——计算断面离开挖面的距离；

$\lambda(z)$——离开挖面距离为 z 的计算断面的空间效应释放系数；

$u_1(z)$——该计算断面上某点某方向上围岩的变形量；

$u_1(\infty)$——在离开挖面足够远处（在开挖面影响范围之外）的横断面上与 $u_1(z)$ 相应的围岩的变形量。

荷载释放系数是指在每个施工开挖步内，各承载阶段围岩承受的释放荷载在该施工开挖步的总释放荷载中所占的比例，用于反映支护施作时间的影响，并可体现围岩地层与支护结构对释放荷载的分担作用。每个施工开挖步（以下简称开挖步）均有相应的荷载释放，并均有围岩承载阶段（初期支护施作前，可简称为第一承载阶段，或围岩阶段），围岩与初期支护共同承载阶段（二次衬砌施作前，可简称为第二承载阶段，或初期支护阶段），围岩、初期支护与二次衬砌共同承载阶段（二次衬砌施作后，可简称为第三承载阶段，或二次衬砌阶段）三个承载阶段。将荷载释放系数近似设为在每个施工开挖步的各承载阶段，围岩发生的位移量在变形趋于稳定后可能达到的总位移量中所占的比例，并记为 $\lambda_{ij}(\Delta p_i)$，则有：

$$\lambda_{ij}(\Delta p_i)=\frac{u(t=t_{ij})}{u(t=\infty)} \tag{7-3-2}$$

式中：Δp_i——第 i 开挖步发生的释放荷载；

$\lambda_{ij}(\Delta p_i)$——第 i 开挖步第 j 承载阶段的荷载释放系数；

t_{ij}——第 i 开挖步第 j 承载阶段的发生时刻与结束时刻之间的时间间隔；

$u(t=t_{ij})$——自开挖时刻起至 $t=t_{ij}$ 时间内计算断面上围岩的变形量；

$u(t=\infty)$——变形趋于稳定后计算断面上围岩的最终变形量。

对任意开挖步 i，有：

$$\sum_{j=1}^{3}\lambda_{ij}(\Delta p_i)=1 \tag{7-3-3}$$

空间效应释放系数宜通过反分析方法确定，也可参照由三维弹性问题数值分析得到的结果即图 7-3-1 按距离近似确定。由图可见，$\lambda(z)$的合理取值与计算断面距掌子面的长度有关，其值的变化范围为 0.25～0.75。考虑到后续开挖施工步作业通常滞后的影响，建议将其取为 $\lambda(z)=0.25\sim0.50$。

荷载释放系数的确定应注意使二次衬砌和围岩（含初期支护）各自实际承受的释放荷载满

足对释放荷载分担比预定的设计要求。工程设计中,荷载释放系数可综合考虑空间效应释放系数的影响,并将概念扩大后的荷载释放系数记为 $\alpha_{ij}(\Delta p_i)$。

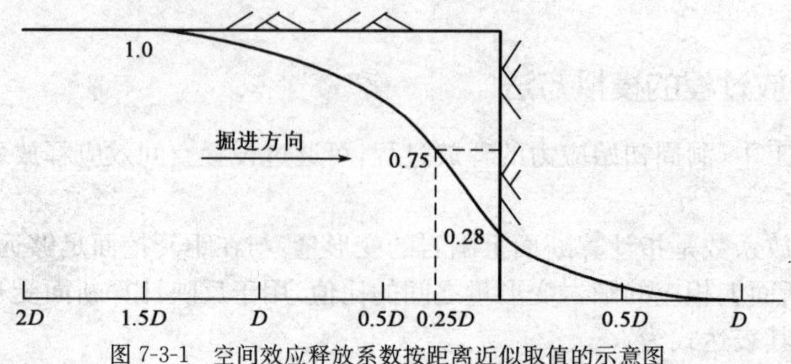

图 7-3-1　空间效应释放系数按距离近似取值的示意图

设计计算中各开挖步各承载阶段的荷载释放系数的取值,宜通过对位移监测资料的分析研究确定,初步设计阶段则可对各开挖步设定如下:

$$\alpha_{ij} = \lambda(z) \cdot \lambda_{ij}(p) \tag{7-3-4}$$

式中:α_{ij}——与第 i 施工开挖步第 j 承载阶段(荷载增量步)相应的开挖边界的荷载释放系数。

当计算断面远离掌子面时,开挖边界的释放荷载将完全释放,故有 $\lambda(z)=1$,$\sum_{j=1}^{3}\lambda_{ij}=1$ 及 $\sum_{j=1}^{3}\alpha_{ij}=1$。

按上述规则进行初步设计时,Ⅳ、Ⅴ级围岩的荷载释放系数可参考表 7-3-1 确定。考虑到安全施工的需要,表中对Ⅴ级围岩初期支护和二次衬砌的设计计算列有不同的数据。应予指出的是,采用表 7-3-1 确定荷载释放系数时,应注意满足式(7-3-3)表示的规则。

荷载释放系数建议取值表(%)　　表 7-3-1

围岩级别(级)		围　岩	围岩+初期支护	围岩+二次衬砌+初期支护
Ⅳ		30～40	15～20	15～20
Ⅴ	初次衬砌	10～20	50～80	20～30
	二次衬砌	10～20	20～30	50～80

二、释放荷载的分担

在Ⅴ级及Ⅴ级以上的围岩中采用复合式支护建造公路隧道时,设计计算中应通过选择合适的释放荷载分担比,使支护结构和围岩组成联合受力的整体,共同承受释放荷载的作用。释放荷载分担比是指隧道开挖后,支护结构和围岩(含初期支护)各自承担的释放荷载在释放荷载总量中所占的比例。《公路隧道设计规范》(JTG D70—2004)在条文说明中给出了释放荷载分担比的建议值(表 7-3-2),可供参考。对Ⅳ、Ⅴ级围岩,岩性较好时围岩+初期支护的荷载分担比取较大值,二次衬砌取较小值,岩性较差时则相反。

释放荷载分担比例表(%)　　表 7-3-2

围岩级别(级)	分担比例	
	围岩+初期支护	二次衬砌
Ⅳ	60～80	40～20
Ⅴ	20～40	80～60

考虑到开挖施工过程中的受力工况，为确保安全施工的需要，尤其是确保初期支护施作后而二次衬砌尚未施作阶段的安全性，对在Ⅴ级围岩中建造的隧道，围岩＋初期支护的释放荷载分担比宜提高为60％～80％，二次衬砌的分担比则仍为80％～60％。岩性相对较好时取前者，较差时选用后者。

采用释放系数模拟隧道开挖施工过程的影响时，释放荷载分担比是各类释放系数综合作用的结果，而不是荷载释放系数本身。

采用释放系数模拟隧道开挖施工过程的影响时，可通过合理选定空间效应释放系数和荷载释放系数，满足对释放荷载分担比预定的设计要求。

三、围岩最终应力和支护结构内力的计算方法

围岩最终应力和支护结构内力，可由叠加原理求得，表达式为：

$$\sigma = \sigma_0 + \sum_{i=1}^{N} \Delta\sigma_i \tag{7-3-5}$$

式中：σ——围岩最终应力或支护结构的最终内力；

σ_0——围岩初始应力或支护结构的初始内力，对支护结构常为$\sigma_0=0$；

$\Delta\sigma_0$——第i施工开挖步引起的围岩应力，或支护结构的内力；

N——隧道开挖施工过程的分步数。

四、设计计算荷载的组合

公路隧道设计计算的荷载，应按使用阶段的计算和施工阶段的验算分别组合。采用地层—结构分析方法计算时，使用阶段计算的荷载组合，主要包括：结构自重、附加恒载、释放荷载、混凝土收缩和徐变力、水压力及其他可能存在的可变荷载和偶然荷载。施工阶段验算的荷载组合除应考虑结构自重和释放荷载等之外，还应考虑施工荷载的作用。

第四节　材料本构模型与模拟技术

采用数值方法对隧道开挖施工过程进行计算时，围岩地层和支护结构的受力变形状态与岩土和结构材料的本构模型有关。

材料本构模型用于表示体系在荷载作用下发生变形时，组成材料的应力、应变及时间之间相互关系的规律。这类规律常可由曲线或方程表述。用于表述的方程，称为材料的本构方程。

材料本构方程通常由试验确定，并常由对试验数据进行回归分析得到本构方程的表达式，以及相应的特性参数。

一、岩土材料的本构模型

1. 岩土材料本构模型的种类与适用场合

岩土材料本构模型的类型与岩土材料的类别、应力历史、应力路径、应力水平等因素有关。常用的本构模型有线弹性模型、非线性弹性模型、弹塑性模型、黏弹性模型、弹黏塑性模型及节理模型等。其中线弹性模型和非线性弹性模型用于描述处于弹性工作状态时的岩土材料的特性，弹塑性模型可用于描述岩土材料进入塑性状态后的特性，黏弹性模型和弹黏塑性模型用于

同时描述岩土材料的变形随时间而变化的特性，节理模型用于描述节理面的受力变形特性。

对公路隧道的设计，最常采用的围岩材料本构模型是线弹性模型、黏弹性模型和弹塑性模型。

(1)线弹性模型

线弹性模型认为岩土材料的应力一应变关系符合线性关系，且施加外力时材料立即发生变形，撤销外力时变形立即消失。用于描述各向同性弹性体、正交各向异性弹性体、横观各向同性弹性体的力学特性，并分别称为各向同性弹性模型、正交各向异性弹性模型和横观各向同性弹性模型。各类模型的表达式，可参见《公路隧道设计规范》(JTG D70—2004)中的附录J，或有关文献。

(2)非线性弹性模型

非线性弹性模型认为岩土材料的应力—应变关系不符合线性关系，但施加外力时材料仍立即变形，撤销外力时变形也仍立即消失。

非线性弹性模型有多种，最常采用的是邓肯—张模型，应力—应变关系可用双曲线方程近似描述。

(3)弹塑性本构模型

弹塑性模型有理想弹塑性模型、应变硬化模型和应变软化模型三种。常用的是理想弹塑性模型，认为应力水平到达屈服极限前材料处于弹性工作状态，到达屈服极限后进入塑性状态，且刚度保持不变。单元工作状态的判别可选用 Drucker-Prager 准则(D-P 准则)或 Mohr-Coulomb 准则(即 M-C 准则)，流动法则可选为相关联流动法则。

应变硬化模型用于表示材料的应力随着变形增大而不断增大的特性，应变软化模型则相反。如经试验证实围岩材料具有这些特性并已取得数据，也可用于工程设计计算。

(4)黏弹性模型与弹黏塑性模型

黏弹性模型用于描述岩体材料的变形随时间而增长，但始终处于弹性工作状态的特性；弹黏塑性模型则描述材料进入塑性状态后变形随时间而增长的规律。常用的黏弹性模型为由弹性元件和开尔文模型串联而成的三元件模型，弹黏塑性模型为广义宾哈姆模型。

(5)节理面材料的本构模型

节理面通常采用无厚度 Goodman 单元离散，其材料性态采用法向刚度系数和切向刚度系数表示。对厚度较大的节理、断层等采用实体单元离散时，本构模型可在以上模型中选用。

二、结构材料的本构模型

隧道工程常用的结构材料有混凝土、喷射混凝土和钢筋等。其中钢筋一般要求在弹性状态下工作，喷射混凝土作为初期支护时允许进入塑性受力状态，用作内衬结构的喷射混凝土和混凝土材料均宜处于弹性受力状态。经论证，认为结构体系可保持稳定时，结构材料也都可处于弹塑性受力状态。

对结构材料，允许进入塑性状态时材料的本构模型宜为理想弹塑性模型，否则为各向同性弹性模型，或各向异性弹性模型。

三、材料参数的确定方法

材料本构模型参数的确定方法可分为试验测定法、查表法和反分析法三类。

1. 试验测定法

材料本构模型参数一般需通过室内试验测定，主要包括：

(1)单轴压缩试验，用于测定单轴抗压强度、弹性模量及泊松比。

(2)劈裂试验，用于测定拉伸强度。

(3)三轴压缩试验，用于测定黏聚力、内摩擦角和残余抗压强度值。

(4)重度和含水率测定试验。

2. 查表法

在缺乏试验资料的初步设计阶段，材料本构模型参数可按《公路隧道设计规范》(JTG D70—2004)提供的数据查取。

3. 位移反分析方法

位移反分析方法可用于根据位移量测信息，反演识别材料性态参数(如弹性模量、泊松比)，适宜在施工反馈设计中采用。

四、材料本构模型性态的模拟方法

采用有限单元法计算时，围岩地层和支护结构均被离散为仅在节点相连的单元，材料本构模型性态的影响，主要体现为用作计算刚度矩阵的依据。

锚喷支护由锚杆和喷射混凝土组成，可通过将锚杆作为杆单元和对喷射混凝土采用梁单元或四边形等参数单元离散模拟体现其影响，也可通过对锚喷支护加固区的围岩采用提高的 c、φ 值体现其影响。采用杆单元或梁单元离散时，刚度矩阵的计算方法可参见《公路隧道设计规范》(JTG D70—2004)中的附录 J，或有关文献。

钢拱架与格栅拱一般不单独划分单元，其作用可通过提高结构强度指标近似模拟。

超前管棚支护通常用于预先加固围岩。在 VI 级围岩中采用时宜将其作为安全储备，支护结构设计仍按荷载—结构分析方法计算。在 V 级及 V 级以上围岩中采用时，其作用可通过提高地层 c、φ 值近似模拟。

第五节　有限单元法

采用有限单元法计算时，岩土介质和支护结构都被离散为仅在节点相连的单元，荷载移置于节点，并在利用插值函数建立位移模式和确定边界条件后，由矩阵位移法方程求解节点位移，据此计算岩土介质的应力和位移，以及支护结构的内力。

采用矩阵位移法计算时，取用的基本未知数是单元节点的位移。对弹性问题的分析，将作用在节点上的外荷载记为 $\{R\}$，节点位移记为 $\{\delta\}$，刚度记为 $[K]$，则其基本方程可表示为：

$$[K]\{\delta\} = \{R\} \tag{7-5-1}$$

当岩体介质与支护结构材料本构模型的特征呈非线性形态时，刚度矩阵 $[K]$ 与材料的变形情况有关，即 $[K]$ 不再是常量矩阵，而是 $\{\delta\}$ 的函数。处理这类非线性问题时，将本构模型曲线分段线性化，并将应力—应变关系改用增量形式表示。相应的基本方程的形式为：

$$[K(\delta)]\{\Delta\delta\} = \{\Delta R\} \tag{7-5-2}$$

式中：$\{\Delta\delta\}$——节点位移的增量；

$\{\Delta R\}$——节点荷载的增量；

$[K(\delta)]$——刚度矩阵，其中元素的量值与变形有关。

位移模式用于在节点位移值与单元内任意点的位移值之间建立联系，并保持单元之间位移场的连续性。位移模式常借助插值函数建立，具体形式与单元类型有关，但一般都选为坐标的函数。求得节点位移值后，即可由位移模式求得任意点的位移值，并进而求得应变值和应力值。

一、计算简图

隧道支护结构的计算常简化为平面应变问题进行分析，本节仅对这类计算简图叙述其特点。

1. 计算区域的范围

按平面应变问题分析时，计算区域的左右边界宜在离相邻侧隧道毛洞壁面的距离达5倍以上毛洞跨度的位置上设置，下部边界离隧道毛洞底面的距离为隧道毛洞高度的5倍以上，上部边界一般取至地表。

2. 边界条件

计算初始自重应力和开挖效应时，左右边界为受水平向位移约束的边界，底部边界为受垂直向位移约束的边界，上部边界为自由变形边界。计算初始构造应力时，左右边界之一改为受初始构造应力作用的自由变形边界。

3. 荷载形式

计算初始构造应力或地应力场时，为作用在计算区域垂直边界一侧的初始构造应力或地应力。计算开挖效应时，为沿开挖面分布的释放荷载。

4. 计算参数

采用地层—结构分析方法设计时，计算需要的参数有初始地应力及各类地层和建筑材料的重度、弹性模量、泊松比及表示强度特性的参数值等。

二、单元类型

1. 二维问题的分析

平面应变问题分析中，离散岩土介质和作为初期支护的喷射混凝土层常用的单元有常应变三角形单元、六节点三角形单元、矩形单元和四边形等参数单元等，其中应用最多的是常应变三角形单元和四边形等参数单元。离散衬砌结构的常用单元一般是梁单元，如结构厚度较大，也可采用离散岩土介质的各种单元将其离散。锚杆支护可离散为杆单元。埋置在喷射混凝土中的钢格栅等一般不再划分单元，其作用可由适当提高喷射混凝土材料的强度特性参数值模拟。

成层岩体和断层应分别划分单元，岩体节理则常采用Goodman单元离散。

2. 三维问题的分析

按空间问题分析时，离散地层岩体、喷射混凝土和衬砌结构的单元常为六面体实体单元，锚杆的作用可由适当提高加固区的材料特性参数值模拟。

3. 各类单元的位移模式，可参见《公路隧道设计规范》(JTG D70—2004)中的附录J，或有关文献。

三、开挖施工过程的模拟方法

1. 一般表达式

开挖施工过程的模拟一般可通过按开挖施工步骤，在开挖边界上施加释放荷载实现。将一个相对完整的施工阶段称为施工步，并设每个施工步包含若干增量步。与该施工步相应的开挖释放荷载在所包含的增量步中逐步释放，每个增量步的荷载释放量通过设定合适的荷载释放系数控制。对各开挖施工步的状态，有限元分析的常见表达式为：

$$[K]_{\mathrm{i}}\{\Delta\delta\}_{\mathrm{i}} = \{\Delta F_{\mathrm{r}}\}_{\mathrm{i}} + \{\Delta F_{\mathrm{g}}\}_{\mathrm{i}} + \{\Delta F_{\mathrm{p}}\}_{\mathrm{i}} \quad (i = 1, L) \tag{7-5-3}$$

$$[K]_{\mathrm{i}} = [K]_0 + \sum_{\xi=1}^{i}[\Delta K]_{\xi} \quad (i \geqslant 1) \tag{7-5-4}$$

式中：L——施工步总数；

$[K]_{\mathrm{i}}$——第 i 施工步岩土体和结构的总刚度矩阵；

$[K]_0$——施工开始前存在的岩土体和结构的初始总刚度矩阵；

$[\Delta K]_{\xi}$——施工过程中，第 ξ 施工步岩土体和结构刚度的增量或减量，用以体现岩土体单元的填筑、挖除及结构单元的施作或拆除；

$\{\Delta F_{\mathrm{r}}\}_{\mathrm{i}}$——第 i 施工步开挖边界上释放荷载的等效节点力；

$\{\Delta F_{\mathrm{g}}\}_{\mathrm{i}}$——第 i 施工步新增自重的等效节点力；

$\{\Delta F_{\mathrm{p}}\}_{\mathrm{i}}$——第 i 施工步增量荷载的等效节点力；

$\{\Delta\delta\}_{\mathrm{i}}$——第 i 施工步的节点位移增量。

采用荷载释放系数控制荷载释放过程时，对每个施工步，增量加载过程的有限元分析的表达式为：

$$[K]_{\mathrm{ij}}\{\Delta\delta\}_{\mathrm{ij}} = \{\Delta F_{\mathrm{r}}\}_{\mathrm{i}} \cdot \alpha_{\mathrm{ij}} + \{\Delta F_{\mathrm{g}}\}_{\mathrm{ij}} + \{\Delta F_{\mathrm{p}}\}_{\mathrm{ij}} \quad (i = 1, L; j = 1, M) \tag{7-5-5}$$

$$[K]_{\mathrm{ij}} = [K]_{\mathrm{i-1}} + \sum_{\xi=1}^{j}[\Delta K]_{\mathrm{i}\xi} \tag{7-5-6}$$

上两式中：M——各施工步增量加载的次数；

$[K]_{\mathrm{ij}}$——第 i 施工步中施加第 j 荷载增量步（承载阶段）时的刚度矩阵；

α_{ij}——与第 i 施工步第 j 荷载增量步（承载阶段）相应的开挖边界的荷载释放系数，开挖边界荷载完全释放时有 $\sum_{j=1}^{M}\alpha_{\mathrm{ij}}=1$；

$\{\Delta F_{\mathrm{g}}\}_{\mathrm{ij}}$——第 i 施工步第 j 增量步（承载阶段）新增单元自重的等效节点力；

$\{\Delta F_{\mathrm{p}}\}_{\mathrm{ij}}$——第 i 施工步第 j 增量步（承载阶段）增量荷载的等效节点力；

$\{\Delta\delta\}_{\mathrm{ij}}$——第 i 施工步第 j 增量步（承载阶段）的节点位移增量。

其他符号的含义同式(7-5-3)及式(7-5-4)。

2. 开挖工序的模拟

开挖效应可通过在开挖边界上设置释放荷载，并将其转化为等效节点力模拟，表达式为：

$$[K - \Delta K]\{\Delta\delta\} = \{\Delta P\} \tag{7-5-7}$$

式中：K——开挖前系统的刚度矩阵；

ΔK——开挖工序中挖除部分的刚度；

$\{\Delta P\}$——开挖释放荷载的等效节点力。

3.填筑工序的模拟

填筑效应包含两个部分，即整体刚度的改变和新增单元自重荷载的增大，其计算表达式为：

$$[K+\Delta K]\{\Delta\delta\}=\{\Delta F_g\} \tag{7-5-8}$$

式中：K——填筑前系统的刚度矩阵；

ΔK——新增实体单元的刚度；

$\{\Delta F_g\}$——新增实体单元自重的等效节点荷载。

4.结构的施作与拆除

结构施作的效应体现为整体刚度的增加及新增结构的自重对系统产生的影响，其计算式为：

$$[K+\Delta K]\{\Delta\delta\}=\{\Delta F_g^s\} \tag{7-5-9}$$

式中：K——结构施作前系统的刚度矩阵；

ΔK——新增结构的刚度；

$\{\Delta F_g^s\}$——施作结构自重的等效节点荷载。

结构拆除的效应包含整体刚度的减小和支撑内力释放的影响，其中支撑内力的释放可通过施加一反向力实现，其计算表达式为：

$$[K-\Delta K]\{\Delta\delta\}=-\{\Delta F\} \tag{7-5-10}$$

式中：K——结构施作前系统的刚度矩阵；

ΔK——拆除结构的刚度；

$\{\Delta F\}$——拆除结构内力反向力的等效节点力。

5.增量荷载的施加

在施工过程中施加的外荷载，可在相应的增量步中由施加增量荷载表示，其计算式为：

$$[K]\{\Delta\delta\}=\{\Delta F\} \tag{7-5-11}$$

式中：$[K]$——增量荷载施加前系统的刚度矩阵；

$\{\Delta F\}$——施加的增量荷载的等效节点力。

6.计算步骤

采用增量初应变法模拟隧洞开挖的施工过程时，基本计算步骤可归纳为：

(1)计算岩土体的初始地应力，包括自重应力和构造应力。

(2)按开挖步计算开挖释放荷载。

(3)按荷载增量步逐级施加开挖释放荷载。

(4)对各开挖步，必要时在选定的荷载增量步内施加锚喷支护或衬砌结构。

(5)每次施加增量荷载后，先按弹性状态进行计算，得出各单元的应力增量和位移增量。

(6)将算得的单元应力增量和位移增量与增量加载前的单元应力、位移分别叠加，得到增量加载后的单元应力和位移。

(7)计算单元主应力。

(8)对岩体单元检验抗拉强度和抗剪强度是否满足要求。

(9)对节理单元等检验是否发生受拉或受剪破坏。

(10)将各单元中的过量塑性应变等转化为等效节点力，并将其作为附加荷载向量，再次进行迭代计算。

(11)转至(5),重复(5)～(9)的计算过程,直至满足(8)、(9)规定的计算要求。

(12)转至(3),再次施加荷载增量,直到加载结束。

(13)转至(2),直至开挖工作结束。

7.计算结果与结果输出

有限元计算中,实体单元的计算结果有单元各节点的位移、最大主应力、最小主应力、最大剪应力、塑性区分布、屈服接近度等,梁单元有位移及弯矩、轴力、剪力等,杆单元为轴力。Goodman 单元为介质间的法向、切向作用力。

有限元计算的结果常可由程序直接输出。有关数据可单独查看,也可输出等值线、等势面等的图像。

第六节　隧道稳定性的判别

一、基本原则

隧道保持稳定的基本条件,是洞周存在处于稳定状态的承载环。

(1)围岩工程地质条件好,自支承能力强时,洞周围岩自身可起承载环的作用。

(2)围岩工程地质条件差,自支承能力低,隧道开挖后洞周岩体极易坍塌时,应由衬砌结构起承载环的作用。

(3)围岩工程地质条件一般,隧道开挖后洞周岩体中存在塑性区时,洞周承载环可由复合支护结构的元素,即围岩(含初期支护)和内衬结构共同组成。

隧道洞周承载环的工作状态如下:

(1)洞周围岩自身可起承载环作用的条件,是围岩处于弹性受力状态,或处于在拱圈和两侧边墙部位出现的塑性区互不连通的弹塑性受力状态。

(2)由衬砌结构或包含内衬结构的复合支护起承载环作用时,衬砌结构或内衬结构的工作状态应为弹性受力状态。如处于弹塑性状态,则出现的塑性铰少于 3 个,且不均在同一侧的侧墙上。

在进行隧道稳定性的判别时,应同时检验围岩的稳定性和结构构件的强度条件。

二、围岩稳定性的判别

围岩的承载能力可采用 D-P 准则或 M-C 准则检验。初期支护中锚杆的作用,可通过对施作锚杆的区域采用经提高后的 c、φ 值考虑。

采用 D-P 准则判断时,单元应力的屈服条件为:

$$f = \alpha I_1 + \sqrt{J_2} - k = 0 \tag{7-6-1}$$

式中:

$$J_2 = \frac{1}{6}(\sigma_1 - \sigma_2)^2 + (\sigma_2 - \sigma_3)^2 + (\sigma_3 - \sigma_1)^2$$

$$I_1 = \sigma_1 + \sigma_2 + \sigma_3$$

$$\alpha=\frac{\sqrt{3}\sin\varphi}{3\sqrt{3+\sin^2\varphi}}$$

$$k=\frac{\sqrt{3}c\cdot\cos\varphi}{\sqrt{3+\sin^2\varphi}}$$

采用 M-C 准则检验时，单元应力的屈服条件为：

$$\frac{\sigma_1-\sigma_3}{2}=c\cdot\cos\varphi+\frac{\sigma_1+\sigma_3}{2}\sin\varphi \tag{7-6-2}$$

式中：σ_1、σ_3——主应力；

c、φ——分别为黏聚力和内摩擦角。

采用复合式支护时，允许洞周地层局部存在塑性区，但不允许塑性区相互连通，也不宜范围很大。

三、衬砌结构的强度条件

衬砌结构和内衬结构，应按承载力极限状态设计，并应使其在变形后仍能满足使用功能对净空限界的要求。

衬砌结构或内衬结构处于弹塑性受力状态时，塑性铰的数量和位置应符合本节的规定。

对素混凝土衬砌，应按偏心受压构件检验其抗压、抗拉强度。

对钢筋混凝土结构，应按《公路隧道设计规范》(JTG D70—2004)和《混凝土结构设计规范》(GB 50010—2010)的规定计算配筋量，或进行截面强度校核。

第八章　隧道支护结构的荷载—结构计算方法

第一节　概　　述

所谓隧道支护结构的荷载—结构计算方法，是指采用荷载结构模型计算隧道支护结构内力的一种方法，是相对地层结构模型而言的。该方法把围岩和支护结构分离，围岩对支护结构的作用主要表现为压力荷载和弹性抗力。围岩质量越好，压力越小，弹性抗力效应越显著，对结构的稳定越有利；围岩质量越差则反之。

隧道支护结构的荷载—结构计算方法的关键问题有两个：结构计算模型的简化与荷载的确定。而荷载的确定又可分为以下三个方面：

(1)如何确定荷载的类型。

(2)如何计算各类荷载的大小。

(3)如何对各类荷载进行合理的组合。

当隧道支护结构在稳定洞室中起主要作用、承担外部荷载较明确以及自重荷载可能控制结构强度时，隧道支护结构一般应考虑按照荷载—结构模型进行内力计算，并按相关要求对其极限状态进行校核。为此，《公路隧道设计规范》(JTG D70—2004)中也有明确规定："深埋隧道中的整体式衬砌、浅埋隧道中的整体或复合衬砌及明洞衬砌等，应采用荷载结构法计算。"一般情况下，明洞结构、棚洞结构、浅埋隧道衬砌结构、Ⅲ～Ⅵ级围岩深埋地段衬砌结构等，应进行支护结构内力计算及强度校核。

隧道结构一般应按同时满足结构承载能力极限状态及正常使用极限状态进行设计。

(1)承载能力极限状态：当结构构件达到最大承载能力或出现不适于继续承载的变形的下列状态之一时，应认为超过了结构的承载能力极限状态：

①整个结构或结构的一部分作为刚体失去平衡(如倾覆、滑动等)；

②结构构件或连接因材料破坏而破坏；

③结构或构件丧失稳定。

(2)正常使用极限状态：当结构或构件达到正常使用或耐久性的某项规定限值的下列状态之一时，应认为超过了正常使用极限状态：

①影响正常使用或外观的变形；

②影响正常使用或耐久性能的局部损坏(包括裂缝)；

③影响正常使用的其他特定状态。

隧道支护结构的承载能力极限状态计算，可以采用传统的综合安全系数法(破损阶段法)计算，也可以采用基于结构可靠度理论的分项安全系数法计算。目前，《公路隧道设计规范》

(JTG D70—2004)中关于隧道结构计算仅给出了“综合安全系数法”,其主要原因是地下结构采用可靠度方法方面的研究与应用还相对较为滞后。但是,在《公路工程结构可靠度设计统一标准》(GB/T 50283—1999)中,提出公路工程的桥梁与隧道结构计算的发展方向应为可靠度理论。设计规范由传统的安全系数法过渡到失效概率法一般要经历两个阶段:经验校准阶段和全概率阶段。本手册提出的采用分项系数法还处于经验校准阶段,在具体应用中还需要广大技术人员不断积累经验,以利于隧道结构设计技术向前发展。

当采用综合安全系数法(破损阶段法)计算时,荷载效应不利组合的设计值与结构抗力效应的设计值可用式(8-1-1)表示:

$$KS(F_r, a_d) \leqslant R(f_d, a_d, C) \tag{8-1-1}$$

式中:$S(.)$——荷载作用效应函数;

$R(.)$——结构抗力函数;

K——综合安全系数。

当采用分项安全系数法设计时,荷载效应不利组合的设计值与结构抗力效应的设计值可用式(8-1-2)表示:

$$\gamma_0 \cdot \gamma_1 S(\gamma_f \cdot F_r, a_d) \leqslant R\left(\frac{f_d}{\gamma_d}, a_d, C\right) \tag{8-1-2}$$

式中:$S(.)$——荷载作用效应函数;

$R(.)$——结构抗力函数;

F_r——作用在结构上的荷载代表值;

a_d——结构的几何参数代表值;

C——结构的极限约束值;

γ_0——构件工作条件系数;

γ_1——地下结构附加安全系数;

γ_f——作用在结构上的荷载安全系数;

γ_d——结构材料或岩土的强度安全系数。

综合安全系数法尽管是目前隧道结构设计较为通行的做法,但是其缺陷是明显的:一方面在概念上容易引起误导,给人的结论是只要 K 大于给定值结构就是安全的,但是实际情况并非如此;另一方面,安全系数 K 是人为笼统给定,没有理论及计算依据,在很多情况下降低了对 R 和 S 计算准确度的相关要求。而分项系数法的分项系数是基于各参与分析岩土或结构的参数的分布规律给定的,相对较为合理。

隧道支护结构的正常使用极限状态的计算以弹性理论或弹塑性理论为基础,一般应进行下列三项校核:

①限制应力:$\sigma_d \leqslant \sigma_L$;

②短期荷载作用下的变形:$f_d \leqslant f_L$;

③荷载组合Ⅱ或组合Ⅲ作用下的裂缝宽度:$\delta_d \leqslant \delta_L$。

以上 σ_L、f_L、δ_L 分别为应力、变形、裂缝宽度的限值。

在某些情况下,如果根据经验判断,上述三项中的一项或两项能毫无疑义地得到满足,则可只进行其他项目的校核。

根据公路隧道结构破坏后果的严重程度,可将其按表 8-1-1 划分为三个安全等级。在隧道设计过程中，应明确各类结构的设计安全等级。

公路隧道安全等级　　表 8-1-1

安全等级	破坏后果	隧道类型	可靠度指标(β)	
			延性破坏	脆性破坏
一级	结构破坏影响很严重	1. 高速公路与一级公路隧道； 2. 任何公路连拱隧道； 3. 任何三车道及以上跨度的公路隧道	4.7	5.2
二级	结构破坏影响一般	1. 二级公路上的双车道隧道； 2. 三级公路上的双车道隧道； 3. 安全为一级的特长隧道的运营辅助通道	4.2	4.7
三级	结构破坏影响不严重	1. 四级公路隧道； 2. 安全为二级的特长隧道的运营辅助通道； 3. 斜井、竖井等施工辅助坑道； 4. 连拱隧道的中导洞	3.7	4.2

注：当对结构安全可靠性及使用年限等方面有特殊要求时，应进行专门研究。

对于通风构造物，如竖井、斜井及地下风机房等，其设计安全等级与主体结构相同；对于隧道内部附属工程（如边沟、电缆沟等）的结构，其设计安全等级可与主体结构相同，也可降低一级设计，但是不得低于三级。对于路面下及两侧的边沟，破坏后对隧道运营安全影响较大，其设计安全等级宜与主体结构相同；对于电缆沟、行车行人横洞等则可降低一级设计。

《公路隧道设计规范》(JTG D70—2004)中对隧道结构的设计基准期并无规定。考虑到结构设计与计算很多因素实际上与结构的设计基准期相关，如可变荷载及偶然荷载的确定等，是按随机过程的概率模型来描述的，因此，建议在隧道设计过程中，应明确隧道结构的设计基准期，以利隧道工程设计标准体系的完善。各级公路隧道的主体结构，如洞门、支护衬砌、附属风道、风井、预留洞室及防排水构造物等，应达到表 8-1-2 所示的设计基准期。

公路隧道结构设计基准期　　表 8-1-2

类　别	设计基准期(年)	结构类型
1	100	特别重要的结构物或构件，如二级及以上公路隧道的支护结构及洞门等
2	50	普通建筑物或构件，如三级及四级公路隧道的支护结构及洞门等
3	25	易于替换和修复的构件，如隧道内水沟及电缆沟等

注：隧道路面结构设计基准期应根据现行公路路面相关设计规范确定。

根据本章所进行分析计算的隧道，为使结构在设计基准期内达到规定的可靠度，必须保证隧道支护结构为正常设计、正常施工和正常使用的状态，即：结构设计及荷载计算应符合现行《公路隧道设计规范》(JTG D70—2004)的规定；材料和施工质量应符合现行《公路隧道施工技术规范》(JTG F60—2009)的规定；隧道运营管理应符合现行《公路隧道养护技术规范》(JTG H12—2003)的规定。

第二节　荷载的分类与组合

一、荷载的分类

作用在结构上的荷载，可按以下原则分类。

(1)按荷载时间变异分类,可分为永久荷载、可变荷载及偶然荷载。

①永久荷载:在设计基准期内量值不随时间而变化,或其变化值与平均值比较可以忽略不计的荷载,如结构自重、土压力、混凝土收缩和徐变、水压力、基础变形影响力等;

②可变荷载:在设计基准期内其量值随时间而变化,且其变化与平均值比较不可忽略的荷载,如车辆荷载、人群荷载、风荷载、温度湿度变化影响力等;

③偶然荷载:在设计基准期内出现的概率很小,一旦出现,其值很大且持续时间很短的荷载,如罕遇地震、边坡坍塌以及爆炸影响力等。

(2)按荷载的空间位置变异分类,可分为固定荷载及可动荷载。

①固定荷载:在结构空间位置上具有固定的分布,如结构自重、风机荷载等;

②可动荷载:在结构空间位置上的一定范围内可任意分布,如人群荷载、车辆荷载等。

(3)按结构对荷载的反应分类,可分为静态荷载及动态荷载。

①静态荷载:对结构或构件不产生加速度或其加速度可以忽略不计,如结构自重、水(土)压力、温度变化等;

②动态荷载:对结构或构件产生不可忽略的加速度,如地震、风、落石冲击、爆炸等。

作用在隧道支护结构上的计算荷载,应根据其所处的地形条件、地质条件、埋置深度、结构特征和工作条件、施工方法、相邻隧道间距以及周边环境等因素综合确定。在隧道建设过程中,如发现结构实际工作条件与设计条件差异较大,应对结构重新验算,并进行必要的修正。由于隧道建设环境复杂,施工工序与施工工艺多变,为保证隧道结构的可靠度,必须保证隧道结构的工作模式与设计模式基本一致。

作用在隧道结构上、在结构设计基准期内可能出现的各类荷载,大致可分为21种,见表8-2-1。在进行结构计算过程中,应根据各类荷载可能出现的组合状况,分别按满足结构承载能力和满足结构正常使用要求进行检算,并按最不利组合进行设计。

公路隧道荷载分类表 表8-2-1

编号	荷载分类	荷载名称
1	永久荷载	围岩形变压力或膨胀压力
2		围岩松动压力
3		结构自重
4		结构附加恒载(装修或设备自重荷载)
5		混凝土收缩和徐变影响力
6		水压力
7		浮力
8		结构基础变位影响力
9		地面永久建筑荷载影响力
10	基本可变荷载	公路车辆荷载、人群荷载(路面)
11		立交公路车辆荷载及其产生的冲击力、土压力
12		立交铁路荷载及其产生的冲击力、土压力
13		风机等设备引起的动荷载

续上表

编　号	荷载分类	荷载名称
14	其他可变荷载	立交渡槽流水压力
15		温度变化影响力
16		季节性冻胀力
17		地面施工荷载(加载及减载)
18		隧道施工荷载(注浆等)
19	偶然荷载	落石冲击荷载
20		地震作用力、地层液化产生的压力与浮力
21		人防荷载

隧道支护结构不仅承担围岩对衬砌产生的主动压力，同时还约束衬砌的变形。衬砌在受力变形过程中，一部分结构脱离围岩形成“脱离区”的趋势，另一部分密贴围岩形成所谓“抗力区”。在抗力区内，衬砌挤压围岩变形，围岩对衬砌产生反作用抵抗力，即“弹性抗力”。抗力区的范围和弹性抗力的大小，视围岩性质、围岩压力大小和结构变形的不同而异，通常采用局部变形理论或共同变形理论分析。一般围岩对支护结构的弹性抗力不作为荷载考虑。

二、永久荷载标准值的计算

1. 围岩形变压力(Q_1)

围岩形变压力是结构与围岩共同变形的过程中围岩对结构的挤压力。当岩体在洞室开挖后呈现一定的塑性与流变特性，且支护结构与围岩密贴时，一般会产生形变压力。当隧道为浅埋时，一般不考虑围岩的形变压力；当初始地应力小于岩石饱和抗压强度15%时，也可以不考虑围岩的形变压力；当初始地应力大于岩石饱和抗压强度25%时，宜考虑围岩的形变压力；当围岩在地下水或应力变化的作用下具有明显膨胀性时，应考虑围岩的膨胀压力。

形变压力大部分直接作用在隧道初期支护上。当岩质较为软弱，或初期支护强度较低时，二次衬砌也可能承担部分形变压力。围岩的形变压力可以根据释放荷载理论公式计算，也可以根据修正芬纳公式等岩体力学理论公式计算。在计算过程中，必须考虑支护内压对洞室周边岩体稳定与变形的影响。

作用在二次衬砌上的形变压力，也可以根据施工过程中对洞室周边位移的监控量测结果进行反分析确定。

2. 围岩松动压力(Q_2)

作用在隧道支护结构上的围岩松动压力，与地质条件、地形条件、隧道埋置深度、隧道跨度、隧道结构形式等多种因素有关。

当隧道为深埋独立的单洞结构时，此时作用在隧道支护结构上的松散土压力荷载，可按规范推荐的经验公式或普氏理论公式计算。

(1)经验公式，计算图式如图8-2-1所示，松散土压力荷载计算如下。

竖向荷载：

$$Q_{土} = 0.45 \times 2^{S-1} \cdot R \cdot [1 + 0.1(B_m - 5)] \tag{8-2-1}$$

侧压力荷载：

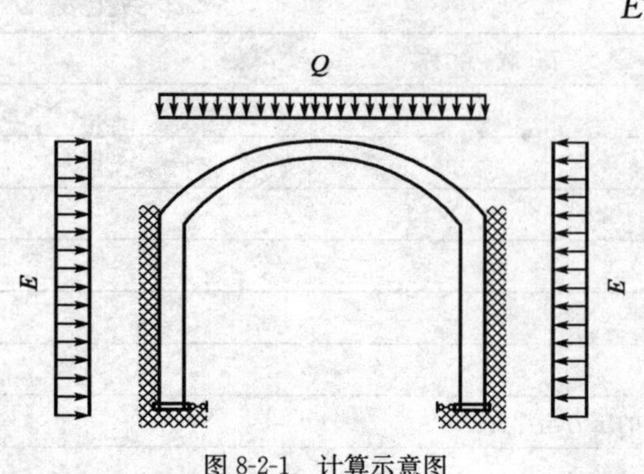

图 8-2-1 计算示意图

$$E = \lambda Q_{\pm} \tag{8-2-2}$$

式中：$Q_{\pm}$——作用在结构上的垂直均布松散土压力(kPa)；

S——公路隧道围岩分级(Ⅰ～Ⅵ)；

R——围岩天然重度标准值(kN/m³)；

B_m——隧道毛洞跨度(m)，一般可取设计开挖跨度+2×(超挖量+预留变形量)；

λ——松散荷载的侧压力系数，按表 8-2-2 确定。

深埋隧道侧压力系数　　表 8-2-2

围岩类别	Ⅵ～Ⅴ	Ⅳ	Ⅲ	Ⅱ	Ⅰ
侧压力系数 λ	0.5～1.0	0.3～0.5	0.15～0.3	0.0～0.15	0.0

以上两式是根据 127 座单线铁路隧道的 417 个矿山法施工的隧道塌方资料统计分析出来的，因此一般仅适合于开挖跨度小于 15m 的矿山法施工的隧道。

(2)《公路隧道设计规范》(JTG D70—2004)仅给出了计算松散荷载的经验公式，不仅其使用条件与现阶段设计施工差别较大，而且存在较大的不连续性，在设计过程中较难应用。而普氏承载拱理论公式，经分析后认为具有较大的实际应用价值。

普氏理论公式是俄国学者普罗托奇雅阔诺夫于 1907 年提出的，又称为自然平衡拱理论。其要点是将围岩视为具有一定黏结力的松散体，洞室开挖后能够在其顶部形成稳定的压力拱，作用在支护上的压力仅为压力拱与支护之间松散岩体的重力。其计算公式如下：

$$Q_{\pm} = \gamma[0.5B + (H_t - H_0) \cdot \tan(45° - 0.5\varphi)]/f \tag{8-2-3}$$

式中：γ——岩体的重度(kN/m³)；

φ——岩体的内摩擦角(°)；

H_t——隧道开挖高度(m)；

H_0——破裂面到边墙基础的距离(m)；

f——岩体坚固系数，$f = \tan\varphi + c/\sigma$，$c$ 为岩体的黏聚力，σ 为接触面上的正应力。对于 $c \approx 0$ 的土，可以认为 $f = \tan\varphi$；对于岩体，$f = R_b/10\,000$，R_b 为岩体的极限抗压强度(kPa)。

由其假设条件可知：隧道必须处于一定的深埋状态才能够形成压力拱。因此，埋深太浅则不能形成稳定的压力拱；同时围岩必须具备一定的强度，如Ⅵ级围岩一般认为是不适用的；由于假定围岩必须为松散体，因此Ⅱ级及以上完整性太好的围岩一般也认为不符合条件。

作用在隧道支护结构上的松散土压力荷载，不仅与地形地质条件有关，而且与隧道结构形式及施工开挖方法有关。当隧道为深埋小间距或连拱隧道或浅埋隧道时，作用在支护结构上的松散土压力荷载可以根据第六章建议的方法进行计算。

在结构实际工作过程中，作用在结构上的形变压力、松散土压力以及弹性抗力是很难区分的。一般认为，松散土压力是最危险的荷载，应限制其发展；形变压力是与结构刚度有关的荷载，可以通过适当的方式进行释放；而弹性抗力是一种有利的作用，应加以充分利用。这三者之间是相互关联的。隧道结构设计与施工就是合理控制这三者的一门艺术。

3. 结构自重荷载(Q_3)

隧道结构自重荷载是由地球引力产生，因此其作用方向为铅垂向下，可根据支护结构的厚度、计算宽度以及结构材料重度等参数，按照式(8-2-4)计算：

$$Q_3 = H \times B \times \gamma \tag{8-2-4}$$

式中：Q_3——自重荷载(kN/m)；

H——构件计算截面的设计厚度(m)；

B——构件计算截面的设计宽度(m)；

γ——结构材料重度的标准值(kN/m^3)。

隧道支护结构背后一般存在较大超挖回填，如果采用同级混凝土回填，一般可以将其转换为自重荷载，否则应将其作为松散荷载处理。

4. 结构附加恒载(Q_4)

结构附加恒载主要指隧道内部装修、设备安装或分割空间而产生的荷载，应根据设计基准期内可能发生的实际情况计算。

5. 混凝土收缩和徐变的影响力(Q_5)

超静定结构应考虑混凝土收缩和徐变的作用效应，可以按混凝土整体温度降低考虑。对于整体现浇的素混凝土衬砌，可按降温20℃考虑；对于整体现浇的钢筋混凝土衬砌，可按整体降温15℃考虑；对于分次浇筑的整体式素混凝土或钢筋混凝土结构，可按整体降温10℃考虑；对于装配式钢筋混凝土结构，可按整体降温5～10℃考虑。

6. 水压力(Q_6)

隧道工程施工过程中出现的围岩失稳事故，大部分与地下水的运动有关。地下水对隧道结构的作用是隧道设计中的一个关键问题，对这一问题的争论延续了几十年，迄今仍然众说纷纭，莫衷一是。地下水对衬砌的作用一直被认为是作用在其外缘上的边界荷载，随着隧道设计理论的发展，对地下水的作用也有了新的认识。当衬砌被用作防止围岩坍塌的主动支护时，衬砌的目的是与围岩共同作用，以便充分发挥围岩的自承作用。这时，衬砌的外缘不再是结构的自由边界，而是和围岩共同合成一个整体。当衬砌与围岩接触面之间产生缝隙时，作用于衬砌内的渗流体积力可近似用衬砌外缘的水压力代替。对于外水压力的大小，通过隧道渗流场分析可求得衬砌与围岩接触面的水头。

对于隧道衬砌，承受水压力的大小取决于防排水方式的设计，有两种极端：第一，如果衬砌完全不排水，则衬砌承受的水压力为全水头；第二，如果衬砌为全排水，则可以认为衬砌背后不承受水压。一般情况下，隧道衬砌均设计为限量排放，衬砌背后水压力介于上述两种极端情况之间，水压大小取决于围岩的裂隙发育情况、注浆效果以及排水量的大小。

$$\text{衬砌水压力} = \text{全水头} + \text{水压折减系数}\ \alpha \tag{8-2-5}$$

因此，只需对水压折减系数α进行统计分析即可。由于水压折减系数是围岩裂隙、注浆效果及排水量的函数，因此，在考虑注浆技术、排水技术可行的前提下，水压力可按下式计算：

$$Q_5 = (H_w - H_s)\beta\gamma_w \tag{8-2-6}$$

式中：Q_5——地下水压力荷载(kPa)；

H_w——设计基准期内可能出现的最高地下水位高程(m)；

H_s——水压力计算点的高程(m)；

β——地下水压力折减系数，一般根据衬砌排水情况与围岩渗透情况确定，见表 8-2-3；

γ_w——地下水重度(kN/m³)。

按围岩渗透系数和混凝土衬砌渗透系数比确定折减系数 表 8-2-3

$\frac{K_r}{K_c}$	>500	500～50	50～10	10～5	5～1
β	1	0.94～0.86	0.86～0.60	0.60～0.30	0.30～0.08

注：K_r——围岩渗透系数；K_c——混凝土衬砌渗透系数。

地下水压力折减系数也可按式(8-2-7)计算：

$$\beta=\beta_0\left[1-\left(\frac{Q_s}{Q_0}\right)^{\frac{1}{2}}\right] \tag{8-2-7}$$

式中：Q_0——未施作衬砌时洞室在稳定地下水作用下的预计渗流量(m³/s)；

Q_s——施作衬砌后洞室在稳定地下水作用下的预计渗流量(m³/s)；

β_0——水头初始折减系数，见表 8-2-4 或表 8-2-5。

按围岩状态确定初始水头折减系数 β_0 表 8-2-4

地下水活动情况	建议折减系数 β_0
洞壁干燥或潮湿	0
沿结构面有渗水或滴水	0.3
沿裂隙或软弱结构面有大量滴水、线状流水或喷水	0.6
严重股状流水，沿软弱结构面有小量涌水	0.8
严重滴水或流水，断层等软弱带有大量涌水	1.0

按岩溶程度确定初始水头折减系数 β_0 表 8-2-5

岩溶程度	岩溶类型	透水性	建议折减系数 β_0
微弱	溶孔型	微弱透水 $K<0.01$m/d	0
弱	溶隙型	弱透水 $K<0.01\sim1$m/d	0.3
中等	隙洞—洞隙型	透水 $K<1\sim10$m/d	0.6
强	管道—强洞隙型	强透水 $K>10$m/d	0.8

当采用排水衬砌时，理论上可以不必考虑水压力荷载，但是考虑到后期排水系统的淤塞，在结构设计过程中，也应用一定的水压力对二次衬砌的强度进行校核。对于浅埋隧道，校核水压力为隧道计算点高程与地下水位高程之差；对于深埋隧道，校核水压力不小于 0.05MPa(拱顶)。

当隧道仰拱处于比较完整的岩石基础上时，若可以保证仰拱结构与围岩黏结良好，可以不考虑仰拱的水压力作用。静水压力高度范围内的松散土压力一般应按浮重度计算。

国外在衬砌设计中对外水压力设计的认识也极不一致，一般有以下三种处理方式：

(1)折减系数法。根据不同工程，其折减系数为 0.15～0.90。澳大利亚、美国及日本有时用此法。

(2)全水头法。美国及法国常用此法。

(3)可能最大水头值。美国、加拿大及巴西经常将隧道衬砌所承担的静水头计算到地表。

美国土木工程师协会出版的《隧道衬砌设计准则》中，专门讨论了外水压力，但仅作了一些原则性说明，没有具体规定。一般来说，只要具备条件，应通过渗流场分析求得渗流体积力，同时也可以求得外水压力的大小。

我国张有天建议的外水压力修正系数如下。

作用于衬砌上的外水压力建议式：

$$P_0 = \beta_1\beta_2\beta_3\gamma h_0 \tag{8-2-8}$$

式中：β_1 ——初始渗流场隧道轴线处外水压力修正系数；

β_2 ——考虑衬砌与围岩渗透系数相对值对外水压力的修正系数；

β_3 ——考虑排水设施时外水压力的修正系数。

(1)外水压力修正系数 β_1

①对于山体雄厚的傍山隧道：隧道平行于河谷布置，一侧临近河谷，另一侧为雄厚山体。雨水沿山体地面入渗，沿程汇集向河谷排泄。隧道附近的地下水绝大部分是远处山体的地下水从隧道侧面渗入的。β_1 与隧道位置、山体地形、地质条件有关，其变化范围为 0.7～1.0；

②对于山脊下隧道：当隧道布置在山脊下或横穿山体而在山脊下的隧道部位都属于此种情况。可认为 β_1 为 0.5～0.8；

③对于穿过孤立山体隧道：孤立山体或半岛型山体下隧道均属此类情况。降雨由山顶部位渗入地下呈辐射状排泄，山顶下部水流消耗能量更大。孤立山体下的隧道 β_1 变化范围为 0.3～0.6；

④对于岩溶发育山体隧道：碳酸盐类山体常有岩溶发育，在深部生成能起到排水作用的形态错综复杂的岩溶管道与暗河体系，对山体初始渗流场分布有重要影响。若隧道轴线靠近地下暗河，可能形成的衬砌外水压力非常小。对于岩溶较发育的隧道，β_1 的变化范围为 0.1～0.5；

⑤对于穿过河谷底部或有承压水地层中的隧道：河床深部有承压水现象比较普遍。当河床下有缓倾角构造，或有水平卸荷裂隙以及岸坡较陡时，β_1 可能为 1.05～1.25。

(2)外水压力修正系数 β_2

根据大量国内外工程实例调查，可根据围岩的渗透系数确定外水压力的修正系数 β_2，见表 8-2-6。

外水压力修正系数 β_2 的建议值　　表 8-2-6

洞段地下水活动状态	吕荣值(Lu)，1Lu=10^{-9}m/s	建议 β_2
洞壁干燥或潮湿	<0.5	0～0.15
沿结构面有渗水或滴水	0.5～1.0	0.10～0.35
沿裂隙或软弱结构面有大量滴水	1.0～3.0	0.30～0.55
沿裂隙或软弱结构面有线状流水	3.0～10.0	0.50～0.85
沿裂隙或软弱结构面有股状流水	>10	0.80～1.00

(3)外水压力修正系数 β_3

对地下水相对较高的隧道，若外水压力对衬砌安全构成威胁时，可采用隧道周边钻排水孔的方式降低外水压力。根据国内引滦入津隧道和引黄入晋等工程的经验，β_3 的选择可按照表 8-2-7选用。

外水压力修正系数 β_3 的建议值　　表 8-2-7

沿洞轴线孔距	$D/3$	D	$2D$
沿顶拱布置 1 排钻孔	0.3～0.5	0.5～0.7	0.7～0.9
沿洞周布置 4 排钻孔	0.15～0.25	0.25～0.35	0.35～0.45

注：D 为隧道直径。当 D 大时，β_3 取大值。

7. 浮力(Q_7)

浮力是作用在顶板及底板上的水压力之差。非封闭结构一般不考虑浮力作用；在岩石地层中，一般情况下如果考虑了水压力荷载，浮力荷载也就考虑了；在土层中，浮力作用还表现为土体对结构侧边摩阻力及对顶板的反压力。

8. 基础变位影响力(Q_8)

隧道结构支护体系一般为超静定结构，基础有可能出现变位差，因此，应考虑隧道结构基础变位影响力。一般情况下基础相对变位可按表 8-2-8 取用。

基础可能出现的竖向或水平相对变位(单位：mm)　　表 8-2-8

围 岩 类 别	双车道隧道	三车道隧道
Ⅱ级围岩	2	3
Ⅲ级围岩(硬岩)	2	3
Ⅲ级围岩(软岩)	3	5
Ⅳ级围岩(硬岩)	4	6
Ⅳ级围岩(软岩)	6	8

注：1. 本表为独立单洞，连拱隧道可参照执行。
2. 初期支护的相对变位可在本表基础上适当提高。

当隧道支护结构设计为带仰拱的封闭结构且仰拱先期施工时，可以不考虑基础变位的影响力。当仰拱在拱部结构之后浇筑时，应适当考虑基础变位影响力。当基础不均匀或荷载存在较大不对称时，结构计算过程中可适当加大基础相对变位值进行验算。

9. 地面永久建筑荷载影响力(Q_9)

对于地面永久建筑荷载影响力，在隧道施工前或施工完成后，在隧道上方或两侧影响范围内施作永久建筑物或永久构筑物时，应根据结构设计基准期内隧道周边建设规划情况，确定其作用位置与大小。

地面永久建筑物对隧道结构的影响一般可以这样考虑：首先将其转换为地表(或地层内)的分布荷载(集中荷载)，然后采用应力扩散理论分析其对隧道结构的作用力。对于无黏性的砂性土，可应用扩散角理论计算；而对于黏性土及岩体，则可参照土力学中应力传递理论公式求解。

当不能准确确定隧道上方地面超载时，可以按 10kN/m^2 考虑。

三、基本可变荷载标准值的计算

1. 公路车辆荷载、人群荷载(Q_{10})

对于公路车辆荷载，可根据结构设计基准期内隧道周边建设规划确定其作用位置与大小，具体计算方法参见《公路桥涵设计通用规范》(JTG D60—2004)或《城市道路与桥梁设计规范》有关规定。当进行整体计算时,采用车道荷载;当进行局部验算时,采用车辆荷载。

公路隧道的人群荷载可参照公路桥梁取值:一般情况下取 3kN/m^2,市郊行人密集区域取 3.5kN/m^2,城市人行道取 5kN/m^2。当人行道板为钢筋混凝土结构时,郊区人行道应以 1.2kN、城区人行道应以 1.5kN 的集中竖向力作用在一块板上进行验算。计算人行道栏杆时,栏杆顶部水平推力取 0.75kN/m,竖向力取 1kN/m。

2. 立交公路车辆荷载及其产生的冲击力、土压力(Q_{11})

对于立交公路车辆荷载及其产生的冲击力、土压力,可根据结构设计基准期内隧道周边建设规划确定其作用位置与大小,具体计算方法参见《公路桥涵设计通用规范》(JTG D60—2004)或《城市道路与桥梁设计规范》有关规定。

3. 立交铁路荷载及其产生的冲击力、土压力(Q_{12})

对于立交铁路荷载及其产生的冲击力、土压力,可根据结构设计基准期内隧道周边建设规划确定其作用位置与大小,具体计算方法参见《铁路桥涵设计基本规范》(TB 10002.1—2005)有关规定。

4. 风机等设备引起的动荷载(Q_{13})

对于射流风机,一般可按其静止质量的 10~15 倍计算其对隧道结构的动荷载作用,常见射流风机的自重见表 8-2-9;对于轴流风机,可根据有关规范的经验公式计算或应根据机械振动理论分析后确定。

对于架空结构,除考虑标准设备荷载外,还必须考虑不小于 200Pa/m^2 的使用分布荷载。

常见射流风机(带消声器)的自重　　表 8-2-9

直径(mm)	560	660	720	800	900	1 000	1 100	1 200	1 320
自重(kN)	120	180	280	390	420	480	720	930	1 050

四、其他可变荷载标准值的计算

1. 立交渡槽流水压力(Q_{14})

根据渡槽设计情况计算,应考虑立交渡槽的结构重力及其内流水的重力。

2. 温度变化影响力(Q_{15})

当隧道结构(一般主要指洞口明洞段或浅埋段衬砌)受到温度影响显著时,结构计算过程中应考虑温度变化影响力。温度变化影响力可按下式计算:

$$\Delta L = \alpha \cdot L \cdot \Delta t \tag{8-2-9}$$

式中:ΔL——构件温度变化引起的变形值(m);

α——构件材料的线膨胀系数,混凝土及钢筋混凝土的线膨胀系数为 1.0×10^{-5};

L——构件的计算长度(m);

Δt——构件的计算温度差(℃),一般可取构件施工时的温度与设计基准期内最冷月平均气温或最热月平均气温之差。

由于温度升高将对结构产生压应力,温度降低将对结构产生拉应力,因此两种情况需要根据内力组合情况分别计算。

3. 季节性冻胀力(Q_{16})

结构设计基准期内最冷月平均气温低于－15℃地区的隧道应考虑冻胀力。冻胀力可根据当地的自然条件、围岩冬季含冰量、衬砌防冻构造及排水条件等通过研究确定。当无实测资料时，可根据式(8-2-10)计算：

$$P_b = \frac{n\alpha E_2}{pq + (m_2 + 1)[e(m_1 - \mu_1) + (m_2 + \mu_2)]} \tag{8-2-10}$$

其中：
$$m_1 = \frac{b^2 + a^2}{b^2 - a^2}$$

$$m_2 = \frac{(b + H_f)^2 + b^2}{(b + H_f)^2 - b^2}$$

$$p = \frac{2b^2}{(b + H_f)^2 - b^2}$$

$$q = \frac{2(b + H_f)^2}{(b + H_f)^2 - b^2}$$

$$e = \frac{E_2}{E_1}$$

式中：P_b——衬砌所受冻胀力(kPa)；

n——围岩完整度系数，与围岩分级相关；

α——季节性融冻区冻结后的体积膨胀系数，可根据实际调查结果确定，也可根据下式计算：$\alpha = (1.2 \sim 1.4)\beta$，$\beta$为季节性融冻区岩土体内的含冰率，与地质条件有关；

a,b——衬砌内半径及外半径(m)；

H_f——季节性融冻区厚度(m)；

E_1,E_2——衬砌混凝土及围岩的弹性模量(kPa)；

μ_1,μ_2——衬砌混凝土及围岩的泊松比。

冻胀力也可以根据式(8-2-11)计算确定：

$$P_b = \frac{\delta\alpha K_1 K_2}{K_1 + K_2} \tag{8-2-11}$$

式中：δ——结构变形量(m)；

K_1——衬砌环向变形刚度(kPa/m)；

K_2——冻胀层外围岩层弹性抗力(kPa/m)；

其他参数意义同上。

4. 地面施工荷载(Q_{17})

地面施工荷载主要指由于工程建设引起的短期物体堆放或临时开挖引起的覆土层减薄而导致隧道周边荷载短期变化，可根据实际或预计发生的情况计算。当堆放或开挖引起的变化可能长期改变时，应作为永久荷载考虑。

对于浅埋隧道上的大面积施工荷载，可以直接简化为覆土厚度。

5. 隧道施工荷载(Q_{18})

隧道施工荷载主要指支护结构完成后在初期支护或二次衬砌背后注浆、开挖或回填等引起的短期作用，其大小及作用范围根据注浆设计确定。

五、偶然荷载标准值的计算

1. 落石冲击荷载(Q_{19})

对于明洞及棚洞等覆盖层浅、受冲击荷载作用大的结构，如果附近高边坡在设计基准期内可能出现坍塌，则应考虑落石冲击荷载(Q_{19})的作用。一般可按式(8-2-12)计算：

$$F = 0.5 \cdot m \cdot v / T \tag{8-2-12}$$

式中：F——塌落岩土体对隧道结构的总作用力(kN)；

v——塌落体的竖向最大塌落速度(m/s)，$v = \beta\sqrt{2gH_{\mathrm{m}}}$；

β——塌落速度修正系数，与塌落体形状及塌落体滚动面的坡度有关；

H_{m}——塌落体质量中心下落的距离(m)；

g——重力加速度(m/s^2)，g=10m/s^2；

T——冲击作用时间，$T = H_{\mathrm{t}}/v_{\mathrm{t}}$；

H_{t}——隧道顶覆盖层厚度(m)；

v_{t}——冲击波在覆盖层中传播的速度(m/s)，一般取300～500m/s；

m——塌落体总质量。

2. 地震荷载(Q_{20})

地震荷载可根据设计基准期内可能出现的地震进行计算。一般要求结构的构造措施应满足小震(超越概率63.5%)的抗震要求，结构强度应满足中震(超越概率10%)的抗震要求，结构整体稳定应满足罕遇地震(超越概率3%～5%)的抗震要求。

在隧道结构设计计算过程中，当地震设计动峰值加速度$\alpha < 0.05g$时，一般可以不考虑地震对结构的影响；当地震设计动峰值加速度$0.05g \leqslant \alpha < 0.15g$时，一般仅需采取一定构造措施考虑地震对结构的影响；当地震设计动峰值加速度$\alpha \geqslant 0.15g$时，一般需根据计算分析确定地震对结构的影响。

抗震计算一般可采用拟静力法、响应位移法和地震波动输入法等多种方法，具体计算方法见相关章节。

3. 人防荷载(Q_{21})

人防荷载主要考虑抵抗空气冲击波。当核武器在空中爆炸，冲击波传播到地表时，形成反射冲击波，因反射波是在被入射波压密和加热过的空气中传播，且压力又高，所以反射波的传播速度要比入射波快。当反射波波阵面终于赶上入射波波阵面后，则汇合成为单一的冲击波，即合成波。合成波波阵面靠近地面部分是垂直于地面的，即合成波是水平方向传播的。防空地下室的顶板一般就直接承受地面冲击波的超压和负压作用，而对于侧壁和底板，因空气冲击作用于地表，压迫土体并使其产生运动，上层土体受压后连续向下传递压力，这种土体的压缩状态由上向下逐层传播过程称为土中压缩波的传播。当遇到侧壁或底板的阻挡后，则会产生超压、动压和负压作用，这就是侧壁和底板需考虑的问题。

公路隧道如需要考虑平战结合，一般只涉及5级或6级人防设计。在核爆动荷载作用下，结构构件变形极限由允许延性比控制，且在确定各种构件允许延性比时，已考虑了对变形的限制，因而在防空地下室结构设计中，不必再单独对结构构件的变形与裂缝开展进行验算，一般只进行强度的验算。

如果人防管理部门明确公路隧道必须按人防工程设计，则其人防荷载应根据现行《人民防空地下室设计规范》(GB 50038—2005)有关规定确定。如果仅仅因为工程的重要性而考虑人防荷载，一般也可直接参照表8-2-10～表8-2-12取值进行结构设计。

顶板等效静荷载标准值(kN/m^2)　　表8-2-10

覆土厚度(m)	防常规武器抗力级别	
	5	6
0.0<h≤0.5	110～90(88～72)	50～40(40～32)
0.5<h≤1.0	90～72(72～56)	40～30(32～24)
1.0<h≤1.5	70～50(56～40)	32～15(24～12)
1.5<h≤2.0	50～30(40～24)	
2.0<h≤2.5	30～15(24～12)	

注：1.顶板按弹塑性工作阶段计算，允许延性比[β]取4.0。

2.h较小时，荷载取大值。

3.(　)内为考虑上部建筑影响的取值。

非饱和土中外墙等效静荷载标准值(kN/m^2)　　表8-2-11

顶板埋置深度(m)	土的类别	防常规武器抗力级别			
		5		6	
		砌体	钢筋混凝土	砌体	钢筋混凝土
0.0<h≤1.5	碎石土、粗砂、中砂	85～60	70～40	45～25	30～20
	细砂、粉砂	70～50	55～35	35～20	25～15
	粉土	70～55	60～40	40～20	30～15
	黏性土、红黏土	70～50	55～35	35～25	20～15
	老黏性土	80～60	65～40	40～25	30～15
	湿陷性黄土	70～50	55～35	35～20	25～15
	淤泥质土	50～40	35～25	25～15	15～10
1.5<h≤3.0	碎石土、粗砂、中砂	40～30		20～15	
	细砂、粉砂	35～25		15～10	
	粉土	40～25		15～10	
	黏性土、红黏土	35～25		15～10	
	老黏性土	40～25		15～10	
	湿陷性黄土	35～20		15～10	
	淤泥质土	25～15		10～5	

注：1.砌体按弹性工作阶段计算，净高≤3.0m，开洞≤5.4m，钢筋混凝土按弹塑性工作阶段计算，[β]取3.0，计算高度取5.0m。

2.h较小时，荷载取大值。

饱和土中外墙等效静荷载标准值(kN/m²)　　表 8-2-12

顶板埋置深度(m)	饱和土含气量 α_1(%)	防常规武器抗力级别	
		5	6
0.0<h≤1.5	1	100～50	50～30
	≤0.05	140～100	70～50
1.5<h≤3.0	1	80～60	30～25
	≤0.05	100～80	50～30

注:1.钢筋混凝土外墙计算高度 5.0m。允许延性比[β]取 3.0。

2.α_1 大于 1 时按非饱和土取值;α_1 为 0.05～1.0 时按内插法取值。

3.h 较小时,荷载取大值。

六、荷载组合

当作用在隧道支护结构上有两种或两种以上的可变荷载时,荷载不可能同时以其最大值出现,此时荷载的代表值可采用其组合值,通常可以表达为荷载组合系数与标准值的乘积。因此,根据公路隧道结构极限状态验算要求的差异,在结构计算过程中,应对作用在支护结构之上的荷载进行不同组合,分别计算结构内力,取最不利组合进行验算。荷载组合分类具体如下。

(1)基本组合Ⅰ(QZH-Ⅰ):主要用于正常使用极限状态的校核。

指在结构设计基准期内可能出现的全部永久荷载+在结构使用期间可能出现的基本可变荷载+其他可变荷载。该项荷载组合主要验算结构在荷载作用下的容许应力、挠度或裂缝等是否在规定范围内。

$$Q_1^{\mathrm{I}} = Q_1 + Q_2 + Q_3 + Q_4 + Q_5 + Q_6 + Q_7 + Q_8 + Q_9 \tag{8-2-13}$$

$$Q_2^{\mathrm{I}} = Q_1^{\mathrm{I}} + Q_{10} + Q_{11} + Q_{12} + Q_{13} + Q_{14} + Q_{15} + Q_{16} \tag{8-2-14}$$

(2)基本可变荷载组合Ⅱ(QZH-Ⅱ):主要用于承载能力极限状态校核。

指在结构设计基准期内可能出现的全部永久荷载+在结构使用期间可能出现的基本可变荷载。该项荷载组合主要验算结构在基本可变荷载作用下的安全度。

$$Q^{\mathrm{II}} = Q_1 + Q_2 + Q_3 + Q_4 + Q_5 + Q_6 + Q_7 + Q_8 + Q_9 + Q_{10} + Q_{11} + Q_{12} + Q_{13} \tag{8-2-15}$$

(3)其他可变荷载组合Ⅲ(QZH-Ⅲ):主要用于承载能力极限状态校核。

指在结构设计基准期内可能出现的全部永久荷载+在结构使用期间可能出现的基本可变荷载+在结构使用期间可能出现的其他可变荷载。该项荷载组合主要验算结构在其他可变荷载作用下的安全度。

$$Q_1^{\mathrm{III}} = Q_1^{\mathrm{I}} + Q_{10} + Q_{11} + Q_{12} + Q_{13} + Q_{14} + Q_{15} + Q_{17} + Q_{18} \tag{8-2-16}$$

$$Q_2^{\mathrm{III}} = Q_1 + Q_3 + Q_4 + Q_5 + Q_7 + Q_8 + Q_9 + Q_{10} + Q_{11} + Q_{12} + Q_{13} + Q_{14} + Q_{15} + Q_{16} + Q_{17} + Q_{18} \tag{8-2-17}$$

注意:冻胀力不参与水压力及松散土压力组合。

(4)偶然荷载组合Ⅳ(QZH-Ⅳ):主要用于承载能力极限状态校核。

指在结构设计基准期内可能出现的全部永久荷载+在结构使用期间可能出现的偶然荷载+可能与偶然荷载同时出现的基本可变荷载。该项荷载组合主要验算结构在偶然荷载作用下的安全度。

偶然坍塌组合:

$$Q_1^{\mathrm{IV}} = Q_1 + Q_2 + Q_3 + Q_4 + Q_5 + Q_6 + Q_7 + Q_8 + Q_9 + Q_{10} + Q_{13} + Q_{19} \quad (8\text{-}2\text{-}18)$$

偶然地震组合：

$$Q_2^{\mathrm{IV}} = Q_1 + Q_2 + Q_3 + Q_4 + Q_5 + Q_6 + Q_7 + Q_8 + Q_9 + Q_{10} + Q_{13} + Q_{20} \quad (8\text{-}2\text{-}19)$$

偶然人防组合：

$$Q_3^{\mathrm{IV}} = Q_1 + Q_2 + Q_3 + Q_4 + Q_5 + Q_6 + Q_7 + Q_8 + Q_9 + Q_{10} + Q_{13} + Q_{21} \quad (8\text{-}2\text{-}20)$$

注意：①基本可变荷载中立交公路及立交铁路荷载不参与偶然荷载组合；

②其他可变荷载不参与偶然荷载组合；

③偶然荷载相互之间不组合。

(5)验算荷载组合Ⅴ(QZH-Ⅴ)：主要用于承载能力极限状态校核。

指在结构设计基准期内可能出现的全部永久荷载＋在结构使用期间可能出现的基本可变荷载。该项荷载组合主要验算结构在形变压力、水压力及基础变位影响力作用下的安全度。

$$Q^{\mathrm{V}} = Q_1 + Q_2 + Q_3 + Q_4 + Q_5 + Q_6 + Q_7 + Q_8 + Q_9 + Q_{10} + Q_{11} + Q_{12} + Q_{13} \quad (8\text{-}2\text{-}21)$$

如果采用分项安全系数法进行结构强度校核，则各类荷载的分项系数见表8-2-13，其计算内力用 N_f、Q_f、M_f 表示。

各类荷载的分项系数 表8-2-13

编号	荷载分类	荷载名称	QZH-Ⅰ	QZH-Ⅱ	QZH-Ⅲ	QHZ-Ⅳ	QHZ-Ⅴ
1	永久荷载	围岩形变压力或膨胀压力	1.0	1.2	1.1	1.0	1.35
2		围岩松动压力	1.0	1.35	1.2	1.0	1.2
3		结构自重	1.0	1.35	1.2	1.0	1.2
4		结构附加恒载	1.0	1.35	1.2	1.0	1.2
5		混凝土收缩和徐变影响力	1.0	1.35	1.2	1.0	1.2
6		水压力	1.0	1.0	1.0	1.0	1.0
7		浮力	1.0	1.0	1.0	1.0	1.0
8		结构基础变位影响力	1.0	1.2	1.2	1.0	1.35
9		地面永久建筑荷载影响力	1.0	1.35	1.2	1.0	1.2
10	基本可变荷载	公路车辆荷载、人群荷载	1.0	1.4	1.4	1.0	1.2
11		立交公路车辆荷载	1.0	1.4	1.4	—	1.2
12		立交铁路荷载	1.0	1.4	1.4	—	1.2
13		风机等设备引起的动荷载	1.0	1.4	1.4	1.0	1.2
14	其他可变荷载	立交渡槽流水压力	1.0	—	1.4	—	—
15		温度变化影响力	1.0	—	1.4	—	—
16		季节性冻胀力	1.0	—	1.4	—	—
17		地面施工荷载	—	—	1.4	—	—
18		隧道施工荷载	—	—	1.4	—	—
19	偶然荷载	落石冲击荷载	—	—	—	1.0	—
20		地震作用力	—	—	—	1.0	—
21		人防荷载	—	—	—	1.0	—

如果采用综合安全系数法进行结构强度校核，则各类荷载的组合系数均取 1.0，其计算内力用 N_Z、Q_Z、M_Z 表示。

第三节　弹性抗力与弹性地基梁

隧道衬砌是在围岩的主动压力和被动抗力同时作用下进行工作的。既然衬砌是用来阻止围岩变形的结构物，那么衬砌受力后的变形特性，即衬砌的刚度和修建衬砌的时间，都会直接影响围岩压力的大小和分布情况。衬砌受到主动荷载作用后，拱圈顶部产生向隧道内的变形，这一部分衬砌有脱离围岩的趋势，因此，围岩对这部分衬砌不产生弹性抗力，而其余部分衬砌向着围岩方向变形，因而引起围岩对这部分衬砌的弹性抗力。

弹性抗力是指当隧道结构在荷载作用下发生变形时，周边岩体或土体限制结构变形的能力。因此，当围岩对隧道支护结构的变形具有约束作用时，应考虑围岩对结构的弹性抗力作用。弹性抗力的大小可用如下公式计算：

$$F_d = K_d \delta \tag{8-3-1}$$

式中：F_d——弹性抗力(kPa)；

K_d——弹性抗力系数(kPa/m)；

δ——结构变形量(m)。

弹性抗力可以是压应力，可以是拉应力，也可以是剪应力。对于初期支护及仰拱，由于结构与围岩接触紧密，且存在一定的黏结力，因此，在结构计算过程中，既要考虑压应力，又要考虑拉应力，还要考虑剪切应力。而对于设置有柔性防水层的复合衬砌之二次衬砌，可以仅考虑围岩对结构的压应力作用。

影响弹性抗力大小及分布形式的因素较多，如岩体强度、结构刚度与变形量、衬砌周边回填状况以及外荷载的大小与分布形式等。一般情况下，岩体强度越高，弹性抗力系数越大，弹性抗力作用越显著；结构刚度相对于岩体越大，弹性抗力分布越均匀，反之则越集中于结构产生最大变形量附近；衬砌回填越密实，弹性抗力越能发挥作用。抗力区的分布规律及大小，与衬砌的刚度、形状、尺寸、围岩的力学性质、衬砌背后回填的密实程度及荷载情况等因素有关，因此，衬砌计算是一个非线性问题。为了使衬砌计算线性化，故对抗力区的抗力分布曲线作了假定。即假定抗力图形呈抛物线形，抗力范围上零点的位置与衬砌中心轴夹角为 45°～55°，下零点的位置取在墙脚，最大抗力作用点的位置在衬砌最大衬径处。抗力曲线一经确定，问题就变为通常的超静定拱的求解。

弹性抗力系数为岩土体产生单位压缩变形时对结构的反作用力。一般情况下认为隧道周边岩土体的弹性抗力系数为常数；但是当周边岩土体差异较大或隧道埋置深度较浅时，也可以取变化值，这样更符合实际情况。弹性抗力系数的取值与多种因素有关，如岩土体的弹性模量、隧道埋置深度、洞室形状与大小等。

当考虑拉抗力作用时，应注意不要超过结构与围岩的黏结力及岩体抗拉强度；在拱部 90°范围内，一般不考虑弹性抗力作用；当隧道为极浅埋结构或为明洞结构，且周边为相对软弱的土体时，侧边的最大弹性抗力与被动土压力大小相关，一般不应超过的被动土压力的 50%；当为深埋隧道时，侧边的最大弹性抗力一般不应超过计算点土体的地基容许承载能力。

弹性抗力的计算有假定分布函数法、链杆单元法、弹性地基梁法、弹性地基单元法等，在实际计算过程中,可以根据结构计算方法及结构工作状态分别选取。假定分布函数法与弹性地基梁法主要用于早期的手工结构计算;而连杆单元法与弹性地基单元法则广泛用于有限单元计算程序之中。

1.假定分布函数法

假定作用在结构上的弹性抗力分布规律(函数),将最大弹性抗力作为未知因数进行求解,该法即为假定分布函数法。

(1)对于曲墙式衬砌,一般假定弹性抗力上零点在拱顶两侧45°附近的 b 点附近,下零点在墙脚 a 附近,最大抗力发生在 h 点,大约在弹性抗力分布区域的2/3高度处(ah 段高度:hb 段高度=2:1)或最大跨度附近。抗力图形分布规律按结构变形特征作以下假定(图8-3-1)。

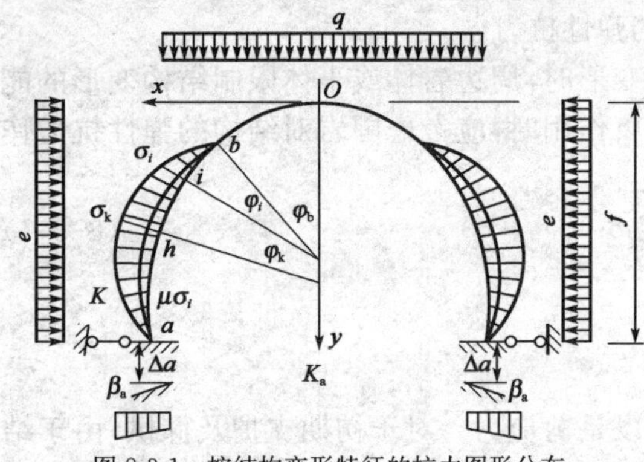

图8-3-1 按结构变形特征的抗力图形分布

①上零点 b(即脱离区与抗力区的分界点)与衬砌垂直对称中线的夹角假定为 $\varphi_b=45°$;

②下零点 a 在墙脚。墙脚处摩擦力很大,无水平位移,故弹性抗力为零;

③最大抗力点 h 假定发生在最大跨度处附近,计算时一般取 $ah \approx \frac{2}{3}ab$。为简化计算,可假定在分段的接缝上;

④抗力图形的分布按以下假定计算:

拱部 bh 段抗力按二次抛物线分布,任一点的抗力 σ_i 与最大抗力 σ_h 的关系为:

$$\sigma_i = \frac{\cos^2\varphi_b - \cos^2\varphi_i}{\cos^2\varphi_b - \cos^2\varphi_h}\sigma_h \tag{8-3-2}$$

边墙 ha 段的抗力为:

$$\sigma_i = \left[1 - \left(\frac{y_i'}{y_h'}\right)^2\right]\sigma_h \tag{8-3-3}$$

式中:$\varphi_i,\varphi_b,\varphi_h$——分别表示 i、b、h 点所在截面与垂直对称轴的夹角;

y_i'——i 点所在截面与衬砌外轮廓线的交点至最大抗力点 h 的距离;

y_h'——墙底外缘至最大抗力点 h 的垂直距离。

ha 段边墙外缘一般都作成直线形,且比较厚,因刚度较大,故抗力分布也可假定为与高度呈直线关系。若 ha 段的一部分外缘为直线形,则可将其分为两部分分别计算,即曲边墙段按式(8-3-3)计算,直边墙段按直线关系计算。

两侧衬砌向围岩方向的变形引起弹性抗力,同时也引起摩擦力 s_i,其大小等于弹性抗力和衬砌与围岩间的摩擦系数的乘积:

$$s_i = \mu\sigma_i \tag{8-3-4}$$

计算表明,摩擦力影响很小,可以忽略不计,而忽略摩擦力的影响是偏于安全的。墙脚弹性地固定在地基上,可以发生转动和垂直位移。如前所述,在结构和荷载均对称时,垂直位移对衬砌内力不产生影响。因此,若不考虑仰拱的作用,可将计算简图表示为图8-3-2的形式。

(2)对于直墙式衬砌,一般假定拱部弹性抗力呈抛物线分布,其中抗力零点位于拱顶两侧45°附近,抗力最大点位于拱脚(图8-3-2),则:

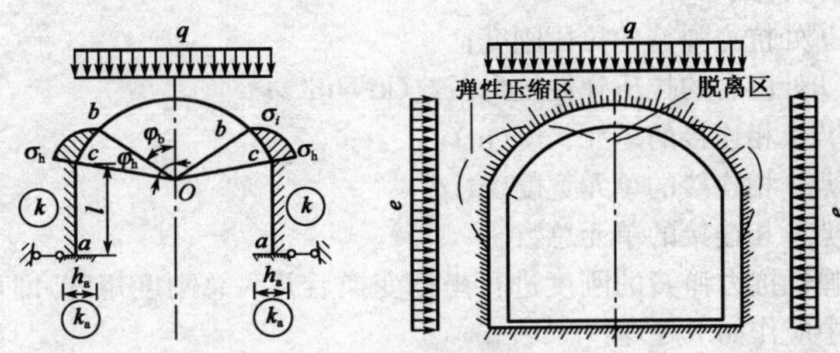

图 8-3-2　弹性抗力分布形式

$$\sigma = \sigma_h \frac{\cos^2\varphi_a - \cos^2\varphi}{\cos^2\varphi_a - \cos^2\varphi_b} \tag{8-3-5a}$$

式中：σ——计算点的弹性抗力大小；

σ_h——抗力最大点弹性抗力大小；

φ_a——弹性抗力计算起点中心角；

φ_b——弹性抗力计算终点中心角。

如果拱脚截面角 $\varphi_b = 75° \sim 90°$，则上式可简化为：

$$\sigma = \sigma_h \times \frac{\cos^2\varphi_a - \cos^2\varphi}{\cos^2\varphi_a} \tag{8-3-5b}$$

如果抗力零点位于截面角又为 45°，则上式可简化为：

$$\sigma = \sigma_h \times \cos 2\varphi \tag{8-3-5c}$$

边墙的弹性抗力作用可以根据弹性地基梁理论公式计算，也可以通过假定弹性抗力分布函数来计算。如果边墙属于弹性地基刚梁，则可以假定弹性抗力按直线分布，抗力零点在墙脚，最大点在墙顶；如果属于弹性地基短梁，则可以假定弹性抗力按负抛物线分布，抗力零点在墙脚，最大点在墙顶；如果属于弹性地基长梁，则取上部换算长度为短梁的部分按负抛物线分布，下部弹性抗力为零。

2.链杆单元法

为了避免预先假定抗力曲线的这个缺点，在衬砌的周边上与围岩相互作用的区域内，可用链杆来代替围岩对衬砌的约束作用。这种链杆应服从局部变形理论的假定，并视衬砌与围岩间联系情况，将链杆布置成法向或水平。链杆是按水平方向设置的，这样做不仅可以近似地考虑衬砌与围岩之间摩擦力的作用，而且还可以简化计算工作。

链杆法将地层对结构的反作用简化为一个个与围岩弹性抗力系数、结构计算宽度以及单元长度相关的弹簧，将弹簧刚度并入结构总刚度矩阵中求解。

(1)在有限元计算程序中，可用分布于各节点的弹簧单元来模拟围岩与衬砌的相互作用。如果不必考虑拉抗力作用，计算链杆出现拉力就将该链杆的刚度取为零，然后重新计算。这样经过反复多次计算，一般能够达到要求目标。

(2)如果考虑围岩对衬砌结构的拉压作用，则弹簧刚度可用式(8-3-6)表示：

$$k^i = K_d \sum_{i=1}^{n} (0.5 \cdot L^i \cdot B^i) \tag{8-3-6}$$

式中：k^i——节点 i 处抗力弹簧的拉压刚度；

K_d——节点 i 处围岩的拉压弹性抗力系数（kN/m^3）；

L^i——与节点 i 相连接的单元长度（m）；

B^i——与节点 i 相连接的单元宽度（m）；

n——与节点 i 相连接的单元总数。

将上述节点弹性抗力弹簧的刚度进行坐标变换后并入总刚度矩阵，即可求解结构内力。但是一般在计算中应作如下处理：

①对于初期支护及仰拱等与围岩黏结为一体的构件，不仅要考虑拉压弹性抗力作用，而且还应考虑切向的弹性抗力作用，因此可以直接并入计算；

②对于设置防水层的二次衬砌，一般不考虑拉抗力作用。因此，当结构位移向远离围岩方向变化时，则将弹簧刚度取 0，此时应根据前次计算结果进行修正是否计入弹簧刚度；

③在计算弹性抗力过程中，拱部及边墙一般不考虑结构竖向位移，其主要原因是竖向位移是围岩与结构协调运动产生。如果考虑竖向位移将导致过大的拉抗力的产生，与实际情况不符。

（3）弹性抗力大小可用如下公式计算：

$$R^i = k^i \cdot u^i \tag{8-3-7}$$

式中：R^i——节点 i 处弹性抗力大小（kN）；

u^i——节点 i 沿围岩面法向方向的位移（m）。

该方法的缺点是未考虑周边岩体剪切刚度对结构的约束作用。

3. 弹性地基梁法

弹性地基梁法是指将结构视为与围岩共同变形的弹性地基上梁，一种是既考虑围岩对结构的压力、又考虑围岩对结构的拉力的完全弹性地基梁，如边墙及仰拱。该种方法既可以用于手工求解，又可用于有限单元法程序求解。另一种是仅考虑围岩对结构的压力作用的不完全弹性地基梁。隧道衬砌的边墙与仰拱一般可以按弹性地基梁理论计算围岩对结构的弹性抗力。

弹性地基梁的计算方法一般又分以下两种：

（1）以温克尔假定为基础的局部变形理论；

（2）将地基假定为半无限弹性体的共同变形理论。

《公路隧道设计规范》（JTG D70—2004）建议采用温克尔假定计算弹性抗力。该法一般在软弱围岩地段比较符合实际，但是在地质条件较好的围岩（岩质）地段，共同变形理论更能反映实际情况。

弹性地基梁的挠度曲线方程可用式（8-3-8）表示：

$$\frac{d^4 y}{dx^4} + 4\alpha^4 y = \frac{4\alpha^4}{BK} q(x) \tag{8-3-8}$$

$$\alpha = \sqrt[4]{\frac{BK}{4EI}} \tag{8-3-9}$$

式中：y——地基梁的挠度函数（m）；

α——弹性地基梁的弹性特征值（m^{-1}）；

B——弹性地基梁的宽度（m）；

K——弹性抗力系数（kPa/m）；

E——梁的弹性模量(kPa)；

I——梁的截面惯性矩(m^4)。

当已知弹性地基梁端部位移、转角、弯矩及剪力（y_0,θ_0,M_0,Q_0）时，梁的位移及内力表示如下：

$$y = y_0\varphi_1 + \theta_0\frac{1}{2\alpha}\varphi_2 - M_0\frac{2\alpha^2}{BK}\varphi_3 - Q_0\frac{\alpha}{BK}\varphi_4 \tag{8-3-10}$$

$$\theta = -y_0\alpha\varphi_4 + \theta_0\varphi_1 - M_0\frac{2\alpha^3}{BK}\varphi_2 - Q_0\frac{2\alpha^2}{BK}\varphi_3 \tag{8-3-11}$$

$$M = y_0\frac{BK}{2\alpha^2}\varphi_3 + \theta_0\frac{BK}{4\alpha^3}\varphi_4 + M_0\varphi_1 + Q_0\frac{1}{2\alpha}\varphi_2 \tag{8-3-12}$$

$$Q = y_0\frac{BK}{2\alpha}\varphi_2 + \theta_0\frac{BK}{2\alpha^2}\varphi_3 - M_0\alpha\varphi_4 + Q_0\varphi_1 \tag{8-3-13}$$

$$\varphi_1 = \mathrm{ch}(\alpha x)\cos(\alpha x) \tag{8-3-14}$$

$$\varphi_2 = \mathrm{ch}(\alpha x)\sin(\alpha x) + \mathrm{sh}(\alpha x)\cos(\alpha x) \tag{8-3-15}$$

$$\varphi_3 = \mathrm{sh}(\alpha x)\sin(\alpha x) \tag{8-3-16}$$

$$\varphi_4 = \mathrm{ch}(\alpha x)\sin(\alpha x) - \mathrm{sh}(\alpha x)\cos(\alpha x) \tag{8-3-17}$$

$\varphi_1,\varphi_2,\varphi_3,\varphi_4$ 之间的微分关系如下：

$$\frac{\mathrm{d}\varphi_1}{\mathrm{d}x} = -\alpha\varphi_4, \frac{\mathrm{d}\varphi_2}{\mathrm{d}x} = 2\alpha\varphi_1, \frac{\mathrm{d}\varphi_3}{\mathrm{d}x} = \alpha\varphi_2, \frac{\mathrm{d}\varphi_4}{\mathrm{d}x} = 2\alpha\varphi_3 \tag{8-3-18}$$

应用式(8-3-10)～式(8-3-18)，根据弹性地基梁两端的边界条件及梁上荷载条件，可以计算弹性地基梁的内力及挠度。

实际应用过程中，根据弹性地基梁的换算长度不同，一般可以将其分为弹性地基长梁、短梁及刚性梁三类进行适当的简化计算。换算长度可按式(8-3-19)计算：

$$\lambda = \alpha \times L \tag{8-3-19}$$

式中：λ——弹性地基梁的换算长度；

L——梁的长度(m)。

当 $\lambda \leqslant 1$ 时，为弹性地基刚性梁，梁自身的弹性变性可以忽略不计，因此可以认为弹性抗力呈直线分布；

当 $1 < \lambda < 2.75$ 时，为弹性地基短梁，两端的受力和变形相互影响较大，应按照标准公式计算；

当 $\lambda \geqslant 2.75$ 时，为弹性地基长梁，两端的受力和变形相互影响可以忽略不计；如果荷载作用点距离梁端的换算长度≥2.75，也可以忽略该项荷载对梁端的影响；若荷载作用点仅距离某一端的换算长度大于≥2.75，则可以忽略该项荷载对这一端的影响，而对另一端的影响不能忽略，这类梁称为半无限长梁。

对于隧道的初期支护，由于结构与围岩黏结为整体，应考虑围岩对结构的拉抗力作用，因此，可以按照标准的弹性地基梁计算；对于二次衬砌的拱部及边墙，当初期支护与二次衬砌之间设置柔性隔离层时，应分段计算，以忽略拉抗力的影响；对于仰拱，无论初期支护还是二次衬砌，由于弹性抗力一般以压应力为主，因此按照标准弹性地基梁方法进行计算是合适的。

第四节　隧道支护结构的内力计算

隧道支护结构根据衬砌形式的不同，可以分为如下几种。

(1)明洞、棚洞：一般为钢筋混凝土结构。

(2)整体式衬砌：一般用于矿山法施工的隧道，有砌体结构、混凝土结构或钢筋混凝土结构。

(3)喷锚衬砌：系统锚杆形成的承载拱、喷射混凝土及钢拱架结构。

(4)复合衬砌：初期支护的构成与喷锚衬砌相同，二次衬砌一般为混凝土结构或钢筋混凝土结构。

(5)装配式衬砌：一般为采用钢筋混凝土预制构件。

不同的衬砌形式，不同的支护结构其内力计算方法有较大差异，在计算过程中应根据设计方案、施工方法以及地质条件等因素具体确定。明洞、棚洞、整体式衬砌以及装配式衬砌等这些承受荷载较为明确的结构，在设计过程中，均应进行内力分析与强度校核，以充分保证结构的可靠性。

在公路隧道复合衬砌设计过程中，一般可按表 8-4-1 对隧道各部分支护结构按照荷载—结构分析计算方法，分别进行内力分析并进行强度校核。

结构计算建议表　　表 8-4-1

项　目 \ 围岩级别		Ⅲ级	Ⅳ级	Ⅴ级	Ⅵ级	备　注
双车道隧道	系统锚杆	—	●	●		
	喷混凝土及钢架	—			★	
	二次衬砌	—	●	★	★	
	仰拱	—	—	●	★	
三车道隧道	系统锚杆	—	●	★		
	喷混凝土及钢架	—	●		★	
	二次衬砌	—	●	★	★	
	仰拱	—	—	★	★	
连拱隧道	系统锚杆	—	●	★		
	喷混凝土及钢架	—	●		★	
	二次衬砌	●	★	★	★	注意中隔墙
	仰拱	—	—	★	★	
小间距隧道	系统锚杆	—	●	★		注意对拉锚杆
	喷混凝土及钢架	—	●		★	
	二次衬砌	●	★	★	★	注意中夹岩柱
	仰拱	—	—	★	★	

注：1. ★表示应进行计算，●表示必要时才进行计算。

2. 系统锚杆按其形成的承载拱进行计算，可以将其与喷射混凝土层共同考虑。

3. 当二次衬砌设计为承受荷载的结构时，均应进行强度校核。

4. 当为六车道连拱隧道时，应适当扩大分析计算范围。

5. 当双洞隧道间距小于 5.0m 时，应适当扩大分析计算范围；当中夹岩柱宽度大于 1 倍隧道开挖宽度时，可按分离式隧道处理。

对处于7度地震区的隧道，应根据结构设计安全等级以及地震动参数，确定是否对结构强度及整体稳定性进行分析。一般情况下可按表8-4-2执行。

抗震强度和稳定性验算建议表　　表8-4-2

结构等级	隧道类型	结构条件	7度 [0.1g,0.2g]	8度 (0.2g,0.3g]	9度 (0.3g,0.5g]
一级	双车道隧道	洞门及挡土墙		★	★
		明洞及棚洞	●	★	★
		浅埋偏压Ⅲ～Ⅳ级		★	★
		浅埋偏压Ⅴ～Ⅵ级	●	★	★
	三车道隧道	洞门及挡土墙		★	★
		明洞及棚洞	●	★	★
		浅埋偏压Ⅲ～Ⅳ级	●	★	★
		浅埋偏压Ⅴ～Ⅵ级	●	★	★
	连拱隧道	洞门及挡土墙		★	★
		明洞及棚洞	●	★	★
		浅埋偏压Ⅲ～Ⅳ级	●	★	★
		浅埋偏压Ⅴ～Ⅵ级	●	★	★
	小间距隧道	洞门及挡土墙		★	★
		明洞及棚洞		★	★
		浅埋偏压Ⅲ～Ⅳ级		★	★
		浅埋偏压Ⅴ～Ⅵ级	●	★	★
二级		洞门及挡土墙	—	★	★
		明洞及棚洞	—	★	★
		浅埋偏压Ⅲ～Ⅳ级	—	●	★
		浅埋偏压Ⅴ～Ⅵ级	—	★	★
三级		洞门及挡土墙	—	●	★
		明洞及棚洞	—	—	★
		浅埋偏压Ⅲ～Ⅳ级	—	—	●
		浅埋偏压Ⅴ～Ⅵ级	—	—	★

注：★表示一般情况下应进行计算；●表示必要时应进行计算。

对于双车道及三车道分离隧道，在进行复合衬砌设计过程中，为了保证施工及运营过程中结构安全，一般对初期支护与二次衬砌的承载能力要求如下：

(1)对于Ⅲ级及其以上围岩地段衬砌，初期支护的承载能力应达到设计总荷载100%，二次衬砌为安全储备。

(2)对于Ⅳ级围岩地段衬砌，初期支护的承载能力应大于设计总荷载70%，二次衬砌的承载能力应大于设计总荷载30%。

(3)对于Ⅴ级围岩地段衬砌，初期支护的承载能力应大于设计总荷载50%，二次衬砌的承载能力应大于设计总荷载60%。

(4)对于Ⅵ级围岩地段衬砌及浅埋地段衬砌,初期支护的承载能力应大于设计总荷载30%,二次衬砌的承载能力应大于设计总荷载80%。

(5)对于浅埋地段衬砌,初期支护的承载能力应大于设计总荷载50%,二次衬砌的承载能力应大于设计总荷载60%。

(6)当初期支护的设计承载能力小于设计荷载的50%时,理论上就不能长期保证施工过程中的安全,此时设计过程中应采取合理的分步施工方案,提出二次衬砌的合理施作时机。

1.系统锚杆计算

Ⅱ级及其以上的围岩,由于自稳能力较强,一般不必设置系统锚杆,即使在某些大跨度隧道中设置了系统锚杆,也不能简单地认为是其形成的承载拱起主要作用,因此一般不必计算其承载能力,以洞室围岩稳定分析为主;对于Ⅵ级围岩,由于土体太松软,一般不设置系统锚杆,即使设置了系统锚杆,也不能形成稳定的承载拱而提供长期有效的支护能力,只是在一定程度上提高初期支护的承载能力,因此一般也不必计算其承载能力。

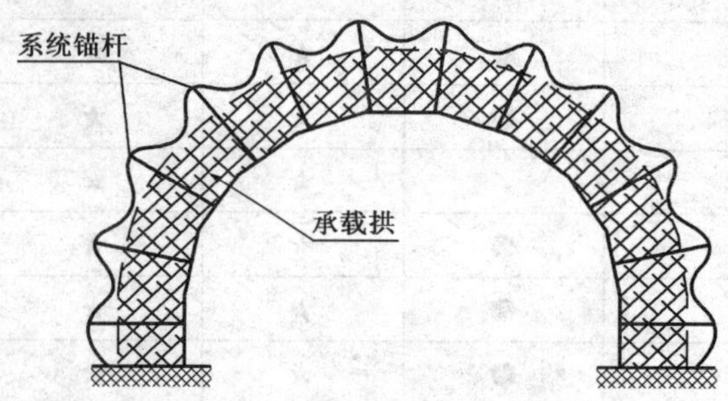

图8-4-1 系统锚杆形成的承载拱示意图

系统锚杆形成的承载拱(图8-4-1)的内力计算一般分为以下两种状况:

①当初期支护内设置有钢拱架时,仅考虑系统锚杆与围岩的作用,而喷射混凝土的作用在计算钢拱架承载能力时再考虑;②当喷射混凝土层内未设置钢拱架时,喷射混凝土层一般较薄(5~15cm),喷射混凝土的承载能力主要通过与围岩联合作用来发挥,此时不仅需要考虑系统锚杆与围岩的作用,而且还应考虑喷射混凝土层的作用,即把承载拱当作由岩体及喷混凝土两种材料构成的组合拱。

(1)在计算内力过程中,一般对承载拱的重度及弹性模量不予调整,直接取用围岩的参数。其主要原因是一方面系统锚杆对其值影响较小,另一方面其值对内力计算结果的影响也不大,但是进行强度校核时,应考虑系统锚杆对围岩相关强度值的修正。

(2)由系统锚杆及喷射混凝土层(若考虑)形成的承载拱厚度,可近似按下式计算:

$$D_g = L_0 - B_s \times \cot\varphi_j - D_0 + D_{ph} \tag{8-4-1}$$

式中:D_g——系统锚杆形成的承载拱厚度(m);

L_0——系统锚杆的设计入土长度(m);

D_{ph}——喷射混凝土层厚度(m),如果喷射混凝土内设置钢拱架,则不考虑喷射混凝土层的影响,此时$D_{ph}=0$;

B_s——系统锚杆外侧端部折算间距(m),可如下计算:对于矩形布置的系统锚杆$B_s=0.5\sqrt{ab(1+L_0/R_0)}$,对于梅花形布置的系统锚杆$B_s=0.3\sqrt{ab(1+L_0/R_0)}$,其中:$R_0$为承载拱内轮廓线半径(m),一般取设计开挖轮廓线半径;

D_0——承载拱厚度安全系数,与开挖质量有关,一般取$D_0=0.1$~0.3m;

φ_j——岩体计算内摩擦角(°)。

表8-4-3为双车道隧道系统锚杆形成承载拱厚度计算表。

双车道隧道系统锚杆形成的承载拱厚度　　表 8-4-3

围岩级别（级）	开挖轮廓线半径 R_0(m)	计算摩擦角 φ_j(°)	锚杆入土长度 L_0(m)	锚杆间距 $a\times b$ (m)	厚度安全值 D_0(m)	承载拱厚度 D_g(m)
Ⅴ	5.8	40	3.0	0.8×0.8	0.30	2.11
	5.8	45	3.0	0.8×1.0	0.25	2.20
	5.8	50	2.5	1.0×1.0	0.20	1.80
Ⅳ	5.7	50	3.0	1.0×1.0	0.30	2.18
	5.7	55	2.5	1.0×1.2	0.25	1.79
	5.7	60	2.5	1.2×1.2	0.20	1.88
Ⅲ	5.6	60	2.5	1.2×1.2	0.20	1.88
	5.6	65	2.5	1.2×1.4	0.20	1.94
	5.6	70	2.5	1.4×1.4	0.15	1.55

(3)计算由系统锚杆形成的承载拱的内力，首先要按照上述方法将其简化为一定厚度的承载拱，在拱的侧边墙及拱部两侧一定范围内考虑弹性抗力，其范围应根据计算确定。根据大量计算分析，锚杆承载拱的弹性抗力零点一般偏低(约 35°～45°)，因此也可直接按经验确定弹性抗力作用范围，对计算结果影响较小。拱的基础按弹性铰支座考虑。

(4)系统锚杆一般紧随开挖面施作，所承受的荷载大部分为形变荷载，因此，作用在承载拱之上的荷载侧压力系数一般大于规范给出的松散荷载的侧压力系数，而小于(接近)地层初始侧压力系数。

2. 初期支护钢拱架的内力计算(图 8-4-2)

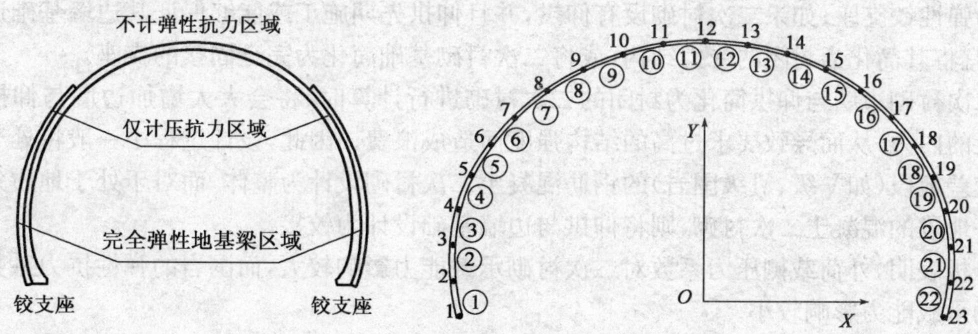

图 8-4-2　初期支护喷射混凝土及钢拱架的简化

对于Ⅳ～Ⅵ级等偏差的围岩地段，喷射混凝土层内部一般均需要设有钢拱架，此时喷射混凝土层厚度可以达到 18～30cm，其承载能力较强，应将喷混凝土层与钢拱架视为整体进行内力计算，分析其承载能力。

在计算喷射混凝土及钢拱架承载能力时，考虑到喷射混凝土与周边岩体结合较好，因此，周边岩体对结构的弹性抗力按完全的温克尔弹性地基梁考虑，即在边墙及拱部靠近边墙一定范围内，当结构在外荷载作用下具有压向围岩的位移时，围岩对结构有压抗力作用；当结构具有远离围岩的位移时，围岩对结构有拉力作用，作用力大小与位移成正比，拱部弹性抗力作用范围应根据分析计算确定。由于其刚度较小，弹性抗力的作用范围一般较大，抗力零点一般偏高，在圆心上部 45°～55°范围内。通过大量分析计算表明，对于喷射混凝土及钢拱架这种柔性支护结构，围岩弹性抗力系数及荷载侧压力系数对其承载能力影响较小，其承载能力比较稳定。

3. 二次衬砌的内力计算（图 8-4-3）

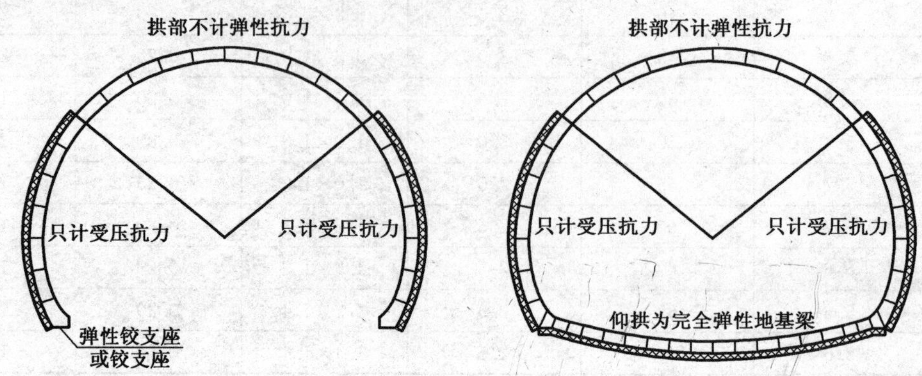

图 8-4-3 二次衬砌结构计算简化示意图

由于公路隧道一般在二次衬砌与初期支护之间设有防水层，因此，围岩对二次衬砌的弹性抗力应只考虑径向压力。弹性抗力分布形式可按假定分布函数法计算。如果采用有限元法进行结构计算时，则按照温克尔弹性地基梁理论，根据各节点实际产生的径向向外的位移计算弹性抗力。拱部弹性抗力零点在圆心上部约 40°～50°左右。进行仰拱内力计算时，一般采用完全的弹性地基梁理论，即无论结构压向围岩还是远离围岩，围岩对结构均存在约束作用，主要原因是仰拱一般与下部围岩完全密贴，具备完全弹性地基梁的变形受力条件。

当二次衬砌基础较窄时，一般将其简化为完全铰支座；当二次衬砌基础较宽时，一般将其简化为弹性铰支座；如果二次衬砌设有仰拱，并且仰拱先期施工或能够保证其边墙基础连接良好，则宜将其简化为封闭的受力结构，或将二次衬砌基础简化为完全固接的支座。

二次衬砌边墙与仰拱简化为封闭的二次衬砌进行计算时，将会大大增加边墙与仰拱连接处附近的内力，从而导致要求过高的结构强度而造成浪费。因此，设计过程中一般将处于地质条件较差地段（如Ⅴ级、Ⅵ级围岩）的钢筋混凝土二次衬砌设计为整体，而对于处于地质条件相对较好地段的混凝土二次衬砌，则将仰拱与边墙基础设计为铰接。

分析表明，外荷载侧压力系数对二次衬砌承载能力影响较大，而围岩的弹性抗力系数则对结构的承载能力影响较小。

对于接近圆形的公路隧道二次衬砌，当侧压力系数接近 1.0 时，结构的承载能力达到最大。因此，公路隧道二次衬砌侧压力系数偏大对结构受力有利，这一特点与尖拱形铁路隧道衬砌有所不同，值得充分注意。

当初期支护与二次衬砌间未设置防水层时，应按组合梁结构计算内力，并根据刚度大小进行内力分配。明洞、棚洞以及整体式衬砌的计算方法与复合衬砌的二次衬砌计算基本相同；喷锚衬砌的计算方法与复合衬砌的初期支护计算基本相同。

4. 单元刚度矩阵

对于隧道衬砌结构的单元，其刚度矩阵可以表示如下：

$$\boldsymbol{K}^{e}=\boldsymbol{K}_{N}^{e}+\boldsymbol{K}_{M}^{e}+\boldsymbol{K}_{Q}^{e}+\boldsymbol{K}_{d}^{e} \qquad (8\text{-}4\text{-}2)$$

式中：$\boldsymbol{K}^{e}$——单元的总刚度矩阵；

$\boldsymbol{K}_{\mathrm{N}}^{\mathrm{e}}$——单元的抗压(拉)刚度矩阵；

$\boldsymbol{K}_{\mathrm{M}}^{\mathrm{e}}$——单元的抗弯刚度矩阵；

$\boldsymbol{K}_{\mathrm{Q}}^{\mathrm{e}}$——单元的抗剪刚度矩阵，当结构厚度较大时该项不能忽略；

$\boldsymbol{K}_{\mathrm{d}}^{\mathrm{e}}$——单元的弹性地基附加刚度矩阵，当结构处于弹性地基上时该项不能忽略。

对于两节点单元，单元上任意点的位移为：

$$\mu = N_1\mu_1 + N_2\mu_2 \tag{8-4-3}$$

式中：μ——单元任意一点轴向位移；

μ_1,μ_2——单元起点及终点轴向位移；

N_1——形函数，$N_1 = (1-\xi)/2, -1 \geqslant \xi \geqslant 1$；

N_2——形函数，$N_2 = (1+\xi)/2, -1 \geqslant \xi \geqslant 1$。

$$\upsilon = N_1\upsilon_1 + \overline{N}_1\theta_1 + N_2\upsilon_2 + \overline{N}_2\theta_2 \tag{8-4-4}$$

$$\theta = \frac{\mathrm{d}\upsilon}{\mathrm{d}\xi} \tag{8-4-5}$$

式中：υ,θ——单元任意一点挠度及转角；

υ_1,υ_2——单元起点及终点挠度；

θ_1,θ_2——单元起点及终点转角。

对于四节点单元，采用如下形函数：

$$N_1 = (2+\xi)(1-\xi)^2/4 \qquad (-1 \geqslant \xi \geqslant 1) \tag{8-4-6}$$

$$N_2 = (1+\xi)(1-\xi)^2/4 \qquad (-1 \geqslant \xi \geqslant 1) \tag{8-4-7}$$

$$N_3 = (2-\xi)(1+\xi)^2/4 \qquad (-1 \geqslant \xi \geqslant 1) \tag{8-4-8}$$

$$N_4 = -(1-\xi)(1+\xi)^2/4 \qquad (-1 \geqslant \xi \geqslant 1) \tag{8-4-9}$$

式中：$N_1 \sim N_4$——形函数。

根据上述形函数所确定的单元位移插值公式，就可以求出单元刚度矩阵在单元局部坐标系下的表达式：

$$\overline{\boldsymbol{K}_{\mathrm{N}}^{\mathrm{e}}} = \frac{EA}{L}\begin{bmatrix} 1 & 0 & 0 & -1 & 0 & 0 \\ 0 & 0 & 0 & 0 & 0 & 0 \\ 0 & 0 & 0 & 0 & 0 & 0 \\ -1 & 0 & 0 & 1 & 0 & 0 \\ 0 & 0 & 0 & 0 & 0 & 0 \\ 0 & 0 & 0 & 0 & 0 & 0 \end{bmatrix}\begin{matrix} \mu_1 \\ \upsilon_1 \\ \theta_1 \\ \mu_2 \\ \upsilon_2 \\ \theta_2 \end{matrix} \tag{8-4-10}$$

$$\overline{\boldsymbol{K}_{\mathrm{M}}^{\mathrm{e}}} = \frac{EI}{L^3}\begin{bmatrix} 0 & 0 & 0 & 0 & 0 & 0 \\ 0 & 12 & 6L & 0 & -12 & 6L \\ 0 & 6L & 4L^2 & 0 & -6L & 2L^2 \\ 0 & 0 & 0 & 0 & 0 & 0 \\ 0 & -12 & -6L & 0 & 12 & -6L \\ 0 & 6L & 2L^2 & 0 & -6L & 4L^2 \end{bmatrix}\begin{matrix} \mu_1 \\ \upsilon_1 \\ \theta_1 \\ \mu_2 \\ \upsilon_2 \\ \theta_2 \end{matrix} \tag{8-4-11}$$

$$\overline{\boldsymbol{K}_{\mathrm{d}}^{\mathrm{e}}} = KL\begin{bmatrix} 0 & & & & & \\ 0 & 0.371\,428\,571 & & \text{对称} & & \\ 0 & 0.052\,380\,952L & 0.009\,523\,809L^2 & & & \\ 0 & 0 & 0 & 0 & & \\ 0 & 0.128\,571\,428 & 0.030\,952\,38L & 0 & 0.371\,428\,571 & \\ 0 & -0.030\,952\,38L & -0.001\,339\,285L^2 & 0 & -0.052\,380\,952L & 0.009\,523\,809L^2 \end{bmatrix}\begin{matrix} \mu_1 \\ \upsilon_1 \\ \theta_1 \\ \mu_2 \\ \upsilon_2 \\ \theta_2 \end{matrix} \tag{8-4-12}$$

式中：E——单元材料弹性模量(kPa)；

A——单元截面面积(m^2)；

I——单元转动惯量(m^4)；

L——单元长度(m)；

K——单元弹性抗力系数(kPa/m)。

为了求解结构内力，必须先将单元刚度矩阵组装到结构总刚度矩阵，将单元荷载矩阵组装到总荷载矩阵，引入边界条件后才能求解方程。为此，还必须先对单元矩阵及荷载矩阵进行坐标变换：

$$[\boldsymbol{K}^{\mathrm{e}}] = [\boldsymbol{T}]^{\mathrm{T}}[\overline{\boldsymbol{K}}^{\mathrm{e}}][\boldsymbol{T}] \tag{8-4-13}$$

$$[\boldsymbol{P}^{\mathrm{e}}] = [\boldsymbol{T}]^{\mathrm{T}}[\overline{\boldsymbol{P}}^{\mathrm{e}}] \tag{8-4-14}$$

式中：$[\boldsymbol{K}^{\mathrm{e}}]$——整体坐标系下单元刚度矩阵；

$[\overline{\boldsymbol{K}}^{\mathrm{e}}]$——单元局部坐标系下单元刚度矩阵

$[\boldsymbol{T}]$——坐标变换矩阵；

$[\boldsymbol{T}]^{\mathrm{T}}$——$[\boldsymbol{T}]$的转置矩阵。

$$[\boldsymbol{T}] = \begin{bmatrix} \cos\alpha & \sin\alpha & 0 & 0 & 0 & 0 \\ -\sin\alpha & \cos\alpha & 0 & 0 & 0 & 0 \\ 0 & 0 & 1 & 0 & 0 & 0 \\ 0 & 0 & 0 & \cos\alpha & \sin\alpha & 0 \\ 0 & 0 & 0 & -\sin\alpha & \cos\alpha & 0 \\ 0 & 0 & 0 & 0 & 0 & 1 \end{bmatrix} \tag{8-4-15}$$

$$[\boldsymbol{T}]^{\mathrm{T}} = \begin{bmatrix} \cos\alpha & -\sin\alpha & 0 & 0 & 0 & 0 \\ \sin\alpha & \cos\alpha & 0 & 0 & 0 & 0 \\ 0 & 0 & 1 & 0 & 0 & 0 \\ 0 & 0 & 0 & \cos\alpha & -\sin\alpha & 0 \\ 0 & 0 & 0 & \sin\alpha & \cos\alpha & 0 \\ 0 & 0 & 0 & 0 & 0 & 1 \end{bmatrix} \tag{8-4-16}$$

$[\boldsymbol{P}^{\mathrm{e}}]$——整体坐标系下单元荷载列阵；

$[\overline{\boldsymbol{P}}^{\mathrm{e}}]$——单元局部坐标系下单元荷载列阵。

隧道衬砌结构的基础也是处于弹性地基上，因此，在结构计算过程中基底的弹性变形不能忽略。一般其弹性刚度可如下表示：

$$[\overline{\boldsymbol{K}}_d]=\begin{bmatrix} K_f BH & 0 & 0 \\ 0 & K_d BH & 0 \\ 0 & 0 & \frac{1}{12}K_d BH^3 \end{bmatrix} \tag{8-4-17}$$

式中：$[\overline{\boldsymbol{K}}_d]$——结构基础地基在局部坐标系下的弹性刚度矩阵；

K_f——地基水平弹性抗力系数(kPa/m)；

K_d——地基竖向弹性抗力系数(kPa/m)；

B——地基沿隧道纵向的宽度(m)；

H——地基沿隧道横向的厚度(m)。

如果基础底面与水平面成一定角度，则上式还应进行坐标变换后加入总刚度矩阵。

在结构计算过程中，应注意如下几点：

(1)结构连接部位，如钢支撑接点、仰拱与边墙的连接点等是采用弹性连接还是铰接，不仅要考虑设计模式，而且还应考虑施工工艺与接点的实际工作状态；

(2)结构基础是采用固定铰支座还是弹性铰支座，应根据基础形式与地基强度确定；

(3)仰拱对边墙的作用：如果仰拱后期施工，一般可应用内力传递理论将其分开计算；如果仰拱为素混凝土结构，一般将仰拱与边墙连接处考虑为铰接；如果仰拱为钢筋混凝土结构，当钢筋贯通于仰拱与边墙时应将其考虑刚接，否则应考虑为铰接。

初期支护与二次衬砌采用叠合结构模式进行内力计算时，其单元刚度矩阵中的截面面积 A 与转动惯量 I 计算如下。

①当初期支护与二次衬砌之间铺设了防水层时，衬砌之间只能传递压应力，则：

$$A_z = A_c + A_e \tag{8-4-18}$$

$$I_z = I_c + I_e \tag{8-4-19}$$

②当初期支护与二次衬砌之间未铺设防水层时，衬砌之间各向应力是连续的，则：

$$A_z = A_c + A_e \tag{8-4-20}$$

$$I_z = A_c Y_c^2 + A_e Y_e^2 \tag{8-4-21}$$

$$Y_c = D\left(1-\frac{A_e}{A_c+A_e}\right) \tag{8-4-22}$$

$$Y_e = D\left(1-\frac{A_c}{A_c+A_e}\right) \tag{8-4-23}$$

式中：A_z, A_c, A_e——结构计算截面面积，喷射混凝土截面面积，二次衬砌截面面积(m^2)；

I_z, I_c, I_e——结构计算转动惯量，喷射混凝土转动惯量，二次衬砌转动惯量(m^4)；

Y_c——喷射混凝土层截面形心到组合截面形心的距离(m)；

Y_e——二次衬砌截面形心到组合截面形心的距离(m)；

D——喷射混凝土层截面形心到二次衬砌截面形心的距离(m)。

第五节　隧道支护结构的验算

隧道支护结构构件应根据承载能力极限状态和正常使用极限状态的要求，分别按下列规定进行计算和验算。

①承载能力及稳定。所有承担荷载的结构构件均应进行承载力计算。当构件有可能产生倾覆和滑移时，则应进行抗倾覆和抗滑移验算；处于地震区的结构，还应按规定要求进行结构构件的抗震承载能力计算；

②变形。对使用上需要控制变形的结构构件，应进行变形验算；

③抗裂及裂缝宽度。对使用上要求不出现裂缝的构件，应进行混凝土拉应力验算；对使用上容许出现裂缝的构件，应进行裂缝宽度验算；对叠合式受弯构件，还应进行钢筋拉应力验算。

一般情况下，不同类型的隧道支护结构构件，应进行不同类别极限状态的校核。

①系统锚杆形成的承载拱：抗压强度、抗剪强度；

②钢拱架：抗压强度、抗剪强度、抗拉强度、基底承载能力；

③二次衬砌：

如为砌体：抗压强度、抗剪强度、基底承载能力；

如为素混凝土：抗压强度、抗剪强度、抗拉强度、基底承载能力；

如为钢筋混凝土：抗压强度、抗剪强度、抗拉强度、最大变形量、裂缝宽度、基底承载能力；

④明洞或棚洞：抗压强度、抗剪强度、抗拉强度、最大变形量、裂缝宽度、基底承载能力；

⑤仰拱：抗压强度、抗剪强度、抗拉强度。

当截面形状或荷载产生变化时，要注意验算结构的抗剪强度，如边墙下部、边墙与仰拱连接点附近、棚洞的梁柱结构等。

在进行隧道结构承载能力极限状态校核过程中，可以按综合安全系数法验算结构强度，此时结构强度应满足式(8-5-1)的要求。

$$KS(F_r, a_d) \leqslant R(F_d, a_d, C) \tag{8-5-1}$$

式中：$S(.)$——与作用在结构上的荷载相关的作用效应函数；

$R(.)$——与结构材料强度及几何尺寸相关的结构抗力函数；

F_r——作用在结构上的荷载代表值；

F_d——结构材料强度的标准值；

a_d——结构的几何参数代表值；

C——结构的极限约束值；

K——综合安全系数，见表 8-5-1。

综合安全系数表 表 8-5-1

材料类型		强度类型	符号	QZH-Ⅱ 基本可变组合	QZH-Ⅲ 其他可变组合	QZH-Ⅳ 偶然组合	QZH-Ⅴ 验算组合
1	加固处理的岩体	达到抗压极限强度	K_{sy}	3.0	2.7	2.3	2.3
		达到抗剪极限强度	K_{sj}	3.0	2.7	2.3	2.3
2	砌体	达到抗压极限强度	K_{qy}	2.7	2.3	2.0	2.0
		达到抗剪极限强度	K_{qj}	2.7	2.3	2.0	2.0
3	混凝土	达到抗压极限强度	K_{hy}	2.4	2.0	1.8	1.8
		达到抗剪极限强度	K_{hj}	2.4	2.0	1.8	1.8
		达到抗拉极限强度	K_{hl}	3.6	3.0	2.5	2.5

续上表

材料类型		强度类型	符号	QZH-Ⅱ 基本可变组合	QZH-Ⅲ 其他可变组合	QZH-Ⅳ 偶然组合	QZH-Ⅴ 验算组合
4	钢筋混凝土	混凝土达到抗压极限强度	K_{hy}	2.0	1.7	1.5	1.5
		混凝土达到抗剪极限强度	K_{hj}	2.0	1.7	1.5	1.5
		混凝土达到抗拉极限强度	K_{hl}	2.4	2.0	1.8	1.8
		钢筋达到抗压标准强度	K_{gy}	2.0	1.7	1.5	1.5
		钢筋达到抗拉标准强度	K_{gl}	2.0	1.7	1.5	1.5
5	钢结构	达到抗压标准强度	K_{gy}	2.0	1.7	1.5	1.5
		达到抗拉标准强度	K_{gl}	2.0	1.7	1.5	1.5

注：表中钢结构指锚杆、钢拱架等支护结构以及其他悬挂结构。

在进行隧道结构承载能力极限状态校核计算过程中，也可按分项系数法验算结构强度，此时结构强度应满足式(8-5-2)的要求：

$$\gamma_0\gamma_1 S(\gamma_f F_r,\alpha_k)\leqslant R\left(\frac{f_k}{\gamma_m},\alpha_k,C\right) \tag{8-5-2}$$

式中：$S(.)$——与作用在结构上的荷载相关的作用效应函数；

$R(.)$——与结构材料强度及几何尺寸相关的结构抗力函数；

F_r——作用在结构上的荷载代表值；

f_k——结构材料、岩土性能的标准值或极限值，见本章相关规定；

α_k——结构的几何参数代表值；

C——结构的极限约束值；

γ_0——构件工作条件系数，见表8-5-2；

γ_1——地下结构附加安全系数，见表8-5-3；

γ_f——作用在结构上的荷载分项系数，见表8-2-13；

γ_m——结构材料和岩土的分项系数，见表8-5-4。

构件工作条件系数(γ_0)取值表 表8-5-2

安全等级	破坏后果	分项系数
一级	结构破坏影响很严重	1.1
二级	结构破坏影响一般	1.0
三级	结构破坏影响不严重	0.9

地下结构附加安全系数(γ_1)取值表 表8-5-3

结构类型	分项系数	结构类型	分项系数
暗挖法修筑的结构	1.1	明洞、棚洞、洞门等结构	1.0

材料的分项系数(γ_m)取值表 表8-5-4

材料类型		强度类型	符号	设计强度分项系数	极限强度分项系数
1	加固处理的岩体	抗压强度	γ_{sy}	—	1.8
		抗剪强度	γ_{sj}	—	1.8

续上表

材料类型		强度类型	符号	设计强度分项系数	极限强度分项系数
2	砌体	抗压强度	γ_{qy}	—	1.6
		抗剪强度	γ_{qj}	—	1.6
3	混凝土	抗压强度	γ_{hy}	—	1.4
		抗剪强度	γ_{hj}	—	1.4
		抗拉强度	γ_{hl}	—	2.15
4	钢筋混凝土	混凝土抗压强度	γ_{hy}	1.35	1.55
		混凝土抗剪强度	γ_{hj}	1.35	1.55
		混凝土抗拉强度	γ_{hl}	1.50	1.65
		钢筋抗压强度	γ_{gy}	1.25	—
		钢筋抗拉强度	γ_{gl}	1.25	—
5	钢结构	抗压强度	γ_{gy}	1.25	—
		抗拉强度	γ_{gl}	1.25	—

对使用上需要控制变形的结构构件，其变形应满足表 8-5-5 的要求。

受弯构件的容许挠度 表 8-5-5

构件类型		容许挠度
吊车梁		$L_0/600$
梁、板构件	$L_0 \leqslant 5m$	$L_0/250$
	$5m < L_0 \leqslant 8m$	$L_0/300$
	$L_0 > 8m$	$L_0/400$

注：1. 表中 L_0 为构件净计算跨度。

2. 如果为悬臂构件，则表中的容许挠度应乘以 2.0。

对使用上要求不能出现裂缝的构件，应进行拉应力验算；对使用上容许出现裂缝的构件，应进行裂缝宽度验算，其结果应满足表 8-5-6 的要求。

混凝土及钢筋混凝土构件的裂缝宽度容许值$[w_f]$(单位：mm) 表 8-5-6

安全等级	内层衬砌	混凝土构件	钢筋混凝土构件		
			A、B 环境	C、D 环境	E、F 环境
一级	拱部	$<[\sigma_{hl}]$	0.20	0.15	0.15
	边墙	$<[\sigma_{hl}]$	0.20	0.15	0.15
	其他构件	$<[\sigma_{hl}]$	0.25	0.20	0.15
二级	拱部	$<[\sigma_{hl}]$	0.25	0.20	0.15
	边墙	$<[\sigma_{hl}]$	0.25	0.20	0.15
	其他构件	$<[\sigma_{hl}]$	0.30	0.25	0.20
三级	拱部	$<R_{hl}$	0.30	0.25	0.20
	边墙	$<R_{hl}$	0.30	0.25	0.20
	其他构件	$<R_{hl}$	0.30	0.30	0.20

注：1. 对于特殊条件下的大跨度结构或特殊结构，应根据具体情况确定。

2. 其他构件指隧道内边沟、电缆沟等附属设施的构件。

3. 变形验算及裂缝宽度验算均采用 QHZ-I 作用下的内力。

4. $[\sigma_{lh}]$为混凝土的容许拉应力。

5. R_{lh}为混凝土的设计抗拉强度。

对处于偏心受压状态的系统锚杆承载拱及砌体结构，应对构件的抗压强度及抗剪强度进行校核。对于系统锚杆承载拱、半路堑式明洞的外墙、棚式明洞的边墙和砌体结构，当承受偏心受压时，内力偏心距不应大于截面厚度的 0.3 倍。

未设置仰拱的隧道衬砌，基础底面最大压应力应小于地基的容许承载能力。当基底最大压应力接近地基容许承载能力时，对基底偏心距有如下要求：土质地基时基底偏心距应小于$\frac{1}{6}$倍基础宽度；软质岩石地基时基底偏心距应小于$\frac{1}{5}$倍基础宽度；硬质岩石地基时基底偏心距应小于$\frac{1}{4}$倍基础宽度。

(1)系统锚杆承载拱的抗压强度验算。

综合安全系数法：

$$K_{sy}N_Z \leqslant \alpha bhR_{sy} \tag{8-5-3}$$

分项安全系数法：

$$\gamma_0\gamma_1N_F \leqslant \alpha bh\frac{R_{sy}}{\gamma_{sy}} \tag{8-5-4}$$

$$\alpha=\frac{1.0-\left(\frac{e_0}{y}\right)^8}{1+\left(\frac{e_0}{y}\right)^2}=\left[1.0+\left(\frac{e_0}{y}\right)^4\right]\left[1.0-\left(\frac{e_0}{y}\right)^2\right] \tag{8-5-5}$$

式中：K_{sy}——承载拱抗压安全系数，按表 8-5-1 取用；

α——轴向力偏心影响系数，当 $e_0<0.3h$ 时，按式(8-5-5)计算；

e_0——计算截面的偏心距(m)，$e_0=\frac{M_Z}{N_Z}=\frac{M_F}{N_F}$；

y——计算截面重心至受压边缘的距离(m)；

b——承载拱计算宽度(m)；

h——承载拱计算厚度(m)；

γ_0——构件工作条件系数，取值见表 8-5-2；

γ_1——地下结构附加安全系数，取值见表 8-5-3；

γ_{sy}——承载拱岩体的极限抗压强度的分项系数，取值见表 8-5-4；

R_{sy}——承载拱岩体的极限抗压强度(kPa)。

(2)系统锚杆承载拱的抗剪强度验算。

综合安全系数法：

$$K_{sj}Q_Z \leqslant N_Z\tan\varphi_s+bhC \tag{8-5-6}$$

分项安全系数法：

$$\gamma_0\gamma_1Q_F \leqslant \frac{N_F\tan\varphi_s+bhC}{\gamma_{sj}} \tag{8-5-7}$$

式中：K_{sj}——承载拱抗剪安全系数，按表 8-5-1 取用；

b——承载拱计算宽度(m)；

h——承载拱计算厚度(m)；

φ_s——岩体的内摩擦角(°)；

C——岩体的黏聚力(kPa)；

γ_{sj}——承载拱岩体的极限抗剪强度的分项系数，取值见表 8-5-4。

在对系统锚杆所形成的承载拱进行强度校核过程中，一般应考虑由于锚杆的加筋作用使得承载拱岩体强度提高的效应。因此，应根据修正后的岩体参数验算承载拱的承载能力。承载拱的强度参数可按式(8-5-8)进行调整：

$$R'_{sy}=R_{sy}+\frac{R_m}{ab\tan^2\left(45°+\frac{1}{2}\varphi_s\right)} \tag{8-5-8}$$

式中：R'_{sy}——修正后岩体极限抗压强度(MPa)；

R_m——锚杆设计抗拔力(kN)，与锚杆长度、围岩类别以及锚杆类型有关，一般 R_m = 50～150kN；

a,b——系统锚杆纵向及环向间距(m)；

φ_s——岩体的内摩擦角(°)；

R_{sy}——承载拱岩体单轴极限抗压强度(kPa)，应适当考虑爆破松动的影响。

当开挖爆破对周边岩体可能扰动较大时，承载拱的强度参数也可直接取洞室周边原状岩体的强度值，主要原因是尽管系统锚杆对承载拱的局部稳定性有一定程度提高，但是考虑到洞室开挖爆破过程中对洞室周边岩体的扰动，基本上两相抵消，这样可使结果更偏于安全。

(3)砌体结构的抗压强度验算。

综合安全系数法：

$$K_{qy}N_Z\leqslant\varphi\alpha bhR_{qy} \tag{8-5-9}$$

分项安全系数法：

$$\gamma_0\gamma_1N_F=\varphi\alpha bh\frac{R_{qy}}{\gamma_{qy}} \tag{8-5-10}$$

式中：K_{qy}——砌体抗压安全系数，按表 8-5-1 取用；

b——计算截面宽度(m)；

h——计算截面厚度(m)；

φ——构件的纵向弯曲系数，见表 8-5-7；

α——轴向力的偏心影响系数，见表 8-5-8；

e_0——计算截面的偏心距(m)，$e_0=\frac{M_Z}{N_Z}=\frac{M_F}{N_F}$；

R_{qy}——砌体材料的极限抗压强度(kPa)；

γ_{qy}——砌体材料的极限抗压强度分项系数，见表 8-5-4。

混凝土及砌体构件的纵向弯曲系数 表 8-5-7

H/h	<4	4	6	8	10	12	14	16
φ	1.00	0.98	0.96	0.91	0.86	0.82	0.77	0.72
H/h	18	20	22	24	26	28	30	
φ	0.68	0.63	0.59	0.55	0.51	0.47	0.44	

注：1. H 为构件高度，h 为截面短边边长(轴心受压)或弯矩作用平面内的截面边长(偏心受压)。

2. 当 H/h 为表列数值的中间值时，φ 可内插求得。

偏心影响系数　表 8-5-8

e_0/h	α	e_0/h	α	e_0/h	α	e_0/h	α	e_0/h	α
0.00	1.000	0.10	0.954	0.20	0.750	0.30	0.480	0.40	0.236
0.02	1.000	0.12	0.923	0.22	0.698	0.32	0.426	0.42	0.199
0.04	1.000	0.14	0.886	0.24	0.645	0.34	0.374	0.44	0.170
0.06	0.996	0.16	0.845	0.26	0.590	0.36	0.324	0.46	0.142
0.08	0.979	0.18	0.799	0.28	0.535	0.38	0.278	0.48	0.123

(4)砌体结构的抗剪强度验算。

综合安全系数法：

$$KQ_Z \leqslant bhR_{qj} + \mu N_Z \tag{8-5-11}$$

分项安全系数法：

$$\gamma_0 \gamma_1 Q_F \leqslant bh \frac{R_{qj}}{\gamma_{qj}} + \frac{\mu}{\gamma_{qj}} N_F \tag{8-5-12}$$

式中：K——砌体抗剪安全系数，按表 8-5-1 取用；

b——计算截面宽度(m)；

h——计算截面厚度(m)；

μ——砌块之间的摩擦系数标准值；

γ_{qj}——砌体材料的极限抗剪强度分项系数，见表 8-5-4；

R_{qj}——砌体材料的极限抗压强度(kPa)。

对处于偏心受压状态的混凝土结构，应对构件的抗压强度及抗拉强度进行校核。对于整体式衬砌的混凝土偏心受压构件，其轴向力的偏心距不宜大于截面厚度的 0.45 倍。当不容许混凝土结构出现裂缝时，应对其极限抗拉强度进行验算。

(5)偏心受压混凝土结构的抗压强度验算。

综合安全系数法：

$$KN_Z \leqslant \varphi \alpha bhR_{hy} \tag{8-5-13}$$

分项安全系数法：

$$\gamma_0 \gamma_1 N_F = \varphi \alpha bh \frac{R_{hy}}{\gamma_{hy}} \tag{8-5-14}$$

式中：N_Z，N_F——计算截面上的最大轴向压力(kN)；

b——计算截面的宽度(m)；

h——计算截面的高度(m)；

φ——构件纵向弯曲系数，见表 8-5-7；

α——轴向力的偏心影响系数，见表 8-5-8；

R_{hy}——混凝土极限抗压强度(kPa)；

γ_{hy}——混凝土极限抗压强度分项系数。

(6)偏心受压混凝土结构的抗拉强度验算。

综合安全系数法：

$$KN_{Z}=\varphi\frac{1.75R_{hl}bh}{\frac{6e_{0}}{h}-1} \tag{8-5-15}$$

分项安全系数法：

$$\gamma_{0}\gamma_{1}N_{F}=\varphi\frac{1.75\frac{R_{hl}}{\gamma_{hl}}bh}{\frac{6e_{0}}{h}-1} \tag{8-5-16}$$

式中：N_Z，N_F——计算截面上的最大轴向压力(kN)；

b——计算截面的宽度(m)；

h——计算截面的高度(m)；

φ——构件纵向弯曲系数，见表 8-5-7；

R_{hl}——混凝土抗拉极限强度(kPa)；

γ_{hl}——混凝土抗拉极限强度分项系数。

(7)混凝土结构的抗剪强度验算。

综合安全系数法：

$$K_{hj}Q_{Z}\leqslant 0.82R_{hl}bh_{0} \tag{8-5-17}$$

分项安全系数法：

$$\gamma_{0}\gamma_{1}Q_{F}\leqslant 0.82\frac{R_{hl}}{\gamma_{hj}}bh_{0} \tag{8-5-18}$$

式中：Q_Z，Q_F——计算截面上的最大剪力(kN)；

b——计算截面的宽度(m)；

h_0——计算截面的有效高度(m)；

R_{hl}——混凝土极限抗拉强度(kPa)；

γ_{hj}——混凝土极限抗剪强度分项系数；

K_{hj}——抗剪安全系数。

对钢拱架与喷射混凝土进行强度校核时，可按如下方法分别进行：轴力由钢拱架与喷射混凝土共同承担，而弯矩则仅由钢拱架承担，通过计算出各自的内力后，再进行强度校核。

假设进行强度验算截面的轴力以及弯矩分别为 N、M，其各压力和弯矩计算如下。

喷射混凝土承担的压力：

$$N_{h}=N\frac{A_{h}E_{h}}{A_{h}E_{h}+A_{g}E_{g}} \tag{8-5-19}$$

喷射混凝土承担的弯矩：

$$M_{h}=0 \tag{8-5-20}$$

钢拱架承担的压力：

$$N_g = N\frac{A_g E_g}{A_h E_h + A_g E_g} \tag{8-5-21}$$

钢拱架承担的弯矩：

$$M_g = M \tag{8-5-22}$$

式中：N,M——单位长度内验算截面的轴力及弯矩(kN,kN·m)；

A_h,A_g——喷射混凝土及钢拱架计算截面的面积(m^2)；

E_h,E_g——喷射混凝土及钢拱架的弹性模量(kPa)；

N_h,N_g——喷射混凝土及钢拱架分别承担的轴力(kN)；

M_h,M_g——喷射混凝土及钢拱架分别承担的弯矩(kN·m)。

(8)喷射混凝土及钢拱架的强度校核。

综合安全系数法

喷射混凝土截面压应力应满足如下要求：

$$K_{hy}N_h \leqslant \alpha R_{hy}A_h \tag{8-5-23}$$

钢拱架压应力应满足如下要求：

$$K_g\left(\frac{N_g}{A_g}+\frac{M_g}{W_g}\right)\leqslant R_{gy} \tag{8-5-24}$$

钢拱架拉应力应满足如下要求：

$$K_g\left(\frac{N_g}{A_g}-\frac{M_g}{W_g}\right)\leqslant R_{gl} \tag{8-5-25}$$

分项安全系数法

喷射混凝土截面压应力应满足如下要求：

$$\gamma_0\gamma_1 N_h \leqslant \alpha\frac{R_h^a}{\gamma_h}A_h \tag{8-5-26}$$

钢拱架压应力应满足如下要求：

$$\gamma_0\gamma_1\left(\frac{N_g}{A_g}+\frac{M_g}{W_g}\right)\leqslant\frac{R_{gy}}{\gamma_{gy}} \tag{8-5-27}$$

钢拱架拉应力应满足如下要求：

$$\gamma_0\gamma_1\left(\frac{N_g}{A_g}-\frac{M_g}{W_g}\right)\leqslant\frac{R_{gl}}{\gamma_{gl}} \tag{8-5-28}$$

式中：R_{gy}——拱架钢材的抗压极限强度(kPa)；

R_{gl}——拱架钢材的抗拉极限强度(kPa)；

γ_{gy}——钢材抗压强度分项系数；

K_{hy}——喷射混凝土的抗压极限强度安全系数；

K_g——钢拱架的抗压极限强度安全系数；

W_g——钢拱架抗弯刚度(m^3),对钢筋拱架 $W_g = A_g R_i$,对型钢拱架则查阅有关表格;

α——偏心影响系数,按表 8-5-8 取用。

一般情况下,隧道初期支护截面处于小偏心受压状态,截面强度为压应力控制;但是当隧道断面形状曲率变化较大或外荷载较大时,也有可能为拉应力控制。由于初期支护的钢拱架在环向一般分段加工安装,因此,在强度验算过程中要注意,最好不要使钢拱架内部出现太大的拉应力。钢拱架内部一旦出现拉应力,则控制因素将是钢拱架的连接点,而不是钢拱架自身,其破坏形式将更加难以预料,从而影响到初期支护的可靠度。

在进行钢支撑强度校核过程中,应特别注意对连接点强度及基底承载能力的校核。

(9)对于钢筋混凝土轴心受压构件,配有普通箍筋时的正截面强度计算。

综合安全系数法:

$$K_{hy} N_Z \leqslant \varphi (R_{hy} A + R'_{gy} A'_g) \tag{8-5-29}$$

分项安全系数法:

$$\gamma_0 \gamma_1 N_F \leqslant \varphi \left(\frac{R_{hy}}{\gamma_{hy}} A + \frac{R_{gy}}{\gamma_{gy}} A'_g \right) \tag{8-5-30}$$

式中:N_Z,N_F——计算截面的轴向力(kN);

φ——钢筋混凝土构件的纵向弯曲系数,按表 8-5-9 采用;

R_{hy}——混凝土抗压标准值(kPa);

A——构件截面面积(m^2);

R'_g——纵向钢筋抗压设计强度(kPa);

A'_g——纵向钢筋截面面积(m^2);

K_{hy}——综合安全系数;

γ_{hy}——混凝土分项安全系数;

γ_{gy}——钢筋分项安全系数。

当纵向钢筋配筋率大于 3%时,式中 A 应改用 A_h,$A_h = A - A'_g$。

钢筋混凝土构件的纵向弯曲系数 φ 表 8-5-9

l_0/b	≤8	10	12	14	16	18	20	22	24	26	28
l_0/d	≤7	9.5	10.5	12	14	15.5	17	19	21	22.5	24
l_0/r	≤28	35	42	48	55	62	69	76	83	90	97
φ	1.0	0.98	0.95	0.92	0.87	0.81	0.75	0.70	0.65	0.60	0.56
l_0/b	30	32	34	36	38	40	42	44	46	48	50
l_0/d	26	28	29.5	31	33	34.5	36.5	38	40	41.5	43
l_0/r	104	111	118	125	132	139	146	153	160	167	174
φ	0.52	0.48	0.44	0.40	0.36	0.32	0.29	0.26	0.23	0.21	0.19

注:1. 表中 l_0 为构件计算长度,b 为矩形截面短边尺寸,d 为圆形截面直径,r 为截面最小回转半径。

2. 构件计算长度 l_0 的确定:两端固定为 $0.5l$;一端固定,一端为不移动的铰为 $0.7l$;两端均为不移动的铰为 l;一端固定,一端自由为 $2l$(l 为构件支点间长度)。

(10)对于钢筋混凝土轴心受压构件,当采用螺旋式或焊接环式间接钢筋时(图 8-5-1),其正截面强度按下列公式计算。

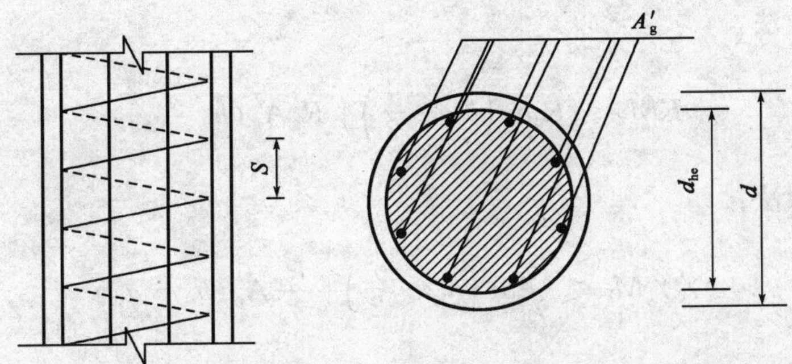

图 8-5-1　配置螺旋式间接钢筋的钢筋混凝土轴心受压构件截面图

综合安全系数法：

$$KN_Z \leqslant R_a A_{he} + R'_g A'_g + R_g A_g \tag{8-5-31}$$

分项安全系数法：

$$\gamma_0 \gamma_1 N_j \leqslant \frac{R_a}{\gamma_h} A_{he} + \frac{R'_g}{\gamma_g} A'_g + \frac{R_g}{\gamma_g} A_{jg} \tag{8-5-32}$$

式中：A_{he}——构件核心截面面积(m^2)；

R_g——间接钢筋抗拉设计强度(kPa)；

A_{jg}——间接钢筋换算截面面积(m^2)，$A_{jg}=\dfrac{\pi d_{he} a_j}{S}$；

d_{he}——构件核心直径(m)；

a_j——单根间接钢筋截面面积(m^2)；

S——沿构件轴线方向间接钢筋的间距(m)。

注：①按式(8-5-32)算的构件强度不应比按式(8-5-31)算的大 50%。

②凡属下列情况之一者，不考虑间接钢筋的影响，而按配有普通钢筋时钢筋混凝土轴心受压构件的规定计算：

a. 当 $\dfrac{l_0}{d} > 7$ 时；

b. 当按式(8-5-32)算的强度小于按式(8-5-31)算的强度时；

c. 当间接钢筋的换算截面面积 A_{jg} 小于纵向钢筋截面面积的 25%时。

(11)对于钢筋混凝土矩形截面或翼缘位于受拉区的 T 形截面受弯构件，其正截面强度按下列公式计算(图 8-5-2)。

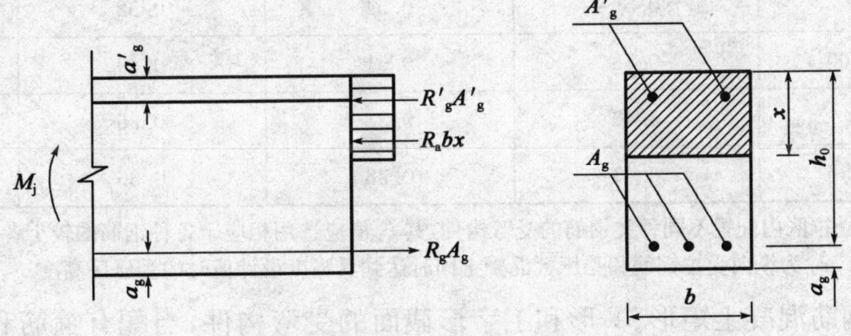

图 8-5-2　矩形截面钢筋混凝土受弯构件正截面强度计算图

综合安全系数法：

$$KM_Z \leqslant R_a bx\left(h_0-\frac{x}{2}\right)+R'_g A'_g(h_0-a'_g) \tag{8-5-33}$$

分项安全系数法：

$$\gamma_0\gamma_1 M_F \leqslant \frac{R_a}{\gamma_h}bx\left(h_0-\frac{x}{2}\right)+\frac{R'_g}{\gamma_g}A'_g(h_0-a'_g) \tag{8-5-34}$$

此时，中性轴的位置按下列公式确定：

$$R_g A_g - R'_g A'_g = R_a bx \tag{8-5-35}$$

混凝土受压区高度应符合下列条件：

$$x \leqslant \xi_{jg} h_0 \tag{8-5-36}$$

$$x \geqslant 2a'_g \tag{8-5-37}$$

式中：M_Z、M_F——分别为计算截面的弯矩(kN・m)；

R_a——混凝土抗压强度标准值(kPa)；

R_g——纵向受拉钢筋抗拉强度标准值(kPa)；

A_g——纵向受拉钢筋截面面积(m^2)；

R'_g——纵向受压钢筋抗压设计强度(kPa)；

A'_g——纵向受压钢筋截面面积(m^2)；

b——矩形截面宽或 T 形截面腹板宽(m)；

x——混凝土受压区高度(m)；

h_0——截面有效高度(m)；

ξ_{jg}——混凝土受压区高度界限系数，按表 8-5-10 采用；

a'_g——受压钢筋合力点至受压边缘的距离(m)。

注：在构件中，如无受压钢筋或不考虑受压钢筋时，不需要符合式(8-5-37)的要求。

混凝土受压区高度界限系数 ξ_{jg}

表 8-5-10

钢筋种类 \ 混凝土强度等级	C50 及以下	C55、C60	C65、C70	C75、C80
R235	0.62	0.6	0.58	—
HRB335	0.56	0.54	0.52	—
HRB400、KL400	0.53	0.51	0.49	—
钢绞线、钢丝	0.40	0.38	0.36	0.35
精轧螺纹钢筋	0.40	0.38	0.36	—

注：1. 对于截面受拉区内配置不同种类钢筋的受弯构件，其 ξ_{jg} 值应选用相应于各种钢筋的较小者。

2. $\xi_{jg}=x_b/h_0$，x_b 为纵向受拉钢筋和受压区混凝土同时达到其强度设计值时的受压区高度。

(12)对于钢筋混凝土矩形、T 形和工字形截面的受弯构件，当配有箍筋和弯起钢筋时，其斜截面抗剪强度验算采用下列公式(图 8-5-3)。

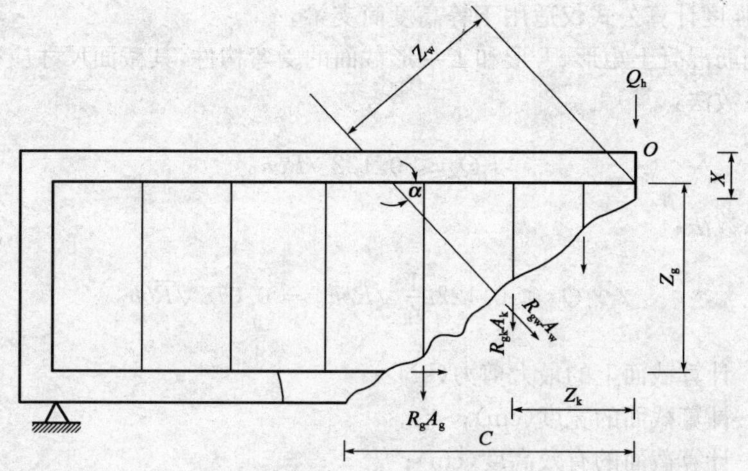

图 8-5-3　斜截面抗剪强度验算示意图

综合安全系数法：

$$KQ_j \leqslant 0.033bh_0\sqrt{(2+p)\sqrt{R}\mu_k R_{gk}} + 0.08R_{gw}\sum A_w \sin\alpha \tag{8-5-38}$$

分项安全系数法：

$$\gamma_0\gamma_1 Q_j \leqslant 0.036\frac{bh_0}{\gamma_h}\sqrt{(2+p)\sqrt{R}\mu_k R_{gk}} + 0.08\frac{R_{gw}}{\gamma_g}\sum A_w \sin\alpha \tag{8-5-39}$$

式中：Q_j——通过计算斜截面顶端正截面内的最大剪力(kN)；

b——通过斜截面受压区顶端截面上的腹板厚度(cm)；

h_0——通过斜截面受压区顶端截面上的有效高度，自纵向受拉钢筋合力点至受压边缘的距离(cm)；

μ_k——箍筋配筋率，$\mu_k=\dfrac{A_k}{S_k b}$，A_k 为同一截面上箍筋的总截面面积，S_k 为箍筋间距；

R_{gk}——箍筋的抗拉设计强度(MPa)，设计取值不得大于 340MPa；

R——混凝土强度等级；

p——斜截面内纵向受拉主筋的配筋率，$p=100\mu$，$\mu=\dfrac{A_g}{bh_0}$，当 $p>3.5$ 时，取 $p=3.5$；

R_{gw}——弯起钢筋的抗拉设计强度(MPa)；

A_w——在一个弯起平面内的弯起钢筋总截面面积(cm^2)；

α——弯起钢筋与构件纵向轴线的夹角。

斜截面抗剪强度验算时，斜截面水平投影长度 c 按下式计算：

$$c = 0.6mh_0 \tag{8-5-40}$$

式中：m——斜截面顶端正截面处的剪跨比，$m=\dfrac{M}{Qh_0}$，当 $m>3$ 时，取 $m=3$；

Q——通过斜截面顶端正截面内由使用荷载产生的最大剪力(kN)；

M——相应于上述最大剪力时的弯矩(kN・m)。

注:斜截面强度计算公式仅适用于等高度简支梁。

(13)对于钢筋混凝土矩形、T形和工字形截面的受弯构件,其截面尺寸应符合下列要求。

综合安全系数法:

$$KQ_Z \leqslant 0.122\sqrt{R}bh_0 \tag{8-5-41}$$

分项安全系数法:

$$\gamma_0\gamma_1 Q_F \leqslant 0.122\frac{1}{\gamma_h}\sqrt{R}bh_0 = 0.078\sqrt{R}bh_0 \tag{8-5-42}$$

式中:Q_Z,Q_F——计算截面上的最大剪力(kN);

b——计算截面的宽度(cm);

h_0——计算截面的有效高度(cm);

γ_h——混凝土抗剪分项系数;

R——混凝土强度等级(MPa)。

注:本条规定仅适用于等高度简支梁。

(14)对于钢筋混凝土矩形、T形和工字形截面的受弯构件,如符合下列公式要求时,则不需要对其进行斜截面抗剪强度计算,而仅按构造要求配置箍筋。

综合安全系数法:

$$KQ_Z \leqslant 0.07R_1bh_0 \tag{8-5-43}$$

分项安全系数法:

$$\gamma_0\gamma_1 Q_F \leqslant 0.07\frac{1}{\gamma_h}R_1bh_0 = 0.045R_1bh_0 \tag{8-5-44}$$

式中:R_1——为混凝土抗拉设计强度(MPa)。

注:①对于实体板,容许限值可提高25%;②本条规定仅适用于等高度简支梁。

(15)对于钢筋混凝土矩形截面偏心受压构件,其正截面强度可按下列公式计算(图8-5-4)。

综合安全系数法:

$$KN_Z \leqslant R_abx + R'_gA'_g - \sigma_gA_g \tag{8-5-45}$$

或

$$KN_Ze \leqslant R_abx\left(h_0 - \frac{x}{2}\right) + R'_gA'_g(h_0 - a'_g) \tag{8-5-46}$$

分项安全系数法:

$$\gamma_0\gamma_1 N_j \leqslant \frac{R_a}{\gamma_h}bx + \frac{1}{\gamma_g}(R'_gA'_g - \sigma_gA_g) \tag{8-5-47}$$

或

$$\gamma_0\gamma_1 N_j e \leqslant \frac{R_a}{\gamma_h}bx\left(h_0-\frac{x}{2}\right)+\frac{R'_g}{\gamma_g}A'_g(h_0-a'_g) \tag{8-5-48}$$

此时，中性轴位置按下式确定：

$$R_a bx\left(e-h_0+\frac{x}{2}\right)=\sigma_g A_g e \pm R'_g A'_g e' \tag{8-5-49}$$

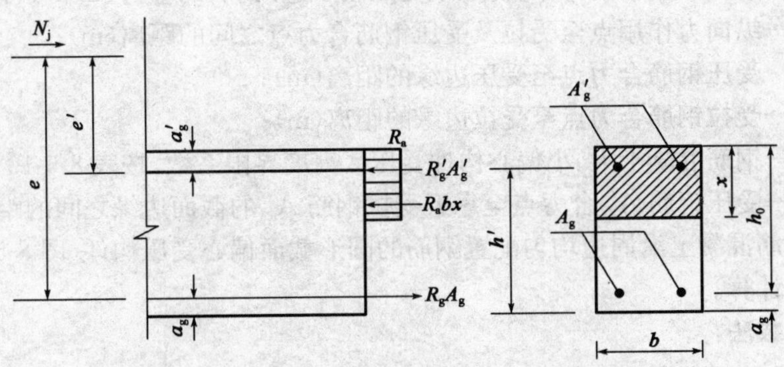

图 8-5-4　矩形截面钢筋混凝土偏心受压构件的正截面强度计算图

当 $\xi=\frac{x}{h_0}\leqslant\xi_{jg}$ 时，构件属于大偏心受压，式(8-5-45)～式(8-5-48)中的 σ_g 应采用 R_g；当 $\xi>\xi_{jg}$ 时，构件属于小偏心受压，σ_g 则按下式计算，但不应大于 R_g 值。

$$\sigma_g = 0.003E_g\left(\frac{0.9}{\xi}-1\right) \tag{8-5-50}$$

当纵向力作用在钢筋 A'_g 的合力点与钢筋 A_g 的合力点之间时，式(8-5-49)等号右边第二项取正号；反之，取负号。

(16)对于大偏心受压构件，如在计算中考虑受压钢筋时，则其混凝土受压区高度应符合下列条件。

$$x \geqslant 2a'_g \tag{8-5-51}$$

如不符合式(8-5-51)，则构件正截面强度可按下式计算。

综合安全系数法：

$$KN_Z e' \leqslant R_g A_g(h_0-a'_g) \tag{8-5-52}$$

分项安全系数法：

$$\gamma_0\gamma_1 N_F e' \leqslant \frac{\gamma_b}{\gamma_s}R_g A_g(h_0-a'_g) \tag{8-5-53}$$

如按式(8-5-52)或式(8-5-53)求得的构件强度比不考虑受压钢筋更小时，则在计算中不应考虑受压钢筋。

(17)对于小偏心受压构件，如纵向力作用于钢筋 A_g 合力点与 A'_g 合力点之间时，尚应符合下列条件。

综合安全系数法：

$$KM_Z e' \leqslant 0.5R_a bh'^2_0 + R'_g A_g(h'_0 - a_g) \tag{8-5-54}$$

分项安全系数法：

$$\gamma_0 \gamma_1 M_F e' \leqslant 0.5\frac{R_a}{\gamma_h} bh'^2_0 + \frac{R'_g}{\gamma_g} A_g(h'_0 - a_g) \tag{8-5-55}$$

式中：M_Z、M_F——分别为计算截面的弯矩(kN·m)；

σ_g——小偏心受压构件中受拉(或受压较小边)钢筋的应力(kPa)；

e、e'——纵向力作用点至受拉及受压钢筋合力点之间的距离(m)；

a'_g——受压钢筋合力点至受压边缘的距离(m)；

a_g——受拉钢筋合力点至受拉边缘的距离(m)；

ξ_{jg}——钢筋混凝土大、小偏心构件受压区高度界限系数，按表 8-5-10 采用；

h'_0——受压钢筋 A'_g 合力点至靠近受拉钢筋 A_g 的截面边缘之间的距离(m)。

(18)对于钢筋混凝土沿周边均匀配置钢筋的圆形截面偏心受压构件(图 8-5-5)，其正截面强度按下列公式计算。

综合安全系数法：

$$KN_Z \leqslant Ar^2 R_a + C\mu r^2 R_g \tag{8-5-56}$$

$$KM_Z \leqslant Br^3 R_a + D\mu g r^3 R_g \tag{8-5-57}$$

分项安全系数法：

$$\gamma_0 \gamma_1 N_F \leqslant \frac{R_a}{\gamma_c} Ar^2 + \frac{R_g}{\gamma_s} C\mu r^2 \tag{8-5-58}$$

$$\gamma_0 \gamma_1 M_F \leqslant \frac{R_{hy}}{\gamma_h} Br^3 + \frac{R_{gl}}{\gamma_g} D\mu g r^3 \tag{8-5-59}$$

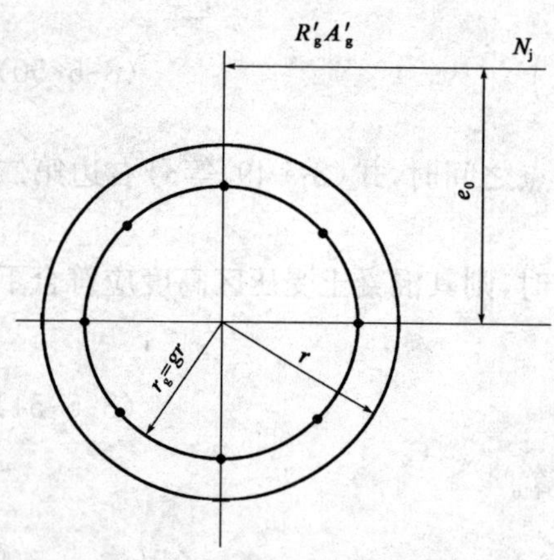

图 8-5-5 沿周边均匀配置钢筋的圆形截面图

式中：N_Z、N_F——分别为计算截面的纵向力(kN)；

M_Z、M_F——分别为计算截面的弯矩(kN·m)；

R_a——混凝土抗压强度标准值(kPa)；

R_g——钢筋抗拉设计强度(kPa)；

r——圆形截面半径(m)；

g——钢筋半径相对系数，$g = \frac{r_g}{r}$(图 8-5-5)；

μ——配筋率，$\mu = \frac{A_g}{\pi r^2}$；

A_g——全部钢筋的面积总和(m^2)；

$$A = \frac{1}{2}(2\theta_c - \sin 2\theta_c) \tag{8-5-60}$$

$$B = \frac{2}{3}\sin^3\theta_c \tag{8-5-61}$$

$$C = \theta_{sc} - \pi + \theta_{st} + \frac{1}{g\cos\theta_{sc} - (1-2\xi)} \cdot [g(\sin\theta_{st} - \sin\theta_{sc}) - (1-2\xi)(\theta_{st} - \theta_{sc})] \tag{8-5-62}$$

$$D=\sin\theta_{st}+\sin\theta_{sc}+\frac{1}{g\cos\theta_{sc}-(1-2\xi)}\cdot\left[g\left(\frac{\theta_{st}-\theta_{sc}}{2}+\frac{\sin2\theta_{st}-\sin2\theta_{sc}}{4}\right)-(1-2\xi)(\sin\theta_{st}-\sin\theta_{sc})\right] \quad (8\text{-}5\text{-}63)$$

$$\theta_c=\cos^{-1}(1-2\beta\xi)\leqslant\pi \quad (8\text{-}5\text{-}64)$$

$$\theta_{sc}=\cos^{-1}\left(\frac{2\xi}{g\varepsilon_{cu}}\cdot\frac{f'_{sd}}{E_s}+\frac{1-2\xi}{g}\right)\leqslant\pi \quad (8\text{-}5\text{-}65)$$

$$\theta_{st}=\cos^{-1}\left(-\frac{2\xi}{g\varepsilon_{cu}}\cdot\frac{f_{sd}}{E_s}+\frac{1-2\xi}{g}\right)\leqslant\pi \quad (8\text{-}5\text{-}66)$$

式中：ξ——计算截面的实际受压区高度 x_0 与圆形截面直径之比，$\xi=x_0/2r$；

θ_c——与矩形应力分布高度 x 相应的截面受压面积所对的圆心角之半；

θ_{sc}——由周边均匀配置的纵向钢筋变换的薄壁钢环，压塑区起点所对的圆心角之半；

θ_{st}——计算截面的薄壁钢环拉塑区起点所对的圆心角之半；

β——截面受压区矩形应力分布高度 x 与实际受压区高度的比值，$\beta=x/x_0$，当 $\xi=1.0$ 时，取 $\beta=0.8$；当 $1.0<\xi\leqslant1.5$ 时，取 $\beta=1.067-0.267\xi$；

ε_{cu}——混凝土的极限压应变，取 $\varepsilon_{cu}=0.0033$。

计算钢筋混凝土偏心受压构件时，对于矩形截面，若 $l_0/h>8$（h 为弯矩作用平面内的截面高度）；对于圆形截面，若 $l_0/d>7$（d 为圆形截面直径）；对于任意截面，若 $l_0/r_w>28$（r_w 为弯矩作用平面内截面的回转半径），均应考虑构件在弯矩作用平面内的挠度对纵向力偏心距的影响。此时，应将纵向力对截面重心轴的偏心距 e_0 乘以偏心距增大系数 η：

$$\eta=\frac{1}{1-\frac{\gamma_c N_j}{10\alpha_e E_h I_h \gamma_b}l_0^2} \quad (8\text{-}5\text{-}67)$$

式中：E_h——混凝土的弹性模量（kPa）；

I_h——混凝土截面惯性矩（m^4）；

α_e——考虑偏心距对 η 值的影响系数，按下式计算：

$$\alpha_e=\frac{0.1}{0.3+\frac{e_0}{h}}+0.143 \quad (8\text{-}5\text{-}68)$$

当 $e_0/h\geqslant1$ 时，取 $\alpha_e=0.22$。

当为圆形截面时，式中 e_0/h 用 e_0/d 代替（d 为直径）。

当全部纵向钢筋的配筋率大于 3%时，式(8-5-67)中的 I_h 应乘以系数 1.2。

当式(8-5-60)求得的 η 值为负值或大于 3 时，应加大截面尺寸。

对于钢筋混凝土偏心受压构件，除应计算弯矩作用平面的强度外，尚应按轴心受压构件验算其垂直于弯矩作用平面的强度。此时不考虑弯矩的作用，但应考虑纵向弯曲的影响。

(19)对于矩形、T 形和工字形截面的钢筋混凝土受弯构件，其最大裂缝宽度（单位：mm）可按下列公式计算：

$$\delta_{\text{fmax}} = C_1 C_2 C_3 \left(\frac{\sigma_g}{E_g}\right)\left(\frac{30+d}{0.28+10\mu}\right) \tag{8-5-69}$$

式中：C_1——考虑钢筋表面形状的系数，对于光面钢筋 $C_1=1.4$，对于螺纹钢筋 $C_1=1.0$；

C_2——考虑荷载作用的系数，短期静荷载（不考虑冲击荷载）作用时，$C_2=1.0$；长期荷载作用时，$C_2=1+0.5\dfrac{M_0}{M}$，其中 M_0 为荷载组合—I 的长期荷载作用下的弯矩，M 为荷载组合—I 的全部使用荷载作用下的弯矩；

C_3——与构件构造形式相关的系数，当为板式受弯构件时，$C_3=1.15$；当为具有腹板的受弯构件时，$C_3=1.0$；

d——纵向受拉钢筋（A_g）的直径（mm），当用不同直径的钢筋时，采用换算直径 $d=\dfrac{A_g}{s}$（s 为纵向受拉钢筋的总周长）；当使用钢筋束时，取用一束钢筋截面换算为一根钢筋的换算直径；

μ——含筋率，$\mu=\dfrac{A_g}{bh_0+(b_i-b)h_i}$，当 μ 大于 0.02 时，取 $\mu=0.02$；当 μ 小于 0.06 时，取 $\mu=0.06$；

b_i——受拉翼缘宽度（m）；

h_i——受拉翼缘厚度（m）；

h_0——受压边缘到受拉钢筋重心的距离（m）；

σ_g——受拉钢筋在使用荷载作用下的应力，可按下式计算。

$$\sigma_g = \frac{M}{0.87 A_g h_0} \tag{8-5-70}$$

第六节　隧道支护结构的可靠度分析方法

结构的可靠性指结构在规定的时间内，在规定的条件下，完成预定功能的能力，包括安全性、适用性和耐久性。在设计基准期内的工程结构，需要安全可靠地承受设备、人群、车辆等使用荷载，经受风、雪、冰、雨、日照或波浪、水流、土压力、地震等环境的作用。因此，在进行结构设计时，应使所设计的结构在其使用期内，力求在经济合理的前提下，满足安全性（能承受在施工和使用期内可能出现的各种作用，在设计规定的偶然事件发生时和发生后，能保持必需的整体稳定性）、适用性（在正常使用时具有良好的工作性能）和在正常维护下具有足够的耐久性等要求。

在规划设计新设施或建造构筑物时，不可能准确地预知各种现象所造成的后果，这些现象中包含多种多样的不确定性，设计中须正确处理这些不确定性，这就要求引入安全系数的概念。引入安全系数是指"在通过理论、感度分析或过去的经验与试验，误差的大小或近似度在一定程度上比较明确的情况下，把本应内存于系统中的各种不确定性，概括成某一系数作为系统的输出"的一种方法。该方法实质上是将岩土体强度的不确定性部分，全部归入到某一系数中去而确保工程安全的一种方法，是处理种种不确定性问题的设计方法之一。

引入安全系数是一种处理工程问题的方法，并且在长期的应用中积累了相当丰富的经验。但这种方法实质上是用定数模型处理不确定性问题，在理论上存在缺陷，其未完全考虑设计参数中任何内在的变异性，安全系数值不能科学、定量地反映工程的安全程度。如安全系数为1.2，并不意味有120%的安全，有时计算出来的安全系数大于1，实际工程中却发生了破坏。Lumb(1970年)在论及岩土工程时指出："传统安全系数概念的严重不足在于，它未能直接考虑岩土强度的实际变异性，因此，某一通用的安全系数值，对于各种岩土体甚至同一岩土体未必具有同样的意义。"

影响结构可靠度的各基本变量，都是随时间或空间而变的随机函数或随机过程。用结构可靠度理论对工程进行分析，可以考虑结构中的诸多不确定性因素，以求真实地反映工程结构安全问题的本质。这些因素包括：荷载的不确定性、材料参数的不确定性、几何尺寸的不确定性、初始条件和边界条件的不确定性、计算模型的不确定性等。

可靠度设计方法最本质的进步，就是将设计中的主要不定性因素加以量化分析，由以经验为主的定性分析阶段进入以统计数学为基础的定量分析阶段，从定值设计观念向非定值设计观念转变，考虑结构在运行过程中可能出现的变化情况，使工程设计进一步科学合理化。

基于概率理论的工程结构极限状态设计法，是对结构可靠性赋予概率定义，以支护结构的失效概率来度量结构的可靠性，并建立结构可靠性与结构极限状态方程之间的数学关系，在计算可靠指标时将各种影响可靠性的因素都视作随机变量，考虑这些变量的概率分布类型，从而为结构设计开辟一条新的有效途径。

作为岩土工程的主要研究对象——岩土体，具有相当大的离散性。单从确定论上处理其强度、变形等问题是不合适的，以随机的观点(从单个来看是离散的，从整体来看是有规律的)来处理则是不可否定的。正因为如此，必然导致产生定量评价工程安全系数的要求，并形成和发展成基于风险概念的可靠性分析方法。因此，有必要把一个笼统的安全系数设计方法，发展为以概率描述的可靠度的设计方法，基于概率和数理统计的原理，对工程问题进行分析。对工程的安全性、适用性和耐久性，从概率的角度进行度量，构成合理、科学的结构设计统一标准，显得非常必要。由于地下隧道结构的复杂性，岩性参数的不确定性，使得可靠性问题更为突出。因此，探讨影响隧道结构可靠度的因素及各因素对隧道结构可靠度的影响程度，建立隧道支护结构可靠度的计算方法，具有十分重要的现实意义和应用价值。

可靠性分析是指在承认计算所用数据的正确性、破坏机理的合理性以及分析方法本身的适用性都具有一定程度不确定性的前提下，建立可靠性评价的随机模型，把其输入参数视不同情况看成为随机变量、随机过程或随机场，通过随机模型把有关假定、参数值、边界条件和初始条件的不确定性引伸到结果的不确定性，借助于概率论、数理统计和随机过程理论，求得可靠指标或失效概率。可靠性分析的结果能反映各种类型的不确定性或随机性，不但能给出结果的确定性平均值，同时也给出相应的可能承担的风险，即失效概率。隧道结构的可靠性分析涉及多个专业领域，如结构工程、土力学与岩土工程、施工技术等，是一门涉及多学科并与工程有着密切关系的学科。研究隧道结构的可靠性的重要意义，是分析结构设计能否符合安全可靠、耐久适用、经济合理、技术先进、确保质量的要求。其优点主要表现在以下几个方面。

(1)可靠度有望成为比较所有工程安全的基本尺度。如果说以安全系数为2.0所设计的隧道结构可靠指标为2.0(不破坏概率为99%)，而另一以安全系数为3.0所设计的隧道结构可靠指标也为2.0(不破坏概率为99%)，则两者有相同的安全度。

(2)用可靠度来评价安全度更符合我们对工程的认识现状。岩土体性质、破坏机理复杂，具有不确定性，可靠指标或破坏概率可以在一定程度上反映这些不确定性。

(3)可靠度可以与经济性密切结合起来,就可确定合理的最佳设计方案,从而节省资源,避免不必要的浪费。

根据隧道工程特点,其可靠度的评定体系应包括设计阶段、施工阶段、修建完成、运营使用等四个方面。目前,将可靠度理论应用在隧道工程结构设计中,具有以下几个特点:一是运营阶段隧道可靠度评定已得到重视,并提出了一些初步方法;二是设计阶段引入了可靠度概念,从理论上和数据收集上做了一定工作,但实际运用起来还受到一些限制,特别是应用于复合式衬砌结构设计还不太合适;三是在施工阶段对支护结构稳定的可靠性进行动态评价与实际应用还有较大差距。

在公路隧道的修建过程中,由于工程地质条件的变异,如地质条件与设计严重不符,施工期间的局部塌方或大塌方,甚至灾害性地质条件的出现等;以及由于施工原因引起的开挖面超欠挖现象,使衬砌厚度产生随机性变异和支护材料物理力学性能出现不可预见性的离差等诸多因素,使隧道建成后的可靠度与设计可靠度存在很大差异。因此,按隧道施工过程中支护性态变化的观测作为基础来评价结构实物的可靠度,是目前隧道与地下工程基础理论和应用的主要发展方向。

一、隧道结构可靠度的计算方法

自从1947年弗罗伊登塔尔(Freudenthal)将可靠度分析方法正式引进工程结构领域以后,结构可靠度分析的理论及方法得到了很大的发展。经过近几十年的努力,已经研究出了很多计算方法;有的精度很高,但却较繁或较费时;有的精度较低,但却简单、实用,能满足工程要求。各种计算方法都有其一定的适用条件和各自的优缺点,使用者可针对不同的研究对象选用不同的计算方法。隧道结构一般可采用以如下几种可靠度计算方法。

1. 一次二阶矩的H-L法

H-L法是Hasofer和Lind(1974)提出的计算结构可靠指标的优化算法。结构可靠指标的几何意义是:在正交的标准正态随机空间中,坐标原点到极限状态面的最短距离。H-L法是从优化的角度出发,利用迭代算法,在正交的标准正态随机空间中的极限状态面$z=G(Y)$上,寻求一个最优点$Y*$(即为设计验算点),使该点与坐标原点距离最短,这最短的距离即为可靠指标。

2. 二次二阶矩法

一次二阶矩法(如H-L法,JC法,实用分析法等)以其计算简便,且在大多数情况下计算精度能满足工程应用要求而为工程界所广泛接受。但由于一次二阶矩法只取功能函数的级数展开式的线性项,因此,只适用于极限状态方程在验算点附近的非线性程度不是很高的结构可靠度分析问题。而在有些情况下,如隧道衬砌结构,其极限状态方程在验算点附近的非线性程度较高,一次二阶矩法的计算结果与精确解相差过大而不太适用。

二次二阶矩法由于同时取了功能函数的级数展开式的一次项和二次项,因此具有比一次二阶矩法更高的精度,而且该法与其他高精度的结构可靠度分析方法(如一次三阶矩法,二次四阶矩法,数值模拟法等)相比,又较为简单。二次二阶矩法有很多相关的算法,这些算法精度都较高,但大多计算比较繁琐,实用性差。一般认为渐近分析法较适合隧道衬砌结构的二次可靠度计算,是一种精度很高、实用性很好的二次二阶矩法。

3. 改进蒙特卡罗法

蒙特卡罗(Monte-Carlo)法又称统计实验法，采用蒙特卡罗法计算结构可靠度的基本思路是：首先抽取[0,1]区间的伪随机数，然后将伪随机数变换为各基本随机变量实际分布的随机数，并代入极限状态方程求解，最后统计失效的次数占总模拟数的百分比，即为失效概率。该法可不受极限状态方程非线性程度的影响，也不受基本随机变量分布概型及变异性的影响，具有较高的精度，可作为其他近似方法比较的相对标准。对一般的蒙特卡罗法，其计算量很大，一般要求计算 $100/P_f$ 次才能满足精度要求。当失效概率 P_f 较小时，则巨大的计算量使一般的计算机难以胜任。因此，很多学者都在研究如何减小计算量，并提出了各种各样的改进蒙特卡罗法。改进后的蒙特卡罗法无论失效概率多小，一般也只需计算几万次便能得到满意的结果，而且使用简便，易于编程，并可考虑基本随机变量的相关性。

二、衬砌结构可靠度分析

根据隧道的衬砌截面抗拉和抗压检算式，可建立衬砌截面抗拉极限状态方程和抗压极限状态方程。

1. 抗压极限状态方程

当偏心距 $e_0 \leqslant 0.2t$（t 为衬砌厚度）时，截面由抗压强度控制承载能力，相应的抗压极限状态方程为：

$$z_a = N_{极限} - N = k_{PR}\alpha btR_a - N = 0 \tag{8-6-1}$$

式中：$N_{极限}$——衬砌混凝土所能承受的极限轴力（即抗力）(kN)；

N——计算所得的截面轴力（即荷载效应）(kN)；

k_{PR}——抗力计算模式不定性；

b——纵向宽度(m)，取 $b=1$m；

t——截面厚度(m)；

α——偏心影响系数，$\alpha = 1 - 1.5e_0/t$；

R_a——土混凝土极限抗压强度(kPa)。

2. 抗拉极限状态方程

当偏心距 $e_0 > 0.2t$ 时，截面由抗拉强度控制承载能力，相应的抗拉极限状态方程为：

$$z_l = 1.75R_l - k_{PS}\left(\frac{6M}{bt^2} - \frac{N}{bt}\right) = 0 \tag{8-6-2}$$

式中：R_l——混凝土混凝土极限抗拉强度(kPa)；

k_{PS}——荷载效应计算模式不定性；

其余变量含义与上同。

在上述计算模型中，影响衬砌结构可靠度的基本随机变量主要有：竖向荷载 q，侧压力系数 γ，围岩弹性抗力系数 k，衬砌混凝土的重度 λ，混凝土的抗压极限强度 R_a，混凝土的抗拉极限强度 R_l，混凝土的弹性模量 E，衬砌厚度 t 以及计算模式不定性 k_{PR}、k_{PS}等。

3. 设计参数的统计特征

(1)竖向松弛荷载 q 的统计特征，一般可根据勘察取得的围岩物力力学参数的统计分析参数分析得到。在没有实际资料时，也可参考铁路隧道可靠性研究成果取值，见表 8-6-1。

隧道竖向松弛荷载统计特征　　表 8-6-1

围岩级别	Ⅵ	Ⅴ	Ⅳ	Ⅲ	Ⅱ	Ⅰ
q_1 均值(kPa)	按《公路隧道设计规范》(JTG D70—2004)取值					
q_1 变异系数	0.47	0.45	0.40	0.32	0.24	0.40
概率分布	对数正态分布					

(2)侧压力系数 λ 的统计特征，一般可根据勘察取得的围岩物力力学参数分析得到。在没有实际统计资料时，也可参考铁路隧道可靠性研究成果取值，见表 8-6-2。

隧道竖向侧压力系数统计特征　　表 8-6-2

围岩级别	Ⅵ	Ⅴ	Ⅳ	Ⅲ	Ⅱ	Ⅰ
λ 均值	0.75	0.4	0.225	0.13	0	0
λ 变异系数	0.167	0.125	0.167	0.500	0	0
概率分布	正态分布					

(3)弹性抗力系数 k 的统计特征，一般可根据勘察取得的围岩物力力学参数分析得到。一般而言，岩体比土体变异系数大，浅埋隧道比深埋隧道变异系数大。在没有实际统计资料时，可参考铁路隧道可靠性研究成果取值，见表 8-6-3。

弹性抗力系数统计特征　　表 8-6-3

围岩级别	Ⅵ	Ⅴ	Ⅳ	Ⅲ	Ⅱ	Ⅰ
k 均值(MPa)	50	150	350	860	1500	2300
k 变异系数	0.500	0.167	0.214	0.206	0.100	0.109
概率分布	正态分布					

(4)喷射混凝土物理力学指标统计特征，可根据喷射混凝土配比试验得到。一般而言，干喷混凝土比潮喷混凝土变异系数大，潮喷混凝土比湿喷混凝土变异系数大。在没有实际统计资料时，C25 喷射混凝土可参考铁路隧道可靠性研究成果取值，见表 8-6-4。

喷层材料物理力学指标统计特征　　表 8-6-4

随机变量	弹性模量 E	抗压强度 σ_r	抗拉强度 σ_l
均值(MPa)	20 000	17.5	1.2
变异系数	0.15	0.15	0.15
概率分布	正态分布		

(5)衬砌混凝土物理力学指标统计特征，可根据混凝土配比试验得到。一般而言，洞内施工比洞外施工变异系数大，现场拌制混凝土比商品混凝土变异系数大。在没有实际统计资料时，弹性模量 E 可参考表 8-6-5 取值；衬砌混凝土其他物理理学指标的统计特征参考表 8-6-6。

衬砌混凝土弹性模量统计特征　　表 8-6-5

弹性模量 E(GPa)	C10	C15	C20	C25	C30	C40
E 均值(MPa)	20	24	27	29	31	33
E 变异系数	0.085 3	0.085 3	0.085 3	0.085 3	0.085 3	0.085 3
概率分布	对数正态分布					

衬砌混凝土物理力学指标统计特征　　表 8-6-6

随 机 变 量	重度 γ	抗压强度 σ_r	抗拉强度 σ_l
均值	2.3kg/m^3	21.0MPa	2.1MPa
变异系数	0.05	0.11	0.12
概率分布	正态分布		

(6)其他随机变量统计特征

对于几何不定性及计算模式不定性的统计特征，一般与隧道超欠挖规定及衬砌质量控制要求相关，初期支护一般变异系数较大，而二次衬砌变异系数相对较小。在没有实际统计资料时，可参考铁路隧道可靠性研究成果取值，见表 8-6-7。

几何不定性及计算模式不定性统计特征　　表 8-6-7

随 机 变 量	衬砌厚度 t	计算模式不定性 k_{PR}	计算模式不定性 k_{PS}
均值	按设计取值	1	1
变异系数	0.15	0.15	0.15
概率分布	正态分布		

第九章　洞门与洞口构造物设计

第一节　一般规定

一、洞门的设计原则

(1)隧道洞口应设置洞门。其结构形式除有端墙、翼墙、柱式三种基本形式外,还可根据洞门所在处的地形、自然环境和人文环境,设计成台阶式、城墙式、削竹式、喇叭口式、单圆弧形和多圆弧形等多种形式。

(2)当在洞口轴线与地形等高线斜交,且围岩级别在Ⅲ级及以上时,可采用为斜交式洞门。斜交式洞门一般采用端墙式结构,其端墙与洞口轴线的交角不宜小于60°。软弱地层中不宜采用斜交洞门。

(3)位于城镇、风景区、自然保护区等附近的洞门,应考虑环境协调和建筑美观的要求。

(4)桥隧相连的洞口,应保证桥台与洞口段施工安全及边坡的永久稳定,避免桥台施工对隧道洞口产生的不良影响;必要时可将桥台设置于隧道内。

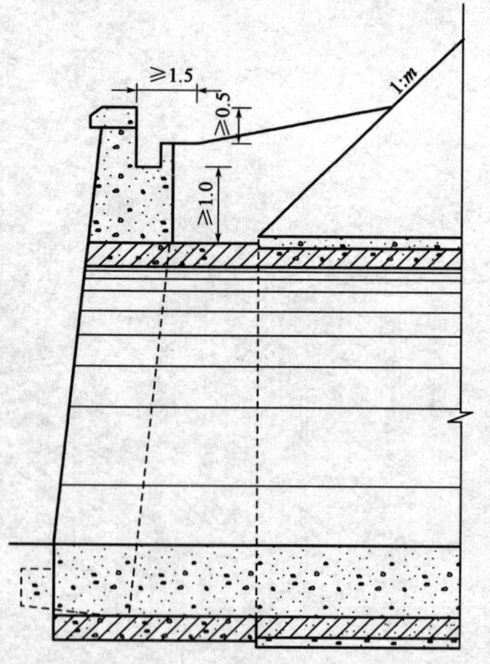

图 9-1-1　仰坡与洞门构造距离示意图(尺寸单位:m)

二、一般规定

1. 洞门的构造要求

(1)如图 9-1-1 所示,洞口仰坡坡脚至洞门墙背的水平距离不宜小于 1.5m;洞门与仰坡之间的排水沟底部至衬砌外缘的高度应不小于 1.0m;洞门墙顶高出仰坡脚应不小于 0.5m。

(2)洞门与仰坡之间的排水沟宜设置于洞门墙体上。如设置于回填土上,其填土应夯填密实或用低强度等级的圬工回填,并在沟底设置防渗层。设置于回填土上排水沟,由于回填土密实度的影响,在营运期间会经常发生排水沟开裂病害,使地表水下渗至洞门墙背,严重影响洞门安全。因此,建议在回填土上不布设排水沟。

(3)洞门墙应保证结构物的强度、稳定性和抗震性。

(4)根据实际需要,洞门墙可设置伸缩缝、沉降缝、泄水孔;伸缩缝的宽度一般为 2cm,缝内沿墙的内、外、顶三边宜填塞沥青麻絮,其填塞深度不小于 20cm。

(5)在洞门墙背与回填土体之间，宜设置砂砾透水层或纵横透水管。为有效地减少洞门墙墙背水压力，应在墙身设置泄水孔，泄水孔底部应设隔水层，以免积水渗入墙基底部。一般泄水孔布置在墙身下部离路面约 30cm 高处，间隔 2m 左右，孔径一般可取 ϕ10cm。在南方多雨水的地域还可多设几排泄水孔。

(6)端墙式洞门一般设计为仰斜和衡重式墙身，墙面坡度宜取 1∶0.05～1∶0.25；仰斜式洞门墙的材料及厚度宜分别满足表 9-1-1 和表 9-1-2 要求。

洞 门 建 筑 材 料　　表 9-1-1

材料种类 工程部位	混　凝　土	钢筋混凝土	砌　　体
端墙	C20	C25	M10 水泥砂浆砌块石或 C20 片石混凝土
顶帽	C20	C25	M10 水泥砂浆砌粗料石
翼墙和洞口挡土墙	C20	C25	M10 水泥砂浆砌块石
侧沟、截水沟	C15	—	M10 水泥砂浆砌片石
护坡	C15	—	M10 水泥砂浆砌片石

注：1. 护坡材料也可采用 C20 喷射混凝土。

2. 最冷月平均气温低于－15℃的地区，表列水泥砂浆强度等级应提高一级。

截 面 厚 度 要 求　　表 9-1-2

建 筑 材 料	最小厚度(cm)	建 筑 材 料	最小厚度(cm)
钢筋混凝土、混凝土	30	浆砌粗料石、混凝土预制块	80
片石混凝土	50	浆砌片、块石	80

(7)墙式洞门墙尺寸可参考表 9-1-3，并根据洞门的高度、洞口地质条件、地震力等情况进行验算确定。

墙式洞门墙主要尺寸表　　表 9-1-3

项　　目		墙 面 坡 度	重力式洞门墙体厚度(cm)	轻型钢筋混凝土式洞门墙体厚度(cm)
分离式及小净距隧道	明洞洞门	1∶0.1～1∶0.25	140～200	80～120
	洞口段围岩Ⅳ～Ⅴ级	1∶0.1～1∶0.25	140～200	80～120
	洞口段围岩Ⅰ～Ⅲ级	1∶0.05～1∶0.1	100～160	40～80
连拱隧道	明洞洞门	1∶0.1～1∶0.25	140～160	60～100
	洞口段围岩Ⅳ～Ⅴ级	1∶0.1～1∶0.25	140～160	60～100
	洞口段围岩Ⅰ～Ⅲ级	1∶0.05～1∶0.1	80～140	30～60

(8)无墙式洞门(如削竹式洞门)，应设置厚度不小于 50cm 的门檐，以便设置排水设施及防碎落的作用；门檐外形结合功能与景观综合确定。

(9)墙式洞门的墙身嵌入路堑边坡的深度，硬质岩一般不宜小于 0.3m；软岩或土层一般不宜小于 0.5m。

(10)洞门设计时，宜考虑设置维修阶梯，阶梯可结合截水沟进行设计，也可单独设计。

2. 洞门基础的设置要求

(1)洞门基础必须置于稳固的地基上，墙式洞门基础应尽量放在基岩或硬土上。各种类型的洞门基础承载力的要求应通过计算确定，通常墙式洞门地基承载力≥0.35MPa，其他形式的洞门地基承载力≥0.25MPa。在洞门结构基底浇筑前，松渣应清除干净；当洞门基础承载力不足时，可根据具体情况，采用换填、扩大基础、基础改良及桩基加固等措施。

(2)墙式洞门基础底面埋入土质地基的深度不应小于1.0m，石质地基的深度不应小于0.5m，并宜大于洞门墙脚边各种沟槽底基底的埋置深度；洞门墙基础的埋入深度应符合表9-1-4的要求。

洞门墙基础深度要求 表 9-1-4

地　层	埋入深度 h(m)	水平距离 L(m)	示意图
较完整的硬质岩层	0.5	≥1.0	h L
一般硬质岩层	0.8	≥1.50	
软质岩层	1.0	≥2.0	
土层	≥1.0	≥3.0	

(3)冻土的地区的墙式洞门基底高程应在最大冻结线以下不小于0.25m；当冻结深度超过1m时，为节约圬工，可将基底至冻结线以下0.25m处换填为砂砾石垫层，且应符合基底应力的要求。地基为冻胀土层时，应进行防冻胀处理。

(4)扩大基础台阶的坡线与竖直线之间的夹角(刚性角)，对于砌体基础不应大于35°，对于混凝土基础不应大于45°。

第二节　洞门形式的选择及进洞处理方式

一、洞门类型及适用性

(1)公路隧道洞门形式很多，总体来说可分为墙式(图9-2-1)和明洞式。各种类型洞门的特点、适用条件见表9-2-1。

(2)墙式洞门根据支挡机理的不同，可分为重力式洞门和轻型钢筋混凝土洞门。由于重力式洞门具有支挡效果好、取材方便、施工简易、适用范围广等优点，设计时宜优先选择这种洞门形式。但在地震高烈度区，由于轻型钢筋混凝土洞门具有重量轻、整体性好、适应性强等优点，故应优先采用轻型钢筋混凝土洞门，以提高隧道洞口段的抗震性。

图 9-2-1　墙式洞门实例

(3)重力式洞门一般采用仰斜式墙体结构，特殊情况下也可采用衡重式结构；墙身材料可采用浆砌片石，也可采用现浇片石混凝土或混凝土，其基础宜采用(片石)混凝土增加基础的整体性。

(4)墙式洞门墙与主洞衬砌应设置连接钢筋，以加强洞口段隧道结构的整体性。

隧道洞门类型与特点　表 9-2-1

项目	墙式洞门			明洞式洞门		
	端墙式	翼墙式	柱式	削竹式	喇叭式	棚洞
简图	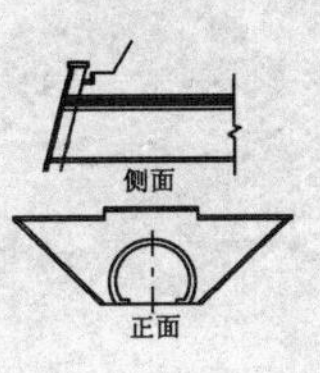 侧面 正面	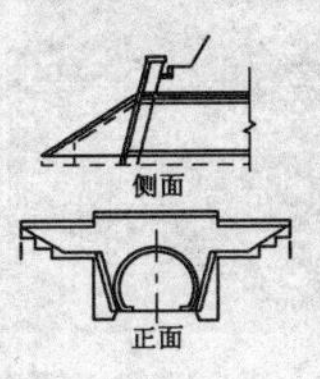 侧面 正面	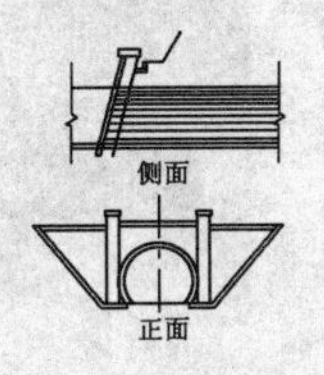 侧面 正面	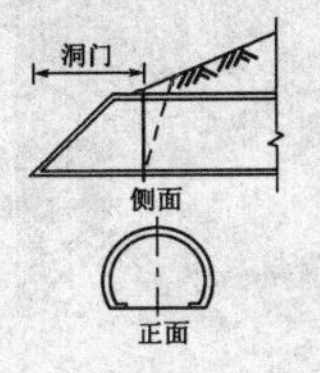 洞门 侧面 正面	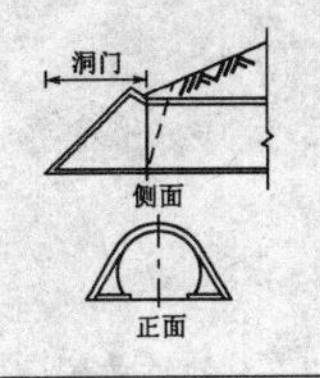 洞门 侧面 正面	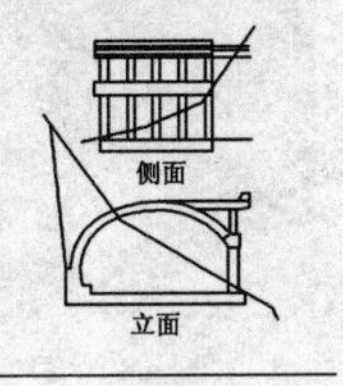 侧面 立面
适用条件	洞口边、仰坡坡度为 1∶0.3～1∶0.75，对洞口地形要求不高，但对洞门墙地基承载力有一定的要求			洞口段隧道轴线与地形等高线基本正交，地形平缓简单；洞顶仰坡高度≤5m	洞口段隧道轴线与地形等高线基本正交，地形简单；洞顶仰坡高度≤6m	适用于边坡有少量落石的棚洞洞门
特点	对洞口山体有较好的支挡作用，抗滑抗倾性能较好，易于施工			对洞口段的地形及山体稳定有一定的要求，模型板、配筋复杂，回填土工艺要求高	对洞口段的地形及山体稳定有一定的要求，模型板、配筋复杂，回填土工艺要求高	结构复杂，钢筋用量多，施工难度相对大
景观	壁面大，需凿毛降低反射亮度，车辆进洞时空间收缩感明显；当与自然人文环境结合适当时，可获得较好的感官效果			能与自然景观很好的配合，有利于环境保护	车辆进洞时，空间收缩感小，能与自然景观很好的配合，有利于环境保护	线条简洁

注：1. 墙式洞门除有端墙、翼墙、柱式三种基本形式外，还可根据洞门所在处的地形、自然环境和人文环境，设计成台阶式、城墙式、单圆弧形和多圆弧形等多种形式。

2. 明洞式洞门除有削竹式、喇叭式、棚洞三种形式外，还有环框式、倒削竹式等多种形式。

(5)墙式洞门设计时宜在其顶部设置墙帽，其外挑宽度为 10～20cm，其材料可采用料石或混凝土。

(6)在洞口地形平缓、山体稳定的情况下，洞门宜优先选择削竹式洞门(图 9-2-2)或喇叭式洞门形式。当洞口位于冲沟侧或冲沟底时，不宜采用削竹式及喇叭式洞门。削竹式或喇叭式洞门简约、自然，与自然环境契合度高，能较好的体现“隧道洞门及洞口构造物设计应与自然环境相协调，力求工程创面小，避免过多人工装饰，减少人工痕迹，尽可能保护和最大限度恢复原地形地貌”的原则。因此，在地形地质条件允许下，宜优先选择该洞门形式。

(7)削竹式或喇叭式洞门一般采用明洞衬砌，衬砌坡面坡度一般采用 1∶0.75～1∶1.25；回填坡面一般采用 1∶1.25～1∶1.5，且尽量与自然坡同坡。坡面宜采用植草防护或三维植物网防护。

(8)棚洞洞门(图 9-2-3)为设置于棚洞端部的一种洞门结构形式，适用于无落石危险地段，一般采用与棚洞连为一体的现浇钢筋混凝土结构。

图 9-2-2　削竹式洞门实例

图 9-2-3　棚洞洞门实例

二、进洞处理方式

隧道成洞面位置的确定应符合下列规定：

(1)成洞面的边、仰坡高度应严格控制，一般控制边、仰坡高度(洞顶以上)要小于等于 3～5m；当洞口地形陡峻时，提倡边仰坡零高度进洞和贴壁进洞。

(2)成洞面应有一定的坡度及必要的防护措施，以确保成洞面的稳定。通常采用锚杆、钢筋网及喷射混凝土，施工时应预留排水孔。坡度主要根据工程地质和水文地质情况确定，目的是保证成洞面施工的稳定。

对土质仰坡，洞底至洞顶部分一般采用 1∶0.5～1∶0.25；洞顶至地表部分采用 1∶0.5～1∶1。

对岩质仰坡，洞底至洞顶部分一般采用 1∶0.2～1∶0.3；洞顶至地表部分采用 1∶0.25～1∶0.5。

在选取隧道进洞方式时，应综合考虑洞口地形、地质条件，灵活选择，并应采用相应的辅助施工措施。以下是几种常见的进洞方法。

1. 贴壁进洞法(图 9-2-4)

首先对洞口上地表危石的清除；然后对进洞坡面进行适当的防护；最后依托钢拱架的架设并辅以超前小导管或锚杆后进洞。此方法适用于地质条件相对较好的Ⅰ～Ⅲ级石质围岩隧道洞口。

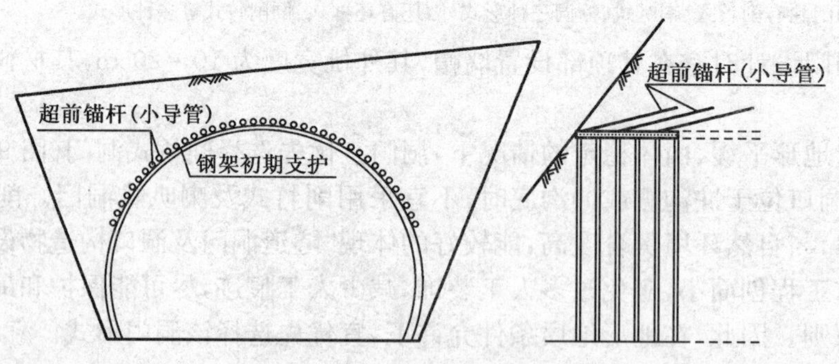

图 9-2-4　贴壁进洞法

2. 套拱加短管棚进洞法(图 9-2-5)

沿隧道周边轮廓线外钻孔打入短管棚，钢管环向间距 30～40cm，与隧道纵轴线方向成 3°～5°夹角，管内注浆，对岩体进行加固。管棚端头一般需外露 1m 左右，直接浇筑位于明洞或二次衬砌外轮廓线外混凝土套拱内，套拱也可采取将初期支护钢拱架外延，以喷混凝土形成，待套拱达到一定强度后开挖进洞。此方法适用于岩质较破碎的Ⅳ～Ⅲ级围岩洞口。

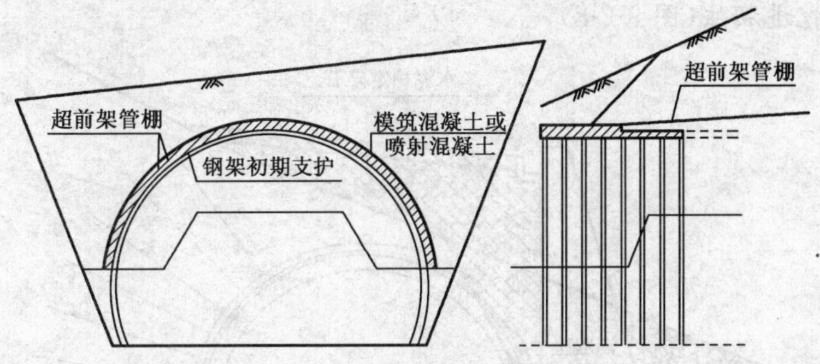

图 9-2-5　套拱加短管棚进洞法

3. 套拱加长管棚进洞法(图 9-2-6)

先修筑套拱，利用套拱内预埋的导向管钻管棚孔(环向间距 40cm 左右)，采用 20～40m 长 ϕ89mm 或 ϕ108mm 钢管高压注浆固结岩体，在管棚的保护下开挖进洞。此方法支护刚度大，一次性超前距离长，可一次性完成洞口开挖所需超前预加固工作，适用于Ⅴ级围岩或存在偏压等特殊情况洞口。

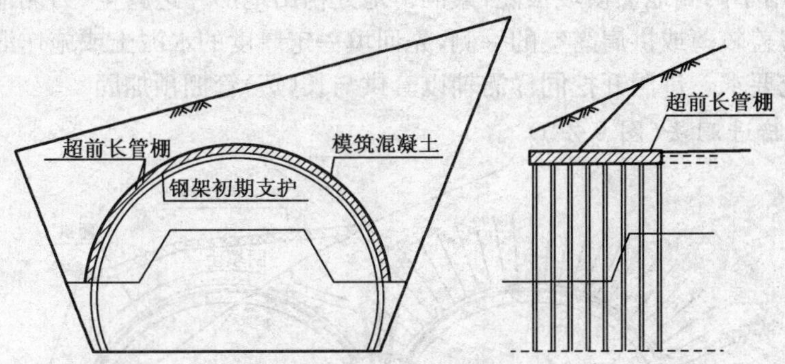

图 9-2-6　套拱加长管棚进洞法

4. 地表锚杆(或小导管注浆)预加固进洞法(图 9-2-7)

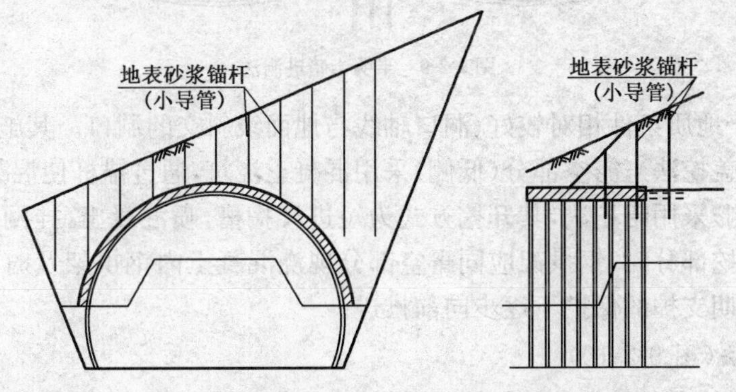

图 9-2-7　地表锚杆(或小导管注浆)预加固进洞法

设计中，需首先确定浅埋隧道土体松动压力范围，利用锚杆或小导管的剪切抵抗和悬吊效果，控制地表沉降，提高工作面自稳性，使围岩具备成拱自承条件后，暗挖进洞；在掘进过程中，同样需辅以超前支护或设套拱，喷、锚、网与钢拱架支护。该方法适用于地层破碎或地形偏压地段。

5.回填暗挖进洞法(图 9-2-8)

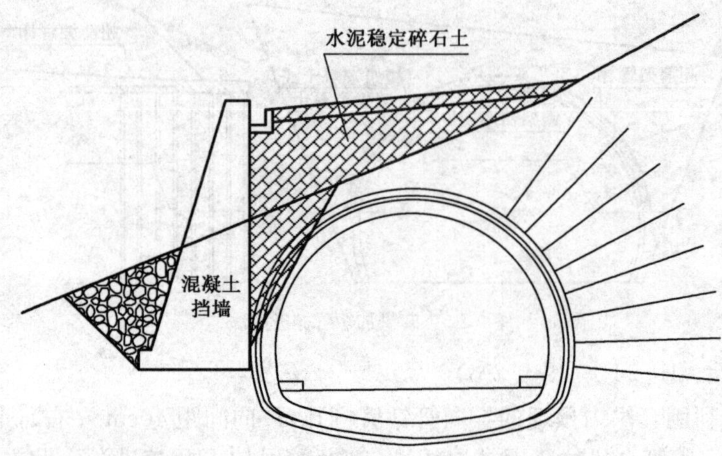

图 9-2-8 回填暗挖进洞法

该方法适用于两侧地面横坡很陡，或洞口地处傍山地形一边露空、另侧地面横坡很陡的情况，可采取在覆盖较薄或拱肩露空的一侧，先回填一定厚度的水泥土或施作混凝土(浆砌片石)挡墙，满足暗挖要求。进洞开挖同样需辅以套拱与长(短)管棚预加固。

6.半明半暗进洞法(图 9-2-9)

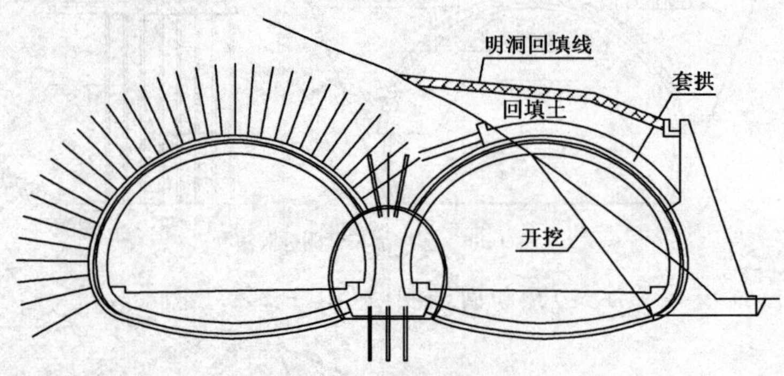

图 9-2-9 半明半暗进洞法

该方法适用于地质条件相对较好、洞口轴线与地面线斜交的洞口。其施工工序为：先施工洞口套拱或护拱(盖挖法)；露空部分(低侧)采用混凝土浇筑，通过锚杆使混凝土与岩体紧密连接；靠山部分(高侧)采用暗挖法，其开挖方式为短进尺掏槽，喷混凝土(挂网)、打锚杆，逐榀架设钢拱架；施工暗挖部分时，钢拱架应同露空部分现浇混凝土内钢拱架及时对接，形成连续的初期支护，在该初期支护的保护下逐步向前推进。

7.斜交进洞法(图 9-2-10)

该方法适用于地质条件好的陡峭洞口，设计中钢架做成异形，分榀扇形从斜交逐渐过渡到正交布置，顺应地形斜交进洞，为保证行车安全，宜延长明洞，使洞口正交施作。该进洞法施工风险较大，应谨慎采用。

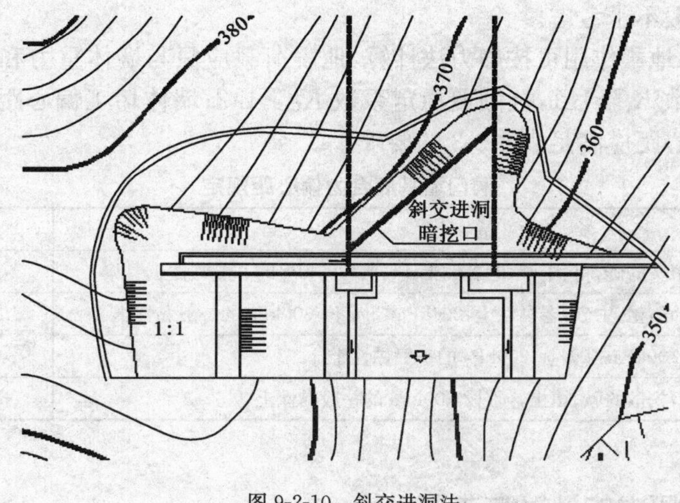

图 9-2-10 斜交进洞法

第三节 洞门墙计算

一、洞门墙计算要求及设计参数

(1)洞门墙包括隧道门和明洞门的端墙及挡墙，可视作挡土墙，应按材料的容许应力验算墙身强度，并验算挡墙的抗滑稳定性、抗倾覆稳定性以及地基承载力，并符合表 9-3-1 的要求。

墙式洞门验算主要规定　　表 9-3-1

墙身截面应力	≤材料容许应力	基底偏心距 e	岩石地基≤0.2B，土质地基≤0.16B
墙身截面偏心距	≤0.3 倍截面厚度	抗滑动稳定系数 K_c	≥1.3
基底应力 σ	≤地基容许承载力	抗倾覆稳定系数 K_0	≥1.6

注：B 为基础宽度。

(2)计算墙式洞门时，计算参数一般应根据地质勘察报告所提供的地质参数资料取用；当缺乏勘察资料时，可参照表 9-3-2 使用。

洞门设计计算参数　　表 9-3-2

仰坡坡度	墙背岩(土)		基底摩擦系数 f	基底控制压应力 $[\sigma]$(MPa)
	计算摩擦角 φ(°)	重度 γ(kN/m³)		
1:0.5	70	25	0.6	0.8
1:0.75	60	24	0.5	0.6
1:1.0	50	20	0.4	0.4～0.35
1:1.25	43～45	18	0.4	0.3～0.25
1:1.5	38～40	17	0.35～0.40	0.25

(3)洞门墙荷载主要考虑墙背土压力、墙身自重和地震力的作用。作用于洞门墙墙背上的主动土压力，可按库仑理论计算，无论墙背仰斜或直立，土压力的作用方向均假定为水平；墙前

部的被动土压力一般不予考虑。

(4)隧道洞门的地震作用可按静力法计算,地震荷载应只与墙体重力和土压力组合;洞门墙的抗滑动稳定系数 $K_c \geqslant 1.1$,抗倾覆稳定系数 $K_0 \geqslant 1.2$;墙体圬工偏心距 $\leqslant 0.4h$(h 为墙体厚度);基底合力偏心距应满足表 9-3-3 的要求。

洞门墙基底合力偏心距规定 表 9-3-3

地 基 土	e
岩石,密实的碎石土,密实的砾,粗、中砂,老黏性土,$[\sigma_0] \geqslant 300$kPa 的一般黏性土	$\leqslant 0.33B$
中密的碎石土,密实的砾,粗、中砂,老黏性土,200kPa $\leqslant [\sigma_0] < 300$kPa 的一般黏性土	$\leqslant 0.25B$
密、中密的细砂、粉砂,100kPa $\leqslant [\sigma_0] < 200$kPa 的一般黏性土	$\leqslant 0.20B$
新近沉积黏性土,软土,松散的砂、填土,$[\sigma_0] < 100$kPa 的一般黏性土	$\leqslant 0.16B$

注:B 为基础宽度。

二、洞门墙土压力的计算方法

当采用概率极限状态理论设计时,隧道门端墙、翼墙及洞门挡土墙按以下公式计算。

1. 最危险破裂面与垂直面之间的夹角

$$\tan\omega = \frac{\tan^2\varphi_c + \tan\alpha\tan\varepsilon - \sqrt{(1+\tan^2\varphi_c)(\tan\varphi - \tan\varepsilon)(\tan\varphi_c + \tan\alpha)(1 - \tan\alpha\tan\varepsilon)}}{\tan\varepsilon(1+\tan^2\varphi_c) - \tan\varphi_c(1-\tan\alpha\tan\varepsilon)} \tag{9-3-1}$$

式中:φ_c——围岩计算摩擦角(°);

ε,α——分别为地面坡角和墙背倾角(°),如图 9-3-1 所示。

2. 土压力

$$E = \frac{1}{2}\gamma\lambda[H^2 + h_0(h' - h_0)]b \times \xi \tag{9-3-2}$$

$$\lambda = \frac{(\tan\omega - \tan\alpha)(1 - \tan\alpha\tan\varepsilon)}{\tan(\omega+\varphi_c)(1-\tan\omega\tan\varepsilon)} \tag{9-3-3}$$

$$h' = \frac{a}{\tan\omega - \tan\alpha} \tag{9-3-4}$$

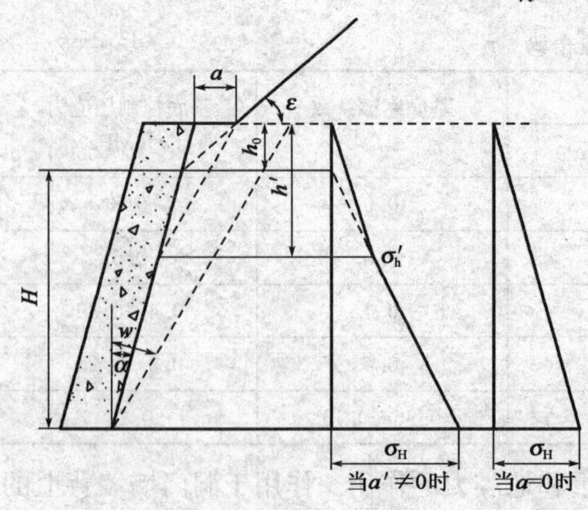

图 9-3-1 土压力分布图

式中:E——土压力(kN);

γ——地层重度(kN/m³);

λ——侧压力系数;

ω——墙背土体的破裂角(°);

b——洞门墙计算条带宽度(m);

ξ——土压力计算模式不定性系数,$\xi=0.6$。

三、洞门墙计算

1. 计算主动土压力系数

挡土墙在土压力作用下,其主动压力系数 k_a

应按下列公式计算：

$$k_a=\frac{\sin(\alpha+\beta)}{\sin^2\alpha\sin^2(\alpha+\beta-\varphi-\delta)}\Big\{k_q[\sin(\alpha+\beta)\sin(\alpha-\delta)+\sin(\varphi+\delta)\sin(\varphi-\beta)]+2\eta\sin\alpha\cos\varphi\cos(\alpha+\beta-\varphi-\delta)-2[(k_q\sin(\alpha+\beta)\sin(\varphi-\beta)+\eta\sin\alpha\cos\varphi)\cdot(k_q\sin(\alpha-\delta)\sin(\varphi+\delta)+\eta\sin\alpha\cos\beta)]^{1/2}\Big\} \tag{9-3-5}$$

$$k_q=1+\frac{2q}{\gamma h}\frac{\sin\alpha\cos\beta}{\sin(\alpha+\beta)}$$

$$\eta=\frac{2c}{\gamma h}$$

式中：δ——土对挡土墙墙背的摩擦角（°）；

φ——墙背填土的内摩擦角标准值（°）；

q——地表均布荷载（以单位水平投影面上的荷载强度计）(kPa)。

土类填土质量应满足下列要求：

①Ⅰ类碎石土，密实度应为中密，干密度应大于或等于 2 000kg/m³；

②Ⅱ类砂土，包括砾砂、粗砂、中砂，其密实度应为中密，干密度应大于或等于 1 650kg/m³；

③Ⅲ类黏土夹块石，干密度应大于或等于 1 900kg/m³；

④Ⅳ类粉质黏土，干密度应大于或等于 1 650kg/m³。

以上四类土的主动土压力系数可分别查图 9-3-2～图 9-3-5 得到。

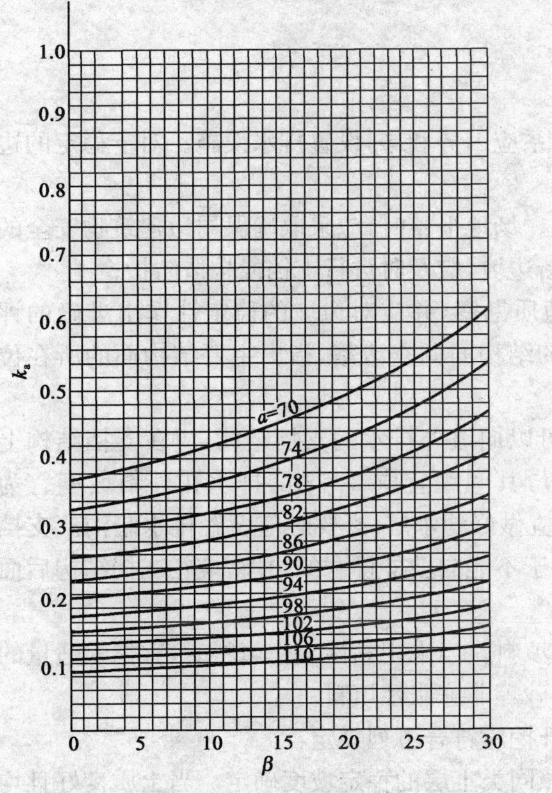

图 9-3-2　Ⅰ类土土压力系数 k_a($\delta=0.5\varphi, q=0$)

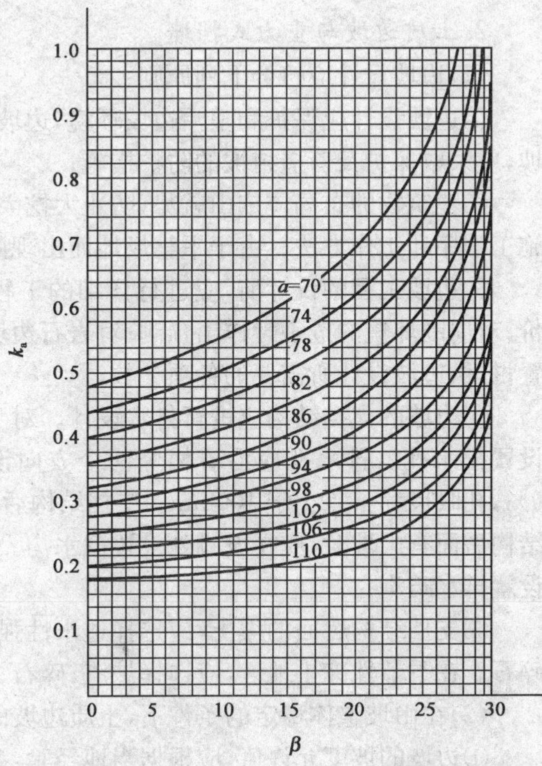

图 9-3-3　Ⅱ类土土压力系数 k_a($\delta=0.5\varphi, q=0$)

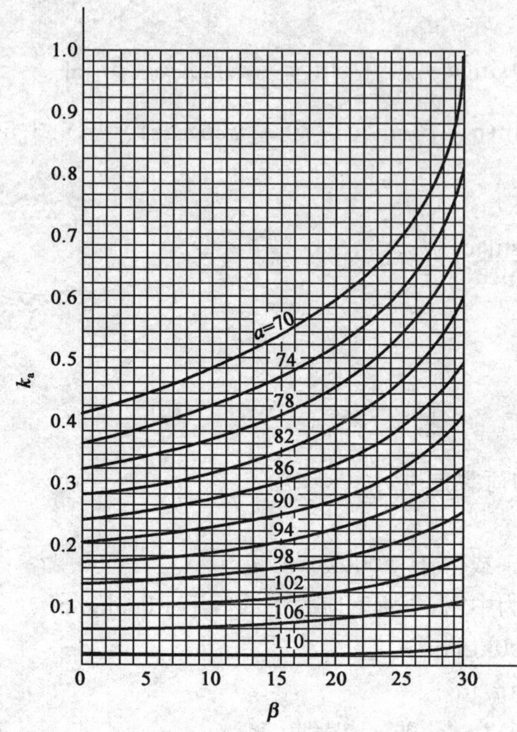

图 9-3-4 Ⅲ类土土压力系数 k_a($\delta=0.5\varphi, q=0, H=5m$)

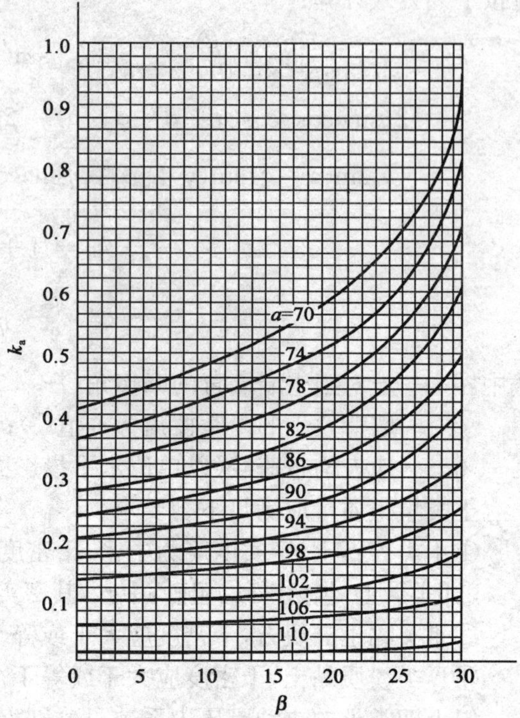

图 9-3-5 Ⅳ类土土压力系数 k_a($\delta=0.5\varphi, q=0, H=5m$)

2.土质边坡与重力式挡墙

(1)边坡设计应符合下列原则:

①边坡设计应保护和整治边坡环境,边坡水系应因势利导,设置排水设施。对于稳定的边坡,应采取保护及营造植被的防护措施;

②建筑物的布局应依山就势,防止大挖大填。场地平整时,应采取确保周边建筑物安全的施工顺序和工作方法。由于平整场地而出现的新边坡,应及时进行支挡或构造防护;

③边坡工程的设计前,应进行详细的工程地质勘察,并应对边坡的稳定性作出准确的评价;对周围环境的危害性作出预测;对岩石边坡的结构面调查清楚,指出主要结构面的所在位置;提供边坡设计所需要的各项参数;

④边坡的支挡结构应进行排水设计。对于可以向坡外排水的支挡结构,应在支挡结构上设置排水孔。排水孔应沿着横竖两个方向设置,其间距宜取 2~3m,排水孔外斜坡度宜为 5%,孔眼尺寸不宜小于 100mm。支挡结构后面应做好滤水层,必要时应设置排水暗沟。支挡结构后面有山坡时,应在坡脚处设置截水沟。对于不能向坡外排水的边坡,应在支挡结构后面设置排水暗沟;

⑤支挡结构后面的填土,应选择透水性强的填料。当采用黏性土作填料时,宜掺入适量的碎石。在季节性冻土地区,应选择炉渣、碎石、粗砂等非冻胀性填料。

(2)在山坡整体稳定的条件下,土质边坡的开挖应符合下列规定:

①边坡的坡度允许值,应根据当地经验,参照同类土层的稳定坡度确定。当土质良好且均匀、无不良地质现象、地下水不丰富时,可按表 9-3-4 确定;

土质边坡坡度允许值　　表 9-3-4

土的类别	密实度或状态	坡度允许值(高宽比)	
		坡高在 5m 以内	坡高为 5～10m
碎石土	密实	1∶0.35～1∶0.50	1∶0.50～1∶0.75
	中密	1∶0.50～1∶0.75	1∶0.75～1∶1.00
	稍密	1∶0.75～1∶1.00	1∶1.00～1∶1.25
黏性土	坚硬	1∶0.75～1∶1.00	1∶1.00～1∶1.25
	硬塑	1∶1.00～1∶1.25	1∶1.25～1∶1.50

注：1. 表中碎石土的充填物为坚硬或硬塑状态的黏性土。
2. 对于砂土或充填物为砂土的碎石土，其边坡坡度允许值均按自然休止角确定。

②土质边坡开挖时，应采取排水措施，边坡的顶部应设置截水沟。在任何情况下，不允许在坡脚及坡面上积水；

③边坡开挖时，应由上往下开挖，依次进行。弃土应分散处理，不得将弃土堆置在坡顶及坡面上。当必须在坡顶或坡面上设置弃土转运站时，应进行坡体稳定性验算，严格控制堆栈的土方量；

④边坡开挖后，应立即对边坡进行防护处理。

(3)边坡支挡结构土压力计算应符合下列规定：

①计算支挡结构的土压力时，可按主动土压力计算；

②边坡工程主动土压力应按下式进行计算：

$$E_a = \frac{1}{2}\varphi_c \gamma h^2 k_a \tag{9-3-6}$$

式中：E_a——主动土压力(kN)；

φ_c——主动土压力增大系数，土坡高度小于 5m 时宜取 1.0；高度为 5～8m 时宜取 1.1；高度大于 8m 时宜取 1.2；

γ——填土的重度(kN/m^3)；

h——挡土结构的高度(m)；

k_a——主动土压力系数。当填土为无黏性土时，主动土压力系数可按库仑土压力理论确定。当支挡结构满足朗金条件时，主动土压力系数可按朗金土压力理论确定。黏性土或粉土的主动土压力也可采用楔体试算法图解求得。

(4)当支挡结构后缘有较陡峻的稳定岩石坡面，且岩坡的坡角 $\theta>(45°+\varphi/2)$时(图 9-3-6)，应按有限范围填土计算土压力，取岩石坡面为破裂面。根据稳定岩石坡面与填土间的摩擦角，按下式计算主动土压力系数：

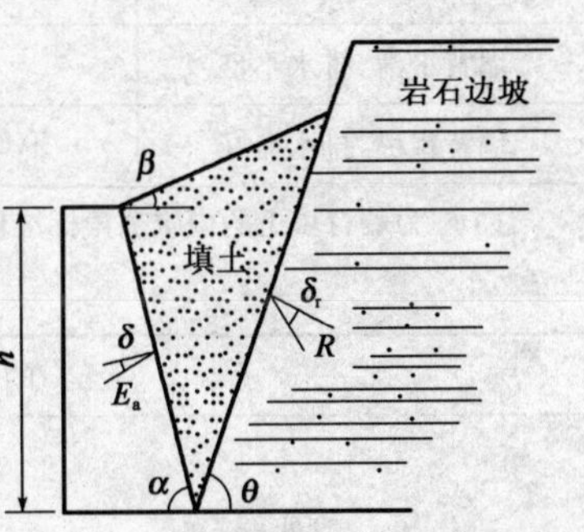

图 9-3-6　有限填土土压力计算示意图

$$k_a = \frac{\sin(\alpha+\theta)\sin(\alpha+\beta)\sin(\theta-\delta_r)}{\sin^2\alpha\sin(\theta-\beta)\sin(\alpha-\delta+\theta-\delta_r)} \tag{9-3-7}$$

式中：θ——稳定岩石坡面的倾角(°)；

δ_r——稳定岩石坡面与填土间的摩擦角(°)，根据试验确定，当无试验资料时，可取 $\delta_r = 0.33\varphi_k$，φ_k 为填土的内摩擦角标准值。

(5)重力式挡土墙构造应符合下列要求：

①重力式挡土墙适用于高度小于6m、地层稳定、开挖土石方时不会危及相邻建筑物安全的地段；

②重力式挡土墙可在基底设置逆坡。对于土质地基，基底逆坡坡度不宜大于1∶10；对于岩质地基，基底逆坡坡度不宜大于1∶5；

③块石挡土墙的墙顶宽度不宜小于400mm；混凝土挡土墙的墙顶宽度不宜小于200mm；

④重力式挡墙的基础埋置深度，应根据地基承载力、水流冲刷、岩石裂隙发育及风化程度等因素进行确定。在特强冻胀、强冻胀地区，应考虑冻胀的影响。在土质地基中，基础埋置深度不宜小于0.5m；在软质岩地基中，基础埋置深度不宜小于0.3m；

⑤重力式挡土墙应每间隔10～20m设置一道伸缩缝。当地基有变化时，宜加设沉降缝。在挡土结构的拐角处，应采取加强的构造措施。

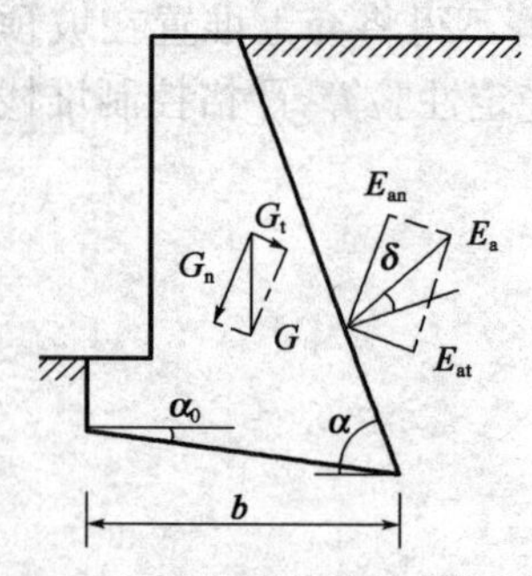

图9-3-7　挡土墙抗滑稳定验算示意图

(6)挡土墙的稳定性验算应符合下列要求(图9-3-7)：

①抗滑移稳定性应按下式验算：

$$\frac{(G_n + E_{an})\mu}{E_{at} - G_t} \geqslant 1.3 \tag{9-3-8}$$

$$G_n = G\cos\alpha_0$$

$$G_t = G\sin\alpha_0$$

$$E_{at} = E_a\sin(\alpha - \alpha_0 - \delta)$$

$$E_{an} = E_a\cos(\alpha - \alpha_0 - \delta)$$

式中：G——挡土墙每延米自重(kN)；

α_0——挡土墙基底的倾角(°)；

α——挡土墙墙背的倾角(°)；

δ——土对挡土墙墙背的摩擦角(°)，可按表9-3-5选用；

μ——土对挡土墙基底的摩擦系数，由试验确定，也可按表9-3-6选用。

土对挡土墙墙背的摩擦角 δ　　表9-3-5

挡土墙情况	摩擦角 δ	挡土墙情况	摩擦角 δ
墙背平滑，排水不良	$(0 \sim 0.33)\varphi_k$	墙背很粗糙，排水良好	$(0.50 \sim 0.67)\varphi_k$
墙背粗糙，排水良好	$(0.33 \sim 0.50)\varphi_k$	墙背与填土间不可能滑动	$(0.67 \sim 1.00)\varphi_k$

注：φ_k 为墙背填土的内摩擦角标准值。

土对挡土墙基底的摩擦系数 μ　　表9-3-6

土的类别		摩擦系数 μ
黏性土	可塑	0.25～0.30
	硬塑	0.30～0.35
	坚硬	0.35～0.45

续上表

土 的 类 别	摩擦系数 μ
粉土	0.30～0.40
中砂、粗砂、砾砂	0.40～0.50
碎石土	0.40～0.60
软质岩	0.4～0.6
表面粗糙的硬质岩	0.65～0.75

注：1. 对易风化的软质岩和塑性指数 I_P 大于 22 的黏性土，其基底摩擦系数应通过试验确定。
2. 对碎石土，可根据其密实程度、填充物状况、风化程度等确定。

②抗倾覆稳定性应按下式验算（图 9-3-8）：

$$\frac{Gx_0 + E_{az}x_f}{E_{ax}z_f} \geqslant 1.6 \tag{9-3-9}$$

$$E_{ax} = E_a\sin(\alpha - \delta)$$

$$E_{az} = E_a\cos(\alpha - \delta)$$

$$x_f = b - z\cot\alpha$$

$$z_f = z - b\tan\alpha_0$$

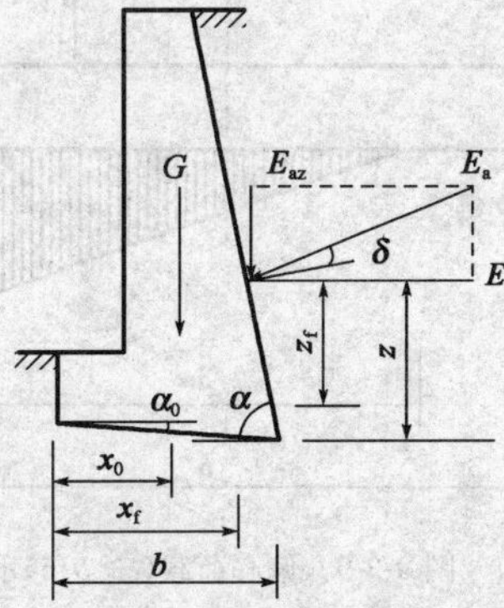

图 9-3-8　挡土墙抗倾覆稳定验算示意图

式中：z——土压力作用点离墙踵的高度（m）；

x_0——挡土墙重心离墙趾的水平距离（m）；

b——基底的水平投影宽度（m）。

③整体滑动稳定性验算：可采用圆弧滑动面法。

④地基承载力验算：除应符合下面一节内容的规定外，基底合力的偏心距不应大于 0.25 倍基础宽度。

3. 承载力计算

(1)基础底面的压力，应符合下式要求。

①当轴心荷载作用时：

$$p \leqslant [f_a] \tag{9-3-10}$$

式中：p——相应于荷载作用短期效应组合时，基础底面处的平均压力值（kPa）；

$[f_a]$——修正后的地基承载力容许值（kPa）。

②当偏心荷载作用时，除符合式（9-3-10）要求外，尚应符合下式要求：

$$p_{max} \leqslant 1.2[f_a] \tag{9-3-11}$$

式中：p_{max}——相应于荷载作用短期效应组合时，基础底面边缘的最大压力值（kPa）。

(2)基础底面的压力，可按下列公式确定。

①当轴心荷载作用时：

$$p=\frac{N}{A} \tag{9-3-12}$$

式中：N——相应于荷载作用短期效应组合时，作用于基础底面的竖向力(kN)；

A——基础底面面积(m^2)。

②当偏心荷载作用时：

$$p_{max}=\frac{N}{A}+\frac{M}{W} \tag{9-3-13}$$

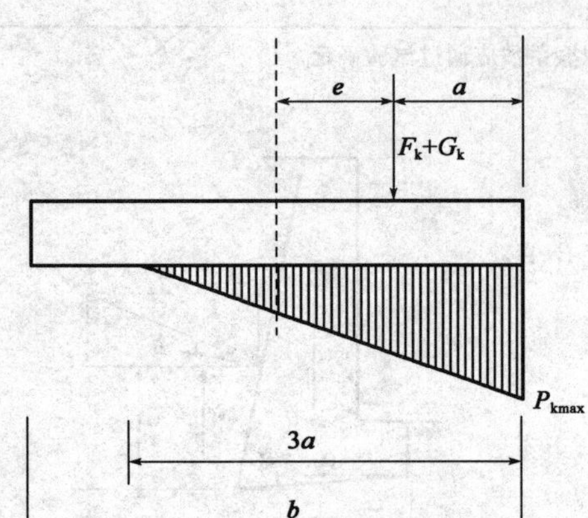

图 9-3-9　偏心荷载($e>b/6$)示意图

式中：M——相应于荷载作用短期效应组合，作用于基础底面的力矩值(kN·m)；

W——基础底面的抵抗矩(m^3)。

当偏心距 $e>b/6$ 时(图 9-3-9)，p_{kmax} 应按下式计算：

$$p_{kmax}=\frac{2N}{3la} \tag{9-3-14}$$

式中：l——垂直于力矩作用方向的基础底面边长(m)；

a——合力作用点至基础底面最大压力边缘的距离(m)。

(3)黏性土、粉土、砂土、卵石土及一般岩石地基的修正后的地基容许承载力特征值$[f_a]$按式(9-3-15)确定。

$$[f_a]=[f_{a0}]+k_1\gamma_1(b-2)+k_2\gamma_2(h-3) \tag{9-3-15}$$

式中：$[f_{a0}]$——地基承载力基本容许值(kPa)，按《公路桥涵地基与基础设计规范》(JTG D63—2007)第 3.3.3 条的原则确定；

b——基础底面的最小变宽(m)；当 $b<2$m 时，取 $b=2$m；当 $b>10$m 时，取 $b=10$m；

h——基底埋置深度(m)，自天然地面起算，有水流冲刷时自一般冲刷线起算；当 $h<3$m 时，取 $h=3$m；当 $h/b>4$ 时，取 $h=4b$；

k_1、k_2——基础宽度、深度修正系数，根据基底持力层土的类别按表 9-3-7 确定；

γ_1——基底持力层土的天然重度(kN/m^3)；若持力层在水面以下且为透水者，应取浮重度；

γ_2——基底以上土层的加权平均重度(kN/m^3)；换算时若持力层在水面以下，且不透水时，不论基底以上土的透水性质如何，一律取饱和重度；当透水时，水中部分土层应取浮重度。

(4)软土地基承载力容许值$[f_a]$按下列原则确定。

①软土地基承载力基本容许值$[f_{a0}]$应由荷载试验或其他原位测试取得。荷载试验和原位测试确有困难时，对于基底未经处理的软土地基，承载力容许值$[f_a]$可采用以下两种方法确定。

承载力修正系数 k_1、k_2　　表 9-3-7

<table>
<tr><th colspan="3">土的类别</th><th>k_1</th><th>k_2</th></tr>
<tr><td rowspan="4">黏性土</td><td colspan="2">老黏性土</td><td>0</td><td>2.5</td></tr>
<tr><td rowspan="2">一般黏性土</td><td>$I_L \geqslant 0.5$</td><td>0</td><td>1.5</td></tr>
<tr><td>$I_L < 0.5$</td><td>0</td><td>2.5</td></tr>
<tr><td colspan="2">新近黏性土</td><td>0</td><td>1.0</td></tr>
<tr><td>粉土</td><td colspan="2">—</td><td>0</td><td>1.5</td></tr>
<tr><td rowspan="8">砂土</td><td rowspan="2">粉砂</td><td>中密</td><td>1.0</td><td>2.0</td></tr>
<tr><td>密实</td><td>1.2</td><td>2.5</td></tr>
<tr><td rowspan="2">细砂</td><td>中密</td><td>1.5</td><td>3.0</td></tr>
<tr><td>密实</td><td>2.0</td><td>4.0</td></tr>
<tr><td rowspan="2">中砂</td><td>中密</td><td>2.0</td><td>4.0</td></tr>
<tr><td>密实</td><td>3.0</td><td>5.5</td></tr>
<tr><td rowspan="2">砾砂、粗砂</td><td>中密</td><td>3.0</td><td>5.0</td></tr>
<tr><td>密实</td><td>4.0</td><td>6.0</td></tr>
<tr><td rowspan="4">碎石土</td><td rowspan="2">碎石、圆砾、角砾</td><td>中密</td><td>3.0</td><td>5.0</td></tr>
<tr><td>密实</td><td>4.0</td><td>6.0</td></tr>
<tr><td rowspan="2">卵石</td><td>中密</td><td>3.0</td><td>6.0</td></tr>
<tr><td>密实</td><td>4.0</td><td>10.0</td></tr>
</table>

注：1. 对于稍密和松散状态的砂、碎石土，k_1、k_2 值可采用表列中密值的 50%。

2. 强风化和全风化的岩石，可参照所风化生成的相应土类取值；其他状态下的岩石可不修正。

a. 根据原状土天然含水率 w，按表 9-3-8 确定软土地基承载力基本容许值$[f_{a0}]$，然后按式(9-3-16)计算修正后地基承载力容许值$[f_a]$：

$$[f_a] = [f_{a0}] + \gamma_2 h \tag{9-3-16}$$

式中：γ_2、h 的意义同式(9-3-15)。

软土地基承载力基本容许值$[f_{a0}]$　　表 9-3-8

天然含水率 w(%)	36	40	45	50	55	65	75
$[f_{a0}]$(kPa)	100	90	80	70	60	50	40

b. 根据原状土强度指标确定软土地基承载力容许值$[f_a]$：

$$[f_a] = \frac{5.14}{m} k_p C_u + \gamma_2 h \tag{9-3-17}$$

$$k_p = \left(1 + 0.2\frac{b}{l}\right)\left(1 - \frac{0.4H}{blC_u}\right) \tag{9-3-18}$$

式中：m——抗力修正系数，可视软土灵敏度及基础长宽比等因素选用，一般取 1.5～2.5；

C_u——地基土不排水抗剪强度标准值(kPa)；

k_P——系数；

H——由作用(标准值)引起的水平力(kN)；

b——基础宽度(m)，有偏心作用时，取 $b-2e_b$；

l——垂直于 b 边的基础长度(m)，有偏心作用时，取 $1-2e_l$；

e_b、e_l——偏心作用在宽度和长度方向的偏心距(m)；

γ_2、h——意义同式(9-3-15)。

②经排水固结方法处理的软土地基，其承载力基本容许值$[f_{a0}]$应通过荷载试验或其他原位测试方法确定；经复合地基方法处理的软土地基，其承载力基本容许值$[f_{a0}]$应通过荷载试验确定，然后按式(9-3-16)计算修正后的软土地基地基承载力容许值$[f_a]$。

(5)在基础底面下有软弱地基或软土层时，应按下式验算软弱地基或软土层的承载力。

$$p_z = \gamma_1(h+z) + \alpha(p-\gamma_2 h) \leqslant 1.2[f_a] \tag{9-3-19}$$

式中：p_z——软弱地基或软土层的压应力(kPa)；

h——基底的埋置深度(m)；当基础受水流冲刷时自一般冲刷线算起；当不受水流冲刷时，由天然地面算起；如位于挖方内，则由开挖后地面算起；

z——从基底到软弱地基或软土层地基顶面的距离(m)；

γ_1——深度$(h+z)$范围内各土层的换算重度(kN/m^3)；

γ_2——深度 h 范围内各土层的换算重度(kN/m^3)；

α——土中附加应力系数；

p——基底压应力(kPa)；当 $z/b>1$ 时，p 采用基底平均压应力；当 $z/b\leqslant 1$ 时，p 按基底压应力图形采用距最大压应力点 $b/3 \sim b/4$ 处的压应力(对于梯形图形前后端压应力差值较大时，可采用上述 $b/4$ 点处的压应力值；反之采用 $b/3$ 点处的压应力值)，以上 b 为矩形基础的宽度；

$[f_a]$——软弱地基或软土层顶面土的承载力容许值(kPa)。

第四节　洞口遮光棚设计

一、遮光棚的作用及应用

(1)国内外的经验表明，隧道照明不良而引起的行车困难主要在白天。为了减弱“黑框效应”和“白洞效应”，洞口外设置遮光棚后，使洞口前出现减光地段，从而具有与洞内照明适应段相同的作用，起到极好的改善运行条件和降低照明费用的目的。

(2)由于遮光棚能充分利用自然光源，并对洞外自然亮度起到一定的降低作用，同时还有隔离噪声的辅助作用，故在市政隧道和高速公路上时有采用。高速公路隧道在有条件时，应在隧道洞口朝东、西方向的长及特长隧道洞口设置遮光棚，特别是在出洞口方向，通过遮光棚的设置形成一个亮光过渡带，给驾驶员一个适应过程。对隧道群，在隧道间的路基段设置遮光棚洞，以起到降低洞外亮度的目的。

二、遮光棚的设计及部分形式

1. 遮光棚长度

设置遮光棚时，汽车在遮光棚内的行程不小于2s，遮光棚长度可按2s汽车行程设计，但在条件受限时也可减短，但一般不小于30m。洞口照明设计亮度和长度时应考虑遮光棚的作用。

2. 遮光棚的计算

遮光棚应根据顶部透光面积、透光率进行计算。确定遮光棚透光面积和透光材料时，可以遮光后路面亮度达到外部亮度的1/10为原则，遮光板间距为S，透光宽度为W，通过试算可确定比值W/S。设置遮光棚后，照明设计可通过现场对洞外、遮光棚洞内亮度进行测试，并据其优化洞口段照明设计。

利用建筑光学中横向平行等间距带状光源公式，计算路面的照度E_Z(图9-4-1)：

$$E_z = 2BLh^2W\sum_1^n\left[\frac{1}{h^2+K^2}\left(\frac{L}{h^2+K^2+L^2}+\frac{1}{\sqrt{h^2+K^2}}\tan^{-1}\frac{L}{\sqrt{h^2+K^2}}\right)\right] \quad (9\text{-}4\text{-}1)$$

$$K=(n-1)S \quad (9\text{-}4\text{-}2)$$

式中：B——带状光源亮度(cd/m^2)；

L——透光带长度(m)；

h——遮光板距路面高度(m)；

S——遮光棚间距(m)；

W——透光带宽度(m)。

3. 遮光棚类型

目前国内在隧道洞口段已经有大量的遮光棚棚洞的设计实例(图9-4-2)。遮光棚作为一种洞口美化景观、减光措施，能起到防止特长隧道洞口污染空气串流等作用，已引起重视和大量采用。遮光棚类型分为拱形和棚架形两种形式，其材料可采用钢筋混凝土或钢构件。造型设计时，应综合考虑隧道洞门形式、洞口地形及人文环境。

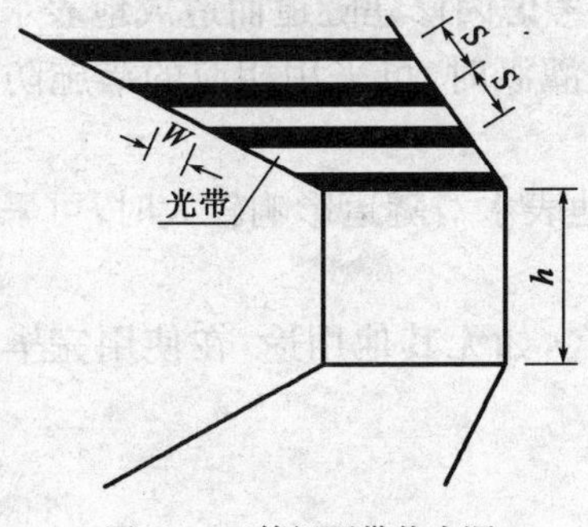

图9-4-1　等间距带状光源

图9-4-2　遮光棚效果图

第五节　洞口转向车道设计

(1)在条件允许的情况下，每座分离式的双洞隧道洞口外均应设置转向车道，便于车辆在必要时可通过转向车道到反向车道行驶，以供维修、养护和应急抢险使用。长、特长双洞隧道

图 9-5-1　洞口转向车道设计实例

必须在洞口外适当位置设置联络通道。联络通道形式可采用交叉“X”形，如图 9-5-1 所示，也可采用简易“II”形。连拱隧道可结合中央分隔带开口合并设置。若隧道前后 750～1 000m 内设置有中央分隔带开口时，可以不设转向车道。

(2)联络车道的设置，应根据实际情况，如桥隧相接，管理用房等因素，综合考虑，且应规划好进出的联络通道，并与洞口景观设计相协调。

(3)转向车道应满足下述要求：

①转向车道口应保证良好的视距，距离隧道洞口宜不小于 20m；

②转向车道路面宽不小于 3.5m，纵坡不宜大于 7%；有条件时，其平曲线半径不宜小于 15m，沿路线长度不小于 30m。

第六节　洞口防水与排水设计

一、洞口地表处理

若隧道围岩内的水主要由洞顶地表水补给时，可根据实际情况进行处理，以隔断水源。

(1)当隧道覆盖较薄，地表水易渗入隧道围岩，造成隧道漏水，可采取以下措施：

①开沟疏导、填平积水洼池，促使地表径流通畅；

②若覆盖土层易于渗水，可根据地形及土质条件，采用局部夯填黏土、铺砌浆砌片石或混凝土予以防止；

③若洞顶岩石坚硬，裂隙较少时，可采用水泥砂浆勾缝；若裂隙较多，不易勾缝时，可采用水泥砂浆抹面或喷水泥砂浆；裂缝过大时，宜用浆砌片石填塞。

(2)若洞顶及其附近有井、泉、池沼、水库、水田等，要考虑因修建隧道而造成地表水和地下水位降低、流失、井泉干枯。如可能影响居民生活和农田灌溉时，可采用相应的措施防止水源流失，而不应将水源截断和堵死。

(3)当洞顶有沟谷通过，且沟底岩石裂隙较多，确认地表水对隧道影响较大时，可采用水泥砂浆砌片石铺砌沟底，铺砌厚度一般不小于 20cm。

(4)对于施工及地质勘探钻孔、坑道、坑穴等人工洞穴，如无其他用途，在使用完毕后应加以填塞封闭。

二、洞顶截水沟

为防止地表水冲刷边、仰坡，流入隧道，一般应在洞口边、仰坡上方设置天沟。

1.截水沟的设置规定

(1)截水沟设于边、仰坡开挖线 3～5m 以外，在黄土地区不应小于 10m。截水沟一般沿等高线向路线一侧或两侧排水。

(2)截水沟纵坡度根据地形设置，但不应小于 0.5%，以免淤积。当纵坡过陡时，应设置急流槽或跌水连接。一般在地面自然坡度陡于1∶1时，水沟应做成阶梯式，以减少冲刷。土质地段水沟纵坡大于20%或石质地段水沟纵坡大于40%时，应设置抗滑基座，以确保纵向稳定。

(3)洞顶截水沟断面应根据流入截水沟的汇水区流量确定。截水沟深度应高出计算水位20cm，一般底宽和深度均不小于60cm。在干旱少雨地区，深度可减少至40cm；截水沟分水点深度可减少至20cm。截水沟一般采用浆砌片石铺砌，厚度不小于30cm，其断面形式以梯形为主，石质地段可采用矩形。

(4)截水沟长度应使边、仰坡面不受冲刷，下游应将水引至适当地点排泄，避免危害农田和冲刷山体。流量较大时，不宜将水引向路堑排泄，而应根据地形将水引至沟谷或涵洞处排泄。

(5)在容易渗漏、沉陷和易冲蚀的地层和易溶于水的岩层中设置截水沟时，其底部及侧壁必须采用M7.5水泥砂浆抹面、勾缝等措施防止渗漏。

(6)截水沟设置要隐蔽，正面应看不到截水沟的痕迹，并尽可能将坡面水引到路线以外。

2. 截水沟的设置

截水沟可采用矩形断面，也可采用梯形断面；具体的断面尺寸可通过计算确定。洞口截水沟应不渗漏才能起到截排水的作用，并将洞口边、仰坡地表水引至洞口以外。截水沟迎水一侧的沟身不得高于原地面。迎水一侧的沟身背后不宜填筑，宜为原位岩土。正确的截水沟设置如图9-6-1所示；错误的截水沟设置如图9-6-2所示。

图9-6-1　截水沟正确的设置形式

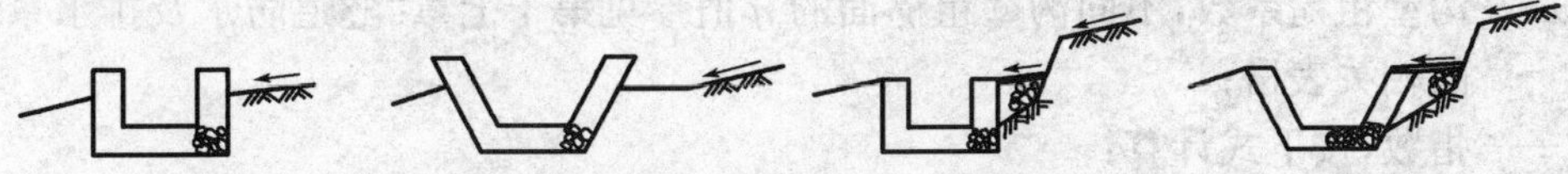

图9-6-2　截水沟错误的设置形式

三、截水沟的水力计算

1. 已知截水沟断面及沟底纵坡，求算容许流量及流速

(1)计算公式

$$Q=\omega C\sqrt{Ri} \tag{9-6-1}$$

$$v=C\sqrt{Ri} \tag{9-6-2}$$

式中：Q——流量(m^3/s)；

ω——截水沟过水断面面积(m^2)；

C——系数；

R——水力半径(m)；

i——沟底纵坡(取小数代入计算);

v——无压等速流的平均流速(m/s)。

(2)水力要素计算公式

对于梯形水沟断面,水力要素按下列公式计算。

过水断面面积:

$$\omega=(b+mh)h \tag{9-6-3}$$

式中:b——底宽(m);

h——水深(m);

m——边坡坡率。

湿周:

$$x=b+2h\sqrt{1+m^2} \tag{9-6-4}$$

式中符号意义同前。

水力半径:

$$R=\frac{\omega}{x}=\frac{(b+mh)h}{b+2h\sqrt{1+m^2}} \tag{9-6-5}$$

式中符号意义同前。

对于矩形水沟断面(即 $m=0$),应按式(9-6-5)计算水力要素。

(3)系数 C 可用下列公式计算:

$$C=\frac{1}{n}R^y \tag{9-6-6}$$

式中:n——沟壁粗糙系数,不同沟壁粗糙面的 n 值参见第十七章“隧道防水及排水系统设计”的相关表格;

y——指数,按下式计算:

$$y=2.5\sqrt{n}-0.75\sqrt{R}(\sqrt{n}-0.10)-0.13 \tag{9-6-7}$$

其他符号意义同前。

2. 已知流入天沟的地表汇水量及沟底纵坡,求算梯形水沟断面

(1)按式(9-6-8)计算水沟最小有效面积:

$$\omega_{\min}=0.5y+1.25\sqrt{\frac{nQ}{a^{(y+0.5)}i^{0.5}}} \tag{9-6-8}$$

$$a=\frac{1}{2\sqrt{K-m}} \tag{9-6-9}$$

$$K=2\sqrt{1+m^2} \tag{9-6-10}$$

式中:$\omega_{\min}$——边坡为 $1:m$ 的梯形水沟的最小断面面积(m^2),即在一定流量及沟底坡度的条件下,有最大流速的梯形水沟断面面积;

y——指数，按式(9.6-7)计算；

n——沟壁粗糙系数；

i——沟底纵坡(取小数代入计算)；

m——梯形水沟边坡坡率。

(2)按式(9-6-11)计算水沟的有效宽度：

$$h=\sqrt{\frac{\omega}{K-m}} \tag{9-6-11}$$

式中符号意义同前。

(3)按式(9-6-12)计算水沟沟底宽度：

$$b=\frac{\omega}{h}-mh \tag{9-6-12}$$

式中符号意义同前。

(4)按式(9-6-13)计算水力半径。最小断面的水力半径为：

$$R=\frac{h}{2} \tag{9-6-13}$$

(5)按式(9-6-2)计算水沟内水流平均流速与土体的容许流速相比较，如大于后者，应考虑加固措施或另做断面设计。如采用的加固表面有不同的粗糙系数且相差过大时，应取新的 n 值重新计算。

四、洞门防排水

(1)对于带有翼墙的各类隧道洞门及明洞洞门，洞口仰坡坡脚至洞门墙背的水平距离不宜小于 1.5m；洞门翼墙与仰坡之间水沟的沟底至衬砌拱顶外缘的高度不应小于 1m；洞门墙顶应高出仰坡坡脚 0.5m 以上；洞顶排水沟通常设在端墙式洞门的墙背，采用矩形沟，沟宽 30～50cm，沟深 50cm，如图 9-1-1 所示。

(2)削竹式洞门可不设洞顶排水沟，但应沿洞脸环向设置高度不小于 20cm 厚的混凝土帽石，以防雨水漫流影响美观。

(3)洞外的水不应流入隧道，避免将洞外泥沙和杂物带入洞内，堵塞洞内排水系统。当出口方向的路堑为上坡时，一般可沿路线反坡排水；当地形条件限制、反坡排水有困难时，最好在隧道口设置有流水篦的横向路面截水沟，防止洞外路面水流入隧道内。当必须通过隧道排水时，水沟应保证有足够的过水断面并采取相应的措施。

第七节　洞口景观设计

1.隧道洞口景观设计的原则

(1)景观设计应简洁适用，并与隧道洞口周围的地形、植被及洞口接线线形相协调，有利于环境保护。

(2)考虑景观设计对洞口亮度的影响，应尽可能降低洞口亮度，改善驾乘人员的视觉，为驾乘人员提供安全舒适的行车环境，节约能源。

(3)在满足使用功能的情况下，可适当结合洞口所在地的人文环境因素。

2. 隧道洞口景观设计的内容

(1)隧道洞门造型设计。

(2)洞口前的人工构造物及自然景观设计。

(3)隧道明洞顶边、仰坡绿化处理。

3. 洞口景观设计的注意要点

(1)在公路平纵面总体设计时，应总体考虑隧道洞口的景观设计，使洞口景观设计融入路线的总体设计。

(2)景观设计应与结构功能设计紧密结合融为一体；景观设计时，可考虑景观对减少洞口亮度、洞口防废气串流以及支挡等的作用，使洞口植树绿化、人工减光措施、废气防串隔离结构、支挡结构等设施并入景观设计总体规划。

(3)在洞口景观设计时，应考虑洞口区域周边一定范围各种因素，包括地形、地质、植被、人工构造物及人文环境等，权衡各因素的影响，对景观设计进行细致的规划。应避免破坏原有的自然景观，不宜用太多的人工构造物装饰洞口，使洞口段视觉上过于凌乱。此外，应配合多视角的 3D 图形或实体模型，来验证景观设计的效果。

(4)洞口景观设计力求简洁明了，与周围的自然环境融为一体，如绿化上应尽量采用原植被的树种或相近的种类。景观设计应考虑与洞门形式相协调。

4. 隧道洞口景观设计的一般步骤和方法

(1)在选定的洞口位置，用地表测绘或数码相机进行多方位的摄影，作为洞口背景和洞口形式合成的景观模拟基础资料。

(2)在室内对照片进行画像处理，包括地形、地貌、植被、坡体形状等。

(3)洞口形式的定性选择，首先从贴壁式和突出式两类进行取舍；当洞口的基本形式确定后，再对其细部景观进行研究。

(4)从洞口景观数据库中，选择合适洞门类型和形式进行景观样本的比较研究。

(5)研究之前，应确定洞口景观的评价方法、评价体系和评价指标。

(6)对于初步选定的几个比较方案，根据一定层次，如驾驶员、乘务人员、大学生、专业人员、领导层人员等，对各组的景观样本按照评价指标进行评价。

(7)根据评价结果确定设计方案，进行包括景观和结构的细部设计。

5. 洞口景观设计前的调查工作

洞口景观设计前，应进行必要的自然环境和社会人文环境调查，一般包含如下内容：

(1)隧道洞口所处的地理位置及朝向调查。

(2)洞口地形地质调查。

(3)洞口自然景观及气象调查。

(4)洞口周边的构造物、居民点及人文环境的调查。在景观设计时，应对洞口附近的人工构造物(如桥梁、寺庙、标志性的楼房、公园景区、居民点)进行调查，使景观设计更好地与周围环境及民俗文化融为一体。

(5)确定各种景观设计元素对洞口景观设计的影响，一般情况下各种景观元素对景观设计的影响见表 9-7-1。

影响景观设计的元素 表 9-7-1

影响元素			对洞口景观设计的影响
自然环境		地理位置	洞口的天空亮度
		地形地貌	洞门形式、体型及环境协调
		地质	洞门形式、体型
	气候	气温	材料、植物
		雨量	天沟设置、植物、挡墙
		风力、风向	植物
		日照	材料的亮度、植物、遮光棚设置
		土壤及植被	植物
		自然景观	材料的选择，如特有的植物生物群落、山水景致、岩石等
社会人文环境		周边建筑	洞门形式、体型及细部构造与周边环境协调，建筑物的外形、大小、色泽、材料、质地等，均需加以考虑配合
		市场材料供应状况	材料的选择，如花草、树木、动物、土建工程材料、排水设施、休憩设施、木材、石料等
		社会习惯	设计方案和施工；劳动力供应情况；文化影响，如宗教、习俗、民族特色等
		法令规章及限制	材料的选择和设计方案
所有者(业主)			经济能力(预算)，维护保养活动
使用者			使用者的要求，主要针对驾驶员的工作性质、性别、年龄、职业、生活习惯、兴趣爱好等进行问卷调查和心理分析，针对不同使用者对舒适性和安全性方面的需求做适宜的设计

6. 洞口景观的特点及景观要素

根据洞门的景观特点，隧道洞门可分为贴壁式和突出式洞门。各种洞门的景观特点及景观要素见表 9-7-2。

洞门的景观特点及景观要素 表 9-7-2

项目	贴壁式洞口		突出式洞口		
	端墙式	拱形端墙式	削竹式	喇叭式	棚洞
照片					
景观特点	端墙面积大，需在降低亮度上下工夫，车辆进洞时空间收缩感明显；当与自然人文环境结合适当时，可获得较好的感官效果	拱形端墙曲线要与周边地形相协调	易与洞口周边地形及自然景观相协调，有利于环境保护	车辆进洞时空间收缩感小，对车辆行驶影响小，易与自然景观很好的配合，有利于环境保护	有效控制边坡开挖高度，减少原生植被破坏，便于恢复植被，棚洞结构线条简洁

续上表

项目	贴壁式洞口		突出式洞口		
	端墙式	拱形端墙式	削竹式	喇叭式	棚洞
景观要素	净空高度,隧道拱顶到端墙顶的高度,左右侧挡墙切入角度	净空高度,隧道拱顶到端墙顶的高度,左右侧挡墙切入角度,挡墙左右拱形的曲率	净空高度	净空高度	净空高度,棚洞内侧边坡切入角度,外侧棚洞透光度

7. 隧道洞口景观设计

(1)对于以绿色为主基调的广场式隧道洞口,应利用分离式隧道两洞门间宽敞的地带设计成转向车道,并且使左右线洞门在平面上处于同一轴线上,自然形成的隧道洞门前庭空间给人们视线诱导,产生愉悦的心情,减轻高速行驶造成的紧张感。隧道洞门墙体在立面和平面上采用曲线,其外观则显得轻柔、秀美,使整个隧道洞口地带形成一个春意盎然、充满活力、美观的公路景点。

(2)对于依山而建的偏压式棚洞,棚洞能有效地防止滚石,减缓悬崖陡壁造成的压抑感,带来行车安全,又可以起到减光的效果。在外形上,应充分吸收洞口岩壁的自然肌理,外侧立柱则顺山体自然倾斜,与山融为一体。

(3)对于造型奇特的标志性隧道洞口,隧道洞口过渡廊及洞门造型可作为醒目的标志建筑供人们观赏,它的艺术性远远大于它的实用性。

(4)顺应自然,与周边环境相容一体。比如:考虑海洋环境下植物难以生长,洞口周边地貌以突出的石头为主,削竹式洞门一改常规的植草绿化,而采用浆砌片石铺砌,更好地融入了周边环境。

(5)洞口设计力求简洁,尽量弱化洞门,凸现周边自然环境。

(6)洞门肌理和色彩的处理力求自然。

第十章　明洞及棚洞设计

第一节　概　述

一、适用条件

1. 明洞与棚洞的定义

广义地讲，以明挖法或在露天修建的隧道（洞顶及拱背可有回填土石遮盖，也可没有回填土石遮盖），均可称之为明洞；下穿公路、铁路、建筑物、防雪棚等以掘开地表土修建隧道结构以后，再在上面回填和修建其他建筑物的隧道，都可以称为明洞。其结构类型一般可分为拱形明洞、箱型明洞、棚洞等。工程实践中，前二者通常被称为狭义的明洞。

为便于区分，本手册统一将常规的封闭性结构的拱形明洞、箱形明洞称作"明洞"；而将一侧傍山、一侧临空开孔的明作结构称作"棚洞"。

2. 明洞适用条件

在路基或隧道洞口受边、仰坡塌方，岩堆，落石等不良地质危害，或修建路堑会危及附近重要建筑物安全，或铁路、公路、沟渠和其他人工构造物必须在隧道上方通过，不宜采用暗洞或立交桥涵跨越，或为了保护洞口自然景观而延伸隧道长度，但难以用暗挖法修建隧道等条件下，宜修建明洞。

3. 棚洞适用条件

在线路傍山，开挖山体薄，无不良地质但不宜暗挖隧道，而采用路基则存在较少塌方、落石，或内外墙基底地层软硬差别较大，不宜设置拱形明洞，或半路堑外侧地形狭窄或基岩埋藏较深以及有条件设计桩基础等条件下，宜修建棚洞。

二、结构设计

1. 一般要求

(1)新建明洞、棚洞工程应采用钢筋混凝土整体现浇结构。

(2)明洞按整体式衬砌结构设计。一般采用对称等截面拱圈、曲边墙的拱形明洞结构。当衬砌边墙侧压较大、地层松软或有抗震要求时，应设置仰拱。

(3)棚洞宜按整体式结构设计。隧道洞口段的棚洞宜采用拱形结构。独立棚洞应根据地形、边坡稳定、基底地质等情况选择矩形棚洞、拱形棚洞或悬臂式棚洞。矩形、拱形棚洞宜采用封闭式框架结构，设置底板或仰拱；对悬臂式棚洞，应加强悬臂梁与边墙、岩层间的连接。当路堑改棚洞必须采用拼装结构时，顶棚与侧墙的连接应牢固；除能抵抗塌方、落石冲击荷载外，还应能抵抗车辆撞击荷载的影响。

(4)单压明洞外墙应按规定检算滑动和倾覆稳定；外墙设置的挡土耳墙墙顶厚度不小于0.5m。外侧回填反压的偏压明洞衬砌，必要时可对两侧(或外侧)边墙适当加厚。

(5)为洞内采光、方便养护维修，并节省圬工，棚洞外墙应设置侧洞。侧洞间隔为5m，跨度为2～4m，侧洞顶至墙顶高度不宜小于1.5m。

(6)地层、结构形式变化处，应设置沉降缝或施工缝。气温变化较大的地区，应根据情况设置伸缩缝，石质地基间距一般为10～20m，土质地基间距一般为20～30m。沉降缝、施工缝或伸缩缝宜设在同一横断面上，对棚洞并与边墙侧洞的净距不小于1m。

(7)明洞衬砌抗渗等级宜不小于P8，棚洞衬砌其抗渗等级宜不小于P6。有可靠措施确保水头高度不大于10m的明洞衬砌，其抗渗等级宜不小于P6。

(8)衬砌混凝土的强度等级、裂缝控制、钢筋保护层厚度，应满足设计使用年限的耐久性要求。

2.地基及基础

(1)明洞、棚洞基础应置于稳固地基上，基底压应力不得大于地基容许承载力。基础底高程不应高于侧沟沟底高程或路面基层高程。在洞门墙范围内，基础应加深到与洞门墙底齐平。

(2)当基岩埋深较浅时，基础可置于基岩上；当基础位于破碎围岩、软弱地基上或两侧边墙地基软硬不均时，应设置仰拱、整体式钢筋混凝土底板。必要时，应采用桩基、扩大基础、基础加深和置换法等地基加固处理措施，通常宜优先推荐置换法。

(3)当单压明洞、棚洞外墙基础深度超过路基面以下3m时，宜设置仰拱或整体式钢筋混凝土底板。在充分计算分析基础上，也可在路基面以下设置钢筋混凝土横向拉杆，拉杆与内、外侧边墙应进行固接。

(4)外墙基础趾部距外侧稳固地层的边缘，应保持适当的水平距离。对于无钢筋混凝土仰拱或底板的明洞和棚洞，外墙基础趾部应保证一定的嵌入基岩深度和护基宽度(表10-1-1)。在冻胀土体上设置基础时，基底应置于冻胀线以下25cm。

明洞墙基嵌入基岩最小深度和护基最小宽度　表10-1-1

地　层	埋入深度 h(m)	水平距离 L(m)	示　意　图
较完整的硬质岩层	0.5	≥1.0	h　L
一般硬质岩层	0.8	≥1.50	
软质岩层	1.0	≥2.0	
土层	≥1.0	≥3.0	

(5)当基础位于倾斜的岩石地基上，或地基为斜坡地形的软弱围岩需换填至岩石地基时，若岩石坚硬完整，可切割成台阶。台阶的平均坡度不得陡于1∶0.5，且坡度线与水平线的夹角不得大于岩层的内摩擦角，台阶宽度不得小于0.5m，最低一层基础的宽度不小于2m，以免影响洞身稳定。

(6)拼装结构棚洞立柱基础宜埋置于岩层风化层以下。两变形缝间的立柱基础应置于同一类型或地层弹性抗力接近的岩层上。

(7)当土质地基承载力不足或下卧软弱夹层时，可采用桩基基础，桩顶应设钢筋混凝土承台。

(8)当地基外侧受水流冲刷影响时,应采取加固和防护措施。

(9)软弱地基基础可按以下常用形式选用:

①换填砂砾垫层。适用于淤泥、淤泥质土、素填土、杂填土的浅层处理。砂砾垫层材料可采用中砂、粗砂、砂砾和碎(卵)石,不含植物残体等杂质,其中黏粒含量不应大于5%,粉粒含量不应大于25%,砾料砾径以不大于50mm为宜。砂砾垫层顶面尺寸应为基底尺寸每边加宽不小于0.3m。垫层厚度不宜小于0.5m,且不大于3m;

②砂桩。适用于挤密松散砂土、素填土和杂填土地基。砂桩内填料宜用砂砾粗砂、中砂、圆砾、角砾、卵石碎石等,填料中含泥量不应大于5%,并不宜含有粒径大于50mm的粒料。砂桩直径可采用0.3~0.8m,需根据地基土质和成桩设备确定。砂桩挤密地基宽度应超出基础宽度,每边放宽宜为1~3排。砂桩用于防止沙层液化时,每边放宽不宜小于处理深度的1/2,并不小于5m;当可液化层上覆盖有厚度大于3m的非液化层时,每边放宽不宜小于液化层厚度的1/2,并不小于3m。砂桩平面布置可采用等边三角形或正方形排列;

③旋喷(或搅拌)桩加固。当基岩埋藏深,基础处于稳定的软弱地层,承载力不足时,可采用搅拌桩、旋喷桩加固等地基加固措施,以减少后期沉降。必要时,应加大明洞净空尺寸,以免基础下沉引起侵限;

④桩基础。当明洞基础位于填方上,或斜坡厚层软堆积层上,采用扩大基础,或将基底置于基岩上有困难或不安全时,可采用桩基础。桩基可采用挖孔桩、钻孔桩、预制桩等。钻孔桩可采用旋挖钻机、全套管钻机(磨桩机)、打拔管、振动沉管桩机等机械施工。

第二节 明洞及棚洞的荷载

一、荷载类型

1. 永久荷载

(1)永久荷载主要包括:回填土压力、围岩压力及结构自重。抗滑明洞的设计,永久荷载必须考虑滑体作用于明洞的下滑力。

(2)计算回填土压力,其填料物理力学指标,无试验资料时可按表10-2-1采用。

回填材料参数表　　表10-2-1

项目 \ 填料种类	回填土石	干砌片石	浆砌片石	回填土石与开挖边坡的摩擦系数
重度 γ(kN/m³)	19	20	22	边坡挖台阶:0.7 不挖台阶:0.6
计算摩擦角 φ(°)	35	50	55	

(3)围岩压力:有关围岩压力的物理力学指标,当无实测数据时,可参考表10-2-2采用。

2. 可变荷载

(1)可变荷载主要包括:公路车辆荷载、铁路列车荷载、渡槽流水荷载、温度变化荷载等活载以及活载所引起的土压力、冲击力、制动力。

围岩岩土参数特征及其开挖坡度 表 10-2-2

围岩级别	岩土参数特征						边坡开挖坡度	
	重度 γ (kN/m³)	弹性反力系数(MPa/m)		变形模量 E (GPa)	计算摩擦角 φ(°)	基底摩擦系数	墙脚以上至回填土石面间的施工开挖边坡	回填土石面以上的设计坡度
		$K_{侧}$	$K_{底}$					
Ⅲ	24	500	625	13	65	0.5	1:0.5	1:0.75
Ⅳ	22	200	250	3.65	55	0.4	1:0.5～1:0.75	1:1
Ⅴ	19	100	125	1.5	45	0.4	1:0.75～1:1	1:1.25

(2)若明洞上方立交公路，当拱顶填土厚度不足 0.5m 时，应计公路车辆活载的冲击力；当拱顶无填土时，应计入汽车荷载的制动力。

(3)若明洞上方立交铁路，当拱顶填土厚度不足 1m(从轨道底算起)时，应考虑列车活载的冲击力；当拱顶无填土时，应计算列车制动力。

3. 偶然荷载

(1)偶然荷载主要包括：落石的冲击力和地震力。地震力的计算详见相关章节。

(2)考虑落石冲击力时，只计洞顶实际回填土石重力，不计塌方堆积土石重力。

(3)考虑汽车(列车)活载冲击力时，不同时计算落石的冲击力。

4. 施工荷载

施工荷载按具体施工条件根据需要确定。

二、荷载计算

1. 拱圈回填土石垂直压力

拱圈回填土石垂直压力的计算图示见图 10-2-1。

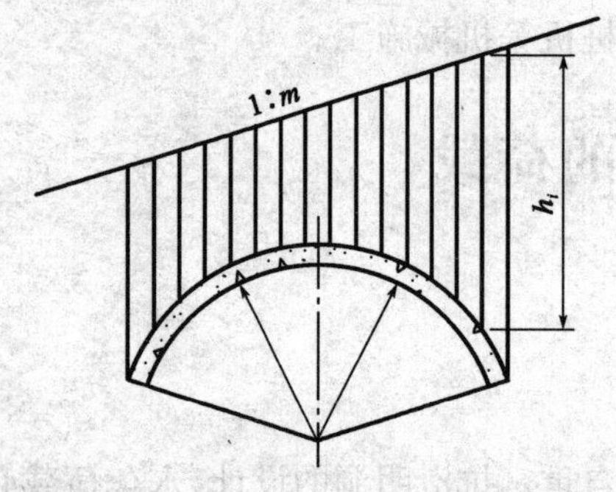

图 10-2-1 拱圈回填土石垂直压力计算示意图

$$q_i = \gamma_1 h_i \tag{10-2-1}$$

式中：q_i——明洞结构上计算点 i 的回填土石垂直压力值(kPa)；

γ_1——拱背回填土石重度(kN/m³)；

h_i——明洞结构上计算点 i 的土体高度值(m)。

2. 拱圈回填土石侧压力

$$e_i = \gamma_1 h_i \lambda \tag{10-2-2}$$

式中：e_i——计算点 i 的侧压力值(kPa)；

γ_1——拱背回填土石重度(kN/m³)；

h_i——侧压力 e_i 的计算土柱高度(m)；

λ——侧压力系数。

拱圈回填土石侧压力的计算，应根据开挖边坡的实际情况，分别采用有限土体法或无限土体法进行计算。

在开挖边坡稳定的情况下，若开挖边坡坡率陡于按有限土体法得出的最大侧压力开挖边坡坡率，回填土体对拱圈的侧压力，按有限土体法计算；若开挖边坡坡率缓于或等于按有限土体法得出的最大侧压力开挖边坡坡率，回填土体对拱圈的侧压力，按无限土体计算。

按无限土体计算，即计算拱脚外侧垂直假想面与回填土体中破裂面间的回填土体对拱圈的侧压力。

按有限土体计算，即计算拱脚外侧垂直假想面与边坡开挖面间的回填土体对拱圈的侧压力。

1)填土坡面向上倾斜的侧压力系数

设明洞边坡的开挖坡率为 1∶n，按式(10-2-3)计算可得有限土体产生最大侧压力时的边坡坡率为 n'。当 $n \geqslant n'$ 时，应采用无限土体计算(图 10-2-2)；当 $n < n'$ 时，应采用有限土体计算(图10-2-3)。

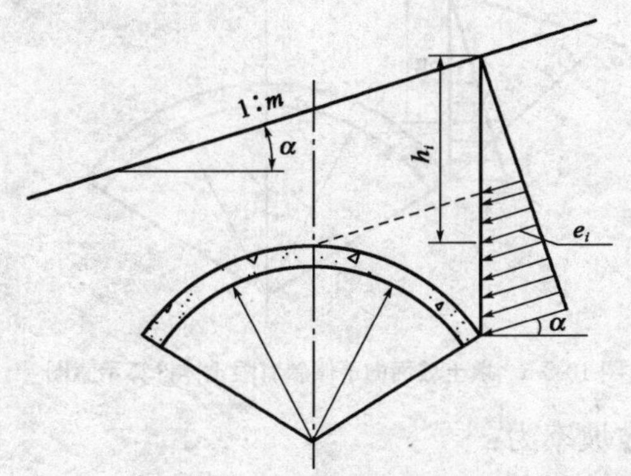

图 10-2-2　填土坡面向上倾斜无限土体计算示意图

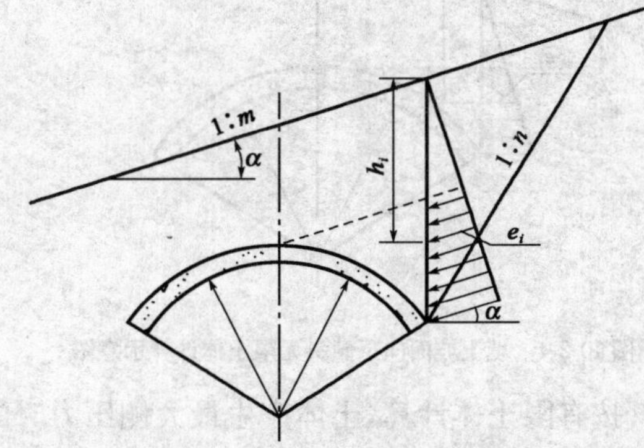

图 10-2-3　填土坡面向上倾斜有限土体计算示意图

按有限土体计算，土体产生最大侧压力时的边坡坡率为：

$$n' = \frac{\mu m(\mu + \tan\alpha) - \sqrt{m(\mu + \tan\alpha)(\mu^2 + 1)(\mu m - 1)}}{1 + \mu^2 - \mu m + m\mu^2 \tan\alpha} \tag{10-2-3}$$

式中：α——侧压力作用方向与水平线的夹角(°)；

m——回填土石面坡率；

μ——回填土石与开挖边坡面间的摩擦系数。

按有限土体计算，土体产生最大侧压力时的侧压力系数为：

$$\lambda' = \frac{mn'}{m - n'} \cdot \frac{1 - \mu n'}{(\mu + n')\cos\alpha + (1 - \mu n')\sin\alpha} \tag{10-2-4}$$

式中符号意义同前。

(1)填土坡面向上倾斜(图 10-2-2)，按无限土体计算：

$$\lambda = \cos\alpha \frac{\cos\alpha - \sqrt{\cos^2\alpha - \cos^2\varphi}}{\cos\alpha + \sqrt{\cos^2\alpha - \cos^2\varphi}} \tag{10-2-5}$$

式中：φ——拱背回填土石计算摩擦角(°)；

其余符号意义同前。

(2)填土坡面向上倾斜(图 10-2-3)，按有限土体计算：

$$\lambda = \frac{mn}{m - n} \cdot \frac{1 - \mu n}{(\mu + n)\cos\varphi + (1 - \mu n)\sin\alpha} \tag{10-2-6}$$

式中符号意义同前。

2)填土坡面向下倾斜的侧压力系数

设明洞边坡的开挖坡率为 1∶n,按式(10-2-7)计算可得有限土体产生最大侧压力时的边坡坡率为 n'。当 $n \geqslant n'$ 时,应采用无限土体计算(图 10-2-4);当 $n < n'$ 时,应采用有限土体计算(图 10-2-5)。

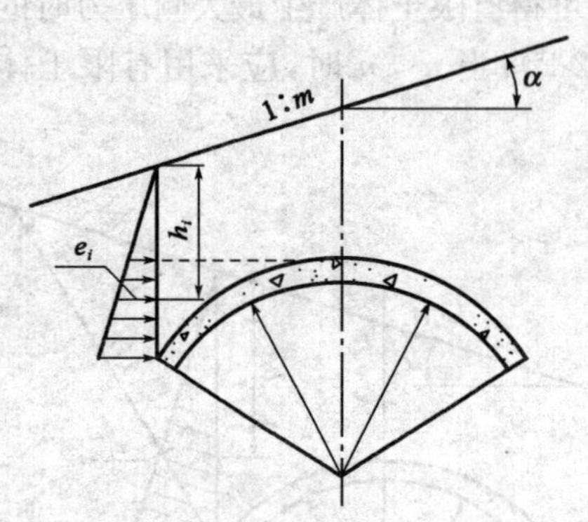

图 10-2-4 填土坡面向下倾斜无限土体计算示意图

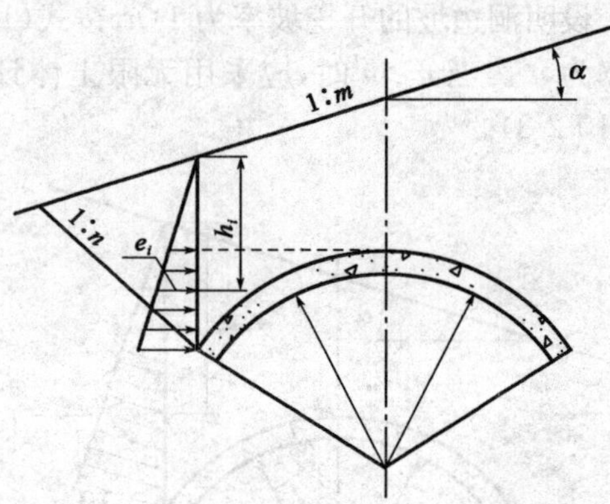

图 10-2-5 填土坡面向下倾斜有限土体计算示意图

按有限土体计算,土体产生最大侧压力时的边坡坡率为:

$$n' = \frac{\mu m(\mu + \tan\alpha) - \sqrt{m(\mu + \tan\alpha)(\mu^2 + 1)(\mu m + 1)}}{m\mu^2\tan\alpha - \mu m - \mu^2 - 1} \tag{10-2-7}$$

按有限土体计算,土体产生最大侧压力时的侧压力系数为:

$$\lambda' = \frac{mn'}{m + n'} \cdot \frac{1 - \mu n'}{(\mu + n')\cos\alpha + (1 - \mu n')\sin\alpha} \tag{10-2-8}$$

(1)填土坡面向下倾斜(图 10-2-4),按无限土体计算:

$$\lambda = \frac{\tan\theta}{\tan(\theta + \varphi)(1 + \tan\alpha\tan\theta)} \tag{10-2-9}$$

$$\tan\theta = \frac{-\tan\varphi + \sqrt{(1 + \tan^2\varphi)\left(1 + \dfrac{\tan\alpha}{\tan\varphi}\right)}}{1 + (1 + \tan^2\varphi)\dfrac{\tan\alpha}{\tan\varphi}}$$

式中符号意义同前。

(2)填土坡面向下倾斜(图 10-2-5),按有限土体计算:

$$\lambda = \frac{mn}{m + n} \cdot \frac{1 - \mu n}{(\mu + n)\cos\varphi + (1 - \mu n)\sin\alpha} \tag{10-2-10}$$

式中符号意义同前。

3)回填土坡面水平的侧压力系数

设明洞边坡的开挖坡率为 1∶n,按式(10-2-11)计算可得有限土体产生最大侧压力时的边坡坡率为 n'。当 $n \geqslant n'$ 时,应采用无限土体计算;当 $n < n'$ 时,应采用有限土体计算。其计算

图示如图 10-2-6 所示。

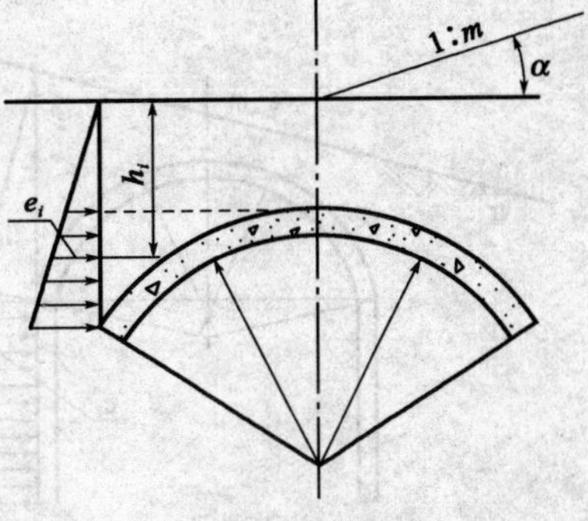

图 10-2-6　回填土坡面有限土体计算图式

按有限土体计算，土体产生最大侧压力时的边坡坡率为：

$$n' = -\mu + \sqrt{\mu^2 + 1} \tag{10-2-11}$$

式中符号意义同前。

按有限土体计算，土体产生最大侧压力的侧压力系数为：

$$\lambda' = n' \cdot \frac{1 - \mu n'}{\mu + n'} \tag{10-2-12}$$

式中符号意义同前。

(1)按无限土体计算：

$$\lambda = \tan^2\left(45° - \frac{\varphi}{2}\right) \tag{10-2-13}$$

式中符号意义同前。

(2)按有限土体计算：

$$\lambda = n \cdot \frac{1 - \mu n}{\mu + n} \tag{10-2-14}$$

式中符号意义同前。

3. 边墙背回填土石侧压力

$$e_i = \gamma_2 h_i' \lambda \tag{10-2-15}$$

式中：h_i'——边墙计算点换算高度(m)，$h_i' = h_i'' + \frac{\gamma_1}{\gamma_2} h_1$；

h_i''——墙顶至计算位置的高度(m)；

h_1——填土坡面至墙顶的垂直高度(m)；

γ_1——拱背回填土石重度(kN/m³)；

γ_2——墙背回填土石重度(kN/m³)；

λ——侧压力系数。

侧压力系数按下列三种情况进行计算。

(1)填土坡面向上倾斜(图 10-2-7)：

$$\lambda = \frac{\cos^2\varphi_2}{\left[1 + \sqrt{\frac{\sin\varphi_2 \sin(\varphi_2 - \alpha')}{\cos\alpha'}}\right]^2} \tag{10-2-16}$$

(2)填土坡面向下倾斜(图 10-2-8)：

$$\lambda = \frac{\tan\theta_0}{\tan(\theta_0 + \varphi_2)(1 + \tan\alpha' \tan\theta_0)} \tag{10-2-17}$$

式中：φ_2——墙背回填土石计算摩擦角(°)。

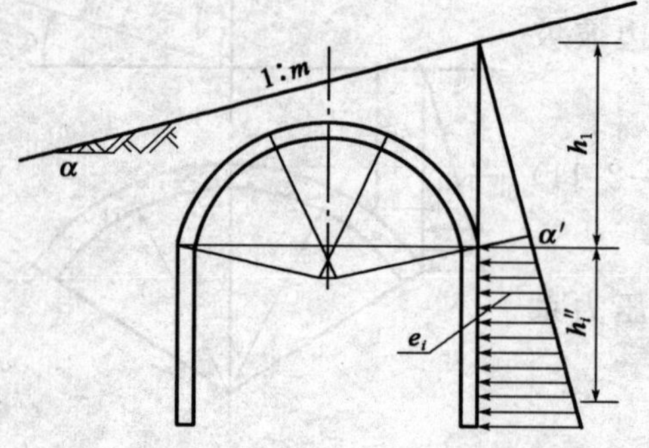

图 10-2-7 填土坡面向上倾斜计算示意图

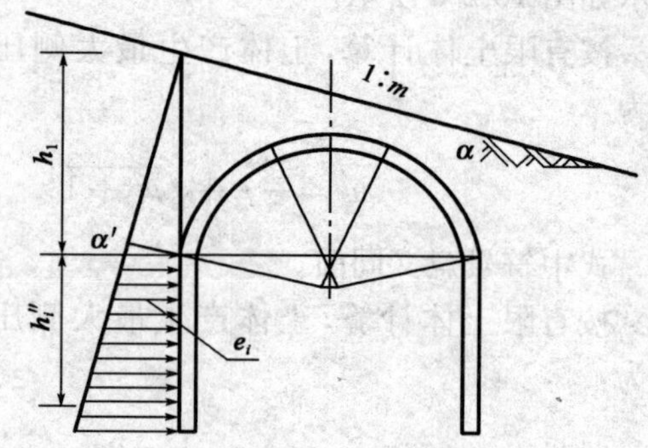

图 10-2-8 填土坡面向下倾斜计算示意图

$$\alpha' = \arctan\left(\frac{\gamma_1}{\gamma_2}\tan\alpha\right) \tag{10-2-18}$$

$$\tan\theta_0 = \frac{-\tan\varphi_2 + \sqrt{(1+\tan^2\varphi_2)(1+\tan\alpha'/\tan\varphi_2)}}{1+(1+\tan^2\varphi_2)\tan\alpha'/\tan\varphi_2} \tag{10-2-19}$$

(3)填土坡面水平时：

$$\lambda = \tan^2\left(\frac{\pi}{4} - \frac{\varphi_2}{2}\right) \tag{10-2-20}$$

4. 车辆荷载、人群荷载

(1)车辆荷载、人群荷载垂直压力

$$p_V = \frac{3PH^3}{2\pi R^5} \tag{10-2-21}$$

式中：p_V——计算某点的竖向应力(kPa)；

P——集中荷载(kN)；

H——半无限体内某点距地面的深度(m)；

R——施力点与计算点的距离(m)。

(2)车辆荷载、人群荷载水平压力

$$e_H = \lambda p_V \tag{10-2-22}$$

式中：e_H——车辆荷载、人群荷载引起的水平压力(kPa)；

λ——土的侧压力系数，$\lambda=\tan^2\left(45°-\frac{\varphi}{2}\right)$；

p_V——车辆荷载、人群荷载垂直压力(kPa)；

φ——土的计算内摩擦角(°)。

(3)车辆荷载冲击力

汽车荷载冲击力标准值为汽车荷载标准值乘以冲击系数 μ，冲击系数 μ 与结构基频 f 密切相关。当 $f<1.5$Hz 时，$\mu=0.05$；当 $1.5\text{Hz}\leqslant f\leqslant 14\text{Hz}$ 时，$\mu=0.1767\ln f-0.0157$；当 $f>14$Hz 时，$\mu=0.45$。结构基频 f 可按下式计算：

$$f = \frac{\omega_1}{2\pi l^2}\sqrt{\frac{EI_c}{m_c}} \tag{10-2-23}$$

当截面为等截面时：

$$\omega_1 = 105 \times \frac{5.4 + 50f^2}{16.45 + 334f^2 + 1867f^4} \tag{10-2-24}$$

当截面为变截面时：

$$\omega_1 = 105 \times \frac{r_1 + r_2 f^2}{r_3 + r_4 f^2 + r_5 f^4} \tag{10-2-25}$$

式中，$r_i = R_i \times n + T_i$，其中，n 为拱圈变化系数，R_i、T_i 的数值由表 10-2-3 查得。

系数 R_i、T_i 值 表 10-2-3

i	1	2	3	4	5
R_i	3.7	34.3	16.3	364	1 955
T_i	1.7	15.7	0.15	−30	−88

(4)车辆荷载制动力

汽车荷载的制动力按同向行驶的汽车荷载计算，以计算车辆荷载总重力的 10%计算，但公路—I 级汽车荷载的制动力标准值不得小于 165kN；公路—II 级汽车荷载制动力不小于 90kN。同向行驶双车道的汽车荷载制动力标准值为一个设计车道汽车制动力标准值的 2 倍；同向行驶三车道为一个设计车道汽车制动力标准值的 2.34 倍；同向行驶四车道为一个设计车道汽车制动力标准值的 2.68 倍。

设计公路隧道时，一般不考虑铁路列车活荷载，只有隧道结构构件承受列车活载时（如上方有铁路通过的明洞、深基础明洞的外墙等），才应按照现行《铁路桥涵设计基本规范》（TB 10002.1—2005）有关规定进行计算。

5. *落石冲击力*

当有落石危害需检算冲击力时，可通过现场调查和计算进行验证。

(1)落石的冲击力

$$P = \frac{Qv_0}{gT} \tag{10-2-26}$$

式中：P——落石冲击力(kN)；

Q——落石重力(kN)；

g——重力加速度，$g=9.81\text{m/s}^2$；

v_0——冲击时的速度(m/s)；

T——冲击持续时间(s)。

(2)落石冲击速度、冲击持续时间

①落石冲击速度计算：

$$v_0 = \mu\sqrt{2gH} \tag{10-2-27}$$

式中：H——落石高度(m)；

μ——系数，其值可由图 10-2-9 查得，其计算式为：

$$\mu=\sqrt{1-K\cot\alpha} \tag{10-2-28}$$

式中：α——山坡坡度角；

K——石块沿山坡滚动阻力系数，类似物体沿斜面运动时的摩擦系数，K 值可由图 10-2-10查得。

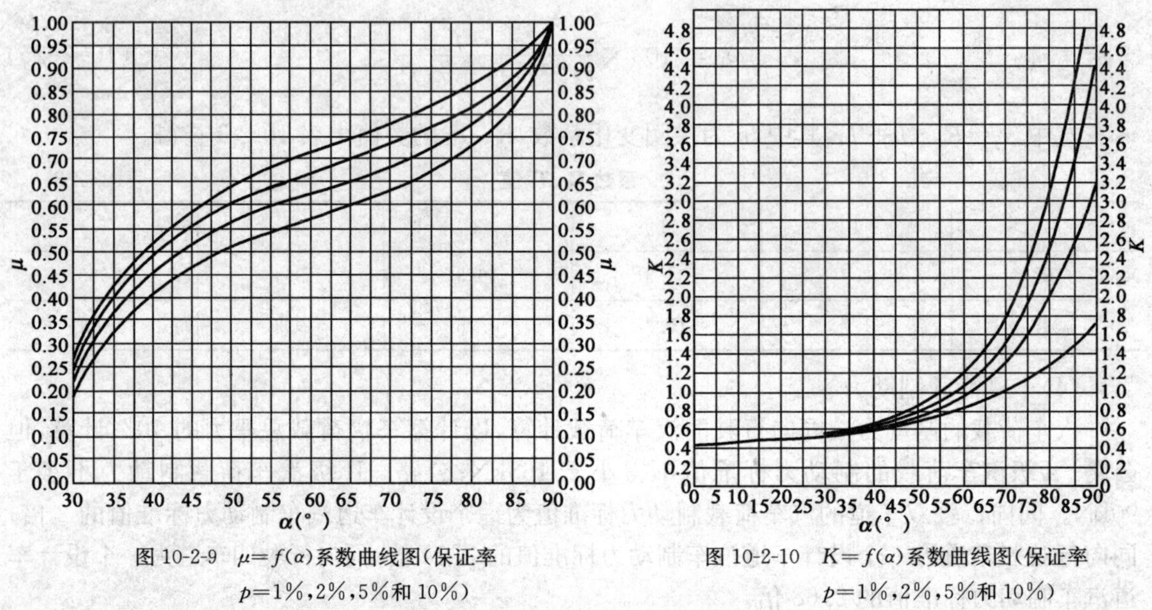

图 10-2-9 $\mu=f(\alpha)$系数曲线图（保证率 $p=1\%,2\%,5\%$和 10%）

图 10-2-10 $K=f(\alpha)$系数曲线图（保证率 $p=1\%,2\%,5\%$和 10%）

②落石冲击持续时间近似地按压缩的冲击波考虑，弹性波在缓冲回填土内的往复时间，可按下式求出：

$$T=\frac{2h}{c} \tag{10-2-29}$$

式中：h——缓冲回填土计算厚度(m)；

c——压缩波在缓冲回填土中的往复速度(m/s)，其计算式为：

$$c=\sqrt{\frac{1-\mu}{(1+\mu)(1-2\mu)}\cdot\frac{E}{\rho}} \tag{10-2-30}$$

式中：μ——回填土的横向变形系数（泊松系数），参见表 10-2-4；

E——回填土的弹性模量，参见表 10-2-5；

ρ——回填土的密度(kg/m^3)。

回填土的横向变形系数（泊松系数） 表 10-2-4

按颗粒成分区分的土的名称	横向变形系数（泊松系数）μ	按颗粒成分区分的土的名称	横向变形系数（泊松系数）μ
砂砾碎石	0.12～0.17	砂黏土	0.30～0.37
砂	0.17～0.29	黏土	0.36～0.39
黏砂土	0.21～0.29	重黏土	0.40

回填土的弹性模量　表 10-2-5

土体名称	E(MPa)	
A. 粗碎土体		
1. 砾石及卵石	65～54	
2. 碎石	65～29	
3. 角砾	42～14	
B. 砂质土体	密实的	中等密实的
1. 粗砂土和砾石砂土不受湿度影响	48	38
2. 中粒砂土，不受湿度影响	42	31
3. 细粒干砂土	36	25
C. 黏土质土体	硬的	塑性的
1. 黏土	59～16	16～4
2. 砂黏土	39～16	16～4

(3)落石嵌入回填土内的最大深度

落石嵌入回填土内的最大深度可按下式计算：

$$\chi = v_0\sqrt{\frac{Q}{2g\gamma F}}\cdot\sqrt{\frac{1}{2\tan^4\left(45^\circ+\frac{\varphi}{2}\right)-1}} \tag{10-2-31}$$

式中：x——落石嵌入回填土内的最大深度(m)；

φ——回填土的计算内摩擦角(°)；

F——落石嵌入回填土部分的表面，在垂直于冲击方向的平面上的投影面积(m^2)。

假设石块为半径等于 R 的球形，则：

当 $0<\chi<R$ 时，$F=\pi\chi(2R-\chi)$；

当 $\chi\geqslant R$ 时，$F=\pi R^2$ 。

(4)落石的冲击强度

假定受冲击的不利位置在拱顶正上方填土面上，则落石的冲击强度可按下式计算：

$$q=\frac{P}{\pi(R+h_0\tan\varepsilon)^2} \tag{10-2-32}$$

式中：R——球形石块半径(m)；

ε——石块冲击的分布角(°)，可按与垂线约成 40°角计算；

h_0——缓冲层最小计算厚度(m)，见图 10-2-11。

当 $\chi<R$ 时，$h_0=h-\chi$；当 $\chi>R$ 时，$h_0=h+R-\chi$。

根据一些研究资料，缓冲层最小厚度可参考表 10-2-6。

缓冲层厚度参考值表　表 10-2-6

石块尺寸(m^3)	最小计算厚度 h(m)
0.25	1.5
0.50	1.5～2.0
0.75	2.0～2.25
1.00	2.25～2.5

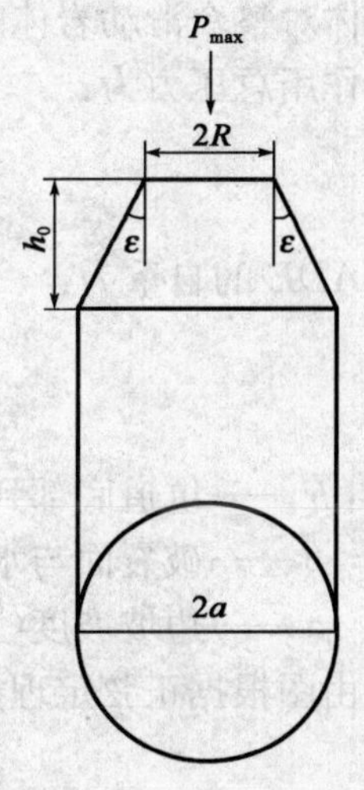

图 10-2-11　缓冲层最小计算厚度

6. 围岩压力

半明半暗式明洞或棚洞在暗挖侧受到的围岩压力，破坏形态主要表现为沿一定倾角的楔体滑移。趋势滑动面与水平面的夹角即岩体的破裂角，是决定围岩压力的主要因素。

(1)计算模型

假定土体中形成的破裂面是一条与水平线成β角的斜直线，如图 10-2-12 所示。上覆岩体 AHC 下沉带动内侧围岩 ADE 的下沉，整个楔体土体 DHE 下沉时，又要受到未扰动岩土体的阻力；斜线 DE 是假定的破裂面，分析时考虑黏聚力 c，并采用了计算摩擦角 φ；滑面 AD 并非破裂面，因此滑面阻力要小于破裂面阻力，假定该滑面的摩擦角为 θ，则 θ 应小于 φ 值，无实测资料时，θ 可按表 10-2-7 采用。

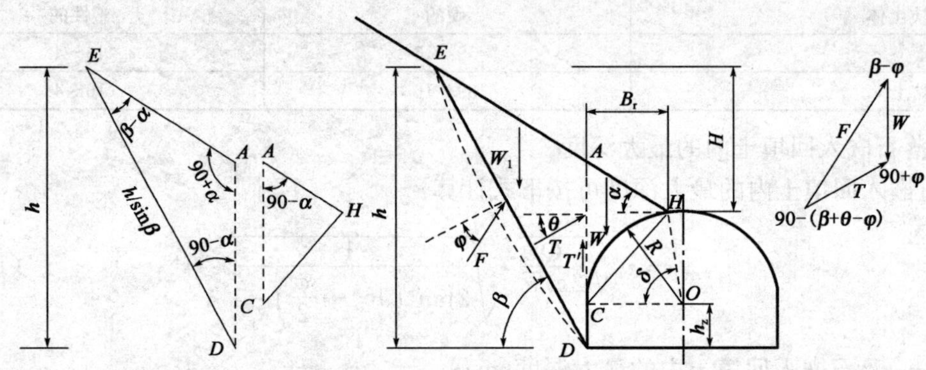

图 10-2-12　围岩压力计算模型

各级围岩 θ 值　　表 10-2-7

围岩级别	Ⅰ、Ⅱ、Ⅲ	Ⅳ	Ⅴ	Ⅵ
θ值	0.9φ	$(0.7\sim0.9)\varphi$	$(0.5\sim0.7)\varphi$	$(0.3\sim0.5)\varphi$

(2)垂直压力计算

由图 10-2-13 可见，隧道上覆岩体 AHC 的自重为 W，内侧岩体 ADE 的自重为 W_1，未扰动岩体对整个滑动岩体的阻力为 F，AHC 下沉作用在 AC 面上的阻力为 T，作用于隧道上的垂直作用总压力为：

$$Q = W - T\sin\theta \tag{10-2-33}$$

ADE 的自重为：

$$W_1 = \frac{1}{2}\gamma h\,\frac{h\sin(\beta-\alpha)}{\sin\beta\tan\beta\cos\alpha} \tag{10-2-34}$$

式中：h——坑道底部到地面的距离(m)；

β——破裂面与水平面的夹角(°)；

α——边坡坡度(°)。

由图根据正弦定理可得：

$$T = \frac{\sin(\beta-\varphi)}{\sin[90^\circ-(\beta-\varphi+\theta)]}W_1 \tag{10-2-35}$$

将式(10-2-34)代入式(10-2-35)可得：

$$T=\frac{1}{2}\gamma h^{2}\frac{\lambda}{\cos\theta} \tag{10-2-36}$$

式中：λ——侧压力系数；

$$\lambda=\frac{(\tan\beta-\tan\varphi)(\tan\beta-\tan\alpha)}{\tan\beta^{2}[1+\tan\beta(\tan\varphi-\tan\theta)+\tan\varphi\tan\theta]} \tag{10-2-37}$$

β——产生最大推力时的破裂角，$\tan\beta$可采用下面一元三次方程计算：

$$x^{3}+Ax^{2}+Bx+C=0 \tag{10-2-38}$$

其中：

$$A=-(\tan\varphi+\tan\alpha) \tag{10-2-39}$$

$$B=3\tan\varphi-\frac{(\tan\varphi+\tan\alpha)(1+\tan\varphi\tan\theta)}{\tan\varphi-\tan\theta} \tag{10-2-40}$$

$$C=\frac{\tan\varphi\tan\alpha(2\tan\varphi\tan\theta+2)}{\tan\varphi-\tan\theta} \tag{10-2-41}$$

至此，极限最大阻力 T 可求得。求得 T 后，将其代入式(10-2-33)后，可得总的垂直荷载：

$$Q=W-\frac{1}{2}\gamma h^{2}\lambda\tan\theta \tag{10-2-42}$$

W 的计算面积 ACH 为三角形 ΔACH 的面积减去弧线 HC 与割线 HC 围成的弓形面积，如下式所示：

$$W=\frac{1}{2}\gamma B_{r}\left[\left(1-\frac{\tan\alpha}{\tan\beta}\right)h-h_{z}\right]-\frac{1}{2}\gamma\left(\frac{\pi}{180}\delta-\sin\delta\right)R^{2} \tag{10-2-43}$$

式中：h_z——坑道直墙高度(m)；

R——坑道顶拱半径(m)；

B_r——直线段 AH 的投影长度(m)；

δ——$\widehat{HC}$ 的角度(°)。

ADE 对 AHC 的摩阻力由 AC 段、DC 段两段组成。由于 DC 段与 AC 段相比往往比较小，而且衬砌与土之间的摩擦角也不同，为了简化计算且偏于安全，摩阻力不计算 DC 段仅计算 AC 段，则可得：

$$Q=\frac{1}{2}\gamma B_{r}\left[\left(1-\frac{\tan\alpha}{\tan\beta}\right)h-h_{z}\right]-\frac{1}{2}\gamma\left(\frac{\pi}{180}\delta-\sin\delta\right)R^{2}-\frac{1}{2}\gamma(h-h_{z})^{2}\lambda\tan\theta \tag{10-2-44}$$

将作用于支护上的垂直总压力 Q，简化为三角分布荷载(图 10-2-13)，即：

$$q_{\min}=0 \tag{10-2-45}$$

$$q_{\max}=\gamma\left[\left(1-\frac{\tan\alpha}{\tan\beta}\right)h-h_{z}\right]-\gamma\left(\frac{\pi}{180}\delta-\sin\delta\right)\frac{R^{2}}{B_{r}}-\lambda\gamma\frac{(h-h_{z})^{2}}{B_{r}}\tan\theta \tag{10-2-46}$$

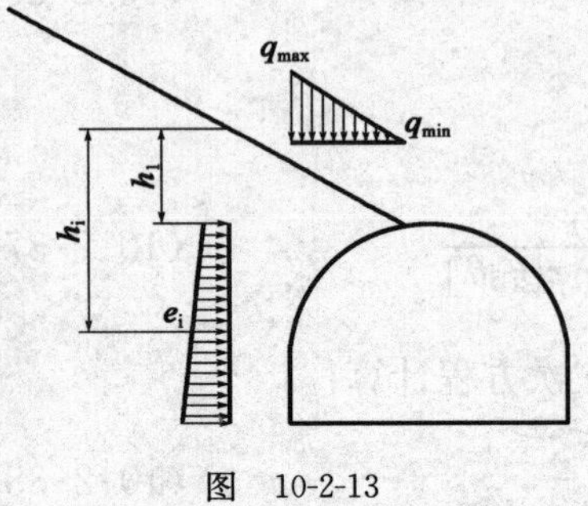

图 10-2-13

(3)侧压力计算

$$e_{i}=\lambda\gamma h_{i} \tag{10-2-47}$$

式中：λ——侧压力系数，按式(10-2-37)计算；

h_i——任意一点 i 距地面的距离。

7. 算例

算例一：计算填土面向上倾斜的拱圈回填土石垂直压力及侧压力。

基础参数：隧道宽度 $B=12.7$m；

隧道高度 $H_t=10.2$m；

隧道埋深 $H=3.5$m；

设计填土面坡度角 $\alpha=12°$，则回填土石面坡率 $m=1:5.67$，侧压力作用方向与水平线的夹角 $\alpha=12°$；

拱背回填土石计算摩擦角 $\varphi=35°$；

拱背回填土石重度 $\gamma=19\text{kN/m}^3$；

拱背回填土石与开挖边坡面间的摩擦系数 $\mu=0.7$（按边坡挖台阶考虑）；

开挖边坡坡率 $n=0.8$。

按有限土体计算，土体产生最大侧压力时的边坡坡率为：

$$n'=\frac{\mu m(\mu+\tan\alpha)-\sqrt{m(\mu+\tan\alpha)(\mu^{2}+1)(\mu m-1)}}{1+\mu^{2}-\mu m+m\mu^{2}\tan\alpha}=0.62$$

$n=0.8\geqslant n'=0.62$，因此应采用无限土体计算拱圈的侧压力系数。

按无限土体计算的拱圈侧压力系数为：

$$\lambda=\cos\alpha\frac{\cos\alpha-\sqrt{\cos^{2}\alpha-\cos^{2}\varphi}}{\cos\alpha+\sqrt{\cos^{2}\alpha-\cos^{2}\varphi}}=0.29$$

各特征深度的垂直土压力及侧压力如表 10-2-8 所示。

算例一计算结果 表 10-2-8

深度 h_i(m)	垂直土压力 q_i(kN)	按无限土体计算的拱圈侧压力 e_i(kN)	深度 h_i(m)	垂直土压力 q_i(kN)	按无限土体计算的拱圈侧压力 e_i(kN)
4	76	21.8	8	152	43.6
5	95	27.2	9	171	49.0
6	114	32.7	10	190	54.5
7	133	38.1			

算例二:计算填土面水平的拱圈回填土石垂直压力及侧压力。

基础参数:

隧道宽度 $B=12.7\text{m}$;

隧道高度 $H_t=10.2\text{m}$;

隧道埋深 $H=3.5\text{m}$;

拱背回填土石计算摩擦角 $\varphi=35°$;

拱背回填土石重度 $\gamma=19\text{kN/m}^3$;

拱背回填土石与开挖边坡面间的摩擦系数 $\mu=0.7$(按边坡挖台阶考虑);

开挖边坡坡率 $n=0.3$。

按有限土体计算,土体产生最大侧压力时的边坡坡率为:

$$n'=-\mu+\sqrt{\mu^2+1}=0.52$$

$n=0.3<n'=0.52$,因此应采用有限土体计算拱圈的侧压力系数。

按有限土体计算的拱圈侧压力系数为:

$$\lambda=n\cdot\frac{1-\mu n}{\mu+n}=0.24$$

各特征深度的垂直土压力及侧压力如表 10-2-9 所示。

算例二计算结果　　表 10-2-9

深度 h_i(m)	垂直土压力 q_i(kN)	按有限土体计算的拱圈侧压力 e_i(kN)	深度 h_i(m)	垂直土压力 q_i(kN)	按有限土体计算的拱圈侧压力 e_i(kN)
4	76	18.2	8	152	36.6
5	95	22.8	9	171	41.0
6	114	27.4	10	190	45.6
7	133	31.9			

算例三:计算围岩压力。

基础参数:

隧道宽度 $B=12.7\text{m}$;

隧道顶拱半径 $R=6.35$;

隧道高度 $H_t=10.2\text{m}$;

隧道高度 $H_z=3.85\text{m}$;

直线段 AH 的投影长度 $B_r=6.35\text{m}$;

$\widehat{HC}$的角度 $\delta=90°$;

边坡坡度 $\alpha=17°$;

坑道底部到地面的距离 $h=13.7\text{m}$;

拱背围岩计算摩擦角 $\varphi=50°$,滑面摩擦角 $\theta=40°$;

拱背围岩重度 $\gamma=20\text{kN/m}^3$。

根据式(10-2-38),将 β 在$[\varphi,\pi/2]$之间进行迭代计算,可以得到劈裂面与水平面的夹角 $\beta=69.5°$,于是可根据式(10-2-37)、式(10-2-46)得:

$$\lambda=\frac{(\tan\beta-\tan\varphi)(\tan\beta-\tan\alpha)}{\tan\beta^2[1+\tan\beta(\tan\varphi-\tan\theta)+\tan\varphi\tan\theta]}=0.17$$

$$q_{\max}=\gamma\left[\left(1-\frac{\tan\alpha}{\tan\beta}\right)h-h_z\right]-\gamma\left(\frac{\pi}{180}\delta-\sin\delta\right)\frac{R^2}{B_r}-\lambda\gamma\frac{(h-h_z)^2}{B_r}\tan\theta=49.7(\text{kPa})$$

于是可得:H 点垂直压力 $q_{\min}=0$;A 点垂直压力 $q_{\max}=49.7$kPa;拱顶侧压力 $e_1=4.7$kPa;墙底侧压力 $e_2=40.1$kPa。

第三节 明 洞 设 计

一、一般原则

(1)应综合考虑地形、地质、地表水文情况,合理选择明洞结构形式、施工方案和明洞长度。

(2)当为保护洞口自然环境,或防止洞口边、仰坡塌方、滚石须加长隧道而修建明洞时,宜采用拱形明洞。拱形明洞结构形式应根据地形、地质、施工条件,考虑结构安全、经济实用、美观等因素综合分析确定。

(3)小净距隧道若进洞不在同一断面时,一侧若采用路基方案不利于另一侧暗洞洞身的稳定时,宜采用明洞方案。

(4)当连拱隧道若洞口所处地形特别陡峭、采用整体式明洞将使一侧路堑边、仰坡较高时,洞口段宜采用明暗组合的结构形式。

(5)明洞设计应提出对地基承载力的要求;当不满足要求,或路基外侧地形狭窄、内外侧墙基底地质明显不同时,应对明洞基础进行必要的处理。

(6)对单压式明洞除验算地基承载力外,还应验算倾覆稳定和抗滑安全性。

(7)在明洞长度较短,洞口地层松软,开挖仰坡和边坡时易引起塌方,或在已塌方的地段,一般宜先做明洞后挖暗洞。对于地层较为稳定,工期较紧设有较长明洞的长或特长隧道,也可采用先进暗洞后做明洞的施工方法。

(8)明洞施工宜采用先仰拱后拱墙的施工顺序,并宜尽量避开雨季。明洞施工前,应做好开挖线外的截、排水沟。结构施工完成后,应及时做好防排水设施,并及时回填。

二、一般明洞的设计

(1)一般明洞包括路堑对称型明洞(图 10-3-1)、路堑偏压型明洞(图 10-3-2)、路堑单压型明洞(图 10-3-3)。一般遵循如下选型原则:

①当洞顶地面较平缓,两侧路堑地质条件基本相同,边坡有落石、坍塌等不良地质;洞顶覆盖较薄,难以用暗挖法修建隧道或已成深路堑边坡不稳定,有少量坍塌和落石的地段,宜采用路堑对称型明洞;

②当对外侧边坡开敞稳定,填土坡面线能与地面相交,另一侧边坡或山坡有坍塌、落石或

泥石流等不良地质，存在偏压的明洞时，可采用回填反压克服偏压的路堑偏压型明洞；

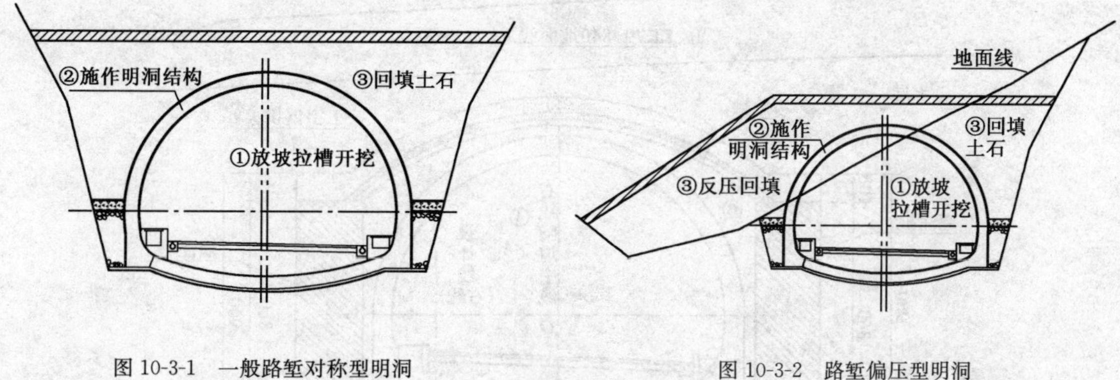

图 10-3-1　一般路堑对称型明洞　　图 10-3-2　路堑偏压型明洞

③对于外侧地形陡峻，无法填土，另一侧边坡或山坡有坍塌、落石或泥石流等不良地质，存在偏压的明洞，宜选耳墙式单压型。

(2)拱形明洞通常采用等截面拱圈，亦可采用变截面拱圈（其拱脚厚度一般为拱顶厚度的1～1.5倍）。基础宜采用直墙式，以加大基础承载能力。

(3)明洞施工宜优先采用放坡拉槽开挖，然后施工明洞仰拱及回填，再模筑拱墙结构，最后回填覆盖的方案。若一次拉槽施工存在较大边仰坡坍塌隐患时，应分段进行明洞开挖和结构施工。

三、特殊明洞的设计

1. 半明半暗式明洞

(1)当位于沟谷，边坡地形或地质偏压，全部放坡开挖安全隐患大时，可采用拱部护拱式半明半暗式明洞。即拱部先明挖，设置护拱回填反压后，再对隧道内核心土暗挖的技术措施，见图 10-3-4。当围岩稳定性差或顺层使得开挖将引起边坡较大规模坍塌可能时，宜在护拱下设置桩基护坡，见图 10-3-5。桩基可采用挖孔桩或钻孔桩，桩间距为 3～5m，桩底在边墙底以下不小于 1.5m。

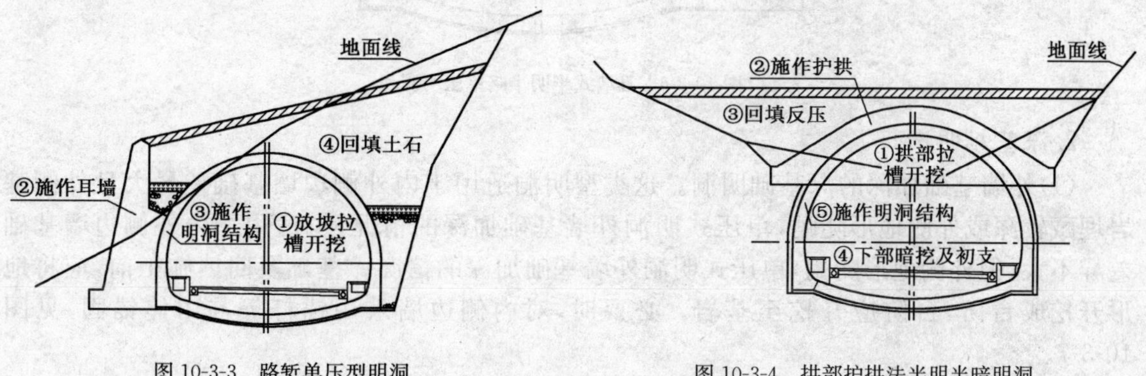

图 10-3-3　路堑单压型明洞　　图 10-3-4　拱部护拱法半明半暗明洞

(2)当地形偏压严重，线路外侧地形狭窄、陡峭，不宜采用全断面放坡开挖时，可采用耳墙式半明半暗单压明洞，见图10-3-6。

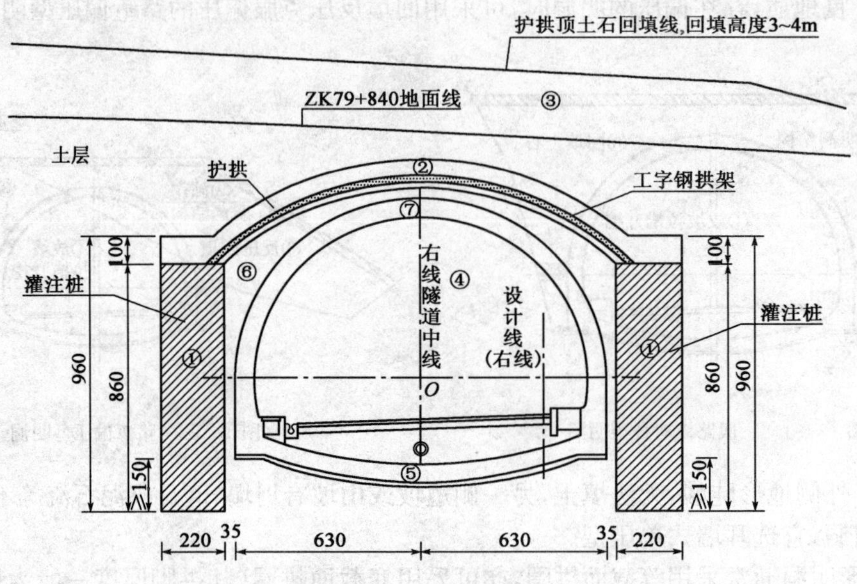

图 10-3-5　护拱桩基法半明半暗明洞(尺寸单位:cm)

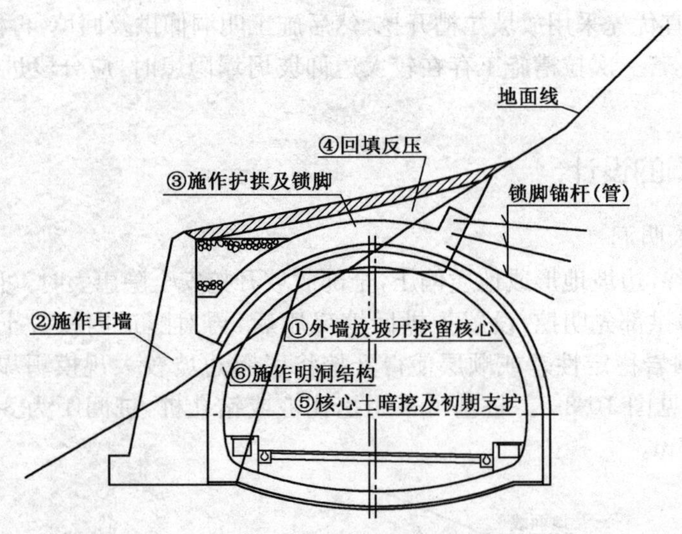

图 10-3-6　耳墙式半明半暗单压明洞

2. 深基础明洞

(1)外墙基础加深的深基础明洞。这类型明洞适用于内外侧边墙基础差异大且外侧基岩埋藏较深或外侧地形陡峭,单压式明洞外墙基础加深的情况;也适用于内外侧边墙基础差异不大,但外侧地形陡峭,单压式明洞外墙基础加深的情况。基础及回填施工前,应将地形开挖成台阶,台阶应开挖至基岩。必要时,对内侧边墙采用锚杆等与山体锚固,见图 10-3-7。

(2)桩筏基础明洞。当明洞位于坡脚厚层堆积层上或填方路基上,采用扩大基础或将基地置于基岩上有困难,或将基底置于基岩上有困难或不安全时,可采用桩基基础明洞,见图 10-3-8。

(3)当明洞基础底板下无路基回填处于悬空时，明洞底板设计应满足车行荷载下的结构配筋和耐久性的裂缝控制；而桩基除考虑竖向荷载外，还应考虑承担侧向荷载。

(4)当明洞基础底板下为松散堆积土或未压密的新近回填层时，明洞底板下浅层应尽量压实，并满足90%压实度要求；仰拱(或底板)结构受力应考虑地基的基床系数的影响。

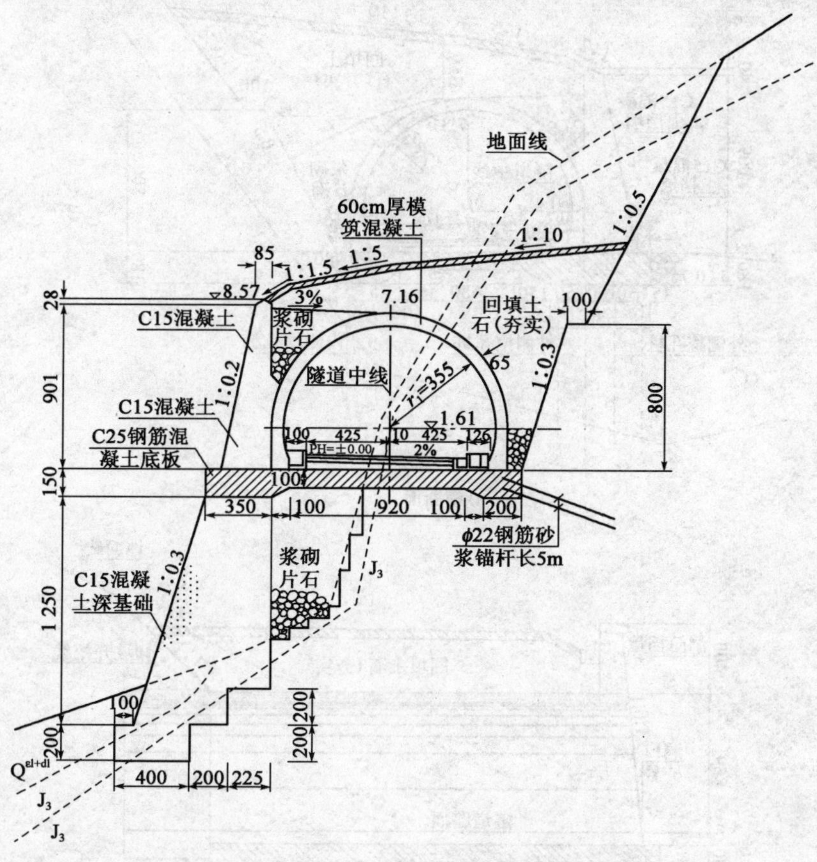

图 10-3-7　深基础明洞断面图(尺寸单位:cm，高程单位:m)

3. 抗滑明洞

滑坡地段一般不宜修建明洞，但若采取综合整治措施能确保明洞结构安全稳定时，可修建抗滑明洞。抗滑明洞应按支挡工程设计，以确保滑坡体稳定与明洞安全。

(1)明洞应尽量避免穿越滑坡影响区。当不可避免时，应对滑坡性质、滑动面、滑坡推力、运营期边坡坍滑情况等，进行充分的调查与研究。

(2)抗滑明洞分有抗滑桩(图 10-3-9)和无抗滑桩(图 10-3-10)两种。抗滑桩明洞方案宜优先采用。当滑坡规模小，滑动面位于明洞结构上方，且有可靠边坡加固措施时，也可采用回填反压结合部分卸载及边坡加固，而采用无抗滑桩的抗滑明洞方案。

(3)抗滑桩明洞的抗滑桩可与明洞边墙结构分离，也可与明洞边墙结合使用。抗滑桩宜承担滑坡体绝大部分滑坡推力，明洞顶回填不宜过高，且宜主要作为安全储备。当抗滑桩与明洞结构分离时，宜考虑明洞与抗滑桩间的相互作用。当抗滑桩承担全部滑坡推力时，明洞可按普通明洞进行设计。

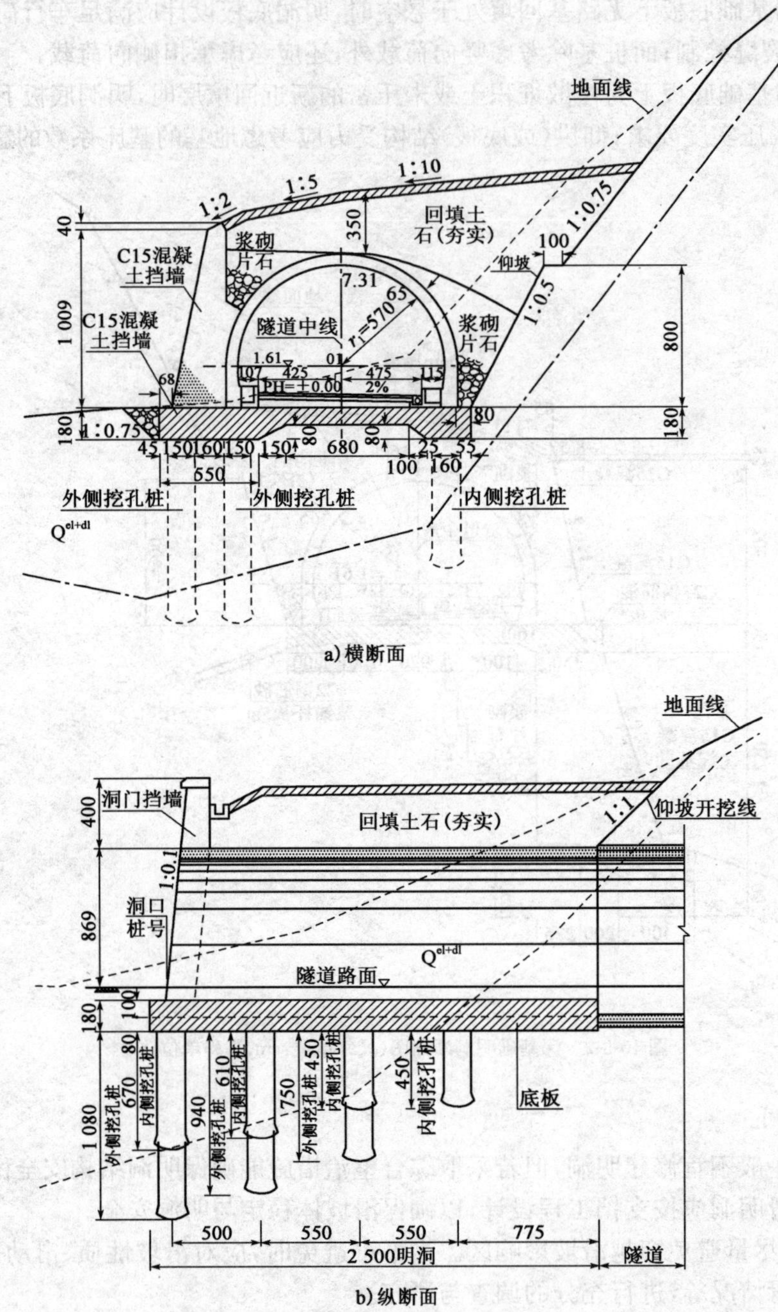

图 10-3-8　桩基础明洞(尺寸单位:cm)

4. 基坑法明洞

(1)对洞口地质条件差,出现洞口塌方,采用一般明洞或护拱半明半暗明洞仍不能满足洞口边仰坡安全时,可采用洞顶上一定覆土厚度下设围护结构的基坑法明挖(图 10-3-11)。

(2)基坑围护结构以采用灌注桩为宜,顶撑宜采用钢筋混凝土横撑,基坑下设置一至多道横撑。围护灌注桩可采用挖孔桩、钻孔桩、全套管钻机桩等,围护桩入土深度应满足基坑稳定的需要。

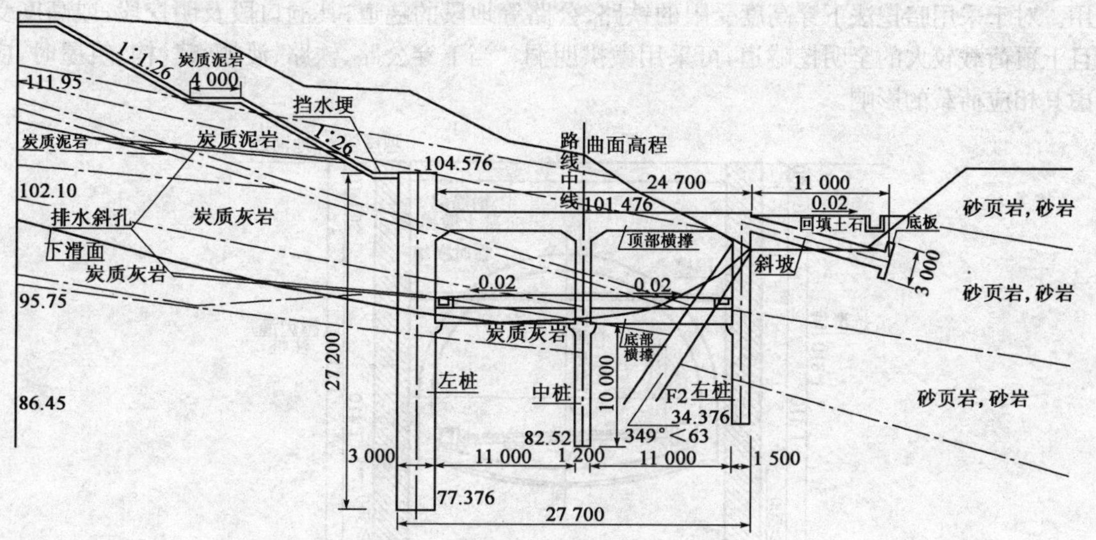

图 10-3-9　抗滑明洞(有抗滑桩)(尺寸单位:mm)

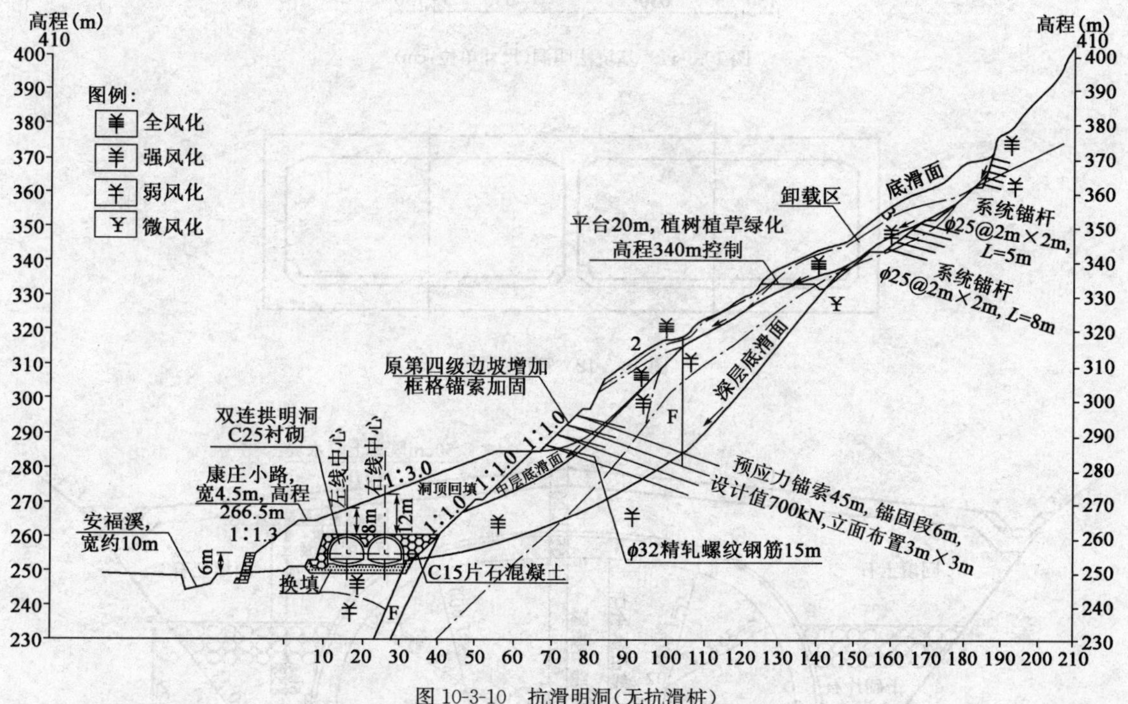

图 10-3-10　抗滑明洞(无抗滑桩)

(3)明洞结构与围护桩间应预留不小于 10cm 的变形量和施工误差。当施工排水设施需要时,应加大预留空间,并应做好回填。

(4)当明洞顶土石回填无法机械压实时,宜进行人工夯实。必要时可在明洞顶先回填 1m 厚的素混凝土护拱后再进行普通土石的回填压实。

5. 箱形明洞和微拱明洞

在建筑高度受到限制或地基软弱的地方,可采用箱形明洞或微拱形明洞(图 10-3-12、

图 10-3-13)。箱形明洞一般在局部高度受限、上覆荷载小的地段或采用基坑围护的软弱地层段使用。对于采用暗挖法下穿高度受限的铁路、公路等地段的隧道,其洞口段及明挖段,或高度受限且上覆荷载较大的全明挖隧道,可采用微拱明洞。当下穿公路、铁路、渡槽、建(构)筑屋时,应考虑其相应荷载的影响。

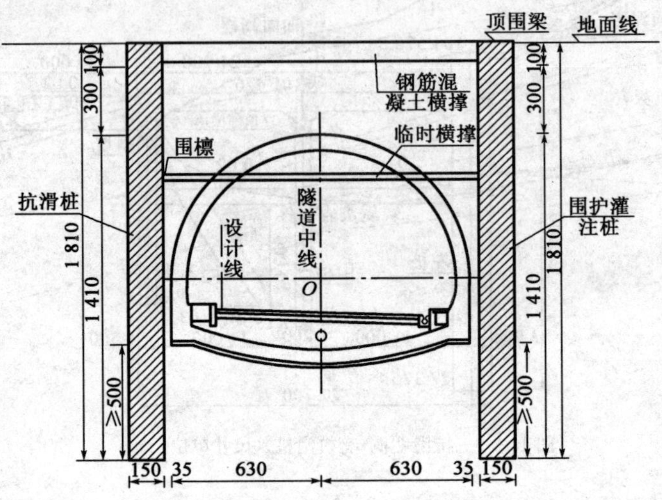

图 10-3-11 基坑法明洞(尺寸单位:cm)

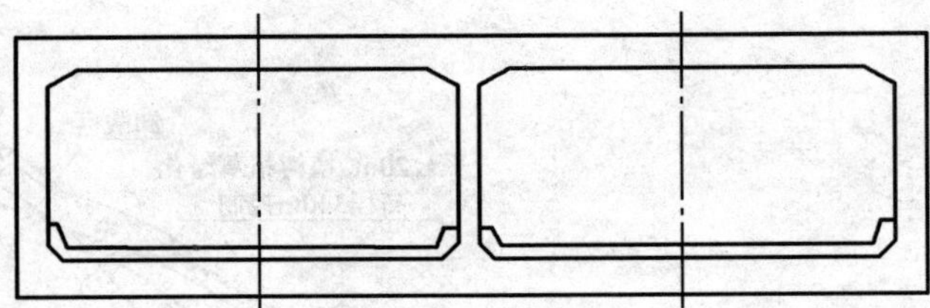

图 10-3-12 箱形明洞

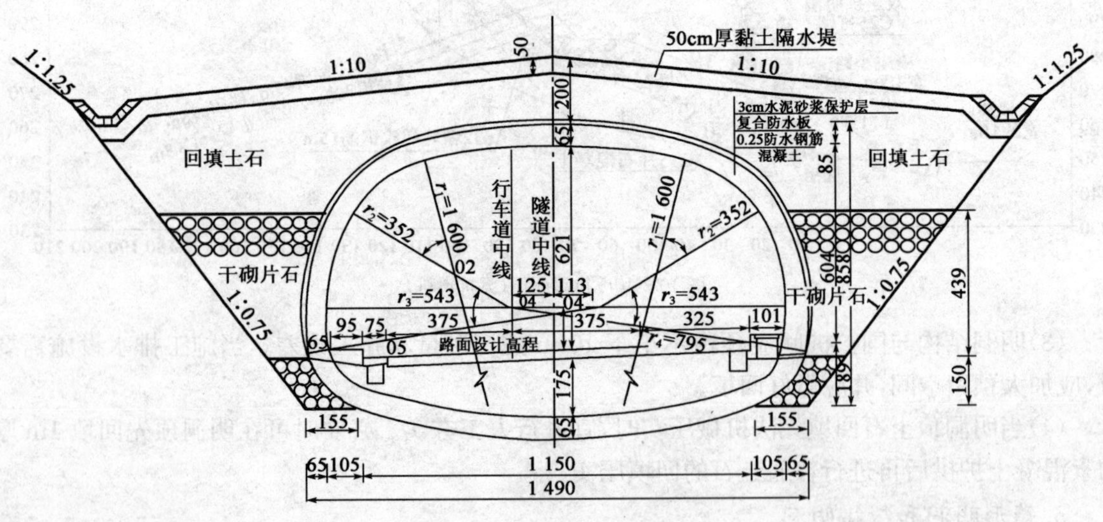

图 10-3-13 微拱明洞(尺寸单位:cm)

四、明洞结构计算

明洞及棚洞在一般情况下，均应采用荷载结构法进行内力和变形的分析，并应验算结构的强度和裂缝的宽度。

1. 计算模型

结构计算模式应根据衬砌结构形式及荷载作用情况，并考虑地基反力、弹性抗力对结构受荷载后变形的约束作用等因素确定。

普通单洞明洞计算模型如图 10-3-14 所示。荷载可根据实际的回填情况，按本章第二节内容计算；仰拱与地基之间的接触，可采用受压弹性链杆模拟在荷载作用下地基对仰拱的弹性反力；当明洞边墙与边坡之间采用混凝土、浆砌片石等回填密实且边坡为岩质的情况时，边墙在变形后也会受到较大约束。因此，边墙处也可考虑采用受压弹性链杆模拟边坡对边墙的弹性抗力。

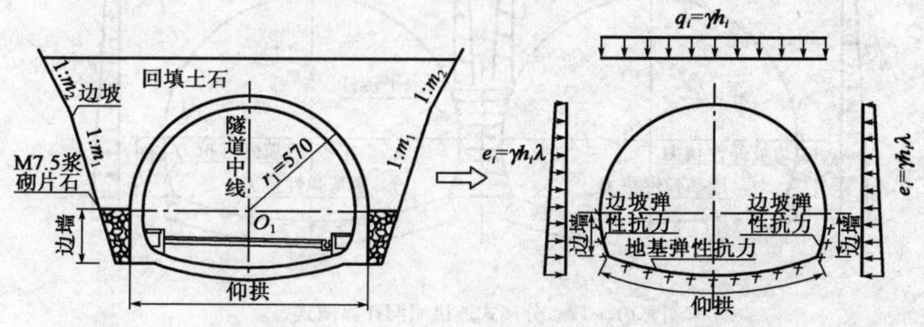

图 10-3-14　单跨式明洞计算模型

连拱式明洞按不同的结构形式可分为分离式（图 10-3-15）和中墙式（图 10-3-16）两种类型。对于分离式连拱明洞，实际上是由两个独立的单跨明洞衬砌并在之间填充混凝土构成，因此，其计算模式可采用单跨式明洞的计算模型。当在偏压作用下或需要考虑两个明洞之间相互影响的情况时，可采用如图 10-3-17 所示的计算图式。

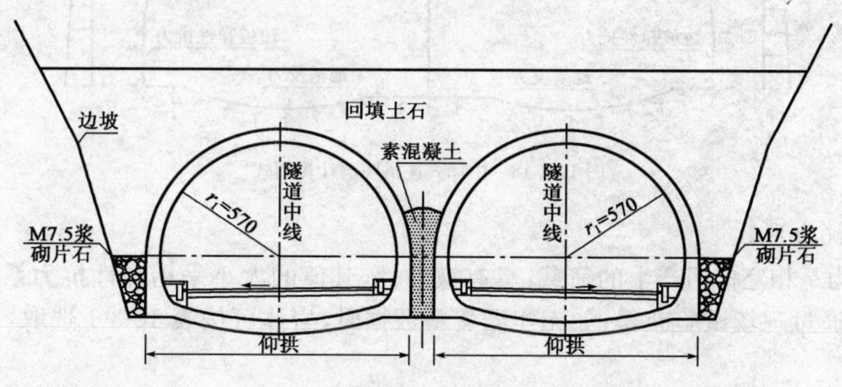

图 10-3-15　分离式连拱明洞

中墙式连拱明洞由左右拱圈与中隔墙构成。中隔墙作为受力构件的组成部分，可采用如图 10-3-18 所示的计算图式。

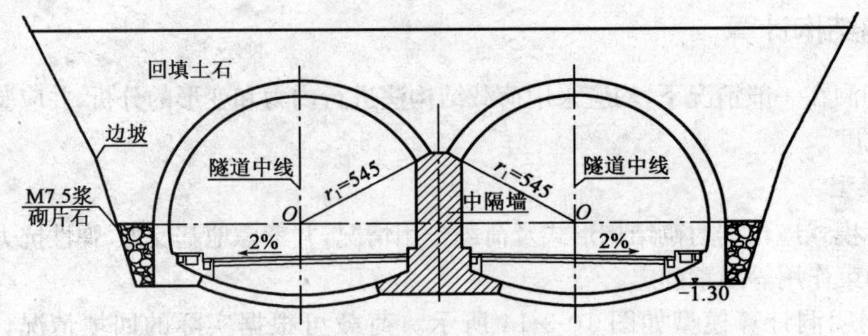

图 10-3-16 中墙式连拱明洞

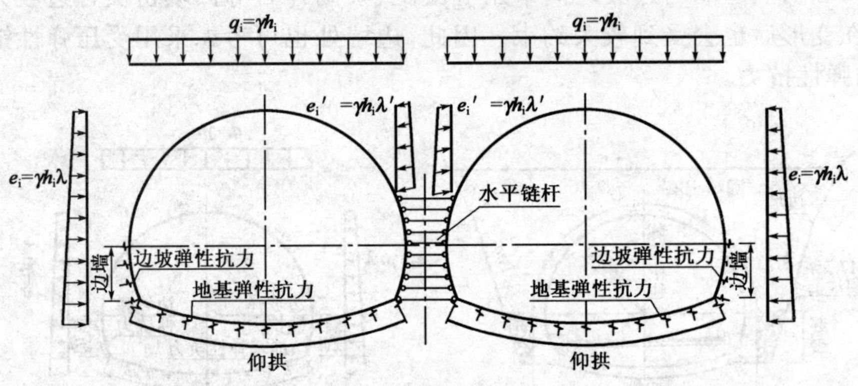

图 10-3-17 分离式连拱明洞计算图式

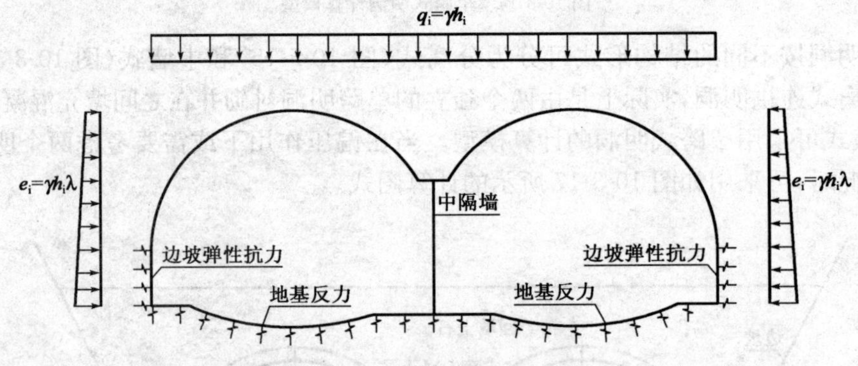

图 10-3-18 中墙式连拱明洞计算图式

2. 弹性抗力系数

弹性抗力是相互作用产生的荷载，具有被动性，其值的大小采用弹性抗力系数 K 表示。K 的取值应通过现场试验获得；如无实测资料数据时，岩体可按表 10-3-1 选取，土层可按表 10-3-2 选取。

岩体弹性抗力系数 K 的标准值 表 10-3-1

围岩级别	Ⅰ	Ⅱ	Ⅲ	Ⅳ	Ⅴ
K(MPa/m)	1 800～2 800	1 200～1 800	500～1 200	200～500	100～200

土体弹性抗力系数 K 的标准值　　表 10-3-2

土的种类	状态	K(MPa/m)
软土淤泥质土、有机土	—	1～8
黏性土	软塑	8～15
	可塑	15～35
	硬塑	35～70
	坚硬	70～90
砂土	松散	5～10
	稍密	10～15
	中密	15～25
	密实	25～40
圆砾、角砾	中密	25～40
	密实	40～90
黄土、黄土质土	标准贯入度值 $N>25$	30～50

注:本表系垂直弹性抗力系数。

3. 衬砌强度验算

明洞及棚洞结构应根据内力计算结果进行荷载组合,按破损阶段计算构件截面强度,并根据不同荷载组合,分别采用不同的安全系数,并不小于表 10-3-3 所列的钢筋混凝土强度安全系数值。

钢筋混凝土结构的强度安全系数　　表 10-3-3

破坏原因 \ 荷载组合	永久荷载＋基本可变荷载	永久荷载＋基本可变荷载＋其他可变荷载
根据达到计算强度或混凝土达到抗压或抗剪极限强度	2.0	1.7
混凝土达到抗拉极限强度	2.4	2.0

注:验算施工阶段的强度时,安全系数可按钢筋混凝土结构的强度安全系数表中“永久荷载＋基本可变荷载＋其他可变荷载”栏内的数值乘以折减系数 0.9。

4. 衬砌裂缝验算

明洞结构应进行裂缝宽度验算。最大裂缝宽度应符合表 10-3-4 的规定。

明洞钢筋混凝土构件的裂缝宽度容许值[w_f](单位:mm)　　表 10-3-4

衬砌构件	A、B 环境	C、D 环境	E、F 环境
拱部	0.25	0.2	0.15
边墙	0.25	0.2	0.15
其他构件	0.30	0.25	0.20

五、回填要求

1. 一般要求

明洞洞顶的回填、拱背处理，应根据明洞设置的目的、作用，以及地形条件、山坡病害而定，并符合下列规定：

(1)明洞拱背回填土厚度不宜小于1.5m；填土表面应设置一定的排水坡度。当边、仰坡有较严重的落石、崩坍威胁时，应结合边、仰坡稳定需要适当增加回填土石的厚度，并对边坡险情进行清除或做加固。

(2)立交明洞的回填土石厚度应结合公路、铁路、沟渠及其他人工构造物的需要确定。一般过水沟渠或普通截水沟沟底距洞顶外缘厚度不小于1.0m。当为排泄山沟洪水、泥石流等而设置的渡槽沟渠底距洞顶外缘厚度不小于1.5m。

(3)不设洞门墙时，可采用拱背部分裸露、按自然山坡坡度填土，填土表面一般应植草。

(4)明洞边墙背后回填，应根据明洞类型、地质条件、设计要求和施工方法分别确定。回填材料种类可按浆砌片石、片石混凝土、素混凝土及透水性材料等选用。

①当需要考虑地层弹性抗力时，边墙背后超挖部分应采用素混凝土、片石混凝土或浆砌片石回填；回填高度根据需要确定。

②当设计不计地层弹性抗力时，边墙背后回填料的内摩擦角应大于地层的计算摩擦角或采用设计要求的填料内摩擦角。

2. 回填土面坡度

洞顶回填面坡度，分为设计回填坡度和实际回填坡度，可根据防御落石、坍塌和支撑边坡稳定性，并结合填料、地形和排水要求决定。一般满足如下要求：

(1)为满足洞顶排水的需要，回填土石坡度一般不小于2%。

(2)在一般落石、坍塌情况下，可采用设计回填土石坡度1:5～1:3，实际回填土石坡度为1:10～1:5。

(3)为支撑边坡稳定或防御山坡可能发生的较大塌方、泥石流、滑坡，明洞回填土石可采用坡度为1:3～1:1.5。

3. 回填施工要求

(1)边墙、拱圈混凝土强度应达到设计强度的70%时，才能施作防水层、墙脚盲沟及回填。

(2)拱背回填应分层夯实，每层厚度不宜大于30cm；回填至拱顶后须满铺分层填筑，严禁任意抛填。对路堑式明洞应对称分层夯实，其两侧回填的土面高差不得大于0.5m。

(3)采用推土机等大型机械回填时，应先用人工夯填1.0m后，方可使用大型机械设备在顶部进行作业。洞顶回填土石的压实度一般不宜小于90%。

(4)回填土石与边坡接触处，宜挖成台阶，并用粗糙透水材料填塞，防止回填土石沿边坡滑动。

(5)边墙施工应尽量减少超挖。超挖回填应符合设计要求。超挖数量较小时，边墙圬工紧贴开挖灌注；超挖数量较大时，超挖部分用浆砌片石回填。若设计要求墙背回填干砌片石时，必须分层码砌，填塞紧密。

六、防排水要求

(1)明洞应进行防排水设计。明洞防排水包括：衬砌结构的防水、地下水引排和地表水截排等。

(2)明洞结构抗渗等级不小于S6，并应进行结构施工缝、变形缝防水设计。环向施工缝、变形缝应设置中埋式橡胶止水带止水；承受一定水压的纵向施工缝，应设置钢板止水带、止水条等多道防水措施。

(3)衬砌结构宜设置外包防水层，回填土石表面应设置黏土隔水层，以避免渗水、积水和冰冻。一般可采用不小于2.5mm的"两布两膜"防水板、SBS改性沥青防水卷材、自黏聚合物改性沥青防水卷材等防水材料。防水层外表面应设置不小于3cm的砂浆保护层或其他可靠保护层，避免回填土石时损伤防水层(图10-3-19)；回填土石层顶部设50cm左右黏土封层，并嵌入边仰坡内不小于30cm，以作为隔水层(图10-3-20)。

图10-3-19　砂浆保护层　　　　图10-3-20　黏土封层

(4)明洞墙背应设置纵向排水盲沟排水，围岩渗水可引入洞内或洞口侧沟。

(5)明洞边仰坡开挖线外不小于5m应设截水沟，以免地表水冲刷边仰坡面。

(6)当明洞顶回填范围存在汇水及积水不能及时排除可能时，应在回填面边仰坡脚及回填表面设置排水沟。

第四节　棚洞设计

一、一般原则

(1)棚洞结构一般可采用矩形、拱形、异型框架结构，宜优先采用拱形框架结构的棚洞形式。内侧山体稳定，外侧山体陡峭且难以施作外墙基础时，可采用L形的悬臂棚洞。

(2)新建公路应采用整体现浇棚洞结构。运营中改造时，也可与拼装式棚洞结构方案比较。拼装式棚洞结构应考虑事故车辆撞击的影响。棚洞结构顶部应有不小于1m厚度的回填，以缓冲坍滑、落石的冲击。

(3)棚洞隧道的设置长度，应综合考虑地形、地质及两端路基边坡的合理控制高度等合理确定。

(4)当边坡滑坍体、滚石等危及棚洞外侧的道路、建构筑物、人员等安全时，棚洞顶部应采用平顶或内倾的方式，并设置安全防护网。

(5)当棚洞外侧地形陡峻狭窄时,棚洞内行车道或检修道外侧应根据需要设置相应安全措施。

二、一般棚洞设计

1. 箱形棚洞

箱形棚洞适用于边坡稳定,基本无侧压力,有少量落石及塌方的地段,见图 10-4-1。

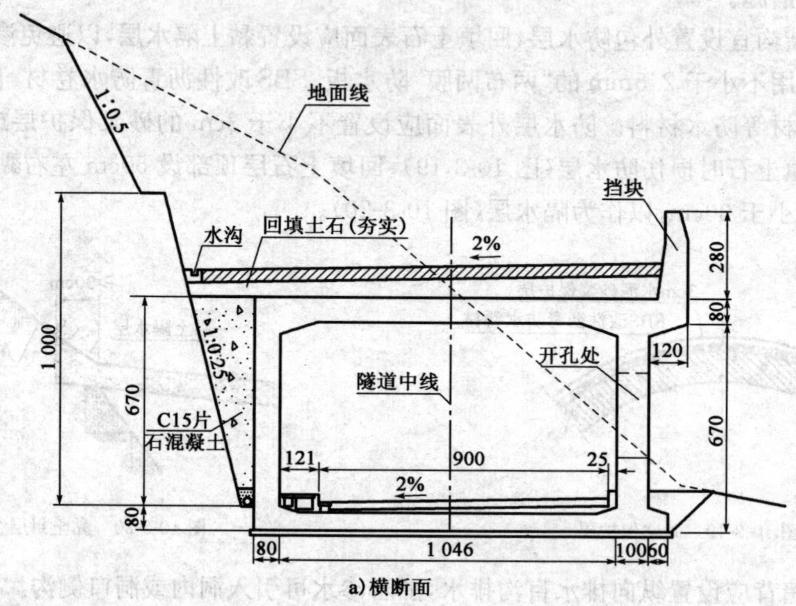

a) 横断面

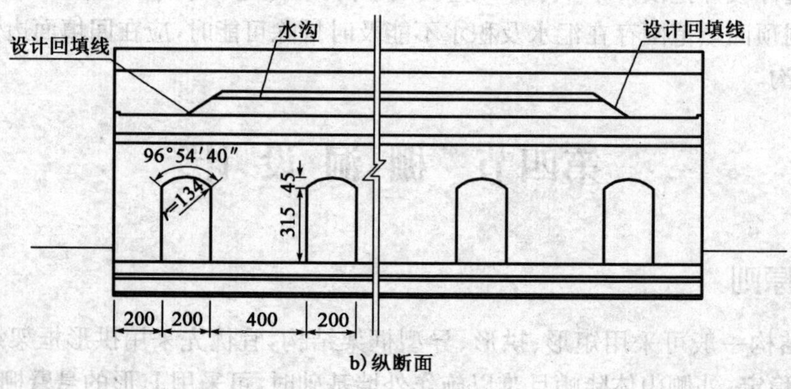

b) 纵断面

图 10-4-1 箱形棚洞(尺寸单位:cm)

2. 拱形棚洞

对于边坡基本稳定,有少量落石及坍塌,且有少量侧压力的地段,宜选用拱形棚洞,一般可采用图 10-4-2、图 10-4-3 中的三种类型。从抵抗侧压力能力方面考虑,宜优先选择图 10-4-2b)的棚洞,其次为图 10-4-3 的棚洞;若棚洞外侧地势陡峭或有道路、村庄等禁止落石的环境条件时,不宜采用图 10-4-3 所示棚洞方案。

三、拼装式棚洞

拼装式棚洞根据外侧墙结构不同，可分为刚架式、墙式、柱式几种。棚洞内侧墙结构可采用混凝土或钢筋混凝土结构，顶部采用预制 T 形梁。对拼装式棚洞，应加强拼装构件纵向、横向的连接。

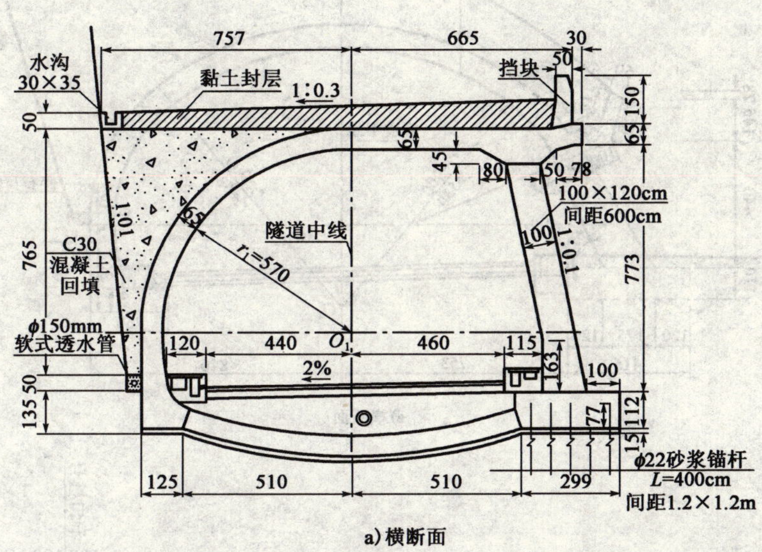

a）横断面

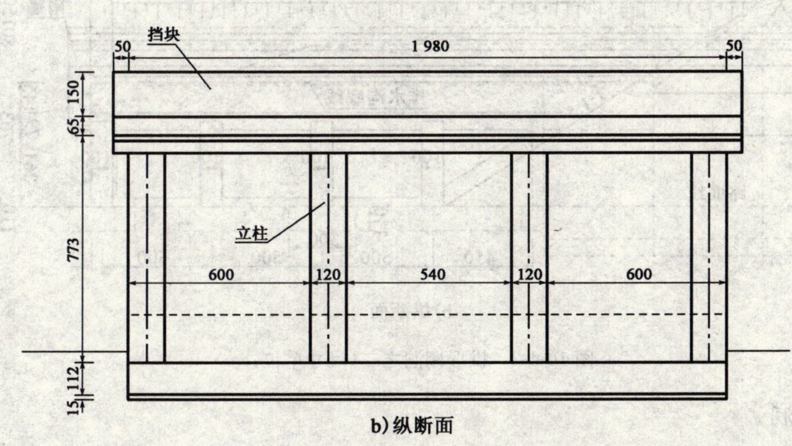

b）纵断面

图 10-4-2　拱形棚洞之一（尺寸单位：cm）

1. 刚架式棚洞

刚架式棚洞外墙可采用整体钢筋混凝土框架形式，适用于外侧地基为坚固稳定的岩层地段，其抗震性能较好，见图 10-4-4。

2. 墙式棚洞

墙式棚洞外墙可采用现浇混凝土墙结构，扩大条形基础，适用于外侧地基承载力较低的稳定土层或岩层，见图 10-4-5。

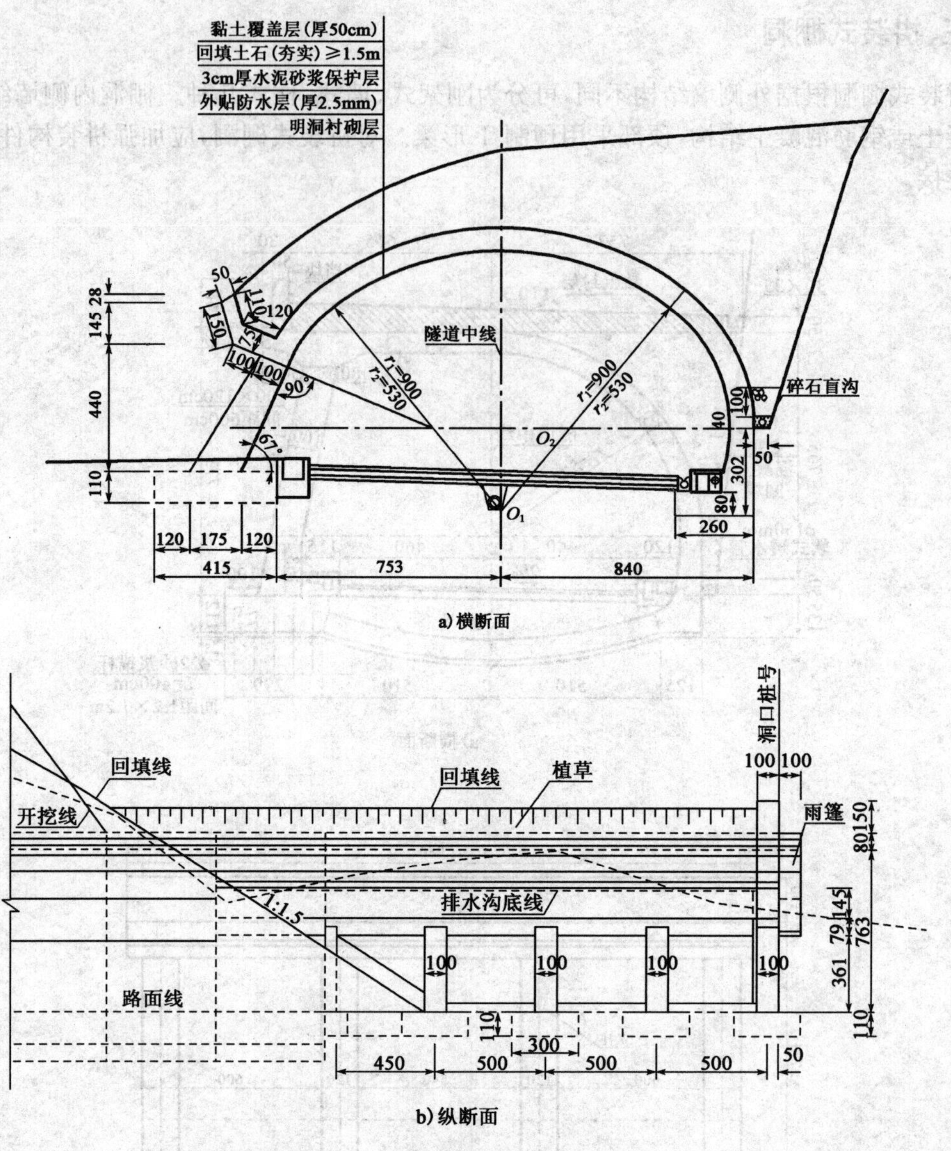

图 10-4-3　拱形棚洞之二(尺寸单位:cm)

3. 柱式棚洞

柱式棚洞外墙为钢筋混凝土柱列,各柱采用独立基础,顶部纵梁采用钢筋混凝土结构,与柱顶端预留钢筋连接,柱和纵梁采用现浇或预制。其适用于外侧地基为坚固稳定的岩层地段,见图 10-4-6。

四、异型棚洞

当山体稳定,地形陡峭,路基狭窄,采用框架式棚洞外墙基础难以实施时,可采用 L 形的悬臂式棚洞,见图 10-4-7。

当地质条件相对较差,全部明挖施工边坡高、稳定性差时,可采用部分暗挖,部分明挖施工的半明半暗式棚洞,见图 10-4-8。

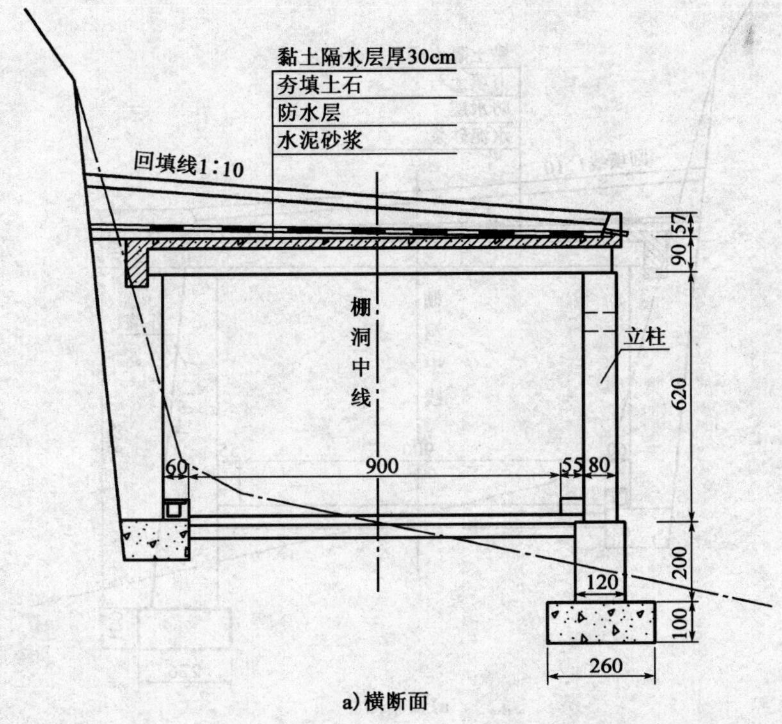

a)横断面

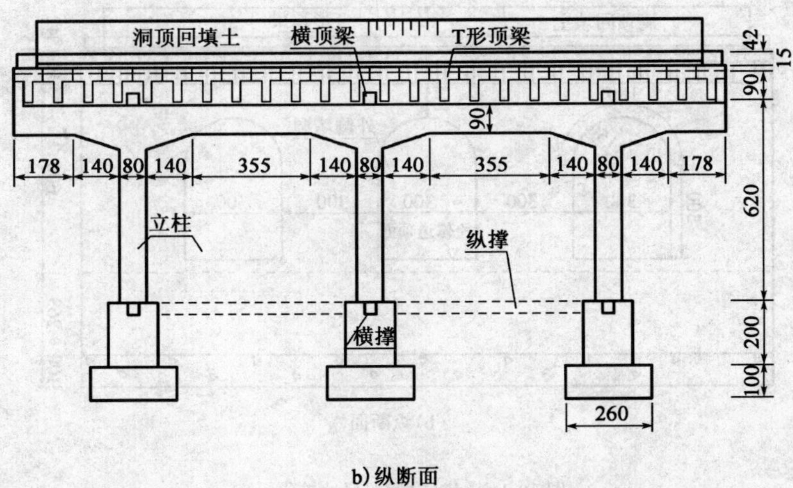

b)纵断面

图 10-4-4 刚架式棚洞(尺寸单位:cm)

五、回填要求

棚洞回填的一般要求如下。

(1)墙后回填需符合以下规定:

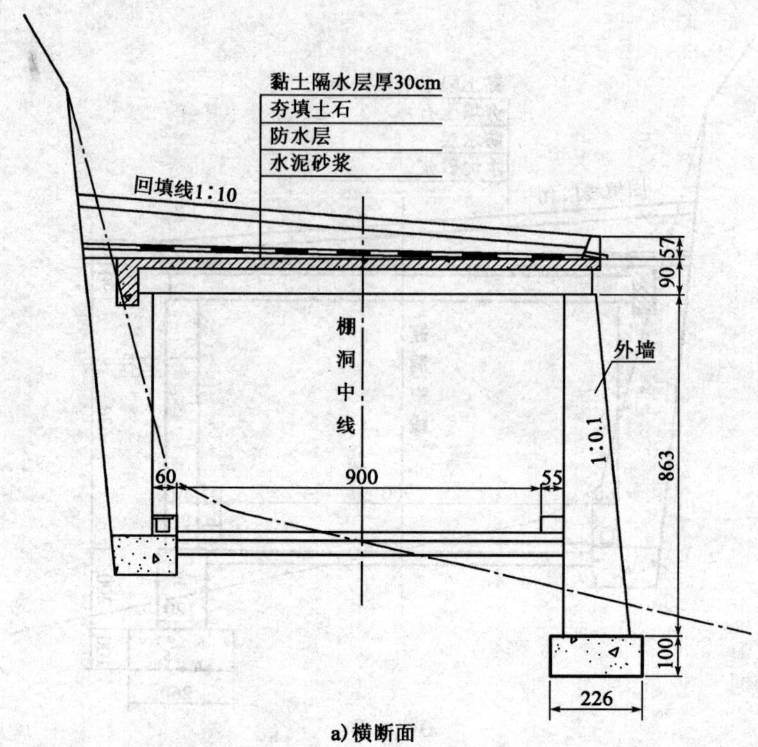

a)横断面

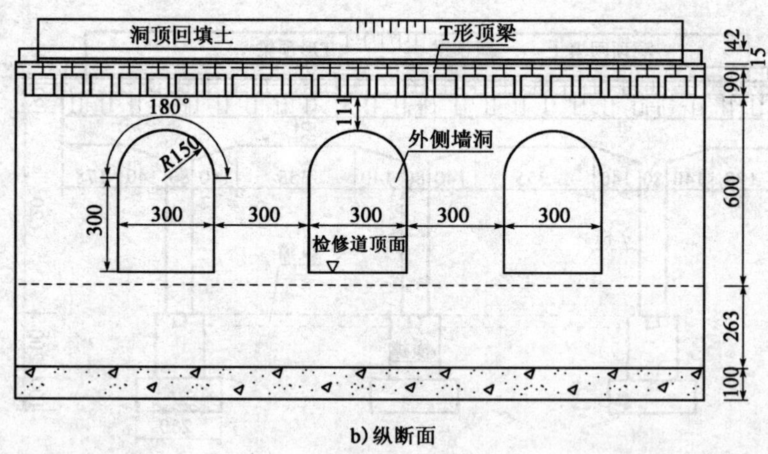

b)纵断面

图 10-4-5　墙式棚洞(尺寸单位:cm)

①当石质边坡超挖较小时,可与边墙相同材料整体灌筑;当超挖较大时,可用 M5 水泥砂浆砌片石回填,砂浆砌片石应与岩面紧密结合;

②当墙后为土质边坡时,其回填料的摩擦角应不低于地层计算摩擦角或设计回填料的计算摩擦角;

③对于对称的框架式棚洞,两侧墙后回填土石必须对称分层夯实。

(2)顶部回填需符合以下规定:

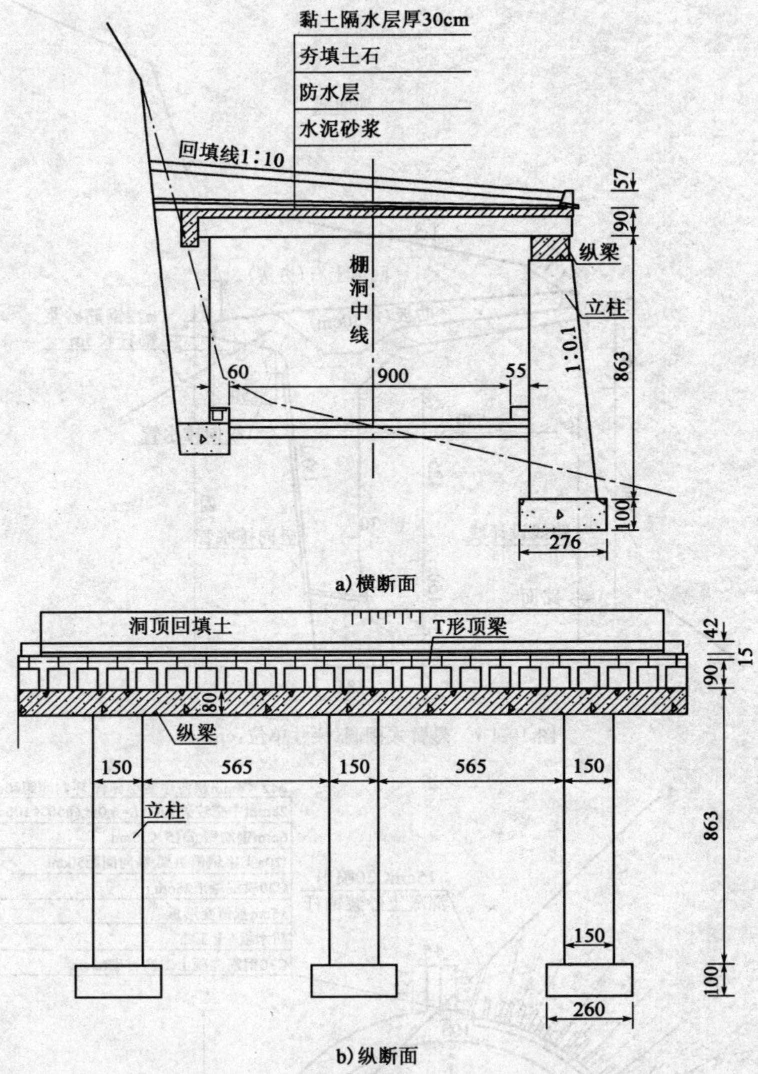

图 10-4-6 柱式棚洞(尺寸单位:cm)

①棚洞中线附近回填土石厚度一般为 1.5m。回填土石顶面应夯填 0.5m 厚黏土隔水层,并嵌入开挖边坡内。当塌方堆积超过设计厚度时,应及时清除;

②悬臂棚洞的悬臂部分宜采用重度较小的填料回填。

余同前述明洞回填要求。

六、防排水要求

棚洞回填表面横坡宜向山体侧倾斜,并在边坡坡脚处设置排水沟排水,排水沟的水引入洞口路基侧沟。

拼装式棚洞顶部应设置多道防水,预制梁顶部表面可先用砂浆抹平,再用三层沥青两层油毡铺贴,表面再抹水泥砂浆保护层厚 2～3cm。

余同前述明洞防排水要求。

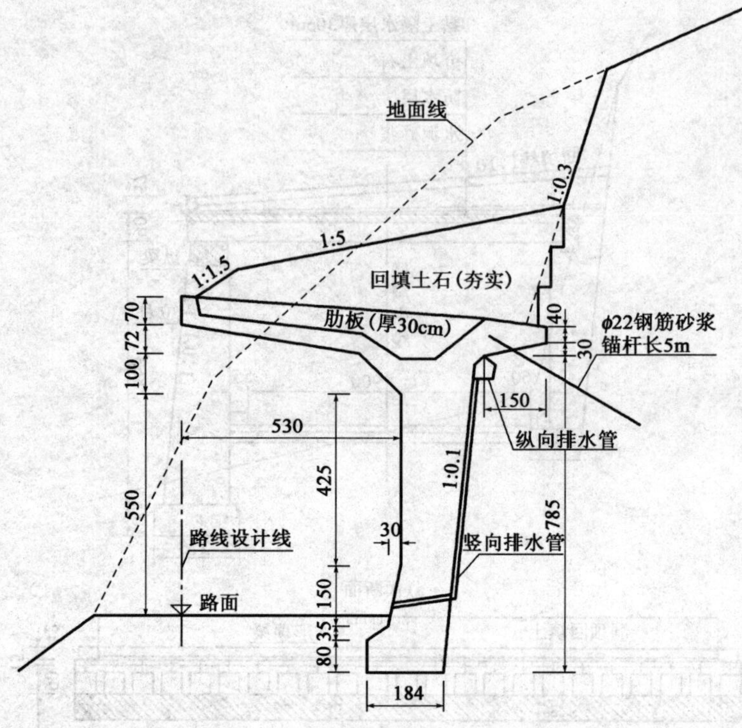

图 10-4-7　悬臂式棚洞(尺寸单位:cm)

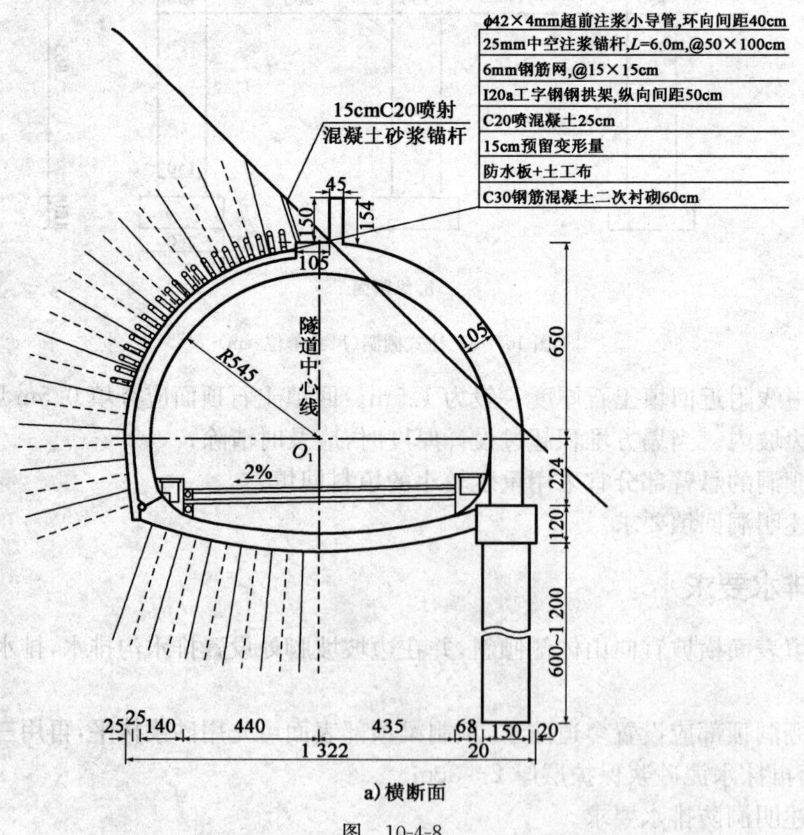

图　10-4-8

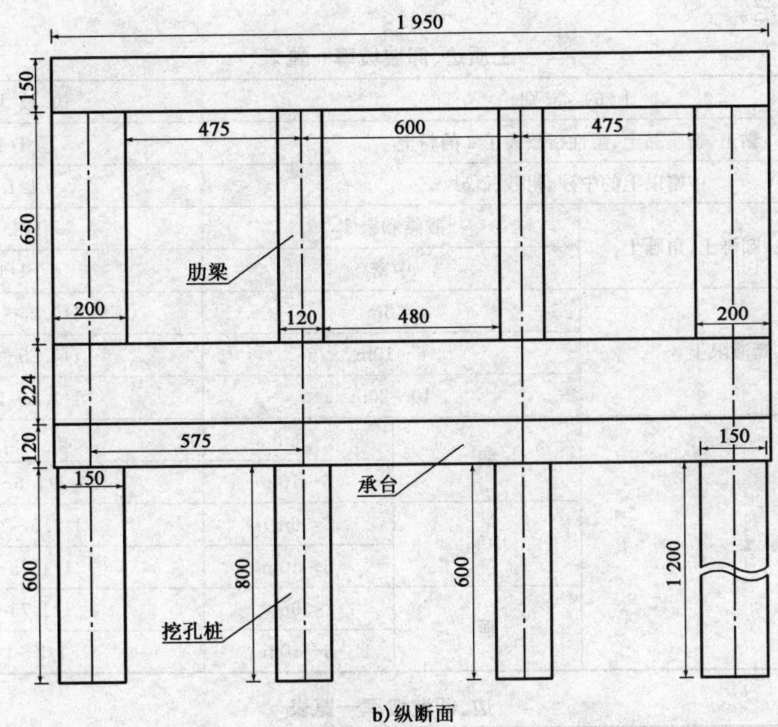

图 10-4-8　半明半暗式棚洞(尺寸单位:cm)

第五节　明洞及棚洞段的边仰坡设计

一、边、仰坡设计的一般规定

(1)边、仰坡防护工程应在稳定的坡面上设置;坡面防护类型的选择,应综合考虑工程地质、水文地质、边坡高度、环境条件、施工条件和工期等因素的影响。对稳定性不足和存在不良地质因素的路段,应进行特殊设计。

(2)在地下水较为发育路段,应注意边、仰坡防护与地下排水措施的综合设计。

(3)防护支挡结构应与洞门、既有支挡结构物协调配合,衔接平顺。

(4)边、仰坡开挖应符合环境保护的规定,做好水土保持。

二、边、仰坡的坡率设计

明洞及棚洞的边、仰坡坡率及形式,应根据工程地质与水文地质条件、边仰坡高度、排水措施、施工方法,并结合自然稳定山坡和人工边坡的调查及力学分析综合确定。

1. 土质边坡坡率

当土质边仰坡高度不大于 20m 时,边坡坡率不宜陡于表 10-5-1 所示的规定;当边仰坡高度大于 8m 时,应增设边坡平台,平台宽度不宜小于 2m。

2. 岩质边坡坡率

当岩质边仰坡高度不大于 30m 时,无外倾斜软弱结构面的边仰坡坡率可参照表 10-5-2 和

表 10-5-3 来确定。

土质边、仰坡坡率一览表　　表 10-5-1

土的类别			边坡坡率
黏土、粉质黏土、塑性指数大于 3 的粉土			1:1
中密以上的中砂、粗砂、砾砂			1:1.5
卵石土、碎石土、圆砾土、角砾土	胶结和密实		1:0.75
	中密		1:1
红黏土、高液限土	<6m		1:1.25～1:1.5
	6～10m		1:1.25～1:1.5
	10～20m		1:1.5～1:1.75
膨胀土	弱	<6m	1:1.5
		6～10m	1:1.5～1:2
	中等	<6m	1:1.5～1:1.75
		6～10m	1:1.75～1:2
	强	<6m	1:1.75～1:2
		6～10m	1:2～1:2.5

边、仰坡坡率一览表　　表 10-5-2

边坡岩体类型	边坡坡率	
	H<15m	15m≤H<30m
Ⅰ	1:0.1～1:0.3	1:0.1～1:0.3
	1:0.1～1:0.3	1:0.3～1:0.5
Ⅱ	1:0.1～1:0.3	1:0.3～1:0.5
	1:0.3～1:0.5	1:0.5～1:0.75
Ⅲ	1:0.3～1:0.5	
	1:0.5～1:0.75	
Ⅳ	1:0.5～1:1	
	1:0.75～1:1	判定条件岩体类型

注：1. 有可靠的资料和经验时，可不受本表限制。
2. Ⅳ类强风化包括各类风化程度的极软岩。

岩质边坡的岩体分类　　表 10-5-3

判定条件 岩体类型	岩体完整程度	结构面产状	直立边坡自稳能力
Ⅰ	完整	外倾结构面或外倾不同结构面的组合线倾角大于 75°或小于 35°	30m 高边、仰坡长期稳定，偶有掉块
Ⅱ	完整	外倾结构面或外倾不同结构面的组合线倾角 35°～75°	15m 高的边坡稳定，15～30m 高的边坡欠稳定
	完整	外倾结构面或外倾不同结构面的组合线倾角大于 75°或小于 35°	
	较完整	外倾结构面或外倾不同结构面的组合线倾角小于 35°，有内倾结构面	边坡出现局部塌落

续上表

岩体类型＼判定条件	岩体完整程度	结构面产状	直立边坡自稳能力
Ⅲ	完整	外倾结构面或外倾不同结构面的组合线倾角 35°～75°	8m 高的边坡稳定，15m 高的边坡欠稳定
	较完整	外倾结构面或外倾不同结构面的组合线倾角 35°～75°	
	较完整	外倾结构面或外倾不同结构面的组合线倾角大于 75°或小于 35°	
	较完整	结构面无明显规律	
Ⅳ	较完整	外倾结构面以层面为主倾角多为 35°～75°	8m 高的边坡不稳定
	不完整（散体、碎裂）		

注：1. 边坡岩体分类中未含由软弱结构面控制的边坡和倾倒崩塌型破坏的边坡。

2. Ⅰ类岩体为软岩时，应降为Ⅱ类岩体。

3. 当地下水发育时，Ⅱ、Ⅲ类岩体可视具体情况降低一档。

4. 强风化岩和极软岩体划为Ⅳ类岩体。

5. 表中外倾结构面系指倾向与坡向的夹角小于 30°的结构面。

三、边、仰坡的坡面防护

明洞及棚洞边、仰坡的坡面防护主要以临时防护为主，防护形式主要以喷护、锚杆挂网喷浆防护为主；在景观要求较高的情况，回填土以上地段，也可采用三维植被网防护、湿法喷播、锚杆混凝土框架植物防护等植物防护法。

对于特殊高边坡及滑坡的治理及支护，不在本章内叙述。

1. 喷护

（1）喷护防护主要适用于坡度缓于 1:0.5、易风化但未风化的岩石边坡。

（2）当采用喷浆防护时，保护层不小于 50mm，采用的砂浆强度不低于 M10。

（3）当采用喷射混凝土防护时，喷混凝土保护厚度不小于 80mm，混凝土等级不应低于 C15。

2. 锚杆挂网喷浆（混凝土）

（1）锚杆挂网喷浆适用于坡面为破碎结构的硬质岩或层状结构的不连续地层，及坡面与基岩分开并可能下滑的挖方边坡。

（2）锚杆应嵌入稳固基岩内，锚固深度根据岩体性质确定。

（3）钢筋网喷射混凝土支护厚度不应小于 100mm，大于 250mm。钢筋保护层厚度不应小于 20mm。

3. 三维植被网防护

（1）三维植被网适用于砂性土、土夹石及风化岩石，且坡率缓于 1:0.75 的边坡防护。

（2）三维植被网中的回填土采用客土或土、肥料及含腐殖质土的混合物。

4. 湿法喷播

湿法喷播适用于土质边坡、土夹石边坡、严重风化岩石且坡率缓于 1:0.5 的路堑边坡。

5. 锚杆混凝土框架植物防护

(1)该方法适用于土质边坡和坡体中无不良结构面、风化破碎的岩石路堑边坡。

(2)锚杆采用非预应力黏结型锚杆,锚杆间距长度应根据边坡地质情况确定。锚杆保护层厚度不应小于 20mm。

(3)框架应采用钢筋混凝土,混凝土强度不应低于 C25,框架几何尺寸应根据边坡高度和底层等情况确定,框架内宜植草。

第十一章　衬砌设计

第一节　一般规定

现阶段公路隧道工程采用的衬砌结构类型有喷锚衬砌、整体式衬砌、复合式衬砌、离壁式衬砌、预制片块衬砌设计等。一般情况下，高速公路、一级公路、二级公路的隧道应采用复合式衬砌；三级及三级以下的公路隧道，隧道洞口段应采用复合式衬砌或整体式衬砌，洞身Ⅰ、Ⅱ、Ⅲ级围岩条件下可采用喷锚衬砌。

预制片装配式衬砌的适用范围较广，目前用TBM工法修建的预制片衬砌隧道在城市地下交通隧道、市政设施管道、引水通道、公路越江隧道应用较多。离壁式衬砌结构在公路隧道衬砌结构中应用比较少，在人防、地下储藏等工程中较为多见。

隧道衬砌设计应综合考虑地形及地质等环境条件、断面形状与大小、防水要求、使用功能、施工方法与施工措施等因素，而这些因素又是相互联系的。衬砌应具有足够的强度和稳定性，必须保证其功能和长期使用安全。

设计中根据使用要求、围岩级别、工程地质和水文地质条件、隧道埋置深度、结构受力特点，并结合工程施工条件、地形与环境条件，通过工程类比和结构验算等综合拟订衬砌支护参数。在施工阶段，将依据现场的监控量测和超前地质预报等信息反馈，进一步调整衬砌支护参数，确保洞室的稳定和结构使用安全。

衬砌设计应符合下列规定：

(1)衬砌断面一般采用曲边墙拱形断面。对于车行横洞、人行横洞、通风道等断面较小的隧道及风机洞室、工作室，一般地质条件较好，对净空断面有特殊要求，可采用直墙拱形衬砌。

(2)隧道洞口浅埋段、洞身围岩较差地段衬砌应设置仰拱。如隧道边墙底以下基础为弱风化坚硬岩石时，可不设置仰拱。仰拱的曲率半径应根据隧道断面形状、地质条件、地下水、隧道开挖跨度、排水及管沟要求等综合确定。路面与仰拱之间可采用混凝土或片石混凝土填充。

(3)硬软地层分界处及对衬砌受力有不良影响处，应设置变形缝。

(4)隧道洞口段衬砌应予以加强，加强范围应根据地形、地质和环境条件确定。一般情况下两车道隧道应不小于10m，三车道应大于15m。当洞口围岩级别已考虑浅埋受地表影响修正时，可按照降低后的围岩级别拟订衬砌支护参数，不需另行加强。

(5)围岩较差地段的衬砌应向围岩较好地段延伸5～10m，偏压衬砌段应向一般衬砌段延伸，延伸长度应根据具体的偏压情况确定，一般不小于10m。

(6)行车横洞、Ⅳ级和Ⅴ级围岩行人横洞道、通风横通道等与主洞交叉段均应设加强段衬砌，加强段衬砌应向各交叉洞延伸，主洞延伸长度不小于5.0m，横通道延伸长度不小于3.0m。Ⅱ、Ⅲ级围岩人行横洞、消防设备洞、控制柜等断面较小的洞室，在主洞边墙部位与主洞相交，其跨径和高度一般小于2.0m，可不做特殊处理。

第二节　整体现浇衬砌

一、整体现浇衬砌的概念及适用范围

整体现浇衬砌是被广泛采用的衬砌形式，有长期的工程实践经验，技术成熟，适应多种围岩条件。在公路隧道中，其一般适用于隧道洞口段、浅埋段及围岩条件很差的软弱围岩中。

依据隧道围岩地质特点的不同，整体式混凝土衬砌可采用多种形式，如：半衬砌、厚拱薄墙衬砌、直墙拱形衬砌和曲墙拱形衬砌等。

所谓半衬砌，就是根据围岩的压力情况，有时只对拱顶部分进行衬砌，而对边墙不进行衬砌；有时也正好反过来，即只对边墙进行衬砌，而对拱顶只作喷浆处理。这种衬砌形式适用于岩层较坚硬并且整体稳定或基本稳定的围岩(图 11-2-1)。而对于一些侧压力很大的较软的岩层或土层，为了避免直墙承受较大的压应力，可以采用图 11-2-2 所示的落地拱形式。

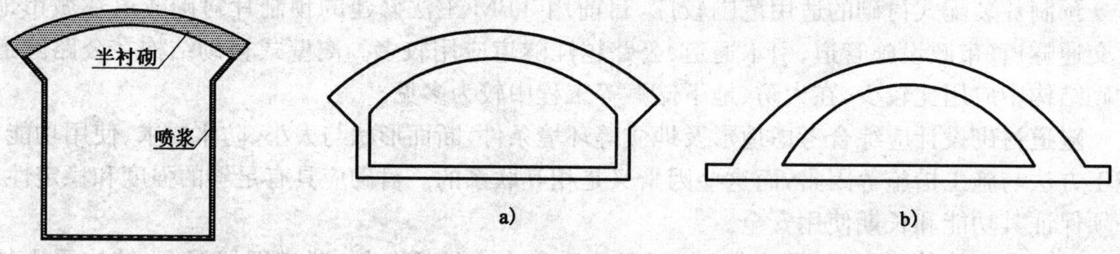

图 11-2-1　半衬砌结构　　图 11-2-2　落地拱形结构

厚拱薄墙衬砌适用于水平压力很小的状况。顾名思义，这种结构形式拱脚较厚，而边墙较薄(图 11-2-3)。

在竖向压力较大，而水平侧压力不大时，常常采用直墙拱形衬砌。这种结构形式常见于我国铁路隧道中(图 11-2-4)。

曲墙拱形衬砌适用于地质条件差，岩石破碎、松散和易于坍塌的地段。特别是对于洞底板较弱、具有膨胀特性或有较大围岩压力的情况，这不失为一种很好的设计形式(图11-2-5)。

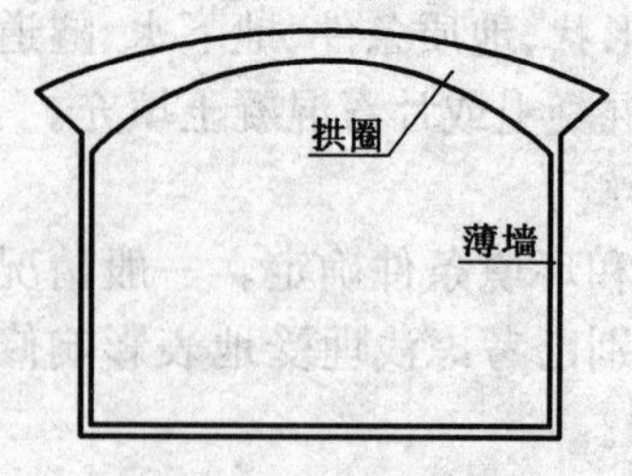

图 11-2-3　厚拱薄墙衬砌

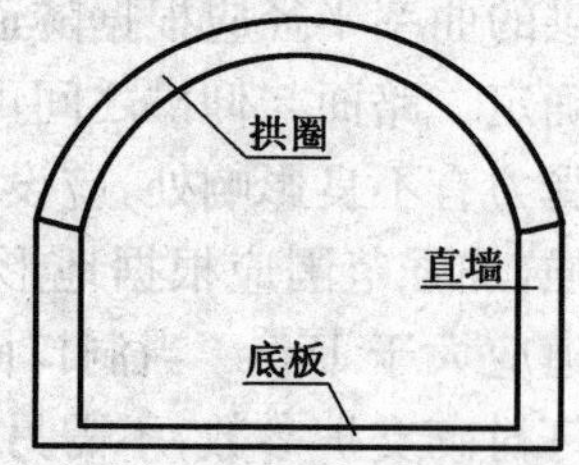

图 11-2-4　直墙拱形衬砌

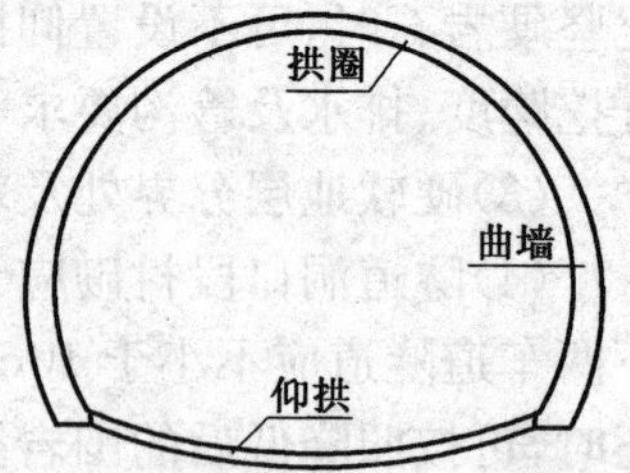

图 11-2-5　曲墙拱形衬砌

二、整体现浇衬砌的一般规定

(1)整体现浇衬砌截面可设计为等截面或变截面。对设仰拱的地段，仰拱与边墙宜采用小半径曲线连接，仰拱厚度宜与拱圈厚度相同。

当衬砌承受偏压荷载或承受垂直荷载较大时，可采用变截面形式。对于设置仰拱地段，为了减少围岩和衬砌的应力集中，避免急剧弯曲和棱角，边墙衬砌与仰拱宜采用小半径曲线连接(图 11-2-6)。仰拱厚度宜与边墙厚度相同，以保证边墙衬砌与仰拱之间力的有效传递。

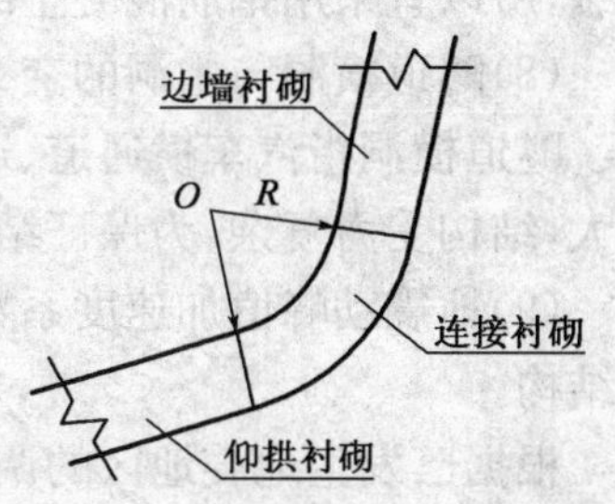

图 11-2-6　边墙衬砌应与仰拱连接

(2)明洞衬砌与洞内衬砌交界处或不设明洞的洞口段衬砌，在距洞口 5～12m 的位置应设沉降缝；在洞内，软硬地层明显分界处宜设沉降缝；在连续Ⅴ、Ⅵ级围岩中每隔 30～80m 应设一道沉降缝。

不同围岩级别采用不同的衬砌类型，不同衬砌类型所承受的围岩压力不同，地基承载能力也不相同。设置沉降缝是为了防止不均匀沉降或变形不一致产生的剪切破坏。在隧道洞口，衬砌所受的力和地基承载力差异较大，加上洞口段各种影响因素较多，衬砌大多出现明显的横向变形错位，所以应设沉降缝。在连续软弱围岩中，由于地基承载能力弱，长期荷载作用使得变形也不一致，根据具体情况每隔一定距离也应设沉降缝。

(3)严寒与酷热温差变化大的地区，特别是在最冷月份平均气温低于－15℃的寒冷地区，距洞口 100～200m 范围的衬砌段应根据情况增设伸缩缝。

衬砌由于冷缩影响往往导致开裂，为了适应温度变化，在温度变化影响较大范围内的衬砌应设伸缩缝，以防止衬砌由于温度应力引起的开裂。

(4)沉降缝和伸缩缝缝宽应大于 20mm，缝内可夹沥青木板或沥青麻丝。沉降缝和伸缩缝应垂直于隧道轴线设置。

设置沉降缝和伸缩缝的目的是为了把不同承载能力结构、承载不同围岩压力的结构完全断开，产生的沉降变形和受力变形各自独立。隧道结构设置变形缝，并在缝内设置一定厚度的隔离层，采用沥青木板或沥青麻丝是多年的做法，也可采用具有一定耐久性的柔性材料。结构的荷载作用方向垂直于隧道轴线，所以变形缝也应垂直于隧道轴线设置。

(5)沉降缝和伸缩缝可兼作施工缝。在设有沉降缝和伸缩缝的位置，施工缝宜调整到同一位置。

沉降缝和伸缩缝本身可作施工缝，施工缝调整到与沉降缝、伸缩缝同一位置，可减少一道专门工序。同时沉降缝、伸缩缝与临近施工缝的距离一般不小于 5m，以保证一次浇筑衬砌段的长度。

(6)不设仰拱的地段，衬砌边墙基底应置于稳固的地基之上，在洞门墙厚度范围内，边墙基础应加深到与洞门墙基础底相同的高程。

不设仰拱地段，地基的承载能力较高，但不能因为边沟开挖而破坏了地基的整体性，导致边墙脚失稳。洞口端墙式洞门的基础深度较大，洞门墙基坑开挖可能对隧道衬砌边墙基底造成损伤，要求衬砌边墙基础加深到洞门墙基底深度。

(7)在有明显偏压的地段，应采用抗偏压衬砌。抗偏压衬砌宜采用钢筋混凝土结构。

因地形、地质构造造成围岩松动、滑移而引起的有明显偏压的地段，有时由于施工工序而引起的短暂偏压地段，为了承受不对称的围岩压力，设计中应采用抗偏压衬砌。偏压衬砌靠外一侧衬砌外缘受拉，抗力较弱，向外侧变形的趋势较大，所以靠外侧的拱墙衬砌可加厚，并对衬砌截面在偏压状态下进行验算。根据国内工程实例调查，偏压状态一般出现在洞口，容易出现开裂，所以宜采用钢筋混凝土结构。

(8)隧道横洞与主洞的交叉段衬砌宜采用钢筋混凝土结构。

隧道横洞指汽车横通道、通风道等，与主洞连接处形成交叉口。在交叉口段，由于暴露空间大，结构受力复杂，为保证结构强度，防止开裂，要求交叉口衬砌段采用钢筋混凝土结构。

(9)地震动峰值加速度系数大于0.2的地区，洞口段及软弱围岩段的衬砌宜采用钢筋混凝土结构。

根据已发生地震地区的调查资料，地下结构具有很好的抗震能力。在地震动峰值加速度系数小于0.2的地区，一般地震对地下结构影响不大；在地震动峰值加速度系数大于0.2的高地震区，资料不多，不能保证地震发生时隧道衬砌不开裂、破坏。所以，在地震动峰值加速度系数大于0.2的地区，隧道洞口段或软弱围岩段的衬砌宜采用钢筋混凝土结构。

(10)当采用钢筋混凝土结构时，混凝土强度等级不应小于C25，受力主筋的净保护层厚度不小于40mm。

三、整体现浇衬砌的结构计算

1.一般规定

(1)整体现浇衬砌一般采用荷载结构法进行结构计算。

(2)隧道结构应按破损阶段法验算构件截面的强度。结构抗裂有要求时，对混凝土构件应进行抗裂验算，对钢筋混凝土构件应验算其裂缝宽度。

2.荷载结构法计算原理

荷载结构法的设计原理认为，隧道开挖后地层的作用主要是对衬砌结构产生荷载，衬砌结构应能安全可靠地承受地层压力等荷载的作用。计算时先按地层分类法或由实际公式确定地层压力，然后按弹性地基上结构物的计算方法计算衬砌的内力，并进行结构截面设计。

(1)基本未知量与基本方程

取衬砌结构结点的位移为基本未知量。由最小势能原理或变分原理可得系统整体求解时的平衡方程为：

$$[\boldsymbol{K}]\{\boldsymbol{\delta}\}=\{\boldsymbol{P}\} \tag{11-2-1}$$

式中：$[\boldsymbol{K}]$——衬砌结构的整体刚度矩阵，为$m\times m$阶方阵，m为体系结点自由度的总个数；

$\{\boldsymbol{\delta}\}$——由衬砌结构结点位移组成的列向量，即$\{\boldsymbol{\delta}\}=[\delta_1,\delta_2,\cdots,\delta_m]^{\mathrm{T}}$；

$\{\boldsymbol{P}\}$——由衬砌结构结点荷载组成的列向量，即$\{\boldsymbol{P}\}=[P_1,P_2,\cdots,P_m]^{\mathrm{T}}$。

矩阵$\{\boldsymbol{P}\}$、$[\boldsymbol{K}]$和$\{\boldsymbol{\delta}\}$可分别由单元的荷载矩阵$\{\boldsymbol{P}\}^{\mathrm{e}}$、单元的刚度矩阵$[\boldsymbol{k}]^{\mathrm{e}}$和单元的位移向量矩阵$\{\boldsymbol{\delta}\}^{\mathrm{e}}$构成。故在采用有限元方法进行分析时，需先划分单元，建立单元刚度矩阵$[\boldsymbol{k}]^{\mathrm{e}}$和单元荷载矩阵$\{\boldsymbol{P}\}^{\mathrm{e}}$。

隧道承重结构轴线的形状为弧形时，需用折线单元模拟曲线。划分单元时，只需确定杆件单元的长度。杆件厚度d即为承重结构的厚度，杆件宽度取为1m。相应的杆件横截面面积$A=d\times1(\mathrm{m}^2)$，抗弯惯性矩$I=\frac{1}{12}\times1\times d^3(\mathrm{m}^4)$，弹性模量$E(\mathrm{kN/m^2})$取混凝土的弹性模量。

(2)单元刚度矩阵的计算

设梁单元在局部坐标系下的结点位移为$\{\boldsymbol{\delta}\}=[\bar{u}_{\mathrm{i}},\bar{v}_{\mathrm{i}},\bar{\theta}_{\mathrm{i}},\bar{u}_{\mathrm{j}},\bar{v}_{\mathrm{j}},\bar{\theta}_{\mathrm{j}}]^{\mathrm{T}}$，对应的结点力为

$\{\bar{\boldsymbol{f}}\}=[\bar{X}_i,\bar{Y}_i,\bar{M}_i,\bar{X}_j,\bar{Y}_j,\bar{M}_j]^T$，则有：

$$\{\bar{\boldsymbol{f}}\}=[\bar{\boldsymbol{k}}]^e\{\boldsymbol{\delta}\} \tag{11-2-2}$$

式中：$[\bar{\boldsymbol{k}}]^e$——梁单元在局部坐标系下的刚度矩阵，可按下式计算。

$$[\bar{\boldsymbol{k}}]^e=\begin{bmatrix} \frac{EA}{l} & 0 & 0 & -\frac{EA}{l} & 0 & 0 \\ 0 & \frac{12EI}{l^3} & \frac{6EI}{l^2} & 0 & -\frac{12EI}{l^3} & \frac{6EI}{l^2} \\ 0 & \frac{6EI}{l^2} & \frac{4EI}{l} & 0 & -\frac{6EI}{l^2} & \frac{2EI}{l} \\ -\frac{EA}{l} & 0 & 0 & \frac{EA}{l} & 0 & 0 \\ 0 & -\frac{12EI}{l^3} & -\frac{6EI}{l^2} & 0 & \frac{12EI}{l^3} & -\frac{6EI}{l^2} \\ 0 & \frac{6EI}{l^2} & \frac{2EI}{l} & 0 & -\frac{6EI}{l^2} & \frac{4EI}{l} \end{bmatrix} \tag{11-2-3}$$

式中：l——梁单元的长度；

A——梁的截面积；

I——梁的惯性矩；

E——梁的弹性模量。

对于整体结构而言，各单元采用的局部坐标系均不相同。故在建立整体矩阵时，需按式(11-2-4)将按局部坐标系建立的单元刚度矩阵$[\bar{\boldsymbol{k}}]^e$转换成结构整体坐标系中的单元刚度矩阵$[\boldsymbol{k}]^e$。

$$[\boldsymbol{k}]^e=[\boldsymbol{T}]^T[\bar{\boldsymbol{k}}]^e[\boldsymbol{T}] \tag{11-2-4}$$

式中：$[\boldsymbol{T}]$——转置矩阵，可按下式计算。

$$[\boldsymbol{T}]=\begin{bmatrix} \cos\beta & \sin\beta & 0 & 0 & 0 & 0 \\ -\sin\beta & \cos\beta & 0 & 0 & 0 & 0 \\ 0 & 0 & 1 & 0 & 0 & 0 \\ 0 & 0 & 0 & \cos\beta & \sin\beta & 0 \\ 0 & 0 & 0 & -\sin\beta & \cos\beta & 0 \\ 0 & 0 & 0 & 0 & 0 & 1 \end{bmatrix} \tag{11-2-5}$$

式中：β——局部坐标系与整体坐标系之间的夹角(°)。

(3)地层反力作用模式

地层弹性抗力由下式给出：

$$F_n = K_n \times U_n \tag{11-2-6}$$

$$F_s = K_s \times U_s \tag{11-2-7}$$

其中：$K_n = \begin{cases} K_n^+ & U_n \geqslant 0 \\ K_n^- & U_n < 0 \end{cases}$　　$K_s = \begin{cases} K_s^+ & U_s \geqslant 0 \\ K_s^- & U_s < 0 \end{cases}$

式中：F_n、F_s——分别为法向和切向弹性抗力；

K_n、K_s——相应的围岩弹性抗力系数，且 K^+、K^- 分别为压缩区和拉伸区的抗力系数，通常令 $K_n^- = K_s^- = 0$。

杆件单元确定后，即可确定地层弹簧单元，它只设置在杆件单元的结点上。地层弹簧单元可沿整个截面设置，也可只在部分结点上设置。沿整个截面设置地层弹簧单元时，计算过程中需用迭代法作变形控制分析，以判断出抗力区的确切位置。

3.衬砌的内力和变形计算

(1)采用荷载结构法计算隧道衬砌的内力和变形时，应通过考虑弹性抗力等体现围岩对衬砌变形的约束作用。弹性抗力的大小及分布，对回填密实的衬砌构件可采用局部变形理论，按式(11-2-8)计算确定。

$$\sigma = k\delta \tag{11-2-8}$$

式中：σ——弹性抗力的强度(MPa)；

k——围岩弹性抗力系数；

δ——衬砌朝向围岩的变形值(m)，变形朝向洞内时取零。

进行衬砌计算时，围岩地层的特性参数值应按地质资料选用。由于岩层性质具有明显的随机性特征，工程设计中按地质资料选用或按规范查取的围岩地层特性参数值仍与工程实际有差异，因而在隧道开挖后，应根据在施工现场进行的监控量测对其进行修正。

(2)计算带仰拱的衬砌，当先做仰拱后建边墙时，应考虑仰拱对结构内力的影响；当仰拱在边墙之后施作时，则可不考虑。

(3)按破损阶段验算构件截面的强度时，应根据不同的荷载组合，分别采用不同的安全系数，并应不小于表11-2-1和表11-2-2所示的数值。验算施工阶段的强度时，因隧道衬砌和明洞结构处于施工阶段的时间比使用阶段短得多，围岩压力等荷载一般不会立即达到使用阶段的最大值，且在检算施工阶段强度的计算假定中，受力较好的空间结构常被简化为内力较大的平面结构，一些对衬砌受力有利的因素，如工作缝的黏结强度、围岩的阻抗及衬砌与围岩的黏结作用等常忽略或取很小的数值，因此安全系数可采用表11-2-1和表11-2-2“永久荷载＋基本可变荷载＋其他可变荷载”栏内的数值乘以折减系数0.9。

混凝土和砌体结构的强度安全系数　　表11-2-1

圬工种类 / 荷载组合 / 破坏原因	混凝土		砌体	
	永久荷载＋基本可变荷载	永久荷载＋基本可变荷载＋其他可变荷载	永久荷载＋基本可变荷载	永久荷载＋基本可变荷载＋其他可变荷载
混凝土或砌体达到抗压极限强度	2.4	2.0	2.7	2.3
混凝土达到抗拉极限强度	3.6	3.0	—	—

钢筋混凝土结构的强度安全系数　　表 11-2-2

破坏原因＼荷载组合	永久荷载＋基本可变荷载	永久荷载＋基本可变荷载＋其他可变荷载
钢筋达到计算强度或混凝土达到抗压或抗剪极限强度	2.0	1.7
混凝土达到抗拉极限强度	2.4	2.0

表 11-2-1 和表 11-2-2 所列数值主要参照《铁路隧道设计规范》(TB 10003—2005)，这些安全系数是以我国 41 条已建及新建的近 400 座铁路隧道的调查及实践经验为基础提出的，且结构基本上是安全的。因此可以认为，在结构计算理论和材料指标没有较大变动的情况下，这些安全系数值基本上是合适的。特别是根据地下建筑的特点(如衬砌施工条件差、质量不易保证、作用变异大、结构计算简图与实际受力状态有出入等)，结构强度安全系数的取值应较地面结构略有提高，以保证隧道建筑物在正常设计施工条件下具有必要的安全储备。

(4)衬砌计算时，应使其在变形后仍满足净空要求。

(5)整体现浇衬砌的混凝土偏心受压构件，其轴向力的偏心距不宜大于截面厚度的 45%；对于砌体偏心受压构件，则不应大于截面厚度的 30%。基底偏心距应符合表 11-2-3 的规定。

砌体主要验算规定　　表 11-2-3

墙身截面荷载效应值 S_d	≤结构抗力的效应值 R_d(按极限状态计算)
墙身截面偏心距 e	≤截面厚度的 30%
基底应力 σ	≤地基容许承载力
基底偏心距 e	岩石地基≤$B/5$～$B/4$；土质地基≤$B/6$(B 为墙底厚度)
滑动稳定安全系数 K_c	≥1.3
倾覆稳定安全系数 K_0	≥1.6

(6)整体现浇衬砌的拱脚截面，当混凝土为间歇浇筑或边墙用砌体、拱圈用混凝土时，其偏心距应与上条对砌体构件的规定相同，计算截面抗压强度时安全系数也应采用表 11-2-1 对砌体规定的数值。

(7)混凝土和砌体矩形截面轴心及偏心受压构件的抗压强度应按式(11-2-9)计算。

$$kN \leqslant \varphi\alpha R_a bh \tag{11-2-9}$$

式中：R_a——混凝土或砌体的抗压极限强度(MPa)，按表 11-2-4 和表 11-2-5 取值；

k——安全系数，按表 11-2-1 采用；

N——轴向力(kN)；

b——截面宽度(m)；

h——截面厚度(m)；

φ——构件纵向弯曲系数，对于贴壁式隧道衬砌、明洞拱圈及墙背紧密回填的边墙，可取 $\varphi=1$，对于其他构件，应根据其长细比按表 11-2-6 采用；

α——轴向力的偏心影响系数，按表 11-2-7 采用。

混凝土的极限强度(单位:MPa) 表 11-2-4

强度 \ 混凝土强度等级	C15	C20	C25	C30	C40	C50
抗压强度 R_a	12.0	15.5	19.0	22.5	29.5	36.5
弯曲抗压强度 R_w	15.0	19.4	24.2	28.1	36.9	45.6
抗拉强度 R_l	1.4	1.7	2.0	2.2	2.7	3.1

注:1. 片石混凝土的抗压极限强度可采用表中数值。

2. 表中弯曲抗压极限强度按 $R_w=1.25R_a$ 换算。

砌体的极限强度(单位:MPa) 表 11-2-5

砌体种类 \ 强度		抗压强度 R_a				抗剪强度 R_j
		片　石	块　石	粗　料　石	混凝土砌块	
砂浆强度等级	M7.5	3.0	—	—	—	0.35
	M10	3.5	5.5	8.0	5.5	0.40
	M15	4.0	6.0	9.0	6.0	0.50

注:混凝土砌块高度 h 超过 20cm 时,表中混凝土块砌体的抗压极限强度应乘以下列提高系数 c:$h\leqslant 40$cm 时,$c=0.6+0.02h$;$h>40$cm 时,$c=1.2+0.005h$。当 c 大于 1.7 时,取 1.7。

混凝土及砌体构件的纵向弯曲系数 表 11-2-6

H/h	<4	4	6	8	10	12	14	16
纵向弯曲系数 φ	1.00	0.98	0.96	0.91	0.86	0.82	0.77	0.72
H/h	18	20	22	24	26	28	30	—
纵向弯曲系数 φ	0.68	0.63	0.59	0.55	0.51	0.47	0.44	—

注:1. H 为构件的高度,h 为截面短边的边长(当轴心受压时)或弯矩作用平面内的截面边长(当偏心受压时)。

2. 当 H/h 为表列数值的中间值时,φ 可按内插法求得。

偏心影响系数 α 表 11-2-7

e_0/h	α	e_0/h	α	e_0/h	α	e_0/h	α	e_0/h	α
0.00	1.000	0.10	0.954	0.20	0.750	0.30	0.480	0.40	0.236
0.02	1.000	0.12	0.923	0.22	0.698	0.32	0.426	0.42	0.199
0.04	1.000	0.14	0.886	0.24	0.645	0.34	0.374	0.44	0.170
0.06	0.996	0.16	0.845	0.26	0.590	0.36	0.324	0.46	0.142
0.08	0.979	0.18	0.799	0.28	0.535	0.38	0.278	0.48	0.123

注:1. 表中 e_0 为轴向力偏心距。

2. 表中 $\alpha=1.000+0.648(e_0/h)-12.569(e_0/h)^2+15.444(e_0/h)^3$。

(8)按抗裂要求,混凝土矩形截面偏心受压构件的抗拉强度应按式(11-2-10)计算。

$$kN\leqslant\varphi\frac{1.75R_lbh}{\frac{6e_0}{h}-1} \tag{11-2-10}$$

式中：k——安全系数，按表 11-2-1 采用；

N——轴向力(kN)；

φ——构件纵向弯曲系数，对于贴壁式隧道衬砌、明洞拱圈及墙背紧密回填的边墙，可取 $\varphi=1$，对于其他构件，应根据其长细比按表 11-2-6 采用；

R_1——混凝土抗拉极限强度(MPa)，按表 11-2-4 采用；

b——截面宽度(m)；

h——截面厚度(m)；

e_0——轴向力偏心距(mm)。

当为混凝土矩形截面构件，$e_0 \leqslant 0.20h$ 时，抗压强度控制承载能力，可不必按式(11-2-10)计算；$e_0 > 0.20h$ 时，抗拉强度控制承载能力，可不必按式(11-2-9)计算。

四、整体现浇衬砌支护

公路隧道整体现浇衬砌支护参数可采用工程类比法或数值计算确定，设计参数可参照表 11-2-8 选取。

整体现浇衬砌设计参数　　表 11-2-8

围岩级别(级)	单车道隧道	两车道隧道
Ⅳ	边墙、拱部：35～40cm 混凝土 仰拱：35～40cm 混凝土	边墙、拱部：40～50cm 钢筋混凝土 仰拱：40～50cm 混凝土
Ⅴ	边墙、拱部：40～45cm 钢筋混凝土 仰拱：40～45cm 混凝土	边墙、拱部：50～60cm 钢筋混凝土 仰拱：50～60cm 钢筋混凝土
Ⅵ	边墙、拱部：45～50cm 钢筋混凝土 仰拱：45～50cm 钢筋混凝土	边墙、拱部：60～80cm 钢筋混凝土 仰拱：60～80cm 钢筋混凝土

第三节　喷 锚 支 护

一、喷锚支护的组成

喷锚支护通常由喷射混凝土、锚杆、钢筋网、钢架等支护材料中的一种或几种组合而成。常用的组合方式有：①喷射混凝土支护；②喷射混凝土＋锚杆支护；③喷射混凝土＋锚杆＋钢筋网支护；④喷射混凝土＋锚杆＋钢筋网＋钢架支护等四种支护形式。

1. 喷射混凝土

喷射混凝土是利用泵或高压空气作动力，把混凝土混合料通过喷射机、输料管及喷头直接喷射到隧道围岩壁上的支护方法。喷射混凝土在隧道开挖后立即施工，以覆盖围岩壁面，维护隧道围岩稳定，具有不需模板、施作速度快、早期强度高、密实度好、与围岩紧密粘贴、不留空隙的突出优点。隧道开挖后及时施作喷射混凝土支护，可以起到封闭岩面、防止风化松动、填充坑凹及裂隙、维护和提高围岩的整体性、帮助围岩发挥自身的结构作用、调整围岩应力分布、防止应力集中、控制围岩变形、防止掉块、防止坍塌的作用。

2. 锚杆

锚杆支护是喷锚支护的主要组成部分，是一种锚固在围岩体内部的杆状体。锚杆支护通过锚入岩体内部的钢筋与围岩融为一体，以提高围岩的力学性能，改善围岩的受力状态，实现加固围岩、维护围岩稳定的目的。根据大量试验和工程实践，锚杆对保持隧道围岩稳定、抑制围岩变形有很好作用。利用锚杆的悬吊作用、组合拱作用、减跨作用、挤压加固作用，将围岩中的节理、裂隙串成一体，提高围岩的整体性，改善围岩的力学性能，从而发挥围岩的自承能力。锚杆支护不仅对硬质围岩，而且对软质围岩也能起到良好的支护效果。

锚杆的一般形式有：

(1)全长黏结型锚杆：普通水泥砂浆锚杆、早强水泥砂浆锚杆、树脂卷锚杆、水泥卷锚杆。

(2)端头锚固型锚杆：机械锚固锚杆、树脂锚固锚杆、快硬水泥卷锚固锚杆。

(3)摩擦型锚杆：缝管锚杆、楔管锚杆、长胀锚杆。

(4)预应力锚杆。

(5)自钻式锚杆。

3. 钢筋网

钢筋网一般和喷射混凝土联合运用，以提高喷射混凝土的抗剪和抗弯强度，提高喷射混凝土的抗冲切能力、抗弯曲能力，提高喷射混凝土的整体性，减少喷射混凝土的收缩裂纹，防止局部掉块。

钢筋网喷射混凝土的施工顺序是：先初喷混凝土，铺挂钢筋网，再复喷混凝土，覆盖钢筋网。

4. 钢架

钢架是用型钢或者钢筋加工成与隧道断面形式匹配的拱形构件，具有较大刚度，在喷锚支护中常常作为支护骨架。钢架包括钢筋格栅钢架、工字钢钢架、U型钢钢架等。

(1)钢筋格栅钢架

由钢筋焊接组合而成，可按实际需要的不同刚度，制成矩形、梯形、三角形等集中截面。制作时分节段焊接，用拼接板及螺栓连接而成。格栅钢架可以现场加工制作，不需要特殊设备，安装方便，能与喷射混凝土紧密结合，形成有一定刚度与强度的钢拱肋支护，用钢量比型钢钢架要省。

(2)工字钢钢架

常用的有 I_{14}、I_{16}、I_{18}、I_{20}、I_{22} 等几种，刚度较大，具有较大的独立承载能力，制作时一般使用冷弯机分段加工，每段焊接端头板，安装时用螺栓连接。

(3)U型钢钢架

受力性能与工字钢钢架类似，但可不需要连接钢板，直接焊接或者用螺栓卡连接。其最大的优势在于使用螺栓连接时，能允许接头部位发生少量位移，从而能小幅调整拱幅，有一定的灵活性。

二、喷锚支护的适用范围

喷锚支护是一种能充分利用和发挥围岩自承自稳能力的支护衬砌形式，具有支护及时、柔性、紧贴围岩、与围岩共同变形等特点。在受力条件上比整体现浇衬砌优越，在加快施工进度、节约劳动力及原材料、降低工程成本等方面效果显著，能保证围岩的长期稳定。

喷锚支护能够及时施作，而且是一种柔性支护，能够极大地发挥围岩的自承自稳能力，充分体现新奥法的支护理念，是我国近年来所建隧道普遍采用的一种支护结构。它与二次衬砌构成的复合式衬砌结构，构成了我国隧道衬砌结构的普遍形式。

(1)在下列条件下可采用喷锚支护：

①作为施工使用的导洞；

②低等级公路隧道内Ⅰ～Ⅲ级围岩段；

③处于Ⅰ～Ⅲ级围岩紧急救援通道、泄水洞等；

④特长隧道Ⅰ～Ⅲ级围岩段通风竖井、斜井。

(2)遇到下列情况，不应采用喷锚衬砌：

①地下水发育或大面积淋水地段；

②能造成衬砌腐蚀或膨胀性围岩的地段；

③最冷月平均气温低于－5℃地区的冻害地段；

④有其他特殊要求的隧道。

(3)由于喷锚支护结构的刚度较小，在围岩自稳能力较差的Ⅳ～Ⅴ级围岩中，稳定性和防止水侵蚀方面经验还不多，材料及施工工艺还有待进一步提高，不宜单独采用喷锚支护作为永久衬砌。安全等级为一级的隧道一般也不宜采用喷锚支护。

(4)在隧道进出口段、浅埋段以及围岩条件很差的软弱围岩中，一般不直接使用喷锚支护作为衬砌结构。

三、喷锚支护一般规定及强度验算

1. 喷射混凝土

1)喷射混凝土支护

喷射混凝土支护厚度有最小喷层厚度和平均喷层厚度两种指标，前者指整个断面各部位的喷层均大于设计厚度，后者指整个断面平均喷层厚度大于设计厚度。一般情况下按最小厚度计算，当在硬岩中采用钻爆法开挖，若开挖轮廓凹凸过大导致喷射混凝土用量过大时，可采用平均厚度计算。

(1)喷射混凝土厚度一般不应小于 50mm。喷射混凝土收缩较大，若喷层厚度小于 50mm，其中粗集料含量甚少，则更易引起收缩开裂。同时，喷层过薄也不足以抵抗岩块的移动，并会随着围岩变形而出现裂缝或局部剥落。

(2)为发挥围岩的自承作用，喷射混凝土支护应具有一定的柔性，所以喷层最大设计厚度不宜超过 250mm。当喷层不能满足支护抗力要求时，可用锚杆、钢筋网或钢架予以加强。在含水地层中，为了保证喷层的抗渗能力，其最小厚度不应小于 80mm，抗渗强度不应低于 0.8MPa。

(3)公路隧道喷射混凝土的设计强度等级不应低于 C15。对于竖井及重要隧道和斜井工程，喷射混凝土的设计强度等级不应低于 C20。

(4)喷射混凝土 1d 龄期的抗压强度不应低于 5MPa，不同强度等级喷射混凝土的设计强度应按表 11-3-1 选用。

(5)拱圈及边墙喷射混凝土强度等级不应低于 C20。喷射混凝土的水泥等级不得低于 C32.5，并优先选用普通硅酸盐水泥，必要时可采用特种水泥。细集料采用中砂或粗砂，细度模数宜大于 2.5，含水率宜控制在 5%～7%；粗集料采用砾石或碎石，粒径不应大于 15mm。

喷射混凝土强度设计值(单位:MPa)　　表 11-3-1

强度＼强度等级	C15	C20	C25	C30
轴心抗压强度	7.5	10	12.5	15
弯曲抗压强度	8.5	11	13.5	16.5
抗拉强度	0.9	1.1	1.3	1.5

喷射混凝土对局部不稳定块体的抗冲切承载力可按下式验算:

$$kG \leqslant 0.6 f_{t} u_{m} h \tag{11-3-1}$$

当喷层内配置钢筋网时,则其抗冲切承载力按下式计算:

$$kG \leqslant 0.3 f_{t} u_{m} h + 0.8 f_{yv} A_{svu} \tag{11-3-2}$$

式中:f_t——喷射混凝土的计算抗拉强度(MPa);

G——不稳定岩面块体质量(N);

f_{yv}——钢筋抗剪强度设计值(MPa);

h——喷射混凝土厚度(mm),当 $h>100$mm 时仍以 100mm 计算;

u_m——不稳定块体出露面的周边长度(mm);

A_{svu}——与冲切破坏锥体斜截面相交的全部钢筋截面面积(mm^2);

k——安全系数,取 2.0。

2)钢筋网喷射混凝土支护

钢筋网可提高喷射混凝土的抗剪和黏结强度,有利于抵抗岩石塌落和承受冲击荷载,能提高喷层的整体性,使其应力分布均匀,从而减少混凝土收缩和喷层裂缝。在变形大而自稳性差的软弱围岩的混凝土喷层中,应设置 1~2 层钢筋网。在强度低的土砂地层(尤其是粉砂层)中,喷层经常与土砂层一起剥落,此时可安设防剥落的网眼较密的钢筋网。

(1)钢筋网喷射混凝土支护的厚度不应小于 100mm,且不宜大于 250mm。

(2)钢筋网材料宜采用 HPB235 钢筋,钢筋直径宜为 6~12mm。

(3)钢筋网网格应按矩形布置,钢筋间距宜为 150~300mm。当小于 150mm 时,喷射混凝土回弹增加,且钢筋网与壁面之间易形成空洞,不能保证混凝土的密实度;当大于 300mm 时,将大大削弱钢筋网在喷射混凝土中的作用。

(4)钢筋网钢筋的搭接长度应不小于一个网格或 $30d$(d 为钢筋直径)。

(5)钢筋网的保护层厚度不小于 20mm,当采用双层钢筋网时,两层钢筋网之间的间隔距离应不小于 60mm。

(6)单层钢筋网喷射混凝土厚度不得小于 80mm,双层钢筋网喷射混凝土厚度不得小于 150mm。

(7)钢筋网应配合锚杆一起使用,钢筋网宜与锚杆绑扎连接或焊接。

3)钢纤维喷射混凝土支护

钢纤维喷射混凝土成本高、工艺复杂、喷射机械和管路磨损率大,故钢纤维喷射混凝土一般仅用于塑性或膨胀性岩体、土质浅埋隧道、洞内塌方抢险工程及净空受限制的运营隧道裂损衬砌加固等。钢纤维喷射混凝土的设计强度等级不应低于 C25,其抗压强度不应低于 2MPa,

抗弯强度不应低于 6MPa。

钢纤维喷射混凝土用的钢纤维应符合以下规定：

(1)钢纤维可用普通碳素钢制造，其抗拉强度不应低于 380MPa。

钢纤维喷混凝土的破坏，一般是纤维从混凝土中拔出。因此，钢纤维和混凝土间的握裹力是喷层破坏的控制因素。

(2)钢纤维的长度宜为 20～25mm，不得大于 25mm，直径宜为 0.3～0.5mm。

钢纤维的长度和直径对喷射混凝土的力学性能和施工效率均有影响。钢纤维短粗，对喷射混凝土增强效果不利；钢纤维细长，使搅拌和施工发生困难。

(3)钢纤维掺量宜为干混合料质量的 1.5%～4.0%(33～96kg/m^3)。

钢纤维掺量超过混凝土体积的 2%时，搅拌的均匀性和喷射施工中的流畅性会发生困难，且回弹率增大，故钢纤维掺量宜为混凝土体积的 1%～1.5%(约为混凝土质量的 3%～6%)。

(4)钢纤维的体积率一般为 0.5%～2.0%，长径比为 40～100。

(5)为了提高喷射混凝土的抗裂性能，喷射混凝土也可添加合成纤维。合成纤维喷射混凝土的设计强度等级不应低于 C20，合成纤喷射维混凝土应根据试验确定其掺量。

2. 锚杆

1)全长黏结型锚杆

用水泥砂浆树脂作填充黏结剂，使锚杆和孔壁岩石黏结，能增加锚杆的抗剪、抗拉强度和防止钢筋腐蚀作用。其锚固性能可靠，具有较强的长期锚固力，有利于约束围岩位移。目前在地下工程中使用最广的是水泥砂浆锚杆和早强水泥砂浆锚杆。

全长黏结型锚杆应遵守下列规定：

(1)杆体材料宜采用Ⅱ、Ⅲ级钢筋。钻孔直径为 28～32mm 的小直径锚杆的杆体材料宜用 HPB235 钢筋。

(2)杆体钢筋直径宜为 16～32mm。

(3)杆体钢筋保护层厚度，采用水泥砂浆时不小于 8mm，采用树脂时不小于 4mm。

(4)杆体直径大于 32mm 的锚杆，应采取杆体居中的构造措施。

(5)水泥砂浆的强度等级不应低于 M20，锚杆设计抗拉拔力不应低于 50kN；

(6)水泥砂浆的配合比，水泥∶砂宜为 1∶1～1∶1.5，水灰比宜为 0.4～0.5，中细砂粒径不宜大于 3.0mm。

(7)对于自稳时间短的围岩，宜用树脂锚杆或早强水泥砂浆锚杆。

目前广泛采用的有 ZM-1 和 ZM-2 型早强砂浆锚杆，其力学指标见表 11-3-2，胶结材料主要为硫铝酸盐早强水泥。ZM-1 型掺 Tz 型早强剂，施工方法与普通砂浆锚杆相同；ZM-2 型采用含 4%～6%锂盐的 Ts 型早强剂和含 0.5%亚硝酸钠的防锈剂，做成药包状，药包长度 300～350mm，直径 38～40mm(略小于钻头直径)，质量 0.5～0.8kg。药包随泡水随用，泡水时间一般为 1～2min，利用凿岩机顶送杆体并将药包搅碎。

早强砂浆锚杆力学指标　　表 11-3-2

锚 杆 类 型	产生 50kN 以上抗拔力所需时间(2m 长锚杆)(h)	水泥砂浆 12h 抗压强度(MPa)
ZM-1	2～6	>20
ZM-2	1	>20

2)端头锚固型锚杆

通过锚杆的机械式锚固或黏结式锚固,将锚杆端部锚固于锚杆孔的端部岩体内,通过空口托板及螺母使锚杆全长受力均匀,其锚杆受力大小主要取决于锚头的锚固强度。

机械式锚固可用于硬岩、中硬岩支护中,黏结式锚固除用于硬岩和中硬岩外,也可用于软岩。但由于地下水或潮湿空气作用而使锚杆锈蚀,围岩蠕变而降低锚固力,故这种锚杆仅适用于临时支护,当作永久支护时,应向锚杆孔内压注水泥砂浆或采取其他防锈蚀措施。

端头锚固型锚杆应遵守下列规定:

(1)杆体材料宜用Ⅱ级钢筋,杆体直径为16～32mm。

(2)树脂锚固剂的固化时间不应大于10min,快硬水泥的终凝时间不应大于12min。

(3)树脂锚杆锚头的锚固长度宜为200～250mm,快硬水泥卷锚杆锚头的锚固长度宜为300～400mm。

(4)托板可用Q235钢,厚度不宜小于6mm,尺寸不宜小于150mm×150mm。

(5)锚头的设计锚固力不应低于50kN。

(6)服务年限大于5年的工程,应在杆体与孔壁间注满水泥砂浆。

①楔缝式锚杆(图11-3-1):是锚固方式最简单的锚杆。安装时楔块打入锚头的楔缝中,使锚头劈开、岩体受挤压而起锚固作用,锚杆长2～4m。楔缝宽2～3mm,长150～200mm,楔块比楔缝短20mm;锚杆孔眼直径比杆体直径大8～12mm。其锚固力在页岩、板岩中为20～50kN,砂岩、灰岩中约为60～90kN,玢岩、石灰岩中可达70～110kN。

②胀壳式锚杆(图11-3-2):在其端部有一个锥形塞,用丝扣连接在锚头上,胀壳在锥形塞外面,转动杆体使锥形塞挤压胀壳,把胀壳张开与锚杆孔眼末端岩石挤紧起锚固作用。安装时不用锤击,故杆体可较楔缝式锚杆稍细。钻孔直径一般比锚头外径大1～6mm,锚头与孔壁的接触面积较大,故比楔缝式锚杆的锚固力要大,其锚固力一般为60～300kN。当不注浆作临时支护时,杆体和托板尚可回收。

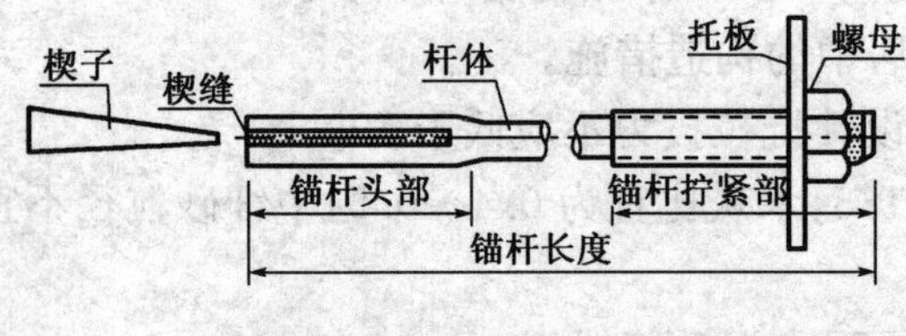

图11-3-1　楔缝式锚杆

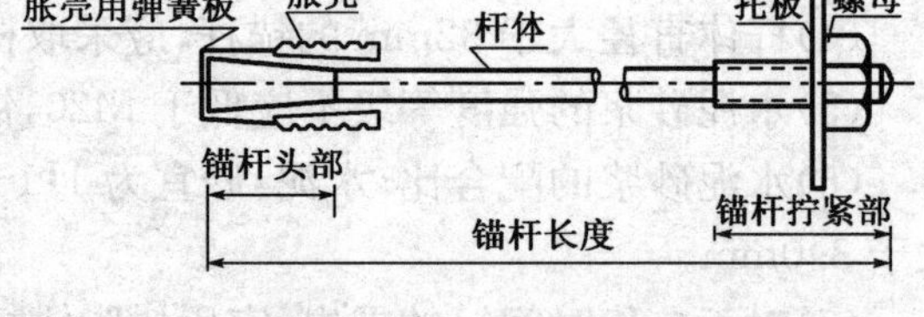

图11-3-2　胀壳式锚杆

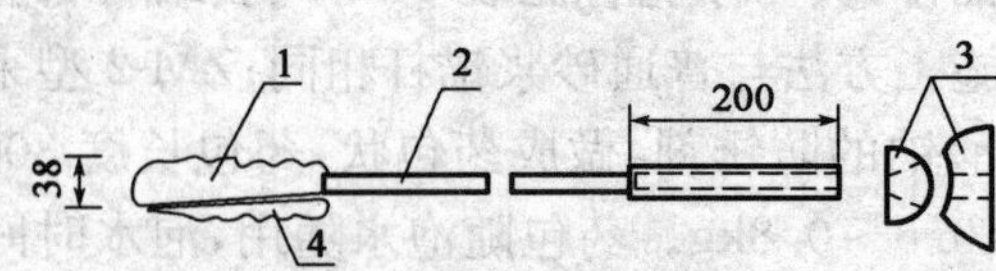

图11-3-3　倒楔式锚杆(尺寸单位:mm)

1-锚头;2-螺纹ϕ16杆体;3-托板;4-倒楔

③倒楔式锚杆(图11-3-3):其原理和胀壳式锚杆类似,杆体端部连接一固定楔,外面有活动倒楔(用铁丝将其捆在固定楔上,一起送入孔底)。安装时用钎杆锤击活动倒楔,使之与岩体挤紧起锚固作用。其锚固力比楔缝式大,比胀壳式小,介于两者之间。

④树脂锚杆(图11-3-4):用树脂加一定量填料作黏结剂,把锚杆和岩石孔壁黏结而起锚固作用。通常把合成树脂、加速剂和石英粉、瓷粉等无机填料装入袋中,固化剂放玻璃管内与其分开,树脂袋长20～40cm,锚杆头部长20～25cm,锻扁后扭成麻花状并焊挡圈。安装时用锚

杆头将树脂袋装入孔内，然后旋转锚杆，搅碎树脂袋，将树脂、固化剂和填料等搅拌均匀，在1～10min内立即凝固，0.5h后锚杆抗拔力可达100kN。这种锚杆锚固力大，安装后可很快承载，施工简单，但其造价较高，故多用于处理危岩、开挖后需及时支护和有地下水的围岩。

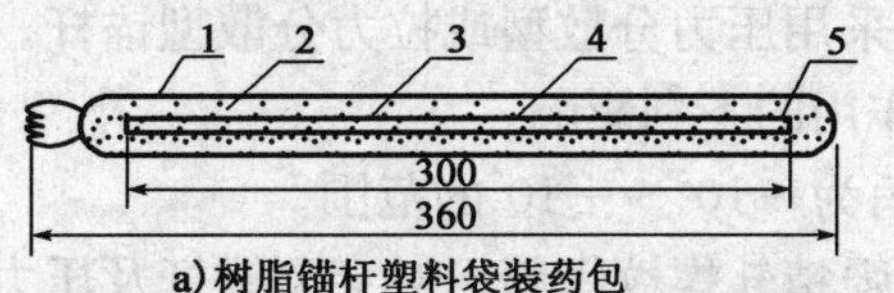

a)树脂锚杆塑料袋装药包

1-外管塑料袋$\phi35$、l-400；2-树脂、加速剂、填料的混合物；3-内管、玻璃管$\phi8$、l-300；4-固化剂、填料的混合物；5-软木塞

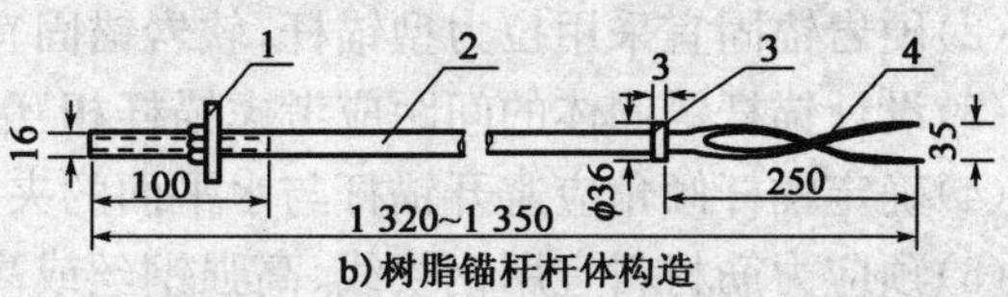

b)树脂锚杆杆体构造

1-托板；2-杆体；3-挡圈；4-左旋麻花状锚

图11-3-4　树脂锚杆(尺寸单位：mm)

3)摩擦型锚杆

有缝管式(全长摩擦型)和楔管式(局部摩擦型)两种锚杆。当需要较高的初始锚固力时，可采用端头锚塞的缝管锚杆或楔管锚杆(图11-3-5)。

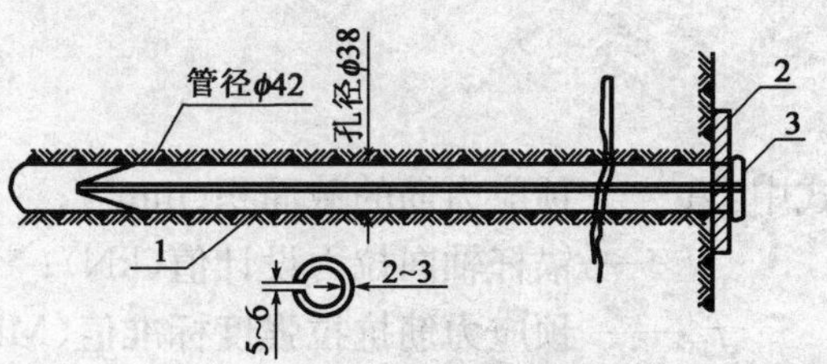

图11-3-5　缝管式锚杆(尺寸单位：mm)

1-杆体；2-托板；3-挡环

摩擦型锚杆的设计应遵守：

(1)缝管锚杆的管体材料宜用16锰或20锰硅钢，壁厚为2.0～2.5mm，楔管锚杆的管体材料可用Q235钢，壁厚为2.75～3.25mm。

(2)缝管锚杆的外径为30～45mm，缝宽为13～18mm；楔管锚杆缝管段的外径为40～45mm，缝宽宜为10～18mm，圆管段内径不宜小于27mm。

(3)钻孔直径应小于摩擦型锚杆的外径，其差值可按表11-3-3选取。

缝管锚杆、楔管锚杆与钻孔的径差　　表11-3-3

岩石单轴饱和抗压强度(MPa)	径差(mm)	岩石单轴饱和抗压强度(MPa)	径差(mm)
>60	1.5～2.0	<30	2.5～3.5
30～60	2.0～2.5	—	—

(4)宜采用碟形托板，材料为Q235钢，厚度不应小于4mm，尺寸不应小于120mm×120mm。

(5)杆体极限抗拉力不宜小于120kN，挡环与管壁焊接处的抗脱力不应小于80kN。

(6)缝管锚杆的初锚固力不应小于25kN/m，当需要较高的初锚固力时，可采用带端头锚塞的缝管锚杆或楔管锚杆。

(7)水胀式锚杆材料宜选用直径为48mm，壁厚2mm的无缝钢管，并加工成外径为29mm，前后端套管直径为35mm的杆体。

(8)水胀式锚杆的托板材料、规格同摩擦型锚杆。

4)预应力锚杆

软岩、收敛变形较大的围岩地段以及小间距隧道中夹岩柱加固，可采用预应力锚杆。在支护中可以和其他锚杆交叉使用，也可以系统使用。预应力锚杆能主动为围岩提供大的支护抗力，且在提供支护抗力时不以损失被锚固体位移为代价，能提高软弱结构面和滑移面处的抗剪强度。

预应力锚杆的设计应遵守：

(1)预应力锚杆的预加力应不小于 100kN,其锚固端必须锚固在稳定岩层内。

(2)硬岩锚固宜采用拉力型锚杆,软岩锚固宜采用压力分散型或拉力分散型锚杆。

(3)设计锚杆锚固体的间距应考虑锚杆相互作用的不利影响。

(4)确定锚杆倾角应避开锚杆与水平面的夹角为－10°～＋10°的范围。

(5)预应力筋材料宜用钢绞线、高强钢丝或高强精轧螺纹钢筋。对穿型锚杆及压力分散型锚杆的预应力筋采用无黏结钢绞线。当预应力值较小或锚杆长度小于 20m 时,预应力筋也可采用Ⅱ级或Ⅲ级钢筋。

(6)预应力筋的截面尺寸应按下列公式确定。

$$A=\frac{kN_t}{f_{ptk}} \tag{11-3-3}$$

式中：A——预应力筋的截面积(mm^2)；

N_t——锚杆轴向拉力设计值(kN)；

f_{ptk}——预应力筋抗拉强度标准值(MPa)；

k——预应力筋截面设计安全系数,临时锚杆取 1.6,永久锚杆取 1.8。

(7)预应力锚杆的锚固段灌浆体宜选用水泥浆或水泥砂浆等胶结材料,其抗压强度不宜低于 30MPa。压力分散型锚杆锚固段灌浆体抗压强度不宜低于 40MPa。

(8)预应力锚杆的自由段长度不宜小于 5.0m。

(9)预应力锚杆采用黏结型锚固体时,锚固段长度可按式(11-3-4)和式(11-3-5)计算,并取其中的较大值。

$$L_a=\frac{kN_t}{\pi Dq_r} \tag{11-3-4}$$

$$L_a=\frac{kN_t}{n\pi d\xi q_s} \tag{11-3-5}$$

式中：L_a——锚固段长度(mm)；

N_t——锚杆轴向拉力设计值(kN)；

k——安全系数(按表 11-3-4 的规定取值)；

D——锚固体直径(mm)；

d——单根钢筋或钢绞线直径(mm)；

n——钢绞线或钢筋根数；

q_r——水泥结石体与岩石孔壁间的黏结强度设计值,取标准值的 0.8(表 11-3-5)；

q_s——水泥结石体与钢绞线或钢筋的黏结强度设计值,取标准值的 0.8(表 11-3-6)；

ξ——采用 2 根或 2 根以上钢绞线或钢筋时,介面黏结强度降低系数,取 0.60～0.85。

(10)压力分散型或拉力分散型锚杆的单元锚杆锚固长度不宜小于 15 倍锚杆钻孔直径。

(11)设计压力分散型锚杆时,还应验算灌浆体轴向承压力。确定注浆体的轴心抗压强度应考虑局部受压与注浆体侧向约束的有利影响,一般由试验确定。

岩石预应力锚杆锚固体设计的安全系数　表 11-3-4

锚杆破坏后危害程度	最小安全系数	
	锚杆服务年限≤2 年	锚杆服务年限>2 年
危害轻微不会构成公共安全问题	1.4	1.8
危害较大但公共安全无问题	1.6	2.0
危害大会出现公共安全问题	1.8	2.2

岩石与水泥结石体之间的黏结强度标准值　表 11-3-5

岩石种类	岩石单轴饱和抗压强度(MPa)	岩石与水泥浆之间黏结强度标准值(MPa)
硬岩	>60	1.5～3.0
中硬岩	30～60	1.0～1.5
软岩	5～30	0.3～1.0

注：黏结长度小于 6.0m。

钢筋、钢绞线与水泥浆之间的黏结强度标准值　表 11-3-6

类　型	黏结强度标准值(MPa)
水泥结石体与螺纹钢筋之间	2.0～3.0
水泥结石体与钢绞线之间	3.0～4.0

注：1. 黏结长度小于 6.0m。
2. 水泥结石体抗压强度标准值小于 M30。

(12)预应力锚具及连接锚杆杆体的受力部件，均应能承受 95%的杆体极限抗拉力。

(13)锚固段内的预应力筋每隔 1.5～2.0m 应设置隔离架。永久性的拉力型或拉力分散型锚杆锚固段内的预应力筋宜外套波纹管，预应力筋的保护层厚度不应小于 20mm。临时性锚杆预应力筋的保护层厚度不应小于 10mm。

(14)自由段内预应力筋宜采用带塑料套管的双重防腐，套管与孔壁间应灌满水泥砂浆或水泥净浆。

(15)永久性预应力锚杆的拉力锁定值应不小于拉力设计值，临时性预应力锚杆可等于或小于拉力设计值。

5)自钻式锚杆

岩体破碎、成孔困难的围岩，宜采用自钻式锚杆。自钻式锚杆的设计应遵守：

(1)自钻式锚杆杆体应采用厚壁无缝钢管制作，外表全长应具有标准的连接螺纹，并能任意切割和用套筒连接加长。

(2)自钻式锚杆结构应包括中空杆体、垫板、螺母、连接套筒和钻头。

(3)用于锚杆加长的连接套筒应与锚杆杆体具有同等强度。

6)其他规定

(1)系统锚杆布置应遵守：

①在隧洞横断面上，锚杆应与岩体主结构面成较大角度布置；当主结构面不明显时，可与隧洞周边轮廓垂直布置；

②在岩面上，锚杆宜呈菱形排列；

③锚杆间距不宜大于锚杆长度的 1/2；Ⅳ、Ⅴ级围岩中的锚杆间距宜为 0.5～1.0m，并不得大于 1.25m。

(2)拱腰以上局部锚杆的布置方向应有利于锚杆受拉，拱腰以下及边墙的局部锚杆布置方向应有利于提高抗滑力。

(3)局部锚杆的锚固体应位于稳定岩体内。黏结型锚杆锚固体长度内的胶结材料与杆体间黏结摩阻力设计值和胶结材料与孔壁岩石间黏结摩阻力设计值均应大于锚杆杆体受拉承载力设计值。

3.钢架

钢架具有较大的支护强度和刚度，安装后可立即承受开挖所引起的松动压力。钢架可作临时支护单独使用，也可与锚杆、喷混凝土一起作永久支护，配合超前支护效果更好。

1)下列情况宜采用钢架喷射混凝土支护

(1)围岩自稳时间很短的Ⅳ、Ⅴ、Ⅵ级围岩，在锚杆或喷射混凝土支护发挥作用前，可能发生围岩失稳或坍塌危险时。

(2)浅埋、偏压隧道，当早期围岩压力增长快，需要提高初期支护的早期强度和刚度时。

(3)在难以施作锚杆、喷射混凝土的砂卵石、土夹石或断层泥等地层，大面积淋水地段，以及为了抑制围岩大的变形需增加支护抗力时。

(4)当需要施作超前支护，设置钢架作为超前锚杆(或超前小钢管等)的支承构件时。

2)钢筋构造和安装

(1)可缩性钢架宜用 U 形钢架，刚性钢架宜用钢筋焊接成的格栅钢架。

(2)采用可缩性钢架时，喷射混凝土层应在可缩性节点处设置伸缩缝。

(3)钢架的纵向间距一般为 0.6～1.2m，且不宜大于 1.2m，两榀钢架之间应设置直径为 20～22mm 的钢拉杆，沿钢架每 1～2m 设一根。

(4)钢架的立柱埋入地坪下的深度不应小于 250mm。

(5)钢架与锚喷支护联合使用时，应保证钢架(或格栅钢架主筋)与围岩之间的混凝土厚度不小于 40mm。

(6)钢筋格栅钢架截面高度可根据设计要求选取，一般为 120～200mm。格栅主钢筋直径一般选 18～25mm，联系钢筋直径可用 10～14mm。

(7)围岩压力一般通过楔子传到钢架上，故钢架与围岩间应楔紧。从试验资料看，单线隧道加 9 个楔子时，钢架强度可发挥 100%；加 5 个楔子时，只能发挥强度的 80%，故楔子间距宜为 1.2m 左右。

(8)接头是钢架的弱点，因此应减少接头数量。据双线隧道上半断面钢架试验，2 节钢架(在对称和偏压荷载作用下)较 4 节钢架承载能力提高近 1 倍。考虑施工要求，拱部和边墙部分宜采用 4～6 节钢架。

(9)钢架接头通常用连接板和螺栓连接，并要求易于安装。

(10)为防止钢架承载而下沉，钢架下端应设在稳固地层上，或设在为扩大承压面的钢板、混凝土垫块上，钢架立柱埋入底板深度不应小于 15mm，当有水沟时不应高于水沟底面。

(11)开挖下台阶时，为防止钢架拱脚下沉、变形，根据需要在拱脚下可设纵向托梁，把几排钢架连为一整体。

3)刚性钢架

以往我国多用工字钢、旧钢轨和钢管制造，这种刚架的刚度和强度大，可做临时支撑并单独承受较大的围岩压力，也可设于混凝土内作永久衬砌。在Ⅴ、Ⅵ级软弱破碎围岩中施工或处理坍方时使用较多，但这类钢架与喷射混凝土黏结不好，与围岩间的空隙难于用喷射混凝土紧密充填，导致钢架附近喷射混凝土出现裂缝。

工字钢和钢轨的垂直和水平方向不是等强度和等刚度的，容易横向失稳、扭曲破坏。钢管钢架断面的各向强度和刚度相同，抗压、抗扭曲强度高，钢管内充填砂浆或混凝土时其强度更高。

刚性钢架常用 10～20 号工字钢，11～24kg/m 轻轨或 38kg/m、43kg/m 钢轨，ϕ100～ϕ180mm 钢管。

4)格栅钢架

(1)格栅钢架的特点

①格栅钢架是由钢筋焊接而成的格栅构架，其断面形状和尺寸能根据需要而设计，对大跨度坑道特别适用；

②钢架安装后可立即承受部分松动荷载，当锚杆喷射混凝土达到一定强度后，便能共同承受逐渐增长的围岩压力，符合新奥法先柔后刚的支护原则；

③与喷射混凝土黏结较好，能形成钢筋混凝土结构，更好地发挥支护作用；

④钢架与围岩间的空隙能被喷射混凝土填实，有利于结构受力；

⑤钢架在纵、横向的强度、刚度和稳定性基本相同，且能和锚杆、超前支护的构件连为一体。

(2)格栅钢架设计

①格栅钢架断面有三根和四根主筋组成的两种形式(图 11-3-6)。四主筋型的每根钢筋相同，在等高情况下，其抗弯和抗扭惯性矩大于三主筋型，故多用于软岩、土砂地层的两车道以上的隧道。三主筋型是由上面双筋和下面单筋组成，上主筋面积尽量与下主筋总面积相等，多用于单车道隧道。格栅钢架主筋直径不宜小于 22mm，并宜采用 20MnSi 或 A3 钢筋；

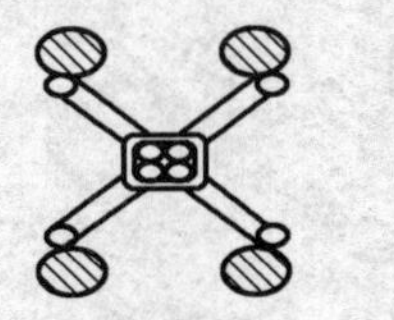
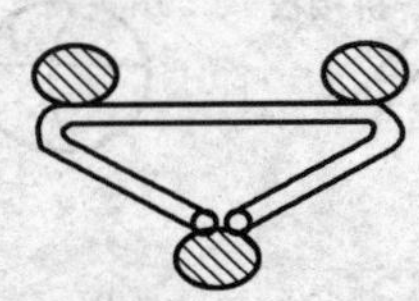
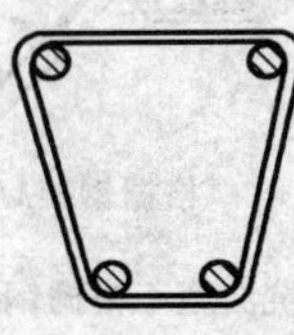
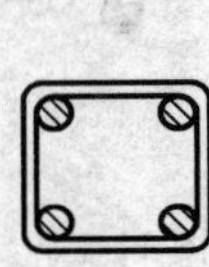
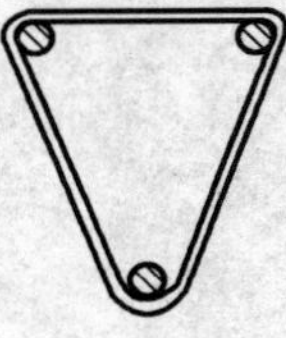

图 11-3-6　格栅钢架断面

②格栅钢架的断面高度应与喷射混凝土厚度相适应，一般为 120～180mm；

③格栅钢架的主筋和联系钢筋的连接方式较多。主要采用图 11-3-7 形式，联系钢筋直径不宜小于 10mm；

④格栅钢架接头形式。

a. 螺栓连接板接头。连接板焊于主筋端部，通过螺栓将两段钢架连接板紧密地连在一起。

b. 套管螺栓接头。套管螺栓直接套在主筋上将两段钢架连接在一起。

c. 侧导坑法施工大断面隧道的钢架接头连接见图 11-3-8，格栅钢架 L 与做临时支护的格栅钢架 M 用螺栓、连接板连接，而格栅钢架 L、R 则用螺栓、套筒和连接板连接。

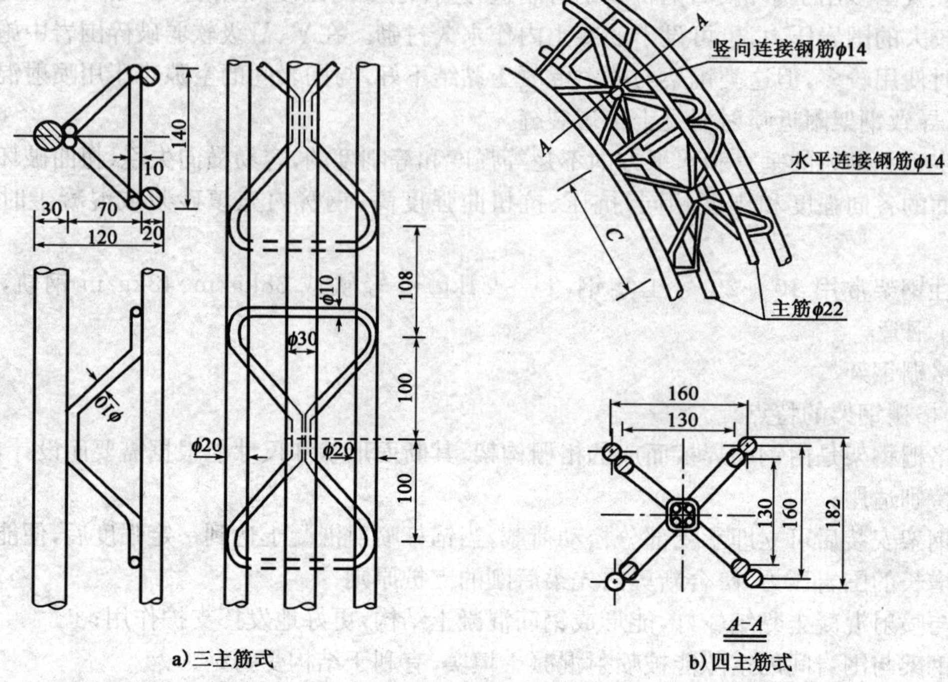

图 11-3-7　格栅钢架构造(尺寸单位:mm)

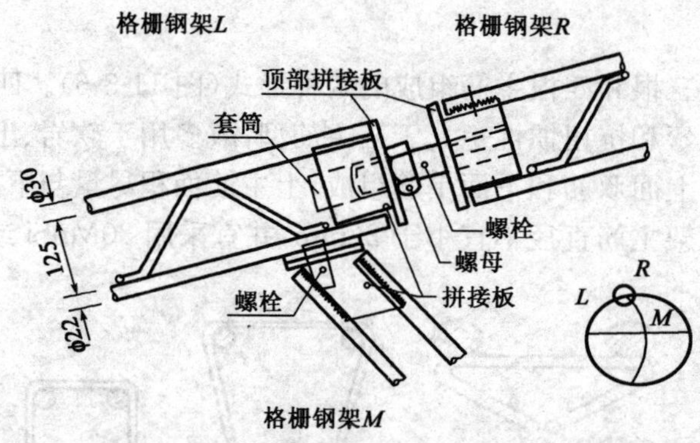

图 11-3-8　侧导坑法施工格栅钢架接头连接(尺寸单位:mm)

⑤钢架段长、节间距的确定

在满足隧道分部开挖、便于拼装的要求时,宜加大钢架分段长度,以减少接头。拱部格栅钢架段长宜为 2~3m。

为保证主筋和加强筋的局部稳定,满足工工艺要求,节间距不宜过长。节间距 C 可按下式计算:

$$C = L + \delta \tag{11-3-6}$$

式中:L——加强筋构架长度(cm);

δ——加强筋构架间空隙长度(cm)。

例如某隧道 L 取 2 倍格栅钢架高度,即 2×18=36cm。δ 取 8cm,C=44cm。

5)可缩式钢架

在Ⅴ、Ⅵ级围岩、膨胀性或地应力大的地层中，围岩压力和变形较大，若采用普通支护阻止围岩变形，使支护衬砌承受更大的围岩压力而导致损坏。因此，采用钢架接头能滑移的可缩式钢架，支护断面随围岩变形而缩小，允许围岩有较大的变形，并随之卸载，从而维护支护衬砌的稳定。

(1)通常采用 ϕ125、ϕ150、ϕ180 钢管钢架和 U21、U20、U30 等 U 形钢架。

(2)接头设计参数的选定

①可缩接头一般设三个。

②每个可缩接头最大可缩量不宜超过 100mm。

③可缩接头的滑动阻力，一般采用钢架可能承受最大轴力的 50%进行设计，如日本 Mu—29 可缩 U 形钢架，收缩移动时的初始轴力一般为 100～150kN。

(3)可缩接头结构形式

①钢管钢架可缩接头宜采用外套管式(图 11-3-9)，U 形螺栓卡环箍紧，套管一般长约 40cm。套管外侧用 2～4 个 U 形螺栓卡环。套管可采用纵向通缝，缝宽应保证卡环箍紧后仍有 1～5mm 缝隙。套管内两根主管的间距按设计可缩量确定，不宜超过 100mm。

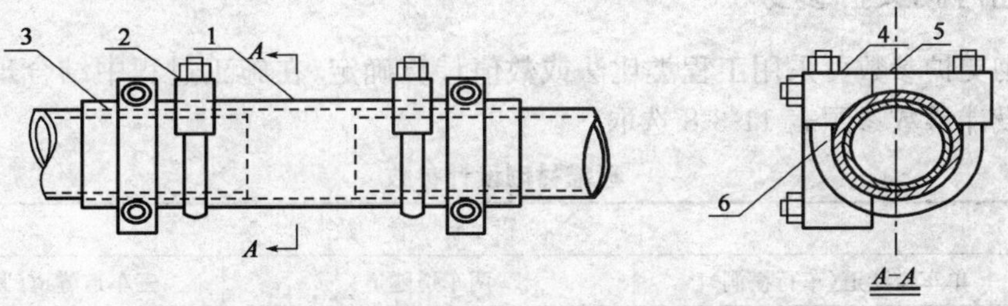

图 11-3-9　钢管钢架可缩接头(尺寸单位：mm)

1-套管($L=670$、$\phi_{外}$ 146、$\phi_{内}$ 128)；2-螺母 M20；3-主管($\phi_{外}$ 127、$\phi_{内}$ 116)；4-垫圈；5-钢压块(200×35×60)；6-U 形螺栓(ϕ20)

②U 形钢架可缩接头宜采用搭接，搭接长度一般为 40cm，每个接头设两个卡环(图11-3-10)。可缩接头卡环螺母扭矩与滑动轴力的关系可通过试验确定。表 11-3-7 为卡环扭矩与开始滑缩轴力的试验值。

卡环扭矩与开始滑缩轴力　　表 11-3-7

卡环扭矩(N・m)	开始滑缩轴力(kN)	
	U25 型钢	ϕ127 钢管
80	102	52
100	178	70
150	213	139

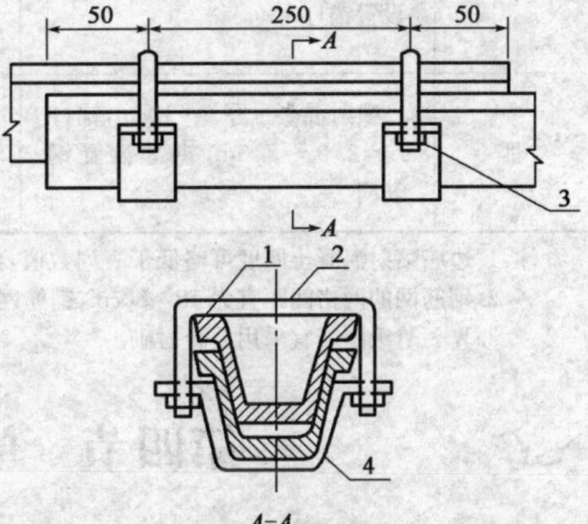

图 11-3-10　U 形钢架可缩接头(尺寸单位：mm)

1-U 25形钢架；2-U 形螺栓(ϕ20)；3-螺母 M20；4-U 形连接板

(4)钢架间顺隧道纵向的连接应做到及时和牢固，钢拉杆与钢架连接方式如图 11-3-11 所示。

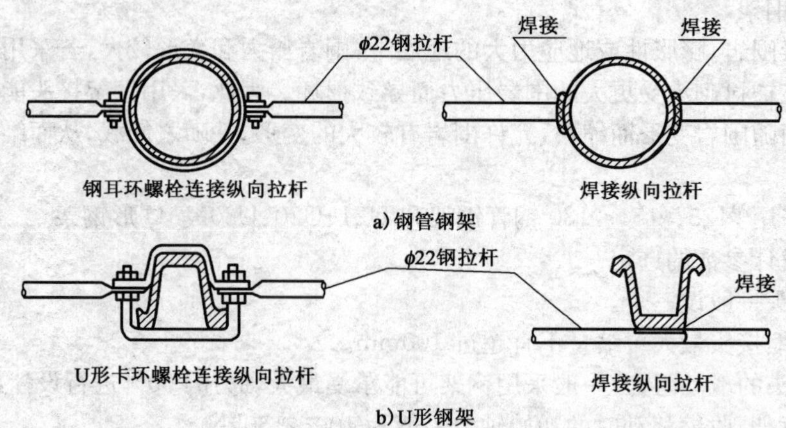

图 11-3-11　纵向钢拉杆

(5)可缩接头处应预留 20cm 左右宽的部位暂不喷射混凝土，待可缩接头合龙或围岩变形基本稳定后，再将预留部位喷满混凝土。

四、喷锚衬砌支护参数

喷锚衬砌支护参数可采用工程类比法或数值计算确定，在施工过程中结合现场监控量测进行设计。设计参数参照表 11-3-8 选取。

喷锚衬砌设计参数　表 11-3-8

围岩级别（级）	设计参数		
	单车道隧道（车行横洞）	两车道隧道	三车道隧道（紧急停车带）
Ⅰ	喷射混凝土厚 5cm	喷射混凝土厚 5～8cm	喷射混凝土厚 8～10cm，拱部局部锚杆或钢筋网
Ⅱ	喷射混凝土厚 5cm，拱部局部设置锚杆	喷射混凝土厚 8～12cm，拱部锚杆 $L=2.0\sim2.5$m，局部设置钢筋网	喷射混凝土厚 12～15cm，锚杆 $L=3.0\sim3.5$m，设置钢筋网
Ⅲ	喷射混凝土厚 6～10cm，锚杆 $L=2.0\sim2.5$m，拱部设置钢筋网	喷射混凝土厚 10～15cm，锚杆 $L=2.5\sim3.0$m，设置钢筋网	喷射混凝土厚 15～20cm，锚杆 $L=3.0\sim4.0$m，设置钢筋网

注：1. 边墙喷射混凝土厚度可略低于表列数值，如边墙围岩稳定，可不设锚杆和钢筋网。
2. 钢筋网的网格间距宜为 15～30cm，钢筋网保护层厚度不应小于 2cm。
3. Ⅳ～Ⅵ级围岩宜采用复合衬砌。

第四节　单洞隧道复合式衬砌

复合式衬砌是由初期支护和二次衬砌及中间所夹的防水层组合而成的衬砌形式。我国高速公路、一级公路、二级公路隧道一般均采用复合式衬砌，三级公路隧道也大量采用。根据二次衬砌在运营期间是否承受水压力，复合式衬砌结构可分为抗水压型和非抗水压型衬砌两种类型。目前山岭公路隧道一般均采用非抗水压型复合式衬砌，其二次衬砌不承受水压力；对于穿越特殊的地段的隧道，如通过水底、岩溶发育区、地下水需保护区等，必须采取注浆堵水措施，二次衬砌承受水压力。两种类型结构的设计原则与支护参数有所不同，本章节仅对一般非抗水压型复合式衬砌进行分析说明。

一、单洞隧道复合式衬砌的一般规定

(1)复合式衬砌设计时应考虑包括围岩在内的支护结构、断面形状、开挖方法、施工工序和断面的闭合时间等综合因素，力求充分发挥围岩所具有的自承能力。

(2)复合式衬砌的初期支护宜采用喷锚衬砌，即由喷射混凝土、锚杆、钢筋网和钢拱架等支护形式单独或组合使用，具有支护及时、柔性的特点，并在一定程度上能够随着围岩变形而变形，充分发挥围岩的自承能力。由于喷射混凝土、锚杆、钢筋网和钢拱架等作用各不相同，初期支护的刚度与其组成有密切的关系。在设计时应根据隧道所处的工程地质、水文地质状况以及隧道断面尺寸、洞顶覆盖层厚度、地形条件等选择初期支护的组成，确定初期支护的刚度。初期支护作为永久衬砌的一部分，宜采用全长黏结型各类锚杆，并符合第十章第三节的规定。

(3)二次衬砌宜采用模注混凝土或钢筋混凝土结构，刚度大、整体性好。为了防止应力集中，衬砌截面宜采用连接圆顺的等厚度衬砌断面，仰拱厚度宜与拱墙厚度相同。二次衬砌应符合第十章第二节的规定。

(4)在洞口浅埋段、地形偏压段、围岩较差且地下水较发育地段，二次衬砌宜采用钢筋混凝土结构。

(5)对于软弱流变围岩、膨胀性围岩，隧道支护参数的确定还应考虑围岩变形压力继续增长的作用。

二、单洞隧道开挖预留变形量

隧道洞室开挖暴露后，周边围岩会产生一定的变形，在确定各级围岩开挖断面时，除应满足隧道净空和结构尺寸外，还应考虑围岩及初期支护的变形，并预留适当的变形量。预留变形量的大小可根据围岩级别、断面大小、埋置深度、施工方法和支护情况等，采用工程类比法预测。一般Ⅰ、Ⅱ级围岩变形量小，并且多有超挖，所以可不预留变形量；Ⅲ～Ⅵ级围岩则有不同程度的变形，特别是软弱围岩(含浅埋隧道)的情况较为复杂，施工期应加强现成监控量测工作。

当无预测值时，可参照表 11-4-1 选用，并根据现场监控量测结果进行调整。

预留变形量(单位：mm)　　表 11-4-1

围岩级别(级)	两车道隧道	三车道隧道	四车道隧道
Ⅰ	—	—	—
Ⅱ	—	10～50	30～80
Ⅲ	30～50	50～80	80～120
Ⅳ	50～80	80～120	120～150
Ⅴ	80～120	100～150	150～250
Ⅵ	现场监测确定		

注：1. 深埋、软岩隧道取大值，浅埋、硬岩隧道取小值。

2. 有条件时，Ⅴ级围岩地段的四车道隧道预留变形量宜通过现场监测确定。

3. 有明显流变、原岩应力较大和膨胀性围岩，应根据量测所反馈的数据分析确定。

三、单洞隧道浅埋、偏压的界定

(1)隧道浅埋段

浅埋隧道多处在洞口段,深埋和浅埋隧道的分界有不少的判定标准,一般以隧道上方能否形成稳定的深埋隧道压力值来区分,并且结合具体的地质、施工条件等因素综合确定。当地形接近水平时,确定隧道深浅埋分界埋深(拱顶以上地层厚度 h)参考表 11-4-2 选用。

深浅埋分界 h 值(单位:m)　　表 11-4-2

围岩级别(级)	双车道单洞	三车道单洞
Ⅲ	8～10	12～15
Ⅳ	15～20	20～30
Ⅴ	30～35	40～50

(2)隧道偏压段

偏压隧道多见于洞口浅埋段、傍山浅埋段,其隧道洞顶覆盖层薄,地面横坡显著有倾斜的松散、软质或土质围岩。另外,施工期间因各种因素造成的一侧坍塌,也应按照偏压隧道进行支护。当地面倾斜时,确定偏压与否的拱顶以上地层覆盖层厚度 h 值参考表 11-4-3。

偏压两车道隧道拱顶地层最小厚度 h 值(单位:m)　　表 11-4-3

围岩级别(级)	地面横坡				
	1:0.75	1:1	1:1.25	1:1.5	1:2
Ⅲ	20	20	15	15	10
$Ⅳ_{石}$	—	25	25	20	15
$Ⅳ_{土}$	—	—	30	25	20
Ⅴ	—	—	45	35	30

当地面倾斜时,且隧道洞壁最小厚度 t 值小于表 11-4-4 时,应采用地表锚杆、抗滑桩等措施对山体进行加固。

偏压两车道隧道洞壁(拱肩覆盖层)最小厚度 t 值(单位:m)　　表 11-4-4

围岩级别(级)	地面横坡				
	1:0.75	1:1	1:1.25	1:1.5	1:2
Ⅲ	5	5	4	4	3
$Ⅳ_{石}$	—	9	8	7	6
$Ⅳ_{土}$	—	—	10	9	8
Ⅴ	—	—	15	12	10

四、单洞隧道复合式衬砌支护

1)两车道、三车道复合式衬砌

两车道、三车道复合式衬砌可采用工程类比法进行设计,并通过理论分析进行验算。Ⅴ级、浅埋Ⅳ级围岩地段的衬砌一般以结构内力计算与强度分析为主,洞身Ⅳ、Ⅲ级围岩地段的衬砌一般以围岩稳定性分析为主。设计中应特别注意洞口浅埋段、地形偏压段、Ⅵ级及Ⅴ级围岩地段及高地应力段的结构强度分析。

一般性的地质条件下，初期支护及二次衬砌支护参数可参照表 11-4-5、表 11-4-6 选用，并应根据现场围岩监控量测反馈的信息，对支护参数进行必要的调整。

两车道隧道复合式衬砌设计参数　　表 11-4-5

围岩级别（级）	初期支护							二次衬砌	
								现浇混凝土厚度(cm)	
	喷射混凝土厚度(cm)		锚杆(m)			钢筋网(cm)	钢架间距(cm)	拱、墙	仰拱
	拱、墙	仰拱	位置	长度	纵向间距				
Ⅵ	通过试验计算确定								
Ⅴ$_2$	20～25	15～20	拱、墙	3.0～3.5	0.6～0.8	20×20	60～80	45(钢筋混凝土)	
Ⅴ$_1$	20～25	5～10	拱、墙	3.0～3.5	0.8～1.0	20×20	80～100	45	
Ⅳ$_3$	20～22	—	拱、墙	2.5～3.0	0.8～1.0	20×20	100～120	40	
Ⅳ$_2$	18～20	—	拱、墙	2.5～3.0	1.0～1.2	20×20	120～150	40	
Ⅳ$_1$	15～18	—	拱、墙	2.5～3.0	1.0～1.2	25×25	局部	35	—
Ⅲ$_2$	10～12	—	拱、墙	2.5～3.0	1.0～1.2	25×25	—	35	—
Ⅲ$_1$	8～10	—	拱、墙	2.5～3.0	1.2～1.5	25×25	—	35	—
Ⅱ	5～8	—	局部	2.0～2.5	—	局部	—	30	—
Ⅰ	5	—	—	—	—	—	—	30	—

三车道隧道复合式衬砌设计参数　　表 11-4-6

围岩级别（级）	初期支护							二次衬砌	
								现浇混凝土厚度(cm)	
	喷射混凝土厚度(cm)		锚杆(m)			钢筋网(cm)	钢架间距(cm)	拱、墙	仰拱
	拱、墙	仰拱	位置	长度	纵向间距				
Ⅵ	通过试验计算确定								
Ⅴ$_2$	25～28	20～25	拱、墙	4.0～4.5	0.5～0.8	20×20	50～80	60(钢筋混凝土)	
Ⅴ$_1$	25～28	15～20	拱、墙	3.5～4.0	0.8～1.0	20×20	80～100	55(钢筋混凝土)	
Ⅳ$_3$	22～25	5～10	拱、墙	3.5～4.0	0.8～1.0	20×20	80～100	50(钢筋混凝土)	50
Ⅳ$_2$	22～25	—	拱、墙	3.5～4.0	0.8～1.0	20×20	100～120	45(钢筋混凝土)	45
Ⅳ$_1$	20～23	—	拱、墙	3.0～3.5	1.0～1.2	25×25	120～150	45	45
Ⅲ$_2$	15～20	—	拱、墙	3.0～3.5	1.2～1.5	25×25	局部	40	—
Ⅲ$_1$	12～15	—	拱、墙	3.0～3.5	1.2～1.5	25×25	—	40	—
Ⅱ	8～10	—	局部	2.5～3.0	—	局部	—	35	—
Ⅰ	5～8	—	—	—	—	—	—	35	—

注：1. 本表支护参数针对结构安全等级为一级的隧道，其他安全等级的隧道可参照执行。

2. Ⅴ级围岩浅埋段初期支护仰拱宜采用封闭结构。

3. Ⅵ级围岩段支护参数可根据现场监控量测信息反馈，通过试验计算确定。

4. 地下水发育地段可取大值，地下水不发育时可取小值。

5. 初期支护需设置钢架时，宜优先选用钢筋格栅钢架。

6. 初期支护的仰拱也可采用早强混凝土代替喷射混凝土。

2)四车道复合式衬砌

四车道大断面公路隧道的建设始于20世纪90年代,至今修建不多。目前对大断面隧道的设计和施工仍然处于探索和尝试阶段,从严格意义上讲,现行的规范难以指导四车道公路隧道的设计与施工。

四车道公路隧道开挖跨度特大,断面扁平,加上施工期间诸多工序的相互影响、围岩的多次扰动以及支护衬砌相互之间的非同步施工等诸多因素,结构将承受较大的围岩压力,导致施工过程中的动态施工力学行为极为复杂,围岩极易发生失稳乃至坍塌。

四车道大断面公路隧道的支护应采用复合式衬砌方案,衬砌分两次或三次施作。一般条件下Ⅱ级与Ⅲ级围岩宜采用两层支护方案,Ⅳ级与Ⅴ级围岩可采用三层支护方案。

(1)初期支护:Ⅱ、Ⅲ级围岩地段由钢拱架、径向锚杆、钢筋网及喷射混凝土组成,Ⅳ、Ⅴ级围岩地段由工字钢拱架(或钢筋格栅)、径向锚杆、钢筋网及喷射混凝土组成。

(2)二次衬砌:对于两层衬砌方案,二次衬砌仅承担少量围岩变形荷载。对于三层衬砌方案,二次衬砌是对初期支护的补充加强,与初期支护共同组成主要承载结构。二次衬砌可采用型钢拱架混凝土或钢筋拱架混凝土结构。

(3)三次衬砌:一般情况下第三次衬砌可采用素混凝土结构,当围岩压力荷载较大,需要第三层衬砌承担部分荷载时可采用钢筋混凝土,其合理施作时间应严格按照监控量测数据进行,应尽可能发挥初期支护与二次衬砌的承载能力。

(4)初期支护应边开挖边施作,三层支护方案的二次衬砌应在洞室开挖完成后及时施作甚至在施工开挖过程中分步施作。如果开挖完成后初期支护在后续施工期间不能完全稳定洞室,应立即施作二次支护,最后在确定洞室周边收敛变形基本稳定的条件下进行三次支护的施工。

四车道大断面公路隧道支护参数应根据实际地形地质条件,结合拟订的施工开挖方法进行围岩稳定分析或进行结构强度校核后确定。一般条件下可按表11-4-7初步确定其支护参数。在实际施工过程中要注意加强核对现场地形地质条件,加强监控量测,根据监控量测结果及时调整支护参数,以确保施工安全。在施作最后一层衬砌之前,宜根据现场地质条件及监控量测数据对隧道结构的永久可靠性进行评价,以确保隧道运营期间的安全。

四车道隧道复合式衬砌设计参数 表11-4-7

<table>
<tr><th rowspan="4">围岩级别(级)</th><th colspan="7" rowspan="2">初期支护</th><th colspan="2">二次衬砌</th><th>三次衬砌</th></tr>
<tr><th colspan="3">现浇混凝土厚度(cm)</th></tr>
<tr><th colspan="2">喷射混凝土厚度(cm)</th><th colspan="3">锚杆(m)</th><th rowspan="2">钢筋网(mm)</th><th rowspan="2">钢架间距(cm)</th><th rowspan="2">拱、墙</th><th rowspan="2">仰拱</th><th rowspan="2">拱、墙</th></tr>
<tr><th>拱、墙</th><th>仰拱</th><th>位置</th><th>长度</th><th>纵向间距</th></tr>
<tr><td>Ⅴ</td><td>30</td><td>30</td><td>拱、墙</td><td>3.5/6.0</td><td>0.5~0.75</td><td>φ8</td><td>50~75</td><td>55~60
(钢筋混凝土)</td><td>60~80
(钢筋混凝土)</td><td>30~40</td></tr>
<tr><td>Ⅳ</td><td>25~28</td><td>25</td><td>拱、墙</td><td>3.5/6.0</td><td>0.75~1.0</td><td>φ8</td><td>75~100</td><td>50~55
(钢筋混凝土)</td><td>60
(钢筋混凝土)</td><td>30~40</td></tr>
<tr><td>Ⅲ</td><td>20</td><td>—</td><td>拱、墙</td><td>3.0/5.0</td><td>1.0~1.2</td><td>φ8</td><td>100~120</td><td>50</td><td>—</td><td rowspan="2">—</td></tr>
<tr><td>Ⅱ</td><td>10</td><td>—</td><td>拱部</td><td>3.0~4.0</td><td>1.2~1.5</td><td>φ8</td><td>—</td><td>40</td><td>—</td></tr>
</table>

注:四车道隧道系统锚杆宜采用锚固效果较好的长短交错设置方式。

第五节　连拱隧道复合式衬砌

一、适用范围

连拱隧道主要适用于洞口地形狭窄或两洞间距有特殊要求的中、短隧道，如隧道洞口与特殊大桥相接。其最大优点是双洞轴线间距较小，可减小占地，便于洞外接线。考虑到连拱隧道复杂的施工工序、较高的工程造价以及较长的工期，500m 以下的隧道居多，一般控制在 600m 以内，1 000m 以下的中隧道也有使用，长和特长隧道一般不采用这一结构形式。

二、连拱隧道的布置形式

根据中隔墙的设计特点，连拱隧道分为整体式中隔墙连拱隧道和复合式中隔墙连拱隧道。

(1)整体式中隔墙连拱隧道

与单洞隧道主要区别在于中墙一次施作和排水系统不同，其中墙在中导洞贯通后浇筑，它既是初期支护和二次衬砌的支撑点，又是防水层的支撑结构。洞室开挖后初期支护支撑于中墙，而防水层则绕过初期支护与中墙的结合部，越过中墙顶与洞室内其他防排水设施形成完整的排防水系统；中墙的中央纵向每隔一定间距埋设竖向排水管，以排除中墙顶凹部的积水。中墙与中导洞之间的空洞待初期支护和中墙防水层施工完成后回填。连拱隧道优点是双洞净距最小。

连拱隧道有三个较为明显的缺点：其一，由于中墙与中导洞之间的空洞得不到及时的回填，造成开挖时毛洞跨度增大，B/H 值较大(其中 B 为毛洞跨度，H 为毛洞高度)，使洞周围岩处于较为不利的受力状态，从而影响施工安全和进度。在回填空洞时，由于受支护等因素干扰，通常没办法回填密实，这就给营运安全留下隐患。其二，由于部分围岩裂隙水经中墙顶凹部通过排水管排入排水沟，容易造成凹部积水，并且该部排防水系统施工难度大，质量难以控制，造成隧道中墙渗漏水，影响结构耐久性和营运安全。其三，由于行车单洞两侧不对称，结构不美观。因此，这一结构形式一般不倡导。

(2)复合式中隔墙连拱隧道

复合式与整体式中墙连拱隧道的主要区别在于中墙和中墙处的排防水处理。在中导洞贯通后随即修建中墙，要求中墙顶部与中导洞顶紧密接触，克服了中墙与围岩间存在着空洞的缺点，使主洞开挖时毛洞跨度相对减小，有利于洞周围岩的稳定，从而减少了施工时的辅助措施，加快了施工进度，节省了工程投资，并大大提高结构的可靠性，使施工与营运安全得到进一步的保证。由于中墙分次施作两侧外轮廓与双洞隧道初期支护轮廓一致，有利于防水板的全断面铺设，从而使连拱隧道中间部分的排防水结构与独立的单洞隧道相同。其施工工艺相对较为简单，质量容易控制，隧道建成后排防水系统运行可靠，且较美观。从目前高速公路连拱隧道工程的实践看，这一结构形式的连拱隧道效果较好，因此建议在有条件加大中墙厚度的地段采用该种结构形式。

三、连拱隧道复合式衬砌的一般规定

(1)有条件加大中墙厚度的地段，宜优先选用复合式中墙连拱隧道形式。

(2)中墙设计是连拱隧道的关键环节,通常受洞外接线影响较大。整体式中墙连拱隧道洞口外路基中央分隔带宽度同路基标准横断面的中央分隔带宽度,一般值为2.0～3.0m;复合式中墙连拱隧道洞口路基中央分隔带应适当加宽,一般为4.0～4.5m。

(3)连拱隧道的设计应结合洞外接线、地形、地质和施工条件进行,并应符合下列规定:

①隧道暗挖段应优先采用复合式衬砌,支护参数可根据工程类比、计算分析综合确定;

②中墙设计应在满足荷载效应与施工安全的前提下,综合考虑洞外接线要求、防排水系统的可靠性等因素;

③两车道连拱隧道设计为整体式中墙时,中墙厚度不宜小于1.4m;设计为复合式中墙时,芯墙厚度不宜小于1.0m。三车道连拱隧道设计为整体式中墙时,中墙厚度不宜小于1.6m;设计为复合式中墙时,芯墙厚度不宜小于1.2m。提出连拱隧道中墙最小厚度的依据是近年我国公路隧道工程实践的经验,中墙要承受施工过程中拱部施加的不对称推力,而要保持中墙稳定不开裂的构造厚度。对于复合式中墙连拱隧道考虑了两洞二次衬砌的构造厚度;

④采用整体式中墙的连拱隧道,中墙的防排水施工难度较大,应注意纵向施工缝的预留位置、施工缝止水方式、中墙纵横向排水管与防水层的布置,避免出现施工缝渗漏水、防水层顶坡和排水管堵塞等缺陷。采用复合式中墙的连拱隧道,其防排水设计与分离式隧道相同;

⑤连拱隧道应根据结构受力与变形需要设置变形缝,双洞变形缝应设置在同一位置,并应注意隧道纵向荷载对结构的影响;

⑥设计中应采取有效的辅助措施,防止施工中拱部产生不平衡推力对中墙结构造成危害。由于连拱隧道两拱部与中墙很难同时施作,作用于中墙的推力存在不对称现象,设计中可通过施工中加临时支撑或调整施工步骤加以解决。

(4)在地震动峰值加速度大于0.15的地区,连拱隧道应进行抗震强度和稳定性验算。

(5)由于连拱隧道施工工艺较复杂,设计内容包括施工过程中结构的安全性,设计和施工密不可分,因此强调设计中考虑将要采取的施工方法等,对于保证连拱隧道设计意图的实现特别重要。从已建成连拱隧道的情况看,两车道连拱隧道Ⅴ、Ⅵ级围岩,宜采用配合超前支护的三导洞施工方法,Ⅰ、Ⅱ、Ⅲ、Ⅳ级围岩,多采用中导洞施工方法。三车道连拱隧道Ⅳ、Ⅴ、Ⅵ级围岩,多采用配合超前支护的三导洞施工方法,Ⅰ、Ⅱ、Ⅲ级围岩可采用中导洞施工方法。施工时两主洞宜保持1～2倍洞径以上的距离。

(6)导洞最小开挖宽度,主要根据施工中中墙施工必要的操作空间要求提出,也结合了各地导洞实际操作经验。连拱隧道通常采用导洞先行,超前探明围岩地质情况,使设计和施工方案更加符合实际。

(7)根据调研,连拱隧道支护参数、施工方法、施工顺序受偏压程度的影响较大。在偏压状态下,不同的施工步骤对围岩扰动范围是不同的。因此,一般宜采用外侧隧道先行的施工顺序。

四、连拱隧道浅埋、偏压的界定

确定连拱隧道深浅埋分界埋深(拱顶以上地层厚度 h)参考表11-5-1选用,确定偏压与否的洞壁最小厚度参考表11-4-3。

深浅埋分界埋深 h 值(单位:m)　　表 11-5-1

围岩级别(级)	四车道连拱	六车道连拱
Ⅲ	8～15	12～20
Ⅳ	20～30	25～40
Ⅴ	40～60	50～80

五、连拱隧道复合式衬砌支护

连拱隧道受地形、地质和施工条件影响较大。在一般性地质条件下,连拱隧道复合式衬砌支护参数可参考表 11-5-2 和表 11-5-3。当连拱隧道有偏压时,应对支护参数、施工方法、施工工序应进行特殊设计。

Ⅰ级围岩支护参数样本较少,可参照Ⅱ级围岩拟订支护参数。Ⅵ级围岩支护参数样本缺乏,建议通过试验确定。

两车道复合式中墙连拱隧道复合式衬砌设计参数　　表 11-5-2

围岩级别(级)	初期支护					二次衬砌		
						现浇混凝土厚度(cm)		
	喷射混凝土厚度(cm)		锚杆(m)		钢架间距(cm)	中夹墙	拱、墙	仰拱
	拱、墙	仰拱	长度	纵向间距				
Ⅵ	通过试验计算确定							
Ⅴ2	20～25	15～20	3.5～4.0	0.5～0.8	50～80	120～150	50～60(钢筋混凝土)	
Ⅴ1	20～25	15～20	3.5～4.0	0.8～1.0	80～100	120～150	45～55(钢筋混凝土)	
Ⅳ3	20～22	10～15	3.0～3.5	0.8～1.0	80～100	120～150	45～50(钢筋混凝土)	
Ⅳ2	18～20	—	3.0～3.5	1.0～1.2	100～120	120～150	40～45(钢筋混凝土)	
Ⅳ1	15～20	—	3.0～3.5	1.0～1.2	120～150	120～150	40～45(钢筋混凝土)	
Ⅲ2	10～12	—	2.5～3.0	1.2～1.5	局部	120～150	35	—
Ⅲ1	8～10	—	2.5～3.0	1.2～1.5	—	120～150	35	—
Ⅱ	5～8	—	2.5～	局部	—	120～150	30	—
Ⅰ	5	—	—	—	—	120～150	30	—

三车道复合式中墙连拱隧道复合式衬砌设计参数　　表 11-5-3

围岩级别(级)	初期支护					二次衬砌		
						现浇混凝土厚度(cm)		
	喷射混凝土厚度(cm)		锚杆(m)		钢架间距(cm)	中夹墙	拱、墙	仰拱
	拱、墙	仰拱	长度	纵向间距				
Ⅵ	通过试验计算确定							
Ⅴ2	25～28	20～25	4.0～4.5	0.5～0.6	50～60	150～180	55～65(钢筋混凝土)	
Ⅴ1	25～28	20～25	4.0～4.5	0.6～0.8	60～80	150～180	50～60(钢筋混凝土)	
Ⅳ3	22～25	15～20	3.5～4.0	0.8～1.0	80～100	150～180	50～55(钢筋混凝土)	
Ⅳ2	22～25	15～20	3.5～4.0	0.8～1.0	80～100	150～180	45～50(钢筋混凝土)	
Ⅳ1	20～22	—	3.0～3.5	1.0～1.2	100～120	150～180	45～50(钢筋混凝土)	

续上表

围岩级别（级）	初期支护					二次衬砌		
						现浇混凝土厚度(cm)		
	喷射混凝土厚度(cm)		锚杆(m)		钢架间距(cm)	中夹墙	拱、墙	仰拱
	拱、墙	仰拱	长度	纵向间距				
$Ⅲ_2$	15～20	—	3.0～3.5	1.2～1.5	120～150	150～180	40	—
$Ⅲ_1$	12～15	—	3.0～3.5	1.2～1.5	局部	150～180	40	—
Ⅱ	8～10	—	2.5～3.0	局部	—	150～180	35	—
Ⅰ	5～8	—	—	—	—	150～180	35	—

注：1. 本表支护参数针对结构安全等级为一级的复合式中墙连拱隧道，其他安全等级及其他形式的连拱隧道可参照执行。

2. 连拱隧道中夹墙宜采用钢筋混凝土结构，当中夹墙厚度较厚或在Ⅰ～Ⅲ级围岩地段，可采用素混凝土结构。

六、与单洞四车道大断面比较

通过对跨度约 20m 的四车道大断面隧道与跨度基本相同的四车道双连拱隧道分析比较，可得出以下几点结论：

(1)四车道大断面隧道施工过程中围岩应力、地层沉降和初期支护的变化规律与同级别围岩、相同埋深、相同施工阶段的四车道双连拱隧道基本相同。

(2)高围岩级别相同条件下，四车道大断面隧道的围岩最大应力值和钢支撑内力值较相同施工阶段四车道双连拱隧道的小，但两者的差值随着围岩地质状况变好(级别的降低)而逐渐减少，直至两者基本接近；相同条件下，四车道大断面隧道的喷射混凝土内力和地层沉降较跨度基本相同的四车道双连拱隧道的大。因此，四车道大断面隧道的支护体系和现场监控项目与基准应与同围岩级别、结构跨度和埋深的四车道双连拱隧道相比略大一些。

(3)在Ⅳ级以上围岩级别条件下修建四车道隧道宜采用双连拱形式，在Ⅲ级以下围岩级别条件下修建四车道隧道宜采用大断面隧道形式。

第六节　小净距隧道复合式衬砌

随着高等级公路建设的迅猛发展，山区高速公路选线时上、下行隧道由于受地形限制，使得两相邻隧道的最小净距不能满足设计规范的要求。由于连拱隧道的工程造价、施工难度、施工周期均比分离式隧道要大，为此在工程实践中衍生出一种新的结构形式——小净距隧道。一般来说小净距隧道是指平行的双洞情况，主要适用于中、短隧道及洞口地形地质条件受限或接线有特殊要求的长、特长隧道的洞口段，其中夹岩柱宽度介于连拱隧道和普通分离式隧道之间，小于 1.5 倍隧道开挖断面的宽度。

一、小净距隧道分类

隧道净距的大小是决定相邻隧道相互影响的重要因素。根据西部交通建设科技项目“双洞小净距隧道设计、施工关键技术研究”报告，结合双洞间相互影响的主导因素和程度，将其划分为 A、B、C 三类，并拟定相应的工程应对措施。小净距隧道分类见表 11-6-1。

小净距隧道分类表　　表 11-6-1

围岩条件及加固措施		小净距隧道分类			分离式单洞
		A类(严重影响)	B类(中等影响)	C类(轻微影响)	
围岩级别(级)	Ⅲ	$\leqslant 0.375B$	$(0.375\sim0.75)B$	$(0.75\sim2.0)B$	$\geqslant 2.0B$
	Ⅳ	$\leqslant 0.5B$	$(0.5\sim1.0)B$	$(1.0\sim2.5)B$	$\geqslant 2.5B$
	Ⅴ	$\leqslant 0.75B$	$(0.75\sim1.5)B$	$(1.5\sim3.5)B$	$\geqslant 3.5B$
加固措施	中岩墙	重点加固	简单加固	不加固	按单洞设计
	初期支护	加强	加强	加强	按单洞设计
	二次衬砌	加强	加强	不加强	按单洞设计

表中将小净距隧道双洞间的相互影响划分为严重影响、中等影响和轻微影响三个层次，分别以 A、B、C 代表。工程措施考虑中夹岩体、初期支护、二次衬砌三个加固范畴，从加固程度上体现强、中、弱，分别与 A、B、C 类相对应。

二、与连拱隧道的比较

小净距隧道的结构形式与复合式中隔墙连拱隧道的结构形式基本相同。由于连拱隧道中隔墙采用混凝土，而小净距隧道中墙为加固后的岩柱体，所以相同条件下连拱隧道的中隔墙比小净距隧道中夹岩柱更能承受荷载。

在中墙岩柱体为围岩地质状况较好的地层，可优先考虑选用小净距隧道方案；在围岩地质状况较差的地层，可采用连拱隧道形式布置。

三、小净距隧道最小合理净距

影响小净距隧道结构稳定有三大因素：围岩、净距和埋深。围岩和净距对结构的稳定性有非常大的影响，而洞顶覆盖层在 15～80m 范围内，埋深的影响则不十分明显。因此，在隧道设计时应重点考虑围岩和净距两大因素。

通过研究，正常状况下可将隧道洞室开挖时中夹岩体是否破坏作为小净距隧道最小合理净距的判定标准。具体可采用如下指标：

(1)Ⅴ级围岩的最小合理净距 $0.75\sim1.0B$。

(2)Ⅳ级围岩的最小合理净距 $0.5\sim0.75B$。

(3)Ⅲ级围岩的最小合理净距 $0.25\sim0.5B$。

不同的地质条件、不同的中夹岩柱厚度对洞室稳定影响程度差异较大。一般情况下要求小间距隧道中夹岩柱的最小厚度 D_{min}应达到表 11-6-2 的要求。

中夹岩柱的最小厚度(单位：m)　　表 11-6-2

围岩级别(级)	两车道隧道				三车道隧道			
	坚硬岩	较坚硬岩	较软岩	软岩	坚硬岩	较坚硬岩	较软岩	软岩
Ⅰ、Ⅱ	2.0	2.5	—	—	2.5	3.0	—	—
Ⅲ	2.5	3.0	3.5	—	3.0	3.5	4.0	—
Ⅳ	3.5	4.5	5.5	6.5	4.5	5.5	6.5	7.5
Ⅴ	—	4.5	6.0	7.5	—	6.0	7.5	9.0

当两洞室之间的中夹岩柱达到一定厚度时，两洞室之间的相互影响减少到可以忽略的程度，此时可以作为两座独立的隧道进行设计施工（表 11-6-3）。

不考虑相互影响的中夹岩柱的最小厚度（单位：m）　　表 11-6-3

围岩级别（级）	两车道隧道				三车道隧道			
	坚硬岩	较坚硬岩	较软岩	软岩	坚硬岩	较坚硬岩	较软岩	软岩
Ⅰ、Ⅱ	15	20	—	—	20	25	—	—
Ⅲ	20	25	30	—	25	30	35	—
Ⅳ	25	30	35	40	35	40	45	50
Ⅴ	—	35	40	45	—	45	50	55

四、小净距隧道浅埋、偏压的界定

小净距隧道深、浅埋的分界，主要参照现行的《公路隧道设计规范》（JTG D70—2004）按照荷载等效高度值，并结合地形地质条件、施工方法等因素综合确定。按荷载等效高度的判定公式为：

$$H_p = (2 \sim 2.5)h_q \tag{11-6-1}$$

$$h_q = q/\gamma \tag{11-6-2}$$

式中：H_p——浅埋隧道分界深度（m）；

h_q——荷载等效高度（m）；

q——深埋隧道垂直均布压力（kN/m^2）。

具体确定小净距隧道深浅埋分界的拱顶覆盖层厚度可参考表 11-4-2 的规定。西部交通建设科技项目“双洞小净距隧道设计、施工关键技术研究”报告中，针对两车道小净距隧道Ⅲ、Ⅳ、Ⅴ级围岩按照上式计算深、浅埋分界结果列于表 11-6-4。

深浅埋分界 h 值　　表 11-6-4

围岩级别（级）	两车道单洞（m）	两车道小净距隧道（m）
Ⅲ	7.65	13
Ⅳ	15.3	26.1
Ⅴ	30.6	52.2

对于偏压小净距隧道，一般来讲埋置深度不大，可参照浅埋考虑。确定偏压与否的拱顶覆盖层最小厚度可参考表 11-4-3 的规定。

五、小净距隧道中夹岩柱的加固

1. 中夹岩柱的加固技术措施的选取原则

（1）为了减少施工对中夹岩柱的多次扰动，中夹岩柱的加固措施宜尽量简化，一般不超过两种。

（2）中夹岩柱的加固措施宜优先选取注浆或锚固，当仍不满足其稳定性要求时，可采用预应力锚杆加固。

(3)中夹岩柱的注浆加固范围宜控制在拱腰及拱脚之间。

(4)采用预应力锚杆加固形式时,为保证预应力施加效果,可采用多次张拉工艺。

2. 中夹岩柱的加固措施

对于围岩地质状况较差的地层,中夹岩柱的加固宜优先考虑注浆加固或注浆与预应力锚杆联合加固的方式;对于围岩地质状况较好的地层,可采用贯通长锚杆加固或预应力锚杆加固的方式。

小净距隧道中夹岩柱的加固措施,可根据其净距,参照表 11-6-5 和表 11-6-6 规定的加固措施进行设计。

两车道小净距隧道中夹岩柱加固措施　表 11-6-5

<table>
<tr><th rowspan="2">围岩级别(级)</th><th colspan="4">中间岩柱净距</th></tr>
<tr><th>0.25～0.375B
(3～4.5m)</th><th>0.375～0.5B
(4.5～6m)</th><th>0.5～0.75B
(6～9m)</th><th>0.75～1.0B
(9～12m)</th></tr>
<tr><td>Ⅱ</td><td rowspan="2">对穿预应力锚杆加固中夹岩柱</td><td rowspan="2">预应力长锚杆加固中夹岩柱</td><td rowspan="2">适当加长系统锚杆加固中夹岩柱</td><td rowspan="2">—</td></tr>
<tr><td>Ⅲ</td></tr>
<tr><td>Ⅳ</td><td colspan="2">中间岩柱超前小导管注浆加固对穿预应力锚杆加固中夹岩柱</td><td>预应力长锚杆加固中夹岩柱</td><td>适当加长系统锚杆加固中夹岩柱</td></tr>
<tr><td>Ⅴ</td><td>—</td><td>中间岩柱超前小导管注浆加固对穿预应力锚杆加固中夹岩柱</td><td colspan="2">中间岩柱超前小导管注浆加固预应力长锚杆加固中夹岩柱</td></tr>
</table>

注:表中 B 为隧道开挖跨径。

三车道小净距隧道中夹岩柱加固措施　表 11-6-6

<table>
<tr><th rowspan="2">围岩级别(级)</th><th colspan="4">中间岩柱净距</th></tr>
<tr><th>0.25～0.375B
(4～6m)</th><th>0.375～0.5B
(6～8m)</th><th>0.5～0.75B
(8～12m)</th><th>0.75～1.0B
(12～16m)</th></tr>
<tr><td>Ⅱ</td><td>对穿预应力锚杆加固中夹岩柱</td><td>预应力长锚杆加固中夹岩柱</td><td>适当加长系统锚杆加固中夹岩柱</td><td>—</td></tr>
<tr><td>Ⅲ</td><td colspan="2">对穿预应力锚杆加固中夹岩柱</td><td>预应力长锚杆加固中夹岩柱</td><td>—</td></tr>
<tr><td>Ⅳ</td><td>中间岩柱超前小导管注浆加固对穿预应力锚杆加固中夹岩柱</td><td>中间岩柱超前小导管注浆加固对穿预应力锚杆加固中夹岩柱</td><td>对穿预应力锚杆加固中夹岩柱</td><td>预应力长锚杆加固中夹岩柱</td></tr>
<tr><td>Ⅴ</td><td>—</td><td colspan="2">中间岩柱超前小导管注浆加固对穿预应力锚杆加固中夹岩柱</td><td>中间岩柱超前小导管注浆加固预应力长锚杆加固中夹岩柱</td></tr>
</table>

注:表中 B 为隧道开挖跨径。

六、小净距隧道复合式衬砌支护

1. 小净距隧道复合式衬砌的一般规定

(1)小净距隧道的设计与施工应遵循“少扰动、快加固、勤量测、早封闭”的原则,并将中夹岩柱的稳定与加固作为设计与施工的重点。

(2)地形偏压条件下修建小净距隧道,宜先开挖靠近外侧的洞室,以保持围岩的稳定,有利于支护体系受力。

(3)埋深一定的地形偏压条件下的小净距隧道,坡率、坡面拱肩厚度、净距三者是主要因素。一般而言,坡率越小,净距和拱肩厚度越大,对隧道的变形、受力越为有利。建议Ⅴ级围岩条件下坡率不宜大于 1∶1,对于Ⅴ、Ⅳ、Ⅲ级围岩,坡面拱肩厚度不宜小于 1.0B,两隧道净距不宜小于 0.5B。

(4)先行洞的开挖可采用与分离式隧道相同的施工方法,如可采用上下台阶法、侧壁导坑法等,后行洞的开挖宜采用反向侧壁导坑法,其次是正向侧壁导坑法,再次是上下台阶法。

(5)在地震动峰值加速度大于 0.15 的地区选用小净距隧道时,宜进行抗震强度和稳定性验算。

(6)小净距隧道应优先选用复合式衬砌,支护参数应通过工程类比、计算分析综合确定。具体可参照一般分离式隧道的设计支护参数,对初期支护、二次衬砌做相应的加强。对于净距大于 12m 的小净距隧道,可只考虑适当控制爆破,左右幅隧道施工作业错开一定的距离等方法处理。

2.小净距隧道复合式衬砌支护

在Ⅴ级围岩条件下,初期支护是承载主体,二次衬砌也承受一定的荷载;在Ⅳ级围岩条件下,围岩发挥承载的主要作用,初期支护是辅助性的承载体;在Ⅲ级围岩条件下,围岩发挥承载的主要作用,初期支护发挥了决定性的作用,二次衬砌可视为安全储备。

(1)A 类小净距隧道:中夹岩柱应重点加固,初期支护及二次衬砌支护参数应适当加强。同时加强施工监控量测,特别是中夹岩柱的稳定性监测。

(2)B 类小净距隧道:中夹岩柱宜简单加固,初期支护及二次衬砌支护参数宜适当加强。

(3)C 类小净距隧道:中夹岩柱可不做加固,初期支护参数宜适当加强,二次衬砌支护参数可参照分离式隧道选取。

在一般性地质条件下,小净距隧道复合式衬砌支护参数可参考表 11-6-7 和表 11-6-8。当小净距隧道有偏压时,支护参数、施工方法、施工工序应进行特殊设计。

两车道小净距隧道复合式衬砌设计参数(D=4.5~9m)　　表 11-6-7

围岩级别(级)	初期支护					二次衬砌 现浇混凝土厚度(cm)	
	喷射混凝土厚度(cm)		锚杆(m)		钢架间距(cm)		
	拱、墙	仰拱	长度	纵向间距		拱、墙	仰拱
Ⅵ	通过试验计算确定						
Ⅴ$_2$	22~28	15~20	3.5~4.0	0.5~0.6	50~60	50~55(钢筋混凝土)	
Ⅴ$_1$	22~28	15~20	3.5~4.0	0.6~0.8	60~80	45~50(钢筋混凝土)	
Ⅳ$_3$	22~25	10~15	3.0~3.5	0.8~1.0	80~100	45~50(钢筋混凝土)	
Ⅳ$_2$	20~22	—	3.0~3.5	0.8~1.0	80~100	40~45(钢筋混凝土)	
Ⅳ$_1$	18~22	—	3.0~3.5	1.0~1.2	100~120	40~45	
Ⅲ$_2$	10~12	—	2.5~3.0	1.0~1.2	局部	35	—
Ⅲ$_1$	8~10	—	2.5~3.0	1.2~1.5	—	35	—
Ⅱ	5~8	—	2.5	局部	—	30	—
Ⅰ	5	—	—	—	—	30	—

三车道小净距隧道复合式衬砌设计参数（D=6～12m）　　表 11-6-8

围岩级别(级)	初期支护					二次衬砌	
						现浇混凝土厚度(cm)	
	喷射混凝土厚度(cm)		锚杆(m)		钢架间距(cm)	拱、墙	仰拱
	拱、墙	仰拱	长度	纵向间距			
Ⅵ	通过试验计算确定						
Ⅴ$_2$	28～30	20～25	4.0～4.5	0.5～0.6	50～80	55～60(钢筋混凝土)	
Ⅴ$_1$	28～30	15～20	4.0～4.5	0.6～0.8	80～100	50～55(钢筋混凝土)	
Ⅳ$_3$	25～28	15～20	3.5～4.0	0.8～1.0	80～100	50～55(钢筋混凝土)	
Ⅳ$_2$	25～28	15～20	3.5～4.0	0.8～1.0	80～100	45～50(钢筋混凝土)	
Ⅳ$_1$	22～25	—	3.5～4.0	1.0～1.2	100～120	45～50	
Ⅲ$_2$	18～22	—	3.5～4.0	1.0～1.2	120～150	40	—
Ⅲ$_1$	12～15	—	3.0～3.5	1.2～1.5	局部	40	—
Ⅱ	8～10	—	2.5～3.5	局部	—	35	—
Ⅰ	5～8	—	—	—	—	35	—

注：1. 本表支护参数针对结构安全等级为一级的小净距隧道，其他安全等级的小净距隧道可参照执行。

2. 本表为小净距隧道拱部及外侧支护参数，中夹岩的支护应根据表 11-6-5 及表 11-6-6 的规定进行设计。

3. 当小净距隧道中夹岩柱的稳定有保障时，隧道支护参数可参照一般分离式隧道设计。

4. Ⅵ级围岩段支护参数可根据现场监控量测信息反馈，通过试验计算确定。

七、小净距隧道施工控制爆破技术

1. 小净距隧道施工控制爆破振动速度

大量理论分析和现场试验表明，后行洞爆破施工对先行洞迎爆面影响较大，主要作用于相对爆振点沿先行洞纵向 1B 范围内，应重点加强该范围的振动爆破监控量测。不同类型的小净距隧道爆破振动速度控制指标建议值参见表 11-6-9。

爆破振动速度控制指标建议值（单位：cm/s）　　表 11-6-9

围岩级别(级)	小净距隧道分类		
	A类(严重影响)	B类(一般影响)	C类(轻微影响)
Ⅲ	8～10	10～12	15～20
Ⅳ	5～8	8～10	10～15
Ⅴ	＜5	5～8	8～10

注：1. Ⅴ级围岩中严重影响的情况以机械开挖为主，辅以弱爆破。

2. 具体工程中取值应结合围岩状况、断面大小、隧道净距、支护状况、加固措施、开挖方式等因素综合考虑。

2. 小净距隧道爆破振动控制

(1)对于Ⅳ、Ⅴ级围岩宜采用机械开挖为主，辅以弱爆破；对于Ⅱ、Ⅲ级围岩采用爆破施工，严格控制后行隧道的最大装药量和开挖进尺，必要时采取减振措施，以减轻爆破振动的影响。

(2)当净距小于 0.5B 时，必须采取严格的控爆及监测措施；净距为 0.5～1B，应控制最大段装药量、开挖进尺及重点监测；净距大于 1B，但还达不到正常分离式隧道布置要求时，宜加强监控量测。

(3)为减轻爆破振动的影响，Ⅴ级围岩应采用封闭的初期支护，Ⅳ级围岩宜采用封闭的初期支护。

(4)Ⅳ、Ⅴ级围岩的后行隧道爆破开挖宜在先行隧道仰拱初期支护施做完成或仰拱二次衬砌浇筑完成后进行。

(5)后行隧道爆破开挖进尺不宜大于隧道净距的 1/3，同时掏槽眼的布置宜远离中夹岩体。

(6)先行隧道迎爆侧是现场监控量测的重点部位。

(7)小净距隧道爆破振动速度控制标准可参考表 11-6-9。

第十二章　特殊地质隧道设计

第一节　滑坡地层隧道设计

一、概述

滑坡是指斜坡上的土体或者岩体，受河流冲刷、地下水活动、地震及人工切坡等因素影响，在重力作用下，沿着一定的软弱面或者软弱带，整体地或者分散地顺坡向下滑动的自然现象。俗称“走山”、“垮山”、“地滑”、“土溜”等。滑坡是斜坡岩土体沿着贯通的剪切破坏面所发生的滑移现象。滑坡的机理是某一滑移面上剪应力超过了该面的抗剪强度所致。

隧道工程通过滑坡地层时，其位置的选择宜遵循以下原则：

(1)对于性质复杂的大型滑坡，尤其是当滑动面位于路基以下时，应设法绕避。

(2)采用隧道避开滑坡时，应使隧道洞身埋设于滑动面以下一定厚度的稳固地层中，以确保施工及运营过程中滑坡滑动时不致影响隧道的安全。

(3)当隧道必须通过滑坡体时，隧道轴线宜与滑坡的主滑向呈平行或小角度斜交布设，并应尽量避免正交方式。

(4)隧道通过滑坡的位置，一般滑坡上缘或下缘比滑坡中部好。

此外，滑坡地层隧道的设计与施工还须遵循以下原则：

(1)滑坡防治设计与隧道工程设计并重。

(2)滑坡对隧道的稳定性存在影响时，滑坡治理工程完成后，方可进行隧道施工。

(3)滑坡地层隧道施工前，一般应先做好滑坡体与隧道的截排水工程。

(4)当隧道通过滑坡地层时，必须避免因施工开挖和运营中人为因素而导致古滑坡体的复活。

(5)当滑坡地处洞口段时，洞口边仰坡的开挖、加固方案应充分考虑工程地质、自然、施工环境等因素，经过充分论证后实施。

(6)施工中应对滑坡体与隧道进行监测，并根据监测信息及时调整处治措施。

(7)滑坡治理工程宜在旱季施工，并注意施工方法，避免引起滑坡的发展。

二、滑坡推力计算

滑坡推力计算是抗滑支挡结构工程设计的重要内容之一。滑坡推力的计算，通常普遍采用极限平衡理论分析。

1.滑坡推力计算的基本原则

原则上，滑坡推力计算应与其稳定性分析方法保持一致，这样计算的滑坡推力和相应的稳定系数才能对应。在用极限平衡法分析滑坡的稳定性时，根据常见的滑移面形式，可将其分为如下几种相应的滑坡推力计算方法。

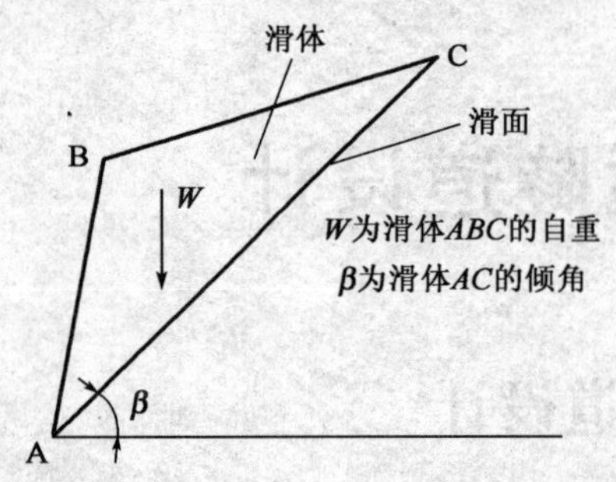

图 12-1-1　滑面为单一平面的滑坡

(1)滑面为单一平面或可简化成单一平面时，如图 12-1-1 所示，滑体△ABC 产生的推力可采用式(12-1-1)计算。

$$E_A = W\cos\beta(K\tan\beta - \tan\varphi) \tag{12-1-1}$$

式中：W——滑体△ABC 的自重力(kN)；

φ——滑面岩土的综合内摩擦角(°)；

β——滑面的倾角(°)；

K——设计所需的安全系数。

(2)滑面为圆弧面或可近似为圆弧面时，其滑坡推力可采用简化 Bishop 法的稳定性分析方法加以计算。

(3)滑面为连续的曲面或滑面由不规则(较陡)折线段组成时，可采用 Janbu 法的稳定性分析方法计算滑坡推力。

(4)当滑面由一些倾角较缓、相互间变化不大的折线段组成时，其滑坡推力的计算可采用传递系数法(又称不平衡推力传递法)。

(5)滑面倾角较陡且滑动时滑体有明显的分块，各分块之间发生错动，可采用分块极限平衡法计算其滑坡推力。

在以上所述方法中，传递系数法是我国交通与工民建等部门在进行边坡稳定性检算时经常使用的方法。下面详细介绍该滑坡推力的计算方法。

2. 传递系数法计算滑坡推力

传递系数法假定：

(1)滑坡体不可压缩并整体下滑，不考虑条块之间挤压变形；

(2)条块之间只传递推力不传递拉力，不出现条块之间的拉裂；

(3)块间作用力(即推力)以集中力表示，它的作用线平行于前一块的滑面方向，作用在分界面的中点；

(4)垂直滑坡主轴取单位长度(一般为 1.0m)宽的岩土体作计算的基本断面，不考虑条块两侧的摩擦力。

传递系数法图示见图 12-1-2。由图 12-1-2 可知，取第 i 条块为分离体，将各力分解在该条块滑面的方向上，可得下列方程：

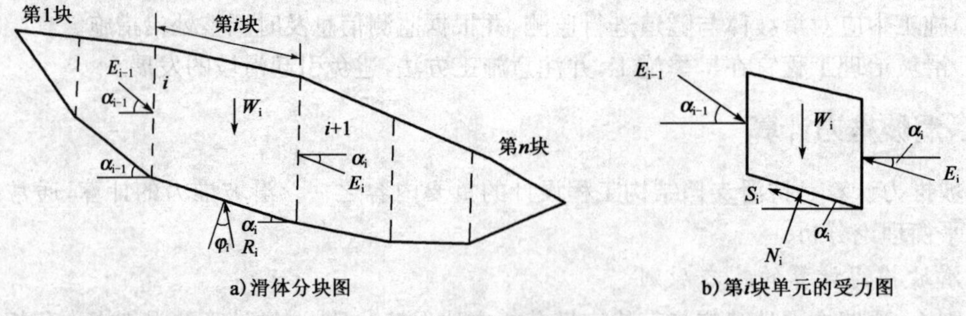

图 12-1-2　传递系数法图示

$$E_i - W_i\sin\alpha_i - E_{i-1}\cos(\alpha_{i-1}-\alpha_i) + [W_i\cos\alpha_i + E_{i-1}\sin(\alpha_{i-1}-\alpha_i)]\tan\varphi_i + c_i l_i = 0 \tag{12-1-2a}$$

由式(12-1-2a)可得出第 i 条块的剩余下滑力(即该部分的滑坡推力)E_i，即：

$$E_i = W_i\sin\alpha_i - W_i\cos\alpha_i\tan\varphi_i - c_i l_i + \psi_i E_{i-1} \tag{12-1-2b}$$

式中：E_i——第 i 块滑体剩余下滑力(kN)；

E_{i-1}——第($i-1$)块滑体剩余下滑力(kN)；

W_i——第 i 块滑体的重力(kN)；

R_i——第 i 块滑体的滑床反力(kN)；

ψ_i——传递系数，$\psi_i=\cos(\alpha_{i-1}-\alpha_i)-\sin(\alpha_{i-1}-\alpha_i)\tan\varphi_i$；

c_i——第 i 块滑体滑面上岩土体的黏聚力(kN)；

l_i——第 i 块滑体的滑面长度(m)；

φ_i——第 i 块滑体滑面上岩土体的内摩擦角(°)；

α_i——第 i 块滑体滑面上的倾角(°)；

α_{i-1}——第($i-1$)块滑体滑面上的倾角(°)。

计算时从上往下逐块进行。按式(12-1-2)计算得到的推力可以用来判断滑坡体的稳定性。如果最后一块的 E_n 为正值，说明滑坡是不稳定的；如果计算过程中某一块的 E_i 为负值或为零，则说明本块以上的岩土体已经稳定，并且下一条块计算时按无上一条块推力考虑。

实际工程中计算滑坡体的稳定性还要考虑一定的安全储备，选用的安全系数 K_s 应大于1.0。目前一般通过加大自重下滑力来考虑安全系数，即采用 $K_sW_i\sin\alpha_i$ 来计算推力。安全系数 K_s 一般取为1.05～1.25。另外，如果计算断面中有逆坡，倾角 α_i 为负值时，则 $W_i\sin\alpha_i$ 变成了抗滑力。在计算滑坡推力时，$W_i\sin\alpha_i$ 就不应再乘以安全系数。

三、滑坡防治

当隧道必须通过滑坡体时，应在查明滑坡的成因、性质、类型及构造等的基础上，采取综合的防治措施，以确保滑坡的稳定和隧道施工及运营的安全。表12-1-1为滑坡防治的常用措施。

滑坡防治的常用措施　　表12-1-1

防治方法	常用工程措施	作　用	特　点
排水	排水明沟、截水沟、浅埋渗沟	排出地表水	滑坡防治中的必要措施，需做好水文地质的勘察，了解水源和地下水的分布。一般排水工程还需与支挡工程相结合，才能稳定滑坡
	渗沟、渗水隧洞、水平钻孔、渗井、渗管	排出地下水	
改变滑坡形态	减载和反压	减少下滑力或增大抗滑力	操作简单，效果明显，但减载应避免引起新的滑坡，并保证减载边坡的稳定，弃土应集中堆放。反压必须在适合的位置。无论是减载还是反压，对山体扰动均较大，对环保不利

续上表

防治方法	常用工程措施	作　用	特　点
支挡工程	支撑渗沟	以支撑为主兼排滑带水和疏干附近滑体水	适用于滑体前部有地下水出露及滑体中地下水发育的地段，抗滑能力较小
	抗滑挡墙	抵挡滑坡传来的土压力	设计简单。但由于影响滑坡的因素很多，容易出现"越顶"和"坐船"的现象，挡墙设置的位置有一定的局限性
	预应力锚索(杆)	通过预应力的施加，增加滑动的抗滑力	变形小、布置灵活、投资省，但锚固段应置于稳定的岩层且岩层适合于灌浆
	钢管桩	钻孔中插钢管并灌浆，以提高滑面抗剪能力	布置灵活，用钢量大
	抗滑桩	依靠桩的强度、滑面以下锚固部分桩周岩土的弹性抗力来平衡滑面以上滑体剩余下滑力，使滑坡保持稳定	可灵活选择桩位，既可单独使用又可与其他工程配合使用，施工方便，工作面多，挖方量小，工期短，收效快，对滑体扰动小，对整治运营线路上的滑坡和处于缓慢滑动阶段的滑坡特别有利，施工中如发现问题易于补救
改变土体性质	注浆	提高滑体的物理力学指标	布置灵活，主要用于中小型滑坡

1. 排水

排水工程是滑坡防治中应首先考虑的措施。排水工程包括地表排水和地下排水。各种地表排水措施的适用条件、布置及设计原则见表 12-1-2。

滑坡地表排水措施 表 12-1-2

名称	适用条件	布置及设计原则
环形截水沟	滑体外	截水沟应设在滑坡可能发展的边界 5m 以外，根据需要可以设置数条，分段拦截地表水，向一侧或两侧的自然沟系排出。在坡度陡 1∶1 的山坡上，常采用陡坡排水槽来拦截山坡上方的坡面径流。沟槽断面以满足宣泻坡面径流为准，一般可按 1/20～1/25 的周期流量设计。如土质渗水性强，应采用黏性土、石灰三合土或浆砌片石铺砌防渗层
树枝状排水系统	滑体内	结合地形条件，充分利用自然沟系，作为排水渠道，汇集并旁引坡面径流于滑坡体外排出(图 12-1-3)。排水沟的布置应尽量避免横切滑体，主沟宜与滑动方向一致，支沟与主沟斜交 30°～45°。如土质松软，可就地夯成沟形，上铺黏性土或石灰三合土加固。通过裂缝处，可采用搭叠式木质水槽或陶管、混凝土槽、钢筋混凝土槽，以防山坡变形拉断水沟，使坡面水集中下渗
明沟与渗沟相配合的引水工程	滑体内的泉水或湿地	平面布置如图 12-1-4 所示，目的在于排除山坡上层滞水和疏干边坡土体含水。埋入地下部分类似集水渗沟，露出地面部分是排水明沟
平整夯实自然山坡坡面	滑体内	如山坡土质疏松，坡面水易于阻滞下渗，应对坡面整平夯实，填塞裂缝，防止坡面径流汇集下渗
绿化工程(植树、铺种草皮)	滑体内	绿化工程是配合地表排水的一项有效措施，特别是对渗水严重的黏性土滑坡和浅层滑坡，效果显著。在滑坡面种植灌木及阔叶果林。可疏干滑体水分，根系起加固坡面土层的作用。铺种草皮可滞缓坡面径流，防止冲刷，减少下渗，避免坡面泥土淤塞沟槽

滑坡地下排水的主要工程措施有渗沟、渗水隧洞、水平钻孔等。目前应用较多的主要是水平钻孔。此外，当隧道从滑坡体中穿过时，可沿隧道径向打设排水孔对滑坡地下水进行引排。

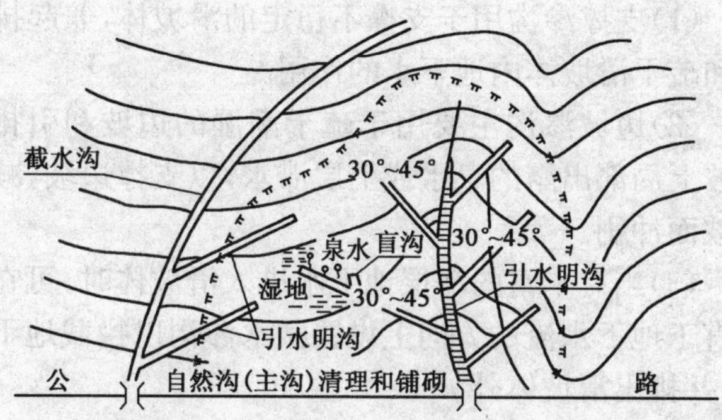

图 12-1-3　树枝状排水系统平面布置示意图

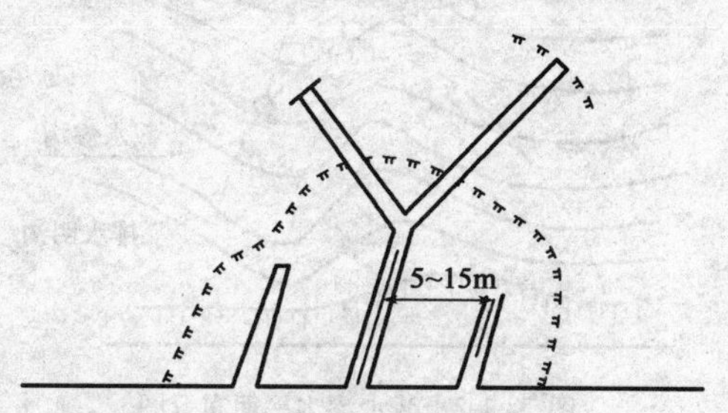

图 12-1-4　支撑渗沟平面布置图

1)渗沟

渗沟按其不同的作用,可分为支撑渗沟、边坡渗沟及截水渗沟三种。三种渗沟形式如图12-1-5～图12-1-7所示。

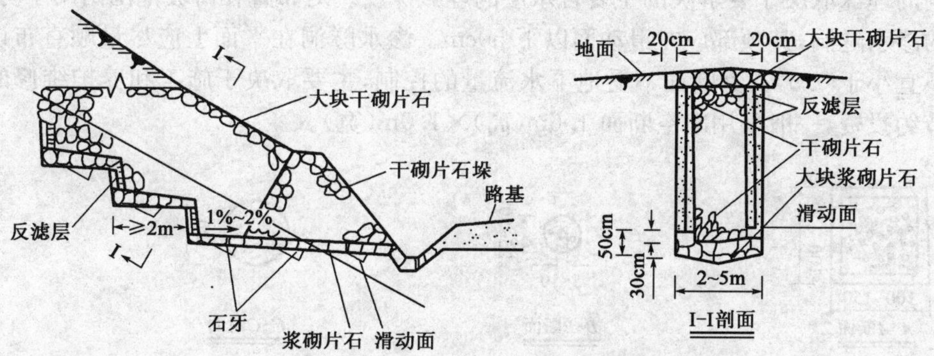

图 12-1-5　支撑渗沟结构示意图

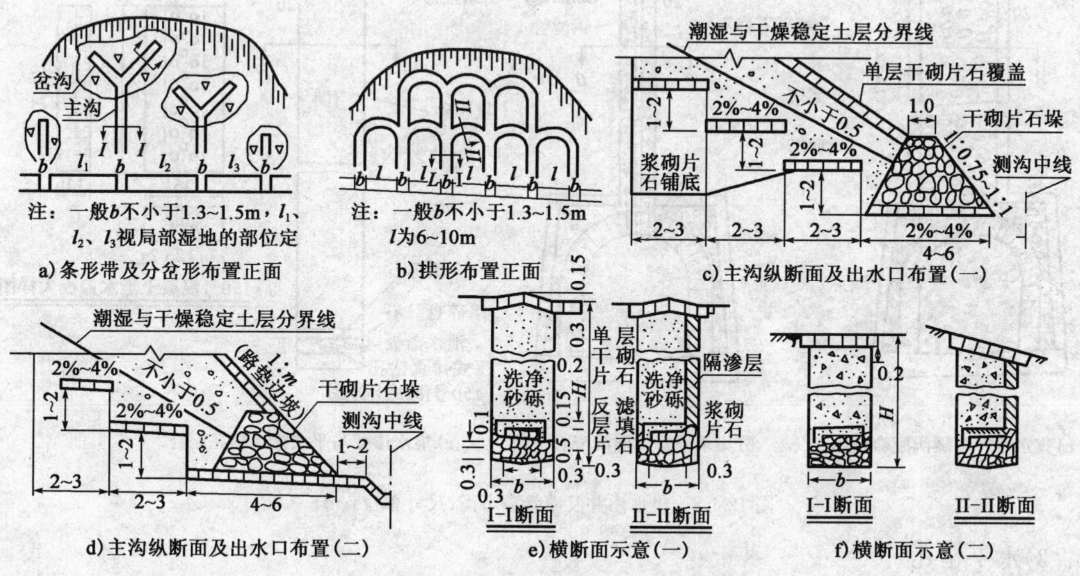

图 12-1-6　边坡渗沟参考图(尺寸单位:cm)

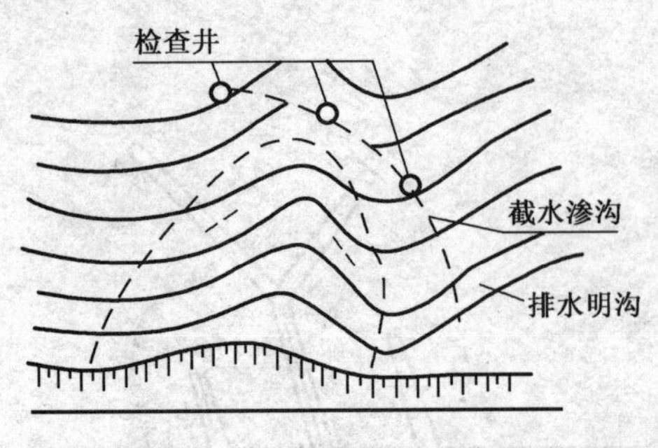

图 12-1-7 截水渗沟平面布置图

(1)支撑渗沟用于支撑不稳定的滑坡体,兼起排除和疏干滑坡体内地下水的作用。

(2)边坡渗沟主要用于疏干潮湿的边坡和引排边坡上局部出露的泉水或上层滞水,以支撑边坡,减轻坡面冲刷。

(3)当有丰富的深层地下水进入滑坡体时,可在垂直于地下水流的方向上设置截水渗沟以拦截地下水,并排出滑坡体外。

2)渗水隧洞

渗水隧洞主要用于截排或引排集中于滑面附近埋藏又较深的一层地下水。对于滑面以上的其他含水层,可在渗水隧洞顶上设置若干渗管将水引入洞内,如图 12-1-8 所示。对于渗水隧洞以下的承压含水层,可在洞底设渗水孔将水引入洞内。

隧洞的埋深取决于要解决的主要含水层的埋藏深度。对布置在滑坡范围内用于防治滑带地下水的渗水隧洞,其顶部应在滑动面以下 50cm。渗水隧洞在平面上应尽量顺直布设;其洞底纵坡不宜小于 0.5%;其断面不受地下水流量的控制,主要取决于施工和养护维修的方便,并考虑节约投资,一般采用净空断面 1.6m(高)×1.0m(宽)。

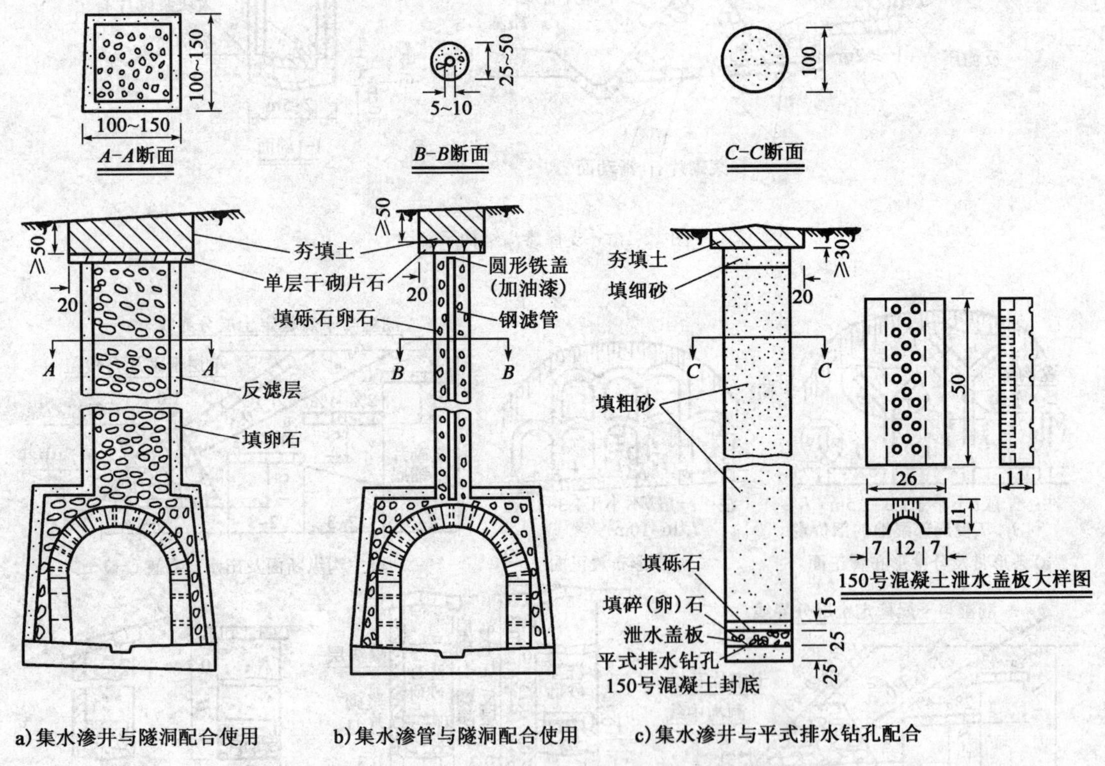

图 12-1-8 集水渗井及渗管参考图(尺寸单位:cm)

3)水平钻孔

水平钻孔适用于引排滑动面或滑坡范围封闭低洼处积聚的地下水。水平钻孔是采用平卧钻机或可旋转钻机，向滑体含水层打设一定倾斜角度的平孔，然后在钻孔内插入带孔眼的钢管或塑料管用以引排地下水疏土体，如图 12-1-9 所示。

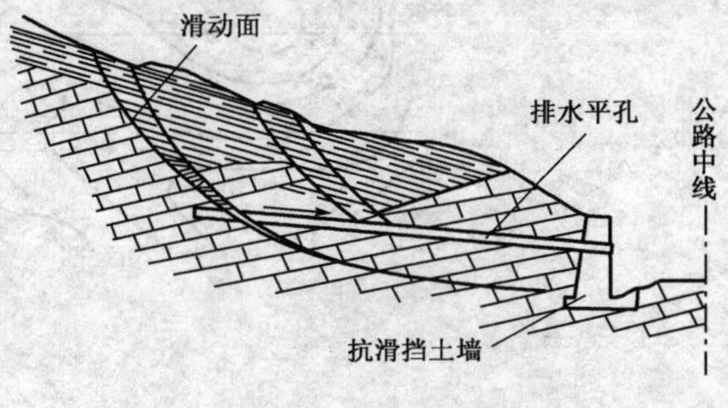

图 12-1-9　水平钻孔纵面布置图

水平钻孔的孔径大小主要取决于施工机具和孔壁加固材料，可由数十毫米至 100mm 以上，其坡度应不小于 10%。与渗沟、渗水隧道相比，采用水平钻孔引排滑坡地下水，不需要开挖滑体，其施工对滑体几乎无扰动，具有施工方便、工期短、造价低、见效快以及布孔位置灵活等特点。

4)隧道径向排水孔

隧道径向排水孔即当隧道从滑体通过时，沿隧道周边打设径向排水孔并在钻孔内安设排水钢管或塑料管，用以疏排滑坡体内地下水。径向排水孔的设置位置和数量应视地下水分布的情况和地质条件而定，其孔径主要取决于钻孔设备，通常为 50～120mm。径向排水孔通常与隧道环向排水盲沟结合使用。打设径向排水孔段隧道，其环向盲沟纵向布设间距通常为2～3m。

2. *减载或反压*

减载就是在滑坡后缘挖除一定数量的滑体而使滑坡稳定下来。它适用于推动式滑坡或由错落转化的滑坡，并且滑床上陡下缓，滑坡后缘及两侧的地层稳定，不致因刷方而引起滑坡向后及两侧发展。通常，滑坡减载只能减少滑体的下滑力，不能改变其下滑的趋势，因此减载常与其他整治措施配合使用。牵引式滑坡或滑带土具有卸载膨胀性质的滑坡，不宜采用滑坡减载的方法整治。减载后的坡面应整平夯实，其平台应设较大的横坡，并做好减载范围内防排水工程。

反压主要是利用滑体上部的减载弃方或滑体附近道路工程开挖的土石方，填于滑体前缘(抗滑地段)，以增加其抗滑稳定作用。

减载或反压范围及其数量的确定，需根据滑坡主轴断面进行剩余下滑力检算，划分出主滑地段及抗滑地段，进而确定减载及反压的最佳部位。坡脚反压整治洞口滑坡完善减载整治图见图 12-1-10。

3. *支挡工程*

根据滑坡的性质，可采用抗滑挡墙、抗滑桩、预应力锚索(杆)、钢管桩等支挡结构，对滑坡进行整治，以控制滑坡的下滑。此外，对隧道洞口段滑坡还可结合地形、地质条件采用抗滑明洞(棚洞)进行防治。下面介绍几种目前常用的支挡工程。

1)抗滑挡墙

在滑坡下部修筑抗滑挡墙是整治滑坡常用的有效措施之一。挡墙可用砌石、混凝土以及钢筋混凝土结构。临时性加固时，也可采用木笼挡墙。抗滑挡墙因其受力条件、材料和结构不同而有多种类型，一般多采用重力式抗滑挡墙。抗滑挡墙所受土压力按滑坡推力计算确定。

(1)抗滑挡墙的平面布置

①对于中小型滑坡，一般将抗滑挡墙布设在滑坡前缘；

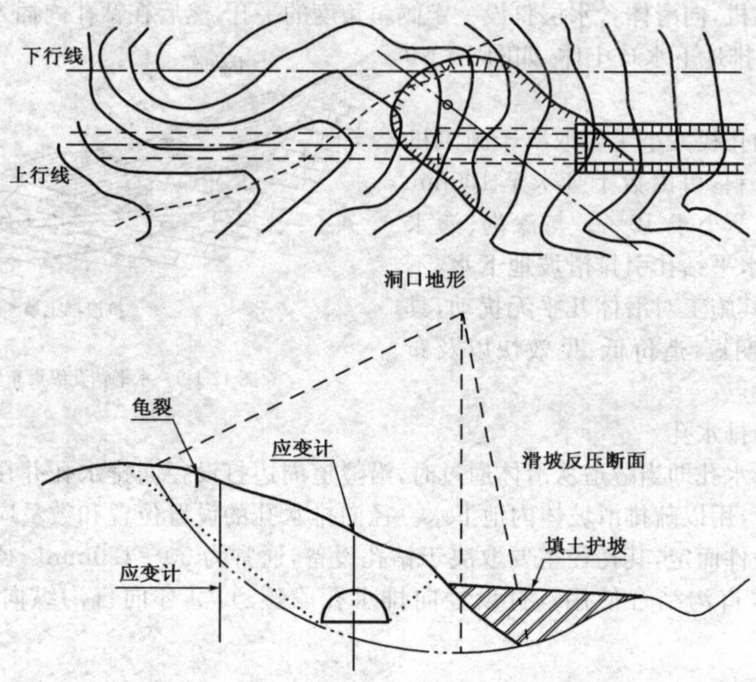

图 12-1-10 坡脚反压整治洞口滑坡完善减载整治图

②当滑坡中、下部有稳定岩层锁口时,可将抗滑挡墙布设在锁口处。锁口以下部分另作处理;

③滑坡前缘距路线有一定距离时,应尽可能将抗滑挡墙靠路线布设,墙后余地可填土反压,以增加抗滑力;

④对于多级滑坡,可分级支挡。

(2)抗滑挡墙的断面、埋深以及高度

①抗滑挡墙宜采用胸坡缓、外形矮胖断面形式的重力式挡墙,其胸坡常用 1∶0.3～1∶0.5。图 12-1-11 为抗滑挡墙常用的一些断面形式;

②抗滑挡墙的基础须埋入完整岩层内不小于 0.5m,或者埋入稳定坚实的土层内不小于 2m,并置于可能向下发展的滑面以下;

③抗滑挡墙高度应满足滑体不致由墙顶越墙滑出。

抗滑挡墙各项稳定性计算与一般重力式挡墙相同。

2)抗滑桩

抗滑桩是一种能承受滑坡体较大推力的抗滑建筑物。成排布置的抗滑桩,能利用桩的受力段及桩背土体与桩侧摩阻力形成的土拱效应,以控制滑体的滑移。抗滑桩适用在非塑流性土体或岩体的滑坡体中使用,不适用于软塑体滑坡。

抗滑桩的设置应保证提高滑坡体的稳定系数达到规定的安全值;滑坡体不越过桩顶或从桩间滑出;不产生新的深层滑动。桩的平面布置、桩间距、桩长和截面尺寸等的确定应综合考虑,做到安全经济合理。抗滑桩结构类型如图 12-1-12 所示。

抗滑桩的桩位在断面上应设于滑坡体较薄、锚固段地基强度较高的地段。平面上一般为成排布置,排的走向与滑体的主滑动方向应垂直成直线形或曲线形。桩间距取决于滑坡推力大小、滑体土的密度和强度、桩的截面大小、桩的长度和锚固深度以及施工条件等因素。两桩之间在能形成土拱的条件下，土拱的支撑力和桩侧摩阻力之和应大于一根桩所承受的滑坡推力。桩间距宜为 6～10m，通常在滑坡主轴附近间距较小，两侧间距稍大。对于较潮湿的滑体和较小截面的桩，也可布置为两排，按品字形或梅花形交错布置。一般上下排的间距为桩截面宽度的 2～3 倍。

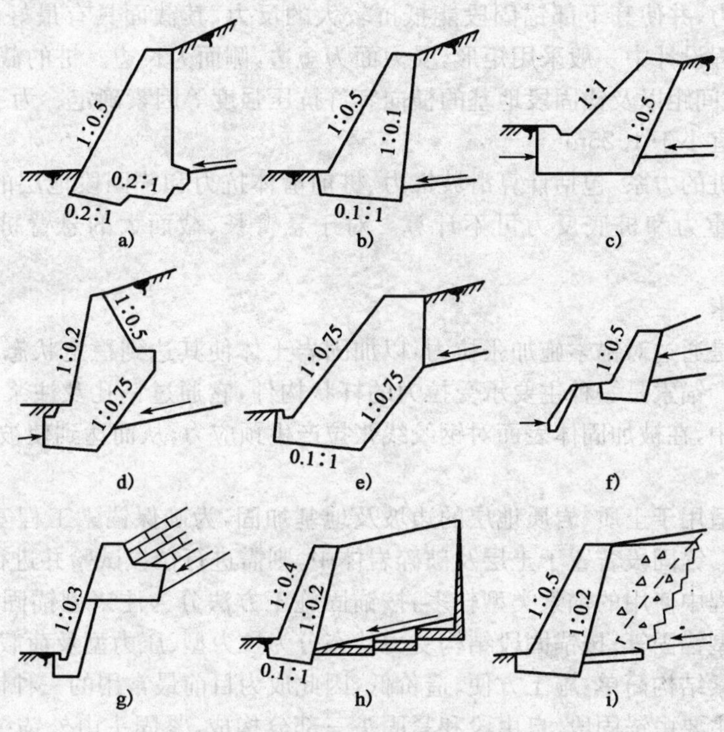

图 12-1-11　抗滑挡墙的常用断面形式

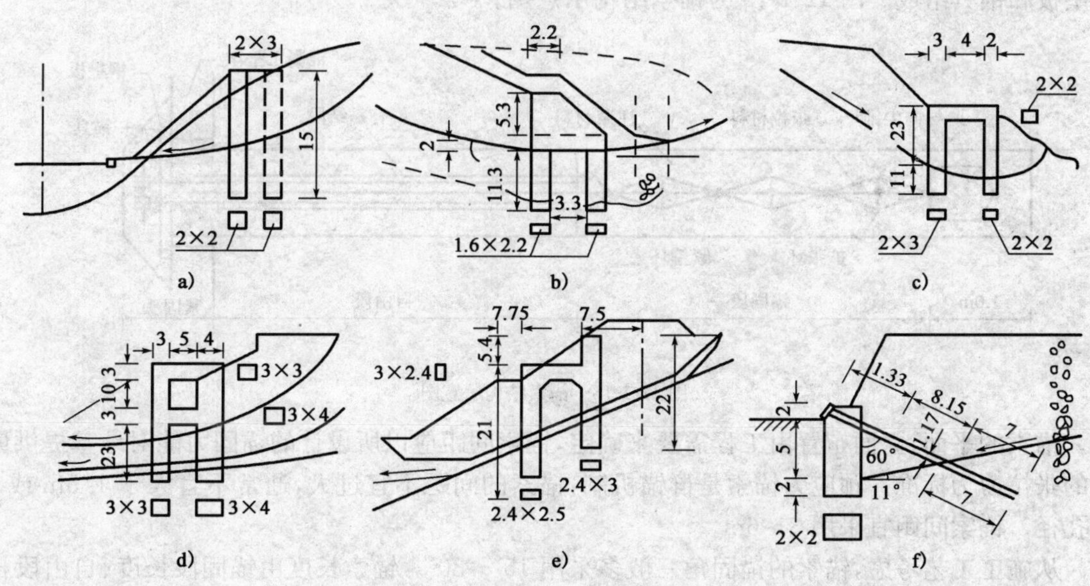

图 12-1-12　抗滑桩结构类型(尺寸单位:m)

抗滑桩的锚固深度，与滑坡地层的强度、桩所承受的滑坡推力、桩的刚度以及如何考虑滑面以上桩前抗力等有关。抗滑桩锚固深度的计算，除了满足强度校核外，地面处桩的水平位移不宜大于10mm。当桩的变形需要控制时，应考虑最大变形不超过容许值。根据多年的工程经验，抗滑桩的锚固深度一般为总桩长的1/2～1/3，完整的基岩约为1/4。

抗滑桩的截面形状，通常设计为矩形或圆形。桩的截面形状要求使其上部受力段正面能产生较大的摩擦力，并使其下部锚固段能抵抗较大的反力，其截面具有最好的抗弯和抗剪强度。目前我国工程设计中一般采用矩形，受力面为短边，侧面为长边。桩的截面尺寸应根据滑坡推力的大小、桩间距以及锚固段地基的横向容许抗压强度等因素确定。为了便于施工，挖孔桩最小边宽度不宜小于1.25m。

作用在抗滑桩的力系，包括计算滑坡推力、桩前滑体抗力和锚固段地层的抗力，摩阻力和黏聚力以及桩身重力和桩底反力可不计算。对于悬臂长、截面大的悬臂桩，桩身自重不应忽略。

3)预应力锚索

预应力锚索是通过对锚索施加张拉力，以加固岩土体使其达到稳定状态或改善内部应力状况的支挡结构。锚索是一种主要承受拉力的杆状构件，它通过钻孔及注浆体将钢绞线固定于深部稳定地层中，在被加固体表面对钢绞线张拉产生预应力，从而达到使被加固体稳定和限制其变形的目的。

预应力锚索适用于土质、岩质地层的边坡及地基加固，为确保锚索工程安全可靠，其锚固段宜置于岩层内。锚固段若置于土层及破碎岩体中，则需进行拉拔试验并进行个别设计。

目前岩土工程中使用的锚索类型较多，按锚固施工方法分为注浆型锚固、涨壳式锚固、扩孔型锚固及综合型锚固等；按锚固段结构受力状态分为拉力型、压力型及荷载分散型锚索。由于注浆拉力型锚索结构简单、施工方便、造价低，因此成为目前最常用的一种锚索。

预应力锚索主要由锚固段、自由段和紧固头三部分构成，紧固头由外锚结构物(垫墩等)、钢垫板和锚具组成。图12-1-13为锚索结构示意图。

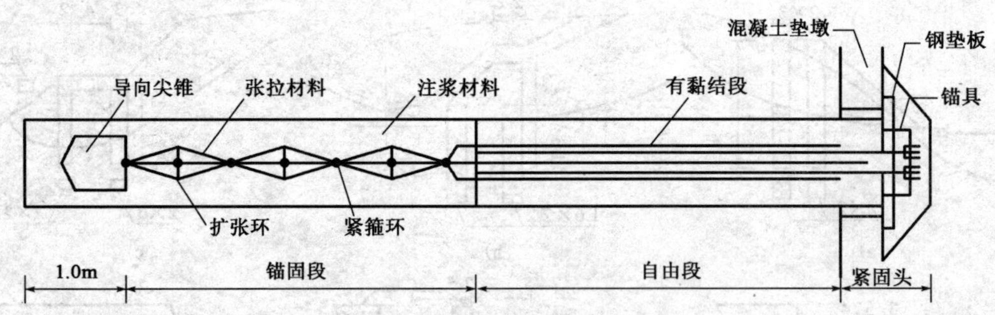

图12-1-13 锚索结构示意图

锚索的平面、立面布置由工程需要来确定，锚索间距应以所设计的锚固力能对地基提供最大的张拉力为标准。预应力锚索是群锚机制，锚索的间距不宜过大，通常不宜大于1.5m或5倍孔径。锚索间距宜采用3～6m。

从施工工艺考虑，锚索的锚固角一般多采用15°～30°。锚索长度由锚固段长度、自由段长度及张拉段长度组成。通常采用的注浆拉力型锚索，其锚固段长度一般在4～10m间选取，且锚固段应位于良好的地基中。当锚固段计算长度超过10m时，通常采用加大孔径或减少锚索间距、增加锚索孔数等方法来调整。锚索自由段长度受稳定地层界面控制，在设计中应考虑自由段伸入滑动面或潜在滑动面的长度不小于1m。一般规定自由段长度不小于3～5m。张拉段长度应根据张拉机具确定，锚索外露部分长度一般为1.5m左右。目前锚索防腐的方法主要有水泥质注浆体防护、物理隔离防护和改善锚固体结构形式三种。对于锚固力较低的锚索，当处于非侵蚀性和低渗水性的地层中时，可仅使用水泥质注浆体进行防护。锚固力较高的永久性锚索，即使在低渗水性的地层中，原则上要进行物理隔离防护。

预应力锚索用于整治滑坡时，滑坡推力可采用传递系数法计算。由于在滑坡推力计算时已考虑1.05～1.25倍的安全系数，因此预应力锚索用于整治滑坡时，下滑力可作为设计荷载。

在滑坡整治工程中，锚索通常与其他支挡结构组合在一起使用，形成锚索桩、锚索墙、锚索桩板墙、锚索地梁及框格梁等支挡结构，如图12-1-14所示。

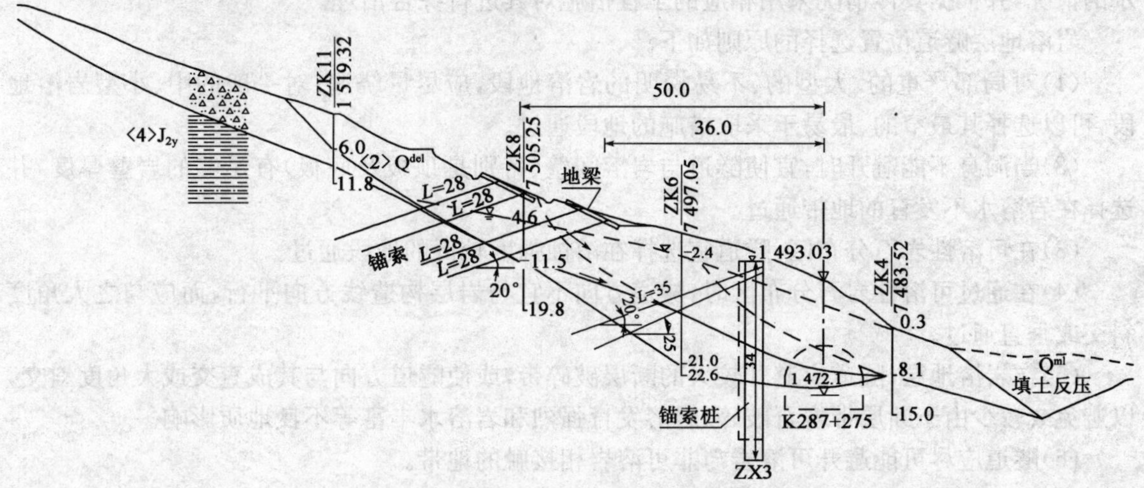

图12-1-14　锚索与其他支挡结构组合（尺寸单位：m，高程单位：m）

4）钢管桩

钢管桩是通过在钻孔中插入钢管并灌浆对滑坡体滑面附近的地层进行加固，以提高滑面的抗剪能力，从而达到控制其滑移的目的。为增加其抗剪能力，可在钢管中设置钢筋笼或在滑面附近段的钢管上设置注浆孔对滑面进行注浆加固。钢管通常采用外径76～140mm的热轧无缝钢管加工。钢管桩的钻孔深度一般不宜超过40m，且其锚入滑面或潜在滑面的深度不宜小于5m。

4.改变土体性质

对于软基和由软土构成的边坡，可以采用物理或化学的处理方法改变土体性质，以提高边坡的稳定性，这些方法有注浆法、电渗法、焙烧法及离子交换法等。目前在工程中常用的主要是注浆法。

对洞口浅埋段的中小型滑坡，当滑坡土体适宜注浆时，可钻孔安设钢花管采用地表注浆、洞内注浆等方式对地层进行注浆加固，以提高滑体的物理力学指标，并适当改善滑面的抗剪能力。采用注浆法对滑坡进行防治时，钻孔深度一般不宜超过15m。注浆钢花管通常采用外径38～50mm的热轧无缝钢管。

第二节 岩溶地层隧道设计

一、概述

岩溶亦称为喀斯特。岩溶指可溶性岩石，特别是碳酸盐类岩石（如石灰岩、石膏等），受含有二氧化碳的流水溶蚀，有时并加以沉积作用而形成的地貌。往往呈奇特形状，有洞穴、石芽、石沟、石林、溶洞、地下河以及峭壁。此种地貌地区，往往奇峰林立。通常指岩石裸露、草木不生、具有洞穴、落水洞、地下河而缺乏地表河流和湖泊的地区。岩溶是地下水对可溶性块状石灰岩溶蚀的结果。

隧道通过岩溶地层时，应查明溶洞分布范围和类型，岩层的完整稳定程度、填充物和地下水的情况，并根据具体情况采用相应的工程措施对其进行综合治理。

岩溶地层隧道位置选择的原则如下。

(1)对局部严重的、大型的、不易探明的岩溶地段，应尽量绕避；对一般的中、小型岩溶地段，可以选择其最窄的、最易于采取措施的地段通过。

(2)当洞身不能避开时，宜使隧道与岩溶间壁（特别是顶板及底板）有足够的岩壁厚度，并选择在岩溶水不发育的地带通过。

(3)在可溶性岩石分布区，隧道宜选择在溶蚀强度较低的地段通过。

(4)在通过可溶性岩石分布区时，隧道方向不宜与岩层构造线方向平行，而应与之大角度斜交或垂直通过。

(5)在岩溶地层，隧道应避开较大的断层破碎带，或使隧道方向与其成直交或大角度斜交，以避免或较少由于断层带岩石破碎、岩溶发育强烈和岩溶水丰富等不良地质影响。

(6)隧道应尽可能避开可溶岩与非可溶岩相接触的地带。

岩溶地层隧道设计应坚持以下原则：

(1)在岩溶地区选线，必须认真勘测，全面比较，避重就轻，防害兴利。

(2)结构工程设计与岩溶水治理设计并重。

(3)加强岩溶区涌水与地质超前预测预报设计。

(4)加强岩溶区处治预案的设计。

(5)加强施工监测设计，并根据监测信息及时调整治理方案。

二、岩溶对隧道工程的影响

岩溶对隧道工程的影响主要表现在对隧道结构本身的影响和对隧道区环境的影响两方面。

(1)岩溶对隧道结构本身的影响主要是：空穴、地下水、洞穴充填物及坍塌、洞顶地表塌陷四个方面。

(2)岩溶对隧道区环境的影响主要为：在岩溶区隧道工程的建设和后期建成运营期间，由于处治措施不当等原因，引起了隧道区环境的改变：①改变了水文地质条件，从而激活了古岩溶、古滑坡等地质灾害；②增加了新的出水点，对正处于发育期的岩溶，可能加快其岩溶发育的速度；③可能不断地恶化隧道区的水文环境；④由于环境的恶化、地下水位的下降，可能造成隧道区植被减少、地表水土流失、地面沉陷等；⑤可能造成地下水干涸、地下水流失，隧道区生态环境受到破坏。

三、岩溶治理

通常根据岩溶对隧道工程的影响情况，采取跨越、加固洞穴、引排截堵岩溶水、清除充填物或注浆对软弱地基加固，回填夯实、封闭地表塌陷、疏排地表水等工程措施对岩溶和岩溶水进行综合治理。

1. 岩溶水的治理

对岩溶水的治理应遵循宜疏不宜堵的原则，采取截、堵、排、防等措施进行综合治理设计。此外，设计中应对邻近隧道的水利设施予以保护，并对由于施工可能引起水资源漏失的程度作出评价，同时应对当地生产、生活用水采取适当的保护措施。

疏导建筑物结合具体情况可采用排水沟、涵洞、小桥、泄水洞、集水廊道等（图 12-2-1）。经过认真的水文地质勘测分析，为满足隧道区的环境保护要求，必须对岩溶水采取“以堵为主”的工程措施时，根据涌水量和衬砌的水压条件等具体情况，可采取超前帷幕注浆堵水、抗水压衬砌等方案，以确保隧道施工及运营期的安全（图 12-2-2）。

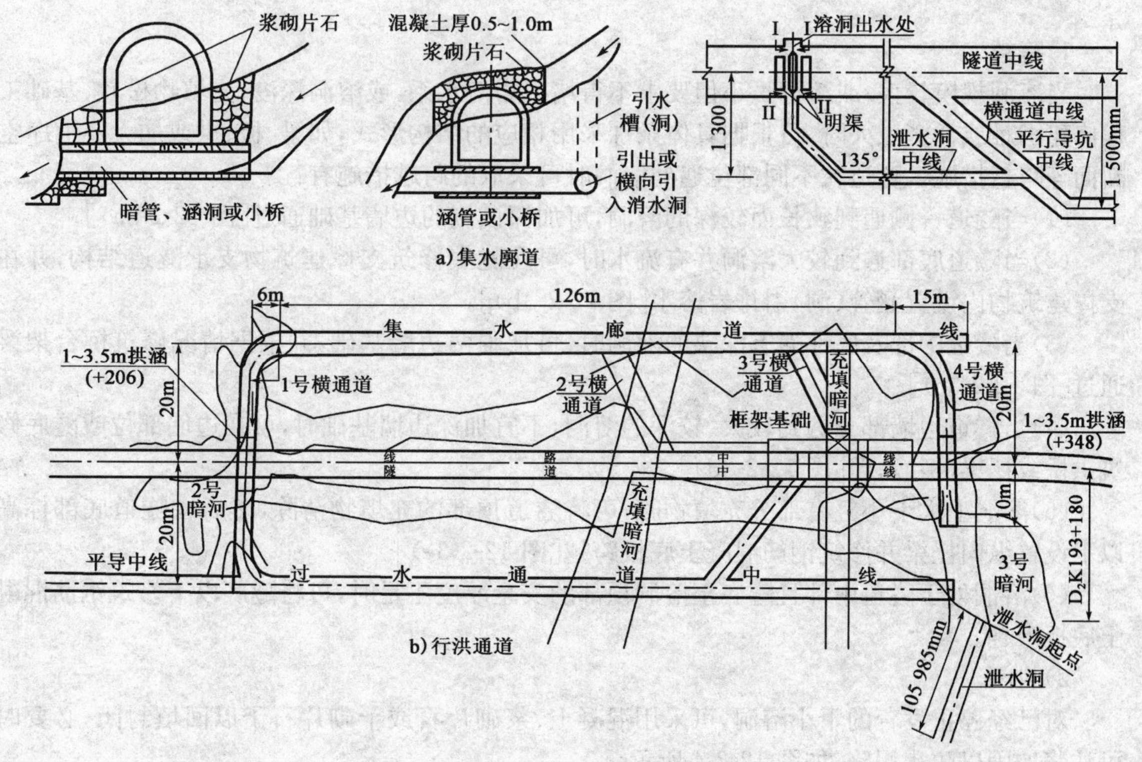

图 12-2-1　岩溶水疏导建筑物

2. 岩溶洞穴的治理

根据岩溶洞穴的大小、稳定性及洞穴与隧道不同部位的关系，可采用跨越、封闭、加固及绕避等治理措施。

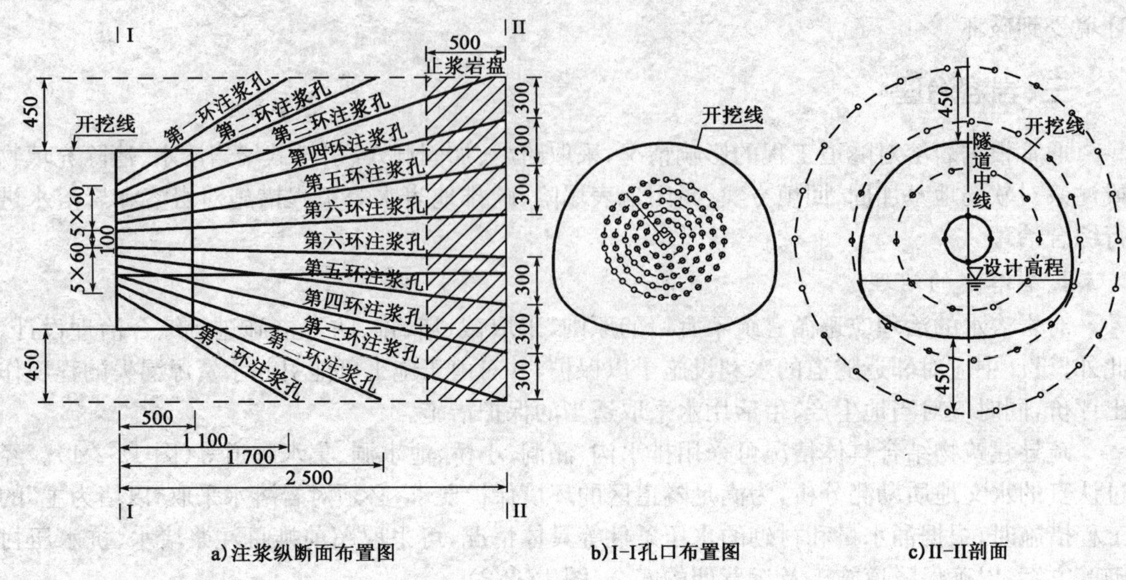

图 12-2-2　帷幕注浆堵水(尺寸单位:mm)

1)跨越

当溶洞规模较大,或溶洞虽小但要求不得堵塞岩溶水系,或溶洞深浚、充填物松软、基础工程修建困难或耗资巨大时,可根据具体条件采用相应的结构形式,如梁、板、拱或加大隧道净空断面等跨越措施。隧道在不同部位遇到溶洞时可采取的跨越措施有:

(1)当隧道一侧遇到狭长而较深的溶洞,可加深该侧的边墙基础通过[图 12-2-3a)]。

(2)当隧道底部遇到较大溶洞并有流水时,可在隧底修筑支撑建筑物支承隧道结构,并在支撑建筑物内设置涵管(洞)引排岩溶水[图 12-2-3b)]。

(3)当隧道中部及底部遇有深狭的溶洞时,可加强两边墙基础,并根据情况修筑桥台架梁通过[图 12-2-3c)]。

(4)当隧道边墙部分遇到较大、较深的溶洞,不宜加深边墙基础时,可在边墙部位或隧底修筑拱桥或托梁(板)跨越[图 12-2-3d)]。

(5)溶洞上大下小且有部分充填物时,可将隧道顶部的充填物清除,然后在隧道底部标高以下设置纵向托梁并修筑钢筋混凝土底板跨越[图 12-2-3e)]。

(6)溶洞处于隧道中部且隧底至溶洞顶部的安全厚度不足时,可将隧底以下修筑钢筋混凝土底板跨越。

2)封闭

对已经停止发育的干小溶洞,可采用混凝土、浆砌片石或干砌片石予以回填封闭,必要时可注浆加固以防止塌陷,如图 12-2-4 所示。

3)加固

对隧道拱部以上溶洞,可视溶洞的稳定情况采取洞顶危岩清除、局部锚喷支护加固,或加设护拱、拱顶回填缓冲层以及加强隧道衬砌等办法进行治理(图 12-2-5)。岩溶洞穴的稳定性可参照表 12-2-1 进行定性的评价。

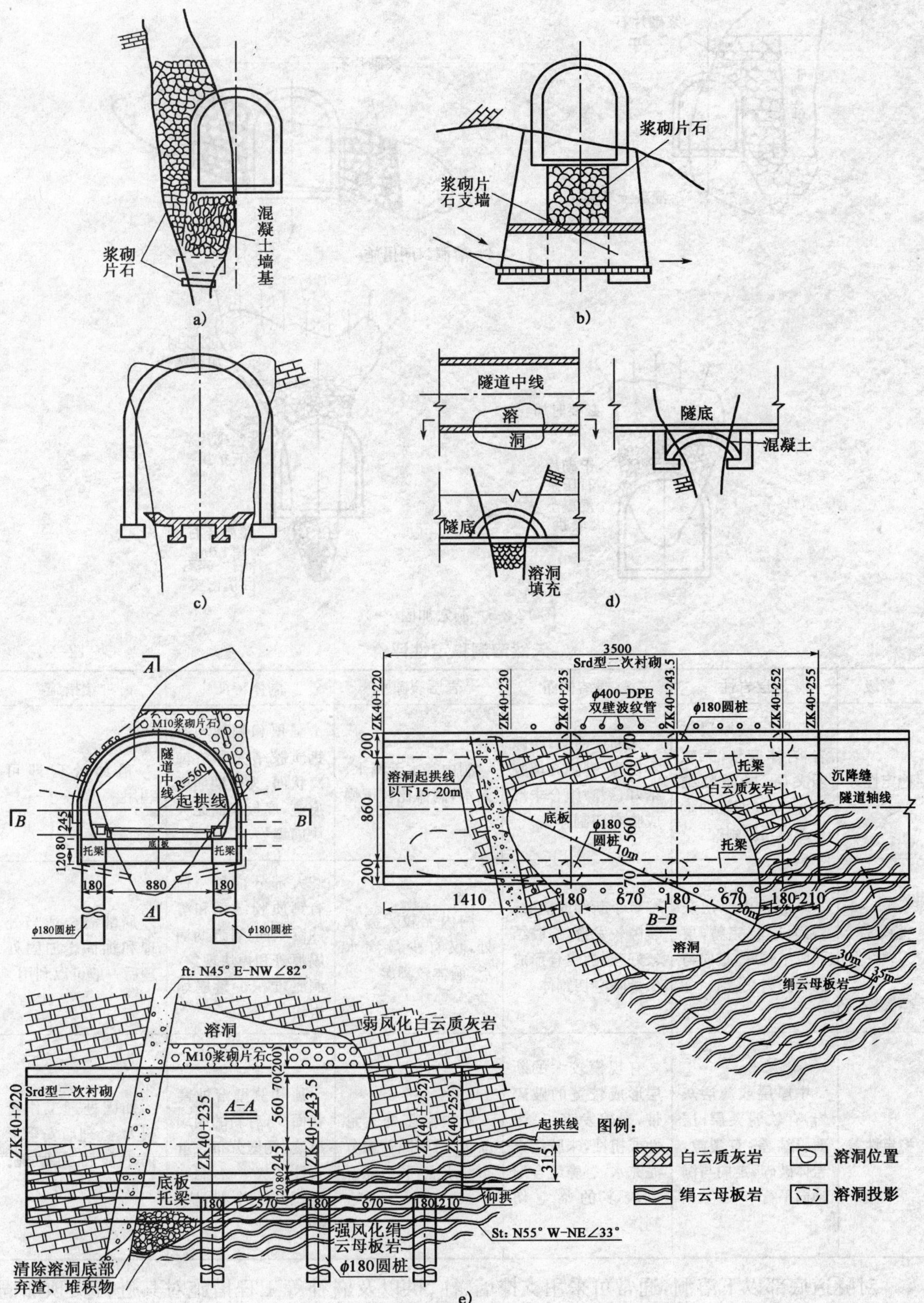

图 12-2-3　隧道跨越溶洞的措施(尺寸单位:cm)

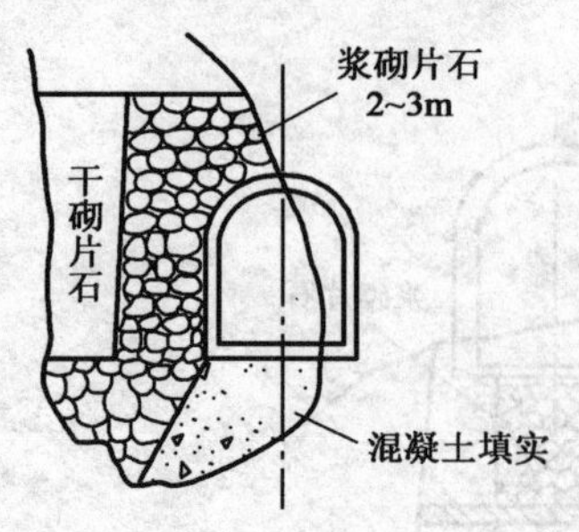

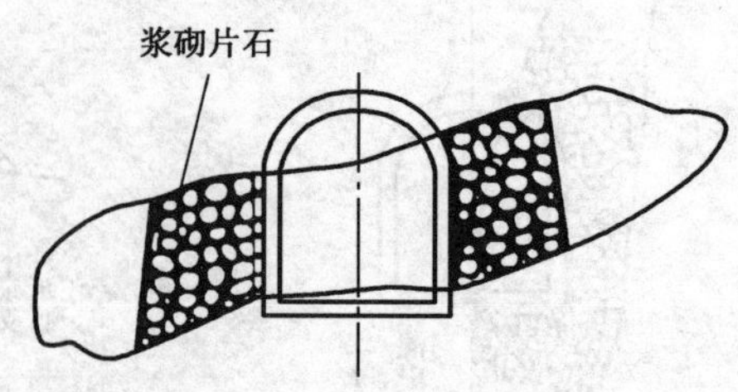

图 12-2-4　溶洞封闭措施

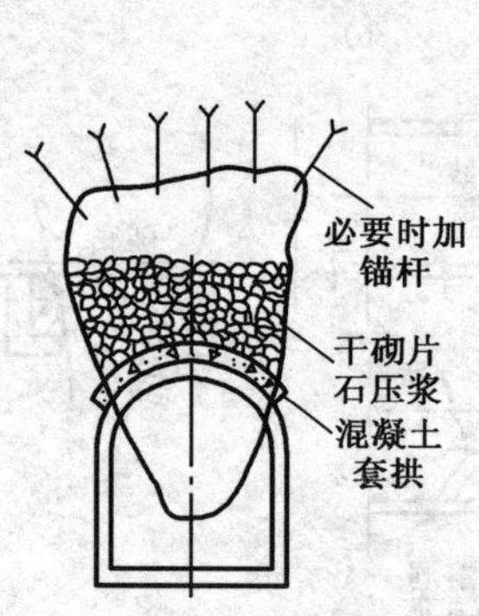

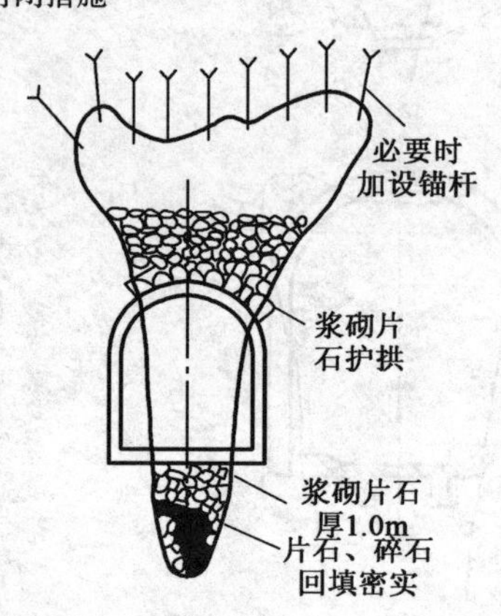

图 12-2-5　洞穴加固(一)

天然溶洞稳定性评价　　表 12-2-1

等级	地层岩性	软弱结构面	岩层裂隙水	洞体特征	处治措施
稳定性好	巨厚层或厚层灰岩，岩体完整，无软弱夹层，层面胶结好，走向与洞轴向垂直或高角度斜交	无断层褶皱，裂隙不发育，裂隙充填胶结好，裂隙组合未形成临空切割体	洞内基本无滴水，漏水，洞体比较干燥	洞顶和侧壁均有钙质胶结壳和溶蚀窝状面，无近期崩塌痕迹，底板表面无大块崩塌物	稍加处理即可利用
稳定性较好	厚层或中厚层灰岩，岩层较完整，层面胶结较好，走向与洞轴向斜交	有小断层或褶皱，裂隙较发育，但胶结较好，裂隙组合形成少量临空切割体	洞内无较大漏水处，仅有少量滴水点，洞体较潮湿	大部分顶和侧壁有钙质胶结壳和溶蚀窝状面，有近期崩塌痕迹和掉块现象，洞底堆积少量崩塌岩块	局部需要适当处理和加固。加固处理后一般可以利用
稳定性差	中厚层或薄层灰岩，有软弱夹层，层面胶结差，有裂隙，岩体破碎，走向与洞轴向平行	有规模较大的断层形成较宽的破碎带，裂隙发育，呈张性或扭性，未胶结充泥充水，裂隙组合形成较多的临空切割体	洞内有多处大量漏水，沿裂隙普遍分布漏水点，洞内潮湿	顶和侧壁溶蚀窝状面少，有新的崩塌痕迹，侧壁分布大量石柱和灰华物，洞底堆积大量崩塌岩块	加固处理工作量很大，处理后安全上仍不能得到保证。一般不宜利用

对隧道底部以下溶洞，通常可采用支撑墙、柱、拱以及嵌补等工程措施对其进行支顶加固(图 12-2-6)。

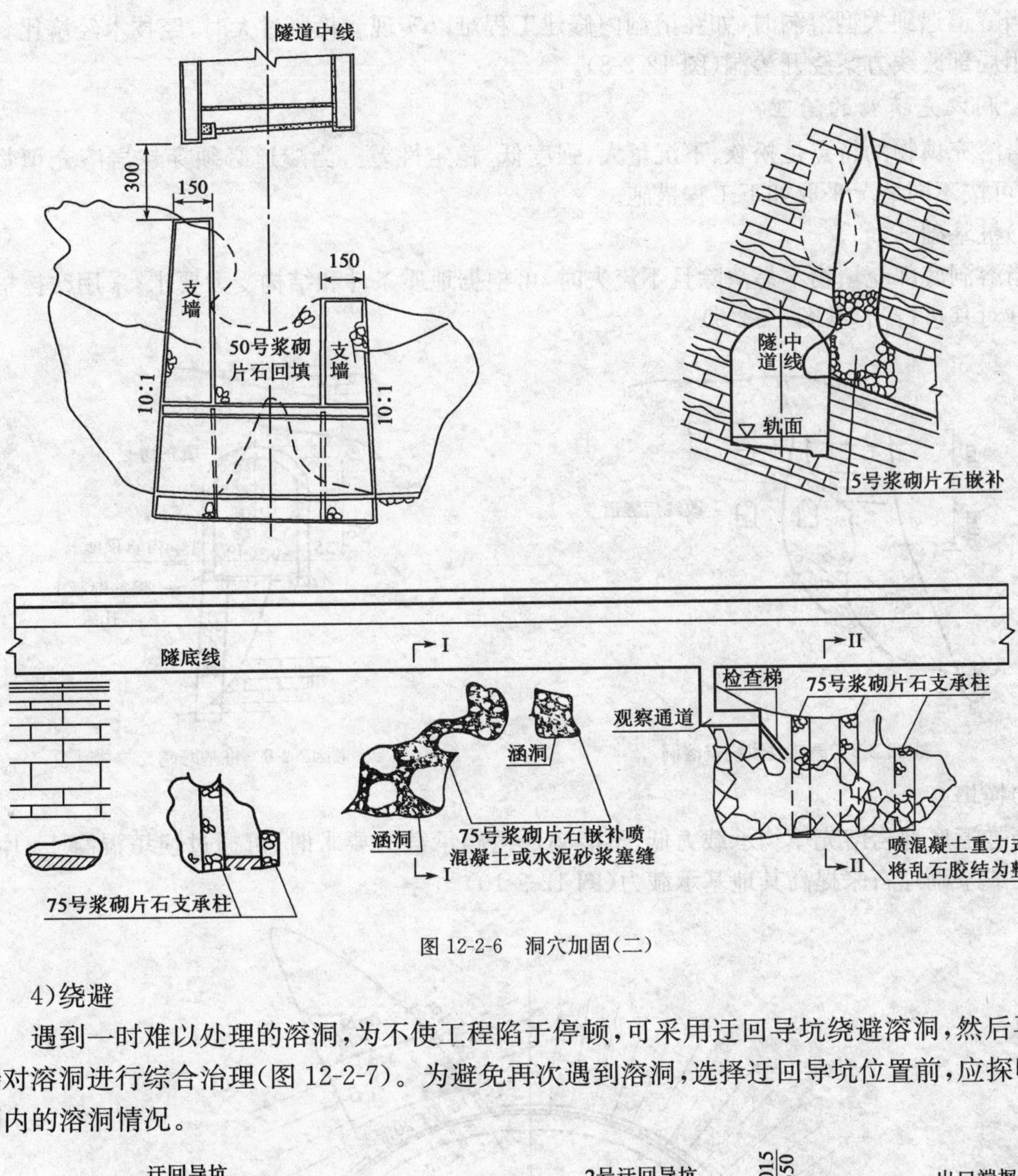

图 12-2-6　洞穴加固(二)

4)绕避

遇到一时难以处理的溶洞,为不使工程陷于停顿,可采用迂回导坑绕避溶洞,然后再从两端对溶洞进行综合治理(图 12-2-7)。为避免再次遇到溶洞,选择迂回导坑位置前,应探明该范围内的溶洞情况。

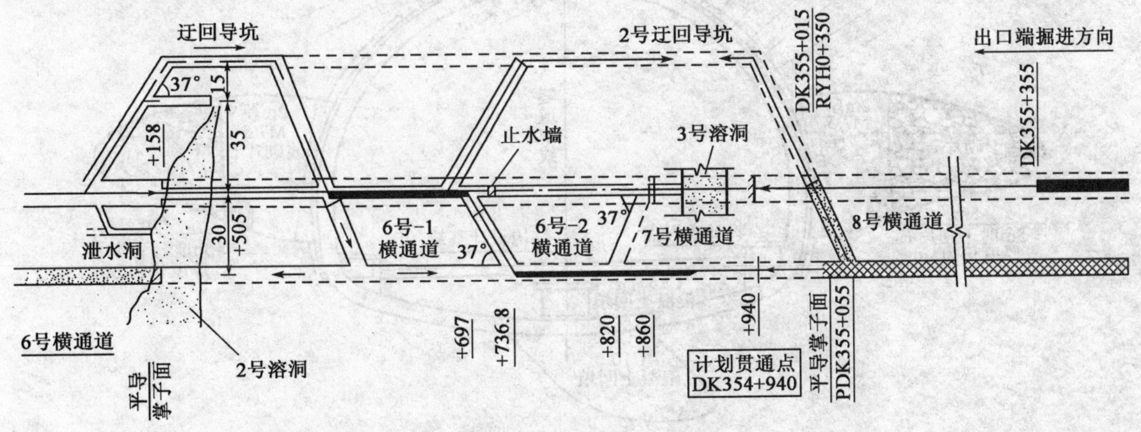

图 12-2-7　迂回导坑绕避溶洞

当隧道遇到大型溶洞时，如在溶洞内修建工程难以实现或耗资过大时，经技术经济比较后可采用局部改线方案绕开溶洞(图 12-2-8)。

3. 洞穴充填物的治理

岩溶充填物的特点是松软、下沉量大、强度低、稳定性差。当隧道必须穿越岩溶充填物地段时，可按不同情况采取如下工程措施。

1)桩基础

当溶洞底部充填物不易清除且不流失时，可根据地质条件和结构受力要求，采用摩擦桩或端承桩对其进行治理(图 12-2-9)。

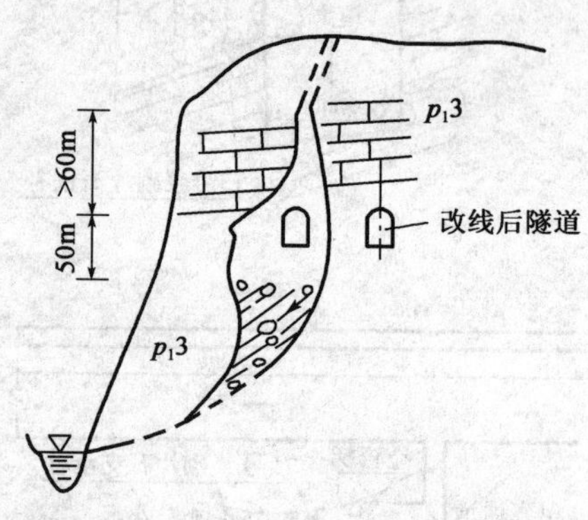

图 12-2-8　局部改线绕避溶洞

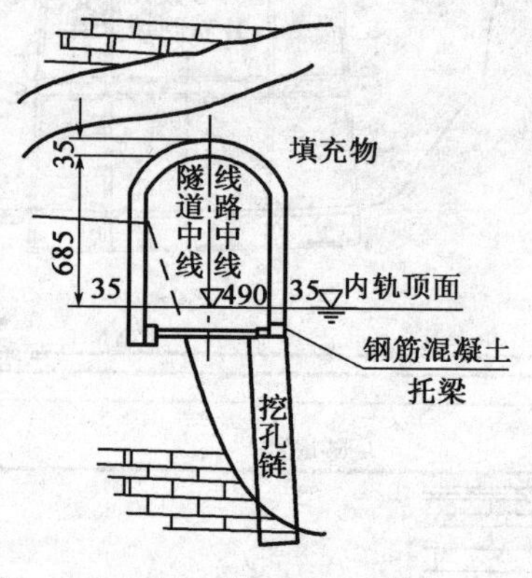

图 12-2-9　桩基跨越充填物

2)换填

当隧道底部岩溶充填物承载力低，不能满足道路承载力要求时，可通过换填混凝土、片石混凝土或浆砌片石来提高其地基承载力(图 12-2-10)。

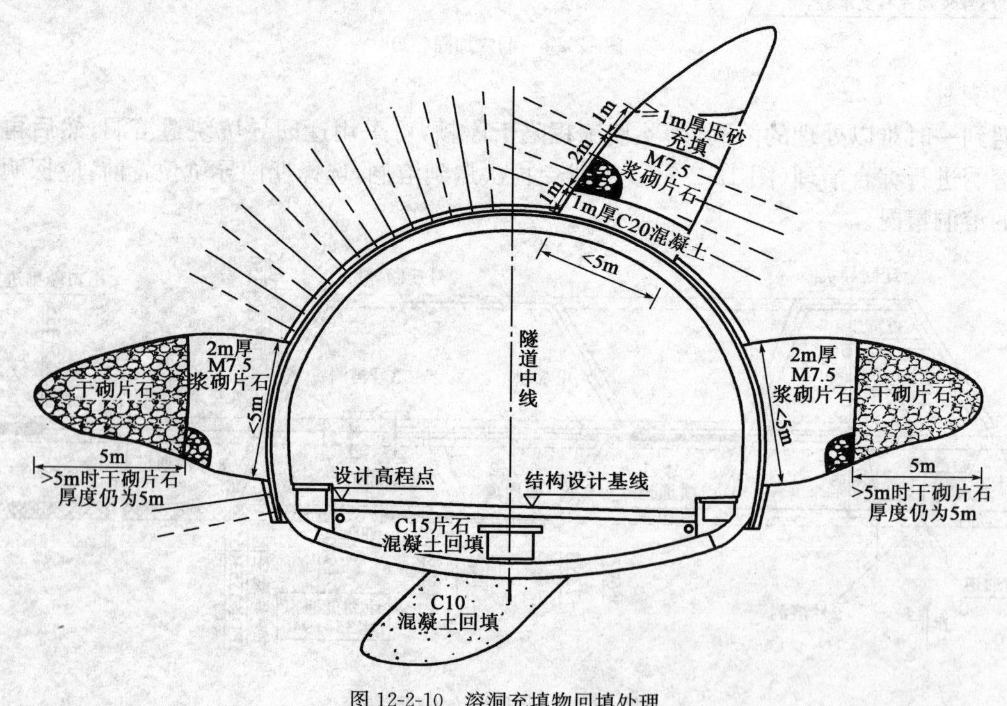

图 12-2-10　溶洞充填物回填处理

(1)对隧道底部的溶洞充填物,其换填厚度不宜超过 3.0m。

(2)对隧道侧墙部的溶洞充填物,其换填厚度不宜小于 2.0m。

(3)对隧道顶部的溶洞充填物,当其体积不大时(数十立方米),可将其全部清除后按一般标准修建隧道衬砌,但须在其拱部修筑厚度不小于 2.0m 浆砌片石护拱或厚度不小于 1.0m 混凝土护拱。

3)注浆

当隧道所通过洞穴充填物松软、稳定性且不易清除,特别是岩溶水较丰富时,可采取超前注浆、径向注浆、底部注浆(图 12-2-11)等工程措施对洞身、洞周及隧道底部充填物进行加固治理,以保证隧道施工和运营的安全。

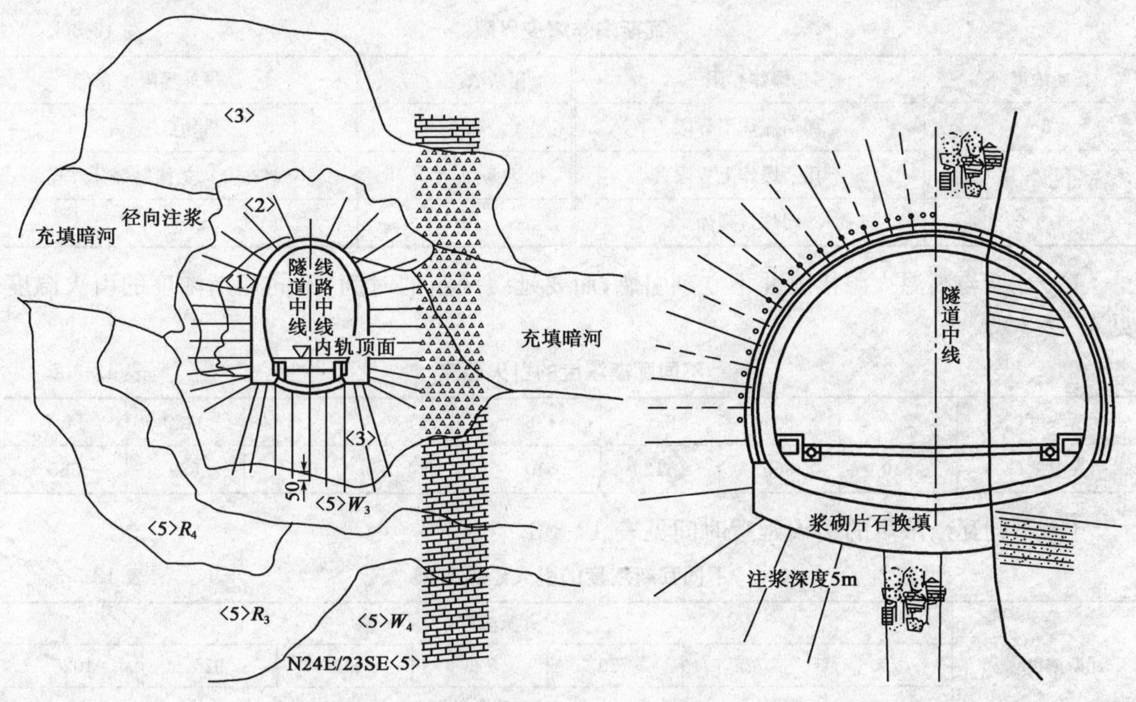

图 12-2-11　溶洞充填物注浆加固

第三节　含瓦斯地层隧道设计

一、瓦斯的特性

瓦斯是地下隧道内有害气体的总称,其成分以沼气(CH_4)为主,一般习惯称沼气为瓦斯。当隧道穿过煤层、油页岩或沥青等岩层,或从其附近围岩破碎、节理发育的地层中穿过时,可能会遇到瓦斯。如果隧道空气中瓦斯含量达到爆炸限度,一旦与火源接触就会引起爆炸,给隧道施工安全带来很大的危害,造成严重的经济损失。因此,在瓦斯地层中修建隧道,必须采取相应的措施才能确保安全顺利的施工。

1. 瓦斯的基本性质

(1)瓦斯(沼气)为无色、无臭、无味的气体,与碳化氢或硫化氢混合在一起,发出类似苹果的香味。由于空气中瓦斯的含量增加，氧气相应减少，很容易使人窒息或发生死亡事故。

(2)瓦斯的密度为0.544g/cm^3，仅为空气的1/2，所以瓦斯容易积聚在隧道顶部。其扩散速度比空气大1.6倍，很容易透过裂隙发育、结构松散的岩层。

(3)瓦斯不能自燃，但极易燃烧，其燃烧的火焰颜色随瓦斯含量的增大而变淡，空气中含有少量的瓦斯时火焰呈蓝色，当瓦斯体积分数在5%时，火焰呈淡青色。

2.瓦斯的燃烧和爆炸性

(1)当隧道中瓦斯的体积分数小于5%且遇到火源时，瓦斯只是在火源附近燃烧而不会爆炸。瓦斯的体积分数在5%～6%时，遇到火源具有爆炸性。瓦斯的体积分数大于14%～16%时，一般不爆炸，但遇火能平静地燃烧。瓦斯浓度爆炸界限见表12-3-1。

瓦斯爆炸浓度界限 表12-3-1

瓦斯浓度(%)	爆炸界限	瓦斯浓度(%)	爆炸界限
5～6	瓦斯爆炸下界限	8.0	最易点燃
14～16	瓦斯爆炸上界限	低于5.0、大于16	不爆炸，与火焰接触部分燃烧
9.5	爆炸最强烈	—	—

(2)瓦斯与高温火源接触并不立刻引燃，而要延缓一定的时间，不同瓦斯浓度的引火温度见表12-3-2。

不同瓦斯浓度的引火温度 表12-3-2

瓦斯浓度(%)	2.0	3.4	6.5	7.6	8.1	9.5	11.0	14.7
引火温度(℃)	810	665	512	510	514	525	539	565

(3)不同瓦斯浓度的引火延缓时间见表12-3-3。

不同瓦斯浓度的引火延缓时间 表12-3-3

瓦斯浓度(%)	火源温度(℃)						
	700	725	750	775	825	925	1025
	引火延缓时间(s)						
4	8.2	3.6	2.4	1.4	—	—	—
6	10.0	4.3	2.6	1.5	0.62	0.21	0.07
8	14.0	5.2	3.0	1.6	0.67	0.25	0.08
10	—	6.3	3.5	1.75	0.72	0.26	0.09
12	—	7.9	4.1	1.9	0.77	0.27	0.09

(4)瓦斯燃烧时，一旦遇到障碍而受压缩，就会形成爆炸。爆炸时能发生高温，封闭状态中的爆炸(即容积为常数)温度可以到达2 150～2 650℃；向四周自由扩张时的爆炸(即压力为常数)温度可以达1 850℃。发生瓦斯爆炸后的隧道内完全无氧气，而充满氮气、二氧化碳及一氧化碳。这些有害气体很快传到邻近的隧道和工作面，凡是来不及躲避的人员，都会中毒窒息甚至死亡。

(5)瓦斯爆炸时，爆轰波运动造成暴风在前，火焰在后，暴风遇到积存瓦斯使它先受到压力，然后火焰点燃发生爆炸。第二次瓦斯受到的压力比原来的压力大，因此爆炸后的破坏力也更剧烈。

(6)隧道施工中瓦斯引燃与爆炸的原因如下。

①违反操作规程,如在洞内点火吸烟、爆破器材不良、携带易燃品入内、明火照明等;

②偶然事件引起,如洞内炽热的电灯泡被打碎,电路绝缘不良产生电火花等;

③瓦斯在隧道内燃烧时,受到隧道的阻碍而压缩,燃烧极易转化为爆炸。放炮也可能导致瓦斯爆炸。

3. 瓦斯的释放

1)瓦斯的释放方式

(1)施工阶段

①瓦斯的渗出:它是缓慢地、均匀地、不停地从煤层或岩层暴露面的空隙中渗出,延续时间很久,有时带有一种嘶声;

②瓦斯的喷出:比上述渗出强烈,从煤层或者岩层裂缝或孔洞中放出,喷出的时间有长有短,通常有较大的响声和压力;

③瓦斯的突出:在短时间内,从煤层或岩层中突然猛烈地喷出大量的瓦斯,喷出的时间从几分钟到几小时不等,喷出时常有巨大轰响,并夹有煤块或岩石;

④以上三种瓦斯释放形式,通常以第一种放出的瓦斯量为最大,因而最不易被人所发觉。

瓦斯绝对涌出量单位为 m^3/d 或 m^3/min,即在一定时间内所涌出的瓦斯量。

瓦斯相对涌出量单位为 m^3/t,它是以产量为基础的。

(2)运营阶段

地层中的瓦斯主要通过衬砌本体的细微裂隙和施工缝等通道渗入隧道内。瓦斯渗入量不仅与煤层(或地层)中瓦斯含量和压差(即瓦斯压力和隧道内空气压力之差)有关,而且与衬砌材料、接缝材料的渗透性质有关,同时也与隧道内空气的流动速度等因素有关。

2)影响瓦斯涌出的因素

(1)隧道内通过蕴藏量大的煤层或煤层群时,瓦斯涌出量大。

(2)隧道通过煤层,埋置深度越深,瓦斯涌出量也随之增加。

(3)放炮震动时,瓦斯容易从围岩裂隙排放涌入隧道。

(4)地面大气压的变化,对瓦斯涌出量的影响特别显著;当大气压下降时,甚至会造成瓦斯涌出高峰。

(5)塌方冒顶、底板裂隙、围岩暴露过久或邻近煤层积存瓦斯,都容易放出大量瓦斯。

(6)遇到断层或接近贮存大量瓦斯的溶洞,瓦斯涌出量倍增。

3)瓦斯突出的一般规律

煤岩与瓦斯突出前后,都有地应力、瓦斯和煤岩的地质构造与力学性质的种种异常表现。归纳起来,发生突出有三个主要因素:地应力、瓦斯和煤岩结构,而地应力和煤岩中瓦斯存在是引起突出的主要因素,其突出的一般规律如下。

(1)突出最易发生在地质构造带及其附近,如断层、褶曲、扭转地带、火成岩侵入区、煤层倾角骤陡、走向拐弯、层厚变化异常等地段。

(2)在开挖形成的应力集中区应力增大,突出危险性随应力增大而增大,如隧道的上隅角、相向开挖接近区、隧道开挖分支处等。

(3)突出次数和强度,随煤层厚度和煤层倾角增大而增加。

(4)突出的煤层具有硬度和透气系数小、瓦斯放散初速度高、瓦斯含量大、层理紊乱、无明显节理、光泽暗淡、容易粉碎、有分枝型节理等特征。

(5)突出前常出现各种预兆,如隧道支护应力增大;岩块迸出、掉渣、外鼓或移动加剧;煤岩与支架发出破裂声、闷雷声、折断声等;瓦斯涌出量忽大忽小;煤尘增多;煤体及工作面温度略有下降或升高;煤质变软、干燥;顶钻夹钻等。

(6)绝大多数突出发生在开挖工序,尤其在爆破时,突出的危险性随着对煤体的震动而增加。

(7)突出具有延时性,其延迟时间从几分钟到几十个小时。

4. 煤系地层含瓦斯的特点

影响瓦斯含量的因素很多,其中地质条件、煤层性质、煤层的埋藏条件是决定瓦斯含量多少的主要因素。一般规律是:瓦斯含量及压力基本上随埋深成正比增加;煤层厚,倾角缓,其瓦斯含量大;煤层本身围岩透气性大时,瓦斯不易保存,则含量小;地下水活跃地区,瓦斯含量小;如断层、褶皱是受张力作用产生的,该区域内瓦斯含量小,反之其受压区瓦斯含量大。

二、隧道中瓦斯的检测

(1)试验室分析

从隧道中取出空气试样,送试验室用气体分析器、气相色谱仪进行成分分析。这种方法测定精度高,但需要时间较长。

(2)现场检查

用携带式仪器在现场直接测定空气中某一种或某几种气体的浓度,是目前广泛采用的一种方法。

(3)瓦斯遥测

用自动化遥测或监测系统远距离、定点、长期连续、自动记录显示其瓦斯浓度,如果某种气体超过规定时可报警或自动断电。

(4)瓦斯检定器

瓦斯检定器主要有干涉式、热效式和热导式三种类型。我国使用的主要是光学瓦斯检定器和瓦斯检定灯,但热效式和热导式瓦斯检定器及沼气警报器、沼气遥测仪等在生产中已得到应用。

我国生产的瓦斯检定器种类及使用情况如表12-3-4所示。

瓦斯检定器的种类及使用情况 表12-3-4

编号	仪器种类	测量气体	适用范围	检测原理	测量精度	备注
1	光学瓦斯检定器 AQJ-1型/GWJ-1型	瓦斯 CO_2	0～10% 0～100%	由光学的折射率差,而产生的干涉条纹的移动	精度高	使用方便,检查范围大
2	瓦斯检定灯	瓦斯 CO_2	0～4%	瓦斯燃烧时蓝色火焰高度	精度低	构造简单、价格低、使用方便,但测量范围小,不安全

续上表

编号	仪器种类	测量气体	适用范围	检测原理	测量精度	备　注
3	热效式和热导式瓦斯检定器 AQR-1 型 LRD-1 型	瓦斯	—	瓦斯所接触燃烧引起电阻变化，电导率差造成电阻变化	精度高	体积小、操作简单，能自动预警和远距离监测
4	瓦斯警报器 AQJ-1 型	瓦斯	0～3%	热能化式反应元件	测量误差：0～2%时为±0.2%；2%～3%时为±0.3%	以警报和记录的方式就近监视
5	瓦斯遥测警报仪 AYJ-1 型/ABD-1 型	瓦斯	0～4%	热效式反应元件	测量误差：0～1%时小于±0.1%；1%～2%时小于±0.2%；2%～4%时小于±0.3%	能长期、连续地进行远距离监视和警报

三、瓦斯隧道的分类

瓦斯隧道按瓦斯含量分为低瓦斯隧道、高瓦斯隧道以及瓦斯突出隧道三种，瓦斯隧道的类型按隧道内瓦斯地段的最高等级确定。瓦斯隧道只要有一处突出危险，该处所在的地段即为瓦斯突出地段。隧道瓦斯地段等级划分见表 12-3-5。

瓦斯隧道的分类　　表 12-3-5

项目	分　类	方　法	标　准
瓦斯隧道	低瓦斯隧道	按隧道内瓦斯地段的最高级确定	—
	高瓦斯隧道		
	瓦斯突出隧道		
瓦斯地段	低瓦斯地段	按绝对瓦斯涌出量进行判定	吨煤瓦斯含量<0.5m³，瓦斯压力<0.15MPa
	高瓦斯地段		吨煤瓦斯含量≥0.5m³，瓦斯压力 0.15～0.74MPa
	瓦斯突出地段	按瓦斯压力、瓦斯放散初速度、煤的坚固系数及煤的破坏类型进行判定	判定瓦斯突出必须同时满足下列 4 个指标： 1. 瓦斯压力 $p \geqslant 0.74$MPa； 2. 瓦斯放散初速度 $\Delta P \geqslant 10$； 3. 煤的坚固系数 $f \leqslant 0.5$； 4. 煤的破坏类型为Ⅲ级及以上

四、含瓦斯隧道的勘测

1. 资料收集

瓦斯隧道勘测时，应调查、收集邻近煤矿或油、气田的既有资料，其内容包括：

(1)区域性地质、矿产地质、水文地质、有害气体的实测资料，油气田、气井资料及有关瓦斯赋存、突出的其他地质资料(含地质平面图、剖面图、煤系柱状图、煤层对比图、钻孔资料、井田勘察报告、各阶段地质报告等)。

(2)井田的分布、开采水平、通风方式、瓦斯等级、采空区范围、采煤及顶板管理办法、接替采区和规划采区的位置及范围等资料。

(3)有关瓦斯矿井通风和煤与瓦斯突出的历史记载和实测资料。

2.调查内容

瓦斯隧道的地质工作除查明一般地形、地貌、工程地质、水文地质条件外，应着重调查和确定以下内容：

(1)隧道瓦斯的来源。

(2)隧道通过的地层层序、年代、岩层种类及含煤地层的分布，煤层数及顶板特征和位置，煤层厚度、倾角，隧道穿煤里程和长度。

(3)煤层的主要物理性质和指标以及工业成分分析，包括颜色、光泽、重度、硬度、水分、挥发分、固定炭、灰分、瓦斯含量、瓦斯压力、瓦斯放散初速度等。

(4)煤的自燃及煤尘爆炸性判断，煤与瓦斯突出危险性判断。

(5)采空区形态，接替及规划采区位置及压煤量。

(6)煤层的瓦斯带和瓦斯风化带位置。

(7)查明形成瓦斯的地质构造，包括煤层、油页岩所处的构造部位，天然气的生成、运移、储集、封闭条件及影响因素，地下水对天然气运移、储存的影响。

瓦斯隧道除应按一般隧道布置勘探工作外，尚应适当增加钻孔，采取煤样和气样进行成分分析，并在现场进行瓦斯及天然气含量、涌出量、压力等测试工作。

工程地质报告应有专门篇章评述煤层、瓦斯和天然气的情况，瓦斯地质分析、采空区及压煤量、邻近的煤矿和油气田、气井情况、隧道瓦斯严重程度预测及对工程的影响、技术措施建议等。

五、瓦斯隧道的防治

1.瓦斯隧道衬砌

瓦斯隧道瓦斯地段根据其含瓦斯的等级，分别采用不同的衬砌结构。一、二级瓦斯地段应采用复合式衬砌，其初期支护和二次衬砌应根据埋置的深度、围岩级别、工程地质和水文地质条件、瓦斯严重程度，采用带仰拱的全封闭断面进行设计，并视地质情况向瓦斯含量较轻、等级较低或不含瓦斯地段延伸 15m 左右，对于衬砌接缝应采用膨胀水泥砂浆填塞严密。

瓦斯隧道的衬砌结构应有防瓦斯措施，宜按表 12-3-6 选用。

衬砌防瓦斯措施 表 12-3-6

封闭措施	瓦斯地段等级			备注
	低瓦斯	高瓦斯	瓦斯突出	
围岩注浆	—	—	选用	—
喷射混凝土中掺气密剂	—	选用	采用	透气系数不应大于 10^{-10}cm/s
设置瓦斯隔离层	—	采用	采用	—
模筑混凝土中掺气密剂	采用	采用	采用	透气系数不应大于 10^{-11}cm/s
模筑混凝土中掺钢纤维	—	—	选用	—
施工缝气密处理	采用	采用	采用	封闭性能不应小于衬砌本体

含瓦斯地段的复合式衬砌除应满足结构受力要求外，喷射混凝土厚度不应小于15cm，模筑混凝土衬砌厚度不应小于40cm。

当瓦斯隧道衬砌内设置瓦斯隔离层时，其垫层应采用毕孔型泡沫塑料，厚度不应小于4mm。

2. 其他要求

(1)掺气密剂的混凝土施工材料应符合下列规定：

①水泥宜选用强度等级为C32.5的硅酸盐水泥和普通硅酸盐水泥，不得采用其他水泥。

②砂不得采用细砂，细度模数$M_x \geqslant 2.7$，含泥量不大于3%。

③石子的最大粒径$D_{max} \leqslant 40$mm，级配宜为2～3级，含泥量不大于1%，不得有泥土块或泥土包裹石子表面，针片状颗粒含量不大于15%。

④气密剂掺量应符合设计要求，气密剂为硅灰、粉煤灰及高效减水剂的复合剂。

(2)全封闭防瓦斯地段有地下水时，宜采取在隧道左右边墙下部的纵向排水管终点设置气水分离装置，分离出的瓦斯气体可用管道引出洞外在高处放散。

(3)从隧道内引出瓦斯的金属管，其上端管口应高于隧道洞口拱顶标高5m，并应妥善接地，防止雷击。瓦斯放空管的接地电阻不得大于5Ω，周围20m内禁止有明火火源及易燃易爆物品。

(4)当隧道内瓦斯地段较长且初始瓦斯压力大于0.74MPa时，宜在隧道衬砌背后预埋通向大气的降压管；有平行导坑时，可从平行导坑向正洞施钻降压孔，防止隧道建成后瓦斯压力回升。

(5)瓦斯隧道施工期间，应进行地质复查工作。对于揭露的煤层，应取样复测煤层的瓦斯含量和其他有关参数，必要时应钻孔埋管实测瓦斯压力，通过通风和瓦斯检测计算全隧道的瓦斯涌出量。根据检测结果核对施工地段和煤系地层的瓦斯等级，必要时应进行修正，同时做修改设计。

(6)隧道通过瓦斯地区的施工方法，宜采用全面开挖，工序间距尽量缩短，尽快衬砌封闭瓦斯地段。

(7)瓦斯隧道可采用超前钻孔、加强通风等措施进行排放，瓦斯排放完毕后，可采用小导管超前注浆对煤系地层开挖外轮廓进行固结。

(8)瓦斯隧道瓦斯含量较高而且压力很大时，除采用封闭式衬砌结构外，还应向衬砌背后压注水泥浆或化学浆液，封闭瓦斯通路。隧道防水层结合防水要求，局部或全部设防水层以隔绝瓦斯渗入隧道。

(9)隧道竣工后，应继续对瓦斯渗入及隧道内瓦斯含量进行观测。当封堵措施仍无法完全隔绝时，应考虑增设运营期间的机械通风来稀释隧道内的瓦斯浓度。

3. 辅助坑道

(1)瓦斯隧道辅助坑道的设置，应按瓦斯地段与非瓦斯地段，结合施工通风需要综合研究，确定方案。

(2)在确定斜井、竖井、横洞位置时，应避免通过或靠近煤层，不能避免时宜减少通过或靠近煤层的长度。

(3)高瓦斯地段和瓦斯突出地段宜设置平行导坑，采用巷道式通风，设置灾害避难所进行远距离爆破等安全措施。

(4)瓦斯隧道的斜(竖)井作为抽出式通风井时,不得兼作提升井。井内应设方便检修人员工作及避难行走的人行台阶(竖井为梯子间)。

(5)瓦斯隧道的辅助坑道,当在运营期间予以利用时,应设置永久性支护。

(6)隧道竣工交付运营前,在辅助坑道洞口及与正洞相交处、含瓦斯地段两端等位置,宜修建永久性防瓦斯密闭门和采取其他防瓦斯措施,并应定期维修。

(7)隧道竣工后,必要时应在辅助坑道内设置专供运营期间使用的瓦斯检测仪表和通风设备,保障辅助坑道维修管理工作的安全。

4. 施工通风

1)一般规定

(1)瓦斯隧道的施工组织设计中,应编制全隧道和各地段的施工通风设计,并考虑各地段贯通后的风流调整和防爆要求。

(2)瓦斯隧道施工期间,应建立瓦斯通风监控、检测的组织系统,测定气象参数、瓦斯浓度、风速、风量等参数。低瓦斯地段可用便携式瓦检仪,高瓦斯地段和瓦斯突出地段除便携式瓦检仪外,尚应配置高浓度瓦检仪和瓦斯自动检测报警断电装置,并配备救护队。

2)施工通风系统

(1)非瓦斯地段的施工通风方式宜采用压入式或混合式。低瓦斯地段的施工通风方式应采用压入式,也可采用巷道式。

(2)高瓦斯地段和瓦斯突出地段,施工通风方式宜采用巷道式。

(3)瓦斯隧道各地段在贯通前,应做好风流调整的准备工作。贯通后必须调整通风系统,防止瓦斯超限,待通风系统风流稳定后方可恢复工作。

(4)瓦斯隧道各开挖工作面必须采用独立通风,严禁任何两个工作面之间串联通风。

(5)瓦斯隧道需要的风量,必须按照爆破排烟、同时工作的最多人数以及瓦斯绝对涌出量分别计算,并按允许风速进行检验,采用其中的最大值。

(6)按瓦斯绝对涌出量计算风量时,对于低瓦斯地段,应将洞内各处的瓦斯浓度稀释到0.5%以下;对于高瓦斯地段和瓦斯突出地段,其长度较大的独头坑道,应将开挖工作面风流中的瓦斯浓度稀释到0.5%以下;平行导坑仅作巷道式通风的回风道时,其瓦斯浓度应小于0.75%。

(7)瓦斯隧道施工中防止瓦斯积聚的风速不宜小于1m/s。

(8)瓦斯隧道施工中,对瓦斯易于积聚的空间和衬砌模板台车附近区域,可采用空气引射器、气动风机等设备,实施局部通风的方法消除瓦斯积聚。

(9)瓦斯隧道在施工期间,应实施连续通风。因检修、停电等原因停风时,必须撤出人员,切断电源。恢复通风前,必须检查瓦斯浓度。当停风区中瓦斯浓度不超过1%,并在压入式局部通风机及其开关地点附近10m以内风流中的瓦斯浓度均不超过0.5%时,方可人工开动局部通风机。当停风区中瓦斯浓度超过1%时,必须制定排除瓦斯的安全措施。回风系统内还必须停电撤人。只有经检查证实停风区中瓦斯浓度不超过1%时,方可人工恢复局部通风机供风坑道中一切电气设备的供电。

(10)采用平行导坑作回风道时,除用作回风的横通道外,其他不用的横通道应及时封闭。留作运输用的横通道应设两道风门,防止风流短路。

3)施工通风设备

(1)压入式通风机必须装设在洞外或洞内新鲜风流中，避免污风循环。瓦斯地段的通风机应设两路电源，并应装设风电闭锁装置。当一路电源停止供电时，另一路应在15min内接通，保证风机正常运转。

(2)瓦斯地段，必须有一套同等性能的备用通风机，并经常保持良好的使用状态。

(3)瓦斯突出隧道掘进工作面附近的局部通风机，均应实行专用变压器、专用开关、专用线路供电、风电闭锁、瓦斯电闭锁装置。

(4)瓦斯隧道应采用抗静电、阻燃的风管。风管口到开挖工作面的距离应小于5m，风管百米漏风率不应大于2%。

5.运营通风

(1)瓦斯隧道在运营中，瓦斯浓度在任何时间、任何地点都不得大于0.5%。

(2)瓦斯隧道运营期间，必须进行瓦斯检测。低瓦斯隧道可采用人工检测，高瓦斯和瓦斯突出隧道，则应采用自动检测。自动检测系统应具有瓦斯超限报警、通风机自动控制等功能，系统可采用洞口或远程计算机集中控制。

(3)隧道运营期间瓦斯检测断面的位置，应根据施工期间的瓦斯涌出情况确定。施工期间有瓦斯涌出的地段，每隔50～100m设置一处，其他地段视具体情况确定。人工检测点或自动检测探头应位于隧道断面中部拱顶下25cm处。自动检测时，检测系统应能抗强电磁干扰，探头的安装结构应便于定时检查维修。

(4)瓦斯隧道的机械通风方式，可采用壁完式射流风机、洞口风道式纵向通风或竖(斜)井分段式纵向通风，应在技术经济比较后确定。

(5)瓦斯隧道运营通风机可采用普通型，有特殊要求时可采用防爆型。

(6)设置机械通风的瓦斯隧道的通风量，应在稀释隧道内瓦斯所需风量和防止瓦斯积聚最小风速之相应风量中取大者确定。计算风压时需计入适量自然反风。防止瓦斯积聚的最小风速按1m/s计。

(7)机械通风的风机应有一定的备用量，采用射流风机时应有50%的备用量，采用大型风机时应有100%的备用量。备用风机必须能在10min内启动。

(8)瓦斯隧道的机械通风运转时间由计算确定，风机每次运转时间不应小于15min。风机应具有短时反转控制风流大小及方向的消防功能。

(9)瓦斯隧道运营期间宜采用定时通风。当隧道内瓦斯浓度达到0.4%时，必须启动风机进行通风。保证隧道内瓦斯浓度不大于0.5%，当瓦斯浓度降到0.3%以下时，可停止通风。

(10)设置机械通风的瓦斯隧道的监控中心，隧道风机房之间应设置直通专线电话。

(11)设有运营机械通风或瓦斯自动监控设施的瓦斯隧道，应视情况确定是否需要设置双回路电源。

第四节　采空区隧道设计

一、采空区的定义及概况

地下固体矿床开采后的空间及其围岩失稳而产生位移、开裂、破碎垮落，直到上覆岩层整体下沉、弯曲所引起的地表变形和破坏的地区或范围，统称采空区。公路隧道采空区即公路隧道围岩内的各类矿床采空区。

采空区可分为老采空区、现采空区和未来采空区。老采空区是指历史上已经开采过、现已停止开采的采空区;现采空区是指正在开采的采空区;未来采空区是指计划开采而尚未开采的采空区。

二、设计原则

(1)穿越采空区的隧道,应根据采空区的分布范围、大小、深度、积水及其上覆岩层稳定情况,采取加固、回填、封闭地表塌陷、疏排水等综合处治措施。

隧道勘察设计阶段应根据收集的采空区分布范围资料,尽量使路线避开采空区,如果实在难以避开,应以最短的距离通过。穿越采空区的隧道设计应根据采空区的范围、埋藏深度、空间大小、顶板岩层厚度、地质构造及其对隧道的危害确定防治措施。原则上可采用与岩溶类似的处理方法,但对未来采空区,应根据采空区的工程地质条件、基本特征、变形发展规律提出开采应采取的保护措施,防止开采对隧道造成危害。

(2)分析论证隧道轴线与采空区的空间关系,尽可能让隧道的轴线与采空区主采方向大角度相交通过,减少采空区对隧道的影响范围。

尽可能让隧道的轴线与采空区短轴方向大角度相交,减少采空区对隧道建设的影响范围,降低工程的造价和风险。

(3)有条件时隧道尽量布置在采空区下方,无法满足时,隧道尽可能从采空区上方较大厚度的地方通过,降低采空区塌陷对隧道的影响程度。

当隧道位于采空区上方时,采空区的垮塌与变形必然对隧道产生破坏和不利的影响。所以隧道尽可能从采空区下方较大深度的地方通过,减少采空区垮塌与变形对隧道带来的影响。

(4)隧道洞口尽可能避免布置在采空区变形较大的地方。

隧道洞口段往往埋深浅、地质条件较差、地面变形相对较大,如果与采空区的变形叠加必然严重增加隧道洞口的施工难度和影响施工质量,所以采空区隧道的洞口应该尽可能避免布设在采空区变形较大的地方。

(5)尽可能采用分离式隧道方案通过采空区,避免采用小净距和连拱隧道方案。

分离式隧道单洞与连拱隧道的断面相比建筑范围相对小,采空区易处理。实施小净距和连拱隧道方案时,应避免将岩柱和连拱中隔墙布置在采空区变形最大的位置。因为中隔墙为相对最大的受力结构,对地面变形要求小,地质条件要求较好。

三、采空区隧道勘察

采空区的隧道勘察工作,主要是搜集资料、调查访问、变形分析和岩土工程评价。通过外业实地调查、井下测量并借助地质钻探、物探等多种手段,查明路线范围内采空区的分布范围、垮落带高度、形态、埋深及采煤高度、开采方式等特征。根据采空区大小及洞穴与隧道不同部位的关系,可采用跨越、堵塞、加固及绕避等处理措施,经综合评价后确定隧道线路。

(1)通过对沿线路两侧的地质、采矿情况野外调查工作,收集路线附近矿产的采矿资料,从而为圈定采空区范围提供依据。

(2)根据地面调查访问和收集的采矿资料,初步圈定采空区范围,采用瞬变电磁法等物探手段对采空区进行补充勘察。

(3)在采矿情况调查和采空区物探成果的基础上，为了进一步对采空区进行控制和验证，查明采空区的地层岩性、结构、物理力学性质、采空区三带特征及水文地质状况，在勘察范围内沿公路轴线布置地质钻孔，查明裂隙发育程度。

四、采空区分析与评价

经勘察存在采空区的路段，应对隧道工程建设场地的稳定性进行分析评价。采空区稳定性评价作为隧道采空区勘察的重要内容，其评价内容、评价方法及评价精度的选择应与采空区勘察的阶段相适应，其可靠性也取决于勘察的精度。

隧道采空区稳定性分析与评价应根据采空区勘察成果，采用定性与定量评价相结合的方法，对路线范围内采空区稳定性及其对隧道工程的影响程度进行分析评价。隧道采空区稳定性分析与评价应综合考虑开采方式及采空区的类型、规模、埋深、开采深厚比和覆岩特征等因素，有针对性地合理选用评价方法和评判标准。

五、采空区治理及隧道设计

采空区治理方案主要依据地表的变形特征、地质与采矿特征等因素确定，公路采空区治理方法主要有注浆法和非注浆法。常见的治理方法有：采用桥或板跨越采空区方案、支撑法治理方案、地面注浆治理方案、隧道内超前小导管预注浆方案、隧道内大管棚预注浆超前支护方案及修建后维修的方案等。结合以往的采空区治理工程经验，比较各方案的优缺点，注浆法为隧道下(上)采空区治理方案的常用方法，非注浆法主要有干砌方法、浆砌法、开挖回填方法和桥跨方法。

注浆施工结束后要对治理工程质量进行检测，采空区治理效果或工程质量的检测方法为检查钻孔、波速测井及隧道内开挖观测等手段。

(1)采空区段设计参数应根据采空区与隧道的相对位置关系，对不同的采空区位置采取相应的处理措施。对采空区的注浆治理分前处理和后处理两种治理方案。

①前处理方案

采用全充填注浆法和巷道浆砌法充填治理。通过在地表钻孔，注浆泵将水泥粉煤灰浆注入采空区及上覆岩体裂隙中，以固化、胶结岩层裂隙。洞顶以上至洞身以下的范围内采用胶结充填注浆法，其他段采用全充填压力注浆法。

在采空区处治一个月后隧道方可掘进，该段隧道支护结构宜按将围岩级别降低一级进行设计。

②后处理方案

a.采空区位于隧道上部的处理

采空区位于隧道上部的后处理方案应根据拱顶与采空区底板距离、采空区性质、围岩级别进行，在采取有效的超前支护措施的同时，对支护衬砌进行加强。

一般隧道顶板以上出现采空区，采空区的变形和位移对隧道工程顶板围岩势必产生一定的影响，从而影响到隧道的安全和稳定性。将隧道的顶板高程设置在大于3倍隧道洞径的采空区下方，正常情况下隧道较安全。不足3倍洞径范围内，一般视情况应该对采空区进行不同程度处理，并且隧道的围岩应该作相应的加强支护。具体按照几级围岩进行衬砌支护设计，应该根据采空区的处理效果、采空区离隧道的距离、围岩的强度和地下水的发育等情况来确定。

在隧道顶板以上遇到采空区时，对隧道围岩和采空区的探测、检测是为了掌握隧道的围岩及采空区的情况，为隧道的围岩支护和采空区的处治提供依据，确保隧道施工与营运安全和经济合理。

(a)尽可能将隧道布设在采空区下方3倍隧道洞径以下的范围，减少隧道顶板上方因资源开采造成的岩层塌落、变形对隧道围岩稳定性的影响。经详细勘察与稳定性分析论证后，如采空区变形对隧道围岩稳定性无影响时，可按正常隧道设计。

(b)隧道位于采空区下方2～3倍隧道洞径的范围，应对隧道顶板稳定性进行分析、评价。对于不稳定地段，应进行相应的加固和治理设计，尽量减轻采空区变形对隧道的影响。

(c)隧道位于采空区下方小于1倍隧道洞径范围内，在查清隧道顶板工程地质、水文地质条件和采空区变形破坏情况的前提下，对隧道顶板岩层整体稳定性进行分析，必要时对采空区进行有效的处治设计，并加强隧道的支护设计。

(d)隧道顶板上方采空区出现大量有害气体和积水时，应对有害气体和积水进行抽排处理设计。隧道原则上按Ⅴ级围岩进行支护，对地下水丰富的位置，可考虑采用全封闭防水设计。

b. 采空区位于隧道下部的处理

隧道底板以下的采空区在沉陷、变形、垮塌破坏时必然直接对隧道工程产生较大的破坏。另一方面，采空区上方的隧道工程对采空区的变形也有一定的影响，有利的影响因素是隧道的开挖减轻了采空区上方岩土的质量，减慢了采空区的变形；不利的影响因素是施工和通车后车辆的动荷载以及隧道施工的爆破和振动，加快了采空区的变形与破坏速度。

隧道施工前应该对采空区进行详细地勘察，了解采空区的分布与隧道的关系，评估采空区稳定性对隧道安全的影响。当采空区对隧道的安全有影响时，必须先对采空区进行处治设计。另外，隧道本身的设计应根据采空区的开采历史、空间大小、变形特点、离隧道底板距离、地下水情况、围岩强度等因素来考虑结构和支护设计。

隧道位于采空区的弯曲带、断裂带和垮落带内，将会对隧道的安全产生直接的影响，尤其垮落带将会对对隧道底板产生直接的破坏，所以必须对采空区进行有效的处治，根据处治的效果来决定隧道的支护和结构设计。根据目前隧道施工的经验和对采空区的认识，列举的隧道围岩支护设计参考值在实际中应灵活掌握，提倡动态设计和信息化施工，以确保隧道工程建设安全可靠和经济合理。

隧道底部至采空区冒落顶板距离小于3m时，如岩体破碎，采用开挖后现浇C15片石混凝土回填。如岩体较完整，采用灌浆或从采煤巷道浆砌片石回填。

隧道底部至采空区冒落顶板距离大于3m时，采用钻孔灌注充填法或采煤巷道浆砌片石后压浆处理。

(a)隧道底板位于采空区弯曲带3倍隧道洞径或以上时，采空区经分析论证和稳定性评价，围岩已经基本完成变形，而且坚硬完整、对隧道施工和行车安全无影响时，原则上可按正常围岩考虑支护设计。

(b)隧道底板位于采空区弯曲带以上3倍隧道洞径范围内，在查清采空区的空间分布及其变形情况下进行稳定性分析与评价，必要时应对采空区进行处治；如果围岩基本稳定，一般可按正常围岩降低一级考虑支护设计。

(c)隧道位于采空区弯曲带时，隧道的洞身与顶板岩、土层因受重力的影响有弯曲变形，一般不能满足隧道施工与行车安全时，应对隧道底板以下的采空区先进行有效处治设计，原则上对处治后的围岩按正常围岩降低一级考虑支护设计，以确保隧道的安全稳定性。

(d)隧道位于采空区断裂带内，围岩遭受应力往往大于自身的强度，一般围岩会产生裂隙离层和断裂。隧道施工前先对采空区进行有效的处治设计，围岩一般按Ⅴ级考虑支护设计，最低要求仰拱和二次衬砌须配加钢筋。

(e)隧道位于采空区的垮落带范围时，围岩已经有大部分断裂、破碎甚至垮塌。施工前必须对采空区及隧道围岩进行加固处治设计，隧道围岩一般按最低强度考虑支护设计。同时，根据采空区的处治效果和监控量测数据，仰拱和二次衬砌除配钢筋或钢支撑外，必要时在垮落带的中心部位，隧道底板地基考虑片石混凝土或桩基础处理，在侧墙和拱部须修筑厚度不小于1～2m的浆砌片石护拱或不小于1m的混凝土护拱。

(2)当隧道的埋深小于40m，并且采空区的处治费用较高时，可以考虑对隧道明洞方案与路堑方案进行比选。

隧道的埋深小于40m时，隧道的施工风险较大，并且采空区的处理费用高，所以应该考虑对隧道明洞方案与路堑方案进行比选，一般情况下采用路堑或进行全开挖后再作隧道的方案施工风险小、造价相对低。

(3)隧道顶、底板的采空区处治与隧道的施工全过程应布置监测、检测。经检测采空区处治效果未完全达到预期目标时，应进行补强处治或隧道结构上增强配筋等抗变形措施，原则上隧道的围岩支护应该至少在原设计的基础上加强一级。

采空区的处理效果直接关系到隧道围岩的强度，经检测采空区处治效果未完全达到预期的目标，一般应该对处治范围进行补强。隧道的围岩支护在原基础上应该至少加强一级，必要时还要对采空区进行反复的处治以确保隧道的安全。处治、补强和隧道的结构和支护设计的依据来源于采空区的现场监测与检测数据。

(4)当隧道与采空区相交并且底板高程相近时，如果采空区空间较大，填充处理费用高和工期长，在满足隧道安全的前提下可根据隧道的建筑界限设计人造隧道的顶板与侧墙等。

隧道遇上像大厅似的采空区，而且采空区围岩大部分为完整岩层且变形已经完成，稳定性较好，能满足隧道安全的前提下，可根据隧道的建筑界设计人造隧道的顶板与侧墙，这样既节省了对采空区的处理费用，也降低了隧道开挖的风险和费用。

(5)在膨胀岩、盐岩等特殊岩土采空区隧道设计时，应该充分考虑特殊岩土的物理性质、水理性质和工程性质。采空区处治设计和隧道围岩支护设计时应该充分结合围岩现场监控量测指标进行动态设计与调整。

在膨胀岩、盐岩等特殊岩土区的采空区，隧道围岩的变化是频繁和动态的。设计时必须根据现场监控和量测指标进行动态设计，施工时必须根据反馈围岩变形的信息适时调整施工方案。

(6)隧道顶、底板上下出现多层采空区或采空区内存在有害、有毒气体和大量的地下水时，采空区的勘察、稳定性评价与处治极其复杂，必要时应设立专题研究。搞清采空区的空间分布与隧道工程的关系；评加采空区的变形特点与破坏模式；预测采空区垮塌破坏及其发展趋势；提出可靠的采空区处治设计方案并进行隧道结构的特殊设计，必要时增加技术设计阶段。

隧道顶、底板上下出现多层采空区或采空区内存在有害、有毒气体和大量的地下水时，往往情况极其复杂，没有合理的勘察测试和分析论证周期不能搞清采空区的分布、变形状态和发展趋势，这种情况有条件最好设立专题研究，进行专项、专题的综合勘察与研究，必要时进行专家评审，这有利于查清问题，有利于处治方案和隧道施工方案的正确决策。

(7)采空区隧道施工期间应加强监控量测和地质超前预测预报工作,进行动态设计和信息化施工。

采空区的隧道施工往往风险较大,施工的质量更加难以控制,所以应该加强地质超前预报预测与监控量测,并且适时根据各类现场的数据进行动态设计与调整,可以减少事故和工程的风险,有利于提高施工质量。

第五节　高地应力地区隧道设计

一、概述

对于高地应力隧道,主要问题是硬岩地层的岩爆和软岩地层的大变形。高地应力区围岩失稳特征主要表现在以下几个方面。

(1)硬岩地层中隧道围岩产生岩爆、剥离现象,隧底出现隆爆(起)现象。

(2)软岩发生大变形,表现出特有的“膨胀性”(扩容性)而使洞室缩径。

(3)出现饼状岩芯及钻孔崩落(硬岩,孔径扩大)或钻孔缩孔(软岩,严重挤压)。

(4)洞室开挖无渗水、岩体不透水或弱透水。

(5)软弱夹层挤出或边墙倾倒或剪切错动。

(6)岩爆发生使常有瓦斯突出(煤爆的一种特殊形式)。

国内外对高地应力的含义迄今还未达成统一的认识。例如,工程实践中大多将20MPa硬质岩体内的初始应力称为高地应力;法国隧道协会、日本应用地质协会和前苏联顿巴斯矿区等在勘察、设计阶段则采用岩石单轴饱和抗压强度 R_b 和最大主应力 σ_1 的比值 R_b/σ_1(即岩石强度应力比)来划分地应力的高低级别,见表12-5-1。这样划分和评价的实质可以反映岩体承受压应力的相对能力。

部分国家地应力分级方案　　表12-5-1

国　家	低地应力	中地应力	高地应力
法国隧道协会	>4	2~4	<2
日本应用地质协会	>4	2~4	<2
前苏联顿巴斯矿区	>4	2.2~4	<2.2

考虑地应力对不同岩体的影响程度,一般将 $\sigma_1 \geqslant (0.15 \sim 0.20)R_b$ 作为判断高地应力的标准。有关地层地应力分级参见表12-5-2。

高地应力地区地层地应力分级表　　表12-5-2

R_b/σ_{max}	分级描述		
	极高	高	较高
硬质岩($R_b \geqslant 60$MPa)	≥2	2~4	4~6
软硬岩(30MPa≤R_b<60MPa)	≥3	3~5	5~7
软质岩($R_b \leqslant 30$MPa)	≥4	4~6	6~8

注:σ_{max}为垂直洞轴线方向的最大初始应力。

我国《工程岩体分级标准》(GB 50218—94)规定按表12-5-3判别高地应力。

我国高地应力判别准则　表12-5-3

应力情况	主要现象	R_b/σ_1
极高应力	1. 硬质岩:开挖过程中时有岩爆发生,有块体弹出,洞壁岩体发生剥离,新生裂缝多,成洞性差;基坑有剥离现象,成形性差。 2. 软质岩:岩芯有饼化现象,开挖过程中洞壁岩体有剥离,位移极为显著,甚至发生大位移,持续时间长,不易成洞;基坑发生显著隆起或剥离,不易成形	<4
高应力	1. 硬质岩:开挖过程中可能出现岩爆,洞壁岩体有剥离和掉块现象,新生裂缝较多,成洞性较差;基坑有剥离现象,成形性一般较好。 2. 软质岩:岩芯时有饼化现象,开挖过程中洞壁岩体位移显著,持续时间较长,成洞性差,基坑有隆起现象,成形性较差	4～7

另外,岩爆发生与$\sigma_{max}/\sigma_{min}$的比值有关。从工程实例看,多数发生在比值大于1.5的情况下,这也是岩爆发生的一个判据。

二、岩爆

1. 岩爆烈度分级

目前国内外对岩爆烈度分级问题尚有不同的见解,主要的分级方案对应关系见表12-5-4。

国内外岩爆烈度分级方案对比表　表12-5-4

方案提出者	岩爆烈度分级及主要依据			
G. 布霍依诺(德国,1981年)	—	轻微损害:不造成生产中断	中等损害:支架部分损坏,一般要中断生产	严重损害:工程被摧毁
B. F. 拉森斯(挪威,1974年)	0级:无岩爆	1级:轻微岩爆,岩石有松脱、破裂现象,声响微弱	2级:中等岩爆,岩石有不容忽视的片落、松脱,有随时间发展趋势,有发自岩石内部的强烈爆炸声	3级:爆破之后,顶板、两边岩石即严重崩落,底板隆起,周边大量超挖和变形,可以听到发射子弹、炮弹的强烈声响
谭以安(1988年)	弱爆破(Ⅰ)劈裂成板,剪断脱离母体,产生射落;洞壁表面局部轻微破坏,不损坏机械设备;可听到劈啪声响	中等岩爆(Ⅱ)"劈裂—剪断—弹射",重复交替发生,向洞壁内部发展,形成V型三角坑,洞壁有较大范围破坏;对生产威胁不大,个别情况下损坏设备;有似子弹射击声	强烈岩爆(Ⅲ)"劈裂—剪断—弹射"急速发生,并急剧向洞壁深处发展,几乎全断面破坏,生产中断;有似炮声巨响	极强岩爆(Ⅳ)方式同Ⅲ,持续时间长,震动强烈,有似闷雷强烈声响;人财损失严重,生产停顿
铁道部第二勘测设计院(1996年)	弱爆破	中等爆破	—	强烈岩爆

续上表

方案提出者	岩爆烈度分级及主要依据			
交通部第一公路设计院（1996年）	微弱岩爆（一级）岩石个别松脱和破裂，有微弱声响	中等岩爆（二级）有相当数量的岩片弹射和松脱，洞内周边岩体变形，有随时间发展趋势，有的岩体有较强烈的爆裂活动	—	剧烈岩爆（三级） 顶板、侧壁围岩发生严重岩片弹射，甚至有巨石抛射，其声响如炮弹爆炸；底板隆起，洞壁周边变形严重，可引起洞室坍塌
二郎山公路隧道高地应力与围岩稳定性课题组（RMS方案，1998年）	轻微岩爆（Ⅰ）围岩表层零星间断爆裂松动、剥落，有劈啪、撕裂声响，对施工影响甚微	中等岩爆（Ⅱ）爆裂脱落、剥离现象较严重，少量弹射；有清脆的爆裂声；持续时间较长，有随时累进性向深部发展的特征，爆裂深度可达1m左右；对工程施工有一定影响	强烈岩爆（Ⅲ）强烈的爆炸弹射，有似机枪子弹射击声；岩爆具延续性，并迅速向围岩深部发展；影响深度可达2m左右；对施工影响较大	剧烈岩爆（Ⅳ）剧烈的爆炸弹射甚至抛掷，有似炮声巨响声；岩爆具突发性，并迅速向围岩深部扩展，影响深度可达3m左右；严重影响甚至摧毁工程

2. *岩爆的特点*

根据目前国内外大量研究和工程实践经验，岩爆发生主要具有以下9个特点。

(1)岩爆的强烈程度和表现形式不同。岩爆有时仅发生膨胀和剥落现象，有时呈岩块坠落，有时则表现为岩片像子弹一样弹射出去。

(2)岩爆具有客观性。地层一旦构成机理，岩爆就会发生。

(3)岩爆具有突然性。有时发生前兆不明显，即便采取周密的监控量测也难以察觉。

(4)岩爆具有多次性。变形能量的释放往往要几次才能完成，因此在同一部位经常反复发生岩爆，规模较大的可能持续几天时间或更长时间。

(5)岩爆具有不确定性。岩爆发生时间具有不确定性，一般情况下岩爆发生多在爆破后的2～3h，24h内最为明显，但是有时岩爆会在施工后数月甚至是一年以后才会发生；岩爆发生部位具有不确定性，岩爆在开挖面至3倍洞径范围内一般较为频繁，有时也发生在距开挖面较远的地方。

(6)岩爆发生随时间的延续有向深部累进发展的特性，因而岩爆地段应及时采取合理有效的工程措施，否则会造成极坏的影响和巨大损失。

(7)在一般情况下，岩爆洞段表面较为干燥，断裂带两侧应力升高；有地下水存在或断裂破碎带内则无岩爆。

(8)岩爆发生与否与隧道开挖断面大小相关性低，但是和形状却紧密相关。一般在洞室转弯处的弯道内侧、洞室断面部圆顺处及壁面凹凸不平处易发生岩爆。

(9)岩爆活动与岩体结构有关。岩爆既不发生在非常完整的岩体中，也不发生在节理很发育的围岩中，主要发生在Ⅱ、Ⅲ级围岩中。

3. *岩爆的勘察设计原则*

(1)合理选择隧道位置

尽量将隧道布置在地应力较低或均匀的地段，尽可能避开构造断裂带、构造应力活跃区及应力集中区,即在条件允许时尽量避开可能发生岩爆的地段。无法避开时应将洞室布置在岩爆出现部位对施工安全威胁最小处。

(2)合理选择隧道轴线走向

设计时需结合地应力分布、地质条件及洞室形状尽可能选择合理的走向,避免洞壁受最大主应力的作用,减小洞壁的切向应力,力求使洞室周边应力均匀分布,不出现过大的应力集中。

在一般情况下隧道轴线与最大主应力方向水平投影的夹角为15°～30°时稳定性较好。在不等向的岩层中(如片岩、板岩地层),若主应力方向与层理方向接近,洞室轴线与这些界面的夹角不小于35°。隧道轴线与各主应力关系如图12-5-1所示。

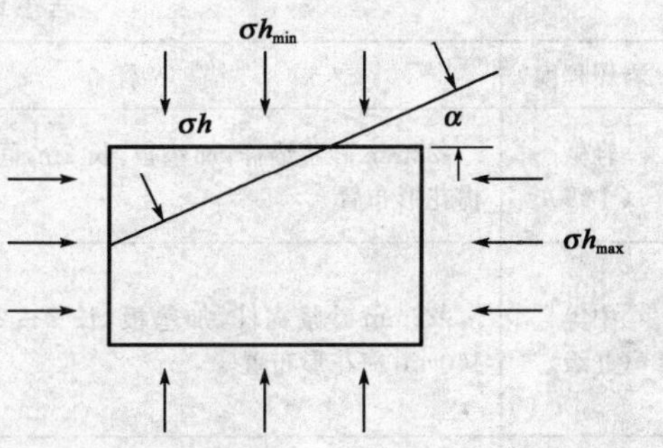

图12-5-1 隧道轴线与各主应力关系图

(3)合理选择隧道断面形状

在高地应力区,隧道断面长轴应与最大主应力方向平行或成小角度相交或靠近最大剪应力方向上,即应使洞室的长轴与短轴之比和最大、最小主应力相匹配。由于最大主应力和最小主应力的分布并不是垂直或水平的,而是与水平面成一个角度,在这种情况下当地应力水平很高时,可采取非对称断面或一些工程措施来解决。当最大主应力方向垂直洞室断面时,则应避免高边墙。另外洞室断面应圆顺,免急剧转角(避免角隅处的交角引起应力集中),尽可能使洞室周边处于应力均匀状态。

4.防治措施

岩爆防治措施主要有以下三大类:

(1)改善围岩物力性能:如在掌子面和洞壁经常喷洒冷水,一定程度上可以降低表层围岩的强度。采用超前钻孔向煤等非坚硬岩体高压均匀注水,该方法可以通过三方面作用来防治岩爆:一是可以释放应变能并将最大切向应力向围岩深部转移,二是高压注水的楔劈作用可以软化、降低岩体的强度,三是高压注水产生了新的张裂隙并使原有裂隙继续扩展,从而降低了岩体储存应变能的能力。

(2)改善围岩应力条件:根据挪威赫古拉公路隧道和我国川藏公路二郎山隧道、岷江太平驿水电站引水隧道等工程施工实践经验,岩爆地段尽量采用钻爆法施工,短进尺掘进;减小药量,控制光爆效果,以减少围岩表层应力集中现象。轻微、中等岩爆段尽可能采用全断面一次开挖成型的施工方法,以减少对围岩的扰动。强烈以上的烈度岩爆地段,必要时也可采用分部开挖的方法,以降低岩爆的破坏程度,但在施工中应尽量减少爆破振动触发岩爆的可能性;采取超前钻孔应力解除、松动爆破或振动爆破等方法,使岩体应力降低,能量在开挖前释放。

(3)加固围岩:对不同烈度的岩爆一般采取不同的加固处理措施。

①对于轻微岩爆和中等岩爆段,初期支护可采用网喷混凝土或喷钢纤维混凝土、系统锚杆、超前锚杆的联合加固措施;

②对于强烈的岩爆,除采用喷钢纤维混凝土或网喷混凝土、系统锚杆(加大支护密度或采用屈服性锚杆)外,还要增加多排超前锚杆锚固及格栅钢架加强的综合治理措施,以提高结构的整体支护能力;

③对于岩爆频繁发生的严重地段，则采取超前应力解除法降低洞壁切向应力；

④对于抛射型剧烈岩爆破坏，应按能量原则设计，采用可屈服的支护系统，并辅以切实可行的应力解除（主动法）措施，如超前应力解除、高压注水等主动防护措施。

岩爆段的初期支护可参照表12-5-5取值。

岩爆地段初期支护参数表　　表12-5-5

岩爆程度	锚　杆	喷射混凝土	钢筋网	钢支撑
轻微（Ⅰ级）	ϕ22mm砂浆锚杆，加垫板，长2m，间距120cm，梅花形布置	C20，厚10cm	ϕ6mm 20cm×20cm	—
中等（Ⅱ级）	ϕ22mm砂浆锚杆，加垫板，长2～2.5m，间距100cm，梅花形布置	C20，厚10～12cm	ϕ8mm 20cm×20cm	必要时，增设格栅钢架支撑
强烈（Ⅲ级）	ϕ22mm砂浆锚杆，加垫板，长2.5～3m，间距50～100cm，梅花形布置；掌子面可采用ϕ40mm超前缝管式锚杆加固，长3.5m，间距1.5～2m	C20，厚12cm	ϕ8mm 20cm×20cm	增设格栅钢架支撑
剧烈（Ⅳ级）	ϕ22mm砂浆锚杆，加垫板，长3.5m，间距50cm，梅花形布置；掌子面可采用ϕ40mm超前缝管式锚杆加固，长3.5m，间距1～2m	必要时喷厚15cm的C20混凝土封闭掌子面，分三个循环作业	ϕ8mm 20cm×20cm	增设格栅钢架支撑

5.施工措施

(1)施工阶段的岩爆防治措施按照“安全第一、全面设防、防治结合、多种手段、综合治理”的原则，重视施工中的岩爆预报与监测，从改善围岩洞周应力状态与变形特性、逐步释放围岩储存的应变能、改变围岩物理力学性质以及对围岩进行预加固等几个方面入手。

(2)在施工组织设计中对开挖顺序与掘进速度提出相应的控制要求，严格施工规程，采用光面或预裂爆破，使毛洞平整光洁，避免超欠挖形成的凹凸不平面。对于Ⅰ级岩爆可采用全断面开挖，Ⅱ级岩爆可采用短台阶上下平行作业全断面开挖或分部开挖，岩爆严重地段（Ⅲ级）则应采用分部开挖，限制开挖规模，减缓施工进度，采取短进尺、周边密孔、多循环、弱爆破，及时支护（尤其是不稳定岩块）。

(3)岩爆段的二次衬砌一般不需要特别加强，但在上述喷锚网初期支护防护措施已作的情况下，如支护仍有开裂或具有岩爆倾向时需进一步加强初期支护，并适时模筑二次衬砌，同级混凝土填实衬砌后空隙、空洞，增强二次衬砌强度。

(4)施工支护和安全防护：

①增设临时防护设施，对靠近开挖工作面、易发生岩爆区段的主要施工机械安装防护网和防护棚架，施工人员配发钢盔和防弹背心，掌子面加挂钢丝网。

②根据地质预报和现场测试结果分析，对可能发生岩爆地段喷钢纤维混凝土，钢纤维掺量5%左右，喷层厚度8～10cm，对于轻微光爆可有效预防，以确保表层能够承受较大变形而不改开裂。

③对于中等岩爆地段，采用锚杆加固岩体，同时改变洞壁岩体的应力状态，改变岩爆的触发条件，控制岩爆发生前两阶段的发展，从而防止岩爆的发生。锚杆施作应及时，长度为2.5m

左右，间距视现场情况而定，在中等和强烈岩爆区，除了安装系统锚杆外，再配合网喷或喷钢纤维混凝土等综合防治手段，以控制岩爆的强烈程度。当岩爆特别严重时，增加钢拱架支护，拱架之间用 $\phi22$ 钢筋焊连并焊接到锚杆外露端上。

(5)调整围岩加应力状态，消除或减轻岩爆：

①喷洒高压水：爆破后立即向工作面及附近洞壁岩体喷洒高压水，喷洒范围延长到离工作面 100m 处，施作锚杆时，再利用锚杆孔向岩体深处注水，以增强岩体的塑性，减弱岩体的脆性，经常保持岩体的潮湿状态，降低岩体温度，可降低岩爆的强烈程度。

②超前应力解除：在强烈岩爆区，可在隧道两侧拱脚附近打地应力释放孔，孔深 3.0m，间距 0.5～1.0m，拱部则以 0°～10°的仰角打超前应力释放孔，孔径 42mm 以上，孔深根据钻机性能尽可能加深，使前方拱部围岩的高地应力提前释放。

③使用凿岩台车施工时，在掌子面周边拱线处钻两排 4.5～5m 深的炮眼，炮眼间距 50cm，外插用 30°左右，间隔装药，引爆后在拱部 2～3m 以上的岩体内部形成一个爆破松动圈，截断岩体内部的应力集中，使岩体本身形成一个保护层。施工装药示意图如图 12-5-2 所示。

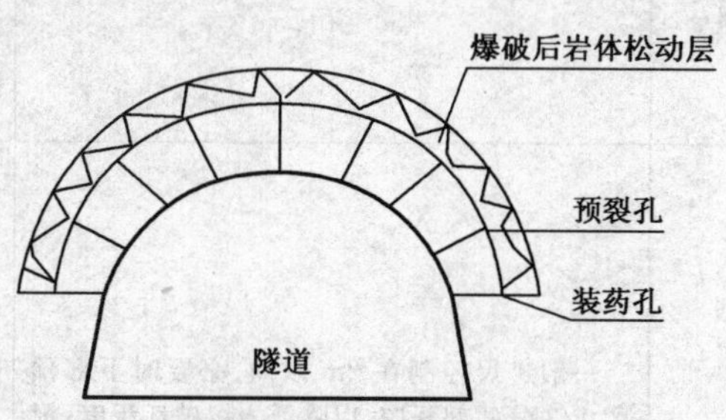

图 12-5-2　施工装药示意图

④根据岩爆稳定，大多数隧道断面都形成了一种不规则的梯形。因此，将隧道洞室直接开挖成不规则梯形的断面开头，也可以防止岩爆。另外，采用线孔爆破，减少一次装药量，拉大不同部位的炮眼的管段引信间隔，从而延长爆破时间，减少爆破动应力声的叠加，降低岩爆的频率和强度，衬砌工作紧跟开挖工序，减少岩层暴露时间，有利于减少岩爆的发生。

6. 岩爆工程实例及处理措施

二郎山公路隧道整个工程线路全长为 4 161m×2，隧道最大埋深达 760 余米。岩爆区围岩岩性主要为硬脆性的石英砂岩、砂岩、粉砂岩。共发生 200 多次不同烈度的岩爆现象，发生连续岩爆的洞段共有 15 段。按岩爆烈度分级方案，其中轻微岩爆（Ⅰ级）段占岩爆总长度的 92.64%，中等岩爆（Ⅱ级）约占 6.79%，强烈岩爆（Ⅲ级）占 0.57%。岩爆区掘进过程中，一般掌子面至 3 倍洞径范围内岩爆活动最为频繁，随后逐渐减少。

爆破后 4h 内掌子面附近洞段岩爆十分频繁，为岩爆活动最危险时期。隧道岩爆周边虽然均有岩爆活动，但拱顶和两侧边墙部位相对较为强烈，其次为拱肩部位。掌子面岩爆部位示意图见图 12-5-3。

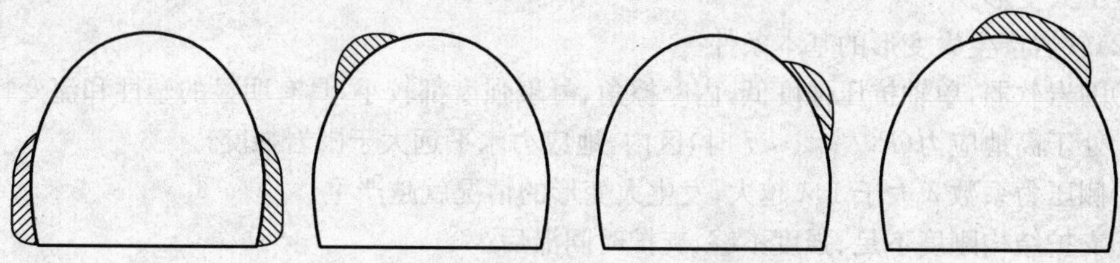
图 12-5-3　掌子面岩爆部位示意图

二郎山公路隧道 RMS 方案各级岩爆防治措施见表 12-5-6。

二郎山公路隧道 RMS 方案各级岩爆防治措施　　表 12-5-6

<table>
<tr><th>岩爆烈度级别</th><th>改善围岩物力性能和应力条件</th><th>初期支护(加固围岩)</th><th>衬砌厚度(cm)</th></tr>
<tr><td>轻微(Ⅰ级)</td><td rowspan="2">一般进尺控制在 2～2.5m;尽可能全断面开挖,一次成形,以减少围岩应力平衡状态的破坏;控制光爆效果,以减少围岩应力集中;在掌子面和洞壁经常喷洒水。必要时可采用超前钻孔应力解除方法,形成局部应力释放区,以减少(弱)岩爆</td><td>酌情分步循环作业,共喷 10cm 厚 C20 混凝土;ϕ22mm 系统砂浆锚杆,长 2m 左右,间距 120cm,梅花形布置,加垫板;ϕ6mm 钢筋网,间距 20cm×20cm</td><td>35</td></tr>
<tr><td>中等(Ⅱ级)</td><td>酌情分步循环作业,喷 10～12cm 厚 C20 混凝土;ϕ22mm 系统砂浆锚杆,长 2～2.5m,间距 100cm 左右,梅花形布置,加垫板;ϕ8mm 钢筋网,间距 20cm×20cm;必要时岩爆破坏较严重部位可酌情增设格栅钢架支撑</td><td>35</td></tr>
<tr><td>强烈(Ⅲ级)</td><td rowspan="2">一般进尺控制在 2m 以内;必要时下部预留 1/3 分两部开挖,以降低岩爆破坏程度;提高光爆控制效果,以减少应力相对集中现象;采取超前钻孔应力解除法、松动爆破或震动爆破等方法,使岩体应力降低,能量在开挖前释放。掌子面和洞壁经常喷洒水,必要时可均匀、反复地向掌子面高压注水,以降低岩体的强度</td><td>必要时掌子面可以采用 ϕ40mm 超前缝管式锚杆加固,长 3.5m,间距 1.5～2m;分三个循环作业,喷 12cm 厚 C20 混凝土;ϕ22mm 系统砂浆锚杆,长 2.5～3m,间距 50～100cm,梅花形布置,加垫板;ϕ8mm 钢筋网,间距 20cm×20cm;可以设置格栅钢架支撑</td><td>35</td></tr>
<tr><td>剧烈(Ⅳ级)</td><td>掌子面可采用 ϕ40mm 超前缝管式锚杆加固,长 3.5m,间距 1～2m;必要时喷 4cm 厚 C20 混凝土封闭掌子面;洞壁分三个循环作业喷 12～15cm 厚 C20 混凝土;ϕ22mm 系统砂浆锚杆,长 3.5m,间距 50cm,梅花形布置,加垫板;ϕ8mm 钢筋网,间距 20cm×20cm;必要时可酌情增设仰拱,格栅钢架支撑</td><td>35</td></tr>
</table>

三、软岩大变形

1. 软岩大变形的产生

(1)软岩大变形一般在Ⅳ级及以下围岩中产生,当洞周水平相对收敛值大于 2%时即可认为发生了大变形。

(2)软岩产生大变形的基本条件

①围岩软弱,单轴抗压强度低,内摩擦角、凝聚强度都较小,具有明显的塑性和流变特性;

②处于高地应力($R_b/\sigma_{max}<7$ 时)区内,地应力水平远大于围岩强度;

③侧压力系数 λ 大于 1,λ 越大,发生大变形的情况就越严重;

④支护结构刚度不足、强度不够、支护时间滞后。

(3)软岩大变形的预测

高地应力区段的隧道围岩类别较低时,易发生塌方及软岩塑性大变形等变形破裂现象,可建立一套围岩变形跟踪监测系统,从了解和判定围岩是否有大变形现象。这个系统由长度分别为3.5m、3m、2m、1m、0.2m、3.5m 6根$\phi22$的钢筋简易位移传递杆组成,钢筋用锚固剂固结在孔底。由于离洞室周边越远,其变形越小,将3.5m传递杆或视为坐标杆,通过定时测量它与其他不同深度的传递杆间的相对位移,可以得到围岩不同深度的径向位移,再辅以其他常规量测平段得出的数据,作为判定围岩是否发生变形的依据。

2.软岩大变形的支护

(1)软岩大变形衬砌支护需采取主动式(柔性)与被动式(刚性)相结合的综合处置方法,力求有控制地产生一个合理的塑性圈,允许变形,有控制地释放围岩变形能,又要尽可能保护围岩的强度不致快速下降,不产生松动圈。

(2)软岩大变形支护结构特点:

①柔性:在软岩洞室变形初期,围岩压力随软岩洞室变形收敛的增加而减小,因此支护结构应当具有较大的柔性,允许围岩变形,减少支护结构上所承受的围岩压力,降低切向应力集中程度,但又不能发生围岩过分松弛而导致坍塌的情况,即有控制的充分"卸压";

②可缩性:软岩大变形收敛量大,所以支护结构应有很高的可缩性,允许收敛量达到一个较大值(须小于极限值),使围岩压力明显的降低,使支护结构与洞室变形相适应;

③边支边让、先柔后刚:初期支护结构掌子面支护要快,全过程自始至终能及时给围岩提供一定的支撑力,防止岩体松散,使围岩在变形过程中强度不至于有太大的降低,支护抗力要随变形增大而增大,当支护力与调整后的围岩压力平衡时初期变形就基本停止。在变形后期,围岩压力不再随变形调整而减少,反而是增大,所以必须提高支承抗力,施作刚度较大的支护结构,防止围岩变形破坏;

④两次支护或多次支护:对于软岩大变形一般是采用喷锚复合衬砌,根据"围岩-变形"曲线适时调整支护抗力与支护柔性间的关系,使变形量与收敛速度控制在一定标准内。

3.软岩大变形隧道勘测设计一般原则

1)合理选择隧道轴线走向

隧道轴线布置在可能的条件下,尽量避开高地应力深埋软岩区段,不能避开时应平行于岩体的最大主应力方向或与之小角度相交(具体角度计算同岩爆段隧道轴线走向选择),尽可能垂直软弱结构面的走向或断层破碎带,改善洞室受力状态,使洞室不产生过大的应力集中,减少隧道变形。

2)选择合理的断面形状,改善围岩的应力状态

在一定的受力条件下不同的断面形状其应力集中部位及范围有明显差异。在水平地应力较大时,两侧岩体的蠕变位移大,围岩压力主要来自水平方向,宜选择近似扁平椭圆的形状,使其长轴方向平行于最大主应力方向,尽量做到与围岩压力分布相适应,在洞室周边不产生拉应力,压应力在整个断面上应比较均匀。

3)采用喷锚支护复合结构

在软岩大变形段需采用"加固围岩、预留变形、先柔后刚、先放后抗、刚柔并举、分次支护、及早封闭、底部加强、信息化施工"的综合治理措施,一般采取以下具体工程措施:

(1)喷、锚、网支护:隧道开挖后及时喷混凝土封闭开挖面,加铺钢筋网以增强喷混凝土的抗拉能力,打设径向锚杆加固围岩,使隧道周围形成一个加固环,大大提高隧道的承载能力,这种由喷混凝土、锚杆、钢筋网共同组成的支护结构是治理大变形的首选措施。当变形严重时采

用喷钢纤维混凝土及长锚杆(或锚索)加固。

(2)长锚杆(索)加固:高地应力、软弱围岩是发生大变形的内在原因,地应力无法改变,但围岩性质可以通过加固而改变,目前采用的自进式(或半自进式)长锚杆是治理大变形的有效手段。锚杆长度应超过塑性区(从力学角度看锚杆长度最好超过 1.5 倍的塑性区宽度),以抑制塑性区内的剪切位移,并把塑性区围岩同弹性区围岩连接起来,形成深孔高效系统锚固,成为注浆锚固加强带来提供很强的形变约束力,从而提高塑性区围岩的承载力,减少形变地压,控制塑性区的无限扩大,避免围岩过分松弛。

(3)钢拱架支护:除上述喷锚支护外,还需根据变形情况增设闭合钢架支护,提高支护刚度。常采用可缩性的 U 形钢拱架,在隧道开挖初喷 3～5cm 混凝土后架设,然后再喷混凝土填满并覆盖。

(4)超前支护措施:

①超前锚杆加固:锚杆直径 ϕ20～ϕ25,长 3～4m,环向间距 0.4～0.6m,仰角 10°～15°,一般采用有压注浆锚杆,注浆压力 0.5～1.0MPa;

②小导管注浆超前加固:钢管直径 ϕ40～ϕ50,长度 3～5m,环向间距 0.3～0.5m,高压注浆加固,注浆压力 1～2MPa;

③长管棚注浆超前加固:管棚长度 20～40m,孔径 ϕ80～ϕ146,环向间距 0.4～0.8m,高压注浆,注浆压力＞2MPa。

(5)允许变形的措施

当变形量很大时需采取加以控制并允许变形的措施,以防止喷层开裂脱落、锚杆拉断、衬砌压坏开裂。

①喷层预设纵向伸缩缝,环向间距 2～3m,缝宽 10～15cm,变形稳定后采用高强喷混凝土封闭口;

②喷层中接加各类纤维、聚合物或各类网片:一般的喷混凝土脆性明显(极限变形量最多只有 0.6%),因此可掺加各类纤维(纤维、维尼纶纤维)、专用聚合物(聚乙烯酵缩合物、丙烯铣胺、树脂类 SM 型超塑剂等)或在喷层中铺设各类网片(菱形铰接柔性金属网、聚丙烯塑料网)增加其变形量,形成柔性喷层;

③可缩钢支撑:U 形钢架环向按一定间距(2～4m)预留 20cm 宽的伸缩段,一般是采用摩擦型或弹簧型接头,使 U 形钢架既有一定的刚度,还有一定的抗变形及收缩能力,并确保结构的稳定性。可缩 U 形钢架示意图,见图 12-5-4;

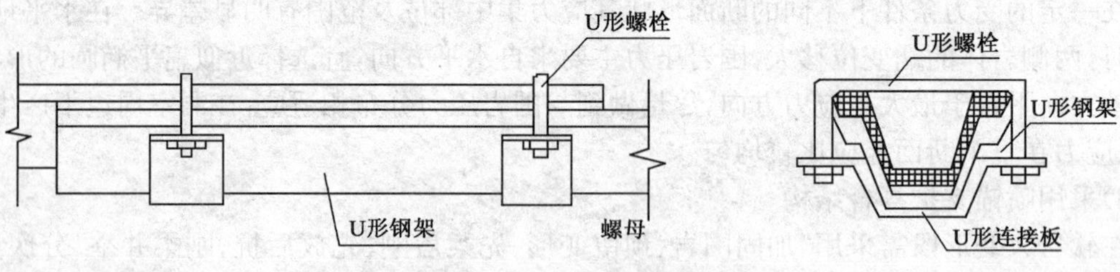

图 12-5-4　可缩 U 形钢架示意图

④可缩式、可屈服锚杆:常规钢锚杆的变形模量大,锚杆的孔中灰浆也难以适应大变形所产生的强烈的滑移性剪切力而产生破坏,使锚杆与锚孔脱离,此时应采用可伸缩锚杆口,另外

还有全长锚固复合材料微伸长可屈服锚杆等。最为简单的构造是在端头锚板增加弹簧垫圈，通过弹簧的压缩来适应大变形的发展。

(6)加强二次衬砌：采用封闭式二次衬砌结构，加强仰拱，配置钢筋或掺加钢纤维，及早成环，以适应地应力多变的地层。

(7)改善围岩条件：注浆加固，提高围岩强度。

4)软岩大变形段隧道应采用动态设计，通过现场量测，随时掌握围岩动态，利用反馈信息调整初期支护参数和预留变形量，确定二次衬砌及仰拱的闭合时间。

4.软岩变形的施工方案

(1)地质超前预报及大变形预测

首先对照设计文件就岩层流变情况进行调查与核对，结合开挖后地质调查绘出地质素描图，在地质描述的基础上，采用物探或水平钻探技术预测前方工程地质与水文地质状态，预报地应力场(方向、大小)及其对工程稳定性的影响。对岩石进行跟踪式物理力学指标测试，建立起地质数据库，结合地应力及现场量测反馈信息，利用计算机模拟分析预报大变形破坏程度及段落长度，根据预测的围岩变形程度采用相应的支护结构，做到心中有数，避免盲目施工。

(2)选择合理的开挖方式

①开挖方法的选择：在软岩开挖中要尽可能减少爆破震动对围岩的扰动，采用预裂爆破或光面爆破，预留松动层，变深孔爆破为浅孔爆破，采取短进尺、多循环，加密初期支撑，各工序衔接紧凑，步步为营，要及时把基底临时封闭，十分强调控制的时间与空间效应。在有条件时采用无爆破掘进；

②开挖断面的选择：宜采用双侧壁导坑法、中隔壁法或上半断面弧形开挖，使开挖断面小于发生大变形的临界断面；

③预留量的设置：在洞室开挖过程中应根据软岩洞室变形特征预留出足够的变形量(两车道隧道一般在30～50cm)，允许围岩产生一定变形，防止初期支护变形侵入限界。

(3)在施工中，除减轻爆破对围岩的扰动，利用喷、锚网、钢栅等强支护手段加强支护外，提前释放应力，根据量测结果及时施作二次衬砌，并封闭成环，都有利于隧道的安全施工。

(4)建立日常量测管理机制

在隧道开挖后施作初期支护的同时，需按照工程量测要求安设各种测点，对洞室收敛变形(垂直和水平位移)、围岩内部变形、喷层接触压力及锚杆轴力进行量测。通过对量测资料的反馈分析，结合软岩变形与地压分布特点确定围岩变化趋势和支护结构的工作状态，调整支护参数，通过逐步完善建立控制管理基准，进行最终位移的预测。

第六节　膨胀性围岩隧道设计

一、概述

1.膨胀性围岩的类型和特性

1)膨胀性围岩根据产生膨胀的原因，一般可分为以下三种类型：

(1)吸水膨胀

含有蒙脱石、高岭土等黏土矿物的软岩、变质岩等岩层，吸水后会呈现明显的膨胀性。

(2)风化膨胀

隧道开挖后围岩接触外界空气引起风化现象，随着岩石的剥落、崩坏而发生膨胀。

(3)地应力(潜在应力)释放引起的膨胀

在重力、地形和地质构造运动等作用下，岩层内部形成地应力，由于隧道开挖而得到释放。当地应力大而围岩强度不足时，则隧道会出现膨胀围岩压力。

膨胀性围岩通常是指第一种，即在水的物理化学作用下发生体积增大的围岩，常见的膨胀性岩石种类有：泥岩、页岩、长石、云母、蛇纹岩和含硬石膏($CaSO_4$)、无水芒硝(Na_2SO_4)、钙芒硝($CaSO_4 \cdot Na_2SO_4$)的岩石，以及主要由强亲水性矿物组成的黏土等。

2)膨胀性围岩的特性

(1)泥质膨胀性围岩的膨胀程度取决于黏土颗粒间的膨胀量，以及含有膨胀性晶体的黏土矿物的情况。具有膨胀性晶体的黏土矿物的含量越高，其膨胀量越大。含膨胀晶体的矿物有：蒙脱石、蛭石、高岭土和蒙脱石-伊利石、蒙脱石-绿泥石的混合矿物，水在层间渗透而引起的结晶膨胀，未溶解的晶体基面间距为 29×10^{-10} m，吸水后增至 33×10^{-10} m，使体积增大 14%。硬石膏遇水发生化学变化而成软石膏($CaSO_4 + 2H_2O \rightarrow CaSO_4 \cdot 2H_2O$)，其体积可增大 61%；含芒硝($Na_2SO_4$)的岩石发生化学作用，其体积可增大 135%。

(2)泥质膨胀性围岩性状变化主要由岩石含水率变化引起，若能保持开挖前的含水率，通常不具备膨胀特性；但开挖后膨胀性围岩逐渐干燥失水，再遇水便膨胀崩解，其干燥失水越多，膨胀量越大，天然断层泥、泥化夹层在天然湿度下可直接吸水而发生膨胀和软化。

(3)膨胀性围岩除具有吸水膨胀的特性外，一般还具有显著的流变特性，使围岩变形可持续 3~5 年。

3)膨胀性围岩因膨压效应造成对隧道的破坏，可归纳为如下几点：

(1)隧道净空位移显著增大，拱底脚下沉量比拱顶大。

(2)隧道仰拱底鼓十分明显，仰拱破坏严重，常出现开裂上浮。

(3)采用台阶法施工时，临时仰拱常发生破坏或表现出刚度不足等特征。

(4)拱底和拱脚不稳，需增设锚杆进行加固。

(5)由于仰拱变形量较大，仰拱刚度不足，仰拱需要采用钢筋硅，并增大仰拱曲率，以提高仰拱承载能力，约束仰拱变形，有利于隧道的收敛。

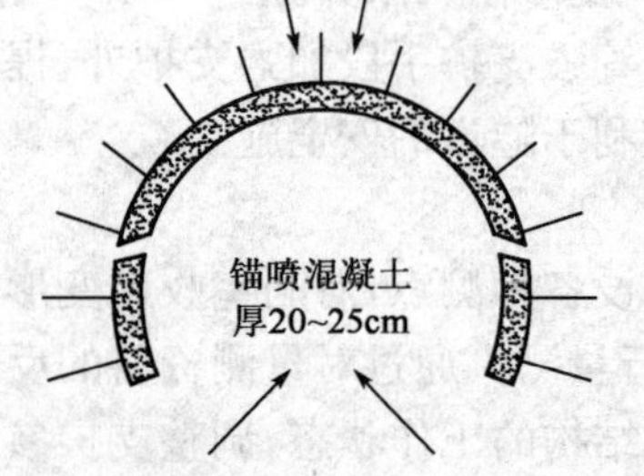

图 12-6-1　未封闭的锚喷支护隧道变形破坏示意图

未封闭的锚喷支护隧道变形破坏示意图如图 12-6-1 所示。

2. 膨胀性围岩的物理力学指标和判别标准

膨胀性围岩通常是指围岩中含有大量亲水性黏土矿物(如蒙脱石、高岭土等矿物)，具有显著的吸水膨胀、失水收缩的围岩。常见的膨胀性岩石主要有：泥岩、炭质页岩、泥灰岩、黏土岩、云母岩、千枚岩、长石、凝灰岩、蛇纹岩和含硬石膏、无水芒硝的岩石以及主要由强亲水性矿物组成的黏土等。

1)膨胀性围岩判别可从以下三方面进行：

(1)膨胀岩矿物性能：蒙脱石含量、阳离子交换量、2μm 以下粒径所占数量、液限等。

(2)岩块膨胀性能：岩块的干燥饱和吸水率、岩块崩解度、软化系数和胶结强度等。

(3)隧道膨胀性围岩：围岩膨胀率、膨胀范围、膨胀压力和隧道净空变形等。

2)国内有关标准

(1)《膨胀土地区建筑技术规范》(1985 年版)更新规范版本规定：自由膨胀率大于或等于40％者，宜判别为膨胀土；在特殊情况下，可根据蒙脱石含量占全量的比例确定。当蒙脱石含量大于或等于全量的 7％时，亦可判定为膨胀土。膨胀土按其亲水性可分为强、中、弱三级(表12-6-1)。

膨胀土分级　　表 12-6-1

按亲水性分级	自由膨胀率(％)	蒙脱石含量(％)
强	＞100	＞25
中	70～100	15～25
弱	40～69	7～14

(2)膨胀土的强度比非膨胀土低，膨胀能力越强，强度便越低。表 12-6-2 为不同等级膨胀土的天然原状土的 c、φ 平均值。

膨胀土的 c、φ 平均值　　表 12-6-2

强度指标 ＼ 膨胀土等级	极强	强	中	弱
最大收缩量(％)	＞30	23～30	16～23	8～16
内摩擦角 φ(°)	＜3	3～6	6～12	＞12
黏聚力 c(MPa)	0.05	0.05	0.05	0.05

注：1. 此表是根据我国一些地区膨胀土试验结果汇总的。

2. φ 与 c 值是按饱和快剪试验确定的。

二、膨胀性围岩隧道设计

1. 膨胀性围岩的勘查设计一般规定

正确判别隧道通过膨胀岩的区段长度和膨胀岩的特性是困难的，所以在施工前应进行较深入的地质勘查和膨胀岩的物理力学性能试验，判断膨胀性围岩的范围，了解膨胀岩的性质，为设计、施工提供可靠的依据；并调查类似条件下的工程实例，用工程类比法进行设计。在施工期间尚需加强施工监测，对围岩和支护衬砌变形、围岩膨胀压力进行量测，以便随时修正设计。

(1)在线路选线时，应加大地质勘查力度，隧道布线尽量避开膨胀围岩地段。如实在难以避开，应使隧道纵轴方向尽量接近围岩最大主应力方向、垂直于断层破碎带或软弱结构面方向。

(2)针对不同程度的膨胀围岩，设计前应先复核其膨胀特性，然后采用以工程类比为主的方法，确定支护参数。在实际施工中，应通过监控量测等信息化施工措施对支护参数进行调整。

(3)断面形式可选择接近圆形断面，同时断面设计要预留较大的变形量。预留变形量可根据围岩膨胀变形量确定。

2. 支护衬砌设计

(1)膨胀性围岩隧道宜采用复合式衬砌

①初期支护喷射混凝土最大厚度不应超过 25cm，膨胀压力大时，初期支护可采用钢纤维喷射混凝土，或在喷层中加钢筋、型钢、钢管等钢架；

②当膨胀压力引起大变形时，初期支护可采用预留纵向变形缝的喷混凝土支护，变形缝宽10～30cm；采用可缩式钢架，每榀钢架可设 2～5 个可缩接头，每个接头可缩 10～20cm；同时加密高强度锚杆，以抗御膨胀压力。如奥地利陶息公路隧道直径约 11m，马蹄形衬砌断面，在膨胀围岩段初期支护采用 15cm 厚喷层，4.0m 长锚杆（间距 0.75m ）和 25kg/m 的轻型钢架，产生小于 25cm 的位移，经补强后保持围岩稳定，但在 80cm 的大变形段，喷层严重破坏、钢架扭曲。为适应 80cm 变形要求，沿喷层每隔 2～3m 布置一条宽 15cm 的纵向变形缝，当变形值达 80cm 时纵向缝闭合，未引起喷层明显破坏；

③二次衬砌宜采用等厚、圆顺断面，一般衬砌厚度小于 50cm；若膨胀围岩压力大时，可采用钢筋混凝土衬砌。

(2)膨胀性围岩隧道支护衬砌应设置仰拱

①初期支护的仰拱不宜过厚，允许围岩有一定变形，以便发挥围岩的自承作用；

②仰拱的曲率应尽量大些，并要求与边墙连接圆顺，防止应力集中；

③在大的膨胀压力作用下，为适应膨胀围岩压力，应适当加强仰拱的强度和刚度，仰拱宜做成钢筋混凝土结构，以承受较大的拉应力。

(3)膨胀性围岩隧道采用先柔后刚、先让后顶、分层支护的设计方法，合理掌握二次衬砌施作的合适时机，通过现场试验、量测来确定二次衬砌施作时间。一般在围岩变形基本稳定，变形速率小于 0.2～0.5mm/d 后施作二次衬砌为宜。

(4)膨胀性围岩综合治理方法

①膨胀性围岩隧道在施工期间应及时封闭仰拱，施作支护衬砌尽早形成闭合结构，以增加衬砌的整体刚度，同时防止水流浸泡基底，以控制边墙变形和底鼓现象；

②底鼓现象严重的层状岩层，宜采用长锚杆加固底部围岩，松散破碎围岩可采用注浆加固地层；

③注意做好隧道防水和排水工作，特别要防止施工用水和水汽浸入岩体，在围岩水源处设置渗水盲沟或渗透注浆、帷幕注浆防水。

3. 施工工序设计

膨胀土隧道围岩压力的施工效应，是导致隧道变形病害的主要原因。施工工序设计中应以尽量减少对围岩产生扰动和防止水的浸湿为原则，宜采用无爆破掘进法，如采用掘进机、风镐、液压镐等开挖。在开挖过程中尽可能缩短围岩暴露时间，并及时衬砌，以尽快恢复洞壁因土体开挖而解除的部分围岩应力，减少围岩膨胀变形。开挖方法宜多采用正台阶法、侧壁导坑法和“眼镜法”。

(1)短台阶法施工

通常分上下两个台阶，断面分块少，互相干扰小，台阶长一般小于 1～1.5 倍隧道开挖宽度；锚喷支护能尽快封闭围岩，可有效地控制上台阶围岩变形，如拱部断面扁平则受力不利，尤其开挖下台阶时，拱脚喷层悬空，将引起拱部围岩和支护下沉，拱脚向洞内变形。故软弱膨胀性围岩施工时，可采用临时仰拱或横撑将拱脚顶紧，形成拱部临时封闭结构，防止拱部过大变形。为减少对装碴运输的干扰和便于拆除，临时仰拱宜采用型钢或拼装式结构。当围岩自稳性能差时，需要尽早使初期支护闭合，宜采用超短台阶法施工，台阶长宜小于3～5m。若隧道断面大，无大型施工机械时，可采用3～5个多台阶法，必要时可采用超前导坑。

(2)侧壁导坑法

该法对防止拱部支护衬砌下沉是有利的，尤其是在浅埋、大跨、软弱膨胀性围岩段对控制地表沉陷更为有效，但开挖左、右导坑扩大、挖底等分块过多，围岩多次受开挖扰动而引起岩体松弛，且全断面闭合时间较长，易发生边墙向洞内变形和底鼓。对此采用长锚杆和临时仰拱的办法解决，可以收到较好的效果。

(3)拱脚侧导坑的台阶法

在拱脚附近开挖超前小导坑，并迅速地用混凝土将其填好，使坑道相互干扰小，且混凝土块还可防止侧壁挤入和拱部支护下沉。但导坑内回填的混凝土需部分凿除，混凝土块未凿除前，导坑无法继续前进。该法安全可靠，但速度慢、造价高，故只有在围岩膨胀压力很大时才考虑使用。

三、其他注意事项

1.开挖钻爆注意事项

在膨胀性围岩中爆破时，应减少对围岩的扰动。为减少爆破震动对围岩的扰动，宜采取下列措施钻爆：

(1)浅眼、多循环，光面爆破和预裂爆破。

(2)采用单臂掘进机开挖，土质或软弱围岩也可用人工配合风镐施工。

(3)风镐配合钻爆法开挖，隧道核心部分采用钻爆法，而隧道周边用风镐开挖。这样既可减少爆破震动对围岩的影响，又可使坑道周边圆顺。

2.作好防、排水工作

水是膨胀性围岩地下工程产生病害的主要根源，所以应及时施作锚喷联合支护，封闭暴露围岩，防止施工用水和水汽浸入岩体。此外，还应重视地表防水、排水工程，防止地表水沿裂缝、层面流入隧道。地下水可通过衬砌背后的引水管或盲沟引入洞内水沟排出，防止地下水渗流到隧道底部，造成底鼓。

3.加强调查、量测围岩的压力和流变

在膨胀土地层中开挖隧道，除了认真实施设计文件所提出的技术要求外，在施工过程中应对围岩压力及其流变情况进行充分的调查和量测，分析其变化规律。对地下水亦应探明分布范围及规律，了解水对施工的影响程度，以便根据围岩动态采取相应的施工措施。如原设计难以适应围岩动态情况，也可据此作适当修正。

4.防止围岩湿度变化

隧道开挖后，膨胀土围岩风干脱水或浸水都将引起围岩体积变化，产生胀缩效应。因此，隧道开挖后应及时喷射混凝土，封闭和支护围岩。在有地下水渗流的隧道，应采取切断水源并加强洞壁与坑道防、排水措施，防止施工积水对围岩的浸湿等。如果局部渗流，可采用注浆堵水阻止地下水进入坑道或浸湿围岩。

5. 合理进行围岩支护

(1)喷锚支护,稳定围岩。喷锚支护作为开挖膨胀土围岩的施工支护,可以加强围岩的自承能力,允许有一定的变形而又不失稳。采用喷锚支护应紧跟开挖,必要时在喷射混凝土的同时采用钢筋网,也可采用钢纤维混凝土提高喷层的抗拉和抗剪能力。当膨胀压力很大时,可用锚喷及钢架或格栅联合支护,在隧道底部打设锚杆,也可以在隧道顶部打入超前锚杆或小导管支护。膨胀土围岩隧道的支护,尽可能使其在开挖面周壁上迅速闭合。如果是台阶开挖,可在上半部开挖后尽快作出半部闭合,使围岩尽早受到约束。

总之,不论采用哪一种类型的支护,都必须根据工程实际情况及围岩变形状态而定。

(2)衬砌结构及早闭合。膨胀土围岩隧道开挖后,围岩向内挤压变形一般是在四周同时发生,所以施工时要求隧道衬砌及早封闭。

6. 膨胀性围岩隧道施工难点

膨胀性围岩隧道施工时,围岩变形复杂且不易控制,同时具有较大的破坏性,施工方法不当可能导致支护结构破坏、衬砌开裂,影响隧道施工进度及质量。膨胀性围岩隧道的主要施工技术难点为:

(1)多数工程实例表明,施工时膨胀性围岩需留有一定的变形量,但对其膨胀变形又必须限制,保证不因变形应力过大而导致支护结构破坏,因而选择合适的具有一定刚度的柔性支护结构显得十分重要。

(2)留有合适的变形量是保证支护结构稳定的主要措施之一。确定合理的变形量时,必须充分分析变形机制,进行繁杂的计算。膨胀性围岩在不经过变形、未释放部分应力时就进行支护,即使支护结构有足够的强度和刚度,随着膨胀量的增大,最终导致破坏而形成大的坍方。因此,确定合适的变形量是施工顺利进行的关键。

(3)导致支护结构变形失稳破坏的应力有构造应力、膨胀应力、围岩松动引起的自重应力以及邻近隧道施工引起的工程偏应力。由于围岩的不均质性和受节理裂隙影响而导致的各向异性,支护结构受力极其复杂,计算困难,这为支护结构的选型和支护参数的选择带来困难。

(4)变形破坏后再次处理更加困难。支护结构遭破坏后,围岩因变形量大而松弛,此时拆除支护结构可能导致大面积坍塌,松动圈加大,降低了围岩的自承能力,松弛围岩的自重应力加大,支护结构的受力增大,因而单纯采取加强措施不能有效阻止围岩进一步变形。

第七节　黄土地区隧道设计

一、黄土的特征

1. 黄土的一般地质特征

(1)黄土的基本色调为黄褐、浅黄、棕黄、灰黄等颜色。

(2)组成物质以粉粒(0.05～0.005mm)为主,约占60%,黏土粒(<0.005mm)含量次之,占20%左右,大于0.25mm的颗粒少见。

(3)结构疏松、无层理,具有肉眼可见的大孔隙,孔隙比一般在1.0左右,垂直节理发育。

(4)含易溶盐类,主要矿物组成有石英、长石、云母、碳酸盐类胶结物及黏土矿物。

(5)抗水性极差,易于崩解、潜蚀、冲刷。

(6)新黄土多具有湿陷性。

2. 黄土地貌

黄土地貌一般可分为"塬、梁、峁"三大类型以及河谷阶地、冲积洪积平原等。

(1)黄土塬:面积较大的平坦高地,有陡峻边缘,通常由黄土所构成,在黄土塬顶部表层广泛分布着黄土质土。

(2)黄土梁:地形呈长条状的垄岗,两旁夹以深谷,垄岗高度大体保持一致,也是由黄土所构成,但也有少数上更新统和全新统新近堆积的黄土质土,如陇中、陇东、陕北、晋南、柴达木盆地香日德附近等地区。

(3)黄土峁:指个体独立或连续的黄土丘陵,由于地形严重切割,沟谷斜坡地带往往分布着新近堆积湿陷性大的黄土质土。

(4)河谷阶地:包括现代河流的河漫滩、超漫滩、低级阶地、高级阶地及河谷范围内的各种斜坡地带以及河谷两侧的一些沟谷等地貌。

(5)冲积洪积平原:分布着全新统的黄土质土,一般具有较弱的湿陷性,当含黏土颗粒较多时,湿陷性较小或无湿陷性。如关中、河南、河北等黄土冲积洪积平原。

3. 不同地质时代黄土及其特征

黄土堆积时代包括整个第四纪,包括老黄土和新黄土。老黄土是下更新统的午城黄土(Q_1)和中更新统的离石黄土(Q_2)的统称,其大孔结构多经压密,一般没有湿陷性或仅在 Q_2 黄土的上部有轻微湿陷性。

普遍覆盖在上述黄土上部及河谷阶地上的上更新统马兰黄土(Q_3)及全新统的新近堆积次生黄土(Q_4),称为新黄土,土质均匀,较疏松,大孔和虫孔发育,具有垂直节理和较严重的湿陷性。

不同地质时代黄土的野外特征如表 12-7-1 所示。

4. 黄土的物理力学性质

由于各地区的地理位置、地质、气候条件和黄土堆积环境不同,致使黄土的物理力学指标有显著的差别,故具体工程应通过取样试验确定。

一般说来,黏土粒的含量越多,黄土的湿陷性越弱,其湿陷敏感度也越低。影响黄土湿陷性的主要指标为天然孔隙比和含水率。当其他条件相同时,土的孔隙比越大,则湿陷性越强,反之则弱。西安地区的黄土,如孔隙比 $e<0.9$,则一般不具有湿陷性或湿陷性很低;兰州地区的黄土,如 $e<0.86$,则湿陷性一般不明显。

二、黄土地区隧道设计

(1)黄土隧道中,特别是新黄土、有水黄土甚至水中黄土,应根据可能存在的多种最不利荷载组合进行计算,使设计的衬砌能够适应施工期间和使用期间可能出现的各种荷载情况。

新、老黄土物理力学性能和围岩稳定性有很大的差异,施工方法的不同也直接影响黄土的扰动情况、稳定性、荷载大小和荷载图式,故应按其土壤分类及物理力学性能确定衬砌结构。设计隧道衬砌时,应尽可能进行多种最不利荷载计算,使设计的衬砌能够适应施工期间和使用期间可能出现的各种荷载情况。

不同地质时代黄土的野外特征 表 12-7-1

地层及时代				颜色	土层特征及包含物	古土壤层	沉淀环境	开挖情况
全新统 Q_4	近期 Q_4^2	新近堆积黄土	新黄土	浅褐至深褐色，或黄至黄褐色	土质松软不均，多虫孔，最大孔径0.5～2.0cm，孔壁分布较多虫屎，多植物根孔，孔壁常有白色粉末状碳酸盐结晶，在深色土中呈菌丝状或条纹状，含少量小砾石、钙质结核，有时有砖瓦碎块及朽木等人类活动遗物	无	河漫滩低级阶地，山间洼地的表面，黄土塬、梁、峁的坡脚，洪积扇或山前坡积地带，老河道及已填塞的沟槽、洼地的上部	锹挖极为容易，进度很快
全新统 Q_4	早期 Q_4^1	一般湿陷性黄土	新黄土	褐黄至黄褐色	具有大孔、虫孔及植物根孔，含少量小的钙质结核，小砾石，有时有人类活动遗物，土质较均匀，稍密至中密	无	河流的低阶地和高阶地的上部，Q_4^2 的下部	锹挖容易，但进度稍慢
上更新统 Q_3	马兰黄土	一般湿陷性黄土	新黄土	浅黄、灰黄及黄褐色	土质均匀，大孔发育，具有垂直节理，有虫孔及植物根孔，易产生天然桥及陷穴，有少量小的钙质结核，呈零星分布，稍密至中密	一般无古土壤，局部地区浅部有薄层古土壤	较高的河岸阶地，塬坡、梁峁的上部，以及黄土高原与河谷平原的过渡地带，下部为 Q_2 黄土	锹、镐开挖不困难
中更新统 Q_2	离石黄土		老黄土	深黄、棕黄及微红	有少量大孔，土质紧密，具有柱状节理，抗侵蚀力强，土质较均匀，不见层理，上部钙质结核少而小，古土壤下钙质结核粒径为5～20cm，且成层分布，或成钙质胶结层，下部有砂砾及小石子分布	有数层至十余层古土壤，上部间距2～4m，下部1～2m，每层厚约1m	常出露于山西高原，豫西山前高地，渭北高原，陕甘和陇西高原的梁峁丘陵地形深切冲沟的两侧，上覆 Q_3，下覆 Q_1 黄土或第三系第三纪红黏土或砂砾层	锹、镐开挖困难
早更新统 Q_1	午城黄土		老黄土	微红及棕红等	无大孔，土质紧密至坚硬，颗粒均匀，柱状节理发育，不见层理，钙质结核含量较 Q_2 内少，成层或零星分布于土层内，粒径1～3cm，有时夹砂及砾石等粗粒土夹层	古土壤层不多，呈棕红或褐红色	位于 Q_2 黄土之下，其底部与第三纪红黏土或砂砾层接触	锹、镐开挖很困难

由于黄土的物理力学性质受多种因素影响，在设计时除采用理论计算方法外，尚应根据具体工程地质条件，经工程类比、综合研究后确定衬砌结构。

(2)黄土地区的隧道衬砌结构应视黄土分类、物理力学性能和施工方法确定，采用曲墙衬砌。一般情况下黄土隧道应设仰拱。

黄土隧道衬砌背后回填措施中不宜压浆，以免水对黄土围岩面和黄土裂隙中黄土的侵蚀、软化，影响围岩面的稳定和围岩的压力，并影响其与衬砌的密贴性。

根据黄土隧道衬砌现场试验研究和量测资料，说明垂直压力是不均匀的，大致呈马鞍形分布，侧压力比较大，其侧压力系数约为0.5，故规定黄土隧道应采用曲墙衬砌。实践证明，带仰拱、边墙曲率较大的复合式衬砌，能促使围岩较快地稳定，为了避免或减少土体应力集中，隧道开挖轮廓宜圆顺。

(3)采用复合式衬砌时，开挖后宜以钢支撑、钢筋网喷射混凝土和锚杆作初期支护，必要时宜采用超前锚杆、管棚加固。

黄土隧道应根据黄土的物理力学指标和隧道断面大小分别采用喷射混凝土、锚杆、挂网、钢架等作为初期支护。施工过程中应进行地面水准测量和洞体收敛变形量测，以便及时掌握洞顶地表和开挖断面的变形情况，从而确定是否需要调整初期支护的强度和施作二次衬砌的时间。施工中应随隧道开挖，分段、分层取样化验，对设计资料进行核对。黄土隧道施工一次开挖进尺不能过大，且支护工序必须紧跟，并注意现场监控量测，及时施作二次衬砌及仰拱，尽早形成封闭结构。混凝土应采用喷雾养生。洞口段施工应尽量保持山体稳定，切勿大削乱挖。做好洞口段衬砌后，及时修筑洞门端墙与翼墙。

新黄土隧道可采用超前锚杆或加固围岩后再分部扩大开挖，初期支护采用钢架并配合喷射混凝土、锚杆、挂网。

(4)黄土陷穴和潜蚀洞穴是黄土地区常见的不良地质现象，隧道修建在洞穴的上部，易引起隧道基础下沉，在洞穴下方时常有冒顶的危险，在洞穴邻侧时易产生偏压，并且地表水可能沿洞穴灌入隧道。对浅埋洞穴，宜采用开挖回填夯实等措施，对较深的洞穴，宜采取水泥注浆等加固措施。位于隧道附近地表的冲沟、陷穴、裂缝应回填、铺砌，并设置地表水的引排设施。

由于黄土的多孔性、湿陷性，遇水软化、坍塌，黄土的抗剪强度和抗压强度随含水率的增加而显著降低。因此，水以黄土地层的危害性极大，对黄土围岩的稳定性、围岩压力有直接影响，且反应灵敏。对位于隧道附近地表冲沟、陷穴、裂隙，应予以回填、铺砌，并做好地表水的引排设施，将水引至隧道范围以外，以免下渗影响结构安全。当地下水量大时，应在洞内采用井点降水法降低地下水位，或在洞外设深井降水。

(5)黄土地区的隧道，在因构造节理切割而形成的不稳定部位应加强支护。当隧道覆盖层浅、地层稳定性差时，应采取相应的辅助工程措施以防止地表下沉。

黄土围岩隧道，由于构造节理切割将降低围岩的稳定性，此时应通过调查黄土中构造节理的产状与分布状况，对因构造节理切割而形成的不稳定部位进行加强支护。如果隧道覆盖层浅、地表有下沉可能时，应采取相应的辅助工程措施以防止地表下沉。

(6)黄土地区选择隧道洞口，当遇干燥无水、密实、稳定的老黄土地层时，可按一定的挖深进洞，对有水或新黄土地层则不宜大挖。洞口应避开冲沟，以防止洞口坡面冲蚀产生泥石流等病害。

(7)黄土地区选择隧道位置时应避开沟壑及有地下水活动和地面陷穴密集的地区。

黄土具有干燥时很坚固、遇水容易剥落和遭受侵蚀的特征。在黄土地区常见有冲沟、陷穴及泥石流等不良地质现象，对隧道的危害是不能忽视的，特别是在有地下水活动和陷穴密集的地段，在隧道施工中极易发生坍塌，产生较大的围岩压力，导致支撑变形、基础及衬砌开裂等危害。因此，选择隧道位置时应避开沟壑及有地下水活动和地面陷穴密集的地区。

(8)湿陷性黄土对隧道的影响多在洞口明挖段及洞口暗埋段，消除湿陷性、提高地基承载力的手段如下。

①对于隧道洞口的明挖段，以灰土换填和强夯为主；

②对于暗洞段，通常使用的方法有：换填(处理深度 3m 以内的)、灰土挤密桩(6m 左右，洞室开挖后能够稳定的情况)、超前旋喷桩(既改善土体、提高承载力，又能作为施工中的辅助措施，稳定仰拱、小边墙部)。

对于暗洞段湿陷性黄土地基处理方法的选择，可以根据施工开挖的断面大小，结合各种处理方案所使用机械的规模来选定，灰土挤密桩处理方案在郑州至西安高速铁路客运专线上使用比较成功，超前旋喷桩在西宁过境高速公路大有山隧道上使用比较成功。

(9)黄土在隧道施工中属软弱围岩，除具有普通软弱围岩的特征外，还具有其特有的性质。“强支护”是黄土公路隧道施工指导原则之一，通常是利用整体性较好和强度较大的混凝土作为支护手段。

①做好治水工作，采用“防”、“排”、“截”、“封”

在隧道进洞前就做好洞口边仰坡截水沟，维护边仰坡稳定，防止地表水流入洞内。施工中洞内应完善排水设施，保持路面干燥。当地下水量较大时，应在洞内采用井点降水法降低地下水位。对洞内地下水采取排、堵相结合的措施，用喷射混凝土迅速封闭开挖面，有效阻止地下水的渗出，不能无限制的排地下水；对渗出的少量地下水应及时排走，防止浸泡拱脚墙脚及隧底引起湿陷或承载力降低；对施工用水要加强管理，合理布设水管，防止渗漏水，保持洞内排水畅通，施工废水及时排出，严防人为造成塌方。必要时在洞外隧道开挖线两侧设深井降水。

②黄土隧道支护应弱化拱部系统锚杆设计，加强锁脚锚杆和二次衬砌

在陕西吴堡至子洲高速公路(GZ35)的隧道中进行了大量的对比试验量测，结果显示黄土隧道拱部系统锚杆发挥的作用很小，是因为黄土的性质导致系统锚杆在岩石隧道中的悬吊作用在黄土中不能充分发挥，而锁脚锚杆利用其摩擦原理，对阻止拱脚下沉很有效；黄土具有的塑性导致黄土隧道围岩的变形稳定延续时间较长，在做二次衬砌前不能完全达到稳定，因此黄土隧道的二次衬砌应考虑采用钢筋混凝土或较一般岩石隧道的衬砌厚度大，以克服黄土的后期变形。

③上导坑预留核心土，短进尺、少扰动开挖及下导坑左右错进

黄土具有塑性，变形快，应及时支护抑制变形，以防止土体松散。黄土隧道施工宜采用短台阶开挖方法，先墙后拱，初期支护应紧跟开挖面，及早封闭断面。

④快速、分步进行初期支护

黄土属于塑性围岩，当围岩应力超过其抗压强度后，产生径向塑性位移，形成塑性区，释放一部分应力，另一部分向外传递，导致塑性区周边继续产生塑性变形，塑性区向外扩大。随着塑性变形发展到一定程度，围岩不断松动破碎，其黏结力和内摩擦角不断下降，围岩将出现松动失稳破坏现象，由松动土体自重形成松动压力。采用系统锚杆把应力松弛区域和稳定区域

固结为一个联合体，共同受力，提高土体强度，从而有效地控制围岩变形和位移。

⑤仰拱紧跟，尽可能及时施作仰拱，使衬砌尽早形成一个封闭结构

黄土的塑性变形比较缓慢，施工时仰拱及时跟进可以有效的控制拱部的下沉，保证初期支护的稳定。

⑥避免超欠挖，尽可能使开挖断面圆顺，以减少应力集中

开挖后围岩暴露时间不宜超过 4h，应及时施作初期支护，对拱脚、边墙中部及墙基三个关键部位要给予充分重视。

三、黄土隧道洞门设计要求

黄土隧道洞门设计应遵循下列原则：

(1)非湿陷性黄土地基上的隧道洞门设计应考虑地表水冲刷防护。

非湿陷性黄土地基上的隧道洞门设计及施工与其他地区基本相同，只需注意地表水的堵截和宣泄。洞口边、仰坡坡脚以及可能被冲刷之处均需铺砌防护，洞口至翼墙外 1～2m 范围内的路基面、两侧平台及侧沟亦应加以铺砌。边、仰坡交界处应采用圆角法开挖，以减少雨水冲刷。翼墙泄水孔的下方应夯填厚度不小于 30cm 的黏土隔水层，以防水渗入基底。端、翼墙基底需用自重力不小于 500kN 的重锤夯实。

(2)湿陷性黄土地基上的隧道洞门，应根据黄土的物理力学性质，对端、翼墙地基采用适当的换填夯实措施。

湿陷性黄土地基上的隧道洞门，除前述有关要求外，尚应根据黄土物理力学性质对端、翼墙地基采取相应的措施，一般可采用灰土在深度 1～1.5m 范围内进行换填夯实。

(3)黄土隧道洞门墙背上的压力可按库仑理论计算，同时应考虑土壤黏聚力的作用。

黄土隧道洞门墙背上的压力按库仑理论计算，与一般地区的不同点在于应加计土壤黏聚力的作用。

四、黄土隧道设计、施工注意事项

(1)施工前应对洞顶陷穴及积水洼地、冲沟等进行夯填整平，杜绝地表水向下渗漏。

(2)施工前应随隧道开挖，分段、分层取土样化验，对设计资料进行核对。

(3)按设计要求，严格控制开挖尺寸，不得欠挖。如有超挖，应用与衬砌同级混凝土回填密实。

(4)黄土隧道宜采用新奥法施工，并应根据黄土物理力学指标和隧道断面大小分别采用喷射混凝土、锚杆、挂网、钢架等作为初期支护。施工过程中应进行地面水准测量和洞体收敛变形量测，以便及时掌握洞顶地表和开挖断面的变形情况，从而确定是否需要调整初期支护的强度和施作二次衬砌的时间。

两车道黄土隧道宜采用环向开挖预留核心土的施工方案；三车道黄土隧道宜采用双侧壁导坑分部开挖法；黄土连拱隧道宜采用三导洞法。

黄土隧道施工一次开挖进尺不能过大，且支护工序必须紧跟，并注意现场监控量测，及时施作二次衬砌及仰拱，尽早形成封闭结构。

(5)洞口段施工应尽量保持山体稳定，切勿大削乱挖。做好洞口段衬砌后，及时修筑洞门端墙与翼墙。

第八节　多年冻土地区隧道设计

一、多年冻土区的介绍

对于温度等于或小于0℃，含有固态水(石)的土称之为冻土。在自然界中保持三年以上，当温度条件改变时，其物理力学性质随之改变，并可产生冻胀、融陷、热融滑塌等现象的土，应判为多年冻土。多年冻土因常存于地表下一定深度，接近地表部分因受季节性影响而出现周期性冻融，此部分称季节融化层。多年冻土层的上部和下部界限，分别称为多年冻土的上限和下限，经过人为活动后形成的新上限，称为人为上限。多年冻土层中存在着不冻水。按其所处位置可分为冻结层上水，冻结层间水及冻结层下水。冻结层间水又分为层状、脉状、透镜状水，多年冻土层如图12-8-1所示。

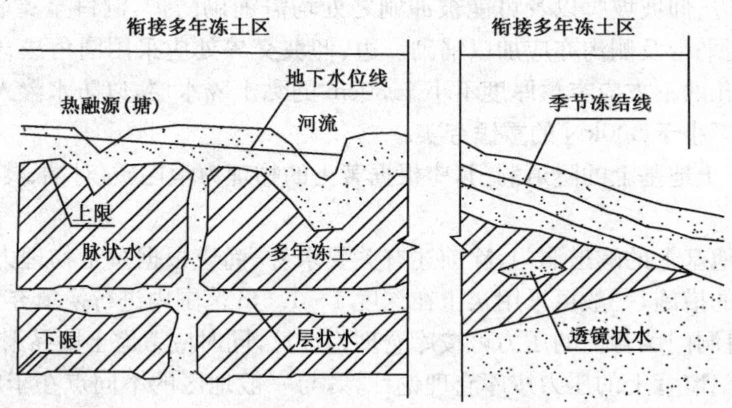

图12-8-1　多年冻土层示意图

二、多年冻土的不良地质现象

由于多年冻土的冻胀，土中水的转移，地下水承压水头的上涌以及山坡泉水、地表水流等，在多年冻土区常形成厚层地下冰、冰锥、冰丘以及当土融化时产生的热融沉陷、融冻泥流、融冻滑坍等不良地质现象。现将对隧道工程有影响的不良地质现象分述如下：

1.厚层地下冰

(1)由于水分不断向多年冻土上、下限附近转移，伴随着上、下限变迁所形成的厚度大于0.3m的地下析出冰(也有少量属于埋藏的冰川冰)，称厚层地下冰。

(2)厚层地下冰的结构形态以层状居多，方格状，整体状较少，一般分布在多年冻土的上部，遍及含水率较大的黏性土地区，尤其在融冻坡积层地带更为发育。在山岳丘陵区，多呈透镜状分布，一般厚0.3～4m。在高原地区多呈互层状，有的总厚达20m以上。在横坡大于16°的山坡尚未发现厚层地下冰；横坡大于25°的山坡属剥蚀地区，只有充填的裂隙冰，而无厚层地下冰。

(3)厚层地下冰内多存在悬浮土块，土块还大体上保存了母岩被层理、节理切割的形状，其排列也有明显的定向性。

（4）厚层地下冰由于受到外界条件的影响，易发生形变，因而它是热融滑塌、热融沉陷、热融湖塘及导致建筑物变形的基本原因。形变对建筑物的稳定性有较大的影响，如果隧道在此层通过应设法绕避，否则应有相应的工程治理措施。

2. 热融滑塌

（1）由于自然应力和人为活动，一旦厚层地下冰分布斜坡的热平衡状态被破坏，土体在重力作用下沿融冻界面移动而形成的滑塌，称之热融滑塌。

（2）热融滑塌按其发展阶段和对工程的危害程度，可分为活动的热融滑塌和稳定的热融滑塌两类，稳定的热融滑塌是指那些经自埋作用或人为作用后，使滑塌范围不再扩大的热融滑塌。活动的热融滑塌，其边缘滑塌是继续扩大的，仅当发展至厚层地下冰分布边缘时，方停止扩展而形成稳定的热融滑塌。

（3）就山坡的地形、地貌来看，在横坡小于3°的地方，很少发生滑塌（在有热融仁用时，只发生沉陷）；在横坡为3°～5°时，常常形成圈椅形沉陷或滑塌；当横坡大于5°时，可形成长条形牵引式滑塌。

（4）热融滑塌开始形成时呈新月状，以后逐渐向上发展而形成长条形、支岔形等。在横坡大于10°的山坡上，热融滑塌现象比较少见。图12-8-2为热融滑塌的不同形态示意图。

图12-8-2　不同形态的热融滑塌

（5）发育完善的热融滑塌床一般分为三个区，上品为流动区，自然横坡越大，流动区越长，6.5°～8°的山坡，流动区长达20m；中部为塑性变形区，形成一个或若干个舌形阶地（舌形阶地每年形成一个）；下部为稳定区，由于滑塌体年复一年地变化发展，上述三个区的位置也会发生变化，有的大型滑塌体长达200余米，宽达10余米。一般是厚层地下冰越发育、横坡越大、气温越高，则热融滑塌的发展越快。

（6）热融滑塌的微地貌特征如图12-8-3所示。

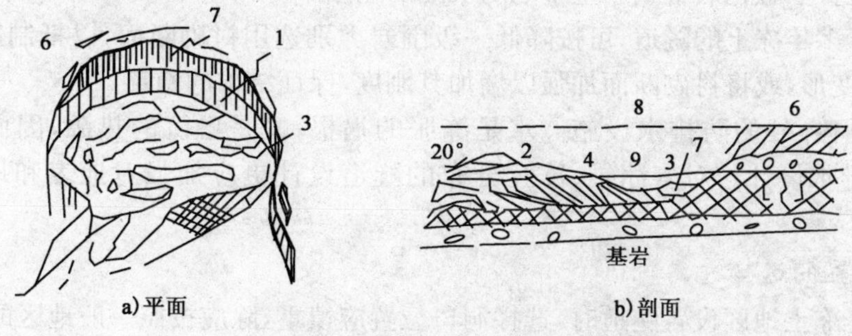

图12-8-3　热融滑塌微地貌示意图（未包括稳定区）

1-地下冰露头，2-舌形阶地；3-坍塌土地；4-塌积埠；5-径流沟槽；6-地表裂缝；7-滑塌坎壁；8-原地面线；9-本次坍塌前底面

(7)热融滑塌可能使隧道洞门结构物基础失去稳定,边仰坡挤垮,端翼墙推裂。洞口建筑物也有被融冻泥流堵塞、掩埋的可能。但由于热融滑塌都呈牵引缓慢发展,故对建筑物的危害不是恶性的。

(8)在隧道的选定和设计时,对范围广、影响较大的热融滑塌应尽量绕避,有困难时宜从滑塌体下方通过,洞口环节也应根据基础条件、山坡坡度及厚层地下冰的特点等因素,采取支挡、草皮护破、土袋护破等措施进行治理,工程本身也应采取加强措施,确保构筑物的稳定。

3.冰椎和冰丘

(1)在寒季(负温季节)流出封冻地表或封冻津冰面的地下水或河水,经结冰后形成丘状隆起的冰体称为冰锥,前者为泉冰锥,后者为河冰锥。

(2)当地下水受冻结的地面和下部多年冻土(或不透水层)的遏阻,冻结膨胀在薄弱地带把地表抬起形成丘状隆起的土丘,称为球丘。冰丘有一年生冰丘和多年生冰丘两种。

(3)无论冰锥还是冰丘,都给隧道结构物带来较为严重的冻害,设计时应给予足够重视。一般情况下隧道应设法绕避,否则应有可靠的工程措施以保证结构物的稳定。

三、多年冻土地区隧道设计

多年冻土地区具有气候严寒、日温差大、岩石风化严重、岩石裂隙发育等特点,因而极易发生冻胀、热融沉陷、融冻滑塌等不良地质现象,给隧道工程和运营带来很大危害。所以隧道设计时除应注意多年冻土的特性外,尚需加强排水设计等工程措施,以确保工程稳定与运营安全。

1.多年冻土地区隧道设计的基本原则

1)隧道位置应选择在地质条件较好的地段,尽量避开多年冻土的不良地质地段,若不能绕避时,应根据工程地质、水文地质条件选定隧道位置。

(1)一般选择地下水位低、围岩比较干燥、冻融时围岩的工程性质变化小的地段。

(2)围岩为粗颗粒地层地段。

(3)避开地下水发育,有地表水流、池塘、湖泊或低洼易积水的地段。

2)合理选择隧道埋置深度

(1)尽量将隧道设于不受季节性影响的多年冻土层或非冻土层之中,我国部分地区最大冻结厚度见表12-8-1。

(2)将隧道置于融化后不致产生不均匀沉陷的土层中。

(3)设置于多年冻土的隧道,可按降低一级围岩类别选用衬砌断面,以抵制冻胀和融沉所产生的不均匀变形,或将衬砌断面加强以增加其刚度,保证结构的稳定。

(4)做好洞内、外的防排水设施。水是冻胀的祸根,又是融沉的热源,因而必须重视隧道内、外的防排水设计。对有冰锥、冰丘分布的隧道设计更应加强对地表和地下水的防治措施。

2.洞口位置的选择

(1)在多年冻土地区设置隧道时,选择洞口位置应慎重,除应按照一般地区的规定外,还应根据多年冻土地区的特点周密调查,慎重选定设计方案。对于洞口位置的选定原则,多年冻土地区隧道进洞的高度应较非多年冻土地区低。

部分地区最大冻结厚度表　　　　表 12-8-1

地点	北纬	海拔(m)	年平均气温(℃)	年平均地温(℃)	多年冻土厚度(m)	年变化深度(m)	备注
西大滩	35°44′	4 350～4 500	−2.0～−3.5	0.0～−1.0	1～50	12～16	实测
昆仑山	35°40′	4 800～5 000	−3.5 以下	−2.8～−3.5	75～120	10	实测
楚玛尔河	35°20′	4 480～4 500	−6.2	−1.2	40	10	实测
五道梁	35°15′	4 610	−6.5	−1.4	36～60	12	实测
北麓河	34°27′	4 620	−6.6	0.0～−0.5	10～30	10～15	实测
风火山	34°20′	4 700～5 100	−6.6	−2.0～−4.0	60～120	10	实测
沱沱河	33°50′	4 500～4 700	−4.4	0.0～−1.0	数米～50	—	实测
开心岭	33°40′	4 800～5 000	—	—	25～75	—	估算
通天河	33°30′	4 500～4 600	−4.4	−0.5～−1.0	25	—	实测
布曲河谷地	33°10′	4 800	−4.1	0.0～−1.0	20	—	实测
温泉兵站	33°10′	4 800	−4.1	0.0 以上	—	—	温泉融区
唐古拉山	32°57′	4 900～6 300	−6.4	—	10～120	—	估算
土门格拉	32°47′	4 000	−5.6	−1.7	90	13～15	实测
唐泉沟	32°40′	5 000	—	—	120		青海水文地质一队
姚儿九	32°40′	4 800～5 000	—	−0.9	20～50	10	实测
113～115 道班	32°10′～32°30′	4 780～5 000	—	0.0～−1.0	1～50	—	中山岳陵河谷
118 道班	32°10′	4 780 以上	−5.5	0.0～−0.5	20	10	实测
安多谷地	32°10′	4 780 以上	−3.5	—	—	—	安多砂区
申克堡公山	32°	4 800 以上	−3.5	—	1～25	—	岛状多年冻土
两道河	31°20′	4 900	—	—	1～20	—	估算
四道梁	31°20′	4 900	—	—	1～20	—	估算
念青唐古拉山	31°00′	5 000	−4.3	−1.0～−2.0	20～50	—	估算
洛古河	53°20′	800	−5.0	−2.0	54		(冻土)
				−2.5	62.5		
西林吉	53°05′	670	−4.0	−1.3	46.5	14	哈林灾
林申	52°55′	707	—	−1.9	47.5	—	铁三院
朝晖	52°52′	728	−3.4	−1.1	40.5	13	铁三院
湛峰	52°25′	580	−2.7	−0.3	22.9	15.4	塔河资料
阿木尔	52°50′	747	−5.4	37 号−4.2	120	15	铁三院
				0 号−1.9	52.5	15	
				39 号−1.7	56.5	14	
				38 号−0.1	15.5	13	
				通地 2 号−1.0	39	14	
满归	52°02′	880	−4.8	CK_1−1.7	68.5	14	牙林院
				CK_1−0.9	32.5	10	
				CK_1−1.1	38.5	11	
				Ⅱ-ⅢCK_1−0.1	15.5	13	

续上表

地点	北纬	海拔(m)	年平均气温(℃)	年平均地温(℃)	多年冻土厚度(m)	年变化深度(m)	备注
翠玲2号隧道	51°40′	1 072	−4.6	−1.3	46.5	14	铁三院
索围	51°38′	816.5	−4.6	−2.9	72.5	—	铁三院
牛耳河	51°32′	988	—	−3.3	82.5	—	牙林院
春友	51°12′	729	—	−0.7	30.1	12.6	铁三院
得尔布尔	51°05′	1 123	−5.4	−1.1	41.5	14	铁三院
漠河	50°41′	930	−5.4	−1.27	31.75	—	铁三院
加格达奇	50°23′	382	−1.5	−0.1	16.5	14	铁三院
乌尔其汗	49°33′	700	—	−0.4	23	16	牙林院
牙克石	49°24′	667	−2.8	−0.2	20	15	牙林院
依图壁河	50°38′	991	−5.2	−0.8	33	13	牙林院

(2)洞口位置尽量避开冰锥、冰丘、厚层地下冰、多年冻土沼泽等不良地质地段，并应避免隧道纵向穿越厚层地下冰。

3.洞口工程

(1)多年冻土地区的隧道洞口工程，为了抑制冻胀、融沉而导致结构变形、破坏，一般情况下宜采用翼墙式洞门。

(2)当洞门地基为冻胀性或融沉性地层时，应将洞门基础底面置于冻结线以下0.25m，如基础过深应进行换填处理。

(3)应依据冻土结构情况及其物理力学性质确定边仰坡坡率。宜少刷山坡坡面，尽量减少对原地面的扰动和植被的破坏。其边仰坡的坡率按下列原则确定。

①不冻胀及弱冻胀的粗颗粒土及不冻胀的黏性土用1∶1；

②冻胀的粗颗粒土及弱冻胀的黏性土用1∶1.5；

③有潜水或透镜体夹冰层及冻胀的黏性土用1∶2～1∶3。

(4)当边、仰坡无地下水、厚层地下冰或冻胀土时，可按一般严寒地区隧道洞门设计。否则，可接长明洞或采取保温护坡，并在坡脚设支挡建筑等综合措施。边坡、仰坡防护措施及适用范围见表12-8-2。

边、仰坡防护措施及适用范围 表12-8-2

防护类型		边仰坡坡率	适用范围		
			$h<3$	$3\leqslant h\leqslant 6$	$h>6$
保温措施	单层草皮护坡	1∶1～1∶2	适用	适用	—
	多层草皮护坡	1∶0.75～1∶1.5	适用	适用	—
	黏性土护坡	同一般地区黏性土护坡	适用	适用	—
结构措施	挡墙	同一般地区	—	适用	适用
综合措施	护墙与挡墙	—	—	适用	适用

注：表中 h 为防护高度，单位m。

(5)当洞门端、翼墙背面有厚层地下冰或根据土体的含水率和土的结构情况会产生冻胀时，一般应挖除并以粉黏颗粒含量小于15%的粗颗粒土换填，如图12-8-4所示。换填厚必须满足保温要求或在墙背面设保温层，使土体保持永冻状态。对于厚层地下冰则应挖除换填，其换填厚度不应小于融化深度的2倍，如图12-8-5所示。

(6)洞门端墙、翼墙和洞口环节的支档构筑物，结构尺寸一般可采用非多年冻土地区的断面，强度和稳定性检算除按非多年冻土地区有关规定办理外，还应特别注意墙后土压力的实际作用情况。对于Ⅳ～Ⅵ级围岩，一般只计算季节融化层部分的土压力；对于Ⅰ～Ⅲ级围岩除考虑融化层部分的土压力外，尚应计算冻胀压力对结构强度和稳定性的影响。

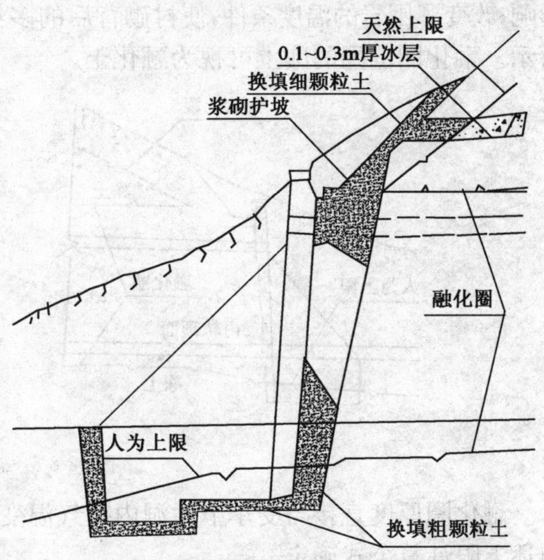

图12-8-4　洞口换填及季节融化最大深度示意图

(7)作用于多年冻土区洞门端墙、翼墙及洞口环节支挡构筑物上的力，有主动土压力、被动土压力、地震力、振动力及冻胀力和冻胀反力等，其中主要为主压力和水平冻胀力。水平冻胀力较土压力大，且两种力的作用是循环交替出现的。当墙背土冻结后，由于冻土的抗剪强度很大，而土压力相对减小，仅水平冻胀力作用于端墙或翼墙。但对少水松软地层，其冻土体融化后体积收缩，水平冻胀力相对减小，可视为仅有土压力作用于墙背。因此在设计多年冻土地区洞门或支档构筑物时，Ⅰ～Ⅲ级围岩可按水平冻胀力设计；Ⅳ～Ⅵ级围岩按松软土压力检算，并以水平冻胀张力进行验算核对。当墙背填土为不冻土或有相应的工程措施，可以保证填土不产生冻胀时，隧道洞门或洞口支档构筑物可不考虑水平冻胀力，而按一般土压力进行设计，其水平冻胀力值见表12-8-3。

水平冻胀力值　　表12-8-3

冻胀等级	不冻胀	弱冻胀	冻胀	强冻胀
冻胀系数(%)	<1	1～3.5	3.5～7	7～12
水平冻胀力(kPa)	50	100	150	250

(8)洞门端墙、翼墙宜采用C20混凝土整体灌注。只有当墙背岩层坚硬、整体性好、少水，且石料能就地取材时，可采用M10号水泥砂浆砌片石砌筑。

(9)洞口开挖后暴露时间不宜过久，应及时修筑洞门，并做好边、仰坡支档、防护，保温及防排水等工程措施，可用隔层封闭法或保温法来减弱或消除墙背回填土冻胀作用。一般采用聚苯乙烯硬质泡沫板或其他保温材料设置保温层。

保温材料厚度的确定见式(12-8-1)。

$$h_b = Kh_1 \tag{12-8-1}$$

式中：h_b——工程设计采用的保温层厚度(m)；

K——安全系数(端墙取1.5，翼墙取1.2)；

h_1——计算保温层厚度(m)，可用本节所列的上限计算公式进行计算。

4. 衬砌设计

1)融化圈

在多年冻土地层修建隧道后，由于受开挖爆破、人为活动、运营后热源散热及洞外气温的影响，改变了围岩的温度条件，使衬砌背后的多年冻土形成一个冻融交替的融化圈，如图 12-8-5 所示。融化圈范围的冻土可视为融化土。

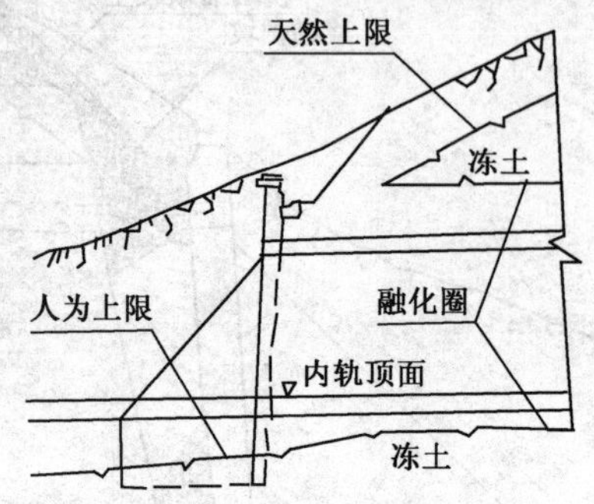

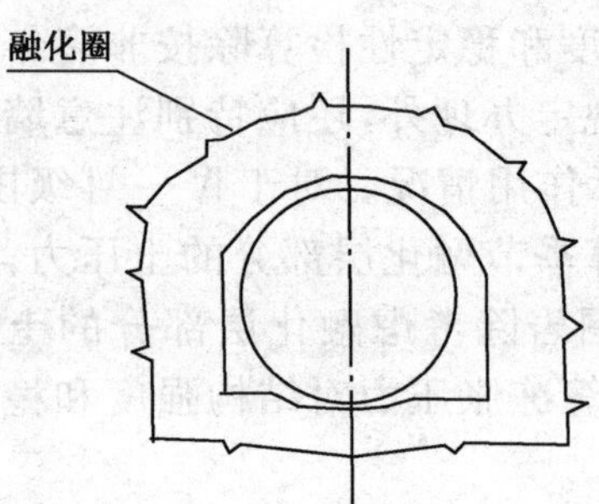

图 12-8-5　融化圈示意图

融化圈厚度直接与受季节性洞内外气温变化的影响有关，一般近似于上限深度，故可参考前述上限计算公式确定。

2)围岩压力

融化圈以外的圈岩由于是冻结坚固的整体，对衬砌产生的压力视围岩情况而异。Ⅳ～Ⅵ级围岩基本上不产生压力或压力很小；Ⅰ～Ⅲ级围岩对衬砌的约束强，冻结力不易释放。通过融化圈作用在支护结构上，故应适当考虑这种冻结力。在冻结时，融化圈也变为坚固整体状态，由液态水变为固态水，体积变大，产生较大的冻结膨胀力。在此种情况下，好的围岩弹性抗力大，故反冻胀力亦大，作用在衬砌上冻胀力也大；相反，差的围岩具有压缩性，不考虑其弹性抗力，对冻胀力有一定的释放作用，故作用在衬砌上的冻胀力也小；当融化时，其完整性和强度均有所减弱或降低，但减弱和降低的程度视围岩情况而定。好的围岩完整程度减弱较少，强度可不考虑降低，而Ⅳ～Ⅵ级围岩由于冻融引起完整程度减弱较大，强度比一般地区同类围岩有所降低。

3)隧道衬砌厚度的确定

Ⅳ～Ⅵ级围岩，考虑冻融作用使围岩强度降低和Ⅰ～Ⅲ级围岩冻胀力对衬砌压力的加大，可采用将围岩类别降级的办法确定隧道衬砌厚度。一般按下列原则考虑。

(1)干燥无水或少水的多年冻土地段，围岩类别可不考虑降级。

(2)含水率较大的多年冻土地段，围岩按降低一级来确定隧道衬砌断面厚度。

(3)洞口衬砌环节 10～20m 范围内的衬砌应予加强，必要时宜采用钢筋混凝土衬砌。

4)衬砌结构形式及圬工标准

(1)多年冻土地区隧道不应采用无衬砌、锚喷衬砌及半衬砌断面。

(2)衬砌结构采用混凝土(或钢筋混凝土)带仰拱曲边墙封闭式整体衬砌。除确系干燥无水的个别地段外，尽量避免用石料或砌块衬砌，以增强衬砌的整体性，防止冻胀、融沉及渗漏。

(3)隧道衬砌用混凝土及钢筋混凝土，强度等级不低于 C20，所用水泥强度等级不应低于 C42.5。对建筑材料的要求，参照表 12-8-4 选用。

建筑材料　表 12-8-4

工程部位	圬工规格	附　注
拱　圈	C20 混凝土	—
边　墙	C20 混凝土	—
仰　拱	C20 混凝土	—
铺底填充	C15 混凝土	—
洞　门	C20 混凝土	—
泄水洞	C20 混凝土	—
附属工程	M10 号水泥砂浆砌片石，有冻胀者用干砌片石	包括护坡、洞外侧沟、天沟等

5)设计中应注意的几个问题

(1)设计隧道时，应尽量避免洞身沿冻土裂缝纵向设置，并避免将洞身置于厚层地下冰之中。

(2)隧道洞身在多年冻土下限以下通过时，拱顶外缘至冻土下限距离大于 2m，则可不考虑多年冻土的影响，按严寒地区隧道处理。

(3)当隧道洞身在Ⅳ～Ⅵ级围岩中通过冻融交界处时，衬砌应加强。加强长度视冻融影响范围而定。

(4)隧道洞身通过多年冻土上限、下限或地质变化处，为防止衬砌因围岩冻融及混凝土收缩而导致衬砌开裂，应按隧道 20～30m 设伸缩缝或沉降缝一道，并采用橡胶止水带防水。伸缩缝、沉降缝不宜设置于裂隙水较大或设有竖向盲沟处。

(5)当隧道洞身位于冻胀土或其他软弱层时，衬砌边墙及仰拱铺底应作如下处理。

①洞身位于多年冻土层内时，基底铺设 0.3m 厚的泡沫混凝土垫层；

②洞身位于季节融化层时，衬砌周边及基底可参照洞门处理办法办理。

(6)隧道通过冻胀性较大的围岩时，隧道设计断面尺寸除满足净空要求外，应预留适当的冻胀变形量。预留变形量应根据围岩条件、冻胀力的大小、支护刚度和施工方法、建筑材料等确定。

(7)隧道衬砌都应采用混凝土(或钢筋混凝土)曲墙带仰拱封闭式整体衬砌，以增强衬砌的整体性，防止冻胀、融沉及渗漏。衬砌设计时应考虑修建隧道引起的隧道围岩温度条件的改变，使得衬砌背后围岩融化圈引起衬砌的压力改变。对干燥无水或少水的多年冻土地段，衬砌设计可按严寒地区设计，含水率较大的多年冻土地段，按照围岩降一级来确定衬砌断面厚度，洞口 10～20m 段衬砌应加强，必要时采用钢筋混凝土衬砌。

6)隧道衬砌保温层

(1)隧道衬砌设置保温层的目的是防止混凝土因冻融而劣化，防止衬砌背后围岩的冻胀压力造成隧道变异，在一定程度上能缓解和消除衬砌的冻胀压力。隔热层材料应选用弹性材料(具备弹性和交变荷载下的抗疲劳强度特性)。

(2)设置隔热层常用的方法是隔热法，隔热法是在衬砌表面或初期支护与二次衬砌之间设置隔热材料，使围岩的热量在冬季不逸出隧道衬砌，并保持隔热材料的表面在冰点以上，从而防止冻害的发生。根据不同的冻害程度和工程条件，该方法可分为 U 形沟槽插入隔热材料法、表面隔热处理法及复合式衬砌隔热处理法。

①U 形沟槽法

适用于发生线状漏水、寒冷程度较小的既有隧道。在接缝、开裂等漏水、冻结处挖 U 形沟槽，插入隔热材料或张挂在衬砌表面，防止冻结，形成线状导水管道。

②表面隔热处理法

表面隔热处理法是在衬砌表面设置隔热材料。此法在既有隧道冻害处理中比较常用。表面隔热处理法的一般构成由防止漏水的导水层、隔热层及防止火灾的防火层等三层构成。隔热材料多采用泡沫聚氯乙烯和泡沫聚氯苯系、泡沫尿烷等。

③复合式衬砌隔热处理法

复合式隔热处理法是防止新建隧道发生冻害的一种方法，即在喷射混凝土表面铺设防水板后，再喷射泡沫尿烷类隔热材料，然后再修筑二次衬砌。与隔热法处理相比，复合式衬砌隔热处理法的隔热层设在初期支护和二次衬砌之间，其厚度薄，效果比较可靠，耐久性好。故在冻胀力大，材料易于劣化的场合比较适合。

5. 隧道防排水措施

多年冻土地区隧道防排水措施应根据地形、水文地质、地温、气温等条件确定。要求设计达到防水可靠、经济合理的目的。

1)洞外防排水

(1)洞口边、仰坡顶外 5～10m 应做好地表排水系统，防止地表水冲刷边仰坡或渗入构筑物背面而增加冻胀力。

(2)截水沟的沟底及边坡应铺设黏土垫层，并用 M10 号水泥砂浆砌片石铺砌；当边、仰坡具有一定的融沉或冻胀时，应以干砌片石或单层、多层草皮进行防护。

(3)出洞口为上坡时，对应设横向截水盲沟，以防路堑水流入洞内。

(4)洞外排水设施应考虑一定的抗冻能力，隧道洞口防排水系统应与路堑防排水系统相互配合，统筹考虑。

(5)当隧道穿越通过地表为沟谷、坑洼、热融，且其底部至洞顶外缘厚度小于季节融化最大深度时，应作地表疏导、换填、整铺砌等工程，防止地表由于渗漏、冻胀、融沉等对衬砌产生的影响。

2)洞内防排水

(1)洞内防水，主要是提高衬砌混凝土的抗渗等级，提高混凝土的密实度，使衬砌满足抗渗等级不低于 0.8MPa 的要求，并应对施工缝隙进行防水处理，以提高衬砌的整体防水性能。

(2)洞内排水，关键是充分利用自然或人为热源，使衬砌背后在任何季节都能保持液态水通畅排出。自然或人为热源形态系指气热、电热、水热、隔热(保温)等。

①气热：在严寒季节通过排水沟预铺管路送入锅炉热气，使水处于正温流畅排出；或在夏季利用封闭水沟鼓入自然热风预热，使之在严寒季节时，不致降至负温而阻塞；

②电热：在水沟内设置电力加热器或加热电缆进行加热，使水处于正温排出；

③水热：利用人工热或地热自然水泵入洞内水沟，与水沟的水混合，使水沟的水处于正温排出。

④隔热(保温)：利用隧道洞口的防寒门进行隔热保温，不致使洞内出现冻害；利用新型高效保温材料，如硬质泡沫塑料、泡沫玻璃和陶土等或在衬砌表面喷涂保温材料，进行衬砌保温；或利用衬砌背后竖向冒沟、双侧深水沟、中心深埋水沟或泄水洞等，利用地温进行保温，保证水

流畅通，以防冻害。

(3)洞内防寒的排水设施，可选用泄水洞，中心深埋水沟、防寒保温水沟、采暖水沟及防寒门等，并应考虑新材料、新工艺的使用。采用何种具体的排水形式，应根据具体条件综合分析确定，以达到安全可靠、经济合理的目的，从而保证运营安全。

(4)排水形式的选择

①排水形式应根据具体条件综合分析确定，以达到安全可靠、经济合理的目的。为保证运营安全，防寒门在一般情况下较少采用；泄水洞施工困难、造价高，只有在地下水较大的情况下采用；中心深埋水沟，施工困难，有时会影响衬砌结构的稳定，所以只有在Ⅰ～Ⅲ级围岩冻结深度不超过3m的情况下采用；防寒或采暖式水沟，从东北和西北多年冻土地区使用排水沟的效果看，施工方便，造价也低，应优先采用；

②对于电力加热器或加热电缆，根据工程地质和水文地质条件，对于地温、洞内外气温和水温三者的关系，应通过试验分析，以确定合理的通电和停电控制时间，既要防止冻结又要节约能源。

6. 建筑材料及施工注意事项

1)建筑材料要求

明洞与隧道建筑材料圬工规格相同，明洞防水应广泛采用沥青油毡外贴式防水层，有条件时应尽量采用774号乳化沥青玻璃毡片、氯化聚乙烯防水卷材、JM-881防水涂料等新型材料。

2)施工注意事项

(1)多年冻土地区隧道施工，开挖暴露时间切忌过长，以免冻土融化造成施工困难。

(2)开挖后应立即支撑，以防冻土热融后变软、剥落、滑塌而影响施工安全。

(3)在多年冻土中开挖隧道，其耗药量要比一般地区大，温度越低耗药量越大，故在提供材料用量及做概算时应予考虑。

(4)衬砌施工必须重视混凝土质量，应严格按季节低温早强混凝土施工要求办理，水和集料均需加热，并注意混凝土的养护，以确保施工质量。

(5)掺外加剂防水混凝土，需要在较高气温和湿度条件下养护，尤其在冬季施工，一定要有保温和升温措施。

第九节　放射性地层隧道设计

一、概述

1. 放射性地层的定义

放射性地层是指地层围岩中含有能自发地发射粒子或电磁波的放射性核素，对人体健康能产生辐射影响的地层。放射性地层围岩一般有大理岩、花岗岩、石灰岩和板岩等。

2. 放射性地层的标准

依据《电离辐射防护与辐射源的安全基本标准》(GB 1887—2002)与《铀矿地质放射性防护和环境保护规程》(EJ 271—84)及有关标准中对电离辐射的剂量当量极限和限制剂量当量的要求，从事放射性工作人员和公众剂量限制值见表12-9-1。

放射性工作人员和公众量剂限制值 表 12-9-1

职业性放射性工作人员的年限制剂量当量极限		放射性工作场所相邻地区工作人员和居民的年限制剂量当量		广大居民的年限制剂量当量	
Sv	rem	Sv	rem	Sv	rem
0.050	5.0	0.005 0	0.50	0.000 5	0.05
0.3	30.0	0.030	3.0	0.010	1.0
0.75	75.0	0.075	7.50	0.025	2.50
0.150	15.0	0.015 0	1.50	0.005 0	0.50

上表表明，如果隧址区环境放射性辐射检测结果表明，地层辐射有效剂量当量小于 0.000 5Sv 时，表明适宜修建隧道，反之，如果有效剂量大于 7.5*Sv* 时，则表明不适宜修建隧道。如果要修建，则应进行放射性辐射的防护专项设计，并作技术经济性论证。

3. 放射性地层的路线选择

对于放射性地质区，线路一般均以绕避为原则。但因方案比选受诸多因素的制约，不能绕避且必须通过，而又能运用技术手段采取合理防护并不需付出昂贵代价和不致使施工、运营管理条件严重恶化时，可以在放射性地质区选择适当位置通过。尤其是隧道方案通过放射性地质区时，应充分发挥和利用隧道路线方案的优点，趋利避害。

4. 放射性地质区对隧道工程建设的影响

(1)放射性地质区对隧道工程建设的影响一方面是围岩的稳定性，另一方面是放射性物质(即放射源)产生辐射照射作用，造成隧道环境污染，对个人、公众带来一定程度的危害。

(2)自然界的岩石中都含有一定数量的天然放射性元素。如花岗岩中铀 U、钍 Tn 的含量均较高，分别为 $3.5\times10^{-4}\%$，$3.5\times10^{-4}\%$。这些放射性元素聚集达到一定的含量(一般大于 0.1%)时，则成为矿点或矿床。由于放射性核素的衰变，它们不断放出氡气，在岩体的断裂构造和空洞中贮存，一部分释入大气。流经这些岩体的地下水、地表水也会携带有铀、镭、氡，其异常值比正常水要高出许多倍，含量从数 Bq/L(贝可/升)变至几万 Bq/L，为含放射性元素异常水。放射性物质的重要特点之一是不断地放出射线，产生辐射照射。放射线照射人体，使人体受到放射剂量。当人体接受的放射剂量超过一定值时，人体会受到损伤。它的危害程度与放射性质、强度、距离和人体吸收辐射率、受照时间直接有关。

(3)在放射性地质区，放射源在原地产生的辐射照射，使隧道周围形成辐射照射区。如果辐射照射剂量超过规定标准，将直接影响到施工和运营管理的安全，影响建设者和管理者的身心健康。另一方面，隧道施工将含放射性元素的“三废”(废渣、废气、废水)迁移、运送和排放到隧道工程以外的地区、水域，将会造成人为的放射性异常区，公众环境受到不同程度的污染。

(4)放射性地层对隧道工程施工的危害主要表现在以下几个方面：

①工程开挖将原埋藏在地下的具有放射性的地下放射源暴露出来，有可能对隧址区原有的环境造成放射性污染；

②在工程开挖过程中，由于隧道围岩具有放射性，可能使洞内施工人员接受超剂量的放射性照射，对他们的健康造成影响；

③隧道运营过程中，经过隧道内的人员和隧道内的检修人员可能遭受放射性的照射，对人员健康造成影响；

④洞内附属机电设施遭受放射性辐射的照射，污染了隧道内的地下水和空气。

二、隧道工程地质工作重点

1. 区域地质资料的收集与分析

在分析资料基础上，要充分认识放射性地质区的复杂性和放射源存在的规律性。岩浆岩中放射性元素的含量比沉积岩高，其中酸性岩放射性元素含量最高，其次是中、基性岩，超基性岩放射性原素含量最低。沉积岩中放射性元素含量很不一致；变质岩的放射性元素含量与原来的物质有关。同一种类型的岩石，年代越远，放射性元素含量越高。

2. 勘测

(1)根据放射性地质区的复杂性和放射源存在的规律性，按影响程度划分出各等级区段，圈定影响范围。

(2)隧址区环境放射性的检测内容主要包括隧道洞室围岩以及建筑材料(主要为砂、砾石、碎石等混凝土集料)的辐射水平，以及含放射性元素的料场，除测量围岩本身的放射性辐射水平外，应注意能否在隧道修建、隧道弃渣以及排水中造成放射性污染。

(3)隧址区环境放射性辐射检测成果应根据区域地质情况说明一般辐射水平、异常和出露范围以及与岩性、地质构造的关系。由地面伽玛测量、射气测量、岩芯测量等分析放射性辐射在垂直地面深度方向上的变化，有无隐伏的辐射场源存在，是否会逸散到地面造成环境放射性污染。

(4)放射性水平预评价的工作程度根据地质勘查工作的不同阶段和围岩 γ 照射量率的强弱不同而异。初步评价采用岩石 γ 编录方法在隧道基岩露头上测定并导出岩石 γ 照射量率，对隧道围岩的放射性水平作出初步评价。如露头基岩 γ 照射量率接近或超过 $5.2\times10^{-3}\mu C/(kg\cdot h)$ 时，应做地面 γ 能潜测量和 γ 能谱测井，以测定隧道围岩的放射性比活度，对整个隧址区的放射性水平作出评价。

三、放射性地层隧道设计

1. 隧道设计的一般原则

(1)在隧道选线过程中，应借助区域地质资料和环境放射性辐射水平评价结果，合理选择隧道位置，尽可能将隧道布置在非放射性地层或放射性辐射剂量小于规定剂量限值的地层中。

如某隧道在放射性地质区内选择从两矿点之间下方通过，在水平和垂直方向上距矿点边缘 100～120m，矿点对隧道产生的辐射照射强度年有效剂量当量减小到 0.06Sv。

(2)如果路线无法避开放射性辐射剂量大于规定剂量限值的地层，应比较根据国家和行业标准做出的辐射防护设施增加费用和路线改线增加费用，其中还应包括具有放射性辐射的隧道弃渣防护处理、隧道内地下水污染等处理费用，最后确定最经济合理的隧道方案。

(3)对于在放射性辐射剂量大于规定剂量限值的地层中设计的隧道，隧道附属机电除照明灯具、通风风机和必须置于洞内的监控设施外，其他设施应尽量布置在隧道洞外，例如变压器、电气控制柜等，以免长时间接收辐射照射。

(4)隧道竣工后，应对洞内放射性辐射水平作一次检测，防止对人体健康的影响，并应建立长久有效的监测机制，对隧道内放射性辐射水平跟踪监测。

2. 隧道辐射防护设计

1)工程防辐射设计

(1)结构防护设计

根据评估可能产生辐射照射的强度、能量,结合工程防护等级,合理选择某种吸收物质作为防护材料,并计算出所需厚度,作为隧道支护和衬砌的设计依据。如某隧道在含放射性矿地段,为了防氧和屏蔽放射性,采用防渗砖为主的综合防护层,并采用铺设无纺布、PE 防水、缝设 BW 止水条、不设泄水孔、全封闭断面等措施。使地下水不进入正洞而从导洞排至洞外集中处理,同时要求喷射、模注混凝土的密实度必须达到设计要求。洞内永久排水沟采用密闭盖板式,防止水中的氧气逸出。

(2)施工防护设计

为了控制和改善施工场地及其对场地以外影响范围内的辐射环境,要按照放射性隧道进行施工管理,主要加强施工通风、洒水、防排水以及对“三废”处理和施工监测方面的设计。施工通风洒水目的是降低氧气含量,降低含放射性元素的粉尘。通风设计指标要求空气中氧浓度小于 3.7Bq/L,粉尘浓度小于 2mg/m^3。

(3)含放射性物质的“三废”处理

含放射性物质废气排放点应远离生活区和居民区,废水排放前需检测。若放射性元素含量不超过露天水源的限值 5×10^5g/L 时,可随非放射性废水一起处理;若含量超过露天水源的限值,必须进行专门处理后才能排放。含放射性元素的废渣,均不得用作路面及其他建筑材料,严格按含量等级作专门处理。弃渣物选择必须在远离水源地的偏僻山沟。为防止冲沟水流入弃渣场,应在渣场四周设排水沟,竣工后覆土 25cm 以上,夯实,自成封闭体系。施工开挖中毛洞壁仍残留零星的、鸡窝状的矿石时,应全部剔除后,以素混凝土充填捣实,及时喷射混凝土。放射性监测必须跟班对围岩编录监制,分段随编 r 曲线,氡、粉尘含量浓度曲线,定点取样作水质分析。

(4)运营防护设计

改善运营条件,以减少对个人和公众的辐射照射。运营期间辐射照射主要是考虑洞壁还有可能析出一部分氡气,污染空气而产生吸入内照射。为此,在洞壁上喷涂防氡涂料,抑制氡气释出,进一步减少洞内氡气含量;根据运营状况设置机械式通风;适当限制和减少人员入洞的次数和缩短洞内滞留时间。

2)人员辐射防护

按国家规定受照时,照射剂量不能超过给定的限值:对职业受照人员为 50mSv/年,对公众为 1mSv/年。在放射性地质区隧道施工和运营管理中,要尽量避免放射性照射影响,因此在工程辐射防护设计的基础上,要加强做好人员辐射防护。

3)实例

某隧道路线系紧坡越岭地段,地处一个含放射性矿点的大型复式花岗岩体,为了充分发挥和利用 I 方案的优点,给沿线贫困地区带来更大的社会效益和经济效益,通过大量的勘测,反复比较,最后确定隧道路线选择从放射性矿点之间的“夹缝”下方穿越 XX 山。经过优化的辐射防护设计和严密的施工管理,隧道已于 1995 年 5 月安全竣工。隧道放射性监测的结果如下。

(1)隧道施工中没有碰到有价值或对安全防护有重大影响的矿体,只是遇到少量局部异常点和零星的矿化点。

(2)因其他原因(停电、检修风机未开等)影响施工通风时,隧道内氮、氡气体含量出现超标,粉尘的平均浓度为 3.13mg/m³。但由于监测人员及时报告,施工单位采取积极的防护补救措施,超标时间是短暂的,不会对施工人员造成严重的影响。隧道贯通后形成自然通风,氡的浓度大大降低。沿隧道中线按 100m 点距测得氡浓度变化曲线中,氧浓度最大值小于0.25Bq/L。

(3)隧道中铀的平均含量为 0.904Bq/L,镭的平均含量为 0.169Bq/L,均低于露天第一居民取样点的含量标准(铀 1.27Bq/L,镭 1.21Bq/L),不需要进行废水处理。废水流出洞口汇入小溪将进一步稀释,不会对环境造成大的污染。

第十三章　隧道抗震设计

第一节　概　述

一、地震对隧道的影响

隧道与地下结构一直被认为是抗震功能比较优越的建筑物。与地面结构相比，地下结构的抗震性能要强一些，且其抗震能力随埋深的增加而有所增加，地震的破坏作用自地表深入地下而迅速减弱，因此，地震一般对深埋隧道影响较小，而对浅埋隧道、偏压隧道、明洞及洞门等的影响较大。在地形、地质条件不利的地段，当发生强烈地震时，常由于滑坡复活、新滑坡产生、陡崖崩塌、地表开裂、断层位移等造成洞口堵塞、洞门开裂、衬砌变形等不同程度的破坏。例如1923年日本东京8.3级地震，附近有25座隧道因震动受到破坏，其中Komine隧道（钢筋混凝土衬砌，埋深1.5～61m）完全破坏，钢筋混凝土歪斜、撕裂，洞顶坍塌，成段开裂；米神深2号隧道（石砌、埋深29m），洞口外崩土所封住，洞内圬工变形；1935年我国台湾省新竹7级地震，内埔庄8号隧道（青砖衬砌）北洞口洞门开裂，衬砌开裂掉块，边坡坍塌。再如美国加利福尼亚州南太平洋铁路3～6号隧道，其洞身均穿越活动断裂带，1952年克恩郡地震时，在地层裂缝处洞身发生错移；1970年我国滇南7.8级地震，其中位于7度地震区的大田山2号隧道（块石衬砌，黏砂土地层）进口边墙发现水平裂纹；1995年阪神7.2级地震，地铁车站首次受到严重破坏，山岭隧道震害相对较轻；2008年我国汶川8级地震，震中区隧道普遍受损严重，并且首次出现了深埋山岭隧道受到严重破坏的情况，龙溪隧道洞内二次衬砌大面积垮塌，部分地段洞室整体坍塌，颠覆了以往对于“埋深300m以上未见有隧道受到严重破坏的实例”的认识。

为此，在隧道和洞口位置选择及具体设计时，应考虑地震烈度、地形和地质条件，特别是陡峻地形和不良地质对隧道的影响，在高烈度地震区尤其是震中区还应考虑竖向地震作用对隧道的影响。

二、隧道震害类型

按震害发生的位置可以将隧道震害分为洞口震害、洞门墙与明洞震害、洞身震害三大类。

(1)洞口震害

边仰破垮塌、山体崩塌掩埋洞口是洞口震害的主要表现形式之一，这类震害多发生在地形陡峻的硬质岩地区。国道213线映秀至汶川段共有8座隧道，地层岩性均为花岗岩，在汶川地震中有5座隧道洞口被崩塌体掩埋。另外，在软质岩及堆积层地段，滑坡滑动导致洞口错动也是洞口震害的主要形式。图13-1-1为毛家湾隧道出口被崩塌体掩埋的情景。

(2)洞门墙与明洞震害

根据震害调查资料，洞门墙发生整体倾覆、滑动的并不多，震害主要表现为墙身开裂和被崩塌体砸坏，部分隧道有墙体断裂的情况。图 13-1-2 为桃关隧道映秀端洞门墙断裂的情景。图 13-1-3 为草坡隧道汶川端洞门墙被砸坏的情景。

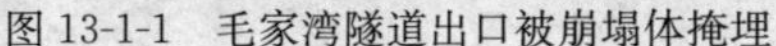

图 13-1-1　毛家湾隧道出口被崩塌体掩埋

图 13-1-2　桃关隧道映秀端洞门墙断裂

目前修建的明洞多为钢筋混凝土结构，衬砌结构开裂是明洞震害的主要形式。另外，也有因覆土厚度不够被落石砸穿的情况。图 13-1-4 为耿达隧道映秀端明洞被落石砸穿的情景。

图 13-1-3　草坡隧道汶川端洞门墙被砸坏

图 13-1-4　耿达隧道映秀端明洞被落石砸穿

(3)洞身震害

隧道洞身震害根据发生部位的不同，主要可分为拱墙震害与仰拱震害，其中拱墙震害根据震害的严重程度和表现形式又可分为洞室整体坍塌、二次衬砌大面积垮塌、二次衬砌局部垮塌与掉块、二次衬砌错台、二次衬砌剥落与开裂、施工缝开裂等，仰拱震害主要表现为仰拱隆起。

隧道洞身震害按成因可分为地震引起的震动破坏与断层活动造成的错动破坏，其中前者又可分为围岩强制变形引起的破坏和惯性力作用引起的破坏，后者可分为活动断层错动破坏和断层带破碎岩体在地震作用下发生塌落松动和涌水等。

需要特别指出的是，在震中附近高烈度（9 度以上）地震区，竖向地震作用十分明显，仰拱隆起成为隧道震害的主要表现形式之一。例如在汶川地震中，靠近映秀的龙溪与紫坪铺隧道，仰拱隆起段落占隧道长度的 50%以上，最大隆起幅度达 80cm 以上。图 13-1-5～图 13-1-10 为洞身各种震害的情况。

图 13-1-5　洞室整体坍塌

图 13-1-6　二次衬砌大面积垮塌

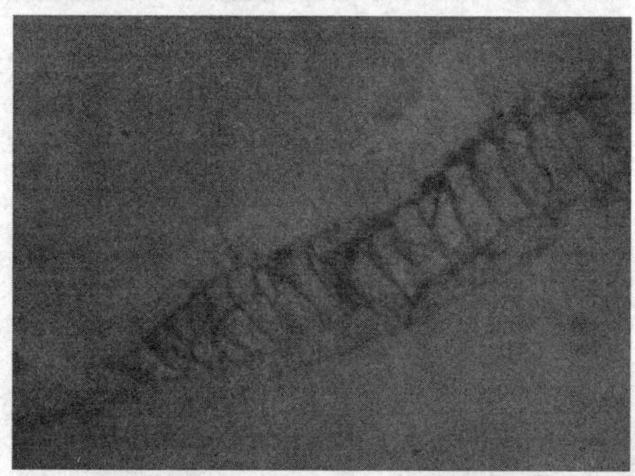

图 13-1-7　二次衬砌剥落、钢筋压曲外露

图 13-1-8　二次衬砌网状开裂

图 13-1-9　二次衬砌错台

图 13-1-10　仰拱隆起

三、地震动参数与地震烈度

1. 地震动参数

《中国地震动参数区划图》(GB 18306—2001)有两个独立的参数，即地震动峰值加速度 a

和反应谱特征周期 T_g。采用的概率水平为 50 年超越概率 10%，采用的比例为 1∶400 万，主要内容可概况为两图一表。

(1)Ⅱ类场地 50 年超越概率为 10%的峰值加速度分区图，分区值为＜0.05g、0.05g、0.10g、0.15g、0.20g、0.30g、＞0.40g。

(2)Ⅱ类场地阻尼比为 0.05 的加速度反应谱特征周期 T_g 分区图，其分区值取为 0.35s、0.40s 和 0.45s 三档。

(3)表 13-1-1 即为地震动反应谱特征周期调整表。

中国地震动反应谱特征周期调整表(单位：s)　　表 13-1-1

特征周期分区	场地类型划分			
	坚硬	中硬	中软	软弱
Ⅰ区	0.25	0.35	0.45	0.65
Ⅱ区	0.30	0.40	0.55	0.75
Ⅲ区	0.35	0.45	0.65	0.90

2. 地震烈度

地震基本烈度：根据《中国地震烈度区划图》(1990 年)，地震基本烈度指在 50 年期限内，一般场地土条件下，可能遭遇超越概率为 10%的烈度值。

抗震设防烈度：按国家规定的权限批准作为一个地区抗震设防依据的地震烈度，一般情况下，可采用中国地震烈度区划图中的地震基本烈度(或与地震动峰值加速度值对应的烈度值)，对已编制抗震设防区划的城市，可按批准的抗震设防烈度或设计地震动参数进行抗震设防。

3. 地震动参数与地震烈度的关系

与《中国地震烈度区划图》(1990 年)相比，《中国地震动参数区划图》(2001 年)所采用的参数，从古老的、宏观定性的、非物理量的地震烈度，过渡到直接以地震地参数表示的、可以直接为工程抗震设计规范所使用的、可以定量的物理量，克服了我国上一代地震区划图不能反映地震大小、远近对反应谱形状影响的缺点，地震区划图的参数从单一独立的地震烈度改变为两个相互独立的地震动参数。

根据《中国地震动参数区划图》(2001 年)附录 D，现行有关技术标准中涉及地震基本烈度概念的，应逐步修正。在技术标准尚未修订之前，可以参照下述方法确定。

(1)抗震设计验算直接采用本标准提供的地震动参数。

(2)当涉及地基处理、构造措施或其他防震减灾措施时，地震基本烈度数值可由本标准查取地震动峰值加速度，按表 13-1-2 确定。

地震动峰值加速度分区与地震基本烈度对照表　　表 13-1-2

地震基本烈度(度)	7		8		9
地震动峰值加速度(g)	0.10	0.15	0.20	0.30	0.40

四、隧址选择

(1)公路隧道宜绕避抗震危险与不利地段，选择在有利地段通过。当隧道设置在抗震危险与不利地段时，应采取抗震构造措施。不同抗震地段的划分见表 13-1-3。

抗震有利、不利和危险地段的划分　　表 13-1-3

地段类别	地质、地形、地貌
有利地段	无晚更新世以来的活动断裂，地质构造相对稳定，地基为比较完整的岩体、坚硬土或开阔平坦密实的中硬土等
不利地段	软弱黏性土层、液化土层和土层严重不均匀的地段；地形陡峻、孤突、岩土松散、破碎的地段；地下水位埋藏较浅、地表排水条件不良的地段等
危险地段	地震时可能发生滑坡、崩塌地段；地震时可能塌陷、溶洞等岩溶地段和已采空的矿穴地段；河床内基岩具有倾向河槽的构造软弱面被深切河槽所切割的地段；发震断裂，地震时可能坍塌而中断交通的各种地段

(2)隧道设在傍山地段时，应适当内移；隧道洞口不应设在地震时易产生崩塌、滑坡、错落等地质不良地段。

(3)场地内存在发震断裂时，应对断裂的工程影响进行评价，并应符合下列要求：

①当符合下列条件之一时，可不考虑发震断裂错动对隧道的影响：

a. 抗震设防烈度小于 8 度；

b. 非全新世活动断裂；

c. 抗震设防烈度为 8 度和 9 度时，隧道底部前第四纪基岩隐伏断裂的土层覆盖厚度分别大于 60m 和 90m。

②当不能满足上述条件时，宜采取下列措施：

a. 隧道应避开主断裂，抗震设防烈度为 8 度和 9 度地区，其避开主断裂的距离分别不宜小于 300m 和 500m；

b. 当隧道直接穿越发震断裂带时，宜布设在破碎带较窄的部位，且应对断裂带的发震烈度及错动速率等方面进行专题论证，然后在隧道设计过程中采取应对措施。

(4)当隧道平行于活动性断裂布置时，宜布设在断裂带的下盘内。

第二节　一 般 规 定

一、抗震设计原则

公路隧道抗震设计应按照概念设计、计算设计与构造设计的步骤进行，由于地下结构抗震理论的不完善性以及地震荷载的不确定性，概念设计对于隧道抗震设计显得尤为重要，良好的概念设计是抗震设计成功的前提和保证。

根据《公路工程技术标准》(JTG B01—2003)，抗震设计应符合以下规定：

(1)地震动峰值加速度系数小于或等于 0.05 地区的公路工程，除有特殊要求外，可采用简易设防。

(2)地震动峰值加速度系数在 0.10、0.15、0.20、0.30 地区的公路工程，应进行抗震设计。

(3)地震动峰值加速度系数大于或等于 0.40 地区的公路工程，应进行专门的抗震研究和设计。

(4)做过地震小区划地区的公路工程，应按主管部门审批的地震动参数进行抗震设计。

二、抗震设防目标

抗震设防目标的制定要以现有的经济条件和科学水平为前提，即以一定的经济投入取得必要的抗震安全度，同时还要考虑所采用的设计理论或方法实现这种目标的能力。

1. 公路隧道抗震设防目标

根据公路工程抗震设计规范，在发生相当于《中国地震动参数区划图》上规定的地震动峰值加速度(或相应的基本烈度地震)影响时：

(1)位于抗震有利地段的高速公路、一级公路及干线二、三级公路隧道工程，经一般整修即可正常使用；位于抗震不利地段的，经短期抢修即可恢复使用；位于抗震危险地段的，隧道不发生严重破坏。

(2)位于抗震有利地段的非干线二、三级公路、四级公路隧道工程，经短期抢修即可恢复使用，位于抗震不利地段的，隧道不发生严重破坏。

以上目标是根据我国当前的经济实力和技术上的可行性，在抗震设计理论和震害实际调查的基础上提出来的。目前，地下工程的抗震设计理论还比较落后，隧道的抗震设计以静力法为主，地震作用根据结构物的重要性采用重要性系数进行修正。

2. 建筑抗震设防目标

根据《建筑抗震设计规范》(GB 50011—2001)，设防目标为：当遭受低于本地区抗震设防烈度的多遇地震影响时，一般不受损坏或不需修理可继续使用；当遭受相当于本地区抗震设防烈度的地震影响时，可能损坏，经一般修理或不需修理仍可继续使用；当遭受高于本地区抗震设防烈度预估的罕遇地震影响时，不致倒塌或发生危及生命的严重破坏，简称“小震不坏、中震可修、大震不倒”。

为实现上述3个水准的设防要求，建筑抗震采用两阶段设计。第一阶段是强度验算，取第一水准(小震)的地震动参数进行弹性结构分析，这样既满足了在第一水准下具有必要的承载力可靠度，又满足第二设防水准的损坏可修的目标。第二阶段是弹塑性变形验算，通过相应的构造措施，实现第三水准的设防要求。

三、抗震设防标准

抗震设防标准是衡量抗震设防要求的尺度，由抗震设防烈度和公路工程结构物使用功能的重要性确定，包含地震作用和抗震措施两方面的内容。

1. 地震作用

隧道的地震作用一般可采用静力法计算，高烈度及重点隧道可采用动力法核算。验算隧道结构的抗震强度和稳定性时，地震荷载应只与结构重力和土的重力组合。

(1)地震系数

验算隧道结构地震作用时，水平地震系数 K_h 应按表13-2-1采用，竖向地震系数 K_v 取 $0.5K_h$ 值。

表13-2-1中水平地震系数为地表值，主要适用于浅埋段，对深埋隧道不适用。

水平地震系数 表 13-2-1

抗震设防烈度(度)	7		8		9
地震动峰值加速度(g)	0.10	0.15	0.20	0.30	0.40
水平地震系数 K_h	0.10	0.15	0.20	0.30	0.40

根据震害调查结果,除震中等极高烈度区外,竖向地震作用对公路隧道结构的影响较小。因此,一般情况下在验算隧道结构的地震作用时可不考虑竖向地震作用,但在高烈度区(9 度及以上)尤其是大跨或棚洞结构应考虑竖向地震作用。

(2)重要性修正系数

对隧道结构的地震作用,应根据路线等级及修复(抢修)的难易程度,按不低于表 13-2-2 的规定进行修正。

重要性修正系数 C_i 表 13-2-2

路线等级	重要性修正系数
高速公路、一级公路、干线二级公路及生命线工程	1.3
非干线二级公路、干线三级公路	1.0
非干线三级公路、四级公路	0.8

2. 抗震措施

隧道结构一般应按设防烈度采取抗震措施。对于高速公路和一级公路上的隧道工程,可比设防烈度提高一度采取抗震措施,但设防烈度为 9 度的地区,提高一度的抗震措施应专门研究。

四、结构强度及稳定性验算规定

(1)对于隧道衬砌结构,应根据结构设计安全等级以及抗震设防烈度确定是否对结构强度及整体稳定性进行验算分析,一般情况下可参照表 13-2-3 执行。

隧道衬砌抗震强度和稳定性验算建议表 表 13-2-3

结构安全等级	结构条件	抗震设防烈度(度)		
		7	8	9
一级	浅埋偏压Ⅲ~Ⅳ级	●	★	★
	Ⅴ~Ⅵ级	●	★	★
二级	浅埋偏压Ⅲ~Ⅳ级	—	●	★
	Ⅴ~Ⅵ级	—	★	★
三级	浅埋偏压Ⅲ~Ⅳ级	—	—	●
	Ⅴ~Ⅵ级	—	—	★

注:1. ★表示一般情况下应进行验算,●表示动参数取高值或为大跨度隧道时应进行验算。

2. 当为大跨度或超大跨度隧道时,应适当扩大验算范围。

3. 当抗震设防烈度大于 9 度时应进行专门研究。

(2)明洞结构强度和稳定性验算,一般情况下可参照表 13-2-4 执行。

明洞及棚洞抗震强度和稳定性验算建议表　　表 13-2-4

结构安全等级	抗震设防烈度		
	7 度	8 度	9 度
一级	●	★	★
二级	—	★	★
三级	—	—	★

注:1. ★表示一般情况下应进行计算,●表示地震动参数取高值时应进行计算。

2. 当为大跨度或超大跨度隧道时,应适当扩大验算范围。

(3)洞门结构强度和稳定性验算,一般情况下可参照表 13-2-5 执行。

洞门结构抗震强度和稳定性验算建议表　　表 13-2-5

结构安全等级	抗震设防烈度		
	7 度	8 度	9 度
一级	—	★	★
二级	—	●	★
三级	—	—	●

注:1. ★表示一般情况下应进行计算,●表示地震动参数取高值时应进行计算。

2. 当为大跨度或超大跨度隧道时,应适当扩大验算范围。

五、结构强度安全系数

隧道衬砌和明洞结构的强度安全系数应符合表 13-2-6 的规定。

衬砌和明洞结构的强度安全系数　　表 13-2-6

受力特征 \ 材料种类	钢筋混凝土	混凝土	石砌体
混凝土或石砌体达到抗压极限强度	—	1.8	2.0
混凝土达到抗拉极限强度	—	2.5	
钢筋达到设计强度或混凝土达到抗压极限强度	1.5	—	—
混凝土达到抗拉极限强度(主拉应力)	1.8	—	—

六、结构稳定安全系数

洞门墙、洞口挡土墙、单压明洞外墙和棚洞边墙的抗滑稳定系数 K_c 应不小于 1.1,抗倾覆稳定系数 K_0 不小于 1.2。

第三节　衬砌抗震设计

一、设防措施

(1)隧道衬砌宜采用带仰拱的曲墙式衬砌。

(2)明暗洞交界处、软硬岩交界处以及断层破碎带段宜结合沉降缝、伸缩缝的设置综合考虑设置抗震缝。对于地震动峰值加速度系数为 0.2～0.4 的地区，抗震缝纵向间距可取 10～15m。

(3)严禁衬砌背后存在空洞，当存在以上问题时，衬砌背后应压注水泥砂浆。

(4)当隧道穿越发震断裂时，衬砌断面应适当加大。根据以往震害调查资料，当隧道穿越发震断裂时一般可将衬砌断面加大 30～100cm。

(5)隧道的洞口段、浅埋偏压段、深埋段内软弱围岩段、活动性断层及断层破碎带为抗震设防地段，其设防长度可根据地形、地质条件确定，浅埋软弱带设防范围应适当向两端质量较好的地段延伸：中跨度及其以下隧道延伸 5～10m，大跨度及其以上隧道延伸 10～20m。

隧道抗震设防范围的最小长度(单位：m)　　表 13-3-1

地段	围岩级别(级)	地震动峰值加速度系数				
		0.1	0.15	0.2	0.3	0.4
洞内段	Ⅲ～Ⅳ	15	15	20	20	20
	Ⅴ～Ⅵ	20	20	25	25	25
洞口段	Ⅲ～Ⅳ	15	20	25	25	30
	Ⅴ～Ⅵ	25	25	30	30	35

二、建筑材料

抗震设防段衬砌结构建筑材料可按表 13-3-2 采用。

抗震隧道衬砌建筑材料基本要求　　表 13-3-2

<table>
<tr><th rowspan="2">工程名称</th><th rowspan="2">围岩级别(级)</th><th colspan="5">地震动峰值加速度系数</th></tr>
<tr><th>0.1</th><th>0.15</th><th>0.2</th><th>0.3</th><th>0.4</th></tr>
<tr><td rowspan="3">深埋衬砌</td><td>Ⅲ</td><td colspan="4">混凝土</td><td>钢筋混凝土</td></tr>
<tr><td>Ⅳ</td><td colspan="3">混凝土</td><td colspan="2">钢筋混凝土</td></tr>
<tr><td>Ⅴ～Ⅵ</td><td colspan="2">混凝土或钢筋混凝土</td><td colspan="3">钢筋混凝土</td></tr>
<tr><td rowspan="3">浅埋偏压衬砌</td><td>Ⅲ</td><td colspan="4">混凝土</td><td>钢筋混凝土</td></tr>
<tr><td>Ⅳ</td><td colspan="3">混凝土</td><td colspan="2">钢筋混凝土</td></tr>
<tr><td>Ⅴ～Ⅵ</td><td colspan="2">混凝土或钢筋混凝土</td><td colspan="3">钢筋混凝土</td></tr>
<tr><td>活动性断层衬砌</td><td>Ⅳ～Ⅵ</td><td colspan="5">钢筋混凝土</td></tr>
</table>

注：本表主要针对结构安全等级为一级的双车道隧道，其他等级或跨度的隧道可适当调整。

三、地震力计算

1. 惯性力法

(1)结构自重水平地震力

隧道衬砌和明洞上任一计算质点的水平自重地震荷载，应按下式计算：

$$E_{ih} = C_i C_z K_h G_{is} \tag{13-3-1}$$

式中：C_i——重要性修正系数，按表 13-2-2 采用；

C_z——综合影响系数，岩石地基的明洞采用 0.2，其他采用 0.25；

K_h——水平地震系数,见表 13-2-1;

G_{is}——衬砌计算点的重力(kN)。

(2)地震土压力[浅埋及偏压隧道(图 13-3-1)]

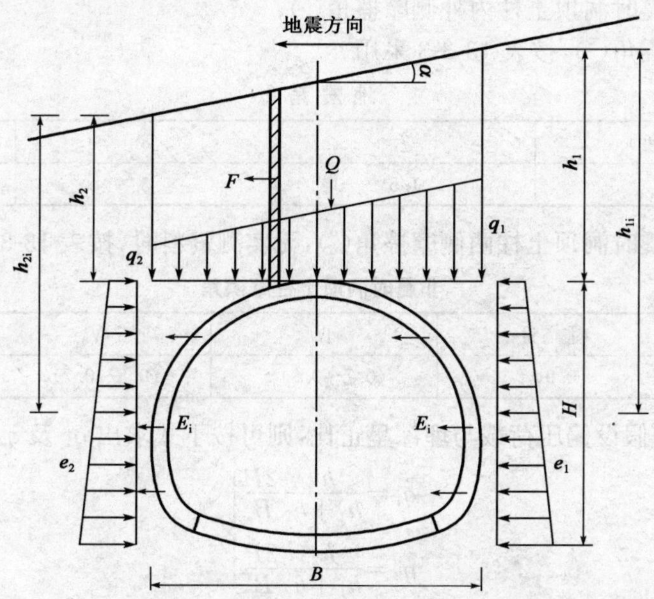

图 13-3-1　浅埋偏压隧道地震力分布图

①拱顶垂直土压力

假定偏压分布图形与地面坡一致,作用于隧道上的垂直压力总值为:

$$Q=\frac{\gamma}{2}\left[(h_1+h_2)B-(\lambda_1 h_1^2+\lambda_2 h_2^2)\times\tan\theta_0\right] \tag{13-3-2}$$

式中:γ——围岩重度(kN/m³);

h_1、h_2——内、外侧拱顶水平至地面的高度(m);

B——坑道跨度(m);

λ_1、λ_2——地震时内、外侧土体侧压力系数,按式(13-3-3)计算。

$$\left.\begin{aligned}\lambda_1&=\frac{(\tan\beta_1-\tan\varphi_1)(1-\tan\theta_1\tan\theta)}{(\tan\beta_1-\tan\alpha)\left[1+\tan\beta_1(\tan\varphi_1-\tan\theta_1)+\tan\varphi_1\tan\theta_1\right]}\\ \lambda_2&=\frac{(\tan\beta_2-\tan\varphi_2)(1+\tan\theta_2\tan\theta)}{(\tan\beta_2+\tan\alpha)\left[1+\tan\beta_2(\tan\varphi_2-\tan\theta_2)+\tan\varphi_2\tan\theta_2\right]}\end{aligned}\right\} \tag{13-3-3}$$

$$\left.\begin{aligned}\tan\beta_1&=\tan\varphi_1+\sqrt{\frac{(\tan\varphi_1^2+1)(\tan\varphi_1-\tan\alpha)}{\tan\varphi_1-\tan\theta_1}}\\ \tan\beta_2&=\tan\varphi_2+\sqrt{\frac{(\tan\varphi_2^2+1)(\tan\varphi_2+\tan\alpha)}{\tan\varphi_2-\tan\theta_2}}\end{aligned}\right\} \tag{13-3-4}$$

$$\varphi_1=\varphi_c-\theta,\varphi_2=\varphi_c+\theta \tag{13-3-5}$$

$$\theta_1=\theta_0-\theta,\theta_2=\theta_0+\theta \tag{13-3-6}$$

式中：φ_1、φ_2——地震时修正后的内、外侧围岩计算摩擦角(°)，偏压时坡面较高侧为内侧，较低侧为外侧，检算地震方向为由内侧向外侧；

φ_c——非震时围岩计算摩擦角(°)；

θ_1、θ_2——地震时洞顶土柱内外侧摩擦角(°)；

θ——地震角(°)，按表 13-3-3 采用。

地 震 角 θ 表 13-3-3

抗震设防烈度(度)	7	8	9
地震角(°)	1.5	3	6

θ_0——非震时洞顶土柱两侧摩擦角(°)，无实测资料时，按表 13-3-4 采用。

非震时洞顶土柱摩擦角 表 13-3-4

围岩级别(级)	Ⅰ～Ⅲ	Ⅳ	Ⅴ	Ⅵ
θ_0	$0.9\varphi_c$	$(0.7\sim0.9)\varphi_c$	$(0.5\sim0.7)\varphi_c$	$(0.3\sim0.5)\varphi_c$

Q 值求出之后，假设偏压荷载与埋深呈正比，则可按下式求出 q_1 及 q_2：

$$\left.\begin{aligned} q_1 &= \frac{h_1}{h_1+h_2}\frac{2P}{B} \\ q_2 &= \frac{h_2}{h_1+h_2}\frac{2P}{B} \end{aligned}\right\} \tag{13-3-7}$$

②洞顶土柱的水平地震力

隧道衬砌和明洞上任一计算质点所受的洞顶土柱水平地震力，可按下式计算：

$$F_i = C_i C_z K_h \gamma h b \tag{13-3-8}$$

式中：h——任一计算质点处洞顶土柱高度(m)；

b——计算土柱宽度，取衬砌相邻计算节点水平投影长度(m)。

其他符合意义同前。

③地震时围岩侧压力

$$\left.\begin{aligned} e_{1i} &= \gamma h_{1i}\lambda_1 \\ e_{2i} &= \gamma h_{2i}\lambda_2 \end{aligned}\right\} \tag{13-3-9}$$

式中：e_{1i}、e_{2i}——内、外侧衬砌上任意点的侧压力(kPa)；

h_{1i}、h_{2i}——内、外侧衬砌上任意点至地面的距离(m)。

当浅埋隧道洞顶地面平缓时，可将 $\alpha=0$ 以及 $h_1=h_2$ 代入以上各式，即可得到各项土压力计算数据。洞顶土柱的水平地震力作用在土柱质心，但由于洞顶土柱与衬砌间并非固结，且洞顶土柱和衬砌一起在震动，因此，衬砌受到的水平力并非作用在土柱质心且并非全部洞顶土柱水平地震力，偏于安全考虑可以将洞顶土柱水平地震力全部直接作用在衬砌上。

2. 其他方法

(1)反应位移法

①适用条件：适用于洞口段衬砌在纵向地震波作用下的隧道结构地震响应计算，从而得出隧道结构纵向内力。由于洞口段隧道一般多间隔加设环向抗震缝，隧道在纵向成为一段一段的弹性地基短梁，而且此种方法又属于反应位移法，故称之为反应位移短梁法(schukla 法)。

②计算原理及方法

地震波在围岩内部传播时多表现为 P 波(纵波)和 S 波(横波)。沿 P 波方向围岩质点压密和拉伸相间(与声波相似),沿 S 波传播方向地层呈波状弯曲(与水波相似)。由于隧道结构包围在地层中,随地层运动而变形,所以隧道结构将沿纵向产生拉(压)应力和弯曲应力。将隧道沿纵向分段,是减轻这些不利影响的有效措施。

由于隧道的地震响应在浅埋情况最为严重,所以浅埋(偏压)隧道采用本法检算是很有必要的。

P 波波速:

$$C_{\mathrm{P}}=\sqrt{\frac{Eg\cdot(1-\mu)}{\gamma\cdot(1+\mu)\cdot(1-2\mu)}} \tag{13-3-10}$$

S 波波速:

$$C_{\mathrm{S}}=\sqrt{\frac{Eg}{2\gamma\cdot(1+\mu)}} \tag{13-3-11}$$

式中:E——地层弹性模量($\mathrm{kN/m^2}$);

γ——围岩重度($\mathrm{kN/m^3}$);

g——重力加速度,$g=9.81\mathrm{m/s^2}$;

μ——围岩泊松比。

a. 拉伸模型

拉伸计算模型见图 13-3-2。

设地层中有一段长 $2L$ 的隧道分段,通过弹簧与地层相连,地层质点在 P 波作用下的运动方程为:

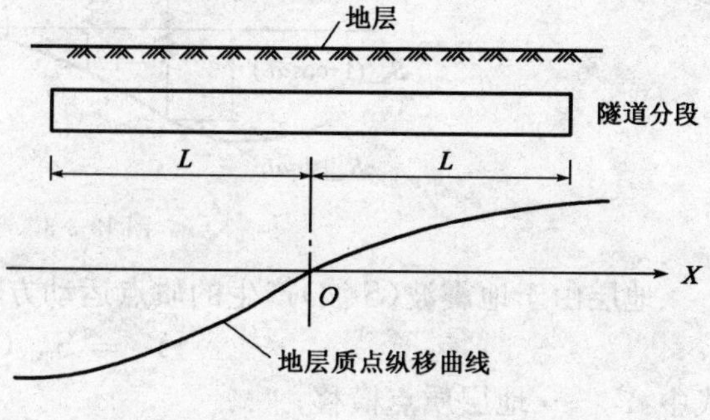

图 13-3-2　拉伸计算模型

$$U_{\mathrm{s}}=S_{\mathrm{t}}\cdot\sin\alpha x \tag{13-3-12}$$

式中:U_{s}——地层质点纵向位移(m);

S_{t}——P 波振幅(m),$S_{\mathrm{t}}=v/\alpha C_{\mathrm{P}}=1.2a/\alpha C_{\mathrm{P}}g$;

a——地震水平加速度($\mathrm{m/s^2}$);

α——系数($\mathrm{m^{-1}}$),$\alpha=2\pi/\lambda_{\mathrm{P}}$($\lambda_{\mathrm{P}}$ 为 P 波波长);

v——地层质点最大振速(m/s),$V=1.2a/g$;

g——重力加速度,取 $9.81\mathrm{m/s^2}$;

x——原点至计算点距离(m)。

隧道有一定刚性,故位移比地层小,按弹性地基梁可列出纵向位移方程:

$$\frac{\mathrm{d}^2u}{\mathrm{d}x^2}=\beta_1^2\cdot(u-u_{\mathrm{s}}) \tag{13-3-13}$$

式中:u——隧道在 X 外的纵向位移(m);

β_1——弹性地基梁系数,$\beta_1^2=K_{\mathrm{t}}/EA$;

K_{t}——地层弹簧系数,$K_{\mathrm{t}}=0.5CG$(系数 $C=2\sim4$,一般取 $C=3$;G 为地层剪切模量);

E——隧道纵向弹性模量(kPa);

A——隧道横断面积($\mathrm{m^2}$)。

上述方程的边界条件为:$x=\pm L$ 处(自由端)拉应力为 0,由此可得方程的解:

$$\frac{u}{S_t}=\frac{\beta_1^2\cdot\sin\alpha x}{\alpha^2+\beta_1^2}-\frac{\alpha\beta_1\cdot\cos\alpha L\cdot\mathrm{sh}\beta_1 x}{(\alpha^2+\beta_1^2)\cdot\mathrm{ch}\beta_1 L} \tag{13-3-14}$$

地层最大应变：$\alpha S_t=\dfrac{v}{C_P}$ (13-3-15)

为便于设计人员应用，可以将隧道分段中部的应变和端部的位移制成计算曲线。

通过计算分析可知，当隧道分段长减小时，$\beta_1 L$ 将减小，从而隧道的应变及位移都将减小，所以设置抗震缝是有利的。

b. 弯曲模型

当地震时地层发生挠曲变形时，通过弹簧使隧道也发生变形（图 13-3-3）。

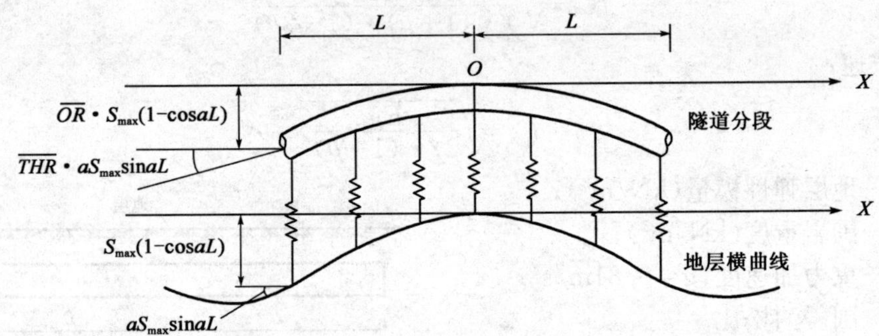

图 13-3-3 弯曲计算模型

地层由于地震波（S 波）产生的质点运动方程为：

$$Y_s=S_{max}(1-\cos\alpha x) \tag{13-3-16}$$

式中：Y_s——地层质点横移；

S_{max}——地层质点最大横移；

α——系数（m^{-1}），即 $\alpha=2\pi/\lambda_s$（λ_s 为 S 波波长）。

弹性地基短梁（隧道）的挠曲方程为：

$$\frac{d^4y}{dx^4}=4\beta^4(Y_s-Y) \tag{13-3-17}$$

式中：y——隧道任意点横移；

β——系数，$4\beta^4=K/EI$；

K——地层弹簧系数，$K=3G$（G 为地层剪切模量）；

E、I——隧道弹模及横断面惯性矩。

边界条件：$x=0$ 时，$y=y_s=0$（分段中点横移为零）；

$x=\pm L$ 时，隧道的弯矩和剪力为零（分段端部内力为零）。

方程 13-3-17 的解为：

$$\frac{Y}{S_{max}}=\frac{1-4\beta^4\cos\alpha x}{\alpha^4-4\beta^4}+A\cdot\cos\beta x\cdot\mathrm{ch}\beta x+B\cdot\sin\beta x\cdot\mathrm{sh}\beta x \tag{13-3-18}$$

上式的积分常数 A 及 B 可利用边界条件求得。

地层最大曲率：$\alpha^2 S_{max}=a/C_S^2$ （a 为地震加速度；C_S 为 S 波波速） (13-3-19)

分段端部地层横移：

$$S_{max}(1-\cos\alpha L)=\frac{a}{\alpha^2 C_S^2}(1-\cos\alpha L) \tag{13-3-20}$$

分段端部地层转角：

$$\alpha S_{\max} \cdot \sin\alpha L=\frac{a}{\alpha C_{S}^{2}} \cdot \sin\alpha L \tag{13-3-21}$$

为便于设计人员应用，可以将隧道分段的最大曲率、横移、转角制程计算曲线。

通过计算分析可知，分段长度减小时，βL 将相应减少，隧道的变形小于地层变形，所以设置抗震缝对于减小地震的隧道挠曲变形也是有利的。

c. 隧道分段的轴力 N 和弯矩 M

设已求得分段中部拉应变 $\varepsilon_{拉}$、曲率 K，则：

$$N=\varepsilon_{拉} EA \tag{13-3-22}$$

$$M=KEI \tag{13-3-23}$$

当隧道衬砌与地层间被塑料防水板隔离时，可认为地层纵向移动不能传递到衬砌上去，此时可不按式(13-3-18)计算隧道轴力。

(2)福季耶娃法

①适用条件

该方法适用于隧道埋深大于洞径的 3 倍，即深埋隧道的抗震力学验算。假设地层是线弹性体、各向同性、均质，地震波为 P 波及 S 波，且波长是洞径 3 倍以上，隧道长度是洞径 5 倍以上。

②计算原理及方法

a. P 波作用力

在 P 波作用下地层质点的位移为：

$$U(x,t)=U_0 \cdot \sin 2\pi \cdot \left(\frac{x}{L}-\frac{t}{T_0}\right) \tag{13-3-24}$$

式中：T_0——地震卓越周期(s)；

L——P 波波长，$L=C_p \cdot T$；

C_p——P 波波速(m/s)。

质点振速为：

$$v=\frac{\partial u}{\partial t}=-U_0 \cdot \left(\frac{2\pi}{T_0}\right) \cdot \cos 2\pi\left(\frac{x}{C_P T_0}-\frac{t}{T_0}\right) \tag{13-3-25}$$

地层应变为

$$\varepsilon=\frac{\partial u}{\partial x}=U_0 \cdot \left(\frac{2\pi}{C_P T_0}\right) \cdot \cos 2\pi\left(\frac{x}{C_P T_0}-\frac{t}{T_0}\right) \tag{13-3-26}$$

质量点加速度为：

$$a=\frac{\partial^2 u}{\partial t^2}=U_0 \cdot \left(\frac{2\pi}{T_0}\right)^2 \cdot \sin 2\pi\left(\frac{x}{C_P T_0}-\frac{t}{T_0}\right) \tag{13-3-27}$$

显然，加速度峰值为：

$$a_{\max}=U_0 \cdot \left(\frac{2\pi}{T_0}\right)^2 \tag{13-3-28}$$

从可而导出质点位移峰值：

$$U_0=a_{\max} \cdot \left(\frac{T_0}{2\pi}\right)^2 \tag{13-3-29}$$

引入水平地震系数 K_h，令 $K_h=\frac{a_{\max}}{g}$，则有：

$$U_0 = K_h \cdot g \cdot \left(\frac{T_0}{2\pi}\right)^2 \tag{13-3-30}$$

地震波 C_P 产生的围岩应力：

$$\sigma = E\varepsilon = EU_0 \cdot \left(\frac{2\pi}{C_P T_0}\right) \cdot \cos 2\pi\left(\frac{x}{C_P T_0} - \frac{t}{T_0}\right)$$

$$= EK_h g \cdot \left(\frac{T_0}{2\pi C_P}\right) \cdot \cos 2\pi\left(\frac{x}{C_P T_0} - \frac{t}{T_0}\right) \tag{13-3-31}$$

可见，正应力峰值：

$$\sigma_{max} = \frac{T_0}{2\pi C_P} \cdot K_h g E \tag{13-3-32}$$

式中：E——地层弹性模量(kPa)。

其他符号见前。

因此，在 P 波作用下，相应于隧道在无穷远处作用一个等代荷载 σ_{max}。

b. S 波作用力

用与 P 波作用力相同的推导方法，可得 S 波作用力：

$$\tau_{max} = \frac{T_0}{2\pi C_s} K_h g G \tag{13-3-33}$$

式中：G——地层剪切模量(kPa)。

其他符号同前。

在 S 波作用下，隧道的地震响应可用无穷远处作用剪力 τ_{max} 代替。

c. 用有限元法计算隧道衬砌内力

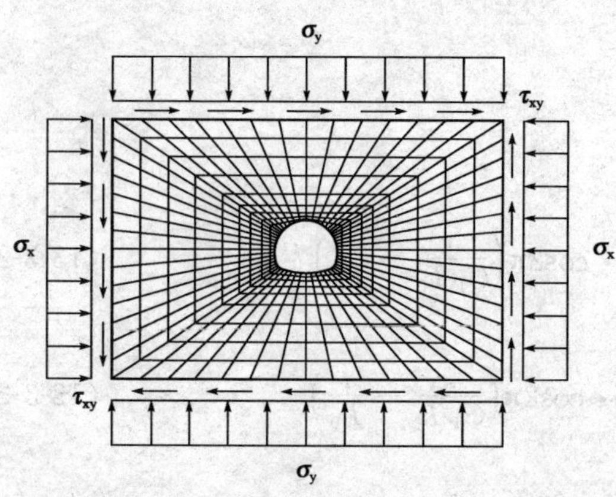

图 13-3-4　衬砌内力计算简图

利用前述公式求得等效荷载 σ_x、τ_{max}，并利用 $\sigma_y = \frac{\mu}{1-\mu} \cdot \sigma_x$（$\mu$ 为泊松比）求得 σ_y，将其作用在计算边界上(图 13-3-4)即可求出隧道结构在地震荷载下的内力。

(3)动力有限元法

①适用条件

该方法适用于计算深埋和浅埋隧道的地震响应。深埋时，采用二维动力有限元，只计算横向地震响应，由于地震的范围大而隧道断面很小，计算中假设隧道周围一个小范围内地层质点有相同的地震响应(相位及振幅)，因此可以认为计算边界上各点相对位移为零，地震加速度加在各计算边界上(徐文焕，1993 年)；浅埋时，采用三维动力有限元，此时若隧道下方存在一个基岩面或者力学参数有显著变化的界面，加速度加在此基准面上，基准面以上土体(连同隧道)由基准面带动而震动，如隧道下方地层无明显变化，需经过试算确定振动基准面。三维动力有限元可计算地震波不同入射方向的隧道纵向和横向地震响应。

②计算原理及方法

动力有限元基本方程为：$[\boldsymbol{M}]\{\ddot{\boldsymbol{U}}\} + [\boldsymbol{C}]\{\dot{\boldsymbol{U}}\} + [\boldsymbol{K}]\{\boldsymbol{U}\} = -[\boldsymbol{M}]\{\ddot{\boldsymbol{u}}_g\}$　(13-3-34)

式中：$\{\boldsymbol{U}\}$、$\{\dot{\boldsymbol{U}}\}$、$\{\ddot{\boldsymbol{U}}\}$——计算范围内各点位移、速度、加速度；

$\{\ddot{\boldsymbol{u}}_{\mathrm{g}}\}$——输入的地震加速度；

$[\boldsymbol{M}]$——总质量矩阵；

$[\boldsymbol{C}]$——总阻尼矩阵；

$[\boldsymbol{K}]$——总刚度矩阵。

③边界条件处理

在进行地下结构动力分析时，边界条件将对计算结果产生影响。迄今为止，已有不少的研究者提出过多种边界的处理方法，如 Lysmer 提出的黏性边界，Smith 提出的混合边界、Alheid 提出的传递边界等。一般认为，地下结构的下方存在着一个实际的基岩面，在进行地下结构地震反应分析时，可认为基岩面以上的岩土介质连同地下结构在地震动作用下，对于基岩层面发生相对的运动，整个体系由于基岩面的运动而引起震动。因此，在一些特殊情况下，采用普通边界也能达到较好的精度，如以竖向震动为主时，网格两侧可采用水平约束，底面采用竖向约束，并使之离开隧道底面较远；当以水平震动为主时，网格两侧采用竖向约束，网格底部则取至基岩顶面最为理想。

④地震波选取

采用时程法对结构进行地震效应分析时，需要直接输入地震波加速度时程曲线，而地震波是一个频带较宽的非平稳随机振动，受多种因素影响而变化，往往同次地震在同一场地得到的强震记录也不相同。

合理选择地震波应同时符合以下三要素：地震动强度、地震动谱特征、地震动持续时间。作用于设计基底面处的设计水平加速度可根据地震的震级和震中距离由本地地震动衰减曲线求出。波形选择应考虑以下因素：场地土特征周期与实际地震波的卓越周期尽量一致；考虑近、远震的不同。持续时间应尽量选择得足够长，保证包含地震记录最强部分，一般建议取 $T \geqslant 10T_1$（T_1 为结构基本周期），当对结构进行最大地震反应分析时，持续时间可选短些，当分析地震作用下结构的耗能过程时，则应选得长些。

对进行过地震安全性评价的工程，应采用安评提供的合成地震波作为计算输入波。

四、抗震计算

1. 荷载组合

地震区隧道设计，应考虑地震作用组合与非震作用组合两种工况，分别计算出结构内力并进行结构强度检算，按最不利情况进行结构设计。

地震作用组合：地震作用应与结构重力和土的重力组合。

2. 内力计算

(1)内力计算图式

视拱圈和边墙为一个尖形拱圈，按整体结构计算，其基本结构如图 13-3-5 所示。一般不计仰拱对结构内力的影响。

(2)计算公式(仅是在地震力作用下的计算公式)

当衬砌结构对称时，由于荷载是反对称的，拱顶截面弯矩 X_1、轴力 X_2 均为零，剪力 X_3 按式(13-3-35)以半个拱圈计算：

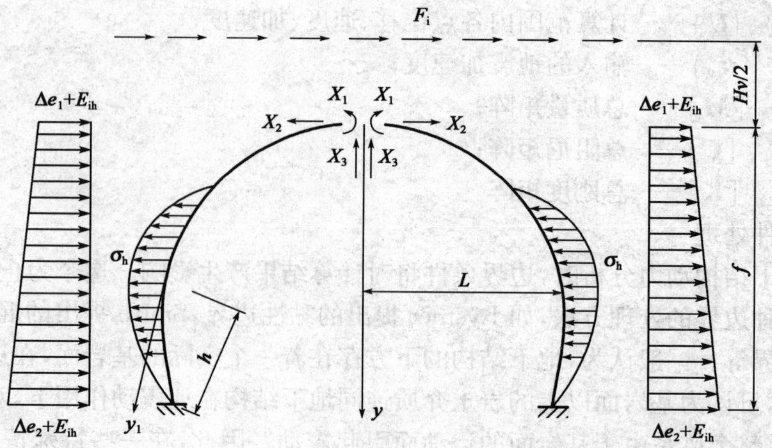

图 13-3-5 曲墙式衬砌内力计算简图

$$X_{33}\delta_{33}+\Delta_{3P}+l\beta_c+V_c=0 \tag{13-3-35}$$

式中：Δ_{3P}——半拱结构在地震力及其所引起的弹性抗力作用下，拱顶产生的竖向位移；

β_c、V_c——墙顶截面的总转角及竖向位移，按式(13-3-36)计算；

l——拱顶至墙顶中心的水平距离。

$$\left.\begin{aligned}\delta_{33}&=\int\frac{x^2}{EI}\mathrm{d}s\\\Delta_{3\mathrm{p}}&=\int\frac{M_{\mathrm{F}}x}{EI}\mathrm{d}s+\int\frac{M_{\sigma}x}{EI}\mathrm{d}s\\\beta_{\mathrm{c}}&=X_3l\beta_1+\beta_{\mathrm{P}}\\V_{\mathrm{c}}&=X_3V_3+V_{\mathrm{P}}\\\beta_{\mathrm{P}}&=M_{\mathrm{cP}}\beta_1\\V_{\mathrm{P}}&=V_{\mathrm{cP}}V_3\end{aligned}\right\} \tag{13-3-36}$$

式中：M_F、M_σ——地震力及其所引起的弹性抗力在基本结构任一截面中产生的弯矩；

β_P、V_P——基本结构在地震力及其所引起的弹性抗力作用下，在墙底截面产生的转角及竖向位移；

M_{cP}、V_{cP}——基本结构在地震力及其所引起的弹性抗力作用下，在墙底中心产生的弯矩及竖向力。

由地震力所引起的弹性抗力 σ_h 按式(13-3-37)计算：

$$\frac{\sigma_{\mathrm{h}}}{K}=X_3\delta_{\mathrm{h}3}+\Delta_{\mathrm{hP}}+h\beta_{\mathrm{c}} \tag{13-3-37}$$

式中：Δ_{hP}——基本结构在地震力及其所引起的弹性抗力作用下，最大抗力点处的竖向位移。

以上式中，β_1、V_3、δ_{h3} 各变位值均参考隧道衬砌设计及计算中衬砌内力计算有关部分。

最后将地震力与主要荷载或其他荷载作用下的截面内力叠加即可。

(3)当采用结构矩阵分析方法计算衬砌内力时，可按隧道衬砌设计及计算中的有关方法进行。计算时，只需将地震荷载转换为各节点荷载计入荷载列阵即可。

五、强度验算

求出结构内力后，按现行《公路隧道设计规范》(JTG D70—2004)有关公式进行验算，满足相应安全系数即可。

第四节　明洞及棚洞的抗震设计

地震区明洞应采用钢筋混凝土结构；当抗震设防烈度高于7度时，明洞边墙及拱部外侧应采用浆砌片石或素混凝土回填，特别是拱顶以下部分应回填密实；单压明洞的外侧平衡挡墙与明洞衬砌宜采用结构分离的构造方式；棚洞应采取防止落梁的措施。

抗震设防烈度8度及以上地区，不宜采用悬壁式棚洞。

一、拱形明洞抗震设防措施

(1)明洞基础应保证置于稳定基础之上，当基础可能出现地震液化或震陷等不良地震反应时，应采取可靠的处置措施。

(2)当明洞整体稳定受滑动控制时，应采取抗滑措施，如加强仰拱、加大基础的埋置深度、设钢筋混凝土拉杆或采用桩基础等。

(3)对耳墙式明洞的耳墙与拱部结构间的空隙，宜采用浆砌片石或混凝土回填密实。

(4)对难以避免的施工缝应进行加强处理，以增强结构的整体性。

(5)当明洞左右侧或前后端基础差异较大时应采取处理措施，减小地震发生时的不均匀沉降。

二、棚洞抗震设防措施

(1)当棚洞采用预制T形顶梁或H形梁结构时，应采用与梁翼等宽的垂榫嵌固于内边墙钢筋混凝土顶帽凹槽内，如就地灌注的顶梁，应用钢筋与内边墙顶帽作柔性连接。

(2)内边墙钢筋混凝土顶帽宜用锚杆锚固于边坡基岩中，已成路堑内边墙墙后修建空腹结构物时，宜将锚杆通过空腹结构物锚固于边坡基岩中。

(3)对于刚架式棚洞，当立柱基底埋置在路面以下大于3m时，应设置钢筋混凝土纵撑和横撑；超过10m时，应另行验算。

三、明洞抗震计算

1.地震力计算

(1)结构自重水平地震力：同式(13-3-1)。

(2)洞顶土柱水平地震力：同式(13-3-8)。

(3)侧向地震土压力：明洞侧向土压力以地震波从最不利方向传来进行计算，一般内侧(即山侧)按 $\varphi_c-\theta$ 计算，外侧(即河侧)按 $\varphi_c+\theta$ 计算，土压力计算公式与非震时相同。

2.结构内力计算

在地震力作用下，明洞内力的计算与非地震时相同。为简化计算，可将地震力与主要荷载同时作用于结构上，所得结果即为地震作用组合结构内力。

四、棚洞抗震计算

1. 荷载及计算假定

(1)顶梁:地震力要考虑填土及梁自重的水平地震力。填土主动土侧压力按围岩计算摩擦角,结构按简支梁设计。

(2)内边墙:按承受由梁顶传来的全部水平力进行设计。地震力包括地震作用下顶梁传来的垂直力和水平力以及墙身、墙顶填土自重的水平地震力。填土主动侧压力计算与顶梁计算相同。计算方法按挡土墙理论进行计算。

(3)外侧支承建筑物

①纵向刚架:由顶梁传来的水平力全部由内边墙承受。由于横向刚架作用的影响,纵向刚架忽略此项水平力。地震力主要为刚架自重水平地震力;

②外墙(墙式棚洞):地震力主要为自重水平地震力及在地震作用下由顶梁传来的部分水平力。为安全考虑,按承受该项水平力的25%进行计算,结构按偏心受压构件设计;

③横向刚架:除承受与顶梁相同的由回填土产生的地震力外,还承受结构自重的水平地震力。为安全考虑,顶部横向拉杆除应按构造要求外,还应验算轴向抗拉要求。

2. 内力计算

棚洞内力计算方法与非地震时相同。

第五节　洞门抗震设计

一、洞门设计原则

地震区隧道洞门设计应重视概念设计,从建筑材料、洞门形式、地基处理、构造措施等方面共同努力,以提高隧道洞门的抗震性能。首先,应从隧道洞门形式入手,根据地质与地形条件选择抗震性能良好的洞门形式,在高烈度地震区不宜采用棚洞,有条件的情况下应多采用削竹式洞门,在地质条件较好及受地形条件所限的情况下可采用端墙式洞门;其次,应辅以必要的抗震验算;最后,还应采取有效可靠的构造措施以保证隧道洞门的稳定与安全。

二、洞门建筑材料

洞门建筑材料见表13-5-1。

洞门建筑材料　　表13-5-1

工程部位		抗震设防烈度(度)		
		7	8	9
洞门端墙	单车道	—	M10浆砌片石	片石混凝土
	双车道	M7.5浆砌片石	片石混凝土	混凝土
	三车道	M10浆砌片石	混凝土	钢筋混凝土
洞口挡土墙或翼墙	$H\leqslant 10$m	M7.5浆砌片石	M10浆砌片石	
	$H>10$m	M10浆砌片石	片石混凝土或混凝土	

三、墙式洞门设防措施

(1)墙式洞门宜采用仰斜式。

(2)洞门端墙平面及立面布置应对称简洁,端墙顶部应避免设置凸出或挑出结构,否则应采取可靠措施保证连接牢固。

(3)在抗震设防烈度8度及以上地区,洞门端墙与衬砌之间、端墙与挡翼墙之间应加设短钢筋或设置榫头等抗震连接措施,端墙嵌入两侧边坡的深度应适当加大。

(4)洞门端墙、翼墙及其他挡土墙后的空隙要保证回填密实,填料可用浆砌片石,同时应注意设置排水设施,以免墙后地下水堵塞而淤积在背后。

(5)洞门端墙与靠近洞门不小于3m范围内的翼墙、挡土墙以及洞口衬砌应同时连续施工,连接为整体。

(6)洞门基底应牢固可靠,当基底承载力不足时,应采取换填、扩大基础、基底注浆等措施处理。

(7)当洞口在地震作用下可能发生坍塌落石时,应严格限制边仰坡的开挖高度,并在地形于抗震不利的洞口地段设置明洞或其他防落石措施。

(8)当洞门墙长度较大或地基条件有明显变化处应设置抗震缝。

四、削竹式洞门设防措施

(1)必须确保洞门正面回填土坡的稳定,仰坡坡率的确定应充分考虑地震的影响,当地质条件较差时,应采用锚、喷、注浆等措施进行处理,以提高坡面的稳定性。

(2)洞门边仰坡宜采用植物防护,充分利用植物根系稳固松散的边坡。

(3)洞门衬砌宜突出仰坡面一定距离,设防烈度8度及以下不宜小于2m,设防烈度8度以上不宜小于3m。

(4)洞门衬砌端部外侧宜设环框,环框高度不宜小于0.3m。

五、洞门抗震计算

1.计算假定

在洞门墙的控制部位截取宽度为1m的条带视作挡土墙,进行强度、稳定性及偏心矩等验算,不考虑空间作用的影响;土压力仅计算主动土压力,墙前部的被动土压力一般不予考虑,可作为安全储备。

2.验算规定

(1)基础底面合力偏心矩应符合表13-5-2的规定:

基底截面合力偏心矩 e　　表13-5-2

地　基　土	e
岩石,密实的碎石土,密实的砾砂、粗砂、中砂,老黏性土,$\sigma_0 \geqslant 300$kPa的黏性土和粉土	$\leqslant 2.0\rho$
中密的碎石土,中密的砾砂、粗砂、中砂,$150\text{kPa} \leqslant \sigma_0 < 300$kPa的黏性土和粉土	$\leqslant 1.5\rho$
密、中密的细砂、粉砂,$100\text{kPa} \leqslant \sigma_0 < 150$kPa的黏性土和粉土	$\leqslant 1.2\rho$
新近沉积的黏性土,软土,松散的砂,填土,$\sigma_0 < 100$kPa的黏性土和粉土	$\leqslant 1.0\rho$

注:ρ为基底截面核心半径,即$\rho = W/A_f$,W为基底边缘的截面抵抗矩,A_f为基底截面积。

(2)墙身截面偏心矩应符合下式规定：

$$e' \leqslant 2.4\rho' \tag{13-5-1}$$

式中：ρ'——截面核心半径(m)。

(3)抗滑稳定系数 K_c 应不小于 1.1. 抗倾覆稳定系数 K_o 不小于 1.2。

3. 地震作用计算

(1)墙身自重地震力

由洞门墙和洞口挡土墙自重引起的水平地震荷载，可按式(13-5-2)计算：

$$E_{ihw} = C_i C_z K_h \psi_{iw} G_{iw} \tag{13-5-2}$$

式中：E_{ihw}——第 i 截面以上墙身重心处的水平地震荷载(kN)；

C_z——综合影响系数，取 0.25；

G_{iw}——第 i 截面以上墙身自重(kN)；

ψ_{iw}——水平地震荷载沿墙高的分布系数，可按表 13-5-3 采用。

水平地震荷载沿墙高的分布系数　表 13-5-3

墙高(m)	公路等级		ψ_{iw}计算简图
	高速公路和一、二级公路	三、四级公路	
$H \leqslant 12$	1	1	
$H > 12$	$1+\dfrac{H_{iw}}{H}$	1	

注：1. H 为墙趾至墙顶面的高度(m)。

2. H_{iw} 为验算第 i 截面以上墙身重心至墙底的高度(m)。

(2)主动土压力

a. 作用于挡土墙上的地震主动土压力，按库仑理论公式计算，公式中土的重度 γ、土的内摩擦角 φ、墙背与填土间的摩擦角 δ 应按表 13-3-3 所列地震角分修正为 $\gamma/\cos\theta$、$\varphi-\theta$ 和 $\delta+\theta$。

b. 洞门墙和洞口挡土墙地震主动土压力可按式(13-5-3)计算(图 13-5-1)：

$$E_{ea} = \left(\frac{1}{2}\gamma H^2 + qH\frac{\cos\alpha}{\cos(\alpha-\beta)}\right)K_a - 2cHK_{ca} \tag{13-5-3}$$

$$K_a = \frac{\cos^2(\varphi-\alpha-\theta)}{\cos\theta\cos^2\alpha\cos(\alpha+\delta+\theta)\left[1+\sqrt{\dfrac{\sin(\varphi+\delta)\sin(\varphi-\beta-\theta)}{\cos(\alpha-\beta)\cos(\alpha+\delta+\theta)}}\right]^2} \tag{13-5-4}$$

$$K_{ca} = \frac{1-\sin\varphi}{\cos\varphi} \tag{13-5-5}$$

式中：γ——填土重度(kN/m³)，水下采用浮重度；

H——墙高(m)；

q——滑裂楔体上的均布荷载标准值(kPa)；

α——墙面与竖直方向之间的夹角(°)；

β——填土表面与水平面的夹角(°)；

c——黏性填土的黏聚力(kPa)(当为砂性土时,$c=0$)；

K_a——地震主动土压力系数；

φ——填土的内摩擦角(°)；

δ——填土与挡土墙背的摩擦角(°)；

θ——地震角(°),按表 13-3-3 选取。

4. 稳定系数计算

(1)沿倾斜基底滑动稳定系数(图 13-5-2)

$$K_C=\frac{[\sum N+(\sum E_x+\sum E_{ihw})\tan\alpha_0]\mu}{\sum E_x+\sum E_{ihw}-\sum N\cdot\tan\alpha_0} \tag{13-5-6}$$

$$\sum N=(\sum m_i g+\sum E_y)\cos\alpha_0+(\sum E_x+\sum E_{ihw})\sin\alpha_0 \tag{13-5-7}$$

式中：$\sum N$——作用于基底上的总垂直力(kN)；

$\sum E_x$——地震主动土压力的总水平分力(kN)；

$\sum E_y$——地震主动土压力的总垂直分力(kN)；

α_0——基底倾斜角(°)；

μ——滑动摩擦系数。

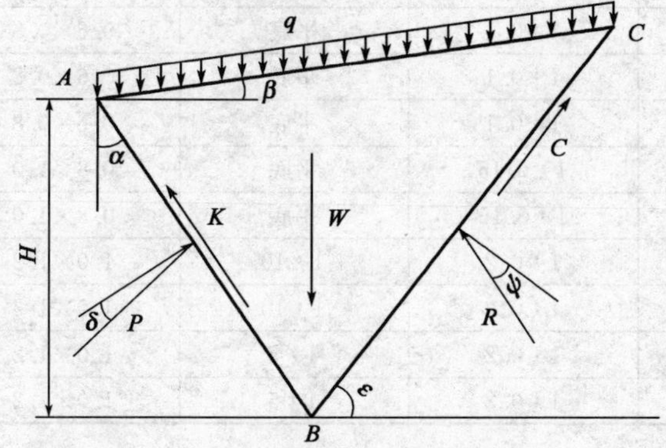

图 13-5-1　地震主动土压力计算示意图

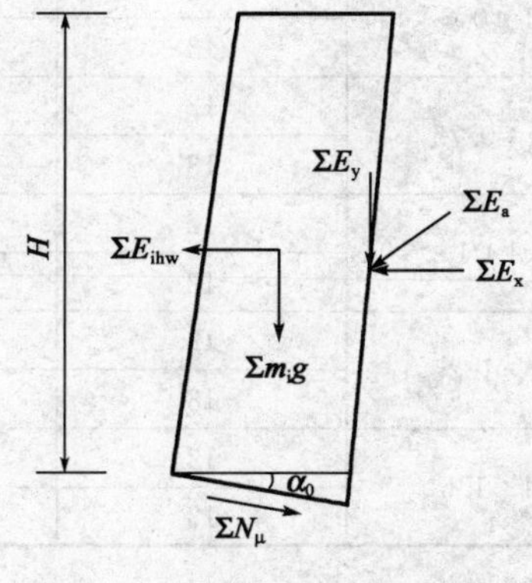

图 13-5-2　洞门墙稳定系数计算简图

(2)倾覆稳定系数

$$K_0=\frac{\sum M_y}{\sum M_0} \tag{13-5-8}$$

式中：$\sum M_y$——稳定力系对墙趾的总力矩(kN·m)；

$\sum M_0$——倾覆力系对墙趾的总力矩(kN·m)。

5. 地基抗震强度验算

基底应力计算见洞门设计相关章节,基底最大应力应满足下式：

$$\sigma_{max}\leqslant\sigma_e \tag{13-5-9}$$

验算洞门墙地基抗震强度时,地基土的抗震容许承载力应按下式进行计算：

$$\sigma_e=K\sigma \tag{13-5-10}$$

式中：σ_e——地基土抗震容许承载力(kN)；

K——地基土抗震容许承载力调整系数,应按表 13-5-4 采用；

σ——地基土修正后的容许承载力，按现行《公路桥涵地基与基础设计规范》(JTG D63—2007)计算确定。

地基抗震承载力调整系数 表 13-5-4

岩土名称及性状	K
岩石，密实的碎石土，密实的砾砂、粗砂、中砂，老黏性土，$\sigma_0 \geqslant 300$kPa 的黏性土和粉土	1.5
中密的碎石土，中密的砾砂、粗砂、中砂，$150\text{kPa} \leqslant \sigma_0 < 300$kPa 的黏性土和粉土	1.3
密、中密的细砂、粉砂，$100\text{kPa} \leqslant \sigma_0 < 150$kPa 的黏性土和粉土	1.1
新近沉积的黏性土，软土，松散的砂，填土，$\sigma_0 < 100$kPa 的黏性土和粉土	1.0

注：σ_0 为地基土容许承载力，应符合现行的《公路桥涵地基与基础设计规范》(JTG D63—2007)的规定。

六、地震区洞门墙建议参数

公路隧道洞门墙高度一般为 12～13m，经过反复试算，并通过工程类比，建议抗震设防烈度 8 度区洞门墙设计参数按表 13-5-5 选取。

抗震设防烈度 8 度区洞门墙设计参数表 表 13-5-5

仰坡坡率	墙高(m)	墙厚(m)	墙身面坡	基底坡率	展宽基础(m)
1∶0.5	12	0.8	1∶0.1	平底	0.6×0.8
	13	0.8	1∶0.1	平底	0.6×0.8
1∶0.75	12	1.2	1∶0.1	平底	0.6×0.8
	13	1.4	1∶0.1	平底	0.6×0.8
1∶1	12	1.4	1∶0.15	平底	0.8×1.0
	13	1.6	1∶0.15	平底	0.8×1.0
1∶1.25	12	1.6	1∶0.2	1∶10	1.0×1.2
	13	1.8	1∶0.2	1∶10	1.0×1.2
1∶1.5	12	1.8	1∶0.2	1∶5	1.0×1.2
	13	2.0	1∶0.2	1∶5	1.0×1.2

抗震设防烈度 9 度及以上地区不宜采用端式洞门，若采用端式洞门应首先对边仰坡岩体进行加固。

第六节 隧道减震

一、隧道减震措施分类

减轻地震灾害主要有两条途径，即抗震和减震。抗震即采用加强结构、加大构件截面尺寸、加强构件配筋、提高结构刚度等“硬抗”的方法来抵抗地震；减震即通过在结构中合理设置减震耗能装置来有效控制结构的地震响应，或者通过隔震装置限制和减少地震波向结构的输入，以达到减小结构地震响应的目的。对于地下结构，可以通过改变地下结构本身的性能(刚度、质量、强度、阻尼等)减震，如减小地下结构的刚性，使之易于追随地层的变形，从而减小结构的地震反应，或者在结构与地层之间设置减震层，使地层的变形难于传递到结构上，从而使结构的地震反应减小。

地下结构减震技术分类见表 13-6-1。

地下结构减震技术分类　　表 13-6-1

序号	结构情况	减震方法	实现途径
1	改变结构	减小质量	采用轻集料混凝土
2		增加强度	采用钢纤维混凝土
3		增加阻尼	采用聚合物混凝土
4			粘贴大阻尼材料,使其成为复合结构
5		减小刚度	喷锚网支护或钢纤维喷混凝土
6	不改变结构	设置减震装置	在衬砌与围岩间设置减震器
7			在衬砌与围岩间设置板式减震层
8			在衬砌与围岩间压注减震材料

二、减震装置

减震装置一般设置在地下结构与围岩之间,它的弹性系数比围岩小,主要用来吸收围岩的位移,使围岩的位移难以传递给地下结构,从而减小地下结构的内力。

减震装置主要包括:减震器、板式减震层、压注式减震层等。对于减震器,它一般由提供刚度的弹簧和提供阻尼的橡胶材料组成,主要有承压式减震器和承剪式减震器,目前已有很多厂家生产。对于板式减震层,是将减震材料制成板材,以便于现场施工。对于压注式减震层,是新近开发出来的减震材料,它由沥青系、氨基甲酸乙酯系、橡胶系、硅树脂系等组成,它们平时是液态状,与硬化添加剂一起从隧道内压注到围岩与衬砌之间的间隙内,硬化后就形成减震层,这种减震材料具有以下性能:

(1)具有较小剪切弹性系数的硬化物,因而具有较高的剪切变形性能。

(2)耐久性好,性能长期稳定,同时体积变化小。

(3)施工性好,如具有高充填性,液状时运送材料不分离。

(4)高的止水性。

(5)遇地下水不稀释。

(6)不产生有害物质。

各种减震装置的基本特征见表 13-6-2。

减 震 装 置　　表 13-6-2

序号	减震装置	基本特征
1	减震器	由提供刚度的弹簧和提供阻尼的橡胶材料组成,主要有承压式和承剪式减振器,目前已有很多厂家生产
2	板式减震层	由橡胶等材料制成的具有一定厚度的板材,或由软质橡胶和废轮胎,用黏合剂固结形成橡胶碎片板
3	沥青系	在沥青乳剂中混入硬化材料作为主材,添加作为胶凝材料的高吸水性、高分子物质
4	氨基甲酸乙酯系	由主材和硬化材料构成的两液混合型氨基甲酸乙酯系材料,加入调整塑性的多元醇化合物形成
5	硅树脂系	由主材和硬化材料构成的两液混合型硅树脂系材料,加入调整塑性的多元醇化合物形成
6	液状橡胶系	由液状橡胶系和沥青构成主材,加入硬化材料形成

三、隧道穿越断层破碎带减震措施

目前，穿越断层破碎带修建的隧道主要采取四种方法减小地震对隧道结构的破坏，即：加固围岩、设置柔性接头、设置减震层、超挖设计。

(1)加固围岩

加固围岩一方面可以提高围岩强度，另一方面可以减小因围岩条件不同而造成隧道的不均匀地震变形。西南交通大学高波教授课题组对隧道围岩处理提出了全环间隔注浆、全环接触注浆和局部注浆等三种注浆加固方式(图 13-6-1)，并对三种注浆加固抗震措施进行了相应的数值分析，得出注浆加固围岩可以改善隧道受力的结论。

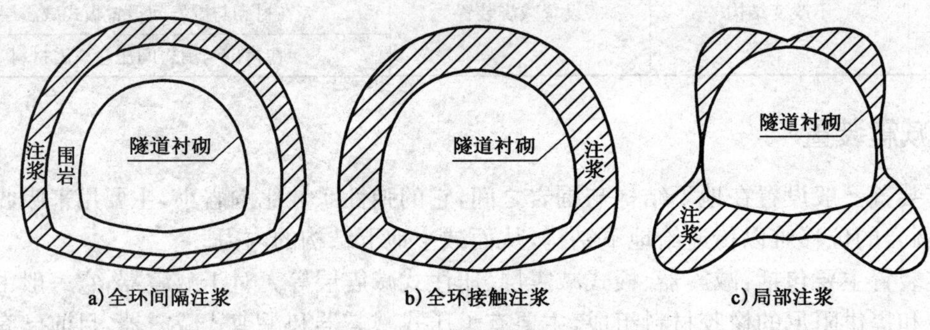

图 13-6-1　注浆加固围岩示意图

(2)设置柔性接头

穿越断层破碎带修建的隧道衬砌采用柔性接头形式，一方面可以适应断层的地震变形，另一方面可以使地震破坏局部化，避免结构发生整体破坏。

(3)设置减震层

减震层可以设置在围岩与衬砌之间或者设置在初期支护与二次衬砌之间。地震时，减震层吸收围岩应变，从而减小围岩对隧道衬砌的应变输入，达到减震的目的。

(4)超挖设计

超挖设计根据地震引起断层的可能最大位错量，扩大隧道断面尺寸。在地震后扩大的隧道断面尺寸可以保证隧道断面的净空面积，为后续修复提供冗余空间。超挖量主要依据地震烈度、围岩条件和隧道断面等因素综合确定。

第十四章 辅助施工设计

第一节 概 述

当隧道通过浅埋、偏压、软弱围岩，断层破碎带，岩溶以及大面积淋水或涌水地段，围岩自稳时间较短时，应考虑采用适当的辅助施工措施，以保证施工过程中的安全。辅助施工措施是保证施工安全的临时支护或临时加固措施，在设计上一般不考虑其支护能力对结构永久安全的影响。如果需考虑其永久作用，应进行专门分析研究后确定。

隧道常用的辅助施工措施根据其功能和效果，总体上可以分为地层稳定措施与涌水处理措施，地层稳定措施又可以分为地层支护措施与地层加固措施，涌水处理措施又可以分为排水措施与止水措施。辅助施工措施及手段见表 14-1-1。

辅助施工措施分类　　表 14-1-1

<table>
<tr><td rowspan="13">地层稳定措施</td><td rowspan="8">地层支护措施</td><td rowspan="6">超前支护</td><td>超前锚杆</td></tr>
<tr><td>超前自进式锚杆</td></tr>
<tr><td>超前小钢管</td></tr>
<tr><td>超前小导管</td></tr>
<tr><td>超前长管棚</td></tr>
<tr><td>超前水平高压旋喷</td></tr>
<tr><td rowspan="2">临时封闭</td><td>掌子面封闭</td></tr>
<tr><td>临时导坑封闭</td></tr>
<tr><td rowspan="5">地层加固措施</td><td rowspan="2">超前加固</td><td>超前周边加固注浆</td></tr>
<tr><td>超前全断面加固注浆</td></tr>
<tr><td rowspan="3">地表加固</td><td>地表砂浆锚杆</td></tr>
<tr><td>地表加固注浆</td></tr>
<tr><td>墙式遮挡</td></tr>
<tr><td rowspan="8">涌水处理措施</td><td rowspan="5">排水措施</td><td rowspan="2">超前排水</td><td>超前钻孔排水</td></tr>
<tr><td>超前导坑排水</td></tr>
<tr><td>排水槽（坑）</td><td>—</td></tr>
<tr><td rowspan="2">井点降水</td><td>轻型井点降水</td></tr>
<tr><td>深井降水</td></tr>
<tr><td rowspan="3">注浆止水措施</td><td>超前周边止水注浆</td><td>—</td></tr>
<tr><td>超前帷幕止水注浆</td><td>—</td></tr>
<tr><td>周边止水注浆</td><td>—</td></tr>
</table>

在具体的设计中，辅助施工方法的选择一般根据围岩地质条件、地形特点、地下水发育条件及地层变形控制的要求来进行。选择的过程中，应优先选择方法简单、施工快捷的措施，而在某些条件下，则还可综合几种措施一起实施，以达到防止塌方、减少沉陷、降低地下水位、防止突、涌水等目的。

本章所述的措施可认为是在隧道坑道开挖前的预加固措施，其设计及施工应遵循"先支护，后开挖，快封闭，勤量测"的原则，与隧道主体支护结构设计及施工开挖方法选择密切配合，在施工过程中应加强监控量测，加强信息反馈，以便及时调整辅助施工方法或设计参数，使设计更加符合施工现场条件。

第二节 超前支护设计

隧道施工时，如果掌子面不稳定，施工的安全性得不到保障，则不能进行施工。如采用超前支护技术，提高掌子面和拱顶的稳定性，施工的效率和安全性都能得到大大的提高。因此目前公路隧道设计施工中，超前支护应用较多。

超前支护是指预先设于隧道开挖轮廓线外一定范围的支护，通过其自身强度或与已完成的后方支架共同作用组成的支护系统，其作用是在隧道开挖后至初期支护结构完成前的时段内，承载临空的岩体，维持开挖面的稳定。

目前在公路隧道上通常采用的超前支护方法有超前锚杆、超前小导管、超前管棚等，在某些地质情况下，也可考虑水平高压旋喷桩、超前钢插板等方法。

一般认为，隧道开挖是否需设置超前支护与围岩的自稳能力相关。超前支护手段与围岩自稳能力关系如表 14-2-1 所示。

超前支护手段与围岩自稳能力关系表 表 14-2-1

围岩自稳时间	围岩等级	超前支护手段
＞24h	Ⅰ～Ⅲ级	一般不考虑
12～24h	Ⅳ～Ⅴ级	超前锚杆或超前钢管，主要防止局部稳定块体的坍塌
3～12h	Ⅴ～Ⅵ级	超前小导管、超前长管棚，整体加固洞室周边围岩
＜3h	Ⅴ～Ⅵ级地下水丰富	除超前小导管、超前长管棚外，还应考虑结合超前预注浆等辅助施工措施

一、超前锚杆

1. 超前锚杆定义及原理

超前锚杆也称为斜锚杆，一般设置在Ⅳ～Ⅴ级围岩的岩质地段。它是在开挖面周边将岩石锚杆顺开挖方向小角度打设，以减少下一循环爆破时，周边岩体掉块或塌落的一种超前支护手段。设置于隧道拱部的超前锚杆主要支托拱顶上方临空的围岩，起插板作用；设置于边墙的超前锚杆用在先拱后墙法开挖边墙的过程中，将起拱线附近岩体所承受的较大拱部荷载传递至深部围岩，从而提高施工中的围岩稳定性。

超前锚杆一端进入前方稳定围岩，另一端支于已施作的钢拱架上或初期支护的钢筋网、系统锚杆上，其作用机理与两端支撑的梁类似。当围岩松弛变形时，超前锚杆提供一定的支撑，阻止开挖面顶部围岩坍塌，约束变形。

由于超前锚杆基本上是借助其抗弯刚度发挥作用的，所以采用抗弯刚度大的材料比较有利。常用的超前锚杆有全长黏结砂浆锚杆和自进式注浆锚杆。另外常用的超前小钢管，因其不对周边进行注浆加固，也将其归于超前锚杆类。

2. 超前锚杆设计

1)普通超前锚杆

常见的超前锚杆一般是采用螺纹钢制成的全长黏结型锚杆。在设置钢拱架的地段，超前锚杆从钢拱架腹部穿过，尾端以钢拱架为支点；在未设置钢拱架的地段，为防止局部掉块而设置的超前锚杆，其尾端也要求与系统锚杆尾端或初期支护钢筋网焊接，以形成较稳定的支点。

(1)设置范围：一般为衬砌中线两侧 15°～45°，当地形地质条件明显不对称时则应采用不对称布置。

(2)杆体直径：一般采用 ϕ22mm，当岩质较硬或较完整时可采用 ϕ18～ϕ20mm，当岩质较软且破碎程度较高时采用 ϕ25mm。

(3)杆体长度：超前锚杆长度的具体确定应根据掌子面开挖高度和围岩自稳能力综合考虑，一般为便于锚杆施工采用 3 ～5m。在设计上长度可根据初期支护钢拱架间距及设计的纵向搭接长度(一般要求纵向投影搭接不小于 1m)确定。

(4)环向间距：一般为 40～50cm，当地质条件偏差时可为 30～40cm，当地质条件偏好时可为 50～60cm。

(5)外插角：拱部一般采用 5°～30°，边墙一般采用 10°～20°，实际施作时锚杆方向应根据岩体结构面产状确定，以尽量使锚杆穿透更多的结构面为原则。

(6)超前锚杆钻孔直径一般要求不小于 40cm，超前锚杆充填的砂浆标号要求不小于 M30。由于施作后不久就必须进行开挖爆破作业，因此杆体与钻孔之间的黏结材料一般采用早强砂浆或药卷。超前锚杆设计及布置图见图 14-2-1。

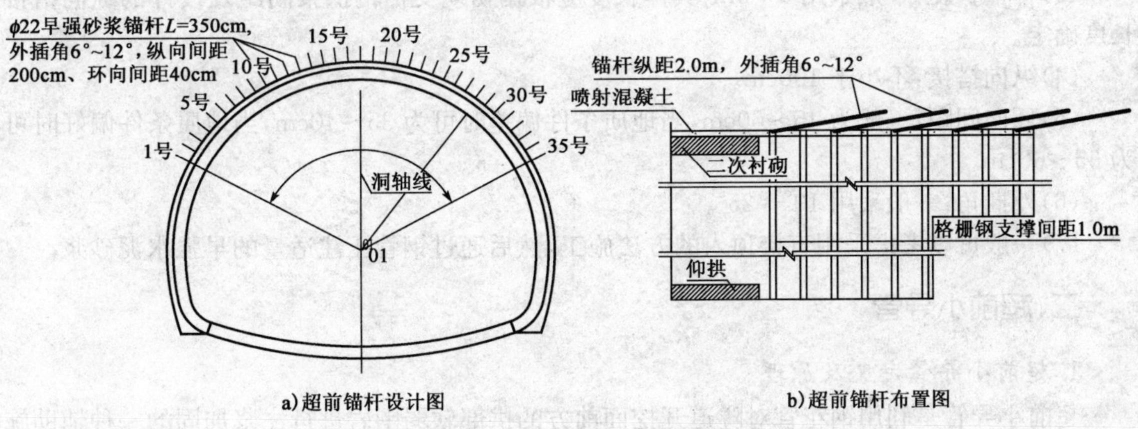

图 14-2-1　超前锚杆设计及布置图

2)超前自进式锚杆

超前自进式锚杆一般应用在不易成孔、且钢管难以直接顶入的松散碎石土地段。这种类型的锚杆将钻进、注浆、锚固等功能合为一体，由于其不需先钻孔后放入锚杆，因此施工效率较高，但是造价也偏高。

(1)锚杆组成:自进式锚杆锚杆由钻头、锚杆体、垫板和螺母组成,有时为加长锚杆还会采用连接套。

(2)设置范围:一般为衬砌中线两侧 15°～45°,当地形地质条件明显不对称时则应采用不对称布置。

(3)杆体直径:外径为 ϕ25、ϕ28、ϕ32.ϕ40、ϕ50,应根据长度及地层条件确定。

(4)杆体长度:一般采用 500～600cm,掌子面稳定性极差时也可以达到 800～1 000cm,具体长度应根据地质条件确定。

(5)纵向搭接:一般不小于 150cm,特殊情况下可达到 200～300cm。

(6)环向间距:一般为 40～50cm,当地质条件偏差时可为 30～40cm,当地质条件偏好时可为 50～60cm。

(7)外插角:拱部一般采用 5°～30°,边墙一般采用 10°～20°。

(8)超前自进式锚杆通过自带钻头钻入岩层,然后通过中空杆体压注适量的早强水泥砂浆。当地层稳定性较差时,可以通过中空的杆体向地层中灌注水泥浆液,常用注浆参数为水灰比 0.4～0.5,注浆压力＞0.5MPa。

3)超前小钢管

超前小钢管主要使用在地质条件较差但又不需要注浆或不宜注浆的地段,以充分发挥钢管抗弯刚度较大的特点,其作用效果与超前锚杆类似,超前小钢管一般设置在Ⅳ～Ⅴ级围岩的土质地段。

超前小钢管与下节所述超前小导管基本相同,其区别在于超前小钢管主要依靠钢花管本身刚度作用,没有通过注浆管对周边围岩进行注浆。

(1)设置范围:一般为衬砌中线两侧 60°～75°,当地形地质条件明显不对称时则应采用不对称布置。

(2)杆体材料:通常采用外径为 ϕ42、ϕ50、ϕ60 的热轧无缝钢管。

(3)杆体长度:一般采用 3～5m,具体长度应根据初期支护钢拱架间距及设计的纵向搭接长度确定。

(4)纵向搭接:不小于 100cm。

(5)环向间距:一般为 45～50cm,当地质条件偏差时可为 35～40cm,当地质条件偏好时可为 55～60cm。

(6)外插角:一般采用 10°～25°。

(7)一般可以考虑采用直接顶入的方法施工,然后通过钢管压注适量的早强水泥砂浆。

二、超前小导管

1.超前小导管定义及原理

超前小导管是利用钢花管对隧道开挖面前方的拱部软弱围岩进行注浆加固的一种辅助施工方法。一般是沿隧道纵向在拱上部开挖轮廓线外一定范围向前上方倾斜一定角度,或沿隧道横向在拱脚附近向下方倾斜一定角度设置的密排注浆钢花管。与前述超前小钢管相比较,其杆体材料是相同的,但由于超前小导管对围岩进行了注浆固结,其支护刚度和预支护效果要大于超前小钢管。

在软弱地质条件下,通过超前小导管对围岩进行注浆,使地层得到固结和加密,不仅能提高围岩整体强度，阻止地下水的流入，达到防水作用，而且起到超前支护的作用，能够有效防止洞室坍塌，减小地表沉降。超前小导管比较适用于地下水量较小的砂石土、砂卵(砾)石层、断层破碎带、软弱围岩及浅埋等地段。

超前小导管与超前锚杆的作用原理类似，也利用杆体与前方围岩和已施作的钢拱架形成的两端支撑梁结构对开挖面围岩保护，为初期支护施工提供必要的作业时间。

2.超前小导管设计

1)杆体设计

超前小导管一般采用热轧无缝钢管，公路隧道上常用的杆体直径有 ϕ42、ϕ50 等，管壁上每隔 10～20cm 交错钻 6～8mm 的注浆孔，呈梅花形布置，前端加工成锥形，尾部长度不小于 30cm，作为不钻注浆孔的预留止浆段，距末端 0.2m 焊接一圈 ϕ6 钢筋，以利于套管顶进；钻孔后置入钢管，在孔口段应设置止浆塞，采用袖阀管注浆。超前小导管设计见图 14-2-2。

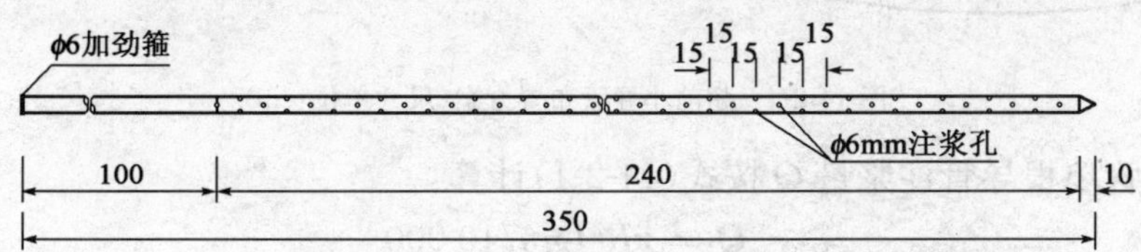

图 14-2-2 超前小导管管体设计图(尺寸单位：cm)

杆体长度：一般采用 3～5m，具体长度应根据初期支护钢拱架间距及设计的纵向搭接长度确定。另外，为确保超前小导管作用的充分发挥，其长度也可按设计开挖方法的短台阶高度加 1m 来确定。

在一些地质条件下，比如砂层条件，为防止流砂进入小导管影响其注浆效果，可将小导管溢浆孔制成台阶形，外大内小，在孔上贴塑料贴片进行封堵。这种形式的小导管又称为 TSS 管，其溢浆孔设置如图 14-2-3 所示。

2)布置方案

采用超前小导管预支护时，小导管沿开挖轮廓线周边布设。一般在公路隧道上应用时布置方案如下。

(1)纵向搭接：一般不小于 100cm，特殊情况下可达到 150～200cm。

(2)环向间距：一般为 30～40cm，当地质条件偏差时可为 20～30cm，当地质条件偏好时可为 40～50cm。

(3)设置范围：一般为衬砌中线两侧 60°～75°。

(4)外插角：一般采用 10°～30°。

常见的超前小导管布设方案见图 14-2-4。

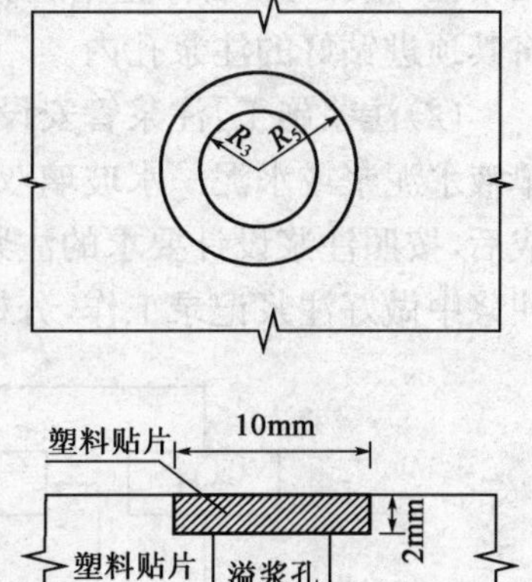

图 14-2-3 TSS 小导管溢浆孔示意图

3)小导管注浆设计

超前小导管注浆一般以水泥浆为主，水泥浆水灰比 1∶0.5～1。当围岩破碎、岩体止浆效果不好时可采用水泥-水玻璃双液注浆，以控制浆液的凝结时间。注浆压力一般采用 0.5～1.0MPa，必要时在孔内设置止浆塞。不透水的黏土层宜采用高压劈裂注浆，每孔注浆量达到设计注浆量或注浆压力达到最高设计注浆压力并保持 5min 以上时可以结束注浆。

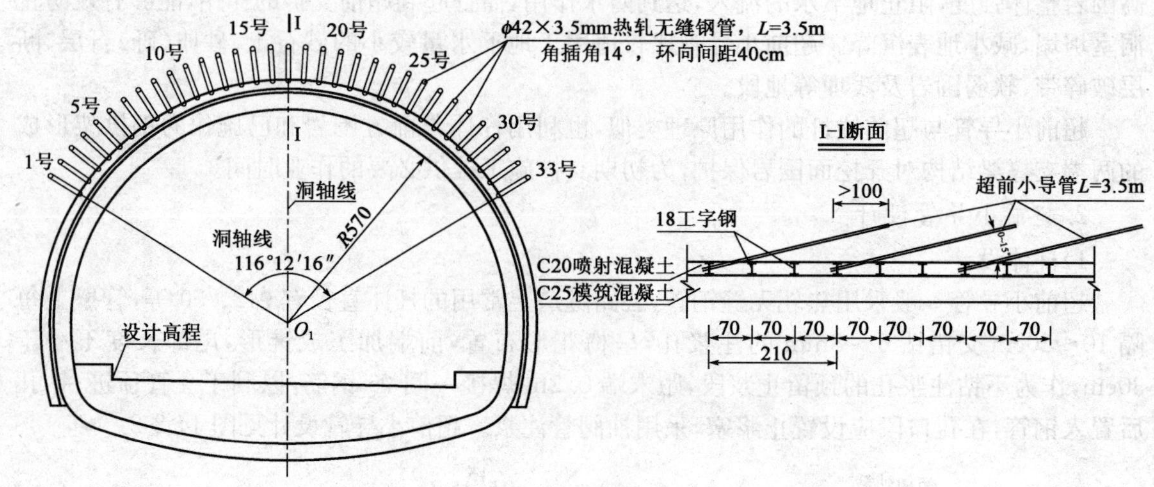

图 14-2-4　超前小导管布置方案(尺寸单位:cm)

超前小导管单根导管注浆量 Q 按式(14-2-1)计算:

$$Q = \pi R^2 L n \eta / 10\,000 \tag{14-2-1}$$

式中:L——导管长度(m);

n——围岩孔隙率(%);

η——注浆填充效率(%);

R——小导管注浆扩散半径(m),可根据导管排列密度确定,也可考虑注浆扩散范围相互重叠的情况,一般为导管环向间距的 0.6～0.7 倍。

3. 小导管工艺流程

(1)小导管安设:根据注浆设计图孔口位置,在现场用红油漆标出注浆孔孔位,然后采用风钻钻孔,钻深 3m 后停止钻进。在注浆管中部(未开孔段)缠绕棉纱,长度 20～30cm,并用风钻将其顶进钻好的注浆孔内。

(2)注浆施工:注浆管安设完成后,注浆机具设备就位,连接注浆管路注浆,注浆材料采用单液水泥浆或水泥—水玻璃双液浆。单孔注浆结束标准遵循注浆设计的要求,一个注浆孔完成后,按照注浆设计要求的注浆顺序进行下一注浆孔的注浆,直到全部注浆孔完成注浆作业。注浆中做好注浆记录工作,分析注浆效果。超前小导管施工工艺流程见图 14-2-5。

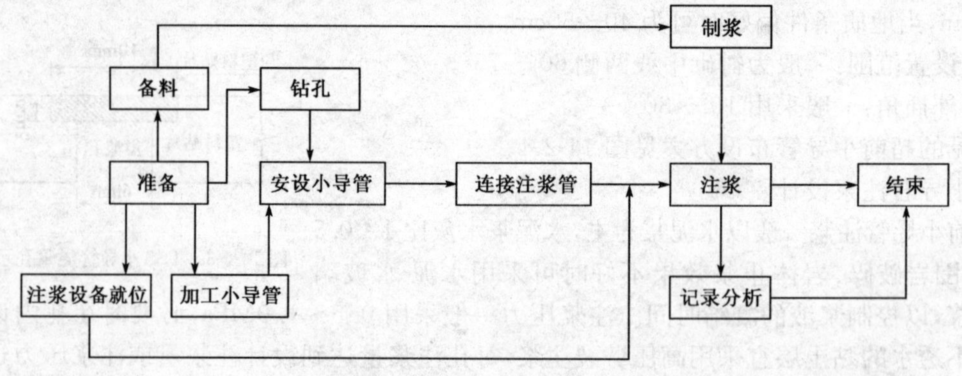

图 14-2-5　超前小导管施工工艺流程图

三、超前管棚

1. 作用原理

超前管棚是将大直径的钢花管安插在已钻好的超前钻孔中，在隧道开挖轮廓线外形成钢管支护棚架的一种超前支护方式。利用钢花管的强度支承和加固自稳能力极低的围岩，以防止软弱围岩的下沉、松弛、坍塌等。

管棚超前预支护具有棚架、锚固、固结地层三种功能，它将部分荷载有效地吸收和传递到已封闭的支护结构上。在软弱松散的不良地质地带，通过大管棚注浆补充固结土体，可增强隧道上方土体的稳定性，保证隧道进洞安全，满足围岩开挖稳定的要求。

管棚支护能力强大，但是施工技术复杂，造价较高，一般仅在隧道地质条件较差的洞口段及坍塌后可能产生严重后果的洞身地段采用，如含水土质地层、宽大破碎带以及地面有重要建筑物的浅埋地段等。当地质条件较差需设置多排长管棚时，一般需在洞内设置管棚工作室，对洞室进行适当的扩大。

2. 超前管棚设计

1)杆体设计

超前管棚通常采用大直径的热轧无缝钢管（ϕ80～ϕ180mm），目前在公路隧道常用的直径是ϕ89、ϕ108等。长管棚的钢管前端呈尖锥状，尾端焊上ϕ6mm的加劲箍，管壁四周钻ϕ10～ϕ16mm注浆孔，间距15～20cm，梅花形布置，尾部为3～4m不钻孔的止浆段。管棚钢管通常采用节长3～6m，分段安装，各节间用长15cm的丝扣或“V”形对焊进行连接。超前长管棚杆体设计图如图14-2-6所示。

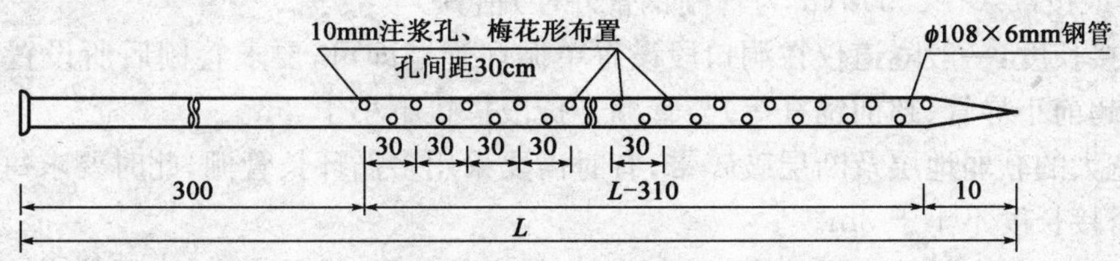

图 14-2-6 超前长管棚杆体设计图(尺寸单位：cm)

如果地质条件较差，为了增加管棚的刚度，可灌入水泥砂浆，必要时还可放入钢筋笼，以增强管棚的抗拉强度与抗弯刚度。

钢筋笼一般由主筋和固定环组成，主筋直径可选用16～25mm，固定环采用钢花管节或钢筋环。

图14-2-7为某下穿城市一级快速路下方的二车道隧道所采用的钢筋笼设计。该隧道拱顶距原路面距离仅2～3m，长管棚采用ϕ140×8钢花管，注浆后放入ϕ25钢筋笼，钢筋笼由4根ϕ25钢筋焊接在ϕ68×4固定环上，待完成长管棚注浆后放入管棚内，并灌注M30水泥砂浆充满。该长管棚在整个下穿段施工过程中作用明显，结合初期支护的及时跟进、闭合，整个隧道施工开挖过程中在原快速路交通不中断的情况下，路面沉降不超过2cm。

2)管棚成孔设计

管棚的设置主要有钻孔引入法和导管直接打入法，一般情况下可采用钻孔引入法。根据成孔的难易程度，可选择不同的成孔方法和机械。当地层允许先成孔后排管时，可采用一般的地质钻机、钻孔台车等钻进设备，先钻孔、后跟管。成孔困难时，需采用跟管钻机，边钻孔边打入钢管。一般采用跟管技术时，其精度控制难度更大，所以更多的使用在处理塌方、通过松散软弱地层、精度要求不高的地段。

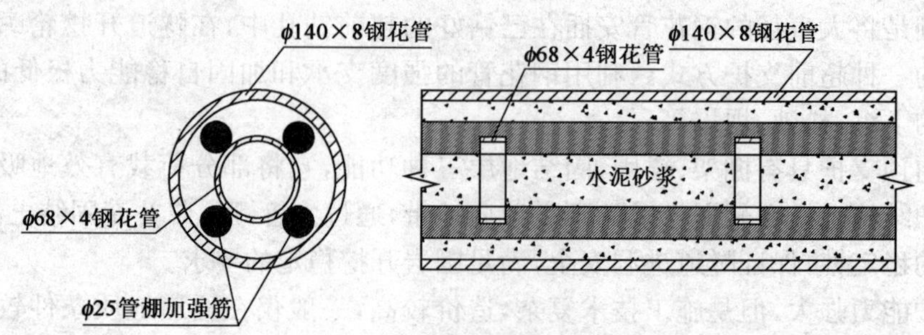

图 14-2-7 管棚内置钢筋笼设计图

3)布置方案

(1)管棚长度：管棚长度的确定应视隧道所处地形、地质情况，以及地面上、地中建(构造)筑物确定。在普通公路隧道洞口段，通常设计管棚一次性通过坡积层及全、强风化层浅埋段，同时为确保施工质量，管棚也不宜过长，通常管棚设计长度在 10～45m。

(2)设置范围：管棚的钢管布置可根据需要加固和支承的范围而定，一般布置于隧道拱顶中线两侧 50°～60°，在一些地质情况下，也有全断面、半断面和拱部、边墙等多种布置方式。

(3)管棚环向间距：管棚的环向间距对于防止上方土体的塌落和松弛影响较大，应根据地层性质(裂隙、地下水等)、地层压力、设置部位(拱部、墙部、底部)、开挖方法等确定，通常采用 30～50cm，或按(2.0～2.5)d(d 为管棚钢管外径)估算。

(4)搭接长度：一般隧道仅在洞口段设置单循环管棚即可，要求管棚后所设置的其他超前支护方式(超前小导管、超前锚杆等)与管棚支护段搭接不小于 2m。

对于宽大的软弱地层及断层破碎带，有时需要采用多循环长管棚，此时要求每个循环长管棚之间的搭接长度不小于 3m。

(5)钢管布置：在长管棚设计中一般应对钢管进行编号，编号为奇数(偶数)的为有孔花管，编号为偶数(奇数)的为无孔花管。施工中先施工有孔花管，注浆后再打无孔花管，无孔花管可以作为检查管，检查注浆质量。

为保证长管棚整体强度，一般要求钢管沿隧道纵向同一横断面内的接头数不大于 50%，相邻钢管接头数至少需错开 1.0m 以上。为使接头错开，第一节钢管交错使用 3m 和 6m 的节长，以后每节均采用 6m 的节长。

(6)套拱或导向墙

为保证长管棚整体稳定以及钻孔施工的方向，通常会在管棚起点设置钢筋混凝土套拱或导向墙对钢管的钻孔进行导向；另外，同时在洞口设置的套拱也是洞口掌子面稳定的重要措施。

对于在隧道洞口设置的长管棚，套拱应设置在明洞衬砌外，洞内的管棚套拱一般设置在扩大的管棚工作室内。

常用的套拱为纵向长度 200cm、厚 60～80cm 的 C25 钢筋混凝土结构，可在套拱内用工字钢或格栅钢架代替配筋。

套拱内安放孔口管(导向钢管),以保证管棚的导向进度。孔口管直径一般稍大于管棚钢管,并需要结合钻机钻头尺寸。如对于 ϕ108 管棚,孔口管一般采用 ϕ127×6mm 的钢管,对于 ϕ80 管棚,孔口管一般采用 ϕ95×4.5mm 的钢管。

隧道内管棚工作洞室一般纵向长 8～10m,将隧道的正常开挖断面扩大 1.0～1.5m 后形成,然后施工钢筋混凝土套拱,以便长管棚钻机施工。

洞内设置的管棚工作洞室,施工完成后必须回填。

4)管棚注浆设计

管棚注浆可以在钻孔过程中采用前进式注浆,也可在钻孔完成后采用孔口管注浆或利用长管棚钢花管注浆。管棚注浆一般以水泥浆为主,注浆扩散半径、管棚间距及地质情况确定,一般可按 0.5～0.6m 计算。注浆压力与地质条件有关,一般注浆初始压力为 0.5～1.0MPa,终压为 2.0MPa。若地下水量较大,注浆浆液内可添加 5%的水玻璃或通过现场试验确定添加水玻璃的比例。每孔注浆量达到设计注浆量或注浆压力达到 2.0MPa,保持 10min 以上时可以结束注浆。

钻孔过程中进行注浆的注浆量计算方法参见本章第七节注浆设计。

通过管棚钢花管进行注浆时,注浆量的计算方法与小导管注浆计算相同。

3. 管棚工艺流程

管棚工艺流程一般是套拱(导向墙)→钻孔→安装钢管→注浆,见图 14-2-8。

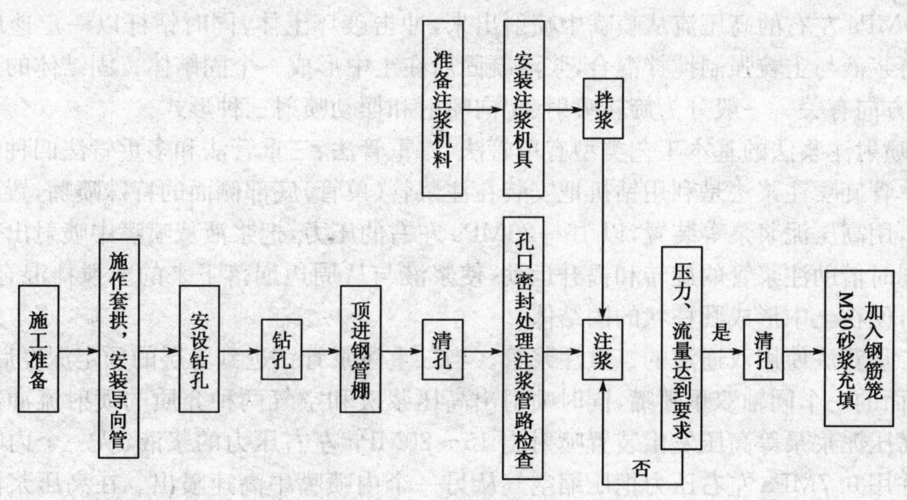

图 14-2-8　长管棚工艺流程

为保证长管棚施工钻进方向的准确,必须考虑钻进中的下垂,因此实际钻孔方向应较钢管设计方向上偏 1°。在钻进过程中也必须用测斜仪测定钢管偏斜度,发现偏斜有可能超限应及时纠正,以免影响开挖和支护。每钻完一孔便顶进一根钢管。为增强钢管的刚度,注浆完成后管内应用 M20～M30 水泥砂浆填充。

当管棚钻孔容易坍塌时,应考虑采用跟管技术,或导管与钻头同时钻进。

只有在长管棚注浆施作完成,并达到规定的固结强度后,才能按设计的施工步骤在管棚支护环的保护下进行掘进开挖。

四、水平高压旋喷桩

1. 作用原理

水平高压旋喷超前支护就是在开挖面前方采用高压旋喷技术，在隧道开挖轮廓线外形成拱形旋喷桩预支护，以保证隧道施工开挖安全的一种超前加固方法。该方法适用于城市的浅埋隧道和靠近建筑物的隧道，在防止隧道变形和地表下沉、确保大断面隧道开挖的地层稳定方面效果较好。

高压水平旋喷支护主要适用于处理淤泥、淤泥质土、黏性土、粉土、黄土、砂土、人工填土和碎石土等地基。对于地下水流速度过大、浆液无法在注浆管周围凝固的情况、无填充物的岩溶地段、永久冻土以及对水泥有严重腐蚀的地基等，均不宜采用高压喷射注浆法。

高压旋喷桩具有以下的特点：

(1)隧道开挖之前，在掌子面前方构筑拱形支护刚性体，减轻开挖后支护上的荷载，控制因开挖引起的地层松弛和变形。

(2)因采用高压旋喷，可使洞周围岩形成改良的、高强度的土体。

(3)采用专门的施工机械，施工速度快。

2. 高压旋喷桩设计

高压旋喷法利用钻机把带有喷嘴的注浆管钻进至土层的预定位置后，以高压设备使浆液或水以 20MPa 左右的高压流从喷嘴中喷射出来，冲击破坏土体，同时钻杆以一定速度渐渐向外提出，将浆液与土粒强制搅拌混合，浆液凝固后在土中形成一个固结体。固结体的形状和喷射流移动方向有关。一般分为旋转喷射、定向喷射和摆动喷射三种形式。

高压喷射注浆法的基本工艺类型有单管法、二重管法、三重管法和多重管法四种方法。

(1)单管旋喷注浆法是利用钻机把安装在注浆管(单管)底部侧面的特殊喷嘴，置入土层预定深度后，用高压泥浆泵等装置，以 15～20MPa 左右的压力，把浆液从喷嘴中喷射出去冲击破坏土体，同时借助注浆管的旋转和提升运动，使浆液与从周边崩落下来的土搅拌混合，经一定时间凝固，便在土中形成圆柱状的固结体。

(2)二重管法使用双通道的二重注浆管。当二重注浆管钻进到土层的预定深度后，通过在管底部侧面的一个同轴双重喷嘴，同时喷射出高压浆液和空气两种介质的喷射流冲击破坏土体，即以高压泥浆泵等高压发生装置喷射出 15～20MPa 左右压力的浆液，从一个内喷嘴中高速喷出，并用 0.7MPa 左右压力把压缩空气从另一个内喷嘴中高速喷出。在高压浆液和它外圈环绕气流的共同作用下，破坏土体的能量显著增大，喷嘴一面喷射一面旋转和提升，最后在土中形成圆柱状固结体。

(3)三重管法使用分别输送水、气、浆三种介质的三重注浆管。在高压泵等高压发生装置产生 20～40MPa 左右的高压水喷射流的周围，环绕一股 0.7MPa 左右的圆筒状气流，进行高压水喷射流和气流同轴喷射冲切土体，形成较大的空隙，再另由泥浆泵注入压力为 2～5MPa 的浆液填充，喷嘴作旋转和提升运动，最后便在土中凝固为直径较大的圆柱状固结体。

(4)多重管法首先需要在地面钻一个导孔，然后置入多重管，用逐渐向下运动的旋转超高压力水射流(压力约为 40MPa)，切削破坏四周的土体，经高压水冲击下来的土和石成为泥浆后，立即用真空泵从多重管中抽出。如此反复地冲和抽，便在地层中形成一个较大的空间。装在喷嘴附近的超声波传感器及时测出空间的直径和形状，最后根据工程要求选用浆液、砂浆、砾石等材料进行填充，于是在地层中形成一个大直径的柱状固结体，在砂性土中最大可达 4m。

作为隧道超前支护，比较适用的为单管法和二重管法，且需专用机械施工。

1)常用布置方案

水平高压旋喷支护常用的设计参数如下：

(1)外倾角一般为 3°～10°。

(2)一次施作深度一般为 10m 左右，最深可达到 20m，具体可根据施工机械的性能确定。

(3)每一循环的搭接长度应不小于 2.0m。

(4)布孔环向间距根据围岩的实际情况而定，一般间距为 30～60cm，以相邻孔浆液能互相连接形成拱形结构为原则。

2)旋喷桩形式选择

旋喷施工时，高压喷射流在地基中把土体切割破坏，其加固范围就是喷射距离加上渗透部分或压缩部分的长度为半径的圆柱体。一部分细小的土粒被喷射的浆液所置换，随着液流被带到地面上(俗称冒浆)，其余的土粒与浆液搅拌混合。在喷射动压力、离心力和重力的共同作用下，横断面上的土粒按质量大小有规律地排列起来，小颗粒在中部居多，大颗粒多数在外侧或边缘部分，形成了浆液主体搅拌混合、压缩和渗透等部分，经过一定时间便凝固成强度较高、渗透系数较小的固结体。随着土质的不同，横断面结构也多少有些不同。由于旋喷体不是等颗粒的单体结构，固结质量也不均匀，通常是中心部分强度低，边缘部分强度高。

水平旋喷桩的直径大小跟地层密实度关系密切，因此喷射参数需要随着地层的变化进行调整，以保证桩体前后均匀。通常应根据估计直径来选用喷射注浆的种类和旋喷方式。对于大型或重要的工程，估计直径应在现场通过试验确定。一般条件下，旋喷桩设计直径可参考表 14-2-2 初步确定，定喷和摆喷的有效长度约为旋喷桩直径的 1.0～1.6 倍。

旋喷桩的设计直径(单位：m)　　表 14-2-2

土质 \ 方法		单管法	二重管法	三重管法
黏性土	$0<N<5$	0.5～0.8	0.8～1.2	1.2～1.8
	$6<N<10$	0.4～0.7	0.7～1.1	1.0～1.6
	$11<N<20$	0.3～0.6	0.6～0.9	0.7～1.2
砂性土	$0<N<10$	0.6～1.0	1.0～1.4	1.5～2.0
	$11<N<20$	0.5～0.9	0.9～1.3	1.2～1.8
	$21<N<30$	0.4～0.8	0.8～1.2	0.9～1.5

注：N 为标准贯入击数。

3)旋喷桩注浆选择及计算

(1)材料选择

喷射注浆的材料根据喷射工艺要求，浆液应具备良好的可喷性和足够的稳定性。

掺入少量外加剂的水泥浆，其水灰比一般采用 1∶1～1.5∶1 就能保证较好的喷射效果。水灰比越大，则可喷性越好，但过大的水灰比会影响浆液的稳定性。浆液的可喷性可用流动度或黏度来评定。

水泥浆液稳定性是指浆液在初凝前析水率小，水泥的沉降速度慢，分散性好以及浆液混合后经高压喷射而不改变其物理化学性质。

喷射注浆的材料，根据注浆目的可分成以下几种类型：

①普通型：一般采用 32.5 级或 42.5 级硅酸盐水泥浆，不加任何外加剂，水灰比为 1：1～1.5：1，固结体 28d 的抗压强度最大可达 1.0～20MPa，对一般无特殊要求的工程宜采用普通型。

②速凝早强型：对地下水丰富的工程需要在水泥浆中掺入速凝早强剂，因纯水泥浆的凝固时间太长，浆液易被冲蚀而不固结。

③高强型：喷射固结体的平均抗压强度在 20MPa 以上称为高强型。提高固结体强度的方法有选择水泥强度等级，或选择高效的扩散剂和无机盐组成的复合配方。

④抗渗型：在水泥浆中掺入 2%～4%的水玻璃，其抗渗性能就有明显提高，使用的水玻璃模数要求在 2.4～3.4 较为合适，浓度要求 30～45Be′为宜。

(2)浆量计算

高压旋喷的浆量计算有两种方法，即体积法和喷量法，取其大者作为设计喷射浆量。

①体积法

$$Q=\frac{\pi}{4}D_e^2k_1h_1(1+\beta)+\frac{\pi}{4}D_0^2k_2h_2 \tag{14-2-2}$$

式中：Q——需要用的浆量(m^3)；

D_e——旋喷管直径(m)；

D_0——注浆管直径(m)；

k_1——填充率，取 0.75～0.9；

h_1——旋喷长度(m)；

k_2——未旋喷范围土的填充率，取 0.5～0.75；

h_2——未旋喷长度(m)；

β——损失系数，取 0.1～ 0.2。

②喷量法

以单位时间喷射的浆量及喷射持续时间，计算出浆量，计算公式为：

$$Q=\frac{H}{v}q(1+\beta) \tag{14-2-3}$$

式中：Q——浆量(m^3)；

v——提升速度(m/min)；

H——喷射长度(m)；

q——单位时间喷浆量(m^3/min)；

β——损失系数，取 0.1～0.2。

根据计算所需的喷浆量和设计的水灰比，即可确定水泥的使用数量。

4)水平高压旋喷桩的一些注意事项

设计中采用水平旋喷桩相互搭接形成支挡体系，对于稳定洞室周边土体效果较好，若要达到止水的目标则较为困难。主要原因是施工中由于机械或地层影响常导致钻杆跑偏，使桩与桩之间在端部错位，特别是当桩长在 10m 以上时将导致旋喷桩尾段不密闭。

如果需要达到止水的目的，一般可采用旋喷与摆喷相结合的方法施工。旋喷桩的不足之处是水泥用量较大，工效较慢，直径难以准确控制；定喷的特点是形成的板墙薄而长，体积小，不但成本较低，而且整体连续性也高，是一种理想的堵水防渗方法。兼顾旋喷和定喷各自的特点，将这两种注浆方式有机结合起来，作成抗弯抗剪性能良好、整体连续性高、堵水防渗效果好的结构。

高压旋喷注浆体的渗透系数一般可达到 $K=1.0\times10^{-6}$cm/s，只要水泥土混合均匀，桩体之间搭接良好，可以形成实用的防水墙。如需旋喷桩止水，最好在水泥浆液中掺入 10%～50%的膨润土（占水泥量的百分比），且不宜使用矿渣水泥。

当对高压喷射桩的支护强度要求较高时，可旋喷桩内插型钢或钢管，以增强旋喷桩的抗拉强度和抗弯刚度。

第三节　临时封闭措施设计

隧道常用的临时封闭措施主要为掌子面临时封闭与初期支护临时仰拱封闭。对于掌子面封闭与临时仰拱封闭，是隧道开挖过程中对施工不稳定作业面采取的临时、局部的辅助安全措施，是加快隧道开挖进度、保证工期和安全的辅助手段，在完成开挖或主体结构支护封闭后，临时封闭措施必须拆除。

掌子面临时封闭措施一般用于如下条件：

(1)地质条件较差而掌子面难以自稳的地段。

(2)地应力较高而掌子面可能发生岩爆或大变形的地段。

(3)发生全断面塌方需对前方坍塌土体注浆的地段。

(4)需要采用全断面注浆加固或止水的地段。

(5)需要严格控制开挖面前方地层变形的地段。

(6)其他需要进行掌子面封闭的地段。

洞内掌子面封闭包括锚喷支护封闭、袋装土挡墙封闭以及现浇混凝土墙封闭三种方法。

(1)当掌子面具备一定自稳能力时，可采用锚喷支护封闭。

(2)当掌子面发生坍塌或涌水泄泥时，可采用袋装土挡墙封闭。

(3)当需要对前方进行高压注浆时，应考虑采用现浇混凝土挡墙封闭。

1. 锚喷支护封闭

锚喷封闭一般喷射混凝土厚度不宜超过 10cm，锚杆长度不宜超过 250cm。当需要加长锚杆时，应考虑适当调整掌子面开挖形状或采用纤维喷射混凝土，以提高封闭结构的抵抗能力。掌子面封闭锚杆宜采用塑料锚杆，以方便拆除。

2. 袋装土挡墙封闭

袋装土挡墙封闭用于紧急抢险时，一般施工质量较差，可在袋装土挡墙的外侧再喷射混凝土层。

3. 现浇混凝土墙封闭

现浇混凝土挡墙与隧道开挖面大小及形状有关，一般可采用 50cm 厚的 C15～C20 低强度等级的混凝土。当注浆压力或土压力较大时，厚度可达到 100～150cm。

在地质条件较差的地段，如果仰拱工作面距开挖掌子面距离过长，有可能导致衬砌结构处于十分不利的应力状态，超限沉降或衬砌开裂的现象经常发生。为控制变形，一般要求仰供距离开挖工作面的距离不大于一倍洞径，这对于采用分部开挖的大跨度公路隧道较为困难。因此，必要时在开挖台阶上施作临时仰拱，以便支护结构尽快形成闭合环。

第四节　地表加固措施设计

在隧道不能形成“拱效应”的洞口或洞身的浅埋、偏压地段，暗挖时常采用地表加固措施，防止发生过大的地面沉降和土体的水平滑移。地表加固措施常用地表砂浆锚杆、地表加固注浆、墙式支挡等方法。选用地表加固措施时，应视地表的土地利用情况选用。

一、地表砂浆锚杆

1.作用原理

地表砂浆锚杆是从地面沿隧道开挖方向向拱顶部位布置竖向锚杆，防止隧道开挖时地面沿其滑移面沉降的一种预支护方案。地表砂浆锚杆可通过对拱顶围岩进行约束，承担隧道开挖后土体变形时产生的拉应力，以达到控制地面沉降和滑移、防止开挖工作面坍塌的目的。

地表砂浆锚杆通常按矩形或梅花形布置于隧道待开挖面上方，在隧道上方形成一个保护区。地表锚杆施工后，砂浆锚杆形成一个棒状的钢筋加固体，制约土体相对向下移动；而且地表砂浆锚杆成为其周边土体的核心，使开挖后拱顶的土体平衡拱矢高大大减小，因而能有效保证隧道的安全。

隧道在洞口或洞身处于沟谷之中浅埋、偏斜段时，地质较差（Ⅴ、Ⅵ级软弱、破碎围岩），为了保证隧道施工安全以及使用期间支护结构的安全，可考虑采用地表锚杆加固。图 14-4-1 为地表砂浆锚杆纵向布置示意图。

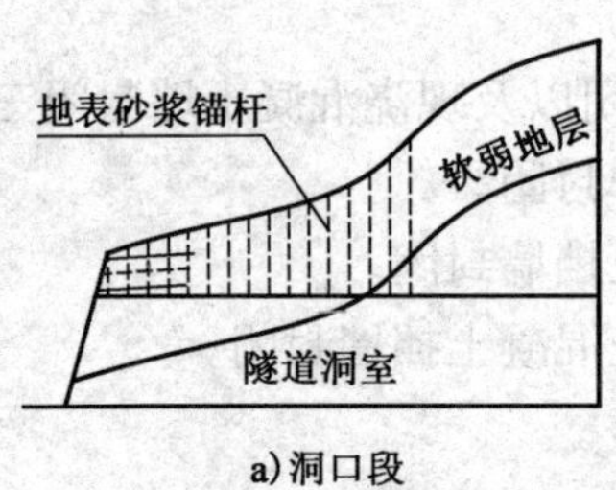

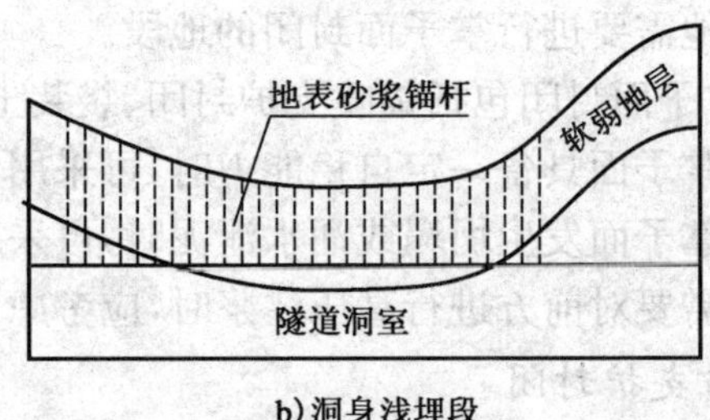

图 14-4-1　地表砂浆锚杆纵向布置示意图

2.地表砂浆锚杆设计

地表砂浆锚杆一般采用全长黏结的普通水泥砂浆锚杆，当施工工期紧张时也可以采用早强水泥砂浆锚杆，常用设计参数如下：

(1)锚杆材料：通常采用 $\phi16\sim\phi22$mm 的螺纹钢筋加工而成。

(2)锚杆长度：根据隧道埋深确定，一般要求锚杆达到隧道拱部外边缘线处。考虑经济性，地表砂浆锚杆加固深度一般为 3～10m，特殊条件下不宜超过 15m。

(3)锚杆间距：通常采用 100～200cm，呈梅花形或矩形布置。

(4)为了更好发挥地表砂浆锚杆的砂浆桩作用，锚杆钻孔略大于普通锚喷支护所采用的直径。通常要求锚杆孔直径 $D \geqslant 50$mm。当锚杆长度小于 5m 时，钻孔直径可取 50～60mm，当锚杆长度大于 10m 时，钻孔直径可取 100～120mm。在插入锚杆后充填 M20 号水泥砂浆。

(5)锚杆的上端基本与地面平齐，下端至隧道开挖轮廓线外 50cm；两侧下端至洞室两侧破裂面下 1.5～2.5m。

(6)加固范围：地表锚杆加固范围应根据地形地质条件确定。

横向宽度一般为隧道开挖跨度的 1～2 倍左右，也可按破裂面估算法进行估算确定。

地表砂浆锚杆加固范围的破裂面估算法如下：假定在软弱围岩中开挖隧道后，边墙外侧岩体沿竖直面呈 $45° - \varphi/2$ 夹角的破裂面滑动。由该破裂面向上延伸与地面交线之间的距离，即为应加固的宽度 B。

$$B/2 = b/2 + (h + H)\tan(450 - \varphi/2) \tag{14-4-1}$$

式中：b——隧道开挖宽度(m)；

h——隧道埋深(m)；

H——隧道开挖高度(m)；

φ——岩石内摩擦角(°)。

地表砂浆锚杆的纵向加固长度一般采用浅埋段长度，也可以按埋深 $h \leqslant 2b$(b 为隧道开挖宽度)时的长度作为加固长度范围。图 14-4-2 为地表砂浆锚杆布置示意图。

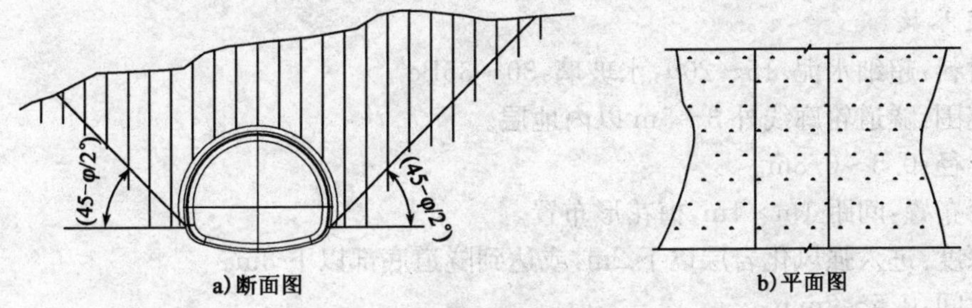

图 14-4-2　地表砂浆锚杆布置示意图

二、地表注浆加固

地表注浆加固的目的是为了对洞口或洞身浅埋段土体进行改良，防止隧道开挖引起地表大量沉降及开裂造成塌方，同时在隧道修建后，能防止地表水沿沉降裂缝大量灌入隧道结构范围附近，造成结构防水的困难。

在黏土地层，全、强风化带，断层带注浆，其作用机理主要表现为裂隙填充和劈裂，通过地层注浆达到岩体固结的目的。注浆范围包括隧道开挖土体及周围土体。隧道上部土体加固使土体整体性加强，增强了覆盖层土体抗剪切破坏的能力。地表砂浆锚杆布置示意图见图 14-4-3，地表注浆加固土体断面的范围如图 14-4-4 所示。

1. 地表注浆设计

(1)地面预注浆的注浆布孔多按梅花形或矩形排列，钻孔方向垂直地面，孔深一般由地表至洞身外轮廓线外，必要时可以贯穿洞身。

(2)注浆宽度一般在隧道开挖宽度的 3～5m，纵向注浆长度超过不良地质地段 5～10m。

(3)注浆孔间距为单孔浆液扩散半径 R 的 1.4～1.7 倍，浆液一般采用单液水泥浆，特殊情况下增加水玻璃或化学浆液。

(4)注浆孔一般为 $\phi110$,可仅对需要注浆的范围利用止浆塞进行局部地段注浆,也可以采用孔口管全长注浆。

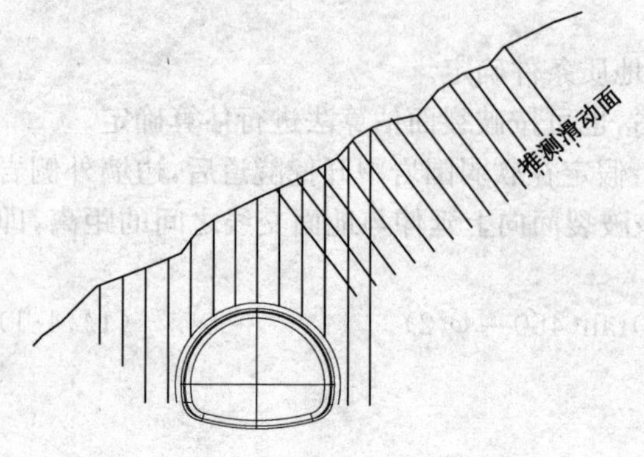

图 14-4-3　地表砂浆锚杆布置示意图(偏压)

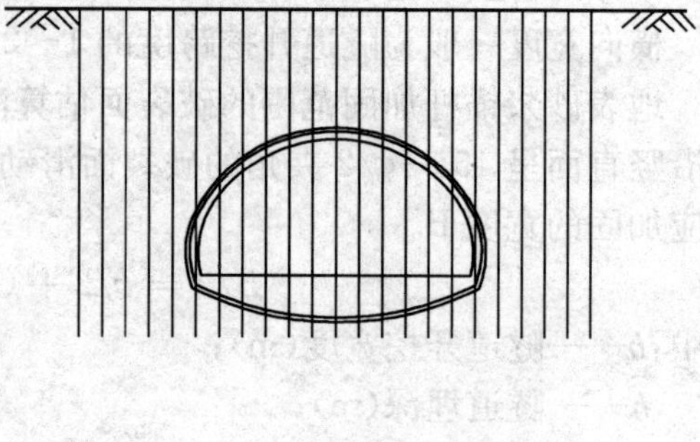

图 14-4-4　隧道地表加固范围图

(5)注浆管可采用 32～50mm 的钢管,也可采用高压 PVC 管。

(6)为增强地表砂浆锚杆及地表小导管注浆的加固效果,可以在地表再施作一层喷网层,并将钢筋网与锚杆或小导管焊接为整体。

2. 注浆参数

注浆材料:超细水泥:15～20μ,水玻璃:30～35Be′。

注浆范围:隧道轮廓线外 3～5m 以内地层。

扩散半径:0.5～0.8m。

注浆管布置:间距 1m×1m,梅花形布置。

钻孔深度:进入强风化岩层以下 2m,或达到隧道底部以下 3m。

凝胶时间:0.5～2min。

注浆压力:1～1.5MPa。

注浆量(单孔):

$$Q = \pi R^2 H n \alpha \beta \tag{14-4-2}$$

式中:Q——单孔注浆量(m^3);

R——浆液扩散半径(m);

H——注浆长度(m);

n——地层孔隙率(%);

α——空隙充填率(%);

β——浆液损失率(%)。

3. 工艺流程

浅埋隧道地表加固注浆工艺流程如图 14-4-5 所示。

4. 注浆施工

(1)造设止浆岩层:清除注浆区域表层腐殖土,设 C15～C20 混凝土止浆墙,止浆墙厚度 20～30cm,以防止注浆过程中地面冒浆。

(2)钻孔:用轻型钻机进行钻孔,如地层成孔困难,采用跟管钻机钻孔。

(3)安设注浆管:下入硬质袖阀式塑料注浆管。

(4)注浆前进行压水试验,检查管路密封状况和地层吸浆情况。

(5)注浆采用后退式分段注浆,分段注浆量 $q=\pi R^2 Ln\alpha\beta$,其中 L 为分段长度。

地表加固注浆主要用于洞口浅埋且地层非常松散破碎、容易发生大规模坍塌或失稳的地段。

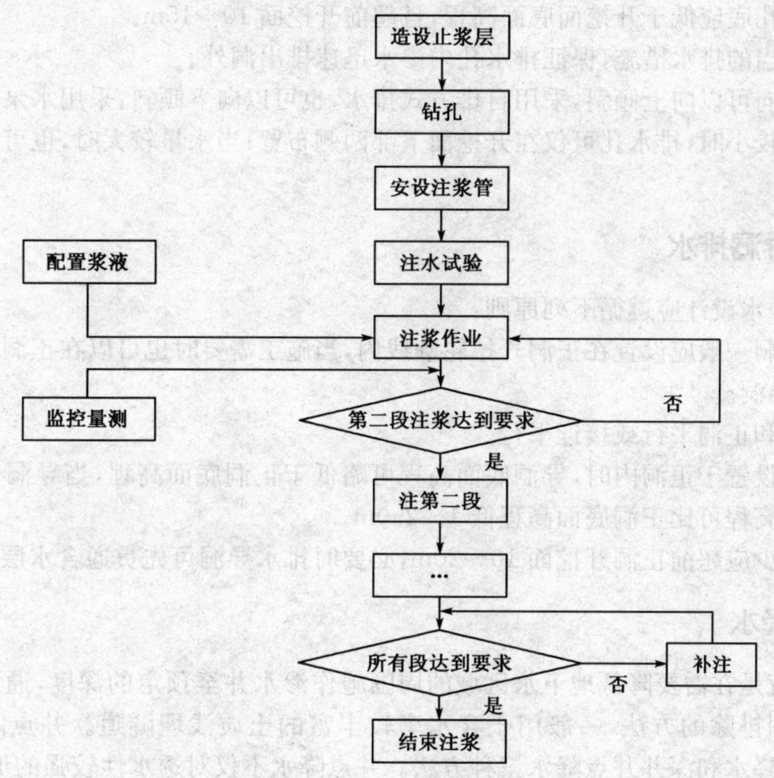

图 14-4-5　地表加固注浆流程图

三、墙式遮挡法

墙式遮挡法一般用于浅埋隧道,且隧道上方两侧(或一侧)地表有建筑物。此时可在隧道两侧(或一侧)从地表向下打入板桩,形成遮挡壁,以限制因隧道开挖造成围岩松弛的范围传到遮挡壁以外,从而保证了地表建筑物的安全。这种方法常用的有混凝土连续壁法、H 形型钢、钢板桩遮挡法等。

第五节　排水措施设计

隧道开挖过程中,当地下水位较高,且地下水较丰富,地下水的渗流危及隧道施工安全时,可以考虑采用适当的排水措施排除地下水,使隧道施工作业在无水或少水的环境下安全地进行。常用的隧道施工排水方法有超前钻孔排水、超前辅助坑道排水以及井点降水等。

超前钻孔排水和超前辅助导坑排水主要用于地下水来源于隧道前方或设计高程以上的情

况，如断层破碎带。一般设置在隧道主洞两侧，略低于隧道开挖底面高程，以有效地降低隧道前方渗水量，保证开挖面稳定，方便施工。该方法主要适用于土质粉砂质砂砾层，渗透系数约为 $10^{-4}\sim10^{-1}$cm/s。

一、超前钻孔排水

超前钻孔排水设计应遵循下列原则：

(1)钻孔的孔底应低于开挖面底面高程，且超前开挖面 10～15m。

(2)采用适当的排水措施，保证排水孔内渗水迅速排出洞外。

(3)钻孔方向可以向上倾斜，采用自排方式排水，也可以向下倾斜，采用水泵排水。

(4)当水量较小时，排水孔可仅在开挖面下部两侧布置；当水量较大时，也可以在开挖面上多点布置。

二、超前导洞排水

超前导洞排水设计应遵循下列原则：

(1)排水导洞一般应设置在正洞开挖轮廓线内，当施工需要时也可以在正洞外一侧或两侧另外设置排水导洞。

(2)导洞应和正洞平行或接近平行。

(3)当导洞设置于正洞内时，导洞底面高程可略低于正洞底面高程，当导洞设置于正洞之外时，导洞底面高程可比正洞底面高程低 1～2.0m。

(4)导洞至少应超前正洞开挖面 10～20m，必要时排水导洞可先贯通含水层。

三、井点降水

井点降水就是在需要降低地下水区域的周围施作渗水井至预定的深度，通过抽水泵把集水井内的水强制排除的方法，一般用于含水率较丰富的土质浅埋隧道。井点降水分降水槽(坑)、轻型井点降水和深井井点降水三种方法。井点降水不仅对透水性较强的地层适用，对透水性较差的地层(透水系数为 $10^{-5}\sim10^{-2}$cm/s 的砂质地层)同样适用。

1. 轻型井点降水

轻型井点降水一般适用于隧道内降水，可在隧道一侧或两侧埋设井点管深入含水层内，井点管的上端通过连接弯管与集水总管连接，集水总管再与真空泵和离心水泵相连，启动抽水设备，地下水便在真空泵吸力的作用下，经滤水管进入井点管和集水总管，排出空气后，由离心水泵的排水管排出，使地下水位降低到基坑底以下。本法具有机具设备简单、使用灵活、装拆方便、降水费用较低、降水效果好的特点，可显著提高洞室的稳定，防止流沙现象的发生。本工艺适用于渗透系数为 0.1～5.0m/d 的土及土层中含有大量细砂和粉砂的土。

1)井点管设计

轻型井点降水的井点管一般用直径 38～55mm 的钢管，带管箍，下端为长 2m 的同直径钻有 ϕ10mm 梅花形孔(6 排)的滤管，外缠 8 号铁丝，间距 20mm，外包尼龙窗纱两层，棕皮三层，缠 20 号铁丝，间距 40mm。

连接管用塑料透明管和胶皮管，直径 38～55mm，顶部装铸铁头。

集水总管用直径 75～100mm 的钢管，带接头。

滤料采用粒径0.5～3.0cm石子，含泥量小于1%。

2)轻型井点降水机具

轻型井点降水的机具设备主要有真空泵轻型井点和射流泵轻型井点两种。前者设备组成规格及技术性能见表14-5-1，后者设备组成规格及技术性能见表14-5-2。

真空泵型轻型井点系统设备规格与技术性能 表14-5-1

名　称	数量	规格与技术性能
往复式真空泵	1台	V5型(W3型)或V6型；生产率4.4m^3/min；真空度100kPa，电动机功率5.5kW，转速1 450r/min
离心式水泵	2台	B型或BA型；生产率20m^3/h；扬程25m；抽吸真空高度7m，吸口直径50mm，电动机功率2.8kW，转速2 900r/min
水泵机组配件	1套	井点管100根，集水总管直径75～100mm，每节长1.6～4.0m，每套29节，总管上节间距0.8m，接头弯管100根；冲射管用冲管1根；机组外形尺寸2 600mm×1 300mm×1 600mm，机组重1 500kg

注：地下水位降低深度为5.5～6.5m。

ϕ50型射流泵轻型井点设备规格与技术性能 表14-5-2

名称	型号及技术性能	数量	备　注
离心泵	3BL-9，流量45m^3/h，扬程32.5m	1台	供给工作水
电动机	JQ2-42-2，功率7.5kW	1台	水泵的配套动力
射流泵	喷嘴ϕ50mm，空载真空度100kPa，工作水压0.15～0.3MPa，工作水流量45m^3/h，生产率10～35m^3/h	1个	形成真空
水箱	1 100mm×600mm×1 000mm	1个	循环用水

注：每套设备带9m长井点管25～30根，间距1.6m，总长180m，降水深5～9m。

3)井点布置

轻型井点降水的井点布置根据隧道跨度大小、地质和水文情况、工程性质、降水深度等而定。当隧道宽度小于6m，且降水深度不超过6m时，可采用单排井点，设在隧道的某一侧；当隧道跨度较大时，宜采用双排井点，井间距约4m。井点管距边墙间距约1.2～2.0m，埋深根据降水深度及含水层位置决定，但必须埋入含水层内。

4)井点施工工艺

井点成孔用冲击式或回转式钻机成孔，孔径为300mm，井深比井点设计深50cm；洗井用0.6m^3空压机或水泵将井内泥浆抽出；井点用机架吊起徐徐插入井孔中央，使露出地面200mm，然后倒入粒径5～30mm的石子，使管底高500mm，再沿井点管四周均匀投放2～4mm粒径粗砂，上部1.0m深度内，用黏土填实以防漏气。

井点管埋设完毕应接通总管。总管设在井点管外侧50cm处，铺前先挖沟槽，并将槽底整平，将配好的管子逐根放入沟内，在端头法兰穿上螺栓，垫上橡胶密封圈，然后拧紧法兰螺栓，总管端部用法兰封牢。一旦井点干管铺好后，用吸水胶管将井点管与干管连接。一组井点管部件连接完毕后，与抽水设备连通，接通电源即可进行试抽水，检查有无漏气、淤塞情况，出水是否正常，如有异常情况，检修后方可使用。

井点使用时，应保持连续不断抽水，并配用双电源以防断电。一般抽水3～5d后水位降落，漏斗基本趋于稳定。井点降水时，应对水位降低区域内的建筑物进行沉降观测，发现沉陷或水平位移过大时，应及时采取防护技术措施。

井点使用时，正常出水规律是“先大后小，先混后清”，如不上水，或水一直较混，或出现清后又混等情况，应立即检查纠正。真空度是判断井点系统是否良好的尺度，一般不应低于55.3～66.7kPa，如真空度不够，表明管道漏气，应及时修好。井点管是否淤塞，可通过听管内水流声、手扶管壁感到振动、夏冬季手摸管子冷热和潮干等简便方法检查。如果井点管淤塞太多，严重影响降水效果，应逐个用高压水反复冲洗井点管或拔出重新埋设。

在土方开挖后，应保持降低地下水位在基底500mm以下，以防止地下水扰动地基土体。

井点降水设计应遵循下列原则：

(1)当降水深度为3～6m时，可采用井点降水。

(2)井点的布置应根据地层的渗透系数、降水范围及降水深度等因素综合确定。

(3)深度小于5m时，可采用单排井点，井点间距可通过计算确定。

(4)滤水管应深入含水层，各滤水管的高程应相同。

2.深井井点降水

深井井点降水一般应用在地下水较丰富的浅埋隧道地段，通过在地表设置深于隧道底的井管，将地下水通过设置在井管内的潜水电泵将地下水抽出，使地下水位低于坑底。

本法具有如下优点：

(1)排水量大，降水深(>15m)，不受吸程限制，排水效果好。

(2)井距大，对平面布置的干扰小，可用于各种情况，不受土层限制。

(3)成孔(打井)用人工或机械均可，较易于解决。

(4)井点制作、降水设备及操作工艺、维修均较简单，施工速度快。

(5)如井点管采用钢管、塑料管，可以整根拔出重复使用。

(6)单位降水费用较轻型井点低(80～120元/m^2)。

但深井井点降水法一次性投资大，成孔质量要求严格。

本工艺标准适用于渗透系数较大(10～250m/d)、土质为砂类土(或有流沙和重复挖填土)、地下水丰富、降水深(15～50m)、时间长的深井井点降水工程。

深井降水的井管由滤水管、吸水管和沉砂管三部分组成，可用钢管、塑料管或混凝土管制成，管径一般为300～357mm，内径宜大于潜水泵外径50mm。

(1)滤水管长一般为3～9m，通常在钢管上分三段轴条(或开孔)，在轴条(或开孔)后的管壁上焊ϕ6mm垫筋，要求顺直，与管壁点焊固定，在垫筋外螺旋形缠绕12号铁丝，间距1mm，与垫筋用锡焊焊牢，或外包10孔/cm^2和40孔/cm^2镀锌铁丝网各两层或尼龙网。上下管之间用对焊连接。当土质较好、深度在15m内时，亦可采用外径380～600mm、壁厚50～60mm、长1.2～1.5m的无砂混凝土管作滤水管，或再包棕树皮两层作滤网。

(2)吸水管采用与滤水管同直径的钢管制成。

(3)沉砂管一般采用与滤水管同直径的钢管，下端用钢板封底。

深井降水的水泵一般采用QY-25型或QW-25型、QB40-25型潜水电泵，或QJ50-52型浸油式潜水电泵或深井泵。每井一台，带吸水铸铁管或胶管，并配上一个控制井内水位的自动开关，在井口安装阀门，以便调节流量的大小，阀门用夹板固定，每个基坑井点群应有2台备用泵。

深井降水的排水管一般采用 ϕ325～ϕ500mm 的钢管或混凝土管，并设 3%的坡度，与附近下水道接通。

深井降水的井点一般沿隧道周边呈环形布置；当隧道宽度较窄，亦可在一侧呈直线形布置。井点宜深入到透水层 6～9m，通常还应比所需降水的深度深 6～8m，间距一般相当于埋深，为 10～30m。

深井降水设计应遵循下列原则：

(1)当降水深度大于 6m 时，可采用深井降水。

(2)当隧道两侧地表面布置井点，间距可以通过计算确定。

(3)井底应置于隧底以下 3～5m。

(4)深井抽水时应有相应的地面排水措施。

第六节　超前加固堵水注浆设计

超前预注浆主要用于断层破碎带、裂隙密集带软弱或其他透水地层，且洞身周围地下水补给充足地段。为减少或隔断地下水渗流途径，减少施工中突水、涌水的危险，保证施工掘进安全，对影响区范围采取全断面或局部深孔预注浆，对孔隙进行填充、堵塞，形成止水帷幕。

值得注意的是，由于超前帷幕注浆施工速度慢、造价高，应慎重使用。

一、超前预注浆材料选择

超前预注浆根据地质条件及最终目的的差异，可以选择不同的注浆材料。

(1)堵水注浆一般使用在地下水丰富、需要控制地下水渗流的地段，可以选用水泥-水玻璃类、丙凝及聚氨酯等材料。水泥-水玻璃材料便宜，来源广，因此使用最多；丙凝浆液调节胶凝时间方便，黏度小，适用于爆破振动而产生的细微裂缝；聚氨酯凝结快，适用于大规模涌水地段。

(2)回填注浆一般使用在地下水不丰富、地层渗透特性良好的地段。可以采用水泥浆液，当空隙较大时也可以采用水泥砂浆。

(3)固结注浆一般使用在地层比较破碎、地下水较发育的地段，一般采用水泥浆液或水泥—水玻璃类浆液。

二、止浆墙设计

为了防止注浆期间裂隙水或浆液在高压作用下倒渗，注浆施工前应对注浆工作面进行封闭，加固止浆岩墙或施作现浇混凝土止浆墙。

(1)止浆岩墙的厚度一般取 5～10m，可根据设计注浆压力及地质条件按下式确定：

$$H=\frac{P_0A\lambda}{[\tau]S} \tag{14-6-1}$$

式中：H——止浆岩墙的厚度(m)；

P_0——设计注浆压力(MPa)；

A——隧道断面积(m^2)；

$[\tau]$——岩体的容许抗剪强度(MPa)；

S——隧道断面周长(m)；

λ——过载系数，取 1.1～1.2。

(2)现浇混凝土止浆墙的厚度一般取 1.0～3.0m，对于接近矩形的止浆墙，可根据地质条件及注浆压力按下式确定：

$$H = k\sqrt{\frac{P_0 Ab}{2h[\sigma]}} \tag{14-6-2}$$

式中：H——止浆墙的厚度(m)；

P_0——设计注浆压力(MPa)；

A——隧道断面积(m^2)；

b——隧道断面宽度(m)；

h——隧道断面高度(m)；

$[\sigma]$——混凝土的容许抗压强度(MPa)；

k——安全系数，取 1.4～1.5。

当岩层稳定性较好时，可以仅设置止浆岩墙，但是应对掌子面进行网喷混凝土封闭处理。根据注浆压力不同调整封闭掌子面混凝土厚度，一般为 10～15cm，必要时应铺设钢筋网片并打设锚杆，确保掌子面在注浆时不产生裂纹和隆起。

三、注浆方式及注浆压力

在高水压力地段或地质条件较差的地段，注浆宜采用前进式分段式注浆，套管安装完成后，每钻进 5～7m 即开始注浆，注浆达到设计要求后开始下一阶段钻孔注浆。当为较高压含水层时，为避免意外伤害事故发生，在钻孔时需切实保证套管安装牢固并在钻杆前端设置孔口防突装置。注浆时采用套管柱塞方式，同时将长压注浆管插入到预定位置，提高孔底部的压注效果和压注效率。

全断面帷幕注浆一般为劈裂注浆而非渗透注浆，注浆压力不易过高，达到设计注浆量即可停止注浆，避免过多的扰动地层。初始注浆压力建议采用 1.2～1.5 倍静水压力，一般最高注浆压力采用 2～2.5 倍静水压力，注浆时间根据浆量的注入速率灵活调整。注浆采取反复注入、稀浆与浓浆交替、压力控制与注入浆量控制相结合的措施，注浆压力从低到高逐渐加压。注浆孔从外向内分层施作，一方面可保证注浆质量，同时也可检查注浆效果。每环注浆孔先施工奇数编号注浆孔，然后施工偶数编号注浆孔，同时作为检查孔。

四、注浆厚度选择

帷幕厚度应根据隧道埋深、地下水压力及浆液固砂体强度，通过计算确定，加固范围一般为开挖轮廓线外 3～5m，也可以根据式(14-6-3)计算后确定。

$$E = R\sqrt{\frac{[\sigma]}{[\sigma]-2p}-1} \tag{14-6-3}$$

式中：E——洞室周边及尾端帷幕的厚度(m)；

$[\sigma]$——注浆固结后土体的容许抗压强度(MPa)，$[\sigma]=R_b/k$，R_b 为固结体极限抗压强度，k 为安全系数，一般取 $k=2$；

p——初始地层压力(MPa)；$p=1.3\gamma_0 H$，γ_0 为覆盖层平均重度，H 为覆盖层厚度；

R——隧道断面当量半径(m)，$R=2A/S$，A 为开挖面面积，S 为开挖面周长。

五、帷幕注浆其他参数选择

(1)注浆导管。在拱部开挖轮廓线外对地层进行预加固的注浆范围内,采用 ϕ48mm 的普通钢管,壁厚 3.5mm,管端呈 30°锥体。

(2)注浆段长严格按设计施工,每一循环最后均应保留达到设计厚度的注浆加固体作为止浆岩墙。

(3)注浆终孔间距:注浆孔的布设应根据注浆扩散半径确定,需满足注浆加固范围的要求。

(4)注浆管布设:当地质条件较好时可用孔口管注浆,当地质条件较差时注浆长管全面布设。

(5)浆液扩散半径:与地层渗透系数、注浆材料及注浆压力相关,应根据试验确定。

普通水泥+防水外加剂(水∶水泥=0.6∶1)在中粗砂、卵石圆砾中的扩散半径约为 0.8～1.6m)。

超细加固型 TGRM 水泥特种注浆料(水∶TGRM= 0.6∶1)在粉土、粉质黏土中的扩散半径约为 0.4～0.8m。

(6)注浆顺序为先上后下,先外后内,后退式分段注浆(抽管时分段设止浆塞)。

六、超前预注浆工艺流程

全断面帷幕注浆在施工前必须对设计施工参数进行注浆试验。

注浆试验一方面是对现场注浆参数、工艺、材料作进一步研究,使注浆施工合理有效,另一方面是弄清所选择浆液在实际地层中注浆加固的机理,探明有加固作用的浆液的特性。

注浆试验的重点是针对现场地质条件、施工工艺等,确定浆液可注性、浆液在土层中形成的复合土的强度特性、渗透特性以及地层自身在注浆前后强度特性与渗透特性的变化,从而得出此类地层注浆可能得到的浆液结石体在岩层中的固结范围。

以上准备工作完成后,预注浆工艺流程如下:

(1)封闭工作面做止浆墙:为防止注浆施工过程中工作面冒浆,每日循环开挖后对工作面止浆岩墙实行喷混凝土封闭,厚度不小于 30cm。为适应长管注浆孔位的定位方便,可将掌子面喷成平面。

(2)机具设备维修及试运转:在注浆施工前和开挖施工过程中,对钻机、注浆泵、搅拌机等机械进行检查、维修、保养,使其保持良好状态。

(3)施工材料准备:施工材料包括注浆管、密封套等和孔内注浆用的水泥、水玻璃、缓凝剂等材料。施工前必须将材料运至工作面附近,每次备足两个小班的材料用量,且随用随补充。

(4)抢险材料准备:在注浆和开挖中,可能会发生突发性的涌水和局部坍塌等现象,给施工及地面设施安全造成危害。因此,必须事先施作好挡水墙防淹井,并随时准备好抢险防涌材料,如草袋、钢材等。

(5)钻孔作业

①根据极坐标法进行钻孔布置和定位。钻机按设计要求准确牢固地安放,确保极坐标“原点”的准确;

②注浆孔位标定:在止浆墙上按设计图纸用红油漆标出孔口位置;

③钻孔作业:将钻机钻杆伸出,对准所标孔位用三翼合金钻头开孔,钻穿混凝土止浆墙和

其他坚硬地层停止钻进。退出三翼合金钻头，换上跟管钻进的一次性钻头及套管，钻至设计孔深；

④安设注浆管：在确定套管内无阻塞物时，即可进行注浆管的安设工作。注浆管安放后，在注浆管管口安放注浆管并压紧，以防注浆时漏浆。

(6)注浆作业：原则上应钻一孔注一孔。

(7)注浆效果分析：可通过预留观察孔、注浆压力和注浆量等因素综合分析进行预测。开挖过程中对注浆效果不理想部位应进行重新注浆加固，以保证施工安全。

七、注浆结束标准

注浆结束标准，一般以两个指标表示：一是最终吸浆率；另一个是达到预定设计压力(即终压)时的持续时间。从理论上讲最终吸浆率是越小越好，最理想的情况是压至完全不吸浆，但在实际施工中，特别在高压注浆的情况下是难以做到的，也无此必要。一般结束阶段标准是：注浆压力达到设计终压；双液(水泥－水玻璃浆液)吸浆率为 18～35L/min，单液(水泥浆)为 7～20L/min，稳定约 20min 即可结束。

在正常的情况下，一般采用定压注浆，当注浆压力达到或接近设计终压时结束注浆，而当压力接近终压或达到终压的 80%时，如出现较大的跑浆，经间歇注浆后达到或接近终压也可结束注浆。

整治涌水突泥，其终压值根据客观条件的变化，可选择合理的上限值和下限值与导坑突水量作为终止标准。

待所有注浆孔施工完毕后，根据压浆孔涌水量来决定局部地段是否需补设注浆孔，一般每孔每延米涌水量大于 0.15L/min 或局部孔涌水量大于 3L/min 的应追加钻孔注浆，再次压注直到达到设计要求为止。

第七节　注浆设计方法

一、注浆机理选择

1. 渗透注浆

渗透注浆是指在压力作用下，使浆液克服各种阻力渗入地层中的孔隙或裂缝中，排挤出孔隙中存在的自由水和气体，而地层结构基本不受扰动和破坏。由于所用注浆压力相对较小，因此这类注浆一般只适用于中砂以上的砂性土和有裂隙的岩石。

浆液扩散半径可根据球形扩散理论按式(14-7-1)计算：

$$r=\sqrt{\frac{3kh_1r_0t}{\beta\cdot n}} \tag{14-7-1}$$

式中：k——砂土的渗透系数(cm/s)；

β——浆液黏度对水的黏度比；

r——浆液的扩散半径(cm)；

h_0——注浆点以上的地下水压头；

H——地下水压头和注浆压力之和(cm)；

r_0——注浆管半径(cm)；

t——注浆时间(s)；

n——砂土的孔隙率(%)。

也可根据柱形扩散理论按式(14-7-2)计算：

$$r_1=\sqrt{\frac{2kh_1t}{n\beta\ln\frac{r_1}{r_0}}} \tag{14-7-2}$$

假定浆液在砂砾石中作紊流运动，则其扩散半径 r_1 为：

$$r_1=2\sqrt{\frac{t}{n}\sqrt{\frac{k\nu h_1r_0}{d_0}}} \tag{14-7-3}$$

式中：d_0——被灌土体的有效粒径(mm)；

ν——浆液的运动黏滞系数。

其余符号意义同球状公式。

2.劈裂注浆

劈裂注浆是指在压力作用下，向钻孔中压送不同类型的流体，以克服地层的初始应力和抗拉强度，引起岩石和土体结构的破坏和扰动，使其沿垂直于最小主应力的平面上发生劈裂，使地层中原有的裂隙或孔隙张开，形成新的裂隙或孔隙，浆液的可灌性和扩散距离增大，而所用的注浆压力相对较高。

(1)对于砂和砂砾地层，可按照有效应力的莫尔—库仑破坏标准进行计算：

由于注浆压力的作用，使砂砾石土的有效应力减小。当注浆压力 P_e 达到式(14-7-4)时，就会导致地层的破坏：

$$P_e=\frac{(rh-r_wh_w)(1-K)}{2}-\frac{(rh-r_wh_w)(1-K)}{2\sin\varphi'}+C'\cdot\cot\varphi' \tag{14-7-4}$$

式中：φ'——有效内摩擦角；

c'——有效黏聚力；

r——砂或砂砾石的重度；

h——砂或砂砾石的埋深；

r_w——水的重度；

h_w——地下水位的高度；

K——主应力比。

上述公式中可见，随着孔隙水压力的增加，有效黏聚力逐渐减小而与破坏包线相切，此时表明砂砾土已开始劈裂。

(2)在黏性土地层中，水力劈裂将引起土体固结及挤出等现象，在只有固结作用的条件时，可用下式计算注入浆液的体积 V 及单位土体所需的浆液量 Q：

$$Q=pm_v \tag{14-7-5}$$

式中：m_v——土的压缩系数；

p——有效注浆压力。

3. 压密注浆

压密注浆是指通过钻孔在土中灌入极浓的浆液，在注浆点使土体压密，在注浆管端部附近形成“浆泡”，当浆泡的直径较小时，注浆压力基本上沿钻孔的径向扩展。随着浆泡尺寸的逐渐增大，便产生较大的上抬力而使地面抬动。

研究证明，向外扩张的浆泡将在土体中引起复杂的径向和切向应力体系。紧靠浆泡处的土体将遭受严重破坏和剪切，并形成塑性变形区，在此区内土体的密度可能因为扰动而减小，离浆泡较远的土则基本上发生弹性变形，因而土的密度有明显的增加。

浆泡的形状一般为球形或圆柱形。在均匀土中的浆泡形状相当规则，而在非均质土中则很不规则。浆泡的最后尺寸取决于很多因素，如土的密度、湿度、力学性质、地表约束条件、注浆压力和注浆速率等。有时浆泡的横截面直径可达 1m 或更大，实践证明，离浆泡界面 0.3～2.0m 内的土体都能受到明显的加密。

压密注浆常用于中砂地层，黏土地层中若有适宜的排水条件也可采用。如遇排水困难而可能在土体中引起高孔隙水压力时，这就必须采用很低的注浆速率。压密注浆可用于非饱和的土体，以调整不均匀沉降进行托换技术，以及在大开挖或隧道开挖时对邻近土进行加固。

4. 电动化学注浆

电动化学注浆是指在施工时将带孔的注浆管作为阳极，用滤水管作为阴极，将溶液由阳极压入土中，并通以直流电(两电极间电压梯度一般采用 0.3～1.0V/cm)，在电渗作用下，孔隙水由阳极流向阴极，促使通电区域中土的含水率降低，并形成渗浆通路，化学浆液也随之流入土的孔隙中，并在土中硬结。因而，电动化学注浆是在电渗排水和注浆法基础上发展起来的一种加固方法。如果岩层土的渗透系数 $k<10^{-4}$ cm/s，只靠一般静压力难于使浆液注入土的孔隙，此时需用电渗的作用使浆液进入土中。但由于电渗排水作用，可能会引起邻近既有建筑物基础的附加下沉，这一情况应予慎重注意。

电动化学注浆的加固机理主要是：

(1)化学胶结作用。

(2)惰性填充作用。

(3)离子交换作用。

二、注浆标准

1. 防渗标准

防渗标准越高，注浆技术的难度就越大，一般注浆工程量及造价也越高。每个注浆工程都应根据自己的特点，通过技术经济比较确定一个相对合理指标。对重要的防渗工程，都要求将岩层土的渗透系数降低至 $10^{-5}\sim10^{-4}$ cm/s 以下，对临时性工程或允许出现较大渗漏量而又不致发生渗透破坏的地层，也可采用不大于 10^{-3} cm/s 进行控制。

在岩石地层中多采用单位吸水量 ω 作为准则。在水利水电建设工程中防渗标准多采用 $\omega=0.01\sim0.03$ L/(m^2 · min)，在特殊情况下可能有更高要求。

单位吸水量是用钻孔压水试验方法求得，其计算式为：

$$\omega=\frac{Q}{L\cdot H\cdot t} \tag{14-7-6}$$

式中：ω——地层单位吸水量[$L/(m^2 \cdot min)$]；

Q——地层的总吸水量(L)；

L——压水试验段长(m)；

H——压水压力(m)；

t——试验时间(min)。

现场试验资料证明，单位吸水量与渗透系数之间存在着大体如下式所示的关系：

$$k = \omega \times 1.5 \times 10^{-3} \tag{14-7-7}$$

例如，当 $\omega=0.01$ 时，$k=1.5\times10^{-5}$cm/s；$\omega=0.1$ 时，$k=1.5\times10^{-4}$cm/s。

2. 注浆圈强度和变形

有些浆材特别是化学浆材具有明显的蠕变性，在恒定荷载长期作用下，注浆体将随时间而产生较大的附加变形。在实际工作中，如注浆体没有限制变形条件，蠕变性可能使岩层变形增大和强度降低，并导致建筑物破坏，因而在进行试验研究和现场施工时，都应该充分考虑注浆体的这一特性及其后果。

当注浆目的为防渗时，所需浆材的强度仅以能防止水压把孔隙中结石挤出为原则，这种情况下起作用的是结石的抗剪强度。此值很容易为低强度黏土水泥浆所满足，而无需采用较高强度的浆材。

利用尺寸效应，可使某些低强度浆材获得很高的稳定性。

3. 施工控制标准

注浆后的质量指标只能在施工结束后通过现场检测来确定。

(1)按注浆总量控制。

(2)按耗浆量降低率控制。由于注浆是按逐渐加密原则进行的，孔段耗浆量也随加密次序的增加而逐渐减少。若起始孔距布置正确，则第二次序孔的耗浆量将比第一次序孔大为减少，这是注浆取得成功的标志。

4. 扩散半径

浆液扩散半径 r 是一个重要参数，它对注浆工程量及造价具有重要的影响，如果选用的扩散半径不符合实际情况，将降低注浆效果甚至导致注浆失败。扩散半径可按有关理论公式估算，当地质条件较复杂或计算参数不易选准时应通过现场注浆试验来确定。

由于地基土的构造和渗透性多数是不均匀的，尤其是在深度方向上，不论是理论计算或现场注浆试验都难求得整个地层具有代表性的值，实际工程中又往往只能采用均匀布孔的方法。为此，设计时应注意以下几点：

(1)在现场进行试验时，要选择不同特点的地基，用不同的注浆方法，以求不同条件下浆液的扩散半径。

(2)所谓扩散半径并非最远距离，而是能符合要求的设计扩散距离。

(3)在确定扩散半径时，要选择多数条件下可达到的数值，而不是取平均值。

(4)当有些地层因渗透性较小而不能达到要求值时，可提高注浆压力或浆液的流动性，必要时还可以在局部地区增加钻孔以缩小孔距。

以水玻璃为主剂的浆液，其有效扩散半径见表 14-7-1；水泥浆液在裂隙岩石中的有效扩散半径见表 14-7-2。实际施工中可参考使用。

水玻璃浆液在不同岩层中的有效扩散半径　　表 14-7-1

岩层类别	砂砾	粗砂	中砂	细砂	淤泥	黏土
有效扩散半径 R(m)	1.75～2.00	1.20～1.45	0.80～1.00	0.50～0.70	0.50	0.50

水泥浆液在裂隙岩层中的有效扩散半径　　表 14-7-2

裂隙宽度(mm)	<5	5～30	>30
有效扩散半径 R(m)	2	4	6

注浆孔的布置是根据浆液的注浆有效范围，且应相互重叠，使被加固土体在平面和深度范围内连成一个整体的原则决定的。

当单排孔不能满足设计厚度的要求时，就要采用两排以上的多排孔。多排孔设计的基本原则，是要充分发挥注浆孔的潜力，以获得最大的注浆体厚度，不允许出现两排孔间搭接不紧密的“窗口”，也不要求搭接过多出现浪费。

三、注浆压力选择

注浆压力是指不会使地表面产生变化和邻近建筑物受到影响前提下可能采用的最大压力。

由于浆液的扩散能力与注浆压力的大小密切相关，有不少人倾向于采用较高的注浆压力，在保证注浆质量的前提下，使钻孔数尽可能减少。高的注浆压力还能使一些微细孔隙张开，有助于提高可灌性。当孔隙中被某种软弱材料填充时，高注浆压力能在充填物中造成劈裂注浆，使软弱材料的密实度、强度和不透水性等得到改善。此外，高注浆压力还有助于挤出浆液中的多余水分，使浆液结石的强度提高。

但是，当注浆压力超过地层的压重和强度时，将有可能导致地基及其上部结构的破坏。因此，一般都以不使地层结构破坏或仅发生局部和少量破坏，作为确定地基允许注浆压力的基本原则。

容许注浆压力值与一系列因素有关，如地层土的密度、强度和初始应力，钻孔深度、位置及注浆次序等，而这些因素又难以准确地预知，因而宜通过现场注浆试验来确定。

进行注浆试验时，一般是用逐步提高压力的办法求得注浆压力与注浆量关系曲线。当压力升至某一数值，而注浆量突然增大时，表明地层结构发生破坏或孔隙尺寸已被扩大，因而可把此时的压力值作为确定容许注浆压力的依据。

当缺乏试验资料，或在进行现场注浆试验前需预定一个试验压力时，可用理论公式或经验数值确定容许压力，然后在注浆过程中根据具体情况再作适当调整。

1.砂砾地层的注浆压力

$$[p_e] = c(0.75T + K\lambda h) \tag{14-7-8}$$

$$[p_e] = \beta\gamma T + cK\lambda h \tag{14-7-9}$$

式中：$[p_e]$——容许注浆压力(10^5Pa)；

c——与注浆期次有关的系数，第一期孔 $c=1$，第二期孔 $c=1.25$，第三期孔 $c=1.5$；

T——地基覆盖层厚度(m)；

K——与注浆方式有关的系数，自上而下注浆时 $K=0.8$，自下而上则 $K=0.6$；

λ——与地层性质有关的系数，可在0.5～1.5之间选择，结构疏松、渗透性强的地层取低值，结构紧密、渗透性弱的地层取高值；

h——地面至注浆段的深度(m)；

β——系数，在1～3范围内选择；

γ——地表面以上覆盖层的重度(kN/m^3)。

2. *岩石地层的注浆压力*

$$[p_e] = p_0 + mD \tag{14-7-10}$$

式中：$[p_e]$——容许注浆压力；

p_0——表面段容许注浆压力；

m——注浆段每加深1m容许增加的压力；

D——注浆段深度。

p_0 及 m 值可在表14-7-3中查得。

p_0 及 m 值选用表　　表14-7-3

岩石分类	岩　性	p_0 (10^5Pa)	m(10^5Pa)				
			注浆方法		注浆次序		
			自上而下	自下而上	1	2	3
Ⅰ	裂隙少而小，结构密实	1.5～3.0	2.0	1.0～1.2	1.0	1.0～1.25	1.0～1.5
Ⅱ	略受风化的裂隙岩石，无大裂隙，但其中有层理的沉积岩	0.5～1.5	1.0	0.5～0.6	1.0	1.0～1.25	1.0～1.5
Ⅲ	严重风化的裂隙岩，有水平或接近水平层理的沉积岩	0.25～0.5	0.5	0.25～0.3	1.0	1.0～1.25	1.0～1.5

3. *除地质条件和注浆方法外，还应考虑浆液浓度的经验公式*

$$[p_e] = p_\omega + \gamma H + m(H_1 - H) - (H_1\gamma'_1 - s\gamma_0) \tag{14-7-11}$$

式中：p_ω——地下水静水压力(10^5Pa)；

H——止浆塞以上地层厚度(m)；

m——注浆深度每增加1m所应加的压力值(10^5Pa)，按表14-7-4选取；

H_1——注浆段总深度(m)；

γ'_1——浆液重度(kN/m^3)；

γ_0——水的重度(kN/m^3)；

s——注浆段至地下静水位的高度(m)。

不同条件下的 m 值(10^5Pa)　　表14-7-4

岩石类别	自下而上注浆		自上而下注浆	
	稀　浆	浓　浆	稀　浆	浓　浆
第一类	0.18	0.20	0.20	0.22
第二类	0.20	0.22	0.22	0.24
第三类	0.22	0.24	0.24	0.26

注：1. 稀浆是指水灰比大于1∶1的水泥浆，浓浆水灰比小于1∶1。

2. 第一类指强烈风化并有多组大裂隙的松散岩石，第二类岩石包括弱风化、中等裂隙性岩石，第三类指有细裂隙的较致密岩石。

在土质地段，对于劈裂注浆，在浆液注浆的范围内应尽量减少注浆压力。注浆压力的选用应根据土层的性质及其埋深确定。在砂土中的经验数值是0.2～0.5MPa，在黏性土中的经验数值是0.2～0.3MPa。注浆压力因地基条件、环境条件和注浆目的等不同而不能确定时，可参考类似条件下的成功工程实例决定。一般情况下，当埋深浅于10m时，可取较小的注浆压力值；对压密注浆，注浆压力主要取决于浆液材料的稠度。如果采用水泥—砂浆浆液，坍落度一般为25～75mm，注浆压力应选定在1～7MPa范围内，坍落度较小时，注浆压力可取上限值，如采用水泥—水玻璃双液块凝浆液，则注浆压力应小于1MPa。

四、注浆用量计算

注浆用量的体积应为土的孔隙体积，但在注浆过程中，浆液并不可能完全充满土的孔隙体积，而土中水分亦占据孔隙的部分体积。所以，在计算浆液用量时，通常应乘以小于1的灌注系数，但考虑到浆液容易流到设计范围以外，所以灌注所需的浆液总用量 Q 可参照下式计算：

$$Q = K \cdot V \cdot n \cdot 1\,000 \tag{14-7-12}$$

式中：Q——浆液总用量（L）；

V——注浆对象的土量（m^3）；

n——土的孔隙率（%）；

K——经验系数。

软土、黏性土、细砂：$K=0.2\sim0.4$

中砂、粗砂：$K=0.4\sim0.6$

砾砂：$K=0.5\sim0.7$

湿陷性黄土：$K=0.5\sim0.8$

一般情况下，黏性土地基中的浆液注入率为15%～20%。

注浆用量 Q 在岩层中可根据扩散半径及岩层裂隙率进行粗略估算，作为施工参考。

$$Q = \pi r^2 H\eta\beta \tag{14-7-13}$$

式中：r——浆液扩散半径（m）；

H——压浆段长度（m）；

η——岩层裂隙率（%），一般取1%～5%；

β——浆液裂隙内的有效充填系数，约0.3～0.9，视岩层性质而定。

对于大的溶裂、大的溶洞，η（裂隙率）＞5%时，浆液注入量难以计算。因此在这种情况下，宜用注浆压力控制注浆量，注浆量只能按注浆终压规定值时的注浆总量来确定。

五、注浆材料

对注浆材料选择一般遵循以下原则：

（1）浆液低黏度，流动性好，能进入细小裂缝。

（2）浆液凝胶时间可从几秒至几小时范围内随意调节，并能准确地控制，浆液一经发生凝胶就在瞬间完成。

（3）浆液的稳定性好，在常温常压下，长期存放不改变性质，不发生任何化学反应。

（4）浆液无毒无臭。对环境无污染，对人体无害，属非易爆物品。

（5）浆液应对注浆设备、管路、混凝土结构物、橡胶制品等无腐蚀性，并容易清洗。

(6)浆液固化时无收缩现象,固化后与岩石、混凝土等有一定黏结性。

(7)浆液结石体有一定抗压和抗拉强度,不龟裂,抗渗性能和防冲刷性能好。

(8)结石体耐老化性能好,能长期耐酸、碱、盐、生物细菌等腐蚀,且不受温度的影响。

(9)材料来源丰富、价格低廉。

(10)浆液配制方便,操作容易。

现有注浆材料不可能同时满足上述要求,一种注浆材料只能符合其中几项要求。因此,在施工中要根据具体情况,选用某一种较为合适的注浆材料。各种浆液材料的适用范围见表 14-7-5。

各种浆液材料适用范围　　表 14-7-5

类别	浆液名称	砾石			砂粒			粉粒	黏粒
		大	中	小	粗	中	细		
无机系	单液水泥浆								
	水泥黏土类								
	水泥—水玻璃类								
	水玻璃类								
有机系	丙烯酰胺类								
	铬木素类								
	脲醛树脂类								
	聚氨酯类								
	糠醛树脂类								
粒径(mm)		10	4	2	0.5	0.25	0.05	0.005	
渗透系数(cm/s)			10^{-1}	10^{-2}	10^{-3}	10^{-3}	10^{-5}	10^{-6}	

1. 浆材及配方设计原则

(1)对渗入性注浆工艺,浆液必须能渗入土的孔隙,即所用浆液必须是可灌的,这是一项最基本的要求,不满足就谈不上注浆。但若采用劈裂注浆工艺,则浆液不是向天然孔隙,而是向被较高注浆压力扩大了的孔隙渗入,因而对可灌性要求就不如渗入性注浆严格。

(2)一般情况下浆液应具有良好的流动性和流动性维持能力,以便在不太高的注浆压力下获得尽可能大的扩散距离。但在某些地质条件下,例如地下水的流速较快和土的孔隙尺寸较大时,往往要采用流动性较小和触变性较大的浆液,以免浆液扩散至不必要的距离和防止地下水对浆液的稀释及冲刷。

(3)浆液的析水性要小,稳定性要高,以防在注浆过程中或注浆结束后发生颗粒沉淀和分离,并导致浆液的可泵性、可灌性和注浆体的均匀性大大降低。

(4)对防渗注浆而言,要求浆液结石具有较高的不透水性和抗渗稳定性,若注浆目的是加固地基,则结石应具有较高的力学强度和较小的变形性。与永久性注浆工程相比,临时性工程所需要求较低。

(5)制备浆液所用原材料及凝固体都不应具有毒性或毒性尽可能小,以免伤害皮肤、刺激神经和污染环境。某些碱性物质虽然没有毒性,但若流失在地下水中,也会造成环境污染,故应尽量避免这种现象。

(6)有时浆液尚应具有某些特殊的性质,如膨胀性、高亲水性、高抗冻性和低温固化性等,以适应特殊环境和专门工程的需要。

(7)不论何种注浆工程,所用原材料都应就近取材,而价格尽可能低,以降低工程造价。

2.浆液的凝结时间设计原则

由于浆液的凝结时间变幅较大,如化学浆液的凝结时间可在几秒钟到几小时之间调整,水泥浆一般为3～4h,黏土水泥浆则更慢。因此,浆液的凝结时间可根据注浆地层的体积、渗透性、孔隙尺寸、孔隙率、浆液的流变性和地下水流速等实际情况决定。

总的来说,浆液的凝结时间应足够长,以便计划注浆量能渗入到预定的影响半径内,当在地下水中注浆时,除应控制注浆速率以防浆液被过分稀释或被冲走外,还应设法使浆液在灌注过程中凝结。

在进行浆液配方研究和注浆设计时,可根据注浆的特点和需要,把浆液的凝结时间细分为以下四种:

(1)极限注浆时间:到达这个时间后,浆液已具有相当的结构强度,其阻力已达到注浆速率极慢或等于零的程度。

(2)零变位时间:在此时间内,浆液已具有足够的结构强度,以便在停止注浆后能有效地抵抗地下水的冲蚀和移动作用。

(3)初凝时间:规定出适用于不同浆液的标准试验方法,测出初凝时间,供研究配方时参考。

(4)终凝时间:它代表浆液的最终强度性质,仍需用标准方法测定。在此时间内,材料的化学反应实际终止。

在一般防渗注浆工程中,前两种凝结时间具有特别重要的意义,但在某些特殊条件下,例如在粉细砂层中开挖隧道或基坑时,为了缩短工期和确保安全,终凝时间就成为重要的控制指标。

3.注浆材料选择

根据土质和注浆目的不同,将注浆材料的选择列于表14-7-6和表14-7-7。

按土质不同对注浆材料的选择 表14-7-6

土质名称		注浆材料
黏性土和粉土	粉土,黏土,黏质粉土	水泥类注浆材料及水玻璃悬浊型浆液
砂质土	砂 粉砂	渗透性溶液型浆液(但在预处理时,使用水玻璃悬浊液)
砂砾		水玻璃悬浊液(大孔隙)渗透性溶液型浆液
层界面		水泥类及水玻璃悬浊型浆液

按注浆目的不同对注浆材料的选择 表14-7-7

项目			基本条件
改良目的	堵水注浆		渗透好黏度低的浆液(作为预注浆使用悬浊液)
	加固地基	渗透注浆	渗透性好,有一定强度即黏度低的溶液型浆液
		胶状注浆	凝胶时间短的均质凝胶,强度大的悬浊型浆液
		渗透脉状注浆并用	均质凝胶强度大且渗透性好的浆液
	防止涌水注浆		凝胶时间不受地下水稀释而延缓的浆液, 瞬时凝固的浆液(溶液或悬浊型的)(使用双层管)

续上表

项　目		基本条件
综合注浆	预处理注浆	凝胶时间短，均质凝胶强度比较大的悬浊型浆液
	正式注浆	和预处理材料性质相似的渗透性好的浆液
特殊地层处理注浆		对酸性、碱性地层，泥炭应事前进行试验校核后选择注浆材料
其他注浆		研究环境保护（毒性、地下水污染）

注浆工程中所用的浆液是由主剂（原材料）、溶剂（水或其他溶剂）及各种外加剂混合而成。通常所提的注浆材料是指浆液中所用的主剂。外加剂根据在浆液中所起的作用，分为固化剂、催化剂、速凝剂、缓凝剂和悬浮剂等。

在注浆工程中，水泥浆液的用途最广，用量最大。其主要特点是注浆形成的水泥复合体具有较好的物理力学性质和耐久性，无毒，材料来源广，而且价格较低。在水泥浆液中应用最广的是普通硅酸盐水泥，在某些特殊条件下也采用矿渣水泥、火山灰水泥和抗硫酸盐水泥等品种。水泥浆液是颗粒型浆液，有时需要提高水泥颗粒细度，掺入各种附加剂以改善浆液性质，提高其可灌性和稳定性。有时为了节省材料，降低成本，在水泥浆液中掺入黏土、砂和粉煤灰等廉价材料。

化学浆液属于真溶液。其主要特点是初始黏度小，可灌地基中的小裂缝或孔隙。其缺点是造价高，而且不少化学溶液具有一定毒性，造成环境污染，影响其推广使用。

4. 水泥基注浆材料

水泥基浆液是以水泥浆为主的浆液，在地下水无侵蚀性条件下，一般都采用硅酸盐水泥。这种浆液是一种悬浊液，能形成强度较高和渗透性较小的结石体。它取材容易、配方简单、价格便宜、不污染环境，故成为国内外所常用的浆液。

(1)普通水泥浆液

常用的水泥颗粒较粗，一般只能灌注直径大于0.2mm的孔隙，而对土中孔隙较小者就不容易灌进。在选择浆液材料时，要求满足对地基土的可灌性。其适用条件可用“可灌比值”表示：

$$N=\frac{D_{15}}{G_{85}}>15 \tag{14-7-14}$$

式中：D_{15}——根据土的颗粒分析试验，求得粒径级配曲线中15%的颗粒直径；

G_{85}——根据浆液材料的颗粒分析试验，求得粒径级配曲线中85%的颗粒直径。

(2)超细水泥浆液

超细水泥是由极细的水泥颗粒组成的无机材料，它比一般水泥浆有较好的渗透性能，能渗入细砂层（渗透系数为$10^{-4}\sim10^{-3}$cm/s）和岩石的细裂缝中。与一般化学浆材比，它具有较高的强度和较好的耐久性能。

水泥浆的水灰比变化范围为0.5～2.0，常用的水灰比是1∶1。为了调节水泥浆的性能，有时可加入速凝剂或缓凝剂等附加剂。常用的速凝剂有水玻璃和氯化钙，其用量约为水泥质量的1%～2%，常用的缓凝剂有木质素磺酸钙和酒石酸，其用量约为水泥质量的0.2%～0.5%。

(3)水泥基浆液常用外加剂

水泥基浆液常用的外加剂见表14-7-8。

水泥浆液外加剂 表 14-7-8

<table>
<tr><th colspan="3">项目
外加剂</th><th>作　　用</th><th>掺量(占水泥质量)</th></tr>
<tr><td colspan="2" rowspan="3">速凝剂</td><td>氯化钙</td><td rowspan="3">缩短其凝结时间，减少浆液流失。对浆液结石体的抗压强度影响不大</td><td>≤5%</td></tr>
<tr><td>水玻璃</td><td>≤3%</td></tr>
<tr><td>…</td><td>…</td></tr>
<tr><td colspan="2" rowspan="3">速凝早强剂</td><td>三乙醇胺与氯化钠</td><td rowspan="3">缩短其凝结时间，减少浆液流失，提高早期强度</td><td>适宜掺量三乙醇胺为 0.05%～0.1%，氯化钠为 0.5%～1.0%，小于适当掺量不起凝结作用，反之对凝结时间影响不大</td></tr>
<tr><td>三异丙醇胺与氯化钠</td><td>适宜掺量三异丙醇胺为 0.05%～0.1%，氯化钠为 0.5%～1.0%，小于适当掺量不起凝结作用，反之对凝结时间影响不大</td></tr>
<tr><td>…</td><td>…</td></tr>
<tr><td rowspan="4">塑化剂、悬浮剂</td><td rowspan="2">塑化剂</td><td>亚硫酸盐纸浆废液</td><td rowspan="4">提高其流动性和可灌性，提高水泥浆液的结石率，降低沉降速度。采用水泥砂浆时，加入塑化剂、悬浮剂效果更好</td><td>0.2%～0.4%</td></tr>
<tr><td>…</td><td>…</td></tr>
<tr><td rowspan="2">悬浮剂</td><td>高塑性黏土</td><td>5%～10%，掺量不宜过多，否则会降低结石强度，延长凝结时间</td></tr>
<tr><td>…</td><td>…</td></tr>
<tr><td colspan="2">惰性材料附加剂</td><td>砂、砾石、矿渣等</td><td>用压浆堵塞大裂隙，加固松散破碎地层及填充衬砌背后空隙(洞)时，为节约浆液材料，阻止浆液流失，可先压注惰性材料，充填过水通道，缩小过水断面，增加浆液流动阻力，减少跑浆。压注顺序可先压注惰性材料，也可掺加在水泥浆中一同压注，如水泥砂浆。
水泥砂浆对于充填衬砌背后空隙，使衬砌与围岩结合密实，改善结构受力条件，堵塞裂隙水，防止水流入隧道内，有着防水、加固地层的作用。位于地震区及不良地质地区的隧道压浆的应用较为普遍(对于黄土、黏土地层不宜压浆)</td><td>根据现场实际情况确定</td></tr>
</table>

5. 化学注浆材料

化学浆材的品种很多，包括环氧树酯类、甲基丙烯酸酯类、聚氨酯类、丙烯酰胺类、木质素类和硅酸盐类等。以下仅介绍几种常用的材料。

1)聚氨酯类

聚氨酯是采用多异氰酸酯和聚醚树脂等作为主要原材料，再掺入各种外加剂配制而成的。浆液灌入地层后，遇水即反应生成聚氨酯泡沫体，起加固地基和防渗堵漏等作用。

聚氨酯浆材又可分为水溶性与非水溶性两类，前者能与水以各种比例混溶，并与水反应成含水胶凝体，后者只能溶于有机溶剂。

聚氨酯浆液具有如下一些特点：

(1)浆液黏度低，可灌性好，结石有较高强度，可与水泥注浆结合，建立高标准的防渗帷幕。

(2)浆液遇水反应，可用于动水条件下堵漏，封堵各种形式的地下、地面及管道漏水，封堵牢固，止水见效快。

(3)安全可靠，不污染环境。

(4)耐久性好。

(5)操作简便，经济效益高。

目前在土木工程中用得比较广泛的是非水溶性聚氨酯，其中又以"二步法"的制浆最好。它又称预聚法，是把主剂先合成为聚氨酯的低聚物(预聚体)，然后再把预聚体和外加剂按需要配成浆液。

外加剂包括下列几种：

(1)增塑剂。用以降低大分子间的相互作用力，提高材料的韧性，常用的有邻苯二甲酸二丁酯等。

(2)稀释剂。用以降低预聚体或浆液的黏度，提高浆液的可灌性。常用的有丙酮和二甲苯等，其中以丙酮的稀释效果为最好。

(3)表面活性剂。用以提高泡沫的稳定性和改善泡沫的结构，一般采用吐温和硅油等。

(4)催化剂。用以加速浆液与水的反应速度和控制发泡时间，常用的有三乙醇胺和三乙胺等。

2)丙烯酰胺类

这类浆材国外称 AM-9，国内则称丙凝，由主剂丙烯酰胺、引发剂过硫酸铵(简称 AP)、促进剂 β-二甲基丙晴(简称 DAP)和缓凝剂铁氰化钾(简称 KFe)等组成。

丙凝浆液及凝固体的主要特点：

(1)浆液属于真溶液。在 20℃温度及标准浓度下，其黏度仅为 1.2×10^{-3}Pa・s，与水甚为接近，其可灌性远比目前所有的注浆材料都好。

(2)浆液从制备到凝结所需的时间可在几秒钟至几小时内精确地加以控制，而其凝结过程不受水(有些高分子浆材会降低胶结强度)的干扰或少干扰，利用其速凝性可堵住大的集中渗漏；利用其缓凝性，适用于较长时间的压注细微裂缝。

(3)浆液的黏度在凝结前维持不变，这就能使浆液在注浆过程中维持同样的渗入性。而且浆液的凝结是立即发生的，凝结后的几分钟内就能达到极限强度，这对加快施工进度和提高注浆质量都是有利的。

(4)浆液凝固后，凝胶本身基本上不透水(渗透系数约为 10^{-9}cm/s)，耐久性和稳定性都好，可用于永久性注浆工程。

(5)浆液能在很低的浓度下凝结，如采用标准浓度，其中有 90%是水。凝固后不会发生析水现象，即一份浆液就能堵塞一份土的孔隙。因此，丙凝注浆的成本是相对较低的。

(6)凝胶体失水收缩，浸水可还原，抗挤力高，但抗压强度低。抗压强度一般不受配方影响，约为 0.4～0.5MPa。

(7)浆液能用一次注入法注浆，因而施工操作比较简单。

(8)浆液在聚合前具有毒性。

因丙凝浆液凝固体的强度低，较好的办法是先压入水泥、水玻璃类浆液，使孔隙达到一定程度的闭塞，然后再用丙烯酰胺等化学浆液压注，这样可以减少化学浆液用量，降低成本并提高凝固的强度。丙凝浆液也能与水泥等材料合用，加入适量的水泥可配成丙凝－水泥浆液。

3)硅酸盐类

硅酸盐(水玻璃)注浆始于1887年，是一种最为古老的注浆工艺。虽然在硅酸盐浆材问世以来的100年里，在50年代后期出现了许多其他化学浆材，硅酸盐仍然是当前主要的化学浆材，它占目前使用的化学浆液的90%以上。由于其具有无毒、价廉和可灌性好等优点，欧美国家根据技术经济指标，依旧将硅酸盐浆材列在其他所有化学浆材的首位。

水玻璃($Na_2O \cdot nS_iO_2$)在酸性固化剂作用下，可产生凝胶。

水玻璃的浓度用波美度(Be′)表示，一般水玻璃的出厂浓度为50～56Be′，注浆使用的水玻璃浓度为30～45Be′。因此，注浆前必须按要求稀释或溶解水玻璃。

4)水玻璃水泥浆

由水玻璃溶液与水泥浆混合而成，它也是一种用途广泛、使用效果良好的注浆材料，并具有以下特点：

(1)浆液的凝结时间可在几秒到几十分钟内准确地控制。其主要规律是：水泥浆越浓、水玻璃与水泥浆的比例越大、温度越高，浆液凝结时间就越短，反之则长。为了加快或延缓凝结时间，可在浆液中加入适量的速凝剂或缓凝剂。在同一条件下，水泥中含硅酸三钙越多，凝胶时间就越短，因而普通硅酸盐水泥比矿渣硅酸盐水泥及火山灰水泥凝结快。

(2)凝固的结石率高，可达98%～100%。

(3)结石的抗压强度较高。

(4)无毒、不污染环境，可灌性好，易于配制，注浆设备简单。

(5)条件适应性强。对于0.2mm以上裂隙和1mm以上粒径的砂层，改变水玻璃与水泥的配合比或改变水泥稠度均能适用。在动水条件下注浆，被水冲走、稀释或排挤变位的程度甚小，不至于对注浆浆液的凝固产生大的影响。结石体在地层中因不与空气接触，不会受温度影响。在地下水中不含腐蚀性物质，浆液结石体不会因失水而干裂，不产生强度下降的问题。水泥浆和水玻璃溶液混合后可立即发生反应，很快形成具有一定强度的固结体。随着反应的连续进行，结石体强度不断增加，早期强度主要是水玻璃反应的结果，后期强度主要是水泥水化反应的结果。

5)木质素浆液

木质素浆液是以纸浆废液为主剂，加入一定量的固化剂所组成的浆液。它属于“三废利用”，源广价廉，是一种很有发展前途的注浆材料。木质素浆液目前包括铬木素浆液和硫木素浆液两种。这主要是因为现在仅有重铬酸钠和过硫酸铵两种固化剂能使纸浆废液固化。

铬木素浆液出现较早，其固化剂是重铬酸钠，该浆液含有6价铬离子，属于剧毒物质，有可能造成地下水污染，因此，这种浆液难以大规模使用。国内有关部门进行了研究，逐步从有毒到低毒，从低毒到无毒，最后出现了硫木素浆液。

最早的铬木素浆液只有纸浆废液和重铬酸钠两种成分。但因这种浆液凝胶时间较长，采用了三氯化铁作为促进剂，可缩短凝胶时间。为了提高其强度，又研究出铝盐和铜盐作为促进剂的铬木素浆液，但毒素均未减小。原东北工学院研究出铬渣木素浆液，从而使铬木素浆液的毒性大幅度下降，同时由于使用铬渣，使成本也大为降低。

第十五章　隧道监控量测

第一节　一 般 规 定

(1)我国公路隧道的设计与施工越来越多地采用新奥法。为了掌握施工过程中围岩稳定程度与支护受力、变形的力学动态和信息，以判断设计、施工的安全性和经济性，隧道开挖后应按照设计要求和现场实际情况立即布点并进行监测，并及时将监测数据和意见建议提交给设计、施工单位，从而达到反馈设计、指导施工的目的。

(2)监控量测应达到以下目的

①提供监控设计的依据和信息

a.掌握围岩力学形态的变化和规律；

b.掌握支护的工作状态信息并及时反馈，验证支护结构效果，确认支护参数和施工方法的准确性或为调整参数与施工方案提供依据；

c.监控隧道施工对周边环境的影响。

②预报及监视险情

a.作出工程预报，确定施工对策和措施；预测和确认围岩最终稳定时间，指导施工顺序和二次衬砌施作时间；

b.监视险情，以确保安全施工。

③校核地下工程理论计算结果、完善工程类比法

a.为理论解析、数值分析提供计算数据与对比指标；

b.为工程类比提供参考指标；

c.为地下工程设计与施工积累经验资料。

(3)监控量测的任务

①通过对围岩与支护的观察和动态量测，以达到合理安排隧道施工程序、日常施工管理、确保施工安全、修改设计参数和积累资料；

②通过对围岩和支护的变位、应力量测，掌握围岩和支护的动态信息并及时反馈，修改支护系统设计，指导施工作业和管理等；

③通过对量测数据的分析处理与必要的计算和判断，进行预测和反馈，以保证施工安全和隧道围岩及支护衬砌结构的稳定；

④对已有隧道工程的量测结果，可以分析和应用到其他类似工程中，作为指导复合式衬砌设计和施工的重要依据。复合式衬砌的设计，通常以工程类比法为主，并以现场监控量测进行工程实际检验和修正。因此施工、设计单位必须紧密配合，共同研究，才能保质保量地完成设计与施工的全过程。

(4)隧道监控量测宜委托专业独立于设计、施工、监理以及业主的第三方实施，其中地质条

件和周边环境复杂的隧道、长隧道、特长隧道，应由专业人员和第三方进行监控量测。

(5)设计单位应进行监控量测设计，监测单位应根据设计要求，并结合隧道规模、地形和地质条件、施工方法、支护类型和参数、工期安排以及所确定的量测目的等编制监控量测实施方案。

(6)实施细则应报监理、业主批准后实施，并作为现场作业、检查的依据。实施方案应包括：监控量测项目、量测仪器选择、监控量测断面及测点布置、监控频率、量测基准值、数据处理及预测方法、反馈方法以及组织机构、管理体系等。

(7)量测计划应与施工进度计划相适应。监控量测工作应结合开挖、支护作业的进程，按要求布点和监测，并根据现场实际情况及时调整补充，量测数据应及时分析、处理和反馈。

第二节　洞内监控量测

(1)隧道监控量测的对象主要是围岩、衬砌、锚杆、拱架及其他支护结构，洞内监测的部位包括围岩与围岩净空、初衬与初衬净空、衬砌等。

(2)监控量测项目可分为必测项目与选测项目两大类，其中洞内监测项目见表 15-2-1。

监控量测项目分类表　　表 15-2-1

编号	量测项目及类别		方法及工具	布　置	量测间隔时间(d)				要求及目的
					1～15	16～30	31～90	>90	
1	必测项目	洞内观察	地质罗盘、数码相机	开挖后及初支后进行	每次爆破后进行				对岩性、岩层产状、结构面进行描述，对溶洞、断层等不良地质情况进行重点说明，对支护结构裂缝进行观察
2	必测项目	拱顶下沉	高精度全站仪或水平仪、水准尺、钢尺或测杆	每 5～50m 一个断面，每个断面 3 个测点	1～2 次/d	1 次/2d	1～2 次/周	1～3 次/月	监视隧道拱顶下沉，了解断面的变形状态，判断隧道拱顶的稳定性
3	必测项目	周边位移	各种类型收敛计	每 5～50m 一个断面，每个开挖面 3 条测线	1～2 次/d	1 次/2d	1～2 次/周	1～3 次/月	根据位移、收敛状况、断面变形状态等量测，对以下项目做出判断：①周边围岩体的稳定性；②初期支护的设计与施工方法是否妥善；③二次衬砌的浇筑时间等
4	选测项目	围岩内部位移(洞内设点)	洞内钻杆中安设单点、多点杆式或钢丝式位移计	每代表性地段 1～2 个断面，每断面 3～5 个钻孔	1～2 次/d	1 次/2d	1～2 次/周	1～3 次/月	了解隧道围岩的松弛区、位移量，为准确判断围岩的变形发展提供数据

续上表

编号	量测项目及类别		方法及工具	布　置	量测间隔时间(d)				要求及目的
					1～15	16～30	31～90	>90	
5	选测项目	围岩和初次衬砌间接触压力	压力盒、频率计	每代表性地段1～2个断面，每断面宜为5～8个测点	1次/d	1次/2d	1～2次/周	1～3次/月	判断围岩荷载大小，初期支护承担围岩压力情况
6		初次衬砌和二次衬砌间接触压力	压力盒、频率计		1次/d	1次/2d	1～2次/周	1～3次/月	判断复合式衬砌中围岩荷载大小，判断初期支护与二次衬砌各自分担围岩压力情况
7		钢支撑内力及外力	应变计、频率计	每代表性地段1～2个断面，每断面宜为5～8个测点	1次/d	1次/2d	1～2次/周	1～3次/月	量测钢拱架应力，推断作用在钢拱架上的压力大小，评价钢拱架设计与施工参数的合理性
8		初次衬砌内力、初期支护应力	钢筋应力计、频率计	每代表性地段1～2个断面，每断面宜为5～8个测点	1次/d	1次/2d	1～2次/周	1～3次/月	量测二次衬砌内应力、喷射混凝土内轴向应力，了解支护衬砌内的受力状态
9		锚杆轴力	钢筋应力计、频率计	每代表性地段1～2个断面，每断面宜为5～8个测点	1次/d	1次/2d	1～2次/周	1～3次/月	根据锚杆所承受的拉力，判断锚杆布置是否合理，了解围岩内部应力的分布情况
10		渗水压力	渗压计、频率计	在富水或高水压围岩段设置	1次/d	1次/2d	1～2次/周	1～3次/月	量测衬砌所受的渗水压力大小，评价隧道防水参数的合理性
11		初次衬砌裂缝监测	测缝计、频率计	初期支护或衬砌开裂后在开裂部位进行	1次/d	1次/2d	1～2次/周	1～3次/月	监测初期支护或衬砌裂缝的形态及其发展趋势
12		围岩弹性波测试	声波仪及配套探头	在有代表性地段设置	在隧道开挖后、初期支护施工前进行				对围岩级别及支护参数进行复核，确保支护结构的安全性与经济性
13		爆破振动监测	爆破振动监测仪及配套传感器	超小净距隧道、连拱隧道以及临近受保护建(构)筑物区段设置	随爆破进行				评价爆破振动对临近隧洞以及建(构)筑物的影响程度
14		瓦斯监测	光学瓦斯检定器或甲烷测报仪	穿越煤系地层	每次爆破后进行				监测瓦斯浓度，评价瓦斯爆炸的可能性

(3)对隧道工程，设计阶段的地质勘察工作很难提供精准的地质资料，应进行掌子面观察；同时隧道内已支护结构随着围岩压力的进一步释放可能产生后续损伤或破坏，应进行已支护结构健康状态观察。

①掌子面观察，应在每次隧道爆破清渣后及时进行。通过观察主要了解开挖工作面的工

程地质和水文地质条件，其包括如下一些内容：

a. 岩质种类和分布状态，地质界面位置的状态；

b. 岩性特征：岩石的颜色、成分、结构、构造；

c. 地层年代归属及产状；

d. 节理性质、组数、间距、规模，节理裂隙的发育程度和方向性，断面状态特征，充填物的类型和产状等；

e. 断层的性质、产状、破碎带宽度、特征；

f. 地下水类型，涌水量大小、涌水位置、涌水压力、湿度等；

g. 开挖工作面的稳定状态，顶板及侧壁有无剥落现象。

将观测到的有关情况和现象，详细记录并绘制隧道开挖工作面素描剖面图。剖面图的间距应随岩性、构造、水文地质条件不同而异。一般情况下Ⅵ级围岩剖面素描图间距为5～10m，Ⅴ级围岩剖面素描图间距为10～15m，Ⅳ级围岩剖面素描图间距为15～25m，Ⅲ级围岩剖面素描图间距为40～50m，Ⅱ级围岩剖面素描图间距为50～80m，Ⅰ级围岩剖面素描图间距为80～120m。

②已支护结构观察应每天不间断的进行。如果发现异常情况，要详细记录发现时间、距开挖工作面的距离、附近测点的各项量测数据，同时应增加观察频率。其包括如下一些内容：

a. 初期支护完成后对喷层表面裂缝状况的描述和记录；

b. 有无锚杆被拉脱或垫板陷入围岩内部的现象；

c. 喷射混凝土是否产生裂隙或剥离，要特别注意喷射混凝土是否发生剪切破坏；

d. 钢拱架有无压屈现象；

e. 拱架落底是否及时，拱架脚部基础是否稳定、坚实；

f. 拱架搭接是否紧密、及时；

g. 隧道下部路基或路面是否有底鼓现象；

h. 喷射混凝土表面有无渗漏水现象；

i. 隧道路面有无开裂现象；

j. 二次衬砌是否及时跟进，软弱围岩段仰拱是否及时设置；

k. 二次衬砌表面有无裂纹产生，需特别注意有无纵向裂缝或斜裂缝的产生；

l. 二次衬砌表面有无渗漏水现象。

③连拱隧道应重视中导洞的地质素描工作，其掌子面素描记录可作为左右两洞地质预报内容的基础组成部分，对评价连拱隧道量测主动开挖的稳定性具有重要作用；小净距隧道先行洞地质素描资料对后进洞稳定性评价具有重要的参考作用。

(4)周边位移是隧道围岩应力状态变化的最直观反映，量测周边位移可为判断隧道空间的稳定性提供可靠的信息，根据变位速度判断隧道围岩的稳定程度，为二次衬砌提供合理的支护时机，指导隧道设计与施工。

①隧道拱顶下沉及周边收敛监测断面须尽量靠近开挖工作面。一般测点距开挖面2m的范围内应尽快安设，并应保证爆破后24h内或下一次爆破前测读初次读数。同时量测过程中应注意满足如下要求：

a. 测点布设应牢固、稳定；

b. 测试数据应准确可靠，每组数据测三次，并且三次误差小于0.1mm。

隧道周边收敛及拱顶下沉监测断面沿隧道纵向设置的间隔可参照表 15-2-2 执行。

拱顶下沉、周边收敛测点间距表　　表 15-2-2

围岩级别（级）	Ⅴ		Ⅳ	Ⅲ	Ⅱ
	浅埋段	深埋段			
间距(m)	5	10	20	30～40	50

②拱顶下沉测点布置如图 15-2-1 所示。

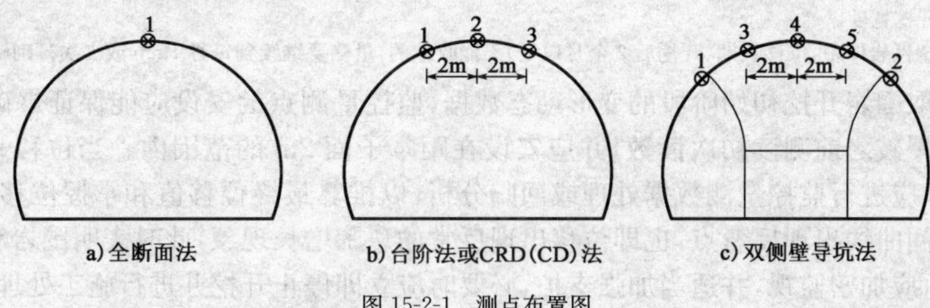

a) 全断面法　b) 台阶法或CRD(CD)法　c) 双侧壁导坑法

图 15-2-1　测点布置图

拱顶下沉测点布置与隧道施工方法有关。

a. 当采用全断面法时，一般只在拱顶中央位置布设 1 个下沉测点；

b. 当采用台阶法、CD 法或 CRD 法时，在拱顶布设 3 个拱顶下沉测点，两侧测点距中心测点的水平距离约为 2m；

c. 当采用侧壁导坑法开挖时，在两侧壁导坑开挖时各补充一个拱顶下沉测点；

d. 在特殊地段，根据具体情况，可另增设测点及测线。

③周边位移测点及测线布置图如图 15-2-2 所示。

根据隧道施工方法及衬砌断面的不同，对测点及测线布置的要求也不尽一致。

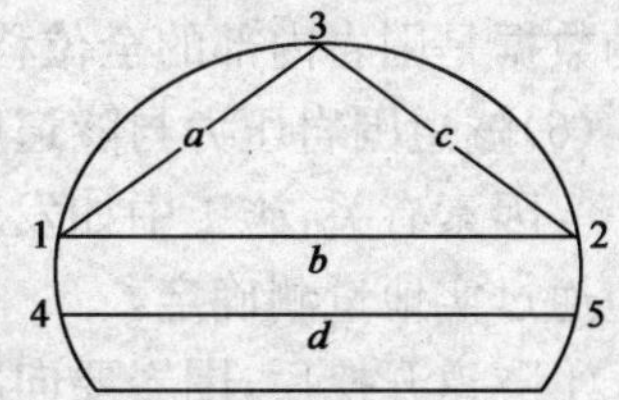

图 15-2-2　周边位移测点及测线布置图

a. 当采用全断面开挖时，在一般地段每个监测断面通常埋设测点 1、2、3、4、5 号共 5 个，布置 a、b、c、d 共 4 条测线；

b. 若为半断面开挖，可先埋设 1、2、3 号测点，对 a、b、c 3 条测线进行量测，当下台阶开挖达到相应监测断面位置时，再埋设 4、5 号测点，对下部 d 测线进行量测；

c. 1、2、3、4、5 号测点应埋设在同一垂直断面内；

d. 1～2、3～4 号测点应分别在同一水平线上，3 号测点应埋设在拱顶中央；

e. 1、2 号测点以及 4、5 号测点的埋设根据隧道开挖情况而定，一般设置在路基以上 1m 左右，以利于现场量测为基本原则；

f. 在特殊地段，根据具体情况，可另增设测点及测线；

g. 在行车横洞、行人横洞、通风横洞、施工导洞等小断面隧道中，可根据断面的大小及围岩级别的不同，对测桩及测线进行适当减少。如在行车横洞中可仅设 1、2、3 号测点及 a、b、c3 条测线。

④周边位移及拱顶下沉量测频率可按表 15-2-3 及表 15-2-4 两种方法来共同检查，并与表 15-2-1 确定的量测频率比较取频率较高值。施工状况发生变化时(开挖下台阶、仰拱或撤除临时支护等)，应增加量测频率。

周边位移和拱顶下沉的量测频率(按位移速率)　　表 15-2-3

位移速度(mm/d)	≥5	1～5	0.5～1	0.2～0.5	<0.2
量测频率	2～3 次/d	1 次/d	1 次/2～3d	1 次/3d	1 次/3～7d

周边位移和拱顶下沉的量测频率(按距开挖面距离)　　表 15-2-4

量测断面距开挖面距离(m)	(0～1)B	(1～2)B	(2～5)B	>5B
量测频率	2 次/d	1 次 d	1 次/2～3d	1 次/3～7d

注:1. B 为开挖宽度。

2. 在流塑性岩体中,位移长期(开挖后 2 个月以上)不能收敛的,量测要继续到每月 1mm 或二次衬砌施作时为止。

⑤为获取围岩开挖初始阶段的变形动态数据,监控量测点的安设应能保证爆破后 24h 内和下一循环爆破之前测读初次读数,并应安设在距掌子面 2m 的范围内。当位移—时间曲线趋于平缓时,应进行监控量测数据处理或回归分析,以推算最终位移值和掌握位移变化规律。当位移—时间曲线出现反弯点,也即位移出现反常的急骤增长现象,此时表明围岩和支护已呈不稳定状态,应加密监视,并适当加强支护,必要时应立即停止开挖并进行施工处理。

(5)由于隧道埋深较大,无法在地表设点,洞内设点量测围岩内部位移一般在隧道深埋段。

①对于洞内设点的围岩内部位移,由于不可能在开挖后立即紧贴开挖面进行量测,因此量测读数时已有量值为 u_1 的围岩释放变形。此外,在开挖面尚未到达监测断面时,也有量值为 u_2 的变形产生,这两部分变形叠加到变形量测值 u_m 上才是围岩的绝对变形值,即 $u=u_1+u_2+u_m$。在正式量测前损失的位移 u_1+u_2,其位移绝对量在应用过程中需进行修正,修正可参考式(15-2-1):

$$u_1 + u_2 = (0.5 \sim 0.7)u \tag{15-2-1}$$

②地表设点的围岩内部位移,通常设置在洞口段或浅埋段,在受开挖影响之前设置,其量测的数据是围岩内部的全位移过程,具有更大的可靠性,具体量测详见本章第三节。

(6)隧道围岩压力与隧道所处的地形、地质条件、埋置深度、结构特征、施工方法、相邻隧道间距等因素有关,施工中如发现与实际不符合,应及时修正。对于地质条件复杂的隧道,必要时应通过实地量测确定。

①隧道开挖后,围岩要向净空方向位移,而支护结构要阻止这种变形,这样就会产生围岩作用于支护结构上的围岩压力。围岩压力测试包括围岩和初次衬砌间接触压力以及初次衬砌和二次衬砌间接触压力;

②应把测点布设在具有代表性的断面的关键部位上,如拱顶、拱腰、拱脚、仰拱等,并对各测点逐一进行编号。压力盒的测点布置图如图 15-2-3 所示;

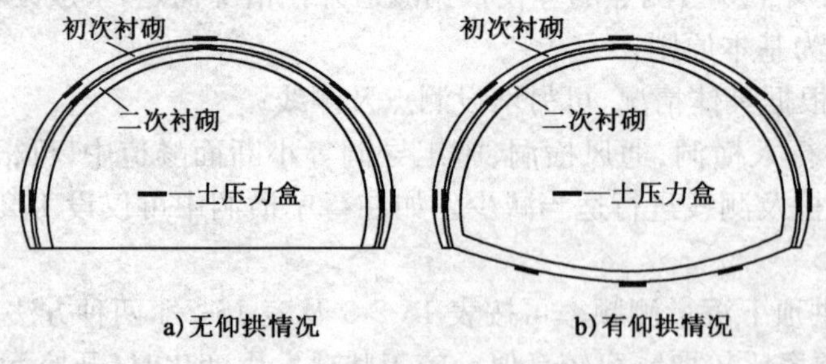

图 15-2-3　压力盒测点布置图

③根据量测结果了解围岩压力的量值及分布状态，判断围岩和支护结构的稳定性，分析二次衬砌的稳定性和安全度。

(7)目前双车道隧道中，在Ⅳ～Ⅵ级围岩段，尤其是浅埋、偏压隧道中，早期围岩压力增长较快，需要提高初期支护的强度和刚度，隧道开挖后需采用各种钢支撑进行支护。一般在Ⅳ级围岩段采用格栅支撑，Ⅴ、Ⅵ级围岩中采用型钢支撑。

①通过对钢支撑应力的量测，可知钢支撑的实际工作状态，进而验证此压力条件下钢支撑具有的安全系数，视具体情况采取相应加固措施；

②应把测点布设在具有代表性的断面的关键部位上，如拱顶、拱腰、拱脚，注意测点布置时与拱架搭接部位适当错开，并对各测点逐一进行编号。钢支撑内力的测点布置图如图15-2-4所示；

③型钢支撑应力量测多采用应变计，格栅支撑应力量测多采用钢筋应力计。型钢支撑测点成对布设，应变计布置在型钢腹板上下侧靠近翼缘位置；格栅支撑使用与格栅主筋尽量等刚度的钢筋计焊接到主筋测点位移，宜采用对焊；

④当隧道变形较大、衬砌开裂或有较大塌方风险时，一般在隧道内设置立柱以及横撑作为临时支护措施，部分立柱或横撑可能采用钢支撑(型钢或钢管)作为支护手段。由于是规避塌方或衬砌进一步损坏的最后一道防护措施，临时支撑内力及其稳定性需要进行监测。其中未施作二次衬砌段的临时支护，需支撑在既有拱架上面。立柱内力的测点布置在立柱顶端，横撑内力测点布置在两端，其布置如图15-2-5所示；

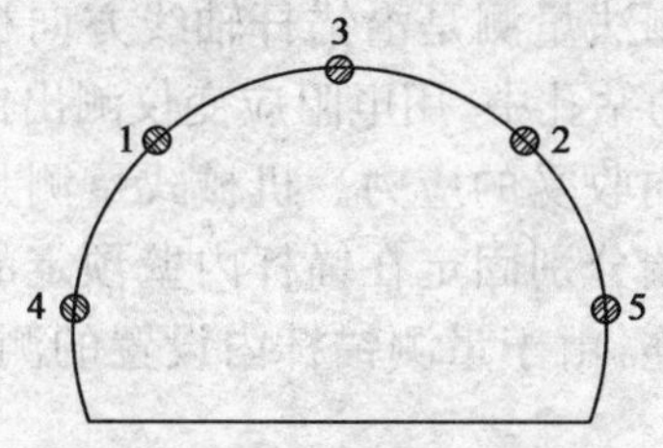

图15-2-4 钢支撑内力测点布置图

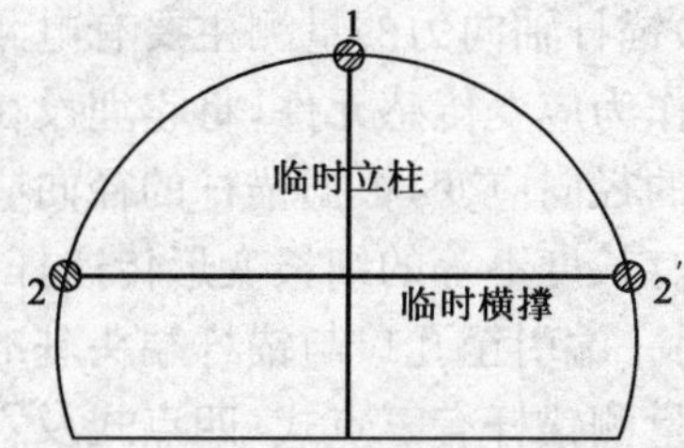

图15-2-5 钢支撑内力测点布置图

具体量测可采用反力计，结合量测结果，按压杆稳定理论验算其稳定性；

⑤格栅支撑安装钢筋应力计时，要注意给钢筋计降温，以防温度过高烧坏钢筋计的钢弦。同时对焊时应尽量使应力计与钢筋轴心对正，放置钢筋计偏心或应力计受扭会影响元件的使用和读数的准确性；

⑥钢架荷载的量测工作应与围岩内空变形的量测工作同步进行，量测频度可参照围岩内空变形的量测时间间隔进行。对整理出的量测资料应做以下分析。

a.根据同一时间内所测定的钢架受力与隧道围岩变形的大小，可以获得隧道围岩位移与围岩压力(钢架上的压力)间的关系；

b.通过分析钢架受载与围岩变形关系，了解钢架的工作状态和围岩的适应性，为设计合理的钢架提供依据；

c.分析整个观测过程中，隧道围岩变形与围岩压力的关系，确定在规定围岩条件下支护结构应具有的力学特性。

(8)复合式衬砌中的二次衬砌，Ⅰ～Ⅲ级围岩中为安全储备，并按构造要求设计；Ⅳ、Ⅴ级围岩中为承载结构，需要计算其内力和变形。

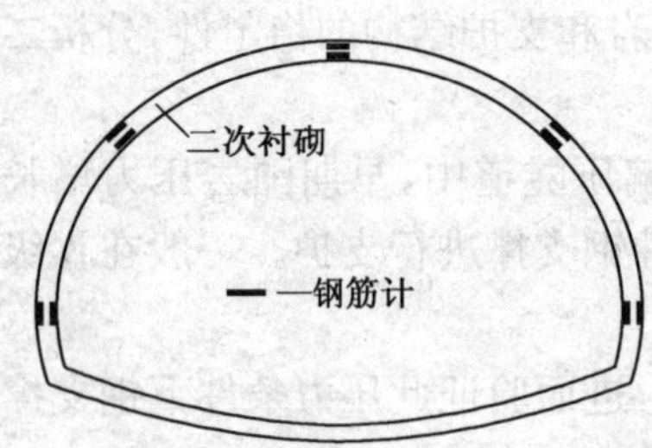

图 15-2-6　二次衬砌内力测点布置图

①通过二次衬砌内应力量测，可了解支护衬砌内的受力状态。钢筋混凝土衬砌一般采用钢筋应力计量测，把测点成对布设在具有代表性的断面的关键部位上，如拱顶、拱腰、拱脚等。成对布设的方法是在同一截面衬砌内外侧主筋沿环向布设，如图 15-2-6 所示。

②钢筋计安装时与二次衬砌主筋环向对焊，应保证钢筋计轴向刚度与主筋一致，按照混凝土基本原理，通过主筋应变值可以反算衬砌在该部位所受的轴力和弯矩，验算其安全性。

③对于素混凝土衬砌，主要受压，一般采用内置环向混凝土应变计量测了解其轴向应力的发展情况，进而评价素混凝土衬砌安全度。也可以通过在素混凝土衬砌表面安装应变计，量测其表面应变，进而评价素混凝土衬砌安全度。对于素混凝土衬砌，其初始破坏形式一般为拉裂，应重点关注其拉应力(应变)的发展是否超过其混凝土的极限拉应力(应变)。

④喷射混凝土层应力采用内置环向混凝土应变计量测，根据量测结果应绘制以下曲线以便分析研究。

a. 绘制喷层内径(切)向应力随开挖前进面变化的关系曲线，以便掌握试验断面处喷层应力随前进着的工作面距离变化的关系；

b. 绘制喷层内径(切)向应力随时间变化的关系曲线，以便掌握量测断面处不同部位切向应力随时间的变化情况。

(9)锚杆轴向力的量测主要有电测法和机械法。电测法量测是沿锚杆轴线方向粘贴电阻应变片作为应变传感元件，将它埋设在垂直于隧道壁面的钻孔中，用电阻应变仪测出锚杆在钻孔方向的径向应变，根据锚杆的径向应变来转求锚杆径向收受的应力。机械式量测是在钢管内固定有长度不等的细长变形传递杆，每一传递杆的一端分别固定在锚杆内壁预定的不同位置上，另一端引至孔口与锚杆端头基准板相应的测孔相连，由于量测锚杆内设置的测点不同，机械式量测锚杆有三点式、四点式及六点式量测锚杆。

①锚杆轴向力测试在每一监测断面内一般布置 5 个量测位置(孔)，每一量测位置的钻孔内设测点 3～6 个(根据量测深度和所选的量测锚杆决定)。一般布置形式为在拱顶中央 1 个，在拱基线上(或拱基线上 1.5m 处)左右各设一个，在两侧墙及底板线上 1.5m 处各设一个。量测锚杆的布置形式见图 15-2-7。

②锚杆轴向力测试频率可参照内空收敛的量测频度，即在埋设后 1～15d 内每天测 1 次，16～30d 每 2d 测 1 次，30d 以后每周测 1 次，90d 后可每月测 1 次。

③通过对量测结果的分析，推断围岩松动圈的范围，判断围岩变形的发展趋势，确定锚杆长度及数量等参数是否合适。量测结果一般包括以下几个方面：

a. 根据量测所得的各测点应变值，绘制应变沿锚杆长度的分布状态曲线；

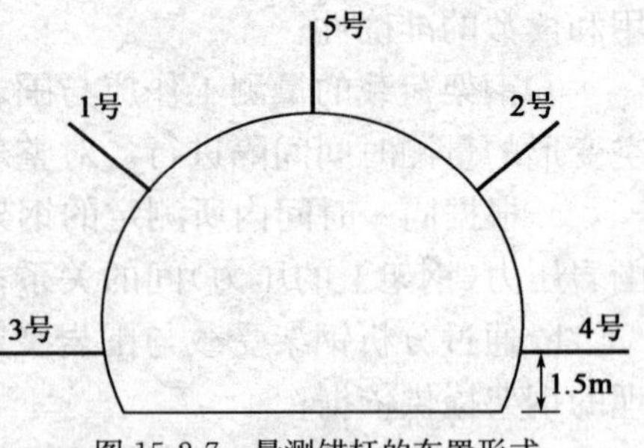

图 15-2-7　量测锚杆的布置形式

b. 根据计算得出的锚杆轴力绘制轴向力沿锚杆长度的分布状态曲线；

c. 根据锚杆轴向力的最大值确定适宜的锚杆长度。

(10)孔隙水压力监测可采用孔隙水压计量测。水压计应埋入带刻槽的测点位置，采用措施确保水压计直接与水接触，通过数据采集设备获得各测点数据，并换算出相应的水压力值。

①孔隙水压力测点布置同土压力测点布置，其中隧道一般为防排结合型防水结构，水压量测埋设在初支支护外侧。对于全包型防水衬砌结构，则直接设置在二次衬砌外测；

②对于承受外水压力隧道，隧道衬砌结构的安全度需结合外水压力综合验算。

(11)隧道裂缝是隧道病害的一种重要表现形式，需对其成因从地质、力学、施工等角度进行综合分析，结合分析结果，对影响隧道结构安全性的进行加固处理，对于稳定不发展的二次衬砌裂缝除封闭注浆外还需进行长期稳定性监测。

①衬砌裂缝监测一般在待测裂缝左右采分别钻成 2 孔，然后在孔内塞入水泥等固结物，按设计要求安装测缝计。也可在裂缝附近进行钢板二维和钢钉一维简易测缝，即在待测裂缝附近安装简易钢板测缝计(自制)或打入水泥钢钉，作为裂缝宽度的测点；

②测缝计一般布设在每条裂缝的最宽或最深部位，每条裂缝一个测点。对于部分长裂缝，根据实际需要，单条裂缝测点数可增加至 2～5 个测点。裂缝计应垂直裂缝布设，布设方式见图 15-2-8；

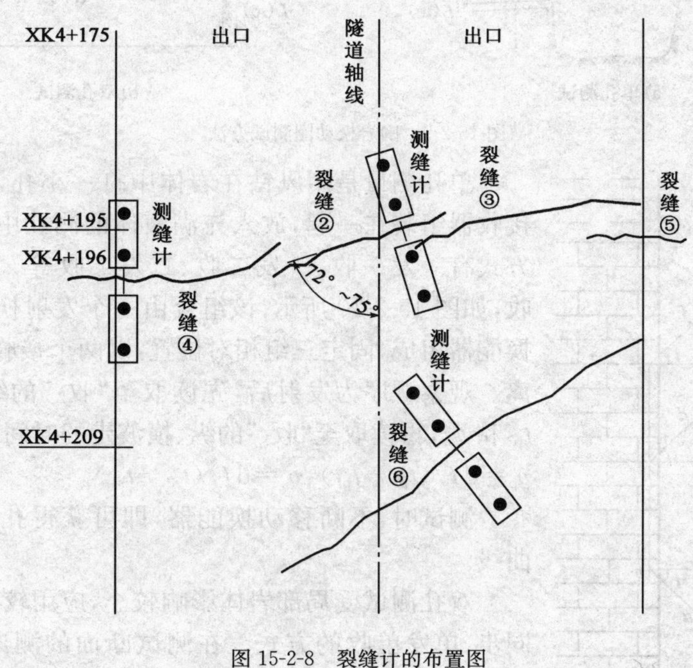

图 15-2-8　裂缝计的布置图

③裂缝监测应重点关注纵向裂缝及斜裂缝，此两种裂缝常为结构性裂缝，其产生与发展的背后伴随着影响隧道稳定性的潜在灾害。

(12)围岩弹性波测试是地球物理探测方法之一，又称声波测试。在隧道工程中被广泛用来测定围岩物理性质，判断围岩稳定状态，提供围岩分级参数等。

①隧道工程中可采用弹性波进行测试的项目主要有以下几方面：

a. 地下工程位置的地质剖面检测(声波测井)，用以划分岩层，了解岩层破碎情况和风化程度等；

b. 岩体力学参数测定，如弹性模量、抗压强度等；

c. 围岩稳定状态的分析，如测定围岩松动圈大小等；

d. 判断围岩的分类等级，如测定岩体波速和完整性系数等。

②围岩松动圈是设计地下工程和评定围岩稳定性的重要参数之一。完整岩体波速一般较高，而在应力下降、裂隙扩张的松动区波速相对下降。因而在围岩压密区(应力升高区)和松动区之间会出现明显的波速变化。应当指出，松动区不等于塑性区，它是塑性区中岩体松弛部分。

测试方法有单孔法和双孔法，见图 15-2-9。

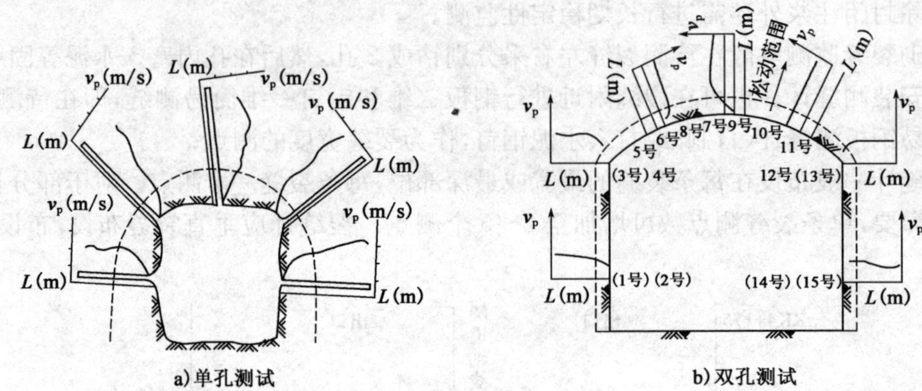

图 15-2-9　围岩松动圈测试方法

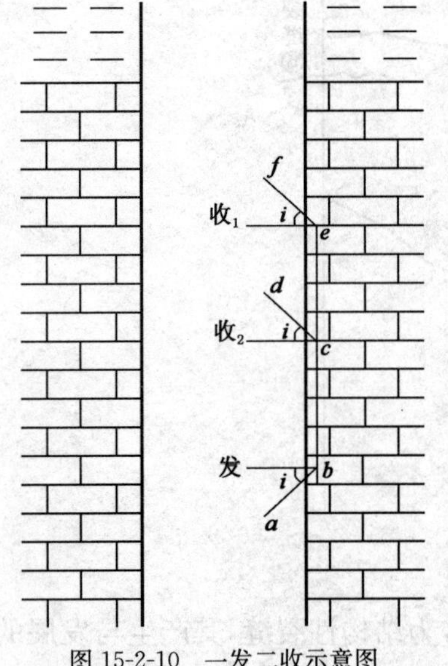

图 15-2-10　一发二收示意图

单孔测量是用风钻在岩体中打一小孔，将发射换能器和接收器组装在一起，放入充满液体的测孔中。换能器的组装方式有一发一收、一发二收、二发二收等。通常采用一发二收，如图 15-2-10 所示，该组合由一个发射换能器和两个接收换能器组成，固定三组相对位置，以两个接收换能器为实测距离。观察顺序为发射后，先读取至“收$_2$”的纵、横波走的时间 t_{p2} 和 t_{s2}，再读取至“收$_1$”的纵、横波走的时间 t_{p1} 和 t_{s1}。可得到 $v_p = df/(t_{p2} - t_{p1})$、$v_s = df/(t_{s2} - t_{s1})$。

测试时，不断移动换能器，即可获得孔深与波速的关系曲线。

双孔测试受局部岩体影响较小，应用较广，一般采用双孔同步、单发单收的方式。在测试断面的测试部位，打一对小孔，孔间距离一般为 1～1.5m，在一孔中放入发射换能器，另一孔中放入接收换能器，平行移动这两个换能器，即可得声波与孔深的曲线关系。

根据实测资料，波速与孔深关系曲线类型大致可归纳为四种类型，如图 15-2-11 所示。

a. “—”形，无明显分带，表示围岩较完整；

b. “/”形，无松弛带，有应力升高，表示围岩较坚硬；

c. “Γ”形，无应力升高带，有松弛带，但应分清是爆破松动还是围岩进入塑性松动；

d. “凸”形，松弛带，应力升高带均有。

实测的 v_p-L 曲线形态有时比上述四种曲线更为复杂，而且也不能单纯根据曲线形态来确定松动区范围。在隧道开挖前后与支护前后作不同时期的声波测试，能更加准确地判断围岩的稳定状态和松动区范围及其发展过程。

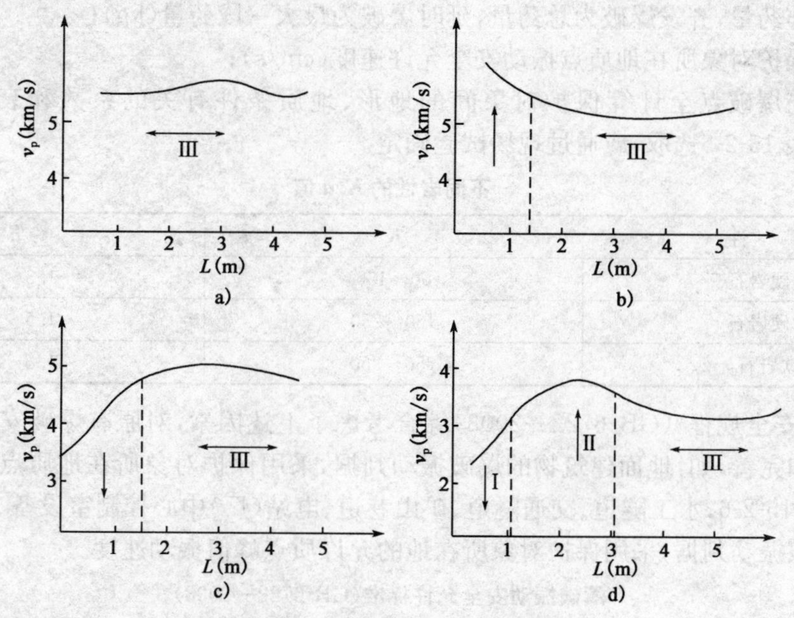

图 15-2-11　波速与孔深关系曲线类型

③目前隧道围岩的分级常引用岩体纵波波速以及岩体与岩块波速比的平方作为围岩分级的判据。岩体的波速越高，表明岩体越坚硬，结构越完整，软弱结构面越少。但有时波速高并不反映岩体完整性好，如有些破碎坚硬岩的波速高于完整性较好的软岩，因此还要用完整性系数 $K_v=(v_{mp}/v_{rp})^2$ 来反映岩体的完整性，v_{mp} 为岩体纵波速度，v_{rp} 为岩块纵波速度，K_v 越接近 1，表示岩体完整性越好。

在软岩或极其破碎的岩体中，有时无法取出完整而扰动不严重的岩块，不能测取岩块的纵波波速，这时可用相对完整系数 $K_x=(v_{mp}/v_{zp})^2$ 来代替 K_v 进行判断，v_{zp} 为岩体纵波波速最大值，在具体工程中，要结合岩体结构、岩体应力状况分析应用，如软弱完整岩体应力高的情况下，测出的 v_{zp} 偏高，K_x 值偏小。若岩体极破碎，岩体应力又小的情况下，测出的 v_{zp} 偏低，K_x 值偏大。

围岩分级中声波测试方法，除采用钻孔法外，还可采用锤击法。锤击法受开挖影响较明显，测得波速较钻孔法偏低。在围岩分级中，必须考虑不同情况下测取波速的差异，应分别采用不同的标准。

(13)隧道爆破开挖由于装药量和爆破方案的不同，其影响范围也不同。在影响范围内如有存在需要保护的既有建(构)筑物或相邻隧道，爆破可能影响其稳定性，需进行监测。

①爆破振动速度和加速度的监测可采用振动速度和加速度传感器以及相应的数据采集设备；

②传感器固定在预埋件上，通过爆破振动记录仪自动记录爆破振动速度和加速度，分析振动波形和振动衰减规律；

③爆破振动安全允许距离，可按式(15-2-2)计算。

$$R=\left(\frac{K}{v}\right)^{\frac{1}{a}}Q^{\frac{1}{3}} \qquad (15\text{-}2\text{-}2)$$

式中：R——爆破振动安全允许距离(m)；

Q——炸药量，齐发爆破为总药量，延时爆破为最大一段药量(kg)；

v——保护对象所在地质点振动安全允许速度(cm/s)；

K、a——与爆破点至计算保护对象间的地形、地质条件有关的系数和衰减指数，可按表 15-2-5选取，或通过现场试验确定。

不同岩性的 *K*、*a* 值 表 15-2-5

岩 性	K	a
坚硬岩石	50～150	1.3～1.5
中硬岩石	150～250	1.5～1.8
软岩石	250～350	1.8～2.0

④《爆破安全规程》(GB 6722—2003)综合考虑了上述因素，对原有爆破安全标准做了进一步的改进和完善，如：地面建筑物的爆破振动判据，采用保护对象所在地质点峰值速度和主振频率，见表 15-2-6；水工隧道、交通隧道、矿山巷道、电站(厂)中心控制室设备、新浇筑大体积混凝土的爆破振动判据，采用保护对象所在地的允许质点峰值振动速度。

爆破振动安全允许标准(GB 6722—2003) 表 15-2-6

序号	保护对象类别	安全允许振速(cm/s)		
		<10Hz	10～50Hz	50～100Hz
1	土窑洞、土坯房、毛石房屋①	0.5～1.0	0.7～1.2	1.1～1.5
2	一般砖房、非抗震的大型砌块建筑物①	2.0～2.5	2.3～2.8	2.7～3.0
3	钢筋混凝土结构房屋①	3.0～4.0	3.5～4.5	4.2～5.0
4	一般古建筑与古迹②	0.1～0.3	0.2～0.4	0.3～0.5
5	水工隧道③	7～15		
6	交通隧道③	10～20		
7	矿山巷道③	15～30		
8	水电站及发电厂中心控制室设备	0.5		
9	新浇筑大体积混凝土④： 龄期：初凝～3d 龄期：3～7d 龄期：7～28d	 2.0～3.0 3.0～7.0 7.0～12		

注：1. 表列频率为主振频率，系指最大振幅所对应波的频率。

2. 频率范围可根据类似工程或现场实测波形选取。选取频率时亦可参考下列数据：硐室爆破＜20Hz；深孔爆破10～60Hz；浅孔爆破 40～100Hz。

①选取建筑物安全允许振速时，应综合考虑建筑物的重要性、建筑质量、新旧程度、自振频率、地基条件等因素。

②省级以上(含省级)重点保护古建筑与古迹的安全允许振速，应经专家论证选取，并报相应文物管理部门批准。

③选取隧道、巷道安全允许振速时，应综合考虑构筑物的重要性、围岩状况、断面大小、埋深大小、震源方向、地震振动频率等因素。

④非挡水新浇筑大体积混凝土的安全允许振速，可按本表给出的上限值选取。

(14)连拱隧道相对于分离式隧道，在结构上的特殊性主要体现在其中墙上。中墙是连拱隧道的传力和承力部位，是维持结构整体稳定的中枢，也是连拱隧道防排水的重点设置部位，是连拱隧道中最为重要的结构，当然也是连拱隧道受力研究之重点，针对连拱隧道中墙的监测显得尤为重要。

①连拱隧道的中墙监测主要包括以下三个方面：

a. 中墙内力监测；

b. 中墙量测应变监测；

c. 中墙顶部土压力监测；

d. 中墙位移监测。

以上四个方面的中墙监测，主要通过量测中墙内力、中墙顶部土压力以及中墙量测应变情况，了解中墙在整个施工过程中的偏压情况，进而了解左右洞施工过程中对中墙的影响(图 15-2-12)。

②在隧道工程的监控量测工作中，各量测项目的量测结果应相互印证。在连拱隧道中隔墙的现场监测中，若发现上文所提到的偏压情况，为进一步证实偏压的存在与严重程度，需进行中隔墙位移、裂缝(如果出现裂缝则需进行此项目监测)等项目的辅助监测。

a. 收敛法量测

如图 15-2-13 所示(A 点选择在中隔墙合适位置，C 点选在拱顶附近，B 点选择在仰拱上能够固定且不易被破坏的合适位置)，由几何关系可以得到：

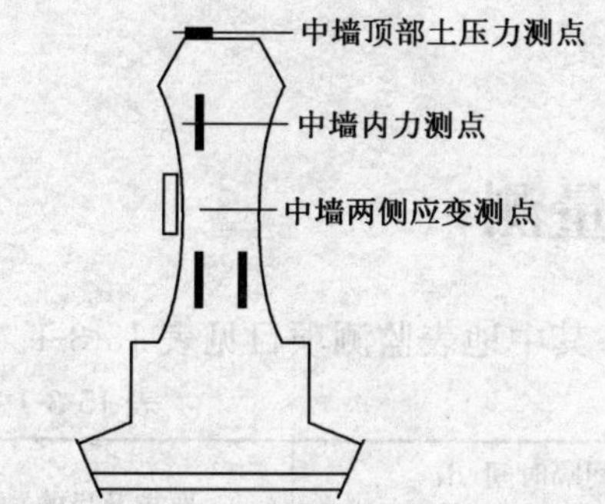

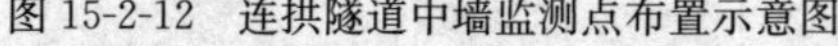

图 15-2-12　连拱隧道中墙监测点布置示意图

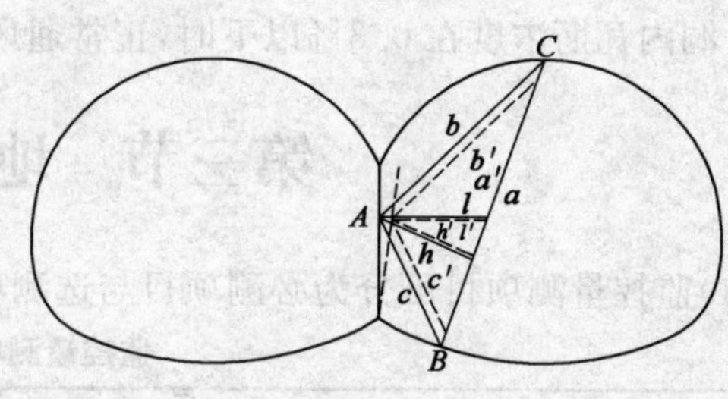

图 15-2-13　用收敛法量测连拱隧道中隔墙偏移示意图

$$h=\frac{2}{a}\sqrt{S(S-a)(S-b)(S-c)} \tag{15-2-3}$$

式中，$S=1/2(a+b+c)$。

$$h'=\frac{2}{a'}\sqrt{S'(S'-a')(S'-b')(S'-c')} \tag{15-2-4}$$

式中，$S'=1/2(a'+b'+c')$。

$$\begin{cases} l=\dfrac{h}{\cos\alpha}=h\cdot\sec\alpha \\ l'=\dfrac{h'}{\cos\alpha}=h'\cdot\sec\alpha \end{cases} \tag{15-2-5}$$

式中：　a——l 与 h 间的夹角，即 CB 线的竖向偏角，若将 CB 线选择为铅垂，则 $l=h$。从而，按 $\Delta l=l'$，可求得 A 点的偏移量；

a、b、c 与 a'、b'、c'——前后两次量测测线 BC 线、AB 线、AC 线所得的实测值。

b. 全站仪法量测

用全站仪量测中隔墙偏移相对较方便：在洞内适当位置选择站点架设仪器（埋设钢筋头并做以标记），在靠近洞口或洞外选择后视点确定坐标系，然后在中隔墙上被测位置固定一量测专用反光贴片。每次在该固定坐标系下量测该测点的平面坐标即可算得被测点的位移量。此法量测需全站仪的精度足够高，建议采用 0.5′精度的仪器。

（15）隧道在掘进中穿越煤系地层时，地层富含瓦斯。瓦斯爆炸是在含瓦斯的地层施工中最大的安全隐患。而对瓦斯的实时监测，控制和防止瓦斯浓度超标，是防止瓦斯爆炸发生的关键。

①瓦斯爆炸的三个充分条件：一是要有一定浓度的瓦斯（主要为 CH_4）；二是要有引火源；三是要有足够的氧气。要达到安全生产的目的，就必须通过瓦斯的检测、通风、设备防爆等综合预防措施，杜绝洞内同时具备瓦斯爆炸的三个充分条件。

②瓦斯限值与处理

a. 洞内瓦斯浓度大于 1.5%时，开挖面自动发出警报，须撤出施工人员，停止一切作业，加强通风，同时打开掌子面的高压风；

b. 洞内瓦斯浓度在 1%～1.5%时，进行警戒预防，指挥员、安全员随时监测，禁止放炮，切断掌子面电源，加强通风；

c. 洞内瓦斯浓度在 0.5%～1.0%时，发出一次警报，加强监测、通风；

d. 洞内瓦斯浓度在 0.3%～0.5%时，正常通风；

e. 洞内瓦斯浓度在 0.3%以下时，正常通风和作业。

第三节　地面监控量测

（1）监控量测项目可分为必测项目与选测项目两大类，其中地表监测项目见表 15-3-1。

监控量测项目分类表　　表 15-3-1

编号	量测项目及类别		方法及工具	布　置	量测间隔时间（d）				要求及目的
					1～15	16～30	31～90	>90	
1	必测项目	地表观察	地质罗盘、数码相机	目测及简单地表观察	1～2次/d	1次/2d	1～2次/周	1～3次/月	对地表地质、水文进行日常观察，对地表异常进行观察
2	必测项目	地表下沉	高精度全站仪或水平仪、铟钢尺	每 5～100m 一个断面，每断面至少 11 个测点，每隧道至少 2 个断面。中线每 5～20m 一个测点	开挖面距量测断面前后 $<2B$ 时，1～2 次/d； 开挖面距量测断面前后 $<5B$ 时，1 次/2d； 开挖面距量测断面前后 $>5B$ 时，1 次/周 （B 为隧道开挖宽度）				从地表设点观测，根据下沉位移量判定开挖对地表下沉的影响，以确定隧道支护结构
3	选测项目	围岩内部位移（地表设点）	地面钻孔中安设各类型多点位移计	每代表性地段一个断面，每断面 3～5 个钻孔	1～2次/d	1次/2d	1～2次/周	1～3次/月	了解隧道围岩的松弛区、位移量，为准确判断围岩的变形发展提供数据
4	选测项目	地表裂缝监测	游标卡尺	地表开裂后在开裂部位进行	同地表下沉				监测地表裂缝的形态及其发展趋势

(2)地表观察重点应在洞口段和洞浅埋段，其观察内容应包括以下几个方面：

①地表开裂、地表沉陷，应特别关注地表贯通性裂缝的排查；

②边坡及仰坡稳定状态；

③地表积水、渗透以及排水情况。

(3)当位于软弱、破碎、自稳时间极短的围岩及地表有对沉降要求非常严格的地面构造物的浅埋隧道施工时，应进行地表下沉量测。

①浅埋隧道地表下沉量测的重要性随隧道埋深变浅而增大，详见表 15-3-2；

地表沉降量测的重要性　　表 15-3-2

埋　　深	重 要 性	量 测 与 否
$3D<h$	小	不必要
$2D<h<3D$	一般	建议量测
$D<h<2D$	重要	必须量测
$h<D$	非常重要	必须列为主要量测项目

注：1. D 为开挖宽度，h 为隧道埋深。

2. 本表主要针对双车道隧道。

②根据同济大学对 100 多座浅埋隧道的监测经验，对三车道或四车道隧道且穿越段为Ⅴ级或Ⅵ级围岩，建议表 15-3-2 所列不同埋深的隧道地表沉降量测重要性相应提高一级；

③浅埋隧道地表沉降测点应在隧道开挖前布设，地表下沉断面最好布置在洞内净空收敛量测测点所在横断面上，纵向间距可按表 15-3-3 采用。每个隧道口至少应布置 1 个纵向断面；

地表下沉断面纵向间距　　表 15-3-3

隧 道 埋 深	断面纵向间距
$2D<h<3D$	Ⅴ～Ⅵ级围岩：20m； Ⅱ～Ⅳ级围岩或坚硬陡峭段：可不设置，但应加强洞内拱顶下沉与收敛位移量测
$D<h<2D$	Ⅴ～Ⅵ级围岩：10m； Ⅱ～Ⅳ级围岩：20m
$h<D$	Ⅴ～Ⅵ级围岩：5m； Ⅱ～Ⅳ级围岩：10m

注：D 为开挖宽度，h 为隧道埋深。

④地表下沉纵向量测区间如图 15-3-1 所示；

纵向断面布置测点的超前距离为 $h+h_1$，纵向测定区间为 $(h+h_1)+h'+(2\sim5)D$；地表下沉量测在横断面上可布置 7～11 个测点，特别软弱围岩段可适当增加测点数，两测点的距离为 2～5m。在隧道中线附近测点应布置密些，远离隧道中线应疏些。地表下沉横断面测点布置见图 15-3-2。

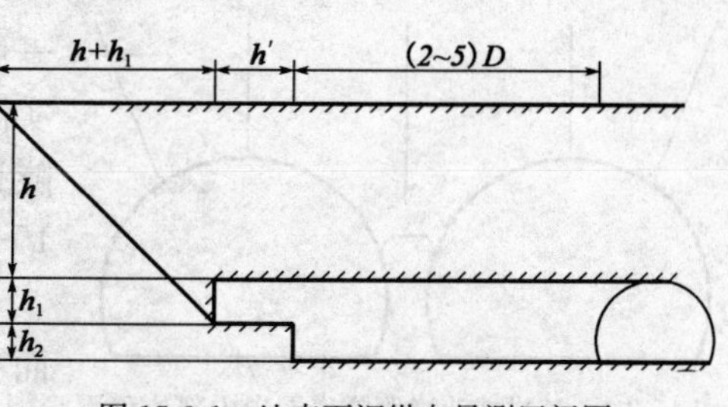

图 15-3-1　地表下沉纵向量测区间图

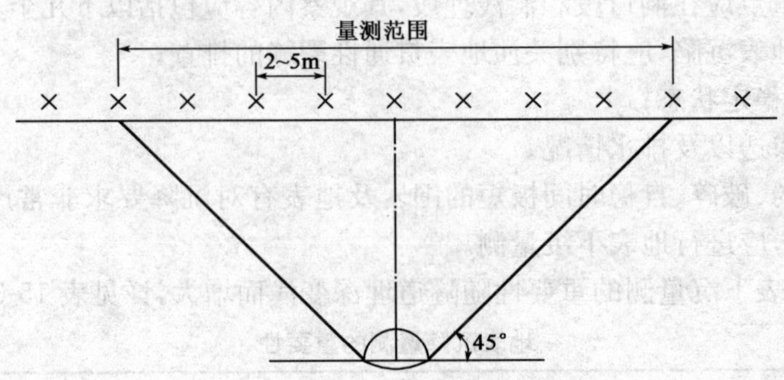

图 15-3-2　地表下沉横断面测点布置图

⑤地表下沉量测在量测区间内，当开挖面距量测断面前后距离 $d<2D$ 时，每天 1～2 次；$2D<d<5D$ 时，每两天量测一次；当 $d>5D$ 时，每周量测一次；

⑥将每次的量测数据整理绘制地表下沉量－时间关系曲线及地表横向下沉量－时间关系曲线。

(4)通过围岩内部位移的量测可确定围岩位移随深度变化的关系，找出围岩的移动范围，深入研究支架与围岩相互作用的关系，进而判断开挖后围岩的松动区、强度下降区以及弹性区的范围，以及判断锚杆长度是否合适，以确定合理的锚杆长度。

①根据围岩内变位曲线来判断围岩内强度下降区和松动区的限界，一般曲线斜率可以分成三个区域，靠近围岩壁面的变位量最大为松动区，变位量较大的区域为强度下降区，再往围岩深部变形量最小，为弹性区；

②围岩内部位移的量测孔，一般与周边位移量测线相应布置，以便使两项测试结果相互验证，便于进行力学分析和应用，其布置方法如图 15-3-3 所示。

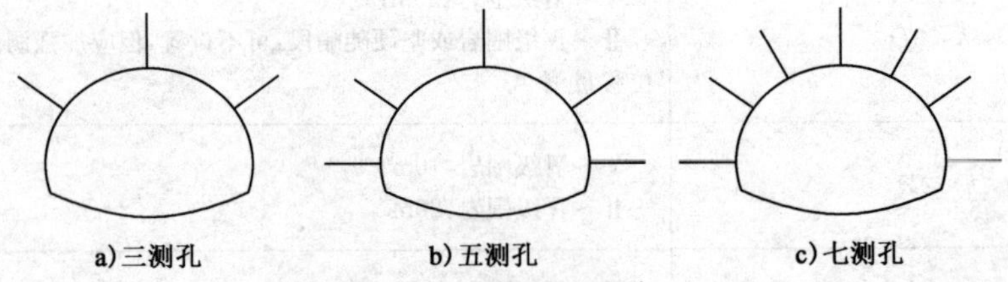

a)三测孔　　b)五测孔　　c)七测孔

图 15-3-3　围岩内部位移测孔布置

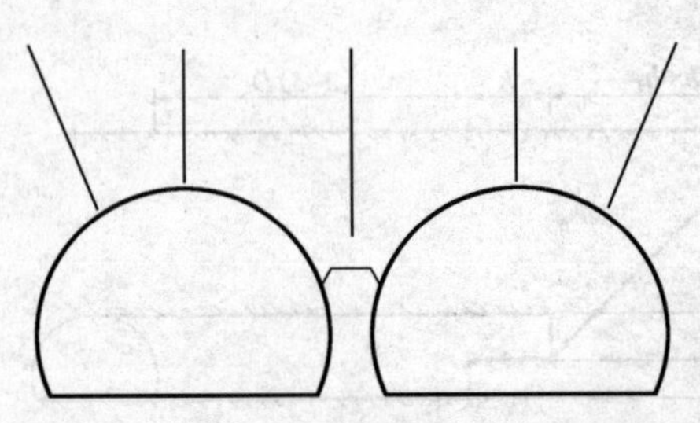

图 15-3-4　连拱或小净距隧道围岩内部位移测孔布置

地表设点量测围岩内部位移由于现场的可操作性，一般采用三测孔为主，内部设点量测围岩内部位移根据实际需要也可设置五测孔、七测孔。连拱隧道或小净距隧道的围岩内部位移测孔宜采用五测孔，具体布置如图 15-3-4 所示；

③对于测孔内位移测点的布置按各测孔深度不同而有所不同，最下部测点离隧道开挖面的距离为 1～2m，越靠近上部，位移测点的间距越大，可参考图15-3-5。

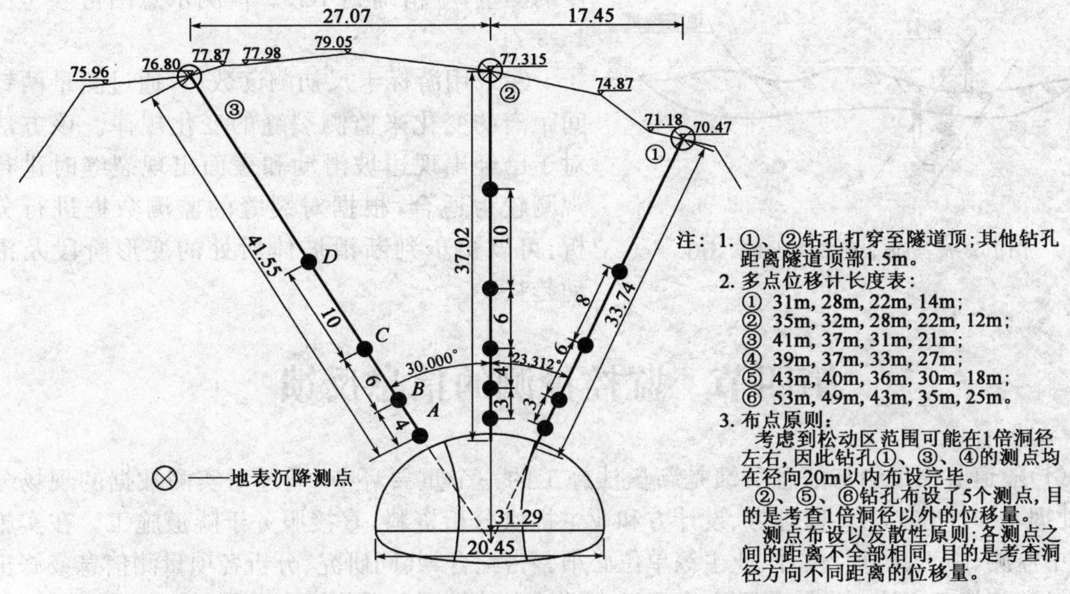

图 15-3-5　某断面多点位移计的设计方案（尺寸单位：m，高程单位：m）

需要注意的是：在量测围岩内部位移时，必须同时对每个测孔顶部沉降进行监测，测孔顶部沉降位移叠加到量测出来的围岩内部位移才是围岩的全部真实变形；

④围岩内部位移的模式可以归结为如图 15-3-6 所示的三种情况。

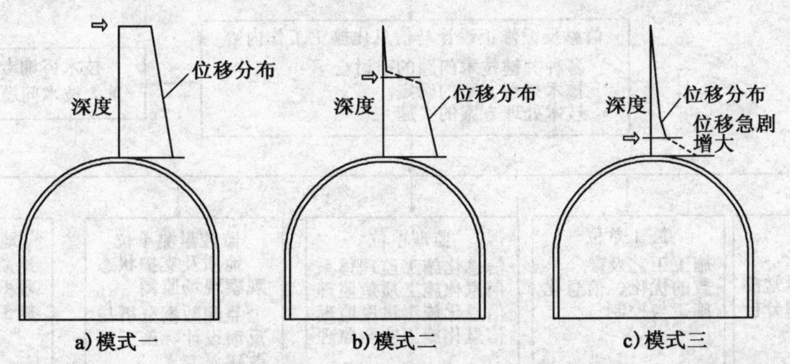

图 15-3-6　围岩内部位移模式

模式一为上覆围岩发生整体塌陷的情形，其地表下沉量与洞内拱顶沉降差别不大，且位移分布基本成线性关系；模式二为地中某一部位有不连续面，连续面以上围岩变形较小，能自稳，连续面以下常常以塌落荷载的形式作用在支护结构上；模式三在隧道壁面附近发生松弛，塌落荷载很小，有时甚至接近于零，一般在Ⅱ、Ⅲ级围岩中出现。

（5）隧道边坡或仰坡表面张性裂缝的出现和发展，往往是边坡岩土体即将失稳破坏的前兆信号，因此这种裂缝一旦出现，需选择有代表性的位置处埋设观测桩并按一定频率持续观测。

①监测的内容包括裂缝的拉开速度和两端扩展情况，如果速度突然增大或裂缝外侧岩土体出现显著的垂直下降位移或转动，预示着边坡即将失稳破坏。表面裂缝监测可通过在裂缝两侧设铆钉的方法，直接量得位移量，裂缝宽度应精确到 0.02mm。表面裂缝的长度和可见深

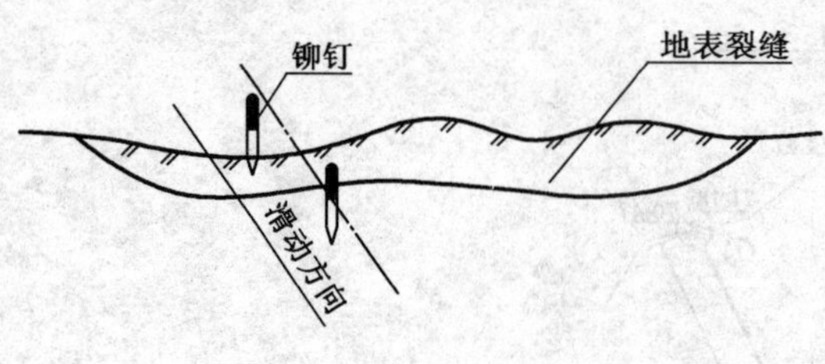

图 15-3-7　边坡表面裂缝量测示意图

度的测量，应精确到 1cm。量测示意图可参考图 15-3-7；

②采用游标卡尺初测读数后，通过测量两钉间距离的变化来监测裂缝的变化规律。该方法对于已经出现边坡滑动和表面出现裂缝时进行观测较为适合，根据对裂缝的监测数据进行分析，可以初步判断滑坡体所处的变形阶段及滑动趋势。

第四节　监控量测的信息反馈

(1)隧道监控量测与信息反馈是新奥法施工的一个重要环节，通过对实测数据的现场分析、处理，及时向施工方、监理方、设计方和业主提供分析资料，直接服务于隧道施工。在实施过程中监测、施工、监理、设计、业主等单位必须紧密配合，共同研究、分析各项量测信息或修正设计参数与施工方法。监控量测在实现动态设计中的作用和地位可参考图 15-4-1。

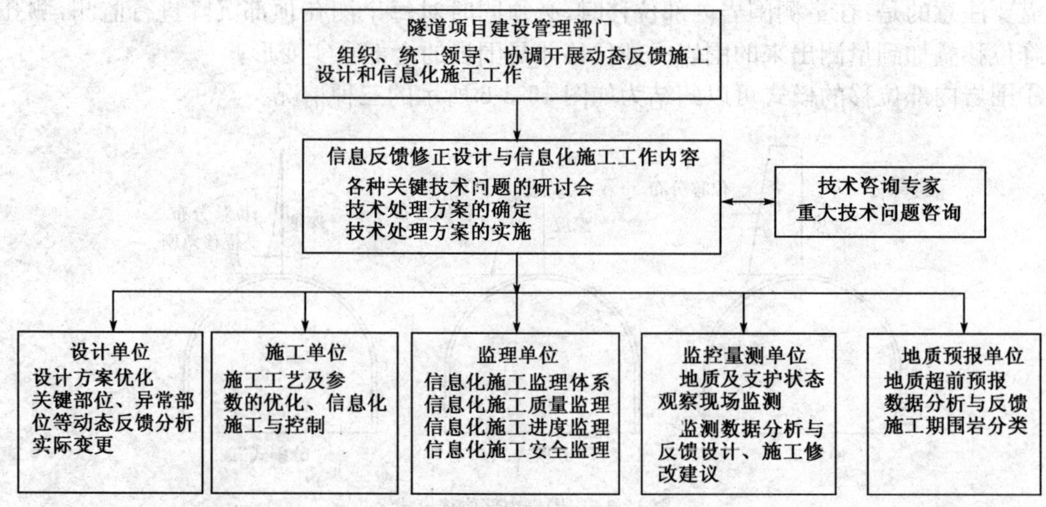

图 15-4-1　动态设计施工流程图

(2)在复杂多变的隧道施工条件下如何进行准确的信息反馈与可靠的预测预报是监控量测试验的主要内容之一。迄今为止，信息反馈与预测预报通过两个途径来实现，即力学计算法和工程经验法。具体的监控量测及其反馈过程见图 15-4-2。

(3)监控量测信息反馈与预测预报

监控量测分析宜综合总量控制与发展趋势两个方面，进行综合判断。

①力学计算法

通过力学计算来调整和确定支护系统。力学计算所需的输入数据则采用反分析技术根据现场量测数据推算而得，如塑性区半径、初始地应力、岩体变形模量、岩体流变参数、二次支护荷载分布。这些数据是对支护系统进行计算所需要的。目前已有较多的计算机分析软件可用于进行地下结构的分析计算，如 ANSYS、MARC、FLAC 等，国内较为著名的有同济曙光 GeoFBA 平面有限元软件。

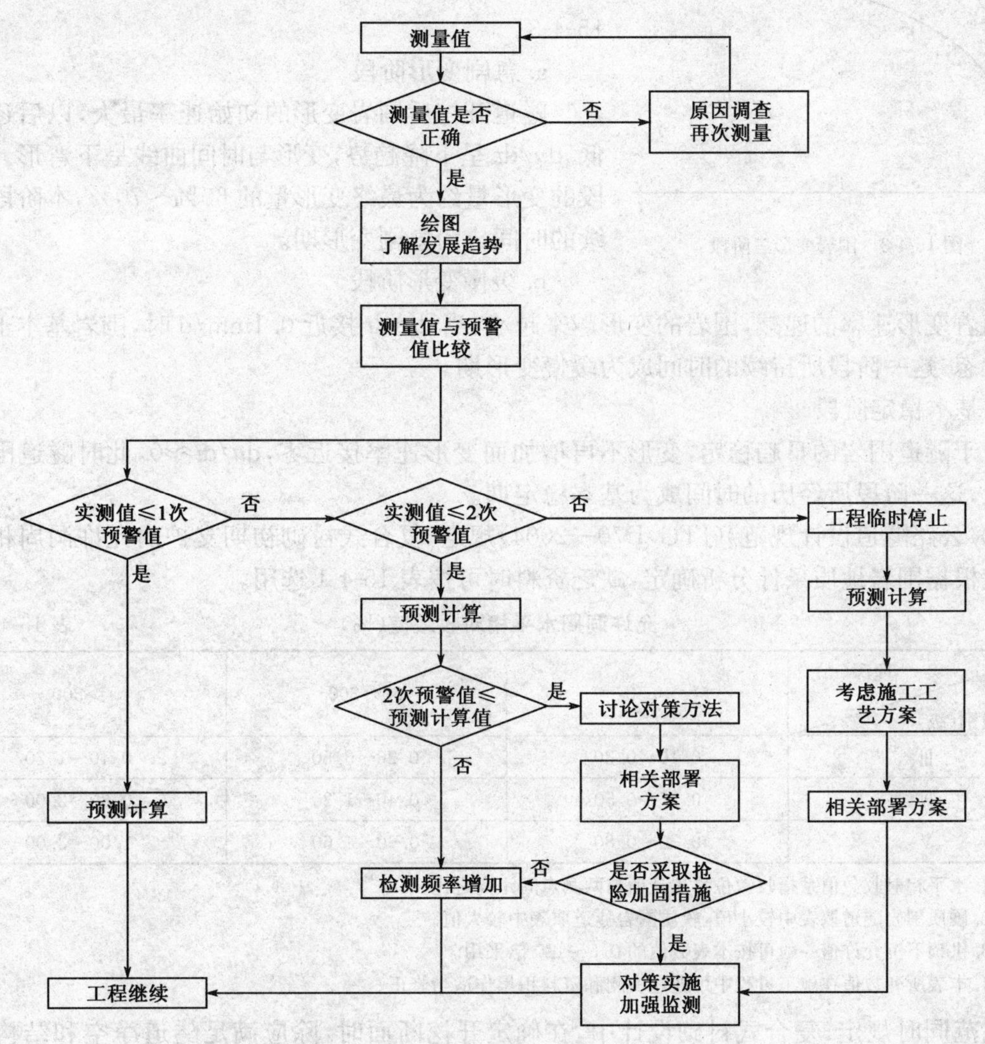

图 15-4-2　监控量测的反馈过程示意图

②工程经验法

建立在现场量测的基础之上，其核心是根据经验建立一些判断标准来直接根据量测结果或回归分析数据来判断围岩的稳定性和支护系统的工作状态。在施工监测过程中，数据“异常”现象的出现可以作为调整支护参数和采取相应的施工技术措施的依据。同时可通过建立位移(应力)—时间曲线来判断发展趋势。

a. $d^2u/dt^2 < 0$，变形速率下降，位移趋于稳定；

b. $d^2u/dt^2 = 0$，变形速率不变，发出警告，及时加强支护系统；

c. $d^2u/dt^2 > 0$，变形速率增大，需结合总量预警判断是否进入危险状态，如变形总量已接近预警值，则须立即停工，采取措施进行加固。

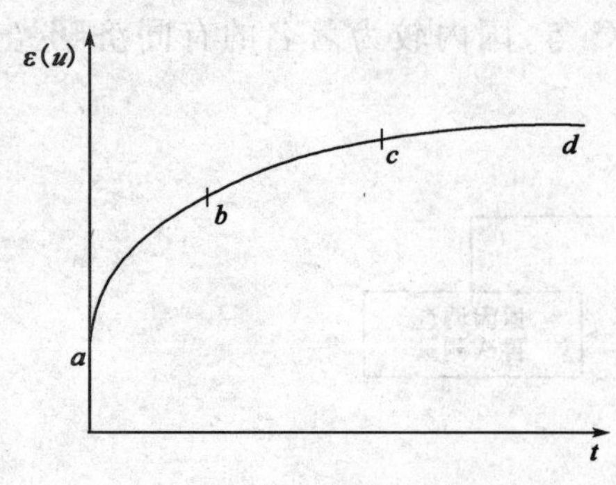

图 15-4-3 围岩变形三阶段

(4)监控量测分析与控制标准

①初期支护时围岩变位速度大致经过三个阶段：急剧变形阶段、缓慢变形阶段和基本稳定阶段，见图15-4-3。

a. 急剧变形阶段

隧道开挖后围岩变形的初始速率最大，以后逐渐降低，du/dt 呈下降趋势，变形与时间曲线呈下弯形。本阶段的变形量约为最终变形量的 60%～70%，本阶段所持续的时间成为急剧变形期。

b. 缓慢变形阶段

随着变形速率的递减，围岩的变形越来越小，当 du/dt 接近 0.1mm/d 时，围岩基本上处于稳定状态，这一阶段所持续的时间成为缓慢变形期。

c. 基本稳定阶段

由于隧道围岩的日趋稳定，变形不再增加而变形速率接近零，du/dt≈0，此时隧道围岩基本稳定，这一阶段所经历的时间成为基本稳定期。

②《公路隧道设计规范》(JTG D70—2004)规定，复合式衬砌初期支护的允许洞周相对收敛值应根据围岩地质条件分析确定，缺乏资料时可按表 15-4-1 选用。

允许洞周水平相对收敛值(%) 表 15-4-1

埋深(m) 围岩级别(级)	<50	50～300	>300
Ⅲ	0.10～0.30	0.20～0.50	0.40～1.20
Ⅳ	0.15～0.50	0.40～1.20	0.80～2.00
Ⅴ	0.20～0.80	0.60～1.60	1.00～3.00

注：1. 水平相对收敛值系指收敛位移累计值与两测点间距离之比。
2. 硬质围岩隧道取表中较小值，软质围岩隧道取表中较大值。
3. 拱顶下沉允许值一般可按本表数值的 0.5～1.0 倍采用。
4. 本表所列数值在施工过程中可通过实测和资料积累作适当修正。

规范同时规定，复合式衬砌设计中，在确定开挖断面时，除应满足隧道净空和结构尺寸外，还应考虑围岩及初期支护的变形，并预留适当的变形量。为了保证衬砌厚度，围岩变形应小于设计时预留变形量，当无预测值时可参照表 15-4-1，并应根据现场监控量测结果进行调整。

③二次衬砌(内层衬砌)的施作时间。按新奥法施工原则，当围岩或围岩加初期支护后基本达成稳定后，就可以施作二次衬砌。应当特别指出的是，在流变性和膨胀性强烈的地层中，单靠初期支护不能使围岩位移收敛时，就宜于在位移收敛以前，施作模筑混凝土二次衬砌，做到有效地约束围岩位移。

④通过对 100 多座隧道的拱顶下沉及周边收敛的统计数据，基于现场实测值按正态分布概率统计原理进行统计分析的结果。

a. 得出双车道高速公路隧道Ⅱ、Ⅲ、Ⅳ、Ⅴ级围岩变形最终量测值(即均值 μ)及其拟合参数可供参考，见表 15-4-2；

公路隧道Ⅱ～Ⅴ级围岩变形统计值　　表 15-4-2

围岩级别（级）	埋深	隧道跨度（m）	开挖方式	监测项目	分布区间 $\sigma-\mu\sim\sigma+\mu$	均值 μ（mm）
Ⅱ	深埋	双车道 9.5～10.5	全断面法	拱顶下沉 ΔG	0.94～2.16	1.55
				收敛位移 ΔAB	0.84～2.24	1.54
				收敛位移 ΔBC	1.04～2.46	1.75
				收敛位移 ΔAC	0.85～2.43	1.64
Ⅲ	深埋	双车道 9.5～10.5	全断面法	拱顶下沉 ΔG	1.31～3.49	2.40
				收敛位移 ΔAB	1.19～3.67	2.43
				收敛位移 ΔBC	1.24～3.48	2.36
				收敛位移 ΔAC	1.42～4.32	2.87
Ⅳ	深埋	双车道 9.5～10.5	上下台阶法	上台阶拱顶下沉 ΔG	2.3～4.98	3.64
				下台阶拱顶下沉 ΔG	0.76～2.7	1.73
				上台阶收敛位移 ΔAB	2.47～4.71	3.59
				上台阶收敛位移 ΔBC	3.32～5.76	4.54
				上台阶收敛位移 ΔAC	2.05～4.07	3.06
				下台阶收敛位移 ΔAB	1.02～3.5	2.26
				下台阶收敛位移 ΔBC	1.89～4.41	3.15
				下台阶收敛位移 ΔAC	1.9～4.03	2.97
Ⅴ	浅埋	双车道 9.5～10.5	上下台阶法	上台阶拱顶下沉 ΔG	3.46～6.04	4.75
				下台阶拱顶下沉 ΔG	1.05～3.01	2.03
				上台阶收敛位移 ΔAB	3.07～5.47	4.27
				上台阶收敛位移 ΔBC	4.19～6.75	5.47
				上台阶收敛位移 ΔAC	4.09～6.01	5.05
				下台阶收敛位移 ΔAB	1.97～5.13	3.55
				下台阶收敛位移 ΔBC	1.9～4.78	3.34
				下台阶收敛位移 ΔAC	2.53～5.95	4.24

注：表中 BC 为水平测线，AB、AC 为斜测线。

b. 公路隧道Ⅱ、Ⅲ、Ⅳ、Ⅴ级围岩变形稳定时间值，见表 15-4-3；

c. 得出公路隧道Ⅱ～Ⅴ级围岩变形稳定距离值，见表 15-4-4；

公路隧道Ⅱ～Ⅴ级围岩变形稳定时间统计值　　表 15-4-3

围岩级别（级）	埋深	隧道跨度（m）	开挖方式	稳定时间	分布区间 $\sigma-\mu\sim\sigma+\mu$	均值 μ（d）
Ⅱ	深埋	双车道 9.5～10.5	全断面法	拱顶下沉	17.28～42.40	29.84
				收敛位移	17.18～47.70	32.44
Ⅲ	深埋	双车道 9.5～10.5	全断面法	拱顶下沉	17.40～51.12	34.26
				收敛位移	22.47～52.51	37.49

续上表

围岩级别(级)	埋深	隧道跨度(m)	开挖方式	稳定时间	分布区间 σ−μ～σ+μ	均值μ(d)
Ⅳ	深埋	双车道 9.5～10.5	上下台阶法	上台阶拱顶下沉	23.48～68.12	45.80
				下台阶拱顶下沉	12.73～29.27	21.00
				上台阶收敛位移	26.01～59.79	42.90
				下台阶收敛位移	13.42～36.92	25.17
Ⅴ	浅埋	双车道 9.5～10.5	上下台阶法	上台阶拱顶下沉	26.52～65.58	46.05
				下台阶拱顶下沉	21.61～41.23	31.42
				上台阶收敛位移	26.85～66.47	46.66
				上台阶收敛位移	19.98～48.86	34.42

公路隧道Ⅱ～Ⅴ级围岩变形稳定距离统计值 表15-4-4

围岩级别(级)	埋深	隧道跨度(m)	开挖方式	监测项目	分布区间 σ−μ～σ+μ	均值μ(m)
Ⅱ	深埋	双车道 9.5～10.5	全断面法	稳定距离	26.27～72.49	49.38
Ⅲ	深埋	双车道 9.5～10.5	全断面法	稳定距离	35.23～93.27	64.25
Ⅳ	深埋	双车道 9.5～10.5	上下台阶法	上台阶稳定距离	45.12～110.68	77.90
				下台阶稳定距离	23.05～61.19	42.12
Ⅴ	浅埋	双车道 9.5～10.5	上下台阶法	上台阶稳定距离	44.41～129.81	87.11
				下台阶稳定距离	27.7～80.36	54.03

d. 表15-4-2～表15-4-4中，分布区间的上限可作为预警的参考值；

e. 根据同济大学在福州机场二期高速公路双向八车道小净距隧道和连拱隧道的实测数据。随着隧道开挖跨度和断面越大，其施工工序越复杂，多步序施工导致部分后埋式监测数据的连续性不佳，实测变形量偏小。对于大跨度隧道，预警值的取值更加困难，需注重趋势判断，并更加注重预埋式数据的采集。表15-4-5为八车道小净距隧道和连拱隧道的实测数据，可供参考。

⑤隧道边仰坡沉降过程及其处理措施。

根据同济大学的相关监测经验，边仰坡测点的沉降过程基本上可以分为以下五个阶段(图15-4-4)。

a. 初期沉降阶段

对应于0～1段。由于隧道洞口边坡围岩一般风化比较严重，围岩松散，刚开挖时边坡各测点将产生较大的沉降。随着时间的增长，各测点沉降速率逐渐减小，洞口围岩达到内部自平衡。如果此阶段沉降较大，且没有收敛的趋势，则隧道洞口一般会发生塌方事故，此时应该及时加强洞口段的支护结构，确保隧道洞口段安全。

八车道小净距隧道及连拱隧道实测拱顶下沉及收敛位移

（据福州机场二期高速公路项目）　　表 15-4-5

隧道类别	围岩级别(级)	监测项目	最大实测值(mm)
小净距隧道	Ⅱ	拱顶下沉 ΔG	7.80
		收敛位移 ΔAB	1.62
		收敛位移 ΔAC	0.60
		收敛位移 ΔBC	1.42
	Ⅲ	拱顶下沉 ΔG	10.50
		收敛位移 ΔAB	0.95
		收敛位移 ΔAC	0.78
		收敛位移 ΔBC	0.38
	Ⅳ	拱顶下沉 ΔG	12.50
		收敛位移 ΔAB	3.10
		收敛位移 ΔAC	1.09
		收敛位移 ΔBC	1.43
	Ⅴ	拱顶下沉 ΔG	22.30
		收敛位移 ΔAB	0.60
		收敛位移 ΔAC	0.81
		收敛位移 ΔBC	0.77
连拱隧道	Ⅲ	拱顶下沉 ΔG	6.80
		收敛位移 ΔAB	0.92
		收敛位移 ΔAC	0.13
		收敛位移 ΔBC	0.18
	Ⅳ	拱顶下沉 ΔG	9.62
		收敛位移 ΔAB	0.59
		收敛位移 ΔAC	1.40
		收敛位移 ΔBC	2.14
	Ⅴ	拱顶下沉 ΔG	16.50
		收敛位移 ΔAB	4.40
		收敛位移 ΔAC	6.44
		收敛位移 ΔBC	6.35

本阶段如产生破坏，通常发生于隧道刚进洞后不久。此类破坏的发生，大致可归纳为三种原因：ⓐ边坡洞口为顺层开挖，由于隧道岩体的去除，使得结构面上的抗剪强度大幅度减小，岩层发生整体滑移破坏；ⓑ洞口岩体为块状结构，隧道的开挖将关键块去除，岩体发生崩塌破坏；ⓒ在洞口严重松散段，隧道的开挖使得松散岩体发生塌陷破坏。

此阶段发生破坏时，表征现象少，一般是由于对地质条件勘探不周或是设计不到位造成。此时，要对原有的处理措施进行大幅度调整，甚至对边坡重新进行防护设计。常用的处理措施有：ⓐ使用预应力锚索，增加滑动面的垂直压力从而提高摩阻力和水平抗力，变被动受力为主

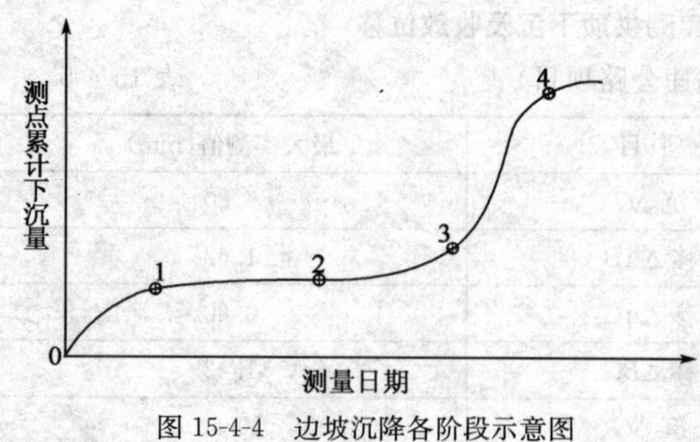

图 15-4-4　边坡沉降各阶段示意图

动抗滑；ⓑ使用钢筋混凝土支挡结构；ⓒ对边坡岩体进行灌浆处理，提高岩体强度；ⓓ进行超前支护处理，根据边坡滑移范围进行必要的管棚支护。

b. 平稳发展阶段

对应于 1～2 段。随着隧道的进一步掘进，施工对于洞口边坡的扰动将越来越小，洞口边坡保持平衡状态。此时边坡会发生一些蠕变位移，但位移量一般较小。因此，该阶段的沉降曲线比较平缓。

此阶段破坏的发生一般是由于岩体蠕变和隧道施工对岩体的扰动影响。此类破坏发生时，围岩经过初始沉降，滑动面才开始缓慢形成，因此，该阶段破坏一般规模小，处理容易。常用的处理措施有：ⓐ对已产生的裂缝进行必要的处理；ⓑ使用土锚钉或普通砂浆锚杆加固；ⓒ减少一次爆破强度，减少对隧道岩体的扰动。

c. 过渡阶段

对应于 2～3 段。在平稳发展阶段中，由于施工的二次扰动、降雨等一系列因素的影响，隧道边坡测点的位移将开始缓慢增大，进入过渡阶段。例如，对于台阶法开挖的隧道，洞口段下台阶的开挖将对边坡产生较大的扰动，围岩应力进行重分布，有些部位围岩将受到应力集中的作用，直至产生破坏，此时边坡测点沉降开始缓慢增长。

过渡阶段的持续时间与围岩自身的性质有很大的关系。在塑性较大的围岩段，此阶段持续时间较长，而在脆性围岩段，则有可能在极短的时间内出现围岩失稳现象。

在平稳发展阶段的基础上，随着岩体位移的进一步加大，围岩内部裂缝缓慢扩展，滑动面的抗滑力进一步减小，达到一定程度时发生破坏。此类破坏发生时时间较短，监控量测上预警困难，容易对现场施工人员的生命财产构成一定的威胁。常用的处理措施有：ⓐ根据特定的原因进行相应的消坡或反压回填；ⓑ进行必要的锚杆或锚索加固；ⓒ及时进行必要的抗滑桩或支撑体系。

d. 加速沉降阶段

对应于 3～4 段。此时边坡围岩内部平衡已经发生破坏，边坡测点加速下沉。边仰坡将开始出现较大裂缝，滑动面已经逐渐形成。监测时应该及时抓住此变化现象，及时报警，采取必要措施以防止衬砌和围岩失稳。

此阶段破坏发生时，由于经过了过渡阶段，一般可以通过监控量测数据及时反映出来，此阶段破坏的发生征兆比较明显，其特点是时间长、规模大。此阶段破坏发生时，洞口岩体基本上已经整体发生滑动破坏，因此，其处理规模大，投入高。当此类破坏发生时，应立即停工，进行必要的支撑后对原有的边坡防护体系进行彻底的清查以至重新设计。

e. 破坏阶段

对应于 4 以后阶段。此时边坡裂缝已经明显快速发展，边坡滑动面已经完全贯通，滑动面上的抗阻力已经小于下滑力，边坡发生滑动破坏。

此类阶段的破坏很少发生。若此类阶段破坏发生，则整个洞口段岩体已全部破坏，重新进行防护时费用极高，有时甚至为原有防护费用的数倍。一般常用的处理措施是对洞口段围岩进行全面的灌浆加固，提高整个洞口段岩体的力学强度，然后重新进行边坡支护设计。

总体来讲，上述五个阶段很少同时出现。大部分情况只发生初期沉降阶段和平稳发展阶段，边坡安全；有时候直接由初期沉降阶段发展到破坏阶段，常见于隧道进洞时边坡发生滑动破坏；一般情况下，当沉降曲线发展到加速沉降阶段时，须立即进行补救性抢险措施，使曲线重新回归到平稳发展阶段上来。在实际工程中，还存在遇到各种组合综合作用的可能。

⑥型钢支撑内力稳定性分析，可根据量测出来的应变结果计算所在拱架各测点的弯矩，并在隧道横断面上按一定的比例把轴力、弯矩值点画在各测点位置，并将各点连接形成隧道钢拱架轴力及弯矩分布图（图 15-4-5）。具体计算方法如下：

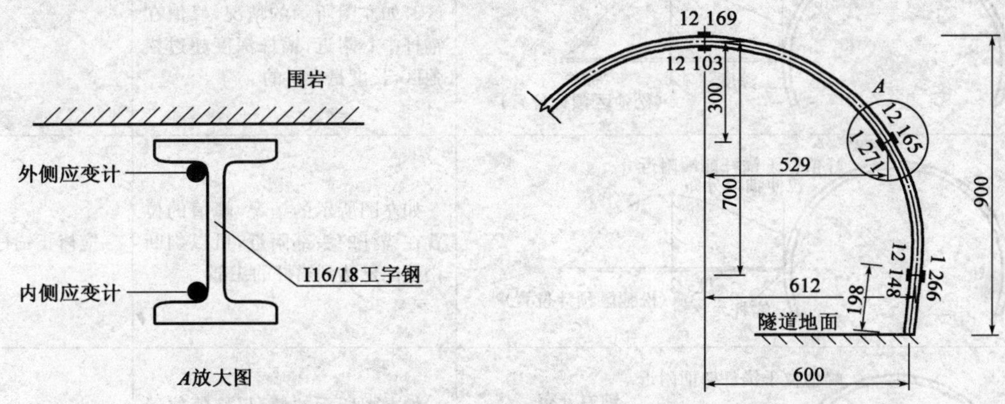

图 15-4-5　型钢支撑应变计布置示意图（尺寸单位：cm）

根据量测结果，外侧应变计的应变值为 ε_1，内侧应变计的应变值为 ε_2。

将钢拱架应变进行拆分，分为纯轴（轴力）应变＋纯弯（弯矩）应变。其中纯轴向应变的特点为整个截面应变相同，应变由轴力引起，不产生弯矩，为 $(\varepsilon_1+\varepsilon_2)/2$；纯弯应变完全由于弯矩作用引起，关于中轴线对称分布，且大小相反，为 $\pm(\varepsilon_1-\varepsilon_2)/2$，见图 15-4-6。

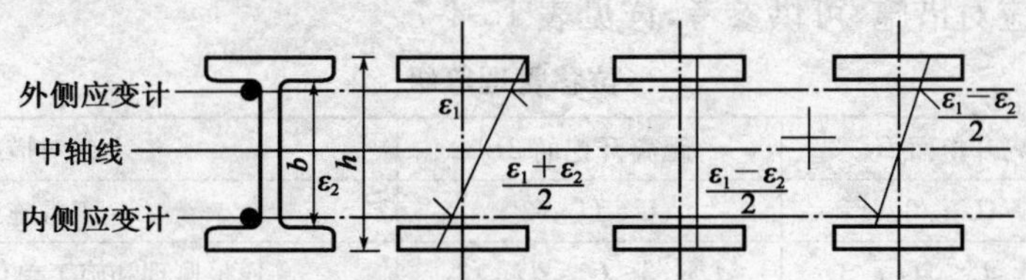

图 15-4-6　钢支撑内力转化示意图

记工字钢的面积为 A_0，惯性矩为 I_0。记应变受拉为正，受压为负。则钢拱架轴力为：

$$N=\frac{\varepsilon_1+\varepsilon_2}{2}E_0A_0 \tag{15-4-1}$$

式中：E_0——钢拱架弹性模量。

由材料力学知识，可得钢拱架弯矩为：

$$M=\frac{\varepsilon E_0I_0}{y}=\pm\frac{\dfrac{\varepsilon_1-\varepsilon_2}{2}E_0I_0}{\dfrac{b}{2}}=\pm\frac{(\varepsilon_1-\varepsilon_2)E_0I_0}{b} \tag{15-4-2}$$

考虑到钢支撑与喷射混凝土的结合作用，钢支撑的平面外失稳在隧道中可能性几乎没有，平面内失稳验算可参照钢结构的相关规范执行。

对于格栅支撑，量测得到四根主筋的应力值后，结合钢结构原理进行稳定性分析。

⑦根据锚杆轴力分布的峰值位置或峰值的大小，一般可按表 15-4-6 进行判断及做出相应对策。

锚杆轴力分布模式 表 15-4-6

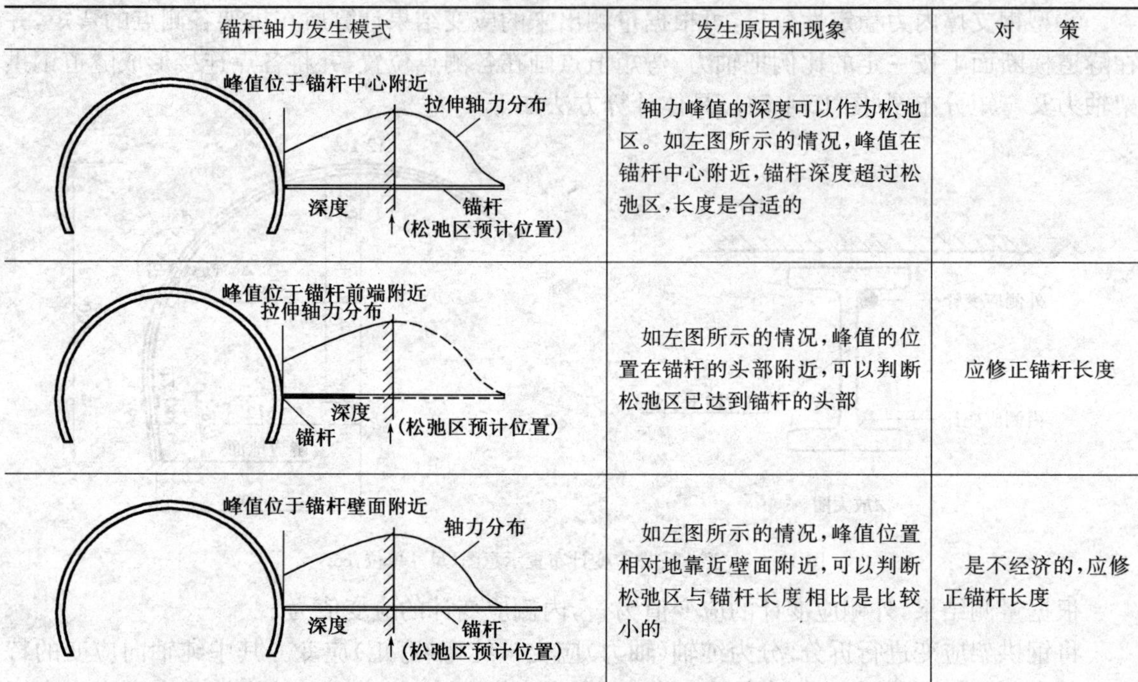

锚杆轴力发生模式	发生原因和现象	对　策
峰值位于锚杆中心附近 拉伸轴力分布 深度 锚杆 (松弛区预计位置)	轴力峰值的深度可以作为松弛区。如左图所示的情况，峰值在锚杆中心附近，锚杆深度超过松弛区，长度是合适的	
峰值位于锚杆前端附近 拉伸轴力分布 深度 锚杆 (松弛区预计位置)	如左图所示的情况，峰值的位置在锚杆的头部附近，可以判断松弛区已达到锚杆的头部	应修正锚杆长度
峰值位于锚杆壁面附近 轴力分布 深度 锚杆 (松弛区预计位置)	如左图所示的情况，峰值位置相对地靠近壁面附近，可以判断松弛区与锚杆长度相比是比较小的	是不经济的，应修正锚杆长度

(5)《铁路隧道监控量测技术规程》(TB 10121—2007)根据位移控制基准，提出了三个等级管理，并给出了应对措施，可供参考，详见表 15-4-7。

位移管理等级 表 15-4-7

管理等级	距离开挖面 B	距离开挖面 $2B$	应对措施
Ⅲ	$U<U_{1B}/3$	$U<U_{2B}/3$	正常施工
Ⅱ	$U_{1B}/3\leqslant U\leqslant 2U_{1B}/3$	$U_{2B}/3\leqslant U\leqslant 2U_{2B}/3$	通报监理和施工单位，并加强监测
Ⅰ	$U>2U_{1B}/3$	$U>2U_{2B}/3$	上报指挥部和工作站，通报监理和施工单位，立即停止开挖，会商决策

注：$U_{1B}=65\%U_0$，$U_{2B}=90\%U_0$，U_0 为极限相对位移值，具体取值见表 15-4-8 及表15-4-9。

单车道隧道初期支护极限位移控制值 表 15-4-8

围岩级别(级)	埋　深　(m)		
	≤50	50～300	300～500
拱脚水平相对收敛			
Ⅴ	0.30～1.00	0.80～3.50	3.00～5.00
Ⅳ	0.20～0.70	0.50～2.60	2.40～3.50

续上表

围岩级别(级)	埋深 (m)		
Ⅲ	0.10～0.50	0.40～0.70	0.60～1.50
Ⅱ			0.20～0.60
拱顶相对下沉			
Ⅴ	0.06～0.12	0.10～0.60	0.50～1.20
Ⅳ	0.03～0.07	0.06～0.15	0.10～0.60
Ⅲ	0.01～0.04	0.03～0.11	0.10～0.25
Ⅱ		0.01～0.05	0.04～0.08

双车道隧道初期支护极限位移控制值 表 15-4-9

围岩级别(级)	埋深 (m)		
	≤50	50～300	300～500
拱脚水平相对收敛			
Ⅴ	0.20～0.50	0.40～2.00	1.80～3.00
Ⅳ	0.10～0.30	0.20～0.80	0.70～1.20
Ⅲ	0.03～0.10	0.08～0.40	0.30～0.60
Ⅱ		0.010～0.03	0.01～0.08
拱顶相对下沉			
Ⅴ	0.08～0.16	0.14～1.10	0.80～1.40
Ⅳ	0.06～0.10	0.08～0.40	0.30～0.80
Ⅲ	0.03～0.06	0.04～0.15	0.12～0.30
Ⅱ		0.03～0.06	0.05～0.12

注:1. 硬岩取较小值,软岩取较大值。

2. 水平相对收敛指两测点间实测水平收敛值与其距离之比;拱顶相对下沉值指拱顶下沉值减去隧道下沉值后与原拱顶至隧底高度之比。

3. 初期支护拱腰水平相对收敛值可按拱脚水平相对收敛值乘以 1.1～1.2 的系数后采用。

4. 此外,也可根据位移速度进行大致的判定。例如,当净空位移速度持续大于 1.0mm/d 时,可以认为围岩处于急剧变形状态,应加强初期支护系统;净空位移速度小于 0.2mm/d 时,可认为围岩达到基本稳定。

根据公路隧道围岩变形特性,建议参考五级报警体系设置,详见表 15-4-10。

五级报警体系 表 15-4-10

报警等级	报警指标	现象特征	相应措施
Ⅰ	所有测线或测点位移小于 50% 预警值; 变化速率小于 1mm/d	掌子面稳定,喷层不开裂	正常施工
Ⅱ	任一测线或测点位移达到 80% 预警值; 变化速率达到 3mm/d	喷层局部开裂,出现渗水现象,围岩变形趋势稳定	监测单位引起注意,增加监测频率,密切关注发展情况,通报施工单位
Ⅲ	任一测线或测点达到预警值; 变化速率连续 3d 超过 3mm/d	掌子面失稳,局部小塌方,大量渗水,围岩和支护位移和受力较大、地表出现裂缝	布设临时测点,通报有关各方,查找原因,研究临时应对方案

续上表

报警等级	报 警 指 标	现 象 特 征	相 应 措 施
Ⅳ	一个以上测线或测点达到预警值150%； 变化速率连续3d超过5mm/d	掌子面出现塌方，喷层大面积掉块，初期支护明显较大变形	通报指挥部，采取特殊施工措施，增设临时支护
Ⅴ	三个以上测线或测点超过预警值2倍； 变化速率连续3d超过8mm/d	初期支护大面积破坏，出现大量地下水，发生突泥灾害，隧道边仰坡滑坡等严重灾害	立即抢险，加强临时支护，同时停止隧洞开挖施工，研究应急方案和对策

注：1. 软岩变化速率比较大，可以适当降低报警等级。

2. 隧道经过断层破碎带、溶洞段、富水段，需要适当提高报警等级，加强监测力度。

3. 当出现下列情况时，也应当采取Ⅴ级报警等级，如：毛洞局部块石坍塌或层状劈裂；喷射混凝土大量开裂、剥落和掉块；钢拱架扭曲变形；出现喀斯特溶洞；隧道内瓦斯超标等。

(6)随着数据库技术和网络技术的快速发展，使得监控量测工作能够实现隧道监测数据与成果存储和网络共享，及时快速掌握隧道监测工作和进展，提供监测数据录入、查询、分析等功能，并根据设定的预测方法和预测模型，必要时预测与报警，能更好地服务与隧道设计和施工。

①当施工进度以及特殊施工环境对监控量测的信息反馈提出更高的要求，或者隧道工程进入运营期后，需要在线监测指导养护业务工作的开展，人工监测受到天气、时间、位置、通车等因素的制约，无法做到任意时刻的实时数据采集，而且，自动监测保证了数据的原始性、真实性。上海同岩土木工程科技有限公司联合同济大学开发提供了一种基于数字化的隧道监测系统，该系统具有远程控制、自动监测、稳定性好的特点，可供选择。

②远程自动监控系统的总体构架包括：采集工作站与传感器、监测数据采集模块、GPRS数传模块、GPRS通信网络自成系统，详见图15-4-7。

a. 采集工作站可以实时采集传感器信号，同时在采集传感器本地存储，存储缓冲时间可以根据采集传感器存储空间设定，环形缓冲。可以通过采集工作站设定传感器采集参数，控制传感器采集数据，定时通信以诊断传感器工作状态。采集工作站在数据采集工作进程出现故障时能够自动切换到重启进程或自动重启系统。

同时，采集工作站作为客户端，与应用服务器构成C/S进行通信。定时告知应用服务器自己的工作状态，包括下辖监测数据采集模块、数传模块、传感器工作状态，采集工作站CPU、工作进程、网络吞吐、存储器空间等状态信息。同时，把传感器采集到的信号数字化后除了在本地存储外，还同时通过网络实时传输到关系数据库的相应数据表。采集工作站能够接收数据中心的设置或采集命令，指定传感器即时采集数据或设置传感器工作参数或进行时钟同步。数据中心把下辖采集工作站的采集数据按照一定格式存储。

b. 实时自动采集系统，通过监测数据采集模块采集传感器的数据，然后通过GPRS数传模块(图15-4-8)传输至采集工作站，采集工作站把采集数据写入数据库。应用服务器实时检测写入数据库中的监测数据是否超过设定的预警指标，如果超过预警指标，应用服务器更新数据库中的预警记录，同时通知所有连线的用户终端，对于有预警信息的情况下，用户终端浏览控件可以实时进行醒目的提示。用户管理终端在进行数据浏览时，能够从数据库中获得最新的监测数据以及预警信息，三维模型中的预警信息都是从数据库中获得，保证了监测数据的及时性以及预警信息及时到达用户浏览终端。

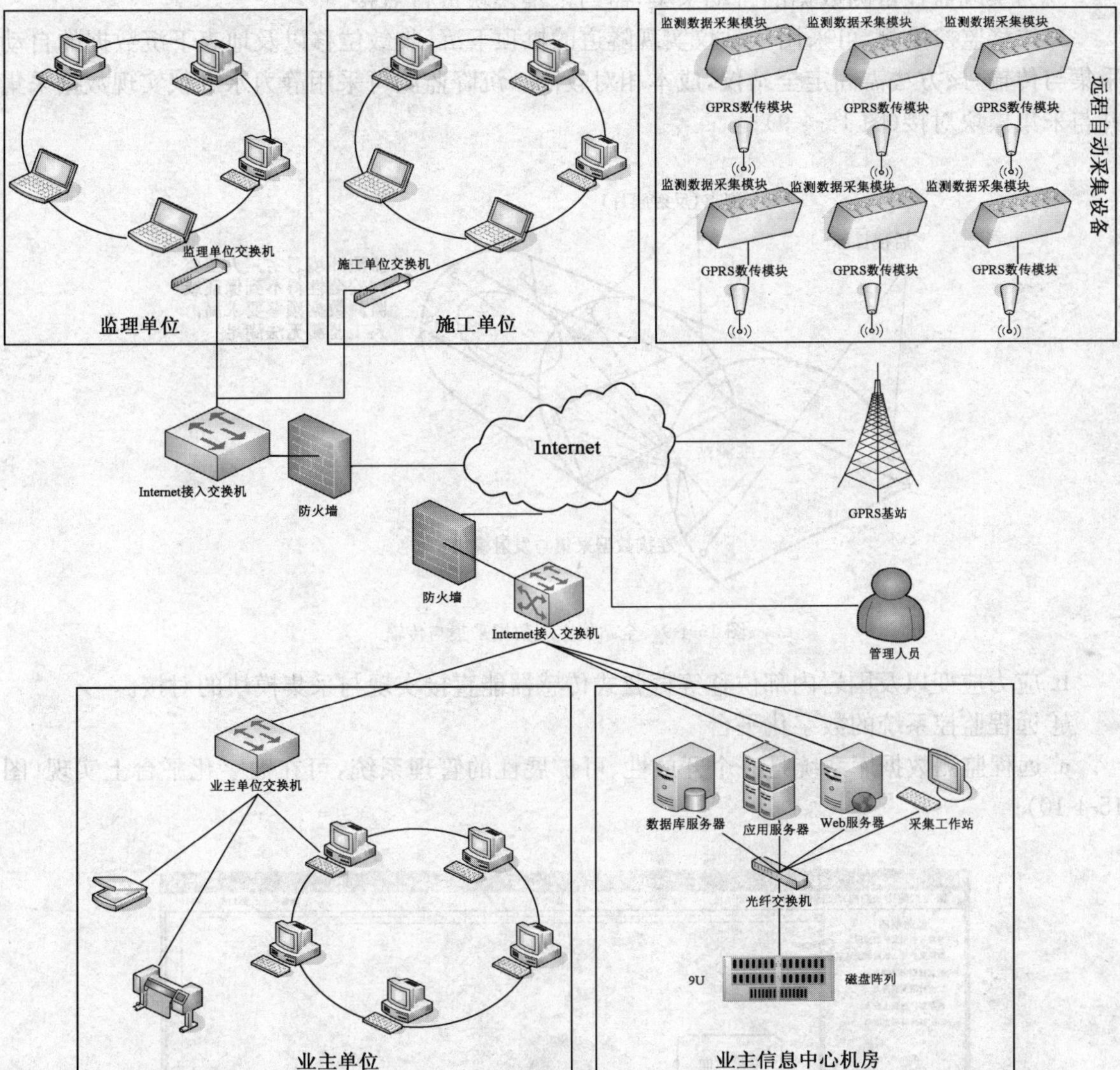

监理单位交换机
监理单位
施工单位交换机
施工单位
监测数据采集模块
GPRS数传模块
监测数据采集模块
GPRS数传模块
监测数据采集模块
GPRS数传模块
监测数据采集模块
GPRS数传模块
监测数据采集模块
GPRS数传模块
监测数据采集模块
GPRS数传模块
远程自动采集设备
Internet接入交换机
防火墙
Internet
GPRS基站
防火墙
Internet接入交换机
管理人员
业主单位交换机
业主单位
数据库服务器
应用服务器
Web服务器
采集工作站
光纤交换机
9U
磁盘阵列
业主信息中心机房

图 15-4-7　隧道远程监测系统总体构架

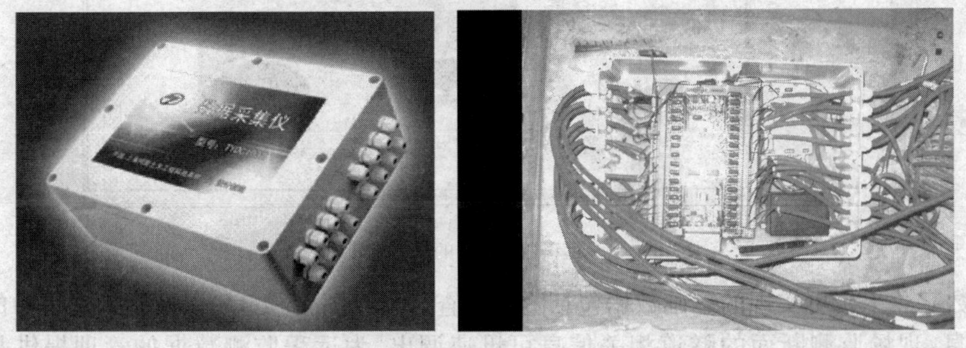

图 15-4-8　数据采集与发射模块(同济曙光)

③为实现监控量测数据的自动采集，需与采集模块进行对接。

a. 位移监控量测，可采用全站仪实现隧道的拱顶下沉、收敛位移以及地表下沉数据的自动采集与传输，该方法需固定全站仪，成本相对较高。沉降监测可采用静力水准仪实现数据采集并与采集模块对接(图 15-4-9)；

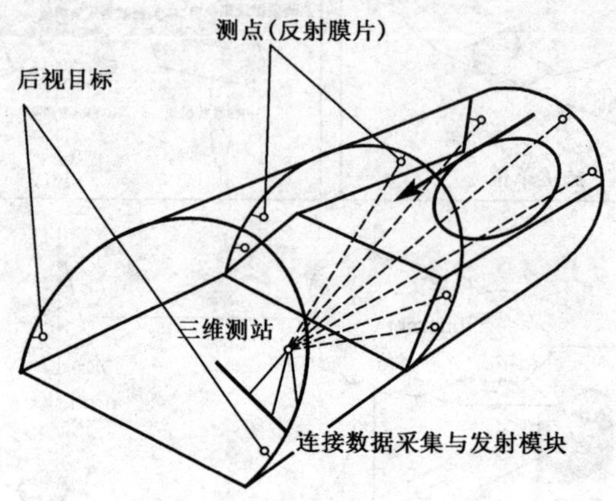

图 15-4-9　全站仪实现数据采集与传输

b. 应力应变以及围岩内部位移等振弦式传感器能直接实现与采集模块的对接。

④远程监控系统的数字化平台

a. 远程监测数据库系统是一个开放性、可扩展性的管理系统，可在数字化平台上实现(图 15-4-10)；

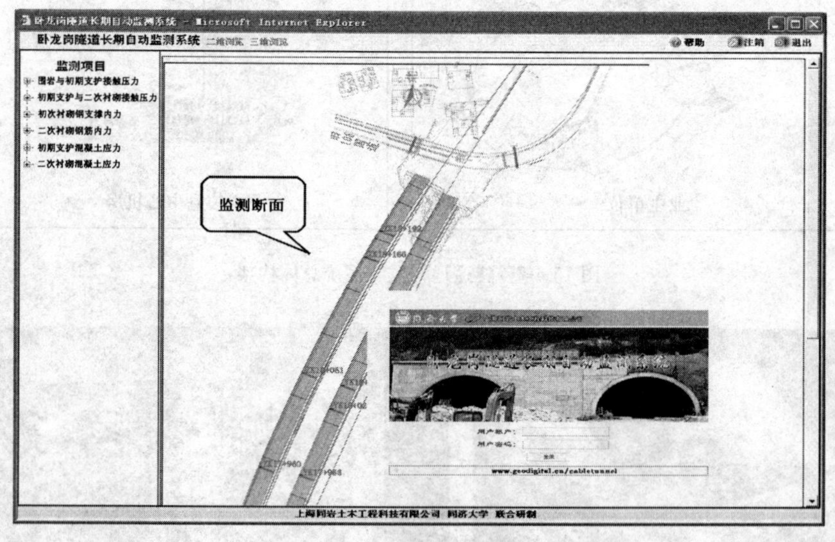

图 15-4-10　远程监控量测的数字化管理平台

b. 数字化平台可实现的基础数据包括隧道勘查、设计(图 15-4-11)以及施工过程中的全部数据信息，现场监测断面的隧道相关信息可迅速调出，为远程监测数据的管理提供基础性资料；

c. 对远程监控系统取得的数据，系统可实现自动录入，形成时程曲线。同时可对各类监测项目进行预警值的设定(图 15-4-12)，系统根据设定的预警值实现自动报警。对预警的监测数据进行回归分析，进而判断本次预警是否真实可靠(图 15-4-13)。

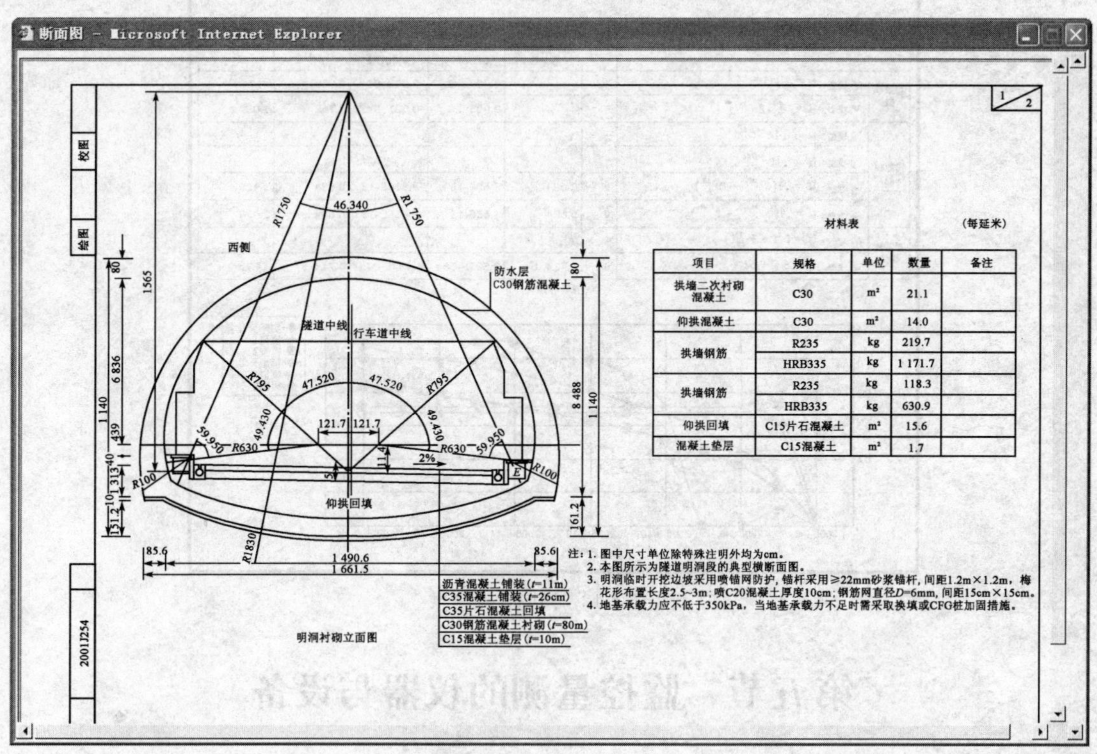

图 15-4-11 隧道断面设计信息

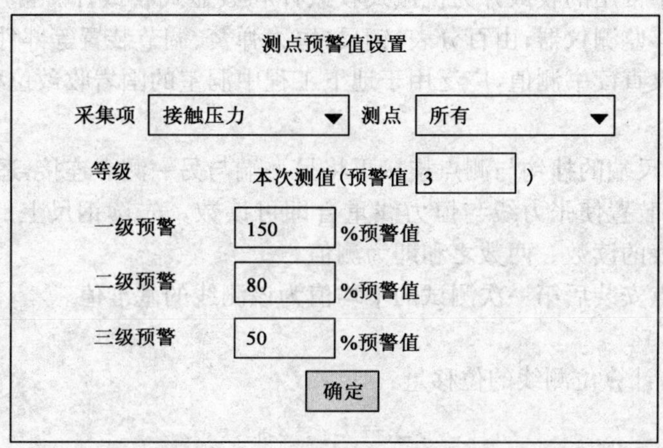

图 15-4-12 隧道断面设计信息

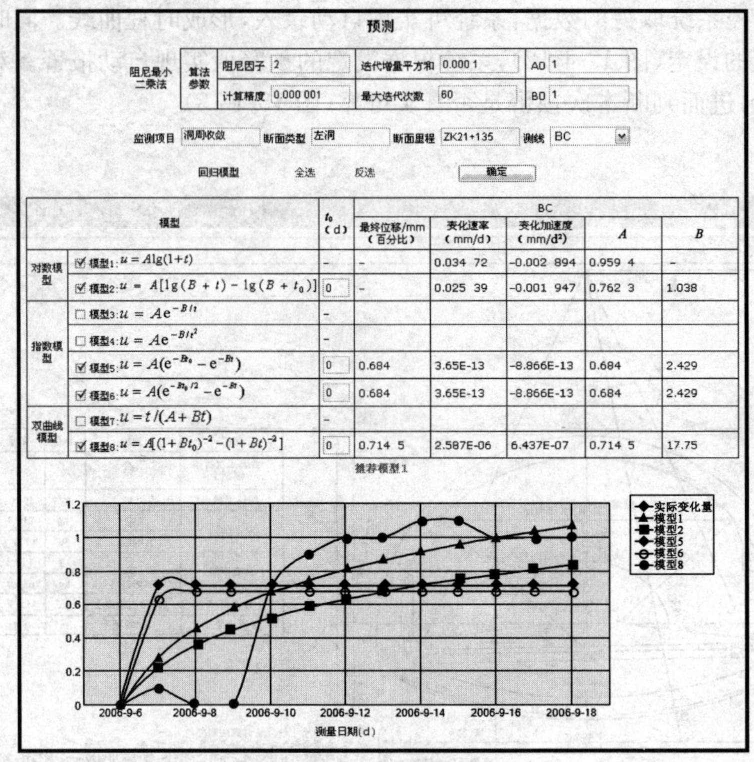

模型		t_0 (d)	BC				
			最终位移/mm(百分比)	变化速率(mm/d)	变化加速度(mm/d²)	A	B
对数模型	☑模型1: $u=A\lg(1+t)$	–	–	0.034 72	-0.002 894	0.959 4	–
	☑模型2: $u=A[\lg(B+t)-\lg(B+t_0)]$	0	–	0.025 39	-0.001 947	0.762 3	1.038
指数模型	□模型3: $u=Ae^{-B/t}$	–					
	□模型4: $u=Ae^{-B/t^2}$	–					
	☑模型5: $u=A(e^{-Bt_0}-e^{-Bt})$	0	0.684	3.65E-13	-8.866E-13	0.684	2.429
	☑模型6: $u=A(e^{-Bt_0/2}-e^{-Bt})$	0	0.684	3.65E-13	-8.866E-13	0.684	2.429
双曲线模型	□模型7: $u=t/(A+Bt)$	–					
	☑模型8: $u=A[(1+Bt_0)^{-2}-(1+Bt)^{-2}]$	0	0.714 5	2.587E-06	6.437E-07	0.714 5	17.75

图 15-4-13　回归预测结果

第五节　监控量测的仪器与设备

一、收敛变形量测

1. 量测仪器

目前隧道施工中常用的收敛计为机械式收敛计和数显式收敛计。常用的钢尺式收敛计，为便携式机械式位移监测仪器，由百分表、钢尺、恒力弹簧、调节装置等部件组成。恒力以线重合指示，百分表、钢尺直读书测值，广泛用于地下工程中洞室的围岩收敛位移监测。

2. 测试原理

(1)将收敛计测尺端的挂钩与测点连接再将另一端与另一测点连接，适当收敛紧测尺后将其固定，再调整调节装置使张力线与恒力线重合即可读数。先读钢尺上的读数(以 mm 为单位)，然后再读百分表的读数。两数之和即为测值。

(2)基准值:测点安装后第一次测试的平均值为该测线的基准值。

(3)结果计算

利用式(15-5-1)计算位测线的位移量：

$$\Delta = L_n - L_0 \tag{15-5-1}$$

式中：Δ——测线的位移量(mm)；

L_n——n 时的实测值(mm)；

L_0——初始值(mm)。

当测试现场温差比较大时，为消除温差的影响，需要进行温度影响的修正，利用式(15-5-2)计算位移量：

$$\Delta_m = L_n \alpha \Delta T_n - L_0 \alpha \Delta T_0 \qquad (15\text{-}5\text{-}2)$$

式中：Δ_m——修正位移量(mm)；

$$\Delta T = (T_n - T_0)$$

T_n——n 时刻的温度(℃)；

T_0——初始温度(℃)。

地下洞室中的温度变化一般不大，经过温差平衡后可不进行温度修正，如需要修正，取$\alpha = 1.1\times10^{-5}$。

3. 量测要求及注意事项

(1)测点安装

将带膨胀螺栓的测桩安置入孔中，然后拧紧螺栓使其膨胀牢固即可测试，也可将钻孔的孔径扩大，孔中注入水泥砂浆，再将带膨胀螺栓的测点埋入孔中，砂浆凝固即可测试。一般情况下，测点需有保护罩保护。

(2)初期监控测点埋设时机是一个重要因素。一般情况下，测点距开挖面应小于2m，测点埋设后，第一次量测时间应在上次爆破后24h内，并在下次爆破前进行。初读数误差应满足收敛计使用要求。

(3)收敛计使用

由于测试现场有一定温差，为消除温差的影响，在到达测试现场后，将收敛计的携带箱打开，放置20min以上再进行量测。每次测量完毕后，擦净保管，并定期在钢尺涂上防锈油脂。

二、全站仪变形量测

1. 量测仪器

变形测量中，与全站仪配合使用的有棱镜、反射片，目前市场上有瑞士徕卡(图15-5-1)、日本索佳和美国3M公司等的产品。与全站仪配合使用的棱镜，有单棱镜和360°棱镜，当测量近距离目标时，使用单棱镜，可直接作为目标照准；在使用单棱镜测量远距离时，使用附加的觇牌。反射片用于目标点检验或重复测量，它也用来架设在一些难于接近的目标点上；与全站仪配合使用的反射片，一般为2～6cm见方的片状物体，厚度不超过1mm。反射片一面有类似蜂窝状分布的微小反射镜，以反射测距信号，另一面为不干胶，以便于粘贴。因反射片由微小反射镜体组成，故其测程较短，一般在100m以内，但其本身对测距精度的影响可小于毫米级。

图15-5-1　高精度全站仪(LeicaTCA2003)

以徕卡全站仪为例，与徕卡全站仪配合使用的反射棱镜，有GPH1单棱镜和CRZ4360°棱镜(图15-5-1、图15-5-2；与徕卡全站仪配合使用的反射片，由丙烯酸酯制成，背部为不干胶，厚度为 0.28mm，呈银灰色，大小可以根据测距选择。测量中常使用的反射片技术参数见表 15-5-2。Leica 反射片最大测距可达 180m，当视线与反射片垂直时，不会降低测距精度，当反射片 45°放置时，测量精度为 ±3.0mm，在两个位置观测时，精度还会提高，各种高精度全站仪技术参数见表 15-5-1。

高精度全站仪技术参数表 表 15-5-1

类　型	TCA2003	TC1800	NET2100
测距精度	$1+1\times10^{-6}$	$1+2\times10^{-6}$	$1+1\times10^{-6}$
测角精度	0.5″	1″	2″
机带电池工作时间	7 600 次	7 600 次	2h
抗环境干扰能力	七级密封、防水、防尘	七级密封、防水、防尘	Ⅱ级密封、防水、防尘
操作方便性	方便	方便	方便
控制及应用程序开发环境	机载开发语言提供用户指令	机载开发语言提供用户指令	无
目前应用领域	隧道变形监测和大坝变形监测等	隧道变形监测和大坝变形监测等	大坝变形监测
行业评价	精度高、稳定性好、价格高	精度高、稳定性好、价格较高	精度高、稳定性好、价格较高

图 15-5-2　带 GZT4 觇板的 GPH1 单棱镜

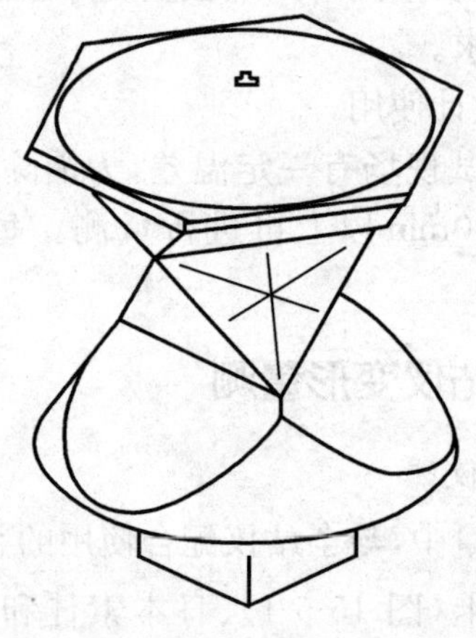

图 15-5-3　CRZ4 360°棱镜

反射片技术参数 表 15-5-2

反射片大小(mm)	测量范围(m)	精度(mm)
20×20	2～40	3
40×40	20～100	3
60×60	60～180	3

2. 量测原理

1）三维变形量测

三维变形量测既可用于隧道边仰坡三维变形监测，也可用于隧道洞内的围岩收敛和拱顶下沉变形监测。

(1)变形监测坐标系、基准点

隧道变形监测坐标系的建立,鉴于隧道工程上习惯于轴线和断面的做法,故以隧道轴线方向和垂直于该轴线的横断面方向构成一个局部的左手直角坐标系。隧道轴线指向开挖的方向为 X 轴正方向,开挖方向右侧并垂直于轴线为 Y 轴正方向,铅垂线向上方向为 Z 轴正方向。在这个局部坐标系下,在洞口附近确定 2 个固定基准点,应采用强制对中基座配合微型棱镜实施测量以提高精度,基准点之间的相对点位可经多次重复的高精度测量来确定,基准点作为形变监测(网)点的参照点和起算点,可用假定的坐标为已知起算数据。

(2)测点布设、反射目标、照明

测点的布设除了依据隧道工程设计施工的要求确定监控量测断面和点位外,还应考虑:一是全部测点建立在同一个坐标系下,二是当转换测站时,至少要 2 个以上的测点由前视点变为后视点起传递坐标作用,因而要求这些测点在前后两个测站方向上都能通视,而且能被照准同一个点位,要求测点上的反射片靶标具备一个万向角的旋转接口。这些传递坐标的点构成整个变形监测网中的基础网。

在隧道变形监测中,与全站仪配套使用的反射目标,反射片或者较为简易的小棱镜较为经济实用。在使用反射片进行测距时,要求反射片的反射面基本垂直于全站仪的视准线,左右上下均不要偏斜 15°,否则接收不到信号。

施工期间隧道内照明条件差,施工尘土飞扬,能见度低,观测视线不能太长。为保证照准目标,应配备强光源照射灯。

(3)观测方法

全站仪具有自动精密测距和测角的能力,一台全站仪,采用极坐标测量的方法就可以获得被测点的三维坐标。极坐标测量的方法以其测量简单方便,成为隧道内进行测点的三维坐标测量较为可行的方法,逐渐被测量者接受。由两个已知坐标的点作为后视点,首先求得测站点的坐标,然后通过测站点坐标测算出前视测点的坐标;整个过程中,测站点的坐标仪起传递作用,从而每次测量时,测站点的位置可以是随意的(但每次位置应大致相同),即通常说"自由测站",自由测站方式很好地适应施工中隧道的客观条件,得到广泛应用。观测原理如图 15-5-4 所示。

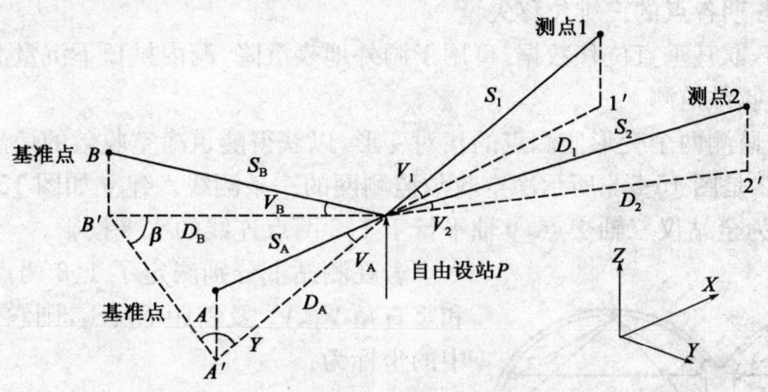

图 15-5-4　用全站仪监测隧道位移的方法示意图

(4)测试原理

图 15-5-4 中 A、B 为基准点,测点 1、2 为待定点,A'、B'、$1'$、$2'$分别为上述各点在通过仪器中心 P 点的水平面上的投影。SA、SB、$S1$、$S2$ 为测得的斜距,D_A、D_B、D_1、D_2 为算出的水平距

离，V_A、V_B、V_1、V_2 为测得的竖直角，还有测得的水平角 PB'、$P1'$、$P2'$方向与 PA'方向的水平夹角分别为 α_B、α_1、α_2 等。A'、B'的坐标已知，设分别为 x_A、y_A、x_b、y_B，从而有：

$$\left.\begin{aligned}\alpha_{A'B'} &= \arctan\frac{y_{B'}-y_{A'}}{x_{B'}-x_{A'}}\\ D_{A'B'} &= \sqrt{(y_{B'}-y_{A'})^2+(x_{B'}-x_{A'})^2}\end{aligned}\right\}\tag{15-5-3}$$

$$\left.\begin{aligned}\beta &= \arcsin\frac{D_A\sin\alpha_{B'}}{D_{A'B'}}\\ \gamma &= \arcsin\frac{D_B\sin\alpha_{B'}}{D_{A'B'}}\end{aligned}\right\}\tag{15-5-4}$$

则 $A'P$ 边的方位角 α_{AP} 为：

$$\alpha_{A'P} = \alpha_{A'B'} + \gamma \tag{15-5-5}$$

测站点 P 的坐标为：

$$\left.\begin{aligned}x_P &= x_{A'} + D_A\cos\alpha_{A'P}\\ y_P &= y_{A'} + D_A\sin\alpha_{A'P}\end{aligned}\right\}\tag{15-5-6}$$

1、2 点的坐标分别为：

$$\left.\begin{aligned}x_1 &= x_P + D_1\cos(\alpha_{PA'}+\alpha_{1'})\\ y_1 &= y_P + D_1\sin(\alpha_{PA'}+\alpha_{1'})\\ x_2 &= x_P + D_2\cos(\alpha_{PA'}+\alpha_{2'})\\ y_2 &= y_P + D_2\sin(\alpha_{PA'}+\alpha_{2'})\end{aligned}\right\}\tag{15-5-7}$$

测站点 P 的高程通过 A、B 点高程反算：

$$\left.\begin{aligned}H_P &= H_A - S_A\sin V_A\\ H_P &= H_B - S_B\sin V_B\end{aligned}\right\}\tag{15-5-8}$$

若设 1 点为一个观测点，则其高程为：

$$H_1 = H_P + S_1\sin V_1 \tag{15-5-9}$$

求 P 点高程时，有一个多余观测，应进行平差处理，1(或 2)点高程直接由上式求得。同理以后各期观测测算出各测点的三维坐标，将各期各测点的三维坐标与第一次测算的三维坐标进行比较，测得各期各点的三维位移矢量。

对三维位移，取其垂直位移数据，可用于洞外地表沉降、洞内拱顶下沉量测。

2)隧道净空收敛监测

用全站仪来监测两个变形监测点的相对变形，以获得隧道净空收敛的信息。

假定直线 12 是图 15-5-5 所示净空收敛监测网的一条测线。建立如图 15-5-4 所示的坐标系，坐标原点 O 为全站仪三轴交点，y 轴平行于 1、2 两点连线的水平投影。

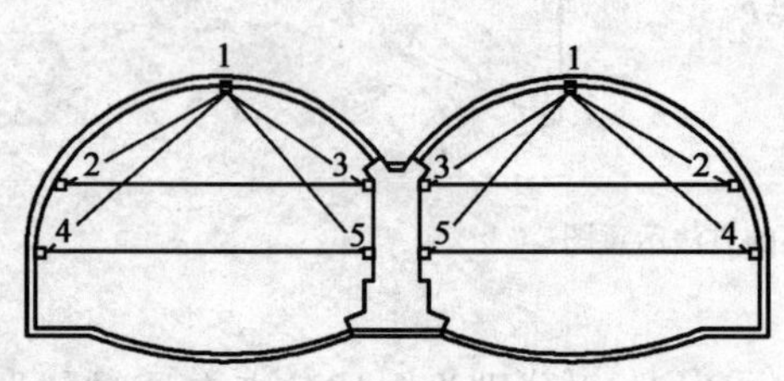

图 15-5-5　净空收敛监测网

若在测站上分别测定了 1、2 两点的水平角 α_1、α_2 和竖直角 V_1、V_2 及斜距 S_1、S_2，则它们在上述坐标系中的坐标为：

$$\left.\begin{aligned}x_1 &= S_1\cdot\cos V_1\cdot\cos\beta\\ y_1 &= S_1\cdot\cos V_1\cdot\sin\beta\\ z_1 &= S_1\cdot\sin V_1\end{aligned}\right\}\tag{15-5-10}$$

$$\left.\begin{aligned} x_2 &= S_2 \cdot \cos V_2 \cdot \cos(\beta+\theta) \\ y_2 &= S_2 \cdot \cos V_2 \cdot \sin(\beta+\theta) \\ z_2 &= S_2 \cdot \sin V_2 \end{aligned}\right\} \tag{15-5-11}$$

式(15-5-11)中，$\theta=\alpha_2-\alpha_1$，β 为 O_1 方向与 x 轴的夹角。在上述坐标系中，由于 $x_1=x_2$，则：

$$S_1 \cdot \cos V_1 \cdot \cos\beta = S_2 \cdot \cos V_2 \cdot \cos(\beta+\theta) \tag{15-5-12}$$

从而可得：

$$\tan\beta = \cot\theta - \frac{S_1 \cdot \cos V_1}{S_2 \cdot \cos V_2 \cdot \sin\theta} \tag{15-5-13}$$

式(15-5-13)中，β 可以根据观测数据 S、V、θ 等求出。从而，测线 12 的长度计算公式为：

$$S_{12}=\sqrt{(y_2-y_1)^2+(z_2-z_1)^2} \tag{15-5-14}$$

3. 量测要求及注意事项

(1)基点布设

对洞外地表下沉量测，基点布设在隧道开挖影响范围外的稳定区域，要求能在整个隧道施工期间保持基点的稳定。一般埋设 2 个基点，一个作为测站点，另外一个作为后视检核点，以便互相校核。参照标准导线点埋设，所有基点应埋设在基岩或原状土层中，测站的基点应进行深埋，采用混凝土基本标石方法埋设。监测网点观测标志采用钢筋混凝土观测标墩，或选择其他的标准观测墩。标墩基础力求稳固，或除去表面风化层使标墩浇筑在新鲜基岩上；或当地表覆盖层较厚时，应开挖出一基坑，深度不少于 1m，同时在底部打 5 根 2m 长的桩，标墩应现场浇筑。

(2)测点的制作

对于短距离量测，可在测点位置挖长、宽、深均为 200mm 的坑，然后放入地表测点预埋件(自制)，测点一般采用 ϕ20～ϕ30mm、长 1m 的平圆头钢筋，在钢筋的一端焊接一块边长约为 5cm 见方的钢板，把反射贴片用胶带固定在上面，钢筋的另一端放入坑中，用锤敲至贴片距地表 30cm 左右为宜，并调整测点方向，测点四周用混凝土填实，待混凝土固结后即可量测。

对于长距离量测，比如遇到边坡较高的情况，测点需采用棱镜，以提高量测精度。

三、拱顶下沉量测

隧道拱顶下沉量测属于位移量测，拱顶下沉量测数据在实际工程应用中较收敛位移更为连续、可靠和有效，在一定程度上比收敛量测更为重要，是确认洞内围岩稳定、评价支护效果、防止洞内塌方的有效措施，是有效实现动态反馈设计的重要基础性资料之一。

1. 量测仪器

拱顶下沉量测一般采用水准仪(图 15-5-6)量测，由于隧道内施工环境相对恶劣，需配合测微器进行沉降量测。

2. 量测原理

图 15-5-7 为拱顶下沉观测示意图。图中实线为前次观测情形，虚线为后此观测情形。P 为前次观测时钢尺上的前视点，P'为后此观测时 P 点在垂直方向上移到的位置。

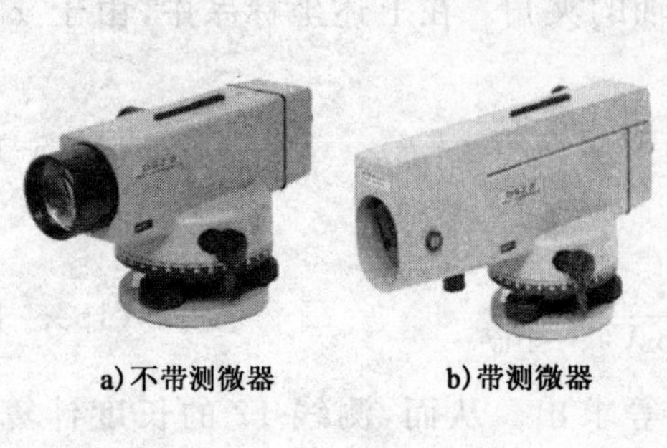

图 15-5-6 水准仪

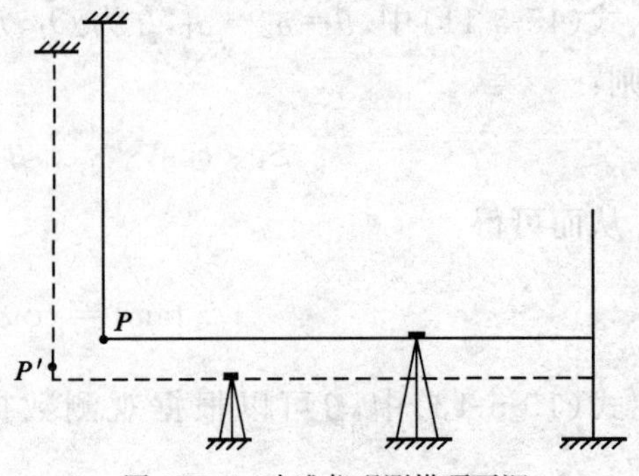

图 15-5-7 水准仪观测拱顶下沉

第一次读数后视点读数为 A_1，前视读数为 B_1；第二次后视点读数为 A_2，前视读数为 B_2。拱顶变位计算方法如下：

(1)差值计算法：钢尺和标尺均正立(即读数上小下大)。

后视读数差：$A=A_2-A_1$；

前视读数差：$B=B_2-B_1$；

拱顶变位值：$C=B-A$，$C>0$ 表示拱顶上扬，$C<0$ 表示拱顶下沉。

(2)水准计算法：通过计算前后两次拱顶测点的高程差来求拱顶的变位值。钢尺读数上小下大，标尺读数下小上大，标尺基准点高程假定为 K_0。

第一次拱顶高程：$Kd_1=K_0+A_1+B_1$

第二次拱顶高程：$Kd_2=K_0+A_2+B_2$

拱顶变位值：$C=Kd_2-Kd_1=A_2-A_1+B_2-B_1$，$C>0$ 表示拱顶上扬，$C<0$ 表示拱顶下沉。

3. 量测要求及注意事项

(1)拱顶下沉的基准点分为永久基准点和临时基准点。永久基准点设置在洞外，要求稳定性不受隧道施工的任何影响。临时基准点由于水准仪视距的原因设置在洞内，作为洞内拱底下沉量测的后视点，一般布置在边墙部位，根据实际施工情况，可能布置在初期支护上，也可能布置在衬砌上。

(2)有些拱顶下沉量测数据出现的上扬情况是由于临时基准点的下沉导致的。对于布置在初期支护上的基准点，由于隧道开挖后还未完全稳定，需要定期进行校核。临时基准点的校核方法是从洞外永久基准点逐点向洞内进行校核，频率为每 2～5d 校核 1 次。

(3)量测精度为±0.1mm。

四、多点位移计量测

围岩内部位移量测是监测隧道周边某点及围岩内部不同深度各点的位移状态，对于浅埋、偏压和强构造不均质岩体，隧道两侧变形差异较大，量测围岩内部位移对判断围岩稳定性和支护效果具有显著作用。

1. 量测仪器

多点位移计根据测点锚固方式可分为弦式(钻孔拉长杆、引伸计)和杆式(杆式多点位移计)两类;根据数据采集方式不同可分为机械式(百分表、数显百分表或游标卡尺)和电测式(差动电阻式、电感式或振弦式)。

目前振弦式在市场上应用较多。振弦式多点位移计一般由位移传感器,位移传递杆、保护管、锚头等组成的长距离位移监测仪器,除保护管和锚头外,均使用不锈钢材料制成。振弦式多点位移计安装需先在现场找一块足够大的平整地面上,按设计要求依照下列方法进行组装。

(1)传递杆、护管、锚头的组装(图 15-5-8,图 15-5-9)

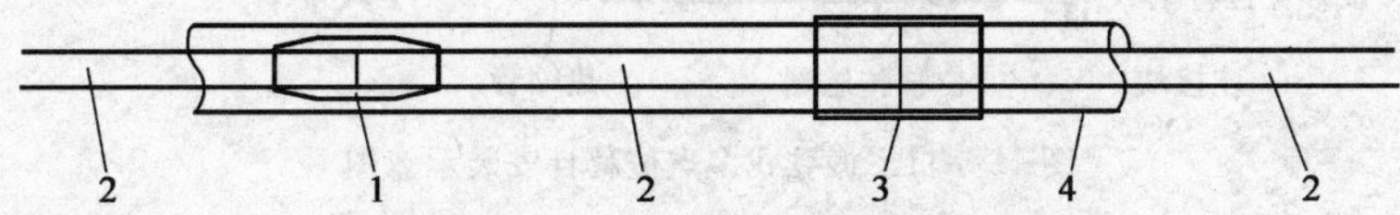

图 15-5-8　传递杆和护管连接示意图

1-传递杆连接头(ABS 或不锈钢);2-传递杆(ϕ6 不锈钢);3-护管连接头;4-PVC 护管

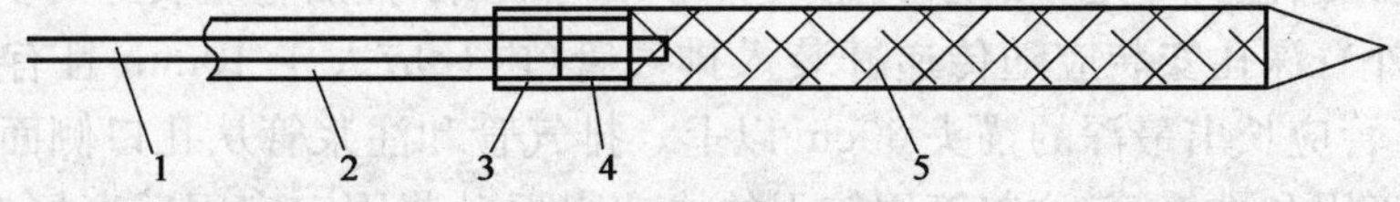

图 15-5-9　注浆锚头连接示意图

1-传递杆;2-PVC 护管;3-PVC 接头无牙端;4-PVC 接头有牙端;5-注浆锚头

按设计要求的长度进行传递杆牢固连接,如作长期观测时建议在连接头处加少许黏合剂,并在传递杆埋入孔内的一端装上锚头,所有接头处均应加胶。然后在传递杆外安装好护套管(注意:护套管两端一定要用 PVC 胶安装黏结牢固,否则在注浆中漏入水泥浆后将使位移计失效)。

(2)排气管和注浆管的安装

排气管应长出最深的锚头 30cm 以上,终端的测面用小刀削 3～5 个面积大于 $10mm^2$ 的小孔,便于排气(图 15-5-10)。排气管和注浆管从孔口侧面斜向插入传递杆外侧孔内。主体外筒用和排气管、注浆管须用较干的快速水泥砂浆固定牢固。

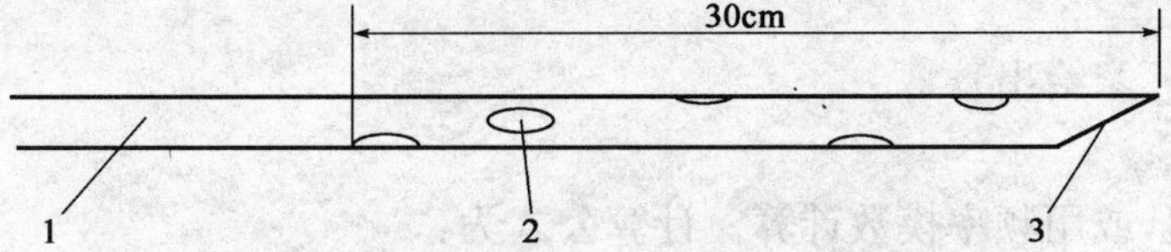

图 15-5-10　排气管终端削孔示意图

1-排气管;2-通气孔;3-排气管终端斜面

(3)主体组装

主体连接如图 15-5-11 所示。先将 4 个金属连接套管拧入外筒下端的 4 个孔中,再将主体御下保护罩,把安装好锚头的传杆和护管按计算好的长度连接好,在 PVC 护管与主体连接管处套上一根 10～15cm 长 ϕ18 的热缩管。逐一将上端留出(留出测尺过需先算好)无护管的传递杆穿过金属连接管和外筒,在上瑞用连接块与传感器连接(连接后应按估计值设置一定的预拉量),在连接部分用上下两个螺母与位移计拉杆紧固,同时将 PVC 护管套在金属连接管上,并用套入的多少微调传感器拉杆的预拉长度。传感器预拉后须用一长度与预拉相等的竹片、木条之类固定传感器拉杆(预防安装时变动)。然后检查每个传感器的编号和频率及所对应的传递杆长(深)度,做好记录。将传递杆的护管用胶与金属连接管连接后用外包热缩管热缩,准备整体安装。

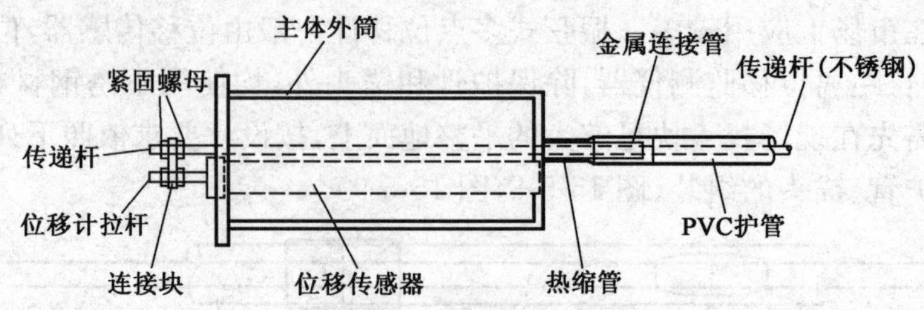

图 15-5-11　振弦式多点位移计安装示意图

(4)安装

将组装好的多点位移计由多人(为防运输拆断和脱落)共同搬运到安装位置。10m 以内的孔可先在安装孔内注入一定量的水灰比为 0.5∶1 水泥浆,然后将组装好的多点位移计插入孔中(上斜孔除外);深孔安装应随传递杆装入排气管(内径应大于 10mm 且有一定强度的半硬塑料管),排气管应长出最深的锚头 30cm 以上。排气管和注浆管从孔口侧面斜向插入传递杆外侧,主体外筒用和排气管、注浆管用较干的快速水泥砂浆固定牢固后上好保护罩,待砂浆凝固后用注浆设备向孔内注入水灰比为 0.5∶1 水泥浆,注浆过程中排气管内应不断地有空气排出,当排气管中有水泥浆溢出(水泥浆较斗时以停止出气)时为注浆已满,此时封住排气管口停止注浆。下斜孔注浆时不用安装排气管,把仪器装好就位后在孔测面扩开一沟槽,用一根长于孔深的 6 分自来水皮管插入孔底,边注浆边不断向上拉动管子,直到注满。数小时后待水泥浆凝固即可测读初始读数。

(5)数据采集

测取资料时先拧下保护罩,分别测量各点频率,返复测 3 次以上,做好记录。资料的计算与分析,计算公式为:

$$L=K(f_0^{\,2}-f_x^{\,2}) \tag{15-5-15}$$

式中:L——位移量;

K——系数(厂家给出);

f_0——初始值;

f_x——实时值,或用频率模数计算。计算公式为:

$$L=K(F_0-F_x) \tag{15-5-16}$$

式中:F——频率模数($F=f^2/1\,000$)。

目前国内多点位移计传感器的安装方向有两种,一种是正装,频率随两点距离增加而增加。另一种是反装,频率随两点距离增加而减小。这里介绍的是反装形式,频率降低时 L 为正值,两测点间距离增加,反之减小。正装时的初始值在工作范围的低端,计算时应把 F_x 值放在前面作被减数。

2. 量测原理

埋设在钻孔内的各测点与钻孔壁紧密连接,岩层移动时带动测点一起移动。变形前各测

点在孔口的读数为 S_{i0}，变形后第 n 次量测时各点在孔口的读数为 S_{in}。量测钻孔不同深度岩层的位移，即量测各测点相对于钻孔最深点的相对位移。第 n 次量测时，测点 1 相对于孔口的总位移量为 $D_1=S_{1n}-S_{10}$，测点 i 相对于孔口的总位移量为 $D_i=S_{in}-S_{i0}$。当钻孔内布置多个测点时，就能分别测出沿钻孔不同深度岩层的位移值(图 15-5-12)。

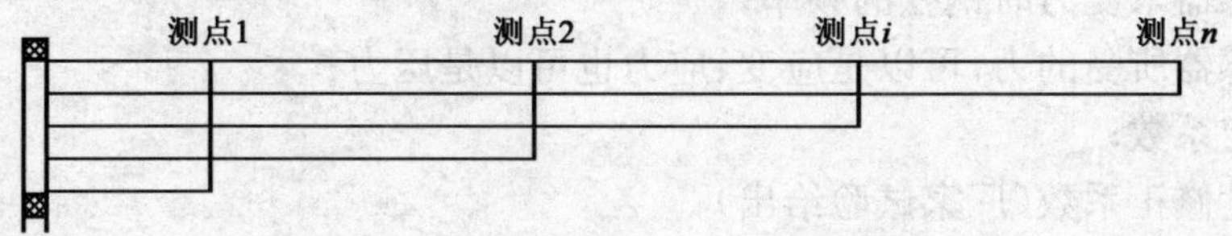

图 15-5-12　洞内设置多点位移计示意图

3. 量测要求及注意事项

(1)多点位移计的布设，最深的测点以离隧道开挖面约 1m 范围为宜，以同时保证测点不被隧道开挖破坏并能有效量测围岩松动圈范围。

(2)围岩内部位移各测点量测的位移是各测点两对于孔口(地表)的位移量，其实际总位移量需累加孔口的地表下沉量，孔口地表下沉量可通过地表沉降监测得到。

五、应力(应变)及压力量测

目前在隧道监控量测领域，绝大部分采用振弦式传感器(图 15-5-13)。

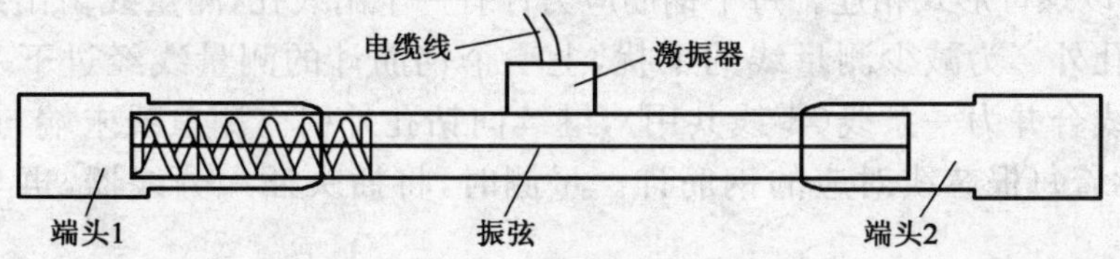

图 15-5-13　振弦式传感器(应变计)原理图

1. 振弦式传感器原理

把钢弦固定于传感器内，当传感器受外力作用时，钢弦的松紧程度随之变化，其钢弦的振动频率亦相应变化，弦的张力越大，自振频率越高，反之，自振频率降低。用频率计量测其频率值，按标定曲线即能获得相应的应力(应变)或压力值。

振弦式传感器应变与振动频率有遵循下式关系：

$$f=\frac{1}{2l}\sqrt{\frac{E\varepsilon}{\rho}} \tag{15-5-17}$$

式中：f——钢弦的振动频率；

l——钢弦的长度；

E——钢弦的弹性模量；

ε——钢弦的应变值；

ρ——钢弦的密度。

量测钢弦频率的方法是使钢弦在电磁力的作用下激振，起振后将振动频率转换成电量，再进行频率量测。钢弦的激振方式通常有两种，间歇式激振和连续等幅激振。

对钢弦的不同应变值对应的应力(应变)或压力值进行标定，即可得到钢弦频率与真实应力(应变)或压力值的关系，即为量测值：

$$P = K(f^2 - f_0{}^2) + b(T_i - T_0) \tag{15-5-18}$$

式中：f——传感器受力后钢弦的频率；

f_0——传感器未受力时钢弦的频率；

P——传感器所受的力，可以是应变、应力也可以是压力；

K——标定系数；

b——温度修正系数(厂家试验给出)；

T_i——实测时温度值；

T_0——初始温度值。

2. 锚杆轴力量测

(1)杆的轴向力测定，按其量测原理可分为电测式和机械式两类。其中电测式又可分为电阻应变式和振弦式。电阻应变式和机械式是通过量测锚杆不同深度处的应变(或变形)，然后按有关计算方法转求应力。振弦式则是通过测定不同深度处传感器受力后的钢弦振动频率变化，转求应力(应变)或压力。

(2)钢筋计用于测锚杆应力时，称为锚杆应力计。装上锚杆应力计的锚杆称为测力锚杆，如图15-5-14所示，它是由若干个振弦式钢筋应力计串联组合而成。每个钢筋应力计是个单元，各单元之间以螺母形式相连。每个钢筋应力计有一个出线孔，测量线由出线孔引出，再沿着锚杆引向钻孔外。为减少测量线的干扰，上一个钢筋计的测量线经过下一个钢筋计时，将两者的测量线合并为一条线(零线共用)，继续向钻孔外引。测量线末端与分线器插头相连，分线器上标着每根芯线对应的钢筋计。量测时，将插头插入分线器，再与频率计相连，即可量测。

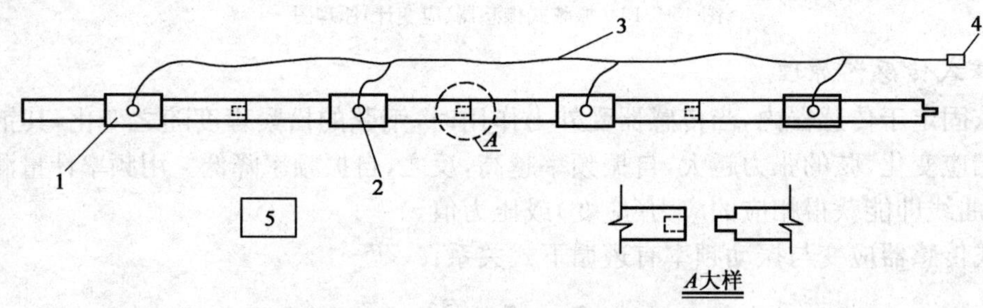

图15-5-14　振弦式测力锚杆示意图

1-钢弦式钢筋应力计；2-出线孔；3-测量线；4-分线插头；5-分线器

(3)测力锚杆的安装埋设，应根据观测设计的安装时机进行埋设。

①根据设计的要求造孔。钻孔直径应大于锚杆应力计最大直径。钻孔方位应符合设计要求，孔弯应小于钻孔半径。钻孔应冲洗干净，并严防孔壁沾油污；

②按照观测设计的要求裁截锚杆长度。选用螺纹连接的锚杆应力计，需要在裁截后的锚杆上先焊接螺纹接头，然后再与锚杆应力计用螺纹连接，接头与锚杆应保持同轴；

③观测锚杆的组装。将锚杆应力计按设计深度与裁截的锚杆对接，同时装好排气管。需要对焊的锚杆应力计，应在水冷却下进行对焊，锚杆应力计与锚杆应保持同轴。经组装检测合格后，将组装的观测锚杆缓慢地送入钻孔内。安装时，应确保锚杆应力计不产生弯曲，电缆和

排气管不受损坏，锚杆根部应与孔口平齐；

④锚杆应力计入孔后，引出电缆和排气管，装好灌浆管，用水泥砂浆封闭孔口；

⑤安装检测合格后，进行灌浆埋设。应在设计规定的压力下进行，灌至孔内停止吸浆时，持续 10min，即可结束。砂浆固化后，测其初始值。

3. 围岩压力量测

隧道内围岩压力测点一般布置在拱顶、拱腰及边墙部位，在隧道工程中较少采用挂布法。

埋设压力盒时，要使压力盒的受压面向着围岩。在隧道壁面，当测围岩施加给喷混凝土层的径向压力时，先用水泥砂浆或石膏把压力盒固定在岩面上，再谨慎施作喷混凝土层，不要使喷混凝土与压力盒之间有间隙，保证围岩与压力盒受压面贴紧。对于无周边依托物的土压力量测，可自行编制钢丝网将压力盒固定在隧道壁面上，如图 15-5-15 所示。

4. 钢拱架内力量测

(1)钢拱架内力的量测需要量测出拱架某断面两侧的应变值，在隧道现场通常有两种处理方法。一种是黏结(或者焊接)振弦式应变计量测；一种是粘贴单向电阻式应变计或应变片进行量测。第一种处理方法能较好地适应隧道施工现场的环境，但是由于安装空间较小，同时可能影响拱架自身刚度，导致量测精度较差；第二种方法量测精度较高，现场安装及后续测量过程中需要时刻密切保护。对于量测要求较高的情况建议采用第二种方法。

(2)拱架内力量测的传感器布设需要在拱架预制时即安装好，安装过程种注意对传感器的保护。

(3)电阻应变式传感器是利用电阻应变片将应变转换为电阻变化的传感器，传感器由在弹性元件上粘贴电阻应变敏感元件构成。当被测物理量作用在弹性元件上时，弹性元件的变形引起应变敏感元件的阻值变化，通过转换电路将其转变成电量输出，电量变化的大小反映了被测物理量的大小。

六、裂缝监测

裂缝监测包括深度监测和宽度监测。深度监测一般采用超声仪，近年有很多产品采用超声原理形成的专门的裂缝深度仪。

1. 深度监测

根据超声波在衬砌混凝土中的传播速度，得出行程时间曲线；然后，超声波发射器位置固定，使接收器沿衬砌某一方向移动，根据裂缝位置处超声波传播时间的变化如延迟时间等，即可计算出裂缝深度。步骤如下(图 15-5-16)：

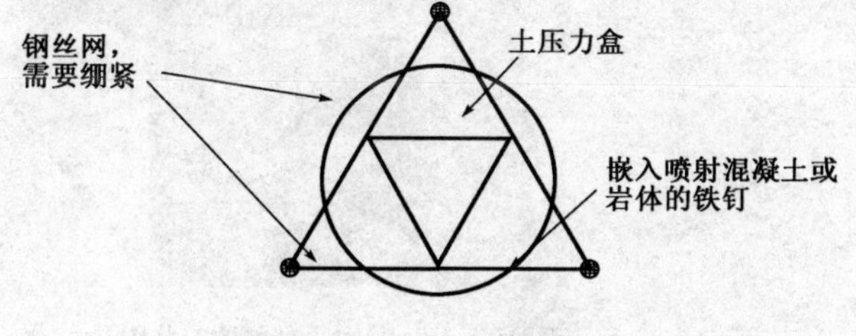

图 15-5-15　钢丝网布设图

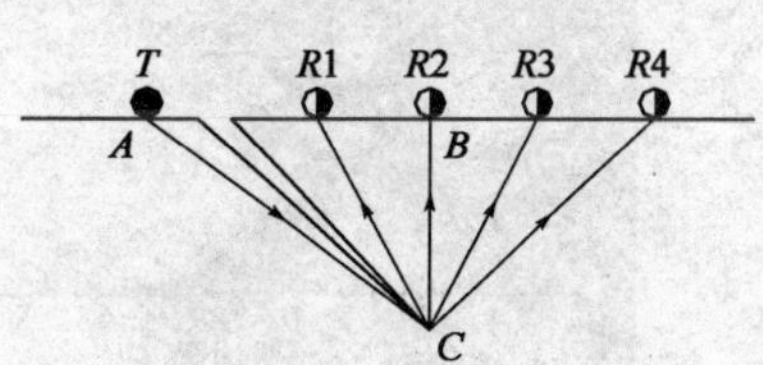

图 15-5-16　超声波检测裂缝深度原理示意图

(1)用超声波检测仪对混凝土的完好区域进行不跨缝的声时测量,并计算出超声波的声速值 v 和发射、接收探头内边缘间距与超声波实际传播距离之间的差值 a。

(2)将超声波检测仪的发射探头固定在裂缝的一侧,并使接收探头在裂缝的另一侧逐渐远离裂缝移动,观察声时的变化趋势。

(3)如果声时一直变大,则将发射探头和接收探头互换位置,并重复步骤(2)。

(4)接收探头在移动的过程中,声时先逐渐变小,并达到一极小值,然后就一直变大,记录下该极小值 t,并记录此时发射探头与接收探头的内边缘间距 l。

(5)根据公式 $l'=l+|a|$ 计算出此时的超声波的实际传播距离 l'。

(6)利用公式 $h_c=(v^2t^2-l'^2)/2vt$ 计算出裂缝的深度 h_c。

采用智能裂缝测宽仪进行隧道裂缝测量,测量时程序自动扫描捕获裂缝并在显示屏上实时显示裂缝的宽度数值,测量精度达到 0.01mm。直接将探头紧靠被测裂缝的两端,即可在液晶显示屏上看到被放大的裂缝,微调探头使裂缝与扫描线垂直交叉,程序将自动捕捉到屏幕中与蓝色扫描基线交叉的裂缝,与裂缝平行的 2 条蓝色垂线将自动锁定该裂缝 2 侧的边缘,程序将自动计算并实时显示裂缝的宽度数值(图 15-5-17)。

七、静力水准仪(运营期)

1. 静力水准仪的检验

安装前应对每一台静力水准仪按出厂要求进行检验,确认正常后再投入使用,以保证测量结果稳定可靠。

2. 静力水准仪的安装

(1)静力水准仪通常安装在廊道侧壁或测墩上。

(2)利用水准仪等仪器,依据设计位置现场进行放样。

(3)在确定的位置安装静力水准仪的安装板。静力水准仪的安装板必须安装牢固、水平,同一条静力水准各测点之间安装板的高差不得大于 10mm。

(4)用螺栓将静力水准仪固定在安装板上,用微调螺栓调整高度,安装固定后各点高差应不大于 3mm,并需安装水平(图 15-5-18)。

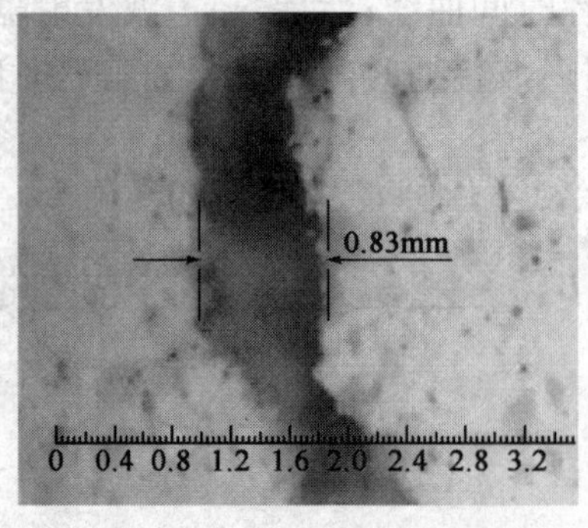

图 15-5-17　衬砌裂缝宽度测量

图 15-5-18　静力水准仪的安装图

(5)将静力水准管路与各测点仪器连通，要求连接处稳固、密封，不易脱落及漏液。

(6)加入静力水准专用液体。加液时应从一端开始，匀速加液，同时排出管路中的气泡。

(7)检查管路中是否还有气泡，接头处是否漏液。

(8)将浮子放入主体容器中，并将装有传感器的上盖板装在主体容器上。

(9)将仪器电缆接入安装在现场的测量控制单元，开始试测，检查各点工作情况。

(10)试测正常后接入自动化系统，检查自动化采集数据是否稳定并与现场实测值相一致。

八、隧道应用的其他监控技术

1. 非接触式视频量测

隧道内部施工环境复杂，在某些时候由于安全性得不到保证，可能使得很多监测设备都无法有效、及时地安装、使用，可采用非接触式视频量测(图 15-5-19)。

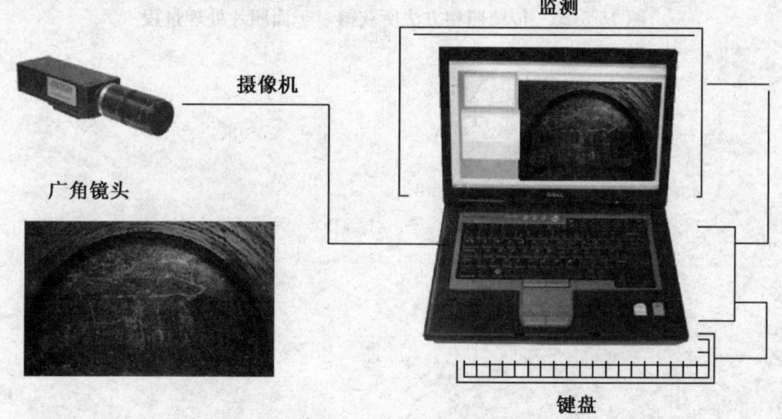

图 15-5-19　非接触视频监测组织图

用视频测量仪器进行监测的优势：

(1)准备时间短且安全风险小。

(2)无需在隧道内附加任何被测量点。

(3)得到更详细的测量数据。可任意指定多个测量点。每一个点相当于一个传统的位移传感器，可同时测量三维变形等。

(4)后处理功能：视频测量使得可以先拍摄录像，再对录像进行反复的测量，这样有助于更详细的分析数据。

2. 数字图像围岩分级技术

其技术处理步骤如下：

(1)对掌子面进行拍照，选区代表选取具有代表性的处理区域。当隧道内粉尘较多时可采取红外拍照技术。

(2)所选取的待处理区域，采取包括转化为灰度图像、亚像素边缘检测、Hough 方法识别结果显示等技术处理得到掌子面的可分析照片(图 15-5-20)。

(3)在图像上自动获取围岩分级参数 K_v,手动获取(输入)围岩强度指标等相关指标,完成围岩自动分级过程。

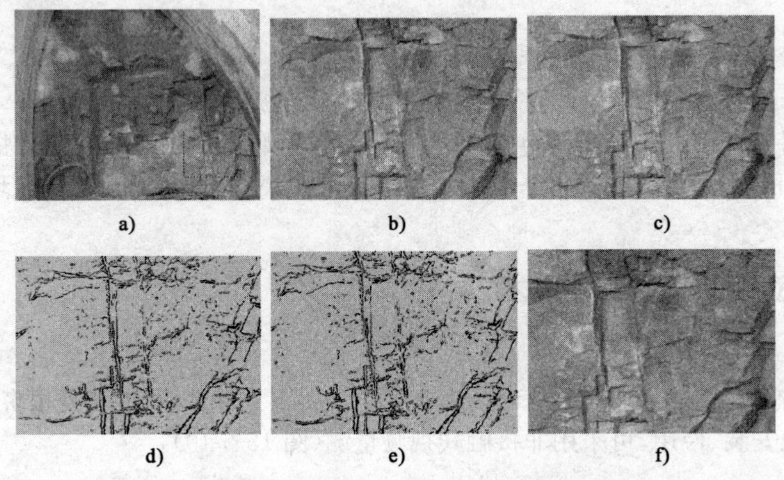

图 15-5-20 传统照相方法所获得掌子面照片处理过程

第十六章　隧道超前地质预报

第一节　一般规定

隧道超前地质预报应体现以隧道地质为基础，选择适宜的地质超前预报方法，运用地球物理探测与超前地质钻探相结合、长距离与中短距离相结合、地表与地下相结合、超前导洞与主洞探测相结合、设计文件与实际情况相结合等综合方法。

一、隧道超前地质预报的要求

(1)超前地质预报是勘察设计阶段工程地质工作的延续，应进行实际地质状况与设计的对比分析，采用综合预报方法，对预报结果要综合分析，相互验证，以提高预报准确性。

(2)隧道在勘测设计阶段应根据隧道具体地质情况及特点进行超前地质预报方案设计，并将其费用纳入工程概预算。

(3)隧道施工阶段必须实施超前地质预报。根据隧道超前地质预报方案设计，编制预报实施大纲并纳入施工组织设计。

(4)隧道地质超前预报应由具有相关资质和业绩的单位实施。在隧道超前地质预报外业结束后，应及时向有关各方提供隧道超前地质预报成果报告。

二、隧道超前地质预报应达到的目的

(1)进一步查清隧道开挖工作面前方的工程地质与水文地质条件，指导工程施工的顺利进行。

(2)降低地质灾害发生的几率和危害程度。

(3)为优化工程设计提供地质依据。

(4)为编制竣工文件提供地质资料。

三、超前地质预报应包括的主要内容

(1)地层岩性预测预报，特别是对软弱夹层、破碎地层、煤层及特殊岩土的预测预报。

(2)地质构造预测预报，特别是对断层、节理密集带、褶皱轴等影响岩体完整性的构造发育情况的预测预报。

(3)不良地质预测预报，特别是对岩溶、人为坑洞、瓦斯等发育情况的预测预报。

(4)地下水预测预报，特别是对岩溶管道水及富水断层、富水褶皱轴、富水地层中的裂隙水等发育情况的预测预报。

四、隧道超前地质预报的工作程序(图 16-1-1)

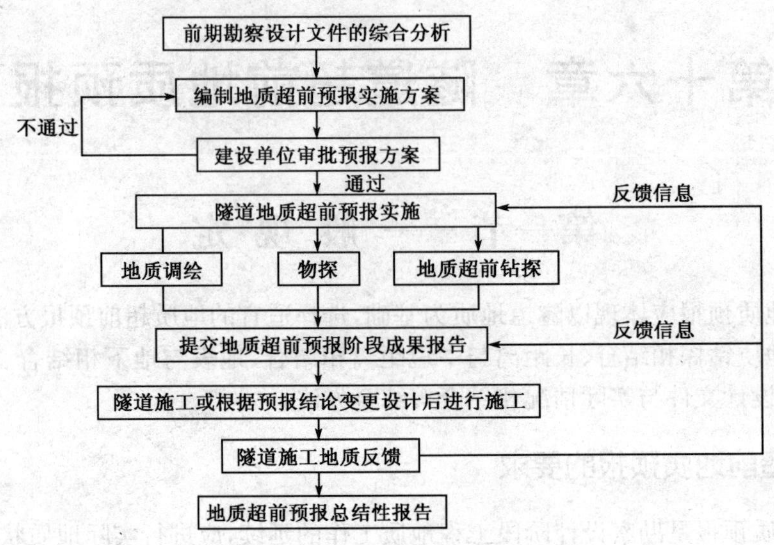

图 16-1-1　隧道超前地质预报工作程序框图

五、隧道工程参建各方在超前地质预报工作中职责与分工的划分

(1)建设单位应负责隧道超前地质预报实施大纲的审批,并对地质预报工作的实施情况进行监督和检查。

(2)勘察设计单位应研究提出隧道地质复杂程度分级,进行超前地质预报方案设计,编制工程概预算;施工中应分析和研究超前地质预报成果,发现地质情况与设计不符的,要按程序及时进行变更设计。

(3)建设单位或隧道施工单位应通过招标或邀请独立超前地质预报单位承担隧道超前地质预报工作,超前预报单位必须直接对建设单位负责。

(4)超前地质预报单位或施工单位在开工前应编制超前地质预报实施大纲,并纳入实施性施工组织设计,按程序审查和批准后负责组织实施;应及时将超前地质预报成果报监理、勘察设计、建设单位,并对超前地质预报成果及数据的真实性负责。

(5)监理单位应对隧道超前地质预报实施过程进行监理,负责监督检查施工单位现场专业技术人员(地质、物探)数量及能力、设备类型及数量、超前地质预报的实施和数据采集以及相关协调工作等。

第二节　超前地质预报设计

一、超前地质预报设计

(1)公路隧道工程在各设计阶段均应进行超前地质预报设计,预报方法的选择应与施工方法相适应。

(2)超前地质预报可采用地质调查法、超前钻探法、物探法和超前导坑预报法,各预报方法应包括下列内容。

①地质调查法：包括隧道地表补充地质调查、洞内开挖工作面地质素描和洞身地质素描、地层分界线及构造线地下和地表相关性分析、地质作图等；

②超前钻探法：包括超前地质钻探、加深炮孔探测及孔内摄影；

③物探法：包括弹性波反射法（地震波反射法、水平声波剖面法、负视速度法和陆地声纳法等）、电磁波反射法（地质雷达探测）、红外探测、高分辨直流电法等；

④超前导坑预报法：包括平行超前导坑法、正洞超前导坑法等。

(3)超前地质预报可采用长距离预报、中长距离预报和短距离预报，预报长度的划分和预报方法的选择可执行下列规定。

①长距离顶报：预报长度 100m 以上。可采用地质调查法、地震波反射法及 100m 以上的超前钻探等；

②中长距离预报：预报长度 30～100m。可采用地质调查法、弹性波反射法及 30～100m 超前钻探等；

③短距离预报：预报长度 30m 以内。可采用地质调查法、弹性波反射法、电磁波反射法（地质雷达探测）、红外探测及小于 30m 的超前钻探等。

(4)隧道超前地质预报设计前，应根据隧道的工程地质与水文地质条件、地质因素对隧道施工影响程度及诱发环境问题的程度等，对隧道分段进行地质复杂程度分级。隧道地质复杂程度分为复杂、较复杂、中等复杂和简单四级（分级方法详见地质规范）。

(5)隧道地质复杂程度分级是动态变化的过程，可根据开挖过程中的超前地质预报成果和实际地质条件进行调整。

(6)隧道超前地质预报应根据不同的地质复杂程度分级，针对不同类型的地质问题，选择不同的方法和手段进行，并贯穿于施工全过程。

(7)对含天然气、瓦斯、放射性物质等特殊地层隧道及深埋隧道内的地温、地应力等地质问题应按国家现行有关标准进行监测测试。

(8)超前地质预报设计应编制超前地质预报设计文件，主要应包括下列内容：

①隧道工程地质及水文地质条件，着重说明不良地质与特殊岩土、可能存在的主要工程地质问题及地质风险；

②地质复杂程度分级；

③超前地质预报的目的；

④超前地质预报的设计原则、预报方案、（分段）预报内容、方法选择及不同方法的组合关系、技术要求（同一种预报方法及不同预报方法间的重叠长度、超前钻孔的角度及长度等），需要时应编制气象、重要泉点和洞内主要出水点（流量大于 1L/s 的出水点）、暗河流量等观测计划和观测技术要求等；

⑤超前地质预报实施工艺要求（必要时提出）；

⑥超前地质预报工作安全措施；

⑦超前地质预报工作量、占用工作面的时间；

⑧超前地质预报概预算；

⑨其他需要说明的问题。

二、实施一般规定

(1)实施超前地质预报应全面了解隧址区地质情况,分析和掌握存在的主要工程地质问题、主要地质灾害隐患及其分布范围等,核实地质复杂程度分级、超前地质预报方案的内容。

(2)公路隧道应编制超前地质预报实施大纲,其内容应包括:

①编制依据;

②工程概况;

③地质概况:与地质预报相关的地形地貌、气象特征、地层岩性、地质构造、水文地质情况简述,着重说明不良地质与特殊岩土、可能存在的主要工程地质问题及地质风险;

④地质复杂程度分级;

⑤实施超前地质预报的目的;

⑥超前地质预报方案、分段预报内容及具体预报方法、技术要求、预报工作量,必要时应编制气象、重要泉点和洞内主要出水点(流量大于 1L/s 的出水点)、暗河流量等观测计划和观测技术要求;

⑦超前地质预报工艺流程及操作要点;

⑧超前地质预报组织机构设置及投入的人力、设备资源;

⑨质量要求;

⑩安全措施;

⑪成果资料编制的内容与要求;

⑫工作制度,包括与监理、勘察设计、建设单位的联系制度,地质预报成果报告提交的时限,信息传递方式等;

⑬地质预报成果的验证及技术总结的要求;

⑭其他需要说明的问题。

(3)采用综合超前地质预报方法时,应将各预报手段所获得的资料进行综合分析与判断,并编制地质综合分析成果报告,内容应包括工作概况、采用的各种预报手段及预报结果、相互印证情况、综合分析预报结论、施工措施建议及下步预报工作计划等。

(4)施工过程中应将实际开挖的地质情况与预报结果进行对比分析,及时总结经验教训,指导和改进地质预报工作;超前地质预报方案应根据实际地质情况及时进行调整,并按有关程序经批准后执行。

(5)超前地质预报工作应编制各预报方法预测报告、地质综合分析报告、月报、年报、超前地质预报竣工总报告。

(6)隧道超前地质预报竣工总报告应包括下列内容:

①工程概况;

②地质概况:包括原有地质资料的概略情况及其结论,施工开挖过程中揭示的不良地质、特殊岩土及存在的主要工程地质问题;

③设计预报方案和根据实际地质情况调整后的预报实施方案;

④统计各预报方法实际工作量,并与超前地质预报设计工作量进行对比,分析增减的原因;

⑤预报与施工验证对比情况,包括预报准确率统计结果,对预报绩效进行评价;

⑥设计与施工地质资料对比情况，对勘察资料进行评价；

⑦施工过程中遇到的重大工程地质问题及其处理的经过、措施、效果，运营中应注意的事项；

⑧超前地质预报工作的经验与教训，采用新技术、新设备、新方法的情况及推广应用的建议；

⑨其他需要说明的问题；

⑩附图和附件。

三、断层预报

(1)断层预报应探明断层的性质、产状、富水情况、在隧道中的分布位置、断层破碎带的规模、物质组成等，并分析其对隧道的危害程度。

(2)断层预报应以地质调查法为基础，以弹性波反射法探测为主，必要时采用红外探测、高分辨直流电法探测断层带地下水的发育情况及超前钻探法验证。

(3)当隧道施工接近规模较大的断层时，多具有明显的前兆，可通过地表补充地质调查、洞内地质调查、地表与地下构造相关性分析、断层趋势分析等手段预报断层的分布位置。

(4)断层破碎带与周围介质多存在明显的物性差异，可采用弹性波反射法探测破碎带的位置及分布范围。

(5)断层为面状结构面，可采用超前钻探法较准确预报其位置、宽度、物质组成及地下水发育情况等。

(6)断层预报可按下列步骤进行：

①根据区域地质资料、工程地质平面图与纵断面图以及必要的地表补充地质调查，进一步核实断层的性质、产状、位置与规模等；

②采用弹性波反射法确定断层在隧道内的大致位置和宽度；

③必要时采用红外探测、高分辨直流电法探测断层带地下水的发育情况；

④必要时采用超前钻探预报断层的确切位置和规模、破碎带的物质组成及地下水的发育情况等；

⑤采用隧道内地质素描、断层趋势分析等手段预报断层的分布位置；

⑥地质综合判析，提交地质综合分析成果报告。

四、岩溶预报

(1)岩溶是指可溶性岩石受水体以化学溶蚀为主、机械侵蚀和崩塌为辅的地质营力综合作用，以及由此所产生的地质现象的统称。岩溶发育的条件和规律可参考相关规范进行判定。

(2)岩溶预报应探明岩溶在隧道内的分布位置、规模、充填情况及岩溶水的发育情况，分析其对隧道的危害程度。

(3)岩溶预报应以地质调查法为基础，以超前钻探法为主，结合多种物探手段进行综合超前地质预报，并应采用宏观预报指导微观预报、长距离预报指导中短距离预报的方法。

(4)岩溶预报可按下列步骤进行：

①岩溶发育规律

研究隧址区岩溶发育规律，充分收集、分析、利用已有区域地质和工程地质资料，辅以工程地质补充调绘，查明隧址区工程地质与水文地质条件，分析岩溶发育的规律，宏观掌握区域地质条件，指导超前地质预报工作。应着重查明和分析以下方面的内容。

a. 地层岩性：可溶性岩层与非可溶性岩层的分布与接触关系，可溶性岩层的成分、结构和溶解性，特别是强熔岩（质纯层厚的灰岩、盐岩）的地层层位和分布范围及其与隧道线路中线的相互关系；

b. 地质构造：隧址区的构造类型，褶皱轴的位置、两翼岩层产状；断裂带的位置、规模、性质、产状，特别是两条或两条以上断层交汇的位置（侵蚀性地下水的有利通道）；主要节理裂隙的性质、宽度、间距、延伸方向、贯通性及充填情况等；新构造运动的性质、特点等。分析上述构造与岩溶发育的关系及不同构造部位岩溶发育特征和发育程度的差异性，划分岩溶发育带；分析上述构造与隧道线路中线的相互关系；

c. 岩溶地下水：地下水的埋藏、补给、径流和排泄情况、水位动态及水力连通情况，分析隧道受岩溶地下水影响的程度；

d. 隧道处于岩溶垂直分带的部位：根据隧道线路高程、穿越山区地形、地表岩溶发育情况、区域和隧址区侵蚀基准面等，判断隧道处于岩溶垂直分带的部位；

e. 岩溶发育的层数：根据岩性、新构造运动和水文地质条件，结合地表测绘，查明岩溶发育的层数及与隧道的关系；

f. 依据岩溶发育的垂直分带性、隧道高程和地下水季节的变化，判断那些可能与隧道相遇的溶洞、暗河的含水量，或分析那些不与隧道相遇的有水溶洞或暗河对隧道施工的影响程度；

g. 岩溶形态：岩溶形态的类型、位置、大小、分布规律、形成原因及与地表水、地下水的联系，以及地表岩溶形态和地下岩溶形态的联系；

h. 结合有利于岩溶发育的岩层层位和构造位置，在大小封闭的洼地内、当地河流岸边或其他部位，查明大型溶洞或暗河的入口、出口的位置及高程，并结合可能成为暗河通道的较大断层或较紧闭背斜褶皱的核部位置、产状，推断暗河大致通道，确定能否与隧道相遇或与隧道的大概空间位置关系；

i. 根据褶皱轴、断层、节理密集带、可熔岩与非可溶岩接触带、陡倾角可溶性岩、质纯层厚可溶性岩层的位置与产状，用地表与地下相关性分析法，分析隧道内可能出现大型溶洞、暗河的位置。

②核查、领会设计中地质复杂程度分级和超前地质预报方案设计

根据区域地质和工程地质资料，结合本条第 1 款中的调查和分析，核查、领会设计文件中地质复杂程度分级和超前地质预报方案。

③隧道内地质素描

根据隧道内地质素描结果，验证、调整地质复杂程度分级和超前地质预报方案。

④物探探测

根据地质条件，可采用弹性波反射法进行长、中长距离探测，以探明断层等结构面和规模较大、可足以被探测的岩溶形态；采用高分辨直流电法、红外探测进行中长、短距离探测，可定性探测岩溶水；采用地质雷达进行短距离探测，以查明岩溶位置、规模和形态。

⑤超前地质钻探

根据地质复杂程度分级、隧道内地质素描、物探异常带进行超前地质钻探预报和验证，对富水岩溶发育地段，超前地质钻探必须连续重叠式进行。超前钻探揭示岩溶后，应适当加密，必要

时采用地质雷达及其他物探手段进行短距离的精细探测，配合钻探查清岩溶规模及发育特征。

⑥加深炮孔探测

岩溶发育区必须进行加深炮孔探测，其具体要求应符合本手册第四节加深炮孔探测要求的规定。

⑦地质综合判析，提交地质综合分析成果报告

各种预报手段的组合不是一成不变的，根据地质条件和各种预报手段的优缺点灵活运用，以达到预报目的和解决实际问题为宗旨。

(5)岩溶地区应开展岩溶重点发育地段隧道周边隐伏岩溶探测工作。

(6)岩溶地区隧底应进行隐伏岩溶洞穴的探测，并应符合下列要求：

①采用综合物探查明隧底隐伏岩溶洞穴的位置、规模；

②根据物探资料布置验证钻孔；

③根据钻探验证结果修订物探异常成果图，作出预测隐伏岩溶图；

④隐伏岩溶图，比例为1∶100～1∶500，应标明隐伏岩溶的位置、规模、埋藏深度、类型和验证钻孔。

五、煤层瓦斯预报

(1)煤层瓦斯预报应探明煤层分布位置、煤层厚度，测定瓦斯含量、瓦斯压力、涌出量、瓦斯放散初速度、煤的坚固性系数等，判定煤的破坏类型，分析判断煤的自燃及煤尘爆炸性、煤与瓦斯突出危险性，评价隧道瓦斯严重程度及对工程的影响，提出技术措施建议等。

(2)煤层瓦斯预报应以地质调查法为基础，以超前钻探法为主，结合多种物探手段进行综合超前地质预报。

(3)煤层瓦斯预报可按下列步骤进行：

①根据区域地质资料、工程地质勘察报告、工程地质平面图与纵断面图、煤层地表钻探资料和必要的地表补充调查，通过地质作图进一步核实煤层的位置与厚度等。

②采用物探法确定煤层在隧道内的大致位置和厚度。

③采用洞内地质素描，利用地层层序、地层厚度、标志层和岩层产状等，通过作图分析确定煤层的里程位置。

④接近煤层前，必须对煤层位置进行超前钻探，标定各煤层准确位置，掌握其赋存情况及瓦斯状况，并应符合下列规定：

a. 应在距煤层15～20m(垂距)处的开挖工作面钻1个超前钻孔，初探煤层位置；

b. 在距初探煤层10m(垂距)处的开挖工作面上钻3个超前钻孔，分别探测开挖工作面前方上部及左右部位煤层位置，并采取煤样和气样进行物理、化学分析和煤层瓦斯参数测定，在现场进行瓦斯及天然气含量、涌出量、压力等测试工作；

c. 按各孔见煤、出煤点计算煤层厚度、倾角、走向及与隧道的关系，并分析煤层顶、底板岩性；

d. 掌握并收集钻孔过程中的瓦斯动力现象。揭煤前应进行瓦斯突出危险性预测，并应符合下列规定：

(a)在瓦斯突出工区施工时，应在距煤层垂距5m处的开挖工作面打瓦斯测压孔，或在距煤层垂距不小于3m处的开挖工作面进行突出危险性预测；

(b)瓦斯突出危险性预测应从瓦斯压力法、综合指标法、钻屑指标法、钻孔瓦斯涌出初速度法、"R"指标法等五种方法中选用两种方法,相互验证。石门揭煤可采用瓦斯压力法、综合指标法或钻屑指标法,煤巷掘进宜采用钻孔瓦斯涌出初速度法、钻屑指标法或"R"指标法;

(c)突出危险性预测方法中有任何一项指标超过临界指标,该开挖工作面即为有突出危险工作面。其预测时的临界指标应根据实测数据确定,当无实测数据时,可参照表16-2-1中所列突出危险性临界值;

突出危险性预测指标临界值　　表16-2-1

序号	预测类型	预测方法	预测指标	突出危险性临界值
1	石门揭煤突出危险性预测	瓦斯压力法	P(MPa)	0.74
		综合指标法	D	0.25
			K	20(无烟煤)、15(其他煤)
		钻屑指标法	Δh_2(Pa)	160(湿煤)、200(干煤)
			K_1[mL/(g·min$^{1/2}$)]	0.4(湿煤)、0.5(干煤)
2	煤巷开挖工作面突出危险性预测	钻孔瓦斯涌出初速度法	Q	4
		"R"指标法	R_m	6
		钻屑指标法	Δh_2(Pa)	160(湿煤)、200(干煤)
			K_1[mL/(g·min$^{1/2}$)]	0.4(湿煤)、0.5(干煤)
			最大钻屑量(kg/m)	6

(d)钻孔过程中出现顶钻、夹钻、喷孔等动力现象时,应视该开挖工作面为突出危险工作面。

⑤综合分析,提交地质综合分析成果报告。

(4)煤层瓦斯超前钻孔应符合下列规定:

①每个钻孔均应穿透煤层并进入顶(底)板不小于0.5m;

②正式探测孔应取完整的岩(煤)芯,进入煤层后宜用干钻取样;

③各钻孔直径不宜小于76mm;

④钻孔过程中应观察孔内排出的浆液、煤屑变化情况,并做好记录。

(5)开挖工作面出现有煤与瓦斯突出前兆时,应立即报警,停止工作,撤出人员,切断电源,并上报有关部门。

(6)隧道在煤系地层、压煤地段及其他可能含瓦斯地层开挖施工时,应加强瓦斯检测,瓦斯浓度超过规定指标时,应立即采取措施,确保安全,并上报有关部门,查明瓦斯来源,分析可能带来的危害程度,制定下一步地质预报工作的方案和措施,并做好瓦斯检测记录存档备查。

六、其他

(1)隧道涌水、突泥预报应探明可能发生涌水、突泥地段的位置、规模、物质组成、水量、水压等,分析评价其对隧道的危害程度。

(2)涌水、突泥预报应以地质调查法为基础,以超前钻探法为主,结合多种物探手段进行综合超前地质预报。

(3)在可能发生涌水、突泥的地段必须进行超前钻探,而且超前钻探必须设有防突装置;隧道通过煤系地层、金属和非金属等矿区中的采空区时，应查明在采空区及废弃矿巷与隧道的空间关系，分析评价其对隧道的危害程度。

(4)斜井工区、隧道反坡施工地段处于富水区时，超前钻探作业时应做好钻孔突涌水处治的方案，确保人员与设备的安全，避免淹井事故的发生。

第三节　地质调查方法

(1)地质调查法是根据隧道已有勘察资料、地表补充地质调查资料和隧道内地质素描，通过地层层序对比、地层分界线及构造线地下和地表相关性分析、断层要素与隧道几何参数的相关性分析、临近隧道内不良地质体的前兆分析等，利用常规地质理论、地质作图和趋势分析等，推测开挖工作面前方可能揭示地质情况的一种超前地质预报方法。

(2)地质调查法适用于各种地质条件下隧道的超前地质预报。

(3)地质调查法包括隧道地表补充地质调查和隧道内地质素描等。

(4)隧道地表补充地质调查应包括下列主要内容：

①对已有地质勘察成果的熟悉、核查和确认；

②地层、岩性在隧道地表的出露及接触关系，特别是对标志层的熟悉和确认；

③断层、褶皱、节理密集带等地质构造在隧道地表的出露位置、规模、性质及其产状变化情况；

④地表岩溶发育位置、规模及分布规律；

⑤煤层、石膏、膨胀岩、含石油天然气、含放射性物质等特殊地层在地表的出露位置、宽度及其产状变化情况；

⑥人为坑洞位置、走向、高程等，分析其与隧道的空间关系；

⑦根据隧道地表补充地质调查结果，结合设计文件、资料和图纸，核实和修正超前地质预报重点区段。

(5)隧道内地质素描是将隧道所揭露的地层岩性、地质构造、结构面产状、地下水出露点位置及出水状态、出水量、煤层、溶洞等准确记录下来并绘制成图表，是地质调查法工作的一部分，包括开挖工作面地质素描和洞身地质素描。隧道内地质素描应包括下列要内容：

①工程地质

a. 地层岩性：描述地层时代、岩性、层间结合程度、风化程度等；

b. 地质构造：描述褶皱、断层、节理裂隙特征、岩层产状等。断层的位置、产状、性质、破碎带的宽度、物质成分、含水情况以及与隧道的关系。节理裂隙的组数、产状、间距、充填物、延伸长度、张开度及节理面特征、力学性质，分析组合特征、判断岩体完整程度；

c. 岩溶：描述岩溶规模、形态、位置、所属地层和构造部位，充填物成分、状态，以及岩溶展布的空间关系；

d. 特殊地层：煤层、沥青层、含膏盐层、膨胀岩和含黄铁矿层等应单独描述；

e. 人为坑洞：影响范围内的各种坑道和洞穴的分布位置及其与隧道的空间关系；

f. 地应力：包括高地应力显示性标志及其发生部位，如岩爆、软弱夹层挤出、探孔饼状岩芯等现象；

g. 塌方：应记录塌方部位、方式与规模及其随时间的变化特征，并分析产生塌方的地质原因及其对继续掘进的影响；

h. 有害气体及放射性危害源存在情况。

②水文地质

a. 地下水的分布、出露形态及围岩的透水性、水量、水压、水温、颜色、泥砂含量测定，以及地下水活动对围岩稳定的影响，必要时进行长期观测。地下水的出露形态分为：渗水、滴水、滴水成线、股水（涌水）、暗河；

b. 水质分析，判定地下水对结构材料的腐蚀性；

c. 出水点和地层岩性、地质构造、岩溶、暗河等的关系分析；

d. 必要时进行地表相关气象、水文观测，判断洞内涌水与地表径流、降雨的关系；

e. 必要时应建立涌突水点地质档案。

③围岩稳定性特征及支护情况

记录不同工程地质、水文地质条件下隧道围岩稳定性、支护方式以及初期支护后的变形情况。发生围岩失稳或变形较大的地段，详细分析、描述围岩失稳或变形发生的原因、过程、结果等。

④进行隧道施工围岩分级

参见《公路隧道设计规范》(JTG D70—2004)。

⑤影像隧道内重要的和具代表性的地质现象应进行摄影或录像。

(6)隧道开挖工作面地质素描和洞身地质素描应符合下列技术要求：

①开挖工作面地质素描，主要描述工作面立面围岩状况，应使用统一格式，并统一编号；

②洞身地质素描是对隧道拱顶、左右边墙进行的地质素描，直观反映隧道周边地层岩性及不良地质体的发育规模、在空间上对隧道的影响程度等，通过隧道地质展视图形式表示；

③地质素描应随隧道开挖及时进行，对地层岩性变化点、构造发育部位、岩溶发育带附近等复杂、重点地段应每开挖循环进行一次素描，其他一般地段不应超过10m进行一次素描。

(7)地质调查法应符合下列工作要求：

①隧道地表补充地质调查应在实施洞内超前地质预报前进行，并在洞内超前地质预报实施过程中根据需要随时补充，现场应做好记录，并于当天及时整理；

②地质素描图应采用现场绘制草图、室内及时誊清的方式完成，必须在现场根据实际情况记录，不得回忆编制或室内制作。地质素描原始记录、图、表应当天整理；

③隧道地表补充地质调查和洞内地质素描资料应及时反映在隧道工程地质平面图和纵断面图上，并应分段完善、总结；

④标本应按要求采集，并及时整理。

(8)地质调查法隧道超前地质预报，应编制下列资料：

①地质调查法预报报告；

②开挖工作面地质素描图，比例尺根据需要确定；

③隧道洞身地质展视图，比例为1∶100～1∶500；

④地层分界线及构造线隧道内和地表相关性分析预报图(必要时做)，比例尺根据需要确定；

⑤地质复杂地段纵、横断面图，比例为1∶100～1∶500；

⑥地质监测与测试资料；

⑦有关影像资料。

第四节　超前钻探方法

一、超前钻探

(1)超前地质钻探是利用钻机在隧道开挖工作面进行钻探获取地质信息的一种超前地质预报方法。

(2)超前地质钻探法适用于各种地质条件下的隧道超前地质预报,在富水软弱断层破碎带、富水岩溶发育区、煤层瓦斯发育区、重大物探异常区等地质条件复杂地段必须采用。

(3)超前地质钻探主要采用冲击钻和回转取芯钻,两者应合理搭配使用,提高预报准确率和钻探速度,减少占用开挖工作面的时间(岩石可钻性分类见相关规范)。

①一般地段采用冲击钻。冲击钻不能取芯,但可通过冲击器的响声、钻速及其变化、岩粉、卡钻情况、钻杆振动情况、冲洗液的颜色及流量变化等粗略探明岩性、岩石强度、岩体完整程度、溶洞、暗河及地下水发育情况等;

②复杂地质地段采用回转取芯钻。回转取芯钻岩芯鉴定准确可靠,地层变化里程可准确确定,一般只在特殊地层、特殊目的地段、需要精确判定的情况下使用。比如煤层取芯及试验、溶洞及断层破碎带物质成分的鉴定、岩土强度试验取芯等。

(4)超前地质钻探应符合下列技术要求:

①孔数

a. 断层、节理密集带或其他破碎富水地层每循环可只钻 1 孔;

b. 富水岩溶发育区每循环宜钻 3～5 个孔,揭示岩溶时,应适当增加,以满足安全施工和溶洞处理所需资料为原则;

c. 煤层瓦斯预报超前钻探孔数应在距煤层 15～20m 处的开挖工作面钻 1 个超前钻孔,在距初探煤层 10m 处的开挖工作面上钻 3 个超前钻孔,分别探测开挖工作面前方上部及左右部位的煤层位置。

②孔深

a. 不同地段不同目的的钻孔应采用不同的钻孔深度;

b. 钻探过程中应进行动态控制和管理,根据钻孔情况可适时调整钻孔深度,以达到预报目的为原则;

c. 在需连续钻探时,一般每循环可钻 30～50m,必要时也可钻 100m 以上的深孔;

d. 连续预报时前后两循环钻孔应重叠 5～8m。

③孔径

钻孔直径应满足钻探取芯、取样和孔内测试的要求,并应符合相关地质规范的规定;煤层瓦斯超前钻探孔径应符合本章第二节中有关"煤层瓦斯预报"的规定。

④富水岩溶发育区超前钻探应终孔于隧道开挖轮廓线以外 5～8m。

(5)超前地质钻探应符合下列工作要求:

①实施超前地质钻探的人员应经技术培训和考核,经考核合格后方可上岗。

②钻探前地质技术人员应进行技术、质量交底。

③超前钻探过程中应在现场做好钻探记录,包括钻孔位置、开孔时间、终孔时间、孔深、钻

进压力、钻进速度随钻孔深度变化情况、冲洗液颜色和流量变化、涌沙、空洞、振动、卡钻位置、突进里程、冲击器声音的变化等。

④超前钻探过程中应及时鉴定岩芯、岩粉，判定岩石名称，对于断层带、溶洞填充物、煤层、代表性岩土等应拍摄照片备查，并选择代表性岩芯整理保存，重要工程钻探过程监理应进行旁站。

⑤在富水地段进行超前钻探时必须采取防突措施；测钻孔内水压时，需安装孔口管，接上高压球阀、连接件和压力表，压力表读数稳定一段时间后即可测得水压。

⑥应加强钻进设备的维修与保养，使钻机处于良好状态；强化协调和管理，各方应积极配合，减少和缩短施钻时间。

(6)钻孔质量控制可采取下列措施：

①采用系统的钻探程序

a. 测量布孔：施钻前按孔位设计图设计的位置用经纬仪准确测量放线，将开孔孔位用红油漆标注在开挖工作面上；

b. 设备就位：孔位布好后，设备就位，接通各动力电源和供风、供水管路。安装电路要由专业电工操作，确保安全，供风管路要连接紧密，无漏气现象；

c. 对正孔位，固定钻机：将钻具前端对准开挖工作面上的孔位，调整钻机方位，将钻机固定牢固；

d. 开孔、安装孔口管：孔口管必须安设牢固；

e. 成孔验收：施钻满足设计要求，经现场技术人员确认签收后方可停钻终孔。

②控制钻进方向

a. 钻机定位完毕后，对钻机进行机座加固，使钻机在钻进过程中位置不偏移，做到钻孔完毕钻机位置不变。在钻进过程中应定期检查机器的松动情况，及时调整固定；

b. 对钻具导向装置尽可能加长，并且选用刚度较强的钻杆，从而提高钻具的刚度，减少钻具的下沉量，达到技术的要求，不得使用弯曲钻具；

c. 当岩层由软变硬时应采用慢速、轻压钻进一定深度后，改用硬岩层的钻进参数。钻进中应减少换径次数；

d. 本循环钻孔完毕后，根据测量结果总结出钻具的下沉量，下一循环钻探时通过调整孔深、仰俯角等措施控制下沉量在设计要求的范围内，达到技术要求的精度。

③准确鉴定岩性及其分布位置

(7)超前钻探钻进中应防止地下水突出，可采取安设孔口管和控制闸阀等措施，确保工作人员和机械设备的安全，同时应使地下水处于可控状态。

①在富水区实施超前地质预报钻孔作业，必须先安设孔口管，并将孔口管固定牢固，装上控制闸阀，进行耐压试验，达到设计承受的水压后，方可继续钻进。特别危险的地区，应有躲避场所，并规定避灾路线。当地下水压力大于一定数值时，应在孔口管上焊接法兰盘，并用锚杆将法兰盘固定在岩壁上；

②富水区隧道超前地质钻探时，发现岩壁松软、片帮或钻孔中的水压、水量突然增大，以及有顶钻等异状时，必须停止钻进，立即上报有关部门，并派人监测水情。当发现情况危急时，必须立即撤出所有受水威胁地区的人员，然后采取措施，进行处理；

③孔口管锚固可采用环氧树脂、锚固剂，亦可采用快凝高强度微膨胀的浆液锚固，锚固长度宜为1.5～2.0m，孔口管外端应露出工作面0.2～0.3m，用以安装高压球阀。

(8)超前钻探法应编制探测报告，内容包括工作概况、钻孔探测结果、钻孔柱状图，必要时应附以钻孔布置图、代表性岩芯照片等。

二、加深炮孔探测

(1)加深炮孔探测是利用风钻或凿岩台车等在隧道开挖工作面钻小孔径浅孔获取地质信息的一种方法。

(2)加深炮孔探测适用于各种地质条件下隧道的超前地质探测，尤其适用于岩溶发育区。

(3)加深炮孔探测应符合下列要求：

①孔深应较爆破孔(或循环进尺)深 3m 以上；

②孔径宜与爆破孔相同；

③孔数、孔位应根据开挖断面大小和地质复杂程度确定；

④在富水岩溶发育区每循环必须按设计认真实施，发现异常情况应及时反馈信息，严禁盲目装药放炮；

⑤钻到溶洞和岩溶水时，应视情况采用超前地质钻探和其他探测手段，查明情况，确保施工安全，为变更设计提供依据；

⑥加深炮孔探测严禁在爆破残眼中实施；

⑦揭示异常情况的钻孔资料应作为技术资料保存。

第五节　物 探 方 法

一、一般规定

(1)物探法超前地质预报应具备下列条件：

①探测对象与其相邻介质必须存在一定的物性差异，并具有足以被探测的规模；

②存在电、磁、振动等外界干扰时，探测对象的异常能够从干扰背景中区分出来。

(2)地质条件复杂的隧道和存在多种干扰因素的隧道，应根据被探测对象的物性条件开展综合物探，并与其他探测方法相配合，对所测得的物探资料进行综合分析。

(3)物探应按搜集资料、踏勘、编制计划、施测、初步解释、最终解释、成果核对、报告编制的程序进行。

(4)物探仪器及其附属设备必须满足性能稳定、结构合理、构件牢固可靠、防潮、抗震和绝缘性良好等要求。仪器应定期检查、标定和保养。

(5)物探原始资料应符合下列规定。

①原始资料应包括下列内容：

a. 与隧道有关的工程地质资料和钻探资料；

b. 物探施测的各种原始记录和检查记录；

c. 物探仪器校验、标定及一致性检查的记录。

②原始记录必须完整、真实、清晰，标示清楚，签署齐全，不得随意涂改或重抄。

(6)物探资料解释应符合下列规定：

①在分析各项物性参数的基础上，按从已知到未知、先易后难、点面结合、反复认识、定性

指导定量的原则进行。宜采用两种以上的方法进行定量解释，并选用典型断面作正演计算；

②结论应明确，符合隧址区的客观地质规律。各物探方法的解释应相互补充、相互印证。解释结果不一致时，应分析原因，并对推断的前提条件予以说明；

③解释结果应说明探测对象的形态、产状、延伸等要素；对于已知资料不足，暂时不能得出具体结论的异常，应说明原因；

④解释应充分利用各种探测方法的成果；有钻孔验证的隧道，应充分利用钻探资料对解释结果进行全面的修正。

(7)物探成果资料的编制应符合下列规定。

①物探成果资料应包括下列内容：

a. 物探测线布置图；

b. 各种定性分析图件；

c. 各种定量解释图件；

d. 平面、断面成果图表；

e. 质量检查数据和质量评定表。

②物探成果报告应包括下列内容：

a. 任务依据和要求；

b. 地质和物性特征；

c. 物探方法的选择原则及采取的技术措施；

d. 测线布置和数据采集；

e. 资料整理与解释；

f. 质量评价；

g. 结论和建议，包括建议验证钻孔等内容。

③物性地质图件应结合地质资料综合分析后编制，图上应标出异常分布位置、推断地质界线及地质构造位置和产状等，标明与隧道里程的关系。

二、弹性波反射法

(1)弹性波反射法是利用人工激发的地震波、声波在不均匀地质体中所产生的反射波特性来预报隧道开挖工作面前方地质情况的一种物探方法，它包括地震波反射法、水平声波剖面法、负视速度法和极小偏移距高频反射连续剖面法(简称“陆地声纳法”)等方法。在实际工作中，地震波反射法的应用相对普遍和成熟。

(2)弹性波反射法适用于划分地层界线、查找地质构造、探测不良地质体的厚度和范围，并应符合下列要求：

①探测对象与相邻介质应存在较明显的波阻抗差异并具有足以被探测的规模；

②断层或岩性界面的倾角应大于 35°，构造走向与隧道轴线的夹角应大于 45°。

(3)地震记录应符合下列规定：

①干扰背景不应影响初至时间的读取和波形的对比；

②反射波同相轴必须清晰；

③不工作道应小于 20%，且不连续出现；

④弹性波反射法质量检查记录与原观测记录的同相轴应有较好的重复性和波形相似性。

(4)数据采集时应尽可能减少隧道内其他震源振动产生的地震波、声波的干扰，并应采取压制地震波、声波干扰的措施。

(5)弹性波反射法连续预报时前后两次应重叠10m以上，预报距离应符合下列要求。

①地震波反射法预报距离

a. 在软弱破碎地层或岩溶发育区，一般每次预报距离应为100m左右，不宜超过150m；

b. 在岩体完整的硬质岩地层每次可预报120～180m，但不宜超过200m。

②水平声波剖面法和陆地声纳法预报距离

a. 在软弱破碎地层或岩溶发育区，一般每次预报距离应为20～50m，不宜超过70m；

b. 在岩体完整的硬质岩地层每次可预报50～70m，但不宜超过100m。

③负视速度法预报距离

a. 在软弱破碎地层或岩溶发育区，一般每次预报距离应为30～50m，不宜超过70m；

b. 在岩体完整的硬质岩地层每次可预报50～80m，不宜超过100m。

④隧道位于曲线上时，预报距离不宜太长。

(6)弹性波反射法的数据处理与资料解释应符合下列规定：

①采用计算机处理的记录目的层反射波特征应明显、信噪比高、同相轴清晰、能进行追踪和相位连续对比；

②依据时间剖面图、瞬时振幅图结合地质资料进行分析，对比和追踪波组的相似性、波振幅的衰减程度、振动的同相性和连续性等特征，判释和确定反射波组对应的层位、被测地质体的接触关系、构造形态等；

③根据上行波和下行波视速度的差异，确定反射界面在隧道轴向前方的距离、反射界面与洞轴方向的夹角。

(7)弹性波反射法超前地质预报应编制探测报告，内容主要包括：

①概况：隧道工程概况、地质概况、探测工作概况等；

②方法原理及仪器设备：方法原理及采用的仪器型号等；

③野外数据采集：观测系统、采集方法、数据质量等；

④数据处理：采用的软件及处理流程、参数选择说明、处理成果及质量等；

⑤资料分析与判释：采用地震波反射法时，应附上反射波分析成果显示图、物探成果地质解释剖面或平面图，必要时可附上分析处理波形图、频谱图、深度偏移剖面图及岩体物理力学参数表，以及地质判释、推断的地球物理准则；采用水平声波剖面法、负视速度法时，应附上原始记录波形图、经过处理用于解释的波形曲线、物探成果地质解释剖面或平面图等；采用陆地声纳法时，应附上原始记录波形图、经过处理用于解释的波形曲线及预报平面图等；

⑥结论及建议：提出隧道开挖工作面前方的工程地质与水文地质条件，特别是影响施工方案调整、具有安全隐患的地质条件，以及施工过程中应采取的措施等结论和进一步开展地质预报工作的建议；

⑦其他需要说明的问题。

(8)地震波反射法超前地质预报应符合下列要求。

①观测系统设计应包括下列内容：

a. 收集隧道相关地质勘察和设计资料；

b. 根据隧道施工情况及地质条件，确定接收器(检波器)和炮点在隧道左右边墙的位置；

c. 接收器和炮点位置应在同一平面和高度上；

d. 隧道情况特殊或需要探测复杂地质隐患时，观测系统设计不受限制，灵活应用，但必须根据相关理论来设计观测系统。

②现场数据采集应符合下列规定：

a. 在隧道现场，根据设计的观测系统，确定所有接收点和炮点的位置，并作出相应的标志。

b. 钻孔

(a)应按设计的要求(位置、深度、孔径、倾角等)钻孔；

(b)一般情况下，钻孔位置不应偏离设定的位置；特殊情况下，以设定的位置为圆心，可在半径 0.2m 的范围内移位；

(c)孔身应平直顺畅，能确保祸合剂、套管或炸药放置到位；

(d)在不稳定的岩层中钻炮孔时，可采用外径与孔径相匹配的薄壁塑料管或 PVC 管插入钻孔，防止坍孔。

c. 安装套管

(a)用环氧树脂、锚固剂或加特殊成分的不收缩水泥砂浆作为耦合剂，安装接收器套管；

(b)用电子倾角测量仪测量接收器孔的几何参数，并作好记录。

d. 装填炸药

(a)装填炸药前，用电子倾角测量仪和钢卷尺测定炮孔的倾角和深度，并作好记录；

(b)炸药量的大小应通过试验确定；

(c)用装药杆将炸药卷装入炮孔的最底部；

(d)在激发前，炮孔应用水或其他介质充填，封住炮口，确保激发能量绝大部分在地层中传播。

e. 仪器安装与测试

(a)用清洁杆清洗套管内部；

(b)将接收单元插入套管，并应确保接收器的方向正确；

(c)采集信号前应对接收器和记录单元的噪声进行测试。

f. 数据采集

(a)设置采集参数：采集参数主要包括采样间隔、采样数、传感器分量(应用 X、Y、Z 三分量接收)以及接收器；

(b)噪声检查：数据采集前，应对仪器本身及环境的噪声进行检测。仪器工作正常，噪声振幅峰值小于－78dB 时，方可引爆雷管炸药接收记录；

(c)数据记录：放炮时，准确填写隧道内记录，在放炮过程中应采用炮序号递增或递减的方式进行，确保炮点号正确。

g. 质量控制

通过检查显示地震道的特征进行数据质量控制。

(a)在每一炮数据记录后，应显示所记录的地震道，据此对记录的质量进行控制；

(b)用直达波的传播时间来检查放炮点的位置是否正确，以及使用的雷管是否合适；

(c)根据信号能量，检查信号是否过强或过弱。若直达波信号过强或过弱，应将炸药量适当减少或增加；

(d)根据初至波信号特性，对信号波形进行质量控制。若初至后出现鸣振，表明接收器单元没有与围岩耦合好或可能是由于套管内污染严重造成。这样，应清洁套管和重新插入接收器单元，直至信号改善为止；

(e)根据每一炮记录特征，了解存在的噪声干扰，必要时应切断干扰源，同时也可检查封堵炮孔的效果；

(f)对记录质量不合格的炮，应重新装炸药补炮，接收和记录合格的地震道。

③采集信号的评价应符合下列要求：

a. 单炮记录质量评价。单炮记录质量评价分为合格、不合格两种。凡有下列缺陷之一的记录，应为不合格记录。

(a)X、Y、Z 三分量接收器接收时，存在某一分量不工作或工作不正常；

(b)初至波时间不准或无法分辨；

(c)信噪比低，干扰波严重影响到预报范围的反射波；

(d)记录序号(放炮序号)与炮孔号对应关系错误。

除上述规定的不合格记录外的记录为合格记录。

b. 总体质量评价。总体质量评价依据所有的单炮记录，按偏移距大小重排显示(地震显示)进行。总体质量评价可分为合格、不合格两种。当符合下列要求时为总体合格：

(a)观测系统(炮点、接收点等设计)正确，采集方法正确；

(b)记录信噪比高，初至波清晰；

(c)单炮记录合格率大于 80%。

当有下列缺陷之一时，为总体不合格：

(a)隧道内记录填写混乱，记录序号(放炮序号)与炮孔号对应关系不清；

(b)采用非瞬发电雷管激发，或者初至波时间出现无规律波动(延迟)；

(c)连续 2 炮以上(含 2 炮)记录不合格或空炮，或者存在相邻的不合格记录和空炮；

(d)空炮率大于 15%。

④资料分析与判释应符合下列要求：

a. 采用仪器配套的处理软件进行分析；

b. 总体质量不合格的资料不得用于成果分析；

c. 准确输入野外采集参数，包括隧道接收器和炮点的几何参数等；

d. 剔除不合格的地震道，只有合格的才能参与处理；

e. 应根据预报长度选择合适的用于处理的时间长度；带通滤波参数合理，避免波形发生畸变；提取的反射波，应确保波至能量足够；速度分析时，建立与预报距离相适应的模型；反射层提取时，根据地质情况和分辨率选择提取的反射层数目；

f. 资料判释应结合隧道地质勘察资料、设计资料、施工地质资料、反射波分析成果显示图及岩体物理力学参数等进行。综合上述成果资料，推断隧道开挖工作面前方围岩的工程地质与水文地质条件，如软弱夹层、断层破碎带、节理密集带等地质体的性质、规模和位置等。结合岩体物理力学参数、围岩软硬、含水情况、构造影响程度、节理裂隙发育情况等资料，参照附录 E 及有关规范可对围岩级别进行初步评估。

(9)水平声波剖面法超前地质预报应符合下列要求：

①探测仪器

a. 应采用通道数不低于 4 道的智能工程声波探测仪或不低于 12 道的地震仪，且具有良好的道一致性；

b. 应选择适当主频的高灵敏度检波器，各道检波器相位允许误差为±0.5ms，振幅允许误差为±10%，检波器内阻应符合产品说明书规定的指标；

c. 电缆不应有破损、断道、串道、短路等故障，绝缘电阻应大于1MΩ；

d. 仪器系统应通过国家认可的权威检定机构检定。

②水平声波剖面法探测可采用两种布设发射与接收点的方式

a. 在开挖工作面后方两侧边墙脚位置分别布设发射钻孔和接收钻孔的方式（简称“隧道两侧边墙脚布设钻孔方式”）：在开挖工作面后方两侧边墙脚位置，等间距各布置一排5～12个钻孔，孔深1～1.5m；一侧钻孔用作声波发射，采用电火花发射源或炸药进行声波发射，与孔壁耦合严密，使用炸药时药量应在50g左右，最大不超过75g；另一侧钻孔中安设接收检波器，采用水作耦合剂，接收由声波发射源发射经隧道底围岩到达的直达波和经隧道开挖工作面前方界面（断层、岩性分界面等）反射回来的声波信号；利用直达波速度和反射波走时计算确定开挖工作面前方反射界面距开挖工作面的距离；

b. 在开挖工作面上布设发射与接收点的方式（简称“贴开挖工作面布置方式”）：在开挖工作面布置3～7个测区，原则上交错布置，每测区布置1～3对测点，采取一发一收或一发三收的方式；在发射检波器与接收检波器的延长线、靠发射检波器的外侧，采用大锤敲击木桩（或直接敲击岩体）以激发声波信号；此种布置方式需单独进行开挖工作面岩体声波纵波速度测试；利用开挖工作面上测得的岩体声波纵波速度和反射波走时计算确定开挖工作面前方反射界面距开挖工作面的距离。

③数据采集

数据采集时量程的设置以采集到信号占显示屏的80%为宜，采样间隔根据测试开挖工作面岩性及岩体破碎情况进行调整。

④资料分析与判释

a. 采用仪器配套的处理软件进行分析；

b. 对单道记录进行滤波、压制干扰和指数增益调整；

c. 对于每一道不同炮的记录和每一炮不同道的记录进行对比分析，以规律性好、重复性好的记录道进行解释；

d. 对现场采集的原始波形进行时域、频域分析，并根据波谱时域、频域分析结果，结合开挖工作面岩体声波纵波速度、地质素描和区域地质资料，进行开挖工作面前方的地质判释和预报；

e. 必要时应进行正演计算。

(10)负视速度法超前地质预报应符合下列要求：

①探测仪器

a. 地震仪：应具有高灵敏度、高信噪比、滤波、数字采集等功能。宜选用12道或24道及以上道数数字地震仪；最小采样间隔不应大于0.05ms；每道样点记录长度不应小于1 024点；模/数转换的数据位不应低于16位。放大器内部噪声应小于1μV；动态范围应大于96dB；

b. 检波器：宜选用固有频率100Hz检波器；应具有良好的防水性能；

c. 电缆：应采用与地震仪相匹配的防水地震电缆。

②观测系统宜采用“一点激发、多点接收”的方式，数据分析宜采用时距曲线分析法。

③震源可采用激发锤、炸药等方式产生。

④现场测试

a. 沿隧道轴向布置观测排列，观测排列可布设于边墙、墙脚、隧底面等部位，各检波点偏离观测排列中心轴线不得大于 0.3m；

b. 检波距一般为 2～5m，当采用 24 道及以上道数地震仪时，可选用 1～2m；

c. 检波器宜安置于 1～2m 深的浅孔中；不具备条件时，可根据现场情况将检波器安置于边墙、墙脚、隧底面的表面上；检波器与岩土体必须耦合良好，不得悬空；检波器安置应避开有干扰的位置（如滴水、流水、漏气等）；

d. 排列长度 $L=(n-1)\Delta X$，其中 n 为记录道数，ΔX 为检波距，排列长度 $L\geqslant 20\text{m}$；

e. 炮检距 $d>2(L+h)/(v/v_o-1)$，其中 v、v_o 分别为有效波与干扰波速度，h 为开挖工作面至反射界面的距离（预估值），L 为观测排列的长度；

f. 当用炸药激发时，在边墙、墙脚、隧底面打 1～2m 深的浅孔；边墙、墙脚打孔时，应向下倾斜 30°～45°，可注水作耦合剂；

g. 参数设置与记录：排列编号、炮间距、激发、接收点位置（里程）、数据采集时间、记录长度、采样间隔、延迟时间、滤波、增益等；

h. 宜进行多次激发，进行多次叠加以压制不规则干扰波，突出有效波。

⑤改善原始采集数据质量的措施

a. 宜适当扩大炮间距，将强烈的声波、面波移出记录区，提高有效波组间的分辨率；

b. 宜采取孔内激发、孔内接收，减弱面波干扰，抑制声波与微振的影响；

c. 改善检波器的耦合条件，消除自振；

d. 改进激发、接收装置，可采用定向激发，短余振检波器、三分量检波器、组合激发、接收等，提高信噪比；

e. 改善与开发多种数据处理手段，进一步提高信噪比；

f. 避免施工振动干扰，保持记录背景宁静。

⑥资料分析与判释

a. 数据处理应根据试验确定最佳处理流程；

b. 资料分析与判释可按下列流程进行：按常规方法处理记录仪所记录的一系列信息，波场分离，拾取直达波，确定反射波校正时、滤掉直达波，拉平反射波（静态时移和排齐），叠加拉平的反射波成一道，重复显示地震道，确定第一个反射波，恢复直达波与反射波，延长直达波与反射波延长线交汇于一点（反射界面位置），利用反射波速度及反射时间计算反射界面的距离，采用相同方法找出开挖工作面前方的一系列反射界面；

c. 当处理效果不佳、反射信号极弱时，可采用叠加处理措施等。

(11)陆地声纳法超前地质预报应符合下列要求：

①探测仪器

a. 采用陆地声纳仪或性能基本相同的其他仪器；

b. 检波器：使用超宽频带检波器，在 10～4 000Hz 范围内不压制任何频率，增益随频率变化不大于 10%。

②探测方式

a. 可在开挖工作面上向前方探测，亦可在隧道边墙向隧道两侧探测、在隧道拱部向上探测、在隧道底板向下探测；

b. 采用十字剖面的布置方法可作反射体的空间定位；

c. 一般采用锤击震源，不固定检波器，不打孔。

③现场数据采集

a. 在隧道开挖工作面上一般应布设两条测线（一条为水平测线，一条为铅垂向测线），测线上每 25～30cm 设一测点，必要时可布设多条测线；

b. 记录测线在隧道中的准确位置及测线间的几何关系；

c. 通过激发杆，用锤击法在测点 n 上激振（$n=1,2,3,4\cdots$），其两侧测点（$n-1$）和（$n+1$）设检波器。检波器用黄油或凡士林与岩面耦合，用手按紧。一般情况下，每一测点应激振 2～3 次作垂直叠加；

d. 一个测点结束后，数据存入主机，激振器隔一个测点移至下一个激振点（$n+2$）点，进行下一测点的采集，采集软件可自动将各测点资料汇集形成剖面；

e. 在隧道边墙测岩体波速。

④质量控制

a. 按仪器用户手册和操作使用说明书的规定作好施测前的准备和操作的各项注意事项；

b. 工作前检查各连接线的通段，确保仪器主机和各配件处于正常工作状态；

c. 第一个点采集时检查所设定的参数是否正确，其他各测点注意检波器是否正确地安设在岩面上；

d. 检查测线位置、里程及其他应记录的内容是否记录完整。

⑤室内数据处理

a. 应用处理软件进行数据处理，内容包括：调出剖面、道间均衡、滤波、显示及其他高级处理等；

b. 通过计算机将一条测线上若干测点的时间曲线通过归一化处理汇成一张时间剖面图，根据图上的反射波同相轴作定性、定量解释。

⑥资料分析与判定

a. 追踪同相轴的定性解释：根据岩性、地质构造和正演理论作同相轴的定性解释：在整个剖面上可以追踪的近于直线的同相轴反映的是岩层界面、断层面、岩脉或大的溶洞等；延续不太长的近于直线的同相轴反映的是大节理；呈双曲线形状的同相轴是有限大小地质体（如溶洞）的反映；

b. 根据频谱和节理、小断裂的密集程度，判定破碎带及岩体破碎情况。当某一段岩体高频成分明显增多，表明节理密集、岩体破碎；若某段岩体反射同相轴明显增多，表明节理及小断裂密集，岩体破碎，此时岩体波速也会明显降低；

c. 根据所测波速及从陆地声纳时间剖面上得到的各反射体的反射时间，计算反射体的空间位置：

平面形反射界面：从水平剖面上任选两点 n 和（$n+m$），读出其对某反射界面的反射时间 t_n 和 t_{n+m}，计算出 L_n 和 L_{n+m}，即可得到反射界面与测线的距离和走向夹角；从铅垂向剖面上任选两点 a 和（$a+p$），读出其对某反射界面的反射时间 t_a 和 t_{a+p}，计算出 L_a 和 L_{a+p}，即可得到反射界面与铅垂线的距离和夹角；由此可定出反射界面与开挖工作面的相对几何关系；得知开挖工作面的方位角，即可计算出反射界面的产状。

对于溶洞等有限大小物体：双曲线顶点对应的就是它的顶点，据其反射时间即可确定其距离，而其直径约为双曲线范围的 1/5～1/4；

d. 开挖工作面前方几米范围内岩体受开挖爆破破坏，不应采用距开挖工作面 5～10m 的资料。

三、电磁波反射法

(1)电磁波反射法超前地质预报主要采用地质雷达探测。

(2)地质雷达探测是利用电磁波在隧道开挖工作面前方岩体中的传播及反射，根据传播速度和反射脉冲波走时进行超前地质预报的一种物探方法。

(3)地质雷达探测主要用于岩溶探测，亦可用于断层破碎带、软弱夹层等不均匀地质体的探测，并应符合下列要求：

①探测目的体与周边介质之间应存在明显介电常数差异，电磁波反射信号明显；

②探测目的体具有足以被探测的规模；

③不能探测极高电导屏蔽层下的目的体。

(4)地质雷达探测仪器的技术指标应满足下列要求：

①系统增益不应低于 150dB；

②信噪比应大于 60dB；

③采样间隔不应大于 0.5ns、模数转换器不应低于 16 位；

④具有可选的信号叠加、实时滤波、点测与连续测量、手动与自动位置标记等功能。

(5)地质雷达探测的数据采集符合下列要求：

①通过试验选择雷达天线的工作频率、确定介电常数。当探测对象情况复杂时，应选择两种及以上不同频率的天线。当多个频率的天线均能符合探测深度要求时，应选择频率相对较高的天线；

②测网密度、天线间距和天线移动速度应反映出探测对象的异常，测线宜采用十字或网格形式布设；

③选择合适的时间窗口和采样间隔，并根据数据采集中的干扰变化和效果及时调整工作参数；

④采用连续测量的方式，不能连续测量的地段可采用点测；

⑤隧址区内不应有较强的电磁波干扰；现场测试时应清除或避开测线附近的金属物等电磁干扰物；当不能清除或避开时应在记录中注明，并标出位置；

⑥支撑天线的器材应选用绝缘材料，天线操作人员应与工作天线保持相对固定的位置；

⑦测线上天线经过的表面应相对平整，无障碍，且天线易于移动；测试过程中，应保持工作天线的平面与探测面基本平行，距离相对一致；

⑧现场记录应注明观测到的不良地质体与地下水体的位置与规模等；

⑨重点异常区应重复观测，重复性较差时应查明原因。

(6)地质雷达探测质量检查的记录与原探测记录应具有良好的重复性，波形一致，异常没有明显的位移。

(7)地质雷达在完整灰岩地段预报距离宜在 30m 以内，在岩溶发育地段的有效探测长度则应根据雷达波形判定。连续预报时前后两次重叠长度应在 5m 以上。

(8)地质雷达探测的资料整理与解释应符合下列规定：

①参与解释的雷达剖面应清晰；

②解释前宜做编辑、滤波、增益等处理。情况较复杂时，还宜进行道分析、FK 滤波、正常时差校正、褶积、速度分析、消除背景干扰等处理；

③结合地质情况、电性特征、探测体的性质和几何特征综合分析。必要时应考虑影响介电常数的各种因素，制作雷达探测的正演和反演模型。

(9)地质雷达法预报应编制探测报告，内容包括探测工作概况、采集及解释参数、地质解译结果、测线布置图(表)、探测时间剖面图等，其中时间剖面图中应标出地层的反射波位置或探测对象的反射波组。

四、红外探测

现场的工程地质和水文地质条件：

(1)红外探测是根据红外辐射原理，即一切物质都在向外辐射红外电磁波的原理，通过接收和分析红外辐射信号进行超前地质预报的一种物探方法。

(2)红外探测适用于定性判断探测点前方有无水体存在及其方位，不能定量给出水量大小等参数。

(3)红外探测应符合下列技术要求和工作要求：

①探测时间：应选在爆破及出渣完成后进行。

②测线布置：

a. 全空间全方位探测地下水体时，需在拱顶、拱腰、边墙、隧底位置沿隧道轴向布置测线，测点间距一般为 5m，发现异常时，应加密点距；测线布置一般自开挖工作面往洞口方向布设，长度通常为 60m，不得少于 50m；

b. 开挖工作面测线布置，一般为 3～4 条，每条测线布置 3～5 个测点。

③应做好数据记录，并绘制红外探测曲线图。

④有效预报距离应在 30m 以内，连续预报时前后两次重叠长度应大于 5m。

⑤下列情况下所采集的探测数据为不合格：

a. 仪器已显示电池电压不足，未更换电池而继续采集的数据；

b. 开挖工作面炮眼、超前探孔等钻进过程中所采集的数据；

c. 喷锚作业后水泥水化热影响明显的部位所采集的数据；

d. 爆破作业后测线范围内温差明显时所采集的数据；

e. 测线范围内存在高能热源场(如电动空压机等)时所采集的数据。

(4)探测数据和曲线的分析与判定应符合下列要求：

①探测数据和曲线的分析与判定应以地质学为基础，并结合现场的工程地质和水文地质条件；

②通过探测与施工开挖验证，总结出正常场的特点，才能分辨出异常场；

③分析由探测数据绘制的探测曲线前，必须认真检查探测数据的可靠性；

④分析解释时应先确定正常场，再确定异常场，由异常场判定地下水体的存在；

⑤在分析单条曲线的同时，还应对所有探测曲线进行对比，比如两边墙探测曲线的对比、顶底探测曲线的对比，依此确定隐蔽水体或含水构造相对隧道的所在空间位置；

⑥沿隧道轴线的红外探测曲线和开挖工作面红外探测数据最大差值应结合起来分析，在

实践中不断总结经验，作出符合实际的分析判断。

(5)仪器的维护与保养应符合下列要求：

①仪器应由专人保管；

②仪器受潮后，应放在通风处晾干，不应用碘钨灯或其他热源去烘烤；

③应保护好仪器不得进水，探头一旦进水，应把水倒出并在通风处晾干；

④不得用仪器去探测点燃的香烟头、通电的电炉丝、电焊的电火花等热源；

⑤仪器出现故障后应送至厂家维修，不应自行拆卸。仪器的辐射率出厂时已调整好，使用者不应随意调整。

(6)红外探测预报应编制探测报告，内容包括探测工作概况、地质解译结果、开挖工作面探测数据图、左右边墙及拱顶等测线的探测曲线图等。

五、高分辨直流电法

(1)高分辨直流电法是以岩石的电性差异(即电阻率差异)为基础，在全空间条件下建立电场，电流通过布置在隧道内的供电电极在围岩中建立起全空间稳定电场，通过研究电场或电磁场的分布规律预报开挖工作面前方储水、导水构造分布和发育情况的一种直流电法探测技术。

(2)高分辨直流电法适用于探测任何地层中存在的地下水体位置及相对含水量大小，如断层破碎带、溶洞、溶隙、暗河等地质体中的地下水。

(3)现场采集数据时必须布设三个以上的发射电极，进行空间交汇，区分各种影响，并压制不需要的信号，突出隧道前方地质异常体的信号，该方法也称为“三极空间交汇探测法”。

(4)现场数据采集应严格按照测试要求进行，保证数据采集的质量，并应符合下列要求：

①开机检测仪器是否工作正常；

②发射、接收电极间距测量准确，误差应小于5cm；

③无穷远电极应大于4～5倍的探测距离；

④发射、接收电极接地良好；

⑤电池电量充足；

⑥数据重复测量误差应小于5%，否则应检查电极和仪器电源是否正常、工频干扰是否过大等。

(5)高分辨直流电法有效预报距离不宜超过80m，连续探测时前后两次应重叠10m以上。

(6)资料处理与分析应符合下列要求：

①资料处理应使用仪器配套的处理软件系统。在数据处理过程中，应采用增强有效信号、压制干扰信号、提高信噪比等手段，使视电阻率等值线图能够清晰成像；

②地质异常体(储、导水构造)判断标准应以现场多次采集分析验证的数据为依据，总结规律，找出隧址区异常标准值。根据经验总结归一化值视电阻率在40～60时多存在地质异常体(储、导水构造)。

(7)高分辨直流电法预报应编制探测报告，内容包括探测工作概况、地质解译结果、视电阻率等值线图等。

第六节　其他超前地质预报方法

其他超前地质预报方法——超前导坑预报法。

(1)超前导坑预报法是以超前导坑中揭示的地质情况，通过地质理论和作图法预报正洞地质条件的方法。

(2)超前导坑预报法可分为平行超前导坑法和正洞超前导坑法。线间距较小的两座隧道可互为平行导坑，以先行开挖的隧道预报后开挖的隧道地质条件。

(3)超前导坑预报法适用于各种地质条件。

(4)根据超前导坑与隧道位置关系按一定比例作超前导坑预报隧道地质平面简图，由超前导坑地质情况推测未开挖地段隧道地质条件，预报内容主要包括下列各项：

①地层岩性、地质构造的分布位置、范围等；

②岩溶的发育分布位置、规模、形态、充填情况及其展布情况；

③在采及废弃矿巷与隧道的空间关系；

④有害气体及放射性危害源分布层位；

⑤涌泥、突水及高地应力现象出现的隧道里程段；

⑥其他可以预报的内容。

(5)超前导坑预报法对煤层、断层、地层分界线等面状结构面预报比较准确，对岩溶等有预报不准(漏报)的可能。在岩溶发育可能性较大的地段可利用物探、钻探手段由导坑向正洞探测预报。

(6)超前导坑中探测正洞地质条件的物探方法可采用地质雷达探测、陆地声纳法、水平声波剖面法等，探测方法的有效探测长度应达到或超过隧道被探测的范围。

(7)隧道中出现的涌泥、突水、瓦斯爆炸等地质灾害在超前导坑施工中同样会发生，必须引起足够重视。超前导坑开挖过程中应做好超前地质预报，可采用地质调查、物探、钻探等方法，防止导坑地质灾害的发生。

(8)超前导坑法地质预报应编制下列预报资料：

①地质调查法预测报告；

②采用的各种物探预报方法探测报告；

③超前钻探法探测报告；

④导坑地质展视图，比例为1∶100～1∶500；

⑤导坑预测正洞预报报告，包括导坑预报正洞平面简图，比例为1∶100～1∶500；

⑥导坑竣工工程地质纵断面图，包括地层岩性、褶曲、断裂的分布与产状，破碎带及坍塌和变形地段的位置、性质及规模，地下水出露的位置、水质、水量，分段围岩分级等，横向比例为1∶500～1∶5 000，竖向比例为1∶200～1∶5 000。

第十七章　隧道防水及排水系统设计

第一节　概　述

根据调查资料表明：运营隧道中，渗漏水已成为隧道的主要病害之一，用于诊治渗漏水病害的费用也相当庞大。因此为了使防排水工程能获得良好的效果，在设计与施工时，应结合隧道的水文地质条件、防水要求、施工工艺及技术水平，材料来源和工程费用等因素，按照《公路隧道设计规范》（JTG D70—2004）的规定：隧道防排水应遵循“防、排、截、堵结合，因地制宜，综合治理”的原则，保证隧道结构物和营运设备的正常使用和行车安全，减少渗漏水病害对隧道工程的影响。

隧道防排水系统设计应结合工程特点、地形条件、工程地质、水文地质情况及勘测资料进行，对地表水和地下水妥善处理，使洞内外形成一个完整、通畅、便于维修的防排水系统。采取防排水工程措施时应注意保护自然环境，当隧道内渗漏水引起地表水减少，影响居民生产、生活用水时，应对围岩采取堵水措施，限量排放，减少地下水的渗漏。

公路隧道防排水应满足下列要求：

(1)拱部、边墙、路面、设备箱洞不渗水。

(2)纵、横、环向所有排水系统应排水通畅，路面不积水。

(3)有冻害地段的隧道衬砌背后不积水，排水沟内水流不冻结，同时保证排水口的通畅。

(4)车行横通道、人行横通道等服务通道拱部不滴水，边墙不淌水。

在施工阶段，应做好隧道水文地质观测记录，详细了解地下水，以便及时完善防排水设计和指导营运期间的养护管理。

第二节　防水系统设计

一、地表及洞口防水

防止地表水下渗的常用处理措施为填充、铺砌、勾补、抹面等。当地下水主要由地表水补给时，可根据实际情况进行处理，以隔断水源。

(1)灌溉渠通过隧道顶部，如其渗流影响较大时，应改移灌溉渠位置或加固渠道基底，减少水流下渗。

(2)对施工及地质勘探钻孔、洞顶坑洼、洞穴积水地段，应加以处理，用黏土等隔水材料充填密实封闭，防止积水下渗。

(3)当隧道埋深浅，地表水容易下渗入围岩时，可采取如下措施：

①开沟疏导、填平夯实地表洼地，促使地表径流畅通；

②覆盖土层易于渗水，可根据地形及土质条件采用局部夯填黏土，铺砌浆砌片石或混凝土予以地表封闭，防止水流下渗；

③洞顶岩石坚硬，裂隙较少时，可采用 M10 水泥砂浆勾缝；裂隙较多不易勾缝时，可采用水泥砂浆抹面；裂隙过大时，宜用浆砌片石填塞、砂浆勾缝。

(4)隧道洞顶及其附近有井、泉、池塘、水库、水田等，要考虑因修建隧道而造成地表水和地下水位降低、流失、井泉干枯，影响居民生活和农田灌溉的可能，应采用注浆堵水等措施限量排放地下水，防止水土流失，并不得将居民的生活水源截断和堵死。

(5)当洞顶有沟谷通过，且沟底岩石节理裂隙发育，确认地表水对隧道影响较大时，可采用浆砌片石铺砌沟底，铺砌厚度不小于 30cm。当沟底岩石破碎和隧道埋深浅时，应结合隧道支护设计采用洞内注浆加固围岩、地表沟底铺砌封闭等措施。

二、明洞和洞门防水

1. 明洞防水

(1)明洞衬砌应满足抗渗要求，混凝土的抗渗等级在寒冷地区有冻害地段和最冷月份平均气温低于－15℃的地区不低于 P8，其余地区不宜低于 P6。

(2)明洞外缘防水采用全断面铺设宽幅高分子柔性防水卷材，为了防止回填土石损坏防水层，防水层一般采用两布一膜，防水卷材接缝采用双焊缝热融黏结技术。当回填材料中硬质材料(如硬质岩岩块)比例较大时，可在最外层的土工布上在增加 2cmM10 水泥砂浆保护层。

(3)洞顶回填土石表面一般应铺设黏土隔水层，而且应与边坡搭接良好，以防地表水下渗。隔水层表面种草防护，可防雨水冲刷(图 17-2-1、图 17-2-2)。

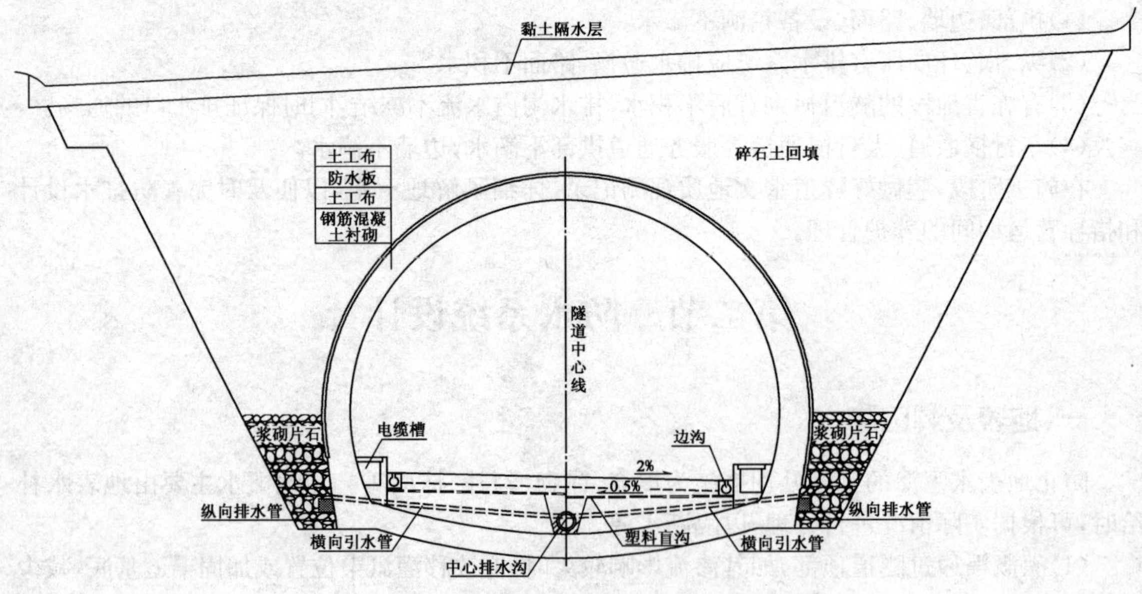

图 17-2-1　明洞防排水设计断面图

2. 洞门防水

(1)削竹式洞门应沿洞脸环向设置高度不小于 30cm 厚的混凝土挡水埝，以防雨水漫流影响美观；对于可能发生涎流冰的地区，挡水埝高度还应适当增加，防止冬季明洞上积雪沿明洞拱顶形成冰锥，影响行车安全。

(2)对于带有翼墙的各类隧道洞门及明洞洞门，洞口仰坡坡脚至洞门墙背的水平距离不宜小于150cm，洞门翼墙与仰坡之间水沟的沟底至衬砌拱顶外缘的高度不应小于100cm，洞门墙顶应高出仰坡坡脚0.5m以上。

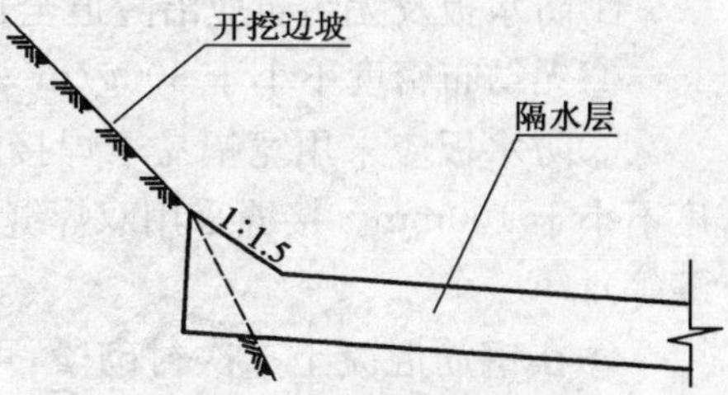

开挖边坡

隔水层

1:1.5

图17-2-2　黏土隔水层设计详图

三、暗洞防水

1.防水混凝土

(1)隧道二次衬砌应满足抗渗要求，混凝土的抗渗等级在寒冷地区有冻害地段和最冷月份平均气温低于－15℃的地区不低于P8，其余地区不宜低于P6。公路隧道工程混凝土结构应符合《地下工程防水技术规范》(GB 50108—2008)中防水混凝土的有关规定。

(2)当衬砌处于侵蚀性地下水环境中，应针对侵蚀类型，采用耐侵蚀混凝土，压注抗侵蚀浆液，或铺设抗侵蚀防水层。混凝土的耐侵蚀系数不应小于0.8。

(3)当隧道位于常水位以下，又不宜排泄时，隧道衬砌应采用抗水压衬砌；抗水压衬砌的围岩压力设计应根据水压大小确定。

(4)地下水非常丰富、水压较大地段及不适宜排水的隧道应采用全封闭的防水衬砌结构。并根据地下水发育特点，必要时采用分区防水，分区防水可以防止隧道二次衬砌背部水流串流，在隧道运营期间可根据二次衬砌漏水点位置相对准确的查找到防水板的漏水段落。

2.防水卷材

(1)隧道采用复合式衬砌时，在初期支护与二次衬砌之间应设置防水板及无纺布，并设系统盲管(沟)(图17-2-3)。这种防水形式在目前新建隧道中普遍采用，防水效果良好，其抗渗性能和耐腐蚀性能均较好。

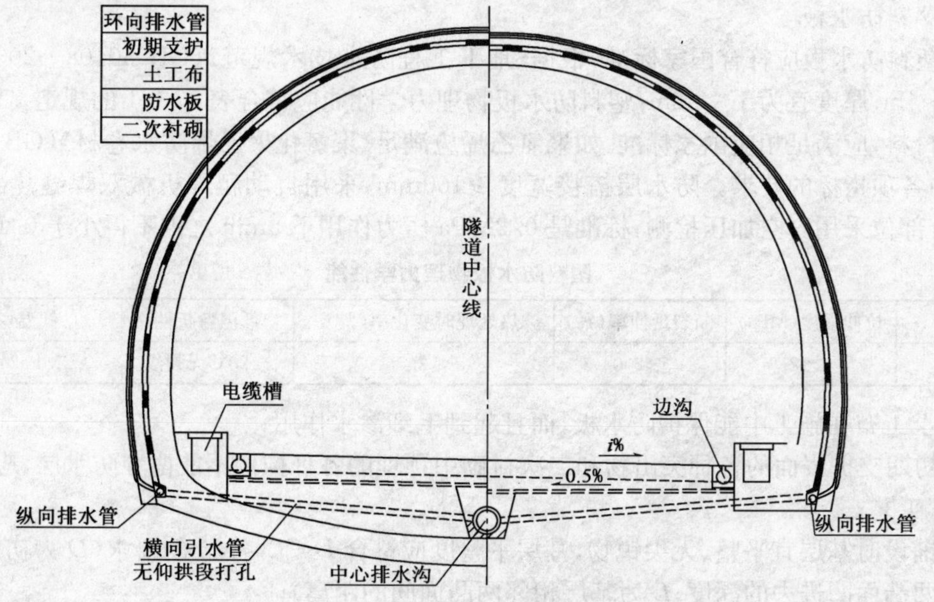

图17-2-3　复合式衬砌防排水设计断面图

①防水板及无纺布应沿隧道全长边墙基础以上全断面铺设；

②无纺布密度不小于 300g/m²；

③防水板应采用宽幅易于焊接的高分子柔性防水卷材，厚度不小于 1.0mm，接缝搭接长度不小于 100mm。接缝采用双焊缝热黏技术，接缝位置应避开防水薄弱的环节（施工缝、沉降缝等）；

④在钢筋混凝土二次衬砌段，可设置双层土工布（即土工布＋防水板＋防水板），以防止绑扎二衬钢筋时损伤防水板。衬砌钢筋施工过程中很容易损伤破坏防水板，而如果受到破坏的防水板得不到有效的修补，很可能形成面渗，影响结构使用寿命，并为后期处理造成困难。

(2)防水层

①隧道初期支护与二次衬砌间的防水层，可选用塑料防水板、卷材防水层或涂料防水层。防水层在拱部和边墙全断面铺设。防水层应具有良好的耐水性、耐久性、耐腐蚀性和耐菌性。

a. 塑料防水板在目前公路隧道防水设计中使用广泛，可选用乙烯-醋酸乙烯共聚物（EVA）、乙烯-共聚物沥青（ECB）、聚氯乙烯（PVC）、高密度聚乙烯（HDPE）、低密度聚乙烯（LDPE）类或其他性能相近的材料；

b. 卷材防水层应选用高聚物改性沥青类或合成高分子类防水卷材，目前主要用于改建隧道，在新建隧道中使用较少；

c. 涂料防水层包括无机防水涂料和有机防水涂料。

无机防水涂料可选用水泥基防水涂料、水泥基渗透结晶型涂料。无机防水涂料宜用于结构主体的背水面，目前国内个别省份在隧道衬砌内表面喷涂无机防水涂料，兼具内装饰功能。

有机涂料可选用反应型、水乳型、聚合物水泥防水涂料。有机防水涂料宜用于结构主体的迎水面。由于有机防水涂料造价高、施工要求严格，在国外有使用，但在国内公路隧道中还未使用。

②塑料防水板

a. 塑料防水板应符合国家标准，根据《地下工程防水技术规范》（GB 50108—2008）：幅宽宜为 2～4m；厚度宜为 1～2mm；塑料防水板物理力学性能应符合表 17-2-1 的规定。设计采用的具体材料，应满足相应国家标准，如聚氯乙烯应满足《聚氯化聚乙烯防水卷材》（GB 12952—2003）中各项指标的要求。防水层搭接宽度≥100mm，采用自动爬焊机械双焊缝热融黏结技术，结合部位采用真空加压检测，标准是 0.2MPa 压力作用下 5min 之内不得小于 0.16MPa；

塑料防水板物理力学性能 表 17-2-1

项目	拉伸强度（MPa）	断裂延伸率（%）	热处理时变化率（%）	低温弯折性	低温弯折性
指标	≥12	≥200	≤2.5	−20℃无裂纹	0.2MPa24h 不透水

b. 土工布在施工中能保护防水板，而且起到毛细渗水作用；

c. 初期支护表面的各种突出物和二次衬砌中预埋的各种构件不能凿穿防水层，应采用“无钉铺设”工艺；

d. 铺设时基层宜平整、无尖锐物，基层平整度应符合 $D<L\leqslant 1/6$ 的要求（D 为初期支护基层相邻两凸面凹进去的深度；L 为基层相邻两凸面间的距离）；

e. 防水层铺设固定工艺（图 17-2-4）：

(a)钢筋等凸出部分,先切断后用锤铆平,抹砂浆素灰;

(b)锚杆有凸出部分时,螺头顶预留 5mm 切断后用塑料帽处理;

(c)补喷混凝土使其表面平整圆顺,凹凸量不超过±5cm;

(d)支护表面先把土工布用热融衬垫贴上,有排水板时同时贴,然后用射钉锚固,射钉长度大于 50mm,平均拱顶 3～4 点/m^2,边墙 2～3 点/m^2;

(e)铺设防水层时,采用手动专用熔结器热熔在衬垫上,两者黏结剥离强度不得小于防水层抗拉强度的 100%;

(f)防水层之间采用双焊缝热熔黏结工艺,双焊缝结合部位宽度≥15mm。

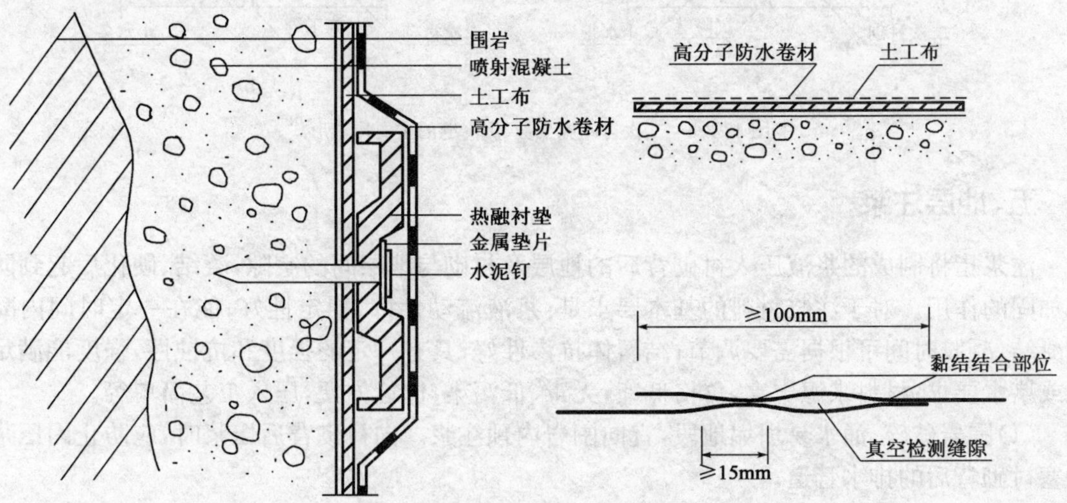

图 17-2-4　防水层铺设固定工艺

3. 洞内路面防水

对软质岩不设仰拱的段落,应增加不小于 15cm 厚的混凝土封层,防止基地软化影响路面使用寿命。

在路面混凝土板下的路面基层顶部设置横向排水盲管排水,在复合式路面的水泥混凝土板和沥青层之间,设置 0.6～0.8cm 厚(设计厚度 1.0cm)的防水性黏层,防止仰拱下地下水冒到路面上。

4. 初期支护背后注浆

初期支护完成后,在渗漏水严重或初期支护背后存在空洞地段,应考虑回填注浆,向支护背后压注浆液(可根据渗漏水情况选用水泥净浆及水泥-水玻璃双液浆)。当初期支护背后空洞较大时,可先吹填细沙、粉煤灰等轻质材料,再压注浆液。

回填注浆孔的孔径不宜小于 40mm,间距宜为 2～5m,可按梅花形排列。检查注浆孔宜深入岩壁 100～200mm。回填注浆的压力应小于 0.5MPa。

四、施工缝、沉降缝防水

隧道二次衬砌的施工缝、沉降缝应采取可靠的防水措施(图 17-2-5)。

(1)对于地下水丰富、水压较大地段,隧道衬砌结构施工缝,宜选用背贴式止水带与中埋式缓膨胀性橡胶止水条组合形式防水构造,沉降缝宜选用背贴式止水带与中埋式橡胶止水带组合形式防水构造。

(2)对于地下水量小、水压不大地段，隧道衬砌结构施工缝，可选用中埋式缓膨胀性橡胶止水条形式防水构造，沉降缝宜选用中埋式橡胶止水带形式防水构造。

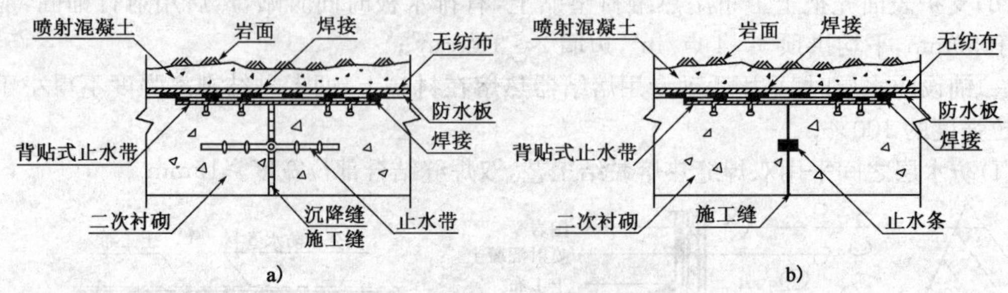

图 17-2-5　二次衬砌施工缝、沉降缝的主要构造形式

五、地层注浆

注浆指将制成的浆液压入衬砌背后的地层及衬砌与地层间的空隙，凝结、硬化后起到防水和加固的作用。对于注浆材料的基本要求是：浆液流动性好、稳定性好；能在一定时间内凝固或凝结，凝胶时间可根据需要调节；结石体抗渗性好；具有一定的强度和抗蚀性，强度能满足开挖或堵水要求；材料来源丰富，价格低廉；无毒、低污染；储运方便，压入工艺简单等。

(1)围岩破碎、涌水易坍塌地段，宜向围岩内预注浆。向衬砌背后压浆时，应防止因压浆而堵塞衬砌背后的排水管道。

①围岩破碎地段、断层破碎带、裂隙较多而且易发生涌水易坍塌地段，可压注水泥砂浆或单液水泥浆防止渗漏和加固围岩，但宜结合集排水设施进行，以达到预期效果；

②当局部水量较大时，可采用双液(水泥和水玻璃)或化学浆液，加快凝胶时间，防止浆液流散。对于粉砂、细砂地层，不宜采用水泥系浆液防水。

(2)对当隧道施工可能造成水土流失，影响当地居民生产生活的环境敏感段落，应在查明地下水流性质的基础，采取针对性的注浆堵水设计，达到“以堵为主，限量排放”的目的，最大限度的保证当地居民生产生活用水不受影响。

(3)在地下水丰富，并且无排水条件或者排水造价太高，以及不允许排水的情况下，经技术、经济比较，可采用注浆堵水。当隧道埋深在 30m 以内时，可考虑采用地表预注浆；当隧道埋深超过 30m 以上时，应采用开挖掌子面预注浆。

(4)当隧道施工遇到有高压涌水危及施工安全时，应采用排水方法尽量降低地下水的压力，然用高压注浆进行封堵。设计应强调特别是向水源方向注浆，切断水源，然后逆水注浆，将涌水堵住。

在以往的工程实践中，由于对地下水处理理念上的差异，出现了一些深刻的经验教训。如京广铁路某隧道穿越 F9 断层时，日涌水量达 42 000～51 000m^3，施工时开挖平导进行排水降压方案，在不到一年的时间里，平导排水量达 $3\times10^7 m^3$，平导开挖初期，隧道正洞的涌水量就降至 13 000m^3，水压降至 0.2MPa，排水方案的实施，虽然在控制地下涌水量方面成效显著，但也产生了较为严重的不良后果：由于地下水的大量流失，造成地表农田下陷、房屋损毁，给山上居民的生活、生产带来极大不便，甚至部分居民被迫搬迁，同时地下水的流失对生态环境也造成一定程度的破坏。

渝怀铁路圆梁山隧道 DK353＋200～DK355＋050 段，处于岩溶水深部滞留带，地下水主要为裂隙水，其正常日涌水量为 55 000m³，最大日涌水量为 83 000m³，洞身两层高承压水，静水压力分别达到 4.6MPa 和 4.2MPa，洞身 DK358＋700～DK358＋900 段下穿冷水河，铁路高于铁路路肩 150m，该段为岩溶发育区，围岩节理裂隙发育，估计该段存在1.5MPa以上的静水压力。由于地下水要供给 5 万居民的生活、生产用水，施工中采用对地下水具有堵截作用的预注浆处理方案，有效控制了水资源流失。

注浆设计机理、注浆材料、注浆压力等参数选择可参考本手册第十四章相关内容。

第三节　排水系统设计

一、一般要求

(1)隧道排水设计应根据“清浊分离”的原则，按地下水和营运清洗污水、消防污水分开排放进行设计，设置完善的、便于维修疏通的纵横向排水管沟，并在洞外设置污水处理池与洞内污水管衔接。

(2)应根据公路等级并结合路面横坡的变化情况在隧道内行车道边缘设置双侧或单侧排水沟；路面结构下设置中心排水沟或侧排水沟，其上半断面应留有足够的泄水孔，并设计过滤措施，防止堵塞。

(3)隧道内排水沟管过水断面应根据水力计算确定。排水沟管应设置沉砂井、检查井，并铺设盖板，其位置、结构构造应考虑便于检查、维修和疏通。

(4)寒冷和严寒地区的隧道，最冷月平均温度在－10～－15℃时，应采用双层保温水沟；最冷月平均温度在－15～－25℃时，应采用中心深埋保温水沟；最冷月平均温度低于－25℃时，在主洞隧道以下应采用防寒泄水洞，其埋深以行车道边缘算起大于隧址区的冻结深度为宜。

隧道内应根据实际情况设置防寒环向、纵向盲沟，洞外应设暗沟、保温出水口等排水设施，使隧道内外形成一个通畅、便于维修的防寒排水系统。

(5)隧道内纵向排水沟管坡度应与隧道纵坡一致，一般排水坡度不小于 0.5％，困难地段不小于 0.3％。但由于施工时纵向管在固定时纵坡会产生误差，因此在隧道纵坡的设计上，路面排水横坡不应小于 1％，横向排水暗(盲)沟管坡度不应小于 2％。

(6)地下水特别发育，含水层深，又有长期补给来源时，可采用泄水洞提前对地下水进行疏排，或根据地下水环境条件，优化隧道纵坡设计，在确保施工安全的前提下，考虑施工期间加强对地下水的截排，但排水措施不得对地下水环境造成重大影响，应采取综合措施对地下水环境进行保护，并确保施工和运营安全。

二、洞口段排水

洞口排水应根据地形、地质、气象等情况，结合环境保护，全面规划、综合治理、因地制宜地设置疏水、截水、引水设施。洞口段排水按设置位置，包含天沟、墙背(墙顶)排水沟、洞外路基边沟及明洞结构排水等。

1. 洞顶天沟设置

为防止地表水冲刷仰坡，流入隧道，一般应在洞口边仰坡上方设置天沟，天沟一般应按下列规定设置。

(1)洞顶天沟设于边仰坡坡顶以外不应小于5m，黄土地区不应小于10m。洞顶天沟一般沿等高线向路线一侧或两侧排水。

(2)洞顶天沟坡度根据地形设置，但不应小于0.5%，以免淤积。当纵坡过陡时，应设置急流槽或跌水连接。一般在地面自然坡度陡于1∶1时，水沟应做成阶梯式，以减少冲刷。土质地段水沟纵坡大于20%或石质地段水沟纵坡大于40%时，应设置抗滑基座，以确保纵向稳定。

(3)在容易渗漏、沉陷和易冲蚀的地层中(如大孔性和膨胀性砂质黏土、黄土和黄土状砂质黏土、松散岩石、砂土、泥炭、含盐的松散岩层、耕种层等)和易溶于水的岩层中(如石膏、石膏质砂岩、岩盐等)设置的天沟，宜采用混凝土水沟，必要时在底部铺设防裂钢筋网。通过裂隙岩层的天沟，可采取抹面、勾缝等防渗漏措施。

(4)洞顶天沟断面应根据流入截水沟的汇水区流量确定。水沟深度应高出计算水位20cm，一般底宽和深度均不小于60cm。水沟一般采用浆砌片石铺砌，厚度不小于30cm，断面形式以梯形为主，石质地段可采用矩形。

(5)洞顶天沟长度应使边仰坡坡面不受冲刷为宜，下游应将水引至适当地点排泄，避免冲刷山体。流量较大时，不宜将水引入路基排水边沟排泄，应根据地形将水引至附近沟谷或涵洞排泄。

2. 墙背(墙顶)排水

洞口仰坡范围内的水，一般可由洞门墙顶水沟排泄，并根据实际地形条件，为墙顶水沟设计合理的出水口。一般要求洞口仰坡坡脚至洞门墙背水平距离不宜小于1.5m，洞门端墙与仰坡之间水沟沟底至衬砌拱顶外缘高度不小于1.0m，洞门墙顶高于仰坡坡脚不小于0.5m。

3. 洞外路基边沟

洞外路堑的水不宜流入隧道。当出洞口路线方向为上坡时，洞外路基边沟宜设置不小于0.5%的反坡。若隧道短，洞外路堑流量不大，含泥砂量小，修建反向边沟将增加大量土石方等困难条件下，洞外路堑的水可经隧道流出，但应验算隧道水沟断面，不够时应预扩大，并在高洞口端设置沉砂井。

4. 明洞排水

明洞防水层外侧应间隔2～3m环向设置干砌片石排水盲沟，盲沟用土工布包裹，直接将水引入墙脚外侧设置的纵向排水花管中，另外对于端墙式洞门，根据实际需要，可适当布置泄水孔。

三、暗洞排水

(1)隧道洞内宜按地下水和清洗污水、消防污水分开排放的原则设置排水系统，应能保证排水畅通，避免洞内积水。

(2)对围岩裂隙水采用盲沟引排，排水盲沟有波纹塑料半圆管、软式透水管、各种Ω形排水管新材料等，可因地制宜选用。一般3～5m设一道，突出“有水则设，无水则防”的动态设计原则，通过盲沟将水直接排入二次衬砌边墙脚外侧的纵向排水花管中。为防止二次衬砌施工时混凝土浆液进入纵向排水管，保证其排水能力正常发挥，土工布应全包纵向排水管，防水板应下半断面半包纵向排水管。二次衬砌环向施工缝、沉降缝、变形缝处宜加设排水盲沟。

(3)分离式隧道内沿全长在二次衬砌两侧边墙脚外侧设置纵向排水半花管，上半断面眼孔直径 6～8mm，间距 10cm，并用横向排水管(不开孔)连通至中心排水沟或排水边沟，排水管管径根据水力计算确定。排水管目前多采用 PVC 和 PEHD 材质。

(4)整体式中墙连拱隧道应沿隧道全长在中隔墙顶部两侧拱脚和边墙脚附近各设一道纵向排水半花管，并用排水管横向、竖向连通至中心排水沟或排水边沟，排水管管径根据水力计算确定。

(5)连拱隧道宜采用夹心式中隔墙形式，夹心式中墙连拱隧道结构能较好地解决中隔墙的防排水问题。

(6)隧道内宜根据公路等级在行车道边缘设置双侧或单侧排水边沟，排放清洗水和消防水，设置中心或两侧排水沟排放地下水。边沟采用(钢筋)混凝土结构，断面形式可采用矩形或楔缝式(图 17-3-1)；中心或侧排水沟采用上半断面打孔双壁波纹塑料管或钢筋混凝土管，水沟的侧面应留有足够的泄水孔，并用透水土工布包裹碎石进行防护(图 17-3-2)，防止细微颗粒在中心管内淤积，影响排水能力。

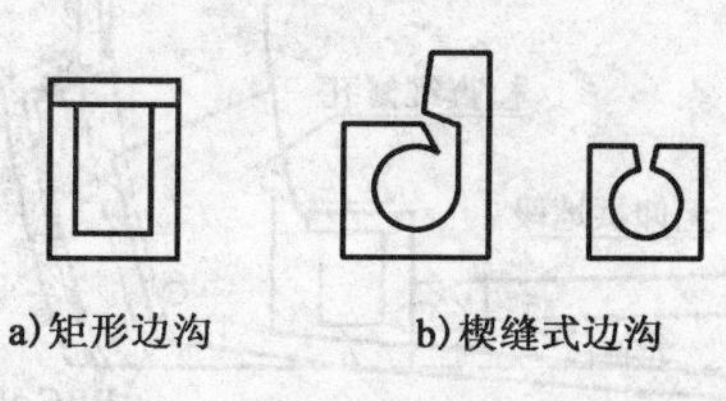

图 17-3-1　矩形和楔缝式边沟断面图

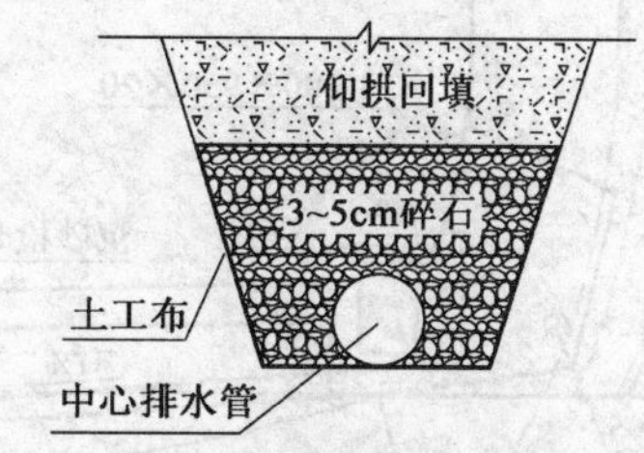

图17-3-2　中心排水管防淤处理断面图

边沟和中心沟的纵坡应与隧道纵坡一致。断面尺寸确定，应根据水量大小确定，要保证有足够的过水能力，并便于清理和检查。隧道内边沟一般可按单侧设置，但当路面横披有正负变化时，宜双侧设置，仍按单侧设置时，应考虑排水沟转换时排水的顺畅。

目前隧道内路基下暗沟的设置一般采用设置中心水沟和设置在两侧两种布置方式。设置中心水沟时，水沟埋置深度大，可设置更大直径的排水沟，对路基排水效果更好。但中心水沟在施工和运营期检修时影响较大。因此在具体选择路基排水暗沟布置形式时，可根据隧道预测涌水量进行设计。另外对于北方地区对排水沟有保温要求时，一般应设置为中心水沟，确保水沟位于冻土深度以下。为降低检查中心沟检查井造成对运营的影响，可将中心沟设置于慢车道下。

(7)隧道内路面基层可采用 15～20cm 厚水泥处置碎石，以减少路面冒水和排泄地下水的目的，其配合比应符合《公路水泥混凝土路面设计规范》(JTG D40—2002)，也可采用 12～20cm 厚素混凝土，并在基层顶部或底部设置横向排水盲管。

(8)为了便于对排水管定期采用管道疏通机及时疏通，设计上在二次衬砌墙脚纵向间隔 50～100m 对称布设检查维修孔。排水管流出的水经检查孔由横向排水管与中心排水沟管连通排出洞外。隧道内行车道边缘排水沟每 50m 设一处铁箅子泄水检查孔，铁箅子应能达到相应公路荷载等级；中心排水沟每 200～250m 设一处沉砂检查井，并铺设钢筋混凝土盖板。这样排水系统就形成了一个便于维修、疏通、检查且“始终通畅无阻”的网络系统，确保隧道正常运营。

排水系统见图 17-3-3、图 17-3-4。

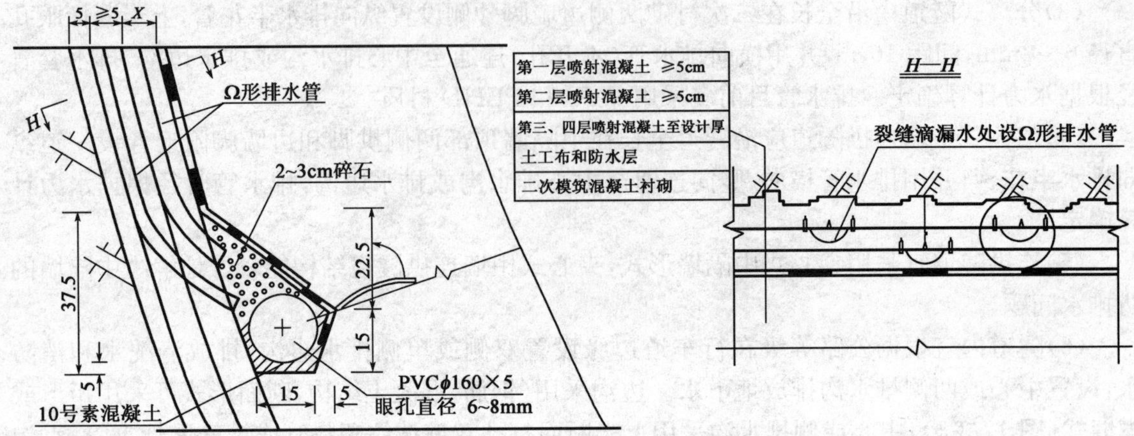

图 17-3-3 Ω 形排水管铺设固定(尺寸单位：cm)

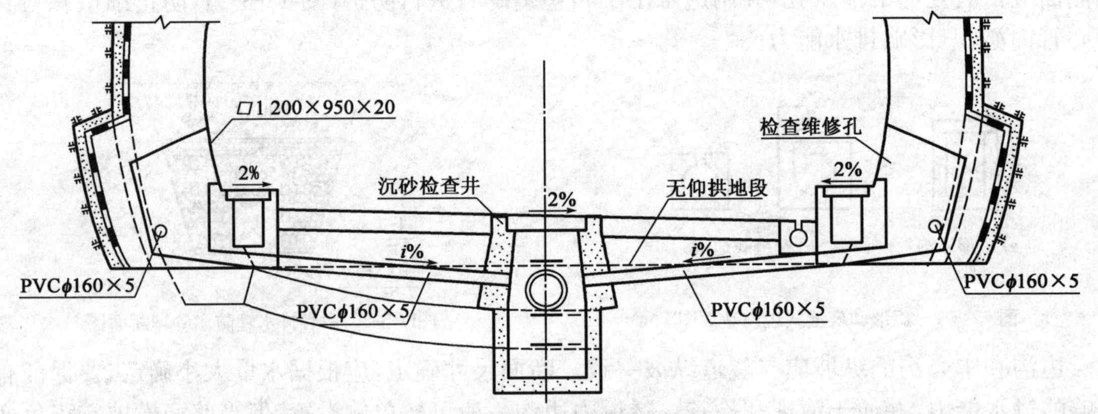

图 17-3-4 隧道内纵横向排水系统

(9)洞内排水边沟宜每隔 50m 左右设置一处倒虹吸井(图 17-3-5)，以控制易燃液体在洞内泄漏引起火灾时，灾情的蔓延。其基本原理是：当易燃液体着火，并进入边沟沿纵向蔓延时，到达虹吸井后，会自动熄灭，从而控制火灾的影响范围。

四、洞内外排水衔接

(1)洞内外连接水沟应设钢筋混凝土盖板，连接水沟的布置应尽量减小对洞外电缆、光缆等进入隧道的影响。

(2)洞外路基排水边沟至汇水坑以外不小于 2m 范围内，除石质坚硬、不易风化者外，均应采用浆砌片石铺砌。

(3)洞内中心排水沟应结合洞口地形或洞外构造物选择出水口，在转弯处应设置窨井。

(4)在寒冷或严寒地区设置保温水沟，出水口采用保温出水口。洞口检查井与洞外暗沟连接时，其连接暗沟应采用内径不小于 40cm 的预制钢筋混凝土圆管，为加大流速度并防止水流冻结，暗沟坡度不小于 1%，沟身应设置在当地冻结线以下。

(5)当隧道洞口为反坡排水时，应结合实际地形等情况，采用可靠的截水措施，以免路面水流进入隧道和影响行车安全。

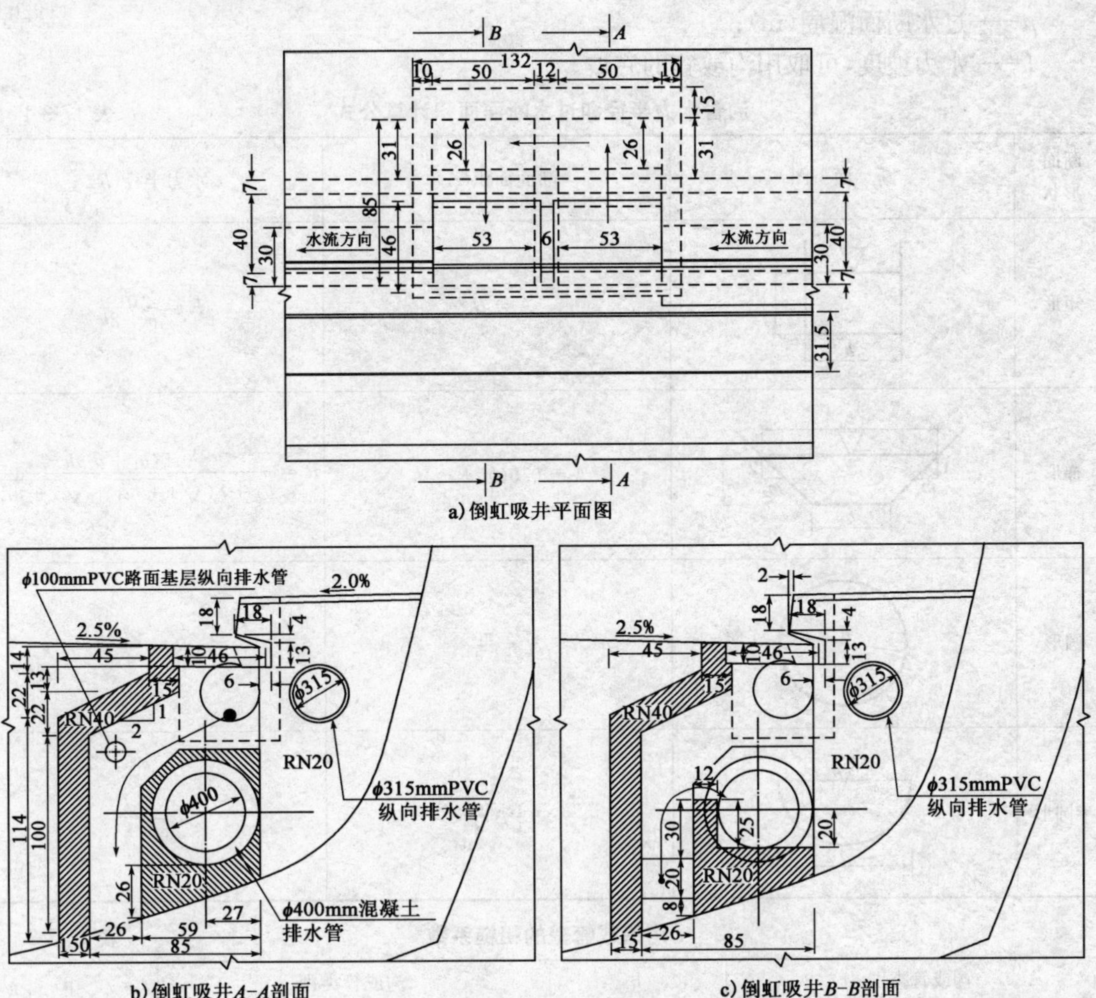

图 17-3-5　某隧道倒虹吸井设计图(尺寸单位:cm)

五、排水管和排水沟的水力计算

(1)沟和管的水力计算,应依据设计流量确定沟和管所需的断面尺寸,并检查其流速是否在允许范围内。

(2)沟或管的泄水能力按下式计算:

$$Q_c = vA \tag{17-3-1}$$

式中:Q_c——沟或管的泄水能力(m^3/s);

v——沟或管的平均流速(m/s);

A——过水断面面积(m^2),各种管沟过水断面面积计算式可参考表 17-3-1。

(3)沟或管内的平均流速按下式计算:

$$v = \frac{1}{n} R^{\frac{2}{3}} I^{\frac{1}{2}} \tag{17-3-2}$$

式中:n——沟壁或管壁的粗糙系数,按表 17-3-2 确定;

R——水力半径(m),$R=A/\rho$,各种沟管的水力半径计算式可参考表17-3-1;

ρ——过水断面湿周(m);

I——水力坡度,可取用沟或管的底坡。

沟管水力半径和过水断面面积计算公式 表17-3-1

断面形状	断面图	断面面积(A)	水力半径(R)
矩形	(b, h)	$A=bh$	$R=\frac{bh}{b+2h}$
梯形	(b_1, b_2, h, 1, 2, m_1, m_2)	$A=0.5(b_1+b_2)h$	$R=\frac{0.5(b_1+b_2)h}{b_2+h(\sqrt{1+m_1^2}+\sqrt{1+m_2^2})}$
圆形	(d)	$A=\frac{\pi d^2}{4}$	$R=\frac{d}{4}$
半圆形	(d)	$A=\frac{\pi d^2}{8}$	$R=\frac{d}{4}$

沟壁或管壁的粗糙系数 表17-3-2

沟或管类别	n	沟或管类别	n
塑料管(聚氯乙烯)	0.010	土质明沟	0.022
石棉水泥管	0.012	带杂草土质明沟	0.027
水泥混凝土管	0.013	砂砾质明沟	0.025
陶土管	0.013	岩石质明沟	0.035
铸铁管	0.015	植草皮明沟(流速0.6m/s)	0.035~0.050
波纹管	0.027	植草皮明沟(流速1.8m/s)	0.050~0.090
沥青路面(光滑)	0.013	浆砌片石明沟	0.025
沥青路面(粗糙)	0.016	干砌片石明沟	0.032
水泥混凝土路面(镘抹面)	0.014	水泥混凝土明沟(镘抹面)	0.015
水泥混凝土路面(拉毛)	0.016	水泥混凝土明沟(预制)	0.012

(4)沟和管的允许流速应符合下列规定:

①明沟的最小允许流速为0.4m/s,暗沟和管的最小允许流速为0.75m/s;

②管的最大允许流速为:金属管10m/s;非金属管5m/s;

③明沟的最大允许流速，在水深为 0.4～1.0m 时，按表 17-3-3 取用；在此水深范围外的允许值，按表列值乘表 17-3-4 中相应的修正系数。

明沟的最大允许流速(m/s)　　表 17-3-3

明沟类型	最大允许流速	明沟类型	最大允许流速	明沟类型	最大允许流速	明沟类型	最大允许流速
亚砂土	0.8	干砌片石	2.0	黏土	1.2	水泥混凝土	4.0
亚黏土	1.0	浆砌片石	3.0	草坡护坡	1.6		

最大允许流速的水深修正系数　　表 17-3-4

水深 h(m)	<0.4	$0.4<h\leqslant1.0$	$1.0<h<2.0$	$h\geqslant2.0$
修正系数	0.85	1.00	1.25	1.40

第四节　隧道涌水量估算与涌水段防排水设计

一、隧道涌水量估算

根据地下水的类型，隧道涌水可分为潜水渗流涌水、承压水渗流涌水、降水渗流涌水和集中涌水四类。

1. 潜水渗流涌水量预测

潜水渗流是指隧道穿越潜水层时由地层渗到隧道排水系统的水流(图 17-4-1)，这是公路隧道修建中最常见的一种渗流。其特点是地下水位相对比较稳定，且水位面高于隧道纵向排水管高程。

潜水渗流的计算方法与集水廊道的渗流计算类似，可导出隧道单位长度涌水量 Q 计算公式为：

$$q = k(H^2 - h^2)/R \qquad (17\text{-}4\text{-}1)$$

式中：k——地层的渗透系数(m/d)；

H——自然水位高度(m)；

h——衬砌后水深(m)；

R——隧道渗流影响范围(水平距离)(m)。

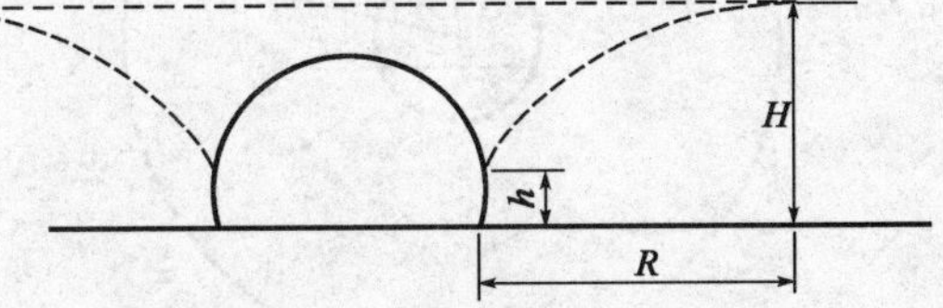

图 17-4-1　潜水渗流涌水量计算模型

隧道衬砌后的水深 h，一般远小于含水层厚度 H(从隧道纵向排水管高程算起)，若略去 h 不计，上式可简化为：

$$q = kH^2/R \qquad (17\text{-}4\text{-}2)$$

R 与地质条件有关，应由抽水试验确定，或近似地用浸润曲线的平均坡度进行估算。

对于长及特长隧道，沿隧道纵向地下水位有一定的坡度，这时可将隧道沿纵向分段(图 17-4-2)，确定各段的平均水位 H_2、分段计算 q_i，各段的涌水量为：

$$Q_i = q_i L_i \qquad (17\text{-}4\text{-}3)$$

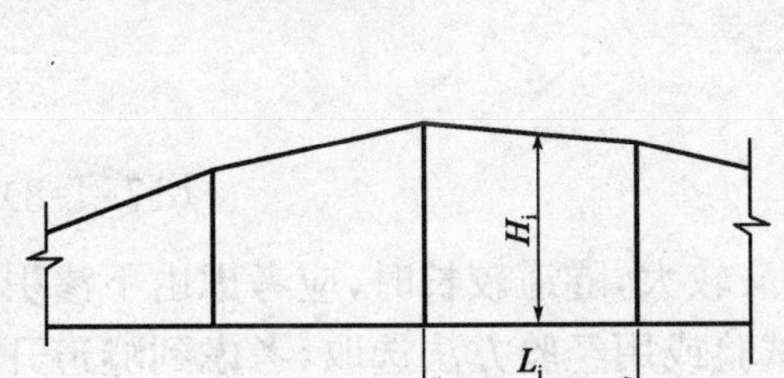

图 17-4-2　渗流区段划分

若隧道渗水区有 n 段，则总涌水量 Q 为：

$$Q = \sum_{i=1}^{n} Q_i \tag{17-4-4}$$

2. 承压水渗流涌水量预测

承压水渗流是指隧道穿越承压水层时由地层渗到隧道排水系统的水流（图 17-4-3），其特点是地下水承压并且压力较为稳定，这类地下水易造成隧道路面溢水。

解算过程与普通完全井的类似，沿隧道纵向单位长度的涌水量公式为：

$$q = \frac{2\pi kH}{\ln R - \ln r_0} \tag{17-4-5}$$

式中：k、R——意义同上，估算时，R 可按经验酌情选用；

H——可取隧道形心处的初始水头值；

r_0——可取隧道等效半径。

若承压水区段长度为 L，则该段隧道的渗水量 Q 为：

$$Q = ql \tag{17-4-6}$$

3. 水下渗涌水量预测

水下渗涌水量是指隧道设置在地下水位之上，地表降水在下渗过程中遇隧道而从排水系统排出的水量。这类渗流的特点是渗流为铅垂向下或沿岩层主导裂隙方向向下渗流，渗流线被隧道所截者从隧道排出，未截者则不受隧道影响（图 17-4-4）。

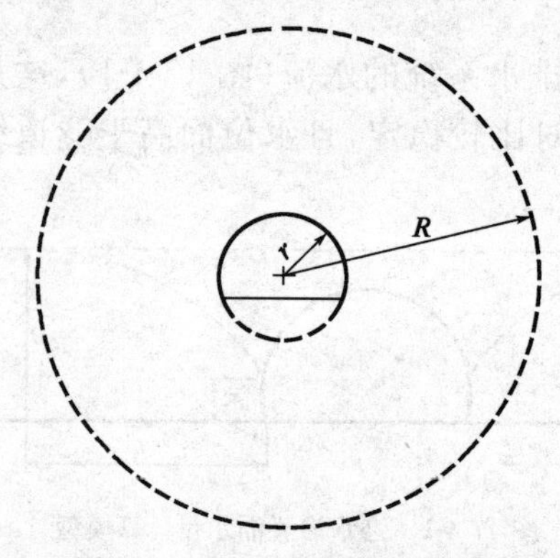

图 17-4-3　承压水涌水计算模型

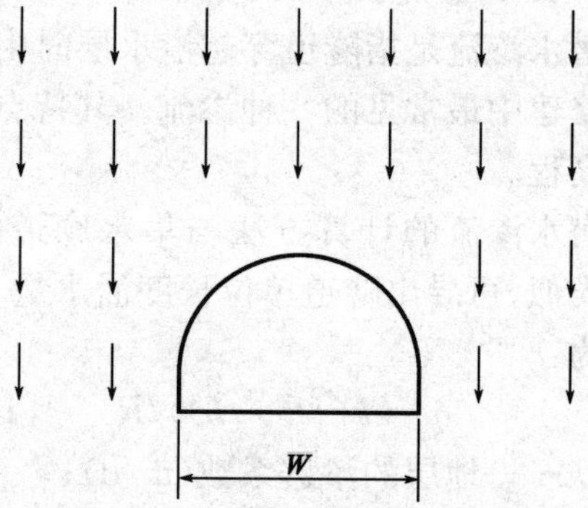

W

图 17-4-4　降水渗流涌水量计算模型

降水下渗速度为：

$$v = kJ \tag{17-4-7}$$

式中：k——渗透系数；

J——水力坡度。

若隧道衬砌宽度为 W，隧道单位长度涌水量 q 为：

$$q = Wv = WkJ \tag{17-4-8}$$

值得说明的是，如果隧道围岩裂隙发育，地表降水量又较大，隧道较长时，应考虑由下渗引起的涌水量。估算中，水力坡度 J 和渗透系数 k 可通过试验或用经验方法选取，考虑到隧道开挖会使围岩出现一定松动范围，W 的计算值可在衬砌宽度基础上适当加大。

4. 集中涌水处涌水量预测

集中涌水是指隧道穿越地下暗河及与地表河流、水库等有水力联系的断层破碎带等而流入下渗隧道排水系统的水量。这类涌水的特点是出水点集中，出水量大。一般来说，这类涌水在施工期间都会作妥善处理，对建成后的隧道涌水量来说，只需考虑少量的渗漏。估算中，对每个出水点根据经验估算涌水量 Q_i，若隧道有 n 个集中涌水点，则总涌水量为：

$$Q=\sum_{i=1}^{n}Q_i \tag{17-4-9}$$

二、涌水段防排水设计

结合隧道涌水量大小及其水力关系，采取“以防为主，以排为辅，防、排、截、堵相结合”的综合治理原则进行防排水设计，详见本章第二节、第三节有关内容。

第五节　寒冷和严寒地区排水设计

寒冷地区指最冷月平均气温为－5～－15℃的地区，严寒地区指最冷月平均气温低于－15℃的地区。在这些地区，为了防止水流冻结，引起衬砌挂冰、隧底结冰堆、衬砌胀裂等冻害，需对排水系统采取保温防寒措施。

一、保温水沟

(1)保温水沟采用浅埋形式，也就是浅埋于隧道内的最大冻结深度以内。在水沟内采用保温措施，达到冬季水流不冻结的目的。

(2)保温水沟一般适用于寒冷地区，最冷月平均气温在－5～－15℃，冻结深度在1～1.5m，且冬季有水或可能有水的隧道。

(3)保温水沟的设置长度应根据隧道的长度、地下水量大小、水温、隧道所处地区寒冷季节的主导风向、水沟坡度等因素综合确定。隧道长度小于1 000m以下全洞设置，隧道长度大于1 000m时，进出口300～400m范围内均设置保温水沟。

(4)保温水沟一般采用侧沟式，其结构形式应结合隧道衬砌断面设计。水沟上部设双层盖板，在上下两层盖板之间充填保温材料，厚度不小于35cm，下部为排水沟。水沟断面要求不小于30cm×30cm，沟底纵坡应与隧道纵坡一致。

(5)保温材料一般采用PU泡沫塑料、沥青玻璃棉、矿渣棉等，并应有防水、防潮措施。常规采用将保温材料四周用塑料薄膜或沥青玻璃布包裹封闭，其长度以经常维修方便为宜。

(6)保温水沟一般50m设置检查井，检查井内设置沉淀池，以方便检查和清淤。

二、中心深埋水沟

(1)中心深埋水沟是将水沟埋置于洞内相应的冻结深度以下，充分利用地温达到水沟内水流不冻结的排水目的。

(2)中心深埋水沟常规适用于严寒地区，最冷月平均气温在－15～－25℃，冻结深度在

1.5～2.5m，且冬季有水的隧道。

(3)中心深埋水沟断面形式的选择，主要根据隧道地质条件确定，其断面尺寸应根据水利计算确定。一般情况下采用内径不小于40cm的预制钢筋混凝土圆管。

(4)中心深埋水沟的回填直接影响到水沟的使用功能。水沟采用素混凝土基座固定，回填材料除满足保温、方便施工外，先回填厚50cm左右的3～5cm碎石，然后至路面面层底面以下均采用水泥处置碎石排水基层材料或素混凝土回填。

(5)为了便于检查维修，中心深埋水沟应设置沉淀检查井，其间距200～250m，断面形状一般为圆形，也可采用矩形。为防止水流冻结，检查井下应设双层盖板，在两层盖板之间填塞泡沫塑料或其他保温材料，厚度不得小于100cm。

三、防寒泄水洞

(1)防寒泄水洞一般适用于严寒地区，最冷月平均气温低于－25℃，当地黏性土的冻结深度大于2.5m，采用深埋水沟因埋深较大，明挖施工可能影响边墙的稳定性，且冬季有水的隧道。

实践证明，无压防寒泄水洞除在施工当中充分发挥地质超前预报和排水的功能外，还有效地通过各泄水孔、竖向钻孔与隧道纵向排水沟管和围岩连通。全隧道形成了完整地排水系统网络，疏通了衬砌外围岩的裂隙水和地下水，使隧道衬砌结构处于无水压状态之下而消除或尽可能减小冻胀破坏，可以达到较理想的排水效果。

(2)防寒泄水洞一般设置于隧道中心线底部，衬砌结构尺寸应根据工程地质、水文地质条件、埋置深度、公路等级等，主要由结构计算确定，工程类比仅作为参考。计算时可参照隧道的计算方法，特别注意要考虑洞内活荷载和冻胀力的作用。

(3)防寒泄水洞的埋置深度指泄水洞顶面至洞内路面的竖直高度，应使其沟内水流不冻结为目的。青海省高寒区大坂山隧道防寒泄水洞的成功实践证明：

①防寒泄水洞的埋置深度应不小于隧址区当地围岩最大冻结深度；

②应满足暗挖时不至于引起隧底坍塌的要求；

③不应埋置太深，以免造成不必要地延长防寒泄水洞的长度和增加工程造价。

(4)防寒泄水洞的断面尺寸根据实际泄水量及施工条件等综合确定，一般不小于1.8m×1.8m，防寒泄水洞的纵坡与隧道纵坡一致。一般情况下应作模筑混凝土衬砌或混凝土预制块衬砌，Ⅰ～Ⅲ级围岩可采用锚喷混凝土作为永久衬砌。

(5)防寒泄水洞衬砌上应设置足够的泄水孔或较深的泄水钻孔，以充分排出地下水。如果围岩中有细小颗粒可能流失时，衬砌背面应设置反滤层。一般泄水孔直径为100mm，环向间距50～80cm梅花状布置。泄水钻孔的深度、角度、位置应根据地下水量的大小及围岩的具体情况确定。一般间距8～10m左右，应沿隧道中心线纵向每10m间距设ϕ100mm的钻孔将隧道仰拱底部排水盲沟与泄水洞连通。

(6)一般情况下，隧道进出口各300m范围内防寒泄水应设置横导洞，横导洞纵向间距30～50m，衬砌背面盲沟与横导洞以ϕ100mm的钻孔连通。

(7)为了便于检查维修，防寒泄水洞应设置检查井，其间距150～200m，断面形状一般为圆形，也可采用矩形。为防止水流冻结，检查井下应设双层盖板，在两层盖板之间填塞泡沫塑料或其他保温材料，厚度不得小于150cm。寒区隧道内纵横向排水系统见图17-5-1。

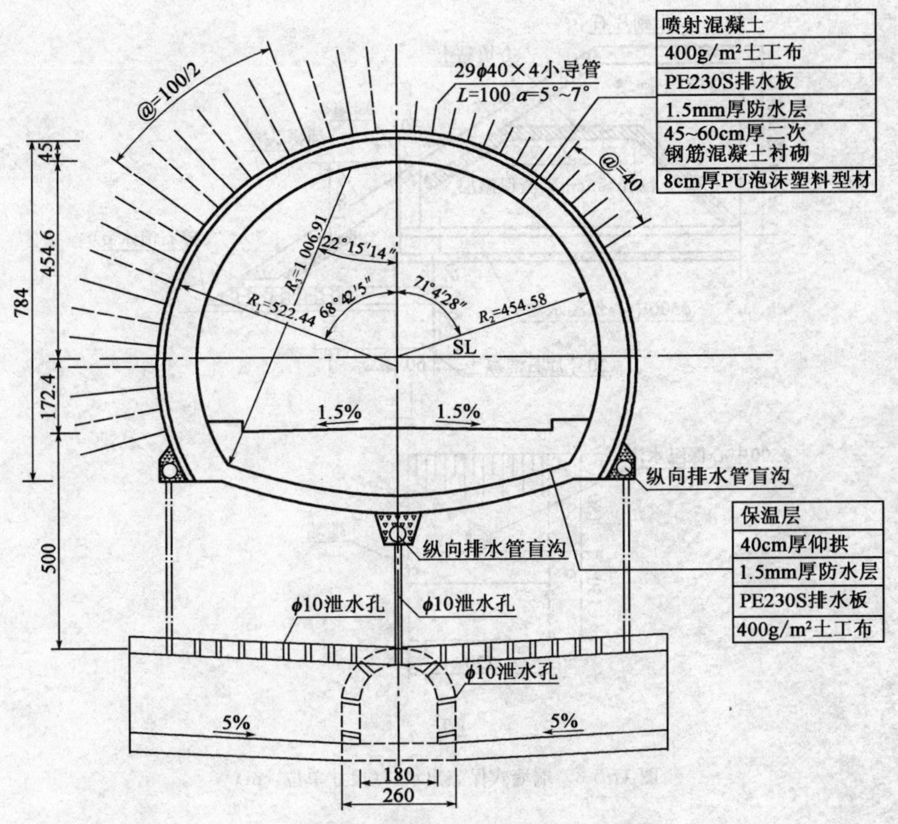

图 17-5-1　寒区隧道内纵横向排水系统(尺寸单位:cm)

四、洞外暗沟

保温水沟、深埋水沟及防寒泄水洞中的水流,流出隧道后,应采用暗沟通过路堑地段流入地形低洼处(图 17-5-2),为防止水流冻结,暗沟应埋置冻结线以下,其坡度不宜小于0.5%,并在转角处或间隔一定距离(一般 50m左右)设置检查井或沉淀井。暗沟的平面布置应根据洞口地形布置。

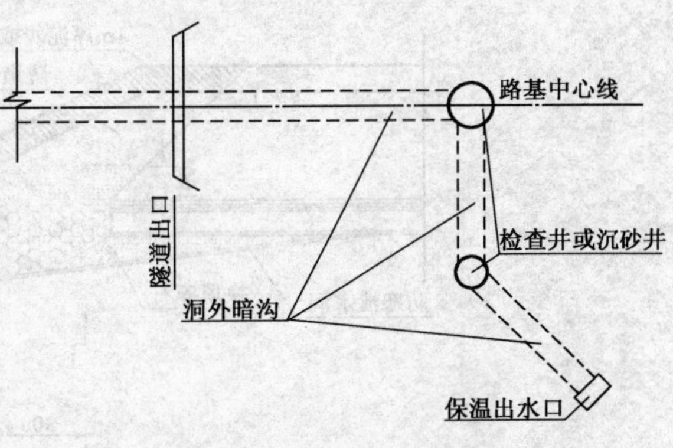

图 17-5-2　洞外暗沟示意图

五、保温出水口

寒冷和严寒地区的隧道,深埋水沟、防寒泄水洞、洞外暗沟均应设置保温出水口。防寒出水口有端墙式和掩埋保温圆包头式两种。出水口处地形较陡时采用端墙式,地形平坦时宜采用圆端掩埋保温包头式。

保温出水口的保温材料宜就地取材,如采用搭头草、泥炭、草袋等。

新广武至原平高速公路雁门关等隧道设计有中心深埋水沟,根据洞口地形条件分别设计了端墙式保温出水口(图 17-5-3)和掩埋保温圆包头式保温出水口(图 17-5-4)。

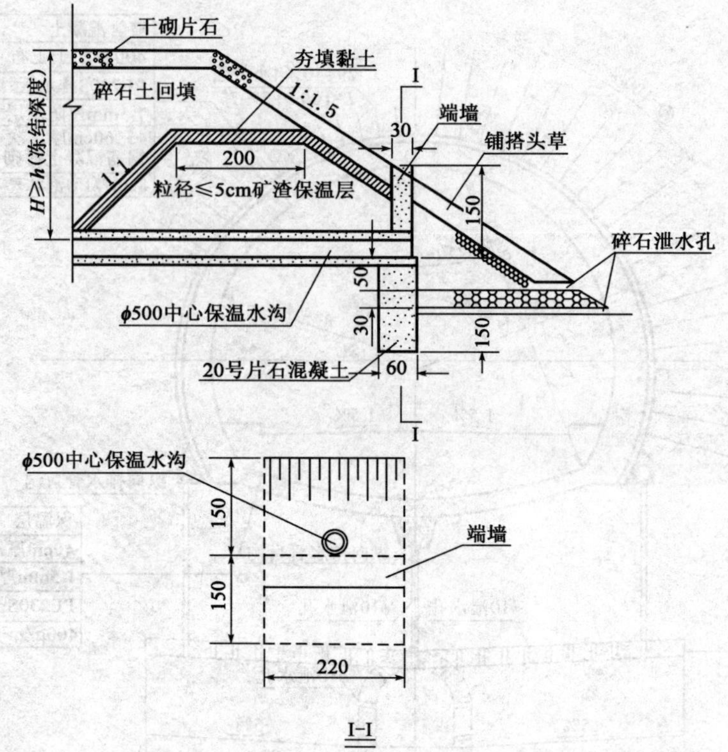

图 17-5-3　端墙式保温出水口(尺寸单位:cm)

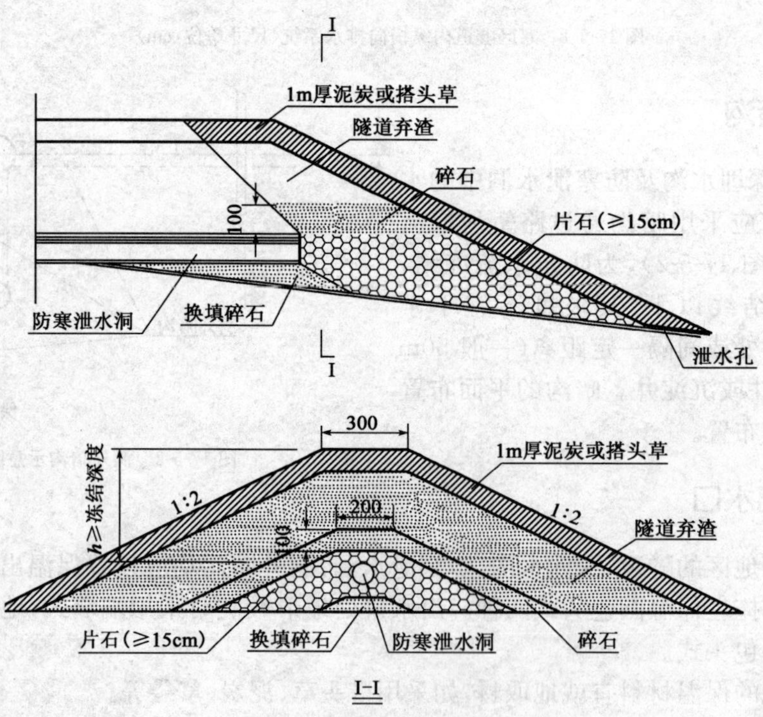

图 17-5-4　掩埋保温圆包头式保温出水口(尺寸单位:cm)

六、洞壁保温

寒冷或严寒地区隧道的水害、冻害影响因素十分复杂，防排水除遵循“以防为主，以排为辅，防、排、截、堵相结合”的综合治理原则，要达到排水畅通、防水可靠、经济合理、不留后患的目的外，保温设计至关重要。

(1)为确保隧道衬砌背面排水系统在冬季排水通畅，复合式衬砌在初期支护与二次衬砌之间设计一定厚度硬质泡沫塑料保温层，由于泡沫塑料保温层设在两层衬砌之间无法维修更换，因此，隧道应加强、加大初期支护的力度，控制限定围岩的变形，应设置双层防水层。保温层的厚度应根据结构计算确定，可按离壁式衬砌结构进行计算。

(2)隧道内轮廓线表面全断面铺挂 PU 硬质泡沫塑料型材（主要保温）、干法硅酸铝纤维板（复合保温及防火层）和玻璃钢（保护层）复合保温结构。保温层的厚度应根据结构计算确定，根据建成后类似隧道通过地温观测孔得到的数据验证，冬季保温层背面衬砌温度在 0℃以上。保温层材料主要标准见表 17-5-1。

保温材料主要指标　　表 17-5-1

材料	工艺	主要指标			外观检测
		导热系数	吸水率	阻燃性	
PU	喷涂发泡	0.016～0.083	39.6	自熄	大面积脱落
PU	型材铺挂	0.024 1	2.8	自熄	螺栓、压条固定良好
PEF45 倍	型材铺挂	0.028	0.01	自熄	强度不足、吸潮产生

(3)根据隧道贯通后洞内年平均气温下降 3～5℃，以及《高海拔寒冷地区隧道冻害防治技术研究》课题推算，隧道建成后围岩周围将逐渐形成多年冻土，保温层的设计只能推迟形成的年限和缓解冻融过程。对于交通量较小的隧道而言，可在隧道进出口设置自动隔风保温门，冬季夜间无行车时关闭隧道，以减少冷空气对流，提高洞内温度。该新技术也属首次在国内公路隧道中应用。实践证明，隧道贯通后洞内温度急剧下降，进出口洞门关闭后洞内温度可回升到 0℃以上，完善了保温设计，取得了良好效果。

(4)保温层的固定应采用安全可靠的施工工艺。设在初期支护与二次衬砌之间的硬质泡沫塑料保温层可借鉴参照防水层无钉铺挂工艺固定，隧道内轮廓线表面全断面铺挂 PU 硬质泡沫塑料型材采用膨胀锚拴和龙骨压条固定。

第十八章　隧道内的路基与路面

第一节　概　　述

隧道内的路基与路面是承受车辆长期行驶的基本载体，也是最重要的部位之一。稳定、密实、匀质的路基可为路面提供均匀的支承，满足车辆荷载作用应有的强度、抗滑性、平整、耐磨性的路面是保证行车安全、舒适的基本条件，路面要长期承受高速车辆的冲击与摩擦，而且保证其耐久性更为重要。

隧道内路基路面与洞外路堑段相比存在如下的特殊性：

(1)隧道在地层中穿越，其埋置条件、地应力条件与洞外路堑段有较大的应力特征的不同。

(2)隧道路基(底板)处于山体中，地下水对隧道路基路面的影响比洞外更大。

(3)隧道为管状构造物，空间狭小，存在汽车排放废气、积聚等现象，这些废气、油烟、粉尘在路面表面的黏附比洞外路段大。油渍的污染、粉尘的黏聚使路面抗滑性能变差，而且得不到天然降雨的冲洗，长期影响路面的抗滑性能。

(4)洞内发生火灾时，其温度对路面的影响比洞外严重。

(5)洞内行车条件总体光线差，视觉环境差，对行车不利。

(6)洞内路基路面受场地条件影响，施工条件大，维修难度大。

(7)行车安全受气候环境影响大。在雨天时，多使洞口段冷热空气变换，产生水珠，路面积雾，降低路面抗滑性能。

因此，隧道路面设计应依据道路等级、交通繁重程度、路基承载能力、当地环境条件、材料供应情况、气候条件、施工条件、全寿命周期费用分析和资金筹措等因素，综合选择路面类型、路面结构层次和厚度。

第二节　隧道路基设计

一、路基结构

当隧道衬砌设置仰拱时，由于仰拱结构及仰拱填充已充当了隧道路基的功能，而且通过仰拱封闭后，地下水的危害影响得到了有效的降低，因此只要严格按照仰拱填充材料和填充要求施工，就可以达到较好的路基稳定性、密实性、匀质性。

仰拱回填材料一般采用贫混凝土或片石混凝土，要求强度等级不低于 C10。

不设仰拱的隧道，其路基应置于稳定的石质地基上。稳定的石质地基是指完整性较好的、无显著软化的中硬或硬岩以上的岩石天然地基。

由于岩石路基因存在超挖与欠挖现象，因此超挖部分应先清除软石和杂物，再用坚硬碎

(砾)石材料或混凝土填补平整。而欠挖路段，宜进行浅孔爆破松动，并应挖至设计高程处。再用硬质碎石、砂砾、片石等换填，并按设计要求的密度和平整度分层碾压，达到路基设计高程为止。

除以上的修补外，由于隧道路基对地下水的抗冲刷及抗软化能力相对洞外有更高的要求，隧道内路基通常还应补充一层强度高、稳定性好的整平层结构。公路隧道内整平层的厚度一般可取 100～150mm，整平层的弯拉强度应与路面基层相同，其材料选用可参见下节路面基层相关内容。

二、路基排水系统

隧道路基的地下水一般来说是整个隧道水压最高的部位。不完整的排水系统，或排水不畅，是造成隧道路面病害最主要的原因之一。因此，隧道内路基宜设完整的排水系统。

对不设仰拱的隧道，当路面上面层采用沥青面层铺装时，为减少地下水的毛细管作用使整平层、基层混凝土潮湿，排水系统应使地下水位不高于路基顶面以下 30cm。在季节性冰冻地区，地下水系统应符合现行《公路路基设计规范》(JTG D30—2004)中有关路基防冻深度的要求。

隧道内路基排水系统应完善、合理、通畅并便于检修，其具体设置方案可参考本书第十七章相关内容。

第三节　隧道路面类型及组成

一、隧道路面类型

我国隧道内路面大多采用的刚性路面系统包括面层为水泥混凝土路面(含钢纤维混凝土路面、连续配筋混凝土路面)、沥青混合料上面层与水泥混凝土路面(含钢纤维混凝土路面、连续配筋混凝土路面)下面层组成的复合路面两大类型。在实际使用时，应对隧道内的路面特点、路面施工问题、路面实际使用寿命及隧道运营安全等进行综合考虑。

从世界范围来讲，在欧洲几乎所有的隧道都采用沥青路面，而在日本隧道中则采用水泥混凝土路面。我国目前已建成的绝大部分二、三、四级公路隧道及大部分一级公路、高速公路隧道多采用水泥混凝土路面，但随着国民经济的发展，一方面对改善路面行车舒适性的要求越来越高，另一方面由于技术的成熟，近年来高速公路隧道采用沥青复合路面的实例也越来越多。

一般不设仰拱的隧道内路面结构组成包括整平层、基层和面层；而设仰拱的隧道路面由于仰拱回填充当了整平层功能，一般设基层和面层。

二、隧道路面基层

隧道内混凝土路面的基层应具备足够的抗冲刷的能力和一定的刚度。

一般隧道内宜采用素混凝土基层，适宜的厚度为 12～20cm，抗压强度不低于 C20 或弯拉强度不低于 1.8MPa。当混凝土基层弯拉强度大于 1.8MPa 时，应设置与混凝土面层相对应的横向缩缝。当一次性摊铺宽度大于 7.5m 时，亦应设纵向缩缝。

另外对于一些对地下水丰富地区，隧道内路面基层可采用排水基层。排水基层可选用多孔隙的级配水泥稳定碎石、沥青稳定碎石或碎石，其孔隙率为20%。另外也可采用多孔水泥混凝土路面基层，其要求详见本章第九节。

各类基层和厚度范围见表18-3-1。

各类基层厚度适用范围　　表18-3-1

基层类型	厚度适宜的范围(mm)	基层类型	厚度适宜的范围(mm)
贫混凝土或碾压混凝土基层	120～200	级配粒料基层	150～200
水泥或石灰粉煤灰稳定粒料基层	150～250	多孔隙水泥稳定碎石排水基层	100～140
沥青混凝土基层	40～60	沥青稳定碎石排水基层	80～100
沥青稳定碎石基层	80～100		

三、隧道路面面层

常用的路面面层类型及适用条件见表18-3-2。

常用路面面层类型及适用条件　　表18-3-2

水泥混凝土路面	复合式路面	适用条件
横缝设传力杆的普通混凝土 连续配筋混凝土 钢纤维混凝土	沥青混合料上面层＋连续配筋混凝土 沥青混合料上面层＋横缝设传力杆的普通混凝土	高速公路、一级公路
钢纤维混凝土 连续配筋混凝土	沥青混合料上面层＋连续配筋混凝土 沥青混合料上面层＋横缝设传力杆的普通混凝土	特重交通的高速公路
普通混凝土 碾压混凝土	沥青混合料上面层＋普通混凝土 沥青混合料上面层＋碾压混凝土	二级及二级以下公路

不管是水泥混凝土路面还是沥青混凝土上面层与水泥混凝土下面层组成的复合式路面，其结构设计均按《公路水泥混凝土路面设计规范》(JTG D40—2002)的规定执行，并应针对隧道洞内使用环境特点注意以下几点。

(1)考虑洞内施工困难，洞内水泥混凝土面板的厚度宜比洞外略高一级，至少同厚。

(2)在结构设计时，按可靠度设计标准设计，其材料性能和结构尺寸参数的变异系数，因隧道内施工条件较差等原因，宜在变异水平中或高级范围内取值。

各级水泥混凝土路面或沥青混合料上面层与水泥混凝土下面层组成的复合式路面，其结构可靠度设计标准、材料性能和结构参数及变异水平、设计方法、标准轴载、材料组成和性质参数可参照现行《公路水泥混凝土路面设计规范》(JTG D40—2002)和《公路沥青路面设计规范》(JTG D50—2006)的有关规定执行。

1. 水泥混凝土面层

各级公路隧道可采用水泥混凝土路面，但应采取措施提高其抗滑和降噪性能。水泥混凝土由于强度较高，在目前的隧道路面中得到了广泛的应用。但水泥混凝土路面行车噪声较大，且在使用后很短的时间内其抗滑性能已经大大降低，因此，选择水泥混凝土作为路面材料时，必须优先考虑其降噪和抗滑性能。目前新型的隧道路面材料如钢纤维混凝土具有较好的抗拉、抗折、耐磨性和抗冲击性，多孔水泥混凝土具有明显的降噪功能和良好的排水效果，也是隧道路面设计中可考虑采用的面层材料，水泥混凝土路面结构如图 18-3-1 所示。

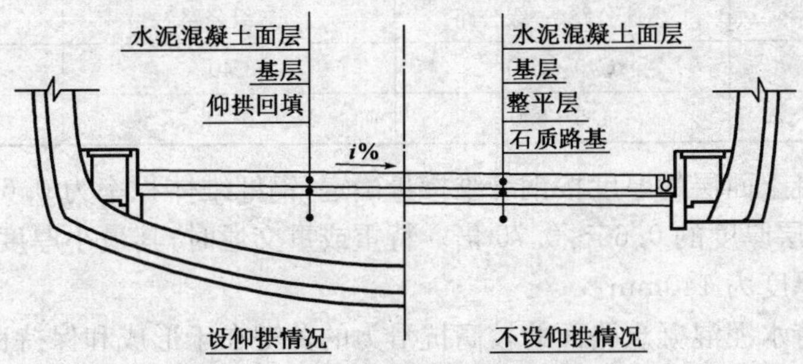

图 18-3-1　水泥混凝土路面结构示意图

二、三、四级公路隧道路面一般宜采用设接缝的普通水泥混凝土面层；一级公路、高速公路隧道路面宜采用连续配筋混凝土面层或钢钎维混凝土面层。

连续配筋混凝土路面沿纵向连续地配有足够数量的钢筋，以控制面板纵向收缩产生的裂缝，除施工缝及构造所需的胀缝外不需要设置胀、缩缝，从而能有效提高路面的平整度和行车的舒适性，减少维修成本。

钢纤维混凝土大幅度提高了抗拉、抗弯、抗冲击、耐疲劳及韧性指标，具有较好的阻裂抗缩能力和抗冻耐磨性能，在减小路面厚度，加大缩缝间距，延长使用寿命等方面有良好的效果。

设计水泥混凝土路面时，一般应复合以下要求：

(1)水泥混凝土面层应具有足够的强度、耐久性、表面抗滑、耐磨、平整等性质。面层一般采用设接缝、不配筋的普通混凝土路面板，面层板的平面尺寸较大或形状不规则，路面结构下路基等有可能产生不均匀沉降时，应采用设置接缝的钢筋混凝土面层。普通混凝土、钢筋混凝土、碾压混凝土或钢纤维混凝土面层板一般采用矩形。

(2)普通混凝土、钢筋混凝土、碾压混凝土或配筋混凝土面层所需的厚度，可参照表18-3-3。

水泥混凝土面层厚度的参考范围　　表 18-3-3

交通等级	特重				重			
公路等级	高速	一级		二级	高速	一级		二级
变异水平等级	低	中	低	中	低	中	低	中
面层厚度(mm)	≥260	≥250	≥240		270～240	260～230	250～220	

交通等级	中等				轻	
公路等级	二级		三、四级	三、四级	三、四级	
变异水平等级	高	中	高	中	高	中
面层厚度(mm)	240～210	230～200		220～200	≤230	≤220

注：变异水平等级划分参见《公路水泥混凝土路面设计规范》(JTG D40—2002)。

(3)各种混凝土面层的计算厚度应满足《公路水泥混凝土路面设计规范》(JTG D40—2002)的要求。面层设计厚度依计算厚度按 10mm 向上取整。

(4)隧道内水泥混凝土面层的强度采用 28d 龄期的弯拉强度控制，设计弯拉强度和混凝土强度等级可参照表 18-3-4 确定。

各级公路水泥混凝土面层设计弯拉强度，混凝土强度等级参考范围　　表 18-3-4

公路等级	高速公路、一级公路	二级公路	三、四级公路
混凝土强度等级	C40～C50	C40	C35～C40
弯拉强度(MPa)	4.5～5.0	4.0～4.5	4.0～4.5

(5)钢纤维混凝土面层的厚度按钢纤维掺量确定，钢纤维体积率为 0.6%～1.0%时，其厚度为普通混凝土面层厚度的 0.65～0.75 倍。特重或重交通时，其最小厚度为 160mm；中等或轻交通时，其最小厚度为 140mm。

(6)提高并维持水泥混凝土路面的较高抗滑力的关键在于形成和保持良好的宏观构造，因此应对路面进行刻槽、压槽、拉槽、拉毛等表面处理技术。由于隧道水泥混凝土路面需要承受车辆频繁加减速，轮胎对面板自身的磨损加大，从而导致水泥混凝土面板表面的刻槽很快磨平，因此如何提高路面表面构造的耐久性是目前应研究的问题。西部交通建设科技项目《隧道路面结构与材料的研究》成果表明，可在不影响路面结构强度的前提下，将面板上的 5cm 左右采用设计良好的多孔水泥混凝土代替以改善水泥混凝土路面的表面抗滑耐久性。

水泥混凝土路面表面构造深度在使用初期应满足表 18-3-5 的要求。表面构造采用刻槽时，宜采用纵向刻槽，或同时采用纵向和横向刻槽。

各级公路水泥混凝土面层的表面构造深度要求　　表 18-3-5

公路等级	高速公路、一级公路	二、三、四级公路、汽车横向通道
构造深度(mm)	0.80～1.20	0.60～1.00

2. 沥青混凝土面层

在水泥混凝土路面板上加铺抗滑性能优良的两层沥青罩面形成的复合式路面，具有路面抗滑性、行车舒适性好的优点。但沥青路面也存在一些不足，例如，在隧道着火情况下可能参与燃烧并释放浓烟，不利于营运安全和救援工作的开展，因此应采用加入阻燃剂的复合改性沥青；隧道内整体亮度的不足，且进出口段（尤其是进口段）的亮度变化较大，在隧道路面设计中应注意提高路面的反射率，尤其是在隧道路面选用沥青路面时，应考虑选用材料及结构的光反射率。

当采用复合式沥青路面上面层时，沥青面层应具有面层与混凝土面板黏结牢固、防渗水、抗滑耐磨、低温抗开裂、高温抗车辙、抗剥离的良好性能。必要时可采用燃阻性良好、有利于光电照明、反光特性良好的沥青路面性能，复合式路面结构见图 18-3-2。

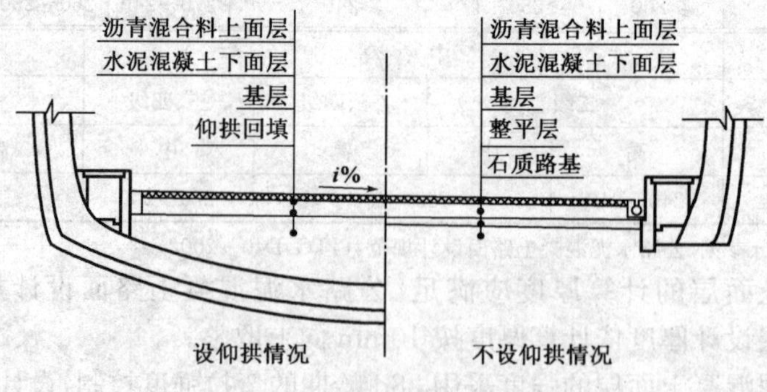

图 18-3-2　复合式路面结构示意图

隧道复合式路面沥青上面层应由黏结层和沥青面层组成。总厚度一般为 8～10cm，宜采用双层式沥青面层。其表面层应采用抗滑表层，沥青混合料配合比设计、高低温性能、水稳性等要求应符合《公路沥青路面设计规范》(JTG D50—2006)的有关规定。沥青表面层的厚度、混合料的类型易于洞外路段相同。

1)沥青混合料上面层

(1)沥青上面层应由沥青面层和黏结层组成，沥青面层厚度一般为 8～10cm。

(2)对于复合式沥青路面结构，沥青上面层与水泥混凝土下面层之间需要足够的抗剪切强度保证。采取的措施包括在水泥混凝土下面层施工完成后进行拉毛处理、在水泥混凝土下面层表面喷洒高黏度热沥青，从而增加两层之间的黏结强度。另外，由于隧道路基存在地下水问题，应解决好路基排水问题并设置防水层，防止地下水对沥青路面造成不良影响。

(3)沥青混合料上面层宜采用双层式沥青面层，其中表面层应具有平整密实、抗滑耐磨、稳定耐久、阻燃性和反光特性良好的性能，沥青下面层应具有与混凝土面板黏结牢固、防水渗入、抗滑耐磨、低温抗开裂、高温抗车辙和抗剥离的性能。

沥青混合料上面层材料要求具有较高的抗滑耐久性以抵抗行车荷载的磨耗，较高的抗拉疲劳强度以抵抗在垂直荷载与水平荷载综合作用下对表层的拉应力，并且能够抵抗接缝处表面的拉应力作用。表面层材料可以优先选用具有较高沥青含量的 SMA 沥青混合料，从提供表面抗滑性能角度，也可以采用 OGFC 沥青混合料。表面层厚度一般为 4cm，为便于铺装，沥青表面层的厚度、混合料类型宜与洞外路段相同。沥青下面层可采用 4～6cm 厚的中粒式沥青混凝土。沥青复合式路面结构示例见图 18-3-3。

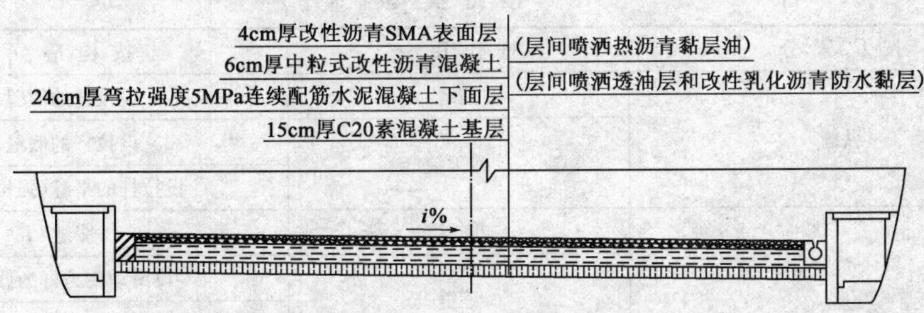

图 18-3-3　复合沥青式路面示例

(4)沥青混合料配合比设计、高低温性能、水稳性等要求以及黏结层、防水层的具体要求可参照现行《公路沥青路面设计规范》(JTG D50—2006)的有关规定执行。

2)水泥混凝土下面层

其性能参见水泥混凝土路面面层。

3. 洞口过渡段路面设计

洞内外路面面层类型不一致时，尤其当洞内采用采用水泥混凝土路面而洞外采用沥青路面时，当行车速度较高时，由于两种面层抗滑性能的差异，极易造成车辆侧滑等事故，危及行车安全。根据浙江省高速公路隧道水泥混凝土路面交通事故的调查结果，事故大多发生在入口 200～400m 路段，且集中发生在长隧道。因此高速公路和一级公路的长隧道、特长隧道和超长隧道，洞内一段路面应与洞外路段保持一致。

主要从以下三个方面考虑：

(1)当洞内采用水泥混凝土路面而洞外采用沥青路面时，高速公路和一级公路的长隧道、特长隧道和超长隧道，洞内一段路面应与洞外路段保持一致，其长度不小于《公路隧道通风照明设计规范》(JTJ 026.1—1999)对隧道照明引入段、适应段和过渡段的长度规定，而且不小于300m。

(2)各级公路的中、短隧道的洞内路面宜与洞外路段保持一致，其长度不小于3s的设计速度行程距离，并且不小于50m。

(3)在水泥混凝土路面与沥青混凝土路面交界处，沥青混凝土路面基层应与水泥混凝土路面基层一致，并设置长度约5.0m的刚性基层过渡板，以减少因错台等原因而给行驶车轮的出入造成障碍。

第四节　接缝和面层配筋设计

一、接缝设计

(1)普通混凝土、钢筋混凝土、碾压混凝土和钢纤维混凝土应设置垂直相交的纵向和横向接缝，纵缝两侧的横缝不得相互错位。

(2)各类接缝的位置布设及接缝构造应达到提高接缝传荷能力的目标。

(3)根据设置的位置和作用可将接缝分为纵向缩缝、纵向施工缝、横向胀缝、横向缩缝和横向施工缝五种类型，见表18-4-1。

接缝类型　　表18-4-1

按位置分	按作用分	按构造分
纵缝	缩缝	设拉杆的假缝
	施工缝	设拉杆的假缝
		设拉杆的平缝(强构造)
横缝	胀缝	胀缝
	缩缝	设滑动传力杆的假缝
		设滑动传力杆的平缝(强构造)
	施工缝	设拉杆的企口缝
		设拉杆的平缝
		钢筋网通过的假缝(强构造)

(4)接缝应设置在同一直线上，隧道内接缝应采用加强的结构设计。

(5)隧道内无论是施工缝或缩缝，均应在缝内设置拉杆。宜做成设拉杆平缝型的接缝，拉杆可选用ϕ16mm，长度800mm的HRB335钢筋。

(6)路面宽度变化的路段内，不可使纵缝的横向位置随路面宽度一起变化。应将变化路段作为向外接出的路面进行纵缝布置，但其变宽段起终点的宽度不应小于1.0m。

(7)连续配筋混凝土面层的纵缝拉杆，可由板内横向钢筋延伸穿过接缝代替。

(8)隧道内的普通混凝土面层板的横向缩缝应垂直于路中线等间距布置。

(9)隧道内部不设置横向胀缝，但隧道洞口端的横缝应设置为一端带活动传力杆的胀缝，并在基层上设置钢筋支架予以固定。

(10)隧道内车行道与人行横洞、车行横洞相交叉时,仍保持车行道的接缝位置和形式全线连贯,而车行横洞、人行横洞内的横缝位置按次要道路的纵缝间距作相应的调整。车行横洞与主行车道相交的弯道段,每板块的短边长度≥1.0m,板角<90°,应布设单层或双层钢筋网补强。

二、接缝填封材料

(1)胀缝接缝板应选用能适应混凝土板膨胀收缩、施工时不变形、复原率高和耐久性好的材料。高速公路和一级公路宜选用泡沫橡胶板或沥青纤维板;其他等级公路可选用木材类或纤维类板。

(2)接缝填料应选用与混凝土接缝槽壁黏结力强、回弹性好、适应混凝土板收缩、不溶于水、不渗水、高温时不流淌、低温时不脆裂和耐老化的材料。常用的填缝材料有聚氨酯焦油类、氯丁橡胶类、乳化沥青类、聚氯乙烯胶泥、沥青橡胶类、沥青玛蹄脂和橡胶嵌缝条等。

三、角隅钢筋

隧道洞口端横向胀缝、承受特重交通施工缝的面层角隅、紧急停车带以及车行横洞等路面面层的锐角角隅处,宜配置角隅钢筋。通常选用2根直径为12~16mm的HRB335钢筋,置于面层上部,距顶面不小于50mm,距边缘为100mm,如图18-4-1所示。

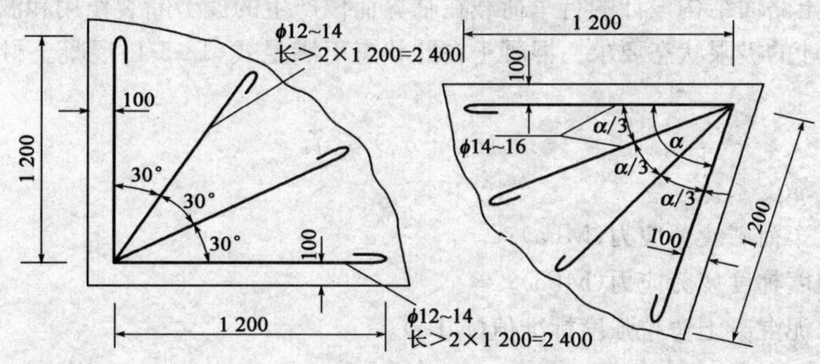

图18-4-1　角隅钢筋布置(尺寸单位:mm)

四、端部处理

(1)隧道内混凝土路面与桥梁相接,桥头设有搭板时,应在搭板与隧道混凝土面层板之间设置钢筋混凝土面层过渡板。后者与搭板间的横缝采用设拉杆平缝形式,与混凝土面层间的横缝采用设传力杆胀缝形式。

(2)隧道内混凝土路面与桥梁相接,桥头未设搭板时,宜在混凝土面层与桥台之间设置钢筋混凝土面层板或设置由混凝土预制块面层或沥青面层铺筑的过渡段。

(3)混凝土路面与沥青路面相接时,其间应设置至少3m长的过渡段。过渡段的路面采用两种路面呈阶梯状叠合布置,其下面铺设的变厚度混凝土过渡板的厚度不得小于200mm,如图18-4-2所示。过渡板与混凝土面层相接处的接缝内设置直径25mm、长700mm、间距400mm的拉杆。混凝土面层毗邻该接缝的1~2条横向接缝应设置胀缝。

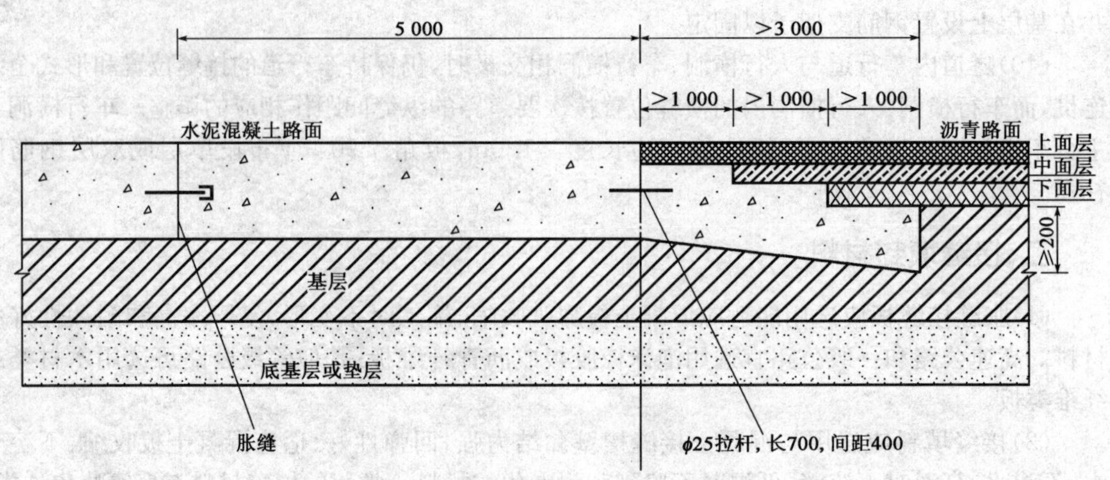

图 18-4-2　混凝土路面与沥青路面相接段的构造布置(尺寸单位：mm)

第五节　路面结构计算及特殊路面结构设计要求

一、普通水泥混凝土路面

水泥混凝土路面结构设计的行车荷载在临界荷位产生的疲劳断裂作用和温度梯度产生的疲劳作用为设计的极限状态要求。混凝土在此状态下满足式(18-5-1)混凝土材料的弯拉强度要求：

$$r_r(\sigma_{pr}+\sigma_{er})\leqslant f_r \tag{18-5-1}$$

式中：γ_r——可靠度系数；

σ_{pr}——行车荷载疲劳应力(MPa)；

σ_{tr}——温度梯度疲劳应力(MPa)；

f_r——水泥混凝土弯拉强度标准值(MPa)。

1. 荷载应力分析

对轴载作用于四边自由矩形板纵向边缘中部所产生的荷载应力，应用有限元法进行了计算分析，公式对轴载的适用范围单轴到 240kN，双轴到 480kN，并增加了三轴一双轮组的情况。应用的荷载应力计算公式为：

$$\sigma_{pr}=K_rK_fK_c\sigma_{ps} \tag{18-5-2}$$

式中：σ_{pr}——标准轴载 PS 在临界荷位处产生的荷载疲劳应力(MPa)；

σ_{ps}——标准轴载 PS 在四边自由板的临界荷位处产生的荷载应力(MPa)；

K_r——考虑接缝传荷能力的应力折减系数，纵缝为设拉杆的平缝时，k_r＝0.87～0.92(刚性和半刚性基层取低值，柔性基层取高值)；纵缝为不设拉杆的平缝或自由边时，k_r＝1.0；纵缝为设拉杆的企口缝时，k_r＝0.76～0.84；

K_f——考虑设计基准期内荷载应力累计疲劳作用的疲劳应力系数；

K_c——考虑偏载和动载等因素对路面疲劳损坏影响的综合系数。

2. 温度应力分析

采用基层顶面计算回弹模量，对面层混凝土的模量乘以 0.85 的系数，对基层顶面回弹模量乘以 0.70 的系数，以考虑材料在温度应力作用下的蠕变效应，并将它们计入温度应力系数计算式和计算曲线中。按式(18-5-3)计算：

$$\sigma_{tr} = K_r \sigma_{tm} \tag{18-5-3}$$

式中：σ_{tr}——临界荷位处的温度疲劳应力(MPa)；

K_t——考虑温度应力累计疲劳作用的疲劳应力系数；

σ_{tm}——最大温度梯度时混凝土板的温度翘曲应力(MPa)。

二、连续配筋混凝土路面

连续配筋混凝土路面(CRCP)是在纵向连续配置足够数量的钢筋，施工时不设接缝的一种高性能混凝土路面结构。CRCP 消除了普通混凝土路面的横向接缝，具有行车舒适性好，强度高、整体性好、耐久性强、行车舒适平顺、养护维修费用少、载能力高、使用寿命长、养护维修少等优点。

1. 混凝土板厚及材料

在确定普通混凝土板的板厚时，应该以板的横向疲劳开裂为控制对象，以板底弯拉应力为控制指标，考虑板纵缝中部的荷载应力与温度翘曲应力不超过混凝土的弯拉强度。对于连续配筋混凝土路面的板厚原则上按照普通水泥混凝土路面的设计方法对板厚进行计算，然后再验算其荷载疲劳应力和温度疲劳应力。

为使 CRCP 具有理想的使用性能，除结构设计外，在混凝土配合比设计中，要使配置的混凝土线膨胀系数较低，混凝土的干缩变形较小，如选择适当性质的集料、水泥等。

2. 配筋设计

连续配筋混凝土路面的钢筋应选择螺纹钢筋或月牙纹钢筋，不宜使用光圆钢筋，配筋时要选择直径较小的钢筋，一般直径为 12～20mm，但控制横向间距不小于 10cm。

(1)纵向钢筋

纵向配筋设计应考虑 4 方面的要求：裂缝间距、裂缝宽度、钢筋应力和钢筋间距。配筋率一般为 0.6%～0.8%，具体设计时可初拟配筋率(如 0.7%)，然后进行裂缝间距、裂缝宽度、钢筋应力及钢筋间距的计算、校核，直至符合要求为止。

纵向配筋率按以下三项原则来确定：

①最小配筋率足以保证混凝土在干缩时引起的内应力不超过混凝土最大的极限拉应力；

②最小配筋率足以保证混凝土在温度下降时引起的收缩应力不超过混凝土的最大极限拉应力；

③最小配筋率足以保证混凝土已有裂缝位置钢筋的最大拉应力不超过钢筋的屈服应力。

满足以上三项原则，则已有裂缝不会拓宽，也不会产生新的裂缝，裂缝间距通常为 1.0～2.5m。

(2)横向钢筋

横向钢筋一般用量很小，它的目的是固定纵向钢筋，稳固钢筋网，保证纵向钢筋充分发挥作用，其配筋率约为纵向钢筋的 1/8～1/5，也可按照钢筋混凝土路面设计方法确定。对于横向钢筋的间距,《公路水泥混凝土路面设计规范》(JTG D40—2002)要求不大于80cm。但参考了国外资料,美国要求不大于23cm,日本建议采用60cm。

(3)钢筋的布置

连续配筋混凝土面层钢筋布置应符合下列要求:

①纵向钢筋应设在表面层下1/3～1/2厚度范围内,横向钢筋位于纵向钢筋之下;

②纵向钢筋的间距不大于250mm,不小于100mm或集料最大粒径的2.5倍;

③横向钢筋的间距不大于800mm;

④纵向钢筋的单面焊接长度一般不小于10倍钢筋直径,双面焊一般不小于5倍钢筋直径。焊接位置应错开,各焊接端连线与纵向钢筋的夹角应小于60℃;

⑤边缘钢筋至纵缝或自由边的距离一般为100～150mm。

(4)端部处理

为了消除或减少连续配筋混凝土路面端部位移的不利影响,在连续配筋混凝土路面与其他类型路面或桥梁、涵洞等构造物链接的端部,应设置锚固结构,借助地基的被动土压力来约束位移。

端部锚固结构可采用钢筋混凝土地梁或宽翼缘工字梁式结构等形式。端部锚固结构设计时,首先要估计板端在温度差作用下可能发生的位移量,然后根据位移控制要求(全部或部分)计算所需的约束力,由此可验算锚固结构的强度、地基稳定性和纵向位移量是否满足控制要求。

三、钢纤维水泥混凝土路面

钢纤维混凝土(Steel Fiber Reinforced Concrete)是通过在混凝土中均匀地掺入一定量的钢纤维(钢材经特殊加工而成)使材料整体性能得到改善而得的一种复合材料,简称SFRC。它不但具有普通混凝土路面的优良性能,而且具有良好的抗折、抗冲击、抗疲劳以及收缩率小、韧性好、耐磨耗能力强、缩短工期、减少唧泥错台等特性,可使路面厚度减薄30%以上,缩缝间距可增至15～30m,一般不用设膨胀缝和纵缝。

1.钢纤维技术要求

钢纤维混凝土所用的钢纤维类型有圆直型、熔抽型和剪切型等,一般不宜使用铣削型和剪切型钢纤维。其长度分为各种不同规格,截面直径为0.4～0.7mm,抗拉强度一般不低于380MPa。

混凝土路面工程使用的钢纤维除应满足《混凝土用钢纤维》(YB/T 151—1999)的规定外,还应满足以下强度及尺寸等方面的技术要求。

(1)抗拉强度

钢纤维抗拉强度分为下表所示的三个等级。从延长使用年限及防止使用不耐疲劳或劣质钢纤维角度出发,混凝土路面工程中使用的钢纤维单丝抗拉强度等级不宜小于600级,分级标准见表18-5-1。

钢纤维抗拉强度等级 表18-5-1

等　级	1000级	600级	380级
抗拉强度(MPa)	>1000	600～1000	380～600

(2)尺寸

钢纤维的长度要与混凝土的公称最大粒径相匹配。钢纤维在混凝土中要起到提高抗弯拉强度、抗拉强度、抗裂和增强韧性等作用，其长度宜大于粗集料公称最大粒径的1/3。同时，为防止混凝土搅拌不均匀或搅拌困难，钢纤维的长度也不宜过长，其长度不应该超过粗集料公称最大粒径的2倍。

2. 钢纤维路面设计参数

钢纤维混凝土路面设计与普通混凝土路面设计相似，只是设计参数有所不同。

(1)钢纤维混凝土抗弯拉强度和抗弯拉弹性模量

钢纤维混凝土抗弯拉强度以实测为宜，当无试验资料时，可取用等交通等级普通水泥混凝土弯拉强度标准值加1MPa，也可按式(18-5-4)计算：

$$f_{\mathrm{ftm}} = f_{\mathrm{tm}}(1 + \alpha_{\mathrm{tm}}\rho_{\mathrm{f}} l_{\mathrm{f}}/d_{\mathrm{f}}) \tag{18-5-4}$$

式中：f_{ftm}——钢纤维混凝土抗弯拉强度设计值；

f_{tm}——同强度等级的素混凝土抗弯拉强度设计值，按现行《公路水泥混凝土设计规范》(JTG D40—2002)规定选用；

α_{tm}——钢纤维对抗弯拉强度的影响系数，应通过试验确定，当 $f_{\mathrm{tm}} \leqslant 6.0$MPa时，对熔抽型钢纤维 $\alpha_{\mathrm{tm}}=0.52$；对剪切型或熔抽型钢纤维 $\alpha_{\mathrm{tm}}=0.73$；

ρ_{f}——钢纤维体积率；

l_{f}/d——钢纤维长度与直径之比，简称长径比。

抗弯拉模量可采用同强度等级的素混凝土抗弯拉强度相应的抗弯拉弹性模量 E_{tc}。

(2)钢纤维混凝土抗弯拉疲劳应力系数

根据设计使用年限内汽车标准轴载的累积作用次数和钢纤维混凝土体积率，按式(18-5-5)计算确定：

$$K_{\mathrm{f}} = N_{\mathrm{e}}(1 + \alpha_{\mathrm{tm}}\rho_{\mathrm{f}} l_{\mathrm{f}}/d_{\mathrm{f}}) \tag{18-5-5}$$

式中：N_{e}——使用设计年限内，路面所经受的累计重复作用次数。

3. 钢纤维路面配合比设计

钢纤维混凝土的配合比，应保证混凝土的抗弯拉强度、施工和易性、耐久性、经济性要求，并应符合合理使用材料、降低造价的原则。配合比的设计首先要求应使路面厚度减薄，其次是保证钢纤维混凝土有较高的抗弯强度，以满足结构设计对强度等级的要求即抗压强度与抗折强度，以及施工的和易性。钢纤维混凝土配合比设计基本按以下步骤进行。

(1)确定钢纤维体积率在混凝土中钢纤维的掺入量为1.0%～2.0%(体积比)，交通量繁重时取高限，但最大掺量不宜超过2.0%。

(2)确定水灰比，钢纤维混凝土弯拉强度与钢纤维用量、水灰比均有关，可先根据经验确定钢纤维用量，再确定水灰比。钢纤维混凝土水灰比一般为0.40～0.50，具体可根据钢纤维混凝土弯拉强度与水灰比的关系计算。

(3)确定单位用水量与用灰量

钢纤维混凝土单位体积用水量，可根据试验或已有经验来确定。钢纤维混凝土单位体积用灰量，根据已确定的水灰比与单位体积用水量计算确定。一般每立方米的水泥用量为360～400kg。

(4)确定砂率与粗集料用量

钢纤维混凝土的砂率一般为45%～55%，粗集料用量与普通混凝土算法一致。

(5)强度试验

根据设计要求进行抗压强度、弯拉强度以及施工和易性试验,最终确定钢纤维混凝土的材料及掺量。

4. 厚度设计

钢纤维混凝土路面厚度设计,先按普通混凝土路面厚度设计计算,再根据钢纤维用量,技术规范规定取用普通混凝土路面面板厚度的 0.55～0.65 倍,且不小于 10cm。钢纤维用量一般占混凝土的体积百分率的 1.0%～1.2%(即 75～94kg/m³),当特重交通或重交通时为厚度采用最小厚度 160mm,中等或轻交通时最小厚度采用 140mm。

5. 接缝设置

由于钢纤维混凝土初期强度增长快,强度高,抗裂性好,横向缩缝间距可适当延长,以 5～10m 为宜,不宜超过 20m;纵向缩缝间距可按路面宽及每个车道宽而定,最大不宜大于 7.5m。胀缝应与路面中心线垂直,缝壁垂直,缝隙宽度一致,缝中不得连浆或有碎石突出;缩缝宜采用机械切缝与压缝相结合的形式。因钢纤维混凝土的初期强度增长快,所以切缝时间应适当提前,当钢纤维混凝土强度达到设计强度约 50%时,开始切缝,并选择合适时期进行灌缝。

四、多孔水泥混凝土路面

1. 多孔水泥混凝土基层

多孔水泥混凝土是以水泥为胶结材料、特殊级配集料、水和外加剂按一定比例和特定工艺配制而成的孔隙均匀分布的蜂窝状结构,往往无细集料,又称"无砂混凝土"。由于这种混合料不含或含有很少细集料,其硬化后的混凝土中存在着较大、较多的空隙,有效空隙率可达 25%～30%。

1)原材料要求

(1)水泥

水泥是多孔混凝土的重要组成材料,虽然用量少,却是决定多孔混凝土强度的重要因素。道路工程中常用的五大品种水泥均可应用,对于高铝水泥、膨胀水泥、快硬水泥等一般不宜采用。由于从拌和到压实,一般需要 2h,应优先选用终凝时间较长的水泥。

(2)粗集料

集料应选用洁净、坚硬而耐久的碎石,集料的含泥量及针片状含量应满足表 18-5-2 的要求。

多孔混凝土用粗集料技术要求 表 18-5-2

最大粒径	压碎值	含泥量	针片状含量
≤层厚的 2/3	≤30%	≤1%	≤15%

(3)其他

多孔混凝土拌和物要有足够的水,以满足水泥水化和压实的需要。此外,多孔混凝土具有开放式空隙,施工中水分容易损失,使混合料表面的水泥浆过早初凝,造成表面颗粒松散现象,影响其强度。在高温天气施工时,可以通过使用外加剂使拌和物保水与缓凝。

2)集料级配

多孔混凝土的强度来源主要是水泥浆的黏结力和集料之间的嵌挤作用,水泥用量相对较少,集料级配的嵌挤作用相对较大。根据泰波公式及外国的经验,设计出表 18-5-3 中的四种级配。

多孔混凝土集料级配要求　　表 18-5-3

筛径(mm)	质量通过百分数(%)			
	级配 1	级配 2	级配 3	级配 4
31.5	100	100		
25			100	
20	76～87	76～87	90～100	
16				25～60
10	0～5	50～71	20～55	
5		0～5	0～10	0～10
2.5			0～5	0～5

3)设计标准

多孔混凝土的组成设计,应同时满足空隙率、渗透率及力学强度三方面的要求。

(1)空隙率

空隙率是指混凝土总体积扣除固体骨架所占体积后的剩余部分,它由三部分组成即连通空隙、半连通空隙以及封闭空隙,三者之和为全空隙。空隙率最常用的测定方法是量体积法,对于表面不平整又不宜在再切割的试件,用量体积法测出的空隙率偏低,可以采用改进蜡封法测定试件的全空隙率及有效空隙率。空隙率越高,排水性能越好。

(2)渗透系数

渗透系数是表征多孔介质运输流体能力的标量,可作为多孔混凝土排水基层排水性能的指标。渗透系数与水的物理性质和多孔介质的性质有关,前者如密度和黏度等,后者主要指孔径大小、空隙分布、连通度及空隙率等。当水的物理性质一定时,渗透系数取决于多孔介质的性质。可由式(18-5-6)计算水的渗透速度:

$$v = kl \tag{18-5-6}$$

式中:v——水的渗透速度(cm/s);

l——水力梯度;

k——渗透系数(cm/s)。

(3)力学强度

多孔混凝土基层的强度应满足表 18-5-4 的要求。

多孔混凝土基层的设计抗压强度与弯拉强度　　表 18-5-4

交通等级	特　重	重
7d 设计抗压强度(MPa)	5～8	3～5
28d 设计弯拉强度(MPa)	1.5～2.5	1.0～2.0

2. 多孔水泥混凝土面层

1)原材料要求

(1)水泥

胶凝材料的强度对多孔混凝土的性能起着关键作用,水泥作为胶凝材料的主要组成成分其自身性质的优劣对多孔混凝土性能高低的影响尤为重要。参照《公路水泥混凝土里面施工技术规范》(JTG F30—2003)对水泥技术的要求。国内外多孔水泥混凝土路面主要应用于轻交通荷载作用处。中、轻交通路面水泥的化学成分和物理指标见表 18-5-5。

中、轻交通路面水泥的化学成分和物理指标 表 18-5-5

技术指标	技术要求	技术指标	技术要求
铁铝酸四钙	不宜＜12.0％	烧失量	不得＞5.0％
游离氧化钙	不得＞1.5％	比表面积	宜在 300～450m^2/kg
氧化镁	不得＞6.0％	细度	筛余量不得＞10％
三氧化硫	不得＞4.0％	初凝时间	不早于 1.5h
出磨时安定性	蒸煮法检验必须合格	终凝时间	不迟于 10h
标准稠度需水量	不宜＞30％		

(2)粗集料

粗集料是水泥混凝土中用量最大的单项材料，在多孔混凝土中形成主体骨架，其嵌锁和挤压力是多孔混凝土路面承载能力的主要保证，其不应含有有机质、风化物或其他有害杂质，其质地应坚硬、耐久、洁净。拌和物中的集料应保持良好的完整性，不能破碎。应对粗集料的技术性质指标进行限制，不低于Ⅱ级，粗集料技术指标按照《公路工程集料试验规程》(JTG E42—2005)的试验方法进行测试。粗集料技术指标见表 18-5-6。

粗集料技术指标 表 18-5-6

技术指标	技术要求Ⅱ级	技术指标	技术要求Ⅱ级
碎石压碎指标(％)	＜15	有机物含量(比色法)	合格
坚固性(按质量损失计％)	＜8	表观密度	＞2 500kg/m^3
针片状颗粒含量(按质量计％)	＜15	松散堆积密度	＞1 350kg/m^3
含泥量(按质量计％)	＜1.0	空隙率	＜47％

(3)外加剂

加入的外加剂要符合《混凝土外加剂》(GB 8076—2008)要求。减水剂技术性能指标见表 18-5-7。

减水剂技术性能指标 表 18-5-7

技术指标		技术要求
减水率		≥15
泌水率		≥90
含气量		≤4
28d 收缩率比		≥120
凝结时间(min)	初凝	－90～＋120
	终凝	
抗压强度比(％)	1d	≥140
	3d	≥130
	7d	≥125
	28d	≥120
对钢筋锈蚀作用		应说明对钢筋有无锈蚀作用

(4)增强剂

可加入有机聚合物乳液，但聚合物乳液含有表面活性剂，掺入混凝土在搅拌和振捣过程中易引入大量气泡，需要掺入适量消泡剂以起到消泡作用。

2)集料级配

多孔水泥混凝土选用开级配或间断级配粗集料作为集料，粗集料通过薄层水泥浆体相互交结并嵌挤形成骨架结构，属于骨架空隙结构。

3)设计标准

同多孔混凝土基层设计标准，空隙率、渗透系数、力学强度均应满足面层设计要求。

五、沥青复合式混凝土路面设计计算

1.应力分析

鉴于混凝土下面层承受绝大部分荷载作用，计算时先求无沥青上面层时的混凝土下面层的应力，再考虑沥青上面层的影响，从而得到混凝土与沥青混凝土复合式面层的荷载应力和温度应力。

(1)荷载分析

采用三维有限元分析方法计算绝对光滑和完全连续两种接触状况下的混凝土面层板荷载应力，再根据三层弹性体系理论分析沥青面层对混凝土下面层荷载疲劳应力的影响，由此确定复合式路面的荷载应力。

复合式路面的临界荷位为混凝土下面层的纵向边缘中部，即车辆轴载置于板长中部，一侧车轮紧贴板边。标准轴载 P_s 在临界荷位处产生的荷载疲劳应力，其计算与普通混凝土面层相同，按式(18-5-7)计算：

$$\sigma_{psa} = (1 - \zeta h_a)\sigma_{ps} \tag{18-5-7}$$

式中：σ_{psa}——标准轴载 P_s 在有沥青上面层的混凝土板临界荷位处产生的荷载应力(MPa)；

ζ——系数；

h_a——沥青上面层厚度(m)；

σ_{ps}——标准轴载在无沥青上面层的混凝土板临界荷位处的荷载应力(MPa)。

(2)温度分析

采用三维有限元法及弹性三层体系分析，水泥混凝土与沥青混凝土复合式路面临界荷位处的温度疲劳应力 σ_{tra} 的实用计算公式为：

$$\sigma_{tra} = (1 - \zeta' h_a)\sigma_{tr} \tag{18-5-8}$$

式中：σ_{tra}——有沥青上面层的混凝土板临界荷位处温度疲劳应力(MPa)；

ζ'——系数；

σ_{tr}——无沥青上面层时混凝土板在临界荷位处的温度疲劳应力(MPa)。

2.结构组合设计

复合式路面各结构层应该有合理的材料和厚度，其对路基、垫层、底基层、基层的要求同普通混凝土路面。

(1)沥青面层

沥青面层的功能主要是提高路面表面的平整度、耐磨、抗滑性能，并可扩散车轮荷载，减少冲击振动，以及降低温度梯度。沥青面层的厚度应考虑满足上述功能和减缓反射裂缝。

水泥混凝土与沥青混凝土复合式路面的关键问题是反射裂缝的防治。沥青面层的厚度，按减轻反射裂缝的要求确定，高速公路和一级公路不小于 10cm，其他等级公路的不小于 7cm。

(2)混凝土下面层

混凝土下面层的材料与结构设计，除了进行荷载应力和温度应力分析外，其余均与普通混凝土面层相同。

(3)反射裂缝的防治

在复合式路面结构中，混凝土下面层设有接缝，并有可能产生裂缝，就形成沥青面层产生反射裂缝的隐患。随着温度和湿度的变化，混凝土下面层的裂缝将会扩大或缩小，而由于交通荷载的作用，也会使裂缝竖向错动。在温度与交通的综合作用下，裂缝将逐渐向上延伸，最终贯通整个沥青上面层。

国内外常用处治反射裂缝的措施有：加厚沥青面层或纤维增强沥青混合料、设置应力吸收层或玻璃纤维格栅，以及采用沥青碎石结构层等；增加沥青面层厚度可延长裂纹行走路径、减小荷载在面层中产生的应力，从而延缓裂缝反射到面层表面。

第十九章　隧道内附属构造物设计

第一节　一 般 规 定

(1)上、下行分离式独立双洞的公路隧道之间应设置横向通道,满足隧道营运期间检修人员和检修车辆的行走及紧急情况下人员疏散和救援车辆的通行。

(2)对于洞内设置有通风、照明、消防、监控等机电附属设施的,洞内应根据设备需要,设置必要的设备洞室,用于放置设备及其控制设施。

(3)横向通道的设置间距和净空断面、设备洞室的设置位置和大小应满足中华人民共和国行业标准《公路隧道设计规范》(JTG D70—2004)和《公路隧道交通工程设计规范》(JTG/T D71—2004)中相关规定。

第二节　行 车 横 洞

一、行车横洞的适用条件及作用

对于双洞上下行分离的高速公路隧道、一级公路隧道,在长度大于 1 000m 时需要设置行车横洞,以便于在紧急情况下的救援车辆行驶和隧道内人员的疏散;其他低等级公路因救援和通风需要设置有平行导洞需要主洞与平导之间可以通行车辆的特长隧道(设置平行导洞的低等级公路隧道一般长度都大于 3.0km),也需在隧道和平导之间设置行车横洞,但其间距可不受一般车行横洞布置间距的限制;在部分特长隧道通风采用地下风机房时,为了转运设备也需要设置可供车辆通行的行车横洞。

二、行车横洞的设置规定

(1)行车横洞的设置间距可取 750m,并不得大于 1 000m。长 1 000～1 500m 的隧道宜设 1 处,中、短隧道可不设。

(2)为了救援车辆能顺利双向出入,一般车行横洞轴线与隧道主洞轴线宜采用垂直连接,由于施工风险控制原因,早期的设计车行横洞位置与紧急停车带位置相距较远,随着隧道施工水平的提升,目前的设计中行车横洞宜与紧急停车带紧邻布置,即行车横洞轴线与主洞轴线相交处一侧设置紧急停车带或行车横洞轴线与主洞轴线相交处设置在紧急停车带中部,以利于紧急情况下交通疏散时救援车辆的驶入。

(3)行车横洞由于和主洞存在交叉口,施工交叉口时安全风险大,因此车行横洞布置时在满足间距要求的情况下应尽量设置在围岩相对较好的地段。

(4)行车横洞应设置一定的纵坡,以利于排水;行车横洞受隧道左右洞高差控制,纵坡不宜过大或过小，一般情况下不宜大于5%，不宜小于0.3%。对于隧道左右洞高差较大的情况，可考虑通过调整车行横洞与主洞交角、加长车行横洞的方案降低纵坡。

(5)行车横洞衬砌应具有完善的防排水措施。其衬砌防排水方案和隧道主洞应基本一致，围岩渗水通过衬砌后设置的纵向排水管接入主洞排水系统，路面冲洗水(车行横洞一般冲洗次数很少)通过水泥混凝土路面漫流或路面一侧设置集水凹槽汇入主洞污水排水系统，排出洞外。

(6)行车横洞两端洞口应设置防火防护门，防火防护门控制应方便开启和关闭，一般采用监控室远程控制和现场手动控制两种模式，控制系统和车行横洞内照明装置设置为联动模式，横洞内路面亮度不小于2cd/m²。

(7)地下风机房设置的行车横洞平面位置根据地下风机房的总体布置需要设置。

三、行车横洞的限界要求

行车横洞是为了满足紧急情况下的人员疏散和救援车辆行驶，因此其建筑限界宽度应满足单车道车辆的单向行驶，其车道宽度不小于3.75m，高度一般和主隧道建筑限界高度保持一致，不小于5.0m。行车横洞建筑限界如图19-2-1所示。

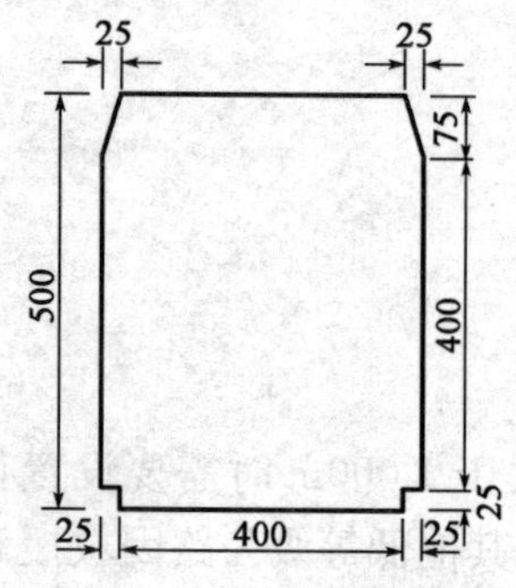

图19-2-1 行车横洞的断面建筑限界(尺寸单位:cm)

四、行车横洞的断面选择及支护参数

1.断面选择

行车横洞的断面形式选择一般根据隧址区的围岩情况确定，对于属于石质围岩、围岩级别条件较好的隧道行车横洞一般选择直墙半圆拱形，也有个别设计单位在隧道围岩特别好的情况下采用直墙割圆拱形断面，而对于土质围岩、软弱围岩、膨胀性围岩的隧道及围岩级别条件较差的隧道，行车横洞一般选择整体受力条件较好的曲墙拱形断面。直墙拱形断面和曲墙拱形断面如图19-2-2所示。

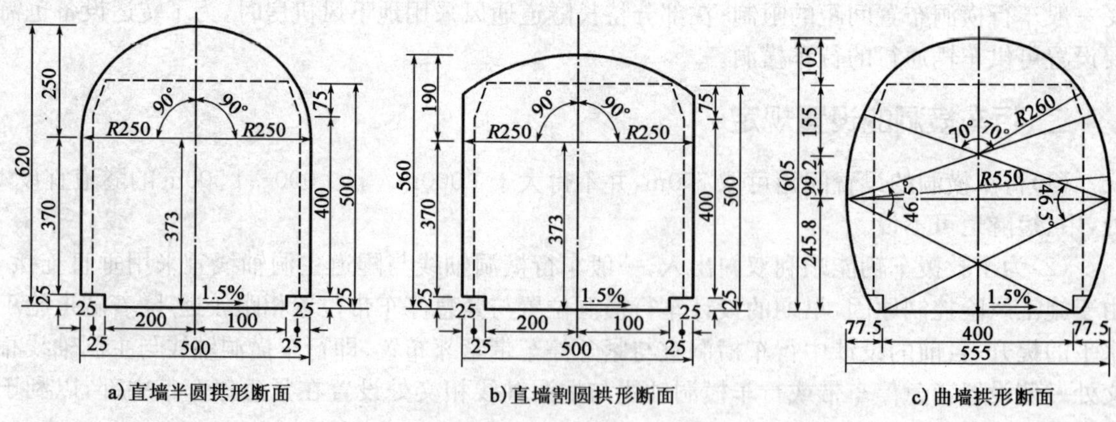

图19-2-2 行车横洞的断面(尺寸单位:cm)

2.支护参数

行车横洞的开挖一般和主洞一致，也采用钻爆法，支护和主洞均按新奥法原理设计，采用复合式衬砌结构。由于其断面属于单车道断面，相对开挖断面较小，支护参数比主洞要弱，其支护结构形式可参考图 19-2-3、图 19-2-4 进行设计，具体支护参数可参考表 19-2-1。

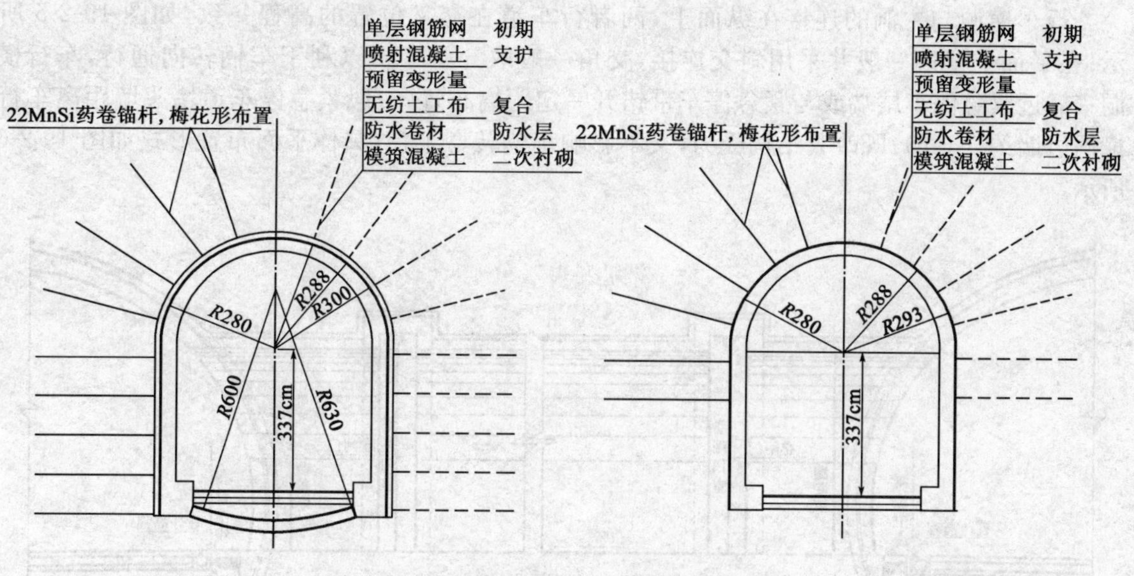

图 19-2-3 直墙拱形断面行车横洞支护结构示意图

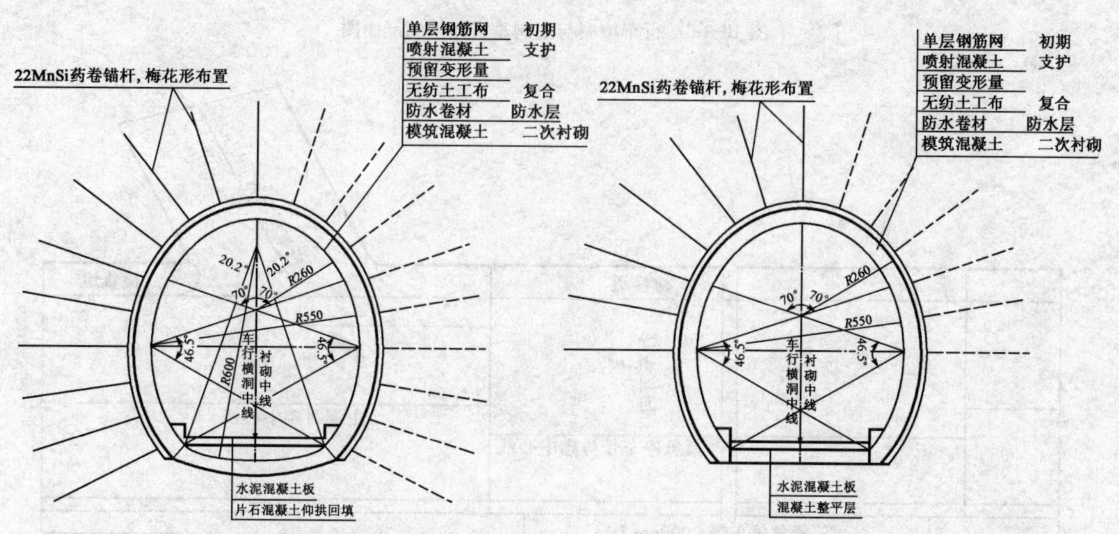

图 19-2-4 曲墙拱形断面行车横洞支护结构示意图

行车横洞支护参数表

表 19-2-1

围岩级别	初期支护			二次衬砌
	锚杆	钢筋网	喷射混凝土	
Ⅱ	—	—	3～5cm	模筑混凝土 25cm 厚
Ⅲ	局部 ϕ22 锚杆，L=2.0m	ϕ6 钢筋网(拱部布置)	6～8cm	模筑混凝土 25～30cm 厚
Ⅳ	ϕ22 锚杆 L=2.5m，间距 1.2×1.2m	ϕ6 钢筋网	8～12cm	模筑混凝土 25～30cm 厚
Ⅴ	ϕ22 锚杆 L=3.0m，间距 1.2×1.2m	ϕ6 钢筋网	12～15cm	模筑混凝土 30～35cm 厚

五、行车横洞与主洞的连接

行车横洞与主洞的连接在纵面上，两者行车道在交叉位置的高程一致，如图 19-2-5 所示；在平面上早期一般并采用斜交连接，交角一般取 60°～75°以利于车辆转向通行，车行横洞宜靠近紧急停车尾端或与紧急停车带错开一定距离布置(一般紧急停车道堵头墙距离车行横洞边墙约 5.0m)，既改善结构受力，又不影响车辆转弯半径，具体平面布置形式如图 19-2-6 所示。

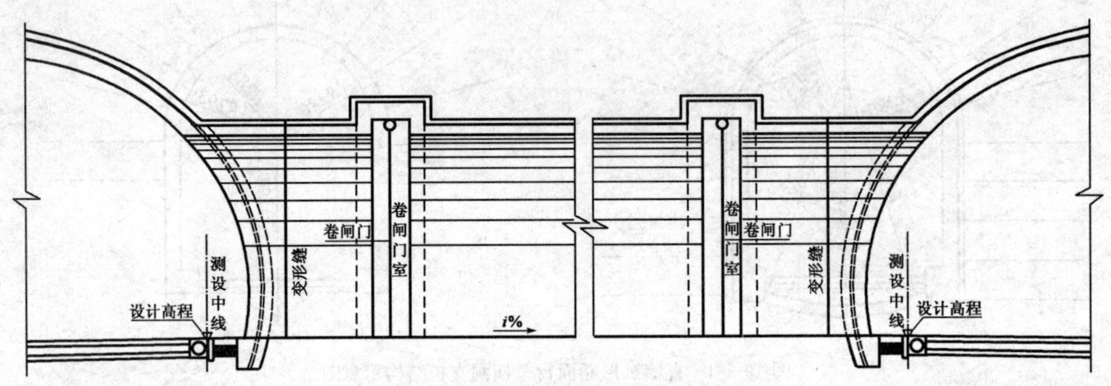

图 19-2-5　行车横洞与主洞垂直连接侧剖面图

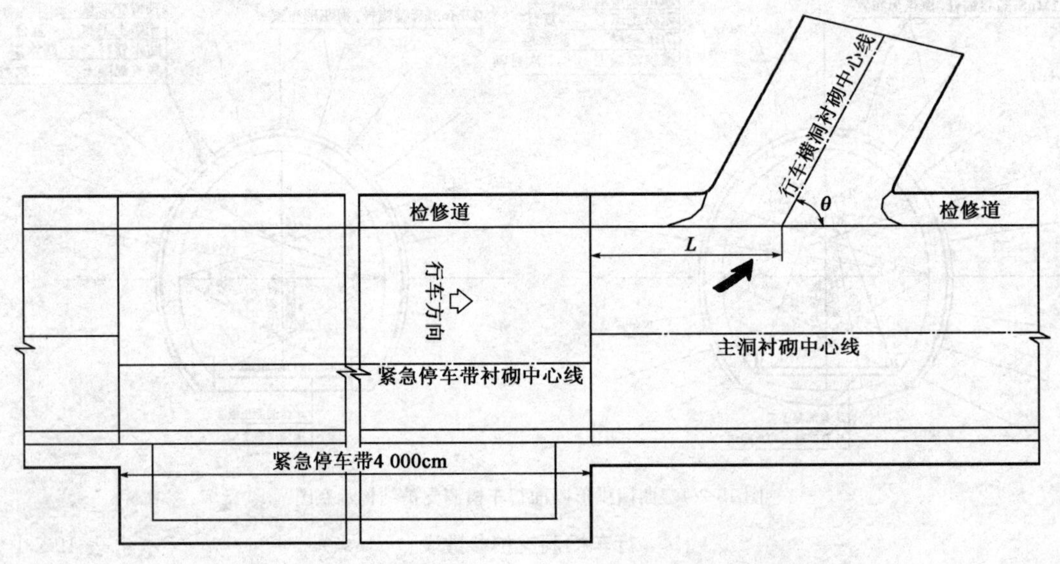

图 19-2-6　行车横洞与主洞斜交连接平剖面图(双向四/六车道隧道)

近年来，随着隧道施工水平的提高，在大断面隧道开挖和复杂条件下隧道的开挖方面积累了丰富的经验，设计人员逐渐尝试在双向六车道隧道设计中将车行横洞和紧急停车带布置在一起，并且车行横洞轴线和主洞轴线采用 90°垂直连接，两者布置在一起可以保证救援车辆的方便驶入，采用垂直连接是为了利于交叉口结构的安全，具体布置形式如图 19-2-7 所示。

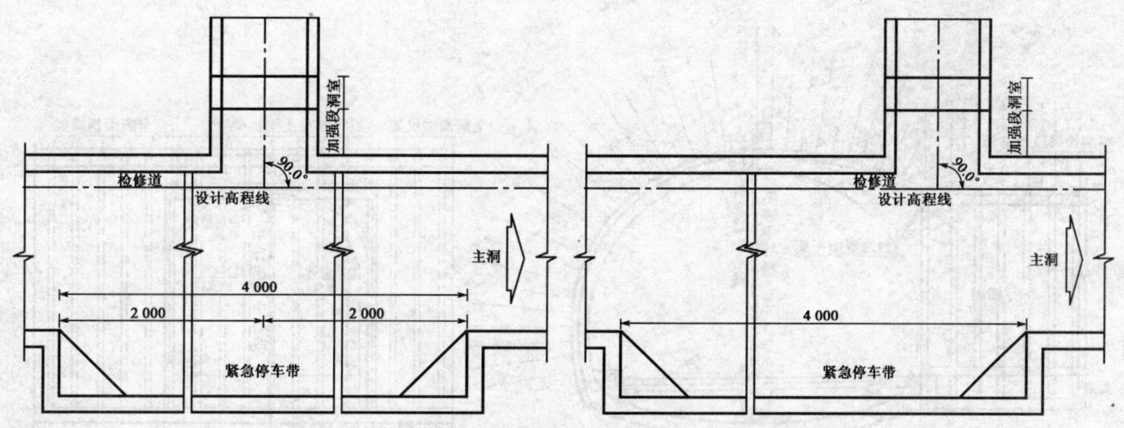

图 19-2-7　行车横洞与主洞垂直连接平剖面图(双向六车道隧道)

六、行车横洞与主洞交叉口处的处理

1. 结构加强

对于行车横洞和主洞交叉口的支护，在Ⅳ、Ⅴ级围岩段的行车横洞和主洞相交的行车横洞洞口 5.0m 范围应进行支护参数的调整，其支护参数在表 19-2-1 的基础上，适当加强初期支护，如喷层加厚、锚杆加长、增加型钢支护，并且为了防止后期运营安全，行车横洞洞口加强段(图 19-2-8)二次衬砌比正常段厚 5cm，并采用钢筋混凝土结构；主洞在行车横洞交叉口段衬砌也应进行适当加强，除初期支护加强外，二次衬砌均应采用钢筋混凝土，在交叉口处因开挖横洞导致的主洞初期支护型钢拱脚悬空问题，一般采用增加型钢托梁和长锁脚锚杆的方案解决，二次衬砌在此三角部位纵向采用矩形配筋梁来进行结构加强。具体方案如图 19-2-9 所示。在Ⅱ、Ⅲ级围岩段落，由于围岩开挖后自稳成洞条件较好，因此初期支护一般不必做特殊的加强措施，仅是为了防止二次衬砌在运营期间收缩开裂，在二次衬砌中布置防裂构造钢筋即可满足要求。

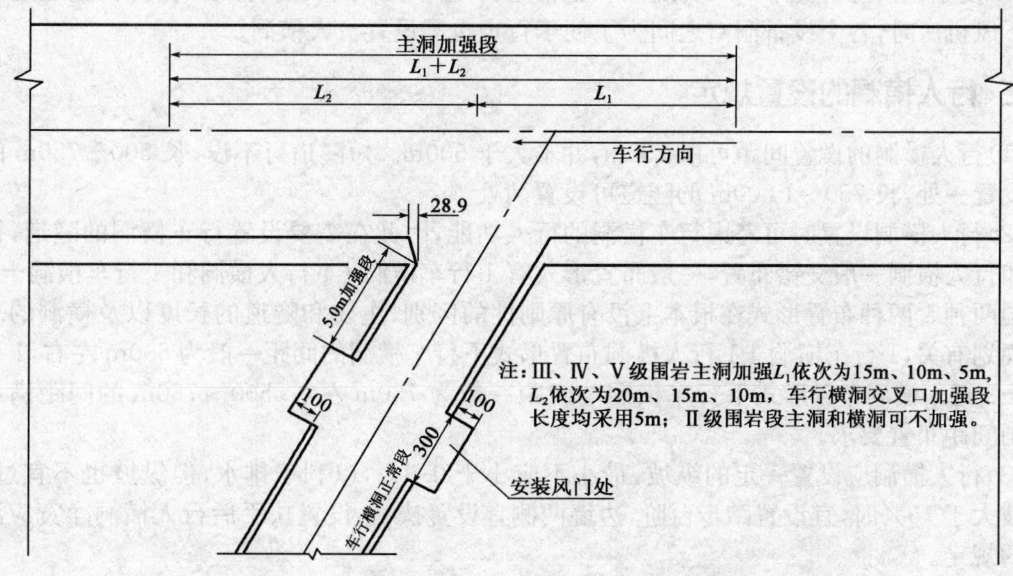

图 19-2-8　行车横洞与主洞交叉加强段平面图(尺寸单位：cm)

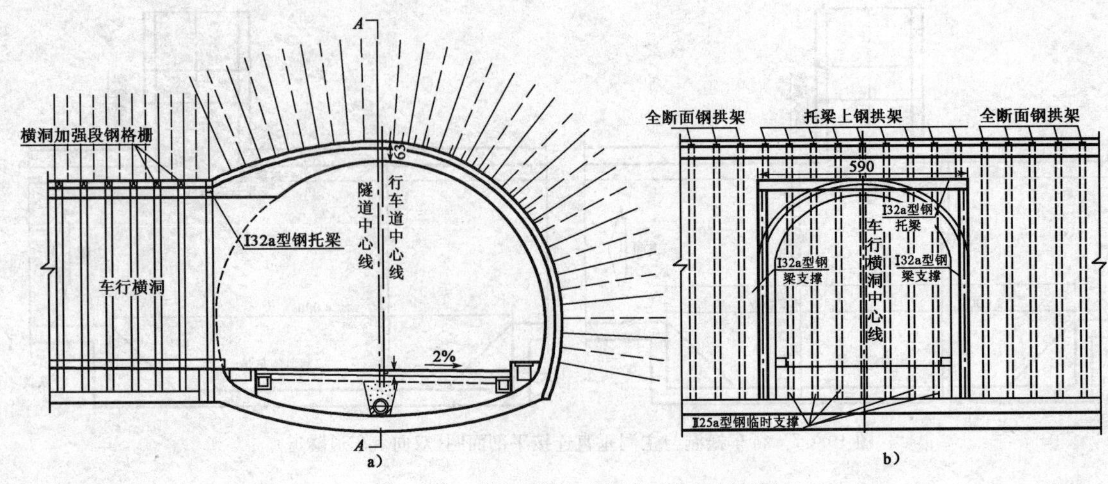

图 19-2-9　行车横洞与主洞交叉加强剖面图

2. 交叉口防排水处理

车行横洞与主洞交叉口在三维上结构复杂，在防排水细节上处理难度较大，防水板在交叉口要达到搭接平顺、焊接紧密存在一定困难，不可避免的存在一定的渗漏点，因此防排水处理遵循以排为主的原则，一般除要求防水板焊接尽量紧密牢靠外，还应增加交叉口处二次衬砌后排水盲管的设置，通过增加排水管及时排出防水板外渗漏出的地下水来降低衬砌后的水压，防止渗漏水在衬砌背面汇集后沿衬砌的薄弱处渗漏出来，保持衬砌表面的干燥。

第三节　行人横洞

一、行人横洞的适用条件及作用

对于双洞上下行分离的高速公路隧道、一级公路隧道，在长度大于500m时需要设置行人横洞，以便于在紧急情况下的人员疏散和正常运营期间检修人员的行走。在特长隧道通风采用地下风机房时，各个设备洞室之间为了便于行走也需设置行人横洞。

二、行人横洞的设置规定

(1)行人横洞的设置间距可取250m，并不大于500m。短隧道可不设，长500～750m的隧道应设置一处，长750～1 000m的隧道可设置两处。

(2)行人横洞设置时可考虑行车横洞的行人功能，因此在需要设置行车横洞的隧道，行人横洞和行人横洞一般交错布置，一般布置形式有1行车横洞＋1行人横洞和1行车横洞＋2行人横洞两种。两种布置形式在根本上没有原则性的区别，主要和隧道的长度以及横洞的总体布置规划有关，1行车横洞＋1行人横洞布置形式下行车横洞的间距一般为500m左右，1行车横洞＋2行人横洞布置形式下行车横洞的间距一般为750m左右，500～750m的间距满足行车横洞间距布置要求。

(3)行人横洞应设置一定的纵坡，最小不应小于0.3%，以利于排水，但纵坡也不宜过大。当纵坡大于15%时，宜设置踏步台阶，边墙两侧宜设置扶手，设置扶手后行人横洞净宽应满足规范的规定。

(4)行人横洞应具有完善的防排水措施，路面应干燥并具有防滑功能。行人横洞衬砌防排水方案和隧道主洞基本一致，围岩渗水通过衬砌后设置的纵向排水管接入主洞排水系统，路面冲洗水（人行横洞一般冲洗次数极少）通过水泥混凝土路面漫流或路面一侧设置集水凹槽汇入主洞污水排水系统，排出洞外。

（5）行人横洞内应设置具有自动感应开闭的照明装置，其路面亮度不小于 1cd/m^2。照明灯源应采用瞬时启动的白炽灯等光源，保证推门时灯具瞬时照亮，便于及时疏散。

（6）行人横洞两端应设置甲级防火门，防火门应具有双向推开和自动关闭功能；洞内应设置疏散指示标志，间距应不大于 20m。

三、行人横洞的限界要求

行人横洞是为了满足紧急情况下隧道内人员的疏散和正常运营期间检修人员的行走，因此其建筑限界宽度应满足根据疏散通道要求确定，其宽度不小于 2.0m，高度不小于 2.5m。行人横洞建筑限界如图 19-3-1 所示。

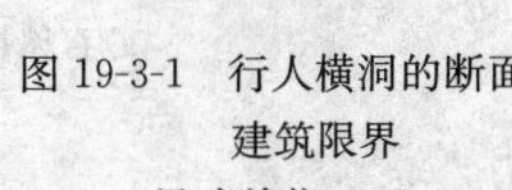

图 19-3-1　行人横洞的断面建筑限界（尺寸单位：cm）

四、行人横洞的断面选择及支护参数

1. 断面选择

由于行人横洞要求的建筑限界断面较小，对结构的受力影响不大，因此行人横洞的断面形式选择一般采用半圆拱直墙断面或割圆拱直墙断面。直墙拱形断面和曲墙拱形断面如图 19-3-2 所示。

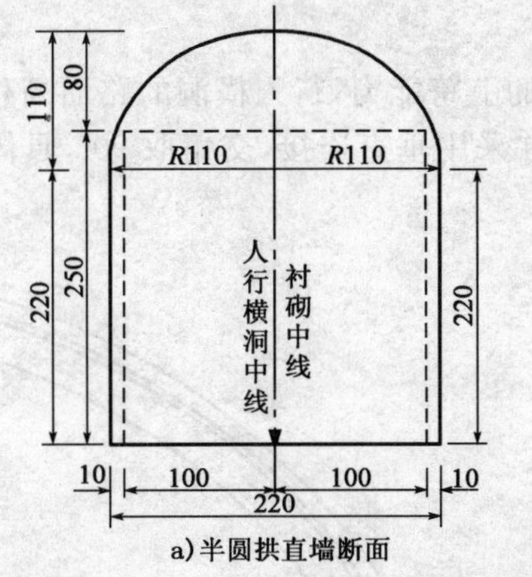

a）半圆拱直墙断面

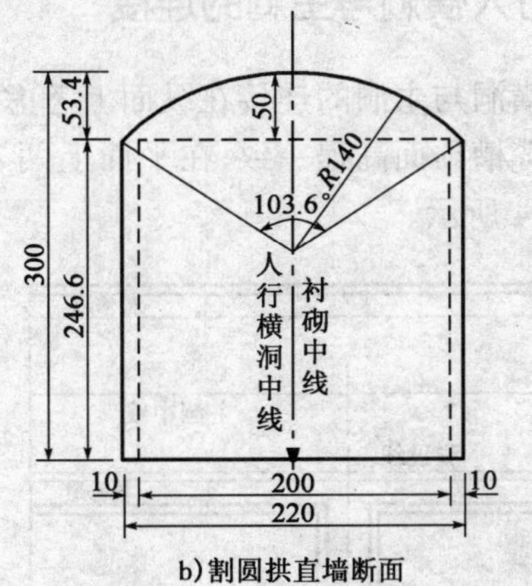

b）割圆拱直墙断面

图 19-3-2　行车横洞的断面（尺寸单位：cm）

2. 支护参数

行人横洞的开挖一般采用钻爆法，支护和主洞一致按新奥法原理设计，采用复合式衬砌结构。其支护结构可参考图 19-3-3 进行设计，支护参数可参考表 19-3-1。对于行人横洞和主洞交叉口的支护，由于行人横洞断面较小，在Ⅲ、Ⅳ级围岩段可不进行交叉口段初期支护的加强，在Ⅴ、Ⅵ级围岩段为了防止衬砌后期的开裂，可在交叉口二次衬砌中设置构造钢筋防止开裂。

行人横洞支护参数表　　表 19-3-1

围岩级别	初期支护			二次衬砌
	锚杆	钢筋网	喷射混凝土	
Ⅱ、Ⅲ	—	—	3～5cm	模筑混凝土 25cm 厚
Ⅳ	ϕ22 锚杆 L=2.0m	ϕ6 钢筋网	5～8cm	模筑混凝土 25cm 厚
Ⅴ	ϕ22 锚杆 L=2.5m	ϕ6 钢筋网	8～10cm	模筑混凝土 30cm 厚

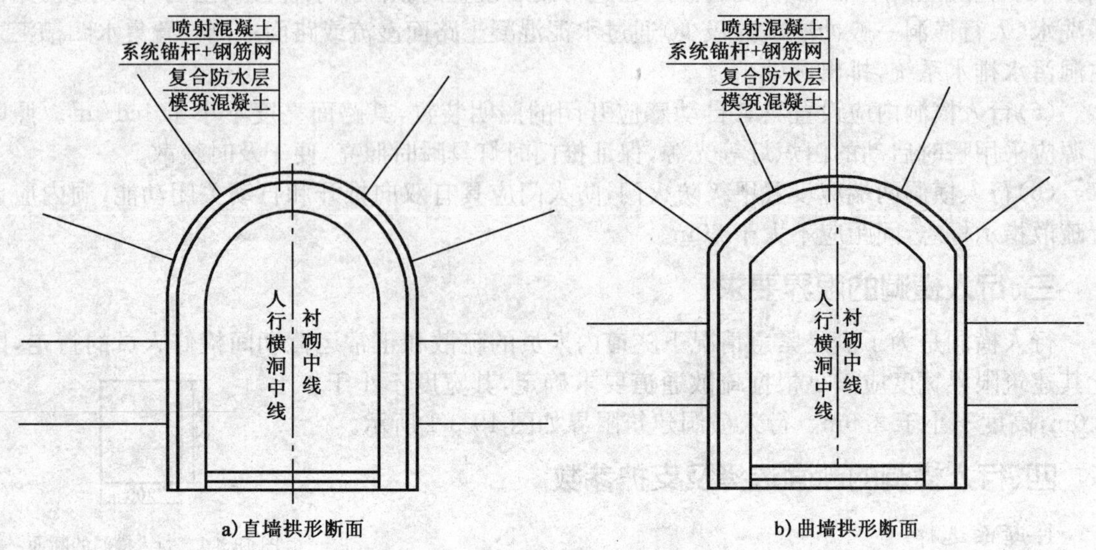

图 19-3-3　行人横洞支护结构示意图

五、行人横洞与主洞的连接

行人横洞与主洞的连接在纵面上考虑到行人的上跨能力，行人横洞的路面高程在交叉口处主洞电缆槽顶面高程一致；在平面上两者一般并采用垂直连接，交角取 90°，具体布置形式如图 19-3-4 所示。

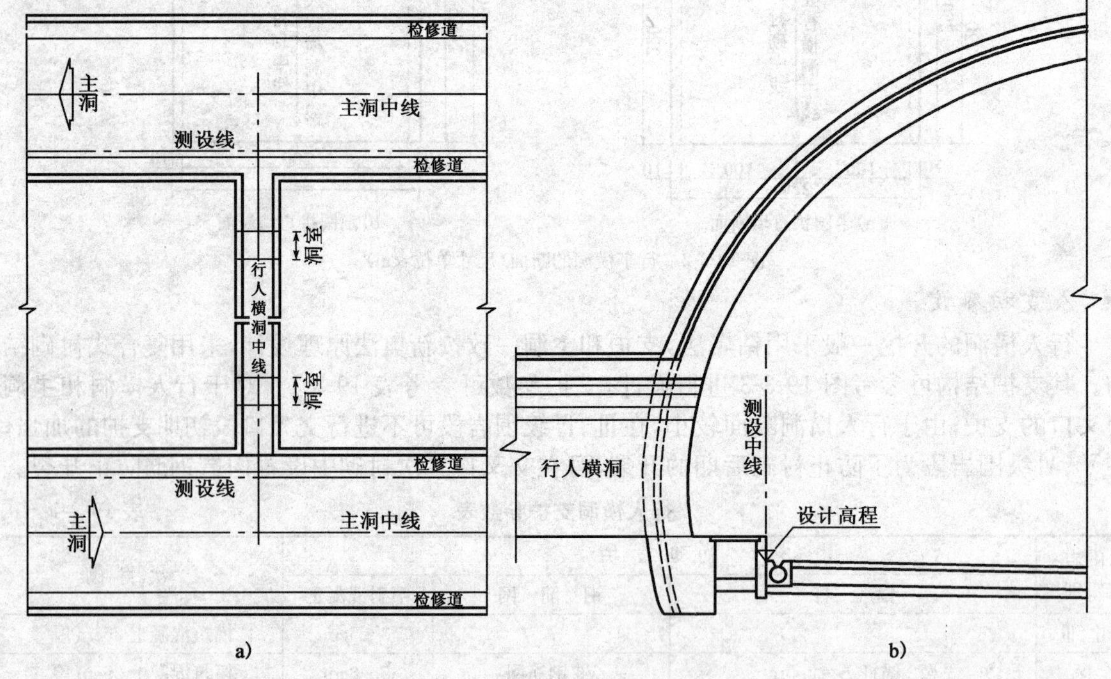

图 19-3-4　行人横洞与主洞连接剖面图

第四节　主要设备洞室

(1)隧道中由于通风、供电会需要设置一定数量的设备洞室,用来放置各种设备,以保障隧道运营的顺畅和安全。设备洞室主要有配电洞室、消防洞室、紧急电话洞室、控制设备洞室及光端机洞室等。

(2)配电洞室设计时应考虑预留足够的放置空间和维护操作空间,同时也应考虑防护要求。

①配电洞室的尺寸主要考虑配电柜放置空间、维修空间以及后期增容空间,并根据配电洞室的防护要求而不同;

②配电洞室通常防护等级为 IP55;

③配电洞室构造可参考图 19-4-1 设置(图中尺寸供参考)。

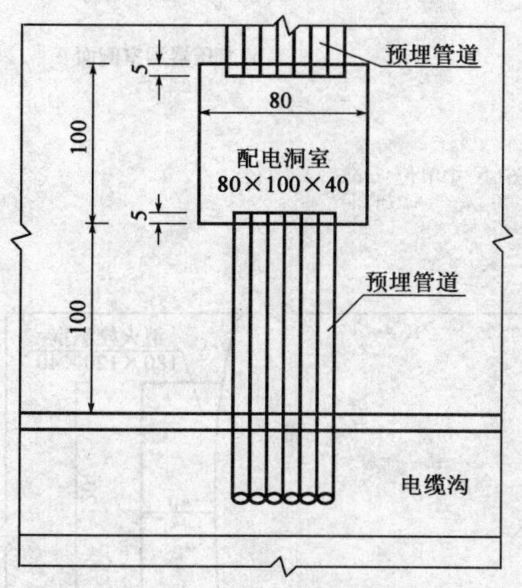

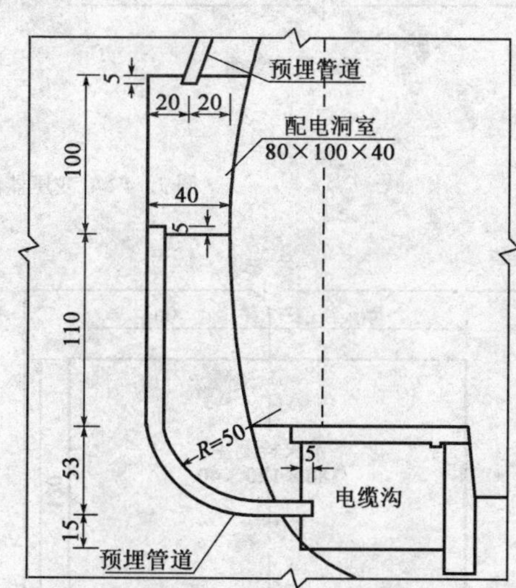

图 19-4-1　配电洞室构造图(尺寸单位:cm)

(3)变压器洞室设计时应结合变压器的实际需要确定尺寸,预留足够的放置空间和维护操作空间,同时也应考虑防护要求。

①变压器洞室尺寸的确定应结合变压器的实际情况以及后期增容情况;

②变压器洞室的构造可参考图 19-4-2 设置(图中尺寸供参考)。

(4)灭火器洞室的空间尺寸可根据放置消防设备的类型有所不同,常见的消防设备有洞内消火栓、水成膜泡沫装置(AFFF 灭火装置)、灭火器等。

①消防洞室设计时应考虑预留足够的放置空间和维护操作空间;

②消火栓洞室构造可参考图 19-4-3 设置,AFFF 灭火装置洞室构造图可参考图 19-4-4 设置(图中尺寸供参考)。

(5)紧急电话洞室用来放置紧急电话设施,以便紧急情况下(如交通事故或火灾等)当事者

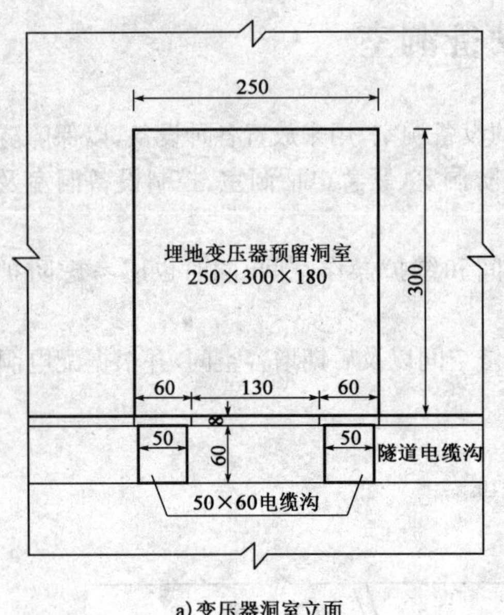

a)变压器洞室立面

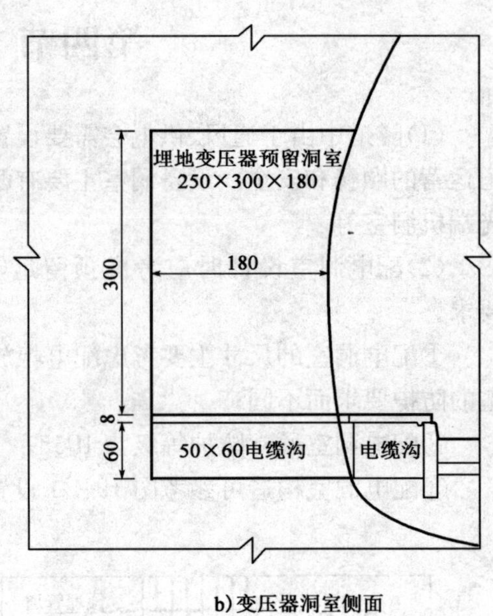

b)变压器洞室侧面

图 19-4-2　变压器洞室构造图(尺寸单位:cm)

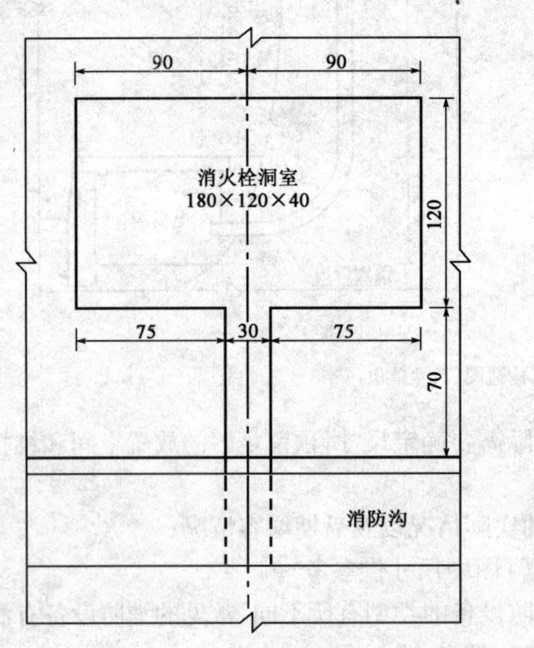

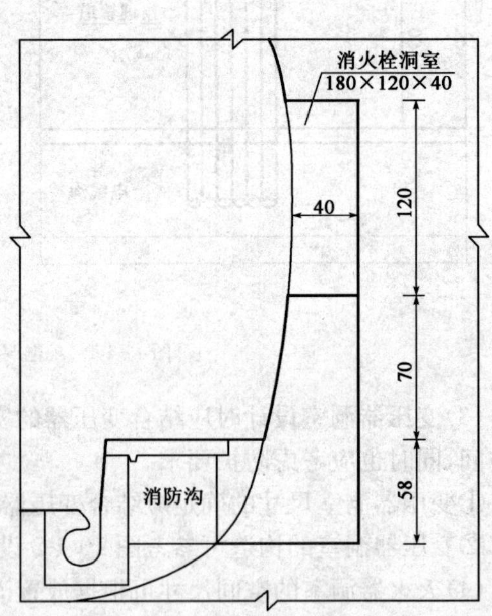

图 19-4-3　消火栓洞室构造图(尺寸单位:cm)

或发现者能及时联系隧道管理人员。

①紧急电话洞室的设置原则:

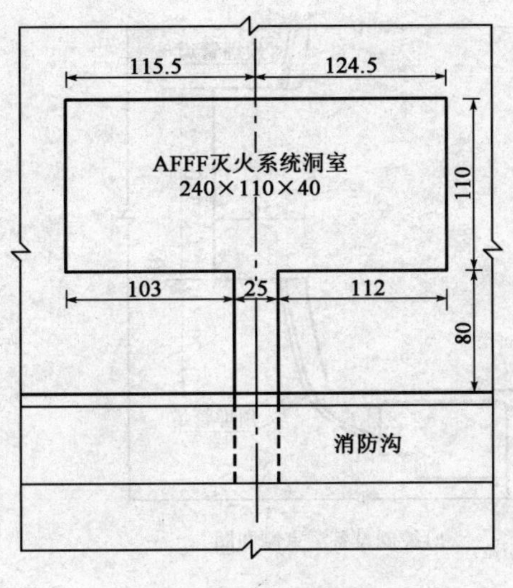

a)AFFF灭火系统洞室立面

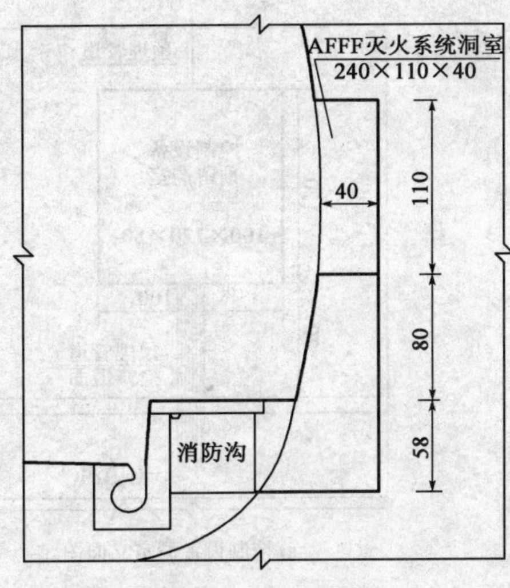

b)AFFF灭火系统洞室侧面

图 19-4-4　AFFF 灭火装置洞室构造图(尺寸单位:m)

a. 紧急电话洞室间距不宜大于 200m;

b. 紧急电话洞室宜设置在紧急停车带或人行横洞处;

c. 紧急电话洞室应能容纳人体大小、并配隔音门。

②紧急电话洞室构造可参考图 19-4-5 设置(图中尺寸供参考)。

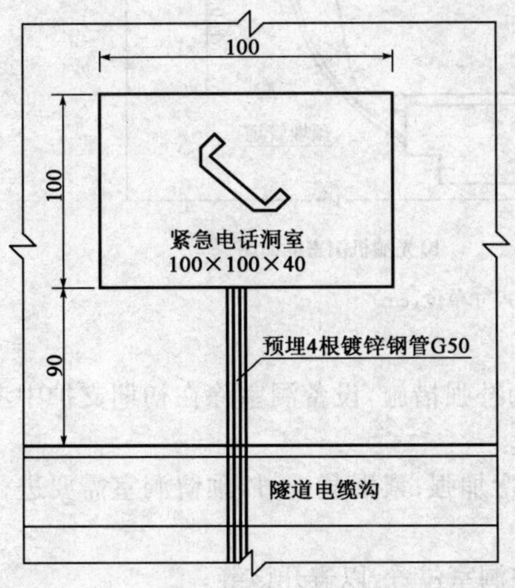

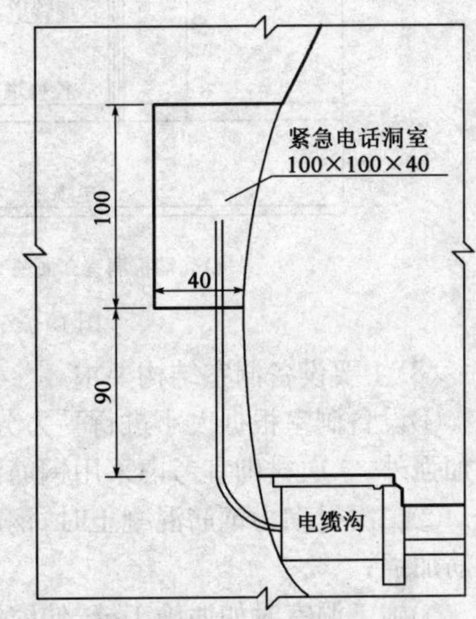

图 19-4-5　紧急电话洞室构造图(尺寸单位:cm)

(6)控制设备洞室主要用来放置隧道内可编程控制器 PLC、工控以太网交换机等主要设备,控制设备洞室设置于洞内设备密集的地方。

控制设备洞室构造可参考图 19-4-6 设置(图中尺寸供参考)。

(7)光端机洞室主要用来放置视频光端机,视频光端机用于传输摄像机视频图像。

光端机洞室构造可参考图 19-4-7 设置(图中尺寸供参考)。

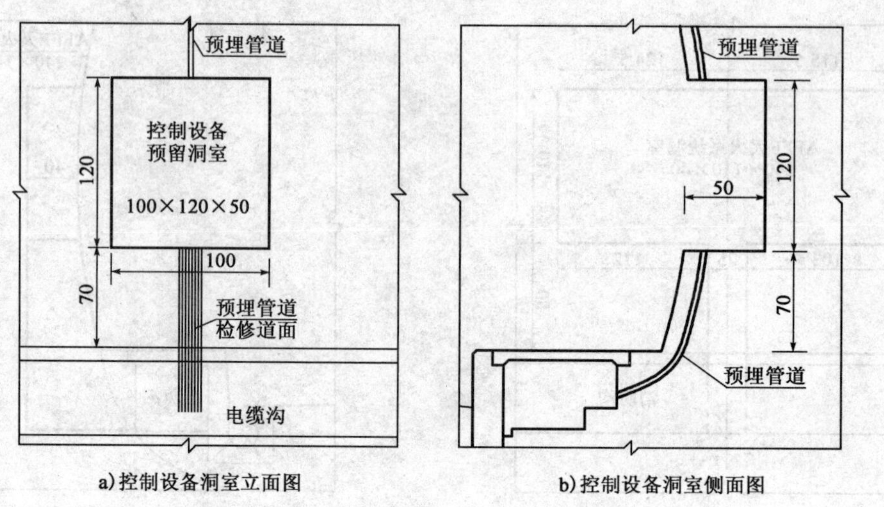

图 19-4-6 控制设备洞室构造图(尺寸单位:cm)

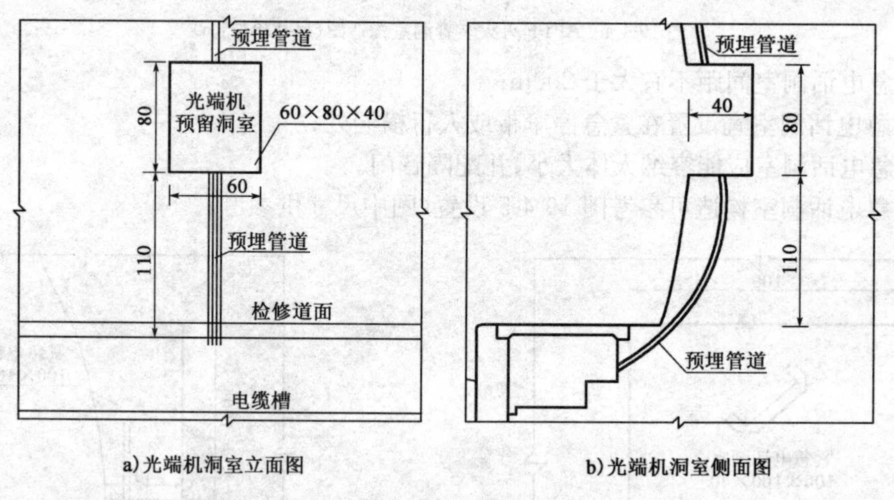

图 19-4-7 光端机洞室构造图(尺寸单位:cm)

(8)主要设备洞室结构要求

①设备洞室根据大小进行受力分析需要有相应的补强措施,设备洞室除在初期支护中考虑加强外,二次衬砌宜考虑采用钢筋混凝土加补强;

②二次衬砌为钢筋混凝土时,钢筋需要向洞内折弯加强;素混凝土时,预留洞室需要进行配筋加强;

③施工洞室时如遇施工缝、伸缩缝等,应适当调整洞室位置,以避开该缝;

④洞室转角处二次衬砌厚度不应小于 25cm;

⑤当预留洞室较大时,施工中主洞钢支撑必须先落底,然后在预留洞室开挖时方能截断主洞钢支撑,同时设置锁脚小导管,并采用槽钢或其他型钢作为横撑;

⑥当洞室钢筋与衬砌钢筋矛盾时,可适当协调配筋;

⑦预留洞室外的防水板设置应与主洞的防水板连接好,保证初期支护及防水板的连续性。

主要设备调整结构加固构造见图 19-4-8～图 19-4-12。

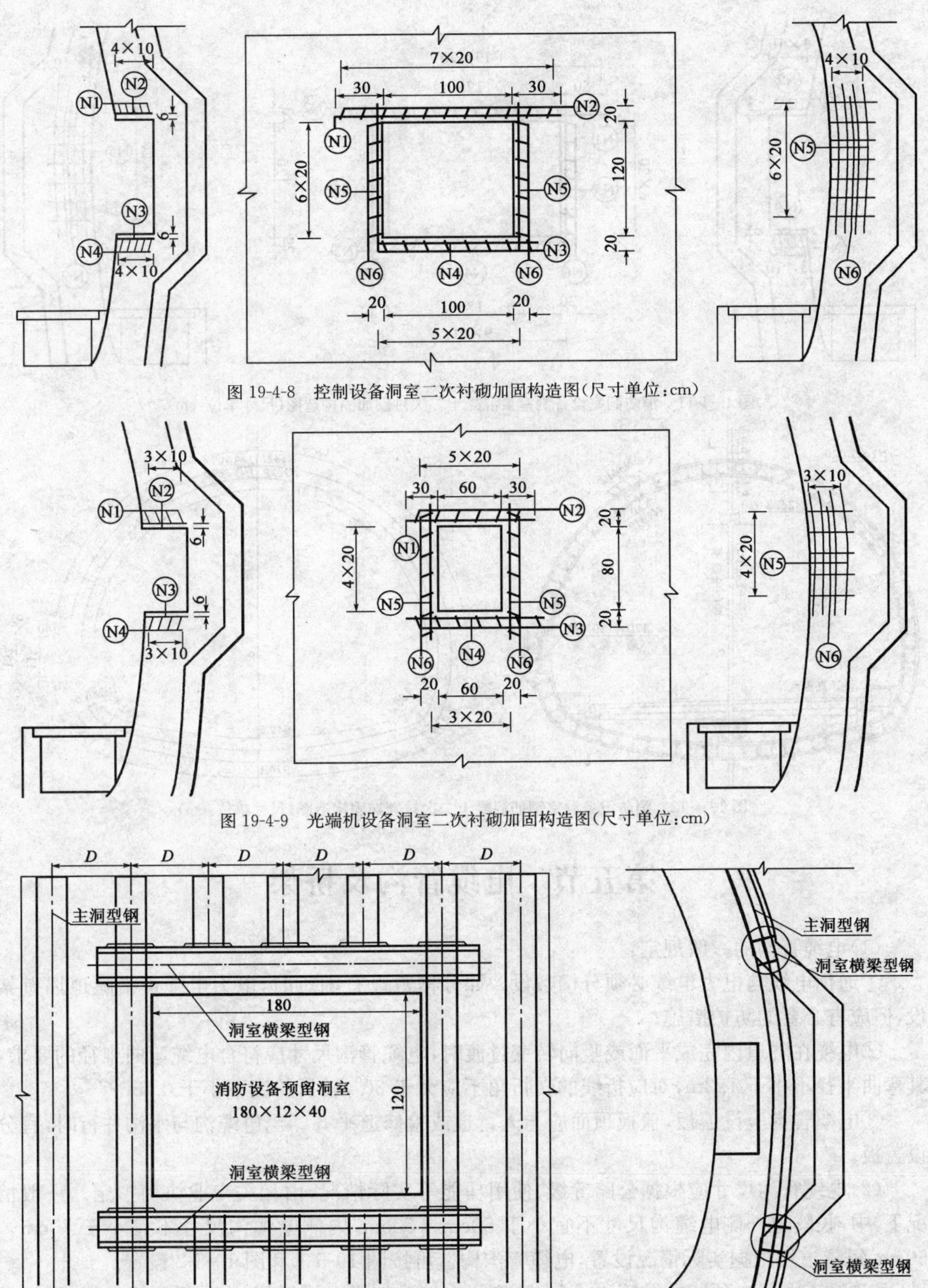

图 19-4-8　控制设备洞室二次衬砌加固构造图(尺寸单位:cm)

图 19-4-9　光端机设备洞室二次衬砌加固构造图(尺寸单位:cm)

图 19-4-10　消防设备洞室初期支护加固构造图(尺寸单位:cm)

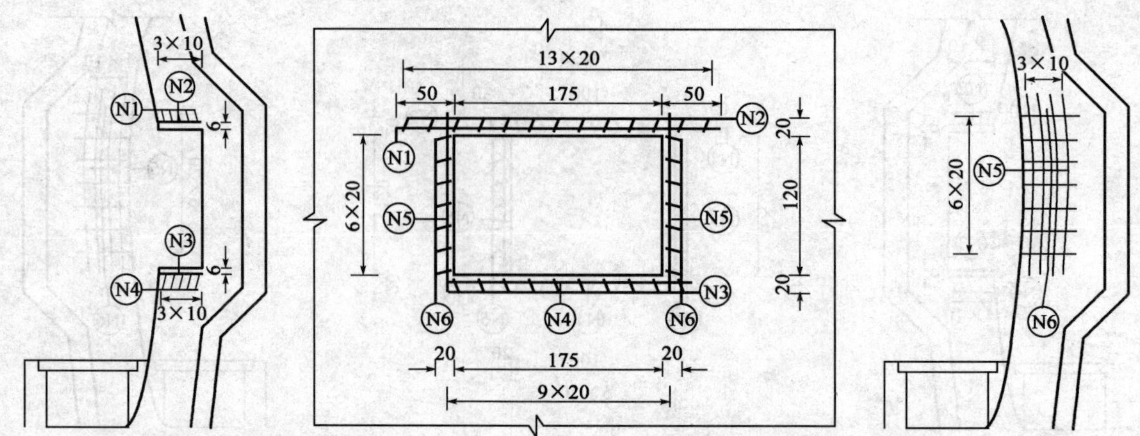

图 19-4-11　消防洞室设备洞室素混凝土二次衬砌加固构造图(尺寸单位:cm)

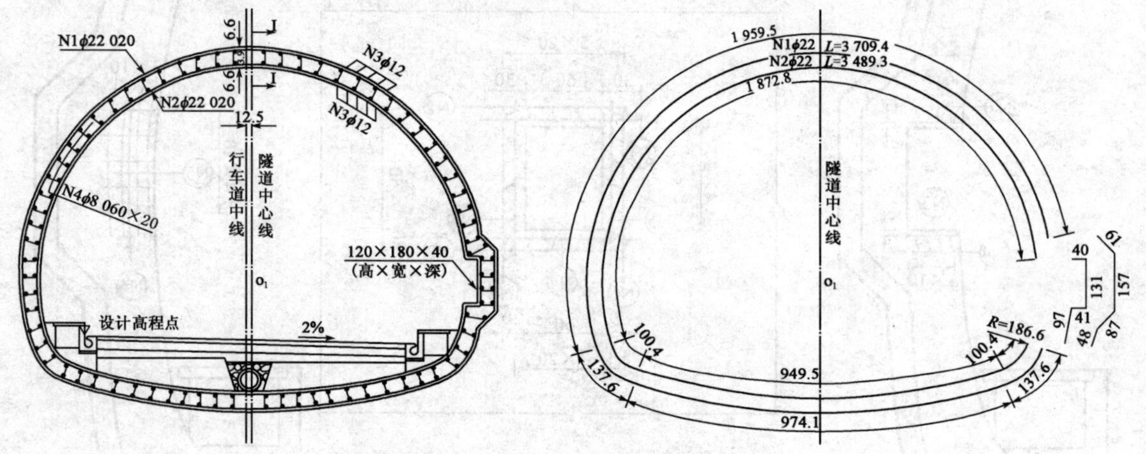

图 19-4-12　消防设备洞室钢筋混凝土二次衬砌加固构造图(尺寸单位:cm)

第五节　电缆管沟及桥架

(1)电缆管沟的一般规定:

①通信电缆与电力电缆必须分槽敷设。如分槽敷设有困难时,电力电缆可沿隧道墙壁架设,但应有必要的防护措施;

②电缆在隧道内完成平面或竖向转变过渡时,电缆管沟尺寸应符合电缆弯曲半径的要求,其弯曲半径不小于 1.2m,对应折线的转折角不应大于 30°,转折长度不小于 0.6m;

③电缆管沟应设盖板,盖板顶面应与人行道或检修道平齐。当电缆沟与水沟并行时,宜分设盖板。

(2)电缆管沟尺寸应根据公路等级、使用功能等实际情况,由相关专业协商拟定。一般情况下,中、长隧道外侧电缆沟尺寸不宜小于 50cm×50cm,内侧电缆沟尺寸不宜小于 70cm×60cm,短隧道可根据实际情况设置,电缆管沟构造可按图 19-5-1 和图 19-5-2 设置。

(3)隧道内若未预埋电缆管沟,可在隧道衬砌墙壁架设电缆桥架,来布设隧道电缆,桥架结构见图 19-5-3。电缆桥架应符合下列规定:

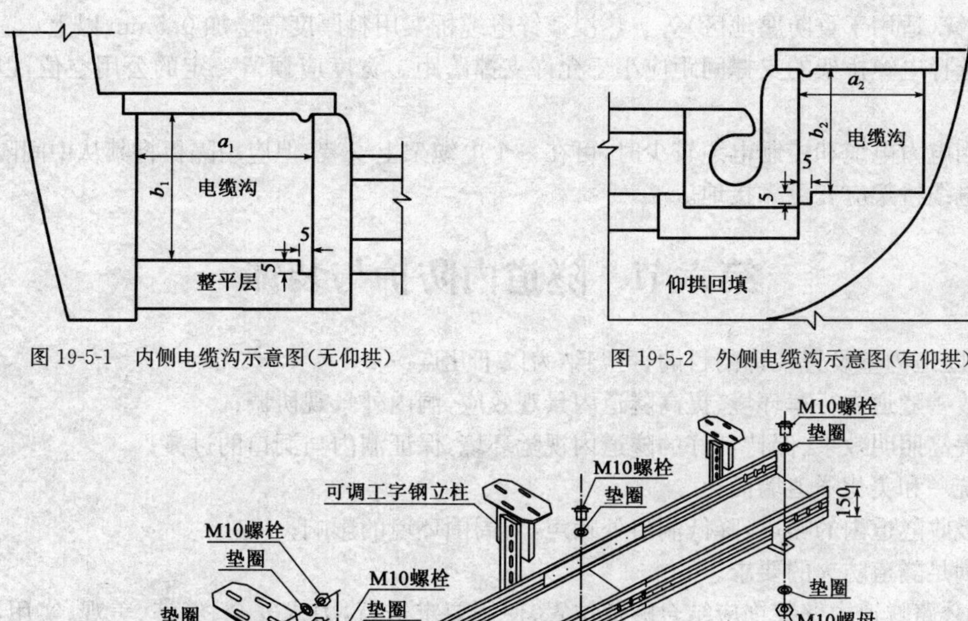

图 19-5-1　内侧电缆沟示意图(无仰拱)　　图 19-5-2　外侧电缆沟示意图(有仰拱)

图 19-5-3　桥架结构示意图(尺寸单位:mm)

①应根据电缆桥架荷载及桥架安装处的环境,以桥架的荷载曲线为依据,来确定桥架的类型和规格及立柱的间距、托臂的长度、桥架的层次等,托臂安装示意图见图 19-5-4;

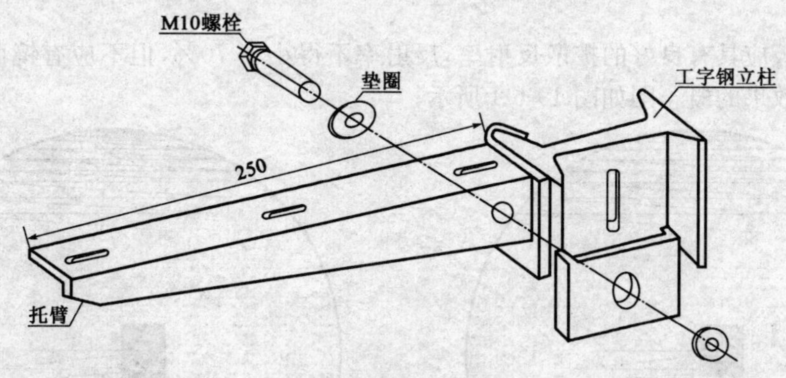

图 19-5-4　托臂安装示意图

②隧道内桥架的固定方式宜采用臂侧式固定;

③各种电缆在电缆桥架上的层次安排与层间距离应为:弱电控制电缆在最上层,一般控制电缆、低压动力电缆、高压动力电缆依次往下排列。这样排列有利于屏蔽干扰、通风、散热等;

④各层电缆的层间距离宜为:控制电缆≥200mm;动力电缆≥300mm;机械化电缆≥400mm;

⑤电缆桥架可采用的防腐措施:塑料喷涂、镀锌钝化、电镀锌(适用于轻防腐地区)、热浸镀

锌、热喷锌(适用于重防腐地区)等。热浸镀锌电缆桥架用料厚度需增加 0.5mm 以上；

⑥选择电缆桥架的支撑间距应小于允许支撑跨距。宽度应预留一定的公用空位，以便增添电缆；

⑦当电力电缆和控制电缆较少时，可在一个电缆架上安装，但应用隔板将其从中间隔开；

⑧电缆桥架应有可靠接地。

第六节　隧道内防护与装饰

(1)隧道内壁设置装饰的目的，可归纳为以下几点：

①改善隧道内行车环境、提高隧道内景观效应，洞内外景观协调；

②提高照明效果、保持良好的隧道内视觉环境，保证洞内与洞口的过渡；

③统一和美化隧道墙面；

④吸收隧道内的噪声，降低洞口处噪声，对周围环境的影响；

⑤满足隧道防火的要求。

(2)公路隧道内壁装饰应结合隧道位置、使用要求进行，力求安全、经济、美观、实用，并应符合下列规定：

①内壁装饰不得侵入建筑限界；

②内壁装饰材料应具有无毒、耐火、耐腐蚀、吸水膨胀率低、反光率高、便于清洗、耐磨和耐用等特点，并符合建筑材料相关规范的要求；

③内壁装饰材料的来源应广泛，价格应便宜。

(3)隧道内壁装饰面板的一般要求

①装饰面板的设置厚度，宜控制在 10cm 以内，并应在净空断面设计时考虑；

②装饰面板的表面应光洁，宜采用亚光白色，图案宜简洁大方，不宜过于繁杂，宜设置导向色带；

③装饰面板应具有良好的扩散反射率，反射率不得小于 70%，但不应有镜面反射以免导致眩光。反射效果的概念图如图 19-6-1 所示；

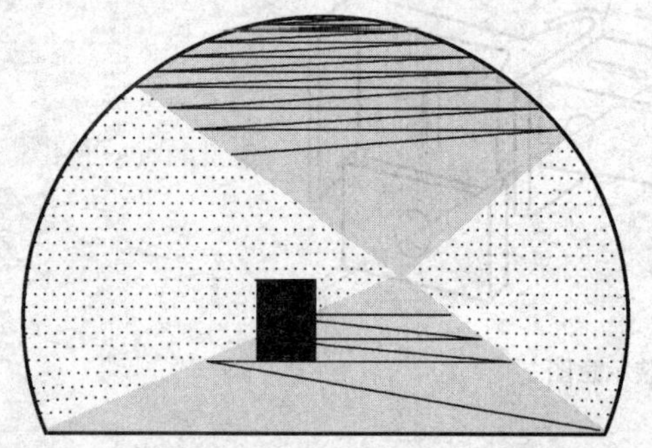

饰面明亮时，路面、墙面、吊顶部的辉度比值大，透视图形的边线明确，便于看清障碍物

无饰面或饰面阴暗时，路面、墙面、吊顶部辉度比值小、难以看清障碍物

图 19-6-1　反射效果概念图

④装饰面板应具有良好的耐高温性、耐火性以及耐久性，应在高温环境下不产生大量烟雾或有害气体；

⑤装饰面板应具备一定的强度，以抵抗施工荷载和冲洗荷载，质量较轻便于安装；

⑥装饰面板应具有易清洗、拆换、维修方便等特点；

⑦装饰面板应具有一定的吸声或降噪效果。

(4)隧道内壁装饰涂料的一般要求

①耐火性能好，涂层厚度宜为 20±2mm，耐火性能试验时间≥2h；

②涂料应属于水性无机厚型隔热型涂料，安全无毒，在常温及高温下不会释放有害气体；

③黏结强度高：研发的新型特殊界面剂与基层的黏结强度≥0.2MPa 以上，涂料间达到 0.2MPa，不会发生因涂层脱落而造成交通安全隐患；

④涂料应具有耐水性、耐酸性、耐碱性、耐冻融循环、耐湿热性好、受高温、潮湿环境的破坏；

⑤吸声效果好。

(5)常用的隧道内壁装饰材料见表 19-6-1。

常用隧道内壁装饰材料及其优缺点　　表 19-6-1

材料＼优缺点	优　点	缺　点
块状混凝土	衬砌表面不需特殊处理	表面粗糙，易污染不易清洗，光线反射效果较差
饰面板、镶板等致密材料	不易污染、清洗效果好、板后空间有利于吸收噪声、光线反射效果好	要求衬砌平整
瓷砖	表面光滑易清洗、光线反射效果好	没有吸声降噪作用、要求衬砌平整
油漆	比混凝土易清洗	对衬砌表面要求很高，需压光、平整，侵湿的油漆损坏很快，没有吸声降噪作用
防火涂料	具有较好的耐高温和耐火性	表面粗糙，易污染不易清洗，光线反射效果差

第二十章　钻爆法水下隧道设计

第一节　概　述

20 世纪 40 年代日本修建的关门海峡水下隧道，是世界最早用钻爆法修建的水下隧道，之后又采用钻爆法花了 20 多年修建了世界闻名的长 53.85km 的青函水底隧道，其中海底段长 23.30km，该隧道在水平钻探，超前注浆加固地层，喷射混凝土等技术上有了巨大发展，尤其在处理海底涌水技术方面，独具一格，为工程界所津津乐道。挪威已建成的约 100km 的水下隧道均采用钻爆法施工，在应对海底不良地质段的施工方面，除应用注浆法之外，还针对不同地质情况和围岩条件，部分地段不设二次混凝土衬砌。这些隧道的断面约在 10～100m^2，埋深 50～240m；涉及地层有黏土层、石灰岩、砂岩等沉积岩，不同风化程度的板岩、石英岩、片麻岩等变质岩，花岗岩、玢岩等岩浆岩；不良地质有断层带、破碎带、软岩地带、涌(突)水。

中国目前也在积极修建水下隧道，目前已修建成的长 6.05km 的厦门翔安隧道以及已贯通的长 6.17km 的青岛胶州湾湾口水底隧道，还有些隧道正在采用钻爆法修建，如长沙湘江水下隧道等，表 20-1-1 是国外部分水底隧道一览表。

国外部分水底隧道一览表　　表 20-1-1

隧　道	类型	建成时间(年)	长度(km)	最深点(m)	埋深(m)	修建国	断面面积(m^2)	岩　石
关门隧道 1	铁路	1944	3.6	−40	最小 9.5	日本	76.9	灰绿凝灰岩、花岗岩
关门隧道 2	双线公路	1958	3.4	−50.1	最小 20.7	日本	95	闪绿岩、玢岩角角岩
新关门隧道	铁路	1975	18.71	−50	68.5	日本	74	海底部分为玢岩、花岗闪绿岩
青函隧道	铁路	1988	53.85	−140	最大 240，平均 100	日本	37 109.48	安山岩、火成岩、沉积岩
Forsmark1	输水	1985	2.3	−75		瑞典	80	
Forsmark2	输水	1985	2.3	−75		瑞典	80	
(Alesund～Ellingsoy)	三车道公路	1987	3.49	−140	最小 40	挪威	68	前寒武纪片麻岩
Ellingsoy～Valderoy)	三车道公路	1987	4.17			挪威	68	前寒武纪片麻岩

续上表

隧　道	类型	建成时间（年）	长度（km）	最深点（m）	埋深（m）	修建国	断面面积（m^2）	岩　石
Ellingsoy	公路	1987	3.5	−140		挪威	68	片麻岩
Valderoy	公路	1987	4.2	−137		挪威	68	片麻岩
Kvalsund	公路	1988	1.5	−56		挪威	43	片麻岩
Godoy	公路	1989	3.8	−153		挪威	48	片麻岩
Flekkeroy	公路	1989	2.3	−101		挪威	46	片麻岩
Hvaler	公路	1989	3.8	−120		挪威	45	片麻岩
Nappstraumen	公路	1990	1.8	−60		挪威	55	片麻岩
Maursundet	公路	1990	2.3	−93		挪威	43	片麻岩
Fannefjord	公路	1992	2.7	−100		挪威	43	片麻岩
Byfjord	公路	1992	5.8	−223		挪威	70	千枚岩
Mastrafjord	公路	1992	4.4	−133		挪威	70	片麻岩
Freifiord	公路	1992	5.2	−130		挪威	70/54	片麻岩
英法海峡隧道（服务隧道）	服务通道	1993	48.5	−100	21～70 平均40	英国、法国	36.17	白垩纪泥灰岩及泥灰质黏土
英法海峡隧道	铁路	1994	50.5	−100	21～70 平均40	英国、法国	95.5	白垩纪泥灰岩及泥质黏土
Tromsoysund	公路	1994	3.4	−101		挪威	2×57	闪长片麻岩
Htira	公路	1994	5.3	−267		挪威	70	片麻岩
Troll	输水	1995	3.8	−260		挪威	66	片麻岩
Tromsøysund（两孔）	公路	1994	3.5 3.386	−102		挪威		最大纵坡 8.2%
Bjorøy	公路	1996	2.012	−88		挪威		最大纵坡 10%
Sløverfjord	公路	1997	3.337	−120		挪威		最大纵坡 8.0%
Nordkapp（Magerøysund）	公路	1999.6	6.875	−150		挪威		最大纵坡 10%
Frøya	公路	2000.6	5.305	−164		挪威		最大纵坡 10%
Oslofjord	公路	2000.6	7.39	−134		挪威		最大纵坡 7.0%
Ibestad	公路	2000.12	3.396	−112		挪威		最大纵坡 9.9%
Bømlafjord	公路	2000.12	7.931	−262.5		挪威		最大纵坡 8.5%
Skatestraum	公路	2002.7	1.89	−80		挪威		最大纵坡 10%
Melkøy	公路	2003.11	2.3	−62		挪威		

一、水下钻爆法隧道的特点及难点

(1)通过深水进行地质勘测比地面的地质勘测更困难，造价更高，而且准确性较低。所以，遇到未预测到的不良地质情况（如断层、破碎带等）的风险更大。因此，在隧道施工时必须进行超前地质预报。

(2)水下隧道施工的主要困难是突然涌水,特别是断层破碎带的涌水。因此,必须加强施工期间对不良地质体和涌水点的预测,并采取针对措施提前整治。

(3)很高的孔隙水压力会降低隧道围岩的有效应力,造成较低的成拱作用,从而使地层稳定性较差。

(4)很高的渗水压力可能导致水流有高渗透性,若扰动区域与水面有渠道相通,可造成灾难性的涌水与塌方。

(5)水下隧道不能自然排水,堵水技术是关键技术。需先注浆加固围岩,堵住出水点,然后再开挖,并要在堵水的同时加强机械排水,以堵为主,堵抽结合。

(6)高水头造成衬砌承受较大的荷载。

(7)沿水底隧道线路布置施工竖井困难很大,导致连续的单口掘进长度很长,从而对施工期间的后勤和通风有更高的要求。

(8)海水对施工设备、钢筋、混凝土及运营期机电设备都具有腐蚀作用,故水底隧道在抗腐蚀设计方面也有更高的要求。

二、钻爆法水下隧道设计应遵循下列规定

(1)公路水下钻爆法隧道应采用复合式衬砌,断面宜采用曲边墙拱形断面。

(2)作用于隧道衬砌结构上的水压力大小应综合地下水的处理方式合理确定。

(3)公路水下钻爆法隧道须从工程规划、建筑结构设计、材料选择、施工工艺等全面系统地做好地下工程的防水设计,防水设计应定级准确、方案可靠、施工简便、经济合理。

(4)隧道的防排水设计应采用“以堵为主,限排为辅,多道设防,综合治理”的原则,保证隧道结构和营运设备的正常使用和行车安全。

(5)特殊地质地段应采取可靠的多种手段的辅助施工措施,以确保施工过程中的安全。

(6)应加强施工安全保障措施和应急预案的设计。

(7)水下隧道全段均应进行监控监测,应加强监控量测的密度和频率,选择代表性地段进行受力监测。

三、水下钻爆法隧道设计的关键点

1.重视和大力加强前期的调查研究

对于水下隧道应保证前期工作的大力投入,而前期投入恰恰是确保工程的合理性、经济性和功能性的关键环节。尤其是地质勘察,对于水下隧道,由于工程规模大,建设风险大,准确的地质情况对隧道方案将起到决定性作用,相关地质工作必须超前,原则上应安排超前的工程地质(工作期不少于1年)和超前水文地质工作(不得少于1个水文年),其勘察阶段可不受设计阶段限制。例如青函海底隧道从构思到开始修建整整经历了25年(1946~1971年)。这里包括预备调查(路线选定、海上弹性波探查及深浅调查)、技术可能性调查(海上弹性波探查、声波探查、磁气探查、钻孔、潜水艇观察、注浆、开挖试验等)以及实施调查(超前钻孔前方探查、涌水分析、空中磁气探查、取样调查、地质和水文地质的精密调查、矿床采掘影响范围调查等)。

2.合理确定隧道的纵断面和隧道埋深

隧道轴线走向方案大致确定后,在隧道纵剖面设计时对隧道上方岩体最小覆盖层厚度(即

隧道最小埋深的拟选），密切关系到隧道建设的经济和安全问题。覆盖层厚度过薄，隧道施工作业面局部或整体性失稳与涌、突水患的险情将加大，在辅助工法（如注浆封堵、各种预支护及预加固等口）上的投入将急剧增加。覆盖层过厚，水下隧道长度加大，作用于衬砌结构上的水头压力增大，隧道支护结构需大大加强，为施工带来不便，建设投资也相应需要增加。因此如何确定最优的覆盖层厚度是设计、施工的关键。

3.衬砌荷载的确定

水下隧道衬砌结构计算分析必须考虑其具有相对稳定性的水头，这一点同山岭隧道的情况有所不同。目前，在国内外的隧道工程中，对地下水的处理方式可以分为两种类型：全封堵方式和排导方式。其中，全封堵方式由于衬砌要承受同地下水水头基本相当的水压力，因此当隧道埋置较大，地下水水头较高的隧道一般都不采用全封堵方式。排导方式是在衬砌背后设置排水盲管及透水填层，其最大优点是可以基本上不考虑衬砌的水压力荷载，从而可以使得衬砌结构经济合理，但需要考虑的问题是排导系统的防阻塞，以及地下水排放量的控制。在隧道衬砌水荷载的计算中，我国铁路、交通部门还没有制定统一的规范，大多还是参照水工隧洞设计规范和经验方法，但并不完全适用于公路水下隧道的设计。然而，作用于隧道衬砌结构上的水压力大小和不同地下水处理方式选取则决定着水下隧道设计理念、结构形式的关键所在。

4.综合性超前地质预测预报技术

隧道工程地质条件具有较强多变性和不可确定性，而水底隧道施工更是一项高风险的建筑工程。因为不可能以地貌来预测水底断层等不良地质现象，海上钻探又十分困难，因此，要准确探明水底地质情况并预测隧道穿越段的地质情况并非易事。为了保证水底隧道施工的安全性和减少突发灾害事故的发生，必须在水底隧道施工的过程中，对隧道开挖前方的地质条件进行经常性的综合探测，同时对数据的分析和应用必须达到信息化和动态化。日本青函海底隧洞（53.850km）成功的经验之一就是以综合手段做了大量的施工地质预报工作，确保了施工安全，确保了工期。

因此，设计阶段宜采取“长短结合，物探与钻探结合”的综合超前地质预测预报体系，并通过分析详勘阶段隧道地质资料，针对不同地段地质情况提出相应的技术要求。

5.断层破碎带突水涌泥防治技术

隧道通过潮间带和断层破碎带时，上覆土层较浅，岩层软弱破碎，一旦施工扰动过大，隧道顶部高水压容易将隧道覆盖层击穿，从而发生坍塌，突水、涌泥。而水下隧道与一般山岭隧道最显著的差异就是涌水源是无限的，必须止水。因此应对软弱地层进行预加固等防治技术研究。从类似条件隧道的施工经验看，应重点考虑全断面注浆、帷幕注浆、径向注浆等注浆方案的实施条件、材料、参数、工艺、机具设备及效果检验和评价标准，同时设计必须给出施工预案。

6.提高衬砌混凝土耐久性

无论是在国外还是在国内，混凝土碳化、侵蚀性介质腐蚀（来自海水、含盐地下水等）、微裂缝引起的钢筋锈蚀破坏，都是严重威胁钢筋混凝土结构耐久性的最主要、最普遍的病害。它造成的直接、间接损失之大，远远超出人们的意料。考虑水下隧道考虑其设计基准期为100年，提高混凝土的防裂耐久性是确保混凝土安全运行的关键。只有通过原材料的严格把关，针对不同配合比进行一系列的力学、物理性能、耐久性指标的试验，才能确定一个合格的混凝土配合比。在施工期间需要加强施工工艺和养护，如果混凝土发生大规模的裂缝，甚至贯通裂缝，将是灾难性的，混凝土的抗渗、抗冻、抗碳化、抗有害离子侵蚀等一系列性能都将直线下降，甚至会威胁到结构的安全。

7.水下长大隧道快速掘进技术及开挖方法的选择

通常水下隧道都较长，如果仅从水底隧道出入口两端向中间施工，将会作业时间长，总体进度慢；有条件的话则可在两岸陆域和海域结合部增设工作竖井或斜井，以增加施工工作面，从而缩短整个工程施工时间。

钻爆法修建水下隧道的一个重大的缺点就是施工速度难以大幅度提高。水下隧道限于不能用增设竖井或斜井的方式增加工作面，因此，施工速度成为钻爆法施工与其他施工方法相比较时的一个弱点，目前两车道公路隧道在围岩条件较好时钻爆法施工速度能达到单工作面150～250m/月，围岩地质条件较差时，每月只能掘进到几十米。因此在水下复杂地质情况下长大隧道施工时应考虑快速施工。

对于大断面的水下隧道，在软弱地层中必须采用分部开挖方法，设计应结合凿岩机械、高效率的装运机械、大容量喷射机及装、运、衬设备，提出合适的开挖步骤及工艺流程控制点，同时应加强围岩与支护结构变形受力变形监测，并建立反馈体系，实现信息化快速施工。

第二节　钻爆法水下隧道地质勘察

一、工程前期勘察

为保证项目研究的可靠性，工程前期勘察重点进行隧址区工程地质、水文地质情况调查与勘探，基本查明影响工程安全的不良地质现象，为正确选定推荐方案提供可靠基础资料。工程前期对隧道的调查、测绘工作内容要求及方法如下。

(1)勘察之前必须调查、收集工程区域已有的地形、地质、水文、气象、航运、水利、交通等资料，尽可能地利用卫星影像片或航测的海床两岸地形断面以及有关地质资料。在地质方面除调查收集区域地质资料外，还应注意调查收集有关坝址、桥址等已有大型建筑物的勘察资料和海床断面资料，通过调绘初步查明海床或水域覆盖层厚度、成分、粒径、变化规律等情况。

(2)查明隧道附近水域常水位、潮水位、水面宽、水深、流量、流速、水质、含砂量以及地下水与地表水补排关系和随季节变化规律等情况。查明隧道通过地段的含水层、隔水层分布规律，岩层厚度、岩性、结构、构造特征；所受地表水压力、方向、地下水类型、补给、径流、排泄条件等。必要时，可填绘水文地质图。查明地表水水域下面水底的地形、地貌、岩性、侵蚀与沉积特征和随季节变化的规律。

(3)查明已有港口、水利设施等情况，还应收集水利、水电方面近期或远期规划中拟建或在建项目资料。

(4)查明城建、交通设施的在建和拟建项目，做到水下隧道修建和交通、城建等大型建设项目相协调。

(5)隧道调绘范围：在预选轴线的上、下游各长 5km，两岸各宽 3～5km 的范围内进行，比例尺 1∶1 000～1∶2 000。水下隧道的调绘重点应放在水文地质调绘工作上，应对地表水、地下水进行调绘，作出涌水量评价，提出工程方案和工程措施的意见。

(6)隧道物理勘探可采用电火花法、声脉冲轰震器、旁侧扫描声纳进行水底地形探测的地层划分。

(7)隧道钻探孔布置，一般应布置在隧道轴线两侧，尽量不要垂直轴线布设，钻探孔距隧道轴线距离视地质情况以能查明隧道通过范围的地质情况为原则。轴线附近钻探孔要做封孔工作。其钻孔深度根据钻探目的和具体情况而定，一般应钻到设计洞底高程以下 2m 为宜。水下隧道钻孔深度以查明对隧道有影响地层的水文、工程地质特征为原则。在隧道埋深未确定时，必须有 2 个以上技术性钻孔。技术性钻孔比一般性钻孔深 20m 以上，一般性钻孔与技术性钻孔交叉布置；当隧道埋深确定以后，钻孔深度要达到隧道底板设计高程以下 10～20m。

(8)由于隧道工程地质和水文地质条件十分复杂，除按一般隧道进行钻探、观测、试验外，还应进行抽水或注水等试验，结合物探方法测定地下水的流向、流速、压力、岩土的渗透性等，并分段预测涌水量，必要时进行水文地质动态观测。

二、初步设计勘察

1. 勘察方法与手段

本阶段勘察的范围、目的、对象比前期阶段应更有针对性，所采用的勘察方法、手段有地球物理勘探、钻探、测试、抽（压）水试验，应在充分综合勘察成果的基础上提交综合勘察报告。

对于推荐方案线位，要求部分地质工作要超过初勘的深度，在钻探、测试方面要求其资料不但满足本阶段的设计要求，还应达到满足施工或指导施工的要求，通过该阶段的勘察应清楚查明推荐线位及比较线位的工程、水文地质条件。该勘察阶段的地质工作重点是如何准确地判断软弱围岩与断层破碎带地段的分布状况，全、强、弱、微风化层的界线，岩土体的物理力学性质以及地下水的影响等。

2. 物探、钻探及测试要求

采用地震反射法，进行纵向横向网状物探，并通过钻探进一步确认，以查清工作区域范围地层的分布、埋深、厚度以及各层面的高程。同上，利用钻孔进行动力触、PS 测井、岩体原位应力测试、抽（压）水试验等相关测试工作。并应注意以下几个方面：

(1)钻探。结孔后必须进行严格封孔工作（钻孔全孔封堵），水下部分岩层（含强风化岩层）应采用水下水泥砂浆封堵，土层（含全风化层）必须采用黏性土封堵，以确保钻孔不影响将来隧道的施工。

(2)物理勘探。作业应选择在风平浪静的时候进行作业，以确保勘察质量；对水上作业船的行走、检波器的定位、激发能量等必须先做试验，根据原已知地层资料和钻探资料校核后，确认其地震勘探能确保精度和勘察质量后，方可正式作业。

(3)抽水试验。所有钻探孔应进行初见水位和稳定水位的观测（水上孔要求用导管和隔水管严格隔离地表水体），岸上钻孔在勘察外业结束后 3d 内统一测量稳定水位；根据抽水试验求得的涌水量与时间关系曲线时，应充分考虑和有意识结合潮水位高程求得动水位与时间关系曲线。只有当水位曲线在一定范围内波动，而没有持续上升和下降时方可认为已经稳定。

(4)压水试验。在全、强风化岩层中进行，试验目的为模拟最大潮水位情况下，强风化岩层的最大储水、释水、越流情况等；试验前应收集隧道围岩段地层岩性、潮水水位，隧道底板设计高程等数据，审定试验孔位的合理性，按照钻探资料确定岩层的渗透系数划分试验段，按需要确定试验的起始压水(可考虑低潮水位所带来的压力)、最大压力(可考虑100年一遇最大潮水位带来的压水)以及压水系数。

如厦门翔安隧道在初步设计勘察阶段,纵向测线布置了4条,达20 820m,横向测线布置了20条,达6 261m,共布置14个钻孔,钻孔位置基本与横向物探线一一对应,土层进行了动力触探标贯测试,有6个钻孔进行了PS测井测试,2个钻孔进行了岩体原位应力测试,3个钻孔进行了分层和混合抽水试验,2个钻孔进行了压水试验。

3.综合勘察报告要求

(1)对各线位的工程水文地质条件进行评价,正确论证修建暗挖隧道的可靠性、风险性、合理性等。

(2)提交1∶2 000地质平面图和1∶2 000地质纵断面图。要求综合各阶段地表调绘、钻探以及物探等方面的勘察成果。

(3)对不同的岩体分段按照公路隧道围岩分级标准进行,并且结合实际地质情况阐明划分的条件和依据。

(4)给出不同土层、岩层的物理力学参数,具体见《公路工程地质勘察规范》(JTG C20—2011)。对于土体要求提供重度、弹性波速、黏聚力、内摩擦角、空隙率、地基承载力、极限摩阻力、渗透系数等,对于岩体要求提供重度、弹性波速、黏聚力、内摩擦角、岩石抗压(拉)强度、岩体抗压(拉)强度(包括残余强度)、地基承载力、极限摩阻力、渗透系数等。在报告中要求分别提供室内岩石(样)试验参数与推荐的岩体设计参数(并说明推荐取值的理由)。

(5)对断层破碎带和不良地质现象应单独进行分析提供分析结论。要求提供断层破碎带的位置、产状、破碎宽度以及影响范围,破碎带内土体的物理力学性质(含渗透系数)以及地下水状况、地下水的活动对其参数的影响等。

(6)其他应该录入的地质勘探资料。

(7)所有物理力学参数均应针对不同的围岩、不同的地层分别给出,并且应给出各项参数的统计参数,如最大值、最小值、均值、方差等,并说明在什么情况(条件)下该参数将偏高或偏低。因此在钻孔取样时要保证取样的数量满足统计的需要。

(8)综合勘察报告中应附工程彩照,要求用数码照片,对岩性和地质构造带等重点地质现象要求有特写镜头。

(9)地质报告要求提供电子文档文件。

三、施工图设计勘察

1.勘察方法与手段

勘察方法与手段同初步设计勘察阶段,通过该阶段的勘察应清楚查明推荐线位的工程、水文地质条件,更加准确的定出围岩级别,对工程地质、水文地质作出比初勘更加具体、以定量指标为主的正确评价,为隧道的技术设计、施工方案的确定,提供确定、可靠的地质资料,其内容主要有三个方面:

(1)核对初勘地质资料。

(2)查明初勘未查明的地质问题。

(3)对初勘提出的重大地质问题做深入细致的调查,为隧道区工程、水文地质条件作出正确评价。

该勘察阶段的地质工作重点是如何准确地判断软弱围岩与断层破碎带地段的分布状况，全、强、弱、微风化层的界线，岩土体的物理力学性质以及地下水的影响等。

2. 物探、钻探及测试

物探主要针对初勘遗漏或较为异常地段布置；钻孔按 100m 一个钻孔布置，并结合物探解析情况，如有异常必须加以验证。如两孔之间地质变化很大，甚至异常，应内插加密。同时，相关的测试项目与初勘一致。

3. 综合勘察报告要求

(1)对线位的工程水文地质条件进行评价，进一步论证修建暗挖隧道的可靠性、风险性、合理性等。

(2)提交 1：2 000 地质平面图和 1：2 000 地质纵断面图。要求综合各阶段地表调绘、钻探以及物探等方面的勘察成果。

(3)对不同的岩体分段按照公路隧道围岩分级标准进行更详细分类，并且结合实际地质情况阐明划分的条件和依据。

(4)给出不同土层、岩层的物理力学参数，具体要求同初勘。

(5)对断层破碎带和不良地质现象应单独进行分析提供分析结论。准确提供断层破碎带的位置、产状、破碎宽度以及影响范围，破碎带内土体的物理力学性质(含渗透系数)以及地下水状况、地下水的活动对其参数的影响等。

(6)其他应该录入的地质勘探资料。

(7)所有物理力学参数均应针对不同的围岩、不同的地层分别给出，并且应给出各项参数的统计参数，如最大值、最小值、均值、方差等，并说明在什么情况(条件)下该参数将偏高或偏低。因此在钻孔取样时要保证取样的数量满足统计的需要。

(8)综合勘察报告中应附工程彩照，要求用数码照片，对岩性和地质构造带等重点地质现象要求有特写镜头。

(9)地质报告要求提供电子文档文件。

(10)应提供的专题报告：《区域覆盖层勘察专题报告》、《暗挖隧道涌水量分析预测报告》。

第三节　钻爆法水下隧道结构设计

一、最小安全顶板厚度

1. 概述

据有关资料介绍，日本关门海底铁路隧道是世界上最早的海峡隧道之一，全长 3.6km，海底段长度 1.14km，隧道高度 5.75m，海水深 14m，隧道覆盖的平均厚度为 11m，而靠海底填石和填黏土进行覆盖工程的覆盖层厚度最薄处仅有 9.5m，该隧道已经安全运行了五十余年。日本青函公路隧道全长为 53.85km，海底部分长 23.0km，该隧道的最小覆盖层厚度为 100m，水深 140m。国内第一条水底隧道翔安隧道全长为 6.05km，海底部分长 4.5km，最小岩石覆盖厚度 37.2m(包括 18.2m 厚强风化和 19m 厚弱～微风化花岗岩层)。根据目前水底隧道资料来看，有如下一些认识：

（1）最小岩石覆盖层厚度是影响水底隧道造价和安全的最重要的设计参数之一。

（2）隧道坡度决定后，最小岩石覆盖层厚度就成为决定水底隧道长度的主要因素。

（3）最小岩石覆盖层厚度越小，水底隧道越短，静水压力越低，则作用在隧道衬砌上的势能荷载也越小。相应地，覆盖层越厚，渗流通道就越长，就会降低流向隧道的渗水量。

（4）最小岩石覆盖层厚度必须足够，以便在发生意外的岩石崩落和坍塌时不至于在隧道里出现危险，同时也可以避免水大量渗漏。

（5）选择最小岩石覆盖厚度通常主要采用工程类比法和围岩稳定性分析（即数值分析）等两种方法和途径。

（6）所有确定最小岩石覆盖厚度的方法都是建立在详细的地质调查基础之上的。然而水底地质勘察工作的开展远比在陆地上困难的多，地质资料中的不确定因素可能会在以后施工中造成很多意外事故。从这个意义上讲，事先很难确定一个绝对安全的最小岩石覆盖层厚度。

（7）应该认识到最小岩石覆盖厚度并没有技术上的限制，意思是说：不会因为最小岩石覆盖厚度的问题，在技术上使水底隧道无法修建，无非是采用较高的开挖支护技术和投入较高的费用。

2. 控制顶板厚度的主要影响因素

隧道最小覆盖层厚度反映了围岩的自承与自稳能力，因此与岩体的物理力学性质密切相关。影响最小覆盖层厚度的因素主要有以下几方面。

（1）工程地质及水文地质的影响

水底段工程地质岩性、断层破碎带以及裂隙的渗透性是影响水底隧道顶板厚度的重要因素，尤其以断层破碎带的开度、填充物密实性、互连性的影响最大。在含水的岩体中开挖隧道，尤其是在有压水的作用下，与无水的岩体相比较，水会从根本上改变隧道周围的应力场和应变场，使岩体的残余黏聚力减小，岩体的弹塑性演变为弹脆性。

（2）水底地形影响

水底地形是控制水底隧道顶板的主要因素。要准确探明沿线水底隧道最低点。尤其是受水侵蚀，冲刷严重的地区，若遗漏最低点（即最大水深处），将产生不可估量的后果。目前，可采用折射地震测量法获得岩石表面精确位置；用声波剖面法测得水底地形图，并确定水底松散沉积物类型，分布和厚度。

（3）洞室形状和尺寸

洞室的形状和尺寸会影响围岩的应力分布，从而影响最小覆盖层厚度的大小。一般而言，圆形、团圆形和拱形洞室的应力集中程度较小，破坏也少，岩石比较稳定，最小覆盖层厚度也就较小，而矩形和梯形洞室其最小覆盖层厚度较大，因为后者易在顶部围岩中出现较大的拉应力，并在两边转角处出现明显的应力集中。

洞室的跨度对岩石最小覆盖层厚度的影响较大。跨度越大，围岩的自稳能力就越差，相应最小覆盖层厚度也就越大。

（4）施工方法

钻眼爆破掘进施工会对隧洞围岩产生不利的扰动，从而削弱围岩的自稳能力。尤其对工程地质条件较差的岩层，常常引起围岩严重破碎，甚至产生塌方现象。采用光面爆破、预裂爆破和掘进机开挖能尽量减少对围岩的扰动。

(5)支护形式

结构支护的强弱与围岩紧密结合状况以及结构支护的及时性对隧道顶部围岩的自承和自稳能力有较大影响。

(6)初始地应力

目前一般仅是根据初始地应力的主方向与洞轴走向之间的关系来评价围岩的工程地质条件。当洞轴走向与初始地应力的主方向一致或夹角较小时，岩体都比较稳定，否则岩体稳定性就较差。

3. 最小岩石覆盖厚度的确定

选择最小岩石覆盖厚度通常主要采用工程类比分析和围岩稳定性分析(数值分析)法。

1)挪威海峡水底隧道最小岩石覆盖厚度经验分析

挪威是世界上采用钻爆法修建海峡水底隧道最多的国家，至今已建成累计 100 多千米的水底隧道。挪威的交通水底隧道大部分位于火成岩和变质岩等比较坚硬的岩石层内，并对水底隧道最小岩石覆盖层厚度的问题上曾经做过专门的研究。挪威的海底隧道研究学者根据挪威已建的海峡海底隧道经验，还统计出如图 20-3-1 所示的经验曲线，即分别对比较好的岩石和比较差的岩石，确定了海底隧道最小岩石覆盖与海水水深的关系曲线。

2)国内顶水采煤经验

国内顶水采煤积累了较多的经验。顶水采煤时，要考虑安全开采上限，既要考虑安全因素，防止水淹矿井；又要考虑经济因素，避免留的煤柱过大，造成浪费。水底隧道最小埋深的确定与煤矿安全开采上限的确定有异曲同工之处，值得借鉴。

(1)基岩直接裸露时的开采上限

基岩直接裸露，水底没有冲积层时可以参见图 20-3-2。

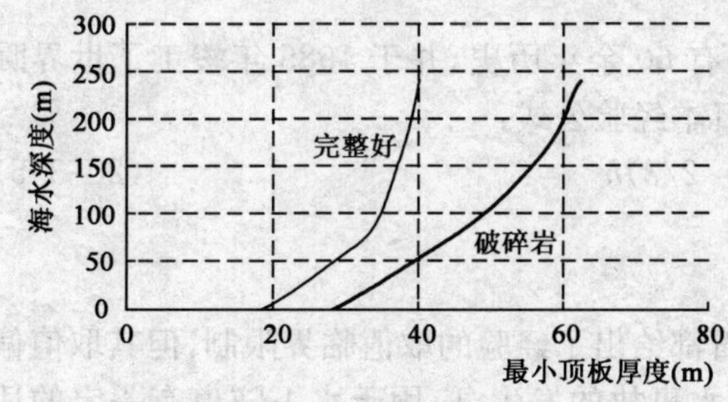

图 20-3-1　挪威海底隧道最小顶板厚度与海水深度的经验曲线

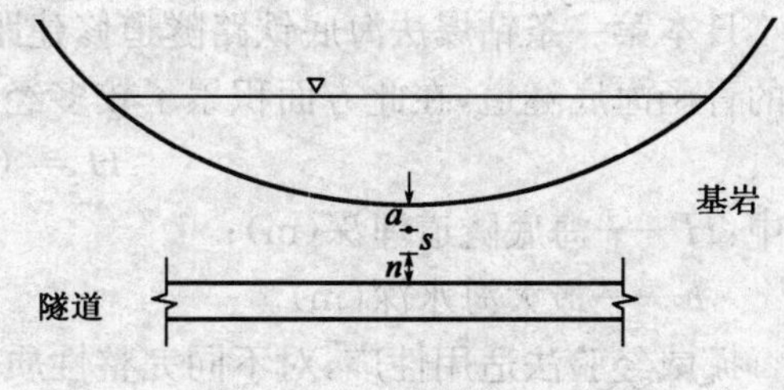

图 20-3-2　剖面示意图

$$H=a+s+h \tag{20-3-1}$$

式中：H——开采上限高；

a——表面裂隙深度，基岩经验值取 10～15m；

s——保护层厚度；

h——爆破引起的扰动高度(导水裂隙带高度)。

保护层厚度 s 的确定(根据多年以来煤矿开采经验，推导出经验公式)：

$$s=1.5\frac{\sqrt{h_1\times h_2}}{f}+c \tag{20-3-2}$$

式中：s——保护层厚度(m)；

h_1——水头高度(m)；

h_2——坑道宽度(m)；

c——岩层强分化带厚度，一般取 5m；

f——普氏强度。

导水裂隙带高度 h 的确定可由岩石爆破力学：

$$h = k \cdot w \cdot \sqrt[3]{F(n)} \tag{20-3-3}$$

式中：k——地基系数；

w——单个最危险药包的最小抵抗线；

$F(n)$——相应药包爆破指数的函数。

(2)基岩顶部有沉积层时的开采上限

当沉积层为相对隔水层时，其厚度可以考虑在 s 值之内，即 $H=s+h$，保护层厚度 s 之内包括隔水层厚度。

3)隔水岩柱经验法

隧道工程经爆破开挖扰动后，产生导水裂隙，为保证施工运营安全，留设隔水岩柱将上部水域与隧道“隔离”是必需的。根据国内相关经验及大量水下隧道实践总结，提出了如下的经验公式：

$$h_r \geqslant n\sqrt{h_t} + qh_h \tag{20-3-4}$$

式中：h_h——隔水岩柱高(m)；

n——基岩以上覆盖层厚度系数，取 15～20；

h_t——隧道开挖高度(m)；

q——水深系数，取 0.8～1.2。

4)日本经验方法

日本第一条钻爆法海底铁路隧道修建距今已有 60 余年历史，并于 1985 年竣工了世界瞩目的青函海底隧道，在此方面积累了较多经验。日本经验公式：

$$H = (1/3 \sim 2/3)h \tag{20-3-5}$$

式中：H——海底隧道埋深(m)；

h——最大海水深(m)。

挪威经验法适用性广，对不同完整性质的岩石都给出了经验的取值临界限制，但其取值偏保守。顶水采煤经验法应用防水煤岩柱来降低突水事故的发生，应用于水下隧道有一定的适用性。隔水岩柱法与顶水采煤法有相似之处，其中导水裂隙带高度的确定是关键。日本经验公式对不同的水深差异较大。相同情况下隔水岩柱法相对于其他方法岩石覆盖层厚度偏小；顶水采煤法得到的最小岩石覆盖层厚度则处于中间位置；日本经验法平均值相对是最小的，但有可能在历史最高洪水位时会大于隔水岩柱法；挪威经验法是最安全最保守的。

5)数值计算

在数值计算中，可采用弹塑性有限元法、三维快速拉格朗日法、准三维弹塑性断裂损伤、三维固流耦合分析等方法，不同的方法都应考虑施工开挖顺序。

(1)根据水下隧道的工程地质、水文地质的特点，确定计算范围，计算边界可以确定在 3～5 倍的开挖宽度，在确定的计算范围内将岩体和支护结构离散为仅在节点处铰接的单元体，构建三维有限元计算网格。

(2)结合工程勘察报告建议的岩体力学参数和合适的本构模型,应用弹塑性有限单元法,分部开挖和支护模拟水底隧道卸荷荷载释放及支护过程,模拟水下隧道不同围岩级别时施工与支护顺序对围岩和衬砌结构稳定性的影响,根据围岩的破损区和支护结构的安全系数,提出合理的施工工法和结构支护参数。

(3)应用三维固流耦合弹塑性有限元法,模拟水下隧道衬砌结构在不同防排水设计方案时,衬砌结构的外水压力分布特征。

(4)应用随机有限元方法计算水底隧道顶板厚度对隧道衬砌结构的安全系数的敏感性,优化最小顶板厚度。并将三维数值仿真的研究成果与经验类比法的结果进行比较后,确定其最小顶板厚度。

二、衬砌结构设计

1. *衬砌类型的选择*

水下隧道衬砌结构分为排水复合衬砌、限排复合衬砌及全封闭复合衬砌三种类型,其选择应根据使用要求、围岩级别、工程地质和水文地质条件、隧道埋置深度、结构受力特点、静水头高度、地下水对结构的腐蚀情况、总渗水量以及控制排放量综合分析确定。

(1)两车道隧道当静水头压力小于 70m 的地段,三车道隧道当静水头压力小于 60m 的地段,可采用全封闭复合衬砌。

(2)静水头压力较大地段,应通过地层注浆减少围岩的总渗水量,结构宜采用限排复合衬砌。

(3)静水头压力较小且岩层坚硬,开挖后的总渗水量少的地段,可采用排放复合衬砌。

2. *初期支护的技术要求*

初期支护应按与围岩共同受力能保证施工阶段施工安全和控制地表沉降量的要求来确定。Ⅳ级及以下围岩初期支护荷载应考虑地下水渗流压力。Ⅴ级及以下围岩应根据开挖及拆除工序对初期支护的结构安全进行校核。海底隧道不宜将初期支护作为永久结构的一部分。

(1)喷射混凝土的一般规定如下:

①喷射混凝土的设计强度不宜低于 C25;

②喷射厚度不应低于 80mm,抗渗等级不宜低于 S8;

③为了提高喷射混凝土的抗裂性能,喷射混凝土可添加合成纤维,掺量应根据试验资料确定。

(2)锚杆支护设计时应根据隧道围岩条件、隧道断面尺寸、作用部位、施工条件等合理选择锚杆设计参数,并符合下列规定:

①宜优先选用全长黏结型锚杆或预应力注浆锚杆,锚孔内必须注满水泥砂浆或树脂;

②锚杆不宜过长,间距不宜小于 1.0m;

③海底隧道可采用玻璃纤维增强筋锚杆。

(3)在围岩条件较差地段初期支护应设置钢架,钢架宜采用工字钢或钢筋格栅,并符合下列规定:

①边墙与仰拱钢架的连接应采用圆弧方式;

②钢架应按设计开挖工序分节段制作,节段与节段之间通过钢板用螺栓连接或焊接,压力

较大处节段之间连接宜增设加筋肋板；

③拱腰以下每节段钢架应设置牢靠的锁脚锚杆。

(4)水下隧道应严格限制初期支护结构的变形与收敛，Ⅱ、Ⅲ级围岩可参照一般山岭隧道，水下段Ⅳ、Ⅴ级围岩可参照表20-3-1选用，并根据现场监控量测结果进行调整。

预留变形量(mm) 表20-3-1

围岩级别(级)	两车道隧道	三车道隧道
Ⅳ	30～50	40～60
Ⅴ	40～60	50～80

3. *二次衬砌的技术要求*

(1)作用在二次衬砌上的外水压力按如下规定执行：

①全封闭复合衬砌外水压力应按全部静水头高度计算；

②限排复合衬砌外水压力折减系数应根据总渗水量以及控制排放量大小，由渗流计算得出水压力分布规律及折减系数，并以全静水压力按正常使用极限状态标准组合进行结构验算；

③排水复合衬砌可不考虑外水压力，但应采用不小于0.05MPa(拱顶)水压力按正常使用极限状态标准组合进行结构验算。

(2)全封闭复合衬砌的二次衬砌设计应符合下列规定：

①支护结构需设置仰拱，宜采用近圆形结构断面形式；

②二次衬砌应设置为变截面形式，仰拱与边墙角应采用较大半径曲线连接，截面应加厚；

③二次衬砌全断面都宜采用钢筋混凝土结构；

④Ⅳ、Ⅴ级以及拱顶水头大于30m的Ⅲ级围岩地段，仰拱尺寸应比拱部尺寸加厚5～15cm。

(3)限排复合衬砌的二次衬砌设计应符合下列规定：

①在岩石较硬，节理不发育地段，可采用无仰拱的结构断面形式；

②二次衬砌可设置为等截面或变截面。当静水压力较大时，宜采用变截面形式；

③Ⅲ级及以上围岩地段二次衬砌可考虑采用素混凝土结构；

④Ⅳ、Ⅴ级以及拱顶水头大于30m的Ⅲ级围岩地段，仰拱尺寸应比拱部尺寸加厚5～10cm。

(4)排放复合衬砌的二次衬砌要求可参照普通山岭隧道。

(5)全封闭、限排、排放复合衬砌之间的连接应符合下列规定：

①支护结构强的衬砌应向支护结构弱的衬砌延伸不少于20m；

②不同衬砌类型之间应设置深入围岩内的横向封堵混凝土墙。

4. *衬砌支护参数*

水下隧道支护参数可采用工程类比法初步拟定，以地层—结构法考虑渗流效应与衬砌支护耦合相互作用进行分析计算，并采用荷载—结构法对不同荷载组合作用下衬砌结构内力与强度进行计算优化及验算。

根据水压力大小及深浅埋，两车道及三车道隧道位于Ⅳ、Ⅴ级围岩段的抗水压型复合式衬砌支护参数可参见表20-3-2、表20-3-3。

两车道隧道抗水压型复合式衬砌支护参数　　表 20-3-2

衬砌类型	初期支护						二次衬砌（cm）		适用的拱顶以上水压力（m）	仰拱加深深度（cm）
	C25 喷射混凝土（cm）		钢架		锚杆					
	拱、墙	仰拱	规格	布置（m）	长度（m）	布置（m）	拱、墙	仰拱		
Ⅴ	22	22	型钢 I20a	全断面 @0.6	4.0	1.0×1.0	55	70	30～50	50
Ⅴ	22	22	型钢 I20a	全断面 @0.6	4.0	1.0×1.0	60	80	50～70	50
Ⅴ浅	22	22	型钢 I20a	全断面 @0.6	4.0	1.0×1.0	50	65	0～30	0
Ⅳ	22	10	格栅 150	拱墙 @0.75	3.5	1.0×1.0	45	65	18～30	0
Ⅳ	22	10	格栅 150	拱墙 @0.75	3.5	1.0×1.0	50	70	30～50	50
Ⅳ	22	10	格栅 150	拱墙 @0.75	3.5	1.0×1.0	55	75	50～70	50
Ⅳ浅	22	22	格栅 150	全断面 @0.6	3.5	1.0×1.0	45	55	0～18	0

三车道隧道抗水压型复合式衬砌支护参数　　表 20-3-3

衬砌类型	初期支护						二次衬砌（cm）		适用的拱顶以上水压力（m）	仰拱加深深度（cm）
	C25 喷射混凝土（cm）		钢架		锚杆					
	拱、墙	仰拱	规格	布置（m）	长度（m）	布置（m）	拱、墙	仰拱		
Ⅴ	30	30	型钢 I22a	全断面 @0.5	4.0	1.0×1.0	60～70	70	30～50	70
Ⅴ	30	30	型钢 I22a	全断面 @0.5	4.0	1.0×1.0	70～80	80	50～70	70
Ⅴ浅	30	30	型钢 I22a	全断面 @0.5	4.0	1.0×1.0	55～70	70	0～30	0
Ⅳ	26	10	型钢 I18	拱墙 @0.75	3.5	1.0×1.0	50～65	65	18～30	0
Ⅳ	26	10	型钢 I18	拱墙 @0.75	3.5	1.0×1.0	55～70	70	30～50	70
Ⅳ	26	10	型钢 I18	拱墙 @0.75	3.5	1.0×1.0	60～75	75	50～70	70
Ⅳ浅	26	26	型钢 I18	全断面 @0.6	3.5	1.0×1.0	50	60	0～18	0

第四节　防排水设计

一、防排水原则

(1)公路水下钻爆法隧道须从工程规划、建筑结构设计、材料选择、施工工艺等全面系统地做好地下工程的防水设计,防水设计应定级准确、方案可靠、施工简便、经济合理。

(2)隧道的防排水设计应采用"以堵为主,限排为辅,多道设防,综合治理"的原则,保证隧道结构和营运设备的正常使用和行车安全。

(3)水下隧道允许的排放量应根据隧道跨度、长度、地质条件、静水头高度分区段综合确定,不宜超过300L/(km·min)。表20-4-1给出了国外典型水底隧道的防排水设计概况,水下隧道渗水量取多大合适,需要从工程具体情况出发进行研究。

国外典型海底隧道结构防排水系统　　表20-4-1

国家	隧道名称	陆域长度(km)	海域长度(km)	水深(m)	岩层(m)	衬砌类型	允许排水量[m^3/(m·d)]	施工方法
日本	青函公路隧道	30.550	23.30	140	100	排导式	0.2736	设超前注浆/矿山法
	关门公路隧道	2.681	0.78			排导式		设超前注浆/矿山法
	新关门隧道	17.833	0.88	29	24	排导式/全封堵		设超前注浆/矿山法
	东京湾隧道			60		设引水型防水片材		盾构
挪威	埃林索伊—瓦乐德里伊岛隧道	4.358	3.30	100	40	排导式	0.4320	钻爆法
	Byfjord海底隧道	5.800(海域+陆域)		最低点位于海面下−223m		排导式	进口:0.046 出口:0.258	钻爆法
	Mastrafjord海底隧道	4.400(海域+陆域)		最低点位于海面下−132m		排导式	进口:0.072 出口:0.012	钻爆法
丹麦	斯多贝乐特大海峡隧道	7.900	75.00	20		排导式	0.1430	冰渍层/掘进机(D=7.7m)
英法	英法海峡隧道	49.000		21～70		排导式		掘进机(D=7.8m)

二、防水体系

(1)水下隧道钻爆法初期支护防水等级一般地段为Ⅲ级,水量较大地段为Ⅳ级,符合下列规定:

①防水等级Ⅲ级:可有少量漏水点,不得有线流和漏泥砂,单个湿渍面积不大于0.3m^2,单

个漏水点的漏水量不大于 2.5L/d，任意 $100m^2$ 防水面积不超过 7 处；

②防水等级Ⅳ级：可有漏水点，不得有线流和漏泥砂，任意 $100m^2$ 防水面积平均漏水量不大于 $4L/(m^2 \cdot d)$；整个工程平均漏水量不大于 $2L/(m^2 \cdot d)$。

(2)水下隧道钻爆法二次衬砌防水等级一般地段为Ⅱ级，配电房等特殊地段为Ⅰ级，符合下列规定：

①防水等级Ⅱ级：不允许漏水，结构表面可有少量湿渍，总湿渍面积不应大于总防水面积的 6/1 000；任意 $100m^2$ 防水面积上的湿渍不超过 4 处，单个湿渍的最大面积不大于 $0.2m^2$；

②防水等级Ⅰ级：不允许渗水，结构表面无湿渍。

(3)水下隧道应通过注浆来保证施工期间的安全和减轻运营期间的排水压力。注浆防水方式应符合以下规定：

①在软弱或破碎地段，应通过超前小导管注浆(或帷幕注浆)，在隧道洞室四周形成注浆堵水圈，封闭围岩裂隙和涌水空间；

②对于设置了钢架的初期支护应设置补充注浆措施，以减少后期沉降，并将地下水封闭于初期支护外；

③未设置钢架的初期支护应及时对围岩裂隙水进行注浆封堵；

④应在施做防水板前对初期支护渗漏处再次进行补充注浆处理，使初期支护满足要求的防水等级才允许挂设防水板。

(4)卷材防水层应选用高聚物改性沥青类或合成高分子类防水卷材并符合下列规定：

①卷材外观质量、品种规格应符合现行国家标准或行业标准；

②卷材防水层为一或二层高聚物改性沥青防水卷材厚度不应小于 3mm，单层使用时，厚度不应小于 4mm，双层使用时，总厚度不应小于 6mm；合成高分子防水卷材单层使用时，厚度不应小于 1.5mm，双层使用时总厚度不应小于 2.4mm；

③全封闭复合衬砌段防水卷材宜采用双面自黏性类型；

④排水复合衬砌、限排复合衬砌防水卷材宜采用单面自黏性类型。

(5)水下隧道仰拱不宜设置防水板，应对边墙处的防水板端头与混凝土的连接进行可靠的防水封闭设计。

(6)隧道二次衬砌的施工缝、沉降缝(伸缩缝)应采取可靠的防水措施，设置要求可参见表 20-4-2。

双缝设防要求　　表 20-4-2

工程部位		施　工　缝					变形缝、伸缩缝				
防水措施		外贴式止水带	遇水膨胀止水条	防水嵌缝材料	中埋式止水带	外涂防水涂料	中埋式止水带	外贴式止水带	可卸式止水带	防水嵌缝材料	遇水膨胀止水条
防水等级	1 级	应选两种					应选	应选两种			
	2 级	应选 1～2 种					应选	应选 1～2 种			

(7)水下隧道应在路面下设置完善的防排水措施，并应符合下列规定：

①对未设置仰拱的隧道，应在路面整平层下系统设置横向排水管沟，并在路面整平层上设置防水层；

②对设置了仰拱的隧道，应在各施工缝及沉降缝处设置横向排水管沟，并在仰拱回填层上

设置防水层；

③对采用复合式路面结构的隧道，应将隧道两侧边水沟设置排水孔，以排除路面下渗于沥青层的水。

三、排水体系

水下隧道排水系统的设计应充分考虑工程区域降雨特征、进出口地形条件与汇水面积、隧道渗水量以及洞口防洪频率等因素，遵循“管路顺达、流线通畅、不积雨水、不留污水，并有效辅助结构防水设计”的原则，形成洞内外完整通畅的排水通道，避免洞内积水，保证隧道结构物和营运设备的正常使用和行车安全。

1. 洞内排水设计

(1)钻爆法隧道排水系统宜按结构渗水、营运清洗污水、消防污水分离排放的原则设计，当洁污分离困难时，应在污水积聚处和污水排放口设计污水处理系统，以保证排水达到当地排放标准。

(2)全封闭复合衬砌段二次衬砌外可不设置纵环向排水管；排水复合衬砌、限排复合衬砌二次衬砌外排水管的布置方式和管径应根据地质情况、总静水压力、二次衬砌抗水压能力综合考虑，当结构计算考虑水压力折减时，应采取可靠措施保证排水系统具有可维护性。

(3)中心水沟(管)或侧式排水沟(管)断面积应根据隧道长度、纵坡、地下水渗流量，通过水力计算确定。路面下主排水管排水能力安全系数不宜小于 1.2，并在实际施工过程中根据实测量进行调整。

(4)中心水沟(管)或侧式排水沟(管)纵向宜按间距 50m 设沉砂池，并根据需要设检查井，检查井位置、构造不得影响行车安全，并应便于清理和检查。

(5)隧道纵坡“V”形坡最低处路面两侧边沟应连通至洞内污水集水池，并根据需要设横截沟拦截路面积水。

(6)洞内清水设计流量可按结构渗漏水量计，洞内污水设计流量可按消防废水流量计。

2. 洞口排水设计

(1)洞口排水系统的排涝能力应保证隧道在遭遇 100 年一遇暴雨时的正常使用。当排水系统能力不足时应设置洞口蓄水池。

(2)应在隧道两端口部分别设置雨水泵房，将敞开段所汇集雨水通过排水泵，直接排往河(海)中或城市排水管网。

(3)隧道两端雨水设计流量，可按当地 50 年一遇暴雨强度进行计算，集流时间为 5～10min，暴雨强度应采用当地暴雨公式及计算图表。

(4)两岸敞开段接近隧道洞口处应分别设置 2～3 处横向式截水沟(井)，并和雨水泵房集水池连通，拦截洞口雨水。

(5)隧道、辅助坑道的洞口及明洞应设置截水沟和排水沟，洞口边坡、仰坡应采取防护措施，防止地表水的下渗和冲刷。

(6)为防止洞外水流入隧道内，可在洞口外设置反向排水边沟或采取截流措施。

3. 集水池系统设计

(1)集水池、泵房结构设计应考虑集水池容积、隧道主体结构建限界、横断面布置等因素，遵循可靠、耐久、经济的原则。

(2)集水池的容积，应根据设计流量、水泵能力和水泵工作情况等因素确定。

①洞内清水集水池容积应按排水分区内 24h 结构渗水量总和确定；

②洞内污水集水池容积不应小于最大一台水泵 20min 的出水量；

③洁污合流排放时，洞内集水池容积应同时满足本条第 1、2 项的要求；

④雨水泵站集水池的容积，不应小于最大一台水泵 10min 的出水量。

(3)集水池设计应符合以下规定

①流入集水池的污水和雨水均应通过格栅；

②雨水泵站集水池的设计最高水位，应与进水管管顶相平。当设计进水管道为压力管时，集水池的设计最高水位可高于进水管管顶，但不得使管道上游地面冒水；

③污水泵站集水池的设计最高水位，应按进水管充满度计算；

④集水池的设计最低水位，应满足所选水泵吸水头的要求。自灌式泵房尚应满足水泵叶轮浸没深度的要求；

⑤泵房应采用正向进水，应考虑改善水泵吸水管的水力条件，减少滞流或涡流；

⑥雨水进水管沉砂量较多地区宜在雨水泵站集水池前设置沉砂设施和清砂设备；

⑦集水池底应设集水坑，倾向坑的坡度不宜小于 10%，并设冲洗装置和清泥设施。

(4)排水泵房设计应符合以下规定

①污水泵站的设计流量，应按泵站进水总管的最高日最高时流量计算确定；

②雨水泵站的设计流量，应按泵站进水总管的设计流量计算确定；

③每台排水泵的排水能力应大于最大小时洞内排水量 50%以上，并应有备用台数；

④泵房不宜建在半岩半土或半硬半软地基上，否则，应采取可靠的工程措施。

第五节　特殊处置措施设计

一、帷幕注浆

当隧道通过的围岩无法自稳，而且具有较大涌水量时，应采取帷幕注浆措施。帷幕注浆措施有全断面帷幕注浆、半断面帷幕注浆、周边帷幕注浆等。

1. 适用条件

(1)当预测整个开挖断面围岩无法自稳，经超前钻探查明探孔最大出水量≥20m³/h 或水压力≥0.3MPa 或水中泥砂含量≥100kg/m³，应采用全断面帷幕注浆。

(2)当预测局部开挖断面围岩无法自稳，该局部地段超前钻探查明的情况同上，应采用半断面帷幕注浆。

(3)当预测开挖断面周边围岩自稳能力较差，经超前钻探查明探孔最大出水量≥10m³/h 或水压力≥0.2MPa 或水中泥砂含量≥10kg/m³，应采用周边帷幕注浆。

2. 全断面帷幕注浆和半断面帷幕注浆

(1)隧道轴线方向的单次注浆循环加固长度宜为 20～40m，开挖面以外的加固范围为 3～8m。

(2)注浆压力宜为 3～6MPa，扩散半径取 1.5～3m。

(3)注浆应采用分段注浆方式,开挖面应设置混凝土止浆墙,厚度不宜小于2m。

3. 周边帷幕注浆

(1)隧道轴线方向的单次注浆循环加固长度宜为15～30m,开挖面以外的加固范围为3～5m。

(2)注浆压力宜为3～4MPa,扩散半径取1～2m。

(3)注浆宜采用分段注浆方式,开挖面应设置混凝土止浆墙,厚度不宜小于1.5m。

4. 帷幕注浆设计及检验要求

(1)注浆孔布置宜按伞形呈辐射状布置,钻孔布置成一圈或数圈,内外圈按梅花形排列,并采用长短孔相结合。

(2)注浆材料可选择普通水泥单液浆、超细水泥单液浆、超细性(HSC)单液浆、普通水泥-水玻璃浆,应根据地层特性经现场试验确定。

(3)检测孔设置数量应为注浆孔的10%～15%,注浆效果检查及结束标准应符合下列规定:单孔结束标准可按当注浆压力达到设计终压,并持续保持10min以上或总注浆量大于单孔设计注浆量的80%以上即可结束本孔注浆。全段结束注浆效果的检验和评价方法可按表20-5-1选用控制。

注浆效果评价标准　　表20-5-1

项目	探孔涌水量(L/m·min)	胶结体强度(MPa)	堵水率(%)	取芯率(%)	综合评价	级别
评价指标	$q \geqslant 10.0$	$P<10$	$\eta<60$	$\xi<65$	较差	Ⅰ
	$1.0 \leqslant q<10.0$	$10 \leqslant P<20$	$60 \leqslant \eta<80$	$65 \leqslant \xi<80$	一般	Ⅱ
	$0.2 \leqslant q<1.0$	$20 \leqslant P<30$	$80 \leqslant \eta<90$	$80 \leqslant \xi<90$	较好	Ⅲ
	$q<0.2$	$P \geqslant 30$	$\eta \geqslant 90$	$\xi \geqslant 90$	很好	Ⅳ

注:表中四项评价内容应都为Ⅲ以上,则可开挖,否则应研究确定是否采用局部补充注浆等措施。

二、洞内管棚支护及注浆

当隧道通过的围岩自稳能力较差时,经超前钻探查明探孔最大出水量≥5m³/h或水压力≥0.1MPa或水中泥砂含量≥1kg/m³,应采取管棚支护及注浆措施。

1. 管棚支护

(1)管棚钢管可采用节长3～6m,直径ϕ80～ϕ180mm的热轧无缝钢管,环向间距30～50cm,或按(2.0～2.5)d(d为导管外径)布置。

(2)钢管管壁四周应钻ϕ10～ϕ16mm注浆孔,间距15～20cm,采用梅花形布置,尾部应预留3～4m的无孔止浆段。

(3)每节钢管应采用丝扣长度不小于15cm的厚壁套筒进行连接。

(4)管棚每循环长度不宜小于6m,也不宜大于40m。采用多循环长管棚时,每循环之间搭接长度不小于300cm。

(5)每循环管棚起点应设置扩大的管棚工作室,并设置套拱。套拱宜采用纵向长度200cm、厚60～80cm的钢筋混凝土结构,也可在套拱内用工字钢或格栅钢架代替配筋。

2. 管棚注浆

(1)长管棚注浆可在钻孔过程中采用前进式注浆,也可在钻孔完成后采用孔口管注浆或利用长管棚钢花管注浆。

(2)长管棚的注浆扩散半径可按0.5～0.6m计算，注浆初始压力宜为0.5～1.0MPa，终压宜为2.0～3.0MPa。

(3)单孔结束标准可按当注浆压力达到设计终压，并持续保持10min以上，或实际注浆量已超过设计注浆量，注浆结束时的进浆量，宜在30L/min以下。

(4)注浆完成后，管内应以M30水泥砂浆填充，也可在钢管内设置钢筋笼。

三、回填注浆

为控制围岩变形及封堵地下水的渗漏，在支护结构完成后及时施作回填注浆，回填注浆分为初期支护回填注浆和二次衬砌回填注浆。

1.初期支护回填注浆

(1)注浆管宜采用直径42～50mm的钢管，长度宜为1.0～1.5m，渗水点集中处适当加长。

(2)注浆管宜全断面设置，间距2～4m，拱顶、拱腰以及渗水点集中处适当加密。

(3)宜采用普通水泥浆液，注浆压力宜为0.5～1.5MPa。

(4)隧道施作防水板之前，应对隧道初期支护的渗漏水情况进行检测，未满足防水等级要求地段应进行二次或多次回填注浆。

2.二次衬砌回填注浆

(1)二次衬砌浇筑前应预埋直径42～50mm的注浆管，应固定牢靠，并防止穿破防水卷材。

(2)注浆管端头应设置水泥砂浆封堵，防止混凝土浇筑堵塞管道。

(3)注浆管布置在拱顶，间距在3～5m。

(4)宜采用普通水泥浆液，注浆压力宜为0.5～1.0MPa，注浆速度可选取5～15L/min。

四、排水措施设计

隧道开挖过程中，当地下水位较高，水量丰富，地下水的渗流危及隧道施工安全时，宜采用适当的排水措施排除地下水。常用的隧道施工排水方法有超前钻孔排水及井点降水等。

1.超前钻孔排水

(1)下排钻孔的孔底应低于开挖面底面高程，且超前开挖面10～15m。

(2)上排钻孔方向可以向上倾斜，采用自排方式排水，或向下倾斜，采用水泵排水。

(3)应保证排水孔内的渗水迅速排出洞外。

(4)当水量较小时，排水孔可仅在开挖面下部两侧布置；当水量较大时，宜在开挖面上多点布置。

2.井点降水

(1)为降低地下水位，或减少围岩含水量时，可根据土层的岩性、渗透性、分部开挖断面高程、隧道顶的地面条件选用井点降水措施。

(2)当地面相对空旷，可优先选用轻型或深井井点降水，当条件受限制时可在洞内采用轻型井点降水。

(3)洞内轻型井点降水适合于渗透系数较小的富水黏土层、粉细砂层，设计应遵循下列规定：

①降水井通常布置在边墙两侧，可斜向下设置，当开挖断面较宽时，掌子面需适当布设；

②井管可采用 $\phi42\sim\phi60$mm 钢管，滤管可采用 $\phi60\sim\phi89$mm 钢管，并在其周围钻孔，其长度根据地下水位高程和降深要求而定；

③降水前需进行抽水量、降落曲线、地表沉降的测试；

④井点使用时应保持连续不断的抽水，并配用双电源以防断电。

(4)采用了排水措施时，为防止后期回水的影响，应加强回填注浆和结构防排水措施。

第六节　安全保障措施设计

一、开挖工序设计

水下隧道各类衬砌均应进行施工开挖工序设计，可根据地质特性、隧道跨度等条件，选用全断面法、台阶法、分部开挖法，可见表 20-6-1 的规定。

施工开挖方法分类　　表 20-6-1

编　号	施工方法		适用条件	
			两车道隧道	三车道隧道
1	全断面法		Ⅱ级	—
2	台阶法	长台阶法	Ⅲ～Ⅳ级	Ⅱ～Ⅲ级
		短台阶法	Ⅳ～Ⅴ级	Ⅲ～Ⅳ级
		留核心土短台阶法	Ⅴ级	Ⅳ级
3	分部开挖法	单侧壁导坑法	Ⅳ～Ⅴ级	—
		双侧壁导坑法	Ⅴ级	Ⅳ～Ⅴ级
		CRD 开挖法	Ⅴ级	Ⅳ～Ⅴ级

(1)全断面法宜用于岩质较完整的硬岩中，应注意初期支护及时跟进，稳定围岩，充分发挥围岩的承载作用。三车道以上的大跨度隧道不宜采用。

(2)台阶法宜用于岩质地层段，或经注浆等地层改良措施的Ⅳ～Ⅴ级围岩地段。台阶法施工时下半断面的开挖和封闭应采用单侧落底或双侧交错落底，应避免上部初期支护两侧拱脚同时悬空，视围岩状况宜控制落底长度为 1～2m，不得大于 3m。设计时可采取扩大拱脚、打设拱脚锚杆、加强纵向连接等措施。

(3)单侧壁导坑法宜用于小跨度隧道的Ⅳ～Ⅴ级围岩地段：侧壁导坑形状应近于椭圆形断面，导坑跨度宜接近整个隧道跨度的 1/2；侧壁导坑采用上下台阶法开挖；左右导坑施工时，前后拉开距离为 20～30m。

(4)双侧壁导坑法宜用于地表沉降控制要求较高，而且水土侧压力较小地段：侧壁导坑形状应近于椭圆形断面，导坑跨度宜接近整个隧道跨度的 1/3；左右导坑施工时，前后拉开距离不宜小于 15m；侧壁导坑与中导洞同时施工时，侧壁导坑应超前中导洞 30～50m；中导洞拱部掘进应在左右导洞仰拱封闭成环后进行。

(5)CRD 工法宜用于地表沉降控制要求较高,地层软硬变化频繁地段:开挖宜按先上半断面两个施工部,再进行下半断面两个施工部的顺序;每施工部所采用的台阶法长度宜控制在 3～5m,不应超过 10m;主体隧道整体封闭距离应控制在约 40m,整体封闭时间应控制在 40d 以内;当隧道遇到特殊情况必须停止掌子面开挖时,应先封闭上半断面部临时仰拱。

(6)临时支护的拆除时间应在沉降和收敛稳定后进行,并及时进行二次衬砌的浇筑,应对拆撑后的拱顶下沉增量及收敛量进行监测判定其稳定性。

二、临时封闭措施

(1)水下隧道在以下地段宜采用掌子面临时封闭措施,常用的临时封闭措施有:掌子面临时封闭、初期支护临时仰拱封闭、临时构件支撑。

①地质条件较差,掌子面难以自稳的地段;

②施工期间发生塌方,需对前方坍塌土体注浆的地段;

③根据设计要求,需对前方不量地质体采用帷幕注浆的地段;

④需要严格控制开挖面前方地层变形的地段。

(2)掌子面临时封闭可采用锚喷支护封闭、袋装土挡土墙封闭或现浇混凝土挡土墙封闭等措施,应符合以下规定:

①当掌子面具备一定自稳能力时,可采用锚喷支护封闭,封闭锚杆宜采用纤维锚杆,以方便拆除;

②当掌子面发生坍塌或涌水泻泥时,可采用袋装土挡土墙封闭;

③当需要对前方进行高压注浆时,宜采用现浇混凝土挡土墙封闭。

(3)变形异常的软弱围岩地段应及时增设临时仰拱进行断面封闭,并符合以下规定:

①一般Ⅳ级围岩地段,可采用喷锚混凝土临时仰拱;

②Ⅴ级围岩地段或地下水较丰富的Ⅳ级围岩地段,可采用型钢临时仰拱;

③地下水较丰富的Ⅴ级围岩地段,可采用喷混凝土结合型钢临时仰拱。

(4)不宜采用锚喷支护的地段,可采用临时构件支撑,并应符合下列要求:

①支撑应有足够的强度和刚度,能承受开挖后的围岩压力。支撑基础应铺设垫板。当支撑出现变形、断裂时,应立即加固或部分撤换;

②围岩出现底部压力、产生底鼓现象或可能产生沉陷时,应加设底梁;

③当围岩极其松软破碎时,必须先护后挖,暴露面应采用支撑封闭;

④根据现场条件,可结合管棚或超前锚杆等支护,形成联合支撑;

⑤支撑作业应迅速、及时、有效。

三、防水闸门

水下隧道施工中的最大威胁是掘进中的突水突泥,一旦出现此类事故,将对人员安全和工程造成极大的损失。因此,除采用各种有效的工程措施保证施工和结构的安全以外,还应对可能出现的意外提前准备并制定应急措施,将损失减小到最小。主要应急措施包括防水闸门、排水设备、救护系统和逃生路线规划等。当隧道需穿越可能出现突发涌水的风化深槽或其他特殊不良地质地段时,应设置防水闸门。防水闸门是迫不得已的最后一道防线,可限制灾害范围扩大。

(1)防水闸门的设计应遵循下列规定:

①防水闸门与不良地质段距离不宜小于50m;

②防水闸门应选择在地质条件较好地段,门框与围岩的连接应牢固可靠;

③防水闸门宜采用内置型钢骨架、外贴钢板的可拆卸重复利用结构,可循环使用;

④防水闸门及门框四周均安装挤压式防水橡胶密封条;

⑤风水电管宜布设于闸门内,且便于拆卸。

(2)施工期间应加强疏散逃生演练,避免紧急情况下出现无序状态。

(3)施工期间不得在闸门周边堆积障碍物,应注意保持防水闸门的灵活性与安全性,并安排专人专班值守。

(4)防水闸门应在不良地质段开挖通过,且初期支护封闭后才能拆除。

四、超前地质预报

(1)水下隧道应根据开挖跨度、地质条件、环境条件、施工工法以及施工组织等因素制定合理可行的超前地质预报方案,确保施工安全。

(2)超前地质预报应以超前钻探为主,运用地质调查与物探相结合、长短探测相结合、洞内与洞外相结合、物探与钻探相结合、超前导洞与主洞探测相结合、构造探测与水文探测相结合的综合预报方法,并相互验证。

(3)宜采用红外探测法定性探测前方水体及其存在的方位,应符合以下规定:

①全方位探测地下水体时,测线布置在沿隧道纵向拱顶、拱腰、边墙、隧底等位置,测点间距宜为5m;异常时,加密测点间距。测线一般自掌子面向洞口布设,长度宜为60m,且不得少于50m;

②宜布置3～4条测线,每条测线布3～5个测点;

③有效探测距离可达30m,连续预报时前后两次重叠5m以上。

(4)超前钻探钻孔应配置防突水涌水的措施。

(5)施工过程中应注意对拱顶岩层厚度及覆盖层厚度进行预测与探测。

五、监控量测

(1)应加强周边位移、拱顶下沉和底部隆起监测的密度与频率,按开挖工序布设监测点,监测断面间距可参见表20-6-2。

监测断面间距 表20-6-2

围岩级别(级)	Ⅱ	Ⅲ	Ⅳ	Ⅴ
监测断面间距(m)	30～50	20～30	10～20	5～10

(2)应根据静水压力大小、衬砌结构类型、围岩地质情况对软弱围岩地段初期支护背后水压力以及围岩内孔隙水压力进行监测,软弱围岩地段宜对衬砌内力、接触压力、拱架内力、围岩内部位移进行监测,每一代表性地段宜设置1～2个衬砌内力监测断面,每断面可布置3～6个测点,仰拱需布置测点。

(3)应分段监测渗水量,并评估隧道建成后的总渗水量。渗水量监测可采用投浮子法、堰法、槽法、流速水位法、潜水电磁法等方法。

(4)应选择代表性地段检测地下水中各类腐蚀性离子,海底隧道应检测氯离子含量。

第二十一章　盾构隧道设计

第一节　概　　述

一、盾构法基本概念

盾构法是指使用盾构机，一边控制开挖面及围岩不发生坍塌失稳，一边进行隧道掘进、出渣，并在机内拼装管片形成衬砌、实施壁后注浆，不扰动围岩而修筑隧道的一种机械化施工方法（图 21-1-1）。

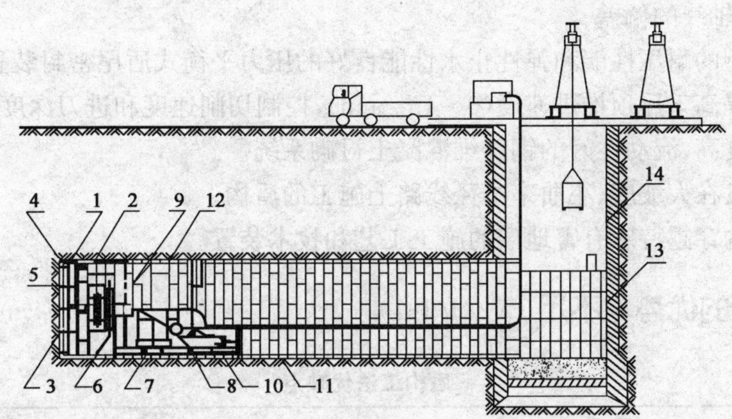

图 21-1-1　盾构隧道施工示意图

1-盾构；2-盾构千斤顶；3-盾构刀盘；4-出土转盘；5-出土皮带运输机；6-管片拼装机；7-管片；8-压浆泵；9-压浆孔；10-出土机；11-由管片组成的隧道衬砌结构；12-盾尾空隙中的压浆；13-后盾装置；14-竖井

盾构法施工的主要步骤是：先在隧道某段的一端建造竖井或基坑，以供盾构安装就位。盾构从竖井或基坑的墙壁开孔处出发，在地层中沿着设计线，向另一竖井或基坑的设计孔洞推进。盾构推进中所受到的地层阻力，通过盾构千斤顶传至盾构尾部已拼装的预制隧道衬砌结构，再传到竖井或基坑的后靠壁上。隧道拱内圈的空洞由盾构本体防护，同时还需要其他辅助措施对工作面进行支护。

二、盾构法的发展方向

随着我国国民经济的发展，复杂地形、地质条件下的盾构隧道将越来越多地被修筑，其中超大直径、水下、特殊断面、复合地层、穿越敏感地区等新型盾构隧道将是未来盾构技术发展的方向。

（1）新型盾构机的研发：

①开发大口径圆形断面盾构机（$\phi \geqslant$16m），可用于海底、江底公路隧道，满足单向 3 车道及

以上断面的要求。

②异形断面盾构机的研发，以满足不同功能的要求，如图 21-1-2 所示。

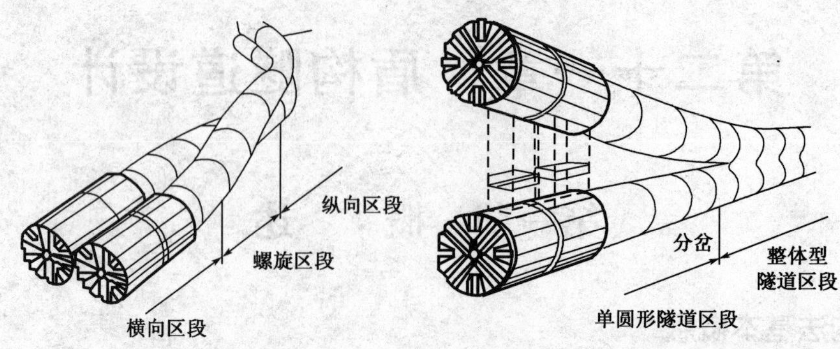

图 21-1-2　H&V 形盾构法概念图

(2)刀盘和刀具的改进。

(3)开发激光、陀螺并用的自动方向控制，新的卫星 EPX 定位系统，以迅速准确地判断盾构机姿态和设计轴线的偏差。

(4)开发新型的耐压性能和弹性止水性能良好的压力平衡式盾尾密封装置。

(5)进一步提高千斤顶推进速度(0～1m/min)，控制切削速度和进刀深度。

(6)开发强度高、流动性好的钢纤维混凝土衬砌系统。

(7)研制开发在大坡度、小曲率半径线路上施工的盾构。

(8)研究盾构穿越特殊有害地层的施工工艺和技术装置。

三、盾构法的优势与不足(表 21-1-1)

盾构工法优缺点　　表 21-1-1

项目	特　点
优点	(1)在盾构支护下进行地下工程暗挖施工，不受地面交通、河道、航运、潮汐、季节、气候等条件的影响，能较经济合理地保证隧道安全施工； (2)可实现自动化、智能化和施工远程控制信息化，掘进速度较快，施工劳动强度较低； (3)地面人文自然景观受到良好的保护，周围环境不受盾构施工干扰；在松软地层中，开挖埋置深度较大的长距离、大直径隧道，具有经济、技术、安全等方面的优势
缺点	(1)由于机械成本高，建造较短隧道没有经济性； (2)盾构法隧道上方一定范围内的地表沉陷尚难完全防止； (3)盾构法施工所用的拼装衬砌，对达到整体结构防水性的技术要求较高

四、盾构法隧道统计

根据国内外的成功经验，盾构法可用于各类软土地层和软岩地层的隧道掘进，尤其适用于市区地下铁道和水底隧道的掘进。国内外主要水下盾构隧道见表 21-1-2。

国内外主要水下盾构隧道统计　　表 21-1-2

序号	隧道名称	地点	隧道类型	工程地质及水文地质条件	施工方法及盾构机具	衬砌结构类型及防水
1	英吉利海峡隧道	英国～法国沙加	海底铁路隧道，双管，每管陆上 3km，海底 16km，$D_{外}=8.8m$	陆上段：可透水白垩土、灰色白垩土；海底段：相对不透水白垩土、泥灰岩，夹有含量25%的黏土，呈现低渗透性，隧道还穿过许多断层区，在断层区河灰色白垩土中含有承压水，水压 1.0MPa	英法两边各两台盾构对推，在中间接通，对接时英方盾构偏离轴线，最后一小段用人工开挖，与法方盾构完成打通	钢筋混凝土管片组成单层衬砌，每环 5 块，外加 1 块封顶块，陆上段环宽 1.4m，厚 0.32m；海底段环宽1.6m，厚 0.4m
2	大贝尔脱隧道	丹麦	水底铁路隧道，双管，每管长 8.1km，其中盾构隧道每管长 7.96km，$D_{外}=8.5m$	冰碛石、冰碛砂石、泥灰岩、黏质渌坶土、夹砂河石块，地层为含水饱和	土压平衡盾构四台，每管用两台盾构相向对推	钢筋混凝土管片组成单层衬砌，每环 6 块，外加 1 块封顶块，环宽 1.65m，厚 0.4m，用氯丁橡胶止水带，可承受水压 0.8MPa
3	卫乐聚司隧道	法国巴黎	法国 TGV 高速大西洋线，双管，每管长4.8km，$D_{外}=9.25m$	枫丹白露型砂（这是一种无黏聚力、光滑、粒度细的砂）及黏土，盾构底处的地下水静水压力约 0.05MPa	全断面泥水盾构两台，由德国 Bade & Tbeelen 公司制造	钢筋混凝土管片组成单层衬砌，每环 7 块，外加 1 块封顶块，环宽 1.7m，厚 0.4m
4	东京湾横越道路隧道	日本川崎～木更津	水下道路隧道，三管，属东京湾横越道路工程中的一部分。隧道长 9.5km，中间设在川崎人工岛，将隧道分为 4.6km 和 4.8km 两段	软弱冲积黏土、砂及洪积黏土、洪积砂质土，在地震区内，高水压 0.5～0.6MPa，东京湾水面下 60m	泥水盾构，盾构外径 14.14m，盾构对接段用冰冻法加固后打通	双层钢筋混凝土衬砌，第一层由钢筋混凝土管片组成，每环 8 块标准块，加 2 块邻接块，加 1 块封顶块，管片厚 0.65m，环宽 1.5m，第二层现浇内衬厚 0.35m
5	神田川地下调水库隧道	日本东京大田区	供水隧道，单管，总长 4.5km，第一期工程长 2.0km，$D_{外}=13.94m$，$D_{内}=12.50m$	砂、粉土、砾石层、粉质砂土，地下水位很高，渗透系数 $k=10^{-3}cm/s$，隧道中心水压 0.27～0.41MPa	埋深 45m，根据水文地质条件，为确保安全和减少对环境影响，采用泥水盾构，为当时世界上最大泥水盾构	单层衬砌，在隧道端部一段用铸铁管片，其他均为钢筋混凝土管片，每环 10 块，外加 1 块封顶块，管片厚 0.72m，环宽 1.2m
6	汉堡易北河第四隧道	德国	水下高速公路隧道，隧道长 2.6km，$D_{外}=14.2m$，$D_{内}=12.4m$	松散、紧密的砂，散布着含水砂透镜体的冰川泥灰岩和内有石块和孤石的冲积土层	Herren Knecht 泥水平衡混合型盾构，是目前世界上所制造的最大软土盾构，能压碎直径达 1m 的孤石，盾构设计承受 0.55MPa 的静水压力	装配式钢筋混凝土衬砌，衬砌环由 8 块管片和 1 块封顶管片组成，管片厚 0.7m，环宽 2.0m

续上表

序号	隧道名称	地点	隧道类型	工程地质及水文地质条件	施工方法及盾构机具	衬砌结构类型及防水
7	绿色心脏隧道	荷兰	高速公路隧道，隧道长6.6km，$D_{外}$ = 14.87m，$D_{内}$ = 13.2m	土层中含有一层10～15m厚度的软弱黏土和泥炭，其机械应力很差（相对密度达1～3）。软土以下由0～2mm渗透性特强而机械应力不等的砂层组成	法国NFM和德国沃斯公司生产的泥水平衡混合型盾构，是目前世界上所制造的最大软土盾构	装配式钢筋混凝土衬砌，每环8块标准块，加2块邻接块，加1块封顶块，管片厚0.6m，环宽2.0m
8	Smart隧道	马来西亚	隧道工程全长9.7km，其中市区段3km为集排洪和公路交通为一孔的三层隧道，上两层用作公路交通，最下面一层为排洪通道。采用盾构法施工的隧道长度为5.205km，$D_{外}$ = 12.33m，$D_{内}$ = 11.83m	主要地质特征为石灰岩和碳质岩石。上覆泥岩和砂岩，以及黏土、粉土等。盾构在推进过程中，遇到变化多端的地质情况，如上硬下软、下软上硬、全断面岩石、全断面粉砂等	德国海瑞克公司生产的两台泥水平衡混合型盾构，可以同时满足切削180MPa的灰岩及土、粉土的要求	装配式钢筋混凝土衬砌，每环由10块基本块加1块封顶块组成，管片厚0.5m，环宽1.7m，分为左环和右环，管片环向和纵向均采用高强度螺栓连接，每环衬砌有11只M25的内排螺栓、11只M25的外排螺栓，以及21只M25的纵向螺栓
9	上海长江隧道	中国	水下公路三车道隧道，两管。隧道长8.95km，盾构段长7.5km，$D_{外}$ = 15.0m，$D_{内}$ = 13.7m	穿越软黏性土为高含水率、大孔隙比、高压缩性和低强度土层。穿越粉土层，在一定的动水力作用下易产生流沙和管涌等现象，会导致掘进面不稳定	采用两台直径为15.43m的泥水加气平衡盾构，是目前世界上所制造的最大软土盾构	装配式钢筋混凝土衬砌，每环8块标准块，加2块邻接块及1块封顶块，管片厚0.65m，环宽2.0m。管片采用斜螺栓连接，每环纵向采用42根M30螺栓，环向采用36根M36螺栓
10	上海上中路隧道	中国	双管双层双向八车道公路越江隧道，南线长1.27km，北线长1.274km，$D_{外}$ = 14.5m，$D_{内}$ = 13.3m	穿越软黏性土为高含水率、大孔隙比、高压缩性和低强度土层。穿越粉土层，在一定的动水力作用下易产生流沙和管涌等现象，会导致掘进面不稳定	采用一台德国沃斯公司生产的直径为14.87m的泥水平衡混合型盾构	装配式钢筋混凝土衬砌，每环7块标准块，加2块邻接块以及1块封顶块，管片厚0.6m，环宽2.0m。管片采用斜螺栓连接，每环纵向采用38根M27螺栓，环向采用20根M36螺栓

续上表

序号	隧道名称	地点	隧道类型	工程地质及水文地质条件	施工方法及盾构机具	衬砌结构类型及防水
11	上海军工路隧道	中国	双管双层双向八车道公路越江隧道，长3.05km，$D_{外}$ = 14.5m，$D_{内}$ =13.3m	穿越软黏性土为高含水率、大孔隙比、高压缩性和低强度土层，具有高灵敏度、易触变和流变的特性，在动力作用下，其土体结构极易破坏，强度降低。穿越粉土层，在一定的动水力作用下易产生流沙和管涌等现象，会导致掘进面不稳定	采用一台德国沃斯公司生产的直径为14.87m的泥水平衡混合型盾构	装配式钢筋混凝土衬砌，每环7块标准块，加2块邻接块和1块封顶块，管片厚0.6m，环宽2.0m。管片采用斜螺栓连接，每环纵向采用38根M27螺栓，环向采用20根M36螺栓
12	杭州钱江隧道	中国	水下公路三车道隧道，两管。隧道长4.459km，江中段长3.2km，$D_{外}$ = 15.00m，$D_{内}$ =13.7m	隧道穿越的土层主要为素填土层、淤泥质粉质黏土层、粉质黏土层，粉土、粉砂开挖容易引起流沙、管用等现象，淤泥质粉质黏土开挖易产生坍塌及蠕动破坏	采用两台外径15.43m的目前世界上直径最大的先进盾构机	装配式钢筋混凝土衬砌，采用“9+1”通用楔形环方式，管片厚0.65m，环宽2.0m。管片采用斜螺栓连接，每环纵向采用38根M30螺栓，环向采用20根M39螺栓
13	杭州庆春路隧道	中国	水下公路两车道隧道，两管。隧道长5.352km，盾构段长3.025km，$D_{外}$ = 11.3m，$D_{内}$ = 10.3m	盾构穿越粉质黏土、粉土、淤泥质粉质黏土层等多种地层，刀盘刀具磨损严重且掘进方向不易控制；盾构隧道最大覆土厚度26m，最小7.5m，江水平均深度约8m，最大水深14m，最大水压0.47MPa	采用两台具有国际先进水平的直径11.68m泥水盾构	装配式钢筋混凝土衬砌，每环6块标准块，加2块邻接块及1块封顶块，管片厚0.5m，环宽2.0m，管片采用斜螺栓连接，每环纵向采用36根M30螺栓，环向采用20根M36螺栓
14	南京纬七路隧道	中国	水下公路三车道隧道，两管。隧道总长度为6.042km，$D_{外}$ = 14.5m，$D_{内}$ = 13.3m	淤泥、粉细砂、砾砂、卵石地质情况复杂	两台泥水平衡复合型盾构，具有处理复合地层和障碍物智能预测的能力，刀具能切割0.4MPa的砂岩，盾构设计承受0.65MPa的静水压力	装配式钢筋混凝土衬砌，每环7块标准块，加2块邻接块及1块封顶块，管片厚0.6m，环宽2.0m，管片采用斜螺栓连接，每环纵向采用42根M30螺栓，环向采用30根M36螺栓

续上表

序号	隧道名称	地点	隧道类型	工程地质及水文地质条件	施工方法及盾构机具	衬砌结构类型及防水
15	南京纬三路隧道	中国	双管双层双向八车道公路越江隧道。北线盾构段长 3.557km，南线盾构段长 4.135km，$D_{外}$ = 14.5m，$D_{内}$ = 13.3m	淤泥、粉细砂、砾砂、卵石和风化岩等，且复合地层占隧道全长的 40%以上，地质情况极为复杂	两台泥水平衡复合型盾构，具有处理复合地层和障碍物智能预测的能力，刀盘设计采用辐条面板式结构，设置滚刀、刮刀的复合式刀盘	装配式钢筋混凝土衬砌，每环 7 块标准块，加 2 块邻接块及 1 块封顶块，管片厚 0.6m，环宽 2.0m，管片采用斜螺栓连接，每环纵向采用 58 根 T30 螺栓，环向采用 30 根 T36 螺栓。盾构隧道设计承受 0.77MPa 的静水压力
16	武汉长江隧道	中国	水下公路隧道，两管。隧道长 3.63km，盾构段长 2.2km，$D_{外}$ = 11.0m，$D_{内}$ = 10.0m	黏土、粉土、粉细砂、卵石及部分上软下硬的复合地层	两台泥水平衡复合型盾构，具有处理复合地层和障碍物智能预测的能力，刀具能切割 0.4MPa 的砂岩，盾构设计承受 0.65MPa的静水压力	装配式钢筋混凝土衬砌，衬砌环采用通用楔形环，双面楔形量 55mm，管环由 9 块等分管片组成，环宽 2.0m。管片采用直螺栓连接，每环纵向采用 36 根 M40 螺栓，环向采用 36 根 M45 螺栓

第二节 地质勘察

一、规划勘察

规划、设计及施工阶段的勘察项目见表 21-2-1。

规划、设计及施工阶段的勘察项目　　表 21-2-1

勘察项目 \ 讨论项目		规划			设计							施工				
					初步设计			施工设计								
		选址	选定基地位置	判定盾构工法的适用性	断面形状设计	平面、纵断面线形设计	盾构机型的选择	盾构机的设计	衬砌设计	竖井设计	辅助工法设计	设备计划	竖井构筑	盾构施工	环境保护	维护管理
场地条件调查	土地利用和隶属关系	▲	▲			△				△		△	△		▲	
	远景规划	▲	▲			▲			△	△					▲	▲
	道路类型和路面交通状况	▲	▲	△		▲			△	△	△	▲	▲	△	▲	
	确保施工用地的难易程度	▲	▲	△			△			△	△	▲	▲	△	△	
	河流、湖泊、海洋分布状况	▲	△	▲		△	▲	△	△	△	▲	△	△	△	▲	
	施工用电及给排水的难易程度	△	▲	△						△		▲	△	△		△

续上表

勘察项目	讨论项目	规划			设计							施工				
					初步设计			施工设计								
		选址	选定基地位置	判定盾构工法的适用性	断面形状设计	平面、纵断面线形设计	盾构机型的选择	盾构机的设计	衬砌设计	竖井设计	辅助工法设计	设备计划	竖井构筑	盾构施工	环境保护	维护管理
障碍物调查	地面及地下建筑物	▲	▲	△	△	▲	△	△	△	△	▲	△	△	▲	▲	△
	埋设物	△	△	△		▲	△	△		△	▲	△	▲	▲	▲	△
	井和古井						▲				▲			▲	△	
	建筑物遗址、临时工程遗址	▲	▲	▲		▲	△	△			△		△	▲	▲	
	其他	▲	▲			△					△		△	▲	▲	
地形及土质调查	地形	▲	▲	△		▲	△					△	△	△		
	地层构成			△		▲	▲	▲	▲	▲	▲	△	▲	▲		
	土质			▲	▲	▲	▲	▲	▲	▲	▲	▲	▲			
	地下水			▲		▲	▲	▲	▲	▲	▲	▲	▲	▲	▲	△
	缺氧和有害气体	▲		▲		▲	▲	▲	▲	▲	▲	▲	▲	▲	▲	▲
	大范围地基沉降					△									△	▲
周围环境调查	噪声、振动		▲	△			▲	△		△	△	▲	▲	△	▲	
	地层变化情况			△	△	▲	▲	△	△	△	▲		▲	▲	▲	▲
	泥浆影响						△			▲	▲	△	△	△	▲	△
	施工废弃物		△	△			▲	△			△	▲	△	▲	▲	
	其他(文化古迹)	▲	▲	▲		▲	△			△	▲	△	△	△	▲	▲
施工实例调查	掘进管理			△		△	▲	▲				△		▲	△	
	工程管理						△	△				△	▲	▲	△	
	安全卫生管理						△				▲	▲	△	△	△	
	环境保护	▲	▲	△			△				▲	△	△	△	▲	▲
	其他(事故等)	△	△	△		△	▲	▲	△	▲	▲	△	▲	▲	▲	△

注:▲表示规划、设计、施工阶段必须进行调查的项目;△表示根据规划、设计、施工的需要进行调查的项目。

二、设计勘察(表 21-2-2)

设计阶段主要讨论事项和必要的试验项目 表 21-2-2

讨论事项			必要的地质条件	原位试验										室内试验								
				钻孔	取样	N值	地下水位	孔隙水压	现场渗水	孔内荷载	现场透气	电法探层	RI探层	相对密度	含水率	重度	粒度	液限塑限试验	单轴压缩	三轴压缩	压密	化学
基本设计	线形	纵断面线形(覆土厚度、掘进深度)	地形、土层构成、N值、地下水位	▲	△	▲	▲															
基本设计	盾构机选型	①盾构机机型选定;②必要的性能讨论	土层构成,地下水位、透水性(k)、强度特性(c、φ)	▲	▲	▲	▲		△					▲	▲	▲	▲	▲	▲	▲	△	
施工设计	盾构机设计	①形状、尺寸的讨论;②装备推力、扭矩讨论	土层构成、地下水位、强度特性(c、φ)、地层反力	▲	▲	▲	▲							▲	▲	▲	▲		▲	▲		
施工设计	衬砌设计	①材料选定;②衬砌设计;③螺栓、接头设计	土层构成、地下水位、强度特性(c、φ)、地层反力	▲	▲	▲	▲			△				▲	▲	▲	▲		▲	▲		△
施工设计	竖井设计 挡土墙	①工法选定 ②构造设计 ③隆起讨论	土层构成、地下水位、重度、孔隙水压、透水性(k)、强度特性(c、φ)	▲	▲	▲	▲			△				▲	▲	▲	▲		▲	▲		
施工设计	竖井设计 井体	①工法选定 ②构造设计	土层构成、地下水位、强度特性(c、φ)、重度、地层承载力	▲	▲	▲	▲			△				▲	▲	▲	▲		▲	▲		

续上表

讨论事项			必要的地质条件	原位试验										室内试验								
				钻孔	取样	N值	地下水位	孔隙水压	现场渗水	孔内荷载	现场透气	电法探层	RI探层	相对密度	含水率	重度	粒度	液限塑限试验	单轴压缩	三轴压缩	压密	化学
施工设计	辅助工法	①工法选定；②加固设计	土层构成、地下水位、重度、透水性(k)、强度特性(c、φ)	▲	▲	▲	▲	△	△	△	△	△	△	▲	▲	▲	▲	△	▲	▲	△	△
	设备	①洞外设备计划；②洞内设备计划	土层构成、地下水位、密度、含水率、重度、粒度、强度特性(c、φ)	▲	▲	▲	▲							▲	▲	▲	▲	△	▲	▲		
	竖井、盾构施工	①盾构掘进计划；②壁后注浆计划	土层构成、地下水位、重度、粒度、强度特性(c、φ)	▲	▲	▲	▲							▲	▲	▲	▲		▲	▲		
环境保护	地层变位	①掘进时地层沉降预测；②对相邻建筑物影响的讨论	土层构成、地下水位、重度、弹性系数、压密特性	▲	▲	▲	▲		△					▲	▲	▲	▲		▲	▲	▲	
	地下水	①地下水位变化预测；②地下水位降低引起的沉降讨论	土层构成、地下水位、孔隙水压	▲	△	▲	▲	△	△		△	△		△	△	△	△				△	
	缺氧、有害气体	对缺氧、有害气体发生可能性及措施的讨论	土层构成、地下水位、透气性、有害气体含量	▲	▲	▲	▲		△		△			△	△	△	△					▲

注：▲表示必须进行试验的项目；△表示根据需要进行试验的项目。

第三节　主体设计

一、管片结构设计

1. 设计原则

(1)隧道衬砌宜采用具有一定刚度的柔性结构,应限制其变形和接头张开量,满足结构受力和防水要求。

(2)隧道结构应对施工和使用阶段不同工况进行结构强度、变形计算。

(3)衬砌结构横向计算模式应根据地层情况、衬砌构造特点、结构的实际工作条件等确定,宜考虑衬砌与地层共同作用及装配式衬砌接头的影响。

(4)隧道在荷载、结构、地质条件发生变化的部位或因抗震需要设置变形缝时,应采取可靠的工程处理措施,确保变形缝两侧的结构不产生影响使用的不均匀沉降。变形缝的设置形式、间距等应满足纵向沉降变化率、结构防水要求、结构抗震等要求。

(5)在结构设计时,要求管片结构既能满足适用不同荷载条件和地质条件等要求,又要尽量采用统一的衬砌类型标准,以方便装配式衬砌的统一生产。

(6)在结构设计时,要求管片能满足盾构机在软土地层、砂性土地层、砂卵石层、软硬不均匀地层以及岩层中推进过程中各种施工工况下的力学要求。

2. 单、双层衬砌选择

衬砌是直接支承地层,同时满足隧道建筑限界及其他运营设施净空要求,并能防止渗漏、承受施工与运营阶段荷载的结构。总结国内外各种类型的盾构隧道实例,采用单、双层衬砌结构的均有,但大部分采用单层衬砌。国外比较出名的英吉利海峡隧道、德国的易北河第四隧道、荷兰的绿色心脏隧道、马来西亚的 Smart 隧道等均采用单层管片,国内的上海长江隧道、上海军工路隧道、上海上中路隧道、武汉长江隧道、南京纬七路及纬三路长江隧道也均采用单层管片衬砌,而日本的东京湾海底隧道则采用双层衬砌。实践证明,采用具有一定接头刚度的单层柔性衬砌,隧道的变形、接缝张开量及混凝土衬砌裂缝开展、防水效果等,均控制在预期的要求内,完全满足隧道的设计要求。单层衬砌施工工艺单一、工程实施周期短、投资省,通常在满足工程使用要求的前提下,应优先选用单层装配式钢筋混凝土衬砌。

3. 管片构造形式选择

管片因使用材料、断面形状及接头方式的不同而异,管片的种类见表 21-3-1。不同材料管片的特点及存在问题见表 21-3-2。

管片分类表　　表 21-3-1

分类依据	材　质	断面形状	接头方式
管片种类	钢筋混凝土管片	箱形	直螺栓
		平板形	直螺栓
			曲螺栓
			插头
			铰链接头
	铁制管片(铸铁、球墨铸铁)	箱形	直螺栓
	钢管片	箱形	直螺栓
	复合管片	平板形	直螺栓

不同材料管片的特点及存在问题　　表 21-3-2

管片名称	特点	存在问题
钢筋混凝土管片	1.成本低、使用最多； 2.耐久性好； 3.可构建实用、无障碍衬砌	1.厚度较大，致使掘削面大； 2.质量大，运输、组装需要手工操作，易损伤
球墨铸铁管片	1.强度好、耐久性好、制作精度高； 2.与混凝土管片相比质量轻、掘削面小； 3.承受特殊荷载的地点可选用特殊构造	1.成本较高； 2.焊接困难
钢管片	1.质量轻、组装运输容易； 2.可任意安装加固材料、加工容易； 3.中小盾构隧道使用多	1.容易变形； 2.耐腐蚀性差
复合管片	管片系混凝土和钢板有效复合构造，与钢筋混凝土管片相比厚度小	1.钢板的抗腐蚀性差； 2.接头构造复杂

盾构隧道一般采用钢筋混凝土管片，其形式主要有箱形管片和平板形管片。箱形管片在相同几何尺寸条件下，具有质量轻，节省材料的优点，一般多用于大直径的隧道。而在相等厚度的条件下，平板形管片的抗弯刚度和强度均大于箱形管片，且管片混凝土截面削弱小，对盾构推进装置的顶力具有较大的抵抗能力；尤其在大直径水底盾构隧道工程中，高水压条件下，采用平板形管片，其抗浮、结构刚度均具有较大的优越性。基于以上优势，公路盾构隧道管片形式一般选择钢筋混凝土平板形管片。

4.管片组合形式选择

隧道路线由直线、平曲线、竖曲线组成，盾构隧道是以若干段折线(最短折线长度为一环管片衬砌环宽)来拟合设计的光滑曲线的，为满足盾构隧道在曲线上偏转及施工中纠偏的需要，应设计楔形衬砌环。目前采用较多的类型有如下三种。

(1)楔形衬砌环与直线衬砌环的组合

设计和施工是采用楔形衬砌环与直线衬砌环的优选及组合进行线路拟合的。根据线路偏转方向及施工纠偏的需要，设计左转弯、右转弯楔形衬砌环及直线衬砌环。设计时根据线路条件进行全线衬砌环的排版，以使隧道设计拟合误差控制在允许范围之内。盾构推进时，依据排版图及当前施工误差，确定下一环衬砌类型。由于采用的衬砌环类型较多，所以给管片供给带来一定的难度，在竖曲线上采用楔形贴片。这种衬砌环类型中每种楔形环位置固定，灵活性小。

(2)楔形衬砌环之间相互组合

盾构在直线上推进时，在拼装过程中，采用左右楔形环一一对应组合成直线；盾构在曲线上推进时，依据曲线转弯半径及竖曲线偏转要求及纠偏需要，确定下一环管片的类型及旋转角度。采用该衬砌类型时需设置两套钢模进行管片预制，且施工中所用的衬砌类型环不能完全确定，给管片供应和管理带来较大难度。

(3)通用型管片

通用型管片只采用一种类型的楔形管片环，盾构掘进时根据盾构机内环向千斤顶传感器的信息和线路线形设计的要求，根据曲线拟合确定下一环衬砌绕管片中心线转动的角度，以达到设计线路和纠偏的目的，使线路的偏移量在规定的范围内。该类管片衬砌环作为一种新颖的通用衬砌环类型，在欧洲普遍流行，由于只需一种管片类型，可节省钢模数量，不会因管片类型供给不到位而影响施工。其对管片制造精度要求高，由于施工精度高，使管片的拼装难度较大。

管片类型的选择除根据上述介绍管片特点选择外，还应结合国内实际情况如施工方技术水平、现有机械设备以及当地的工程习惯进行选择，做到设计与实践的紧密结合。

5. 管片分块形式选择

衬砌环的分块主要由管片的制作、防水、运输、拼装、隧道总体线形、地质条件、结构受力性能、盾构掘进机选型等因素确定。随着分块数量的增加，衬砌环刚度降低，柔度增加。柔性的衬砌可充分利用围岩的自承能力，但接缝增多，拼装速度慢，不利于防水。

从管片运输及拼装施工方便考虑，管片体积和质量不宜太大，管片的最大弧长、弦长一般较少超过5m，且需满足运输设备的运输能力、管片在隧道内运输空间要求、盾构机举重臂起重能力的要求。从防水的角度考虑，管片分块亦不能太多，通常情况下，10m以上的大直径隧道，管片可划分为8～10块；6m左右的中直径隧道，可划分为6～8块（图21-3-1）。根据隧道实践经验，考虑到施工方便以及受力的需要，目前封顶块一般趋向于采用小封顶形式。封顶块的拼装形式有径向楔入、纵向插入等几种方式。径向楔入时其半径方向的两边线必须呈内八字形或者平行，受荷后有向内滑动的趋势，受力不利，国内工程很少采用。采用纵向插入形式的封顶块受力情况较好，受荷后不易向内滑移，其缺点是在封顶块管片拼装时，需要加长盾构千斤顶行程。国内设计一般采用半纵向插入式，即小封顶块径向先搭接2/3，再纵向推入1/3。纵向插入角设计时，其插入比一般在1∶7～1∶10较为合理（图21-3-2）。

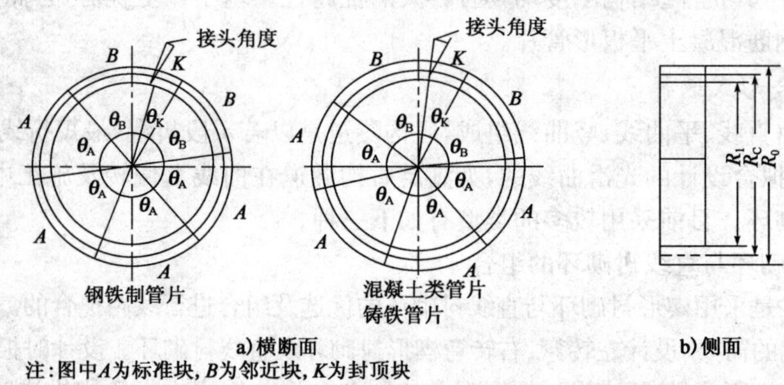

图21-3-1　管片分块示意图

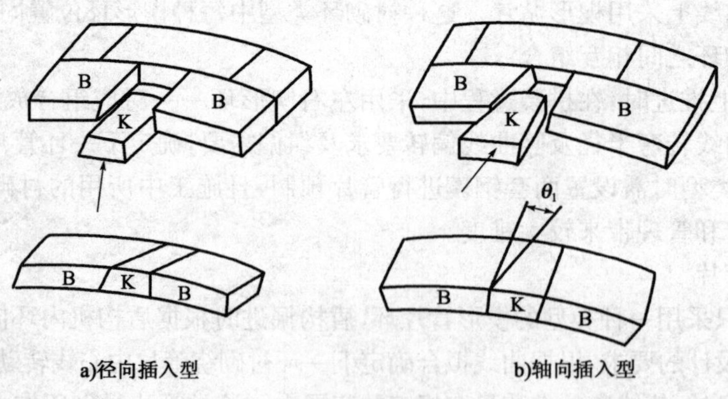

图21-3-2　封顶块插入方式示意图

6. 管片宽度及厚度确定

(1)衬砌环宽度

钢筋混凝土管片在整个机械系统配备合理协调的情况下，随着设计、施工经验的成熟，衬砌环宽越大。隧道内环缝数量越少，漏水环节越少，对提高隧道的纵向刚度、加快施工进度，降低造价有利。同时选择环宽时应考虑千斤顶行程能力、线路曲线以及施工技术水平等方面。但衬砌环越大，越不便于管片制作、运输、拼装，小半径曲线施工时也有一定的局限性。另外，管片宽度增加后会直接影响盾构机的灵敏度，同时根据国外的经验，随着管片的增大，管片易产生裂缝。

环宽选择也要考虑线路线形，线形较差小半径多宜选用较小环宽，线形较好线路顺直宜选用较大环宽。

根据国内外公路盾构隧道衬砌环宽度的统计结果，衬砌环宽度多采用 1 200mm、1 500mm、2 000mm 三种宽度。

(2)衬砌厚度

管片厚度一般根据计算并结合工程经验确定，管片厚度宜为隧道外径的 5%～6%。管片的外径与公路隧道的技术标准、车道数目及其他交通工程设施的布置空间有关，一般双车道公路盾构隧道管片外径多为 9 000mm 左右，采用 450～500mm 衬砌厚度；三车道公路盾构隧道管片外径多为 14 000mm 左右，采用 600～650mm 衬砌厚度。

7. 管片环、纵缝构造选择

管片的接缝有设榫槽和不设榫槽两种，前者在软土地层中能提高管片的安装精度，有利于控制变形，后者便于施工安装，能加快施工进度。在软硬不均匀的地质条件下，若设置接缝榫槽，一方面，当施工控制不当时，极易导致接缝处开裂，这种开裂若发生在管片背面将是难以发现且无法修补的；另一方面，采用“大宽度管片＋错缝拼装＋榫槽”的管片形式，将增加施工的难度，建议采用无榫槽的连接方式。

8. 管片连接形式选择

管片的连接方式有三种：螺栓连接、销钉连接、构造连接。国外三种连接方式均有采用，而用螺栓连接较多，国内盾构隧道均用螺栓连接。螺栓连接方式主要有直螺栓连接、弯螺栓连接和斜螺栓连接。螺栓连接方案如图 21-3-3 所示。

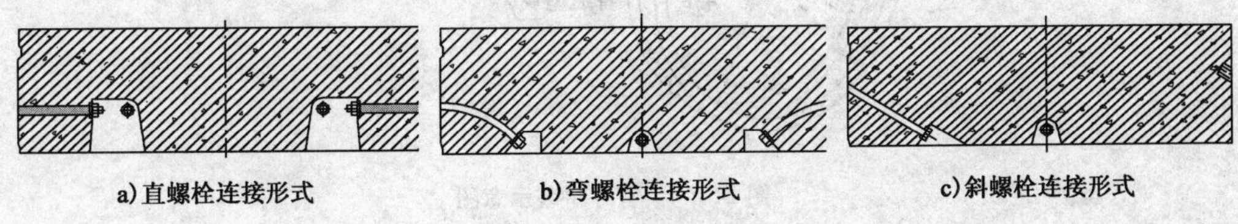

图 21-3-3　螺栓连接形式

(1)直螺栓连接对精度要求不高，但其开手孔较大，对管片截面削弱较大。

(2)弯螺栓连接对精度要求较高，开手孔较小，对管片截面削弱较小，但容易变形，拼装麻烦，用料多。

(3)斜螺栓对管片截面削弱最小，开手孔最小，耗钢量最省，施工也最方便，但对螺栓和预埋件精度要求最高。

对于盾构直径大、穿越地层地质、地形复杂多变、结构受力变化大的隧道，同时考虑抗震等要求，管片环、纵向连接接头推荐采用斜螺栓连接。为提高管片拼装时的精度要求，在纵缝端面设置定位棒、环缝端面可设置剪力销辅助拼装。在纵向计算得出纵向剪力较大位置，采用纵向斜螺栓与剪力销相结合的连接方式。

对纵向螺栓的设置，并非越多越好。纵向连接螺栓增加将导致管片手孔削弱较多，自身在施工阶段出现开裂的风险上升。螺栓手孔的防水也是防水设计重要内容之一，增加手孔数量导致防水风险上升。在设计中建议根据纵向计算所得出的结果进行螺栓数量的核算。

此外，对于错缝拼装与管片螺栓布置的关系，特别要说明的是采用错缝拼装时管片螺栓也不必要求均匀布置（只有通用楔形环形式时通常采用等间距的螺栓分组形式，每一组为一个或者两个螺栓）。对于错缝拼装管片，其衬砌内力较大，整体刚度大，管片变形小，在设计中一般会加强配筋。错缝拼装管片的变形小，衬砌防水效果会较好。

9. 管片拼装方式选择

管片拼装方式通常有通缝拼装和错缝拼装两种方式。通缝拼装具有构造简单、施工方便等优点。错缝拼装可使接缝均匀分布，在管片的整体刚度、整体均匀受力以及防水等方面有优势。

由于管片衬砌错缝拼装的要求，衬砌环纵向螺栓沿环向必为均匀分布。纵向螺栓的数量直接影响隧道衬砌的纵向刚度和错缝拼装组合形式。纵向螺栓数量越多，隧道衬砌的纵向刚度越大，错缝拼装组合形式也越灵活。环缝受到更均匀的螺栓紧固力，对隧道的防水有利，但拼装速度较慢。国内外多数盾构隧道均采用错缝拼装。管片拼装如图 21-3-4 所示。

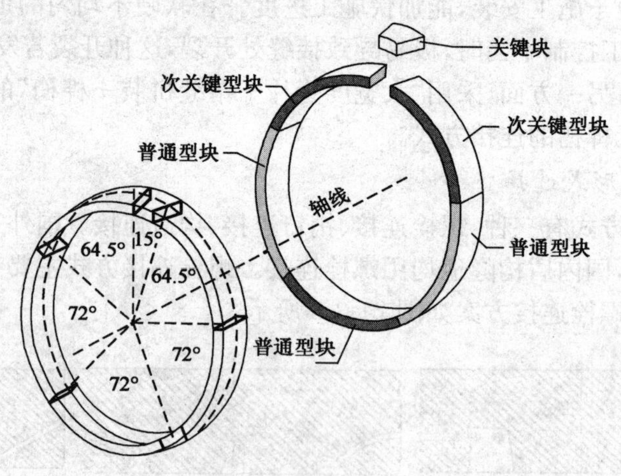

图 21-3-4 管片拼装示意图

10. 管片楔形环设计

为了满足盾构隧道在曲线上偏转及纠偏的需要，应设计楔形衬砌环。

(1)楔形量(Δ)与楔形角(β)的选取

楔形量应根据管片种类、管片宽度、管环外径、最小曲线半径、曲线区间楔环使用比例、管片制作的方便性及尾隙大小，并考虑拼装误差与衬砌旋转对曲线拟合的要求而定。经统计国内外实践数据得出的楔形量、楔形角与管环外径的关系如图 21-3-5 所示。

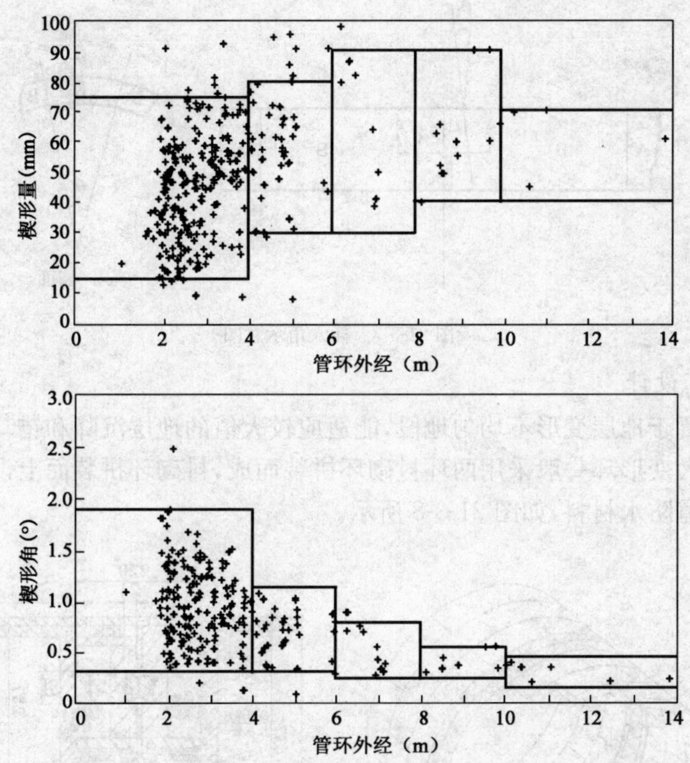

图 21-3-5　楔形量和楔形角的统计值

楔形角、楔形量及盾构直径之间的关系如下：

$$\beta = \arctan \frac{\Delta}{D} \tag{21-3-1}$$

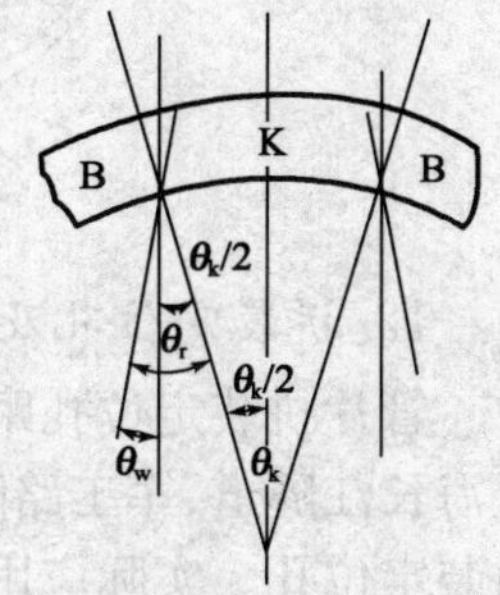

图 21-3-6　θ_k 与 θ_r 的关系

式中：β——楔形角；

Δ——楔形量；

D——管片直径。

(2)接头角(θ_r)

对于径向插入性 K 管片而言，接头的定义如图 21-3-6 所示。

接头角与管片中心角之间的关系如下：

$$\theta_r = \frac{\theta_k}{2} + \theta_w \tag{21-3-2}$$

其中 θ_w 为便于 K 管片插入所需要的裕度角，一般为 2°～5°。在不妨碍作业的前提下，其越小越好，通常为 3°。接头角度宜小而不宜大，接头角过大，接头容易滑动，管片接头轴力和剪力传递困难。

(3)插入角(θ_1)

对轴向插入 K 管片而言，插入角的定义如图 21-3-7 所示。插入角多取决于施工条件，通常取 17°～24°。

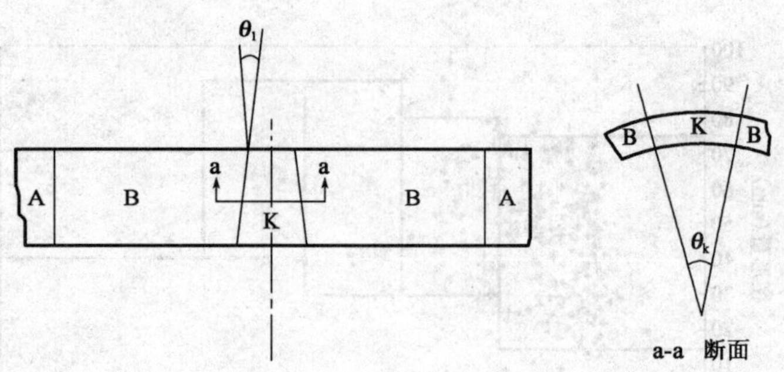

图 21-3-7 插入角示意图

11. 大变形环设计

大变形环设置于地层变形不均匀地段，能适应较大值的地层沉降和错动，从而满足纵向及横向抗震要求。大变形环一般采用两环衬砌环拼装而成，衬砌环拼装面上设置有定位安装孔，两环之间设置多道防水材料，如图 21-3-8 所示。

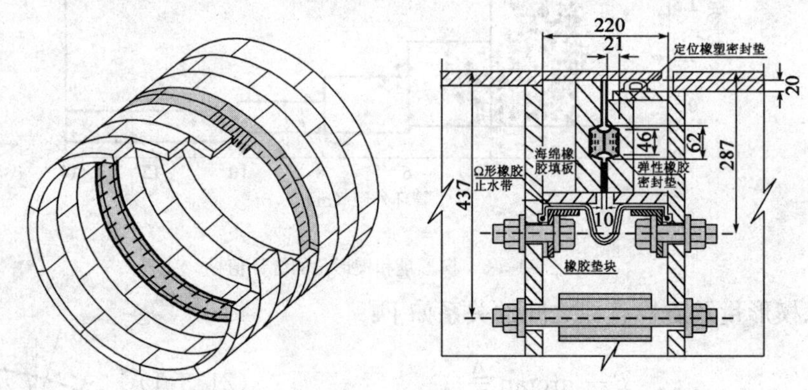

图 21-3-8 大变形环示意图(尺寸单位:mm)

12. 拼装定位孔及补偿压浆预埋件设计

管片拼装定位孔跟管片结构自身关系不大，完全是为了满足盾构机管片拼装使用要求。上海长江隧道、军工路隧道、上中路隧道均采用了 2 个拼装定位孔，纬七路、纬三路采用了 3 个拼装定位孔。实际应用中，根据工程特点确定拼装定位孔的数量及尺寸。

注浆孔通常位于每片管片中心位置，是用来进行管片后二次注浆的孔洞。注浆孔一般不打通，预留有 2～3cm 素混凝土将管片内外两侧隔开，在需要二次注浆时才打开，以减少漏水环节。

二、隧道计算分析

1. 管片结构横断面计算

1)荷载确定

荷载的确定是工程结构计算的先决条件。衬砌设计不仅应满足隧道投入使用后的安全性，而且必须满足施工过程中的安全性和工艺的要求。荷载分类主要有三种，即永久荷载、可变荷载和偶然荷载(表 21-3-3)。

荷载分类表 表 21-3-3

荷载分类		荷载名称
永久荷载		结构自重
		土压力或围岩压力
		隧道上部或地层破坏棱体内的设施及建筑物基底附加应力
		水压力
		设备重力
		地层抗力
可变荷载	基本可变荷载	地面车辆荷载
		地面车辆荷载引起的侧向土压力
		隧道内部车辆行人等引起的荷载
	其他可变荷载	施工荷载(设备运输、施工机具及人员、盾构推进、压注浆等引起的荷载)、温度荷载
偶然荷载		地震荷载、人防荷载

工程设计时须根据工程具体条件选择相应的组合荷载,此外还应考虑平行隧道施工、近接隧道施工、不均匀沉降等因素的影响,在结构受力分析时加以考虑,并在结构构造上加以体现。

(1)土压力

①水土分算与水土合算的计算原则

对于渗透性较好的砂性土采用水土分算的方法,对于渗透性弱的黏性土采用水土分算的方法。

由于完全理想的不透水层是不存在的,而且对土中水和地下水位的变化的正确把握比较困难,所以对计算方法的选择应比较慎重,可以分别使用两种方法同时计算,然后根据衬砌的应力考虑采用比较安全的方法。

采用水土分算的土压力计算方法时,对于土的重度,在地下水位以上时采用湿重度,在地下水位以下时采用水中浮重度。采用水土合算的土压力计算方法时,在地下水位以上,同水土分算时一样采用湿重度,而在地下水位以下,则采用饱和重度。土的重度,原则上是根据工程地质勘测结果决定。根据在城市地下工程的设计经验,土的湿重度一般取 16~18kN/m³,土的浮重度一般为 8~10kN/m³,土的饱和重度一般采用 18~20kN/m³ 的值。

②竖直土压力的计算

考虑长期作用于隧道上的土压力时,针对地质条件、隧道埋置深度,分成两种情况来计算。当覆土厚度小于隧道外径时,一般不考虑地层的拱效应。当覆土厚度大于隧道的外径时,地层产生拱效应的可能性比较大,可以考虑在设计时采用松弛土压力。在砂性土中,当覆土厚度大于(1~2)D_0(D_0 为管片环外径)时采用松弛土压力。在黏性土中,如果是由硬质黏土($N \geqslant 8$)构成的良好地层,当覆土厚度大于(1~2)D_0 时多采用松弛土压力。对于中等固结的黏土($4 \leqslant N < 8$)或软黏土($2 \leqslant N < 4$),将隧道的全覆土重力作为土压力考虑的实例比较常见。

对于松弛土压力的计算方法一般多采用太沙基(Terzaghi)公式。其计算图见图 21-3-9。

$$B_1 = R_0 \cot\left[\frac{\frac{\pi}{4}+\frac{\varphi}{2}}{2}\right] \tag{21-3-3}$$

$$h_0=\frac{B_1\left(1-\dfrac{c}{B_1\gamma}\right)}{K_0\tan\varphi}\left(1-e^{-K_0\tan\varphi\frac{H}{B_1}}\right)+\frac{p_0}{\gamma}\left(e^{-K_0\tan\varphi\frac{H}{B_1}}\right) \tag{21-3-4}$$

式中：B_1——衬砌顶部的半边松弛宽度；

h_0——松散荷载高度；

K_0——水平土压力与垂直土压力之比（一般取 $K_0=1$）；

γ——土体重度；

c——土体黏聚力；

φ——土体内摩擦角；

H——覆盖层厚度；

p_0——上部附加荷载；

R_0——衬砌环外径。

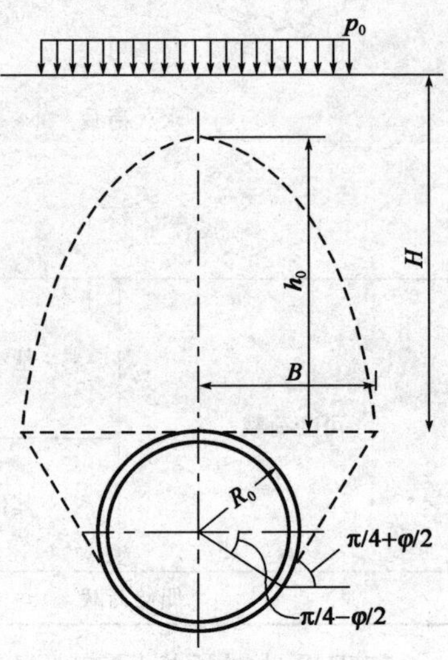

图 21-3-9 松弛土压力

当计算得出的土柱高度 $h_0\leqslant 2R_0$ 时，取 $h_0=2R_0$ 进行计算；当计算得出的土柱高度 $h_0>2R_0$ 时，按松散土压力理论计算所得出的土压力进行结构计算。

③水平土压力的计算

作用于管环上的水平土压力，可按下式估算：

$$\sigma=\lambda\sigma_v \tag{21-3-5}$$

式中：σ——水平土压力（kPa）；

λ——侧向土压系数（无量纲），与土质、设计计算方法及施工方法有关，其与标准贯入试验 N 值的关系见表 21-3-4。

侧向土压力系数（λ）和地层反力系数（K） 表 21-3-4

土与水的考虑	土 的 种 类	λ	K（MN/m³）	N 值的大致范围
土水分离	非常密实的砂性土	0.35～0.45	30～50	$30\leqslant N$
	密实的砂性土	0.45～0.55	10～30	$15\leqslant N<30$
	松散的砂性土	0.50～0.60	0～10	$N<15$
	固结黏性土	0.35～0.45	30～50	$25\leqslant N$
	硬的黏性土	0.45～0.55	10～30	$8\leqslant N<25$
	中硬黏性土	0.50～0.60	0～10	$4\leqslant N<8$
土水一体	中硬黏性土	0.55～0.65	5～10	$4\leqslant N<8$
	软黏土	0.65～0.75	0～5	$2\leqslant N<4$
	超软黏土	0.70～0.85	0	$N<2$

（2）水压力

水压力是在水土分算时必须考虑的荷载。水压的确定应保证所设计的结构物在施工期间和使用期间内的安全。水压力的计算主要有地下水位、荷载分布形式、浮力以及施工方法对水压力的影响等几方面的问题。

作用于衬砌上的水压力，根据隧道施工中的施工条件的不同，与原地层中的水压力大不相同。另外，隧道施工引起的地下水位的下降和恢复，自然条件或人为影响引起的地下水位变化，准确预测水压力作用也比较困难。经验证明，在圆形隧道的设计计算中，采用较高的地下水位，并不等于是偏于安全的设计，相反采用较低的地下水压值进行设计往往会得到比较安全的设计。因此，在选择用于计算水压力的地下水位时应进行充分的论证，可以通过分别取各种水位进行计算，取最不利的情况。

(3)自重荷载

自重荷载是沿衬砌轴线分布的竖直荷载。自重荷载可按照下式计算：

$$g_1 = \frac{W_1}{2\pi R_e} = \rho_1 a h \tag{21-3-6}$$

式中：W_1——单位长度衬砌的重力(kN/m³)；

R_e——衬砌形心的半径(m)；

g_1——衬砌的自重力(kN/m²)；

a——重力加速度(9.8m/s²)；

ρ_1——衬砌的体密度(t/m³)。

(4)地面荷载

作用在地面的荷载(列车荷载、汽车荷载及地面结构物的作用而产生的荷载)应作为集中力或附加分布荷载作用在隧道衬砌上。计算地面荷载时，应根据土体中应力分布规律确定结构所承受的荷载。对于一般地面荷载可以直接根据布辛尼斯克(Boussiesg)所推导的公式进行计算。地面结构物荷载对于衬砌结构的影响，应根据结构物产生的荷载的大小、基础类型、基础与衬砌间的土层等情况，考虑土中应力传播规律，可采用布辛尼斯克或威士特卡德等公式计算。

(5)弹性抗力

弹性抗力是作用于衬砌上的地层抗力总称。通常弹性抗力的考虑方法有两种，一种方法是认为弹性抗力与地层位移无关，那么弹性抗力与作用荷载相平衡，一般预先对其分布形状进行假定；另一种方法认为弹性抗力与地层的位移相关，例如文克勒(Winkler)假定，认为弹性抗力是由衬砌向围岩方向位移而发生的反力。

(6)内部荷载

内部荷载是指隧道竣工后作用于衬砌内侧的荷载。根据实际情况，在其作用于衬砌上时必须对结构的安全性进行确认。

①内部静载

仰拱、轨道、人行道和在隧道内部设置的运营设备(电缆、消防管道、下水管道)和接触网等悬吊架是内部静载。

②内部动载

列车或汽车以及各种搬运车产生的荷载。

这类作用于衬砌底部的内荷载由于壁后注浆材料已经硬化，除了特别软弱的地层以外，可以认为是由周围的地层直接支承的，所以可以省略计算。但是，对于底板的支点、隧道内部集中作用的荷载、隧道内的悬挂荷载等会对衬砌的强度和变形产生影响的内部荷载，应根据实际情况设定荷载进行计算。承受内水压力的隧道必须选择符合包括二次衬砌在内的结构模型，慎重选择作用于管片的土压力和水压力。

2)计算方法选择

由于接头的存在,对衬砌内力分布会造成一定的影响。衬砌环计算对接头的处理常用的有两种方法:第一种是将衬砌环看作刚度均匀的结构,但考虑到接头的存在,将结构的刚度进行折减;第二种是将接头看作可以承受轴力和一定弯矩的弹性铰。目前,关于盾构隧道衬砌的计算方法有很多的研究,在设计中常用的有惯用法、修正惯用法、多铰圆环法、梁-弹簧法。

(1)惯用法

惯用法是将管片环作为刚度均匀的环来考虑的设计计算法,此方法不考虑管片接头部分的弯曲刚度下降,管片环和管片主截面具有同样刚度并且弯曲刚度均匀的方法。

(2)修正惯用法(图 21-3-10)

结构按均质圆环考虑,考虑接头对结构刚度的影响,管环整体结构刚度取为$(1-\eta)EI$,η为刚度折减系数,通常取$\eta=0.2\sim0.3$,同时考虑错缝拼装管片接头部位弯矩的传递效应,对管片弯矩进行重分配(图 21-3-11)。

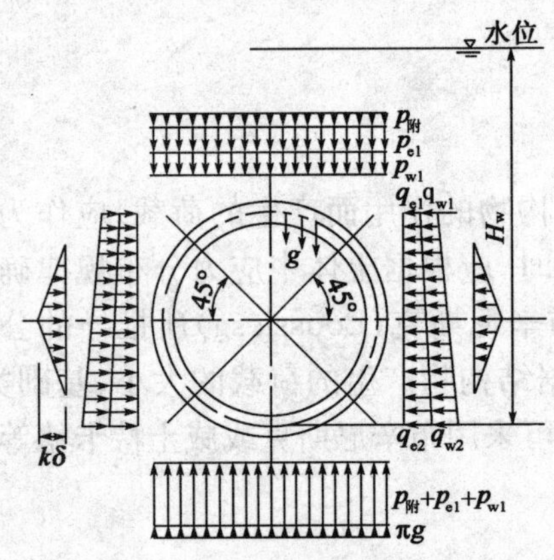

图 21-3-10 修正惯用法荷载计算图式

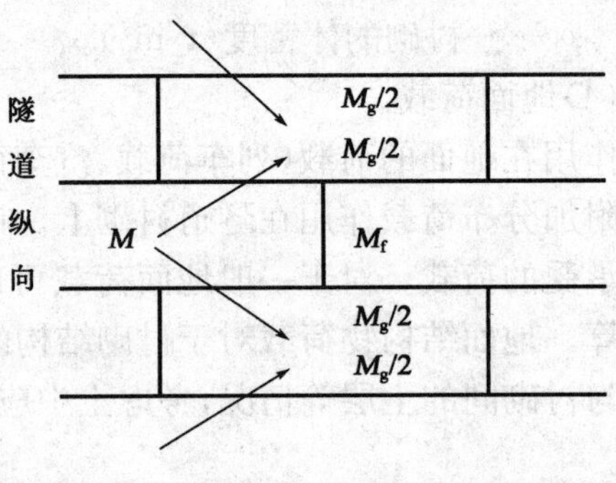

图 21-3-11 弯矩传递及分配示意

接头处内力:$M_f=(1-\zeta)M$ $N_f=N$

管片: $M_g=(1+\zeta)M$ $N_g=N$

式中:ζ——弯矩调整系数,通常取 0.2~0.3;

M、N——分配前按均质圆环计算弯矩及轴力;

M_f、N_f——分配后接头弯矩和轴力;

M_g、N_g——分配后管片本体弯矩和轴力。

(3)多铰圆环法

该法适用于具有一定强度的良好地层,把管片接头看作铰构造进行计算。

多铰环自身属于不稳定构造,但在周围地层土体的支撑围护作用下成为稳定构造。作用于管环上的荷载以主动土压力方式作用,与惯用法的荷载形式一致,伴随环的变形和变位产生的地层反力,通常按照文克勒假定进行计算。

(4)弹性铰圆环法

装配式钢筋混凝土管片是由多块管片拼装而成的圆形衬砌环,管片与管片之间采用环向螺栓连接,衬砌环与环之间采用纵向螺栓连接。在考虑管片结构横向受力时,可近似按平面应变模型考虑,取延米衬砌进行计算分析。在管片接头处,其圆环刚度小于管片本体截面刚度,但仍能传递一定弯矩,因此,将管片接缝视为一个弹性铰,整个衬砌圆环是一个含多个弹簧铰的衬砌圆环。

计算过程中，接头处的弹性铰采用一个旋转弹簧模拟，并假设铰接弹簧所传递的弯矩 M 与转角 θ 成正比，即 $M=K_{\theta}\theta$，其中 K_{θ} 为旋转弹簧刚度。地基弹簧采用文克勒的假定弹簧，对地基弹性抗力进行模拟，衬砌周边全周均作用地基弹簧，但当弹簧出现受拉则弹簧自动解除。管片环接头处采用径向、切向不发生错位考虑(即假定接头处径向、切向变位为 0)，但采用回转弹簧模拟管片接头抗弯刚度折减，回转弹簧的刚度取值对计算结果影响较大。管片纵缝接头形式、隧道所处的地层地质条件、隧道埋深等均对 K_{θ} 有较大影响。K_{θ} 的取值合理范围通常在 30MN·m/rad$\leqslant K_{\theta}\leqslant$3 000MN·m/rad。在计算过程中，采用不同的 K_{θ} 值对进行结构分析，分析其变化规律，得出确保结构安全可靠的内力值。其荷载作用模式见图 21-3-12。

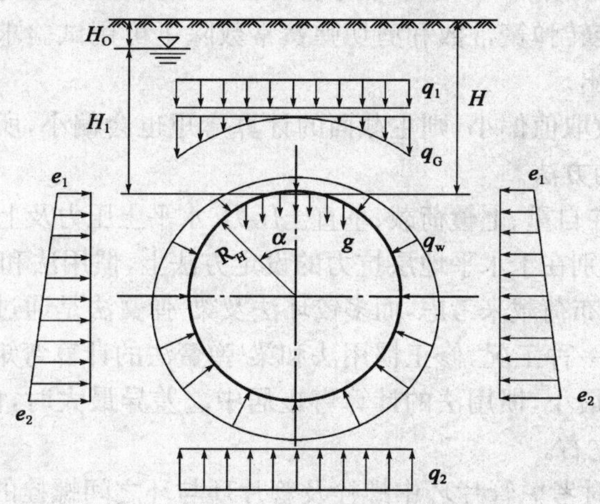

图 21-3-12　弹性铰圆环法荷载作用模式

(5)梁-弹簧法

梁-弹簧法又称 M-K 法，由日本学者村上(Murakami)和小泉(Koizumi)提出，该法利用地基弹簧模拟荷载，将管片主截面简化为圆弧梁或直线梁，将管片接头考虑为旋转弹簧，将管片环接头考虑为剪切弹簧，以评价错缝拼装效应，如图 21-3-13 所示。此模型同时考虑了管片接头刚度、接头位置及错缝拼装效应，在各种地层中均能得到较为理想的计算结果，是一种较为合理的计算模型。

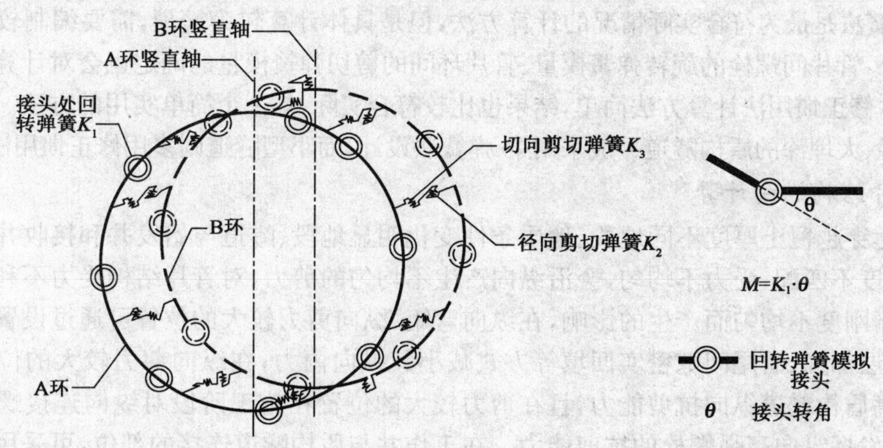

图 21-3-13　梁-弹簧模型计算示意图

如将该方法剪切弹簧常数和旋转弹簧常数同时设定为 0 时，则基本上与多铰环计算法相同；如将剪切弹簧常数设置为 0，将旋转弹簧常数设为无限大时，则与刚度均匀环的计算法相同。所以可以认为这一方法不但包含了上述两个方法，同时还可以利用管片环接头剪切刚度的大小表征错接接头的拼接效应。所以从力学机理上讲，该法是解释管环承载机制的有效方法。

该计算法使用的荷载基本上都是惯用荷载系统，然而也有将地基抗力全部或者部分转换成地基弹簧进行计算的方法。

用梁-弹簧模型可以对任意一种管片环的组装法以及接头的位置进行解析，也可以计算出环接头上产生的剪力。旋转弹簧常数和剪切弹簧常数除了可用试验求得外，对于一般性的管片接头，也可通过计算求出。

如果对剪切弹簧常数取值偏小，则主截面的计算弯矩也会偏小，所以为了安全起见，也常采用将其设定为无穷大的方法。

不管是哪一种方法，在自重、上覆荷载、垂直土压力、水平土压力及上部垂直荷载抗力的设定是基本一致的。主要的区别在于水平地层抗力的设定方法上，惯用法和修正惯用法是将水平地层抗力作为一个三角形均布荷载来考虑，而多铰环法及梁-弹簧法是通过地层弹簧来考虑的。

一般认为，无论是哪一种工况，修正惯用法和梁-弹簧法的计算弯矩较大，而且两者较为接近，多铰环法的计算弯矩最小，惯用法的计算弯矩居中。差异最大时，修正惯用法的计算弯矩可以达到多铰环的 2 倍左右。

由于梁-弹簧法计算时考虑管片环中螺栓及管片环与环之间螺栓的作用，管片和螺栓之间存在的刚度差异，在受弯时管片需要承受的弯矩更大一些，所以计算弯矩比较大。而修正惯用法是在惯用法计算弯矩的基础上，考虑螺栓的作用对弯矩考虑一个增加系数，所以计算弯矩也比较大。而多铰环法把接头考虑为铰接，整个管片环的刚度较小，所以计算弯矩偏小。

因为多铰环法的计算弯矩最小，表面上似乎可以进行最为经济的设计；但是，弯矩的降低是以接头作为铰工作为前提，接头要发挥铰的作用，必须设计特殊的接头结构或在施工后将接头螺栓卸除，这也就是欧洲有时采用的方法。如果螺栓不作为铰工作的话，实际发生的弯矩就有可能大于设计弯矩，从而会引发安全上的问题。相反，如果不考虑围岩的条件而一味地卸除螺栓，就会造成管片的过大变形，造成漏水等问题。多铰环法适用于围岩强度较高盾构隧道。

梁-弹簧法是最为符合实际情况的计算方法，但是具体计算较为繁琐，需要编制较为复杂的程序。另外，管片间螺栓的旋转弹簧模量、管片环间的剪切弹簧模量的确定也会对计算结果有较大的影响。修正惯用法计算方法简单，结果也比较符合实际，是一个简单实用的方法。日本对于一些大直径、大埋深的盾构隧道一般采用梁-弹簧法设计，而小型隧道则多用修正惯用法进行。

2. 管片结构纵向计算

当隧道穿越覆土厚度不同地段、地质条件变化明显地段、隧道与始发井和接收井连接部位时，由于刚度不匹配，受力不均匀，会沿纵向产生不均匀的剪力，对管片结构受力不利。为了降低这种由于刚度不均匀而产生的影响，在纵向弯矩、纵向剪力较大的位置可通过设置多道变形缝、进行地层加固、盾尾间隙密实回填等方式减小其纵向内力，在纵向剪力较大的位置可设置剪力销提高盾构隧道纵向抗剪能力，且在剪力较大的位置在施工阶段对纵向连接螺栓进行复紧，以充分发挥纵向高强螺栓的抗剪能力。在工作井与盾构隧道连接的部位，可采用柔性接缝环的形式连接，减小盾构隧道的纵向内力。

3. 隧道横向抗震分析

对于直径较小的盾构隧道来说，不必进行横断面上的抗震分析；而对于大直径盾构隧道而言，必须进行横断面上的抗震分析。横向抗震分析的计算方法有响应变位法、动力有限元法等。当抗震设防烈度为Ⅷ度及以下时，地震力作用对结构受力不起控制作用，抗震设计的重点应是加强构造措施：

(1)衬砌接头间采用螺栓连接，保持结构的连续性。

(2)在地震响应较明显的区段，加强衬砌周边同步注浆。

(3)在容易出现地震液化的砂性土层地段，应采用二次注浆措施对衬砌周边围岩进行加固。

4. 隧道纵向抗震分析

隧道纵向抗震分析多采用响应变位法，近年来，使用构造物和地层共同作用的模型进行动力计算的例子逐渐增多。无论在剪切波作用下还是在压缩波作用下，盾构隧道结构变位均受地层的强制变位影响，在不同时刻，隧道与地层的变位曲线基本一致，但是由于隧道与地层之间相对位移的存在，使得隧道变位值略小于地层位移。当抗震设防烈度为Ⅷ度及以下时，地震力作用对结构受力不起控制作用，抗震设计的重点应是加强构造措施：

(1)衬砌接头间采用螺栓连接，保持结构的连续性。

(2)在纵向变形缝接头处设弹性密封垫，以适应地震中地层施加的一定变形。

(3)纵向产生的拉应力按由纵向螺栓承担进行设计，且螺栓采用不同强度进行过渡。

(4)在工作井与隧道接头附近设置变形缝，以适应适量的不均匀沉降。在地层急剧变化处设置大变形环，适应地震时隧道结构产生的更大不均匀沉降。

5. 隧道抗浮计算

地下结构必须进行抗浮验算。当作用在隧道顶部的荷载(水压力除外)与自重的和比浮力小时，隧道结构受到的合力向上，从而对隧道造成上浮变形破坏。满足抗浮要求即上部荷载与自重和浮力之比要大于一定的系数。在地下水位高或者在地震时有液化可能的砂类地层中，如覆盖层薄可能因此而产生灾害。当抗浮不能达到要求时，可以采用结构增重、加深纵断面增加覆土厚度、设抗浮锚杆、增加压重等措施。在地震时有可能发生液化的砂层中，可采取加固地层的措施。

隧道抗浮计算步骤如下。

(1)单位长度管片所受浮力

$$F_{浮} = V \cdot \gamma_{水} \tag{21-3-7}$$

(2)单位长度管片自重

$$G_{管} = \pi \cdot (R^2 - r^2) \cdot \gamma_{混凝土} \tag{21-3-8}$$

(3)覆土自重

$$G_{土} = [(H+R) \cdot D - \pi \cdot R^2/2] \cdot (\gamma_{土} - \gamma_{水}) \tag{21-3-9}$$

注：本公式按地下水面与地面平齐考虑。

满足抗浮条件 $G_{管} + G_{土} \geqslant k \cdot F_{浮}$(施工阶段 $k=1.1$，运营阶段 $k=1.05$)。

盾构隧道受到水浮力的作用，为避免结构由于浮力引起的整体上浮、需要对盾构段进行抗浮验算。

盾构隧道抗浮计算时，施工期验算不考虑土体对管片的摩阻力，仅考虑水浮力、管片自重和上覆土体压力，地表采用现状地面线。计算简图如图 21-3-14 所示。

盾构隧道抗浮计算时，运营期验算不考虑土体对管片的摩阻力，仅考虑水浮力，管片自重和上覆土体压力和还需计入隧道内部结构的自重。计算简图如图 21-3-15 所示。

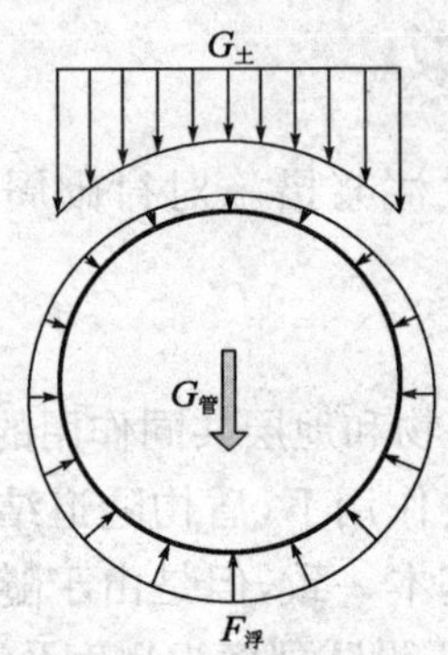

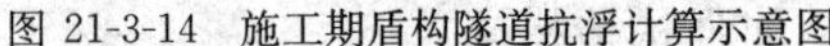

图 21-3-14 施工期盾构隧道抗浮计算示意图

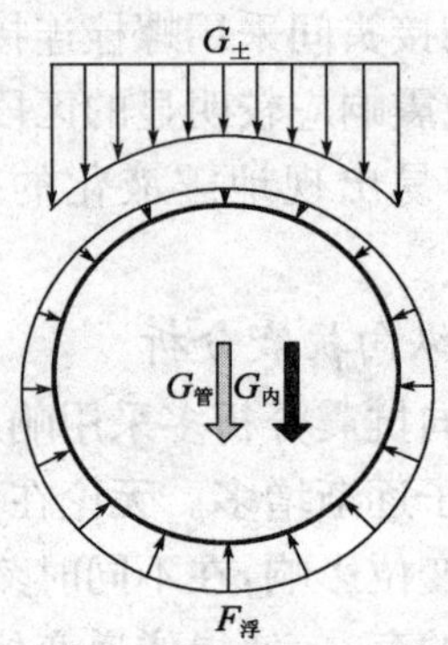

图 21-3-15 运营期盾构隧道抗浮计算示意图

三、背后注浆设计

盾构推进盾尾脱离管片后，管片背后出现超挖的空隙，如图 21-3-16 所示。若不及时回填该空隙，将会造成地层变形，进而对邻近的构造物产生破坏性影响。背后注浆就是当盾尾脱离管片后及时对背后空隙进行固结性浆液填充的工序，它不仅可以抑制地层沉降，而且可以防止管片接头和尾隙的渗水。

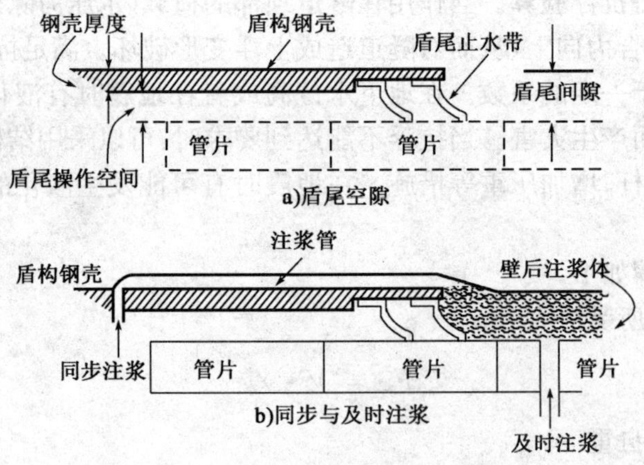

图 21-3-16 背后注浆示意图

1. 土质条件和注浆浆液的选择

背后注浆浆液的选择受土质条件、盾构工法的种类、施工条件、价格等条件的支配。如果土体稳定，则不必要求背后注浆一定与掘进同时进行，这种情况下，注浆浆液多采用单液型。但在地层难于稳定的淤泥层和易塌方的砂层的场合下，采用掘进的同时即向尾隙中注入浆液的方法是成功的关键，同时要选用适用于同步注浆的浆液。

2. 注入时期和注入方法

注入时期和注入方法见表 21-3-5。

注浆时期分类表　　表 21-3-5

方　式	方　法
后注入方式	从数环后方的管片上注入浆液
即时注入方式	掘进一环后立即注入一环
半同步注入式	注浆孔从尾封层处伸出，在推进的同时进行跟踪注入
同步注入式	在盾构推进的过程中进行跟踪注入

注入时期及注入方法的选择与地层的土质条件有关，具体应根据土体的稳定性进行选择。对于易坍塌的均粒系数小的砂质土、含黏性土少的砂、砂砾及软黏土，必须在尾隙产生的同时对其进行背后注浆；在地层土质坚固能够较长时间维持稳定的情况下，背后注浆可适当滞后。

3. 注入压力和注入量

(1)注入压力

注入压力一般取地层阻力强度与注入条件(浆液的性质、喷出量及注入工法等)决定的附加项的和，一般为 0.2～0.4MPa。

地层阻力强度因土层条件(土质的种类、土压、承压、水压等)及掘削条件(泥水或泥浆压力)的不同而不同，通常在 0.1～0.2MPa 或更低。

(2)注入量

注入量可按照下式进行估算：

$$Q=\left[\frac{\pi}{4}(D_1^2-D_2^2)\right]m\alpha \tag{21-3-10}$$

式中：D_1——理论掘削外径(m)；

D_2——管片外径(m)；

m——盾构的推荐长度(m)；

α——注入率。

$$\alpha=\alpha_1+\alpha_2+\alpha_3+\alpha_4+1 \tag{21-3-11}$$

式中：α_1——注入压力决定的压密系数；

α_2——土质系数；

α_3——施工损耗系数；

α_4——超挖系数。

注入率系数可查表 21-3-6 确定。

注入率系数表　　表 21-3-6

符　号	因　素		估算时增加比例的范围	设 定 系 数
α_1	注入压力产生的压密	加气	1.30～1.50	0.4
		不加气	1.05～1.15	0.10
α_2	土质		1.10～1.60	0.35
α_3	施工损耗		1.10～1.20	0.10
α_4	超挖		1.10～1.20	0.15

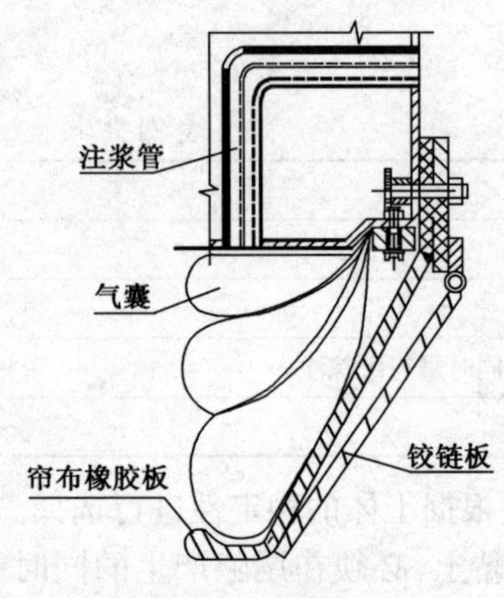

图 21-3-17　盾尾密封

4. 防止泄漏的措施

背后注入时必须采取防止背后注入浆液从尾部、工作面、管片接头头部位泄漏到其他部位的措施。尾封材料可以使用橡胶、钢、不锈钢、聚胺脂橡胶或者其组合。尾封的形式见图 21-3-17。

四、衬砌防水设计

1. 设计原则及技术要求

对于高水位的工程环境的盾构隧道而言，与防水设计直接相关的就是管片抗渗能力、接缝防水水压力及密封材料接触面应力。

(1)防水设计原则

①贯彻“以防为主，多道设防，综合治理”的原则；

②以管片混凝土衬砌结构自防水为根本；

③以接缝防水为重点，多道设防，确保高水压、最大允许接缝张开量条件下防水性能满足要求；

④加强隧道与工作井接头等特殊部位防水。

(2)防水技术要求

①管片混凝土抗渗等级大于或等于 P8；

②弹性密封条设计标准：最大错位 15mm、最大张开量 8mm、最高水压 1.3MPa 条件下不渗漏；

③防水密封材料的使用年限为 100 年(通过橡胶材料的热老化试验，以阿累尼乌斯公式验证)；

④地下水对混凝土及钢筋混凝土有腐蚀时，要求混凝土及钢筋混凝土的抗侵蚀系数大于 0.8。

2. 防水等级

盾构隧道按其使用要求、用途、工程性质及水文地质条件，并根据《地下工程防水技术规范》(GB 50108—2008)，其防水等级和标准见表 21-3-7。

地下工程防水等级标准　　表 21-3-7

防水等级	渗漏标准
一级	不允许渗漏水，管片无湿渍
二级	不允许渗漏水，管片允许有少量、偶见湿渍
三级	有少量漏水点，不得有线流和漏泥砂，实际渗漏量＜0.5L(m² · d)
四级	有漏水点，不得有线流和漏泥砂，实际渗漏量＜2L(m² · d)

注：1. 渗漏的程度应包括渗漏的形式和渗漏量。除了应规定整条隧道的每昼夜、每单位内表面平均允许渗漏量外，还应规定局部长度内(如 20～100 延米内)允许的最大渗漏量。

2. 设计中应注明允许渗漏量的外界条件(通风与否、竣工时、运营期)等。

3. 公路盾构隧道的防水等级一般为Ⅱ级。

3.混凝土管片结构自防水设计

(1)预制混凝土管片的强度要求与抗渗等级要求

管片自防水的关键在于混凝土配置及质量控制。在施工过程中要求管片预制时选择合适的原材料、设计科学合理的配比、采取严格的生产过程控制措施、按照规定加强检测,保证管片成品的抗渗等级、强度和各项质量指标符合设计要求。管片的质量标准见表 21-3-8。

管片生产质量标准　　表 21-3-8

序号	项目主次	项目检验内容	单位	质量等级标准		检查方法及要求
				一等	二等	
				允许偏差	允许偏差	
1	主	管片宽度	mm	±1.0		浇捣混凝土前检查钢模,控制±0.5mm,每只钢模测 3 点。测量 50 块管片,做好数理统计工作
2	主	弧弦长(张角值)	mm	±1.0		每月水平拼装双层、单层管片各一环,实测纵缝缝隙
3	主	管片厚度	mm	±3	±3	逐块检查,每块测 3 点
4	主	管片强度		符合国际标准		
5	次	管片检漏		渗漏深度<1/3 管片厚度		每环检漏一块,S_6 恒压 4h,如有对穿漏水,整环全部检漏
6	次	缺角掉边蜂窝麻面占总面积百分比	%	<0.5		逐块检查

(2)预制混凝土管片的材料配比要求

采用高性能硅酸盐水泥,掺入二级以上优质粉煤灰和粒化高炉矿渣等活性粉料(掺量≤20%)配置以抗裂、耐久为重点的高性能混凝土,减缓碳化速度。管片水泥采用抗水性能好、泌水性小、水化热较低、干缩性小的中热硅酸盐水泥,避免水泥水化热过高而产生膨胀裂缝。在施工过程中建议采取如下措施:

①采用水化热低、高抗渗性的普通硅酸盐水泥;

②采用减水率≥20%的高效减水剂;

③选用低碱含量的集料,并控制粗集料最大粒径不大于 20mm、细集料用量小于或等于 45%;

④掺加优质磨细粉煤灰(超过二级灰的标准)和粒化高炉矿渣微粉等活性粉料(掺量≤20%);

⑤严格控制水胶比小于或等于 0.35;

⑥加强衬砌制作中的蒸气养护与水养护;

⑦管片混凝土外表面涂刷水泥基渗透结晶型防水涂料,利用它与混凝土毛细孔或裂隙中的氧化钙反应形成结晶,封闭缝隙。

4.混凝土管片接缝防水设计

(1)管片接缝防水的接缝拼装误差控制

接缝拼装误差是影响接缝防水的重要方面,在设计过程中,对管片结构纵缝应设置定位杆,每处纵缝设置 2 根,以控制拼装过程中所可能产生的误差;在管片环缝设置剪力销,以控制管片环缝误差。

在施工过程中要求管片拼装前盾尾杂物彻底清除,对管片拼装精确定位以控制拼装误差。

(2)管片接缝防水措施

对于一般的盾构隧道,采用单道弹性密封垫可以满足防水要求,但对于位于强透水的粉细砂地层的大直径盾构,由于水压力大,地质条件复杂,应采用双道接缝防水。

(3)弹性密封垫的种类

弹性密封垫的材料选择首先应能满足防水要求的各项技术指标。目前国内、国际采用的材料大体分为三种:氯丁橡胶与水膨胀橡胶复合型、水膨胀橡胶和三元乙丙橡胶,以及三元乙丙橡胶与水膨胀橡胶的复合型。

(4)弹性密封垫比选

在弹性密封垫的应用方面,国内氯丁橡胶和水膨胀橡胶使用最多,技术成熟。国外,特别是欧洲则大量使用三元乙丙橡胶。弹性密封垫作为隧道防水的主要防线,其选择必须慎重。对三种弹性密封垫的性能特点比较如表 21-3-9 所示。

弹性密封垫比较表 表 21-3-9

项目	水膨胀橡胶	三元乙丙橡胶	氯丁橡胶与水膨胀橡胶复合型
防水机理	遇水膨胀橡胶是以高吸水性树脂和天然橡胶、氯丁橡胶复合所制得,通过水膨胀力和橡胶的压缩弹性力止水	靠橡胶的压缩弹性力止水	通过水膨胀橡胶的水膨胀力和氯丁橡胶的压缩弹性力止水
压缩特征曲线	曲线较陡	压缩量在适中的区段压应力与压缩变形曲线平缓	曲线较陡
材料断面形状	矩形和矩形带凸缘,梯形和梯形带凸缘	爪形、梳形、中孔爪形和梳形	中孔爪形和梳形
材料几何尺寸	宽度、厚度较小	宽度、厚度较大	宽度、厚度较大
材料构造特点和接缝张开量	矩形和梯形构造稳定,底面与沟槽尺寸相匹配,易固定;适应张开量小,带凸缘时适应张开量大	由于中孔梳形构造和厚度大,在接缝张开量较大时,抗水压能力较强,密封垫完全压密时压应力也不至于太大	由于中孔梳形构造和厚度大,能适应较大张开量。氯丁橡胶具有使水膨胀橡胶膨胀只可在垂直方向膨胀,侧向膨胀受到限制的作用

续上表

项目	水膨胀橡胶	三元乙丙橡胶	氯丁橡胶与水膨胀橡胶复合型
耐久性	耐久性的试验方法仍在探讨之中，老化标准不确定。 目前，国内和日本采用温度加速老化试验推算其耐久性，认为30年后压应力变化量为50%。日本将接触面初始应力从0.6MPa降至0.2～0.3MPa的时效变化定义为老化寿命。有试验推算其寿命为50～100年。一般认为其耐久性比氯丁橡胶和三元乙丙橡胶耐久性差	三元乙丙橡胶本身的耐久性和耐老化性能优良已被工程界普遍认可。 由于三元乙丙橡胶弹性密封垫的应力变形曲线较平缓，接缝零张开时它的应力较小，理论和实践表明，工作应力越小耐久性越好。 从事三元乙丙弹性密封垫的专业设计制造的德国PHOENIX公司，通过大量的和长期试验研究表明，三元乙丙橡胶经过50年，其应力减少40%，并能达到100年的防水效果	氯丁橡胶本身具有较好的耐久性；和它复合的水膨胀橡胶材料是掺有遇水膨胀树脂的橡胶，这会影响其耐久性。 氯丁橡胶和水膨胀橡胶的复合型耐久性试验标准和方法仍在探讨之中
施工性	厚度薄、整体性好，易粘贴，管片拼装容易；水膨胀橡胶在漏涂缓膨剂时遇水，雨淋、遇潮及下坡施工时，会发生预膨胀，导致密封垫不能装入沟槽而造成漏水	虽然厚度较大，但由于其压缩特性曲线较平缓，拼装时不会产生较大的压缩应力，不会对管片产生开裂。冬季施工时施工操作材料不会发生结晶变硬	水膨胀橡胶须涂缓膨剂；冬季施工时材料会发生结晶变硬，须进行烘烤
应用情况	首先由日本使用，亚洲普遍使用，我国上海盾构隧道、广州地铁均有应用	由德国首先使用，是欧洲管片接缝防水的主流产品；近年来我国上海地铁二号线、黄浦江人行隧道，广州地铁二号线、三号线及四号线，北京亮马河排污隧道等已开始大规模使用	在我国上海应用最广泛，是上海管片接缝防水的主流产品

从结构与防水材料的耐久性和耐腐蚀性角度出发，三元乙丙橡胶弹性密封垫目前应用较多。

5.混凝土管片嵌缝防水设计

嵌缝采用特殊齿形嵌缝条与遇水膨胀橡胶腻子，施工中先将嵌缝槽洗刷干净，置入PE薄膜，最后用遇水膨胀橡胶腻子嵌填密实，如果嵌缝渗漏水时需先进行地下水的堵漏与引排后再嵌缝。对于施工中所出现的裂缝，应剔除嵌入物重新密封。修补质量要满足隧道承受地层水压的要求。

6.螺栓孔防水设计

螺栓孔采用可更换的遇水膨胀橡胶密封圈作为螺栓孔密封圈。垫圈构造设计十分重要，设计过程中要考虑到多余材料在螺栓拧紧后的流失现象。管片开始拼装时，垫圈应紧贴在法兰面上，在压力作用下将材料挤入螺栓孔和螺栓四周。

7.管片外涂防水涂料设计

在盾构周围地下水有腐蚀性的情况下，管片外侧宜涂防水涂料增加盾构隧道管片的防腐蚀性，一般涂料为多组分聚氨脂防水涂料或环氧涂料。

(1)衬砌外防水涂料的技术指标(表 21-3-10)

衬砌外防水涂料的技术指标　　表 21-3-10

序号	项目		Ⅱ
1	拉伸强度(MPa)	≥	2.45
2	断裂伸长率(%)	≥	450
3	撕裂强度(N/mm)	≥	14
4	低温弯折(℃)	≤	−35
5	不透水性(0.3MPa,30min)		不透水
6	固体含量(%)		92
7	表干时间(h)		8
8	实干时间(h)		24
9	加热伸缩率(%)	≤	1.0
		≥	−4.0
10	潮湿基面黏结强度(Mpa)		0.5

注：参照技术标准《聚氨酯防水涂料》(GB/T 19250—2003)。

(2)衬砌外防水涂料施工要求

①管片养护干燥后(含水率≤9%)，方可进行涂料施工；

②管片表面要求平整光滑，并以毛刷清除表面的灰砂；

③涂料需搅拌均匀，才可使用；

④涂料第一次涂刷于基面后，间隔 3h，再进行二次涂刷，涂层厚度大于 0.7mm 施工完毕，勿使其遭受雨水侵袭，养护满足设计要求后方可用于拼装；

⑤防水涂层应涂抹于安装密封垫处及外侧衬砌背面。

第四节　工作井设计

一、工作井的设计原则

(1)结构的安全等级为一级，结构设计使用年限为 100 年。所有结构、构件均应按施工和正常使用阶段可能出现的最不利荷载组合，进行结构强度、刚度和稳定性计算。

(2)结构构件应按正常使用状态的标准组合和准永久组合进行结构构件裂缝验算。

(3)结构抗浮按最高地下水位的全部水浮力设计。

(4)根据周围环境条件、基坑开挖深度及支护结构功能等确定基坑工程的安全等级，并按相应要求进行设计。

(5)基坑工程设计安全系数由基本安全系数和附加安全系数的乘积组成。

(6)设计中根据基坑的设计要求，优选合理的支护体系。

(7)支护结构进行强度、变形、坑内外土体稳定性、围护墙抗渗等验算。

(8)确定围护结构的入土深度时，必须进行墙体的抗滑动、抗倾覆和整体稳定性以及墙前基底土体的抗隆起和抗管涌稳定性计算；对于基底的软弱地基还需进行地基承载力、地基变形和稳定性验算，必要时采取合理的措施进行地基加固。

二、工作井规模的确定

工作井净空尺寸拟订要根据盾构机的直径、长度、需要同时拼装的盾构机数目以及工期要求而定。盾构始发工作井考虑盾构机安装、井内运输系统布置及地面状况等，一般尺寸较大；而到达井则因盾壳拆除而尺寸较小。

工作井平面尺寸拟订如下：

1. *盾构工作井纵向长度*

盾构井纵向长度的长度按照下式确定：

$$L = L_1 + L_2 + L_3 + L_4 \tag{21-4-1}$$

式中：L_1——盾构机与工作井结构内壁间施工预留空隙，一般取 1m；

L_2——盾构机盾体长度，因盾构直径的大小而不同，一般为 8～12m；

L_3——盾构始发时反力架与负环管片长度，一般大于 2.5m；

L_4——盾构机后配套长度，通常有 4 节台车，可以分次拼装施工，一般长 55～65m。

2. *盾构工作井宽度*

盾构井工作经的宽度 $W_{总}$ 按照下式确定：

$$W_{总} = 2W + D \tag{21-4-2}$$

式中：W——盾构机与工作井结构内壁间预留拼装空间，一般为 0.6～0.8m；

D——盾构机最大外轮廓直径，一般为 10～15m；

三、工作井围护形式选择

工作井的围护结构形式应根据竖井的规模、竖井用途、场地条件、环境条件、土质条件、地下水条件、埋设物状况等进行综合选择。对于公路盾构隧道的工作井，由于竖井的规模及深度较大，对围护结构的刚度、防水、地质适应性要求较高，一般采用地下连续墙围护形式；对于水下隧道的江中通风井或者对接工作井，要对地下连续墙及沉井方案进行综合比选，选择最佳方案。

工作井围护的各种形式见表 21-4-1。

工作井构筑工法的类型及特点　　表 21-4-1

竖井工法			适用范围	是否与地下水适应	特　点	是否可以拆除
入土挡土墙工法	横梁锚固形式	钢板桩	可以打入钢板桩的地层，$N>50$	适应	①挡土墙的止水性能好； ②与立桩横插板挡土墙工法相比稳定性好； ③与地下连续墙工法相比成本低； ④多在软地层中采用，深度小于 10m，大深度时刚性差； ⑤噪声、振动大； ⑥引拔桩时对周围环境的影响大； ⑦有横撑的场合下，为了确保间隔，必须托梁顶柱； ⑧存在因利用状况、地层性质等原因，致使锚固受限	可

续上表

竖井工法			适用范围	是否与地下水适应	特　　点	是否可以拆除
入土挡土墙工法	横梁锚固形式	SMW	对含卵石的砂砾地层不宜使用，$N>51$	适应	①适用于大型竖井及小型竖井，深度不能太深； ②挡土墙的止水性能好； ③从黏土到砂土地层均可适用，地层适用范围宽； ④因原位搅拌，产生的废土少，所以与连续墙相比成本低； ⑤噪声、振动小； ⑥有横撑的场合下，为了确保间隔，必须托梁顶柱； ⑦存在因利用状况、地层性质等原因，致使锚固受限	可
		连续墙	不同的地层施工方法也不同	适应	①挡土墙刚性大，软地层、大型竖井均可适用； ②工法种类较多，适用地层的范围较宽； ③通常成本较高； ④必须进行泥水处理，同时作业也需一定的空间； ⑤可作主体构造物使用； ⑥噪声、振动小； ⑦可以近接施工	不可
	无支撑形式	连续墙（圆形、多边形）	不同的地层施工方法也不同	适应	①挡土墙刚性大，软地层、大型竖井均可适用； ②工法种类较多，适用地层的范围较宽； ③通常成本较高； ④必须进行泥水处理，同时作业也必须一定的空间； ⑤可作主体构造物使用； ⑥噪声、振动小； ⑦可以近接施工； ⑧钢筋用量比横梁锚固法少； ⑨构筑内RC环的情形较多； ⑩内空空间利用率低； ⑪因不用支撑、作业方便，施工性好； ⑫大深度竖井使用较多	不可
		钢管桩井筒	可以打入钢管桩的地层，$N>50$	适应	①挡土墙的止水性能好； ②挡土墙刚性大，软地层、大型竖井均可适用； ③一般情况下，挡土墙要全部废弃，成本高； ④噪声、振动小； ⑤必须采用环形支撑，支撑圆周向压缩力； ⑥内空空间利用率低； ⑦与连续墙相比，施工性、精度、止水性受深度限制； ⑧因无竖向支撑，作业性好	不可

续上表

竖井工法			适用范围	是否与地下水适应	特　点	是否可以拆除
入土挡土墙工法	无支撑形式	连续墙（矩形）	采用不同的施工方法以利适应各种地层	适应	①挡土墙刚性大，软地层、大型竖井均可适用； ②工法种类较多，适用地层的范围较宽； ③通常成本较高； ④必须进行泥水处理，同时作业也必须一定的空间； ⑤可作主体构造物使用； ⑥噪声、振动小； ⑦可以近接施工； ⑧矩形的长臂不能太长，不适合大深度、大口径竖井； ⑨内空利用率高	不可
沉箱工法		气压沉箱	因压气压力不能太高，故深度受限	适应	①可以在完全干涸的状态下开挖； ②可把水、土、砂放在沉箱上，加大下沉荷重； ③因沉箱躯体在地表构筑，故刚度大； ④高气压下的特殊作业； ⑤实用的沉设深度在地下水位下 30m	不可
沉井工法		沉井	水中开挖，对岩层不太适应	适应	①施工机械化程度高； ②水中开挖； ③井筒躯体刚度大； ④施工设备简单； ⑤井筒下沉精度高，可靠性好； ⑥因是水中开挖，若存在障碍物时，拆除作业困难	不可

四、工作井围护结构荷载

1. 永久荷载

(1)结构自重；

(2)覆土荷载；

(3)侧向水土压力：侧向土压力采用朗金主动土压力公式计算。施工阶段黏性土采用水土合算，砂性土按水土分算；使用阶段采用水、土分算。

2. 可变荷载

(1)地面超载：一般按照 20kPa 考虑，在盾构施工阶段考虑盾构机械运输及管片堆放，按照 30kPa 考虑；

(2)车辆荷载：公路—Ⅰ级；

(3)施工荷载、设备荷载：按实际情况考虑；

(4)偶然荷载：地震荷载。

五、工作井围护结构设计流程(图 21-4-1、图 21-4-2)

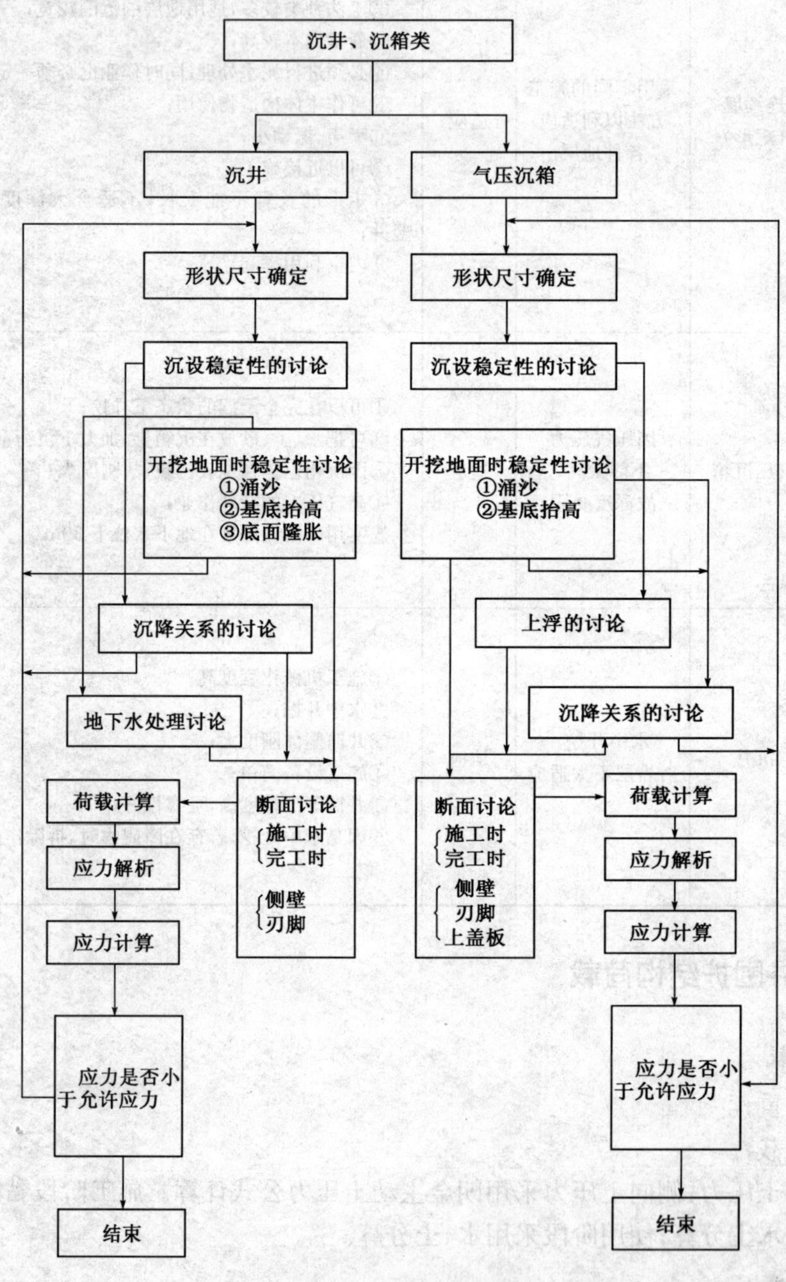

图 21-4-1 沉箱沉井类竖井设计流程

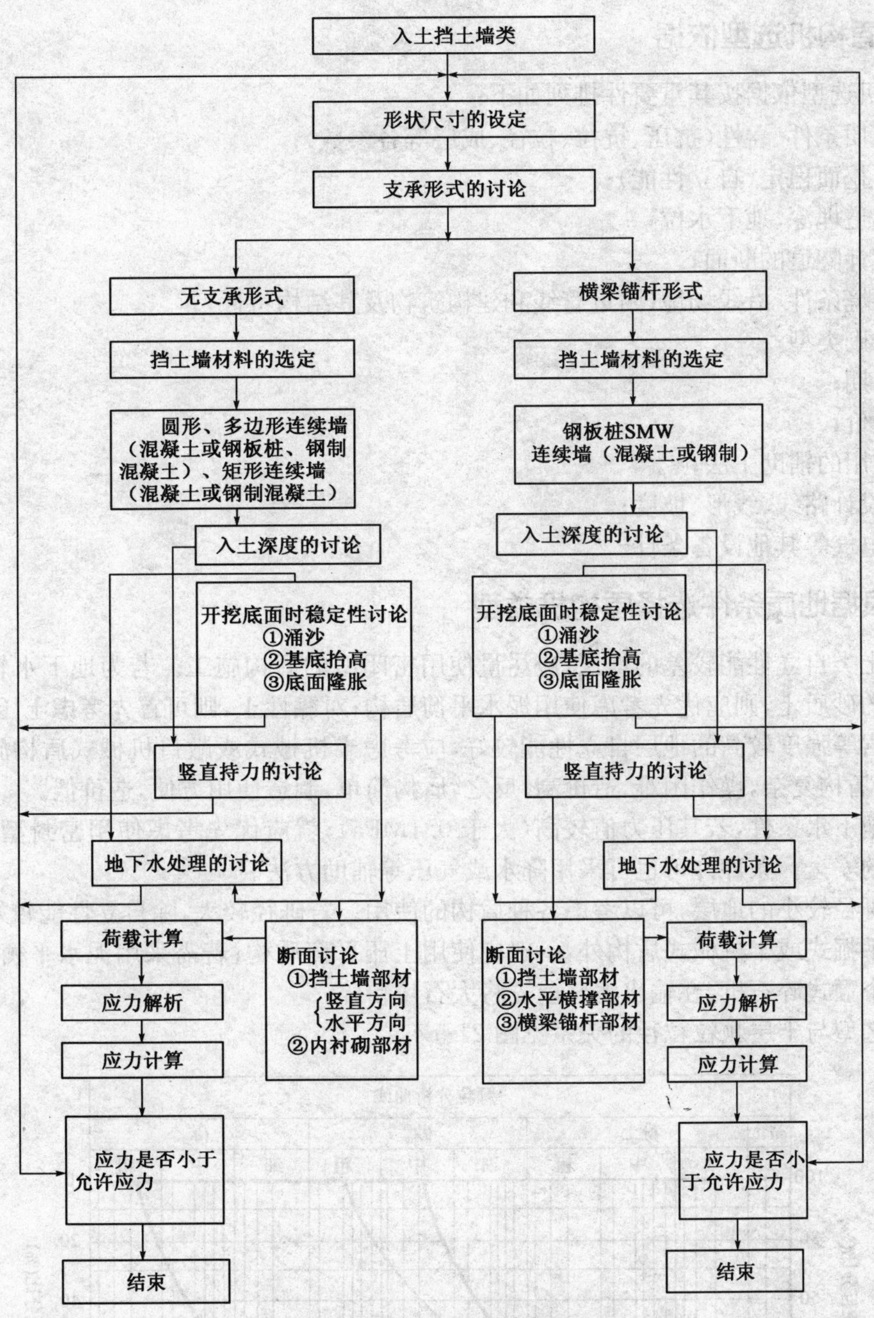

图 21-4-2　入土挡土墙类竖井设计流程

第五节　盾构机选型

一般来说，用盾构施工的地层都是复杂多变的，因此针对复杂的地层选定较为经济合理的盾构是当前的一个难题。在选定盾构时，不仅要考虑到地质情况，还要考虑到盾构的外径、隧道的长度、工程的施工程序、劳动力情况等，而且还要综合研究工程施工环境、基地面积、施工引起对环境的影响程度等。

一、盾构机选型依据

盾构机选型依据按其重要性排列如下：

(1)土质条件、岩性(抗压、抗拉、粒径、成层等各参数)；

(2)开挖面稳定(自立性能)；

(3)隧道埋深、地下水位；

(4)设计隧道的断面；

(5)环境条件、沿线场地(附近管线和建构筑物及其结构特性)；

(6)衬砌类型；

(7)工期；

(8)造价；

(9)宜用的辅助工法；

(10)设计路线、线形、坡度；

(11)电气等其他设备条件。

二、根据地质条件选择盾构机类型

砂质土类自立性能较差的地层，应尽量使用密闭型的盾构施工。若为地下水较丰富且透水性较好的砂质土，则应优先考虑使用泥水平衡盾构；对黏性土，则可首先考虑土压平衡盾构。砂砾和软岩等强度较高的地层自立性能较好，应考虑半机械式或敞口机械式盾构施工。在相同条件下，盾构复杂，操作困难，造价高；反之，盾构简单，制造使用方便，造价低。

针对地下水条件，若其压力值较高(大于 0.1MPa)，就应优先考虑使用密封型的盾构，以保证工程的安全。条件许可也可采用降水或气压等辅助方法。

对于砾径较小的地层，可以考虑各种盾构的使用。若砾径较大，除自立性能较好的地层可考虑采用手掘式或半机械式盾构外，一般应使用土压平衡盾构；若需采用泥水平衡盾构的话，须增加一个颚式碎石机，在输出泥浆前先将大石块粉碎。

盾构选型与土层颗粒粒径的关系见图 21-5-1。

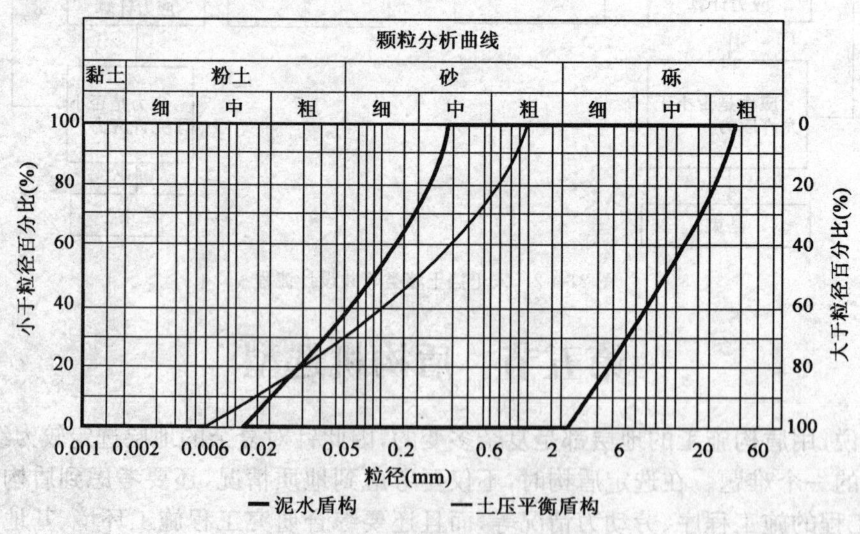

图 21-5-1　盾构选型与土层颗粒粒径的关系

三、泥水盾构与土压盾构的比较（表 21-5-1）

泥水盾构与土压盾构的比较表　　表 21-5-1

泥水平衡盾构	土压平衡盾构
适应的地层范围有限，但对地下水压较大、渗水系数大的砂层适应性好	能够适应的地层范围比较广，但对水压大、渗水系数大的地层施工有难度
利用泥浆提供全断面的压力支撑，易于平衡掌子面，地表沉降较小	可以根据需要利用塑性土及添加材料提供全断面的压力平衡，才能有效减少地表沉降，但要增加成本
全封闭系统，无地下水损失	可以封闭，能够控制地下水损失程度
所需刀盘驱动扭矩较小，可能做成较大尺寸的盾构；对盾构刀盘的磨损较小	刀盘驱动所需扭矩和渣土改良性能关系很大，当盾构尺寸大时难以提供较大扭矩；对刀盘及螺旋输送机的磨损较大
需要泥水分离和运输设备	需要不同种类的渣土改良设备
大漂石处理困难，需要加固地层后开仓处理	大漂石处理困难，需要加固地层后开仓处理
渣土直径受液压破碎钳和管路影响，可以破碎较大粒径卵石，但一般不大于 500mm	采用螺旋输送机出渣，出渣尺寸受螺旋输料机尺寸限制，一般不大于 350mm
盾构掘进速度和地面泥水处理速度之间的联系密切，相互影响比较大	盾构掘进速度和添加剂的效果及隧道运输能力有关
施工渣土不能立即运走弃掉，直接泵出到地面处理系统，对地面环境污染严重	渣土直接经渣车运出地面，可以直接弃掉，对环境基本无污染
需要的工作场地较大，施工能耗高，成本较高	需要的施工场地比较小，施工成本造价相对便宜
施工中不易更换刀具	施工中更换刀具相对容易

第二十二章　沉管隧道设计

第一节　概　　述

沉管隧道是由若干预制的管段,分别浮运到现场,逐个沉放安装,在水下将其相互连接并正确定位在已开挖的水下沟槽内,其后辅以相关工程施工,使这些管段组合体成为连接水体两端陆上交通的隧道型交通运输载体。沉管隧道纵断面根据规划航道通行限定的水深、水道排洪等要求,结合河(海)床高程可按全埋式、半埋式或直接放置经过处理的河(海)床的方式进行设计。沉管隧道在跨越江河及海湾(峡)交通方面有着其他方法不可替代的优越性。综合分析,沉管法的优势在于:

(1)隧道覆土深度较浅,隧道相对较短,总工程量减小;

(2)隧道的主体构件管段在预制场具有良好的建筑条件下完成,能够保证隧道的质量和水密性,并与其他主要工程可平行、交叉作业,可缩短工期;

(3)断面形状选择的自由度大,能够制作大断面多管道的隧道,满足现代化交通枢纽需要。

一、沉管隧道的适用范围

(1)沉管隧道一般修建于河床演变较为稳定的水域。水域条件应满足水流速度不大于3.0m/s,水深不超过60m。

(2)沉管隧道广泛适用于各种软弱地基条件。沉管隧道能很好地适应软土地基,并能适应于发生纵向不均匀沉降的地基,地基的标准贯入度不大于30的情况对修建沉管隧道极为有利。对于岩石地层的情况,需要进行水下爆破开挖,将使工期延长,造价提高。

(3)沉管隧道具有良好的抗震性,适宜在地震烈度高的地方采用。

(4)沉管隧道适宜作为多车道越水通道,其综合造价比其他方案具有较大优势。

二、沉管隧道的类型

沉管隧道按照断面形状分为圆形和矩形两大类。

1.圆形沉管

施工时多数利用船厂的船台制作钢壳,制作后沿着船台滑道滑行下水,然后在漂浮状态下系泊于码头附近,进行水上钢筋混凝土浇筑作业。这类沉管的横断面,内部均为圆形,外表有圆形、八角形或花篮形,如图22-1-1所示。

圆形沉管隧道一般可放置两个车道。圆形断面受力合理;隧道的底宽小,基础处理比较容易;钢壳既是浇筑混凝土的模板,又是隧道的防水层;利用船厂的设备,制作工期短。管段需要量大时,优势更为明显。但是圆形沉管隧道存在断面利用率低;钢材消耗量巨大,管段的造价高;焊缝的质量要求高等问题。

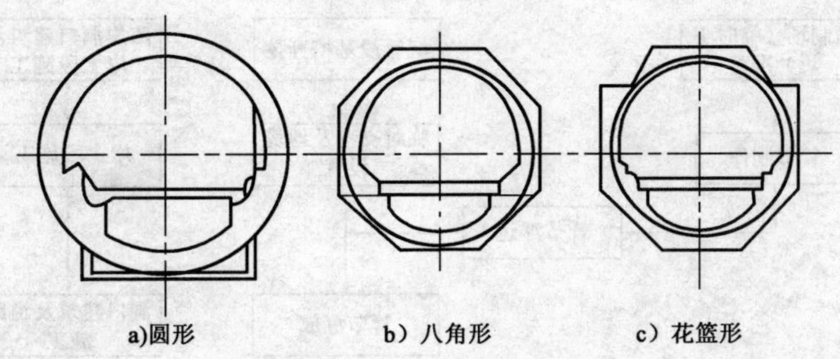

图 22-1-1　圆形沉管隧道横断面

2.矩形沉管

矩形沉管隧道多为在临时干坞内制作的钢筋混凝土管段，管段内可同时容纳 2～8 车道。矩形沉管隧道典型断面如图 22-1-2 所示。

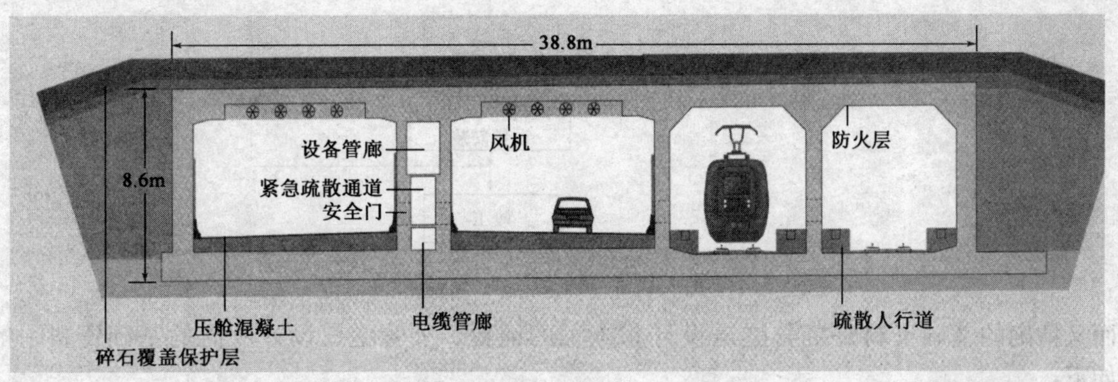

图 22-1-2　矩形沉管隧道横断面图

矩形沉管隧道空间利用率高，建造多车道隧道时比圆形管经济，可大量节省钢材；但由于干舷较小，要求在浇筑混凝土及浮运沉放过程中，需要一系列严格控制措施。

由于矩形断面的诸多优点，目前修建的沉管隧道多采用矩形钢筋混凝土截面形式。我国已建成的和拟建的沉管隧道遂址多位于江河的下游，水流速度不算很大，而且大部分都是多车道城市道路或城市道路与轨道运输系统共管的隧道，一般也多考虑采用矩形钢筋混凝土的结构形式。

三、沉管隧道施工的一般流程（图 22-1-3）

采用沉管法修建隧道主要包括以下主要工序：干坞的选择与施工、基槽浚挖、管节制作、管节防水、管节浮运沉放、地基处理等，施工技术受到特定环境条件和工程要求影响较大，故在进行研究时必须特别注意，例如河道港湾航运状况、水力条件、气候条件等。这些条件通常相互制约和影响，对于施工的效果起决定性作用。

四、沉管隧道设计基础资料

沉管隧道是埋在水下的工程结构物，其设计和施工无不受气候、河（海）水文、河（海）床地形、地质、航运等条件的制约和影响，因此做好上述客观环境资料的调查和勘测工作，搜集足够

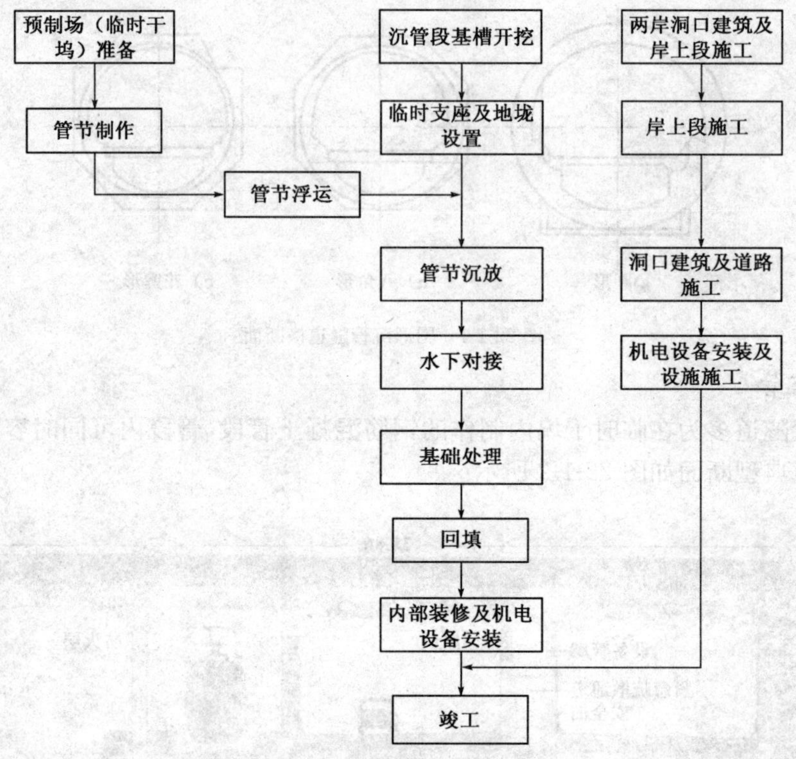

图 22-1-3　沉管隧道施工流程图

而又精确的基础资料是沉管隧道设计和施工的前提。沉管隧道设计所需的基础资料一般如下：

(1)气象资料，包括气温、湿度、降雨、雾况及风向和风速等条件。

(2)水文和水质资料，包括水位、波浪、流速及流向、水温、相对密度、水质、河(海)道资料、河(海)床稳定性、河道整治及河(海)势变化等内容。

(3)工程地质及地震相关资料。

(4)地形测量资料。

(5)沿线地面、地下构筑物资料。

第二节　沉管段总体设计

一、沉管隧道几何设计

(1)沉管隧道结构的净空尺寸除必须满足建筑限界及功能要求外，尚应考虑施工误差、结构变形及后期沉降的影响。

①管节横断面设计应满足建筑限界、通风排烟、供电照明、供排水等营运设备安装、施工误差等要求。

②管节横断面结构尺寸应根据结构静力计算、干舷计算、抗浮计算及剪力键设置要求综合确定。

③管节横断面设计应确定内空尺寸、外形轮廓尺寸、行车孔与公用管廊布置、排水泵房与变电设备设置等内容。

(2)沉管隧道平面应尽可能位于直线段上。当必须设为曲线时,不宜采用设超高的平曲线,不应采用设加宽的平曲线。平面线位与线形还应满足主管部门对航道、锚地、码头、水域自然保护区或特定海洋保护区等的特殊要求。

(3)沉管隧道纵断面设计除应满足公路隧道相关规范外,还应考虑隧道运营期可能出现的最大冲刷预测线,保证管节满足最小抗浮安全系数,同时尽量利用管节内部的压重层实现纵坡调整。当管顶露出河(海)床面时应进行专项论证。沉管段长度和结构顶面高程应满足航道航运的要求。

二、管节结构类型

管节结构通常可以分为普通钢筋混凝土结构(RC 结构)、预应力钢筋混凝土(PC 结构)、单层与双层钢壳结构、钢-混凝土复合结构等类型。通常情况下,管节结构设计应优先选用普通钢筋混凝土结构;特殊情况下,还应对钢壳、钢-混凝土、预应力钢筋混凝土等结构形式进行比选。

管节结构设计应基于结构计算和工程实践经验,合理确定管节浇注混凝土强度等级,保证结构受力合理、可靠耐久、施工可控、经济合理。管节混凝土强度等级不宜低于 C30。

三、管节种类

根据受力性能和浇筑方式,管节通常可以分成整体式、节段式,应通过纵向计算和抗震计算对整体式或节段式管节进行技术、工期、风险、造价等方面的综合比较。

整体式管节设计应侧重于通过纵向计算来确定合理的管节长度、接头止水构造、分段长度、分段连接方式、浇注顺序、裂缝控制等方案。节段式管节设计应侧重于确定合理的节段长度、节段接头构造及止水装置、裂缝控制措施。

四、管节长度与节段长度

管节或节段长度设计应综合考虑工期、干坞规模、造价、裂缝控制、接头构造、风险控制、施工经验及设备装备能力等因素。管节长度一般宜为 100～150m,有特殊要求时,应进行专项论证。节段长度一般以 15～25m 为宜。

第三节 沉管段结构设计

一、沉管结构上的作用

沉管隧道管节设计中必须考虑在施工中以及建成后所受到和可能受到的全部作用,作用分为永久作用、可变作用和偶然作用三类。

横向计算作用分类见表 22-3-1。

横向计算作用分类 表 22-3-1

作用分类	作 用 名 称	备 注
永久作用	结构自重	
	压重混凝土荷载	
	附加恒载	路面层及永久附属设施及构件荷载
	静水压力	平均水位高度，可考虑设计寿命期内全球变暖引起水位上升高度
	竖向土压	碎石回填及最大回淤荷载
	侧向土压	
	侧墙摩擦荷载	仅考虑碎石回填造成的侧墙摩擦荷载
	混凝土收缩及徐变	
	横向不均匀地基刚度效应作用	
	纵向不均匀地基沉降效应作用	
	预应力	
	施工阶段临时永久作用	压载水箱、端封门、测量定位塔、系缆柱等荷载
可变作用	道路交通荷载	可简化按均布荷载处理
	水位变化荷载	考虑最高水位及最低水位两种工况
	梯度温度作用 波浪水流荷载	
	施工阶段临时可变作用	吊点、浮驳、施工车辆荷载等
偶然作用	沉船荷载	沉船荷载和落锚荷载应通过风险概率分析来确定。地震荷载、隧道爆炸荷载宜进行专项论证
	落锚荷载	
	地震荷载	
	隧道水淹荷载	
	极端高水位和波浪	
	爆炸荷载	

纵向计算作用分类见表 22-3-2。

纵向计算作用分类 表 22-3-2

作用分类	作 用 名 称	备 注
永久作用	结构自重	
	压重混凝土荷载	
	附加恒载	路面层及永久附属设施及构件荷载
	静水压力	平均水位高度，可考虑设计寿命期内全球变暖引起水位上升高度
	竖向土压	碎石回填及最大回淤荷载
	侧向土压	
	侧墙摩擦荷载	仅考虑碎石回填造成的侧墙摩擦荷载
	混凝土收缩及徐变	
	纵向不均匀地基刚度效应作用	
	预应力	
	施工阶段临时永久作用	压载水箱、端封门、测量定位塔、系缆柱等荷载

续上表

作用分类	作 用 名 称	备　　注
可变作用	道路交通荷载	可简化按均布荷载处理
	水位变化荷载	考虑最高水位及最低水位两种工况
	平均温度作用	
	波浪水流荷载	
	疏浚及回淤引起竖向土压变化	仅纵向计算考虑
	疏浚及回淤引起侧向土压变化	仅纵向计算考虑
	施工阶段临时可变作用	吊点、浮驳、施工车辆荷载等
偶然作用	沉船荷载	沉船荷载和落锚荷载应通过风险概率分析来确定。地震荷载宜进行专项论证
	落锚荷载	
	地震荷载	
	隧道水淹荷载	

二、横向及纵向计算

沉管隧道结构横向和纵向计算时，需按照承载能力极限状态基本组合(ULS)、承载能力极限状态偶然组合(ALS)、正常使用极限状态标准组合(SLS)进行计算与验算。组合效应表达式参照现行《公路桥涵设计通用规范》(JTG D60—2004)执行。

横断面静力计算应考虑不同地基基床抗力系数的横向组合，合理选用各荷载的分项系数，对不同荷载组合开展承载能力极限状态和正常使用极限状态进行计算，得出不同工况下的结构内力、变形及裂缝宽度。

沉管隧道应结合纵向荷载及组合的分布特点，选择典型断面进行结构静力计算，确定不同的配筋率，得出对应的结构配筋图。

无论整体式管节还是节段式管节，应结合不同的基床系数和荷载组合分别提出不同工况下纵向结构内力分布及变形，并结合施工工艺、经济及风险、造价等因素进行综合比选。

三、局部计算

设计阶段应进行的局部计算包括：预留孔洞、舾装件及设备安装的预埋件、端封门、各种接头的受力构件、临时拉杆等，并宜采用三维有限元模型进行局部应力计算。

四、抗震计算

(1)整体式管节应通过地震动力计算，结合结构静力计算，综合确定管节结构的配筋率以及接头的设计参数。

(2)节段式管节应通过地震动力计算，得出岸上段与管节、管节接头与节段接头的内力与变位，为接头设计提供依据。

(3)岸上段与管节之间的接头，应结合抗震计算结果、差异沉降要求、温度变化、混凝土干缩等进行专项论证和专门设计。

(4)通过地震动力检算，应提出地基处理及基础垫层抗液化、抗震陷的技术措施。

五、抗浮计算

管段的抗浮安全系数可按下式计算：

$$K=\frac{G}{V\times\gamma_w} \tag{22-3-1}$$

式中：K——管段的抗浮安全系数；

G——管段重力(不同施工阶段计算时，应分别计算相应的压舱水箱、内部压舱混凝土重力)(kN)；

V——管体所占空间(m^3)；

γ_w——最大海水重度(kN/m^3)。

管节抗浮稳定的安全系数取值如下：

1. 施工期间

管节沉放期间：1.02～1.03；

管节沉放就位后：≥1.05。

2. 运营期间

管节结构自重＋压重混凝土：≥1.06；

管节结构自重＋压重混凝土＋管顶回填：≥1.15。

管段干舷高度和管段抗浮安全系数的大小取决于管段形状、结构断面尺寸、混凝土重度、钢筋的含量、水体重度等因素。经计算，若因管段制作误差、重度变化等影响干舷高度时，可通过对管顶保护层混凝土浇筑厚度的变化来调整。管段浮运期间的干舷高度可以控制在20～25cm之内。

第四节　接头及防水设计

沉管隧道接头包括管节与岸上段之间、管节之间、节段之间的接头以及最终接头。沉管隧道接头设计应纳入到纵向设计计算中，并充分考虑接头因基础沉降、混凝土干缩、温度变化、地震产生的位移和内力以及接头的水密性、耐久性、抗震性和可施工性。在管底地层性质变化大、上覆荷载变化悬殊、管节与岸上段结合处，应根据纵向计算合理设置接头位置和接头构造形式。沉管段与岸上段之间、管节之间的接头，一般宜采用柔性接头。

选择接头形式时应考虑的因素包括沉管段纵向计算结果(内力，变形量)、温差变化在沉管段内引起的纵向温度应力及变形量、抗震设防要求、接头处理的施工工艺难易程度和接头处理的经济性等。

一、柔性接头设计

柔性接头结构设计需要考虑以下因素：

(1)沉管段基础下沉产生的变形相应力；

(2)混凝土干缩、温度变化的变形相应力；

(3)水密性；

(4)抗震性；

(5)可施工性。

沉管隧道柔性接头构造如图22-4-1所示。

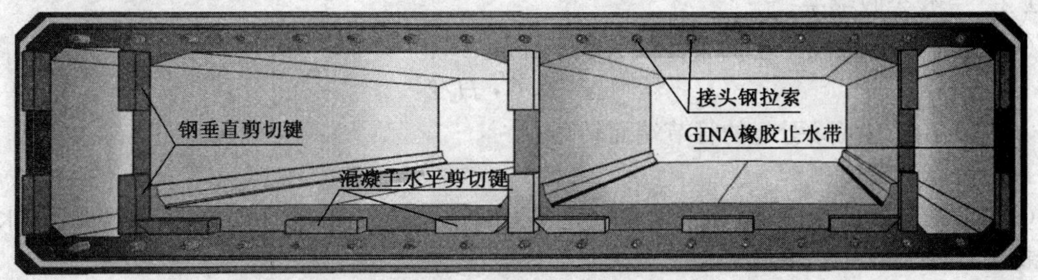

图22-4-1　沉管隧道柔性接头构造图

1.接头防水设计

柔性接头一般采用水压接法来形成初始密封，即采用GINA橡胶止水带作为第一道防水；然后在形成水密性的沉管段内，在各接头上安装OMEGA橡胶止水带。

1)GINA橡胶止水带的选型计算

橡胶止水带的横断面形状如图22-4-2所示。

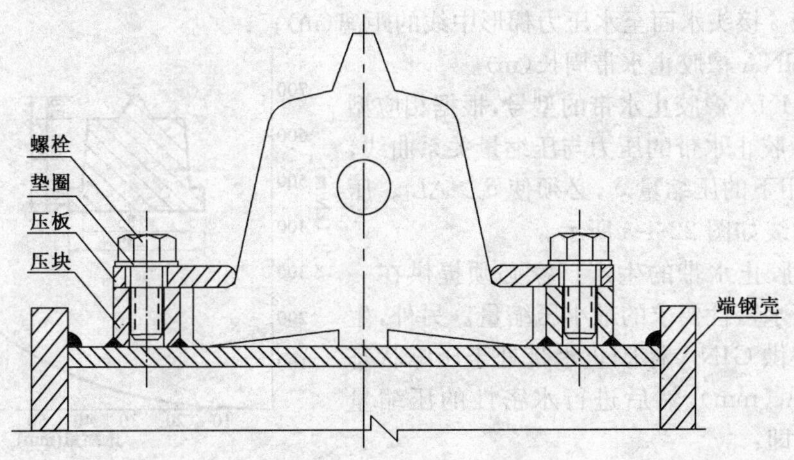

图22-4-2　GINA橡胶止水带横断面

(1)选型所需要的参数

①各接头所处位置的水深包括最低水位时的最大压接水深(管节底)和最小压接水深(管节顶)，以及百年一遇水位时的最大压接水深(管节底)和最小压接水深(管节顶)。

②每圈GINA橡胶止水带的几何参数，包括高h(m)、宽B(m)、角部弯曲半径R(m)、周长C[可近似为$(h+B)\times 2$]及水压作用面积$S=B\times h$(m^2)。

③温度变化产生的伸缩位移量ΔL_i^1：

$$\Delta L_i^1 = \varepsilon \Delta t L_i \tag{22-4-1}$$

式中：ε——混凝土线膨胀系数；

Δt——温度变化值；

L_i——管节长度。

④混凝土干燥收缩产生的轴向位移量 ΔL_i^2：

$$\Delta L_i^2 = 0.2\varepsilon_s L_i \quad (22\text{-}4\text{-}2)$$

式中：ε_s——干燥收缩率；

0.2——残余收缩率。

⑤基础不均匀沉降产生的柔性接头水平开度 $\Delta\delta_i$：

$$\Delta\delta_i = \theta \cdot H/2 \quad (22\text{-}4\text{-}3)$$

式中：θ——不均匀沉降引起的管节端面转角；

H——管节高度。

⑥管节端部混凝土表面（如采用端钢壳即为端钢壳的表面）允许误差、安装误差、止水带松弛量等。

累加上述各位移量，可得各接头的总轴向位移量 ΔL_i：

$$\Delta L_i = \Delta L_i^1 + \Delta L_i^2 + \Delta\delta_i + \cdots \quad (22\text{-}4\text{-}4)$$

(2)选型计算方法

计算各接头每米 GINA 橡胶止水带的平均荷载 F_i：

$$F_i = S \cdot h_i \cdot 10/C \quad (\text{kPa}) \quad (22\text{-}4\text{-}5)$$

式中：S——水压作用面积(m^2)；

h_i——第 i 接头水面至水压力梯形中线的距离(m)；

C——GINA 橡胶止水带周长(m)。

初选出 GINA 橡胶止水带的型号，根据相应型号的 GINA 橡胶止水带的压力与压缩量关系曲线，查出在 F_i 作用下的压缩量 δ_i，必须使 $\delta_i > \Delta L_i$。压力与压缩量曲线如图 22-4-3 所示。

GINA 橡胶止水带的生产厂家必须提供在一定水压下保证水密性要求的最小压缩量。另外，生产厂家亦要提供 GINA 橡胶止水带处于压缩状态时的松弛量 A_i(mm)，然后进行水密性的压缩量 M_i 复核计算，即：

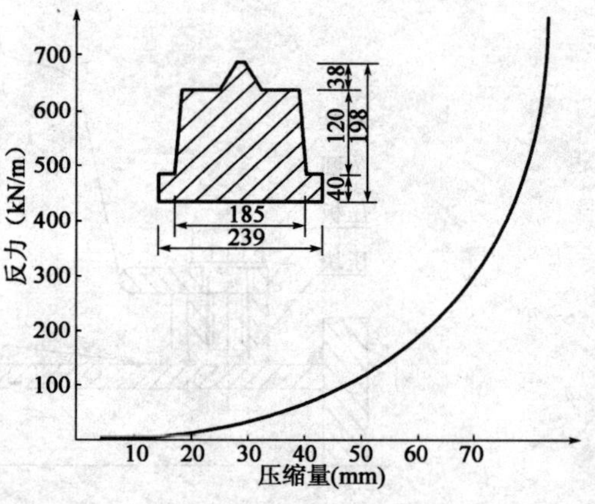

图 22-4-3 某型号 GINA 橡胶止水带理论压力—压缩曲线

$$M_i = A_i + B_i + \Delta L_i + D_i + H_i \quad (22\text{-}4\text{-}6)$$

式中：A_i——GINA 橡胶止水带压缩状态下的松弛量；

B_i——在一定水压下保证水密性爱求的最小压缩量；

D_i——管节端头混凝土端面（或端钢壳端面）允许误差；

H_i——地震引起的轴向位移量。

因为各项因素产生的位移量不会同时发生，故需考虑各项位移量可能的组合。若 $\delta_i > M_i$，则 GINA 橡胶止水带选型合理。

2)OMEGA 橡胶止水带的选型

OMEGA 橡胶止水带是柔性接头的第二道防水设施。它是在管节沉放对接后，抽掉两端封板之间的存水，实现水下压接形成水密性后在隧道内安装的。该止水带主要承受隧道长期运营所产生的轴向、垂直及横向位移量。

通过对轴向位移量的计算，可选择合适的 OMEGA 橡胶止水带。其构造如图 22-4-4 所示。

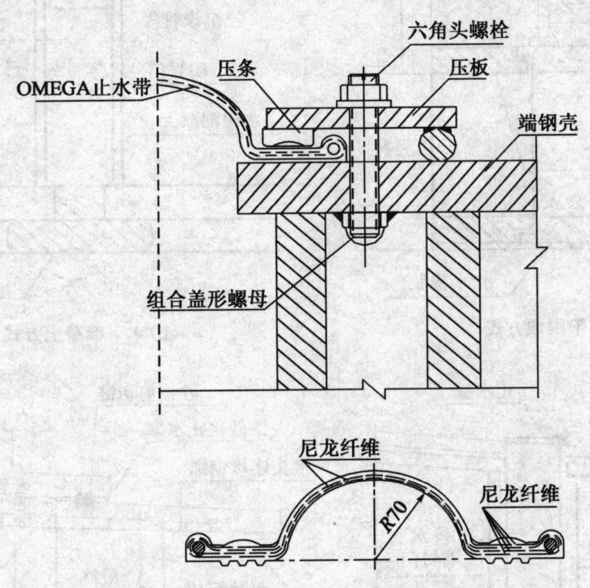

图 22-4-4　OMEGA 橡胶止水带构造图

2. 柔性接头处剪切键设计

为满足地震、温度、地基沉降等作用下接头处荷载和变形要求，接头位置应配置垂直和水平剪力键。预应力拉索应根据地震力的大小配置，其弹性系数应根据地震产生的纵向变形及 GINA 橡胶止水带的水密性要求确定。剪切键布置形式如图 22-4-5 所示。

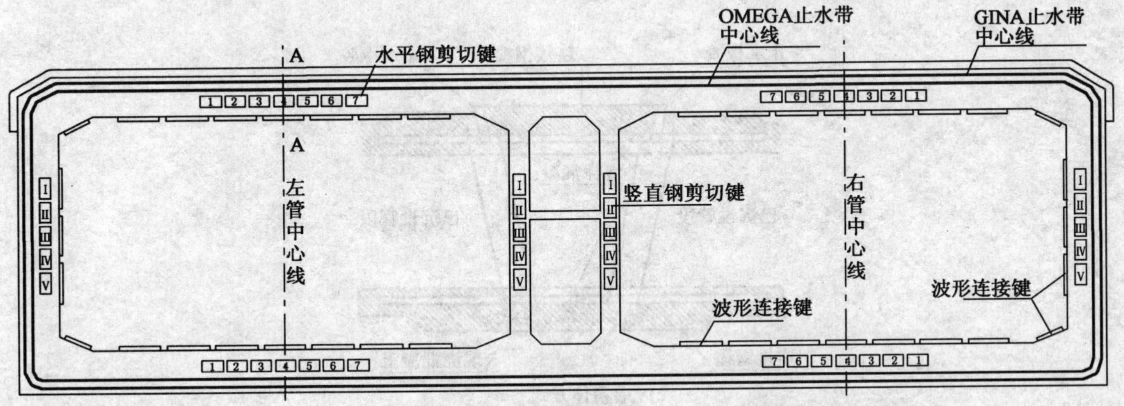

图 22-4-5　接头布置与构造图

二、最终接头

最终接头的位置、构造和施工方法的选择，涉及多方面的因素。按施工方法划分，主要有 5 种最终接头形式：干作施工方法、水下混凝土方式、止水板方式、接头箱体方式、V 形（楔形）箱体方式（图 22-4-6）。其中最常用也较易施作的接头方案一般采用在一侧岸边围堰干作施工方法。

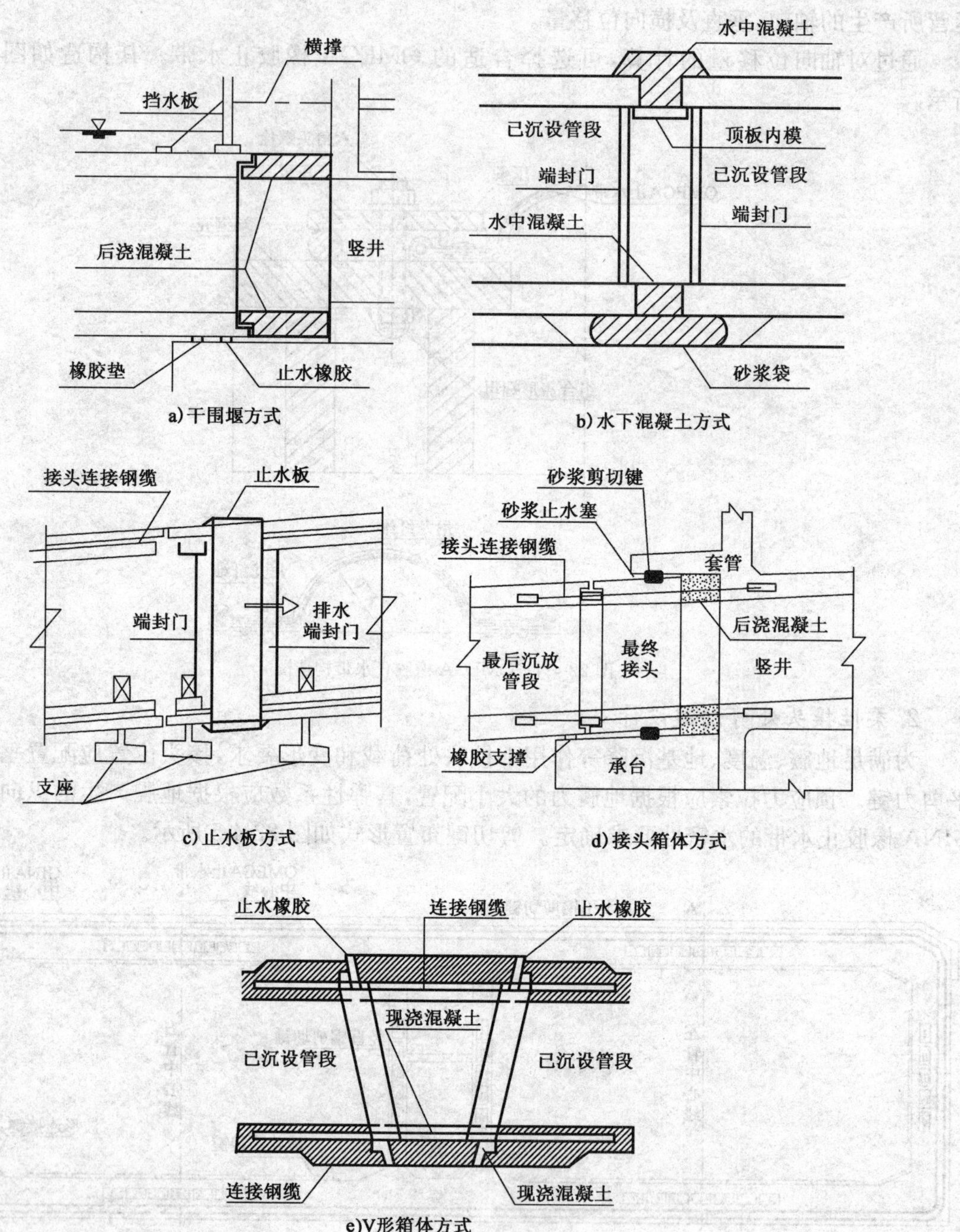

图 22-4-6　最终接头结构示意图

第五节　沉管隧道基槽开挖设计

基槽浚挖之前，要先对现场土壤土工技术和土质、河流海洋的水力条件、生态资料进行广泛调查，经过边坡稳定和土质矿物成分试验，再对各种浚挖技术进行比较，确定基槽的断面和浚挖机械。基槽开挖施工流程见图 22-5-1。

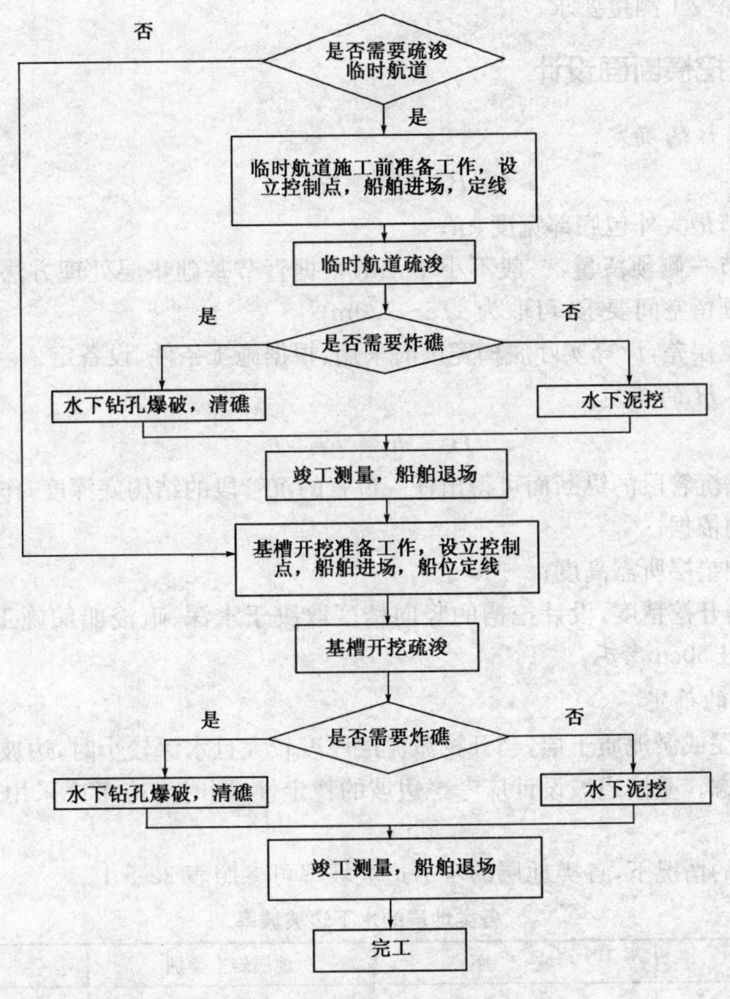

图 22-5-1　基槽开挖施工流程图

一、基槽开挖设计的基础资料调查

1. 地质资料调查

(1)进行水上钻探探查沿基槽方向的典型地质纵断面。

(2)浅震试验，获取必要的地震动参数。

(3)探坑试验。在基槽开挖前，一般都在探坑内进行试验性挖掘，进一步查明有关工程地质资料。

2. 水文及航道要求调查

(1)河(海)床冲刷情况。

(2)悬浮质及推移质调查。

(3)潮汐、水位、流速和流向调查。

(4)基槽开挖时通航要求以及对通航影响调查。

3. 测量资料调查

(1)开挖过程纵向里程坐标、横向宽度坐标和挖深高程控制要求。

(2)基槽开挖竣工测量要求。

二、基槽开挖横断面设计

1.基槽底宽 B 的确定

$$B = B_1 + 2b + T \tag{22-5-1}$$

式中：B_1——管节最大外包底部宽度，m；

b——管节一侧预留量，一般不小于1m，根据管节基础垫层处理方法、基础、纠偏设备的预留空间要求，可取为1.5～2.0m；

T——施工误差，计算实际底槽宽度时采用，根据施工条件、设备定。

2.基槽深度 H 的确定

$$H = h_1 + h_2 + h_3 \tag{22-5-2}$$

式中：h_1——根据沉管段的纵断面可得出任一位置的沉管段的结构底深度，作为确定基槽底标高的依据；

h_2——基础垫层所需高度；

h_3——基槽开挖精度，设计挖槽的竖向精度取决于水深、疏浚船舶施工能力，一般按照0～±50cm考虑。

3.基槽边坡的确定

对流动性淤泥或淤泥质土层，当开挖淤泥层厚度较大且水深较小时，边坡的设计应对泥砂运动进行重点考虑。基槽边坡设计应考虑边坡的稳定性，同时尚应考虑采用的开挖设备类型和施工方法等。

在缺乏资料的情况下，各类地层的水下边坡坡率可参照表22-5-1。

各类地层的水下边坡坡率　　表22-5-1

地层岩土类别	坡　率	地层岩土类别	坡　率
基岩	1:0.5～1:1	中等及软黏土	1:3～1:5
块石	1:1～1:2	密实及中密实砂土	1:3～1:5
弱胶结碎石	1:2～1:2.5	松散砂土	1:5～1:10
卵石	1:2.5～1:3	软淤泥	1:6～1:10
坚硬及硬黏土	1:2～1:3	浮泥	1:20～1:50

在两岸临时护岸处应作专门设计，以确保临时护岸的安全。

典型基槽开挖横断面如图22-5-2所示。

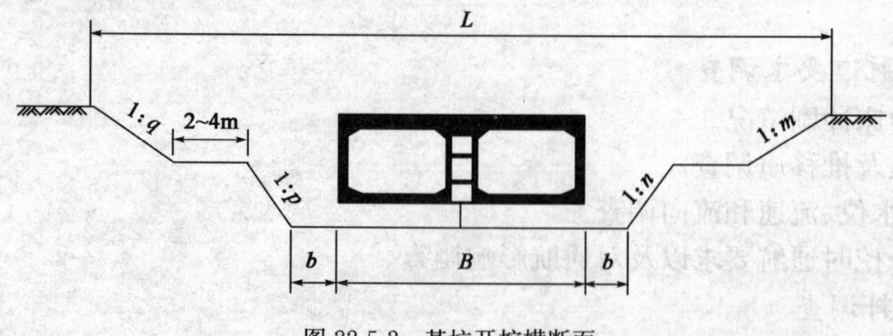

图22-5-2　基坑开挖横断面

三、基槽开挖纵断面设计

如上所述，基槽开挖纵断面形状基本上与沉管段的纵断面一致。在采用临时支座作为管节沉放的定位基准时，临时支座基底高程可作为纵断面设计的控制高程。无临时支座时，以上述开挖深度作为控制高程。基槽开挖长度即为管节沉放与两岸上段水下对接端面之间纵向里程。

四、基槽开挖平面设计

(1)基槽开挖的平面轴线应与沉管段平面轴线相一致。

(2)基槽开挖的宽度应与沉管段平面轴线相对称，并随沉管段埋设深度以及地质条件对边坡稳定性要求不同而变化，如香港地铁荃湾线尖沙咀至湾仔沉管隧道。

(3)若基础处理采用后填法时，基槽开挖平面设计要考虑管节沉放时的临时支座(钢筋混凝土垫块)设置，在放置临时支座的基槽每侧预留量 b 要适当加宽，以便顺利放置临时支座。采用鼻式托座对接定位时，每节管节需要配置两块临时支座，如不采用鼻式托座而是采用定位梁搭接定位对接，每节管节需要配置 4 块临时支座。

(4)基坑开挖平面设计时，还要根据管节与岸上段对接要求，以及拉合对接形式，处理好基坑开挖与两岸上段对接区护岸基坑的接口。

五、基槽开挖深度加深

影响基槽开挖加深值的主要因素为潮流、潮流平均深度、沉积物质的粒径以及水温(在夏季取最大值)的大小。较深的基槽(>10m)，其预计值主要取决于当地的水流条件。

基槽开挖后会显著地降低当地的水流速度，从而降低潮汐水流对淤积物质的运载能力。在砂质河口处会随基槽内沉积物增加以及基槽周围河床形状发生变化。因此，基槽实际开挖深度要加大，预留出一定的宽裕量，一般可用计算机模拟计算出基槽的加深值。其步骤如下：

(1)河床形状可按正交于单一边坡的疏浚基槽(基底宽度 B 和深度 h_c)的河流潮汐。

(2)使用简单的流动连续性来计算基槽深度，计算中假定平均潮速、潮水深度和速度都按简单的正弦函数变化。

(3)模型应使用河床砂的颗度级配曲线、水位、超差的数值。

模型在一定环境条件下，经过一个潮流循环，即可确定小规模砂波浪和潮汐砂丘高度的最大值 H_{max}(m)。

因此，基槽开挖深度的加深值 D 可用下式计算：

$$D = (a_r + H_{max})/2 \tag{22-5-3}$$

式中：a_r——代表砂波纹的最大尺寸(m)。

实际施工中为了保证基槽开挖的高程均小于设计高程，一般以设计高程为基准按相关的施工规范进行超挖。

六、基槽开挖过程中泥砂流失控制

沉管隧道隧址的江河或海域如有严格的环保要求，则须对基槽开挖过程中泥砂流失加以控制。一般的控制方法如下：

(1)将开挖工作控制在拦幕内(或可使用临时移动的拦幕)。

(2)采用铰吸挖泥船时,可根据地质情况将铰刀转速、分段长度及开挖深度降低到一定范围。

(3)进行水流速度和泥砂流失监测,发现超标时随时调整开挖参数。

第六节 沉管隧道基础设计

一、沉管隧道基础设计基本原则

沉管隧道的基础是指位于隧道下方、承受来自隧道本身、回填、管顶保护层以及回淤荷载的土层。该土层从隧道底部一直往下至非压缩性地层。

基础方案的选择应该考虑以下几点:

(1)将沉降量级(或目标沉降)控制在隧道结构设计能接受范围内的可能性。

(2)地震下的响应。

(3)基础的施工方法应满足以下条件:

①对实际工程条件可行;

②工法应用广泛并已通过实践验证;

③满足工期要求;

④满足施工工艺及风险控制;

⑤满足工程总体经济性要求。

二、沉管隧道沉管段基础处理的主要方法

从沉管隧道基础发展来看,早期采用刮铺法(先铺法)。它是在疏浚地基沟槽后,在两边打桩并设立导轨,然后在沟槽上投放砂石,用刮铺机进行刮铺,适用于底宽较小的钢壳圆形、八角形或花篮形管段。美国早期的沉管隧道常用此法。该法有不少缺点,特别是对矩形宽断面隧道不适用,渐被淘汰,而代之以后填法。

后填法是将管段先沉放并支承于钢筋混凝土的临时垫块上,再在管段底面与地基之间垫铺基础。后填法克服了刮铺法在管段底宽较大时施工困难的缺点,并随着沉管隧道的广泛应用,不断得到改进和发展。现有灌砂法、喷砂法、灌囊法和压注法。压注法又分为压浆法和压砂法。对几种后填法的分析对比见表 22-6-1。

后填法分析对比表 表 22-6-1

方法	基本工艺原理	优　点	缺　点	适 用 性	应 用 举 例
灌砂法	管段沉放完毕后,从工程船舶上通过导管在沉管管段侧面向管段底部灌填粗砂,构成纵向垫层	不需专用设备,施工方便	不能使矩形断面管段底面中部充填密实,故不适用	底宽较小的钢壳圆形、八角形或花篮形管段	美国早期的沉管隧道、阿根廷Parana(Hernandias)隧道等
喷砂法	主要是在水面上用砂泵将砂、水混合料通过伸入管段底面的喷管向管段底部喷注,以填满其空隙。喷砂所筑的垫层厚一般为 1m	在喷砂开始前,可利用吸砂设备将基槽底面上的回淤土清除干净,适用于宽度较大的沉管隧道	喷砂台架影响通航,且设备费用昂贵;对砂子粒径要求较严,增加了费用	在欧洲用得较多,适用于宽度较大的沉管隧道	德国 Elba 河隧道,宽 41.5m;比利时斯海尔德隧道(1969),宽47.85m;荷兰斯派克瑟地铁隧道(Spijkenisse Metro Tunnel,1984)

续上表

方法	基本工艺原理	优　点	缺　点	适 用 性	应 用 举 例
灌囊法	先在基槽底铺一层砂、石垫层，管段底事先系扣上囊袋一并下沉。管段沉放后，从工程船舶上向囊袋内灌注混合砂浆，直至管段底面以下的空隙全部充填满为止	混合砂浆的强度要求不高，适合于宽度较大的隧道	囊袋较贵，安装工艺、水上作业和潜水作业复杂，现已基本上被压浆法取代	适用于宽度较大的沉管隧道	瑞典 Tingstad 隧道(1968)，最初使用；日本的衣浦港水底隧道
注浆法	该法是在灌囊法基础上进一步改进和发展而来的。 注浆法是从管段内部，用通常的压浆设备，经预埋在管段底板上带单向阀的压浆孔，向管段底部空隙压注混合砂浆	不干扰航道；不受水深、流速和潮汐等水文条件影响；施工设备易得，投资少；与管段的底部结合紧密，可防止沉降	对砂浆的强度、流动性、和易性及泌水性都有较高要求	注浆浆液凝固后不液化，在可能发生地震或有其他动载作用的情况尤为合适	日本东京港第一航道水底道路隧道(Tokyo Port Tunnel，1976)、东京港 Dainikoro 隧道(1980)、东京多摩川隧道(Tama River Tunnel)、中国宁波甬江隧道
压砂法	与压浆法相似，是在管段底板上预先设置压砂孔，沉放后通过压砂孔向基础压注砂水混合料	对粒径的要求比喷砂法低；价格便宜；不干扰航道；不受水深、流速、潮汐等水文条件影响	对基槽中回淤的要求严格	该法应用较广泛。荷兰应用尤其多，是目前先进的施工方法之一	荷兰 Vlake 隧道(1975)；中国珠江隧道(1993)；澳大利亚悉尼港湾隧道(Sydney Harbour Tunnel)，宽 26.1m

若沉管管段底面以下的地基土特别软弱，或在隧道轴线方向上基底土层软硬度不均，会造成管段产生不均匀沉降。地震或列车通过时的振动会使砂性基础产生液化的不良后果。此时，基础仅作"垫平"处理是不够的。一般解决的方法是在水下做桩基，即沿沉管隧道纵向每隔一定距离打入若干排钢筋混凝土桩或钢桩。

在沉管段中采用桩基时，首先要考虑如何使桩的水平高程一致，使桩顶吻合在管段的底面。因为水下桩群的桩顶高程在实际施工中不可能达到绝对的水平，而管段又是在干坞预制的，管段沉没后，无法保证所有各桩均与管段底面接触，所以必须采取措施使各桩均匀受力。为此通常采用的方法有：

1. 水下混凝土传力法

桩基打好后，先浇一两层水下混凝土将桩顶裹住，而后在其上铺一层碎石垫层，使沉管荷载经砂石垫层和水下混凝土均匀传到桩基上。美国亚拉巴马州的班克赫德隧道(Bank Head Tunnel，Mobile，1940)曾采用此法。桩头构造形式见图 22-6-1。

2. 砂浆囊袋传力法

在管段底部与桩顶之间，用大型化纤维囊袋注水泥砂浆加以垫实，使所有桩基能同时受力。瑞典延斯泰德隧道(Tingstand Tunnel，1968)曾采用此法。桩头构造形式见图 22-6-2。

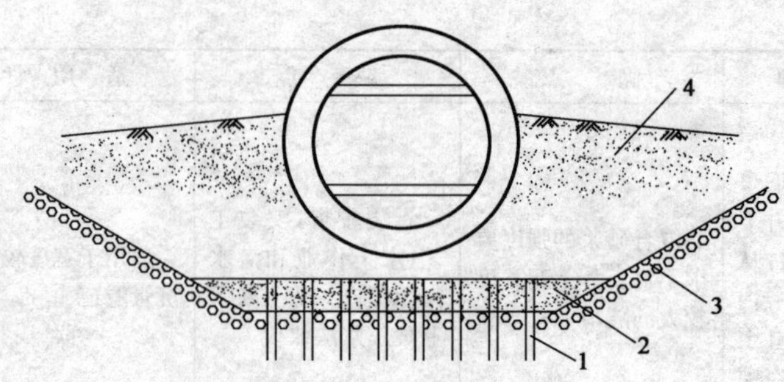

图 22-6-1　水下混凝土传力法

1-桩；2-水下混凝土；3-碎石；4-回填

3. 可调桩顶法

在所有的桩上设一小段预制混凝土活动桩顶。活动桩顶与预制混凝土桩之间，留有一空腔，周围用尼龙布裹住，形成一个囊袋。环节沉放后，向囊袋里灌注水泥砂浆，将活动桩顶升起，使之与管段底面密贴接触。待砂浆强度达到要求后，卸除支承千斤顶，管段荷载便能均匀地传到桩群上。荷兰鹿特丹地铁隧道（Rotterdam Metro Tunnel，1986）、库赫文隧道（Coolhaven Tunnel，1989）、泽比格隧道（Zeeburger Tunnel，1989）均采用此法。桩头构造形式见图 22-6-3。

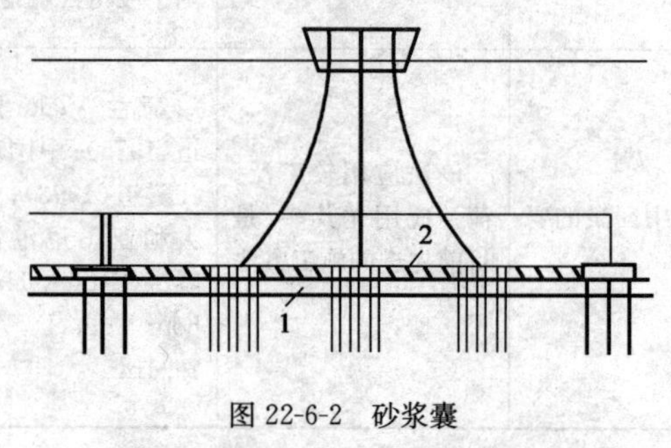

图 22-6-2　砂浆囊

1-砂石垫层；2-砂浆囊袋

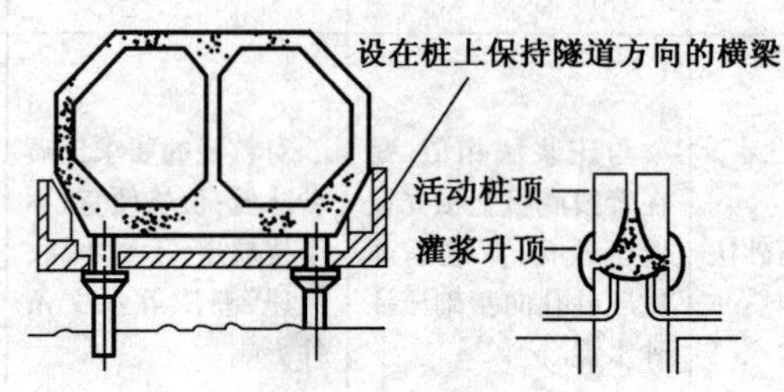

图 22-6-3　可调桩顶法

每种方法的适用性是基于技术可行性和经济性的比较。总的来说，砂换填法、深层水泥搅拌桩法和挤密砂桩法都适用于大体积加固方案，而桩基对于局部区段来说更适合。

三、基础垫层压缩量的计算

1. 基础垫层压缩量计算的前提条件

假设基槽底地基是稳定的（如地基土过于软弱，则已作处理加固），基础垫层仅作“垫平”处理。

在土工试验室对垫层进行荷载板模型试验，求得在不同荷载作用下垫层的压缩量和密实度，为计算基础垫层压缩量提供参考资料。例如，砂垫层可以通过荷载板模型试验，得出 p-e（孔隙比）曲线和 p-s（沉降量）曲线，根据这两条曲线就可进行砂垫层压缩量计算。

2. 基础垫层压缩量计算的工况

工况 1：管节直接放置在垫层上（处于垫层施工阶段抗浮系数 1.05），计算出垫层的压缩量 S_1（相对于垫层初始厚度 H_0）。

工况 2（采用鼻式托座对接定位）：放置下一对接管节以后（等于该管节的垂直荷载的一半

作用于前一个管节的垫层上)，计算出垫层的压缩量 S_2。

工况 3:管节顶部回填覆盖层(片石岩渣)，计算出垫层的压缩量 S_3。

工况 4:隧道运营期间加上动载荷，计算出垫层的压缩量 S_4。

垫层总压缩量 $S=S_1+S_2+S_3+S_4$，不论是先铺法或后填法的基础处理，都必须预留出这个 S 超高量。但这个计算值仅作参考，还必须经过实体模型试验才能准确定出垫层总压缩量 S。如果垫层总压缩量 S 控制不准确，它会使管节底面高程产生误差，亦可能超出允许范围。

四、回填处理

基础处理完成后，最后一道工序是对已就位处理好的管节在基础两侧及顶部进行回填处理。回填处理的目的是对沉管隧道沉管段加以保护，使其具有较好防冲刷、防锚、防沉船等能力，同时也为了防止在基础边缘外侧可能形成抗地震液化薄弱区。因此，管节两侧回填层应具有良好的排水性能。

基坑开挖横断面如图 22-6-1 所示。

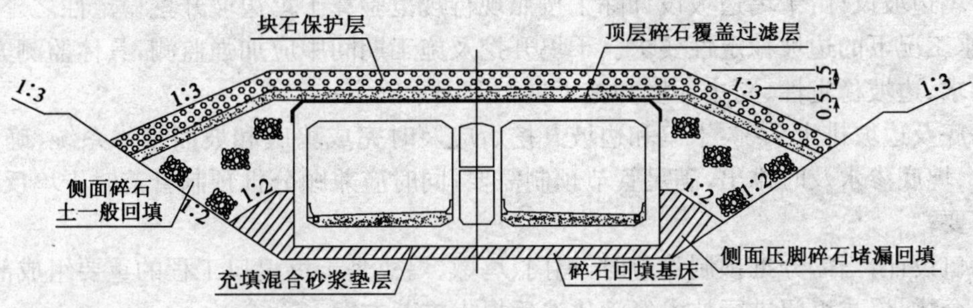

图 22-6-4　基坑开挖横断面(尺寸单位:m)

第七节　干坞、系泊区及临时航道设计

一、干坞位置选择的一般原则

(1)坞址应尽可能距离隧址区近，宜结合今后长期利用来规划坞址、布置干坞;也可采用租用现有干坞、船坞或半潜驳等形式。

(2)干坞布置应尽量充分利用现地形，减少坞坑开挖与防护工程量。

(3)干坞到系泊区和既有航道的距离尽量要短。

(4)陆域场地面积及平面布置满足施工使用要求。

(5)利用保证出坞时间对应水位进行管节出坞，考虑管节高度、干舷高度、各种富余度后，确定坞顶设计高程和坞底设计高程。

(6)干坞内管节之间、与坞壁之间应有足够的施工场地，其总体布置能够满足正常工期下生产活动要求。

(7)除了验算干坞边坡开挖稳定性之外，还应考虑干坞反复利用时灌、抽水工况下的边坡稳定性要求。

(8)应通过系泊区位置方案的综合比选尽可能将管节的寄存风险降到最低，且便于管节的二次舾装。

(9)应尽量利用既有航道,减少土石方开挖和施工期维护工程量。需水下炸礁时,应按照规定程序获得批准后实施。同时,在隧道区施工期为不影响正常通航,需在既有航道附近开辟临时航道。

二、坞址选择与干坞设计

(1)应从环境条件、工程要求、水文地质、工程地质及经济性等方面综合确定坞址位置。

(2)应根据管节长度、管节数量、工期要求、施工组织设计、施工工艺和经济性来确定干坞规模。

(3)干坞设计

①坞底高程确定:利用平均水位进行管节出坞,考虑管节高度、干舷高度、各种富余度后,确定坞顶设计高程和坞底设计高程;

②坞底基础处理:应结合坞址处工程地质条件,采用合理的坞底基础处理,使坞底承载力和平整度、不均匀沉降应满足管节预制要求;

③干坞边坡设计:干坞边坡设计除了按照现行规范验算干坞边坡开挖稳定性之外,还应满足灌、抽水工况下的边坡稳定性要求。干坞开挖及施工期间中应加强监测,具体监测方案可根据设计要求、边坡稳定性、周边环境和施工进程等因素确定;

④坞底及边坡排水系统:干坞和边坡开挖后应及时完成坞底和坡面排水系统,确保雨水、坡面渗水、坞底渗水及时排出,满足管节预制需要;同时应兼顾分批预制管节时干坞反复灌水、排水的需要;

⑤坞口设计:当需分批预制管节时,坞门、坞墩、坞槛是干坞坞口工程的重要组成部分。宜对沉箱组合式、浮式坞门进行技术经济比选后提出推荐方案。

应根据所处的自然条件、使用要求、材料来源、施工条件和工期要求等因素,通过技术经济论证综合比较确定坞门、坞墩及坞槛等结构形式。

三、系泊区位置设计

通过系泊区位置方案的综合比选尽可能将管节的寄存风险降到最低。系泊区位置应便于管节的二次舾装。系泊区到干坞和现有航道的距离尽量要短。

四、临时浮运航道设计

(1)应尽量利用既有航道,减少土石方开挖和施工期维护工程量。

(2)在隧道区施工期为不影响正常通航,需在既有航道附近开辟临时航道。

(3)浮运航道的设计应在隧道轴线附近考虑管节调头区。

(4)应按照《河港工程总体设计规范》(JTJ 212—2006)、《港口及航道护岸工程设计与施工规范》(JTJ 300—2000)进行设计和施工期维护,并新设或迁移导航或警示标志。

第二十三章　隧道通风构造物及辅助通道设计

第一节　概　　述

一、通风构造物及辅助通道的类型及适用条件

随着高等级公路的不断发展，山区隧道也越修越长。从目前的工程实践来看，5km 以上的特长隧道如不采用分段式纵向通风，洞内风速很可能超过公路隧道通风照明设计规范的规定(10 m/s)。另外，如果发生火灾时，隧道内的排烟路径不能太长，应尽可能分段通风、分段排烟，而实现分段通风的最主要手段就是设置通风构造物。通风构造物一般包括竖井、斜井、横洞、联络风道、风机房等。

为加快隧道施工进度或考虑工程特殊要求时，部分隧道可设置仅供施工用的辅助通道(表 23-1-1)。辅助通道设置有两个目的：一是增加开挖面而加快施工进度，通常是受洞口施工场地的限制，或总体工期安排紧张因素引起；二是特殊地质地段施工，通常是需要利用辅助通道超前探明地质情况，或利用该通道对岩溶地下水、瓦斯等进行超前排放。辅助通道一般包括竖井、斜井、平行导坑、横洞等。

通风构造物及辅助通道的适用条件　　表 23-1-1

类型		适用条件	说明
横洞	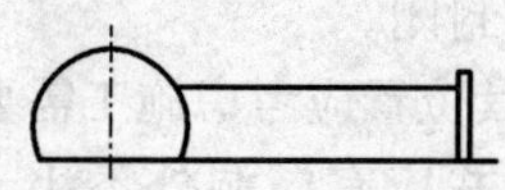	①傍山、沿河； ②桥隧相连，施工干扰大或进出口场地狭窄，弃渣困难； ③洞口路堑挖方量大或地质不良，进洞困难； ④左右线隧道较近，洞口出现风的串流现象	增加施工面，设备简单，施工方便，优先考虑
平行导坑	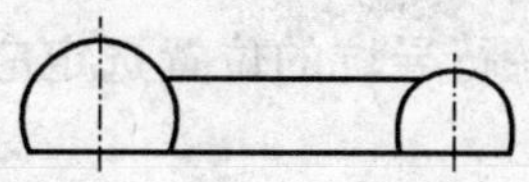	①较长的深埋隧道，不宜采用其他构造物方式； ②有大量的地下水或瓦斯，兼作排泄通道时； ③远期计划增建第二线隧道时	增加工作面，改善施工通风条件，减少运输干扰，解决排水问题，并起超前探测地质情况和起安全通道的作用，根据需要可为后期修建第二线时利用，但工程造价增加，需经经济技术比较后慎重采用
斜井	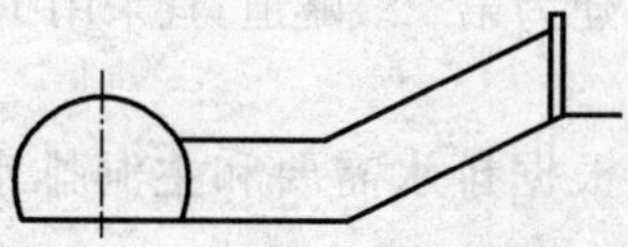	隧道较长，埋置不深或虽深但隧道适宜位置处有低洼地形，且地质条件较好	增加工作面，缩短运距，但需要一定的提升设备，其长度一般在 300m 左右，在技术可行、经济合理时，也可采用较长的斜井

续上表

类型		适用条件	说明
竖井	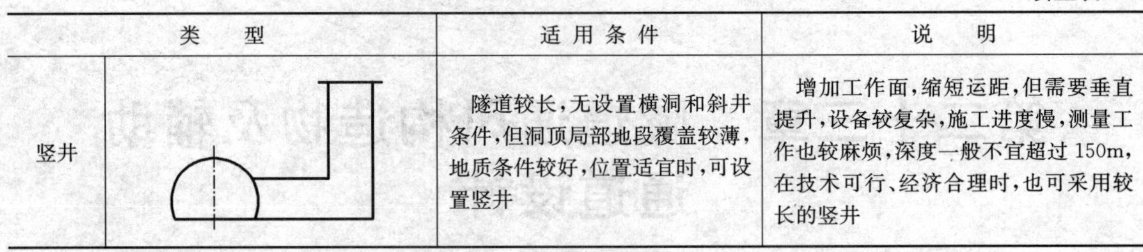	隧道较长，无设置横洞和斜井条件，但洞顶局部地段覆盖较薄，地质条件较好，位置适宜时，可设置竖井	增加工作面，缩短运距，但需要垂直提升，设备较复杂，施工进度慢，测量工作也较麻烦，深度一般不宜超过150m，在技术可行、经济合理时，也可采用较长的竖井

二、通风构造物及辅助通道方案的主要考虑因素

(1)当特长或超长隧道需采用分段送排风等特殊通风方式时，所设置的通风构造物宜兼顾考虑作为施工期间增加开挖面的辅助通道。根据通风计算所需风量的情况，一般联络风道的断面较小即可满足需风量要求；但若兼作施工辅助通道，为满足正洞施工中机械设备进出需要，与主洞相接的联络风道断面应在设计阶段即考虑加大。

(2)通风构造物及施工辅助通道的设置方式及布设位置，应根据隧道长度、工期、地形、地质、水文条件，结合通风、救灾、排水及弃渣等方面的需要，通过技术经济比较后合理选择。

(3)通风构造物及施工辅助通道的洞口应不受洪水威胁，应考虑施工场地的布置，注意环境保护，尤其应重视弃渣场和施工便道的设计，严禁弃渣堵塞河道、沟渠、道路交通，并应减少由于便道及构造物的修建对农田、水利设施和生活用水的影响。

(4)通风构造物应按永久构造物设计，达到规定的强度、稳定性及耐久性，不宜采用喷锚支护。内壁应采用模筑混凝土衬砌，并保证风道内表面平滑。交叉口等变形处应平顺过渡，以减小沿程摩阻损失和风道变形引起的局部损失。

(5)施工辅助通道根据情况可采用锚喷衬砌，其支护参数的选取应考虑其使用期限，按承受全部围岩压力设计。辅助通道的洞(井)口、软弱围岩段及正洞连接段的衬砌应适当加强。辅助通道在隧道主体竣工后，应本着固本简末的原则，在保证隧道安全的条件下，作如下处理：

①整理排水系统，使水流畅通无阻；

②加强洞(井)口、软弱围岩段及辅助通道与正洞连接段的衬砌；

③洞(井)口应设置安全防护设施，不予利用的洞(井)口应封闭。

(6)傍山、沿河隧道需设辅助通道时，宜先考虑采用横洞，其位置应考虑施工需要和施工主攻方向。横洞与隧道中线连接处的平面交角宜为40°～50°，并应有向洞外不小于0.3%的下坡。

(7)长度在4 000m以上或确有特殊需要的隧道，当不宜采用其他类型辅助通道时，可采用平行导坑。平行导坑宜采用单车道断面，间隔适当距离设置错车道，错车道的有效长度宜为1.5倍施工车辆长度。对于瓦斯隧道宜优先采用平行导坑，平行导坑的位置选定应符合下列要求：

①宜设置在地下水来源的一侧；

②与隧道的净距应按地质条件、施工方法，并考虑可能扩建为第二线隧道，宜采用15～20m；

③坑底高程宜低于隧道底面高程0.2～0.6m；

④平行导坑应设置水沟，其过水断面、沟底坡度等，应根据排水需要和主洞排水等统一考虑。

(8)平行导坑横通道的设置应符合下列规定：

①间距应根据施工需要和工程进度确定，不宜小于120m。其位置可结合隧道避车洞位置确定，应避免通过断层、岩层破碎带等不良地质地段；

②与隧道中线的交角宜为40°；

③设有平行导坑的长隧道、特长及超长隧道，当考虑防灾救援及通风要求时，平导和正洞的横通道设置间距不应大于400m。

第二节　竖　　井

一、竖井位置选择

(1)竖井应设置在隧道埋深较浅处，以降低施工难度，节约工程造价，减小后期的通风运营费用。

(2)竖井应设置在地质较好地段，避免穿过滑坡及大的断层破碎带等不良地质地段。

(3)竖井井口地形应尽量选择开阔平坦区域，以利于施工场地和竖井建筑物的布置及污染空气的排放。

(4)竖井井口严禁设在可能被洪水淹没处，井口应高出洪水频率1/100的水位以上至少0.5m。如设在低洼处，必须有确保安全的防洪措施。

(5)竖井平面位置宜设置在隧道中线的一侧，宜尽量靠近主隧道。当采用地面风机房方案时，井底与隧道净距宜控制在20m左右，特殊情况下，竖井也可直接设于隧道顶；当采用地下风机房时，横向距离与地下风机房布置关系密切，井底与地下风机房的净距可为15～20m。

(6)竖井施工通常采用复杂的垂直提升设备，施工进度慢，竖井深度不宜超过150m；对于超长隧道，深度不宜超过400m，否则应有充分的技术经济比较和论证。

二、竖井设计

1. 竖井构造

竖井结构包括锁口圈、马头门、井身，见图23-2-1。锁口圈设置于竖井口部，通常采用敞口开挖，为钢筋混凝土结构，主要承受地表土层的侧向土压力、井口建筑物及设备的重力。其基础应尽量置于基岩中。马头门为井身与联络通道交叉处的结构，形状特殊，受力复杂，并承受井身二次衬砌传来荷载，应考虑加强处理，其断面应能满足施工所用的材料、设备的运输及运营期间导流叶片的安装。井身是竖井的主要组成部分，它上接锁口圈，下接马头门。当竖井较深或井身需要承受上方较大荷载时，应设置壁座。壁座通常设置于井口段、地质条件较好的井身段及马头门的上方。井身支护一般采用喷锚防护的复合衬砌结构形式，初期支护为主要的承载结构，二次衬砌可作为安全储备并起到减少运营期间通风阻力的作用。

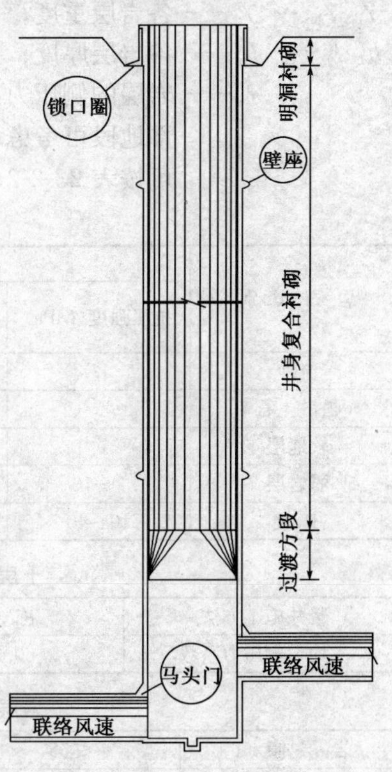

图23-2-1　竖井构造

从结构受力、施工难易程度以及通风效率等多方面考虑，竖井通常都采用圆形断面。有通风需要的竖井面积大小应根据《公路隧道通风照明设计规范》(JTJ 026.1—99)规定的“风道内设计风速宜在 13～18m/s 范围内取值”而确定。风速高低的取值与通风井的长度有关系(即考虑井内摩阻力变化对送排风机功率的影响)。当通风井偏长时，应取较低的风速；当通风井偏短时，可以取较高的风速。如果通风井长度小于 100m，井内风速即使取 20m/s 对风机功率影响也是可以接受的。采用送排式通风方案时，根据需要还应设置 15～20cm 厚的钢筋混凝土中隔墙。仅用于施工的竖井，其断面形状也可根据施工需要确定。

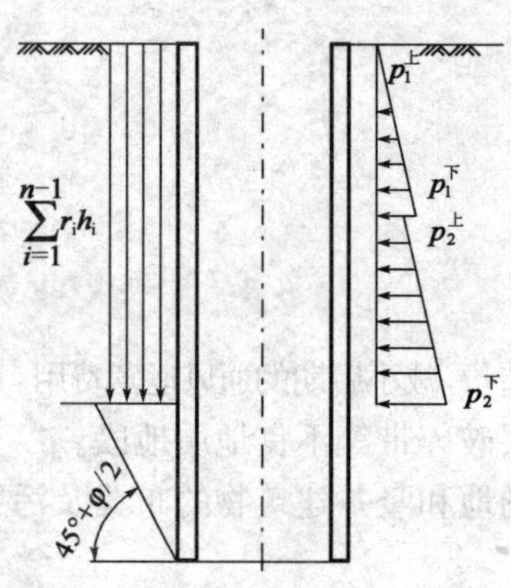

图 23-2-2　秦氏竖井围岩压力计算图式

2. 竖井压力的计算

竖井围岩压力计算可按普氏公式或秦氏公式采用平面挡土墙(圆筒形挡土墙)模式计算。以普氏公式计算竖井的围岩压力一般只适用于不含水或弱含水的单一地层，可用于竖井口部。以秦氏公式计算竖井的围岩压力可适用于各级地层，其水平侧应力系数和不均匀系数可采用经验值。

秦氏公式基本假定为：假设竖井周围每层岩层受破坏成滑动棱柱体，而将其覆盖层视为作用其上的均布荷载。计算图式如图 23-2-2。

$$p_n^{上} = (\gamma_1 h_1 + \gamma_2 h_2 + \cdots + \gamma_{n-1} h_{n-1})\lambda_n \tag{23-2-1}$$

$$p_n^{下} = (r_1 h_1 + r_2 h_2 + \cdots + r_{n-1} h_{n-1} + r_n h_n)\lambda_n \tag{23-2-2}$$

式中：$p_n^{上}$、$p_n^{下}$——第 n 层顶底板作用于井壁上的侧压力；

γ_1、γ_2、…、γ_n——各岩层重度；

h_1、h_2、…、h_n——各岩层厚度；

λ_n——岩层的侧压力系数，可按表 23-2-1 取值。当竖井所过围岩变化较大时，局部地段可考虑增加适当的不均匀侧压力系数 β 值，则侧压力系数为 $\lambda_n+\beta$，可按表 23-2-2、表 23-2-3 取值。

秦氏水平侧应力系数 λ_n 值　　表 23-2-1

岩石类别	物理特性			水平侧压力系数	
	抗压强度(MPa)	内摩擦角		最小～最大	平均
		最小～最大	平均		
流沙		0°～18°	9°	1.0～0.64	0.757
松散土石		0°～26°4′	22°15′	0.64～0.5	0.526
软地层		26°34′～50°	38°15′	0.5～0.3	0.387
弱岩层	2～10	50°～70°	60°	0.3～0.031	0.164
中、硬	10～40	70°～80°	75°	0.031～0.008	0.017

土层侧压力不均匀侧压力系数 β 经验值　　表 23-2-2

竖井施工方法	冻结法	钻爆法	沉井法
不均匀侧压力系数	0.2～0.3	0.1～0.15	0.2～0.3

岩层侧压力不均匀侧压力系数 β 经验值　　表 23-2-3

岩层倾角	≤55°	≤65°	≤75°	≤85°
不均匀侧压力系数	0.2	0.3	0.4	0.5

3. 竖井锁口圈结构设计

竖井锁口圈构造见图 23-2-3。锁口圈高度 H 根据地质地形情况而定，必要时在开挖前需要进行地表注浆处理或其他加固措施，通常要求其基础宜置于较好的基岩上，并采用扩大的钢筋混凝土基础。为避免施工期间地表水的流入及异物跌入，锁口圈应高出地面 H_1 大于 1.0m。

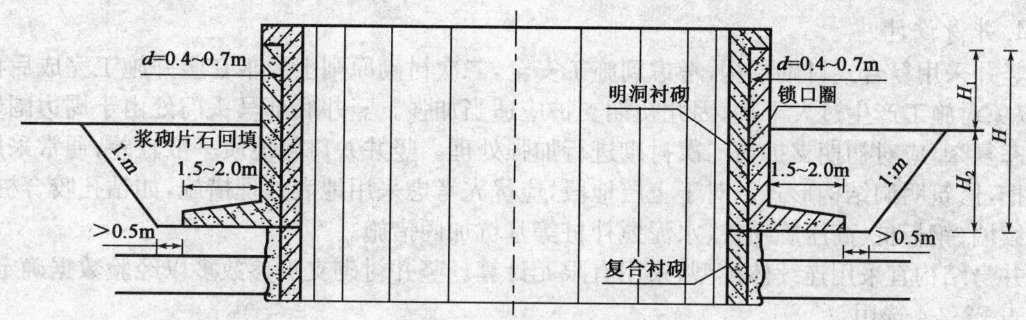

图 23-2-3　竖井锁口圈构造图

考虑井口土质一般较松软且井口附近有建筑物及车辆荷载，锁口圈厚度为 0.4～0.7m；钢筋混凝土扩大基础通常加宽至 1.5～2.0m，四周采用浆砌片石等回填压实，以防止施工期间锁口圈横向移位。内部二次衬砌顶部宜搁置于锁口圈顶部，以使锁口圈能承受上部结构的自重荷载。

当锁口圈上有建筑作用时（如井架、通风塔），应核算其截面强度是否满足要求，按式(23-1-3)计算。

$$K \times N \leqslant R_a \times A \tag{23-1-3}$$

式中：K——安全系数，一般取 2.4；

N——垂直方向合力(kN)；

R_a——混凝土的抗压极限强度(kN)；

A——锁口圈井壁最薄处横截面积(m^2)。

锁口圈井壁轴力弯矩可采用弹性力学厚壁圆筒公式计算。计算模型见图 23-2-4，计算式为式(23-1-4)。

$$N = \frac{\sigma_{max}^{\theta} + \sigma_{min}^{\theta}}{2 \times (r_2 - r_1)} \tag{23-1-4}$$

$$M = \frac{\sigma_{max}^{\theta} - \sigma_{min}^{\theta}}{12} \times (r_2 - r_1)^2 \tag{23-1-5}$$

式中：$\sigma_{max}^{\theta} = \dfrac{2 \times P \times r_2^2}{r_2^2 - r_1^2}$

$\sigma_{min}^{\theta} = \dfrac{2 \times P \times r_2^2 (r_2^2 + r_1^2)}{r_2^2 - r_1^2}$

$P = \dfrac{\mu}{1-\mu} \times \sum (r \times h + P_0)$

N——井壁环向每延米的轴力(kN)；

M——井壁环向每延米的弯矩(kN·m)；

r_1——井壁内半径(m)；

r_2——井壁外半径(m)；

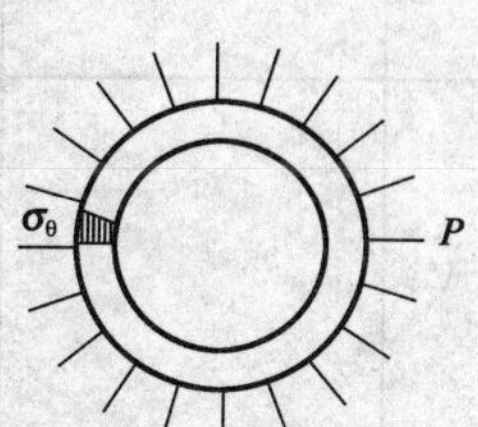

图 23-2-4　竖井锁口圈计算模型

P——井壁水平力(kN)；

μ——泊松比；

r——土体重度(kN/m^3)；

h——锁口圈高度(m)；

P_0——地面超载(kN)。

4. 井身设计

竖井采用复合式衬砌结构，考虑到施工安全，二次衬砌原则上要求在竖井施工完成后再施作，以免对施工产生过大干扰，因此初期支护应适当加强。竖井底部马头门处由于周边围岩受力状态复杂，应对初期支护与二次衬砌进行加强处理。竖井井口段地质一般较差，通常采用敞口开挖，修筑明洞结构形式。对于土层地段，应优先考虑采用地表处理措施，如钻孔咬合桩、地下连续墙、钢板桩、高压旋喷桩、水泥搅拌桩等基坑加固措施。

井身结构宜采用连续体模型，采用有限元计算。竖井衬砌支护参数多以经验数据确定，可参照表 23-2-4 选用。

竖井复合衬砌各类支护参数表　　表 23-2-4

围岩级别(级)	喷锚衬砌		支护衬砌	复合衬砌		
				初期支护		二次衬砌
	$D<5$m	5m$<D<$7m		$D<5$m	5m$<D<$7m	
Ⅰ	喷射混凝土厚10cm	喷射混凝土厚10～15cm，必要时设局部锚杆	模筑混凝土或钢筋混凝土厚30cm，砌体厚40cm	—	—	20cm
Ⅱ	喷射混凝土厚10～15cm，砂浆锚杆长1.5～2.0m，间距1～1.5m	喷射混凝土厚15～20cm，砂浆锚杆长2.0～2.5m，间距1m，必要时配格栅钢架	模筑混凝土或钢筋混凝土厚30cm，砌体厚50cm	—	—	25cm
Ⅲ	喷射混凝土厚15～20cm，砂浆锚杆长2.0～2.5m，间距1m，配钢筋网，必要时配格栅钢架	喷射混凝土厚20cm，砂浆锚杆长2.5～3.0m，间距1m，配钢筋网，加格栅钢架	模筑混凝土或钢筋混凝土厚40cm，砌体厚60cm	喷射混凝土厚5～10cm，砂浆锚杆长1.5～2.0m，间距1m，必要时配钢筋网	喷射混凝土厚10～15cm，砂浆锚杆长2.0～2.5m，间距1m，必要时局部配钢筋网	30cm
Ⅳ	—	—	模筑混凝土或钢筋混凝土厚50cm，砌体厚70cm	喷射混凝土厚10～15cm，砂浆锚杆长2.0～2.5m，间距1m，必要时配钢筋网	喷射混凝土厚15～20cm，砂浆锚杆长2.5～3.0m，间距0.75～1m，配钢筋网	35～40cm
Ⅴ	—	—	模筑混凝土或钢筋混凝土厚60cm，砌体厚80cm	喷射混凝土厚15～20cm，砂浆锚杆长2.5～3.0m，间距0.75～1m，配钢筋网，必要时配格栅钢架	喷射混凝土厚20～25cm，注浆锚杆长3.0～3.5m，间距0.5～0.7m，配钢筋网，必要时配格栅钢架	40～50cm

注：1. D为竖井直径，直径大于7m的竖井应作专项设计。

2. Ⅵ级围岩应作特殊设计。

由于二次衬砌原则上都是由底部向上进行浇筑，当竖井埋深较大时(大于 200m)，应考虑二次衬砌所承受的自重。其允许支撑高度 H 计算如下(不计与防水板之间的摩阻力)：

$$H=\frac{R_a}{K\times\gamma} \tag{23-1-6}$$

式中：H——二次衬砌允许支撑高度(m)；

K——安全系数，一般取 2.4；

γ——混凝土重度，取 $23kN/m^3$；

R_a——混凝土的抗压极限强度(kN)。

壁座可采用单锥或双锥形状，见图 23-2-5。单锥形壁座适用于坚硬、半坚硬土及岩层地质；双锥形壁座适用于黏土及砂土层中。

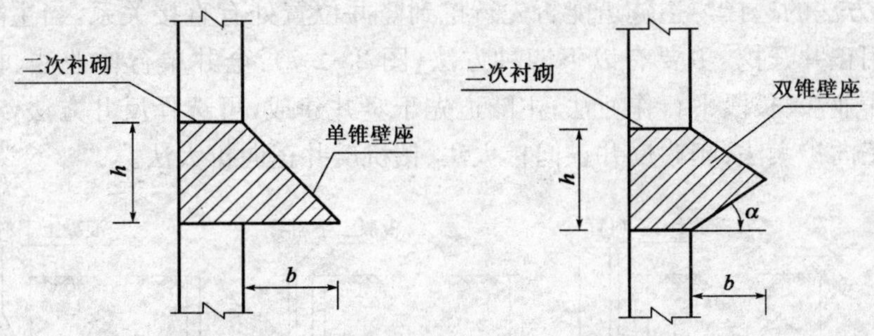

图 23-2-5　单锥及双锥壁座构造图

壁座高度 h 应不小于二次衬砌厚度 d 的 2.5 倍，一般取 1.0～1.3m；宽度 b 不小于 1.5d(Ⅱ、Ⅲ级围岩地段 b＝0.6～0.8m，Ⅳ级围岩地段 b＝1.0～1.2m，Ⅴ级围岩地段 b 不大于 1.5m)，倾角 α 可按以下角度取值：

$\alpha=50°\sim60°$　(Ⅴ级围岩地段)

$\alpha=25°\sim45°$　(Ⅳ级围岩地段)

$\alpha=0°\sim15°$　(Ⅱ、Ⅲ级围岩地段)

井底马头门与联络风道连接处宜采用似矩形断面，以保证竖井与联络风道在直墙上连接，方便设计与施工。考虑到竖井井身与井底风道的顺接以及导流页片的布置，竖井底部可设置一段不小于 5m 长的圆变方过渡段，竖井断面由圆形渐变为正方形。过渡段结构如图 23-2-6 所示。

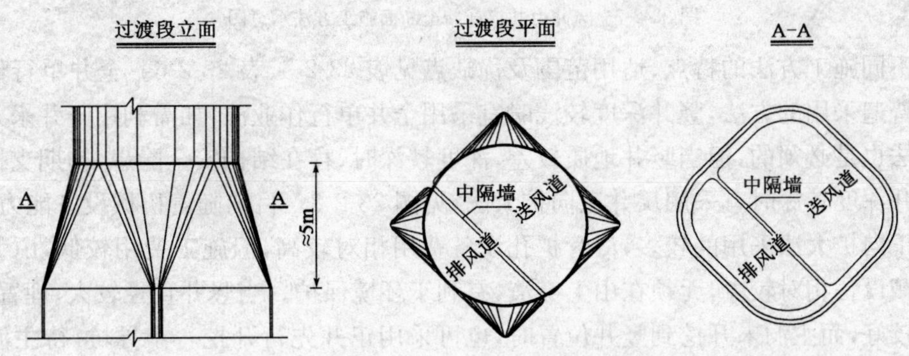

图 23-2-6　过渡段构造图

三、竖井施工

竖井施工需要专门的配套设施，如吊盘、抓岩机、吊桶、稳车等。施工设备及技术相对复杂，井筒内需设置安全梯等安全设施，必须采取相关安全措施，防止在提升过程中因为断绳、脱钩产生溜车（掉罐）或过卷，以及在竖井中发生碰撞事故。

竖井施工一般可分为正井开挖和反井开挖两大类。正井法为从地面向下开挖，充分利用围岩的自稳能力进行锚喷支护。反井法主要有吊罐法、爬罐法、反井钻机法等，应用较多的是反井钻机法。该方法适用于围岩稳定的竖井，其优点是施工准备简单、时间短，施工时不需工人直接在工作面作业，作业条件好，劳动强度低，安全性好，有效解决通风、排水出渣问题；缺点是设备投入大，需要较高的施工技术水平。

竖井施工方法的选择与主隧道能否先行挖到竖井位置处有直接关系，当主隧道后于竖井建成时，可采用正井开挖，主要有以下四种方法（图 23-2-7）：全井单行作业法、长段单行作业法、短段单行作业法、长段平行作业法；主隧道先于竖井建成，可选择反井方法，有以下三种方法：吊罐反井正向扩大法、爬罐反井正向扩大法、钻机反井正向扩大法。

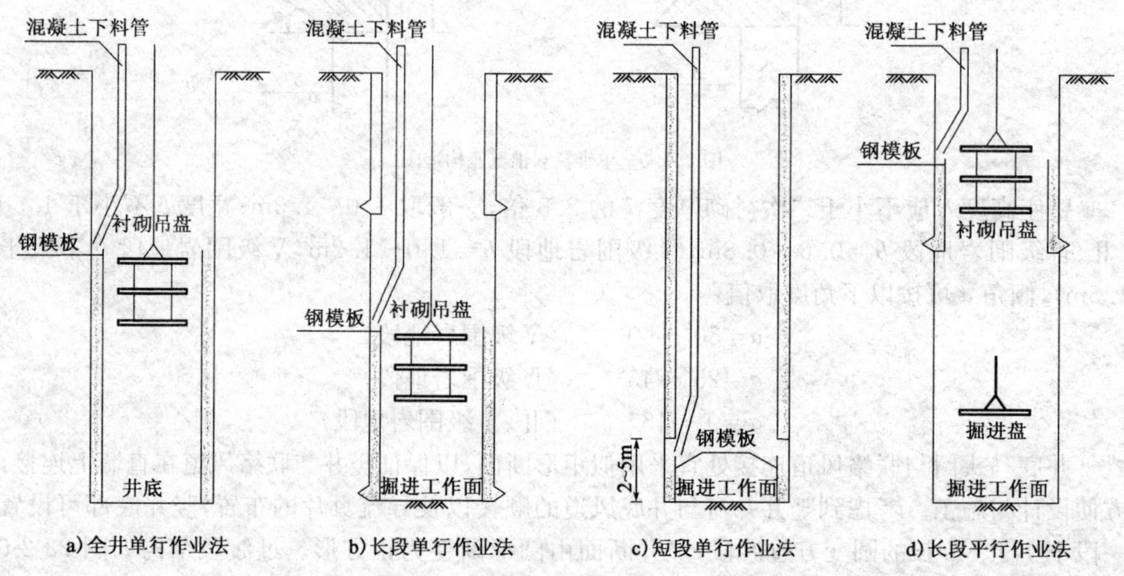

图 23-2-7 竖井由井口开始全断面施工方法示意图

竖井不同施工方法的特点、适用范围及优缺点见表 23-2-5、表 23-2-6。全井单行作业法为目前国内普遍采用的方法，竖井深度较浅时宜采用全井单行作业法，如需利用竖井来开挖主洞时这种方法也是必须的，但当竖井地质较差，深度较深时，存在结构安全隐患，初期支护应适当加强。竖井深度较深时宜采用反井正向扩大法，见图 23-2-8。目前随着机械设备能力的提高，钻机反井正向扩大法采用的较多，尽管扩孔设备费用相对较高，但施工费用较低，山上施工场地以及机械设备相对较少，无须在山上弃渣，有利于环境保护。当竖井直径较大，埋置较深，且地质相对较好，而主洞未开挖到竖井位置时，也可采用正井先行开挖一小导坑，待主洞开挖至此时，再从上至下进行扩孔成型。

竖井由井口开始全断面施工优缺点一览表　表 23-2-5

项目	特　点	优　点	缺　点	适用范围
全井单行作业法	竖井自上而下掘进到底,然后自下而上浇筑二次衬砌	施工只需要一套吊盘设备,作业单纯,无干扰,管理方便	掘进和衬砌不是平行作业,工期长,当地质较差时,需完全靠初期支护承受围岩压力,安全性偏差	竖井不深,地质良好,国内应用普遍
长段单行作业法	竖井自上而下掘进约100~150m达到壁座后,停止掘进,进行衬砌,衬砌完成后,再开始下一循环	同上,且能保证竖井的安全	工期也偏长,壁座需做特殊设计,保证下一循环掘进时二次衬砌不脱落	竖井不深,地质相对差
短段单行作业法	衬砌紧跟开挖面	仍属单行作业,设备简单,竖井的安全性好	工期也偏长,二次衬砌接头多,整体性偏差,防水差	竖井深,地质十分差
长段平行作业法	掘进和衬砌同时进行,两工作面相距不小于30m,衬砌均从壁座开始	平行作业,总工期短	需要掘进和衬砌两套吊盘,设备多,施工复杂,干扰大	竖井深,地质差

竖井采用反井法施工优缺点一览表　表 23-2-6

项目	特　点	优　点	缺　点	适用范围
吊罐反井正向扩大法	自上而下在竖井中心钻 ϕ10~15cm 导孔;井下联络风道安装吊罐,悬吊于导孔钢丝绳上;工作人员在吊罐上自下而上施工 ϕ200~300cm 反井;自上而下扩大成竖井	竖井扩大施工时,可利用反井出渣、通风、排水等,成本低、效率高	地质不良时,吊罐自下而上施工掘进不安全,容易出伤亡事故	竖井不深,地质较好(现已很少使用该方法)
爬罐反井正向扩大法	本法与吊罐法相似,但是不预先使用大型钻机钻导孔,而是直接采用爬罐机自下而上施工 ϕ200~300cm 反井。反井完成后再自上而下扩大成竖井	优点同上,且可节约预先钻导孔的费用和时间	爬罐构造复杂,安装技术要求高,且在地质不良时,反井施工也不安全	竖井不深,地质较好(现已很少使用该方法)
钻机反井正向扩大法	先在地表用地质钻机在竖井中心钻取直达底部的 ϕ20~30cm 的导孔;井下联络风道内安装大钻头,施工 ϕ200~300cm 反井;自上而下扩大成竖井	施工安全,速度快	需要大型反井钻机设备,设备费用较贵	竖井深度小于400m,地质良好

1. 全井单行作业法实例

目前国内最长的秦岭终南山隧道 2 号竖井深度为 661m,是国内最深的通风竖井,采用机械化配套作业自上而下施工。具体的施工步骤是:先掘进竖井井颈与表土段,然后砌锁口圈,下掘 30~40m 后安设多层吊盘,进行提升、悬吊等辅助设施的安装,再转入井筒掘进施工。多层吊盘的使用使多道工序能平行进行,提高了工作效率。井筒施工一次凿岩爆破成型,采用抓岩机装岩,单钩提升吊桶出渣,渣石全部由井口运出,用自卸汽车运至弃渣场。采用喷混凝土临时支护,液压滑动模板整体浇灌混凝土。为保持工作面空气清新,必须进行机械通风。

采用此种方法的其他类似工程有瑞士圣哥达山底铁路隧道 Sedrun 中间竖井(竖井深 836m,开挖直径 8.6m)、瑞士圣哥达公路隧道的 2 个竖井(Hospental 竖井深 303m,开挖直径 6.76m;Guspeisbach 竖井深 522m ,开挖直径 7.7m)、中国江西曲江主井井筒的施工(竖井深 887m,开挖直径 5.7~5.9m)以及加拿大萨德伯里的 Graig 竖井(竖井深 1 500m,开挖直径 6.3m)。

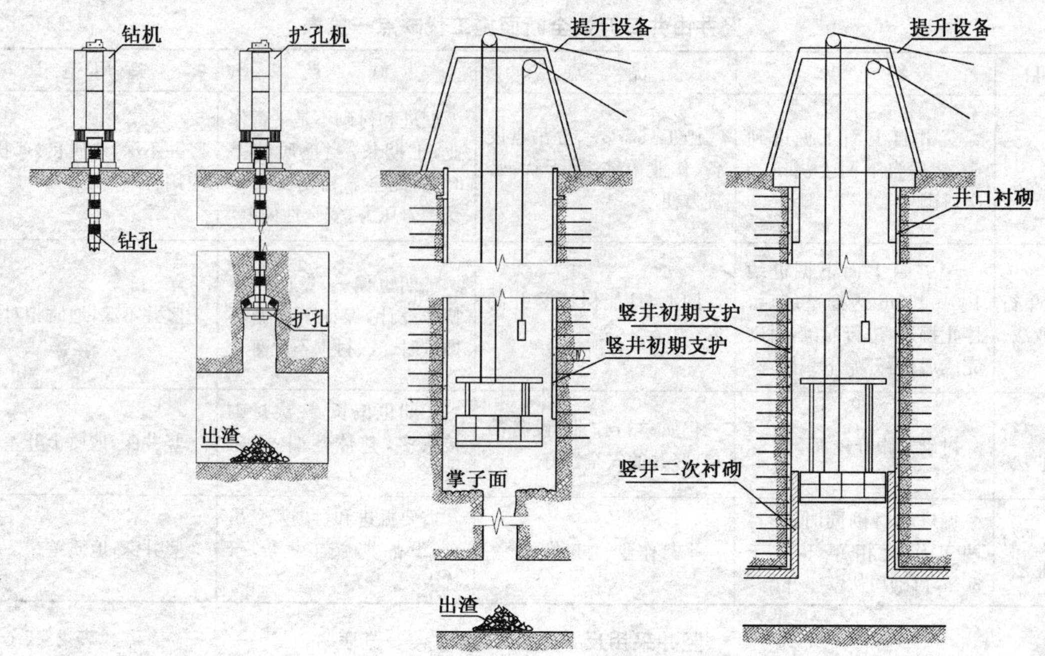

图 23-2-8 钻机反井正向扩大法施工示意图

2. 钻机反井正向扩大法实例

国内公路隧道最早采用钻机反井正向扩大法施工的竖井为雪峰山隧道。该竖井深 373m，净空直径为 6.5m，安装时由长沙矿山研究院生产的 AT2000G 型深天井钻机安装牙轮钻出 200mm 导向孔，再在隧道中拆除牙轮钻头，换上扩孔刀头，由下至上，扩成 1.5～2.5m 的天井与通风联络风道连通，再用钻爆法扩大至设计尺寸。

秦岭终南山公路隧道净空直径 11.5m、深 395.6m 的 3 号通风采用的是北京中煤矿山工程有限公司生产的 BMC 400 型反井钻机。具体的施工步骤是：先用天井钻机在井位中心从上向下钻 ϕ270mm 的导向孔，直达搬运通道顶，待井下送、排风联络通道与竖井贯通后自下向上扩孔至 1 400mm；再从下向上扩挖形成 3.5m 直径的卸渣孔，最后自上向下进行全断面光面爆破，炮渣直落井底，装载机装渣，自卸汽车运送至弃渣场卸渣；初期支护紧跟掌子面；喷射混凝土在井口拌和，溜灰管下放至掌子面，经人工二次拌和后使用；人员上下、物料运输由井架及提升机完成；二次衬砌从下至上进行，采用滑模施工；混凝土在井口拌和站拌和，通过输送管送至衬砌工作面，人工入模、机械振捣、自然或洒水养护，竖井中隔板与二次衬砌同时滑模施工。

采用反井法的其他类似工程还有法国、意大利两国联合投资修建的弗雷儒斯公路隧道意大利端通风竖井（竖井深 488 m、开挖直径 5.8 m）、瑞士 Mappo-Morettina 公路隧道的中间竖井（竖井深 375 m，开挖直径 6.8 m）和中国山东汶南矿的矿用竖井（竖井深 316m，开挖直径 4.5m）。

第三节 斜 井

一、斜井位置选择

(1)斜井口应尽量设置在其轴线与地形等高线正交处。井口严禁设在可能被洪水淹没处。

井口应高出洪水频率 1/100 的水位以上至少 0.5m；如设在低洼处，必须有确保安全的防洪措施，如挡水墙（围堰）、截排水系统等。

(2)斜井位置的选择相对与主线而言自由度较大，应选择设置在地质较好地段，避免位于滑坡及大的断层及断层破碎带等不良地质地段。

(3)斜井井底与主隧道之间的横向距离应考虑风机房的设置及通风方案的影响。当为送排式通风方案，对于地面风机房，净距宜控制在 20m 左右。对于地下风机房，横向距离与风机房的布置关系密切，净距不宜小于 40m；当为单排式通风方案，井底应尽量靠近主隧道。

二、斜井设计

1. 一般要求

(1)斜井的设计与施工方法密切相关，必须考虑当前施工的能力和水平以及施工工期的安排。

(2)为保证人员的安全，斜井必须设置宽度不小于 0.75m 的人行道，当斜井倾角大于 15°时，应设置台阶及栏杆，如图 23-3-1 所示。

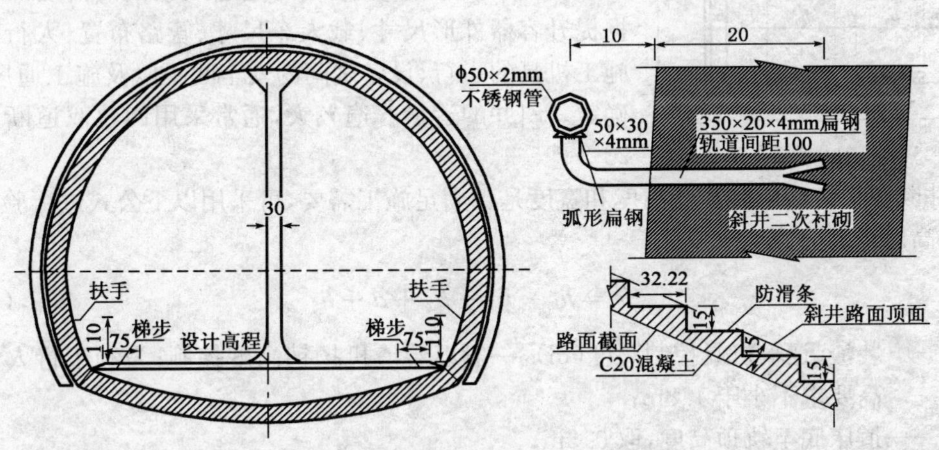

图 23-3-1　斜井人行道设置示意图(尺寸单位:cm)

(3)当采用箕斗或串车提升方案时，井身宜每隔 30～50m，设宽 1m、高 1.6～1.8m、深 1.0～1.2m 的避车洞一个，一般设在人行道侧，并尽量避开管路、电缆等，便于人员出入。

(4)斜井设计应根据涌水量和施工组织安排，选定地下水的排出方式，并设置相应的排水措施。

(5)斜井最小断面应根据《公路隧道通风照明设计规范》(JTJ 026.1—99)规定的“风道内设计风速宜在 13～18m/s 范围内取值”而确定。如采用送排式通风方案还应设置中隔墙(可采用 15～20cm 厚的钢筋混凝土结构或每隔不小于 5m 设置有钢筋混凝支撑柱的砌体结构)，断面宜采用割圆断面形式。

(6)斜井与隧道中线连接处的平面交角，在满足施工运营要求的前提下，应尽可能采用大角度，保证通风顺畅和结构受力合理。

(7)井身纵断面不宜变坡，主要考虑井身变坡会给提升带来不利：如纵断面是凹形，钢丝绳与轨面之间呈现一弓弦状，极易撞击顶板，增加钢丝绳的磨损及造成车辆掉道；如纵断面是凸形，车辆行经变坡点，其重心落在后轮上，前轮跷起，不能保证稳定，易发生掉道。不安全井口和井底变坡点应设置竖曲线，竖曲线半径宜采用12～20m。为防止洞外地表水流入井内，井口场地一般设计为向洞外呈3%的下坡。

2.斜井压力的计算

斜井围岩垂直压力q值应根据斜井倾角α大小分类计算，侧压力按一般隧道侧压力公式计算。

当$\alpha \geqslant 60°$时宜按竖井计算围岩压力；当$\alpha < 35°$时可按一般隧道计算围岩压力；当$35° > \alpha \geqslant 60°$时可按一般隧道计算围岩压力$q$值后，根据其倾角分解计算。

$$\left.\begin{aligned} q_N &= q\cos\alpha \\ q_r &= q\sin\alpha \end{aligned}\right\} \tag{23-3-1}$$

式中：q——按一般隧道计算出垂直围岩压力值；

q_N——垂直于斜井纵轴的压力；

q_r——平行于斜井纵轴的压力。

3.斜井断面

斜井断面净空尺寸，在满足通风断面的需要时，还应根据提升容器外形尺寸、载人车尺寸、管路布置、人行道宽度、施工机具的运行、设备之间的安全间距以及施工通风等因素确定。斜井的运量普遍较大，通常采用四轨双道断面，见图23-3-2。

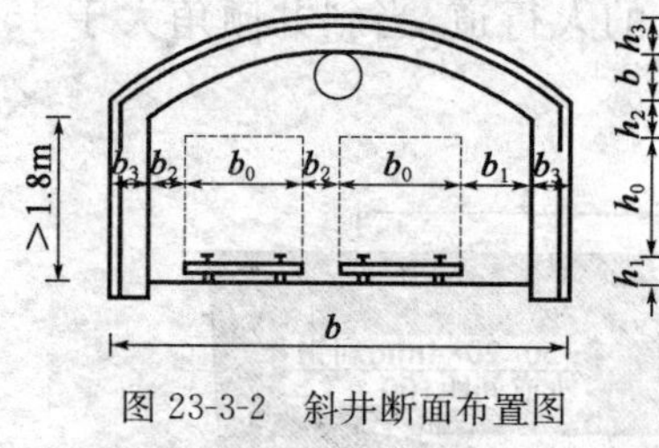

图23-3-2 斜井断面布置图

斜井断面拟订后应验算其高度和宽度是否满足施工需要，可采用以下公式进行验算：

(1)高度计算公式

$$h = h_0 + h_1 + h_2 + d + h_3 \tag{23-3-2}$$

式中：h_0——装渣、运输机具控制高度(m)，一般以装渣机扬铲高度控制；为利于行人，其边墙高要求不小于1.8m；

h_1——道床底至轨顶高度，取0.3m；

h_2——装渣、运输机具控制高度与支护或挂顶风管下缘间的安全间距(m)，一般不小于0.2m；

d——挂顶风管直径(m)；

h_3——斜井支护厚度(m)。

(2)宽度计算公式

$$b = 2b_0 + b_1 + 2b_2 + 2b_3 \tag{23-3-3}$$

式中：b_0——装渣、运输机具控制宽度(m)；

b_1——人行道宽度(m)，不小于0.7m(无轨运输的斜井宽度不小于1.0m)；

b_2——运输设备之间或运输设备与支护之间的间隙(m)，一般不小于0.3m，胶带运输机距其他设备突出部分不小于0.4m，无轨运输与支护之间的间隙不小于0.6m；

b_3——斜井支护厚度(m)。

4.斜井结构设计

斜井支护参数可参见表23-3-1。

斜井衬砌各类支护参数表　　表 23-3-1

围岩级别（级）	喷锚衬砌	模筑混凝土衬砌	复合衬砌	
			初期支护	二次衬砌
Ⅰ	5cm	20cm	—	20cm
Ⅱ	5cm	20cm	局部喷射混凝土厚 5cm	20cm
Ⅲ	10cm，局部锚杆长 2～2.5m	25～30cm	喷射混凝土厚 5～8cm，局部砂浆锚杆长 2.0m	20cm
Ⅳ	—	35～40cm	喷射混凝土厚 8～10cm，砂浆锚杆长 2.0～2.5m，间距 1～1.2m，必要时配钢筋网	25～30cm
Ⅴ	—	45～50cm 必要时设仰拱	喷射混凝土厚 10～15cm，注浆锚杆长 2.5～3.0m，间距 1m，配钢筋网，必要时可设置格栅钢架	35～40cm

注：1. 本表适合斜井宽度不大于 5m，超过 5m 时可参见主洞衬砌设计。

2. Ⅵ级围岩应作特殊设计。

3. 喷锚衬砌仅适用于地下水不发育，无侵蚀性并能保证光面爆破效果的Ⅰ～Ⅲ级围岩。

通常对于陡坡（倾角大于 12°）斜井，钢架宜设置为铅垂形，以保证结构的受力合理，并应加强每榀钢架之间的连接钢筋。斜井衬砌的浇筑宜采用从井口到井底进行。对于倾角大于 30°的斜井，为防止二次衬砌沿轴线下滑，衬砌基础在地质不良地段可考虑做成台阶状或设置基座，见图 23-3-3。基座设置形式可参见竖井壁座。

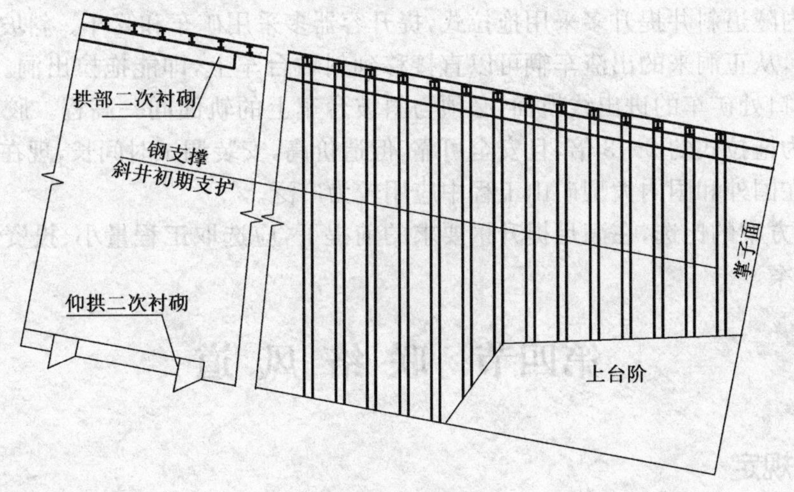

图 23-3-3　陡坡斜井钢架及基座示意图

三、斜井施工

斜井施工与设计的纵坡与运输设备密切相关。对于缓坡斜井（倾角小于 12°），可采用汽车无轨运输，其优点是在洞外、井底均不需要专用设施，有较大灵活性、适应性。由于坡度较缓，一般多用 1∶7 或 1∶8，相应的斜井长度较长，需要设置错车道；同时为净化车辆排出的废气，还需要设置相应的通风设施。

对于陡坡斜井（倾角大于 12°）应采用特殊提升设备，且必须有相应的安全措施，并在适当位置设挡车设备，严防溜车。倾角在 15°以上的斜井应有轨道防滑措施。陡坡斜井的提升形式有拖拉式、胶带运输式两种。在拖拉式提升形式中，按提升容器的不同，又有矿车、箕斗和斜坡台车等几种形式。而每种提升方式，根据提升方法的不同有单、双钩之别。常用的三种斜井提升方案主要特性对照见表 23-3-2，供方案选择参考。

斜井提升方案主要特性对照 表 23-3-2

项目 \ 类型		矿车提升斜井	箕斗提升斜井	胶带运输斜井
基本技术条件	斜井倾角 α	不小于 25°	不小于 35°	一般不小于 15°
	提升机	绞车	绞车	胶带运输机
	提升容器	矿车	箕斗	
	运输线路	轨道	轨道	胶带
	石渣块度	适用于矿车	适用于闸门	一般不小于 400mm
	装渣设备	装渣机、渣仓	栈桥、渣仓、闸门	破碎机、给渣机、渣仓
主要优缺点	安装时间	短	较短	较长
	天轮架	矮	较高	
	提升能力	较小	较大	大
	安全性	有不安全因素	较安全	安全，但粉尘、噪声大
	管理	摘挂钩频繁	方便	胶带易损坏、跑偏
	造价	低	较低	高

目前，国内隧道斜井提升多采用拖拉式，提升容器多采用矿车和箕斗。斜坡台车提升的优点是不用摘挂，从正洞来的出渣车辆可以直接移到斜坡台车上，即能拖拉出洞。但设计时，要求在井底和井口处矿车的进出线轨面，必须与斜坡台车上的轨面同一高程。胶带运输机的输送能力大，约为拖拉式的 2～3 倍，且安全可靠，但造价高，安装调试时间长，现在的隧道施工中很少使用，但在国外和国内大型矿山工程中应用较为广泛。

斜井提升方案的比选，在满足提升量要求的前提下，应选取工程量小、投资省、安装简易、施工方便的方案。

第四节 联络风道

一、一般规定

通风联络风道分为送风联络风道和排风联络风道，通常埋深较大，地质相对较好。为便于与斜井（或竖井）的连接及节约工程量，其断面宜采用直墙割圆断面形式，其断面面积的大小一般应根据通风需要而确定，但若斜井或竖井需要承担较重的主隧道开挖任务，其断面选择还应考虑大型施工设备的进出空间。联络风道断面面积应满足《公路隧道通风照明设计规范》（JTJ 026.1—99）规定的“风道内设计风速宜在 13～18m/s 范围内取值”。

联络风道与斜井（或竖井）和主洞相交，尤其是与主洞相交处断面复杂，要求相交断面在扩径、缩径、分叉、合流等变形处平顺过渡，以减小风流的沿程摩阻损失和风道变形引起的局部损失，见表 23-4-1。

风道的各变形部及注意事项　　表 23-4-1

变形	图示	注意事项
弯曲		$R>1.6d$ 时，可不设导流叶片，但弯头后会出现偏流
	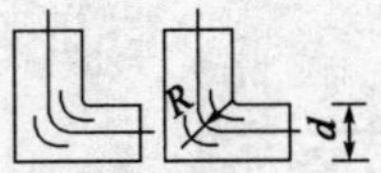	①$R<1.6d$ 时，安装隅角叶片以减小损失，也可减小偏流； ②弯曲内侧必须做成圆滑状； ③弯曲外侧不做成圆滑状也可
折曲	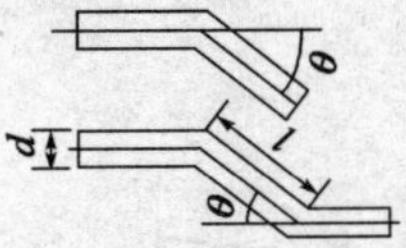	①尽量避免 $\theta>30°$ 的折曲； ②连续折曲时，选择合适的 $1/d$ 和 θ 角，可以减小损失，如 $\theta=30°$ 时，$l=3d$ 为最好
扩径	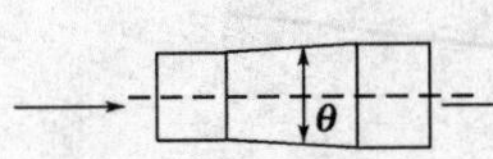	①$\theta=6\sim10°$ 时，损失最小； ②$\theta=60\sim70°$ 时，损失最大；此时最好做成 $\theta=180°$ 的突变扩大
缩径	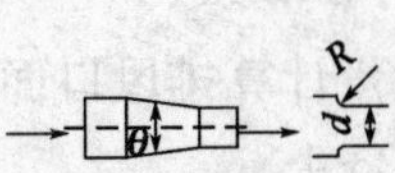	①应避免突然缩小； ②$\theta<60°$ 较好，当 $\theta>60°$ 时，宜做成喇叭口状，以减小损失； ③喇叭口半径宜大于 $0.1d$，理想状态为 $0.3d$ 左右
分岔、合流	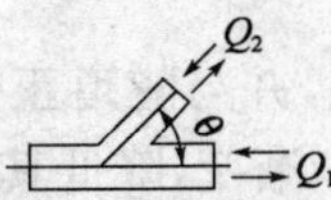	分岔、合流的损失受风量比 Q_1/Q_2 和面积比的影响，不能一概而论，但 θ 角应尽可能小

排风口设置于隧道侧墙处，其底面应与隧道检修道平齐，排风方向宜与隧道轴向垂直，断面大小一般按风速 5～6m/s 计算后确定，且排风口断面面积不得大于隧道正洞面积，否则应局部加大主洞断面。特殊条件下，排风口也可设置于隧道拱部。排风口设置于隧道拱部时，其断面控制风速可适当加大。送风口宜设置于隧道拱部，送风方向宜与隧道轴向一致，断面大小按该处风速 25～30m/s 计算后确定，其断面面积可在 11～15m^2 取值。为防止送排风口短道之间风的串流，短道长度应不小于 50m。

二、交叉段及送风隔板设计

1. 交叉段设计

为便于联络风道与竖井相交，通常将竖井断面渐变成方形结构形式。联络风道应设置加强过渡段，长度不小于 5m，结构上可采用预应力锚杆，必要时应设置钢架。

联络风道与斜井相交时，可根据各洞室的轴线位置采用分岔隧道形式或采用错位交叉的形式。采用分岔隧道形式时，土建工程量小，其结构相对复杂多变，可能存在大拱结构、整体式中隔墙连拱结构、夹心式中隔墙连拱结构、小净距结构等多种形式，工序较繁琐且对施工技术要求较高；如采用错位交叉形式，土建工程量稍大，但结构相对简单，应优先选用错位交叉的形式，见图 23-4-1。

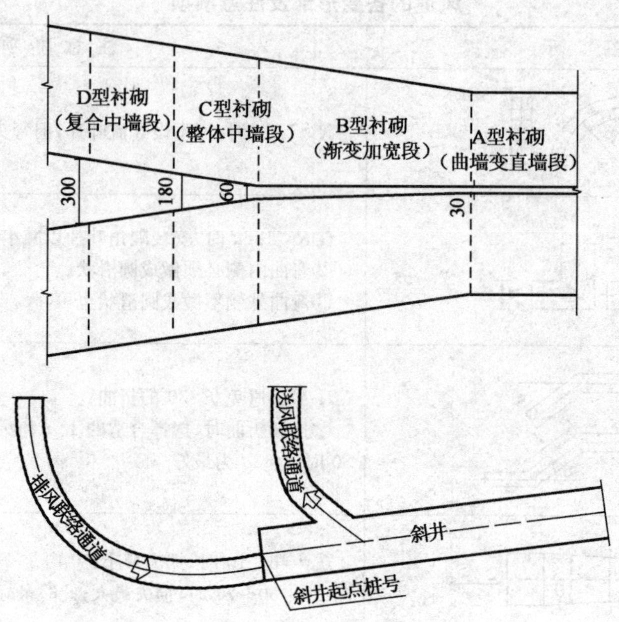

图 23-4-1　联络风道与斜井相交示意图（尺寸单位：cm）

根据通风要求，排风口风速不应超过 6m/s。通常根据风量计算排风口面积较大，因此，排风联络风道与主洞相交宜采用逐步扩大的变截面形式，见图 23-4-2。

2. 送风隔板设计

送风联络风道与主洞相交时，其送风口通常设置于隧道顶，并与隧道正交，受主隧道拱顶断面的限制，相交通常采用两种方式：一种是送风联络风道逐渐渐变，降低其高度，加大宽度以满足与主隧道正常相交；另一种方式是送风联络风道断面不变，而将主隧道加高，以满足相交尺寸要求，见图 23-4-3。

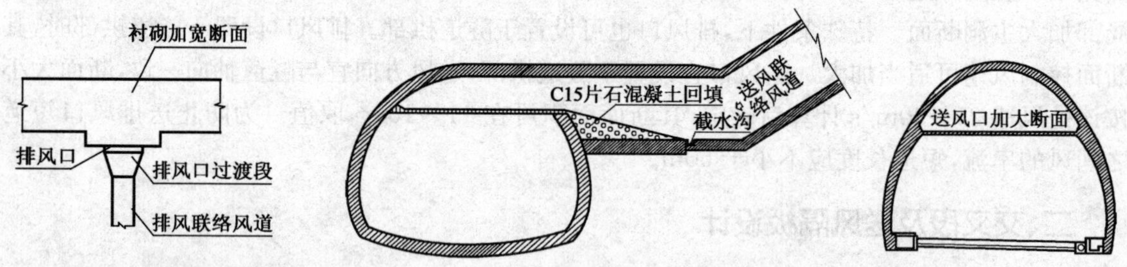

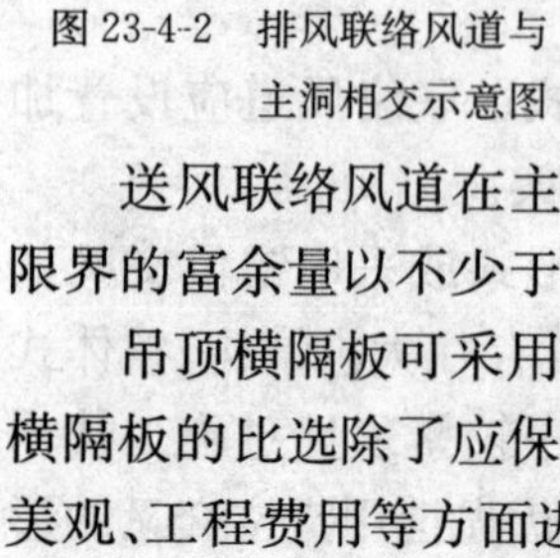

图 23-4-2　排风联络风道与主洞相交示意图

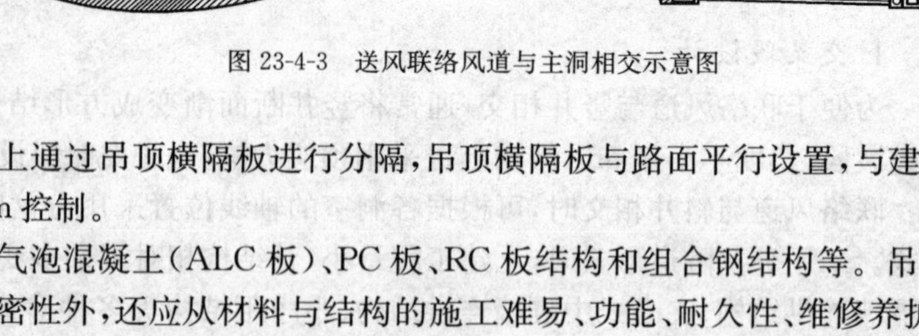

图 23-4-3　送风联络风道与主洞相交示意图

送风联络风道在主隧道上通过吊顶横隔板进行分隔，吊顶横隔板与路面平行设置，与建筑限界的富余量以不少于 20cm 控制。

吊顶横隔板可采用轻质气泡混凝土（ALC 板）、PC 板、RC 板结构和组合钢结构等。吊顶横隔板的比选除了应保证气密性外，还应从材料与结构的施工难易、功能、耐久性、维修养护、美观、工程费用等方面进行综合考虑，设计上应符合下列要求：

(1)吊顶横隔板材料应具有耐腐蚀性、阻燃性高、气密性强、板面摩阻力小的特点。

(2)设计荷载由板及其附属构件的自重等恒载和风荷载、人群荷载等可变荷载组成。风荷载可按通风设计的送(排)风最大风压取值,人群荷载可按 1 000N/m² 取值。

(3)恒载与风荷载和人群荷载中较大者之和作用下的最大挠度值应小于板挠度的 1/600。

(4)吊顶横隔板标准厚度不宜大于 15cm,特殊情况下可适当增加。

(5)当吊顶横隔板采用金属构件时,应进行防锈处理。

第五节　风　机　房

一、风机房的选择

风机房可采用地面风机房或地下风机房,其选择应从功能要求、地形地质、外观协调、环境保护、养护维修及运营管理等方面综合考虑。地面风机房具有以下优点:房屋的采光和空气质量较好;值班室、设备间和生活房屋宽敞;一些大型设备更换起吊、出入方便;井下联络风道短,建筑费用低。其缺点是:需要多占土地;风机房设于山顶时交通不便。地下风机房具有以下优点:工作人员可方便地由隧道进入工作地点;洞顶地表征地少;值班室为地下结构,四季温差小。其缺点是:工程难度大、造价高;采光和通风条件差,值班工作人员环境差,有碍健康;空间狭小,设备拆装相对困难。

当地下围岩相对较差,而地面场地开阔,交通便利,宜设置为地面风机房。对于斜井,多采用轴流风机为卧式的地面风机房;对于竖井,多采用轴流风机为立式的地面风机房。当地面风机房处于城镇附近时,应结合当地自然及人文景观进行美化设计。

当地下围岩相对较好,而地面场地受一定限制时,宜设置地下风机房。地下风机房宜靠近隧道布置,其空间应能布置轴流风机、电气设备、控制设备和其他辅助机电设备,并有大型设备的搬运通道和工作通道等。

二、地下风机房的布置要求

1. 地下风机房的布置形式

地下风机房的布置及形状设计直接关系到运行条件、围岩稳定性、支护形式以及施工安全,也是影响地下风机房工程量及其造价的主要因素,甚至关系到工程的成败。

地下风机房根据风机洞室与行车主洞的的关系,其布置方式通常有垂直布设和平行布设两类。通风构造物常用竖井结构形式时,多常用垂直布设方式。通风构造物采用斜井结构形式时,如何选择与主洞分段通风点以及斜井井口的位置密切相关,以保障隧道运营通风顺畅为原则,另需要重点关注该区域的地质构造。图 23-5-1、图 23-5-2 是斜井典型地下风机房的布置方式。

节理裂隙断层等各种弱面对于决定风机房的轴线位置也十分重要,方位定得合适,可使破碎范围较小,洞室稳定问题减少到最低程度。风机房的轴线位置不仅要考虑与弱面的交角,还应考虑与地层主应力的关系。在地应力非常不等向的地区,平行大主应力或中间主应力方向的洞壁,常会发生岩爆,因此应调整方向,使之与这种主应力面“相切”的洞壁尽可能少些。

从地应力角度来看,当洞室长轴与大主应力方向水平投影的夹角为 15°～30°时,稳定性较好;同样洞室长轴不要平行片理、节理,因为洞壁与片理、节理平行时,在较大的切向应力作用下,洞周破碎范围会增加到正常情况下的 2~4 倍。在非常不等向的岩层中,如结晶片岩、板岩等,若主应力方向与层面片理方向接近时,洞室长轴与这些弱面走向的交角不要小于 35°。在均匀等向、构造面不发育的岩体中,对高跨比接近 1 的洞室,洞轴方位应能使作用在洞室断面上的垂直应力与水平应力之比接近 1。

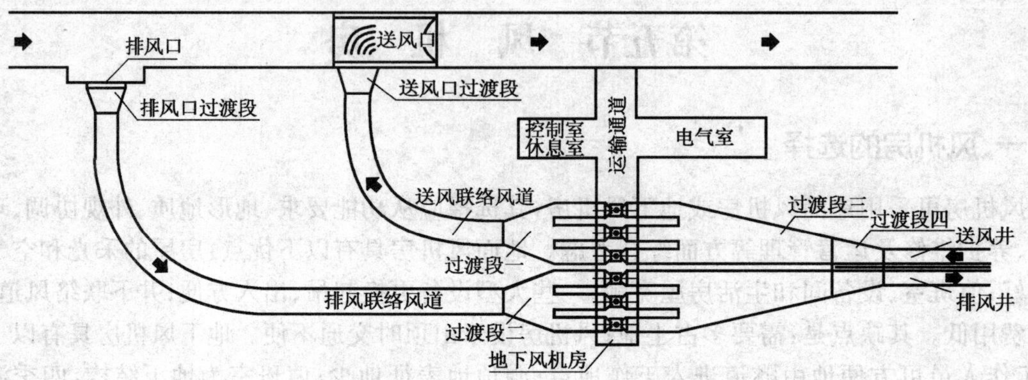

图 23-5-1 典型斜井平行式地下风机房布置示意图

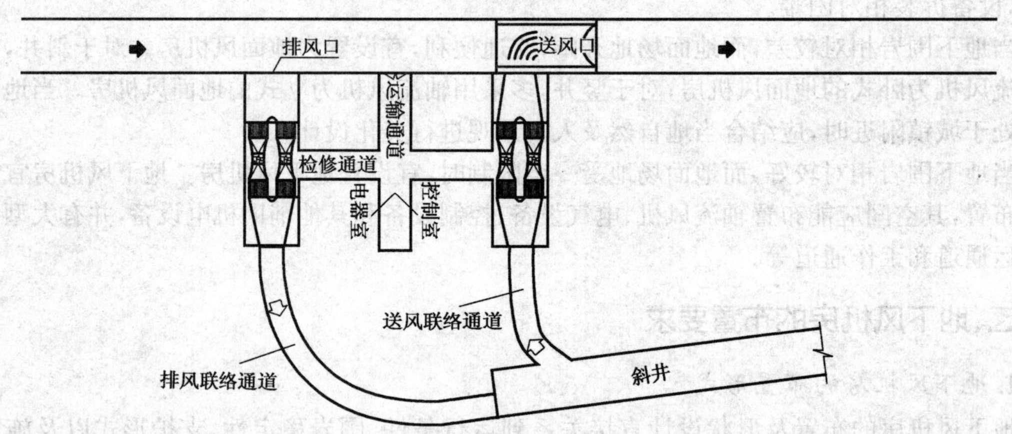

图 23-5-2 典型斜井垂直式地下风机房布置示意图

风机房内部布置不仅要考虑大型轴流风机和相应电器的操作、维护人员在洞内的空间位置,而且还应考虑设备运输、安装、运营、维护等各方面对风机房的特殊要求。

2. 通风塔设计要求

通风塔的进风口与排风口的方向应按该区域历年频率最高的自然风向布置,应尽可能将进气口设置于上风方向,排风口的方向避开当地主风向,其高差不宜小于 5m。如果隧址区不存在明显的主导风向或不能将进气口设置于上风方向,应考虑适当加大进气口与排气口的高差。

排风口排出的气体为污染空气,应注意排风扩散对周围大气环境的影响,对于地处城镇的隧道,必要时应有环评专题。排风所扩散的污染空气浓度可进行数值模拟计算或按下式检算:

$$C(x,y,0)=\frac{Q}{\pi\times\sigma_z\times\sigma_y\times v}\times\exp\left[-\left(\frac{H_e^2}{2\sigma_z^2}+\frac{y^2}{2\sigma_y^2}\right)\right] \tag{23-5-1}$$

式中：C——浓度(ppm)；

Q——发生源强度(mL/s)；

σ_y、σ_z——水平方向、垂直方向的扩散宽度(m)；

H_e——有效排风口高度，为排风口的结构高度加上排风上升高度 ΔH(m)。

$$\Delta H=\frac{0.65\times 4.77}{1+0.43\times\dfrac{v}{v_g}}\times\frac{\sqrt{Q_e\times v_g}}{v} \tag{23-5-2}$$

式中：Q_e——排风量(m^3/s)；

v_g——排风口风速(m/s)；

v——大气平均风速(m/s)。

三、地下风机房结构计算与设计

1. 数值计算

对于地下洞室结构体系的失稳判定标准，目前国内外还没有一套统一的准则，因为影响稳定性的因素较多且不定因素也很多。地下风机房一般埋置于隧道的较深处、地质相对较好，但各种洞室较多，且结构较复杂，多与行车隧洞相贯通，断面跨度较大、间距较小。其结构设计重点一般放在对围岩承载能力的研究上，以围岩实际的应力水平来作为围岩稳定的判据。因此，在工程的设计过程中，有必要建立计算模型，采取有效的数值计算方法对其安全性与稳定性进行评价，通过数值计算来定性地反映工程开挖过程中的围岩内应力和位移的随开挖的变化规律显得尤为重要。通常可采用弹塑性分析方法，在结构计算中，初始地应力一般根据三维地应力反演分析结果确定。在分析之前，均应结合具体情况对下列关键问题予以足够重视：

(1)二维分析时，首先应根据区域的地质资料做好风机房横断面的选定工作，要注意寻找最危险的地质横剖面，尤其应注意那些不利的地质构造面的位置。

(2)根据地质资料确定岩体及构造面的力学参数及可能的变动范围。

(3)地应力的确定，一般可根据有限的地应力实测资料对区域的地应力场做回归分析；在缺少实测资料的情况下，也可假定垂直地应力等于自重应力，再假定不同的水平地应力进行估算。

(4)随着岩体类型的差异，其变形及强度性质千变万化，相应出现的本构模型种类也较多。所用有限元程序的木构模型和破坏准则应能模拟岩体的实际情况。理想的模拟比较困难，但应使模型和岩体实测资料在岩体的大部分工作范围内可较好的拟合。

2. 结构设计

(1)洞室的形状要根据使用要求、岩体强度、地质构造情况、施工简便及地应力情况等条件来决定。事实上，同时满足这些要求是困难的。一般说，当边界应力比岩体强度相对低时，选择洞型应尽量使洞壁各处的切向压应力比较均匀，即尽量使洞顶应力和洞侧应力相等，避免小曲率半径，尤其要避免尖角以减少应力集中，通常采用直墙圆拱形结构。这是目前风机房最常用的结构形式，见图 23-5-3。当原岩应力很高，且不可避免地引起洞周围岩的大量屈服甚至破坏时，建议选择洞形的原则应使超应力岩石区，即岩体加固区局限在一定的小范围内，集中加固，通常采用马蹄形或卵形断面。

(2)洞室尺寸越大，尤其是跨度越大，稳定问题就越严重，因此要千方百计减小洞的尺寸，

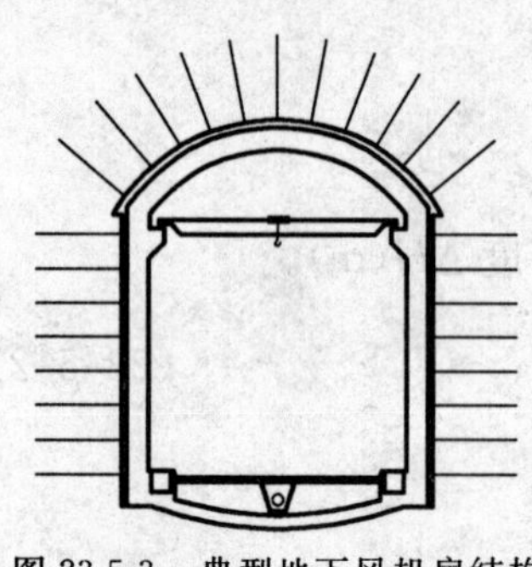

图 23-5-3　典型地下风机房结构断面图

不得已时，宁可加长洞室长轴方向尺寸，也要减小跨度。

(3)在结构设计中，应重视施工工序的安排，明确分布开挖的步骤，并要求锚喷支护及时，提出控制爆破的具体要求，以及加强监控量测。

(4)大跨度隧道由于施工过程中切割的岩面较多，围岩的稳定性主要受制于节理裂隙的发育程度及产状，因此，必须对初期支护及时进行喷锚支护，尤其要重视锚杆的施作，长度要适当加长，必要时应设置预应力，只有充分发挥岩石自锁能力，才能保障围岩的稳定性。

(5)由于地下风机房高度较高，受吊装设备以及设备动载的影响，二次衬砌通常采用钢筋混凝土形式。

第二十四章　隧道通风系统设计

第一节　概　述

一、通风发展历程

汽车通过隧道时，要不断地向隧道内排放废气。对于短隧道，由于受自然风和交通风的影响，一般来说有害气体的浓度不会积聚得太高，不会对驾驶员的身体和行车安全构成威胁。但是，对于长大隧道，自然风和交通风对隧道内空气的置换作用相对减小，如不采取措施，隧道内有害气体的浓度就会逐渐升高，其中的 CO 浓度达到一定量值时会使人感到不适以至窒息；以柴油为动力的机动车排出的烟雾将不断恶化行车环境，使隧道内能见度降低。因此，必须根据长大隧道的具体条件，采用适当的通风方式，将新鲜空气随风流一起送入隧道，稀释淡化有害气体，使其浓度降至规定的指标以内。

公路隧道通风的初期是利用存在于洞口间的自然压力差或车辆行驶时活塞作用产生的交通风力进行自然通风的，这是最早的通风方式，是由当时的技术水平和经济条件决定的。例如，英国的罗瑟利瑟隧道(1.91km)，当时通过的汽车较少，污染物排放总量相对也少，无需设置通风设备进行机械通风，单纯依靠自然通风就足以保证隧道内的空气质量。

随着汽车时代的到来，交通量日趋增长，仅仅依靠自然风和交通风是不够的，当隧道超过一定长度或交通量超过一定值后，就满足不了隧道内运营环境的卫生要求。1924 年，美国匹兹堡市的自由隧道(1.8km)发生交通堵塞而导致隧道内部分人员 CO 中毒，此次事故引起了有关方面的高度重视。其后，1927 年通车的美国纽约霍兰隧道，就以风量为基础，首先采用了机械通风。霍兰隧道采用盾构法施工，圆形断面，把车道下部作为送风道，上部作为排风道，气流从下往上流动。这种通风方式送风均匀，可见度好，并有利于防灾救援，是世界上首次采用的全横向通风方式。由于该通风方式有很好的可靠性，被许多公路隧道采用。较著名的如瑞士的圣哥达隧道，法国的勃朗峰隧道和中国的梧桐山隧道等。

显然对于圆形隧道，便于利用管道上下空间作为送、排风道，而对于其他断面形式的隧道就无此便利。且全横向通风方式投资大，耗电量高。在其后多年的探索减少投资的过程中，大都是试图减少造价昂贵的通风道。1934 年英国在修建默尔西隧道(3.226km)时，对减少通风道做了研究，首次采用半横向通风方式，取得了很好的效果，其后在许多长度不太大的隧道中，都采用了这种通风方式。如瑞士的圣贝纳迪诺隧道，日本的天王山隧道和上海延安东路隧道。

全横向和半横向这两种通风方式不仅要隔离较大的隧道断面空间作为风道，而且需要大功率的轴流风机，因此需要花费较大的工程费用和营运费用。为了克服上述不足，人们的眼光开始转向纵向通风方式。1961 年修建了世界上第一座纵向通风隧道。其后纵向通风得到了更为广泛地发展，其适用范围也由最初的 1 000m 左右的隧道，逐渐应用于 3 000m 以上的隧道。

纵向通风虽然节能但安全性不如横向通风，因此随着对隧道通风研究的进一步深入，人们在寻找安全性与经济性的最佳结合点，于是一些组合式通风形式开始出现。瑞士苏里支市的希尔克隧道，由于其交通流是潮汐式的，为了节约能源，采用了纵向＋半横向＋全横向的通风方式。在交通量适中时，采用纵向式通风，交通均衡且双向行驶时采用半横向式通风，当发生阻塞或火灾时，采用全横向通风。日本在 1984 年建设的关越一线隧道，惠那山二线隧道（长 8 625m），采用了结合静电吸尘器的竖井送排式纵向通风，开创了隧道通风的新纪元。国内在浙江省台州至缙云高速公路苍岭特长公路隧道中采用送排式纵向通风＋点排式排烟系统的通风创新设计，将非火灾纵向通风与火灾排烟通风设计进行有机结合，探索一种具有独立排烟系统，土建费用增加不多，运营费用相对节省，防灾通风效果好的特长隧道通风系统。

瑞士作为一个多山的国家，对公路隧道通风的研究已经有很长的历史并且积累了大量的经验。他们认为全横向式通风是最安全的一种通风方式。因此，在瑞士大多数长大公路隧道中都采用全横向通风方式或半横向通风方式。

挪威由于公路网的交通量不大，它的公路隧道大多采用纵向式通风。

英国的公路隧道大多集中在水底，断面是圆形且长度较长，故这些隧道都采用半横向和全横向通风系统。

在日本，公路隧道通风的研究较晚，但通风方式发展情况类似。1958 年关门隧道成功采用全横向通风方式是日本在公路隧道通风研究的起点。之后，天王山隧道采用了半横向通风方式。由于单向行驶可利用汽车交通风，因此纵向通风方式就出现在高速公路的隧道中。纵向通风具有显著的经济效益，据不完全统计，从 20 世纪 80 年代起，日本修建的隧道几乎都采用各种类型的纵向式通风系统。

我国对公路隧道通风的研究起步较晚，也经历了全横向式、半横向式到纵向式通风三个发展阶段。黄浦江隧道和梧桐山上行隧道采用了全横向式通风；二郎山隧道采用了平导半横向通风；梧桐山下行隧道采用了全射流纵向通风；成渝高速公路上的两座隧道——中梁山隧道和缙云山隧道大胆变更半横向通风为射流风机加竖井排出式纵向通风，运营实践表明，这种通风方式投资少，运营费用低，通风效果能满足有关规范与标准的要求。秦岭终南山隧道属于竖井送排式纵向通风，是具有世界上口径最大、深度最高的竖井通风工程，共设置三座通风竖井，最深 661m，最大直径 11.5m，风道累计长度近 5km。

纵观世界公路隧道通风方式的发展，20 世纪 80 年代以前多为全横向式通风或半横向式通风，以欧洲的瑞士、奥地利和意大利为代表。而近 20 多年，特别是纵向通风方式出现以后，公路隧道的通风方式基本分为两大派，欧洲仍以全横向、半横向居多，而亚洲以日本为代表全为纵向通风。近年来，随着汽车排污限制标准的提高，控制公路隧道通风量的因素已从 CO 逐渐过渡到烟雾浓度，加之双洞方案逐渐取代单洞方案，所以分段纵向通风方式已经占主导地位。欧洲各国也在逐步转变传统观念，在许多新修或增修的复线长大公路隧道中，用纵向通风方式取代了过去的半横向或全横向通风方式。

二、通风设计原则

1.新建隧道设计原则

在通风方案研究时，不仅要结合隧道所处的地形、地质、正常运营、交通阻塞以及防灾救灾，而且要考虑到长期运营的经济效益，故确定隧道通风设计原则如下。

(1)先期建设投资与后期运营费用并重原则

国内外长大公路隧道的工程实践表明，通风的土建与设备费用约占整个隧道工程费用的35%以上，隧道通风的动力头损失与隧道长度的立方成正比。因此，在确定隧道通风方案时，不仅要考虑到尽可能减少近期通风主体工程的费用和通风设备的投资，而且要十分重视降低后期运营成本。因为每年的运营费用，将是一个十分巨大的数字，它将直接影响到整个隧道的运营效益和服务水平。

(2)近、远期工程相结合的原则

根据预测交通量可分为两个阶段：近期和远期。在进行通风设计时，除了土建工程一次完成外，通风设备将分期购置和安装，这样既避免了一次设备投入费用过大，造成设备闲置，又为结合未来实际汽车排污水平，进一步优化设备配置留有空间。

(3)正常运营和防灾救灾相结合的原则

公路隧道通风设计，除要满足交通运营通风外，还必须满足火灾发生时的通风需求。即把正常运营和火灾时的通风看作是整个通风系统的两种不同工况。因此，在通风方案设计时，对于隧道防火区段的划分、横通道的设置、火灾时的风机控制、烟流的排出路径、横通道的开启与关闭、逃生通道的空气补给、避难洞的新风需求等，都应仔细考虑。

2.改建隧道设计原则

(1)先期建设与后期改造并重原则

鉴于改建隧道目前已经通车，通风改造方案尽可能减少对现有交通的干扰和土建工程的大变动，做好与原有机电工程设计的衔接配套，并充分利用现有的通风设备，对现有射流风机充分利用。

(2)正常运营和防灾救灾相结合的原则

公路隧道通风设计，除要满足交通运营通风外，还必须满足火灾发生时的通风需求。即把正常运营和火灾时的通风看作是整个通风系统的两种不同工况。因此，在通风方案设计时，对于隧道防火区段的划分、横通道的设置、火灾时的风机控制、烟流的排出路径、横通道的开启与关闭、逃生通道的空气补给、避难洞的新风需求等，都应仔细考虑。

三、通风设计内容

(1)隧道需风量的计算。

(2)通风方式的选择。

(3)通风阻力及风压计算。

(4)通风规模的确定。

四、一般规定

(1)为了使公路隧道通风系统设计安全合理、技术先进、确保质量、经济适用、符合国家公路隧道建设发展需要,并为公路隧道营运通风管理提供技术准则,特制定本手册。

(2)本手册在总结全国公路隧道设计、营运经验及取得的课题研究成果,吸收国内外最新技术成果的基础上编制而成。

(3)本手册适用于高速公路,一、二级公路的新建隧道和改建隧道,三、四级公路的新建隧道和改建隧道可参照执行。

本手册是以高速公路、一级公路、二级公路的两车道山岭隧道为主要对象来编制的,对于三车道隧道、盾构隧道、沉管隧道等不同断面形式的隧道,其通风的技术思路与前者基本一致,因此同样也适用本手册。

当隧道的路线特性、隧道规模、交通条件、位置条件等与普通情况有很大差异时,应根据具体实际情况在遵循本手册要求的原则下进行特别技术设计,比如螺旋状长大隧道、位于城市中心区或环境敏感的长大隧道、单洞双向交通的长大隧道、以重型交通为主的长大隧道、大纵坡特长隧道、不能设置通风井的水下特长隧道等。

(4)公路隧道的通风应纳入隧道建设总体设计周密考虑,以保证隧道内安全行车、经济营运和减灾防灾为宗旨,选择适宜的通风方式。

(5)公路隧道通风设计所采用的交通量,应使用由隧道所在路段设计通行能力(pcu/h)换算的混合车交通量(veh/h)。当远期预测高峰小时交通量(pcu/h)小于等于设计通行能力的0.7倍时,可采用由远期预测年平均日交通量换算的高峰小时混合车交通量;当远期预测高峰小时交通量大于设计通风能力时,根据其大小可采用降低1级或2级公路服务水平的最大服务交通量换算的混合车交通量,但最大取值不宜大于隧道所在路段的基本通行能力换算的混合车交通量。

通风设计所采用的交通量,是隧道通风设计最为重要的基础数据之一。通过广泛的工程调研,发现确定公路等级和设计标准所依赖的"远景年限年平均日交通量"与工程建成后对应年限的实际交通量差别较大,经济发达地区道路的实际交通量往往较大幅度地大于工程建设之前预测的交通量,而经济欠发达和落后地区的道路的实际交通量往往较大幅度地小于工程建设之前预测的交通量,从而导致前者隧道通风能力不足、后者隧道通风能力过剩等现象。

《公路工程技术标准》(JTG B01—2003)特别强调"服务水平、通行能力"等概念,并贯穿始终,其中所说的"服务水平、通行能力",都对应着道路实际运营后单位时间可能拥有的交通量、营运车速和所能承载的最大交通量。为更符合工程实际,并与《公路工程技术标准》(JTG B01—2003)协调统一,提出"通风设计所采用的交通量,应使用由隧道所在路段设计通行能力换算的混合车交通量。"

需要特别强调的是:通风设计所采用的交通量,为混合车交通量,即绝对车型交通量,而《公路工程技术标准》(JTG B01—2003)所有交通量均是以当量小客车计,一般情况下,工程可行性研究报告提出的交通量也是以当量小客车计。因此,通风设计时,应根据《公路工程技术标准》(JTG B01—2003)中"各汽车代表车型与车辆折算系数",结合各工程的具体交通组成,将当量小客车交通量换算成混合车交通量,如表24-1-1所示。

各汽车代表车型与车辆折算系数　　表 24-1-1

汽车代表车型	车辆折算系数	说　明
小客车	1.0	≤19 座的客车和载质量≤2t 的货车
中型车	1.5	＞19 座的客车和 2t＜载质量≤76 的货车
大型车	2.0	7t＜载质量≤14t 的货车
拖挂车	3.0	载质量＞14t 的货车

一般情况下，高速公路的设计通行能力为道路二级服务水平对应的最大服务交通量；一级公路按“具有干线功能”的设计通行能力考虑，与相同设计车速的高速公路相近；因此，通常情况下，二者通风设计采用的交通量可由二级服务水平对应的最大服务交通量换算而得，对于二、三、四级公路，其通行能力按三级服务水平对应的最大服务交通量换算考虑。

高峰小时交通量是指第 30 位小时交通量，高峰小时交通量与年平均日交通量的比率原则上采用工程可行性研究报告提出的比率，当工程可行性研究报告没有提出该比率时，山岭重丘区隧道可取 12%、平原微丘区隧道可取 10%、城镇隧道可取 9%。

(6)公路隧道内设计车速为洞内线形设计行车速度，通风计算时为对应服务水平下的运行车速，一般不大于 100km/h，设计车速超过 100km/h 的隧道通风应作专题研究。

通风计算采用的车速为道路服务水平对应的运行车速，如表 24-1-2～表 24-1-4 所示。

高速公路服务水平分级　　表 24-1-2

服务水平等级	密度(pcu/km/ln)	设计速度(km/h)								
		120			100			80		
		速度(km/h)	V/C	最大服务交通量(pcu/h/ln)	速度(km/h)	V/C	最大服务交通量(pcu/h/ln)	速度(km/h)	V/C	最大服务交通量(pcu/h/ln)
一	≤7	≥109	0.34	750	≥92	0.31	650	≥74	0.25	500
二	≤18	≥90	0.74	1 600	≥79	0.67	1 400	≥66	0.60	1 200
三	≤25	≥78	0.88	1 950	≥71	0.86	1 800	≥60	0.75	1 500
四	≤45 ＞45	≥48 ＜48	接近 1.0 ＞1.0	＜2 200 0～2 200	≥47 ＜47	接近 1.0 ＞1.0	＜2 100 0～2 100	≥45 ＜45	接近 1.0 ＞1.0	＜2 000 0～2 000

注：V/C 是在理想条件下，最大服务交通量与基本通行能力之比，基本通行能力是四级服务水平上半部的最大交通量。

一级公路服务水平分级　　表 24-1-3

服务水平等级	密度(pcu/km/ln)	设计速度(km/h)								
		100			80			60		
		速度(km/h)	V/C	最大服务交通量(pcu/h/ln)	速度(km/h)	V/C	最大服务交通量(pcu/h/ln)	速度(km/h)	V/C	最大服务交通量(pcu/h/ln)
一	≤7	≥96	0.35	700	≥78	0.30	550	≥60	0.25	400
二	≤15	≥87	0.65	1 300	≥70	0.58	1 050	≥57	0.53	850
三	≤20	≥80	0.80	1 600	≥65	0.72	1 300	≥52	0.66	1 050
四	≤40 ＞40	≥50 ＜50	接近 1.0 ＞1.0	＜2 000 0～2 000	≥46 ＜46	接近 1.0 ＞1.0	＜1 800 0～1 800	≥40 ＜40	接近 1.0 ＞1.0	＜1 600 0～1 600

二、三、四级公路服务水平分级 表 24-1-4

服务水平等级	延误率(%)	设计速度(km/h)											
		80				60				≤40			
		速度(km/h)	不准超车区(%)			速度(km/h)	不准超车区(%)			速度(km/h)	不准超车区(%)		
			<30	30~70	>70		<30	30~70	>70		<30	30~70	>70
			V/C				V/C				V/C		
一	≤30	≥76	0.15	0.13	0.12	≥65	0.15	0.13	0.11	≥54	0.14	0.13	0.10
二	≤60	≥67	0.40	0.34	0.31	≥56	0.38	0.32	0.28	≥48	0.37	0.25	0.20
三	≤80	≥58	0.64	0.60	0.57	≥48	0.58	0.48	0.43	≥42	0.54	0.42	0.35
四	<100	≥48 <48	1.0	1.0	1.0	≥40 <40	1.0	1.0	1.0	≥37 <37	1.0	1.0	1.0

(7)为节省投资，通风设施应按近、远期预测交通量的变化采取“一次设计、分期实施”的原则进行设置。隧道由双向交通变更为单向交通时，应充分考虑机械通风的衔接。

近、远期的划分按照《公路工程技术标准》(JTG B01—2003)公路服务水平分类，实际交通量达到一级服务水平为近期、达到二级服务水平为远期。设计阶段可按工程可行性报告预测交通量对近、远期实施年限做初步规划，具体实施以实际服务水平为准。

六车道或八车道以上的公路为分隔单向交通，由于工程投资巨大或近期交通量较小等原因，其间隧道段可一次设计分期修建，在满足近期交通量要求的年限内隧道为单洞双向交通，当不能满足交通量需求时应建设开通旁边隧道，开成双洞单向交通，这时应在一期工程中按设计要求预留好与二期工程通风设施的连接位置和接口等，做好相关衔接工作。何时开通二期工程应充分考虑交通量的增长情况，尽早形成总体设计要求的最终通风状态。

在近期交通量较小的情况下，不宜将按远期交通量设计的通风设施一次性全部安装到位，一般可按二期安装，但应一次设计完成，预留好相应的位置、接口等。

(8)公路隧道通风设计应贯彻国家的技术经济政策，积极而慎重地采用新理论、新技术、新材料、新设备、新工艺，使通风系统达到安全实用、质量可靠、经济合理、技术先进及营运节能的要求。

节能是当前国际国内社会发展的迫切要求，节能的根本在设计。调查发现我国既有公路隧道通风系统普遍存在过量设计的现象，设计者应充分理解有关规范，灵活运用，避免不必要的浪费。

(9)公路隧道通风设计应提出不同交通状态、不同营运工况下的通风设施总体运行方案，为隧道通风控制系统设计和通风系统营运管理提供依据。还应考虑交通阻滞工况、隧道内发生火灾工况、紧急情况下应急交通工况。隧道段是隐蔽交通，其行车环境和安全比普通线路段差，所以应高度重视环境，尤其是长隧道或特长隧道，应对火灾等工况条件下的通风状态作出评价，并制订有效的应急措施。

(10)隧道废气排放和风机噪声应符合环境保护的有关规定。

当对隧道洞口或竖井排放口附近的空气清洁度有严格要求时，应对隧道内排出的污染空气浓度和扩散范围作出评价和处治措施。

对于环境敏感区域，如隧道洞口附近有居民区、动物保护区等，还应考虑通风系统运行产生的噪声应符合环境保护的有关规定。

(11)隧道通风设计可按下列顺序进行。

①根据隧道长度和预测交通量,初步确定通风方式;

②收集交通、气象、环境、地质、地形、地物等通风设计所必需的基础资料;

③根据预测交通量、车辆组成和柴油车比例,计算需风量;

④从安全、经济、技术、运营管理等方面进行通风方式比选,选择最佳通风方案;

⑤计算风量、风速和风压;

⑥确定风机的规格和配置,并对风道、风机房、竖井等进行土建结构设计。

(12)公路隧道通风设计除应符合本手册外、还应符合国家和交通运输部的相关标准、规范的规定。

第二节　通风规划与资料调查

一、通风规划一般要求

(1)隧道通风规划作为隧道建设整体规划的一个环节,应周密实施。

(2)通风方案与隧道路线平面、纵断面、隧道断面形式的设计和结构物的设置、隧道土建工程的分期建设、营运安全与防灾救灾等密切相关,通风设计人员应充分参与隧道建设总体规划。

(3)一般情况,通风方案应按照高峰小时设计交通量进行规划和设计,并应根据隧道交通量的增长情况,做好隧道主体工程和通风设备的分期实施。

二、通风规划的步骤与内容

(1)参与隧道路线的选定。

(2)收集通风设计所需资料。

(3)风量和通风方案计算与通风方案。

(4)确定设计风量计算与通风方案。

(5)通风系统压力计算和风机选型。

(6)通风设计再调整。

三、通风规划注意事项

(1)应注意洞内污染空气对周边环境的影响。

(2)应注意隧道纵坡的控制。

(3)应考虑隧道营运防灾。

(4)通风系统的再评估。

(5)人行(服务)隧道的相关设计。

(6)与隧道供电设施之间的关联。

(7)与隧道主体工程之间的关联。

四、资料调查

(1)在规划通风设施时,必须开展隧道所在区域交通、气象、环境及地形、地物、地质等的调查。

(2)交通量是通风设计的重要计算数据，交通量调查应以经过审批的工程可行性研究报告的预测交通量为主要依据，当隧道的可通行能力小于预测交通量时，应以可通行能力作为设计计算数据。调查内容至少应包括隧道所在路段设计目标年限的交通量、预测交通组成、大型车比例、柴油车比例、交通特性、可能的交通阻滞和人行情况。

(3)气象调查主要包括：洞口、竖(斜)井口的温度、湿度、压力、高程、常年风向风力等。

(4)环境调查主要包括：洞口、竖(斜)井口附近的地形、建筑物和居民点分布等。

(5)调查的同时还应根据通风系统对环境的影响进行初步评估。环境影响评估应以项目经过审批的环境影响评价报告为依据。

通风系统对环境的影响应包括通风(特别是轴流风机)噪声、隧道洞口和竖(斜)井口废气的排放以及竖(斜)井施工可能对周边环境和居民带来的环境影响，对此应做环境影响评估。

第三节 通 风 方 式

隧道通风方式是指隧道内风流在行车空间的流动方式。它包括两个方面的内容：一是风流在行车空间的流动方向；二是通风机的工作方式。按风流的流动方向划分，通风方式有纵向通风、横向通风和半横向通风三种。纵向通风风流沿隧道轴线方向(纵向)流动，横向通风风流沿垂直于隧道轴线的方向(横向)流动，半横向通风风流在行车空间既作横向流动，又作纵向流动。通风机的工作方式有送风式和排风式两种：送风式新鲜空气经风机送入隧道，排风式隧道中的污染空气则经风机排放于大气，也有在同一隧道中既采用排风又采用送风的混合通风方式。当把不同的风流方向和风机工作方式相结合时就形成许多种通风方式，如表 24-3-1所示。

常用机械通风方式的种类 表 24-3-1

纵 向 式	半 横 向 式	全 横 向 式	组 合 式
1. 射流风机式； 2. 洞口集中送风式； 3. 竖井(斜井)送排式； 4. 竖井(斜井)排出式； 5. 静电吸尘式	1. 送风半横向式； 2. 排风半横向式	1. 顶送顶排式； 2. 底送顶排式； 3. 顶送底排式； 4. 侧送侧排式	

注：不同交通状况下的各主要通风的基本特点见表 24-3-2～表 24-3-5。

一、纵向通风

纵向通风是一种最简单的通风方式。它只需在隧道的适当位置安装通风机，靠风机产生的通风压力迫使隧道内空气沿隧道轴线方向流动，就能达到通风的目的。由于通风系统简单，纵向通风在公路隧道中广泛应用，也研究的较多。经过长期实践，形成了多种多样的纵向通风方式。工程上常用的纵向通风方式有射流风机纵向通风、通风井集中排风纵向通风、送排组合纵向通风。

(1)射流风机纵向通风

在纵向通风方式中，最常用的是射流风机纵向通风。这种通风方式在隧道的顶部间隔一定距离设置射流风机，隧道需要机械通风时开启射流风机，工作的射流风机朝一个方向吹出射流，风机产生的高速气流推动前方空气流动，同时在后方形成一个负压区，带动后方空气流动，从而在隧道内风机的前后一定范围内形成空气沿隧道轴线（纵向）的定向流动，新鲜空气从隧道的一侧洞口进入，污染空气从隧道的另一侧洞口排出，达到隧道通风的目的。

射流风机是一种特殊的通风机，与一般通风机相比，射流风机具有风速高、风量小的特点。射流风机功率小，通风距离短，一般在一座隧道中需要安装多台射流风机才能实现隧道的正常通风。

射流风机纵向通风无需开凿通风井，通风设施简单，工程造价低，设备费用少。我国机械通风的公路隧道中绝大多数采用的是射流风机纵向通风。但是，射流风机纵向通风的风机工作效率低，隧道内噪声大，高速射流可能影响正常行车。

(2)集中排风纵向通风

纵向通风有一个共同的特点，隧道进风口有害气体的浓度最低为零，出风口有害气体的浓度最高或局部最高，而在进风口与出风口之间有害气体的浓度呈线性分布。按此推断，对于一座较长隧道，如果采用射流风机纵向通风并且隧道内风速已经达到了风速上限，则可能在隧道内从进风口算起的后半程某个位置之后有害气体的浓度或烟雾浓度超过规范要求的标准。当然这种情况是不允许的。为了解决一些长大隧道的纵向通风问题，通风井集中排风纵向通风方式应运而生。

集中排风通风设施由通风井（竖井或斜井）、风道和风机构成。通风井设在隧道长度的中部，这样两边向通风井汇流的风量就会相等或相近，通风效果较好。若受地形条件限制，通风井不能设在隧道中部，这时要取得较好的通风效果，就需要采取其他措施（如在较长的一侧设射流风机）。通风井可利用隧道施工井，也可以专门开凿。专门开凿需要考虑通风井的深度、开凿费用等。风道是为安装风机开凿的，工程量较小，可根据所选风机的安装要求施工；风机工作方式为排风式，新鲜空气经两端洞口进入隧道，在中央汇入通风井，污染空气经通风井、通风机集中排入大气。

通风井集中排风的纵向通风，隧道内有害气体深度最大的地方是通风井的底部。通风井排风式也可以变为通风井送风式，只要将风机的工作方式由排风改为送风即可。通风井集中送风纵向通风，隧道内空气污染最严重的地方是在隧道两洞口。洞口的污染空气有时会产生光幕现象，影响行车安全，所以这种通风方式采用较少。

由上可见，通风井集中排风纵向通风方式，通风系统简单。有条件利用施工井作通风井或开凿通风井比较方便时，可以考虑使用。

(3)送排组合纵向通风

高等级公路上的长大隧道都是单向交通，在单向交通并采用纵向通风的隧道内，交通风可以作为隧道通风的动力而充分利用。如果在单向交通的隧道内仍采用集中排风纵向通风，则势必在排风井的另一侧隧道内车辆行驶方向与风流方向一致，交通风是隧道通风的动力；而在排风井的另一侧隧道内车辆行驶方向与风流方向相反，交通风是隧道通风的阻力，在这种情况下显然是不理想的。为了在单向交通纵向通风的隧道内充分利用车辆产生的交通风，国外首先在一些长大隧道内采用了送排组合纵向通风方式，近年来，国内也在试验研究的基础上，对送排组合纵向通风方式进行消化、吸收与完善，已在包括秦岭特长隧道(18km)在内的多座公路隧道通风中应用。

送排组合纵向通风的优点在于：在通风井的两侧隧道内车辆行驶方向都与隧道内风流方

向一致，不论是对隧道通风的节能，还是对车辆本身的节能，都大有裨益。国内长度超过 5km 的公路隧道大多都采用这种通风方式。在工程应用中，通常将排风井与送风井合二为一修建，然后根据需要对通风井进行断面划分并严密分隔，形成所需要的送风井和排风井。

需要说明的是，在竖井集中排风和竖井送排组合通风中，由于地形、经济水平的限制，修建的少数竖井虽然能够满足降低隧道中部有害气体浓度的要求，但是竖井处安装的少量大功率风机一般都不能给隧道内空气流动提供足够的动力，因而在多数设有竖井的隧道中，仍需要在竖井之 间、竖井与洞口之间设射流风机来满足隧道内空气流动的需要。

二、横向通风

横向通风隧道断面被分为送风道、排风道和行车道三部分。新鲜风由风机送入送风道，经送风孔进入行车道，与染污空气混合后，横穿隧道，经排风口进入排风道，最后由风机排出。

和纵向通风相比较，横向通风供风均匀，污染空气在隧道内滞留时间短，隧道内能见度高，有利于运营管理，从保证行车安全性和舒适性角度看，是相当理想的隧道通风方式。但横向通风需要在隧道内设车道板和吊顶，还要设风井，从而使隧道土建工程量增大，工程造价高；另外，由于受隧道施工断面限制，设在车道板下和吊顶上的送风道和排风道断面小，隧道通风阻力大，通风能耗大，运营管理费用高。

较高的建设费用和较大的运营管理费用使横向通风的使用受到了很大的限制。目前，这种通风方式仅在非常重要的长大隧道中使用。

三、半横向通风

半横向通风只需设置一个送风道或排风道，隧道断面被分成送风道（排风道）和行车道两部分。新鲜空气由风机、通风井送入送风道，经送风道进入行车道，在行车道内与污染空气混合后沿隧道排出。可见，半横向通风是介于纵向和横向通风之间的一种通风方式。这种通风方式综合了纵向通风和横向通风的优点和缺点。通风效果和安全性等也介于两者之间，在一些重要隧道中，因横向通风费用高，可考虑采用半横向通风方式。

四、机械通风初步判定

(1)双向交通隧道，当符合式(24-3-1)的条件时，宜设置机械通风。

$$L \cdot N \geqslant 6 \times 10^5 \tag{24-3-1}$$

式中：L——隧道长度(m)；

N——设计交通量(辆/h)。

(2)单向交通隧道，当符合式(24-3-2)的条件时，宜设置机械通风。

$$L \cdot N \geqslant 2 \times 10^6 \tag{24-3-2}$$

隧道是否设置机械通风系统，还应结合隧道长度、纵坡、交通量和交通组成、气象条件、洞内外环境敏感程度、洞内污染物的排放方式等因素综合考虑。

(3)对于 $L \geqslant 1\,500$m 的单向交通长大隧道，应设置日常运营（含防灾）机械通风系统；对于 $1\,000\text{m} < L < 1\,500$m 的单向交通隧道，应设置防灾排烟和换气功能机械通风系统，对于 $500\text{m} < L < 1\,000$m 的单向交通隧道，应根据隧道的纵坡、交通量、交通组成和所在路段的重要

性等因素经充分论证后，确定是否设置防灾排烟通风系统。

(4)对于单向交通的隧道，设计风速不宜大于 10m/s，特殊情况下可取 12m/s，在实际设计中一般控制风速不宜大于 7m/s，对于双向交通的隧道，设计风速不宜大于 8m/s；人车混合通行的隧道设计风速不宜大于 7m/s。

确定的通风方式在交通条件等发生变化时，应具有较高的稳定性，并便于防灾时的气流组织。隧道内营运通风的主流方向不应频繁变化。

(5)对于双洞单向交通隧道，若隧道结构为小间距时，两洞口应设置隔离结构以避免产生废气回流，降低通风效率。

当一个洞口的空气有可能作为新风进入另一相邻隧道时，应在洞口做简单的构造处理，以减少或避免洞内空气的再循环，并视情况考虑一定的背景浓度，在通风设计标准里相应扣除该背景浓度。

五、通风方式选择

1. 选择隧道通风方式时应考虑的因素

通风方式种类很多，各种通风方式均有其优缺点，应使所选择的通风方式与隧道的具体工程条件相匹配，选择隧道通风方式应考虑的因素如下。

(1)交通条件。

(2)地形、地物、地质条件。

(3)通风要求。

(4)环境保护要求。

(5)火灾时的通风控制。

(6)维护与管理水平。

(7)分期实施的可能性。

(8)工程造价、营运电力费、维护管理费。

2. 通风方式选择

选择通风方式时，要采用安全可靠性高，建设安装方便，投资小，隧道内环境好，对灾害的适应能力强，运营管理方便的通风方式。但是，各种通风方式都有优缺点，一种通风方式不可能完全满足所有要求。所以应充分考虑各种通风方式的特点，并根据隧道长度、结构形式、纵坡、平曲线半径、高程、交通条件、气象条件、环境条件，经综合比较后，选择较为安全、经济和营运维护方便，并能够充分发挥隧道本身特点的通风方式。表 24-3-2～表 24-3-5 对常用通风方式的特征进行归纳。

单向交通隧道纵向式通风方式的特点　　表 24-3-2

通风方式	纵向式			
基本特征	通风风流沿隧道纵向流动			
代表形式	不分段射流风机式	不分段洞口集中送入式	分段集中排出式	分段竖井送排式
形式特征	射流风机升压	轴流风机送风升压	洞口两端进风，中部集中排风	轴流风机送、排风升压

续上表

通风方式		纵向式			
通风系统略图 隧道内压 隧道风速 浓度分布		射流风机群	B	E	E B
一般特征	适应长度	4 000m 左右	2 500m 左右	2 000m 左右	不受限制
	活塞风利用	很好	很好	部分分段好	很好
	洞内环境	噪声较大	送风口噪声较大	噪声较小	噪声较小
	火灾处理	排烟不便	排烟不便	排烟较方便	排烟较方便
	工程造价	低	一般	一般	一般
	管理与维护	不便	方便	方便	方便
	分期实施	易	不易	不易	不易
	技术难度	低	一般	一般	稍高
	运营费用	低	一般	一般	一般
	洞口环境污染	较高	较高	低	较低

双向交通隧道纵向式通风方式的特点 表 24-3-3

通风方式		纵向式		
基本特征		通风风流沿隧道纵向流动		
代表形式		不分段射流风机式	不分段洞口集中送入式	分段集中排出式
形式特征		射流风机升压	轴流风机送风升压	洞口两端进风，中部集中排风
通风系统略图 隧道内压 隧道风速 浓度分布		射流风机群	B	E
一般特征	适应长度	1 500m 左右	1 500m 左右	3 000m 左右
	活塞风利用	不好	不好	不好
	洞内环境	噪声较大	送风口噪声较大	噪声较小
	火灾处理	排烟不便	排烟不便	排烟较方便
	工程造价	低	一般	一般
	管理与维护	不便	方便	方便
	分期实施	易	不易	不易
	技术难度	低	一般	一般
	运营费用	低	一般	一般
	洞口环境污染	较高	较高	低

单向交通隧道半横向、全横向式通风方式的特点　　表 24-3-4

	通风方式	半横向式		全横向式
	基本特征	由隧道通风风道送风(或排风),由洞口沿隧道纵向排风(或送风)		分别设有送风道和排风道,通风风流在隧道内作横向流动
	代表形式	送风式	排风式	
	形式特征	由送风道送风	由排风道排风	
	通风系统略图 隧道内压 隧道风速 浓度分布	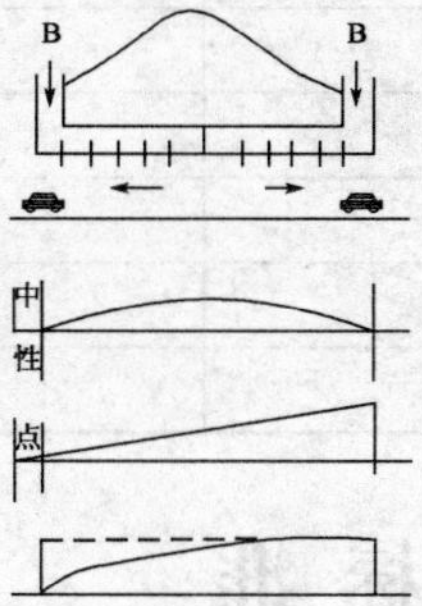	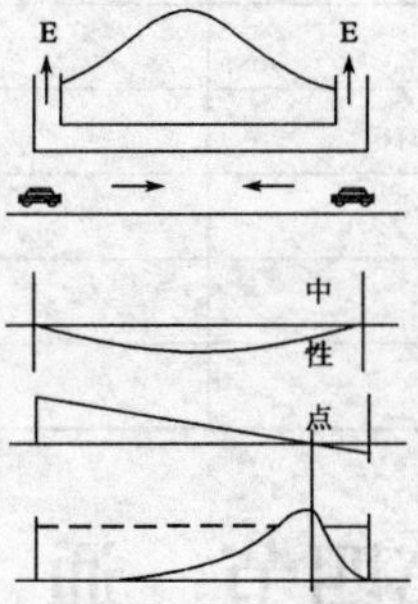	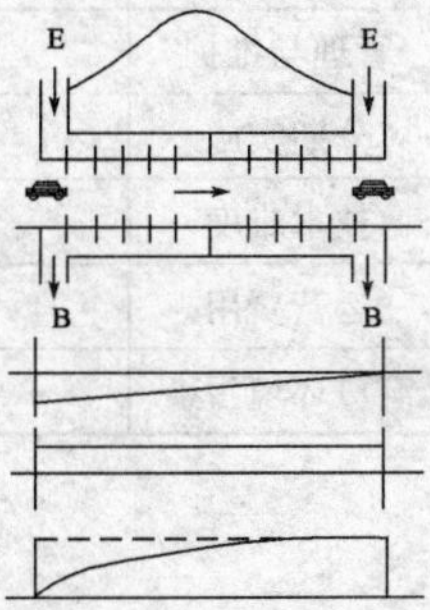
一般特征	适应长度	3 000m 左右	3 000m 左右	不受限制
	活塞风利用	较好	不好	不好
	洞内环境	噪声小	噪声小	噪声小
	火灾处理	排烟方便	排烟方便	能有效排烟
	工程造价	较高	较高	高
	管理与维护	一般	一般	一般
	分期实施	难	难	难
	技术难度	稍难	稍难	难
	运营费用	较高	较高	高
	洞口环境污染	较高	很小	很小

双向交通隧道半横向、全横向式通风方式的特点　　表 24-3-5

通风方式	半横向式		全横向式
基本特征	由隧道通风风道送风(或排风),由洞口沿隧道纵向排风(或送风)		分别设有送风道和排风道,通风风流在隧道内作横向流动
代表形式	送风式	排风式	
形式特征	由送风道送风	由排风道排风	
通风系统略图 隧道内压 隧道风速 浓度分布	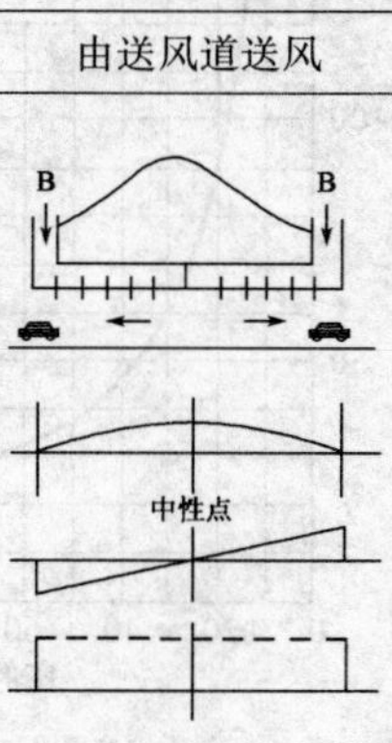	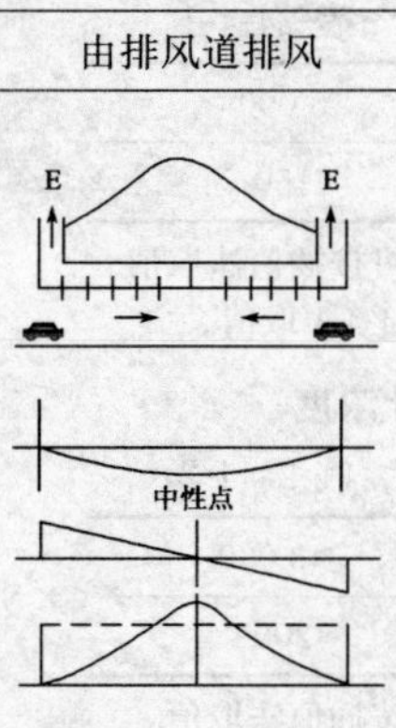	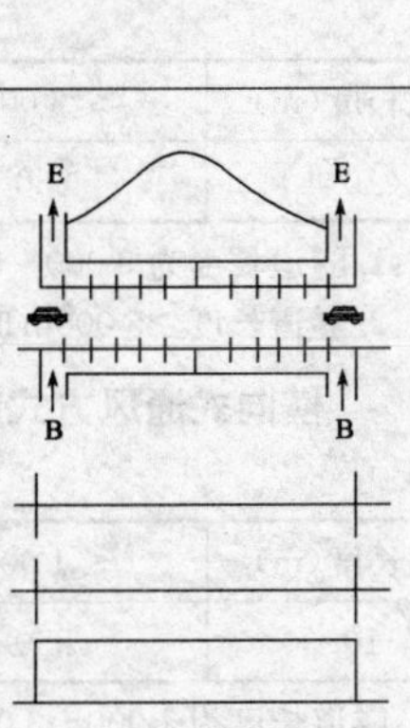

续上表

通风方式		半横向式		全横向式
一般特征	适应长度	3 000m 左右	3 000m 左右	不受限制
	活塞风利用	不好	不好	不好
	洞内环境	噪声小	噪声小	噪声小
	火灾处理	排烟较方便	排烟较方便	能有效排烟
	工程造价	较高	较高	高
	管理与维护	一般	一般	一般
	分期实施	难	难	难
	技术难度	稍难	稍难	难
	运营费用	较高	较高	高
	洞口环境污染	较高	很小	很小

第四节　通 风 标 准

(1)隧道通风主要应对 CO、烟雾和异味进行稀释控制。

隧道内行驶的车辆排放的废气中有多种有害气体，如：CO、HC、NO_x 和烟雾等。其中 CO 对人体有致命危害，是需要严格控制的通风指标。NO_x 等对隧道内的卫生和人体健康也有危害，但对郊外公路，隧道的空气质量标准可不以 NO_x 等为控制指标。烟雾对隧道内的能见度影响极大，它直接关系行车的安全，因此也作为评价空气质量的标准之一。另外从舒适性考虑，隧道内异味也是需要控制的通风指标。

从公路隧道环保和安全的角度出发，采用 CO-Hb 浓度取[CO-Hb]＝2%作为确定隧道 CO 浓度限值的基准。

又由于机动车，特别是柴油车排放颗粒物，使隧道内能见度明显下降，从而影响行车安全，《公路隧道设计细则》(JTG/T D70—2010)是以速度为 40km/h，选用 $K=0.0075\text{m}^{-1}$ ($\tau=48\%$)为基准(隧道内稍有烟雾)，在不同行车速度下，按能见度比值的平方根进行修正，得到相当的推荐烟雾设计限值。

(2)CO 设计浓度按表 24-4-1、表 24-4-2 取值。

纵向式通风方式时 CO 设计浓度

表 24-4-1

隧道长度(m)	≤3 000	5 000
$\delta(\times10^{-6})$	250	150

注：1. 隧道长度为 3 000～5 000m 时，可按插值法取值。
2. 隧道长度≥5 000m 时，可按图 24-4-1 取值。

横向式通风方式时 CO 设计浓度

表 24-4-2

隧道长度(m)	≤1 000	≥3 000
$\delta(\times10^{-6})$	250	200

注：隧道长度为 1 000～3 000m 时，可按插值法取值。

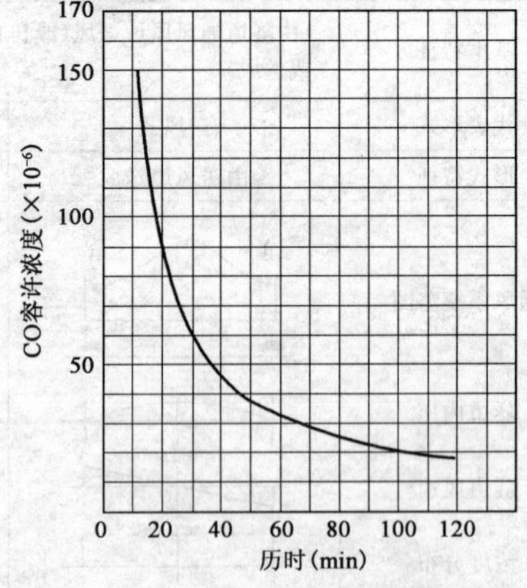

图 24-4-1　[CO-Hb]为 2%时的 CO 容许浓度

对于长度≥5 000m 的隧道，应根据运行车速下车辆在隧道内经历时间对应人体所能承受的 CO 容许浓度来取值，一般情况超过 5 000m 的隧道综合考虑防灾能力宜采用分段通风。CO 设计浓度应按最大点浓度取值。

(3)交通阻滞 CO 设计浓度可取 300×10^{-6}(1ppm$=10^{-6}$)，经历时间不超过 20min。隧道内交通阻滞按隧道内各车道均以怠速行驶，平均车速为 10km/h 考虑，阻滞段长度不超过 1km。

(4)人车混合交通通行的隧道，其 CO 设计浓度应按行人步行走过隧道的时间结合人体承受 CO 的浓度按表 24-4-3 取值。

人车混合交通横向式通风方式时 CO 设计浓度　　表 24-4-3

隧道长度(m)	≤1 000	≥2 000
$\delta(\times10^{-6})$	150	75

注：隧道长度为 1 000～2 000m 时，可按插值法取值。

(5)烟雾设计浓度根据光源按表 24-4-4 取值。

采用不同光源时烟雾设计浓度 *K*　　表 24-4-4

计算行车速度(km/h)	80～100	60～70	40～50	10～30
光源消光系数 K(m^{-1})	0.005 0	0.007 0	0.007 5	0.009

注：烟雾设计浓度应按最大点浓度取值。

(6)当烟雾浓度达到 0.012m^{-1}时，应按采取交通管制等措施考虑。

(7)隧道内进行养护维修时，应按现场实际烟雾浓度不大于 0.003 5m^{-1}考虑。

(8)当一个洞口的空气有可能作为新风进入另一相邻隧道时，为减少或避免洞内空气的循环，应在洞口考虑相应的结构处理，并视情况考虑一定的背景浓度，在通风设计标准里相应扣除该背景浓度。

第五节　需风量计算

一、隧道需风量计算

隧道需风量即隧道所需的新鲜空气量，要求新鲜空气量能稀释隧道内的有害气体与烟尘，使隧道内空气质量达到安全卫生标准。隧道需风量与隧道交通量、交通组成、车速、车况、隧道长度、允许的有害气体浓度与能见度、坡度等因素相关，它们是隧道通风设计的核心。隧道需风量计算是一项实践性很强的工作，设计计算中确定的需风量由于受到诸多因素的影响，需要在长期运营管理中进行调整。需风量按照稀释隧道内空气中的 CO 和烟雾达到通风标准分别计算，取其中较大者作为隧道需风量。

(1)通风设计中，车辆的有害气体的排放量与设计年限、设计年限内预测交通量、设计年限相匹配的基准排放量相关。为节省投资，通风设计应按近、远期采取“一次设计分期实施”的原则进行。若远期预测交通量大于隧道的设计通行能力时，应按隧道设计通行能力计算。

有害气体的基准排放量应与设计年限相匹配。我国实行改革开放以来，汽车发达国家已在我国合资建厂制造新型车辆，且已大量投入生产和使用。根据我国最新的《汽车报废标准》规定：轻、微型载货汽车（含越野型）、带拖挂汽货车、矿山作业车及各类出租车使用 8 年，其他车辆使用 10 年均作报废处理。我国将于 2012 年实施等效欧Ⅳ的排放标准，到 2022 年所有柴油车（包括在用车和新生产车）都将达到欧Ⅳ标准。这段时期内的 CO、烟雾基准排放量年递减率如表 24-5-1～表 24-5-4 所示。

2000～2010 年我国 CO 基准排放量情况表 表 24-5-1

年份（年）	柴油车排放规定（g/km）	平均年递减率（%）	汽油车排放规定（g/km）	平均年递减率（%）
2000～2003	2.72	15.81	2.72	4.78
2004～2006	1	12.00	2.2	-1.52
2007～2009	0.64	7.29	2.3	18.84
2010	0.5	—	1	—

远期我国 CO 基准排放量折减率情况表 表 24-5-2

年份（年）	柴油车年折减率（%）	汽油车折减率（%）
2000～2015	5.44	4.22
2000～2020	4.08	3.16
2000～2025	3.26	2.53

2000～2010 年我国烟雾基准排放量情况表 表 24-5-3

年份（年）	柴油车排放规定（g/km）	平均年递减率（%）	汽油车排放规定（g/km）	平均年递减率（%）
2000～2003	0.97	6.96	0.97	12.11
2004～2006	0.7	12.38	0.5	20.00
2007～2009	0.56	15.48	0.2	16.67
2010	0.3		0.1	—

远期我国烟雾基准排放量折减率情况表 表 24-5-4

年份（年）	柴油车年折减率（%）	汽油车折减率（%）
2000～2015	4.60	5.98
2000～2020	3.45	4.48
2000～2025	2.76	3.59

多项研究表明，随着汽车制造业技术的发展，基准排放量逐年递减率在逐步增长，因此推荐递减率在 2%～3%范围内选取。

(2)计算通风量时，应考虑多种工况进行计算，取其较大者作为设计需风量。一般应考虑：正常行车工况、交通阻滞工况、火灾排烟工况、换气工况。

①对于正常行车工况，应对计算行车速度以下各工况车速按 10km/h 为一档分别进行计算直至最低行车速度。最低行车速度根据隧道具体情况，如：隧道交通工程等级、隧道行车道数、隧道设计车速等因素设定。对于计算行车速度 100km/h 的隧道可按 100km/h、90km/h、80km/h、70km/h、60km/h、、50km/h、40km/h（最低行车速度）计算；对于计算行车速度 80km/h 的隧道可按 80km/h、70km/h、60km/h、50km/h、40km/h、30km/h（最低行车速度）计算；

②对于交通量较大的隧道，应考虑将服务水平对应的行车速度作为最大计算行车速度；

③考虑到纵坡对部分大型车辆的行车速度影响很大，对于纵坡较大的隧道，应将该坡度下车辆的实际行车速度作为该种车辆的最大计算行车速度；

④在双向交通隧道中，考虑到最不利因素，上坡较长方向的交通量应按照预测交通量中方向系数计算，在没有方向系数的情况下可按 60％进行计算；

⑤对于交通阻滞工况，可按阻滞段内的阻滞车辆数为 150 辆/(车道・km)，车辆速度为 10km/h 进行计算。交通阻滞需风量计算时，应按交通阻滞段于隧道最不利路段考虑。隧道长度小于 1 500m 时，可不考虑交通阻滞对需风量的影响。隧道长度超过 1 500m 时，交通阻滞段长度宜按 1 000m 考虑；

⑥对于火灾工况，可按隧道滞留 100 辆车、其余车辆按 20km/h 车速行驶。对于长度小于 1 000m 的隧道且交通量较小时考虑到车辆可迅速驶离隧道，一般可不考虑火灾工况；

⑦火灾需风量按单、双向交通隧道纵向通风系统，纵向排烟风速应满足表 24-5-5、表24-5-6 要求计算。火灾临界风速计算参见式(24-5-2)。横向、半横向通风系统隧道在火灾时，均应转换为排风半横向系统进行排烟，对于单向交通隧道沿隧道纵向排烟风速不宜大于 2 m/s。

单向交通隧道纵向排烟风速　　表 24-5-5

防灾救援阶段	安全疏散阶段	灭火救援阶段
排烟风速(m/s)	≤2	≥火灾临界风速

双向交通隧道纵向排烟风速　　表 24-5-6

防灾救援阶段	安全疏散阶段	灭火救援阶段
排烟风速(m/s)	≤0.5	≥火灾临界风速

a. 火灾通风的需风量计算应按式(24-5-1)计算：

$$Q_{req(火)} = A_r \times v_{火} \tag{24-5-1}$$

式中：$Q_{req(火)}$——隧道防火灾的需风量(m^2/s)；

A_r——隧道净空断面积(m^2)；

$v_{火}$——隧道防火灾纵向排烟风速，其值应大于隧道防火灾临界风速(m/s)。

b. 不同火灾规模下的火灾临界风速可按式(24-5-2)计算：

$$v_c = K_1 K_2 \left[\frac{gHQ}{\rho_m C_P A\left(\frac{Q}{\rho_m C_P A v_c} + T_m\right)}\right]^{1/3} \tag{24-5-2}$$

式中：v_c——临界风速(m/s)；

K_1——临界查德森的 1/3 次幂，取 0.61；

K_2——坡度修正系数，$K_2 = 1 + 0.037\,4 i^{0.8}$；

i——隧道纵坡(％)；

g——重力加速度，取 9.8kN/m；

H——隧道高度(m)；

Q——火灾热释放速率(W)；

A——隧道横断面积(m^2)；

ρ_m——流向火灾区的空气密度(kg/m^3)；

T_m——环境空气温度(K)；

C_P——空气比热[J/(kg·K)]。

⑧换气工况需风量按隧道空间不间断换气频率计算，一般每小时 2～5 次，城市隧道可取 5 次，一般公路隧道取 3 次，夜间可取 2 次。交通量较小或特长隧道可取每小时 3 次。纵向式通风的隧道内换气风速不应小于 2.5m/s。

a. 以换气次数进行的需风量计算应按式(24-5-3)计算：

$$Q_{req(换)} = \frac{A_r \times L \times n_h}{t} \tag{24-5-3}$$

式中：$Q_{req(换)}$——隧道全长稀释空气中异味的需风量(m^2/s)；

A_r——隧道净空断面积(m^2)；

L——隧道长度(m)；

n_h——换气次数；

t——时间，3 600s。

b. 以换气风速进行的需风量计算应按式(24-5-4)计算：

$$Q_{req(换)} = v_h \times v_r \tag{24-5-4}$$

式中：v_h——换气风速(m/s)；

v_r——换气风速(m/s)，取值不低于 2.5m/s。

(3)CO 排放量计算

①CO 排放量可按式(24-5-5)计算：

$$Q_{CO} = \frac{1}{3.6 \times 10^6} \cdot q_{CO} \cdot f_a \cdot f_d \cdot f_h \cdot f_{iv} \cdot L \cdot \sum_{m=1}^{n}(N_m \cdot f_m) \tag{24-5-5}$$

式中：Q_{CO}——隧道全长 CO 排放量(m^3/s)；

q_{CO}——CO 基准排放量(m^3/辆/km)，推荐取 0.007(m^3/辆/km)，是以 2000 年为起点并按每年 2%～3%的递减率计算获得的排放量作为设计年限的基准排放量；根据近年国内在隧道通风技术研究方面取得的成果，并结合近年国外隧道 CO 基准排放量标准，综合考虑推荐 CO 基准排放量为 q_{CO}=0.007(m^3/辆/km)；

f_a——考虑 CO 的车况系数，按表 25-4-7 取值；

f_d——车辆密度系数，按表 25-4-8 取值；

f_h——CO 的海拔高度系数，按式(24-5-6)计算；

f_m——CO 的车型系数，按表 24-5-9 取值；

f_{iv}——CO 坡度-速度系数，按表 24-5-10 取值；

L——隧道长度(m)；

N_m——相应的车型的设计交通量(辆/h)；

n——车型类别数。

考虑 CO 的车况系数 f_a　　表 24-5-7

适用道路等级	f_a	适用道路等级	f_a
高速公路、一级公路	1.0	二级、三级、四级公路	1.1～1.2

车 密 度 系 数 f_d　　表 24-5-8

工况车速(km/h)	100	80	70	60	50	40	30	20	10
f_d	0.6	0.75	0.85	1	1.2	1.5	2	3	6

考虑 CO 的车型系数 f_m　　表 24-5-9

车型	各种柴油车	汽油车			
		小客车	旅行车、微型货车	中型货车	大型客车、拖挂车
f_m	1.0	1.0	2.5	5.0	7.0

考虑 CO 的坡度-车速系数 f_{iv}　　表 24-5-10

速度(km/h)	坡度(%)								
	−4	−3	−2	−1	0	1	2	3	4
100	1.20	1.20	1.20	1.20	1.20	1.40	1.40	1.40	1.40
80	1.00	1.00	1.00	1.00	1.00	1.00	1.20	1.20	1.20
70	1.00	1.00	1.00	1.00	1.00	1.00	1.00	1.20	1.20
60	1.00	1.00	1.00	1.00	1.00	1.00	1.00	1.00	1.20
50	1.00	1.00	1.00	1.00	1.00	1.00	1.00	1.00	1.00
40	1.00	1.00	1.00	1.00	1.00	1.00	1.00	1.00	1.00
30	0.80	0.80	0.80	0.80	0.80	1.00	1.00	1.00	1.00
20	0.80	0.80	0.80	0.80	0.80	1.00	1.00	1.00	1.00
10	0.80	0.80	0.80	0.80	0.80	0.80	0.80	0.80	0.80

②CO 的海拔高度系数可按式(24-5-6)计算(图 24-5-1)：

$$f_h = \frac{H + 1\,400}{1\,800} \quad (400 \leqslant H \leqslant 2\,200) \tag{24-5-6}$$

式中：H——海拔高度(m)。

(4)CO 需风量计算

稀释 CO 的需风量按式(24-5-7)计算：

$$Q_{req(CO)} = \frac{Q_{CO}}{\delta} \cdot \frac{p_0}{p} \cdot \frac{T}{T_0} \times 10^6 \tag{24-5-7}$$

式中：$Q_{req(CO)}$——隧道全长稀释 CO 需风量(m^3/s)；

δ——CO 设计浓度($\times 10^{-6}$)；

p_0——标准大气压(kPa)，取 101.325 kN/m^2；

p——隧址大气压(kPa)；

T_0——标准气温(K)，取 273K；

T——隧道夏季的设计温度(K)。

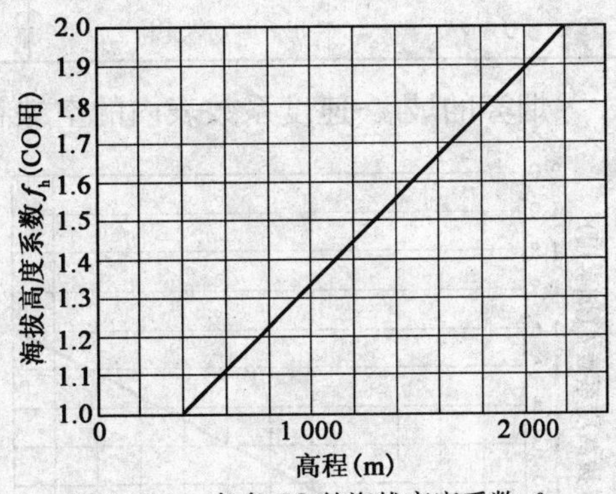

图 24-5-1　考虑 CO 的海拔高度系数 f_h

(5)烟雾排放量计算

①烟雾排放量按式(24-5-8)计算：

$$Q_{VI} = \frac{1}{3.6 \times 10^6} \cdot q_{VI} \cdot f_{a(VI)} \cdot f_d \cdot f_{h(VI)} \cdot f_{iv(VI)} \cdot L \cdot \sum_{m=1}^{n_D} (N_m \cdot f_{m(VI)}) \tag{24-5-8}$$

式中：Q_{VI}——隧道全长烟雾排放量(m^2/s)；

q_{VI}——烟雾基准排放量(m^2/辆/km)，推荐取 2.0(m^2/辆/km)，是以 2000 年为起点并按每年 2%～3%的递减率计算获得的排放量作为设计年限的基准排放量；根据近年国内在隧道通风技术研究方面取得的成果，并结合近年国外隧道烟雾基准排放量标准，综合考虑推荐烟雾基准排放量 $q_{CO}=2.0(m^2/辆/km)$。

$f_{a(VI)}$——考虑烟雾的车况系数，按表 24-5-11 取值；

f_d——车辆密度系数，按表 24-5-8 取值；

$f_{h(VI)}$——考虑烟雾的海拔高度系数，按式(24-5-9)计算；

$f_{iv(VI)}$——考虑烟雾坡度-速度系数，按表 24-5-12 取值；

$f_{m(VI)}$——考虑烟雾的车型系数，按表 24-5-13 取值；

n_D——柴油车车型类别数。

考虑烟雾的车况系数 $f_{a(VI)}$ 表 24-5-11

高速公路、一级公路	1.00	二、三、四级公路	1.2～1.5

考虑烟雾的坡度-速度系数 $f_{iv(VI)}$ 表 24-5-12

速度(km/h)	坡度(%)								
	−4	−3	−2	−1	0	1	2	3	4
80	0.30	0.40	0.55	0.80	1.30	2.60	3.90	5.80	
70	0.30	0.40	0.55	0.80	1.10	1.80	3.10	4.60	
60	0.30	0.40	0.55	0.75	1.00	1.45	2.20	3.30	
50	0.30	0.40	0.55	0.75	1.00	1.45	2.20	3.30	
40	0.30	0.40	0.55	0.70	0.85	1.10	1.45	2.20	
30	0.30	0.40	0.50	0.60	0.72	0.90	1.10	1.45	2.00
20	0.30	0.36	0.40	0.50	0.60	0.72	0.85	1.03	1.25

考虑烟雾的车型系数 $f_{m(VI)}$ 表 24-5-13

车　　型	轻 型 货 车	中 型 货 车	大客、拖挂	集 装 箱 车
$f_{m(VI)}$	0.40	1.00	1.50	4.00

烟雾的坡度-速度系数表内的空缺补充部分系数是根据发动机台车架模拟和汽车实际道路运行试验，随着隧道内坡度的增加，柴油车烟雾排放量急剧增加，隧道内道路坡度每增加 1%，柴油车烟雾排放量大约增加 49%。

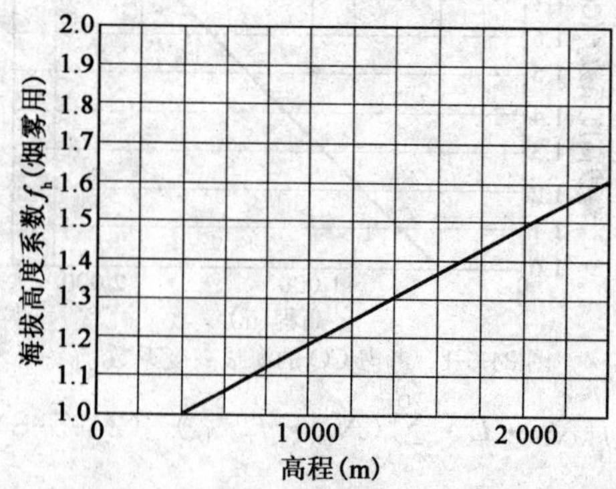

图 24-5-2　考虑烟雾的海拔高度系数 $f_{h(VI)}$

②烟雾的海拔高度系数按式(24-5-9)计算(图 24-5-2)：

$$f_{h(VI)}=\frac{3H+8\,800}{10\,000}\quad(400\leqslant H\leqslant 2\,400) \tag{24-5-9}$$

式中：H——海拔高度(m)。

(6)烟雾需风量计算

烟雾需风量按式(24-5-10)计算：

$$Q_{req(VI)}=\frac{Q_{VI}}{K} \tag{24-5-10}$$

式中：$Q_{req(VI)}$——隧道全长稀释烟雾需风量(m^3/s)；

K——烟雾设计浓度(m^{-1})。

二、需风量计算实例

实例：城市水下隧道需风量计算实例

1)隧道基本条件

交通方向：盾构隧道双管单向四车道；

隧道长度：$L_{左}=4\ 173m$，$L_{右}=4\ 784m$；

隧道断面积：$A_r=45.26m^2$(扣除隧道内各种设备风阻后的面积)；

隧道当量直径：$D_r=6.35m$；

隧道纵坡：左线：−4.5%(1 403m)、+2.5%(1 215m)、0.322%(835m)和4.5%(720m)，右线：−4.5%(1 194m)、−2.2%(830m)、2.4%(1 915m)和4.5%(845m)；

大型车混入率：18%；

设计行车速度：80km/h；

海拔高度：8.9m；

夏季大气压力：100.40kPa；

冬季大气压：102.52kPa；

通风计算温度：夏季32℃。

隧道内交通量分布如表24-5-14所示。

交通量分布(pcu/d)　　表24-5-14

年份(年)	2020	2030
交通量	41 174	50 135

隧道内车型构成比例如表24-5-15所示。

隧道内车种比例(%)　　表24-5-15

车型 / 年限(年)	大型客车	中型客车	小型客车	大型货车	中型货车	小型货车
2020	4.61	9.03	76.66	0.49	0.97	8.24
2030	4.51	7.51	81.88	0.29	0.49	5.32

车型换算系数：大货车=3pcu，中货车=2pcu，小货车=2pcu，大客车=2pcu，中客车=1.5pcu，小客车=1pcu。

2)隧道通风卫生标准

城市过江隧道具有交通量大、隧道内长期处于超饱和运行状态的特点，结合本隧道的具体特点，本次通风卫生标准的制定在参考PIARC隧道空气质量标准的基础上，将本手册的卫生标准适当提高，如表24-5-16所示。

通风卫生标准 表 24-5-16

交通工况	车速(km/h)	CO 浓度($\times10^{-6}$)	烟雾浓度(m^{-1})
正常	40～80	100	0.007 5
全程怠速*	20～30	150	0.009
局部阻滞($L_{阻塞}\leqslant$1 000m)	10	200(15min)	0.009
火灾排烟	同时只发生一处火灾，火灾热释放量：20MW，烟雾流量约为 60m³/s		
换气次数	3 次/h		
温度控制	控制隧道内最高温度不超过 45℃		

注：* 城市过江隧道车流量大，应考虑全程怠速行驶情况(平均车速为 20km/h)。

3)尾气排放标准

本隧道需风量计算时汽车尾气排放量标准的选取，分别考虑按照本手册和欧Ⅱ取值。

尾气排放标准按本手册取值，并假定该排放量自 2000 年起按每年分别按 2.0%的速度递减进行需风量计算。

尾气排放标准按欧Ⅱ标准取值，基本排放因子由不同车速不同坡度所决定，计算方法参照 2004PIARC 的最新要求。

4)需风量计算

(1)本手册标准

①稀释一氧化碳(CO)的需风量公式：

$$Q_{CO}=\frac{1}{3.6\times10^{6}}q_{CO}\cdot f_{a}\cdot f_{d}\cdot f_{iv}\cdot f_{h}\cdot L\cdot\sum_{m=1}^{n}(N_{m}\cdot f_{m}) \tag{24-5-11}$$

$$Q_{req(CO)}=\frac{Q_{CO}}{\delta}\cdot\frac{p_{0}}{p}\cdot\frac{T}{T_{0}}\times10^{6} \tag{24-5-12}$$

式中：q_{CO}——CO 基准排放量，取 0.07(m³/辆/km)，每年按照 2%的系数折减；

式中其他物理意义同前。

②稀释烟雾的需风量公式：

$$Q_{VI}=\frac{1}{3.6\times10^{6}}q_{VI}\cdot f_{a(VI)}\cdot f_{d}\cdot f_{iv(VI)}\cdot f_{h(VI)}\cdot L\cdot\sum_{m=1}^{n}(N_{m}\cdot f_{m(VI)}) \tag{24-5-13}$$

$$Q_{req(VI)}=\frac{Q_{VI}}{K} \tag{24-5-14}$$

式中：q_{VI}——烟雾基准排放量取 2.0(m³/辆/km)，每年按照 2%的系数折减；

式中其他物理意义同前。

根据各隧道的工程概况、交通量与交通组成及隧道的通风技术标准等各值，对计算行车速度以下按 10km/h 为一档分别计算，不同工况下对应的需风量如表 24-5-17 所示。

(本手册)各工况计算需风量 表 24-5-17

年份(年)	近期(2020)				远期(2030)			
运行工况	左线(m³/s)		右线(m³/s)		左线(m³/s)		右线(m³/s)	
	$Q_{req(CO)}$	$Q_{req(VI)}$	$Q_{req(CO)}$	$Q_{req(VI)}$	$Q_{req(CO)}$	$Q_{req(VI)}$	$Q_{req(CO)}$	$Q_{req(VI)}$
10km/h	256.41	102.11	284.23	107.23	242.58	85.76	268.90	90.06
20km/h	452.39	79.72	499.66	85.65	427.98	66.95	472.70	71.94
30km/h	301.59	71.20	333.11	75.08	285.32	59.80	315.13	63.06

续上表

年份(年)	近期(2020)				远期(2030)			
40km/h	371.73	72.06	409.39	71.97	351.67	60.52	387.30	60.44
50km/h	307.64	73.91	339.08	74.20	291.04	61.48	320.78	62.72
60km/h	256.37	74.26	282.57	76.63	242.54	62.36	267.32	64.36
70km/h	230.18	74.21	258.75	83.17	217.76	62.32	244.79	69.85
80km/h	203.10	73.13	228.31	76.53	192.14	61.41	215.99	64.27
火灾	139.89		170.7		170.7		170.7	
换气	162.16		138.6		137.4		138.6	
控制工况	20km/h		20km/h		20km/h		20km/h	
最大需风量	452.39		499.6		427.98		472.7	

(2)欧Ⅱ标准取值

①左线隧道

通风计算方法根据2004PIARC的最新要求,稀释CO、VI的计算公式如下。

$$V = n_{\mathrm{veh}} Q \frac{1}{C_{\mathrm{adm}} - C_{\mathrm{amd}}} \tag{24-5-15}$$

$$n_{\mathrm{veh}} = \frac{M \cdot L}{v} \quad (v > 0) \tag{24-5-16}$$

$$Q = q(v,i) f_{\mathrm{h}} f_{\mathrm{a}} \tag{24-5-17}$$

式中:V——新鲜空气需风量(m^3/h);

Q——单车排放量(g/h,veh或m^2/h,veh);

M——小时交通量(辆/h);

L——隧道长度(m);

v——设计车道(km/h);

$q(v,i)$——基本排放因子;

f_{h}——高度因子;

f_{a}——质量因子;

C_{adm}——容许浓度(g/m^3);

C_{amd}——环境浓度(g/m^3),对于柴油烟雾用容许衰减系数K_{adm}替换$C_{\mathrm{adm}}-C_{\mathrm{amd}}$。

a.隧道内各段各种车型车辆数n_{veh}

左线隧道按照坡度将隧道分为4个区段:L_1为−4.5%(1 403m),L_2为+2.5%(1 215m),L_3为0.322%(835m),L_4为4.5%(720m)。

由式(24-5-16)计算得左线隧道各区段内各种车型车辆数计算如表24-5-18~表24-5-21所示。

L_1 段车型车辆数 n_{veh}　　表 24-5-18

车速(km/h)	2020 年 L_1 段隧道内车辆数 n_{veh}		2030 年 L_1 段隧道内车辆数 n_{veh}	
	汽油当量小客车	柴油当量小客车	汽油当量小客车	柴油当量小客车
10*	81.24	7.57	100.35	7.75
20	162.47	15.15	200.70	15.51
30	108.32	10.10	133.80	10.34
40	81.24	7.57	100.35	7.75
50	64.99	6.06	80.28	6.20
60	54.16	5.05	66.90	5.17
70	46.42	4.33	57.34	4.43
80	40.62	3.79	50.17	3.88

注：* 阻滞段位于隧道出口，简化计算取阻滞长度为 $L_4=720$m，其余段车速为 40km/h。

L_2 段车型车辆数 n_{veh}　　表 24-5-19

车速(km/h)	2020 年 L_2 段隧道内车辆数 n_{veh}		2030 年 L_2 段隧道内车辆数 n_{veh}	
	汽油当量小客车	柴油当量小客车	汽油当量小客车	柴油当量小客车
10*	70.35	6.56	86.9	6.71
20	140.70	13.12	173.80	13.43
30	93.80	8.74	115.87	8.95
40	70.35	6.56	86.90	6.71
50	56.28	5.25	69.52	5.37
60	46.90	4.37	57.93	4.48
70	40.20	3.75	49.66	3.84
80	35.18	3.28	43.45	3.36

L_3 段车型车辆数 n_{veh}　　表 24-5-20

车速(km/h)	2020 年 L_3 段隧道内车辆数 n_{veh}		2030 年 L_3 段隧道内车辆数 n_{veh}	
	汽油当量小客车	柴油当量小客车	汽油当量小客车	柴油当量小客车
10*	148.35	4.51	59.72	4.61
20	96.70	9.01	119.45	9.23
30	64.46	6.01	79.63	6.15
40	48.35	4.51	59.72	4.61
50	38.68	3.61	47.78	3.69
60	32.23	3.00	39.82	3.08
70	27.63	2.58	34.13	2.64
80	24.17	2.25	29.86	2.31

L_4 段车型车辆数 n_{veh}　　表 24-5-21

车速(km/h)	2020 年 L_4 段隧道内车辆数 n_{veh}		2030 年 L_4 段隧道内车辆数 n_{veh}	
	汽油当量小客车	柴油当量小客车	汽油当量小客车	柴油当量小客车
10*	166.76	15.55	205.99	15.91
20	83.38	7.77	102.99	7.96
30	55.59	5.18	68.66	5.30
40	41.69	3.89	51.50	3.98
50	33.35	3.11	41.20	3.18
60	27.79	2.59	34.33	2.65
70	23.82	2.22	29.43	2.27
80	20.84	1.94	25.75	1.99

b. 计算基本排放因子 $q(v,i)$

查表可以求出不同车速及不同坡度条件下对应的 CO、VI 基本排放因子。对于中间值可采用插值的方法确定。如表 24-5-22、表 24-5-23 所示。

CO 基本排放因子 $q(v,i)$　　表 24-5-22

车速(km/h)	坡　度　(%)							
	−4.50	2.50	0.32	4.50	−4.50	2.50	0.32	4.50
10	28.30	50.80	42.50	60.40	20.40	25.60	22.50	29.50
20	26.70	44.50	38.10	58.60	24.20	32.50	26.20	40.40
30	26.40	43.20	37.20	63.40	27.40	40.20	31.10	51.40
40	26.70	46.20	38.10	70.10	29.80	46.40	34.90	60.70
50	27.10	55.00	39.20	82.60	31.60	51.90	37.70	69.70
60	27.50	65.00	40.30	128.40	33.40	57.80	40.60	79.30
70	27.70	100.90	41.00	128.40	36.40	63.50	43.10	89.10
80	29.00	165.10	44.40	206.10	43.40	76.80	50.90	109.20
备注	汽油小客车欧Ⅱ,CO(g/h)				柴油小客车欧Ⅱ,CO(g/h)			

VI 基本排放因子 $q(v,i)$　　24-5-23

车速(km/h)	坡　度　(%)			
	−4.50	2.50	0.32	4.50
10	10.1	12.78	10.604	15.17
20	11.7	16.9	12.86	21.5
30	13.1	21.22	15.5	27.65
40	14.3	25.25	18.092	33.42
50	15.3	29.15	20.416	39.02
60	16.2	33.25	22.75	45.2
70	17.7	37.57	25.13	51.65
80	20.6	45.45	29.51	58.5
备注	重车排放产生的浑浊度(欧Ⅱ)(m^2/h)			

c. 计算结果

稀释 CO 的需风量 V_{CO}：

$$V_{CO}=n_{veh}Q\frac{1}{C_{adm}-C_{amd}}=\sum n_{veh}(v,i)q(v,i)f_hf_a\frac{1}{C_{adm}-C_{amd}} \tag{24-5-18}$$

式中：f_h、f_a——f_h 取 1.0、f_a 取 1.7(查表可得)；

C_{adm}——容许浓度(g/m^3)；

C_{amd}——当地环境浓度，一般取 5.756g/m^3。

稀释 VI 的需风量 V_{VI}：

$$V_{VI}=n_{veh}\cdot Q\cdot\frac{1}{K_{adm}}=n_{veh}\cdot q(v,i)\cdot f_m\cdot\frac{1}{K_{adm}} \tag{24-5-19}$$

式中：K_{adm}——烟雾用容许衰减系数；

f_m——质量因子取 1.0。

利用上述计算公式得到(欧Ⅱ)左线近远期需风量，如表 24-5-24 所示。

(欧Ⅱ)左线近远期需风量 表 24-5-24

年份(年)	近期(2020)			
运行工况	左线(m^3/s)		右线(m^3/s)	
	$Q_{req(CO)}$	$Q_{req(VI)}$	$Q_{req(CO)}$	$Q_{req(VI)}$
10km/h	143.40	13.7	176.14	14.0
20km/h	210.99	21.0	257.71	21.5
30km/h	143.13	17.1	174.45	17.5
40km/h	173.56	18.0	211.34	18.4
50km/h	155.39	16.3	189.24	16.7
60km/h	158.67	15.3	193.52	15.6
70km/h	159.98	14.7	195.29	15.0
80km/h	204.67	15.1	250.36	15.4
火灾	139.89		170.7	
换气	162.16		138.6	
控制工况	20km/h		20km/h	
最大需风量	210.99		255.71	

②右线隧道

右线隧道按照坡度也可将隧道分为 4 个区段：L_1 为 −4.5%(1 194m)，L_2 为 −2.2%(830m)，L_3 为 2.4%(1 915m)，L_4 为 4.5%(845m)。利用和左线隧道同样的计算方法，分别计算出隧道内各段各种车型车辆数 n_{veh} 及基本排放因子 $q(v,i)$。对于交通阻塞情况，考虑阻滞段位于隧道出口，简化计算，取阻滞长度为 L_4=845m，其余各段车速为 40km/h。

尾气标准采用欧Ⅱ标准，计算方法采用 PIARC 的相关规定的本隧道各工况需风量计算结果如表 24-5-25 所示。

(欧Ⅱ标准)各工况计算需风量　　表 24-5-25

年份(年)	近期(2020)				远期(2030)			
运行工况	左线(m^3/s)		右线(m^3/s)		左线(m^3/s)		右线(m^3/s)	
	$Q_{req(CO)}$	$Q_{req(VI)}$	$Q_{req(CO)}$	$Q_{req(VI)}$	$Q_{req(CO)}$	$Q_{req(VI)}$	$Q_{req(CO)}$	$Q_{req(VI)}$
10km/h	143.40	13.7	176.14	14.0	174.64	16.1	214.02	16.5
20km/h	210.99	21.0	257.71	21.5	260.31	24.8	317.98	25.4
30km/h	143.13	17.1	174.45	17.5	180.59	20.3	220.17	20.7
40km/h	173.56	18.0	211.34	18.4	222.15	21.3	270.61	21.8
50km/h	155.39	16.3	189.24	16.7	202.83	19.4	247.15	19.9
60km/h	158.67	15.3	193.52	15.6	218.53	18.2	266.81	18.7
70km/h	159.98	14.7	195.29	15.0	201.71	17.6	246.25	18.0
80km/h	204.67	15.1	250.36	15.4	236.87	18.1	289.51	18.5
火灾	139.89		170.7		170.7		170.7	
换气	162.16		138.6		137.4		138.6	
控制工况	20km/h		20km/h		20km/h		20km/h	
最大需风量	210.99		255.71		260.3		317.9	

利用本手册标准和欧Ⅱ标准分别计算，该隧道稀释烟雾需风量较小，均以稀释 CO 所需风量为主。按照欧Ⅱ标准计算的需风量明显小于本手册标准。

第六节　通 风 计 算

隧道通风计算或叫通风阻力计算是在隧道各种条件(自然条件、交通条件、长度、断面、坡度、风道布置及风井)确定后，选择风机时必须进行的一项工作。

一、通风计算

(1)在所设计的通风系统中，风机及交通通风力提供的风压和风量必须满足需风量的要求。通风设计中应尽可能减少风道断面积变化和转弯次数，避免使用直角弯，小角度弯道应采用导流叶片，以减小风道损失。

(2)在隧道通风计算中可把空气作为不可压缩流体对待，隧道内的空气流可作为不随时间变化的恒定流处理，且视汽车行驶也为恒定流。在标准大气压状态下的空气物理量可按表 24-6-1 取值。

空 气 物 理 量　　表 24-6-1

重度 γ(kN/m³)	11.77	运动黏滞系数 υ(m²/s)	1.52×10^{-5}
密度 ρ(kg/m³)	1.20		

当为混凝土壁面时，隧道壁面摩阻损失系数、入口损失系数或风道的断面当量直径和壁面粗糙率以及风道结构形状等损失系数按表 24-6-2 取值。

损失系数 表 24-6-2

隧道壁面摩阻损失系数 λ_r	0.02	隧道入口损失系数 ξ_e	0.6
主风道(含竖井)壁面摩阻损失系数 λ_b	0.022	隧道出口损失系数 ξ	1.0
连接风道壁面摩阻损失系数 λ_d	0.025		

(3)在通风计算中,在没有可靠资料时,应将自然通风力作为阻力考虑。自然风阻力按式(24-6-1)计算。

$$\Delta p_m = \left(1 + \xi_e + \lambda_r \cdot \frac{L}{D_r}\right) \cdot \frac{\rho}{2} \cdot v_n^2 \tag{24-6-1}$$

式中:Δp_m——自然风阻力(N/m^2);

v_n——自然风作用引起的洞内风速(m/s),在缺乏资料时,可取 2.5m/s;

ξ_e——隧道入口损失系数;

λ_r——隧道壁面摩阻损失系数;

ρ——空气密度(kg/m^3);

D_r——隧道断面当量直径(m),按式(24-6-2)计算。

$$D_r = \frac{4 \times A_r}{\text{隧道断面周长}} \tag{24-6-2}$$

式中:A_r——隧道净空断面积(m^2)。

(4)交通通风力可按式(24-6-3)计算。

$$\Delta p_t = \frac{A_m}{A_r} \cdot \frac{\rho}{2} \cdot n_+ \cdot [v_{t(+)} - v_r]^2 - \frac{A_m}{A_r} \cdot \frac{\rho}{2} \cdot n_- \cdot [v_{t(-)} + v_r]^2 \tag{24-6-3}$$

式中:Δp_t——交通通风力(N/m^2);

n_+——隧道内与 v_r 同向的车辆数(辆),$n_+ = \frac{N_+ \cdot L}{3\,600 \times v_{t(+)}}$;

n_-——隧道内与 v_r 反向的车辆数(辆),$n_- = \frac{N_- \cdot L}{3\,600 \times v_{t(-)}}$;

v_r——隧道设计风速(m/s),$v_r = \frac{Q_{reg}}{A_r}$;

$v_{t(+)}$——与 v_r 同向的各工况车速(m/s);

$v_{t(-)}$——与 v_r 反向的各工况车速(m/s);

A_m——车辆等效阻抗面积(m^2),按式(24-6-4)计算。

$$A_m = (1 - r_1) \cdot A_{cs} \cdot \xi_{cs} + r_1 \cdot A_{cl} \cdot \xi_{cl} \tag{24-6-4}$$

式中:A_{cs}——小型车正面投影面积(m^2),在缺乏资料时,可取 2.13 m^2;

ξ_{cs}——小型车空气阻力系数,在缺乏资料时,可取 0.5;

A_{cl}——大型车正面投影面积(m^2),在缺乏资料时,可取 5.37 m^2;

ξ_{cl}——大型车空气阻力系数,在缺乏资料时,可取 1.0;

r_l——大型车比例，在通风计算的各种车型中，除小客车、旅行车和轻型货车外，其余车辆均按大型车计算。

交通通风力应针对设计车速及以下各工况车速分别计算汽车交通通风力，交通通风力在交通阻塞或双向交通情况下宜作阻力考虑，在单向交通情况下宜作动力考虑。

汽车正面投影面积按式(24-6-5)计算：

$$A_c = B \cdot h \tag{24-6-5}$$

式中：A_c——汽车正面投影面积(m^2)；

B——汽车轮距(m)；

h——汽车高度(m)。

(5)通风阻抗力可按式(24-6-6)计算：

$$\Delta p_r = \left(1 + \xi_e + \lambda_r \cdot \frac{L}{D_r}\right) \cdot \frac{\rho}{2} \cdot v_r^2 \tag{24-6-6}$$

式中：Δp_r——通风阻抗力(Pa)。

二、射流风机纵向通风设计计算

1. 射流风机纵向通风设计计算原理

设置射流风机的目的是补充汽车交通通风力的不足，由喷流效果保持空气推力，使隧道内压力上升，以满足所需通风量的要求。射流风机的通风模式如图 24-6-1 所示。

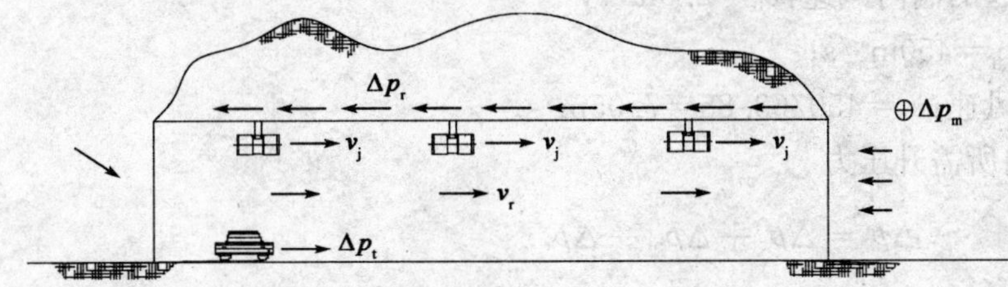

图 24-6-1　射流风机通风方式模式图

(1)隧道内压力平衡应满足式(24-6-7)。

$$\Delta p_r + \Delta p_m = \Delta p_t + \sum \Delta p_j \tag{24-6-7}$$

式中：$\sum \Delta p_j$——射流风机群总升压力(Pa)。

(2)射流风机所需台数计算

在满足隧道设计风速 v_r 条件下，射流风机台数可按式(24-6-8)计算：

$$i = \frac{\Delta p_r + \Delta p_m - \Delta p_t}{\Delta p_j} \tag{24-6-8}$$

式中：i——所需射流风机的台数(台)；

Δp_j——每台射流风机升压力(Pa)。

每台射流风机升压力应按式(24-6-9)计算：

$$\Delta p_j = \rho v_j^2 \frac{A_j}{A_r}\left(1 - \frac{v_r}{v_j}\right)\eta \tag{24-6-9}$$

式中：v_j——射流风机的出口风速(m/s)；

A_j——射流风机的出口面积(m^2)；

η——射流风机位置摩阻损失折算系数，可按表 24-6-3 取值。

射流风机位置摩阻损失折算系数 η 表 24-6-3

Z/D_j	1.5	1.0	0.7	示意图（Z，D_j）
η	0.91	0.87	0.85	

2. 射流风机纵向通风计算示例

1)单向交通隧道

(1)计算条件

隧道长度：L_r＝1 537m；

隧道断面积：A_r＝63.85m^2；

断面当量直径：D_r＝8.166m；

设计交通量：N＝1 984 辆/h；

大型车混入率：r_1＝59%；

计算行车速度：v_t＝60km/h＝16.67m/s；

自然风引起的洞内风速：v_n＝2.5m/s；

需风量：q_{req}＝450m^3/s；

隧道设计风速：v_r＝450/63.85＝7.05m/s。

(2)隧道内所需升压力

$$\Delta p = \Delta p_r + \Delta p_m - \Delta p_t$$

$$\Delta p_r = \left(1 + \zeta_e + \lambda_r \cdot \frac{L_r}{D_r}\right) \cdot \frac{\rho}{2} \cdot v_r^2$$

$$= \left(1 + 0.6 + 0.025 \times \frac{1\,537}{8.17}\right) \times 0.6 \times 7.05^2 = 187.97\text{Pa}$$

并设 v_n＝2.5m/s，则：

$$\Delta p_m = \left(1 + \zeta_e + \lambda_r \cdot \frac{L_r}{D_r}\right) \cdot \frac{\rho}{2} \cdot v_n^2$$

$$= \left(1 + 0.6 + 0.025 \times \frac{1\,537}{8.17}\right) \times 0.6 \times 2.5^2 = 23.64\text{Pa}$$

$$\Delta p_t = \frac{A_m}{A_r} \cdot \frac{\rho}{2} \cdot n \cdot (v_t - v_r)^2$$

$$n = \frac{1\,984 \times 1\,537}{3\,600 \times 16.67} = 50.82\ 辆$$

$$\Delta p_t = \frac{3.6}{63.85} \times 0.6 \times 50.82 \times (16.67 - 7.05)^2 = 159.04\text{Pa}$$

$$\Delta p = 187.97 + 23.64 - 159.04 = 52.57\text{Pa}$$

(3)900 型射流风机所需台数

900 型射流风机每台的升压力 Δp_j 为：

$$\Delta p_j = \rho \cdot v_j^2 \cdot \phi \cdot (1 - \Psi)$$
$$= 1.2 \times 25^2 \times 0.010 \times (1 - 0.282) = 5.385\text{Pa}$$

$$A_j = 0.636\text{m}^2, \phi = \frac{A_j}{A_r} = \frac{0.636}{63.85} = 0.010, v_j^2 = 25\text{m/s},$$

$$\Psi = \frac{v_r}{v_j} = \frac{7.05}{25} = 0.282。$$

则：
$$i = \frac{\Delta p}{\Delta p_j} = \frac{52.57}{5.385} = 9.76 \approx 10\text{ 台}$$

合计需要 10 台射流风机，按 5 组布置。

(4)1120 型射流风机所需台数

1120 型射流风机每台的升压力为 Δp_j，由：

$$A_j = 0.98\text{m}^2, \phi = \frac{A_j}{A_r} = \frac{0.98}{63.85} = 0.0154, v_j^2 = 30\text{m/s}, \Psi = \frac{v_r}{v_j} = \frac{7.05}{30} = 0.235$$

可得：$\Delta p_j = \rho \cdot v_j^2 \cdot \phi \cdot (1 - \Psi)$

$$= 1.2 \times 30^2 \times 0.0154 \times (1 - 0.235) = 12.72\text{Pa}$$

则：
$$i = \frac{\Delta p}{\Delta p_j} = \frac{52.57}{12.72} = 4.1 \approx 4\text{ 台}$$

合计需要 4 台 1120 型射流风机，按 2 组布置。

2)双向交通隧道

(1)计算条件

除按 1)中所示的有关计算条件外，另附加以下条件。

设计交通量：$N=759$ 辆/h；

上行方向交通量率：$k=60\%$；

计算行车速度：$v_t=40\text{km/h}=11.11\text{m/s}$；

自然风引起的洞内风速：$v_n=1.5\text{m/s}$；

需风量(按烟尘考虑)：$Q_{req}=172\text{m}^3/\text{s}$；

隧道设计风速：$v_r=172/63.85=2.69\text{m/s}$。

(2)隧道内所需升压力

按射流风机喷流方向与主交通率方向一致考虑。

$$\Delta p_r = \left(1 + \zeta_e + \lambda_r \cdot \frac{L_r}{D_r}\right) \cdot \frac{\rho}{2} \cdot v_r^2$$

$$=\left(1+0.6+0.025\times\frac{1\,537}{8.17}\right)\times 0.6\times 2.69^2=27.37\text{Pa}$$

$$\Delta p_{\text{m}}=\left(1+\zeta_{\text{e}}+\lambda_{\text{r}}\cdot\frac{L_{\text{r}}}{D_{\text{r}}}\right)\cdot\frac{\rho}{2}\cdot v_{\text{n}}^2$$

$$=\left(1+0.6+0.025\times\frac{1\,537}{8.17}\right)\times 0.6\times 1.5^2=8.51\text{Pa}$$

$$\Delta p_{\text{t}}=\frac{A_{\text{m}}}{A_{\text{r}}}\cdot\frac{\rho}{2}\cdot n_{+}\cdot(v_{\text{t}}+v_{\text{r}})^2-\frac{A_{\text{m}}}{A_{\text{r}}}\cdot\frac{\rho}{2}\cdot n_{-}\cdot(v_{\text{t}}-v_{\text{r}})^2$$

对上行方向交通正常行驶时隧道内车辆数 n_{+} 为：

$$n_{+}=\frac{759\times 0.6\times 1\,537}{3\,600\times 11.11}=17.5\text{ 辆}$$

对下行方向交通的车辆数 n_{-} 为：

$$n_{-}=\frac{759\times 0.4\times 1\,537}{3\,600\times 11.11}=11.67\text{ 辆}$$

设 $A_{\text{m}+}=A_{\text{m}-}$，则：

$$\Delta p_{\text{t}}=\frac{3.6}{63.85}\times\frac{1.2}{2}\times[11.67\times(11.11-2.69)^2-17.5\times(11.11+2.69)^2]$$

$$=-84.75\text{Pa}$$

由以上计算结果，则有：

$$\Delta p=\Delta p_{\text{r}}+\Delta p_{\text{m}}-\Delta p_{\text{t}}=27.37+8.51-(-84.75)=120.63\text{Pa}$$

(3)射流风机所需台数的计算

按单向交通隧道方法计算，则对于 900 型风机：

$$\Delta p_{\text{j}}=5.385\text{Pa}$$

$$i=\frac{\Delta p}{\Delta p_{\text{j}}}=\frac{120.63}{5.385}=22.4\approx 23\text{ 台}$$

按 12 组 24 台布置。

对于 1120 型风机，则：

$$\Delta p_{\text{j}}=12.72\text{Pa}$$

$$i=\frac{\Delta p}{\Delta p_{\text{j}}}=\frac{120.63}{12.72}=9.48\approx 10\text{ 台}$$

按 5 组 10 台布置。

三、集中排(送)风纵向通风设计计算

1. 集中送风纵向通风设计计算原理

(1)集中送入通风方式模式如图 24-6-2 所示。

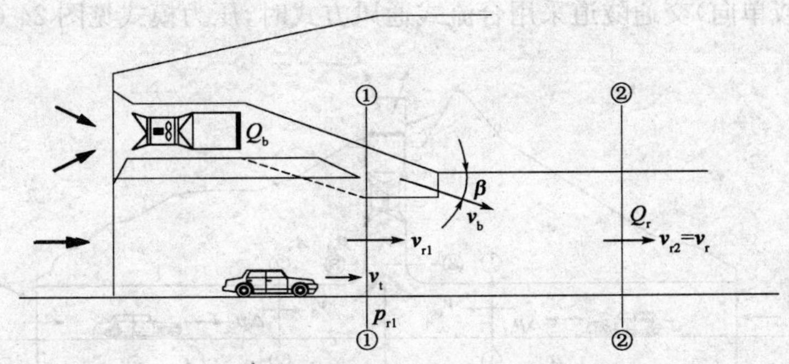

图 24-6-2　集中送入通风方式模式图

(2)送风口升压力，按式(24-6-10)计算：

$$\Delta p_b = 2\times\frac{Q_b}{Q_r}\left(\frac{K_b v_b \cos\beta}{v_r}-2+\frac{Q_b}{Q_r}\right)\frac{\rho}{2}v_r^2 \tag{24-6-10}$$

式中：Δp_b——送风口送风升压力(Pa)；

Q_r——隧道设计风量，一般情况 $Q_r=Q_{req}$ (m^3/s)；

Q_b——送风口喷出风量，即送风机风量(m^3/s)；

v_b——送风口喷出风速(m/s)，即送风口风速一般取 20～30m/s；

β——喷流方向与隧道轴向的夹角；

K_b——送风口升压力动量系数。

(3)送风口面积可按式(24-6-11)计算：

$$A_b=\frac{Q_b}{v_b} \tag{24-6-11}$$

式中：A_b——进风口面积(m^2)，当为双车道隧道时不宜大于 $12m^2$。

(4)送风机风量、全风压可按式(24-6-12)和式(24-6-13)计算：

$$Q_b=\frac{Q_r}{2\rho v_r^2}\left(\sqrt{a^2\rho v_r^2+4\Delta p_b}-a\right) \tag{24-6-12}$$

式中：a——系数，$a=\frac{K_b v_b\cos\beta}{v_r}-2$。

$$p_{tot}=\left(\frac{\rho}{2}v_b^2+\Delta p_d\right)\times 1.1 \tag{24-6-13}$$

式中：p_{tot}——送风机所需全风压(Pa)；

Δp_d——风道、送风口等部位的总压力损失(Pa)。

(5)集中送入通风方式应使送风口喷射方向与隧道轴向一致，并在弯道部位设置导流装置。隧道送风机房结构形式和风道连接方式应尽量减少压力损失，送风口结构形式应经济合理。集中送入通风方式可与其他通风方式组合采用，宜用于单向交通隧道。

2. 集中排出式纵向通风设计计算原理

竖井排出式通风分为合流式和分流式两种。双向交通隧道宜采用合流式，竖井位置宜设在隧道轴线中央附近；单向交通隧道即可采用合流式又可采用分流式，但竖井宜设在隧道出口侧的位置。

(1)当双向(或单向)交通隧道采用合流式通风方式时,压力模式见图 24-6-3。

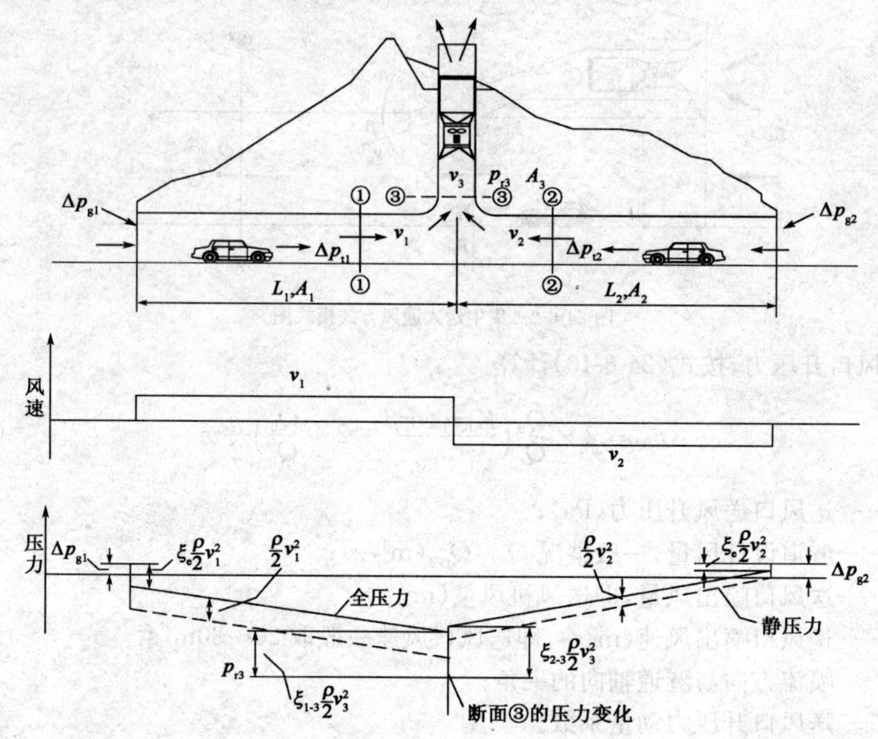

图 24-6-3 合流型竖井排出式通风压力模式

竖井底部合流后的全压力用式(24-6-14)计算:

$$p_{tot3} = \Delta p_{g1} + \Delta p_{t1} - \left(\xi_e + \lambda_r \frac{L_1}{D_r}\right)\frac{\rho}{2}v_1^2 - \zeta_{1-3}\frac{\rho}{2}v_3^2 \tag{24-6-14a}$$

$$p_{tot3} = \Delta p_{g2} + \Delta p_{t2} - \left(\zeta_e + \lambda_r \frac{L_2}{D_r}\right)\frac{\rho}{2}v_2^2 - \zeta_{2-3}\frac{\rho}{2}v_3^2 \tag{24-6-14b}$$

式中:p_{tot3}——竖井底部合流全压力(Pa);

Δp_{g1}——第Ⅰ区段隧道口与竖井出口之间的气象压力差(Pa),自然风朝隧道方向时为正;

L_1——第Ⅰ区段长度(m);

ζ_{1-3}——以竖井内风速为基准第Ⅰ区段的损失系数;

Δp_{g2}——第Ⅱ区段隧道洞口与竖井出口之间的气象压力差(Pa),自然风朝隧道方向时为正;

L_2——第Ⅱ区段长度(m);

ζ_{2-3}——以竖井内风速为基准第Ⅱ区段的损失系数;

v_1——第Ⅰ区段①-①断面平均风速(Pa);

v_2——第Ⅱ区段②-②断面平均风速(Pa);

v_3——竖井内③-③断面平均风速(Pa)。

Ⅰ区段交通风力可按式(24-6-15)计算：

$$\Delta p_{t1} = \frac{A_m}{A_r} \cdot \frac{\rho}{2} \cdot [n_{+1}(v_t - v_1)^2 - n_{-1}(v_t + v_1)^2] \quad (24\text{-}6\text{-}15)$$

式中：Δp_{t1}——Ⅰ区段的交通通风力(Pa)；

n_{+1}——第Ⅰ区段内由Ⅰ区段往Ⅱ区段行驶的车辆数(数)；

n_{-1}——第Ⅰ区段内由Ⅱ区段往Ⅰ区段行驶的车辆数(数)。

Ⅱ区段交通风力可按式(24-6-16)计算：

$$\Delta p_{t2} = \frac{A_m}{A_r} \cdot \frac{\rho}{2} \cdot [n_{-2}(v_t - v_2)^2 - n_{+2}(v_t + v_2)^2] \quad (24\text{-}6\text{-}16)$$

式中：Δp_{t2}——Ⅱ区段的交通通风力(N/m²)；

n_{+2}——第Ⅱ区段内由Ⅰ区段往Ⅱ区段行驶的车辆数(数)；

n_{-2}——第Ⅱ区段内由Ⅱ区段往Ⅰ区段行驶的车辆数(数)。

(2)当单向交通隧道采用分流式通风方式时，压力模式见图 24-6-4。

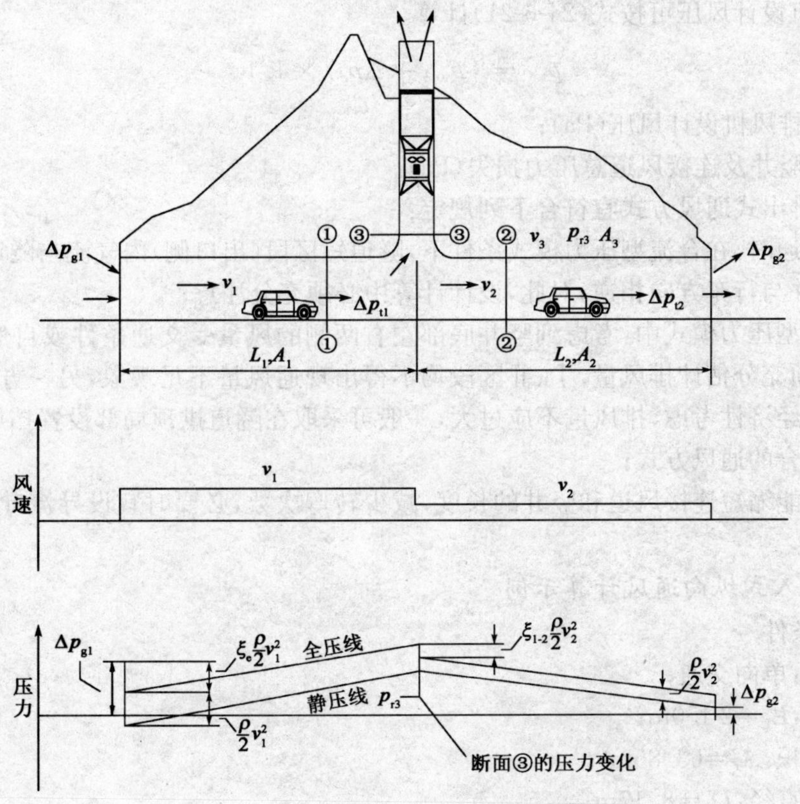

图 24-6-4　分流型竖井排出式通风压力模式

隧道第Ⅰ区段末端的全压力(分叉前的全压力)用式(24-6-17)计算：

$$p_{tot1} = \Delta p_{g1} + \Delta p_{t1} - \left(\xi_e + \lambda_r \frac{L_1}{D_r}\right) \frac{\rho}{2} v_1^2 \quad (24\text{-}6\text{-}17)$$

式中：p_{tot1}——第Ⅰ区段末端的全压力(Pa)。

隧道第Ⅱ区段始端的全压力(分叉后的全压力)用式(24-6-18)计算:

$$p_{tot2} = p_{tot1} - \xi_{1-2}\frac{\rho}{2}v_1^2 \quad (24\text{-}6\text{-}18)$$

式中:p_{tot2}——第Ⅱ区段始端的全压力(Pa);

ξ_{1-2}——分流型风道主流分叉损失系数。

隧道第Ⅱ区段末端(出口)的全压力用式(24-6-19)计算:

$$\Delta p_{g2} + \frac{\rho}{2}v_2^2 = p_{tot2} - \lambda_r\frac{L_2}{D_r}\frac{\rho}{2}v_r^2 + \Delta p_{t2} \quad (24\text{-}6\text{-}19)$$

竖井底部全压力可按式(24-6-20)计算。

$$p_{tot3} = p_{tot1} - \xi_{1-3}\frac{\rho}{2}v_1^2 \quad (24\text{-}6\text{-}20)$$

式中:p_{tot3}——竖井底部全压力(Pa);

ξ_{1-3}——分流型风道支流分叉损失系数。

(3)排风机设计风压可按式(24-6-21)计算。

$$p_{tot} = (p_{tot3} + \Delta p_d) \times 1.1 \quad (24\text{-}6\text{-}21)$$

式中:p_{tot}——排风机设计风压(Pa);

Δp_d——竖井及连接风道总压力损失(Pa)。

(4)竖井排出式通风方式宜符合下列规定:

①单向交通时,在合流型压力模式条件下,隧道短区段(出口侧)内气流与隧道总体设计风向相逆流动,并与行车方向相逆,对此,设计计算中必须充分注意;

②在合流型压力模式中,考虑到竖井底部左右两侧的风量受交通条件或自然风影响而出现不均衡,必须充分估计排风量,Ⅰ、Ⅱ区段均不得出现通风量不足现象,另一方面,从建设费用和营运费用经济性考虑,排风量不应过大,一般可采取在隧道拱顶局部设置挡风板的办法或与射流风机组合的通风方式;

③应尽可能缩短连接风道和竖井的长度,减少转弯次数,必要时宜设导流叶片,以减小风压损失。

3. 集中送入式纵向通风计算示例

(1)隧道条件

交通方向:单向交通;

隧道长度:L_r=2 150m;

隧道断面积:A_r=63.85m^2;

断面当量直径:D_r=8.17m;

设计交通量:N=2 480 辆/h;

大型车混入率:r_1=0.3(A_m=2.3m^2);

计算行车速度:v_t=60km/h=16.67m/s;

需风量:Q_{req}=490m^3/s。

集中送风设施如图 24-6-5 所示。

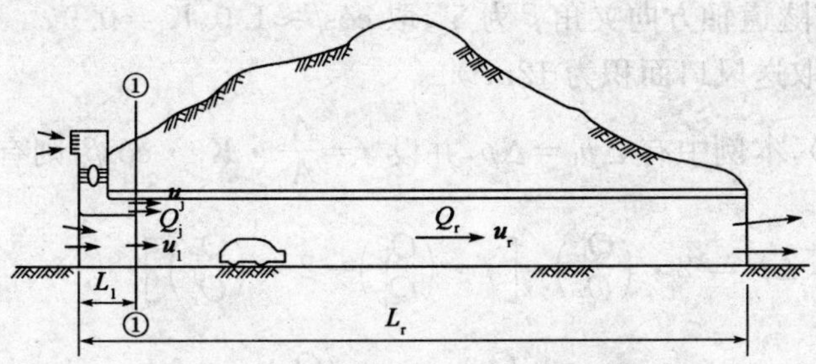

图 24-6-5　集中送入通风方式的隧道概况图

(2)隧道内所需升压力 Δp

$$\Delta p=\left(1+\zeta_e+\lambda_r\cdot\frac{L_1}{D_1}\right)\cdot\frac{\rho}{2}\cdot v_1^2+\lambda_r\cdot\frac{L_r-L_1}{D_r}\cdot\frac{\rho}{2}\cdot v_r^2-\Delta p_t+\Delta p_m \tag{24-6-22}$$

$$v_1=\frac{Q_r-Q_b}{A_r-A_b} \tag{24-6-23}$$

这里，为了简化，设 $L_1=0$，并假定 $v_1=0.5v_r$，则得下式：

$$\Delta p=\left[\frac{1}{4}(1+\zeta_e)+\lambda_r\cdot\frac{L_r}{D_r}\right]\cdot\frac{\rho}{2}\cdot v_r^2-\Delta p_t+\Delta p_m \tag{24-6-24}$$

$$v_r=\frac{490}{63.85}=7.67\text{m/s};\frac{\rho}{2}\cdot v_r^2=0.6\times7.67^2=35.3\text{Pa}$$

$$\Delta p_r=\left[\frac{1}{4}(1+\zeta_e)+\lambda_r\cdot\frac{L_r}{D_r}\right]\cdot\frac{\rho}{2}\cdot v_r^2$$

$$=\left[\frac{1}{4}(1+0.6)+0.025\times\frac{2\,150}{8.17}\right]\times35.3=246.36\text{Pa}$$

$$\Delta p_t=\frac{A_m}{A_r}\cdot n\cdot\frac{\rho}{2}\cdot(v_t-v_r)^2 \tag{24-6-25}$$

$$A_m=2.3\text{m}^2,n=\frac{2\,480\times2\,150}{3\,600\times16.67}=88.85$$

$$\Delta p_t=\frac{2.3}{63.85}\times88.85\times0.6\times(16.67-7.67)^2=155.55\text{Pa}$$

$$\Delta p_m=\left(1+\zeta_e+\lambda_r\cdot\frac{L_r}{D_r}\right)\cdot\frac{\rho}{2}\cdot v_n^2 \tag{24-6-26}$$

$$v_n=2.8\text{m/s}$$

$$\Delta p_m=\left(1+0.6+0.025\times\frac{2\,150}{7.67}\right)\times0.6\times2.8^2=40.49\text{Pa}$$

$$\Delta p=246.36-155.55+40.49=131.3\text{Pa}$$

(3)送风机风量 Q_b、送风口喷出风速 v_b 和送风口面积 A_b

本例取送风口面积 $A_b=12\text{m}^2$，并认为送风口面积大小对送风口土建结构造价影响不大。

设送风口喷流方向与隧道轴方向夹角 β 为 5°，取 $\cos\beta\approx1.0$、$K_j=0.9$。

①计算风速 v_b(取送风口面积为 $12m^2$)

参照式(24-6-10)，本例中有 $\Delta p_b=\Delta p$，并设 $f=\frac{A_r}{A_b}\cdot K_b\cdot\cos\beta$，则有：

$$\Delta p=2\cdot\left(\frac{Q_b}{Q_r}\right)\cdot\left[f\cdot\left(\frac{Q_b}{Q_r}\right)-2+\left(\frac{Q_b}{Q_r}\right)\right]\cdot\frac{\rho}{2}\cdot v_r^2 \tag{24-6-27}$$

移项得：
$$2\times(1+f)\times\left(\frac{Q_b}{Q_r}\right)^2-4\times\left(\frac{Q_b}{Q_r}\right)-\frac{\Delta p}{\frac{\rho}{2}\cdot v_r^2}=0$$

上式为 Q_b/Q_r 的 2 次方程。

由
$$\frac{\Delta p}{\frac{\rho}{2}\cdot v_r^2}=\frac{131.3}{0.6\times7.67^2}=3.72$$

及
$$f=\frac{A_r}{A_b}\cdot K_b\cdot\cos\beta=\frac{63.85}{12}\times0.9\times1.0=4.79$$

解出 $Q_b/Q_r=0.765$，所以：

$$Q_b=Q_r\times0.765=490\times0.765=375m^3/s$$

[检验
$$v_1=\frac{490-375}{63.85-12}=2.22m/s<\frac{1}{2}\times7.67m/s$$

$$(1+\zeta_e)\cdot\frac{\rho}{2}\cdot v_1^2=(1+0.6)\times0.6\times2.22^2=4.73\ N/m^2$$

因此，$v_1=0.5v_r$ 的假定是偏安全的，可以不再作试算。]

②计算送风口面积(取送风口风速为 30m/s)

参照式(24-6-10)，$v_b=30m/s$ 时，由：

$$\frac{K_b\cdot v_b\cdot\cos\beta}{v_r}=\frac{0.9\times30\times1.0}{7.67}=3.52,\qquad\frac{\Delta p}{\frac{\rho}{2}\cdot v_r^2}=\frac{131.3}{0.6\times7.67^2}=3.72$$

可得：
$$\left(\frac{Q_b}{Q_r}\right)^2+1.52\left(\frac{Q_b}{Q_r}\right)-\frac{3.72}{2}=0$$

解出：$Q_b/Q_r=0.801$，$Q_b=490\times0.801=393m^3/s$

$$A_b=Q_b/v_j=393/30=13.09m^2$$

[检验
$$v_1=\frac{490-393}{63.85-13.09}=1.91m/s<\frac{1}{2}\times7.67m/s$$

因此，$v_1=0.5v_r$ 的假定是偏安全的，可以不再作验算。]

(4)送风机动力设计

在计算分析基础上，对其动力费和工程建设费(如风机设备、风塔、风道等)作比较分析，确定出最好的送风设备。

参照式(24-6-13)，并设 Δp_d 为 300Pa，对于①的情况($Q_b=375m^3/s$，$v_b=31.2m/s$)：

$$P_{tot}=1.1\times\left(\frac{\rho}{2}\cdot v_b^2+\Delta p_d\right)=1.1\times(0.6\times31.2^2+300)=972Pa$$

理论功率

$$A_{kw}=\frac{Q_b\times p_{tot}}{1\,000}=\frac{375\times 972}{1\,000}=364.5\text{kW}$$

若设送风机效率 $\eta=0.8$，则送风机电机轴功率 S_{kw}：

$$S_{kw}=\frac{A_{kw}}{\eta}=\frac{364.5}{0.8}=455.6\text{kW}$$

对于②的情况（$Q_b=393\text{m}^3/\text{s}, v_b=30\text{m/s}$）：

$$p_{tot}=1.1\times\left(\frac{\rho}{2}\cdot v_b^2+\Delta p_d\right)=1.1\times(0.6\times 30^2+300)=924\text{Pa}$$

$$S_{kw}=\frac{393\times 924}{1\,000\times 0.8}=453.9\text{kW}$$

通过以上计算可以看出，在本例中所需动力费没有多少差异，因此工程建设费就成为经济比选的主要因素。

四、送排组合纵向通风设计计算

1. 送排组合纵向通风设计计算原理

1)竖井送排式通风模式(图 24-6-6)

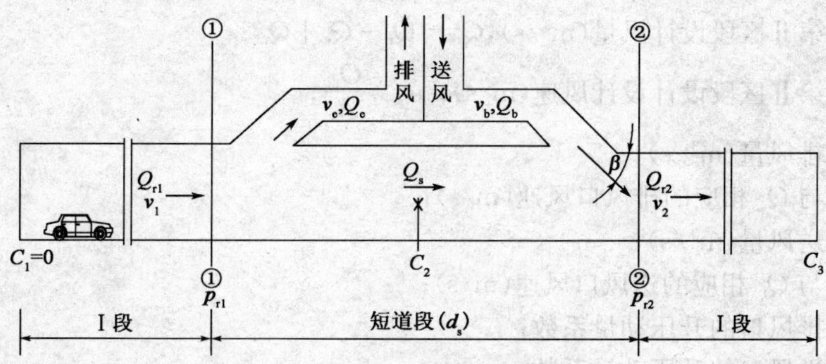

图 24-6-6　竖井送排式通风方式模式图

(1)竖井送排风方式适用于单向交通隧道，对远期为单向交通而近期为双向交通的隧道也可采用。

(2)采用竖井送排式通风时，隧道设计风速宜取 6～8m/s，送风口宜设置于隧道拱部，断面平均风速宜取 25～30m/s，送风方向宜与隧道轴向一致，排风口宜设置于隧道侧墙，其底面与隧道检修道高程一致，断面平均风速宜取 5～6m/s，排风方向宜与隧道轴向垂直。

(3)排风口断面积不得大于隧道正洞断面积，送风口断面积应根据排风风速确定，可在 11～15m² 范围取值。

(4)采用送排通风方式时排风口与送风口之间短道长度不得小于 50m，防止短道内出现回流。

(5)设计计算中应分别考虑交通堵塞、怠速行驶、火灾等异常工况，以及实际交通量、自然风速与风向等因素的变化情况，给通风控制提供依据。

(6)送风量计算应充分考虑短道风量及其污染浓度。

(7)竖井位置的选择应充分考虑地形、地质条件及营运费等,进行技术与经济综合比较。

(8)竖井底部及连接风道各弯道处应设置导流叶片。在风道变断面处、合流处及送排风口等处宜设置整流板,减小气流阻抗。应在排风口和竖井塔口设置钢丝网门。

(9)为防止排出的废气被重新吸入,地面通风井的排风口高程宜高出吸风口高程 5m 以上。

排风口升压力可按式(24-6-28)计算:

$$\Delta p_{\mathrm{e}} = 2 \times \frac{Q_{\mathrm{e}}}{Q_{\mathrm{r1}}}\left[\left(2 - \frac{K_{\mathrm{e}} \cdot v_{\mathrm{e}}}{v_{\mathrm{r1}}}\right) - \frac{Q_{\mathrm{e}}}{Q_{\mathrm{r1}}}\right] \cdot \frac{\rho}{2} \cdot v_{\mathrm{r1}}^{2} \tag{24-6-28}$$

送风口升压力可按式(24-6-29)计算:

$$\Delta p_{\mathrm{b}} = 2 \times \frac{Q_{\mathrm{b}}}{Q_{\mathrm{r2}}}\left[\left(\frac{K_{\mathrm{b}} \cdot v_{\mathrm{b}} \cdot \cos\beta}{v_{\mathrm{r2}}} - 2\right) + \frac{Q_{\mathrm{b}}}{Q_{\mathrm{r2}}}\right] \cdot \frac{\rho}{2} \cdot v_{\mathrm{r2}}^{2} \tag{24-6-29}$$

式中:Δp_{e}——排风口升压力(Pa);

Δp_{b}——送风口升压力(Pa);

Q_{r1}——第Ⅰ区段设计风量($\mathrm{m^3/s}$);

v_{r1}——第Ⅰ区段设计风速(m/s),$v_{\mathrm{r1}} = \frac{Q_{\mathrm{r1}}}{A_{\mathrm{r}}}$;

Q_{r2}——第Ⅱ区段设计风量($\mathrm{m^3/s}$),$Q_{\mathrm{r2}} = Q_{\mathrm{b}} - Q_{\mathrm{e}} + Q_{\mathrm{r1}}$;

v_{r2}——第Ⅱ区段设计设计风速(m/s),$v_{\mathrm{r2}} = \frac{Q_{\mathrm{r2}}}{A_{\mathrm{r}}}$;

Q_{e}——排风量($\mathrm{m^3/s}$);

v_{e}——与 Q_{e} 相应的排风口风速(m/s);

Q_{b}——送风量($\mathrm{m^3/s}$);

v_{b}——与 Q_{b} 相应的送风口风速(m/s);

K_{e}——排风口的升压动量系数;

K_{b}——送风口的升压动量系数。

2)设计判定

(1)隧道气流浓度 C 可用需风量与设计风量之比表示,竖井底部的浓度 C_2 可按式(24-6-30)计算:

$$C_2 = \frac{Q_{\mathrm{req1}}}{Q_{\mathrm{r1}}} \tag{24-6-30}$$

式中:Q_{req1}——隧道工程需风量。

竖井底部气流中的等效新鲜空气量可按式(24-6-31)计算:

$$Q_{\mathrm{sf}} = Q_{\mathrm{r1}} - Q_{\mathrm{e}} - Q_{\mathrm{req1}} + \frac{Q_{\mathrm{e}} Q_{\mathrm{req1}}}{Q_{\mathrm{r1}}} \tag{24-6-31}$$

隧道出口内侧处的浓度 C_3 按式(24-6-32)计算:

$$C_3 = \frac{Q_{\mathrm{req2}}}{Q_{\mathrm{r1}} - Q_{\mathrm{e}} - Q_{\mathrm{req1}} + \frac{Q_{\mathrm{e}} \cdot Q_{\mathrm{req1}}}{Q_{\mathrm{r1}}} + Q_{\mathrm{b}}} \tag{24-6-32}$$

式中:Q_{req2}——隧道Ⅱ段需风量。

送风量 Q_b 与排风量 Q_e 应满足式(24-6-33)的要求：

$$Q_b = Q_{req} - Q_{r1} + Q_e\left(\frac{Q_{r1} - Q_{req1}}{Q_{r1}}\right) \tag{24-6-33}$$

(2)排风口与送风口之间的短道不得产生回流，应满足下列条件：

$$\frac{Q_e}{Q_{r1}} \leqslant 1.0 \tag{24-6-34}$$

$$\frac{Q_b}{Q_{r2}} \leqslant 1.0 \tag{24-6-35}$$

(3)设计浓度应满足下列条件：

$$0.9 \leqslant C_2 \leqslant 1.0 \tag{24-6-36}$$

$$0.9 \leqslant C_3 \leqslant 1.0 \tag{24-6-37}$$

(4)隧道内压力应满足下列条件：

$$\Delta p_b + \Delta p_e \geqslant \Delta p_r - \Delta p_t + \Delta p_m \tag{24-6-38}$$

3)排风机、送风机设计风压计算

$$p_{tote} = 1.1 \times \left(\frac{\rho}{2}v_e^2 + p_{de} - p_{se}\right) \tag{24-6-39}$$

$$p_{totb} = 1.1 \times \left(\frac{\rho}{2}v_b^2 + p_{db} + p_{sb}\right) \tag{24-6-40}$$

式中：p_{tote}——排风机设计风压(Pa)；

p_{totb}——送风机设计风压(Pa)；

p_{de}——排风口、排风井及连接风道的总压力损失(Pa)；

p_{db}——送风口、送风井及连接风道的总压力损失(Pa)；

p_{se}——隧道内排风口处的总升压力(Pa)，由隧道沿程压力分布计算求得；

p_{sb}——隧道内送风口处的总升压力(Pa)，由隧道沿程压力分布计算求得。

4)竖井与射流风机组合通风方式

当竖井送排式或竖井单排式通风难以达到洞内风压力平衡时，宜采用射流风机与之组合，形成竖井与射流风机组合的通风方式。

(1)组合通风方式压力平衡应满足式(24-6-41)的条件：

$$\Delta p_b + \Delta p_e + \Delta p_j = \Delta p_r - \Delta p_t + \Delta p_m \tag{24-6-41}$$

(2)设计计算中，应就竖井位置以及竖井与射流风机的相对位置，针对各方案相应的需风量、设计风量、风速等反复试算，以获得合理的沿程压力分布，其他事项应按竖井送排式通风方式。

2.送排组合式纵向通风计算示例

竖井送排式通风方式

(考虑一座竖井的情况)

(1)隧道条件

交通方向：单向交通；

隧道长度：$L=4\ 100\text{m}(L_1=2\ 000\text{m},L_2=2\ 100\text{m})$；

隧道断面积：$A_r=66.04\text{m}^2$；

断面当量直径：$D_r=8.25\text{m}$；

设计交通量：$N=1\ 850$ 辆/h；

大型车混入率：$r_1=55\%(A_m=3.43\text{m}^2)$；

柴油车混入率：$r_d=28\%$；

计算行车速度：$v_t=80\text{km/h}=22.22\text{m/s}$；

需风量：$Q_{req}=756\text{m}^3/\text{s}(Q_{req1}=396\text{m}^3/\text{s},Q_{req2}=360\text{m}^3/\text{s})$；

自然风引起的洞内风速：$v_n=1.5\text{m/s}$。

(2)送、排风量，浓度，升压力及设计风速

由

$$Q_b=Q_{req}-Q_{r1}+Q_e\cdot\left(\frac{Q_{r1}-Q_{req1}}{Q_{r1}}\right) \tag{24-6-42}$$

$$\Delta p_e=2\cdot\frac{Q_e}{Q_{r1}}\cdot\left(2-\frac{K_e\cdot v_e}{V_{r1}}-\frac{Q_e}{Q_{r1}}\right)\cdot\frac{\rho}{2}\cdot v_{r1}^2 \tag{24-6-43}$$

$$\Delta p_b=2\cdot\frac{Q_b}{Q_{r2}}\cdot\left(\frac{K_b\cdot v_b\cdot\cos\beta}{v_{r2}}-2+\frac{Q_b}{Q_{r2}}\right)\cdot\frac{\rho}{2}\cdot v_{r2}^2 \tag{24-6-44}$$

并取 $v_b=28\text{m/s},v_e=6\text{m/s},\beta=0°(\cos\beta=1.0),K_b=1.0,K_e=0.9$，按表 24-6-4 所列计算(需分别列表进行试算)。

升压力 Δp_e、Δp_b 的计算(取 $Q_e=340\text{m}^3/\text{s}$)　　表 24-6-4

v_{r1}(m/s)	6.0	6.5	7.0	7.5	8.0	
Q_{r1}(m³/s)	396	429	462	495	528	
$\rho/2\cdot v_{r1}^2$	22.03	25.86	29.99	34.43	39.17	
v_e/v_{r1}	1.0	0.923	0.857	0.80	0.75	
Q_e/Q_{r1}	0.859	0.793	0.736	0.687	0.644	
Δp_e(Pa)	9.12	15.43	21.75	28.05	34.36	
Q_b(m³/s)	360	358	351	340	327	$Q_{r2}=Q_b-Q_e+Q_{r1}$ $v_{r2}=Q_{r2}/A_r$
Q_{r2}(m³/s)	416	447	473	495	515	
v_{r2}(m/s)	6.302	6.769	7.162	7.495	7.800	
$\rho/2\cdot v_{r2}^2$	24.31	28.04	31.39	34.38	37.24	
v_b/v_{r2}	4.443	4.136	3.909	3.736	3.59	
Q_b/Q_{r2}	0.865	0.801	0.742	0.687	0.635	
Δp_b(Pa)	139.1	131.9	123.5	114.4	105.2	

通过分析可确定如下各量：

$Q_e = 340\text{m}^3/\text{s}, Q_{r1} = 396\text{m}^3/\text{s}, v_{r1} = 6.0\text{m/s}, Q_b = 360\text{m}^3/\text{s}, Q_{r2} = 416\text{m}^3/\text{s}, v_{r2} = 6.3\text{m/s}$。

$\Delta p_b + \Delta p_e = 139.1 + 9.12 = 148.22\text{Pa}$(送排风口提供的升压力)。

并验算：

$$C_2 = \frac{Q_{req1}}{Q_{r1}} = \frac{396}{396} = 1.0$$

$$C_3 = \frac{Q_{req2}}{Q_{r1} - Q_e - Q_{req1} + \dfrac{Q_e \cdot Q_{req1}}{Q_{r1}} + Q_b} = 1.0$$

$$\frac{Q_e}{Q_{r1}} = 0.859 < 1.0, \frac{Q_b}{Q_{r2}} = 0.865 < 1.0$$

满足条件。

$$Q_s = Q_{r1} - Q_e = 396 - 340 = 56\text{m}^3/\text{s}$$

$$v_{rs} = \frac{Q_s}{A_r} = \frac{56}{66.04} = 0.85\text{m/s}$$

即短道内气流存在低速流动。

(3)隧道内所需压力 Δp

隧道内所需压力 Δp 应为Ⅰ段和Ⅱ段所需压力之和，即：

$$\begin{aligned}\Delta p &= \Delta p_r - \Delta p_t + \Delta p_m \\ &= (\Delta p_{r1} + \Delta p_{r2}) - (\Delta p_{t1} + \Delta p_{t2}) + \Delta p_m\end{aligned} \tag{24-6-45}$$

计算通风阻抗力 Δp_r 时，对于Ⅰ段，出口流量损失为零；对于Ⅱ段，入口压力损失为零，并考虑竖井分叉损失，取分叉损失系数 $\zeta_{分叉} = 0.28$。计算汽车交通力 Δp_t 时，考虑不利情况，偏于安全，取 $v_t = 50\text{km/h} = 13.89\text{m/s}$。计算自然风阻力 Δp_m 时，送风口损失系数取 $\zeta_{合流} = 0.7$，自然风引起的洞内风速取 $v_n = 1.5\text{m/s}$。

$$\begin{aligned}\Delta p_{r1} &= \left(\zeta_{入口} + \lambda \cdot \frac{L_1}{D_r}\right) \cdot \frac{\rho}{2} \cdot v_{r1}^2 + \zeta_{分叉} \cdot \frac{\rho}{2} \cdot v_{r1}^2 \\ &= \left(0.28 + 0.6 + 0.0255 \times \frac{2000}{8.25}\right) \times 0.6 \times 6.0^2 = 155.6\text{Pa}\end{aligned}$$

$$\begin{aligned}\Delta p_{r2} &= \left(1 + \lambda \cdot \frac{L_2}{D_r}\right) \cdot \frac{\rho}{2} \cdot v_{r2}^2 + \zeta_{合流} \cdot \frac{\rho}{2} \cdot v_{r2}^2 \\ &= \left(1 + 0.7 + 0.0255 \times \frac{2100}{8.25}\right) \times 0.6 \times 6.3^2 = 199.0\text{Pa}\end{aligned}$$

$$\begin{aligned}\Delta p_{t1} &= \frac{A_m}{A_r} \cdot \frac{\rho}{2} \cdot n_1 \cdot (v_t - v_{r1})^2 \\ &= \frac{3.43}{66.04} \times 0.6 \times \frac{1850 \times 2000}{3600 \times 13.89} \times (13.89 - 6.0)^2 = 122.0\text{Pa}\end{aligned}$$

$$\begin{aligned}\Delta p_{t2} &= \frac{A_m}{A_r} \cdot \frac{\rho}{2} \cdot n_2 \cdot (v_t - v_{r2})^2 \\ &= \frac{3.43}{66.04} \times 0.6 \times \frac{1850 \times 2100}{3600 \times 13.89} \times (13.89 - 6.3)^2 = 118.5\text{Pa}\end{aligned}$$

$$\Delta p_m = \left(1 + \zeta_{入口} + \zeta_{合流} + \zeta_{分叉} + \lambda \cdot \frac{L}{D_r}\right) \cdot \frac{\rho}{2} \cdot v_n^2$$

$$=\left(1+0.6+0.7+0.28+0.025\,5\times\frac{4\,100}{8.25}\right)\times0.6\times1.5^2=21.0\text{Pa}$$

隧道内所需压力 Δp 即为：

$$\Delta p=155.6+199.0-122.0-118.5+21.0=135.1\text{Pa}$$

$$\Delta p_b+\Delta p_e=148.22\text{N/m}^2>\Delta p_r-\Delta p_t+\Delta p_m=135.1\text{Pa}$$

故满足压力条件。

(4)送风口与排风口断面积、短道长度

根据国外工程经验，送风口断面积宜取 $A_b=12\text{m}^2$ 左右，排风口断面积不得大于隧道正洞断面积。

由前面的计算结果可得：

$$A_b=\frac{Q_b}{v_b}=\frac{360}{28}=12.8\text{m}^2,A_e=\frac{Q_e}{v_e}=\frac{340}{6}=56.7\text{m}^2$$

满足要求。

短道长度从防止回流方面考虑，不得过短；从防止短道污染方面考虑，不宜过长，再综合考虑其他因素(如土建结构、风压沿程损失等问题)，本例取短道长度 $d_s=56\text{m}$，并取 $q_{VI}=2.5\text{m}^2/(\text{辆}\cdot\text{km})$，$K=0.007$，$f_{iv}=1.3$，则

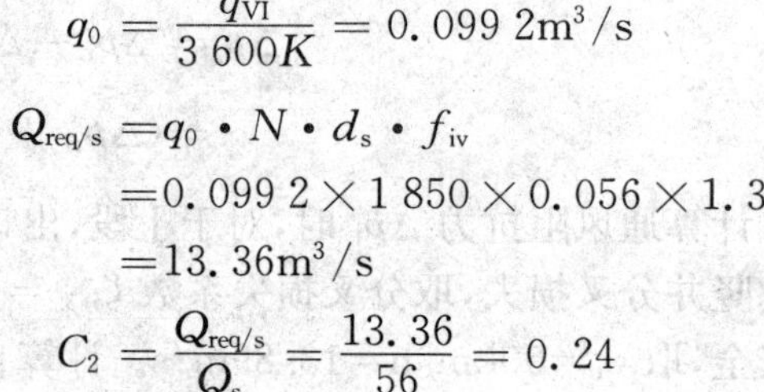

$$q_0=\frac{q_{VI}}{3\,600K}=0.099\,2\text{m}^3/\text{s}$$

$$Q_{req/s}=q_0\cdot N\cdot d_s\cdot f_{iv}=0.099\,2\times1\,850\times0.056\times1.3=13.36\text{m}^3/\text{s}$$

$$C_2=\frac{Q_{req/s}}{Q_s}=\frac{13.36}{56}=0.24$$

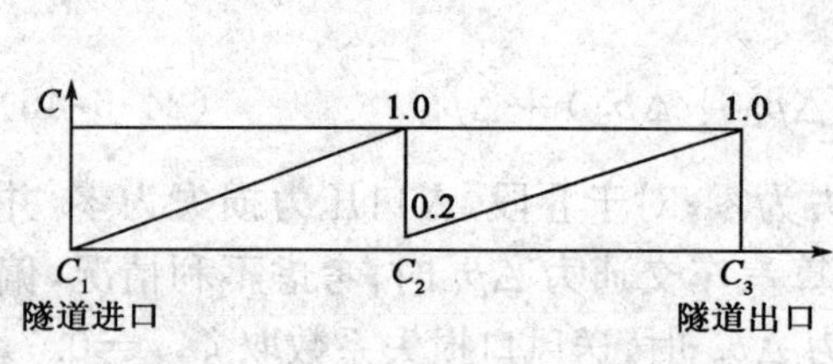

图 24-6-7　浓度分布图

本例浓度分布如图 24-6-7 所示(本例计算忽略了短道内的浓度变化)。

竖井送排式与射流风机组合通风方式

(1)隧道条件

交通方向：单向交通；

隧道长度：$L=3\,922\text{m}(L_1=1\,972\text{m},L_2=1\,950\text{m})$；

隧道断面积：$A_r=59.5\text{m}^2$；

断面当量直径：$D_r=7.79\text{m}$；

设计交通量：$N=1\,656$ 辆/h；

大型车混入率：$r_1=70\%(A_m=4.08\text{m}^2)$；

柴油车混入率：$r_d=42\%$；

计算行车速度：$v_t=60\text{km/h}=16.67\text{m/s}$；

需风量：$Q_{req}=700.08\text{m}^3/\text{s}(Q_{req1}=339.91,Q_{req2}=360.17)$；

自然风引起的洞内风速：$v_n=1.0\text{m/s}$。

(2)送、排风量，浓度，升压力及设计风速

按式(24-6-41)～式(24-6-43)计算，并取 $v_b=28\text{m/s}$，$v_e=6\text{m/s}$，$\beta=0°(\cos\beta=1.0)$，$K_b=1.0$，$K_e=0.9$，按表 24-6-5 所列计算(需分别列表进行试算)。压力浓度分布见图 24-6-8。

升压力 Δp_e、Δp_b 的计算(取 $Q_e=280m^3/s$)　　表 24-6-5

v_{r1}(m/s)	5.0	5.5	6.0	6.5	7.0	7.5
Q_{r1}(m^3/s)	297.5	327.2	357.0	386.8	416.5	446.3
$\rho/2\cdot v_{r1}^2$	15.00	18.15	21.60	25.35	29.4	33.75
v_e/v_{r1}	1.20	1.09	1.0	0.92	0.86	0.80
Q_e/Q_{r1}	0.941	0.856	0.784	0.724	0.672	0.627
Δp_e(Pa)	−0.593	5.039	10.703	16.343	21.992	29.130
Q_b(m^3/s)	362.7	362	356.5	347.2	335.1	320.5
Q_{r2}(m^3/s)	380.2	409.2	433.5	454	471.6	486.8
v_{r2}(m/s)	6.39	6.88	7.29	7.63	7.93	8.18
$\rho/2\cdot v_{r2}^2$	24.50	28.40	31.89	34.93	37.73	40.15
v_b/v_{r2}	4.38	4.07	3.84	3.67	3.53	3.42
Q_b/Q_{r2}	0.954	0.885	0.822	0.765	0.711	0.658
Δp_b(Pa)	155.85	148.54	139.56	130.13	120.23	109.80
$\Delta p_b+\Delta p_e$(Pa)	155.26	153.58	150.26	146.47	142.22	138.93

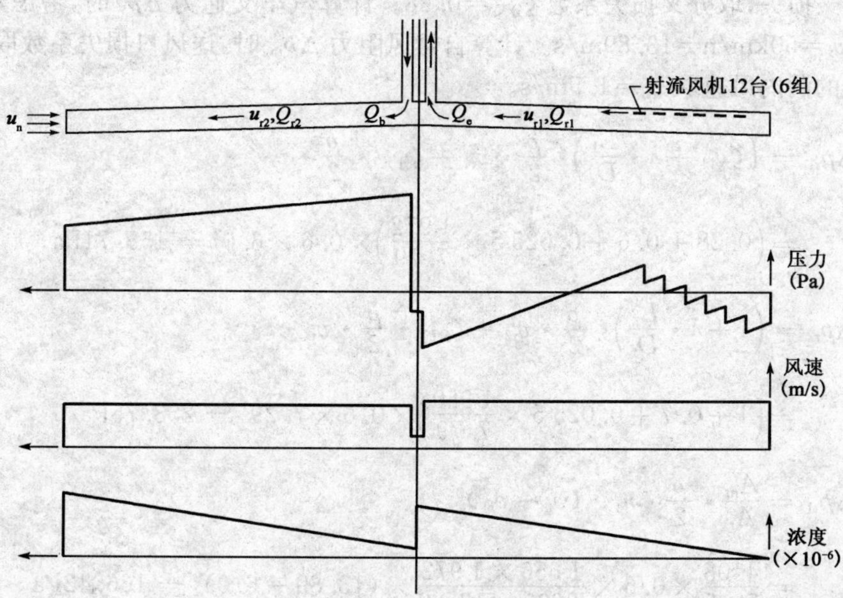

图 24-6-8　压力、风速、浓度分布

通过分析可确定如下各量：

$Q_e=280.0m^3/s$，$Q_{r1}=357.0m^3/s$，$v_{r1}=6.0m/s$，

$Q_b=356.48m^3/s$，$Q_{r2}=433.48m^3/s$，$v_{r2}=7.29m/s$。

$\Delta p_b+\Delta p_e=139.56+10.70=150.26Pa$(送排风口提供的升压力)。

并验算：

$$C_2=\frac{Q_{req1}}{Q_{r1}}=\frac{339.91}{357.0}=0.952<1.0$$

$$C_3 = \frac{Q_{req2}}{Q_{r1} - Q_e - Q_{req1} + \frac{Q_e \cdot Q_{req1}}{Q_{r1}} + Q_b} = \frac{360.17}{360.17} = 1.0$$

$$\frac{Q_e}{Q_{r1}} = \frac{280}{357.0} = 0.784 < 1.0, \frac{Q_b}{Q_{r2}} = \frac{356.48}{433.48} = 0.822 < 1.0$$

满足条件。

$$Q_s = Q_{r1} - Q_e = 357.0 - 280.0 = 77.0\text{m}^3/\text{s}$$

$$v_{rs} = \frac{Q_s}{A_r} = \frac{77.0}{59.5} = 1.29\text{m/s}$$

(3)隧道内所需压力 Δp

隧道内所需压力 Δp 应为Ⅰ段和Ⅱ段所需压力之和，即：

$$\Delta p = \Delta p_r - \Delta p_t + \Delta p_m$$

$$= (\Delta p_{r1} + \Delta p_{r2}) - (\Delta p_{t1} + \Delta p_{t2}) + \Delta p_m$$

计算通风阻抗力 Δp_r 时，对于Ⅰ段，出口流量损失为零；对于Ⅱ段，入口流量损失为零，并考虑竖井分叉损失，取分叉损失系数 $\zeta_{分叉} = 0.28$。计算汽车交通力 Δp_t 时，考虑不利情况，偏于安全，取 $v_t = 50\text{km/h} = 13.89\text{m/s}$。计算自然风阻力 Δp_m 时，送风口损失系数取 $\zeta_{合流} = 0.7$，自然风引起的洞内风速取 $v_n = 1.5\text{m/s}$。

$$\Delta p_{r1} = \left(\zeta_{入口} + \lambda \cdot \frac{L_1}{D_r}\right) \cdot \frac{\rho}{2} \cdot v_{r1}^2 + \zeta_{分叉} \cdot \frac{\rho}{2} \cdot v_{r1}^2$$

$$= \left(0.28 + 0.6 + 0.0255 \times \frac{1972}{7.79}\right) \times 0.6 \times 6.0^2 = 155.71\text{Pa}$$

$$\Delta p_{r2} = \left(1 + \lambda \cdot \frac{L_2}{D_r}\right) \cdot \frac{\rho}{2} \cdot v_{r2}^2 + \zeta_{合流} \cdot \frac{\rho}{2} \cdot v_{r2}^2$$

$$= \left(1 + 0.7 + 0.0255 \times \frac{1950}{7.79}\right) \times 0.6 \times 7.29^2 = 253.75\text{Pa}$$

$$\Delta p_{t1} = \frac{A_m}{A_r} \cdot \frac{\rho}{2} \cdot n_1 \cdot (v_t - v_{r1})^2$$

$$= \frac{4.08}{59.5} \times 0.6 \times \frac{1656 \times 1972}{3600 \times 13.89} \times (13.89 - 6.0)^2 = 166.42\text{Pa}$$

$$\Delta p_{t2} = \frac{A_m}{A_r} \cdot \frac{\rho}{2} \cdot n_2 \cdot (v_t - v_{r2})^2$$

$$= \frac{4.08}{59.5} \times 0.6 \times \frac{1656 \times 1950}{3600 \times 13.89} \times (13.89 - 7.29)^2 = 115.16\text{Pa}$$

$$\Delta p_m = \left(1 + \zeta_{入口} + \zeta_{合流} + \zeta_{分叉} + \lambda \cdot \frac{L}{D_r}\right) \cdot \frac{\rho}{2} \cdot v_n^2$$

$$= \left(1 + 0.6 + 0.7 + 0.28 + 0.0255 \times \frac{3922}{7.79}\right) \times 0.6 \times 1.0^2 = 9.10\text{Pa}$$

隧道内所需压力 Δp 即为：

$$\Delta p = 155.71 + 253.75 - 166.42 - 115.16 + 9.10 = 191.58\text{Pa}$$

$$\Delta p - (\Delta p_b + \Delta P_e) = 191.58 - (10.70 + 139.56) = 41.32\text{Pa}$$

(4)竖井送排式与射流风机组合通风

选用 TAS 9.0-3-1 型射流风机，每台升压力为 $\Delta p_j = 3.99\text{N/m}^2$，则所需射流风机为：

$$n = \frac{41.32}{3.99} = 10.36 \text{ 台}$$

五、静电吸尘纵向通风设计计算

1. 静电吸尘纵向通风设计计算原理

对于特长公路隧道，当以烟雾浓度为主要控制指标时，可设置静电除尘装置。

(1)静电吸尘通风模式见图 24-6-9。

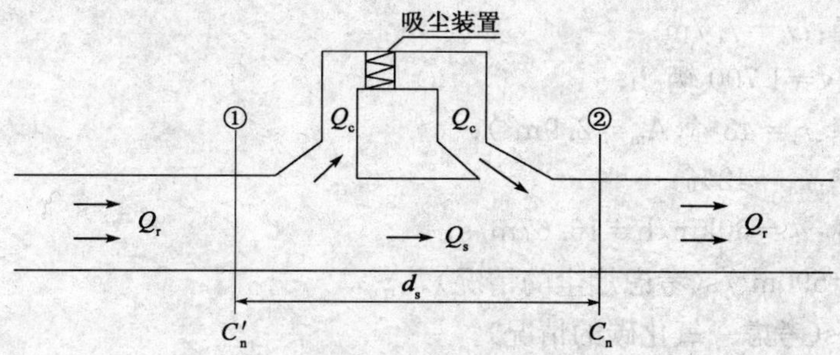

图 24-6-9　静电吸尘通风模式图

静电吸尘装置前后的隧道空间平均烟雾浓度关系可用式(24-6-46)表示：

$$C_n = \left(1 - \frac{Q_c}{Q_r} \cdot \eta_{VI}\right) \cdot C'_n \tag{24-6-46}$$

式中：C_n——吸尘后的隧道空间平均烟雾浓度比；

Q_c——吸尘装置过滤处理风量(m^3/s)；

η_{VI}——烟雾净化率(%)；

C'_n——吸尘前的隧道空间平均烟雾浓度比。

短道区间 d_s 流出侧的平均烟雾浓度可按式(24-6-47)计算：

$$C = C'_n + \frac{Q_{req(s)}}{Q_s} \tag{24-6-47}$$

式中：C——短道区间流出侧的平均烟雾浓度比；

$Q_{req(s)}$——短道区间 d_s 内的需风量(m^3/s)；

Q_s——短道设计风量(m^3/s)，$Q_s = Q_r - Q_c$。

(2)静电吸尘装置的升压力应按竖井送排式通风方式进行计算，并可按 $Q_c = Q_e = Q_b$ 考虑。

(3)设计吸尘装置时，应在隧道空间平均烟雾浓度达到允许浓度处设置吸尘装置，并应充分考虑吸尘装置的各种压力损失和始端动压等。静电吸尘装置本身的压力损失可按150N/m²

计算。

宜用烟雾净化率表示吸尘装置的除尘效率，烟雾净化率可取70%～80%。

当以烟雾浓度(V_1值)为主要控制指标时，经吸尘装置过滤后的空气可再利用，当以一氧化碳(CO)为主要通风控制指标时，必须考虑空气再利用的限度。

靠近吸尘装置前部的风道断面风速应尽可能呈均匀分布，通过吸尘装置的风速一般不宜大于7m/s。

当隧道发生火灾时，必须采取其他排烟措施。吸尘装置滤除的粉尘可作固化处理，并妥善弃放。

2.静电吸尘纵向通风计算示例

(1)隧道条件

交通方向：单向交通；

隧道长度：$L=3\,000\text{m}$；

隧道断面积：$A_r=58.0\text{m}^2$；

断面当量直径：$D_r=7.7\text{m}$；

设计交通量：$N=1\,700$ 辆/h；

大型车混入率：$r_1=43\%(A_m=2.9\text{m}^2)$；

柴油车混入率：$r_d=42\%$；

计算行车速度：$v_t=60\text{km/h}=16.67\text{m/s}$；

需风量：$Q_{req}=590\text{m}^3/\text{s}$(考虑烟尘的情况)，

$Q_{req}=210\text{m}^3/\text{s}$(考虑一氧化碳的情况)。

(2)吸尘机房位置的大致确定

当烟尘需风量$590\text{m}^3/\text{s}$超过一氧化碳需风量$210\text{m}^3/\text{s}$时，宜采用吸尘机。若第一次计算时忽略吸尘机的升压能力，并假设$\Delta p_m=52\text{N/m}^2$，则自洞口在风速作用下带入洞内的风量$Q_{in}$及区段长度$L_1$可按以下计算。吸尘机通风方式通风系统如图24-6-10所示。

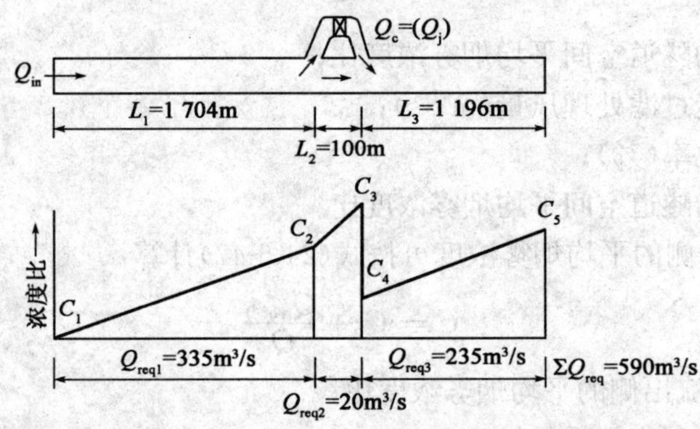

图24-6-10 吸尘机通风方式通风系统图

注：上图为严格计算了吸入口中心与送风口中心距离之间的浓度变化的实例。实际上，即使有上图所示的距离，由于汽车行驶可使紊流扩散，因此不考虑短道影响的简化计算也是可以的。

将计算条件中的有关数值代入下式中：

$$\left(1+\zeta_e+\lambda\cdot\frac{L}{D_r}\right)\cdot\frac{\rho}{2}\cdot v_r^2-\frac{A_m}{A_r}\cdot n\cdot\frac{\rho}{2}\cdot(v_t-v_r)^2+\Delta p_m=0 \qquad (24\text{-}6\text{-}48)$$

整理得 $$6.804v_r^2-2.549(16.67-v_r)^2+52=0$$

计算得 $$v_r=5.95\text{m/s}$$

$$Q_{in}=v_r\cdot A_r=5.95\times 58=345\text{m}^3/\text{s}$$

自洞口 L_1 处需设置吸尘装置，即：

$$L_1=\frac{345}{590}\times 3\,000=1\,754\text{m}$$

(3)浓度比计算

第一次处理风量的概略值 Q_c：

$$Q_c=\frac{\text{需风量(590)}-\text{吹入风量(345)}}{\text{VI 改善率(0.8)}}=306\text{m}^3/\text{s}$$

这里考虑大容量吸尘装置，将吸尘机房设置于弯形隧道内，短道距离 L_2 按 100m 考虑，则各控制点的浓度比计算如下。

$$C_1=0$$

$$C_2=\frac{Q_{req1}}{Q_{in}}=\frac{335}{345}=0.97$$

$$C_3=C_2+\frac{Q_{req2}}{Q_{in}-Q_c}=0.97+\frac{20}{345-306}=0.97+0.51=1.48$$

$$C_4=\frac{C_2\times Q_c(1-\eta_{VI})+C_3\times(Q_{in}-Q_c)}{Q_{in}}$$

$$=\frac{0.97\times 306\times(1-0.8)+1.48\times(345-306)}{345}=0.34$$

$$C_5=C_4+\frac{Q_{req3}}{Q_{in}}=0.34+\frac{235}{345}=0.34+0.68=1.02$$

(4)由吹出风量喷流效果产生的升压力估算

由吸尘装置吹出风量产生的升压力计算可按照竖井送排通风方式的情况进行，即由 $\Delta p_b=\Delta p_r-\Delta p_t+\Delta p_m$ 关系，可计算出 $Q_c(=Q_b)$ 与 Q_{in} 值(互为相关)。

(5) Q_{in} 与浓度分布的关系

由各浓度计算式，并变化 Q_c 值，则可求得隧道出口浓度与 Q_{in} 值的相应关系，取出口 $C_5=1.0$，可得相应的 Q_c 值。由此可求得各点的浓度 C 和烟雾透过率。

六、半横向和全横向通风设计计算

1. 半横向和全横向通风设计计算原理

1)全横向和半横向通风方式压力模式(图 24-6-11)

2)送、排风道的风压

(1)送风道始端动压与静压差

当送风道断面积 A_b 沿隧道轴向不变，并由送风道往隧道内等量输送新鲜空气。

①送风道始端动压可按式(24-6-49)计算：

$$p_b=\frac{\rho}{2}\cdot v_{bi}^2 \tag{24-6-49}$$

式中：p_b——送风道始端动压(Pa)；

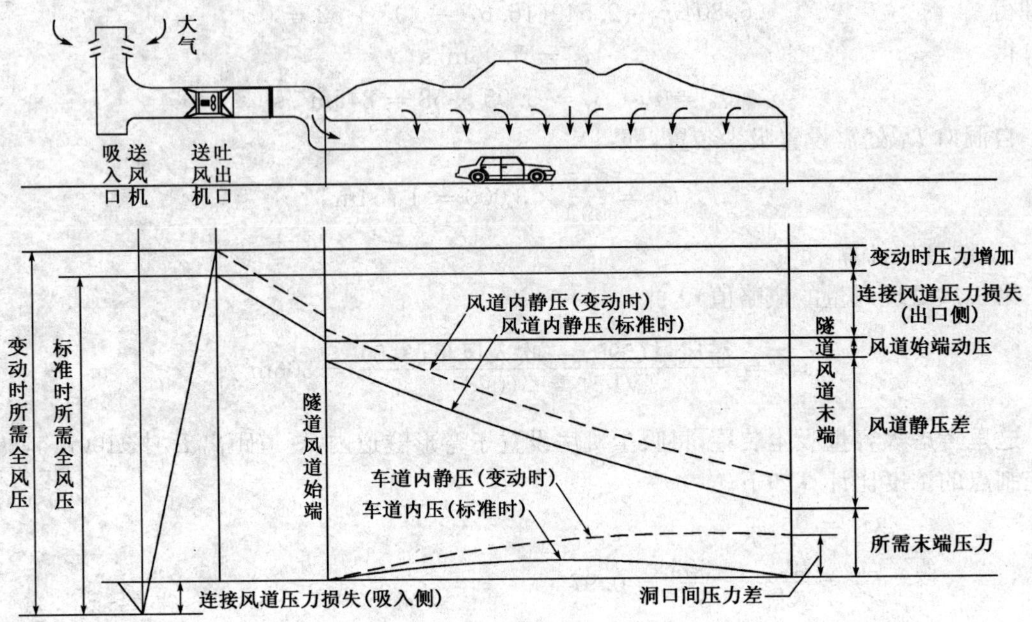

a)送风道系统压力分布(一条风道的情况)

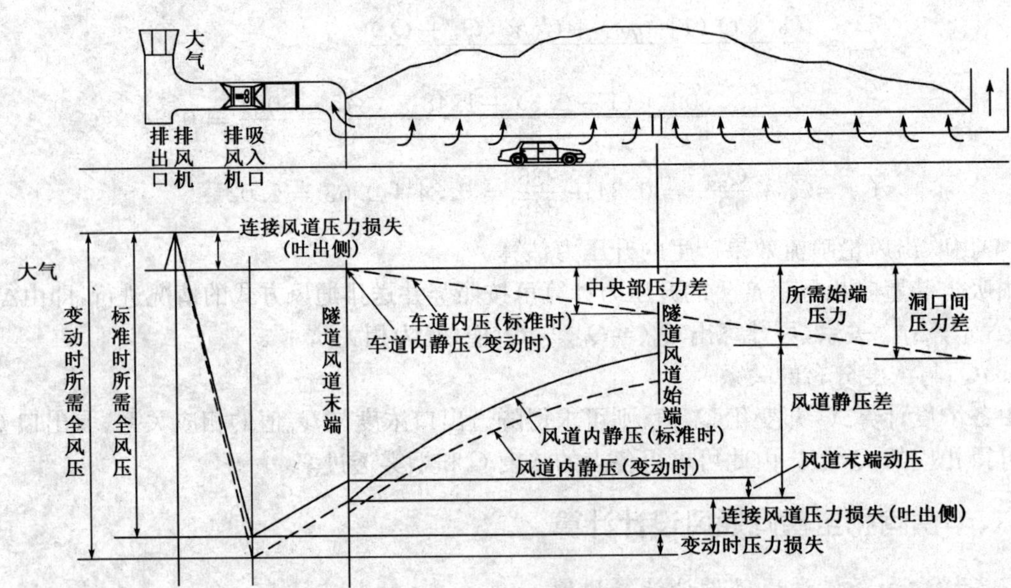

b)排风道系统压力分布(两条风道的情况)

图 24-6-11 全横向、半横向通风方式的压力模式

v_{bi}——送风道始端风速(m/s)，$v_{bi}=\dfrac{Q_b}{A_b}$。

②送风道静压差可按式(24-6-50)计算：

$$p_{bi}-p_{b0}=k_b\cdot\frac{\rho}{2}\cdot v_{bi}^2 \tag{24-6-50}$$

式中：p_{bi}——送风道始端静压(Pa)；

p_{b0}——送风道末端静压(Pa)；

k_b——送风道风压损失系数，按式(24-6-51)计算。

$$k_b = \frac{\lambda_b}{3} \cdot \frac{L_b}{D_b} - 1 \tag{24-6-51}$$

式中：L_b——送风道长度(m)；

D_b——送风道当量直径(m)。

(2)排风道末端动压与静压差

当排风道断面积沿隧道轴向不变，并且污染空气等量向排风道排出。

①排风道末端动压可按式(24-6-52)计算：

$$p_e = \frac{\rho}{2} \cdot v_{e0}^2 \tag{24-6-52}$$

式中：p_e——排风道末端动压(Pa)；

v_{e0}——排风道末端风速(m/s)，$v_{e0} = \frac{Q_e}{A_e}$。

②排风道静压差可按式(34-6-53)计算：

$$p_{ei} - p_{e0} = k_e \cdot \frac{\rho}{2} \cdot v_{e0}^2 \tag{24-6-53}$$

式中：p_{ei}——排风道始端静压(Pa)；

p_{e0}——排风道末端静压(Pa)；

k_e——排风道风压损失系数，可按式(24-6-54)计算。

$$k_e = \frac{\lambda_e}{3} \cdot \frac{L_e}{D_e} + 2 \tag{24-6-54}$$

式中：L_e——排风道长度(m)；

D_e——排风道当量直径(m)。

(3)送风道所需末端压力应保证送风量分布的均匀性，送风道所需末端压力可取150Pa，该值包含两洞口间自然风引起的压力差 Δp_m。

(4)排风道所需始端压力应保证排风的均匀性，排风道所需始端压力可取 100Pa，该值包含两洞口间自然风引起的压力差 Δp_m。

3)隧道内风压

(1)当采用全横向通风时，标准大气压状态下的隧道内静压可取零。

(2)当采用送风型半横向通风时，隧道风速可按式(24-6-55)计算：

$$v_r(x) = \frac{q_b}{A_r} \cdot x \tag{24-6-55}$$

式中：$v_r(x)$——x 点的隧道风速(m/s)；

q_b——每单位长度的送风量(m^3/s/m)；

x——自中性点($v_r = 0$)的距离(m)。

①在单向交通隧道的入口至中性点区段，隧道内风压分布可按式(24-6-56)计算：

$$p_{rc} - p_r(x_1) = \left(\frac{\lambda}{3} \cdot \frac{x_1}{D_r} + 2\right) \cdot \frac{\rho}{2} \cdot v_r^2(x_1) + \alpha \cdot \frac{x_1}{L} \cdot \frac{\rho}{2} \cdot \left[v_t^2 + v_t \cdot v_r(x_1) + \frac{1}{3} \cdot v_r^2(x_1)\right] \tag{24-6-56}$$

式中：x_1——自中性点朝隧道入口的距离(m)；

$p_r(x_1)$——x_1 点的隧道静压(Pa)；

p_{rc}——中性点的静压(Pa)；

$v_r(x_1)$——x_1 点的隧道风速(m/s)；

α——交通风力系数，$\alpha=\frac{A_m}{A_r}\cdot\frac{N\cdot l}{3\ 600\times v_t}$。

②在单向交通隧道的中性点至隧道出口区段，隧道内静压分布可按式(24-6-57)计算：

$$p_{rc}-p_r(x_2)=\left(\frac{\lambda}{3}\cdot\frac{x_2}{D_r}+2\right)\cdot\frac{\rho}{2}\cdot v_r^2(x_2)-\alpha\cdot\frac{x_2}{L}\cdot\frac{\rho}{2}\cdot\left[v_t^2-v_t\cdot v_r(x_2)+\frac{1}{3}\cdot v_r^2(x_2)\right] \tag{24-6-57}$$

式中：x_2——自中性点朝隧道出口的距离(m)；

$p_r(x_2)$——x_2 点的隧道静压(Pa)；

$v_r(x_2)$——x_2 点的隧道风速(m/s)。

③当双向交通且上下行交通量相等时，隧道内风压分布可按式(24-6-58)计算：

$$p_{rc}-p_r(x)=\left(\frac{\lambda}{3}\cdot\frac{x}{D_r}+2\right)\cdot\frac{\rho}{2}\cdot v_r^2(x)+\alpha\cdot\frac{x}{L}\cdot\frac{\rho}{2}\cdot v_t\cdot v_r(x) \tag{24-6-58}$$

4)连接风道的压力损失计算

$$\Delta p_d=\sum_{i=1}^{m}\zeta_i\cdot\frac{\rho}{2}\cdot v_i^2+\sum_{i=1}^{n}\lambda_i\cdot\frac{L_i}{D_i}\cdot\frac{\rho}{2}\cdot v_i^2 \tag{24-6-59}$$

式中：Δp_d——连接风道的压力损失(Pa)；

ζ_i——第 i 个形状损失系数；

λ_i——第 i 段的沿程摩阻损失系数；

v_i——第 i 段的风速(m/s)；

L_i——第 i 段的长度(m)；

D_i——第 i 段的当量直径(m)；

m——连接风道形状变化个数；

n——连接风道段数。

5)风机所需全风压

(1)送风机

送风型半横向式通风或全横向式通风中的送风机所需全风压 p_{btot}，可按式(24-6-60)计算：

$$p_{btot}=(\text{隧道风压}+\text{送风道所需末端压力}+\text{送风道静压差}+\text{送风道始端动压}+\text{连接风道压力损失})\times 1.1 \tag{24-6-60}$$

(2)排风机

全横向式通风中的排风机所需全风压 p_{etot} 可按式(24-6-61)计算：

$$p_{etot}=(\text{排风道所需始端压力}+\text{排风道静压差}-\text{排风道末端动压}+\text{连接风道压力损失})\times 1.1 \tag{24-6-61}$$

(3)当最终确定风机所需风压时，还应考虑风机本身的压力损失。

2. 半横向和全横向通风计算示例

1)送风型半横向通风方式

(1)隧道条件

交通方向：双向交通；

隧道长度：$L_r = 2\,160\text{m}$；

拱部风道长度：$L_b = 1\,080\text{m}$(洞口两端送风)；

隧道断面积：$A_r = 42.0\text{m}^2$；

隧道当量直径：$D_r = 6.0\text{m}$；

设计交通量：$N = 1\,428$ 辆/h；

计算行车速度：$v_t = 60\text{km/h} = 16.67\text{m/s}$；

需风量：$Q_{req} = 290\text{m}^3/\text{s}, q_b = 290/2\,160 = 0.134\text{m}^3/\text{s/m}$；

风道断面积：$A_b = 9.0\text{m}^2$；

风道当量直径：$D_b = 2.3\text{m}$；

汽车等效迎风阻抗面积：$A_m = 2.8\text{m}^2$。

(2)风道与隧道的风压

风道始端风速 v_b：

$$v_{bi} = \frac{Q}{2A_b} = \frac{290}{2 \times 9.0} = 16.11\text{m/s}$$

风道始端动压 p_b：

$$p_b = \frac{\rho}{2} \cdot v_{bi}^2 = 0.6 \times 16.11^2 = 155.72\text{Pa}$$

风道静压差 $P_{bi} - P_{b0}$：

$$k_b = \frac{\lambda}{3} \cdot \frac{L}{D} - 1 = \frac{0.025}{3} \times \frac{1\,080}{2.3} - 1 = 2.91$$

$$p_{bi} - p_{b0} = k_b \cdot \frac{\rho}{2} \cdot v_{bi}^2 = 2.91 \times 155.72 = 453.62\text{Pa}$$

送风道所需末端压力：

$$p_{b0} - p_{r0} = 150\text{Pa}$$

隧道风压：

$$v_r(x) = \frac{q_b}{A_r} \cdot x = \frac{0.134}{42.0} \cdot x = (3.19 \times 10^{-3}) \cdot x$$

$$\alpha = \frac{A_m}{A_r} \cdot \frac{N \cdot L}{v_t} = \frac{2.8}{42} \times \frac{1\,428 \times 2\,160}{16.67 \times 3\,600} = 3.43$$

上下行交通量相等(均为 50%)，且 $\Delta p_m = 0$ 时，用 $x = 1\,080\text{m}$ 代入，则得：

$$p_{rc}-p_r(x)=\frac{\rho}{2}\cdot\left\{\left(\frac{\lambda}{3}\cdot\frac{x}{D}+2\right)_r\cdot v_r^2(x)+\alpha\cdot\frac{x}{L}\cdot v_t\cdot v_r(x)\right\}$$

$$=0.6\times\left\{\left(\frac{0.025}{3}\times\frac{1\,080}{6.0}+2\right)\times(3.19\times10^{-3}\times1\,080)^2+3.43\times\frac{1\,080}{2\,160}(16.67\times3.19\times10^{-3}\times1\,080)\right\}$$

$$=84.03\text{Pa}$$

(3)送风机所需全压力

设连接风道的压力损失为 p_d，送风机所需全风压 p_{tot} 可按下式计算。

p_{tot} = 1.1×(隧道风压＋所需末端压力＋风道静压差＋风道始端动压＋连接风道损失)

$$=1.1\times(84.03+150+453.62+155.72+p_d)=1.1\times(843.4+p_d)\text{Pa}$$

2)全横向式

(1)计算条件

隧道长度：$L_r=3\,200$m；

送、排风道长度：$L_b=L_e=1\,600$m(洞口两端送排风)；

设计交通量：$N=2\,950$ 辆/h；

计算行车速度：$v_t=60$km/h$=16.67$m/s；

需风量：$Q_{req}=317\text{m}^3/\text{s}$(每条风道的量)；

送、排风道断面积：$A_b=A_e=16\text{m}^2$；

送、排风道断面当量直径：$D_b=D_e=3.2$m。

(2)送风机的全风压

送风道始端风速：

$$v_{bi}=\frac{Q_b}{A_b}=\frac{317}{16}=19.8\text{m/s}$$

送风道始端动压 p_b：

$$p_b=\frac{\rho}{2}\cdot V_{bi}^2=0.6\times19.81^2=235.5\text{Pa}$$

送风道静压差 $p_{bi}-p_{b0}$：

$$k_b=\frac{\lambda}{3}\cdot\frac{L}{D}-1=\frac{0.025}{3}\times\frac{1\,600}{3.2}-1=3.17$$

$$p_{bi}-p_{b0}=k_b\cdot\frac{\rho}{2}\cdot v_{bi}^2=3.17\times235.5=746.5\text{Pa}$$

送风道所需末端压力：

$$p_{b0}-p_{r0}=150\text{Pa}$$

送风连接风道的压力损失 Δp_{bd}，必须根据各段风道形状及摩阻情况进行计算。

送风机所需全压力：

$$p_{tot} = 1.1 \times (\text{隧道风压} + \text{送风道所需末端压力} + \text{送风道静压差} + \text{送风道始端动压} + \text{连接风道压力损失})$$

$$= 1.1 \times (0 + 150 + 746.5 + 235.5 + \Delta P_{bd})$$

$$= 1.1 \times (1\,132 + P_{bd})\text{Pa}$$

(3)排风机的全风压

排风道末端风速：

$$v_{e0} = \frac{Q_e}{A_e} = \frac{317}{16} = 19.81\text{m/s}$$

排风道末端动压 p_e：

$$p_e = \frac{\rho}{2} \cdot v_{e0}^2 = 0.6 \times 19.81^2 = 235.5\text{Pa}$$

排风道静压差 $p_{ei} - p_{e0}$：

$$k_e = \frac{\lambda}{3} \cdot \frac{L}{D} + 2 = \frac{0.025}{3} \times \frac{1\,600}{3.2} + 2 = 6.17$$

$$p_{ei} - p_{e0} = k_e \cdot \frac{\rho}{2} \cdot v_{e0}^2 = 6.17 \times 235.5 = 1\,453\text{Pa}$$

排风道所需始端压力：

$$p_{ri} - p_{ei} = 100\text{Pa}$$

连接风道的压力损失 p_{ed}，同样必须根据各段风道形状及摩阻情况进行计算。

排风机所需全压力：

$$p_{tot} = 1.1 \times (\text{排风道所需始端压力} + \text{排风道静压差} - \text{排风道末端动压} + \text{连接风道压力损失})$$

$$= 1.1 \times (100 + 1\,453 - 235.5 + \Delta p_{ed}) = 1.1 \times (1\,318 + \Delta p_{ed})\text{Pa}$$

七、通风方案实例

1.实例一：单向交通隧道纵向全射流通风方案

1)隧道条件

交通方向：单向交通；

隧道长度：$L_{左} = 2\,415\text{m}$，$L_{右} = 2\,435\text{m}$；

隧道断面积：$A_r = 68.291\text{m}^2$；

隧道当量直径：$D_r = 8.45\text{m}$；

隧道纵坡：左线：+0.44%，右线：−0.44%；

大型车混入率：62%；

设计行车速度：80km/h。

隧道各种车型的实际交通量如表 24-6-6 所示。

高峰小时交通量(辆) 表 24-6-6

×××隧道		车辆绝对数(分汽油、柴油车型)					
		小客车	大中客车	小货车	中货车	大货车	拖挂车
2020 年	柴油	0	25	0	8	478	7
	汽油	295	20	20	7	0	0
2030 年	柴油	0	47	0	16	898	12
	汽油	555	38	36	13	0	0

2)隧道通风卫生标准

(1)隧道内 CO 允许浓度 δ。

①正常运营时，隧道洞内 CO 的设计浓度 $\delta=215\times10^{-6}$(插值求得)($1\text{ppm}=10^{-6}$)。

②交通阻滞(平均车速为 10km/h),CO 的设计浓度 300×10^{-6},阻滞时间不超过 20min,阻滞段长度不大于 1 000m,阻滞段以外计算行车速度为 40km/h。

③隧道设置有完善的监控系统，不考虑发生全程怠速行驶(平均车速为 20km/h)的情况。

(2)隧道烟尘允许浓度 K 如表 24-6-7 所示。

隧道烟尘允许浓度 K 表 24-6-7

运营状况	交通阻滞	正常运营			交通管制	养护维修
计算车速(km/h)	10	30~40	50~60	70~80		
隧道烟尘允许浓度 $K(\text{m}^{-1})$	0.009 0	0.009 0	0.007 5	0.007 0	0.012 0	0.003 5

(3)稀释空气中异味：根据本工程交通量和隧道规模的特点，隧道空间不间断换气频率按每小时 3 次取值，同时保证隧道内换气风速 $v_r\geqslant2.5\text{m/s}$ 。

(4)火灾工况：火灾时排烟风速按 $v_r=3.0\text{m/s}$ 取值。

(5)隧道通风计算参数如表 24-6-8 所示。

通风计算参数表 表 24-6-8

项目			单位	计算与控制参数
设计控制风速	正常交通设计控制风速		m/s	≤10
	火灾工况设计控制风速		m/s	≤3
	换气设计控制风速		m/s	≥2.5
环境参数	洞内外自然风压在洞内产生的自然风速 v_n		m/s	3
	计算空气密度 ρ		kg/ m³	1.2
计算行车速度	正常行车最大车速	纵坡 $i\leqslant1\%$	km/h	80
		纵坡 $i>1\%$	km/h	70
	正常行车车速		km/h	30~80
	交通阻滞车速		km/h	10
汽车尾气基准排放量	q_{CO}(以 1995 年为起点)		m³(辆·km)	0.01
	q_{VI}(以 1995 年为起点)		m³(辆·km)	2.5
	折减系数(以 1995 年为起点)		—	2%

3)需风量计算

根据各隧道的工程概况、交通量与交通组成及隧道的通风技术标准等，对计算行车速度以下按 10km/h 为一档分别计算，不同工况下的需风量如表 24-6-9 所示。

隧道各工况下的计算需风量(单位：m^3/s)　　表 24-6-9

年份	近期(2020年)				远期(2030年)			
运行工况	左线(m^3/s)		右线(m^3/s)		左线(m^3/s)		右线(m^3/s)	
	$Q_{req(CO)}$	$Q_{req(VI)}$	$Q_{req(CO)}$	$Q_{req(VI)}$	$Q_{req(CO)}$	$Q_{req(VI)}$	$Q_{req(CO)}$	$Q_{req(VI)}$
10km/h	43.4	218.9	43.6	195.4	64.0	322.6	64.3	288.0
30km/h	38.9	140.8	34.3	126.2	57.3	207.5	50.5	186.0
40km/h	31.8	130.4	32.1	111.7	46.8	192.1	47.3	164.7
50km/h	25.4	135.7	25.7	114.0	37.5	200.0	37.9	168.0
60km/h	21.2	125.2	21.4	105.2	31.2	184.4	31.5	155.0
70km/h	18.0	132.1	18.2	101.0	26.5	194.6	26.8	148.9
80km/h	15.9	167.6	16.1	109.9	23.4	247.0	23.7	161.9
火灾	191.2		191.2		191.2		191.2	
换气	137.4		138.6		137.4		138.6	
最大需风量	218.9		195.4		322.6		288.0	
最大设计风速(m/s)	3.2		2.8		4.7		4.2	

注：隧道配备有完善的监控系统，不考虑全程怠速行驶(平均车速 20km/h)的情况。

4)通风方案选定

通风方案的选取应综合考虑以下因素：

(1)正常行车和发生交通阻塞时，隧道通风系统应提供足够的新风量，稀释隧道内车辆行驶时排出的废气。

(2)火灾事故情况下，通风系统应具有排烟功能。

(3)在确保通风设备可靠性及节能运行、节约工程投资的条件下优选取适当的通风方式。

(4)隧道通风系统应满足安全实用、质量可靠、经济合理、技术先进的要求。

(5)对于环境质量的影响，能满足环保及节能方面的要求。

采用纵向式通风具有系统简单，风机直接挂在隧道顶板下，造价和营运费用较低等优点。尤其是在单向交通情况下隧道内有汽车交通通风力(即活塞风)可利用，设备安装方便。依据需风量计算结果，本隧道推荐采用全射流纵向通风方式。

5)射流风机计算

隧道内所需升压力 Δp：

$$\Delta p = \Delta p_{\mathrm{r}} + \Delta p_{\mathrm{m}} - \Delta p_{\mathrm{t}} \tag{24-6-62}$$

通风阻抗力 Δp_{r}：

$$\Delta p_{\mathrm{r}} = \left(1 + \xi_{\mathrm{in}} + \lambda \frac{L}{D}\right) \frac{\rho}{2} \cdot v_{\mathrm{r}}^{2} \tag{24-6-63}$$

自然风阻力 Δp_{m}：

$$\Delta p_{\mathrm{m}} = \left(1 + \xi_{\mathrm{in}} + \lambda \frac{L}{D}\right) \frac{\rho}{2} \cdot v_{\mathrm{n}}^{2} \tag{24-6-64}$$

交通风压力 Δp_t：

$$\Delta p_t = \frac{A_m}{A_r} \cdot \frac{\rho}{2} \cdot n_+ (v_t - v_r)^2 \tag{24-6-65}$$

其中：$A_m = (1-r_1) \cdot A_{cs} \cdot \xi_{cs} + r_1 A_{cl} \cdot \xi_{cl}$ (24-6-66)

射流风机升压力 Δp_j：

$$\Delta p_j = \rho \cdot v_j^2 \cdot \frac{A_j}{A_r}\left(1 - \frac{v_r}{v_j}\right) \cdot \eta \tag{24-6-67}$$

射流风机技术参数：SDSϕ1120 型射流风机，叶轮直径：1 120mm，出口风速：30m/s，风机转速：1 470rad/min，电机功率：30kW。

需风机台数：

$$i = \frac{\Delta p_m + \Delta p_r - \Delta p_t}{\Delta p_j} \tag{24-6-68}$$

针对不同车速工况对应的需风量分别建立计算如表 24-6-10～表 24-6-13 所示。

左线近期射流风机配置计算 表 24-6-10

车速（km/h）	n_+（辆）	Q_{req}（m³/s）	v_r(m/s)	Δp_m（N/m²）	Δp_t（N/m²）	Δp_r（N/m²）	Δp_j（N/m²）	计算风机数（台）	配置风机数（台）
10	499.84	218.93	3.21	39.49	−3.01	45.10	12.29	7.13	8
30	113.42	140.82	2.06	39.49	146.35	18.66	12.81	−6.88	0
40	85.07	130.39	1.91	39.49	236.32	16.00	12.88	−14.04	0
50	68.05	135.73	1.99	39.49	316.25	17.33	12.85	−20.19	0
60	56.71	125.17	1.83	39.49	409.41	14.74	12.92	−27.49	0
70	48.61	132.08	1.93	39.49	488.99	16.42	12.87	−33.65	0
80	42.53	167.64	2.45	39.49	545.28	26.44	12.63	−37.94	0

左线远期射流风机配置计算 表 24-6-11

车速（km/h）	n_+（辆）	Q_{req}（m³/s）	v_r(m/s)	Δp_m（N/m²）	Δp_t（N/m²）	Δp_r（N/m²）	Δp_j（N/m²）	计算风机数（台）	配置风机数（台）
10	543.71	322.60	4.72	39.49	−67.57	97.92	11.59	17.68	18
30	213.24	207.50	3.04	39.49	196.14	40.51	12.37	−9.39	0
40	159.93	192.13	2.81	39.49	361.28	34.73	12.47	−23.02	0
50	127.95	200.00	2.93	39.49	504.26	37.64	12.42	−34.40	0
60	106.62	184.44	2.70	39.49	682.28	32.01	12.52	−48.78	0
70	91.39	194.63	2.85	39.49	825.68	35.64	12.45	−60.28	0
80	79.97	247.02	3.62	39.49	908.14	57.41	12.10	−67.04	0

右线近期射流风机配置计算 表 24-6-12

车速（km/h）	n_+（辆）	Q_{req}（m³/s）	v_r(m/s)	Δp_m（N/m²）	Δp_t（N/m²）	Δp_r（N/m²）	Δp_j（N/m²）	计算风机数（台）	配置风机数（台）
10	499.84	195.43	2.86	39.49	−0.12	35.94	12.45	6.07	7
30	113.42	126.21	1.85	39.49	156.51	14.99	12.91	−7.90	0
40	85.07	111.75	1.64	39.49	250.55	11.75	13.01	−15.32	0
50	68.05	114.04	1.67	39.49	333.35	12.24	12.99	−21.67	0
60	56.71	105.17	1.54	39.49	425.74	10.41	13.05	−28.79	0
70	48.61	101.03	1.48	39.49	514.72	9.60	13.08	−35.60	0
80	42.53	109.87	1.61	39.49	592.95	11.36	13.02	−41.63	0

右线远期射流风机配置计算　表 24-6-13

车速（km/h）	n_+（辆）	Q_{req}（m^3/s）	v_r（m/s）	Δp_m（N/m^2）	Δp_t（N/m^2）	Δp_r（N/m^2）	Δp_j（N/m^2）	计算风机数（台）	配置风机数（台）
10	543.71	287.97	4.22	39.49	−36.95	78.03	11.83	13.06	14
30	213.24	185.97	2.72	39.49	220.19	32.54	12.51	−11.84	0
40	159.93	164.66	2.41	39.49	397.15	25.51	12.65	−26.25	0
50	127.95	168.04	2.46	39.49	548.23	26.57	12.63	−38.18	0
60	106.62	154.97	2.27	39.49	725.10	22.60	12.72	−52.13	0
70	91.39	148.87	2.18	39.49	893.70	20.85	12.76	−65.31	0
80	79.97	161.89	2.37	39.49	1 033.91	24.66	12.67	−76.53	0

(1)火灾情况下风机验算

火灾情况下，排烟风速为 2.8m/s，计算风机台数：

$$i=\frac{\Delta p_m+\Delta p_r-\Delta p_t}{\Delta p_j}\times 1.1\approx 8$$

计算可得左右线隧道均需设置 8 台射流风机用于火灾排烟。

(2)隧道风机设置规模如表 24-6-14 所示。

各工况下的射流风机设置量　表 24-6-14

分期情况	10km/s	30～80km/s	火灾	实际配置
左洞近期	8	0	8	10
左洞远期	18	0	8	18
右洞近期	7	0	8	10
右洞远期	14	0	8	14

2.实例二：左线单斜井、右线双斜井送排式通风方案

1)隧道条件

交通方向：单向交通；

隧道长度：$L_左$=10 190m，$L_右$=10 480m；

隧道断面积：A_r=62.51m^2；

隧道当量直径：D_r=8.06m；

隧道纵坡：左线：+2.593%(5m)、+0.4%(2 205m)和−1.8%(7 980m)；

右线：2.681%(25m)、+1.8%(8 170m)、−0.4%(2 285m)；

大型车混入率：62%；

设计行车速度：80km/h。

隧道各种车型的实际交通量如表 24-6-15 所示。

高峰小时交通量(辆)　表 24-6-15

×××隧道		车辆绝对数(分汽油、柴油车型)					
		小客车	大中客车	小货车	中货车	大货车	拖挂车
2020 年	柴油	0	15	10	54	66	237
	汽油	185	4	40	13	0	0
2030 年	柴油	0	24	16	88	109	389
	汽油	304	6	65	22	0	0

2)隧道通风卫生标准

(1)隧道内 CO 允许浓度 δ。

①正常运营时，隧道洞内 CO 的设计浓度 $\delta=250\times10^{-6}$。

②交通阻滞(平均车速为 10km/h)，CO 的设计浓度 300×10^{-6}，阻滞时间不超过 20min，阻滞段长度不大于 1 000m，阻滞段以外计算行车速度为 40km/h。

③特长隧道一般设置有完善的监控系统，不考虑发生全程怠速行驶(平均车速为20km/h)的情况。

(2)隧道烟尘允许浓度 K 如表 24-6-16 所示。

隧道烟尘允许浓度 *K* 表 24-6-16

运营状况	交通阻滞	正常运营			交通管制	养护维修
计算车速(km/h)	10～30	40～50	60～70	80～100		
隧道烟尘允许浓度 $K(m^{-1})$	0.009 0	0.007 5	0.007 0	0.005 0	0.012 0	0.003 5

(3)稀释空气中异味：根据本工程交通量和隧道规模的特点，隧道空间不间断换气频率按每小时 3 次取值，同时保证隧道内换气风速 $v_r\geqslant2.5$m/s 。

(4)火灾工况：火灾时排烟风速按 $v_r=3.0$m/s 取值。

(5)隧道通风计算参数如表 24-6-17 所示。

通风计算参数表 表 24-6-17

项目			单位	计算与控制参数
设计控制风速	正常交通设计控制风速		m/s	≤10
	火灾工况设计控制风速		m/s	3
	换气设计控制风速		m/s	≥2.5
环境参数	洞内外自然风压在洞内产生的自然风速 v_n		m/s	3
	计算空气密度 ρ		kg/m³	1.2
计算行车速度	正常行车最大车速	纵坡 $i\leqslant1\%$	km/h	80
		纵坡 $i>1\%$	km/h	70
	正常行车车速		km/h	30～80
	交通阻滞车速		km/h	10
汽车尾气基准排放量	q_{CO}(以 1995 年为起点)		m^3/(辆·km)	0.01
	q_{VI}(以 1995 年为起点)		m^3/(辆·km)	2.5
	折减系数(以 1995 年为起点)		—	2%

3)需风量计算

参照本手册所列的隧道内需风量的计算公式，根据各隧道的工程概况、交通量与交通组成及隧道的通风技术标准等各值，对计算行车速度以下按 10km/h 为一档分别计算，不同工况下的需风量如表 24-6-18 所示。

隧道各工况下的计算需风量(单位:m^3/s)　表 24-6-18

年份(年)	近期(2020)				远期(2030)			
运行工况	左线(m^3/s)		右线(m^3/s)		左线(m^3/s)		右线(m^3/s)	
	$Q_{req(CO)}$	$Q_{req(VI)}$	$Q_{req(CO)}$	$Q_{req(VI)}$	$Q_{req(CO)}$	$Q_{req(VI)}$	$Q_{req(CO)}$	$Q_{req(VI)}$
10km/h	107.0	387.6	109.6	711.4	143.1	519.4	146.7	953.4
30km/h	115.9	384.2	138.7	657.3	155.0	514.9	185.5	881.0
40km/h	105.7	333.3	108.7	639.7	141.4	446.7	145.5	857.4
50km/h	84.5	320.0	87.0	815.1	113.1	428.9	116.4	1 092.5
60km/h	70.5	295.1	72.5	751.7	94.3	395.5	97.0	1 007.5
70km/h	59.9	280.7	61.6	901.6	80.1	376.3	82.4	1 208.4
80km/h	52.8	292.0	62.9	843.2	70.7	391.4	84.1	1 130.2
火灾	187.5		187.5		187.5		187.5	
换气	530.8		545.9		530.8		545.9	
控制工况	换气		70km/h		换气		50km/h	
控制需风量	530.8		901.6		530.8		1 092.5	

注:隧道配备有完善的监控系统,不考虑全程怠速行驶(平均车速 20km/h)的情况。

根据《公路工程技术标准》(JTG B01—2003)中关于高速公路服务水平和本项目隧道近远期高峰小时交通量的关系,在设计车速为 80km/h 时,该隧道近期服务水平可到达一级水平,服务车速≥74km/h;远期为二级服务水平,车速≥66km/h。由于右线有>8km 的特长上坡,同时考虑本项目大车混入率占到了 62.36%,结合国内隧道实际运营情况,大车在隧道内实际车速较低,故考虑本隧道近期控制风量取 70km/h 的车速对应的风量作为控制风量。远期控制需风量为 50km/h 对应的需风量。

4)通风系统计算

依据需风量计算结果,并结合隧道的地理位置条件,通过多方案必选,推荐该隧道右线采用双斜井分三段送排式通风;左线采用单斜井分两段送排式通风。通风示意如图 24-6-12 所示。

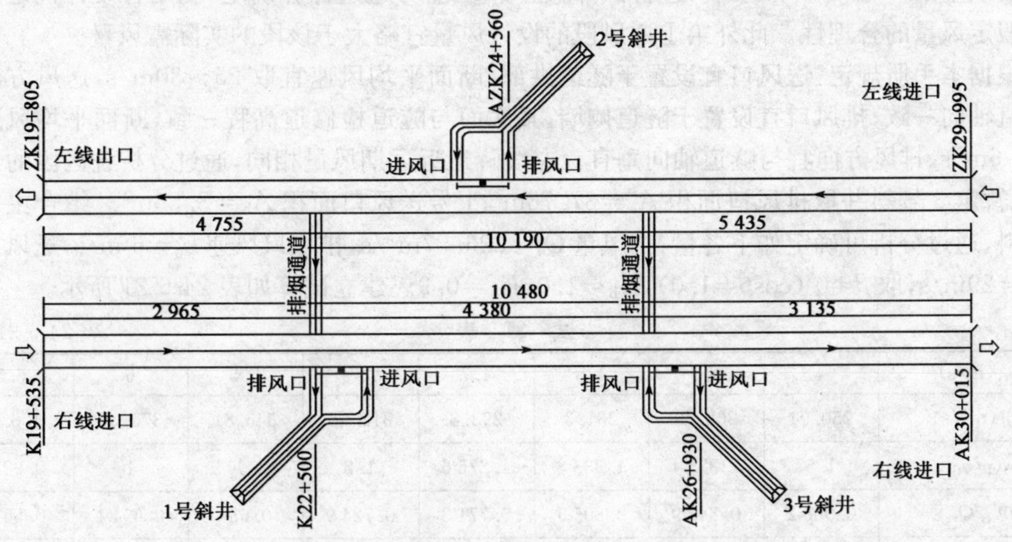

图 24-6-12　隧道通风系统图(尺寸单位:m)

依据相关设计资料，隧道斜井基本参数如表 24-6-19 所示。

斜井主要参数(单位：m^3/s)　表 24-6-19

项　目		单位	左　洞		右　洞			
斜井编号		—	2 号斜井		1 号斜井		3 号斜井	
斜井类型		—	排风井	送风井	排风井	送风井	排风井	送风井
排、送风口位置		—	LK24＋560	LK24＋500	K22＋500	K22＋560	K26＋870	K26＋930
斜井长度	无轨	m	1 253.498	1 253.498	1 305.138	1 305.138	881.937	881.937
斜井角度	无轨	°	7	7	8	8	7.993	7.993
斜井净空断面积		m^2	18.52	18.52	17.68	27.47	24.55	20.6
斜井当量直径		m	4.82	4.82	3.79	5.12	4.74	4.21
井底联络风道长度		m	31.8	50.8	31.5	45.5	15	49.4
风机房类型		—	地下		地下		地上	

(1)隧道左线分段通风试算

隧道左线近远期需风量相同，均由换气风量控制(530.8 m^3/s)，采用单竖井分两段纵向通风方案。经分析得出隧道左线分段通风Ⅰ，分段通风Ⅱ需风量分别如表 24-6-20 所示。

左线分段需风量　表 24-6-20

	项　目	长度(m)	近期(m^3/s)	远期(m^3/s)
左　线	分段Ⅰ	5 435	283.22	283.22
	分段Ⅱ	4 755	247.8	247.8
	合计	10 190	531.0	531.0

对于单斜井送排式通风，送排风量的大小关联密切。通风计算中需假定第Ⅰ通风段的排风量 Q_e(第一段排风量应略小于隧道口进风量，以保证竖井短道内空气不回流，一般按第Ⅰ通风段需风量的 75%～85%取值)进行试算，送风量 Q_b 可通过计算确定，利用各设计判定条件检验假定风量的合理性。此外第Ⅰ通风段的设计风量宜略大于该段的实际需风量。

根据本手册规定：送风口宜设置于隧道拱部，断面平均风速宜取 25～30m/s，送风方向宜与隧道轴向一致；排风口宜设置于隧道侧墙，其底面与隧道检修道高程一致，断面平均风速宜取 5～6m/s，排风方向宜与隧道轴向垂直。左线隧道近远期风量相同，通过分析各区段的送排风量，暂定 3 号斜井取排风口面积 $A_e=37.76m^2$；1 号送风口面积 $A_b=8.56m^2$。结合主体相关资料，通过分析可确定如下各量：排风量 $Q_e=226.57m^3/s$，排风口风速 $v_e=6$ m/s，送风口风速 $\nu_b=29m/s$，取 $\beta=0°(\cos\beta=1.0)$，$K_b=1.0$，$K_e=0.9$。建立试算如表 24-6-21 所示。

试　算　表　表 24-6-21

v_{r1}(m/s)	4	4.3	4.5	4.7	5	5.5	6	6.5
Q_{r1}(m^3/s)	250.04	268.79	281.3	293.8	312.55	343.81	375.06	406.32
v_{e1}/v_{r1}	1.5	1.395 4	1.333 3	1.276 6	1.2	1.090 9	1	0.923 1
Q_{e1}/Q_{r1}	0.906 2	0.842 9	0.805 5	0.771 2	0.724 9	0.659	0.604 1	0.557 6
Δp_{e1}(Pa)	−4.457	−1.847	−0.107	1.632 6	4.242 3	8.591 8	12.941	17.291

续上表

v_{rs1}(>0)(m/s)	0.3754	0.6754	0.8754	1.0754	1.3754	1.8754	2.3754	2.8754
Q_1(>0)(m^3/s)	−3.114	−2.266	−0.374	2.4207	8.0688	20.659	36.36	54.455
Q_{r2}(m^3/s)	274.36	292.27	302.88	312.59	325.69	344.35	359.91	373.07
v_{r2}(m/s)	4.3891	4.6755	4.8453	5.0006	5.2102	5.5088	5.7576	5.9682
v_{b2}/v_{r2}	6.5307	6.1306	5.9158	5.7321	5.5015	5.2033	4.9784	4.8028
Q_{b2}/Q_{r2}	0.9145	0.8555	0.8193	0.7849	0.736	0.6596	0.5874	0.5182
Q_{b2}(m^3/s)	250.9	250.05	248.16	245.36	239.71	227.12	211.42	193.33
Δp_{b2}(Pa)	115.11	111.91	109.3	106.39	101.6	92.781	83.327	73.559
$\Delta p_b+\Delta p_e$(Pa)	110.65	110.06	109.19	108.03	105.84	101.37	96.269	90.85

通过计算可确定以下各量

v_e(m/s)	v_b(m/s)	Q_e(m^3/s)	Q_b(m^3/s)	v_{r1}(m/s)	v_{r2}(m/s)
6.0	29	226.57	245.36	4.7	5.0006

表中计算过程如下，为了清晰起见，将其按各通风段按顺序组织。

①第一通风段计算

假定隧道第一通风段风速 v_{r1}，计算第一通风段进风量 $Q_{r1}=v_{r1}\cdot A_r$。

假定第一通风段排风量（竖井排风量）Q_{e1}；计算第一通风段排风口（竖井排风口）升压力 Δp_{e1}：

$$\Delta p_{e1}=\frac{Q_{e1}}{Q_{r1}}\cdot\left[\left(2-\frac{K_e\cdot v_{e1}}{v_{r1}}\right)-\frac{Q_{e1}}{Q_{r1}}\right]\cdot\rho\cdot v_{r1}^2 \tag{24-6-69}$$

计算流入竖井送排风口间短道内风量 Q_{rs1}：

$$Q_{rs1}=Q_{r1}-Q_{e1} \tag{24-6-70}$$

计算竖井送排风口间短道内风速 v_{rs1}，应满足 $v_{rs1}>0$：

$$v_{rs1}=\frac{Q_{rs1}}{A_r}=\frac{Q_{r1}-Q_{e1}}{A_r} \tag{24-6-71}$$

计算第一通风段流入短道内的剩余新鲜风量 Q_{fresh1}，应满足 $Q_{fresh1}>0$：

$$Q_{fresh1}=(Q_{r1}-Q_{e1})\cdot\left(\frac{Q_{r1}-Q_{req1}}{Q_{r1}}\right) \tag{24-6-72}$$

②第二通风段计算

确定第二通风段竖井送风量 Q_{b2}：

$$Q_{b2}=Q_{rep}-Q_{r1}+Q_e\cdot\left(\frac{Q_{r1}-Q_{rep}}{Q_{r1}}\right) \tag{24-6-73}$$

计算第二通风段风速 v_{r2}：

$$v_{r2}=\frac{Q_{r2}}{A_r}=\frac{Q_{b2}+Q_{rs1}}{A_r} \tag{24-6-74}$$

计算第二通风段送风口（竖井送风口）升压力 Δp_{b2}：

$$\Delta p_{b2}=\frac{Q_{b2}}{Q_{r2}}\left[\left(\frac{K_b\cdot v_{b2}\cdot\cos\beta}{v_{r2}}-2\right)+\frac{Q_{b2}}{Q_{r2}}\right]\cdot\rho\cdot v_{r2}^2 \tag{24-6-75}$$

综上所述，选取第一通风段合理风速为 4.7m/s，第一通风段排风量为 226.57m^3/s，第二通风段送风量由风量关系推算求得为 245.36m^3/s。

③射流风机台数计算(第一通风段)

隧道内风流阻力:

$$\Delta p_{r1}=\left(\xi_{in}+\xi_{分叉}+\lambda\frac{L_{r1}}{D_r}\right)\cdot\frac{\rho}{2}\cdot v_{r1}^2 \tag{24-6-76}$$

空气流入隧道内所需动压:

$$h_r=\frac{\rho}{2}\cdot v_r^2 \tag{24-6-77}$$

交通通风力:

$$\Delta p_{t1}=\frac{A_m\cdot\rho\cdot n_+}{2A_r}(v_{t+}-v_r)^2-\frac{A_m\cdot\rho\cdot n_-}{2A_r}(v_{t-}+v_r)^2 \tag{24-6-78}$$

单台射流风机升压力:

$$\Delta p_j=\rho\cdot v_j^2\cdot\frac{A_j}{A_r}\cdot\left(1-\frac{v_{r1}}{v_j}\right)\cdot\eta \tag{24-6-79}$$

排风口的升压力:

$$\Delta p_e=\frac{Q_e}{Q_{rf}}\left[\left(2-\frac{K_eU_e}{U_{rf}}\right)-\frac{Q_e}{Q_{rf}}\right]\rho U_{rf}^2 \tag{24-6-80}$$

隧道内压力模式:

$$\Delta p_e+\sum_n\Delta p_j\geqslant(\Delta p_r-\Delta p_t)+\Delta p_m \tag{24-6-81}$$

取 $\xi_{分叉}=0.28$,$\lambda=0.025$,则第一通风段所需射流风机台数:

$$n_1=\frac{(\Delta p_r-\Delta p_t)+\Delta p_m-\Delta p_e}{\Delta p_j} \tag{24-6-82}$$

得到第一通风段射流风机台数:$n\approx4$。

④射流风机台数计算(第二通风段)

隧道内风流阻力:

$$\Delta p_{r2}=\left(\xi_{汇流}+1+\lambda\frac{L_{r2}}{D_r}\right)\cdot\frac{\rho}{2}\cdot v_{r2}^2 \tag{24-6-83}$$

送风口升压力:

$$\Delta p_b=\frac{Q_b}{Q_{rb}}\left[\left(\frac{K_bU_b\cos\beta}{U_{rb}}-2\right)+\frac{Q_b}{Q_{rb}}\right]\rho U_{rb}^2 \tag{24-6-84}$$

交通通风力:

$$\Delta p_{t2}=\frac{A_m\cdot\rho\cdot n_+}{2A_r}(v_{t+}-v_r)^2-\frac{A_m\cdot\rho\cdot n_-}{2A_r}(v_{t-}+v_r)^2 \tag{24-6-85}$$

单台射流风机升压力:

$$\Delta p_j=\rho\cdot v_j^2\cdot\frac{A_j}{A_r}\cdot\left(1-\frac{v_{r1}}{v_j}\right)\cdot\eta \tag{24-6-86}$$

隧道内压力模式:

$$\Delta p_b+\sum_n\Delta p_j\geqslant(\Delta p_f-\Delta p_t)+\Delta p_m \tag{24-6-87}$$

取 $\xi_{汇流}=0.7$,$\lambda=0.020$,则第二通风段所需射流风机台数:

$$n_2=\frac{(\Delta p_r-\Delta p_t)+\Delta p_m-\Delta p_b}{\Delta p_j} \tag{24-6-88}$$

得到第二通风段射流风机台数:$n\approx4$。

⑤轴流风机功率计算

送排风机所需全压：

$$(p_{tot})_e = 1.1 \times \left(\frac{\rho}{2}U_e^2 + p_{de} - p_{se} + p_{me}\right) \tag{24-6-89}$$

$$(p_{tot})_b = 1.1 \times \left(\frac{\rho}{2}U_b^2 + p_{db} + p_{sb}\right) \tag{24-6-90}$$

$$p_{de} = p_{de风道} + p_{de竖井} = \frac{\rho}{2}\sum_{i=1}^{n}\left(\xi_{i风道} + \lambda_i \frac{L_i}{D_i}\right) \cdot v_{ie风道}^2 + p_{de竖井} \tag{24-6-91}$$

$$p_{db} = p_{db风道} + p_{db竖井} = \frac{\rho}{2}\sum_{i=1}^{n}\left(\xi_{i风道} + \lambda_i \frac{L_i}{D_i}\right) \cdot v_{ib风道}^2 + p_{db竖井} \tag{24-6-92}$$

送排风轴流风机所需电机功率：

$$M_e = \frac{S_{KW}}{\eta_m} \cdot k = \frac{Q_a \cdot p_{tot}}{1\,000 \cdot \eta \cdot \eta_m} \cdot \left(\frac{273 + t_0}{273 + t_1}\right) \cdot \frac{p_1}{p_0} \cdot k \tag{24-6-93}$$

$$M_b = \frac{S_{KW}}{\eta_m} \cdot k = \frac{Q_a \cdot (p_{tot})_b}{1\,000 \cdot \eta \cdot \eta_m} \cdot \left(\frac{273 + t_0}{273 + t_1}\right) \cdot \frac{p_1}{p_0} \cdot k \tag{24-6-94}$$

损失系数可根据流体力学的相关规定，对于一些特殊的变断面或者弯道其损失系数宜通过模型试验的办法确定。连接风道和竖井断面的拟定在满足结构要求的前提下，关键因素在于确定经济风速，规范推荐风道内设计风速宜在 13～18m/s 范围内取值。在尽量满足经济风速的条件下，结合施工难度取送风井断面积为 18.52m²，排风井断面积为 18.52m²。带入数据经计算如表 24-6-22、表 24-6-23 所示。

轴流风机功率计算表　　　　表 24-6-22

左线 2 号斜井排风机功率验算					近　期 (226.57 m³/s)	远　期 (226.57 m³/s)
连接风道名称	风道沿长 X_{ci}(m)	风道当量直径 D_{ci}(m)	风道的面积 A_{ci}(m²)	局部阻力系数 ξ_c	风道的阻力 p_c(Pa)	风道的阻力 p_c(Pa)
正洞垂直钢网门	0	7.07	45.41	1.25	18.67	18.67
排风口联络风道	25	7.22	46.41	0	1.24	1.24
喇叭口、变形	5	5.33	32	0.11	4.01	4.01
风机房、风阀、消声器*	—	—	—	—	250	250
喇叭口、变形	9	4.25	16.15	0.11	19.24	19.24
弯曲联络风道	31.5	4.25	16.15	0.14	38.42	38.42
折曲、90°弯曲	12.4	4.83	18.52	0.37	39.18	39.18
斜井	1 253	4.83	18.52	0	582.89	582.89
方圆、变形	8	3.98	16.5	0.025	8.52	8.52
矩形弯曲风道(导流叶片)	18	3.98	16.5	0.35	52.4	52.4
防护网、出口	0	3.98	16.5	1.58	178.76	178.76
合计	1 361.9	—	—	—	1 193.32	1 193.32
排风口动压力	$p_{排风口} = p/2 \times v_{el} \times v_{el}$				21.60	21.60
竖井底部富余压力	$p_s = \Delta p_{t1} + \Delta p_{e1} - \Delta p_{r1} - \Delta p_{m1}$				13.48	13.48
排风机全压	$\Delta p = (\sum p_{风道} + p_{风口} - p_s) \times 1.1$				1 321.59	1 321.59
排风机轴流功率	$p_{排风} = \Delta p_{排} \times Q_{el} \times 1.06/0.80$				387.51	387.51
电机功率	单向有导叶风机，n=0.9				495.15	495.15

注：* 在没有具体资料的情况下，风机压力损失可按照 150～250Pa 取值。

轴流风机功率计算表 表 24-6-23

左线 2 号斜井送风机功率验算					近期 (245.3 m^3/s)	远期 (245.3 m^3/s)
连接风道名称	风道沿长 X_{ci}(m)	风道当量直径 D_{ci}(m)	风道的面积 A_{ci}(m^2)	局部阻力系数 ξ_c	风道的阻力 p_c(Pa)	风道的阻力 p_c(Pa)
井口、钢筋网	0	3.98	16.50	1.18	156.56	156.56
25°折曲风道	11	3.98	16.50	0.05	15.55	15.55
变形、方圆	8	4.07	17.52	0.03	8.72	8.72
斜井	1 253	4.30	18.52	0	766.40	766.40
折曲、90°弯曲	11.5	4.30	18.52	0.37	46.21	46.21
弯曲联络风道	50.8	4.25	16.15	0.14	60.77	60.77
喇叭口	9.1	4.80	33.60	0.45	15.91	15.91
风机房、风阀、消声器*	—	—	—	—	250.00	250.00
喇叭口	6	5.62	31.20	0.10	4.70	4.70
送风口联络风道(折曲)	20	5.62	31.20	0.03	4.41	4.41
90°弯曲、导流叶片	0	3.25	9.75	0.35	132.99	132.99
送风道、送风口	15	3.25	9.75	0.71	314.53	314.53
合计	1 361.9	—	—	—	1 776.76	1 776.76
排风口动压力	$p_{排风口}=p/2\times v_{e1}\times v_{e1}$				492.97	492.97
竖井底部富余压力	$p_s=\Delta p_{t1}+\Delta p_{e1}-\Delta p_{r1}-\Delta p_{m1}$				56.21	56.21
排风机全压	$\Delta p=(\sum p_{风道}+p_{风口}-p_s)\times 1.1$				2 325.94	2 325.94
排风机轴流功率	$p_{排风}=\Delta p_{排}\times Q_{e1}\times 1.06/0.80$				738.55	738.55
电机功率	单向有导叶风机,$n=0.9$				943.70	943.70

注:* 在没有具体资料的情况下,其损失系数可按照 150～250Pa 取值。

结合各个风机的风压、风量特点,轴流风机选取考虑近远期相结合的原则,一般可按照远期的设计参数进行配置,选用的轴流风机经济、可行,并考虑一定的富余。左线轴流风机配置如表 24-6-24 所示。

左线 2 号斜井轴流风机配置表 表 24-6-24

通风位置	年份(年)	2 号斜井风机选型(所有性能参数为单台风机的性能参数)				
		设计风量 (m^3/s)	设计风压 (Pa)	计算电机功率 (kW)	配备电机功率 (kW)	台数
左线排风	2020	120	1 321.5	245.7	260	2
	2030	120	1 321.5	245.7	260	2
左线送风	2020	125	2 325.9	471.8	480	2
	2030	125	2 325.9	471.8	480	2

(2)隧道右线分段通风计算

隧道右线采用两竖井分三段纵向通风方式,近远期需风量相差较大,应分开计算。右线隧道为人字坡,出口段为 2 285km(0.4%)的长下坡,各分段需风量应结合隧道实际坡度分别计算,避免出现风量过剩和不足的情况。经分析得出隧道右线各段所需风量如表 24-6-25 所示。

右线分段需风量(单位:m^3/s)　　表 24-6-25

	项目	长度(m)	近期(m^3/s)	远期(m^3/s)
右　线	分段Ⅰ	2 965	296.62	346.87
	分段Ⅱ	4 380	438.17	512.4
	分段Ⅲ	3 135	166.21	233.23
	合计	10 480	901	1 092.5

对于两竖井送排式通风,通风计算中需假定各通风段排风量 Q_{ei} 进行试算(各段送风量 Q_b 可通过计算确定),利用各设计判定条件检验假定风量的合理性,右线隧道近远期风量不同。

①近期

右线隧道近远期风量不同,各区段需风量也都不同。通过分析各区段近远期的送排风量,暂定 1 号斜井取排风口面积 $A_e=50.2m^2$,送风口面积 $A_b=16.35m^2$;3 号斜井取排风口面积 $A_e=50.2m^2$,送风口面积 $A_b=12.64m^2$。结合原设计资料,可确定如下各量:取 $K_e=0.9$,$K_b=1.0$;Ⅰ区段排风量排风量 $Q_{e1}=237.29m^3/s$,Ⅱ区段送风量 $Q_{b2}=437.46m^3/s$,Ⅱ区段排风量 $Q_{e2}=400.17m^3/s$,Ⅰ区段排风风速 $v_{e1}=4.7m/s$,Ⅱ区段排风风速 $v_{e2}=7.9m/s$。建立试算如表 24-6-26 所示。

右线近期分段通风试算表　　表 24-6-26

v_{r1}(m/s)	3	3.5	4	4.5	4.7	4.8	5	5.5	6
Q_{r1}(m^3/s)	187.53	218.79	250.04	281.3	293.8	300.05	312.55	343.81	375.06
v_{e1}/v_{r1}	1.575 7	1.350 6	1.181 7	1.050 4	1.005 7	0.984 8	0.945 4	0.859 4	0.787 8
Q_{e1}/Q_{r1}	1.265 4	1.084 6	0.949	0.843 6	0.807 7	0.790 9	0.759 2	0.690 2	0.632 7
Δp_{e1}(Pa)	−8.562	−4.386	−0.21	3.965 4	5.635 7	6.470 8	8.141 1	12.317	16.493
v_{rs1}(m/s)	−0.796	−0.296	0.203 9	0.703 9	0.903 9	1.003 9	1.203 9	1.703 9	2.203 9
Q_1(m^3/s)	28.948	6.584 4	−2.374	−2.397	−0.542	0.717 6	3.836 4	14.619	28.814
Q_{r2}(m^3/s)	387.69	418.95	450.2	481.46	493.96	500.21	512.71	543.97	575.22
v_{r2}(m/s)	6.202 1	6.702 1	7.202 1	7.702 1	7.902 1	8.002 1	8.202 1	8.702 1	9.202 1
v_{b2}/v_{r2}	4.314	3.992 1	3.715	3.473 8	3.385 9	3.343 6	3.262 1	3.074 6	2.907 6
Q_{b2}/Q_{r2}	1.128 4	1.044 2	0.971 7	0.908 6	0.885 6	0.874 5	0.853 2	0.804 2	0.760 5
v_{e2}/v_{r2}	1.285 3	1.189 4	1.106 8	1.035	1.008 8	0.996 2	0.971 9	0.916	0.866 3
Q_{e2}/Q_{r2}	1.032 2	0.955 2	0.888 9	0.831 2	0.810 1	0.8	0.780 5	0.735 6	0.695 7
Δp_{b2}(Pa)	164.35	156.65	148.95	141.26	138.18	136.64	133.56	125.86	118.16
Δp_{e2}(Pa)	41.46	48.502	55.544	62.586	65.403	66.811	69.628	76.669	83.711
v_{rs2}(m/s)	−0.2	0.300 4	0.800 4	1.300 4	1.500 4	1.600 4	1.800 4	2.300 4	2.800 4
Q_2(m^3/s)	−0.908	0.263	−0.344	−0.526	−0.239	0	0.684 6	3.674 8	8.550 3
Q_{r3}(m^3/s)	154.64	184.73	216.59	248.02	260.24	266.25	278.07	306.33	332.71
v_{r3}(m/s)	2.473 9	2.955 1	3.464 8	3.967 8	4.163 2	4.259 3	4.448 4	4.900 6	5.322 6
v_{b3}/v_{r3}	5.315 3	4.449 7	3.795 1	3.314 1	3.158 5	3.087 2	2.956	2.683 3	2.470 5
Q_{b3}/Q_{r3}	1.080 7	0.898 3	0.769	0.672 3	0.639 6	0.624 3	0.595 3	0.530 6	0.473 9
Q_{b3}(m^3/s)	167.12	165.95	166.55	166.74	166.45	166.21	165.53	162.54	157.66
Δp_{b3}(Pa)	31.982	28.892	26.039	23.125	21.927	21.321	20.1	17.014	13.945
$\Delta p_b+\Delta p_e$(Pa)	229.23	229.66	230.33	230.93	231.14	231.24	231.43	231.86	232.31

通过计算可确定以下各量

v_{e1}(m/s)	v_{b2}(m/s)	v_{e2}(m/s)	v_{b3}(m/s)	Q_{e1}(m^3/s)	Q_{b2}(m^3/s)	Q_{e2}(m^3/s)	Q_{b3}(m^3/s)	v_{r1}(m/s)	v_{r2}(m/s)	v_{r3}(m/s)
4.727	26.756	7.971 5	13.15	237.29	437.46	400.17	166.21	4.8	8.002 1	4.259 3

②远期

结合原设计资料，可确定如下各量：取 $K_e=0.9$，$K_b=1.0$，Ⅰ区段排风量排风量 $Q_{e1}=294.84\text{m}^3/\text{s}$，Ⅱ区段送风量 $Q_{b2}=510.77\text{m}^3/\text{s}$，Ⅱ区段排风量 $Q_{e2}=429.18\text{m}^3/\text{s}$，Ⅰ区段排风风速 $v_{e1}=5.8\text{m/s}$，Ⅱ区段排风风速 $v_{e2}=8.54\text{m/s}$。建立试算表如表 24-6-27 所示。

右线远期分段通风试算表 表 24-6-27

v_{r1}(m/s)	3.5	4.5	5	5.5	5.7	6	6.5	7
Q_{r1}(m^3/s)	218.79	281.3	312.55	343.81	356.31	375.06	406.32	437.57
v_{e1}/v_{r1}	1.678 1	1.305 2	1.174 6	1.067 9	1.030 4	0.978 9	0.903 6	0.839
Q_{e1}/Q_{r1}	1.347 6	1.048 1	0.943 3	0.857 6	0.827 5	0.786 1	0.725 6	0.673 8
Δp_{e1}(N/m^2)	−15.58	−5.202	−0.013	5.175 1	7.250 4	10.363	15.552	20.74
v_{rs1}(m/s)	−1.217	−0.217	0.283 4	0.783 4	0.983 4	1.283 4	1.783 4	2.283 4
Q_1(m^3/s)	44.522	3.156 6	−1.945	−0.436	1.628 7	6.030 4	16.311	29.587
Q_{r2}(m^3/s)	434.72	497.23	528.49	559.74	572.25	591	622.25	653.51
v_{r2}(m/s)	6.954 5	7.954 5	8.454 5	8.954 5	9.154 5	9.454 5	9.954 5	10.454
v_{b2}/v_{r2}	4.492 1	3.927 4	3.695 1	3.488 8	3.412 6	3.304 3	3.138 3	2.988 2
Q_{b2}/Q_{r2}	1.174 9	1.027 2	0.966 5	0.912 5	0.892 6	0.864 3	0.820 8	0.781 6
v_{e2}/v_{r2}	1.229 4	1.074 8	1.011 2	0.954 8	0.933 9	0.904 3	0.858 9	0.817 8
Q_{e2}/Q_{r2}	0.987 3	0.863 1	0.812 1	0.766 8	0.75	0.726 2	0.689 7	0.656 7
Δp_{b2}(N/m^2)	229.22	211.24	202.25	193.27	189.67	184.28	175.29	166.3
Δp_{e2}(N/m^2)	52.263	67.367	74.92	82.472	85.493	90.025	97.577	105.13
v_{rs2}(m/s)	0.088 6	1.088 6	1.588 6	2.088 6	2.288 6	2.588 6	3.088 6	3.588 6
Q_2(m^3/s)	0.546 6	0.209 1	−0.671	−0.482	0	1.205 2	4.555 4	9.597
Q_{r3}(m^3/s)	238.22	301.07	333.21	364.27	376.29	393.84	421.74	447.96
v_{r3}(m/s)	3.811	4.816 4	5.330 4	5.827 4	6.019 7	6.300 4	6.746 8	7.166 2
v_{b3}/v_{r3}	4.841 8	3.831 1	3.461 6	3.166 4	3.065 2	2.928 7	2.734 9	2.574 8
Q_{b3}/Q_{r3}	0.976 7	0.774	0.702	0.641 6	0.619 8	0.589 1	0.542 2	0.499 2
Q_{b3}(m^3/s)	232.68	233.02	233.9	233.71	233.23	232.02	228.67	223.63
Δp_{b3}(N/m^2)	59.585	51.448	47.469	43.33	41.631	39.044	34.672	30.29
$\Delta p_b+\Delta P_e$(N/m^2)	325.49	324.86	324.63	324.24	324.05	323.71	323.09	322.46

通过计算可确定以下各量

v_{e1}(m/s)	v_{b2}(m/s)	v_{e2}(m/s)	v_{b3}(m/s)	Q_{e1}(m^3/s)	Q_{b2}(m^3/s)	Q_{e2}(m^3/s)	Q_{b3}(m^3/s)	v_{r1}(m/s)	v_{r2}(m/s)	v_{r3}(m/s)
5.873 2	31.24	8.549 5	18.452	294.84	510.77	429.18	233.23	5.7	9.154 5	6.019 7

表中计算过程如下，为了清晰起见，将其按各通风段顺序组织。

a. 第一通风段计算

假定隧道第一通风段风速 v_{r1}，计算第一通风段进风量 $Q_{r1}=v_{r1}\cdot A_r$。

假定第一通风段排风量（1 号竖井排风量）Q_{e1}，计算第一通风段排风口（1 号竖井排风口）升压力 Δp_{e1}：

$$\Delta p_{e1}=\frac{Q_{e1}}{Q_{r1}}\cdot\left[\left(2-\frac{K_e\cdot v_{e1}}{v_{r1}}\right)-\frac{Q_{e1}}{Q_{r1}}\right]\cdot\rho\cdot v_{r1}^2 \tag{24-6-95}$$

计算流入1号竖井送排风口间短道内风量Q_{rs1}：

$$Q_{rs1}=Q_{r1}-Q_{e1} \tag{24-6-96}$$

计算1号竖井送排风口间短道内风速v_{rs1}，应满足$v_{rs1}>0$：

$$v_{rs1}=\frac{Q_{rs1}}{A_r}=\frac{Q_{r1}-Q_{e1}}{A_r} \tag{24-6-97}$$

计算第一通风段流入短道内的剩余新鲜风量Q_{fresh1}，应满足$Q_{fresh1}>0$：

$$Q_{fresh1}=(Q_{r1}-Q_{e1})\cdot\left(\frac{Q_{r1}-Q_{req1}}{Q_{r1}}\right) \tag{24-6-98}$$

b. 第二通风段计算

假定第二通风段送风量(1号竖井送风量)Q_{b2}，假定第二通风段排风量(3号竖井排风量)Q_{e2}，计算第二通风段风速v_{r2}：

$$v_{r2}=\frac{Q_{r2}}{A_r}=\frac{Q_{b2}+Q_{rs1}}{A_r} \tag{24-6-99}$$

计算第二通风段送风口(1号竖井送风口)升压力Δp_{b2}：

$$\Delta p_{b2}=\frac{Q_{b2}}{Q_{r2}}\left[\left(\frac{K_b\cdot v_{b2}\cdot\cos\beta}{v_{r2}}-2\right)+\frac{Q_{b2}}{Q_{r2}}\right]\cdot\rho\cdot v_{r2}^2 \tag{24-6-100}$$

计算第二通风段排风口(3号竖井排风口)升压力Δp_{e2}：

$$\Delta p_{e2}=\frac{Q_{e2}}{Q_{r2}}\cdot\left[\left(2-\frac{K_e\cdot v_{e2}}{v_{r2}}\right)-\frac{Q_{e2}}{Q_{r2}}\right]\cdot\rho\cdot v_{r2}^2 \tag{24-6-101}$$

计算流入3号竖井送排风口间短道内风量Q_{rs2}：

$$Q_{rs2}=Q_{r2}-Q_{e2} \tag{24-6-102}$$

计算3号竖井送排风口间短道内风速v_{rs2}，应满足$v_{rs2}>0$：

$$v_{rs2}=\frac{Q_{rs2}}{A_r}=\frac{Q_{r2}-Q_{e2}}{A_r} \tag{24-6-103}$$

计算第二通风段流入短道内的剩余新鲜风量Q_{fresh2}，应满足$Q_{fresh2}>0$：

$$Q_{fresh2}=(Q_{r2}-Q_{e2})\cdot\left(\frac{Q_{fresh1}+Q_{b2}-Q_{req2}}{Q_{r2}}\right) \tag{24-6-104}$$

c. 第三通风段计算

计算第三通风段送风量(3号竖井送风量)Q_{b3}：

$$Q_{b3}=Q_{req3}-Q_{fresh2}=Q_{req3}-(Q_{r2}-Q_{e2})\cdot\left(\frac{Q_{fresh1}+Q_{b2}-Q_{req2}}{Q_{r2}}\right) \tag{24-6-105}$$

计算第三通风段风速：

$$v_{r3}=\frac{Q_{r3}}{A_r}=\frac{Q_{b3}+Q_{rs2}}{A_r} \tag{24-6-106}$$

计算第三通风段送风口(3号竖井送风口)升压力Δp_{b3}：

$$\Delta p_{b3}=\frac{Q_{b3}}{Q_{r3}}\left[\left(\frac{K_b\cdot v_{b3}\cdot\cos\beta}{v_{r3}}-2\right)+\frac{Q_{b3}}{Q_{r3}}\right]\cdot\rho\cdot v_{r3}^2 \tag{24-6-107}$$

(3)射流风机调压计算

①近期

根据压力平衡判断各通风区段是否需要设置射流风机调压,计算汽车交通风时,考虑不利情况,偏安全,取 $v_t=50\text{km/h}$,压力计算见表 24-6-28。

压力计算(Pa)　　表 24-6-28

Δp_{r1}	Δp_{r2}	Δp_{r3}	Δp_{m1}	Δp_{m2}	Δp_{m3}	Δp_{t1}	Δp_{t2}	Δp_{t3}	Δp_{j1}	Δp_{j2}	Δp_{j3}
127.69	512.98	104.01	50.509	74.614	53.405	168.99	104.73	200.57	12.62	11.2	12.9

右线近期第Ⅰ通风区段所需射流风机数量为:

$$n=\frac{\Delta p_{r1}+\Delta p_{m1}-\Delta p_{t1}-\Delta p_{e1}}{\Delta p_{j1}}\approx 1\text{ 台}$$

右线近期第Ⅱ通风区段所需射流风机数量为:

$$n=\frac{\Delta p_{r2}+\Delta p_{m2}-\Delta p_{t2}-\Delta p_{b2}-\Delta p_{e3}}{\Delta p_{j2}}\approx 24\text{ 台}$$

右线近期第Ⅲ通风区段所需射流风机数量为:

$$n=\frac{\Delta p_{r3}+\Delta p_{m3}-\Delta p_{t3}-\Delta p_{b3}}{\Delta p_{j3}}\times 1.1=-4<0\text{(不设置射流风机)}$$

计算可得,正常运营条件下近期右线隧道需开启 25 台 1120 型射流风机进行调压。

②远期

根据压力平衡判断各通风区段是否需要设置射流风机调压,计算汽车交通风时,考虑不利情况,偏安全,取 $v_t=50\text{km/h}$,压力计算见表 24-6-29。

压力计算(Pa)　　表 24-6-29

Δp_{r1}	Δp_{r2}	Δp_{r3}	Δp_{m1}	Δp_{m2}	Δp_{m3}	Δp_{t1}	Δp_{t2}	Δp_{t3}	Δp_{j1}	Δp_{j2}	Δp_{j3}
127.69	512.98	104.01	50.509	74.614	53.405	267.83	132.25	261.51	12.62	11.2	12.9

右线远期第Ⅰ通风区段所需射流风机数量为:

$$n=\frac{\Delta p_{r1}+\Delta p_{m1}-\Delta p_{t1}-\Delta p_{e1}}{\Delta p_{j1}}\approx -3\text{(不设置射流风机)}$$

右线远期第Ⅱ通风区段所需射流风机数量为:

$$n=\frac{\Delta p_{r2}+\Delta p_{m2}-\Delta p_{t2}-\Delta p_{b2}-\Delta p_{e3}}{\Delta p_{j2}}\approx 41\text{ 台}$$

右线远期第Ⅲ通风区段所需射流风机数量为:

$$n=\frac{\Delta p_{r3}+\Delta p_{m3}-\Delta p_{t3}-\Delta p_{b3}}{\Delta p_{j3}}=-4\text{(不设置射流风机)}$$

计算可得,正常运营条件下近期右线隧道需开启 41 台 1120 型射流风机进行调压。

轴流风机功率计算,送排风机所需全压:

$$(p_{tot})_e = 1.1 \times \left(\frac{\rho}{2}U_e^2 + p_{de} - p_{se} + p_{me}\right) \tag{24-6-108}$$

$$(p_{tot})_b = 1.1 \times \left(\frac{\rho}{2}U_b^2 + p_{db} + p_{sb}\right) \tag{24-6-109}$$

$$p_{de} = p_{de风道} + p_{de竖井} = \frac{\rho}{2}\sum_{i=1}^{n}\left(\xi_{i风道} + \lambda_i \frac{L_i}{D_i}\right)\cdot v_{ie风道}^2 + p_{de竖井} \tag{24-6-110}$$

$$p_{db} = p_{db风道} + p_{db竖井} = \frac{\rho}{2}\sum_{i=1}^{n}\left(\xi_{i风道} + \lambda_i \frac{L_i}{D_i}\right)\cdot v_{ib风道}^2 + p_{db竖井} \tag{24-6-111}$$

送排风轴流风机所需电机功率：

$$M_e = \frac{S_{KW}}{\eta_m}\cdot k = \frac{Q_a \cdot p_{tot}}{1\,000 \cdot \eta \cdot \eta_m}\cdot\left(\frac{273+t_0}{273+t_1}\right)\cdot\frac{p_1}{p_0}\cdot k \tag{24-6-112}$$

$$M_b = \frac{S_{KW}}{\eta_m}\cdot k = \frac{Q_a \cdot (p_{tot})_b}{1\,000 \cdot \eta \cdot \eta_m}\cdot\left(\frac{273+t_0}{273+t_1}\right)\cdot\frac{p_1}{p_0}\cdot k \tag{24-6-113}$$

(4)1 号斜井轴流风机功率计算

在尽量满足经济风速的条件下，结合施工难度取送风井断面积为 27.47m^2，排风井断面积为 17.68m^2。带入数据经计算得出结果见表 24-6-30～表 24-6-32。

轴流排风机功率计算表　　表 24-6-30

右线 1 号斜井排风机功率验算					近　期	远　期
					(237.29 m^3/s)	(294.84 m^3/s)
连接风道名称	风道沿长 X_{ci}(m)	风道当量直径 D_{ci}(m)	风道的面积 A_{ci}(m^2)	局部阻力系数 ξ_c	风道的阻力 p_c(Pa)	风道的阻力 p_c(Pa)
正洞垂直钢网门	0	7.464 7	50.2	1.25	16.76	25.87
排风口联络风道	25	7.464 7	50.2	0	1.12	1.73
渐缩	5	5.333 3	32	0.11	4.4	6.8
风机房、风阀、消声器	—	—	—	—	250	250
渐缩	9	4.48	18.2	0.11	16.34	25.23
弯曲联络风道、折曲	31.5	4.48	18.2	0.172	35.47	54.76
斜井	1 305	3.79	17.68	0	930.4	1 436.4
方圆、渐扩	9	3.883 6	20.25	0.025	6.83	10.55
矩形风道、弯曲风道(导流叶片)	22	3.451 6	18	0.35	53.11	81.99
防护网、出口	0	3.451 6	18	1.58	164.75	254.35
合计	1 406.5	—	—	—	1 479.2	2 147.6
排风口动压力	$p_{排风口}=p/2\times v_{e1}\times v_{e1}$				13.41	20.70
竖井底部富余压力	$p_s=\Delta p_{t1}+\Delta p_{e1}-\Delta p_{r1}-\Delta p_{m1}$				−5.27	41.98
排风机全压	$\Delta p=(\sum p_{风道}+p_{风口}-p_s)\times 1.1$				1 647.65	2 338.98
排风机轴流功率	$p_{排风}=\Delta p_{排}\times Q_{e1}\times 1.06/0.80$				518.05	913.74
电机功率	单向有导叶风机，n=0.9				661.95	1 167.56

轴流送风机功率计算表 表 24-6-31

右线1号斜井送风机功率验算					近期 (437.46 m^3/s)	远期 (510.77m^3/s)
连接风道名称	风道沿长 X_{ci}(m)	风道当量直径 D_{ci}(m)	风道的面积 A_{ci}(m^2)	局部阻力系数 ξ_c	风道的阻力 p_c(Pa)	风道的阻力 p_c(Pa)
井口、钢筋网	0	4.827 6	28.00	1.18	172.82	235.60
25°折曲风道	22	4.827 6	28.00	0.048	23.72	32.33
渐缩、方圆	9	5.12	27.47	0.025	10.49	14.30
斜井	1 305	5.12	27.47	0	969.58	1 321.82
井底联络风道	45.5	5.570 4	28.20	0.022	32.66	44.53
渐扩	11.8	6	48.00	0.078	6.34	8.64
风机房、风阀、消声器	—	—	—	—	250.00	250.00
渐缩	13.3	5.621 6	31.20	0.1	18.77	25.59
送风口联络风道(折曲)	15	5.801 8	32.20	0.03	10.48	14.29
90°弯曲、导流叶片	0	4.037	16.35	0.35	150.33	204.95
送风道、送风口	28.8	4.037	16.35	0.545 3	310.82	423.74
合计	1 421.6	—	—	—	1 956	2 575.78
排风口动压力	$p_{排风口}=p/2\times v_{e1}\times v_{e1}$				429.52	585.564 1
竖井底部富余压力	$p_s=\Delta p_{t1}+\Delta p_{e1}-\Delta p_{r1}-\Delta p_{m1}$				−347.9	−425.684
排风机全压	$\Delta p=(\sum p_{风道}+p_{风口}-P_s)\times 1.1$				2 037.7	2 735.66
排风机轴流功率	$p_{排风}=\Delta p_{排}\times Q_{e1}\times 1.06/0.80$				1 131.1	1 851.43
电机功率	单向有导叶风机,$n=0.9$				1 509.2	2 365.72

1号斜井轴流风机配置表 表 24-6-32

通风位置	类型	1号斜井风机选型(所有性能参数为单台风机的性能参数)				
		设计风量 (m^3/s)	设计风压 (Pa)	计算电机功率 (kW)	配备电机功率 (kW)	台数
右线排风	2020	120	1 647.65	330.9	335	2
	2030	150	2 338.98	583.7	585	2
左线送风	2020	145	2 037.7	503	510	3
	2030	170	2 735.66	788.5	790	3

结合各个风机的风压、风量特点,轴流风机选取考虑近远期相结合的原则,并以远期参数进行配置,选用的轴流风机经济、可行,并考虑一定的富余。

(5)3号斜井轴流风机功率计算

依据施工图设计资料,3号斜井全长881.937m,送风井断面积为20.6m^2,排风井断面积为24.55m^2。带入数据经计算结果见表24-6-33~表24-6-35。

轴流排风机功率计算表　　表 24-6-33

右线 3 号斜井排风机功率验算					近　期 (400.17m³/s)	远　期 (429.18 m³/s)
连接风道名称	风道沿长 X_{ci}(m)	风道当量直径 D_{ci}(m)	风道的面积 A_{ci}(m²)	局部阻力系数 ξ_c	风道的阻力 p_c(Pa)	风道的阻力 p_c(Pa)
正洞垂直钢网门	0	7.464 7	50.20	1.25	47.66	54.82
排风口联络风道	25	7.464 7	50.20	0	3.19	3.67
井底联络风道、变形、折曲	25.2	5.084 9	23.20	0.022	26.04	29.96
斜井	881.94	4.74	24.55	0	741.54	852.97
喇叭口	11	4.714 3	33.00	0.049	9.47	10.89
风机房、风阀、消声器	—	—	—	—	250.00	250.00
90°弯曲风道、导流叶片	9	4.71	33.00	0.35	35.09	40.37
出口、防护网	0	4.71	33.00	1.58	139.40	160.35
合计	952.14	—	—	—	1 252.39	1 403.03
排风口动压力	$p_{排风口}=p/2\times v_{e1}\times v_{e1}$				38.13	43.86
竖井底部富余压力	$p_s=\Delta p_{t1}+\Delta p_{e1}-\Delta p_{r1}-\Delta p_{m1}$				−416.05	−528.23
排风机全压	$\Delta p=(\sum p_{风道}+p_{风口}-p_s)\times 1.1$				1 877.23	2 172.63
排风机轴流功率	$p_{排风}=\Delta p_{排}\times Q_{e1}\times 1.06/0.80$				995.35	1 206.71
电机功率	单向有导叶风机，$n=0.9$				1 271.84	1 541.91

注：风道扩散角均不超过 30°，采用防护网的风口有效过风面积≥70%。

轴流送风机功率计算表　　表 24-6-34

右线 3 号斜井送风机功率验算					近　期 (166.21 m³/s)	远　期 (233.23m³/s)
连接风道名称	风道沿长 X_{ci}(m)	风道当量直径 D_{ci}(m)	风道的面积 A_{ci}(m²)	局部阻力系数 ξ_c	风道的阻力 p_c(Pa)	风道的阻力 p_c(Pa)
井口、钢筋网	0	4.98	43.80	1.18	10.20	20.07
25°折曲风道	2.5	4.98	43.80	0.048	0.52	1.03
风机房、风阀、消声器	—	—	—	—	250.00	250.00
喇叭口	11	4.21	20.60	0.08	5.68	11.18
斜井	881.94	4.21	20.60	0	204.56	402.79
折曲、90°弯曲	0	5.08	23.20	0.378	11.64	22.92
弯曲联络风道	69.3	5.08	23.20	0.15	15.11	29.76
变形、送风口衬砌段、折曲	15	5.62	31.20	0.268	5.70	11.22
弯曲风道、导流叶片	0	4.00	12.64	0.35	36.31	71.50
导流段、送风口	19	4.00	12.64	0.636 5	78.35	154.28

续上表

右线3号斜井送风机功率验算					近期 (166.21 m³/s)	远期 (233.23m³/s)
合计	998.74	—	—	—	618.07	974.75
排风口动压力	$p_{排风口}=p/2\times v_{e1}\times v_{e1}$				103.75	204.28
竖井底部富余压力	$p_s=\Delta p_{t1}+\Delta p_{e1}-\Delta p_{r1}-\Delta p_{m1}$				68.632	46.14
排风机全压	$\Delta p=(\sum p_{风道}+p_{风口}-p_s)\times 1.1$				790.45	1 225.17
排风机轴流功率	$p_{排风}=\Delta p_{排}\times Q_{e1}\times 1.06/0.80$				174.08	369.79
电机功率	单向有导叶风机,n=0.9				222.43	472.51

注:风道扩散角均不超过30°,采用防护网的风口有效过风面积≥70%。

右线3号斜井轴流风机配置表 表24-6-35

通风位置	类型	3号斜井风机选型(所有性能参数为单台风机的性能参数)				
		设计风量(m^3/s)	设计风压(Pa)	计算电机功率(kW)	配备电机功率(kW)	台数
右线排风	2020	135	1 877.2	423.9	430	3
	2030	145	2 172.6	513.9	515	3
右线送风	2020	85	790.45	111.2	115	2
	2030	116.6	1 225.17	236.2	240	2

结合各个风机的风压、风量特点,轴流风机选取考虑近远期相结合的原则,并以远期参数进行配置,选用的轴流风机经济、可行,并考虑一定的富余。

(6)通风系统设置

以上射流风机的计算是在正常行驶条件下隧道内设置的数量。采用用送排式通风方案,当隧道内发生火灾时,为保证隧道火灾临界风速为3m/s,在不开启轴流风机的情况下,以射流风机提供推力,对火灾工况进行验算,左线需要设置射流风机28台,右线需设置射流风机28台。最后得出的整个隧道通风系统风机配置如表24-6-36所示。

隧道通风系统风机配置表 表24-6-36

项目			射流风机		轴流风机	
					2号斜井	
			进口~2号	2号~出口	排风	送风
左线	2020年	功率(kW/台)	30	30	260	480
		台数(台)	14	14	2	2
		功率小计(kW)	840		1 480	
	2030年	功率(kW/台)	30	30	260	480
		台数(台)	14	14	2	2
		功率小计(kW)	840		1 480	
	功率合计(kW)		2 290			

续上表

<table>
<tr><th colspan="3" rowspan="3">项　　目</th><th colspan="3">射 流 风 机</th><th colspan="4">轴 流 风 机</th></tr>
<tr><th rowspan="2">进口～1号</th><th rowspan="2">1号～3号</th><th rowspan="2">3号～出口</th><th colspan="2">1号竖井</th><th colspan="2">3号竖井</th></tr>
<tr><th>排风机</th><th>送风机</th><th>排风机</th><th>送风机</th></tr>
<tr><td rowspan="7">右线</td><td rowspan="3">2020年</td><td>功率(kW/台)</td><td>30</td><td>30</td><td>30</td><td>335</td><td>510</td><td>430</td><td>115</td></tr>
<tr><td>台数(台)</td><td>2</td><td>24</td><td>2</td><td>2</td><td>3</td><td>3</td><td>2</td></tr>
<tr><td>功率小计(kW)</td><td colspan="3">840</td><td colspan="4">3 720</td></tr>
<tr><td rowspan="3">2030年</td><td>功率(kW/台)</td><td>30</td><td>30</td><td>30</td><td>585</td><td>790</td><td>515</td><td>240</td></tr>
<tr><td>台数(台)</td><td>2</td><td>38</td><td>2</td><td>2</td><td>3</td><td>3</td><td>2</td></tr>
<tr><td>功率小计(kW)</td><td colspan="3">1 260</td><td colspan="4">5 565</td></tr>
<tr><td colspan="2">功率合计(kW)</td><td colspan="7">6 825</td></tr>
</table>

第七节　风机的选型与布置

风机是把机械能转变为空气压能的一种装置，它是实现隧道机械通风的关键设备。在公路隧道上应用广泛的是射流风机和轴流风机。

一、射流风机

(1)射流风机应选用具有消音装置且可逆转的公路隧道专用风机，宜选用大推力射流风机。

①对于单向交通隧道可采用单向风机(反向风量是正向风量的50%～70%)，双向交通隧道可采用可逆风机，逆转反向风量大于正转正向风量的95%；

②当隧道内发生火灾时，在环境温度为250℃情况下射流风机应能正常可靠运转60min，同时要求风机电机绝缘等级达到H级；

③在野外距风机出口10m且45°处测量射流风机的A声级应小于75dB(A)；

④射流风机电机防护等级应不低于IP55。

(2)射流风机应设置于建筑限界以外20～25cm处，风机轴线与隧道轴线平行。设置方法宜采用固定式或悬吊式，支承风机的结构强度应保证在实际静荷载的15倍以上，风机安装前应做支承结构的荷载试验。

(3)两台或两台以上射流风机设在同一断面，应考虑到风机效率，风机之间的纵向间距不宜小于表24-7-1的规定。

部分射流风机型号及其技术参数　　表24-7-1

<table>
<tr><th>机　号</th><th>叶轮直径(mm)</th><th>出口风速(m/s)</th><th>轴线间距(m)</th><th>纵向最小间距(m)</th></tr>
<tr><td>63</td><td>630</td><td>27.6～39.5</td><td rowspan="2">2.4</td><td>80</td></tr>
<tr><td>90</td><td>900</td><td>24.2～35.1</td><td>100</td></tr>
<tr><td>100</td><td>1 000</td><td>25.5～36.3</td><td rowspan="4">3</td><td>120</td></tr>
<tr><td>112</td><td>1 120</td><td>26.2～36</td><td>150</td></tr>
<tr><td>125</td><td>1 250</td><td>25.9～35.9</td><td rowspan="2">180</td></tr>
<tr><td>140</td><td>1 400</td><td>20.1～28.6</td></tr>
</table>

同一断面上射流风机设置数量应视隧道断面形状、大小而定。射流风机纵向布置及设置间距应综合考虑风机效率、交通通风力的利用、火灾对策、经济性等因素。

(4)射流风风安装注意事项。

①射流风机预埋件的设置应考虑施工与安装方便。射流风机预埋件的设计应进行结构强度的计算,支承风机的结构强度应保证在实际静荷载的 15 倍以上,风机安装前应作支承结构的荷载试验。同时射流风机预埋件的设计宜与车行横通道、人行横通道、紧急停车带等大型交叉洞室断面错开,以保证结构的安全性;

②射流风机安装时应使用安全吊链;

③射流风机的各项技术指标应满足设计要求,风机整体强度设计应保证使用安全,并在额定工作条件下,风机整体设计使用寿命至少为 10 年;

④车道指示标志、小型可变情报板等设施宜距风机大于 75m。

二、轴流风机

1. 轴流风机的一般结构

轴流通风机一般由叶轮、机壳、集流器、流线罩、导叶、扩散器等部分组成。

(1)叶轮

叶轮的作用是将原动机的机械能传递给所输送气体,是通风机的关键部件,叶轮主要由叶片和轮毂组成,叶片截面有机翼型,也有单板型的。

(2)机壳

机壳是与轮毂形成气体的流动通道,提供电动机(传动机构)的安装部件、与基础的连接部件、与管道的连接法兰等部件。

(3)集流器与流线罩

集流器与流线罩组合形成一个渐缩的光滑通道,有利于气流顺畅地进入轮毂与机壳风筒之间,减少气流进口损失。

(4)导叶

导叶可分前导叶与后导叶,前导叶在叶轮前使气流产生旋绕,可以改变气流进入叶片的入口气流角,从而改变叶轮的气动性能;后导叶将叶轮后气流旋绕产生的部分动能转变为压力升高。

(5)扩散器

扩散器可将气流的部分动能转化为提高通风机的静压,从而也提高风机的静压效率。

2. 轴流风机的工况和合理工作范围

通风机总是和管网连接在一起工作,管网是通风管道及其附件如:过滤器、换热器、调节阀门等的总称。气体通过通风机而获得外功,其流量与压力之间的关系是按通风机的性能曲线变化的;当气体通过管网时,其流量与压力之间的关系是按通风机的性能曲线变化的;当气体通过管网时,其流量与压力之间关系又要遵循管网的特性曲线。那么,通风机的性能与管网的性能之间必须有如下关系。

(1)通过通风机与不漏气管网的气体流量要完全相等。

(2)通风机产生的全压 p_{tF} 的一部分,即静压 p_{sF},用于克服管网中的阻力 $\sum\Delta p$,全压的其余部分消耗在气流从管网出口时所具有的动压 p_{dF} 上，即：

$$p_{tF}=p_{sF}+p_{dF}=\sum\Delta p+\frac{\rho}{2}c_d^2 \tag{24-7-1}$$

式中：c_d——通风管网出口流速。

图 24-7-1 为通风机压力与管网阻力之间的关系。要满足上述要求，整个装置——包括通风机与管网，只能在通风机压力曲线 q_v-p_{tF} 与管网特性曲线的相交点 A 上运行。在 A 点，两者的流量 q_{vA} 相等，静压力与阻力也相等，A 点称为工况点。根据(1)、(2)的要求，工况点是由通风机压力曲线与管网特性曲线的交点来决定的。

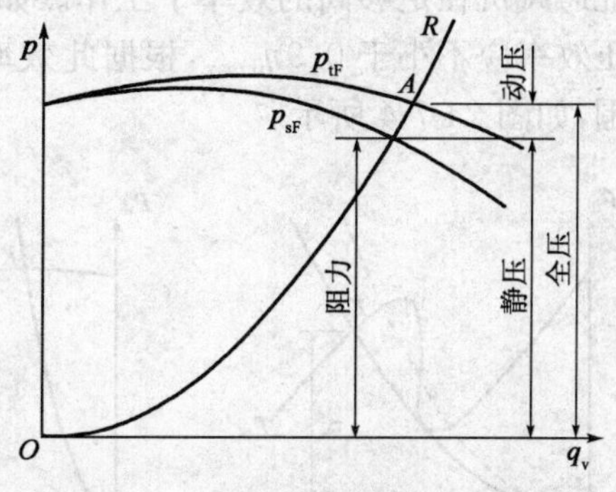

图 24-7-1　通风机压力与管网阻力的关系

随着管网阻力的改变，管网特性曲线要改变，因而工况点也随之变化。当管网阻力增大如图 24-7-2a)所示的曲线 R' 时，通风机的流量将减小，若通风机压力曲线不改变，工况点就沿着压力曲线移动至 A' 点；当管网阻力减小如图 24-7-2a)所示的曲线 R'' 时，通风机的流量将增大，工况点沿着压力曲线移动至 A'' 点。因为通风机的工况是随着管网阻力的改变而改变的，所以在进行通风机性能试验时，总是用改变管网阻力的办法获得许多不同的工况点，然后把这些工况点连成曲线，即所谓的通风机性能曲线。

同样，若管网特性曲线不变，而通风机性能曲线改变，工况点也会沿管网特性曲线移动如图 24-7-2b)所示。在通风机实际运行中，常采用不同的方法人为地改变工况点以满足通风机流量或压力的使用要求，这个过程就是通风机的调节。

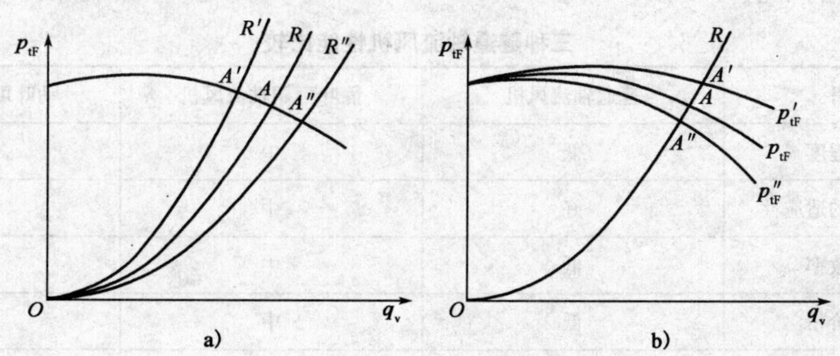

图 24-7-2　工况点的变化

要保持通风机正常与合理运转，必须在通风机整个工作期间使其工况不越出合理的范围。这个合理工作范围是由通风机稳定性和经济性的要求决定的。

要满足稳定性，工况必须是通风机压力性能曲线与管网特性曲线相交的唯一点，且工况必须位于压力性能曲线随着流量增加而下降的部分，当通风机的压力性能曲线如图 24-7-3a)所示时，工况必须保持在 K 点的右边部分才能稳定地工作；当工况点移到 K 点或通过 K 点往左移动时，通风机的压力性能曲线与管网特性曲线将出现两个以上的交点，就使通风机工作的稳定性受到破坏，发生“喘振”现象。当通风机的压力性能曲线如图 24-7-3b)所示时，工况也要位于压力曲线随流量增加而下降的部分，即必须在 K 点的右边部分；当工况移到 K 点或 K 点的左边部分时，从图上看虽然交点只有一个，但工况点将交替在第一象限和第二象限内变动，也要发生“喘振”。为了满足稳定性的要求，通常规定通风机压力要在稍小于 p_K 的情况下工作。

理论和实际都证明，通风机在某一工期况工作时，效率最高，我们称此工况为额定工况。这时的流量 q_{vn} 叫做额定流量，这时的全压 p_{tFn} 叫做额定全压，图 24-7-4 中的点 N 即为额定工况。由图可知，不论流量大于还是小于额定流量 q_{vn}，效率都将降低。要满足经济性，就必须保证通风机在足够高的效率下工作。如以 η_{tFmax} 表示通风机的最高全压效率，一般规定工况的全压效率应不小于 $0.9\eta_{tFmax}$，根据此效率值决定的流量范围 $q'_v-q''_v$，即为所规定的经济工作范围，如图 24-7-4 所示。

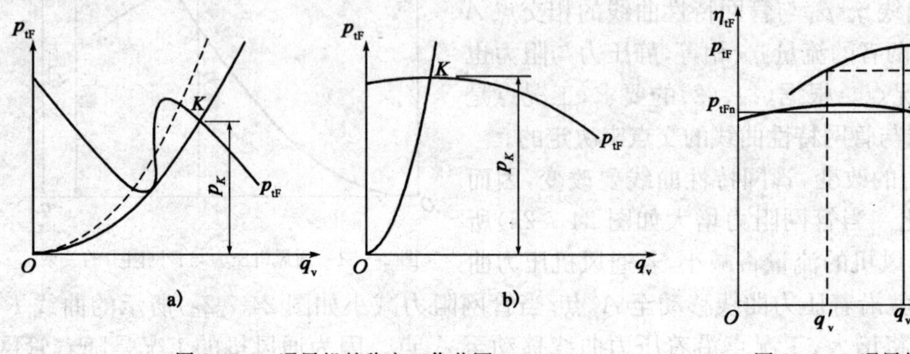

图 24-7-3 通风机的稳定工作范围

图 24-7-4 通风机的经济工作范围

由上述通风机的稳定工作范围和经济工作范围，构成了通风机的合理工作范围。

三、轴流风机性能比较

公路隧道用轴流风机一般有普通轴流风机、静叶可调轴流和动叶可调轴流风机，各类风机性能比较见表 24-7-2。

三种隧道轴流风机性能比较　表 24-7-2

项　目	普通轴流风机	静叶可调轴流风机	动叶可调轴流风机
结构复杂程度	低	中	高
对介质含尘量的适应性	好	中	差
可比运行效率	低	中	高
可比设备价格	低	中	高
可靠性	高	中	低

四、轴流风机的选型

1. 轴流风机的选型

(1)风机的风量应在系统计算总风量上附加 0%～15%作为风道和设备的漏风量。

(2)风机的压力应在系统计算的压力损失上附加 10%～15%。

(3)风机的设计工况效率不应低于风机最高效率的 90%。

(4)根据确定的风量、压力选定风机。

2. 轴流风机的选型

应结合使用条件、隧道需风量、全风压及全性能曲线选择风机。

(1)当隧道内发生火灾时,轴流风机应能在环境温度为250℃情况下可靠运转60min以上,恢复常温后,轴流风机不需大修即可投入正常运转。

(2)轴流风机宜并联设置,每一通风系统一般设置2～3台。并联运行的轴流风机必须采用相同规格,即相同的叶轮直径、全压、流量、电机功率。

(3)风量控制方法宜采用转速控制法、台数控制法及其组合方法。风量分档根据交通量随时间的变化确定,不宜太细。在进行风机台数与转速的组合选择时应充分考虑动力消耗。

(4)轴流风机的轴功率可按式(24-7-2)计算:

$$S_{kw}=\frac{Q_a\cdot p_{tot}}{1\,000\eta}\cdot\left(\frac{273+t_0}{273+t_1}\right)\cdot\frac{p_1}{p_0}\tag{24-7-2}$$

式中:S_{kw}——轴流风机轴功率(kW);

Q_a——轴流风机的风量(m^3/s);

p_{tot}——轴流风机的全风压(Pa);

η——风机效率(一般取80%);

t_0——标准温度(℃),取20℃;

t_1——风机环境温度(℃);

p_0——标准大气压(Pa),取101.325Pa;

p_1——风机环境大气压(Pa)。

3.轴流风机所需配用的电机功率

可按式(24-7-3)计算:

$$M_1=\frac{S_{kw}}{\eta_m}\cdot k\tag{24-7-3}$$

式中:M_1——电机功率(kW);

η_m——电机效率(%),可取90%～95%;

k——电机容量安全系数,可取1.15。

4.轴流风机的噪声

轴流风机噪声可按式(24-7-4)推算:

$$L_a=L_{sa}+10\cdot\log(Q_a\cdot p_{tot}^2)\tag{24-7-4}$$

式中:L_a——噪声级水平[dB(A)];

L_{sa}——比噪声级[dB(A)]。

五、轴流风机的联合运转

当一台通风机无法满足隧道送排风要求时,就需要安装两台或两台以上风机,从而形成多台风机联合运转。

轴流风机的联合运转方式有两种:一种方式是串联运转,即两台或多台风机首尾相接或通过一段联络风道后再首尾相接。风机串联运转可提高通风压力;另一种方式是并联运转,即两台或多台风机的进、出口相并列,同时为隧道送风或排风,这种运转方式增加隧道通风量。由于在隧道通风中多采用并联方式,下面只介绍风机的并联运转。

并联运转的风机多是个体特性曲线完全相同的风机，它是由单机的特性曲线利用“并联时风压相等，风量等于两倍的单机风量”的性质画成的。实际上两台风机关联时的风量小于单机工作时的风量的 2 倍，这主要是由隧道风阻引起的。当风阻等于零时，风量才可能达到 2 倍。所以通风机并联运转时并联增加风量的效果与隧道风阻有关，当风阻小时效果显著，当风阻大到一定程度时，并联将意义不大。

第八节　风道及其设备

一、风道设计注意事项

(1)为减少风道阻力，风道在弯曲、折曲、分叉等变形处应采用曲线相接，并且应将风道内壁面平滑化。

(2)在竖井底部及联络风道各弯道处应设置导流叶片。在风道变断面处、合流处及送排风口等处宜设置整流板，减小气流阻抗。

(3)在风道吸入口应设置网状门，防止异物吸入。

(4)当隧道照明设施和应急设施的管线和器械设置于通风道内时，应在适当位置设置检修口、楼梯和照明灯具。

(5)风道内的风压损失由沿程摩阻损失与风道断面形状变化(如弯曲、断面扩大与缩小、分叉、合流等)产生的局部损失两部分构成。

(6)风道内设计风速宜在 13～18m/s 范围内取值，并综合考虑建设费用和养护费用等因素。

二、送风孔面积及开度调节

送风孔面积按最大需风量、送风孔全开、吹出的风速为 6～8m/s 计算确定，送风孔间距宜取 5～6m。排风孔面积按最大需风量、排风孔全开、吸入的风速不大于4m/s计算确定，排风孔间距宜取送风孔间距的 2 倍，设于两送风孔间且交错布置。

送风孔宜设于隧道侧壁下部，其高程宜与汽车尾排气管距路面高度大致相等，主送风道与送风孔之间用引风道联结。排风孔宜设于隧道顶隔板处，直接与排风道相通。

送排风孔的开度调节应满足隧道设计状态下的等风量分布，风孔宜以 10 个为 1 组进行同一开度设定，风孔开度调节可按以下顺序进行：

(1)测试风道内摩阻损失系数 A_b。

(2)初次调整风孔开度。

(3)测试风道内静压分布及风速分布。

(4)再调整风孔开度。

(5)设定风孔开度。

三、损失系数

各类风道的压力损失系数可按本手册取值。当风道连续出现变形时，应考虑压力损失的富余量，必要时可通过模拟实验来确定具体的压力损失值。

1. 直管段壁面摩阻损失系数

直管段壁面摩阻损失系数可按式(24-8-1)计算：

$$\lambda = \frac{1}{\left(1.1138 - 2\log\dfrac{\Delta}{D}\right)^2} \tag{24-8-1}$$

式中：Δ——平均壁面粗糙度(mm)，可按表 24-8-1 取值；

D——管段断面当量直径(m)。

平均壁面粗糙度 Δ　　表 24-8-1

壁面材料及特征		Δ(mm)
混凝土壁面	抹平度良好	0.3～0.8
	抹平度一般	2.5
	粗糙	3～9
水泥浆壁面	抹平度良好	0.3～0.8
	抹平度一般	1.0～2.0
	粗糙	2.9～6.4
陶瓷贴面	—	1.4

2. 弯曲段

(1)弯曲与折曲损失系数

①圆形弯曲风道的损失系数可按式(24-8-2)计算：

$$\zeta_b = \left[0.131 + 0.1632 \cdot \left(\frac{D}{r}\right)^{\frac{7}{2}}\right] \cdot \left(\frac{\theta}{90^\circ}\right)^{\frac{1}{2}} \tag{24-8-2}$$

式中：ζ_b——弯曲风道损失系数；

r——弯曲半径；

Q——弯曲角度(°)。

②圆形折曲风道的损失系数可按式(24-8-3)计算，其值见表 24-8-2。

$$\zeta_b = 0.946\sin^2\left(\frac{\theta}{2}\right) + 2.05\sin^4\left(\frac{\theta}{2}\right) \tag{24-8-3}$$

圆形折曲风道的损失系数　　表 24-8-2

θ	ζ_b	图　示
15°	0.022	
30°	0.073	弯曲
45°	0.183	
60°	0.365	
90°	0.99	折曲
120°	1.86	

③变断面折曲风道损失系数可按图 24-8-1 取值。

(2)带导流叶片弯曲管段损失系数

①当弯角 θ 在 0°～60°范围内时，带导流叶片弯曲管段损失系数与弯角成正比变化；当弯角 θ 在 60°～90°范围内时，损失系数变化不大，如图 24-8-2 所示；

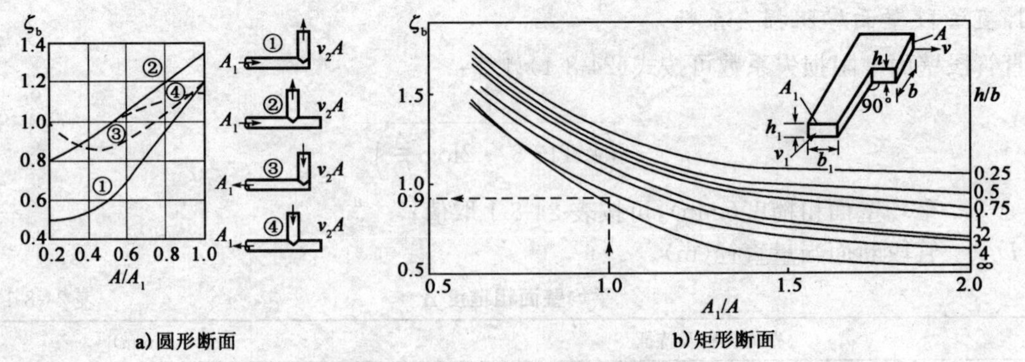

a）圆形断面　　b）矩形断面

图 24-8-1　变断面折曲管段损失系数 ζ_b

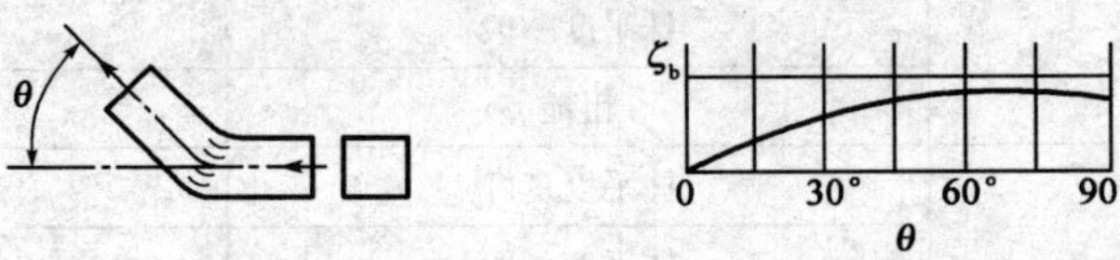

图 24-8-2　带导流叶片的弯曲管段弯角 θ 与 ζ_b 的关系

②导流叶片一般可做成两种形状，一种为简化弯曲圆柱面形状的翼形；另一种为同心圆弧形状的薄圆形，如图 24-8-3 所示。翼形导流叶片的剖面尺寸可按表 24-8-3 制作；

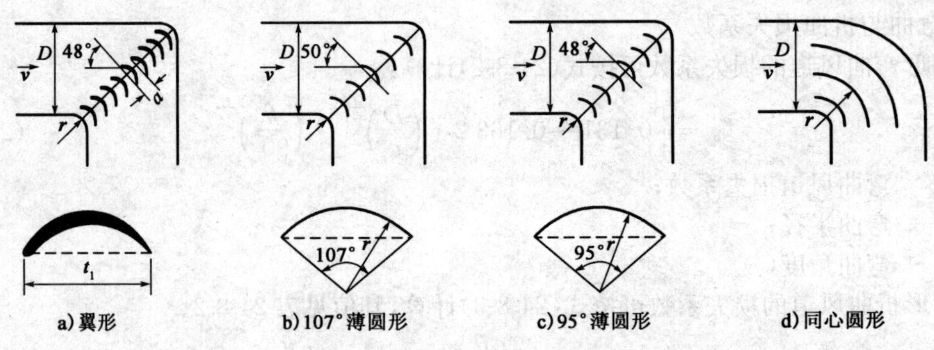

a）翼形　　b）107°薄圆形　　c）95°薄圆形　　d）同心圆形

图 24-8-3　弯曲管段中的导流叶片

翼形导流叶片的剖面尺寸　　表 24-8-3

代　号	相对尺寸	代　号	相对尺寸	图示
X_2	$0.519t_1$	Y_2	$0.215t_1$	图示
X_2	$0.489t_1$	Z_1	$0.139t_1$	
r_1	$0.663t_1$	Z_2	$0.338t_1$	
r_2	$0.553t_1$	Z_3	$0.268t_1$	
Y_1	$0.463t_1$	l	$0.033t_1$	

注：其弦长 t_1 可取 90°圆弧的弦长，即 $t_1=\sqrt{2}r$。

导流叶片正常数目 a 可按式(24-8-4)计算：

$$a = 2.13 \cdot \left(\frac{r}{D}\right)^{-1} - 1 \tag{24-8-4}$$

导流叶片最少数目 $a_{\min}$ 可按式(24-8-5)计算：

$$a_{\min} = 0.9 \cdot \left(\frac{r}{D}\right)^{-1} \tag{24-8-5}$$

导流叶片减少数目 a' 可按式(24-8-6)计算：

$$a' = 1.4 \cdot \left(\frac{r}{D}\right)^{-1} \tag{24-8-6}$$

式中：r——弯曲管段内壁半径(m)。

若减少叶片数目，可从靠近弯曲管外壁的叶片开始，依次取掉。

③带导流叶片的弯曲管段的损失系数，可按表 24-8-4～表 24-8-7 取值，必要时可通过模型试验确定损失系数值。

带翼形导流叶片矩形弯曲管段损失系数 ζ_b(θ=90°)　　表 24-8-4

叶片数目	r/D						
	0	0.1	0.2	0.3	0.4	0.5	0.6
正常叶片数目	0.35	0.25	0.19	0.19	0.20	0.25	0.35
减少叶片数目	0.35	0.25	0.17	0.14	0.16	0.22	0.34
最少叶片数目	0.47	0.35	0.29	0.26	0.20	0.18	0.21

注：当 R_e<105 时，表中数据应乘以修正系数 k_{Re}，k_{Re} 可按表 24-8-7 取值。

带薄圆形导流叶片矩形弯曲管段损失系数 ζ_b(θ=90°)　　表 24-8-5

叶片数目	r/D						
	0	0.05	0.10	0.15	0.20	0.25	0.30
正常叶片数目	0.44	0.37	0.32	0.28	0.25	0.25	0.23
减少叶片数目	0.44	0.37	0.32	0.26	0.22	0.21	0.17
最少叶片数目	0.59	0.50	0.45	0.41	0.37	0.34	0.31

注：当 R_e<105 时，表中数据应乘以修正系数 k_{Re}，k_{Re} 可按表 24-8-7 取值。

带翼形导流叶片圆形弯曲管段损失系数 ζ_b(θ=90°)　　表 24-8-6

弯曲管特点	损失系数 ζ_b	图　示
平滑转弯，正常叶片数目 $a=3D/t_1-1$	$\zeta_b=0.23k_{Re}+1.28\lambda$	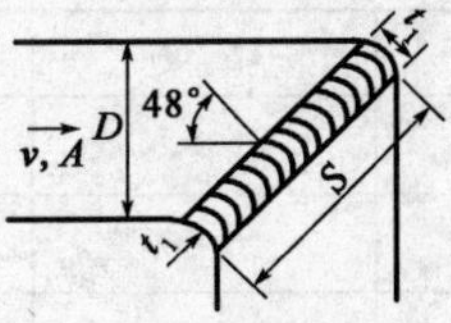
平滑转弯，减少叶片数目 $a=2D/t_1$	$\zeta_b=0.15k_{Re}+1.28\lambda$	
转弯边缘削边，正常叶片数目 $a=3D/t_1-1$	$\zeta_b=0.30k_{Re}+1.28\lambda$	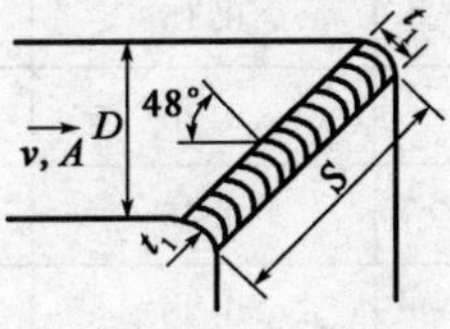
转弯边缘削边，减少叶片数目 $a=2D/t_1$	$\zeta_b=0.23k_{Re}+1.28\lambda$	
转弯边缘削边，减少叶片数目(从外壁拿掉第一个和第二个叶片)	$\zeta_b=0.21k_{Re}+1.28\lambda$	

注：损失系数计算式中 k_{Re} 是与气流雷诺数 R_e 有关的参数，可按表 24-8-7 取值。

修 正 系 数 k_{Re}　　表 24-8-7

$R_e\times10^{-5}$	0.3	0.4	0.5	0.6	0.8	1.0	1.4	2.0	3.0	>6.0
k_{Re}	2.10	1.80	1.60	1.50	1.35	1.23	1.12	1.0	0.9	0.8

(3)缩径管段与扩径管段损失系数

扩径与缩径分为断面突然扩大、断面突然缩小和断面渐变三种情况，其损失系数可按图24-8-4、图24-8-5和表24-8-8取值。

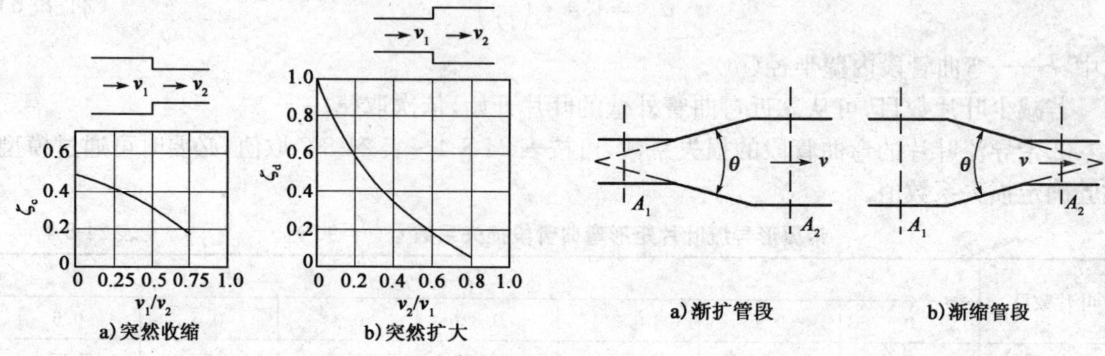

图 24-8-4　突缩径与突扩径损失系数　　　图 24-8-5　圆形渐变管段示意图

圆形渐变管损段失系数　　表 24-8-8

<table>
<tr><td>类型</td><td colspan="32">ζ</td></tr>
<tr><td rowspan="2">渐扩</td><td rowspan="2" colspan="2">$\zeta=k\cdot\left(\frac{A_2}{A_1}-1\right)^2$</td><td>θ</td><td colspan="5">8°</td><td colspan="5">10°</td><td colspan="5">12°</td><td colspan="5">15°</td><td colspan="5">20°</td><td colspan="5">25°</td></tr>
<tr><td>k</td><td colspan="5">0.14</td><td colspan="5">0.16</td><td colspan="5">0.22</td><td colspan="5">0.30</td><td colspan="5">0.42</td><td colspan="5">0.62</td></tr>
<tr><td rowspan="4">渐缩</td><td rowspan="4">$\zeta=k_1\cdot k_2$</td><td colspan="2">θ</td><td colspan="5">10°</td><td colspan="5">20°</td><td colspan="5">40°</td><td colspan="5">60°</td><td colspan="5">80°</td><td colspan="5">100°</td></tr>
<tr><td colspan="2">k_1</td><td colspan="5">0.40</td><td colspan="5">0.25</td><td colspan="5">0.20</td><td colspan="5">0.20</td><td colspan="5">0.30</td><td colspan="5">0.40</td></tr>
<tr><td colspan="2">A_2/A_1</td><td colspan="3">0.1</td><td colspan="3">0.2</td><td colspan="3">0.3</td><td colspan="3">0.4</td><td colspan="3">0.5</td><td colspan="3">0.6</td><td colspan="3">0.7</td><td colspan="3">0.8</td><td colspan="3">0.9</td><td colspan="3">1.0</td></tr>
<tr><td colspan="2">k_2</td><td colspan="3">0.40</td><td colspan="3">0.38</td><td colspan="3">0.36</td><td colspan="3">0.34</td><td colspan="3">0.30</td><td colspan="3">0.27</td><td colspan="3">0.20</td><td colspan="3">0.16</td><td colspan="3">0.10</td><td colspan="3">0</td></tr>
</table>

(4)分叉段与合流段

①当为合流形时，其损失系数ζ_{1-3}、ζ_{2-3}，可按表24-8-9取值；

合流形风道的损失系数　　表 24-8-9

Q_1/Q_3	Q_2/Q_3	ζ_{1-3}	ζ_{2-3}	图　示
1.00	0	0.91	0.55	$A_1=A_2=A_3$；v_1 Q_1 → ← v_2 Q_2；↑ v_3 Q_3
0.95	0.05	0.84	0.50	
0.90	0.10	0.78	0.46	
0.85	0.15	0.71	0.42	
0.80	0.20	0.64	0.38	
0.75	0.25	0.58	0.35	
0.70	0.30	0.52	0.33	
0.65	0.35	0.46	0.31	
0.60	0.40	0.40	0.29	
0.55	0.45	0.34	0.29	
0.50	0.50	0.31	0.31	

②当为分流形时，其损失系数 $\zeta_{1\text{-}2}$、$\zeta_{1\text{-}3}$，可按表 24-8-10 取值。

分流形风道的损失系数　　表 24-8-10

主流的分叉损失系数 $\zeta_{1\text{-}2}$

A_3/A_1	Q_3/Q_1									
	0.1	0.2	0.3	0.4	0.5	0.6	0.7	0.8	0.9	1.0
0.5	0.72	0.48	0.28	0.13	0.05	0.04	0.09	0.18	0.31	0.5
1.0	0.05	0.05	0.05	0.05	0.06	0.13	0.22	0.30	0.38	0.48
图示	v_3 Q_3 $A_1=A_2=A_3$ v_2 v_1 Q_2 Q_1									

支流的分叉损失系数 $\zeta_{1\text{-}3}$

A_3/A_1	Q_3/Q_1									
	0.1	0.2	0.3	0.4	0.5	0.6	0.7	0.8	0.9	1.0
0.25	0.55	0.50	0.6	0.85	1.20	1.80	3.10	4.35	6.0	9.0
1.0	0.67	0.55	0.46	0.37	0.32	0.29	0.29	0.30	0.37	0.48
图示	v_3 Q_3 v_2 v_1 Q_2 Q_1									

(5)入口、出口及其他

入口、出口及其他各损失系数可按下表 24-8-11～表 24-8-13 取值，出口损失系数如图 24-8-6所示。

入口损失系数　表 24-8-11

形　状	ζ_e	图　示
直角锐缘	0.50～0.60	v
圆缘、倒角	0.03～0.05	v

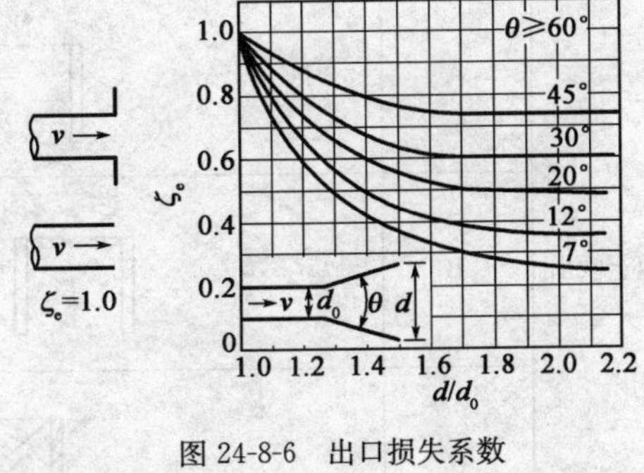

图 24-8-6　出口损失系数

出入口格栅损失系数　　表 24-8-12

有效面积比(%)	出口 ζ_d	入口 ζ_d	图　示
50	9.0	5.8	有效面积 A_0；v, A；v, A
60	6.2	3.5	
70	3.0	2.0	

金属网筛损失系数 表 24-8-13

有效面积比(%)	30	40	50	60	70	80	90
ζ_d	6.2	3.0	1.44	0.97	0.58	0.32	0.14
图 示	网筛(A_0为有效断面积) v, A						

注:有效面积比=实际过风面积/风道断面积。

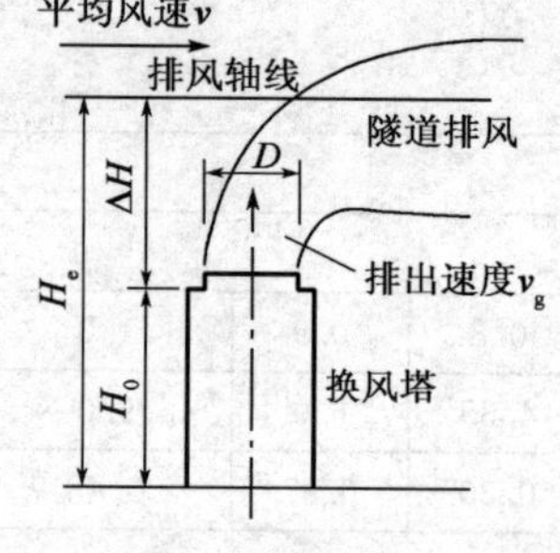

图 24-8-7 排风口有效高度

(6)通风塔的排风扩散要求

①排风上升高度

地面换风塔的排风(吹出)口附近,有管理所和人员以及各通风设备,吹出的废风有一定污染,应符合环保要求,因此排风口应有足够的高度。排风口的构造应根据风口周围的地形、植被等自然条件来确定,一般而言,朝上开口吹出的形式较为有利。表 24-8-14 为排风口构造形式与排风上升效果。

有效排风口高度 H_e 应为排风口结构高度 H_0 加上排风上升高度 ΔH(图 24-8-7),即:

$$H_e = H_0 + \Delta H \tag{24-8-7}$$

由于汽车尾排气体有一定热量,排出的气体与大气存在温差,具有少量上浮力,但这里忽略这一小量,只考虑排风机械产生的排出速度,采用国际较普遍的 Bosanguet 计算公式来计算排风上升高度 ΔH,即:

换风塔排风口构造与排风上升效果 表 24-8-14

排风口形式			排气上升效果
朝上吹出	A	v_g 钢网	构造与工厂烟囱基本相同,其排出速度可以有效地改变上升高度
	B	雨棚百叶片	排气吐出方向由于有叶片而变成斜向,对上升高度的改变不利
	C		与B同
侧面吹出	D	钢网	排气的排出速度不能左右上升高度
	E	棚百叶窗	由于有叶片朝下,排出速度减小了排风高度,是一种不利的形式

$$\Delta H = \frac{0.65 \times 4.77}{1 + 0.43 \times \frac{v}{v_g}} \cdot \frac{\sqrt{Q_e \cdot v_g}}{v} \tag{24-8-8}$$

式中：Q_e——排风量(m^3/s)；

v_g——换风塔排风口风速(m/s)；

v——大气平均风速(m/s)。

②排风的扩散

排风口的扩散计算方法可按工厂烟囱的排烟问题考虑。

一般假设扩散气体的污染浓度分布为正态分布，其扩散计算公式称为正态型扩散式。计算式以排出源(排风口中心)为原点，风向为 x 轴，水平向为 y 轴，垂直向为 z 轴。

地表面浓度(取 $z=0$)可按式(24-8-9)计算：

$$C(x,y,0) = \frac{q}{\pi \cdot \sigma_y \cdot \sigma_z \cdot v} \cdot \exp\left[-\left(\frac{H_e^2}{2\sigma_z^2} + \frac{y^2}{2\sigma_y^2}\right)\right] \tag{24-8-9}$$

式中：C——浓度(10^{-6}，1ppm=10^{-6})；

q——发生源强度(ml/s)；

σ_y、σ_z——水平方向、垂直方向的扩散宽度(m)；

H_e——有效排风口高度(m)。

扩散宽度是式(24-8-9)的重要参数，它与大气稳定度、地面粗糙度等诸多因素密切相关，应通过大量调查和专题研究取其合理值。

(7)洞外风机房

当采用集中送入式或横向式通风方式时，风机房可设置在隧道洞口处，分为在两洞口间设置的形式和路堑单侧设置的形式；当采用竖井通风方式时，风机房可设在竖井地表口处。

根据洞口或竖井周围地形条件、两洞口轴向间距等因素，合理确定风机房位置。城镇附近的隧道还应考虑对洞口附近城市设施的影响。

当在两洞口间设置风机房时，应注意与洞口环境的协调，避免对行车驾驶员产生压抑感。

(8)洞内风机房

当采用竖井通风且在洞外设置风机房有困难时，可将风机房设置于竖井底部。洞内风机房内应注意防湿、防尘、降噪和温度调节，同时自身应具有通风设施。

第九节　隧道火灾排烟和防烟、空气调节

(1)隧道通风设计必须考虑火灾情况及其对策，并应根据隧道长度、平曲线半径、纵坡、交通条件、自然条件、环境条件和火灾危险性等因素进行防烟、排烟设计。

隧道防烟、排烟方式的选择应综合考虑各通风方式的特点、排烟效果、工程造价、技术难度和运营维护等因素，可采用纵向式、半横向式、全横向式以及在这三种基本方式基础上组合的通风方式。

(2)长度大于 1 500m 且交通量较大的隧道应考虑防烟、排烟措施。同一座隧道按同一时间内发生一次火灾考虑，且火灾期间，通风系统能够推动所有烟雾产生与单向交通隧道的行车

方向一致的最小纵向风速。

(3)隧道内防烟、排烟系统及其风向风速:

①当发生火灾时,不应改变隧道内的排烟方向,排烟方向应与隧道行车方向一致;

②起火隧道着火点上游250m,下游500m内的射流风机停止运行;

③在人员疏散阶段,射流风机不宜反向运转;

④在火灾情况下,未发生火灾的隧道通风系统,应以能够维持横洞内安全疏散所需的压力为控制原则;

⑤排烟风机在250℃环境条件下,能连续正常运行不小于1.0h,排烟通道的耐火极限不应低于1.0h。

(4)隧道通风系统与防烟、排烟系统合用时,应符合防烟、排烟系统的设置要求。

必须有利于人员、车辆安全疏散,避免起火隧道的烟气进入行人、行车横洞和相邻隧道。应能有效控制火场高温烟气的扩散,防止炽热气体引燃起火点以外的其他车辆,造成火灾的扩大蔓延。应有利于灭火救援人员从起火点的上风方向接近火场进行灭火救援。

(5)隧道内难疏散通道及其前室、独立避难间、火灾时暂时不能撤离的附属用房等部位应设置独立的机械正压送风系统。

(6)隧道内附属用房的专用疏散通道和无人值守的隧道附属用房应设置机械排烟系统。

(7)隧道内设置的横洞,其横洞门应具有防烟功能,并应采用甲级防火门。

(8)隧道火灾临界风速一般宜采用两辆载质量车/公共汽车燃烧时的空气流动速度。有特殊规定的隧道,其火灾临界风速应符合有关规定。

以油罐车等易燃易爆危险物品运输为主,且交通得不到有效管制的隧道,其火灾临界风速宜采用两辆油罐车燃烧时的空气流动速度。各种火灾临界风速的选用可按照表24-9-1确定。

火灾临界风速表 表24-9-1

起火车辆	载人小汽车	载质量车/公共汽车	油　罐　车
最高温度(℃)	400～500	700～800	1 000～1 200
最大热释放速率(MW)	3～5	15～20	50～100
火灾临界风速(m/s)	1～2	2～3	5～8

(9)双向交通隧道排烟方向和排烟速度的确定,应考虑自然排烟、竖井设置情况等因素,不应在隧道内产生烟气回流现象,应尽量缩短烟气在行车道内的行程。

安全疏散阶段,纵向排烟速度不应大于0.5m/s,且起火点附近的风机应停止工作;灭火救援阶段,纵向排烟速度不应小于火灾临界风速,烟气应能从离起火点最近的排烟竖(斜)井或隧道出入口排出。

采用洞口集中送入式通风的隧道,当起火点距离送风竖(斜)井不大于700m时,应停止喷口送风或转换为竖(斜)井排烟,以确保烟气就近从隧道口或竖(斜)井中排出。

(10)单向交通隧道纵向排烟系统不应改变起火隧道内的排烟方向,排烟方向宜与隧道交通流向相同。

起火隧道起火点附近的风机应停止运行,安全疏散阶段的纵向排烟速度应予以控制;灭火救援阶段的纵向排烟速度不应小于火灾临界风速;起火点下风向未设置防烟设施的横洞的防火卷帘或防火门应关闭。

火灾情况下，设有防烟、排烟设施的横洞，其气流方向应流向起火隧道；未发生火灾的相邻隧道的风机运行方向和风速，应能维持横洞内安全疏散所需的余压。

(11)横向、半横向防烟、排烟系统应采用管道送风或排烟，管道口、排烟口必须采用不可燃材料制作，设置在隧道拱顶附近的风道，其底隔板的耐火极限不应低于 1.5h。排烟时，应能确保隧道内不出现烟气回流；烟气应能通过隧道顶部或隧道壁上部设置的排烟口排出。

①单向交通隧道的送风系统宜在上游段以最大送风量送风，排烟系统宜在下游段以最大排烟量排烟，形成沿交通流方向的纵向气流，洞内纵向风速不宜大于 2m/s；

②火灾时，起火点附近的横向或半横向通风系统转换为排烟系统时，不得从隧道顶部喷送新鲜空气；系统送风量应降至最大送风量的 1/3～1/2。隧道送风半横向系统应能转换为排风半横向系统进行排烟。

(12)隧道排烟风机在发生火灾时，合用风机应能在 60s 内从正常通风状态或静止状态转换到火灾不同阶段排烟系统所要求的运行工作状态；可逆式风机应能在 90s 内完成全速反向旋转。

①直接暴露在火灾现场的风机，其电动机和所有与高温烟气接触的相关部件、附属设备以及外接配电线路应能满足在 250℃的烟气中正常工作不少于 60min 的要求，且直接暴露在火灾现场的风机应考虑其火灾情况下的损耗；

②排烟风机的排烟口应远离送风系统的新风采气口，或采用有效的保护装置或防护措施，防止烟气再次流入隧道；

③排烟风机的叶片应采用高温状态下不会降低功效和发生严重变形的金属材料。叶片上宜添加磨损条或增加叶片间的距离；

④排烟风机中使用的消音器，其隔板中使用的吸音材料应为不可燃烧、无毒材料，且能在 250℃的烟气中保持稳定状态。

(13)隧道采用射流风机纵向排烟时，风机的运行数量、排烟速度应根据不同阶段的烟气流动速度以及隧道的自然风阻力、交通通风力和通风阻抗力等确定。

排烟风机不应集中布置，应根据隧道长度、排烟和配电等要求，分散设置在隧道内的适当位置。

(14)隧道内相关部位设置的机械正压送风系统应分别独立设置，系统送风口的风速不应大于 7m/s。确需采用共用系统时，应在支风管上设置压差自动调节装置和防火阀。

①专用避难疏散通道应根据其长度和净空，选择合理的机械正压送风方式，其余压值不应小于 50Pa；

②其他部位的机械正压送风系统风机的全压除计算管道的最不利压头损失外，尚应有不小于 25Pa 的送风余压；

③独立避难间和附属用房内的加压送风量应按地面面积每平方米不小于 $30m^3/h$ 计算，新鲜空气供气时间不应小于 2.0h。专用避难疏散通道前室的加压送风量和送风口尺寸应按其入口门洞风速不小于 1.2m/s 计算确定，送风口应靠近入口或正对入口设置；

④机械正压送风系统的部位应设置排风措施，其排风口或排风管上应设置余压阀，并应保证规定的送风余压值；

⑤机械加压送风系统的风机应采用普通离心式、轴流式或斜流式风机；

⑥系统新风采气口应设置在隧道外，且应低于隧道外排烟口，其与隧道外排烟口的水平距

离应大于15m。

(15)隧道内相关部位设置的机械排烟系统应单独设置，确需与排风系统合并设置时，必须在火灾发生时能自动转换为排烟模式。

①隧道内附属用房的排烟量应按地面面积每平方米不小于60m³/h计算，且风机的最小排烟风量不应小于7 200m³/h；

②排烟区内应设有补风措施。当补风通路的空气阻力不大于50Pa时，可采用自然补风；当补风通路的空气阻力大于50Pa时，应设置机械补风系统，补风量不应小于排烟风量的50%；

③排烟口应设置在顶棚或墙面上部，其侧边与安全出口的水平距离不应小于2m；疏散通道上设置的排烟口，其间距不应大于30m。排烟口与排风口合并设置时，其数量、尺寸要求应按该部位的设计排烟量计算确定。排烟口的风速不应大于10m/s。

(16)机械加压送风系统、机械排烟系统的管道当采用金属风道或内表面光滑的其他材料风道时，其风速不宜大于20m/s；当采用内表面抹光的混凝土或砖砌风道时，其风速不宜大于15m/s。

①当采用钢制风道时，钢板厚度不应小于1.0mm；

②排烟管道与可燃物的距离不应小于0.15m；

③管道穿过防火墙或设置了独立防烟、排烟设施的房间隔墙时，应在穿墙处设置防火阀或排烟防火阀。

(17)排烟风机可单独设置或与排风风机合并设置。

①排烟风机的余压应按排烟系统最不利环路进行计算，排烟量应增加10%；

②排烟风机可采用离心式风机或排烟轴流风机，并应保证在280℃时能连续工作30min。排烟风机必须采用不可燃烧的材料制作；

③排烟风机应与排烟口联锁。排烟风机入口处应设置排烟防火阀，排烟风机应能与排烟防火阀联动关闭。

(18)隧道附属用房中设有通风、空气调节系统的，应有防火措施。

①设有气体灭火系统的房间，应设置排风设施；与该房间连通的风管应设置能自动关闭的防火阀；

②通风、空气调节系统的风机及风管应采用不可燃的材料制作；

③风管和设备的保温材料应采用不燃烧的材料；消声、过滤材料及黏结剂应采用不可燃的材料或阻燃材料；

④通风系统中设有电加热器时，通风风机应与电加热器联锁；电加热器前后0.8m范围内，不应设置消声器、过滤器等设备。

(19)隧道内附属用房的通风风管穿越房间隔墙或顶(楼)板处、穿过防火墙处和水平干管同垂直总管的交接处应设置防火阀。

(20)防火阀的温度熔断器的温度应为70℃，排烟防火阀的温度熔断器的温度应为280℃。

(21)风监控系统应满足发生火灾的监控要求。

①必须具有防烟排烟控制功能；

②必须设定安全疏散、灭火救援等不同阶段、不同防烟排烟方式的控制模式；

③根据起火点位置，能合理确定相应防烟排烟系统的风量、风速控制模式；

④根据火灾现场的实际情况和要求，应具备适时调整防烟排烟系统的控制功能；

⑤防烟排烟系统应设有自动控制和手动控制装置，并应具有现场控制、联动控制和远程控制功能。发生火灾时，现场控制装置发出的控制指令应优于其他控制指令；

⑥隧道内和控制室内必须设置防烟排烟系统手动控制装置。隧道内的手动控制装置应设置在便于操作的地方，并应有明显的标志和保护措施，其操作按钮距地面的高度不应超过1.5m；

⑦用于排烟的风机，其电动机的启动器、驱动装置、断开装置及其控制装置应与风机气流隔离；

⑧隧道内附属用房排烟口的控制应符合下列要求：

a.单独设置的排烟口，平时应处于关闭状态，其控制方式可采用自动或手动开启方式；手动开启装置的位置应便于操作；

b.排风口和排烟口合并设置时，应在排风口处设置电动排烟防火阀，并与火灾自动报警系统自动联动；发生火灾时，着火区域内的阀门应处于开启状态，其他区域内的阀门应全部关闭。

第二十五章　隧道照明系统设计

第一节　概　　述

公路隧道照明是为了把必要的视觉信息传递给驾驶员,防止因视觉信息不足而出现交通事故,从而提高行车的安全性和舒适性。与其他的道路照明相比,隧道照明的特点是白天也需要照明,而且白天照明比夜间照明问题更加复杂。隧道照明与其他道路照明一样,路面应具有一定的亮度水平,同时还应进一步考虑设计速度、交通量、线形等影响因素,并从驾驶上的安全性和舒适性等方面综合评价照明效果,特别是在隧道入口及其相邻区段需要考虑人的视觉适应过程。

驾驶员驾车接近、进入并通过隧道的过程中,其视觉会遇到一系列特殊问题:

(1)进入隧道前的视觉问题(白天)。由于隧道内、外的亮度差别极大,所以从隧道外部看照明不充分的隧道入口时,会看到长隧道的黑洞现象与短隧道的黑框现象。

(2)进入隧道后立即出现的视觉问题(白天)。汽车由明亮的外部进入即使不太暗的隧道以后,驾驶员的眼睛要经过一段时间才能看清隧道内部的情况,称之为“适应滞后现象”。这是由于环境亮度急剧变化,人的视觉不能迅速适应所致。

(3)隧道内部的视觉问题(白天、夜间)。隧道内部与其他道路不同,区别在于前者车辆排出的废气无法迅速消散而形成了烟雾,烟雾可以吸收和散射汽车头灯和照明灯具发出的光亮,从而使隧道内能见度降低。

(4)隧道出口处的视觉问题。白天,汽车穿过较长的隧道而接近出口时,由于出口外部亮度较高,出口看上去是个亮洞,驾驶员的视觉出现较强的眩光,因而视觉产生不舒服的感觉;夜间与白天正好相反,隧道出口看上去是黑洞而不是亮洞,造成分辨外部道路的线形及障碍物的困难。

消除上述种种视觉问题的办法是对隧道进行电光照明。由于隧道照明不分昼夜,电光照明费用较高,因此必须科学地设计隧道的照明系统,充分利用人的视觉能力,使隧道照明系统安全可靠,经济合理。

一、隧道照明设计步骤

(1)隧道现场调查,收集隧道照明设计有关资料。

(2)初步判定洞外亮度,制订洞外减光措施和分期实施方案。

(3)分别计算确定近、远期分期实施的接近段、入口段、过渡段、中间段、出口段及洞外亮度指标与长度。

(4)选择光源与灯具,并确定布灯方式。

(5)根据路面材料与灯具类型,计算设计满足要求的照明系统。

(6)洞口土建完工后,对洞外亮度进行验核,必要时修正照明设计。

二、隧道照明设计内容及要求

隧道照明设计除必须符合隧道设计规范中有关照明的要求外,照明电气设计还须符合电气设计规范的有关规定。进行照明设计前,应考虑以下事项:

(1)隧道附近的环境。隧道洞口附近的野外亮度,隧道方位及附近地形,进出引道上及附近的视野状况和线形状况(曲线与坡度等),气象状况(雾、烟尘、雨、风及其携带物等)。

(2)隧道状况。隧道长宽、线形、建筑限界等与照明的关系;照明器的选择、安装位置、照明率、维修率;路面、墙壁和顶棚的种类及反射率等。

(3)交通状况。单向交通还是双向交通、汽车专用还是混合交通、设计交通量和远期预期交通量等。

(4)附属设备状况。电源状况、配电线路、照明器材、道路标志、通风装备等。

(5)维护管理状况。为保持照明水平,需要对路面污染及墙面清洁状态等进行维护管理。

1.初步设计

(1)初步设计的深度要满足下列要求

①综合各项原始资料,经过比选,确定电源、亮度、布灯方案、配电方式等初步设计方案,作为编制施工图设计的依据;

②确定主要设备及材料规格和数量,作为订货依据;

③确定工程造价,据此控制工程投资;

④提出与其他工种设计及与概算有关系的技术要求(简单工程不需要),作为其他有关工种编制施工图设计的依据。

(2)设计说明内容

①照明电源、电压、容量、亮度选择及配电系统形式的确定原则;

②光源与灯具的选择;

③导线的选择及线路控制方式;

④工作、应急、检修照明控制原则、应急照明电源切换方式。

(3)图纸的内容和深度

①照明干线、配电箱、灯具、开关的平面布置,并注明区段名称和亮度;

②由配电箱引至各灯具和开关的支线。

(4)计算书

照明计算、保护配合计算、线路电压损失计算等。

(5)主要设备材料表

统计出整个工程的照明器、导线、电缆、配电箱、开关、插座、管材等和非标准设备的数量。

2.施工图设计

(1)施工图设计深度要求

①据此编制施工图预算;

②据此安排设备材料和非标准设备的订货或加工;

③据此进行施工和安装。

(2)图纸的内容与深度

①照明平面图;

②照明系统图;

③照明控制图;

④照明安装图。

三、隧道照明设计调查

隧道照明设计应对表 25-1-1 所示的内容进行调查,设计说明中应对相关设计条件的调查加以论述。

隧道照明设计调查表 表 25-1-1

调查内容	描述
环境条件	隧道附近地形、洞口朝向、洞口附近视野情况、植被条件、洞外路段的平纵线形和气象条件
土建结构物的设计方案	道路等级、隧道长度、平纵线形、路面形式、洞口结构形式、标准及局部横断面布置及建筑限界
交通状况	设计交通量、设计速度、交通组成、单向和双向交通、汽车专用或混合通行和经常往返本隧道的驾驶员
通风方案	通风方式、布置方案及隧道内烟雾浓度预测值
供电条件	配电所位置、容量、电源电压及其变动幅度
维护管理状况	为保持照明水平,需要对路面污染及墙面清洁状态等进行维护管理的水平

四、隧道照明系统构成

隧道照明系统按照照明段落的不同可以分为:接近段减光设施、入口段照明、过渡段照明、中间段照明、出口段照明、应急照明、洞外引道照明及隧道局部照明。隧道照明系统的各照明段如图 25-1-1 所示。

接近段的减光设施是确定隧道照明指标的重要因素,因此隧道土建设计应尽可能结合景观设计减光设施,隧道照明设计时应考虑减光设施的功效。

五、隧道照明分级

(1)公路隧道照明设计根据交通量和通过隧道的行车时间分为以下三类。隧道的分类如图 25-1-2 所示。

①一类隧道:指车辆按照设计速度计算洞内行驶时间大于 15s,且平均每个车道的交通量大于 1 200 辆/h 的单向交通公路隧道或者双向交通量合计大于 1 300 辆/h 的双向交通的公路隧道;

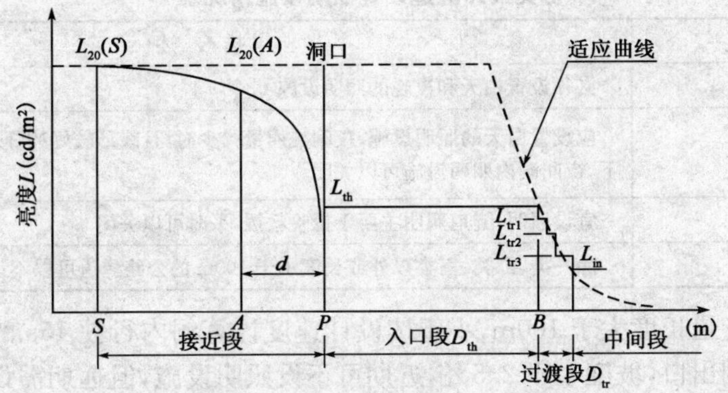

图 25-1-1　各照明段亮度与长度

注：P-洞口(或棚口)；S-接近段起点；A-适应点；d-适应距离；$L_{20}(S)$-洞外亮度；$L_{20}(A)$-适应点亮度；L_{th}-入口段亮度；L_{th1}、L_{th2}、L_{th3}-过渡段亮度；L_{in}-中间段亮度；D_{tr}-入口段长度

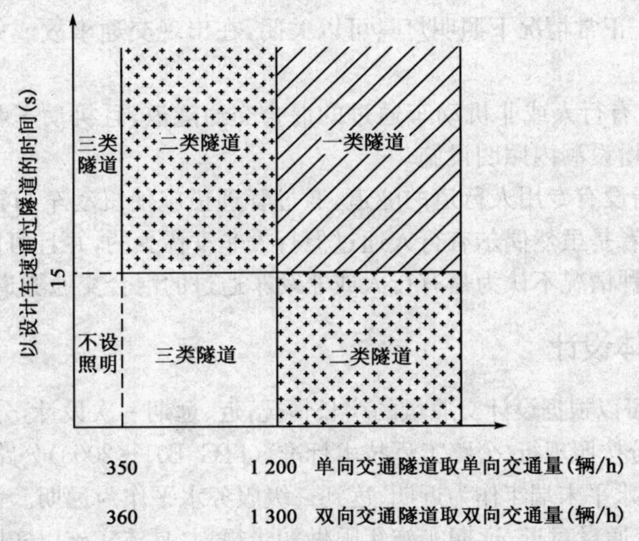

图 25-1-2　隧道照明分类示意图

②二类隧道：指车辆按照设计速度计算洞内行驶时间大于 15s，且平均每个车道的交通量介于 350～1 200 辆/h 的单向交通公路隧道或者双向交通量合计值介于 360～1 300 辆/h 的双向交通的公路隧道；或者交通量相当于一类隧道的规定，但按照设计速度计算洞内行驶时间不足 15s 的公路隧道；

③三类隧道：指平均每个车道的交通量低于 350 辆/h，或者双向交通量的合计值小于 360 辆/h，且车辆在洞内行驶时间超过 15s 的公路隧道；或车辆在洞内行驶时间不足 15s，且平均每个车道的交通量介于 350～1 200 辆/h 之间的单向交通公路隧道或者双向交通量合计值介于 360～1 300 辆/h 的双向交通的公路隧道。

(2)各类公路隧道应考虑的照明情况如表 25-1-2 所示。

各类公路隧道设计照明设施情况表　　表 25-1-2

分　类	描　述
一类隧道	必须设置白天和夜晚的照明设施
二类隧道	应设置白天的照明设施;夜间交通量稀少时,且线形较好的隧道,在确保安全的前提下,夜间洞内照明设施可以关闭
三类隧道	宜设照明,隧道照明主要于抢险救援,平时可以关闭
其他隧道	除一类、二类、三类以外或长度小于 100m 的公路隧道可以不设照明

①二类、三类隧道长度大于 100m,小于按设计速度计算洞内行驶 15s 的距离,平、纵线形好,行车进口能看到出口,坡度小于 2.5%,近期可不设照明设施,但远期需设置照明设施。当设置照明设施时,其照明亮度标准不变,布设长度可减半;

②二类隧道夜间洞内照明设施关闭时,必须有连续的自发光诱导设施和定向反光轮廓标,弯道段应有自发光型线形诱导标;隧道内出现交通量增大或突发紧急事件时,应能立即开启全部照明设施;

③三类隧道如不开启照明灯具则必须有连续的自发光(如 LED)诱导设施和定向反光轮廓标以及线形诱导标。正常情况下照明灯具可以关闭,在出现交通事故或火灾救援时应能立即开启。

(3)长度大于 60m 有行人或非机动车通过的混合交通隧道,且机动车和非机动车之间没有物理分隔设施的,宜增设洞内照明设施。

混合交通隧道是指设有专用人行道的隧道,通过管理措施使机动车与行人及非机动车在时间上错开行驶的;或者是虽然偶尔有行人通过但行人非常稀少的,并且可以通过监控管理措施加以有效管理的,这种情况不认为是有行人或非动车通过的混合交通隧道。

六、隧道照明总体设计

(1)隧道照明设计可以根据设计交通量的增长情况,近、远期一次设计,分期实施,并做好预留预埋。近、远期的划分按照现行《公路工程技术标准》(JTG B01—2003)公路服务水平分类,实际交通量达到一级服务水平末端年作为近期、达到二级服务水平作为远期。设计阶段可按工程可行性研究报告预测交通量对近、远期实施年限做初步规划,具体实施以实际服务水平为准。

(2)隧道照明设计所采用的设计交通量为近期和远期目标设计年份平均昼夜交通量换算的混合车型绝对交通量(辆·混合车/高峰小时);隧道照明设计所采用的设计速度不宜大于 100km/h,如大于 100km/h 时应当作特殊设计。

①当主线设计速度与隧道照明设计速度不一致时,应通过设置相应的交通安全设施保障车速的平稳过渡;

②高速公路主线设计速度为 120km/h 时,隧道段设计速度可采用 80～100km/h。一般情况下宜优先采用 100km/h;

③高速公路主线设计速度为 100km/h 时,隧道段照明设计速度可以采用 80km/h;

④高速公路主线设计速度为 80km/h 及其以下时,隧道照明计算车速宜采用与主线相同值。

(3)不设照明的隧道应设置完善的视线诱导设施,且车辆进隧道需开灯行驶的指示标志。

(4)设电光照明的高速公路隧道,其入口、出口应设引道照明。

七、隧道照明质量评价

(1)公路隧道照明以路面平均亮度、路面亮度总均匀度和路面中线亮度纵向均匀度、闪烁频率和诱导性为评价指标。

(2)路面左右两侧墙面 2.0m 高范围内的平均亮度,应不低于路面的平均亮度。

(3)本手册中的路面平均亮度值是指路面维持平均亮度。

第二节　照明标准

(1)隧道内各段的照明亮度应与隧道的交通量、隧道的设计速度以及洞内能见度等相适应。

隧道照明设计亮度和运营中实际亮度是有区别的。如按一类隧道照明设计,但当交通量处于二类隧道照明范围,是可以关闭部分灯具,按二类隧道运行。

(2)一类照明隧道必须设照明,且应有不间断的应急照明系统。洞内基本照明亮度、均匀度标准如表 25-2-1 所示。

一类照明隧道基本照明标准　　表 25-2-1

设计速度(km/h)	设计亮度 L_{in}(cd/m²)	总均匀度 U_0	纵向均匀度 U_1
100	9.0	0.4	0.6～0.7
80	4.5	0.4	0.6～0.7
60	2.5	0.4	0.6
40	1.5	0.4	0.6

(3)二类照明隧道应设照明,且应有不间断的应急照明系统。其洞内基本明亮度、均匀度标准如表 25-2-2 所示。

二类照明隧道基本照明标准　　表 25-2-2

设计速度(km/h)	设计亮度 L_{in}(cd/m²)	总均匀度 U_0	纵向均匀度 U_1
100	7.0	0.4	0.6～0.7
80	3.5	0.4	0.6～0.7
60	2.0	0.4	0.6
40	1.5	0.4	0.6

(4)三类照明隧道,宜设照明。为满足救援及养护的需要,该类隧道洞内基本段亮度、均匀度标准如表 25-2-3 所示。

三类照明隧道基本照明标准　　表 25-2-3

设计速度(km/h)	设计亮度 L_{in}(cd/m²)	总均匀度 U_0	纵向均匀度 U_1
100	4.0	0.4	0.6
80	2.0	0.4	0.6
60	1.5	0.3	0.5
40	1.0	0.3	0.5

(5)特长隧道照明基本段应包括两个不同的附属区域:第一个附属区域有30s的行驶长度,其照明亮度符合表25-2-1～表25-2-3的标准;第二个附属区域的亮度水平应达到特长隧道标准,如表25-2-4所示。

特长隧道中间段第二个附属区域基本照明标准　　表25-2-4

设计速度(km/h)	隧道类别	设计亮度 L_{in}(cd/m²)	总均匀度 U_0
100	一类隧道	4.5	0.4
	二类隧道	3.5	0.4
	三类隧道	2	0.4
80	一类隧道	3.5	0.4
	二类隧道	2.5	0.4
	三类隧道	1.5	0.3
60	一类隧道	2.5	0.4
	二类隧道	1.5	0.3
	三类隧道	1.0	0.3

注:此表仅适用于特长隧道中间段的照明。

(6)人车混合通行的隧道中,中间段亮度不得低于2.5cd/m²。

(7)隧道两侧墙面2.0m高的范围内,宜铺设反射率不小于0.6的墙面材料,应选用方便清洁维护的材料。隧道照明计算时宜考虑墙面反射率的因素,设计时墙面反射率可取墙面装修材料标定反射率的80%～90%。

墙面的反射与衬托作用在隧道照明中非常重要,不容忽视,如图25-2-1所示。当墙面反射率达到0.7时,路面亮度可提高10%。1992年,我国曾对上海黄浦江水下隧道墙面采用的喷塑铝合金板、苯丙乳液涂料、平光瓷砖、白色有光瓷砖、搪瓷钢板等各种护面材料进行现场实测,结果仅白色有光瓷砖达标。

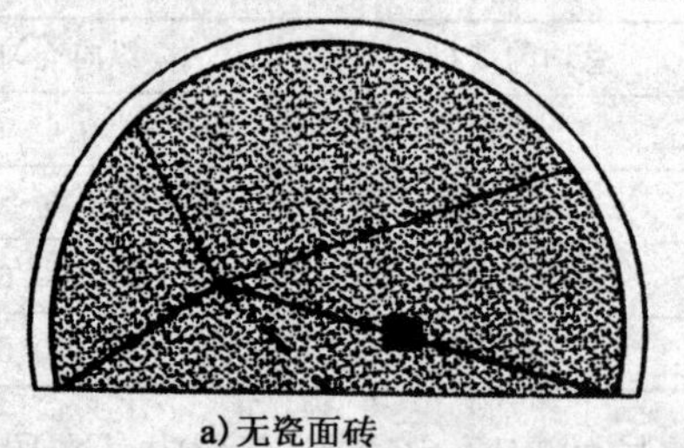

a)无瓷面砖

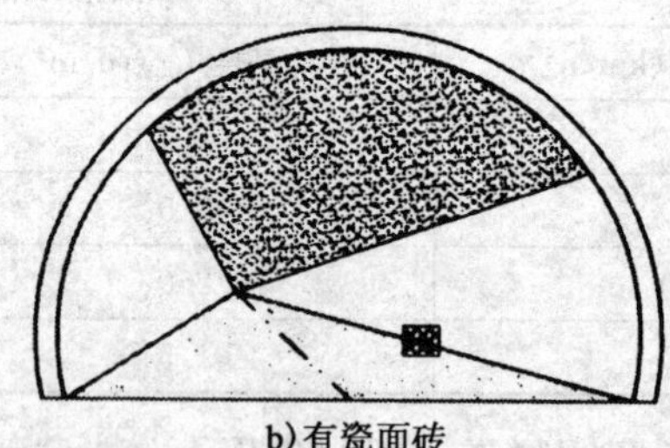

b)有瓷面砖

图25-2-1　墙面亮度衬托效果示意图

隧道照明计算时应根据实际墙面反射率进行计算。隧道内路面通常采用的有水泥混凝土路面和沥青路面(包括复合式路面),设计时应充分考虑不同路面形式对照明亮度的影响。

(8)平均亮度与平均照度间的换算关系:一般沥青路面取15～22lx/(cd·m⁻²),水泥混凝土路面取10～13lx/(cd·m⁻²)。

路面平均亮度与平均照度间的换算率,不仅与路面材料有关,还与路面的使用龄期有关。

新的沥青路面较黑，新的混凝土路面较白。随着使用年数的增长，前者黑度降低，后者黑度升高。因此换算率宜在一个范围内选取，如图 25-2-2 所示。

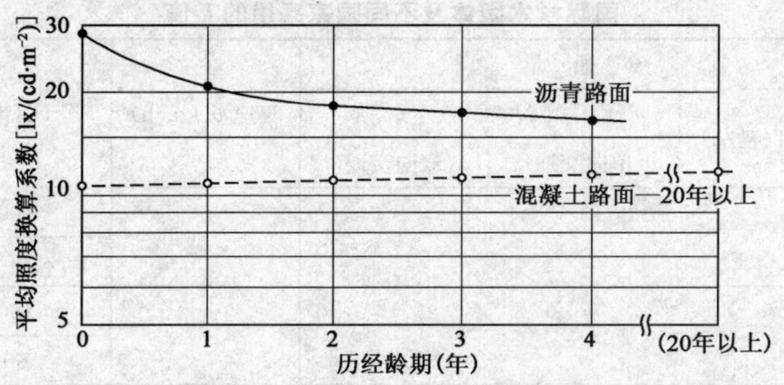

图 25-2-2　平均照度换算系数的历年变化

第三节　洞内照明

一、入口段照明

1. 入口段亮度计算公式

$$L_{th} = x \times k \times L_{20}(S) \tag{25-3-1}$$

式中：L_{th}——入口段亮度（cd/m^2）；

x——显色性折减系数，按表 25-3-1 取值；

k——入口段亮度折减系数，按表 25-3-2 取值；

$L_{20}(S)$——洞外亮度（cd/m^2）。

显色性折减系数表　　表 25-3-1

平均显色指数	100	90	80	70	60
照度相对值	1	1.19	1.41	1.54	1.6
显色性折减系数	0.625	0.74	0.88	0.96	1

入口段亮度折减系数　　表 25-3-2

隧道照明类别	照明计算行车速度(km/h)			
	100	80	60	40
一类隧道	0.045	0.035	0.025	0.020
二类隧道	0.035	0.025	0.020	0.015
三类隧道	0.025	0.020	0.015	0.015

k 值仅取决于行车速度，与交通量没有直接关系，但车速与交通量是一对相互制约的参数，当交通量小时，行车速度相应会提高；反之行车速度就会降低。

自 20 世纪 60 年代开始，隧道照明工学上的两大学派，即欧洲的 D. A. Schreuder 学派和日本的成定康平学派，长期以来围绕 k 值的合理取值，进行了针锋相对的争论，两大学派理论上的分歧集中反映在 k 值上，两者差达 5 倍之多。两派的学说依据都是相同的模拟测试方法，但在基本参数的选用上差别较大。成定康平已于 1984 年宣布放弃自己的“注视点”学说，并认

为他所主张的 k 值应提高一倍左右。

表 25-3-3 为各国际学术团体及不同国家最近采用的 k 值。

国际学术团体及不同国家采用的 k 值 表 25-3-3

学术团体	交通量			车速 v(km/h)	D_s(m)	k
	AADT(辆/d)	N(辆/h)				
		单向交通	双向交通			
PIARC (1987年)	—			—	100	0.06
					60	0.05
CIE TC4-08 (1990年)	—			—	100	0.06
					60	0.05
NDG Road Tunnels (挪威公路隧道设计准则) (1990年)	>20 000	—		—	—	0.05
	8 000～20 000	—		80	—	0.05
				50	—	0.025
	4 000～8 000	—		80	—	0.03
				50	—	0.015
BS 5489/7 (1992年)	—			80	—	0.06
				50～70	—	0.05
CNBE(1997年)	—			—	100	0.06
					60	0.05
EURO STD (1997年)	—	≥2 400	≥1 300	—	100	0.05
					60	0.035
		≤700	≤360	—	100	0.025
					60	0.015
日本隧道照明指针(1990年)	—			80	—	0.02
				60	—	0.015

2. 洞外亮度 $L_{20}(S)$

(1)自洞口向外延伸的制动距离处,测的环境亮度为洞外亮度,如图 25-3-1 所示。

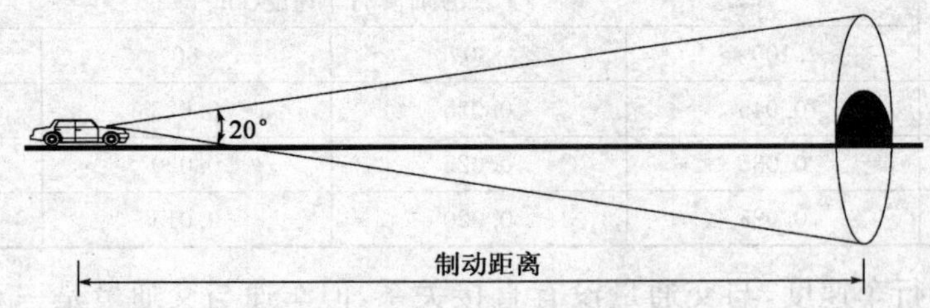

图 25-3-1 L_{20}计算方法示意图

洞外亮度 $L_{20}(S)$是指在接近段起点 S 处,距地面 1.5m 高正对洞口方向 20°视场实测得到的平均亮度。洞外亮度 $L_{20}(S)$是照明系统的设计基准之一。洞外亮度 $L_{20}(S)$的正确设定,对工程投资和营运电费都有极大的影响,不容忽视。日本东京湾海底隧道曾于设计中做过详细比较。在其他条件(包括车速)相同的情况下,如 $L_{20}(S)$分别设定为 4 000cd/m² 与6 000cd/m²,

则设备费相差 34%，年电耗量(kW·h)相差达 30%。因此，宜通过洞口山坡绿化或对结构物进行减光处理，尽量降低洞外亮度。在野外勘察设计阶段，如洞口处环境亮度可以进行实测时，应尽可能地进行实测，并作为计算依据。

(2)宜通过洞口山坡绿化或对结构物进行减光处理，尽量降低洞外亮度。减光措施与幅度如表 25-3-4 所示。

隧道洞外亮度减光措施与幅度表　　表 25-3-4

减光措施	减光效果
从接近段起点起，在路基两侧种植常青树	可降低洞口亮度值 5%～7%
采用削竹式洞门形式	可降低洞口亮度值 5%～7%
大幅坡面绿化	可降低洞口亮度值 5%～7%
洞门外表作成深暗颜色	可降低洞口亮度值 5%～7%
洞口采用端墙形式时，墙面宜采用冷色调，其反射率就小于 0.17	可降低洞口亮度值 5%～7%
洞门外至少一个停车视距长的路面(约 100～150m)采用黑色或彩色路面	可降低洞口亮度值 12%～27%

采用削竹式洞口并辅以大幅坡面植皮时，即使 20°视场中天空所占比例较多，$L_{20}(S)$值仍远低于端墙式洞门，如图 25-3-2a)所示。

洞外亮度 $L_{20}(S)$对整个照明系统的影响极大，若对洞门作明亮装饰会加倍增加洞外亮度，加剧“黑洞效应”，导致照明能耗的浪费。图 25-3-2b)为洞门作明亮装饰后，使 $L_{20}(S)$提高的情况。

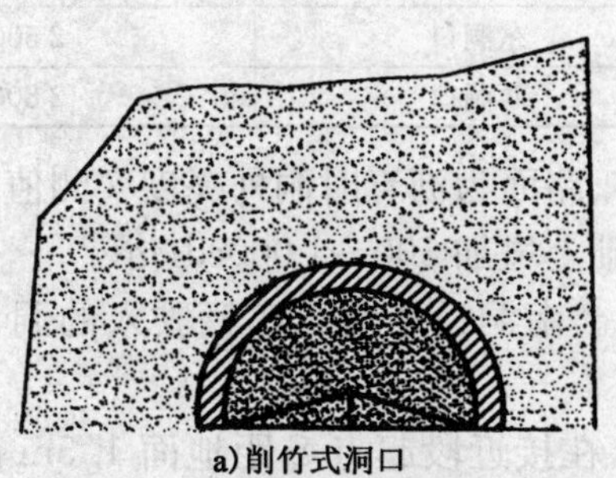

a)削竹式洞口　　b)明亮装饰性洞门

图 25-3-2　洞口(门)形式对洞外亮度的影响

(3)洞外亮度在设计阶段可以通过环境简图法推算取得。在土建完成后应利用数码相机照相法进行实测。实测值与设计值的误差超出±15%时应调整照明系统的设计。接近段亮度构成元素见表 25-3-5。

$$L_{20}(S)=\gamma\cdot L_{C}+\rho L_{R}+\varepsilon\cdot L_{E}+\tau\cdot L_{th}\qquad(25\text{-}3\text{-}2)$$

式中：L_C——天空亮度；

L_R——路面亮度；

L_E——环境亮度；

L_{th}——入口段亮度；

γ——天空所占百分比；

ρ——道路所占百分比；

ε——环境所占百分比；

τ——隧道入口所占百分比。

而且，$\gamma+\rho+\varepsilon+\tau=1$。

接近段亮度构成元素 表 25-3-5

行驶方向	L_C（天空）（cd/m²）	L_R（地面）（cd/m²）	L_E（环境）k_{cd}（m²）			
			岩石	建筑	雪地	草地、树木
北	8 000	3 000	3 000	8 000	15 000(V)	2 000
					15 000(H)	
东—西	12 000	4 000	2 000	6 000	10 000(V)	2 000
					15 000(H)	
南	16 000	5 000	1 000	4 000	5 000(V)	2 000
					15 000(H)	

注：V 表示表面凹凸不平的山区；H 表示平原地区。

式中的 L_C、L_R 和 L_E，首先应根据隧道洞口所处的具体环境测试确定，如果没有确切的数据可用，则可采用表 25-3-3 的建议值；式中的 γ、ρ、ε 值，则通过隧道洞口的 20°圆锥角视场环境图来确定。

式中 L_{th} 值是一个待定的未知量，τ 值一般低于 10%，同时 L_{th} 远远小于式中的其他亮度值，因此 $\tau \cdot L_{th}$ 可忽略不计，计算 $L_{20}(S)$ 时近似取前三项。

(4)洞外亮度在设计阶段如没有实测资料，也可以通过查表法取得，如表 25-3-6 所示。

洞外亮度推荐值（cd/m²） 表 25-3-6

洞口朝向	推荐值	洞口朝向	推荐值
南洞口	4 000	东洞口	2 500
北洞口	3 500	西洞口	2 800

隧道洞外亮度推荐值是在天空面积百分比为零、路面为沥青时洞外亮度实测值的平均值。西部山区可参照此表取值，东部平原地区可在此基础上增加 500～1 000cd/m²。

天空面积百分比指 20°视场中天空面积百分比。南洞口指北行车辆驶入的洞口，北洞口指南行车辆驶入的洞口。

(5)数码相机法是一种简易的实测法。实测时，在接近段起点 S 距地面 1.5m 高处，用数码相机拍摄隧道洞口及周围环境的照片，将反射率为 18%的灰度板置于三角架和洞口之间，灰度板中心距离路面 1.5m，将亮度仪对准灰度板，测读亮度 5 次，作为参照物，根据隧道洞口 20°圆锥角视场照片中天空、路面及其他洞口物体的亮度来综合确定现场的洞外亮度 $L_{20}(S)$ 值的方法。实测应在夏季(6、7、8 月)晴天无云时连续进行 3 日，每日测读 5 次(11:00 至 15:00 时，时距 1h)或 11 次(8:00 至 18:00 时，时距 1h)。

L_{20} 参数的合理取值是照明技术经济效果的重要指标之一。照明设计对方案的经济性和 L_{20} 参数的合理性考虑不足，不但影响照明效率，并且造成资源和能源的浪费；只注重节省初期投资，对于后期的运行、维护费用考虑不够全面，增加了后期的运营、维护费用和工作量。

为了体现洞外亮度变化对隧道内加强照明的影响，假设某隧道每高峰小时交通量为 2 400 辆/h，为两车道单向行驶，其路面宽度为 10.79m，隧道高 7m，行车速度为 80km/h；当隧道内路面为沥青路面时，入口段、过渡段 1、过渡段 2 各段取值如表 25-3-7 所示；当隧道内路面为水泥路面时，入口段、过渡段 1、过渡段 2 各段取值如表 25-3-8 所示。

各段取值对比表(沥青路面)　　　　表 25-3-7

洞外亮度(cd/m²)	入口段					过渡段1					过渡段2					功率合计(W)
	长度 D_{th}(m)	灯具间距(m)	高压钠灯(W)	数量(盏)	总功率(W)	长度 D_{tr1}(m)	灯具间距(m)	高压钠灯(W)	数量(盏)	总功率(W)	长度 D_{tr2}(m)	灯具间距(m)	高压钠灯(W)	数量(盏)	总功率(W)	
5 000	88	1.1	400	162	64 800	77	2.2	250	70	17 500	89.7	3.9	150	46	6 900	89 200
4 500	84.5	1.3	400	132	52 800	72.5	2.5	250	58	14 500	88	4.4	150	40	6 000	73 300
4 000	84	1.4	400	122	48 800	70	2.8	250	50	12 500	88.2	4.9	150	36	5 400	66 700
3 500	88	1.6	400	112	44 800	73.6	3.2	250	46	11 500	89.6	5.6	150	32	4 800	61 100
3 000	85.5	1.9	400	92	36 800	72.2	3.8	250	38	9 500	85.8	6.6	150	26	3 900	50 200
2 500	85.1	2.3	400	76	30 400	73.6	4.6	250	32	8 000	88	4.4	100	40	4 000	42 400
2 000	87	2.9	400	62	24 800	74	5.7	250	26	6 500	88	5.5	100	32	3 200	34 500

各段取值对比表(水泥路面)　　　　表 25-3-8

洞外亮度(cd/m²)	入口段					过渡段1					过渡段2					功率合计(W)
	长度 D_{th}(m)	灯具间距(m)	高压钠灯(W)	数量(盏)	总功率(W)	长度 D_{tr1}(m)	灯具间距(m)	高压钠灯(W)	数量(盏)	总功率(W)	长度 D_{tr2}(m)	灯具间距(m)	高压钠灯(W)	数量(盏)	总功率(W)	
5 000	85	1.7	400	102	40 800	71.4	3.2	250	42	10 500	88.5	5.9	150	30	4 500	55 800
4 500	85.5	1.9	400	92	36 800	72.2	3.8	250	38	9 500	88	2.2	150	28	4 200	50 500
4 000	88	2.2	400	82	32 800	73.1	4.3	250	34	8 500	88.8	7.4	150	24	3 600	44 900
3 500	85	2.5	400	70	28 000	73.5	4.9	250	30	7 500	84	8.4	150	20	3 000	38 500
3 000	84.1	2.9	400	60	24 000	74.1	5.7	250	26	6 500	88	5.5	100	32	3 200	33 700
2 500	84	3.5	400	50	20 000	76	6.9	250	22	5 500	85.8	6.6	100	26	2 600	28 100
2 000	88	4.4	400	42	16 800	77.4	8.6	250	18	4 500	83	8.3	100	20	2 000	23 300

照明系统的综合费用主要由初期固定费用 F、维护费用 M 和能源费用 P 构成。初期固定费用包括:灯具、电缆、支架、底座等费用;维护费包括更换光源时的人工费和光源本身的价格,还包括清扫灯具所消耗的清洁剂等材料及人工费用;能源费用主要指运营期间的电费。洞外亮度 L_{20} 值以 500cd/m² 的基数降低,当隧道内路面为沥青路面时,入口段、过渡段 1、过渡段 2 照明系统综合费用节能如表 25-3-9 所示;当隧道内路面为水泥路面时,入口段、过渡段 1、过渡段 2 照明系统综合费节能如表 25-3-10 所示。

照明系统综合费用节能对照表(沥青路面)　　　　表 25-3-9

原设计 L_{20}(cd/m²) \ 优化设计 L_{20}(cd/m²)	4 500	4 000	3 500	3 000	2 500	2 000
5 000	17.86%	25.22%	31.50%	43.72%	52.47%	61.32%
4 500	—	9.00%	16.64%	31.51%	42.16%	52.93%
4 000	—	—	8.39%	24.74%	36.43%	48.28%
3 500	—	—	—	17.84%	30.61%	43.53%
3 000	—	—	—	—	15.53%	31.27%
2 500	—	—	—	—	—	18.63%

照明系统综合费用节能对照表(水泥路面)　表 25-3-10

原设计 L_{20}(cd/m²) ＼ 优化设计 L_{20}(cd/m²)	4 500	4 000	3 500	3 000	2 500	2 000
5 000	9.50%	19.53%	31.00%	39.60%	49.64%	58.24%
4 500	—	11.09%	23.72%	33.27%	44.43%	53.86%
4 000	—	—	14.26%	24.94%	37.42%	48.11%
3 500	—	—	—	12.47%	27.01%	39.48%
3 000	—	—	—	—	16.62%	30.86%
2 500	—	—	—	—	—	17.02%

3. 入口段长度计算公式

$$D_{th}=1.154D_S-\frac{h-1.5}{\tan 10^\circ} \tag{25-3-3}$$

式中:D_{th}——入口段长度;

D_S——照明停车视距,如表 25-3-11 所示;

h——洞口内净空高度。

公路隧道照明停车视距　表 25-3-11

v_t(km/h)	纵坡(%)								
	−4	−3	−2	−1	0	1	2	3	4
100	179	173	168	163	158	154	149	145	142
80	112	110	106	103	100	98	95	93	90
60	62	60	58	57	56	55	55	53	52
40	29	28	27	27	26	26	26	25	25

4. 入口段长度 D_{th}

为保证驾驶员对路面上(20cm 高标准)障碍物的视认能力,在障碍物背后应有一段最小长度为 b 的明亮路面,如图 25-3-3 所示。

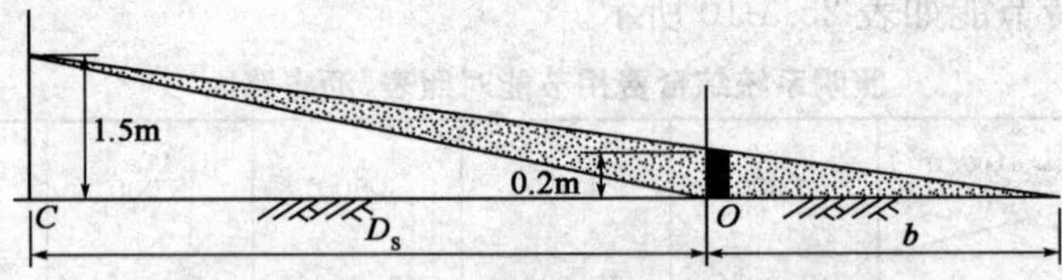

图 25-3-3　照明停车视距与最小衬托长度

车辆驶至洞外适应点 A 时,驾驶员在 20°视场中,洞外景物基本消失。适应点 A 与洞口 P 间的距离 d 称为适应距离[$d=(h-1.5)/\tan 10^\circ$],如图 25-3-4 所示。

入口段长度 D_{th} 可根据车速、视距、最小衬托长度、洞口净空高度、适应距离进行计算,表 25-3-12 为 D_{th} 计算例。

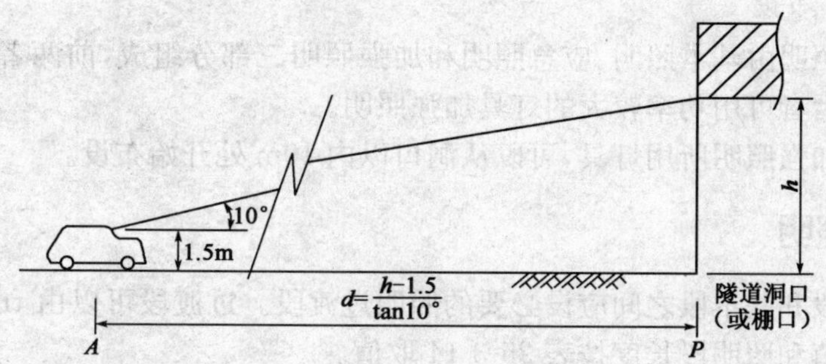

图 25-3-4　适应距离

D_{th} 计 算 例　　表 25-3-12

照明设计车速（km/h）	停车视距 D_S（m）	最小衬托长度 b（m）	洞口净空高度 h(m)		
			6	7	8
			适应距离 d(m)		
			25.5	31.2	38.9
100	158	24.3	157	151	143
80	100	15.4	89.9	84.2	76.5
60	55	8.5	38	32	25
40	27	4.2	10	10	10

5. 连续隧道的入口段照明

(1)当两隧道之间行驶时间按照设计速度计算小于 20s，且通过前一隧道内的行驶时间大于 30s 时，后续隧道入口段亮度折减率可按表 25-3-13 取值。

后续隧道入口段亮度折减系数　　表 25-3-13

两隧道之间行驶时间(s)	<2	<5	<10	<20
后续隧道入口亮度折减率(%)	30	25	20	15

注：若两隧道之间已经设了遮光棚，且后续隧道入口段亮度小于洞内基本照明亮度的 3 倍时，后续隧道可以不设入口段加强照明。

若前一隧道内行驶时间不足 30s，则后续隧道入口亮度不应按照表 25-3-13 进行折减，但后续隧道洞口环境亮度值可以适当降低。

(2)高速公路的隧道群，当前后洞口间距小于 60m 时宜设遮光棚。遮光棚设计时应尽量减少对通风的不利影响。平原区隧道可设遮光棚以降低洞口环境亮度，但在接近段起点的 20°视场中，天空面积百分比小于 50%，不宜设置遮光棚。

①山区高速公路的隧道群，其遮光棚的设计应结合洞门形式进行综合考虑，以确保其总体景观效果。避免洞门和遮光棚设计不协调而影响高速公路的景观；

②山区高速公路的单座隧道，如果洞口植被条件较好，应尽可能通过绿化降低洞口环境亮度，不宜设遮光棚。当隧道设遮光棚时，遮光棚内应有夜间照明设施；

③不设遮光棚的公路隧道，宜尽量采用削竹式洞门以降低洞口环境亮度。采用其他形式的洞门时，洞门装置宜采用冷色调。

6. 入口段灯具布设

(1)入口段的照明由基本照明、应急照明和加强照明三部分组成，前两者的灯具布置应按中间段照明考虑，后者可用功率较大的灯具加强照明。

(2)入口段的加强照明所用灯具，可以从洞口以内 10m 处开始布设。

二、过渡段照明

(1)隧道入口段和基本段之间应设必要的照明过渡段。过渡段可以由 tr1、tr2、tr3 段共同组成，各段的亮度值和照明段长度按表 25-3-14 取值。

照明过渡段的亮度 L_{tr} 和长度 D_{tr}　　表 25-3-14

设计速度 v_t (km/h)	tr1		tr2		tr3	
	长度 D_{tr1}(m)	亮度 L_{tr1}	长度 D_{tr2}(m)	亮度 L_{tr2}	长度 D_{tr3}(m)	亮度 L_{tr3}
100	106	$0.3L_{th}$	111	$0.1L_{th}$	167	$0.035L_{th}$
80	72		89		133	
60	44		67		100	
40	26		44		67	

注：当过渡段计算亮度低于基本段时，可减少过渡段的数量或长度。当 L_{tr3} 大于基本段照明的 5 倍时，宜增加过渡段 tr4，其长度为 D_{tr3} 的 1.3 倍，亮度为 L_{tr3} 的 0.3 倍。当 L_{tr3} 大于并接近基本段照明亮度值(不超过基本段亮度值 3 倍)时，可不设置过渡段 L_{tr3}。

过渡段采用 CIE 适应曲线 $L_{tr}=L_{th}(1.9+t)^{-1.4}$ 作为过渡段亮度和长度划分的依据，其中 t 为车辆从过渡段开始所经历的行驶时间。tr1、tr2、tr3 三个过渡照明段的亮度比例按 9∶3∶1 划分，如图 25-3-5 所示。

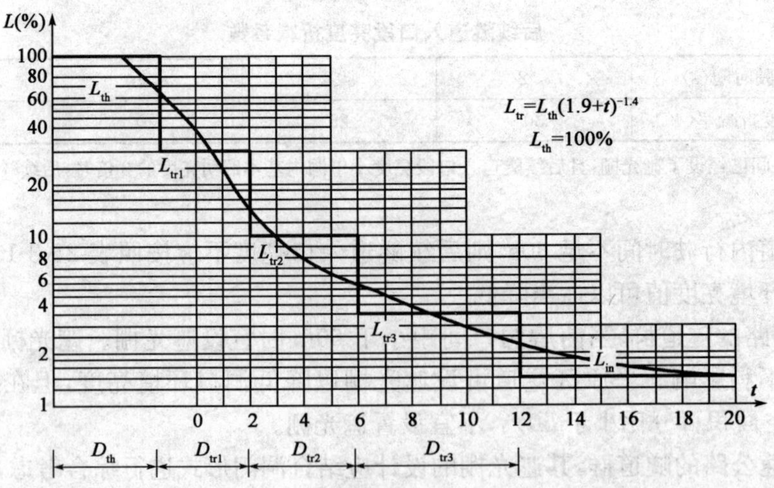

图 25-3-5　过渡照明段长度与相应亮度

(2)过渡段长度。在隧道里面驾驶员看到的始终是隧道内部，过渡区域越长，黑洞效应对驾驶员造成的负面影响越小，但前期投资及运营管理费用越高，本手册各过渡段的长度，基本上沿着 CIE 适应曲线分割。过渡段的 tr1 长度为：

$$D_{tr1}=\frac{D_{th}}{3}+\frac{v}{1.8} \qquad (25\text{-}3\text{-}4)$$

式中：$\frac{v}{1.8}$——2s 内行驶的距离。

过渡段的 tr2 长度为 $D_{tr2}=\frac{2v}{1.8}$，相当于 4s 内行驶的距离。

过渡段的 tr3 长度为 $D_{tr3}=\frac{3v}{1.8}$，相当于 6s 内行驶的距离。

过渡段长度计算见表 25-3-15。

过渡段长度 D_{tr} 计算表　　表 25-3-15

计算行车速度 v_t (km/h)	D_{tr1}(m) h(m)			D_{tr2} (m)	D_{tr3} (m)
	6	7	8		
100	108	106	103	111	167
80	74	72	70	89	133
60	46	44	42	67	100
40	26	26	26	44	67

三、局部照明

(1)隧道内局部照明包括行人、行车横洞、紧急停车带、地下风机房、检修通道及疏散通道。

①行人及行车横洞照明可采用荧光灯或其他节能型灯具。行人及行车横洞照明平时可处于关闭状态，一旦行人及行车横洞门开启，应能立即自动点亮。行人横洞照明亮度可采用 2.5cd/m^2，行车横洞照明亮度可采用 2.5～4.5cd/m^2；

②应急停车带宜采用显色性高的光源，其照明亮度应大于 7cd/m^2；

③横通道、紧急停车带等局部照明应选用能立即点亮的白光源隧道专用灯具。

(2)隧道内特殊灯光带设计。在特长隧道内没有自然光线，单一的隧道灯照明单调而重复。人长时间在如此封闭单调的空间里容易产生疲倦、烦躁或恐惧等不良感觉，从而使注意力不集中，因此存在着较大的安全隐患。在特长隧道的适当位置科学地设置特殊灯光带，通过安装景观照明灯具和布置景观饰物，形成丰富的视觉场景效果，能够使驾驶员的视觉和情绪获得短暂的调整，增加行车的安全性和舒适性。

特长隧道特殊灯光带设计，不减弱洞内景观效果，为了解决在高速公路隧道中采用灯光设备来实现特殊的景观照明效果的问题，需要在设计上有所突破和创新，但必须符合以下原则：

①灯光带的设置，通过对洞内景观饰物、照明灯具、景观灯具等元素全方位进行合理设置，构成景观装饰特殊灯光带，形成简洁得体的综合视觉景观效果；

②通过对先进高效的照明灯具和照明控制系统的使用，最大限度地降低照明系统的耗电量，减少项目的运营成本；

③灯光带的设置不能影响原有的道路照明，减低道路的照明技术指标；

④灯光带的设置应避免眩光对车辆行驶造成不好的影响，从而降低隧道内行车的安全性。

(3)工程案例分析。特殊灯光带设在隧道深处,完全没有自然光线,所以必须通过照明来实现特殊景观照明效果。麦积山隧道特殊灯光带的景观照明设计是通过对景观饰物、照明灯具和景观灯具的合理配置,力图在不影响驾驶操作的前提下,在有限的空间内实现最佳的视觉场景,为特殊灯光带设计了三个方案以供比较。

①蓝天白云方案:采用投光灯加图案灯的组合,在隧道两侧安装蓝色投光灯向洞顶投射,将洞顶整体照亮,形成蓝天的基本色调。再用图案灯将预先制作的白云等图像投射到侧上方的洞壁上,形成"蓝天白云"的效果。在公路两侧合理设置石景、仿真植物等景观,这样可以在特殊照明效果的基础上使效果更加生动活泼;但是缺点是用电量较大,费用较高;

②现代型方案:在整个洞室顶部安装LED灯管方阵,在系统的控制下,LED方阵就像一个空中的屏幕,可以显示预先设计的任何图案、广告、标语等。这个方案可以实现最佳的效果,摆脱了照明方式的束缚,灯具的寿命最长(50 000h),但存在的问题是造价高昂,用电量较大;

③经济型方案:先将洞室顶部粉刷成需要的图案,再用投光灯均匀地投射照明。该方案的工程造价比较低,灯具投资小,使用功率也最少;存在的缺点是图案单调无变化,景观效果受制于图案质量。隧道内潮湿,预先刷上的图案易起泡脱落,日后对图案的维护具有很大的不确定性,一旦图案质量出现问题,很难修复。

对三种方案的照明效果、安装方式、维护性能和造价分别进行比较,如表25-3-16所示。

景观照明方案比较表 表25-3-16

方案	灯具	照明效果	安装方式	维护性能	造价
蓝天白云	投光灯+图案灯+LED灯	色彩鲜明,有整体动态效果,图案可任意更改	两侧布灯	光源寿命长,灯具数量少,对介质依赖性低	较高
现代型	LED灯管方阵	色彩鲜明,图案逼真,图案可方便更改	洞顶布灯	光源寿命超长,灯具数量多,不依赖介质	高
经济型	喷涂墙面+传统投光灯	色彩单调,固定效果,图案不能更改	两侧布灯	光源寿命长,灯具数量少,对介质依赖性高	较低

综合考虑照明效果、维护程度和成本因素,麦积山隧道选用的是"蓝天白云"景观照明方案,如图25-3-6所示,左右线每隔4km设置一段100m的特殊灯光带。为了达到类似"广袤天空"的良好视觉效果,灯光带的隧道墙面和洞顶面采用浅色耐水性防火涂料,隧道断面采用与洞内紧急停车带相同的形式,跨度由10.25m拓宽至13m。

按照事先的计算,根据洞室宽度,在桥架上方设置灯架。按照5m的间距,在洞壁两侧安装蓝色投光灯向洞顶投射,将洞顶整体照亮,形成蓝天的基本色调。再用图案灯将预先制作的白云等图像投射到侧上方的洞壁上,一幅美轮美奂的广袤天空下"蓝天白云"的效果就形成了。在公路两侧的空间合理设置石景、仿真植物等景观,用小功率的LED投光灯照明,在照明灯具的照射下景观效果更加生动活泼,并为驾驶员提供良好的方向指示。

图 25-3-6　"蓝天白云"景观照明方案效果图

为了保证洞内的美观，景观照明灯具的安装高度与基本照明灯具保持一致。基本照明灯具采用的是截光型高压钠灯，投射至行车路面，景观照明灯具投射至洞顶和洞壁，为了避免产生眩光，各种灯具的安装角度需要进行反复的调整和测试，以取得最佳的视觉效果。

四、出口段照明

单向交通隧道中，应设置出口段照明，出口段长度宜取 60m，亮度宜取中间段亮度的 5 倍；双向交通隧道，可不设出口段照明。

(1)双向交通隧道一端入口的加强照明同时兼具另一端出口段的照明功能。

(2)在白天隧道出口附近，当前方行驶的车辆挡住了出口处绝大部分明亮的光线时，后面的驾驶员只能看见前方车辆相当大的黑影，前车背后的小型车辆常难以发现、视认，容易发生车祸。设置出口加强照明后，可消除这类视觉困难，如图 25-3-7 所示。

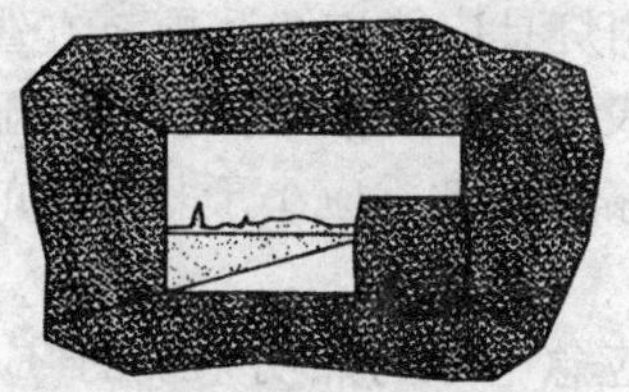

a)未设加强照明

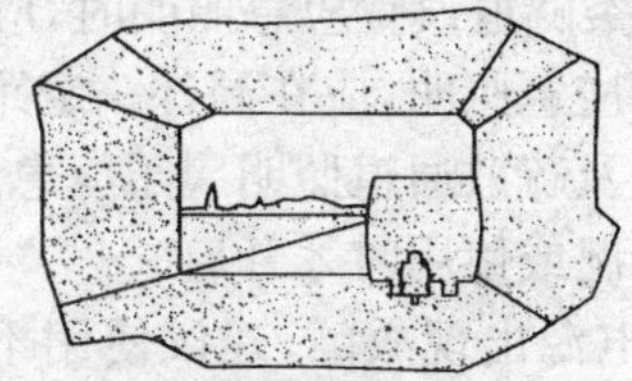

b)设加强照明

图 25-3-7　出口加强照明效果

第四节　洞外引道照明

(1)隧道进、出口引道宜设路灯照明，其布灯长度和路面亮度要求不宜小于表 25-4-1 的值。

洞外引道布灯长度与路面亮度　　表 25-4-1

设计速度(km/h)	路面亮度 (cd/m^2)	长度(m)
100	1.5	160
80	1.0	110
60	0.7	90
40	0.5	60

①有照明隧道的道路上，其照明质量应相当于照明道路的均匀性和亮度水平。夜间隧道照明的均匀性应满足白天照明的相同要求；

②无照明隧道的道路上，则隧道内的路面平均亮度不小于 1cd/m²，总体均匀度要不小于 0.4，且纵向均匀度至少达到 0.6，洞外引道宜布设路灯。

夜间隧道接近段和离开段的亮度应作适当处理，在洞口路段宜布置路灯，提供夜间道路照明，以提醒驾驶员正在接近隧道和避免出洞后的黑洞现象。对于桥隧相接，隧道接线道路平曲线半径较小、存在凹竖曲线，隧道洞外应设置引道照明。

(2)引道照明可以采用低杆灯照明、中杆灯照明或高杆灯照明。

①当隧道为连拱隧道、小间距隧道且两洞口之间为开阔的广场时，可采用高杆灯照明。当隧道车道数较多或洞口有回转车道时，宜采用高杆灯照明，山区高速公路隧道洞口宜采用低杆灯照明；

②隧道入口的引道照明应使驾驶员在夜间能够清晰辨认洞口。左右线分线行驶的高速公路隧道，应在进洞隧道的洞口前至少设一盏路灯；

③当隧道洞口距离互通、服务区的加减速车道起点小于 200m 时，洞口引道照明段长度不应小于 100m。且宜在加减速车道处设置电光指示标志或道路照明；

④隧道洞口接桥且桥、隧之间的距离小于 3s 行程时，应在该段连续设置道路照明。

第五节 应急照明

(1)一类、二类隧道应设应急照明系统，并保证照明中断时间不超过 0.3s，维持时间不短于 3min；且应设置疏散照明。

(2)一类、二类隧道急照明亮度值不应低于基本照明段设计亮度值的 0.1 倍，并且不应小于 0.3cd/m²。三类隧道设置应急照明时，应急照明灯具应能连续诱导前方驾驶员的视线。

(3)配合启用应急照明，应在洞外一定距离处设置信号灯或可变信息板显示警告信息。

(4)横洞照明及疏散通道照明属于应急照明，路面亮度不应小于基本段的亮度。平时处于关闭状态，紧急情况或使用时才开启。

当正常照明电源出现故障，建议使用不间断应急电源为照明系统的“应急”灯具供电，而“应急”灯具是组成整个隧道正常夜间照明的一部分，隧道应急照明灯具应呈线状连续布设，以起到诱导视线作用。

第六节 灯具的选择与布置

一、灯具的选择

(1)隧道照明应使用隧道专用灯具。隧道照明灯具的配光参数应能满足隧道照明计算需要，灯具光学性能应提供第三方认证报告。没有相应光学性能检验报告的灯具不应作为照明设计选用的灯具。灯具的选择应满足下列要求：

①防护等级不低于 IP65；

②具有适合公路特点的防眩装置；

③灯具结构应便于更换光源和附件；

④应具有良好的防腐性能；

⑤灯具配件应易于操作，并能调整安装角度；

⑥灯具不得侵入隧道建筑限界；

⑦照明灯具的效率不得低于 70%。

隧道照明灯具的防护等级参照 CIE《隧道和地下通道照明指南》(2004 年版)的要求取值，IP65 的含义是：防尘达到 6 级无尘埃进入；防水达到 5 级，任何方向喷水无有害影响。

(2)隧道照明灯具一般要求如下：

①隧道灯具应设计和制造使得其在正常使用时能安全地工作，对人或周围环境不产生危险。除了整体部件以外，所有部件应符合该部件有关的标准；

②隧道灯具技术要求应满足《公路隧道照明灯具》(JT/T 609—2004)相应要求；

③在正常电源发生故障后，应急状态 1min 内，灯具应达到制造规定的额定输出光通量，并持续到额定应急时间结束，且应急事故照明不能采用启动时间和再启动时间长的光源。

二、光源的选择

(1)隧道照明的光源应满足在隧道特定环境下的光效、光通量、寿命及工作特性，还应满足在汽车排烟形成的烟雾中有良好能见度的需要。

①隧道照明的光源宜选择效率高、透雾性能较好的光源；

②短隧道、柴油车较少的城镇附近隧道、应急停车带、行人横通道、行车横通道可选用显色指数较高的光源；

③光源的使用寿命应不小于 10 000h。

目前，应用在隧道照明中的光源有高压钠灯、低压钠灯、高压汞灯、金属卤化物灯、荧光灯、电磁感应灯，以及最新的 LED 灯。其中，高压钠灯具有较强的透雾能力，而且黄色光谱很少吸引飞虫，这对隧道夜间行车极为适宜，荧光灯有很好的显色性，能进行无极调光，是一种很好的节能光源。这两种光源的工程应用效果好，实践经验多。电磁感应灯、LED 灯作为新型光源也开始在隧道中得到应用。以下将隧道照明可选用电光源主要特性进行比较，如表 25-6-1 所示。

可选隧道照明电光源主要特性比较　　表 25-6-1

光源种类	高压钠灯	低压钠灯	紧凑型荧光灯	金属卤化物灯	LED 灯	电磁感应灯
额定功率范围(W)	35～1 000	18～180	5～55	35～3 500	2～20	20～300
光效(lm/W)	64～140	100～200	44～87	52～130	50～200	40～80
平均寿命(h)	12 000～24 000	2 000～3 000	5 000～10 000	300～10 000	100 000	60 000～100 000
显色指数 R_a	23～85	—	80 以上	60～90	—	80 以上
相关色温(K)	1 900～2 800	—	2 500～6 500	3 000～6 500	—	2 700～5 000
启动稳定时间(min)	4～8	7～15	10s 或快速	4～10	快速	快速
再启动时间(min)	10～15	5 以上	10s 或快速	10～15	快速	快速
功率因数 COSθ	0.3～0.44	0.06	0.5～0.7	0.4～0.61	—	高，大于 0.95
闪烁	明显	明显	有	明显	无	不明显/无

续上表

光源种类	高压钠灯	低压钠灯	紧凑型荧光灯	金属卤化物灯	LED灯	电磁感应灯
电压变化对光通输出的影响	大	大	较大	较大	小	小
需震性能	好	较好	较好	好	好	一般
是否有附件	有镇流器	有镇流器	有镇流器	有触发器、镇流器	无	无

由上表可看出，光效较高的有高压钠灯、低压钠灯、金属卤化物灯及LED灯；显色性较好的有紧凑型荧光灯、金属卤化物灯、LED灯及电磁感应灯等；寿命较长的有高压钠灯、LED灯及电磁感应灯等；能瞬时启动、再启动的光源有紧凑型荧光灯、LED灯及电磁感应灯等。

公路隧道照明设计应贯彻国家的技术经济政策，积极而慎重地采用新理论、新技术、新材料、新设备、新工艺，使隧道照明达到安全实用、质量可靠、经济合理、技术选进的要求。在隧道节能设计中，节能光源的选择在新理论和实验研究都有了重大突破。目前我国和世界上很多国家都对隧道采用中间视觉的相关研究成果的进行应用。中间视觉的主要研究方法之一的基于反应时间的视觉功效法被日益认可。根据基于反应时间的视觉功效法实验拟合得到的各种照明条件下反应时间与背景亮度之间的关系式求反应时间相等各种光源对高压钠灯的亮度对比系统。

应用中间视觉理论开展的相关研究已取得了一些研究成果，根据等效亮度理论和反应时间的视觉功效法，将拟合得到金属卤化物灯MH、LED灯、CFL灯和LVD灯照明条件下反应时间与背景亮度之间的关系式，求出反应时间相等时各照明灯对HPS的亮度对比系数$R(L)$值，如表25-6-2所示。

MH、LED、CFL和LVD对HPS的亮度对系数$R(L)$值 表25-6-2

背景亮度(cd/m^2)		1.0	1.5	2.0	2.5	3.6*	4.5
$R(L)$	MH	0.364 6	0.423 0	0.547 7	0.567 1	0.601 5	0.605 7
	LED	0.310 7	0.388 1	0.477 7	0.461 3	0.403 1	0.349 1
	CFL	1.091 6	0.982 0	1.042 9	0.990 9	0.897 5	0.808 1
	LVD	1.079 7	1.033 4	1.120 4	1.053 7	0.910 2	0.790 6

注：* 背景亮度3.6cd/m^2所对应的值是根据拟合结果计算得到。

试验结果表示MH仅需产生0.364 6cd/m^2亮度值即可获得HPS产生1.0cd/m^2亮度值，即MH产生0.364 6cd/m^2亮度的照明效果与HPS产生1.0cd/m^2亮度的照明效果是等效的；LED灯产生的0.310 7cd/m^2亮度的照明效果与HPS产生的1.0cd/m^2亮度的照明效果是等效的；CFL灯和LVD灯对HPS的亮度对比系数$R(L)$基本都在1.0左右，说明在隧道照明条件下，CFL灯和LVD灯照明效果与HPS的照明效果差不多。

根据算出的亮度对比系数$R(L)$和灯具光效等基本参数，结合$ER_S=\eta_S/[\eta_{HPS}\cdot R(L)_S]$，$\eta_{ER,S}=\eta_{HPS}\times ER_S$，可算出LED灯及LVD灯对HPS的相对光效，即折算光效，如表25-6-3所示。

LED 和 LVD 对 HPS 的相对光效　　表 25-6-3

背景亮度(cd/m²)		1.0	1.5	2.0	2.5	3.6*	4.5
LED 灯	*ER*	1.74	1.4	1.13	1.17	1.34	1.55
	折算光效(lm/W)	209.2	167.5	136.1	140.9	161.3	186.2
LVD 灯	*ER*	0.66	0.69	0.63	0.67	0.78	0.90
	折算光效(lm/W)	78.7	82.3	75.9	80.7	93.4	107.5

注:1. 该表只能反映实验测试某 LED 灯及 LVD 灯光源数据,不同厂家生产的灯具光源在色温、发光颜色均有很大差别,这样会直接导致视觉反应时间的不同。

2. * 背景亮度 3.6cd/m² 所对应的值是根据拟合结果计算得到。

LED 灯隧道照明灯具的开发和推广应用过程中会遇到散热设计和二次光学配光设计问题。如果没有解决好散热问题,就会导致 LED 灯发光效率急剧下降,甚至产生温度淬灭效应,因此宜采用热导技术设计的 LED 灯隧道照明灯具。

对于 LED 灯隧道照明灯具二次光学配光设计,通过对 LED 灯具进行检测比较发现,用透镜进行二次光学配光的 LED 灯具的亮度、均匀性、灯具的利用系数等指标具有较大的优势。

(2)如隧道照明采用荧光灯光源,则隧道通风设计时的烟雾设计允许浓度应提高一级,以保证隧道内的能见度指标达到要求。

(3)紧急停车带上经常进行车辆检修,宜采用显色指数高的荧光灯光源。

三、灯具的布置

(1)隧道洞内照明应按入口段、过渡段、基本段和出口段分别进行布置。

隧道基本照明光带宜采用"拱顶侧偏单光带"布置,灯具可直接吊挂在隧道拱顶,也可掉挂在电缆桥架下方;无论采用什么形式,灯具下表面与隧道行车道中线所在路面的垂直距离不宜小于 6.20m。

入口段灯具布置原则上宜采用双侧壁对称或交错布置,也可采用与基本照明相同的布置方式。

对于"拱顶侧偏单光带"布置方案,应急照明取基本照明的 1/3,对于"双侧壁对称或交错"布置方案,应急照明按照双侧布置,取基本照明的 1/4。

如采用"拱顶侧偏单光带"布置方案,若隧道内没有设置射流风机,则拱顶灯具安装宜距离行车道中线向右侧偏离 75cm 左右;若隧道内设有射流风机,则拱顶灯具安装宜距离行车道中线向右侧偏离 45cm 左右。

灯具的布置方式影响照明系统的照明效率,中心布置比双侧排布置效率高,双侧交错布置比双侧对称布置效率高。

(2)隧道灯具布置主要有中间单排布灯、两侧对称布灯、两侧交错布灯三种方式,如图 25-6-1所示。

(3)隧道基本照明宜采用宽光带对称照明系统;加强照明可选用宽光带对称照明系统或采用逆光照明不对称照明系统。入口段采用逆光照明时,结合行车安全性进行综合考虑,灯具的安装应避免引起驾驶员的不适;隧道基本照明段慎用逆光照明。

路面上产生高亮度 L 和垂直面上产生低照度 E_v 的照明系统,即 $L/E_v \geqslant 0.6$,这种照明系统称之为逆光照明。其特征是大部分光指向驾驶员,小部分指向物体,与顺光照明相比,可提

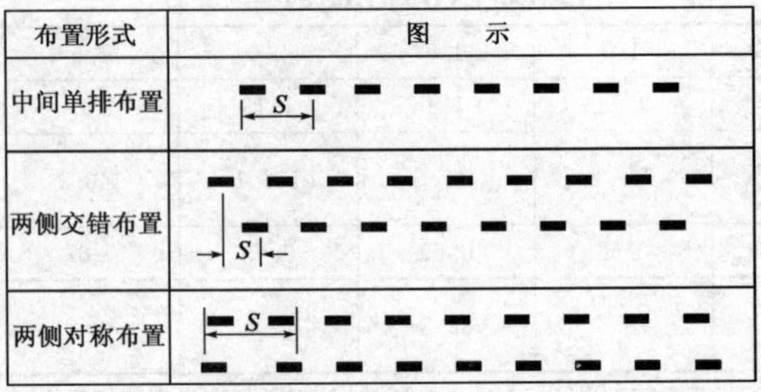

布置形式	图　示
中间单排布置	S
两侧交错布置	S
两侧对称布置	S

图 25-6-1　灯具布置

高光效 30％，有较好的可见照明对比度。

(4)隧道墙面应进行合理的装饰，墙面不能太玻璃化，以防止交通车辆灯的闪烁。

对于对称宽光带照明系统，隧道墙面反射系数越高，路面亮度越高。对于逆光照明系统，隧道墙面反射系数越高，逆光效果越差，不应对墙面进行过分明亮的装饰。

中短隧道不宜对墙面进行过分明亮的装饰和不装饰；长、特长隧道洞口加强照明段不宜装饰，洞内中部照明基本段宜采用高反射性能材料装饰。

(5)隧道照明系统设计总体上应采用一次设计、分期实施的原则，对远期照明系统应按预测交通量提出具体实施方案。

隧道照明系统应按近远、远期交通量的变化设计，照明分期实施是为在保证安全的前提下达到节能的目的。进行照明设计时，应提出多种符合照明要求的设计方案，进行综合技术经济分析比较，从中选出技术先进、经济合理又节约能源的最佳方案。

照明分期实施方案可在隧道行车方向左侧增加一排加强照明灯具及基本照明灯具；或在原有照明系统中的基本照明段间隔增加基本照明灯具；或根据设计需要替换部分原有照明灯具。

(6)曲线隧道采用双侧布灯时宜采用对称布灯方式，偏侧布置时宜沿曲线外侧布置。

(7)隧道应急照明灯具应呈线状连续布设，以起到诱导视线的作用。直线隧道应急照明灯具布置间距不应大于 24m，弯道隧道应急照明灯具布置间距宜适当加密。

应急照明灯具可以采用高压钠灯、荧光灯以及其他节能灯具。应急照明灯具安装位置与基本照明相同。

(8)当隧道内只有应急照明在维持时，在隧道进口处应设有明显的警告标志，提醒驾驶员洞内亮度不足，应减速慎行。

(9)交通量较大的低等级公路隧道，出洞口距离平面交叉口之间的距离小于 3s 行程；或该距离小于 6s 行程且该段路线位于小半径曲线段，导致通视状况不良时，应在该段设置道路照明。

(10)隧道灯具有布置要保证路面亮度总均匀度和路面中线亮度纵向均匀度。

保证亮度均匀度是为了给驾驶员提供良好的能见度和视觉上的舒适性。隧道照明质量的好坏，除了要求有一个较好的亮度外，还必须要求路面上的平均亮度和最小亮度之间不能相差太大。由于隧道是一个狭长、封闭的管状构造物，其纵向上也要求亮暗变化不能相差太大，因为视场中存在亮度不相同的表面，眼睛从一个表面移到另一个表面要发生适应过程，在适应过程中眼睛的视觉能力是要降低的，适应也需要一定的时间。如果经常交替适应，亮暗的变化会带来一定的频闪效应，路面上连续、反复出现亮带和暗带，即“斑马效应”，会使驾驶员的产生视觉疲劳，如果再加上亮度不够，就会造成错误视觉而危及行车安全。

(11)隧道灯具可安装在隧道两侧或中央。

安装在隧道两侧时，可以直接固定在侧墙上；安装在隧道中央时，如隧道净空高度小于6m，可以直接固定在衬砌上或用吊杆悬挂在净空上方；如隧道净空超过6m，则通过吊杆悬挂在净空上方。

对于单洞三车道隧道，中间段照明采用“双侧＋中央单排”布置方式，双侧灯具为基本照明灯具，中央单排灯具为夜间照明灯具兼基本照明灯具，基于交通量较小或夜间照明调光的情况，该方式可达到均匀度要求的、保证行车安全的目的。该方式既利于行车安全又节能。

(12)有行人及非机动车通过的公路隧道，照明灯具安装高度不宜低于4m。隧道内安装较低的诱导灯应具有防拆卸和防盗功能。

(13)灯具的布置应满足闪烁频率低于2.5Hz或高于15Hz的要求。

驾驶汽车通过不同的空间区域时，亮度随之变化，眼睛会产生闪烁感，在隧道内，这些闪烁会让人感到不舒适。

闪烁效应所引起的视觉上不舒适的程度主要取决于每秒钟内亮度变化值(闪烁频率)、闪烁的总共持续时间和一个单循环的亮度差。通常来讲，闪烁频率低于2.5Hz或高于15Hz都是可以忽略的；当闪烁频率在4～11Hz之间时，并且持续时间超过20s时，不舒适感会让人无法形容。当持续时间超过20s时，安装相关的设备可以使频率分布在4～11Hz之外，尤其是当使用亮度值很高的小光源时，轻度坡度上采用高亮度值的光源通常会让人感到不适。

①灯具闪烁频率按下式计算：

$$f=\frac{v}{S\times 3.6} \tag{25-6-1}$$

式中：f——闪烁频率(Hz)；

S——灯具间距(m)；

v——设计速度(km/h)。

②当设计车速为100km/h、80km/h、60km/h、40km/h时，对应的灯具间距要求见表25-6-4。

不产生闪烁的灯具间距要求 表25-6-4

设计速度(km/h)	100	80	60	40
灯具间距(m)	＜1.85 或＞11.1	＜1.5 或＞8.9	＜1.11 或＞6.6	＜0.74 或＞4.4

第七节 照明计算

根据视觉适应的要求，隧道照明分为引入段、入口段、过渡段、中间段和出口段。因此，隧道照明计算也应分段进行。受烟尘影响，隧道墙、顶的反射率较低，在进行照度和亮度计算时，可以考虑光源的直射作用。进行隧道照明计算时，应收集下列资料：

(1)隧道净空断面形式。

(2)路面材料及其亮度系数或简化亮度系数。

(3)灯具布置方式及安装高度、间距、仰角。

(4)光源及灯具的类型、规格。

(5)灯具的光强分布表、利用系数曲线图、等光强曲线图、亮度产生曲线图等光度数据。

(6)灯具的养护系数。

照明计算除与灯具的规格、型号、光源类型、隧道断面形式、灯具布置方式直接有关外,灯具制造厂还应根据国家和CIE的有关规定、测试方法,提供灯具的性能指标、光度数据等。按CIE的要求,需要提供36个γ角,52个c角所对应的光强表,共计1 872个数值,才能进行照明数值计算。

隧道照明计算的方法很多,传统的如经验表格法、等照度曲线法、利用系数法等,但是计算精度均不高,不能全面评价照明的效果与质量。随着计算机技术的发展与普及,根据厂家提供的光度数据表,已经可以实现繁琐的计算,得出路面上乃至隧道墙面上任意一点的照度与亮度。

隧道照明应首先根据预测交通量及设计速度等参数计算出基本亮度值,并根据洞外环境亮度计算入口段的亮度值。然后确定各过渡段的亮度值,并据此进行配光设计。

隧道照明计算应能根据隧道情况及灯具情况,计算出隧道内的照度、亮度和均匀度,从而保证隧道内的能见度指标,眩光控制和闪烁频率应满足要求。

根据选定的灯具技术参数及布灯间距计算出的照明亮度值低于设计值或超过设计值的1.1倍时,应调整布灯间距并重新反复试算,直至照度、亮度、均匀度、眩光控制指标及闪烁频率均满足设计要求。

一、照度计算

一般照明灯具厂家提供的光度数据图表有光强表和光强曲线两种,这些图表给出了灯具在不同方向角c、γ(图25-7-1)下的光强值$I_{c\gamma}$。按照CIE规定,光强表给出的灯具倾角为0°,光通量为1 000lm条件下的1 872个数据。实际计算时应按额定光通量换算,如果灯具安装有平面转角、仰倾角时,应通过平面公式的转换,求出与测试条件条件一致的c、γ角,内插求出实际$I_{c\gamma}$值,并考虑光源的衰减与灯具的养护系数。

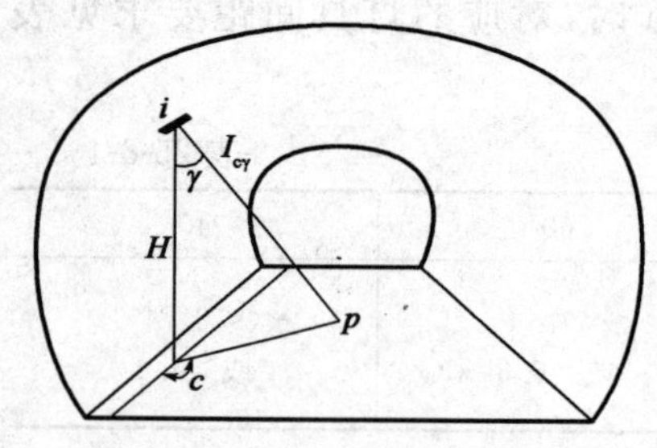

图 25-7-1 灯具光强标准测试条件

隧道内某一点的水平照度应为所有能直射该点的灯具所产生的水平照度总和。为了简化计算,一般只考虑靠近计算点附近的几个灯。关于计算灯具的选取数量n值,通过相关计算表明,隧道内距计算区域(假定为S_0)一倍以上的灯具影响较小,可以不考虑。故一般情况下,取计算区域前后各一组,计算区域之外,另计2~4个灯(图25-7-2)。

为保证计算精度符合计算平均照度、亮度,特别是符合亮度均匀度与纵向均匀度的要求,计算区域内必须有足够的计算点数量,并且车道中心线上应布点。

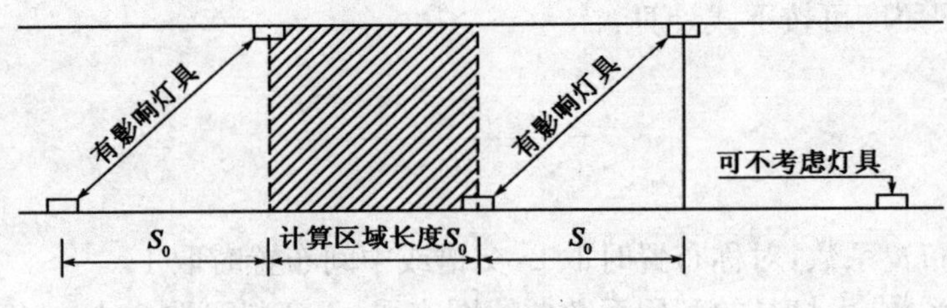

图 25-7-2　计算区域

1.利用光强表的数值计算方法

(1)某一灯具在洞内路面计算点产生的水平照度可按下式计算：

$$E_{pi}=\frac{I_{c\gamma}}{H^2}\times\cos^3\gamma\times\frac{\Phi}{1\,000}\times M \tag{25-7-1}$$

式中：E_{pi}——灯具在洞内中面计算点 p 产生的水平照度(lx)；

γ——p 点对应的灯具光线入射角(°)；

$I_{c\gamma}$——灯具在计算点 p 的光强值(cd)；

M——灯具养护系数，可按表 25-7-1 取值；

Φ——灯具额定光通量(lm)；

H——灯具光源中心至路面的高度(mm)。

灯具养护系统表　　表 25-7-1

清洁间隔(月)	养护系数	清洁间隔(月)	养护系数
6	0.7	18	0.6
12	0.65		

隧道照明计算说明中应指出所采用灯具的养护系数。隧道后期运营中应按养护系数及时进行照明系统的维护。

(2)多个灯具在计算点所产生的照度可按下式计算：

$$E_p=\sum_{i=1}^{n}E_{pi} \tag{25-7-2}$$

式中：E_p——p 点的水平照度(lx)；

n——灯具数量，计算时可取计算区域前后各一组灯，为 2～4 个。

(3)路面平均水平照度可按下式计算：

$$E_{av}=\frac{\sum_{i=1}^{m}E_p}{m} \tag{25-7-3}$$

式中：E_{av}——路面平均水平照度(lx)；

m——计算区域内计算点的点数。

2.利用系数曲线图计算方法

如果只计算隧道路面平均照度，还可以采用利用系数曲线图法。在隧道照明中利用系数的定义：在一盏路灯的照明范围内，确实照到路面上的光通量 Φ' 与光源所发出的总的光通量 Φ 之比。

路面平均水平照度可按下式计算：

$$E_{av}=\frac{\eta\times\Phi\times M\times N}{W\times S} \tag{25-7-4}$$

式中：N——灯具布置系数，对称布置时取 2，交错或中间布置时取 1；

η——利用系数，由灯具的利用系数曲线图查取，无资料可取 0.4～0.5；

W——隧道路面宽度；

S——灯具间距。

二、亮度计算

(1)亮度计算应满足下列条件：

①计算区域小于灯具间距；

②观察点距计算区域取 60～160m，距路面边缘为 1/4 路面宽，距路面高度为 1m；

③计算区域内纵向计算点间距不宜大于 1.0m，横向计算点不应小于 5 点；

④计算灯具应包括计算区域前后各一组，为 2～4 个。

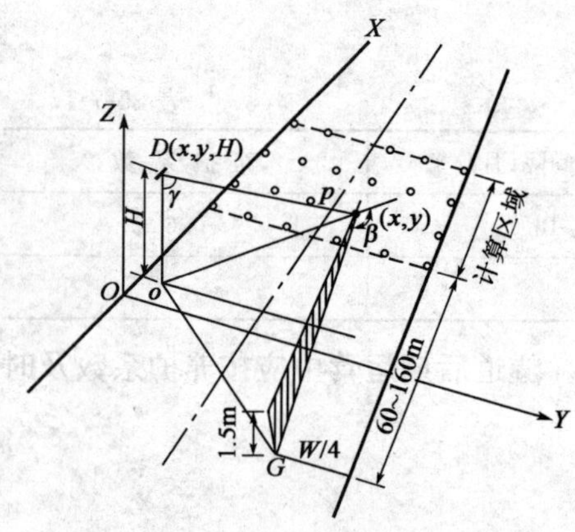

图 25-7-3 亮度计算示意图

(2)某灯具在路面计算点产生的亮度示意如图25-7-3所示，可按式(25-7-5)计算：

$$L_{pi}=\frac{I_{c\gamma}}{H^2}\times r(\beta,\gamma) \tag{25-7-5}$$

式中：L_{pi}——灯具 i 在计算点 p 产生的亮度(cd/m^2)；

$r(\beta,\gamma)$——简化亮度系数；

β——观察面与光入射面之间的角度。

亮度计算比较复杂，除涉及照度计算有关内容外，它还与观察点的位置、路面材料等有关，为可靠起见，没有考虑墙面反射光对路面亮度提高的影响。查国内外有关资料，驾驶员注意力集中的区域大致是前方 60～160m，因此视点纵向距离，取距计算区域 60～160m，侧向距离取 1/4 路面宽，视点高为 1.5m。由于视角大多在 0.5°～1.5°，不计其影响。

目前我国公路隧道路面几乎都是水泥混凝土路面，关于路面简化亮度系数 $r(\beta,\gamma)$的取值，在没有实测资料的情况下，引用 CIE 的推荐值。表 25-7-2 只列出了一种路面的 $r(\beta,\gamma)$值。$r(\beta,\gamma)$表中所有的 r 值是按 $Q_0=1$ 测量计算得出的。实际计算时，应乘以表中的 Q_0 值，并且表中各 r 值均乘了 1 000。经推断 L_{pi}可按式(25-7-6)计算

$$L_{pi}=\frac{I_{c\gamma}}{H^2}\times\frac{\Phi}{1\,000}\times M\times r(\beta,\gamma)\times\frac{Q_0}{1\,000} \tag{25-7-6}$$

(3)多个灯具在计算点产生的亮度可按式(25-7-7)计算：

$$L_p=\sum_{i=1}^{n}L_{pi} \tag{25-7-7}$$

式中：L_p——p 点的亮度(cd/m^2)。

水泥混凝土路面简化亮度系数表[$r(\beta,\gamma)$表]　　表 25-7-2

β / $\tan\gamma$	0	2	5	10	15	20	25	30	35	40	45	60	75	90	105	120	135	150	165	180
0	655	655	655	655	655	655	655	655	655	655	655	655	655	655	655	655	655	655	655	655
0.25	619	619	619	619	610	610	610	610	610	610	610	610	610	601	601	601	601	601	601	601
0.5	539	539	539	539	539	539	521	521	521	521	521	503	503	503	503	503	503	503	503	503
0.75	431	431	431	431	431	431	431	431	431	431	395	386	371	371	371	371	371	386	395	395
1	341	341	341	323	323	305	296	287	287	278	269	269	269	269	269	269	278	278	278	
1.25	269	269	269	260	251	242	224	207	198	189	189	180	180	180	180	180	189	198	207	
1.5	224	224	224	215	198	180	171	162	153	148	144	144	139	139	139	144	148	153	162	180
1.75	189	189	189	171	153	139	130	121	117	112	108	103	99	99	103	108	112	121	130	139
2	161	162	157	135	117	108	99	94	90	85	85	83	84	84	86	90	94	99	103	111
2.5	121	121	117	95	79	66	60	57	54	52	51	50	51	52	54	58	61	65	69	75
3	94	94	86	66	49	41	38	36	34	33	32	31	31	33	35	38	40	43	47	51
3.5	81	80	66	46	33	28	25	23	22	22	21	21	22	22	24	27	29	31	34	38
4	71	69	55	32	28	20	18	16	15	14	14	14	15	17	19	20	22	23	25	27
4.5	63	59	43	24	17	14	13	12	12	11	11	11	12	13	14	14	16	17	19	21
5	57	52	36	19	14	12	10	9.0	9.0	8.8	8.7	8.7	9.0	10	11	13	14	15	16	16
5.5	51	47	31	15	11	9.0	8.1	7.8	7.7	7.7	6									
6	47	42	25	12	8.5	7.2	6.5	6.3	6.2											
6.5	43	38	22	10	6.7	5.8	5.2	5.0												
7	40	34	18	8.1	5.6	4.8	4.4	4.2												
7.5	37	31	15	6.9	4.7	4.0	3.8													
8	35	28	14	5.7	4.0	3.6	3.2													
8.5	33	25	12	4.8	3.6	3.1	2.9													
9	31	23	10	4.1	3.2	2.8														
9.5	30	22	9.0	3.7	2.8	2.5														
10	29	20	8.2	3.2	2.4	2.2														
10.5	28	18	7.3	3.0	2.2	1.9														
11	27	16	6.6	2.7	1.9	1.7														
11.5	26	15	6.1	2.4	1.7															
12	25	14	5.5	2.2	1.6															

注：对应于各角度的所有 γ 值均都乘了 1 000；水泥混凝土路面 $Q_0=0.10$。

(4)计算区域内路面的平均亮度可按式(25-7-8)计算：

$$L_{av} = \frac{\sum_{p=1}^{m} L_p}{m} \tag{25-7-8}$$

式中：L_{av}——计算区域内路面的平均亮度(cd/m^2)。

(5)灯具布置间距的初步确定：

$$\text{Min}(Q) = \Phi \cdot \frac{L}{S} \cdot N \tag{25-7-9}$$

$$S \cdot T \cdot \frac{v}{3.6 \cdot S} \geqslant 15$$

$$\frac{v}{3.6 \cdot S} \leqslant 2.5$$

$$\frac{\eta \cdot \Phi \cdot M \cdot N}{W \cdot S} \geqslant E_{av}$$

式中：Q——隧道内需要的总的光通量(lm)；

Φ——光源光通量(lm)；

L——需要安装灯具的隧道长度(m)；

v——车辆在隧道内的行驶速度(km/h)；

N——灯具布置系数，对称布置时取 2，交错及中线布置时取 1；

η——利用系数，由灯具的利用系数曲线图查取，无资料可取 0.4～0.5；

M——灯具的养护系数，可按表 25-7-1 取值；

W——隧道路面宽度(m)；

S——灯具间距(m)；

E_{av}——给定的车速和交通量的条件下所需要的照度(lx)。

在进行隧道布灯计算时，都应该先假定灯具的布置间距，而灯具的布置间距主要受光闪烁限制和亮度(照度)要求的约束。因此，可以建立一个以需光通量最小为目标的函数，光闪烁限制和亮度(照度)要求为约束条件的规划模型，这是一个非线性规划模型，通过数值计算软件 MATLAB 中的优化工具箱可以很容易求得最优解。通过该模型求出所需的光源光通量 Φ 和初步布灯间距 S 后，再根据相应光源的光通量选择光源功率，进行后续计算。

(6)隧道照明三维计算，见式(25-7-10)和式(25-7-11)。

$$L_a = r_a F / [(1 - r_a) P S \pi] \tag{25-7-10}$$

$$r_a = (r_f F_f + r_w F_w + r_c F_c) / F \tag{25-7-11}$$

式中：L_a——隧道表面的平均亮度(cd/m^2)；

r_a——隧道表面的平均反射比；

F——一个灯具发出的光通量(lm)；

P——隧道内横剖面的周长(m)；

S——灯具设计间距(m)；

r_w——隧道内墙面的反射比，如表 25-7-3 所示；

r_f——隧道内路面的反射比，如表 25-7-3 所示；

r_c——隧道内顶棚的反射比，如表 25-7-3 所示；

F_f——隧道内路面的直射光通量比，如表 25-7-3 所示；

F_w——隧道内墙面的直射光通量比，如表 25-7-3 所示；

F_c——隧道内顶棚的直射光通量比，如表 25-7-3 所示。

隧道表面反射比与直射光通量比　　表 25-7-3

隧道表面	反射比	直射光通量比
顶棚	60～90	20～90
墙面	30～80	40～80
路面	10～50	70～100

式(25-7-10)也可以改写成式(25-7-12)：

$$L_a = (r_f F_f + r_w F_w + r_c F_c)/[(1 - r_a)PS\pi] \tag{25-7-12}$$

路面的平均照度由直射照度和多次反射照度组成，表达式为：

$$E_f = F_f/(W \cdot S) + \pi L_a \tag{25-7-13}$$

式中：W——路面宽度(m)。

假定路面具有漫反射特性，则路面亮度 L_f 则为：

$$L_f = r_f E_f/\pi \tag{25-7-14}$$

隧道照明的三维计算能更好地反映光线在隧道内的分布，更精确地计算出隧道路面亮度。

(7)均匀度的定性判断。路面及洞壁下半部分的亮度均匀度应满足一定的要求。在灯具安装间距确定后，可按下列方法定性判断其是否满足均匀度要求。

灯具相对排列

$$S \leqslant 2.5H \tag{25-7-15}$$

灯具交错或中间排列

$$S \leqslant 1.5H \tag{25-7-16}$$

式中：S——灯具安装间距；

H——灯具安装高度。

(8)均匀度定量计算。

①路面的亮度总均匀度可按式(25-7-17)计算：

$$U_0 = \frac{L_{min}}{L_{av}} \tag{25-7-17}$$

式中：U_0——路面亮度总均匀度；

L_{min}——计算区域内路面最小亮度(cd/m²)。

②路面中线亮度纵向均匀度可按式(25-7-18)计算：

$$U_1 = \frac{L'_{min}}{L'_{max}} \tag{25-7-18}$$

式中：U_1——路面亮度总均匀度；

L'_{min}——路面中线的最小亮度(cd/m²)；

L'_{max}——路面中线的最大亮度(cd/m²)。

三、隧道照明计算简例

1. 基本数据

基本数据见表 25-7-4。

基本数据表　　表 25-7-4

光　源	高压钠灯	路面类型	水泥混凝土路面
功率	100W	路面宽度	8.5m
灯具	×××	灯具安装方式	双侧交错,6m 间距;高度 5m;仰角 10°
养护系数	0.7	观测点位置	计算区域前方 60m,距路面边缘 1/4 路面宽处
光通量	8 180lm	计算区域	纵向长度 $S=6$m,横向宽度 $W=8.5$m
灯具数量	4 个	计算点数	纵向 7 点(1m 间距),横向 5 点(2.125m 间距)

2. 照度、亮度计算

(1)数值计算方法

计算区域、布灯方式、计算点布设如图 25-7-4 所示。

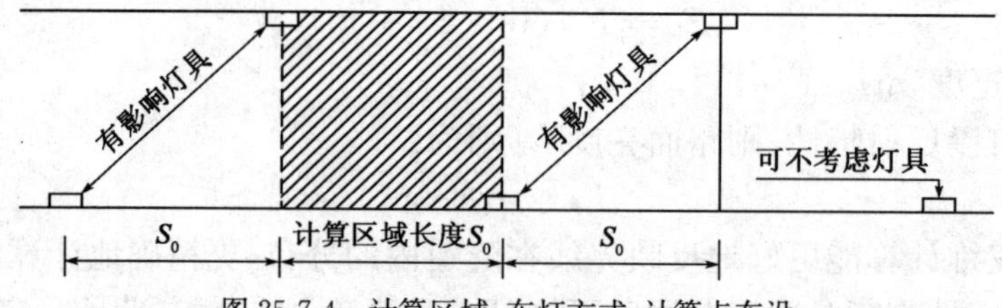

图 25-7-4　计算区域、布灯方式、计算点布设

①计算步骤:

a. 计算某灯对某点的照度与亮度;

b. 依次计算其余灯具对某点的照度与亮度;

c. 计算全部灯具在此点产生的总照度和亮度;

d. 逐点计算区域内各计算点的照度和亮度;

e. 根据各计算点的照度和亮度,计算平均照度和亮度;

f. 根据各计算点的照度和亮度,计算总均匀度及纵向均匀度。

以上计算照度和亮度,需反复迭代计算,可由计算机完成。

②计算结果:

a. 计算区域内的路面照度如表 25-7-5 所示;

区域内的路面照度(lx)　　表 25-7-5

序号	1*	2*	3*	4*	5*	6*	7*
1	59.9	56.3	47.4	37.3	29.1	24.1	22.2
2	63.2	60.5	54.3	47.9	42.6	39.6	38.5(车道中心线)
3	58.9	58.0	56.4	55.7	56.4	58.0	58.9
4	38.5	39.6	42.6	47.9	54.3	60.5	63.2(车道中心线)
5	22.2	24.1	29.1	37.3	47.4	56.3	59.9

从表 25-7-5 可以看出:区域内最小照度为 $E_{min}=22.2$lx;区域内最大照度为 $E_{max}=63.2$lx;区域内平均照度为 $E_{av}=47.1$lx。

b. 计算区域内的亮度如表 25-7-6 所示。

区域内路面亮度(cd/m^2)　　表 25-7-6

序号	1*	2*	3*	4*	5*	6*	7*
1	4.4	4.2	3.7	3.2	2.7	2.3	2.0
2	5.0	4.9	4.5	4.1	3.7	3.5	3.3
3	5.2	5.1	4.9	4.6	4.5	4.6	4.7
4	3.8	4.0	4.0	4.1	4.4	4.6	4.7
5	2.4	2.6	2.8	3.2	3.7	4.1	4.3

从表 25-7-6 可以看出：区域内最小亮度为 $L_{min}=2.0cd/m^2$；区域内最大亮度为 $L_{max}=5.1cd/m^2$；区域内平均亮度为 $L_{av}=3.9cd/m^2$；区域内总均匀度为 $U_0=0.517$；区域内纵向均匀度为 $U_1=0.81$。

(2)利用系数方法

将 $W=8.5m$；$S=6m$；$\varphi=8\,180lm$；$M=0.7$；$N=1$；$\eta=0.4$ 代入式(25-7-4)，则路面平均照度为：$E_{av}=0.40\times8\,180\times0.7\times1/8.5\times6=44.9lx$。

第八节　照明控制及配电

一、照明控制原则

安全：这是照明控制最基本的原则，即在照明控制过程中不应发生任何人员伤亡、设备损坏、系统崩溃等事故。

可靠：照明控制设施基本需要 24h 不间断运行，以保证隧道运营安全。

灵活：照明控制要适应满足洞外亮度、洞内能见度、交通量、照明供电参数的变化。

先进：照明控制要以自动控制为主、人工控制为辅，合理采用新理论、新技术、新设备、新工艺，体现照明综合节能，实现节能又节钱的目的。

高效：通过合理规划和优化设计，充分发挥照明控制系统各组成部分的效率，提升照明控制的整体效果。

经济：在满足照明要求的前提下，系统建设成本和维护费用应尽量降低，即达到较高的性能价格比；应提高电能利用率，最大限度地节约能源。

二、照明控制功能

照明控制应具有自动和手动双重控制的功能。照明控制系统赋予每个照明段在不同的时间有不同的亮度，这些亮度的控制是随隧道外的亮度和交通量的大小而变化的，隧道照明控制应采用分级调光控制方式，也可根据洞外亮度的强弱或者不同的时间交通量的大小采用无级连续调光控制方式。

(1)应对隧道洞内外照明设施进行控制。当实时采集洞外亮度时，应对隧道洞内外照明设施进行监控。

(2)应实现警告管理、数据存储、分析处理、报表统计等功能。

(3)应实现正常工况照明、异常工况照明和应急工况的照明控制，保证行车安全、应急救援、疏散逃生和隧道养护的需要。

(4)应结合洞外亮度、交通量等参数制订合理的人工控制方案,并应具备自动控制功能。

(5)应与其他隧道监控子系统实现联动。

三、照明监控检测设施的设置

(1)照明监控检测设施包括洞外亮度检测器(L_a)、洞内亮度检测器(L_t)。

洞外亮度检测器(L_a)用于检测隧道接近段的亮度,宜设置在离洞口一个停车视距位置处,高度以一个洞门高度为宜,检测器探头方向应指向洞口中心,测量角度为20°。洞内亮度检测器(L_t)用于检测离洞口一倍隧道净高的侧壁上,检测器探头方向应指向行车前进方向且离检测器一个停车视距位置路面中心处,检测器安装高度应不小于1.5m。

若采用动态调光控制方法时,应在隧道路段内增加光亮度检测器的分布数量,以便对隧道照明亮度递减曲线进行动态控制。

(2)每座隧道进口至少应设置两台洞外亮度检测器(L_a),在正常情况下,照明监控系统调控隧道亮度时取两台亮度检测器的算术平均值;如果其中一台亮度检测器发生故障,系统则取另一台亮度检测器的值。

(3)每座隧道进口应至少设置一台洞内亮度检测器(L_t),若条件允许,可在隧道路段内增加数量。

(4)照明监控控制设施包括照明区域控制单元、照明监控计算机、照明监控软件等。

(5)为了最大程度地实现照明节能,若条件允许,可增设智能照明监控终端,实现综合节能控制。

四、照明控制方式

隧道照明控制方式分为人工控制、自动控制及智能控制三种。

(1)人工控制方式即通过洞外亮度、车速、交通量等参数制订控制方案,如表25-8-1所示。

人工控制方案 表25-8-1

大交量控制方案 (单向交通:$N\geqslant1\,200$ 辆/h) (双向交通:$N\geqslant650$ 辆/h)	中交量控制方案 (单向交通:360 辆/h$<N<1\,200$ 辆/h) (双向交通:180 辆/h$<N<650$ 辆/h)	小交量控制方案 (单向交通:$N\leqslant360$ 辆/h) (双向交通:$N\leqslant180$ 辆/h)
晴天大交通量	晴天中交通量	晴天小交通量
云天大交通量	云天中交通量	云天小交通量
阴天大交通量	阴天中交通量	阴天小交通量
重阴天大交通量	重阴天中交通量	重阴天小交通量
夜间大交通量	夜间中交通量	夜间小交通量
深夜大交通量	深夜中交通量	深夜小交通量

(2)应根据洞外亮度和交通量变化分级调整入口段、过渡段、出口段的照明亮度,如表25-8-2和表25-8-3所示。

白天调光 表25-8-2

分级		亮度	分级		亮度
Ⅰ	晴天	$L_{20}(S)$	Ⅲ	阴天	$0.25L_{20}(S)$
Ⅱ	云天	$0.5L_{20}(S)$	Ⅳ	重阴	$0.13L_{20}(S)$

夜间调光　　表 25-8-3

分级		亮度
Ⅰ	交通量较大	与 L_{in} 相等
Ⅱ	交通量较小	0.5L_{in} 且不小于 0.7cd/m²

(3)自动控制方式是利用光亮度检测器、车辆检测器等采集相关参数，实时控制照明配电回路的开启和关闭，无需人工参与控制过程。

(4)智能控制方式是在自动控制的基础上，按隧道照明亮度递减适应曲线进行动态照明调光控制，达到安全、舒适、高效、经济的照明效果，实现“按需照明”的目的。

(5)现阶段照明控制宜采用以自动控制为主，人工控制为辅的控制方式，但智能控制方式是未来的发展趋势。

目前隧道照明控制系统主要包括三种方式：

集中式照明控制系统是最常见的一种控制方式，即由中央计算机管理整个照明系统，作为系统的集中处理单元。集中式控制系统(Centralized Controlling System，CCS)的优势在于可以充分发挥管理决策的集中性，缺陷在于一旦中心计算机出现故障，整个照明系统将全部瘫痪，容易酿成隧道交通事故。由于短隧道控制点数较少，配以全套的控制设施较为浪费，故可由中央控制室对照明设施进行监控与管理，可以减少投资。

分布式照明控制系统的特点是以分散的控制适应分散的控制对象(隧道照明设施)，以集中的监视和操作达到掌握全局的目的，系统具有较高稳定性、可靠性和可扩展性。分布式控制系统(Distributed Control System，DCS)的优势在于各控制部分相对独立，某部分出现故障不影响其他部分，系统仍然可以运行，这种控制系统具有分散控制、集中操作、分级管理、配置灵活、组态方便的特点。

现场总线控制系统(Fieldbus Control System，FCS)是分布式控制系统向全数字化发展的结果。现场总线是安装在制造过程区域的现场装置，与控制室内的自动控制装置之间的数字式、串行、多点通信的数据总线。与 DCS 不同的是，这些现场装置输出(或输入)的信号是数字信号而非传统的模拟信号。现场总线技术以数字信号取代模拟信号，大量现场检测与控制信息就地采集、就地处理、就地使用，许多控制功能从控制室移至现场设备，这样不仅使系统集成大为简化、维护变得十分简便，而且系统的可靠性进一步得到提高。

五、照明控制方法

公路隧道照明控制方法分为分级控制(配电回路控制)和动态调光控制(单灯功率控制)两种。照明控制宜采用分级控制的方法。

(1)分级控制。分级控制是指通过开启或关闭配电回路进行照明控制，又可细分为人工照明回路控制、时序照明回路控制、实时照明回路控制。

人工照明回路控制是通过隧道照明监控软件隧道照明配电柜完成，隧道配电间中的人工照明回路控制用于维修的需要。

时序照明回路控制是将洞外亮度值按日、周、月、年实测得到的规律值输入照明监控计算机，以调控洞内的照明灯具。由于时序控制不能结合实际气象的变化，有时会造成能源的浪费或照明亮度过低等，所以时序控制的检测系统出现故障的情况下转入实时照明回路的控制方案。

实时照明回路控制是根据实测的隧道内外亮度值、交通量、车速等，实时调节洞内的照明系统，以满足驾驶员适应隧道内外亮度差异的需要。隧道内的照明灯具固定为几组回路连接，利用照明控制计算模型分析处理后，点亮适当回路的照明灯具，使洞内亮度随着洞外亮度和交通流量、车速的变化而变化。

当采用实时自动控制时，有加强段控制与基本段控制两种情况。根据《公路隧道通风照明设计规范》(JTJ 026.1—1999)，入口段根据洞外亮度分级，当 $v_{设}=40\text{km/h}$ 和 60km/h 时，分为 5 级；当 $v_{设}=80\text{km/h}$ 和 100km/h 时，分为 6 级。对规范的表进行回归，可得车速与照度的关系式。

$$L_{入}=0.00056v-0.0107 \qquad Q>2400\text{ 辆/h}$$

$$L_{入}=0.000425v-0.0085 \qquad Q<700\text{ 辆/h}$$

根据规范，当交通量在 700～2 400 辆/h 时，采用内插法，从而可得如下车速、交通量、照度的关系式：

$$L_{入}=(0.628v-0.0022Q+0.000135vQ-12.91)/1700$$

对于基本段，当交通量在 700～2 400 辆/h 时，按规定的 80%取值，其他情况，直接按规范的规定取值。

(2)动态调光控制是指根据照明参数的变化而动态控制隧道内的照明亮度，又可细分单灯功率分级控制和单灯功率无极控制。实现按需照明，采用动态调光控制法时，控制周期以 5～10min 为宜。LED 灯、电磁感应灯、荧光灯等类型灯具宜采用动态调光控制法。

隧道照明动态调光控制配电柜内安装了调光模块，采用全分布式智能照明控制系统对隧道内部的灯光进行智能化控制，如图 25-8-1 所示。可对隧道高压纳灯回路按晴天、阴天、晚上和夜间(24:00 以后)4 级进行开关式控制；可对荧光灯可调光电子镇流器输出 0～10V 控制信号，从而连续无级地调节荧光灯亮度，对隧道的基本照明按实时洞外照度补偿控制进行无级调光，使隧道内部的基本照明在任何时候都保持均匀舒适的照度；荧光灯在调光时不会产生滚动或频闪现象，从而消除了行车的安全隐患。本控制系统可采用远程控制，可以通过双绞线(光纤)组网并传送控制信号实现远程控制。

六、异常工况照明控制

(1)隧道养护作业地点前后的照明灯具应开启到最大程度，以便为养护作业、行车安全提供良好的视觉环境。

(2)隧道发生交通事故时，事故发生地前后的照明应开启到最大程度，以便为驾驶员行车提供良好的视觉环境，防止事故范围扩大。

(3)在交通管理制条件下，隧道交通量较大，行车条件较差，此时应将交通管制隧道内所有照明灯具开启到最大程度，以便为驾驶员行车提供良好的视觉环境，防止事故范围扩大。

(4)当隧道火灾确认无误后，无论照明现状如何，在照明控制系统没有失效的前提下，应将火灾隧道和正常内所有照明灯具开启到最大程度，以利于应急救援、疏散逃生。

七、应急通道照明控制

(1)车行横洞照明应同时实现远程控制和现场手动控制;人行横洞照明应具备感应装置控制。

(2)应急通道照明正常情况下处于关闭状态,并实现门开灯亮、门关灯灭的联动功能。

八、照明配电及接线

1.配电回路设计

照明配电回路设计应根据隧道照明控制要求进行设计,且从同一个变电所馈出的同种用途的配电回路不宜超过两个。配电回路照明控制流程图见图 25-8-1。

2.配电电缆型号选择

(1)敷设在隧道电缆沟内的普通照明配电电缆宜选用钢带铠装型交联聚乙烯绝缘聚氟乙烯护套阻燃型电缆;基本照明配电电缆宜选用钢带铠装型交联聚乙烯绝缘聚氟乙烯护套耐火型电缆。

(2)明敷的基本照明配电用的分支电缆应选用低烟无卤阻燃耐火型电缆;加强照明配电用的分支电缆应选用低烟无卤阻燃型电缆。

3.照明接线

(1)隧道内基本段照明应考虑节能的需要,深夜交通量下降时,隧道照明符合低一类照明的条件时,应通过控制系统降低亮度,实现降级运行。

①隧道基本照明可以分为两级,白天及傍晚交通量较大时,照明亮度为设计值,深夜交通量较低时,照明亮度可以降为设计值的一半,实现降级运行,隧道基本照明可以采用双回路关半控制,也可以采用电子调光控制;

②洞内线形条件良好且没有行人和非机动车通行,仅机动车单向行驶的高等级公路隧道,夜晚交通量极低,达到三类隧道照明条件时,在保证安全的前提下,可以关闭基本照明灯具;

③深夜在节能状态下运行的高速公路隧道,当交通量突然增大时或发生交通堵塞、事故等,必须立即转入正常照明状态,开启基本照明灯具。当隧道内发生火灾等重大紧急情况而启动应急预案时,应立刻开启隧道内全部照明灯具;

④隧道基本照明亮度取值可以根据近、远期交通量发展趋势分期实施。近远期根据交通量大小分别确定照明类别,相应地确定基本照明亮度。设计应充分考虑近、远期工程的衔接。

(2)入口段加强照明白天应开启,夜晚应关闭,并做好节能设计。入口段照明设计可以采用分回路控制,也可以考虑采用电子调光控制方式。

(3)高速公路隧道照明应有可靠电源,并应配置单独回路。高速公路隧道洞内应保证无警告的照明突然中断的时间不超过 0.3s。

(4)隧道行车横洞及行人横洞、地下变电所、地下风机房、地下监控室等场所应设应急照明。隧道行车及行人横洞应急照明可采用与隧道主洞应急照明相同的设计方案。隧道地下变电所、地下风机房、地下监控室等的应急照明可采用自充电应急灯。

(5)高等级公路隧道内应急照明、避难指示灯、避难诱导灯等应按一类负荷中特别重要的负荷考虑,并应采用单独供电回路。

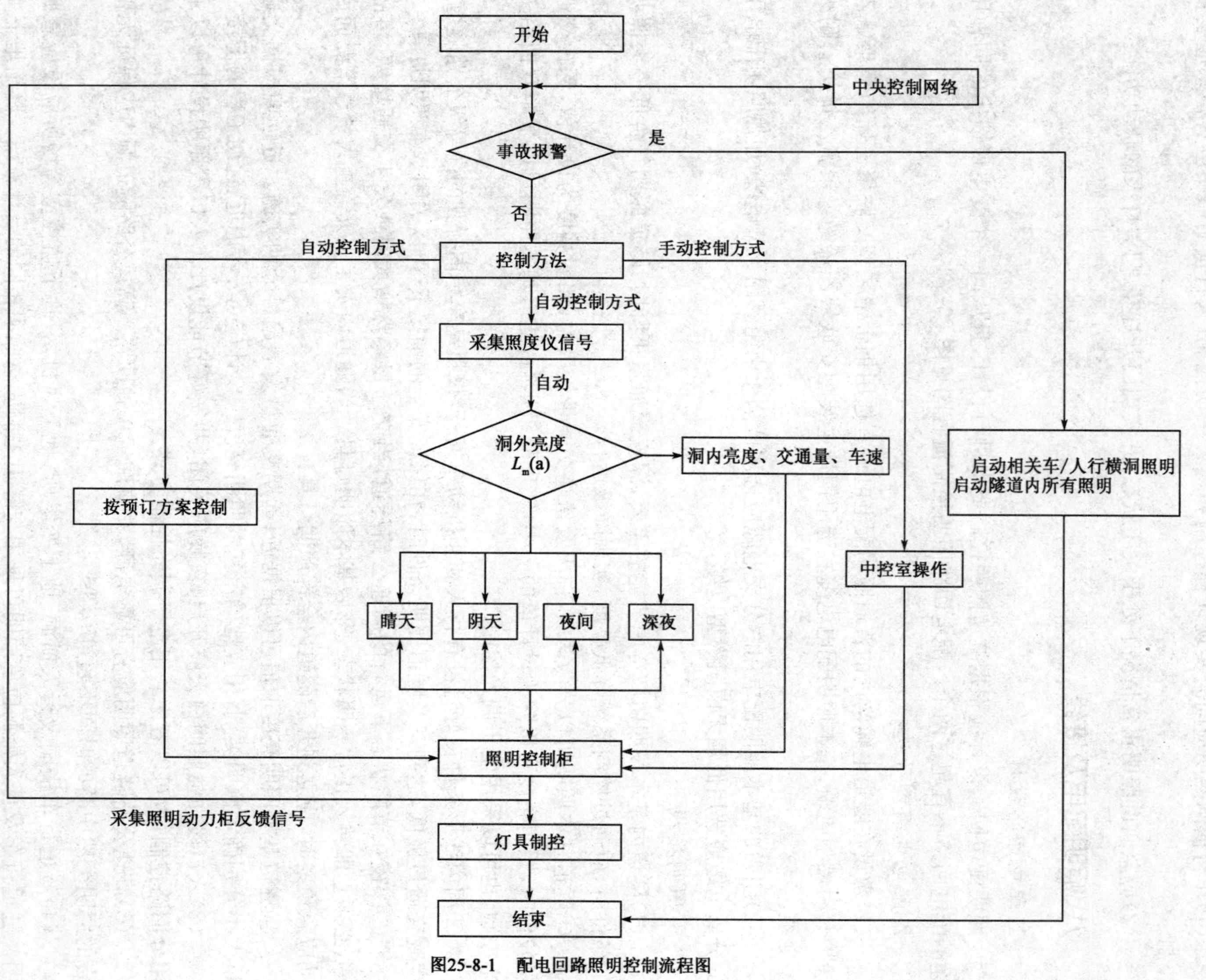

图25-8-1　配电回路照明控制流程图

为保证隧道应急照明、避难指示灯、避难诱导灯等的供电回路不受其他照明控制回路的干扰，隧道应急照明宜设置单独的应急照明回路。应急照明回路直接引自隧道变电所，回路可设置断路器等电路保护原件，但不应设置其他可以人为切断该电路的控制设备，以减少误操作的可能性。

隧道变电站电源状况较好时，应急照明回路宜考虑在变电所设 UPS 或 EPS 柜，由此引出应急照明回路，洞内设普通灯具，平时可作为基本照明灯具使用；一旦基本照明灯具出现电源性停电，应急照明回路能够照常供电。该方案适用于长大高速公路隧道等灯具需要量较多的情况。

隧道变电站电源状况较差时，应急照明回路仍宜采用单独回路，可以在隧道内安装自充电应急照明灯具，平常可处于点亮状态或充电状态，一旦隧道内停电，自充电照明灯具可以继续为隧道内提供应急照明。

(6)隧道内基本照明突然中断后，应急照明灯连续点亮时间不得小于 0.5h。在该时段内应及时恢复基本照明。

应急照明采用集中式不间断电源供电时，可以采用 UPS 和 EPS 两种方案。考虑到设备维护及使用寿命等因素，一般情况下优选 EPS 系统。

(7)隧道照明应敷设保护地线，照明配电箱、灯具外壳、电缆托架等金属外漏部分均应可靠接地。

(8)照明干线电缆宜沿电缆沟敷设，支线电缆可沿桥架敷设或穿管敷设。对于双洞隧道，照明干线电缆宜沿行车方向左侧电缆沟敷设。

(9)隧道内除紧急出口指示灯、避灾诱导灯及检修插座等负荷以外，其他用电负荷不得接在应急照明回路上。

(10)隧道照明系统与供电系统设计界面的划分在变电所低压开关柜处。

第二十六章　隧道消防与给水系统设计

第一节　总　　则

一、隧道消防与给水系统设计的原则

(1)隧道消防与给水系统的设计规模、设计内容应根据拟建项目的实际情况及隧道交通工程级别合理确定隧道消防与给水系统的设计内容。一般应包含消防水池(高位水池、低位水池)、水泵房、消防管道、室内消火栓、室外消火栓、水成膜泡沫灭火系统等。

(2)隧道消防与给水系统的设计应符合以下基本原则：

①认真确定隧道交通工程分级，贯彻“安全、经济、使用”的基本原则，合理确定消防规模；

②应符合国家现行的有关标准和规范的规定，同时应遵循地方标准、规范的要求；

③必须从全局出发，统筹兼顾，按照隧道管养体制、规模等级、工程特点和水源调查情况，合理确定消防与给水系统的设计方案；

④消防与给水系统的设计应根据交通流增长规律，做到远近期结合，以近期为主；

⑤应采用符合国家现行有关标准的效率高、能耗低、性能先进的电气设备产品。

(3)消防与给水系统宜按以下程序进行设计：

①收集有关的隧道土建、监控等运营管理设施的设计文件以及交通、气象、环境、地质、地形、地物等基础资料；

②根据隧道地形、地貌、水源分布、监控、运营管理设施设计情况，合理确定消防与给水系统的设计规模及总体设计方案，确定消防给水方式、消防水池的选址、设置等；

③认真执行国家技术经济政策，从安全、技术、经济、维护等方面进行方案比选，选择最佳的隧道消防与给水系统设计方案。

二、方案设计文件内容及深度

方案设计文件包括以下内容：

(1)工程概况。

(2)本隧道工程拟设置的消防系统概述。

(3)给水系统。

①隧道交通工程分级及消防系统设置规模；

②给水系统方式；

③消防水池容量及位置；

④水源基本情况。

三、初步设计文件内容及深度

初步设计阶段，隧道消防专业设计文件应包括设计说明书、设计图纸、主要电气设备表、计算书。

1. 设计说明

(1)设计依据

①隧道近期、中期、远期交通量预测；

②隧道概况，包括隧道的形式、起讫桩号、横洞及紧急停车带位置、通风系统设计概况、照明系统设计概况、监控系统设计概况等内容；

③相关专业提供给本专业的工程设计资料；

④建设单位提供有关部门(供电、消防、通信、公安部门等)认定的工程设计资料，建设单位设计任务书及设计要求；

⑤设计所执行的主要法规和所采用的主要标准，包括名称、编号、年号和版本号；

⑥上一阶段设计文件的批复意见。

(2)设计范围

①根据设计任务书和有关设计资料说明本专业的设计工作内容，以及相关专业的设计分工和设计界面；

②拟设置的隧道消防给水系统。

(3)消防系统

①隧道交通流分析及交通工程分级；

②水源分布情况，以及取水方式；

③消防水池容量及位置，如采用低位水池，则需明确水泵房设置情况、消防增压泵以及稳压泵功率、扬程等参数；

④室内消火栓布置；

⑤消防水管选择。

(4)主要问题

需在设计审批时解决或确定的主要问题。

2. 主要电气设备表

注明主要设备的名称、型号、规格、单位、数量。

3. 设计图纸

(1)消防给水方案图。标注隧道的形式、起讫桩号、横洞位置、紧急停车带位置，消防水池位置、室内(外)消火栓布置、给水管型号规格、阀门井及减压阀门的位置、编号。

(2)消防设备洞设备布置图。注明设备洞内水带、多功能水枪、水成膜箱位置平面布置和主要尺寸。

(3)电缆沟管道布置图。电缆沟内管道安装位置及主要尺寸。

4. 计算书

(1)消防水池容量计算。

(2)消防管道选型计算。

四、施工图设计文件内容及深度

施工图设计阶段，隧道消防与给水专业设计文件应包括设计说明书、图例符号、系统方案图、给水系统设计、管道设计、计算书。

1. 设计说明

(1)工程概况，包括方案设计、初步设计审查意见的主要内容。

(2)设计依据、设计范围、设计内容和相关专业的设计界面。

(3)系统方案设计说明，包括设计理念、总体规模。

(4)给水系统设计说明，包括给水方式、取水方式、取水设施、高位(低位)水池、室内(外)消火栓等内容。

(5)管道设计：管道型号选择、安装敷设方式设计说明。

(6)施工要求和注意事项。

2. 主要电气设备表

注明主要设备的名称、型号、规格、单位、数量。

3. 图例符号

4. 隧道消防与给水系统方案图

水系统洞外平面布置图。图中应标明水池位置、容量、高程；取水设置位置、形式、高程；洞外管道走向等。

5. 给水系统设计图

(1)室内(外)消火栓设置位置图。图中应标明消火栓位置、桩号，阀门、水泵接合器的位置。

(2)消防设备洞设施布置图。图中应标明水带的型号、规格；多功能水枪的型号、规格；干粉灭火器的型号、规格；水成膜箱型号、规格和混合比例。

(3)消防水池设计图。图中应标明水池结构尺寸、进水管、出水管、溢流管、放空管、吸水坑等的平面位置、尺寸，注明所涉及的标准图编号、页次。

(4)水泵房平、剖面图。按比例绘制控制柜、消防主泵、稳压泵等平面布置、安装尺寸等，以及水泵房的典型剖面。当选用标准图时，应标注标准图的编号、页次，进出线回路编号、敷设安装方法。

(5)水泵控制原理图。继电保护及信号二次原理方案号，宜选用标准图、通用图。

(6)相应图纸说明。图中表达不清楚的内容，可随图作相应说明。

6. 管道设计图

(1)消防管道系统图。应绘制管道编号、型号，走向。

(2)洞口管道布设图。应绘制管道过路敷设方式、路由、防护方式；管道进出电缆沟方式。

(3)洞口阀门井设计图。应绘制洞口阀门井结构、典型断面，消防管道进出敷设方式、路由。

(4)管道安装设计图。应绘制减压板结构及安装方式、防水套管安装方式及尺寸；电缆沟内消防水管安装典型断面及尺寸等。

(5)相应图纸说明。图中表达不清楚的内容，可随图作相应说明。

7. 计算书

施工图设计阶段的计算书，只补充初步设计阶段应进行计算而未进行计算的部分，修改因初步设计文件审查变更后需重新进行计算的部分。

五、隧道火灾危险性

低概率、后果严重是隧道火灾的两大特点。从隧道火灾原因、火灾特点、火灾灾害后果等方面准确分析隧道火灾危险性，对重点隧道采取具有针对性的防火技术措施，设置必要的消防应急设施，实施运营消防安全管理，具有重大的现实意义和指导作用。

1. 隧道火灾类型和火灾发生频率

隧道火灾可分为隧道附属用房火灾、隧道设备火灾和隧道内的汽车火灾 3 类，以 A 类火灾、B 类火灾和电气火灾为主，也不排除 C 类火灾出现的可能性。20 世纪 90 年代据国外的统计资料显示，隧道火灾的发生频率为 10～17 次/(亿车・km)。

2. 隧道的火灾特点

(1)具有多样性和不确定性。由于隧道长度、断面、交通量、车型、车载可燃物等影响火灾发生、蔓延的因素的不确定性，决定了隧道火灾及其发展蔓延规律和烟气流动规律具有多样性和不确定性。隧道越长、交通量越大，火灾发生的概率越大；隧道火灾荷载主要取决于车载可燃物类型及其数量、车内装修和车载燃油量类型和数量等。不同车辆的火灾荷载详见表 26-1-1。

隧道内不同类型汽车发生火灾时的火灾荷载　　表 26-1-1

车辆类型	最高温度(℃)	最大热释放速率(MW)	等效汽油坑(m^3)
小汽车	400～500	3～5	2
载质量车/公共汽车	700～800	15～20	8
油罐车	1 000～1 200	50～100	30～100

(2)隧道呈狭长形，隧道越长越近似于封闭空间，火灾发生后，隧道内烟雾大，能见度低，散热慢，温度较高，起火点附近未进行防火保护的隧道承重结构体的混凝土容易发生崩落。

(3)隧道火灾会产生跳跃性蔓延。由于隧道内空气不足，火灾时可燃物不完全燃烧，产生 CO 等不完全燃烧产物随高温烟气流动，当有新鲜空气补充，并遇到新的可燃物时，即会引发新的火灾，从而出现火灾从一辆车跳跃到另一辆车的“跳跃式”现象。

(4)隧道火灾发生后，安全疏散困难，容易造成交通堵塞和二次灾害的发生。双向交通隧道、单向单车道隧道、车流量大或处于交通高峰期的隧道发生火灾时，由于隧道内能见度低，疏散通道有限，加之驾驶人员对烟火的恐惧，容易出现慌不择路的现象，造成交通堵塞或出现新的交通事故，从而严重影响车辆疏散；隧道越长，车辆疏散所需的时间越长，期间发生二次灾害的概率越大。

(5)灭火救援难度较大。由于隧道多远离城市，缺乏可靠的水源，且隧道内灭火条件有限，所以，隧道火灾延续时间和火灾扑救的成功率通常取决于隧道消防设施设置的合理性和使用效率，以及隧道管理单位的管理效率和自救、应急能力。双向交通隧道、特长隧道内，容易产生灭火救援路线与疏散路线、烟气流动路线的交叉，加之救援面和救援途径有限，火灾扑救难度较大。

(6)火灾损失的不可预见性。隧道火灾损失因隧道火灾荷载和交通状况等的随机性、不确定性,而且具有不可预见性。隧道火灾可能只造成一辆车的损失,也可能成为群死群伤、车损洞毁、交通中断的重大恶性火灾,产生巨大的经济损失和恶劣的社会影响。表 26-1-2 列举了国内外发生的 7 起隧道重、特大火灾及其损失情况。

7 起隧道重、特大火灾情况表 表 26-1-2

隧道名称	火灾发生地	人员死亡情况	经济损失	交通中断
猫狸岭隧道	中国	无	重大经济损失	18d
勃朗峰隧道	法国	41 人	毁车 43 辆	一年半以上
托恩隧道	澳大利亚	13 人	毁车 34 辆	3 个月
圣哥达隧道	瑞士	11 人	毁车约 100 辆	2 个月
Vierzy Tunnel	法国	108 人		
Hokuriku Tunnel	日本	34 人		
Salang Tunnel	阿富汗	700 人		

六、隧道火灾原因

隧道建筑空间内可燃物数量极少,绝大部分隧道火灾是由隧道中营运的交通工具及其车载货物引发、致灾的,交通工具及其车载货物的多元化决定了隧道火灾致灾因素的多样性,隧道火灾通常是几个致灾因素耦合的结果。

公路隧道是以单一机动车辆为运输单元的交通运营模式,其火灾致灾因素主要包括六个方面:一是机动车故障;二是交通事故;三是车载货物自燃起火;四是人为过失或者违规操作;五是意外事故;六是人为纵火。

1. 机动车故障

机动车辆故障是引发公路隧道火灾的主要原因。在车辆故障引发的火灾中,电气故障是引发轻型车辆火灾的主要原因;根据法国专项统计资料分析,隧道中货车火灾有 60%～70% 是因制动装置过热引起的。此外,容易引发火灾的机动车辆故障还有发动机故障、排气系统故障、燃料系统故障和各类机械故障等。

2. 交通事故

交通事故是造成公路隧道火灾重大人员伤亡的关键因素,引发隧道交通事故的原因主要包括驾驶员个人因素、车辆状况、道路及其环境条件等,驾驶员个人因素是交通事故发生的关键因素,车辆状况是交通事故的直接因素,道路及环境条件是交通事故的外在因素。

3. 车载货物自燃起火

车载货物起火燃烧多数因运输可燃、易燃物品,可燃货物的类型和数量决定了初期火灾的火源功率大小和火灾发展蔓延方式。以 1999 年 3 月 24 日法国—意大利边界勃朗峰隧道火灾为例,1 辆内载 12t 面粉和 9t 人造黄油的冷藏货车行驶在隧道,其黄油流入高温排气管,黄油自燃起火,引发整车货物燃烧,并以爆炸的形式在隧道内堵塞的车辆间扩大蔓延,火灾共造成 39 人死亡,43 辆车被毁,交通中断 18 个月以上。

4. 人为过失或者违规操作

隧道内人为过失或者违规操作引发火灾,在建设期和运营期内都有发生。建设期内主要是施工现场用火、用电、危险品使用管理等制度不落实，违规操作引发火灾；运营期内，一是驾驶员人为过失（如烟头引燃内饰）引发车辆火灾；二是违规操作，检修故障车辆引发火灾；三是违规施工，检修隧道引发火灾等。2001 年 1 月 10 日，1 辆满载皮鞋、打火机等杂货的货车在浙江猫狸岭隧道内因发动机故障，驾驶员在紧急停车带停车后，打开车前盖，用打火机照明检查发动机，引燃炽热的发动机，造成火灾。在火灾持续的 2h 过程中，40 箱打火机发生小规模爆炸，所幸没有出现交通堵塞，火势没有蔓延到其他车辆；1 辆油罐车的驾驶员对火灾作出了准确判断，将车辆停在隧道外，其他车辆虽有通过，但没有受到火灾的影响。火灾只烧毁了事故车辆及其车载货物，烧毁隧道紧急停车带附近的消火栓箱、火灾探测器、电缆桥架、灯具、可变信息情报板等设施设备。

5. 意外事故

隧道建设和运营过程中，意外事故导致的火灾偶有发生，如 1949 年 5 月 13 日美国霍兰隧道，因车载桶装二硫化碳坠落，引起火灾爆炸；1976 年 3 月 8 日上海打浦路隧道，因为客车油箱被地面暴露出的钢筋剐破，漏油起火。

6. 人为纵火

目前，利用机动车辆进行骗保、报复、泄私愤和恐怖活动的事件，在机动车火灾中呈上升趋势，尽管公路隧道纵火事件较铁路、地铁少，但其发展趋势仍然不容忽视。

七、隧道火灾灾害后果

隧道建筑空间特性、交通工具及其运输方式差异，不仅决定了隧道火灾危害后果与一般工业与民用建筑火灾之间存在的差别，也决定了不同隧道火灾后果之间的差异。隧道火灾灾害后果除一般火灾中的人员伤亡、直接经济损失外，其特有的次生灾害和间接损失甚至比后者对社会、生活以及区域经济的影响更为严重。

1. 人员伤亡

隧道火灾人员伤亡致因复杂多变，除火灾高温、烟气窒息及毒性等因素外，还受到驾驶员行为特征、交通控制与交通事故等因素制约。

（1）高温

隧道内散热条件差，火场温度高，人员借以抵御高温的建筑构件少，隧道火灾高温，一方面，直接造成隧道内的驾驶员、灭火救援人员伤亡；另一方面，使隧道衬砌产生爆裂、局部垮塌，造成混凝土砌块迸溅、使风机等设施设备脱落或者坠落，对人员造成意外伤害。

（2）烟气

有毒烟气是隧道人员伤亡的主要原因。一是长隧道、特长隧道为典型的缺氧燃烧，其燃烧产物中 CO 浓度比地面建筑火灾高，火灾开始 10～15min 内的 CO 浓度可以致人重度中毒；二是隧道火灾可燃物的多元化，决定了烟气毒性的复杂性，从有毒烟气致人死亡的浓度、时间分析，HCN 等有毒燃烧产物对人员构成的威胁更为严重；三是隧道内通风受限，空气补给不足，灭火产生的水蒸气、惰性气体数量巨大，以往火灾中多次出现因缺氧窒息而致人伤亡的案例。

（3）隧道交通事故

交通事故与交通控制状况是隧道火灾人员伤亡的又一关键因素。一方面，公路交通事故中机械撞（冲）击的反作用力、车辆损坏、摩擦、碰撞或货物坠落、击打等，都会致人伤亡。另一方面，交通事故造成车辆变形，都会增大人员疏散难度：一是受伤人员疏散能力降低，有的甚至散失疏散行为能力；二是驾驶员被损坏车辆卡住、被货物或者车辆压住、困住等，无法从损坏车辆中得到及时、有效地疏散。第三方面，隧道火灾后，交通控制不力，会产生交通事故等新的次生灾害，甚至会引发爆炸，使更多车辆和人员卷入火灾；此外，交通无序状态会降低安全疏散的时效性，甚至会因车辆驾驶失控，撞死撞伤相关人员。

(4)人在隧道火灾中的特殊行为

公路隧道火灾发生时，受隧道建筑空间和亮度的限制，驾驶员对火灾的反应时间较长，对隧道火灾危害性、交通工具安全性和疏散可靠性的判断失准，部分死伤者出于对烟火的恐惧、对隧道环境的不适应，过于相信车辆的密封性和安全性，火灾时没有及时离开车辆，进行安全疏散；有的慌不择路，慌乱中车辆驾驶失控，造成新的交通事故或其他次生灾害。

2. 直接经济损失

隧道火灾直接经济损失主要包括以下三个方面：一是隧道结构破坏；二是隧道设施设备损坏；三是交通工具及车载货物严重受损或被烧毁。隧道结构破坏包括局部结构坍塌、混凝土爆裂、混凝土内钢筋过热导致力学性能降低、隧道内表面装修烧损、风管破裂或垮塌等。隧道内设施设备损坏主要是设置在公路(道路)建筑限界外和列车基本建筑限界外、没有构筑物保护的设施设备的损坏，主要包括隧道内的通风、照明、通信、环境检测、交通控制、消防应急等设施设备。

3. 次生灾害

隧道火灾引发次生灾害是隧道火灾最为典型的灾害后果。隧道火灾发生后，通常会引发交通事故、爆炸、人员中毒等次生灾害。

隧道火灾中次生灾害的出现，一方面会助长火灾的蔓延，加重火灾危害后果；另一方面会打破原有的安全疏散、灭火救援和交通控制等秩序，产生更大的混乱，增加安全疏散和灭火救援难度，降低疏散、救援有效性；第三方面，次生灾害的突发性和随机性，不仅会影响灭火救援人员对火灾发展、次生灾害后果的准确判断，而且会对隧道内的驾驶员和救援人员构成直接的潜在威胁。

4. 隧道火灾间接损失

隧道火灾造成的间接损失包括两个方面，一是交通中断造成隧道运营收入减少，影响隧道所在区域的交通、生活、生产等活动；二是修复隧道结构和设施设备，增加运营成本。英国Summit Tunnel 火灾发生后，修复隧道设施设备的费用就高达100万英镑；Velser Tunnel 火灾后，隧道关闭损失和维修费用高达320万美元。

八、消防设施设置

狭义上的隧道消防设施主要指火灾自动报警系统、水消防系统、灭火器等；广义上的隧道消防设施除上述外，还包含了与隧道火灾救援相关的机电设施，例如排烟设施、应急照明、有线广播等。隧道消防设施是整个隧道机电设施中的核心内容，所有的机电设施都是为消防工程防灾、救灾服务的。所以，隧道消防设施的设置水平，决定了该隧道机电工程的规模与防灾救灾的能力，体现高速公路的整体服务水平。

《公路工程技术标准》(JTG B01—2003)规定，特长隧道和高速公路、一级公路的长隧道，必须配置报警设施、警报设施、消防设施和救助设施等，二级公路长隧道可根据需要设置。

根据道路沿线隧道、管理设施分布的情况，结合道路交通量、隧道在长度、平纵线形等指标，合理设置消防救援、灭火设施，既满足火灾救援需求，又避免消防设施长期闲置，切实保障隧道运营安全，对预防隧道火灾，保护人身和财产安全，是十分必要，也是势在必行的。

1. 隧道消防应急设施设置标准

(1)国外公路(道路)隧道消防应急设施设置要求

不同国家对隧道防火等级的划分依据和标准差别较大。欧美国家、日本等隧道较多的国家，都建立了隧道工程建设标准体系，在隧道消防应急设施设置标准方面，各国的差距都较大，其中，表 26-1-3 为日本、美国、德国、荷兰隧道消防应急设施基本设置要求。

日本、美国、德国、荷兰隧道消防应急设施基本设置要求　　表 26-1-3

国　家	火灾报警系统		灭火系统			机械防烟排烟系统	应急照明
	自动	手动	消火栓	自动	灭火器		
日本	>500	>200	>1 000	>3 000	全设	>1 500	>200
美国	>300	>300	>90	危险品运输	>240	>300	>300
德国	>350	>350	>1 050	—	>350	>700	>350
荷兰	不设置	—	所有隧道	不设置	所有隧道	风险评估	所有

(2)国内公路隧道消防应急设施设置标准

我国推荐性标准《公路隧道交通工程设计规范》(JTG/T D71—2004)及国家标准《高速公路隧道监控系统模式》(GB/T 18567—2001)，根据隧道长度和交通量将隧道划分为 A 级、B 级、C 级、D 级四级，如图 26-1-1 所示。

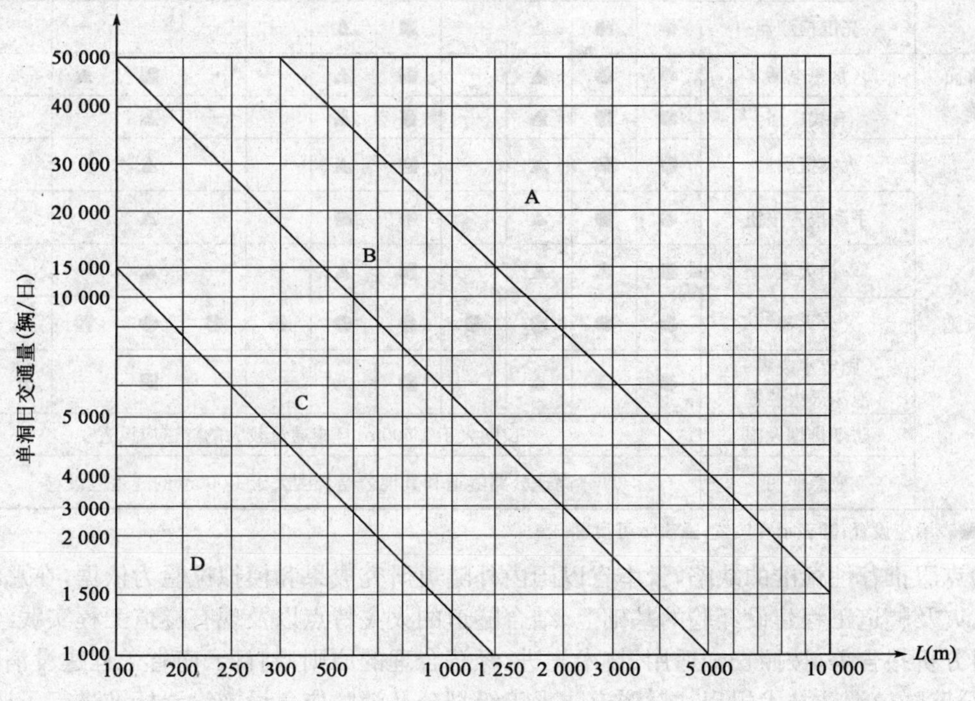

图 26-1-1　隧道划分等级示意图

隧道交通工程设施配置应遵循下列原则：

(1)根据隧道交通工程分级，设施配置采用前期配置，后期完善的方法。

(2)长度 1km 以上的公路隧道各类设施的配置规模应根据预测交通量进行总体规划设计，并据此一次性征地和实施基础工程、地下管线及预留预埋工程等。

(3)各系统应视技术发展和交通量增长情况等逐步补充完善。

表 26-1-4 为公路隧道消防应急设施设置推荐性标准，但该表与交通分级标准对比后可以发现，对于火灾危险性较大、火灾危害后果较大的二级公路的双向交通特长隧道，有相当一部分消防应急设施是不作强制性要求的。

公路隧道消防应急设施设置推荐标准 表 26-1-4

设施名称		公路等级及隧道交通工程分级											
		高速公路				一级公路				二级公路			
		A	B	C	D	A	B	C	D	A	B	C	D
交通监控设施	可变信息标志	●	■	▲	—	■	▲	—	—	▲	—	—	—
	交通信号灯	●	■	▲	—	■	▲	▲	—	▲	▲	—	—
	电视监控系统	●	●	▲	—	●	■	—	—	■	▲	—	—
通风照明控制设施	VI 检测器	●	■	▲	—	■	▲	—	—	▲	—	—	—
	CO 检测器	●	■	▲	—	■	▲	—	—	▲	—	—	—
	风速风向检测器	●	■	▲	—	■	▲	—	—	—	—	—	—
	亮度检测器	●	■	▲	—	■	▲	—	—	—	—	—	—
紧急呼叫设施	紧急电话	●	●	▲	—	■	▲	—	—	■	▲	—	—
	有线广播	●	■	▲	—	■	▲	—	—	▲	—	—	—
消防设施	火灾探测器	●	■	▲	—	■	▲	—	—	▲	—	—	—
	手动报警按钮	●	●	▲	—	●	■	—	—	▲	—	—	—
	消火栓	●	●	▲	—	■	▲	—	—	▲	—	—	—
	灭火器	●	●	●	●	●	●	●	●	●	■	▲	—
	固定水成膜泡沫灭火装置	●	■	▲	—	■	▲	—	—	■	—	—	—
	防烟排烟设施	长度大于 1 500m，且交通量较大的隧道应设置											
	应急照明	高速公路隧道和其他公路长度大于 1 000m 的隧道应设置											

注：●表示应设置；■表示宜设置；▲表示可设置。

为克服推荐性标准的缺陷，云南省以国内外隧道研究成果和模拟试验为依据，在总结公路隧道火灾及隧道工程建设经验的基础上，结合隧道的火灾特点以及现有隧道工程实践经验、火灾资料分析报告等，按照安全适用、技术先进、经济合理的原则，制订云南省工程建设消防地方标准《公路隧道消防技术规程》，对隧道防火等级划分及消防应急设施设置标准进行了调整，详见表 26-1-5 和表 26-1-6。

隧道防火等级划分标准　　表 26-1-5

交通量 q(辆/日)	隧道长度(m)	防火等级	公路等级	
			公路等级	车道数
5 000<q≤7 500	1 000<L≤2 000	Ⅲ级	二级公路	双车道
	2 000<L≤3 000	Ⅱ级		
	L>3 000	Ⅰ级		
7 500<q≤10 000	500<L≤1 000	Ⅲ级		
	1 000<L≤2 000	Ⅱ级		
	L>2 000	Ⅰ级		
10 000<q≤15 000	500<L≤1 000	Ⅱ级		
	L>1 000	Ⅰ级		
15 000<q≤20 000	750<L≤1 000	Ⅲ级	一级公路	四车道
	1 000<L≤2 500	Ⅱ级		
	L>2 500	Ⅰ级		
20 000<q≤30 000	500<L≤1 000	Ⅲ级		
	1 000<L≤2 000	Ⅱ级		
	L>2 000	Ⅰ级		
25 000<q≤40 000	500<L≤750	Ⅲ级		六车道
	750<L≤1 500	Ⅱ级		
	L>1 500	Ⅰ级		
40 000<q≤55 000	500<L≤1 000	Ⅱ级		
	L>1 000	Ⅰ级		
25 000<q≤40 000	500<L≤750	Ⅲ级	高速公路	四车道
	750<L≤1 500	Ⅱ级		
	L>1 500	Ⅰ级		
40 000<q≤55 000	500<L≤1 000	Ⅱ级		
	L>1 000	Ⅰ级		
45 000<q≤60 000	300<L≤1 000	Ⅱ级		六车道
	L>1 000	Ⅰ级		
60 000<q≤80 000	500<L≤1 000	Ⅱ级		
	L>1 000	Ⅰ级		
60 000<q≤100 000	L>500	Ⅰ级		八车道

隧道内消防应急设施设置标准　　表 26-1-6

<table>
<tr><th colspan="3">隧道防火等级
消防应急设施</th><th>Ⅰ</th><th>Ⅱ</th><th>Ⅲ</th><th>备　注</th></tr>
<tr><td rowspan="4">灭火设备</td><td colspan="2">灭火器</td><td>●</td><td>●</td><td>●</td><td></td></tr>
<tr><td colspan="2">洞内消火栓</td><td>●</td><td>▲</td><td>△</td><td></td></tr>
<tr><td colspan="2">水成膜泡沫灭火装置</td><td>●</td><td>▲</td><td>△</td><td>与室内消火栓配合设置</td></tr>
<tr><td colspan="2">洞外消火栓</td><td>●</td><td>▲</td><td>△</td><td>设置室内消火栓的隧道应设置</td></tr>
<tr><td rowspan="4">疏散避难救援设施</td><td rowspan="3">指示标志</td><td>紧急停车带标志</td><td colspan="4">紧急停车带前 5m 左右设置</td></tr>
<tr><td>横洞指示标志</td><td colspan="4">在行人、行车横洞前设置</td></tr>
<tr><td>疏散指示标志</td><td>●</td><td>▲</td><td>△</td><td>安装高度不大于 1.3m,间距不大于 50m</td></tr>
<tr><td>疏散避难救援设施排烟设备</td><td colspan="5">1. 长度大于 500m 的相邻双孔隧道间宜设置行人横洞,长度大于或等于 1 500m 的相邻双孔隧道间应设置行车横洞和行人横洞。
2. 长度大于 1 500m 的二级公路隧道和长度超过 1 000m 的其他公路隧道应设置机械防烟排烟系统。
3. 专用避难疏散通道和独立避难间应设置独立的机械防烟排烟设施。
4. 隧道内的附属用房应设置防排烟设施和安全疏散通道</td></tr>
</table>

注:●表示应设置,▲表示宜设置,△表示可设置。

交通运输部行业规范《公路隧道设计细则》(JTG/T D70—2010)基本采用云南省地标内容,并在综合国内外规范标准的基础上,对隧道防火等级、隧道内消防应急设施配置作了部分调整,详见表 26-1-7 和表 26-1-8。

隧道防火等级划分标准　　表 26-1-7

<table>
<tr><th rowspan="2">交通量 q(辆/日)</th><th rowspan="2">隧道长度(m)</th><th rowspan="2">防火等级</th><th colspan="2">公 路 等 级</th></tr>
<tr><th>公路等级</th><th>车道数</th></tr>
<tr><td rowspan="3">5 000～7 500</td><td>1 000<L≤2 000</td><td>Ⅲ级</td><td rowspan="8">二级公路</td><td rowspan="8">双车道</td></tr>
<tr><td>2 000<L≤3 000</td><td>Ⅱ级</td></tr>
<tr><td>L>3 000</td><td>Ⅰ级</td></tr>
<tr><td rowspan="3">7 500～10 000</td><td>500<L≤1 000</td><td>Ⅲ级</td></tr>
<tr><td>1 000<L≤2 000</td><td>Ⅱ级</td></tr>
<tr><td>L>2 000</td><td>Ⅰ级</td></tr>
<tr><td rowspan="2">10 000～15 000</td><td>500<L≤1 000</td><td>Ⅱ级</td></tr>
<tr><td>L>1 000</td><td>Ⅰ级</td></tr>
<tr><td rowspan="3">15 000～20 000</td><td>750<L≤1 000</td><td>Ⅲ级</td><td rowspan="11">一级公路</td><td rowspan="6">四车道</td></tr>
<tr><td>1 000<L≤2 500</td><td>Ⅱ级</td></tr>
<tr><td>L>2 500</td><td>Ⅰ级</td></tr>
<tr><td rowspan="3">20 000～30 000</td><td>500<L≤1 000</td><td>Ⅲ级</td></tr>
<tr><td>1 000<L≤2 000</td><td>Ⅱ级</td></tr>
<tr><td>L>2 000</td><td>Ⅰ级</td></tr>
<tr><td rowspan="3">25 000～40 000</td><td>500<L≤750</td><td>Ⅲ级</td><td rowspan="5">六车道</td></tr>
<tr><td>750<L≤1 500</td><td>Ⅱ级</td></tr>
<tr><td>L>1 500</td><td>Ⅰ级</td></tr>
<tr><td rowspan="2">40 000～55 000</td><td>500<L≤1 000</td><td>Ⅱ级</td></tr>
<tr><td>L>1 000</td><td>Ⅰ级</td></tr>
</table>

续上表

交通量 q(辆/日)	隧道长度(m)	防火等级	公路等级	
			公路等级	车道数
25 000～40 000	500＜L≤750	Ⅲ级	高速公路	四车道
	750＜L≤1 500	Ⅱ级		
	L＞1 500	Ⅰ级		
40 000～55 000	300＜L≤1 000	Ⅱ级		
	L＞1 000	Ⅰ级		
45 000～60 000	500＜L≤1 000	Ⅱ级		六车道
	L＞1 000	Ⅰ级		
60 000～80 000	500＜L≤1 000	Ⅱ级		
	L＞1 000	Ⅰ级		

隧道内消防应急设施设置标准　　表 26-1-8

消防应急设施 \ 隧道防火等级		Ⅰ	Ⅱ	Ⅲ	备　注
灭火设备	灭火器	●	●	●	
	室内消火栓	●	▲	▲	未设管理所的隧道可不设置
	水成膜泡沫灭火装置	●	▲	▲	与室内消火栓配合设置
	室外消火栓	●	▲	▲	设置室内消火栓的隧道应设置
疏散避难救援设施	指示标志：紧急停车带标志				紧急停车带前 5m 左右设置
	指示标志：横洞指示标志				在行人、行车横洞前设置
	指示标志：疏散指示标志	●	▲		安装高度不大于 1.3m,间距不大于 50m
	疏散避难救援设施排烟设备	1. 长度大于 500m 的相邻双孔隧道间宜设置行人横洞,长度大于或等于 1 500m 的相邻双孔隧道间应设置行车横洞和行人横洞。 2. 长度大于或等于 4 000m 的双向交通隧道,应设置专用避难疏散通道;长度在 3 000～4 000m 之间,且设计交通量超过 10 000 辆/日的双向交通隧道宜设置独立避难间。 3. 长度大于 1 500m 二级公路隧道和长度超过 1 000m 其他公路隧道应设置机械防烟排烟系统。 4. 专用避难疏散通道和独立避难间应设置独立的机械防烟排烟设施。 5. 隧道内的附属用房应设置防排烟设施和安全疏散通道			

注:1. 公路隧道监控等级划分及消防设施设置水平,可与隧道监控系统统一设置。

2. 对于纵坡大于 4%、平曲线半径小于 250m 的隧道,其消防应急设施的设置应在所确定的隧道等级基础上提高一级。

3. ●表示应设置 ,▲表示宜设置。

表 26-1-8 中仅列出一般情况下与隧道交通工程分级和防火分级相应的最低响应设备,对于预计事故发生率较高的特殊隧道,如平面曲率半径 500m 以下,纵坡超过 3%的长下坡隧道,长度超过 1km 以上的双向交通隧道,可在公路隧道交通工程设施配置表中的基础上提高一级;对于一些长大隧道,例如长度超过 5km 的公路隧道,应特殊考虑。此外,对于隧道群,如果洞口间距短,应考虑烟雾的影响,其同单洞隧道一样危险,要综合各种因素后再确定交隧道分级。

根据我国目前公路隧道交通工程设施的建设状况和使用情况，长度在 1km 以下的隧道一般不设置交通监控、通风与照明控制、火灾报警和中央控制管理等。由于目前高速公路隧道一般采取与路段集中监控管理，在实际设计中中短隧道也会适当增加一些监控设施，以实现对重点路段的无盲区监控。所以长度小于 1km 的隧道，也应综合考虑整个路段的管理体制、路段监控要求以及附近地区公安消防部门的要求，来确定隧道机电设施的规模。

2. 隧道消防工程发展方向

隧道的消防设施设计以逃生为主、灭火为辅；自救为主、外部救援为辅。设计中应认真分析隧道交通量特点，合理配置各种消防、救援设施。由于公路隧道前期交通量较小，而隧道防火分级是按照 20 年远景预测交通量，为节约前期工程投资和考虑机电设施的使用寿命，隧道机电设施需要分期实施，分期实施应按照“设计一次完成，前期配置，后期完善”的方法。

通过对国内外几次公路隧道重大火灾分析，可以看出，隧道火灾的概率低、危害较大，必须认真对待。对公路隧道消防设施设置、火灾防救提出如下建议：

(1)应重视防灾设计

建议从隧道线形、隧道结构、隧道路面、内装饰、标志标线等各个方面综合考虑隧道的安全要求，并根据隧道规模及交通量配备防灾系统。

①隧道平纵线形应尽量避免小半径曲线进洞；

②隧道洞门不宜过亮；

③隧道行车道宽度及余宽应保证；

④隧道路面应与洞外路面面层协调，不宜过分强调使用水泥混凝土路面；

⑤隧道内装饰材料应有利于防火；

⑥隧道标志标线应清晰、醒目，并比洞外密度大；

⑦隧道路缘宜使用防撞吸能型侧石；

⑧单洞对向交通，则应在隧道行车道两侧设置紧急停车带，间距可采用 700～800m；

⑨特长隧道应具有独立的避难通道。特长隧道若能够同时实施双洞最为理想。对分期修建，则应在第一期隧道建设中配备避难通道，或配备合理的通风形式，巧妙利用送风道进行避难。对单洞双向交通长度超过 4 000m 的隧道，建议设置专门避难通道。目前，我国四川二郎山隧道(4 160m)、鹧鸪山隧道(4 423m)，重庆通渝隧道(4 200m)均为单洞双向交通隧道，设置了专用的平行避难通道；

⑩每隔 150m 应设置有逃离方向的指示标志；

⑪隧道消防水排泄通道应与管线沟分离。

(2)建立隧道安全评价体系

建立隧道安全评价体系，对我国现有长和特长公路隧道进行安全考评。由于我国的长、特长公路隧道的火灾防救研究与经验不足，一些已建隧道的防灾能力严重不足，根据全国对部分特长公路隧道的检测发现：防灾设施规模不统一、工作不正常，分期实施的通风系统不能满足防灾要求。为此建立隧道安全评价体系，对我国现有长、特长公路隧道进行安全考评很有必要。借鉴欧洲经验，建议从以下几方面对隧道营运安全进行技术评价，并分级考评，根据评价结果迅速改进。

①防灾相关系统的工作状况：包括路面、标志、标线、消防水排水沟与电缆沟是否混合、照明和交通量检测；

②交通监视系统：包括摄像机、车队警告等；

③交通控制系统：包括车速、车队指示器及对向交通双侧设检修道等；

④通信系统：包括紧急电话抗干扰，移动网络通信等；

⑤防灾系统：包括火灾报警、灭火、通风系统以及火灾检测确认等；

⑥避难系统：包括救援室、防火避难室、避难通道；

⑦紧急救援设备：包括具有红外摄像仪的隧道火灾救援车。

(3)开展火灾防救教育与定期演习

从已发生的隧道火灾看，隧道使用者对安全设施不了解或不会使用，是火灾损失严重的重要原因。因此对公路隧道防灾设施进行科普教育与宣传，使隧道使用者对此有所了解。一些隧道火灾应对措施不及时，防灾预案过于复杂，也是火灾损失严重的重要原因，因此有必要对高速公路长、特长隧道，其他公路特长隧道可能出现的火灾及交通事故，制订周密的救援计划及简便的防灾预案，并按计划进行不少于1次/年的针对性实地救援及防灾演习，并通过演习完善防灾预案，其他各种设施应与防灾设施紧密配合。

(4)制订完善的公路隧道安全设施养护计划

目前公路隧道普遍存在重建轻养，灾害时安全设施不能正常工作将失去其意义，为此安全设施的标志应保持完好、醒目。除对洞内消防设备、报警设备、洞外消防设施进行的外观巡视，发现异常应及时处理外，建议经常性、定期进行检修，在检修期间应有相应的防灾措施。安全设施设备完好率应不低于98%。

(5)隧道通风防灾

特长隧道的通风方案，除考虑正常情况的通风外，应当对火灾时的排烟作详细考虑，并按600m一分段制订详细的火灾气流组织计划，并有足够的排烟能力。

隧道对向交通条件下的火灾洞内风速应该≤1.5m/s，以避免产生混流，影响火灾排烟与救援。单向行车火灾时的洞内风速可用2～3m/s。

隧道通风防灾建议在安全设施的设计中把火灾检测设备、控制软件及洞内外交通指示设备，采用先进的总线控制方式，组成高效的监控模式，以充分发挥控制设备的作用。并在洞外提前监视，避免有问题车辆进洞，同时为通风控制提供依据。

3.消防工程设计界面

消防设备一般尺寸较大，为了设备的安全及美观，要求安装在预留洞室内。此外，消防供水管道也需要安装在电缆沟内。由于土建施工与消防工程施工不同步，这就要求消防专业设计人员对相关消防的设计与土建设计同步进行，并协商预留消防设备洞室。

(1)消防设备预留预埋洞室：消防专业提供洞室尺寸、位置及预留预埋要求，由土建专业完成洞室结构设计；洞室尺寸与拟安装的消防设施密切相关，一般安装双口双阀消火栓、两条30m水带、两支多功能水枪、45L水成膜泡沫箱、1支泡沫枪、30m泡沫管、4个6kg干粉灭火器，消防设备洞尺寸约2 200mm×1 350mm×340mm；如不安装水成膜泡沫灭火装置，则尺寸要小很多。

(2)电缆沟：在土建设计初期，消防专业人员应根据消防水力确定消防给水管道规格、尺寸及安装位置，提供给隧道土建设计专业人员，以确定电缆沟尺寸。

(3)高位水池水位显示由消防专业人员设计，并传输至管理所或最近的隧道监控系统可编程控制器处，由监控系统完成在管理所内的系统集成。

(4)消防水泵由消防专业设计,供配电系统在低压屏出线处提供可切换的双电源。

4. 资料调查与收集

消防工程的资料调查与收集是确保消防工程设计方案经济合理的重要手段。每个消防设计人员都应认真进行基础资料的收集。

(1)消防设计前应调查隧道洞口地形、地质情况,初步明确隧道高位水池、拦水坝、沉淀池、消防泵房位置及洞外管道大体走向。

(2)消防设计应调查地表水、地下水种类、流量(枯水季节、丰水季节)、水质等;城市附近隧道还应调查城市给水管道布置、管径、最大供水量等,并确定采用何种给排水方式。

(3)应收集隧道当地年平均温度、年最低温度、年降水量等气象资料。

(4)距离隧道最近的市、县消防部门的建设制度。

第二节　隧道附属用房建筑消防设计

一、隧道建筑防火安全控制目标

隧道建筑安全控制目标有以下 4 个方面:①火灾不沿隧道主体结构扩大蔓延;②满足隧道内人员安全疏散的要求;③为隧道灭火救援提供相对安全的场所;④按照安全、经济、合理的原则,最大限度地减少火灾对隧道结构、附属设施设备及其周围建筑的损害,降低因隧道火灾给交通运营及社会、经济活动造成的影响。

公路隧道建筑防火安全控制目标的重点是提高拱顶结构耐火性能,保障人员安全疏散和灭火救援正常、有效地进行。

二、隧道结构耐火性能标准

建筑耐火性能标准采用对材料燃烧性能和构件耐火极限的判定,隧道火灾特点以及隧道火灾试验研究表明,隧道主体结构在火灾早期发生结构爆裂,会造成结构强度迅速退化,使隧道中安装的设施设备因隧道衬砌承载能力降低而脱落、坠毁,影响设施设备的正常使用,并使疏散逃生和灭火救援人员受伤致死,水底隧道会因漏水造成灾难性后果。世界道路协会(PIRAC)WG6 工作组的报告中规定,“火灾中,当隧道内还有逃生疏散或救援人员时,重型设备的最低要求是不能坠落”。

1. 国外隧道结构耐火性能标准

欧美发达国家对公路(道路)隧道建筑结构耐火性能要求都比一般建筑高。荷兰 TNO 测试标准采用的 RWS 时间—温度曲线,是基于最不利火灾情况下,模拟隧道中火源功率 300MW 的火灾(油罐车火灾)持续燃烧 120min,确定隧道主体结构耐火极限;《德国 ZTV—隧道　关于公路隧道建设补充技术条款及准则》,按照允许油罐车等危险品通行,在发生火灾时,沉管隧道不得出现垮塌、进水的情况,确定的隧道结构耐火性能试验方法,采用 RABT 时间—温度曲线进行测试;碳氢化合物(HC)时间—温度曲线是以汽油等烃类物质燃烧为对象、一般汽车火灾情况下升温曲线,HCinc 时间—温度曲线是在标准 HC 时间—温度曲线基础上乘以一个系数(1 300/1 100)获得的,HCinc 与 RWS 曲线测试结果水平非常接近。图 26-2-1 为 ISO 时间—温度标准曲线和 RWS、RABT、HCinc 时间—温度曲线。

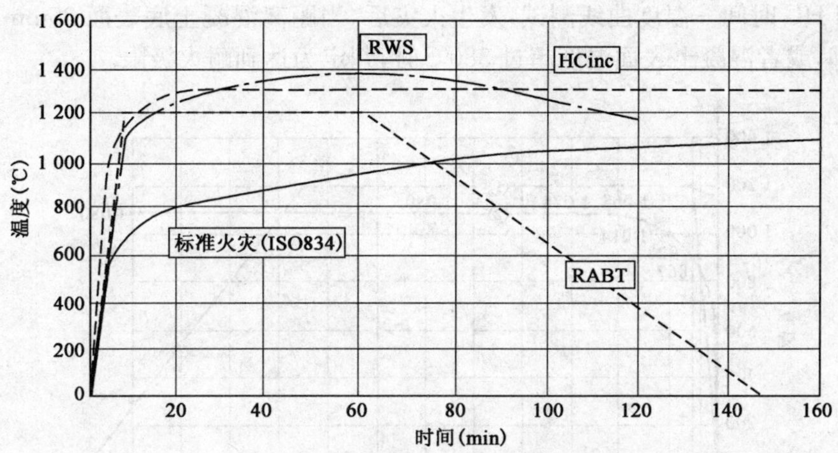

图 26-2-1　不同标准的时间—温度曲线

根据各国试验和理论研究成果，世界道路协会 WG6 工作组在其研究报告中，为公路隧道结构耐火性能设计提出了建议性、指导性标准，详见表 26-2-1。

(PIARC)**WG6 工作组隧道结构耐火性能设计推荐标准**　　表 26-2-1

交通工具		主体结构				辅助结构			
类型	数量(辆)	沉管式、下穿式隧道	不稳定基础隧道	稳定基础隧道	明挖隧道	风管	对外出口	其他出口	避难所
小型车	1 或 2	ISO(30min)				ISO(30min)			
	≥3	ISO(60min)				ISO(30min)		ISO(60min)	
货车	1 或 2	RWS/HCinc(2h)		ISO(2h)			ISO(30min)	RWS/HCinc(2h)	
	≥3	RWS/HCinc(3h)		ISO(2h)			ISO(30min)	RWS/HCinc(2h)	
油罐车	1	RWS/HCinc(2h)		ISO(2h)		ISO(2h)	ISO(30min)	RWS/HCinc(2h)	

注：风管是指横向通风方式采用的风管、风道。

2. 我国隧道结构耐火性能标准

目前，我国的交通隧道缺乏系统的、统一的、具有针对性的隧道结构耐火性能技术标准。表 26-2-2 是国家标准《建筑设计防火规范》(GB 50016—2006)对城市隧道承重结构体耐火性能作出的基本规定。

城市隧道、水底隧道结构耐火性能标准　　表 26-2-2

隧道分类	一　类	二　类	三　类		四　类	
			机动车	非机动车	机动车	非机动车
承重结构体耐火极限(h)	2	1.5	2		—	
试验升温曲线	RABT	RABT	HC	ISO		—
水底隧道顶部应设置抗热冲击、耐高温的防火衬砌，其耐火极限按照相应隧道类别确定						

城市隧道承重结构体耐火极限按照图 26-2-2 的时间—温度曲线和规定的试验方法进行耐火极限试验，其耐火极限判定标准为：

(1)采用 RABT 时间—温度曲线测试，发生火灾后，当距离混凝土底表面 25mm 处钢筋的温度超过 300℃，或者混凝土表面温度超过 380℃时，判定为达到耐火极限。

(2)采用 HC 时间—温度曲线测试，发生火灾后，当距离混凝土底表面 25mm 处钢筋的温度超过 250℃，或者混凝土表面温度超过 380℃时，判定为达到耐火极限。

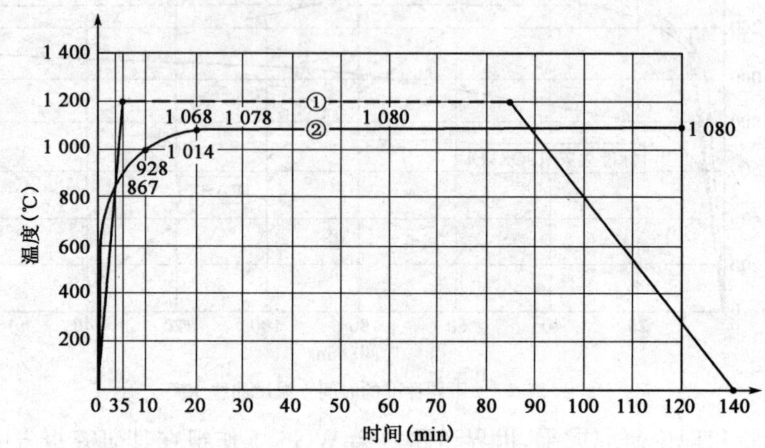

图 26-2-2　城市隧道承重结构体耐火极限

注：①为 RABT 曲线；②为 HC 曲线

根据山岭公路隧道交通量较小、火灾造成的社会与经济影响不大等运营特点，本着突出重点、安全适用、经济合理的原则，交通部行业标准《公路隧道设计细则》(JTJ/T D70—2010)按照隧道防火等级和隧道长度，确定了表 26-2-3 所示的公路隧道结构耐火极限标准，耐火极限试验采用 HC 时间—温度曲线，试验方法和判定标准与《建筑设计防火规范》(GB 50016—2006)一致。

公路隧道结构耐火极限标准　　表 26-2-3

隧道防火等级	Ⅰ级	Ⅱ级		Ⅲ级	
隧道长度(m)	—	>3 000	其他	>1 000	其他
耐火极限(h)	2.00	2.00	1.50	1.50	1.00

在目前没有隧道消防国标或部颁布行业标准的情况下，云南省结合地方公路建设，出台工程建设地方标准《公路隧道消防技术规程》，按照隧道防火等级和隧道长度，确定了表 26-2-4 所示的公路隧道结构耐火极限标准，耐火极限试验采用 HC 时间—温度曲线，试验方法和判定标准与《建筑设计防火规范》(GB 50016—2006)一致。

公路隧道结构耐火极限标准　　表 26-2-4

隧道防火等级	Ⅰ级		Ⅱ级		Ⅲ级	
隧道长度(m)	>3 000	其他	>3 000	其他	>1 000	其他
耐火极限(h)	3.00	2.00	2.00	1.50	1.50	1.00

三、隧道建筑耐火性能要求

1. 隧道及其附属构筑物、设施设备燃烧性能要求

(1)为了减少隧道内固定火灾荷载，避免隧道火灾沿隧道结构及其装修材料扩大蔓延，隧道衬砌、附属构筑物、疏散通道的建筑材料及其内装修材料，除施工缝嵌封材料外均应采用不可燃烧的材料；装修材料应具有耐高温、且高温时不释放出有毒气体的功能。

(2)公路长隧道、特长隧道的沥青混凝土路面宜采用阻燃性沥青。

(3)通风系统的风管及其保温材料应采用不可燃烧的材料,柔性接头可采用难燃烧材料。

(4)隧道内的灯具、紧急电话箱(亭)采用不可燃烧的材料制成。

(5)隧道内的电缆等应采用非延燃电缆、阻燃(耐火)电缆或矿物绝缘电缆,其桥架应采用不可燃烧的材料制作。

2. 隧道及其附属构筑物(用房)耐火极限要求

(1)公路隧道主体结构耐火极限不应低于表 26-2-3 规定的耐火极限。

(2)用于安全疏散、紧急避难和灭火救援的平行导洞、横向联络道、竖(斜)井、专用疏散避难通道、独立避难间等,其承重结构耐火极限不应低于隧道主体结构耐火极限要求。

(3)公路(道路)隧道内附属构筑物(如风机房、变压器洞室、水泵房、柴油发动机房等)应采用耐火极限(ISO834 试验方法,下同)不低于 2.00h 的隔墙和耐火极限不低于 1.50h 的楼板、顶板与隧道分隔开;附属构筑物(用房)内部的建筑构件应满足《建筑设计防火规范》(GB 50016—2006)的规定。

(4)隧道内的排烟风机、排烟风管(道)及其承重结构、应急照明桥架,应具有耐高温的功能,保证在 250℃的环境下正常使用不少于 1.00h。

3. 隧道结构防火措施

(1)隧道主体结构和附属构筑物等设计,要充分考虑隧道结构防火性能要求,采用相应的衬砌结构形式;当其结构不能满足规定的耐火极限要求时,应采取防火措施,以达到耐火极限要求。

(2)公路隧道保护重点是隧道拱顶。

(3)隧道结构防火隔热措施包括用喷涂防火涂料或防火材料、在衬砌中添加聚丙烯纤维或安装防火板等。

四、隧道防火分隔

隧道为狭长建筑,其防火分区需要按照功能分区划分。隧道内应采用防火墙或耐火极限不低于 3.00h 的耐火构件将隧道内附属构筑物(用房)、辅助坑道以及专用避难疏散通道、独立避难间等与隧道分隔开,形成相互独立的防火分区。

1. 防火分隔构件

隧道内的水平防火分区应采用防火墙进行分隔;用于人员安全疏散的附属构筑物与隧道连通处宜设置前室或者过渡通道,其开口部位应采用甲级平开防火门;5km 及 5km 以上的铁路隧道的人员疏散通道、电力、通信、信号设备室与隧道其他部位连通的门应采用甲级防火门;用于车辆疏散的辅助通道、横向联络道与隧道连接处应采用耐火极限不低于 3.00h 的防火卷帘进行分隔。

2. 管沟分隔

隧道内的通风、排烟、电缆、排水等管道、管沟,是隧道防火分隔的薄弱环节,需要采取下列防火分隔措施进行分隔:

(1)通风、排烟管道穿越防火分区时,应在防火构件的两侧设置防火阀、排烟防火阀。

(2)公路(道路)隧道行车道旁的电缆沟,其侧部应采用不渗透液体的结构,电缆沟顶部应高于路面，且不小于200mm；当电缆沟跨越防火分区时，应在穿越处采用耐火极限不应低于1.00h不可燃烧的材料进行防火封堵。

(3)设有排水沟、引水沟的隧道，应设置导流措施，将火灾时流散的可燃液体有组织地排出隧道；排水沟、引水沟应采用暗沟，并且设置油水分离设施。

3.隧道内附属构筑物(用房)防火措施

隧道内附属构筑物(用房)是隧道正常、安全运行的基本保障，需要通过主动、被动消防设施，保障附属用房内人员安全疏散，火灾时暂不能疏散的区域，需要采用措施保护其安全。

(1)附属构筑物(用房)应靠近隧道出入口或疏散通道、疏散联络道等设置。

(2)附属构筑物(用房)与隧道、疏散通道及疏散联络道之应采用耐火极限不低于2.00h的建筑构件分隔，其隔墙上应设置能自行关闭的甲级防火门。

(3)有人员职守的房间必须设置通风和防排烟系统。

(4)应设置相应的火灾报警和灭火设施。

(5)为隧道供电的柴油发电机房，除满足上述要求外，还应设置储油间，其总储量不应超过1.00m^3，储油间应采用防火墙和能自行关闭的甲级防火门，使其与发电机房和其他部位分隔开；储油间的电气设施必须采用相应的防爆型电器。

五、隧道安全疏散

1.隧道安全疏散概述

(1)隧道安全疏散控制目标

公路隧道火灾中，安全疏散的控制目标主要有两个方面：一是保证人员能够避免烟火危害，从起火区域向非起火区域安全疏散；二是控制交通，疏导未起火车辆安全撤离起火隧道。当人员疏散与车辆疏散出现矛盾时，首先确保人员安全疏散。

(2)隧道安全疏散路线

隧道安全疏散路线通常由三个部分组成：一是撤离起火区域的疏散过渡通道(如隧道内的人行道、检修道等)，二是通向安全疏散通道的疏散联络道(如隧道横洞、专用疏散避难通道前室等)，三是安全疏散通道(如相邻未起火隧道、专用疏散避难通道等)。此外，在安全疏散通道设置有困难时，可设置独立避难间作为被动避难使用。

(3)隧道安全疏散形式

隧道建设中，施工空间有限，通常采用适当的辅助坑道以增加施工开挖面、改善施工条件。辅助坑道主要有横洞、平行导坑、斜井和竖井等，施工结束后，这些坑道多数被修筑成隧道运营通风、疏散逃生和紧急救援等方面的永久性构筑物。

专用疏散避难通道即是指利用这些辅助坑道或者专门设置的、供隧道内车辆、人员在火灾及其他紧急情况下，安全疏散、紧急避难的通道。根据通道形式的不同，隧道安全疏散形式分为三类：

①双洞单向交通隧道，利用横洞作为疏散联络道，两座隧道互为安全疏散通道；

②利用平行导坑或者沿隧道长度方向在双孔隧道中间、单孔隧道附近(下方或侧旁)设置的人员专用疏散避难通道，图26-2-3为圣哥达公路隧道的专用疏散避难通道；

③利用竖井、斜井等设置人员疏散通道。

(4)隧道火灾安全疏散时间

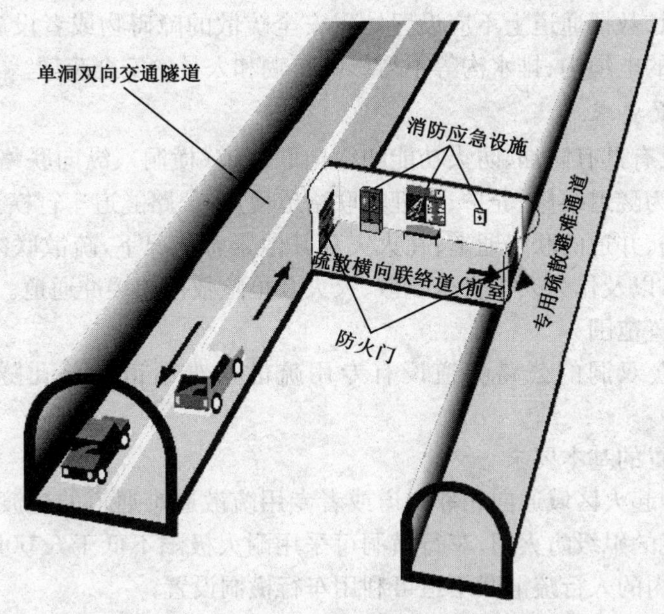

图 26-2-3　圣哥达隧道专用疏散通道

隧道火灾试验结果显示，火灾发生后 8～10min 内，起火点沿隧道内纵向气流方向上游 400～600m、上游 600～800m 范围内人员活动区域内烟气沿拱顶分层流动，人员活动区域内为新鲜空气层。

公路隧道采用纵向通风方式进行排烟时，且维持隧道内纵向气流流速 $v \leqslant 1.5$m/s 的情况下，人员可用安全疏散时间为 8～10min，最多不超过 15min。公路(道路)隧道采用横向、半横向通风方式进行排烟时，人员可用安全疏散时间根据排烟效果适当增加。

(5)隧道安全疏散设施设置范围

原则上，除短隧道外，其余隧道都应均匀设置安全疏散通道和设施。钻爆法施工的山岭公路双向交通隧道，辅助坑道少，甚至施工中未设置，单独修建专用疏散避难通道的建设、维护成本高，适用性差，甚至会成为社会治安、交通安全等方面的隐患，这类隧道为二级、三级公路隧道，交通量较小，当其长度不超过 3 000m，且设计交通量不超过 10 000pcu/d 的可不设置安全疏散避难通道。

2. *疏散过渡通道设置要求*

疏散过渡通道是隧道发生火灾时，人员离开交通工具向安全区域疏散的必由通道。一般隧道火灾初期，火场附近区域温度不高、烟气生成量有限，高温、烟气对在疏散过渡通道上步行的人员尚不能构成威胁，过渡通道可以视为安全区域；随着火灾的发展，起火点附近温度最高可达 800～1 200℃，8～10min 内起火点沿隧道长度方向两侧 20～50m 范围内，烟气已沉降至距离隧道地面(仰拱表面)1.5～2.0m 处，10～15min 后人员头顶位置的 CO 浓度已能使人员出现不同程度的中毒反应，过渡通道不再安全。这决定了过渡通道的设置必须确保人员在有限的安全疏散时间内进入疏散过渡通道。

(1)公路隧道检修道的最小净宽度不得小于 0.75m。

(2)用于人员安全疏散的检修道、人行道等，其高度应保证火灾初期人员疏散的需要。

(3)检修道、人行道、救援通道上不应设置妨碍安全疏散的障碍物或者设施、设备;设置在检修道、人行道旁(下)的电缆沟、排水沟等不得影响车辆和人员的安全疏散。

3. 疏散联络道设置要求

疏散联络道通常设有具有防烟、防火功能的横向联络道(横洞)、纵向联络道、前室等。平时,疏散联络道主要作为隧道维修、养护、管理等联络道使用,公路隧道车行横洞可作为隧道局部检修时车辆转换方向、并道的联络通道;在火灾和其他紧急情况下,疏散联络道的主要作用是疏导交通、临时避难,以及作为人车安全疏散、灭火及抢险救援的缓冲通道。

(1)疏散联络道设置范围

上下行分离式独立双洞的公路隧道设有专用疏散避难通道的单孔隧道设置疏散联络道。

(2)疏散联络道设置的基本要求

①疏散联络道作为起火区域通向相邻隧道或者专用疏散避难通道的过渡联络道,其连通门应采用具有防烟功能的甲级防火门,车行横洞可采用耐火极限不低于 3.00h 具有防烟功能的防火卷帘;双孔隧道内的人行疏散联络道可利用车行横洞设置;

②隧道纵向联络通道采用下行坡度时,其入口设置在侧壁上;当入口设置在地面上时,应便于启闭,并设有安全防护措施;下行坡道采用缓坡,以防疏散时出现人员挤踏受伤;

③纵向联络道采用楼梯时,应设置防烟楼梯间,梯段采用永久性混凝土或者钢结构楼梯,楼梯倾斜度不得大于 45°;当采用螺旋楼梯时,其扇形踏步的平面角度不得大于 10°,距旋转轴 250mm 处的踏步深度不得小于 220mm;

④隧道与专用疏散避难通道之间设置疏散联络道有困难时,可以采用前室代替;

⑤疏散联络道内不得设置影响疏散的突出物或者设施、设备;

⑥疏散联络道内应设置独立的机械加压送风系统,防止烟气侵入;

⑦疏散联络道内应设置室内消火栓、灭火器、紧急电话、应急广播、应急照明等设施,铁路隧道未设置消防给水系统的,可不设置消火栓。

(3)山岭公路隧道横向联络道设置间距及净空尺寸

①上、下行分离式独立双洞隧道,长度大于 500m 的应设置人行横洞,长度大于 1 000m 的应设置车行横向联络道,中、短隧道可不设置;

②人行横洞设置间距为 250～500m(含 250m 和 500m,下同);车行横洞设置间距为 750 ～1 000m;

③人行横洞建筑限界宽度不应小于 2.0m,高度不应小于 2.5m;车行横洞建筑限界宽度不应小于 5.0m,净高度不应小于 4.5m;

(4)专用疏散避难通道前室设置要求

①前室承重结构体耐火极限应与隧道主体结构相同,其顶板的耐火极限不应低于 2.00h;

②人员专用疏散避难通道的前室面积不应小于 $10m^2$;

③前室净宽度不应小于 2.00m,净空高度不应低于 2.20m;

④沿隧道长度方向设置的人员专用疏散避难通道的前室设置间距不宜大于 300m;

⑤前室除与隧道、专用避难疏散通道连通外,不得与其他部位连通;前室与隧道、专用避难疏散通道连通的门均应采用能够自行关闭的甲级防火门。

4. 安全疏散通道设置要求

(1)结构安全性能要求

当隧道专用疏散避难通道利用施工中的辅助坑道时，其主体结构应当按照隧道永久性构筑物的要求修筑，疏散通道耐火极限不应小于隧道主体结构耐火极限要求，疏散通道内的设施、设备的设置要充分考虑安全疏散、紧急避难、灭火救援的要求。

(2)疏散出口要求

①长度大于或等于 3 000m 的单洞双向交通隧道应设置沿隧道长度方向的人员专用疏散避难通道，其直通隧道外地面的出口不应少于两个，并且设置在不同疏散方向上；

②利用斜井、竖井设置的专用避难疏散通道，其前室入口位置不宜高于 1.8m，以防止烟气侵入，"烟囱效应"造成烟气沿斜井、竖井迅速蔓延。

(3)净空尺寸

沿隧道长度方向设置的专用疏散避难通道、斜井的建筑限界宽度不应小于 2.0m，高度不应小于 2.2m；与车行疏散通道共用时，其建筑限界宽度不应小于 4.0m，高度不应小于 4.5m。

(4)疏散避难用竖井设置要求

①利用竖井作为疏散避难通道，竖井内应修筑永久性疏散楼梯间，并且采用防烟楼梯间，楼梯间应在地面层设置直通室外的安全出口；

②楼梯间旁设有排烟井时，排烟井与楼梯间之间应采用耐火极限不低于 3.00h，且无门(窗)、洞口的隔墙分隔；排烟井排烟口应设置在楼梯间地面出口的常年主导风向的下风方向，高出楼梯间地面出口的距离不宜小于 5m，与楼梯间地面出口的水平距离不宜小于 10m；

③楼梯间应设置独立的机械加压送风系统；应配置灭火器、防毒面具、紧急电话、应急广播和应急照明等设施。

(5)专用疏散避难通道内消防应急设施设置

①专用疏散避难通道内应设置独立的机械防烟、机械排烟系统；

②专用疏散避难通道内应配置灭火器、防毒面具、紧急电话、应急广播和应急照明等设施。

(6)灯光指示标志

隧道内应设置准确指示疏散联络道以及专用疏散通道位置的灯光指示标志。

5. 独立避难所设置要求

独立避难所(以下简称"避难所")是在隧道内设置的，为不能及时疏散到隧道外的人员提供暂时避难、等待救援的场所。在以往的隧道火灾中，由于避难所设置存在问题，曾出现过避难所内避难人员在隧道火灾中伤亡的情况。为此，避难所是在设置其他疏散避难通道有困难的情况下，不得已而设置的避难场所，其耐火性能、防烟性能、密闭性和通风、供水能力等有较高的要求。

(1)长度为大于 3 000m 的单洞双向交通隧道，在设置其他安全疏散通道确有困难时，宜设置独立避难所。

(2)避难所应采用建筑构件耐火极限不低于 3.00h 的分隔构件与其他部位分隔开，避难所内除设置出入口、送风口外，不得开设其他门窗、洞口，其分隔门应采用甲级防火门，其送风口上应设置防火阀；其建筑材料、内部装修材料必须为 A 级材料。

(3)避难所的面积不宜小于 $10m^2$;其设置间距不宜大于 300m。

(4)避难所内必须设置独立、可靠的防烟、排烟设施,其分隔门、送风口等应有良好的气密性。

(5)避难所内应设置电视监控设施、紧急电话、应急广播、应急照明、消防卷盘和储备的饮用水。

(6)避难所内应急照明的供电时间不应低于 2.00h;避难所入口上方应设有内部照明、单向显示的灯光标志。

六、隧道灭火救援通道

由于隧道建筑空间的有限性,在隧道发生火灾时,高温烟气流散路线既是疏散路线,也是灭火救援路线,车辆运行通道既是车辆疏散通道,也是消防车通道。隧道消防车道设置以及灭火救援的展开应当遵循"先疏散,后灭火救援"的原则。

(1)隧道内消防车道应与充分利用公路(道路)隧道行车道、超车道,火灾发生后,应利用交通控制设施和交通指挥措施,划分出消防车道。

(2)双洞隧道应利用洞外联络道、隧道内横向联络道或在中央分隔带开口,设置能够连通相邻隧道的环形消防车道。

(3)消防车道的净宽度不应小于 3.50m,消防车道上方 4.00m 以内的净空范围不得设置妨碍灭火救援的架空管线和设施、设备;消防车道下的管道和暗沟应能承受消防车满载时的轮压。

(4)长度超过 1 000m 的双向交通公路(道路)隧道、高速铁路隧道外应设置回车场、临时停车场,回车场不应小于 15m×15m。

(5)供消防车取水的消防水池,应设置消防车道;室外消火栓周围 2m 范围内应设置便于消防车取水的停车道。

第三节　消防给水和灭火器配置

一、水源与消防给水系统类型

1. 消防给水水源

消防给水水源:按表 26-3-1 选用。

消防给水水源　　表 26-3-1

消防给水水源	选择条件	技术要求
市政给水管网	隧道外有生活、生产或消防给水管网,并能供给消防用水的,应优先采用	进水管不宜少于两条,并宜以两条不同方向的市政给水管引入
天然水源	1. 天然水源丰富; 2. 与隧道距离较近	1. 确保枯水期消防用水的可靠性; 2. 水中不含易燃、可燃液体,悬浮物杂质不应堵塞喷头孔口; 3. 设置可靠的取水、净水设施

2.消防给水系统类型

按消防给水压力分为高压消防给水系统和临时高压消防给水系统。

(1)高压消防给水系统(图26-3-1)又称常高压消防给水系统。管网内经常保持满足灭火时所需的压力和流量,扑救火灾时,不需启动消防水泵加压而直接使用灭火设备进行灭火。

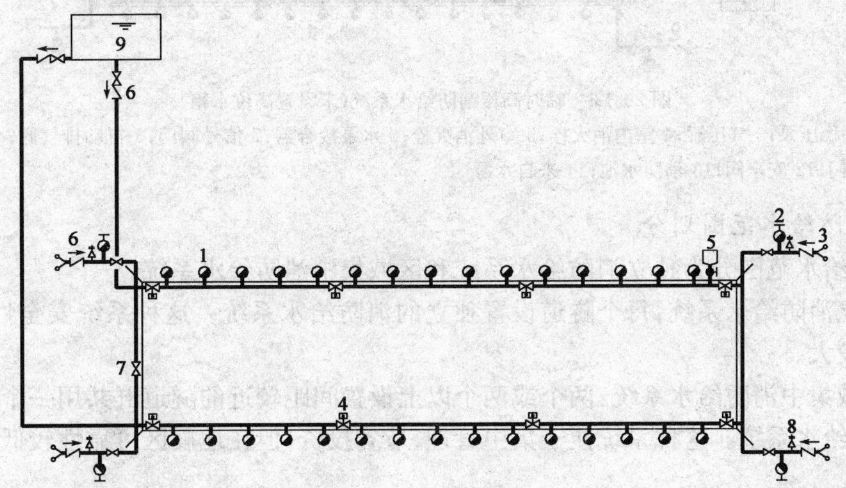

图26-3-1　高压消防给水系统

1-室内消火栓;2-室外消火栓;3-水泵接合器;4-信号阀门;5-自动排气阀;6-止回阀;7-阀门;8-安全阀;9-高位消防水池

(2)临时高压消防给水系统(图26-3-2和图26-3-3)。

①消防给水管网内经常保持足够的压力,压力由稳压泵或气压给水设备等增压设施来保证,在水泵房内设有消防水泵,火灾时启动消防水泵,使管网的压力满足消防水压力的要求。

②当消防给水管网内最不利点周围平时水压和流量不满足灭火的需要时,在水泵房内设有消防水泵,火灾时启动消防水泵,使管网内的压力和流量达到灭火时的要求。

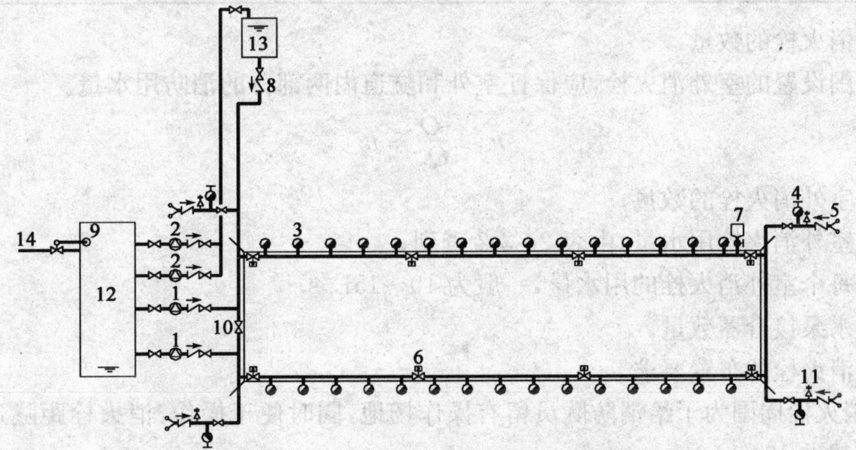

图26-3-2　临时高压消防给水系统

1-消防泵;2-高位水箱供水泵;3-室内消火栓;4-室外消火栓;5-水泵接合器;6-信号阀门;7-自动排气阀;8-止回阀;9-浮球阀;10-阀门;11-安全阀;12-消防水池;13-高位水箱;14-来自水源

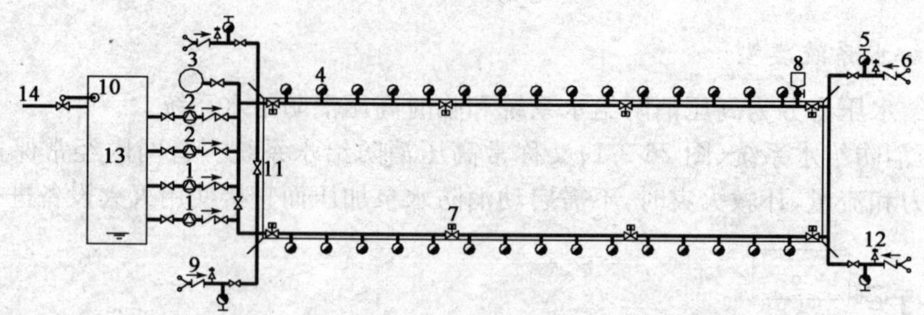

图 26-3-3 临时高压消防给水系统(未设置高位水箱)

1-消防主泵;2-稳压泵;3-气压罐;4-室内消火栓;5-室外消火栓;6-水泵接合器;7-信号阀门;8-自动排气阀;9-止回阀;10-浮球阀;11-阀门;12-安全阀;13-消防水池;14-来自水源

3. 按消防给水范围划分

按消防给水范围分为独立消防给水系统和区域集中消防给水系统。

(1)独立消防给水系统:每个隧道设置独立的消防给水系统。这种系统安全性高,但管理分散,投资较大。

(2)区域集中消防给水系统:两个或两个以上设置间距较近的隧道群共用一个泵房或高位水池的消防给水系统。这种系统便于集中管理,节省投资,但在地震区可靠性较低。

二、消防给水组件与要求

1. 室外消火栓

1)隧道室外消火栓用水量

隧道室外消火栓用水量不应小于表 26-3-2 的规定。

室外消火栓用水量 表 26-3-2

隧道长度 L(m)	$500<L\leqslant1\,000$	$1\,000<L\leqslant3\,000$	$L>3\,000$
消火栓用水量(L/s)	20	25	30

2)室外消火栓的数量

隧道周围设置的室外消火栓,应保证室外和隧道内两部分的消防用水量。

$$n\geqslant\frac{Q}{Q_g}+n_j \tag{26-3-1}$$

式中:n——室外消火栓的数量;

Q——室外消火栓用水量,由表 26-3-2 查到;

Q_g——每个室外消火栓的用水量,一般为 10~15L/s;

n_j——水泵接合器数量。

3)室外消火栓的布置要求

(1)在消火栓周围为了给消防队员留有操作场地,同时便于操作,消火栓距隧道口不宜小于 5m,且不超过 40m。

(2)为了便于消防车直接从室外消火栓取水,室外消火栓距路边不宜大于 2m。

(3)隧道每个出入口处应设置室外消火栓。双向交通隧道宜在隧道中部的适当位置设置一个室外消火栓。

(4)室外消火栓宜采用地上式，当采用地下式消火栓时，应有明显标志。

2. 隧道内消火栓

(1)隧道内消火栓用水量不应小于表 26-3-3 所示。

隧道内消火栓用水量　　表 26-3-3

隧道长度 L(m)	消火栓用水量(L/s)	每支水枪最小流量(L/s)	同时使用水枪数量(支)
$500<L\leqslant 1\,000$	10	5	2
$1\,000<L\leqslant 3\,000$	15	5	3
$L>3\,000$	20	5	4

(2)隧道内应采用双阀双出口型消火栓，消火栓间距应由计算确定且不应大于 50m，应保证隧道内的任何部位均有两个消火栓的水枪充实水柱同时到达。

(3)消火栓的水枪充实水柱应通过水力计算确定，但不应小于 13m。

(4)距隧道出入口最近的消火栓应设置压力显示装置。

(5)消火栓应采用统一规格型号。消火栓的栓口直径应为 65mm，水带长度不应超过 30m，水枪喷嘴直径不应小于 19mm，并应选用多功能水枪。

(6)消火栓栓口距检修道地面高度宜为 1.10m，栓口出水方向宜与隧道侧壁垂直。消火栓箱应安装在隧道侧壁上，采用双开门暗装消火栓箱(图 26-3-4)。

(7)消火栓栓口的静水压不应大于 1.00MPa，当大于 1.00MPa 时，应在给水管道的相应管段上设置静压减压装置或采取分区给水系统。消火栓栓口的出水压力大于 0.5MPa 时，应采取减压措施。

(8)临时高压给水系统的每个消火栓箱内应设置一个直接启动消防水泵的按钮。

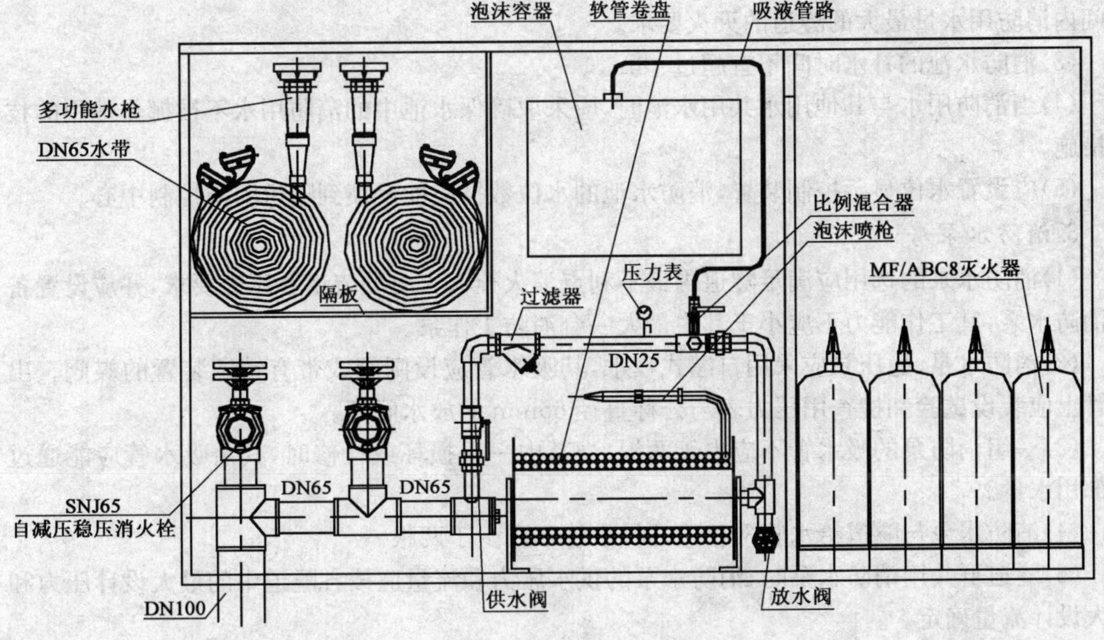

图 26-3-4　隧道内消防箱安装图

3. 消防给水管道

(1)隧道消防给水管道应布置成环状。环状管网的进水管不应少于两根,当其中一根发生故障时,其余进水管应能保证消防用水量和水压的要求。

(2)给水隧道应采用阀门分成若干独立段,每段内消火栓的数量不宜超过5个,阀门宜采用有启闭信号反馈功能的信号阀门。

(3)消防给水管道的直径应经水力计算确定。隧道内管道宜敷设在检查道下的管沟内,管道应有可靠的固定措施。

(4)隧道内给水管道应在最高部位设置自动排气阀,应根据需要设置管道伸缩器。环状管网入口干管上、泡沫灭火装置进水支管上,应设置管道过滤器。

4. 高位消防水箱

(1)采用高压给水系统时,可不设置高位消防水箱。当采用临时高压给水系统时,应设置 $18m^3$ 高位消防水箱,其高程应满足隧道内最不利点消火栓灭火时的压力要求。

(2)当设置消防水箱有困难或消防水箱高程不能满足要求时,应设置增加设施。增加设施有稳压泵和气压给水装置两类,稳压泵出水量不应大于5L/s,气压罐的调节水容量宜为300L。

5. 消防水池

(1)消防水池的设置条件:

①市政给水管道和进水管或天然水源不能满足消防用量时;

②市政给水管道为枝状或只有一条进水管时。

(2)消防水池的有效容积应满足火灾延续时间内隧道消防用水量的要求。I级长隧道和特长隧道的火灾延续时间不应低于3.00h,其余隧道的火灾延续时间不应低于2.00h。设置间距较近的隧道群,可共用消防水池,但应确保可靠供水。消防水池的有效容积应满足火灾延续时间内消防用水量最大的隧道的灭火要求。

(3)消防水池的补水时间不宜超过48h。

(4)当消防用水与其他用水共用水池时,应采取确保水池中的消防用水不被挪作他用的技术措施。

(5)应设置水位显示控制装置,消防水池的水位数据应能反馈到隧道消防控制中心。

6. 消防水泵房

(1)消防水泵的选用应满足隧道内最不利点消火栓灭火时的流量和压力要求,并应设置备用消防水泵,其工作能力不应小于其中最大一台消防工作泵。

(2)消防水泵、稳压泵应采用自灌式吸水,其吸水管应设闸阀或带有锁定装置的蝶阀。出水管上应装设试验和检查用压力表与公称直径65mm的放水阀门。

(3)一组消防泵的吸水管不应少于两根,当其中一根损坏或检修时,其余吸水管应能通过全部用水量。

(4)消防水泵与隧道给水管网相连的供水管不应少于两根。

(5)隧道群共用消防水泵时,消防水泵的供水压力和流量应按各隧道中的最大设计压力和最大设计流量确定。

(6)隧道消防给水系统应采取防超压措施,一般采取的具体措施如下:

①合理布置消防给水系统，减小竖向分区的给水压力值。

②采用多台水泵并联运行的工作方式。

③选用流量—扬程曲线平缓的水泵作消防水泵。

④提高管道和附件承压能力。

⑤在消防水泵的供水管上设置安全阀或其他泄压装置。

⑥设置稳压泵的临时高压消防给水系统应设置防止稳压泵频繁启停的技术措施，当采用气压罐时，其调节容积应根据稳压泵启停次数不大于15次/h计算确定，且其有效容积不宜小于150L。应设置消防稳压泵的压力联动装置启动消防主泵，消防主泵工作时稳压泵应停止工作。

⑦消防水泵房宜与隧道附属用房贴邻设置，应采用灭火极限不低于2.00h的隔墙和1.50h的楼板与其他用房分隔开。独立设置的消防水泵房，其耐火等级不应低于二级，应设甲级防火门。应设置消防水泵应急装置、火灾应急照明和消防对讲电话，配置移动式灭火器。

7.消防水泵接合器

(1)消防水泵接合器是消防给水系统的一个辅助水源，由消防车供水。

(2)隧道每个出入口外应设置水泵接合器。

(3)水泵接合器应设在隧道外便于消防车使用的地点，距室外消火栓或消防水池的距离宜为15～40m。

(4)水泵接合器宜采用地上式；当采用地下式水泵接合器时，应有明显标志。

8.水成膜泡沫灭火装置

(1)设置室内消火栓的隧道应配置固定式水成膜泡沫灭火装置。

(2)水成膜泡沫灭火装置可不计入消防用水总量。

(3)水成膜泡沫灭火装置设计应符合现行国家标准《低倍数泡沫灭火系统设计规范》(GB 50151—92)的规定。按照汽车燃油流淌火灾扑救要求，其主要设计参数见表26-3-4。

水成膜泡沫灭火装置主要设计参数　表26-3-4

泡沫液型号	混合液流量(L/min)	混合比	发泡倍数	喷射距离(m)	喷射时间(min)	供水压力(MPa)	软管长度(m)
3%	≥35	3%	≥4.5	≥6	≥22	0.4～1.0	≥30

(4)水成膜泡沫灭火装置的设置间距应保证隧道内任何部位至少有一股水流覆盖到，不应大于50m，应安装在隧道侧壁的箱体内，其箱体尺寸和安装高度应与消火栓箱协调。

三、消防给水设计计算

1.隧道消防给水系统设计计算步骤

1)隧道室外和隧道内消火栓用水量、火灾延续时间

(1)隧道室外消火栓用水量，不应小于表26-3-2的要求。

(2)隧道内消火栓用水量，不应小于表26-3-3的要求。

(3)Ⅰ级长隧道和特长隧道的火灾延续时间不应低于3.00h，其余隧道的火灾延续时间不应低于2.00h。

2)消防给水管网管径的确定

(1)根据隧道纵坡和与消防水泵或高位消防水池的距离,选定两个或多个消火栓作为计算最不利点,按照隧道外、隧道内消防用水量确定通过各管段的流量,即进行流量分配。

(2)在全面分析并确定消防管网能满足各管段流量需要后,即可按流量公式 $Q=\frac{1}{4}\pi d^2 v$ 来计算各管段的管径。针对隧道的特点,隧道消防给水系统通常将室内、外消火栓系统设置在同一个环状管网上,统一由高位消防水池或消防水泵供水,这就需要按多种工况计算,以最不利工况作为计算结果。

(3)根据管径和流量对消防管道沿程水头损失和局部水头损失进行计算:

①沿程水头损失计算公式如下:

$$h = iL \tag{26-3-2}$$

$$i = 0.000\ 010\ 7 v^2 d_j^{-1.3} \tag{26-3-3}$$

式中:h——沿程水头损失(MPa);

i——管道单位长度的水头损失(MPa/m);

L——管道长度(m);

d_j——管道的计算内径(m),取值应按管内径减 1mm 确定;

v——管内水的平均流速(m/s)。

②管道单位长度的水头损失也可采用下式计算:

$$i = 10.67 C_h^{-1.85} d_j^{-4.87} q_g^{1.85} \tag{26-3-4}$$

式中:i——管道单位长度的水头损失(kPa/m);

d_j——管道的计算内径(m);

q_g——管道设计流量(m^3/s);

C_h——海澄—威廉系数,镀锌钢管为 100,铜管、不锈钢管为 130,氯化聚氯乙烯(CPVC)为 140。

③局部水头损失计算:局部水头损失可按沿程水头损失的 20%计,也可采用式(26-3-2)按当量长度计算法计算。此时,公式(26-3-2)中 i 为同管径同流量下的水力阻力系数,管道长度 L 为管件的当量长度。

各种管件和阀门的当量长度见表 26-3-5,当采用新材料和新阀门等能产生局部水头损失的部件,应根据产品的要求确定管件的当量长度。表 26-3-5 的三通四通当量长度是侧向流,当直通流时其当量长度是侧向流的 1/5。

各种管件和阀门的当量长度(m)　　表 26-3-5

管件名称	管件公称直径(mm)											
	25	32	40	50	65	80	100	125	150	200	250	300
45°弯头	0.3	0.3	0.6	0.6	0.9	0.9	1.2	1.5	2.1	2.7	3.3	4.0
90°弯头	0.6	0.9	1.2	1.5	1.8	2.1	3.1	3.7	4.3	5.5	5.5	8.2
三通四通	1.5	1.8	2.4	3.1	3.7	4.6	6.1	7.6	9.2	10.7	15.3	18.3

续上表

管件名称	管件公称直径(mm)											
	25	32	40	50	65	80	100	125	150	200	250	300
蝶阀	—	—	—	1.8	2.1	3.1	3.7	2.7	3.1	3.7	5.8	6.4
闸阀	—	—	—	0.3	0.3	0.3	0.6	0.6	0.9	1.2	1.5	1.8
止回阀	1.5	2.1	2.7	3.4	4.3	4.9	6.7	8.3	9.8	13.7	16.8	19.8
异径弯头	32	40	50	70	80	100	125	150	200	—	—	—
	25	32	40	50	70	80	100	125	150	—	—	—
	0.2	0.3	0.3	0.5	0.6	0.8	1.1	1.3	1.6	—	—	—
U形过滤器	12.3	15.4	18.5	24.5	30.8	36.8	49	61.2	73.5	98	122.5	—
Y形过滤器	11.2	14	16.8	22.4	28	33.6	46.2	57.4	68.6	91	113.4	—

2.消火栓水枪充实水柱长度可按下式计算：

$$S_k = \frac{H_1 - H_2}{\sin\alpha} \qquad (26\text{-}3\text{-}5)$$

式中：S_k——水枪充实水柱长度(m)；

H_1——室内最高着火点离地面高度(m)；

H_2——水枪喷嘴离地面高度(m)；

α——水枪上倾角(°)，一般为45°，最大不超过60°。

3.室内消火栓栓口的最低水压按下式计算：

$$H_{xh} = h_d + H_q + H_{sk} = A_d L_d q_{xh}^2 + \frac{q_{xh}^2}{B} + H_{sk} \qquad (26\text{-}3\text{-}6)$$

式中：H_{xh}——消火栓栓口的最低水压(0.010MPa)；

h_d——消防水带的水头损失(0.010MPa)；

H_q——水枪喷嘴造成一定长度的充实水柱所需水压(0.010MPa)，见表26-3-8；

A_d——水带比阻，见表24-3-6；

L_d——水带的长度(m)；

q_{xh}——水枪喷嘴射出流量(L/s)，见表26-3-8；

B——水枪水流特性系数，见表26-3-7；

H_{sk}——消火栓栓口水头损失，宜取0.020MPa。

水带比阻A_d值　　表26-3-6

水带口径(mm)	比阻A_d值	
	维尼龙帆布或麻质帆布水带	衬胶水带
50	0.015 01	0.006 77
65	0.004 30	0.001 72

水枪水流特性系数B值　　表26-3-7

喷嘴直径(mm)	9	13	16	19	22	25
B值	0.079	0.346	0.793	1.577	2.834	4.727

水枪充实水柱、压力和流量 表 26-3-8

S_k 充实水柱 (0.01MPa)	不同水枪直径的压力和流量					
	13		16		19	
	H_q 压力 (0.010MPa)	q_{xh} 流量 (L/s)	H_q 压力 (0.010MPa)	q_{xh} 流量 (L/s)	H_q 压力 (0.010MPa)	q_{xh} 流量 (L/s)
6	8.1	1.7	8	2.5	7.5	3.5
7	9.6	1.8	9.2	2.7	9.0	3.8
8	11.2	2.0	10.5	2.9	10.5	4.1
9	13	2.1	12.5	3.1	12	4.3
10	15	2.3	14	3.3	13.5	4.6
11	17	2.4	16	3.5	15	4.9
12	19	2.6	17.5	3.8	17	5.2
12.5	21.5	2.7	19.5	4.0	18.5	5.4
13	24	2.9	22	4.2	20.5	5.7
13.5	26.5	3.0	24	4.4	22.5	6.0
14	29.6	3.2	26.5	4.6	24.5	6.2
15	33	3.4	29	4.8	27.0	6.5
15.5	37	3.6	32	5.1	29.5	6.8
16	41.5	3.8	35.5	5.3	32.5	7.1
17	47	4.0	39.5	5.6	33.5	7.5

4. 消火栓栓口动压的减压计算

(1)消火栓栓口处的出水动压超过 0.50MPa 时，可在消火栓栓口处加设不锈钢减压孔板或采用减压稳压消火栓，消除消火栓栓口处的剩余水头。

(2)减压孔板应设置在消灭栓出口处，其水头损失如

$$H_k = 1.06\left[\frac{1.75\beta^{-2}(1.1-\beta^2)}{(1.75-\beta^2)}-1\right]^2\frac{v^2}{2g} \tag{26-3-7}$$

式中：H_k——消火栓与孔板组合水头损失(0.010MPa)，可参照表 24-3-9 取值；

β——相对孔径，$\beta=\dfrac{d}{D}$；

d——孔板孔径(mm)；

D——消火栓管内径(mm)，应根据产品确定，当无资料时公称直径 DN65 宜按管内径为 68mm 计算；

v——管内流速(m/s)，$v=\dfrac{4q_x}{\pi D^2}\times10^3$；

q_x——水流通过孔板流量(L/s)；

g——重力加速度(9.8m/s^2)。

消火栓栓口处安装孔板组合水头损失值 H_k(MPa)　　表 26-3-9

消火栓型号		SN50	SN65
流量 q_x(L/s)		2.5	5.0
孔板孔径 d(mm)	12	0.657 6	—
	14	0.345 8	—
	16	0.196 6	0.836 1
	18	0.1185	0.511 3
	20	0.076	0.327 6
	22	0.048 7	0.218 0
	24	0.032 6	0.149 5
	26	—	0.105 0
	28	—	0.075 3
	30	—	0.054 9
	32	—	0.040 6

(3)减压稳压消火栓应采用栓后压力稳定，不堵塞，既减动压又减静压的减压稳压消火栓。

5. 消防水泵扬程

消防水泵扬程可按下式计算：

$$H_b = (1.05 \sim 1.10)(H_{xh} + h_g + h_z) \tag{26-3-8}$$

式中：H_b——消防水泵的扬程(MPa)；

H_{xh}——最不利点消火栓栓口的最低水压(MPa)；

h_g——消防给水管网在最不利点流量分配情况下，从消防水泵出口至最不利点消火栓间的沿程和局部水头损失的累计值(MPa)；

h_z——最不利点消火栓与消防水池最低水位之间的高程压力差(MPa)。

1.05～1.10——安全系数，一般根据供水管网大小来确定，当系统管网小时，取 1.05，当系统管网大时，取 1.10。

四、灭火器配置

(1)隧道内应配置能扑灭 A、B、C、E 类火灾的手提式灭火器。

(2)灭火器应成组配置在灭火器箱内，每个灭火器箱内的灭火器数量不得少于两具，不宜多于 5 具。

(3)灭火器箱应安装在隧道侧壁上，应采用嵌墙开门式灭火器箱，设置间距不应大于 50m。

(4)隧道内灭火器的最低配置基准见表 26-3-10。

隧道内灭火器的最低配置基准　　表 26-3-10

单位灭火级别最大保护面积(m^2/B)	单具灭火器最小配置灭火级别(B)
1.0	55

(5)隧道内每个灭火器箱内的灭火器数量按下式计算：

$$N = K \cdot K_{\mathrm{L}} \frac{lW}{UQ_{\mathrm{m}}} \tag{26-3-9}$$

式中：N——每个灭火器箱内的灭火器数量(个)；

l——灭火器箱的设置间距(m)；

W——单孔隧道横断面的建筑限界净宽(m)；

U——隧道灭火器的单位灭火级别最大保护面积(m^2/B)；

Q_{m}——拟选用灭火器所对应的配置灭火级别(B)；

K——灭火设施修正系数，未设置灭火系统的，K 取 1.0；设置消火栓系统或水成膜泡沫灭火装置的，K 取 0.7；

K_{L}——隧道长度修正系数，特长隧道、双向交通长隧道，K_{L} 取 1.3；其余隧道，K_{L} 取 1.0。

第四节　消防管理机构及设备维护

一、管理执行机构及其装备配备

根据交通线路沿线隧道的情况，运营管理单位应设置或者指定隧道管理单位，配置相应的专职消防人员和灭火救援装备，隧道管理单位的负责人即为消防管理负责人。

(1)对于特长山岭隧道或者相对集中的隧道群，公路运营管理单位应就近设置隧道管理机构，负责落实隧道运营消防安全管理工作。远离城区的公路隧道管理机构应设置专职消防队，配备不少于两辆的消防车和不少于一辆的清障车和相应的专(兼)职消防人员。

(2)对于没有设置管理机构的长隧道，应根据需要设置现场管理点，负责对隧道消防安全、消防应急设施的维护管理。双向交通公路长隧道或者距离公安消防队(站)、公路运营管理单位超过 7km 的其他公路长隧道，应酌情配备必要的灭火救援设施及其相应数量的专(兼)职消防操作管理人员。

(3)专(兼)职消防人员可由隧道应急救援、设施设备维护管理以及铁路机务段工作人员兼任，但需要在时间安排上，保证其按照《专职消防队执勤条例》进行必要的救援技能训练和灭火演练。

(4)公路隧道管理单位配备的消防车宜采用干粉—泡沫联用消防车、大型水罐车，个人防护装备至少需要配备隔热服、防静电服、空气呼吸器或者防毒面具等。

二、隧道消防应急设施运行管理

隧道火灾扑救与控制主要取决于隧道消防应急设施，维护管理是保证隧道消防应急设施完好有效的基本保障。隧道消防应急设施的维护保养除满足一般消防设施维护保养要求外，应根据隧道消防设施的环境、使用等特点，制订详细的维护保养规程。

(1)隧道管理单位应设置专人对消防设施进行运行控制管理，自动消防设施实行 24h 不间断监控。值班人员应熟悉应急程序、系统工作原理和操作规程，非工作人员不得随意进入控制室。

(2)系统运行前,火灾自动报警系统操作管理及维护人员经专业培训,考试合格后持证上岗。

(3)隧道管理单位应备齐各个消防应急设施的竣工图、竣工资料、操作规程和控制系统流程图、值班人员职责、值班检查记录和设施使用图表,建立完整的技术档案。

(4)隧道监控设施、消防应急设施应保持连续正常运行,不得随意中断,确因设施维护、检修等需要部分中断运行的,必须采取临时性措施,确保隧道安全。

(5)针对隧道特点和消防应急设施设置情况,隧道管理单位制订完善的日常检查和定期检查计划,并按计划对各系统各部位进行检查,做好记录。

(6)消防应急设施维护保养,除日常维护管理检查外,系统性维护保养由管理单位与原施工单位或者其他具有相应资质的维护保养单位签订合同,进行定期维护保养。

三、消防设施维护管理

1. 水系灭火系统维护管理

消防给水系统要保证其独立性,不得擅自在消防给水系统管道上连接其他给水设施。水系灭火系统平常处于准工作状态,对维护保养检查中查出的故障、存在问题,应及时采取措施予以解决。

(1)每日维护保养内容。每日维护保养内容包括:检查系统水源控制阀,抽样性检查消火栓箱和灭火器箱的开启信号阀,冬季、寒冷地区检查消防水池和消防水泵房等防冻措施及现场情况。

(2)每周维护保养内容。每周维护保养内容包括:检查消防水池水量及其不被挪用的技术措施、水位显示装置、管道压力、进水管控制阀、检修阀等,查验固定在规定状态的控制阀的锁链、铅封情况,对于内燃机驱动的消防水泵,启动运转一次。

(3)每月维护保养内容。每月维护保养内容包括:水源控制阀、减压阀组外观检查及消防给水设备压力测试,消火栓箱、灭火器箱等及其内部组件、配件的外观、完好性检查,消防水泵手动、自动启动各一次,消防水泵在控制信号发出后60s内启动运行,供水正常,室外消火栓和消防水泵接合器外观检查。

(4)其他维护保养内容:

①每两个月对室外消火栓、水泵接合器进行给水、供水联合试验。

②每季度对室外阀门井中进水管上的控制阀检查一次。

③每半年进行一次管网外观检查和放水试验,检查供水、给水系统管道、阀门、消火栓和水泵接合器的防腐情况和外观,检查系统各种闸阀、单向阀、减压阀等工作情况。管道存在严重漏水的,检修后进行水压严密性试验。

④每年对水源供水能力和水泵接合器通水情况进行一次全面测试,对消火栓分批进行出水试验;每两年对消防储水设备进行清洗、检查,修补缺损和重新油漆。

⑤定期根据灭火设施对水质的要求更换消防水池等储水设备内的消防用水。需要更换消防用水或者停水对发生故障的消火栓系统进行检修时,更换或检修前进行报告备案,并采取临时防范和现场监督措施。

⑥水系灭火系统的维护保养还要符合现行国家标准《自动喷水灭火系统施工及验收规范》(GB 50261—2005)的相关要求。

2. 灭火器维护管理

建立灭火器管理档案，灭火剂有效期到期后及时更换，灭火器使用后及时充装。每季度分批次对灭火器的数量、质量、外观、压力等进行全面检查，如发现有丢失、损坏、压力不足、质量不足、配件破损或者铅封遗失等情况时，做到及时补充、维修或更换，并做好检查记录。

四、消防设备

1. 常用灭火器材(表 26-4-1)

灭火器的灭火级别参数与类型规格编码　　表 26-4-1

灭火器类型		灭火剂充装量		灭火级别		类型规格编码
		L	kg	A类	B类	
水(轻水、酸碱)	手提式	7	—	5A	—	MSQ7　MS7
		9	—	8A	—	MSQ9　MS9
泡沫　(化学泡沫)	手提式	6	—	5A	2B	MP6
		9	—	8A	4B	MP9
	推车式	40	—	13A	18B	MPT40
		65	—	21A	25B	MPT65
		90	—	27A	35B	MPT90
干粉　(碳酸氢钠)	手提式	—	1	—	2B	MFN1
		—	2	—	5B	MFN2
		—	3	—	7B	MFN3
		—	4	—	10B	MFN4
		—	5	—	12B	MFN5
		—	6	—	14B	MFN6
		—	8	—	18B	MFN8
		—	10	—	20B	MFN10
干粉　(碳酸氢钠)	推车式	—	25	—	35B	MFNT25
		—	35	—	45B	MFNT35
		—	50	—	65B	MFNT50
		—	70	—	90B	MFNT70
		—	100	—	120B	MFNT100
干粉　(碳酸氨盐)	手提式	—	1	3A	2B	MFA1
		—	2	5A	5B	MFA2
		—	3	5A	7B	MFA3
		—	4	8A	10B	MFA4
		—	5	8A	12B	MFA5
		—	6	13A	14B	MFA6
		—	8	13A	18B	MFA8
		—	10	21A	20B	MFA10

续上表

灭火器类型		灭火剂充装量 L	灭火剂充装量 kg	灭火级别 A类	灭火级别 B类	类型规格编码
干粉(碳酸氢钠)	推车式	—	25	21A	35B	MFAT25
		—	35	27A	45B	MFAT35
		—	50	34A	65B	MFAT50
		—	70	43A	90B	MFAT70
		—	100	55A	120B	MFAT100
卤代烷(1211)	手提式	—	0.5	—	1B	MLY0.5
		—	1	—	2B	MLY1
		—	2	3A	4B	MLY2
		—	3	3A	6B	MLY3
		—	4	5A	8B	MLY4
		—	6	8A	12B	MLY6
卤代烷(1211)	推车式	—	20	—	24B	MLYT20
		—	25	—	30B	MLYT25
		—	40	—	35B	MLYT40
卤代烷(1301)	手提式	—	2	—	4B	MLS2
		—	4	3A	8B	MLS4
		—	6	5A	12B	MLS6
二氧化碳(CO_2)	手提式	—	2	—	1B	MT2
		—	3	—	2B	MT3
		—	5	—	3B	MT5
		—	7	—	4B	MT7
	推车式	—	20	—	8B	MTT20
		—	25	—	10B	MTT25

2. 常用泡沫消防车技术数据(表 26-4-2)

泡沫消防车技术数据　　表 26-4-2

型号	水罐容量(L)	泡沫液罐容量(L)	最大泡沫供给量(L/s)	水泵 型号	水泵 进水口径(mm)	水泵 出水口径(mm)	水泵 最大流量(L/s)	水泵 最大扬程(m)	允许吸入高度 水环(m)	允许吸入高度 排气(m)
CP10A	1 380	900	150	BS30	100	65	30	110	8.2	7.0
CP10B	1 000	850	150	BS30	100	65	30	110	8.2	7.0
CPP30	1 500	3 000	300	BD50	150	80	50	130		7.0

3. 常用消火栓型号及规格(表 26-4-3)

消火栓型号及规格 表 26-4-3

类别 \ 参数	型号	公称压力(MPa)	进水口		出水口		备注
			口径(mm)	数量(个)	口径(mm)	数量(个)	
地上消火栓	SS100-1.0	1.0	100	1	65	2	1.0MPa=10kg/cm^2
					100	1	1.6MPa=16kg/cm^2
	SS100-1.6	1.6	100	1	65	2	
					100	1	
	SS150-1.0	1.0	150	1	65	2	
					150	1	
	SS150-1.6	1.6	150	1	65	2	
					150	1	
地下消火栓	SX65-1.0	1.0	100	1	65	2	
	SX65-1.6	1.6	100	1	65	2	
	SX100-1.0	1.0	100	1	100	1	
	SX100-1.6	1.6	100	1	100	1	

4. 常用水雾喷头规格及性能(表 26-4-4)

各种水雾喷头规格及性能 表 26-4-4

名称及型号		接管直径(mm)	内径(mm)	系数 K	工作压力(MPa)	喷雾角度(°)	用途
高速喷头	ZSTG7/90	20	7.7	28	0.28～0.5	30	保护闪点 66°以上的易燃液体危险区,如电厂变压器或率火用油危险区,以及保护喷水密度要求高的危险场所。 可水平垂直设置,能有效地和干粉系统和泡沫等系统配合使用
	ZSTG10/114	20	10.3	43.8		70	
	ZSTG11/125	20	11.0	53.8		60	
	ZSTG11/126	20	11.0	54.8		48	
	ZSTG11/129	20	11.0	57.8		60	
	ZSTG11/142	20	11.0	73.5		25	
	ZSTG12/160	32	12.7	102		14	
	ZSTG16/179	25	16.7	145		31	
	ZSTG20/190	25	20.3	178		52	
	ZSTG38/247	40	35.1	509		57	

续上表

名称及型号		接管直径 (mm)	内径 (mm)	系数 K	工作压力 (MPa)	喷雾角度 (°)	用　途
中速水雾喷头	ZSTW6	15	6.6	28	0.14～0.5	90～180	保护建筑物的墙、窗等表面，也可用作防火分隔用，下垂安装成45°
	ZSTW7		7.4	31			
	ZSTW8		8.2	42			
	ZSTW9		9.0	50			
	ZSTW10		9.5	57			
	ZSTW11		11.1	80			
	ZSTW14		14.0	115			
	ZSTW6/F	15	6.6	28	0.14～0.5	125	用来保护球形压力容器和大型储物箱等，以防止闪电66°以下的易燃液体、气体和固体火灾
	ZSTW7/F		7.4	31			
	ZSTW8/F		8.2	42			
	ZSTW9/F		9.0	50			
	ZSTW10/F		9.5	57			
	ZSTW11/F		11.1	80			
	ZSTW14/F		14.0	115			

第二十七章　隧道监控系统设计

第一节　一般规定

一、设计指导思想

(1)应在满足安全和使用功能的条件下，积极而慎重地采用新理念、新技术、新设备、新工艺，并应与其他设施协调统一。

(2)应根据隧道监控等级配置不同的监控设施，且隧道监控设施应依据交通量的增长情况按“一次规划设计、分期实施”的原则进行设计，隧道内设备和管线的预留预埋应一次实施。

(3)隧道内监控设施不得侵占隧道建筑界限。

(4)应立足保证公路隧道运营安全，预防隧道事故的发生。隧道事故(含火灾)一旦发生，应能及早发现、启动联动功能、正确疏导、及时救援，避免二次事故发生。

(5)改造项目应实地考察隧道实际情况后，在最大限度减少隧道开挖，充分在利用现有条件的前提下进行设计。

(6)公路隧道不宜孤立进行设计，应与路网以及路网其他构造物的设备布置配合，统一抢险救援。

二、设计范围

(1)隧道监控系统设计主要包括隧道运营管理机构的确定及配置、隧道安全设施、隧道监控设施及布置、传输系统、控制系统、预留预埋以及防雷接地、缆线敷设等。

(2)隧道监控系统的设计范围除了隧道本身外，根据功能需要在洞外引道上(一般距洞口300m 范围内路段)配置相应设施的，应一并纳入隧道监控系统进行设计。

三、设计界面

(1)主体工程设计负责提供隧道主体资料，并负责在满足缆线(强电和弱电)和消防管道的敷设要求基础上进行缆沟设计。

(2)隧道监控系统及安全设施设计负责设备布置、预留预埋、系统设计等。

(3)主体工程设计应按监控系统设计单位要求负责对预留洞室配筋，并作防水处理。

(4)通风系统在配电房或现场风机控制箱或风机控制房内为监控系统预留接口，监控系统一般负责通风系统数据的采集和控制，其控制必须参照通风系统提供的设计方案。如果通风系统的接口预留在现场风机控制箱处，则线路的预留预埋原则上应由通风系统一并设计，监控系统设计给予协助。

(5)照明系统在配电房、现场照明配电箱内为监控系统预留接口，监控系统一般负责照明系统数据的采集和控制，其控制必须参照照明系统提供的设计方案。如果照明系统的接口预留在现场照明配电箱处，则线路的预留预埋原则上应由照明系统一并设计，监控系统设计给予协助。

(6)消防系统应在车行、人行横洞处的防火卷帘门控制器处为监控系统预留接口，监控系统一般负责卷帘门的控制和状态信息的采集，线路的预留预埋原则上应由消防系统一并设计，监控系统设计给予协助。

(7)消防系统应在消防水泵房处为监控系统预留消防水池水位、水泵等接口，监控系统一般负责采集水泵、水池水位的状态数据，也可实现对水泵的控制。消防水泵房至隧道弱电沟的管道预埋原则上由消防系统一并设计，监控系统设计给予协助。

(8)供配电系统应根据监控系统提供的负荷要求，负责将电源引至隧道内的监控配电箱，监控系统负责监控配电箱以及到设备的供电。

(9)房建设计应根据监控系统提供的要求，完成场区管道、机房、监控室、楼内走线、防雷接地等的设计。

(10)长、特长隧道的主体设计单位应按照监控系统设计要求在隧道内的电缆沟下预留接地极。

四、设计顺序

(1)收集设计相关的基础资料，主要包括交通量、隧道在整个路段中的位置图、隧道平面图(包括隧道出入口)、隧道纵断面图、隧道横断面图、消防栓桩号、车行横洞和人行横洞相关图纸等。

(2)根据收集到的资料和隧道等级划分，确定隧道监控系统配置规模。

(3)结合安全、技术、经济及运营等方面的要求，进行方案论证，选择最佳方案。

(4)从可靠、实用、便于维护等方面进行系统设计。

第二节　隧道监控等级划分

一、隧道监控等级的划分

根据交通运输部《公路隧道设计细则》(JTG/T D70—2010)规定公路隧道按长度划分为超长隧道(>6 000m)、特长隧道(3 000～6 000m)、长隧道(1 000～3 000m)、中隧道(500～1 000m)、短隧道(100～500m)和超短隧道(<100m)六类。隧道监控系统是隧道管理及安全保障系统的重要组成部分，考虑到监控系统的特点，结合本细则对公路隧道长度的分类，将高速公路隧道根据其长度和交通量两个因素(隐含事故率)，从高到低依次划分为AA、A、B、C、D五级。隧道监控等级的划分方法有计算法和图解法两种。

1.计算法

$$P = 365 \times 10^{-9} \times \alpha \times L \times q \tag{27-2-1}$$

式中：P——隧道内年事故概率估计值(当 P 的计算值>1时，取值1)；

L——隧道长度(m)；

q——隧道单洞设计年度年平均日交通量(pcu/d)；

α——事故率（事故数/百万车公里），取值0.1。

资料表明，日本隧道事故率取值为百万车公里0.045，而欧美国家隧道事故率取值为0.02，0.05，0.09，0.10和0.21不等。考虑到事故的严重程度差别很大，为不使监控系统等级定得过高，参考国外标准和我国的国情，本设计中拟取值0.1。

根据 P 的计算值，隧道等级划分见表27-2-1。

隧道监控等级划分表　　表27-2-1

P	等　级	P	等　级
隧道长度 $L \geqslant 6\,000$m	AA级	$P > 0.55(L < 6\,000$m)	A级
$0.55 \geqslant P \geqslant 0.18$	B级	$0.18 > P > 0.05$	C级
$P \leqslant 0.05$	D级		

隧道监控系统的设置主要是为了隧道交通运营安全，特别是在隧道内发生交通事故或火灾等紧急事件时提高救助效率，因此隧道监控系统等级的划分准则是隧道内的年事故概率。概率越大，等级越高；概率越小，等级越低。

2. 图解法

根据隧道长度 L 和设计年度隧道单洞年平均日交通量 q，可在图27-2-1中确定隧道监控相应等级。

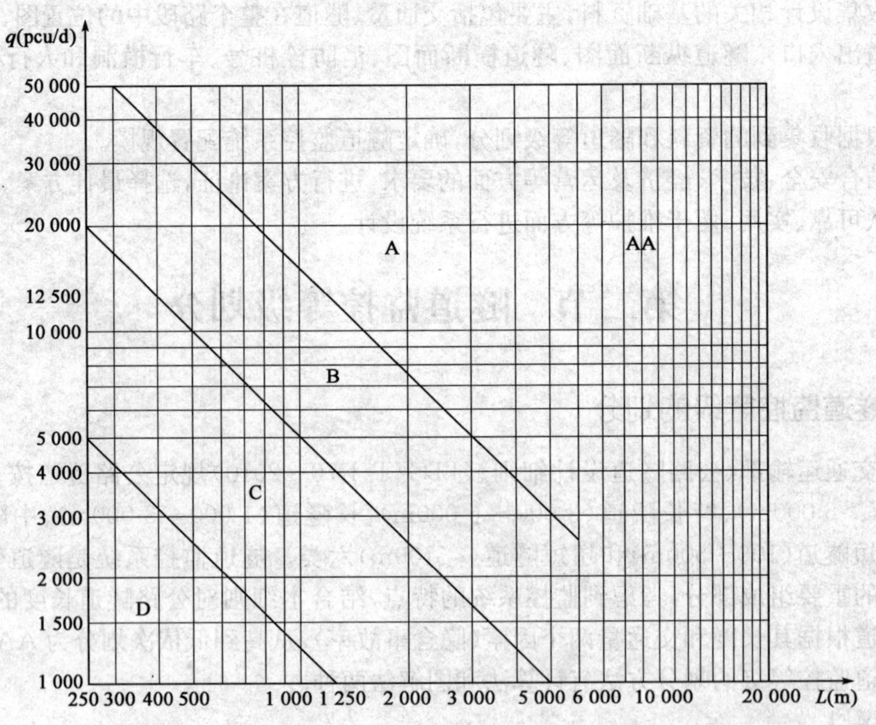

图27-2-1　隧道监控等级划分图

(1)图解法是计算法的图形表示，因此，图解法与计算法等效。

(2)对于长度小于250m或年平均日交通量低于1 000辆（小于此交通量即使在建设初期也达不到建设高等级公路的交通量要求）的隧道实际上已无设置监控系统的必要，因此

图 27-2-1中不再对长度和交通量属于这一区域的隧道进行分级。在此范围内的弯道隧道、纵坡接近或超过隧道最大纵坡值的一些特殊隧道可酌情提高等级。

(3)对于大于 6 000m 的 A 级隧道由于其超长导致监控等级的特殊性，且 6 000m 以上的隧道因通风及防火救灾的需要均设有斜、竖井，对环境指标的检测、通风系统的控制及防灾救援的联动控制均提高了要求，其长度特征决定其特殊需求，故特定为 AA 级。

(4)B 级中可能会存在交通量小于 2 500pcu/d，长度在 6 000～15 000m 之间，一般这种情况隧道处于二级或以下等级公路，在设计中设计者也应根据项目的地理位置、资金情况、车辆构成等综合考虑是否提高设计等级进行设计。

(5)对于事故率高、平曲线半径小于《公路路线设计规范》(JTG D20—2006)中规定的一般最小半径时，或纵坡接近或超过 3%的下坡等线形较差的隧道及双向行驶公路隧道等特殊情况宜相应提高等级。

(6)根据计算法及图解法，可得出隧道建成后任一年限的监控等级，为隧道内监控设备的配置提供分期实施的依据。

一般隧道一期设备宜按建成年限后第 5 年交通量确定的等级配置相应设备；二期设备应按照隧道等级提升年限确定其配置规模；一期、二期隧道的预留预埋均应在一期实施。

如果同一项目隧道较多且各隧道二期实施年限不一致时，应按照多数隧道实施二期的年限作为整个项目实施二期的年限。

应当指出的是，计算法和图解法中的交通量是隧道单洞(单方向)任一设计年度平均日交通量，因此对任一特定隧道可利用各年度预测交通量计算或查图确定各年度所需的监控等级，从而确定分期实施方案。例如表 27-2-2，某高速公路某隧道长度 952m，根据 2000～2015 年预测交通量，查图确定历年所需监控等级如下。

某隧道预测交通量　　表 27-2-2

年　份(年)	年平均日交通量(pcu/d)	监 控 等 级
2000	4 500	C
2001	5 040	C
2002	5 645	C
2003	6 322	B
2004	7 080	B
2005	7 930	B
2006	8 882	B
2007	9 948	B
2008	11 140	B
2009	12 480	B
2010	13 976	B
2011	15 654	A
2012	17 530	A
2013	19 635	A
2014	21 990	A
2015	24 630	A

由此可以看出，该隧道监控系统可分两期实施，初期按B级建设，2010年上升为A级。

二、隧道监控系统设备的配置

与隧道等级相适应的最低设备配置要求见表27-2-3和表27-2-4。

高等级公路隧道监控系统设备配置表　　　　表27-2-3

设备配置 \ 隧道监控等级			AA	A	B	C	D
监测设施	车辆检测设施	车辆检测器	●	●	●	○	○
		超高车辆检测器	○	○	○	○	○
		车温探测器	○	○	—	—	—
		危险品探测器	○	○	—	—	—
	环境检测设施	CO检测器	●	●	●	○	—
		VI检测器	●	●	●	○	—
		风速风向检测器	●	●	●	○	—
		光强检测器	●	●	○	○	—
	视频监控设施	摄像机	●	●	●	○	—
	报警设施	紧急电话	●	●	●	○	—
		视频事故事件检测	○	○	○	○	—
		火灾检测器	●	●	●	○	—
		火灾报警按钮	●	●	●	○	—
		入口前声光报警黄闪灯	○	○	—	—	—
控制和诱导设施	紧急呼叫设施	隧道有线广播	●	●	●	○	—
		无线调频广播	○	—	—	—	—
		集群调度系统	○	—	—	—	—
	信息发布及控制设施	车道控制标志	●	●	●	○	○
		交通信号灯	●	●	●	○	○
		可变情报板	●	●	○	○	○
		可变限速标志	●	●	○	○	○
		洞口栏杆机	○	—	—	—	—
		电光诱导标志	○	○	○	—	—
	本地控制设施	本地控制器	●	●	●	○	○
隧道管理站			●	○	○	○	—

注："●"：必选设备；"○"：可选设备；"—"：不作要求。

低等级公路隧道监控系统设备配置表　　表 27-2-4

设备配置 \ 隧道监控等级			AA	A	B	C	D
监测设施	车辆检测设施	车辆检测器	●	○	—	—	—
		超高车辆检测器	○	○	○	○	—
		车温探测器	○	—	—	—	—
		危险品探测器	○	—	—	—	—
	环境检测设施	CO 检测器	●	○	—	—	—
		VI 检测器	●	○	—	—	—
		风速风向检测器	●	○	—	—	—
		光强检测器	●	—	—	—	—
	视频监控设施	摄像机	●	○	—	—	—
	报警设施	紧急电话	●	○	—	—	—
		视频事故事件检测	—	—	—	—	—
		火灾检测器	●	○	—	—	—
		火灾报警按钮	●	○	—	—	—
		入口前声光报警黄闪灯	—	—	—	—	—
控制和诱导设施	紧急呼叫设施	隧道有线广播	●	○	—	—	—
		无线调频广播	—	—	—	—	—
		集群调度系统	—	—	—	—	—
	信息发布及控制设施	车道控制标志	●	○	—	—	—
		交通信号灯	●	○	○	—	—
		可变情报板	●	○	—	—	—
		可变限速标志	●	○	—	—	—
		洞口栏杆机	○	—	—	—	—
		电光诱导标志	○	—	—	—	—
	本地控制设施	本地控制器	●	○	—	—	—
隧道管理站			●	○	—	—	—

注:"●":必选设备;"○":可选设备;"—":不作要求。

必选设备是为适应隧道年事故率和保证监控系统对此应急处理能力应配置的设备,一般情况应按照布设标准进行设计,但特殊情况下,如短隧道及超短隧道的交通量非常大,则设计者应根据实际情况调整设计规模。

可选设备是根据隧道所处等级的上下限及配套建设资金等情况酌情可选的设备,应全面考虑隧道的长度、交通量大小、投资金额等。如隧道比较长而交通量很小,可选择设置,如交通量虽较大但隧道很短,线形很好,则可考虑不设置。

不做要求的设备并不表示一定不设置,设计者可根据实际特殊情况灵活掌握。

第三节　隧道运营管理机构

(1)监控等级为AA级的公路隧道应设置专门的管理机构。监控等级为A级的公路隧道有条件时宜设专门的管理机构。除此之外的公路隧道运营管理机构可以并入路段的运营管理机构，或结合公路养护设施的布设情况在隧道处设置相应的管理养护设施。距离较近、数量较多的隧道群宜配置专门的运营管理机构。

(2)隧道管理站应根据隧道的长度、交通量大小、隧道集中度(即隧道群)、隧道的位置、管理站建设运营成本以及是否方便管理人员生活等综合因素来决定是否设置或设置地点。有人和无人隧道管理站的选取，一般应考虑当地的机构编制、隧道长度、抢险救援条件、人员生活等。

(3)隧道管理站一般应按照如下原则设置：

①大于6 000m的隧道应设置有人隧道管理站。

②隧道监控等级为A的特长隧道可设置隧道管理站。

③隧道比较集中的区段(即隧道群)可考虑在隧道群居中点或其他合适位置(如邻近的收费站)设置隧道管理站。

④长隧道以上的隧道且远离互通立交、地处偏远山区、救援困难等情况下，可考虑设置有人隧道管理站。

⑤隧道管理站设置在隧道洞口(考虑工作人员工作条件的环保要求，有条件时尽量设在距洞口30m外)。如果离隧道口比较近(一般约10km以内)的地方设有收费站或服务区或监控(分)中心，可考虑隧道管理站与之合建。

(4)隧道管理站除配备相应的机电设备外，还应配置与管理、养护、抢险救援相适应的工具及设备，包括交通工具、维修工具、应急设备等，以备交通事故、火灾发生时疏导交通、抢险救援。

隧道管理站一般分为有人管理站和无人管理站。有人隧道管理站又分两种，一种是设置有完善的监控室，配备值班监控人员、抢险救援设备及人员、维护人员等，负责隧道的运营管理；另一种是监控室设置简单的监视和计算机设备，辅助抢险救援或方便现场指挥，不配备专职值班监控人员(隧道的监控业务由隧道管理站上级机构管理)，由抢险救援人员兼职管理。无人隧道管理站一般设置在隧道口，监控室配备简单的监视和计算机设备，整个隧道管理站正常情况下无人管理(隧道的监控业务由隧道管理站上级机构管理)，在交通异常情况下，可由上级管理机构派人员现场指挥。

一、运营管理机构的功能

1.信息采集

系统应能接收隧道内的设备传送来的检测数据、视频图像、反馈信息、语音信息等以及上级管理机构下达的命令，并且通过用户接口将事故信息输入计算机系统。

系统接收的信息分为如下几类：

(1)检测设备检测的信息，如一氧化碳检测器、能见度检测器、风速风向检测器、光强检测器等检测的环境信息，车辆检测器检测的交通信息，火灾报警系统检测的火灾信息等。

(2)设备的状态反馈信息，如情报板、车道控制标志、信号灯的显示内容、工作状况反馈信息，风机、照明的工作状况反馈信息，消防水池水位反馈信息，防火卷帘门的开关状态反馈信息等。

(3)视频图像信息，如隧道口带云台彩色摄像机、隧道内固定摄像机的图像信息。

(4)人工输入信息，如巡逻车报告的信息、紧急电话报警确认信息、通过其他途径报告的信息等。

(5)上级下达的信息，如监控(分)中心下达的全局控制方案等。

(6)其他信息。

2.数据处理

隧道监控系统应能对采集到的信息进行系统的数据处理，以此判定隧道运营状态，并能通过人机接口进行对话，数据处理包括以下内容：

(1)对火灾报警信号的数据进行处理。

(2)对一氧化碳、能见度、风速风向检测数据进行处理，并根据检测数据进行门限报警。

(3)对光强检测器检测数据进行处理。

(4)对车辆检测器检测数据进行处理。

(5)对超高报警信号进行处理。

(6)对设备的状态反馈信息进行处理。

3.实时控制

系统应具有自动控制和人工干预控制两种方式。

(1)自动控制方式

正常情况下，系统应根据数据处理结果，选用系统内已配备的通风、照明、交通等控制方案，实行对全线的自动控制。

(2)人工干预控制方式

在紧急情况下(如事故)，系统一方面向操作员报警，一方面迅速向操作员显示相应的控制方案，待操作员根据巡逻车、紧急电话、摄像机等确认或修正后，再下发控制指令(包括通知消防、医疗、抢险等部门)，完成控制功能，同时将紧急处理方案上报上级，其中对隧道交通信号、通风、照明等子系统应联合协调控制，以保证整体最佳效果。另外，紧急情况下，操作员可通过隧道有线广播直接指挥。

隧道清洗、道路维修、设备维护等情况下，系统应根据不同的情况下，采用不同的控制方案。

隧道管理站与区域控制器通信中断时，区域控制系统应能实现降级处理，包括对通风、照明、交通等的自动控制，同时也能通过区域控制器实现人工手动控制。

4.信息显示

隧道管理站控制室内应设置有大屏幕投影、地图板、闭路电视、LED室内屏、计算机等其中一种或多种组合的显示系统，能显示隧道区段路线状况、交通运行情况、交通事故、火灾现场、设备状态、视频图像以及各种图表等信息。控制室内显示立面后背板距墙应有1.0～2.0m的距离。

5. 统计查询

1)统计查询和报表生成

系统应能进行统计、查询，形成并打印需要的各类中文报表。一般报表应包括如下内容：

(1)交通流信息报表：包含15分钟、1小时、日、周、月、季度、年的交通量，车速、占有率、车行方向及其日期等。

(2)环境信息报表：包含一氧化碳、能见度、风速风向等的曲线图及报表。

(3)信息显示报表：包含车道控制标志、可变情报板、可变限速标志等的显示内容报表。

(4)通风控制方案报表：包含风机的开启时间、运行时间、运转方向等。

(5)照明控制方案报表：包含照明各回路的开启时间及运行时间。

(6)设备工作状态报表。

(7)各种事故、事件、火灾报警信息报表。

(8)操作命令报表。

2)数据存储

系统应能实现每日数据、语音、图像的备份及重要文档(包含数据、语音、图像)的存盘，并带有时间记录，以便在需要时复制或调出历史信息进行各种分析工作。

每一事故事件(包含火灾、设备故障、交通事故等)的详细情况，如发生时间、地点、涉及对象、环境信息、事故类型、持续时间、处理措施、处理方法、值班人员、处理人员等均应记录并保存。

6. 系统监测

系统应能不间断地定时检测各设备的工作状态，并对非正常情况通过人机接口报警。

7. 系统联网

为加强隧道的运营管理，隧道监控系统应与上级管理部门实现数据、图像、语音连接，实现数据、视频共享。在特殊情况下(如火灾)，上级管理部门可直接下达关闭隧道或恢复运营的指令。

二、运营管理机构的设备构成

1. 一般规定

(1)隧道管理站一般由计算机系统、闭路电视系统、大屏幕投影系统、地图板显示系统、LED显示系统、紧急电话系统、有线广播系统(目前，绝大部分隧道使用有线广播和紧急电话合用的综合系统)、电源系统以及综合控制台等设备构成，如图27-3-1所示。

(2)隧道管理站应从管理要求、实际需要出发，选择合适的系统构成。

(3)一般无人隧道管理站应根据最低功能需求配置设备。

2. 计算机系统

计算机系统一般分为系统主机(服务器)、隧道交通监控计算机、火灾报警及消防控制计算机、紧急电话计算机(含有线广播系统的控制)、彩色图形计算机、视频控制计算机和通风照明控制计算机，各功能计算机可根据需要合并。另外还包含激光打印机和彩色喷墨打印机。计算机系统通过交换机构成星形局域网络。

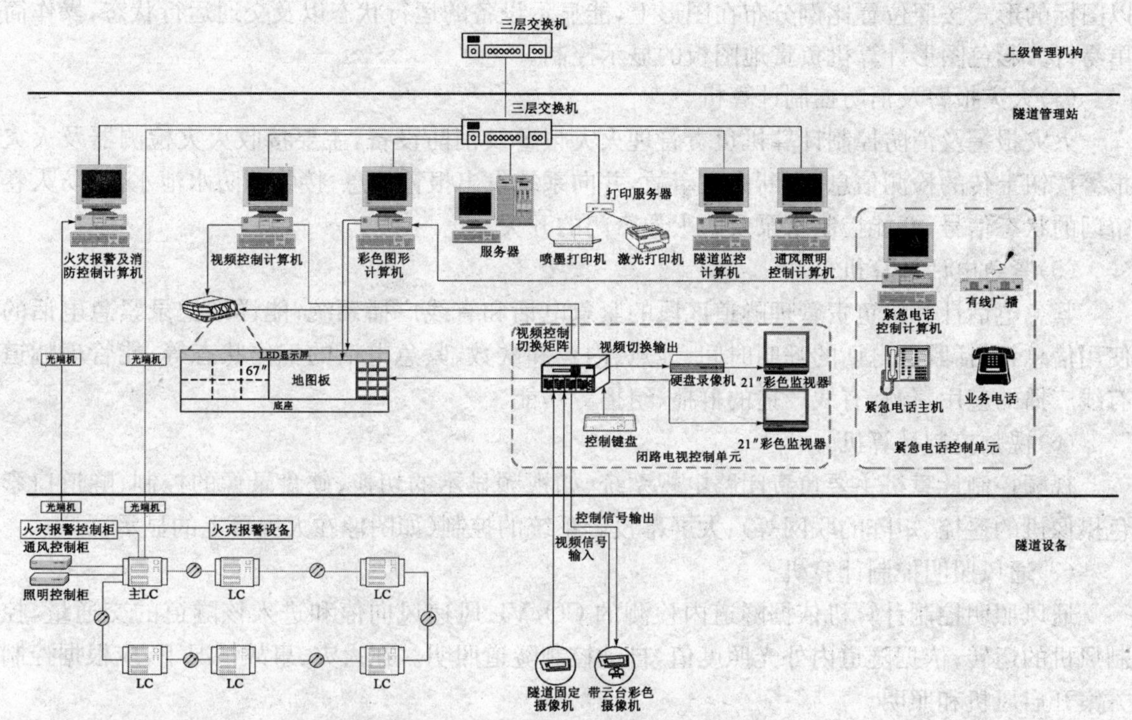

图 27-3-1　隧道管理站系统构成图

隧道管理站的计算机系统主要分为集中式和分散式两种。集中式是由系统主机、图形计算机以及紧急电话计算机来集中完成隧道的所有功能。分散式是由系统主机、各功能计算机（一般为交通监控、通风、照明、火灾报警、紧急电话、视频控制、彩色图形等计算机）构成。集中式主要应用于无人值守或功能弱化或隧道较短的隧道管理站。分散式主要应用于功能完善、规模较大或隧道集中的隧道管理站。实际应用中，隧道管理站计算机系统一般宜采用“功能相对分散、系统相对集中”的方式，而非严格意义上的集中式或分散式。

1）各计算机主要功能

（1）系统主机

①网络服务：负责整个局域网的管理功能，维持整个网络的正常运行，管理网络资源、操作和通信，实现资源共享，并提供网络测试和故障报警功能等。

②数据库服务：负责数据库的生成、编辑和管理。

③数据日常管理：对原始数据和处理后的数据进行分类统计、存储并形成报表，能根据不同需要备份、查询数据信息。

④网络安全管理：除具有分级保密、管理功能外，还应具有抗病毒功能。

（2）隧道交通监控计算机

隧道交通监控计算机接收并处理交通数据、交通控制和诱导设备的反馈信息，向交通控制、诱导设备下发控制命令，并为其他显示设备提供交通参数和交通控制、诱导设备状态信息。事件输入也由该计算机完成。

（3）彩色图形计算机

彩色图形计算机运行图形应用软件，形成隧道区段的全部路况和局部细节图形，外场设备以图标的形式按照位置比例分布在图形上，能显示设备的运行状态以及交通运行状态，操作简单易行。彩色图形计算机负责地图板的显示控制。

(4)火灾报警及消防控制计算机

火灾报警及消防控制计算机负责管理火灾报警及消防设备，主要接收火灾检测器及火灾报警按钮上传的检测信息，判断火灾事故，并向系统发出报警信息；接收消防水池水位、防火卷帘门的状态信号，并能控制水泵及防火卷帘门的开关。

(5)紧急电话计算机

紧急电话计算机负责管理隧道区段的紧急电话和有线广播系统；能详细记录紧急电话的使用信息，包括紧急电话的呼叫时间、地点、内容和次数、紧急电话的工作状态等；能管理隧道有线广播的应用，包括有线广播的群播、组播等功能。

(6)视频控制计算机

视频控制计算机主要负责闭路电视系统(如视频显示的切换、硬盘录像的控制、隧道口彩色摄像机的遥控、矩阵的联网等)、大屏幕投影系统的控制(如图像在大屏幕上的显示)。

(7)通风照明控制计算机

通风照明控制计算机依据隧道内检测的CO/VI、风速风向值和进入该隧道的交通量，控制风机的运转；依据隧道内外光照度值，自动控制隧道照明。在火灾、事故情况下，应根据控制方案开启风机和照明。

2)系统配置

计算机系统的配置应根据实施时市场主流设备配置，但一般要求考虑如下因素：

(1)中央处理器(CPU)的速度。

(2)操作系统类型。

(3)I/O处理能力。

(4)存储容量的大小。

(5)可靠性、易操作性、易维护性、经济性、可扩充性及性能价格比。

(6)网络接头应符合EIA/TIA 586A或586B标准。

3.闭路电视系统

1)系统功能

闭路电视系统主要负责对隧道内的交通流量、车流密度及道路使用状况进行监视，及时直观地得到交通阻塞的现场情况和原因的画面，辨认事故严重程度、事故类型；负责对隧道显示设备(如车道灯、交通信号灯、可变限速标志、可变情报板等)进行直观确认；负责配合CO/能见度检测器等对隧道内空气质量进行监视；负责对隧道内火灾报警予以确认，自动显示报警区段及相邻区段的图像并录像，为值班人员提供处理事故的直接依据。

2)设备组成

闭路电视系统一般由视频切换控制器、控制键盘、录像机、监视器、视频分配器、多画面分割器以及机架、监视墙架等构成，如图27-3-2所示。

闭路电视系统应根据功能需求选择合适的设备构成。

(1)视频切换控制器

视频切换控制器是闭路电视系统的核心设备，一般为插卡式箱体结构，带有电源模块、

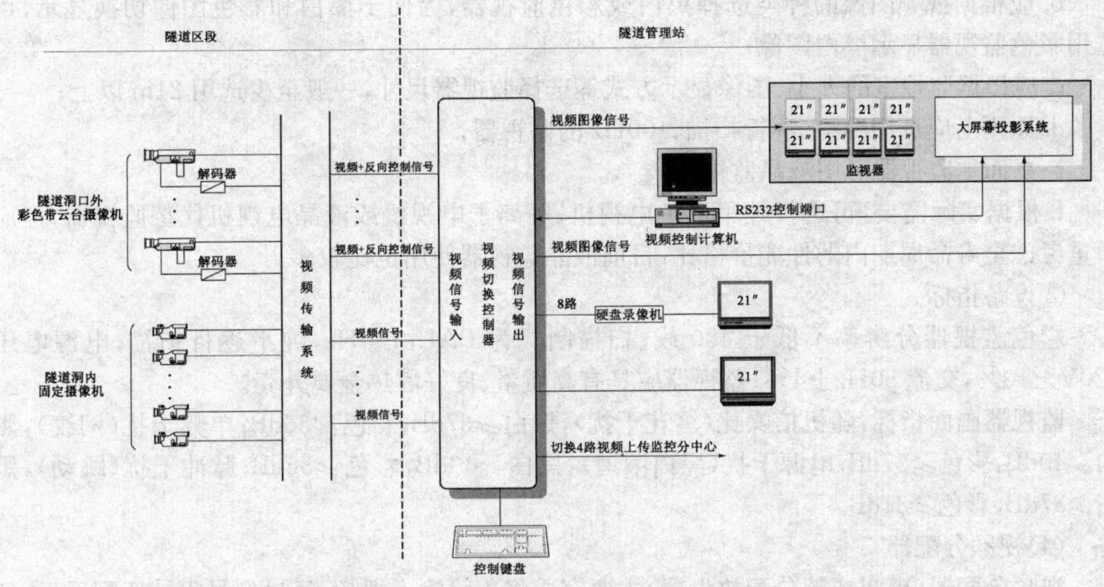

图 27-3-2　闭路电视系统构成图(模拟方式)

CPU 和可以扩充的视频输入板、视频输出板、报警接口板等。其主要功能如下：

①接收各种视频装置(如摄像机、录像机等)的视频输入，并根据操作键盘或计算机或报警信号的控制将视频图像输出到相应的输出接口，并连接到其他设备处理或显示。

②接收控制键盘、计算机的命令，完成对外场摄像机的控制(包括云台、镜头、防护罩、雨刷、加热器等)。

③具有汉字叠加功能，能在每幅图像中叠加摄像机编号、位置等文字信息，以及实时变化的年、月、日、时、分、秒。

④应具备联网功能，能实现视频切换控制器之间的联网。

(2)录像机

录像机负责记录视频图像，可以手动或自动方式进行慢录或正常速度录像。自动方式一般在报警事件发生时触发。

录像机分长延时录像机和数字硬盘录像机。目前，长延时录像机已基本被淘汰，一般情况下不应再使用。

数字硬盘录像机按录制视频路数分为 1、2、4、8、16、32 路等型号；按照外形分为工控机和嵌入式两种；按录制图像格式分为 MPEG-1、MPEG-2、MPEG-4、H. 264、JPEG 等，目前主要采用 H. 264。硬盘录像机能根据所配置硬盘容量大小录制不同的时间，一般按管理要求至少能录制 30 天的视频图像，还应具备视频图像网络调用等功能。

(3)监视器

监视器是用来显示图像的终端设备。监视器按照色彩分为彩色、黑白两种；按照尺寸分 9、10、12、14、15、17、20、21、27、29in(1in＝0. 025 4m)等，常用 21、29in；按照扫描制式分 NTSC、PAL 两种，我国和欧洲等国家多使用 PAL 制式；另外还可分为普通、纯平两种。

①监视器的选择原则

a. 应选择合适的分辨率：一般应与摄像机的分辨率相匹配或高于摄像机分辨率；

b. 应根据视频图像的种类选择黑白或彩色监视器，为便于黑白和彩色图像切换显示，可选用彩色监视器显示黑白图像；

c. 应根据监控室的大小、图像显示方式等选择监视器尺寸，一般至少选用 21in 以上；

d. 原则上应选用纯平、逐行扫描、100Hz 的监视器；

e. 桌面主监视器可用液晶监视器；

f. 根据实际需要，可选择纯平彩色电视机、等离子电视机或液晶电视机代替监视器，但应慎重考虑全寿命周期内的性能价格比，目前液晶监视器使用也比较多。

②设备指标

彩色监视器分辨率不低于 480 线；扫描制式为 PAL；100Hz，纯平逐行扫描；电源电压 220V±10%，交流 50Hz±4%；监视器应具有高质量、良好散热金属外壳。

监视器画面指标：随机信噪比（雪花干扰），黑白≥37dB，彩色≥36dB；单频干扰（网纹），黑白≥40dB，彩色≥37dB；电源干扰（黑白滚道），黑白≥40dB，彩色≥36dB；脉冲干扰（跳动），黑白≥37dB，彩色≥31dB。

(4)视频分配器

视频分配器（也叫视频分配放大器）主要完成将 1 路输入视频，经过信号阻抗匹配后，达到多路视频输出的功能。视频分配器除提供多路视频输出功能外，还具有视频信号放大功能。视频分配器常用规格为 1 路输入，4 路输出；最大可同时输入 16 路，输出 64 路，还具有键盘编程和字符叠加功能。

(5)多画面分割器

多画面分割器负责将多路视频图像处理后形成 1 路图像全部或多路同时显示。多画面分割器一般有 4，9，16 等几种分割器，也可分为单工、双工和全双工。多画面分割器通常具有环路输出、画面灵活显示、远程控制、报警输入等功能。

3)新技术发展

目前，数字化闭路电视系统也取得飞速发展，如图 27-3-3 所示，一般隧道内图像可采用数字非压缩技术等节点光端机将图像直接传输到管理站的光数字矩阵，或者采用视频光传输模块直接将图像传输到光数字矩阵，光数字矩阵能将视频图像转换成模拟信号输出到监视器等设备。在选择该方案时，应作性能价格比分析。

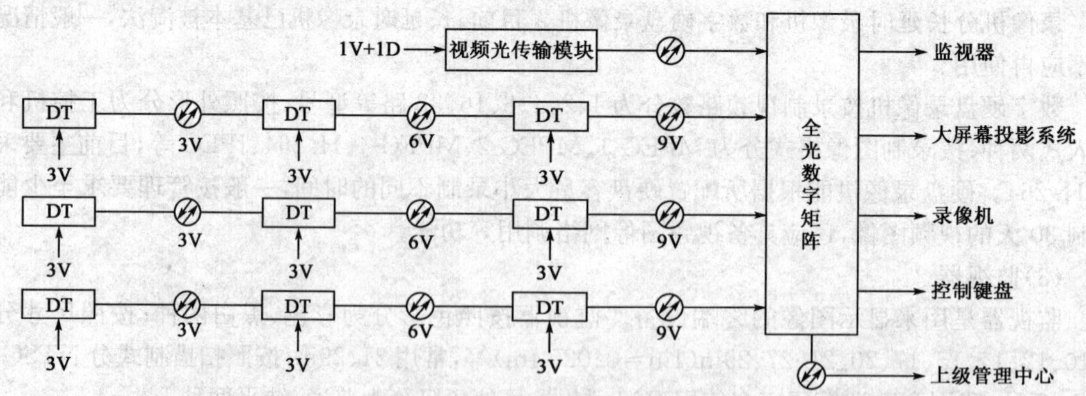

图 27-3-3　闭路电视系统构成图（数字方式）

目前，数字编解码技术也非常成熟，但一般图像太多的隧道应慎重选择编解码方案。

4. 大屏幕投影系统

1. 系统功能

大屏幕投影系统主要用于动态、直观、形象地显示高速公路运行信息，包括摄像机视频图像、计算机输出信号以及通过网络传输的信号等。其主要功能如下：

(1)投影屏幕具有高分辨率、高亮度、高对比度等特点，在正常办公环境下，屏幕能够显示清晰明亮的图形/图像。一般要求在白平衡下，亮度不小于 150cd/m^2，亮度不均匀度不大于 10%。

(2)拼接系统支持图形拼接，组合屏幕图像的物理拼接间隙小于 1mm，全屏范围内显示的图像无非线性失真，整个屏幕亮度均匀，无"暗角"或"亮角"现象，画面稳定无闪烁，图像拼接完整，无错位。

(3)支持以太网及 TCP/IP 协议，可显示各种数据信息，实现网络信息的实时监控。

(4)支持各种视频图像、不同分辨率(640×480～1 280×1 024)的非网络信号(计算机信号、影碟机、录像机、摄像机等)、不同分辨率(800×600～1 280×1 024)的计算机信号以及网络环境下计算机的各种应用程序窗口的显示。

(5)屏幕上的各种应用窗口(如计算机窗口、RGB 窗口、视频窗口)可以任意与图片文字窗口叠加显示，并可任意缩放和移动。

(6)大屏幕投影系统可以连接显示电视会议、工业电视、DVD 和录像机等设备播放的 PAL/NTSC/SECAM 制式的图像。

2)设备组成

大屏幕投影系统目前主要分为单机单屏单画面系统、单机单屏多画面系统和多机多屏拼接系统。大屏幕投影系统主要由投影仪、投影屏幕、RGB 切换矩阵等构成，多机多屏拼接系统应配备拼接控制系统(一般包含拼接控制器、处理软件)；单机单屏多画面系统应配备多画面图像处理器。多机单屏系统由于屏幕容易出现太阳效应，一般不推荐使用。隧道管理站一般宜使用单机单屏单画面系统或多机多屏拼接系统。

(1)投影仪

投影仪主要有 3 种投影技术，即阴极射线管(Cathode Ray Tube，CRT)、液晶设备(Liquid Crystal Device，LCD)及数字光处理(Digital Light Process, DLP)投影技术，见表 27-3-1。

优缺点对比　　表 27-3-1

投影技术	优　点	缺　点	交通行业应用情况
CRT	色彩丰富、还原性好、几何失真调整能力强	图像分辨率和亮度互相制约、操作复杂	早期应用较多，目前已不使用
LCD	体积小、质量轻、携带方便	光源寿命短、分辨率低、响应速度慢	很少应用
DLP	灰度性能高、图像色彩丰富、无图像噪声、对比度高、亮度均匀性好、亮度高、调整便利	维修难度大、维护费用高	目前应用广泛

CRT 投影技术采用阴极射线管作为成像器件，使用内光源，为主动式投影。输入信号源控制红绿蓝 3 个 CRT 管的阴极射线束，投射到荧光屏，荧光粉在高压作用下发光，再经光学系

统放大、汇聚，在投影屏显示彩色图像。

LCD 投影技术采用液晶作为成像器件，外光源发出的强光分成 RGB3 束光分别经过 RGB3 块液晶板透射。信号源经过模数转换和调制加到液晶板上，控制液晶单元的开闭，从而控制光路的透射率，再经合光、放大，显示到投影屏上。

DLP 投影技术以数字反射器(Digital Micromirror Device, DMD)作为光阀成像器件。投影仪采用数字光学处理技术调制视频信号，驱动 DMD 光路系统，通过投影透镜形成图像，投射到投影屏上。

DLP 投影仪的主要技术指标包括：

①光输出：指投影仪输出的光能量，单位为流明(lumen)。一般投影屏幕越大，要求亮度越高。隧道管理站若使用单机则亮度要求 3000ANSI 流明以上，多机拼接要求单机亮度 750ANSI 流明以上。

②扫描频率：包括水平扫描频率(行频)和垂直扫描频率(场频活刷新频率)。行频指每秒电子束在屏幕上从左至右的运动次数。场频指每秒电子束在水平扫描的同时，从上向下运动的次数，垂直扫描一次形成一幅图像。行频分 3 档：行频固定在 15.627kHz(PAL 制)或 15.727kHz(NTSC 制)为视频投影仪；15～60kHz 为数据投影仪；超过 60kHz 为图形投影仪。场频不宜低于 50Hz，否则会有闪烁感。隧道管理站投影仪行频范围为 15～120kHz，场频范围为 27～120Hz。

③分辨率：包括输出分辨率和输入分辨率。输出分辨率指投影仪投影图像的分辨率，也称物理分辨率或实际分辨率，目前分为 SVGA(800×600)、XGA(1 024×768)、SXGA(1 280×1 024)几种。输入分辨率指投影仪输入信号时可达的最高像素数，也称兼容分辨率。输出分辨率越高，投影仪显示精细图像的能力越强。隧道管理站投影仪输出分辨率应达到 1 024×768，输入分辨率应达到 1 600×1 280。

④对比度：指投影仪屏幕上最亮(全白)和最暗(全黑)光输出的比较。对比度越高，亮度变化范围越宽，图像冲击力越强。隧道管理站投影仪 ANSI 对比度应大于 270:1。

⑤光源：光源是投影仪的唯一耗材，是选择投影仪必须考虑的重要因素。其最重要的性能指标是半衰期，即亮度相当于原来一半时的使用时间。目前投影仪普遍采用金属卤素灯、氙弧灯、UHE(Ultra-high Efficiency，超高效率)灯、UHP(Ultra-high Performance，超高性能)灯，见表 27-3-2。

各种灯泡的比较 表 27-3-2

名称	优点	缺点	寿命	使用情况
金属卤素灯	价格便宜	半衰期短、发热高、色彩稳定性差、缺乏产生真红色能力	2 000h	几乎不用
氙弧灯	环境适应性强、光谱接近自然光、稳定性强、色温稳定		1 000h 以上，部分达到 6 000h	应用广泛
UHE	价格适中、发热量低、冷光源		2 000h 以上	中档投影仪少量应用
UHP	寿命长、亮度衰减小、较低功率下达到很高的亮度、冷光源		4 000h 以上	中高档投影仪应用广泛

(2)投影屏

屏幕按照功能分为反射式和透射式两种，反射式用于正投，透射式用于背投，隧道管理站宜采用背投幕。背投幕包括多种规格的硬质背投幕和软质背投幕，硬质幕的画面效果要优于软质幕，宜采用硬质背投幕。投影屏幕的尺寸宜选用50in、67in、72in、84in、100in、120in等，不宜选择60in、80in等非标准尺寸。硬质背投屏幕通常分为树脂屏幕、玻璃屏幕和具有保护层的玻璃屏幕，具体性能参数比较见表27-3-3。

各种硬质屏幕比较表　　表27-3-3

性　能	具有保护层的玻璃屏	树　脂　屏	玻　璃　屏
图像增益	高	高	较低
图像对比度	高	高	较低
图像及亮度均匀性	好	好	较低
屏幕厚度	较厚(包括玻璃层)	薄	较薄
组合屏物理拼缝	小于或等于1mm	大于或等于1mm	小于1mm
热膨胀系数	小	高	小
玻璃层	Vtron特种玻璃	无	玻璃
反光性	不反光	不反光	反光
变形	无	严重	无
耐磨性及维护	好	差	差
尺寸	67in以下	各种尺寸	84in以下
应用情况	应用广泛	早期主流产品目前少量应用	应用广泛

注：1in=0.0254m。

投影屏的主要参数如下：

①增益：直接在屏幕前方正中某点测量的屏幕反射率，即屏幕入射光能力。入射光角度一定、光通量不变时，屏幕此方向亮度与理想状态下亮度之比，为该方向亮度系数，其最大值为屏幕增益。通常将无光泽白墙增益定为1，若增益小于1，将削弱入射光；增益大于1，将反射或折射更多入射光。隧道管理站使用的屏幕增益应达到1.7以上，具有保护层的玻璃屏应达到3.7。

②视角：指可视图像能被观众接受的区域。屏幕在所有方向上的反射是不同的，在水平方向离屏幕中心越远，亮度越低，当亮度降到50%时的观看角度时定义为视角。通常增益越大，视角越小；增益越小，视角越大。隧道管理站的屏幕水平视角应达到160°以上、垂直视角应达到80°以上。

(3)拼接控制系统

拼接控制系统是多机多屏组合大屏幕投影系统的核心。其主要由拼接控制器、应用软件组成。拼接控制处理器宜采用支持中文的操作平台，具有多于组合屏数量的视频输入口，具有10/100M网络接口，具有串行、并行、键盘等标准接口，输出通道分辨率应与投影仪匹配，支持网络管理功能等。

(4)RGB切换矩阵

RGB切换矩阵负责完成将一路或多路计算机及其他RGB信号切换输出多路或一路。

3)新技术发展

随着技术发展,大屏幕投影系统开发了很多新技术,如数字大屏幕投影系统、等离子拼接技术、液晶拼接技术等。设计时应根据系统功能要求以及技术的成熟度决定采取何种方案。

(1)数字大屏幕系统

目前大屏幕投影系统已出现数字大屏幕处理系统,主要是通过视频网关将模拟视频图像数字化处理,然后通过图像集线器投影到大屏幕上,如图 27-3-4 所示。

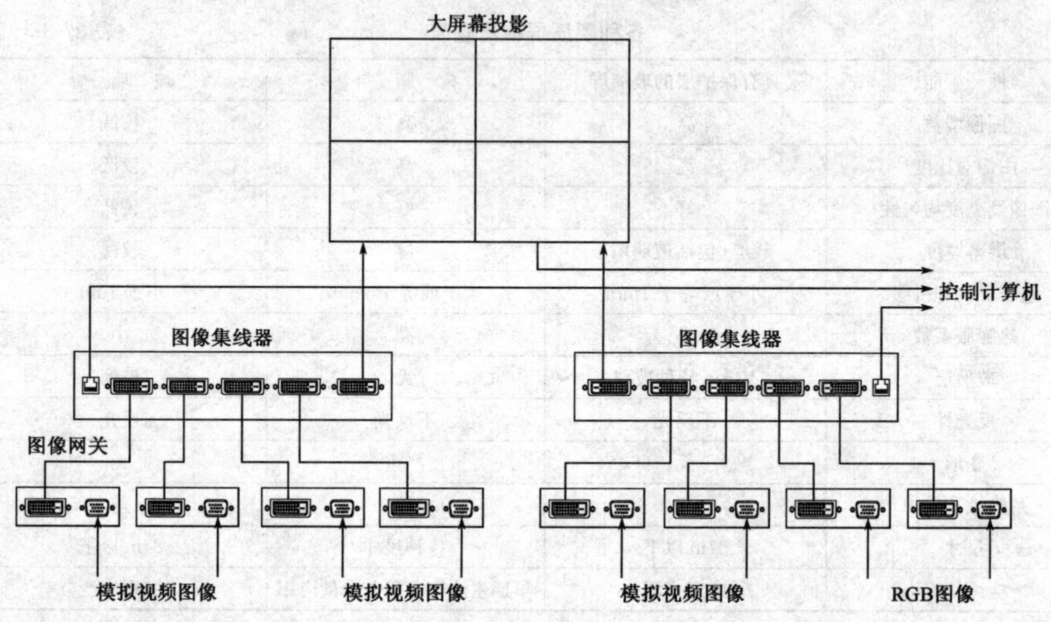

图 27-3-4　数字大屏幕系统构成图

(2)等离子拼接技术

等离子拼接技术也取得了飞速发展,已具备单屏组合拼接功能,能实现 n×m 任意组合拼接,但其中有的等离子拼接屏幕不能 24 小时工作,一般等离子拼接屏幕工作时间能达 6 万小时左右,之后只能报废,更新屏幕。等离子拼接缝一般在 3～5cm,采用无缝拼接技术可达到 3mm。目前等离子在高速公路中广泛采用。

3)液晶拼接技术

2006 年,液晶屏拼接技术开始出现,但目前性能价格比不高,且设备品牌单一。

5.地图板显示系统

1)系统功能

地图板显示系统用来显示有关系统运行的动静态总体信息,包含提供隧道区段全貌及周围环境条件,动态显示隧道区段交通运行状态、设备运行状态以及相关报警信息。地图板显示系统不仅仅为系统运营提供直观显示,而且对于系统的安装、调试、故障诊断和维修也非常重要。

地图板显示直观、方便管理,但显示信息内容有限、不易后期扩容,设计者应根据实际需要进行设计。

(1)静态显示内容

静态显示整个隧道区段的平面图形(包括隧道区段周围的城镇、河流、公路、铁路、医院、消防、公安、交警、隧道区段道路出入口等、隧道洞口交叉道路、紧急停车带、人和车避难通道等）以及设备位置、图例等。

（2）动态显示内容

动态显示隧道区段的交通状态、设备工作状态以及监控系统控制状况等。动态显示包括如下内容，但不限于下列内容：

①交通状态显示：用绿、黄、红三种色带分别表示每一车道交通正常、拥挤、阻塞状态。

②设备工作状态：绿灯表示设备工作状态正常；红灯表示设备故障、通信失败或异常报警。

③交通参数显示：以4位数字显示车辆数，单位：辆/小时；车辆速度，以3位数字显示车速平均值，单位：公里/小时；占有率，以两位数字显示车辆占有率，单位：%；用箭头表示车辆行驶方向。

④一氧化碳浓度值显示：以3位数字显示某点检测到的CO浓度值，单位ppm。

⑤隧道内能见度值显示：以6位数字显示某点检测到的VI值，单位m^{-1}；或者以4位数字显示某点检测到的VI值，一般选择m作为单位。

⑥隧道洞外能见度值显示：以4位数字显示某点检测到的VI值，单位：m。

⑦洞外光强检测器的亮度值显示：以4位数字显示光强检测器的亮度值，单位：cd/m^2。

⑧洞内光强检测器的照度值显示：以4位数字显示光强检测器的照度值，单位：Lux。

⑨隧道风速风向检测器：以两位数字显示风速值，单位：m/s；以1个16点阵汉字显示风向。

⑩用红、绿、黄显示交通信号灯状态；用红“×”、绿“↓”表示车道控制标志工作状态。

⑪紧急电话显示：绿色表示工作正常，无电话；绿色闪烁表示电话正常通话；黄色表示电话故障报警；红色表示通信故障。

⑫大型可变情报板为1×12字的16点阵的室内LED双色显示，一般字高为15cm。小型可变情报标志中的立柱式小型可变情报标志为2×2字的室内LED双色显示，LED尺寸为20cm×20cm；“F”形单悬臂小型可变情报标志和隧道内的情报标志为2×4字的室内LED双色显示，LED尺寸为20cm×40cm。

⑬火灾报警信号显示：红灯闪烁。

⑭时间、天气显示：日期、时间、天气情报显示小区安装于地图显示板左或右上方。

⑮风机运行状态显示：正转、反转、停机。

以上凡用7段数字显示的单元，在该设备故障时，每位数字显示单元均显示简单字母“E”，以表示该设备工作状态异常。

2）设备组成

地图板显示系统主要由显示面板和驱动器组成。

显示面板主要由屏架、马赛克单元、LED灯光和显示器组成。屏架宜采用冷轧板制作，内外经酸洗、磷化、除锈工艺处理后，上防锈漆烘烤，静电喷塑；马赛克单元宜采用PPO或ABS阻燃工程塑料，尺寸为12.5mm×12.5mm、27mm×27mm、50mm×50mm多种规格，屏面中的汉字、编号均采用凹形仿真刻制。要求整屏垂直度≤2mm/m，任意相邻两块马赛克不平度≤1.0mm。

驱动器以微处理器为核心，有输入接口，与计算机连接。

3)系统连接

计算机通过RS232或RS485接口与地图板连接,实现对地图板的控制。

6. LED室内屏显示系统

LED室内屏主要用来显示隧道区段情报标志的显示内容、显示设备状态文字信息、向隧道管理站监控人员显示其他相关信息。

LED显示系统主要由显示屏(包括各种显示器件)、控制器、驱动器、电源系统、系统软件等构成,其控制主要由计算机完成。LED显示系统按使用环境分为户内、户外两种;按照颜色分为单色、双基色、全彩(三基色)三种,隧道管理站一般采用双基色或全彩色户内屏。

全彩色LED显示系统一般要求像素点间距约6.35mm或4mm;一般像素由1红1纯绿1纯蓝组成,最大亮度1 500cd/m² 以上,视角至少160°,换帧速度≥60Hz,刷新频率≥240Hz。

双基色LED显示系统一般要求像素中心间距4.75mm,一般像素由1红1纯绿组成,能显示红、绿、黄颜色,可视角度120°(左右各60°),换帧频率≥60帧/秒,刷新频率≥240帧/秒。

LED室内显示屏一般设置在监视墙上方或两侧,考虑到造价因素,一般使用双基色。

6. 紧急电话、有线广播综合应用系统

(1)系统功能

隧道有线广播系统主要负责隧道内及隧道口在交通阻塞、交通事故、火灾等情况下通过隧道控制室的控制台向隧道区段进行广播,指挥调度、疏导交通和组织救援等,正常情况下可以播放交通法则、行车注意事项等背景声音。

隧道紧急电话系统主要向行使在隧道区段的驾乘人员提供紧急呼叫,当路上发生异常事件时(包括交通事故、医疗救助等),驾驶员通过紧急电话机呼叫,报告事故情况,值班人员经过确认,组织调度救护、排障,以减少事故损失。

目前,隧道区段主要采用紧急电话和有线广播合一的综合应用系统。宜采用光缆作传输媒质,两套系统宜共用一个控制主机,节省系统投资,便于管理。

该系统主要有如下功能:音区多路切换选择功能,可进行单音区、多音区、单扬声器、多扬声器广播;信源多路切换选择功能;音量调节功能;循环广播功能;广播信息数字录音、录时功能;计算机控制和管理功能;隧道监控系统信息联网功能,根据监控系统的信息启动隧道广播;广播监听功能;远端功放和扬声器工作状态检测功能;远程隧道广播系统接入功能;远程有线电话接入广播功能;系统显示等功能。

(2)系统组成

综合应用系统主要由控制台、远端功放设备、远端控制模块、传输电缆、扬声器、广播电缆和隧道紧急电话等组成。控制台主要包括控制主机、播音设备和录音设备。

8. 电源系统

隧道管理站控制室的电源系统主要由UPS和参数稳压电源组成。220V交流电源从配电房低压侧引入控制室,首先经过参数稳压电源稳压,一路接入控制室的不带UPS的设备;另一路接入UPS,由UPS输出到不能断电的设备。如果当地电源输入稳定,可以考虑不设参数稳压电源。

UPS的功能是确保负载供电的不间断，并改善供电电源质量，使电源的各种干扰与负载彻底隔离，保证在任何情况下均能供给稳定可靠的交流电源。

计算机系统、交换机和闭路电视系统的视频切换控制器、控制键盘、录像机、控制台上的主监视器等保证系统基本功能实现的最少设备应接入UPS。其他设备可接参数稳压电源。

UPS一般要求为在线式，容量应根据实际所带设备的负荷计算，并至少预留20%的余量，放电持续时间至少30分钟，输入功率因数大于0.95，输出功率因数大于0.7，具有远程监控端口。

参数稳压电源一般要求稳压精度小于等于1%，总恢复时间10～40ms，功率因子大于0.95，并具有过压保护功能。

9. 综合控制台

综合控制台是操作人员实施对隧道管理区段日常运行操作管理，并进行交通控制和异常情况处理的地方。

综合控制台一般放置在隧道管理站监控室中央，距离监视墙3～5m，宽1.2～1.4m，高0.74m，长度根据设备数量、控制室大小确定。一般要求综合控制台坐人侧离墙体至少保持在2m左右，如果空间受限，不能低于1.5m。

综合控制台主要由主体骨架、下框、底座、台板、侧帮、侧板等组成，控制台桌面宜为耐火阻燃材质，其他部分材料均为冷扎钢板；控制台上放置的计算机等设备应尽量减少对观察监视墙的影响，控制台下部应留有安放计算机主机及其他设备的空间；控制台后部要提供绑线柱，面板预留线孔；控制台应当保证电气安全，同时设计应考虑美学、视觉特性、颜色搭配、对比等要求。控制台的机械设计应当适合中国人的身体特点及人机工效的要求；控制台的设计可参照《电子设备控制台的布局、型式和基本尺寸》(GB 7269—2008)中的有关规定。

综合控制台一般按照功能分为监视控制单元、紧急电话(有线广播)控制单元、闭路电视控制单元和打印机单元。

三、隧道管理站的规模配置

1. 有人隧道管理站规模配置

1)配备监控值班人员

配备监控值班人员的有人隧道管理站必须配置计算机系统、闭路电视系统(含监视墙)、紧急电话系统(包括有线广播系统)、电源系统和综合控制台等，大屏幕投影系统、地图板、LED室内显示系统等可根据需要配置。

(1)大屏幕投影系统、地图板和LED室内显示系统的原则如下：

①监视墙上监视器数量比较多，且房间面积受限制，一般只考虑大屏幕投影系统，可根据情况设置LED室内显示系统。大屏幕投影系统可以采用100in(1in＝0.025 4m)或120in单屏或者50in，67in或等离子拼接等其他尺寸的组合，原则上100in及以上的屏幕不宜拼接使用。

②若大量使用大屏幕拼接系统，可与LED室内显示系统配套使用，但一般不再设置地图板。

③若采用少量的大屏幕投影系统(一般1块100in或以上尺寸，或者50in等其他尺寸2×2

组合)，房间空间允许的情况下，可与地图板配合使用，LED室内显示系统可根据需要配置。

(2)监视墙上的监视器配置原则：

①一般隧道口带云台的彩色摄像机图像采用“一对一”的显示；如果彩色图像比较多，可以一个隧道的彩色带云台摄像机图像对应一台或几台监视器上轮循显示。

②隧道内固定摄像机图像比较少，可以采用“一对一”的显示。

③隧道管理站管理隧道数量比较多，且隧道内固定摄像机图像也很多，一般监视器的数量按照最长隧道固定摄像机数量或最长隧道单洞的固定摄像机数量配置。正常情况下，每个隧道在几个监视器上轮循显示；异常情况下，所有监视器显示异常情况隧道的图像。

2)无监控值班人员

无监控值班人员的有人隧道管理站必须配置计算机系统、闭路电视系统、电源系统、综合控制台等。

一般计算机系统至少配置1台服务器、1台工作站；闭路电视系统可不设置监视墙，一般仅设置两台桌面监视器和1个控制键盘；综合控制台可以采用电脑桌代替。

2. 无人隧道管理站规模配置

无人隧道管理站规模配置一般分两种情况：一种是隧道管理站在隧道口附近，隧道管理站仅设置主本地控制器(带触摸屏)，有的还设置1台工作站或风机控制柜和照明控制柜；另一种是隧道管理站离隧道相对较远，隧道管理站的配置可参照无监控值班人员的有人隧道管理站情况配置，甚至可以更简单，只需配置满足隧道异常情况下救援使用的最少设备。

四、隧道管理站房建要求

1. 房建结构要求

隧道管理站一般设置隧道监控室、无人通信站、电源室和进线室等。根据隧道管理站的规模，如果隧道管理站为楼层结构，则一般电源室和进线室在一楼合用一间，正上方二楼为通信机房，隧道监控室在通信机房旁(建议在楼道的同一侧)。如果隧道管理站为平层结构，则一般进线室和电源室合用一间，旁边为通信机房和隧道监控室(建议在同侧)。

一般电源室和进线室合用一间，主要放置UPS和稳压电源，合建面积一般为15m^2(3m×5m)，屋外的电缆井应与进线室内的电缆沟相通；无人通信站的通信机房一般为15m^2(3m×5m)，楼层净空高度宜大于3.2m；隧道管理站监控室宜大于120m^2(12m×10m)(一般根据设备数量、设备布置来确定监控室的大小)，中间无柱子，楼层净高宜大于4.5m。如果电源室在二楼，则要求电源室的楼板能承受荷载达到1 000kg/m^2，其他机房楼板能承受荷载要求达到600kg/m^2。

2. 机房装修要求

机房装修应满足《电子计算机场地通用规范》(GB/T 2887—2000)、《电子计算机机房设计规范》(GB 50174—93)和《电子计算机机房施工及验收规范》(SJ/T 30003—93)的要求，根据隧道管理站监控室的特点提出如下要求：

(1)地面：活动静电地板，应符合《计算机机房用活动地板技术条件》(GB 6650—86)的要求。要求具有防静电性能，采用阻燃材料，并能防止工作时产生的震动。为满足敷设电缆要求，地板离地面距离一般为200～300mm，推荐使用300mm。

(2)墙面:采用不能燃烧的材料,平整、光洁、无裂缝、不反光、不积灰尘。监控室内防尘至少要求 B 级(一周内,设备上应无明显尘土)。

(3)顶棚:吊顶选用不起尘的吸声材料,装烟雾探测报警器,并符合《火灾自动报警系统设计规范》(GB 50116—98)的规定。

(4)门窗:控制室为内开双扇门,门宽不小于 1.8m,高 2.15m;当有外窗时应采用双层金属密闭窗,并避免阳光直射;当采用铝合金窗时,可采用单层密闭窗。

(5)照明:要求有足够的照明,光线分布均匀,照度 5～200lx 可调,应急照明保持 1h,且不小于正常照度的 10%。

(6)插座:单相 5A 插座至少 6 个(两极单相插座 3 个,三极单相插座 3 个),三相 10A 插座至少两个。

(7)温度:全年控制在 18～28℃;湿度:30%～70%;温度变化小于 10℃/h 时不得结露。

(8)噪声:监控室内噪声应小于 70dB(A)。

(9)机房应考虑通风、消防和火灾报警等设施,并符合现行消防规范的有关规定。

3. 走线要求

进线室外应分开设置强电(电力)管道井和弱电(信号)管道井,两井相邻边间距不小于 1m,尺寸推荐 2.1m×1.5m×2.17m(长×宽×高)(也可使用其他满足要求的尺寸),主线通信管道应引入弱电管道井内,强电应从配电房引入电力管道井内,两井通过至少 4×ϕ114 的钢管与进线室(电源室)内的电缆沟相连,进线室内的电缆沟应使用木板或其他材质板盖住,如图 27-3-5 所示。进线室至二楼机房的竖井内应设置桥架。

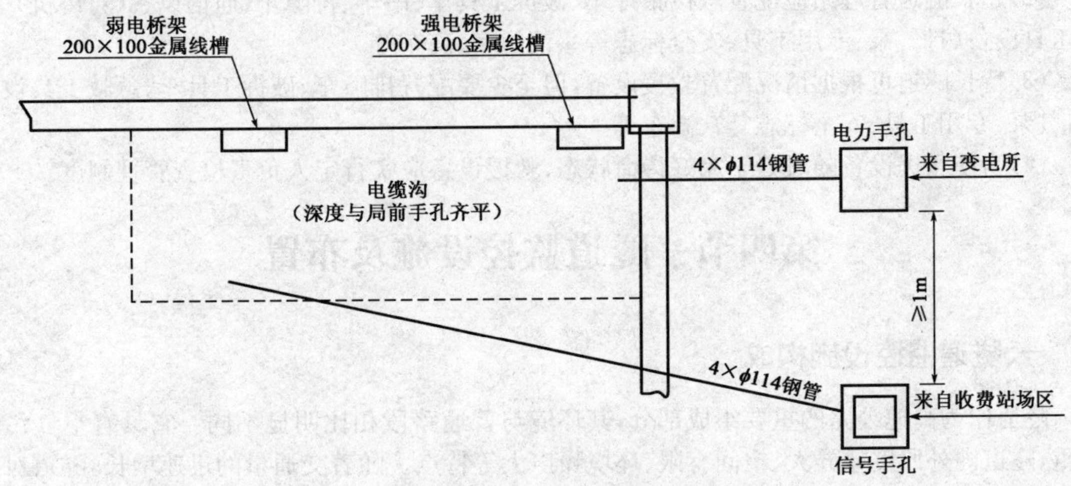

图 27-3-5　强弱电管道进线示意图

同一层的机房之间为了强、弱电缆走线方便,应在静电地板以下的墙上预留 200mm×100mm 的洞口,静电地板下的强、弱电缆应分别放在 200mm×100mm 的镀锌金属槽内走线,槽体厚度为 2mm,盖板厚至少为 1.5mm。

(1)场区管线之间的最小水平净距

强电管道与建筑物至少保持 1.2m,与给水管道、排水管道、煤气管道、热力管道、高压铁塔基础、弱电管道等至少保持 1.0m。

弱电管道与建筑物至少保持1.2m，与给水管道、排水管道、煤气管道、热力管道、高压铁塔基础、强电管道等至少保持1.0m，其中应与高压煤气管道至少保持2.0m。

(2)场区管线交叉时最小垂直净距

强电管道与给水管道、燃气管道的垂直净距至少保持0.15m，与排水管道、热力管道、弱电管道的垂直净距至少保持0.5m。

弱电管道与给水管道、排水管道、热力管道、燃气管道的垂直净距保持至少0.27m。

五、隧道管理站人员配置

(1)一般无人隧道管理站可不配备专职人员。

(2)有人隧道管理站宜根据其规模配备行政管理人员、专业技术人员、紧急救援人员。其中配备的人员应满足其日常运行、维护、养护和救援的基本需要。

(3)行政人员可根据工程所在地行政机关要求进行配置。

(4)专业技术人员应至少包括自动控制、电气、计算机、交通工程等维修维护技术人员。监控室值班人员可采用两人一班、二班三运转形式。

(5)根据救援需要，隧道管理站可配置专业的消防人员。

六、隧道管理站救援设备配置

(1)一般救援设备包括车辆设备(消防车、救援车、指挥与破拆工具车)、通信设备、报警设备以及急救工具等。

(2)超长隧道管理站应配置救援指挥车、破拆工具车、吊车、排障车、通信设备(对讲机)、急救工具设备(打气泵、专用工具、安全标志等)、消防车、高车等。

(3)特长隧道可根据情况配置救援设备，但至少要配置排障车、破拆工具车、急救工具设备(打气泵、专用工具、安全标志等)、高车等。

(4)为使救援设备随时处于完好待命状态，救援设备应实行定人负责检查管理制度。

第四节　隧道监控设施及布置

一、隧道监控设施构成

隧道作为高速公路的重要组成部分，其环境与普通路段相比明显不同。它具有空气污染严重、隧道内外照度差异大、空间有限、环境噪声大等特点。随着交通量的迅速增长，隧道对通行能力、行车速度、交通安全以及对突发事件的应急能力有很大影响。

隧道监控系统能对隧道区段的交通流、环境和路况进行实时监视，提取交通流及环境特征值，在交通拥挤未发生时，及时采取措施，调整交通量，防止交通事故发生；在偶然事件发生时，能及时检测并发出报警信号，通知有关部门进行事件处理，同时利用各种信息发布手段，通知道路使用者，避免产生二次事故，减少交通延误和交通阻塞。

隧道区段的监控设施一般包括监测设施、控制和诱导设施。监测设施一般由车辆检测设施、环境检测设施、视频监视设施和报警设施组成；控制和诱导设施包括紧急呼叫设施、信息发布及控制设施和本地控制设施等。

车辆检测设施包括车辆检测器、超高检测器、车温探测器、危险品探测器等。

环境检测设施一般包括光强检测器、一氧化碳(CO)/能见度(VI)检测器、风速风向检测器等。

视频监控设施主要包括带云台彩色摄像机、固定摄像机等。

报警设施一般包括紧急电话、视频事故事件检测、火灾检测器(含火灾报警按钮)、声光报警器等。

紧急呼叫设施包括隧道有线广播等。

信息发布及控制设施包括车道控制标志、交通信号灯、大型可变情报板、小型可变情报板(包括小型立柱式可变情报板、悬臂式可变情报板、隧道内可变情报板)、可变限速标志、洞口栏杆机、电光诱导标志等。

本地控制设施主要包括本地控制器及交换机等。

监控配电设施主要包括配电箱及缆线等。

二、隧道监控设施布置总原则

(1)隧道监控设备布置规模应根据隧道长度、交通量及事故率确定的等级,合理配置。

(2)隧道监控设备布置规模宜按预测的第 5 年交通量,隧道预留预埋宜按预测的第 20 年交通量。

(3)隧道设备配置可采用“一次设计、分期实施”的原则。

(4)隧道口设备的布置应考虑构造物、设备遮挡、司机视野、供电接地、挖方填方等问题,合理选择设备位置。

(5)隧道内设备的布置应考虑隧道弯度、坡度、净空、设备遮挡等问题,合理选择设备位置。

三、车辆检测设施

1. 车辆检测器

车辆检测器的种类很多,工作原理各异,主要为检测车辆的出现或存在,检测车辆的运动或通过。车辆检测器主要分为感应(环形)线圈检测器、磁性检测器、地磁检测器、雷达(微波)检测器、红外线检测器以及视频检测器等。

隧道内一般宜采用感应(环形)线圈检测器或视频检测器。隧道洞外一般宜采用感应(环形)线圈检测器、雷达(微波)检测器或视频检测器。

隧道内可以将感应(环形)线圈检测器和视频检测器混合使用。

一般情况下,感应(环形)线圈检测器的精度最高、稳定性最好,但需要切割路面埋设线圈且容易损坏。在不允许切割路面或超载车辆多路面维护频繁的地方,隧道内适于使用视频车辆检测器,隧道外适于使用雷达(微波)检测器或视频检测器;如果安装路段气候条件恶劣如雾、雨,则适于使用雷达(微波)检测器。

1)感应(环形)线圈检测器

(1)布置原则

①一般隧道洞口外应设置车辆检测器,其位置以距洞口 50m 左右为宜,或者转向车道处,

如果洞口外有构造物,应避开构造物设置。

②隧道内车辆检测器布置间距宜在300～750m。一般交通量大、货车比例高的隧道其布置间距宜偏小,交通量小的隧道其布置间距可适当增大或二期设置。

③隧道入口侧附近不宜布置,一般隧道内第一个车辆检测器离洞口至少200m。

④隧道内车辆检测器不宜布置在车行横洞、紧急停车带处。

⑤车辆检测器的位置可以和其他设备同址,共用预留洞室。

(2)设备功能及组成

感应(环形)线圈检测器的工作原理为当车辆通过埋设在道路表面以下,由几匝金属线绕成的环形线圈时,引起线圈中的磁通量变化,通过分析、处理形成交通量、平均速度、占有率、密度、车行方向等各种交通参数。

感应(环形)线圈检测器主要由探头(即环形线圈)、处理器两部分构成。处理器包括检测信号放大单元、数据处理单元、通信接口等。

(3)技术要求

感应(环形)线圈车辆检测器应满足标准《环形线圈车辆检测器》(JT/T 455—2001)的要求,特别要求如下:

①检测精度:二轮以上机动车辆数量精度≥98%。

②检测车辆速度范围:0～180km/h;检测精度:≥95%;检测车辆占有率精度:≥95%。

③具有能维持48h工作的后备电池。

④具有预处理功能,能按1min、5min、15min、30min和1h进行处理。

⑤具有存储功能,能存储7～30d的检测数据。

⑥同一车辆作用在相邻车道上的环形线圈上时,能进行分析处理,并判断成一辆车的信息。

⑦应能适应该车道改变行车方向的要求,能检测出行车方向。

⑧应能检测出两轮摩托以上的所有类型的机动车,拖挂车应能作为一辆车判断。

(4)安装方式

感应(环形)线圈检测器安装分两部分。环形线圈埋在路面6～10cm以下,处理器安装在路侧或隧道外侧壁的预留洞室内。

2)视频车辆检测器

(1)布置原则

①一般重点考虑在隧道入口、出口及下坡、弯道处为主设置。

②隧道内的视频车辆检测器应与隧道内视频监控共用固定摄像机,布置间距一般以2～4个固定摄像机的布设长度为宜,原则上不应超过6个摄像机间距。一般交通量大、货车比例高的隧道其布置间距宜偏小,交通量小的隧道其布置间距可适当增大或二期设置。

③隧道洞口外应单独设置视频车辆检测器,入口位置以距洞口300m外为宜,出口可距洞口30～50m,若无设置条件可适当移动。如果洞口外有构造物,应避开构造物设置。

④隧道入、出口及下坡、弯道处应重点兼顾。

(2)设备功能及组成

视频车辆检测系统由摄像机、视频处理器、计算机及传输设备组成。其摄像机与隧道内监视摄像机共用;计算机宜采用隧道管理站的隧道交通监控计算机来完成。

隧道内摄像机图像传输到隧道管理站后，经过视频分配器分配1路到视频车辆处理器；视频处理器将视频图像数字化，利用图形识别技术分析检测器代表区域的图像变化，从而得到交通数据，包括交通量、车速、占有率、车头距离、车型分类、车辆排队长度等，能够进行交通参数检测（交通量、车速和占有率）等。

目前，同时具备视频事故事件检测功能和视频车辆检测功能的设备，其精度、工作稳定性都存在一定的问题，建议采用视频事故事件检测器单独实现事故事件检测功能，而视频车辆检测器主要检测车辆信息，随着技术发展，如果同时实现两种功能的设备，其性能指标达到实际需要，则可采用。

（3）技术要求

在安装条件合格时，正常条件下（白天及夜晚）计数准确率为96%，非正常条件下计数准确率为93%。

检测速度范围1～180km/h，精度大于95%。

（4）安装方式

①隧道口外的视频车辆检测器的摄像机宜安装在路侧或中央分隔带立柱上，上下行车道分别安装。

②隧道内的视频车辆检测器的摄像机共用视频监控摄像机。

③视频车辆检测器处理器可安装在现场机箱（或预留掘洞）或隧道管理站机柜内，一般宜安装在隧道管理站机柜内。

3）雷达（微波）检测器

（1）布置原则

①隧道洞口外的雷达（微波）检测器，其位置以距洞口50m左右为宜，如果洞口外有构造物，应避开构造物设置，如果构造物延伸比较长，也可设置在构造物处，但需要和主体设计单位协调处置。

②雷达（微波）检测器设置处应防止其他设备或物体遮挡。

（2）设备功能及组成

微波检测器是一种用于检测交通状况的检测器。它利用连续频率调制波实现对多车道车辆的实时检测。微波检测器发射一束微波同时接收物体反射波，根据反射回来的波形及频率差异来判别车辆、车型、车速和划分车道。

目前，双雷达（微波）车辆检测器产品已广泛应用，其检测精度比较高，设计时应根据其性价比，合理使用。

（3）技术要求

①信号射角至少为65°。

②覆盖范围5～70m。

③最大可检测8条车道（含中央隔离带）。

④单车车速（侧向模式）检测精度达97%。

⑤单车道的车道占有率（侧向模式）检测精度达95%。

⑥单车道的车流量（侧向模式）检测精度达95%。

⑦应具备两个接口并分别用于上级数据传输和现场调试。

⑧安装高度7m左右，在护栏外安装，侧向距离小于2m。

(4)安装方式

微波交通检测器的安装方式可以分为正向安装和侧向安装。一般建议采用侧向安装方式。侧向安装需要考虑如下因素：

①需要检测的车道数和立柱的位置。

②中间隔离带和路肩宽度的影响。

对于中间隔离带过高、立柱没有足够的后置距离的情况，可采用双向安装，但要注意，如果分隔带宽度满足不了两个检测器水平相对安装的要求，则它们之间的错开垂直距离要大于 15m。

2. 隧道口超高检测器

1)设置原则

(1)超高检测器宜设在隧道入口前 250m 以外(入口有交叉道的置于交叉道前或整体式路基转为分离式路基前)的位置，以便被检测出超高的车辆有足够的时间处理或返回，同时超高检测器应与隧道口的情报板、固定标志、报警灯、有线广播等配套使用。

(2)如果进入隧道的车辆能通过收费站限高，隧道入口可不设超高检测器；但对于没有任何限制超高车手段的道路，宜在隧道入口设置超高检测器。

(3)超长隧道原则上应在入口前设置超高检测器及配套设备。

(4)隧道入口前如有构造物，应避开构造物设置。

(5)隧道群之间如果没有互通，原则上只设置在隧道群两侧，中间不宜再增加。

2)设置要求

超高检测器分为机械式和自动检测两种：

(1)机械式为利用隧道口门架上用钢绞线悬挂到限高高度上的钢板阻止车辆进入。

(2)自动超高检测由红外线发射器、接收器及多个环形线圈组成。发射器发射的光束定位在隧道限高上，由接收器接收，如果超高则光线被遮挡，为避免误报，设置环形线圈校验。另外还有超声波、微波和激光原理制造的自动超高检测器。

(3)一般隧道宜采用自动超高检测器。

3. 车温探测器、危险品探测器

(1)车温探测器和危险品探测器在 AA 级隧道的入口前可考虑设置。

(2)车温探测器和危险品探测器应考虑按照路线区段设置。

(3)车温探测器用来检测进入隧道的车辆及载货温度，防止车辆进入隧道后着火。

(4)危险品探测器用来检测进入隧道的车辆是否携带危险品，防止车辆进入隧道发生事故。

(5)车温探测器和危险品探测器应与相关监控设施以及道路、场区、房建等配套设置。

四、环境监测设施

1. 光强检测器

1)布置原则

(1)光强检测器宜安装在隧道入口内、外。一般辉度(亮度)计布置在隧道外，距离洞口一个停车视距，照度计布置在隧道内，距离洞口 20～25m。

(2)如果隧道口外地形限制可适当调整光强检测器的设置位置，但不宜离洞口太远，一般不宜超过一个停车视距。

(3)选择辉度(亮度)计位置时，应避免其他设施或构造物遮挡，检测器严禁太阳直射。

2)设备功能及组成

光强检测器主要由布置在隧道口外的辉度(亮度)计和布置在隧道口内的照度计组成。

辉度(亮度)计是用来检测隧道口外物体反射光的强度，能够在20°范围内对照度平均值进行连续测量，亮度等级是由一个嵌在金属或玻璃中的硅光电池来确定，传感器的使用与温度无关。辉度计还可配置有云台、清洗过滤元件和加热元件。

照度计是用来记录在水平表面的照明强度(入射光)，它主要是由一层防水瓷漆金属机壳并在上部表面内嵌硅二极管。光电管进行校准，可用于测量符合人类对光谱响应的照明强度(符合CIE标准)。

3)技术指标

辉度计的检测范围0～6 500cd/m²，信号输出4～20mA，测量角度为20°圆锥角，测量误差±1%，防护等级不低于IP65，利用云台可调整角度。

照度计的检测范围0～20 000lx，信号输出4～20mA，测量误差±1%，防护等级不低于IP65。

4)安装方式

辉度计宜采用立柱方式安装在路侧，安装高度3～5m，检测器探头方向指向洞口前方路面。

照度计宜安装在隧道外侧壁支架上3～5m的高度，且在建筑界限以外。

2.一氧化碳(CO)/能见度(VI)检测器

1)布置原则

(1)一氧化碳/能见度检测器测定隧道内一氧化碳浓度及灯光照明下的合成能见度。射流风机纵向通风的隧道在中部、弯道处及距出口100～150m处设置，长于1 500m的隧道可适当增设。

(2)一般隧道入口区段可不设置一氧化碳/能见度检测器。

(3)射流风机附近不宜设置一氧化碳/能见度检测器，一般在距风机30m的范围内不宜设置。

(4)车行横洞、人行横洞、紧急停车带处不宜设置一氧化碳/能见度检测器。

(5)有竖井通风的隧道宜在排风口前30m外设置。

(6)如通风控制需要，可按排烟区段设置一氧化碳/能见度检测器，如果区段划分较多时，可分期实施。

2)设备功能及组成

一氧化碳能见度检测器负责检测隧道内一氧化碳的浓度以及能见度值。目前检测器分为一体化检测器(CO和VI检测为一套设备)和分体检测器(CO和VI检测为两套独立的设备)。

分体检测器中的一氧化碳检测器又分为电化学检测和红外检测。

一体化检测器是指一氧化碳和能见度检测器设计在一套设备中实现，主要由发射/接收单元、反射单元、处理单元以及安装支架等组成。

目前国内一般宜使用一体化检测器。

3)技术指标

测量范围:CO 为 0～400ppm;VI 为 0～0.035m^{-1};

测量精度:CO 为±1ppm;VI 为±0.0001m^{-1};

模拟输出:4～20mA 隔离输出;

接口输出:RS232/RS485 标准接口;

防护等级:至少 IP65。

4)安装方式

一氧化碳/能见度检测器安装在隧道外侧壁支架上,距检修道 2.5～3m 的高度。

3.风速风向检测器

1)布置原则

(1)射流风机纵向通风的隧道在弯道处及距出口 100～150m 处设置;长于 1 500m 的隧道适当增设。有竖、斜井通风的隧道在排风口前和送风口 30m 外及送、排风口间的短道设置,应采用隧道两侧壁成对安装的设备。

(2)一般隧道入口区段不宜设置风速风向检测器。

(3)射流风机附近不宜设置风速风向检测器。

(4)车行横洞、人行横洞、紧急停车带处不宜设置风速风向检测器。

(5)如通风控制需要,可按排烟区段设置风速风向检测器,如果区段划分较多时,可分期实施。

(6)没有机械通风的隧道可不设风速风向检测器。

2)设备功能及组成

隧道风速风向检测器使用超声波技术测量空气流速及方向。目前,有两种风速风向检测器在国内广泛应用:一种由一个传送器和四个接收器安装在一个探头内,安装在隧道内一侧;另一种安装在隧道的两侧,包括两套发射/接收单元和一套处理器构成。

3)技术指标

测量范围:−30～+30m/s;

测量精度:±0.1m/s;

反应时间:10～300s;

模拟输出:4～20mA 隔离输出;

接口输出:RS232/RS485 标准接口;

防护等级:至少 IP65。

4)安装方式

(1)风速风向检测器有两种安装方式。

(2)一种安装在隧道外侧壁支架上,距检修道 2.5～3m 的高度。

(3)另一种安装在隧道内外两侧的支架上,两探头与隧道纵向中心线夹角为 30°～60°,以 45°为宜,且不能侵占建筑界限。

五、视频监控设施

这里视频监控设施主要介绍隧道监控摄像机。

1. 布置原则

(1)隧道外摄像机宜设置在距隧道入口、出口 100～250m 处，能清楚看清隧道入口、出口二个洞口外的全貌。

(2)如果隧道一侧的入口、出口相距较远或设置 1 台摄像机很难无盲区监视，原则只在入口设摄像机。

(3)隧道口前如有构造物，应避开构造物设置。

(4)隧道入出口前的线形如有弯道，设置时应考虑监视效果，避免盲区。

(5)隧道内摄像机宜从入口(以隧道洞口顶部为基准)2.0m 采用 100～200m 的布置间距，实现无盲区监控，一般推荐 120～150m 布置间距。

(6)隧道内曲线段应根据实际情况加密设置摄像机，避免监视盲区。

(7)隧道内摄像机布置宜考虑较好监视紧急电话、紧急停车带、人行横洞、车行横洞等。

(8)隧道内如有风机房、配电房，原则上也应设置摄像机监视。

2. 设备分类

隧道监控摄像机分带云台彩色摄像机和固定摄像机。带云台彩色摄像机主要应用在隧道洞口外，监视隧道口的情况，也可用于隧道内车行横洞、配电房、风机房处。固定摄像机主要负责全程监视隧道内的各种情况，分彩色和黑白两种固定摄像机。

3. 带云台彩色摄像机

带云台彩色摄像机由摄像头、镜头、云台、防护罩、解码器等组成。视频图像以及控制信号通过传输系统传送到隧道管理站的闭路电视系统，通过闭路电视系统完成对带云台彩色摄像机的遥控。隧道口也可采用球形一体化摄像机，但一般情况下建议选用带云台彩色摄像机(枪机)。

1)摄像头

摄像头又称 CCD(Charge Couple Device)即电荷耦合器件。CCD 工作原理是：被摄物体反射光线，传播到镜头，经镜头聚焦到 CCD 芯片上，CCD 根据光的强弱积聚相应的电荷，经周期性放电，产生表示一幅画面的电信号，经过滤波、放大处理，通过摄像头的输出端子输出一个标准的复合视频信号。CCD 应考虑如下方面：

(1)制式

我国采用 PAL 制式(黑白为 CCIR)，标准为 627 行，50 场。日本为 NTSC 制式，527 行，60 场(黑白为 EIA)。

(2)CCD 芯片

CCD 尺寸比较多，有 2/3 寸(8.8mm×6.6mm)、1/2 寸(6.4mm×4.8mm)、1/3 寸(4.8mm×3.6mm)和 1/4 寸(3.2mm×2.4mm)等几种。隧道口的摄像机宜采用 1/2 或 1/3 寸；CCD 的分辨率一般要求 500 线左右；最低照度一般至少为月光型 0.1lx，见表 27-4-1；信噪比一般要求大于 48 分贝；电源一般要求交流 220V、24V，直流 12V 或 9V。

照度等级对照表　　表 27-4-1

照度等级	照度描述
普通型	正常工作所需照度 1～3lx
月光型	正常工作所需照度 0.1lx 左右
星光型	正常工作所需照度 0.01lx 以下
红外型	采用红外灯照明，在没有光线的情况下也可以成像

2)镜头

(1)镜头种类

镜头按照焦距分：广角镜头、标准镜头、长焦距镜头；按照动作方式分：手动镜头、电动镜头；按照安装方式分：普通安装镜头、隐蔽镜头(针孔镜头)；按照光圈分：手动光圈、自动光圈；按照聚焦方式分：手动聚焦、电动聚焦、自动聚焦；按照聚焦倍数分：2 倍、6 倍、10 倍、16 倍、20 倍等。

隧道带云台彩色摄像机一般采用电动变倍、变焦、自动光圈镜头，至少 20 倍聚焦倍数。

(2)镜头指标

焦距一般选用 10～200mm，焦距计算公式为：

$$f=vD/V \text{ 或 } f=hD/H \quad (27\text{-}4\text{-}1)$$

式中：f——焦距；

v——CCD 靶面垂直高度；

V——被观测物体高度；

h——CCD 靶面水平宽度；

H——被观测物体宽度；

D——被摄物体至镜头的距离。

光圈镜头一般分视频(VIDEO)驱动型和直流(DC)驱动型，隧道一般采用直流(DC)驱动型。

一般采用 16 倍以上的电动镜头，建议采用 20 倍的电动镜头。电动镜头的控制电压一般是直流 8～16V。

镜头安装方式为 C 或 CS 两种，两者螺纹均为 1in32 牙，直径为 1in，差别是镜头距 CCD 靶面的距离不同，C 式安装座从基准面到焦点的距离为 17.562mm，比 CS 式距离 CCD 靶面多一个专用接圈的长度，CS 式距焦点距离为 12.5mm。具体采用何种方式应与摄像头配套，目前一般采用 CS 安装方式。

3)解码器

解码器的功能是把视频切换控制器的控制码转换成模拟信号输出，提供云台 24V 或 220V 交流电压，镜头 12V 直流电压，辅助 24V 交流电压，有的还提供 12V 直流供电。

解码器分室内型和室外型两种。隧道采用室外型，并需要一个机箱来放置解码器，机箱防护等级要求至少 IP65。

解码器到云台、镜头的连接线不宜太长，因控制镜头的电压为 12V 左右，传输太远电压降太大，会导致镜头不受控制。另外，解码器应与视频切换控制器相匹配，才能识别视频切换控制器的控制命令。

4)云台

能够承载摄像机进行垂直及水平移动的装置称作云台。云台根据负重分为轻载云台，最大负重 20b(9.08kg)；中载云台最大负重 50b(22.7kg)；重载云台最大负重 100b(45kg)；另外还有防暴云台(可负重 100b)。根据使用环境分室内云台和室外云台。云台的使用电压有交流型和直流型，交流云台适用于定速操作，直流型适用于变速操作，速度快。隧道口的摄像机一般使用交流云台，也可选择直流云台(采用太阳能供电的摄像机宜采用直流云台)。

5)防护罩

防护罩是用来保护摄像机及镜头不受诸如有害空气、天气及人为有意破坏等环境条件的影响。防护罩分室内型、室外型、防暴型以及高度安全型等。隧道洞口带云台彩色摄像机宜采用室外型防护罩，并且防护罩根据需要可选择带有风扇、加热器、窗口除霜器、遮阳罩、清洗器等配件，以便能承受一定程度的温度、湿度、雨水及日照。

4. 固定摄像机

隧道内采用固定摄像机进行监控，固定摄像机分为彩色固定摄像机和黑白固定摄像机。固定摄像机主要由摄像头、镜头、防护罩、支架等组成。隧道内视频图像通过传输系统传送到隧道管理站的闭路电视系统，然后在监视器、大屏幕投影上显示，录像机录像。

固定摄像机的摄像头与带云台彩色摄像机的摄像头一样，如果采用固定黑白摄像机，摄像头的分辨率一般要求 570 线左右，照度一般至少为 0.1lx。

固定摄像机使用固定焦距自动光圈镜头，镜头的大小依摄像机的设置间距而定，一般使用 8～50mm 段的镜头，目前国内在 120～150m 的间距使用时大部分采用 12mm 的镜头，也有部分使用 8mm 的镜头。

固定摄像机的防护罩一般不带风扇、窗口除霜器、遮阳罩、清洗器等，但要求密封性好，防护等级达到 IP65，在寒冷地带应配置加热器。

固定摄像机的支架宜采用铝或钢制支架，也可根据现场实际情况自制支架，但应考虑支架的承重。

5. 安装方式

隧道洞口外的摄像机采用路侧立柱安装。一般采用热浸镀锌钢杆，高度一般为 8～10m，下部可用 $\phi \geqslant 327$mm(壁厚≥7.5mm)，上部可用 $\phi 203$mm(壁厚≥7.5mm)钢管，并采取防止立杆抖动的措施。立柱也可采用水泥杆。

隧道内摄像机安装在隧道外侧壁的支撑架上，距路面高度至少为 5.0m 以上，检修通道正上方，照明灯具下方。如考虑采用视频事故事件检测功能的摄像机，则宜安装在外侧车道中间线上方。

六、报警设施

1. 紧急电话

1)布置原则

(1)隧道内紧急电话宜采用 200m 左右布置间距，原则上不能超过 250m。

(2)隧道内紧急电话应优先考虑在紧急停车带内靠行车方向上游的一角处设置。

(3)隧道入口、出口内 200m 范围内不宜设置紧急电话。

(4)隧道入口、出口外约 10m 应各设置 1 台紧急电话。

2)技术要求

紧急电话按照传输媒质、传输方式、结构、材料分为:电缆紧急电话、光缆紧急电话和无线紧急电话三种。隧道主要采用电缆和光缆两种。一般隧道采用光缆型紧急电话和有线广播系统综合应用平台。

光缆型紧急电话采用光缆作为传输介质;紧急电话和其控制主机之间的传输损耗≤30dB,3 000Hz;距紧急电话机前方 40cm 处测得的额定声能级应优于 90dBA;采用低压集中供电方式(标准电压−48V)或由太阳能供电,防护等级不低于 IP65;具备排队报警、呼叫、地址码显示、语音提示、故障报告、取消呼叫、打印报告、定时自检、手动自检、加电自动恢复等功能。

3)安装方式

(1)隧道入、出口外的紧急电话安装在路侧,应设置紧急电话平台和保护使用人员安全的设施。

(2)隧道内的紧急电话安装在隧道外侧的预留洞室内,一般宜采用 2.0m(高)×1.0m×1.0m的洞室,电话高度要求 1.2～1.5m 为宜,要求使用人员能在洞室内方便使用,并且洞室要求带照明和隔音门。

(3)紧急电话控制主机一般安装在隧道管理站或(分)中心。

2.视频事故事件检测器

(1)视频事故事件检测器一般由摄像机、分析处理器构成,其中摄像机与隧道内固定摄像机共用,视频事故事件检测布置间距根据投资规模确定。

(2)视频事故事件检测器应满足如下技术要求:

①可检测停车、拥阻、逆行、车速过低、路面落物及隧道内行人等工况。

②反应时间:事故事件发生起 10～120s 内可调。

③检测精度:正常照明情况下事故事件检测精度为 90%;车流量参数精度为 90%;占有率精度 90%。

④报警输出:报警信息 RS232/RS485 标准接口或以太网口,图像记录 3min(事故事件前 1min 后 2min)以上数字图像。

(3)视频事故事件检测器应按照如下方式安装:

①隧道内摄像机:检测距离 100～150m(镜头 16～25mm,安装高度大于 5m)。

②隧道口带云台遥控摄像机安装要求同 25.4.5。

③分析处理器安装在隧道监控室内。

3.火灾探测器

1)布置原则

(1)线型火灾检测器宜沿隧道连续布置。

(2)点型火灾检测器宜以 50m 间距连续布置。

(3)点型火灾检测器由于受洞口的太阳光等影响,一般隧道口 15m 以内不设置检测器。

(4)火灾报警按钮宜按约 50m 的间距布置,一般与消火栓同址设置。

(5)声光报警器在隧道内宜与火灾报警按钮同址设置。

(6)在隧道管理站和(分)中心的监控室内必须设置声光报警器。

(7)隧道地下附属用房内一般宜设置点型火灾检测器。

(8)隧道管理站、配电房等房建内的火灾探测一般由房建设计单位参照相关标准规范一并考虑。

2)设备分类及选用原则

(1)设备分类

在隧道中常用的自动火灾探测器按原理分为两类:线型探测器和点型探测器。线型探测器主要产品包括热敏合金检测器、空气管差温探测器和光纤感温探测器;点型探测器主要包括双波长、三波长火焰探测器。

(2)选用原则

空气管差温探测器在早期隧道中采用,目前不推荐使用,对于已采用的隧道如需要改造,则可根据设备情况,完善或更新。

目前光纤感温探测器和双波长火焰探测器使用比较广泛。光纤感温探测器安装和维护方便,但报警灵敏度、定位精度比双波长火焰探测器稍差;双波长火焰探测器需要预留预埋且需后期清洁维护,设计者应根据各地的实际情况,选用合适的检测器类型。

火灾报警设施必须选用通过国家消防系统检验的产品。

3)热敏合金检测器

(1)设备功能及组成

热敏合金检测器一般安装在隧道顶部。热敏合金检测器可将现场温度值转换为自身的特性值,下位机将此特性值转换成数字量,并经通信总线送至火灾报警控制器,控制器将收到的数字量还原成温度值,进行显示、分析和处理。

热敏合金检测器主要由火灾报警控制器、下位机、线型感温火灾探测器、中继器、分支器、手动报警按钮、声光报警器等组成。

(2)技术指标

测量精度±1℃,测温分辨率 0.1℃,火灾报警反应时间(从隧道内产生火灾到隧道管理站产生报警信号所需时间)<60s。

4)空气管差温探测器

(1)设备功能及组成

空气管差温探测是利用温度上升使铜管内空气膨胀产生推力,压力变送器将该推力转化为开关量信号报警。

空气管温差型火灾检测器主要由火灾报警控制器、下位机、铜管探测器、手动报警按钮、声光报警器等组成。

(2)技术指标

工作电压 DC28V,响应时间<30s,寿命不应低于 10 年。

5)光纤感温探测器

(1)设备功能及组成

光纤感温探测器分为两类:一类为拉曼光纤测温系统;另一类为光栅。

光纤感温探测器(拉曼类)主要依据是光纤的光时域反射(OTDR:Optical Time Domain Reflectometry)原理以及光纤的后向拉曼散射(Raman Scatforing)温度效应,激光光源沿着光纤注入光脉冲，脉冲大部分能传到光纤末端并消失，但一小部分拉曼散射光会沿着光纤反射回来，对这一后向散射光进行信号采集并在光电装置中进行分析，从而提供给用户有关温度的信息。

光纤感温探测器（光栅类）主要是利用光纤光栅的温度敏感性，光纤光栅的反射波长与温度具有线性关系，可制作高精度温度传感器。

光纤感温型火灾检测器主要由火灾报警控制器、手动火灾报警按钮、声光报警器、光纤式温度探测系统（软件）、探测光缆及连接电缆、配线及必要的附件等构成。

(2)技术指标

①光纤感温探测器（拉曼类）

测量距离：1～6km；

取样间隔：1m；

定位精度：1m；

温度分辨率：0.1℃；

温度精度：±1℃；

测量时间：小于5s/通道；

工作电压：24VDC；

功率：25W（最大工作功率），30W（最大预热功率）；

工作温度：－10～＋50℃；

湿度：＜90%RH（无凝露）；

接口：两个RJ45，两个RS232，1个VGA/CRT标准接口，1个USB标准接口，1个RS485接口；

主机能对光纤断裂点自动检测和报警；

LED功能指示：电源显示、系统故障、光纤故障和温度报警；

断电保护功能：测温主机内置蓄电池，保证长期温度测量的准确性；

感温光缆外部直径：3.0mm；

探测温度：－40～＋90℃（长期），120℃（≥48h）；

光缆结构：0.6mm紧套光纤＋不锈钢螺纹管＋KEVLAR＋不锈钢编织＋PVC护套；

光缆护套：低烟无卤，阻燃型材料；

抗拉强度：工作时最大600N；敷设时最大1 000N；

抗压强度：工作时1 000N/100mm；敷设时3 000N/100mm；

光纤损耗：≤1dB/km，每个点的熔接损耗不得大于0.1dB，每断点处加装光纤接续盒；

弯曲半径：工作时为光缆直径的10倍，敷设时为光缆直径的20倍；

感温光缆具备良好的抗咬、抗震特性、防护特性，以及良好的温度传导性能，以保证快速的火灾探测。

②光纤感温探测器（光栅类）

a.全同光栅类

检波范围1 284～1 308nm；波长测量准确度±5pm；响应时间2s；感温探头点间距6.6m；15个感温探点为一个防火分区（100m一个分区）；一条光路上共计60个点，划分为4个防火分区。

b. 独立光栅类

a)光纤光栅信号处理器

可以实时显示各传感器温度；

每通道最大测点数:40；

通道数:1～128 通道；

扫描方式:同步扫描(非光开关轮询方式)所用的通道采用一定的频率进行同步扫描；

通道采样频率:(128 通道下以 1Hz 的频率进行扫描)1Hz；

波长测量范围:1 520～1 590nm；

波长分辨率:1pm；

波长重复性:2pm；

波长精度:±3pm(常温典型值)；

动态探测范围:输出光信号功率:0～20dB,可探测的输入光信号功率:60dB(允许光纤线路损耗接近 40dB,也即 10 000 倍)；

测温精度:±1°；

工作温度范围:－5～50；

电源:220V/AC 或 24V/DC；

计算机接口:10/100M 以太网、RS232、RS485；

软件:基于 WINDOWS 操作系统；

增强功能:支持光谱仪功能,可直接分析、定位传感器及光纤线路故障；

LED 功能指示:电源显示、系统故障、光纤故障和差/定温报警；

断电保护功能:测温主机内置蓄电池,在主机失去外电时,能够正常工作 8h(具体根据用户要求配备)；

主机具有自动增益温度校准功能,保证长期温度测量的准确性。

b)光纤光栅温度传感器

量程:－50～＋120℃；

测温精度:±1°；

光栅中心波长:1 520～1 590nm；

光栅反射率:≥80％；

规格尺寸:80mm×ϕ8mm；

定位精度:≥5m；

封装方式:金属封装方式；

安装方式:埋入、表面安装；

传感头引出线:耐老化铠装光缆；

防护等级:IP67。

6)双波长火焰探测器

(1)设备功能及组成

双波长火焰探测器利用火的特定波长及火焰闪烁频率判定火灾,不受隧道内风速影响,响应速度快,但烟大无火焰的火灾不易及时发现。

双波长火焰型火灾检测器主要由火灾报警控制器、火灾探测器、手动报警按钮、声光报警器、转换器、避雷箱、接线盒等构成。

(2)技术指标

火灾探测器输入电压为DC18V～DC30V，视角范围≤120°，响应时间：在距离30m，0.5m² 汽油火下响应时间＜10s，在距离60m，0.5m² 汽油火下响应时间＜20s。可靠的故障自诊断，自动根据探测窗口污染情况调节探测器灵敏度，污染度低于50%时探测距离无变化。火灾报警按钮应可重复使用。

7)混合型自动火灾检测器

光纤感温探测器(拉曼类)与双(三)波段火焰探测器组合，共用一套主机及传输设备。

系统监测距离：1～6km；

定位精度：±1m；

温度精度：±1℃；

测温范围：－190℃～＋490℃；

光缆通道数：两通道；

用户可设定防区数：500个；

每回路双(三)波长火焰探测器总容量：≥200个；

火灾综合响应时间：≤10s。

现场数据采集器用于采集现场火焰探测器数据，既可以把数据传到复合式系统主机，也可以按照客户的要求，把数据单独送到客户指定控制器上，数据传输方式可以是RS485或CAN。

现场数据采集器使用电压：18VDC～32VDC；

现场数据采集器使用温度：－40～85℃；

现场数据采集器防护等级：IP65；

双(三)波长火焰探测器使用电压：18VDC～32VDC；

双(三)波长火焰探测器使用环境温度：－40～85℃；

双(三)波长火焰探测器使用环境湿度：95%；

双(三)波长火焰探测器防护等级：IP65；

双(三)波长火焰探测器视场角：水平180°；

主机工作温度要求：0～＋50℃；

主机工作环境湿度：95%；

主机电源参数：185VAC～265VAC/50Hz/60W；

主机通信接口：RS232、RS485、以太网、继电器；

主机质量：10kg；

继电器数量：内置32路，可与各有关设备连动，并配有继电器扩展模块可根据要求进行扩展；

主机能对光纤断裂点自动检测和报警；

LED功能指示：电源显示、系统故障、光纤故障和温度报警；

断电保护功能：测温主机内置蓄电池，在主机失去外电时，能够正常工作8h；

主机具有自动增益温度校准功能，保证长期温度测量的准确性。

8)声光报警器

(1)设备功能及组成

当隧道发生火灾时双波长火焰探测器或手动报警按钮报警并确认后，安装于现场的声光报警器由火灾报警控制器联动，发出声光报警信号，以达到提醒现场人员注意的目的。

声光报警器一般与火灾报警控制器连接，受火灾报警控制器控制。

(2)技术指标

工作电压 DC10V～DC28V；额定电流≤75mA；闪光强度≥75cd；报警声压≥96dB；防护等级不低于 IP65。

9)安装方式

(1)线型火灾探测器宜安装在隧道顶部。

(2)点型火灾探测器宜安装在隧道外侧壁，安装高度一般为 1.3～1.5m。

(3)手动报警按钮宜安装在隧道外侧壁，安装高度一般为 1.3～1.5m，间距 50m，一般与消防栓同址。

(4)火灾报警主机一般设置在隧道口附近的隧道管理站或配电房等的墙上，其底边距地面高度宜为 1.3～1.5m，其靠近门轴的侧面距墙不应小于 50cm，正面操作距离不应小于 1.2m。如无隧道管理站或配电房，则宜安装在隧道外的机箱内或隧道口的预埋洞室内。

七、紧急呼叫设施

这里紧急呼叫设施主要介绍隧道广播。

1.布置原则

(1)隧道广播应分音区设置以避免混响。

(2)隧道内扬声器布置间距不宜超过 100m，一般根据扬声器功率大小选择合适的距离。一般 20W 的扬声器布置间距宜选择 50m。扬声器指向行车方向。

(3)隧道口外应设置 30W 扬声器。

(4)车行横洞、人行横洞处可设置扬声器。

(5)在有斜、竖井通风的风机房内宜设置扬声器，隧道内如果有配电房或其他设备间等也应设置扬声器。

(6)隧道入口外应配套设置广播标志，尤其设置无线广播时，应明确标出频段。

2.设备功能及组成

隧道广播实现紧急事故或火灾等情况下，值班员向隧道口及隧道内司乘人员喊话，向隧道区段传递信息、进行避难导向。平时也可作为传递公路养护施工状况或交通信息。

隧道广播分为有线广播和无线广播。国内隧道宜使用有线广播，特殊情况下可使用无线广播电台。

有线广播通常和紧急电话合用成为一套综合系统。隧道区段的有线广播一般采用强指向号角扬声器。由于隧道内的恶劣环境，隧道内有线广播的扬声器的设置间距目前仍然没有很好的解决，在此建议：如果扬声器功率采用 30W，则布置间距宜为 100m；如果扬声器功率采用 20W，则布置间距宜为 50m，每个音区应不超过 200m。

无线广播一般采用中波无线调频广播。在隧道内侧壁上方应敷设一根漏泄电缆或在隧道口和隧道内适当位置纵向架设定向天线来解决隧道内无线信号传输。驾乘人员通过车载接收器收听隧道区段消息。

3. 技术指标

语音频带 300～3 400Hz；单个广播额定声压级强度≥110dBA（广播正前方 100cm 处测得）；扬声器为强指向扬声器；最大允许线路衰耗 30dB(3 000Hz)；声音清晰，无混响；录音存储时间≥500h；有线广播具备全呼、组呼和单呼功能，防护等级不低于 IP65。

4. 安装方式

(1)隧道内的扬声器宜安装在隧道外侧壁的支架上，一般在检修道上方 2.5～3.0m。

(2)隧道口外扬声器可采用立柱安装或安装在隧道口侧壁的支架上，安装在立柱上的扬声器应不低于 8m。

(3)隧道口外扬声器可安装在洞口外的摄像机等立柱上。

八、信息发布及控制设施

1. 大型可变情报板

1)设置原则

(1)大型可变情报板宜设置在隧道入口前 250m 以外的位置。

(2)如果隧道口前有转向或交叉车道，则大型可变情报板应设置在其之前。

(3)隧道入口前如有构造物，应避开构造物设置。

(4)隧道入口前的线形如有弯道，设置大型可变情报板时应考虑驾驶员视认效果，避免遮挡驾驶员视线，一般要求视距应不小于 250m。

(5)严禁大型可变情报板与安全标志牌或其他设施相互遮挡。

(6)大型可变情报板设置时宜避开不利于施工安装和维护的高填方区和挖方区。

(7)两隧道间距 300m 以下者，其间不应设置大型可变情报板，由上一隧道的可变情报板完成信息提示。

(8)考虑到大型可变情报板的用电负荷很大，在设备布置时应权衡电源引电的距离与设备显示效果的性价比。

2)设备功能及组成

大型可变情报板一般设置在隧道口，以便在天气、交通等异常时及时向驾驶员提供信息。一般根据隧道长度、交通量大小决定是否设置大型可变情报板。

大型可变情报板由显示屏体、控制器（内含软件）、驱动器、配电箱、龙门架等组成。大型可变情报板根据显示颜色分为全彩色、双基色和单色三种形式。一般大型可变情报板使用双基色，如果造价允许，可以采用全彩色。

3)技术要求

大型可变情报板应满足交通行业标准《高速公路 LED 可变信息标志技术条件》(JT/T 431—2000)。

一般两车道的大型可变情报板采用 10～11 个显示单元，三车道显示单位可适当增加，每个单元显示尺寸 1m×1m，每个汉字一般由 32×32 点阵组成，汉字显示大小也可自由编辑。整屏亮度＞8 000cd/m^2，至少 4 挡亮度自动调节，可视距离≥270m，半功率角为 15°，失效点＜

0.1%，外壳防护等级应达 IP65，具备故障自检功能以及亮度调节功能。

大型可变情报板显示单元数量也可根据车道数适当调整。

4）安装方式

大型可变情报板宜采用门架方式安装。

2. 小型可变情报板

1）设置原则

(1)小型立柱式可变情报板或悬臂式可变情报板宜设在隧道入口前 250m 以外的位置。

(2)隧道入口前如有构造物，应避开构造物设置。

(3)隧道入口前的线形如有弯道，设置时应考虑驾驶员视认效果，避免遮挡驾驶员视线。

(4)严禁小型立柱式可变情报板或悬臂式可变情报板与安全标志牌或其他设施相互遮挡。

(5)小型立柱式可变情报板或悬臂式可变情报板设置时宜避开不利于施工安装和维护的高填方区和挖方区。

(6)标志板靠路侧一面边缘距土路肩外边缘至少保持 25cm 距离。

(7)根据交通量，隧道内可变情报板其间距宜在 1 000～3 000m，也可根据造价情况，调整间距或二期设置；另外也可考虑在车行横洞前方设置，靠近出口位置不宜设置。

(8)隧道内可变情报板设置时应考虑隧道内的弯道对驾驶员视野的影响。

(9)严禁隧道内的可变情报板与隧道内其他设施相互遮挡，距风机出风口距离应大于 30m。

(10)两隧道间距约 300m 以下者，其间不应设置小型可变情报板，由上一隧道的可变情报板负责信息提示。

2）设备功能及组成

小型可变情报标板用来根据外场、隧道内的环境、交通实际情况及时向驾驶员提供信息，包括显示车辆速度限速值。

小型可变情报板分为小型立柱式可变情报板、悬臂式可变情报板以及隧道内可变情报板。其根据显示颜色分为全彩色、双基色和单色三种形式。双基色小型可变情报应用较多，如果造价允许，也可以采用全彩色。

小型可变情报板由显示屏体、控制器(内含软件)、驱动器、配电箱、立柱或支架等组成。

3）技术要求

小型可变情报板应满足交通行业标准《高速公路 LED 可变信息标志技术条件》(JT/T 431—2000)。

小型立柱式可变情报板：一般显示面积为 1.6m×1.6m，外形尺寸 2m×2m；整屏分辨率为 48×48；一般能显示汉字(至少 4 个汉字)、字母、图案、限速值及全黑等，可全屏编辑，每个汉字分辨率为 24×24；全屏亮度≥8 000cd/m²；可视距离至少 200m(车速 100km/h)，可视角 30°；防护等级 IP65，具备故障自检功能。

悬臂式可变情报板：一般显示尺寸 1.2m×2.4m；分辨率为 48×96；可全屏编辑，能显示汉字(至少 8 个汉字)、字母、图案、限速值及全黑等；每个汉字的分辨率为 24×24；全屏亮度≥8 000cd/m²；可视距离至少 200m(车速 100km/h)，可视角 30°；防护等级 IP65，具备故障自检功能。显示面积也可使用 1.6m×3.2m 等尺寸。

隧道内可变情报板：一般悬挂在隧道顶部，可显示两行 8 个 24×24 的汉字，也可全屏编辑，一般显示尺寸 1.2m×2.4m。全屏亮度≥3500cd/m²；半功率角 15°；防护等级 IP65，具备故障自检功能。显示面积也可使用 1.6m×3.2m，1.0m×3.0m 等尺寸。

4)安装方式

(1)小型立柱式可变情报板或悬臂式可变情报板宜采用路侧立柱安装方式。

(2)隧道内可变情报板宜悬挂在隧道顶，建筑界限以上的位置。

3. 可变限速标志

1)设置原则

(1)可变限速标志宜设在隧道入口前 250m 以外的位置，可与可变情报板合并设置。

(2)隧道入口前如有构造物，应避开构造物设置。

(3)隧道入口前的线形如有弯道，设置时应考虑驾驶员视认效果，避免遮挡驾驶员视线。

(4)严禁可变限速标志与安全标志牌或其他设施相互遮挡。

(5)两隧道间距约 300m 以下者，其间不应再设置可变限速标志，由上一隧道的可变情报板或可变限速标志负责信息提示。

(6)可变限速标志设置时宜避开不利于施工安装和维护的高填方区和挖方区。

(7)在 A 或 AA 级隧道内可设置可变限速标志，其间距宜在 1 000～2 000m，也可根据造价情况，调整间距或二期设施，但靠近出口位置不宜设置。

(8)隧道内可变限速标志设置时应考虑隧道内的弯道对驾驶员视野的影响。

(9)严禁隧道内的可变限速标志与隧道内其他设施相互遮挡。

2)设备功能及组成

可变限速标志用来限制车辆速度，使隧道内行使车辆的平均速度与车道占有率适应，避免或缓解隧道内的交通拥挤、阻塞。

可变限速标志由标志板、控制箱、安装连接件等组成。标志板由显示屏、机壳组成，其中显示屏由图形外圈、数字字符及其支撑底板构成。

3)技术要求

可变限速标志应满足交通行业标准《高速公路 LED 可变限速标志技术条件》(JT 432—2000)。

可变限速标志分为方形和圆形两种，按图形外圈尺寸一般分为 ϕ1 200mm，ϕ1 400mm，ϕ1 600mm三种。

半功率角不小于 15°，动态视认距离不小于 210m，应至少显示 5、10、15、20、30、40、50、60、80、90、100、120 等内容，且能控制全亮与全灭，具备故障自检功能。

4)安装方式

(1)隧道口外的可变限速标志宜采用路侧立柱方式安装。

(2)隧道内宜安装在外侧壁，建筑界限以外，高度至少 2.5m，也可悬挂在隧道顶部右侧。

4. 车道控制标志

1)布置原则

(1)隧道入口、出口内 3～7m 处应设置车道控制标志。

(2)隧道内车行横洞前应设置车道控制标志。

(3)隧道内也可以设置300～800m间距无盲区,在弯道处可适当调整。

(4)严禁车道控制标志与隧道内其他设施相互遮挡。

2)技术要求

车道控制标志宜设在隧道入口处及隧道内,每车道的上方由红"×"或绿"↓"表示车道封闭、开启,为使隧道在异常情况时安全反向行车,车道控制标志宜采用双面式。

车道控制标志一般由显示屏、灯箱以及安装连接件等组成。一般采用600mm×600mm,600mm×700mm,700mm×700mm等尺寸。车道控制标志分为LED和光纤两种型号。一般宜采用LED型,防护等级不低于IP65。

3)安装方式

车道控制标志宜采用悬挂方式安装在隧道顶部,建筑界限以外,垂直投影在路面车道中心线。

5. 交通信号灯

1)设置原则

(1)交通信号灯宜安装在隧道入口,联络道(转向车道)前。

(2)隧道入口前,整体式路基与分离式路基交界处,也可设置交通信号灯。

(3)隧道入口前如有构造物,应避开构造物设置。

(4)隧道入口前的线形如有弯道,设置时应考虑驾驶员视认效果,避免遮挡驾驶员视线。

(5)严禁交通信号灯与交通标志等设置相互遮挡。

(6)AA、A级隧道口信号灯架上应加设声光报警黄闪灯。

2)技术要求

交通信号灯用来控制隧道口的交通流的流向、流速以及启停等。

交通信号灯由显示灯、立柱、安装支架等构成。隧道口的交通信号灯一般由红、绿、黄灯以及左转向箭头组成显示灯。显示灯有灯泡和LED两种,一般采用LED像素组成。

每个信号灯的直径为300mm,接口为RS232/RS485,最远可见度≥200m,防护等级不低于IP65。

3)安装方式

交通信号灯安装在路侧,以立柱方式或悬臂方式安装。

6. 自动栏杆

1)设置原则

(1)超长隧道可在隧道入口路测设置洞口栏杆机,但不宜纳入系统联动控制范畴。

(2)洞口栏杆机的设置位置应与情报板配套使用。

2. 技术要求

隧道入口前设置自动栏杆机,用以隧道发生异常事件需要封闭隧道时,强制封闭隧道。

栏杆由铝合金制成,杆体表面贴有红、白相间的高强反光膜。栏杆臂的断面形状可为长方形、圆形或其他形状,杆长可根据路面宽度确定,栏杆臂下边缘距水平地面的高度为750～1 050mm。

栏杆悬臂被车辆碰撞,可以水平移动,如碰撞力过大时,悬臂应自行脱落,以保护自动栏杆的机械传动装置，并减轻对碰撞车辆的损害，自动栏杆发生故障或断电时，栏杆可以手动控制。

自动栏杆的箱体宜采用2mm以上厚的镀锌钢板制成，为便于维修，机箱留有门、锁。

主要技术指标：快速启动和停止；栏杆臂由水平到竖直或竖直到水平的运动时间不大于1.4s；使用寿命2×10^6往复次；免维护一体化电机，确保长期可靠工作。

九、本地控制设施

区域控制器布置、技术、安装等情况如下：

1.布置原则

(1)本地控制器宜在隧道内，距出入口100～200m处开始一般以800～1 000m的间距设置。

(2)隧道口配电房宜设置1套本地控制器。一般隧道口或配电房内的本地控制器设置成主本地控制器，主本地控制器应配有触摸屏。

(3)整个隧道本地控制器应尽可能左右洞环成具有真正物理意义的自愈环。

(4)相距非常近的隧道可以作为一个整体，统一布置本地控制器。

(5)隧道交通监控与电力监控宜综合配置本地控制器。

2.设备功能及组成

区域控制器完成隧道区段控制的功能，对隧道区段设备进行小区域集中，在隧道管理站计算机和隧道区段设备之间起上传下达的作用，以提高通信效率，加强本地手动控制功能。

区域控制器由CPU模块、电源模块、通信模块、输入模块、输出模块、触摸屏等构成。区域控制器一般采用光纤冗余环网结构，目前采用的协议有Controller link、Profibus、Modbus、工业以太网等。

3.技术指标

一般基本指令速度不低于0.1μs，主控不低于0.04μs；每块模块都有指示灯指示模块的工作状态；带I/O功能。具有现场设备控制程序，具有故障自诊断功能、断电恢复功能、本地控制功能。

4.安装方式

隧道内的区域控制器安装在隧道外侧壁的预留洞室内。配电房内的区域控制器安装在机箱内。

十、监控配电设施

1.配电设施范围

监控配电设施主要指满足隧道内和隧道管理站监控设备供电所需的监控配电箱和缆线等。

一般隧道内监控设施与供电设施的界面划在隧道内的监控配电箱，监控配电箱(不含)以上设施由供电负责，隧道内监控设施至监控配电箱的缆线及监控配电箱由监控设施负责设计。

一般隧道管理站的监控设施与供电设施的界面划在配电房或变压器低压接线侧。

隧道内的监控设施所需不间断电源系统一般由供电设施统一考虑，隧道管理站监控设施所需的不间断电源由监控设施负责设计。

2. 设置原则

(1)隧道监控设施为一级供电负荷。

(2)监控配电箱宜设置在隧道内侧壁,监控设备比较集中的地方。一般以 500m 左右的间距设置。

(3)配电电缆应根据所供设备的负荷、引电距离来确定采用的芯数、规格。

第五节　数据和图像传输系统

一、一般规定

(1)隧道数据和视频一般不宜合并传输,但设备较少的隧道可考虑合并传输。

(2)长或特长隧道的数据传输应采用具有保护功能的网络结构。

(3)隧道图像传输应包括视频和反向控制信号的传输。

二、数据传输

数据传输负责实现隧道区段的各种设备与隧道管理站内设备之间的数据通信。一般经由单模(或多模)光纤和光端机或工业以太网交换机来实现,传输的网络结构形式分为星形、总线形、环形和混合形,各隧道可根据其长度、位置等因素选择经济、合理的传输方案。

1. 星形拓扑结构

(1)系统组成

星形拓扑结构主要分为两种,一种是指隧道区段的设备经光纤和数据光端机与隧道管理站内的设备相连,如图 27-5-1 所示。另一种是指隧道区段的设备就近连接至区域控制器,各区域控制器再经光纤和数据光端机与隧道管理站内的设备相连,如图 27-5-2 所示。

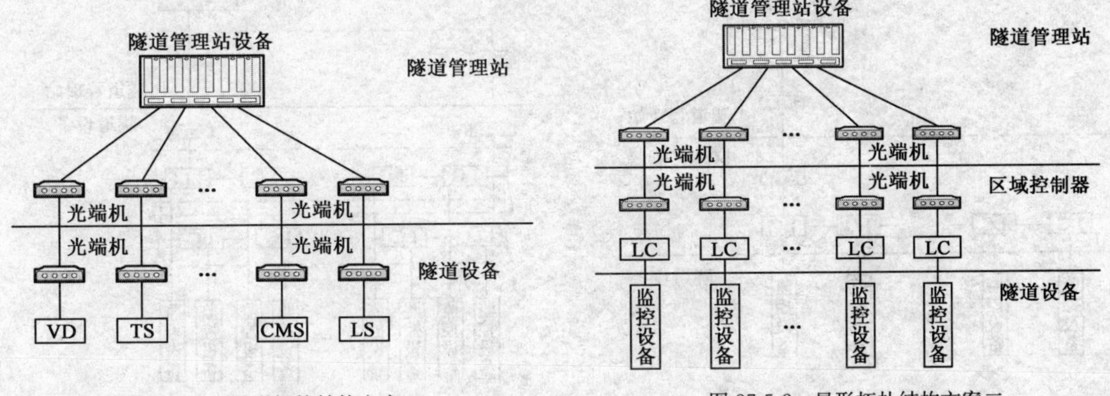

图 27-5-1　星形拓扑结构方案一　　　图 27-5-2　星形拓扑结构方案二

(2)系统性能

星形拓扑结构的优点是采用一对一的传输方式,一个设备一条传输通路的故障不会影响到其他设备的数据传输,系统稳定性较好;隧道管理站能实时了解隧道区段设备工作情况;缺点是所需光纤较长，光端机较多，系统造价较高。

(3)应用场合

星形拓扑结构适合于区域控制器较少或不设区域控制器的短隧道。

2. 总线形拓扑

(1)系统组成

总线形拓扑结构是指隧道区段的设备就近连接至区域控制器，各区域控制器之间再经总线方式连接。一般将隧道口或配电房内的区域控制器设置为主区域控制器，主区域控制器经光纤和数据光端机与隧道管理站内的设备相连，如图 27-5-3 所示。

(2)系统性能

总线形拓扑结构的优点是隧道区段的设备只需通过其中一个区域控制器上传隧道管理站；各隧道区段的设备可通过区域控制器实现直接通信，即可以实现本地降级控制或本地自动控制。它的缺点是安全性较差，与隧道管理站连接传输通道出现故障，整个隧道将与隧道管理站失去联系；如果总线形上的某个节点出现故障，节点之后的设备都将失去联系。

(3)应用场合

目前，总线形拓扑结构在隧道内应用比较少。

3. 环形拓扑

(1)系统组成

环形拓扑结构是指隧道区段的设备按区段就近连接至区域控制器，区域控制器之间经光纤、工业以太网交换机连接成环形网络，将隧道口或配电房内的区域控制器设置成主区域控制器，主区域控制器经光纤和数据光端机与隧道管理站内交换机相连。根据隧道长度，整个隧道可以构成一个环或隧道左右洞分别构成一个环。为提高数据传输的安全性，可将环上靠近洞口的区域控制器都设置成主区域控制器，并分别上传隧道管理站，如图 27-5-4 所示。

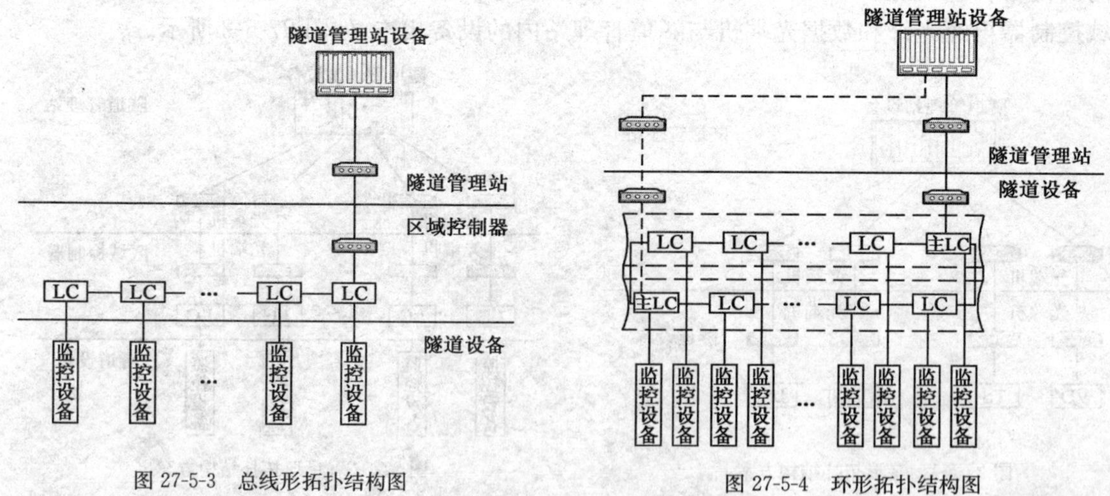

图 27-5-3　总线形拓扑结构图

图 27-5-4　环形拓扑结构图

(2)系统性能

环形拓扑结构的优点是环形网络具有自愈保护功能，环形拓扑结构上的任意节点出现故障不会导致其他节点设备中断通信；环形拓扑结构的区域控制器具有本地自动控制的能力；环网还可具备冗余结构，但冗余程度应根据投资规模、系统安全性等综合要求合理选择。

(3)应用场合

长、特长、超长隧道一般采用环形拓扑结构。通常采用隧道左右洞构成1个环，这样充分利用隧道双洞的特点构成了具有真正物理意义的环。超长隧道可根据实际情况采用双环或双环嵌套。

4. 混合形拓扑

(1)系统组成

混合形拓扑结构是指隧道区段的设备按区段就近连接至区域控制器，再将区域控制器按环形、总线形、星形结构中的任意两种或多种组成混合形结构。

(2)系统性能及应用场合

混合形拓扑结构克服单一拓扑结构的缺点。其一般适用于由长、短隧道组成的隧道群。

三、图像传输

隧道图像传输主要实现隧道区段的摄像机图像(包括视频信号和控制信号)与隧道管理站之间的传输。视频传输按传输介质分为光纤、同轴电缆、射频、电话线和网线等传输方式；按传输信号分为模拟方式和数字方式，数字方式又可分为压缩和非压缩方式，压缩方式又分为M-JPEG，H. 261，H. 263，H. 264，MPEG1，MPEG2，MPEG4等。采用何种传输方式应根据隧道内视频数量、传输距离等进行综合分析，择优采用技术先进、图像质量好和性价比优的传输方案。

图像传输通道指标一般应满足如下要求：视频电平：700mV±30mV；同步脉冲幅度：300mV±20mV；回波E：<7%kF；亮度非线性：≤5%；色度/亮度增益差：±5%；色度/亮度时延差：≤100ns；微分增益≤10%；微分相位≤10°；幅频特性5.8Hz带宽内±2dB；视频信杂比≥56dB(加权)。

1. 模拟视频传输

(1)点对点单路传输方案

点对点的模拟视频传输方案通过模拟视频光端机将单路模拟视频信号转换成光信号，通过光纤进行传输，然后再通过模拟视频光端机将光信号还原为单路模拟视频信号，如图27-5-5所示。点对点的模拟传输方案一般适用于视频较少的短隧道。

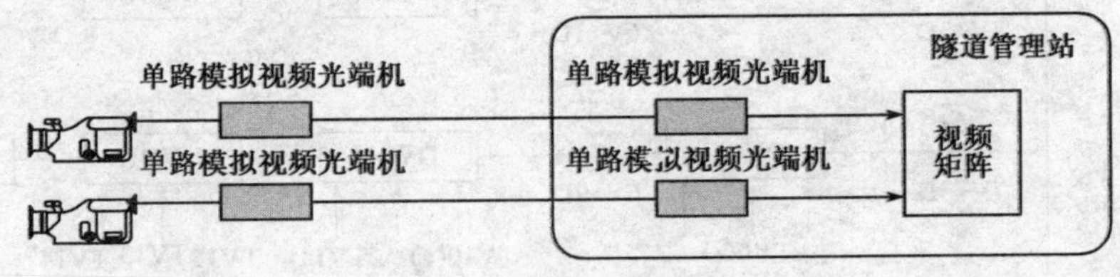

图27-5-5　点对点传输方案

(2)多路复用传输方案

多路复用模拟视频传输方案通过模拟视频复用光端机将多路模拟视频信号转换成光信号，通过光纤进行传输，然后再通过模拟视频复用光端机将光信号还原为多路模拟视频信号，如图 27-5-6 所示。与单路视频传输方案比较,该方案节省光纤和减少光端机数量,工程造价较低,以前在交通行业应用广泛。随着数字视频传输的出现,目前应用逐渐减少。在改造项目中,如考虑原设备的利用,可以使用该方案,但新建项目中不推荐使用。

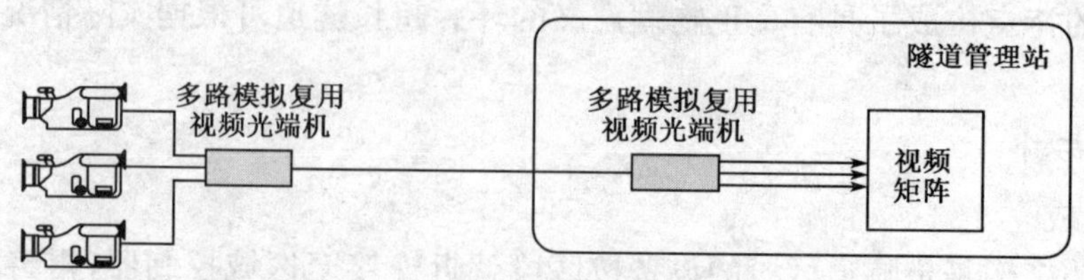

图 27-5-6 多点复用传输方案

(3)多节点总线传输方案

多节点总线模拟视频传输是在单芯光纤上传输多路视频信号,各节点设置成"背靠背"方式。该方案不仅大大地提高了光纤的利用率,增加图像传输距离。另外,部分此类产品还可以特别提供网络管理功能,加强了系统的运营管理。模拟的多节点总线传输方案主要节省了光纤,但模拟多节点传输方案传输距离有限,维护困难,整体造价较高,且由于各节点有噪声干扰,出现噪声叠集,图像质量变差,因此节点数不宜多,在隧道图像传输中不宜采用。

2. 数字视频传输

1)非压缩数字视频传输

非压缩数字视频传输方式是以光纤的带宽资源为保证,将模拟信号通过模数转换设备变成数字视频信号,经由光纤进行传输,在目的地再经数模转换还原成模拟视频信号。通常隧道采用的非压缩数字视频传输方案有点对点传输方案、时分复用传输方案和粗波分复用传输方案。

(1)点对点传输方案

点对点传输方案是利用非压缩数字光端机将 1 路模拟图像转换成数字非压缩图像直接传输到就近的管理机构。一般点对点的视频传输方案适用于图像非常少或只在隧道口设置摄像机的短隧道。

(2)时分复用传输方案(图 27-5-7)

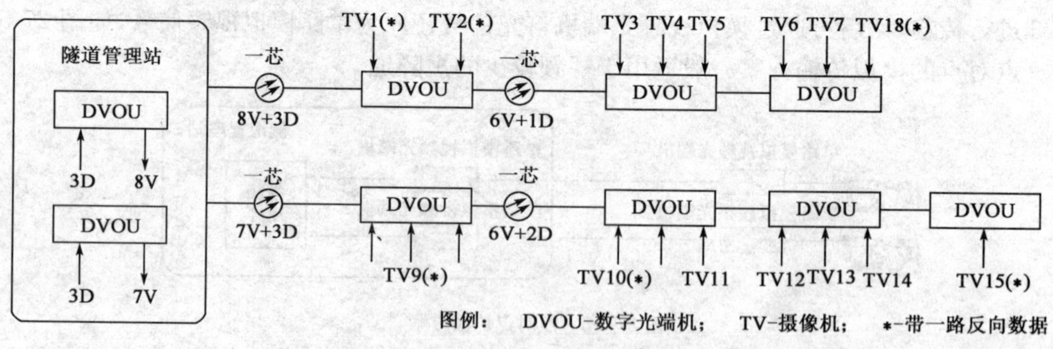

图 27-5-7 TDM 传输方案

时分复用(TDM,Time Division Multiplexing)就是将提供给整个信道传输信息的时间划分成若干时间片(简称时隙),并将这些时隙分配给每一个信号源使用,每一路信号在自己的时隙内独占信道进行数据传输。时分复用技术的特点是时隙事先规划分配好且固定不变，所以有时也叫同步时分复用。其优点是时隙分配固定，便于调节控制，适于数字信息的传输。时分复用传输方案传输的图像质量好、距离远、运营管理方便、整体造价适中(在长距离图像传输中性价比非常高)。在隧道图像传输中可采用时分复用传输方案。

(3)粗波分复用传输方案

波分复用(WDM，Wavelength Division Multiplexing)是指在一根光纤上承载多个波长(信道)系统，将1根光纤转换为多条“虚拟”纤，每条独立工作在不同波长上，极大地提高了光纤的传输容量，波分复用技术通常有3种方式，即1 310nm和1 550nm波长的波分复用、粗波分复用(CWDM，Coarse Wavelength Division Multiplexing)和密集波分复用(DWDM，Dense Wavelength Division Multiplexing)。

粗波分复用技术(CWDM)使用1 200～1 700nm的宽窗口，相邻信道的间距一般≥20nm，波长数目一般为4波或8波，最多16波。目前隧道采用的粗波分复用技术(CWDM)，一芯光纤可同时传送1 470nm，1 490nm，1 510nm，1 530nm，1 550nm，1 570nm，1 590nm，1 610nm等八种不同波长，每一波段可时分复用1～10路视频信号，一芯光纤的传输带宽可达10. 3G，一个波段的传输带宽可达1. 3G。在传输视频信号的同时，还可以传输多路数据，音频信号。系统采用全数字化通信方式，在发送端将视频信号进行复用和编码，在接收端对视频信号进行解码和解复用，还原成视频信号。系统具有抗干扰性强、传输距离可达近百公里、图像分插(上、下)方便、图像质量优、节省光纤、性价比优等特点。一个波段同时传输1～8路视频时，图像质量可达到广播级标准；一个波段同时传输1～10路视频时，图像质量可达到工业级标准，如图27-5-8所示。隧道图像比较多时宜采用粗波分复用的方案，但考虑到图像传输的安全性，一般一芯光纤传输的图像数不宜超过18路。

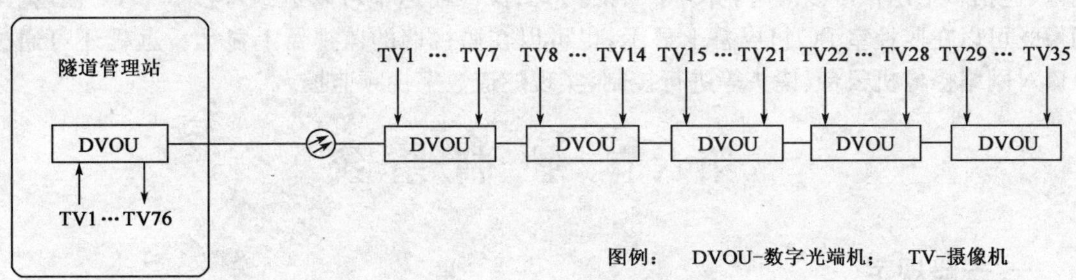

图27-5-8　CWDM传输方案

密集波分复用(DWDM)技术可以承载8～160个波长，而且随着DWDM技术的不断发展，其分波波数的上限值仍在不断地增长，间隔一般≤1. 6nm，主要应用于长距离传输系统。在所有的DWDM系统中都需要色散补偿技术(克服多波长系统中的非线性失真——四波混频现象)。目前，隧道不宜采用该技术方案，但随着技术的发展，密集波分复用技术也将是隧道图像传输的发展趋势。

2)压缩数字视频传输

压缩数字视频传输方案则是将模拟视频信号按视频压缩标准(M-JPEG、MPEG1、MPEG2、MPEG4、H. 261、H. 263、H. 264等)进行压缩编码后在以太网(LAN/WAN/INTERNET)、光纤以及E1信道(G. 703)上实现图像传输，对带宽的要求也从几十K到几兆不等。

图像压缩编码技术比较见表 27-5-1。

图像压缩编码技术比较　　表 27-5-1

压缩标准类别	M-JPEG	MPEG1	MPEG2	MPEG4
压缩率	6	20～30	30～40	200～500
空间分辨率	352×288	352×288	720×576	720×576
时间分辨率	27～30 帧/秒	20～30 帧/秒	50～60 帧/秒	27～30 帧/秒
传输速率	1.5Mbps	1.5Mbps	4～15Mbps	10K～1Mbps
图像质量	一般	一般	很好	VCD 到 DVD
主要应用	视频编辑系统	VCD	DVD	交互式多媒体
标准化年代	1992	1992	1994	正在制订中

目前，也有采用压缩数字视频传输方案将隧道内的图像直接传输到隧道管理站，实现数字化管理，利用计算机管理。

从隧道管理站切换图像传输到上级管理机构一般采用 MPEG2 或者 H.264 的压缩数字视频传输方案，随着技术不断进步，性价比趋于合理，H.264 已成为压缩数字视频传输方案的主流，另外隧道内 IP 摄像机技术也将是一个发展趋势。

IP 摄像机内置有 IP 服务器(Web Server)和 CCD，并且内部还增加了对模拟视频进行数字化的处理芯片(DSP 芯片)，将数字化的视频信号转换成符合网络传输协议(如 TCP/IP 协议)的数据码流在网络上传输，因此可以将 IP 摄像机直接挂接在现场工业以太网网络上，实现与隧道管理站网络互联，在指定隧道内各网络摄像机 IP 地址后，授权的用户就可以在隧道管理站、分中心或省中心，甚至网络上任何位置通过浏览器(如 MS IE 或 Netscape 浏览器)调阅图像(包括多个用户可以同时调阅同一图像)，图像传输速率可以达到每秒 27～30 帧，调阅的图像既可以在监控室 PC 机屏幕上显示，也可以在监视墙的监视器上显示。远程还可通过其串口对网络摄像机云台、镜头等进行控制，实现隧道数字视频监控。

第六节　控 制 系 统

一、一般规定

(1)隧道设计中应明确说明隧道在正常、异常和火灾情况下的交通控制、通风控制、照明控制、消防控制和联动控制的原则和方法。

(2)各控制系统的设计应具备针对性、可行性。

(3)各控制系统的阀值设置时，应具有避免系统在阀值处频繁切换的措施。

二、交通控制

(1)交通控制一般分为正常情况和异常情况。其中异常情况又分为交通流缓慢、拥挤、阻塞和隧道火灾。

(2)一般系统根据隧道区段的车辆检测器等设备检测的信息，经过分析处理，判断交通流是否处于异常状态。

(3)一般双洞四车道的隧道应至少配备如下 18 种情况的控制方案(不含隧道内横洞开启的方案),如图 27-6-1 所示。

(4)非火灾异常情况下的交通控制流程一般如下:

①利用隧道内交通检测设备以及监控摄像机、紧急电话、巡逻车等,判断并确认隧道内是交通缓慢、拥挤还是阻塞,并向交通异常区段内的设施发布控制信息,同时监控室自动切换报警区域图像显示并录像。

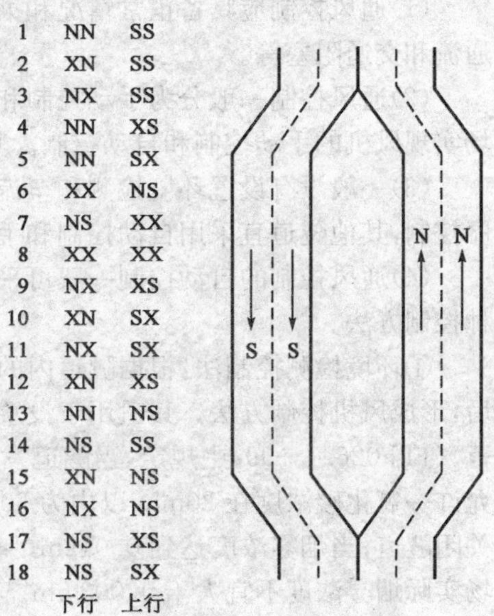

图 27-6-1 交通控制方案

E-车辆向西行驶隧道的一个车道(左线);W-车辆向东行驶隧道的一个车道(右线);X-此车道关闭

②如果交通缓慢,系统向相关情报板发布道路信息和限速值,信号灯应显示黄色警告信息。

③如果交通拥挤,系统向相关情报板发布道路信息和限速值,信号灯应显示黄色警告信息。拥挤严重时应禁止车辆从隧道入口进入,并利用广播疏散隧道内的车辆。

④如果交通阻塞,系统向相关情报板发布道路以及禁止车辆进入阻塞隧道的信息,交通信号灯显示红色(如有栏杆机则关闭)。隧道入口的车道控制标志全部显示红色“×”,并利用隧道广播疏散隧道内的车辆。如果出现交通事故,根据实际情况可关闭另外一个隧道的内侧车道或整个隧道,并作为救援车辆使用。

⑤阻塞处理完毕或交通拥挤得到解决或交通缓慢得到解决,操作人员通过监控摄像机确认或通过现场人员报告,系统初步恢复正常。

(5)火灾异常情况下的交通控制流程一般如下:

①利用隧道内火灾检测、报警设施以及监控摄像机、巡逻车等报警,隧道管理站接收到报警,操作人员进行确认,同时监控室切换报警区域图像显示并录像。

②确认火灾发生后,操作人员启动相应的交通控制和救援预案,并根据现场火灾的程度通知相关交警、消防、医疗、上级管理机构等部门,有关人员立即按救援预案中指定的路线赶赴现场救援。

③交通控制包括关闭隧道,并开启相关车行横洞,并向隧道情报板发布交通信息以及隧道禁止进入信息,信号灯显示红色(如有栏杆机则关闭),隧道入口的车道控制标志显示红“×”,火灾上游的车行横洞处的车道控制标志显示红“×”和绿“←”,火灾下游的车道控制标志显示绿“↓”,并配合隧道内的有线广播疏散隧道内的车辆和人员。

④火灾处理完毕后,经过修缮,并通过验收,恢复正常交通。

(6)交通事故或火灾情况处理中,不宜轻易将正常隧道洞开辟成双向交通,一般正常隧道洞作为人员疏散和消防救援路线。

(7)交通事故或火灾情况处理中,隧道管理人员可以现场控制区域控制器、照明控制柜和通风控制柜实现对信号灯、情报板、车道控制标志、通风和照明等控制,且现场控制的优先级别高于隧道管理站。严禁非隧道管理人员现场操作。

三、通风控制

(1)通风控制应具备正常情况和火灾情况下的通风控制功能。正常情况一般包括正常交通流和交通阻塞等。

(2)通风控制一般分为手动控制和自动控制,可以在隧道管理站、上级管理机构和隧道现场实现风机的手动控制和自动控制。其现场手动控制级别宜为最高。

(3)一般没有设置环境检测和车流量检测设施的隧道宜采用手动控制或自动控制中的时序控制,其他隧道宜采用自动控制和手动控制结合的方式,一般自动控制为主、手动控制为辅。

(4)通风控制的自动控制一般可采用四种方法实现,各隧道应根据具体情况选择一种或多种控制方法。

①环境检测控制法:根据隧道内的一氧化碳/能见度检测值和风速风向检测值,计算处理后,形成风机控制方法。其适用于设置环境检测设施的隧道。根据《公路隧道通风照明设计规范》(JTJ 026.1—99)中规定,当隧道发生事故或交通阻塞时,一氧化碳浓度超标启动风机后,允许一氧化碳浓度在20min以内为300ppm,超过20min,一氧化碳浓度仍不能达到正常值则关闭隧道;当烟雾浓度达到$0.012m^{-1}$时,应采取交通管制等措施;隧道内进行养护维修时,现场实际烟雾浓度不宜大于$0.003\,5m^{-1}$。

②交通检测控制法:根据隧道内交通量检测值,实时了解隧道内交通量、行车速度、车辆构成等,通过交通流状况分析并计算出车辆烟雾和一氧化碳的排放量,形成控制方法。其适用于设置交通检测设施的隧道。

③时间区间控制法:按时间、区间预先编制控制程序的控制方法。其适用于无环境和交通设施的隧道或以稀释隧道内异味为目的隧道或日交通量分布均匀且柴油车比率较固定的隧道。

④混合控制法:环境检测控制与交通检测控制相结合的方法。

(5)火灾情况下,根据《公路隧道通风照明设计规范》(JTJ 026.1—99)中规定,隧道中火灾时排烟风速为2～3m/s。

(6)单向交通的隧道设计风速不宜大于10m/s,特殊情况下可取12m/s。双向交通的隧道设计风速不宜大于8m/s。

(7)系统应能实时检测风机的运行状态及运行参数,出现参数异常时,应立即停止风机运行,并发出报警信号。同时累计风机运行时间,轮流启动风机以平衡各风机的运行时间,延长风机寿命。

(8)风机启动不宜过于频繁,防止风机出现喘振现象。各风机不宜同时启动,应间隔一定时间,间隔不小于10s。

(9)在实际运营过程中应不断完善风机控制方案。

(10)设置轴流风机通风的隧道,通常设通风机房。由于轴流风机功率大,控制设备集中,为方便合理,控制单元宜设在通风机房内。射流风机安装在隧道断面内,风机功率较小,控制单元宜设在风机控制柜内或附近的变电所内。

四、照明控制

(1)照明控制应具备正常情况和应急情况下的照明控制功能。正常情况是保障正常运行条件的隧道照明;应急照明是因停电时所考虑的安全照明。

(2)照明控制一般分为手动控制和自动控制,可以在隧道管理站、上级管理机构和隧道现场实现照明的手动控制和自动控制。其现场手动控制级别宜为最高。

(3)一般没有设置亮度检测设施的隧道宜采用手动控制或自动控制的时序控制法,其他隧道宜采用自动控制和手动控制结合的方式,一般自动控制为主,手动控制为辅。

(4)照明控制的自动控制一般可采用两种方法实现,各隧道应根据具体情况选择一种或多种控制方法。

①时序控制法:按照时间顺序编制程序控制照明。

②检测控制法:根据隧道口内外光强检测器检测的值,经计算处理后,形成的控制方法。其适用于设置有亮度检测器的隧道。

(5)照明控制以检测控制法为主的隧道,如光强检测器出现故障,系统应能自动转入时序控制。

(6)系统应具备对照明控制的反馈和记录功能,当设置了亮度检测器时,还应具有亮度数据采集和处理功能。

(7)照明控制单元宜设在隧道口的配电房或隧道内的配电箱。

(8)发生火灾时,操作员应能控制所有照明全部开启,以利于抢险救援。

(9)照明控制应考虑运营节能。

五、消防控制

(1)消防控制主要指对车行横洞(人行横洞一般采用并推防火门,不进行控制)的消防卷帘门进行控制,包括异常情况下启动消防水泵的控制。

(2)系统应能采集消防水池的水位信息、水泵的状态信息、消防卷帘门的状态信息。

(3)消防卷帘门应具有现场和远程控制功能。

(4)一般消防水泵应与水池水位联动,不宜由监控系统进行控制,如消防系统出现故障,无法完成联动,可由监控系统远程强制控制水泵的开启。

六、联动控制

(1)隧道联动控制指隧道内某一设备或子系统动作后,相关设备和子系统也自动按照预定程序动作。

(2)隧道一般都应具备各设备、各系统的联动功能。

(3)隧道联动功能执行前应通过隧道管理站操作人员确认。

(4)一般要求隧道内的检测报警设施应与隧道管理站的显示和控制设施、隧道区段的信息发布设施以及通风、照明、消防设施实现联动控制。

(5)联动控制执行过程中,应能通过系统强制中断联动的执行。

(6)在实际运营过程中,应不断完善系统联动功能。

第七节　监控设施预留预埋

一、监控设施预留预埋要求

(1)隧道区段监控设施预留预埋分为隧道口外和隧道内两种情况。

(2)隧道内由于其空间有限,考虑到隧道安全和美观,一般设备和管道应嵌入隧道壁内,由机电设计单位提出技术要求，由主体施工单位在做二次衬砌时完成隧道监控设置所需的各种管道预埋和洞室预留。

(3)隧道口外一般由路基或路面施工单位完成基础、管道预留预埋。管道预埋也可由路基或路面施工单位按机电设计要求完成，基础由机电施工单位完成。

(4)隧道口外一般预埋钢管或钢塑复合管，隧道内一般预埋钢管，转弯处一般预埋可挠性金属套管。

(5)隧道内强电电缆沟一般宜设置在隧道内侧，弱电电缆沟宜设置在隧道外侧，消防水管一般与弱电电缆同沟。

(6)隧道内强、弱电缆沟内宜设置电缆托架，其托臂间距宜采用 100～150cm，电缆沟内应有贯穿整个隧道的扁钢作为接地，电阻宜≤4Ω，若达不到要求应使用扁钢在洞内多处与接地极连接。电缆托架及其他金属部件宜采用热镀锌防腐措施。

(7)隧道口应尽量多埋设横穿钢管，一般宜为 12～15 根 ϕ114 镀锌钢管。

二、隧道内监控设施预留预埋

(1)隧道内监控设施预留预埋一般指为隧道内监控设备供电、通信、安装所需的管道预埋和洞室预留。

(2)隧道内监控设施的缆线宜敷设在隧道内侧壁上的预埋管内，强电和弱电应分开预埋。

(3)隧道的内外侧壁宜根据不同设备的需要预留洞室，洞室应配置密封的门，优先选用不锈钢门。

(4)主体工程设计单位应根据其所在位置的地质情况、锚固方式、隧道内衬砌的构造等条件下算出的荷载对监控预留洞室进行配筋并校核；掘洞应与隧道衬砌等构造物一同浇筑。

(5)隧道内监控设备的配电电缆管线宜通过路面横穿或通过隧道拱顶向横向预埋。

(6)隧道内预埋管与设备洞室连接端应作处理，以保证缆线安全敷设。

(7)隧道内的所有预埋管道口都应用木塞或塑料堵头堵塞，以便机电方便施工。

(8)隧道壁内的预埋管与隧道墙壁表面的净距离不宜小于 8cm。有瓷砖的隧道预埋可在混凝土壁上直接开凿敷设。

(9)隧道内横穿路面的管道埋设深度应不小于 70cm。

三、隧道外(隧道区段)监控设施预留预埋

(1)隧道外(隧道区段)监控设施预留预埋一般指为隧道洞口外监控设备的供电、通信安装所需的管道、基础和手孔。

(2)隧道外的监控设施一般采用电缆直埋的方式供电，电缆过构造物或横穿道路时需预埋钢管保护过渡，两侧设置手孔；弱电(信号)一般采用管道敷设方式。

(3)监控设施基础如设计在挖方区，且有水沟，基础宜设置到水沟外侧，设备基础可以和水沟外侧齐平。

(4)监控设施基础的所有预留预埋钢管端头都应用木塞或塑料堵头堵塞，以备机电承包人施工时所有的钢管均可使用。

(5)隧道外监控设施基础预埋，应包括接地设计。一般所有基础都应设计保护接地，阻值应小于或等于 4Ω；隧道口摄像机应设计防雷接地，阻值小于或等于 10Ω，防雷接地与保护接地

应至少保持 20m 距离；隧道口外的大型情报板可设计防雷接地。如设计联合接地，则阻值应小于或等于 1Ω。

(6)接地极可采用角钢或圆钢，保护接地线应与设备基础的法兰盘有效焊接在一起，也可焊接在地脚螺栓上，但应注意焊接的工艺；防雷接地的引线应在基础上单独留端子。填方区的接地极应沿着边坡底、路线方向打接地极；挖方区的接地极应沿着水沟、路线方向打接地极；也可根据实际情况确定合适的位置，接地极数量应根据实际计算，但不应超过 20 根。土质比较差的地方，如果电阻按一般方式达不到要求，则应考虑其他的方式实现。

四、钢管预留预埋

(1)所用预埋钢管应事先进行热浸镀锌处理，镀锌值≥350g/m²，但外露钢管镀锌值≥600g/m²。

(2)钢管不应有折扁或裂缝，钢管内应无铁屑、毛刺及其他杂物，钢管切断口平面要与整根钢管垂直，并保证管口平滑，不能有毛刺或锋利的边缘。

(3)钢管弯曲处不能有凹凸或裂缝，钢管的弯曲半径应不小于钢管外径的 10 倍。

(4)钢管接续宜采用套管焊接或套管螺纹连接，焊缝的质量应符合《钢结构设计规范》(GB 50017—2003)有关焊接标准规定。在钢管接续前须检查端口是否有毛刺、断牙、缺口等，并将管口锉成坡边，以免损伤光(电)缆，钢管插入套管后，在套管两端满焊除去焊渣，做防腐处理。

(5)隧道内预埋的钢管应穿有 $\phi2.5\sim\phi3$ 的钢丝，并在管口外留有不小于 30cm 的出头，钢管口需用软木塞或其他类似的替代物堵住。

五、施工图设计中注意事项

(1)隧道内管道预埋、掘洞预留应严格按照图纸施工，避免漏埋、错埋现象。

(2)隧道内预埋管道应保持有效的弯度，管道内预留钢丝，将两端堵塞好，与二衬同时施工时固定好钢管，避免混凝土堵塞管道或管道移位。

(3)隧道内预留洞室应做加固处理，统一完成防水处理，避免脱模后出现胀模变形。

(4)施工中要注意电力电缆管线与积水井、护栏基础、标志基础等设施的协调配合。

(5)所用铁件除手孔附件和钢筋外，其余铁件全部为加工成型的镀锌产品，镀锌量不小于600g/m²，在铁件焊接处刷 2～3 遍锌粉。

(6)施工时应注意电力管道在路肩上与通信手孔的协调配合。

六、施工整改设计方案

隧道洞外设备预留预埋出现问题整改设计比较容易。隧道内如果出现漏埋、错埋或者达不到要求，要进行整改设计是一件非常困难的事情。一般采用如下方法进行整改设计。

1. 反开挖法

隧道二衬的厚度不等，一般反开挖只宜在二衬范围内进行，且开挖面积不能太大，不能破坏防水层和隧道的钢筋结构。

反开挖前必须在主体工程设计单位对开挖的位置、面积进行重新核实，并取得书面同意下进行设计、施工。

反开挖法需慎重进行，不能破坏隧道主体结构，该方法一般只适用于少量管线或小洞室整改。

2. 明敷法

明敷法就是设备管道直接固定在隧道侧壁上或者缆线敷设在电缆桥架上，设备都安装在隧道侧壁的支架上，但不应过厚，以免妨碍操作人员在检修道上的操作。一般改建工程也采用该方法。

第八节　其　　他

一、设备防护等级

防护等级 IP(International Protection)是由 IEC(International Electro Technical Commission)所起草。将设备依其防尘、防止外物侵入、防水、防湿气的特性加以分级，外物包含工具、人的手指等均不可接触到设备内的带电部分，以免触电。防护等级的代号通常由特征字母 IP 和两个特征数字组成。第一位数字指防止人体触及或接近外壳内部的带电部分和触及运动部件(光滑的旋转轴和类似部件除外)，防止固体导物进入外壳内部。第二位数字指防止水进入外壳内部达到有害程度。数字越大，表示其防护等级越高，两个数字所表示的防护等级见表 27-8-1、表 27-8-2。隧道区段的设备由于其恶劣的工作环境，一般要求防护等级达到 IP65。"6"是指防尘度要求达到尘密级，即完全防止外物侵入，且可完全防止灰尘侵入；"5"是指防水度要求达到防止喷射的水侵入等级，即防止来自各方向由喷嘴喷射出的水进入设备造成损坏。

第一个号码(数字)所指的防护程度　　表 27-8-1

数　字	防护等级	定　义	备　注
0	无防护	对外界的人或物体无特殊之防护	IP0—
1	防止大于 50mm 的固体物体侵入	防止较大尺寸(直径大于 50mm)的外物侵入，防止人体(如手掌)因意外而接触到物体内部之零件	IP1—
2	防止大于 12mm 的固体物体侵入	防止人的手指接触到物体内部之零件。防止中等尺寸(直径大于 12mm，长度大于 80mm)的外物侵入	IP2—
3	防止大于 2.5mm 的固体物体侵入	防止直径或厚度大于 2.5mm 之工具、电线或类似的细小的外物侵入而接触到物体的内部零件	IP3—
4	防止大于 1.0mm 的固体物体侵入	防止直径或厚度大于 1.0mm 之工具、电线或类似的细小的外物侵入而接触到物体的内部零件	IP4—
5	防尘	完全防止外物侵入，虽不能完全防止灰尘侵入，但侵入的灰尘的量并不会影响物体的正常操作	IP5—
6	尘密	完全防止外物侵入，且可完全防止灰尘侵入	IP6—

第二个号码(数字)所指的防护程度　　表 27-8-2

数　字	防护等级	定　义	备　注
0	无防护	对外界的人或物无特殊之防护	IP—0
1	防止滴水侵入	垂直滴下的水滴(如凝结水)不会造成有害影响	IP—1
2	倾斜 15°时仍可防止滴水侵入	当外壳由垂直倾斜至 15°时,滴水不会造成有害影响	IP—2
3	防止喷洒的水侵入	防雨或防止与垂直的夹角小于 60°之方向所喷洒的水进入造成损坏	IP—3
4	防止飞溅的水侵入	防止各方向飞溅而来的水进入造成损坏	IP—4
5	防止喷射的水侵入	防止来自各方向由喷嘴喷射出的水进入造成损坏	IP—5
6	防止大浪的侵入	装设于甲板上的灯具,防止因大浪的侵袭而浸水造成损坏	IP—6
7	防止浸水时的水侵入	浸在规定压力的水中经规定的时间后能确保不因进水而造成损坏	IP—7
8	防止沉没时的水侵入	无限期的沉没在指定水压的状况下,能确保不因进水而造成损坏	IP—8

隧道区段的设备由于其恶劣的工作环境,一般要求防护等级达到 IP65。“6”是指防尘度要求达到尘密级,即完全防止外物侵入,且可完全防止灰尘侵入;“5”是指防水度要求达到防止喷射的水侵入等级,即防止来自各方向由喷嘴喷射出的水进入设备造成损坏。

二、防雷与接地

1. 一般规定

(1)隧道监控设备都应有接地。隧道口外的各设备可单独设置接地(也可共用一个接地),隧道内的设备共用一个接地。

(2)隧道内设备接地一般在隧道两端的洞外作接地极,隧道内通过接地连接线(扁钢或铜线)将两个接地极连接,一般扁钢或铜线焊接在电缆托架上。

(3)对于长、特长隧道,为确保接地电阻值达到要求,接地连接线还应与隧道主体工程的钢筋网相连,构成整体隧道接地系统;或者在电缆沟内以一定的间距加设接地极。

(4)隧道口外大型可变情报板、摄像机等设备应设置避雷针。

(5)隧道监控设备应根据需要设置过电压保护器、浪涌保护器等,具体参照相关规范执行。

(6)隧道内所有机电设备、摄像机的信号线、视频线、电源线到设备的引入端均应加装相应防雷器。

2. 接地分类

隧道的接地保护主要分为防雷接地、保护接地或联合接地。防雷接地是指将雷电导入大地,防止雷电流使人身受到电击或设备受到破坏的接地,一般要求 10Ω。保护接地是指为了防止电气设备绝缘损坏或产生漏电流时,使平时不带电的外露导电部分带电而导致电击,将设备的外露导电部分接地，这种接地还可以限制线路涌流或低压线路及设备由于高压窜入而引起的高电压，当产生电器故障时，有利于过电流保护装置动作而切断电源，一般要求 4Ω。联合接地是防雷接地与保护接地共用一个接地，联合接地一般要求 1Ω。

3. 接地要求

1)隧道外设备

隧道外的设备要求具有防雷接地和保护接地，也可具有联合接地。一般在设备基础旁采用 50mm×50mm×5mm 的角钢作为接地极，并利用 ϕ8mm 的镀锌圆钢(也可利用 40mm×4mm 的扁钢)作为接地引线。

2)隧道内设备

隧道内的设备一般只设置保护接地。一般在隧道口外采用 50mm×50mm×5mm 的角钢作为接地极，利用 40mm×4mm 的扁钢作为接地引线，沿隧道内电缆沟拖架引入隧道内。如果隧道较长，则接地引线会随着长度增加电阻增大，电阻计算公式如下：

$$R = \rho \times l/a \tag{27-8-1}$$

式中：R——电阻；

l——导线长度；

a——横截面面积；

ρ——电阻系数，电阻系数的单位由电阻和长度单位来表示。

一般电阻系数随温度变化，通常所给的电阻系数为 20℃时的电阻系数。如果隧道口的接地极达到 1Ω 仍然不能满足全线接地要求，则应采用电阻系数更小(如铜线等)或横截面面积更大的金属作为接地引线，来降低电阻衰减；另外特长隧道内可在主体施工时每隔一定间距打入接地极，来保证接地电阻值。

3)接地解决方法

如果由于条件所限，接地极达不到所需的电阻值要求，则应采用其他办法。

(1)更换土壤

该方法是采用电阻率较低的土壤(如：黏土、黑土及砂质黏土等)替换原有电阻率较高的土壤，置换范围在接地体周围 0.5m 以内和接地体的 1/3 处。但这种取土置换方法对人力和工时耗费都较大。

(2)人工处理土壤(对土壤进行化学处理)

在接地体周围土壤中加入化学物，如食盐、木炭、炉灰、氮肥渣、电石渣、石灰等，提高接地体周围土壤的导电性。采用食盐，对于不同的土壤其效果也不同，如砂质黏土用食盐处理后，土壤电阻率可减小 1/3～1/2，砂土的电阻率减小 3/5～3/4，砂的电阻率减小 7/9～7/8；对于多岩土壤，用 1%食盐溶液浸渍后，其导电率可增加 70%。这种方法虽然工程造价较低且效果明显，但土壤经人工处理后，会降低接地的热稳定性、加速接地体的腐蚀、减少接地体的使用年限。因此，一般来说，是在没有其他办法解决的条件下才建议采用。

(3)深埋接地极

当地下深处的土壤或水的电阻率较低时，可采取深埋接地极来降低接地电阻值。这种方法对含砂土壤最有效果。据有关资料记载，在 3m 深处的土壤电阻系数为 100%，4m 深处为 75%，5m 深处为 60%，6m 深处为 60%，6.5m 深处为 50%，9m 深处为 20%，这种方法可以不考虑土壤冻结和干枯所增加的电阻系数，但施工困难，土方量大，造价高，在岩石地带困难更大。

(4)多支外引式接地装置

如接地装置附近有导电良好及不冻的河流湖泊,可采用此法,但在设计、安装时,必须考虑到连接接地极干线自身电阻所带来的影响。

(5)利用接地电阻降阻剂

在接地极周围敷设了降阻剂后,可以起到增大接地极外形尺寸,降低与周围大地介质之间的接触电阻的作用,因而能在一定程度上降低接地极的接地电阻。降阻剂用于小面积的集中接地、小型接地网时,其降阻效果较为显著。

降阻剂是由几种物质配制而成的化学降阻剂,是具有导电性能良好的强电解质和水分。这些强电解质和水分被网状胶体所包围,网状胶体的空格又被部分水解的胶体所填充,使它不至于随地下水和雨水而流失,因而能长期保持良好的导电作用。这是目前采用的一种常用的方法。

(6)利用和水接触的钢筋混凝土体作为流散介质

充分利用水工建筑物(水井、水池等)以及其他与水接触的混凝土内的金属体作为自然接地体,可在水下钢筋混凝土结构物内绑扎成的许多钢筋网中,选择一些纵横交叉点加以焊接,与接地网连接起来。

当利用水工建筑物作为自然接地体仍不能满足要求,或者利用水工建筑物作为自然接地体有困难时,应优先在就近的水中(河水、池水等)敷设外引(人工)接地装置(水下接地网),接地装置应敷设在水的流速不大之处或静水中,并要回填一些大石块加以固定。

(7)采取伸长水平接地体

结合工程实际运用,经过分析,结果表明,当水平接地体长度增大时,电感的影响随之增大,从而使冲击系数增大,当接地体达到一定长度后,再增加其长度,冲击接地电阻也不再下降。一般说来,水平接地体的有效长度不应大于表 27-8-3 所示。接地体的有效长度根据土壤电阻率确定见表 27-8-3。

在不同土壤电阻率下的水平接地体有效长度　　表 27-8-3

土壤电阻率(Ω·m)	500	1 000	2 000
水平接地体有效长度(m)	30～40	45～55	60～80

(8)采取污水引入

为了降低接地体周围土壤的电阻率,可将污水引到埋设接地体处。接地体采用钢管,在钢管上每隔 20cm 钻一个直径 5mm 的小孔,使水渗入土壤中。

(9)采取深井接地

有条件时还可采用深井接地。用钻机钻孔(也可利用勘探钻孔),把钢管接地极打入井孔内,并向钢管内和井内灌注泥浆。

在确定降低高土壤电阻率地区接地电阻的具体措施时,应根据当地原有运行经验、气候状况、地形地貌的特点和土壤电阻率的高低等条件进行全面、综合分析,通过技术经济比较来确定,因地制宜地选择合理的方法。这样,既可保障线路、设备的正常运行,又可避免接地装置工程投资过高情况的发生。

三、缆线敷设

(1)隧道内通信电缆敷设在隧道外侧的弱电电缆沟内,配电电缆敷设在隧道内侧的强电电缆沟内。

(2)隧道内监控设备的供电电缆和信号电缆通过敷设在预埋管线内与强弱电缆沟连通。

(3)隧道外的监控设备的供电电缆宜采用铠装电缆直埋方式,过构造物已预埋好的钢管。特殊地质条件可以采用管道敷设方式。

(4)隧道内外电缆敷设时,应遵守弱电电缆与强电电缆分开的原则,合理布置电缆交叉位置并满足强弱电电缆间距要求。

(5)隧道内主干光缆宜敷设在硅芯管内;敷设在电缆沟内的供电电缆宜采用低烟无氯阻燃电缆;信号电缆宜采用阻燃电缆。非暗埋的电力电缆、信号电缆,如接隧道灯的支线电缆、接摄像机和检测设备不能暗埋或用钢管保护的电力电缆和信号电缆应采用耐火电缆。如隧道内鼠患严重,可设置金属线槽,密封的方式放置弱电电缆。

(6)隧道外的光缆宜敷设在通信管道内。

第九节 隧道救援预案

为降低隧道的运营风险,减少事故所带来的人员和财产损失,需要进行救援预案的设计和研究。救援预案首先要根据隧道的实际情况划分防灾区段,并对各防灾区段的紧急通风、应急照明、应急供电、交通控制策略、隧道管理站的应对措施(如防火卷帘门开启、人员疏散、外界救援力量的介入、上下游路段的联动控制、事故后的交通恢复等)等进行具体规划。

根据《交通工程基本建设项目设计文件编制办法》(交公路发[2007]358 号)要求,初步设计阶段,应结合隧道的工程实际及隧道周边救援资源分布情况对长隧道及特长隧道运营期的防灾、救援、逃生方案进行论证。在施工图设计阶段应对事故工况下隧道监控系统、交通控制、应急通信、紧急通风、应急供电、应急照明、逃生疏散以及紧急救援图等进行设计。

救援预案设计应包括紧急通风、应急照明、应急供电、应急通信、交通控制、人员疏散等各个方面。由于隧道防灾救援涉及因素众多,系统组成复杂,建议对特长隧道开展专题研究以保证救援预案的合理性。

一、一般规定

(1)一般特长隧道都应制订隧道救援预案。

(2)隧道救援预案应根据国家主管部门、交通运输部以及地方等相关部门对应急救援的要求进行编制。

(3)隧道救援预案是一个涉及多行业、多部门、全过程的综合性救援方案。隧道救援预案一般不应归入隧道监控设计范畴,而应根据隧道所在地的综合资源单独研究设计。在隧道监控设计中应明确预案的编制原则及功能要求,以指导救援预案的研究及详细设计。

(4)隧道救援预案应遵循简单性、可操作性、经济性、准确性、及时性为原则。

(5)隧道救援预案一般应包括交通事故救援预案和火灾救援预案,其他事故形态可根据隧道实际情况确定救援预案的主要事故类型。

(6)隧道救援预案是涵盖多系统(包括监控、通风、照明、消防等)及外部救援资源的联动控制方案。

(7)隧道救援预案应遵循“以防为主,防消结合”的原则。其中救援预案的基本理念应以人员逃生为主。

(8)隧道救援预案应重视消防演习(包括桌面推演和实际演习)以及日常宣传教育。

二、救援管理机构设置

高速公路的管理体制一般分成省中心、片区中心、路段分中心。参照交通运输部 2009 年 4 月颁布的《公路交通突发事件应急预案》,隧道救援管理机构的设置如图 27-9-1 所示。隧道(特别是特长隧道)要根据路段管理体制的特点成立相应的救援管理机构,明确各级机构的职责和分工,并确定相应的负责人。在救援机构设置时应综合考虑隧道周边的救援资源、行政区段划分及路段的实际情况,统筹考虑救援资源的最优配置。

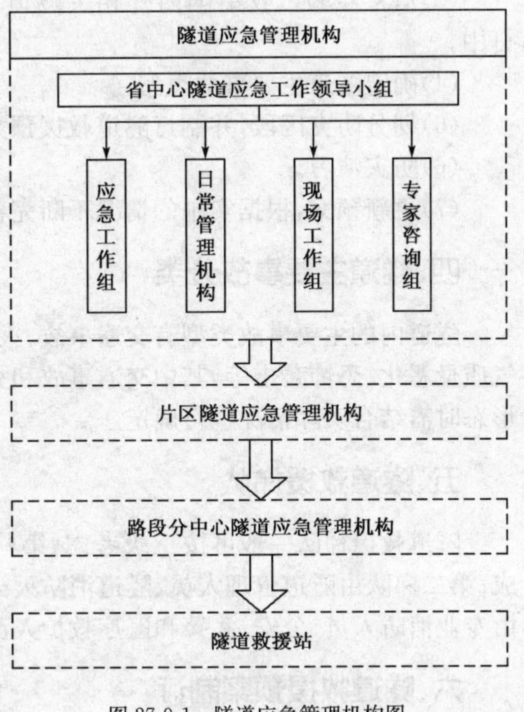

图 27-9-1　隧道应急管理机构图

对于单洞长度超过 5 000m 的隧道建议在洞口设置救援站,对运营风险较高的特长隧道建议设置救援站。在隧道管理站(所)与隧道距离较近的情况下,救援站可考虑与其合并设置。救援站应设置消防车、消防摩托车等救援车辆以及应急通信等设备。建议在条件允许的情况下设置救援广场以方便救援物资的集结和疏散人员的暂时安置。

三、救援预案制订基本流程

隧道救援预案的制订一般应根据安全目标,收集资料并借鉴国内成功经验制订,同时在预案实施过程中要不断地完善。救援预案制订的基本步骤如下:

(1)制订目标,确定隧道救援预案的原则和功能。

在隧道救援预案的制订中要坚持“以人为本、平急结合、科学应对、预防为主,统一领导、分级负责、属地管理、联动协调,职责明确、规范有序、部门协作、资源共享”的原则,结合隧道的实际情况进行救援预案的制订。

救援预案的指导思想是指导隧道内的设备配置,整合已有装备(如监控系统、通信系统、通风系统、消防系统、照明系统、供配电系统等)以及外部救援资源(如医院、消防队、警察局等),明确各部分的职责和义务,使救援预案的各参与单位形成联动,缩短反应时间,减少事故所带来的人员和财产损失。

(2)收集资料,需考虑以下内容:

①了解隧道的位置、长度、纵向坡度、结构[包括几个洞、每洞几个车道、逃生通道设置情况(如车行横洞位置、人行横洞位置)、隧道口转向车道或交叉道、有无救援场地等情况]、设备配置情况(包括设备种类、数量、分布、功能);确定隧道就近互通的形式、位置。

②调查隧道就近的高速公路管理机构(包括隧道管理站、救援站、危险品检查站、养护工区、管理分中心)的位置、设备配备、人员配备以及各管理机构人员正常赶到隧道的时间。

③调查隧道就近的交警、医院、消防部门的位置、正常赶到时间、联系方式、联系人员等，并应考虑隧道通风系统的设置情况，以便结合火灾工况下紧急通风制订救援预案。

(3)借鉴经验。收集国内外相关隧道火灾紧急救援的成功预案，并应用到救援预案制订中。

(4)确定隧道主要事故类型。

(5)划分防灾区段，并制订隧道救援预案。

(6)防灾演习。

(7)更新预案，根据实施的情况不断完善救援预案。

四、隧道主要事故分类

隧道内的主要事故类型有交通事故、火灾、危险品泄露、因地震引起的结构受损、停电、空气质量恶化、恐怖袭击等，其中交通事故和火灾为主要事故形态。另外，在确定隧道主要事故形态时需结合实际情况进行确定。

五、隧道救援梯队

隧道救援梯队一般可按三级考虑，第一梯队由现场驾乘人员、隧道现场巡查管理人员组成；第二梯队由隧道管理人员、隧道消防灭火人员、隧道交警、隧道路政人员等组成；第三梯队由专业消防人员、公安、武警和医疗救护人员组成。

六、隧道救援预案制订

隧道救援预案包括资源数据库、预案实施、预案更新、救援演习计划、管理人员训练计划、隧道应急手册等，如图 27-9-2 所示。一般情况下，隧道救援预案主要指其中的资源数据库、预案实施、预案更新以及道路监控系统配合等。

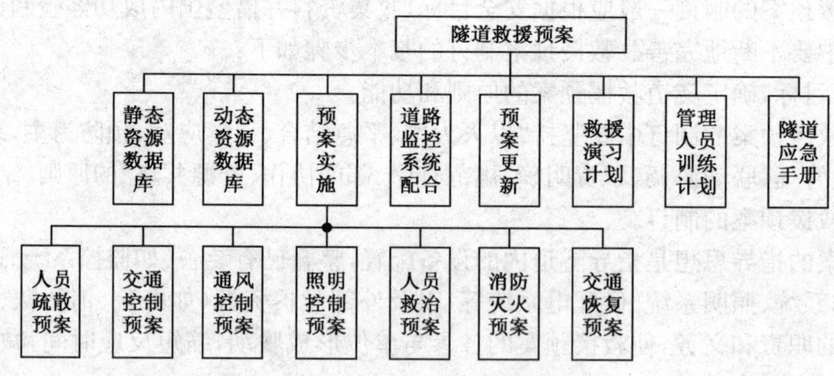

图 27-9-2　隧道火灾紧急救援预案构成图

1. 资源数据库

资源数据库是保证隧道火灾紧急救援及交通事故预案合理、及时的基本条件，一般资源数据库包括静态资源和动态资源。

静态资源主要包括隧道的固有情况(位置、长度、设施配置等)、隧道就近相关部门情况(交警、医疗、消防等部门的位置、人员设备配置、到达时间、到达路线、联系方式等)、隧道就近互通情况(互通位置、互通连接地方路的情况、离隧道的距离等)、隧道所在区域高速公路管理机构(管理机构的位置、关系、离隧道的距离、人员设备配置、联系方式等)、隧道就近路网情况等。

动态资源主要包括隧道设备采集的实时数据(火灾检测器、车辆检测器、CO/VI检测器、风速风向检测器、紧急电话、光强检测器等)、巡逻车报告的信息、使用人员报告的信息等。

2.预案实施(以火灾工况为例)

预案的实施对快速扑灭隧道火灾、减少人员财产损失至关重要。预案实施主要包括人员疏散预案、交通控制预案、通风控制预案、照明控制预案、人员救治预案、消防灭火预案、交通恢复预案等。下面将对火灾工况下的预案情况进行简要的说明。

1)防灾分区及排烟分区的确定

隧道防灾区段的划分是防灾救援组织规划的基础,区段划分的合理性与否对人员逃生和救援组织规划影响巨大。防灾区段划分应根据隧道逃生通道的设置情况进行设置,另外需兼顾救援的简洁性和合理性。在进行排烟区段划分时应结合隧道的通风方式进行确定,如纵向送排式通风的隧道一般以排风口或排烟口为界进行排烟区段的划分。

2)事故检测与确认

通过隧道内车辆检测器、自动火灾报警器、手动报警按钮、视频事件检测仪等设备或者隧道内行人的报警得知隧道内事故的发生,需要立即调用事故地点的摄像头或通过现场隧道管理人员确认事故的发生以及事故的相关情况(如事故种类、事故严重程度等),并将事故情况报告给隧道管理站和相关人员。

3)消息的发布

火灾发生后总的疏散时间包括发现阶段、报警阶段和撤离阶段三部分时间,发现和报警阶段所占用的时间越少,有效疏散时间就越长。国外的一些技术资料表明,人在面对火灾刚开始更多的是持怀疑以及观望的态度,很难一下子从正常的行为状态转变为事故状态下的行为。由于火灾发展速度比较快,当隧道内的行车人员意识到火灾的严重性时往往为时已晚,因此,隧道管理者要在火灾发生后对隧道内的人员下达明确的指令,增加有效疏散时间。火灾场景下人的行为如图27-9-3所示。

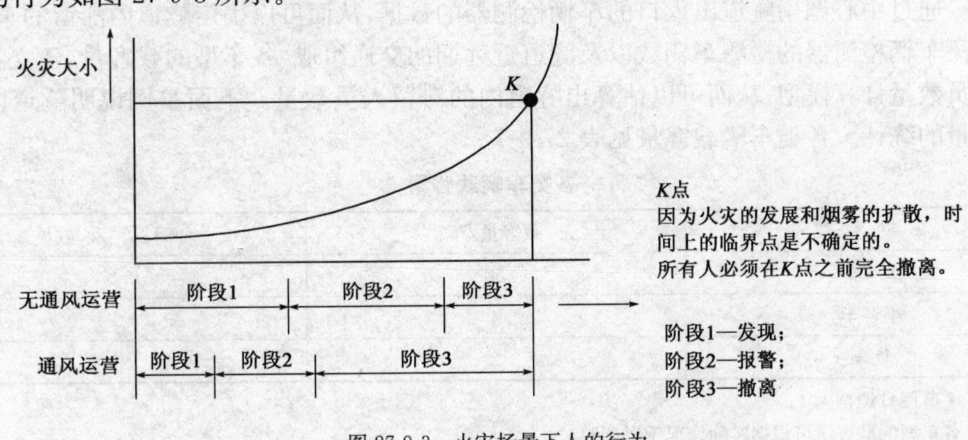

图27-9-3　火灾场景下人的行为

4)人员疏散预案

隧道交通事故情况下，隧道使用人员应根据隧道内的交通信息提示采取合适的措施。隧道发生火灾后，一般情况下，人员应按照如下预案疏散。

(1)隧道使用人员如发现自己车辆起火

①如果可能，应尽量将自己的车辆开出隧道；

②如果不可能，把自己的车开到或推到紧急停车带或最外侧车道并关闭发动机；通过隧道设施报警并寻求帮助；使用车辆自带的灭火器或隧道的消防设施扑灭火灾；如果火灾不能扑灭，应尽快根据疏散标志、标志灯等引导离开火灾地点或隧道；

③隧道管理站根据隧道报警、摄像机确认，根据火灾发生地点和性质，应进入交通控制预案、照明控制预案等，并在保证人员安全疏散的前提下，尽可能疏散车辆。

(2)隧道使用人员如发现其他车辆起火

①打开警告灯，如可能应尽量将自己的车辆按照次序开出隧道；

②将车辆开到或推到紧急停车带或最外侧车道并关闭发动机(给消防、救援等车辆尽可能让出内侧车道)；

③立即离开车辆；

④如果隧道管理人员没有采取措施，应立即通过隧道设施或手机报警；

⑤如果需要和可能，给受伤的人予以帮助；

⑥使用车辆自带的灭火器或隧道的设施扑灭火灾；

⑦如果火灾不能扑灭，应尽快根据疏散标志、标志灯等引导离开火灾地点或隧道。

(3)隧道使用人员如发现隧道设施起火

①将车停在远离火灾点的安全地带(一般指紧急停车带内)，并通过隧道设备或手机报警；

②如果火灾比较小，隧道使用人员可使用自带或隧道就近消防器材灭火；

③如果隧道火灾比较大，应按照(2)中的要求执行。

在施工图设计阶段应设计不同事故工况下的紧急疏散流程图，以方便隧道管理人员熟悉人员疏散流程。

(4)火灾工况下隧道内滞留人员人数的统计

了解事故后隧道内滞留人员的人数，对于救援力量的组织以及救援行动的开展有很重要的意义。通过中心调用隧道出入口的车辆检测器的数据，从而可以确定隧道内滞留的车辆数。通过区段车辆检测器的检测车辆数以及隧道近远期的交通组成、各车型的载客量，建立隧道内滞留人员数量计算模型，从而可以估算出隧道内的滞留人员数量。下面举例说明隧道内滞留人员数量的统计。各类车辆载客量见表 27-9-1。

各类车辆载客量　　表 27-9-1

车 辆 种 类	载客量/车	满 员 系 数
大客车	50	0.8*
小客车	4	1
货车	2	1

注：1. * 节假日调整为 1。

2. 各车型的载客量可根据实际情况予以调整。

3. 以上各车型组成及各车型的载客量可根据实际情况进行调整。

计算模型假定条件：

①在某一个设计年限内隧道内的车辆组成是一个固定值，交通流中各车型比例始终为一个常数；

②在两设计年限之间的交通组成没有变化。

基于以上假设建立隧道内滞留人员评估模型，见式(27-9-1)：

$$\mathrm{NOM} = \Delta N(p_1 \times 40 + p_2 \times 4 + p_3 \times 2) \tag{27-9-1}$$

式中：NOM——隧道内某一区段滞留人员数量；

ΔN——区段上、下游车辆检测器数据之差；

p_1——隧道内交通流大客车所占比例；

p_2——隧道内交通流小客车所占比例；

p_3——隧道内交通交通流货车(大、中、小货车)所占比例。

注：a. 在节假日大客车基本满员时，$p_1 \times 40$ 调整为 $p_1 \times 50$；

b. 通车后交通流中各车型比例应根据实际的车型比进行调整。

通过调用管理中心数据库某一时刻，隧道入口处车辆检测器显示的数据为 N_1，事故点下游最近的车辆检测器显示的数据为 N_2，隧道出口处车辆检测显示的数据为 N_3，则：

火灾发生时隧道内滞留的车辆数为 $N_1 - N_3$，则滞留人员数量为：

$$\mathrm{NOM} = (N_1 - N_3) \times (p_1 \times 40 + p_2 \times 4 + p_3 \times 2) \tag{27-9-2}$$

事故点上游滞留车辆数为 $N_1 - N_2$，则滞留人员数量为：

$$\mathrm{NOM} = (N_1 - N_2) \times (p_1 \times 40 + p_2 \times 4 + p_3 \times 2) \tag{27-9-3}$$

同理，根据计算模型可对中期事故区段的人员滞留数量进行评估。

需要注意的是，隧道内车辆组成发生变化时应该对计算模型进行调整。考虑到隧道内车辆组成的随机性，以及随设计年限的变化性，依据计算模型所得结果难免与实际隧道中人员滞留数量有偏差，在实际应用中可根据实际情况加以调整。以上例子仅供参考，在实际应用中具体参数应根据实际情况进行确定。

5)火灾工况下交通控制预案

交通控制预案应根据火灾发生地点以及隧道内设备配置情况来确定，由于隧道长短不一、设备配置不一、人行和车行横洞数量不一，针对不同的隧道有不同的交通控制预案。

隧道发生火灾后，首先应关闭隧道，并以有利于人员和车辆疏散为原则，人员疏散优先考虑。

交通控制预案应根据火灾发生地点以及隧道内设备配置情况来确定，考虑到隧道设备配置等差异，针对不同的隧道有不同的交通控制预案。

隧道发生火灾后，交通控制预案中应考虑消防灭火人员以及救援人员(包括救援车辆)的进入路线等。

隧道内发生火灾时，开启火源上游的车行，人行通道方便火源上游人员的逃生。火源下游段，车辆继续前行快速离开事故隧道。具体要求如下：

(1)一旦发现隧道内发生火灾，通过设置的车道指示灯以及洞口的栏杆等立即关闭隧道，禁止车辆继续进入；并通过可变信息板等发布相关信息，通过有线广播等疏散洞内外人员。

(2)通过车辆检测器、巡逻车、紧急电话和图像信息，及时掌握火灾点的情况，并向有关部门通报火灾地点、性质和其他相关情况。

(3)对发生火灾路段上下游交通诱导和控制管理，在事故隧道前方进行交通分流疏导，防止车辆进入事故隧道路段，造成路段的交通阻滞。

(4)为避免火灾发生后隧道内的交通混乱，在隧道出入口及隧道内设置对行驶车辆的警报提示。

(5)在确认相邻隧道无车辆后，开启发生事故隧道火源上游最近的车行横洞（横洞与火源点距离应该大于20m），引导人员由相邻隧道进行疏散。在开启车行横洞防火卷帘门时需要进行安全阈值的计算。在安全阈值之后开启车行横洞时需要通过闭路电视确认变线车道无车后开启防火卷帘门。安全阈值会随着隧道内车辆的行驶状态发生变化，在相邻隧道车流量很小时安全阈值可以取得小一点，相邻隧道车流量很大时所需安全阈值可能也会相应增加。在开启防火卷帘门时应该注意疏散车辆的安全性，防止二次事故的发生。

6)通风控制预案

通风控制预案在隧道火灾救援过程中非常重要。决定紧急通风控制预案主要有以下三个因素：火灾发生位置、交通状态、事故区域的风速和风向。

火灾发生位置需要考虑火灾检测系统的可靠性和误差的修正。交通状态需要根据监控设施及交通数据检测等确定，在无法确定交通是否发生阻滞的情况下，建议以最不利工况进行考虑。事故区域的风速风向在人员自救阶段的通风控制中是一个重要参数，直接关系到人员逃生的安全性，因而需要考虑风速风向检测器的安装位置（尽量避开风机，大型信息板等）及精度校正。

火灾工况下通风控制主要目的如下：

(1)在人员疏散阶段主要考虑有利于人员、车辆疏散、避免事故隧道的烟气侵入人行横通道、车行横通道、安全通道、相邻隧道及避难室等。风机开启位置不能离火源距离太近，尽量开启火源下游的风机。

(2)在灭火阶段主要是控制烟雾扩散，为救援工作的开展提供条件。

(3)能有效控制烟雾扩散，防止高温气体引燃火源点以外的其他车辆和设施，造成火势的蔓延。

(4)在灭火后阶段主要是尽快排出隧道内的烟雾，为灾后检测及尽快恢复交通提供条件。

在人员疏散阶段，纵向风速控制在单向交通没有阻滞、单向交通阻滞、双向交通三种工况下控制原则如下：

在单向交通没有阻滞工况下，沿行车方向在火源的上游纵向风速应保证烟雾不发生回流，在下游侧尽量降低其纵向风速。

单向交通阻滞工况下，保持其较低风速（如1.2±0.2m/s），在交通流方向减少烟雾回流到火源上游，允许烟雾分层，稀释有毒气体，保证人员逃生。

在双向交通工况下，保持较低风速，避免烟雾回流，除非有另外的决策（如靠近洞口等），应保持烟雾分层，保证人员在两个方向都能逃生。

在人员疏散阶段排烟原则如下：

在单向交通没有阻滞工况下，沿行车方向在火源的上游纵向风速应达到临界风速，保证烟雾不发生回流，在下游侧尽量降低其纵向风速。

单向交通阻滞及双向交通工况下，通过排出区域两端的风速控制，保证排出区域中点零风速。在这种情况下，气流的目标是保持烟雾分层，并将烟雾控制在排出区域。

逃生通道(专用逃生通道或横通道)需要保持对事故隧道 30～50Pa 的正压以及 1m/s 的风速(在开口处),这样可以防止烟雾进入逃生通道。另外,由于安全门开启造成的压力损失,在设计阶段应予以考虑。

在救援及灭火阶段,应考虑紧急救援的要求,当救援队到达现场,他们将接管。

排烟风机及防烟风机除设置本地控制、远程自动控制外还需设置远程手动控制。

火灾工况下紧急通风控制流程(摘自 PIARC《火灾工况下紧急通风控制》)如图 27-9-4 所示。

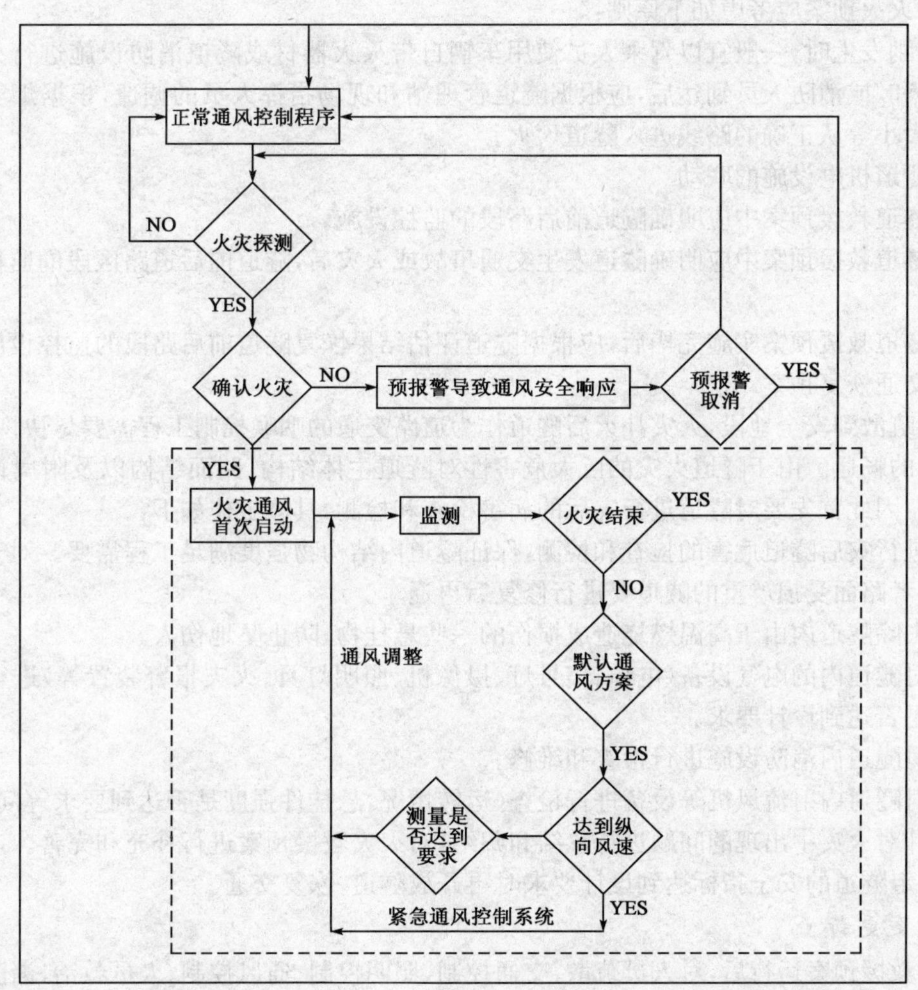

图 27-9-4　隧道紧急通风控制流程

7)照明控制预案

隧道发生火灾后,一般要求隧道及逃生通道内的所有照明灯都开启,以利于抢险救援。火灾工况下需要保持隧道内的最大照度,从而保证隧道内人员在充满烟雾的隧道内尽可能的看清前方的路线和逃生通道。另外,要开启 UPS 电源,防止电缆烧毁造成隧道内照度不够。以上仅为原则性的指导意见,具体火灾预案应根据火灾当量的大小、发生位置的不同等近一步细化。

8)应急供电预案

在排烟风机、应急照明等一级负荷供电发生故障的情况下，通过供电的切换保障重要设备的正常运行。

9)人员救治预案

人员救治预案应考虑如下原则：火灾刚发生时，一般以自救为主。当管理部门和/或医疗部门的救援人员和车辆到达后，应配合交警、消防等部门营救受伤人员。

10)消防灭火预案

消防灭火预案应考虑如下原则：

火灾刚发生时，一般宜以驾乘人员使用车辆自带灭火器材或隧道消防设施进行灭火。当管理人员和/或消防人员到达后，应根据隧道管理站和现场指挥人员的调遣，根据烟雾扩散方向、火势大小等从正确的路线进入隧道灭火。

11)隧道机电设施的联动

(1)隧道救援预案中应明确隧道前后路段的监控设施。

(2)隧道救援预案中应明确隧道发生交通事故或火灾后，隧道前后道路区段的监控系统如何联动。

(3)隧道救援预案实施完毕后，应根据隧道评估结果恢复隧道前后路段的监控设施显示。

12)交通恢复预案

人员疏散到安全地段，火灾扑灭后隧道作为道路交通的咽喉控制工程需要尽快恢复交通，保证路线的畅通。由于隧道火灾的巨大危害性对隧道主体结构、路面结构以及附属设施容易造成损害，因此首先要对隧道进行灾后的病害检查和检测，具体工作如下：

(1)进行灾后隧道危害的检查和检测，保证隧道内结构物强度满足工程需要。对于结构严重受损或者路面受损严重的隧道要进行修复后再通车。

(2)去除隧道内由于高温燃烧造成损伤的一些悬挂物，防止坠地伤人。

(3)对隧道内的电气设备(电缆、信号灯、摄像机、照明灯具、火灾报警装置等)进行检查和测试，看是否达到设计要求。

(4)对隧道内消防设施进行检查和维修。

(5)对隧道内射流风机等设备进行检查(运转情况，悬挂件强度是否达到要求等问题)。

(6)针对火灾中出现的问题进行总结和归纳，对火灾救援预案进行补充和完善。

在确定隧道的安全指标达到设计要求时再开放隧道，恢复交通。

3.预案更新

隧道救援预案运行后，对人员疏散、交通控制、照明控制、通风控制、人员救治、消防灭火以及交通恢复等预案应进行分析、总结，对原预案不完善，甚至错误的地方进行补充、修改。

隧道救援执行流程如图25-9-5所示。

4.管理人员训练计划

(1)一般隧道管理机构应根据所管隧道的长度、设备配置、人员配置以及运营情况，编制详细的管理人员训练计划。

(2)隧道管理人员上岗之前必须进行岗前培训，通过培训应至少了解隧道结构、隧道内的各种设施功能和使用、隧道管理站各种设施的功能和使用、救援预案的操作等。

(3)如果隧道配有专业消防人员，则上岗之前应通过专业消防培训并通过测试。

(4)上岗后的管理人员应至少进行 1 次/年岗位培训。

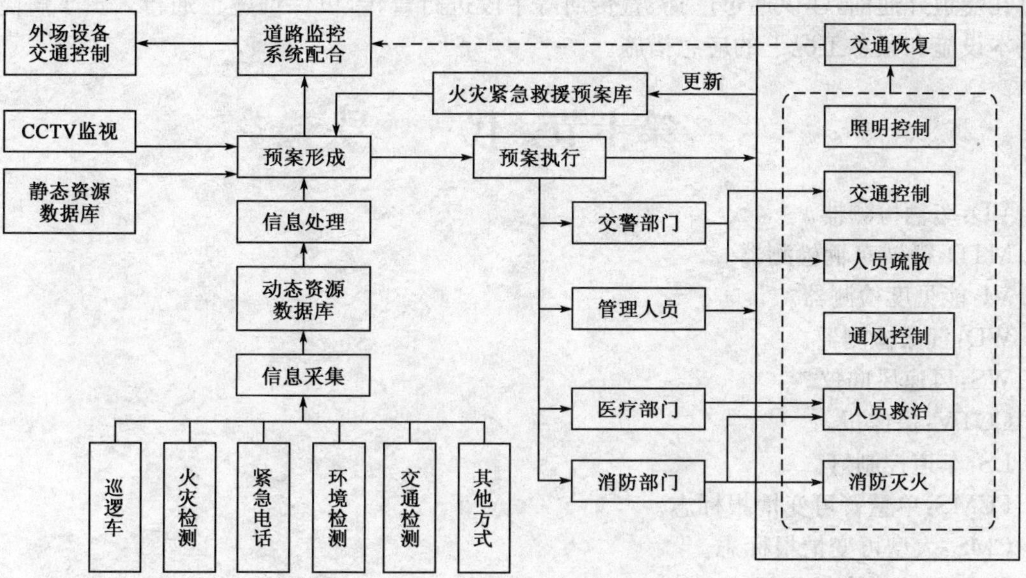

图 27-9-5　隧道救援执行流程

5. 救援演习计划

(1)一般隧道管理机构应根据所管隧道的长度、设备配置、人员配置、运营情况以及救援预案制订详细的救援演习计划。

(2)隧道救援演习周期应不少于 1 次/年。

(3)救援演习计划至少包括演习目的、规模、地点、时间、人员、流程、设备等。

(4)通过救援演习宜对已制订的隧道救援预案进行修正,使隧道救援预案切实可行。

6. 隧道应急手册

隧道应急手册主要提供给隧道使用者(包括管理人员和驾乘人员),以便使用者熟悉隧道情况,遇到火灾时如何正确行动。应急手册应至少包含如下内容:

1)隧道结构

包括隧道出入口数量、隧道净空、车道数量、人行横洞位置和数量及间距、车行横洞位置和数量及间距、紧急停车带的位置和数量、逃生通道设置情况、隧道洞口外转向车道的位置和作用等。

2)隧道设施

包括设施配置种类、设备主要功能、设备布设位置和高度、消防设备使用方法、疏散标志表示的含义、紧急电话使用方法、火灾报警使用方法等。

3)驾乘人员行动准则

包括正常情况下各类车辆(包括小车、大货车、运输危险物品的货车)通过隧道时应遵守的准则、自己车辆起火应遵守的准则(如人员疏散预案描述内容)、其他车辆起火时应遵守的准则、隧道设施起火应遵守的准则、救援车辆应遵守的准则等。

4)管理人员行动准则

包括正常运营、隧道养护、隧道维修、隧道交通事故、隧道火灾等各种情况下,隧道管理人员的行动准则。

在隧道开通前,建议通过广播、宣传册等手段进行宣传,以保证隧道通行人员了解隧道内的基本设施和紧急工况下的应急措施。

第十节　代　　号

VD:车辆检测器。

MTD:微波车辆检测器。

VI:能见度检测器。

WD:气象检测器。

WS:风速风向仪。

CCTV:摄像机。

LS:车道控制灯。

FCMS:单悬臂可变情报标志。

CMS:大型可变情报标志。

TCMS:隧道内情报标志。

CSLS:可变限速标志。

TS:交通信号灯。

LO/LI:光强检测器。

FD:火灾自动检测器。

PB:火灾报警按钮。

LC:区域控制器。

ET:紧急电话。

BC:有线广播。

ELS:电光标志。

AB:自动栏杆。

SLA:声光报警器。

DB:配电箱。

第二十八章　隧道供配电系统设计

第一节　概　述

一、隧道供配电系统设计的原则

(1)隧道供配电系统的设计规模、设计内容应根据拟建项目的实际情况及隧道交通工程级别合理确定。隧道供配电系统的设计内容一般应包含高压输电线路、高压配电系统、低压配电系统、备用电源系统、变电所、电力设备选型及电缆敷设、电力监控系统等。

(2)隧道供配电系统的设计应符合以下基本原则:

①应做到保障人身及行车安全、供电可靠、技术先进和经济合理;

②应符合国家现行的有关标准和规范的规定;

③必须从全局出发,统筹兼顾,按照隧道电力负荷性质、用电容量、工程特点和地区供电条件,合理确定供配电系统的设计方案;

④认真执行国家的技术经济政策,合理利用能源,并最大限度地节约能源;

⑤供配电系统的设计应根据公路工程特点、规模和实施规划,做到远近期结合,以近期为主;

⑥应采用符合国家现行有关标准的效率高、能耗低、性能先进的电气设备产品;

⑦应将隧道施工期间的临时供电和隧道开通后的永久性运营供电相结合,以避免供电工程尤其是高压输电线路等工程的二次重复建设。

(3)供配电系统宜按以下程序进行设计:

①收集有关的隧道土建和通风、照明、消防、监控等运营管理设施的设计文件以及交通、气象、环境、地质、地形、地物等基础资料;

②与项目所在地区供电部门互相提供、索取供电设计原始资料。向供电部门提供隧道所在位置、隧道用电最大负荷容量、负荷性质及对供电可靠性的要求、项目实施计划日期等基本资料;向供电部门索取当地电网供应情况,包括地方变电所(或发电厂)名称、方位及距离,供电电压、线路规格、长度及回路数,供电部门有关隧道供电接口、计量要求等资料;

③根据隧道通风、照明、消防、监控等运营管理设施各设计专业提供的隧道用电负荷及其对电能质量的要求,合理划分隧道用电负荷等级;

④根据项目实际情况和隧道交通工程级别,合理确定供配电系统的设计规模及总体设计方案,确定供电电源的供电方式、电压等级,隧道变电所(站)的选址、设置等;

⑤认真执行国家技术经济政策,从安全、技术、经济、维护等方面进行方案比选,以选择最佳的隧道供配电系统设计方案。

二、方案设计文件内容及深度

方案设计文件应包括以下内容：

(1)工程概况。

(2)本隧道工程拟设置的供配电系统概述。

(3)供配电系统：

①负荷级别及总负荷估算容量；

②外供电的电压等级、回路数和容量；

③拟设置的变配电所数量和位置；

④自备电源的形式、电压等级和容量。

(4)防雷与接地主要措施。

(5)供配电节能和环保措施。

三、初步设计文件内容及深度

初步设计阶段，隧道供配电专业设计文件应包括设计说明书、主要电气设备表、设计图纸、计算书。

1.设计说明书

1)设计依据

(1)隧道概况，包括隧道的形式、起讫桩号、横洞及紧急停车带位置、通风系统设计概况、照明系统设计概况、消防系统设计概况、监控系统设计概况等内容。

(2)相关专业提供给本专业的工程设计资料。

(3)建设单位提供的有关部门(供电、消防、通信、公安部门等)认定的工程设计资料，建设单位设计任务书及设计要求。

(4)设计所执行的主要法规和所采用的主要标准，包括名称、编号、年号和版本号。

(5)上一阶段设计文件的批复意见。

2)设计范围

(1)根据设计任务书和有关设计资料说明本专业的设计工作内容，以及与相关专业的设计分工和设计界面。

(2)拟设置的隧道供配电系统。

3)供配电系统

(1)确定负荷等级和各类负荷容量。

(2)确定供电电源及电压等级、电源由何处引来、电源数量及回路数、专用线或非专用线、电缆埋地或架空、近远期发展情况。

(3)备用电源和应急电源容量确定原则及性能要求，有自备发电机时，说明启动方式及与市电网关系。

(4)高低压供电系统接线形式及运行方式：正常工作电源与备用电源之间的关系；母线联络开关运行和切换方式；变压器之间低压侧联络方式；重要负荷的供电方式。

(5)变配电所的位置、数量、容量，包括设备安装容量，计算有功、无功、视在容量、变压器台数、容量；变配电所形式；设备技术条件和选形要求，电气设备的环境特点。

(6)继电保护装置的设置。

(7)电能计量装置:采用高压或低压;专用柜或非专用柜(满足供电部门要求和建设单位内部核算要求);监测仪表的配置情况。

(8)功率因数补偿方式:说明功率因数是否达到供用电规则的要求,应补偿容量和采取的补偿方式和补偿前后的结果。

(9)谐波及治理措施。

(10)操作电源和信号:说明高低压设备的操作电源、控制电源,以及运行信号装置配置情况。

(11)高低压线路的型号及敷设方式。

(12)选用导线、电缆、母线的材质和型号,敷设方式。

(13)开关、插座、配电箱、控制箱等配电设备选型及安装方式。

(14)电动机启动机控制方式的选择。

4)防雷

(1)确定隧道及变配电所的防雷类别、电子信息系统雷电防护等级。

(2)防直击雷、防侧击雷、防雷击电磁脉冲、防高电位侵入的措施。

(3)当利用隧道加强衬砌内的钢筋做接地装置时,应说明采取的措施和要求。

5)接地及安全措施

(1)各系统要求接地的种类及接地电阻要求。

(2)总等电位、局部等电位的设置要求。

(3)接地装置要求,当接地装置需做特殊处理时应说明采取的措施、方法等。

(4)安全接地及特殊接地的措施。

6)供配电系统节能和环保

7)需提请在设计审批时解决或确定的主要问题

2.主要电气设备表

注明主要设备的名称、型号、规格、单位、数量。

3.设计图纸

(1)供配电系统方案图。标注隧道的形式、起讫桩号、横洞位置、紧急停车带位置,高低压线路及有关系统线路走向、回路编号,导线及电缆型号规格,架空线、洞外路灯、重复接地、变配电所的位置、编号。

(2)高低压供电系统图。注明开关柜编号、型号及回路编号,一次回路设备型号、设备容量、计算电流、补偿容量、导体型号规格、负荷名称、二次回路方案编号。

(3)变配电所平面布置图。包括高低压开关柜、变压器、母线、发电机、控制屏、直流电源及信号屏等设备平面布置和主要尺寸。

(4)隧道配电系统图。包括主要干线平面布置图,配电及照明干线、变配电所的出线回路及编号。

(5)电力监控系统图。

(6)防雷与接地系统图。包括防雷平面图、接地平面图。

4.计算书

(1)用电设备负荷计算。

(2)变压器选型计算。

(3)电缆选型计算。

(4)系统短路电流计算。

(5)防雷类别的选取或计算,避雷针保护范围计算。

(6)方案比选的经济性指标计算。

四、施工图设计文件内容及深度

施工图设计阶段,隧道供配电专业设计文件应包括设计说明书、主要电气设备表、图例符号、系统方案图、变配电所设计图、配电系统设计图、防雷接地设计图、计算书。

1.设计说明书

(1)工程概况,包括方案设计、初步设计审查意见的主要内容。

(2)设计依据、设计范围、设计内容和与相关专业的设计界面。

(3)变配电所设计说明,包括高低压配电系统设计、变配电所平剖面、继电保护及信号原理等内容。

(4)配电系统设计说明,包括配电方式、配电箱系统、配电线路及敷设等内容。

(5)防雷及接地保护设计说明。

(6)电气设备的主要技术指标。

(7)电气节能和环保措施。

(8)施工要求和注意事项。

2.主要电气设备表

注明主要设备的名称、型号、规格、单位、数量。

3.图例符号

4.隧道供配电系统方案图

(1)外供电设计图。

(2)隧道变配电所设置位置图。

(3)高低压配电系统一次接线简图。

5.变配电所设计图

(1)高低压配电系统一次接线图。图中应标明母线的型号、规格;变压器、发电机的型号、规格;开关、断路器、互感器、继电器、电工仪表等的型号、规格和整定值。

(2)变配电所平、剖面图。按比例绘制变压器、发电机、开关柜、控制柜、直流及信号柜、补偿柜、支架、地沟、接地装置等平面布置、安装尺寸等,以及变配电所的典型剖面。当选用标准图时,应标注标准图的编号、页次,进出线回路编号、敷设安装方法。

(3)继电保护及信号原理图。继电保护及信号二次原理方案号,宜选用标准图、通用图。当需要对所选用标准图或通用图进行修改时,只需绘制修改部分并说明修改要求。

(4)隧道配电系统图。自电源点开始至终端配电箱为止,按设备所处位置进行绘制,包括变配电所变压器台数、容量,发电机台数、容量,各处终端配电箱编号,自电源点引出回路编号。

(5)相应图纸说明。图中表达不清楚的内容,可随图作相应说明。

6.配电系统设计图

(1)配电箱、控制箱系统图。应标注配电箱编号、型号,进线回路编号;标注各元器件型号、规格、整定值；配出回路编号、导线型号规格、负荷名称等（对于单相负荷应标明相别）；对有控制要求的回路应提供控制原理图或控制要求；对重要负荷供电回路宜标明负荷名称。上述配电箱、控制箱系统图内容在平面图上标注完整的，可不单独出配电箱、控制箱系统图。

(2)配电平面图。应包括隧道的形式、起讫桩号、横洞位置、紧急停车带位置，布置配电箱、控制箱，并注明编号；绘制线路始、终位置，标注回路规格、编号、敷设方式。

(3)相应图纸说明。图中表达不清楚的内容，可随图作相应说明。

7.防雷接地设计图

(1)变配电所防雷设计图。绘制变配电所平面，应有主要轴线号、尺寸、高程，标注避雷针、避雷带、引下线位置。注明材料型号规格，所涉及的标准图编号、页次。

(2)隧道接地设计图。绘制接地平面图，接地线、接地极、测试点、断接卡子等的平面位置，标明材料型号、规格、相对尺寸及所涉及的标准图编号、页次。

(3)当利用隧道加强衬砌内的钢筋作为接地装置时，应标注连接点、接地电阻测试点、预埋件位置及敷设方式，注明所涉及的标准图编号、页次。

(4)相应图纸说明。包括防雷类别和采取的防雷措施(防直击雷、防雷击电磁脉冲、防高电位引入)；接地装置形式、接地极材料要求、敷设要求、接地电阻值要求。

(5)除防雷接地外的工作和安全接地的要求，如电源接地形式、直流接地、局部等电位、总等电位接地等；如采用共用接地装置，应在接地平面图中叙述清楚。

8.计算书

施工图设计阶段的计算书，只补充初步设计阶段时应进行计算而未进行计算的部分，修改因初步设计文件审查变更后，需重新进行计算的部分。

第二节　负荷分级与计算

一、电力负荷分级的原则

电力负荷应根据对供电可靠性的要求及中断供电在政治、经济上所造成损失或影响的程度进行分级，并应符合下列规定：

(1)符合下列情况之时，应为一级负荷：

①中断供电将造成人身伤亡时。

②中断供电将在政治、经济上造成重大损失时。例如：重大设备损坏、重大产品报废、用重要原料生产的产品大量报废、国民经济中重点企业的连续生产过程被打乱，需要长时间才能恢复等。

③中断供电将影响有重大政治、经济意义的用电单位的正常工作。例如：重要交通枢纽、重要通信枢纽、重要宾馆、大型体育馆、经常用于国际活动的大量人员集中的公共场所等用电单位中的重要电力负荷。

在一级负荷中，当中断供电将发生中毒、爆炸和火灾等情况的负荷，以及特别重要场所的不允许中断供电的负荷，应视为特别重要的负荷。

(2)符合下列情况之一时，应为二级负荷：

①中断供电将在政治、经济上造成较大损失时。例如：主要设备损坏、大量产品报废、连续

生产过程被打乱需较长时间才能恢复、重点企业大量减产等。

②中断供电将影响重要用电单位的正常工作。例如:交通枢纽、通信枢纽等用电单位中的重要电力负荷,以及中断供电将造成大型影剧院、大型商场等较多人员集中的重要的公共场所秩序混乱。

(3)不属于一级和二级负荷者应为三级负荷。

二、隧道电力负荷分级

《公路隧道交通工程设计规范》(JTG/T D71—2004)对隧道电力负荷的分级是:应急照明、电光标志、交通监控设施、通风及照明控制设施、紧急呼叫设施、火灾检测报警控制设施为一级负荷中特别重要负荷;消防水泵、基本照明、排烟风机为一级负荷;通风机为二级负荷;其他为三级负荷。

《公路隧道设计细则》(JTG/T D70—2010)对隧道电力负荷的分级如表 28-2-1 所示。

公路隧道电力负荷分级一览表 表 28-2-1

序 号	电力负荷名称	负荷级别			
		A级隧道	B级隧道	C级隧道	D级隧道
1	电光标志	一级	一级	一级	一级
2	应急照明	一级	一级	一级	一级
3	火灾检测、报警、控制设施	一级	一级	一级	—
4	紧急呼叫设施	一级	一级	一级	—
5	交通监控设施	一级	一级	一级	—
6	通风及照明控制设施	一级	一级	一级	—
7	闭路电视监视设施	一级	一级	一级	—
8	中央控制设施	一级	一级	一级	—
9	消防增压水泵	一级	一级	一级	—
10	基本照明	一级	一级	一级	二级
11	排烟通风机	一级	一级	一级	—
12	加强照明	二级	二级	二级	三级
13	通风机	二级	二级	三级	—
14	洞外引道照明	三级	三级	三级	三级
15	其余隧道电力负荷	三级	三级	三级	三级

三、各级负荷的供电要求

1.一级负荷对供电电源的要求

(1)一级负荷应由两个电源供电,当一个电源发生故障时,另一个电源应不致同时受到损坏。

(2)一级负荷容量较大或有高压用电设备时,应采用两路高压电源。如一级负荷容量不大时,应优先采用从电力系统或临近单位取得第二低压电源,亦可采用应急发电机组,如一级负荷仅为照明或电子设备负荷时,宜采用蓄电池组作为备用电源。

2. 一级负荷中特别重要负荷对供电电源的要求

一级负荷中特别重要负荷，除上述两个电源外，还必须增设应急电源。为保证对特别重要负荷的供电，严禁将其他负荷接入应急供电系统。

1)常用应急电源的种类

(1)独立于正常电源的发电机组。

(2)供电网络中有效地独立于正常电源的专门馈电线路。

(3)蓄电池。

2)应急电源种类的选择

根据允许的中断供电时间可分别选择下列应急电源：

(1)允许中断供电时间为15s以上的供电，可选用快速自启动的发电机组。

(2)自投装置的动作时间能满足允许中断供电时间时，可选用带有自动投入装置的独立于正常电源的专用馈电线路。

(3)允许中断供电时间为毫秒级的供电，可选用蓄电池静止型不间断供电装置、蓄电池机械储能电机型不间断供电装置或柴油机不间断供电装置。

3. 二级负荷的供电要求

二级负荷的供电系统，宜由两回路供电。在负荷较小或地区供电条件困难时，二级负荷可由一回6kV及以上专用的架空线路或电缆供电。当采用架空线时，可为一回架空线供电；当采用电缆线路时，应采用两根电缆组成的线路供电，其每根电缆应能承受100%的二级负荷，且互为热备用。

4. 三级负荷的供电要求

三级负荷对供电无特殊要求。

四、负荷计算的内容

负荷计算的内容包括计算负荷，尖峰电流，一级、二级负荷，规律性负荷，火灾情况下的负荷等。

1. 计算负荷

计算负荷为一假想的持续性负荷，其热效应与实际变动的负荷所产生的最大热效应相等。计算负荷可作为按发热条件选择电气设备及导体的依据，并用来计算电压损失和功率损耗，也可作为电能消耗量及无功补偿的计算依据。

计算负荷即半小时最大负荷，对按温升选择的供电元件，即导线、电缆、变压器、开关设备均采用半小时的最大负荷作为计算负荷。

2. 尖峰电流计算

尖峰电流是指持续1s左右的最大负荷电流，一般取启动电流的周期分量作为尖峰电流，用以校验电压波动和选择保护设备。

3. 一级、二级负荷计算

一级、二级负荷计算用以确定备用电源和应急电源的容量。

计算一级、二级负荷按照满足全部一级、二级负荷的要求确定备用电源容量。计算一级负荷中特别重要的负荷和消防负荷用确定应急电源容量。

在计算柴油发电机容量时，应按发生火灾时，消防用电的计算负荷加上在火灾时仍然需要工作的一级负荷重特别重要的负荷来计算总的计算负荷，据此选择柴油发电机的容量。

4.规律性负荷计算

规律性负荷计算是从经济运行条件出发，用以考虑变压器的台数和容量。

5.火灾情况下的负荷计算

单洞双向行车隧道在火灾情况下的消防负荷按整个隧道的消防用电设备计算。

双洞单向行车隧道在火灾情况下的消防负荷按消防负荷最大的一个隧道发生火灾时所使用的消防用电设备，加上未发生火灾的隧道由于执行防灾救援疏散所需的消防负荷计算。

单台变压器供电按发生火灾或两台变压器供电按一台变压器工作时发生火灾，把消防用电设备的计算负荷加上未切除的一般负荷来计算总的计算负荷，据此校验变压器的过载能力。

五、负荷计算方法的选择

隧道电力负荷计算方法主要包括需要系数法和二项式法。需要系数法比较简便，可作为隧道电力负荷计算的主要方法，一般用于干线、变配电所的负荷计算；二项式法适用于用电设备台数较少、各台设备容量相差悬殊的情况，一般用于支线和配电箱的负荷计算。

六、设备功率计算

在进行隧道电力负荷计算前，应对各类负荷作如下的处理：

(1)采用需要系数及二项式系数时，对不同工作制用电设备的额定功率应换算为统一工作制的额定功率。

反复短时工作制的设备，它的设备容量应全部换算成暂载率为25%时的容量，其公式如下：

$$P_e = P_\varepsilon\sqrt{\frac{\varepsilon_e}{\varepsilon_{25}}} = 2P_\varepsilon\sqrt{\varepsilon_e} \tag{28-2-1}$$

式中：P_e——设备容量(kW)；

P_ε——换算前的电动机铭牌功率，即在暂载率ε_e下的额定功率(kW)；

ε_e——与上述电动容量相对应的暂载率(%)；

ε_{25}——暂载率为25%。

电焊机及电焊装置的设备容量是指换算为ε(%)=100%的额定功率。其公式如下：

$$P_e = S_\varepsilon\sqrt{\frac{\varepsilon_e}{\varepsilon_{100}}}\cos\varphi = S_\varepsilon\sqrt{\varepsilon_e}\cos\varphi \tag{28-2-2}$$

式中：S_ε——电焊机在ε(%)暂载率下的额定功率(kVA)；

$\cos\varphi$——额定功率时的功率因数。

(2)照明灯具的设备容量：

①白炽灯、高压卤钨灯的设备容量为灯泡标出的额定容量；

②低压卤钨灯除额定容量外，还应计入变压器的功率损耗；

③所有气体放电灯除灯泡的额定容量外，还应计入镇流器的功率损耗。

(3)备用设备的容量不应列入设备容量。

(4)消防水泵、喷淋水泵、水幕泵、专用消防电梯，只有在火警状态下才使用的防排烟机组、防火卷帘门等容量不计入设备容量。只有当这部分容量的计算有功功率大于火警时切除的一般电力、照明的计算有功功率时，才将这部分容量的计算有功功率与火警时不切除的其他电力、照明等设备的计算有功功率相加，作为此项工程的计算有功功率。也就是说，将上述部分设备列入设备容量，而不计火警时切除的电力、照明这一部分的设备容量。

(5)单相负荷应均衡分配到三相上，当单相负荷小于三相对称负荷的15%时，可全部按三相负荷进行计算；若大于15%时，则单相负荷应换算成三相负荷，才能与三相对称负荷相加。单相及相间负荷的计算方法如下：

①只有单相负荷时，取其中最大相负荷乘以3即为三相负荷，再与三相对称负荷相加，得出总的三相负荷。

②只有相间负荷时：

单台设备

$$P_{ed}=\sqrt{3}P_{elm} \tag{28-2-3}$$

多台设备

$$P_{ed}=\sqrt{3}P_{elm}+(3-\sqrt{3})P_{em} \tag{28-2-4}$$

式中：P_{ed}——三相等效负荷(kW)；

P_{elm}——最大相间负荷(kW)；

P_{em}——次大相间负荷(kW)。

当 P_{elm} 及 P_{em} 两者接近或相等时，则三相等效负荷为：

$$P_{ed}=3P_{elm} \tag{28-2-5}$$

③当有单相负荷，又有相间负荷时，则应先将相间负荷化成单相负荷，再按相相加，取其中最大一相负荷乘以3即为等效的三相负荷。

线间负荷换算成相间负荷的计算公式如下：

a相

$$P_a=P_{ab}p_{(ab)a}+P_{ca}P_{(ca)a}\ (\text{kW}) \tag{28-2-6}$$

$$Q_a=P_{ab}q_{(ab)a}+P_{ca}q_{(ca)a}\ (\text{kvar}) \tag{28-2-7}$$

b相

$$P_b=P_{ab}p_{(ab)b}+P_{bc}p_{(bc)b}\ (\text{kW}) \tag{28-2-8}$$

$$Q_b=P_{ab}q_{(ab)b}+P_{bc}q_{(bc)b}\ (\text{kvar}) \tag{28-2-9}$$

c相

$$P_c=P_{bc}p_{(bc)c}+P_{ca}p_{(ca)c}\ (\text{kW}) \tag{28-2-10}$$

$$Q_c=P_{bc}q_{(bc)c}+P_{ca}q_{(ca)c}\ (\text{kvar}) \tag{28-2-11}$$

式中：P_{ab}、P_{bc}、P_{ca}——接于 ab、bc、ca 相间的负荷(kW)；

P_a、P_b、P_c——换算为 a、b、c 相的负荷(kW)；

$p_{(ab)a}$、$q_{(ab)a}$…——接于 ab…线电压的负荷换到 a…相电压的有功及无功负荷的换算系数。

七、需要系数法

1. 需要系数 K_C

需要系数 K_C 与用电设备的工作性质、设备台数、设备功率及功能的充分利用等因素有关。前三种是比较固定的因素，后一种如前所述是比较活动的因素。因此，在 K_C 值中包含着一定量的经验数据成分。用此值求得计算负荷，应与近期内已建成并获得较好使用效果的同类隧道的装机容量相比较，以求取得更为合理的设计。

2.计算方法

用需要系数 K_C 进行隧道电力负荷计算即简便又适用。隧道电力负荷中单机负荷较大的是通风机、消防水泵等，都是采用单机组或同类机群放射式供电，在计及供电线路、开关时，都是用单机的额定电流或启动电流进行选型或校验的；而计入变压器容量，即使单机也可直接乘以需要系数。因通风机及水泵等在计及轴功率时考虑了安全系数，按计算值选取电动机时又要选相近而又偏大的电动机容量，所以即使在满负荷运行时，电动机的负载率也不会超过70％～75％，计及变压器容量时，可以不论台数多少均直接乘以需要系数，实际运行证明是切实可行的。隧道电力负荷中的其他负荷，如监控设备、照明等均是比较均匀分布的小容量负荷，可以用需要系数法进行计算，并按此容量可进行变压器容量及开关导线的选型。

(1)在成组设备中功率因数相同时用需要系数进行负荷计算，其公式如下：

$$P_{js} = P_e K_C \tag{28-2-12}$$

式中：P_{js}——有功计算负荷(kW)；

P_e——设备负荷(kW)；

K_C——需要系数。

由于功率因数相同，则可得计算无功功率 Q_{js}：

$$Q_{js} = P_{js}\tan\varphi\ (\text{kvar}) \tag{28-2-13}$$

式中：$\tan\varphi$——对应该设备的功率因数($\cos\varphi$)的正切值。

求得视在计算功率 S_{js}：

$$S_{js} = \sqrt{P_{js}^2 + Q_{js}^2} = P_{js}/\cos\varphi\ (\text{kVA}) \tag{28-2-14}$$

得这一组设备的计算电流 I_{js}(相电流)：

$$I_{js} = S_{js}/\sqrt{3}U_L = P_{js}/\sqrt{3}U_L\cos\varphi\ (\text{A}) \tag{28-2-15}$$

式中：U_L——线电压，取380V。

(2)在同一回路中供电的成组设备，当功率因数不同时，应分别按系数 K_c 及 $\cos\varphi$ 求得计算有功功率及无功功率后，再几何相加求得计算视在功率及计算电流。其公式如下：

计算有功功率

$$\begin{aligned} P_{js1} &= K_{C1}P_{e1} \\ P_{js2} &= K_{C2}P_{e2} \\ &\vdots \end{aligned}$$

计算无功功率

$$\begin{aligned} Q_{js1} &= P_{js1}\tan\varphi_1 \\ Q_{js2} &= P_{js2}\tan\varphi_2 \\ &\vdots \end{aligned}$$

计算视在功率

$$S_{js\Sigma} = \sqrt{(P_{js1} + P_{js2} + \cdots)^2 + (Q_{js1} + Q_{js2} + \cdots)^2}\ (\text{kvar}) \tag{28-2-16}$$

综合自然功率因数

$$\cos\varphi_{\Sigma}=\cos\left[\tan^{-1}\frac{Q_{js1}+Q_{js2}+\cdots}{P_{js1}+P_{js2}+\cdots}\right] \tag{28-2-17}$$

所以,视在功率可为

$$S_{js\Sigma}=\frac{P_{js1}+P_{js2}+\cdots}{\cos\varphi_{\Sigma}}(\text{kvar}) \tag{28-2-18}$$

计算电流 $I_{js\Sigma}$(相电流)

$$I_{js\Sigma}=\frac{S_{js\Sigma}}{\sqrt{3}U_{L}}=\frac{P_{js1}+P_{js2}+\cdots}{\sqrt{3}U_{L}\cos\varphi_{\Sigma}}(\text{A}) \tag{28-2-19}$$

(3)计算变压器容量时,应将各条干线上的负荷分别求得综合的计算有功及无功功率,再将这些计算功率代数相加,设备容量较大时,应乘以相应的参差系数,计算公式如下:

$$\sum P'_{js}=\eta_{P}\sum P_{js} \tag{28-2-20}$$

$$\sum Q'_{js}=\eta_{Q}\sum Q_{js} \tag{28-2-21}$$

式中:$\sum P'_{js}$——变压器低压侧总的计算有功功率(kW);

$\sum P_{js}$——低压供电干线计算有功功率之总和(kW);

$\sum Q'_{js}$——变压器低压侧总的计算无功功率(kvar);

$\sum Q_{js}$——低压供电干线计算无功功率之总和(kvar);

η_{P}——有功参差系数;

η_{Q}——无功参差系数。

计入无功补偿后,求得总的视在功率,再去除相应容量的变压器,使变压器负荷率在0.75～0.85。

八、二项式法

需要系数没有考虑在同一组负荷中少数容量特别大的设备,对计算负荷是有影响的,不适应大容量设备的需要,因此就提出了二项式系数计算法。这种计算方法适合于设大容量风机的特长公路隧道,但在同一回路中各设备的负荷相差悬殊时,也应采用二项式系数法进行计算。其计算公式为:

$$P_{js}=bP_{e}+cP_{n} \tag{28-2-22}$$

式中:c、b——二项式系数;

P_{js}——计算负荷(kW);

P_{e}——该组负载的总设备容量(kW);

P_{n}——该组负载中 n 台最大的设备容量之和(kW)。

该公式系由经验数据归纳而成,但有一定的物理意义,第一项 bP_{e} 是该设备组的平均负荷,第二项 cP_{n} 为该组设备中几台大容量设备运行时的附加负荷,这样计算所得的负荷,它的发热效应与这些设备在同一时间按各自的负荷曲线运行所产生的热量相近似。

利用式(28-2-22)确定计算的有功功率后,也可按式(28-2-13)～式(28-2-15)分别确定计算无功 Q_{js}、计算视在功率 S_{js} 及计算电流 I_{js}。

由于二项式系数法不仅考虑了用电设备组的平均最大负荷，而且考虑了容量最大的少数设备运行时对总计算负荷所造成的额外影响，所以此法也适用于设备台数较少而容量差别较大的低压分支线及干线的负荷计算。

九、尖峰电流计算

单台或一组用电设备持续1～2s的最大负荷电流，称为尖峰电流。它是用以计算变电所低压母线及线路的电压波动，选择自动开关、熔断器和保护装置电流整定值的依据，也是检验电动机能否自启动的主要数据。

1. 单台设备的尖峰电流

1～2s内最大负荷的电流，一般只计及电感或电容性的负载设备，绝大部分是电动机负载，因此单台设备的尖峰电流常为电动机的启动电流 I_q，其计算公式如下：

$$I_q = K_q I_e \text{ (A)} \tag{28-2-23}$$

式中：I_e——用电设备的额定电流(A)；

K_q——用电设备的启动电流倍数，鼠笼型电动机为6～7倍；绕线型电动机为3～4倍；直流电动机为1.7倍；电焊变压器为3～4倍。

2. 多台设备的尖峰电流

常取多台设备中额定电流与启动电流之差最大的一台设备的启动电流，与其他设备的计算电流之和，就是多台设备的尖峰电流。可按下式计算：

$$I_q = I_{js(n-1)} + I_{qn} \text{(A)} \tag{28-2-24}$$

式中：$I_{js(n-1)}$——除去启动电流与额定电流之差最大一台电动机的全部设备计算电流(A)；

I_{qn}——启动电流与额定电流之差最大一台电动机的启动电流(A)。

也可改成下列计算式：

$$I_q = I_{js} + (I_q - I_e)_{max} \text{ (A)} \tag{28-2-25}$$

式中：I_{js}——这一组设备的计算电流之总和(A)；

$(I_q - I_e)_{max}$——启动电流与额定电流之差最大一台电动机的启动电流(A)。

在工程设计中，常用最大一台设备的启动电流与其他设备的计算电流之和，作为这一组设备的尖峰电流。用此电流校验线路的过电流保护能否躲过此尖峰电流，这样计算误差不会很大。电动机的启动电流只要知道它的规格就可从产品样本上查到，这样可使计算简化。

十、供电线路功率损耗和电能损耗计算

线路功率损耗的计算主要用在下列场合：一是确定某些变配电所方案，如距离较长、功率较大时，必须计及线路的功率损耗，以便证明在用户处加一台变压器合理，还是用长距离供电合算；二是长距离小容量的输电线路，为了节能，采用加大一级导线截面，这时应计及线路功率损耗，并作技术经济比较。

1. 线路的有功损耗

线路的有功损耗是电流流过线路的电阻产生的，计算公式如下：

$$\Delta P = 3I_{js}^2 R \times 10^{-3} \text{ (kW)} \tag{28-2-26}$$

式中：I_{js}——线路的计算相电流(A)；

R——线路相电阻(Ω)。

2. 线路的无功功率损耗

线路的无功功率损耗是电流流过线路的感抗而产生的，计算公式如下：

$$\Delta Q = 3I_{js}^2 X \times 10^{-3}\ (\text{kvar}) \tag{28-2-27}$$

式中：X——线路相电抗(Ω)。

3. 线路相电阻

$$R = \rho L/S\ (\Omega) \tag{28-2-28}$$

式中：L——线路长度(km)；

S——导线截面(mm^2)；

ρ——不同材质的电导率(Ω·mm^2/km)。

电阻率 ρ，从物理意义上讲，它是阻止电子流动的阻力，因此它与导线的材质有关，也与材质中的分子热运动有关，即与线路通以电流后使芯线达到的允许热平衡温度有关，因此在不同的温度下应计入温度系数 α，铜与铝的 α 相差很小，在工程中均可取 α=0.004，所以线路电阻的计算公式可用下式表示：

$$R_0 = [1+\alpha(T_0-25)]\frac{\rho_{25}L}{S}\ (\Omega) \tag{28-2-29}$$

式中：T_0——芯线在额定载流时的平衡温度(℃)；

α——温度电阻系数，铜、铝都为 0.004；

ρ_{25}——不同材质在 25℃时的电导率($\rho_{铜25℃}$=18.8Ω·mm^2/km；$\rho_{铝25℃}$=31.5 Ω·mm^2/km)。

4. 线路相感抗

$$X_0 = 0.1445\frac{2D_P}{D} + 0.0157\ (\Omega/\text{km}) \tag{28-2-30}$$

式中：D_P——线路三相间的几何均距，$D_P=(D_{ab}D_{bc}D_{ca})^{1/3}$(cm)；

D——导线直径(cm)。

在电缆及绝缘导线穿管线路中，由于导线间的几何均距很小，如电缆两相间的间距仅为相间绝缘厚度，因此它们的感抗很小，芯线截面在 10mm^2 及以下可取 X_0=0.095Ω/km；芯线截面在 16～50mm^2 时可取 X_0=0.07Ω/km；芯线截面在 70mm^2 以上时可取 X_0=0.06Ω/km。

电缆及穿管线路上的无功损耗很小，可以忽略不计。但是，有功损耗比较大，相当于每 10m 的线路上接一个 100W 的灯泡。所以大容量的供电线路距离愈短愈好，变压器应尽量接近负荷中心，低压线路尽可能走直线，并减少回头线。小截面的线路可采用加大一级截面等措施，以求减少线路上的有功损耗。

十一、变压器功率损耗和电能损耗计算

1. 变压器的有功损耗

变压器的有功损耗，由两部分组成。第一部分是铁芯的有功损耗，即铁损，可用 ΔP_0 表示。只要外加的电压及其频率不变，铁损也就不变，与负载大小无关。铁损可由空载试验确定，变压器二次绕组开路，一次绕组加上额定电压，这时变压器的有功损耗称为“空载损耗”，可认为是铁损，因为空载电流在一次绕组中产生的损耗是很小的，可以忽略不计。所以铁损实际

上就是铁芯的涡流损耗及铁芯的漏磁损耗引起的，前者与制造铁芯的硅钢片的质量有关，后者与铁芯的制造工艺有关，S_9 及 SC_3 型等变压器在这方面都作了改进，因此为节能型变压器。

第二部分有功损耗，是变压器一、二次绕组中的电阻所产生的，即铜损，可用 ΔP_K 表示。它与变压器的负载率平方成正比。也可用变压器短路试验确定，即变压器二次绕组短路而电流达到额定时的有功损耗，而短路电压在铁芯中产生的损耗时很小的，所以这部分“短路损耗”可看作是铜损。变压器的有功损耗可用下式表示：

$$\Delta P = \Delta P_0 + \Delta P_K \left(\frac{S_{js}}{S_b}\right)^2 \tag{28-2-31}$$

式中：ΔP_0——变压器空载时的有功损耗，即铁损(kW)；

ΔP_K——变压器的铜耗(kW)；

S_{js}——变压器低压侧的计算负荷(kVA)；

S_b——变压器的额定容量(kVA)。

$S_{js}/S_b=\beta$，即为变压器的负载率，所以变压器的有功损耗又可按下式表示：

$$\Delta P = \Delta P_0 + \Delta P_K \beta^2 \tag{28-2-32}$$

2. 变压器的无功损耗

变压器的无功损耗，也由两部分组成。一部分用来产生主磁通，也就是用来产生激磁电流或空载电流，通常称为“变压器的无功空载损耗”，因为它与负载大小无关，用 ΔQ_0 表示。其表达式可用变压器空载电流占额定电流的百分比来表示：

$$\Delta Q_0 = \frac{I_0(\%)}{100} S_b \text{(kvar)} \tag{28-2-33}$$

另一部分无功功率消耗在变压器一、二次绕组的漏电抗上，它是随负载的大小而变化的，与变压器的负载率 β 平方成正比，通常称为“变压器无功有载损耗”，用 ΔQ_K 表示。它的大小与变压器短路电压占额定电压百分值，即 $u_d(\%)$ 有关，表达式如下：

$$\Delta Q_K = \frac{u_d(\%)}{100} S_b \text{(kvar)} \tag{28-2-34}$$

所以变压器的无功损耗可用下式表示：

$$\Delta Q = \Delta Q_0 + \Delta Q_K \left(\frac{S_{js}}{S_b}\right)^2 \tag{28-2-35}$$

或

$$\Delta Q = \Delta Q_0 + \Delta Q_K \beta^2 \tag{28-2-36}$$

上述 ΔP_0、ΔP_K、$I_0\%$、$u_d(\%)$ 可从变压器技术参数资料中查得，都是由变压器厂家提供的。

当资料不全时，变压器的有功及无功损耗可按下式估算：

有功损耗

$$\Delta P = 0.02 S_{js} \text{(kW)} \tag{28-2-37}$$

无功损耗

$$\Delta Q = 0.1 S_{js} \text{(kvar)} \tag{28-2-38}$$

变压器的无功损耗比有功损耗大得多，因此变压器容量大而台数超过 5 台时，计入变压器的损耗，可能高压侧的功率因素达不到供电局的要求值，应在高压侧装设静电电容器进行无功补偿，因此在设计中变压器损耗是必须计算的。另外，建筑物的全部计算负荷加上变压器的有功、无功损耗，才是电力系统对用户供电的容量。

第三节　隧道外供电设计

隧道外供电设计主要包括隧道沿线供电资源调查、需向建设单位或有关单位调查的内容或索取的资料、需向供电部门提供或索取的资料、供电电压选择等内容。

一、隧道沿线供电资源调查

在进行隧道供配电系统设计之前，应到现场、当地供电部门、建设单位或有关设计单位做好隧道供电调查工作，以取得隧道供配电设计的原始资料、基础资料。

二、需向建设单位或有关单位调查的内容或索取的资料

(1)从隧道主体工程设计单位或部门索取有关隧道土建资料，包括隧道长度、路线设计纵坡、路线平面图、路线纵断面图、隧道设计行车速度、公路等级及隧址区地形、地质、地物等资料。

(2)索取有关隧道通风、照明、消防、监控、隧道管理站等设计资料，了解隧道用电设备的情况及其对供电的要求，在此基础上确定隧道用电负荷及其等级。

(3)通过现场踏勘或到相关部门调查，搜集隧址区有关环境、气象、交通、地形、地物、地质等资料，现场初步确定隧道变配电所的设置位置、数量、规模等。

(4)搜集当地的雷电活动资料及土的电阻率。

(5)向隧道主体工程设计单位或部门提供隧道供配电系统相关的预留预埋尺寸、要求等，由隧道土建部门对此进行结构方面的设计及调整。

(6)如为改扩建工程，从建设单位搜集原有的隧道供配电系统图及平面布置图，有关变配电所的平剖面图及主接线系统图，近三年来的最大负荷、年耗电量、功率因数、受电电压等。

(7)若建设单位要求利用库存设备，应提供可利用设备的型号、规格及同设计安装有关的技术资料。

三、需向供电部门提供的资料

(1)工程名称、地址，必要时提供显示隧道工程位置的平面图。

(2)隧道在施工期间的用电设备、最大负荷、隧道工程分期修建计划及施工工期安排计划。

(3)隧道在运营期间的永久性用电设备、远期的最大负荷、隧道运营管理设施分期实施计划、隧道开通运营日期。

(4)隧道用电负荷性质及对供电可靠性的要求。

(5)隧道变配电所的设置数量、位置、容量及其他应当说明的情况。

(6)对电源的电压、频率、供电线路形式、回路数、进线方向等要求。

四、需向供电部门索取的资料

(1)了解隧址所在地区电网供应情况，索取有关供电电源点(变电所或发电厂)名称、方位及距离。

(2)高压输电线路供电电压、线路规格、长度、回路数及每公里造价。

(3)隧道总变电所的受电端电力系统的最大和最小运行方式的短路数据(超瞬变短路电流 I'',0.2s 短路电流 $I_{0.2}$,稳态短路电流 I_{oc},短路冲击电流 I_{ch}或短路容量、短路阻抗或出线油断路器的断流容量)。

(4)电网中性点接地方式及电网系统单相接地电容电流值。

(5)供电端的继电保护保护方式(有无自动重合闸装置等)及对用户受电端的继电保护设置和时限配合的要求。

(6)对功率因数的要求。

(7)对大型特殊用电负荷(如大功率轴流风机)启动和运行方式的要求。

(8)电能计量要求(计费专用电能计量装置或专用电能计量柜的安装位置是在进线断路器之前还是之后)及电费收取办法(包括计算方法、奖罚规定、地区电价等)。

(9)对通信调度的要求及管理分工的意见。

(10)供电端电源母线电压在最大负荷和最小负荷时的电压偏差范围。

(11)其他,如防雷、接地、维护分工等。

五、供电电压选择

隧道高压输电线路供电电压应从用电容量、用电设备的特性、供电距离、供电线路的回路数、隧道远景用电规划、当地公共电网现状和其发展规划以及经济合理等因素综合考虑,并通过与当地供电部门协商确定。

(1)各级电压线路的送电能力,见表 28-3-1。

各级电压线路的送电能力 表 28-3-1

标称电压(kV)	送电容量(MW)	送电距离(km)
6	0.1~1.2(3)	15~4(<3)
10	0.2~2(4)	20~6(<6)
35	2~8	50~20
110	10~30	150~50

注:1. 表中数字为架空线路数据,括号内数字为电缆线路数据。

2. 表中数字的计算依据:线芯截面最大 240mm²,电压损失≤5%。导线的实际工作温度 θ:架空线为 55℃,6kV 电缆为 60℃,10kV 电缆为 55℃。导线间的几何均距 D_j:10(6)kV 为 1.25m,35kV 为 3m,63kV 为 3.5m,110kV 为 4m。功率因数(cosΦ)均为 0.85。

(2)高压输电线路及 10kV 以上变电所通常应由隧道建设方委托有专业设计资质的地方供电部门或电力设计院负责设计,隧道供配电系统设计单位应做好配合。

第四节 隧道供配电系统

一、供配电系统设计要则

供配电系统设计应根据工程特点、规模和发展规划正确处理近期和远期发展的关系,做远近期结合,以近期为主,适当考虑发展的可能,按照符合的性质、用电容量、地区供电条件,合理确定设计方案。

(1)根据负荷等级、用电容量和地区供电条件,选择供电电源、确定供电回路数,详见第一节。除下面第(2)款所列情况外，供电电源应从地区电网取得。

(2)符合下列条件之一时用电单位宜设置自备电源。

①需要设置自备电源作为一级负荷中特别重要负荷的应急电源时，或第二电源不能满足一级负荷要求的条件时；

②设置自备电源较从电力系统取得第二电源经济合理时；

③常年稳定余热、压差、废弃可供发电，技术经济合理时；

④所在地区偏僻或远离电力系统，设置自备电源经济合理时。

(3)应急电源与正常电源之间必须采取防止并列运行措施(机械连锁、电气连锁)。目的在保证应急电源的专用型，更重要的是防止向系统反送电。

(4)在设计供配电系统时，除一级负荷特别重要的负荷外，不考虑电源系统检修或故障的同时，另一电源又发生故障。

(5)需要两回路电源线路的用电单位，宜采用同级电压供电。但根据各级负荷的不同需要及地区条件，亦可采用不同等级电压供电。

(6)有一级负荷的用电单位难以从地区电力电网取得两个电源而有可能从邻近单位取得第二电源时，宜从该单位取得第二电源。

(7)同时供电的两回及以上的配电线路中，一回路中断供电时，其余线路应能满足全部一级负荷及二级负荷的用电需要。

(8)总变电所和配变电所宜靠近负荷中心。当配电电压为35kV时，且用电负荷均为低压又较集中，亦可将35kV直降至220/380V配电电压。

(9)为提高供电可靠性和符合节约用电、检修用电的需要，在用电单位内部邻近的变电所之间宜设置低压联络线。

(10)小负荷的一般用电单位宜纳入地区低压电网。

(11)对小冲击负荷的供电需要降低冲击性负荷引起的电网电压波动和电压闪变(不包括电动机启动时允许的电压下降)时，宜采取下列措施：

①采用专线供电；

②与对电压不敏感的其他负荷公用配电线路，以加大导体截面、降低线路阻抗；

③较大功率的冲击性负荷群与对电压波动、闪变敏感的负荷分别由不同的变压器供电；

④选择高一级电压或由专用变压器供电，将冲击负荷接入短路容量较大的电网中。

(12)控制各类非线性用电设备(整流器)所产生的谐波引起的电网电压正弦波形畸变率，宜采取下列措施：

①各类大功率非线性用电设备变压器由短路容量较大的电网供电；

②对大功率整流器，应采取提高整流变压器二次侧的相数和增加整流器的整流脉冲数的措施；多台相数相同的整流装置，应使整流变压器的二次侧有适当的相角差；

③按谐波次数装设分流滤波器；

④选用D,yn11接线组别的三相配电变压器。

二、高压配电系统

根据对供电可靠性的要求、变压器的容量及分布、地理环境等情况，确定高压配电系统的接线形式。高压配电系统接线力求简单灵活，便于操作维护，并能适应负荷变化和发展的需要。公路隧道常用高压系统接线形式主要包括:一回电源进线,单母线不分段接线形式;两回电源进线(一用一备),组成单母线不分段接线形式;两回电源进线(一用一备),组成单母线分段接线形式;两回电源进线(同时工作,互为备用),组成单母线分段接线形式;环网接线;树干式接线。

1. 一回电源进线,单母线不分段接线形式

这种接线形式适用于三级负荷、容量不大的二级负荷或专用高压设备的供电。若为二级负荷时,应在邻近取得一路低压电源作备用电源。接线图如图 28-4-1 所示。

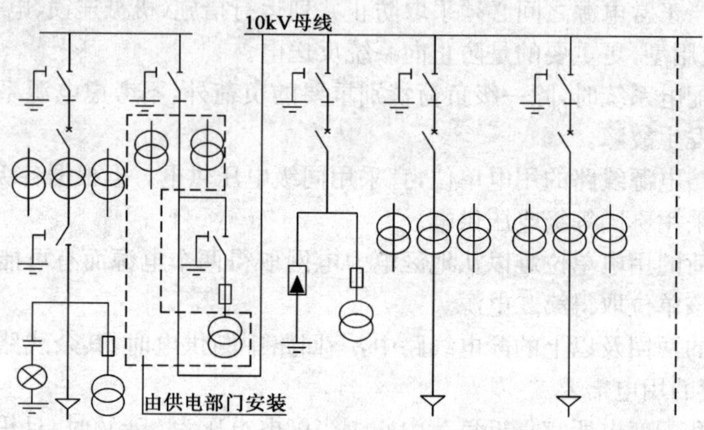

图 28-4-1 单母线接线

(1)进线柜:电源进线处开关设备,可采用组合式熔丝负荷开关、熔丝负荷开关、六氟化硫断路器和少油式断路器等。在进线开关前设带电显示装置,并设电压互感器,供进线合闸电源用。

(2)计量柜:计量柜中电流、电压互感器及计费表计由供电部门安装,或由开关设备厂家安装后,由供电部门校核并铅封。

(3)电压互感器柜:高压母线上设电压互感器柜,供操作电源及电压指示用。

(4)出线柜:出线为放射式,开关设备可采用组合式熔丝负荷开关、熔丝负荷开关、六氟化硫断路器和少油式断路器等。不必加装带电显示装置,只要进线有电,在正常情况下,它都可以自由开闭。

当进、出线柜的开关设备选用真空断路器时,由于开断速度高,产生的操作过电压远超过变压器的冲击耐压(75kV)。为保护变压器的绝缘不受损坏,应在供变压器回路的出线开关下方设阻容吸收器或氧化锌避雷器,用以吸收操作过电压。

2. 两回电源进线(一用一备),组成单母线不分段(或分段)接线形式

这种接线形式适用于负荷较大的二级负荷或负荷较小的一级负荷中。若为一级负荷供电,则备用电源应采用自动投入方式。两回电源进线只能使用一回,因此两台进线开关设备应设机械联锁或电气联锁。许多供电部门对工作进线和备用进线的收费率不同,因此两回进线各设计量装置。接线图如图 28-4-2 所示。

将使用备用进线的变压器接在靠近备用进线的一段母线上,由工作进线供电时,母联合上,两条母线上的变压器,全由工作进线供电;工作进线故障时,母联手动或自动断开,备用进线手动或自动合上。组成两回电源进线(一用一备),组成单母线分段接线形式。

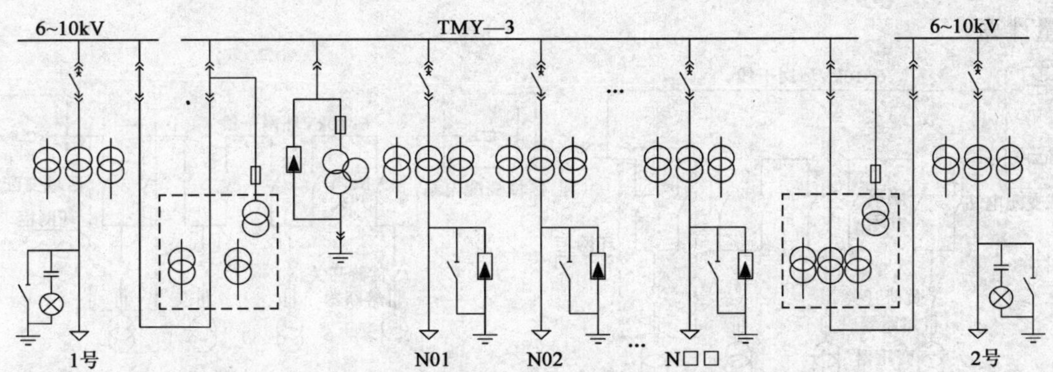

图 28-4-2 双路电源进线，一用一备，组成单母线不分段接线图

手动操作时，工作进线、备用进线采用机械或电气互锁。自动投入时，投入工作进线，母联可随时手动或自动投入；工作进线开关开断，母联随即自动断开，在工作进线开关没有合上时，母联再也不能投入；在母联自动断开后，备用进线才能自动投入；工作进线可以恢复工作时，先开断备用进线，再自动投入工作进线，接着母联也自动投入。

进线柜、计量柜、电压互感器柜和出线柜的元件配置同一回电源进线，单母线不分段接线形式。

3. 两回电源进线（同时工作，互为备用），组成单母线分段接线形式

这种接线形式常用于一级负荷量较大、供电可靠性要求较高的隧道。正常运行时，母联断开，即单母线分段接线形式；当其中的一路进线停电或故障切除后，母联在检测母线无故障情况下自动投入，并自动切除一些不重要负荷，以保证一路进线能提供隧道全部重要负荷的供电。

每路进线应能承担全部一级负荷及重要的二级负荷，以此设定过负荷保护，这样在任何情况下运行可不必改变二次接线。二路进线各设计费装置。

进线柜、计量柜、电压互感器柜和出线柜的元件配置同一回电源进线，单母线不分段接线形式。接线图如图 28-4-3 所示。

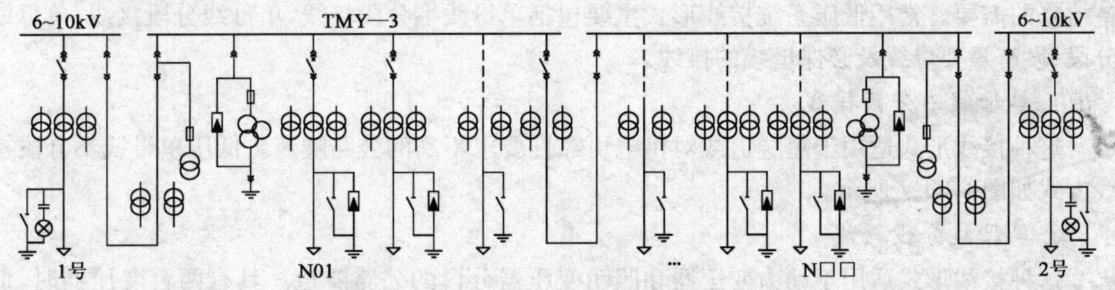

图 28-4-3 二路进线，同时工作，单母线分段接线图

4. 环网接线

这种接线形式常用于特长隧道、连续隧道群的供电。接线方式如图 28-4-4、图 28-4-5 所示。

环网线路采用开环运行，当某一段线路故障时，可利用环网上的隔离开关切除故障线路，改变开环点，接在环网上的变压器仍可继续运行。环网的干线载流量应按所接的全部变压器

容量计算。

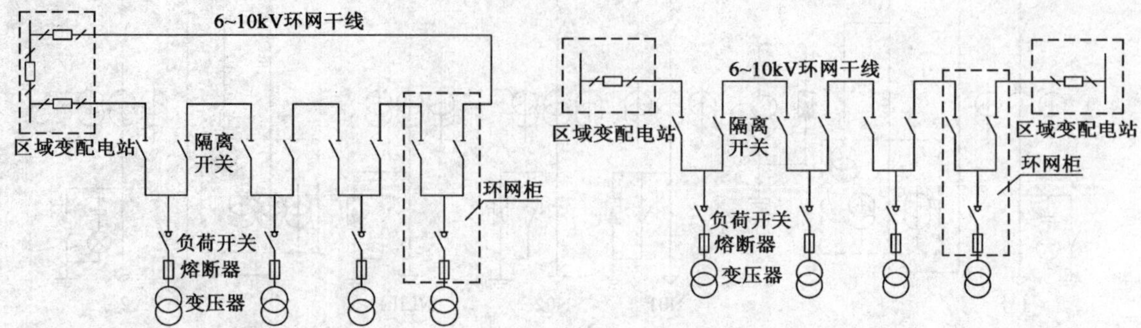

图 28-4-4 由一个区域变配电站供电的环网接线　　图 28-4-5 由两个区域变配电站供电的环网接线

5. 树干式接线

这种接线形式常用于外电集中引入的连续分布隧道的供电。树干式供电系统是由区域变配电所引出的一路干线，T 接几台变压器，T 接变压器数量不宜超过五台，单台变压器的容量应在 500kVA 以下，变压器的总容量不超过 2 000 kVA。变压器可以采用熔断器作过电流及过负荷保护，用负荷开关投切变压器；也可采用跌落式熔断器进行保护及操作。这种接线，供电可靠性差，线路任一点出现故障，所有变压器都将停止运行，因此停电范围广，但投资省。树干式接线如图 28-4-6 所示。

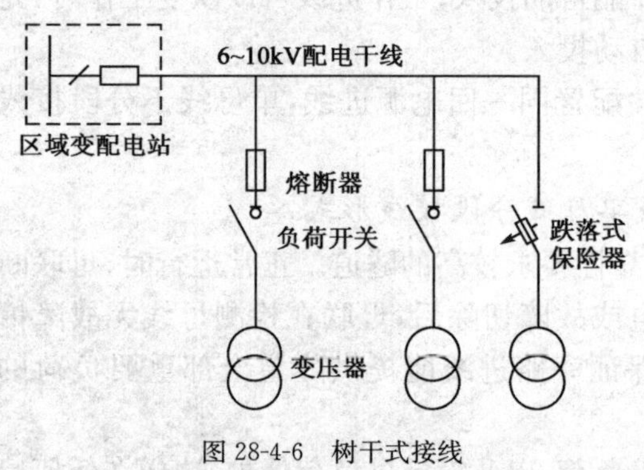

图 28-4-6 树干式接线

三、低压配电系统

公路隧道低压配电系统应根据工程性质、规模、负荷容量等因素综合考虑。应满足供电可靠性和电能质量的要求，同时应注意接线简单，操作方便安全，灵活性强，能适应负荷发展及设备检修的需要。常用低压系统接线形式主要包括单母线不分段接线，单母线分段接线，单母线分段、设有重要母线及必保母线的接线。

1. 单母线不分段接线

这种接线形式适用于短隧道或对供电可靠性要求不高的公路隧道。低压单母线不分段接线方式如图 28-4-7 所示。

2. 单母线分段接线

这种接线形式适用于动力变压器和照明变压器分设的公路隧道。具有两台变压器时，低压侧常接成单母线分段接线形式，设母联开关，平时分段运行。当一台变压器退出运行时，可手动合上母联，由一台变压器供两段母线上的重要负荷。在这种接线系统中，常把接在两端母线上的一些不重要负荷设置自动失压脱扣器，使其在变压器退出运行时自动脱扣退出，也可通过手动切除变压器上的一些不重要负荷。低压单母线分段接线如图 28-4-8 所示。

3. 单母线分段、设有重要母线及必保母线的接线

这种接线适用于具有柴油发电机作为自备电源时的公路隧道。低压单母线分段接线图

(设有重要母线及必保母线)如图 28-4-9 所示。

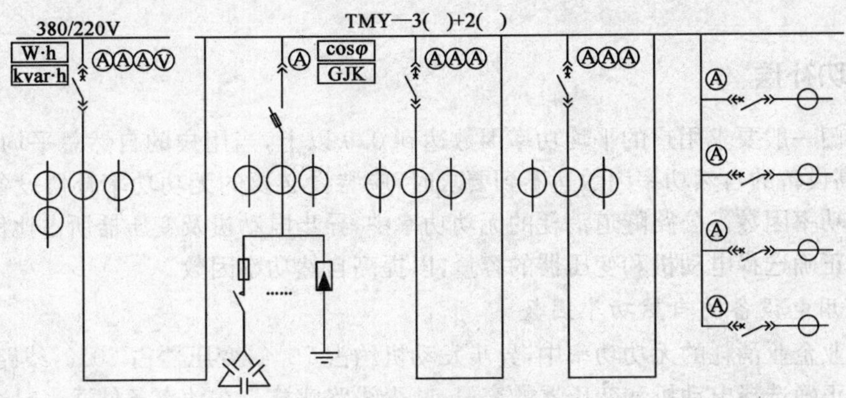

图 28-4-7　低压单母线不分段接线

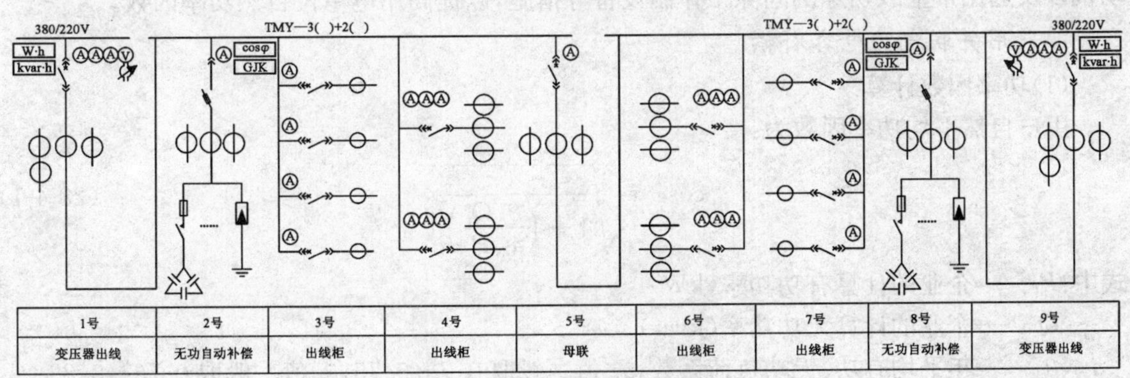

1号	2号	3号	4号	5号	6号	7号	8号	9号
变压器出线	无功自动补偿	出线柜	出线柜	母联	出线柜	出线柜	无功自动补偿	变压器出线

图 28-4-8　低压单母线分段接线图

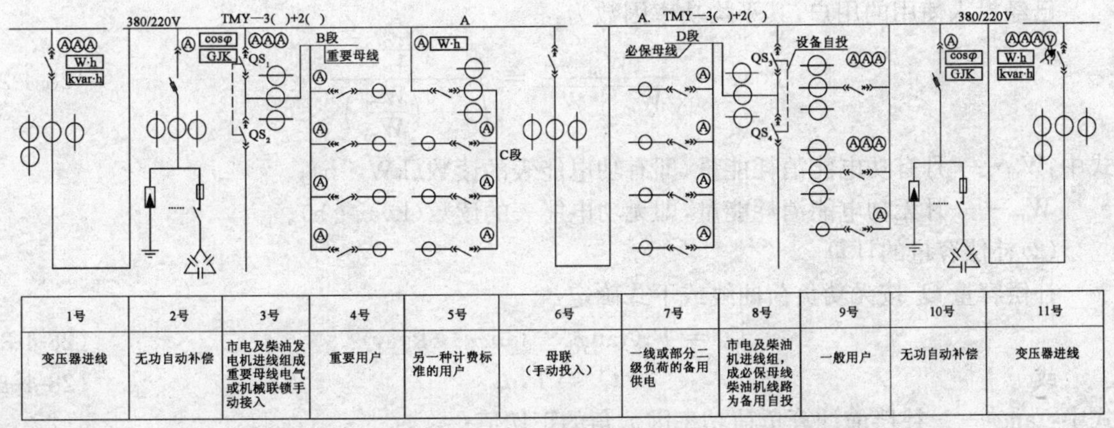

1号	2号	3号	4号	5号	6号	7号	8号	9号	10号	11号
变压器进线	无功自动补偿	市电及柴油发电机进线组成重要母线电气或机械联锁手动接入	重要用户	另一种计费标准的用户	母联（手动投入）	一线或部分二级负荷的备用供电	市电及柴油机进线组，成必保母线柴油机线路为备用自投	一般用户	无功自动补偿	变压器进线

图 28-4-9　低压单母线分段接线图(设有重要母线及必保母线)

4. 低压配电柜

根据对供电可靠性的要求、变压器的容量及分布、地理环境等情况，确定高压配电系统的接线形式。高压配电系统接线力求简单灵活，便于操作维护，并能适应负荷变化和发展的需要。公路隧道常用高压系统接线形式主要包括：一回电源进线，单母线不分段接线形式；两回电源进线(一用一备)，组成单母线不分段接线形式；两回电源进线(一用一备)，组成单母线分段接线形式;两回电源进线(同时工作,互为备用),组成单母线分段接线形式;环网接线;树干式接线。

四、无功补偿

供电部门一般要求用户的平均功率因数达到0.9以上,当用户的自然总平均功率因数较低,单靠提高设备的自然功率因数达不到要求时,应装设必要的无功功率补偿设备,以进一步提高用户的功率因数。公路隧道消耗的无功功率中,异步电动机及变压器所占比例较高,因此在设计中应正确选择电动机和变压器的容量,以提高自然功率因数。

1.提高用电设备的自然功率因数

一般工业企业消耗的无功功率中,异步发动机约占70%,变压器占20%,线路占10%,所以设计中应正确选择电动机和变压器的容量,减少线路感抗。在功率条件适当时,采用同步电动机以及选用带空载切除的间隙工作制设备等措施,以提高用电单位自然功率因数。

2.采用并联电力电容补偿

(1)功率因数计算

用户自然平均功率因数为:

$$\cos\varphi = \sqrt{\frac{1}{1+\left(\frac{\beta_{av}Q_c}{a_{av}P_c}\right)^2}} \tag{28-4-1}$$

式中:P_c——企业的计算有功功率(kW);

Q_c——企业的计算无功功率(kvar);

a_{av}、β_{av}——年平均有功、无功负荷系数,a_{av}值一般取0.7~0.75,β_{av}值一般取0.76~0.82。

采用人工补偿后,最大计算负荷时的功率因数应在0.9以上。

已经投入使用的用户,其平均功率因数为:

$$\cos\varphi = \frac{W_m}{\sqrt{W_m^2+W_{rm}^2}} = \sqrt{\frac{1}{1+\left(\frac{W_{rm}}{W_m}\right)^2}} \tag{28-4-2}$$

式中:W_m——月有功电能消耗能量,即有功电能表的读数(kW·h);

W_{rm}——月无功电能消耗能量,即无功电能表的读数(kvar·h)。

(2)补偿容量的计算

补偿容量Q_c按无功负荷曲线或下式确定:

$$Q_c = P_c(\tan\varphi_1 - \tan\varphi_2)\ (\text{kvar}) \tag{28-4-3}$$

或

$$Q_c = P_c q_c \tag{28-4-4}$$

式中:$\tan\varphi_1$——补偿前计算负荷功率因数角的正切值;

$\tan\varphi_2$——补偿后功率因数因数角度的正切值;

q_c——无功功率补偿率(kvar/kW)。

3.电力电容器补偿、控制及安装方式的选择

(1)采用并联电力电容器作为人工补偿装置时,为了尽量减少线损和电压损失,宜就地平衡补偿,即低压部分的无功功率宜由低压电容器补偿,高压部分的无功功率宜由高压电容器补偿。当无高压负荷时不得在高压侧装设并联电容器装置。对于容量较大,负荷平衡且经常使

用的用电设备的无功功率，宜单独就地补偿。补偿基本无功功率的电容器组宜在配电所内集中补偿，在环境正常的车间内低压电容器宜分散补偿；高压电容器组在配、变电所内集中装设。当对电动机用电设备采用就地补偿时，补偿电容器的额定电流不应超过电动机激励电流的0.9倍。在进行用电负荷计算时，应计入补偿后的无功功率。

(2)补偿电容器组的投切方式分为手动和自动两种。对于补偿低压基本无功功率的电容器组以及常年稳定的无功功率和投切次数较少的高压电容器组，宜采用手动投切。为避免过补偿或在轻载时电压过高，造成某些用电设备损坏等，宜采用自动投切。在采用高、低压自动补偿装置效果相同时，宜采用低压自动补偿装置。

(3)无功自动补偿的调节方式：以节能为主进行补偿者，采用无功功率参数调节；当三相负荷平衡，也可采用功率因数参数调节；以改善电压偏差为主进行补偿者，应按电压参数调节；无功功率随时间稳定变化时，按时间参数调节。对冲击性负荷、动态变化快的负荷及三相不平衡负荷，可采用晶闸管(电子开关)控制，使其平滑无涌流，动态效果好，且可分相控制，有三相平衡效果。

(4)电容器分组时，应与配套设备的技术参数适应，满足电压偏差的允许范围，适当减少分组组数和加大分组容量。分组电容器投切时，不应产生谐振。

(5)高压电容器组宜串联适当参数的电抗器，低压电容器组宜加大投切容量，采用专用投切接触器或晶闸管(电子开关)，以减少合闸冲击电流。受用电设备谐波含量影响较大的线路上装设电容组时，电抗器宜串联。

五、电能质量及谐波抑制

(1)尽可能不用或少用具有非线性特性的电气设备。

(2)选用具有自消谐波能力的电气设备，使其中的某些谐波因自相抵消而消除或减少。

(3)针对影响较大的某些次谐波、设置 L-C 无源滤波器。当谐波含量稳定时，采用无源滤波器既合理又经济，多用以消除 5、7、11、13 次谐波，而对 13 次以上的谐波，通常设置高通滤波器，它对高次谐波具有较宽的通频带。

(4)对于谐波含量变化幅度很大，而且变化频繁的大容量冲击性负荷。应采用由微机控制的大功率有源滤波器。它可对电网谐波实时检测，由微机进行快速傅立叶分析(FFT)，并依数据处理结果发出相应指令，控制电压型或电流型逆变器实现有源滤波。这种装置技术复杂、投资较多，目前国内外虽竞相研制发展，但尚有待于商品化、规格化。

(5)电力电容器是最易受电网谐波侵害的设备。通常采用串联电抗器进行保护，在设置无源滤波器进行旁路滤波的同时，再用串联电抗器增加电容回路的高频阻抗，抑制谐波电流。该电抗也兼有限制电容器合闸涌流的作用，从而可抑制暂态谐波。扼流电抗器的取值通常为电容器容抗的 6%左右，若仅为限制涌流，其感抗值约为容抗的 1%左右即可。前者称高感值电抗器，后者称低感值电抗器。

(6)控制各类非线性用电设备所产生的谐波引起的电网正弦波形畸变率，宜采用下列措施：

①各类大功率非线性用电设备变压器由短路容量较大的电网供电。

②对大功率静止整流器，采用下列措施：

a.提高整流变压器二次侧的相数和增加整流器的整流脉冲数；

b. 多台相数相同的整流装置，使整流变压器的二次侧有适当的相角差；

c. 按谐波次数装设分流滤波器。

③选用 D，yn11 接线组别的三相配电变压器。

(7)10(6)kV 电容器组宜串联适当参数的电抗器。有谐波源的用户在装设低压电容器时，宜采取措施，避免谐波污染。在并联电容器回路中串联电抗器，可以限制合闸涌流和避免谐波放大。

第五节 低压配电线路

一、导线选型

1)导体材料的选择

从节能的角度，为了减少电能传输时引起的线路上电能损耗，要求减小导线的阻抗，则使用铜比铝好。因为贯彻节约用铜的原则，故除下列情况应采用铜芯线缆外，现在民用建筑都应大多采用铝芯线缆。公路隧道作为重要的交通设施，且隧道内运营环境较为恶劣，所以在设计中较多选用铜芯电缆。

2)导线绝缘及护套材料的选择

橡皮绝缘线(BX、BLX)，外包层为纱及玻璃丝或两者相互配合制成，价格较塑料绝缘线高。主要是玻璃丝外包层对施工人员的皮肤具有刺激性，因此在民用建筑内的线路已被 BV、BLV 代替。在室外其绝缘老化又比氯丁橡皮绝缘线快，因此室外部分常以氯丁橡皮绝缘线代替，在民用建筑中已很少采用 BX 及 BLX 线。

常用导线绝缘及护套材料如下：

(1)塑料绝缘导线(BV、BLV)。绝缘性能良好，制造工艺简单，价格较低。但聚氯乙烯绝缘材料对气温适应性较差，低温时容易变脆，在高温或阳光曝晒下，增塑剂易挥发，会加速绝缘老化，所以塑料线不宜在室外敷设。塑料护套线(BVV、BLVV)可广泛用于隧道内沿电缆沟、电缆桥架、穿管或线槽敷设。

(2)聚氯乙烯绝缘及护套的电力电缆。有 1kV 及 6kV 两级，制造工艺简便，没有敷设高差的限制，可以在很大范围内代替油浸纸绝缘电力电缆、滴干绝缘或不滴油浸渍纸绝缘电力电缆。其质量轻，弯曲性能好，具有内铠装结构，使铠装不易腐蚀，接头安装操作简便，能耐油和酸碱的腐蚀，而且还具有不延燃的特性，适用于有火灾发生的环境中。其中，聚氯乙烯绝缘、聚乙烯护套的电力电缆除有优良的防化学腐蚀作用外，还具有不吸水特性，适应于潮湿、积水或水中敷设。但聚氯乙烯绝缘的电力电缆其绝缘电阻较油浸纸绝缘电缆低，介质损耗大，特别是 6kV 的介质损耗比油浸纸绝缘的电缆大得多。

(3)交联聚乙烯、绝缘聚氯乙烯护套的电力电缆。有 1kV、3kV、6kV、10kV、35kV 等电压等级，其中 YJV42 及 YJLV42 仅有 6 kV 及 10 kV 两种电压等级。它除具有聚氯乙烯绝缘、聚氯乙烯护套的电力电缆相同的特性外，还具有载流量大，质量轻的优点，但价格较贵。

(4)塑料绝缘软线(BVR、RV、RVS)。芯线由多股铜丝绞制而成，适用于 500 V 或 250V 及以下的移动设备的供电线路，前者用于灯头吊线或二次接线。RV、RVS 大量用于电话、广播等布线。

(5)塑料绝缘屏蔽导线，有 BVP、BVP-105、RVP-105、RVP、BVVP-105、RVVP 等。它的芯线有单股铜线或多股铜线绞合而成，芯线的最高温度高达 70℃或 105℃。BVVP-105 及 RVVP 为多芯屏蔽护套线，其余为单芯屏蔽线。它适用于靠近有抗电磁干扰要求的设备及设备的线路，或自身有防外界电磁干扰要求的线路。

(6)控制电缆，在建筑中常用的控制电缆。常用的有塑料绝缘、塑料护套及橡皮绝缘塑料护套的控制电缆。在高层建筑及大型民用建筑内部可采用不延燃的聚氯乙烯护套控制电缆，如 KVV、KXV 等。需要承受大的机械力的采用钢带铠装的控制电缆，如 KVV20、KXV20 等。高寒地区可采用耐寒塑料护套控制电缆，如 KXVD、KVVD 等。有防火要求的可采用非燃性橡套控制电缆，如 KXHF 等。

(7)在高层或大型民用建筑中，水消防、防排烟、消防电梯、疏散指示照明、安全照明、消防广播、消防电话及消防报警设施等的线路，应采用阻燃、耐高温或防火的电力线缆及控制线缆。凡是塑料绝缘导线、塑料绝缘及护套的电缆型号前面加"ZR"，即为阻燃型的线缆；加"NT"或 RV-105、BV-105、BVP-105、BVVP-105、RVVP-105、RV-105、BLV-105 等均为耐高温线缆。防火的有氧化镁绝缘的防火电缆，它的防潮性能较差，线路且粗又硬，安装比较困难，价格也较贵，特殊场合才使用。

(8)耐高温的绝缘导线，如 BV-105，BLV-105，RV-105 等。它的芯线温度可高达 105℃，适用于环境温度较高的场所，如锅炉房、厨房等。其中 RV-105 常用作火灾报警设备的布线。

(9)氯丁橡皮绝缘线(BXF、BLXF)。它具有很好的耐油性能，不易霉、不延燃、气候适应性也好，即使在室外高温和阳光下曝晒，老化过程缓慢，老化时间约为普通橡皮绝缘线的两倍，因此适宜在室外敷设。由于绝缘层机械强度比普通橡皮绝缘线弱，因此外径虽小，但穿线管的管径仍与普通橡皮绝缘线相同。

(10)橡皮绝缘的电力电缆。弯曲性能好，能在严寒地区敷设，特别适用于水平高差大或垂直敷设场合，它不仅适用于固定敷设的线路，也可适用于定期移动的固定敷设线路。橡皮绝缘、橡皮护套软电缆(简称橡套软电缆)，适用于移动式设备的供电线路。但橡胶的耐油、耐热水平较差，受热橡胶老化快，因此它的芯线允许温升低，相应载流量也较低。

隧道为一封闭空间，发生火灾会导致较大的经济损失和人员伤亡。因此，在隧道导线绝缘及护套材料的选择中，一般应选用阻燃型、耐火型及低烟无卤型。

3)电缆外护层的选择

应按敷设的环境条件及敷设方式选择电缆外护套形式。

隧道内敷设的电缆，当敷设于无机械损伤及无鼠害的场所，可采用非铠装的电缆。

沿隧道电缆沟、隧道壁、桥架、穿管和线槽敷设的电缆，其绝缘或护套应具有非延燃性，如聚氯乙烯绝缘或聚氯乙烯护套等，并应采用具有防水和防老化的外护层电缆。

隧道外直埋敷设的电缆，应采用具有防腐外护层的铠装电缆。当土有可能发生移位的地段直接埋地敷设电缆时，应选用能承受机械外力的钢丝铠装电缆，并增加长度，采用 S 形敷设，或采用板桩或排桩加固土的措施，以减小或消除土移位作用于电缆的拉力。

二、线缆的持续载流量

导线的持续载流量取决于线缆芯线的材质、绝缘材料的耐热及散热性能、按生产规范规定的使用年限、线缆敷设地点的环境温度以及线缆的敷设方式，由于上述各项条件不同，则线缆的载流量也不同。

1.芯线的长期允许最高温度

表 28-5-1 是各类标准线缆的规范规定值，全国一致，并符合 IEC 国际标准。

各类标准线缆的规范规定值　　表 28-5-1

类　型	额定电压(kV)	长期允许最高工作温度 Q_m(℃)
橡皮电线	0.45/0.75	65
塑料电线	0.45/0.75	70
聚氯乙烯绝缘电力电缆	1	70
	6	70
裸铝、铜母线		70
裸铝、铜绞线		70
橡皮绝缘电力电缆	0.45/0.75	65
通用橡胶软电缆		65
交联聚乙烯绝缘，聚氯乙烯护套电力电缆	1	90
	6～10	90
	35	90
耐热型聚氯乙烯电线	0.25，0.5	105

它取决于芯线的材质、绝缘材料特性及规定的使用年限。当芯线通过电流时，芯线发热、温度升高，使其绝缘体也发热升温，并向周围散发热量，在某一环境温度、某一通电电流下可达到一个平衡温度，当芯线在此平衡温度下使线缆的绝缘寿命正好达到预期允许的时间，即绝缘导线为 12～15 年，电缆为 30～40 年，则称此平衡温度为芯线长期允许最高工作温度。

2.不同环境温度下的载流量校正系数

(1)环境温度的选取

环境温度一般取敷设场所持续出现的最高温度，敷设在空气中的，应取一年中最热月份每天出现的最高温度平均值；埋地敷设的，按规范规定，常埋在室外地坪 0.7m 以下；凡是有人经过的地方，没有作特殊处理的，应深埋在 1m 以下；在寒冷地区应深埋在冻土层以下。因此，埋地敷设的环境温度常取地面下 0.8m 处最热月份的平均地温。同时，还应考虑是否机械通风、空调等条件选取不同的环境温度。

(2)不同环境温度下的载流量校正系数

线路通过同样的持续电流、不同的环境温度下，由于热平衡不同，而使芯线具有不同的温升，当芯线温度超过长期允许的最高工作温度时，不仅会影响线缆的使用寿命，有时甚至会危及安全，带来经济损失。如交联电力电缆，芯线工作温度较允许值增加 8℃及 15 ℃，则使用寿命降低一半乃至四分之三，超温时间过长，会引起绝缘损伤，产生相间短路，甚至电线走火。由此可见，电缆的持续载流量，是指线缆在某一环境温度下长期通过的电流，使芯线达到的平衡温度正好等于线缆所规定的芯线长期允许的最高工作温度，也就是说在此环境温度下，通过这一持续电流，正好在使线缆绝缘老化的速度与它的使用寿命相适应，所以导线载流量应按不同使用场合的环境温度进行校正，校正系数的计算公式如下：

$$K=\sqrt{\frac{Q_m-Q_2}{Q_m-Q_1}} \tag{28-5-1}$$

式中：Q_m——芯线长期允许的最高工作温度(℃)；

Q_2——对应于已知载流量的环境温度(℃)；

Q_1——实际环境温度(℃)。

按实际敷设地点及环境温度与40℃(敷设于空气中)及25℃(直接埋地敷设)的标准载流量进行校正。

3. 不同环境温度及不同敷设方式下的线缆载流量

详见《电力工程电缆设计规范》(GB 50217—2007)的建议性基础值，本书从略。

4. 不同敷设方式下，线缆的载流量校正

(1)电线穿管敷设于空气中

多根导线穿入同一管中，不计中性线及保护线，只计有负荷的发热导线根数。所有导线占管内面积不超过40%，但也因相互加热，而使散热条件变坏，导线载流量也应乘以相应的校正系数。穿了多根导线的管子并列敷设时，也应将穿线管的载流量再乘以0.95的并列系数。校正系数见表28-5-2。

多根电线穿于同一管中敷设在空气中的载流量校正系数　　表28-5-2

穿管根数	校正系数	穿管根数	校正系数
2～4	0.8	9～12	0.5
5～8	0.6	12以上	0.45

(2)电缆埋地敷设时

计入三部分校正系数，即土的热阻系数、多根并列系数及埋入不同深度而引起的载流量校正系数。

由于土的热阻不同而引起电缆载流量校正系数(表28-5-3)，因为电缆埋入土中，它的散热条件好坏与土结构有关，有些土松散易散热，有些土温度系数低，即升高1℃所需的热量低，受热温度升高，则达到与周围温度均衡的平衡温度也高，散热不利。这些因素构成了土的热阻系数。

不同构造特性土的热阻系数(ρ_r)　　表28-5-3

分类特性(土的特性及雨量)	土的热阻系数 ρ_r(℃·m/W)
土很潮湿，规律性下雨，如湿度大于9%的沙土，湿度大约10%的沙—泥土等	0.8
土很潮湿，规律性下雨，如湿度大于7%，但小于9%的沙土，湿度为12%～14%的沙—泥土等	1.2
土较干燥，雨量不大，如湿度为8%～12%的沙—泥土等	1.5
土干燥，少雨，如湿度大于4%但小于7%的沙土，湿度为4%～8%的沙—泥土	2.0
多石地层，非常干燥，如湿度小于4%的沙土等	3.0

电缆直埋于土中的载流量是以土中热阻系数 $\rho_T=1$(℃・m/W)为基准确定的,因此当土的热阻系数大于给定值时,由于电缆周围热阻变化,热阻大,散热条件差,芯线温度上升,以防超过允许值,因此载流量应乘以相应的校正系数。

电缆埋地并列敷设时,因相互加热,而使电缆的载流量减少,因此不同的并列间距,采用不同的并列根数。

直埋电缆,因种种原因必须埋在不同的深度,如有行人的部位应深埋在1m以下,北方寒冷地区应埋在冻土层以下。埋设深度不同,其载流量也不同。电缆直埋的载流量表格(表28-5-4)是以-0.7m深度计及的,因此不同深度应乘以相应的载流量校正系数。

直埋电缆在不同热阻系数时的载流量校正系数 表28-5-4

电压(kV)	截面范围(mm^2)	土的热阻系数 ρ_r(℃・m/W)					
		0.8	1.0	1.2	1.5	2.0	3.0
1	35及以下	1.06	1.00	0.95	0.89	0.81	0.71
	50~120	1.08	1.00	0.94	0.87	0.77	0.65
	150~300	1.08	1.00	0.93	0.86	0.76	0.64
	400及以下	1.09	100	0.93	0.85	0.76	0.63
6	35及以下	1.06	1.00	0.95	0.89	0.81	0.70
	50~120	1.07	1.00	0.94	0.88	0.79	0.67
	150~300	1.08	1.00	0.93	0.86	0.77	0.65
	400及以下	1.08	1.00	0.93	0.85	0.76	0.63
10	35及以下	1.05	1.00	0.95	0.90	0.82	0.70
	50~120	1.06	1.00	0.94	0.88	0.80	0.68
	150~300	1.07	1.00	0.94	0.87	0.78	0.66
	400及以下	1.07	1.00	0.93	0.87	0.77	0.65
20~35	50~95	1.05	1.00	0.95	0.90	0.82	0.71
	120~240	1.06	1.00	0.94	0.83	0.80	0.68
	300及以上	1.06	1.00	0.93	0.83	0.80	0.68

(3)电缆在空气中敷设时

由于敷设方式不同,其载流量校正系数也不同。

电缆在空气中单层并列安装时,按不同的并列间距、不同的并列根数,其载流量应乘以不同的校正系数。

电缆在托架上安装,当单层而有序地排列时,可按表28-5-5对其载流量进行校正。当多层电缆在托架安装时,托架的层间间距满足电缆安装规程规定的最小间距(250~300mm),每层上电缆中到中的间距为100mm。

电缆埋地敷设多根并列时的载流量校正系数 表28-5-5

并列根数		1	2	3	4	5	6
电缆之间净距(mm)	100	1	0.9	0.85	0.8	0.78	0.75
	200	1	0.92	0.87	0.84	0.82	0.81
	300	1	0.93	0.90	0.87	0.86	0.85

在电缆托架上电缆无间距多层排列，则载流量将降至 0.5 左右，这造成有色金属的大量浪费。在设计中没有详细列出电缆排列次序及间距要求，则施工时电缆将在托架上挤成一团。因此托架上的电缆应按先后引出的次序排列，以防电缆相互叠交，托架的始端及分支端应有电缆在托架上的排列图，并规定好电缆之间的间距，在施工交底时特别强调保持间距，为施工方便，建议电缆托架生产厂家，能生产出每隔 100mm 的宽度上设置一个直径为 60mm 的 1/4 圆弧，如 600mm 宽的托架设 6 个 1/4 圆弧，在纵向上每隔 1m 设一排这样的圆弧，便于安装时使电缆有序地就位，保持间距，有利电缆散热，可减小电缆并列系数，提高电缆的载流量。电缆埋地深度不同时的载流量校正系数见表 28-5-6，电缆在空气中单层多根并列敷设时的载流量校正系数见表 28-5-7。

电缆埋地深度不同时的载流量校正系数　　表 28-5-6

深度 L(mm)	电压等级	
	1～3	6～35
$L=700$	1.00	1.00
$700<L\leqslant 1\,000$	0.97	0.98
$1\,000<L\leqslant 1\,250$	0.95	0.96
$1\,250<L\leqslant 1\,500$	0.93	0.95

电缆在空气中单层多根并列敷设时的载流量校正系数　　表 28-5-7

并列根数		1	2	3	4	5	6
电缆中心距	$S=d$	1.00	0.90	0.85	0.82	0.81	0.80
	$S=2d$	1.00	1.00	0.98	0.95	0.93	0.90
	$S=3d$	1.00	1.00	1.00	0.98	0.97	0.96

三、导线截面选择

导线的截面先按载流量选取，再进行热稳定校验，其次校验与过负荷保护的匹配，第三校验电压损失，第四校验单相接地短路时能否按规定时间切除故障(对 TN 系统)。经这样验算后选择的导线截面，才是安全，经济、合理、实用的截面。

1. 按载流量初选导线截面

(1)接线路额定电压及最大计算电流 I_j、敷设方式及环境温度，选用相应的线缆型号及截面 S_j，使经过各种因数校正后的线缆载流量 I_H，大于等于线路最大计算电流 I_j。即：

$$I_H \geqslant I_j \tag{28-5-2}$$

以保证线缆芯数的实际工作温度，不超过芯数长期允许最高工作温度，使线缆维持正常的使用年限。

初选的导线截面 S_j，应满足机械强度的要求，不应小于表 28-5-8、表 28-5-9 所列的不同用途及安装方式下的最小允许截面 S_{min}。即：

$$S_j \geqslant S_{min} \tag{28-5-3}$$

绝缘导线最小允许截面(单位:mm^2)　　表 28-5-8

序　号	用途及敷设方式	芯线的最小面积		
		铜芯软线	铜线	铝线
1	照明用灯头线 (1)屋内 (2)屋外	 0.4 1.0	 1.0 1.0	 2.5 2.5
2	移动式用电设备 (1)生活用 (2)生产用	 0.75 1		
3	架设在绝缘支持件上的绝缘导线其支架间距 (1)2m 及以下,屋内 (2)2m 及以下,屋外 (3)6m 及以下 (4)15m 及以下 (5)25m 及以下		 1.0 1.5 2.5 4 6	 2.5 2.5 4 6 10
4	穿管敷设的绝缘导线	1.0	1.0	2.5
5	塑料护套线沿墙明敷设		1.0	2.5
6	板孔穿线敷设的导线		1.5	2.5

PE 线的最小截面(单位:mm^2)　　表 28-5-9

装置的相线截面 S	PE 线的最小截面	装置的相线截面 S	PE 线的最小截面
$S \leqslant 16$	S	$S > 35$	S/2
$16 < S \leqslant 35$	16		

(2)在选用导线时应考虑节约电能损耗、折旧及投资的关系,也就是经济电流密度,按此选用的导线截面,有色金属消耗量大,并且在用户处由于供电距离较短,因此在 10kV 及以下的线路中很少使用。仅从节能的角度,小截面导线按载流量所选的导线截面已满足电压损失要求时,可加大一级导线截面,以减少线路上的能量损失。若按电压损失要求已加大了一级导线截面时,则不用再增大。

(3)低压中性点接地系统中 N(PEN)线截面的选择:

①负荷接近平衡的供电线路,N 或 PEN 线的截面取相线截面的二分之一;

②当负荷大部分为单相负荷时,如照明供电回路,则 N 或 PEN 线的截面应与相线等截面;

③采用可控硅调光的配电回路,或大面积采用电子镇流器的荧光灯供电线路,由于三次谐波大量增加,则 N 线的截面应为相线截面的 2 倍,否则中性线会过热,引起供电回路的故障增多。

(4)PE 线截面选择:

①在 TN 系统中 PE 线是通过短路电流的,为使保护装置有足够灵敏度,应减小零相阻抗。所以 PE 线截面不宜过小,在一般情况下,其支干线的截面应与相应的 N 线截面相等;

②若采用单芯导线作固定装置的 PE 干线时，其截面为铜芯时不小于 10mm^2，为铝芯时不小于 16mm^2。当用多股电缆的芯线并联作 PE 线时，则其最小截面可为 4mm^2；

③PE 线所用的材质与相线相同时，按热稳定要求，截面不应小于《民用建筑电气设计规范》(JGJ 16—2008)规定值；

④PE 线若不是供电电缆其中的一芯或电缆外护层的铠装带，而是另外敷设的线路，则按机械强度的要求，截面亦不应小于相关的规定值。

2. 截面载流量与过负荷整定电流的配合

所选导线截面的载流量与线路过负荷整定电流的配合，其目的是不致因导线过负荷发热，使芯线温升超过允许最高温度，而过负荷保护装置仍不动作，以致引起导线过热走火，酿成火灾。

3. 所选截面应满足热稳定允许的最小截面

按与过负荷保护配合后的导线截面进行热稳定校验。

低压配电线路一般都是大电流传输，因此截面较大，支线截面虽小，但短路电流也小，几乎都能满足热稳定要求。只有在干线较短而分支线又很小时，由于短路电流较大，则对分支线作热稳定校验，一般可不作校验，仅在低压配电室中的小截面回路进行校核，如高压交流操作的供电回路、弱电电源供电回路、变配电室照明回路等，这些截面只要大于变压器低压侧三相短路时的最小热稳定截面就可以了。但高压侧电缆供电时，其截面往往取决于热稳定要求的最小截面，因此必须作校验。

4. 对所选截面进行电压损失校验

按热稳定校验合格的截面进行电压损失校验，以保证供电质量，若电压损失超过规定值时，则应加大导线截面，使其达到要求值。

5. 所选截面产生的单相接地短路电流能否使保护按时动作

对 TN 系统，接电压损失校验后的截面，还应再校验单相接地短路时保护设备能否按规范要求的时间及时切除故障。若达不到要求，可加大导线截面，或考虑能否减小保护装置的整定电流，或者采用漏电保护。

在一个工程中，成千上万条线路都要作这样的校验，相当烦琐。一般都选取其中距离最长，截面积较小的进行电压损失及单相接地故障切除时间的校验，条件最差的线路能满足要求，则短距离大截面的，虽然载流量大，保护装置整定电流也大，但由于阻抗小，单相短路电流也大，容易满足要求，可不作校验。

四、线路电压损失

供电电压偏离额定电压值的大小，是供电质量的重要指标。为保证供电质量，常把一些冲击性负载或冲击性负荷群采用专线供电，如射流风机等；容量较大的轴流风机等设备设置专用变压器；将计算机负荷与照明供电线路分开，计算机负荷大时，亦可设置专用变压器；220V 或 380V 单相用电设备接入系统时，尽可能使三相负荷平衡；由公用电网供电的照明负荷，电流小于 30A 时可采用单相供电，否则应以 380/220V 三相供电，以减小线路上的电压损失。

1. 电压偏差允许值

它是以 35kV、10kV、6kV、380/220V 为基准的百分数表示的值。

正常运行情况下，用电设备端子处电压偏差允许值：

(1)一般电动机为±5％。

(2)照明：在一般工作场所为±5％；在视觉要求较高的屋内为＋5％、－2.5％；对远离变配电所的分散居民点，照明可为＋5％、－10％；应急照明、道路照明为＋5％、－10％。

(3)电子计算机：A 级为±5％；B 级为＋7％、－10％；C 级为±10％。因为其自带调压变压器或稳压装置。

(4)无特殊要求的其他供电设备应为±5％。

2.供电线路上电压损失的分配

(1)变压器出线处常将电压调高＋5％，因此自区域变电站送出的 6～10kV 线路至用户处允许压降为 5％，到用户处高压配电室的母线为额定电压，则用户处配出的线路可允许再降压为 5％。

(2)6(10)/0.4kV 变压器供分散负荷用电时，可利用调压分接头，使变压器低压出线的端电压为 400V，因此低压外部线路上允许电压损失为 5％，进户处为额定电压，则进户后干线上降 2.5％，支线上又可再降 2.5％。对一些设备电压降落可允许达－10％时，则在支干线上的压降也可相应增加。

(3)6(10)/0.4kV 变压器在建筑物内部，就供其用电，而低压出线端电压为 400V 时，则干线上可降压为 5％，支线上也可降压为 5％。同样对一些供电电压允许为 90％额定电压时，则干线及干线上的允许电压损失亦可增加。

3.线路阻抗值

(1)导线电阻计算

计算电压损失用的线路电阻，应随芯线实际工作温度而定，以便使电压损失接近实际使用情况。在交流回路中，由于电流分布的集肤效应及线之间的邻近效应，使导线中间部分面积实际是不通电流的，实际使用的面积比导线截面小，相当于线路电阻增加，因此导线的交流电阻应计入集肤效应及邻近效应系数。

①导线直流电阻：

$$R_\theta = \rho_\theta C_j \frac{L}{A} \quad (\Omega) \tag{28-5-4}$$

$$\rho_\theta = \rho_{20}[1+\alpha(\theta-20)] \tag{28-5-5}$$

式中：L——线路长度(m)；

A——导线截面(mm^2)；

C_j——绞入系数，单股导线为 1，多股导线为 1.02；

ρ_θ——导线温度为 θ℃时的电阻率($\Omega \cdot mm^2/m$)；

ρ_{20}——导线温度为 20℃时的电阻率，铝电缆为 0.031 0$\Omega \cdot mm^2/m$；铝电线(包括铝母排)为 0.029$\Omega \cdot mm^2/m$；铜电缆为 0.018 4$\Omega \cdot mm^2/m$；铜电线(包括铜母排)为 0.017 9$\Omega \cdot mm^2/m$；

α——电阻温度系数，铝和铜都取 0.004；

θ——导线实际工作温度(℃)。

不同线缆的芯线温度在不同负荷率下有不同的实际工作温度 θ。

②导线交流电阻：

应计入不同频率及导线形状下的集肤效应引起的电阻增加，也应计入导体的邻近效应系数。所以，交流电阻 R_j 的计算公式为：

$$R_j = K_f K_1 R_\theta \tag{28-5-6}$$

式中：R_θ——θ℃温度下的导线直流电阻值（Ω）；

K_1——母排取 1.03，在 50Hz 下的其他导线可近似取 1.0；

K_f——集肤效应系数；其他导线可按式（28-5-7）求取。但 50Hz，240mm² 以下的导线 $K_f=1$。

$$K_f = \frac{r^2}{\delta(2r-\delta)} \tag{28-5-7}$$

式中：r——线芯半径（cm）；

δ——电流透入系数（cm）。

因集肤效应使电流密度沿导线横截面的径向按指数函数分散，工程上可把电流看作在导线表面 δ 厚度内均匀分布。

（2）导线的电抗计算

配电工程中，架空线路各相导线一般不换位，为简化计算，看作各相感抗是相等的。另外线路容抗很小，可以忽略不计，所以导线电抗实际上就是感抗值。

①线缆的电抗

$$X_0 = 2\pi f\left(4.61\lg\frac{D_p}{r}+0.5\mu\right)\times 10^{-4}\quad (\Omega/\text{km}) \tag{28-5-8}$$

式中：X_0——线路每相每公里的电抗值；

f——频率（Hz）；

r——导线的半径（cm）；

μ——导线的相对导磁系数，有色金属 $\mu=1$；

D_P——线间的几何均距（cm）。

当三根导线排列成非等边三角形时：

$$D_P=\sqrt[3]{a_1a_2a_3} \tag{28-5-9}$$

式中：a_1、a_2、a_3——分别为每两根导线中心的线间距离。

三根导线排列成等边三角形时：

$$D_P=a \tag{28-5-10}$$

水平等距排列时：

$$D_p=\sqrt[3]{aa2a}=1.26a \tag{28-5-11}$$

$f=50$Hz 时，有色金属导线的每相电抗由式（28-5-8）简化为：

$$X_0 = 0.1445\lg\frac{D_P}{r}+0.0157\quad (\Omega/\text{km}) \tag{28-5-12}$$

②矩形母线的每公里相阻抗：

$$X_0 = 0.1455\lg\frac{2\pi D_P+h}{\pi b+2h}+0.0188\quad (\Omega/\text{km}) \tag{28-5-13}$$

其中，b 及 h 值与母线排立有关，当母线水平放置时，b 为母线宽度，h 为母线厚度；当母线竖放时，b 为母线厚度，h 为母线宽度。

(3)线路的电压损失

负载电流流过线路,就产生电压降落。负载具有电抗及电阻,因为它有有功及无功分量,电流与电压有相位差,其相位角 $\varphi=\cos^{-1}X$。线路阻抗也由电阻及电抗组成,也具有阻抗角 $\theta=\tan^{-1}\dfrac{R_0}{X_0}$。所以负载的计算电流用复数表示为:$\dot{I}_j=I\angle-\varphi$,因为电流滞后电压 φ 相位角。

线路阻抗用复数表示为:$\dot{Z}_0=Z_0\angle\theta$。

线路压降用矢量表示为:

$$\Delta u(\%)=\frac{\sqrt{3}\dot{I}_j\dot{Z}_0l}{10U_L}=\frac{\sqrt{3}I_jZ_0l}{10U_e}\angle\theta-\varphi$$

$$=\frac{\sqrt{3}I_jZ_0l}{10U_L}[\cos(\theta-\varphi)+j\sin(\theta-\varphi)] \tag{28-5-14}$$

式中:l——线路长度(km);

U_L——线电压(V);

Z_0——线路每公里阻抗(Ω);

I_j——计算相电流(A)。

式(28-5-14)中 $\Delta u_x(\%)$ 为:

$$\Delta u_x(\%)=\frac{\sqrt{3}I_jZ_0l}{10U_L}\cos(\theta-\varphi)$$

$$=\frac{\sqrt{3}I_jZ_0l}{10U_L}(\cos\theta\cos\varphi-\sin\theta\sin\varphi) \tag{28-5-15}$$

其中:$Z_0\cos\theta l=R$;$Z_0\sin\theta l=X$;$\sqrt{3}I_jU_L=S_j$;$S_j=\cos\varphi=P_j$;$S_j\sin\varphi=Q_j$。

将这些关系式代入式(28-5-15)中得:

$$\Delta u_x(\%)\ \frac{P_jR+Q_jX}{10U_L^2} \tag{28-5-16}$$

$\Delta u_x(\%)$称线路上电压降的横向分量。

式(28-5-14)中 $\Delta u_y(\%)$ 为:

$$\Delta u_y(\%)=\frac{\sqrt{3}I_jZ_0l}{10U_L}\sin(\theta-\varphi)$$

$$=\frac{\sqrt{3}I_jZ_0l}{10U_L}(\sin\theta\sin\varphi-\cos\theta\cos\varphi)=\frac{P_jX-Q_jR}{10U_L^2} \tag{28-5-17}$$

$\Delta u_y(\%)$称为线路电压降的纵向分量。

线路的总电压降为:

$$\Delta u(\%)=\sqrt{(\Delta u_x\%)^2+(\Delta u_y\%)^2} \tag{28-5-18}$$

从式(28-5-16)及式(28-5-17)的物理意义上讲,即负载的有功功率流过线路的电阻产生横向电压降落,流过线路的感抗产生纵向电压降落;负载的无功功率流过线路的感抗产生横向电压降落,流过线路的电阻则产生纵向电压降落。线路上的电压损失与电压降落在数量上及物理意义上是相同的,仅在工程计算中为了简便,又不会引起工程上不允许的误差,因此在用户处的电压损失常常仅取其横向分量,而忽略其纵向分量。原因是10kV及以下的低压线路大都采用电缆或穿管线路,电阻比感抗大,负载处的功率因数较高,尤其采用就地分散补偿时,所以式(28-5-17)中 Q_jR 值小，P_jX 值也小，二者之差更小，因此可以不计纵向分量。但对 10kV 以上的架空或电缆线路，则纵向分量是不能忽略的。

①终端负荷用负荷矩阵表示的电压损失公式：

$$\Delta u(\%)=\frac{R_jR_0l+P_j\tan\varphi X_0l}{10U_L^2}=\frac{(R_0+X_0\tan\varphi)}{10U_L^2}P_jL$$

$$=\Delta u(\%)=P_jX \tag{28-5-19}$$

式中：$\Delta u(\%)$——1MW·km 或 1kW·km 的电压损失百分值(%)；

P_j——计算有功功率(MW 或 kW)；

l——线路长度(km)；

U_L——线电压(V)；

R_0——每公里线路电阻值(Ω/km)；

X_0——每公里线路电阻值(Ω/km)。

②终端负荷用电流矩表示的电压损失公式：

$$\Delta u(\%)=\frac{\sqrt{3}}{10U_L}(R_0\cos\varphi+X_0\sin\varphi)I_jl=\Delta u(\%)I_jl \tag{28-5-20}$$

式中：$\Delta u(\%)$——1A·km 的电压损失百分值(%)；

I_j——计算电流(A)；

l——线路长度(km)。

③同截面同样敷设方式下的线路，接有几个集中负载，且 $\cos\varphi=1$ 时的电压损失计算公式：

$$\Delta u(\%)=\frac{R}{10U_L^2}(P_jl_1+P_{j2}l_2+\cdots\cdots)$$

$$=\frac{1}{10\gamma SU_L^2}\sum P_jl$$

$$=\frac{\sum P_jl}{cS}=\frac{\sum M}{cS}(\text{取 } c=10\gamma SU_L^2) \tag{28-5-21}$$

式中：γ——电导率(m/Ω·mm²)，$\gamma=\frac{1}{P}$；

S——电线截面(mm²)；

M——负荷矩(kW·km)。

④直流线路和单相交流线路($\cos\varphi=1$)的电压损失计算公式：

$$\Delta u(\%)=\frac{2}{10\gamma SU_\phi^2}\sum P_jl \tag{28-5-22}$$

或

$$\Delta u(\%)=\frac{2}{10\gamma SU_\phi^2}\sum I_jl \tag{28-5-23}$$

取 $c=5\gamma U_\phi$，代入式(28-5-21)得：

$$\Delta u(\%)=\frac{\sum P_jl}{cS}=\frac{\sum M}{cS} \tag{28-5-24}$$

式中：U_ϕ——相电压(V)。

⑤接于相电压的两相一零线负荷($\cos\varphi=1$)的线路电压损失计算公式：

$$\Delta u(\%)=\frac{2.25}{10\gamma SU_{\phi}^{2}}\sum P_{j}l \tag{28-5-25}$$

取 $c=\frac{10\gamma SU_{\phi}^{2}}{2.25}$ 代入式(28-5-24)得：

$$\Delta u(\%)=\frac{\sum P_{j}l}{cS}=\frac{\sum M}{cS} \tag{28-5-26}$$

第六节　自备电源

一、自备电源种类

(1)独立于正常电源的发电机组，主要是柴油发电机组。快速启动的发电机组适用于允许中断供电时间为15s以上的供电。

(2)UPS不间断电源。适用于允许中断供电时间为毫秒级的负荷。

(3)EPS应急电源。一种能把蓄电池的直流电逆变成交流电能的应急电源。适用于允许中断时间为0.25s以上的负荷。

(4)有自动投入装置的有效的独立于正常电源的专用备用线路。适用于允许中断供电时间为1.5s或0.6s以上的负荷。

(5)蓄电池。适用于容量不大的特别重要负荷，有可能采用直流电源者。

二、自备电源系统

(1)隧道供配电系统设计中，对于其他专业提出的特别重要负荷，应仔细研究，并尽可能减少特别重要负荷的容量，但需要双重保安措施者除外。

(2)为确保对特别重要负荷的供电，严禁将其他负荷接入应急电源系统。

(3)应急电源与正常电源之间必须采取可靠措施防止其并列运行。目的是保证应急电源的专用性，更重要的是防止向系统反送电。

(4)防灾或类似的重要用电设备的两回电源线路应在最末一级配电箱处自动切换。

公路隧道往往同时使用几种自备电源，应使各种自备电源设备密切配合，充分发挥作用。

三、柴油发电机组

柴油发电机组具有热效率高、启动迅速、结构紧凑、占地面积小、燃料存储方便、工程量小、维护操作简单等优点，是在工程建筑中作为备用电源或应急电源首选的设备。柴油发电机组主要由柴油机、发电机和控制屏三部分组成，这些设备可以组装在一个公共底盘上形成移动式柴油发电机组，也可以把柴油机和发电机组装在一个公共底盘上，控制屏和某些附属设备单独设置，形成固定式柴油发电机组。

1.应急柴油发电机组的功能要求

应急电源应选用二级以上自动化柴油发电机组，根据《自动化内燃机、电站通用技术条件》(GB 12786—2006)标准要求有以下功能：

(1)自动维持准备运行状态。机组应急启动和快速加载时的机油压力、机油温度、冷却水温应符合产品技术条件的规定。

(2)自动启动和加载。机组能自动启动并供电。机组允许三次启动，每次启动时间 8～12s，启动间隔 5～10s。第三次启动失败时，应发出启动失败的声光报警信号。设有备用机组时，应能自动地将启动信号传递给备用机组，机组自动启动的成功率不低于 98%，市电失电以后恢复负荷供电时间一般为 8～20s。

对于额定功率不大于 250kW 的柴油发电机，首次加载量不小于 50%额定负荷；大于 250kW 的柴油发电机，按产品技术条件规定。

(3)自动停机。在接到自控或遥控停机指令后，机组应能自动停机；当电网恢复正常后，机组应能自动切换和自动停机，由电网为用电负荷供电。

(4)自动补给机组的燃油、机油、冷却水能够自动补充，机组启动用蓄电池自动充电。

(5)有过载、短路、过速度或过频率、冷却水温度过高、机油压力过低等保护装置，并根据需要设过电压、欠电压、失电压、欠速度、欠频率、机油温度过高、启动空气压力过低、燃油机箱油面过低、发电机绕组温度过高等方面的保护装置。

(6)有表明正常运行或非正常运行的声光信号系统。

柴油发电机组性能等级见表 28-6-1。

柴油发电机组性能等级　　表 28-6-1

性能等级	定义	用途
G1 级	用于只需规定其电压和频率的基本参数的连接负载	一般用途(照明和其他简单的电气负载)
G2 级	用于对其电压特性与公用电力系统有相同要求的负载。当负载变化时，可有暂时的电压和频率的偏差	照明系统、泵、风机和卷扬机
G3 级	用于对频率、电压和波形特性有严格要求的连接设备(整流器和硅可控整流器控制的负载对发电机电压波形影响需要特殊考虑的)	无线电通信和可控整流器控制的负载
G4 级	用于对频率、电压和波形特性特别严格要求的负载	数据处理设备或计算机系统

2. 柴油发电机组容量选择

(1)应急电源一般只设一台机组，其容量按应急负荷大小和启动大的电动机容量等因素综合考虑确定。

(2)在方案或初步设计阶段，按下述方法估算并选择其中容量最大者：

①按配电变压器容量估算。占配电变压器容量的 10%～20%。

②按电动机启动容量估算。当允许发电机端电压瞬时压降为 20%时，发电机组直接启动异步电动机的能力为每 1kW 电动机功率，需要 5kW 柴油发电机组功率。若电动机降压启动或软启动，由于启动电流减小，柴油发电机容量也按相应比例减小。按电动机功率估算后，然后进行归整，即按柴油发电机组的标定系列估算容量。

(3)在施工图阶段可根据一级负荷、消防负荷以及某些重要的二级负荷容量，按下述方法计算并选择其中容量最大者。

①按稳定负荷计算发电机容量：

$$S_{G1}=\frac{P_{\Sigma}}{\eta_{\Sigma}\cos\phi} \tag{28-6-1}$$

式中：S_{G1}——按稳定负荷计算的发电机视在功率(kVA)；

P_{Σ}——发电机总负荷计算功率(kW)；

η_{Σ}——所带负荷的综合效率，一般取 0.82～0.88；

$\cos\phi$——发电机额定功率因素，一般取 0.8。

②按尖峰负荷计算发电机容量：

$$S_{G2}=\frac{K_j}{K_G}S_m=\frac{K_j}{K_G}\sqrt{P_m^2+Q_m^2} \tag{28-6-2}$$

式中：S_{G2}——按尖峰负荷计算的发电机视在功率(kVA)；

K_j——因尖峰负荷造成的电压、频率降低而导致电动机功率下降的系数，一般取 0.9～0.95；

K_G——发电机允许短路时过载系数，一般取 14.～1.6。

S_m——最大的单台电动机或成组电动机的启动容量(kVA)；

P_m——S_m 的有功功率(kW)；

Q_m——S_m 的无功功率(kvar)。

③按发电机母线允许压降计算发电机容量：

$$S_{G3}=\frac{1-\Delta U}{\Delta U}X'_d S_{st\Delta} \tag{28-6-3}$$

式中：S_{G3}——按母线允许压降计算的发电机视在功率(kVA)；

ΔU——发电机母线允许电压降，一般取 0.2；

X'_d——发电机瞬态电抗，一般取 0.2；

$S_{st\Delta}$——导致发电机最大电压降的电动机最大启动容量(kVA)。

(4)柴油发电机组的额定功率系指外界大气压为 101.325kPa(760mmHg)、大气温度为20℃、相对湿度为 50%的情况下，保证能连续运行 12h 的功率(包括超负荷 110%运行 1h)。如连续运行时间超过 12h，则应按 90%额定功率使用。如气压、气温、湿度与上述规定不同，应对柴油发电机的额定功率进行修正。

(5)全压启动大容量笼型电动机时，母线电压不应低于额定电压的 75%或 80%。电动机全压启动允许容量取决于发电机的容量和励磁方式；宜选用高速柴油发电机组和无刷型自动励磁装置。

四、不间断电源 UPS

UPS 不间断电源适用于向用户的关键设备，如隧道监控中心、外场监控设备、通信系统、电力监控系统等提供高质量电压频率、波形的不间断的交流电源。

1.不间断电源 UPS 的工作原理

UPS 一般由整流器、蓄电池、逆变器、静态开关和控制系统组成。通常采用的是在线 UPS。它首先将市电输入的交流电源变成稳压直流电源，供给蓄电池和逆变器，再经逆变器重新变成稳定的、高质量的交流电源。它可完全消除在输入电源中可能出现的任何电源问题(如电压波动、频率波动、谐波失真和各种干扰等)。其工作原理框图见图 28-6-1。

2.不间断电源 UPS 的功能要求

(1)静态旁路开关的切换时间一般为 2～10ms，并应具有如下功能：

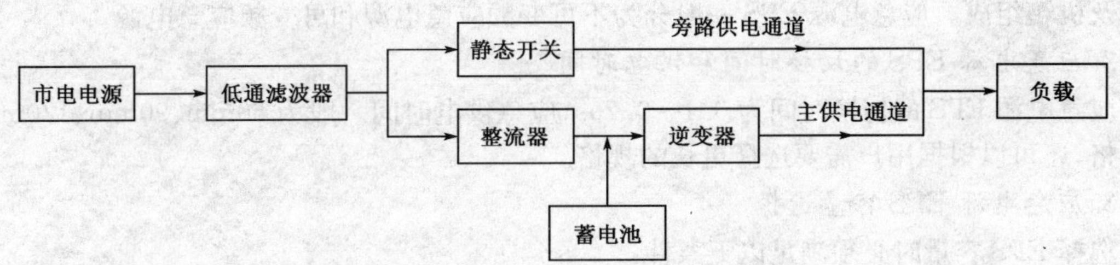

图 28-6-1　在线式 UPS 工作原理框图

①当逆变器装置故障或需要检修时，应及时切换到电网（市电备用）电源供电；

②当分支回路突然故障，电流超过预定值时，应切换到电网（市电备用）电源，以增加短路电流，使保护装置迅速动作，待切除故障后，再启动返回逆变器供电；

③带有频率跟踪环节的不间断电源装置，当电网频率波动或电压波动超过额定值时，应自动与电网解列，频率与电压恢复正常后，再自动并网。

(2)用市电旁路时，逆变器的频率和相位应与市电锁相同步。

(3)对于三相输出的负荷不平衡度，最大一相和最小一相的基波均方根电流之差不应超过不间断电源额定电流的 25%，且最大线电流不超过其额定值。

(4)三相输出系统输出电压的不平衡系数（负序分量对正序分量之比）应不超过 5%。输出电压总波形失真度不应超过 5%（单相允许超过 10%）。

3. 不间断电源设备的选择

(1)UPS 设备的输出功率，应按照下列条件选择：

①不间断电源设备给电子计算机供电时，单台 UPS 的输出功率应大于电子计算机各设备额定功率总和的 1.5 倍；对其他用电设备供电时，为最大计算负荷的 1.3 倍；

②负荷的最大冲击电流应不大于不间断电源设备额定电流的 150%。

(2)UPS 应急供电时间，应按下列条件选择：

①为保证用电设备按照操作顺序进行停机，其蓄电池的额定放电时间可按停机所需最长时间来确定，一般可取 8～15min；

②当有备用电源时，为保证用电设备供电连续性，其蓄电池额定放电时间可按等待备用电源投入考虑，一般可取 10～30min；设有应急发电机时，UPS 应急供电时间可以短一些；

③如有特殊要求，其蓄电池额定放电时间应根据负荷特性来确定。

4. 不间断电源 UPS 系统

根据用电设备对供电可靠性、连续性、稳定性和电源各参数质量的要求，不间断电源 UPS 宜采用单一式不间断电源系统、冗余式不间断电源系统、并联式不间断电源系统和并联冗余式不间断电源系统。

五、应急电源 EPS

EPS(Emergency Power Supply)是利用 IGBT 大功率模块及相关的逆变技术而开发的一种把直流电能逆变成交流电能的大型应急电源，它的容量为 0.5～400kW，是一种新颖、静态无公害、免维护、安全可靠的集中供电式应急电源装置。

1. 应急电源 EPS 的工作原理

EPS 应急电源由充电器、逆变器、蓄电池、隔离变压器、切换开关、监控器和显示、保护等装置及机箱组成。应急电源 EPS 一般分为不可变频应急电源和可变频应急电源。

2. 应急电源 EPS 的切换时间和供电时间

应急电源 EPS 的切换时间为 0.1～0.25s，应急供电时间一般为 60min、90min、120min 三种规格，还可以根据用户需要选择更长的规格。

3. 应急电源 EPS 容量选择

选择 EPS 容量时必须满足以下条件：

(1)负载中最大的单台直接启动的电机容量，只占 EPS 容量的 1/7 以下。

(2)EPS 容量是所供负荷同时工作容量总和的 1.1 倍以上。

(3)直接启动风机、水泵时，EPS 的容量应为同时工作的风机、水泵容量的 5 倍以上。

(4)若风机、水泵为变频启动，则 EPS 的容量为同时工作的电机总容量的 1.1 倍。

(5)若风机、水泵采用星—三角降压启动，则 EPS 的容量应为同时工作的电机总容量的 3 倍以上。

第七节 变配电所

一、变配电所所址选择

(1)变配电所所址选择，应根据下列要求，经技术、经济比较，综合考虑确定：

①接近负荷中心；

②接近电源侧；

③进出线方便；

④运输设备方便；

⑤不应设在有剧烈震动或高温的场所；

⑥不宜设在多尘或有腐蚀性气体的场所，如无法远离，不应设在污染源的主导风向的下风侧；

⑦不应设在厕所、浴室或其他经常积水场所的正下方(指楼房的正下方)，也不宜与上述场所相邻；

⑧不应设在地势低洼和可能积水的场所；

⑨不应设在有爆炸危险环境的正上方或正下方，且不宜设在有火灾危险环境的正上方或正下方，当与有爆炸或火灾危险环境的建筑物毗连时，应符合现行国家标准《爆炸和火灾危险环境电力装置设计规范》(GB 50058—1992)的规定。

(2)特长隧道内不宜设置装有可燃性油的电气设备的配变电所，如受条件限制亦可采用难燃性油的变压器，但不应设在疏散通道的上下方、贴邻或出口的两旁，并应采取相应的防火和排油措施。

(3)变配电所如果与火灾危险区域的建筑物毗连时，应符合下列要求：

①电压为 1～10kV 配电所可通过走廊或套间与火灾危险环境的建筑物相通，通向走廊或套间的门应为难燃烧体；

②变电所与火灾危险环境建筑物共用的隔墙应是密实的非燃烧体。管道和沟道穿过墙和楼板处，应采用非燃烧性材料严密堵塞；

③变压器室的门窗应通向无火灾危险的环境。

(4)不宜采用露天或半露天的变电所,如确因需要设置时,宜选用带防护外壳的户外成套变电所。

二、变配电所形式选择

(1)35/10(6)kV 变电所分户内式和户外式。户内式运行维护方便,占地面积少。在选择35kV 总变电所的形式时,应考虑所在地区的地理情况和环境条件,因地制宜;技术经济合理时,应优先选用占地少的形式。35kV 变电所宜用户内式。

(2)配电所一般为独立式建筑物,也可与所带 10(6)kV 变电所一起附设于负荷较大的风机房和建筑物。

(3)10(6)kV 变配电所的形式,应根据用电负荷的状况和周围环境情况综合考虑确定:

①隧道工程宜设室外变电所或组合式变电站,隧道外部环境允许时,当变压器容量在315kVA 及以下时,可设杆上式或高台式变压器;

②负荷较大的特长隧道,负荷中心在隧道中部且环境许可时,宜设洞内变电所或组合式变电站。

三、变配电所的一般布置

变配电所的布置方案应设计合理、因地制宜、符合规范要求,并经过技术经济论证比较后确定。

(1)不带可燃性油的高、低压配电装置和非油浸的电力变压器及非可燃性油浸电容器可设在同一房间内。干式变压器应具有不低于 IP2X 防护外壳。

(2)室内变电所的每台油量为 100kg 及以上的三相变压器,应设在单独的变压器室内。

(3)带可燃性油的高压开关柜,宜装设在单独的高压配电装置室内。当高压开关柜的数量为 5 台及以下时,可和低压配电屏装设在同一房间内。

(4)在同一房间内布置高、低压配电装置时,当高压开关柜和低压配电屏顶面有裸露导体时,两者之间的净距不应小于 2m;当高压开关柜和低压配电屏的顶面和侧面的外壳防护等级符合 IP2X 级时,两者可靠近布置。

(5)有人值班的配变电所,应设单独的值班室(可兼控制室)。当有低压配电装置室时,值班室可与低压配电装置室合并,此时在值班人员经常工作的一面或一端,低压配电装置到墙的距离不应小于 3m。

高压配电装置室与值班室应直通或通过走廊相通,值班室应有门直接通向户外或通向走廊。

(6)独立变电所宜单层布置,当采用双层布置时,变压器应设在底层。设于二层的配电装置应有吊运设备的吊装孔或吊装平台。

(7)高(低)压配电装置室内宜留有适当数量的开关柜(屏)的备用位置。

(8)油浸变压器和充油电器的布置,应考虑在带电时对油位、油温等观察的方便和安全,并易于抽取油样。

(9)由同一配电所供给一级负荷用电时,母线分段处应有防火隔板或隔墙。

供给一级负荷用的两路电缆不应通过同一电缆沟,当无法分开时,则该两路电缆应采用绝缘和护套均为非延燃性材料的电缆，且应分别置于电缆沟两侧支架上。

(10)户外组合式变电站的进出线应采用电缆，或架空线至附近改用短段电缆进出。

(11)配电所的辅助用房，应根据需要和节约的原则确定。

(12)变压器外廓(防护外壳)与变压器室墙壁和门的净距不应小于表 28-7-1 所列数值。

变压器外廓(防护外壳)与变压器室墙壁和门的最小净距 表 28-7-1

项目 \ 净距(m) \ 变压器容量(kVA)	100～1 000	1 250～1 600
油浸变压器外廓与后壁、侧壁净距	0.6	0.8
油浸变压器外廓与门净距	0.8	1
干式变压器带有 IP2X 及以上防护等级金属外壳与后壁、侧壁净距离	0.6	0.8
干式变压器有金属网状遮拦与后壁、侧壁净距	0.8	1
干式变压器带有 IP2X 及以上防护等级金属外壳与门净距	0.8	1
干式变压器有金属网状遮拦与门净距	0.8	1

干式变压器的金属网状遮栏，其防护等级不低于 IP1X，遮栏高度不低于 1.70m。

(13)对于就地检修的室内油浸变压器，室内高度可按吊芯所需的最小高度再加 0.7m；宽度可按变压器两侧各加 0.80m 确定。

(14)多台干式变压器布置在同一房间内时，变压器防护外壳间的净距不应小于表 28-7-2 所列数值。

变压器防护外壳间的最小净距 表 28-7-2

项目 \ 净距(m) \ 变压器容量(kVA)		100～1 000	1 250～1 600
变压器侧面具有 IP2X 防护等级及以上的金属外壳	A	0.6	0.8
变压器侧面具有 IP4X 防护等级及以上的金属外壳	A	可贴邻布置	可贴邻布置
考虑变压器外壳之间有一台变压器拉出防护外壳	B	变压器宽度 b 加 0.60	变压器宽度 b 加 0.60
不考虑变压器外壳之间有一台变压器拉出防护外壳	B	1.00	1.2

四、高压配电室

1.一般规定及要求

(1)一般规定：

①配电装置的布置和导体、电器的选择，应满足在正常运行、检修、短路和过电压情况下的要求，并应不危及人身安全和周围设备。

配电装置的布置，应便于设备的操作、搬运、检修和试验，并应考虑电缆或架空线进出线方便。

②配电装置的绝缘等级，应和电力系统的额定电压相配合。

③配电装置中相邻带电部分的额定电压不同时，应按较高的额定电压确定其安全净距。

④高压出线断路器，当采用真空断路器时，为避免变压器(或电动机)操作过电压，应装有

浪涌吸收器并装设在小车上。

高压出线断路器的下侧应装设接地开关和电源监视灯(或电压监视器)。

⑤高压配电装置按电压等级选用相应的工频耐压及冲击耐压的设备,其遮断容量应超过开断处的最大短路容量,并按使用地点的环境、气候、海拔高度分别选用一般型、湿热型及高海拔加强型设备。

⑥在隧道内部变配电所,宜选用真空开关、六氟化硫开关。设在隧道内的开关少于5台时,可采用少油断路器。

(2)带可燃性油的高压配电装置,宜装设在单独的高压配电室内;当10(6)kV高压开关柜的数量为6台及以下时,可和低压配电屏装设在同一房间内。

(3)在同一配电室内单列布置的高低压配电装置,当高压开关柜或低压配电屏顶面有裸露带电导体时,两者之间的净距不应小于2m;当高压开关柜和低压配电屏的顶面外壳的防护等级符合IP2X时,两者可靠近布置。

(4)高压配电室内宜留有适当数量开关柜的备用位置。

(5)由同一配电所供给一级负荷用电时,母线分段处应有防火隔板或有门洞的隔墙。供给一级负荷用电的两路电缆不应通过同一电缆通道,当无法分开时,则该电缆通道内的两路电缆应采用绝缘和护套均为非延燃性材料的电缆,且应分别置于电缆通道两侧支架上。

(6)控制干式变压器的开关当采用真空断路器时,应在开关出线端并接氧化锌避雷器或阻容吸收器。

(7)电源进线处应设有带电指示装置。

2.环境条件

(1)选择导体和电器的环境温度。

(2)选择导体和电器时的相对湿度,一般采用当地湿度最高月份的平均相对湿度。对湿度较高的场所,应采用该处实际相对湿度。

(3)海拔高度超过1 000m的地区,配电装置应选择适用于该海拔高度的电器和电瓷产品,其外部绝缘的冲击和工频试验电压应符合高压电气设备绝缘试验电压的有关规定。

3.导体和电器

(1)选用的导体和电器,其允许的最高工作电压不得低于该回路的最高运行电压,其长期允许电流不得小于该回路的最大持续工作电流,并应按短路条件验算其动、热稳定性。

用熔断器保护的导体和电器,可不验算热稳定性,但动稳定性仍应验算。

用高压限流熔断器保护的导体和电器,可根据限流熔断器的特性,来校验导体和电器的动、热稳定性。

用熔断器保护的电压互感器回路,可不验算动稳定性和热稳定性。

(2)计算短路点,应选择在正常接线方式时短路电流为最大的地点。

带电抗器的6kV或10kV出线,隔板(母线与母线隔离开关之间)前的引线和套管,应按短路点在电抗器前计算,隔板后的引线和电器,一般按短路点在电抗器后计算。

(3)导体和电器的热稳定、动稳定以及电器的短路开断电流,一般按二相短路验算。如单相、两相短路较三相短路严重时,则按严重情况验算。

(4)当按短路开断电流选择高压断路器时,应能可靠地开断装设处可能发生的最大短路电流。

按断流能力校核高压断路器时，宜取断路器实际开断时间的短路电流作为校核条件。

装有自动重合闸装置的高压断路器，应考虑重合闸时对额定开断电流的影响。

(5)用于切合并联补偿电容器组的断路器宜用真空断路器或六氟化硫断路器。容量较小的电容器组，也可使用开断性能优良的少油断路器。

(6)在正常运行和短路时电器引线的最大作用力，不应大于电器端子允许荷载。屋外部分的导体套管、绝缘子和金具，应根据当地气象条件和不同受力状态进行校验。

(7)导线绝缘子和穿墙套管的机械强度安全系数，不应小于表 28-7-3 所列数值。

导体和绝缘子的安全系数 表 28-7-3

类　别	荷载长期作用时	荷载短时作用时
套管、支持绝缘子、金具	2.5	1.67
悬式绝缘子及金具	5.5	3.3
软导体	4.0	2.5
硬导体	2.0	1.67

(8)验算短路动稳定时，硬导体的最大应力，不应大于表 28-7-4 所列数值。重要回路的硬导体应力计算，还应考虑动力效应的影响。

硬导体的最大允许应力(单位：MPa) 表 28-7-4

材　料	硬　铜	硬　铝	钢
最大应力	140	70	160

(9)配电装置各回路的相序排列应一致。硬导体的各相应涂色，色别应为 L1 相黄色、L2 相绿色、L3 相红色。绞线可只标明相别。

(10)在配电装置间隔内的硬导体及接地线上，应留有安装携带式接地线的接触面和连接端子。高压配电装置均应装设闭锁装置及联锁装置，以防止带负荷拉合隔离开关、带接地合闸、有电挂接地线、误拉合断路器、误入屋内有电间隔等电气误操作事故。

4. 通道与围栏

(1)室内外配电装置的最小安全净距，见相关规范规定。

(2)高压配电室内各种通道的最小宽度，应符合表 28-7-5 的规定。

高压配电室内各种通道最小宽度(单位：mm) 表 28-7-5

开关柜布置方式	柜后维护通道	柜前操作通道	
		固定式	手车式
单排布置	800 (1 000)	1 500	单车长度＋1 200
双排面对面布置	800	2 000	双车长度＋900
双排背对背布置	1 000	1 500	单车长度＋1 200

(3)当电源从柜(屏)后进线且需在柜(屏)正背后墙上另设隔离开关及其手动操动机构时，柜(屏)后通道净宽不应小于 1.5m，当柜(屏)背面的防护等级为 IP2X 时，可减为 1.3m。

(4)室内配电装置距屋顶(梁除外)的距离一般不小于 0.8m。

(5)长度大于 7m 的高压配电室应设两个出口，并宜布置在配电室的两端。长度大于 60m

时，宜增添一个出口；位于楼上的配电室至少应设一个出口通向室外的平台或通道。

(6)配电装置室内通道应保证畅通无阻，不得设立门槛，并不应有与配电装置无关的管道通过。

五、低压配电室

(1)低压配电装置的布置，应考虑设备的操作、搬运、检修和试验的方便。

(2)成排布置的低压配电屏，其长度超过 6m 时，屏后面的通道应有两个通向本室或其他房间的出口，并宜布置在通道的两端。当两出口之间的距离超过 15m 时，其间还应增加出口。

(3)低压配电室的长度超过 8m 时，应设两个出口，并宜布置在配电室两端；位于楼上的配电室至少应设一个出口通向室外的平台或通道。

(4)低压配电室可设能开启的自然采光窗，但应有防止雨、雪和小动物进入室内的措施。临路的一面不宜开窗。

(5)低压配电室兼作值班室时，配电屏正面距墙不宜小于 3m。

(6)低压配电室的高度，一般可参考下列尺寸：

①与抬高地坪变压器室相邻时，其高度为 4～4.5m；

②与不抬高地坪变压器室相邻时，其高度为 3.5～4m；

③配电室为电缆进线时，其高度为 3m。

(7)低压配电室通道上方裸带电体距地面的高度不应低于下列数值：

①屏前通道内者为 2.50m，加护网后其高度可降低，但护网最低高度为 2.20m；

②屏后通道内者为 2.30m，否则应加遮护，遮护后的高度不应低于 1.90m，其宽度应符合表 28-7-6 的规定。

配电屏前后的通道宽度(单位：m)　　表 28-7-6

装置种类 \ 通道宽度 \ 布置方式	单排布置		双排对面布置		双排背对背布置		多排同向布置	
	屏前	屏后	屏前	屏后	屏前	屏后	屏前	屏后
固定式	1.50 (1.30)	1.00 (0.80)	2.00	1.00 (0.80)	1.50 (1.30)	1.50	2.00	
抽屉式、手车式	1.80 (1.60)	0.90 (0.80)	2.30 (2.00)	0.90 (0.80)	1.80	1.50	2.30 (2.00)	
控制屏(柜)	1.50	0.80	2.00	0.80			2.00	屏前检修时靠墙安装

(8)同一配电室内的两段母线，如任一段母线有一级负荷时，则母线分段处应有防火隔断措施。

(9)由同一低压配电室供给一级负荷用电的两路电缆，不应通过同一电缆通道。当无法分开时，则该电缆通道内的两路电缆应采用阻燃电缆，且应分别敷设在通道的两侧支架上。

六、柴油发电机室

1.机房位置的确定

柴油发电机房(又称柴油发电站)一般设有发电机间、控制及配电室、燃油准备及处理间、备品备件储藏间、修理间、储油库等。小型柴油机发电房可将发电机、控制屏、起动设备等同设于一间机房内。储油库宜设置在机房附近的室外。自备应急发电机房宜靠近大容量的应急负荷或与变电所的低压配电室毗邻。一般不宜设在隧道内，如受条件限制必须设置时，可设置在隧道内的设备用房内，此时的消防要求更为严格，特别是机房及油库必须根据当地消防部门的具体要求设计消防系统，同时还需有良好的通风系统，能够吸入足够的新鲜空气和畅通地排出废气，以满足柴油机的工作条件。为减小机组对环境的噪声污染，对机座需采取减振措施，对排气管道应做消声处理。

发电机间、控制室和配电室不应设在厕所、浴室或其他经常积水场所的正下方和贴邻处。

2. 机房设备布置

柴油发电机房内的设备有：柴油发电机组，控制屏，操作台，电力及照明配电柜，启动蓄电池，燃油供给，冷却系统，进、排风系统以及维护检修设备等。

机房布置应根据机组容量大小和台数而定，应力求做到布置紧凑、经济合理、保证安全以及便于维护。

当发电机房只设一台机组时，如果机组容量在500kW及以下，则一般可不设控制室。这时，配电屏、控制屏宜布置在发电机端或发电机侧，其操作检修通道的要求为：屏前距发电机端不应小于2m；屏前距发电机侧不应小于1.5m。

对于单机容量在500kW及以上的多台机组，考虑到运行维护、管理和集中控制的方便，宜设控制室。一般将发电机控制屏、机组操作台、动力控制屏(台)、低压配电屏及照明配电箱等放在控制室。控制室的布置与一般低压配电室的布置的技术要求相同，另外，还要求操作人员便于观察控制屏或台上仪表，并能通过观察窗看到机组运行情况。当控制室长度在8m及以上时，应有两个出口，并宜设在控制室两端，且门向外开启。控制室内的控制屏(台)的正面操作通道的宽度，在单列布置时不宜小于1.5m，双列布置时不宜小于2m。控制屏离墙安装时的屏后维护通道应不小于0.8～1m。控制室内屏的最高点到房顶的距离不宜小于0.5m。

在机房内，机组宜横向布置(垂直布置)，这样，机组中心线与机房轴线相垂直，操作管理方便，管线短，布置紧凑。当机房与控制及配电室毗邻布置时，发电机出线端及电缆沟宜布置在靠近控制及配电室一侧。辅助设备宜布置在柴油机侧或机房侧墙。蓄电池宜靠近所属柴油机。

应急柴油发电机组外廓与墙壁的净距最小尺寸，见表28-7-7。

机组外廓与墙壁的净距最小尺寸(单位：m)　　表28-7-7

项目 \ 容量(kW)		64以下	75～150	200～400	500～800
机组操作面	a	1.6	1.7	1.8	2.2
机组背面	b	1.5	1.6	1.7	2
柴油机端	c	1	1	1.2	1.5
机组间距	d	1.7	2	2.3	2.6
发电机端	e	1.6	1.8	2	2.4
机房净高	f	3.5	3.5	4～4.3	4.3～5

柴油发电机组的排烟管系统的作用是将汽缸里的废气排放至室外。

在确定烟道位置时，应注意尽量减少对建筑物外观的影响，以及对周围环境的污染。如果环境条件要求较高，则宜加装除尘设施，使烟气经处理后排至室外。

排烟噪声是柴油机总噪声中最强烈的一种噪声,其频谱是连续的,强度可达 110~130dB,对机房和周围环境影响较大,所以应设消音器以减少噪声。多台柴油机不应共用消音器。

柴油发电机房经隔音处理后,在城市区域白天的噪声不超过 50dB,夜晚的噪声不超过 40dB。

机组的排烟管上应装设消音器,室内的排烟管应设隔热保温层,距地 2m 以下的隔热层厚度不小于 60mm。若排烟在位置上确有困难而达不到环保的要求时,可采用消烟池。

为了防止雨水顺着排烟管流入机内,排烟管在伸出室外垂直敷设时,管出口端应切成 30°~45°的斜角或加防雨帽。

排烟管的温度一般可达到 350~550℃,为了防止烫伤和减少辐射热,排烟管宜进行保温处理。一般采用热力保温方法,保温表面温度应不超过 50℃。

为了防止废气阻力的增加而导致柴油机出力的下降和温升的增加,排烟气系统应尽量减小背压。通过排烟气系统的压降为管路、消音器、防雨帽等各部分压降之和,总压降不宜超过 6 720Pa。

排烟管宜采用水平架空敷设方式,也可采用地沟敷设方式。水平架空敷设的优点是转弯少,阻力小;缺点是增加了室内散热量而使机房温度升高。地沟敷设的优点是散热量小,对热带地区尤为适宜;缺点是转弯多,阻力较大。

排烟管与柴油机排烟口的连接应采用弹性波纹管接头,这样既可减振,又可减少柴油机的承重。

3. 机房配电导线选择与敷设

柴油发电机房宜按潮湿环境选择电力电缆或绝缘电线;发电机至配电屏的引出线宜采用铜芯电缆或封闭式母线;强电控制测量线路、励磁线路应选择铜芯控制电缆或铜芯电线;控制线路、励磁线路和电力配线宜穿钢管埋地敷设或沿电缆沟敷设;励磁线与主干线采用钢管配线时可穿于同一管中。

当发电机容量较大时,往往出线截面大且导线根数多,加之各种控制回路的配出线路,机房内管线显得很多。为了敷线方便及维护安全,一般在发电机出口、控制屏或控制室以及配电线路出口等各处之间设电缆沟并贯通一起。

4. 机房设计要点

(1)为减少噪声对周围环境的污染,应避免放置在主要进出口通道附近。如确有困难,也可放置在地下室,但须注意通风、防潮及机组的散热和冷却,根据当地消防部门的具体要求设置必要的消防设施,并应有直接对外出口。

(2)为确保机组有效可靠地运行,必须处理好热风出口,特别是集装式机组或当机组放置在地下室时,机组设置在地下室,须设热风通道,并伸出室外。机房要有足够的新风进口,并注意机房内气流的分布。

(3)注意燃油的存放。对于燃油来源及运输不方便的地方,可考虑在变电所建筑的主体工程外设置连续运行 5~8d 的储油设施。若燃油来源及运输方便,也可不设置储油设施或减少备用储量。在机房内或储油间要有供连续 4~8h 运行的日用油箱,但油量超过 100L 时,宜放置在与机房有防火隔墙的专用储油间内。超过 500L 时,不宜放置在变电所建筑内,确有困难时,须征得当地消防部门的意见,进行妥善处理。

(4)排气管的敷设。柴油机的排气管是将汽缸内燃油后的废气排到室外。每台柴油机一般应有自己的排气管及为降低排气噪声的消音器。排气管的敷设方式一般有三种：

①水平架空敷设：优点为排气管较少、阻力小，特别对二冲程柴油机的排气过程有利；缺点是排气管横在机房内，且增加在室内的散热量。

②地沟内敷设：优点为不影响空间、散热量小；缺点是排气管转弯多、阻力增加，但影响柴油机的输出功率不大，故采用较多。

③排气管向上垂直敷设出屋顶：优点为排气管的转弯少，阻力小；缺点是安装较麻烦，一般适用于小型柴油机发电房。排气管的内径：非增压型柴油机时不小于 75mm；增压型柴油机时不小于 90mm。排气管的弯头不宜多于 3 个，转弯宜平缓。排气管不宜从发电机和电气设备上面通过，管外宜加以保温，其室外垂直部分与外墙的距离一般不小于 1m，高出屋檐部分应不小于 1m。消音器的布置有卧式与立式两种，卧式布置安装简单，维护方便，卧在地沟内振动较小。

(5)水冷却系统。柴油机的冷却多数采用水冷却系统。小容量机组一般为封闭式自循环水冷却系统，它是由散热水箱→水泵→柴油机体的水冷腔，再返回到散热水箱。而散热水箱是利用机组上的风扇进行冷却的。大、中容量机组一般采用开式水池、单循环冷却制，它是把柴油机水冷腔放出的冷却水，一部分流到储水桶作为调节温度用(也有不用储水桶而用控制水阀调温的)，其余大部分经冷却后流到蓄水池循环再用。冷却水出口水温应不超过 70℃，最佳温度宜为 50～60℃，进、出水温差应保持在 5～20℃。单台 200～800kW 柴油机的冷却水池容积约为 17～48m^3；双台 200～800kW 柴油机的冷却水池容积约为 29～80m^3。当水源水质很不好时，采用双循环冷却系统，即柴油机的冷却水采用软水循环使用，而冷却软水的天然水也自成循环。当进出水温差为 10℃及 20℃时，循环冷却水的消耗量约为 0.4kg(kW・h)及 0.2kg(kW・h)。

(6)润滑系统。柴油发电机作为重要负荷的备用电源，尤其是作为消防用电负荷的备用电源，往往要求具有自启动性能，即当主电源断电发出启动信号给机组的自启动机装置后，在数秒钟内即可向负荷供电。无论机组的柴油机是电动启动或空气压缩机启动，均可选用配套的自启动装置实现机组的自动化。对小型柴油发电机组(如 84kW 等)的自启动，一般采用直接冷态启动，对柴油机的润滑系统、冷却水系统无特殊要求。当自启动装置在设计时考虑了柴油机的升速和暖机因素，柴油机启动后并不立即带负荷时，对柴油机的润滑系统、冷却水系统也无特殊要求。当柴油发电机组容量比较大，且要求启动后马上带负荷时，就要求润滑系统：①预先对润滑油加热，一般在 35～60℃范围内；②当所采用的柴油机具有润滑油低压保护装置时，启动前需建立一定的油压，即设预供润滑油泵。且要求冷却水系统：①冷却水预先加热，水温保持在 45～55℃；②启动前应使冷却水循环，达到暖机的目的，当无冷却水泵时应设预热水泵。

(7)应急柴油发电机房固定照明须接应急电源。

(8)发电机房要位于便于机组运输的地方。设置在楼上的机组，必须防止发生与房屋共振现象。

(9)机组的基础与底座。采用高速柴油发电机组时，都不用重混凝土基础，以免基础过重而增加楼板荷载。对于低速柴油发电机组，由于体积大，质量大，在基础底座上要预留固定螺栓或预留地脚螺钉孔洞。机组采用高效隔振装置，机房楼板仅需考虑静荷载；不采用高效隔振装置时，则应在设计楼板结构时，将静荷载增加 25%。

(10)电缆沟及电线管。柴油发电机组容量较大时，出线截面大，若电源切换装置在机房内，市电回路还要往返经过机房，加之机组的控制回路，使得机房的管线很多。为敷设方便及机房美观，在发电机出线口、电控箱(包括主开关或主回路切换装置)及引出室外部位等各处之间应设置电缆沟。电缆沟底要有排水、排油措施，沟边缘应有挡油措施。电缆要敷设在电缆支架上，用花纹钢板盖较好。沟宽一般为500mm，深600mm。若是小容量的机组，预埋导线保护管即可。

5.机房的土建条件

在机房土建设计时，电气设计人员须向土建设计人员提供土建条件。土建条件的内容一般有以下几点：

(1)机房的高、长、宽尺寸须满足机组的要求。对于小型机组，若油箱、电控箱与机组属于同一整体，机组的中心线与机房的中轴线重台，则机组与墙之间要留有1.5m左右的巡视检修通道，散热器应尽量靠近热风出口百叶窗。这样可计算出机房的长、宽、高所需尺寸。

(2)要留有设备进出门及值班人员进出门。设备进出门要保证机组能推进推出。门上要开进风百叶窗。如因条件限制，设备进出的大门上也可开人员进出的小门。

(3)在正对柴油机散热器的地方要留热风排出百叶窗。如果不采用整体风冷机组，要留有冷却水管道过楼板的预留孔。

(4)根据机组的高度及排烟方向，要在墙上预埋排烟管通道套管。

(5)根据机组质量，土建要做相应的基础，并根据机组底盘的尺寸，还要做相应的机座，预留埋地脚螺钉的孔洞。

(6)要根据进出线及电控箱位置，设置电缆沟或预埋管。

(7)柴油机房的进出风口不应设在同一墙面上，确有困难时，出风口应在上部，进风口在下部，且两者相距应在2m以上。出风口面积不应小于柴油机散热器面积的1.5倍；进风口面积不应小于柴油机散热器面积的1.8倍。

(8)柴油发电机房不应设在厕所、浴室、水池的正下方或与水池贴邻。

七、控制室

(1)控制室应位于运行方便、电缆较短和朝向良好的地方。

(2)控制室一般毗连于高压配电室。当整个变电所为多层建筑时，控制室一般设在上层。

(3)控制室应有两个出口。

(4)控制室的门不宜直接通向屋外，宜通过走廊或套间。

(5)控制室内设置集中的事故信号和预告信号。室内安装的设备主要有控制屏、信号屏、所用电屏、电源屏，以及要求安装在控制室内的电能表屏和保护屏。

(6)控制屏的排列布置，宜与配电装置的间隔排列次序相对应。

八、变配电所对相关专业的要求

1.变配电所对建筑的要求

1)基本规定

(1)高压配电室宜设不能开启的自然采光窗、窗台距离外地坪不宜低于1.8m；低压配电室可设能开启的自然采光窗，配电室临街的一面不宜开窗。

(2)变压器室、配电室、电容器室的门应向外开启。相邻配电室之间有门时,此门应能双向开启。

(3)配电所各房间经常开启的门、窗,不宜直通相邻的酸、碱、蒸汽、粉尘和噪声严重的场所。

(4)变压器室、配电室、电容器室等应设置防止雨、雪和蛇、鼠类小动物从采光窗、通风窗、门、电缆沟等进入室内的设施。

(5)配电室、电容器室和各辅助房间的内墙表面应抹灰刷白。地(楼)面宜采用高强度等级水泥抹面压光。配电室、变压器室、电容器室的顶棚以及变压器室内墙面应刷白。

(6)长度大于7m的配电室应设两个出口,并宜布置在配电室的两端。长度大于60m时,宜增加一个出口。

(7)当变电所采用双层布置时,位于楼上的配电室应至少设一个通向室外的平台或通道的出口。

(8)配电所,变电所的电缆夹层、电缆沟和电缆室,应采取防水、排水措施。

(9)在多层和高层主体建筑物的底层布置装有可燃性油的电气设备时,基底层外墙开口部位的上方应设置宽度不小于1.0m的防火挑檐。多油开关室和高压电容器室均应设有防止油品流散的设施。

2)变配电所各房间对建筑的要求

应满足各房间的功能要求。

3)变电所楼(地)板计算荷重

变电所楼(地)板计算荷重见表28-7-8。

变配电所楼(地)板计算荷重 表28-7-8

序号	项目	活荷载标准值(kPa)	备注
1	主控制室、继电器室及通信室的楼面	4	如果电缆层的电缆吊在主控制室或继电器室的楼板上,则应按实际发生的最大荷载考虑
2	主控制楼电缆层的楼面	3	
3	电容器室楼面	4~9	活荷载标准值=每只电容器质量×9.8/每只电容器底面积
4	3~10kV配电室楼面	4~7	限用于每组开关荷重≤8kN,否则应按实际值
5	35kV配电室楼面	4~8	限用于每组开关荷重≤12kN,否则应按实际值
6	室内沟盖板	4	

2.变配电所对采暖、通风、给排水的要求

1)基本规定

(1)变压器室宜采用自然通风。夏季的排风温度不宜高于45℃,进风和排风的温差不宜大于15℃。

(2)电容器室应有良好的自然通风,通风量应根据电容器允许温度。按夏季排风温度不超过电容器所允许的最高环境空气温度计算。当自然通风不能满足排热要求时,可增设机械排风。

电容器室应设温度指示装置。

(3)当变压器室、电容器室采用机械通风时,其通风管道应采用非燃烧材料制作。当周围环境污秽时,宜加空气过滤器。

(4)配电室宜采用自然通风。高压配电室装有较多油断路器时,应装设事故排烟装置。

(5)在采暖地区,控制室应设采暖装置。在严寒地区,当配电室内温度影响电气设备元件和仪表正常运行时,应设采暖装置。

控制室和配电室内的采暖装置,宜采用钢管焊接,且不应有法兰、螺纹接头和阀门等。

(6)高、低压配电室、变压器室、电容器室、控制室内,不应有与其无关的管道和线路通过。

(7)有人值班的独立变电所,宜设有厕所和给排水设施。

(8)在配电室内裸导体正上方,不应布置灯具和明敷线路。当在配电室内裸导体上方布置灯具时,灯具与裸导体的水平净距不应小于1.0m,灯具不得采用吊链和软线吊装。

2)变配电所各房间对采暖、通风、给排水的要求

变配电所各房间对采暖、通风、给排水的要求,见表28-7-9。

变配电所各房间对采暖、通风、给排水的要求 表28-7-9

<table>
<tr><th rowspan="2">项目</th><th colspan="5">房间名称</th></tr>
<tr><th>高压配电室
(有充油电气设备)</th><th>电容器室</th><th>油浸变压器室</th><th>低压配电室</th><th>控制室、值班室</th></tr>
<tr><td rowspan="2">通风</td><td rowspan="2">宜采用自然通风,当安装有较多油断路器时,应装设事故排烟装置,其控制开关宜安装在便于开启处</td><td>应有良好的自然通风,按夏季排风温度≤40℃计算;室内应有反映室内温度的指示装置</td><td>宜采用自然通风,按夏季排风温度≤45℃计算,进风和排风的温度差宜≤45℃</td><td colspan="2" rowspan="2">一般靠自然通风</td></tr>
<tr><td colspan="2">当自然通风不能满足要求时,应设机械通风。当采用机械通风时,其通风管道应采用非燃性材料制作。如周围环境污秽时,宜加空气过滤器</td></tr>
<tr><td rowspan="2">采暖</td><td>一般不采暖,但严寒地区,室内温度影响电气设备元件和仪表正常运行时,应有采暖措施</td><td>一般不采暖,当温度低于制造厂规定值以下时,应采暖</td><td></td><td>一般不采暖,当兼作控制室或值班室时,在采暖地区应采暖</td><td>在规定采暖地区应采暖</td></tr>
<tr><td colspan="5">控制室和配电室内的采暖装置,宜采用钢管焊接,且不应有法兰、螺纹接头和阀门等</td></tr>
<tr><td>给排水</td><td colspan="5">有人值班的独立变配电所宜设厕所和给排水措施</td></tr>
</table>

3.变配电所对消防的要求

1)一般规定

(1)可燃油油浸电力变压器室的耐火等级应为一级。高压配电室、高压电容器室和非燃(或难燃)介质的电力变压器室的耐火等级不应低于二级。低压配电室和低压电容器室的耐火等级不应低于三级,屋顶承重构件应为二级。

(2)有下列情况之一时,可燃油油浸变压器室的门应为甲级防火门:

①变压器室位于容易沉积可燃粉尘、可燃纤维的场所;

②变压器室附近有粮、棉及其他易燃物大量集中的露天堆场;

③变压器室位于建筑物内；

④变压器室下面有地下室。

(3)变压器室的通风窗，应采用非燃烧材料。

(4)当露天或半露天变电所采用可燃油油浸变压器时，其变压器外廓与建筑物外墙的距离应大于或等于5m。当小于5m时，建筑物外墙在下列范围内不应有门、窗或通风孔：

①油量大于1 000kg时，变压器总高度加3m及外廓两侧各加3m；

②油量在1 000kg及以下时，变压器总高度加3m及外廓两侧各加1.5m。

(5)有下列情况之一时，可燃油油浸变压器室应设置容量为100%变压器油量的挡油设施，或设置容量为20%变压器油量挡油池并能将油排到安全处所的设施：

①变压器室位于容易沉积可燃粉尘，可燃纤维的场所；

②变压器室附近有粮、棉及其他易燃物大量集中的露天场所；

③变压器室下面有地下室。

(6)附设变电所、露天或半露天变电所中，油量为1 000kg及以上的变压器，应设置容量为100%油量的挡油设施。

(7)在多层变电所建筑物的底层布置装有可燃性油的电气设备时，其底层外墙开口部位的上方应设置宽度不小于1.0m的防火挑檐。多油开关室和高压电容器室均应设有防止油品流散的设施。

2)最低耐火等级、最小防火间距

变电所建筑物、构筑物的最低耐火等级和变电所与所外的建筑物、构筑物及设备间的最小防火净距应满足相关规范规定。

3)说明

(1)总额定容量不超过1 260kVA、单台额定容量不超过630kVA的可燃油油浸电力变压器以及充有可燃油的高压电容器或多油开关等，可贴邻民用建筑布置，但必须采用防火墙隔开。

上述变压器室、高压电容器室等房间不宜布置在主体建筑内。如受条件限制，必须布置时，应采取下列防火措施：

①不应布置在人员密集场所的上面、下面或贴邻，并应采用无门窗洞口的耐火极限不低于3h的隔墙(包括变压器之间的隔墙)和1.5h的楼板与其他部位隔开；当必须开门时应为甲级门。变压器室与配电室之间的隔墙应设防火墙；

②变压器室应设置在首层靠外墙的部位，并应在外墙上开门。首层外墙开口部位的上方应设置宽度不小于1m的防火挑檐或高度不小于1.2m的窗间墙；

③变压器下面应有储存变压器全部油量的事故储油设施。多油开关、高压电容器室均应设有防止油液流散的设施。

(2)在隧道内设置的变压器，应采用干式变压器；若与低压屏并列布置时，应选用箱型干式变压器。

(3)隧道中主要变配电室、值班室、自备柴油发电机房等部位，应设置消防电话分机。

(4)电缆隧道、电缆竖井、电缆沟、电缆夹层等，配电装置、开关设备、变压器等，地板下、控制室等处宜选用缆式线型定温火灾探测器。

第八节　防雷与接地

一、雷电的电气参数

雷电流的幅值、陡度、电场强度、放电时间、输入大地的电荷量是计算雷电的热效应、机械效应、感应过电压必不可少的参数，也是近代研究防雷措施的基础。这些数据都是经过长期观察和仪器测量所积累的资料，加以综合分析、累计而成。

1. 雷电流幅值

从雷云放电过程中可以理解到雷电流在放电过程中数值是变化的，在雷电先导中雷电流很小，到主放电阶段雷电流就急剧升高，达到最大值，称为雷电流幅值，用 I_M 表示，单位为kA，以后就逐渐减小。到余辉放电阶段雷电流仅为100～1 000A。

雷电流由零增加到最大值称为雷电波头，通常只有几微秒。当雷电流幅值为50～150kA时，在计算中取雷电波头时间为3μs。雷电流下降的部位称波尾，它最长可达数十微秒。

防雷设备的耐雷水平是按雷电流大小确定的，雷电流幅值的变化范围很大。从世界各地积累的测量资料可知，平原地区最大雷电流幅值可达200～230kA。大部分在50kA左右，40kA的或然率为45%，超过120kA的或然率只有1%。超过200kA的或然率只有0.1%。

山区的雷电流幅值比平原地区小50%，因为山区雷电大部分是热雷云形成的，热雷云所积储的电荷数量不多，其次由于山区表面土的电阻率很大，约为 $5\times10^5\Omega\cdot m$。雷电流是由空气中的位移电流与土中的电导电流组成回路的。随着土的电阻率的增加，电流会渗入到很深的土中，在大地表面靠近雷击点的电流密度就减小，所以土的电阻率大于 $5\times10^5\Omega\cdot m$ 时，雷电流幅值可取平原雷电流的一半。

2. 雷电流陡度

雷电流陡度 a，为雷电流变化的速度，即 $a=\mathrm{d}i/\mathrm{d}t$，为雷电流曲线对时间的微分，因此雷电流陡度也是随着时间而变化的。在主放电时，雷电流陡度的数值增加很快，以后就逐渐变小，当雷电流到达幅值时，雷电流陡度为零。在波尾它就变成负值了。因为此时雷电流是随着时间的变化不断减少的。因此，雷电流幅值与雷电流最大陡度不在同一时间出现，但雷电流愈大，则雷电流陡度也愈大。

根据雷电流或然率资料，雷电流陡度为25kA/μs的或然率只有10%。最大陡度为5 025kA/μs。它是计算感应过电压及雷电反击的依据。

3. 雷电的其他参数

(1)雷云的电位可选10～100MV，它造成的雷云内部平均电场为10kV/m。当雷云接近地面局部场强达10～3kV/cm时，就会使空气游离而放电。

(2)雷电输入大地的电荷，可用雷电流瞬时值对时间的积分求得：

$$q=\int_0^t i\mathrm{d}t(\mathrm{C}) \tag{28-7-1}$$

式中：t——雷电流持续时间，约0 8～1.5s；

i——雷电流瞬时值(kA)。平均每次雷电输入大地的电荷为30～50C。

(3)雷电流波阻抗 Z，与雷云的范围(它的半径)、雷电路径的半径有关，即雷电路径中单位长度上的电感与电容值，基本上是一个常数，约为 300～500Ω，常取 300Ω。

二、雷电的效应

直击雷引起的热效应、机械力效应、反击、跨步电压、接触电压，以及由雷电流引起的静电感应、电磁感应、直击雷或感应雷沿架空线路进入建筑物的高电位引入，都会引起损坏建筑物、损坏设备、伤害人畜的严重后果。这就是雷害。

1. 雷电流的热效应

根据焦耳定律，雷电流流过金属导体所产生的热量为：

$$Q = KR\int_0^t i^2 \mathrm{d}t \tag{28-7-2}$$

式中：i——雷电流(A)；

R——导体电阻(Ω)；

t——雷电流持续时间(s)；

K——热当量，为 0.24。

由于雷电流作用时间很短，热量来不及失散，全部用于导体升温，即：

$$\Delta T = \frac{Q}{mC}\ (℃) \tag{28-7-3}$$

式中：m——导体质量(g)；

C——导体比热(cal/g)。

雷电流很大，导体选择不当会引起过高的温升而熔化。曾发现过 39mm 直径的管型避雷针遭受雷击时有烧焙的现象。与雷电流直接接触的金属，熔化的可能性很大，因为雷电通道的温度可达 6 000～10 000℃，可烧穿 3mm 厚的钢板，可使草房和木板房发生火灾。所以，规范规定避雷接闪器的截面不小于 100mm²，用扁钢时厚度不小于 4mm；当金属屋面兼作避雷接闪器时，钢的厚度不小于 4mm，铜的厚度不小于 5mm，铝的厚度不小于 7mm。

2. 雷电流的机械效应

(1)电动机械力

当相邻两根导体上流过电流为同向时，就产生吸力，流过电流为反向时，就产生斥力：

$$F = 1.02K_0 i_1 i_2 10^{-8}\ (\mathrm{kg}) \tag{28-7-4}$$

式中，K_0 为导线相对位置有关的系数，当两根长度为 l_0 的导线，相距为 d 相互平行时，则 $K_0 = 2l_0/d$。

当每根导线上流过 100kA 电流，$l_0 = 1\mathrm{m}$，$d = 0.05\mathrm{m}$ 时，其力 $F = 40\mathrm{kg/m}$；当 $d = 0.05\mathrm{m}$ 时，$F = 400\mathrm{kg/m}$。

当导线弯曲时，在弯曲部分的电动力特别大：

$$F = 1.02 \times \left(\ln \frac{\frac{2a}{r}}{1+\sqrt{1+\frac{a^2}{h^2}}} + 0.25\right) i^2 \times 10^{-8} \quad (\mathrm{kg}) \tag{28-7-5}$$

一般 $h \gg a$，则：

$$F = 1.02 \times \left(\ln \frac{a}{r} + 0.25\right) i^2 10^{-8} \quad (\mathrm{kg}) \tag{28-7-6}$$

当 $i=100\text{kA}$，$r=5\text{mm}$，$a=1.5\text{m}$，则 $F=580\text{kg}$。

因此，防雷线路弯曲时应避免直角或锐角。当非要这样做时，则应用牢固的机械固定方式。

(2)非电动机械力

一是遭受雷击的物体由于受到很大的热量，使内部的水分化成蒸汽或气体产生急剧的膨胀，引起巨大的爆破力，因此雷击会将大树劈开，会将山墙击倒或使建筑物屋面开裂。二是雷电流通道温度高达 6 000～10 000℃，而使空气受热膨胀，以超声波速度向四周扩散，四周空气强烈地被压缩，形成了激波，被压缩的空气外围称激波前，激波前到达的地方，使空气的温度压力突然升高，波前过后，压力又会迅速下降到低于大气压力，这就是雷电引起的气浪，树木、烟囱、人畜遭受气浪时会受到破坏甚至伤亡。

3.防雷装置上的高电位对建筑物等的反击

防雷装置遭受雷击，则在接闪器、引下线及接地装置上产生很高的电压，当其离开建筑物及其他金属管道距离较近时，防雷装置上高电压就会将空气击穿而对建筑物及金属管道放电，这就是雷电的反击。

当建筑物、金属管道与防雷装置不相连时，则应离开一定距离，以防止反击。

防雷装置离地高度 h_x 处的电位为：

$$U = U_R + U_L = IR_i + L_0 h_x \frac{di}{dt}\ (\text{kV}) \tag{28-7-7}$$

则安全距离用电阻及电感压降击穿空气的强度(kV/m)相除，得到安全距离为：

$$S = \frac{IR_i}{E_R} + \frac{L_0 h_x \frac{di}{dt}}{E_L}\ (\text{m}) \tag{28-7-8}$$

$$E_L = E_R\left(1 + \frac{1}{T_1}\right) \tag{28-7-9}$$

式中：U_R——雷电流流过防雷装置时，接地装置上的电阻电压降(kV)；

U_L——雷电流流过防雷装置时，接地装置上的电感电压降(kV)；

R_i——接地装置的冲击接地电阻(Ω)；

$\frac{di}{dt}$——雷电流陡度(kV/μs)；

I——雷电流幅值(kA)；

L_0——引下线单位长度电感，可取 15μH/m；

E_R——电阻电压降的空气击穿强度(kV/m)，可取其为 500kV/m；

E_L——电感电压降的空气击穿强度(kV/m)；

T_1——波头时间，μs。

按不同防雷等级，取不同的雷电流幅值、波头时间及雷电流陡度，得到规范所规定的防止反击的安全距离。

4.跨步电压及接触电压

遭受雷击时，接电体将电流导入地中，在其周围的地面上就有不同的电位分布，离接地极越近，电位越高，离接地极越远，则电位越低。当人跨步在接地极附近时，由于两脚所处的电位不同，在两脚之间就有电位差，这就是跨步电压。此电压加在人体上，就有电流流过人体，这是冲击电流，按各种雷击事故分析，持续时间为 10～100μs，相对应危险电流峰值为 100A，即使在此数值下，也未必是致命的。

(1)人体能承受的跨步电压

$$u_k = (R_T + 2R_j)I_k \tag{28-7-10}$$

$$I_k = \frac{165}{\sqrt{t}}\,(\text{A}) \tag{28-7-11}$$

式中：R_T——人体电阻，通过电流时间越长，则电阻愈大，反之则愈小，电流作用时间在 1s 及以下时，可取 1 000Ω；

R_j——一只脚对地的接地电阻，其最小值可取作 3ρ，其中 ρ 为土的电阻率，以 Ω · m 计；

I_k——人体能承受的电流值，冲击电流时，可取 100A；

t——电流持续时间(s)。

如果按工频考虑，当 ρ 取 100Ω · m，t=40μs 时，通过人体的最大允许跨步电压为：

$$u_k = (1\,000 + 6 \times 100) \times \frac{165 \times 10^{-3}}{\sqrt{40 \times 10^{-6}}} = 41.8\,(\text{kV})$$

上述计算用在雷电时的允许最大跨步电压是比较保守的。若按允许承受的最大冲击的电流 100A 及冲击电流作用下人体电阻按 300～500Ω 计，则：

$$u_k = (300 + 600) \times 100 \times 10^{-3} = 90\,(\text{kV})$$

或

$$u_k = (500 + 600) \times 100 \times 10^{-3} = 110\,(\text{kV})$$

所以在雷击时，人体可承受的跨步电压在 50～100kV 之间。

(2)接地体附近的电位分布

以管形接地体为例，在冲击电流作用下某点的电位可用下式计算：

$$u = \frac{I\rho\alpha}{2\pi\sqrt{P^2\left[1+\frac{l}{2t}^2\right]+t^2}}\,(\text{kV}) \tag{28-7-12}$$

式中：I——流过接地极的电流(kA)；

ρ——土的电阻率(Ω · m)；

α——冲击系数，取 0.5～0.6；

P——地面某点离接地极的水平距离(m)；

t——接地极轴向中心点离地面距离(m)；

l——接地极长度(m)。

若 ρ=100Ω · m，l=25m，接地极顶至地面距离为 0.5m，则 t=175m；I=40kA。在离开接地极 3m 处的电位：

$$u_3 = \frac{100 \times 40 \times 0.6}{2\pi\sqrt{3^2 \times \left[1+\left(\frac{2.5}{2 \times 1.75}\right)^2\right]+1.75^2}} = 93.8\,(\text{kV})$$

在离开接地极 3.8m 处的电位为：

$$u_3 = \frac{100 \times 40 \times 0.6}{2\pi\sqrt{3.8^2 \times \left[1+\left(\frac{2.5}{2 \times 1.75}\right)^2\right]+1.75^2}} = 76.7\,(\text{kV})$$

3m 至 3.8m 为跨步电压，故 $u_k=93.8-76.7=17.1$kV，具有足够的安全度。因此，规范规定接地极离开人行道不应小于 3m，离开建筑物外墙也不应小于 3m。

(3)减小跨步电压措施

当接地装置必须经过人行道，或者距离不够，离人行道不足 3m 时，可采用下列措施。

①深埋接地极，垂直接地体的最大跨步电压，在冲击电流作用下，可用下式计算：

$$u_{kmax}=\frac{\rho I\alpha}{2\pi l}\cdot\frac{0.24}{t} \tag{28-7-13}$$

式中，t 为接地极埋深，当将 0.5m 深改为 1.0m 深，跨步电压减少 50%。因此，将接地极深埋 1 m，常用作减少跨步电压的安全措施之一。

②凡是有人经过的接地装置（包括水平接地带）上部铺设 0.4m 厚的沥青碎石层，宽度为超过接地装置两边各 1m，长度为人需要经过的距离。

③在接地装置周围埋入与接地装置相连的扁钢，作均压带，使接地极周围的电压分布较为平坦，以减少跨步电压。

(4)接触电压

在雷击接闪时，被击物或防雷装置的引流导体都具有很高的电位，当人接触时，就会在人体接触部位与脚站立的地面之间形成很高的电位差，使部分雷电流分导在人体内，将会造成伤亡事故。特别是多层高层建筑采用统一接地装置，虽然进户地面处设等电位连接，但在较高的楼层上雷击时触及水暖及用电设备的金属外壳，仍有很高的电位差，因此这些建筑物的梁、柱、地板及各类管道、电源的 PE 线每层应做等电位连接，以减小接触电位差。

5. 静电感应及电磁感应

这是雷电的二次效应，因为雷电流具有很大的幅值和陡度，在它周围空间形成强大的变化的电场和磁场，因此会产生电磁感应和静电感应。

当有导体处在强大的变化的电磁场中，就会感应而获得很高的电动势。开环电路，可能在开口处产生火花放电，这就是沉浮式油罐及钢筋混凝土油罐在雷击时易于起火爆炸的原因。若在 10kV 及以下的线路上感应较高的电动势，则会引起绝缘的击穿，造成设备的损坏。

在雷击前，雷云和大地之间造成强大的电场，这时地面凸出物的表面会感应出大量与雷云极性相反的电荷。雷云放电后，电场很快消失。若被感应的电荷来不及泄放，便形成了静电感应电压，此值可达 100～400kV。因此，同样会造成破坏事故。

6. 架空线路的高电位引入

电力、通信等架空线由于直击雷，产生很高的电位，约为 3 000～5 000kV，形成电压电流行波，沿着网络线路引入建筑物，这种行波同样会对电气设备造成绝缘击穿，烧坏变压器，破坏设备，引起人员触电伤亡事故，甚至造成建筑物的破坏事故。

其次是由于附近落雷，而使线路感应过电压，过电压的大小与雷电流幅值、导线悬挂点离地距离成正比，与导线离雷击点距离成反比，10kV 上的高压线路上感应过电压可达 300～400kV，一般低压线路因为悬挂点较低，漏电大，感应过电压常在 100kV 左右；通信线路上的感应过电压一般只有 40～60kV。感应过电压虽比直击雷造成的过电压小得多，但它比直击雷频繁得多，同样也会造成很大的危害。

三、隧道电子设备防雷

由于电子设备耐压较低，不仅直击雷，而且感应过电压、高电位引入都会对电子设备有严重的损害，因此除设置防直击雷、反击、感应过电压、防高电位引入措施外，还应对电子设备采取必要的防护措施。

(1)隧道监控机房应按不同的防雷等级在屋面设置避雷带(或针)接闪器。除按规定的柱子主筋作引下线外，应将建筑物中所有梁、柱、板中的钢筋相互绑扎成电气通路，若采用建筑物的基础主筋当接地装置时，应利用地圈梁的主筋将各个基础的主筋连接成接地环路；若地圈梁为素混凝土时，则应沿建筑物基础设置一圈 40×4 扁钢并与各个基础主筋相连接组成环形接地网。

(2)若机房为非钢筋混凝土建筑时，除按建筑物防雷要求设置屋面接闪器外，应围绕建筑物四周地面设置环形接地体，避雷引下线不少于四根，并与环形接地体相连。并在地面构造内敷设不大于 1.5m×1.5m 的均压网，使其与环形接地体相连。

(3)电子设备的专用接地或直流接地应采用一点接地。当为独立接地时，在地下与其他接地装置应相距不小于 20m。地面上为防止感应过电压，其接地引下线与避雷装置各部分的间距应满足下式要求：

$$S \geqslant 0.075k_c(R_i + L_s)\ (\mathrm{m}) \tag{28-7-14}$$

式中：k_c——系数，单根引下线时 $k_c=1$；两根引下及接闪器不成环路的多根引线，$k_c=0.66$；接闪器成环状的多根引下线，则 $k_c=0.44$；

R_i——避雷装置的冲击接地电阻(Ω)；

L_s——引下线计算点到地面的长度(m)。

若满足不了上述要求时，应将专用接地及直流接地与防雷接地及保护接地连在一起，采用共用接地装置，此时接地装置的电阻应不大于 1Ω。

(4)采用共用接地装置时，电子设备的直流接地与专用接地的接地网，应用绝缘导线或单芯电缆均穿塑料管引向接地装置点，或接至主建筑物的总等电位连接点上。引下线的截面面积铜芯不小于 $16\mathrm{mm}^2$，铝芯不小于 $25\mathrm{mm}^2$。

(5)引入电子设备的 50Hz 电源应在末级配电箱处设置低压避雷器，以防线路上感应过电压引入电子设备。

(6)在进出主机设备的线路上装设电子设备专用的避雷设施。

(7)隧道中的电子设备线路应采用穿钢管或带盖金属线槽敷设。除采用总等电位连接外，其管线应每隔一段距离隧道主筋互相连接一次，以减少雷击感应过电压。

四、隧道电力设备防雷

1.10kV 及以下的架空线路

(1)3～10kV 钢筋混凝土电杆，电杆的瓷瓶铁脚、钢横担的钢筋相连后接地，其接地电阻不大于 30Ω。钢筋混凝土杆采用铁横担，线路绝缘子宜采用高一级的耐压水平。木杆木横担中个别铁横担或混凝土杆等，相应耐雷水平较弱，可采用管型避雷器或保护间隙进行保护。

(2)高压架空线路与电缆线路连接时，电缆长度超过 50m，则应在电缆两端装设阀型避雷器、管型避雷器或保护间隙，其接地端应与电缆的金属外皮、铠装钢带相连接，接地电阻不超过 30Ω；当电缆长度小于 50m 时，可在线路变换处一端装设。

2. 3～10kV 变配电所

(1)高压进出线为架空线路时,在出户端都应装设阀型避雷器,并在母线上装设阀型避雷器;母线上的避雷器与母线相连的变压器。

(2)若高压架空线路设有电缆引入段时,则在电缆与架空线路换接处设阀型避雷器,避雷器的接地端应与电缆的金属非包层或铠装带相连。当进出变配电所的所有架空线路都没有电缆引入段时,则母线上的阀型避雷器与变压器之间的电气距离不受限制。

(3)在多雷区及向一级防雷建筑供电的 y/Y_0 及 Δ/Y_0 配电变压器,除在高压侧按规定装设避雷器外,在低压侧也应装设一组避雷器。

(4)上述避雷器应以最短的接地线与变配电所的接地装置相连。

五、接地类型及要求

1. 工作接地

供电系统为了取得相电压、线电压,减少中性点电位偏移而采用的接地,如变压器中性点、发电机中性点的接地;电子设备为了取得稳定直流电位,而采用直流接地。

2. 保护接地

电力设备及低压用电设备的金属外壳,钢筋混凝土电杆等由于绝缘的破坏可能带电,为防止带电电压危及人身安全而设置的接地称为保护接地。由于低压系统接地形式不同,保护接地可分为接零和接地两种类型。在 TN 系统中,采用接零保护,TN-C 为中性线和保护线合一,称 PEN 线,设备外壳的保护接零接 PEN 线;TN-C-S 为变配电所至用户处用 PEN 线,线路电杆、电缆金属外包层的保护接零用 PEN 线,进户后 PEN 分为 N 线和 PE 线,用电设备的金属外壳保护接零均用 PE 线;TN-S 为变压器中性点直接引出 PE 线和 N 线,电力设备及用电设备的保护接零均采用 PE 线。在 TT 及 IT 系统中,采用接地保护,保护地独立设置。

3. 过电压保护接地

过电压保护接地是为了消除雷击和其他过电压危害而设置的接地。

4. 防静电接地

防静电接地是为了消除静电而设置的接地,如计算机房防静电电板的接地,柴油发电机房的油管路及储油设备的防静电接地等。

5. 屏蔽接地

屏蔽接地是为了防止电磁感应而对电力设备的金属外壳、屏蔽罩、屏蔽线的外皮或建筑物金属屏蔽体等的接地。

六、常用接地装置

接地系统由接地线、接地引下线及接地装置组成。保护接地由保护线、保护引下线及接地装置组成。保护线通称 PE 线,有接零 PE 线及接地 PE 线之分,都是指地面上的线路,也有埋入室内地坪中的。接地装置是埋入土中的导体,为满足接地电阻要求而设置的接地体。

1. 接地装置

接地装置可分为水平接地装置及垂直接地装置。水平接地装置是由人工敷设于土壤中的水平导体或水平管道等自然接地体组成；垂直接地装置是由人工打入土壤中的导体或建筑物的基础等组成，垂直接地体必须用敷设于土壤中的水平接地线相连接。

交流电力设备的接地体，在满足热稳定条件下，应充分利用自然接地体，但应注意接地装置的可靠性。另外，可燃液体或气体的管道严禁用作自然保护接地体。在隧道工程中，自然接地体通常是隧道内的加强衬砌钢筋。

人工接地体水平敷设时，可用圆钢、扁钢；垂直敷设时，为施工方便，常采用角钢和钢管。人工接地体敷设在有腐蚀性的场所或 $\rho \leqslant 100\Omega \cdot m$ 的潮湿土壤中时，应适当加大截面或采用镀锌的钢材。为减少相邻接地体的屏蔽效应，垂直接地体的间距不宜小于其长度的 2 倍；水平接地之间的距离可根据具体情况而定，但不宜小于 5m。

2. 接地线、保护线

交流接地装置的接地线和保护线的截面，应符合热稳定的要求。

保护线可使用穿线钢管、金属线槽、电缆桥架、电缆的金属外包层及铠装钢带等，但严禁使用蛇皮管、保温金属网、低压照明线路的铅包层作保护线。这些自然接地线和保护线应有良好的电气通路，没有机械损伤、化学和电化学腐蚀的可能性。

PEN 线不能采用穿线钢管、金属线槽、电缆桥架、电缆金属外包装及铠装钢带等，它必须采用与相线具有同等绝缘水平的线材。在 TN 系统中的 PE 及 PEN 线是通过单相接地短路电流的，因此尚应校验其阻抗，使其产生的单相接地短路电流在规定时间内可靠地将相应开关跳闸，切除故障部位。

3. 共用接地装置

不同的接地种类，设置不同的接地装置。为防止相互感应，都应相隔一定的距离。如电子设备的工作接地应与防雷接地装置相距 20m，在实际工程中，接地装置之间的距离一般都不能满足各种接地装置的相互距离的要求，因此常采用共用接地装置。

电力设备与防雷设备共用接地，接地电阻按其中最小的要求值选取；若电力设备与电子设备共用接地装置时，除选用其中最小的接地电阻位作为共用接地装置的电阻值外，还应做成环形接地装置，将各种接地的引下线直接与环形接地装置相连。

4. 接地系统的连接

(1)接地线连接处应焊接。如采用搭接焊，其搭接长度必须为平铺宽度的 2 倍或圆钢直径的 6 倍。架空 PEN 线的连接与相线相同。潮湿的或有腐蚀性蒸汽或气体的房间内，接地系统的所有连接都应采用焊接，如不宜焊接，可用螺钉连接，但应除锈后涂上防锈漆（或红丹），并将螺栓紧固。

(2)如利用钢管作接地线，钢管连接处应保证有可靠的电气连接，应在管接头两侧焊接 ϕ6mm 圆钢跨接线。在中性点非直接接地的电力网中，明敷的钢管可采用拧紧的管接头或跨接线连接。

(3)接地线与管道等伸长接地体的连接处，应焊接。如焊接有困难，可用卡箍，但应保证接触良好。管道上的表计和阀门等处应用 ϕ6mm 圆钢相焊跨接。

(4)接地线与接地体的连接，宜用焊接。接地线与电力设备的金属外壳相连接，可用焊接或螺钉连接，用螺钉连接时应设防松螺帽或防松垫片。

(5)直接接地或小电流接地的变压器、发电机的中心点，应分别取用接地线与接地装置相连，严禁采用一条接地线与上述电力设备的中性点相连后引向接地装置。

七、高阻率土壤降阻措施

1.换土

将电阻率较低的土壤，如黏土、黑土等，替换成电阻率较高的土壤。

2.深埋接地体

遇到高电阻率的碎石、夹石土壤，但其下部为含水率较高的土壤，电阻率较低时，可采用深埋接地极，将接地极加长，使其深入低电阻率土壤2.0～3.0m，这样做还可降低跨步电压，但施工较为困难。

3.外引接地极

对山区表面覆土层很薄的岩石，则可采用放射式及外引接地极，或两者组合，放射式不宜多于四条，每条长约15～20m；外引接地可长达60～80m，按要求末端可组成不同接地形式，以达到预期的接地电阻值。

4.对土壤进行化学处理

这种方法所需的化学物质往往带有腐蚀性，且容易流失，每年应定期测定。电阻不足时，应注入适量食盐水，以保持所需的电阻值，因此在其坑边应留有注水管，上部设有带盖的保护口，以防泥沙将管口堵塞。

常用的化学物质有炉渣、木炭、氮肥渣、电石渣、石灰、食盐等，这些物质易于吸水，能保持水分，具有一定的电介质，可易于导电，降低电阻值。

5.利用长效降阻剂

长效降阻剂是由几种物质配置而成的化学降阻剂，主要组成是由网状胶体所包围的强电解质和水，它的导电剂不至于随地下水或雨水而流失，因而能长期保持良好的导电性能。

八、低压系统的接地保护

用电设备的金属外壳接地，是防止间接触电用的，如果设备中的相线碰触金属外壳，而使设备的金属外壳带上高于50V的电压，万一人体触及，将会造成伤害甚至危及生命，因此对用电设备的金属外壳要采用接地保护。不同的低压系统，分别采用接零和接地保护。

1.TN系统采用接零保护

1)保护线的设置

TN系统变压器低压侧中心点经低电阻(4Ω或10Ω)直接接地，所有用电设备的金属外壳采用接零保护。在TN-C中，PE线和N线合成PEN线，它既是中性线，又是保护线，用电设备的金属外壳接PEN线；在TN-C-S中，线路进入用户后，将PEN线分成PE线和N线，N线采用与相线同等绝缘进行敷设，PE线为保护线，所有用电设备的金属外壳接PE线；在TN-S中，自变压器中心点直接分出PE线和N线，所有用电设备的金属外壳接PE线。

PE线与N线一旦分开，两者不能再相连，因为N线上有单相用电设备的电流或不平衡电流，因此它有电位，两者相连成环路，就有环流，易于引起PE线发热，用电设备外壳经常带有电位，因此既不能相连，也不能混接，两者应严格分开。

在TN系统中，不允许同时存在接地系统。因为在TN系统中，单相短路电流是由相线及

PE线经变压器中心点引成回路，其单相接地短路电流决定于相线、PE线及变压器的相零阻抗，与接地电阻无关，它要产生足够大的单相短路电流使相应的保护装置在规定的时间(0.4s或5s)内切除故障。当存在接地系统时，发生单相接地的短路电流决定于变压器的接地电阻及设备处的接地电阻，相当于TT系统，但保护设备是按TN系统设置的，故障不能按时切除，因此不能混接。但是TN系统设置漏电保护部分，可组成局部的TT系统除外，因为这种局部的接地系统单相接地短路由于设置了漏电保护，可以按时切除，所以允许存在。

TN系统中的PE线截面除满足载流量及热稳定要求外，还应校验单相接地短路电流能否使保护设备按时动作，一般支线的PE线与相线等截面，单相用电设备较多的干线，PE线亦应与相线等截面，但支干线穿管时可利用穿线钢管作PE线，因为相应的钢管阻抗大都与穿线的线路阻抗相当或小一些。集中敷设的电缆托架，可集中在托架上敷设扁钢或铜排作PE干线，PE线严禁开断。

2)10kV小电流接地系统中，TN系统的接零保护

在10kV小电流接地系统中，用户处10/0.4kV变压器的外壳采用接零保护，若变压器接地电阻为4Ω，当变压器高压侧发生单相碰壳短路时，在变压器中心点接地电阻上将流过600A的电流，也就是说变压器中心点的电位升高到600×4=2 400V，该电位将传遍所有接零设备的金属外壳，虽然10kV装置设有单相接地保护，当保护等级多时，远大于0.4s，万一人体碰上带有高电位的设备金属外壳，将有致命的危险。对这种系统，可用下列方法处理：

(1)用户处高低系统分别接地，变压器低压侧中心点用绝缘导线引出变压器后再接地。高压侧接地装置与低压侧接地装置的距离应按防雷反击要求离开一定距离，但不能小于3m。这样所有低压设备的外壳可免受高压侧单相接地短路时引起的危险高电位。

(2)低压部分采用TT系统。因为这种系统的用电设备金属外壳是单独接地的，不与变压器中心线有联系，因此高压侧单相接地短路，只会引起N线上的电位升高，而N线与相线间的电位不变，因此低压设备的绝缘不成问题，而设备外壳也不会带有危险的电位。

(3)用于TN系统时，则采取等电位连接。共用接地系统的接地电阻按各类接地中最小要求值选取，一般为1Ω。同时将隧道的衬砌加强钢筋互相绑扎成电气通路，利用接地装置在隧道外地坪−0.7m左右的地圈梁主筋作总等电位连接的导体。这样，即使PE线电位升高，由于所有用电设备的金属外壳、楼板、楼层中各类金属件都随PE线电位升高而升高，人在建筑物中，手触任何设备，加在人体上的电位接近零，因此是安全的。

但采用TN-C-S系统，在室内可用总等电位连接解决，但室外，当高压侧发生单相接地短路时，误触室外PEN或PE线，加在人体上的电位仍有2 400V左右。因此，在室外维护时，仍要高度重视。

2. TT系统采用接地保护

TT系统变压器中心点接地，用电设备的金属外壳采用接地保护。TT系统单相接地短路电流很小，因此单相接地保护大部分采用漏电保护，单相接地短路电流只要几百、几十毫安就可以使保护装置按时动作，所有设备金属外壳的接地电阻只要几十欧就可以了。其接地可以将同一等级漏电保护的设备(就近)组成一组，用接地干线相连后接地。

3. IT系统采用接地保护

由于IT系统的变压器中心点绝缘，或通过很大的阻抗接地，设备的金属外壳采用接地保护，IT系统的单相接地短路电流很小，一般在毫安级，因此单相接地在外壳上的电压也不会超

过危险值，这种系统单相接地只发信号，不需要切除故障。IT系统的设备接地电阻 R_s 应满足

$$I_d^{(1)} R_s \leqslant 50V$$

式中：$I_d^{(1)}$——IT系统单相接地短路电流，即为非故障相的对地电容电流之和，其值很小，因此 R_s 亦可达几十欧。

九、电子设备的接地

电子设备一般具有以下几种接地。

(1)信号地：为保证信号具有稳定的基准电位而设置的接地。

(2)功率地：除电子设备以外的其他交、直流电路的接地。

(3)保护地：为保证人身及设备安全的接地。

(4)防静电接地：有些电子设备需要防静电，则采用防静电地板，并将此地板中的金属件进行接地。

上述四种接地的接地电阻一般都为4Ω。现代建筑都采用共用接地装置，因此凡是有电子设备的建筑物共用接地装置都为环状接地体，其接地电阻应小于等于1Ω。

电子设备的接地形式一般可根据接地引线长度及设备的工作频率确定：

(1)当 $L<\lambda/20$，频率在1MHz以下时，一般采用辐射式接地系统。即把它的信号接地、功率接地和保护接地分开敷设的引下线接至电子设备电源室的总端子板，再将此总端子板引至共用接地装置。

(2)当 $L>\lambda/20$，频率在10MHz以下时，一般采用环状接地系统，即将信号接地、功率接地、保护接地接入电子设备电源室的接地环上，再将此环引至共用接地装置。

(3)当 $L=\lambda/20$，频率在1～10MHz之间，采用混合式接地系统。

接地引下线都用绝缘导线穿PVC管，其引下线一般取用截面面积为 $16mm^2$ 的铜芯线，但引下线的长度应避开波长的四分之一及四分之一的奇数倍(即 $L=\lambda/4$ 及 $L=\lambda/4$ 的奇数倍)，以防产生驻波或起振。防静电接地可接至附近的与接地装置相连的主筋，也可接至就近的PE干线。

第二十九章　隧道交通安全设施设计

第一节　一般规定

隧道段的交通安全设施主要包括交通引导、被动防护、交通管制设施等。交通标志和标线是公路隧道交通标识的主要组成部分，是用以引导使用者有秩序地使用公路，以促进交通安全、提高公路运行效率的基础设施，通常用于告知公路使用者通行权利，明示道路交通禁止、限制、遵行状况，告知道路状况和交通状况等。作为公路交通标识系统中的两大主要类别，交通标志和标线在我国《道路交通标志和标线》(GB 5768—2009)中的定义如下：

"交通标志是以颜色、形状、字符、图形等向道路使用者传递信息，用于管理交通的设施。交通标志应结合道路及交通情况设置。通过交通标志提供准确及时的信息和引导，使道路使用者顺利、快捷地抵达目的地，促进交通畅通和行车安全。"

"交通标线是由施画或安装于道路上的各种线条、箭头、文字、图案及立面标记、实体标记、突起路标和轮廓标等所构成的交通设施，它的作用是向道路使用者传递有关道路交通的规则、警告、指引等信息，可以与标志配合使用，也可以单独使用。"

一、设置理念

交通标志和标线的设置是一个非常周密复杂的系统，涉及符号学、色彩学、人机工程学、交通工程学和系统工程学等多学科。随着我国公路建设网络化进程的不断加快和公民法律意识的不断提高，以及小汽车快速进入家庭引起的公众出行模式和驾驶人员成分构成的变化，我国适应这些变化的交通标志的设置理念也发生了重大转变，由以往的以路段为主、以重建设轻运营为主的理念逐步转变为"路权明确化、信息数字化、路网一体化、系统关联化、设计人性化"的设置理念。

二、设置原则

1. 功能性

准确、迅速地向公路使用者传达明确无误的信息，便于公路使用者准确快速地判断，进而采取行动是交通标志和标线的主要功能，使其功能在公路交通中最充分最有效地发挥出来，是标志和标线设置的最基本要求。

标志和标线的设置要为其功能性服务，力求以最少的标识数量，最准确的位置，最及时、充分地发挥标识的作用。根据标志和标线具体功能，标志和标线的设置必须满足以下要求：

(1)满足一定的功能。

(2)引起注意。

(3)传递清晰、明确的信息。

(4)能得到道路使用者的重视。

(5)给驾驶人以充足的反应时间。

设置地点能保证交通信息有足够的可辨性、可识别性和易读性，以便顺利完整地向公路使用者传递信息；在同一地点不宜设置过多的独立标识，否则信息过载，容易造成视觉混乱；标识的形式、尺度、材料、结构和安装地点等问题在确定之前都要通过安全性考察，以安全为前提，不符合安全条件或具有安全隐患的因素要及时调整。

2.整体性

交通标志和标线是整个公路系统中的一部分，与其他公路设施、沿线环境交互作用，共同发挥着公路的性能，将其隔离孤立考虑设置是没有意义的，因此标志和标线的设置，必须从整个公路系统出发，按照整体性的原则，使标志和标线的形态、材料、结构和位置与公路等级、功能、沿线环境以及其他交通工程及沿线设施相协调一致，综合考虑人、车、路、社会环境之间的关系，实现公路交通系统整体功能和形式的统一与和谐，具体有：

(1)同一条路的交通标志和标线的设置原则和标准应保持一致，与驾驶人员心理预期保持一致。

(2)交通标志和标线传达的信息不应矛盾，功能应相符相承，相互补充。

(3)公路交通标志和标线的设置，动静态标志的设置位置也要相互协调，避免相互影响。

3.系统性

系统性原则是保证信息连续性、统一性和明确性的关键。在路网环境下，道路使用者在行动过程中获取了信息，但由于记忆的短暂性造成信息记忆的不准确，从而引起使用者的不安，因此信息的连续性显得非常重要。而表现形式的统一性使道路使用者能够迅速获得需要的信息。根据标识的种类，标识相互之间的关系、各自承担的主要信息功能以及不同位置信息的需求等，从系统角度出发进行设置。

三、标志标线的配合使用

公路交通标志和标线传递的信息不应矛盾，功能应相辅相成，互相补充，应结合周边路网、交通、社会和自然环境条件来进行设置。在很多条件下，交通标志和交通标线应配合使用，如停车让行标志和停车让行标线、减速让行标志和减速让行标线、车距确认标志和车距确认标线等。

但并不是说有相关交通标志的地方一定设置交通标线，如一些低等级公路，也并不是说有相关交通标线的地方一定设置交通标志，如视距良好、无降雪的路段，可仅设置交通标线来引导车辆行驶。

第二节　隧道标志

一、总体设置

1.设置要素体系

交通标志和标线设置体系共包括颜色、形状、文字、图形、版面、位置、结构和材料等要素，这些要素都直接关系着交通标志和标线功能的实现，具体的每一个要素并非孤立存在，而是相互联系，相互作用，形成一个综合的要素系统，即设置要素体系。设置要素体系并不是各要素的简单相加，而是呈现为一种有机整合的状态，只有综合考虑颜色、形状、文字、图形、版面、位置、结构和材料等要素之间的相互配合，才能保证信息有效地传递，实现交通标志和标线的功能。

1)颜色

交通标志的设置中，颜色发挥着举足轻重的作用，是影响视认性的重要因素，根据色彩所传达的心理意义进行相应设计，才能使信息被迅速准确地传达。现在交通标志颜色趋于国际化的统一规范，经过多年的发展，我国公路交通标志形成了与国际通用规范相一致，又适合我国国情的颜色识别体系，见表 29-2-1。

我国标志颜色一般规定 表 29-2-1

颜色	说明
红色	表示禁止、停止、危险，用于禁令标志的边框、底色、斜杠，也用于叉形符号和斜杠符号、警告性线形诱导标的底色等
黄色或荧光黄色	表示警告，用于警告标志的底色
蓝色	表示指令、遵循，用于指示标志的底色；表示地名、路线、方向等的行车信息，用于一般道路指路标志的底色
绿色	表示地名、路线、方向等的行车信息，用于高速公路和城市快速路指路标志的底色
棕色	表示旅游区及景点项目的指示，用于旅游区标志的底色
黑色	用于标志的文字、图形符号和部分标志的边框
白色	用于标志的底色、文字和图形符号以及部分标志的边框
橙色或荧光橙色	用于道路作业区的警告、指路标志
荧光黄绿色	表示警告，用于注意行人、注意儿童的警告标志

2)形状

交通标志的视认性与显示程度是否良好与交通标志的形状有重要关系。在面积相同的情况下，效果好又容易识别的顺序是：三角形、菱形、正方形、正五边形、正六边形、圆形、正八角形等。

国际《安全色和安全标志》标准草案中关于几何图形的规定是：正三角形表示警告；圆形表示禁止和限制；正方形、长方形表示提示；圆形图案带有斜杠的，也表示禁止。我国国家标准中规定的交通标志几何形状和国际《安全色和安全标志》标准的规定是基本一致的(表 29-2-2)。标线按形态划分主要有线条、字符、突起路标和轮廓标。

我国标志形状的一般规定 表 29-2-2

颜色	一般规定
三角形	我国采用正等边三角形为警告标志的几何形状，在“减速让行”中采用倒三角形
圆形	我国将圆形用于禁令和指示两种标志的几何形状
方形	包括长方形和正方形，用于指路性、指示性(部分)、旅游区及辅助标志
八角形	用于“停车让行”禁令标志
叉形	用于“铁路平交道口叉形”标志

3）文字

交通标志的字符应规范、正确、工整。按从左至右、从上至下顺序排列。一般一个地名不写成两行或两列。根据需要，可并用汉字和其他文字。标志上的汉字应使用规范汉字，除有特殊规定之外，汉字应排在其他文字上方。除特殊规定外，指路标志汉字高度一般值应根据设计速度选取。汉字字宽和字高相等。字高可考虑设置路段的运行速度(V_{85})进行调整。

4）图形

图形也是交通标志和标线传达的信息内容之一，人眼对图形的感受往往比文字来的要快，因此利用具有某种形象的符号可以提高交流的效率，并且容易克服由语言差异造成的交流障碍和文字使用上的局限性。

5）版面

交通标志版面由颜色、文字、箭头符号、编号、图形符号、边框等要素组成，版面尺寸规格取决于上述要素的组合。版面美观、得体、简洁明了是交通标志获得良好的可辨性和易读性的前提。交通标志版面要合理布局，合理应用这些要素，并满足以下要求：

(1)简单、易读性，当驾驶人所获取的信息、需要做出的决策过多时，他们有可能会忽视一些对安全操作非常重要的信息，因此要保证版面图形或文字所传达的信息简洁明了。

(2)按照公路等级和功能提供相关信息。

(3)明确交通导向关系。

同类交通标志宜采用同一类型的标志版面，风格统一，以与驾驶人的心理期望相吻合，使公路使用者能快速获取需要的信息，减少信息处理时间，并加强理解性和印象性。我国国家高速公路网相关标志更换工作极大地推动了交通标志形式和风格的统一，加强了标志的连续性、一致性。

一般情况下，应根据该路的设计速度确定汉字高度(表 29-2-3)，还应根据版面字数是否与其他文字(少数民族文字、英文)并用、版面美观等因素，确定最终的标志版面尺寸。在决定标志版面尺寸时，要适当归类，以方便备料和制作。

标志板面与设计速度的关系　　表 29-2-3

设计速度(km/h)		120、100	80	60、40	30、20
警告标志	三角形边长(cm)	130	110	90	70
禁令标志	圆形标志外径(cm)	120	100	80	60
	三角形边长(cm)	—	—	90	70
	八角形外径(cm)	—	—	80	60
	区域限制和解除标志长方形边长(cm×cm)	—	—	120×170	90×130
指示标志	圆形标志外径(cm)	120	100	80	60
	正方形边长(cm)	120	100	80	60
	长方形边长(cm×cm)	190×140	160×120	140×100	—
	单行线标志长方形边长(cm×cm)	120×60	100×50	80×40	60×30
	会车先行标志正方形边长(cm)	—	—	80	60
指路标志	汉字高度(cm)	60～70	50～60	40～50	25～30
	公路编号标志中的字母标识符、数字及出口编号标识中的数字高度(cm)	40～50	35～40	25～30	15～20

6)位置

设置位置的选择是交通标志和标线设置的一个重要环节，保证交通标志的信息有足够的可辨性、可识别性和易读性是设置位置选择的根本任务。明确公路特点、明确公路运输服务对象、明确服务对象的行为特点，是合理设置标志标线位置的重要考虑因素。

7)结构

稳固的交通标志结构是实现标志功能，并保证其安全的基础，为使交通标志在各种自然环境下，能够固定不间断地发挥作用，在结构设计时，就要充分考虑其在承受荷载时的力学强度、刚度和稳定性。同时，由于交通标志为公路的一部分，在进行结构设计时，还要兼顾其对公路美化所起的作用，在可能的条件下，尽量使其结构雄伟、壮观、与道路沿线环境相协调。

8)材料

在公路交通标志和标线的设置过程中，材料的选择对于最终设置效果，也是十分重要的一个影响因素。对材料的选择，总体来说，需要考虑两方面因素：第一，选取的材料要符合标志功能和结构需要；第二，选取材料特性是否能适应所在的公路环境。

2. 服务对象

公路交通标志和标线的设置应以不熟悉周围路网体系的公路使用者为对象，为其以正常速度行驶时提供容易识别与理解的信息。“不熟悉周围路网体系的公路使用者”并非指公路使用者对周围环境一无所知，而是指使用者通过地图或其他查询手段，对前往的目的地和沿途路线有所了解，然后通过交通标志和标线的正确引导能顺利抵达目的地。

日本标志标线设置手册中规定，指路标志的设置是有一定前提的，即道路使用者需使用道路地图等预先选择好路线，以便确认沿途的标志牌内容与其选择的路线是否符合。美国MUTCD中也提到，指路标志的设置不是针对一无所知的驾驶人。从实际情况分析，如果一个驾驶人要去往某个目的地，一般情况下，他会提前进行准备，并且对路线有一定的了解。

在北京市某区域进行的调查问卷的结果反映，80％以上的驾驶人在要去往一个不熟悉的目的地时，会首先查阅地图，确定其大概位置并大致了解方向后才会上路。而且要求指路标志将所有驾驶人需要的信息均包含在内，使任何一个驾驶人仅仅依靠指路标志就能够顺利到达一个陌生地是没有必要的，受版面所限，这也很难达到，如果一味强求只能适得其反。公路使用者到没有去过的地方旅行时，可辅助以查阅公路交通地图等手段，预先选择好行驶路线，知道到在什么地方驶出，转向什么路线，再利用标志和标线确认路线，顺利到达目的地。

二、标志的视认要求

1. 认读过程分析

公路交通标志的实质是向驾驶人或其他公路使用者传递信息，在行车过程中驾驶人对交通标志的认知过程可分为：觉察——识别——认读理解——决策——动作反应五个阶段，图29-2-1是标志的认读过程。

图29-2-1中S为路侧安装的交通标志。一般情况下，驾驶人在行驶过程中在视认点A处已发现标志S，在B点开始读取标志的信息，到C点可以把标志内容全部读完，这段距离称为阅读距离(BC)。读完标志后，应做出采取行动的决策，这时车辆已行驶到点D，这段距离称为决策距离(CD)。然后，开始行动。从行动点D到行动完成点F(该点一般在互通式立体交叉

的出口匝道的分流点、平面交叉路口或其他危险点等）的距离称为行动距离（DF）。驾驶人在这段距离内必须安全顺畅地完成必要动作，如：变换车道、改变方向、减速或停车等。

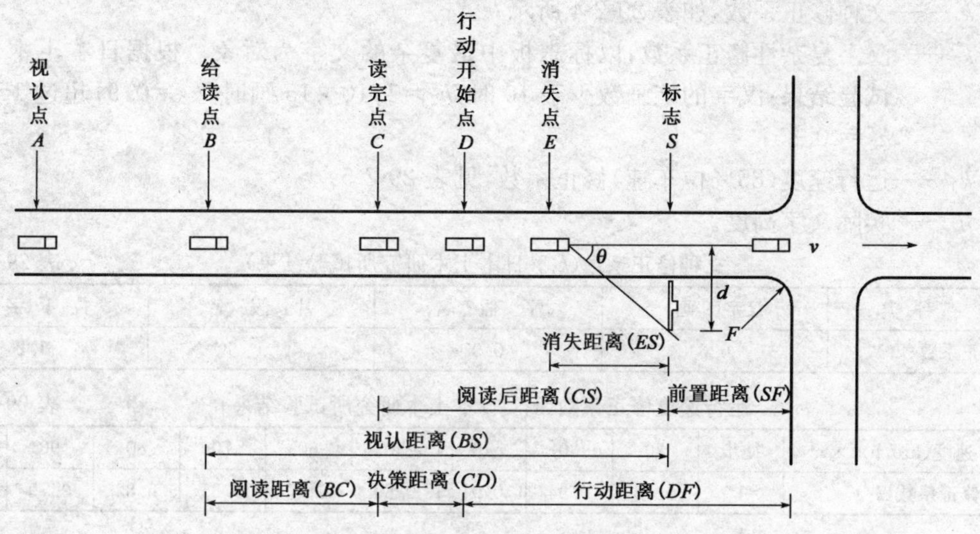

图 29-2-1　标志的认读过程

从 B 点至标志 S 的距离，称为视认距离（BS），从 C 点到标志 S 的距离称为阅读后距离（CS），从 E 点至标志 S 的距离，称为消失距离（ES）。如果阅读后距离（CS）比消失距离（ES）短，则驾驶人不能从容读完标志。上述条件可用式（29-2-1）、式（29-2-2）表示。

$$DF = CS + SF - CD \geqslant (n-1) \cdot L + \frac{1}{2a}(v_1^2 - v_2^2) \tag{29-2-1}$$

$$CS \geqslant ES = d/\tan\theta \tag{29-2-2}$$

式中：n——车道数；

L——改变一次车道所需距离（采用 85%位车速值时约为 120m）；

a——减速度（约为 0.75～1.5m/s²，采用 85%位车速值时为 1.0m/s²）；

v_1——接近速度（采用 85%位车速值或限速值）；

v_2——隧道入口、出口匝道的分流点、平面交叉路口或其他危险点等处的速度；

d——驾驶人的视线高（1.2m）到路侧安装标志的侧方距离，或到悬空标志上方的距离。

整理式（29-2-1）和式（29-2-2）后，可以得到确定标志设置位置的变量——前置距离（SF）和驾驶人的视线高至标志的侧距或高度（d）。

$$SF \geqslant (n-1) \cdot L + \frac{1}{2a}(V_1^2 - V_2^2) + CD - CS \tag{29-2-3}$$

$$d \leqslant CS \cdot \tan\theta \tag{29-2-4}$$

式中：CD——决策距离，$CD = t \cdot V_1$；

t——决策时间，2～2.5s；

θ——在消失点与路侧标志或与悬空标志的夹角（一般路侧标志的 θ 角为 15°，悬空标志从消失点与标志顶边的仰角 θ 为 7°）。

$$CS = f(h') \tag{29-2-5}$$

$$h' = k_1 \cdot k_2 \cdot k_3 \cdot h \tag{29-2-6}$$

式中：h' ——有效文字高度；

k_1——文种修正系数，如表 29-2-4 所示；

k_2——汉字复杂性修正系数，以标志板中最复杂的文字为对象。根据日本土木研究所试验结果：汉字的笔画数少于 10 时，$k_2=1$；10～15 画时，$k_2=0.9$；超过 15 画时，$k_2=0.85$；

k_3——运行速度（85%位车速）修正系数，见表 29-2-5；

h ——实际文字高度。

文种修正系数（k_1，日本土木研究所试验结果） 表 29-2-4

文字种类	汉字(9画)	平假名	片假名	拉丁字母
修正系数(k_1)	0.6	0.9	1	1.2

运行速度修正系数（k_3，日本土木研究所试验结果） 表 29-2-5

速度(km/h)	徒步	20	30	40	50	60	70	80	90	100
修正系数(k_3)	1	0.96	0.94	0.91	0.89	0.87	0.85	0.82	0.79	0.77

关于函数 f，可用下式确定：

$$f(h') = 5.67h' \tag{29-2-7}$$

式中系数 5.67 是根据日本土木研究所的试验结果求得的，该距离对外国人和老年人均能适应。

综上所述，根据驾驶人信息处理的过程，确定交通标志的设置位置需要如下步骤：

(1)根据运行速度和文字高度等计算出阅读后距离 CS。

(2)根据运行速度和决策时间计算决策距离 CD。

(3)计算用于改变车道、减速等所需的行动距离 DF。

(4)根据 $SF=CD+DF-CS$ 计算出前置距离 SF。

(5)阅读后距离 CS 与消失距离 ES 比较，应满足 $CS \geqslant ES$ 的要求。

(6)对计算确定的标志位置进行视认性检查，有无遮挡标志的障碍物，是否具备实施条件。如标志所在位置不足，而标志的重要性又高，应通过设置预告标志来加以改善。

2. 设置位置

在选择交通标志的设置地点时首先应保证设交通标志的信息有足够的可辨性、可识别性和易读性，以便顺利完整地向公路使用者传递信息。在交通标志设置时应尽可能达到高度醒目性。

1)纵向设置

(1)纵向设置位置

①从上述标志认读过程原理，可知在判读标志并采取相应行动的过程中需要花费一定时间，行驶一定的距离，因此警告标志等需要看到标志采取行动的标志需要充分考虑驾驶人接受、判断、执行相应信息的时间等行动特性，提前设置。现行《道路交通标志和标线　第 2 部分：道路交通标志》(GB 5768.2—2009)中已对大多数标志的设置位置做出了规定，因而不必对每个标志的设置位置进行计算。如因现场条件的限制，可根据上述原理进行计算。

②读取信息后不要求采取相应行动的标志，可直接把标志设置在需要告示地点的附近，不

必预留采取相应行动的前置距离。禁令标志和指示标志是禁止、限制或指示车辆、行人交通行为的标志，大多设置在交叉路口或公路的入口处，由于该类标志要求驾驶人严格遵照执行，看到标志后驾驶人知道应该怎么做，因此应把该类标志设置在路口或路段附近醒目的位置。如果离路口过远，驾驶人不清楚该标志禁止、限制或指示的是哪个路口，反而会造成驾驶人迷惑。

(2)纵向设置间距

标志设置的间隔距离不能太密，标志间不能相互遮挡。标志的最小间隔距离应不影响第二个标志的视认距离(*BS*)，如图 29-2-2、图 29-2-3 中位于阴影区的交通标志将影响第二个标志的视认距离。

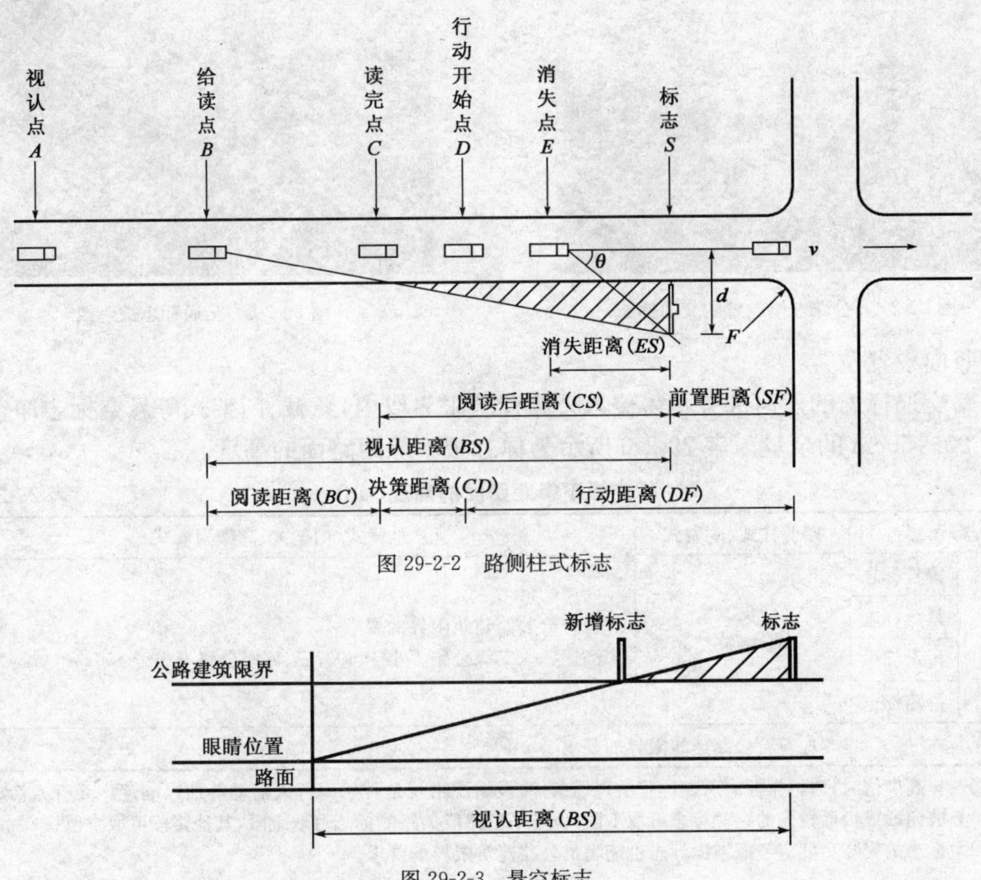

图 29-2-2　路侧柱式标志

图 29-2-3　悬空标志

一般情况，设计速度大于或等于 80km/h 的公路交通标志之间的间隔不宜小于 60m，其他公路交通标志之间的间隔不宜小于 30m。如需在保持最小间隔的标志之间增设新的标志，则宜采用互不遮挡的支撑结构形式。

2)横向设置位置

交通标志一般设置在道路上方和道路右侧，标志的横向设置位置有以下要求：

(1)交通标志设置在驾驶人容易看到的位置，一般设置在道路右侧容易看到的地方，特殊情况下也可以设置在导流带或中央分隔带上。特殊情况如右侧道路行驶标志不得设置在公路右侧。

(2)在视距受限时，在道路左侧可以设置一块同样的标志，如多车道高速公路为了防止路侧标志视认性不好，在道路左侧设置同样的标志，以提高交通标志的醒目性，如图 29-2-4 所示。

(3)道路上方和道路两侧设置的标志都不应侵入公路建筑界限内。

(4)路侧的交通标志也是危险行车安全的障碍物，应在路侧的交通标志周围设置护栏。

(5)交通标志横向位置均要高度醒目，防止互相遮挡(图 29-2-5)，使交通标志失去应有的作用。

图 29-2-4　公路左侧设置的交通标志

图 29-2-5　交通标志被遮挡

3)竖向设置位置

公路交通标志的任何部分不得侵入公路建筑限界以内，悬臂、门架式等悬空标志净空高度应预留 20～50cm 的余量。表 29-2-6 所示为标志板下缘距路面的高度。

标志板下缘距路面的高度(cm)　　表 29-2-6

<table>
<tr><th colspan="2">标 志 分 类</th><th>路侧柱式、附着式</th><th>悬臂式、门架式、高架附着式</th></tr>
<tr><td rowspan="4">主标志</td><td>警告标志</td><td rowspan="4">150～250①</td><td rowspan="4">应符合公路建筑限界的要求：
高速、一、二级公路不小于 500；三、四级公路不小于 450</td></tr>
<tr><td>禁令标志</td></tr>
<tr><td>指示标志</td></tr>
<tr><td>指路标志</td></tr>
<tr><td colspan="2">辅助标志②</td><td colspan="2">应符合公路建筑限界的要求</td></tr>
</table>

注：①选择高度值时，应根据标志所在位置的现场条件、板面规格及是否妨碍行人活动等加以确定。无行人活动、位于上坡路段或板面较高的路侧标志可取下限，位于下坡路段的路侧标志可取上限，其他路段可取中值；
②主标志的安装高度应考虑辅助标志也能满足公路建筑限界的要求。

4)交通标志安装角度

(1)路侧安装时，为避免标志面对驾驶人的眩光，标志板面的法线应与公路中心线平行或成一定角度。禁令标志和指示标志为 0°～45°，如图 29-2-6a)所示。指路标志和警告标志为 0°～10°，如图 29-2-6b)所示。

(2)采用悬臂、门架或附着式支撑结构时，标志的安装角度应与公路中心线垂直。在积雪地区，门架安装时标志板可前倾 0°～10°，如图 29-2-6c)所示。

5)交通标志的并设

公路交通标志需要驾驶人在动态行驶时短时间内加以判读并做出决策。交通标志的并设会增加驾驶人的负担，如接受的信息量过大有可能降低交通标志的有效性。因此，标志宜单独设置在立柱上。但因设置位置的特殊性，需要在同一地点设置两块以上标志时，应满足以下要求：

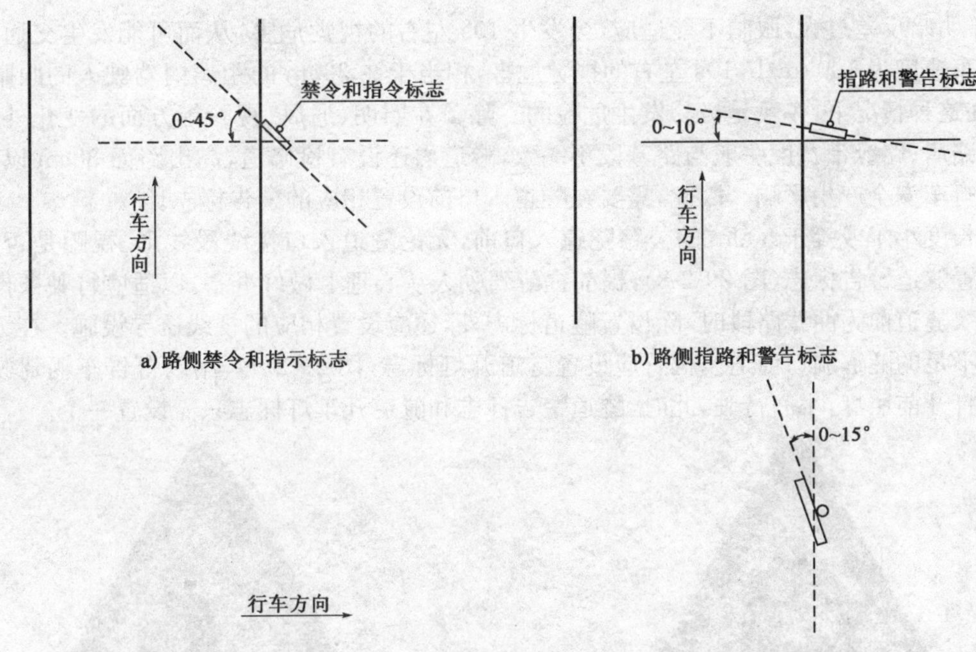

图 29-2-6　标志安装角度示意

(1)交通标志在一根立柱上并设时,应按对行车安全影响的严重程度来区分。一般情况下,禁令标志和指示标志对行车安全有重要影响,应优先保留。

(2)因受标志瞬间视认性的限制,交通标志并设时最多不应超过 4 个。根据公路使用者的认读习惯,标志的重要性应按先上后下,先左后右的顺序来体现,如图 29-2-7 所示。

图 29-2-7　交通标志并列设置示例

(3)解除限制速度标志和解除禁止超车标志,是对前面正在执行的禁令标志的一种否定,要结束前方标志的禁令,传递这种信息,应单独设置标志。会车先行标志、会车让行标志,一般出现在公路通行比较困难的路段,这一对标志,可以使处于困难路段的车辆有序地通行。驾驶人看到标志后,知道自己应该让行还是先行。所以,这类标志也应单独设置。但受条件限制无法单独设置时,一根标志柱上这类标志最多不应超过两种。

三、隧道区段标志的设置

1. 主要标志类型及其设置

1)隧道警告标志或著名地点标志

车辆在隧道内行驶与在路段上行驶从视觉上会有很大的不同。驾驶人由洞外进入隧道内，由于明暗反差过大，眼睛不能适应，会发生 10s 左右的视觉危害，从而可能发生交通事故。如果行车速度为 100km/h，10s 左右的视觉危害，相当于在 260m 的距离内驾驶人的眼睛不能适应，在这种情况下，车辆是极易发生危险的。除了在照明、通风、视野等方面的变化外，隧道内的硬路肩、路缘带宽度一般与路基段不一致，隧道内还设有检修道，高出路面 30cm 以上，也可能对行车安全产生影响。因此，需要在隧道入口前设置相应的警告标志。

在长度小于或等于 500m 的公路隧道入口前，无论隧道入口接线段线形、视距是否良好，均应设置隧道警告标志(图 29-2-8)，提前提醒驾驶人从心理上做好准备，以适应行驶条件的变化。驶入隧道前为曲线路段时，除设置隧道标志外，还应设置相应的视线诱导设施。在无照明或照明不足的隧道洞口前适当位置应设置隧道开灯标志(图 29-2-9)，用以警告车辆驾驶人进入隧道打开前照灯，小心行驶，此时，隧道警告标志和隧道开车灯标志只需设置一个。

图 29-2-8　隧道警告标志

图 29-2-9　隧道开车灯标志

长度大于 500m 的隧道，应在隧道入口前方 50～100m 处设置相关的著名地点标志，指示隧道名称和长度[图 29-2-10a)]。对于特殊的长大隧道，还可设置隧道预告标志[图 29-2-10b)]。当隧道入口前设置隧道名称标志，对驾驶人已起到相应的警示作用时，可不设隧道警告标志。

a)隧道预告标志

b)隧道标志

图　29-2-10

2)隧道出口距离预告标志

在长度超过 3 000m 的特长隧道内，从距离隧道出口 2 000m 处开始每 500m 设置一块隧道出口距离预告标志(图 29-2-11 和图 29-2-12)，直至隧道出口。该标志一般设置在隧道侧壁上，用于一般道路时为蓝底、白图形、白边框、蓝色衬边；用于高速公路或城市快速路时为绿底、白图形、白边框、绿色衬边。版面中隧道曲线的转弯方向应与实际情况相对应。

3)禁令标志

隧道区段常设的禁令标志主要有限速标志、禁止超车及解除禁止超车标志，有时还用到限高标志。当隧道内的设计车速低于相邻路段的设计车速或运行速度时，应在进入隧道前设置限速标志。隧道内通常不允许超车,还应设置禁止超车标志。限速标志和禁止超车标志可合并设置[图 29-2-13a)]。

图 29-2-11　隧道出口距离预告标志

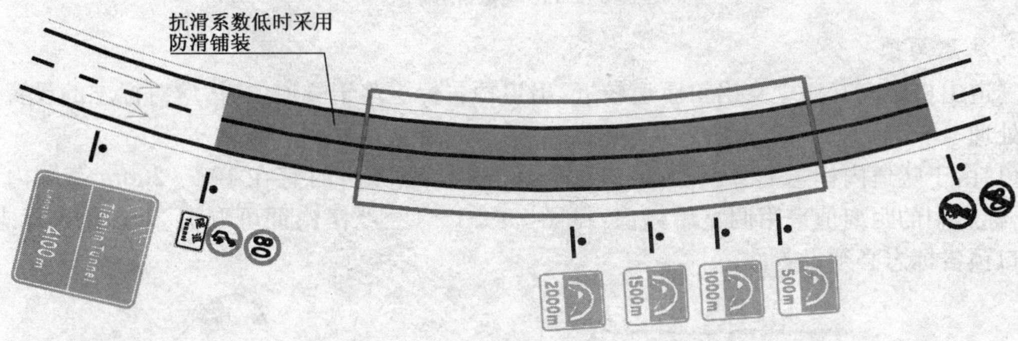

图 29-2-12　隧道区段部分标志布设示例

4)紧急电话指示标志

紧急电话标志设置在紧急电话箱上[图 29-2-13b)]。为了便于指示距出事地点最近紧急电话的方向和距离,在沿隧道右侧各紧急电话之间应设电话位置指示标志。

5)紧急停车带标志

隧道内设置紧急停车带时,应在紧急停车带前端适当位置设置紧急停车带标志,用于指示其位置[图 29-2-13c)]。

6)消防设备指示标志

消防设备指示标志用于指示隧道内消防设备位置[图 29-2-13d)]。

有关标志的字高选取、材料和结构设计可参见《道路交通标志和标线》(GB 5768—2009)。

图 29-2-13　部分标志版面

7)紧急出口、避难通道标志及疏散指示标志

紧急出口、避难通道标志用于指示紧急出口、避难通道的位置。疏散指示标志用于指示该点与紧急出口、避难通道的距离及方向,在隧道内发生紧急情况时,指示行人、车辆迅速离开(图 29-2-14)。疏散指示标志应设置于隧道侧壁上,间距应不大于 50m。

图 29-2-14 疏散指示标志

2. 注意事项

隧道出口距离互通立交出口匝道较近,出口预告标志落于隧道内时,应对标志的设置进行特殊处理。

(1)由于隧道内标志不易识读,出口预告标志在具备条件时宜在 100～200m 范围内移出隧道,标志中的距离值采用调整后数值,见图 29-2-15。经严格论证可取消 2km 预告标志,其他出口预告标志必须设置。

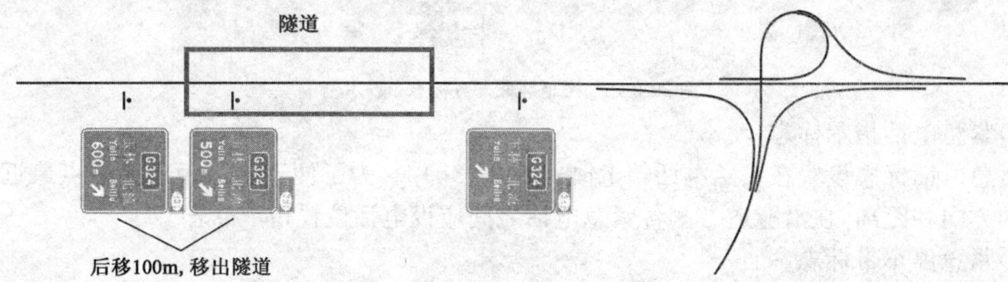

图 29-2-15 标志移位示例

(2)隧道出口紧接互通立交的减速车道或出口时,在隧道入口前适当位置应设置分别指向每个车道的地点、方向标志,并采用门架式或附着式支撑方式,见图 29-2-16。

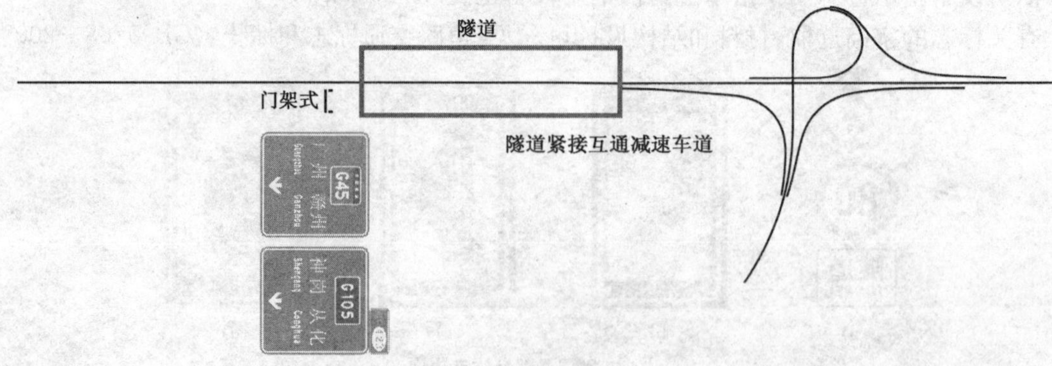

图 29-2-16 隧道入口前门架式指路标志示例

(3)互通出口预告标志的信息不宜过多、版面形式不宜过繁杂。太繁杂的版面设计会增加驾驶人的识读时间，驾驶人为了看清标志版面的内容，往往会减速，由此可能造成追尾等交通事故。

(4)隧道内标志文字和图案大小不得低于正常规格的50%，并且应设置亮度均匀、不会产生眩光的内部或外部照明。在不对通风、监控、照明等设置产生很大影响的情况下，隧道内标志文字和图案尽量采用较大规格，见图29-2-17。也可以考虑与路面文字标记联合预告的方式。

图29-2-17　位于隧道内出口预告标志版面示例

四、标志结构设计

1.标志材料

(1)标志立柱、横梁

标志柱、横梁用材主要有钢、铝合金、钢筋混凝土、不锈钢、木材等。钢柱(梁)包括各种规格、型号的钢管和型钢等，具有强度高，加工性好，但是易腐蚀，特别是多雨的潮湿地区，必须做好防锈处理。铝合金柱(梁)耐腐蚀性好、质量轻、成型加工容易、施工简单，但造价比钢材高很多。钢筋混凝土柱(梁)和木柱(梁)，美观性差，钢筋混凝土柱(梁)质量大，不能二次加工，木柱(梁)耐久性差。

因此，推荐采用钢管、H型钢、槽钢等型钢作为标志的立柱、横梁，具有强度高、加工性能好的优点，但易腐蚀，应进行防腐处理。钢管混凝土兼具钢管和混凝土的优点，强度高、变形小，在标志立柱高度大于10m以上时可采用，具有节省钢材，挠度小的优点。

我国目前的标志立柱和横梁基本都采用Q235的碳素结构钢钢管。立柱直径大于152mm时，要求采用无缝钢管制作；直径小于或等于152mm的立柱可以采用焊接钢管，如直缝电焊钢管。无缝钢管的外径、厚度、弯曲度应符合《结构用无缝钢管》(GB/T 8162—2008)的要求，直缝电焊钢管的外径、厚度、椭圆度等应符合《直缝电焊钢管》(GB/T 13793—2008)的要求。钢管壁厚一般大于或等于4.0mm。美国等国家则较多使用型钢，如热轧H型钢来制作标志立柱。

支撑件的管径、厚度等外形尺寸的设计要求，是根据标志板的板面大小、结构形式、承载能力、基础情况等计算得出的。标志柱应配有柱帽，柱帽可采用板厚为3mm的钢板焊接或其他方法固定在立柱上。由于钢材的锈蚀问题，所以在制作标志支撑件时必须进行防腐处理。标志支撑件的防腐处理一般采用热浸镀锌、热浸镀铝或刷涂金属防锈漆等方式，其防腐层质量应满足《高速公路交通工程钢构件防腐技术条件》(GB/T 18226—2000)的要求。推荐采用质量稳定、工艺成熟的热浸镀锌方式。

标志加劲肋、法兰盘、抱箍、抱箍底衬、螺栓、螺母、垫片等结构统一采用刚构件制作，符合《铆钉用铝及铝合金线材》(GB/T 3196—2001)、《紧固件机械性能螺栓、螺钉和螺柱》(GB/T 3098.1—2000)及设计要求。

钢构件必须经防腐处理才能使用，可采用热浸镀锌的工艺，立柱、横梁、法兰盘的镀锌量不低于600g/m²，抱箍、紧固件等小型构件不低于350g/m²。

(2)标志板

标志板的材料及制作工艺对其使用性能、寿命、美观等影响很大，标志板与标志面所采用的材料要求具有相容性，防止电化作用或不同的热膨胀系数造成标志板的锈蚀或损坏。交通标志板可选用的材料包括铝合金板、挤压成型的铝合金型材、钢板、合成树脂类板材、铝塑板等。铝合金板质量轻，耐腐蚀性强。钢板强度高，价格比铝合金板低，但单位质量大，平整度不佳，易生锈，需做防腐处理，目前使用数量很少。合成树脂类板材包括塑料、聚乙烯板或玻璃钢等材料。胶合板特指耐水薄层夹层板，其表面不如钢板平滑，长期使用易变形，表面涂层易水浸脱落，不推荐使用。铝塑板与铝合金板相比，强度要低很多，而且必须对芯材外露部分采取有效处理措施。

综合考虑各种材料的力学、耐久性能，考虑价格因素以及经济适用，大型标志板（大于$5m^2$）推荐采用铝合金板，具有质量轻、强度高、耐腐蚀、耐磨等优点，标志底板采用铝合金板材制作，用槽铝龙骨加固。标志板面面积小于 $1.5m^2$ 时可采用玻璃钢材料或 2mm 厚铝合金板，在标志板面积大于 $1.5m^2$ 小于 $5m^2$ 时可采用 2mm 厚铝合金板或 4mm 厚铝塑板。对面积在 $15m^2$ 以上的大型标志的板面结构，为便于运输、安装及养护，可以采用挤压成型的铝合金板拼接而成，型材宽度一般不小于 30cm。

采用铝合金板制作标志底板时，其厚度不宜小于 1.5mm，大型标志板的厚度应根据设计要求制定，厚度允许偏差符合《一般工业用铝及铝合金板、带材第 3 部分：尺寸偏差》(GB/T 3880.3—2006)的规定，其力学性能应符合《一般工业用铝及铝合金板、带材第 2 部分：力学性能》(GB/T 3880.2—2006)的规定。用于高等级公路的标志底板，采用牌号为 3003 的铝合金板材，抗拉强度不小于 95MPa，断后伸长率不小于 20%；大型标志（$15m^2$ 以上）或用于沿海及多风地区的标志板，宜采用牌号为 3004 或 3104 的铝合金板材，抗拉强度不小于 155MPa，断后伸长率不小于 15%。当采用挤压成型铝合金型材时，应符合《一般工业用铝及铝合金挤压型材》(GB/T 6892—2006)的规定，同时满足轻质、高强、耐磨、耐腐蚀、刚度大等特点，宜采用综合性能等于或优于牌号 2024 的铝合金型材。采用薄钢板制造时，其厚度不宜小于1.0mm，允许偏差符合《冷轧钢板和钢带的尺寸、外形、重量及允许偏差》(GB/T 708—2006)的规定，其力学性能分别满足《连续热镀锌钢板及钢带》(GB/T 2518—2008)及《碳素结构钢冷轧薄钢板及钢带》(GB/T 11253—2007)的要求。采用玻璃钢等合成树脂类板材制作标志底板时，其厚度不宜小于 3.0mm，允许偏差符合相应材料标准规定。

标志板面应无裂缝或其他表面缺陷；标志板边缘应整齐、光滑；标志板的外形尺寸偏差为±5mm，若外形尺寸大于 $1.2m^2$ 时，其偏差为其外形尺寸的±0.5%；标志板应平整，表面无明显皱纹、凹痕或变形，每平方米范围内的平整度公差不应大于 1.0mm。

滑槽作为标志板的组成部分，不仅可以加固标志板，增加标志板的刚性，同时也是标志板与标志立柱、横梁的连接部件，对于标志板的整体安全性能起着至关重要的作用。滑槽可采用钢材或铝材制作。标志底板与滑槽的连接可采用铆接、焊接或其他工艺方法。使用铝合金板制作标志底板时，应使用沉头铆钉连接，铆钉间距一般为 150mm，间距均匀一致，滑槽端部应加强铆接。铆钉直径不小于 4mm，形状符合《沉头铆钉》(GB/T 869—86)的要求，材质符合《铆钉用铝及铝合金线材》(GB/T 3196—2001)的要求。标志底板与滑槽采用焊接时，其焊接强度值应不低于同类材料采用铆钉连接时的强度要求。其焊接工艺应证实安全可行。

标志底板采用铝合金板材时，滑槽应相应采用性能相当且符合标准要求的铝合金热挤压型材，以避免因性能不同而造成标志底板和铝槽的机械损坏或电化学腐蚀损坏。

滑槽用型铝、型钢的材质应符合《一般工业用铝及铝合金挤压型材》(GB/T 6892—

2006)、《冷弯型钢》(GB/T 6725—2008) 等有关标准的要求，并且尽可能选用与标志底板性能相同或相近的材料。型钢应进行热浸镀锌等防腐处理，其防腐质量应满足《高速公路交通工程钢构件防腐技术条件》(GB/ T 18226—2000) 的要求。

标志板无论选用何种材料，其性能应符合现行《道路交通标志板及支撑件》(GB/T 23827—2009)的规定，厚度除符合上述要求外，还应满足设计要求。

(3)标志板面材料

公路交通标志板面均应采用符合现行《公路交通标志反光膜》(GB/T 18833—2002)要求的反光膜或其他逆反射材料制作。

交通标志用反光膜按照其不同的逆反射性能，可分为五个等级，一级反光膜为微棱镜型反光膜；二级防反光膜为密封胶囊型反光膜，通常称高强级反光膜；三、四、五级反光膜皆为透镜埋入型反光膜，通常分别称超工程级、工程级、经济级反光膜。

一级反光膜使用了微晶立方体反射的技术，反光膜的每一微晶立方体连结排列后，在 $1cm^2$ 的材料面积上会有 930 个以上的微晶立方角体。微晶立方角体下层经密封后形成一空气层，使入射光线形成内部全反射，从而不需借助金属反射层即可达到最优越的反光效果。与传统的工程级和高强度级反光膜比较，其反光性能不仅成倍增加，而且广角性能亦有很大提高。在正常使用状况下，10 年后的亮度保留值至少为初始亮度值的 50%。采用同类别的油墨使用丝网印刷技术可以制作各类图案。

二级反光膜(高强级反光膜)是一种耐久的密封式反光膜，比工程级反光膜亮三倍以上。即使标志在较大角度情况以及光亮地区，高强级反光膜都使标志清晰可见，有效地预告驾驶人前方道路危险情况。二级反光膜一般分为压敏型和热敏型两种。采用同类别的油墨使用丝网印刷技术可以制作各类图案。一般寿命为 10 年，该系列反光膜在正常使用状况下，10 年后的亮度保留值至少为初始亮度值的 80%。

三级、四级、五级反光膜是一种透镜埋入型反光膜。自从 20 世纪 50 年代早期以来，该材料一直被成功地用来制作交通标志。采用同类别的油墨使用丝网印刷技术可以制作各类图案。一般寿命为 3～7 年，根据生产厂家的不同而不同，有些厂家只提供 7 年的反光膜，7 年后的亮度保留值至少为初始亮度值的 50%。

交通标志板采用反光膜材料时，高速公路、一级公路上宜采用一级、二级反光膜，二级、三级公路的交通标志宜采用三级、四级以上反光膜，四级公路宜采用四、五级以上反光膜。

标志视认以一定距离前的安全提示、低速行驶下的基本识读为主要需求，在考虑成本的情况下，可以适当使用低反射性能的反光膜。有条件的地区，则应该更科学地对这种道路上的交通标志进行归纳和分类，判断其视认需求和安全作用。在条件许可的情况下，尽可能提高反光材料的使用等级。至少在指令标志、警告标志、置顶标志上的反光膜，要使用反光性能最好的，以增加安全提示类标志的发现机会，延长警告标志的提前设置距离，提高安全性。

门架、悬臂型等悬空类交通标志，宜采用比路侧交通标志等级高的反光膜。

在保证均匀性和条件容许时，可以采用照明或发光二极管增加重要标志的视认效果。

标志板面反光膜逆反射系数值、色度性能、耐候性能、耐盐雾腐蚀性能、耐溶剂性能、抗冲击性能、耐高低温性能、对标志板的附着性能等应符合《公路交通标志反光膜》(GB/T 18833—2002)的规定。

如果采用发光二极管作为字符或图案，则其颜色应与标志字符、边框或背景相一致，如果需要闪烁,则所有单元应同时以每分钟大于50次小于60次的频率闪烁。采用照明或发光二极管的方式应保持标志设计的均匀性,不得降低其昼夜的能见性、易读性,要便于驾驶员的理解。

2.结构形式

交通标志的支撑方式可分为柱式、悬臂式、门架式、附着式四种。

交通标志支撑方式应根据交通量、车型构成、车道数、沿线构造物分布、风荷载大小以及路侧条件等因素综合确定。

(1)警告、禁令、指示标志和小尺寸指路标志宜采用单柱式支撑方式,中、大型指路标志可采用双柱或多柱式支撑方式。

(2)当符合下列条件时,根据需要可采用悬臂式或门架式等悬空支撑方式(版面内容少时,宜采用悬臂式):

①交通量达到或接近设计通行能力时;

②互通式立交的设计很复杂时;

③单向有三个或三个以上车道时;

④互通式立体交叉间距较近时;

⑤出口为多车道时;

⑥大型车辆所占比例很大时;

⑦穿越多个互通式立体交叉、为保持标志信息设置位置的一致性时;

⑧路侧安装空间不足或受遮挡时;

⑨连接两条高速公路之间的枢纽互通时;

⑩出口匝道为左向出口时;

⑪平面交叉口标志或位于互通式立体交叉减速车道起点处的出口预告标志。

(3)公路沿线设置有上跨天桥等构造物、路侧设置有高挡土墙、照明灯杆等时,交通标志在满足公路建筑限界要求的前提下,可以采用附着式支撑方式。

从造价角度讲,柱式支撑最经济,门架式支撑最昂贵,悬臂式支撑介于二者之间,同一标志板设计成不同的支撑结构方式,造价可能相差几倍。所以,在满足功能要求的前提下,应尽可能采用造价低廉的支撑方式来设置标志。

3.设计原则

为简化计算、忽略一些次要因素,根据经验,作如下假设。

(1)风载方向:交通标志所受外荷载主要为风载,假设仅考虑风载方向与标志板平面垂直的情况。

(2)双柱式标志:假设两立柱分别承受一半的风载,据此双柱式标志的计算可简化为单柱式的形式。

(3)悬臂式标志:横梁多于一根时,假设风载由各横梁平均承担;对双悬臂标志,假设两标志板板面相同。

(4)门架式标志:假设门架式标志结构、所受荷载关于其中心线对称。

(5)标志基础:标志的混凝土基础埋置深度较小(一般小于3m),假设基础四周土的摩阻力和弹性抗力忽略不计。

计算交通标志、结构或构件的强度、稳定性以及连接的强度时,应采用荷载设计值(即荷载标准值乘以荷载分项系数);计算正常使用极限状态的变形时,应采用荷载标准值。计算变形时可不考虑螺栓孔引起的截面削弱。

(1)承载能力极限状态的计算:应使荷载效应不利组合的设计值小于或等于结构抗力效应的设计值,表达式为:

$$\gamma_0 S \leqslant R \tag{29-2-8}$$

$$S = \gamma_G S_{GK} + \gamma_Q S_{Qk} \tag{29-2-9}$$

式中:γ_0——结构重要性系数,位于高速公路、一级公路上的悬臂式、门架式交通标志,该系数取为1.0,位于高速公路、一级公路上的其他类型的交通标志及位于其他等级公路上的交通标志,该系数取为0.9;

S——荷载效应组合设计值(力或应力);

R——结构构件承载力(或钢材强度)设计值;

γ_G——永久荷载(结构重力)分项系数,当永久荷载效应对结构构件或连接的承载能力不利时,$\gamma_G=1.2$;当为有利时,$\gamma_G=1.0$(计算柱脚螺栓时,$\gamma_G=0.9$);

γ_Q——可变荷载(主要为风载)分项系数,一般情况下,采用1.4;

S_{GK}——按永久荷载标准值G_K计算的荷载效应值;

S_{Qk}——按可变荷载标准值Q_K计算的荷载效应值。

(2)正常使用极限状态的计算:应考虑荷载的短期效应组合,表达式为:

$$\nu = \nu_G + \nu_Q \leqslant [\nu] \tag{29-2-10}$$

式中:ν——交通标志结构或构件中产生的变形值;

ν_G——永久荷载(结构重量)标准值在交通标志结构或构件中产生的变形值;

ν_Q——可变荷载(风载)标准值在交通标志结构或构件中产生的变形值;

$[\nu]$——结构或构件的容许变形值。

(3)一般情况下,交通标志结构的基础不必作变形验算。按地基承载力确定基础底面积及埋深时,传至基础底面上的荷载应按基本组合、土体自重分项系数为1.0,按实际的重度计算。

4.设计方法

交通标志结构的设计计算主要包括:①荷载的计算与组合;②立柱(横梁)的设计与强度验算;③立柱(横梁)的变形验算;④立柱与横梁的连接螺栓、立柱与基础的地脚螺栓的设计与强度验算;⑤基础的设计与验算。

1)荷载的计算与组合

交通标志所承受的荷载包括两部分:永久荷载和可变荷载。永久荷载即交通标志结构的自重;可变荷载主要为风载。

(1)标志板所受的风载:

$$F_{wb} = \gamma_0 \gamma_q \left[\left(\frac{1}{2} \rho c v^2 \right) \sum_{i=1}^{n} (W_{bi} \times H_{bi}) \right] / 1\,000 \tag{29-2-11}$$

式中:F_{wb}——标志板所受的风载(kN);

ρ——空气密度,一般取$1.225\,8\mathrm{N \cdot s^2 \cdot m^{-4}}$;

c——风力系数,标志板$c=1.2$;

v——风速(m/s);

W_{bi}——第 i 块标志板的宽度;

H_{bi}——第 i 块标志板的高度;

(2)立柱(横梁)所受的风载:

$$F_{wp}=\gamma_0\gamma_q\left[\left(\frac{1}{2}\rho c v^2\right)(W_p\times H_{pn})\right]/1\,000 \tag{29-2-12}$$

式中:F_{wp}——单根立柱(横梁)所受的风载(kN);

c——风力系数,圆管型立柱 $c=0.8$,薄壁矩形立柱 $C=1.4$,其他型钢及组合型钢立柱 $c=1.3$;

W_p——立柱(横梁)的迎风面宽度;

H_{pn}——立柱(横梁)的迎风面高度,注意应扣除被标志板遮挡的部分;

其他参数意义同前。

风速 v 应选用当地比较空旷平坦地面上离地 10m 高统计所得的 50 年一遇 10min 平均最大风速,且不得小于 22m/s。当无风速记录时,可查阅《公路桥涵设计通用规范》(JTG D60—2004)的附录 A《全国基本风速图及全国各气象台站基本风速和基本风压值》。表中风速与风压的关系为 $v=\sqrt{1\,600w}$(w 为基本风压,单位为 kPa)。

当交通标志设置高度大于 10m 时,如位于某些立交区的落地式标志,式(29-2-11)、式(29-2-12)中尚应考虑风压高度变化系数和风振系数,具体计算可参照《公路桥涵设计通用规范》(JTG D60—2004)进行。

2)立柱(横梁)的设计与强度验算

(1)柱式、双悬臂式标志的立柱设计与验算

立柱在这类结构中承受横向力作用,在其横截面上将产生正应力和剪应力,应分别进行验算。另外,还应对处于复杂应力状态下的危险点进行验算,然后根据形状改变比能理论(第四强度理论),建立强度条件。

(2)悬臂式标志的横梁设计与验算

与立柱相比,横梁在设计与验算时,还应考虑其自重(永久荷载)的影响,由于重力与风力作用方向不同,因此应对其进行组合或叠加。

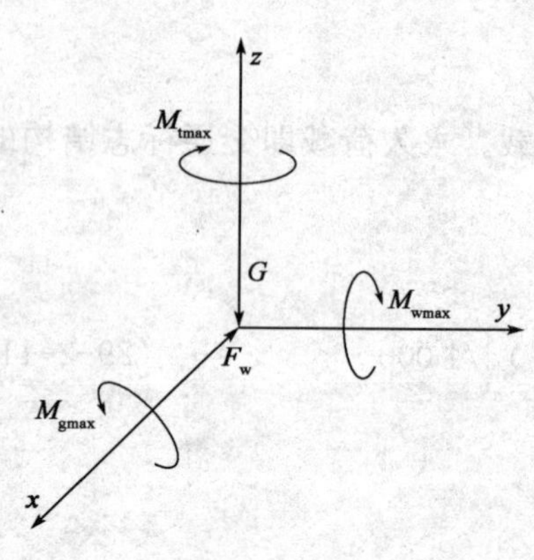

图 29-2-18

相应地,横梁根部所承受的剪力亦有两个,一个是由风载引起(Q_w),一个是由自重引起(Q_g),由于不同方向、不同力产生的最大剪应力值或同一位置由不同力产生的剪应力值有一定差距,因此在进行验算时,应取其最大值。

横梁根部危险点的位置与立柱相同,在计算危险点的正应力和剪力时,应注意作用力的组合或叠加,最后根据第四强度理论建立强度条件。

(3)单悬臂式标志的立柱设计与验算

单悬臂式标志的立柱根部受力如图 29-2-18 所示。

由图 29-2-18 可见,立柱根部将受到两个力和三个力矩的作用:

风力

$$F_{w}=F_{wb}+F_{wp}+F_{whp}+n_{beam} \tag{29-2-13}$$

重力

$$G=\gamma_0\gamma_g\Big[\sum_{i=1}^{n_w}(W_{bi}\times H_{bi}\times T_{bi}\times u_{bi})+H_{hp}\times n_{beam}\times u_h\times H_p\times u_p\Big] \tag{29-2-14}$$

由风载引起的弯矩

$$M_{wmax}=F_{wb}\Big[H_p-(\sum_{i=1}^{n_h}H_{bi})/2\Big]+F_{wp}\times H_p/2 \tag{29-2-15}$$

由风载引起的扭矩(大小等于所有横梁根部承受的弯矩)

$$M_{tmax}=F_{wb}\times\Big[H_{hp}-(\sum_{i=1}^{n_w}W_{bi})/2\Big]+F_{wp}\times\Big[H_{hp}-(\sum_{i=1}^{n_w}W_{bi})\Big]/2 \tag{29-2-16}$$

由横梁和标志板自重引起的弯矩

$$M_{gmax}=\gamma_0\gamma_g\Big\{\sum_{i=1}^{n_w}[W_{bi}\times H_{bi}\times T_{bi}\times u_{bi}\times(H_{hp}-W_{bi}/2)]+H_{hp}\times u_h\times(H_{hp}/2)\times n_{beam}\Big\} \tag{29-2-17}$$

式(29-2-13)～(29-2-17)中：n_{beam}——横梁的数目；

n_w——沿横梁长度方向的标志板数量；

u_{bi}——第 i 块标志板的重度(kN/m^3)；

u_h、u_p——横梁、立柱的重度(kN/m^3)；

n_h——沿立柱高度方向的标志板数量。

一般情况下，标志立柱所用材料属于薄壁杆件，即杆件的长度、截面的轮廓尺寸和截面的厚度三者是不同级的量。由于单悬臂标志立柱所受外力不通过截面的剪力中心，因此它将同时受到弯曲和扭转的共同作用，并且，立柱受扭后，其横截面在纵轴方向不能自由地凸凹翘曲，纵向纤维有了轴向变形，这种扭转称为约束扭转。

在约束扭转作用下，截面为圆形的立柱不产生轴向位移，也就不产生扭转正应力。对一般截面来说，闭口薄壁型立柱的扭转刚度是相同面积开口截面立柱扭转刚度的 10～100 倍，甚至更大。所以这类立柱的抗扭作用接近于实体截面，这时立柱将主要由自由扭转控制。开口薄壁型立柱由于约束扭转，可以产生与基本应力达到相同数量级的扭转正应力和扭转剪应力。

因此，单悬臂型标志结构立柱的强度验算，分为两部分：一部分为按横力弯曲的方法进行计算，另一部分按约束扭转的薄壁杆件理论计算，然后将结果进行叠加。横力弯曲的方法同横梁，这里主要介绍扭转正应力和扭转剪应力的计算。

根据薄壁杆件的约束扭转理论，扭转正应力和扭转剪应力分别为：

$$\sigma_{\bar{w}}=\frac{B_{\bar{w}}\,\overline{w}}{I_{\bar{w}}} \tag{29-2-18}$$

$$\tau=\frac{L}{\Omega\delta}-\frac{M_{\bar{w}}\,\overline{S_{\bar{w}}}}{\delta} \tag{29-2-19}$$

式中：$\sigma_{\bar{w}}$——约束扭转正应力(MPa)；

$B_{\bar{w}}$——双力矩，在截面内自相平衡(kNm^2)；

$\overline{w}$——广义扇形面积，$\overline{w}=w-\bar{\rho}s$，$w$ 为以扭转中心为极点的扇形面积(m^2)。

$$\rho = \frac{\Omega}{\oint \frac{ds}{\delta}} \tag{29-2-20}$$

$$\bar{s} = \int_0^s \frac{ds}{\delta} \tag{29-2-21}$$

$I_{\bar{w}}$——广义主扇形惯矩，$I_{\bar{w}} = \oint \bar{w}^2 dF$ (m^6)；

τ——约束扭转剪应力(MPa)；

L——立柱所受扭矩，$L = M_{tmax}$；

Ω——立柱横截面中线所围面积的 2 倍(m^2)；

δ——立柱横截面的壁厚(m)；

$M_{\bar{w}}$——弯扭力矩，$M_{\bar{w}} = \frac{dB_{\bar{w}}}{dz}$ (kN · m)；

$\overline{S_{\bar{w}}} = S_{\bar{w}} - \frac{1}{\Omega}\oint S_{\bar{w}} dw$，而 $S_{\bar{w}} = \int_0^s \bar{w} dF$ 为广义扇形静矩。

当扭矩在立柱长度方向为定值时，设沿立柱长度方向为 Z 向，自由端 $Z=0$，则扭转角与 Z 的关系为：

$$\theta = C_1 + C_2 Z + C_3 \mathrm{sh}(KZ) + C_4 \mathrm{ch}(KZ) \tag{29-2-22}$$

式中，C_1、C_2、C_3、C_4 均为积分常数。

$$\theta' = C_2 + K[C_3 \mathrm{ch}(KZ) + C_4 \mathrm{sh}(KZ)] \tag{29-2-23}$$

又：

$$B_{\bar{w}} = -\frac{EI_{\bar{w}}}{\mu}\theta'' = -GI_k[C_3 \mathrm{sh}(KZ) + C_4 \mathrm{ch}(KZ)] \tag{29-2-24}$$

$$L = GI_k\theta' - \frac{EI_{\bar{w}}}{\mu}\theta''' = GI_k C_2 \tag{29-2-25}$$

式(29-2-24)、式(29-2-25)中，$I_k = \frac{\Omega^2}{\oint \frac{ds}{\delta}}$；$\mu = 1 - \frac{I_k}{\oint h^2 dF}$ 为翘曲系数；

式(29-2-22)、式(29-2-23)中，$K = \sqrt{\frac{GI_k}{EI_{\bar{w}}}\mu}$。

根据单悬臂梁的特点可知：

$$B_{\overline{w0}} = 0;$$

$$\theta_{Hp} = 0;$$

$$\theta'_{Hp} = 0;$$

$$L = L_0(M_{tmax});$$

将以上关系式分别代入式(29-2-22)和式(29-2-23)，可求得各积分常数为：

$$C_4 = 0$$

$$C_2 = \frac{L_0}{GI_k};$$

$$C_3 = -\frac{L_0}{KGI_k \mathrm{ch}(KH_p)};$$

$$C_1 = -C_2 H - C_3 \mathrm{sh}(KH_{\mathrm{p}}) - C_4 \mathrm{ch}(KH_{\mathrm{p}});$$

将有关参数代入式(29-2-24)经整理得：

$$B_{\bar{w}} = \frac{L_0 \mathrm{sh}(KZ)}{K\mathrm{ch}(KH_{\mathrm{p}})};$$

$$M_{\bar{w}} = \frac{\mathrm{d}B_{\bar{w}}}{\mathrm{d}z} = \frac{L_0 \mathrm{ch}(KZ)}{\mathrm{ch}(KH_{\mathrm{p}})};$$

将以上两式代入式(29-2-18)和式(29-2-19)，即可求得扭转正应力和扭转剪应力。

(4)门架式标志的立柱与横梁设计与验算

由于门架的各杆轴线均在同一平面内并根据有关假设，风载垂直于该平面。这种情况属于平面刚架承受垂直荷载。此时，在风载作用下，门架的任一截面上只有三种内力：绕位于门架平面内的主轴的弯矩、垂直于门架平面的剪力和扭矩。由于该结构为三次超静定，采用力法进行计算。

内力求出后，即可按叠加法求得各横梁和立柱的弯矩、扭矩和剪力等内力，然后再根据前述方法进行横梁和立柱的设计与验算。

为简化计算，以双横梁双立柱形式的门架为例进行介绍，其计算简图如图 29-2-19 所示。

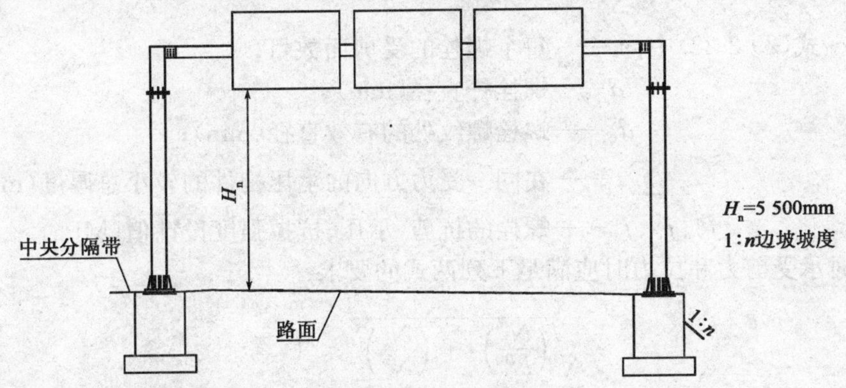

图 29-2-19　计算简图

3)立柱(横梁)的变形验算

根据经验，按照强度条件设计的标志立柱或横梁截面往往过于单薄，此时，刚度条件可能起控制作用。因此，对于各类交通标志结构，构件的变形验算是必不可少的，这也是其有别于其他土建结构物的一个显著特点。对于悬臂式和门架式的标志，由于在自重作用下，横梁会自然下垂，因此变形的验算也可为横梁预拱度的设计提供依据。

立柱或横梁的变形验算，可分别求得每项荷载单独作用下梁的挠度 ν 和转角 θ，然后按照叠加原理进行叠加。

(1)柱式、双悬臂式标志立柱的挠度验算

应验算由风载引起的水平挠度是否超出要求。

(2)悬臂式、门架式标志的横梁挠度验算

应分别验算由风载和横梁自重而引起的水平和垂直最大挠度值是否超出要求。

(3) 单悬臂式、门架式标志立柱的挠度验算

这类薄壁杆件的挠度计算，也分为两部分：一部分系由弯曲而引起，和一般杆件的挠度计算类似；另一部分是当杆件处于约束扭转时，由扇形正应力 σ_w 和纯扭转剪应力 τ_k 所作之功而

对挠度产生的影响。

公式表达式为：

$$\nu_{top} = \sum\int_0^l \frac{\overline{M_{(i)}}M_{(P)}}{EI}dz + \sum\int_0^l \frac{\overline{B_{w(i)}}B_{w(P)}}{EI_w}dz + \sum\int_0^l \frac{\overline{M_{k(i)}}M_{k(P)}}{GI_l}dz \tag{29-2-26}$$

式(29-2-26)中后两项分别为根据扇形正应力 σ_w 和纯扭转剪应力 τ_k 所作之功而推出的挠度计算公式，B_w 为弯曲扭转双力矩，M_k 为纯扭转力矩。

4)立柱与横梁的连接

(1)螺栓连接

受剪和受拉螺栓连接中，每个螺栓的受剪、承压、受拉承载力设计值应按下列公式计算：

受剪
$$N_v^b = n_v \frac{\pi d^2}{4} f_v^b \tag{29-2-27}$$

承压
$$N_c^b = d\sum t \cdot f_c^b \tag{29-2-28}$$

受拉
$$N_t^b = n_v \frac{\pi d_e^2}{4} f_t^b \tag{29-2-29}$$

式(29-2-26)～式(29-2-28)中：n_v——每个螺栓的受剪面数目；

d——螺栓杆直径(mm)；

d_e——螺栓螺纹处的有效直径(mm)；

$\sum t$——在同一受力方向的承压构件的较小总厚度(mm)；

f_v^b、f_c^b、f_t^b——螺栓的抗剪、承压、抗拉强度设计值(MPa)。

螺栓同时承受剪力和拉力时应满足下列两式的要求：

$$\sqrt{\left(\frac{N_v}{N_v^b}\right)^2 + \left(\frac{N_t}{N_t^b}\right)^2} \leqslant 1 \tag{29-2-30}$$

$$N_v \leqslant N_C^b \tag{29-2-31}$$

式中：N_v、N_t——每个螺栓所承受的剪力、拉力(N)；

N_v^b、N_C^b、N_t^b——每个螺栓的受剪、承压和受拉承载力设计值(N)。

(2)法兰盘连接

悬臂法兰盘必须平整，其厚度 t 应按下式计算，并不宜小于 10mm。

$$t \geqslant \sqrt{\frac{6M_{max}}{f}} \tag{29-2-32}$$

式中：M_{max}——法兰盘单位宽度最大弯矩。

当法兰盘承受弯矩时，螺栓拉力应按下式计算：

$$N_{ti}^b = \frac{My_i}{\sum y_i^2} \tag{29-2-33}$$

式中：N_{ti}^b——i 处的螺栓拉力(N)；

y_i——螺栓中心到旋转轴的距离(mm)。

对圆形法兰盘，如图 29-2-20a)所示，取圆杆外壁接触点切线为旋转轴；

对矩形法兰盘，如图 29-2-20b)所示，取方杆外壁接触边缘线为旋转轴。

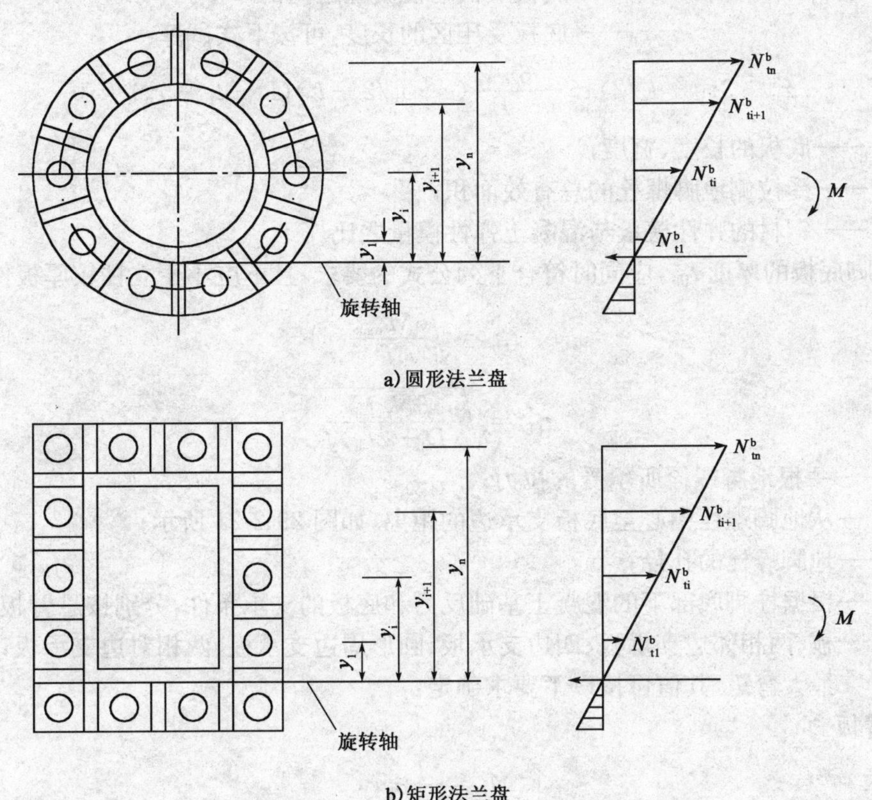

图 29-2-20　法兰盘

5)柱脚强度验算

立柱柱脚主要由底板法兰盘、加劲肋、地脚螺栓等组成，各部分的板件均应具有足够的强度和刚度，而且相互间应有可靠的连接。

(1)立柱柱脚在柱脚端弯矩 M、轴心压力 N 和水平剪力 V 共同作用下，底板下混凝土基础的受压应力 σ_c、受拉侧地脚螺栓的总拉力 T_a、水平抗剪承载力 V_{fb} 的计算公式分别为：

$$\sigma_c = \frac{2N(e + L/2 - l_t)}{Bx_n(L - l_t - x_n/3)} \leqslant \beta_l f_c \tag{29-2-34}$$

$$T_a = \frac{N(e - L/2 + x_n/3)}{L - l_t - x_n/3} \tag{29-2-35}$$

$$V_{fb} = 0.4(N + T_a) \geqslant V \tag{29-2-36}$$

式(29-2-34)～式(29-2-36)中：e——偏心距($e=M/N$)；

l_t——由受拉侧底板边缘至受拉地脚螺栓中心的距离；

f_c——底板下混凝土的轴心抗压强度设计值；

β_l——底板下混凝土局部承压时的轴心抗压强度设计值提高系数，按现行国家标准《混凝土结构设计规范》(GB 50010—

2002)的规定采用；

T_a——受拉侧地脚螺栓的总拉力；

V_{fb}——底板底面与混凝土之间的摩擦力；

x_n——底板受压区的长度，可按下式试算：

$$x_n^3+3(e-L/2)x_n^2-\frac{6nA_e^a}{B}(e+L/2-l_t)(L-l_t-x_n)=0 \tag{29-2-37}$$

式中：L、B——底板的长度、宽度；

A_e^a——受拉侧地脚螺栓的总有效面积；

n——钢材的弹性模量与混凝土弹性模量之比。

(2)柱脚底板的厚度 t_{Pb}，应同时符合下列公式的要求，且不应小于立柱较厚板件的厚度。

$$t_{Pb}=\sqrt{\frac{6M_{imax}}{f}} \tag{29-2-38}$$

$$t_{Pb}=\sqrt{\frac{6\overline{N}_{ta}l_{ai}}{(D+2l_{ai})f}} \tag{29-2-39}$$

式中：$\overline{N}_{ta}$——一根地脚螺栓所承受的拉力；

l_{ai}——从地脚螺栓中心至底板支承边的距离，如图 29-2-21 所示；

D——地脚螺栓的孔径；

M_{imax}——根据柱脚底部下的混凝土基础反力和底板的支承条件，分别按悬臂板、三边支承板、两相邻边支承板、四边支承板、圆形周边支承板、两相对边支承板计算得到的最大弯矩，其值可按以下要求确定：

对悬臂板

$$M_1=\frac{1}{2}\sigma_c a_1^2 \tag{29-2-40}$$

式中：σ_c——计算区格内底板下混凝土基础的最大分布反力；

a_1——底板的悬臂长度。

对三边支承板和两相邻边支承板：

$$M_2=\alpha\sigma_c a_2^2 \tag{29-2-41}$$

式中：α——与 b_2/a_2 有关的系数，按表 29-2-7 采用；

a_2——计算区格内，底板的自由边长度；对两相邻边支承板，应按表 29-2-7 中的图示确定。

系数 α 值 表 29-2-7

图示												
a)三边支承板	b_2/a_2	0.30	0.35	0.40	0.45	0.50	0.55	0.60	0.65	0.70	0.75	0.80	0.85
	α	0.027	0.036	0.044	0.052	0.060	0.068	0.075	0.081	0.087	0.092	0.097	0.101
b)两相邻边支承板	b_2/a_2	0.90	0.95	1.00	1.10	1.20	1.30	1.40	1.50	1.75	2.00	>2.00	
	α	0.105	0.109	0.112	0.117	0.121	0.124	0.126	0.128	0.130	0.132	0.133	

注：当 $b_2/a_2<0.3$ 时，按悬伸长度为 b_2 的悬臂板计算。

(3)对四边支承板：

$$M_3 = \beta \sigma_c a_3^2 \tag{29-2-42}$$

式中：β——与 b_3/a_3 有关的系数，按表 29-2-8 采用；

a_3、b_3——计算区格内，底板的短边和长边。

系 数 β 值　　表 29-2-8

四边支承板（a_3、b_3）	b_3/a_3	1.00	1.05	1.10	1.15	1.20	1.25	1.30	1.35	1.40	1.45
	β	0.048	0.052	0.055	0.059	0.063	0.066	0.069	0.072	0.075	0.078
	b_3/a_3	1.50	1.55	1.60	1.65	1.70	1.75	1.80	1.90	2.00	>2.00
	β	0.081	0.084	0.086	0.089	0.091	0.093	0.095	0.099	0.102	0.125

对圆形周边支承板：

$$M_4 = 0.21\sigma_c r^2 \tag{29-2-43}$$

式中：r——圆形板的半径；

对两对边支承板：

$$M_5 = \frac{1}{8}\sigma_c a_5^2 \tag{29-2-44}$$

式中：a_5——两相对边支承板的跨度。

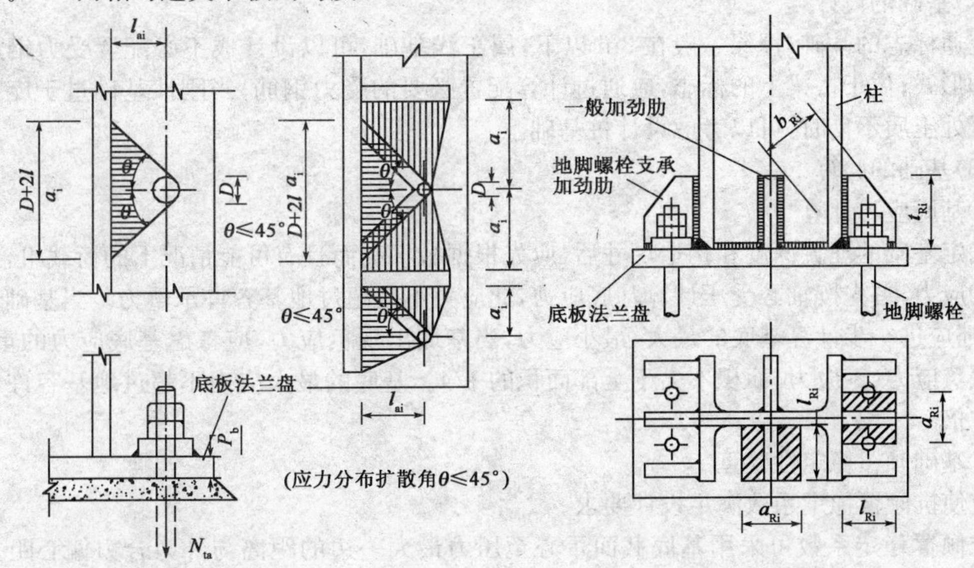

图 29-2-21　承受地脚螺栓拉力的底板法兰盘和主脚加劲肋计算图示

当地脚螺栓拉力 $\overline{N}_{ta}$ 由两个或三个支承边承受时，地脚螺栓拉力相应地由各支承边分担，而每个支承边的有效长度应根据扩散角 $\theta \leqslant 45°$ 来确定。

(4)柱脚加劲肋[图 29-2-21b)]的强度计算可近似地按下列公式计算：

$$\tau_R = \frac{V_i}{h_{Ri} t_{Ri}} \leqslant f_v \tag{29-2-45}$$

$$\tau_f = \frac{V_i}{2h_e l_w} \leqslant f_f^w \tag{29-2-46}$$

式中：V_i——作用剪力，取加劲肋承受底板下混凝土基础的分布反力按悬臂支承得到的剪力（$V_i = a_{Ri} l_{Ri} \sigma_c$）和地脚螺栓拉力所产生的剪力（$V_i = \bar{N}_{ta}$）两者中的较大值者；

a_{Ri}——加劲肋所承受的底板区格宽度；

l_{Ri}——加劲肋所承受的底板区格长度；

σ_c——底板下混凝土基础的分布反力；

h_{Ri}——加劲肋的高度；

t_{Ri}——加劲肋的厚度；

h_e——连接角焊缝的有效厚度；

l_w——角焊缝的计算长度；

f_v——钢材的抗剪强度设计值；

f_f^w——焊缝的抗拉和抗弯强度设计值。

6)基础的设计与验算

(1)基础的设置位置

交通标志的基础，一般设置在压实度良好的土路堤或三角地带，当位置不宜更改时，也可以设置在挖方路段的碎落台或大型桥梁上。

(2)基础的设计

交通标志的基础，埋深一般在3m以下，属于浅基础，可以设计成不必配置受力钢筋的刚性基础形式；位于桥梁上的标志，应通过计算配置必要的受力钢筋；当刚性基础过于庞大或标志位置处土质不良时，可以考虑设计桩基础。

(3)基础的验算

①基底应力计算

确定基础的埋置深度和构造尺寸后，应先根据最不利而且有可能情况下的荷载组合，计算基底的应力，首先按轴心受压计算基底应力，此应力不应超过地基容许承重力。当基础偏心受压时，还应进一步计算基底的最大、最小应力，当基底出现负应力，应考虑基底应力的重分布，但基底负应力（零应力）面积不大于全部面积的1/4。基底的最大应力不超过地基容许承载力的1.2倍。

②基础倾覆稳定性验算

应使抗倾覆稳定系数满足设计要求。

抗倾覆稳定系数可采用基底截面重心至压力最大一边的距离与外力合力偏心距之比来表示。

③基础滑动稳定性验算

抗滑动稳定系数可用基底与土之间的摩擦阻力和水平推力的比值来表示，抗滑稳定应按下式计算：

$$\frac{(N+G)\mu}{P_h} \geqslant 1.2 \tag{29-2-47}$$

式中：P_h——基底上部结构传至基础的水平力设计值；

N——上部结构传至基础的竖向力设计值；

G——基础重力，包括基础上的土重力；

μ——基础底面对地基的摩擦系数，按表 29-2-9 采用。

基底摩擦系数　　表 29-2-9

地基土分类	μ	地基土分类	μ
黏土（流塑～坚硬）、粉土	0.25	软岩（极软岩～较软岩）	0.40～0.60
砂土（粉砂～砾砂）	0.30～0.40	硬岩（较硬岩、坚硬岩）	0.60、0.70
碎石土（松散～密实）	0.40～0.50		

第三节　隧道标线及轮廓标

一、标线、轮廓标的类型及设置方法

1. 标线的主要类型及设计方法

交通标线根据不同分类方式的分类情况见表 29-3-1。

交通标线的分类　　表 29-3-1

分类依据	类　型	说　明	典型图例
功能	指示标线	指示车行道、行车方向、路面边缘、人行道、停车位、停靠站及减速丘等的标线	
	禁止标线	告示道路交通的遵行、禁止、限制等特殊规定的标线	
	警告标线	促使道路使用者了解道路上的特殊情况，提高警觉，准备应变防范措施的标线	
设置方式	纵向标线	沿道路行车方向设置的标线	
	横向标线	与道路行车方向交叉设置的标线	
	其他标线	字符标记或其他形式标线	

续上表

分类依据	类型	说明	典型图例
形态	线条	施画于路面、缘石或立面上的实线或虚线	
	字符	施画于路面上的文字、数字及各种图形、符号	
	突起路标	安装于路面上用于标示车道分界、边缘、分合流、弯道、危险路段、路宽变化、路面障碍物位置等的反光体或不反光体	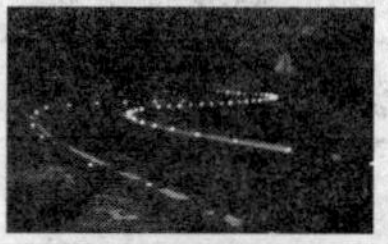
	轮廓标	装于道路两侧，用以指示道路边界轮廓、道路的前进方向的反光柱（或反光片）	
标划方式	白色虚线	画于路段中时，用以分隔同向行驶的交通流；画于路口时，用以引导车辆行进	
	白色实线	画于路段中时，用以分隔同向行驶的机动车、机动车和非机动车，或指示车行道的边缘；画于路口时，用作导向车道线或停止线，或用以引导车辆行驶轨迹；画为停车位标线时，指示收费停车位	
	黄色虚线	画于路段中时，用以分隔对向行驶的交通流或作为公交车专用车道线；画于交叉口时，用以告示非机动车禁止驶入的范围或用于连接相邻道路中心线的路口导向线；画于路侧或缘石上时，表示禁止路边长时停放车辆	
	黄色实线	画于路段中时，用以分隔对向行驶的交通流或作为公交车、校车专用停靠站标线；画于路侧或缘石上时，表示禁止路边停放车辆；画为网格线时，标示禁止停车的区域；画为停车位标线时，表示专属停车位	
	双白虚线	画于路口，作为减速让行线	
	双白实线	画于路口，作为停车让行线	
	白色虚实线	用于指示车辆可临时跨线行驶的车行道边缘，虚线侧允许车辆临时跨越，实线侧禁止车辆跨越	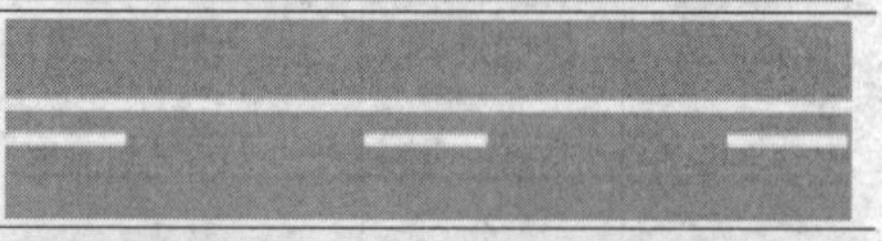
	双黄实线	画于路段中，用以分隔对向行驶的交通流	

续上表

分类依据	类　型	说　　明	典 型 图 例
标画方式	双黄虚线	画于城市道路路段中，用于指示潮汐车道	
	黄色虚实线	画于路段中时，用以分隔对向行驶的交通流。实线侧禁止车辆越线，虚线侧准许车辆临时越线	
	橙色虚、实线	用于作业区标线	
	蓝色虚实线	作为非机动车专用道标线；画为停车位标线时，指示免费停车位	
	其他路面线条、图形、图案、文字、符号、突起路标、轮廓标等		

2.轮廓标的设计方法

(1)基本原理

轮廓标是一种指示设施而不是警告设施。轮廓标的反射体与汽车前照灯及驾驶人视线的几何关系如图 29-3-1 所示。驾驶人从反射器正面驶来，由远至近逐渐接近并从侧面通过。

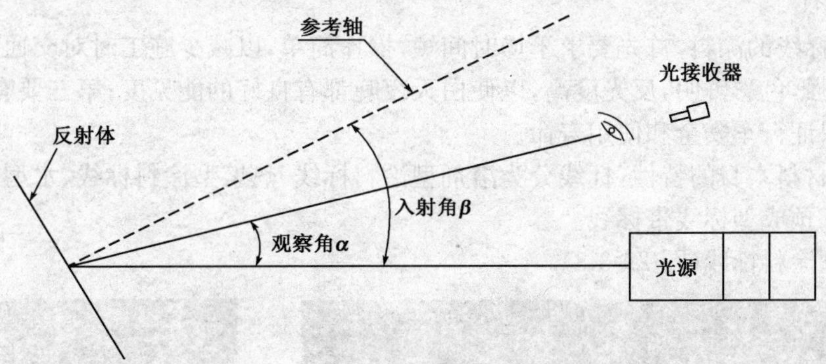

图 29-3-1　反射体与灯光、驾驶人视线的关系

在这个过程中，反射体的入射角由于线形的关系，有可能在很大范围内变化。相反，观察角的变化却很小。入射角的变化可以影响反射器的亮度。因此，在公路上使用的反射体必须保持均匀、恒定的亮度，不允许闪耀，也不允许当入射角在某一范围时突然变亮或变暗。保持足够的反射亮度是轮廓标反射器必须具有的光学性能。

一般在静止条件下，用行驶光束（远光灯）照射轮廓标反射体时，驾驶人能在 500m 处发现，在 300m 处能清晰地看见；用交会光束（近光灯）照射时，驾驶人可在 200m 处发现，在 100m 处能清晰地看见。

(2)设置要求

高速公路、一级公路的主线及其进出匝道，应全线连续设置轮廓标。轮廓标在公路前进方向左、右侧对称设置。

二级及以下等级公路的视距不良路段、设计速度大于等于60km/h的路段、车道数或车道宽度有变化的路段及连续急弯陡坡路段宜设置轮廓标。

直线路段设置间距不应超过50m，曲线路段和匝道处设置间距不应大于规范的规定。公路路基宽度、车道数量有变化的路段及竖曲线路段，可适当加密轮廓标的间隔。

轮廓标反射体应面向交通流，其表面法线应与公路中心线成0°～25°的角度。

各种类型的轮廓标设置高度宜保持一致，轮廓标反射体中心线距路面的高度应为60～70cm。有特殊需要时，经论证可以采用其他高度。

(3)注意事项

设置隧道内轮廓标时，应充分考虑到隧道的特点，在设置位置、尺寸、形式等方面均应具有针对性，使之能够清晰显示隧道内的行车轮廓，避免错误诱导。隧道内能见度较低，且污染物较多，车道边缘线和突起路标易受污损而降低反光效果，轮廓标成为隧道内视线诱导的重要设施。但目前，隧道内轮廓标多固定于隧道侧壁，虽然安装方便，但容易给驾驶人造成错觉，误以为轮廓标所指示的为行车道边缘，而造成事故和二次事故。为了避免视线诱导的不当，除了在隧道侧壁设置附着式轮廓标外，还应在检修道边缘设置反光标记，或者设置弹性柱式轮廓标，向驾驶人提供更为完善的视线诱导，见图29-3-2。

二、材料要求

标线涂料、轮廓标的材料性能和技术要求。

1.标线涂料

用于公路标线的涂料，首先要求干燥时间短，操作简单，以减少施工时对交通的干扰；其次要求反射能力强，色彩鲜明，反光度高，以使白天夜晚都有良好的能见度；第三要有良好抗滑性和耐磨性，以保证行车安全和使用寿命。

按照标线材料本身的特性，标线分为溶剂型涂料标线、热熔型涂料标线、水型涂料标线、双组分涂料标线、预成型标线带标线。

(1)溶剂型涂料标线(图29-3-3)

图29-3-2　国外某隧道内的轮廓诱导

图29-3-3　溶剂型涂料标线

溶剂型涂料标线又可分为常温型和加热型两类。常温型是一种早期出现的传统标线涂料，涂料为液态，含有大量的易挥发性溶剂，固体成分一般在60%～70%，多采用喷涂方式施工，采用的树脂有酯胶、氯化橡胶、改性醇酯、丙烯酸树脂等，我国主要采用丙烯酸树脂。加热溶剂型标线是对传统常温溶剂型涂料标线的改进，固含量提高至85%以上，施工时需要对涂料进行加热。加热溶剂型涂料标线未能在我国推广使用。

常温溶剂型公路标线涂料为传统标线涂料，该涂料干燥慢，使用寿命短，成本低，在我国城市道路及一般公路广泛使用。常温溶剂型标线材料组分如表 29-3-2 所示，其技术指标如表 29-3-3 所示。

常温溶剂型标线材料组分　　表 29-3-2

体质颜料	35%～45%
着色颜料	10%～15%
添加剂	2%～5%
合成树脂	15%～20%(液体合成树脂 30%～40%)
溶剂	30%～40%(固体树脂用)(液体树脂用 20%～30%)

常温标线漆技术指标　　表 29-3-3

颜色	白色、黄色	颜色	白色、黄色
干膜厚度	200～220μm	理论涂布量	400～410g/m²
固体含量	60%	玻璃珠	200～300g/m²
密度	约 1.5～1.6kg/cm³	不粘轮胎时间	≤15min
湿膜厚度	270～300μm		

(2)热熔型涂料标线

热熔型公路标线是指由热塑性树脂、颜色填料和添加剂等混合而成。物理形态为固态，施工时将涂料加热熔化(温度控制在 180～220℃)成熔融状态再涂敷于路面，随后自然冷却成固体附着于路面。

热熔型反光道路标线涂料干燥快，涂膜厚，使用寿命长，反光持续性好，目前在我国高等级公路占统治地位。

热熔型反光标线涂料是一种优良的道路标线材料，它比以往我们采用的道路用标线材料具有更大的适用性，它的成分中无溶剂挥发，靠加热使粉状涂料熔融，成膜依靠物理冷凝固化。干燥速度极快，一般不超过 3min，耐久耐磨性好，白天色彩分明，夜间利用回归反射原理反光，表面布有玻璃珠，夜晚车辆驶过时驾驶人与乘客顺车灯照射方向望去特别醒目明亮，同时在不同的底色反衬下十分美观。这样一种视觉感观将大幅减轻驾驶人视觉疲劳，使其不会因黑暗看不清路面而降低车速，夜间事故率大幅降低。

热熔型道路标线涂料的最主要的原料是热塑型树脂，其特点是具有速干性，加热熔融时应具有适当的黏度，热塑型树脂要求软化点在 85～120℃，颜色较淡，在 180～230℃无显著热劣化，耐候性好，在野外露天放置无显著变黄、变脆现象。结合我国地域广阔，气候多样性和路面特点，热熔型反光涂料可以用于高低纬度各地区，在各季节施工使用，在各种路面上均显现出极强的附着力，性能稳定，色度、亮度及反光度可长久保持。热熔型标线涂料组分见表 29-3-4。

热熔型标线涂料组分　　表 29-3-4

体质颜料(填料)	45%～60%	合成树脂	15%～20%
着色颜料	5%～10%	玻璃珠	18%～23%
添加剂	3%～5%		

热熔型标线按照施工方式不同分为刮涂型、喷涂型和振荡型三种。

热熔刮涂型标线涂料是我国道路标线涂料中用量最大的一种，所需施工设备相对简单，涂膜厚度可以控制在1.5～2.5mm之间，是一种耐久性标线材料。

热熔喷涂型标线涂料是在传统热熔标线材料的基础上，改进涂料本身的特性，使涂料在熔融后黏度小，易于喷涂，涂膜厚度可以控制在0.8～1.2mm之间，可以节省材料，降低造价。热熔喷涂通常采用低压有气或离心式施工，但是低压喷涂形成的标线有毛边，表面不均匀(两边薄、中间厚、标线幅宽不均匀)，离心式形成的标线幅宽一致，边缘整齐，但是施工速度慢。

热熔振荡型反光标线涂料是在热熔型的基础上发展而来，主要通过对原有热熔型标线涂料流体特性的改进，使其在熔融状态下有优良的触变性能，采用挤出式专用设备施工，在标线表面形成有规则或无规则的凹凸块，使标线具有振动功能和雨夜反光功能(图29-3-4)。可用作减速、振动、警示、雨线等用途，形式有排骨式、圆点式、雨槽式。目前减速线、边线在高速公路上已得到广泛应用。

图 29-3-4　热熔振荡型反光标线

(3)水性涂料标线

水性涂料标线也叫水基型标线，以水为溶剂，以水溶性或水乳性树脂作为基料，并配以其他颜料、填料、助剂而成，与溶剂型标线不同之处在于以水为溶剂，靠水蒸发成膜，多采用喷涂方式施工，是一种新型的环保涂料，比传统的溶剂涂料固含量高，VOC(挥发性有机物)含量低，对反光玻璃微珠有很好的黏结力，涂膜的耐磨性高，施工简便、快速，设备容易清洗，在发达国家如美国已经大量使用。在我国，由于施工工艺和材料问题，造成对路面的黏结力及耐水性差，造成应用效果不理想，且造价较热熔型涂料标线高，因此在我国仍处于开发和推广阶段。由于挥发性有机物低，水性道路标线涂料解决了道路标线涂料的污染问题，对环境保护非常有意义，应加强研制相关的施工设备和控制工艺，提高耐水性和与路面黏合力，从而大力推广。

(4)双组分公路标线涂料

双组分公路标线涂料又称为反应型公路标线材料，通常有以环氧树脂、脲醛树脂、聚氨酯树脂、低分子量具有反应活性的MMA型树脂为基料几个类型。施工时，不同组分按照一定比例进行混合并涂敷于路面，两组分进行交联固化反应而形成一层耐久性涂层，与其他材料的最大不同之处在于成膜时通过化学反应而固化，其他材料为物理固化，见图29-3-5。双组分属于耐久性标线，主要施画方式为喷涂，膜厚0.5～0.7mm，也可采用刮涂，膜厚为1.5～2mm，因材料价格高，在我国没有大量应用。近年来兴起一种点状标线，点状高度小于5mm，这种标线材料用量少，价格适中，并且这种标线具有雨夜反光性能，在欧洲市场占有率较高，我国正在试验性应用。

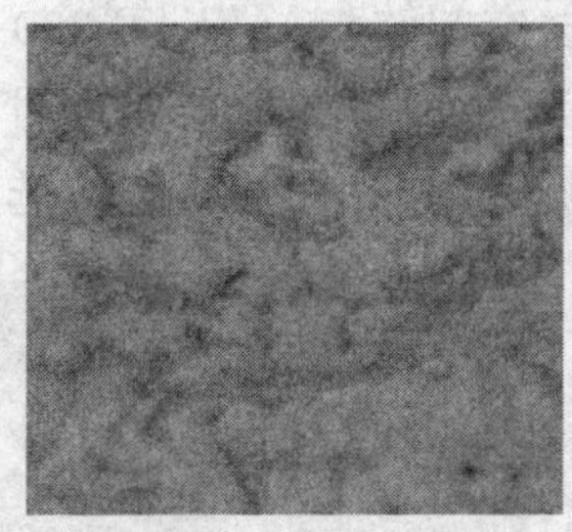

图 29-3-5　双组分公路标线涂料

(5)预成型标线带

预成型标线带是指在工厂里预先将标线材料制作成型，标线带表面嵌入玻璃微珠，可反光，标线带有背胶，直接粘贴在干净的水泥或混凝土路面上，见图 29-3-6。标线带可分为两类：一种是永久性标线带，使用寿命长，只能使用一次，一旦粘贴于路面，便长期使用直到磨损完。另外一种是临时性标线带，使用寿命短，使用一段时间后可撕下来，主要供临时使用，便于清除。一般成卷生产和运输，这种标线优点是节省材料，施工简单，没有开裂和接缝问题，缺点是造价高；主要用于公路上文字、箭头、图案等的粘贴。

图 29-3-6　预成型标线带

随着技术的发展，现在新开发一种雨夜防滑成型标线，在下雨天，由于雨水的反光，形成一种“光线在雨幕中穿行”的景象，使驾驶人不易区分反光、倒影和真实物体轮廓，这种雨夜防滑成型标线，可以提供公路轮廓，缓解这种情况。

标线带的技术要求应符合《道路预成形标线带》(JT/T 493—2003)的规定。

2. 突起路标

突起路标也是标线的一种特殊形式，突起路标俗称道钉，由壳体和反射体两部分组成。壳体材料通常采用金属和工程塑料，反射体采用反光膜、玻璃微珠、塑料棱镜反射片等，道钉反光亮度高，雨夜能反光，通常配合标线使用，也可单独使用，多安装于弯道、出入口、桥梁隧道等需要特别提示的路段。

突起路标的色度性能、逆反射特性、机械性能、耐候性能、耐盐雾及耐腐蚀性能等均应满足现行交通行业标准《突起路标》(JT/T 390—1999)的规定。反光突起路标的颜色与标线的颜色一致。突起路标与涂料标线配合使用时,应选用定向反光型,其颜色应与标线颜色一致。设置于路面中心线、隧道内的突起路标,应选用双面反光型,见图 29-3-7。

图 29-3-7 反光突起路标

3. 轮廓标

设置于土中的柱式轮廓标,由柱体、反射体组成。柱体为白色,反射体规格为 4cm×18cm,可由反光片、反光膜制作,反光等级应为二级以上。附着式轮廓标由反射体、支架和连接件组成。反射体可由反光片、反光膜制作,反光等级应为二级以上。在一些气候条件较恶劣的情况下,为了使轮廓标更加醒目,可以采用反光性能更高、体积更大的反射体。

第三十章　隧道安全风险评估与管理

第一节　概　　述

一、公路隧道安全风险评估意义

随着我国经济的日益发展,公路隧道工程越来越多。公路隧道是高风险工程,它具有一次性不可逆修建、投资大、建设周期长、不确定影响因素多、损失后果严重、风险关系复杂、风险管理难度大、建设各方均有风险,但各方风险不尽相同等特点。在国内外已建和在建公路隧道工程中发生了大量的安全风险事故,造成了巨大的经济损失和人员伤亡,延误了建设工期,造成了不良的社会影响。例如,成渝高速公路缙云山隧道在施工过程中,因地质构造复杂,节理发育,加上地下水及断层破碎带的影响,先后发生了 5 次较大规模的塌方,其中最严重的塌方范围长达 10～14m,宽 2m,坍塌高度 18～25m,塌方量达 4 000～5 000m^3。整个塌方处治历时 5 个月之久。2005 年 12 月 22 日 14 时 40 分,四川省都江堰至汶川高速公路董家山隧道工程发生特别重大瓦斯爆炸事故,造成 44 人死亡,11 人受伤,直接经济损失 2 035 万元。2007 年 11 月 20 日,在建的宜万铁路高阳寨隧道口发生特大坍塌事故,导致 32 人死亡,造成了严重不良社会影响。

隧道工程的高风险已为众人所熟知。在国外,由于隧道工程的高风险与不确定性,很多保险公司不愿为隧道建设工程承保。但通过对大量的隧道工程安全事故的调查与分析,可以发现除了隧道工程本身由于地质条件的复杂性而导致的风险外,更多的事故原因可能还是管理不当。隧道工程是一项复杂的系统工程,涉及多学科、多工种、多单位、多人员、设备复杂、管理复杂,以往的项目管理已经难以有效处理工程潜在的风险。基于系统的工程风险管理是在传统项目管理的基础上,采用风险理论与方法,对复杂项目中潜在的风险进行辨识、分类、分析、评估,进而对各种风险进行科学、合理的控制,从而实现工程建设的安全与经济。隧道工程设计的安全风险评估与管理,其意义主要体现在以下几个方面。

(1)国家"以人为本"理念逐步深入民心。在工程建设过程中,以人为本的安全理念得到充分的认可,减少人员伤亡,保证工程的安全成为工程建设的前提。

(2)有利于减少工程事故的发生。公路隧道多位于山区、工程施工环境复杂,工程建设存在着大量不确定性因素,易发生事故。通过公路隧道工程进行风险分析,可以找到引起工程风险事故的主要风险因素,从而采取有针对性的规避措施,建立科学有效的预警系统,尽可能减小其损失。

(3)帮助决策者进行科学的决策。风险分析的最终目的是为各类决策者提供决策依据,从决策者的角度来说,其价值可以体现在决策者决策时信心的增强、对工程进展情况的掌控、重大风险点规避以及对资金流向的有效控制上。

(4)为工程保险提供参考依据。通过对公路隧道的风险分析,可为此类工程的保险范围、保费和保额提供直接依据。

二、国内外公路隧道工程安全风险评估现状

目前隧道工程风险研究大致可归纳为两方面内容:一是基于工程管理对隧道工程风险管理理论进行研究;另一方面是针对风险管理中重要环节——风险评估进行研究,即从概率、可靠度、力学角度和工程经济角度对风险事件的发生概率和损失进行研究。

Nilsen B 等通过大量实际隧道工程的风险管理研究,提出了适用于公路隧道工程风险评估工作开展的流程。Stuzk R 等提出了一种适合多目标决策的重要性加权方法。Faber 把岩土工程风险事故后果分为直接经济损失(建筑物损坏、产品损坏)、间接经济损失(使用延期、不便、失业)、人员伤亡、环境破坏等。2004 年,国际隧道协会(International Tunnelling Association,ITA)发布了隧道工程风险管理指南。

国内对公路隧道风险评估的理论及其应用的研究相对起步较晚。王燕用事件树方法估计事故可能性,用层次分析法估计事故可能损失,运用风险矩阵法进行塌方风险综合评价。范玉祥等采用模糊数学的方法,对隧道施工期的安全风险进行了评估。陈龙对岩石隧道修建过程中风险因素进行了分类,并给出了一些处理措施。黄宏伟、由广明、郭甲祥、朱鹏飞等在隧道风险管理方法和体系方面开展了大量的研究工作。有关隧道工程的系统化安全风险评估,目前国内外已经结合具体的隧道工程,开展了大量理论与实践相结合的研究,取得了丰硕的成果。2002 年"上海崇明越江通道工程风险分析研究"、2006 年交通运输部西部科技项目"山区高速公路工程风险分析与控制对策研究"等项目的开展,推动了隧道工程的安全风险评估研究。2007 年,建设部颁布实施《地铁及地下工程建设风险管理指南》、同年,铁道部颁布实施《铁路隧道风险评估与管理暂行规定》,2010 年交通运输部颁布实施《公路桥梁和隧道工程安全风险评估指南》(试行),住房和城乡建设部《城市轨道交通地下工程风险管理规范》正在制定中。

三、目前存在的问题

虽然公路隧道的风险评估得到了各国学者的高度关注,并取得了大量研究成果,但由于隧道工程的客观复杂性,不少研究者和管理单位对风险研究在认识上仍存在误区,在实施过程中不完善、不规范。目前在公路隧道风险管理方面主要存在以下问题:

(1)缺乏规范完善的安全风险管理体系,技术指南和标准还不能满足管理要求。

(2)部分工程存在不合理的建设指标,如不合理的工期、造价、方案等。

(3)缺乏相关的历史统计资料,使得评估风险时的概率值存在较大的偏差。

(4)风险指标与力学计算结合不够。风险指标往往通过专家调查法等主观方法得到,缺少必要的数学力学理论分析以及现场或室内试验,使得风险指标的可靠性和准确性存在不足,因而难以实现真正的风险定量分析。

(5)安全风险管理是一个动态的过程,对于公路隧道来说,有很多风险事件的发生是有先兆的,而不是完全随机的。如何把监测数据和预警指标进行有机的结合,以及如何把预警预案系统融入公路隧道工程的建设与风险管理中亦有待深入研究。

(6)对风险决策的认识存在误区。认为风险越小越好是错误的,因为减少风险是有代

价的。

(7)对风险控制认识不够。保险不是风险处理的唯一方式。购买保险只是一种转移风险的方式,但并不是买了保险就安全了。

(8)目前的风险评估结果大多基于经验,因而存在一定的局限。

(9)尚没有建立一套完整的隧道工程风险评估体系,因而无法对不同的隧道工程进行定量化的风险评估与横向比较,在工程实践中还存在操作性困难。

由此可见,亟需对工程风险管理理论与技术开展全面普及和提高。首先应该了解风险和工程风险评估的概念,掌握基础工程风险分析和控制的方法,以及在具体工程中的运用。这将有助于我国工程风险管理做到理论更成熟,操作更标准,方法更先进。

第二节　风险管理的基本原理

一、安全风险的定义

"风险",源于法文的 rispue,在 17 世纪中叶被引入到英文,拼写成 risk,到 18 世纪前半期,"risk"一词开始出现在保险交易中。一方面风险是客观存在的,是不以人的意志为转移的。另一方面风险也是一个极为抽象的概念,不同的人研究的角度不同,对风险的看法和给出的定义也不尽相同。一般来说,风险的定义大致可分为两类:第一类定义强调风险的不确定性,称为广义风险;第二类定义强调风险损失的不确定性,称为狭义风险。针对不同的行业、研究领域、实际需要、研究角度,对风险的定义可能各不相同。

对于公路隧道工程,将其安全风险定义为:在公路隧道工程项目的建设中,一些事件能否发生是不确定的,而一旦发生,将给工程建设者(业主、承包人、施工方等)和第三方的预期利益带来损害,这样一类潜在事件即为公路隧道工程的安全风险。

二、风险管理步骤与流程

风险管理(Risk Management)一词最初是由美国的肖伯纳博士于 1930 年提出。在风险管理的发展过程中,由于不同的学者对风险管理的出发点、目标、手段和管理范围等强调的侧重点不同,从而形成了不同的学说。其中最具代表性的学说有美国学说和英国学说。

美国学者通常从狭义的角度解释风险管理,他们把风险管理的对象局限于纯粹风险,且重点放在风险处理上。Jerry S. Rosenbloom 把风险管理定义为:风险管理是处理纯粹风险和决定最佳管理方法的一套技术。

英国学者对风险的定义则侧重于对经济的控制和处理程序方面。英国伦敦特许保险学会的风险管理教材,给风险管理下的定义为:为了减少不确定事件的影响,对企业各种业务活动资源的计划、安排和控制。

我国台湾学者袁宗慰则定义为:风险管理是指在对风险的不确定性及可能性等因素进行考察、预测、收集分析的基础上制定出包括识别风险、衡量风险、积极管理风险、有效处置风险及妥善处理风险所致损失等一整套系统而科学的管理方法。

我国大陆学者李中斌[14]把风险管理定义为研究风险发生规律和风险技术的一门新兴管理科学,各经济单位通过风险识别、风险估测、风险评价,并在此基础上优化组合各种风险管理技术，对风险实施有效的控制和妥善处理风险所致的后果，期望达到以最少的成本获得最大安全保障的目标。

结合隧道工程特点，公路隧道工程风险管理一般包括以下几个过程。

(1)风险辨识：它是公路隧道工程风险管理的第一步，是通过全面的、系统的分析，归纳和整理各种统计资料，对风险的类型及风险的生成原因、可能的影响后果做定性估计。如施工中可能遇到的风险有突水涌泥、隧道塌方、洞口失稳、围岩变形过大、岩爆等。以突水涌泥为例，引起隧道内突水涌泥的相关因素有很多，如隧区地形地貌、地质构造、地层岩性、岩溶、开挖方法等。可能导致工程损失或人员伤亡，还有可能诱发次生地质灾害。

(2)风险估计：它是在风险辨识的基础上，通过分析预判风险事件发生的可能性和相应的损失后果。风险估计是对风险的定量化分析。常用的方法有利用概率统计理论、数值分析、专家调查等方法等。对公路隧道工程来说，可根据事故统计资料对风险的发生概率和损失进行估计，没有事故统计资料时，可采用专家调查法进行估计。

(3)风险评价：它是在风险辨识和风险估计的基础上，对风险发生的概率、损失程度和其他因素进行综合考虑，得到描述风险的综合指标——风险等级或其他目标参数，以便对公路隧道工程的单个风险因素进行重要性排序，并根据风险接受准则对工程项目的总体风险进行评价。

(4)风险控制：在管理者对工程中潜在的风险和损失有了较完备的了解的基础上。选择行之有效的策略，力图回避风险或使风险所造成的负面效应降到最低的程度。一般的风险控制的手段分为四种，即风险消除(回避)、风险降低(控制)、风险转移(分散)、风险自留(接受)。

(5)风险监控：即对公路隧道工程项目风险的监视和控制。跟踪已识别的风险，监视残留风险和识别新的风险，严格执行风险规避措施并适时调整，密切关注这些措施对降低风险的有效性，实现动态风险管理。

公路隧道工程风险管理流程如图 30-2-1 所示。必须注意的是，在施工中这个流程是动态循环的。

三、安全风险分析与评估所需资料

隧道工程安全风险分析与评估所需要的资料大致如下所列。

1.法律法规

与公路隧道工程相关的国家法律法规，如《建设工程勘察设计管理条例》(国务院令第 293 号)等。

2.部门规章

与重大公路隧道工程相关的部门规章，如《关于开展重大危险源监督管理工作的指导意见》(安监管协调字[2004]56 号)、《公民防范恐怖袭击手册》(公安部 2008)等。

3.国家、行业标准

与公路隧道工程相关的国家、行业标准，如：《公路桥梁和隧道工程安全风险评估指南》(试行)、《公路隧道设计规范》(JTG D70—2004)、《公路勘测规范》(JTG C10—2007)、《公路项目安全性评价指南》(JTG/T B05—2004)、《公路隧道施工技术规范》(JTG F60—2009)等。

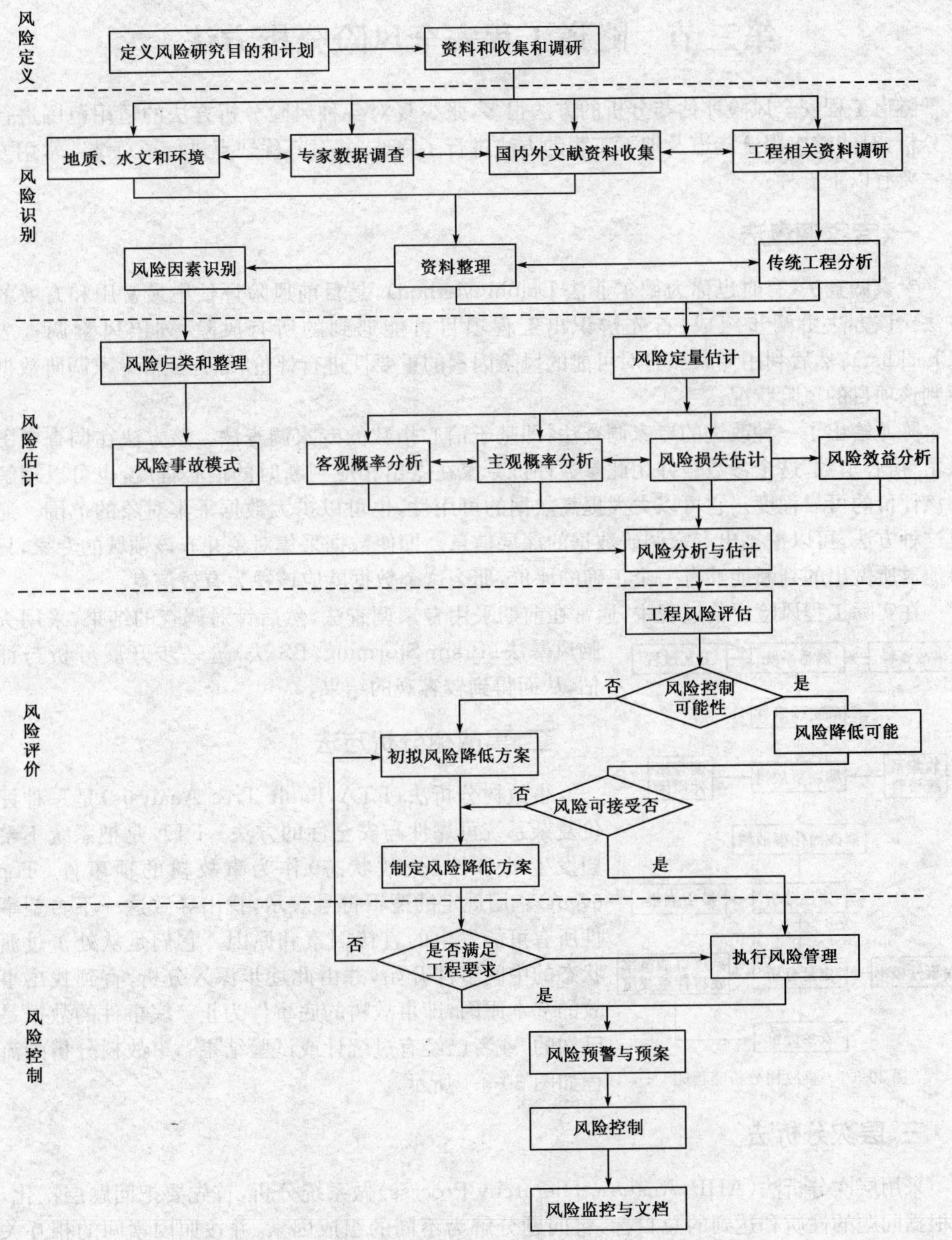

图 30-2-1　公路隧道工程风险管理流程

4. 工程设计文件

工程所有资料，包括工程背景、工程水文地质资料、设计资料、气象资料、周围环境资料、工程已有的研究报告等。

第三节　隧道工程安全风险分析方法

隧道工程安全风险评估与分析的方法很多，张少夏对各种风险分析方法的适用范围进行了分析，对能够应用于隧道及地下工程的方法进行了筛选，并对其优缺点进行了总结。常用方法主要有以下五种。

一、专家调查法

专家调查法（有时也称为德尔菲法 Delphi Method），是目前风险评估中最常用和有效的方法。该方法由两步组成：首先辨识出工程项目可能遇到的所有风险，列出风险调查表（Checklist）；然后利用专家经验对可能的风险因素的重要性进行评价，综合分析专家调研数据评判该项目的风险状况。

陈龙给出了一种改进的专家调查法，即基于信心指数的专家调查法。该方法在调查中引入了“信心指数”这个参数。并用此参数评价专家在做出相应判断时的信心程度，也可以理解为该评价的可靠程度。它可以大大提高数据的可用性，也可以扩大数据采集对象的范围。通过这种方法，可以挖掘出专家调研数据的深层信息。即使数据采集对象并非该领域的专家，只要他对所做出的判断能够有一个正确的评价，那么这个数据就应该视为有效信息。

在实际工程风险评估过程中，通常在前期采用专家调查法，然后针对调查的结果，采用头脑风暴法（Brain Storming，BS 法）进一步开展分析与评估，从而得到较客观的结果。

二、事故树分析方法

事故树分析法（FTA，Fault Tree Analysis）是一种评价复杂系统可靠性与安全性的方法。FTA 是把系统不希望发生的事件（失效状态）作为事故树的顶事件（Top event）。用规定的逻辑符号表示，找出导致这一不希望事件所有可能发生的直接因素和原因。它们是从处于过渡状态的中间事件开始，并由此逐步深入分析，直到找出事故的基本原因，即事故树的底事件为止。底事件的数据是已知的，或者已经有过统计或试验结果。事故树分析的流程如图 30-3-1 所示。

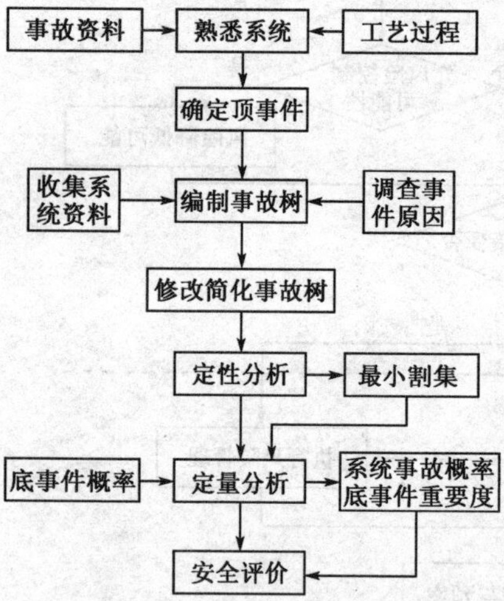

图 30-3-1　事故树分析流程图

三、层次分析法

采用层次分析法（AHP，Analytic Hierarchy Process）做系统分析，首先要把问题层次化，即根据问题的性质和达到的总目标，将问题分解为不同的组成因素，并按照因素间的相互关联、影响以及隶属关系将因素按不同层次聚集组合，形成一个多层次的分析结构模型，并最终把系统分析归结为最底层（供决策的方案措施等）相对于最高层（总目标）的相对重要性权值的确定或相对优劣次序的排序问题。该方法能把定性因素定量化，并能在一定程度上检验和减少主观影响，使评价更趋科学化。具体分析步骤如下：

(1)分析系统中各因素之间的关系,建立系统的递阶层次结构。

(2)对同一层次的各元素关于上一层次中某一准则的重要性进行两两比较,构造两两比较判断矩阵。

(3)由判断矩阵计算被比较判断元素对于该准则的相对权重。

(4)计算各层元素对系统目标的合成权重,并进行排序。

四、蒙特卡罗方法

蒙特卡罗方法以大量的随机抽样为主要手段,用以处理多种不确定性问题。对于一个系统,当输入一个变量后,输出的结果就是一种可能的状况。拟合输入变量使之服从某种概率分布,经过大量的抽样计算并统计结果,可以计算出某事件的概率。具体的分析步骤如下:

(1)分析系统的各影响因素和评估目标间的关系,将其用一种数学模型拟合并检验。将各影响因素视为输入变量,并拟合为某种概率分布的数据。

(2)根据计算的精度和模型本身特点,确定抽样的数量,并选取合适的抽样方法。

(3)把抽样点输入模型计算,得到输出的结果。

(4)统计输出结果以形成对评估目标的分布。得出相应的概率和估计精度。

除以上常用方法外,风险评估与分析的方法还有:决策树法、工程区域实地探勘与调研分析、危险源辨识(HAZID)、危害与可操作性分析(HAZOP)、事故类型及影响分析(FMEA)、多重风险分析(MultiRisk Analysis)、数值模拟与分析等。

五、模糊综合评判方法

用于风险的概率和损失估测。

模糊综合评估法是采用模糊理论和最大隶属度原则对多因素系统进行评价的一种方法,一般步骤为:

(1)对评估项目进行综合分析,建立风险事件的评价指标体系。

(2)建立风险事件等级评估矩阵。

(3)确定各风险因素的权重。

(4)进行单因素或者多因素综合评估,得到风险评估矩阵。

(5)利用最大隶属度原则,确定风险等级。

该方法可以通过计算得出目标风险的量化指标,但计算较复杂,难度较大。

第四节　安全风险评估与控制

一、安全风险等级划分及接受准则

为了将原本“隐形”的风险可视化,进一步指导风险决策的开展,需对不同的风险事件进行风险等级划分。一般来说,风险可表征为风险事件发生的概率和事故损失的乘积。依据交通运输部《公路桥梁和隧道工程设计安全风险评估指南(试行)》,给出风险事件概率和损失的等级评定标准,以及针对风险事件的等级划分标准和接受准则。

1. 风险等级标准

依据风险发生的概率(频率)的大小,风险的发生概率分为五级,如表 30-4-1 所示。

风险发生概率等级标准　　表 30-4-1

等　级	定量判断标准(概率区间)	定性判断标准
1	$P_f<0.0003$	几乎不可能发生
2	$0.0003\leqslant P_f<0.003$	很少发生
3	$0.003\leqslant P_f<0.03$	偶然发生
4	$0.03\leqslant P_f<0.3$	可能发生
5	$P_f\geqslant 0.3$	频繁发生

注:1. P_f 为概率值,当概率值难以取得时,可用年发生频率代替。
2. 风险发生概率等级应优先采用定量判断标准确定。当无法进行定量计算时,可采用定性判断标准确定。

对于公路隧道工程,一旦风险发生就会对工程本身、第三方或周边环境造成损失,考虑不同损失严重程度的不同,建立风险损失的等级标准,风险损失等级分为 1、2、3、4、5 级。按人员伤亡等级、经济损失等级及环境影响等级等因素确定。当多种损失同时产生时,应采用就高原则确定风险损失等级。

(1)人员伤亡等级的判断标准见表 30-4-2。

人员伤亡等级判断标准　　表 30-4-2

等　级	判 断 标 准
1	重伤人数 5 人以下
2	3 人以下死亡(含失踪)或 5 人以上 10 人以下重伤
3	3 人以上 10 人以下人员死亡(含失踪)或 10 人以上 50 人以下重伤
4	10 人以上 30 人以下人员死亡(含失踪)或 50 人以上 100 人以下重伤
5	30 人以上人员死亡(含失踪)或 100 人以上重伤

注:1. 本表参考了国务院《生产安全事故报告和调查处理条例》和《企业职工伤亡事故分类标准》(GB 6441—86)。
2. "以上"包含本数,"以下"不包含本数,下同。

(2)经济损失等级的判断标准见表 30-4-3。

经济损失等级判断标准　　表 30-4-3

等　级	判 断 标 准
1	经济损失 500 万元以下
2	经济损失 500 万以上 1 000 万元以下
3	经济损失 1 000 万以上 5 000 万元以下
4	经济损失 5 000 万以上 10 000 万元以下
5	经济损失 10 000 万以上

注:1. 参考国务院《生产安全事故报告和调查处理条例》。
2. 对总造价较低的工程,如石拱桥等,可采用相对经济损失进行判定。

(3)环境影响等级的判断标准见表 30-4-4。

环境影响等级判断标准　　表 30-4-4

等　级	判 断 标 准
1	涉及范围很小,无群体性影响,需紧急转移安置人数 50 人以下
2	涉及范围较小,一般群体性影响,需紧急转移安置人数 50 人以上 100 人以下
3	涉及范围大,区域正常经济、社会活动受影响,需紧急转移安置人数 100 人以上 500 人以下
4	涉及范围很大,区域生态功能部分丧失,需紧急转移安置人数 500 人以上 1 000 人以下
5	涉及范围非常大,区域内周边生态功能严重丧失,需紧急转移安置人数 1 000 人以上,正常的经济、社会活动受到严重影响

注:本表参考了《建设项目环境保护管理条例》和《中华人民共和国环境影响评价法》。

2. 风险矩阵

根据不同风险发生的等级和事故损失,建立风险等级表,如表 30-4-5 所示。

风 险 等 级 表　　表 30-4-5

风险发生概率	风 险 损 失				
	1	2	3	4	5
1	Ⅰ	Ⅰ	Ⅱ	Ⅱ	Ⅲ
2	Ⅰ	Ⅱ	Ⅱ	Ⅲ	Ⅲ
3	Ⅱ	Ⅱ	Ⅲ	Ⅲ	Ⅳ
4	Ⅱ	Ⅲ	Ⅲ	Ⅳ	Ⅳ
5	Ⅲ	Ⅲ	Ⅳ	Ⅳ	Ⅳ

3. 风险接受准则

不同等级的风险需采用不同的风险管理和控制措施,结合风险评估矩阵,不同等级风险的接受准则和相应的控制对策建议,如表 30-4-6 所示。

风 险 接 受 准 则　　表 30-4-6

风 险 等 级	要　求
Ⅰ	风险水平可以接受,当前应对措施有效,不必采取额外技术、管理方面的预防措施
Ⅱ	风险水平有条件接受,工程有进一步实施预防措施以提升安全性的必要
Ⅲ	风险水平有条件接受,必须实施削减风险的应对措施,并需要准备应急计划
Ⅳ	风险水平不可接受,必须采取有效应对措施将风险等级降低到Ⅲ级及以下水平;如果应对措施的代价超出项目法人(业主)的承受能力,则更换方案或放弃项目执行

二、安全风险评估

安全风险评估的基本流程为:

(1)充分了解所需要评估的工程状况,尽可能收集相关的资料。

(2)划分评价层次单元和重要专题。

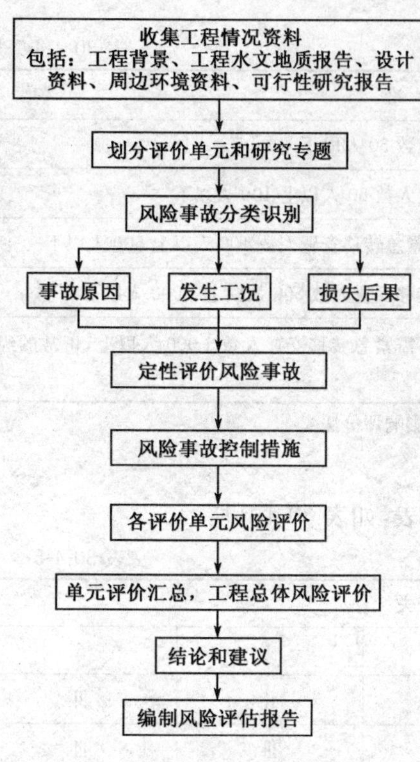

图 30-4-1 安全风险评估流程图

(3)对各评价单元的可能发生的风险事故进行分类辨识。

(4)对各风险事故的原因、发生工况、损失后果进行分析。

(5)采用定性与部分定量的评价方法对风险事故进行评价。

(6)对各风险事故提出建议性控制措施。

(7)对各评价单元的风险进行评价。

(8)将各评价单元的评价进行汇总,从而对工程的总体风险进行评价。

(9)给出结论和建议。

(10)编制风险评估报告。

工程风险评估的流程如图 30-4-1 所示。

三、风险控制措施

在公路隧道工程施工中,风险是实时存在的,工程风险辨识、评估后,应根据项目总体目标和策略,以有利于尽可能地提高对项目风险的控制能力和降低项目风险的潜在损失为原则,规划并选择合理的风险管理控制对策。风险控制对策一般有以下四种,可选择一种或多种。

1. 风险消除(回避)

风险消除是指采用某种方法切断风险源,不让工程风险发生,将工程风险的发生概率或损失降低到零。这是一种理想并且效果很好的控制手段,但是要注意风险消除是要付出一定的代价的,另外切断风险源后,也可能带来新的风险。

2. 风险降低(控制)

风险降低是指通过采取措施(如修改技术方案)以减少已经预见的风险事件发生的概率和损失或两者中任意一种。隧道工程中大多数风险的处置可以采用此方法。

3. 风险转移(分散)

风险转移是指将风险通过合同或非合同的方式转嫁给另一个人或单位的一种风险处理方式。如将工程转包给第三方,或通过保险或者其他方式安排来让第三方承担这一风险。

4. 风险自留(接受)

风险自留是指将风险自己承担。风险自留可以分为计划内的风险自留和计划外的风险自留。计划内的风险自留的前提一般是所接受的工程风险可能导致的损失比转移风险所需费用小。而在风险管理中要尽可能地避免计划外的风险自留。

对于公路隧道工程,一般的风险控制措施建议如下:

(1)进行详细地质勘察,对沿线区域地形、地貌、地质情况、不良地质、特殊岩土的分布情况进行深入调查与分析,提供翔实可靠的地质资料。

(2)审核隧道结构工程相关的设计、施工方案等。

(3)在工程现场应建立一套系统的风险监控和预警预报体系，制定可行的风险应急处置预案，采取必要的安全防护措施等。

第五节　隧道安全风险评估案例

一、海底公路隧道施工风险评估与控制

1. 工程概况

厦门西通道海底隧道工程线路方案全长约6.4km，主要由陆域明挖段、陆域暗挖段和海域暗挖段组成，其中陆域明挖段主要由兴湖路地下互通明挖段、出口明挖段组成；陆域暗挖段主要由海沧段陆域暗挖段、厦门本岛段暗挖段以及石鼓山暗挖段组成；海域暗挖段主要指跨海域暗挖段。该隧道为双向六车道，设计车速80km/h，设计使用年限100年。

跨海域段长约2.0km，主要由两个大断面行车隧道和海域段设置的服务隧道组成，行车隧道设计为双向六车道公路隧道。隧道全线共设置3座通风竖井、14处人行横洞、9处车行横洞。隧址区内工程地质从上至下主要由第四系表层土和下伏基岩组成，各类岩土体特征及其分布情况如下。

(1)第四系表层土：第四纪地层以侵入岩残积土为主，含少量全新世冲坡积或海积砂土、黏性土、淤泥等。

(2)下伏基岩：主要以燕山晚期侵入花岗岩为主，局部有动力变质岩——变粒岩。花岗岩中穿插辉绿岩(玢岩)等岩脉。基岩按风化程度可分为全、强、弱、微四个风化带。

工程区域内地下水类型主要包括地表水和地下水两种。场区地表水主要为海水，海沧侧水沟、水塘中有少量水。地表海水主要受潮汐影响，海水水位周期变化。地下水的埋藏深度受地形控制较明显。

厦门西通道海底隧道埋深浅、开挖断面大、地层变化显著等特点大大提高了隧道开挖的难度。隧道开挖极有可能会发生突泥、涌水、塌方、周边建(构)筑物破坏等事故，因此针对厦门西通道海底隧道这一特长隧道工程，开展了安全风险评估研究。本案例主要针对海域暗挖段施工风险进行评估。

2. 海域暗挖段施工风险评估

1)海域暗挖段建设条件

隧道在海域暗挖段施工，穿越地层围岩级别主要为Ⅱ、Ⅲ、Ⅳ、Ⅴ级，各洞穿越的围岩级别长度统计结果见表30-5-1。

隧道海域暗挖段各围岩级别长度统计表(单位：m)　　表30-5-1

类　型	Ⅱ	Ⅲ	Ⅳ	Ⅴ	累　计
左洞	920	660	345	100	2 025
右洞	1 220	555	275	—	2 050
服务洞	1 550	470	—	—	2 020

上述围岩中对隧道施工安全影响最大的不良地质主要为风化深槽，沿线共有1处，其概况见表30-5-2。

海域段风化深槽情况表 表 30-5-2

风化槽槽底深度及高程(m)	工程地质评价	影响范围
43.80(−45.96)	岩体自稳能力差，涌水量大，易突涌	对左洞影响大，服务隧道及右洞影响小

地质勘察资料表明：风化深槽内围岩风化异常严重，围岩自稳性差、渗透系数高是其主要特征，此外在该区域上覆海水深约 6m，在上覆高动水压力作用下，上覆海水与洞内间易形成渗漏水通道，一旦施工措施不当，则可能会导致上覆海水倒灌的灾难性工程后果。

海域暗挖段隧道建筑内轮廓断面面积约 127.4m^2，行车道以上净空断面面积约 97.2m^2。Ⅱ级、Ⅲ级围岩地段采用台阶法施工，Ⅳ级、Ⅴ级围岩采用 CRD 法施工。

2)风险辨识

针对海域暗挖段施工具体的风险事件及相应的风险源辨识结果分别如下所述。

(1)海域暗挖段可能发生的风险事件主要有：

①塌方；

②突水涌泥；

③结构损害等。

(2)海域暗挖段可能引起上述风险事件发生的主要风险源如下：

①强风化破碎岩层；

②断层破碎带；

③海底风化深槽；

④地下水丰富；

⑤开挖方式；

⑥设计方案；

⑦断面大小；

⑧施工工艺；

⑨施工辅助措施；

⑩监控量测；

⑪施工参数；

⑫埋深等。

3)风险估计与评价

采用“基于信心指数的专家调查法”(根据专家的资历、职称、影响力等因素设定相应的权重见表 30-5-3)，对该工程的海域注浆施工风险进行评估，评估结果如表 30-5-4 所示。

专家权重确定方法 表 30-5-3

类别	专家分级说明	专家权重	人数	所占比例
一类	1.教授或教授级高工； 2.从事隧道专业时间 20 年以上； 3.从事过工程风险研究或应用且亲自参与隧道工程建设	1.0	6	50.0%
二类	1.副教授或高工； 2.从事隧道专业时间 10～20 年； 3.对工程风险理论及方法和公路隧道工程建设情况十分了解	0.85	4	33.3%

续上表

类别	专家分级说明	专家权重	人数	所占比例
三类	1. 中级及以下职称的工程技术人员； 2. 从事隧道专业时间 10 年以下； 3. 对工程风险理论及方法和公路隧道工程建设情况比较了解	0.7	2	16.7%

暗挖段典型风险事件评估结果　　表 30-5-4

典型风险事件	发 生 概 率	事 故 损 失	风 险 等 级
塌方	3	2	Ⅱ
突水涌泥	3	3	Ⅲ
结构风险	2	2	Ⅱ

3. 风险控制措施及建议

从评价结果看厦门西通道海底隧道海域暗挖段塌方和突水涌泥风险事件的初始风险等级较高，为减小厦门西通道海底隧道塌方的风险，避免风险事故的发生，确保施工安全，针对本工程的特点，提出以下风险控制措施：

(1)设计施工前做好详细的地质勘察工作，确定隧道工程所处区域的地质条件及围岩级别。

(2)完善辅助施工措施的设计，包括长管棚、超前小管棚、超前小导管、超前锚杆、全断面(帷幕)超前预注浆等，以改善围岩条件。

(3)加强超前地质预报工作。

(4)优化隧道主体结构的设计参数，以控制支护结构变形。

(5)设置合理的施工工序，优化施工方案，减小各分部开挖的一次施工进尺。

(6)优化结构的防排水形式，加强结构防排水措施。

(7)开挖过后，初期支护要紧跟施作，并保证尽快闭合成环，并按相关规范及时施作二次衬砌。

(8)采用控制爆破技术，严格控制爆破振动，以减少对围岩的扰动。

(9)加强施工期的防排水处理，及时排除开挖面的积水。

(10)加强现场监控量测，并及时反馈监测信息，做到信息化施工。

(11)强化现场管理，制定应急方案，并经常演练。

二、山岭隧道塌方风险评估

由于山岭隧道通常所处地质条件复杂，因而隧道工程建设常常面临较大的潜在安全风险。在山岭隧道各种风险事件中，塌方是发生概率高、损失后果严重的重大风险事件之一。对山岭公路隧道塌方进行事故树分析，其目的是从工程整体的角度来认识可能引发塌方事故的安全隐患。在工程施工之前开展这项工作，可避免不安全的设计和施工方案，并提出现场施工安全监管的重点。事故树的分析主要从三方面进行，即事故树的绘制、顶上事件的发生概率计算及底事件的重要度分析。

1. 应用工程概况

1)地质情况

某隧道分为左、右两线，长度分别为 2 478m、2 528m。隧道于 1990 年 6 月 5 日正式开工，1996 年 4 月竣工。其主要的地质情况为：围岩主要为灰岩和砂岩，其中灰岩约占 40%左右，另有少量的泥岩和页岩。隧道通过四个断层、五个煤矿采空区。部分隧道穿越段存在一定浓度的瓦斯，有较大的涌水。最大涌水为 5 000～10 000m^3/d。灰岩和砂岩的强度分别为 80～120MPa 和 50～90MPa。其中Ⅳ级、Ⅴ级围岩占 29%，无Ⅰ级、Ⅱ级围岩，隧道最大埋深 560m。

2)施工情况

该隧道采用新奥法施工，除出口端 840m 左右采用台阶法(上部台阶高度为 5.5m)施工外，其余均采用全断面开挖；爆破采用双空直眼掏槽微差分段起爆的光面爆破，支护以常规喷锚支护为主，在Ⅴ级围岩设格栅钢支撑，间距 1.0m，部分地段增设钢筋网，在断层破碎带及其附近，采用了超前的小导管注浆和超前锚杆预加固措施。洞内钻眼及装渣运输，采用全机械化作业，无轨运输，二次衬砌采用液压台车全断面一次灌注。

2. 山岭公路隧道塌方事故树编制

遵循事故树编制的有关原则，在对隧道塌方事故调查分析的基础上，编制钻爆法施工塌方事故的事故树，如图 30-5-1 所示。图 30-5-1 中的符号说明：各层事件均以相同首字母编号，顶事件编号为 T，基本事件、非基本事件和条件事件以 X 开头按序编号，其他中间事件按由上至下的顺序以 A、B、C、D 为开头分别编号。具体各事件和对应的符号见表 30-5-5。

事件及其符号 表 30-5-5

符号	事件	符号	事件
X_{01}	节理裂隙层理发育且岩体破碎	X_{28}	超前支护不及时或措施不当
X_{02}	经过大的断层带	X_{29}	钢架与围岩之间混凝土保护层厚度不够
X_{03}	特殊地质地段	A_1	围岩下沉、开裂或变形过大
X_{04}	赶工期	A_2	掌子面坍塌
X_{05}	爆破设计参数不当	A_3	防护措施不当
X_{06}	施工安全意识淡薄	B_1	围岩自承能力丧失
X_{07}	开挖机械震动	B_2	围岩强度下降
X_{08}	二次衬砌施作不及时	B_3	其他突发地质事件的不利影响
X_{09}	降雨	B_4	开挖方法不对
X_{10}	遇富含水层	B_5	掌子面自承能力丧失
X_{11}	高地应力	B_6	掌子面强度下降
X_{12}	岩爆	B_7	支护作用减弱
X_{13}	地震	B_8	支护抗力不足
X_{14}	超前地质预报不利	C_1	岩层产状不利
X_{15}	对围岩的判断不准确	C_2	围岩受到扰动
X_{16}	盲目减少工程投入	C_3	栅格拱架或工字钢拱架不能与岩石密贴
X_{17}	栅格拱架或工字钢拱架受外界影响变形过大	C_4	设计抗力不足
X_{18}	设计人员对存在的塌方缺乏思想准备和相应措施	C_5	支护抗力达不到设计要求
X_{19}	支护计算模型不当	C_6	支护不及时
X_{20}	钢筋网偏大	D_1	钻爆施工的不良影响
X_{21}	锚杆长度不够或间距不均匀	D_2	初期支护不及时

续上表

符号	事　件	符号	事　件
X_{22}	锚杆灰砂不饱满或强度不足	D_3	欠挖或超挖
X_{23}	喷混凝土厚度达不到要求或厚度不均	D_4	支护参数太小
X_{24}	养护不利	D_5	特殊地段设计上给出的处理措施不当
X_{25}	不按设计支护方案施工	D_6	施工工艺缺陷
X_{26}	围岩外部荷载增加	E_1	喷混凝土开裂
X_{27}	监测到围岩异常而未及时采取措施	T	岩石公路隧道塌方

3.顶上事件发生概率计算

事故树分析法中计算顶上事件的概率，通常是先求导致顶上事件发生的最小基本事件的集合，即先求事故树的最小割集。图 30-5-1 事故树按布尔代数法进行计算：

$$\begin{aligned}T &= A_1 + A_2 + A_3 \\ &= B_1 + B_2 + B_3 + B_4 + B_5 + B_6 + B_7 + B_8 \\ &= (C_1 + C_2)C_3 + (C_1 + C_2)C_4 + (X_{11} + X_{12} + X_{13}) + X_{11} + X_{12} + X_{13} + X_{14} + X_{15} + \\ &\quad (C_1 + C_2)(X_{28} + C_4) + (C_3 + X_{17}) + (C_4 + X_{26} + C_5)X_{27} \\ &= (X_{01} + X_{02} + X_{03} + X_{04} + X_{05} + X_{06} + X_{07})(X_{04} + X_{06} + X_{08} + X_{09} + X_{10}) + (X_{11} + \\ &\quad X_{12} + X_{13}) + X_{11} + X_{12} + X_{13} + X_{14} + X_{15} + (X_{01} + X_{02} + X_{03} + X_{04} + X_{05} + X_{06} + X_{07}) \\ &\quad (X_{09} + X_{10} + X_{28}) + (X_{04} + X_{05} + X_{06} + X_{17} + X_{29}) + (X_{11} + X_{14} + X_{15} + X_{16} + X_{18} + \\ &\quad X_{19} + X_{20} + X_{21} + X_{22} + X_{23} + X_{24} + X_{25} + X_{26})X_{27} \\ &= X_{04} + X_{05} + X_{06} + X_{11} + X_{12} + X_{13} + X_{14} + X_{15} + X_{17} + X_{29} + X_{01}X_{08} + X_{01}X_{09} + X_{01}X_{10} + \\ &\quad X_{02}X_{08} + X_{02}X_{09} + X_{02}X_{10} + X_{03}X_{08} + X_{03}X_{09} + X_{03}X_{10} + X_{07}X_{08} + X_{07}X_{09} + X_{07}X_{10} + \\ &\quad X_{01}X_{28} + X_{02}X_{28} + X_{03}X_{28} + X_{07}X_{28} + X_{16}X_{27} + X_{18}X_{27} + X_{19}X_{27} + X_{20}X_{27} + X_{21}X_{27} + \\ &\quad X_{22}X_{27} + X_{23}X_{27} + X_{24}X_{27} + X_{25}X_{27} + X_{26}X_{27}\end{aligned} \tag{30-5-1}$$

由上述结果可知，顶上事件为 36 个最小割集的并集，最小割集为{X_{04}}、{X_{05}}、{X_{06}}、{X_{11}}、{X_{12}}、{X_{13}}、{X_{14}}、{X_{15}}、{X_{17}}、{X_{29}}、{$X_{01}X_{08}$}、{$X_{01}X_{09}$}、{$X_{01}X_{10}$}、{$X_{02}X_{08}$}、{$X_{02}X_{09}$}、{$X_{02}X_{10}$}、{$X_{03}X_{08}$}、{$X_{03}X_{09}$}、{$X_{03}X_{10}$}、{$X_{07}X_{08}$}、{$X_{07}X_{09}$}、{$X_{07}X_{10}$}、{$X_{01}X_{28}$}、{$X_{02}X_{28}$}、{$X_{03}X_{28}$}、{$X_{07}X_{28}$}、{$X_{16}X_{27}$}、{$X_{18}X_{27}$}、{$X_{19}X_{27}$}、{$X_{20}X_{27}$}、{$X_{21}X_{27}$}、{$X_{22}X_{27}$}、{$X_{23}X_{27}$}、{$X_{24}X_{27}$}、{$X_{25}X_{27}$}、{$X_{26}X_{27}$}，分别对应于导致顶上事件发生的 30 种风险事故发生模式。实际工程中，顶事件的发生概率 $P(T)$ 一般采用近似的独立事件和的概率公式来计算。

$$P(T) \approx \prod_{j=1}^{N_K} \prod_{i \in K_j} F_{\mathrm{i}}(t) = 1 - \prod_{j=1}^{30} [1 - P(K_{\mathrm{j}})] \tag{30-5-2}$$

式中：$P(K_{\mathrm{j}})$——第 j 个最小割集的发生概率。如 $P(K_1)$ 表示第一个最小割集{$X_{01}X_{08}$}的发生概率，它又取决于基本事件 X_{01} 和 X_{08} 发生的概率之积。

在事故树分析中，最重要也是最难的就是如何确定这些基本事件的发生概率。这取决于对一些基本事件发生概率的统计数据和专家积累的经验来估计。对本案例山岭公路隧道塌方事故树中各基本事件和条件事件发生概率进行估计，结果见表 30-5-6。

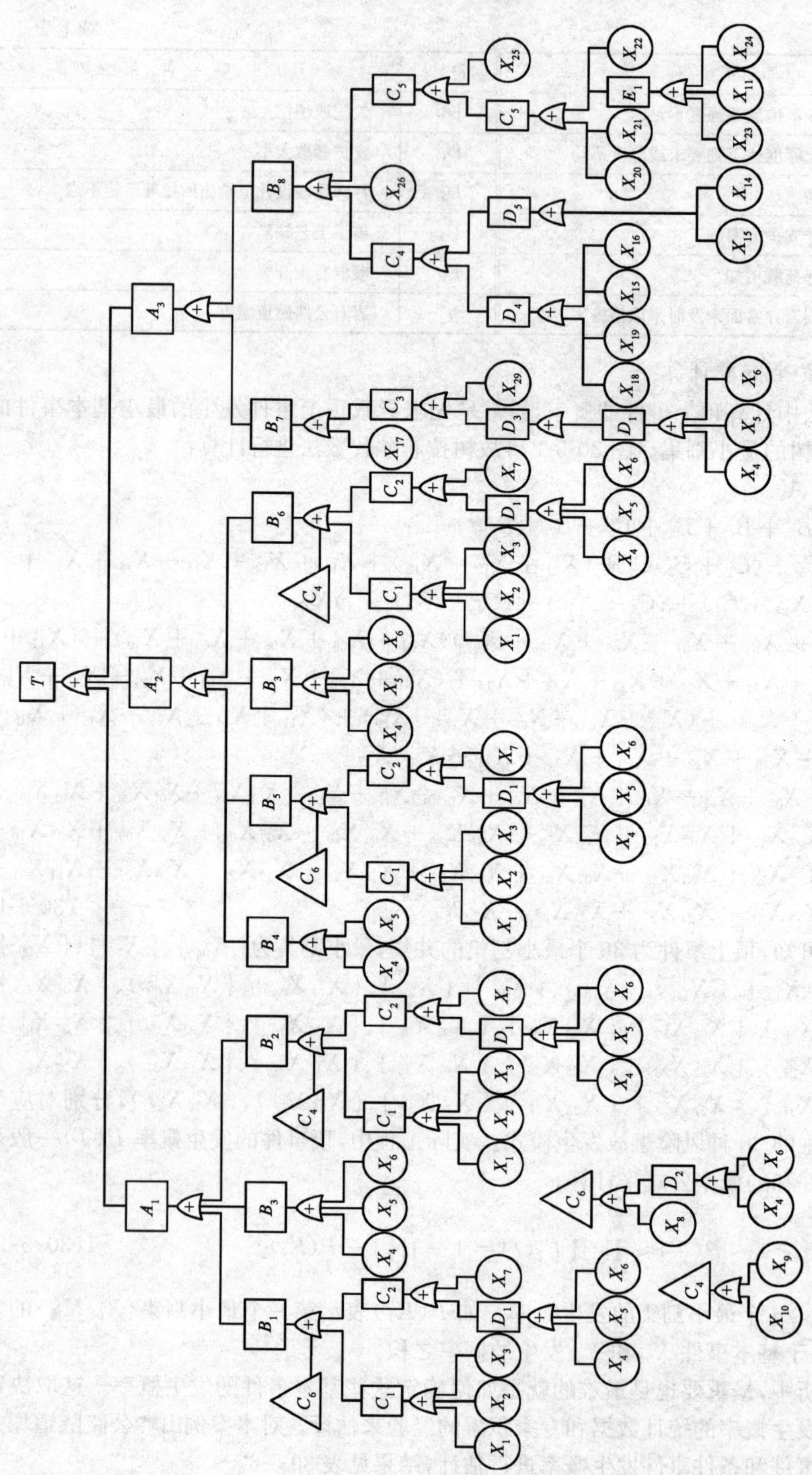

图30-5-1　山岭公路隧道塌方风险事故树

基本事件和条件事件发生概率 表 30-5-6

符号	概率	符号	概率	符号	概率	符号	概率	符号	概率
X_1	50%	X_7	3%	X_{13}	0.01%	X_{19}	0.4%	X_{25}	0.8%
X_2	30%	X_8	1%	X_{14}	0.8%	X_{20}	0.01%	X_{26}	0.4%
X_3	2%	X_9	5%	X_{15}	1%	X_{21}	1.6%	X_{27}	0.4%
X_4	15%	X_{10}	50%	X_{16}	0.8%	X_{22}	1.2%	X_{28}	3%
X_5	0.5%	X_{11}	3%	X_{17}	0.01%	X_{23}	0.8%	X_{29}	0.01%
X_6	13%	X_{12}	0.1%	X_{18}	0.4%	X_{24}	0.01%		

由式(30-5-2),计算得到该隧道塌方发生的概率是 95.601%,说明在该地质与施工条件下,隧道塌方事故发生的概率很大。

4. 重要度分析

为了分析山岭隧道塌方事故树中各基本事件的发生对顶上事件发生所产生的影响大小,对各基本事件进行重要度分析是非常有必要的,本案例从结构重要度、关键重要度系数两方面进行分析。

(1)结构重要度

根据文献[92]给出的结构重要度原则求解结构的重要度,得到各底事件重要度大小关系:

$$\begin{aligned} I_{27} > I_{01} > I_{02} = I_{03} = I_{07} = I_{09} = I_{10} = I_{28} > I_{08} > I_{04} = I_{05} = I_{06} = I_{11} \\ = I_{12} = I_{13} = I_{14} = I_{15} = I_{17} = I_{29} > I_{16} = I_{18} = I_{19} = I_{20} = I_{21} = I_{22} \\ = I_{23} = I_{24} = I_{25} = I_{26} \end{aligned} \tag{30-5-3}$$

其中结构重要度排序中居前 9 项的底事件如表 30-5-7 所示。

重要度排序居前 9 的底事件 表 30-5-7

符号	底事件	符号	底事件	符号	底事件
X_{27}	监测到围岩异常而未及时采取措施	X_{01}	节理裂隙层理发育且岩体破碎	X_{02}	经过大的断层带
X_{03}	特殊地质地段	X_{07}	开挖机械震动	X_{09}	降雨
X_{10}	遇富含水层	X_{28}	超前支护不及时或措施不当	X_{08}	二次衬砌施作不及时

(2)关键重要度系数

关键重要度系数 $CI_g(i)$ 是从敏感度和自身发生概率的双重角度衡量各基本事件重要度的标准:

$$CI_g(i) = \lim_{\Delta q_i \to 0} \left(\frac{\frac{\Delta P(T)}{P(T)}}{\frac{\Delta q_i}{q_i}} \right) = \frac{q_i}{P(T)} I_g(i) \tag{30-5-4}$$

其中 $I_g(i)$ 为底事件的概率重要度,计算公式为:

$$I_g(i) = \frac{\partial P(T)}{\partial q_i} \tag{30-5-5}$$

底事件的关键重要度越大，说明它对系统安全性的危害越大。计算各底事件的关键重要度系数，结果见表 30-5-8。

各底事件的关键重要度　　表 30-5-8

符号	概率	符号	概率	符号	概率	符号	概率	符号	概率
X_1	0.303	X_7	0.019	X_{13}	1.051×10^{-4}	X_{19}	1.681×10^{-5}	X_{25}	3.363×10^{-5}
X_2	0.184	X_8	5.806×10^{-4}	X_{14}	0.008	X_{20}	4.204×10^{-7}	X_{26}	1.682×10^{-5}
X_3	0.01	X_9	0.042	X_{15}	0.011	X_{21}	1.6%	X_{27}	2.245×10^{-4}
X_4	0.158	X_{10}	0.445	X_{16}	3.363×10^{-5}	X_{22}	1.2%	X_{28}	0.027
X_5	0.005	X_{11}	0.032	X_{17}	1.051×10^{-4}	X_{23}	0.8%	X_{29}	1.051×10^{-4}
X_6	0.263	X_{12}	0.001	X_{18}	1.681×10^{-5}	X_{24}	0.01%		

根据表 30-5-8 中的数据，计算得各底事件重要度大小排序如下：

$$CI_g(10)>CI_g(01)>CI_g(06)>CI_g(02)>CI_g(04)>CI_g(09)>CI_g(11)>CI_g(28)>CI_g(07)>CI_g(15)>CI_g(03)>CI_g(14)>CI_g(05)>CI_g(12)>CI_g(08)>CI_g(27)>CI_g(13)=CI_g(17)=CI_g(29)>CI_g(21)>CI_g(23)>CI_g(16)=CI_g(25)>CI_g(19)=CI_g(18)=CI_g(26)>CI_g(22)>CI_g(20)=CI_g(24) \tag{30-5-6}$$

由式(30-5-6)结果可知，引起塌方事故风险的主要原因按照其重要度排序依次为：X_{10}（遇富含水层）、X_{01}（节理裂隙层理发育且岩体破碎）、X_{06}（施工安全意识淡薄）、X_{02}（经过大的断层带）、X_{04}（赶工期）。

三、隧道造价风险评估

隧道工程项目造价预测是指隧道工程项目实施前对其造价的预先测算，可以通过隧道工程项目概预算得到其静态造价。但是一般情况下，隧道工程项目规模大、建设周期长、技术复杂、工程造价高，且受地理地质条件、政治、社会、经济环境等可变因素影响，这些可变因素在工程建设过程中不可避免地影响着工程造价，所以有必要对隧道造价进行风险评估。

1. 工程概况

某跨江通道是贯穿某市中央活动区的过江通道。根据工程预可研究结论，隧道方案推荐盾构方案，拟定 K、A 轴线方案，每个轴线方案又有双管双层八车道和四管八车道两种方案。

2. 风险辨识

采用专家调查方法开展风险辨识，识别影响该隧道工程项目造价的风险因素，见表30-5-9。

影响隧道工程项目造价的风险因素　　表 30-5-9

技术风险	经济风险	自然风险	管理风险
质量等级要求	物价上涨	恶劣气候条件	管理机构
施工方案的变化	资金不到位	地质水文条件	管理方法
设计质量	索赔反索赔	污染及安全状况	
工程技术复杂程度			

3. 风险分析

1)采用层次分析法进行造价风险分析

建立如表 30-5-10 的层次分析模型。

隧道工程项目造价风险层次分析模型　　表 30-5-10

目标层(A)	准则层(B)	因素层(C)
造价风险 A	技术风险 B_1	质量等级要求 C_1
		施工方案的变化 C_2
		设计质量 C_3
		工程技术复杂程度 C_4
	经济风险 B_2	物价上涨 C_5
		资金不到位 C_6
		索赔反索赔 C_7
	自然风险 B_3	恶劣气候条件 C_8
		地质水文条件 C_9
		污染及安全状况 C_{10}
	管理风险 B_4	管理机构 C_{11}
		管理方法 C_{12}

2)层次分析法权重计算及一致性检验

(1)计算第二层因素 $B_1 \sim B_4$ 对隧道造价风险 A 的重要性量度(权重),见表 30-5-11。

第二层因素 $B_1 \sim B_4$ 对隧道造价风险 A 的重要度　　表 30-5-11

A	B_1	B_2	B_3	B_4
B_1	1	5	4	5
B_2	1/5	1	5	3
B_3	1/4	1/5	1	1/3
B_4	1/5	1/3	3	1

通过计算得最大特征值对应特征向量:

$$W = [0.4218, 0.2561, 0.2012, 0.1209]^T \tag{30-5-7}$$

一致性判断指标 $CR = 0.0339 < 0.1$,矩阵满足一致性判断。

可知,B 对 A 的重要性排序为 $B_1 > B_2 > B_3 > B_4$。

(2)计算第三层因素 C 对第二层因素 B 的权重

①$C_1 \sim C_4$ 对 B_1 的重要性量度

计算第二层因素 $C_1 \sim C_4$ 对隧道造价风险 B_1 的重要性量度,计算结果见表 30-5-12。

$C_1 \sim C_4$ 对 B_1 的重要度　　表 30-5-12

B_1	C_1	C_2	C_3	C_4
C_1	1	1/5	1/2	1/3
C_2	5	1	5	3
C_3	2	1/5	1	1/2
C_4	3	1/3	2	1

通过计算得最大特征值对应特征向量：

$$W=[0.0817,0.5629,0.1279,0.2275]^{T} \tag{30-5-8}$$

一致性判断指标 $CR=0.0219<0.1$，矩阵满足一致性判断。

可知，$C_1 \sim C_4$ 对 $B1$ 的重要性排序为 $C_2>C_4>C_3>C_1$。

②$C_5 \sim C_7$ 对 B_2 的权重

同上，可得：

$$W=[0.4226,0.3061,0.2713]^{T} \tag{30-5-9}$$

可知，$C_5 \sim C_7$ 对 B_2 的重要性排序为 $C_6>C_5>C_7$。

③$C_8 \sim C_{10}$ 对 B_3 的权重

同上，可得：

$$W=[0.5321,0.2665,0.2014]^{T} \tag{30-5-10}$$

可知，$C_8 \sim C_{10}$ 对 B_3 的重要性排序为 $C_9>C_8>C_{10}$。

④$C_{11} \sim C_{12}$ 对 B_4 的权重

同上，可得：

$$W=[0.5623,0.4377]^{T} \tag{30-5-11}$$

可知，$C_{11} \sim C_{12}$ 对 B_4 的重要性排序为 $C_{11}>C_{12}$。

4. 风险评价

根据所提供的资料，不同隧道方案造价的静态估算值见表 30-5-13。

隧道方案静态造价　　表 30-5-13

方　案	土建工程费（万元）	安装工程（万元）	其他费用（万元）	基本预备费（万元）	专项费用（万元）	估算总额（万元）	每公里造价（万元/公里）
K线双管双层盾构	259 804	29 055	101 181	38 575	39 405	468 022	10 576
K线四管盾构	259 050	28 649	71 021	35 477	36 315	430 514	99 083
A线双管双层盾构	243 104	28 299	99 644	36 697	37 529	445 274	10 464
A线四管盾构	249 112	28 299	70 116	34 371	35 209	417 107	98 027

依据表 30-5-9，考虑隧道施工工期为 48 个月，采用工程类比和专家调查法，并结合模糊综合评判方法，对双管和四管两类方案隧道造价风险进行评价，离散型指标隶属度由表 30-5-14 确定。

离散型指标隶属度　　表 30-5-14

级　别	隶　属　度				
	U_{I}	U_{II}	U_{III}	U_{IV}	U_{V}
Ⅰ级（很低）	0.75	0.25	0.00	0.00	0.00
Ⅱ级（低）	0.15	0.70	0.15	0.00	0.00
Ⅲ级（中）	0.00	0.15	0.70	0.15	0.00
Ⅳ级（高）	0.00	0.00	0.15	0.70	0.15
Ⅴ级（很高）	0.00	0.00	0.00	0.25	0.75

(1)双管方案造价风险评价

$C_1 \sim C_4$ 发生概率的隶属度矩阵为：

$$U_1 = \begin{bmatrix} 0.15 & 0.7 & 0.15 & 0 & 0 \\ 0 & 0.15 & 0.7 & 0.15 & 0 \\ 0.15 & 0.7 & 0.15 & 0 & 0 \\ 0 & 0.15 & 0.7 & 0.15 & 0 \end{bmatrix} \tag{30-5-12}$$

B_1 发生概率的隶属度向量为：

$$u_{B1} = W^T \times U_1 = (0.0314 \quad 0.2653 \quad 0.5847 \quad 0.1186 \quad 0) \tag{30-5-13}$$

其中 $W=[0.0817,0.5629,0.1279,0.2275]^T$，即 $C_1 \sim C_4$ 对 B_1 的权重。

同理，可以得到 U_{B2}, U_{B3}, U_{B4}。

A 发生概率的隶属度向量为：

$$u_A = W^T \times U_B = (0.0223 \quad 0.2412 \quad 0.5639 \quad 0.1726 \quad 0) \tag{30-5-14}$$

其中，$W=[0.4218,0.2561,0.2012,0.1209]^T$，即 $B_1 \sim B_4$ 对 A 的权重，$U_B=[U_{B1},U_{B2},U_{B3},U_{B4}]^T$。

由上可知，A 发生概率的等级为3级偏下。

同理，可进行 A 损失的计算，其等级为3级偏下。

通过风险评价矩阵可知，双管方案中 A(造价风险)的风险等级为Ⅲ级。

(2)四管方案造价风险评价

$C_1 \sim C_4$ 发生概率的隶属度矩阵为：

$$U_1 = \begin{bmatrix} 0 & 0.15 & 0.7 & 0.15 & 0 \\ 0 & 0.15 & 0.7 & 0.15 & 0 \\ 0 & 0.15 & 0.7 & 0.15 & 0 \\ 0 & 0.15 & 0.7 & 0.15 & 0 \end{bmatrix} \tag{30-5-15}$$

B_1 发生概率的隶属度向量为：

$$u_{B1} = W^T \times U_1 = (0 \quad 0.15 \quad 0.7 \quad 0.15 \quad 0) \tag{30-5-16}$$

其中 $W=[0.0817,0.5629,0.1279,0.2275]^T$，即 $C_1 \sim C_4$ 对 B_1 的权重。

同理，可以得到 U_{B2}, U_{B3}, U_{B4}。

A 发生概率的隶属度向量为：

$$u_A = W^T \times U_B = (0.0083 \quad 0.1412 \quad 0.6435 \quad 0.2070 \quad 0) \tag{30-5-17}$$

其中 $W=[0.4218,0.2561,0.2012,0.1209]^T$，即 $B_1 \sim B_4$ 对 A 的权重，$U_B=[U_{B1},U_{B2},U_{B3},U_{B4}]^T$。

由上可知，A 发生概率的等级为3级偏上。

同理，可进行 A 损失的计算，其等级为3级偏上。

通过风险评价矩阵可知，四管方案中 A(造价风险)的风险等级为Ⅲ级。

综合以上分析，虽然通过风险评价矩阵得到的双管和四管方案中隧道造价风险均为Ⅲ级，然而四管方案造价风险在发生概率和损失两方面等级均比双管隧道高。因此可知，双管方案的造价风险低于四管方案。

四、蒙特卡罗方法分析公路隧道支护风险

蒙特卡罗方法能够较好地考虑隧道工程中地质和施工的不确定性，并定量计算风险的概率。本案例采用蒙特卡罗方法和改进的收敛约束法计算支护方案失效的概率，同时预估支护方案失效造成的损失，综合评价支护方案风险，从而为决策者提供决策依据，以有效控制隧道支护风险。

1. 确定隧道失稳判据

根据文献[92]，同时根据支护强度和围岩变形来判断隧道的稳定性，隧道失稳的极限状态可表示为：

$$\begin{cases} Z_g = u_0 - u = 0 \\ Z_l(t) = \sigma_{c0} - \sigma_c(t) = 0 \end{cases} \tag{30-5-18}$$

式中：u_0——隧道洞周允许收敛位移；

u——计算得到隧道围岩收敛位移；

σ_{c0}——混凝土支护抗压强度；

$\sigma_c(t)$——当前时刻混凝土支护的切向应力。

根据所采用的隧道失稳判断准则，隧道失效概率可以定义为围岩的收敛位移或支护应力超过其对应容许值的概率。失效概率的计算基于改进的收敛约束程序和蒙特卡洛方法。

2. 采用蒙特卡洛方法计算隧道失效概率的步骤

(1)确定所考虑的围岩及支护参数的分布规律，以及随机数产生的方法和模拟次数。

(2)计算中考虑围岩黏聚力 c、内摩擦角 φ、围岩模量 E_R，支护结构模量 E_C 及支护厚度 T_C 的不确定性，其分布规律参照相关的研究成果。

(3)根据所需计算次数进行抽样，生成不同的计算方案。

(4)将生成的计算方案作为输入参数，利用改进的收敛约束法程序计算不同方案情况下围岩及支护的状态。

(5)根据稳定判据，对计算结果进行统计分析，得到隧道结构失效概率。

3. 实例工程概况

某山岭隧道全长 3 750m，采用矿山法施工，隧道断面为椭圆形，内净空高 10.4m，宽 14.5m。工程勘察表明隧址处围岩级别为Ⅱ－Ⅴ级，其中Ⅱ－Ⅲ级围岩约占 55.7%，Ⅳ级围岩约占 38.1%，Ⅴ级围岩约占 6.2%；隧道穿越 4 组共 14 条断裂破碎带，所通过断裂均为高倾角断裂。

(1)围岩参数

这里考虑就其中的一个地质单元进行支护设计。所选择的地质单元围岩级别为Ⅳ级，围岩参数见表 30-5-15。

所选地质单元的围岩参数　　表 30-5-15

参　数	均　值	方　差
弹性模量(MPa)	1 000	50
黏聚力(MPa)	0.2	0.02
内摩擦角(°)	25	3

(2)支护设计方案的拟定

根据地质勘察报告给出的围岩级别，利用工程类比法，做出可能的初期支护设计方案，见表 30-5-16。

支护结构参数表　　表 30-5-16

支护方案	初期支护		
1	锚杆 ϕ25mm、L=3.5m，间距 1.0×1.0m	ϕ8mm 钢筋网 20×20cm	C30 湿喷混凝土，厚 15cm
2	同上	同上	C30 湿喷混凝土，厚 20cm
3	同上	同上	C30 湿喷混凝土，厚 23cm
4	同上	同上	C30 湿喷混凝土，厚 25cm

(3)拟采用的施工参数

支护紧跟掌子面施作，对应于上述四种支护方案的开挖步长分别为 0.8m、0.9m、1.0m 和 1.0m。

4. 支护设计方案失效概率计算

(1)根据围岩物理力学参数及所采用的支护方案，建立如下隧道稳定性判定准则：

①洞周围岩极限位移 $u=0.005R$，其中 R 为隧道半径，围岩位移超过对应的极限位移值，则隧道失稳。

②考虑到隧道开挖过程中支护荷载和混凝土的强度均为变量，因此以喷混凝土支护切向应力的终值与强度终值的比作为支护是否破坏的判断依据是不合适的。本文在计算时，记录施工过程中每一开挖步的喷混凝土支护强度与支护应力的比值即强度安全系数，取强度安全系数的最小值作为判据，如果强度安全系数低于允许值，则判定隧道失稳。

(2)运用蒙特卡洛方法和改进的收敛约束法，计算每种支护方案的失效概率。考虑变异性的参数包括：围岩的弹性模量、黏聚力和内摩擦角以及支护的厚度，考虑到支护的强度参数变异性不大，这里未加考虑。支护厚度的概率分布按正态分布考虑。预设失效概率为 1%，则所需计算的次数 N=10 000，即利用蒙特卡洛法对每一种支护方案均生成 10 000 个计算方案。例如支护方案 1 生成的各计算方案可见表 30-5-17。

支护方案 1 的计算方案　　表 30-5-17

计算方案	围岩参数			支护参数
	内摩擦角(°)	黏聚力(MPa)	围岩弹性模量(MPa)	支护厚度(cm)
1	23.7	0.214 3	969.8	16.67
2	20.03	0.231 9	950.3	14.81
3	25.37	0.158 7	1 059	14.08
…	…	…	…	…
10 000	21.56	0.203 5	1 113	12.27

以蒙特卡洛法抽样生成的各计算方案为输入，利用改进的收敛约束法计算程序，可得到各计算方案的围岩位移及支护应力。图 30-5-2 和图 30-5-3 分别给出了对应于支护方案 1 的围岩位移的累计频率分布图和喷混凝土强度安全系数最小值的累计频率分布图。

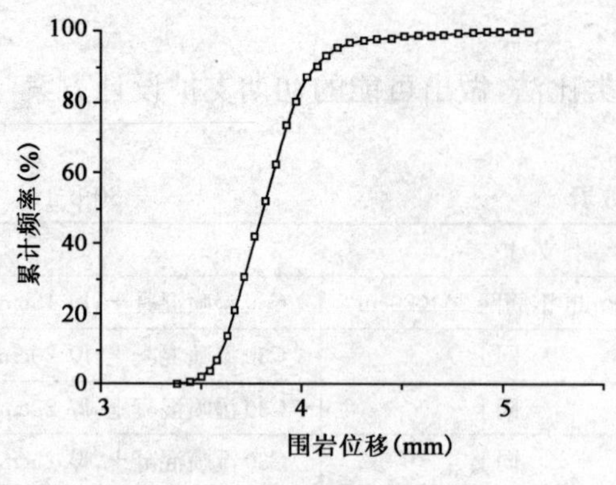

图 30-5-2　围岩位移累计频率分布

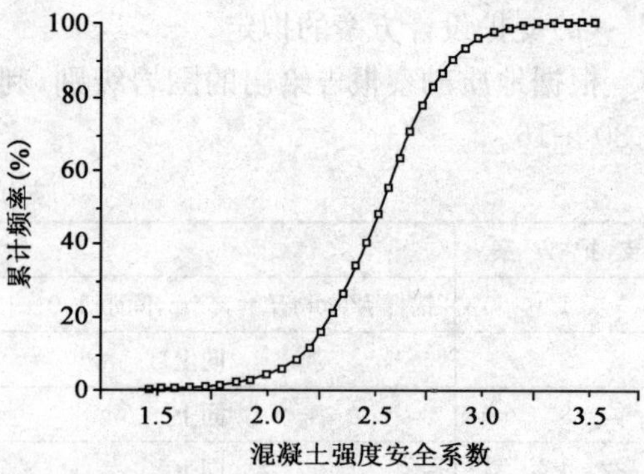

图 30-5-3　强度安全系数最小值累计频率分布

利用前述稳定判断准则进行判断，经统计分析可得各支护方案的失效概率 P_f 分别为：39.5%、2.11%、0.5%和 0%。

5. 损失计算

通过估计隧道塌方量，可进行直接经济的估计。直接经济损失与隧道塌方发生后采用的塌方处理措施以及采用这些措施所耗费的时间有关[25]。塌方处理成本计算采用工程造价的计算方法，根据估算的塌方规模直接计算相应的人工费、材料费和运输费等。因此，直接经济损失可表达为：

$$C_d = \sum c_i = \sum u_{ci} \times Q_i \tag{30-5-19}$$

式中：C_d——塌方直接经济损失；

u_{ci}——各工序的单价；

Q_i——各分项工程的工程量。

得到直接经济损失后，可以利用层次分析法通过计算直接经济损失在总损失中的比重 R_d 得到总体损失 C_t。通过计算可得到本例中隧道塌方的总体损失为 80 万元。

6. 风险评价

根据风险的定义，得到隧道支护方案的定量风险评价：

$$R = P_F \times C_t = P_F \times C_d / R_d \tag{30-5-20}$$

实例中各支护方案的风险损失值分别为：31.6 万元、1.688 万元、4 000 元和 0 元。

第六节　术语和符号

一、术语解释

1. 隧道风险 Tunneling risk

在隧道工程施工中，不希望的事件能否发生是不确定的，而一旦发生，将给工程建设者（业主、承包人、施工方等）和第三方的预期利益带来损害，风险即指这些潜在不利事件的发生可能性（可用概率(P)衡量）及其后果(C)的某种函数，表达式为：$R = f(P,C)$。

2. 风险因素 Risk factor

导致隧道工程风险事件发生的主、客观原因。

3. 损失 Loss

非预期的不利后果，包括人员伤亡、质量损害、经济损失、环境破坏及工期延误等。

4. 风险评估 Risk assessment

通过风险辨识、分析和评价，对隧道工程中存在的各种风险及其影响程度进行分析、分级和排序的过程。

5. 风险辨识 Risk identification

对隧道工程项目中的风险因素（事件）进行识别、筛选和分类的过程。

6. 风险估计 Risk estimation

对隧道工程中各种风险发生的可能性及不利后果进行估算的过程。

7. 风险评价 Risk evaluation

根据风险接受准则对风险因素和风险事件进行分级评定。

8. 风险控制 Risk control

为降低隧道工程风险所采取的处置对策、技术方案或措施等。

9. 风险分析 Risk analysis

采用定性或定量的方法进行风险辨识和风险估计的过程。

10. 风险接受准则 Risk acceptance criteria

隧道工程建设参与各方对不同等级风险的可接受或可容忍的水平，可采用定性或定量的分级指标标准描述。

11. 第三方 Third party

不直接参与隧道工程建设管理、设计和施工，但受到工程活动影响或对工程活动产生影响的相关个人、群体及其设施。

二、主要符号说明

P——风险事故发生概率（频率）；

T——顶事件；

X——基本事件、非基本事件和条件事件；

A、B、C、D——中间事件；

I_g——概率重要度；

CI_g——关键重要系数；

P_i——底事件发生的概率；

C_d——塌方直接经济损失；

u_{ci}——各工序的单价；

Q_i——各分项工程的工程量；

R_d——直接经济损失在总损失中的比重；

C_t——总体损失

第三十一章　隧道改建与扩建

第一节　一般规定

当隧道所处既有路线全线需要进行改扩建升级，或隧道本身技术标准不能满足运营要求时，应进行隧道改建、扩建或新建方案的综合比选，选择合理方案。此外，由于隧道病害严重、遭受破坏等原因，也必须进行改建。

一、公路隧道改扩建类型

公路隧道改扩建可分为以下三大类，即新建、改扩建及洞(口)外接线改造。

1. 新建

原有道路交通量已经饱和，采取另辟新线来增加车道，达到提高道路服务水平的目的。该方式对原交通基本没有影响，目前高速公路改扩建基本上都是采用新增隧道方案。对于低等级公路，线形标准低、事故率高或病害严重的隧道，影响行车安全，经综合比较后也可采用重建新线方案。

2. 改扩建

隧道改建：在原有隧道的基础上，以提升道路等级、增强隧道系统的稳定性及行车安全性为目的，对隧道土建结构、机电及其他设施进行的增补、升级、改善工程。

隧道扩建：在原有隧道的基础上，为改善交通容量、运输效率以扩大隧道断面、增加行车道为主要形式的隧道建设工程。

对已建隧道进行改扩建，可分为以下四种情况：

(1)隧道内原有衬砌结构(初建未施作二次衬砌)、机电设施(初建仅安装简易照明、通风设备)已不能适应交通量增长的需要，为提高交通设施规模等级，增补、修缮隧道二次衬砌，并完善运营管理设施。

(2)为提高道路等级，原有隧道平纵线形已不能满足需要，局部改造可满足要求。

(3)需增加行车道宽度，将已建隧道进行扩挖。

(4)已建隧道内出现衬砌开裂、漏水等病害，危及行车安全，需对病害进行整治以满足安全行车需要。

3. 洞(口)外接线改造

已建隧道可满足正常运营需要，但隧道接线组合不当，通行能力较低或易发生交通事故，需对洞外接线进行调整、改造；或者进出口边仰坡过高、过陡，存在安全隐患，需接长明洞或加固洞口不稳定坡体。

二、公路隧道改扩建标准、原则

本着经济节约的原则，对既有工程设备，在有条件利用时要尽量利用，对一些可随交通量增长而逐步改建或扩建的工程（如机电工程），则可考虑分期建设，力求节省人力、物力、财力，反对任意扩大改扩建范围或提出过高的改扩建标准。

改建项目应结合既有线（既有隧道）工程的技术条件和运营现状，综合分析现有设备利用条件、改建难易程度、改建施工对附近大型建筑物的影响、改建施工对运营的干扰等因素，合理拟定改扩建标准。原则上改扩建工程应按新建标准进行，以提高技术标准，改善运营条件。但若既有线路技术条件复杂，按新建标准改建有困难，或有条件利用原有标准，可减少改建工程量，节省投资，则在确定改建标准时，可不必强求与新建标准一致。为适应服务水平的要求，对于增建第二线隧道，在条件许可时，应遵守新的标准建造。

公路隧道改扩建应满足道路交通运输功能，在改扩建过程中应遵循以下原则：

（1）遵循“安全、经济、环保”的原则，合理选择改扩建方案。隧道处于地质围岩体内，对已建隧道进行改扩建，其围岩已经被扰动，受力状态复杂，其技术难度比新建隧道要大。为此对于既有隧道需充分掌握已建隧道的各种技术资料与运营状态，遵循“安全、有效、经济、系统最优”的原则，进行充分技术经济比较，合理确定扩容方案。

（2）有利于交通组织，减少对原有道路交通的影响。隧道改扩建势必会对原有交通产生一定的影响，在设计中应根据改建工程规模与工期来确定是封闭改建还是实行交通管制施工。当实行交通管制施工时，应有专人管理，施工用风、水、电要合理布置，并做好各项避险措施，有必要时制定合理的分流措施，以确保改建工程的顺利实施与车辆的安全通行。

（3）节约用地，有利于工程的可持续发展。山区地形狭窄，地质条件复杂，生态环境脆弱，土地宝贵，为此路线走廊带也就成为不可再生的资源，在隧道改扩建方案确定中还应考虑已建公路、铁路等的影响，合理确定改扩建工程规模与工程布局，节约土地，兼顾长远进一步扩容的需要。

（4）充分利用原有工程，降低工程造价。当有条件时应尽可能利用原有工程，对原建隧道进行改造，或者将原隧道直接利用，如可作为高速公路的上行或下行线，另辟新线作为另一幅上行或下行线，以降低工程费用。

（5）隧道通风、照明、消防、供电、监控等的改扩建工程应根据改扩建隧道的技术标准，在充分利用原有设备的基础上，结合隧道实际情况，进行分析设计。

（6）改扩建施工中对正常运营有影响的，应做好施工期间交通组织设计，维持运营不受中断。选择施工方案时应以保证运营和施工安全为前提，尽量减少对运营的干扰。

三、隧道改扩建主要内容

1. 土建工程改扩建

由于隧道净空断面不足，需要扩大断面尺寸，或隧道内线形技术标准偏低，需要局部改建等原因而进行的土建工程改扩建，包括以下内容：

（1）增大隧道净空。如原有隧道净空侵入现行限界，线路平面或纵断面变更，车道的增加等。

（2）隧道原有设备不足，在使用中要求增添设备或附属建筑物。如修建较大规模的洞内防、排水工程，增设通风建筑物等。

(3)增建仰拱，或增设二次衬砌。

(4)衬砌加固补强。

(5)全部或局部更换衬砌。

(6)原衬砌毁坏、坍塌的抢修。

隧道改建工程通常是在扰动过的围岩中和通车情况下进行施工。因此，在设计和施工时，应采取可靠的技术安全措施，使围岩和衬砌结构具有足够的稳定性，保证行车安全和减少对行车的干扰。

2.机电工程改扩建

包括通风系统的改扩建以及照明、消防供电、监控等系统的改扩建工程。由于隧道通风系统难以满足运营要求，需进行通风系统改造，或其他附属设施陈旧、老化，需更新改造等原因而进行的机电工程改扩建。

第二节　基本资料收集

隧道改扩建设计前必须对既有隧道的设计、施工及运营等情况进行详细的调查，针对改扩建的内容，确定调查项目和调查方法。

所需调查及收集的主要资料包括下列方面：

1.工程地质及水文地质资料

(1)地质构造，岩性特征以及对围岩稳定性的评价。

(2)地下水的流量、流向、补给来源及其运动规律，地下水的水质、侵蚀类型及侵蚀指标，地下水与地表水的相互关系，运营后地下水径流条件的变化情况等。

(3)瓦斯及其他有害气体渗入隧道的部位、浓度，对运营及养护人员的危害程度。

(4)不良地质地段的隧道衬砌病害状况。

(5)在施工过程中围岩、山体、地表的稳定情况。坍方发生的原因及处理情况，运营后山体及地表变形情况。

2.衬砌结构的技术状况

(1)隧道衬砌结构类型、断面的几何尺寸，隧道修建年代，施工方法和衬砌结构的竣工图。

(2)隧道净空的测量资料及既有衬砌侵限情况。

(3)建筑材料及其抗腐蚀的性能，施工时混凝土试件的力学试验资料，既有衬砌圬工强度的检查资料(必要时分段取样试验)。

(4)回填及压浆情况。

(5)衬砌结构病害状况：

①衬砌裂缝、剥落、掉块、下沉或其他变形的发生、发展过程与现状。

②腐蚀的特征、部位、范围及深度，残存衬砌厚度及强度，以及整治情况。

③洞内渗漏水的部位、水量及其随季节变化的关系；衬砌防水措施及其效果；冻害及整治情况。

④隧道铺底的现状及对道床病害的影响。

3.隧道附属构筑物的技术状况

(1)隧道防排水系统的完好状态。

(2)通风、照明设备的布置及使用情况。

(3)监控设备的布置及使用情况。

(4)电缆槽位置形式、断面尺寸及使用情况。

(5)隧道内路面结构及状况。

(6)施工时设置的辅助坑道处理情况及现状。

4.洞口建筑物的技术状况

(1)洞门及挡翼墙形式、尺寸,基础埋深及建筑材料的情况,圬工体有无裂缝、腐蚀剥落、下沉或其他变形等病害。

(2)洞口仰坡路堑边坡及防护工程现状有无变形、开裂、冲刷、坍滑、危石或落石掉块,风化剥落及泥石流等不良现象。

(3)洞口、洞顶水沟跨越的渠道及蓄水建筑物的现状。

(4)当洞口附近洞顶有公路通过时,应调查其对既有隧道的不良影响,如公路路基的稳定性及排水系统对隧道洞口山体稳定的影响。

5.隧道地段路线技术状态及运营情况

(1)路线的里程、高程、坡度、曲线要素等技术标准。

(2)隧道路段交通量及交通组成状况,洞内通风排烟情况、洞内照明情况。

(3)隧道两端引线地段内各种建筑物的结构类型。

6.施工场地、材料和能源的供应情况

(1)两端洞口附近的地形情况,布置施工场地、修建运输便道的条件。

(2)各种施工材料、水源及电力供应情况。

7.历年病害整治及大修资料

第三节　隧道改扩建方案设计

一、公路隧道改扩建方案

隧道改扩建应充分利用收集到的现有隧道技术条件,并根据运输情况和要求、隧道现状,并结合地形、地质、线路条件等既有情况,通过技术经济比较后来制定合理的土建工程改扩建方案。

1.新建方案

高速公路改扩建基本上是由原来四车道扩建成六车道或八车道,对于隧道来讲,考虑到需在既有隧道内增加1~2个车道,会使其跨径更大,建设难度增大,经过综合经济技术比较后一般采用新建方案(图31-3-1)。对于扩建成八车道的情况,可根据新选隧道轴线地质、地形条件采用四洞八车道(结合隧道长度采用分离式、小净距或连拱形式)或双洞八车道的布置方式。对于扩建成六车道的情况可采用双洞六车道或在两隧道一侧或中间设一单洞双车道隧道(隧道较短、无横洞)，对于后者最不利因素是其中一个隧道要对向行车，对安全行车会产生一定的影响，若设在两隧道中间还存在新建隧道与既有隧道相距较近的施工影响问题。

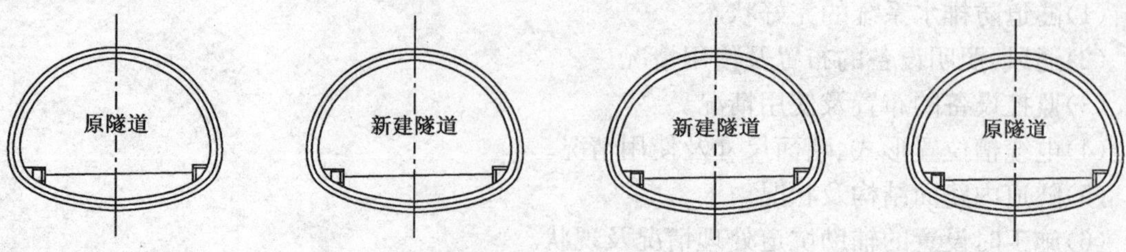

图 31-3-1 新建方案

对于一般公路而言，当原有隧道不能满足使用功能，或存在重大安全隐患，进行改造所需投入比新建还高时，经综合比较后，通常会采用新建方案。

新建隧道与已建隧道间距一般应满足表 31-3-1 要求，以尽量减小新建隧道在施工中对已建隧道的影响，当新建隧道与已建隧道间距小于表 31-3-1 中规定数值时，应详细调查既有隧道的现状，根据需要对既有线衬砌结构以及既有线隧道与增建隧道之间的岩体进行加固。在施工中应严格控制装药量，将最大振速限制在允许范围内，将爆破开挖对岩柱稳定性和既有衬砌结构的不利影响降低到最低限度。

分离式独立双洞间的最小净距 表 31-3-1

围岩级别	Ⅰ	Ⅱ	Ⅲ	Ⅳ	Ⅴ	Ⅵ
最小净距(m)	$1.0\times B$	$1.5\times B$	$2.0\times B$	$2.5\times B$	$3.5\times B$	$4.0\times B$

注：B——隧道开挖断面的宽度。

2. 改扩建方案

1)已建隧道改造

一些早期建设的隧道，如未作二次衬砌与防排水措施，或隧道内通风、照明等设施简陋，结合改扩建技术要求，增加隧道内防排水措施与二次衬砌，并安装与隧道长度、交通量相适应的机电设施，将落后设备进行升级换代。

2)局部改建方案

道路等级提高后原有隧道平纵线形已不能满足需要，而且已建隧道结构稳定，隧道净空也满足使用要求，部分段落可直接利用，此时可采用局部改建方案，仅对不满足平、纵、横技术指标的段落进行改造。

3)全扩挖改建方案

受地形及各种因素制约，经过综合比较后只能将已建隧道进行扩挖，以此来增加行车道，见图 31-3-2。扩挖可采用单侧扩挖(相当于紧急停车带)或两侧扩挖方案，在设计中应首先对原有隧道设计、施工情况与运营使用状态有一个准确的调查与评价，尤其是对于施工期间出现的大塌方地段、不良地质地段以及出现严重渗漏水与开裂地段。

新建方案与全扩挖方案可综合应用于同一工程中，见图 31-3-3。

3. 洞(口)外接线改造

据统计，有 70%以上的事故发生在隧道引道与进洞后 200m 范围内，这是隧道交通事故的一大特点。为此在地形条件允许及工程规模适中的情况下对隧道洞口事故多发点进行改造，使隧道内外线形顺畅，指标均衡，满足 3s 行程长度。早期建设隧道，隧道边仰坡过高，存在高边坡的安全隐患问题，如边坡失稳、落石等问题，对这些隧道需采取接长明洞、加固边坡等措施。

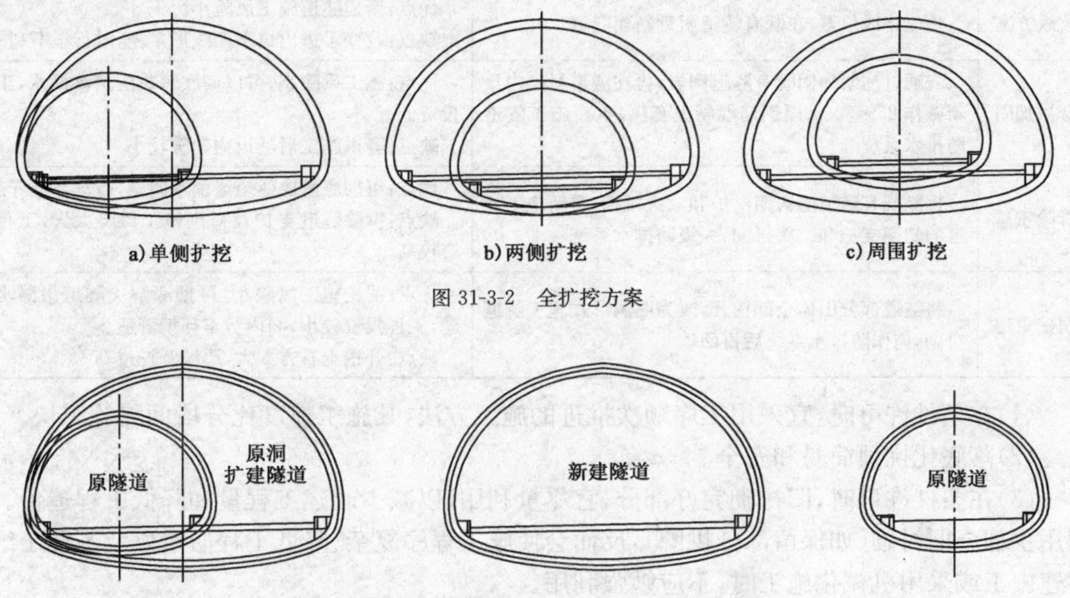

图 31-3-2　全扩挖方案

图 31-3-3　新建方案与全扩挖方案综合应用

二、方案比选时应注意的问题

1. 保证运输能力和行车安全

(1)在不可能采用临时便道或利用其他路线绕行通过超限车辆时，改建方案应使改建施工期间提供尽量大的行车限界。

(2)尽可能减少对车辆停车再开和限速慢行的要求(尤其在长大坡段地区)。

(3)尽量缩短一次封锁路线的时间，减少一天封锁的次数和全部工程需要封锁的时间。尤其应避免在运输繁忙季节封锁道路。

(4)对于改建工程量很大的长隧道或隧道群，还应考虑增设临时施工便道、车辆会让空间，开设小运转车辆的必要性和可能性。

2. 工程技术方案

(1)设计方案在施工顺序、作业方法、技术措施等方面，应进行通盘考虑，并应有具体而细致的措施，使之既符合工程的特点，又能确保行车及施工人员的安全。

(2)尽可能利用洞外作业和利用车辆间隙时间进行洞内作业。

(3)尽可能不影响隧道前后路线路基、桥涵、隧道、挡土墙等建筑物的状态和安全。

3. 运输经济和工程造价

(1)尽可能使运营损失减至最小。

(2)尽可能降低工程造价。当与前者有矛盾时，应全面考虑，正确处理。

4. 隧道改扩建方案比选

当改建工程量较大或保证行车及施工安全确有困难时，应对隧道改建与改线工程两者进行方案比较，见表 31-3-2。

处理方案优缺点比较 表 31-3-2

方案	方案说明	方案优缺点
改线方案	更改路线位置,在既有隧道附近新建隧道	优点:新建隧道施工风险小。 缺点:改变了进出口平面线形半径,对行车不利
套拱加固	先通过注浆加固既有隧道围岩,再在隧道衬砌内重新施作 25～30cm 厚钢筋混凝土套拱,重新施工隧道防排水系统	优点:施工风险小,可以彻底解决隧道渗漏水,工程投资低。 缺点:套拱施工后隧道内轮廓较小
拆除重建	拆除既有隧道的初期支护和二次衬砌,重新施工隧道的初期支护和二次衬砌,一级防排水系统	优点:可彻底解决隧道渗漏水问题,行车环境舒适。 缺点:拆除隧道支护及衬砌施工风险太大,工程投资较高
明挖重建	将隧道部分山体全部挖开,改为明洞形式施工隧道衬砌,施作防排水系统后再回填	优点:明挖施工风险小,可彻底解决隧道渗漏水问题,工程投资较小,洞内行车环境舒适。 缺点:开挖土石方太大,边坡开挖过高

(1)在条件许可时,宜采用工序顺次推进的施工方法,其施工速度比分段间隔施工快。

(2)落底比挑顶简易和安全。

(3)在条件许可时,旧衬砌完好部分,宜尽量利用,以减少改建工程量和降低工程造价。当利用少部分旧衬砌(如保留部分拱圈),反而会使施工程序复杂、降低工程质量以及不便于组织快速施工或采用机械化施工时,不应勉强利用。

(4)增建第二线往往比现行线改建有利,因此,如有近期或远期修建第二线等规划,最好是在改建工程区间提前实施,待新建工程通车后,再封闭旧线进行改建。

(5)如果改建的隧道较多,宜集中力量逐座解决,这在材料运输和减少运营干扰等方面较全面铺开、分散施工更为有利。

三、隧道土建工程改扩建处理措施

隧道土建工程改扩建一般有原隧道内高度不够、隧道内宽度不够、隧道内高度和宽度均不够及外部改建等 4 种情况。可根据实际情况采取以下几种处理措施。

1. 高度不够

1)局部凿除

当隧道内轮廓仅高度不满足行车要求,而且其侵入限界的值只有衬砌断面厚度的一小部分时,若局部凿除衬砌不影响衬砌结构的安全,则可选用此方案。必要时,在凿除前可用锚杆或压浆进行加固。凿除后应以水泥砂浆抹平。此方案改建工程量最小,施工最简易。

施工时可采用局部临时支顶,为防止防水层的破坏,在凿除前应谨慎考虑用锚杆或压浆措施。凿除后应设置钢筋网或碳纤维加固,表面以水泥砂浆抹平。局部凿除改建工程量小,施工最简易。如拱圈有受力性裂缝,则应进行慎重的研究分析,当有危及安全稳定时,不宜凿除衬砌。

2)落底

若隧道净空高度与要求限界相差较多,可考虑降低路线纵坡,采取落底方案。此方案优点是:

(1)可以充分利用原有衬砌。

(2)隧道改建工程因不会扰动衬砌顶部而比较安全、简易。

(3)可以利用行车间隙进行施工。但当洞外建筑物(如桥梁墩台)无法降低高程或降坡影响范围工程较大时,此方案就难实施。同时,在落底施工路段车辆必须慢行,这对正常运输也有较大的影响。

基底岩层较坚实,而落底量又不大时,可只加深有水沟的一侧,局部挖深道床,在另一侧边墙底部保留基础台阶。当基底岩层较松软破碎,或落底量较大,采取保留台阶办法可能影响边墙的稳定时,应先加深水沟及边墙然后挖深路基,进行落底。

3)挑顶

若既有隧道顶部地层较坚实,衬砌也较完好,因洞外建筑物改建复杂,而使降坡落底方案难以实施时,可采用挑顶方案进行改建,如图 31-3-4 所示。

挑顶改扩建方案一般顺序是,先拆除整个或部分旧拱圈,扩挖拱部,再修筑新拱圈,施工前须用钢拱支撑加固原支撑。如围岩破碎宜采用分段分块间隔施工,每段长 2～4.0m。

如挑顶高度较大,岩层松软,可采用拱顶小导坑领先,再分段扩大拱部,并架立支撑,然后拆除旧拱,修筑新拱圈。

2. 宽度不够

1)局部凿除

当围岩较坚实,衬砌完好,凿除深度不大,凿除部分衬砌后不致影响整个衬砌的安全与稳定时,可采用此方案。根据路线位置,可采用单侧凿除或双侧凿除。必要时,在凿除前可用锚杆或压浆加固。

2)利用原拱圈,只拆建边墙

原隧道宽度不够,边墙不能利用时,或边墙由立墙改为曲墙,可保留顶拱圈,拆除边墙。

施工前应先压浆加固围岩,并用钢拱支撑加固衬砌。施工时应分段间隔(每段 2～3m),相错拆除旧边墙、扩挖、修筑新边墙。

3)利用部分旧拱圈,拆建一侧边墙

当改扩建隧道宽度相差较大,经调整路线中线,根据原隧道衬砌结构情况,使加宽工作在隧道的一侧进行,可采用此方案,如图 31-3-5 所示。当单线隧道改为多线隧道时也可采用。

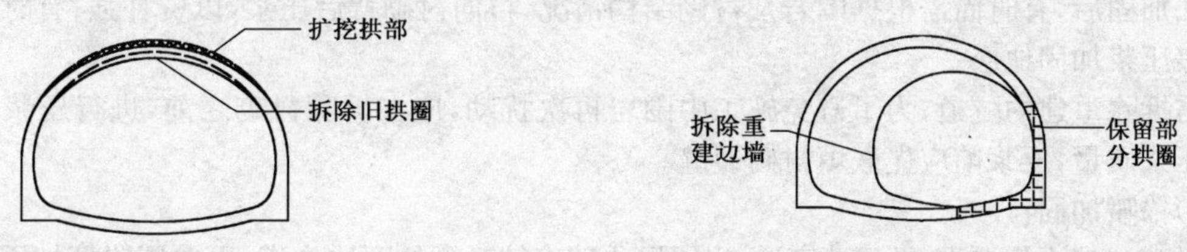

图 31-3-4　挑顶　　　图 31-3-5　利用部分旧拱圈,拆建一侧边墙

根据围岩的情况,并参照新建隧道选用施工方法的原则可分先墙后拱法和先拱后墙法。全部工作一般应在压浆及钢拱支撑加固完成后,采用分段间隔(每段长 2～3m)的方式进行施工。当用先墙后拱法拆除旧拱时,须边拆边用短支柱将围岩顶紧在钢拱架上,以防钢拱架受偏压作用而变形(由于保留部分拱圈的作用)导致旧拱圈开裂。

先拱后墙法应使新拱圈承托在托梁上或在新拱圈拱脚处加置纵向钢筋。每次拆建拱圈两米左右,待连续建成新拱圈 20～30m 后,再采取扩挖的方式扩建边墙。这种先拆除旧拱圈,使所有改建工作均在隧道内进行的方法,称为内部改建法。

3. 高、宽度均不够

1)利用部分原有衬砌

由于隧道高度要抬高很多,故旧拱圈均拆去,仅保留一侧边墙。

先将拟保留的边墙加厚补强,并用钢拱支撑加固原有衬砌。应相继拆旧拱,以保证留出扩挖新拱脚的空间。一般采用分段扩挖,每段长 2~4m。扩大支撑支撑在旧拱圈上。在原有衬砌上应有出渣孔。修筑新拱圈时,宜设托梁或在拱脚处布设纵向钢筋。待连续建成新拱圈 20~30m 后,才向下分段间隔扩挖新边墙部位的岩层,并随即修建新边墙。

2)全部扩建

由上而下扩挖的先拱后墙法,适用于土质及松软破碎地层。扩挖前,须用钢拱支撑加固旧衬砌,直到新衬砌全部修筑完成才最后拆除旧衬砌。由下而上扩挖的先墙后拱法,适用于较坚固的岩层。旧衬砌除用钢拱支撑加固外,边墙部扩挖时,应用横撑加固,以防止边墙向外变形。同样,待新衬砌全部修筑完成后,才拆除旧衬砌。这种方案在原有衬砌的外部进行全部改建工作,故称外部改建法,如图 31-3-6 所示。

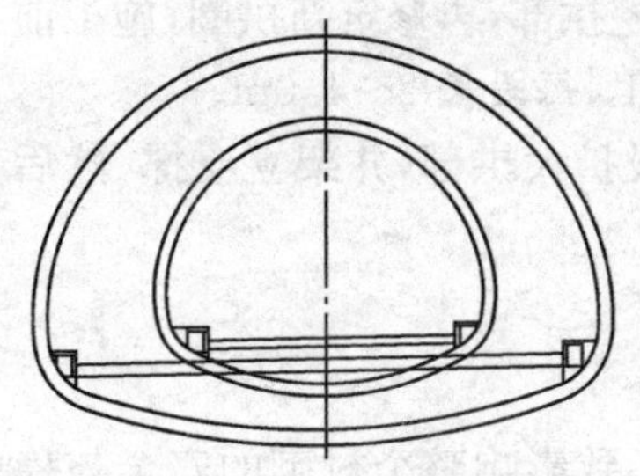

图 31-3-6 全部扩建

单线隧道向一侧扩建时,可按先墙后拱法施工,适用于中等硬度、节理发育、拱脚地基承载力较差的岩层;也可按先拱后墙法施工,适用于拱脚地基有足够承载力的岩层。

4. 加固和修复

由于衬砌开裂破损将给隧道运营带来一系列不良后果,故必须及时采取措施加固原有衬砌,对于已遭毁坏的衬砌应予修复。其加固和修复方案可视衬砌结构变形程度、围岩、运输、施工等条件比选采用下列各方案。

1)压浆

衬砌开裂不严重、无显著变形的石质隧道,压浆后衬砌裂缝就趋稳定,停止发展。对于这种衬砌变形的情况一般不需再用其他措施补强衬砌。对于衬砌开裂比较严重的情况,经套拱等方法加固后,有时尚需根据围岩及衬砌结构情况,再向衬砌背后压浆,以资补强;有时还需结合地表压浆加固地层。

需拆除重建的隧道,为了避免施工中围岩再次扰动,应在拆除衬砌之前,进行压浆。为了保证压浆质量,压浆前应先嵌填衬砌裂缝。

2)锚喷加固

衬砌开裂不甚严重,无显著变形,岩层风化破碎较轻微的石质隧道,可选用锚杆加固。锚杆宜使用能张拉的灌浆锚杆。衬砌开裂较严重时,还可以将锚杆与压浆、喷射混凝土等配合使用。当衬砌开裂轻微,在开裂衬砌内缘,单纯喷射混凝土(不加锚杆)对衬砌加固也有一定的效果。

3)拆除重建

局部拆除重建适用于局部衬砌开裂严重,结构已丧失稳定,必须拆除重建,但尚有部分衬砌可资利用的情况。结构处理须根据实际地质条件决定衬砌结构的形式和构造,例如由直墙改为曲墙,或采用钢筋混凝土等。

4)套拱加固

原衬砌拱部开裂严重,但拱结构还具有一定的整体性和承载能力,边墙基本完整,可采用套拱补强，如图 31-3-7 所示。加建套拱应注意满足净空的要求，所以一般先将原衬砌凿除一部分，然后在允许净空外修建套拱。原衬砌拱圈与套拱之间用钎钉连接。套拱采用钢筋混凝土以钢拱架为骨架立模灌注混凝土，亦可采用喷射混凝土。

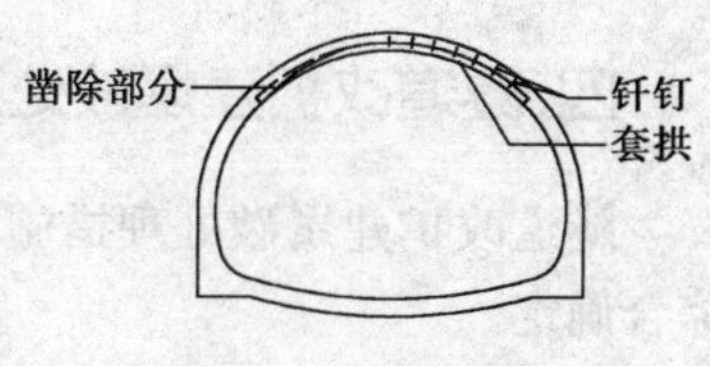

图 31-3-7 套拱加固

全部拆除重建适用于衬砌开裂严重，结构已丧失稳定，衬砌不能保留利用的情况。衬砌结构主要应根据地质条件确定。如围岩不宜扩挖时，可仍采用原衬砌形式，而改用钢筋混凝土或钢拱骨架混凝土衬砌结构。施工前一般应先进行压浆加固围岩。

5. 无衬砌隧道补建衬砌

在无衬砌的地段补建衬砌时，应先清除危石，修整隧道周边围岩，清除侵入衬砌范围内的岩石(当石质坚硬和不影响衬砌质量时，可允许个别凸出部分突入衬砌，但不应超过衬砌设计厚度的 1/3)。补建衬砌根据围岩情况，可考虑采用整体灌注、锚杆喷浆、锚杆喷射混凝土、喷射混凝土或预制衬砌构件等结构类型。

6. 典型隧道改扩建施工方案图示(图 31-3-8)

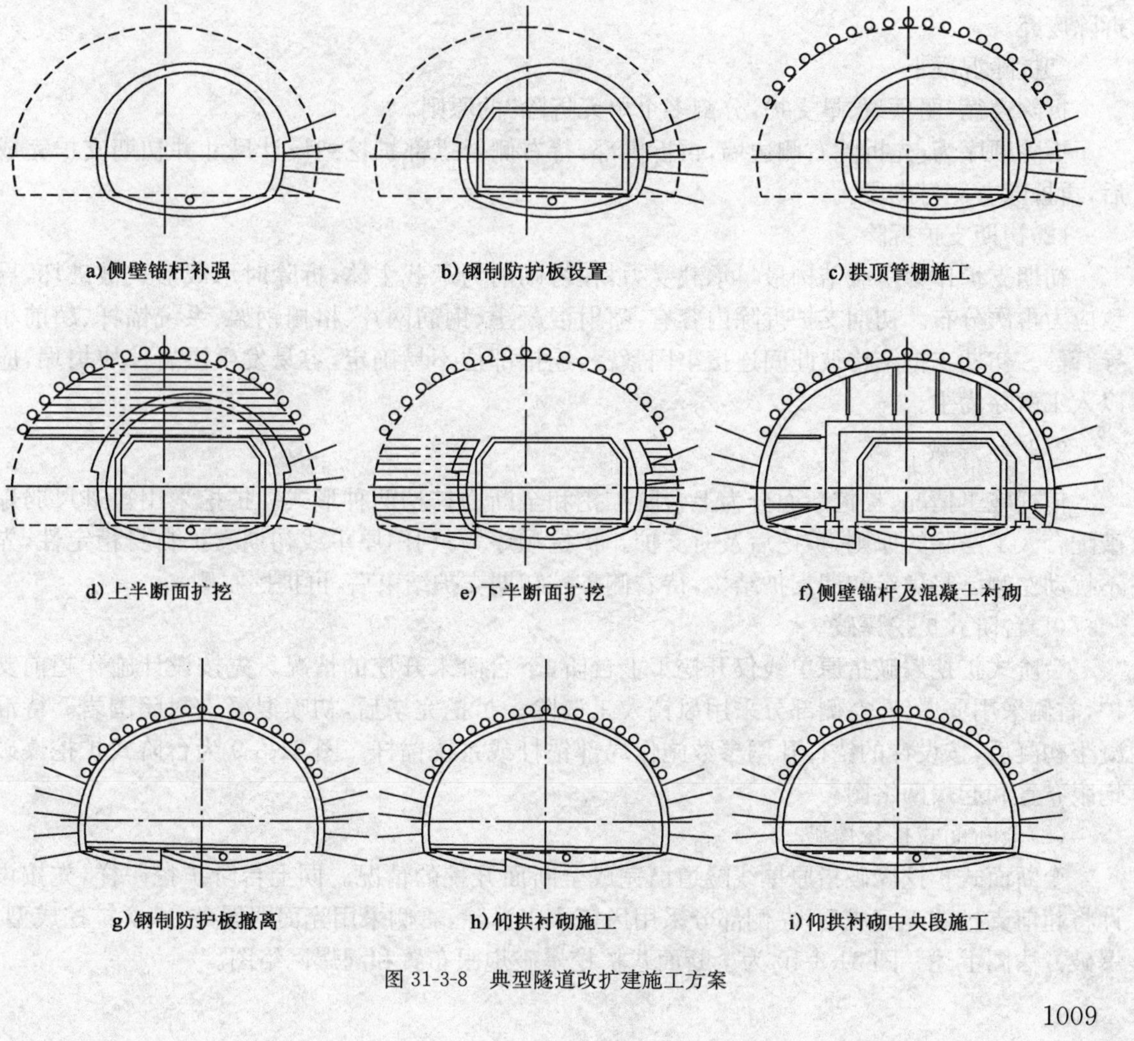

a)侧壁锚杆补强　b)钢制防护板设置　c)拱顶管棚施工

d)上半断面扩挖　e)下半断面扩挖　f)侧壁锚杆及混凝土衬砌

g)钢制防护板撤离　h)仰拱衬砌施工　i)仰拱衬砌中央段施工

图 31-3-8 典型隧道改扩建施工方案

四、隧道改扩建爆破处理措施

隧道改扩建爆破处理措施应考虑围岩条件、结构支护参数等，并通过计算分析和实测结果综合确定。

1.原有支护结构爆破拆除

(1)二次衬砌爆破拆除

已完成单线隧道复合式二次衬砌的部分，围岩已经基本稳定，若要进行拆除，必将导致应力重分布，影响隧道稳定性。根据隧道衬砌结构受力情况，衬砌在拱腰、矮边墙处受力集中，为薄弱部位，需要在拆除过程中严格控制。拆除思路为：以分段分部位拆除的方法，先整体卸载；二次衬砌混凝土采取控制预裂爆破技术，将其分成多个部分后逐一拆除；钢筋混凝土和素混凝土采取不同的爆破参数和拆除方法。

①拆除钢筋混凝土

拆除遵循“地质条件由好向差、承载由强到弱，分割多个单元拆除”的原则。

拆除顺序为：先拆除右侧边墙，再拆拱部，待右侧及拱部扩挖到设计尺寸并初支完成后，再拆除左侧衬砌段。混凝土中钢筋在爆破及机械清理后，人工将连接筋切割断，连同衬砌混凝土拆除废弃。

②拆除混凝土

拆除遵循“弱预裂、早支护，分割多个单元拆除”的原则。

拆除顺序为：先拆除右侧边墙，再拆拱部，待右侧及拱部扩挖到设计尺寸并初期支护完成后，再拆除左侧衬砌段。

(2)初期支护拆除

初期支护作为承载结构最早承载受力，在衬砌前为承载主体，拆除时承载形式被破坏，导致应力再次分布。初期支护拆除内容有：喷射混凝土、钢筋网片、格栅钢架、系统锚杆、超前小导管等。初期支护结构彼此间连接牢固紧密，连接部位不易确定，容易发生围岩掉块坍塌，应以人工凿除为主。

2.扩挖爆破

依据施工情况，扩挖断面分为上台阶扩挖和全断面扩挖两种形式。扩挖采用短进尺弱爆破配合人工凿除的原则，扩挖后及时支护。扩挖顺序为：利用原单线初期支护自身稳定性，先不扰动左侧已趋稳定初期支护结构，待右侧扩挖初期支护结束后，再扩挖左侧。

(1)台阶式扩挖爆破

台阶式扩挖爆破指原单线仅开挖了上台阶，下台阶未开挖的情况。先按设计施作超前支护，右侧采用弱爆破，左侧部分采用风镐人工凿除。扩挖完毕后，初喷混凝土封闭围岩。待混凝土初凝后，按设计的锚杆孔网参数施作局部锚杆或系统锚杆。图 31-3-9 为台阶式扩挖爆破炮眼布置和起爆网络图。

(2)全断面式扩挖爆破

全断面式扩挖爆破指原单线隧道已完成全断面开挖的情况。同上台阶扩挖一样，先按设计将超前支护施工完成后，左侧部分采用风镐人工凿除，右侧采用光面弱爆破，一次扩挖成型，爆破方法同上述。图 31-3-10 为全断面式扩挖爆破炮眼布置和起爆网络图。

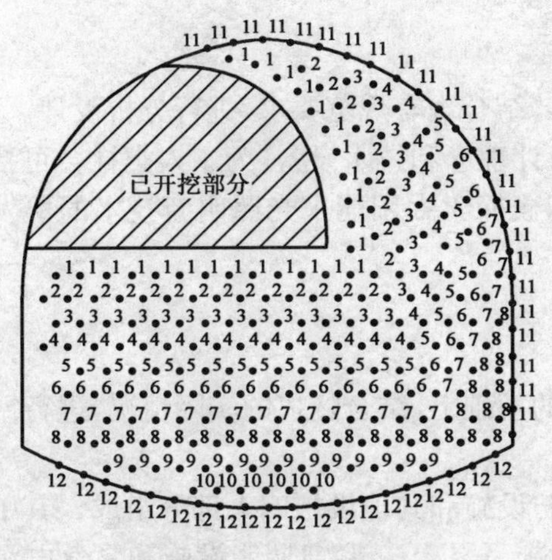

图 31-3-9 台阶式扩挖爆破

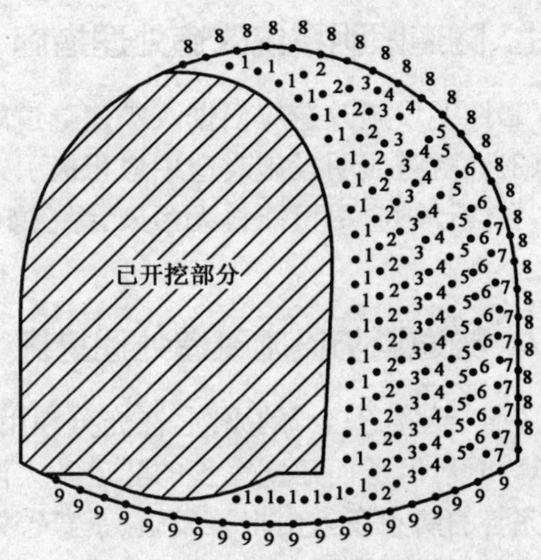

图 31-3-10 全断面扩挖爆破

3.爆破安全及减震措施

(1)爆破的飞石及防护

针对衬砌混凝土的装药位置，在脚手架外围用竹跳板、稻草帘和建筑安全网近体防护：用竹跳板遮挡附近被保护的施工设施；距离爆破点30m处搭设防护屏障并挂安全网。

(2)爆破震动监测

改扩建过程中的监控量测工作非常重要，主要监测项目有周边位移、拱顶下沉、地表下沉。测点的布设参照单线开挖过程监控量测点的布设原则，量测频率同单线测点频率，同时对地表以及扩挖面进行观察记录，及时进行量测数据分析，反馈到实际的施工中。

五、隧道防排水系统改造处理措施

对于渗漏水的整治，应遵循防、截、排、堵相结合，综合治理的原则。对于拱部衬砌应进行重点整治，拱部采取堵、排结合，边墙采取凿槽引流，漏水较严重部位(如滴水成线、股水、射流)可采取衬砌内部注浆及凿槽埋管将水引入侧沟排走；对于点漏、缝漏可采用嵌缝堵漏和喷(抹)防水层相结合的措施进行处理；对于大面积渗水部位可采取衬砌内部注浆与喷(抹)防水层相结合的措施进行处理，若排水槽与隧道侧沟异侧，可设隧底横沟将水引入侧沟。

六、隧道通风系统改造处理措施

(1)在进行隧道通风改造设计时，应对隧道改扩建后交通量、当地的气象及环境进行调查。同时还应对通风噪声、废气排放及竖(斜)井施工可能对周围环境和居民生活造成的影响进行初步评价。

(2)通风设计应充分考虑各通风方式的特点，并根据隧道长度、平曲线半径、纵坡、海拔高度、交通条件、气象条件、环境条件，经综合比较后，根据安全、经济和运营维护方便的原则进行选择，一般情况推荐采用纵向射流通风方式。

(3)受隧道改扩建后断面的影响，风机的选型应谨慎评估，其设置位置可选择加长洞口，设置为轴流风机(射流风机)集中送入式，或在隧道内局部加宽、加高成风机壁龛。

七、隧道照明系统改造处理措施

(1)照明设施改造应根据改扩建隧道的技术标准,结合现有规范要求,进行分析设计。

(2)在隧道照明设施改造中应积极引入先进的设计理念和技术设备,为了人类社会可持续发展,在设计中应尽可能将无污染、绿色能源引入,积极探索太阳能采光照明新技术的研发和应用。

八、隧道消防设施改造处理措施

按照"经济、安全"的原则,在充分利用原有设备的基础上,结合隧道的实际情况,进行严谨的计算和设计,从而建立完善的隧道防火设施。

完善的防火设施由报警设施、紧急警报设施、消防设施和其他设施四大部分组成。其中其他设施包括排烟设施、避难设施、紧急停车带、导向设施、I. T. V. 、紧急照明设施和紧急电源设施等。各部分在隧道防火中既有明确分工,又有相互配合。

九、隧道监控设施改造处理措施

改造应根据改扩建隧道的技术标准,结合现有规范要求,进行分析设计。

(1)隧道内的交通监控主要包括交通监测、交通电视监控系统、交通信号控制系统、紧急警报装置等。

(2)在隧道内安装交通监测设施的目的是为了掌握交通流的基本参数,掌握其变化规律为运营管理提供依据。

(3)随着交通运输业的迅速发展,交通电视监控系统也得到了越来越广泛的应用。在长大隧道中采用交通电视监控系统,以便确保车辆安全通行和有利于交通管理人员同时了解多点交通情况,尤其是出现行车事故和发生火灾时隧道管理人员能及时发现并采取相应的有效措施,指派洞外救生车辆和人员进行灭火工作,疏散车辆,防止二次灾害,还可为事后分析事故和对肇事者正确的处罚提供有效证据。

(4)隧道交通信号控制是整个道路交通信号控制的一部分,目的是为隧道区段沿线安全行车提供通行权。

(5)紧急警报装置是在发生火灾事故或交通事故时通知后续车辆或对向车辆停止运行,防止涌入隧道及引道内,避免或减轻再生性灾难而为驾驶人设计的视觉、听觉信号装置,由警报显示牌、声信号装置及操作控制部分等组成。

第四节　改扩建中的隧道结构设计

一、隧道改扩建结构设计原则

在既有隧道已经扰动过的围岩中施工,围岩压力会较原隧道施工时增大,邻近地段的衬砌所承受的围岩压力也会增加。既有隧道由于围岩已经扰动过,其受力状态同新建隧道有很大的区别,而且有不少隧道是在不中断交通的情况下进行整治,因此如何使扰动过的围岩具有足够的稳定性,保证施工与行车安全,就成为既有隧道改建施工的关键。因此对于在已建隧道内进行改建，必须做好以下工作：

(1)对原隧道进行详细、准确的评价。

(2)合理确定隧道围岩压力与支护参数，应体现"强支护"的理念。

(3)制定出完善的超前探测、预加固以及临时安全防护措施。

(4)在施工过程中应制定出切实可行的施工组织设计，如在拆出原有部分衬砌时应采用控制爆破或静态爆破技术，布眼要密、打眼要浅、装药要少。

(5)体现"信息化"施工，在拆除过程中应做好既有衬砌的稳定性监测、爆破震动监测、围岩变形量测，根据量测信息及时调整支护参数与施工方案。

二、隧道改扩建时围岩压力估算方法

隧道改扩建时确定围岩压力不仅应调查围岩的工程地质与水文地质条件，而且还应调查原隧道施工方法、施工质量、整治的规模和采用的施工方法。

隧道改建时围岩压力的估算原则：

(1)原隧道施工时对围岩扰动不大，经过一定时间运营后，围岩无明显变异者，可根据围岩的实际情况确定改建地段的围岩类别，参照新建隧道围岩压力的确定原则估算。

一般认为，当原隧道施工方法恰当，施工过程工序安排紧凑，支护质量好时，前期施工对围岩扰动不大。

(2)原隧道施工时发生坍方地段：

①原塌方体高度小于《公路隧道设计规范》(JTG D70—2004)推荐的围岩垂直压力经验公式的计算荷载高度，而且施工中经过认真回填处理者，改建时围岩压力可仍参照新建隧道围岩类别及围岩压力的确定方法确定；

②原坍方体高度大于计算得出的围岩垂直均布压力所换算的土柱高度，且原施工中未对坍方体认真处理者，可按实际坍方体高度计算。并应结合既有衬砌变形、裂损情况考虑荷载的不均匀分布；

③原隧道经过良好压浆，或在改建前采取压浆措施(包括各种化学灌浆加固方法)，经现场检查确认对围岩有填充胶结作用者，可将围岩类别等级适当提高以计算围岩压力。但注意应待灌注浆液达到规定强度后才可拆除原衬砌。凡需扩挖围岩者，压浆的有效固结范围应超出扩挖线1m以上。对压浆质量的现场检查，可采取开挖、取样、贯入试验、钻孔压水试验，以及弹性波速度法等；

④隧道扩建为多线隧道时，应特别注意围岩的结构特征和软弱结构面的情况，分析研究是否会发生显著的不对称围岩压力。

三、结构计算

当改扩建围岩压力可以明确确定时，采用荷载结构法进行结构内力和变形计算，如果围岩压力较难确定或改扩建施工方法较为复杂，施工过程中围岩应力场发生多次扰动和重分配时，采用荷载结构法有较大难度，可用地层结构法计算。

1. 隧道改扩建荷载结构法

同新建隧道荷载结构计算方法，隧道开挖后地层的作用主要是对衬砌结构产生荷载，衬砌结构应能安全可靠地承受地层压力等荷载的作用。计算时先按地层分类法或由经验公式确定地层压力，然后按弹性地基上结构物的计算方法计算衬砌的内力，并进行结构截面设计。

2.隧道改扩建地层结构法

(1)设计原理

地层结构法是将衬砌和地层视为整体共同受力的统一体系，在满足变形协调条件的前提下分别计算衬砌与地层的内力，据以验算地层的稳定性和进行结构截面设计。

(2)计算假定

隧道改扩建前后的围岩分别处于两种不同的应力状态之中，前者称为“初应力状态”或者一次应力状态，后者称为二次应力状态和三次应力状态。影响二次和三次应力状态的因素很多，如围岩的初始应力状态、岩体的构造因素(结构面、岩块组合形态等)、隧道形状和尺寸、埋深以及施工技术等。目前研究隧道开挖后应力状态的理论，大多以下述假定为前提：

①视围岩为均质的、各向同性的连续介质；

②岩体初始应力场以实测结果推演，如未进行地应力测试，隧道埋深不太大时可不考虑构造应力，仅考虑自重应力；

③隧道位于一定深度简化为无限体中的孔洞问题。

隧道开挖后周围岩体中的应力、位移视围岩强度(单轴抗压强度)可分为两种情况：一种是开挖后的围岩仍处于弹性状态。此时，隧道围岩除产生稍许由于爆破引起的松弛外是稳定的；一种是开挖后的围岩应力超过单轴抗压强度，此时，隧道围岩的一部分处于塑性甚至松弛状态，隧道围岩将产生塑性滑移、松弛或破坏。但实际工程中隧道围岩并非由均质、单一岩体组成，所以简化过程仍应考虑不同岩性对隧道稳定性的影响。

(3)计算模型建立

使用地层结构法进行地下工程的分析，首先要确定计算范围，大多数地下工程都涉及无限域或者半无限域，而计算是在有限区域里进行离散化，为了使这种处理方法不产生过大的误差，离散区域必须有足够的范围，并尽可能使区域外边界条件接近实际状态。理论分析表明，均质弹性无限域中开挖的圆形洞室，由于荷载释放而引起的洞室周围介质应力和位移变化，在5倍洞径范围外小于1%，3倍洞径外约小于5%。考虑工程的需要和离散误差以及计算误差，一般计算范围以沿洞径各个方向均不小于3倍洞径为好。对非圆形洞室或者在各向异性材料的岩体中开挖的洞室，则计算范围应适当扩大或取上限尺寸，在这个范围的边界上，可以认为开挖引起的位移为零。

(4)施工过程的模拟

计算过程为：首先对其进行初始地应力场模拟，再进行既有隧道的开挖，达到一个新的平衡状态，这称为既有隧道开挖后的应力场分布状态。之后按改扩建方案模拟施工过程。开挖过程的模拟一般通过在开挖边界上施加释放荷载实现。将一个相对完整的施工阶段称为施工步，并设每个施工步包含若干增量步，则与该施工步相应的开挖释放荷载可在所包含的增量步中逐步释放，以便较真实地模拟施工过程。具体计算中，每个增量步的荷载释放量可由释放系数控制。

(5)结构的施作与拆除

隧道改扩建计算中需多次模拟结构施作与拆除的过程，施作效应体现为整体刚度的增加及新增结构的自重对系统的影响，结构拆除的效应包含整体刚度的减小和支撑内力释放的影响，其中支撑内力的释放可通过施加一反向内力实现。

四、结构加固设计

1)锚杆加固

试验和实践表明(如我国马鞍山矿山研究院的试验等),在坑道周围的破碎块状岩体中,不必将锚杆锚固在围岩松动范围以外稳定的岩层上,而利用能施加预拉力的较短锚杆产生的压缩作用使围岩保持稳定。加固锚杆将衬砌与岩体扣束在一起,相对地等于加厚了衬砌;同时,原衬砌也可作为锚杆之间对破碎岩块起的表面支护。根据试验,每一根锚杆的预拉力可在其周围的岩体内产生一个圆锥形的高压区。要使相邻的高压区互相连接,形成均匀的压缩带的条件是:锚杆长度与锚杆间距的比值不小于 2。此时均匀压缩带的厚度(压力大于或等于平均压力的 80%的范围)约等于锚杆长度的 1/3。

永久性的加固应采用灌浆锚杆。锚杆的具体设计与施工工艺问题尚需注意下列几点:

(1)设计前应详细查明衬砌实有厚度及其背后超挖回填情况。锚杆有效长度一般应穿过回填材料到达围岩体内。

(2)设置锚杆前应先对衬砌背后超挖回填物进行低压压浆,以免由于回填物松动而使锚杆的预拉力遭受损失。锚杆张拉应在压浆完成 14d 以后进行。

(3)锚杆的预拉力数值,应根据实地试验确定。

(4)衬砌的裂缝应予嵌填。如有压碎部分要先凿除,再用混凝土修补。

2)喷射混凝土加固

用喷射混凝土或加挂钢筋网的喷射混凝土对破损衬砌进行加固,可加强原有衬砌,防止衬砌的变形进一步发展。喷射混凝土层的厚度较小(不超过 15～20cm),可减少既有衬砌的凿除量,同时施工不用拱架模板,对在不中断行车的条件下进行衬砌加固是很有利的。

3)钢筋混凝土套拱加固(图 31-4-1)

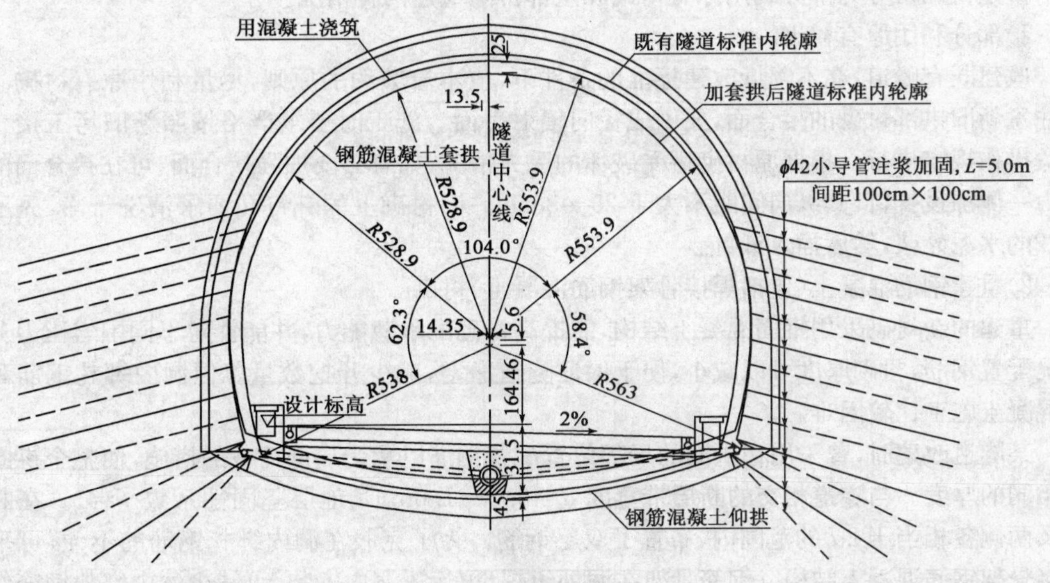

图 31-4-1　套拱加固

套拱断面形式应尽量适应受力状态。实际工程中,围岩应力状态极其复杂,且改扩建过程又引起较大程度的应力重分布,而单心圆拱对各种应力状态都有较强的适应能力,故应用较多。

(1)原衬砌虽有开裂,但变形不大,尚未完全丧失承载能力,则加建套拱的主要作用是加强原衬砌,制止衬砌变形进一步发展。

由于套拱施作过程中,可在套拱和原有衬砌之间铺设防水层,结合路面施工重新施作隧道防排水系统,因此,隧道加固方案中不必对隧道衬砌渗漏水另行处理。

当原拱圈比较完整,套拱与原拱圈结合良好时,可将套拱与原拱圈看成一个整体来承担继续增长的围岩压力,故可比照钢筋混凝土结构来进行计算。

(2)承受全部荷载的套拱。

当原衬砌已接近丧失承载能力,但由于其他原因(如该处地质很差,或原来修建时发生过大量坍塌等),不宜或不允许拆除重建衬砌,亦可在原拱圈内加建套拱,以承受围岩压力。计算时不考虑原拱圈的承载作用。套拱的厚度为20～35cm。一般采用双层钢筋。如经检算安全,可以用单排钢筋,亦可在需要的部位布置双层钢筋。套拱与原衬砌之间用钎钉连接。原拱圈的裂缝应先进行嵌填,与套拱的接触而也要凿毛清洗。

对于衬砌背后存在的空洞、脱空和离析现象,仅对衬砌背后的空洞进行注浆加固;对于隧道衬砌背后围岩差、含水率大或既有的塌方松散体,应对隧道衬砌背后围岩注浆,达到固结围岩、堵水的目的。

五、拆除旧衬砌,重建新衬砌

重建隧道衬砌为断面设计轮廓,应符合新建隧道衬砌的设计原则。衬砌的形式和各部分的尺寸,可结合原衬砌病害产生原因和围岩压力具体情况,参照新建隧道衬砌的标准图来拟定。

重建衬砌可分为部分利用原有衬砌和全部拆除重建两种情况。

1)部分利用原有衬砌

改建既有隧道,在不降低改建标准的条件下,应本着节约的原则,尽量利用原有衬砌。必须注意新旧拱部衬砌的接合面,要做成径向辐射平面。施工时要求严格按照新旧圬工接合的有关操作规定进行。根据原衬砌遭受破坏的受力情况,如有必要加强接合面,可在接合面的受拉力一侧加设钎钉,其纵向间距不大于25～33cm。旧衬砌上的钎钉孔要求清洗干净,先压注1∶2的水泥砂浆,然后插入钎钉。

2)重建钢筋混凝土(包括焊接骨架钢筋混凝土)衬砌

重建的新衬砌采用钢筋混凝土结构,能提高衬砌的承载能力,并能针对不同围岩压力分布情况配置钢筋,衬砌厚度可以减小,便于保证隧道净空,减少开挖数量。但洞内绑扎钢筋和灌注混凝土施工比较困难。

某隧道改建时,曾采用在拱圈的局部位置配置钢筋以承受局部荷载的措施,使整个拱圈可用相同的厚度。与隧道相交的断层带宽度 $d=0.5\sim1.0$m,其地层坚固性系数 $f=1$。在断层带及两侧各相当于 $2d$ 的范围内,布置了双层钢筋。为了克服在洞内绑扎钢筋的不便,可采用焊接骨架钢筋混凝土结构。钢筋骨架在洞外组焊,再运入洞内安装,可减少洞内绑扎钢筋作业的困难,缩短洞内施工时间;并可利用焊接骨架来悬挂模板。但耗钢量要比普通钢筋混凝土结构增多些。

焊接骨架可用型钢或小钢轨，附加圆钢筋组成整拱骨架，在洞内起吊安装，每次灌浆宽度为1m。骨架也可分成左右两半。在洞内安装时，用螺栓拼接后再加电焊连接。圆钢筋的混凝土保护层厚度应不小于2.5～3cm；型钢或小钢轨的混凝土保护层厚度应为5cm。

在施工阶段，焊接骨架承受衬砌混凝土质量和模板、脚手架等质量，可按临时性钢结构的原则进行检算；灌注混凝土后，可按劲性钢筋混凝土结构计算。

当衬砌承受较显著的单侧围岩压力时，钢筋或骨架可按不对称布置，根据荷载形式钢筋尽量布置在受拉区。

3)重建钢拱架(或钢花拱)混凝土衬砌

拆除旧衬砌时，用钢拱架或钢花拱先作为临时支撑，随后将钢拱埋入新建拱圈混凝土内，形成钢筋混凝土结构。它可以节约木材，不必拆换支撑，简化了支撑和衬砌作业。它能承受较大的围岩压力，更有利于保证施工安全，但需耗用较多的钢材。目前在我国，一般利用旧钢轨制作钢拱架或钢花拱。

(1)钢拱架用11～33kg/m钢轨弯制。全拱分成数段以便运输和安装。接头处焊上端板，用螺栓连接。在钢拱架与围岩之间应打入木楔，将钢拱架楔紧在岩层面上，楔块间距不大于1m。钢拱架的间距，视围岩压力而定，常用为0.7～1.2m，最大不超过1.5m。由于钢拱架位于衬砌拱圈的外缘，对拱圈内缘受拉部分的作用不大，必要时(例如灌注混凝土后围岩压力还会有较大的增长的情况)宜在拱圈内缘再加配钢筋。

(2)钢花拱支撑仅用于严重破碎、围岩压力很大的不良地质地段，作为支撑和衬砌的加强措施，拱部一般分为二至三段，在洞内安装时拼接，接头构造与钢拱架相同。常用间距为0.5～1m。

(3)钢拱支撑的内力计算，可近似地用力多边形图解法进行。围岩荷载通过楔块作用在拱架上，同时各楔块又是拱架的支承点。假定每个楔块为一根支承链杆，拱架在楔块支承点处可视为铰接节点，则整个拱架可当成一个多铰拱结构。拱架的内力多边形可由各楔块压力求出。

设作用在某楔块上的围岩分块荷载为W_t，则按图解法可求出沿该楔块方向产生的围岩主动压力P_t，如图31-4-2所示。其中，F_t为围岩分块之间竖直面上的摩擦力，与水平线成摩擦角φ(一般岩层可取φ等于25°)。若该处坑道表面的倾角θ小于摩擦角φ，则F_t应取为与水平线成φ角计算。

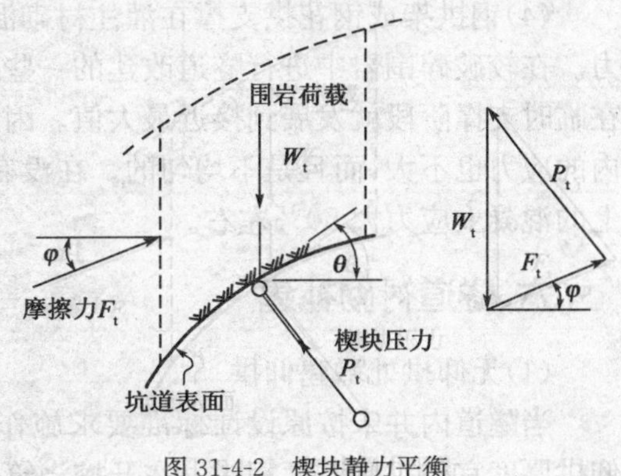

图31-4-2 楔块静力平衡

但实际的各楔块压力P_t应由拱架多铰结构的力多边形确定，如图31-4-3。如果实际的楔块压力大于围岩分块荷载在该楔块处产生的主动压力时，围岩就需对该楔块产生额外的被动抗力，以保持拱架的平衡。因此，绘制拱架的内力多边形应选取最大的围岩主动压力处。具体步骤如下：

①根据围岩情况，假定作用在拱架各楔块上的围岩分块荷载值W_t[图31-4-3a)]。

②选择较大的分块荷载的节点作为对拱架产生最大主动压力处，绘制多铰结构的力多边形。例如当W_t较大时，可由W_t开始[图31-4-3b)]。第一个楔块的反力$P_1=W_1$。由拱肋内力N_0与N_1的方向，可确定极点0，求得N_0与N_1的数值。再由P_2与N_2的方向，求得第二

个楔块压力 P_2 和拱肋内力 N_2 的数值，以此类推，求得 P_3，P_4……及 N_3，N_4……的数值。

③所求得的各楔块压力 P_2，P_3……均应大于各 W_t 对该楔块产生的主动土压力(由 W_t 与 F_t 确定)，即在楔块 2，3……均产生一定的被动抗力，使多铰结构保持了平衡。则拱架内力 N_0，N_1，N_2……为拱肋的实际内力。

④若求得某些楔块压力小于该处围岩荷载产生的主动压力，说明上述的内力多边形尚不足以平衡各处的围岩主动荷载，则应另行绘制。例如由于 W_3 较大，使 W_3 与 F_3 的合力 P'_3 大于 P_3[图 31-4-3c)]，则应重新以 W_3 与 F_3 的合力 P'_3 开始，由 N_2 与 N_3 的方向可确定新极点 0，然后分别求得较大 P'_2，P'_1 和 P'_4，P'_5 的数值(即相应于 P'_t 大于 P_t)，以及实际的拱肋内力 N_0～N_5 的数值。

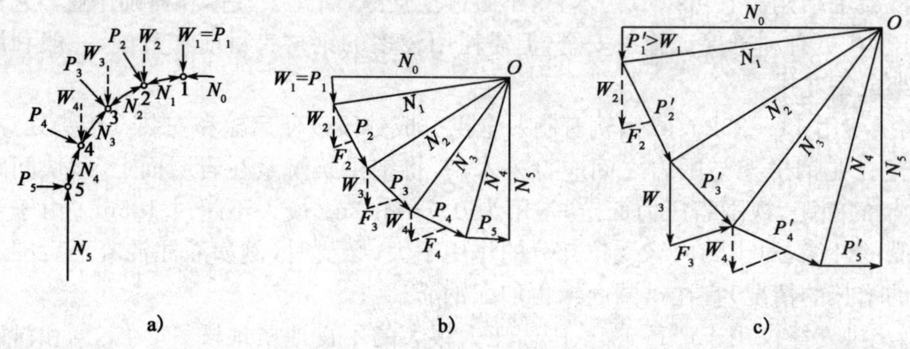

图 31-4-3 拱架内力计算图式

⑤拱肋上的最大弯矩按下式计算：

$$M_t = hN_t \tag{31-3-1}$$

式中：h——拱肋两节点间的矢高。对于半径为 R 的圆拱，当节点间距为 C 时，

$$h = R - \sqrt{R^2 - C^2/4} \tag{31-3-2}$$

⑥截面强度检算：拱肋截面可按偏心受压钢构件的计算公式进行检算。

(4)钢拱架或钢花拱支撑在灌注衬砌混凝土以后，将与混凝土共同承受后期增长的围岩压力。在较破碎围岩中进行隧道改建的一些经验表明，拆除旧衬砌后围岩压力的增长是很快的，在临时支撑阶段就发展到接近最大值。因此灌注混凝土后，钢拱架的应力就很少增长，混凝土内的应力也不大，而且是不均匀的。在没有钢拱肋的断面上的混凝土应力，要比有钢拱肋断面上的混凝土应力大 50%左右。

六、隧道衬砌补建

(1)无仰拱处增建仰拱

当隧道内并未按原设计标准要求施作仰拱或现阶段隧道受力发生变化时，需补建仰拱。仰拱厚度宜与拱墙厚度相同。在开挖浇筑仰拱时，若原衬砌拱脚下为虚方时，应分段清除虚方后注浆加固或用混凝土浇实，确保整个隧道衬砌和路面基础的稳定。

(2)采用预制构件补建隧道衬砌

采用预制构件可以充分利用洞外作业的有利条件(时间、场地都不受限制，衬砌质量容易保证)，减少洞内作业时间，并减少对运营的干扰。在隧道较长和补建衬砌的地段较长时，更具有优越性。

通常，隧道边墙可以全部用预制砌块砌筑，某隧道曾用砌块代替模型板，再在砌块后面灌注混凝土。后一种方法须控制混凝土的灌注高度，过高则刚砌筑的砌块会被挤移。衬砌拱圈可采用预制混凝土或钢筋混凝土的整片拱圈，也有采用由钢筋混凝土拱段组成的。在某隧道内采用铰接的钢筋混凝土拱段(纵向每一节段长 3m)，共拼接了 630m 拱圈。

拱段在洞外预制时，模塑板架立在 3.6m 高的支墩上，以便车架装运，并减少拱圈就位时的提升高度。每节拱圈一次灌注完成，拱段用油毛毡分隔开。拼装一节拱圈全部工序共需 40min 左右，最短为 28min。如果封锁路线时间一次为 1h 以上，则除了安装拱圈外，尚可完成衬砌背后的回填工作。

七、隧道改扩建中的监控量测

隧道结构在经过改扩建后，原结构中的应力分布和作用方向都将改变。

在施工过程中不断地对围岩变形进行量测，然后以这些位移量测信息为依据，反演计算围岩物理力学参数，在此基础上重新评价隧道结构的事前设计(预设计)，确定更符合围岩动态的支护参数。若围岩的自承机能有富余，则可改用较经济的支护构件。若围岩的自承机能不足，则应进行安全性支护的设计。及时将量测结果反馈到设计与施工中，根据力学方面的考虑，将支护结构与围岩结合起来，并进行现场量测管理，形成一个完整的隧道动态设计与施工过程。

隧道改扩建土建设计应体现动态设计与信息化施工的思想，制定地质观察和监控量测的总体方案；地质条件复杂的隧道，应制定地质预测方案，以及时评判设计的合理性，调整支护参数和施工方案。通过动态设计使支护结构适应于围岩实际情况，更加安全、经济。

新老结构衔接部分差异沉降和变形以及内力大小和变化幅值等均是量测的主要内容。

变位测点布置成空间型，沿结构横向纵向及深度设置，结构外荷及内力测点布置，参照结构设计计算模式，便于分析与结构共同作用。

改扩建施工监测应贯穿施工全过程，依照施工组织设计分配量测次数，制定频率：正在施工段每天一次，关键时刻每天两次；相邻段和已完成段每周一次或两次；已完成段每月一次，每两周作一次系统量测，取得综合分析数据。

第三十二章　隧道病害整治

第一节　一 般 规 定

公路隧道断面大，衬砌结构形式、种类多，地质条件、施工技术复杂，对地质条件的认识尚不够全面准确，设计计算理论和方法还不成熟，加上隧道本身的老化，以及施工质量、运营管理和维护等方面的原因，公路隧道的病害问题较为突出。

隧道病害是指由于设计、施工、地质、自然灾害等各方面的原因，导致隧道衬砌产生开裂、渗漏水、冻害、基底翻浆冒泥等病害，降低服务水平，并可能威胁到安全运营，情况严重的使隧道失去使用价值。隧道病害整治包括：病害调查、评价和治理，通过分析病害状态，确定整治措施，消除病害隐患，恢复使用功能。

病害整治，应充分研究引发病害的原因和治理的方法，对于地质条件恶劣，病害严重，治理费用高的工程，应进行既有隧道病害整治与新建隧道（废弃原隧道）的方案比较。病害整治施工对正常运营有影响的，应做好施工期间交通组织设计，维持运营不受中断。选择施工方案时，应以保证运营和施工安全为前提，尽量减少对运营的干扰。

一、隧道病害整治的基本原则

隧道病害整治的基本原则为："预防为主"、"早期发现"、"及时维护"和"对症下药"。

1. 预防为主

预防是最好的病害整治的方法。也就是说，在劣化发现之前进行详细的检查，并采取必要对策不让劣化发生是最经济的维修管理方法。因此，建立一个完善的检查体系是十分重要的。

2. 早期发现

隧道病害的发生，一般都是有前兆的。早期发现这些前兆，并作出正确的判定，及时处理可能发生的病害，是当前各国进行隧道维修管理的基本前提。早期发现、正确诊断、推定病害发生原因应该成为我们进行维修管理的基本原则。

3. 及时维护

拖延处理发生的病害，只会使病害继续发展，最后可能导致各种隧道事故的发生。实践证明：出现了病害，就要及时处理，这样会起到"事半功倍"的效果。隧道是修筑在地下的线状结构物，围岩动态及环境条件十分复杂。因此，即使进行了详细的调查，有时也很难充分掌握隧道的病害状态。在病害有发展趋势的情况下，在病害发生的初期阶段采取一些简单的措施就可解决问题。但如发生在发展过程中，就必须采取强有力的措施。

4. 对症下药

隧道发生病害，就和人生病一样。因此，有人把隧道的维修管理当作是"隧道临床医学"，

"对症下药"是临床医学的重要原则,也应是隧道维护的重要原则。隧道的病害是各种各样的,整治的方法也是各种各样的。因此,必须了解病害和各种整治对策的相互对应关系,以期获得最好的治理效果。

二、隧道病害的表现形式

根据病害的表现形式,公路隧道病害大致分为衬砌裂损、衬砌渗漏水、基底翻浆冒泥、隧道冻害、衬砌腐蚀、隧道震害六类表现形式(表 32-1-1)。

公路隧道病害形式一览表　　表 32-1-1

病害分类	表现形式及成因分析
衬砌裂损	1.由于围岩压力本身存在许多不确定因素,导致设计的结构强度不够或与围岩压力不协调,造成衬砌结构开裂、破坏; 2.由于施工管理不当、衬砌厚度不足、混凝土强度不够等人为质量问题导致裂损病害; 3.由于发生火灾,造成衬砌结构开裂,产生不均匀沉降
衬砌渗漏水	公路隧道在施工期间和建成后,一直受地下水的影响,特别是建成后的隧道,更是处在地下水的包围之中。当水压较大、防水工程质量欠佳时,地下水便会通过一定的通道渗入或流入隧道内部,对行车安全以及衬砌结构的稳定构成威胁
基底翻浆冒泥	隧道底板往往也是防水薄弱部位,隧道基底翻浆冒泥将极大地影响行车舒适和安全,其主要原因有以下三类: 1.隧道所处围岩地下水位较丰富,而底板及路面下未采取有效的防排水措施; 2.隧底施工时,浮渣未清理干净就浇筑仰拱或铺垫层,易造成隧底下沉、翻浆冒泥; 3.洞内水沟被堵,造成基底积水,可能使基底围岩软化,产生翻浆冒泥
隧道冻害	寒冷地区隧道受气候影响,衬砌开裂、漏水后往往产生严重的冻害,如洞顶挂冰,路面集水结冰。冻胀常引起衬砌开裂、酥碎、剥落,洞门墙开裂等,一般冻融产生的破坏原因有: 1.当水和衬砌混凝土受冻时,水的体积增大很多,使混凝土体膨胀而破坏; 2.水不断向冷却面渗透补充,冰冻后的毛细管增大,多次循环后防水层破坏; 3.冻胀力破坏了衬砌混凝土和嵌缝料,从而在冬季出现冰锥、延冰等,当冰融化后出现混凝土松散脱皮和淋水
衬砌腐蚀	1.当隧道衬砌背后为腐蚀性环境水时,水沿衬砌的毛细孔、工作缝、变形缝及其他空洞渗流到衬砌内侧,成为隧道渗流水,对衬砌混凝土和砌石、灰缝产生物理性或化学性的侵蚀作用,造成衬砌腐蚀; 2.衬砌混凝土表面碳化
隧道震害	我国属于地震多发国家,震害分布广、强度高、危害大。一旦发生地震,常常造成震区内的隧道洞门被滑坡体埋没、洞门开裂变形、衬砌裂损和剥落,强地震往往造成隧道围岩特殊地段与结构有缺陷地段的严重破坏

第二节　基本资料搜集

一、一般要求

(1)明确委托方对隧道整治的目的和具体要求。

(2)收集被整治隧道结构的设计图纸、设计变更、施工记录、施工验收和工程地质勘察等资料。

(3)调查被整治隧道结构现状、环境条件、使用期间的加固与维修情况。

(4)进行必要调研工作,收集养护单位定期检查、特别检查等资料。

二、所需调查及搜集的主要资料

1. 工程地质及水文地质资料

(1)地质构造、岩性特征以及对围岩稳定性的评价。

(2)地下水的流量、流向、补给来源及其运动规律,地下水的水质、侵蚀类型及侵蚀指标,地下水与地表水的相互关系,运营后地下水径流条件的变化情况等。

(3)瓦斯及其他有害气体渗入隧道的部位、浓度,对运营及养护人员的危害程度。

(4)不良地质地段的地层分布、岩性及隧道衬砌病害状况。

2. 衬砌结构的技术状况

(1)隧道衬砌结构类型、衬砌断面的几何尺寸,隧道修建年代,施工方法和衬砌结构的竣工图。

(2)隧道净空的测量资料及既有衬砌侵限情况。

(3)建筑材料及其抗腐蚀性能,施工时混凝土试件的力学试验资料,既有衬砌圬工强度的检查资料(必要时分段取样试验)。

(4)回填及压浆情况。

(5)衬砌结构病害状况:

①衬砌裂缝、剥落、掉块、下沉或其他变形的发生、发展过程与现状;

②腐蚀的特征、部位、范围及深度,残存衬砌厚度、强度以及整治情况;

③洞内渗漏水的部位、水量及其随季节变化的关系;衬砌防水措施及其效果;冻害及整治情况;

④隧道铺底的现状及对道床病害的影响。

3. 隧道附属构筑物的技术状况

(1)隧道防排水系统的完好状态。

(2)通风、照明设备的布置及使用情况。

(3)监控设备的布置及使用情况。

(4)电缆槽位置形式、断面尺寸及使用情况。

(5)隧道内路面结构及使用现状。

(6)施工时设置的辅助坑道现状。

4. 洞口建筑物的技术状况

(1)洞门及挡(翼)墙形式、尺寸,基础埋深及建筑材料的情况,圬工体有无裂缝、腐蚀剥落、下沉或其他变形等病害。

(2)洞口仰坡路堑边坡及防护工程现状有无变形、开裂、冲刷、坍滑、危石或落石掉块,风化剥落及泥石流等不良现象。

(3)洞口、洞顶水沟以及跨越的渠道及蓄水建筑物的现状。

(4)当洞口附近洞顶有公路通过时,应调查其对既有隧道的不良影响,如公路路基的稳定性及排水系统对隧道洞口山体稳定的影响。

5. 历年病害整治及大修资料

第三节　隧道病害的分类及调查

一、隧道病害判定

隧道病害宜按隧道结构健全度评价方法作出判定，以决定是否需要采取对策以及采取何种对策。

隧道结构健全度指结构剩余寿命与结构基准寿命的比值，隧道结构剩余寿命指结构基准寿命减去因结构变异而损失的寿命，而结构损失寿命指结构物从建成时起至评定时，因各种变异而损失的寿命，即：

$$\text{结构健全度}=\frac{\text{结构剩余寿命}}{\text{结构基准寿命}}$$

$$\text{结构剩余寿命}=\text{结构基准寿命}-\text{评定时的结构损失寿命}$$

$$\text{结构损失寿命}=f(\text{结构变异及其程度、经历时间})$$

1. 判定分级

隧道结构健全度评价方法主要按外力、材质劣化和渗漏水引起的变异三种情况考虑，依据措施紧急性的优先度可分为 3A、2A、A、B 四级，判定分级的因素见表 32-3-1。

判定分级的因素　　表 32-3-1

判定分级	判定因素				对策的紧急性
	对通行者、通行车辆的影响	对结构物安全性的影响	对维修管理作业的影响	变异的程度	
3A	危险	重大	显著	重大	立即采取对策
2A	早晚有威胁，异常时会危险	早晚变成重大	大	发展中，功能降低	尽早采取对策
A	将来危险	将来重大	中等程度	发展中，功能可能降低	重点监视
B	无影响	无影响	几乎无影响	轻微	监视

2. 外力引起的变异判定基准

外力引起变异的判定基准，可按表 32-3-2 确定。

外力引起变异的判定基准　　表 32-3-2

判定分级	通常的变异、崩塌			突发性崩塌
	衬砌变形、移动、下沉	衬砌开裂	衬砌剥落、剥离	
3A	有变形、移动、下沉等，结构物功能显著降低	开裂大而密集，产生剪切开裂，有发展	拱上部开裂密集，有压溃、剥落的可能	拱部背后有空洞，衬砌有效厚度小，背后岩块有掉落的可能
2A	有变形、移动、下沉等，结构物功能可能降低	开裂大而密集，产生剪切开裂，有发展	边墙开裂密集，有压溃、剥落的可能	拱部背后有大空洞，背后岩块有掉落可能
A	有变形、移动、下沉等，但发展缓慢	有开裂，有发展	—	拱部侧面有空洞，因水的作用，空洞有扩大的可能
B	有变形、移动、下沉等，但已停止发展	有开裂，但无发展	—	—

(1)衬砌的变形、移动、下沉的发展，一般说是逐渐变化的；在地震、滑坡、暴雨等条件下，发展是剧烈的；在寒冷地区，因冻胀力产生的变异是反复变动和发展的。此类变形、移动、下沉可用变形速度作为判定基准，其大致基准见表 32-3-3。

变形隧道的判定基准 表 32-3-3

地点	位置	变形速度				判定分级
		＞10mm/年	3～10mm/年	1～3mm/年	＜1mm/年	
衬砌	断面内	0				3A
洞门			0			2A
路面				0		A
路肩					0	A～B

注：1. 如果判定有加速度的趋势时，应提高判定级别。
2. 因滑坡等产生衬砌移动的情况，应判定为 2A～3A。
3. 在洞口或其他埋深小(例如 40m 以下)的地段，应提高判定级别。

(2)衬砌的拱和墙间施工缝的错台或产生错台的开裂以及不均匀下沉，是衬砌承载力降低的前兆，要充分注意。发展性开裂的判定基准和非发展性开裂的判定基准分别见表 32-3-4 和表 32-3-5。

发展性开裂的判定基准 表 32-3-4

地点	位置	开裂				判定分级
		宽度		长度		
		＞3mm	＜3mm	＞5m	＜5m	
衬砌	断面内	0		0		3A～2A
洞门		0			0	2A～A
			0	0		A
			0		0	A

不能确认有无发展性开裂的判定基准 表 32-3-5

地点	位置	开裂						判定分级
		宽度			长度			
		＞5mm	3～5mm	＜3mm	＞10m	5～10m	＜5m	
衬砌	断面内	0			0			3A～2A
洞门		0						2A～A
		0					0	2A～A
			0		0			2A
			0			0		2A～A
			0				0	A
				0	0	0	0	A～B

注：1. 表中的开裂是以水平方向或剪切开裂为主要对象。横断面方向的开裂，可按降一级进行判定。
2. 0.3～0.5mm 以上的开裂，密度超过 $200cm/m^2$ 时，要提高一级进行判定或采用分级中较高的级别判定。

(3)错动、剥落的判定基准见表 32-3-6。

错动、剥落的判定基准　　表 32-3-6

地　点	位　置	错动、剥落		判定分级
		有无下落的可能		
		有	无	
衬砌洞门	拱部	0		3A
			0	B
	边墙	0		2A
			0	B

注:长度在 10m 以上,错台在 5mm 以上,应提高判定级别。

(4)当衬砌拱部背后有 30cm 以上的空洞,有效衬砌厚度在 30cm 以下,背后岩块有掉落的可能时;或开裂宽度大而且密集的附近或伴随错台的开裂等异常状态,应研究是否有突发性崩塌的可能,确认有此情况的场合,应判定为 3A～2A 级。

3. 材质劣化引起的变异判定

(1)衬砌材质劣化的判定是从结构物承载能力的评价和确保行人及车辆的安全出发的。因此,把衬砌的强度降低和混凝土有无剥离作为判定因子;对钢筋混凝土衬砌,还应加上钢筋的腐蚀。材质劣化引起的变异的判定基准见表 32-3-7。

材质劣化引起变异的判定基准　　表 32-3-7

判定分级	衬砌强度变化	衬砌外观变化	钢 材 腐 蚀
3A	因材料劣化断面强度显著降低	拱部材料劣化,产生压溃,有掉落的可能	—
2A	因材料劣化断面强度有一定程度的降低	边墙材质劣化,有掉落的可能或已经掉落	因腐蚀,钢材断面减小,功能受到损伤
A	因材料劣化断面强度降低,可能发展	—	腐蚀、生锈损伤结构物的功能
B	有材料劣化,但对断面强度无影响	无剥落、压溃	表面的或小面积的腐蚀

(2)断面强度降低、错动、剥落和钢材腐蚀变异的判定基准分别见表 32-3-8 和表 32-3-9。

断面强度降低、错动、剥落的判定基准　　表 32-3-8

地　点	主要原因	错动、剥落有无落下的可能		劣 化 程 度			判定分级
				有效厚度/设计厚度			
		有	无	<1/2	1/2～2/3	>2/3	
拱部	经年劣化、冻害;碱性集料反应;设计施工不当等	0					3A
			0				B
				0			2A
					0		A
						0	B

续上表

地点	主要原因	错动、剥落有无落下的可能		劣化程度			判定分级
				有效厚度/设计厚度			
		有	无	<1/2	1/2～2/3	>2/3	
边墙	经年劣化、冻害；碱性集料反应；设计施工不当等	0					2A
			0				B
				0			2A
					0		A
						0	B

注：1. 有效厚度是指混凝土设计强度以上的部分，设计基准强度不明的场合，取15MPa以上的部分。例如设计厚度为50cm，实际厚度为60cm，设计基准强度以下的部分是20cm时，有效厚度取40cm。这样，劣化程度是40/50，即2/3以上。

2. 有效厚度要确保30cm，不足30cm的场合判定为A～2A级。

钢材腐蚀变异的判定基准 表32-3-9

地点	主要原因	腐蚀程度	判定
衬砌中的钢筋等	盐害、漏水、混凝土保护层碳化等	钢材断面缺损显著，钢材的结构功能受损	2A
		浅的孔蚀，钢筋全周生锈	A
		表面或小面积腐蚀	B

4. 渗漏水引起的变异判定基准

渗漏水引起的变异的判定基准见表32-3-10、表32-3-11。

渗漏水引起变异的判定基准 表32-3-10

判定分级	漏水	结冰、土砂流出
3A	因衬砌开裂，漏水喷出，有损通行车辆的安全	在寒冷地区，因漏水产生结冰，侵入规定的限界，伴随涌水有土砂流出，路面可能陷没、下沉
2A	因衬砌开裂，漏水落下，有损通行车辆的安全	因排水不良，路面滞水
A	因衬砌开裂，漏水落下，一定时间后，有损通行车辆的安全	因排水不良，路面可能滞水
B	因衬砌开裂，涌水浸出，对通行车辆没有影响	有漏水，但当前几乎没有影响

不同衬砌部位渗漏水变异的判定基准 表32-3-11

地点	主要现象	漏水程度				对车辆走行影响		判定
		喷出	流下	滴水	湿润	有	无	
拱	漏水	0				0		3A
			0			0		2A
				0		0		A
							0	B
	结冰					0		2A
							0	B

续上表

地　点	主要现象	漏 水 程 度				对车辆走行影响		判定
		喷出	流下	滴水	湿润	有	无	
墙	漏水	0				0		2A
			0			0		A
				0		0		A
							0	B
	结冰					0		2A
							0	B
路面	土砂流出					0		3A～2A
							0	A～B
	滞水					0		3A～2A
							0	A～B
	冻结					0		3A～2A
							0	A～B

二、隧道病害分类

已有隧道发生的病害现象，根据病害发生的地点，一般分类如图 32-3-1 所示。

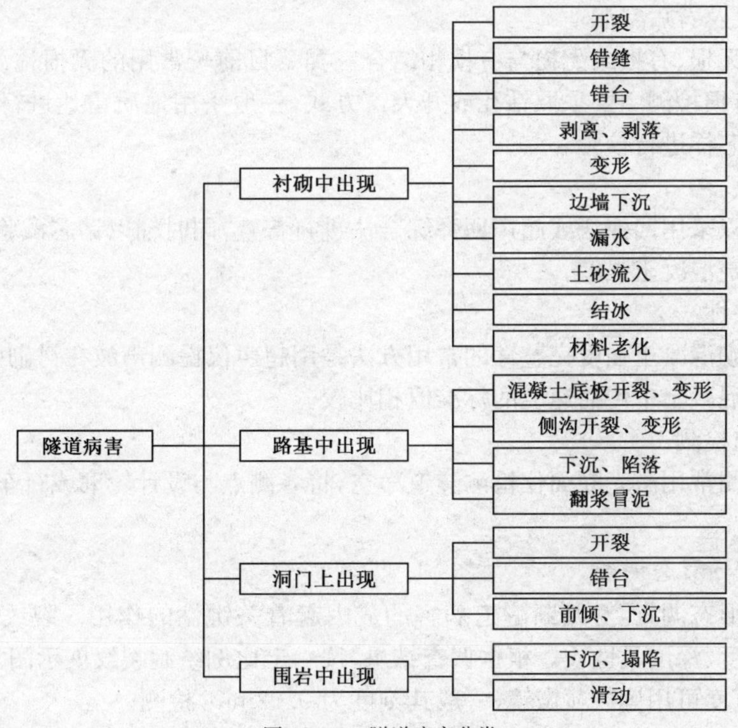

图 32-3-1　隧道病害分类

在衬砌中出现的隧道病害，因隧道内部光线较差，检查不便，具有较大的隐蔽性，是隧道病害防治的重点，故对隧道的安全运营影响极大。

三、隧道病害成因调查

1. 隧道病害成因的水文地质、工程地质调查内容

(1)对隧址处的工程地质和水文地质进行调查，包括：收集设计勘测资料、施工所遇地质情况以及竣工资料等，必要时还需进行补充钻探勘测。

(2)调查地下(地表)水的水质、水量以及水对围岩、结构等的影响；若衬砌出现被腐蚀现象，应进行地下水的化验，必要时应在腐蚀地段进行钻孔，提取围岩裂隙水进行化验。

(3)调查围岩中是否夹有泥岩、千枚岩、泥质页岩、炭质页岩等膨胀性岩层及其他不良地质层。

(4)调查隧址区是否存在煤矿采空区，是否有煤矿开采区。

2. 隧道病害成因的施工情况调查内容

(1)应调查基本的施工情况，如开挖方式(全断面、台阶法、分步开挖)、支护形式。

(2)调查锚杆数量和质量、注浆配比和注浆量、水泥生产厂家及质量、粗细骨料检验报告、混凝土的配合比及其养护和强度、隧道监测资料等情况。

(3)对坍方(坍方规模、处理方式)及变更(原因、方案、处理方式)等情况进行重点调查，调查资料应以设计文件、变更图纸、施工记录及监理签认单为准，同时可以参考当时的各种会议纪要、通知及竣工文件。

3. 对隧道施工质量的调查内容

(1)衬砌厚度及背后空洞

检测方法分无损、有损或无损与有损相结合三类。目前较常用的无损检测方式为地质雷达及声波检测，有损检测主要采取钻孔或开天窗方式，一般采用地质雷达进行普查，过程中也需钻取一定数量芯样进行校验。

(2)衬砌强度

强度检测可以采用回弹法或超声回弹综合法进行普查，同时辅以钻芯试验进行修正，或直接用钻芯方法推定混凝土强度。

(3)衬砌完整性

目前判断衬砌混凝土强度完整性的常用方法是用超声仪检测声波在衬砌中的传播速度与声波在相应等级混凝土中传播速度的标准值相比较。

(4)断面净空检测

断面净空检测常用激光断面仪检测隧道净空，将各测点与设计轮廓或行车限界进行比较，判断是否侵限。

4. 裂纹分布与形态调查

裂纹分布与形态调查，对判断隧道病害的成因起着关键性的作用。裂纹调查项目，应包括：裂纹分布、宽度、深度及性质。根据调查结果，按一定比例绘制裂纹展示图。

(1)裂纹的宽度可用读数显微镜(一般其刻度为 0.02mm)检测。

(2)深度可用声波仪检测(也可用比较直观的钻芯法)。

(3)裂纹性质分为张拉、受压、受剪三种，张拉裂纹为外大内小，受压裂纹为外小内宽，裂纹附近有不规则的鱼鳞状，受剪裂纹用手触摸有错台情况。

(4)观察裂纹随时间的发展动态

目前也可采取摄影方法进行裂纹调查，但此法只能显示裂纹的宏观表象，微观表象很难反映。

5.渗漏水调查

对于渗漏水隧道，应调查渗漏水范围(里程)、部位、出水形式、水量、水压及水质，并绘制展示图，可以与裂纹展示图一并绘制。

6.渗漏水调查

对于隧道路面或基底，调查时应绘制路面或基底下沉、翻浆冒泥(出泥、出水点)的展示图，采取钻芯法查明基底的围岩性质，绘制钻芯柱状图，同时查明常年地下水位。

四、隧道常见病害及原因分析

1.概述

隧道产生病害的原因是多方面的，大体上分为外因(外力、环境等外部因素)和内因(材料和设计、施工等机构上的因素)两大方面，如图 32-3-2～图 32-3-4 所示。

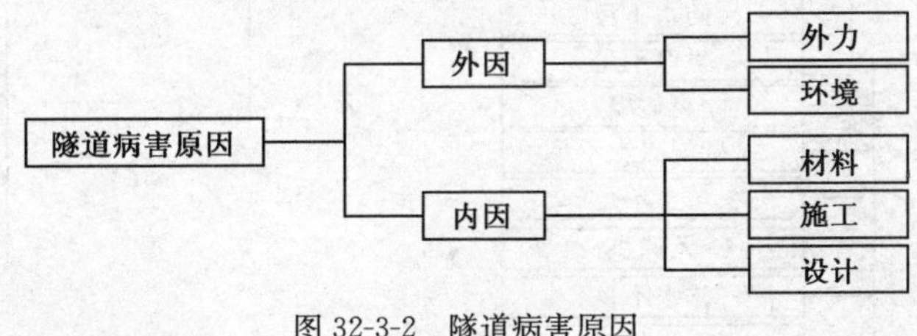

图 32-3-2　隧道病害原因

2.常见病害及成因分析

1)衬砌裂损

(1)衬砌裂损分类

隧道衬砌裂损的类型主要有:衬砌变形、衬砌移动、衬砌开裂三种。

①衬砌变形

衬砌变形有横向变形和纵向变形两种，其中横向变形是主要变形。衬砌横向变形是指衬砌由于受力原因而引起拱轴形状的改变。

②衬砌移动

衬砌移动是指衬砌的整体或其中一部分出现转动(倾斜)、平移和下沉(或上抬)等变化，也有纵向与横向移动之分。对于大多数已发生裂损的衬砌，往往是纵向与横向移动同时出现。

③衬砌开裂

衬砌开裂是指衬砌表面出现裂纹(或龟裂)和裂缝(宽度较大)或贯通衬砌全部厚度的裂纹的总称，是衬砌变形的结果。衬砌开裂包括有张裂、压溃和错台三种。

a.张裂

弯曲受拉和偏心受拉引起的裂损，其特征是裂纹、裂面与应力方向正交，缝宽由表及里逐渐变窄。

b.压溃

弯曲或偏心受压引起的衬砌裂损。裂纹边缘呈压碎状，严重时受压区表面产生碎片剥落掉块等现象。

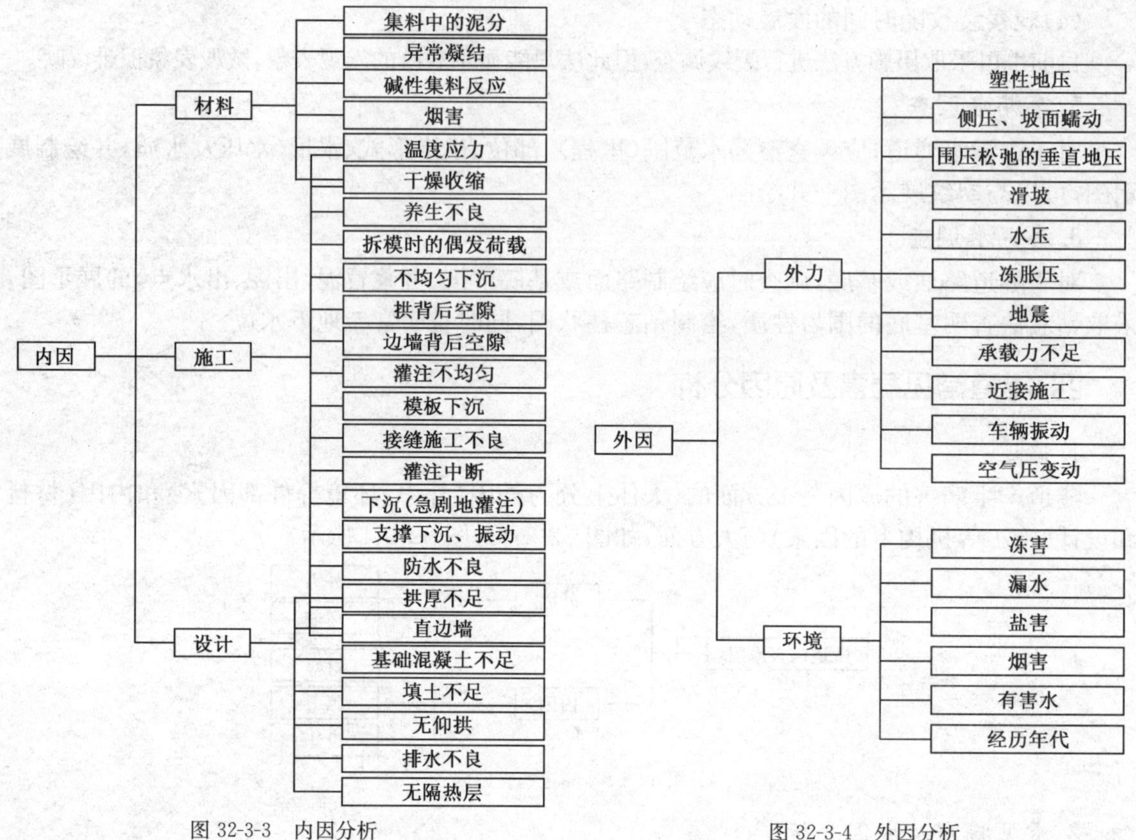

图 32-3-3　内因分析　　　　图 32-3-4　外因分析

c.错台

由剪切力引起的裂缝,裂缝宽度在表面及深处大致相同,衬砌在裂缝两侧沿剪切方向有错动,即形成错台。

(2)衬砌裂损分析

①衬砌裂损的稳定分析

完好的隧道衬砌是以隧道全长或一个节段为整体,属于空间结构。因此,分析衬砌裂损的稳定性时,要对整个节段作全面分析。一般认为衬砌裂损的稳定性总是与已开裂的截面(或称裂面)的应力状态和稳定性相联系的。

a.裂面的应力状态与稳定性分析

已开裂的衬砌截面的应力状态与稳定性,依其裂损的基本形态和裂损程度而异。

张裂:弯曲受拉或偏心受拉开裂。无论裂面是否贯通衬砌全厚,另一边缘必有受压应力,因为混凝土的抗压强度远大于抗拉强度,所以当受拉边缘部分截面强度已失去承受拉应力的能力时,受压边缘的部分截面强度仍能承受一定的压应力,该截面可以形成塑性铰。因而,当裂损继续发展而受压边缘的压应力未超过圬工体的弯曲抗压极限强度以前,该截面仍有一定的承载能力,裂面不会失去稳定。

轴向受拉。全部截面发生应力超过圬工体抗拉强度极限,截面没有承受拉应力的能力,如裂损继续发展,该裂面即丧失稳定。例如,墙基下沉,边墙下部被拉断而随之下沉。

压裂:弯曲受拉或偏心受压开裂。衬砌内缘受压,外缘受拉,往往是外缘先出现张裂,当张裂即将贯通衬砌全厚时，受压边缘也因为应力已达抗压极限而发生劈裂，随着劈裂区的扩张，劈裂区与外缘拉裂缝连通。该裂面已经处于不稳定状态，不能承受开裂前出现的最大荷载，并导致衬砌变形加大。衬砌变形加大到一定程度，作用在衬砌上的实际荷载大小和分布情形随之发生暂时有利的变化，使衬砌出现新的平衡。这是极限状态的平衡，如果荷载又产生不利的变化，这种平衡状态即被破坏。

轴向受压。轴向受压时，全截面均匀受压，当两边缘出现一定的高抗压劈裂，该裂面会立即失去稳定。失稳后的情形与偏心受压相同。

剪裂：弯曲受剪开裂。当裂面在前述弯曲受拉或变曲受压的同时产生错动，则属于弯曲受剪。这种情形，裂面已贯通全厚，只要错距仍在一定限度内，截面内必有受压区存在，当受压区没有完全被压碎也就能够承受一定的偏心压应力，裂面仍没有完全失去稳定。如裂损继续发展，受压区的压应力已完全超出其抗压极限时，该裂面不能再承受任何应力而立即失去稳定。

直接受剪开裂。这种裂面均已贯通衬砌全厚，故其承受的直接剪力已经丧失，但当错距不大、缝宽微小（例如基底坚实而发生下沉），如果裂面同时有较大的轴向力作用时，仍存在一定摩擦抗力，未必完全失去稳定。

b. 已碎裂圬工块体的稳定性分析

一个裂面的失稳，只能表示该截面已失去承受外力和抵抗变形的能力。如果衬砌是整体灌注，则不会引起衬砌掉块。只有多个裂面相互交叉才能把一个整体的衬砌分割成大小不同的块体。要判断已碎裂的圬工块体能否在自重和外力作用下产生滑移、错动、坠落，可用隧道爆破后危石鉴定的方法，也可以用以下方法判断分析。

裂损衬砌截面外缘已经发生张裂，碎裂的块体坠落的可能性较大。

裂损衬砌截面的形态要素变化大或块体的周边裂面之一存在下沉和错牙，则块体已经处于不稳定状态。

衬砌裂损变形属于内鼓（拱顶下沉、底拱上拱、边墙或拱腰内鼓等）时，该变形无支撑杆承受，又无被动抗力抵抗，在荷载继续增加时裂损必然恶化。

如果块体周围裂面已失去稳定条件，则该块体随时可能脱落。

c. 裂损衬砌的整体稳定性分析

一个块体的塌落可以使衬砌留下一个空洞但不一定能使整个衬砌坍塌。然而，衬砌被分割为碎裂的块体，出现了一定数量和产状的失稳裂面，一定数量和部位的块体脱落，会导致衬砌的一部分失稳，继而引起整体失稳。因此，裂损衬砌的整体失稳可从以下方面判断：

衬砌开裂或错台长度大于 10m，宽度大于 5mm，且变形继续发展，拱部开裂呈碎块状的；

拱顶压溃范围大于 $3m^2$，衬砌有可能剥离、剥落的；

滑坡滑动使衬砌移动加速，衬砌变形、移动、下沉发展迅速者，则砌体变形或移动速度大于 10mm/d。

②衬砌裂缝分析

现代研究表明，混凝土在未施加荷载以前内部已经存在裂缝及缺陷，其中一些必定是由于离析和泌水造成的，特别是当集料较大时尤为严重；一些是由于水泥本身的收缩造成的开裂；一些是水泥与粗、细集料界面上的粘结裂缝，同时还存在着施工原因造成的空洞、孔隙及气泡等。加之目前一般都把混凝土材料假设成各向同性的弹性体。因而衬砌混凝土的裂损可用线弹性断裂力学来加以研究。

线弹性断裂力学是断裂力学的一个分支，其研究对象是带裂纹的物体，研究其裂纹的扩展规律，并把研究对象作为理想的线弹性体。它把材料断裂的标志认为是所受应力大于材料的应力强度因子或应变能释放率达到临界应变能释放率。

断裂力学认为，衬砌混凝土的破坏是由于微裂缝在局部应力下的扩展造成的，其破坏断裂分为三个过程：裂缝引发、裂缝慢缓生长、裂缝快速生长。由于混凝土本身存在原始裂纹，在低压力作用下(混凝土应力不大于极限应力的50%)，在混凝土内部微小局部区域内引发一些裂缝(小于2mm)，这些裂缝在低荷载作用下保持稳定，当荷载增加时，裂缝就开始增大、延伸，发展成为一个连续的裂缝体系，即在混凝土衬砌上出现长度较长的裂缝，衬砌出现裂损、轻微掉块，若荷载继续加大，裂缝将继续延伸，裂缝体系变得不稳定，导致衬砌断裂破坏。

2)水害

隧道水害是指在隧道的修建或运营过程中遇到水的干扰和危害。水害是隧道中常见的一种病害，调查资料表明，大部分的隧道存在不同程度的水害。水害不仅本身对隧道结构产生危害，降低衬砌结构的可靠性，导致衬砌失稳破坏，而且还会引发其他病害，对隧道整体结构的稳定影响很大。

(1)水害的种类及其危害

①隧道漏水和涌水。围岩的地下水和地表水直接和间接地以渗漏方式或涌出的形式进入隧道内，造成危害。它受漏水、涌水规模以及隧道结构、牵引类型、地质条件等的影响，其产生的危害主要有：

a.混凝土衬砌风化、腐蚀、剥落；造成衬砌结构破坏；

b.涌水病害造成衬砌破坏，基底翻浆冒泥，中断行车；

c.洞内空气潮湿，影响养护人员身体健康，使洞内(通信、照明、消防等)设备锈蚀；

②衬砌周围积水。其主要是指隧道中地表水或地下水向隧道周围渗流汇集，如果不能迅速排走而引起的病害有：

a.水压较大时会导致衬砌破裂；

b.使原完好的围岩及围岩的结构面软弱夹层，因浸水而软化或泥化，失去承载力，衬砌压力增大而导致破裂；

c.使膨胀性围岩体积膨胀，导致衬砌破坏；

d.在寒冷地区发生冰胀和围岩冻胀，导致衬砌快速破坏。

③潜流冲刷。其主要是指由于地下水渗流和流动而产生的冲刷和溶蚀作用。其危害有：

a.衬砌基础下沉，边墙开裂或者仰拱、基底下沉开裂；

b.围岩滑移错动导致衬砌变形开裂；

c.对超挖回填不密实或未全部回填者，引起围岩坍塌，导致衬砌破坏。

④侵蚀性水对衬砌的腐蚀。

(2)水害产生的成因调查

隧道衬砌渗漏是公路隧道最主要的质量通病，据统计，目前我国公路隧道绝大部分都存在不同程度的衬砌渗漏问题。在北方寒冷地区，季节性温差较大，且有冬季冰冻的影响，隧道渗漏问题更加突出。要解决这一问题，必须加强事先防范，加强防水、排水结构设计与施工质量管理，积极采用新材料、新技术、新工艺、新设备，加大科技攻关力度并进行充分的技术交流。

否则,一旦隧道建成营运,出现衬砌渗漏现象,则治理难度就很大且难以根治。

隧道衬砌渗漏易发生在衬砌施工缝处,这一般多是因为衬砌施工缝处的防水止漏设计存在不足、施工质量不过关。在北方寒冷地区,隧道衬砌在温度变化的情况下会出现低温收缩,使隧道施工缝变宽,造成因防水板临空,难以承受水压而被刺破,出现渗漏的现象。对此,一般通过采取加强防水、排水及防冻设计,加强施工治理管理,预防衬砌施工缝处渗漏的发生的。

但是,形成隧道衬砌渗漏的主要原因是衬砌产生裂缝。在隧道施工中,要很好地解决隧道衬砌裂缝并非易事,尤其是在喷射混凝土上直接施做衬砌混凝土,更是难以避免裂缝的产生。混凝土的硬化热和干燥收缩引起的应变受到喷射混凝土的制约,是裂缝产生的主要原因。引起衬砌产生裂缝的原因还有以下方面:

①由于边墙基础为膨胀性岩石,遇水引起局部下沉,使拱部拉裂,故设在膨胀性岩石地段上的隧道必须设置钢筋混凝土仰拱,阻止下沉;

②隧道在洞口和明洞段易受偏压和山坡落石超载堆积产生裂缝,必须设置钢筋混凝土仰拱使隧道断面成圆环结构,同时采取洞顶卸载措施减小偏压;

③在洞内段因温度、湿度变化较大易产生干燥收缩引起的裂缝,需在洞口段认真做好防水、排水工程,同时提高混凝土的抗冻能力;

④仰拱与衬砌的结合部往往是结构上的受力弱点,易产生裂缝。为减小仰拱上产生的应力,设计可考虑加大曲率使隧道断面接近圆形或采用钢筋混凝土,防止裂缝产生。对衬砌已产生的较大裂缝,可压注化学浆液进行封闭。

3)冻害

隧道冻害会导致衬砌冻胀开裂,以至疏松剥落,造成隧道衬砌结构的失稳破坏,降低衬砌结构的安全可靠性,严重影响公路运输的安全和正常运行。

(1)冻害的种类

①冰柱、冰溜子

渗漏的地下水通过混凝土裂缝逐渐渗出,在渗水点出口处受低温影响积成冰柱,尤其在施工接缝处渗水点多,结冰明显,累积为十至几十厘米厚的冰溜子(又称为挂冰)。如不清理,冰溜子越积越大,侵入限界,危及行车安全。

隧道排水沟槽设施因保温不良引起的冰冻称为冰塞子。水沟地下排水困难,因结冰堵塞,使水沟(管或槽)冻裂破损,地下水不易排走,衬砌周边因水结冰而冻胀,致使隧道内各种冻害接踵而来。

②衬砌发生冰楔

隧道砌筑在围岩良好地段,一旦衬砌壁后有空隙,渗透岩层的地下水,在排水不通畅时就积在衬砌与壁后围岩间,结冰冻胀产生冰冻压力,传递给衬砌。经缓慢发展,常年积累冰冻压力像楔子似的,使衬砌发生破碎、断裂、掉块等现象。

③围岩冻胀破坏

隧道修筑在不良地质地段的围岩(Ⅴ级、Ⅳ级围岩及破碎花岗岩、砂岩)地段,如果围岩层面及结构内含水多时,冬季就易发生冻胀破坏,主要冻胀破坏如下。

a.隧道拱部衬砌发生变形与开裂。拱部受冻害影响时,拱顶下沉内层开裂,衬砌开裂严重时有错牙发生,拱脚变形移动。冻融时又有回复(留有残余裂缝),多次循环危及结构安全。

b.隧道边墙变形严重。边墙壁后排水不畅,积水成冰,产生冻胀压力,造成拱脚不动,墙顶内移，有的是墙顶不动墙中发生内鼓现象，也有的是墙顶内移致使断裂多段。

c. 隧道内线路冻害。线路结构下部无排水设施，在地下水丰富地区，水在冬季就冻结，道床隆起。在水沟之处因保温不好，与线路一样有冻结，这样水沟全长也会高低不平。由于冻融使线路和道床翻浆冒泥、水沟断裂。水沟破坏后排水困难，渗入线路又加大了线路冻害范围压力。

d. 衬砌材料冻融破坏。隧道混凝土设计强度等级较低，抗渗性差，在地下水丰富地区，水就渗入混凝土内部。到冬季水在混凝土结构内冻结，膨胀产生冻胀压力，经年冻融循环使结构变酥、强度降低，造成冻融破坏。洞口段冻融变化大，衬砌除结构内因含水受冻害外，岩体冻胀压力传递等破坏，也促使衬砌发生纵向裂纹和环向裂纹。

e. 隧底冻胀和融沉。对多年冻土隧道，隧底季节融化层内围岩若有冻胀性，而底部没有排水设备，每年必出现冻胀融沉交替，无铺底的线路很难维持正常状态；有时铺底和仰拱也发生隆起或下沉开裂。

(2)冻害的成因

①寒冷气温的作用

隧道冻害与所在地区气温(低于0℃或正负交替)有直接关系。由于气温的变化使得隧道产生冻害。

②季节冻结圈的形成

沿衬砌周围各最大冻结深度连成一个圈叫做季节冻结圈。当砌周围超挖尺寸大小不等，超挖回填用料不当及回填密实不够产生积水，形成冻结圈。

在严寒冬季，较长的隧道，两端各有一段长度能形成冻结圈，叫做季节冻结段。中部的一段，多年不会形成季节冻结圈，叫做不冻结段。隧道两端冻结段长度不一定相等。同一座隧道内季节冻结段的长度恒小于洞内季节负温段的长度。

隧道的排水设备如埋在冻结圈内，冬季易发生冰塞。在冻结圈范围内的岩土，由于受强烈频繁的冻融破坏，风化破碎程度与日俱增，也是冻害成因之一。

③围岩的岩性对冻胀的影响

在隧道的季节冻结圈内如果是非冻胀土，是不会发生冻胀性病害的。冻结圈内冻土的分布情况就决定了发生冻害的部位。如果隧道围岩全是冻胀性土且均匀分布，则发生冻胀时沿衬砌外围对称均匀分布；如果是冻胀性土与非冻胀性土成层状分布，就可能出现冻胀部位不对称和非均匀分布。

④隧道设计和施工的影响

隧道在设计和施工时，对防冻问题没有考虑或考虑不周，造成衬砌防水能力不足、洞内排水设施埋深不够、治水措施不当，加上施工单位未按施工规范认真施工等，都会造成和加重隧道的冻害。

4)衬砌侵蚀

隧道内金属构件的锈蚀、混凝土衬砌的侵蚀破坏，都属于腐蚀病害。

一般混凝土具有较好的耐久性、耐腐蚀性和较高的强度。但是，一旦由于地下水的侵入，衬砌受到侵蚀介质经常作用，就会出现起毛、酥松、蜂窝麻面、起鼓剥落、孔洞露石、骨料分离等材质破坏，导致材料强度降低，衬砌厚度变薄，渗漏水严重，降低使用寿命。隧道内混凝土衬砌的腐蚀按其种类不同，可分为水蚀、烟蚀、冻蚀及骨料溶胀等。

(1)水蚀

水蚀主要指衬砌受到地下水的作用而产生的腐蚀。一般发生在隧道的拱部、边墙、仰拱、排水沟和电缆槽等部位。

①水侵蚀表现为外观尚完善，但常有白色沉淀物，内呈多孔状，使强度降低；

②硫酸盐侵蚀。其主要是指环境水中含有硫酸根离子对混凝土的侵蚀；

③镁盐和氨化物的侵蚀。

(2)烟蚀

烟蚀主要是指在汽车尾气产生的“烟雾”对衬砌混凝土产生的侵蚀，分为化学性侵蚀和机械性侵蚀。

(3)冻蚀

冻蚀是指在严寒地区的隧道，混凝土衬砌由于冻融交替产生的侵蚀(参见冻害)。

(4)骨料溶胀

骨料溶胀指衬砌混凝土中的粗、细骨料中含有遇水溶解和膨胀的材料而造成的对衬砌的侵蚀。

第四节　隧道病害整治设计

一、衬砌病害整治设计的原则

(1)隧道病害整治设计要坚持“一次根治、不留后患”的治理原则。

(2)在设计中要充分掌握隧道衬砌、排水、路基构造等情况，根据调查资料正确分析病害产生的原因和健全度，对症下药。

(3)综合考虑隧道施工中的安全性以及运营的安全性、耐久性和经济性等。

二、衬砌裂损整治

衬砌裂损整治应采用以稳固岩体与加固衬砌相结合的综合治理措施。

1.稳固岩体一般可采取的工程措施

(1)地下水的活动和浸泡对隧道围岩的稳定性削弱很大，可通过疏干周边地下水，采取治水措施来稳固岩体。

(2)锚杆具有悬吊作用、组合梁作用、紧固作用及均匀压缩拱作用，对围岩级别较好的岩体，在隧道结构产生病害部位安设锚杆，可有效提高围岩的整体承载能力，将已产生裂纹的衬砌混凝土与已加固的围岩结合在一起，阻止衬砌结构的进一步破坏。该方法需破坏防水层，应慎重选用。

(3)通过向破碎松动的岩体压入水泥浆液或其他耐久性强的化学浆液，加固围岩。该方法对防水层具有一定的破坏性，注浆结束后，宜切割混凝土，进行防水层的补强(图 32-4-1)。

(4)对靠山、沿河偏压隧道或滑坡地带，除治水稳固山体外，可采用支挡措施，包括设支挡墙、锚固沉井、锚固钻(挖)孔桩等来预防山体失稳与滑坡，这种工程措施只能用于洞外整治。

(5)当二次衬砌与初期支护之间存在空洞时，应采用回填灌浆方式填充，钻孔深度及注浆压力应谨慎控制，以防破坏防水层。当隧底存在厚度不大的软弱不稳固的岩体或有不稳固的充填物，可以采用换填办法处理。

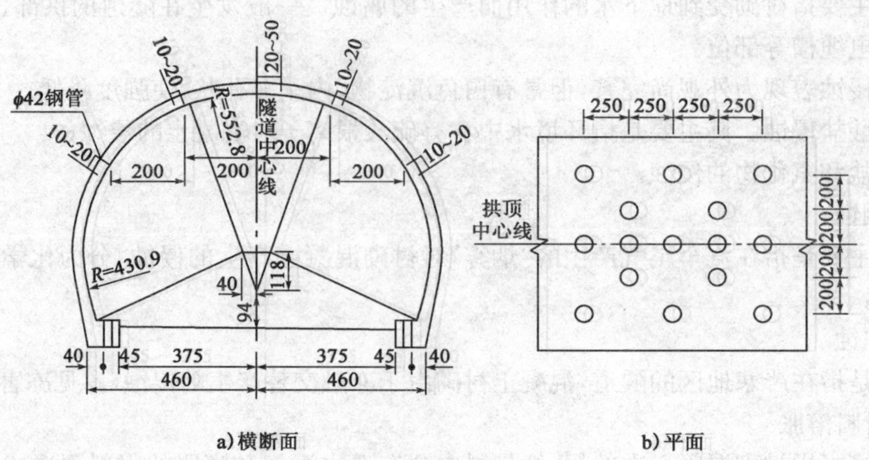

图 32-4-1 注浆加固衬砌背后岩体(尺寸单位:cm)

2.衬砌的加固与更换一般可采取的工程措施

(1)对于发展非常缓慢或者已呈稳定的裂损,可压环氧树脂浆加固,并选择无水季节施工。

(2)对已呈稳定暂时不发展的裂缝,如不能采取压浆加固时可以采用嵌补方法加固,即将裂缝修凿剔深,在缝口处用水泥砂浆、环氧树脂砂浆或者环氧树脂混凝土进行嵌补。此法在衬砌厚度太薄或者衬砌严重碎裂时不能采用。

(3)控制弯曲开裂开口的进一步发展并防止衬砌内壁的混凝土的剥落可采取衬砌内表面补强方案,一般可在隧道衬砌的内侧粘着碳纤维、尼龙纤维、玻璃纤维或者钢板以此来改善隧道衬砌受力,使衬砌可以承受内表面产生的拉应力(图 32-4-2)。

(4)对于存在裂损的所有内鼓变形部位,可采用锚索加固岩体措施,此时锚索既可沿内缘张裂纹的走向两边布置,作局部加固,也可进行全断面加固,并连同加固岩体一起考虑,决定锚索的类型、直径、间距、深度和布置等。

(5)喷混凝土可使已裂损的衬砌紧密结合,同时在喷射压力作用下达到裂缝内一定深度,使裂缝重新闭合,增强裂损衬砌的整体性,大幅度提高衬砌的承载能力,达到加固的目的。也可在喷层中加入钢筋网以防止收缩,提高加固结构的整体性和抗震、抗冲切能力。

(6)为阻止既有衬砌进一步裂损变形,同时起到防水的作用,可在衬砌内表面再灌注一定厚度的混凝土套衬,与既有衬砌共同承担围岩压力,套衬作为隧道衬砌补强时,厚度通常都比较小,若套衬采用钢筋混凝土结构时,无法保证保护层厚度,所以一般采用纤维混凝土(图 32-4-3)。

设计套衬时应注意以下几点:

①套衬的底脚应设基础;

②采取措施使套衬和衬砌成为整体;

③套衬厚度在 10cm 以上时应与补强钢筋并用;

④有漏水和冻害的场合应采取防止漏水或冻害的措施。

(7)如果隧道衬砌结构裂缝交错分布,密度较大,并伴有片块剥落,严重错台,侵入净空限界,使原衬砌失去使用功能,应考虑拆除旧的衬砌结构,重新施作新的衬砌。

结构抽换过程中,必须采取如下措施,保证施工和隧道结构安全。

①架设钢架支撑,抑制结构变形发展;

②注浆加固围岩，并利用注浆管悬吊既有裂损衬砌；

③运用静态破碎及控制爆破技术拆除有裂损混凝土，并严格控制进尺；

④及时进行初期支护并加强监控量测。

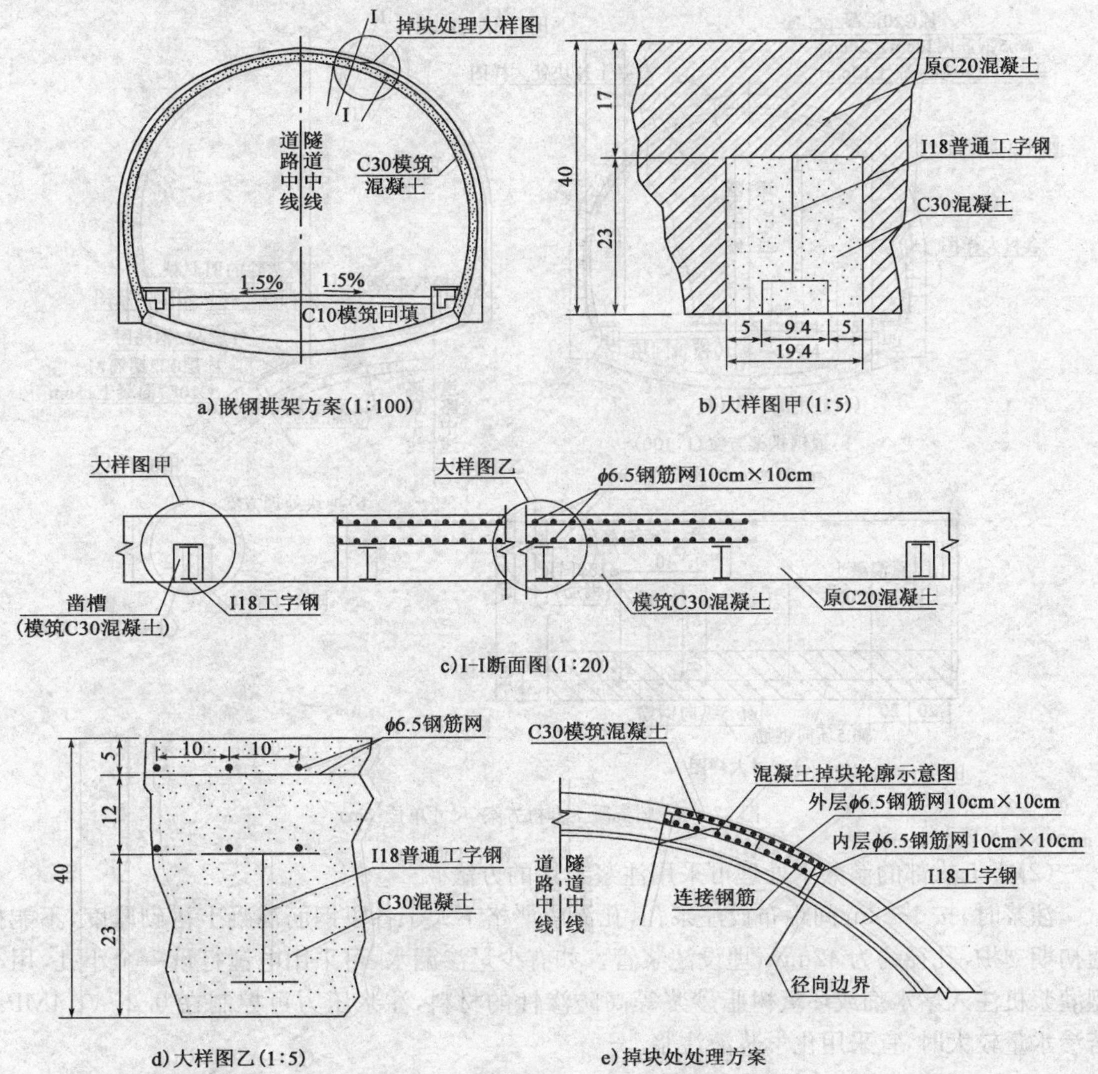

图 32-4-2　衬砌内表面嵌槽钢加固方案（尺寸单位：cm）

三、隧道渗漏水治理

隧道渗漏水治理，应采取以“排”为主，“防、排、堵、截”相结合的方法，因地制宜，综合治理。

1. 施工缝、沉降缝堵漏

由于施工过程中操作不慎，二衬施工完成后施工缝、沉降缝或是其他薄弱环节处发生渗漏水现象，应根据出水点位不同，采取不同的处理方法。

(1)衬砌两侧墙部渗水时，可沿出水点开凿一道引水小槽，引至永久性排水系统。

小槽断面 5cm×5cm 即可（如渗水较大，可适当开凿深一点），将小槽四周修整顺畅、平顺。取半根ϕ50mmPVC反扣于小槽内，要尽量与内壁靠拢，用堵水剂或环氧树脂砂浆等高防渗性的材料将小槽填实并抹平。如还未能解决问题，则要用嵌缝密封胶将整个小槽全部密封。

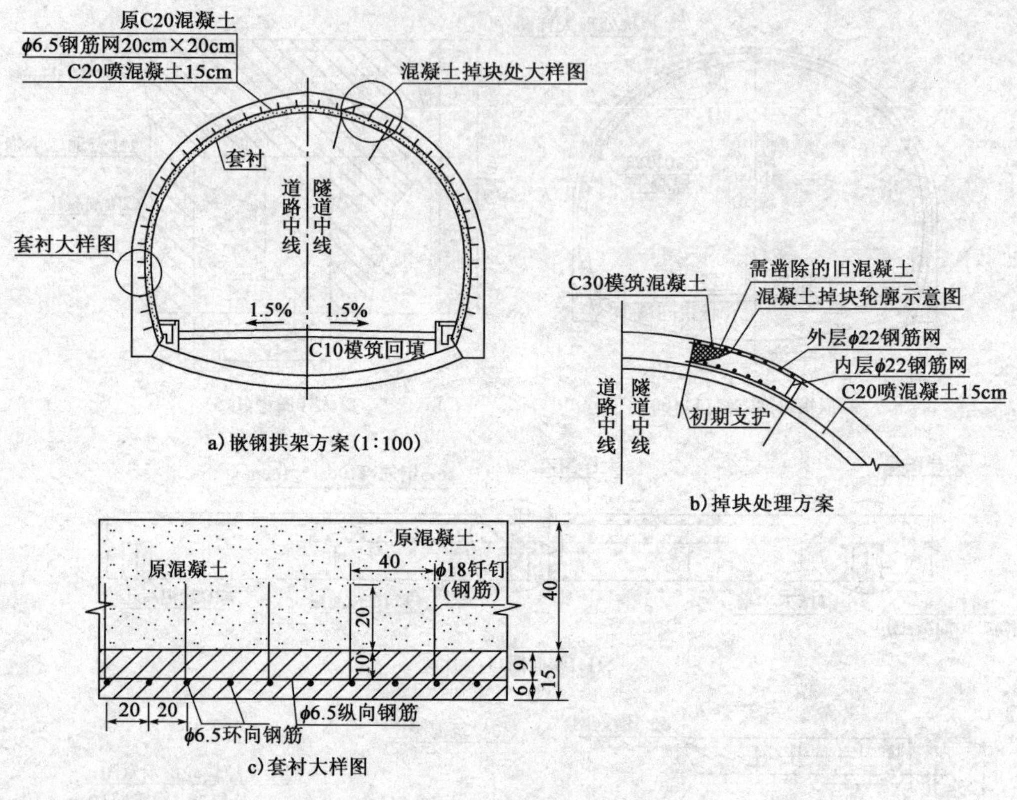

图 32-4-3　喷混凝土套衬方案(尺寸单位:cm)

(2)靠近拱部的渗漏水处理可采用注浆封堵的方法。

注浆时，按1～2m间距布设注浆孔，孔深应严格不大于各段钢筋混凝土衬砌厚度，不能打透初期支护，孔径约为42mm，埋设注浆管。如有少量渗漏水，可采用电锤打设一个小孔，用小型灌浆机注入堵水剂或环氧树脂砂浆等高防渗性的材料，注浆压力可控制在0.2～0.4MPa。若渗水量较大时，宜采用化学浆液注浆。

(3)施工缝、沉降缝渗的漏水处理可采用对缝内压注嵌缝材料的方法。

双缝是隧道渗漏水常见的地段，通常可将渗水施工缝或沉降缝沿渗水点开凿1cm的小缝，充分清除石屑、粉尘和松动物，在小缝底部压入底衬泡沫条，起到导流的作用。然后，用单组反应型聚氨酯嵌缝胶或双组分聚氨酯嵌缝胶等嵌缝材料，用灌缝枪压入缝内至密实即可。

2.衬砌漏水的封堵

隧道渗漏水整治除采取排水措施外，还可以用堵漏材料进行封堵。所谓堵漏材料就是一种能在几十秒或数分钟即开始初凝的材料。堵漏材料品种繁多，常用的有：

(1)硅酸钠防水剂，是以水玻璃为主料，与明矾和水共同配制而成的一种快速堵漏材料。常用的有二矾、三矾、四矾、五矾防水剂及快燥精等，其配合比为，水泥∶五矾防水剂为

1：0.5～0.6，初凝时间为1min30s；水泥：快燥精为100：50，凝固时间小于1min；水泥：水：快燥精为100：20：30，凝固时间小于5min。

(2)无机高效防水粉，是一种硬性无机胶凝材料，主要有堵漏王、堵漏停、堵漏灵、确保时等，其终凝时间在2.5～6h之间，其特点是无毒、无味、无污染、耐高温、抗低寒，可在潮湿结构层上施工，并有较好的黏结性。

(3)水泥类堵漏材料，主要有双快水泥、石膏—水泥材料和水泥—防水浆等堵漏材料。目前堵漏材料采用较多的是双快水泥和堵漏王等。

3.隧道截水设施

隧道截水设施一般包括：地表截水、地下截水两种方式。

(1)对地表流向隧道的水，应采取地表截流措施：

①对洞顶的积水洼地，宜开沟疏导引流；

②对洞顶以上的水工隧道、水库、稻田、输水渠等，造成隧道漏水的，要作加强防渗处理；

③对施工及地质勘测留下的钻孔、坑道、洞穴，要做好排水和封填；

④对断层破碎带、陷穴、漏斗等，如有较大的径流进入，宜作截水沟或回填，若无明径流，但影响隧道漏水的应采取封闭措施(换填、注浆等)。

(2)当隧道衬砌周围地下水有明显集中的来水通路，导致地下水流量很大，可采取地下截水措施截断水源。

①泄水洞，一般设在来水侧且最高水位低于正洞水沟底，纵坡不小于3‰，设置泄水洞的围岩渗透系数不小于10m/d；

②对有平导的长大隧道，可利用平导和横洞，根据围岩的地下水分布和地质条件，打截水钻孔，其位置伸入到正洞墙脚之上的围岩中，以减少向正洞衬砌周围汇集的水量，钻孔的集水利用平导排出；

③对靠近隧道的暗河或充水的溶洞，可通过堵塞改变其流向；

④当隧道与岩层平行或者斜交时，通过流沙、软弱断层等易失稳地层或围岩裂隙发达且透水性强时，可在隧道周围岩体内钻孔压浆形成防渗帷幕，使衬砌与地下水隔离。当为浅埋隧道时，可在地表施作防渗帷幕。通常采用的浆液有普通硅酸盐水泥(或特殊)单液浆、水泥水玻璃双组分浆液及化学浆液等。

四、隧道基底翻浆冒泥和底鼓整治

隧道基底翻浆冒泥和底鼓整治设计，可采取排除基底地下水、基底注浆加固、路基底部设计锚杆和增设仰拱等措施。

(1)治理基底渗漏水及翻浆冒泥最直接有效的方法是排除基底地下水。即，加深洞内排水沟，铺设横向盲沟、盲管，将水引入排水沟中，对排水后存在的空隙，以注浆方式进行回填加固。一般采用强度高、耐久性好的浆液(如TGRM浆、HSC浆等)。

(2)基底注浆加固，一般采用梅花型布孔，深度一般深入初支底部，采用跳孔间隔注浆，以压力控制为主，并在实施过程中严密监测基底结构位移变化情况。

(3)底鼓一般发生在无仰拱段，可采用路基底部设计锚杆和增设仰拱。在地压规模较大的隧道，即使有仰拱，在结构上应力最集中的部位(仰拱和边墙脚部的结合处)产生开裂，一般采用锚杆补强和增厚仰拱厚度来进行整治。

五、寒区隧道冻害整治

严寒及寒冷地区隧道冻害的基本防治措施是综合治水、更换土、保温防冻、结构加强、防止融塌等，具体可根据实际情况综合运用。

1. 综合治水

隧道冻害的根本原因就是围岩地下水的冻结，如果能将水排除在冻结圈以外，杜绝水进入冻结圈，就能达到防治冻害的目的，即综合治水是防治冻害的最基本措施。为防治冻害而采取的治水措施主要是：消灭衬砌漏水缺陷，保证衬砌圬工不再充水受冻，同时加强结构层和接缝防水(所用防水材料要有一定的抗冻性)；对有冻害的段落，要设置防水、排水系统，不允许衬砌背后积水，并防止冻结圈外的地下水向冻结圈内迁移；衬砌背后空隙用砂浆回填密实；排水设施或泄水沟应保证在任何季节、任何条件下不冻结，在严寒地区可采用中心深埋泄水洞。

2. 更换土

把冻结圈内的围岩更换或改造，将冻胀土变为非冻胀性土，从而达到防治冻害的目的。

更换土就是将强冻胀土(主要是细粒土)更换为透水性强的粗粒土。换土厚度为：允许保留总冻胀量不大于允许值的冻胀土时，可取为冻深的 0.8～0.9 倍；若充分发挥排水设施的作用时，可为冻深的 0.7 倍。把冻胀性土改造为非冻胀性土的方法主要有：向冻结圈内注入水玻璃—水泥浆液或其他化学浆液，使围岩固结而消除冻胀性；向冻结圈内注入憎水性填充材料，使之堵塞所有孔隙、裂隙，从而通过阻止土中水分迁移和聚冰作用来消除围岩冻胀。

3. 保温防冻

保温防冻就是通过控制温度，使围岩中的水分达不到冰点，达到防治冻害的目的，采用的类型主要有：保温、供热、降低水的冰点。

(1)在隧道内加筑保温层

在消除隧道渗水、漏水的基础上，隧道衬砌的内缘(或外缘)加筑一层保温衬层，防止衬砌周围形成季节冻结圈，以消灭冻害。所采用的保温材料主要有：加气混凝土、泡沫混凝土、浮石混凝土、膨胀珍珠岩混凝土等，一般厚度需要 20～40cm。保温衬层的四周应设防潮层，以避免受潮失效，而且不能与结构层共同受力。

(2)降低水的冰点

在对隧道局部范围的冻害做临时处理时，可向围岩注入丙二醇、氯化钙、氯化钠等，使水的冰点降低，从而降低围岩的起始冻结温度，达到防冻的目的。

(3)供热防冻

供热防冻采用不多，一般只在紧急情况下使用，主要的方法有红外线融冰、电热、锅炉采暖等。

4. 防止融塌

在洞内就是要防止基础融沉、春融翻浆。前者可以将边墙加深至冻土上限以下或非冻胀土层，后者可加强底部排水，疏干底部围岩含水或采用换土法。两者只要能防止冬季冻胀，就可同时解决春季融沉问题。

5. 结构加强

结构加强是防治冻害不可缺少的措施和内容，对于因冻害而开裂的衬砌，应采取减轻冻害因素的措施，结构加强的主要措施是：

(1)加大侧向拱度，使拱轴线能更好地抵抗侧向冻胀。

(2)拱部衬砌厚度增加，一般加厚10cm左右。

(3)提高衬砌混凝土强度等级或采用钢筋混凝土。

(4)隧底增设混凝土支撑。

六、衬砌腐蚀整治

对衬砌腐蚀进行治理一般可采取是抹补、浇补、镶补等方法进行处理。

(1)抹补是指当总腐蚀深小于10cm时，先在清好的基面上做抹面防水层，再在其上做防蚀层。

(2)浇补则是当总腐蚀深大于10cm时，立模浇注防水混凝土补强，再在其上做防蚀层。

(3)喷补则是直接在清理后的基面上用喷浆层代替抹补层，用喷混凝土代替浇补层，再在喷层之上做防蚀层。

(4)镶补适用于腐蚀层总厚度大于25cm的严重腐蚀部位，用耐腐蚀的块材将被腐蚀的断面砌筑镶补，使结构补强层与防蚀层合为一体，并以镶补层为模型，在镶补层与清理好的基面之间用防水混凝土灌填捣实，随砌随灌。

七、隧道衬砌震害整治

隧道衬砌震害整治可采用如下措施：

(1)在有滑坡危险的不安全斜坡下，使用锚杆加固或设挡土墙支挡斜坡，使滑坡稳定。同时增设抵抗偏压的加厚边墙混凝土以抵抗滑坡产生的外加力。

(2)表面有岩石滑下危险的洞口，可采取延长隧道，重新衬砌，进行防护。

(3)有泥石流危险的洞口，可绿化治理山坡，或筑防泥石堤。

(4)有山体崩毁、流沙历史的区间以及随喷水而有流沙流出的区间，可采用山体注浆及排水。

(5)衬砌和洞门墙后有空洞时可采用回填注浆。

(6)对于由于地震造成的衬砌混凝土剥落和裂缝，一般采用无收缩砂浆修复断面，用锚杆和碳素纤维板修补，如果造成损坏情况比较严重时，可参照衬砌裂损整治措施来整治。

第五节 隧道病害整治结构计算

一、一般规定

(1)对带病害的公路隧道衬砌结构安全验算是指根据病害检测结果，运用荷载—结构计算方法，分析公路隧道运营过程中存在衬砌裂缝、厚度和强度不足、背后空洞等结构病害时，衬砌结构的承载状态和可靠性。

(2)隧道衬砌病害结构安全计算方法，应包括正常隧道结构力学特征和衬砌结构病害力学特征。围岩压力、围岩密度、围岩抗力系数等计算参数的取值，可按照隧道设计规范选取。衬砌病害结构的几何与力学参数，应根据隧道病害调查和检测结果加以确定。

二、衬砌结构病害的参数

进行结构安全性验算时,将病害分为衬砌裂缝、厚度不足、强度不足、背后空洞四种,其量化参数见表 32-5-1。

隧道衬砌结构病害参数　　表 32-5-1

病害类型	裂　缝	衬砌厚度不足	衬砌强度不足	衬砌背后孔洞
病害参数	1. 裂缝位置; 2. 裂缝深度	1. 病害位置; 2. 病害区域分布; 3. 病害区域衬砌厚度	1. 病害位置; 2. 病害区域分布; 3. 病害区域衬砌混凝土强度	1. 病害位置; 2. 病害区域分布

三、衬砌病害结构计算方法

1. 裂缝

(1)如图 32-5-1 所示衬砌结构存在裂缝,裂缝区域结构截面承受拉伸荷载,结构拉伸刚度和拉伸、剪切承载力急剧降低;裂缝区域结构截面承受压缩荷载,结构拉伸刚度和拉伸、剪切承载力随之发生变化,但变化幅度较小。

(2)衬砌结构为小偏心受压构件,同时承受剪切荷载,可按 Timoshenko 梁考虑。根据裂缝承载特征,考虑到结构断面的刚度和承载能力降低,裂缝截面结构等效抗弯模量 I、正压力面积 A、剪力面积 A_s 按下式计算:

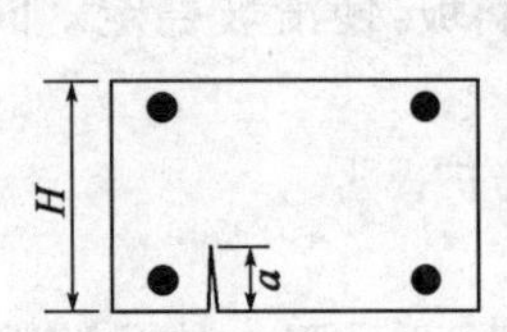

图 32-5-1　结构裂缝示意图

$$A=\begin{cases}0 & \sigma_{ax}>0\\ A-\beta_1 A_d & \sigma_{ax}\leqslant 0\end{cases}\tag{32-5-1}$$

$$A_s=\begin{cases}0 & \sigma_{ax}>0\\ A_s-\beta_2 A_d & \sigma_{ax}\leqslant 0\end{cases}\tag{32-5-2}$$

$$I=\begin{cases}0 & \sigma_{ax}>0\\ I-\beta_3 I_d & \sigma_{ax}\leqslant 0\end{cases}\tag{32-5-3}$$

式中 A_d、I_d 是裂缝引起的承载面积和惯性矩的损失,根据裂缝深度 a 计算;拉压面积、剪切面积、惯性变量降低系数 β_1、β_2、β_3 可根据试验和裂缝实际特征确定,一般可分别取为 0,1,0。

2. 厚度不足

如图 32-5-2,实际隧道厚度小于衬砌结构设计厚度,梁单元的几何参数按照实际衬砌结构的厚度计算。

$$A=A_h\tag{32-5-4}$$

$$A_s=A_h\tag{32-5-5}$$

$$I=I_h\tag{32-5-6}$$

图 32-5-2　结构厚度不足示意图

式中:A_h 和 I_h 是根据检测实际衬砌厚度计算出的截面面积和惯性矩。

3. 材料强度不足

(1)衬砌结构混凝土材料强度的数值,应参照隧道衬砌结构材质检查的方法获得的检测结果进行取值,如实际混凝土强度小于设计混凝土强度值,则认为混凝土材料强度不足。

(2)衬砌结构混凝土材料强度不足时，应利用实际混凝土强度按照公路隧道健康诊断指南中规定的方法验算结构的安全性。

4. 背后孔洞

(1)衬砌背后存在孔洞时，衬砌与围岩间相互作用与两者密贴结合时不同，围岩与衬砌结构未紧密接触，衬砌空洞范围应按照地质雷达探测方法加以确定。

(2)空洞区域衬砌结构无围岩压力作用，围岩对结构变形也无约束作用，计算衬砌结构内力和安全性时，应去掉计算模型中对应区域的围岩压力和围岩抗力作用。

四、衬砌病害结构的安全验算

(1)隧道衬砌结构属于偏心钢筋混凝土结构，结构的安全系数应按照钢筋混凝土设计规范规定的矩形构件的小偏心构件和大偏心构件，进行偏心受压与受剪强度验算。

①结构断面的计算受压高度按下式算出：

$$\xi = \frac{N}{\alpha_1 f_c bh} \tag{32-5-7}$$

②将计算受压高度与临界受压高度 ξ_b 比较，如果结构属于小偏心构件，按式(32-5-8)与式(32-5-9)计算结构极限承载力 N_u，对比两式计算结果，取较小者为结构极限承载力：

$$N_u = a_1 f_c bh_0 \xi + f_y A_s - \frac{\xi - 0.8}{\xi_b - 0.8} f_y A_s \tag{32-5-8}$$

$$N_u = \frac{af_c bh\left(h_0 - \frac{h}{2}\right) + f_y A_s (h_0 - a_s)}{\frac{h}{2} - a_s - (e_0 - e_a)} \tag{32-5-9}$$

③如果结构截面属于大偏心构件，则按式(32-5-10)或式(32-5-11)计算结构极限承载力：

若 $2a_s < \xi < \xi_b$

$$N_u = \alpha_1 f_c bh_0 \xi \tag{32-5-10}$$

若 $\xi < 2a_s$

$$N_u = \frac{f_y A_s (h_0 - a_s)}{e'} \tag{32-5-11}$$

④衬砌结构主要承受轴向压力和弯矩，此外还承受剪切荷载，故应按照下式验算结构截面剪切强度：

$$V_s \leqslant 0.3 f_t bh_0 \tag{32-5-12}$$

⑤根据结构极限承载能力，对比按照结构病害模型计算得到结构截面的轴力 N 和剪切力 V，按式(32-5-13)、式(32-5-14)定义结构安全系数：

$$K_1 = \frac{N_u}{N} \tag{32-5-13}$$

$$K_2 = \frac{V_s}{V} \tag{32-5-14}$$

并取式(32-5-13)、式(32-5-14)计算结果较小者为结构截面安全系数。

(2)与隧道设计规范规定的衬砌结构安全系数对比，如衬砌结构所有截面的安全系数均不小于规范规定允许的安全系数，则判定结构为安全。

第三十三章 隧道建筑材料

第一节 一般规定

一、隧道工程常用的各类建筑材料

可选用下列强度等级：

(1)混凝土：C50、C40、C30、C25、C20、C15。

(2)石材：MU100、MU80、MU60、MU50、MU40。

(3)水泥砂浆：M25、M20、M15、M10、M7.5、M5。

(4)喷射混凝土：C30、C25、C20。

(5)混凝土砌块：MU30、MU20。

(6)钢筋：R235、HRB335、HRB400。

二、建筑材料应符合的规定

建筑材料的选用应符合下列规定：

(1)应符合结构承载能力、正常使用和耐久性的要求，符合抗冻、抗渗和抗侵蚀的需要。

(2)隧道衬砌防水应充分利用衬砌混凝土结构的自防水能力，其抗渗等级不得低于P6。

(3)当处于特殊腐蚀性环境时，混凝土和水泥砂浆应采用具有抗侵蚀性能的特种水泥和集料配制，其抗侵蚀性能的要求视水的侵蚀特征确定。

(4)最冷月份平均气温低于－15℃的地区及受冻害影响的隧道，混凝土及砂浆的强度等级应提高，防水混凝土的抗渗等级也应提高。

(5)应根据不同的料源情况，在保证结构需要的前提下，做到因地制宜、就地取材。

三、混凝土和砌体所用材料还应符合的要求

混凝土和砌体所用的材料除应符合国家有关标准规定外，还应符合下列要求：

(1)混凝土不应使用碱活性集料。

(2)钢筋混凝土构件中，钢筋的技术条件应符合现行国家标准《钢筋混凝土用钢 第2部分 热轧带肋钢筋》(GB 1499.2—2007)与《钢筋混凝土用钢 第1部分 热轧光圆钢筋》(GB 1499.1—2008)的规定。

(3)片石强度等级不应低于MU40，块石强度等级不应低于MU60，混凝土砌块强度等级不应低于MU20，禁止采用有裂缝和易风化的石材。

(4)片石混凝土内片石掺用量不得超过总体积的30%。

(5)抗冻混凝土的水泥，应选用硅酸盐水泥或普通硅酸盐水泥，不宜使用火山灰质硅酸盐

水泥。抗冻混凝土必须掺加引气剂。水泥掺和料外加剂的品种和数量、水灰比及含气量等应通过试验确定。

四、喷锚支护采用材料的要求

喷锚支护采用的材料应符合下列要求：

(1)喷射混凝土宜采用硅酸盐水泥或普通硅酸盐水泥，也可采用矿渣硅酸盐水泥。

(2)集料级配宜采用连续级配。粗集料应采用坚硬耐久的碎石或卵石，不得使用碱活性集料；细集料应采用坚硬耐久的中砂或粗砂，细度模数宜大于 2.5，砂的含水率宜控制在 5%～7%；喷射混凝土中的石子粒径不宜大于 16mm，喷射钢纤维混凝土中的石子粒径不宜大于 10mm。

(3)锚杆的直径宜为 20～32mm，杆体材料宜采用 HRB335 钢、HRB400 钢；垫板材料宜采用 Q235 钢。

(4)锚杆支护采用的各种水泥砂浆强度等级不应低于 M20。

(5)钢筋网材料可采用 Q235 钢，直径宜为 6～12mm。

五、混凝土和喷射混凝土中掺加各种外加剂应满足的要求

混凝土和喷射混凝土中掺加的各种外加剂性能应满足下列要求：

(1)对混凝土的强度及其与围岩的黏结力基本无影响，对混凝土和钢材无腐蚀作用。

(2)对混凝土的凝结时间影响不大(除速凝剂和缓凝剂外)。

(3)不易吸湿，易于保存；不污染环境，对人体无害。

六、喷射钢纤维混凝土应满足的要求

喷射钢纤维混凝土中的钢纤维宜采用普通碳素钢制成，并满足下列要求：

(1)宜用等效直径为 0.3～0.5mm 的方形或圆形断面。

(2)长度宜为 20～25mm，长度直径比宜为 40～60。

(3)抗拉强度设计值不得小于 380MPa，并不得有油渍和明显的锈蚀。

七、初期支护钢架的要求

初期支护的钢架宜采用钢筋或 H 形、工字形、U 形钢制成，也可用钢管或钢轨制成。

八、常用建筑材料的重度

常用建筑材料的重度可按表 33-1-1 的规定采用。

建筑材料的标准重度或计算重度(kN/m³)　　表 33-1-1

材料名称	混凝土	片石混凝土	钢筋混凝土(配筋率在 3%以内)	钢材	浆砌片石	浆砌块石	浆砌粗料石
重度	23	23	25	78.5	22	23	25

注：钢筋混凝土配筋率大于 3%时，其重度应计算确定。

九、隧道工程各部位的建筑材料

隧道工程各部位的建筑材料强度等级应不低于表33-1-2的规定。

隧道建筑材料强度等级要求　　表33-1-2

工程部位		材料种类				
		混凝土	片石混凝土	钢筋混凝土	砌体	喷射混凝土
衬砌及管沟建筑	拱圈	C20	—	C25	—	C20
	边墙	C20	—	C25	—	C20
	仰拱	C20	—	C25	—	C20
	底板	C20	—	C25	—	—
	仰拱填充	C10	C10	—	—	—
	水沟、电缆槽	C25	—	C25	—	—
	水沟、电缆槽盖板	—	—	C25	—	—
洞门建筑	端墙	C20	C15	C25	M10水泥砂浆砌片石、块石或混凝土砌块镶面	—
	帽石	C20	—	C25	M10水泥砂浆砌粗料石	—
	翼墙和洞口挡土墙	C20	C15	C25	M10水泥砂浆砌片石	—
	侧沟、截水沟	C15	—	—	M7.5水泥砂浆砌片石	—
	护坡	C15	—	—	M7.5水泥砂浆砌片石	C20

注：最冷月份平均气温低于−15℃的地区，表中的混凝土水泥砂浆强度等级应提高一级。

第二节　石料、水泥砂浆及砌体

一、石材的耐风化和抗侵蚀性能

隧道工程采用的石材应具有耐风化和抗侵蚀性能。浸水或气候潮湿地区，用于受力结构的石材的软化系数不应低于0.8，且应符合表33-2-1的规定。

隧道工程常用石材基本要求　　表33-2-1

名　称	普通片石	块　石	粗料石	毛方石
使用范围	洞门墙、翼墙、衬砌边墙	洞门墙、衬砌边墙	帽石、镶面石、10m及以下跨度的石拱	10m以上的石拱
极限抗压强度(MPa)	≮30.0	≮30.0	≮40.0	≮40.0
吸水程度	不应超过其质量的2%			
形状	不得小于18mm×22mm×33mm	形状大致方正，顶面及底面应较为平整，并无锋棱凸角	形状尺寸由设计规定	形状尺寸由设计规定

续上表

名　称		普通片石	块　石	粗料石		毛方石
尺寸(cm)	厚度 h	—	≮20,特殊困难时≮15	≮20	拱石≮1.5~2W	1.5~2W
	宽度 W	—	≮h	≮1~1.5h	≮20	≮20
	长度 l	—	≮h,用作丁石时≮1.5W	≯4h	1.5~3W	1.5~3W

二、石材极限强度

当隧道采用极限状态法设计时,石材极限强度值可按表 33-2-2 的规定采用。

石材极限强度值(MPa)　　表 33-2-2

强度类别	强度等级					
	MU100	MU80	MU60	MU50	MU40	MU30
轴心抗压强度	72.0	57.6	43.2	36.0	28.8	21.6
弯曲抗拉强度	6.0	4.8	3.6	3.0	2.4	1.8

三、水泥砂浆

1. 水泥砂浆的强度

(1)砌筑用水泥砂浆应满足砌体强度和耐久性的要求,其强度可根据式(33-2-1)计算确定。

$$R = 0.25R_C\left(\frac{C}{W} - 0.4\right) \tag{33-2-1}$$

式中:R_C——水泥强度(MPa);

C/W——灰水比。

本式仅适用于含水率为 1%~8%的松散中砂或粗砂。采用干砂时,砂的配合量要减少 10%。特殊情况采用细砂时,水泥用量需增加 20%~25%。

(2)各龄期水泥砂浆强度增长关系(表 33-2-3)。

(3)水泥砂浆相对强度的参考百分率(表 33-2-4)。

硬化温度 15~25℃时相对强度　　表 33-2-3

龄期(d)	3	7	14	28	60	90
相对强度(%)	25	50	75	100	120	130

注:1. 以 28d 砂浆强度为 100%。

2. 在低温下,砂浆强度比在正常温度(15~20℃)时降低的百分率大致如下:1~4℃时,降低 40%;5~10℃时,降低 20%;10~14℃时,降低 10%。

水泥砂浆相对强度的参考百分率　　表 33-2-4

硬化时间(昼夜)	各种温度(℃)下硬化的砂浆强度(%)									
	1	5	10	15	20	25	30	35	40	50
1	1	4	6	9	13	18	23	27	32	42
1.5	2	6	9	14	19	25	31	37	43	61
2	3	8	12	18	24	30	38	41	54	75

续上表

硬化时间（昼夜）	各种温度(℃)下硬化的砂浆强度(%)									
	1	5	10	15	20	25	30	35	40	50
3	5	11	18	25	33	42	49	58	66	85
5	9	19	28	37	43	54	61	70	77	94
7	15	25	37	47	56	64	72	79	87	95
10	23	35	48	59	68	75	82	89	94	—
14	31	45	60	71	79	86	92	96	100	—
21	42	58	74	85	91	96	100	103	—	—
28	52	68	83	94	100	104	—	—	—	—

2. 水泥砂浆配合比选用

水泥砂浆各种材料用量可按照表 33-2-5 选用。

水泥砂浆材料用量(kg/m³)　　表 33-2-5

强度等级	水泥用量	砂子用量	用水量
M2.5～M5	200～300	1m³ 干燥状态下砂的堆积密度值	270～330
M7.5～M10	220～280		
M15	280～340		
M20	340～400		

注：1. 此表中水泥强度等级为 32.5 级，大于 32.5 级水泥用量宜取下限。
2. 根据施工水平合理选择水泥用量。
3. 当采用细砂或粗砂时，用水量分别取上限或下限。
4. 稠度小于 70mm 时，用水量可小于下限。
5. 施工现场气候炎热或干燥时，可酌量增加用水量。

四、混凝土预制块砂浆砌体的抗压极限强度

抗压极限强度值按照表 33-2-6 的规定采用。

混凝土预制块砂浆砌体的抗压强度极限值(MPa)　　表 33-2-6

混凝土砌块强度等级	砂浆强度等级			
	M12.5	M10	M7.5	M5
C30	9.5	9.0	8.5	7.8
C25	8.5	8.0	7.5	7.0
C20	7.3	6.8	6.3	5.8
C15	5.8	5.5	5.0	4.7

五、块石砂浆砌体的抗压极限强度

抗压极限强度值可按表 33-2-7 的规定采用。

六、片石砌体的抗压极限强度

抗压极限强度值可按表 33-2-8 的规定采用。

块石砂浆砌体的抗压强度极限值(MPa)　　表 33-2-7

石材强度等级	砂浆强度等级			
	M12.5	M10	M7.5	M5
MU100	14.8	13.8	12.6	11.5
MU80	12.3	11.3	10.5	9.5
MU60	9.8	9.0	8.3	7.3
MU50	8.5	7.8	7.0	6.3
MU40	7.3	6.5	6.0	5.3

注:对各类石砌体,应按表中数值分别乘以系数:细料石砌体为 1.5,半细料石砌体为 1.3,粗料石砌体为 1.2,干砌勾缝石砌体为 0.8。

片石砌体的抗压强度极限值(MPa)　　表 33-2-8

石材强度等级	砂浆强度等级			
	M12.5	M10	M7.5	M5
MU100	7.2	6.6	5.8	4.9
MU80	6.4	5.8	5.1	4.3
MU60	5.5	4.9	4.4	3.7
MU50	5.0	4.5	3.9	3.3
MU40	4.4	4.0	3.5	2.9

七、各类砂浆砌体的弯曲抗拉极限强度、直接抗剪极限强度

弯曲抗拉极限强度、直接抗剪极限强度可按表 33-2-9 的规定采用。

砂浆砌体的弯曲抗拉极限强度、直接抗剪极限强度(MPa)　　表 33-2-9

强度种类	截面	砌体种类	砂浆强度等级		
			M15	M10	M7.5
直接抗剪 R_j	通缝	各种砌体	0.40	0.33	0.27
		小石子混凝土砌片石砌体	0.36	0.30	0.25
	齿缝	片石砌体	0.80	0.66	0.54
		小石子混凝土砌片石砌体	0.60	0.48	0.45
		规则块材砌体	2.16	1.68	1.44
弯曲抗拉 R_{wl}	通缝	各种砌体	0.60	0.48	0.42
		小石子混凝土砌片石砌体	0.60	0.48	0.42
	齿缝	片石砌体	0.66	0.60	0.54
		规则块材砌体	0.95	0.84	0.75
		小石子混凝土砌片石砌体	0.72	0.72	0.54

注:砌体龄期 28d;规则块材砌体包括:块石砌体、粗料石砌体、混凝土块砌体;块材抗剪时不计入灰缝面积,块材直接抗剪极限强度按表选用。

八、砌体的摩擦系数

砌体的摩擦系数可按表 33-2-10 的规定采用。

砌体的摩擦系数　　表 33-2-10

材料类别	摩擦面情况		材料类别	摩擦面情况	
	干燥	潮湿		干燥	潮湿
砌体沿砌体或混凝土滑动	0.70	0.60	砌体沿砂或卵石滑动	0.60	0.50
木材沿砌体滑动	0.60	0.50	砌体沿粉土滑动	0.55	0.40
钢沿砌体滑动	0.45	0.35	砌体沿黏性土滑动	0.50	0.30

九、石砌体和混凝土块砌体轴心及偏心受压容许应力

当隧道采用容许应力法计算时，石砌体和混凝土块砌体轴心及偏心受压容许应力可按表 33-2-11 的规定采用。

石砌体和混凝土块砌体轴心及偏心受压容许应力[σ](MPa)　　表 33-2-11

砌体种类	石料和混凝土块强度等级	水泥砂浆强度等级			
		M20	M10	M7.5	M5
片石砌体	MU100	3.0	2.2	1.9	1.7
	MU80	2.7	2.0	1.7	1.5
	MU60	2.3	1.85	1.5	1.25
	MU50	2.1	1.6	1.3	1.1
块石砌体	MU100	5.6	4.9	—	—
	MU80	4.7	4.1	—	—
	MU60	3.8	3.2	—	—
	MU50	3.3	2.8	—	—
粗料石砌体	MU100	7.1	5.0	—	—
	MU80	6.0	4.8	—	—
	MU60	4.9	4.1	—	—
	MU40	3.7	3.4	—	—
混凝土块砌体	MU30	5.6	4.7	—	—
	MU20	4.4	3.6	—	—

注：1. 介于上表所列石料或水泥砂浆强度等级之间的其他砌体的受压容许应力可用内插法确定。

2. 混凝土块高度 h 超过 20cm 时，混凝土块砌体的容许应力应以表中数值乘以下列提高系数 c：h 小于等于 40cm 时，$c=0.6+0.02h$；h 大于等于 40cm 时，$c=1.2+0.005h$ 小于等于 1.7。

3. 如有特殊需要必须用细料石及半细料石砌体时，受压容许应力可按粗料石砌体的受压容许应力分别乘以提高系数 1.43 及 1.14，但提高后的受压容许应力不应大于水泥砂浆抗压极限强度的一半。

第三节　混　凝　土

一、水泥

1. 水泥的技术性能指标

(1)通用硅酸盐水泥(GB 175—2007)

通用硅酸盐水泥按混合材料的品种和掺量分为硅酸盐水泥、普通硅酸盐水泥、矿渣硅酸盐水泥、火山灰质硅酸盐水泥、粉煤灰硅酸盐水泥和复合硅酸盐水泥。各品种的组分和代号应符合表 33-3-1 的规定。硅酸盐水泥初凝不小于 45min，终凝不大于 390min；普通硅酸盐水泥、矿渣硅酸盐水泥、火山灰质硅酸盐水泥、粉煤灰硅酸盐水泥和复合硅酸盐水泥初凝不小于 45min，终凝不大于 600min。

通用硅酸盐水泥组分表(GB 175—2007)　　表 33-3-1

品　种	代号	组　分				
		熟料＋石膏	粒化高炉矿渣	火山灰质混合材料	粉煤灰	石灰石
硅酸盐水泥	P·I	100	—	—	—	—
	P·II	≥95	≤5	—	—	—
		≥95	—	—	—	≤5
普通硅酸盐水泥	P·O	≥80 且<95	>5 且≤20[a]			—
矿渣硅酸盐水泥	P·S·A	≥50 且<80	>20 且≤50[b]	—	—	—
	P·S·B	≥30 且<50	>50 且≤70[b]	—	—	—
火山灰质硅酸盐水泥	P·P	≥60 且<80	—	>20 且≤40[c]	—	—
粉煤灰硅酸盐水泥	P·F	≥60 且<80	—	—	>20 且≤40[d]	—
复合硅酸盐水泥	P·C	≥50 且<80	>20 且≤50[e]			

注：1. 本组分材料为符合 GB 175—2007 第 5.2.3 的活性混合材料，其中允许用不超过水泥质量 8%且符合 GB 175—2007 第 5.2.4 的非活性混合材料或不超过水泥质量 5%且符合 GB 175—2007 第 5.2.5 的窑灰代替。

2. 本组分材料为符合 GB/T 203 或 GB/T 18046 的活性混合材料，其中允许用不超过水泥质量 8%且符合 GB 175—2007 第 5.2.3 条的活性混合材料或符合 GB 175—2007 第 5.2.4 条的非活性混合材料或符合 GB 175—2007 第 5.2.5 条的窑灰中的任一种材料代替。

3. 本组分材料为符合 GB/T 2847 的活性混合材料。

4. 本组分材料为符合 GB/T 1596 的活性混合材料。

5. 本组分材料为由两种(含)以上符合 GB 175—2007 第 5.2.3 条的活性混合材料或/和符合 GB 175—2007 第 5.2.4条的非活性混合材料组成，其中允许用不超过水泥质量 8%且符合 GB 175—2007 第 5.2.5 条的窑灰代替。掺矿渣时混合材料掺量不得与矿渣硅酸盐水泥重复。

不同品种、不同强度等级的通用硅酸盐水泥，其不同龄期的强度应符合表 33-3-2 的规定。

通用硅酸盐水泥的强度值(GB 175—2007，单位为 MPa)　　表 33-3-2

品　种	强度等级	抗压强度		抗折强度	
		3d	28d	3d	28d
硅酸盐水泥	42.5	≥17.0	≥42.5	≥3.5	≥6.5
	42.5R	≥22.0		≥4.0	
	52.5	≥23.0	≥52.5	≥4.0	≥7.0
	52.5R	≥27.0		≥5.0	
	62.5	≥28.0	≥62.5	≥5.0	≥8.0
	62.5R	≥32.0		≥5.5	
普通硅酸盐水泥	42.5	≥17.0	≥42.5	≥3.5	≥6.5
	42.5R	≥22.0		≥4.0	

续上表

品种	强度等级	抗压强度		抗折强度	
		3d	28d	3d	28d
普通硅酸盐水泥	52.5	≥23.0	≥52.5	≥4.0	≥7.0
	52.5R	≥27.0		≥5.0	
矿渣硅酸盐水泥 火山灰硅酸盐水泥 粉煤灰硅酸盐水泥 复合硅酸盐水泥	32.5	≥10.0	≥32.5	≥2.5	≥5.5
	32.5R	≥15.0		≥3.5	
	42.5	≥15.0	≥42.5	≥3.5	≥6.5
	42.5R	≥19.0		≥4.0	
	52.5	≥21.0	≥52.5	≥4.0	≥7.0
	52.5R	≥23.0		≥4.5	

(2)快硬硅酸盐水泥

凡以硅酸盐水泥熟料和适量石膏磨细制成的，以3d抗压强度表示强度等级的水硬性胶凝材料，称为快硬硅酸盐水泥(简称快硬水泥)。快硬水泥各强度等级的各龄期强度不得低于表33-3-3的数值。

快硬硅酸盐水泥各强度等级、各龄期强度值(MPa)　　表33-3-3

强度等级	抗压强度			抗折强度		
	1d	3d	28d	1d	3d	28d
32.5	15.0	32.5	37.5	3.5	5.0	7.2
37.5	17.0	37.5	57.5	4.0	6.0	7.6
42.5	19.0	42.5	62.5	4.5	6.4	8.0

(3)白色硅酸盐水泥(GB/T 2015—2005)

由氧化铁含量少的硅酸盐水泥熟料、适量石膏及本标准规定的混合材料，磨细制成水硬性胶凝材料称为白色硅酸盐水泥(简称“白水泥”)，代号P·W。水泥粉磨时允许加入助磨剂，加入量应不超过水泥质量的1%。助磨剂应符合JC/T 667—2004的规定。

白色硅酸盐水泥强度等级按规定的抗压强度和抗折强度来划分，分为32.5,42.5,52.5三个等级。各强度等级的各龄期强度应不低于表33-3-4的数值。

白色硅酸盐水泥强度值(GB/T 2015—2005)(MPa)　　表33-3-4

强度等级	抗压强度		抗折强度	
	3d	28d	3d	28d
32.5	12.0	32.5	3.0	6.0
42.5	17.0	42.5	3.5	6.5
52.5	22.0	52.5	4.0	7.0

(4)铝酸盐水泥(GB 201—2000)

凡以铝酸钙为主的铝酸盐水泥熟料，磨细制成的水硬性胶凝材料，称为铝酸盐水泥，代号CA。铝酸盐水泥的细度为0.045mm，方孔筛筛余不得超过20%或比表面积不小于300m²/kg。CA-50、CA-70、CA-80的初凝不得早于30min，终凝不得迟于6h，CA-60的初凝不得早于 60min，终凝不得迟于 18h。各类型水泥各龄期强度值不得低于表 33-3-5 数值。

铝酸盐水泥各类型、各龄期强度值(MPa)　　表 33-3-5

水泥类型	抗压强度				抗折强度			
	6h	1d	3d	28d	6h	1d	3d	28d
CA-50	20①	40	50	—	3.0①	5.5	6.5	—
CA-60	—	20	45	85	—	2.5	5.0	10
CA-70	—	30	40	—	—	5.0	6.0	—
CA-80	—	25	30	—	—	4.0	5.0	—

注：当用户需要时，生产厂应提供结果。

1. 在施工过程中：一般不得与硅酸盐水泥、石灰等析出氢氧化钙的胶凝物质混合，使用前拌和设备等必须冲洗干净。
2. 不得用于接触碱性溶液的工程。
3. 铝酸盐水泥水化热集中于早期释放，从硬化开始应立即浇水养护。一般不宜浇筑大体积混凝土。
4. 铝酸盐水泥混凝土后期强度下降较大，应按最低稳定强度设计。最低稳定强度值以试体脱模后放人 50℃±2℃水中养护，取龄期为 7d 和 14d 强度值之低者来确定。
5. 若用蒸汽养护时，养护温度不得高于 50℃。
6. 用于钢筋混凝土时，钢筋保护层的厚度不得小于 30mm。
7. 未经试验，不得加入任何外加物。
8. 不得与未硬化的硅酸盐水泥混凝土接触使用；若须与具有脱模强度的硅酸盐水泥混凝土接触使用，但接茬处不应长期处于潮湿状态。

(5)快硬硫铝酸盐水泥(GB 20472—2006)

快硬硫铝酸盐水泥系指以适当成分的生料，经煅烧所得以无水硫铝酸钙和硅酸二钙为主要矿物成分的水泥熟料和石灰石、适量石膏共同磨细制成的，具有早期强度高的水硬性胶凝材料，代号 R・SAC。

快硬硫铝酸盐水泥的比表面积不得小于 350m²/kg。初凝不早于 25min，终凝不迟于 180min。

快硬硫铝酸盐水泥以 3d 抗压强度分为 42.5、52.5、62.5、72.5 四个等级，各强度等级的各龄期强度应不低于表 33-3-6 中数值。

各强度等级的各龄期强度值(MPa)　　表 33-3-6

强度等级	抗压强度			抗折强度		
	1d	3d	28d	1d	3d	28d
42.5	30.0	42.5	45.0	6.0	6.5	7.0
52.5	40.0	52.5	55.0	6.5	7.0	7.5
62.5	50.0	62.5	65.0	7.0	7.5	8.0
72.5	55.0	72.5	75.0	7.5	8.0	8.5

(6)抗硫酸盐硅酸盐水泥(GB 748—2005)

抗硫酸盐硅酸盐水泥按其抗硫酸盐性能分为中抗硫酸盐硅酸盐水泥、高抗硫酸盐硅酸盐水泥两类。以特定矿物组成的硅酸盐水泥熟料，加入适量石膏，磨细制成的具有抵抗中等浓度硫酸根离子侵蚀的水硬性胶凝材料，称为中抗硫酸盐硅酸盐水泥，简称中抗硫酸盐水泥，代号 P・MSR。以特定矿物组成的硅酸盐水泥熟料，加入适量石膏，磨细制成的具有抵抗较高浓度硫酸根离子侵蚀的水硬性胶凝材料，称为高抗硫酸盐硅酸盐水泥，简称高抗硫酸盐水泥，代号

P·HSR。

抗硫酸盐水泥的细度要求为比表面积不得低于 280m²/kg。初凝不得早于 45min,终凝不得迟于 10h。水泥强度等级按规定龄期的抗压强度和抗折强度来划分,各龄期的抗压强度和抗折强度应不低于表 33-3-7 中数值。

铝酸盐水泥各强度等级、各龄期强度值(MPa)　表 33-3-7

分类	强度等级	抗折强度		抗压强度	
		3d	28d	3d	28d
中抗硫酸盐水泥	32.5	2.5	6.0	10.0	32.5
高抗硫酸盐水泥	42.5	3.0	6.5	15.0	42.5

(7)膨胀铁铝酸盐水泥

凡以适当成分的生料,经煅烧所得以铁相、无水硫铝酸钙和硅酸二钙为主要矿物成分的熟料,加入适量石灰石和石膏,磨细制成的具有可调膨胀性能的水硬性胶凝材料,称为膨胀铁铝酸盐水泥。以按水泥自由膨胀率值划分,分为微膨胀铁铝酸盐水泥和膨胀铁铝酸盐水泥两类。两类膨胀铁铝酸盐水泥的强度等级均以 28d 抗压强度表示,定为 52.5 一个强度等级。比表面积不得小于 400m²/kg;初凝不早于 30min;终凝不迟于 180min;游离氧化钙不大于 0.3%。强度指标应符合表 33-3-8 的要求。

膨胀铁铝酸盐水泥各龄期强度值(MPa)　表 33-3-8

分类	抗压强度			抗折强度		
	1d	3d	28d	1d	3d	28d
微膨胀水泥	31.5	41.0	52.5	4.9	5.9	6.9
膨胀水泥	27.5	39.0	52.5	4.4	5.4	6.4

(8)中热硅酸盐水泥,低热矿渣硅酸盐水泥(GB 200—2003)

凡以适当成分的硅酸盐水泥熟料,加入适量石膏,磨细制成的具有中等水化热的水硬性胶凝材料,称为中热硅酸盐水泥(简称中热水泥),代号 P·MH。以适当成分的硅酸盐水泥熟料,加入粒化高炉矿渣、适量石青,磨细制成的具有低水化热的水硬性胶凝材料,称为低热矿渣硅酸盐水泥(简称低热矿渣水泥),代号 P·SLH。水泥中矿渣掺加量按质量百分比计为 20%~60%,允许用不超过混合材总量 50%的粒化电炉磷渣或粉煤灰代替部分粒化高炉矿渣。两种水泥的 0.080mm 方孔筛筛余不得超过 12%。初凝不得早于 60min,终凝不得迟于 12h。各龄期强度值不得低于表 33-3-9 的数值。

中热和低热矿渣硅酸盐水泥强度值(MPa)　表 33-3-9

品种	强度等级	抗压强度			抗折强度		
		3d	7d	28d	3d	7d	28d
中热水泥	42.5	12.0	22.0	42.5	3.0	4.5	6.5
低热矿渣水泥	32.5	—	12.0	32.5	—	3.0	5.5

(9)低热微膨胀水泥(GB 2938—2008)

凡以粒化高炉矿渣为主要组分,加入适量硅酸盐水泥熟料和石膏,磨细制成的具有低水化热和微膨胀性能的水硬性胶凝材料,称为低热微膨胀水泥,代号 LHEC。

低热微膨胀水泥中三氧化硫的含量应为 4.0%～7.0%。水泥比表面积不得小于 $300m^2/kg$。初凝不得早于 45min,终凝一般不得迟于 12h。低热微膨胀水泥强度等级为 32.5 级,各龄期强度指标应符合表 33-3-10 的要求。

低热微膨胀水泥强度和水化热指标(MPa)　　表 33-3-10

水泥强度等级	抗压强度		抗折强度	
	7d	28d	7d	28d
32.5	18.0	32.5	5.0	7.0

(10)砌筑水泥(GB/T 3183—2003)

一种或一种以上的水泥混合材料,加入适量硅酸盐水泥熟料和石膏,经磨细制成的工作性较好的水硬性胶凝材料,称为砌筑水泥,代号 M。砌筑水泥的细度为 0.080mm 方孔筛筛余不得超过 10.0%。初凝不得早于 60min,终凝不得迟于 12h。砌筑水泥分 12.5 和 22.5 两个强度等级,各等级水泥各龄期强度均不得低于表 33-3-11 的数值。

砌筑水泥各等级各龄期强度值(MPa)　　表 33-3-11

强度等级	抗压强度		抗折强度	
	7d	28d	7d	28d
12.5	7.0	12.5	1.5	3.0
22.5	10.0	22.5	2.0	4.0

(11)明矾石膨胀水泥(JC/T 311—2004)

凡以硅酸盐水泥熟料为主,天然的矾石、石膏和粒化高炉矿渣(或粉煤灰),按适当比例磨细制成的,具有膨胀性能的水硬性胶凝材料,称为明矾石膨胀水泥,代号 A·EC。

明矾石水泥中三氧化硫含量不得越过 8.0%。比表面积不得低于 $400m^2/kg$。初凝不得早于 45min,终凝不得迟于 6h。其限制膨胀率应符合以下要求:3d 应不小于 0.015%;28d 应不大于 0.10%。明矾石膨胀水泥分为 32.5、42.5、52.5 三个等级,各强度等级水泥的各龄期强度应不低于表 33-3-12 的要求。

明矾石膨胀水泥强度指标(MPa)　　表 33-3-12

水泥强度等级	抗压强度			抗折强度		
	3d	7d	28d	3d	7d	28d
32.5	13.0	21.0	32.5	3.0	4.0	6.0
42.5	17.0	27.0	42.5	3.5	5.0	7.5
52.5	23.0	33.0	52.5	4.0	5.5	8.5

(12)无收缩快硬硅酸盐水泥

凡以硅酸盐水泥熟料,与适量的二水石膏和膨胀剂共同粉磨制成的具有快硬、无收缩性能的水硬性胶凝材料,称为无收缩快硬硅酸盐水泥(又称"浇筑水泥")。初凝不得早于 30min,终凝不得大于 6h。水泥净浆 ld 膨胀率不小于 0.02%,28d 不大于 0.3%。强度必须符合表 33-3-13的要求。

无收缩快硬硅酸盐水泥强度指标(MPa)　　表 33-3-13

水泥强度等级	抗压强度			抗折强度		
	1d	3d	28d	1d	3d	28d
52.5	13.7	28.4	52.5	3.4	5.4	7.1
62.5	17.2	34.3	62.5	3.9	5.9	7.8
72.5	20.6	41.7	72.5	4.4	6.4	8.6

(13)快凝快硬硅酸盐水泥

凡以适当成分的生料烧至部分熔融所得的，以硅酸三钙、氟铝酸钙为主的熟料，加入适量的硬石膏、粒化高炉矿渣、无水硫酸钠，经过磨细制成的一种凝结快、小时强度增长快的水硬性胶凝材料，称为快凝快硬硅酸盐水泥。

水泥中三氧化硫的含量不得超过 9.5%。比表面积不得低于 $450m^2/kg$。初凝不得早于 10min，终凝不得迟于 60min。各龄期强度不得低于表 33-3-14 的数值。

快凝快硬硅酸盐水泥强度值(MPa)　　表 33-3-14

水泥强度等级	抗压强度			抗折强度		
	4h	1d	28d	4h	1d	28d
双快-150	15	19	32.5	2.8	3.5	5.5
双快-200	20	25	42.5	3.4	4.6	6.4

(14)钢渣矿渣水泥(GB 13590—2006)

凡由硅酸盐水泥熟料和转炉或电炉钢渣(简称钢渣)、适量粒化高炉矿渣、石膏，磨细制成的水硬性胶凝材料，称为钢渣矿渣水泥。水泥中的钢渣掺加量(按质量的百分比计)不少于 30%，代号 P·SS。

钢渣矿渣水泥中三氧化硫含量不超过 4%，比表面积不得低于 $350m^2/kg$。初凝不得早于 45min，终凝时间不得迟于 12h。水泥分为 32.5、42.5 两个强度等级，各强度等级水泥的各龄期强度不得低于表 33-3-15 的数值。

钢渣矿渣水泥各强度等级的各龄期强度值(MPa)　　表 33-3-15

强度等级	抗压强度		抗折强度	
	3d	28d	3d	28d
32.5	10.0	32.5	2.5	5.5
42.5	15.0	42.5	3.5	6.5

(15)特快硬调凝铝酸盐水泥(JC/T 736—1996)

水泥中三氧化硫的含量为 7.0%～11.0%。比表面积不得低于 $5\,000cm^2/g$。初凝不得早于 2min，终凝不得迟于 10min；加入水泥质量 0.2%的酒石酸钠作缓凝剂时，初凝不得早于 15min，终凝不得迟于 140min。各龄期强度不得低于表 33-3-16 的数值。

特快硬调凝铝酸盐水泥强度值(MPa)　　表 33-3-16

强度等级	抗压强度		抗折强度	
	2h	1d	2h	1d
225	22.06	34.31	3.43	5.39

(16)磷渣硅酸盐水泥(JC/T 740—2006)

凡由硅酸盐水泥熟料和粒化电炉磷渣、适量石膏磨细制成的水硬性胶凝材料,称为磷渣硅酸盐水泥(简称磷渣水泥),代号为 PPS。磷渣水泥中粒化电炉磷渣掺量应占水泥质量的20%~50%。可用粒化高炉矿渣代替部分粒化电炉磷渣,代替总量不得超过混合材料总量的 50%。

水泥细度以 0.008 0mm 方孔筛筛余表示,且不得超过 6.0%。初凝不应早于 45min,终凝不应迟于 10h。

磷渣水泥的强度等级分为 32.5、32.5R、42.5、42.5R、52.5、52.5R,各强度等级各龄期强度不应低于表 33-3-17 的数值。

磷渣硅酸盐水泥各强度等级的各龄期强度值(MPa) 表 33-3-17

强度等级	抗压强度		抗折强度	
	3d	28d	3d	28d
32.5	10.0	32.5	2.5	5.5
32.5R	15.0	32.5	3.5	5.5
42.5	15.0	42.5	3.5	6.5
42.5R	19.0	42.5	4.0	6.5
52.5	21.0	52.5	4.0	7.0
52.5R	23.0	52.5	4.5	7.0

(17)低碱度硫铝酸盐水泥(GB 20472—2006)

以适当成分的生料,经煅烧所得以无水硫铝酸钙和硅酸二钙为主要矿物成分的水泥熟料和石灰石、适量石膏共同磨细制成,具有碱度低、自由膨胀较小的水硬性胶凝材料,代号 L·SAC。比表面积应不小于 400m^2/kg。初凝不得早于 25min,终凝不得迟于 180min。

低碱度硫铝酸盐水泥以 7d 抗压强度分为 32.5、42.5、52.5 三个等级,各强度等级水泥的各龄期强度均不得低于表 33-3-18 的数值。

低碱度硫铝酸盐水泥强度值(MPa) 表 33-3-18

强度等级	抗压强度		抗折强度	
	1d	7d	1d	7d
32.5	25.0	32.5	3.5	5.0
42.5	32.0	42.5	4.0	5.5
52.5	40.0	52.5	4.5	6.0

2. 水泥的特性及适用范围(表 33-3-19)

表 33-3-19

水泥品种	特性	适用范围	不适用场合
硅酸盐水泥	1. 硬化快,强度高; 2. 水化热较大; 3. 耐冻性较好; 4. 耐腐蚀与耐水性较差; 5. 密度 3.0~3.15g/cm^3; 6. 堆积密度 1 000~1 600kg/m^3	1. 配制高强混凝土; 2. 配制高性能混凝土; 3. 预应力混凝土和构件; 4. 道路和低温下施工的混凝土	1. 大体积混凝土; 2. 受化学侵蚀及海水侵蚀的混凝土工程

续上表

水泥品种	特　性	适用范围	不适用场合
普通硅酸盐水泥	1. 早期强度高； 2. 水化热较大； 3. 耐冻性较好； 4. 耐热性较差； 5. 耐腐蚀性与耐水性较差	一般土建工程中混凝土及预应力钢筋混凝土结构，包括受反复冰冻作用的结构，也可拌制高强度混凝土	1. 大体积混凝土结构； 2. 受化学侵蚀及海水侵蚀的工程
矿渣硅酸盐水泥	1. 早期强度低，后期强度增长较快； 2. 水化热较小； 3. 耐热性好； 4. 耐硫酸盐侵蚀和耐水性较好； 5. 抗冻性差和干缩性大； 6. 抗碳化能力差	1. 高温车间和有耐热耐火要求的混凝土结构； 2. 大体积混凝土结构； 3. 蒸汽养护的混凝土构件； 4. 一般地上、地下和水中的混凝土结构； 5. 有抗硫酸盐侵蚀要求的一般工程	1. 早期强度要求较高的工程； 2. 严寒地区、处在水位升降范围内的混凝土结构
火山灰质硅酸盐水泥	1. 抗渗性较好； 2. 耐热性较差； 3. 其他同矿渣水泥	1. 地下、水中大体积混凝土结构和有抗渗要求的混凝土结构； 2. 蒸汽养护的混凝土构件； 3. 一般混凝土结构； 4. 有抗硫酸盐侵蚀要求的一般工程	1. 处在干燥环境的工程； 2. 其他同矿渣水泥
粉煤灰硅酸盐水泥	1. 干缩性较小； 2. 抗裂性较好； 3. 其他同火山灰质硅酸盐水泥	1. 地上、地下、水工构筑物及大体积混凝土结构中； 2. 蒸汽养护的混凝土构件； 3. 有抗硫酸盐侵蚀要求的一般工程	有抗碳化要求的工程，其他同矿渣水泥
快硬硅酸盐水泥	1. 凝结硬化快； 2. 早期强度增进率较大； 3. 强度等级以 3d 抗压强度来表示	1. 要求早期强度高的工程； 2. 紧急抢修的工程； 3. 冬季施工的工程； 4. 混凝土预制构件	大体积混凝土工程
抗硫酸盐硅酸盐水泥	1. 耐硫酸盐侵蚀性强； 2. 耐海水侵蚀性能强； 3. 耐水性好	1. 地下、水中混凝土工程； 2. 港口混凝土结构； 3. 有硫酸盐侵蚀的排污工程、道路和桥梁基础、水利、隧涵、引水等工程	
膨胀硫铝酸盐水泥	1. 膨胀力大； 2. 早期强度高； 3. 能张拉钢筋产生预应力	1. 用于制品或工程结构：制作压力管道、轨枕、矿井支架等，并可代替预应力混凝土用在许多结构上，如薄壳、拱架、梁板； 2. 节点、抗渗、修补加固、后浇带、补偿收缩混凝土	
白色硅酸盐水泥	1. 强度高； 2. 色泽洁白； 3. 可配制各种颜色的砂浆及各种颜色的涂料	1. 建筑工程的粉刷和雕塑； 2. 制造各种艺术性要求的彩色或白色混凝土及钢筋混凝土等装饰结构部件； 3. 制造各种颜色的水刷石、假大理石及水磨石等制品； 4. 即制各种颜色水泥	

续上表

水泥品种	特 性	适 用 范 围	不适用场合
铝酸盐水泥	1. 凝结硬化快； 2. 强度高； 3. 耐腐蚀性好； 4. 耐高温性能好； 5. 水化热大； 6. 耐碱性极差	1. 紧接抢修工程； 2. 耐高温工程； 3. 冬季施工工程	1. 大体积混凝土工程； 2. 高温季节施工工程； 3. 与碱性介质接触的工程； 4. 不得与石灰和硅酸盐系水泥混用，也不得在未硬化的硅酸盐系水泥混凝土上施工
中热硅酸盐水泥	1. 水化热低； 2. 早期强度较高； 3. 抗冻性较高	1. 大体积混凝土工程； 2. 水中混凝土工程	
低热矿渣硅酸盐水泥	1. 水化热较低； 2. 抗冻性、耐磨性较高； 3. 具有一定的抗硫酸盐的能力； 4. 早期强度较低	1. 适用于大坝溢流面或大体积的水中建筑物、水位变动区的覆面层等，要求具有较低水化热和较高抗冻性和耐磨性的部位； 2. 适用于清水或含有较低硫酸盐类侵蚀介质的水中工程； 3. 大体积混凝土工程	1. 冬季施工混凝土工程； 2. 早期强度要求较高的混凝土工程
低热微膨胀水泥	1. 水化热低； 2. 抗裂性好； 3. 抗渗性好； 4. 微膨胀	1. 要求低水化热工程； 2. 大体积混凝土工程； 3. 补偿收缩混凝土工程； 4. 高抗渗和抗硫酸盐侵蚀的工程	
砌筑水泥	1. 和易性较好； 2. 强度低	1. 配制砌筑砂浆； 2. 配制内墙抹面砂浆	不得用于钢筋混凝土工程
快凝快硬硅酸盐水泥	1. 凝结速度快、小时强度增长快； 2. 流动性损失大； 3. 不能与其他任何品种水泥混用	机场道面、桥梁、隧道等紧急抢修工程，冬季施工混凝土工程，堵漏工程	不得用于普通钢筋混凝土工程
硅酸盐膨胀水泥	1. 水中硬化时体积增大； 2. 潮湿环境中硬化时最初 3d 内不收缩或微膨胀	1. 配制防水层和防水混凝土； 2. 结构加固、接缝、修补； 3. 浇筑后浇带	有硫酸盐侵蚀的工程
浇筑水泥	1. 凝结速度快； 2. 不收缩； 3. 水化热大	1. 后浇混凝土； 2. 接缝工程； 3. 设备安装的灌浆； 4. 混凝土修补和加固工程； 5. 要求快硬、高强、无收缩的混凝土工程	不得用于普通钢筋混凝土工程

3. 建筑工程中水泥品种的选用原则(表 33-3-20)

建筑工程中水泥品种的选用原则 表 33-3-20

序号	工程特点及所处环境条件	优 先 选 用	可 以 选 用	不 宜 选 用
1	在一般气候环境中的混凝土	普通水泥	矿渣水泥、火山灰水泥、粉煤灰水泥、复合硅酸盐水泥	
2	在干燥环境中的混凝土	普通水泥	矿渣水泥	火山灰水泥、粉煤灰水泥
3	在高湿度环境中或长期处于水中的混凝土	矿渣水泥、火山灰水泥、粉煤灰水泥、复合硅酸盐水泥	普通水泥	

续上表

序号	工程特点及所处环境条件	优先选用	可以选用	不宜选用
4	厚大体积的混凝土	矿渣水泥、火山灰水泥、粉煤灰泥、复合硅酸盐水泥	普通水泥	硅酸盐水泥
5	要求快硬、早强（大于C40)的混凝土	硅酸盐水泥	普通水泥	矿渣水泥、火山灰水泥、粉煤灰水泥、复合硅酸盐水泥
6	严寒地区的露天混凝土、寒冷地区处于水位升降范围内的混凝土	普通水泥、硅酸盐水泥	矿渣水泥（强度等级大于32.5）	火山灰水泥、粉煤灰水泥
7	严寒地区处于水位升降范围内的混凝土	硅酸盐水泥、普通水泥（强度等级大于42.5）		火山灰水泥、矿渣水泥、粉煤灰水泥、复合硅酸盐水泥
8	有抗渗要求的混凝土	普通水泥、火山灰水泥		矿渣水泥、粉煤灰水泥
9	有耐磨除要求的混凝土	硅酸盐水泥，普通水泥	矿渣水泥（强度等级大于32.5）	火山灰水泥、粉煤灰水泥
10	受侵蚀性介质作用的混凝土	矿渣水泥、火山灰水泥、粉煤灰水泥、复合硅酸盐水泥		硅酸盐水泥、普通水泥
11	有耐热要求的混凝土工程	铝酸盐水泥	矿渣水泥	硅酸盐水泥、普通水泥
12	有耐酸防腐要求的混凝土工程	水玻璃系耐酸水泥	硫黄耐酸胶结料	硅酸盐水泥、普通水泥
13	有耐氨防腐要求的混凝土工程	耐氨聚合物胶结料	铁铝酸盐水泥	硅酸盐水泥、普通水泥
14	构件拼装锚固混凝土工程	浇筑水泥、快硬硅酸盐水泥、膨胀铝酸盐水泥、高强度等级水泥、明矾石膨胀水泥、快硬硅酸盐水泥	硅酸盐膨胀水泥、铝酸盐水泥	普通水泥、矿渣水泥、火山灰水泥、粉煤灰水泥、复合硅酸盐水泥
15	紧急抢修和加固混凝土工程	浇筑水泥、快硬硅酸盐水泥、特快硬调凝铝酸盐水泥、快硬铝酸盐水泥、快凝快硬硅酸盐水泥	早强型高强度等级硅酸盐水泥	火山灰水泥、粉煤灰水泥、矿渣水泥、复合硅酸盐水泥
16	抗海水腐蚀混凝土工程	抗硫酸盐水泥、矿渣水泥	铝酸盐水泥、火山灰质硅酸盐水泥	硅酸盐水泥、普通水泥
17	高强混凝土工程	大于等于42.5级的硅酸盐水泥和普通水泥	32.5级硅酸盐水泥	低强度等级水泥
18	泵送混凝土工程	硅酸盐水泥、普通水泥、粉煤灰水泥、复合硅酸盐水泥	矿渣水泥	快凝快硬硅酸盐水泥、硫铝酸盐水泥
19	装饰工程	白色硅酸盐水泥、彩色硅酸盐水泥	普通水泥、火山灰水泥	

二、建筑用砂(GB/T 14684—2001)

公称粒径在 0.15～0.5mm 之间的集料称为细集料，亦即砂。常用细集料有河砂、海砂、山砂和机制砂(也称人工砂、加工砂)等。根据技术要求分为I类、II类和III类。I类用于强度等级大于 C60 的混凝土；II类用于 C30～C60 的混凝土；III类用于小于 C30 的混凝土。当采用海砂配制钢筋混凝土时，海砂中氯离子含量要求小于 0.06%(以干砂质量计)；对预应力混凝土不宜采用海砂，必须使用时，需经淡水冲洗至氯离子含量小于 0.02%。用海砂配制素混凝土，氯离子含量不予限制。

山砂可以直接用于一般工程混凝土结构，当用于重要结构物时，必须通过坚固性试验和碱活性试验。机制砂是指将卵石或岩石用机械破碎的方法，通过冲洗、过筛制成。砂中有害物质含量限值见表 33-3-21。

砂中有害物质含量限值　　表 33-3-21

项　目	I　类	II　类	III　类
云母含量(按质量计，%)，<	1.0	2.0	2.0
硫化物与硫酸盐含量(SO_3，%)，<	0.5	0.5	0.5
有机物含量(用比色法试验)，<	合格	合格	合格
轻物质，<	1.0	1.0	1.0
氯化物含量(NaCl，%)，<	0.01	0.02	0.06
含泥量(按质量计，%)，<	1.0	3.0	5.0
黏土块含量(按质量计，%)，<	0	1.0	2.0

注：《普通混凝土用砂质量标准及检验方法》(JGJ 52—2006)中对有害杂质含量也作了相应规定。其中云母含量不得大于 2%，轻物质含量和硫化物及硫酸盐含量分别不得大于 1%；含泥量及泥块含量的限值为：当小于 C30 时分别不大于 5%和 2%，当大于等于 C30 小于 C60 时，分别不大于 3%和 1%，当大于等于 C60 时，分别不大于 2%和 0.5%。

对重要工程或特殊环境工作下的混凝土用砂，应做坚固性检验。如严寒地区室外工程，并处于湿潮或干湿交替状态下的混凝土，有腐蚀介质存在或处于水位升降区的混凝土等。坚固性指标应符合表 33-3-22 的要求。

混凝土用砂的坚固性要求　　表 33-3-22

项　目	(GB/T 14684—2001)			(JGJ 52—2006)	
	Ⅰ类	Ⅱ类	Ⅲ类	在严寒地区室外并处于湿潮或干湿交替状态下使用的混凝土	其他条件下使用的混凝土
循环后质量损失(%)，<	8	8	10	8	10

砂的颗粒级配根据 0.063mm 筛孔对应的累计筛余百分率，分成I区、II区和III区三个级配区，颗粒级配应符合表 33-3-23 的要求。

砂的颗粒级配区范围　　表 33-3-23

筛孔尺寸(mm)		9.50	4.75	2.36	1.18	0.600	0.300	0.150
累计筛余(%)	I区	0	0～10	5～35	35～65	71～85	80～95	90～100
	II区	0	0～10	0～25	10～50	41～70	70～92	90～100
	III区	0	0～10	0～15	0～25	16～40	55～85	90～100

砂根据细度模数 M_x 大小分为特粗砂($M_x>3.7$)、粗砂($M_x=3.1\sim3.7$)、中砂($M_x=2.3\sim3.0$)、细砂($M_x=1.6\sim2.2$)和特细砂($M_x=0.7\sim1.5$)五类。普通混凝土工程宜选用II级配区的中砂。

三、建筑用卵石、碎石(GB/T 14685—2001)

颗粒粒径大于5mm的集料为粗集料。混凝土工程中常用的有碎石和卵石两大类。碎石为岩石(有时采用大块卵石,称为碎卵石)经破碎、筛分而得;卵石多为自然形成的河卵石经筛分而得。通常根据卵石和碎石的技术要求分为I类、II类和III类。I类用于强度等级大于C60的混凝土;II类用于C30~C60及抗冻、抗渗的混凝土;III类用于小于C30的混凝土。

粗集料的中黏土、硫化物及硫酸盐、有机物等有害物质含量,应符合表33-3-24的要求。

碎石或卵石的技术指标 表33-3-24

项　目	指　标		
	I类	II类	III类
含泥量(按质量计,%),<	0.5	1.0	1.5
黏土块含量(按质量计,%),<	0	0.5	0.7
硫化物与硫酸盐含量(以 SO_3 计,%),<	0.5	1.0	1.0
有机物含量(用比色法试验)	合格	合格	合格
针片状(按质量计,%),<	5	15	25
坚固性质量损失(%),<	5	8	12
碎石压碎指标,<	10	20	30
卵石压碎指标,<	12	16	16

《普通混凝土用砂石质量及检验方法标准》(JGJ 52—2006)中对黏土、硫化物及硫酸盐、有机物等有害物质含量以及卵石和碎石的压碎值指标等应符合表33-3-25和表33-3-26的要求。

碎石或卵石的有害物质限值 表33-3-25

项　目	指　标		
	≥C60	C55~C30	≤C25
含泥量(按质量计,%),≤	0.5	1.0	2.0
黏土块含量(按质量计,%),≤	0.2	0.5	0.7
硫化物与硫酸盐(以 SO_3 计,%),≤	1.0		
有机物含量(用比色法试验)	颜色不深于标准色,否则应进行混凝土强度对比试验,抗压强度比不应低于0.95		
针片状(按质量计,%),≤	18	15	25

碎石或卵石的压碎值指标 表33-3-26

岩石品种		混凝土等级	压碎值指标(%),≤
碎石	沉积岩	C60~C40	10
		≤C35	16
	变质岩或深成的火成岩	C60~C40	12
		≤C35	20

续上表

岩石品种		混凝土等级	压碎值指标(%),≤
碎石	喷出的火成岩	C60~C40	13
		≤C35	30
卵石		C60~C40	12
		≤C35	16

粗集料最大粒径不得大于构件最小截面尺寸的1/4,同时不得大于钢筋净距的3/4。对于混凝土实心板,最大粒径不宜超过板厚的1/3,且不得大于40mm。对于泵送混凝土,当泵送高度在50m以下时,最大粒径与输送管内径之比,碎石不宜大于1:3,卵石不宜大于1:2.5。

石子的粒级分为连续粒级和单位级两种。连续粒级指5mm以上至最大粒径D_{max},各粒级均占一定比例,且在一定范围内。单粒级指从1/2最大粒径开始至D_{max},单粒级用于组成具有要求级配的连续粒级,也可与连续粒级混合使用。单粒级一般不宜单独用来配制混凝土,必须单独使用,应作技术经济分析,并通过试验证明不发生离析或影响混凝土的质量。根据GB/T 14685—2001,碎石和卵石级配均应符合表33-3-27的要求。

碎石或卵石的颗粒级配范围　　表33-3-27

级配颗粒	公称粒级(mm)	累计筛余(%) 筛孔尺寸(方孔筛)(mm)											
		2.36	4.75	9.50	16.0	19.0	26.5	31.5	37.5	53.0	63.0	75.0	90
连续粒级	5~10	95~100	80~100	0~15	0	—	—	—	—	—	—	—	—
	5~16	95~100	85~100	30~60	0~10	0	—	—	—	—	—	—	—
	5~20	95~100	90~100	40~80	—	0~10	0	—	—	—	—	—	—
	5~25	95~100	90~100	—	30~70	—	0~5	0	—	—	—	—	—
	5~31.5	95~100	90~100	70~90	—	15~45	—	0~5	0	—	—	—	—
	5~40	—	95~100	75~90	—	30~60	—	—	0~5	0	—	—	—
单粒级	10~20	—	95~100	58~100	—	0~15	0	—	—	—	—	—	—
	16~31.5	—	95~100	—	85~100	—	—	0~10	0	—	—	—	—
	20~40	—	—	95~100	95~100	80~100	—	—	0~10	0	—	—	—
	31.5~63	—	—	—	—	—	—	75~100	45~75	—	0~10	0	—
	40~80	—	—	—	—	95~100	—	—	70~100	—	30~60	0~10	0

石子密度、体积密度、空隙率应符合如下规定:密度大于$2.5\times10^3 kg/cm^3$;松散体积密度大于$1.35\times10^3 kg/cm^3$;空隙率小于45%。

经碱集料反应试验后,由石子制备的试件无裂缝、酥裂、硅胶体外溢等现象,试件养护6个月龄期的膨胀率应小于0.1%。

四、混凝土

1.混凝土的强度指标

(1)隧道钢筋混凝土结构的混凝土强度等级不应低于C25;预应力混凝土结构的混凝土强度等级不应低于C30;当采用钢绞线、钢丝、热处理钢筋作预应力钢筋时,混凝土强度等级不宜低于 C40。

(2)当隧道按概率论极限状态法的分项系数设计表达式进行设计时，钢筋混凝土受弯和受压构件配筋计算中，混凝土的强度标准值应按表 33-3-28、表 33-3-29 的规定采用。

混凝土轴心抗压和轴心抗拉强度标准值(MPa)　　表 33-3-28

强度种类	混凝土强度等级													
	C15	C20	C25	C30	C35	C40	C45	C50	C55	C60	C65	C70	C75	C80
轴心抗压 f_{ck}	10.0	13.4	16.7	20.1	23.4	26.8	29.6	32.4	35.5	38.5	41.5	44.5	47.4	50.2
轴心抗拉 f_{tk}	1.27	1.54	1.78	2.01	2.20	2.39	2.51	2.64	2.74	2.85	2.93	2.99	3.05	3.11

混凝土轴心抗压和轴心抗拉强度设计值(MPa)　　表 33-3-29

强度种类	混凝土强度等级													
	C15	C20	C25	C30	C35	C40	C45	C50	C55	C60	C65	C70	C75	C80
轴心抗压 f_c	7.2	9.6	11.9	14.3	16.7	19.1	21.1	23.1	25.3	27.5	29.7	31.8	33.8	35.9
轴心抗拉 f_t	0.91	1.10	1.27	1.43	1.57	1.71	1.80	1.89	1.96	2.04	2.09	2.17	2.18	2.22

注：1. 混凝土垂直浇筑，且一次浇筑层高度大于 1.5m 时，表中强度值应乘以系数 0.9。
2. 计算现浇钢筋混凝土轴心受压构件时，如截面中的边长或直径小于 30cm，则表中强度值应乘以系数 0.8，当构件质量(如混凝土成型、截面和轴线尺寸等)确有保证时，则不受此限制。
3. 离心混凝土的设计强度应按有关专门规定取用。

(3)当隧道按极限状态法设计时，混凝土结构计算中，混凝土的极限强度值可按表 33-3-30 的规定采用。

混凝土的极限强度(MPa)　　表 33-3-30

强 度 种 类	混凝土强度等级					
	C15	C20	C25	C30	C40	C50
轴心抗压 R_a	12.0	15.5	19.0	22.5	29.5	36.5
弯曲抗压 R_w	15.0	19.4	23.8	28.1	36.9	45.6
轴心抗拉 R_l	1.4	1.7	2.0	2.2	2.7	3.1

注：1. 混凝土强度等级系指龄期为 28d，尺寸为 20cm×20cm×20cm 的标准立方体试件按标准方法测定的抗压极限强度。
2. 片石混凝土的轴心抗压强度可采用表中数值。
3. 表中混凝土弯曲抗压强度 $R_w=1.25R_a$。

(4)当隧道按容许应力法设计时，混凝土的容许应力可按表 33-3-31 的规定采用。

混凝土的容许应力(MPa)　　表 33-3-31

强 度 种 类	混凝土强度等级					
	C15	C20	C25	C30	C40	C50
弯曲拉应力[σ_{wl}]	0.36	0.43	0.50	0.55	—	—
中心受压强度[σ_a]	4.6	6.1	7.1	9.0	11.6	14.6
弯曲受压及偏心受压[σ_w]	6.1	7.8	9.6	11.2	14.7	18.2
直接剪应力[τ]	0.7	0.85	1.00	1.10	1.35	1.55

注：计算主力加附加力时，中心受压、弯曲受压及偏心受压强度可比表中值提高 30%。

(5)混凝土的受压弹性模量 E_c 可按照表 33-3-32 采用。混凝土的剪切弹性模量可按照表 33-3-32 中的数值乘以 0.43 采用。混凝土的泊松比可采用 0.2。当温度在 0～100℃范围内时,混凝土线膨胀系数 α_c 可采用 1×10^{-5}/℃。

混凝土的弹性模量 E_c($\times10^4$ MPa) 表 33-3-32

强度种类	C15	C20	C25	C30	C35	C40	C45	C50	C55	C60	C65	C70	C75	C80
E_c	2.20	2.55	2.80	3.00	3.15	3.25	3.35	3.45	3.55	3.60	3.65	3.70	3.75	3.80

2.特殊混凝土

(1)泵送混凝土

泵送混凝土系指坍落度不小于 100mm,并用泵送施工的混凝土。

泵送混凝土应选用硅酸盐水泥、普通硅酸盐水泥、矿渣硅酸盐水泥、粉煤灰硅酸盐水泥,不宜采用火山灰质硅酸盐水泥。泵送混凝土所用粗集料宜用连续级配,其针片状含量不宜大于 10%。宜采用中砂,其通过 0.315mm 筛孔的颗粒含量不应少于 15%,通过 0.160mm 筛孔的含量不应少于 5%。水灰比不宜大于 0.60,水泥和矿物掺和料总量不宜小于 300kg/m³。砂率宜为 35%～45%。含气量不宜超过 4%。最大粒径与输送管径之比,当泵送高度 50m 以下时,碎石不宜大于 1∶3,卵石不宜大于 1∶2.5;泵送高度在 50～100m 时,碎石不宜大于1∶4,卵石不宜大于 1∶3,泵送高度在 100m 以上时,不宜大于 1∶4.5。

泵送混凝土入泵坍落度,应符合表 33-3-33 的要求。

混凝土入泵坍落度选用表 表 33-3-33

泵送高度(m)	30 以下	30～60	60～100	100 以上
坍落度(mm)	100～140	140～160	160～180	180～200

(2)抗渗混凝土

抗渗混凝土系指抗渗等级不低于 P6 级的混凝土。常用抗渗混凝土配制方法如下。

①富水泥浆法采用较小的水灰比,较高的水泥用量和砂率,提高水泥浆的质量和数量,使混凝土更密实。水泥强度等级不宜低于 32.5。当有抗冻要求时,应优先选用硅酸盐水泥。粗集料最大粒径不宜大于 40mm,含泥量不得大于 1%,泥块含量不得超过 0.5%;细集料含泥量不得大于 3%,泥块含量不得大于 1%。外加剂宜采用防水剂、膨胀剂、引气剂或减水剂。每立方米混凝土中水泥用量(含掺和料)不宜少于 320kg;砂率宜为 35%～40%;灰砂比宜为 1∶2～1∶2.5;最大水灰比应符合表 3-33-34 规定。

抗渗混凝土的最大水灰比限值 表 33-3-34

抗 渗 等 级	P6	P8～P12	P12 以上
C20～C30	0.60	0.55	0.50
C30 以上	0.55	0.50	0.45

②集料级配法通过改善集料级配,使集料本身达到最大密实程度的堆积状态,并加入约占集料量 5%～8%的粒径小于 0.16mm 的细粉料。

③在混凝土中掺入适当品种的外加剂,以达到改善混凝土抗渗的目的。常用外加剂品种有引气剂、密实剂、高效减水剂、膨胀剂等。

④特种水泥法采用无收缩水泥、膨胀水泥等拌制混凝土，提高混凝土抗渗能力。

(3)钢纤维混凝土(JG/T 3064—1999)

①钢纤维长度宜为25～50mm，直径(等效直径)在0.3～0.8mm之间，钢纤维长度和直径的比值在40～100。

②钢纤维混凝土的强度等级按立方体抗压强度标准值确定，即按标准方法制作养护的边长为150mm的立方体试件在28d龄期，用标准方法测得的具有95%保证率的抗压强度。若采用100mm的立方体试件时，其强度折减系数为0.95。

③钢纤维混凝土的抗拉强度标准值 $f_{ft,k}$ 可按式(33-3-1)确定：

$$f_{ft,k} = f_{t,k}(1 + \alpha_t \rho_f l_f / d_f) \tag{33-3-1}$$

式中：$f_{ft,k}$——钢纤维混凝土的抗拉强度标准值；

$f_{t,k}$——与钢纤维混凝土强度等级相对应的，按现行有关混凝土结构规范的规定所确定的混凝土抗拉强度标准值(MPa)；

α_t——钢纤维对抗拉强度的影响系数，宜通过试验确定，或按国家现行有关钢纤维混凝土结构设计与施工规程的规定取值；

ρ_f——钢纤维体积率(%)；

l_f/d_f——钢纤维长径比。

④钢纤维混凝土的弯曲抗拉强度(抗折强度)设计值 f_{ftm} 可按式(33-3-2)确定：

$$f_{ftm} = f_{tm}(1 + \alpha_{tm} \rho_f l_f / d_f) \tag{33-3-2}$$

式中：f_{tm}——与钢纤维混凝土同水灰比、同原材料的素混凝土的弯曲抗拉强度设计值(MPa)；

α_{tm}——钢纤维对弯拉强度的影响系数，宜通过试验确定，或按国家现行有关钢纤维混凝土结构设计与施工规程的规定取值。

(4)喷射混凝土

①喷射混凝土的设计强度等级不应低于C20；对于竖井及重要隧洞和斜井工程，喷射混凝土的设计强度等级不应低于C25；喷射混凝土1d龄期的抗压强度不应低于5MPa。钢纤维喷射混凝土的设计强度等级不应低于C25，抗拉强度不应低于2MPa，抗弯强度不应低于6MPa。不同强度等级喷射混凝土的设计强度应按表33-3-35采用。

喷射混凝土的强度设计值(MPa)　　表33-3-35

强度种类	强度等级		
	C20	C25	C30
轴心抗压	10.0	12.5	15.0
弯曲抗压	11.0	13.5	16.5
抗拉	1.1	1.3	1.5

②喷射混凝土与围岩的黏结强度：I、II级围岩不应低于0.8MPa，III级围岩不应低于0.5MPa。喷射混凝土支护的厚度，最小不应低于50mm，最大不宜超过200mm。含水岩层中的喷射混凝土支护厚度，最小不应低于80mm。喷射混凝土的抗渗强度不应低于0.8MPa。喷射混凝土的体积密度可取2 200kg/m^3，弹性模量应按表33-3-36的规定采用。

喷射混凝土的弹性模量(GPa)　　表 33-3-36

喷射混凝土强度等级	弹性模量	喷射混凝土强度等级	弹性模量
C20	21	C30	25
C25	23		

③通过塑性流变岩体的隧洞或受采动影响的巷道及高速水流冲刷的隧洞，宜采用钢纤维喷射混凝土支护。钢纤维应遵守下列规定：

a. 普通碳素钢纤维的抗拉强度标准值不得低于 380MPa；

b. 钢纤维的直径宜为 0.3～0.5mm；

c. 钢纤维的长度宜为 20～25mm，且不得大于 25mm；

d. 钢纤维掺量宜为混合料质量的 3.0%～6.0%。

④C20 喷射混凝土的极限强度标准值为：轴心抗压为 14MPa，弯曲抗压为 17.5MPa，抗拉为 1.2MPa。

⑤钢筋网喷射混凝土中钢筋网的设计，应遵守下列规定：钢筋网材料宜采用 I 级钢筋，钢筋直径宜为 4～12mm；钢筋间距宜为 150～300mm；钢筋保护层厚度不应小于 20mm，水工隧洞的钢筋保护层厚度不应小于 50mm。

⑥钢筋网喷射混凝土支护的厚度不应小于 100mm，且不宜大于 250mm。

⑦对于下列情况，宜采用钢架喷射混凝土支护：围岩自稳时间很短，在喷射混凝土或锚杆的支护作用发挥以前就要求工作面稳定时；为了抑制围岩大的变形，需要增强支护抗力时。

⑧钢架喷射混凝土支护的设计应遵守下列规定：

a. 可缩性钢架宜选用 U 形钢钢架，刚性钢架宜用钢筋焊接成的格栅钢架；

b. 采用可缩性钢架时，喷射混凝土层应在可缩性节点处设置伸缩缝；

c. 钢架间距一般不大于 1.20m，钢架之间应设置纵向钢拉杆，钢架的立柱埋入地坪下的深度不应小于 250mm；

d. 覆盖钢架的喷射混凝土保护层厚度不应小于 40mm。

3. 混凝土外加剂

(1)外加剂(表 33-3-37)

外加剂的主要功能　　表 33-3-37

种　类	主要功能
减水剂	减水剂是一种表面活性剂，加入混凝土中能对水泥颗粒起分散作用，从而把水泥凝聚体中所包含的水释放出来，使水泥充分水化。在混凝土中掺入，可减少混凝土的用水量，降低水灰比，改善混凝土和易性，有利于泵送、滑模、喷射等混凝土工艺的施工；在保持坍落度不变的情况下，可增加混凝土的强度；在保持混凝土抗压强度及和易性基本相同的情况下，可节约水泥，对抗渗、抗冻等各项性能均有所改善
早强剂	早强剂通过对水泥水化过程所产生的综合的物理化学作用，能显著提高混凝土的早期强度；改善混凝土拌和物的工艺性能和硬化混凝土的物理力学性能；对混凝土工程的冬季施工很有利
加气剂	加气剂包括引气剂和发气剂。引气剂可使砂浆、混凝土中产生大量细微的均匀分布的封闭气泡，可阻塞有害的毛细通道，从而改善和易性，提高抗渗性、抗冻性和耐久性。发气剂加入混凝土料浆后，会与水泥中的碱反应产生气体，使之体积膨胀成多孔结构的物质.某些金属粉末(如铝粉)、双氧水、碳化钙和漂白粉等均可作引气剂

续上表

种　类	主 要 功 能
膨胀剂	膨胀剂主要用于补偿混凝土收缩，常与减水剂一起配制地脚螺栓灌浆料、设备安装时的坐浆材料及混凝土接头等。还可用于防水工程，防止大体积混凝土的收缩裂缝。也可用于自应力混凝土，调整掺量以控制膨胀值
速凝剂	速凝剂主要用于冬季滑模施工及喷射混凝土等需要速凝的混凝土工程，也可用于抢修堵漏工程
缓凝剂	缓凝剂主要用于大体积混凝土工程的施工和某些在施工操作上需要保持较长处理混凝土时间的项目
防锈剂	又称阻锈剂或缓蚀剂。采用氯化物作早强剂时，需要同时加入防锈剂，防止对钢筋的锈蚀
消泡剂	又名去沫剂。对引气性较大的减水剂，在使用时须同时加入消泡剂，以消减微沫

(2)减水剂(表 33-3-38)

减水剂的技术性能指标　　表 33-3-38

项　目		外加剂品种								
		高性能减水剂			高效减水剂 HWR		普通减水剂 WR			引气减水剂 AEWR
		早强型 HPWR-A	标准型 HPWR-S	缓凝型 HPWR-R	标准型 HWR-S	缓凝型 HWR-R	早强型 WR-A	标准型 WR-S	缓凝型 WR-R	
减水剂(%)，不小于		25	25	25	14	14	8	8	8	10
泌水率比(%)，不大于		50	60	70	90	100	95	100	100	70
含气量(%)		≤6.0	≤6.0	≤6.0	≤3.0	≤4.5	≤4.0	≤4.0	≤5.5	≥3.0
凝结时间之差(min)	初凝	−90～+90	−90～+120	>+90	−90～+120	>+90	−90～+90	−90～+120	>+90	−90～+120
	终凝			—		—			—	
1h 经时变化量	坍落度(mm)	—	≤80	≤60	—	—	—	—	—	—
	含气量(%)	—	—	—						−1.5～+1.5
抗压强度比(%)，不小于	1d	180	170	—	140	—	135	—	—	—
	3d	170	160	—	130	—	130	115	—	115
	7d	145	150	140	125	125	110	115	110	100
	28d	130	140	130	120	120	100	110	110	100
收缩率比(%)，不大于	28d	110	110	110	135	135	135	135	135	135
相对耐久性(200次)(%)，不小于		—	—	—	—	—	—	—	—	80

注：1. 表中抗压强度比、收缩率比、相对耐久性为强制性指标，其余为推荐性指标。

2. 除含气量和相对耐久性外，表中所列数据为掺外加剂混凝土与基准混凝土的差值或比值。

3. 凝结时间之差性能指标中的"−"号表示提前，"+"号表示延缓。

4. 相对耐久性(200 次)性能指标中的"≥80"表示将 28d 龄期的受检混凝土试件快速冻融循环 200 次后，动弹性模量保留值大于等于 80%。

5. 1h 含气量经时变化量指标中的"−"号表示含气量增加，"+"号表示含气量减少。

(3)混凝土泵送剂(表 33-3-39)

掺泵送剂受检混凝土的性能指标 表 33-3-39

项目		外加剂品种
		泵送剂 PA
减水剂(%),不小于		12
泌水率比(%),不大于		70
含气量(%)		≤5.5
凝结时间之差(min)	初凝	—
	终凝	
1h 经时变化量	坍落度(mm)	≤80
	含气量(%)	—
抗压强度比(%),不小于	1d	—
	3d	—
	7d	115
	28d	110
收缩率比(%),不大于	28d	135
相对耐久性(200 次)(%),不小于		—

注:1. 表中抗压强度比、收缩率比、相对耐久性为强制性指标,其余为推荐性指标。
2. 除含气量和相对耐久性外,表中所列数据为掺外加剂混凝土与基准混凝土的差值或比值。
3. 凝结时间之差性能指标中的"-"号表示提前,"+"号表示延缓。
4. 相对耐久性(300 次)性能指标中的"≥80"表示将 28d 龄期的受检混凝土试件快速冻融循环 200 次后,动弹性模量保留值大于等于 80%。
5. 1h 含气量经时变化量指标中的"-"号表示含气量增加,"+"号表示含气量减少。
6. 当用户对泵送剂等产品有特殊要求时,需要进行的补充试验项目、试验方法及指标,由供需双方协商决定。

(4)防水剂

掺防水剂情况下受检混凝土的性能要求如表 33-3-40 所示。

受检混凝土的性能要求 表 33-3-40

项目		指标	
		一等品	合格品
净浆安定性		合格	合格
凝结时间差(min)	初凝	-90	
	终凝	—	
泌水率比(%),≤		50	70
抗压强度比(%),≥	3d	100	90
	7d	110	100
	28d	100	90
渗透高度比(%),≤		30	40
48h 吸水量(%),≤		65	75
28d 收缩比(%),≤		125	135
对钢筋的锈蚀作用		应说明对钢筋有无锈蚀作用	

注:除净浆安定性为受检净浆的试验结果外,表中所列数据均为受检混凝土与基准混凝土的差值或比值。

(5)防冻剂(表 33-3-41、表 33-3-42)

掺防冻剂混凝土性能 表 33-3-41

项目		指标					
		一等品			合格品		
减水率(%)		≥8			—		
泌水率(%)		≤100			≤100		
含气量(%)		≥2.5			≥2.0		
凝结时间差(min)	初凝	−120～+120			−150～+150		
	终凝						
抗压强度比(%)	规定温度(℃)	−5	−10	−15	−5	−10	−15
	R28	≥95	≥95	≥90	≥90	≥90	≥85
	R−7+28	≥95	≥90	≥85	≥90	≥85	≥80
	R−7+56	≥100	≤100	≥100	≥100	≥100	≥100
90d 收缩比(%)		≤120			≤120		
抗渗压力(渗透高度比)(%)		≥100(≤100)			≥100(≤100)		
50 次冻融强度损失比(%)		≤15			≤15		
对钢筋作用		应说明对钢筋有无锈蚀					

防冻剂掺量限值 表 33-3-42

防冻剂类别	组分掺量
氯盐类	氯盐掺量不得大于拌和水质量
氯盐阻锈类	总量不得大于拌和水的 15%。当氯盐含量为水泥质量的 0.5%～1.5%时，亚硝酸钠与氯盐之比应大于 l;当氯盐掺量为水泥质量的 1.5%～3%时，亚硝酸钠与氯盐之比应大于 1.3
无氯盐类	总量不得大于拌和水质量的 20%，其中亚硝酸钙、硝酸钠、亚硝酸钙均不得大于水泥质量的 8%，尿素不得大于水泥质量的 4%，碳酸钾不得大于水泥质量的 10%

(6)膨胀剂(表 33-3-43、表 33-3-44)

膨胀剂的分类 表 33-3-43

硫铝酸钙类混凝土膨胀剂	与水泥、水拌和后经水化反应生成钙矾石的膨胀剂
硫铝酸钙氧化钙类混凝土膨胀剂	与水泥、水拌和后经水化反应生成钙矾石和氢氧化钙的膨胀剂
氧化钙类混凝土膨胀剂	与水泥、水拌和后经水化反应生成氢氧化钙的膨胀剂

膨胀剂的常用掺量 表 33-3-44

膨胀混凝土种类	膨胀剂名称	掺量(%)
补偿收缩混凝土(砂浆)	明矾石膨胀剂	13～17
	硫铝酸钙膨胀剂	8～10
	氧化钙膨胀剂	3～5
	氧化钙—硫铝酸钙复合膨胀剂	8～12

续上表

膨胀混凝土种类	膨胀剂名称	掺量(%)
填充膨胀混凝土(砂浆)	明矾石膨胀剂	10～13
	硫铝酸钙膨胀剂	8～10
	氧化钙膨胀剂	3～5
	氧化钙—硫铝酸钙复合膨胀剂	8～10
	铁屑膨胀剂	30～35
自应力混凝土(砂浆)	硫铝酸钙膨胀剂	15～25
	氧化钙硫铝酸钙复合膨胀剂	15～25

(7)引气剂及引气减水剂(表 33-3-45)

受检混凝土的性能要求　表 33-3-45

项目		外加剂品种	
		引气剂 AE	引气减水剂 AEWR
减水剂(%),不小于		6	10
泌水率比(%),不大于		70	70
含气量(%)		≥3.0	≥3.0
凝结时间之差(min)	初凝	−90～+120	−90～+120
	终凝		
1h 经时变化量	坍落度(mm)	—	—
	含气量(%)	−1.5～+1.5	−1.5～+1.5
抗压强度比(%),不小于	1d	—	—
	3d	95	115
	7d	95	100
	28d	90	100
收缩率比(%),不大于	28d	135	135
相对耐久性(200 次)(%),不小于		80	80

注:1. 表中抗压强度比、收缩率比、相对耐久性为强制性指标,其余为推荐性指标。

2. 除含气量和相对耐久性外,表中所列数据为掺外加剂混凝土与基准混凝土的差值或比值。

3. 凝结时间之差性能指标中的“−”号表示提前,“+”号表示延缓。

4. 相对耐久性(300 次)性能指标中的“≥80”表示将 28d 龄期的受检混凝土试件快速冻融循环 200 次后,动弹性模量保留值大于等于 80%。

5. 1h 含气量经时变化量指标中的“−”号表示含气量增加,“+”号表示含气量减少。

(8)缓凝剂及缓凝减水剂(表 33-3-46)

受检混凝土的性能要求　表 33-3-46

项目	外加剂品种
	缓凝剂 Re
减水剂(%),不小于	—
泌水率比(%),不大于	100
含气量(%)	—

续上表

项目		外加剂品种
		缓凝剂 Re
凝结时间之差(min)	初凝	>+90
	终凝	—
1h 经时变化量	坍落度(mm)	—
	含气量(%)	
抗压强度比(%),不小于	1d	—
	3d	—
	7d	100
	28d	100
收缩率比(%),不大于	28d	135
相对耐久性(200 次)(%),不小于		—

注:1. 表中抗压强度比、收缩率比、相对耐久性为强制性指标,其余为推荐性指标。

2. 除含气量和相对耐久性外,表中所列数据为掺外加剂混凝土与基准混凝土的差值或比值。

3. 凝结时间之差性能指标中的"－"号表示提前,"＋"号表示延缓。

4. 相对耐久性(300 次)性能指标中的"≥80"表示将 28d 龄期的受检混凝土试件快速冻融循环 200 次后,动弹性模量保留值大于等于 80%。

5. 1h 含气量经时变化量指标中的"－"号表示含气量增加,"＋"号表示含气量减少。

(9)早强剂及早强减水剂(表 33-3-47、表 33-3-48)

受检混凝土的性能要求 表 33-3-47

项目		外加剂品种
		早强剂 Ac
减水剂(%),不小于		—
泌水率比(%),不大于		100
含气量(%)		—
凝结时间之差(min)	初凝	－90～＋90
	终凝	—
1h 经时变化量	坍落度(mm)	—
	含气量(%)	—
抗压强度比(%),不小于	1d	135
	3d	130
	7d	110
	28d	100
收缩率比(%),不大于	28d	135
相对耐久性(200 次)(%),不小于		—

注:1. 表中抗压强度比、收缩率比、相对耐久性为强制性指标,其余为推荐性指标。

2. 除含气量和相对耐久性外,表中所列数据为掺外加剂混凝土与基准混凝土的差值或比值。

3. 凝结时间之差性能指标中的"－"号表示提前,"＋"号表示延缓。

4. 相对耐久性(300 次)性能指标中的"≥80"表示将 28d 龄期的受检混凝土试件快速冻融循环 200 次后,动弹性模量保留值大于等于 80%。

5. 1h 含气量经时变化量指标中的"－"号表示含气量增加,"＋"号表示含气量减少。

常用早强剂的掺量　　表 33-3-48

使用条件		早强剂品种	掺量限值(%)
预应力混凝土	干燥环境	1.硫酸钠	1
		2.三乙醇胺	0.05
钢筋混凝土	干燥环境	1.氯离子	0.6
		2.硫酸钠	2
		3.与缓凝剂复合的硫酸钠	3
		4.三乙醇胺	0.05
	潮湿环境	1.硫酸钠	1.5
		2.三乙醇胺	0.05
有饰面要求的混凝土		硫酸钠	0.8
素混凝土		氯离子	1.8

第四节　钢　　材

一、钢筋

1.钢筋混凝土中钢筋的选用应遵循的原则

(1)普通钢筋宜采用 HPB235 级和 HRB335 级或采用 HRB400 级钢筋。

(2)预应力钢筋宜采用预应力绞线、钢丝或采用热处理钢筋。

2.普通钢筋的物理力学指标应符合的规定

(1)钢筋的强度标准值应具有不小于 95%的保证率。

(2)当按概率论极限状态法分项系数设计表达式进行设计时,钢筋的抗拉强度标准值应按表 33-4-1 的规定采用。

钢筋抗拉、压强度标准值(MPa)　　表 33-4-1

钢筋种类	HPB235	HRB335	HRB400
抗拉强度标准值 f_{sk}	235	335(d=8～25mm), 315(d=28～40mm)	400(d=6～50mm)
抗拉、压强度设计值	195(d=8～20mm)	280(d=6～50mm)	330(d=6～50mm)

注:表中 d 为钢筋直径。

(3)当按极限状态法进行设计时,钢筋的设计强度和标准强度可按表 33-4-2 的规定采用。

钢筋的标准强度(MPa)　　表 33-4-2

钢筋种类	HPB235	HRB335	HRB400
钢筋标准强度	240	340	400
抗拉、压强度	240	340	400

(4)当按容许应力法进行设计时,钢筋的容许应力可按照表 33-4-3 的规定采用。

钢筋容许应力(MPa)　　表 33-4-3

钢筋种类	主要荷载	主要荷载+附加荷载
HPB235	130	160
HRB335	180	230

(5)钢筋的弹性模量一般采用 210GPa。

3.钢筋混凝土用钢筋焊接网(GB/T 1499.3—2002)

钢筋混凝土用钢筋焊接网指用冷轧带肋钢筋或(和)热轧带肋钢筋以电阻焊接方式制造的钢筋焊接网。焊接网采用钢筋直径一般为 5～16mm。按如下方式标记:焊接网型号;长度方向钢筋牌号×宽度方向钢筋牌号;网片长度(mm)×网片宽度(mm)。焊接网型号详见 GB/T1499.3—2002。主要技术要求见表 33-4-4。

钢筋混凝土用钢筋焊接网技术指标　　表 33-4-4

	钢筋直径要求		钢筋间距要求		钢筋伸出长度	网片长宽度允许偏差
	纵横向为单根	纵向为并筋横向为单根	纵向	横向		
规格尺寸要求	$d_{min} \geqslant 0.6d_{max}$	$0.7d_t \leqslant d_l \leqslant 1.25d_t$	50mm 的倍数,≥100mm,允许偏差±10mm 和规定间距±5%的较大值	25mm 的倍数,≥100mm,允许偏差±10mm 和规定间距±5%的较大值	25mm	±25mm 和规定间距±0.5%的较大值
性能要求	(1)焊接网用钢筋力学工艺性能符合 GB 13788 规定的牌号为 CRB550 的冷轧带肋钢筋和 GB 1499 规定的热轧带肋钢筋的要求; (2)焊接网焊点杭剪力不小于试样受拉钢筋规定屈服力值的 0.3 倍; (3)焊接网焊点开焊数应小于 1%交叉点,任一钢筋开焊点小于一半交叉点,最外边钢筋交叉点不得开焊					

注:d_{max}:较粗钢筋直径;d_{min}:较细钢筋直径;d_t:横向钢筋直径;d_l:纵向钢筋直径。

4.钢筋的计算截面面积及理论质量(表 33-4-5)

钢筋的计算截面面积及理论质量　　表 33-4-5

直径 d (mm)	不同根数钢筋的计算截面面积(mm^2)									理论质量 (kg/m)
	1	2	3	4	5	6	7	8	9	
6	28.3	57	85	113	142	170	198	226	255	0.222
6.5	33.2	66	100	133	166	199	232	265	299	0.260
8	50.3	101	151	201	252	302	352	402	453	0.395
8.2	52.8	106	158	211	264	317	370	423	475	0.432
10	78.5	157	236	314	393	471	550	628	707	0.617
12	113.1	226	339	452	565	678	791	904	1 017	0.888
14	153.9	308	461	615	769	923	1 077	1 231	1 385	1.21
16	201.1	402	603	804	1 005	1 206	1 407	1 608	1 809	1.58
18	254.5	509	763	1 017	1 272	1 527	1 781	2 036	2 290	2.00
20	314.2	628	943	1 256	1 570	1 884	2 199	2 513	2 827	2.47

续上表

直径 d (mm)	不同根数钢筋的计算截面面积(mm^2)									理论质量 (kg/m)
	1	2	3	4	5	6	7	8	9	
22	380.1	760	1 140	1 520	1 900	2 281	2 661	3 041	3 421	2.98
25	490.9	982	1 473	1 964	2 454	2 945	3 436	3 927	4 418	3.85
28	615.8	1 232	1 847	2 463	3 079	3 695	4 310	4 926	5 542	4.83
32	804.2	1 609	2 413	3 217	4 021	4 826	5 630	6 434	7 238	6.31
36	1 017.9	2 036	3 054	4 072	5 089	6 107	7 125	8 143	9 161	7.99
40	1 256.6	2 513	3 770	5 026	6 283	7 540	8 796	10 053	11 310	9.87
50	1 964	3 928	5 892	7 856	9 820	11 784	13 748	15 712	17 676	15.42

二、中空钢

1. 中空钢种类和规格(表 33-4-6)

中空钢种类和规格　　表 33-4-6

名　称	截面形状 图形	外形直径 对边间距 H 或公称直径 R(mm)	内孔直径 d(mm)	r(mm) ≈	理论质量 (kg/m)
中空六角钢	d B	H19	6.0	2.5	2.21
		H22	6.7	3.0	3.05
		H25	7.6	3.0	3.97
		H28	8.8	3.5	5.05
		H32	9.5	4.0	6.36
		H35	9.5	4.5	7.86
中空圆钢	d D	R32	9.2	—	5.83
		R39—	13.0	—	8.27
		R39	14.5	—	8.02
		R46—	15.0	—	11.46
		R46	17.0	—	11.07
		R52—	19.0	—	14.35
		R52	21.5	—	13.72

注：1. 若用户需要其他尺寸，可由供需双方协议。
2. 摘自 GB 1301—2008。
3. 理论重量按基本尺寸，钢的密度为 7.85g/cm^3 计算。

2. 中空钢钢号及用途(表 33-4-7)

中空钢钢号及用途表　　表 33-4-7

序号	钢　号	制作钎杆类型	截面形状尺寸	凿孔深度	适用岩石坚固性程度
1	ZKT8	小钎杆	B22、B25B22、B25B22、B25D32、D38	浅眼	较坚固、坚固
2	ZK8Cr	小钎杆		浅眼	较坚固、坚固
3	ZK55SiMnMo	小钎杆		浅眼	较坚固、坚固、很坚固
4	ZK35SiMnMoV	大钎杆		中深孔	较坚固、坚固、很坚固

注：摘自 GB 1301—2008。

三、角钢

1. 等边角钢规格及技术数据(表 33-4-8)

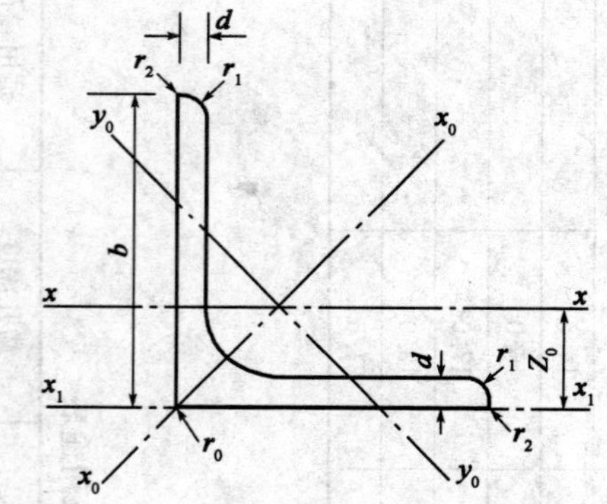

符号意义

b——边宽；　　d——边厚；

r——内圆弧半径；　　r_1——边端内弧半径；

r_2——边端外弧半径；　　r_0——顶端弧半径；

I——惯性矩；　　i——惯性半径；

W——截面系数；　　Z_0——质心距离

等边角钢规格及技术数据　　表 33-4-8

热轧等边角钢的尺寸规格 GB/T 706—2008

角钢	尺寸(mm)			截面面积	理论质量	外表面积	参考数值										Z_0(cm)
							$X-X$			X_0-X_0			Y_0-Y_0			X_1-X_1	
号数	b	d	r	(cm²)	(kg/m)	(m²/m)	I_x(cm⁴)	i_x(cm)	W_x(cm³)	I_{x0}(cm⁴)	i_{x0}(cm)	W_{x0}(cm³)	I_{y0}(cm⁴)	i_{y0}(cm)	W_{y0}(cm³)	I_{x1}(cm⁴)	
2	20	3	3.5	1.132	0.889	0.078	0.4	0.59	0.29	0.63	0.75	0.45	0.17	0.39	0.2	0.81	0.6
2	20	4	3.5	1.459	1.145	0.077	0.5	0.58	0.36	0.78	0.73	0.55	0.22	0.38	0.24	1.09	0.64
2.5	25	3	3.5	1.432	1.124	0.098	0.82	0.76	0.46	1.29	0.95	0.73	0.34	0.49	0.33	1.57	0.73
2.5	25	4	3.5	1.859	1.459	0.097	1.03	0.74	0.59	1.62	0.93	0.92	0.43	0.48	0.4	2.11	0.76
3	30	3	4.5	1.749	1.373	0.117	1.46	0.91	0.68	2.31	1.15	1.09	0.61	0.59	0.51	2.71	0.85
3	30	4	4.5	2.276	1.786	0.117	1.84	0.9	0.87	2.92	1.13	1.37	0.77	0.58	0.62	3.63	0.89
3.6	36	3	4.5	2.109	1.656	0.141	2.58	1.11	0.99	4.09	1.39	1.61	1.07	0.71	0.76	4.68	1

续上表

热轧等边角钢的尺寸规格 GB/T 706—2008

角钢	尺寸(mm)			截面面积	理论质量	外表面积	参考数值										
							X—X			X_0-X_0			Y_0-Y_0			X_1-X_1	Z_0(cm)
号数	b	d	r	(cm²)	(kg/m)	(m²/m)	I_x(cm⁴)	i_x(cm)	W_x(cm³)	I_{x0}(cm⁴)	i_{x0}(cm)	W_{x0}(cm³)	I_{y0}(cm⁴)	i_{y0}(cm)	W_{y0}(cm³)	I_{x1}(cm⁴)	
3.6	36	4	4.5	2.756	2.163	0.141	3.29	1.09	1.28	5.22	1.38	2.05	1.37	0.7	0.93	6.25	1.04
3.6	36	5	4.5	3.382	2.654	0.141	3.95	1.08	1.56	6.24	1.36	2.45	1.65	0.7	1.09	7.84	1.07
4	40	3	5	2.359	1.852	0.157	3.59	1.23	1.23	5.69	1.55	2.01	1.49	0.79	0.96	6.41	1.09
4	40	4	5	3.086	2.422	0.157	4.6	1.22	1.6	7.29	1.54	2.58	1.91	0.79	1.19	8.56	1.13
4	40	5	5	3.791	2.976	0.156	5.53	1.21	1.96	8.76	1.52	3.1	2.3	0.78	1.39	10.74	1.17
4.5	45	3	5	2.659	2.088	0.177	5.17	1.4	1.58	8.2	1.76	2.58	2.14	0.89	1.24	9.12	1.22
4.5	45	4	5	3.486	2.736	0.177	6.65	1.38	2.05	10.56	1.74	3.32	2.75	0.89	1.54	12.18	1.26
4.5	45	5	5	4.292	3.369	0.176	8.04	1.37	2.51	12.74	1.72	4	3.33	0.88	1.81	15.25	1.3
4.5	45	6	5	5.076	3.985	0.176	9.33	1.36	2.95	14.76	1.7	4.64	3.89	0.88	2.06	18.36	1.33
5	50	3	5.5	2.971	2.332	0.197	7.18	1.55	1.96	11.37	1.96	3.22	2.98	1	1.57	12.5	1.34
5	50	4	5.5	3.897	3.059	0.197	9.26	1.54	2.56	14.7	1.94	4.16	3.82	0.99	1.96	16.69	1.38
5	50	5	5.5	4.803	3.77	0.196	11.21	1.53	3.13	17.79	1.92	5.03	4.64	0.93	2.31	20.9	1.42
5	50	6	5.5	5.688	4.465	0.196	13.05	1.52	3.68	20.68	1.91	5.85	5.42	0.93	2.63	25.14	1.46
5.6	56	3	6	3.343	2.624	0.221	10.19	1.75	2.48	16.14	2.2	4.08	4.24	1.13	2.02	17.56	1.48
5.6	56	4	6	4.39	3.116	0.22	13.18	1.73	3.24	20.92	2.18	5.28	5.46	1.11	2.52	23.43	1.53
5.6	56	5	6	5.415	4.251	0.22	16.02	1.72	3.97	25.42	2.17	6.42	6.61	1.1	2.98	29.33	1.57
5.6	56	8	6	8.367	6.568	0.219	23.63	1.68	6.03	37.37	2.11	9.44	9.89	1.09	4.16	47.24	1.69
6.3	63	4	7	4.978	3.907	0.248	19.03	1.96	4.13	30.17	2.46	6.78	7.89	1.26	3.29	33.35	1.7
6.3	63	5	7	6.143	4.822	0.248	23.17	1.94	5.08	36.77	2.45	8.25	9.57	1.25	3.9	41.73	1.74
6.3	63	6	7	7.288	5.721	0.247	27.12	1.93	6	43.03	2.43	9.66	11.2	1.24	4.46	50.14	1.78

续上表

热轧等边角钢的尺寸规格 GB/T 706—2008

角钢	尺寸(mm)			截面面积	理论质量	外表面积	参考数值										Z_0(cm)
							$X-X$			X_0-X_0			Y_0-Y_0			X_1-X_1	
号数	b	d	r	(cm²)	(kg/m)	(m²/m)	I_x(cm⁴)	i_x(cm)	W_x(cm³)	I_{x0}(cm⁴)	i_{x0}(cm)	W_{x0}(cm³)	I_{y0}(cm⁴)	i_{y0}(cm)	W_{y0}(cm³)	I_{x1}(cm⁴)	
6.3	63	8	7	9.515	7.469	0.247	34.46	1.9	7.75	54.56	2.4	12.25	14.33	1.23	5.47	67.11	1.85
6.3	63	10	7	11.657	9.151	0.246	41.09	1.88	9.39	64.85	2.36	14.56	17.33	1.22	6.36	84.31	1.93
7	70	4	8	5.57	4.372	0.275	26.39	2.18	5.14	41.8	2.76	8.44	10.99	1.4	4.17	45.74	1.86
7	70	5	8	6.875	5.397	0.275	32.21	2.16	6.32	51.08	2.73	10.32	13.34	1.39	4.95	57.21	1.91
7	70	6	8	8.16	6.406	0.275	37.77	2.15	7.48	59.93	2.71	12.11	15.61	1.38	5.67	68.73	1.95
7	70	7	8	9.424	7.398	0.275	43.09	2.14	8.59	68.35	2.69	13.81	17.82	1.38	6.34	80.29	1.99
7	70	8	8	10.667	8.373	0.274	48.17	2.12	9.68	76.37	2.68	15.43	19.98	1.37	6.98	91.92	2.03
7.5	75	5	9	7.412	5.818	0.295	39.97	2.33	7.32	63.3	2.92	11.94	16.63	1.5	5.77	70.56	2.04
7.5	75	6	9	8.797	6.905	0.294	46.95	2.31	8.64	74.38	2.9	14.02	19.51	1.49	6.67	84.55	2.07
7.5	75	7	9	10.16	7.976	0.294	53.57	2.3	9.93	84.96	2.89	16.02	22.18	1.48	7.44	98.71	2.11
7.5	75	8	9	11.503	9.03	0.294	59.96	2.28	11.2	95.07	2.88	17.93	24.86	1.47	8.19	112.97	2.15
7.5	75	10	9	14.126	11.089	0.293	71.98	2.26	13.64	113.92	2.84	21.48	30.05	1.46	9.56	141.71	2.22
8	80	5	9	7.912	6.211	0.315	48.79	2.48	8.34	77.33	3.13	13.67	20.25	1.6	6.66	85.36	2.15
8	80	6	9	9.397	7.376	0.314	57.35	2.47	9.87	90.98	3.11	16.08	23.72	1.59	7.65	102.5	2.19
8	80	7	9	10.86	8.525	0.314	65.58	2.16	11.37	104.07	3.1	18.4	27.09	1.58	8.58	119.7	2.23
8	80	8	9	12.303	9.658	0.314	73.49	2.44	12.83	116.6	3.08	20.61	30.39	1.57	9.46	136.97	2.27
8	80	10	9	15.126	11.874	0.313	88.43	2.42	15.64	140.09	3.04	24.76	36.77	1.56	11.08	171.74	2.35
9	90	6	10	10.637	8.35	0.354	82.77	2.79	12.61	131.26	3.51	20.63	34.28	1.8	9.95	145.87	2.44
9	90	7	10	12.301	9.656	0.354	94.83	2.78	14.54	150.47	3.5	23.64	39.18	1.78	11.19	170.3	2.48
9	90	8	10	13.944	10.946	0.353	106.47	2.76	16.42	168.97	3.48	26.55	43.97	1.78	12.35	194.8	2.52

续上表

热轧等边角钢的尺寸规格 GB/T 706—2008

角钢	尺寸(mm)			截面面积	理论质量	外表面积	参考数值										Z_0(cm)
							$X-X$			X_0-X_0			Y_0-Y_0			X_1-X_1	
号数	b	d	r	(cm²)	(kg/m)	(m²/m)	I_x(cm⁴)	i_x(cm)	W_x(cm³)	I_{x0}(cm⁴)	i_{x0}(cm)	W_{x0}(cm³)	I_{y0}(cm⁴)	i_{y0}(cm)	W_{y0}(cm³)	I_{x1}(cm⁴)	
9	90	10	10	17.167	13.476	0.353	128.58	2.74	20.07	203.9	3.45	32.04	53.26	1.76	14.52	244.07	2.59
9	90	12	10	20.306	15.94	0.352	149.22	2.71	23.57	236.21	3.41	37.12	62.22	1.75	16.49	293.76	2.67
10	100	6	12	11.932	9.366	0.393	114.95	3.1	15.68	181.98	3.9	25.74	47.92	2	12.69	200.07	2.67
10	100	7	12	13.796	10.83	0.393	131.86	3.09	18.1	208.97	3.89	29.55	54.74	1.99	14.26	233.54	2.71
10	100	8	12	15.638	12.276	0.393	148.24	3.08	20.47	235.07	3.88	33.24	61.41	1.98	15.75	267.09	2.76
10	100	10	12	19.261	15.12	0.392	179.51	3.05	25.06	284.68	3.84	40.26	74.35	1.96	18.54	334.48	2.84
10	100	12	12	22.8	17.898	0.391	208.9	3.03	29.48	330.95	3.81	46.8	86.84	1.95	21.08	402.34	2.91
10	100	14	12	26.256	20.611	0.391	236.53	3	33.73	374.06	3.77	52.9	99	1.94	23.44	470.75	2.99
10	100	16	12	29.627	23.257	0.39	262.53	2.98	37.82	414.16	3.74	58.57	110.89	1.94	25.63	539.8	3.06
11	110	7	12	15.196	11.928	0.433	177.16	3.41	22.05	280.94	4.3	36.12	73.38	2.2	17.51	310.64	2.96
11	110	8	12	17.238	13.532	0.433	199.46	3.4	24.95	316.49	4.28	40.69	82.42	2.19	19.39	355.2	3.01
11	110	10	12	21.261	16.69	0.432	242.19	3.38	30.6	384.39	4.25	49.42	99.98	2.17	22.91	444.65	3.09
11	110	12	12	25.2	19.782	0.431	282.55	3.35	36.05	448.17	4.22	57.62	116.93	2.15	26.15	534.6	3.16
11	110	14	12	29.056	22.809	0.431	320.71	3.32	41.31	508.01	4.18	65.31	133.4	2.14	29.14	625.16	3.24
12.5	125	8	14	19.75	15.504	0.492	297.03	3.88	32.52	470.89	4.88	53.28	123.16	2.5	25.86	521.01	3.37
12.5	125	10	14	24.373	19.133	0.491	361.37	3.85	39.97	537.89	4.85	64.93	149.46	2.48	30.62	651.93	3.45
12.5	125	12	14	28.912	22.696	0.491	423.16	3.83	41.17	671.44	4.82	75.96	174.88	2.46	35.03	783.42	3.53
12.5	125	14	14	33.367	26.193	0.49	481.65	3.8	54.16	763.73	4.78	86.41	199.57	2.45	39.13	915.61	3.61
14	140	10	14	27.373	21.488	0.551	514.65	4.34	50.58	817.27	5.46	82.56	212.04	2.78	39.2	915.11	3.82
14	140	12	14	32.512	25.522	0.551	603.68	4.31	59.8	958.79	5.43	96.85	248.57	2.76	45.02	1099.28	3.9

续上表

热轧等边角钢的尺寸规格 GB/T 706—2008

角钢	尺寸(mm)			截面面积	理论质量	外表面积	参考数值										Z₀
							$X-X$			X_0-X_0			Y_0-Y_0			X_1-X_1	
号数	b	d	r	(cm^2)	(kg/m)	(m^2/m)	I_x(cm^4)	i_x(cm)	W_x(cm^3)	I_{x0}(cm^4)	i_{x0}(cm)	W_{x0}(cm^3)	I_{y0}(cm^4)	i_{y0}(cm)	W_{y0}(cm^3)	I_{x1}(cm^4)	Z_0(cm)
14	140	14	14	37.567	29.49	0.55	688.81	4.28	68.75	1 093.56	5.4	110.47	284.06	2.75	50.45	1 284.22	3.98
14	140	16	14	42.539	33.393	0.549	770.24	4.26	77.46	1 221.81	5.36	123.42	318.67	2.74	55.55	1 470.07	4.06
16	160	10	16	31.502	24.729	0.63	779.53	4.98	66.7	1 237.3	6.27	109.36	321.76	3.2	52.76	1 365.33	4.31
16	160	12	16	37.441	29.391	0.63	916.58	4.95	78.98	1 455.68	6.24	128.67	377.49	3.18	60.74	1 639.57	4.39
16	160	14	16	43.296	33.987	0.629	1 048.36	4.92	90.95	1 665.02	6.2	147.17	431.7	3.16	68.24	1 914.68	4.47
16	160	16	16	49.067	38.518	0.629	1 175.08	4.89	102.63	1 865.57	6.17	164.89	484.59	3.14	75.31	2 190.82	4.55
18	180	12	16	42.241	33.159	0.71	1 321.35	5.59	100.82	2 100.1	7.05	165	542.61	3.58	78.41	2 332.8	4.89
18	180	14	16	48.896	38.383	0.709	1 514.48	5.56	116.25	2 407.42	7.02	189.14	621.53	3.58	88.38	2 723.48	4.97
18	180	16	16	55.467	43.542	0.709	1 700.99	5.54	131.13	2 703.37	6.98	212.4	698.6	3.55	97.83	3 115.29	5.05
18	180	18	16	61.955	48.634	0.708	1 875.12	5.5	145.64	2 988.24	6.94	234.78	762.01	3.51	105.41	3 502.43	5.13
20	200	14	18	54.642	42.894	0.788	2 103.55	6.2	144.7	3 343.26	7.82	236.4	863.83	3.98	111.82	3 734.1	5.46
20	200	16	18	62.013	48.68	0.788	2 366.15	6.18	163.65	3 760.89	7.79	265.93	971.41	3.96	123.96	4 270.39	5.54
20	200	18	18	69.301	54.401	0.787	2 620.64	6.15	182.22	4 164.54	7.75	294.48	1 076.74	3.94	135.52	4 808.13	5.62
20	200	20	18	76.505	60.056	0.787	2 867.3	6.12	200.42	4 554.55	7.72	322.06	1 180.04	3.93	146.55	5 347.51	5.69
20	200	24	18	90.661	71.168	0.785	3 338.25	6.07	236.17	5 294.97	7.64	374.41	1 381.53	3.9	166.55	6 457.16	5.87

注:1. $r_1=d/3, r_2=0, r_0=0$。

2. 角钢长度:钢号 2~4 号,4.5~8 号,9~14 号,16~20 号。

长度 3~9m,4~12m, 4~19m, 6~19m。

3. 一般采用材料:A_2,A_3,A_5,A_3F。

2. 不等边角钢规格及技术数据(表 33-4-9)

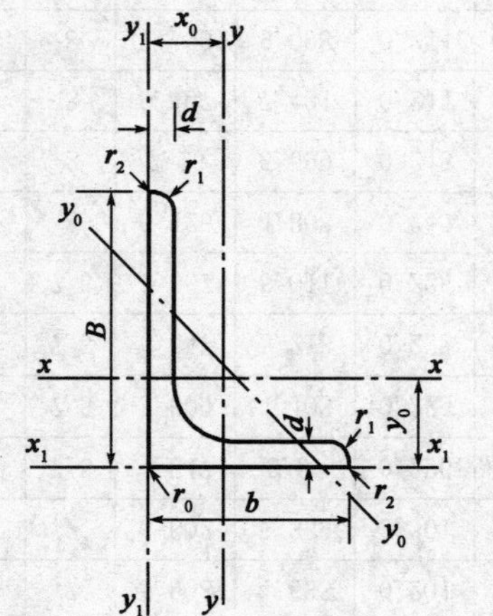

符号意义

B——长边宽度；　　　　b——短边宽度；

d——边厚；　　　　　　r——内圆弧半径；

r_1——边端内弧半径；　r_0——顶端圆弧半径；

r_2——边端外弧半径；　i——惯性半径；

I——惯性矩；　　　　　x_0——质心距离；

W——截面系数；　　　　y_0——质心距离

不等边角钢规格及技术数据　　　　表 33-4-9

热轧不等边角钢的尺寸规格 GB/T 706—2008

角钢	尺寸(mm)				截面面积	理论质量	外表面积	参考数值													
								$X-X$			$Y-Y$			X_1-X_1		Y_1-Y_1		$u-u$			
号数	B	b	d	r	(cm²)	(kg/m)	(m²/m)	I_x (cm⁴)	i_x (cm)	W_x (cm³)	I_y (cm⁴)	i_y (cm)	W_y (cm³)	I_{x1} (cm⁴)	y_0 (cm)	I_{y1} (cm⁴)	x_0 (cm)	I_u (cm⁴)	i_u (cm)	W_u (cm³)	tanα
2.5/1.6	25	16	3	3.5	1.162	0.912	0.08	0.7	0.78	0.43	0.22	0.44	0.19	1.56	0.86	0.43	0.42	0.14	0.34	0.16	0.392
2.5/1.6	25	16	4	3.5	1.499	1.176	0.079	0.88	0.77	0.55	0.27	0.43	0.24	2.09	0.9	0.59	0.46	0.17	0.34	0.2	0.381
3.2/2	32	20	3	3.5	1.492	1.171	0.102	1.53	1.01	0.72	0.46	0.55	0.3	3.27	1.08	0.82	0.49	0.28	0.43	0.25	0.382
3.2/2	32	20	4	3.5	1.939	1.522	0.101	1.93	1	0.93	0.57	0.54	0.39	4.37	1.12	1.12	0.53	0.35	0.42	0.32	0.374
4/2.5	40	25	3	4	1.89	1.484	0.127	3.08	1.28	1.15	0.93	0.7	0.49	5.39	1.32	1.59	0.59	0.56	0.54	0.4	0.386
4/2.5	40	25	4	4	2.467	1.936	0.127	3.93	1.36	1.49	1.18	0.69	0.63	8.53	1.37	2.14	0.63	0.71	0.54	0.52	0.381
4.5/2.8	45	28	3	5	2.149	1.687	0.143	4.45	1.44	1.47	1.34	0.79	0.62	9.1	1.47	2.23	0.64	0.8	0.61	0.51	0.383

续上表

热轧不等边角钢的尺寸规格 GB/T 706—2008

角钢	尺寸(mm)				截面面积	理论质量	外表面积	参考数值													
								$X-X$			$Y-Y$			X_1-X_1		Y_1-Y_1		$u-u$			
号数	B	b	d	r	(cm^2)	(kg/m)	(m^2/m)	I_x (cm^4)	i_x (cm)	W_x (cm^3)	I_y (cm^4)	i_y (cm)	W_y (cm^3)	I_{x1} (cm^4)	y_0 (cm)	I_{y1} (cm^4)	x_0 (cm)	I_u (cm^4)	i_u (cm)	W_u (cm^3)	$\tan\alpha$
4.5/2.8	45	28	4	5	2.806	2.203	0.143	5.69	1.42	1.91	1.7	0.78	0.8	12.13	1.51	3	0.68	1.02	0.6	0.66	0.38
5/3.2	50	32	3	5.5	2.431	1.908	0.161	6.24	1.6	1.84	2.02	0.91	0.82	12.49	1.6	3.31	0.73	1.2	0.7	0.68	0.404
5/3.2	50	32	4	5.5	3.177	2.494	0.16	8.02	1.59	2.39	2.58	0.9	1.06	16.65	1.65	4.45	0.77	1.53	0.69	0.87	0.402
5.6/3.6	56	36	3	6	2.743	2.153	0.181	8.88	1.8	2.32	2.92	1.03	1.05	17.54	1.78	4.7	0.8	1.73	0.79	0.87	0.408
5.6/3.6	56	36	4	6	3.59	2.818	0.18	11.45	1.79	3.03	3.76	1.02	1.37	23.39	1.82	6.33	0.85	2.23	0.79	1.13	0.408
5.6/3.6	56	36	5	6	4.415	3.466	0.18	13.86	1.77	3.71	4.49	1.01	1.65	29.25	1.87	7.94	0.88	2.67	0.78	1.36	0.404
6.3/4	63	40	4	7	4.058	3.185	0.202	16.49	2.02	3.87	5.23	1.14	1.7	33.3	2.04	8.63	0.92	3.12	0.88	1.4	0.398
6.3/4	63	40	5	7	4.993	3.92	0.202	20.02	2	4.74	6.31	1.12	2.71	41.63	2.08	10.86	0.95	3.76	0.87	1.71	0.396
6.3/4	63	40	6	7	5.908	4.638	0.201	23.36	1.96	5.59	7.29	1.11	2.43	49.98	2.12	13.12	0.99	4.34	0.86	1.99	0.393
6.3/4	63	40	7	7	6.802	5.339	0.201	26.53	1.98	6.4	8.24	1.1	2.78	59.07	2.15	15.47	1.03	4.97	0.86	2.29	0.389
7/4.5	70	45	4	7.5	4.547	3.57	0.226	23.17	2.26	4.86	7.55	1.29	2.17	45.92	2.24	12.26	1.02	4.4	0.98	1.77	0.41
7/4.5	70	45	5	7.5	5.609	4.403	0.225	27.95	2.23	5.92	9.13	1.28	2.65	57.1	2.28	15.39	1.06	5.4	0.98	2.19	0.407
7/4.5	70	45	6	7.5	6.647	5.218	0.225	32.54	2.21	6.95	10.62	1.26	3.12	68.35	2.32	18.58	1.09	6.35	0.98	2.59	0.404
7/4.5	70	45	7	7.5	7.657	6.011	0.225	37.22	2.2	8.03	12.01	1.25	3.57	79.99	2.36	21.84	1.13	7.16	0.97	2.94	0.402
(7.5/5)	75	50	5	8	6.125	4.808	0.245	34.86	2.39	6.83	12.61	1.44	3.3	70	2.4	21.04	1.17	7.41	1.1	2.74	0.435
(7.5/5)	75	50	6	8	7.26	5.699	0.245	41.12	2.38	8.12	14.7	1.42	3.88	84.3	2.44	25.37	1.21	8.54	1.08	3.19	0.435
(7.5/5)	75	50	8	8	9.467	7.431	0.244	52.39	2.35	10.52	18.53	1.4	4.99	112.5	2.52	34.23	1.29	10.87	1.07	4.1	0.429
(7.5/5)	75	50	10	8	11.59	9.098	0.244	62.71	2.33	12.79	21.96	1.38	6.04	140.8	2.6	43.43	1.36	13.1	1.06	4.99	0.423
8/5	80	50	5	8.5	6.375	5.005	0.255	41.96	2.56	7.78	12.82	1.42	3.32	85.21	2.6	21.06	1.14	7.66	1.1	2.74	0.388

续上表

热轧不等边角钢的尺寸规格 GB/T 706—2008

角钢	尺寸(mm)				截面面积	理论质量	外表面积	参考数值													
								X—X			Y—Y			X_1-X_1		Y_1-Y_1		u—u			
								I_x	i_x	W_x	I_y	i_y	W_y	I_{x1}	y_0	I_{y1}	x_0	I_u	i_u	W_u	tanα
号数	B	b	d	r	(cm^2)	(kg/m)	(m^2/m)	(cm^4)	(cm)	(cm^3)	(cm^4)	(cm)	(cm^3)	(cm^4)	(cm)	(cm^4)	(cm)	(cm^4)	(cm)	(cm^3)	
8/5	80	50	6	8.5	7.56	5.935	0.255	49.49	2.56	9.25	14.95	1.41	3.91	102.53	2.65	25.41	1.18	8.85	1.08	3.2	0.387
8/5	80	50	7	8.5	8.724	6.848	0.255	56.16	2.54	10.58	16.96	1.39	4.48	119.33	2.69	29.82	1.21	10.18	1.08	3.7	0.384
8/5	80	50	8	8.5	9.867	7.745	0.254	62.83	2.52	11.92	18.85	1.38	5.03	136.41	2.73	34.32	1.25	11.38	1.07	4.16	0.381
9/5.6	90	56	5	9	7.212	5.661	0.287	60.45	2.9	9.92	18.32	1.59	4.21	121.32	2.91	29.53	1.25	10.93	1.23	3.49	0.385
9/5.6	90	56	6	9	8.557	6.717	0.286	71.03	2.88	11.74	21.42	1.58	4.96	145.59	2.95	35.58	1.29	12.9	1.23	4.13	0.384
9/5.6	90	56	7	9	9.88	7.756	0.286	81.01	2.86	13.49	24.36	1.57	5.7	169.6	3	41.71	1.33	14.67	1.22	4.72	0.382
9/5.6	90	56	8	9	11.183	8.779	0.286	91.03	2.85	15.27	27.15	1.56	6.41	194.17	3.04	47.93	1.36	16.34	1.21	5.29	0.38
10/6.3	100	63	6	10	9.617	7.55	0.32	99.06	3.21	14.64	30.94	1.79	6.35	199.71	3.24	50.5	1.43	18.42	1.38	5.25	0.394
10/6.3	100	63	7	10	11.111	8.722	0.32	113.45	3.2	19.88	35.26	1.78	7.29	233	3.28	59.14	1.47	21	1.38	6.02	0.393
10/6.3	100	63	8	10	12.584	9.878	0.319	127.37	3.18	19.08	39.39	1.77	8.21	266.32	3.32	67.88	1.5	23.5	1.37	6.78	0.391
10/6.3	100	63	10	10	15.467	12.142	0.319	153.81	3.15	23.32	47.12	1.74	9.98	333.06	3.4	85.73	1.58	28.33	1.35	8.24	0.387
10/8	100	80	6	10	10.637	8.35	0.354	107.04	3.17	15.19	61.24	2.4	10.16	199.83	2.95	102.68	1.97	31.65	1.72	8.37	0.627
10/8	100	80	7	10	12.301	9.656	0.354	122.73	3.16	17.52	70.08	2.39	11.71	233.2	3	119.98	2.01	36.17	1.72	9.6	0.626
10/8	100	80	8	10	13.944	10.946	0.353	137.92	3.14	19.81	78.58	2.37	13.21	266.61	3.04	137.37	2.05	40.58	1.71	10.8	0.625
10/8	100	80	10	10	17.167	13.476	0.353	166.87	3.12	24.24	94.65	2.35	16.12	333.63	3.12	172.48	2.13	49.1	1.69	13.12	0.622
11/7	100	70	6	10	10.637	8.35	0.354	133.37	3.54	17.85	42.92	2.01	7.9	265.78	3.53	69.08	1.57	25.36	1.54	6.53	0.403
11/7	100	70	7	10	12.301	9.656	0.354	153	3.53	20.6	49.01	2	9.09	610.07	3.57	80.82	1.61	28.95	1.53	7.5	0.402
11/7	100	70	8	10	13.944	10.946	0.353	172.04	3.51	23.3	54.87	1.98	10.25	254.39	3.62	92.7	1.65	32.45	1.53	8.45	0.401

续上表

热轧不等边角钢的尺寸规格 GB/T 706—2008

角钢	尺寸(mm)				截面面积	理论质量	外表面积	参考数值													
								X—X			Y—Y			X_1—X_1		Y_1—Y_1		u—u			
号数	B	b	d	r	(cm²)	(kg/m)	(m²/m)	I_x (cm⁴)	i_x (cm)	W_x (cm³)	I_y (cm⁴)	i_y (cm)	W_y (cm³)	I_{x1} (cm⁴)	y_0 (cm)	I_{y1} (cm⁴)	x_0 (cm)	I_u (cm⁴)	i_u (cm)	W_u (cm³)	tanα
11/7	100	70	10	10	17.167	13.476	0.353	208.39	3.48	28.54	65.88	1.96	12.48	443.13	3.7	116.83	1.72	39.2	1.51	10.29	0.397
12.5/8	125	80	7	11	14.096	11.066	0.403	227.98	4.02	26.86	74.42	2.3	12.01	454.99	4.01	120.32	1.8	43.81	1.76	9.92	0.408
12.5/8	125	80	8	11	15.989	12.551	0.403	256.77	4.01	30.41	83.49	2.28	13.56	519.99	4.06	137.85	1.84	49.15	1.75	11.18	0.407
12.5/8	125	80	10	11	19.712	15.474	0.402	312.04	3.98	37.33	100.67	2.26	16.56	650.09	4.14	173.4	1.92	59.45	1.74	13.64	0.404
12.5/8	125	80	12	11	23.351	18.33	0.402	364.41	3.95	44.01	116.67	2.24	19.43	780.39	4.22	209.67	2	69.35	1.72	16.01	0.4
9/14	140	90	8	12	18.038	14.16	0.453	365.64	4.5	38.48	120.69	2.59	17.34	730.53	4.5	197.79	2.04	70.83	1.98	14.31	0.411
9/14	140	90	10	12	22.261	17.475	0.452	445.5	4.47	47.31	146.03	2.56	21.22	913.2	4.58	243.92	2.12	85.82	1.96	17.48	0.409
9/14	140	90	12	12	26.4	20.724	0.451	521.59	4.44	55.87	169.79	2.54	24.95	1096.09	4.66	296.89	2.19	100.21	1.95	20.54	0.406
9/14	140	90	14	12	30.456	23.908	0.451	594.1	4.42	64.18	192.1	2.51	28.54	1279.2	4.74	348.82	2.27	114.13	1.94	23.52	0.403
10/16	160	100	10	13	25.315	19.872	0.512	668.69	5.14	62.13	205.03	2.85	26.56	1362.89	5.24	336.59	2.28	121.74	2.19	21.92	0.39
10/16	160	100	12	13	30.054	23.592	0.511	784.91	5.11	73.49	239.06	2.82	31.28	1635.56	5.32	405.94	2.36	142.33	2.17	25.79	0.388
10/16	160	100	14	13	34.709	27.247	0.51	896.3	5.08	84.56	271.2	2.8	35.83	1908.5	5.4	476.42	2.43	162.23	2.16	29.56	0.385
10/16	160	100	16	13	39.281	30.835	0.51	1003.04	5.05	95.33	301.6	2.77	40.24	2181.79	5.48	548.22	2.51	182.57	2.16	33.44	0.382
11/18	180	110	10	14	28.373	22.273	0.571	956.25	5.8	78.96	278.11	3.13	32.49	1940.4	5.89	447.22	2.44	166.5	2.42	26.88	0.376
11/18	180	110	12	14	33.712	26.464	0.571	1124.72	5.78	93.53	325.03	3.1	38.32	2328.38	5.98	538.94	2.52	194.87	2.4	31.66	0.374
11/18	180	110	14	14	38.967	30.589	0.57	1286.91	5.75	107.76	369.55	3.08	43.97	2716.66	6.06	631.95	2.59	222.3	2.39	36.32	0.372
11/18	180	110	16	14	44.139	34.649	0.569	1443.06	5.72	121.64	411.85	3.06	49.44	3105.15	6.14	726.46	2.67	248.94	2.38	40.87	0.369
20/12.5	200	125	12	14	37.912	29.761	0.641	1570.9	6.44	116.73	483.16	3.57	49.99	3193.85	6.54	787.74	2.83	285.79	2.74	41.23	0.392

续上表

热轧不等边角钢的尺寸规格 GB/T 706—2008

角钢	尺寸(mm)				截面面积	理论质量	外表面积	参考数值													
								X−X			Y−Y			X_1-X_1		Y_1-Y_1		u−u			
号数	B	b	d	r				I_x	i_x	W_x	I_y	i_y	W_y	I_{x1}	y_0	I_{y1}	x_0	I_u	i_u	W_u	tanα
					(cm^2)	(kg/m)	(m^2/m)	(cm^4)	(cm)	(cm^3)	(cm^4)	(cm)	(cm^3)	(cm^4)	(cm)	(cm^4)	(cm)	(cm^4)	(cm)	(cm^3)	
20/12.5	200	125	14	14	43.867	34.436	0.64	1800.97	6.41	134.65	550.83	3.54	57.44	3726.17	6.62	922.47	2.91	326.58	2.73	47.34	0.39
20/12.5	200	125	16	14	49.739	39.045	0.639	2023.35	6.38	152.18	615.44	3.52	64.69	4258.86	6.7	1058.86	2.99	366.21	2.71	53.32	0.388
20/12.5	200	125	18	14	55.526	43.588	0.639	2238.3	6.35	169.33	677.19	3.49	71.74	4792	6.78	1197.13	3.06	404.83	2.7	59.18	0.385

注：1. $r_1=d/3, r_2=0, r_0=0$。

2. 角钢长度：钢号 2.5/1.6～5.6/3.6 号，6.3/4～9/5.6 号，10/6.3～14/9 号，16/10～20/12.5 号。
长度 3～9m，4～12m，4～19m，6～19m。

3. 一般采用材料：A_2，A_3，A_5，A_3F。

四、工字钢(表 33-4-10)

1. 热轧普通工字钢

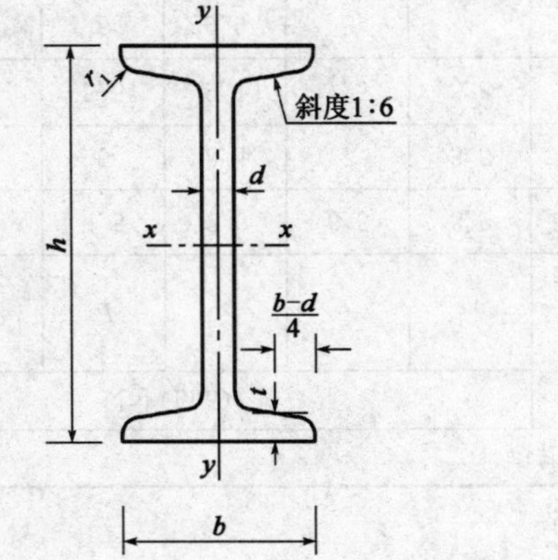

符号意义

h——高度；　　b——腿宽；

d——腰厚；　　r——内圆弧半径；

r_1——腿端圆弧半径；　　i——惯性半径；

I——惯性矩；　　S——半截面的静力矩；

W——截面系数；　　t——平均厚度

表 33-4-10

热轧普通工字钢尺寸及相应参数

热轧工字钢的尺寸规格 GB/T 706—2008

型号	尺寸(mm)						截面面积 (cm^2)	理论质量 (kg/m)	参考数值						
									X—X				Y—Y		
	h	b	d	t	r	r_1			I_x (cm^4)	W_x (cm^3)	i_x (cm)	$I_x : S_x$	I_y (cm^4)	W_y (cm^3)	i_y (cm)
10	100	68	4.5	7.6	6.5	3.3	14.345	11.261	245	49	4.14	8.59	33	9.72	1.52
12.6	126	74	5	8.4	7	3.5	18.118	14.223	488	77.5	5.2	10.8	46.9	12.7	1.61
14	140	80	5.5	9.1	7.5	3.8	21.516	16.89	712	102	5.76	12	64.4	16.1	1.73
16	160	88	6	9.9	8	4	26.131	20.513	1 130	141	6.58	13.8	93.1	21.2	1.89
18	180	94	6.5	10.7	8.5	4.3	30.756	24.143	1 660	185	7.36	15.4	122	26	2
20a	200	100	7	11.4	9	4.5	35.756	27.929	2 370	237	8.15	17.2	158	31.5	2.12
20b	200	102	9	11.4	9	4.5	39.578	31.069	2 500	250	7.96	16.9	169	33.1	2.06
22a	220	110	7.5	12.3	9.5	4.8	42.128	33.07	3 400	309	8.99	18.9	225	40.9	2.31
22b	220	112	9.5	12.3	9.5	4.8	46.528	36.524	3 570	325	8.78	18.7	239	42.7	2.27
25a	250	116	8	13	10	5	48.541	38.105	5 020	402	10.2	21.6	280	48.3	2.4
25b	250	118	10	13	10	5	53.541	42.03	5 280	423	9.94	21.3	309	52.4	2.4
28a	280	122	8.5	13.7	10.5	5.3	55.404	43.492	7 110	508	11.3	24.6	345	56.6	2.5
28b	280	124	10.5	13.7	10.5	5.3	61.004	47.888	7 480	534	11.1	24.2	379	61.2	2.49
32a	320	130	9.5	15	11.5	5.8	67.156	52.717	11 100	692	12.8	27.5	460	70.8	2.62
32b	320	132	11.5	15	11.5	5.8	73.556	57.741	11 600	726	12.6	27.1	502	76	2.61
32c	320	134	13.5	15	11.5	5.8	79.956	62.765	12 200	760	12.3	26.8	544	81.2	2.61
36a	360	136	10	15.8	12	6	76.48	60.037	15 800	875	14.4	30.7	552	81.2	2.69
36b	360	138	12	15.8	12	6	83.68	65.689	16 500	919	14.1	30.3	582	84.3	2.64

续上表

热轧工字钢的尺寸规格 GB/T 706—2008

型号	尺寸(mm)						截面面积(cm^2)	理论质量(kg/m)	参考数值						
									X—X				Y—Y		
	h	b	d	t	r	r_1			I_x(cm^4)	W_x(cm^3)	i_x(cm)	I_x：S_x	I_y(cm^4)	W_y(cm^3)	i_y(cm)
36c	360	140	14	15.8	12	6	90.88	71.341	17 300	962	13.8	29.9	612	87.4	2.6
40a	400	142	10.5	16.5	12.5	6.3	86.112	67.598	21 700	1 090	15.9	34.1	660	93.2	2.77
40b	400	144	12.5	16.5	12.5	6.3	94.112	73.878	22 800	1 140	15.6	33.6	692	96.2	2.71
40c	400	146	14.5	16.5	12.5	6.3	102.112	80.158	23 900	1 190	15.2	33.2	727	99.6	2.65
45a	450	150	11.5	18	13.5	6.8	102.446	80.42	22 200	1 430	17.7	38.6	855	114	2.89
45b	450	152	13.5	18	13.5	6.8	111.446	87.485	33 800	1 500	17.4	38	894	118	2.84
45c	450	154	15.5	18	13.5	6.8	120.446	94.55	35 300	1 570	17.1	37.6	938	122	2.79
50a	500	158	12	20	14	7	119.304	93.654	46 500	1 860	19.7	42.8	1 120	142	3.07
50b	500	160	14	20	14	7	129.304	101.504	48 600	1 940	19.4	42.4	1 170	146	3.01
50c	500	162	16	20	14	7	139.304	109.354	50 600	2 080	19	41.8	1 220	151	2.96
56a	560	166	12.5	21	14.5	7.3	135.435	106.316	65 600	2 340	22	47.7	1 370	165	3.18
56b	560	168	14.5	21	14.5	7.3	146.635	115.108	68 500	2 450	21.6	47.2	1 490	174	3.16
56c	560	170	16.5	21	14.5	7.3	157.835	123.9	71 400	2 550	21.3	46.7	1 560	183	3.16
63a	630	176	13	22	15	7.5	154.658	121.407	93 900	2 980	24.5	54.2	1 700	193	3.31
63b	630	178	15	22	15	7.5	167.258	131.298	98 100	3 160	24.2	53.5	1 810	204	3.29
63c	630	180	17	22	15	7.5	179.858	141.189	102 000	3 300	23.8	52.9	1 920	214	3.27

注：1. 工字钢长度：钢号 10～18 号，长度 5～19m；20～63 号，长度 6～19m。

2. 一般采用材料：A_2，A_3，A_5，A_3F。

2. 热轧轻型工字钢(表 33-4-11)

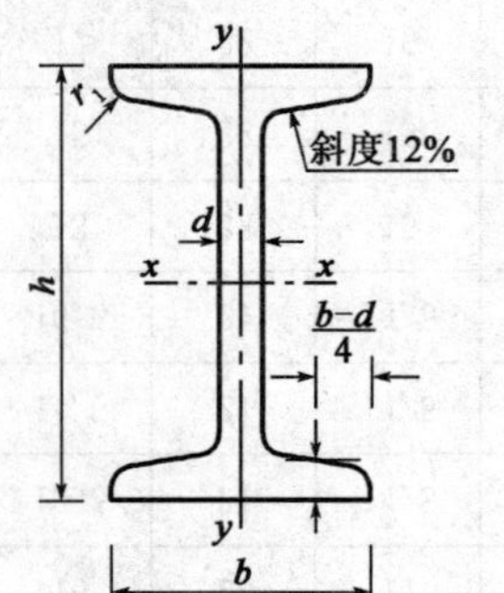

符号意义

h——高度； b——腿宽；

d——腰厚； r——内圆弧半径；

r_1——腿端圆弧半径； i——惯性半径；

I——惯性矩； S——半截面的静力矩；

W——截面系数； t——平均厚度

热轧轻型工字钢尺寸及相应参数 表 33-4-11

型号	主要尺寸(mm)			截面面积 (cm^2)	理论质量 (kg/m)	型号	主要尺寸(mm)			截面面积 (cm^2)	理论质量 (kg/m)
	h	b	d				h	b	d		
10	100	55	4.5	12	9.46	24	240	115	5.6	34.8	27.30
12	120	64	4.8	14.7	11.5	24a	240	125	5.6	37.5	29.40
14	140	73	4.9	17.4	13.70	27	270	125	6.0	10.2	31.50
16	160	81	5.0	20.2	15.00	27a	270	135	6.0	13.2	33.90
18	180	90	5.1	23.4	18.40	30	300	135	6.5	46.5	36.5
18a	180	100	5.1	25.4	19.90	30a	300	145	6.5	49.9	39.2
20	200	100	5.2	26.8	21.00	33	330	140	7.0	53.8	42.2
20a	200	110	5.2	23.9	22.70	36	360	145	7.5	61.9	48.6
22	220	110	5.4	30.6	24.00	40	400	155	8.0	71.4	56.1
22a	220	120	5.4	32.8	25.80	45	450	160	8.6	83.0	65.2

续上表

型号	主要尺寸(mm)			截面面积(cm^2)	理论质量(kg/m)	型号	主要尺寸(mm)			截面面积(cm^2)	理论质量(kg/m)
	h	b	d				h	b	d		
50	500	170	9.5	97.8	76.8	70	700	210	13.0	176.0	138.0
55	550	180	10.3	114.0	89.8	70a	700	210	15.0	202.0	158.0
60	600	190	11.1	132.0	104.0	70b	700	210	17.5	234.0	186.0
65	650	200	12.0	153.0	120.0						

五、热轧普通槽钢(表 33-4-12)

热轧普通槽钢尺寸及相应参数　　表 33-4-12

热轧槽钢的尺寸规格 GB/T 706—2008

型号	尺寸(mm)						截面面积(cm^2)	理论质量(kg/m)	参考数值							
									$X-X$			$Y-Y$			Y_1-Y_1	Z_0(cm)
	h	b	d	t	r	r_1			W_x(cm^3)	I_x(cm^4)	i_x(cm)	W_y(cm^3)	I_y(cm^4)	i_y(cm)	I_{y1}(cm^4)	
5	50	37	4.5	7	7	3.5	6.928	5.438	10.4	26	1.94	3.55	8.3	1.1	20.9	1.35
6.3	63	40	4.8	7.5	7.5	3.8	8.451	6.634	16.1	50.8	2.45	4.5	11.9	1.19	28.4	1.36
8	80	43	5	8	8	4	10.248	8.045	25.3	101	3.15	5.79	16.6	1.27	37.4	1.43
10	100	48	5.3	8.5	8.5	4.2	12.748	10.007	39.7	198	3.95	7.8	25.6	1.41	54.9	1.52
12.6	126	53	5.5	9	9	4.5	15.692	12.318	62.1	391	4.95	10.2	38	1.57	77.1	1.59
14a	140	58	6	9.5	9.5	4.8	18.516	14.535	80.5	564	5.52	13	53.2	1.7	107	1.71
14b	140	60	8	9.5	9.5	4.8	21.316	16.733	87.1	609	5.35	14.1	61.1	1.69	121	1.67
16a	160	63	6.5	10	10	5	21.962	17.24	108	866	6.28	16.3	73.3	1.83	144	1.8
16	160	65	8.5	10	10	5	25.162	19.752	117	935	6.1	17.6	853.4	1.82	161	1.75

续上表

热轧槽钢的尺寸规格 GB/T 706—2008

型号	尺寸(mm)						截面面积(cm^2)	理论质量(kg/m)	参考数值							
									$X-X$			$Y-Y$			Y_1-Y_1	Z_0(cm)
	h	b	d	t	r	r_1			W_x(cm^3)	I_x(cm^4)	i_x(cm)	W_y(cm^3)	I_y(cm^4)	i_y(cm)	I_{y1}(cm^4)	
18a	180	68	7	10.5	10.5	5.2	25.699	20.174	141	1 270	7.04	20	98.6	1.96	190	1.88
18	180	70	9	10.5	10.5	5.2	29.299	23	152	1 370	6.84	21.5	111	1.95	210	1.84
20a	200	73	7	11	11	5.5	28.837	22.637	178	1 780	7.86	24.2	128	2.11	244	2.01
20	200	75	9	11	11	5.5	32.837	25.777	191	1 910	7.64	25.9	144	2.09	268	1.95
22a	220	77	7	11.5	11.5	5.8	31.846	24.999	218	2 390	8.67	28.2	158	2.23	298	2.1
22	220	79	9	11.5	11.5	5.8	36.246	28.453	234	2 570	8.42	30.1	176	2.21	326	2.03
25a	250	78	7	12	12	6	34.917	27.41	270	3 370	9.82	30.6	176	2.24	322	2.07
25b	250	80	9	12	12	6	39.917	31.335	282	3 530	9.41	32.7	196	2.22	353	1.98
25c	280	82	11	12	12	6	44.917	35.26	295	3 690	9.07	35.9	218	2.21	384	1.92
28a	280	82	7.5	12.5	12.5	6.2	40.034	31.427	340	4 760	10.9	35.7	218	2.33	388	2.1
28b	280	84	9.5	12.5	12.5	6.2	45.634	35.823	366	5 130	10.6	37.9	242	2.3	428	2.02
28c	320	86	11.5	12.5	12.5	6.2	51.234	40.219	393	5 500	10.4	40.3	268	2.29	463	1.95
32a	320	88	8	14	14	7	48.513	38.083	475	7 600	12.5	46.5	305	2.5	552	2.24
32b	320	90	10	14	14	7	54.913	43.107	509	8 140	12.2	49.2	336	2.47	593	2.16
32c	360	92	12	14	14	7	61.313	48.131	543	8 690	11.9	52.6	374	2.47	643	2.09
36a	360	96	9	16	16	8	60.916	17.814	660	11 900	14	63.5	455	2.73	818	2.44
36b	360	98	11	16	16	8	68.11	53.466	703	12 700	13.6	66.9	497	2.7	880	2.37
36c	400	100	13	16	16	8	75.31	59.117	746	13 400	13.4	70	536	2.67	948	2.34

续上表

热轧槽钢的尺寸规格 GB/T 706—2008

型号	尺寸(mm)						截面面积 (cm^2)	理论质量 (kg/m)	参考数值							
									$X-X$			$Y-Y$			Y_1-Y_1	Z_b(cm)
	h	b	d	t	r	r_1			W_x(cm)	I_x(cm^4)	i_x(cm)	W_y(cm^3)	I_y(cm^4)	i_y(cm)	I_{y1}(cm^4)	
40a	400	100	10.5	18	18	9	75.068	58.928	879	17 600	15.3	78.8	592	2.81	1070	2.49
40b	400	102	12.5	18	18	9	83.068	65.208	932	18 600	15	82.5	640	2.78	1140	2.44
40c	65	104	14.5	18	18	9	91.068	71.488	986	19 700	14.7	86.2	688	2.75	1220	2.42
6.5*	53	40	4.8	7.5	7.5	3.8	8.547	6.709	17	55.2	2.54	4.59	12	1.19	28.3	1.38
12*	120	53	5.5	9	9	4.5	15.362	12.059	57.7	346	4.75	10.2	37.4	1.56	77.7	1.62
24a*	240	78	7	12	12	6	34.217	26.86	254	3 050	9.45	30.5	174	2.25	325	2.1
24b*	240	80	9	12	12	6	39.017	30.628	274	3 280	9.17	32.5	194	2.23	355	2.03
24c*	240	82	11	12	12	6	43.817	34.396	293	3 510	8.96	34.4	213	2.21	388	2
27a*	270	82	7.5	12.5	12.5	6.2	39.284	30.838	323	4 360	10.5	35.5	216	2.34	393	2.13
27b*	270	84	9.5	12.5	12.5	6.2	44.684	35.077	347	4 690	10.3	37.7	239	2.31	428	2.06
27c*	270	86	11.5	12.5	12.5	6.2	50.084	39.316	372	5 020	10.1	39.8	261	2.28	467	2.03
30a*	300	85	7.5	13.5	13.5	6.8	43.902	34.463	403	6 050	11.7	41.1	260	2.43	467	2.17
30b*	300	87	9.5	13.5	13.5	6.8	49.902	39.173	433	6 500	11.4	44	289	2.41	515	2.13
30c*	300	89	11.5	13.5	13.5	6.8	55.902	43.883	463	6 950	11.2	46.4	316	2.38	560	2.09

六、钢板

1. 冷轧钢板和钢带的尺寸规格(GB/T 708—2006)

冷轧钢板和钢带的尺寸范围规定如下：

(1)钢板和钢带(包括纵切钢带)的公称厚度 0.30～4.00mm。

(2)钢板和钢带的公称宽度 600～2 050mm。

(3)钢板的公称宽度 1 000～6 000mm。

钢板和钢带(包括纵切钢带)的公称厚度在满足规定的范围内,厚度小于 1mm 的钢板和钢带可按 0.05mm 倍数的任何尺寸取值;厚度不小于 1mm 的钢板和钢带可按 0.1mm 倍数的任何尺寸取值。

钢板和钢带(包括纵切钢带)的公称宽度在满足规定的范围内,可按照 10mm 倍数的任何尺寸取值。

钢板的公称长度在满足规定的范围内,可按照 50mm 倍数的任何尺寸取值。

根据需方要求,经供需双方协商,可以供应其他尺寸的钢板和钢带。

2. 热轧钢板和钢带的尺寸规格(GB/T 709—2006)

热轧钢板和钢带的尺寸规定如下：

(1)单轧钢板公称厚度:3～400mm。

(2)单轧钢板公称宽度:600～4 800mm。

(3)钢板公称宽度:2 000～20 000mm。

(4)钢带(包括连轧钢板)公称厚度:0.8～25.4mm。

(5)钢带(包括连轧钢板)公称宽度:600～2 200mm。

(6)纵切钢带公称宽度 120～900mm。

单轧钢板的公称厚度在规定范围内,厚度小于 30mm 的钢板按照 0.5mm 倍数的任何尺寸取值;厚度不小于 30mm 的钢板按照 1mm 倍数的任何尺寸取值。

单轧钢板的公称宽度在规定范围内,按照 10mm 或 50mm 倍数的任何尺寸取值。

钢带(包括连轧钢板)的公称厚度在规定范围内,按照 0.1mm 倍数的任何尺寸取值。

钢带(包括连轧钢板)的公称宽度在规定范围内,按照 10mm 倍数的任何尺寸取值。

钢板的长度在规定范围内,按照 50mm 或 100mm 倍数的任何尺寸取值。

根据需方要求,经双方协议,可以供应推荐公称尺寸意外的其他尺寸钢板和钢带。

七、钢管

1. 结构用热轧(挤压、扩)无缝钢管的尺寸规格及延米质量(表 33-4-13)

2. 结构用冷拔(轧)无缝钢管的尺寸规格(表 33-4-14)

八、钢丝绳

1. 预应力混凝土用钢丝(GB/T 5223—2002)

预应力混凝土用钢丝有冷拉钢丝,消除应力的光圆、螺旋肋和刻痕钢丝。消除应力钢丝包括低松弛和普通松弛钢丝。钢丝可以根据供需双方确定规格,每批小于 60t,交货时钢丝的实际强度不应高于公称强度及 200MPa,弹性模量为 205GPa±10GPa(不作供货条件)。其主要技术指标见表 33-4-15～表 33-4-18。

结构用热轧(挤压、扩)无缝钢管的尺寸规格(mm)及延米质量(kg/m) 表 33-4-13

结构用热轧(挤压、扩)无缝钢管的尺寸规格(GB/T 17395—2008)																				
外径(mm)	2.5	3	3.5	4	4.5	5	5.5	6	6.5	7	7.5	8	8.5	9	9.5	10	11	12	13	14
32	1.82	2.15	2.46	2.76	3.05	3.33	3.59	3.85	4.09	4.32	4.53	4.73	—	—	—	—	—	—	—	—
38	2.19	2.59	2.98	3.35	3.72	4.07	4.41	4.73	5.05	5.35	5.64	5.92	—	—	—	—	—	—	—	—
42	2.44	2.89	3.32	3.75	4.16	4.56	4.95	5.33	5.69	6.04	6.38	6.71	7.02	7.32	7.6	7.89	—	—	—	—
45	2.62	3.11	3.58	4.04	4.49	4.93	5.36	5.77	6.17	6.56	6.94	7.3	7.65	7.99	8.32	8.63	—	—	—	—
50	2.93	3.48	4.01	4.54	5.05	5.55	6.04	6.51	6.97	7.42	7.86	8.29	8.7	9.1	9.49	9.86	—	—	—	—
54	—	3.77	4.36	4.93	5.49	6.04	6.58	7.1	7.61	8.11	8.6	9.07	9.54	9.99	10.43	10.85	11.67	—	—	—
57	—	3.99	4.62	5.23	5.83	6.41	6.98	7.55	8.09	8.63	9.16	9.67	10.17	10.65	11.13	11.59	12.48	13.32	14.11	—
60	—	4.22	4.88	5.52	6.16	6.78	7.39	7.99	8.58	9.15	9.71	10.26	10.79	11.32	11.83	12.33	13.29	14.21	15.07	15.88
63.5	—	4.48	5.18	5.87	6.55	7.21	7.87	8.51	9.14	9.75	10.36	10.95	11.53	12.1	12.65	13.19	14.24	15.24	16.19	17.09
68	—	4.81	5.57	6.31	7.05	7.77	8.48	9.17	9.86	10.53	11.19	11.84	12.47	13.09	13.71	14.3	15.46	16.57	17.63	18.64
70	—	4.96	5.74	6.51	7.27	8.01	8.75	9.47	10.18	10.88	11.56	12.23	12.89	13.54	14.17	14.8	16.01	17.16	18.27	19.33
73	—	5.18	6	6.81	7.6	8.38	9.16	9.91	10.66	11.39	12.11	12.82	13.52	14.2	14.88	15.54	16.82	18.05	19.23	20.37
76	—	5.4	6.26	7.1	7.93	8.75	9.56	10.36	11.14	11.91	12.67	13.42	14.15	14.87	15.58	16.28	17.63	18.94	20.2	21.4
83	—	—	6.86	7.79	8.71	9.62	10.51	11.39	12.26	13.12	13.96	14.8	15.62	16.42	17.22	18	19.53	21.01	22.44	23.82
89	—	—	7.38	8.38	9.38	10.36	11.33	12.23	13.22	14.15	15.07	15.98	16.87	17.76	18.63	19.48	21.16	22.79	24.36	25.89
95	—	—	7.9	8.98	10.04	11.1	12.14	13.17	14.19	15.19	16.18	17.16	18.13	19.09	20.03	20.96	22.79	24.56	26.29	27.96
102	—	—	8.5	9.67	10.82	11.96	13.09	14.2	15.31	16.4	17.48	18.54	19.6	20.64	21.67	22.69	24.69	26.63	28.53	30.38
108	—	—	—	10.26	11.49	12.7	13.9	15.09	16.27	17.43	18.59	19.73	20.86	21.97	23.08	24.17	26.31	28.41	30.46	32.45
114	—	—	—	10.85	12.15	13.44	14.72	15.98	17.23	18.47	19.7	20.91	22.11	23.3	24.48	25.65	27.94	30.19	32.38	34.52
121	—	—	—	11.54	12.93	14.3	15.67	17.02	18.35	19.68	20.99	22.29	23.58	24.86	26.12	27.37	29.84	32.26	34.62	36.94

续上表

结构用热轧(挤压、扩)无缝钢管的尺寸规格(GB/T 17395—2008)

外径(mm)	2.5	3	3.5	4	4.5	5	5.5	6	6.5	7	7.5	8	8.5	9	9.5	10	11	12	13	14
127	—	—	—	12.13	13.59	15.04	16.48	17.9	19.31	20.71	22.1	23.48	24.84	26.19	27.53	28.85	31.47	34.03	36.55	39.01
133	—	—	—	12.72	14.26	15.78	17.29	18.79	20.28	21.71	23.21	24.66	26.1	27.52	28.93	30.33	33.1	35.81	38.47	41.08
140	—	—	—	—	15.04	16.65	18.24	19.83	21.4	22.96	24.51	26.04	27.56	29.07	30.57	32.06	34.99	37.88	40.71	43.5
146	—	—	—	—	15.7	17.39	19.06	20.72	22.36	23.99	25.62	27.22	28.82	30.41	31.98	33.54	36.62	39.66	42.64	45.57
152	—	—	—	—	16.37	18.13	19.87	21.6	23.32	25.03	26.73	28.41	30.08	31.74	33.39	35.02	38.25	41.43	44.56	47.64
159	—	—	—	—	17.14	18.99	20.82	22.64	24.44	26.24	28.02	29.79	31.55	33.29	35.02	36.75	40.15	43.5	46.8	50.06
168	—	—	—	—	—	20.1	22.04	23.97	25.89	27.79	29.68	31.56	33.43	35.29	37.13	38.97	42.59	46.17	49.69	53.17
180	—	—	—	—	—	21.58	23.67	25.74	27.81	29.86	31.9	33.93	35.95	37.95	39.94	41.92	45.84	49.72	53.54	57.31
194	—	—	—	—	—	23.3	25.6	27.82	30.05	32.28	34.49	36.69	38.88	41.06	43.22	45.38	49.64	53.86	58.02	62.14
203	—	—	—	—	—	—	—	29.15	31.5	33.83	36.16	38.47	40.77	43.06	45.33	47.59	52.08	56.52	60.91	65.25
219	—	—	—	—	—	—	—	31.52	34.06	36.6	39.12	41.63	44.12	46.61	49.08	51.54	56.42	61.26	66.04	70.77
245	—	—	—	—	—	—	—	—	38.23	41.08	43.93	46.76	49.57	52.38	55.17	57.95	63.48	68.95	74.37	79.75
273	—	—	—	—	—	—	—	—	42.72	45.92	49.1	52.28	55.44	58.59	61.73	64.86	71.07	77.24	83.35	89.42
299	—	—	—	—	—	—	—	—	—	—	53.91	57.41	60.89	64.36	67.82	71.27	78.13	84.93	91.69	98.39
325	—	—	—	—	—	—	—	—	—	—	58.72	62.54	66.34	70.13	73.02	77.68	85.18	92.63	100.02	107.37
351	—	—	—	—	—	—	—	—	—	—	—	67.67	71.79	75.9	80.01	84.1	92.23	100.32	108.36	116.35
377	—	—	—	—	—	—	—	—	—	—	—	—	—	81.67	86.1	90.51	99.28	108.02	116.69	125.32
402	—	—	—	—	—	—	—	—	—	—	—	—	—	87.22	91.85	96.67	106.06	115.41	124.71	133.95
426	—	—	—	—	—	—	—	—	—	—	—	—	—	92.55	97.57	102.59	112.58	122.52	132.4	142.24
450	—	—	—	—	—	—	—	—	—	—	—	—	—	97.88	103.2	108.5	119.08	130.61	140.09	150.52

结构用冷拔(轧)无缝钢管的尺寸规格

表 33-4-14

结构用冷拔(扎)无缝钢管的尺寸规格(GB/T 17395—2008)

外径(mm)	2	2.2	2.5	2.8	3	3.2	3.5	4	4.5	5	5.5	6	6.5	7	7.5	8	8.5	9	9.5	10	11	12
20	0.888	0.966	1.08	1.19	1.26	1.33	1.42	1.58	1.72	1.85	1.97	2.07	—	—	—	—	—	—	—	—	—	—
(21)	0.937	1.02	1.14	1.26	1.33	1.41	1.51	1.68	1.83	1.97	2.1	2.22	—	—	—	—	—	—	—	—	—	—
22	0.986	1.07	1.2	1.33	1.41	1.48	1.6	1.78	1.94	2.1	2.24	2.37	—	—	—	—	—	—	—	—	—	—
(23)	1.04	1.13	1.27	1.39	1.48	1.56	1.68	1.87	2.05	2.22	2.37	2.52	—	—	—	—	—	—	—	—	—	—
(24)	1.09	1.18	1.33	1.46	1.55	1.64	1.77	1.97	2.16	2.34	2.51	2.66	2.81	2.93	—	—	—	—	—	—	—	—
25	1.13	1.24	1.39	1.53	1.63	1.72	1.86	2.07	2.28	2.47	2.64	2.81	2.97	3.11	—	—	—	—	—	—	—	—
27	1.23	1.34	1.51	1.67	1.78	1.88	2.03	2.27	2.5	2.71	2.92	3.11	3.29	3.45	—	—	—	—	—	—	—	—
28	1.28	1.4	1.57	1.74	1.85	1.96	2.11	2.37	2.61	2.84	3.05	3.26	3.45	3.63	—	—	—	—	—	—	—	—
29	1.33	1.45	1.63	1.81	1.92	2.04	2.2	2.47	2.72	2.96	3.19	3.4	3.61	3.8	3.98	—	—	—	—	—	—	—
30	1.38	1.51	1.7	1.88	2	2.12	2.29	2.56	2.83	3.08	3.32	3.55	3.77	3.97	4.16	4.34	—	—	—	—	—	—
32	1.48	1.62	1.82	2.02	2.15	2.27	2.46	2.76	3.05	3.33	3.59	3.85	4.09	4.32	4.53	4.74	—	—	—	—	—	—
34	1.58	1.72	1.94	2.15	2.29	2.43	2.63	2.96	3.27	3.58	3.87	4.14	4.41	4.66	4.9	5.13	—	—	—	—	—	—
(35)	1.63	1.78	2	2.22	2.37	2.51	2.72	3.06	3.38	3.7	4	4.29	4.57	4.83	5.09	5.33	—	—	—	—	—	—
36	1.68	1.83	2.07	2.29	2.44	2.59	2.81	3.16	3.5	3.82	4.14	4.44	4.73	5.01	5.27	5.52	—	—	—	—	—	—
38	1.78	1.94	2.19	2.43	2.59	2.75	2.98	3.35	3.72	4.07	4.41	4.74	5.05	5.35	5.64	5.92	6.18	6.44	—	—	—	—
40	1.87	2.05	2.31	2.57	2.74	2.9	3.15	3.55	3.94	4.32	4.68	5.03	5.37	5.7	6.01	6.31	6.6	6.88	—	—	—	—
42	1.97	2.16	2.44	2.71	2.89	3.06	3.32	3.75	4.16	4.56	4.95	5.33	5.69	6.04	6.38	6.71	7.02	7.32	—	—	—	—
44.5	2.1	2.29	2.59	2.88	3.07	3.26	3.54	4	4.44	4.87	5.29	5.7	6.09	6.47	6.84	7.2	7.55	7.88	—	—	—	—
45	2.12	2.32	2.62	2.91	3.11	3.3	3.53	4.04	4.49	4.93	5.36	5.77	6.17	6.56	6.94	7.3	7.65	7.99	8.32	8.63	—	—

续上表

结构用冷拔(轧)无缝钢管的尺寸规格(GB/T 17395—2008)

外径(mm)	2	2.2	2.5	2.8	3	3.2	3.5	4	4.5	5	5.5	6	6.5	7	7.5	8	8.5	9	9.5	10	11	12
48	2.27	2.48	2.81	3.12	3.33	3.54	3.84	4.34	4.83	5.3	5.76	6.21	6.65	7.08	7.49	7.89	8.28	8.66	9.02	9.37	—	—
50	2.37	2.59	2.93	3.26	3.48	3.7	4.01	4.54	5.05	5.55	6.04	6.51	6.97	7.42	7.86	8.29	8.7	9.1	9.49	9.86	10.58	11.25
51	2.42	2.65	2.99	3.33	3.55	3.77	4.1	4.64	5.16	5.67	6.17	6.66	7.13	7.6	8.05	8.48	8.91	9.32	9.72	10.11	10.85	11.54
53	2.52	2.76	3.11	3.47	3.7	3.93	4.27	4.83	5.38	5.92	6.44	6.95	7.45	7.94	8.42	8.88	9.33	9.77	10.19	10.6	11.39	12.13
54	2.56	2.81	3.18	3.54	3.77	4.01	4.36	4.93	5.49	6.04	6.58	7.1	7.61	8.11	8.6	9.08	9.54	9.99	10.43	10.85	11.67	12.43
56	2.66	2.92	3.3	3.67	3.92	4.17	4.53	5.13	5.71	6.29	6.85	7.4	7.93	8.46	8.97	9.47	9.96	10.43	10.89	11.34	12.21	13.02
57	2.71	2.97	3.36	3.74	4	4.25	4.62	5.23	5.83	6.41	6.99	7.55	8.1	8.63	9.16	9.67	10.17	10.65	11.13	11.59	12.48	13.32
60	2.86	3.14	3.55	3.95	4.22	4.48	4.88	5.52	6.16	6.78	7.39	7.99	8.58	9.15	9.71	10.26	10.8	11.32	11.83	12.33	13.29	14.21
63	3.01	3.3	3.73	4.16	4.44	4.72	5.14	5.82	6.49	7.15	7.8	8.43	9.06	9.67	10.26	10.85	11.42	11.98	12.53	13.07	14.11	15.09
65	3.11	3.41	3.85	4.29	4.59	4.88	5.31	6.02	6.71	7.4	8.07	8.73	9.38	10.01	10.63	11.25	11.84	12.43	13	13.56	14.65	15.68
(68)	3.26	3.57	4.04	4.5	4.81	5.11	5.57	6.31	7.05	7.77	8.48	9.17	9.86	10.53	11.19	11.84	12.47	13.1	13.71	14.3	15.46	16.57
70	3.35	3.68	4.16	4.64	4.96	5.27	5.74	6.51	7.27	8.01	8.75	9.47	10.18	10.88	11.56	12.23	12.89	13.54	14.17	14.8	16.01	17.16
73	3.5	3.84	4.35	4.85	5.18	5.51	6	6.81	7.6	8.38	9.16	9.91	10.66	11.39	12.11	12.82	13.52	14.2	14.88	15.54	16.82	18.05
75	3.6	3.95	4.47	4.99	5.33	5.67	6.17	7	7.82	8.63	9.43	10.21	10.98	11.74	12.48	13.22	13.94	14.65	15.34	16.03	17.36	18.64
76	3.65	4	4.53	5.05	5.4	5.75	6.26	7.1	7.93	8.75	9.56	10.36	11.14	11.91	12.67	13.42	14.15	14.87	15.58	16.28	17.63	18.94
80	3.85	4.22	4.78	5.33	5.7	6.06	6.6	7.5	8.38	9.25	10.1	10.95	11.78	12.6	13.41	14.2	14.99	15.76	16.52	17.26	18.72	20.12
(83)	4	4.38	4.96	5.54	5.92	6.3	6.86	7.79	8.71	9.62	10.51	11.39	12.26	13.12	13.96	14.8	15.62	16.42	17.22	18	19.53	21.01
85	4.09	4.49	5.09	5.68	6.07	6.46	7.04	7.99	8.93	9.86	10.78	11.69	12.58	13.46	14.33	15.19	16.04	16.87	17.69	18.49	20.07	21.6
89	4.29	4.71	5.33	5.95	6.36	6.77	7.38	8.38	9.38	10.36	11.33	12.28	13.22	14.16	15.07	15.98	16.87	17.76	18.63	19.48	21.16	22.79

续上表

结构用冷拔(轧)无缝钢管的尺寸规格(GB/T 17395—2008)

外径(mm)	2	2.2	2.5	2.8	3	3.2	3.5	4	4.5	5	5.5	6	6.5	7	7.5	8	8.5	9	9.5	10	11	12
90	4.34	4.76	5.39	6.02	6.44	6.85	7.47	8.48	9.49	10.48	11.46	12.43	13.38	14.33	15.22	16.18	17.08	17.98	18.86	19.73	21.43	23.08
95	4.59	5.03	5.7	6.37	6.81	7.24	7.9	8.98	10.04	11.1	12.14	13.17	14.19	15.19	16.18	17.16	18.13	19.09	20.03	20.96	22.79	24.56
100	4.83	5.31	6.01	6.71	7.18	7.64	8.33	9.47	10.6	11.71	12.82	13.91	14.99	16.05	17.11	18.15	19.18	20.2	21.2	22.19	24.14	26.04
(102)	4.93	5.41	6.13	6.85	7.32	7.8	8.5	9.67	10.82	11.96	13.09	14.21	15.31	16.4	17.48	18.55	19.6	20.64	21.67	22.69	24.69	26.63
108	5.23	5.74	6.5	7.26	7.77	8.27	9.02	10.26	11.49	12.7	13.9	15.09	16.27	17.44	18.59	19.73	20.86	21.97	23.08	24.17	26.31	28.41
110	5.33	5.85	6.63	7.4	7.92	8.43	9.19	10.46	11.71	12.95	14.17	15.39	16.59	17.78	18.96	20.12	21.28	22.42	23.54	24.66	26.85	29
120	5.82	6.39	7.24	8.09	8.66	9.22	10.06	11.44	12.82	14.18	15.53	16.87	18.2	19.51	20.81	22.1	23.37	24.64	25.89	27.13	29.57	31.96
125	6.07	6.66	7.54	8.42	9.03	9.61	10.49	11.94	13.37	14.8	16.21	17.61	18.99	20.37	21.73	23.08	24.42	25.75	27.06	28.36	30.92	33.44
130	—	—	7.86	8.78	9.4	10	10.92	12.43	13.93	15.41	16.89	18.35	19.8	21.23	22.66	24.07	25.47	26.85	28.23	29.59	32.28	34.92
133	—	—	8.05	8.98	9.62	10.24	11.18	12.72	14.26	15.78	17.29	18.79	20.28	21.75	23.21	24.66	26.1	27.52	28.93	30.33	33.1	35.81
140	—	—	—	—	10.14	10.8	11.78	13.42	15.04	16.65	18.24	19.83	21.4	22.96	24.51	26.04	27.56	29.08	30.57	32.06	34.99	37.88
150	—	—	—	—	10.88	11.58	12.65	14.4	16.15	17.88	19.6	21.31	23	24.68	26.36	28.01	29.66	31.29	32.91	34.52	37.71	40.84
160	—	—	—	—	—	—	13.51	15.39	17.26	19.11	20.96	22.79	24.6	26.41	28.2	29.99	31.76	33.51	35.26	36.99	40.42	43.8
170	—	—	—	—	—	—	14.37	16.37	18.37	20.34	22.31	24.27	26.21	28.14	30.05	31.96	33.85	35.73	37.6	39.46	43.13	46.76
180	—	—	—	—	—	—	15.23	17.36	19.48	21.58	23.67	25.75	27.81	29.87	31.9	33.93	35.95	37.95	39.94	41.92	45.84	49.72
190	—	—	—	—	—	—	—	18.35	20.58	22.81	25.02	27.22	29.41	31.59	33.75	35.9	38.04	40.17	42.29	44.39	48.56	52.67
200	—	—	—	—	—	—	—	19.33	21.69	24.04	26.38	28.7	31.02	33.32	35.6	37.88	40.14	42.39	44.63	46.85	51.27	55.63

预应力钢丝标记 表 33-4-15

钢丝名称	按加工状态分			按外形分		
	冷拉钢丝	低松弛钢丝	普通松弛钢丝	光圆钢丝	螺旋肋钢丝	刻痕钢丝
代号	WCD	WLR	WNR	P	H	I

冷拉钢丝的主要技术指标表 表 33-4-16

公称直径 a（mm）	抗拉强度 σ_b（MPa）	规定非比例 $\sigma_{P0.2}$ 伸长应力（MPa）	最大力下总伸长率 δ_{gt}（%） $L_0=200$mm	反复弯曲 180°		断面收缩率 ψ（%）	每 210mm 扭矩的扭转次 n	松弛率初始应力 $\sigma_{con}=0.7\sigma_b$ 1 000h（%）
				次数	半径（cm）	≥		≤
3.00	1 470	1 100	1.5	4	7.5	—	—	8
4.00	1 570	1 180		4	10	35	8	
5.00	1 670	1 250		4	15		8	
	1 770	1 330						
6.00	1 470	1 100		5	15	30	7	
7.00	1 570	1 180		5	20		6	
8.00	1 670	1 250		5	20		5	
	1 770	1 330						

注：规定非比例伸长应力 $\sigma_{P0.2}$ 不小于公称抗拉强度 σ_b 的 75%。

消除应力的光圆及螺旋肋钢丝主要技术指标表 表 33-4-17

公称直径 a（mm）	抗拉强度 σ_b（MPa）	规定非比例伸长应力 $\sigma_{P0.2}$（MPa）		最大力下总伸长率 δ_{gt}（%） $L_0=200$mm	反复弯曲 180°≥		应力松弛性能（所有规格）		
							初始应力相当于抗拉强度的百分数（%）	1 000h 后应力松弛率（%）≤	
	≥	WLR	WNR	≥	次数	半径（cm）		WLR	WNR
4.00	1 470	1 290	1 250	3.5	3	10			
4.80	1 570	1 380	1 330		4	15			
5.00	1 670	1 470	1 410				60	1.0	4.5
	1 770	1 560	1 500						
	1 860	1 640	1 580				70	2.0	8
6.00	1 470	1 290	1 250		4	15			
6.25	1 570	1 380	1 330		4	20			
7.00	1 670	1 470	1 410		4	20			
	1 770	1 560	1 500						
8.00	1 470	1 290	1 250		4	20	80	4.5	12
9.00	1 570	1 380	1 330		4	25			
10.00	1 470	1 290	1 250		4	25			
12.00					4	30			

注：规定非比例伸长应力 $\sigma_{P0.2}$ 值对低松弛钢丝不小于公称抗拉强度 σ_b 的 88%，对普通松弛钢丝不小于公称抗拉强度 σ_b 的 85%。

消除应力的刻痕钢丝主要技术指标　　表 33-4-18

公称直径 a(mm)	抗拉强度 σ_b (MPa)	规定非比例伸长应力 $\sigma_{p0.2}$ (MPa)		最大力下总伸长率 δ_{gt}(%) L_0=200mm	反复弯曲 180°≥		应力松弛性能(所有规格)		
							初始应力相当于抗拉强度的百分数(%)	1 000h 后应力松弛率(%)≤	
	≥	WLR	WNR	≥	次数	半径 (cm)		WLR	WNR
≤5.00	1 470	1 290	1 250	3.5	3	15	60	1.0	4.5
	1 570	1 380	1 330						
	1 670	1 470	1 410						
	1 770	1 560	1 500				70	2.0	8
	1 860	1 640	1 580						
>5.00	1 470	1 290	1 250			20			
	1 570	1 380	1 330				80	4.5	12
	1 670	1 470	1 410						
	1 770	1 560	1 500						

注:规定非比例伸长应力 $\sigma_{p0.2}$ 值对低松弛钢丝不小于公称抗拉强度 σ_b 的 88%,对普通松弛钢丝不小于公称抗拉强度 σ_b 的 85%。

2. 一般用途低碳钢丝(YB/T 5294—2009)

低碳钢丝适用于一般的捆绑、牵拉、制钉、编织及建筑用途。

钢丝按交货状态分为:冷拉钢丝(WCD)、退火钢丝(TA)、镀锌钢丝(SZ);按用途分为:Ⅰ类(普通用)、Ⅱ类(制钉用)、Ⅲ类(建筑用)。主要技术要求见表 33-4-19。

一般用途低碳钢丝技术指标　　表 33-4-19

公称直径 (mm)	抗拉强度 R_m(MPa)					180°反复弯曲 (次数)		伸长率(%) L_0=100mm	
	冷拉			退火	镀锌	冷拉普通	建筑用	建筑用	镀锌
	普通	制钉用	建筑用						
≤0.30	≤980	—	—	295~540	295~540	打结试验替代	—	—	≥10
>0.30~0.80	≤980	—	—						
>0.80~1.20	≤980	880~1 320	—			≥6	—	—	≥12
>1.20~1.80	≤1 060	785~1 220	—						
>1.80~2.50	≤1 010	735~1 170	—						
>2.50~3.50	≤960	685~1 120	≥550			≥4	≥4	≥2	
>3.50~5.00	≤890	590~1 030	≥550						
>5.00~6.00	≤790	540~930	≥550						
>6.00	≤690	—	—			—	—	—	

3. 中强度预应力混凝土用钢丝(YB/T 156—1999)

中强度预应力混凝土用钢丝,指经过冷加工或冷加工后热处理钢丝,强度级别为 800~1370MPa,适用于预应力混凝土构件。

钢丝有光面钢丝(PW)和变形钢丝(DW)两种,按如下次序标记:代号抗拉强度等级—公称直径—标准号。主要技术要求见表 33-4-20。

中强度预应力混凝土用钢丝技术指标 表 33-4-20

种　类	公称直径(mm)	规定非比例伸长应力 $\sigma_{p0.2}$(MPa)	抗拉强度 σ_b(MPa)	断后伸长率 δ_{100}(%)	反复弯曲 180°		1000h 后应力松弛率(%)
		≥		≥	次数	半径	≤
620/800	4.0	620	800			10	
780/970	5.0	780	970			15	
980/1 270	6.0	980	1 270			20	
	7.0			4	4	20	8
1 080/1 370	8.0	1 080	1 370			20	
	9.0					25	

九、钢绞线

1. 预应力混凝土用钢绞线(GB/T 5224—2003)

钢绞线由冷拉光圆钢丝及刻痕钢丝捻成,适用于预应力混凝土结构。钢绞线可以根据供需双方确定规格和强度级别,每批小于 60t,弹性模量为 195GPa±10GPa(不作供货条件)。预应力钢绞线标记按如下次序:预应力钢绞线结构—公称直径—强度级别—松弛等级—标准号。主要技术要求见表 33-4-21。

预应力钢绞线技术指标 表 33-4-21

钢绞线结构	公称直径(mm)		参考截面积(mm²)	强度级别(MPa)	整根钢绞线的最大力(kN)	规定非比例延伸力(kN)	强度级别(MPa)	整根钢绞线的最大力(kN)	规定非比例延伸力(kN)	最大力总伸长率(%)	应力松弛性能	
	钢绞线	钢丝									初始负荷相当于公称最大力的百分数(%)	1 000h 后应力松弛率(%)
1×2	5.00	2.50	9.82	1 570	15.4	13.9	1 860	18.3	16.5		所有规格	所有规格
				1 720	16.9	15.2	1 960	19.2	17.3			
	5.80	2.90	13.2	1 570	20.7	18.6	1 860	24.6	22.1	所有规格	60	1.0
				1 720	22.7	20.4	1 960	25.9	23.3			
	8.00	4.00	25.1	1 470	36.9	33.2	1 860	46.7	42.0	3.5	70	2.5
				1 570	39.4	35.5	1 960	49.2	44.3			
				1 720	43.2	38.9	—	—	—		80	4.5
1×2	10.00	5.00	39.3	1 470	57.8	52.0	1 860	73.1	65.8			
				1 570	61.7	55.5	1 960	77.0	69.3			
				1 720	67.6	60.8	—	—	—			

续上表

钢绞线结构	公称直径(mm)		参考截面积(mm²)	强度级别(MPa)	整根钢绞线的最大力(kN)	规定非比例延伸力(kN)	强度级别(MPa)	整根钢绞线的最大力(kN)	规定非比例延伸力(kN)	最大力总伸长率(%)	应力松弛性能	
	钢绞线	钢丝									初始负荷相当于公称最大力的百分数(%)	1 000h后应力松弛率(%)
1×2	12.00	6.00	56.5	1 470	83.1	74.8	1 720	97.2	87.5			
				1 570	88.7	79.8	1 860	105	94.5			
1×3	6.20	2.90	19.8	1 570	31.1	28.0	1 860	36.8	33.1			
				1 720	34.1	30.7	1 960	38.8	34.9			
	6.50	3.00	21.2	1 570	33.3	30.0	1 860	39.4	35.5			
				1 720	36.5	32.9	1 960	41.6	37.4			
	8.60	4.00	37.7	1 470	55.4	49.9	1 860	70.1	63.1			
				1 570	59.2	53.3	1 960	73.9	66.5			
				1 720	64.8	58.3	—	—	—			
	8.74	4.05	38.6	1 570	60.6	54.5	1 860	71.8	64.6			
				1 670	64.5	58.1	—	—	—			
	10.80	5.00	58.9	1 470	86.6	77.9	1 860	110	99.0			
				1 570	92.5	83.3	1 960	115	104			
				1 720	101	90.9	—	—	—			
	12.90	6.00	84.8	1 470	125	113	1 860	158	142			
				1 570	133	120	1 960	166	149			
				1 720	146	131	—	—	—			
1×31 *	8.74	4.05	38.6	1 570	60.6	54.5	1 860	71.8	64.6			
				1 670	64.5	58.1	—	—	—			
1×7	9.50	—	54.8	1 720	94.3	84.9	1 960	107	96.3			
				1 860	102	91.8	—	—	—			
	11.10	—	74.2	1 720	128	115	1 960	145	131			
				1 860	138	124	—	—	—			
	12.70	—	98.7	1 720	170	153	1 960	193	174			
				1 860	184	166	—	—	—			
	15.20	—	140	1 470	206	185	1 720	241	217			
				1 570	220	198	1 860	260	234			
				1 670	234	211	1 960	274	247			
	15.70	—	150	1 770	266	239	1 860	279	251			
	17.80	—	191	1 720	327	294	1 860	353	318			

续上表

钢绞线结构	公称直径(mm)		参考截面积(mm^2)	强度级别(MPa)	整根钢绞线的最大力(kN)	规定非比例延伸力(kN)	强度级别(MPa)	整根钢绞线的最大力(kN)	规定非比例延伸力(kN)	最大力总伸长率(%)	应力松弛性能	
	钢绞线	钢丝									初始负荷相当于公称最大力的百分数(%)	1 000h后应力松弛率(%)
(1×7)C*	12.70	—	112	1 860	208	187	—	—	—			
	15.20	—	165	1 820	300	270	—	—	—			
	18.00	—	223	1 720	384	346	—	—	—			

1×3I* 表示用三根刻痕钢丝捻制的钢绞线,(1×7)C* 表示用 7 根钢丝捻制又经模拔的钢绞线。

2. 钢绞线、钢丝束无黏结预应力筋(JG 161—2004)

无黏结预应力筋适用于正常环境下使用的后张法预应力混凝土结构构件。可以根据供需双方确定规格和强度级别。主要技术要求见表 33-4-22。

钢绞线、钢丝束无黏结预应力筋技术指标 表 33-4-22

钢绞线			防腐润滑脂质量 W_3(g/m) 不小于	护套厚度(mm) 不小于	μ	x
公称直径(mm)	公称截面积(mm^2)	公称强度(MPa)				
9.50	54.8	1 720	32	0.8	0.04～0.10	0.003～0.004
		1 860				
		1 960				
12.70	98.7	1 720	43	1.0	0.04～0.10	0.003～0.004
		1 890				
		1 960				
15.20	140.0	1 570	50	1.0	0.04～0.10	0.003～0.004
		1 670				
		1 720				
		1 860				
		1 960				
15.70	150.0	1 770	53	1.0	0.04～0.10	0.003～0.004
		1 860				

注:经供需双方协商,也伸长相应其他强度和直径的无黏结预应力钢绞丝。

3. 预应力筋用锚具、夹具和连接器(GB/T 14370—2007)

锚具、夹具和连接器适用于有黏结、无黏结、体内或体外配筋的预应力混凝土结构。锚具(M)、夹具(J)和连接器(L)按锚固方式分为夹片式、支承式、锥塞式和握裹式四种。标记方式主要为:预应力体系代号、锚具、夹具和连接器代号,以及预应力钢材直径—预应力钢材根数。

主要技术要求见表 33-4-23 和表 33-4-24。

预应力筋用锚具、夹具和连接器技术指标　　表 33-4-23

<table>
<tr><td rowspan="2">名称及代号</td><td colspan="2">静载锚固性能</td><td colspan="2">疲劳荷载性能</td><td colspan="2">周期荷载性能(抗震要求)</td></tr>
<tr><td>效率系数 η_a</td><td>实测极限拉力组装件总应变 ε_{apu}</td><td colspan="2">循环荷载次数(万次)</td><td colspan="2">循环荷载次数(次)</td></tr>
<tr><td rowspan="4">锚具 M</td><td>≥0.95</td><td>≥2.0%</td><td colspan="2">200</td><td colspan="2">50</td></tr>
<tr><td colspan="2" rowspan="3">1. 组装件达到实测极限拉力应时预应力筋断裂,而不是锚具破坏;
2. 试验后锚具有残余变形,但应能确认锚具的可靠性</td><td colspan="2">锚具零件不应疲劳破坏,预应力筋在锚具夹持区域发生疲劳破坏的截面积簇≤5%试件总面积</td><td colspan="2">预应力筋在锚具夹持区域不应发生断裂</td></tr>
<tr><td>钢丝、钢绞线或热处理钢筋</td><td>有明显屈服台阶预应力筋</td><td>钢丝、钢绞线或热处理钢筋</td><td>有明显屈服台阶预应力筋</td></tr>
<tr><td>试验应力上限为 65%预应力筋抗拉强度,应力幅度≥80MPa,并可根据工程需要另定</td><td>试验应力上限为 80%预应力筋抗拉强度,应力幅度≥80MPa</td><td>试验应力上限为 80%预应力筋抗拉强度,下限为 40%</td><td>试验应力上限为90%预应力筋抗拉强度,下限为 40%</td></tr>
<tr><td>夹具 J</td><td colspan="2">η_a≥0.92</td><td colspan="2">—</td><td colspan="2">—</td></tr>
<tr><td>连接器</td><td colspan="6">连接器留在混凝土结构中时,同锚具;连接器张拉后需放张时,同夹片</td></tr>
</table>

预应力筋用锚具、夹具和连接器检验项目　　表 33-4-24

类　型	出厂检验项目	进场检验项目
锚具永久留在混凝土结构中的连接器	外观、硬度、静载试验	外观、硬度、静载试验、疲劳试验、周期荷载试验、辅助性试验
夹具张拉后将放张和拆卸的连接器	外观、硬度、静载试验	外观、硬度、静载试验

十、螺栓和螺母

1. 六角头螺栓

(1)A 级、B 级螺栓制造形式(图 33-4-1)

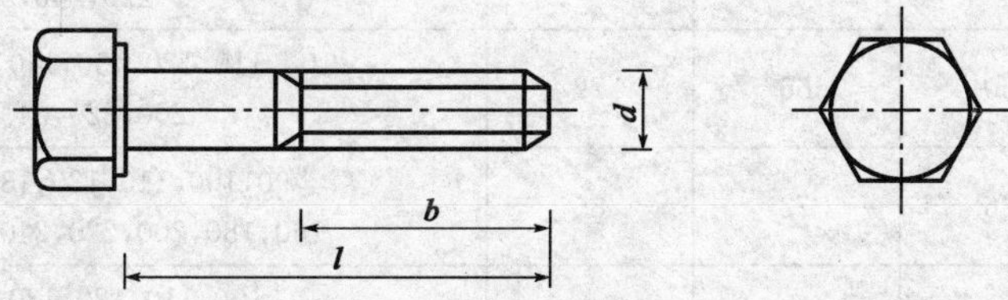

图 33-4-1　A 级、B 级螺栓制造形式示意图

(2)C 级螺栓制造形式(图 33-4-2)

(3)产品规格(表 33-4-25)

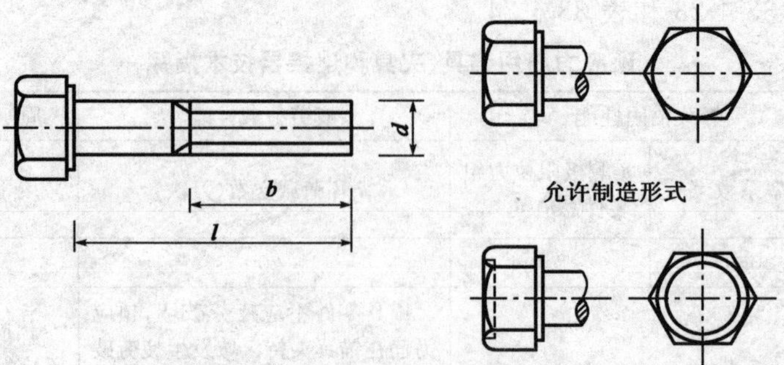

图 33-4-2　C 级螺栓制造形式示意图

螺栓产品规格表　　表 33-4-25

规格螺纹 d(mm)	产品规格	螺纹杆部长度 b(参考)(mm)			螺杆长度 l(公称)(mm)
		$l \leqslant 125$	$125 < l \leqslant 200$	$l > 200$	
M3	A,B	12			20,25,30
M4	A,B	14			25,30,35,40
M5	A,B,C	16			25,30,35,40,45,50
M6	A,B,C	18			30,35,40,45,50,55,60
M8	A,B,C	22			35,40,45,50,55,60,65,70,80
M10	A,B,C	26			40,45,50,55,60,65,70,80,90,100
M12	A,B,C	30			45,50,55,60,65,70,80,90,100,110,120
(M14)	A,B,C	34	40		50,(55),60,(65),70,80,90,100,110,120,130,140
M16	A,B,C	38	44		55,60,65,70,80,90,100,110,120,130,140,150,160
(M18)	A,B	42	48		60,(65),70,80,90,100,110,120,130,140,150,160,180
	C	42	48		80,90,100,110,120,130,140,150,160,180
M20	A,B	46	52		(65),70,80,90,110,110,120,130,140,150,160,180,200
	C	46	52		65,70,80,90,100,110,120,130,140,150,160,180,200
(M22)	A,B	50	56	69	70,80,90,100,110,120,130,140,150,160,180,200,220
	C	50	56	69	90,100,110,120,130,140,150,160,180,200,220
M24	A,B,C	54	60	73	80,90,100,110,120,130,140,150,160,180,200,220,240
(M27)	A,B	60	66	79	90,100,110,120,130,140,150,160,180,200,220,240,260
	C	60	66	79	100,110,120,130,140,150,160,180,200,220,240,260
M30	A,B,C	66	72	85	90,100,110,120,130,140,150,160,180,200,220,240,260,280,300
(M33)	A,B	72	78	91	100,110,120,130,140,150,160,180,200,220,240,260,280,300,320
	C	72	78	91	130,140,150,160,180,200,220,240,260,280,300,320

续上表

规格螺纹 d(mm)	产品规格	螺纹杆部长度 b(参考)(mm)			螺杆长度 l(公称)(mm)
		$l \leqslant 125$	$125 < l \leqslant 200$	$l > 200$	
M36	A,B	78	84	97	110,120,130,140,150,160,180,200,220,240,260,280,300,320,340,360
	C	78	84	97	110,120,130,140,150,160,180,200,220,240,260,280,300
(M39)	A,B	84	90	103	120,130,140,150,160,180,200,220,240,260,280,300,320,340,360,380
	C	84	90	103	150,150,160,180,200,220,240,260,280,300,320,340,360,380,400
M42	A,B		96	109	130,140,150,160,180,200,220,240,260,280,300,320,340,360,380,400
	C		96	109	160,180,200,220,240,260,280,300,320,340,360,380,400,420
(M45)	A,B		102	115	130,140,150,160,180,200,220,240,260,280,300,320,340,360,380,400
	C		102	115	180,200,220,240,260,280,300,320,340,360,380,400,420,440
M48	A,B		108	121	140,150,160,180,200,220,240,260,280,300,320,340,360,380,400
	C		108	121	180,200,220,240,260,280,300,320,340,360,380,400,420,440,460,480

注:摘编自 GB/T5780—2000,GB5782—2000。

(4)产品机械性能等级(表 33-4-26)

螺栓机械性能等级表　　表 33-4-26

产品等级	A,B			C
材料	钢	不锈钢	有色金属	钢
机械性能等级	$d<3$mm:按协议;3mm $\leqslant d \leqslant$ 39mm:5.6、8.8、10.9;3mm $\leqslant d \leqslant$ 16mm:9.8;$d>39$mm 按协议	$D \leqslant 24$mm:A2-70、A4-70;24mm $\leqslant d \leqslant$ 39mm:A2-50、A4-50;$d>39$mm 按协议	CU2、CU3、AL4	$d \leqslant 39$mm:3.6、4.6、4.8 $d>39$:按协议

注:摘编自 GB/T 5780—2000。

(5)螺栓(粗牙螺纹)的保证荷载(表 33-4-27)

螺栓(粗牙螺纹)的保证荷载　　表 33-4-27

螺纹直径 d (mm)	性能等级									
	3.6	4.6	4.8	5.6	5.8	6.8	8.8	9.8	10.9	12.9
	保证荷载($A_s \times S_p$)(kN)									
3	0.91	1.16	1.56	1.41	1.91	2.21	2.920	3.32	4.17	4.88
3.5	1.22	1.53	2.10	1.90	2.58	2.98	3.94	4.41	5.63	6.58

续上表

螺纹直径 d (mm)	性能等级									
	3.6	4.6	4.8	5.6	5.8	6.8	8.8	9.8	10.9	12.9
	保证荷载($A_s \times S_p$)(kN)									
4	1.58	2.02	2.72	2.46	3.34	3.86	5.09	5.79	7.29	8.52
5	2.56	3.27	4.40	3.98	5.40	6.25	8.24	9.37	11.80	13.80
6	3.62	4.62	6.23	5.63	7.64	8.84	11.70	13.30	16.70	19.50
7	5.20	6.50	8.96	8.09	11.00	12.70	16.80	18.80	24.00	28.00
8	6.59	8.42	11.30	10.20	13.00	16.10	21.20	24.20	30.40	35.50
10	10.40	13.30	18.00	16.20	22.00	25.50	33.60	38.30	48.10	56.30
12	15.20	19.40	26.10	23.60	32.00	37.10	48.90	55.60	70.00	81.80
14	20.70	26.40	35.60	32.20	43.70	50.60	66.70	75.90	95.40	112.00
16	28.30	36.10	48.70	44.00	59.70	69.00	91.10	104.00	130.00	152.00
18	34.60	44.20	59.50	53.80	73.00	84.50	115.00	—	159.00	186.00
20	44.10	56.40	76.00	68.60	93.10	108.00	147.00	—	203.00	238.00
22	54.50	69.70	93.90	84.80	115.00	133.00	182.00	—	251.00	294.00
24	63.50	81.20	109.00	98.80	134.00	155.00	212.00	—	293.00	342.00
27	82.60	106.00	142.00	129.00	174.00	202.00	275.00	—	381.00	445.00
30	101.00	129.00	174.00	157.00	213.00	247.00	337.00	—	466.00	544.00
33	125.00	160.00	215.00	194.00	264.00	305.00	416.00	—	576.00	673.00
36	147.00	188.00	253.00	229.00	310.00	359.00	490.00	—	678.00	792.00
39	176.00	224.00	303.00	273.00	371.00	429.00	586.00	—	810.00	947.00

注:摘编自 GB/T 3098.1—2000。

(6)螺栓材料机械性能表(表 33-4-28)

螺栓材料机械性能表 表 33-4-28

性能等级	材料和热处理	螺栓机械性能		
		抗拉强度 σ_b(MPa)		伸长率 δ_5(%)
		公称	min	
3.6	碳钢	300	330	25
4.6		400	400	22
4.8		400	420	—
5.6		500	500	20
5.8		500	520	—
6.8		600	600	—
8.8	低碳合金钢(如硼或锰或铬)淬火并回火或中碳钢,淬火并回火	800	≤M16 800 >M16 830	12

续上表

性能等级	材料和热处理	螺栓机械性能		
		抗拉强度 σ_b(MPa)		伸长率 δ_5 (%)
		公称	min	
9.8	低碳合金钢(如硼或锰或铬)淬火并回火或中碳钢,淬火并回火	900	900	10
10.9	低碳合金钢(如硼或锰或铬)淬火并回火	1 000	1 040	9
10.9	中碳钢,淬火并回火或低、中碳合金钢(如硼或锰或铬)淬火并回火或合金钢			
12.9	合金钢,淬火并回火	1 200	1 220	8

注:1. 8.8、9.8、10.9 为低碳马氏体钢制造的作品。
2. 摘编自 GB/T 3098.1—2010。

2. 地脚螺栓的产品规格

地脚螺栓产品规格见表 33-4-29、图 33-4-3。

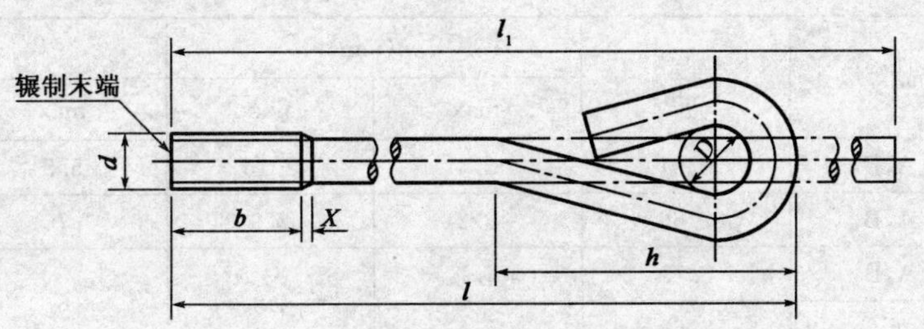

图 33-4-3　地脚螺栓产品规格示意图

地脚螺栓产品规格表　　表 33-4-29

规格(mm)	直径	6	8	10	12	16	20	24	30	36	42	48
	长度	80 120 160	120 160 220	160 220 300	160 220 300	220 300 400 500	300 400 500 600	300 400 500 630 800	400 500 630 800 1 000	500 630 800 1 000	630 800 1 000 1 250	630 800 1 000 1 250 1 500

十一、螺母(1 型六角螺母)

1. A 级、B 级螺母制造形式(图 33-4-4)

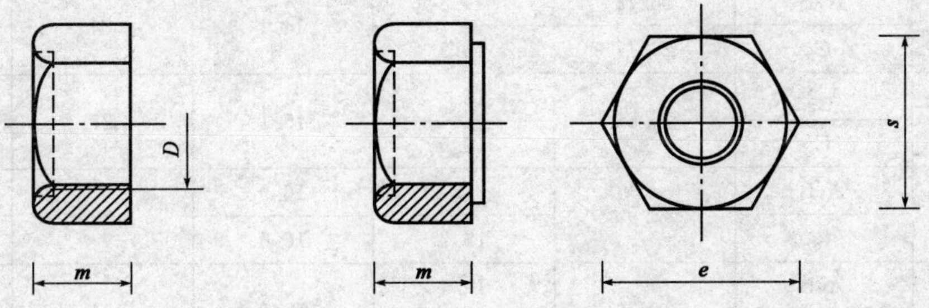

图 33-4-4　A 级、B 级螺母制造形式示意图

2. C 级螺母制造形式(图 33-4-5)

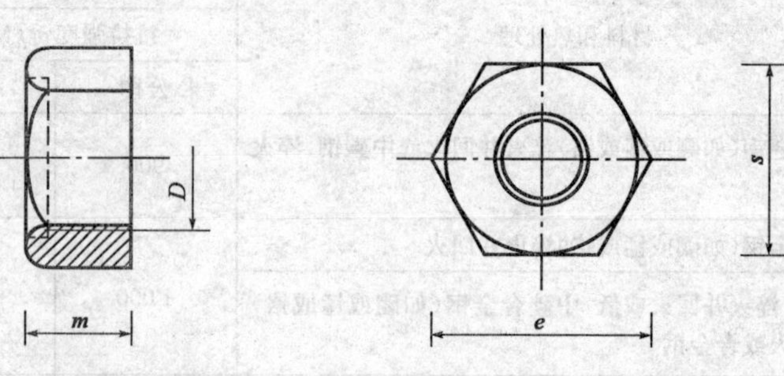

图 33-4-5 C 级螺母制造形式示意图

3. 螺母产品规格(表 33-4-30)

螺母产品规格表 表 33-4-30

<table>
<tr><th rowspan="2">螺纹规格 D
(mm)</th><th rowspan="2">产品等级</th><th rowspan="2">e
(mm)</th><th colspan="2">m(mm)</th><th colspan="2">s(mm)</th></tr>
<tr><th>max</th><th>min</th><th>max</th><th>min</th></tr>
<tr><td>M3</td><td>A,B</td><td>6.01</td><td>2.4</td><td>2.15</td><td>5.5</td><td>5.32</td></tr>
<tr><td>M4</td><td>A,B</td><td>7.66</td><td>3.2</td><td>2.9</td><td>7</td><td>6.78</td></tr>
<tr><td rowspan="2">M5</td><td>A,B</td><td>8.79</td><td>4.7</td><td rowspan="2">4.4</td><td rowspan="2">8</td><td>7.78</td></tr>
<tr><td>C</td><td>8.63</td><td>5.6</td><td>7.64</td></tr>
<tr><td rowspan="2">M6</td><td>A,B</td><td>11.05</td><td>5.2</td><td rowspan="2">4.9</td><td rowspan="2">10</td><td>9.78</td></tr>
<tr><td>C</td><td>10.89</td><td>6.1</td><td>9.64</td></tr>
<tr><td rowspan="2">M8</td><td>A,B</td><td>14.38</td><td>6.8</td><td>6.44</td><td rowspan="2">13</td><td>12.73</td></tr>
<tr><td>C</td><td>14.2</td><td>7.9</td><td>6.4</td><td>12.57</td></tr>
<tr><td rowspan="2">M10</td><td>A,B</td><td>17.77</td><td>8.4</td><td>8.04</td><td rowspan="2">16</td><td>15.73</td></tr>
<tr><td>C</td><td>17.59</td><td>9.5</td><td>8</td><td>15.57</td></tr>
<tr><td rowspan="2">M12</td><td>A,B</td><td>20.03</td><td>10.8</td><td>10.37</td><td rowspan="2">18</td><td>17.73</td></tr>
<tr><td>C</td><td>19.85</td><td>12.2</td><td>10.4</td><td>17.57</td></tr>
<tr><td rowspan="2">(M14)</td><td>A,B</td><td>23.35</td><td>12.8</td><td rowspan="2">12.1</td><td rowspan="2">21</td><td>20.67</td></tr>
<tr><td>C</td><td>22.78</td><td>13.9</td><td>20.16</td></tr>
<tr><td rowspan="2">M16</td><td>A,B</td><td>26.75</td><td>14.8</td><td rowspan="2">14.1</td><td rowspan="2">24</td><td>26.67</td></tr>
<tr><td>C</td><td>26.17</td><td>15.9</td><td>23.16</td></tr>
<tr><td rowspan="2">(M18)</td><td>A,B</td><td rowspan="2">29.56</td><td>15.8</td><td rowspan="2">15.1</td><td rowspan="2">27</td><td rowspan="2">26.16</td></tr>
<tr><td>C</td><td>14.9</td></tr>
<tr><td rowspan="2">M20</td><td>A,B</td><td rowspan="2">32.95</td><td>18</td><td>16.9</td><td rowspan="2">30</td><td rowspan="2">29.16</td></tr>
<tr><td>C</td><td>18.7</td><td>16.6</td></tr>
<tr><td rowspan="2">(M22)</td><td>A,B</td><td rowspan="2">37.29</td><td>19.4</td><td rowspan="2">18.1</td><td rowspan="2">34</td><td rowspan="2">33</td></tr>
<tr><td>C</td><td>20.2</td></tr>
</table>

续上表

螺纹规格 D (mm)	产品等级	e (mm)	m(mm)		s(mm)	
			max	min	max	Min
M24	A,B	39.55	21.5	20.2	36	35
	C		22.3			
(M27)	A,B	45.2	23.8	22.5	41	40
	C		24.7			
M30	A,B	50.85	25.6	24.3	46	45
	C		26.4			
(M33)	A,B	55.37	28.7	27.4	50	49
	C		29.5			
M36	A,B	60.79	31	29.4	55	53.8
	C		31.5			
(M39)	A,B	66.44	33.4	31.8	60	58.8
	C		34.3			
M42	A,B	72.02	34	32.4	65	63.8
	C		34.9			
(M45)	A,B	76.95	36	34.4	65	63.8
	C		36.9			
M48	A,B	82.6	38	36.4	75	73.1
	C		38.9			

注:摘编自 GB/T 41—2006,GB/T 6170—2000。

4. 螺母产品机械性能等级(表 33-4-31)

螺母产品机械性能等级 表 33-4-31

产品等级	A,B	C
机械性能等级	D<3:6 D≥3~39:6、8、10 D>39:按协议	D≤39:4、5 D>39:按协议

注:摘编自 GB/T 41—2006,GB/T 6170—2000。

5. 螺母(粗牙螺纹)的保证荷载(表 33-4-32)

粗牙螺纹螺母的保证荷载 表 33-4-32

螺纹直径 d (mm)	性能等级								
	04	05	4	5	6	8	9	10	12
	保证荷载($A_s \times S_p$)(kN)								
3	1.91	2.52	—	2.62	3.02	4.02	4.53	5.23	5.78
4	3.34	4.39	—	4.57	5.27	7.02	7.90	9.13	10.10
5	5.40	7.10	—	8.24	9.51	11.50	13.00	14.80	16.50

续上表

螺纹直径 d (mm)	性能等级								
	04	05	4	5	6	8	9	10	12
	保证荷载($A_s \times S_p$)(kN)								
6	7.64	10.00	—	11.70	13.50	16.30	18.40	20.90	23.10
8	13.90	18.30	—	21.60	24.90	30.40	34.40	38.10	42.50
10	22.00	29.00	—	34.20	39.40	48.10	54.50	60.30	67.30
12	32.00	42.20	—	51.40	59.00	70.80	80.10	88.50	100.00
14	43.70	57.50	—	70.10	80.50	96.60	109.00	121.00	139.00
16	59.70	78.50	—	95.80	110.00	132.00	148.00	165.00	187.00
18	73.00	96.00	97.90	121.00	138.00	177.00	177.00	204.00	230.00
20	93.10	122.00	125.00	154.00	176.00	225.00	225.00	260.00	294.00
22	115.00	152.00	155.00	191.00	218.00	279.00	279.00	321.00	364.00
24	134.00	177.00	180.00	222.00	254.00	325.00	325.00	374.00	424.00
27	174.00	230.00	234.00	289.00	330.00	422.00	422.00	487.00	551.00
30	213.00	280.00	286.00	353.00	404.00	516.00	516.00	595.00	676.00
33	264.00	347.00	354.00	437.00	500.00	638.00	638.00	735.00	833.00
36	310.00	408.00	417.00	515.00	588.00	752.00	752.00	866.00	980.00
39	371.00	488.00	498.00	615.00	703.00	898.00	808.00	1 030.00	1 170.00

注：摘编自 GB/T 3098.2—2000。

第五节　防排水材料

一、防水卷材

隧道采用复合式衬砌时，应在初期支护与二次衬砌之间设置防水层。防水层宜采用耐久性能较好的高聚物改性沥青防水卷材或合成高分子防水卷材。

隧道防水卷材应符合下列性能要求：

(1)耐水性，即在地下水的作用下其性能基本不发生改变，在水压力作用下不透水。

(2)温度稳定性，即在高温下不流淌、不起泡、不滑动，在低温下不脆裂。

(3)具有一定的机械强度、延伸性和抗断裂性，在结构产生规定的变形条件下不断裂。

(4)柔韧性，防水材料应具有低温柔性，保证施工不脆裂。

(5)大气稳定性，即在阳光、热、氧气及其他化学侵蚀介质、微生物侵蚀介质等因素的长期综合作用下，能抗老化、抗侵蚀。

1.聚氯乙烯防水卷材(PVC 卷材)

聚氯乙烯防水卷材厚度偏差要求见表 33-5-1。

厚度偏差要求及最小单值　　表 33-5-1

厚度(mm)	允许偏差	最小单值
1.2	±0.10	1.00
1.5	±0.15	1.30
2.0	±0.20	1.70

N类无复合层的卷材理化性能指标要求见表33-5-2。

N类卷材理化性能　　表33-5-2

序号	项　目		I　型	II　型
1	拉伸强度(MPa)　≥		8.0	12.0
2	断裂伸长率(%)≥		200	250
3	热处理尺寸变化率(%)≤		3.0	2.0
4	低温弯折性		−20℃无裂纹	−20℃无裂纹
5	抗穿孔性		不渗水	
6	不透水性		不透水	
7	剪切状态下的黏合性(N/mm)≥		3.0或卷材破坏	
8	热老化处理	外观	无起泡、裂纹、黏结和孔洞	
		拉伸强度变化率(%)	±25	±20
		断裂伸长率变化率(%)		
		低温弯折性	−15℃无裂纹	−20℃无裂纹
9	耐化学侵蚀	拉伸强度变化率(%)	±25	±20
		断裂伸长率变化率(%)		
		低温弯折性	−15℃无裂纹	−20℃无裂纹
10	人工气候加速老化	拉伸强度变化率(%)	±25	±20
		断裂伸长率变化率(%)		
		低温弯折性	−15℃无裂纹	−20℃无裂纹
非外露使用可不用考核人工气候加速老化性能				

L类纤维单面复合及W类织物内增强的卷材理化性能指标要求见表33-5-3。

L类及W类卷材理化性能　　表33-5-3

序号	项　目		I型	II型
1	拉力(N/cm)≥		100	160
2	断裂伸长率(%)≥		150	200
3	热处理尺寸变化率≤		1.5	1.0
4	低温弯折性		−20℃无裂纹	−25℃无裂纹
5	抗穿孔性		不渗水	
6	不透水性		不透水	
7	剪切状态下的黏合性(N/mm)≥	L类	3.0或卷材破坏	
		W类	6.0或卷材破坏	
8	热老化处理	外观	无起泡、裂纹、黏结和孔洞	
		拉伸强度变化率(%)	±25	±20
		断裂伸长率变化率(%)		
		低温弯折性	−15℃无裂纹	−20℃无裂纹

续上表

序号	项目		Ⅰ型	Ⅱ型
9	耐化学侵蚀	拉伸强度变化率(%)	±25	±20
		断裂伸长率变化率(%)		
		低温弯折性	−15℃无裂纹	−20℃无裂纹
10	人工气候加速老化	拉伸强度变化率(%)	±25	±20
		断裂伸长率变化率(%)		
		低温弯折性	−15℃无裂纹	−20℃无裂纹
非外露使用可不用考核人工气候加速老化性能				

2. 氯化聚乙烯防水卷材(CPE)

N类无复合层的卷材理化性能指标要求见表33-5-4。

N类卷材理化性能

表33-5-4

序号	项目		Ⅰ型	Ⅱ型
1	拉伸强度(MPa) ≥		5.0	8.0
2	断裂伸长率(%) ≥		200	300
3	热处理尺寸变化率(%)≤		3.0	纵向2.5 横向1.5
4	低温弯折性		−20℃无裂纹	−25℃无裂纹
5	抗穿孔性		不渗水	
6	不透水性		不透水	
7	剪切状态下的黏合性(N/mm)≥		3.0或卷材破坏	
8	热老化处理	外观	无起泡、裂纹、黏结和孔洞	
		拉伸强度变化率(%)	+50 −20	±20
		断裂伸长率变化率(%)	+50 −30	±20
		低温弯折性	−15℃无裂纹	−20℃无裂纹
9	耐化学侵蚀	拉伸强度变化率(%)	±30	±20
		断裂伸长率变化率(%)	±30	±20
		低温弯折性	−15℃无裂纹	−20℃无裂纹
10	人工气候加速老化	拉伸强度变化率(%)	+50 −20	±20
		断裂伸长率变化率(%)	+50 −30	±20
		低温弯折性	−15℃无裂纹	−20℃无裂纹
非外露使用可不用考核人工气候加速老化性能				

L类纤维单面复合及W类织物内增强的卷材理化性能指标要求见表33-5-5。

L类及W类理化性能　　表33-5-5

<table>
<tr><th>序号</th><th colspan="3">项　目</th><th>Ⅰ　型</th><th>Ⅱ　型</th></tr>
<tr><td>1</td><td colspan="3">拉力(N/cm)≥</td><td>70</td><td>120</td></tr>
<tr><td>2</td><td colspan="3">断裂伸长率(%)≥</td><td>125</td><td>250</td></tr>
<tr><td>3</td><td colspan="3">热处理尺寸变化率≤</td><td colspan="2">1.0</td></tr>
<tr><td>4</td><td colspan="3">低温弯折性</td><td>−20℃无裂纹</td><td>−25℃无裂纹</td></tr>
<tr><td>5</td><td colspan="3">抗穿孔性</td><td colspan="2">不渗水</td></tr>
<tr><td>6</td><td colspan="3">不透水性</td><td colspan="2">不透水</td></tr>
<tr><td rowspan="2">7</td><td colspan="2" rowspan="2">剪切状态下的黏合性
(N/mm)≥</td><td>L类</td><td colspan="2">3.0或卷材破坏</td></tr>
<tr><td>W类</td><td colspan="2">6.0或卷材破坏</td></tr>
<tr><td rowspan="4">8</td><td rowspan="4">热老化处理</td><td colspan="2">外观</td><td colspan="2">无起泡、裂纹、黏结和孔洞</td></tr>
<tr><td colspan="2">拉力(N/cm)≥</td><td>55</td><td>100</td></tr>
<tr><td colspan="2">断裂伸长率(%)≥</td><td>100</td><td>200</td></tr>
<tr><td colspan="2">低温弯折性</td><td>−15℃无裂纹</td><td>−20℃无裂纹</td></tr>
<tr><td rowspan="3">9</td><td rowspan="3">耐化学侵蚀</td><td colspan="2">拉力(N/cm)≥</td><td>55</td><td>100</td></tr>
<tr><td colspan="2">断裂伸长率(%)≥</td><td>100</td><td>200</td></tr>
<tr><td colspan="2">低温弯折性</td><td>−15℃无裂纹</td><td>−20℃无裂纹</td></tr>
<tr><td rowspan="3">10</td><td rowspan="3">人工气候
加速老化</td><td colspan="2">拉力(N/cm)≥</td><td>55</td><td>100</td></tr>
<tr><td colspan="2">断裂伸长率(%)≥</td><td>100</td><td>200</td></tr>
<tr><td colspan="2">低温弯折性</td><td>−15℃无裂纹</td><td>−20℃无裂纹</td></tr>
<tr><td colspan="6">非外露使用可不用考核人工气候加速老化性能</td></tr>
</table>

3.高分子防水片材(表33-5-6～表33-5-10)

片 材 的 分 类　　表33-5-6

<table>
<tr><th colspan="2">分　类</th><th>代号</th><th>主要原材料</th></tr>
<tr><td rowspan="10">均质片</td><td rowspan="4">硫化橡胶类</td><td>JL1</td><td>三元乙丙橡胶</td></tr>
<tr><td>JL2</td><td>橡胶(橡塑)共混</td></tr>
<tr><td>JL3</td><td>氯丁橡胶、氯磺化聚乙烯、氯化聚乙烯等</td></tr>
<tr><td>JL4</td><td>再生胶</td></tr>
<tr><td rowspan="3">非硫化橡胶类</td><td>JF1</td><td>三元乙丙橡胶</td></tr>
<tr><td>JF2</td><td>橡胶(橡塑)共混</td></tr>
<tr><td>JF3</td><td>氯化聚乙烯(CPE)</td></tr>
<tr><td rowspan="3">树脂类</td><td>JS1</td><td>聚氯乙烯等(PVC)</td></tr>
<tr><td>JS2</td><td>乙烯乙酸乙烯(EVA)、聚乙烯(PE)等</td></tr>
<tr><td>JS3</td><td>乙烯乙酸乙烯改性沥青共混等(ECB)</td></tr>
<tr><td rowspan="4">复合片</td><td>硫化橡胶类</td><td>FL</td><td>三元乙丙、丁基、氯丁橡胶，氯磺化聚乙烯等</td></tr>
<tr><td>非硫化橡胶类</td><td>FF</td><td>氯化聚乙烯，三元乙丙、丁基、氯丁橡胶，氯磺化聚乙烯等</td></tr>
<tr><td rowspan="2">树脂类</td><td>FS1</td><td>聚氯乙烯等</td></tr>
<tr><td>FS2</td><td>聚乙烯、乙烯乙酸乙烯改性沥青共混等</td></tr>
</table>

片材的规格尺寸 表 33-5-7

项目	厚度(mm)	宽度(m)	长度(m)
橡胶类	1.0,1.2,1.5,1.8,2.0	1.0,1.1,1.2	20 以上
树脂类	0.5 以上	1.0,1.2,1.5,2.0,	

注:橡胶类片材在每卷 20m 长度中允许有一处接头,且最小块长度应不小于 3m,并应加长 15cm 备作搭接,树脂类片材在每卷至少 20m 长度内不允许有接头。

允 许 偏 差 表 33-5-8

项目	厚度(mm)	宽度(m)	长度(m)
允许偏差(%)	−10～+15	>−1	不允许出现负值

均质片的物理性能 表 33-5-9

项目		指标									
		硫化橡胶类				非硫化橡胶类			树脂类		
		JL1	JL2	JL3	JL4	JF1	JF2	JF3	JS1	JS2	JS3
断裂拉伸强度 MPa	常温≥	7.5	6.0	6.0	2.2	4.0	3.0	5.0	10	16	14
	60℃≥	2.3	2.1	1.8	0.7	0.8	0.4	1.0	4	6	5
扯断伸长率(%)	常温≥	450	400	300	200	450	200	200	200	550	500
	−20℃≥	200	200	170	100	200	100	100	15	350	300
撕裂强度(kN/m)≥		25	24	23	15	18	10	10	40	60	60
不透水性,30min 无渗漏(MPa)		0.3	0.3	0.2	0.2	0.3	0.2	0.2	0.3	0.3	0.3
低温弯折℃≤		−40	−30	−30	−20	−30	−20	−20	−20	−35	−35
加热伸缩量(mm)	延伸<	2	2	2	2	2	4	4	2	2	2
	收缩<	4	4	4	4	4	6	10	6	6	6
热空气老化(80℃×168h)	断裂拉伸强度保持率(%)	80	80	80	80	90	60	80	80	80	80
	扯断伸长率保持率(%)	70	70	70	70	70	70	70	70	70	70
	100%伸长率外观	无裂纹	无裂纹	无裂纹	无裂纹	无裂纹	无裂纹	无裂纹	无裂纹	无裂纹	无裂纹
耐碱性[10%$Ca(OH)_2$常温×168h]	断裂拉伸强度保持率(%)	80	80	80	80	80	70	70	80	80	80
	扯断伸长率保持率(%)	80	80	80	80	90	80	70	80	90	90
臭氧老化(40℃×168h)	伸长率 40%,500×10^{-8}	无裂纹	—	—	—	无裂纹	—	—	—	—	—
	伸长率 20%,500×10^{-8}	—	无裂纹	—	—	—	—	—	—	—	—
	伸长率 20%,200×10^{-8}	—	—	无裂纹	—	—	—	—	无裂纹	无裂纹	无裂纹
	伸长率 20%,100×10^{-8}	—	—	—	无裂纹	—	无裂纹	无裂纹	—	—	—

续上表

项　　目		指　　标									
		硫化橡胶类				非硫化橡胶类			树脂类		
		JL1	JL2	JL3	JL4	JF1	JF2	JF3	JS1	JS2	JS3
人工气候老化	断裂拉伸强度保持率（%）	80	80	80	80	80	70	80	80	80	80
	扯断伸长率保持率（%）	70	70	70	70	70	70	70	70	70	70
	100%伸长率外观	无裂纹	无裂纹	无裂纹	无裂纹	无裂纹	无裂纹	无裂纹	无裂纹	无裂纹	无裂纹
黏合性能	无处理	自基准线的偏移及剥离长度在 5mm 以下，且无有害偏移及异状点									
	热处理										
	碱处理										

复合片的物理性能　　表 33-5-10

项　　目		种　　类			
		硫化橡胶类 FL	非硫化橡胶类 FF	脂类	
				FS_1	FS_2
断裂拉伸强度（N/cm）	常温≥	80	60	100	60
	60℃≥	30	20	40	30
胶断伸长率（%）	常温≥	300	250	150	400
	−20℃≥	150	50	10	10
撕裂强度（N）　≥		40	20	20	20
不透水性，30min 无渗漏（MPa）		0.3	0.3	0.3	0.3
低温弯折（℃）≤		−35	−20	−30	−20
加热伸缩量（mm）	延伸＜	2	2	2	2
	收缩＜	4	4	2	4
热空气老化（80℃×168h）	断裂拉伸强度保持率（%）≥	80	80	80	80
	胶断伸长率保持率（%）≥	70	70	70	70
耐碱性[10%$Ca(OH)_2$ 常温×168h]	断裂拉伸强度保持率（%）≥	60	60	60	60
	胶断伸长率保持率（%）≥	80	80	80	80
臭氧老化（40℃×168h）		无裂纹	无裂纹	无裂纹	无裂纹
人工气候老化	断裂拉伸强度保持率（%）≥	80	70	80	80
	胶断伸长率保持率（%）≥	70	70	70	70
黏合性能	无处理	自基准线的偏移及剥离长度在 5mm 以下，且无有害偏移及异状点			
	热处理				
	碱处理				

4. 三元丁橡胶防水卷材(表 33-5-11、表 33-5-12)

规 格 尺 寸 表 33-5-11

厚度(mm)	宽度(mm)	长度(m)
1.2 1.5	1 000	20 10
2.0	1 000	10

注:其他规格尺寸由供播双方协商确定。

物 理 力 学 性 能 表 33-5-12

产品等级			一等品	合格品
不透水性	压力(MPa)	不小于	0.3	
	保持时间(min)	不小于	90,不透水	
纵向拉伸强度(MPa)		不小于	2.2	2.0
纵向断裂伸长率(%)		不小于	200	150
低温弯折性(−30℃)			无裂纹	
耐碱性	纵向拉伸强度的保持率(%)	不小于	80	
	纵向断裂伸长的保持率(%)	不小于	80	
热老化处理	纵向拉伸强度保持率(80℃±2℃,168h)(%)	不小于	80	
	纵向断裂伸长保持率(80℃±2℃,168h)(%)	不小于	70	
热处理尺寸变化率(80℃±2℃,168h)(%)		不小于	−4,+2	
人工加速气候老化27周期	外观		无裂纹,无气泡,不黏结	
	纵向拉伸强度的保持率(%)	不小于	80	
	纵向断裂伸长的保持率(%)	不小于	70	
	低温弯折性		−20℃,无裂缝	

5. 氯化聚乙烯一橡胶共混防水卷材(表 33-5-13、表 33-5-14)

规 格 尺 寸 表 33-5-13

厚度(mm)	宽度(mm)	长度(m)
1.0、1.2、1.5、2.0	1 000、1 100、1 200	20

物 理 力 学 性 能 表 33-5-14

序号	项目		指标	
			S型	N型
1	拉伸强度(MPa)≥		7.0	5.0
2	断裂伸长率(%)≥		400	250
3	直角型撕裂强度(kN/m)≥		24.5	20.0
4	不透水性(30min)		0.3MPa 不透水	0.2MPa 不透水
5	热老化保持率(80℃±2℃,168h),%	拉伸强度(MPa)≥	80	
		断裂伸长率(%)≥	70	
6	脆性温度(℃)≤		−40	−20
7	臭氧老化 500×10^{-8}:168h×40℃		伸长率 40%	伸长率 20%

续上表

序号	项　目		指　标	
			S型	N型
8	静态		无裂纹	无裂纹
9	黏结剥离强度(卷材与卷材)	(kN/m)≥	2.0	
		浸水168h,保持率/%	7.0	
10	热处理尺寸变化率(%)≤		+1	+2
			−2	−4

6.高聚物改性沥青防水卷材(表33-5-15)

主要物理性能要求　　表33-5-15

项　目		性能要求		
		聚酯毡胎体卷材	玻纤毡胎体卷材	聚乙烯膜毡胎体卷材
拉伸性能	拉力(N/50mm)	≥800(纵横向)	≥500(纵向)	≥140(纵向)
			≥300(横向)	≥120(横向)
	最大拉力延伸率(%)	≥40(纵横向)	—	≥250(纵横向)
低温柔度(℃)		≤−15		
		3mm厚,r=15mm;4mm厚,r=25mm;3S,弯180°,无裂纹		
不透水性		压力0.3MPa,保持时间30min,不透水		

7.无纺布性能指标

隧道防水层与初期支护之间应设置无纺布滤水层,其密度不宜小于300g/m^2,防水卷材的厚度宜大于1.0mm。无纺布的性能指标可按表33-5-16的规定采用。

无纺布性能指标表　　表33-5-16

项　目	单　位	丙纶无纺布	涤纶无纺布
单位面积质量	g/m^2	350±5	350±5
纵向拉伸强度	N/5cm	900	840
横向拉伸强度	N/5cm	950	840
纵向伸长率	%	110	100
横向伸长率	%	120	105
顶破强度	kN	1.11	0.95
渗透系数	cm/s	5.5×10^{-2}	4.2×10^{-2}

二、防水涂料

1.聚氨酯防水涂料(GB/T 19250—2003)

单组分聚氨酯防水涂料物理力学性能见表33-5-17、表33-5-18。

单组分聚氨酯防水涂料物理力学性能　　表33-5-17

序　号	项　目		Ⅰ	Ⅱ
1	拉伸强度(MPa)	≥	1.9	2.45
2	断裂伸长率(%)	≥	550	450
3	撕裂强度(N/mm)	≥	12	14

续上表

序号	项目			Ⅰ	Ⅱ
4	低温弯折性(℃)		≤	−40	
5	不透水性 0.3MPa30min			不透水	
6	固体含量(%)		≥	80	
7	表干时间(h)		≤	12	
8	实干时间(h)		≤	24	
9	加热伸缩率/%		≤	1.0	
			≥	−4.0	
10	潮湿基面黏结强度(MPa)			0.50	
11	定伸时老化	加热老化		无裂纹及变形	
		人工气候老化		无裂纹及变形	
12	热处理	拉伸强度保持率(%)		80～150	
		断裂伸长率(%)	≥	500	400
		低温弯折性(℃)	≤	−35	
13	碱处理	拉伸强度保持率(%)		60～150	
		断裂伸长率(%)	≥	500	400
		低温弯折性(℃)	≤	−35	
14	酸处理	拉伸强度保持率(%)		80～150	
		断裂伸长率(%)	≥	500	400
		低温弯折性(℃)	≤	−35	
15	人工气候老化	拉伸强度保持率(%)		80～150	
		断裂伸长率(%)	≥	500	400
		低温弯折性(℃)	≤	−35	

多组分聚氨酯防水涂料物理力学性能 表 33-5-18

序号	项目		Ⅰ	Ⅱ
1	拉伸强度(MPa)	≥	1.9	2.45
2	断裂伸长率(%)	≥	450	450
3	撕裂强度(N/mm)	≥	12	14
4	低温弯折性(℃)	≤	−35	
5	不透水性 0.3MPa30min		不透水	
6	固体含量(%)	≥	92	
7	表干时间(h)	≤	8	
8	实干时间(h)	≤	24	
9	加热伸缩率(%)	≤	1.0	
		≥	−4.0	
10	潮湿基面黏结强度(MPa)		0.50	

续上表

序号	项目			Ⅰ	Ⅱ
11	定伸时老化	加热老化		无裂纹及变形	
		人工气候老化		无裂纹及变形	
12	热处理	拉伸强度保持率(%)		80～150	
		断裂伸长率(%)	≥	400	
		低温弯折性(℃)	≤	−30	
13	碱处理	拉伸强度保持率(%)		60～150	
		断裂伸长率(%)	≥	400	
		低温弯折性(℃)	≤	−30	
14	酸处理	拉伸强度保持率(%)		80～150	
		断裂伸长率(%)	≥	400	
		低温弯折性(℃)	≤	−30	
15	人工气候老化	拉伸强度保持率(%)		80～150	
		断裂伸长率(%)	≥	400	
		低温弯折性(℃)	≤	−30	

2. 水性沥青基防水涂料(JC/T 408—2005)

水性沥青基防水涂料按照性能分为H型和L型。产品的质量指标见表33-5-19。

水性沥青基防水涂料质量指标　　表33-5-19

项目			质量指标	
			L型	H型
外观			样品搅拌后均匀无色差、无凝胶、无结块、无明显沥青丝	
固体含量(%)不小于			45	
耐热度(℃)			80±2	110±2
			无流淌、滑动、滴落	
不透水性			0.1MPa,30min无渗水	
黏结强度(MPa)		≥	0.30	
表干时间(h)		≤	8	
实干时间(h)		≤	24	
低温柔度(℃)	标准条件		−15	0
	碱处理		−10	5
	热处理			
	紫外线处理			
断裂伸长率(%)	标准条件		600	
	碱处理			
	热处理			
	紫外线处理			

3. 聚氯乙烯弹性防水涂料(JC/T 674—1997)

聚氯乙烯弹性防水涂料见表 33-5-20。

物理力学性能指标表 表 33-5-20

序号	项　目	技术指标	
		801	802
1	密度(g/cm³)	规定值±0.1	
2	耐热性(80℃,5h)	无流淌、起泡和滑动	
3	低温柔性(℃,ϕ20mm)	−10	−20
		无裂纹	
4	断裂延伸率(%),不小于	无处理	350
		加热处理	280
		紫外线处理	280
		碱处理	280
5	恢复率(%),不小于	70	
6	不透水性(0.1MPa),30min	不渗水	
7	黏结强度(MPa),不小于	0.20	

4. 溶剂型橡胶沥青防水涂料(JC/T 852—1999)

溶剂型橡胶沥青防水涂料的物理力学性能应符合表 33-5-21 的规定。

溶剂型橡胶沥青防水涂料的物理力学性能 表 33-5-21

项　目		技术指标	
		一等品	合格品
固体含量(%) ≥		48	
抗裂性	基层裂缝(mm)	0.3	0.2
	涂膜状态	无裂纹	
低温柔性(ϕ10mm,2h)		−15℃	−10℃
		无裂纹	
黏结性(MPa)		0.20	
耐热性(80℃,5h)		无流淌、鼓泡、滑动	
不透水性(0.2MPa,30min)		不渗水	

5. 聚合物乳液建筑防水涂料(JC/T 864—2008)

物理力学性能应符合表 33-5-22 的规定。

聚合物乳液建筑防水涂料物理力学性能 表 33-5-22

序号	试验项目	指　标	
		Ⅰ类	Ⅱ类
1	拉伸强度(MPa) ≥	1.0	1.5
2	断裂延伸率(%) ≥	300	300
3	低温柔性(绕 ϕ10mm 棒)	−10℃无裂纹	−20℃无裂纹

续上表

序号	试验项目			指标	
				Ⅰ类	Ⅱ类
4	不透水性(0.3MPa,0.5h)			不透水	
5	固体含量(%)		≥	65	
6	干燥时间(h)	表干时间	≤	4	
		实干时间	≤	8	
7	老化处理后的拉伸强度保持率(%)	加热处理	≥	80	
		人工老化处理		—	80～150
		碱处理	≥	60	
		酸处理	≥	40	
8	老化处理后的断裂延伸率(%)	加热处理	≥	200	
		人工老化处理		—	200
		碱处理	≥	200	
		酸处理	≥	200	
9	加热伸缩率(%)	伸长	≤	1.0	
		缩短	≤	1.0	

6. 聚合物水泥防水涂料(GB/T 23445—2009)

物理力学性能应符合表33-5-23的规定。

聚合物水泥防水涂料物理力学性能表　　表33-5-23

序号	试验项目			技术指标		
				Ⅰ型	Ⅱ型	Ⅲ型
1	固体含量(%)		≥	70		
2	拉伸强度	浸水处理后保持率/%	≥	60	70	70
		无处理(MPa)	≥	1.2	1.8	1.8
		加热处理后保持率(%)	≥	80	80	80
		碱处理后保持率(%)	≥	60	70	70
		紫外线处理后保持率(%)	≥	80	—	—
3	断裂伸长率	浸水处理/%	≥	150	65	20
		无处理(%)	≥	200	80	30
		加热处理(%)	≥	150	65	20
		碱处理(%)	≥	150	65	20
		紫外线处理(%)	≥	150	—	—
4	低温柔性(绕 ϕ10mm 棒)			−10℃无裂纹	—	—
5	黏结强度	无处理(MPa)		0.5	0.7	1.0
		潮湿基层(MPa)		0.5	0.7	1.0
		碱处理(MPa)		0.5	0.7	1.0
		浸水处理(MPa)		0.5	0.7	1.0
6	不透水性(0.3MPa,0.5h)			不透水	不透水	不透水
7	抗渗性(背水面)(MPa)		≥	—	0.6	0.8

7. 建筑表面用有机硅防水剂(JC/T 902—2002)

建筑表面用有机硅防水剂物理力学性能见表 33-5-24。

建筑表面用有机硅防水剂物理力学性能表 表 33-5-24

<table>
<tr><th rowspan="2">序号</th><th rowspan="2" colspan="3">试验项目</th><th colspan="2">指标</th></tr>
<tr><th>W</th><th>S</th></tr>
<tr><td>1</td><td colspan="3">pH 值</td><td colspan="2">规定值±1</td></tr>
<tr><td>2</td><td colspan="2">固体含量(%)</td><td>≥</td><td>20</td><td>5</td></tr>
<tr><td>3</td><td colspan="3">稳定性</td><td colspan="2">无分层,无漂油、无明显沉淀</td></tr>
<tr><td>4</td><td colspan="2">吸水率比(%)</td><td>≤</td><td colspan="2">20</td></tr>
<tr><td rowspan="6">5</td><td rowspan="6">渗透性≤</td><td colspan="2">标准状态</td><td colspan="2">2mm,无水迹无变色</td></tr>
<tr><td colspan="2">热处理</td><td colspan="2">2mm,无水迹无变色</td></tr>
<tr><td colspan="2">低温处理</td><td colspan="2">2mm,无水迹无变色</td></tr>
<tr><td colspan="2">紫外线处理</td><td colspan="2">2mm,无水迹无变色</td></tr>
<tr><td colspan="2">酸处理</td><td colspan="2">2mm,无水迹无变色</td></tr>
<tr><td colspan="2">碱处理</td><td colspan="2">2mm,无水迹无变色</td></tr>
</table>

三、密封材料

(1)硅酮建筑密封胶(GB/T 14683—2003)的理化性能应符合表 33-5-25 的规定。

硅酮建筑密封胶理化性能表 表 33-5-25

<table>
<tr><th rowspan="2">序号</th><th rowspan="2" colspan="2">项目</th><th colspan="4">技术指标</th></tr>
<tr><th>25HM</th><th>20HM</th><th>25LM</th><th>20LM</th></tr>
<tr><td>1</td><td colspan="2">密度(g/m³)</td><td colspan="4">规定值 0.1</td></tr>
<tr><td rowspan="2">2</td><td rowspan="2">下垂度(mm)</td><td>垂直</td><td colspan="4">≤3</td></tr>
<tr><td>水平</td><td colspan="4">无变形</td></tr>
<tr><td>3</td><td colspan="2">表干时间(h)</td><td colspan="4">≤3a</td></tr>
<tr><td>4</td><td colspan="2">挤出性(ml/min)</td><td colspan="4">≥80</td></tr>
<tr><td>5</td><td colspan="2">弹性恢复率(%)</td><td colspan="4">≥80</td></tr>
<tr><td rowspan="2">6</td><td rowspan="2">拉伸模量(MPa)</td><td>23℃</td><td colspan="2" rowspan="2">>0.4 或>0.6</td><td colspan="2" rowspan="2"><0.4 和<0.6</td></tr>
<tr><td>−20℃</td></tr>
<tr><td>7</td><td colspan="2">定伸黏结性</td><td colspan="4">无破坏</td></tr>
<tr><td>8</td><td colspan="2">紫外线辐照后黏结性</td><td colspan="4">无破坏</td></tr>
<tr><td>9</td><td colspan="2">冷拉—热压后黏结性</td><td colspan="4">无破坏</td></tr>
<tr><td>10</td><td colspan="2">浸水后定伸黏结性</td><td colspan="4">无破坏</td></tr>
<tr><td>11</td><td colspan="2">质量损失率(%)</td><td colspan="4">≤10</td></tr>
</table>

a. 允许采用供需双方商定的其他指标值;

b. 此项仅适用于 G 类产品

(2)建筑防水沥青嵌缝油膏(JC/T 207—1996)的各项物理力学性能应符合表33-5-26的规定。

建筑防水沥青嵌缝油膏物理力学性能表　　表33-5-26

序号	项目			技术指标	
				702	801
1	密度(g/m³)			规定值±0.1	
2	施工度(mm)		≥	22	20
3	耐热性	温度(℃)		70	80
		下垂值(mm)	≤	40	
4	低温柔性	温度(℃)		−20	−10
		黏结状况		无裂纹和剥离现象	
5	拉伸黏结性(%)		≥	125	
6	浸水后拉伸黏结性(%)		≥	125	
7	渗出性	渗出幅度(mm)	≤	5	
		渗出张度(张)	≤	4	
8	挥发性(%)		≤	2.8	

注:规定值由厂方提供或供需双方商定。

(3)聚氨酯建筑密封胶(JC/T 482—2003)应符合表33-5-27的规定。

聚氨酯建筑密封胶物理力学性能表　　表33-5-27

序号	项目			技术指标		
				20HM	25LM	20LM
1	密度(g/m³)			规定值±0.1		
2	适用期(h)		不小于	1		
3	表干时间(h)		不大于	24		
4	挤出性(mL/min)		不小于	80		
5	流变性	下垂度(N型)(mm)不大于		3		
		流平性(L型)		光滑平整		
6	拉伸模量(MPa)	23℃		>0.4 或>0.6	≤0.4 和≤0.6	
		−20℃				
7	定伸黏结性			无破坏		
8	浸水后定伸黏结性			无破坏		
9	弹性恢复率(%)		不小于	70		
10	冷拉—热压后的黏结性			无破坏		
11	质量损失率(%)		不大于	7		

(4)丙烯酸脂建筑密封胶(JC 484—2006)

丙烯酸脂建筑密封胶物理力学性能见表33-5-28。

丙烯酸脂建筑密封胶物理力学性能表 表33-5-28

序号	项目		技术指标		
			20HM	25LM	20LM
1	密度(g/m^3)		规定值±0.1		
2	下垂度(mm)	不大于	3		
3	表干时间(h)	不大于	1		
4	挤出性(mL/min)	不小于	100		
5	弹性恢复率(%)		≥40		见表注
6	定伸黏结性		无破坏		—
7	浸水后定伸黏结性		无破坏		—
8	冷拉-热压后黏结性		无破坏		—
9	断裂伸长率(%)		—		≥100
10	浸水后断裂伸长率(%)		—		≥100
11	同一温度下拉伸—压缩循环后黏结性		—		无破坏
12	低温柔性(℃)		−20		−5
13	体积变化率(%)		≤30		

注:报告实测值。

(5)聚氯乙烯建筑密封胶(JC/T 798—1997)产品物理力学性能应符合表33-5-29的规定。

聚氯乙烯建筑密封胶产品物理力学性能表 表33-5-29

项目			技术要求	
			801	802
密度(g/m^3)			规定值±0.11	
下垂度(mm,80℃)		不大于	4	
低温柔度	温度(℃)		−10	−20
	柔性		无裂缝	
拉伸黏结性	最大抗拉强度(MPa)		0.02~0.15	
	最大延伸(%)	不小于	300	
浸水拉伸率	最大抗拉强度(MPa)		0.02~0.15	
	最大延伸(%)	不小于	250	
恢复率(%)		不小于	80	
挥发率(%)		不小于	3	

注:1.规定值是指企业标准或产品说明书所规定的密度值。

2.挥发率仅限于G型PYC接缝材料。

(6)混凝土建筑接缝用密封胶(JC/T881—2001)产品物理力学性能符合表33-5-30的规定。

物 理 力 学 性 能　　表33-5-30

<table>
<tr><th rowspan="2">序号</th><th rowspan="2" colspan="3">项　目</th><th colspan="7">技 术 指 标</th></tr>
<tr><th>25LM</th><th>25HM</th><th>20LM</th><th>20HM</th><th>12.5E</th><th>12.5P</th><th>7.5P</th></tr>
<tr><td rowspan="3">1</td><td rowspan="3">流动性</td><td rowspan="2">下垂度(N型)(mm)</td><td>垂直</td><td colspan="7">≤3</td></tr>
<tr><td>水平</td><td colspan="7">≤3</td></tr>
<tr><td colspan="2">流平性(S型)</td><td colspan="7">光滑平整</td></tr>
<tr><td>2</td><td colspan="3">挤出性(mL/min)</td><td colspan="7">≥80</td></tr>
<tr><td>3</td><td colspan="3">弹性恢复率(%)</td><td colspan="2">≥80</td><td colspan="2">≥6</td><td>≥40</td><td><40</td><td><40</td></tr>
<tr><td rowspan="3">4</td><td rowspan="3">拉伸黏结性</td><td rowspan="2">拉伸模量(MPa)</td><td>23℃</td><td rowspan="2">≤0.4和≤0.6</td><td rowspan="2">>0.4和>0.6</td><td rowspan="2">≤0.4和≤0.6</td><td rowspan="2">>0.4和>0.6</td><td colspan="3">—</td></tr>
<tr><td>-20℃</td><td colspan="3">—</td></tr>
<tr><td colspan="2">断裂伸长率(%)</td><td colspan="5">—</td><td>≥100</td><td>≥20</td></tr>
<tr><td>5</td><td colspan="3">定伸黏结性</td><td colspan="5">无破坏</td><td colspan="2">—</td></tr>
<tr><td>6</td><td colspan="3">浸水后定伸黏结性</td><td colspan="5">无破坏</td><td colspan="2">—</td></tr>
<tr><td>7</td><td colspan="3">热压、冷拉后的黏结性</td><td colspan="5">无破坏</td><td colspan="2">—</td></tr>
<tr><td>8</td><td colspan="3">拉伸－压缩后的黏结性</td><td colspan="5">—</td><td colspan="2">无破坏</td></tr>
<tr><td>9</td><td colspan="3">浸水后断裂伸长率(%)</td><td colspan="5">—</td><td>≥100</td><td>≥20</td></tr>
<tr><td>10</td><td colspan="3">质量损失率(%)</td><td colspan="4">≤10</td><td colspan="3">—</td></tr>
<tr><td>11</td><td colspan="3">体积收缩率(%)</td><td colspan="4">≤25</td><td colspan="3">≤25</td></tr>
</table>

注：1. 乳胶型和溶剂型产品不测质量损失率。

2. 仅适用于乳胶型和溶剂型产品。

第六节　注 浆 材 料

注浆材料是注浆技术中不可缺少的一个组成部分，注浆之所以能起到堵水和加固的作用，主要是由于注浆材料在注浆过程中发生由液相到固相再转变成结石体的结果。因此，凡是一种液体在一定条件下可以变成固体的物质，一般来讲都可以作为注浆材料。

对注浆材料的一般要求注浆材料品种很多，性能也各不相同，但是作为注浆材料，应有一些相似的性质，一种理想的注浆材料，应满足以下要求：

(1)浆液黏度低、流动性好、可注性好，能够进入细小隙缝和粉细砂层。

(2)浆液凝固时间能够在几秒至几小时内任意调节，并能准确地控制。

(3)浆液的稳定性好，常温、常压下较长时间存放不改变其基本性质，不发生强烈的化学反应。

(4)浆液无毒、无臭，不污染环境，对人体无害，属非易燃、易爆物品。

(5)浆液对注浆设备、管路、混凝土建筑物及橡胶制品无腐蚀性，并且容易清洗。

(6)浆液固化时，无收缩现象，固化后有一定的黏结性，能牢固地与岩石、混凝土及砂子等黏结。

(7)浆液结石率高，结石体有一定的抗压强度和抗拉强度，不龟裂，抗渗性好。

(8)结石体耐老化性能好,能长期耐酸、碱、盐、生物细菌等腐蚀,并且不受温度、湿度的影响。

(9)注浆材料的粒度越细,注浆效果越好,但浆液成本也就越高。

(10)浆液配制方便,操作容易掌握,原材料来源丰富,价格便宜,能够大规模使用。

一种注浆材料同时满足上述要求是比较困难的,现有的注浆材料都或多或少地存在着这样或那样的缺点。因此,一种浆液只要符合其中的几项要求即可,在施工中根据具体情况和要求,选择最合适的一种或几种浆液配合使用,以达到预期的效果。

按浆液主剂性质分为无机系列和有机系列两大类:

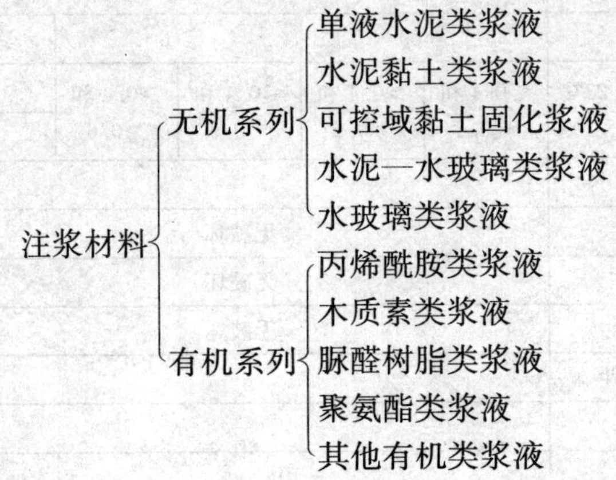

1.单液水泥类浆液

(1)普通单液水泥浆的基本性能

单液水泥浆具有如下特点:

①水泥作为注浆材料,来源丰富,价格低廉;

②浆液结石体强度高,抗渗性能好;

③采用单液方式注入,工艺及设备简单,操作方便;

④由于水泥是颗粒材料,可注性差,难以注入中细粉砂层及裂隙岩层;

⑤水泥浆液初、终凝时间长,不能准确控制,容易流失,结石率低。

在一般情况下,单液水泥浆还是采用古老的办法,即是在水泥浆中加入占水泥重量5%以下的氯化钙或占水泥重量3%以下的水玻璃,其性能如表33-6-1所示。

单液水泥浆的基本性能 表33-6-1

水灰比	附加剂		初凝时间	终凝时间	抗压强度(0.1MPa)			
	名称	用量(%)			1d	2d	7d	28d
1∶1	0	0	14h15min	25h00min	8	16	59	92
1∶1	水玻璃	3	7h20min	14h30min	10	18	55	—
1∶1	氯化钙	2	7h10min	15h04min	10	19	61	95
1∶1	氯化钙	3	6h50min	13h08min	11	20	65	98

(2)水泥的速凝早强剂为了控制水泥浆的扩散范围,缩短注浆工程的时间和提高注浆堵水效果,加入速凝早强剂起到很好的效果。一般水泥的速凝早强剂是复合附加剂,品种如水玻璃、三乙醇胺加氯化钠及二水石膏加氯化钙等,其对浆液的影响见表33-6-2。

水泥速凝早强剂对初、终凝及抗压强度的影响　表 33-6-2

水灰比	附加剂		初凝时间	终凝时间	抗压强度(0.1MPa)				
	名称	用量(%)			1d	2d	7d	14d	28d
1∶1 1∶1	— 水玻璃	— 3	14h15min 7h20min	25h00min 14h30min	8 10	16 18	59 55	— —	92 —
1∶1	三乙醇胺 氯化钠	0.05 0.5	6h45min	12h35min	24	39	72	130	143
1∶1	三乙醇胺 氯化钠	0.1 1.0	7h23min	12h58min	23	46	98	126	152
1∶1	三异丙醇胺 氯化钠	0.05 0.5	11h3min	18h22min	14	27	74	77	120
1∶1	三异丙醇胺 氯化钠	0.1 1.0	9h36min	14h12min	18	35	82	75	131
1∶1	二水石膏 氯化钙	1.0 2.0	7h15min	14h15min	18	28	56	—	89

(3)水泥的分散剂和悬浮剂因单液水泥浆易沉淀析水，为了使水泥颗粒能较长时间悬浮于水中，就需要加入悬浮剂。为了降低水泥浆的黏度，提高浆液的流动性，增加浆液的可注性，往往要加入分散剂。实际上分散剂跟悬浮剂很难严格区别开来，有些药剂加入水泥浆之后，既能起到分散作用，又能起到悬浮作用。分散剂、悬浮剂对水泥浆的影响见表 33-6-3。

分散剂、悬浮剂对水泥浆稳定性的影响　表 33-6-3

附加剂		水灰比	最终析水率(%)	全析水时间(min)	备注
名称	用量(%)				
		1∶1	42.8	60	水泥为 42.5 级矿渣硅酸盐水泥，加水搅拌 5min 后，置于 250mL 量筒中，每隔 10min 观测 1 次析水率，稳定为止
$FeSO_4$	1		23.5	50	
$FeSO_4$	3		15.1	50	
$FeSO_4$	5		12.6	30	
膨润土	3		27.05	50	
膨润土	5		24.58	70	
膨润土	8		20.4	50	
纸浆废液	1		34.41	120	
纸浆废液	5		32.58	120	
Na_3PO_4	1		31.55	70	
Na_3PO_4	3		28.2	70	

(4)水泥的其他附加剂根据工程需要，往往在水泥浆中加入其他的一些附加剂。如缓凝剂、流动剂、加气剂、膨胀剂、防析水剂等，以满足注浆工程的特殊需要。其试剂、加量如表 33-6-4 所示。

其他附加剂掺量表 表 33-6-4

名称	试剂	掺量占水泥重量(%)	说明
缓凝剂	木质磺酸钙	0.2～0.5	亦增加流动性
	酒石酸	0.1～0.5	
	糖	0.1～0.5	
流动剂	木质磺酸钙	0.2～0.3	
	去垢剂	0.05	产生空气
加气剂	松香树脂	0.1～0.2	产生约10%的空气
膨胀剂	铝粉	0.005～0.02	约膨胀15%
	饱和盐水	30～60	约膨胀1%
防析水剂	纤维素	0.2～0.3	
	硫酸铝	约20	产生空气

(5)单液水泥浆在配制时，力求加料严格准确，加料顺序一定在加完水后，在搅拌的情况下方能加入水泥，以免搅拌机卡住，待搅拌均匀后，再加入附加剂，为了现场配制方便，现将一定体积中各物料的用量分别列于表33-6-5～表33-6-9中，以供参考。

纯水泥浆(不加附加剂)现场配制表 表 33-6-5

水灰比	水泥(袋)	水(L)	浆液量(m^3)	备注
0.5∶1	24	600	1.000	每袋水泥50kg
0.6∶1	22	660	1.026	
0.75∶1	19	712	1.029	
1∶1	15	750	1.000	
1.25∶1	13	812	1.029	
1.5∶1	11	825	1.008	
2∶1	9	900	1.050	

水泥浆(加3%氯化钙)现场配制表 表 33-6-6

水灰比	水泥(袋)	50%氯化钙(桶)	水(L)	浆液量(m^3)	备注
0.5∶1	25	5	525	1.000	每袋水泥50kg，50%氯化钙每桶15L
0.6∶1	22	4.5	593	1.026	
0.75∶1	19	4	652	1.029	
1∶1	15	3	705	1.000	
1.25∶1	13	2.5	774	1.029	
1.5∶1	11	2	795	1.008	
2∶1	9	2	870	1.050	

水泥浆(加4.5%水玻璃)之现场配制表　　表33-6-7

水灰比	水泥(袋)	40°Be'水玻璃(桶)	水(L)	浆液量(m^3)	备注
0.5∶1	25	2.5	563	1.000	每袋水泥50kg 水玻璃每桶15L
0.6∶1	22	2	630	1.026	
0.75∶1	19	2	682	1.029	
1∶1	15	1.5	727	1.000	
1.25∶1	13	1.5	790	1.029	
1.5∶1	11	1	810	1.008	
2∶1	9	1	885	1.050	

水泥浆(加三乙醇胺与氯化钠混合溶液)现场配制表　　表33-6-8

水灰比	水泥(袋)	三乙醇胺与氯化钠混合溶液(L)	水(L)	浆液量(m^3)	备注
0.5∶1	24	30	570	1.000	每袋水泥50kg 混合液为20%氯化钠与2%三乙醇胺
0.6∶1	22	28	632	1.026	
0.75∶1	19	24	688	1.029	
1∶1	15	19	731	1.000	
1.25∶1	13	16	796	1.029	
1.5∶1	11	14	811	1.008	
2∶1	9	11	889	1.050	

不同水灰比的水泥浆黏度　　表33-6-9

水灰比	0.6∶1	1∶1	1.5∶1	2∶1	2.5∶1	3∶1
超细水泥	45	30	15	8	7.5	7
普通水泥	90	50	35	20	15	805

2.超细水泥浆液(表33-6-10)

目前常用的单液水泥浆、水泥和水玻璃浆均属颗粒型注浆材料，不能注入孔隙较小的地层中去。因水泥颗粒直径一般在40～100μm范围，比表面积为317m^2/kg左右，所以难于注入渗透系数小于5×10^{-4}cm/s的中沙及裂隙小于0.6mm的围岩中。

超细水泥平均粒径为4μm，最大粒径为10μm，比表面积为800m^2/kg，可灌入渗透系数为1×10^{-3}～1×10^{-4}cm/s的细沙中，可灌性与化学浆液相近，结石强度大于化学浆液，对地下水及环境无污染，称为绿色注浆材料。

3.改性水玻璃浆液(表33-6-11)

改性水玻璃浆液又称酸性水玻璃浆液，它是由普通碱性水玻璃加硫酸酸化后配制而成。该浆液在酸化过程中产生多聚硅酸，固结后呈胶状体，能阻止Na^+溶脱，增加了固结体的耐久性，优于固结体易崩解的碱性水玻璃固化剂的浆液。当地层不是碱性地层时，把水玻璃先制成pH值为2的酸性水玻璃，再配弱碱溶液，双液注入地层。该方法要求施工中使用耐腐蚀的设备。

超细水泥主要技术指标参考表 表 33-6-10

型　号			MC-20	MC-18	MC-15	MC-12	MC-10
比表面积(cm²/g)⩾			8 500	8 600	9 000	9 200	9 500
平均粒径(μm)⩽			4.0	3.8	3.5	3.2	3.0
最大粒径(μm)⩽			20	18	15	12	10
凝胶时间(h)	初凝		⩾4				
	终凝		⩽10				
强度(MPa)	抗折⩾	⩾3d	4.9	5.0	5.5	6.0	6.2
		28d	7.1	7.2	8.0	8.5	9.0
	抗压⩾	⩾3d	32.0	33.0	35.0	38.0	40.0
		⩾8d	55.0	58.0	64.0	73.0	83.0

注:1. 结石强度:由于超细水泥比表面积大,有较高的化学活性,能较快地凝结固化,可获得早期和后期强度。3d 结石强度可达 25MPa,3 个月强度可达 62MPa,同期相比,比普通水泥强度高 20%左右。

2. 凝胶时间:在 30s～7min 根据不同配合比,也可用添加剂进行调节.可单液压注,也可与水玻璃配合进行双液压注。由于比表面积大,为了使其在水中分散均匀,应采用高速搅拌机拌和,美国、日本等国家都大量用于封堵地下工程。

超细水泥一水玻璃双液浆结石体抗压强度(MPa) 表 33-6-11

缓凝剂掺量	W∶MC	时间	MC∶S				
			1∶1	1∶0.8	1∶0.7	1∶0.5	1∶0.3
1%	1∶1	1d	6.30	5.33	2.88		
		3d	7.05	5.81	3.25		
	2∶1	1d	0.27	0.16	0.14		
		3d	0.28	0.19	0.18		
	3∶1	1d	0.19	0.12	0.09		
		3d	0.20	0.14	0.11		
2.5%	1∶1	1d	0.50	0.30	0.19	0.11	
		3d	0.58	0.40	0.43	0.40	
	2∶1	1d	0.35	0.16	0.13	0.06	
		3d	0.35	0.25	0.20	0.06	0.02
	3∶1	1d	0.32	0.13	0.08		0.03
		3d	0.32	0.16	0.11		

注:水玻璃浓度为 35Be′,试验温度为 20℃。

改性水玻璃浆料源广、价格适中、无毒、无污染、黏度低、可注性好,可作为粉细砂或砂砾地层的注浆加固和堵水材料。

4. 丙烯酸盐浆液

丙烯酸盐种类很多,可作为注浆材料的有钠、锌、铝、镁等盐类.该注浆液可注性好,凝胶、化学稳定性好,且有较好的防渗性能,因而广泛应用在地下工程防污和堵漏施工中.目前生产的丙烯酸盐多为复合盐类,浆液的基本组成见表 33-6-12。

丙烯酸盐浆液的基本组成　　表 33-6-12

材料名称	作　用	配　方		
		Ⅰ	Ⅱ	Ⅲ
丙烯酸盐	主剂	10	12	15
甲撑双丙烯酰胺	交联剂	1	1	2
三乙醇胺	促进剂	1	1	1
过硫酸胺	引发剂	1	1	1
水	溶剂	87	85	81

按表 33-6-12 配制的浆液，在常温下凝胶时间为 3～5min。若需延长凝胶时间，则应加入铁氰化钾。若需快凝，可加硫酸亚铁。该浆液有微毒，但凝胶体基本无毒，价格较高，作为堵缝材料已广泛应用于地下工程，堵水率达 90%以上。

5. 水溶性聚氨酯浆

该浆液是由 TD，和水溶性聚醚树脂化学反应而成. 它与一般聚氨酯材料相似，具有二次渗透的特点，可注性好，固化速度可调，固结体具有弹性，强度高，且到达的速度快；施工时以水为固化剂，可单液注浆，施工方便；不含有胺和重金属盐类，所以毒性小；固结体不收缩，止水耐久性好，具有高效防水堵漏、结构补强功能. 该浆液价格较高，但由于它具有发泡功能，遇水发泡体积增大 4～6 倍，用量小，造价适中，其性能见表 33-6-13。

水溶性聚氨酯注浆材料性能　　表 33-6-13

项　目	指　标	项　目	指　标
外观	黄色到淡棕色透明状	与混凝土黏结强度	＞1.1MPa
黏度(在 20℃时)	100～300cp	抗渗指标	＞90N/cm²
密度	1.05～1.12g/cm³	凝胶时间	10～1 800s
结石体抗压强度	＜1.5MPa	最大含水率	＞15 倍

6. 黏土固化剂浆材

黏土固化剂浆材是以黏土为主要成分(占 80%～85%)加上水泥(占 10%左右)和结构剂配制而成的，具有以下特点：

(1)有较好的吸水性和抗水稀释性能，因而它能在地下水流动状态下，甚至在地下水流速较大的情况下以及大溶洞条件下进行注浆并获得成功。

(2)有良好的流变性能及可泵性. 根据注浆施工的不同设计要求，可调整其流变性能。

(3)有良好的对裂隙自我封闭作用，固化后所形成的结石体塑性大，因而具有良好的抗震性能，特别适用于露天矿、地下矿井、地铁等需要进行爆破工程的防水帷幕的施工。

(4)流动性较好，易于渗入岩层的微细裂隙中，从而提高了堵水效果。

(5)形成的结石体密封较好，渗透系数小，注浆帷幕的整体堵水效果好。

(6)结石体塑性强度一般能达 0.1～2MPa，个别达 3MPa。根据注浆堵水的目的与要求，通过改变浆液配方，可以调整其结石体的强度，以满足注浆堵水的强度要求。

(7)初凝时间较长，早期强度低，因而能进行间歇式重复注浆。例如，由于某种原因一次注浆不能满足要求时,可钻孔后进行重复灌注。因其结石体早期强度低,注浆泵用稍高的初压力,浆液即能填充于裂隙中,把处于半凝固状态的结石体挤开,打通裂隙通道进行重复注浆,从而提高注浆效果。

(8)有良好的抗地下水、各种矿化水、温泉水和硫酸根离子的侵蚀通用性,从而大大扩大了黏土浆液的使用范围和注浆帷幕的使用周期。

(9)可以就地取材,利用施工现场附近的勃土,加入少量固化剂即可使用,因此黏土浆液的材料成本非常低,加上制浆费用,每立方米浆液的成本约是水泥浆液的 1/4~1/3。

第七节 其他隧道常用材料

一、止水带

隧道衬砌结构的变形缝、施工缝等应设置止水带,止水带的类型可根据工程的具体要求选用。

1. 隧道用橡胶止水带的物理力学性质

隧道用橡胶止水带的物理力学性质应符合表 33-7-1 的规定。

止水带的主要物理性能指标　　表 33-7-1

序号	项目		指标		
			变形缝	施工缝	接缝
1	硬度(邵尔 A,度)		60±5	60±5	60±5
2	拉伸强度(MPa) ≥		15	12	10
3	扯断伸长率(%) ≥		380	380	300
4	压缩永久变形	70℃×24h(%) ≤	35	35	35
		23℃×168h(%) ≤	20	20	20
5	撕裂强度(kN/m) ≥		30	25	25
6	脆性温度(℃) ≤		−45	−40	−40

2. 隧道用制品型(PZ)遇水膨胀橡胶

隧道用制品型(PZ)遇水膨胀橡胶应符合表 33-7-2 的规定。

制品型膨胀橡胶胶料主要物理力学参数表　　表 33-7-2

序号	项目	指标			
		PZ-150	PZ-200	PZ-400	PZ-600
1	硬度(邵尔 A,度)	42±7		45±7	48±7
2	拉伸强度(MPa) ≥	3.5		3	
3	扯断伸长率(%) ≥	450		350	
4	体积膨胀倍率(%) ≥	150	250	400	600
5	低温弯折(−20℃×Zh)	无裂纹			

注:1. 硬度为推荐项目。

2. 成品切片测试应达到本标准的 80%。

3. 接头部位的拉伸强度指标不得低于本表中标准性能的 50%。

3. 隧道用腻子型(PN)遇水膨胀橡胶

隧道用腻子型(PN)遇水膨胀橡胶应符合表 33-7-3 的规定。

腻子型膨胀橡胶胶料的主要物理性能表 表 33-7-3

序号	项目	指标		
		PN-150	PN-220	PN-300
1	体积膨胀倍率(%)	150	220	300
2	高温流淌性(80℃×sh)	无流淌	无流淌	无流淌
3	低温试验(−20℃×zh)	无脆裂	无脆裂	无脆裂

二、内装饰材料

1. 隧道防水涂料

隧道工程防水涂料,应具有良好的耐水性、耐磨性、耐久性、耐腐蚀性及耐菌性,并应具有无毒、阻燃、低污染性能和良好的黏结性。隧道常用的防水涂料主要有聚氨酯防水涂料、水性沥青基防水涂料、聚氯乙烯弹性防水涂料、溶剂型橡胶沥青防水涂料、聚合物水泥防水涂料、建筑表面用有机硅防水剂等,应根据使用需求具体选用。

2. 隧道防火涂料(表 33-7-4)

隧道防火涂料技术指标表 表 33-7-4

序号	检验项目		技术指标	缺陷分类
1	在容器中的状态		经搅拌后呈均匀稠厚液体,无结块	C
2	干燥时间,表干(h)		≤24	C
3	黏结强度(MPa)		≥0.1	A
4	干密度(kg/m³)		≤800	C
5	耐水性(h)		经 720h 试验后,涂层不开裂、起层、脱落,允许轻微发胀和变色	A
6	耐酸性(h)		经 360h 试验后,涂层不开裂、起层、脱落,允许轻微发胀和变色	B
7	耐碱性(h)		经 360h 试验后,涂层不开裂、起层、脱落,允许轻微发胀和变色	B
8	耐冻融循环试验(次)		经 15 次试验后,涂层不开裂、起层、脱落、变色	B
9	耐湿热性(h)		经 720h 试验后,涂层不开裂、起层、脱落、变色	B
10	耐火性能	涂层厚度(mm)	10≤	A
		耐火极限(h)	≥2.0(特殊情况下 3.0)	

隧道防火涂料用于隧道混凝土结构表面,形成耐火隔热保护层以提高其结构耐火极限的涂料,其特性应为非膨胀型,同时应满足涂料中不宜采用苯类溶剂、石棉等对人体有害的物质;涂料可采用喷涂、抹涂、刮涂等方法,并能在通常的自然环境条件下干燥固化;涂层实干后不应有刺激性气味的要求。

3. 隧道瓷砖

隧道内壁采用瓷砖装饰具有抗潮湿、抗冻、耐污易冲洗的优点,隧道瓷砖技术要求可参考国标 GB/T4100—2006。干压陶瓷砖、炻瓷砖技术要求见表 33-7-5。

干压陶瓷砖、炻瓷砖技术要求（$0.5\%<E\leqslant3\%$，Bib类） 表33-7-5

<table>
<tr><th colspan="7">技术要求</th><th rowspan="3">试验方法</th></tr>
<tr><th colspan="2" rowspan="2">尺寸和表面质量</th><th colspan="5">产品表面积S(cm²)</th></tr>
<tr><th>S≤90</th><th>90<S≤190</th><th>190<S≤410</th><th>410<S≤1 600</th><th>S>1 600</th></tr>
<tr><td rowspan="3">长度和宽度</td><td>每块砖（2条或4条边）的平均尺寸相对于工作尺寸（W）的允许偏差1%</td><td>±1.2</td><td>±1.0</td><td>±0.75</td><td>±0.6</td><td>±0.5</td><td>GB/T 3810.2</td></tr>
<tr><td>每块砖（2条或4条边）的平均尺寸相对于10块砖（20条或40条边）平均尺寸的允许偏差1%</td><td>±0.75</td><td>±0.5</td><td>±0.5</td><td>±0.5</td><td>±0.4</td><td>GB/T 3810.2</td></tr>
<tr><td colspan="7">制造商应选用以下尺寸：
a.模数砖名义尺寸连接宽度允许在2～5mm；
b.非模数砖工作尺寸与名义尺寸之间的偏差不大于±2%，最大5mm</td></tr>
<tr><td colspan="2">厚度
a.厚度由制造商确定
b.每块砖厚度的平均值相对于工作尺寸厚度的允许偏差1%</td><td>±10</td><td>±10</td><td>±5</td><td>±5</td><td>±5</td><td>GB/T 3810.2</td></tr>
<tr><td colspan="2" rowspan="2">边直度（正面）
相对于工作尺寸的最大允许偏差1%</td><td>±0.75</td><td>±0.5</td><td>±0.5</td><td>±0.5</td><td>±0.3</td><td rowspan="2">GB/T 3810.2</td></tr>
<tr><td colspan="5">抛光砖的边直度允许偏差为±0.2%，且最大偏差≤2.0mm</td></tr>
<tr><td colspan="2" rowspan="2">直角度
相对于工作尺寸的最大允许偏差1%</td><td>±1.0</td><td>±0.6</td><td>±0.6</td><td>±0.6</td><td>±0.5</td><td rowspan="2">GB/T 3810.2</td></tr>
<tr><td colspan="5">抛光砖的直角度允许偏差为±0.2%，且最大偏差≤2.0mm；
边长>600mm的砖，直角度用对边长度差和对角线长度差表示，最大偏差≤2.0mm</td></tr>
<tr><td rowspan="4">表面平整度最大允许偏差（%）</td><td>a.相对于由工作尺寸计算的对角线的中心弯曲度</td><td>±1.0</td><td>±0.5</td><td>±0.5</td><td>±0.5</td><td>±0.40</td><td>GB/T 3810.2</td></tr>
<tr><td>b.相对于工作尺寸的边弯曲度</td><td>±1.0</td><td>±0.5</td><td>±0.5</td><td>±0.5</td><td>±0.4</td><td>GB/T 3810.2</td></tr>
<tr><td>c.相对于由工作尺寸计算的对角线的翘曲度</td><td>±1.0</td><td>±0,5</td><td>±0.5</td><td>±0.5</td><td>±0.4</td><td>GB/T 3810.2</td></tr>
<tr><td colspan="6">抛光砖的直角度允许偏差为±0.2%，且最大偏差≤2.0mm；
边长>600mm的砖，表面平整度用上凸和下凹表示，其最大偏差≤2.0mm</td><td>GB/T 3810.2</td></tr>
<tr><td rowspan="3">长度和宽度</td><td>每块砖（2条或4条边）的平均尺寸相对于工作尺寸（W）的允许偏差1%</td><td>±1.2</td><td>±1.0</td><td>±0.75</td><td>±0.6</td><td>±0.5</td><td>GB/T 3810.2</td></tr>
<tr><td>每块砖（2条或4条边）的平均尺寸相对于10块砖（20条或40条边）平均尺寸的允许偏差1%</td><td>±0.75</td><td>±0.5</td><td>±0.5</td><td>±0.5</td><td>±0.4</td><td>GB/T 3810.2</td></tr>
<tr><td colspan="7">制造商应选用以下尺寸：
a.模数砖名义尺寸连接宽度允许在2～5mm；
b.非模数砖工作尺寸与名义尺寸之间的偏差不大于±2%，最大5mm</td></tr>
</table>

续上表

<table>
<tr><td colspan="7">技 术 要 求</td><td rowspan="3">试 验 方 法</td></tr>
<tr><td colspan="2" rowspan="2">尺寸和表面质量</td><td colspan="5">产品表面积 $S(cm^2)$</td></tr>
<tr><td>S≤90</td><td>90<S≤190</td><td>190<S≤410</td><td>410<S≤1 600</td><td>S>1 600</td></tr>
<tr><td colspan="2">厚度
a.厚度由制造商确定
b.每块砖厚度的平均值相对于工作尺寸厚度的允许偏差 1%</td><td>±10</td><td>±10</td><td>±5</td><td>±5</td><td>±5</td><td>GB/T 3810.2</td></tr>
<tr><td colspan="2" rowspan="2">边直度(正面)
相对于工作尺寸的最大允许偏差 1%</td><td>±0.75</td><td>±0.5</td><td>±0.5</td><td>±0.5</td><td>±0.3</td><td rowspan="2">GB/T 3810.2</td></tr>
<tr><td colspan="5">抛光砖的边直度允许偏差为±0.2%,且最大偏差≤2.0mm</td></tr>
<tr><td colspan="2" rowspan="2">直角度
相对于工作尺寸的最大允许偏差 1%</td><td>±1.0</td><td>±0.6</td><td>±0.6</td><td>±0.6</td><td>±0.5</td><td rowspan="2">GB/T 3810.2</td></tr>
<tr><td colspan="5">抛光砖的直角度允许偏差为±0.2%,且最大偏差≤2.0mm;
边长>600mm 的砖,直角度用对边长度差和对角线长度差表示,最大偏差≤2.0mm</td></tr>
<tr><td rowspan="4">表面平整度最大允许偏差(%)</td><td>a.相对于由工作尺寸计算的对角线的中心弯曲度</td><td>±1.0</td><td>±0.5</td><td>±0.5</td><td>±0.5</td><td>±0.4</td><td>GB/T 3810.2</td></tr>
<tr><td>b.相对于工作尺寸的边弯曲度</td><td>±1.0</td><td>±0.5</td><td>±0.5</td><td>±0.5</td><td>±0.4</td><td>GB/T 3810.2</td></tr>
<tr><td>c.相对于由工作尺寸计算的对角线的翘曲度</td><td>±1.0</td><td>±0.5</td><td>±0.5</td><td>±0.5</td><td>±0.4</td><td>GB/T 3810.2</td></tr>
<tr><td colspan="6">抛光砖的直角度允许偏差为±0.2%,且最大偏差≤2.0mm;
边长>600mm 的砖,表面平整度用上凸和下凹表示,其最大偏差≤2.0mm</td><td>GB/T 3810.2</td></tr>
</table>

三、其他材料

(1)当需要提高隧道喷射混凝土初期支护及二次衬砌的抗冲击性能和抗裂性能时,可以在衬砌混凝土中掺入聚丙烯纤维。混凝土结构中聚丙烯纤维的推荐掺量宜为 $2.5\sim3.0kg/m^3$,喷射混凝土中推荐掺量宜为 $1.0\sim1.5kg/m^3$。

(2)水泥卷式锚杆锚固剂的主要技术参数,可按表 33-7-6 的规定采用。

水泥卷式锚固剂的主要技术指标 表 33-7-6

<table>
<tr><td rowspan="2">锚固方式</td><td colspan="2">凝结时间(min)</td><td colspan="3">抗压强度(MPa)</td><td colspan="2">拉拔力(kN)</td><td rowspan="2">膨 胀 率</td></tr>
<tr><td>初凝</td><td>终凝</td><td>0.5h</td><td>1h</td><td>24h</td><td>0.5h</td><td>24h</td></tr>
<tr><td>端锚</td><td>1～4</td><td><7</td><td>12</td><td>18</td><td>25</td><td>50</td><td>70</td><td rowspan="2">30min≥0.1%
28d>0</td></tr>
<tr><td>全锚</td><td>4～7</td><td>8～10</td><td>9</td><td>15</td><td>25</td><td></td><td>70</td></tr>
</table>

注:养护温度宜为(20±2)℃,相对湿度 80%～90%,拌和水温度(20±2)℃。

(3)树脂锚杆锚固剂的主要技术指标,可按表 33-7-7 的规定采用。

树脂锚杆锚固剂型号和技术参数表 表 33-7-7

型　　号	特　　性	凝胶时间(s)	搅拌时间(s)	等待时间(s)	承载时间(s)
CKa	超快速	8～25	8～15	10～30	3
CK		8～40	8～15	10～60	10
K	快速	41～90	20～35	90～180	15
Z	中速	91～180	20～35	480	30
M	慢速	>180	—	—	—

第三十四章 附 录

第一节 常用单位及换算关系

1.常用的法定计量单位

常用的法定计量单位见表 34-1-1～表 34-1-5。

国际单位制的基本单位 表 34-1-1

序 号	量的名称	单位名称	单位符号
1	长度	米	m
2	质量	千克(公斤)	kg
3	时间	秒	s
4	电流	安[培]	A
5	热力学温度	开[尔文]	K
6	物质的量	摩[尔]	mol
7	发光强度	坎[德拉]	cd

国际单位制的辅助单位 表 34-1-2

序 号	量的名称	单位名称	单位符号
1	平面角	弧度	rad
2	立体角	球面度	sr

国际单位制中具有专门名称的导出单位 表 34-1-3

序 号	量的名称	单位名称	单位符号	其他表示式例
1	频率	赫[兹]	Hz	s^{-1}
2	力,重力	牛[顿]	N	$kg \cdot m/s^2$
3	压力,压强,应力	帕[斯卡]	Pa	N/m^2
4	能量,功,热	焦[耳]	J	N·m
5	功率,辐射通量	瓦[特]	W	J/s
6	电荷量	库[仑]	C	A·s
7	电位,电压,电动势	伏[特]	V	W/A
8	电容	法[拉]	F	C/V
9	电阻	欧[姆]	Ω	V/A
10	电导	西[门子]	S	A/V
11	磁通量	韦[伯]	Wb	V·s

续上表

序号	量的名称	单位名称	单位符号	其他表示式例
12	磁通量密度,磁感应强度	特[斯拉]	T	Wb/m^2
13	电感	亨[利]	H	Wb/A
14	摄氏温度	摄氏度	℃	
15	光通量	流[明]	lm	sr
16	光照度	勒[克斯]	lx	lm/m^2
17	放射性活度	贝可[勒尔]	Bq	s^{-1}
18	吸收剂量	戈[瑞]	Gy	J/kg
19	剂量当量	希[沃特]	Sv	J/kg

国家选定的非国际单位制单位 表 31-1-4

序号	量的名称	单位名称	单位符号	换算关系和说明
1	时间	分	min	1min=60s
		小时	h	1h=60min=3 600s
		天(日)	d	1d=24h=86 400s
2	平面角	[角]秒	(″)	1″=(π/648 000)rad (π为圆周率)
		[角]分	(′)	1′=60″=(π/10 800)rad
		度	(°)	1°=60′=(π/180)rad
3	旋转速度	转每分	r/min	$1r/min=(1/60)s^{-1}$
4	长度	海里	nmile	1nmile=1 852m(只用于航程)
5	速度	节	kn	1kn=1nmile/h=(1 852/3 600)m/s(只用于航行)
6	质量	吨	t	$1t=10^3kg$
		原子质量单位	u	$1u\approx1.660\,565\,5\times10^{-27}kg$
7	体积	升	L(l)	$1L=1dm^3=10^{-3}m^3$
8	能	电子伏	eV	$1eV\approx1.602\,189\,2\times10^{-19}J$
9	级差	分贝	dB	
10	线密度	特[克斯]	tex	1tex=1g/km

用于构成十进倍数和分数单位的词头 表 34-1-5

序号	所表示的因数	词头名称	词头符号	序号	所表示的因数	词头名称	词头符号
1	10^{18}	艾[可萨]	E	9	10^{-1}	分	d
2	10^{15}	拍[它]	P	10	10^{-2}	厘	c
3	10^{12}	太[拉]	T	11	10^{-3}	毫	m
4	10^{9}	吉[咖]	G	12	10^{-6}	微	μ
5	10^{6}	兆	M	13	10^{-9}	纳[诺]	n
6	10^{3}	千	k	14	10^{-12}	皮[可]	p
7	10^{2}	百	h	15	10^{-15}	飞[母托]	f
8	10^{1}	十	da	16	10^{-18}	阿[托]	a

注:1.周、月、年(年的符号为 a)为一般常用时间单位。

2.[]内的字,是在不致混淆的情况下,可以省略的字。

3.()内的字为前者的同义语。

2. 常用单位的换算关系

常用单位的换算关系见表 34-1-6～表 34-1-8。

常用法定计量单位及换算关系(一)　　表 34-1-6

序号	量的名称	计量单位	符号	换 算 关 系
1	长度	千米(公里)	km	1 千米(公里)＝2 市里＝0.621 4 英里
		米	m	1 米＝3 市尺＝3.280 8 英尺＝1.093 6 码
		厘米	cm	1 厘米＝0.01 米＝0.393 7 英寸
		海里	nmile	1 海里＝3.704 0 市里＝1.15 英里
2	面积	平方千米(平方公里)	km^2	1 平方千米＝100 公顷＝1 500 市亩＝0.386 1 平方英里
		平方米	m^2	1 平方米＝9 平方市尺＝10.763 9 平方英尺＝1.196 0 平方码
3	体积	立方米	m^3	1 立方米＝27 立方市尺＝35.314 7 立方英尺＝1.308 0 立方码
4	容积	升	L	1 升＝1 公升＝1 市升＝1.759 8 品脱＝0.220 0 加仑
		毫升	mL	1 毫升＝1cc＝0.001 升
5	质量	吨	t	1 吨＝1 000 千克＝0.984 2 英吨＝1.102 3 美吨
		千克(公斤)	kg	1 千克＝2 市斤＝2.204 6 磅(常衡)
		克	g	1 克＝0.001 千克＝15.432 4 格令

常用法定计量单位及换算关系(二)　　表 34-1-7

序号	量的名称	法定计量单位		非法定计量单位		换 算 关 系
		名称	符号	名称	符号	
1	旋转速度	转每分	r/min			1r/min＝(1/60)r/s
2	长度	米	m	埃	A	1A＝0.1nm＝10^{-10}m
				英寸	in	1in＝0.025 4m＝25.4mm
3	面积	平方米	m^2	公亩	a	1a＝10^2m^2
				公顷	ha	1ha＝10^4m^2
4	体积	立方米	m^3	立方英尺	ft^3	1ft^3＝0.028 316 8m^3＝28.316 8dm^3
5	容积	升	L＝$10^{-3}m^3$	英加仑	Ukga1	1Ukga1＝4.546 09zm^3
				美加仑	Usga1	1Usga1＝3.785 41dm^3
6	质量	千克	kg	磅	1b	11b＝0.453 592 37kg
		吨	t	长吨(英吨)	ton	1ton＝1 016.05kg
7	力、重力	牛(顿)	N	达因	dyn	1dyn＝10^{-5}N
				千克力	kgf	1kgf＝9.806 65N
				吨力	tf	1tf＝9.806 65×10^3N
8	力矩	牛米	N·m	千克力米	kgf·m	1kgf·m＝9.806 65N·m

续上表

序号	量的名称	法定计量单位		非法定计量单位		换算关系
		名称	符号	名称	符号	
9	压力、压强应力	帕(斯卡)	Pa (1Pa=1N/m²)	巴	bar	1bar=0.1MPa=10^5Pa
				标准大气压	atm	1atm=101 325Pa
				毫米汞柱	mmHg	1mmHg=133.322 4Pa
				工程大气压	kgf/cm²	1kgf/cm²=9.806 65×10^4Pa
				千克力平方毫米	kgf/mm²	1kgf/mm²=9.806 65×10^6Pa
10	动力黏度	帕秒	Pa·s	泊	P	1P=0.1Pa·s
11	运动黏度	平方米每秒	m²/s	斯(托克斯)	St	1St=1cm²/s=10^{-4}m²/s
12	能,功热量	焦(耳)	J	千克力米	kgf·m	1kgf·m=9.806 65J
				尔格	erg	1erg=10^{-7}J
				卡	cal	1cal=4.186 8J
				热化学卡	calth	1calth=4.184 0J
13	功率	瓦(特)	W	(米制)马力		1[米制]马力=735.499W
14	比热容	焦千克开(尔文)	J/(kg·K)	千卡千克开	kcal/(kg·K)	1kcal/(kg·K)=4.186 8×10^3J/(kg·K)
15	传热系数	瓦平方米开(尔文)	W/(m²·K)	卡平方厘米秒开	cal/(cm²·s·K)	1cal/(cm²·s·K)=4.186 8×10^4W/(m²·K)
16	热导率	瓦米开(尔文)	W/(m²·K)	卡厘米秒开	cal/(cm·s·K)	1cal/(cm·s·K)=4.186 8×10^2W/(m·K)

常用的非法定计量单位与法定计量单位的换算关系 表34-1-8

序号	量的名称	非法定计量单位		法定计量单位		单位换算关系
		名称	符号	名称	符号	
1	力,重力	千克力	kgf	牛顿	N	1kgf=9.806 65N
		吨力	tf	千牛顿	kN	1tf=9.806 65kN
2	线分布力	千克力每米	kgf/m	牛顿每米	N/M	1kgf/m=9.806 65N/m
		吨力每米	tf/m	千牛顿每米	kN/m	1tf/m=9.806 65kN/m
3	力矩、弯矩、扭矩	千克力米	kgf·m	牛顿米	N·m	1kgf·m=9.806 65N·m
		吨力米	tf·m	千牛顿米	kN·m	1tf·m=9.806 65kN·m
4	应力、材料强度	千克力每平方毫米	kgf/mm²	兆帕斯卡	MPa	1kgf/mm²=9.806 65MPa
		千克力每平方厘米	kgf/cm²	兆帕斯卡	MPa	1kgf/cm²0.098 066 5MPa
		吨力每平方米	tf/m²	千帕斯卡	kPa	1tf/m²=9.806 65kPa
5	弹性模量剪变模量变形模量	千克力每平方厘米	kgf/cm²	兆帕斯卡	MPa	1kgf/cm²=0.098 066 5MPa

第二节 常用材料重度

常用材料重度见表 34-2-1。

表 34-2-1

名称(规格)		重度(kN/m³)	名称(规格)		重度(kN/m³)
普通混凝土		21.0～26.0	砂子	(干,细砂)	14.0
钢筋混凝土		26.0		(干,粗砂)	17.0
片石混凝土		23.0	卵石(干)		16.0～18.0
浆砌粗料石		25.0	黏土夹卵石(干,松)		17.0～18.0
浆砌块石		23.0	砂夹卵石(干,松)		15.0～17.0
浆砌片石		22.0	砂夹卵石(干,压密)		16.0～19.2
石砌体	花岗岩	25.0	砂石		23.6
	砂岩	21.0	页岩		28.0
	石灰岩	24.0	页岩(片石堆置)		14.8
普通黏土砖		16.0～18.0	泥灰岩(ϕ=40°)		14.0
黏土空心砖		10.0～14.0	花岗岩、大理岩		28.0
水泥砂浆		20.0	花岗岩(片石堆置)		15.4
水泥(散装 ϕ=30°)		14.5	石灰岩		26.4
水泥(袋装压实 ϕ=40°)		16.0	石灰岩(片石堆置)		15.2
浇筑沥青		15.0	白云岩(片石堆置 ϕ=48°)		16.0
干砌片石		20.0	玄武岩		29.5
回填土石		19.0	长石		25.5
回填土		17.0	碎石子(堆置)		14.0～15.0
碎石道碴		20.0	无烟煤(块状堆放 ϕ=30°)		9.5
腐殖土(干 ϕ=40°,湿 ϕ=35°)		15.0～16.0	褐煤(堆放)		7.0～8.0
黏土	(干松,空隙为 1.0)	13.5	冰		9.0
	(干 ϕ=40°压实)	16.0	铸铁		72.5
	(湿 ϕ=35°压实)	18.0	锻铁		77.5
	(很湿 ϕ=35°压实)	20.0	钢		78.5
砂土	(干,松)	12.2	木材(注油)		9.0
	(干 ϕ=35°压实)	16.0	木材(不注油)		7.5
	(湿 ϕ=35°压实)	18.0			
	(很湿 ϕ=25°压实)	20.0			

第三节　梁内力计算公式

1.静定梁内力计算公式(表 34-3-1)

简 支 梁　　表 34-3-1

代号说明：

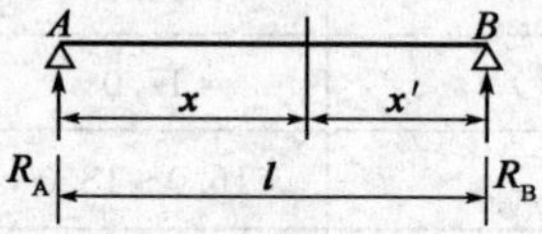

$\xi=\frac{x}{l},\alpha=\frac{a}{l},\beta=\frac{b}{l},\gamma=\frac{c}{l}$

a,b,c—— 见各栏图中所示；

M—— 弯矩；Q—— 剪力；f—— 挠度；R—— 反力。

编号	简图	项目	公式
1	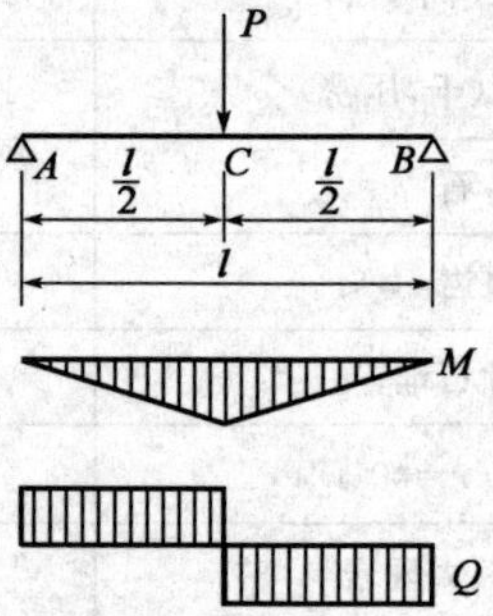 $R_A=R_B=\frac{P}{2}$	M	AC 段：$M_x=\frac{Px}{2}$ CB 段：$M_x=\frac{Pl}{2}(1-\xi)$ $M_o=M_{max}=\frac{Pl}{4}$
		Q	AC 段：$Q_x=\frac{P}{2}$ CB 段：$Q_x=-\frac{P}{2}$
		f	$f_x=f_{max}=\frac{Pl^2}{48EI}$
2	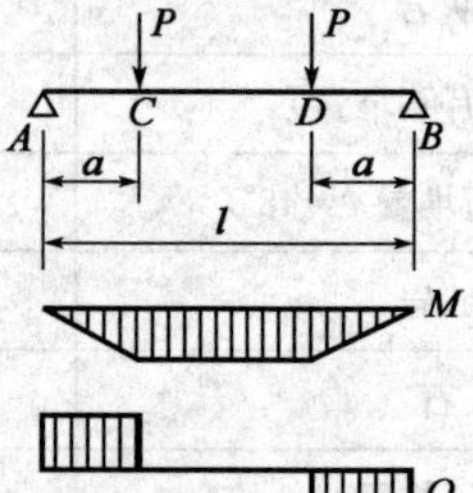 $R_A=R_B=P$	M	AC 段：$M_x=Px$ CD 段：$M_x=M_{max}=Pa$
		Q	AC 段：$Q_x=P$ CD 段：$Q_x=0$ DB 段：$Q=-P$
		f	$f_{max}=\frac{Pal^2}{24EI}(3-4\alpha^2)$
3	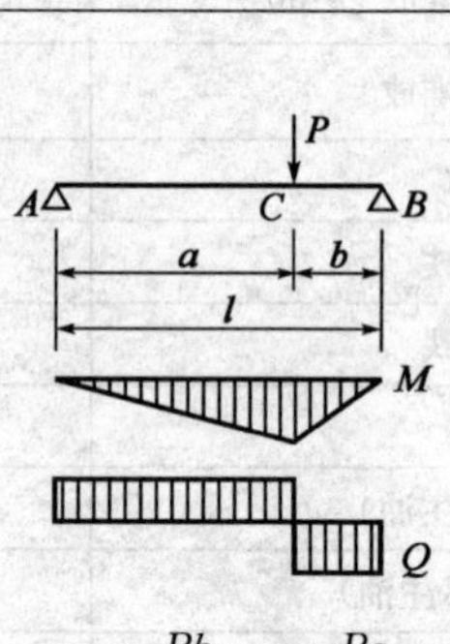 $R_A=\frac{Pb}{l}$　$R_a=\frac{Pa}{l}$	M	AC 段：$M_x=\frac{Pbx}{l}$ CB 段：$M_x=Pa(1-\xi)$ $M_x=M_{max}=\frac{Pab}{l}$
		Q	AC 段：$Q_x=\frac{Pb}{l}$ CB 段：$Q_x=-\frac{Pa}{l}$
		f	$f_x=\frac{Pa^2b^2}{3EIl}$ 若 $a>b$ 当 $x=\sqrt{\frac{a}{3}(a+2b)}$ $f_{max}=\frac{Pb}{9EIl}\sqrt{\frac{(a^2+2ab)^2}{3}}$

续上表

编号	简图	项目	公式
4	$R_A=\frac{P}{l}(2c+b)$　$R_B=\frac{P}{l}(2a+b)$	M	AC 段：$M_x=\frac{P}{l}(2c+b)x$ CD 段：$M_x=\frac{P}{l}[(c-a)x+al]$ DB 段：$M_x=\frac{P}{l}(2a+b)(l-x)$ 若 $a>c$：$M_c=M_{max}=\frac{Pa}{l}(2c+b)$
		Q	AC 段：$Q_x=\frac{P}{l}(2c+b)$ CD 段：$Q_x=\frac{P}{l}(c-a)$ DB 段：$Q_x=-\frac{P}{l}(2a+b)$
		f	$f_C=\frac{Pa}{6EIl}[(2a+c)l^2-4a^2l+2a^3-a^2c-c^3]$ $f_D=\frac{Pc}{6EIl}[(2c+a)l^2-4c^2l+2c^3-ac^2-a^3]$
5	$R_A=R_a-\frac{ql}{3}$	M	$M_x=\frac{qlx}{2}(1-\xi)$ $M_{max}=\frac{qP}{8}$
		Q	$Q_x=\frac{ql}{2}(1-2\xi)$
		f	$f_{max}=\frac{5ql^2}{384EI}$
6	$R_A=\frac{qb^2}{2l}$　$R_B=\frac{qb}{2}(2-\beta)$	M	AC 段：$M_x=\frac{qb^2x}{2l}$ CB 段：$M_x=\frac{qb^2}{2}\left[\xi-\frac{(x-a)^2}{b^2}\right]$ 当 $x=a+\frac{b^2}{2l}$：$M_{max}=\frac{qb^2}{8}(2-\beta)^2$
		Q	AC 段：$Q_x=\frac{qb^2}{2l}$ CB 段：$Q_x=\frac{qb}{2}\left[\beta-\frac{2(x-a)}{b}\right]$
		f	CB 段：$f_x=\frac{qb^2l^2}{24EI}\left[(2-\beta^2-2\xi^2)\xi+\frac{(x-a)^4}{b^2l^2}\right]$

续上表

编号	简图	项目	公式
7	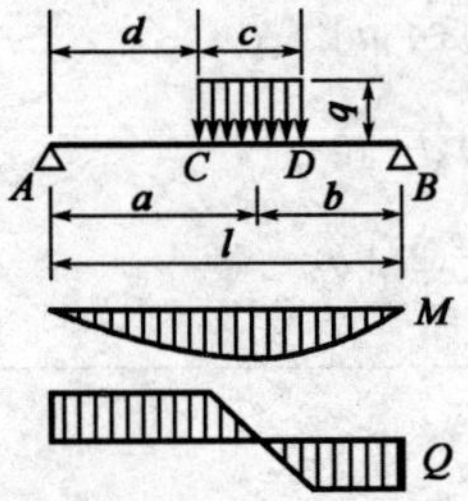 $a=d+\frac{c}{2}$ $R_A=\frac{qcb}{l}$ $R_B=\frac{qca}{l}$	M	AC段：$M_x=\frac{qcbx}{l}$ CD段：$M_x=qc\left[\frac{bx}{l}-\frac{(x-d)^2}{2c}\right]$ DB段：$M_x=qca\left(l-\frac{x}{l}\right)$ 当 $x=d+\frac{cb}{l}$，$M_{max}=\frac{qcb}{l}\left(d+\frac{cb}{2l}\right)$
		Q	AC段：$Q_x=\frac{qcb}{l}$ CD段：$Q_x=qc\left(\frac{b}{l}-\frac{x-d}{c}\right)$ DB段：$Q_x=-\frac{qca}{l}$
		f	CD段：$f_x=\frac{qcb}{24EI}\left[\left(4l-4\frac{b^2}{l}-\frac{c^2}{l}\right)x-4\frac{x^2}{l}+\frac{(x-d)^4}{bc}\right]$
8	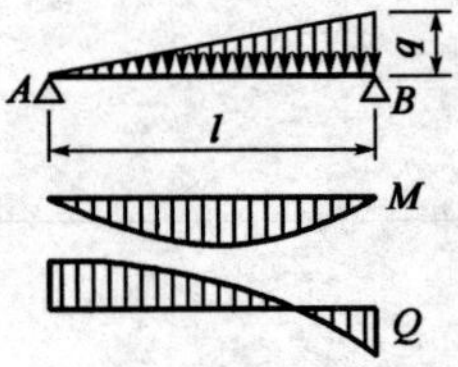 $R_A=\frac{ql}{6}$　$R_B=\frac{ql}{3}$	M	$M_x=\frac{qlx}{6}(1-\xi^2)$ 当 $x=\frac{l}{\sqrt{3}}$：$M_{max}=\frac{ql^2}{9\sqrt{3}}$
		Q	$Q_x=\frac{ql}{6}(1-3\xi^2)$
		f	$f_x=\frac{ql^2x}{360EI}(7-10\xi^2+3\xi^4)$ 当 $x=0.519l$：$f_{max}=0.006\ 52\frac{ql^4}{EI}$
9	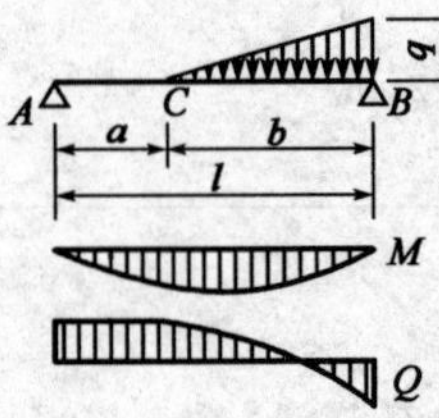 $R_A=\frac{qb^2}{6l}$　$R_B=\frac{qb}{6}(3-\beta)$	M	AC段：$M_x=\frac{qb^2x}{6l}$ CB段：$M_x=\frac{qb^2}{6}\left[\xi-\frac{(x-a)^3}{b^3}\right]$ 当 $x=a+b\sqrt{\frac{\beta}{3}}$：$M_{max}=\frac{qb^2}{6}\left[a+\frac{2\beta}{3}\sqrt{\frac{\beta}{3}}\right]$
		Q	AC段：$Q_x=\frac{qb^2}{6l}$ CB段：$Q_x=\frac{qb}{6}\left[\beta-\frac{3(x-a)^2}{b^2}\right]$
		f	AC段：$f_x=\frac{qb^2lx}{72EI}\left(2-\frac{3}{5}\beta^2-2\xi^2\right)$ CB段：$f_x=\frac{qb^2l^2}{72EI}\left[\left(2-\frac{3}{5}\beta^2-2\xi^2\right)\xi+\frac{3(x-a)^3}{5b^3l^2}\right]$

续上表

编号	简图	项目	公式
10	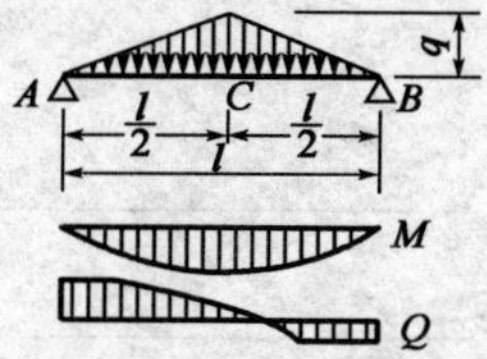 $R_A=R_B=\frac{ql}{4}$	M	AC 段:$M_x=\frac{qlx}{12}(3-4\xi^2)$ $m_{max}=\frac{ql^2}{12}$
		Q	AC 段:$Q_x=\frac{ql}{4}(1-4\xi^2)$
		f	$f_{max}=\frac{ql^2}{120EI}$
11	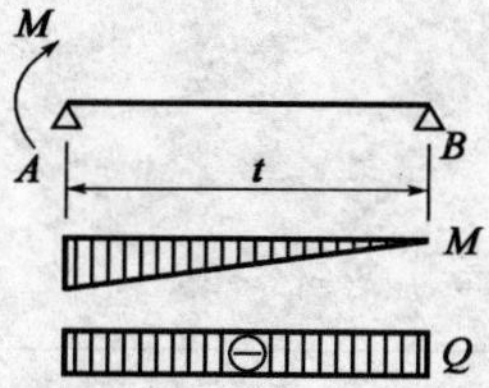 $R_A=-R_R=-\frac{M}{l}$	M	$M_x=M(1-\xi)$ $M_{max}=M$
		Q	$Q_x=-\frac{M}{l}$
		f	当 $x=0.423I_z$ $f_{max}=0.0642\frac{Ml^2}{EI}$

2. 悬臂梁(表 34-3-2)

悬 臂 梁 表 34-3-2

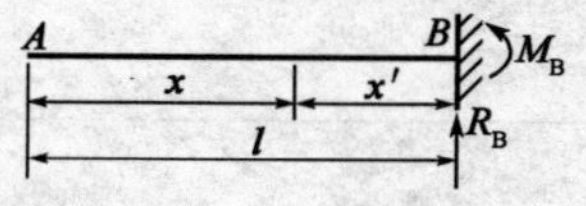

$\xi=\frac{x}{l},\alpha=\frac{a}{l},\beta=\frac{b}{l},\gamma=\frac{c}{l}$.

a,b,c—— 见各栏图中所示;

M—— 弯矩;Q—— 剪力;f—— 挠度;R—— 反力。

编号	简图	项目	公式
1	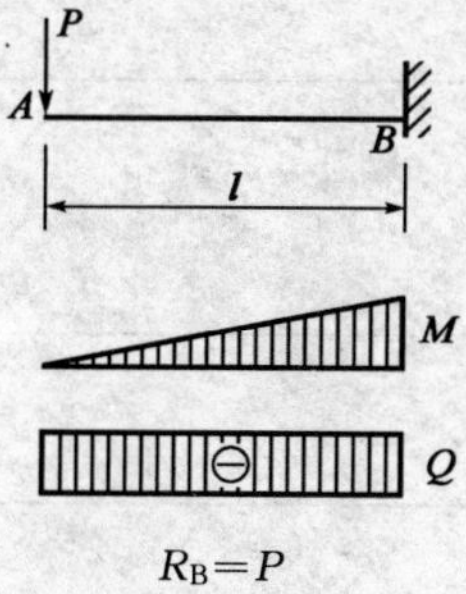 $R_B=P$	M	$M_B=-Pl$ $M_x=-Px$
		Q	$Q_x=-P$
		f	$f_x=\frac{Pl^3}{6EI}(2-3\xi+\xi^3)$,$f_A=\frac{Pl^3}{3EI}$
2	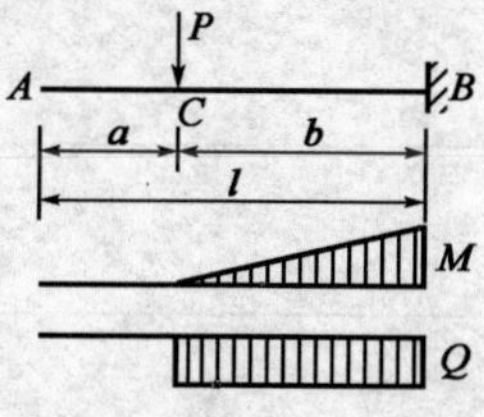 $R_B=P$	M	$M_B=-Pb$ AC 段:$M_x=0$ CB 段:$M_x=-P(x-\alpha)$
		Q	AC 段:$Q_x=0$ CB 段:$Q_x=-P$
		f	$f_A=\frac{Pb^2l}{6EI}(3-\beta)$

续上表

编号	简图	项目	公式
3	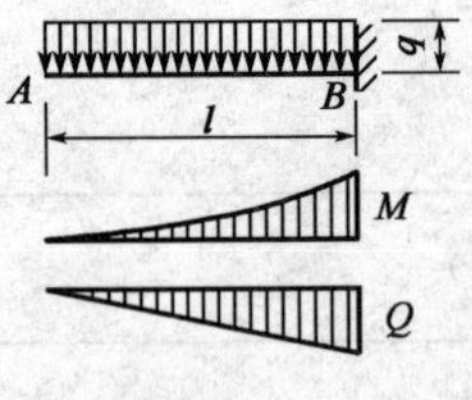 $R_B=ql$	M	$M_B=-\frac{ql^2}{2}$ $M_x=-\frac{qx^2}{2}$
		Q	$Q_x=-qx$
		f	$f_A=\frac{ql^2}{8EI}$
4	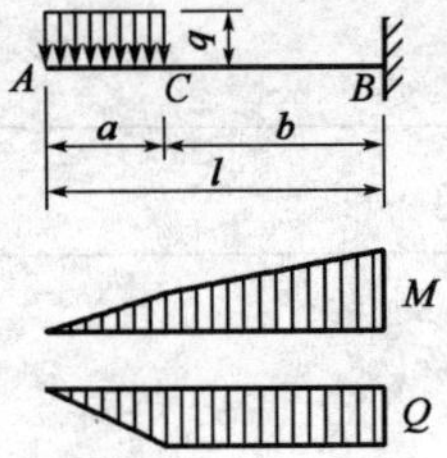 $R_B=qa$	M	$M_B=-\frac{qal}{2}(2-\alpha)$ AC段：$M_a=-\frac{qx^2}{2}$ CB段：$M_x=-qa\left(x-\frac{\alpha}{2}\right)$
		Q	AC段：$Q_x=-qx$ CB段：$A_x=-qa$
		f	$f_A=\frac{ql^4}{24EI}(3-4\beta^2+\beta^2)$
5	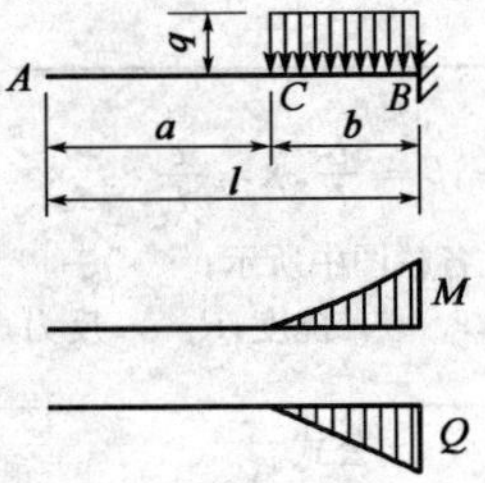 $R_B=qb$	M	$M_B=-\frac{qb^2}{2}$ AC段：$M_x=0$ CB段：$M_x=-\frac{q}{2}(x-a)^2$
		Q	AC段：$Q_x=0$ CB段：$Q_x=-q(x-a)$
		f	$f_A=\frac{qb^2l}{24EI}(4-\beta)$
6	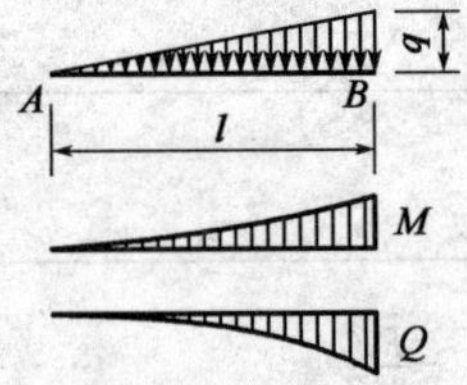 $q_x=q\frac{x}{l}$　$R_B=\frac{ql}{2}$	M	$M_a=-\frac{ql^2}{6}$ $M_x=-\frac{qx^3}{6l}$
		Q·	$Q_x=-\frac{qx^2}{2l}$
		f	$f_A=\frac{ql^4}{30EI}$
7	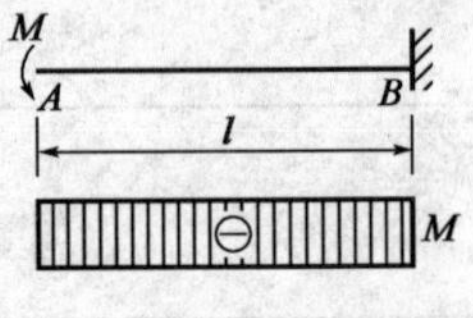 $R_B=0$	M	$M_B=M_x=-M$
		Q	$Q_A=0$
		f	$f_A=\frac{Ml^2}{2EI}$

续上表

编号	简图	项目	公式
8	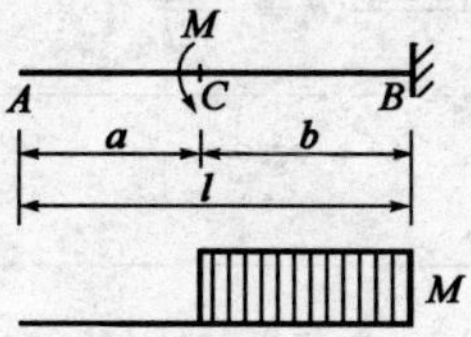 $R_B=0$	M	AC 段：$M_x=0$ CB 段：$M_x=M_z=-M$
		Q	$Q_x=0$
		f	$f_A=\frac{Mbl}{2EI}(2-\beta)$
9	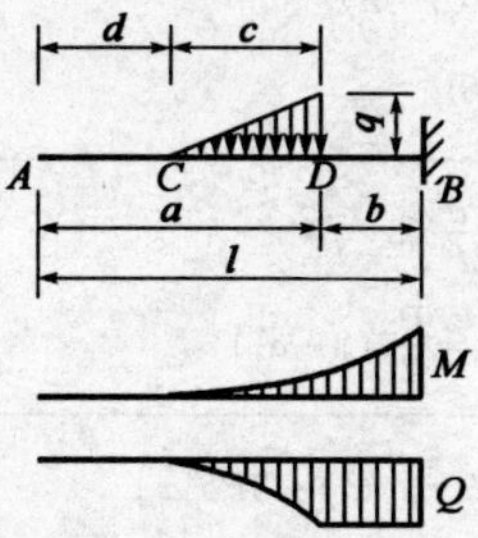 $a=d+\frac{2c}{3}$ $R_a=\frac{qc}{2}$	M	$M_B=-\frac{qcb}{2}$ AC 段：$M_x=0$ CD 段：$M_x=-\frac{q(x-d)^2}{6c}$ DB 段：$M_x=-\frac{qc}{2}(x-a)$
		Q	AC 段：$Q_x=0$ CD 段：$Q_x=-\frac{q(x-d)^2}{2c}$ DB 段：$Q_x=-\frac{qc}{2}$
		f	$f_A=\frac{qc}{72EI}\left(18b^2l-6b^2+ac^2-\frac{2c^2}{45}\right)$

3. 超静定梁内力计算公式(表 34-3-3)

(1)一端简支另一端固定梁

一端简支另一端固定梁　　表 34-3-3

代号说明：

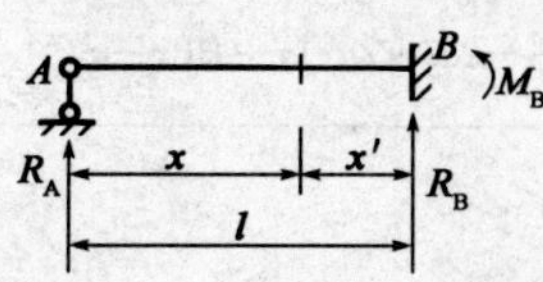

$\xi=\frac{x}{l},\alpha=\frac{a}{l},\beta=\frac{b}{l},\gamma=\frac{c}{l}$

a,b,c——见各栏图中所示；

M——弯矩；Q——剪力；f——挠度；R——反力

编号	简图	项目	公式
1	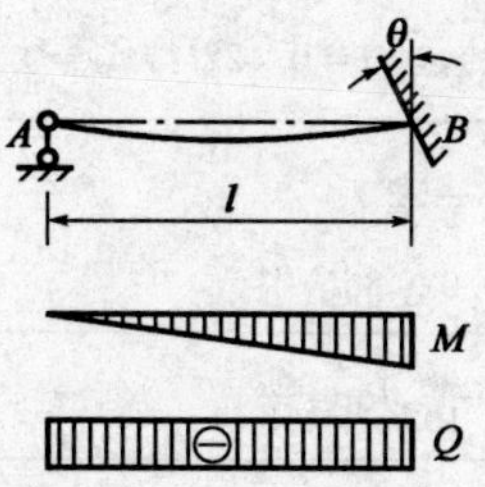	M	$M_B=\frac{3EI\theta}{l},M_x=\frac{3EI\theta x}{l^2},\theta_A=\frac{\theta}{2}$
		Q	$Q_x=\frac{3EI\theta}{l^2}$
		f	$f_x=\frac{\theta x}{2}(1-\xi^2)$，当 $x=0.577l$：$f_{max}=0.193/\theta$

续上表

编号	简图	项目	公式
2	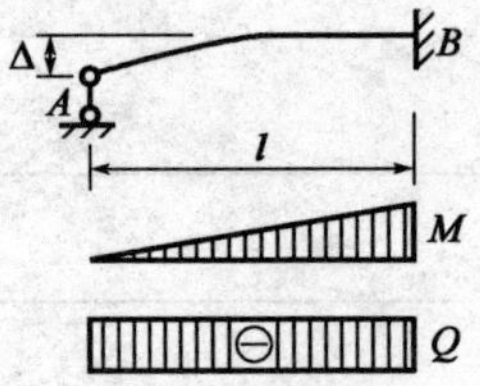	M	$M_B=-\frac{3EI\Delta}{l^2}, M_x=-\frac{3EI\Delta x}{l^2}, \theta_\lambda=-\frac{3\Delta}{2l}$
		Q	$Q_x=-\frac{3EI\Delta}{l^3}$
		f	$f_x=\frac{\Delta}{2}(2-3\xi+\xi^3), f_A=f_{max}=\Delta$
3	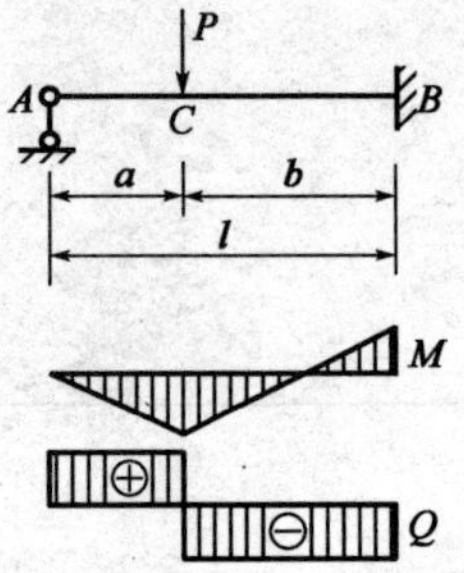	M	$M_B=-\frac{Pab}{2l}(1+a)$ AC段：$M_x=R_A\cdot x$ CB段：$M_x=R_A\cdot x-P(x-a)$ $M_C=M_{max}=\frac{Pab^2}{2l^2}(3-\beta)$
		Q	AC段：$Q_x=R_A, R_A=\frac{Pb^2}{2l^2}(3-\beta)$ CB段：$Q_x=R_A-P, R_B=\frac{Pa}{2l}(3-\alpha^2)$
		f	AC段：$f_x=\frac{1}{6EI}[R_A(3l^2x-x^3)-3Pb^2x]$ CB段：$f_x=\frac{1}{6EI}[R_A(3l^2x-x^3)-3Pb^2x+P(x-a)^2]$
4	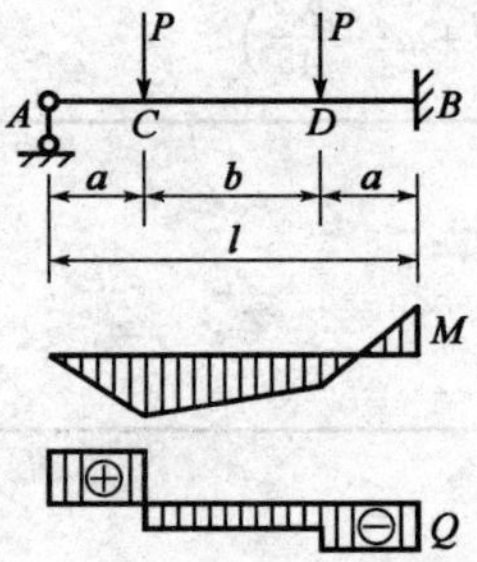	M	$M_B=-\frac{3Pa}{2}(1-\alpha)$ AC段：$M_x=R_Ax$ CD段：$M_x=R_Ax-P(x-\alpha)$ DB段：$M_x=R_A\cdot x-P(2x-l), M_C=M_{max}=R_A\cdot a$
		Q	AC段：$Q_x=R_A$，CD段：$Q_x=R_A-P$，DB段：$Q_x=R_A-2P$ $R_A=\frac{P}{2}(2-3a+3a^2), R_a=\frac{P}{2}(2+3\alpha-3\alpha^2)$
		f	CD段： $f_x=\frac{1}{6EI}[R_A(3l^2x-x^3)-3P(l^2-2al+2a^2)x+P(x-a)^3]$
5	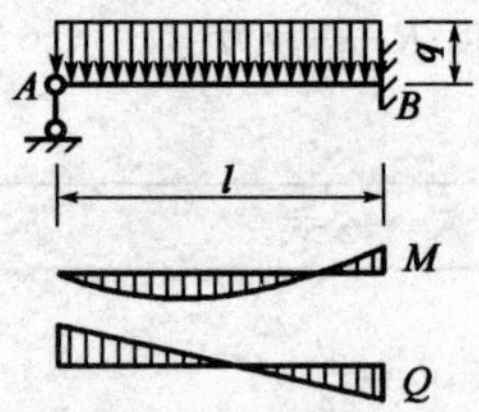	M	$M_B=-\frac{ql^2}{8}, M_x=\frac{qlx}{8}(3-4\xi)$ 当 $x=\frac{3}{8}L$：$M_{max}=\frac{9ql^2}{128}$
		Q	$Q_x=\frac{ql}{8}(3-8\xi), R_A=\frac{3ql}{8}, R_B=\frac{5ql}{8}$
		f	$f_x=\frac{ql^2x}{48EI}(1-3\xi^2+2\xi^3)$，当 $x=0.422l$：$f_{max}=0.005\,42\frac{ql^2}{EI}$
6	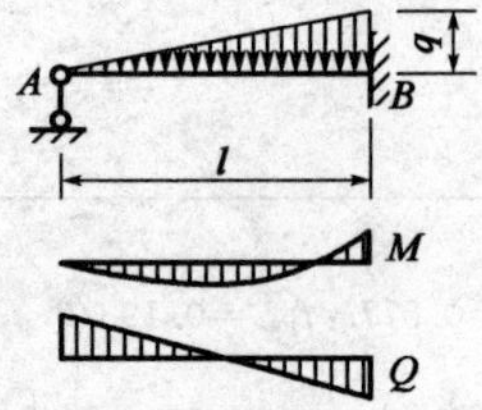	M	$M_x=-\frac{ql^2}{15}, M_x=\frac{qlx}{30}(3-5\xi^2)$ 当 $x=0.447l$；$M_{max}=0.029\,8ql^2$
		Q	$Q_x=\frac{ql}{10}(1-5\xi^2), R_A=\frac{ql}{10}, R_B=\frac{2ql}{5}$
		f	$f_x=\frac{ql^3x}{120EI}(1-2\xi^2+\xi^4)$，当 $x=0.447l$：$f_{max}=0.002\,39\frac{ql^4}{EI}$

续上表

编号	简图	项目	公式
7		M	$M_B=-\frac{7ql^2}{120}, M_x=\frac{qlx}{6}\left(\frac{33}{20}-3\xi+\xi^2\right)$ 当 $x=0.329l$；$M_{max}=0.042\ 3ql^2$
		Q	$Q_x=\frac{ql}{2}\left(\frac{11}{20}-2\xi+\xi^2\right)$
		f	$f_x=\frac{ql^2x}{240EI}(3-11\xi^2+10\xi^3-2\xi^4)$ 当 $x=0.402l$：$f_{max}=0.003\ 05\frac{ql^4}{EI}$

(2)两端固定梁(表 34-3-4)

表 34-3-4

代号说明：

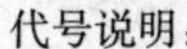

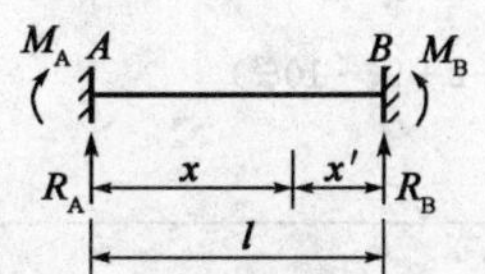

$\xi=\frac{x}{l}$；$\alpha=\frac{a}{l}$，$\beta=\frac{b}{l}$；$\gamma=\frac{c}{l}$

a,b,c——见各栏图中所示；

M——弯矩；Q——剪力；f——挠度；R——反力。

编号	简图	项目	公式
1		M	$M_A=\frac{4EI\theta}{l}, M_a=-\frac{2EI\theta}{l}, M_a=\frac{2EI\theta}{l}-(2-3\xi)$
		Q	$Q_x=-\frac{6EI\theta}{l^2}, R_A=-R_a=-\frac{6EI\theta}{l^2}$
		f	$f_a=\theta x(1-\xi)^2$，当 $x=\frac{1}{3}$，$f_{max}=\frac{4l\theta}{27}$
2		M	$M_A=-M_B=\frac{6EIA}{l^2}, M_\Delta=\frac{6EI\Delta}{l^2}(1-2\xi)$
		Q	$Q_x=-\frac{12EI\Delta}{l^2}, R_A=-R_a=-\frac{12EI\Delta}{l^3}$
		f	$f_x=\Delta(1-3\xi^2+2\xi^3)$，$f_A=f_{max}=\Delta$
3		M	$M_A=M_B=-\frac{Pl}{8}$，AC 段：$M_a=-\frac{PI}{l^8}(1-4\xi)$ $M_{max}=\frac{Pl}{8}$，反弯点在 $x=\frac{l}{4}$ 及 $x=\frac{3l}{4}$ 处
		Q	AC 段：$Q_a=\frac{P}{2}$，$R_A=R_B=\frac{P}{2}$
		f	AC 段：$f_a=\frac{Plx^2}{48EI}(3-4\xi)$ $f_{max}=\frac{Pl^3}{192EI}$

续上表

编号	简图	项目	公式
4	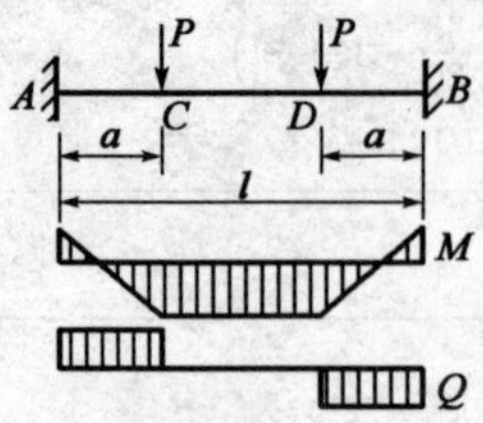	M	$M_A=M_B=-Pa(1-e)$ CD段：$M_z=M_{max}=\frac{Pa^2}{l}$
		Q	AC段：$Q_x=P$，CD段：$Q_x=0$，$R_A=R_z=P$
		f	$f_{max}=\frac{Pa^2l}{24EI}(3-4a)$
5	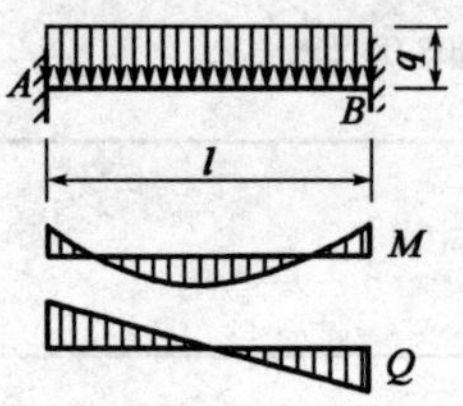	M	$M_A=M_B=-\frac{ql^2}{12}$，$M_{max}=\frac{ql^2}{24}$ 反弯点在 $x=0.211l$ 及 $x=0.789$ 处
		Q	$Q_x=\frac{ql}{2}(1-2\xi)$，$R_A=R_3=\frac{ql}{2}$
		f	$f_a=\frac{ql^2x^2}{24EI}(1-\xi)^2$，$f_{max}=\frac{ql^2}{384EI}$
6	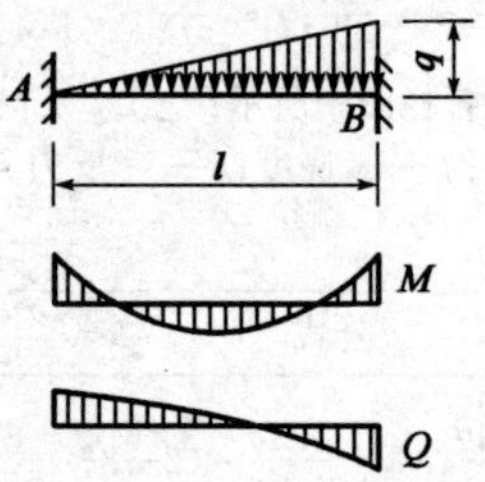	M	$M_A=-\frac{ql^2}{30}$，$M_B=-\frac{ql^2}{20}$，$M_X=\frac{ql^2}{60}(-2+9\xi-10\xi^3)$ 当 $x=0.548l$，$M_{max}=0.021\ 4ql^2$
		Q	$Q_x=\frac{ql}{20}(3-10\xi)$，$R_A=\frac{3ql}{20}$，$R_B=\frac{7ql}{20}$
		f	$f_x=\frac{ql^2x^2}{120EI}(2-3\xi+\xi^2)$ 当 $x=0.525l$：$f_{max}=0.001\ 31\frac{ql^4}{EI}$

第四节　工程地质及水文地质图例符号摘编

水文地质图例画法绘制见图 35-4-1。

符号	说明	符号	说明
Q^{al+pl}	第四系冲、洪积层	I_2	第四系块石土、碎石土、砾石土
Q^{el+dl}	第四系残、坡积层	II_1	三叠系上统须家河组泥岩、页岩
Q^{c+dl}	第四系崩、坡积层	II_2	三叠系上统须家河组粉砂岩、石英砂岩
Q^{del}	滑坡堆积层	III_1	三叠系中统巴东组第四段泥岩、页岩
Q^c	崩积层、岩堆	III_2	三叠系中统巴东组第四段砂岩
T3rj	三叠系上统须家河组	IV_1	三叠系中统巴东组第三段砂岩、泥岩
$T2b^5$	三叠系中统巴东组第五段	IV_2	三叠系中统巴东组第三段灰岩、泥灰岩、溶崩角砾灰岩

图 35-4-1

符号	说明	符号	说明
$T2b^4$	三叠系中统巴东组第四段	V_1	三叠系中统巴东组第二段泥岩、页岩
$T2b^3$	三叠系中统巴东组第三段	V_2	三叠系中统巴东组第二段砂岩
$T2b^2$	三叠系中统巴东组第二段	V_3	三叠系中统巴东组第二段泥灰岩
$T2b^1$	三叠系中统巴东组第一段	VI_1	三叠系中统巴东组第一段泥岩、页岩
T1j	三叠系下统嘉陵江组	VI_2	三叠系中统巴东组第一段泥灰岩、溶崩角砾灰岩
I_1	第四系黏性土	VI_3	三叠系中统巴东组第一段白云岩
Ⅶ	三叠系下统嘉陵江组灰岩		块石土
	黏土		角砾岩
	亚黏土		砂岩
	亚砂土		泥质砂岩
细	细砂		砂质泥岩
中	中砂		含砾砂岩
粗	粗砂		泥岩(黏土岩)、钙质泥岩
砾	砾砂		页岩
	圆砾土		炭质页岩
	角砾土		泥灰岩
	卵石土		灰岩
	碎石土		白云质灰岩
	湿石土		白云岩
	溶崩角砾岩		岩溶洼地

图 35-4-1

图 35-4-1　工程地质及水文地质图例

第五节　《公路工程质量检验评定标准》摘编

1. 一般规定

(1)本标准适用于采用钻爆法施工的山岭隧道的检验评定。采用其他方法如盾构、掘进机、沉埋法施工的隧道的检验评定可参照本标准另行制定。

(2)采用钻爆法施工、设计为复合式衬砌的隧道,承包商必须按照设计和施工规范要求的频率和量测项目进行监控量测,用量测信息指导施工并提交系统、完整、真实的量测数据和图表。

(3)隧道通风、照明、供配电、监控设施等的检验评定,应根据本标准的相关章节进行质量评定。

(4)隧道洞口的开挖,应按照《公路工程质量检验评定标准》(JTG F8011—2004)中路基土石方工程的标准进行检验评定;洞门和翼墙的浇(砌)筑和洞口边坡、仰坡防护按《公路工程质量检验评定标准》(JTG F8011—2004)中挡土墙、防护及其他砌石工程的相应项目评定。

(5)隧道路面的基层、面层，应按照路基、路面的标准进行检验评定。

(6)长隧道每座为一个单位工程，多个中、短隧道可合并为一个单位工程，每座隧道分别评定后，按中隧道权值为2，短隧道权值为1，计算加权平均值作为该单位工程的得分，一般按围岩类别和衬砌类型每100m作为一个分项工程，紧急停车带单独作为一个分项工程。混凝土衬砌采用模板台车，宜按台车长度的倍数划分分项工程. 按以上方法划分分项工程时，分段长度可结合工程特点和实际情况进行调整，分段长度不足规定值时，不足部分单独作为一个分项工程。特长隧道的单位工程、分部工程和分项工程可根据具体情况另行划分。

(7)隧道防排水工程施工质量应符合下列要求：

①高速公路、一级公路隧道和设有机电工程的一般公路隧道：

a. 隧道拱部、墙部、设备洞、车行横通道、人行横通道不渗水；

b. 路面干燥无水；

c. 洞内排水系统不淤积、不堵塞，确保捧水通畅；

d. 严寒地区隧道衬砌背后不积水，捧水沟不冻结。

②其他公路隧道：

a. 拱部、边墙不滴水；

b. 路面不冒水、不积水，设备箱洞处不渗水；

c. 洞内捧水系统不淤积、不堵塞，确保捧水通畅；

d. 严寒地区隧道衬砌背后不积水，路面干燥无水，捧水沟不冻结。

(8)隧道装饰应按《建筑装饰工程质量验收规范》制定相应的质量检验评定标准。

2. 隧道总体

(1)基本要求

①洞口设置应符合设计要求；

②必须按设计设置洞内外的捧水系统，不淤积、不堵塞；

③隧道防捧水施工质量须符合上文第(7)款之规定。

(2)实测项目

实测项目见表34-5-1。

隧道总体实测项目　　表34-5-1

项次	检查项目	规定值或允许偏差	检查方法和频率	权值
1	车行道(mm)	±10	尺量：每20m(曲线)或50m(直线)检查一次	2
2	净总宽(mm)	不小于设计	尺量：每20m(曲线)或50m(直线)检查一次	2
3△	隧道净高①(mm)	不小于设计	水准仪：每20m(曲线)或50m(直线)测一个断面，每断面测拱顶和两拱腰3点	3
4	隧道偏位(mm)	20	全站仪或其他测量仪器：每20m(曲线)或50m(直线)检查1处	2
5	路线中心线与隧道中心线的衔接(mm)	20	分别将引道中心线和隧道中心线延长至两侧洞口，比较其平面位置	2
6	边坡、仰坡	不大于设计	坡度板：检查10处	1

注：①净高有一点不合格时，该分项工程为不合格。

(3)外观鉴定

洞内没有渗漏水现象。不符合要求时，视其严重程度，高速、一级公路隧道减5～10分，其他公路隧道减1～5分。冻融地区存在渗漏水现象时扣分取高限。

3.明洞浇筑

(1)基本要求

①水泥、砂、石、水及外掺剂的质量，须符合设计和规范要求，按规定的配合比施工；

②寒冷地区混凝土集料应按有关规定进行抗冻试验，结果应符合规范要求；

③基础的地基承载力须满足设计和规范要求，严禁超挖回填虚土；

④钢筋的加工、接头、焊接和安装以及混凝土的拌制、运输、灌注、养护、拆模，均须符合设计和规范要求；

⑤明洞与暗洞应连接良好，符合设计和规范要求。

(2)实测项目

实测项目见表35-4-2。

明洞浇筑实测项目　　表34-5-2

项次	检查项目	规定值或允许偏差	检查方法和频率	权值
1△	混凝土强度(MPa)	在合格标准内	按JTG F8011—2004中附录D检查	3
2△	混凝土厚度(mm)	不小于设计	尺量或地质雷达：每20m检查一个断面，每个断面自拱顶每3m检查1点	3
3	混凝土平整度(mm)	20	2m直尺：每10m每侧检查2处	1

(3)外观鉴定

①混凝土表面密实，每延米的隧道面积中，蜂窝麻面和气泡面积不超过0.5%。不符合要求时，每超过0.5%减0.5～1分。蜂窝麻面深度超过5mm时不论面积大小，发现一处减1分。深度超过10mm时应处理；

②结构轮廓线条顺直美观，混凝土颜色均匀一致。不符合要求时减1～3分；

③施工缝平顺无错台。不符合要求时每处减1～2分；

④混凝土因施工养护不当产生裂缝，每条裂缝减0.5～2分。

4.明洞防水层

(1)基本要求

①防水材料的质量、规格等应符合设计和规范要求；

②防水层施工前，明洞混凝土外部应平整，不得有钢筋露出；

③明洞外模拆除后应立即做好防水层和纵向盲沟。

(2)实测项目

实测项目见表34-5-3。

(3)外观鉴定

防水卷材无破损，接合处无气泡、折皱和空隙。不符合要求时，一处减1分，并采取修补措施或返工处理。

防水层实测项目　　表 34-5-3

项次	检 查 项 目	规定值或允许偏差	检查方法和频率	权值
1	搭接长度(mm)	≥100	尺量:每环测 3 处	2
2	卷材向隧道延伸长度(mm)	≥500	尺量:检查 5 处	2
3	卷材于基底的横向长度(mm)	≥500	尺量:检查 5 处	2
4	沥青防水层每层厚度(mm)	2	尺量:检查 10 点	3

5.明洞回填

(1)基本要求

①墙背回填应两侧同时进行;

②人工回填时,拱圈混凝土的强度应达到设计强度的 75%。机械回填时,拱圈混凝土强度应达到设计强度且拱圈外人工夯填厚度不小于 1.0m;

③明洞黏土隔水层应与边坡、仰坡搭接良好,封闭紧密。

(2)实测项目

实测项目见表 34-5-4。

明洞回填实测项目　　表 34-5-4

项次	检 查 项 目	规定值或允许偏差	检查方法和频率	权值
1	回填层厚(mm)	≤300	尺量:回填一层检查一次,每次每侧检查 5 点	2
2	两侧回填高差(mm)	≤500	水准仪:每层测 3 次	2
3	坡度	不大于设计	尺量:检查 3 处	1
4△	回填压实质量	压实质量符合设计要求	查施工记录	3

(3)外观鉴定

坡面平顺、密实,排水通畅。不符合要求时减 1～2 分。

6.洞身开挖

(1)基本要求

①不良地质段开挖前,应做好预加固、预支护;

②当前方地质出现变化迹象或接近围岩分界线时,必须用地质雷达、超前小导坑、超前探孔等方法先探明隧道的工程地质和水文地质情况,才能进行开挖;

③应严格控制欠挖。当石质坚硬完整且岩石抗压强度大于 30MPa 并确认不影响衬砌结构稳定和强度时,允许岩石个别凸出部分(每 $1m^2$ 不大于 $0.1m^2$)凸入衬砌断面,锚喷支护时凸入不大于 30mm,衬砌时不大于 50mm,拱脚、墙脚以上 1m 内严禁欠挖;

④开挖轮廓要预留支撑沉落量及变形量,并利用量测反馈信息进行及时调整;

⑤隧道爆破开挖时,应严格控制爆破振动;

⑥洞身开挖达到设计尺寸并清除浮石后,应及时进行初喷支护。

(2)实测项目

实测项目见表 34-5-5。

洞身开挖实测项目 表 34-5-5

项次	检查项目		规定值或允许偏差	检查方法和频率	权值
1	拱部超挖(mm)	破碎岩,土(Ⅰ、Ⅱ类围岩)	平均 100,最大 150	水准仪或断面仪:每 20m 一个断面	3
		中硬岩、软岩(Ⅲ、Ⅳ、Ⅴ类围岩)	平均 150,最大 250		
		硬岩(Ⅵ类围岩)	平均 100,最大 200		
2	边墙宽度(mm)	每侧	+100,−0	尺量:每 20m 检查一处	2
		全宽	+200,−0		
3	边墙、仰拱、隧底超挖(mm)		平均 100	水准仪:每 20m 检查 3 处	1

(3)外观鉴定

洞顶无浮石。不符合要求时每处减 1 分并及时清除。

7.(钢纤维)喷射混凝土支护

(1)基本要求

①材料必须满足规范或设计要求;

②喷射前要检查开挖断面的质量,处理好超欠挖;

③喷射前,岩面必须清洁;

④喷射混凝土支护,应与围岩紧密黏接,结合牢固,喷层厚度应符合要求,不能有空洞,喷层内不容许添加片石和木板等杂物,必要时应进行黏结力测试。喷射混凝土严禁挂模喷射。受喷面必须是原岩面;

⑤支护前应做好防排水措施,对渗漏水孔洞、缝隙应采取引捧、堵水措施,保证喷射混凝土质量;

⑥采用钢纤维喷射混凝土时,钢纤维抗拉强度不得低于 380MPa,且不得有油渍及明显的锈蚀。钢纤维直径宜为 0.3~0.5mm,长度为 20~25mm,且不得大于 25mm。钢纤维含量宜为混合料质量的 1%~3%。

(2)实测项目

实测项目见表 34-5-6。

(钢纤维)喷射混凝土支护实测项目 表 34-5-6

项次	检查项目	规定值或允许偏差	检查方法和频率	权值
1△	喷射混凝土强度(MPa)	在合格标准内	按 JTG F8011—2004 附录 E 检查	3
2△	喷层厚度(mm)	平均厚度≥设计厚度;检查点的 60%≥设计厚度;最小厚度≥0.5 设计厚度,且≥50	凿孔法或雷达检测仪:每 10m 检查一个断面,每个断面从拱顶中线起每 3m 检查 1 点	3
3△	空洞检测①	无空洞,无杂物	凿孔或雷达检测仪:每 10m 检查一个断面,每个断面从拱顶中线起每 3m 检查 1 点	3

注:①发现一处空洞本分项工程为不合格。

(3)外观鉴定

无漏喷、离鼓、裂缝、钢筋网外露现象,不符合要求时减 2~5 分并返工处理。

8. 锚杆支护

(1)基本要求

①锚杆的材质、类型、规格、数量、质量和性能,必须符合设计和规范的要求;

②锚杆插入孔内的长度不得短于设计长度的 95%;

③砂浆锚杆和注浆锚杆的灌浆强度,应不小于设计和规范要求,锚杆孔内灌浆密实饱满;

④锚杆垫板应满足设计要求,垫板应紧贴围岩,围岩不平时要用 M10 砂浆填平;

⑤锚杆应垂直于开挖轮廓线布设。对沉积岩,锚杆应尽量垂直于岩层面。

(2)实测项目见表 34-5-7。

锚杆支护实测项目 表 34-5-7

项次	检 查 项 目	规定值或允许偏差	检查方法和频率	权值
1△	锚杆数量(根)	不少于设计	按分项工程统计	3
2	锚杆拔力(kN)	28d 拔力平均值≥设计值,最小拔力:0.9 设计值	按锚杆数 1%做拔力试验,且不少于 3 根做拔力试验	2
3	孔位(mm)	±50	尺量:检查锚杆数的 10%	2
4	钻孔深度(mm)	±50	尺量:检查锚杆数的 10%	2
5	孔径(mm)	砂浆锚杆:>杆体直径+15;其他锚杆:符合设计要求	尺量:检查锚杆数的 10%	2
6	锚杆垫板	与岩面紧贴	检查锚杆数的 10%	1

(3)外观鉴定

钻孔方向应尽量与围岩和岩层主要结构面垂直,锚杆垫板与岩面紧贴。不符合要求时减 1~3 分。

9. 钢筋网支护

(1)基本要求

①所用材料、规格、尺寸等应符合设计要求;

②采用双层钢筋网时,第二层钢筋网应在第一层钢筋网被混凝土覆盖后铺设。

(2)实测项目见表 34-5-8。

钢筋网支护实测项目 表 34-5-8

项次	检 查 项 目	规定值或允许偏差	检查方法和频率	权值
1△	网格尺寸(mm)	±10	尺量:每 $50m^2$ 检查 2 个网眼	3
2	钢筋保护层厚(mm)	≥10	凿孔检查:检查 5 点	2
3	与受喷岩面的间隙(mm)	≤30	尺量:检查 10 点	2
4	网的长、宽(mm)	±10	尺量	1

(3)外观鉴定

钢筋网与锚杆或其他固定装置连接牢固,喷射混凝土时不得晃动。不符合要求时减 1~3 分。

10. 仰拱

(1)基本要求

①仰拱应结合拱墙施工及时进行,使支护结构尽快封闭;

②仰拱浇筑前应清除积水、杂物、虚渣等；

③仰拱超挖严禁用虚土、虚渣回填。

(2)实测项目见表 34-5-9。

仰 拱 实 测 项 目 表 34-5-9

项次	检 查 项 目	规定值或允许偏差	检查方法和频率	权值
1△	混凝土强度(MPa)	在合格标准内	按 JTG F8011—2004 附录 D 检查	3
2△	仰拱厚度(mm)	不小于设计	水准仪：每 20m 检查一个断面，每个断面检查 5 点	3
3	钢筋保护层厚度(mm)	≥50	凿孔检查：每 20m 检查一个断面，每个断面检查 3 点	1

(3)外观鉴定

混凝土表面密实，无露筋。不符合要求时每处减 2 分并进行处理。

11. 混凝土衬砌

(1)基本要求

①所用材料、规格必须满足规范和设计要求；

②防水混凝土必须满足设计和规范的要求；

③防水混凝土粗集料尺寸不应超过规定值；

④基底承载力应满足设计要求，对基底承载力有怀疑时应做承载力试验；

⑤拱墙背后的空隙必须回填密实。因严重超挖和塌方产生的空洞要制定具体处理方案经批准后实施。

(2)实测项目见表 34-5-10。

混凝土衬砌实测项目 表 34-5-10

项次	检 查 项 目	规定值或允许偏差	检查方法和频率	权值
1△	混凝土强度(MPa)	在合格标准内	按 JTG F8011—2004 附录 D 检查	3
2△	衬砌厚度(mm)	不小于设计值	激光断面仪或地质雷达：每 40m 检查一个断面	3
3	墙面平整度(mm)	5	2m 直尺：每 40m 每侧检查 5 处	1

(3)外观鉴定

①混凝土表面密实，每延米的隧道面积中，蜂窝麻面和气泡面积不超过 0.5%。不符合要求时，每超过 0.5%减 0.5～1 分。蜂窝麻面深度超过 5mm 时不论面积大小，一处减 1 分，深度超过 10mm 时应处理；

②结构轮廓线条顺直美观，混凝土颜色均匀一致。不符合要求时减 1～3 分；

③施工缝平顺无错台。不符合要求时每处减 1～2 分；

④混凝土因施工养护不当产生裂缝，每条裂缝减 0.5～2 分。

12. 钢支撑支护

(1)基本要求

①钢支撑的形式、制作和架设，应符合设计和规范要求；

②钢支撑之间必须用纵向钢筋连接，拱脚必须放在牢固的基础上；

③拱脚高程不足时，不得用块石、碎石砌垫，而应设置钢板进行调整，或用混凝土浇筑，混凝土强度不小于 C20；

④钢支撑应靠紧围岩，其与围岩的间隙，不得用片石回填，而应用喷射混凝土填实。

(2)实测项目见表 34-5-11。

钢支撑支护实测项目 表 34-5-11

<table>
<tr><th>项次</th><th colspan="2">检 查 项 目</th><th>规定值或允许偏差</th><th>检查方法和频率</th><th>权值</th></tr>
<tr><td>1△</td><td colspan="2">安装间距(mm)</td><td>50</td><td>尺量：每榀检查</td><td>3</td></tr>
<tr><td>2</td><td colspan="2">保护层厚度(mm)</td><td>≥20</td><td>凿孔检查：每榀自拱顶每 3m 检查一点</td><td>2</td></tr>
<tr><td>3</td><td colspan="2">倾斜度(°)</td><td>±2</td><td>测量仪器检查每榀倾斜度</td><td>1</td></tr>
<tr><td rowspan="2">4</td><td rowspan="2">安装偏差(mm)</td><td>横向</td><td>±50</td><td rowspan="2">尺量：每榀检查</td><td rowspan="2">1</td></tr>
<tr><td>竖向</td><td>不低于设计高程</td></tr>
<tr><td>5</td><td colspan="2">拼装偏差(mm)</td><td>±3</td><td>尺量：每榀检查</td><td>1</td></tr>
</table>

(3)外观鉴定

无污秽、无锈蚀和假焊，安装时基底无虚渣及杂物，接头连接牢靠. 不符合要求时减 1～5 分。

13. 衬砌钢筋

(1)基本要求

钢筋的品种、规格、形状，尺寸、数量、间距、接头位置，必须符合设计要求和有关标准的规定。

(2)实测项目见表 34-5-12。

(3)外观鉴定

无污秽、无锈蚀。不符合要求时减 1～3 分。

衬砌钢筋实测项目 表 34-5-12

<table>
<tr><th>项次</th><th colspan="3">检 查 项 目</th><th>规定值或允许偏差</th><th>检查方法和频率</th><th>权值</th></tr>
<tr><td>1△</td><td colspan="3">主筋间距(mm)</td><td>±10</td><td>尺量：每 20m 检查 5 点</td><td>3</td></tr>
<tr><td>2</td><td colspan="3">两层钢筋间距(mm)</td><td>±5</td><td>尺量：每 20m 检查 5 点</td><td>2</td></tr>
<tr><td>3</td><td colspan="3">箍筋间距(mm)</td><td>±20</td><td>尺量：每 20m 检查 5 处</td><td rowspan="5">1</td></tr>
<tr><td rowspan="4">4</td><td rowspan="4">绑扎搭接长度</td><td rowspan="2">受拉</td><td>Ⅰ级钢</td><td>30d</td><td rowspan="4">尺量：每 20m 检查 3 个接头</td></tr>
<tr><td>Ⅱ级钢</td><td>35d</td></tr>
<tr><td rowspan="2">受压</td><td>Ⅰ级钢</td><td>20d</td></tr>
<tr><td>Ⅱ级钢</td><td>25d</td></tr>
<tr><td>5</td><td>钢筋加工</td><td colspan="2">钢筋长度(mm)</td><td>−10，+5</td><td>尺量：每 20m 检查 2 根</td><td>1</td></tr>
</table>

14. 防水层

(1)基本要求

①防水材料的质量、规格、性能等，必须符合设计和规范要求；

②防水卷材铺设前要对喷射混凝土基面进行认真地检查，不得有钢筋凸出的管件等尖锐突出物：割除尖锐突出物后，割除部位用砂浆抹平顺；

③隧道断面变化处或转弯处的阴角应抹成半径不小于50mm的圆弧；

④防水层施工时，基面不得有明水；如有明水，应采取措施封堵或引撑。

(2)实测项目见表34-5-13。

防水层实测项目 表34-5-13

<table>
<tr><th>项次</th><th colspan="2">检 查 项 目</th><th>规定值或允许偏差</th><th>检查方法和频率</th><th>权 值</th></tr>
<tr><td>1</td><td colspan="2">搭接宽度(mm)</td><td>≥100</td><td>尺量：全部搭接均要检查，每个搭接检查3处</td><td>2</td></tr>
<tr><td rowspan="2">2</td><td rowspan="2">缝宽
(mm)</td><td>焊接</td><td>两侧焊缝宽≥25</td><td rowspan="2">尺量：每个搭接检查5处</td><td rowspan="2">2</td></tr>
<tr><td>黏结</td><td>黏缝宽≥50</td></tr>
<tr><td rowspan="2">3</td><td rowspan="2">固定点间距
(mm)</td><td>拱部</td><td>0.5～0.7</td><td rowspan="2">尺量：检查总数的10%</td><td rowspan="2">1</td></tr>
<tr><td>侧墙</td><td>1.0～1.2</td></tr>
</table>

(3)外观鉴定

①防水层表面平顺，无褶皱、无气泡、无破损等现象，与洞壁密贴，松紧适度，无紧绷现象，不符合要求时每处减1～3分；

②接缝、补眼粘贴密实饱满，不得有气泡、空隙。不符合要求时每处减1～3分。

15. 止水带

(1)基本要求

①止水带的材质、规格等应满足设计和规范要求；

②止水带与衬砌端头模板应正交。

(2)实测项目见表34-5-14。

止水带实测项目 表34-5-14

项次	检 查 项 目	规定值或允许偏差	检查方法和频率	权值
1	纵向偏离(mm)	±50	尺量：每环3处	1
2	偏离衬砌中心线(mm)	≤30	尺量：每环3处	1

(3)外观鉴定

①发现破裂应及时修补。不符合要求时减1～3分；

②衬砌脱模后，若发现因走模致使止水带过分偏离中心，应适当凿除或填补部分混凝土，对止水带进行纠偏。不符合要求时减1～3分。

16. 排水

(1)基本要求

①墙背泄水孔必须伸入盲沟内，泄水孔进口高程以下超挖部分应用同级混凝土或不透水材料回填密实；

②排水管接头应密封牢固，不得出现松动；

③严寒地区保温水沟施工时应有防潮措施。修筑的深埋渗水沟，回填材料除应满足保温，透水性好的要求外，水沟周侧应用级配集料分层回填，石屑、泥沙不得渗入沟内。捧水设施应设置在冻胀线以下。

(2)实测项目

捧水结构物(如浆砌片石水沟,现浇混凝土等)按照《公路工程质量评定验收标准》(JTG F8011—2004)排水工程相应项目检验评定。

(3)外观鉴定

水沟和检查井盖板平稳无翘曲。不符合要求时每处减1～3分。

17.超前锚杆

(1)基本要求

①锚杆材质、规格等应符合设计和规范要求;

②超前锚杆与隧道轴线外插角宜为5°～10°,长度应大于循环进尺宜为3～5m;

③超前锚杆与钢架支撑配合使用时,应从钢架腹部穿过,尾端与钢架焊接;

④锚杆插入孔内的长度不得短于设计长度的95%;

⑤锚杆搭接长度应不小于1m。

(2)实测项目见表34-5-15。

超前锚杆实测项目 表34-5-15

项次	检查项目	规定值或允许偏差	检查方法和频率	权值
1	长度(m)	不小于设计	尺量:检查锚杆数的10%	2
2	孔位(mm)	±50	尺量:检查锚杆数的10%	2
3	钻孔深度(mm)	±50	尺量;检查锚杆数的10%	2
4	孔径(mm)	大于杆体直径+15	尺量:检查锚杆数的10%	2

(3)外观鉴定

锚杆沿开挖轮廓线周边均匀布置,尾端与钢架焊接牢固,锚杆入孔长度符合要求。不符合要求时每处减3～5分。

18.超前钢管

(1)基本要求

①钢管的型号、规格、质量等,应符合设计和规范要求;

②超前钢管与钢架支撑配合使用时,应从钢架腹部穿过,尾端与钢架焊接。

(2)实测项目见表34-5-16。

(3)外观鉴定

钢管沿开挖轮廓线周边均匀布置,尾端与钢架焊接牢固,入孔长度符合要求。不符合要求时减1～5分。

超前钢管实测项目 表34-5-16

项次	检查项目	规定值或允许偏差	检查方法和频率	权值
1	长度(m)	不小于设计	尺量:检查10%	2
2	孔位(mm)	±50	尺量:检查10%	2
3	钻孔深度(mm)	±50	尺量:检查10%	2
4	孔径(mm)	大于杆体直径+20	尺量:检查10%	2

参 考 文 献

[1] 中华人民共和国行业标准.JTG B01—2003 公路工程技术标准[S]. 北京:人民交通出版社,2004.

[2] 中华人民共和国行业标准.JTG D20—2006 公路路线设计规范[S]. 北京:人民交通出版社,2006.

[3] 中华人民共和国行业标准.JTG C10—2007 公路勘测规范[S]. 北京:人民交通出版社,2007.

[4] 中华人民共和国行业标准.JTG D70—2004 公路隧道设计规范[S]. 北京:人民交通出版社,2004.

[5] 中华人民共和国行业标准.JTG/T D70—2010 公路隧道设计细则[S]. 北京:人民交通出版社,2010.

[6] 中华人民共和国行业标准.TB 10003—2005 铁路隧道设计规范[S]. 北京:中国铁道出版社,2005.

[7] 中华人民共和国行业标准.JTG/T D71—2004 公路隧道交通工程设计规范[S]. 北京:人民交通出版社,2004.

[8] 中华人民共和国行业标准.JTJ 026.1—1999 公路隧道通风照明设计规范[S]. 北京:人民交通出版社,2000.

[9] 中华人民共和国行业标准.JTG C20—2011 公路工程地质勘察规范[S]. 北京:人民交通出版社,2011.

[10] 中华人民共和国国家标准.GB 50021—2001 岩土工程勘察规范[S]. 北京:中国建筑工业出版社,2009.

[11] 蒋爵光.隧道工程地质[M].北京:中国铁道出版社,1991.

[12] 铁道部第一勘测设计院.铁路工程地质手册[M]. 北京:中国铁道出版社,1999.

[13] 中华人民共和国国家标准.GB 50086—2001 锚杆喷射混凝土支护技术规范[S]. 北京:中国计划出版社,2001.

[14] 中华人民共和国行业标准.JTG F60—2009 公路隧道施工技术规范[S]. 北京:人民交通出版社,2009.

[15] 中华人民共和国国家标准.GB 50218—94 工程岩体分级标准[S]. 北京:中国建筑工业出版社,1995.

[16] 沈中其,关宝树.铁路隧道围岩分级方法[M]. 成都:西南交通大学出版社,2000.

[17] 关宝树.铁路隧道围岩分类[M].北京:中国铁道出版社,1991.

[18] 林韵梅.岩石分级的理论与实践[M].北京:冶金工业出版社,1995.

[19] 周思孟.复杂岩体若干岩石力学问题[M].北京:中国水利水电出版社,1998.

[20] 朱百里,沈珠江.计算土力学[M].上海:上海科学技术出版社,1990.

[21] 沈珠江. 理论土力学[M]. 北京:中国水利水电出版社, 1999.

[22] 朱维申,何满潮. 复杂条件下围岩稳定性与岩体动态施工力学[M], 北京:科学出版社,1996.

[23] 李开泰,等.有限单元法及其应用[M].西安:西安交通大学出版社,1988.
[24] 刘尔烈,等.有限单元法及程序设计[M].天津:天津大学出版社,1999.
[25] 孙钧,侯学渊.地下结构[M].北京:科学出版社,1987.
[26] 关宝树.隧道工程设计要点集[M].北京:人民交通出版社,2003.
[27] 关宝树.隧道力学概论[M].成都:西南交通大学出版社,1993.
[28] 孙钧.地下工程设计理论与实践[M].上海:上海科学技术出版社,1996.
[29] 夏明耀,曾进伦.地下工程设计施工手册[M].北京:中国建筑工业出版社,1999.
[30] 李志业.地下结构设计原理与方法[M].成都:西南交通大学出版社,2003.
[31] 潘昌实.隧道力学数值方法[M].北京:中国铁道出版社,1998.
[32] 孙钧.地下结构有限元解析[M].上海:同济大学出版社,1988.
[33] 中华人民共和国国家标准.GB 50009—2001　建筑结构荷载规范.北京:中国建筑工业出版社,2009.
[34] 朱汉华,尚岳全.公路隧道设计与施工新法[M].北京:人民交通出版社,2002.
[35] 徐干成,白洪才,等.地下工程支护结构[M].北京:中国水利水电出版社,2001.
[36] 中华人民共和国行业标准.JTG D40—2011　公路水泥混凝土路面设计规范[S].北京:人民交通出版社,2011.
[37] 中华人民共和国行业标准.JTG D50—2006　公路沥青路面设计规范[S].北京:人民交通出版社,2006.
[38] 中华人民共和国行业标准.JTG D63—2007　公路桥涵地基与基础设计规范[S].北京:人民交通出版社,2007.
[39] 中华人民共和国行业标准.JTG D60—2004　公路桥涵设计通用规范[S].北京:人民交通出版社,2004.
[40] 中华人民共和国国家标准.GB 50010—2010　混凝土结构设计规范[S].北京:中国建筑工业出版社,2010.
[41] 中华人民共和国国家标准.GB 50025—2004　湿陷性黄土地区建筑规范[S].北京:中国建筑工业出版社,2004.
[42] 中华人民共和国国家标准.GBJ 112—87　膨胀土地区建筑技术规范[S].北京:中国计划出版社,1988.
[43] 乔定平,李增均.黄土地区工程地质[M].北京:水利电力出版社,1990.
[44] 王永焱,林在贯.中国黄土的结构特性及物理力学性质[M].北京:科学出版社,1990.
[45] 中华人民共和国国家标准.GB 50011—2010　建筑抗震设计规范[S].北京:中国建筑工业出版社,2010.
[46] 中华人民共和国行业标准.JTJ 044—1989　公路工程抗震设计规范[S].北京:人民交通出版社,1989.
[47] 夏才初,李永盛.地下工程测试理论与监测技术[M].上海:同济大学出版社,1999.
[48] 夏才初.土木工程监测技术[M].北京:中国建筑工业出版社,2001.
[49] 凌宏亿.隧道隧洞超前地质预报[M].北京:人民交通出版社,2011.
[50] 李小青.隧道超前地质预报技术[M].北京:中国建筑工业出版社,2011.
[51] 李大心.探地雷达方法及应用[M].北京:地质出版社,1994.

[52] 中华人民共和国国家标准. GB 50108—2008 地下工程防水技术规范[S]. 北京:中国计划出版社,2009.

[53] 中华人民共和国行业标准. JTJ 018—97 公路排水设计规范[S]. 北京:人民交通出版社,1998.

[54] 中华人民共和国行业标准. TB 10119—2000 铁路隧道防排水技术规范[S]. 北京:中国铁道出版社,2005.

[55] 朱馥林. 建筑防水新材料及防水施工新技术[M]. 北京:中国建筑工业出版社,1997.

[56] 铁道部第二勘测设计院. 铁路工程设计技术手册(隧道)[M]. 北京:中国铁道出版社,1999.

[57] 关宝树. 隧道及地下工程喷混凝土支护技术[M]. 北京:人民交通出版社,2009.

[58] 王梦恕. 地下工程浅埋暗挖技术通论[M]. 合肥:安徽教育出版社,2005.

[59] 王梦恕. 隧道与地下工程技术及其发展[M]. 北京:北京交通大学出版社,2004.

[60] 李晓红. 隧道新奥法及其量测技术[M]. 北京:科学出版社,2001.

[61] 翁汉民. 地下工程量测与试验[M]. 成都:西南交通大学出版社,1989.

[62] 铁道部基本建设总局. 铁路隧道新奥法指南[M]. 北京:中国铁道出版社,1988.

[63] 李世辉. 隧道支护设计新论[M]. 北京:科学出版社,1999.

[64] 钟桂彤. 铁路隧道[M]. 北京:中国铁道出版社,1990.

[65] 刘建航,侯学渊. 盾构法隧道[M]. 北京:中国铁道出版社,1991.

[66] 曹文宏,申伟强. 超大特长盾构法隧道工程设计[M]. 北京:中国建筑工业出版社,2010.

[67] 张凤祥. 盾构隧道施工手册[M]. 北京:人民交通出版社,2005.

[68] 侯学渊. 软土工程施工新技术[M]. 合肥:安徽科学技术出版社,1999.

[69] 程骁,潘国庆. 盾构施工技术[M]. 上海:上海科学技术文献出版社,1990.

[70] 尹旅超,等译. 日本隧道盾构新技术. 武汉:华中理工大学出版社,1999.

[71] 周文波. 盾构法隧道施工技术及应用[M]. 北京:中国建材工业出版社,2004.

[72] 何川,曾东洋. 盾构隧道结构设计及施工对环境的影响[M]. 成都:西南交通大学出版社,2007.

[73] 张凤祥. 选择盾构工法的一些考虑[J]. 岩石力学与工程学报,1997,16(1):85-90.

[74] 张庆贺. 地铁与轻轨[M]. 北京:人民交通出版社,2001.

[75] 施仲衡,张弥,等. 地下铁道设计与施工[M]. 西安:陕西科学技术出版社,1997.

[76] 中华人民共和国国家标准. GB 50446—2008 盾构法隧道施工与验收规范. 北京:中国建筑工业出版社,2008.

[77] 陈韶章. 沉管法隧道设计与施工[M]. 北京:科学出版社,2002.

[78] 曲莹,陈昌祺. 大型沉管隧道干坞的设计与研究[J]. 现代隧道技术,2002,39(5):12-19.

[79] 中华人民共和国行业标准. TB 10068—2000 铁路隧道运营通风设计规范[S]. 北京:中国铁道出版社,2000.

[80] 中华人民共和国国家标准. GB 50016—2006 建筑设计防火规范[S]. 北京:中国计划出版社,2006.

[81] 周勇狄,夏永旭,等. 公路隧道火灾消防救援安全研究[J]. 中国公路学报,2008,21(6):83-89.

[82] 张兴凯.地下工程火灾原理与应用[M].北京:首都经济贸易大学出版社,1997.
[83] 于丽,王明年,等.秦岭特长公路隧道火灾温度场的数值模拟[J].土木工程学报,2007(6):64-68.
[84] 金学易.隧道通风及隧道空气动力学[M].北京:中国铁道出版社,1983.
[85] 郑道访.公路长隧道通风方式研究[M].北京:科学技术文献出版社,1999.
[86] 中华人民共和国国家标准.GB/T 18567—2010 高速公路隧道系统监控模式[S].北京:中国标准出版社,2010.
[87] 赵忠杰.公路隧道机电工程[M].北京:人民交通出版社,2007.
[88] 中华人民共和国行业标准.JTG/T D71—2004 公路隧道交通工程设计规范[S].北京:人民交通出版社,2004.
[89] 中华人民共和国行业标准.JTG D81—2006 公路交通安全设施设计规范[S].北京:人民交通出版社,2006.
[90] 中华人民共和国行业标准.JTG F71—2006 公路交通安全设施施工技术规范[M].北京:人民交通出版社,2006.
[91] 张喜刚.公路桥梁和隧道工程设计安全风险评估[M].北京:人民交通出版社,2010.
[92] 黄宏伟.隧道及地下工程建设中的风险管理研究进展[J].地下空间与工程学报,2006,2(1):13-20.
[93] 吕康成.隧道工程试验检测技术[M].北京:人民交通出版社,1999.
[94] 陈建勋,马建秦,王永东,等.隧道工程试验检测技术[M].北京:人民交通出版社,2005.
[95] 何川,等.高速公路隧道维修与加固[M].北京:人民交通出版社,2006.
[96] 方利成,等.隧道工程病害防治图集[M].北京:中国电力出版社,2001.
[97] 杨新安,黄宏伟.隧道病害与防治[M].上海:同济大学出版社,2003.
[98] 关宝树.隧道维修管理要点集[M].北京:人民交通出版社,2004.
[99] 伍作鹏,李书田.建筑材料火灾特性与防火保护[M].北京:中国建材工业出版社,1999.